国家出版基金项目
NATIONAL PUBLICATION FOUNDATION

"十三五"国家重点图书
出版规划项目

孙子学流变研究

（上）

李桂生 著

齊魯書社

图书在版编目（CIP）数据

孙子学流变研究 / 李桂生著. -- 济南 : 齐鲁书社, 2020.12
ISBN 978-7-5333-4408-5

Ⅰ.①孙… Ⅱ.①李… Ⅲ.①兵法－中国－春秋时代 ②《孙子兵法》－研究 Ⅳ.①E892.25

中国版本图书馆CIP数据核字(2020)第247637号

策划编辑：孔　帅
责任编辑：孔　帅　王江源　班文冲　昝婷婷
装帧设计：郭　觐　李　生　王其宝

孙子学流变研究
SUNZIXUE LIUBIAN YANJIU
李桂生 著

主管单位	山东出版传媒股份有限公司
出版发行	齐鲁书社
社　　址	济南市英雄山路189号
邮　　编	250002
网　　址	www.qlss.com.cn
电子邮箱	qilupress@126.com
营销中心	（0531）82098521　82098519　82098517
印　　刷	山东临沂新华印刷物流集团有限责任公司
开　　本	720mm×1020mm　1/16
印　　张	62.5
插　　页	7
字　　数	986千
版　　次	2020年12月第1版
印　　次	2020年12月第1次印刷
标准书号	ISBN 978-7-5333-4408-5
定　　价	350.00元（上、下册）

“十三五”国家重点图书出版规划项目

国家出版基金项目

国家社会科学基金资助项目（立项批准号：16XZS006）

绪 论

《孙子兵法》诞生两千五百多年来，其研究形成了专门的学问，就是孙子学。孙子学又称孙子兵学，是围绕《孙子兵法》研究而形成的专门学问，是传统兵学的核心内容。孙子学或孙子兵学的提出是在20世纪80年代末到90年代，提出者主要有杨炳安、陈彭、许保林等学者。继之，有姚有志、黄朴民、于汝波、刘庆、赵海军等学者撰文呼应，对孙子学与现代军事理论、古代哲学、政治思潮、古代战争的关系，以及对孙子文献学、孙子学内涵及理论体系等进行探讨，陆续发表重要成果。此外，海内外学者对孙子学史、孙子学文化渊源、孙子学应用等问题展开深入而广泛的探讨，形成一股思潮，影响深远。

从价值结构看，孙子学包括文献研究、思想研究和应用研究；从内容结构看，包括历代孙子其人其书的研究和孙子其人其书的研究的研究，是历代孙子其人其书研究的层累。由于学术的层累，孙子学包括旧孙子学和新孙子学。旧和新，都是相对而言。旧孙子学是前代孙子学，新孙子学是后代孙子学，昨日之新为今日之旧，今日之新为明日之旧。孙子学的文献研究主要包括《孙子兵法》的版本、目录、校勘、辑佚、辨伪、训诂、注释、阐发、传述等研究；孙子学的思想研究主要包括《孙子兵法》的战争指导、战略战术、计谋策略、治兵用兵、军事哲学、军事伦理、军事心理、军事经济、军事地理、军事情报等研究；孙子学的应用研究包括《孙子兵法》应用于军事领域的研究和非军事领域的研究，主要有《孙子兵法》与国际战略、《孙子兵法》与历代战争、《孙子兵法》与军队管理、《孙子兵法》与核威慑理论，以及《孙子兵法》与经营管理、《孙子兵法》与市场经济、《孙子兵法》与竞技、《孙子兵法》与人生处世等研究。

兵书自其产生起，就被统治者所看重。汉代三次整理兵书。据史书记载，第一次是在西汉初期，“张良、韩信序次兵法，凡百八十二家，删取要用，定著三十五家”。第二次是在西汉武帝时，“军政杨仆捃摭遗逸，纪奏《兵录》”。第三次是在西汉成帝时，“命任宏论次兵书为四种”。① 步兵校尉任宏所校兵书，成为刘歆向皇帝所奏《七略》之一略，即《兵书略》。第三次整理兵书，形成了兵家不在诸子范围的学术格局。兵书之所以放在《诸子略》外，可能一是因为兵书数量多，为了编纂方便，需要单独整理；二是因为兵书乃谋国治军之利器，为人主者不肯轻易示人；三是兵家不同于一般诸子，其书之思想直接运用于战争，对国家生死存亡有直接关系。以此观之，古兵书本来属于诸子而实用价值又高于诸子，为历代人主所看重。20 世纪 70 年代临沂银雀山汉墓出土的竹简中，有传世兵书《孙子兵法》《尉缭子》《六韬》，有富含兵法篇章的传世古籍《墨子》《管子》《晏子》，有佚本兵书《孙膑兵法》、《守法》、《守令》、《地典》（兵阴阳书）；有论兵论政篇籍《十官》《五议》《务过》《为国之过》《起师》等；有文学书《唐勒》（论驭赋）；有《相狗》《作酱》《曹氏阴阳》等杂书。因为兵书具有特殊功用，故兵书为统治者所喜爱，在统治阶层范围内，在一定历史阶段有较广泛的庋藏和传抄。总之，西汉刘歆编撰《七略》之时，把天下图书分为六艺、诸子、诗赋、兵书、术数、方技六类（另有辑略，然为诸类总要，不算图书分类），把任宏整理的《兵书略》纳入其中，而东汉班固撰著《汉书·艺文志》时，又承袭这一做法，把兵家置于诸子“九流十家”之外。故汉魏以降，一般把兵家置于诸子之外，由此以为兵家不算诸子。这一观念一直延续到近代，甚至今日仍有不把兵家作诸子看待者。

---

① 〔汉〕班固撰：《汉书》，中华书局 1962 年版，第 1762~1763 页。

然而，东汉班固对兵书的目录学分类不能改变其诸子学性质。孙子是兵家学派的开创者，孙子学是兵学的主干。在中国学术史上，文武既有分途，又有合一，是分与合的统一。兵家学派与先秦诸子学派一样，具有自己的特征和基本范畴。其基本特征是，重战尚武，以战止战；重法尚仁，刑德兼用；重谋尚诈，通权达变；重利尚功，理性实用。其基本范畴主要有诡道、利动、形势、分合、虚实、奇正、迂直、己彼、主客、敌我、利害、计谋、动静、动藏、智勇、全破、伐兵、伐谋、伐交等。孙子正是运用这些基本范畴，吸收和借鉴了儒家仁礼思想、道家静柔思想、法家法治思想、阴阳五行家生克思想，创立了兵家理论体系，卓立于诸子百家之林。

《孙子兵法》自诞生之后，便形成了源远流长、博大精深的孙子学。先有《孙子兵法》，后有孙子学。《孙子兵法》的产生并不意味着孙子学的形成，因为孙子学是对孙武及其《孙子兵法》研究的学问。有学者把孙子学等同于《孙子兵法》，认为孙子学孕育产生于远古至春秋，其观点混淆了《孙子兵法》和孙子学的界限。远古至春秋发生的战争，产生的军事著作如《军志》、《军政》、古佚《司马法》，商周至春秋的思想文化，以及孙武自身的军事才能和家族背景等，都是《孙子兵法》孕育和产生的重要因素。故我们讲孙子学，应该从战国秦汉讲起，讲兵法则可从商周、春秋讲起。以此之故，若要划分孙子学史的分期，则战国秦汉，孙子学初显端倪，为孙子学的发轫期；魏晋南北朝为孙子学的形成期；隋唐五代为孙子学的发展期；宋为孙子学的繁荣期；元为孙子学的沉顿期；明清为孙子学的复兴期；晚近为孙子学的转型期；现代为孙子学的新生期。这既与各个时代的政治、经济、思想文化和军事状况相呼应，又体现了孙子学发生、发展、演变的内在逻辑。

孙子学在其发生、发展、演变过程中，并非如阶梯式上升，而是表现为比较曲折的波浪式进程，存在着崇抑共存、外轻内重、治衰乱兴、史略相成、文武合璧、雅俗共赏等特点。析言之，所谓崇抑共存，就是人们对孙子学既有尊崇倚重，又有贬抑排斥；所谓外轻内重，就是最高统治者在外则秘而不宣，禁止传播，在内则奉为巩固政权、谋取胜战的圭臬；所谓治衰乱兴，就是治世则孙子学不振，乱世则孙子学繁兴；所谓史略相成，就是既有孙子学发展史的研究，又有孙子谋略学的研究；所谓文武合璧，就是既有武人论兵，又有文人论兵；所谓雅俗共赏，就是既有专深的理论研究，又有通俗的应用研究。这些特点贯穿着孙子学发展全过程。

孙子学作为诸子学的一个重要分支，在其发展过程中，受到诸多因素的影响。虽然不少目录学著作和子学丛书把它列入子学范畴，而且孙子学本身融会了其他诸子思想，但是少有学者以诸子学的视角来对《孙子兵法》进行阐释和观照，这种现象到了20世纪末才有所改观。这固然是由于孙子学是兵学的原因，但在中国这片广阔的土地上，历朝历代战争频发，政权高度集中在统治者手中，人们的思想被多方禁锢，这也是影响孙子学发展的重要因素。

由于《孙子兵法》是一部子学经典，受经学传统的影响，人们往往以疏解、阐发、例释的方式进行研究。可以说，传统孙子学是孙子注释学的层累；又由于《孙子兵法》是一部谋略经典，故人们一直重视对其军事谋略、管理思想等的阐释和发挥。虽然“孙子学”概念在20世纪80年代末就已提出，并有一定的学理探讨，但在实际研究中，人们往往自觉不自觉地把孙子学简单等同于《孙子兵法》，故在研究思维和范式上未能从根本上跳出上述局限，存在明显不足：

一是学理研究不足，没有形成系统完备的学理体系。就广度而言，《孙子兵法》个案研究多，孙子学整体研究少；就深度而言，对孙子学内涵的探讨，多停留于叙述层面，未能对其理论体系进行深刻抽象，其学科属性没有得到深入的揭示。

二是研究视野不广，更多的是文本解读、史料梳理和应用研究。现有研究多为断代研究，虽有《孙子兵法研究史》《中国军事思想史》《中国兵学思想史》等重要成果，但是仍然缺乏能够彰显孙子学理、反映学术演进的流变史研究。

三是研究方法单一，不能更好地揭示孙子学的丰富内涵。现有孙子兵法史的研究比较注重史实叙述和内涵阐释的方法，而孙子学是建立在文献学基础上的兵学、诸子学、文化史、军事史等的跨学科研究，单一的研究方法无法承受其重，不建立在文献基础上，其学理就无法令人信服；不作跨学科研究，则难以彰显其多面相，更难以深化其学理。

四是研究内容分散割裂，各取所需，碎片化现象严重。现有孙子学研究虽然成果丰富，但是问题比较分散，不够系统，缺乏学科交叉、时代贯通、地域综合的整体性研究，与文学、儒学等研究相比，差距很大。

前面讲到，孙子学是研究孙子及其兵法的学问，又是研究孙子研究及其研究者的学问，是关于历代孙子研究及其研究者的研究的层累。故从学理上逻辑地展开，孙子学研究应该回答孙子学的某些理论问题，诸如孙子学与诸子学的关系，孙子学的内涵及其理论体系，孙子学的流变形态，孙子学流变与中国文化发展的关系，孙子学流变与历代军事变革、重要战争、政权更替、国家治理的内在关联等，所以必须丰富内容，拓宽视野，深化学理，对孙子学多姿多彩的流变形态作真实、全面、系统的考察，以期为文化发展和军事建设提供有益的启示。

本书把孙子学纳入诸子学范畴，置于中国文化的大背景下，以文献学为基础，对孙子学理论体系及其形态衍化进行系统研究。按照研究内容的逻辑关联，在建构孙子学理论体系的基础上，分别阐述孙子学的历史流变、地域流变和文化流变。具体来讲，按照历史朝代的演进次序，分别描述战国秦汉孙子学、魏晋南北朝孙子学、隋唐五代孙子学、宋元孙子学、明代孙子学、清代孙子学、民国孙子学和新中国孙子学；按照中国地域文化基本类型，分别描述齐鲁孙子学、吴越孙子学、荆楚孙子学、三晋孙子学、燕赵孙子学、秦陇孙子学、巴蜀孙子学、滇黔孙子学、岭南孙子学和关外孙子学；按照学术形态，分别描述孙子学的诸子文化形态、学术文化形态和应用文化形态。换言之，把孙子学流变置于中国历史与文化发展之中，揭示其与中国历史和中国文化演进的关系，重点阐述诸子文化、学术文化、地域文化对孙子学流变的影响。就诸子文化而言，主要阐述儒家、道家、杂家学派对孙子学流变的影响；就学术文化而言，主要阐述汉代经学、佛道哲学、宋明理学、清代朴学等对孙子学流变的影响，并涉及孙子学的辞章学、算术学内容，既从孙子学流变中感知和把握中国文化的演进，又从中国文化的演进中观照孙子学的流变形态。此外，把孙子学流变置于中国军事、政治发展之中，揭示孙子学流变的军事、政治内涵，重点阐述孙子学流变与军事变革、重要战争、政权更替和国家治理的内在关联，进而揭示孙子学流变的军事、政治动因及规律。

在上述思路的逻辑构成中，孙子学内涵的揭示和理论体系的建构是关键节点，是本书深入展开的基础，是描述孙子学流变形态的逻辑支点。因为孙子学流变形态的描述只有在弄清孙子学内涵及其理论体系之后，才能真实、准确而多维地呈现，而孙子学与军事变革、重要战争、政权更替和国家治理的内在关联，也只有在孙子学流变形态的描述中予以彰显。

在具体的研究过程中，在充分了解孙子学前沿问题的基础上，全面检索和搜集历代孙子学文献，包括孙子学衍增、注释、校勘、讲解、批点、评论、发挥、应用等文献，从文献分析中发现孙子学流变的多面相；既分析不同历史时期的孙子学，又分析不同地域的孙子学，还分析不同文化形态的孙子学；既分析兵学范畴的孙子学和诸子学范畴的孙子学，又分析军事应用和非军事应用的孙子学；在文献分析基础上，运用历史学、军事学、哲学、政治学、文化学等多学科的理论和方法，拓宽研究视野，使相关论述更客观多维，更符合历史真实，也更具学理性。

以上所言，是笔者在构思本书时对孙子学的基本看法，以及展开研究时所要达到的目标和遵循的思路。孙子学是一门历史悠久而又年轻的学问。从更宽泛的意义来说，因孙子兵书产生之故，才有后世兵法、兵略、兵学蓬勃不衰的发展，故孙子学是古典兵学的代名词，一切古典兵学均为孙子学的扩展和延伸，而孙子身后之兵学都只是孙子学衍发的支脉、支流。孙子学基因的稳定性、发展性、衍化性、开放性、包容性注定了当下的每一项研究都只是宽泛意义上的孙子学之海的一滴水珠或一朵浪花而已。

凡　例

一、本书所论孙子学流变，仅为中国的孙子学流变，不涉及国外的孙子学流变。

二、孙子学为兵学核心，故在讲述孙子学流变时，对兵学流变亦有所涉及。

三、孙子学之“孙子”包括吴国孙武和齐国孙膑两位孙子，故本书对孙膑偶有涉及，但由于自汉代至20世纪70年代，《孙膑兵法》不传于世间，而历代研论阙如，无法展开。

四、本书所引述《孙子兵法》原文，因版本不同，有篇名及文字之差异，而其差异各以所被引版本为准，不同版本共存，而不统一为某一种版本。如《计》或作《始计》，《形》或作《军形》，《势》或作《兵势》。这是因为论述需要造成，而非故意为之。

五、本书引用文献资料颇多，若所引文字有明显讹误，则径自改正，如引《荀子》“不如齐鲁之孝具敬父”，“具”为“母”之形近而讹，径改为“母”。然而如《孙子兵法》“时制”有作“节制”者，因“时”和“节”意义相近，故仍照原貌。又如《太平御览》所引《孙子兵法》原文，错讹甚多，不仅有阙字，如“知之者胜，不知者不胜”，《太平御览》阙前一“知”字；而且有不少错字，如“佚而劳之”，《太平御览》作“引而劳之”，音近而误；“亲而离之”，《太平御览》作“规而离之”，乃“亲”与“规”之繁体字字形相近而误；或有衍字，如“曲制、官道、主用”，其中“曲制”，《太平御览》作“曲帜制”，多了“帜”字。本书在转引时，则阙者补之，错者改之，衍者删之。然而，遇有《太平御览》以同义字相替代者，如“倍兵勿迎”，《孙子兵法》正文则作“背丘勿逆”，因“倍”与“背”、“迎”与“逆”字义相同，故保留原貌，而仅改“兵”为“丘”。余者仿此。其他如古今字、通假字等，亦依照原貌，如陈（阵）、率（帅）、缙绅（搢绅）、矩（距）等。

六、对所引文字，由作者添加标点符号的，以使读者能明其意为准，而不繁琐添加。如本书引王皙注曰：“四五，九数也，指九地言。然不曰九，而曰四五者，盖因上文将衢、重、轻、围、死五地另提，故以四五分言之。霸王二字连读，不必细分。”此处“四五”“九”“霸王”均未添加单引号。其他有类此者，非为作者疏忽，实则出于简省方便之本意。

七、所述孙子学学人之孙子学研究及著述状况，皆以其在孙子学领域中的贡献情况为依据，而非依其官职、名誉而定，亦非依据在其他领域的贡献而定，故对其生平（尤其是今人）多重于学术行迹，而略于其他行迹。

八、本书涉及历代孙子学和兵学著述情况，主要以于汝波等编《孙子学文献提要》及许保林著《中国兵书通览》的著录内容为依据。

九、本书作者（非被引文献作者）所讲“近代”，是指 1840 年鸦片战争爆发到 1949 年中华人民共和国成立前；所讲“现代”，是指 1949 年中华人民共和国成立至今。本书作者若有转述被引文献作者所云之“近代”或“现代”，其所指时段则当据被引文献作者之意而定。其他时代分期，采取以下分法：远古，是指原始社会时期，即从距今约 170 万年到公元前 2070 年夏朝建立；上古，是指夏商周秦汉，即从公元前 2070 年到公元 220 年；中古，是指魏晋南北朝至隋唐五代，即从公元 220 年到公元 960 年；近古，是指宋元明至清代鸦片战争前，即从公元 960 年到公元 1840 年。

十、涉及古今地名，不统一规范为古地名或今地名，而为表述方便，有的依照古地名不变，有的则在古地名后以圆括号标注今地名。

十一、因书中所涉著作多，未能一一查证原书著述方式，故在兵学文献的撰、著、编、纂等著述方式上，往往撰与著不分，或为撰，或为著，都是一个意思；编与纂亦不分，或为编，或为纂，亦大略一致。

十二、涉及人物、作品、制度考辨的，全凭文献证据说话，不作妄意揣度之语。

十三、在行文中，若遇泛指孙武子之兵法、兵略时，“孙子兵法”“十三篇”不加书名号；若专指其书时，则标书名号。

目 录

中编　孙子学的地域流变

下编 孙子学的文化流变

上编　孙子学的历史流变

要探讨孙子学的流变，首要问题是弄清孙子学的历史流变。自《孙子兵法》问世以来，即自春秋末至现代，每个历史时期，均有传布、研读、模习、阐释孙子其书之现象。时光流动之轨迹，已过往者为历史，尚未到者称未来，而每一段历史，我们若站在其所在的“当世”或“当时”看，都有其鲜活而生动的时代特征，烙下了清晰而深刻的时代印痕，笔者姑且名之曰“时代基因”。从春秋末至现代的孙子学发展，所经历的农耕时代，在其历史流变的长河中，占据了绝大部分，而工业时代和信息时代只占很小的一部分。然而这并不妨碍每个时代的学人对孙子学的理解和阐释，正如《孙子兵法》所反映的战争是春秋末期步战、车战等冷兵器时代早期的作战样式，却并不妨碍它对现代信息化高技术战争具有启迪和指导意义。这正是孙子学“时代基因”的遗传与变异。因其“时代基因”的遗传，孙子学能够流行两千五百多年而不断；因其“时代基因”的变异，孙子学因每一时代有每一时代的孙子学而长流长新，后一时代的孙子学相对前一时代来说，都是新孙子学，既是生生不息，又是新新不息。本编把孙子学流变的历史过程分为战国秦汉孙子学、魏晋南北朝孙子学、隋唐五代孙子学、宋元孙子学、明代孙子学、清代孙子学、民国孙子学、新中国孙子学八个阶段，而分述之。

第一章 战国秦汉孙子学

第一节 战国秦汉孙子学的时代背景

战国时期的政治、军事与春秋时期有所不同。春秋时期，诸侯争霸，其政治目的在于尊王攘夷，争夺天下霸主地位。周天子在名义上仍是天下共主，故春秋时期的战争不论规模还是残酷程度，均小于、低于战国时期。战国时期，各诸侯国的斗争更加激烈，其争夺的不再是天下霸主地位，而是要主宰天下，故其战争是兼并战争；诸侯国不再满足于在周天子的羽翼下与其他诸侯国分享天下，而是要独占天下。春秋晚期，战争方式发生了很大变化，诡诈之道已经成为用兵的普遍理念，设伏、包抄、迂回、截击、突袭、诱敌、击虚等用奇手段层出不穷，完全颠覆了商周时期的作战方式，也有别于春秋初中期的作战方式。春秋时期的战争，虽然比商周时期结日定地、不鼓不成列的作战方式复杂，设伏、截击等诡道时有所见，但主要是步兵、车兵结合的作战，而到了战国时期，步兵、骑兵结合的野战和包围战取而代之。即使敌我两阵对垒，战国时期的阵法也变化多端。战国时期兵书《孙膑兵法》总结了“十阵”：方阵、圆阵、疏阵、数阵、锥行阵、雁行阵、钩行阵、玄襄阵、火阵和水阵。这些阵法不仅体现了战国用兵的诡诈之道，而且反映了战国时期步兵、车兵、骑兵、水兵等多兵种的合同战术，还表明了战国时期的战场已不限于平原旷野、城郭都邑，而是拓展到山地、深谷、林间、水泽等范围。战国时期法家思想集大成者韩非子在《韩非子·五蠹》中评论这一时代说："上古竞于道德，中世逐于智谋，当今争于气力。"① 汉代著名学者刘向《战国策序》描述战国时期特征说："仲尼既没之后，田氏取齐，六卿分晋，道德大废，上下失序；至秦孝公，捐礼让而贵战争，弃仁义而用诈谲，苟以取强而已矣。夫篡盗之人列为侯王，诈谲之国兴立为强，是以转相仿效，后生师之，遂相吞灭，并大兼小，暴师经岁，流血满野；父子不相亲，兄弟不相安，夫妇离散，莫保其命，湣然道德绝矣。晚世益甚，万乘之国七，千乘之国五，敌侔争权，盖为战国，贪饕无耻，竞进无厌，国异政教，各自制断。上无天子，下无方伯；力功争强，胜者为右；兵革不休，诈伪并起。当此之时，虽有道德，不得施设；有谋之强，负阻而恃固，连与交质，重约结誓，以守其国。故孟子、荀卿儒术之士弃捐于世，而游说权谋之徒见贵于俗。"②

从公元前 453 年韩、赵、魏三家分晋，至公元前 221 年秦国统一天下，各诸侯国在军事领域进行了空前剧烈的变革，政治、经济、社会生活等方面发生了巨大的变化，其变化的深度和广度均超过了春秋时期。政治上，周天子的威仪丧失殆尽，变得无足轻重，完全失去了号令诸侯的力量，诸侯国的政治野心日渐膨胀。经济上，奴隶主阶级的土地国有制彻底瓦解，地主阶级的土地私有制确立，废井田，开阡陌，铁制农具的使用和牛耕的推广使生产力水平大大提高。各诸侯国纷纷变法，"变法运动"纷然兴起。譬如，魏文侯任用李悝变法，赵烈侯任用公仲连变法，韩昭侯任用申不害变法，秦孝公任用商鞅变法，齐威王任用邹忌变法，赵武灵王推行"胡服骑射"制度，楚悼王任用吴起变法，燕昭王任用乐毅变法。变法之国，奖励耕战，重农抑商，

① 〔清〕纪昀等修：《文渊阁四库全书》第 729 册，台湾商务印书馆 1986 年版，第 779 页。

② 〔清〕纪昀等修：《文渊阁四库全书》第 1360 册，台湾商务印书馆 1986 年版，第 443 页。

兴起了兵备竞赛。社会生活方面，城邑增加，规模扩大，市场繁荣，千丈之城、万家之邑相望。譬如，齐国民富兵强，都城临淄是富庶的大都会。纵横家苏秦为秦王这样描述道："齐四塞之国，地方二千余里，带甲数十万，粟如丘山，三军之良，五家之兵，进如锋矢，战如雷霆，解如风雨，即有军役，未尝倍泰山，绝清河，涉渤海也。临淄之中七万户，臣窃度之，不下户三男子，不待发于远县，而临淄之卒，固已二十一万矣。临淄甚富而实，其民无不斗鸡走狗，六博阘鞠，临淄之涂，车毂击，人肩摩，连衽成帷，挥汗成雨。"① 不仅城市，乡村也发生很大变化，荒地开垦，耕种面积扩大，出现了许多新的村庄，有的甚至成为新兴城邑。尽管战国时期战争比春秋时期激烈，但是铁制工具的推广带来了广泛而深刻的社会变革，极大地促进了社会生产力的发展和生产关系的变化，人口也有很大的增长，为各诸侯国进行兼并战争准备了充足的条件。不仅如此，诸侯国的版图也在不断地发生变化。昔日富强之国变为贫弱之国，昨日尚在的诸侯国版图，第二天就被瓜分，昨日还处在庙堂之上的王侯将相，可能一夜之间就身首异处，或系于囹圄，或亡命他国。所以说，那个时代是变幻莫测的大变革、大动乱时代。战国之初，有十几个较大的国家，国力最强者有秦、魏、韩、燕、赵、齐、楚"七雄"，还有宋、卫、中山等较大的国家；较小者，有鲁、郑、莒、邹、周、东周、西周、杞、蔡、郯、滕、薛、费、郳、曾、邳、苴等。北和西北有从春秋时期的戎、狄发展而来的林胡、楼烦、匈奴、东胡、义渠等少数民族部落，南有巴、蜀等国。战国时期生产力水平的提高，促进了诸侯国国力的增强，为加强军备提供了必要的物质基础。据史籍记载，战国时期人口总数在二三千万。大国兵力，从几十万到百余万不等；小国兵力，从几千到十几万不等。大国的疆土，从方圆几百里到几千里不等，人口则从几十万到几百万不等；小国的疆土，则从方圆几十里到百余里不等，人口则从几万到十几万不等。

春秋末年，晋国卿大夫韩康子、赵襄子、魏桓子联合攻杀晋国执政智伯，

---

① 〔清〕纪昀等修：《文渊阁四库全书》第346册，台湾商务印书馆1986年版，第12页。

得到周威烈王的认可，被封为诸侯。几年后三家又将晋国领土瓜分，晋国由此灭亡。韩国虽小，但以劲弩利剑著称。《战国策·韩策》记载苏秦为赵、楚合纵，游说韩王曰："天下之强弓劲弩，皆自韩出，溪子、少府、时力、距来，皆射六百步之外，韩卒超足而射，百发不暇止，远者达胸，近者掩心。韩卒之剑戟，皆出于冥山、棠溪、墨阳、合伯、邓师、宛冯……"① 司马贞《史记索隐》曰："天下之宝剑，韩为众，一曰棠溪，二曰墨阳，三曰合伯，四曰邓师，五曰宛冯，六曰龙泉，七曰太阿，八曰莫耶，九曰干将也。"② 韩昭侯在位时，任用法家人物申不害为相，用刑名之说，内修政治，外御强敌，为一时之强国。然在七国之中，韩国疆域最小，又处秦、赵、燕、齐、魏、楚包围之间，可谓列强环伺，作为有限，难伸大志，是以最先被秦所灭。

赵国地处七国要冲，北有林胡、匈奴，东有齐，南有魏，西有虎狼之秦，实为孙子所云"争地"。其地理环境决定了它与山东其余五国联盟的必要，然而山东其余五国慑于秦国威势而明哲保身，故赵国实力虽可与秦国相提并论，终究未能形成统一战线。自赵武灵王实行"胡服骑射"之变革始，至其为秦所灭的近百年间，军力强大，但在长平之战中，其四十余万大军被秦将白起坑杀，自此元气大伤，一蹶不振，日渐衰落。

战国初期，魏国起用李悝实行变法，国力强盛，威震四邻，北灭中山，西入秦地，东败齐，南伐楚，北威赵，称雄天下，然而在马陵之战中受到重创，继之败于秦，从此颓然而废。

姜齐自太公望立国，至康公贷失国，凡二十世，三十二位国君，享国六百余年。齐国在春秋时就比较富强，特别是齐桓公任用管仲进行政治、经济和军事改革，渐成霸主。春秋末年，齐国卿大夫互相倾轧兼并，争权夺利，内乱不断，姜氏衰落，以至绝祀。田氏代齐后，又历八位国君，一百余年。田氏代齐之时，已是战国中期。田氏齐桓公设稷下学宫，招揽天下贤士，威、

---

① 〔清〕纪昀等修：《文渊阁四库全书》第 407 册，台湾商务印书馆 1986 年版，第 268 页。

② 〔清〕纪昀等修：《文渊阁四库全书》第 246 册，台湾商务印书馆 1986 年版，第 570 页。

宣之时，人才济济。威王任用邹忌变法，富国强兵，先败魏军于桂陵，再败魏军于马陵。至战国晚期，齐国仍保持强大之势。马陵之战更增齐国威强，将秦压制在函谷关以西，使之不敢东向，齐与秦并称东帝、西帝。继之，击燕破楚，助赵灭复国之中山，又出兵灭宋，引来燕、秦、赵、魏、韩、楚的联合讨伐，疆土被瓜分殆尽，自此衰落，不复与秦相抗。

秦国地处中国西陲，秦穆公一度向中原进逼，但受到晋国强力遏制，故调整战略，指向西戎，史载其“益国十二，开地千里，遂霸西戎”①。穆公死后，后继之君，如康公、共公、桓公、景公、简公、惠公等，虽有东进之举，但屡屡受挫，向东不能出崤函，争南不能及巴蜀，不得已偏安西隅。直至进入战国，秦孝公下令求贤，卫人商鞅入秦，教孝公霸术，孝公力排众议，用商鞅，行变法，奖耕战，灭巴蜀，国力大增。经过秦孝公、秦惠文王、秦武王三代君王努力，蚕食三晋，席卷荆楚。又经秦昭襄王及秦王嬴政的苦心经营，以远交近攻之策，分化瓦解六国合纵之谋，打乱六国战略部署，连年发兵东征，先后灭掉韩、赵、魏、楚、燕、齐六国，统一了全国。

楚国在春秋之时，疆域辽阔，国力强盛，长期与晋国争霸，但进入战国后实力大减，虽有楚惠王再度灭蔡，但楚悼王与三晋长期交兵，屡次败北，国土被削，直至起用吴起，实行变法改革，方见起色，故而能够南收扬越，占据洞庭、苍梧。战国中后期，楚威王败越；楚考烈王曾居纵约长之威势，联合齐、魏、赵、韩、燕攻秦，组成“六国联军”，虽攻至函谷关，然而由于秦之拒守，被迫而返。后齐、楚被秦离间，楚背齐亲秦，终为秦灭。

燕国地处北方，势及辽东。建国之初，燕国文化落后，国小势弱，依凭齐国“尊王攘夷”的军事保护才得以存续。燕王哙禅位给相国子之，太子平不服，作乱，事败被杀。齐和中山趁机侵燕，燕王哙和子之被杀，燕昭王立，此时已是战国中期。燕昭王任用乐毅，经过二十余年的励精图治，一跃而成万乘之国。燕国以乐毅为上将军，联合赵、秦、韩、魏、楚伐齐，攻下城池七十余座，杀齐湣王，齐国仅存莒和即墨两城，几至覆灭。虽然如此，但燕

---

① 〔汉〕司马迁撰：《史记》，中华书局1982年版，第194页。

国无法抵挡秦国横扫六合的气势，秦国在占领赵国都城邯郸之后，对燕国形成大兵压境之势，故而燕太子丹收买荆轲刺杀秦王，事未成，反授秦以柄。秦派大将王翦率兵伐燕，占据燕国大半疆土，然而即使燕王杀太子丹以求和，亦未能避免国亡身灭的结局。

战国时期列国争战，不再是春秋时期的争霸，而是彻头彻尾的兼并，所以战争的深广度前所未有。兴起于春秋、鼎盛于战国的诸子文化灿烂多姿。在兼并战争中，诸侯国为了生存、发展以至独领天下，有自己的政治理念和思想文化诉求，这就为士阶层的崛起提供了机遇，为诸子百家的兴起创造了条件。于是诸子纷纷登上历史舞台，宣扬和推行自己的学说，批评和诘责其他学说，中国文化的“轴心”——诸子文化由此形成。

战国时期大动荡、大变革的社会特征，反映在思想文化上是百家争鸣，表现在战争上则是战争类型、战争方式、作战方法的多样。诸侯争霸战争、兼并战争和统一战争前后相继，诸侯国内卿大夫之间争夺执政地位的战争及公卿家族夺权弑君的战争此起彼伏。战争观念发生根本变化，西周以来的仁政礼制传统被颠覆，“正正之旗”“堂堂之阵”被全面否定，而代之以出奇设伏的诡诈之道。随着铁制兵器在作战中的普遍使用，作战区域扩大到沙漠、草原、山地、深谷、丘陵、平原、水域等，加之步兵、车兵、骑兵、舟兵诸兵种的完备，协同作战方式形成，奠定了冷兵器时代作战的基本样式。战国时期战术战法成熟，车驰卒奔、阵形变换、长途奔袭、阵地攻守、迂回包抄、水火交用等无所不有，是后世战术战法的滥觞。武器装备精良，长短兵器配合使用，戈、戟、矛、剑、弓、弩、甲、胄等制作工艺精进，轒辒、云梯、巢车、铁蒺藜、夜叉檑、狼牙拍、飞钩、炮等攻守器具各擅胜场。

秦朝剪灭六国、统一天下之后，没有转变其政略，而是仍旧遵依其霸术政治，不仅没有与民休息，而且变本加厉地实行高压政策，高度的皇帝集权必然伴随高度的政治风险，这是中国两千多年专制政体的本质特征，而且这一本质特征从秦朝中央集权的封建君主制度建立的时候就已经确立。秦朝只传到二世，仅十几年的时间，秦国几十代君主勠力构造的帝国大厦便轰然坍塌。虽然如此，秦朝创设的中央行政制度、官僚制度、文化制度等却被汉代以降的君主所继承。刘向《战国策序》从苏秦、张仪之合纵、连横说起，深刻分析秦朝灭亡原因云：

> 苏秦为从，张仪为横，横则秦帝，从则楚王，所在国重，所去国轻。然当此之时，秦国最雄，诸侯方弱，苏秦结之，时六国为一，以傧背秦，秦人恐惧，不敢窥兵于关中，天下不交兵者二十有九年。然秦国势便形利，权谋之士咸先驰之，苏秦初欲横秦，弗用，故东合从。及苏秦死后，张仪连横，诸侯听之，西向事秦。是故始皇因四塞之固，据崤函之阻，跨陇蜀之饶，听众人之策，乘六世之烈，以蚕食六国，兼诸侯，并有天下，杖于诈谋之弊，终无信笃之诚，无道德之教、仁义之化，以缀天下之心，任刑罚以为治，信小术以为道，遂燔烧诗书，坑杀儒士，上小尧舜，下邈三王，二世愈甚，惠不下施，情不上达，君臣相疑，骨肉相疏，化道浅薄，纲纪坏败，民不见义，而悬于不宁，抚天下十四岁，天下大溃，诈伪之弊也。①

汉初统治者吸取秦朝因政令苛急而覆灭的教训，尊崇黄老道家，实行无为而治策略，所以政治比较宽缓。在国力渐强之后，黄老道家的无为而治政略已不适宜，在董仲舒等儒士的鼓吹下，汉武帝在思想上倡导儒术，而在政略上又兼用法家、道家。随着统一政权的巩固及儒家经学地位的确立，汉代的兵学也体现出治理天下的大一统思想特征。先秦两汉重要的兵学典籍大多诞生于战国及汉代。战国有《孙膑兵法》《吴起兵法》《尉缭子》《六韬》，汉代有《黄石公三略》。其中，《吴起兵法》《尉缭子》《六韬》《黄石公三略》与春秋末的《孙子兵法》、源于西周而追记于战国的兵家法典《司马法》、唐代的《李卫公问对》，在北宋神宗元丰年间合称《武经七书》。汉代兵学的一个重要特征就是兵家与儒家、黄老道家的合流，其代表性著作就是《黄石公

---

① 〔清〕纪昀等修：《文渊阁四库全书》第1360册，台湾商务印书馆1986年版，第443~444页。

三略》。不仅如此，汉代诸子亦多有言兵之作。淮南王刘安主持编纂的《淮南子》、晁错《言兵事疏》、赵充国《屯田制羌疏》、侯应《备塞论》、桓宽《盐铁论》、王符《潜夫论》、韩信《汉中对》及邓禹《图天下策》等，都有论兵内容或为论兵专篇，并不亚于春秋战国时期《老子》《文子》《鹖冠子》《经法》《管子》《商君书》《韩非子》《孟子》《荀子》《墨子》《吕氏春秋》等诸子论兵篇章。虽然汉代兵书流传下来的很少，但是当时产生的兵书不在少数，这还可从《汉书·艺文志》著录的兵书目录得到印证。

汉代是一个值得中华民族骄傲的时代，表现出宏阔壮观的文化精神：从铺张扬厉的赋体文学创作，到记载自黄帝至汉武帝三千余年史事的《史记》，从张骞、班超出使西域开辟的丝绸之路，到为总管西域事务而设置的西域都护府，从卫青、霍去病北击匈奴，到昭君出塞及窦宪大破北匈奴等，都是汉代有为之君在历史上留下的气势非凡的浓彩重笔。以上汉代宏阔壮观文化精神的体现，都是建立在大一统的中央集权政治基础之上。汉代兵书所显露的大一统政略更是生动地注解了其宏阔而一统的时代精神。

从兵学文化看，西周、春秋、战国、秦汉时期涌现了一批杰出的兵家。西周有姜尚，春秋有司马穰苴、孙武、伍子胥、范蠡等；战国有孙膑、吴起、商鞅、尉缭子等；汉代有韩信、张良等。兵法著作众多，班固把它们分为四类，即兵权谋、兵形势、兵阴阳和兵技巧。据《汉书·艺文志》载，兵权谋有《吴孙子兵法》《齐孙子》《公孙鞅》《吴起》《范蠡》《大夫种》《李子》《娷》《兵春秋》《庞煖》《兒良》《广武君》《韩信》；兵形势有《楚兵法》《蚩尤》《孙轸》《繇叙》《王孙》《尉缭》《魏公子》《景子》《李良》《丁子》《项王》；兵阴阳有《太壹兵法》《天一兵法》《神农兵法》《黄帝》《封胡》《力牧》《鵊冶子》《鬼容区》《地典》《孟子》《东父》《师旷》《苌弘》《别成子望军气》《辟兵威胜方》；兵技巧有《鲍子兵法》《伍子胥》《公胜子》《苗子》《逢门射法》《阴通成射法》《李将军射法》《魏氏射法》《强弩将军王围射法》《望远连弩射法具》《护军射师王贺射书》《蒲苴子弋法》《剑道》《手搏》《杂家兵法》《蹴鞠》。以上兵法，只有极少数流传下来，大多数著作已经亡佚。班固叙述兵家源流及概貌云：

兵家者，盖出古司马之职，王官之武备也。《洪范》八政，八曰师。孔子曰：为国者“足食足兵”，“以不教民战，是谓弃之”。明兵之重也。《易》曰：“古者弦木为弧，剡木为矢，弧矢之利，以威天下。”其用上矣。后世耀金为刃，割革为甲，器械甚备。下及汤武受命，以师克乱而济百姓，动之以仁义，行之以礼让，《司马法》是其遗事也。自春秋至于战国，出奇设伏，变诈之兵并作。汉兴，张良、韩信序次兵法，凡百八十二家，删取要用，定著三十五家。诸吕用事而盗取之。武帝时，军政杨仆捃摭遗逸，纪奏《兵录》，犹未能备。至于孝成，命任宏论次兵书为四种。①

班固《汉书·艺文志》所界定的四类兵书，具体来说：“权谋者，以正守国，以奇用兵，先计而后战，兼形势，包阴阳，用技巧者也。”② “形势者，雷动风举，后发而先至，离合背乡，变化无常，以轻疾制敌者也。”③ “阴阳者，顺时而发，推刑德，随斗击，因五胜，假鬼神而为助者也。”④ “技巧者，习手足，便器械，积机关，以立攻守之胜者也。”⑤ 实际上，兵权谋包含了其他三类的内容，只是以权谋为主，以形势、阴阳和技巧为辅。

第二节　战国秦汉孙子学的演进

《孙子兵法》成书于春秋末期，自其面世之后，广泛传播于士以上阶层，得到高度认同。《韩非子·五蠹》有云：“境内皆言兵，藏孙、吴之书者家有之。”有人说“孙、吴”是指孙膑、吴起，而非孙武、吴起。然而在战国秦汉时期，孙武、孙膑都被称为“孙子”，孙武是吴孙子，孙膑是齐孙子，而且孙

① 〔汉〕班固撰：《汉书》，中华书局 1962 年版，第 1762~1763 页。
② 〔汉〕班固撰：《汉书》，中华书局 1962 年版，第 1758 页。
③ 〔汉〕班固撰：《汉书》，中华书局 1962 年版，第 1759 页。
④ 〔汉〕班固撰：《汉书》，中华书局 1962 年版，第 1760 页。
⑤ 〔汉〕班固撰：《汉书》，中华书局 1962 年版，第 1762 页。

膑是孙武的后裔。司马迁《史记·孙子吴起列传》云："孙武既死，后百余岁有孙膑。膑生阿鄄之间，膑亦孙武之后世子孙也。"① 就两家兵法来讲，显然《孙膑兵法》是对《孙子兵法》的继承和创新。所以，广义的孙子学，应该包括《齐孙子》。战国时期就已经形成了孙子学，一是继《吴孙子兵法》之后，有《齐孙子》诞生，可以说这两部兵法是祖孙篇。其次，战国秦汉时期产生了一批《孙子兵法》衍增文献，如《孙子八阵图》一卷、《吴孙子牝牡八变阵图》二卷、《孙子战斗六甲兵法》一卷、《孙子兵法杂占》四卷、《吴孙子三十二垒经》一卷、《吴子问孙武》（又题《吴王问孙武》）、《孙武兵书》、《吴孙子兵法》八十二篇图九卷，出现了"孙子兵法丛林"现象。这些孙子学文献均已亡佚，但是仍可在一些传世文献中辑佚到相关引文。然而，清代毕以珣认为，这些孙子学文献都是孙武所作，原本就在《汉志》著录的八十二篇之内："按八十二篇者，其一为十三篇，未见阖闾时所作，今所传《孙子兵法》是也。其一为问答若干篇，既见阖闾所作。即诸传记所引遗文是也。一为《八阵图》，郑注《周礼》引之是也。一为《兵法杂占》，《太平御览》所引是也。外又有《牝八变阵图》《战斗六甲兵法》，俱见《隋经籍志》。又有《三十二垒经》，见《唐艺文志》。按：《汉志》惟云八十二篇，而隋、唐《志》于十三篇之外，又有数种，可知其具在八十二篇之内也。"② 《汉书·艺文志》著录的兵书共有五十三家，其中兵权谋十三家、兵形势十一家、兵阴阳十六家、兵技巧十三家。这五十三家只是汉代班固著录的少数兵书，是经过删减和甄选的结果。班固《汉书·艺文志》云："汉兴，张良、韩信序次兵法，凡百八十二家，删取要用，定著三十五家。"这表明汉代兵书绝对不止班固著录的五十三家。顾实考证汉代整理、著录兵书云："张良、韩信序次兵法，定著三十五家。任宏论次兵书为五十三家。其后王莽又征天下能明兵法六十三家（本书《王莽传》）。此皆天下遗书续出之证，惜张、韩所次，王莽所征，俱不可考也。"③ 班固著录的四类兵书共五十三家（张良、韩信定

---

① 〔汉〕司马迁撰：《史记》，中华书局1982年版，第2162页。

② 谢祥皓、刘申宁辑：《孙子集成》第24册，齐鲁书社1993年版，第29~30页。

③ 顾实著：《汉书艺文志讲疏》，商务印书馆1930年版，第215页。

著兵书仅三十五家），只是汉代所见兵书的小部分。这些衍增的孙子学文献，除《汉书·艺文志》著录的《吴孙子兵法》八十二篇图九卷，根据最早著录它们的《隋书·经籍志》《旧唐书·经籍志》《新唐书·艺文志》等判断，虽然不能认定全部是战国秦汉时期的兵书，但成书于战国秦汉的可能性很大，或有的成书于战国秦汉，有的成书于魏晋南北朝。

战国秦汉不仅衍增了许多孙子学著作，形成“孙子学丛林”现象，而且相比战国，汉代是《孙子兵法》流传和应用范围更加广泛的时代。《孙子兵法》对将帅能臣、文人史家都有普遍而深刻的影响。汉代杰出将领，无不熟习《孙子兵法》。韩信不仅是一流的军事指挥家，而且是一流的战略家，其“汉中对策”与诸葛亮“隆中对策”实为前后辉映的论兵双璧。韩信之论项羽，一曰不能任用贤将，乃匹夫之勇；二曰虽恭敬慈爱，却不忍分封功臣，乃妇人之仁。对项羽的致命弱点，可谓一针见血。韩信进而指出：“项王所过，无不残灭者，天下多怨，百姓不亲附，特劫于威强耳，名虽为霸，实失天下心，故曰其强易弱。”① 若刘邦能反其道而行之，任天下勇武，则无往不克；以天下城邑封功臣，则无往不服；以义兵驱思归江东之楚兵，则无所不散。韩信为刘邦拟画的战略目标是王天下，而要王天下，则不能坐困于汉中，必须东进，占据三秦。而守三秦者乃秦之降将章邯、司马欣和董翳，此三人被秦人恨入骨髓，大失秦人之心，故三秦可以传檄而定。三秦既定，则可与项羽争天下。韩信之汉中对策对改变汉楚力量、重构天下形势，进而改变历史走向起了决定性作用。对策全篇虽然言兵，却无一兵字。刘邦大喜过望，七月登坛拜将，八月兵出陈仓，进击三秦，势如破竹，章邯败走，司马欣、董翳皆降，遂夺三秦。故宋代史家司马光《资治通鉴》卷一二《汉纪四》曰：“世或以韩信首建大策，与高祖起汉中，定三秦，遂分兵以北，禽魏取代，仆赵胁燕，东击齐而有之，南灭楚垓下，汉之所以得天下者，大抵皆信之功也。”② 明代茅坤

---

① 〔清〕纪昀等修：《文渊阁四库全书》第 605 册，台湾商务印书馆 1986 年版，第 114 页。

② 〔清〕纪昀等修：《文渊阁四库全书》第 304 册，台湾商务印书馆 1986 年版，第 217 页。

曰：“予览观古兵家者流，当以韩信为最，破魏以木罂，破赵以立汉赤帜，破齐以囊沙，彼皆从天而下，而未尝与敌人血战者。予故曰古今来，太史公，文仙也；李白，诗仙也；屈原，词赋仙也；刘阮，酒仙也；而韩信，兵仙也。然哉。”① 清代王鸣盛曰：“观信引兵法以自证其用兵之妙，且又著书三篇，序次诸家为三十五家，可见信平日学问本原。寄食受辱时，揣摩已久，其连百万之众，战必胜，攻必取，皆本于平日学问，非以危事尝试者。信书虽不传，就本传所载战事考之，可见其纯用权谋，所谓出奇设伏，变诈之兵也。形势内有《项王》一篇，项王尝学兵法，故良与信亦取而存之，以项之形势当信之权谋，则败矣。”②

关于韩信的兵法本原及用兵之术，《李卫公问对》卷上说得清楚，兹引录于下：

> 太宗曰：“‘汉张良、韩信序次兵法，凡百八十二家，删取要用，定著三十五家。’今失其传，何也？”靖曰：“张良所学，太公《六韬》《三略》是也。韩信所学，穰苴、孙武是也。然大体不出三门四种而已。”太宗曰：“何谓三门？”靖曰：“臣按：《太公谋》八十一篇，所谓阴谋，不可以言穷；《太公言》七十一篇，不可以兵穷；《太公兵》八十五篇，不可以财穷。此三门也。”太宗曰：“何谓四种？”靖曰：“汉任宏所论是也。凡兵家流，权谋为一种，形势为一种，及阴阳、技巧为二种，此四种也。”③

汉代将领赵充国也谙熟《孙子兵法》，《资治通鉴》记载其在奏疏及言谈中常常引用孙子之文，云：“臣闻帝王之兵，以全取胜，是以贵谋而贱

① 〔明〕茅坤辑：《史记钞》卷五九《淮阴侯传》，明万历三年（1575）茅坤自刻本。

② 〔清〕王鸣盛撰：《十七史商榷》卷五《史记五・韩信兵法》，台湾广文书局 1971 年影印乾隆洞泾草堂刻本。

③ 〔清〕纪昀等修：《文渊阁四库全书》第 726 册，台湾商务印书馆 1986 年版，第 148 页。

战，百战而百胜，非善之善者也，故先为不可胜，以待敌之可胜。”又云：“臣闻兵以计为本，故多算胜少算。”又云：“臣闻兵法：‘攻不足者，守有余。’又曰：‘善战者致人，不致于人。’”① 汉代凉州守将王国叛乱，率兵围攻陈仓，陈仓告急。董卓和皇甫嵩受命平叛，各率二万人拒之。董卓欲速赴陈仓救援，皇甫嵩不听，而陈仓之困自解；皇甫嵩欲进兵击王国疲敝之师，而董卓不听，皇甫嵩独进而胜，董卓由此忌恨之。范晔详述董卓与皇甫嵩在作战方略上的分歧及对《孙子兵法》的不同理解。《后汉书·皇甫嵩列传》云：

卓曰：“智者不后时，勇者不留决。速救则城全，不救则城灭，全、灭之势，在于此也。”嵩曰：“不然，百战百胜，不如不战而屈人之兵。是以先为不可胜，以待敌之可胜。不可胜在我，可胜在彼。彼守不足，我攻有余。有余者动于九天之上，不足者陷于九地之下。今陈仓虽小，城守固备，非九地之陷也。王国虽强，而攻我之所不救，非九天之势也。夫势非九天，攻者受害；陷非九地，守者不拔。国今已陷受害之地，而陈仓保不拔之城，我可不烦兵动众，而取全胜之功，将何救焉?”遂不听。王国围陈仓，自冬迄春，八十余日，城坚守固，竟不能拔。贼众疲敝，果自解去。嵩进兵击之，卓曰：“不可！兵法：‘穷寇勿追，归众勿迫。’今我追国，是迫归众，追穷寇也。困兽犹斗，蜂虿有毒，况大众乎!”嵩曰：“不然。前吾不击，避其锐也。今而击之，待其衰也。所击疲师，非归众也。国众且走，莫有斗志。以整击乱，非穷寇也。”遂独进击之，使卓为后拒，连战大破之，斩首万余级，国走而死。卓大惭恨，由是忌嵩。②

---

① 〔清〕纪昀等修：《文渊阁四库全书》第304册，台湾商务印书馆1986年版，第479~482页。

② 〔清〕纪昀等修：《文渊阁四库全书》第253册，台湾商务印书馆1986年版，第411~412页。

由此可见，董卓对《孙子兵法》半知不解，刻板教条，而皇甫嵩则领会深刻、运用灵活，故其平叛策略亦迥异于卓。

熟习《孙子兵法》的汉代将领，史书有记载的，除了上述所列，还有韩安国、陈汤、冯奉世、严尤、冯异、王霸等人。他们在提出用兵建议和意见时，往往直接或间接引用《孙子兵法》以佐其意。韩安国云："臣闻用兵者，以饱待饥，正治以待其乱，定舍以待其劳。故接兵覆众，伐国堕城，常坐而役敌国，此圣人之兵也。"① 陈汤云："夫胡兵五而当汉兵一，何者？兵刃朴钝，弓弩不利。今闻颇得汉巧，然犹三而当一。又兵法曰：客倍而主人半，然后敌。"② 汉元帝问用兵之数，冯奉世对曰："臣闻善用兵者，役不再兴，粮不三载，故师不久暴而天诛亟决。往者数不料敌，而师至于折伤。"③ 严尤云："兵法：围城为之阙，宜使得逸出，以怖宛下。"④ 冯异，颍川父城人，史载其熟读《孙子兵法》，其引用孙子语曰："夫攻者不足，守者有余，今先据城，以逸待劳，非所以争也。"⑤ 王霸云："苏茂客兵远来，粮食不足，故数挑战，以徼一时之胜。今闭营休士，所谓不战而屈人兵者也。"⑥ 熟悉《孙子兵法》者，不仅有将领，还有军吏。《班马异同》卷二四云："苏建尽亡其军，独以身得亡去，自归大将军。大将军问其罪正闳、长史安、议郎周霸等：'建当云何？'霸曰：'自大将军出，未尝斩裨将，今建弃军，可斩，以明将军之威。'闳、安曰：'不然。兵法：小敌之坚，大敌之禽也。今建以数千当单于数万，力战一日余，士尽皆不敢有二心自归。自归而斩之，是示后无反意

① 〔清〕纪昀等修：《文渊阁四库全书》第 251 册，台湾商务印书馆 1986 年版，第 588 页。

② 〔清〕纪昀等修：《文渊阁四库全书》第 304 册，台湾商务印书馆 1986 年版，第 548 页。

③ 〔清〕纪昀等修：《文渊阁四库全书》第 304 册，台湾商务印书馆 1986 年版，第 521 页。

④ 〔清〕纪昀等修：《文渊阁四库全书》第 304 册，台湾商务印书馆 1986 年版，第 706 页。

⑤ 〔清〕纪昀等修：《文渊阁四库全书》第 304 册，台湾商务印书馆 1986 年版，第 769 页。

⑥ 〔清〕纪昀等修：《文渊阁四库全书》第 304 册，台湾商务印书馆 1986 年版，第 753 页。

也，不当斩。’”① 闳和安分别担任军正和长史，并非将领，却也谙熟《孙子兵法》，并多有引征之。

不仅汉代将领、军吏熟习《孙子兵法》，而且汉代文人及史臣也熟习《孙子兵法》，如司马迁、班固、王符、王充、郑玄，以及淮南王刘安文人集团，在其论著中对《孙子兵法》多有引用。下面各以其引录《孙子兵法》语证之：

司马迁评论田单云：“兵以正合，以奇胜。善之者，出奇无穷。奇正还相生，如环之无端。夫始如处女，适人开户；后如脱兔，适不及距。其田单之谓邪？”② 司马迁评论白起云：“白起料敌合变，出奇无穷，声震天下。”③《西汉年纪》引《太史公自序》云：“运筹帷幄之中，制胜于无形，子房计谋其事，无知名，无勇功，图难于易，为大于细，作《留侯世家第二十五》。”④

班固对待《孙子兵法》的态度和司马迁不同，基本持排斥和否定的态度，这与他推崇和维护儒家伦理，排斥黄老、游侠、纵横的思想紧密相关。班固之父班彪评论司马迁《史记》的撰作理念及其获罪的原因时说：“其论术学，则崇黄老而薄五经；序货殖，则轻仁义而羞贫穷；道游侠，则贱守节而贵俗功。此其大敝伤道，所以遇极刑之咎也。”⑤ 班固则承袭了其父的思想，批评兵家云：“春秋之后，灭弱吞小，并为战国，稍增讲武之礼，以为戏乐，用相夸视，而秦更名角抵，先王之礼没于淫乐中矣。椎桀之士，因势辅时，作为权诈，以相倾覆，吴有孙武，齐有孙膑，魏有吴起，秦有商鞅，皆禽敌立胜，垂著篇籍。当此之时，合从连衡，转相攻伐，代为雌雄。齐愍以技击强，魏

---

① 〔清〕纪昀等修：《文渊阁四库全书》第 251 册，台湾商务印书馆 1986 年版，第 620 页。

② 〔清〕纪昀等修：《文渊阁四库全书》第 959 册，台湾商务印书馆 1986 年版，第 640 页。

③ 〔清〕纪昀等修：《文渊阁四库全书》第 1006 册，台湾商务印书馆 1986 年版，第 520 页。

④ 〔清〕纪昀等修：《文渊阁四库全书》第 329 册，台湾商务印书馆 1986 年版，第 204 页。

⑤ 〔清〕纪昀等修：《文渊阁四库全书》第 252 册，台湾商务印书馆 1986 年版，第 843 页。

惠以武卒奋，秦昭以锐士胜。世方争于功利，而驰说者以孙吴为宗。时惟荀卿明于王道，而非之曰：‘彼孙吴者，上势利而贵变诈，施于暴乱昏嫚之国，君臣有间，上下离心，政谋不良，故可变而诈也。夫仁人在上，为下所仰，犹子弟之卫父兄，若手足之扞头目，何可当也？’”又云：“凡兵，所以存亡继绝，救乱除害也。故伊吕之将，子孙有国，与商周并。至于末世，苟任诈力，以快贪残，争城杀人盈城，争地杀人满野。孙吴商白之徒，皆身诛戮于前，而国灭亡于后，报应之势，各以类至，其道然矣。”① 虽然班固对孙武、吴起等兵家并不持推崇态度，甚至说孙武、吴起、商鞅、白圭等人身遭诛戮于前，国家灭亡于后，乃“报应之势”，甚有大快于心之状，但可以由此知道他对《孙子兵法》等兵书是有了解的，由此恰好说明《孙子兵法》等兵书在文人、史臣中的流传及影响。

王符是东汉人，其所著《潜夫论》对《孙子兵法》多有采摭。譬如：“今兵巧之械，盈乎府库，孙吴之言，聒乎将耳，然诸将用之，进战则兵败，退守则城亡。”又云：“孙子曰：将者，智也，仁也，敬也，信也，勇也，严也。”又云：“孙子曰：将者，民之司命，而国安危之主也……其败者，非天之所灾，将之过也。”② 王符认为，即墨大夫坚守城池，无外援，却六年不下，竟完其民；田单率弱卒五千，击败骑劫，收复齐国七十余城。此二人均可谓善用兵者。然而燕围聊、莒二城，却连年不拔，虽以至强攻至弱，以上智图下愚，而犹不能克者，乃“攻常不足，而守恒有余”③。又云：“是以明君先尽人情，不独委夫良将，修己之备，无恃于人，故能攻必胜敌，而守必自全也。”④ 此话化用《孙子兵法·九变》中语：“无恃其不来，恃吾有以待

---

① 〔清〕纪昀等修：《文渊阁四库全书》第727册，台湾商务印书馆1986年版，第216～217页。

② 〔汉〕王符撰：《潜夫论》卷五《劝将第二十一》，见《文渊阁四库全书》第696册，台湾商务印书馆1986年版，第395～397页。

③ 〔汉〕王符撰：《潜夫论》卷五《救边第二十二》，见《文渊阁四库全书》第696册，台湾商务印书馆1986年版，第397页。

④ 〔汉〕王符撰：《潜夫论》卷五《边议第二十三》，见《文渊阁四库全书》第696册，台湾商务印书馆1986年版，第399页。

之；无恃其不攻，恃吾有所不可攻也。”

汉代淮南王刘安为了申说其政治理想，反对汉武帝刘彻改革，召集其门客苏飞、李尚、左吴、田由、雷被、毛被、伍被、晋昌“八公”，及诸儒大山、小山之徒，讲论道德，总统仁义，以黄老道家为主旨，杂以其他诸子，而编撰成《淮南子》，又名《淮南鸿烈》或《刘安子》。其论兵专篇《兵略训》引用或化用《孙子兵法》语，是其一大特色。兹列举其引《孙子》语如下①：

《兵略训》云：“主孰贤，将孰能，民孰附，国孰治，蓄积孰多，士卒孰精，甲兵孰利，器备孰便。”又云：“用兵之道，示之以柔，而迎之以刚；示之以弱，而乘之以强；为之以歙，而应之以张；将欲西，而示之以东。”乃间接引自《孙子兵法·始计》。

《兵略训》所云“先为不可胜，而后求胜”与“全兵先胜而后战，败兵先战而后求胜”，以及《诠言训》所云“故用兵者，先为不可胜，以待敌之可胜也；治国者，先为不可夺，以待敌之可夺也”，乃间接引自《孙子兵法·军形》。

《兵略训》所云“故善用兵者，势如决积水于千仞之堤，若转员石于万丈之溪”与“疾如彍弩，势如发矢”，以及“若日月有昼夜，终而复始，明而复晦”，则间接引自《孙子兵法·兵势》。

《兵略训》云：“静以合躁，治以持乱。”又云：“善用兵者，当击其乱，不攻其治，是不袭堂堂之寇，不击填填之鼓。”又云：“故良将之用卒也，同其心，一其力，勇者不得独进，怯者不得独退。”又云：“昼则多旌，夜则多火，晦冥多鼓，此善为设施者也。”乃引自《孙子兵法·军争》。

《兵略训》云：“是故无天于上，无地于下，无敌于前，无主于后，进不求名，退不避罪，唯民是保，利合于主，国之宝也，将之道也。”引自《孙子兵法·地形》。

---

① 笔者按：《兵略训》语引自广益书局 1936 年版〔汉〕高诱《淮南子集解》下册第 62~81 页，不另在各条后一一标注出处；《要略》语引自广益书局 1936 年版〔汉〕高诱《淮南子集解》下册第 182 页。

《兵略训》云："同舟而济于江，卒遇风波，百族之子，捷捽招杼船，若左右手，不以相德，其忧同也。"间接引自《孙子兵法·九地》。

《要略》云："乘势以为资，清静以为常，避实就虚，若驱群羊。"引自《孙子兵法·虚实》和《孙子兵法·九地》。

此外，西汉刘向、扬雄，东汉赵晔、袁康、王充、郑玄、高诱对孙武其人其书多有述及。刘向《新序》佚文云："孙武、乐毅之徒，皆前世之贤将也。"扬雄《扬子法言》云："不战而屈人兵，尧舜也。"赵晔《吴越春秋·阖闾内传》则载有孙武生平及其以宫女练兵事。袁康《越绝书·吴地传》云："巫门外大冢，吴王客齐孙武冢也，去县十里。善为兵法。"王充《论衡·量知》云："孙武、阖庐，世之善用兵者也，知或学其法者，战必胜。"《周礼·春官·车仆》郑玄注云："《孙子》八陈，有苹车之陈。"《吕氏春秋》高诱注云："孙吴，吴起、孙武也。吴王阖闾之将也，兵法五千言是也。"

《孙子兵法》在汉代士人以上阶层中的广泛流传，极大地推动了孙子学的发展。不仅武将、文人谙熟《孙子兵法》，而且文臣也有明晓兵法者。譬如，《汉书·晁错传》记载晁错云："故兵法曰：器械不利，以其卒予敌也；卒不可用，以其将予敌也；将不知兵，以其主予敌也；君不择将，以其国予敌也。"此处"兵法"，当为《孙子兵法》，所引当为孙子佚文。李世民《帝范·阅武》注云："《孙子兵法》曰：'兵甲不坚，器械不精，练习不熟，是以其卒与敌也。'"再如，主父偃谏伐匈奴云："兵法曰：'兴师十万，日费千金。'"① 则引自《孙子兵法·用间》。又如，《后汉书·杨震列传》记录杨震之孙杨赐之言曰："赐时在司徒，召掾刘陶，告曰：'张角等遭赦不悔，而稍益滋蔓，今若下州郡捕讨，恐更骚扰，速成其患，且欲切敕刺史、二千石，简别流人，各护归本郡，以孤弱其党，然后诛其渠帅，可不劳而定，何如？'陶对曰：'此孙子所谓不战而屈人之兵，庙胜之术也。'"② 其中刘陶所答，乃引自《孙子兵法》之《谋攻》及《始计》。刘陶，字子奇，东汉末颖

① 〔汉〕司马迁撰：《史记》，中华书局 1982 年版，第 2955 页。

② 〔清〕纪昀等修：《文渊阁四库全书》第 253 册，台湾商务印书馆 1986 年版，第 177 页。

川人，史载其深居简出，沉勇有谋，不拘小节，三迁尚书令，拜侍中，屡切谏，为权宦所畏，被诬下狱，含冤而不屈，不食而死，后追封为中陵侯。

《汉书·艺文志》载曰："汉兴，改秦之败，大收篇籍，广开献书之路。"汉朝曾先后三次整理兵书。第一次是在汉高祖时，张良、韩信"序次兵法，凡百八十二家，删取要用，定著三十五家"，后来诸吕擅权用事而盗取之，以致皇室所藏兵书散佚，故第一次张良、韩信编订的兵法具体是哪三十五家，不得而知。关于张良、韩信序次兵法及诸吕用事盗取兵法事，顾实讲疏云："秦既内溃，刘、项起于锄耰棘矜以亡之，战术非有过于六国也。张良、韩信仅能运用太公、孙武、穰苴之遗术而已。司马迁曰：'韩信申军法。'（《史记·自序》）盖略言之。诸吕盗取，当盗自中秘。"① 第二次是在汉武帝时，"书缺简脱，礼坏乐崩"，"于是建藏书之策，置写书之官，下及诸子传说，皆充秘府"，军政杨仆"捃摭遗逸，纪奏《兵录》"，但仍不完备。第三次是在汉成帝时，藏书颇有散亡，便使谒者陈农搜求遗书，故藏书大增，需要校订整理，"光禄大夫刘向校经传诸子诗赋，步兵校尉任宏校兵书，太史令尹咸校数术，侍医李柱国校方技。每一书已，向辄条其篇目，撮其指意，录而奏之。会向卒，哀帝复使向子侍中奉车都尉歆卒父业。歆于是总群书而奏其《七略》，故有《辑略》，有《六艺略》，有《诸子略》，有《诗赋略》，有《兵书略》，有《术数略》，有《方技略》"②。

可知大规模而有成效地整理兵书是在第三次，前两次的兵书或被诸吕盗去，或多有散亡，只有第三次兵书整理匡定了汉代兵书的基本内容，不仅篇目清楚，指意明确，而且校订精审，为兵家文化典籍的藏存和流传做出了不朽贡献。新朝王莽又有征求天下兵书之举，以补前代之遗失，然其所整理者无可稽考。虽然《兵书略》著录的兵书多已散佚，但是其目录给后世学者的研究指点了门径。故宋代文献学家郑樵在《通志·校雠略》"编书不明分类论三篇"条论及刘向《七略》时，对《兵书略》多有褒赞之语，云：

---

① 顾实著：《汉书艺文志讲疏》，商务印书馆 1930 年版，第 215 页。

② 〔汉〕班固撰：《汉书》，中华书局 1962 年版，第 1701 页。

《七略》惟兵家一略，任宏所校，分权谋、形势、阴阳、技巧为四种书，又有图四十三卷，与书参焉。观其类例，亦可知兵，况见其书乎？其次则尹咸校数术，李柱国校方技，亦有条理。惟刘向父子所校经传、诸子、诗赋，冗杂不明，尽采语言，不存图谱，缘刘氏章句之儒，胸中元无伦类。班固不知其失，是故后世亡书多，而学者不知源别，凡编书惟细分难，非用心精微，则不能也。兵家一略极明，若他略皆如此，何忧乎斯文之丧也？①

汉代三次整理兵书，其中《孙子兵法》之整理，为魏武帝曹操注本提供了可靠的本子。宋代又以曹操注本为据，编校《武经七书》和《十一家注孙子》，由此形成了《武经七书》本《孙子》和《十一家注孙子》本《孙子》两个传本，加之银雀山汉墓竹简本《孙子》，形成《孙子兵法》三大传本系统。

汉代选拔官员实行察举制，由地方要员向中央推荐，时有诏令地方长官举荐通晓兵法者。宋代徐天麟编纂的《西汉会要》对此有辑录，所辑史料选自《汉书》的《纪》《表》《志》《传》等，每条史料后均注明出处。《选举·异科》云："元延元年诏曰：'乃者日蚀星陨，北边二十二郡，举勇猛知兵法者各一人。'……建平四年，诏将军、中二千石举明兵法有大虑者。元寿元年下诏曰：'天下虽安，忘战必危。将军与中二千石举明习兵法有大虑者各一人，将军二人，诣公车。'"② 《资治通鉴》亦载有举荐精通兵法入官者："莽奏起明堂、辟雍、灵台，为学者筑舍万区，制度甚盛，立《乐经》，益博士员，经各五人。征天下通一艺教授十一人以上，及有逸《礼》、古《书》、天文、图谶、钟律、月令、兵法、《史篇》文字，通知其意者，皆诣公车，网罗天下异能之士，前后至者千数，皆令记说廷中，将令正乖谬，壹异说云。"③ 此处

① 〔宋〕郑樵撰：《通志·校雠略》，见王云五主编《万有文库》本，商务印书馆1935年版，第133~134页。

② 〔清〕纪昀等修：《文渊阁四库全书》第609册，台湾商务印书馆1986年版，第285页。

③ 〔清〕纪昀等修：《文渊阁四库全书》第304册，台湾商务印书馆1986年版，第651页。

所云“兵法”，实则孙武、吴起兵法，乃时人之统称也。从史籍记载看，东汉时期，孙吴兵法已成为武官的必修内容。范晔《后汉书·礼仪志》云：“武官肄兵，习战阵之仪、斩牲之礼，名曰貙刘。兵官皆肄《孙吴兵法》、六十四阵，名曰乘之。”①

《孙子兵法》广泛流传于社会的中上阶层，还可以从有关《孙子兵法》的出土文献得到佐证。1972 年山东临沂银雀山汉墓出土了竹简《孙子兵法》《孙膑兵法》《尉缭子》《六韬》。有学者通过对随葬品的考证分析，推定墓主的身份为军中谋士或幕僚，其云：“以其无一件兵器而多兵书，则其身份推想可能是将军幕府中的谋士或幕僚，而绝非武夫。”② 1981 年从山东兖州城西西汉晚期墓葬中出土了一幅孙武石刻画像，整理者题名为“兖州汉墓孙武画像石”，其云：右为孙武图像，右上角题刻“孙武”两字；中为宴饮博弈图；左为老子图，右上角题刻“老子”两字。孙武图中共有三个人物像，皆为立像：孙武身躯伟岸，神态从容；其旁一人与孙武身量相当，一人略小。③ 1978 年青海省大通县上孙家寨汉墓中出土了一批《孙子兵法》木简，有学者认为墓主马良是位将领，因史无传载，其身世无法查考，但与赵充国用兵西羌有关，可能是赵充国的部属。④

大概成书于战国的《灵枢经》卷八《逆顺第五十五》云：“《兵法》曰：无迎逢逢之气，无击堂堂之阵。”⑤ 乃化用《孙子兵法·军争》之“无邀正正之旗，勿击堂堂之陈”。《灵枢经》卷四《营卫生会第十八》之“阴阳相贯，如环无端”，乃化用《孙子兵法·兵势》之“奇正相生，如循环之无端”⑥。《黄帝内经素问》卷一《四气调神大论篇第二》云：“故阴阳四时者，万物之

---

① 〔南朝宋〕范晔撰：《后汉书》，中华书局 2000 年版，第 2118 页。

② 罗福颐：《临沂汉简分类考释序》，载《古文字研究》第十一辑，中华书局 1985 年版，第 7 页。

③ 吴如嵩主编：《孙子兵法辞典》，白山出版社 1995 年版，第 110 页。

④ 朱国炤：《上孙家寨木简初探》，载《文物》1981 年第 2 期。

⑤ 〔清〕纪昀等修：《文渊阁四库全书》第 733 册，台湾商务印书馆 1986 年版，第 392 页。

⑥ 〔清〕纪昀等修：《文渊阁四库全书》第 733 册，台湾商务印书馆 1986 年版，第 356 页。

终始也，死生之本也。逆之则灾害生，从之则苛疾不起，是谓得道。道者，圣人行之，愚者佩之。从阴阳则生，逆之则死；从之则治，逆之则乱。反顺为逆，是谓内格。是故圣人不治已病，治未病；不治已乱，治未乱。此之谓也。夫病已成而后药之，乱已成而后治之，譬犹渴而穿井，斗而铸锥，不亦晚乎？"①《孙子兵法·兵势》云："乱生于治，怯生于勇，弱生于强。治乱，数也；勇怯，势也；强弱，形也。"更与兵阴阳理论相通："顺时而发，推刑德，随斗击，因五胜。"《孙子兵法》乃兵权谋著作，然而兼形势，包阴阳，亦有兵阴阳特色。《孙子兵法·行军》云："凡军好高而恶下，贵阳而贱阴。"银雀山汉墓竹简《孙子兵法·地形二》云："右负丘陵，左前水泽。"银雀山汉墓竹简《孙子兵法·黄帝伐赤帝》云："右阴，顺术，倍冲。"《孙子兵法·火攻》云："发火有时，起火有日。时者，天之燥也；日者，月在箕、壁、翼、轸也。凡此四宿者，风起之日也。"箕、壁、翼、轸皆各为二十八宿之一，箕为"青龙"七宿之末宿，壁为"玄武"七宿之末宿，翼为"朱雀"七宿之第六宿，轸为"朱雀"七宿之末宿。月道经此四宿，便是风起之日。这不能不说《黄帝内经》受到了《孙子兵法》的影响。

第三节　战国秦汉兵法对《孙子兵法》的继承

《孙子兵法》自其产生后，后代兵法无不吸取其思想营养，以成就自身面貌。唐太宗在与李靖讨论兵法时有"观诸兵书，无出孙武"的赞叹，明代茅元仪在《武备志·兵诀评序》中赞扬孙子曰："先秦之言兵者六家，前《孙子》者，《孙子》不遗，后《孙子》者，不能遗《孙子》。"其实，不惟战国兵法不遗《孙子》之旨，而且秦汉以后亦莫不如是。关于秦汉以降各朝代的情况，本书后续篇章将予提列。在此仅对战国秦汉兵法吸收借鉴《孙子兵法》的情况略予例证。

① 〔清〕纪昀等修：《文渊阁四库全书》第733册，台湾商务印书馆1986年版，第14~15页。

一、《孙膑兵法》对《孙子兵法》的继承

据司马迁记载，孙膑是孙武死后百余年的裔孙。孙膑著述兵法，自有其家学渊源，而且从其兵法看，对乃祖兵法确有继承发展。但由于两位杰出兵家所处时代不同，故其思想有诸多不同之处。在此不作全面涉论，仅就用兵之道中最紧要的问题来说，孙武一贯重视谋、诈、赏、罚、势、权，直言“兵者诡道”；在“道、天、地、将、法”五事中，在“法令孰行”“赏罚孰明”等七计中，都强调赏罚分明是取胜的关键。在《孙子兵法》十三篇中，专列一篇讲“势”，故《兵势》云：“善战者，求之于势，不责于人，故能择人而任势。”孙武又强调将帅权力不受宫闱掣肘，《谋攻》云：“将能而君不御者胜。”《九变》云：“君命有所不受。”以上均说明孙武用兵非常倚重谋、诈、赏、罚、势、权，但孙膑认为此六者“可以益胜，非其急者也”，而“必攻不守，兵之急者也”。（《孙膑兵法·威王问》）

《孙膑兵法》和《孙子兵法》的政治方略和军事谋略有高度的一致性，这既表现在意义的借鉴（姑且称之为意引），也表现在语言的借用（姑且称之为语引），而从语引来看，多半为间接引用或化用《孙子兵法》。今举《孙膑兵法》原文①为例予以说明：

> 孙子曰：兵之胜在于篡卒，其勇在于制，其巧在于势，其利在于信，其德在于道，其富在于亟归，其强在于休民，其伤在于数战。（《篡卒》）
>
> 孙子曰：德行者，兵之厚积也。信者，兵明赏也。恶战者，兵之王器也。取众者，胜□□□也。（《篡卒》）
>
> 孙子曰：恒胜有五。得主专制，胜。知道，胜。得众，胜。左右和，胜。量敌计险，胜。（《篡卒》）

---

① 〔战国〕孙膑撰，银雀山汉墓竹简整理小组编：《孙膑兵法》，文物出版社 1975 年版，第 54、83、121 页。

孙子曰：恒不胜有五：御将，不胜。不知道，不胜。乖将，不胜。不用间，不胜。不得众，不胜。(《篡卒》)

凡阵有十：有方阵，有圆阵，有疏阵，有数阵，有锥形之阵，有雁行之阵，有钩形之阵，有玄襄之阵，有火阵，有水阵。此皆有所利。(《十阵》)

天地之理，至则反，盈则败，□□是也。代兴代废，四时是也。有胜有不胜，五行是也。有生有死，万物是也。有能有不能，万生是也。有所有余，有所不足，形势是也。故有形之徒，莫不可名。有名之徒，莫不可胜。故圣人以万物之胜胜万物，故其胜不屈。(《奇正》)

上举《孙膑兵法》原文，或者在思想上，或者在语言上继承了《孙子兵法》。《孙膑兵法》所言“制”，即《孙子兵法》所言“法”（曲制、官道）。《孙膑兵法》所言“势”，即《孙子兵法》所言“兵势”。《孙膑兵法》言“信”，《孙子兵法》亦言“信”。《孙膑兵法》所言“得主专制”，即《孙子兵法》所言“将能而君不御”。《孙膑兵法》所言“知道”，即《孙子兵法》所言“知胜之道”。《孙膑兵法》所言“得众”，即《孙子兵法》所言“上下同欲”。《孙膑兵法》所言“量敌计险”，即《孙子兵法》所言“处军相敌”。《孙膑兵法》所言“御将”，即《孙子兵法》所言“不知军之不可以进而谓之进，不知军之不可以退而谓之退，是谓縻军；不知三军之事而同三军之政……不知三军之权而同三军之任”。《孙膑兵法》所言“乖将”，即《孙子兵法》所言“必死可杀，必生可虏，忿速可侮，廉洁可辱，爱民可烦”。《孙子兵法》言“用间”，《孙膑兵法》亦言“用间”。然而，此所列《孙膑兵法》之要论，《孙子兵法》均有详述，《孙膑兵法》则从略言之。《孙膑兵法》之所以不对上述论点展开阐述，就是因为《孙子兵法》已经述说详备，故只做提炼、概括性的引用、承继而已。

孙武有《八阵图》，《周礼·春官·车仆》郑玄注云：“《孙子》八陈，有苹车之陈。”而从《孙子兵法》所言“纷纷纭纭，斗乱而不可乱；浑浑沌沌，形圆而不可败”（《兵势》）看，孙武子应该是有阵法的。《十一家注孙子》

中，杜牧和张预均以为孙子讲阵法变化。孙膑的十阵之法应该是由孙武的八阵之法发展而来。

《孙膑兵法》的《奇正》篇则讲正反（阴阳）、四时、五行及万物之间的生克关系，阐明“胜败无常”的道理，以印证其兵乃傅道的战争观。这与《孙子兵法》在《兵势》以日月更替、死生互根、四时变换、五声变和、五色相依、五味相杂等自然现象譬喻兵事，以阐明战争中“奇正之变，不可胜穷”的道理，如出一辙。又譬如，《孙膑兵法》云：“威王曰：‘以一击十，有道乎？’孙子曰：‘有。攻其无备，出其不意。’”（《威王问》）更是直接引用《孙子兵法》首篇《始计》语作答。

二、《尉缭子》对《孙子兵法》的继承

《尉缭子》是一部富有争议的兵书，学界对其版本、作者与成书一直有着不同看法。《汉书·艺文志》杂家类著录《尉缭》二十九篇，兵家类著录《尉缭》三十一篇，都源自战国古本《尉缭》，只是在战国秦汉流传中形成了兵家和杂家的两个本子，而历魏晋南北朝三百多年，兵家《尉缭》亡佚，杂家《尉缭》存世。故在隋代以后，官私目录著录为五卷或六卷，著录类别或在杂家，或在兵家。而今本《尉缭子》二十四篇，是经过官方校改的《武经七书》本《尉缭子》。其作者有人说是梁惠王时的尉缭，故其书作成于战国中期；有人说是秦王嬴政时的尉缭，故其书作成于战国晚期；有人说两个尉缭，实际上是同一人，今本《尉缭子》前十二篇成书于战国中期的魏国，是尉缭在魏国的弟子所记录，后十二篇成书于战国末期的秦国，是尉缭在秦国的弟子所记录；有人说《尉缭子》作者疑伪，是假托梁惠王时的尉缭。但据笔者考辨，《尉缭子》的作者是梁惠王时的尉缭，古本《尉缭》大约成书于梁惠王三十五年（前 335），基本出自尉缭之手，但也不乏尉缭的弟子或后学追记的文字。

《尉缭子》对《孙子兵法》的继承，表现在对《孙子兵法》的军事思想的借鉴和吸收上。《尉缭子》云：“兵以静胜，国以专胜。”（《攻权》）又云：“不爱说其心者，不我用也；不威严其心者，不我举也。爱在下顺，威在上

立，爱故不二，威故不犯。故善将者，爱与威而已。”（《攻权》）《尉缭子》云：“凡兵，有以道胜，有以威胜，有以力胜。讲武料敌，使敌之气失而师散，虽刑全而不为之用，此道胜也。审法制，明赏罚，便器用，使民有必战之心，此威胜也。破军杀将，乘闉发机，溃众夺地，成功乃返，此力胜也。”（《战威》）又云：“将之所以战者，民也；民之所以战者，气也。气实则斗，气夺则走。”（《战威》）又云：“刑未加，兵未接，而所以夺敌者五：一曰庙胜之论；二曰受命之论；三曰逾垠之论；四曰深沟高垒之论；五曰举陈加刑之论。此五者，先料敌而后动，是以击虚夺之也。”（《战威》）又云：“善用兵者，能夺人而不夺于人。夺者，心之机也；令者，一众心也。众不审，则数变；数变，则令虽出，众不信矣。”（《战威》）又云：“举贤任能，不时日而事利；明法审令，不卜筮而获吉；贵功养劳，不祷祠而得福。故曰，天时不如地利，地利不如人和。圣人所贵，人事而已。”（《战威》）①

以上所列尉缭子主张，即用兵在幽秘、在专权、在爱卒、在立威、在夺气、在夺心、在庙胜、在料敌、在击虚等，事实上都直接或间接继承《孙子兵法》。《孙子兵法》云：“将军之事，静以幽，正以治。”（《九地》）又云：“三军可夺气，将军可夺心。是故朝气锐，昼气惰，暮气归。故善用兵者，避其锐气，击其惰归，此治气者也。以治待乱，以静待哗，此治心者也。以近待远，以佚待劳，以饱待饥，此治力者也。无邀正正之旗，勿击堂堂之陈，此治变者也。”（《军争》）又云：“故明君贤将，所以动而胜人，成功出于众者，先知也。先知者，不可取于鬼神，不可象于事，不可验于度，必取于人，知敌之情者也。”（《用间》）

以上所引《尉缭子》和《孙子兵法》的文字，表述虽异，但是其含义相同或相近，由此可以看出前者对后者的继承。

三、《六韬》对《孙子兵法》的继承

有人说《六韬》就是《周史六弢》或《金版六弢》，其实不然。《六韬》

① 〔清〕纪昀等修：《文渊阁四库全书》第726册，台湾商务印书馆1986年版，第74~76页。

最早见于著录是在《隋书·经籍志》，有《太公六韬》五卷，下注："梁六卷。周文王师姜望撰。"《汉书·艺文志》儒家类著录有《周史六弢》六篇，班固自注："惠、襄之间，或曰显王时，或曰孔子问焉。"可见《太公六韬》与《周史六弢》不是同一著作，前者是兵书，后者是儒书。《六韬》又名《太公六韬》，但并非出自姜太公之手，也不是与姜太公同时代的人所作，应该是战国晚期托名太公的兵家著作。《六韬》融会了黄老道家、儒家、法家、墨家、阴阳家、名家的思想，其所反映的兵种构成、作战方式、战争样式、军事制度、武器装备等体现了战国晚期的特征，但在一定程度上集成了姜太公的政治和军事思想。

清代姚际恒考辨《六韬》真伪云："《汉志》无，《隋志》始有，称吕望撰。《汉志》儒家有《周史六弢》六篇，颜师古曰：'即今之《六韬》。'案：《六弢》之名出《庄子》，然《汉志》儒家，非兵家。其辞俚鄙，伪托何疑！或以其有'避正殿'语，此乃秦汉事；然亦无烦辨此也。惟一端极可笑者，胡元瑞曰：'《六韬》有《太公阴符篇》云："主与将有阴符，凡八等。克敌之符长一尺，破军之符长九寸，失利之符长三寸而止。"'盖伪撰之人不识'阴符'之义，以为符节之符也。"①

近代学者金受申认为《六韬》可能作于南朝陈代至隋朝之间，其《古今伪书考考释》云："陆德明《庄子释文》云：'《太公六韬》，《文》《武》《虎》《豹》《龙》《犬》也。'由是观之，则《六韬》之伪，似在陈、隋之前矣。"② 这一观点可能是受到了清代姚鼐的启发。姚鼐认为《六韬》伪造于晋及南朝宋、齐、梁间，其曰："《庄子》载女商曰：'横说之，则以《诗》《书》《礼》《乐》；从说之，则以《金版六弢》。'然则《六弢》之文，必约于《诗》《书》《礼》《乐》者也。刘向、班固皆列《周史六弢》于儒家，且云：'惠、襄之间，或云显王时，或曰孔子问焉。'然其为周史之辞，若周任史逸之言无疑也。非言兵，亦无与于太公也。今《六韬》徽取兵家之说，附

---

① 〔清〕姚际恒著，顾颉刚校点：《古今伪书考》，朴社 1933 年版，第 37~38 页。

② 金受申撰：《古今伪书考考释》，中华印刷局 1924 年版，第 27~28 页。

之太公，而弥鄙陋。周之‘权’曰‘钧’，不曰‘斤’，其于色曰‘玄’，曰‘黑’，曰‘缁’，不曰‘乌’。晋、宋、齐、梁间市井乃有‘乌衣’‘乌帽’语耳。而今《六韬》乃曰‘斤’，曰‘乌’。”①

尽管姚际恒等人认为《六韬》是秦汉至隋的伪书，但笔者认为《六韬》仍然保留了战国晚期的思想，一定程度上也反映了周朝太公望的用兵谋略，也不排除在秦汉至隋代之间的增益。故《六韬》毫无例外地而且主要在战术战法方面具体地继承和发展了孙子思想。譬如，《文韬·兵道》载述太公曰：“外乱而内整，示饥而实饱，内精而外钝，一合一离，一聚一散，阴其谋，密其机，高其垒，伏其锐。士寂若无声，敌不知我所备。欲其西，袭其东。”显然是孙子诡道思想的翻版。即使谈论为将之道，《六韬》也与《孙子兵法》基本相同。《龙韬·论将》云：“武王问太公曰：‘论将之道奈何?’太公曰：‘将有五材十过。’武王曰：‘敢问其目。’太公曰：‘所谓五材者，勇、智、仁、信、忠也……所谓十过者，有勇而轻死者，有急而心速者，有贪而好利者，有仁而不忍人者，有智而心怯者，有信而喜信人者，有廉洁而不爱人者，有智而心缓者，有刚毅而自用者，有懦而喜任人者。’”《六韬》所云“五材”（勇、智、仁、信、忠）与《孙子兵法》所云“将者，智、信、仁、勇、严”，只有一字之别；《六韬》所云“十过”，实际上是在《孙子兵法》提出的“将有五危”（必死可杀、必生可虏、忿速可侮、廉洁可辱、爱民可烦）基础上的拓展。

四、《吴子》对《孙子兵法》的继承

《吴子》又名《吴起兵法》《吴子兵法》，其作者与成书也是一个有争议的问题，有人说是西汉中期至魏晋时人伪托吴起所著；有人说是战国时人伪托吴起掇拾成篇；有人说《吴子》成书于战国末年，作者只是一个熟悉武学之人，而非吴子或吴子后学。但比较主流的看法，《吴子》的作者是吴起。据司马迁记载，吴起是一位外法内儒的兵家，活动于战国前期。吴起先学儒术，

---

① 〔清〕姚鼐撰：《惜抱轩文集》卷五《读司马法六韬》，清嘉庆三年（1798）刻本。

后学兵法。吴起本是卫国人，家累千金，而求官不成，故来到鲁国。为得到鲁君的信任而杀妻拜将。后又离开鲁国，投奔魏国，击秦拒韩，屡建功勋。在魏国受到排挤，遂至楚国，做了国相。在楚国，吴起推行变法，因得罪宗室大臣而被杀害。

《吴子》自其成书后，就和《孙子兵法》（《吴孙子兵法》）、《孙膑兵法》（《齐孙子兵法》）相提并论，在社会上广泛流传。《韩非子·五蠹》言："境内皆言兵，藏孙、吴之书者家有之。"司马迁称誉之曰："世俗所称师旅，皆道《孙子》十三篇，《吴起兵法》，世多有，故弗论，论其行事所施设者。"①

《吴子》继承了《孙子兵法》"知己知彼"思想，主要集中在《料敌》《应变》《治兵》《论将》篇。譬如，吴起应答武侯"敌必可击"之问："用兵必须审敌虚实，而趋其危。敌人远来新至，行列未定，可击；既食未设备，可击；奔走，可击；勤劳，可击；未得地利，可击；失时不从，可击；涉长道后，行未息，可击；涉水半渡，可击；险道狭路，可击；旌旗乱动，可击；阵数移动，可击；将离士卒，可击；心怖，可击。凡若此者，选锐冲之，分兵继之，急击勿疑。"（《料敌》）这些料敌之计、应敌之策是对《孙子兵法》所云"料敌制胜，计险隘远近，上将之道也"（《地形》）的具体阐述，亦是对《孙子兵法》所云"知吾卒之可以击，而不知敌之不可击，胜之半也；知敌之可击，而不知吾卒之不可以击，胜之半也；知敌之可击，知吾卒之可以击，而不知地形之不可以战，胜之半也"（《地形》）的生动注解。在《应变》《治兵》《论将》篇亦有在不同地势与敌人相遇，以及针对敌人不同态势而采取的不同的战略战术，都间接或直接地表现了《吴子兵法》对《孙子兵法》的继承。

五、《三略》对《孙子兵法》的继承

《三略》题名为黄石公所著，黄石公是秦末汉初隐士，故又名《黄石公三

---

① 〔汉〕司马迁撰：《史记》，中华书局 1982 年版，第 2168 页。

略》。《三略》的作者及成书时间，颇有争议。唐朝张守节认为是姜太公所作，其《史记正义》云："言吕尚绸缪于幽权之策，谓《六韬》《三略》《阴符》《七术》之属也。"清代姚际恒则认为是汉以后人伪托，云："《汉志》无，《隋志》始有。其称黄石公者，史载张良过下邳，圯上老人授书曰《太公兵法》也。或又以为黄石公所授，故称之。《隋志》无以名之，乃曰下邳神人撰，甚可笑，其伪无疑。"近代金受申对姚际恒的《古今伪书考》进行考释，名之曰《古今伪书考考释》，在沿袭姚氏伪书说的前提下，判定此书作于北宋以前。其云："《三略》不类秦汉间文。汉光帝诏虽引之，安知非反摭诏中所引二语，以证实其书。谓之北宋以前，则可矣。"① 现代学者顾实又对《古今伪书考》进行重考，云："《隋志》题神人撰，诚为荒谬。史汉《张良传》：良受圯上老人书，乃《太公兵法》也。《汉志・兵书略》称'汉兴，张良、韩信序次兵法'，又于兵权谋十三家下称'省伊尹、太公等三百五十九种'，以此推之，良所得书，亦似当与《六韬》同在《太公》二百三十七篇之内。今观《六韬》《三略》，文词俱相似，可证也。自传学者别尊之曰《黄石公书》，又以三卷故，而称曰《略》，即《黄石公三略》之名所由来欤？考《隋志》兵家，梁有《太公阴谋》三卷、《太公兵法》三卷、《黄石公记》三卷、《黄石公略注》三卷，要俱似同书而别本，故分别著录。孙诒让曰：《隋志》云《黄石公三略》三卷，梁又有《黄石公记》三卷。案《后汉书・臧宫传》，光武诏引《黄石公记》曰：'柔能制刚，弱能制强。'马总《意林》引《黄石公记》云：'与众好生者靡不成，与众同恶者靡不倾。'文并见今本《上略》，又云：'四民用虚，国家无储，四民用足，国家安乐。'文见《下略》，是《黄石公三略》即《七录》之《黄石公记》也。《隋志》分为二，似失考。孙说甚核。又考谶语起于六国之间，《三略》多志军谶，亦足为秦汉古书之证。"②

《汉书》作成于东汉和帝年间，但《汉书》并无《三略》的著录，很可

① 金受申撰：《古今伪书考考释》，中华印刷局 1924 年版，第 28 页。

② 顾实撰：《重考古今伪书考》，大东书局 1928 年版，第 19~20 页。

能此前没有《三略》，也有可能是汉初张良、韩信序次兵法时，删除了《三略》，因为当时兵书凡百八十二家，但“删取要用，定著三十五家”。东汉建安年间，《三略》之名始见于陈琳《武军赋》，其序云：“回天军于易水之阳，以讨瓒焉。鸿沟参周，鹿菰十里，荐之以棘，为建修橹，干青霄，窾深隧，下三泉，飞云梯、冲、神钩之具，不在吴孙之篇、《三略》《六韬》之术者，凡数十事，秘莫得闻也，乃作《武军赋》。”① 宋代王应麟《困学纪闻》卷一〇《诸子》记载生活于魏明帝时的李萧远作《运命论》云：“张良受黄石之符，诵《三略》之说。言《三略》者始见于此。”② 据《北史》卷三四载，东晋末年，凉武昭王李暠征召敦煌人刘延明任儒林祭酒、从事中郎，李暠尚文典，尝亲自校注文史典籍，在李暠的影响下，刘延明注《周易》《韩子》《人物志》《黄石公三略》，并行于世。《隋书·经籍志》著录《黄石公三略》三卷，题“下邳神人撰”。这是最早的史书著录。然《三略》又申明：“是故《三略》为衰世作。《上略》设礼赏，别奸雄，著成败；《中略》差德行，审权变；《下略》陈道德，察安危，明贼贤之咎。故人主深晓《上略》，则能任贤擒敌；深晓《中略》，则能御将统众；深晓《下略》，则能明盛衰之源，审治国之纪。”综上，可以推断《三略》大约成书于东汉末至魏晋年间，其作者当是一位通晓政治方略和军事谋略的隐士。关于黄石公其人其事，史籍无详述，只在《史记·留侯世家》中有黄石公赠书于张良的记载：

> 留侯张良者，其先韩人也……良尝间从容步游下邳圯上，有一老父，衣褐，至良所，直堕其履圯下，顾谓良曰：“孺子，下取履！”良鄂然，欲殴之。为其老，强忍，下取履。父曰：“履我！”良业为取履，因长跪履之。父以足受，笑而去。良殊大惊，随目之。父去里所，复还曰：“孺子可教矣。后五日平明，与我会此。”良因怪之，跪曰：“诺。”五日平

---

① 〔清〕纪昀等修：《文渊阁四库全书》第1412册，台湾商务印书馆1986年版，第722页。

② 〔清〕纪昀等修：《文渊阁四库全书》第854册，台湾商务印书馆1986年版，第360~361页。

明，良往。父已先在，怒曰：“与老人期，后，何也？”去，曰：“后五日早会。”五日鸡鸣，良往，父又先在，复怒曰：“后，何也？”去，曰：“后五日复早来。”五日，良夜未半往。有顷，父亦来，喜曰：“当如是。”出一编书，曰：“读此则为王者师矣。后十年兴。十三年孺子见我济北，谷城山下黄石即我矣。”遂去，无他言，不复见。旦日视其书，乃《太公兵法》也。良因异之，常习诵读之。①

这段记载近似小说家言，可信度究竟有多高，实不敢断言。然又有清钱塘王琦《李太白集注》注引西晋皇甫谧《高士传》云：“黄石公者，下邳人也，遭秦乱，自隐姓名，时人莫知者。”② 司马迁是史家，所记并非无稽之言，虽然张良受书经过怪诞不经，但是黄石公其人不虚，亦应是事实。皇甫谧生于东汉末年，主要生活于西晋，有汉一代四百余年，虽然历史较长，但是其间除了王莽篡汉，时代衔接基本是一贯的，故其所言亦必有所据。

虽然《三略》内容多与《六韬》相近，且《上略》多引《军谶》，《中略》多引《军势》，《上略》《中略》多言军事，《下略》多言政治。然而，与《孙子兵法》仍有内容一致之处。譬如，《上略》云：“故与众同好，靡不成；与众同恶，靡不倾。治国安家，得人也；亡国破家，失人也。”诚乃孙武所云“道者，令民与上同意也”的注脚。《上略》又云：“敌动，伺之；敌近，备之；敌强，下之；敌佚，去之；敌陵，待之；敌暴，绥之；敌悖，义之；敌睦，携之。”亦是孙武诡道之法。《上略》又云：“故兵有全胜。”乃孙武“不战而屈人之兵也”。

六、《太公兵法》对《孙子兵法》的继承

《太公兵法》由清末汪宗沂辑录，虽题名作者为太公，但并非出自太公之

---

① 〔汉〕司马迁撰：《史记》，中华书局1982年版，第2033~2035页。

② 〔清〕纪昀等修：《文渊阁四库全书》第1067册，台湾商务印书馆1986年版，第152页。

手。司马迁记载："周西伯昌之脱羑里归，与吕尚阴谋修德以倾商政，其事多兵权与奇计，故后世之言兵及周之阴权皆宗太公为本谋。周西伯政平，及断虞芮之讼，而诗人称西伯受命曰文王。伐崇、密须、犬夷，大作丰邑。天下三分，其二归周者，太公之谋计居多。"① 姜太公虽在军事上、政治上有非凡建树，但从历代史料及文献著录看，并无作品传世。世人所传《太公兵法》，乃善言兵者伪托太公之名耳，多为杂取诸兵书中与太公兵权奇计相吻合者。然而汪宗沂在《太公兵法逸文序》中认为，《太公兵法》自周秦以降，名称多变，或曰《太公兵法》，或曰《周书》，或曰《阴符》，或曰《皇帝铭》，或曰《金匮》，或曰《军志》，或曰《兵书》，或曰《兵法》，或曰《六弢》，或曰《黄石公记》。汪氏还指出《太公兵法逸文》乃辑自《说苑》《大戴礼》《皇览》《意林》《左传》《战国策》《史记》《汉书》《通典》《太平御览》等。所辑文字合为一编，谓之《太公兵法》。兹摘录汪宗沂《太公兵法逸文序》部分文字如下：

是以老聃典司而有得，黄石授受而名家，皆本太公以为圭臬。考周秦间人称引《太公兵法》，或曰《周书》，苏秦祖之作《阴符》；或曰《黄帝铭》，《皇览》引之作《金匮》；或以偭史佚前志而目为《军志》；或以对武王用兵而据为《兵书》。然皆残篇断句，首尾鲜完。聿在汉兴之初，张留侯叙次所得于圯上者，藏之内府，诸吕用事，盗取出外，遂多散佚。孝武帝时，杨仆校兵书，粗有甄录。刘子政《说苑·指武篇》尚多引《太公兵法》。建武中兴，答诏引《黄石公记》，已不云出《太公》。袁宏《汉纪》始言太公《六韬》有天子将兵事。《三国志》丞相诸葛亮写《六韬》以教后主，由季汉时人通称《兵法》为《六韬》，或尔时之《六韬》已合《兵法》逸文入其中，故《艺文志》之《六韬》称《周史》，撰入儒家。而梁阮孝绪《七略》之《六韬》称周文王师吕望，撰入兵家。《隋志》"兵家"取太公书，有《兵法》，有《阴谋》，有《金

① 〔汉〕司马迁撰：《史记》，中华书局1982年版，第1478~1479页。

匮》。杜牧《孙子注》引《阴谋》、王伯厚《玉海》引《金匮》，皆称《太公兵法》。马总《意林》引《金匮》《六韬》，而《六韬》文多不纯，疑庾仲容为《子钞》时，《六韬》已非原本。唐之《通典》、宋之《御览》所引《太公兵法》，不尽称《六韬》，亦不尽出《六韬》。颜师古以今《六韬》盖言取天下及用兵之事。夫隋、唐《志》所存《六韬》既非复《汉志》之旧，而郑樵《通志》略有改正《六韬》名目，则知北宋刊本又与隋唐不同。孙渊如序《六韬》，信其用韵合古书，岂知唐以前之伪书恒多杂文，正伪判别，黑白乃分，偏信则愚，概斥不录。兹之所辑，先区条例。曰：《说苑》引《太公兵法》。曰：《大戴礼》引《周书》。曰：《皇览》《意林》引《金匮》《阴谋》。曰：《左》《国》《史》《汉》《通典》《御览》引《周书》及《周书·武称》。曰：周、汉、隋、唐人引《兵书》《军志》《兵法》。曰：唐人书引《六弢》。曰：今本《六弢》之近古者。曰：《黄石公记》逸文。以类相从，别为篇第，合之为《太公兵法》。①

《汉书·艺文志》著录《太公兵法》曰："《太公》二百三十七篇，《谋》八十一篇，《言》七十一篇，《兵》八十五篇。"清人沈钦韩《汉书疏证》云："《谋》者，即太公《阴谋》也；《言》者，即太公《金匮》……《兵》者，即《太公兵法》。"《太公兵法》虽有与太公治国用兵思想一致处，然考其语言及史迹，断非商周之际书，故凡《太公兵法》云云，皆战国秦汉所出。故言及军事史及兵学史，万不可以《太公兵法》为源而以《孙子兵法》为流。反之，《太公兵法》多有化用和引用《孙子兵法》处，兹赘列于下：

《太公兵法·第三篇》云："贤者辅之，乱者取之，作者劝之，急者沮之，恐者惧之，欲者趣之，武之用也。"《孙子兵法·始计》云："利而诱之，乱

① 方勇总编纂：《子藏·兵家部·六韬卷附司马法尉缭子》第7册，国家图书馆出版社2019年版，第670~672页。

而取之，实而备之，强而避之，怒而挠之，卑而骄之，佚而劳之，亲而离之。”

《太公兵法·第四篇》云：“右背山陵，前左水泽。”《孙子兵法·行军》云：“右背高，前死后生……凡军好高而恶下，贵阳而贱阴，养生而处实。”

《太公兵法·第五篇》云：“圣人兴兵，为天下除患去贼，非利之也。故役不再籍，一举而得。”《孙子兵法·作战》云：“善用兵者，役不再籍，粮不三载。”

《太公兵法·第六篇》云：“势因于敌家之动，变生于两陈之间，奇正发于无穷之源。”《孙子兵法·兵势》云：“奇正相生，如循环之无端……故善动敌者，形之，敌必从之；予之，敌必取之。”

《太公兵法·第六篇》云：“善胜敌者，胜于无形。上战无与战。”《孙子兵法·谋攻》云：“故百战百胜，非善之善者也；不战而屈人之兵，善之善者也。”

《太公兵法·第七篇》云：“战如风发，攻如河决。”《孙子兵法·军争》云：“其疾如风。”《孙子兵法·军形》云：“胜者之战民也，若决积水于千仞之溪者，形也。”

《太公兵法·第六篇》云：“外乱而内整，示饥而实饱，内精而外钝……欲其西，袭其东。”《孙子兵法·始计》云：“故能而示之不能，用而示之不用，近而示之远，远而示之近。”

《太公兵法·第五篇》云：“使如疾雷，不暇掩耳也。”《孙子兵法·军争》云：“动如雷震。”

《太公兵法·第五篇》云：“国不可以从外治，将不可以从中御。”又云：“军中之事，不闻君命，皆由将出。”《孙子兵法·九变》云：“君命有所不受。”

以上所举，大致可以说明《太公兵法》与《孙子兵法》之间流与源的关系。然而，汪氏认为《太公兵法》为源，《孙子兵法》为流。汪宗沂所辑《太公兵法》，间有随文自注，如《第五篇》“役不再籍”后注曰：“《孙子》引。”这说明汪氏认为《太公兵法》确为太公所著，且在思想上对《孙子兵法》产生了影响，所以才认为《孙子兵法》引用了《太公兵法》，而不是《太公兵法》引用了《孙子兵法》。

第四节　银雀山汉墓竹简《孙子兵法》与上孙家寨汉墓木简《孙子兵法佚文》

一、银雀山汉墓竹简《孙子兵法》

1972年临沂银雀山汉墓出土了一批文物，其中有《孙子兵法》《孙膑兵法》《六韬》《尉缭子》《晏子》《守法守令十三篇》《元光元年历谱》等大批汉简和汉简残片。《孙子兵法》和《孙膑兵法》的同时出土印证了史籍关于孙武和孙膑记载的真实性，有力地反驳了某些虚妄之言。银雀山汉墓竹简整理小组考证，银雀山一号和二号汉墓是汉武帝初年的墓葬，所出竹书的字体属于早期隶书，估计是文帝、景帝至武帝初期这段时间内抄写而成。西汉时期避讳不严，这批竹简有时避“邦”字讳，有时又不避“邦”字，而汉惠帝之名“盈”、汉文帝之名“恒”、汉武帝之名“彻”诸字，在此竹简中常见。此外，“雉”“启”诸字不如以上诸字常用，但在此竹简中也出现过。所以，无法根据避讳对竹简的抄写年代作进一步推断。① 竹简残缺比较严重，《孙子兵法》仅有二百余简，两千四百余字，但亦发现有逸出今本十三篇的《吴问》《四变》《黄帝伐赤帝》《地形二》《见吴王》共五篇佚文残简，是研究《孙子兵法》早期形态的可贵资料。汉墓竹简《孙子》十三篇由于残缺严重，文字不能完全连贯，篇题与今本有所不同，如今本《虚实》，简本为《实虚》，还有疑似《七势》的篇题。此外，篇次亦有不同，比如今本《虚实》在《军争》之前，简本当在《军争》之后，属下卷。今本《行军》在《军争》《九变》之后，简本当在《军争》之前，

---

① 银雀山汉墓竹简整理小组编：《银雀山汉墓竹简［壹］》，文物出版社1985年版，第5页。

属上卷。今本《火攻》在《用间》之前，简本当在《用间》之后。由于篇题木牍残缺严重，所以简本十三篇的篇次尚难以确定，故仍依今本《孙子兵法》篇次编排。银雀山汉墓竹简《孙子兵法》出土后，成为除曹操注本、宋十一家注本、《武经七书》本的又一版本，具有重要的文献学价值。

二、大通上孙家寨汉墓木简《孙子兵法佚文》①

1978年在青海大通上孙家寨西汉晚期墓葬中出土了一批木简，共四百号，大多数已经残断。简文内容主要有编制体制、军事操典、部队标识、军功爵级、赏罚制度等规定。这是在青海首次发现汉简，对研究我国西汉军事制度以及西汉政权在青海的军事部署和屯戍情况具有极其重要的文献价值和史料价值。木简整理者之一朱国炤说："我们在整理过程中，只能依据木简的形制、字体和内容，粗略地归类为五个部分：第一部分是有关军事方面的律令文书；第二、三部分是有关军队的编制、阵法和标帜；第四部分是与《孙子》有关的兵书；第五部分为暂时无法归类的。"② 从第四部分木简内容看，下列文字可能是汉代军法军令类兵书所引《孙子兵法》文，而这些文字不在今本十三篇中，故称之为佚文。

孙子曰：夫十三篇（061）

相胜奈何？孙子曰：（018）

《军斗令》孙子曰：能当三□（047）

《合战令》孙子曰：战贵齐成，以□□（355）

□成不齐（054）

□令》孙子曰：军行患车错之，相（?）□□（157、106）

子曰：军患陈（阵）不坚，陈（阵）不坚则前破，而（381）

---

① 国家文物局古文献研究室、大通上孙家寨汉简整理小组：《大通上孙家寨汉简释文》，载《文物》1981年第2期。

② 朱国炤：《上孙家寨木简初探》，载《文物》1981年第2期。

□可与赴汤火白刃也。(001)

然而，国家文物局古文献研究室、大通上孙家寨汉简整理小组在《文物》1981年第2期发布的《大通上孙家寨汉简释文》中第四部分的其余汉简，笔者认为在尚无有力证据的情况下，不宜遽然以之归为与《孙子》有关的兵书类，而只能说与军令军法有关，而未必“与《孙子》有关”。例如：

□干行，五百将斩；以曲干行，候斩；以部干行，司马斩；以校干行，军尉斩。(044、056、027、232、218、354)

执者□□斩，能执之，赏如甲首。诸诛者皆劓之，以别死辠（罪）。(256、021)

□罪，能执之，赏如甲（017）

行杀之，擅退者后行杀之。(063)

矢前有还顾目北者，后行杀（002）之，如杀适（敌）人，故以后禁前，是（009）

而前，不得扶伤举（舆）死，民□弓弩并弦约矢尽兵折，非有将之□（197、248）

有的与阵法有关，如：

□陈（阵）毋□出□□（085）

□陈（阵）过故善（023）

方陈（阵），为将车（040）

□牡陈（阵）：冲方之□（233）

六曰冯车，七□□（103）

有的与骑兵有关，如：

人以上，书到皆驾若骑行，以驾（012、016）

□丨骑始左骑（?）□□（066）

有的与屯兵守城有关，如：

城郭□□□能复如（192）

□将屯兵予御□（095）

有的与部队编制体制有关，如：

□车一两卌四（186）

□一人曰□，二人曰□（148）

有的简文或与攻战有关，如：

传遣吏常将□（082）

府已□斗□（253）

数而破其（136）

还有其他一些简文与战斗战役、战略战术、军令军法等有关，而并不与《孙子兵法》有关，在此不再赘引。总而言之，大通上孙家寨汉简之第四部分除少数可以明断其为《孙子》佚文，其余简文在没有确证的情况下不宜归入《孙子》佚文。对此，李零亦有明确观点："关于简文第四部分，我认为它实际上并不是'《孙子兵法》佚文'或'与《孙子》有关的兵书'，而是引用有《孙子》文句的古代军令类文书。"①

---

① 李零：《青海大通县上孙家寨汉简性质小议》，载《考古》1983年第6期。

第五节　东汉是《孙子兵法》注解的开启时代

一、《吴孙子兵法》八十二篇图九卷

《汉书·艺文志》有著录。此书在《孙子兵法》十三篇基础上衍增而成，当是孙子学派后学所作。现在流传下来的只有十三篇。全书八十二篇，传本十三篇之外的六十九篇是对十三篇的解释性文字。东汉曹操删削其衍增部分，还原并注解孙子原著十三篇。被删削的内容，由于年代久远，绝大部分已经亡佚，所可见者有银雀山汉墓竹简《吴问》《四变》《黄帝伐赤帝》《地形二》《见吴王》五篇佚文，以及清代毕以珣辑录《孙子兵法佚文》、严可均辑录《孙子兵法佚文》、孙志祖辑录《孙子脱句》、顾观光辑录《孙武子佚文》和王仁俊辑录《孙子佚文》凡二十余条。《史记·孙子吴起列传》云："孙子武者，齐人也。以兵法见于吴王阖庐。阖庐曰：'子之十三篇，吾尽观之矣。'唐张守节正义曰：'魏武帝云："孙子者，齐人。事于吴王阖闾，为吴将，作兵法十三篇。"'……《七录》云'《孙子兵法》三卷'。案：十三篇为上卷，又有中、下二卷。"① 若张守节所云有据，则下文所述曹操纂集的《续孙子兵法》二卷则很可能是《孙子兵法》三卷的中、下两卷。

二、曹操注解和纂集《孙子兵法》

曹操平生酷好兵法，注解《孙子》十三篇，又纂集其余篇章。《孙子兵法》在战国秦汉时期，有很多增益、补充、附会和发挥的篇章，这些篇章就是十三篇之外的六十九篇，编次在十三篇之后。古代学术著作，往往是一个学派在不同时期创作的汇编。所以，上文所述《孙子兵法》八十二篇，可以看作是春秋末期孙武及战国秦汉时期孙氏学派的集体著作。

---

① 〔清〕张文虎撰：《史记集解索隐正义合刻本》，清同治五年（1866）金陵书局刻本。

（一）曹操撰著《孙子略解》

在孙子学史上，曹操首注《孙子兵法》，题名《孙子略解》，又名《魏武帝注孙子》。隋唐以降，曹注《孙子》盛行于世。《隋志》著录云："《孙子兵法》二卷，吴将孙武撰、魏武帝注。梁三卷。"隋以后，《孙子》曹操注与王凌注合编，《隋志》著录云："《孙子兵法》一卷，魏武、王凌集解。"《旧唐书·经籍志》著录魏武帝注《孙子兵法》十三卷。《新唐书·艺文志》著录云："魏武帝注《孙子》三卷，又《续孙子兵法》二卷。"《宋史·艺文志》著录魏武帝注《孙子》三卷，《五家注孙子》三卷，五位注家即魏武帝、杜牧、陈皞、贾隐林、孟氏，曹（操）、杜（牧）注《孙子》三卷，萧吉注或题曹、萧注《孙子》一卷。以上不同时代史志著录，说明曹注《孙子》有广泛而深远的流传，曹注本从此成为《孙子兵法》的第一大传本系统，而孙子传本的另两大传本系统，即《十一家注孙子》本和《武经七书》本，均在曹注本基础上形成。

（二）曹操纂集《续孙子兵法》二卷

亡佚。《隋书·经籍志》《新唐书·艺文志》《通志·艺文略》《日本国见在书目录》有著录，均为二卷。然从南宋郑樵《通志》有著录而《宋史·艺文志》无著录看，此书亡佚时间当在《通志》成书之后、《宋史》成书之前。此书很可能是曹操编纂《孙子兵法》十三篇之外的内容，即八十二篇本之中、下两卷共六十九篇，而曹操本人撰作的可能性不大。

（三）曹操纂集《兵书接要》

亡佚。《隋书·经籍志》云："《兵书接要》十卷，魏武帝撰。"《隋书·经籍志》又著录《兵法接要》三卷，魏武帝撰。两书不仅书名不同，而且卷数亦相去甚远。可知《兵书接要》与《兵法接要》尽管题名为魏武帝撰，但并非同一书。《旧唐书·经籍志》又著录《兵法捷要》七卷，魏武帝撰。然《隋书·经籍志》无此著录。《兵书接要》与《兵法捷要》可能是同一书。"捷"乃"接"之音同而误，非于汝波等《孙子学文献提要》云古"接"与"捷"通。又考之《新唐书·艺文志》云："《兵书接要》七卷，孙武。"与《旧唐书·经籍志》著录《兵法捷要》均为七卷，只是一名《兵书接要》，一名

《兵法捷要》。于汝波等《孙子学文献提要》认为“孙武”乃“魏武”之误。恐非。《新唐书》之所以说《兵书接要》的撰者是孙武，大概是从其内容来说，其内容应该是八十二篇本《吴孙子兵法》中十三篇之外的六十九篇。故《兵书接要》与《兵法捷要》当为同一书，纂集者为曹操，作者为孙武。而《兵法接要》是抄录不同兵法纂集而成，与《兵书接要》（《兵法捷要》）非同一书。《三国志·武帝纪》载，曹操“博览群书，特好兵法，抄集诸家兵法，名曰《接要》，又注孙武十三篇，皆传于世”。引文所云《接要》，当指《兵法接要》。

三、沈友注解《孙子》

沈友，字子正，东汉末东吴谋士，吴郡（今江苏苏州）人。裴松之《三国志》注及明末浙江人董斯张《吴兴备志》引张勃《吴录》云：“弱冠博学，多所贯综，善属文辞，兼好武事，注《孙子兵法》。又辩于口，每所至，众人皆默然，莫与为对，咸言其笔之妙、舌之妙，三者皆过绝于人。孙权以礼聘，既至，论王伯之略、当时之务，权敛容敬焉。陈荆州宜并之计，纳之。正色立朝，清议峻厉，为庸臣所谮，诬以谋反。权亦以终不为己用，故害之，时年二十九。”①《隋书·经籍志》注引南朝梁代阮孝绪《七录》云：“《孙子兵法》二卷，吴处士沈友撰。”《旧唐书·经籍志》《新唐书·艺文志》《通志·艺文略》均著录二卷，沈友注。然《宋史·艺文志》无著录，可见此书亡于宋元之际。由于历代文献无有征引沈友注解《孙子》文，故其内容无从知晓。

四、贾诩注解《孙子》

贾诩（147—223），字文和，武威姑臧（今甘肃武威）人，东汉末三国初曹魏谋士，官至太尉，谥曰肃侯，奇谋百出，算无遗策。史载其少时，人莫知之，惟汉阳阎忠异之，谓其有良、平之奇。②

---

① 〔清〕纪昀等修：《文渊阁四库全书》第494册，台湾商务印书馆1986年版，第354页。

② 〔清〕纪昀等修：《文渊阁四库全书》第472册，台湾商务印书馆1986年版，第944~945页。

清黎庶昌辑刻《古逸丛书》影旧抄本《日本国见在书目录》（光绪十年刊于日本东京）著录“孙子兵法书一，巨诩撰”。“巨诩”即贾诩。《日本国见在书目录》由藤原佐世奉敕撰，经学者考证，成书于日本宽平年间，大致与中国唐代僖宗末年、昭宗初年同时。若考辨唐代著述，则可与《隋书·经籍志》《旧唐书·经籍志》《新唐书·艺文志》互相参证。《隋志》著录《钞孙子兵法》一卷，魏太尉贾诩钞，而新旧《唐志》无著录。《隋志》成书于唐高宗显庆元年（656），《旧唐志》成书于后晋出帝开运二年（945），《新唐志》成书于宋仁宗嘉祐五年（1060），可知贾诩《钞孙子兵法》在唐末已经亡佚。《隋志》云“钞”，《日本国见在书目录》云“撰”，可知曰“钞”为贾诩自谦，当为原名；曰“撰”为正，大致可以推知此书为注解《孙子》之作。此外，《隋志》著录《吴起兵法》一卷，云“贾诩注”。贾诩既注《吴子》，又何尝不注《孙子》？故曰“钞”者，非抄录也。

第六节　战国秦汉诸子对孙子学的接受与批评

春秋战国，诸子勃兴，学说竞驰，中华文化元典多生于此时。诸子创制学说，参与论辩。兵家学派在战国算得上一门显学，儒、道、墨、法、杂等学派纷纷登场，对孙武、孙膑、吴起等兵家多有涉论。银雀山汉墓出土的《孙膑兵法·陈忌问垒》两处提到“孙氏”，而学界普遍认为“孙氏”是指孙武、孙膑，而其中谈到“孙氏之道”者，根据此篇上下语意，当是陈忌。陈忌即田忌。陈忌云：“……明之吴越，言之于齐。曰知孙氏之道者，必合于天地。孙氏者……”① 陈忌对孙氏之道有高度评价，说它贯通天地，天文、地理、阴阳，无所不包。尉缭是战国时期的兵家，据《汉书·艺文志》著录，其著作有杂家《尉缭》和兵家《尉缭》之分，但笔者认为两者均源于古本兵家《尉缭》，传世本《尉缭》是《汉书·艺文志》著录的杂家《尉缭》

① 〔战国〕孙膑撰，银雀山汉墓竹简整理小组编：《孙膑兵法》，文物出版社 1975 年版，第 51 页。

芟除了杂家内容、保留和突出兵家内容的一个本子，而《汉书·艺文志》著录的兵家《尉缭》已在魏晋南北朝亡佚。《尉缭子·制谈》推崇吴起、孙武，云："有提七万之众，而天下莫当者谁？曰吴起也。有提三万之众，而天下莫当者谁？曰武子也。"① 法家韩非所言孙吴，当指孙膑和吴起，其《五蠹》篇云："境内皆言兵，藏孙、吴之书者家有之，而兵愈弱，言战者多，披甲者少也。"何以言孙、吴为孙膑、吴起耶？其《难言》篇云："孙子膑脚于魏，吴起收泣于岸门，痛西河之为秦，卒枝解于楚。"② 孙子膑脚，非孙膑而何？

战国白圭是用《孙子兵法》和《吴起兵法》经商致富的典型，人称经商之祖。其经商犹如孙、吴用兵。司马迁曰："白圭，周人也。当魏文侯时，李克务尽地力，而白圭乐观时变，故人弃我取，人取我与。夫岁孰取谷，予之丝漆；茧出取帛絮，予之食。太阴在卯，穰；明岁衰恶。至午，旱；明岁美。至酉，穰；明岁衰恶。至子，大旱；明岁美，有水。至卯，积著率岁倍。欲长钱，取下谷；长石斗，取上种。能薄饮食，忍嗜欲，节衣服，与用事僮仆同苦乐，趋时若猛兽挚（鸷）鸟之发。故曰：'吾治生产，犹伊尹、吕尚之谋，孙、吴用兵，商鞅行法是也。是故其智不足与权变，勇不足以决断，仁不能以取予，强不能有所守，虽欲学吾术，终不告之矣。'"③

吕不韦是战国末的杂家代表，其召集门客所著的《吕氏春秋》，论列道家之老子、关尹、列子、陈骈（田骈）、阳生（杨朱），儒家之孔子，墨家之墨子，兵家之孙膑、王廖、兒良等诸子特质，指出诸子学派之区别，即使同是道家或兵家，不同的"子"，其主张也有不同。其中《不二》云："老耽（聃）贵柔，孔子贵仁，墨翟贵廉，关尹贵清，子列子贵虚，陈骈贵齐，阳生贵己，孙膑贵势，王廖贵先，兒良贵后。有金鼓，所以一耳；必同法令，所

① 〔清〕纪昀等修：《文渊阁四库全书》第726册，台湾商务印书馆1986年版，第74页。

② 〔清〕纪昀等修：《文渊阁四库全书》第729册，台湾商务印书馆1986年版，第608页。

③ 〔汉〕司马迁撰：《史记》，中华书局1982年版，第3258~3259页。

以一心也；智者不得巧，愚者不得拙，所以一众也；勇者不得先，惧者不得后，所以一力也。故一则治，异则乱；一则安，异则危。”① 这段话在区别诸子之不同特质后，对兵家的共同特质，即强调思想行动的高度一致，有较深入的论述。吕不韦对孙、吴用兵推崇备至，云：“阖庐之教，孙吴之兵不能当矣。”而高诱注“孙”为“孙武”。《吕氏春秋·用民》云：“阖庐之用兵也，不过三万；吴起之用兵也，不过五万。万乘之国，其为五万、三万尚多。”②

荀子是儒家人物，但是糅合法家、兵家、墨家的思想，可谓兼收并蓄，是孔孟之后的一个高峰，其论兵主张主要集中在《议兵》篇中，其用兵思想与孙武相近：“兵之所贵者，势利也；所行者，变诈也。善用兵者，感忽悠暗，莫知其所从出。孙吴用之，无敌于天下，岂必待附民哉?”③ 荀子此论，既是对孙吴用兵特点的高度赞扬，也是荀子自己的兵学观。

墨子主张兼爱、非攻，反对为攻战辩饰。《墨子·非攻》云：“古者吴阖闾教七年，奉甲执兵，奔三百里而舍焉，次注林，出于冥隘之径，战于柏举，中楚国而朝宋与及鲁。”④ 墨子之意，吴王阖闾可谓善攻战之人，但是由于专恃武力而终亡于越。司马迁《孙子吴起列传》记载吴王阖闾“西破强楚，入郢，北威齐晋，显名诸侯，孙子与有力焉”⑤。其中“入郢”，即指在吴楚柏举之战中，吴军取胜而入楚都一事。

出于纵横家之手的《战国策》评论孙吴曰：“食人炊骨，士无反北之心，是孙膑、吴起之兵。”⑥ 说的虽是孙膑，然而孙膑乃齐孙子，其用兵之道多继

---

① 〔清〕纪昀等修：《文渊阁四库全书》第 848 册，台湾商务印书馆 1986 年版，第 421~422 页。

② 〔清〕纪昀等修：《文渊阁四库全书》第 848 册，台湾商务印书馆 1986 年版，第 441~442 页。

③ 〔清〕纪昀等修：《文渊阁四库全书》第 695 册，台湾商务印书馆 1986 年版，第 204 页。

④ 〔清〕纪昀等修：《文渊阁四库全书》第 848 册，台湾商务印书馆 1986 年版，第 57 页。

⑤ 〔汉〕司马迁撰：《史记》，中华书局 1982 年版，第 2162 页。

⑥ 〔汉〕刘向整理：《战国策》，见《文渊阁四库全书》第 407 册，台湾商务印书馆 1986 年版，第 126 页。

承孙武而有创新。西汉淮南王刘安《淮南子·兵略训》评孙子曰："四马不调，造父不能以致远；弓矢不调，羿不能以必中；君臣乖心，则孙子不能以应敌。"高诱注曰："孙子，名武，吴王阖闾之将也。"① 此处从反面赞扬孙武用兵之善，其意是若君臣离心，即使孙子智慧再高，也不能制胜。

秦汉史籍中多有引述孙、吴兵法者，引用者既有传主，亦有史书作者，可见孙吴之书流布之广、影响之大。司马迁、班固等史家亦对孙子褒扬有加。司马迁《史记·孙子吴起列传》云："世俗所称师旅，皆道《孙子》十三篇。"《五礼通考》引班固《汉书·刑法志》云："吴有孙武，齐有孙膑，魏有吴起，秦有商鞅，皆禽敌立胜，垂著篇籍。"② 王充《论衡·量知》云："孙武、阖庐，世之善用兵者也，知或学其法者，战必胜。不晓什伯之陈，不知击刺之术者，强使之军，军覆师败，无其法也。"③

王符生活于东汉末年，天下大乱，隐居山林，以观时政，笔锋尖锐，痛陈兵弊，其《潜夫论》批评当时君臣只会空谈孙吴兵法，却未曾领悟其奥旨，是故战则败，守则亡。《后汉书·王符传》云："王符，字节信，安定临泾人也。少好学，有志操，与马融、窦章、张衡、崔瑗等友善。安定俗鄙庶孽，而符无外家，为乡人所贱。自和、安之后，世务游宦，当涂者更相荐引，而符独耿介不同于俗，以此遂不得升进。志意蕴愤，乃隐居著书三十余篇，以讥当时失得，不欲章显其名，故号曰《潜夫论》。其指讦时短，讨谪物情，足以观见当时风政，著其五篇云尔。"④ 其《潜夫论》记述时人推崇孙、吴兵法之景况，并分析致败之由在于政治昏暗、君臣相隔、将帅无心、士卒无利、指挥混乱、治军无方。其所批评者，不是孙吴兵法，而是运用孙吴兵法之人。

---

① 〔汉〕刘安等撰，〔汉〕高诱注：《淮南子集解》下册，广益书局 1936 年版，第 77 页。

② 〔清〕纪昀等修：《文渊阁四库全书》第 141 册，台湾商务印书馆 1986 年版，第 431 页。

③ 〔清〕纪昀等修：《文渊阁四库全书》第 862 册，台湾商务印书馆 1986 年版，第 154 页。

④ 〔清〕纪昀等修：《文渊阁四库全书》第 253 册，台湾商务印书馆 1986 年版，第 110 页。

王符《劝将》篇云：“今兵巧之械盈乎府库，孙吴之言聒乎将耳；然诸将用之，进战则兵败，退守则城亡。是何也哉？曰：彼此之情不闻乎主上，胜负之数不明乎将心，士卒进无利，而自退无畏，此所以然也。”《劝将》篇又云：“孙子曰：‘将者，智也，仁也，敬也，信也，勇也，严也。’是故智以折敌，仁以附众，敬以招贤，信以必赏，勇以益气，严以一令。故折敌则能合变，众附爱则思力战，贤智集则阴谋得，赏罚必则士尽力，气勇益则兵势自倍，威令一则唯将所使。必有此六者，乃可折冲擒敌，辅主安民。”《劝将》篇又云：“孙子曰：‘将者，民之司命，而国安危之主也。’是故诸有寇之郡，太守令长不可以不晓兵。今观诸将，既无断敌合变之奇，复无明赏必罚之信，然其士民又甚贫困，器械不简习，将恩不素结，卒然有急，则吏以暴发虐其士，士以所拙遇敌巧。此为将吏驱怨以御仇，士卒缚手以待寇也。”王符痛陈当时兵败之缘由，孙吴兵法聒噪于众耳，仅是纸上谈兵，临阵应付而已。亦以此言明战阵之事，非虚文假辞所能行，而是要实实在在去践履，政治要清明，君臣要通情，将士要合心，军纪要严明，方略要明确，做到胸有成竹。而王符所批评者，可谓不留情面，入骨三分。其《劝将》篇又云：“军起以来，暴师五年，典兵之吏，将下千数，大小之战，岁十百合，而希有功。历察其败，无他故焉，皆将不明变势，而士不劝于死敌也。其士之不能死也，乃其将不能效也，言赏则不与，言罚则不行，士进有独死之祸，退蒙众生之福。此所以临阵亡战，而竟思奔北者也。”①

汉末曹操既是杰出的政治家、军事家，又是《孙子兵法》的第一位注家，常在政事军务之余，研读兵法，并多有撰述。对孙武及其兵法十三篇，曹操给予高度评价：“吾观兵书战策多矣，孙武所著深矣。审计重举，明画深图，不可相诬。而但世人未之深亮训说，况文烦富，行于世者，失其旨要，故撰为《略解》焉。”② 战国秦汉诸子评论孙子，其特点，一是无一例外地肯定和推崇孙子及其兵法，即使王符讥评将帅用兵之败，其意亦不在否定孙子及其

---

① 〔清〕纪昀等修：《文渊阁四库全书》第 696 册，台湾商务印书馆 1986 年版，第 395~396 页。

② 谢祥皓、刘申宁辑：《孙子集成》第 1 册，齐鲁书社 1993 年版，第 189 页。

兵法，恰恰是讥评他们不知孙子及其兵法，故有其败。王符之意，更多的是在抨击当时朝政及军队乱象。二是这一时期的孙子学研究，多在衍增、研习和引用方面，注释《孙子》之风尚，尚未普遍兴起。

为何战国秦汉诸子能够对孙武全面接受而无丝毫贬损、否定之意呢？究其原因，主要是战国秦汉诸子深知战争不可避免以及正义战争对维护国家安全的重要，甚至很多人经历过战争，对战争中的英雄人物和战争智慧怀着崇敬之心。汉代去古未远，虽然汉武帝时在政治上加强中央集权，在思想文化上以儒家统摄百家，儒家经学成为官方学术，但是这一时代的儒生，尚能保持对包括兵家在内的其他诸子的宽容态度和基本的尊重，而在治国实际中，以儒、法、道诸家兼容并用，具有比较宽广的思想文化胸襟。汉代国祚四百余年，其间有开疆拓土、驱除匈奴、交通西域、开拓丝路、刘秀继统、靖边驱虏，兵事何尝停止？汉代的宏阔气象建立在强大的军事实力之上，表现了积极进取、舍生忘死的兵家精神。虽然汉代重视儒经，设立五经博士，但是通经入仕并非汉代士子任职官府的唯一途径，而察举和征辟制度在一定程度上更能选拔到实用性人才，察举和征辟科目中既有偏重文学的“茂才”、尽孝守廉的“孝廉”、品行优异的“贤良方正”、明晓经学的“明经”、熟悉法令的“明法”、善治繁难的“治剧”，还有晓畅兵书、战阵的“兵法”等，考试与实行、实能结合，既考察个人才学，又要考察实际办事能力；考试与察举、征辟结合，以事求材，注重实效。察举制度虽然发展到后期已经弊端丛生，但是总体来说，汉代注重实学实用的选拔制度，无疑使得兵学、兵法具有较高的地位。

第二章 魏晋南北朝孙子学

第一节 魏晋南北朝孙子学的时代背景

东汉末年，汉室倾颓，天下纷争，列强逐鹿，烽烟遍地。曹操控制北方，刘备割据巴蜀，孙权据有江东，成三国鼎立之势。263 年，蜀国为魏所灭。266 年，司马炎篡取魏国政权，自称皇帝，是为西晋。280 年，西晋灭吴，一统天下。然西晋立国不长，政治黑暗，八王发难，皇室南迁，是为东晋。北方有匈奴、羯、氐、羌、鲜卑五个主要少数民族，其上层分子通过或分裂、或篡夺、或新立、或继位等方式，先后或同时建立了十六个主要的割据政权，与偏安东南的东晋政权同时并存，南北对峙。南朝宋取代东晋，北魏统一北方，中国历史进入南北朝时期。北魏又分裂为东魏、西魏，并分别由北齐、北周取代；南朝宋之后，又历齐、梁、陈三朝。北周杨坚夺取政权，建立隋朝，于 589 年南下灭陈，完成统一，结束了自 189 年东汉董卓之乱以来四百年的大动乱、大分裂局面。

自 220 年魏国曹丕称帝，至 589 年隋朝完成统一，魏晋南北朝虽然跨越了三百六十九年的历史，但这一时期朝代更替频繁，多国政权对峙，是中国历史上继春秋战国之后又一动荡和混乱的时期。在政治上，这一时期实行的是门阀政治，门阀士族世袭高位，按照品级高低占有相应数量的土地和人口，并享有免除租赋徭役的特权。门阀政治萌芽于两汉，形成于西晋，盛极于东晋，衰微于南朝。其主要特征是，门阀士族是统治阶级中的特权阶层，控制着从中央到地方的政权。在经济上，北方自三国至北朝，战争不断，人民流离失所，农业生产遭到极大破坏，城市工商业遭受严重摧残。相反，南方相对安定，自给自足的自然经济有较大发展。特别是北方人口大批南迁，带来了先进的耕作技术，促进了南方经济的进一步开发，全国的经济重心开始南移，不仅农业生产发展迅速，而且工商业呈现繁荣景象。在民族关系上，辩证地看，民族冲突也带来了民族融合。北方、西北地区少数民族，如匈奴、鲜卑、羌、氏、羯、柔然、乌孙等进入中原以后，与汉族杂居，互通婚姻，互相学习，共同劳动，加快了民族融合过程。东晋及南朝时期，境内少数民族如山越族、蛮族、奚族等人口被正式编入户籍加以管理，在生产、生活和习俗上与汉族有更深层的融合。在思想文化上，这一时期，由于人口的大迁移、民族关系的大变动和利益集团的大分化，思想文化领域出现多元多变的气象，一改两汉时期儒学独尊的僵化局面。除了旧有儒学，玄学文化、道教文化、佛教文化，以及塞外异域其他有关文化互相碰撞、影响、吸收和借鉴，在哲学、宗教、文学、史学、艺术等领域均呈现多姿多彩的格局。这一时期，出现了一大批杰出的军事家，如曹操、诸葛亮、司马懿、羊祜、杜预、王濬、崔浩、谢玄、王猛、拓跋焘、宇文泰、檀道济等，但是有理论建树的唯有曹操、诸葛亮而已，其余偶或有论兵篇章，虽见胸中韬策，但终究没有大的建树。故在兵学领域，这一时期略显萎弱。这一时期的兵书，《隋书·经籍志》著录有七十四部，但是大多数亡佚，而那些亡佚兵书的少数文字散见于唐宋时期的一些类书中，如虞世南《北堂书钞》、魏徵等《群书治要》、杜佑《通典》、马端临《文献通考》、李昉等《太平御览》。作于这一时期的传世兵书只有诸葛亮《将苑》和《便宜十六策》等。如果《左传》算是兵书的话，那么晋杜预《春秋左氏经传集解》亦应列入。《晋书·杜预传》载："预以天下虽安，忘战必危，勤于讲武……预身不跨马，射不穿札，而每任大事，辄居将率之列……既立功之后，从容无事，乃耽思经籍，为《春秋左氏经传集解》。”[①] 晋杜预集解《左传》，提出了一些军事见解，而且不时引用《孙子兵法》和《司马法》等兵书，如“宣公十五年”注引《孙子兵法》云：“兵法：因其乡人而用之，必先知其守将、左右、谒者、门者、舍人之姓名，因而利道之。”“文公十二年”注引《司马法》云：“逐奔不远，从绥不及。”在注解《左传》的基础上，杜预还提出对战争的看法。譬如，《左传集解》“庄公十一年”云：“王者无敌于天下，天下非所得与战者。然春秋之世，据有其事，事列于经，则不得不因申其义，有时而败，则以自败为文明，天下莫之得。”[②]《左传集解》“闵公二年”云：“帅师者必专谋军事。”[③]《左传集解》“襄公十年”云：“胜负难要，不可命以必克。”[④]

这一时期出现的一些论兵章奏、策议，如诸葛亮《隆中对》《出师表》、羊祜《平吴疏》、杜预《平吴表》、王濬《伐吴疏》等，虽然算不上兵书，但是针对具体问题提出了军事对策，体现了那个时代的战略战术思想，也是兵学的重要内容。

晋司马彪《战略》有一些佚文散存于《三国志注》和《太平御览》，清人黄奭辑录成编，收入《黄氏逸书考》。司马彪是中国兵学史上第一个以“战略”为题研究军事问题的学者。史载司马彪为高阳王司马睦之长子，因好色薄行，为睦所责，出为宣帝之弟司马敏做继子，然《晋书·司马彪传》称：“虽名出继，实废之也。彪由此不交人事，而专精学习，故得博览群籍，终其缀集之务。”司马氏《战略》多言三国时事，与司马彪的另一著作《九州春秋》相表里。现存的《司马彪战略》佚文仅有《刘表》《傅干》《孟达》《司马懿》《蒋济》《傅嘏》《王基》七篇。司马彪不是直接谈战略理论问题，而是通过汉魏人物志的方式，把战略思想蕴藏于人物对话及如何处理军政大事

① 〔唐〕房玄龄等撰：《晋书》，中华书局2000年版，第672~673页。

② 〔清〕纪昀等修：《文渊阁四库全书》第143册，台湾商务印书馆1986年版，第192~193页。

③ 〔清〕纪昀等修：《文渊阁四库全书》第143册，台湾商务印书馆1986年版，第243页。

④ 〔清〕纪昀等修：《文渊阁四库全书》第144册，台湾商务印书馆1986年版，第59页。

之中。《三国志·魏书·傅嘏传》注引司马彪《战略》云：

彪曰：嘉平四年四月，孙权死。征南大将军王昶、征东将军胡遵、镇南将军毌丘俭等表请征吴。朝廷以三征计异，诏访尚书傅嘏。嘏对曰："昔夫差胜齐陵晋，威行中国，不能以免姑苏之祸；齐闵辟土兼国，开地千里，不足以救颠覆之败。有始不必善终，古事之明效也。孙权自破蜀兼平荆州之后，志盈欲满，罪戮忠良，诛及胤嗣，元凶已极。相国宣文侯先识取乱侮亡之义，深建宏图大举之策。今权已死，托孤于诸葛恪。若矫权苛暴，蠲其虐政，民免酷烈，偷安新惠，外内齐虑，有同舟之惧，虽不能终自保完，犹足以延期挺命于深江之表矣。昶等或欲泛舟径渡，横行江表，收民略地，因粮于寇；或欲四道并进，临之以武，诱间携贰，待其崩坏；或欲进军大佃，逼其项领，积谷观衅，相时而动。凡此三者，皆取贼之常计也。然施之当机，则功成名立；苟不应节，必贻后患。自治兵已来，出入三载，非掩袭之军也。贼丧元帅，利存退守，若撰饰舟楫，罗船津要，坚城清野，以防卒攻，横行之计，殆难必施。贼之为寇，几六十年，君臣伪立，吉凶同患，若恪蠲其弊，天去其疾，崩溃之应，不可卒待。今边壤之守，与贼相远，贼设罗落，又持重密，间谍不行，耳目无闻。夫军无耳目，校察未详，而举大众以临巨险，此为希幸徼功，先战而后求胜，非全军之长策也。唯有进军大佃，最差完牢。可诏昶、遵等择地居险，审所错置，及令三方一时前守。夺其肥壤，使还耕瘠土，一也；兵出民表，寇钞不犯，二也；招怀近路，降附日至，三也；罗落远设，间构不来，四也；贼退其守，罗落必浅，佃作易之，五也；坐食积谷，士不运输，六也；衅隙时闻，讨袭速决，七也。凡此七者，军事之急务也。不据则贼擅便资，据之则利归于国，不可不察也。夫屯垒相逼，形势已交，智勇得陈，巧拙得用，'策之而知得失之计，角之而知有余不足'，虏之情伪，将焉所逃？夫以小敌大，则役烦力竭，以贫敌富，则敛重财匮。故'敌逸能劳之，饱能饥之'，此之谓也。然后盛众厉兵以震之，参惠倍赏以招之，多方广似以疑之。由不虞之道，以间其不戒；

比及三年，左提右挈，虏必冰散瓦解，安受其弊，可坐算而得也。昔汉氏历世常患匈奴，朝臣谋士早朝晏罢；介胄之将则陈征伐；搢绅之徒咸言和亲；勇奋之士思展搏噬。故樊哙愿以十万之众横行匈奴，季布面折其短；李信求以二十万独举楚人，而果辱秦军。今诸将有陈越江陵险，独步虏庭，即亦向时之类也，以陛下圣德，辅相忠贤，法明士练，错计于全胜之地，振长策以御之，虏之崩溃，必然之数。故兵法曰：'屈人之兵，而非战也；拔人之城，而非攻也。'若释庙胜必然之理，而行万一不必全之路，诚愚臣之所虑也，故谓大佃而逼之计最长。"时不从嘏言。其年十一月，诏昶等征吴。五年正月，诸葛恪拒战，大破众军于东关。①

此段引文大意是，孙权一死，魏国三个将领就上表请求征讨吴国，但是三人的征讨计策各异，朝廷向傅嘏征询意见，傅嘏认为“三征”将军的计策乃取贼常计，并无新奇之处，若用得好，则成功；用不好，则祸患无穷，并提出因敌制宜、多措并举、分步实施的战略原则，具体地，必先从七个方面着手，认为此乃“军事之急务也”。通过七条策略的实施，方知对方虚实强弱之处，然后“盛众厉兵以震之，参惠倍赏以招之，多方广似以疑之”，逐渐消解其实力，待其“冰散瓦解”之时，不战而胜。傅嘏多处直接引用《孙子兵法》，如“策之而知得失之计，角之而知有余不足”；“敌逸能劳之，饱能饥之”；“屈人之兵，而非战也；拔人之城，而非攻也”，而“由不虞之道，以间其不戒”则间接引用《孙子兵法·九地》“由不虞之道，攻其所不戒也”。司马彪就是这样通过叙述汉魏人物和故事来阐述其战略思想，虽然没有直言自己的战略思想，但是通过历史人物的对话曲折地表达自己的战略思想。

北齐颜之推著《颜氏家训》，对战争持谨慎态度，肯定了军事人才的作

---

① 〔晋〕陈寿撰，〔南朝宋〕裴松之注：《三国志》，中华书局 2000 年版，第 466~467 页。

用，但又对读书人试图以武力建立功名持否定态度，表达了其思想上的儒、道倾向。颜之推《颜氏家训·风操第六》云："兵凶战危，非安全之道。古者天子丧服以临师，将军凿凶门而出，父祖伯叔若在军阵，贬损自居，不宜奏乐宴会及婚冠吉庆事也。若居围城之中，憔悴容色，除去饰玩，常为临深履薄之状焉。"① 颜之推会通《孙子兵法》《孙膑兵法》《道德经》的战争观，认为战争不是什么好事，但是一旦发生战争，则要高度重视，谨慎对待，以丧礼处之。颜之推从其战争观出发，多少流露出重文轻武的意识。在论及国家使用人才方面，他把武臣排在朝臣和文臣后面，认为国之用材，大较不过六事：一则朝廷之臣，二则文史之臣，三则军旅之臣，四则藩屏之臣，五则使命之臣，六则兴造之臣。其《颜氏家训·涉务第十一》云："人性有长短，岂责具美于六途哉？但当皆晓指趣，能守一职，便无愧耳。"② 在论及颜氏历代名人时，颜之推称赞文雅之士，而讥评粗鄙武夫。《颜氏家训·诫兵第十四》云：

颜氏之先，本乎邹鲁，或分入齐，世以儒雅为业，遍在书记。仲尼门徒，升堂者七十有二，颜氏居八人焉。秦汉魏晋，下逮齐梁，未有用兵以取达者。春秋世，颜高、颜鸣、颜息、颜羽之徒，皆一斗夫耳。齐有颜涿聚，赵有颜最，汉末有颜良，宋有颜延之，并处将军之任，竟以颠覆。汉郎颜驷，自称好武，更无事迹。颜忠以党楚王受诛，颜俊以据武威见杀。得姓已来，无清操者，唯此二人，皆罹祸败。顷世乱离，衣冠之士虽无身手，或聚徒众，违弃素业，徼幸战功。吾既羸薄，仰惟前代，故置心于此，子孙志之。孔子力翘门关，不以力闻，此圣证也。吾见今世士大夫，才有气干，便倚赖之，不能被甲执兵以卫社稷，但微行险服，逞弄拳腎，大则陷危亡，小则贻耻辱，遂无免者。国之兴亡，兵

① 《续修四库全书》编委会编：《续修四库全书》第1121册，上海古籍出版社2002年版，第616页。

② 《续修四库全书》编委会编：《续修四库全书》第1121册，上海古籍出版社2002年版，第642页。

> 之胜败，博学所至，幸讨论之。入帷幄之中，参庙堂之上，不能为主尽规，以谋社稷，君子所耻也。然而每见文士颇读兵书，微有经略，若居承平之世，睥睨宫闱，幸灾乐祸，首为逆乱，诖误善良；如在兵革之时，构扇反覆，纵横说诱，不识存亡，强相扶戴。此皆陷身灭族之本也。诫之哉，诫之哉！习五兵，便乘骑，正可称武夫尔。今世士大夫，但不读书，即称武夫儿，乃饭囊酒瓮也。①

以上所引，表明颜之推从儒家修齐治平角度来看战争，基本上是对孔子战争观的注解和发挥。其实他不是一概否定战争和轻视武臣，而是否定不义之战，轻视那些无仁无德、胸无韬略、逞凶斗狠之人，其真意是读书人即便习兵，也要做君子之将，入帷幄之中，处庙堂之上，为主尽规，而非窥伺皇权，祸害社会，反映了他维护皇权和国家统一的思想。颜之推又从国家利益出发，批评那些清谈迂阔之士大夫，毫不留情地抨击他们“居承平之世，不知有丧乱之祸；处庙堂之下，不知有战陈之急”②。这又表明颜之推对“战阵”持肯定态度，支持为了维护国家统一和抵御侵略而进行的正义战争。

魏晋南北朝除上述兵学著作，据《隋志》、新旧《唐志》著录，两晋有司马彪《兵记》、马隆《握奇经述赞》、孔衍《兵林》、葛洪《兵法孤虚月时秘要法》、庾衮《保聚图》，南朝有宋高祖刘裕《兵法要略》、梁武帝萧衍《梁主兵法》《兵书钞》、梁元帝萧绎《玉韬》、刘祐《阴策》、王略《武林》、乐产《王佐秘书》，北朝有宇文宪《兵书要略》、伍景志《兵书要术》、许昉《军胜见》《戎决》、陶弘景《真人水镜》、赵煚《战略》、莫珍宝《杂撰阴阳兵书》、王宜弟《兵法孤虚立成图》、萧吉《金海》、赵氏《兵书要序》等。这些兵书都已经亡佚，其内容大致是阐释阴阳、星历、望气、孤虚等理论在军事上的运用。

---

① 《续修四库全书》编委会编：《续修四库全书》第 1121 册，上海古籍出版社 2002 年版，第 646~647 页。

② 《续修四库全书》编委会编：《续修四库全书》第 1121 册，上海古籍出版社 2002 年版，第 642 页。

第二节 魏晋南北朝“孙子兵法丛林”现象与孙子学的演进

魏晋南北朝时期，民族矛盾、阶级矛盾以及统治集团内部矛盾异常尖锐，社会动荡不安，战争频仍，朝代更替快，军阀割据烈，难求安定局面。劳力阶层终日勤苦，只为果腹和保命；劳心阶层空谈玄理，不务实际，蔚成风气；士庶地主贪欲无度，竞奢斗富；上层统治者钩心斗角，争权夺利；下层统治者上媚其主，下欺百姓。加之道教、佛教盛行，给人们带来精神麻醉，使其自欺欺人，而对现实问题持逃避和调适态度，故充满斗争哲学思想的兵学实难有理论上的创建。

魏晋南北朝《孙子兵法》被广泛传播和接受，出现了不少对《孙子兵法》推衍、增益、传释和发挥的兵书，如丛林般生长。这种现象姑且名之曰“孙子兵法丛林”。这类著作大多在阴阳五行、云气杂占、孤虚六甲、阵法阵形等方面对《孙子兵法》进行附会和改造，虽题名孙子，然多属伪托。

一、《孙子八阵图》（佚）

《隋书·经籍志》始见此书之著录。《隋书·经籍志》注云，南朝梁阮孝绪《七录》有《孙子八阵图》一卷。当为东汉魏晋时期兵书。《周礼·春官·车仆》郑玄注云：“《孙子》八陈，有苹车之陈。”《十一家注孙子·势篇》杜牧注引《军志》云：“四头八尾，触处为首，敌冲其中，两头俱救。”在《李卫公问对》中，李靖对曰：“古人善用兵者，教正不教奇，驱众若驱群羊，与之进，与之退，不知所之也。曹公骄而好胜，当时诸将奉《新书》者，莫敢攻其短。且临敌立表，无乃晚乎？臣窃观陛下所制《破阵乐舞》，前出四表，后缀八幡，左右折旋，趋步金鼓，各有其节，此即八阵图，四头八尾之制也。人间但见乐舞之盛，岂有知军容如斯焉？”① 又云自己所制本八阵乃诸

① 〔清〕纪昀等修：《文渊阁四库全书》第726册，台湾商务印书馆1986年版，第153页。

葛亮之八阵法，此法“大阵包小阵，大营包小营，隅落钩连，曲折相对，古制如此，臣为图因之，故外画之方，内环之圆，是成六花，俗为号尔”①。八阵实为“六花”，并云“八阵为六，武侯之旧法焉”。八阵究竟谓何？唐太宗以《握奇经》释曰：“阵数有九，中心零者，大将握之。四面八向，皆取准焉。阵间容阵，队间容队。以前为后，以后为前。进无速奔，退无遽走。四头八尾，触处为首，敌冲其中，两头皆救。数起于五，而终于八。”② 李靖又释曰：“八阵本一也，分为八焉。若天地者，本乎旗号；风云者，本乎幡名；龙虎鸟蛇者，本乎队伍之别。后世误传，诡设物象，何止八而已乎？”③ 宋人曾公亮、丁度编《武经总要》，其所云八阵，则指方、圆、牝、牡、冲方、罘罝、车轮、雁行八种形状的阵法。其实，以上所云种种，恐皆非孙子八阵，而是后来兵家托名孙子所作阵法耳。

二、《吴孙子牝牡八变阵图》（佚）

此书内容，大致是依据阴阳理论，讲述阵法变化。《隋书·经籍志》始见此书之著录，估计是东汉魏晋时期的兵书。《孙膑兵法》有《雄牝城》篇，雄城即实城（阳城），牝城即虚城（阴城）。雄城不可攻，牝城可攻。其云：“城在渒泽之中，无亢山名谷，而有付丘于其四方者，雄城也，不可攻也。军食溜（流）水□□□〔不可攻〕也。城前名谷，倍（背）亢山，雄城也，不可攻也。城中高外下者，雄城也，不可攻也。城中有付丘者，雄城也，不可攻也。营军取舍，毋回名水，伤气弱志，可击也。城倍（背）名谷，无亢山其左右，虚城也，可击也。〔□〕尽烧者，死襄（壤）也，可击也。军食汜水者，死水也，可击也。城在发泽中，无名谷付丘者，牝城也，可击也。城在亢山间，无名谷付丘者，牝城也，可击也。城前亢山，倍（背）名谷，前

---

① 〔清〕纪昀等修：《文渊阁四库全书》第726册，台湾商务印书馆1986年版，第152页。

② 〔清〕纪昀等修：《文渊阁四库全书》第726册，台湾商务印书馆1986年版，第146～147页。

③ 〔清〕纪昀等修：《文渊阁四库全书》第726册，台湾商务印书馆1986年版，第147页。

高后下者，牝城也，可击也。”① 《淮南子·地形训》也谈到牝牡地形，其所用理论，仍是阴阳理论，其云：“凡地形，东西为纬，南北为经；山为积德，川为积刑；高者为生，下者为死；丘陵为牡，溪谷为牝。”牝即雌，即阴；牡即雄，即阳。牝牡八变阵图，实际上是依据阴阳虚实之理而变化阵法。

三、《孙子战斗六甲兵法》（佚）

《隋书·经籍志》注云，南朝梁阮孝绪《七录》有《孙子战斗六甲兵法》一卷，由此推论，大致是东汉魏晋时期的兵书。其书具体内容不明，估计是托言孙子遁甲之法在战争中的运用。

四、《孙子兵法杂占》（佚）

《隋书·经籍志》始见著录，估计是东汉魏晋南北朝时期占候类兵书。《太平御览》卷三二八《占候》云：“孙子曰：‘天者，阴阳、寒暑、节制也。’《孙子占》曰：‘三军将行，其旌旗从容以向前，是为天送，必亟击之，得其大将。三军将行，其旌旗埜然若雨，是谓天沾，其师失。三军将行，旌旗乱于上，东西南北，无所主方，其军不还。三军将阵，雨甚，是为浴师，勿用阵战。三军将战，有云其上而赤，勿用阵，先阵战者，莫复其迹。三军方行，大风飘起于军前，右周绝军，其将亡，右周中其师，得粮。’”② 《太平御览》所引《孙子占》是否为《孙子兵法杂占》，尚难判定。

五、《吴孙子三十二垒经》（佚）

《旧唐书·经籍志》《新唐书·艺文志》《通志·艺文略》有著录。估计是魏晋至隋唐的兵书。其内容大致是讲营垒构造及战阵布置等。《太平御览》卷三五七《衔枚》有引文，云：“《吴孙子三十二垒经》，灵辅曰：移车移旗，

---

① 银雀山汉墓竹简整理小组：《临沂银雀山汉墓出土〈孙膑兵法〉释文》，载《文物》1975 年第 1 期。

② 〔宋〕李昉等编：《太平御览》，中华书局 1960 年版，第 1508 页。

以顺其意；衔枚而陈，分师而伏；后至先击，以战则克。”①

六、《吴子问孙武》（一题《吴王问孙武》）

存于《通典》卷一五九、《武经总要》、《太平御览》，《十一家注孙子·九地篇》中的何氏、张预注有征引。何氏、张预为宋代人。清代毕以珣《孙子叙录》中亦有辑录，称其为孙子佚文，皆在八十二篇之内。

七、《孙武兵书》（佚）

托言孙武所著，内容不明。《春秋左传正义》“哀公元年”孔颖达疏引曰：“《孙武兵书》云：‘军井未达，将不言渴；军灶未炊，将不言饥。’”

八、《孙子兵法云气图》（佚）

大概为魏晋南北朝时兵书。《孙子学文献提要》云同治《苏州府志》有著录，而同治《苏州府志》又云见《七录》。同治《苏州府志》卷一三六《艺文一》云：

> 前志有《伍子胥》八篇，见刘向《七略》；《杂家伍子胥》十篇、图一卷，见《艺文志·兵家》；伍子胥《水战》、图一卷，见张彦远《名画记》；伍子胥《式经章句》二卷、《兵法》一卷，见《七录》；伍子胥《遁甲决》一卷、《遁甲文》一卷、《遁甲孤虚记》一卷，见《七录》；又有《孙子兵法》八十二篇、图九卷，见《七略》；《孙子兵法》一卷，见《孟氏解诂》；又《隋志》有魏武《注兵法》二卷、张子尚《注兵经》二卷、魏太尉贾诩《钞兵法》一卷、《孙子八阵图》一卷、《兵法云气图》一卷，见《七录》；《孙子战斗六甲兵法》一卷、《兵书提要》七卷，见《七录》；《［吴］孙子三十二垒经》一卷、《孙子牝［牡］八变阵图》二卷、《孙子兵法杂占》四卷，并见《隋志》。②

---

① 〔宋〕李昉等编：《太平御览》，中华书局1960年版，第1643页。

② 〔清〕李铭皖、谭钧培修，〔清〕冯桂芬纂：同治《苏州府志》，江苏古籍出版社1991年版，第475页。

九、王凌集解《孙子》

《隋书·经籍志》著录《孙子兵法》一卷，魏武、王凌集解。

王凌（172—251），字彦云，太原祁（今山西祁县）人。叔父允，为汉司徒，诛董卓。董卓部将李傕、郭汜等为卓报仇，入长安，杀允，尽害其家。凌及兄晨，时年皆少，逾城得脱，亡命归乡里。凌举孝廉，为发干长，稍迁至中山太守。所在有治，魏太祖辟之为丞相掾属。魏文帝即位，拜散骑常侍，出为兖州刺史，与张辽等至广陵讨孙权，以功封宜城亭侯，加建武将军。魏正始元年，为征东将军。正始二年（241），击败吴将全琮，进封南乡侯。后迁司空。魏国嘉平元年（249），任太尉。后与其甥令狐愚谋废曹芳帝位，事泄而死。

王凌《孙子集解》亡佚。然清代孙星衍《孙子兵法序》云："杜佑实未注《孙子》，其文即《通典》也，多与曹注同，而文较备。疑佑用曹公、王凌、孟氏诸人古注，故有'王子曰'，即凌也。"① 宋代吉天保辑《十一家注孙子》是包括了杜佑注的，但是孙星衍认为杜佑没有注解《孙子》，吉氏所谓杜佑注，孙星衍认为可能是引用曹操、王凌、孟氏等人古注，算不得是杜佑注。今检《孙子十家注》，得王凌注《孙子》有以下数条佚文：

《计》篇云："士卒孰练。"杜佑注曰："知谁兵器强利、士卒简练者。故王子曰：'士不素习，当陈惶惑；将不素习，临陈暗变。'"

《计》篇云："赏罚孰明。"杜佑注曰："赏善罚恶，知谁分明者。故王子曰：'赏无度，则费而无恩；罚无度，则戮而无威。'"

《计》篇云："卑而骄之。"杜佑注曰："彼其举国兴师，怒而欲进，则当外示屈挠，以高其志，俟惰归，要而击之。故王子曰：'善用法者，如狸之与鼠，力之与智，示之犹卑，静而下之。'"

---

① 〔清〕孙星衍撰：《孙子兵法序》，见《诸子集成》第六册，中华书局 1954 年版，第 1 页。

《谋攻》篇云："将能而君不御者胜。"杜佑注曰："将既精能，晓练兵势，君能专任，事不从中御。故王子曰：'指授在君，决战在将也。'"

《势》篇云："鸷鸟之疾，至于毁折者，节也。"杜佑注曰："发起讨敌，如鹰鹯之攫搏也，必能挫折禽兽者，皆由伺候之明，邀得屈折之节也。王子曰：'鹰隼一击，百鸟无以争其势；猛虎一奋，万兽无以争其威。'"

《势》篇云："纷纷纭纭，斗乱而不可乱也；浑浑沌沌，形圆而不可败也。"杜佑注曰："旌旗乱也。示敌若乱，以金鼓齐之。纷纷，旌旗像；纭纭，士卒貌。言旌旗翻转，一合一离；士卒进退，或往或来。视之若散，扰之若乱。然其法令素定，度帜分明，各有分数，扰而不乱者也。车骑齐转，形圆者；出入有道，齐整也。浑浑，车轮转行；沌沌，步骤奔驰。视其行陈纵横，圆而不方，然而指趋，各有所应。故王子曰：'将欲内明而外暗，内治而外混，所以示敌之轻己者也。'"

《虚实》篇云："能使敌人不得至者，害之也。"杜佑注曰："出其所必趋，攻其所必救，能守其险害之要路，敌不得自至。故王子曰：'一猫当穴，万鼠不敢出；一虎当溪，万鹿不得过。'"①

十、张子尚注解《孙子》（佚）

张子尚，生平不详。《隋书·经籍志》著录云："《孙子兵法》二卷，吴将孙武撰，魏武帝注。梁三卷。《孙子兵法》一卷，魏武、王凌集解。《孙武兵经》二卷，张子尚注。《钞孙子兵法》一卷，魏太尉贾诩钞。梁有《孙子兵法》二卷，孟氏解诂；《孙子兵法》二卷，吴处士沈友撰；又《孙子八阵图》一卷，亡。《吴起兵法》一卷，贾诩注。"此书与魏武、王凌《孙子兵法集解》及贾诩《钞孙子兵法》并列，故可以推断张子尚为汉魏时人。近人支伟成《孙子兵法史证》自序云："魏王凌、张子尚、贾诩、吴沈友并有笺注，今均亡佚。"② 则直言张子尚为曹魏之人。

---

① 谢祥皓、刘申宁辑：《孙子集成》第15册，齐鲁书社1993年版，第74~236页。

② 谢祥皓、刘申宁辑：《孙子集成》第20册，齐鲁书社1993年版，第516页。

十一、孟氏注解《孙子》

孟氏，南朝梁代人。具体行事不详。《隋书·经籍志》著录为“梁有《孙子兵法》二卷，孟氏解诂”，可知其为梁人。《旧唐书·经籍志》著录为“《孙子兵法》二卷，孟氏解”；《新唐书·艺文志》著录为“孟氏《解孙子》二卷”；《宋史·艺文志》著录为“《五家注孙子》三卷，魏武帝、杜牧、陈皞、贾隐林、孟氏”；宋吉天保《十一家注孙子》有孟氏注，然仅存六十八条。《十一家注孙子》当是在《五家注孙子》基础上纂集而成。孟氏注解《孙子》，既有文字训诂，又有文义阐释；既有例释，又有引释，而以阐释文义及思想为主。

孟氏注解《孙子》，有时先训释文字，然后阐释文义。如《计》篇云：“故可与之死，可与之生，而民不畏危。”孟氏注曰：“一作‘人不疑’，谓始终无二志也；一作‘人不危’。道，谓道之以政令，齐之以礼教，故能化服民志，与上下同一也。故用兵之妙，以权术为道。大道废而有法，法废而有权，权废而有势，势废而有术，术废而有数，大道沦替，人情讹伪，非以权数而取之，则不得其欲也。故其权术之道，使民上下同进趋，同爱憎，一利害，故人心归于德，得人之力，无私之至也。故百万之众，其心如一，可与俱同死力，动而不至危亡也。臣之于君，下之于上，若子之事父，弟之事兄，若手臂之捍头目而覆胸臆也。如此，始可与上同意，死生同致，不畏惧于危疑。”《作战》篇云：“食敌一钟，当吾二十钟。”孟氏注曰：“十斛为钟。计千里转运，道路耗费，二十钟可致一钟于军中矣。”《九变》篇云：“趋诸侯者以利。”孟氏注曰：“趋，速也。善示以利，令忘变而速至，我作变以制之，亦谓得人之用也。”《九地》篇云：“敌人开阖，必亟入之。”孟氏注曰：“开阖，间者也。有间来，则疾内之。”

有时孟氏直接阐释文义，这种注解方式比较多。如《计》篇云：“天者，阴阳、寒暑、时制也。”孟氏注曰：“兵者，法天运也。阴阳者，刚柔盈缩也。用阴则沉虚固静，用阳则轻捷猛厉；后则用阴，先则用阳；阴无蔽也，阳无察也。阴阳之象无定形，故兵法天。天有寒暑，兵有生杀；天则应杀而制物，兵则应机而制形。故曰天也。”再如，《计》篇云：“攻其无备，出其不意。”孟氏注曰：“击其空虚，袭其懈怠，使敌不知所以敌也。故曰：兵者无形为妙。”《谋攻》篇云：“故曰知彼知己，百战不殆。”孟氏注曰：“审知彼己强弱之势，虽百战，实无危殆。”《形》篇云：“见胜不过众人之所知，非善之善者也。”孟氏注曰：“当见未萌。言两军已交，虽料见胜负，策不能过绝于人，但见近形非远。”《军争》篇云：“归师勿遏。”孟氏注曰：“人怀归心，必能死战，则不可止而击也。”《势》篇云：“凡治众如治寡，分数是也。”孟氏注曰：“分，队伍也；数，兵之大数也。分数多少，制置先定。”《虚实》篇云：“后处战地而趋战者劳。”孟氏注曰：“若敌已处便势之地，己方赴利，士马劳倦，则不利矣。”《虚实》篇云：“敌虽众，可使无斗。”孟氏注曰：“敌虽多兵，我能多设变诈，分其形势，使不得并力也。”《虚实》篇云：“故策之而知得失之计。”孟氏注曰：“策度敌情，观其施为，则计数可知。”

有时孟氏只训释文字而无通释，如《军争》篇云：“是故朝气锐，昼气惰，暮气归。”孟氏注曰：“朝气，初气也；昼气，再作之气也；暮气，衰竭之气也。”

有时孟氏先释文字，后引释，再阐释，多种注释方式并用。所谓引释，即引用典籍或古贤哲之言以训释。如《谋攻》篇云：“以虞待不虞者胜。”孟氏注曰：“虞，度也。《左传》曰：‘不备不虞，不可以师。’待敌之可胜也。”《势》篇云：“战势不过奇正，奇正之变，不可胜穷也。”孟氏注曰：“《六韬》云：‘奇正发于无穷之源。’”《用间》篇云：“非仁义不能使间。”孟氏注曰：“太公曰：‘仁义著，则贤者归之。’贤者归之，则其间可用也。”《军争》篇云：“是故朝气锐。”孟氏注曰：“《司马法》曰：‘新气胜旧气。’新气即朝气也。”

有时孟氏以例释之法注《孙子》。所谓例释，即以史例、战例进行注解。如《谋攻》篇云：“拔人之城而非攻也。”孟氏注曰：“言以威刑服敌，不攻而取，若郑伯肉袒以迎楚庄王之类。”《九地》篇云：“诸侯之地三属。”孟氏注曰：“若郑界于齐、楚、晋是也。”①

① 谢祥皓、刘申宁辑：《孙子集成》第15册，齐鲁书社1993年版，第57~562页。

十二、敦煌晋写本《孙子注》

仅存残页，日人大谷光瑞《西域考古图谱》收录，近代罗振玉以之编入《汉晋书影》中，定为晋代写本。残页。中间有横向界栏，上下各八行，现仅残存两下半页，共十六行（实际只能算十四行）。第一至十三行是《谋攻》篇结尾的一部分，第十四行可能是空行或注文，第十五行应是《形》篇篇题，第十六行为《形》篇开头的下半句。每行有十四至十六字不等，有双行夹注四条。残页。其文与今本有差异，如第四至六行“不知三军之任而同三军之权，则军士疑覆矣”，其下有注“覆败也”，今本“任”与“权”互倒，且无“覆”字。第十行“将能而君不御者胜，以虞待不虞者胜”，今本两句互倒。此写本不同于今本，是《孙子》注本的一个佚本。

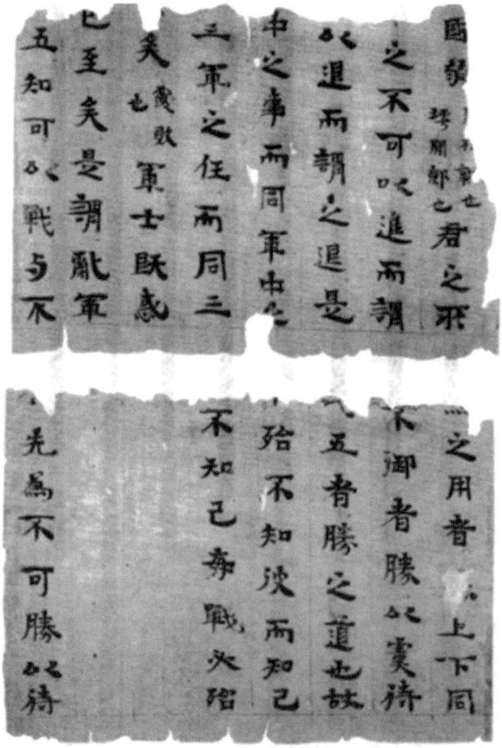

罗振玉《汉晋书影》收录敦煌晋写本《孙子注》残纸

十三、《孙子算经》

《隋书·经籍志》著录《孙子算经》二卷，不著撰者及时代；《旧唐书·经籍志》著录《孙子算经》三卷，甄鸾撰；《新唐书·艺文志》著录李淳风注《甄鸾孙子算经》三卷；《宋史·艺文志》著录李淳风注释《孙子算经》三卷；又著录《孙子算经》三卷，不知名。《四库全书》收录《孙子算经》三卷，其《提要》云："朱彝尊《集五曹算经跋》云：'相传其法出于孙武，然孙子别有《算经考》，古者存其说可尔。'又有《孙子算经跋》云：'首言度量所起，合乎《兵法》"地生度、度生量、量生数"之文，次言乘除之法设为之数，十三篇中所云"廓地分利""委积""远输""贵卖""兵役""分数"，比之《九章》"方田""粟米""差分""商功""均输""盈不足"之目，往往相符，而要在"得算多""多算胜"，以是知此编非伪托也。'彝尊之意，盖以为确出于孙武。今考书内设问，有云'长安、洛阳相去九百里'，又云'《佛书》二十九章，章六十三字'，则后汉明帝以后人语。孙武春秋末人，安有是语乎？旧本久佚，今从《永乐大典》所载，裒集编次，仍为三卷，冠以原序，其甄、李二家之注则不可复考，是则姚广孝等割裂刊削之过矣。"① 乾隆三十八年（1773），戴震任四库馆纂修，从《永乐大典》中"裒集编次，仍为三卷，冠以原序"，加以校勘，采入《四库全书》，今所传版本《四库全书》本、武英殿聚珍本、孔继涵《微波榭丛书》所收录的《算经十书》本、鲍廷博《知不足斋丛书》本等，均以戴震校勘本为蓝本。

甄鸾，中山无极（今河北无极）人，由南朝入北朝，历任北周司隶校尉、汉中郡守，赠"无极男""无极县开国伯"爵号，精于步算，尝注《周髀算经》，撰有《帝王世录》《笑道论》《七曜术算》《七曜本起历》《周天和年历》《五经算术》《五曹算经》《数术记遗》等，正史无

① 〔清〕纪昀等修：《文渊阁四库全书》第797册，台湾商务印书馆1986年版，第140页。

传，而清代阮元《畴人传》记载："鸾好学精思，富于论撰，诚数学之大家矣。"①

李淳风，唐朝岐州雍（今陕西凤翔）人，精通天文、历算及阴阳学，编注《算经十书》，与袁天罡合著《推背图》。《旧唐书》《新唐书》均有传。

《孙子算经》有文三卷并序一篇。卷上详述度量衡、大数之法、筹算制度、乘除法及九九算表；卷中与卷下列举算题说明分数算法、开平方算法、比率算法、盈不足术及方程术。在基本算法方面，《九章算术》没有明确表述的，《孙子算经》都一一加以阐明。其中"物不知数""诸侯分橘""三人持钱""草中分绢""河妇荡杯""鸡兔同笼""百鹿入城""三人共车""三女相会"等已成为脍炙人口的算题。《孙子算经原序》云：

> 孙子曰：夫算者，天地之经纬，群生之元首，五常之本末，阴阳之父母，星辰之建号，三光之表里，五行之准平，四时之终始，万物之祖宗，六艺之纲纪。稽群伦之聚散，考二气之降升，推寒暑之迭运，步远近之殊同，观天道精微之兆基，察地理纵横之长短，采神祇之所在，极成败之符验。穷道德之理，究性命之情。立规矩，准方圆，谨法度，约尺丈，立权衡，平重轻，剖毫厘，析黍絫。历亿载而不朽，施八极而无疆。散之不可胜究，敛之不盈掌握。向之者，富有余；背之者，贫且窭；心开者，幼冲而即悟；意闭者，皓首而难精。夫欲学之者，必务量能揆己，志在所专。如是，则焉有不成者哉？②

此书的作者及成书时间，多有争议。有人认为成书于先秦，作者孙武。清代朱彝尊《曝书亭集》卷五五《跋孙子算经》云："《孙子算经》三卷，

① 〔清〕阮元等撰，冯立昇等校注：《畴人传合编校注》，中州古籍出版社2012年版，第115页。

② 〔清〕纪昀等修：《文渊阁四库全书》第797册，台湾商务印书馆1986年版，第141页。

《汉志》不著于录，而隋唐《经籍志》有之，首言度量所起，合乎《兵法》‘地生度、度生量、量生数’之文，次言乘除之法，设为之数，《十三篇》中所云‘廓地分利’‘委积’‘远输’‘贵卖’‘兵役’‘分数’，比之《九章》‘方田’‘粟米’‘差分’‘商功’‘均输’‘盈不足’之目，往往相符，而其要在得算多，多算胜，以是知此编非伪托也。”① 清代毕以珣《孙子叙录》云：“今所传《孙子算经》三卷，无名字，《宋史·艺文志》云不知名，考《孙子兵法·形篇》云：兵法：‘一曰度，二曰量，三曰数，四曰称，五曰胜；地生度，度生量，量生数，数生称，称生胜。’而《算经》则云：‘度之所起，起于忽；称之所起，起于黍；量之所起，起于粟；凡大数之法，万万曰亿。’篇首即以度、量、数、称四事，分为四节，与他算书不同，则断知其为孙武之书无疑也。”② 有人认为成书于西晋，钱宝琮《孙子算经考》云：“《张邱建算经》序云：‘昔《夏侯阳》之“方仓”，《孙子》之“荡杯”，此等之术，皆未得其妙，故造新术，推尽其理。’今传本《孙子算经》及《张邱建算经》皆有‘荡杯’问题，《孙子》解此题但知依数计算，《张邱建》则为之建立通术，以尽其理，据此可知《孙子算经》原著时代，当在《张邱建算经》之前……本书非孙武子原著，显而易见。余以张邱建为北魏时人，《孙子算经》原本在张邱建前，或为晋人所作。《孙子兵法》十三篇，或疑为后人伪作，迄今尚无定论，但相传十三篇有曹操注，在三国时当甚风行。晋代畴人撰算书伪托孙子之名以传世，容或有之。其序言文辞骈丽，颇似六朝人手笔。”③ 有人认为成书于南北朝，其依据是“围棋在晋以前只有十七道二百八十九路，到了南北朝才改为十九道三百六十一路”④。

---

① 〔清〕纪昀等修：《文渊阁四库全书》第1318册，台湾商务印书馆1986年版，第266~267页。

② 谢祥皓、刘申宁辑：《孙子集成》第15册，齐鲁书社1993年版，第42页。

③ 中国科学院自然科学史研究所编：《钱宝琮科学史论文选集》，科学出版社1983年版，第139~141页。

④ 高振儒：《关于〈孙子算经〉编纂年代的考证》，载《山西大学学报》1982年第4期。

第三节 诸葛亮兵书引《孙子兵法》及孙子学著述者群体

一、诸葛亮兵书引《孙子兵法》

现存题名作者诸葛亮的兵书是否出于诸葛亮之手，学界有争议，未能遽然断议，故仍沿袭题名之旧说，姑且以诸葛亮兵书目之。

诸葛亮兵书主要有两种，一是《将苑》，二是《便宜十六策》。

《将苑》一卷，《隋志》及新旧《唐志》均未见著录。最早著录见于宋人尤袤《遂初堂书目》。《宋史·艺文志》著录诸葛亮《将苑》一卷。《四库全书总目》卷一〇〇《兵家类存目》“将苑”条云：“旧本题汉诸葛亮撰。前有明佥都御史宁仲升序，谓出于士人周源所藏。考此书诸家不著录，至尤袤《遂初堂书目》乃载其名，亦称亮撰，盖伪书之晚出者。又明焦竑《经籍志》更有亮《心书》《六军镜》《心诀》《兵机法》诸书，益为依托。盖宋以来兵家之书，多托于亮。明以来术数之书，多托于刘基。委巷之谈，均无足与深辨者耳。”①

《心书》（或称《将苑》）一卷，《四库全书总目》卷一〇〇《兵家类存目》“心书”条云：“旧本题诸葛亮撰。书中皆言为将用兵之法。陶宗仪《说郛》作《新书》。明弘治间，关西刘让锓之于木，始改名《心书》，附以《出师》二表。嘉靖中，夔人张锐重刊，增入《夔门图》，前载让序，后有郧乡进士寇韦跋，皆以为真出于亮。考五十篇内之文，大都窃取孙子书而附以迂陋之言，至不足道。盖妄人所伪作，又出于《将苑》之后也。”②

《十六策》一卷，《四库全书总目》卷一〇〇《兵家类存目》“十六策”条云：“此本载《永乐大典》中，旧题汉诸葛亮撰。考亮著作，陈寿《三国

① 〔清〕永瑢等撰：《四库全书总目》，中华书局1965年版，第841页。
② 〔清〕永瑢等撰：《四库全书总目》，中华书局1965年版，第841页。

志》详列于传后。初无是书之名，故晁公武《读书志》疑附托者所为。又《晁志》曰有序，称谨进《便宜十六事》，是尚有伪撰亮序文。今本不载，而末有李革跋云：'泰和五祀中秋日，阅图书，得此集，因录一本，既竟而题于此。'革字君美，河津人，登大定二十五年进士，贞祐中为吏部尚书。盖晁氏所据宋人本，此则金人本耳。又晁氏称六曰治民，今本作治人；十二曰治乱，今本作治政；十六曰阴察，今本作阴诫。亦小小异同，然皆不足究诘也。"①

《将苑》，或称《心书》，或称《新书》，实际上为同一书。宋代称《将苑》；元末明初陶宗仪《说郛》称《新书》；明代焦竑《经籍志》称《心书》；明代高儒《百川书志》称《将苑》；明代《汉魏丛书》题作《心书》，但篇章标题中间有"新书"字样。是书明代已有三种称谓。今本此三种称谓亦多有，而核其内容，只是个别文字互有差别，故是同书异名。

清人张澍把《将苑》（《心书》或《新书》）和《便宜十六策》编入其纂集的《诸葛亮集》，确信它们为诸葛亮所著。清人姚际恒则在其《古今伪书考》中把《将苑》（《心书》或《新书》）目为伪书。

关于《诸葛亮兵法》，《隋书·经籍志》注引《七录》云："梁有《诸葛亮兵法》五卷，又《慕容氏兵法》一卷，亡。"由于《诸葛亮兵法》至迟在南朝就已亡佚，所以具体篇目及内容不得而知。而今人所编《诸葛亮兵法》，则是《将苑》（《心书》或《新书》）和《便宜十六策》的合集。陈寿编纂《诸葛氏集》，惜早亡佚。然《三国志·蜀书·诸葛亮传》载有《诸葛氏集》目录：开府作牧第一、权制第二、南征第三、北出第四、计算第五、训厉第六、综核上第七、综核下第八、杂言上第九、杂言下第十、贵和第十一、兵要第十二、传运第十三、与孙权书第十四、与诸葛瑾书第十五、与孟达书第十六、废李平第十七、法检上第十八、法检下第十九、科令上第二十、科令下第二十一、军令上第二十二、军令中第二十三、军令下第二十四。凡二十四篇，凡十万四千一百一十二字。陈寿《进诸葛氏集表》云："臣寿等言：臣前在著作郎、侍中、领中书监、济北侯、臣荀勖，中书令、关内侯、臣和峤

① 〔清〕永瑢等撰：《四库全书总目》，中华书局1965年版，第841页。

奏：使臣定故蜀丞相诸葛亮故事，亮毗佐危国，负阻不宾，然犹存录其言，耻善有遗，诚是大晋光明至德，泽被无疆，自古已来，未之有伦也，辄删除复重，随类相从，凡为二十四篇，篇名如右。”① 从上记载可知，《诸葛氏集》是在诸葛亮故事中删除某些复重内容后编成的集子，与《将苑》和《便宜十六策》没有什么关联。而《便宜十六策》在隋唐至明清的史志目录中亦未见著录。从目前可见的文献资料看，《将苑》（《心书》或《新书》）和《便宜十六策》疑伪，但其作为兵书的价值不容否定，而且与诸葛亮的军事思想多有吻合，其成书年代当在六朝至宋之间，故笔者仍把它列于魏晋南北朝时期，遵从旧题诸葛亮撰的一贯做法。

《将苑》（《心书》或《新书》）五十篇，主要讲为将、用兵、治军之道，对《孙子兵法》多有吸收和借鉴，而《四库全书总目》斥其为“窃取孙子书而附以迂陋之言”，则不免太过：一是《将苑》（《心书》或《新书》）与《孙子兵法》篇章结构不同，所要表述的主旨也不同；二是《将苑》（《心书》或《新书》）所引《孙子兵法》，多为意引，服务于《将苑》（《心书》或《新书》）所要阐明的主旨，所以与“窃取”是两回事；三是《将苑》（《心书》或《新书》）辞如珠玉，见解超卓，思想宏富，绝非“迂陋之言”，不能以其疑伪就一概否定。

下面以具体材料说明《孙子》对《将苑》和《便宜十六策》的影响，以及诸葛亮兵略对《孙子》的继承和发展。

《将苑》云：“古之善用兵者，揣其能而料其胜负：主孰圣也；将孰贤也；吏孰能也；粮饷孰丰也；士卒孰练也；军容孰整也；戎事孰逸也；形势孰险也；宾客孰智也；邻国孰惧也；财货孰多也；百姓孰安也。由此观之，强弱之形，可以决矣。”②（《揣能》）《孙子兵法》云：“故校之以计，而索其情，曰：主孰有道；将孰有能；天地孰得；法令孰行；兵众孰强；士卒孰练；赏

---

① 〔清〕纪昀等修：《文渊阁四库全书》第 1361 册，台湾商务印书馆 1986 年版，第 546 页。

② 《续修四库全书》编委会编：《续修四库全书》第 959 册，上海古籍出版社 2002 年版，第 201 页。

罚孰明；吾以此知胜负矣。”（《始计》）

《将苑》云：“夫将有勇而轻死者，有急而心速者，有贪而喜利者，有仁而不忍者，有智而心怯者，有谋而情缓者。是故，勇而轻死者，可暴也；急而心速者，可久也；贪而喜利者，可遗也；仁而不忍者，可劳也；智而心怯者，可窘也；谋而情缓者，可袭也。”①（《情势》）《孙子兵法》云：“故将有五危，必死可杀，必生可虏，忿速可侮，廉洁可辱，爱民可烦。凡此五者，将之过也，用兵之灾也。覆军杀将，必以五危，不可不察也。”（《九变》）

《将苑》云：“迫而容之，利而诱之，乱而取之，卑而骄之，亲而离之，强而弱之。有危者安之，有惧者悦之，有叛者怀之，有冤者伸之，有强者抑之，有弱者扶之，有谋者亲之，有谗者覆之，获财者与之。不倍兵以攻弱，不恃众以轻敌，不傲才以骄人，不以宠而作威。先计而后动，先胜而始战。”②（《试将》）《孙子兵法》云：“兵者，诡道也。故能而示之不能，用而示之不用，近而示之远，远而示之近。利而诱之，乱而取之，实而备之，强而避之，怒而挠之，卑而骄之，佚而劳之，亲而离之，攻其无备，出其不意。”（《始计》）又云：“故善战者，立于不败之地，而不失敌之败也。是故胜兵先胜而后求战，败兵先战而后求胜。”（《军形》）

《将苑》云：“夫将者，人命之所悬也，成败之所在也，祸福之所系也，而上不假之以赏罚，亦犹束猿猱之手，而责之以腾捷，胶离娄之目而使之辨青黄，不可得也。若赏移在权臣，罚不由主将，人苟自利，谁怀斗心？虽伊吕之谋，韩白之功，而不能自卫也。故孙武曰：将之出，君命有所不受。”③（《假权》）

《将苑》云：“夫兵起而静者，恃其险也；迫而挑人者，欲人进之众也；树而动者，车来也；卑而广者，徒来也；辞强而言者，退也；半进而半退者，

① 《续修四库全书》编委会编：《续修四库全书》第959册，上海古籍出版社2002年版，第201~202页。

② 《续修四库全书》编委会编：《续修四库全书》第959册，上海古籍出版社2002年版，第197页。

③ 《续修四库全书》编委会编：《续修四库全书》第959册，上海古籍出版社2002年版，第200页。

诱也；仗而立者，饥也；见利而不进者，劳也；鸟集者，虚也；夜呼者，恐也；军扰者，将不重也；旌旗动者，乱也；妄来谢者，休息也；币重而言甘者，诱我也。”①（《察情》）《孙子兵法》云：“敌近而静者，恃其险也；远而挑战者，欲人之进也；其所居易者，利也；众树动者，来也；众草多障者，疑也；鸟起者，伏也；兽骇者，覆也；尘高而锐者，车来也；卑而广者，徒来也；散而条达者，樵采也；少而往来者，营军也；辞卑而备者，进也；辞强而进驱者，退也；轻车先出居其侧者，陈也；无约而请和者，谋也；奔走而陈兵者，期也；半进半退者，诱也。”（《行军》）

诸葛亮《便宜十六策》云：“夫用兵之道，先定其谋，然后乃施其事，审天地之道，察众人之心，习兵革之器，明赏罚之理，观敌家之谋，虑道路之便，别安危之处，占主客之情，知进退之宜，慎朝会之地，设守卫之备，强攻伐之势，扬士卒之能，图成败之计，虑生死之事，然后乃可出军行将，此设军之上略也。夫将者，民之司命，邦家之利器，先定其计，然后乃行其令，举若漂潦之暴至，获若鹰隼之击物，静若强弩之张，动如机关之散，所向者破，而敌自灭者也。将无思虑，无气势，不胜其心，而专其谋，虽有十万之众，则敌不可破也。非仇不怨，非敌不战，非鲁般之木无以见其功，非孙武之敌无以出其道，计事欲密，攻敌欲疾，来往如鹰，战若河决，则兵未劳而地已得，不逆其虚，道之上也。”②（《治军》）此与《孙子》之文字及意旨颇相吻合，不仅语言多有相近，而且战略战术极具神似。其余相合相通之处，无需一一指摘对应，即可完全了然于心。

不管《将苑》（《心书》或《新书》）和《便宜十六策》是否为诸葛亮所作，都不影响《孙子》对后世的影响。从《将苑》《便宜十六策》所引《孙子》看，《孙子》在社会中上层流传比较广泛，人们往往言必称《孙子》，《孙子》在兵学中具有无可取代的崇高地位。

---

① 《续修四库全书》编委会编：《续修四库全书》第 959 册，上海古籍出版社 2002 年版，第 203 页。

② 《续修四库全书》编委会编：《续修四库全书》第 1303 册，上海古籍出版社 2002 年版，第 428 页。

二、魏晋南北朝孙子学著述者群体

魏晋南北朝出现“孙子兵法丛林”现象，大量孙子学著述诞生，不少作品以阴阳、星历、遁甲、占候、阵法、术数等演绎《孙子兵法》，其作者当为精通兵法及神秘文化的谋士术士，是先秦兵阴阳学在孙子学中的渗透和延续。兵阴阳学产生于商周时期，春秋战国独具一派，汉代任宏名之曰“兵阴阳”。东汉及魏晋南北朝时期，兵阴阳学著作大量产生；隋唐五代及宋元时期继续发展；明清时期由于军事技术的进步以及热兵器的广泛装备使用，其发展势头减弱，但仍然未绝。近代以后，兵阴阳学逐渐退出兵学舞台。

三国时期魏国有王凌《注孙子》。王凌，即《孙子十家注》中之“王子”，是位武将，约略与曹操、贾诩同时而略晚。又有张子尚《注孙子》。张子尚，魏人，生平不详。又有沈友《注孙子》。沈友，东汉末吴王孙权的谋士。又有甄鸾《孙子算经》。甄鸾，北周司隶校尉。从有确凿姓名的《孙子》注者看，魏晋南北朝时期，孙子学在三国时期的魏国、吴国得到发展。从这一时期的孙子学著述看，作者不是谋臣就是武将，普通文士论兵的风气尚未形成，《孙子》的流传、研习多在文臣武将之间，在社会底层的平民、读书人当中，研读、注述《孙子》者尚无史料记载。

第四节 魏晋南北朝诸子对孙子学的接受与批评

《孙子》在魏晋南北朝时期得到广泛接受和传播，不仅衍生了许多托名“孙子”或“孙武”的兵法著作，出现“孙子兵法丛林”，而且孙子及其著作影响所及，远远超过兵学范围，甚至在文学批评中也借鉴和吸收孙子的兵法理论，比如刘勰著《文心雕龙》，就运用《孙子》中的常变、虚实、形势、奇正等范畴来阐述文学创作规律。比如，有用“常变”者，其《通变第二十九》云：“夫设文之体有常，变文之数无方，何以明其然耶？凡诗赋书记，名理相因，此有常之体也；文辞气力，通变则久，此无方之数也。名理有常，体必资于故实；通变无方，数必酌于新声；故能骋无穷之路，饮不竭之源。然绠短者衔渴，足疲者辍涂，非文理之数尽，乃通变之术疏耳。"① 再比如，有用"形势"者，甚至化用《孙子·兵势》中的句式和句意，其《定势第三十》云："夫情致异区，文变殊术，莫不因情立体，即体成势也。势者，乘利而为制也。如机发矢直，涧曲文回，自然之趣也。圆者规体，其势也自转；方者矩形，其势也自安：文章体势，如斯而已。是以模经为式者，自入典雅之懿；效骚命篇者，必归艳逸之华；综意浅切者，类乏酝藉；断辞辨约者，率乖繁缛：譬激水不漪，槁木无阴，自然之势也。"② 刘勰高度颂赞孙武子及其兵法，并持文武相益之见，其《程器第四十九》云："文武之术，左右惟宜。郤縠敦书，故举为元帅，岂以好文而不练武哉？孙武兵经，辞如珠玉，岂以习武而不晓文也？是以君子藏器，待时而动，发挥事业，固宜蓄素以弸中，散采以彪外，楩楠其质，豫章其干，摛文必在纬军国，负重必在任栋梁，穷则独善以垂文，达则奉时以骋绩。"③

诸葛亮用兵，十分注重借鉴古人智慧，而且对孙武子有很高的评论。比如，其《又言关中虚弱疏》评论孙武子谋略云："曹操智计殊绝于人，其用兵也，仿佛孙吴。"④ 题名诸葛亮撰的《便宜十六策·治军第九》云："战非孙武之谋，无以出其计运。"⑤ 诸葛亮《将苑·威令第四十六》赞扬孙武赏罚严明云："若乃上无刑罚，下无礼敬，虽贵有天下，富有四海，而不能自免者，桀纣之类也。夫以匹夫之形，令之以赏罚，而人不能逆其命者，孙武、穰苴

① 〔清〕纪昀等修：《文渊阁四库全书》第1478册，台湾商务印书馆1986年版，第42页。

② 〔清〕纪昀等修：《文渊阁四库全书》第1478册，台湾商务印书馆1986年版，第43页。

③ 〔清〕纪昀等修：《文渊阁四库全书》第1478册，台湾商务印书馆1986年版，第69页。

④ 〔清〕纪昀等修：《文渊阁四库全书》第1361册，台湾商务印书馆1986年版，第599页。

⑤ 〔清〕《四库全书存目丛书》编委会编：《四库全书存目丛书·子部》第30册，齐鲁书社1995年版，第585页。

之类也。"[①]《三国志·蜀书·马谡传》裴松之注引《襄阳记》诸葛亮言曰："孙武所以能制胜于天下者，用法明也。"[②]

西晋文学家傅玄赞扬孙武论兵之精妙，《北堂书钞》卷一一三引傅玄《古今画赞·孙武画赞》云："孙武论兵实妙，奇正迭用，变化无形。"[③]《晋书·傅玄传》载傅玄"少孤贫，博学善属文，解钟律，性刚劲亮直，不能容人之短"。傅玄峻急自傲，却对孙武钦佩之至，大加赞颂，可见孙吴兵经之魅力。魏晋之际史学家王沈通过赞扬魏武帝曹操而推崇孙吴之法。《三国志·魏书·武帝纪》裴松之注引王沈《魏书》云："太祖自统御海内，芟夷群丑，其行军用师，大较依孙、吴之法，而因事设奇，谲敌制胜，变化如神。"[④]

不仅在政治、军事、文学等领域，诸子对孙武子及其兵法奉为圭臬，颂赞有加，而且在医学领域，孙武子亦有崇高地位。东晋道士、炼丹家、医家葛洪，称扬医家秦和、扁鹊之妙术，兵家孙、吴之神算，而批评那些言不符实、表里不一之人。其《抱朴子·辨问》云："孙吴韩白，用兵之圣也。圣者，人事之极号也，不独于文学而已矣。"[⑤]《抱朴子·微旨》云："抱痼疾而言精和鹊之技，屡奔北而称究孙吴之算，人不信者，以无效也。"[⑥]

魏晋南北朝是一个割据和分裂的时代，也是一个武人政治时代。这个时代，在政治和军事上，武人治国治军，社会多变，政权屡替，承平日短，战乱时长；而在思想文化上，道教发展，佛教流行，玄学兴起，儒学改易

---

① 〔清〕《四库全书存目丛书》编委会编：《四库全书存目丛书·子部》第30册，齐鲁书社1995年版，第606页。

② 〔晋〕陈寿撰，〔南朝宋〕裴松之注：《三国志》，中华书局2000年版，第730页。

③ 〔清〕纪昀等修：《文渊阁四库全书》第889册，台湾商务印书馆1986年版，第553页。

④ 〔晋〕陈寿撰，〔南朝宋〕裴松之注：《三国志》，中华书局2000年版，第38页。

⑤ 〔清〕纪昀等修：《文渊阁四库全书》第1059册，台湾商务印书馆1986年版，第67页。

⑥ 〔清〕纪昀等修：《文渊阁四库全书》第1059册，台湾商务印书馆1986年版，第31页。

其形，呈现复杂多元而又合流、融会的局面。此一时期，可谓中国历史上的“第二个战国时代”，思想文化虽有发展，但是毕竟受到战乱的影响，流离之思、颠沛之苦、慷慨悲歌，或高亢激越，或幽怨低泣，或遁世逍遥，或海啸山呼而作强梁，自顾不暇，焉能他顾？儒、佛、道之间，虽既相排斥，然又相依持；虽既相冲突，然又相融合。表现在对待孙武子及其兵书的态度上，与战国秦汉并无不同，究其原因，与此一时期之多元思想及武人政治有根本关系。

第三章 隋唐五代孙子学

第一节 隋唐五代孙子学的时代背景

一、隋唐五代战争为孙子学发展提供了鲜活素材

经过魏晋南北朝三百多年的分裂割据局面，隋朝实现了短暂的统一。在不到四十年的隋朝统治时期，战争画面波澜壮阔，举其要者大者，有隋朝统一战争、三次大规模的征伐辽东战争，以及席卷全国的隋末农民起义战争。

隋文帝在夺得北周政权之后，即着手南北统一战争，当时北有突厥，南有陈朝，西有吐谷浑汗国，在军事上处于三面包围的态势，对隋朝新生政权的稳固很不利。隋朝建国之初，隋文帝修明政治，改善民生，积极备军，制定了“先南后北”统一战略，但是由于在隋军南下伐陈过程中，北方突厥大举南下攻隋，由此隋文帝调整战略部署，转变为“先北后南”战略，采用长孙晟提出的“远交近攻，离强合弱”策略，拉拢、打击并用，分化瓦解突厥，实而备之，亲而离之，强而弱之，使突厥分裂成几股势力，并成为隋朝藩属。突厥内部争斗不断，而隋朝则“坐山观虎斗，稳坐钓鱼船”，基本解决了北方突厥对隋朝的威胁和困扰。

在解决了北方突厥的威胁之后，隋文帝又着手解决陈朝问题，听取了尚书左仆射高颎提出的对陈之策：“江北地寒，田收差晚；江南土热，水田早熟。量彼收获之际，征集士马，声言掩袭，必屯兵御守，足得废其农时。彼既聚兵，我便解甲。再三若此，贼以为常。后虽集兵，彼必不信。持疑之顷，我乃济师，登陆而战，兵气益壮。”又云：“江南土薄，舍多竹茅，所有积储，皆非窖地。密遣行人，因风纵火，待彼修葺，复更烧之。不出数年，自可财力俱尽。”① 在长期扰敌、疲敌、弱敌之后，示形惑敌，使之常见不疑。在政治上，则表面向陈示好，一方面派遣使者与陈交通，另一方面每每俘获陈朝间谍，均赠以厚礼遣归。通过多年的麻痹，在陈朝毫无防备之时，隋文帝出其不意，攻其不备，从长江中上游发动渡江战役，全面进攻陈朝，最后攻取建康（今江苏南京），生擒陈后主。

隋灭陈后，高丽国感受到了隋朝的军事压力，因而对隋朝积极防备，令隋朝深感不安。自汉以来，高丽国是中国的属国，其疆域包括朝鲜半岛、辽东半岛及其以北部分地区。隋朝开皇十八年（598），高丽国王派兵侵扰隋朝辽西郡，隋文帝发兵征讨高丽，进抵辽水（今辽河）。高丽慑于隋军的声威，上表称臣，双方罢兵议和。隋炀帝时，高丽与突厥暗通款曲，隋炀帝怒而兴师，愠而致战。由于不知彼己，协调不力，将从中御，指挥呆滞，劳师城外，久攻不下，却不绕城而过。加之资粮不继，保障乏力，违背孙子“避实击虚”“城有所不攻”“因粮于敌”的用兵原则，故而迁延时日，贻害整个战略布局，虽三次出兵，然三次败绩。

隋末政治昏暗，用兵过度，劳民伤财，人民无法忍受，最终招致反抗，爆发了大规模的农民起义，主要有翟让和李密领导的瓦岗起义、窦建德领导的河北起义和杜伏威领导的江淮起义。瓦岗起义军确定“席卷二京，诛灭暴虐”的战略目标②，发展迅猛，人数众多，打了不少胜仗，成为中原地区的

① 〔唐〕杜佑撰：《通典》引《隋书》卷四一《高颎传》，见《文渊阁四库全书》第605册，台湾商务印书馆1986年版，第264、246页。

② 〔清〕纪昀等修：《文渊阁四库全书》第308册，台湾商务印书馆1986年版，第103页。

反隋主力。可是，此后逐渐失去战略眼光，只为一城一地的得失而战，与隋军进行拉锯式的交锋，而且内部离德，军心涣散，最终走向解体。有学者一针见血地指出："李密领导的瓦岗军在战略上先为李渊所用；后又为杨侗所用；其与宇文化及作战，又为王世充所用；最后败归李唐，终为李唐所用。总之，这支军队一直在充当别人手中的棋子，直到其彻底败亡为止。"① 窦建德领导的河北起义军和杜伏威领导的江淮起义军虽然在起事之初，均取得了不少战役的胜利，但是由于两人受到小农意识的限制，虽有安定天下之心，却无安定天下之雄才大略，画地为牢，纠缠于一城一地之得失，多次丧失发展壮大的机会。窦建德刚愎自用，不用贤能；杜伏威背离农民起义宗旨，向隋朝皇帝上表称臣，后又叛隋，政治上反复无常，很不成熟。这两支起义军最终都走向覆亡的结局。

在隋末战乱之中，隋朝太原留守李渊纵观天下大势，把握时机，谋定后动，趁机举事，通过多年征讨，终于平定天下，建立唐朝。在隋末的统一战争中，李渊北和突厥，东安李密，有限借重其兵力，牵制隋军，使自己得以专意西征，很快就攻取长安，占据关中。关中地势险要，易守难攻，历来为兵家要地。李渊以此为后方，扼天下之喉，据地势之便，进可攻，退可守，四方之粮可聚，战场之需可供。而此时，西有以薛举为首的三十万西秦军，东有攻打洛阳而相持不下的瓦岗军和隋军。李渊父子趁机剪灭西秦之后，继而消灭割据太原、威胁河东的刘武周集团。此后，又相继击败王世充、窦建德、刘黑闼、萧铣、辅公祏等部。若从军事学术角度分析李渊集团的战略战术，那么可以发现除了李渊善于把握时机，制定正确的战略策略，并使之得到完美执行，其子李世民亦发挥了不可忽视的作用。李世民善于笼络人心，广纳天下英雄，任贤使能，倾听不同意见，其运用独特的战略战术可谓炉火纯青。几乎每一次大的战役，往往是先与敌持久，以待敌衰；然后正兵牵制，奇兵袭后；最后两部夹击，乘势追歼，而收完胜之效。② 李渊集团在攻取长安

---

① 糜振玉主编：《中国军事学术史》，解放军出版社 2008 年版，第 366 页。

② 糜振玉主编：《中国军事学术史》，解放军出版社 2008 年版，第 379 页。

和巩固长安的战争中，善于运用奇正结合、以正为奇、以奇为正的战术，精通孙子诡道、虚实、奇正之法，所向披靡。唐太宗与李靖在《李卫公问对》卷上总结霍邑之战，有以下对话：

> 太宗曰："朕破宋老生，初交锋，义师少却，朕亲以铁骑自南原驰下，横突之。老生兵断后，大溃，遂擒之。此正兵乎，奇兵乎?"靖曰："陛下天纵神武，非学而能。臣按兵法，自黄帝以来，先正而后奇，先仁义而后权谲。且霍邑之战，师以义举者，正也；建成坠马，右军少却者，奇也。"太宗曰："彼时少却，几败大事，曷谓奇耶?"靖曰："凡兵以前向为正，后却为奇，且右军不却，则老生安致之来哉? 法曰：'利而诱之，乱而取之。'老生不知兵，恃勇急进，不意断后，见擒于陛下，此所谓以奇为正也。"①

唐朝建国之初，正值东突厥称霸东亚之时，由于国力贫弱，为了防止突厥侵扰唐境，唐廷只好采取与之和好的政策。随着唐朝力量渐增，自贞观三年（629）起，唐朝先后发动了对东西突厥及其扶持下的薛延陀政权、西域诸国和吐谷浑的战争，并取得了胜利。在对西域和漠北的战争中，唐太宗李世民在政治上采取分化瓦解政策，在军事上体现其集中兵力、各个击破的用兵方略，仍然运用其正兵对敌、奇兵袭后、乘胜追击、务求全歼的战术，指挥得当，任将得人，并且重视战后安抚，分其土地，析其人民，降则抚之，叛则讨之，设立州府，加强管辖，实现了绥远固近的羁縻战略。在解决了西北边境的威胁之后，唐廷又对高丽、百济用兵，从贞观十八年（644）到总章元年（668）的二十四年间，历太宗、高宗二帝，发动了五次大规模东征，先灭百济，后灭高丽。唐朝与周边其他少数民族和方国，如吐蕃族、渤海国、南诏国和回纥族，或战，或和；或利用，或打击，始终没有消停过。可以说，

① 〔清〕纪昀等修：《文渊阁四库全书》第726册，台湾商务印书馆1986年版，第144~145页。

唐朝是一个多战的朝代，不仅战争爆发频繁，作战对象多样，而且战争规模大、时间长。比如，唐朝与吐蕃族的较量，经历了唐初到唐朝灭亡的二百多年，双方互有胜负，最终在唐末时，吐蕃衰微，降服于唐廷，但是唐朝亦因边境战争、藩镇割据战争、农民起义战争等走向覆亡。可以说吐蕃族政权和唐朝政权的较量贯穿唐朝始终。唐朝对吐蕃作战的战略战术，异彩纷呈，较好地体现了孙子示形惑敌、致人而不致于人、利而诱之、乱而取之、逸而劳之等思想。其结果，既促进了民族融合，又在军事学术上有可圈可点之处。

唐玄宗在其执政后期，政治昏暗，骄奢淫逸，任人唯亲，官多奸佞，民多困蹙，阶级矛盾和民族矛盾日益激化。那些拥有土地、人民、甲兵和财赋的藩镇逐渐成为国中之国，终于酿成安史之乱，从此唐朝开始走向衰微。此后的唐廷，其人力、财力、军力主要用在平定安史之乱和削藩等戡乱战争上面。在平定安史之乱的战争中，虽然经过八年的苦战，但唐廷最终取得胜利，在军事学术上亦有值得检讨之处：主要表现为朝廷的平叛战略着眼于收复京城，而非消灭叛贼有生力量，所以拖延了平定叛乱的时间。虽然唐廷取得了平叛的胜利，但是由于战后处置失策，没有乘胜追击，根除安史之乱余党，加之对投降叛军约束不力，为安史之乱后的藩镇割据埋下隐患。此后的唐廷，其精力基本用于削藩战争，虽然取得了一些成效，但由于统治阶级内部矛盾重重，“按下葫芦浮起瓢”，未能从根本上彻底消除藩镇之祸，甚至唐廷不得不借重藩镇以制约藩镇。其根本原因是，藩镇强，朝廷弱，形势使然。而造成此种形势者，乃处置安史之乱不得其法，以及府兵制的破坏和募兵制兴起而导致方镇坐大、势力膨胀。诚如《五礼通考》卷二三六引《新唐书·兵志》云：“久之，大盗既灭，而武夫战卒以功起行阵，列为侯王者，皆除节度使。由是方镇相望于内地，大者连州十余，小者犹兼三四。故兵强则逐帅，帅强则叛上；或父死子握其兵而不肯代；或取舍由于士卒，往往自择将吏，号为留后，以邀命于朝。天子顾力不能制，则忍耻含垢，因而抚之，号为姑息之政。盖姑息起于兵骄，兵骄由于方镇，姑息愈甚，则兵将愈俱骄。由是号令自出，以相侵夺，虏其将帅，并其土地，天子熟视，不知所为，反为和解之，莫肯听命。”[①]《渊鉴类函》卷二〇八引《新唐书·兵志》云：“盖唐有天下二百余年，而兵之大势三变：其始盛时有府兵，府兵后废而为𫓧骑，𫓧骑又废而方镇之兵盛矣。及其末也，强臣悍将，兵布天下，而天子亦自置兵于京师，曰禁军。其后天子弱，方镇强，而唐遂以亡灭者，措置之势使然也。初，府兵之置，居无事时耕于野，其番上者，宿卫京师而已。若四方有事，则命将以出，事解辄罢，兵散于府，将归于朝。故士不失业，而将帅无握兵之重，所以防微渐、绝祸乱之萌也。及府兵法坏而方镇盛，武夫悍将虽无事时，据要险，专方面，既有其土地，又有其人民，又有其甲兵，又有其财赋，以布列天下。然则方镇不得不强，京师不得不弱，故曰措置之势使然者，以此也。”[②] 由社会发展史观之，则是社会制度使然。诚如军事史家糜振玉所言，封建帝王专制必然产生自己无法解决的矛盾，而其统治措置之失法，若不失之于此，则必失之于彼；不失之于眼前，则必失之于长远；不失之于局部，则必失之于全局，最后把自己推向了无可收拾的境地。[③]

辉煌的唐帝国大厦在内忧外患的交困之下，风雨飘摇。民族矛盾、阶级矛盾、统治阶级内部矛盾，层出不穷，难以消除。建立在对人民重重盘剥之下的帝国辉煌，在中唐以后黯然失色。伴随安史之乱和藩镇割据始终的，则是风起云涌的波浪式发展的农民起义。早在唐代宗时，就爆发了袁晁领导的浙东农民起义、陈庄领导的浙西农民起义和方清领导的皖南农民起义。文宗至宣宗时期，小规模的农民起义此起彼伏。懿宗时，浙东又爆发了裘甫等领导的农民起义，而唐末僖宗时爆发了席卷全国的王仙芝和黄巢起义，达到了唐朝农民起义的高潮，是压垮唐帝国的最后一块巨石。黄巢义军采取避实击虚策略和大规模流动作战方式，但是由于没有重视根据地建设，一旦遇挫，则又流徙到敌人力量薄弱地区，对所克之城未能守御，所以虽然一度占领了

① 〔清〕纪昀等修：《文渊阁四库全书》第 141 册，台湾商务印书馆 1986 年版，第 446 页。

② 〔清〕纪昀等修：《文渊阁四库全书》第 987 册，台湾商务印书馆 1986 年版，第 418~419 页。

③ 糜振玉主编：《中国军事学术史》，解放军出版社 2008 年版，第 450 页。

唐都长安，但是未能乘胜歼敌，以巩固新生政权，在唐军的大举反扑之下，被迫撤出长安，最后功败垂成。

二、隋唐五代文化多元造就了孙子学发展的宽松环境

隋朝虽然国祚不长，其所开创的科举制度却被唐朝承袭和完善。与魏晋南北朝时期的门阀士族制度不同，隋唐时期开科取士，从门阀士族以外的读书人中选拔符合统治阶级要求的人才，充实到统治机构。唐朝建立后，勋贵旧族迅速衰落，代之而起的是开国功臣勋将及通过科举考试选拔出来的文人新贵，在政治上、经济上、文化教育上打破了门阀世胄的垄断。崇重今朝冠冕的尚新风气造就了唐朝壮丽恢宏、气概豪迈的积极进取精神。陈寅恪论及唐代人才选拔制度曰："唐代贡举名目虽多，大要可分为进士及明经二科。进士科主文词，高宗、武后以后之新学也；明经科专经术，两晋、北朝以来之旧学也。究其所学之殊，实由门族之异。故观唐代自高宗、武后以后朝廷及民间重进士而轻明经之记载，则知代表此二科之不同社会阶级在此三百年间升沉转变之概状矣。"① 由于朝野尊崇进士以及由进士所代表的新贵阶层取得了对旧族阀阅的压倒之势，故许多达官显贵以自己不是进士出身而抱憾终生。雍正《山西通志》卷二二九引《隋唐嘉话》云，唐高宗时，宰相薛元超谓其亲友故旧曰："吾不才，富贵过分，然平生有三恨：始不以进士擢第；娶五姓女；不得修国史。"② 即使是皇帝，也有抱憾自己非进士出身者。明代陈耀文《天中记》卷三八《登第》"酷爱进士"条引《洛中纪异》云："（唐）宣宗酷爱进士及第，每对朝臣，问及第，苟有科名对者，必大喜，便问所试诗赋题日（目）并主司姓名，或有人物稍好者，偶不中第，叹惜移时。常于内自题'乡贡进士李道龙'。"③

---

① 陈寅恪著：《唐代政治史述论稿》，商务印书馆 2011 年版，第 272 页。

② 〔清〕纪昀等修：《文渊阁四库全书》第 550 册，台湾商务印书馆 1986 年版，第 770 页。

③ 〔清〕纪昀等修：《文渊阁四库全书》第 966 册，台湾商务印书馆 1986 年版，第 781 页。

唐代的新兴士人阶层活跃于政治和文化等各个领域，他们出身于庶族寒门，对个人前程和国家未来充满了自信和热忱，表现出了雄壮豪迈的气概，取得了令当世和后人瞩目的非凡成就。在文化政策上，唐朝同样表现出了历史上少有的开放和包容的气度，推行儒、释、道并重政策，从未实行“文化偏至主义”①。不仅如此，唐代还善于学习域外文化，比如南亚的佛学、医学、美术，中亚的音乐、舞蹈，西亚的祆教文化、伊斯兰教文化、马球、建筑等，所以唐代的文化呈现出无所不受的海纳百川般的宏阔气派。

文化多元的时代，必然造就气势磅礴的文学艺术，使之展现绚丽多姿的精神特征，而唐代诗歌恰好是这一特征的最好诠释。步入唐代，天纵英才，诗人辈出。可以说，唐朝是诗的朝代，《全唐诗》汇编了两千二百余名诗人四万八千余首诗歌。这些诗人中，不仅有名冠古今的李白、杜甫、元稹、白居易、王维、李商隐、杜牧、李贺等，而且有誉满当时的“初唐四杰”王勃、杨炯、卢照邻、骆宾王和“大历十才子”②，甚至有很多平民诗人。隋唐之际，南北诗风合流，声律形成。初唐除了“初唐四杰”，还有以沈佺期、杜审言、宋之问、李峤、崔融、苏味道等为代表的台阁诗派。盛唐有以高适、岑参、王昌龄等为代表的边塞诗派，有以王维、孟浩然等为代表的田园诗派，有以李白等为代表的浪漫主义诗派，有以杜甫、元结、顾况等为代表的现实主义诗派。中唐有以韩愈、孟郊、贾岛、李贺等为代表的韩孟诗派，有以元稹、白居易等为代表的元白诗派。晚唐有以杜牧、李商隐等为代表的唯美诗派，有以皮日休、陆龟蒙等为代表的社会诗派。唐末五代有以罗隐、聂夷中、杜荀鹤等为代表的怨刺诗派等。其内容，或表达诗人携笔从戎、立功边塞的理想；或表达热衷功名富贵、实现政治抱负的情怀；或表现亦官亦隐、同情人民、批判黑暗的精神；或表达追求恬淡自然的山水田园生活志趣。其风格，或绮丽纤巧，辞藻华美；或雄浑悲壮，豪放热烈；或忧时伤世，沉郁顿挫，

① 张岱年、方克立主编：《中国文化概论》，北京师范大学出版社2004年版，第74页。

② 《新唐书·卢纶传》云：“纶与吉中孚、韩翃、钱起、司空曙、苗发、崔峒、耿沣、夏侯审、李端皆能诗齐名，号大历十才子。”

直抒胸臆；或追摹汉魏风骨，摒弃妖冶浮艳；或平易浅白；或奇诡怪谲；或清新俊爽；或哀婉缠绵。以声律言，初唐诗歌虽然声律风骨基本具备，但是内容空洞，采丽竞繁；盛唐诗歌内容繁富，气势恢宏，声律风骨兼备；中唐以降，声律虽协，然风骨顿衰，渐呈疏旷淡远、哀怨感伤之弊。

文化多元的时代，也必然造就美轮美奂的艺术。唐代国力雄厚，书体成熟，书家辈出，是晋代以后的又一座高峰。在楷、行、草、隶、篆各体书法领域，都诞生了影响深远的杰出书家。楷体著名书家有虞世南、欧阳询、褚遂良、颜真卿、柳公权；行体著名书家有陆柬之、李邕、徐浩、杨凝式；草书不拘章法，笔势流畅，奔逸洒脱，既如行云流水，又如山桓路迤，张旭和怀素可谓各擅胜场；唐代隶书最重当时，李隆基、韩择木、梁升卿、殷仲容、史浩、卢藏用均为隶体书家翘楚；篆体则以李阳冰为代表。绘画艺术达到新的水平，阎立本的佛像人物故事画、吴道子的人物画和山水画都有很高的造诣；李思训、李昭道父子以山水画闻名，其画设色绚丽，景物逼真，是山水画北派之祖。敦煌莫高窟是世界著名的石窟艺术，其塑像和壁画都表现了高超的石刻艺术。隋唐时期吸收西域和外国音乐、舞蹈，高亢雄壮的《秦王破阵乐》和婉转绮丽的《霓裳羽衣舞》是唐代音乐舞蹈艺术的代表作。

文化多元的本质特征必然表现为思想多元。唐朝儒、佛、道并重。隋代兴儒学，开科举。开皇九年（589）四月，隋文帝作《平陈后诏》曰："往以吴越之野，群黎涂炭，干戈方用，积习未宁。今率土大同，含生遂性，太平之法，方可流行。凡我臣僚，澡身浴德，开通耳目，宜从兹始。丧乱已来，缅将十载，君无君德，臣失臣道，父有不慈，子有不孝，兄弟之情或薄，夫妇之义或违，长幼失序，尊卑错乱。朕为帝王，志存爱养，时有臻道，不敢宁息。内外职位，遐迩黎人，家家自修，人人克念，使不轨不法，荡然俱尽。兵可立威，不可不戢；刑可助化，不可专行。禁卫九重之余，镇守四方之外，戎旅军器，皆宜停罢。伐路既夷，群方无事。武力之子，皆可学文。人间甲仗，悉皆除毁。有功之臣，降情文艺。家门子侄，各守一经，令海内翕然，高山仰止。京邑庠序，爰及州县，生徒受业，升进于朝，未有灼然明经高第，此则教训不笃，考课未精，明勒所由，隆兹儒训。官府从宦，丘园素士，心迹相表，宽弘为念，勿为局促，乖我皇猷。朕君临区宇，于兹九载，开直言之路，披不讳之心，形于颜色，劳于兴寝。自顷逞艺论功，昌言乃众，推诚切谏，其事甚疏，公卿士庶，非所望也，各启至诚，匡兹不逮，见善必进，有才必举，无或噤嘿，退有后言，颁告天下，咸悉此意。”① 仁寿元年（601）又作《减省国学胄子诏》曰：“儒学之道，训教生人，识父子君臣之义，知尊卑长幼之序，升之于朝，任之以职，故能赞理时务，弘益风范。朕抚临天下，思弘德教，延集学徒，崇建庠序，开进仕之路，伫贤俊之人。而国学胄子，垂将千数；州县诸生，咸亦不少；徒有名录，空度岁时，未有德为代范，才任国用，良由设学之理多而未精，今宜简省，明加奖励。”②

隋朝尊崇儒学的做法被唐朝继承。唐太宗于贞观十一年（637）二月作《道士女冠在僧尼之上诏》云：“朕夙夜寅畏，缅惟至道，思革前弊，纳诸轨物。况朕之本系，出自柱下。鼎祚克昌，既凭上德之庆；天下大定，亦赖无为之功。宜有改张，阐兹玄化。自今已后，斋供行玄，法至于称谓，道士女冠，可在僧尼之前。庶敦本之俗，畅于九有；尊祖之风，贻诸万叶。”③ 但在实际治国策略上，太宗尊崇儒学，重用儒生，效法汉武帝王霸兼用，德刑兼施。唐太宗致书萧德言曰：“朕历观前代，详览儒林，至于颜闵之才，不终其寿；游夏之德，不逮其学。惟卿幼挺珪璋，早标美誉，下帷闭户，包括六经，映雪聚萤，牢笼百氏。自隋季板荡，庠序无闻，儒道坠泥涂，诗书填坑阱，眷言坟典，每用伤怀。顷年已来，天下无事，方欲建礼作乐，偃武修文。卿年齿已衰，教将何恃？所冀才德犹茂，卧振高风，使济南伏生，重在于兹日；关西孔子，故显于当今。令闻令望，何其美也！念卿疲朽，何以可言？”④ 唐

① 〔清〕纪昀等修：《文渊阁四库全书》第1400册，台湾商务印书馆1986年版，第203~204页。

② 〔清〕纪昀等修：《文渊阁四库全书》第1400册，台湾商务印书馆1986年版，第206页。

③ 〔清〕纪昀等修：《文渊阁四库全书》第426册，台湾商务印书馆1986年版，第789页。

④ 〔清〕董诰等编：《全唐文》卷一〇《遗萧德言书》，中华书局1983年版，第118~119页。

太宗令颜师古、孔颖达等人编订《五经定本》及《五经正义》，颁行全国，完成了儒学经典的文本统一，使儒学的研习和宣传有统一的文本标准。

唐太宗虽不排斥佛教、道教，甚至诏令尊崇道教，但对于佛教、道教的玄思空谈有所警惕，曾对臣僚说："古人云：君犹器也，人犹水也，方圆在于器，不在于水。故尧舜率天下以仁，而人从之；桀纣率天下以暴，而人从之。下之所行，皆从上之所好。至如梁武帝父子志尚浮华，惟好释氏、老氏之教。武帝末年，频幸同泰寺，亲讲佛经，百寮皆大冠高履，乘车扈从，终日谈论苦空，未尝以军国典章为意。及侯景率兵向阙，尚书郎已下，多不解乘马，狼狈步走，死者相继于道路，武帝及简文卒被侯景幽逼而死。孝元帝在于江陵，为万纽于谨所围，帝犹讲《老子》不辍，百寮皆戎服以听。俄而城陷，君臣俱被囚絷……朕今所好者，惟在尧舜之道，周孔之教，以为如鸟有翼，如鱼依水，失之必死，不可暂无耳。"① 但是到了太宗晚期，官民大建佛寺，遍度僧尼，广抄经文。唐太宗颁布《〈佛遗教经〉施行敕》，云："往者如来灭后，以末代浇浮，付嘱国王大臣，护持佛法。然僧尼出家，戒行须备。若纵情淫佚，触涂烦恼，关涉人间，动违经律，既失如来玄妙之旨，又亏国王受付之义。《遗教经》者，是佛临涅槃所说，诫劝弟子，甚为详要。末俗缁素，并不崇奉，大道将隐，微言且绝，永怀圣教，用思宏阐。宜令所司，差书手十人，多写经本，务尽施行。所须纸笔墨等，有司准给。其官宦五品已上，及诸州刺史，各付一卷。若见僧尼行业，与经文不同，宜公私劝勉，必使遵行。"②

然而高宗、武后时期，或佞佛，或崇道，社会风尚因政治变化而有进退。高宗尊崇玄奘法师，武后则借重佛教篡位。武则天称帝后，作《释教在道法上制》，诏告天下："朕先蒙金口之记，又承宝偈之文，历教表于当今，本愿标于曩劫。大云阐奥，明王国之祯符；方等发扬，显自在之丕业。驭一境而

① 〔唐〕吴兢撰：《贞观政要》卷六《慎所好第二十一》，上海古籍出版社 1978 年版，第 195 页。

② 〔清〕董诰等编：《全唐文》卷九《〈佛遗教经〉施行敕》，中华书局 1983 年版，第 109 页。

敦化，宏五戒以训人。爰开革命之阶，方启惟新之运，宜叶随时之义，以申自我之规。虽实际如如，理忘于先后；翘心恳恳，畏展于勤诚。自今已后，释教宜在道法之上，缁服处黄冠之前，庶得道有识以皈依，极群生于回向。布告遐迩，知朕意焉。”① 天下靡然响应。至玄宗时，虽然天下佛寺、道观剧增，僧尼、道士、女冠众多，但玄宗崇儒抑佛而重道，追尊老子为“太上玄元皇帝”，礼遇道士、女冠，把道教徒纳入宗正寺管理，诏令天下士子研习《老子》《庄子》《列子》《文子》等道家经典，在科举考试中开设老、庄、列、文四科。宪宗时，天下僧尼不可胜数，皆待农而食，待蚕而衣，白居易、韩愈、李翱、柳宗元、刘禹锡等，痛陈崇佛之弊，直言晋、宋、齐、梁以来造成天下凋敝的困局，皆因佞佛所致，主张继承尧、舜、禹、汤、文、武、周、孔的道统，回归儒学。韩愈和柳宗元发起了“古文运动”，主张文以载道、推陈出新的文道观，但它只局限于文人士大夫阶层，未能在统治阶级中广泛推开，更未能被当时的最高统治者所接受，故虽有批判佛老谬说和提倡尊师重道的宣教和讲学活动，但终究于事无补，于事不济，其政治目的最终落空。直至唐武宗时期，为了解决政治和经济危机，掀起灭佛运动，拆毁寺院，强迫僧尼返俗，释放寺院奴婢，没收寺院庄园，佛教因此受到沉重打击。

唐朝统治近三百年的时间里，儒、佛、道三教互有争斗，各逞其能，但都不能做到一家独大。统治阶级充分利用三教之间的矛盾，上下其手，为己所用，所以与其说是唐朝统治集团实行的文化宽容政策，还不如说是一种文化策略。不管是唐太宗崇儒，武后佞佛，玄宗重道，代宗、德宗、宪宗崇佛，还是武宗灭佛，都是出于政治的需要，只不过有的帝王政治头脑清醒，有的昏昧：清醒者，胸怀天下，心系苍生；昏昧者，固位取势，追求享乐，幻想长生。所以，终唐一代，儒、释、道均入帝王之彀中。这种客观上造成的相对宽松自由之环境，有利于任何一种学术的发展，孙子学也不例外。

① 〔清〕董诰等编：《全唐文》卷九五《释教在道法上制》，中华书局 1983 年版，第 981 页。

三、唐代设立武庙和实行武举给予孙子学发展以政治支持

唐朝立国之后，建武庙以供祭拜。武庙由太公庙发展而来。太公本为周文王祠的陪祭，唐高祖武德年间诏令祭周文王于酆，而以太公配享。但是到了贞观时期，唐太宗诏令在磻溪（今陕西宝鸡境内）为太公立庙。《唐会要》卷二三《武成王庙》载："夫以太公兵权奇计之人，适当殷辛失德，八百诸侯皆归于周，时惟鹰扬，以为佐命，在周有大功矣，于殷谓之何哉？祀典不云'法施于人则祀之'？如仲尼之祖述尧舜，宪章文武，删诗书，定礼乐，使君君臣臣，父父子子，后王及学者皆宗师之，可谓法施于民矣。贞观中，以其兵家者流，始令磻溪立庙。"① 不过这只是由皇帝诏令的地方性祭祀，还不是代表朝廷的全国性祭祀。神龙年间，唐中宗在长安、洛阳分别建立太公庙，举行全国性的祭祀。唐玄宗开元十九年（731）四月十八日诏令："两京及天下诸州，各置太公庙一所，以张良配享，春秋取仲月上戊日祭。诸州宾贡、武举人、准明经、进士行乡饮酒礼，每出师命将，辞讫，发日，便就庙引辞，仍简取自古名将，功成业著，弘济生人，准十哲例配享。"② 《新唐书》卷一五《礼乐志》亦载："开元十九年，始置太公尚父庙，以留侯张良配。中春、中秋上戊祭之，牲、乐之制如文宣。出师命将，发日，引辞于庙。仍以古名将十人为十哲配享。天宝六载，诏诸州武举人上省，先谒太公庙。"③ 唐肃宗上元元年（760），尊姜太公为武成王，祭典与文宣王相同，从历代良将中选"十哲"配享。此十哲是：列于左者有白起、韩信、诸葛亮、李靖、李勣，列于右者有张良、穰苴、孙武、吴起、乐毅。唐德宗建中三年（782），礼仪使颜真卿建言，认为既然太公被追封为武成王，那么祭祀的礼乐规制应该与诸侯等同。故德宗又诏令列历代名将六十四人配享：越之范蠡，齐之孙膑，赵

---

① 〔清〕纪昀等修：《文渊阁四库全书》第 606 册，台湾商务印书馆 1986 年版，第 329 页。

② 〔五代〕王溥等编：《唐会要》卷二三《武成王庙》，见《文渊阁四库全书》第 606 册，台湾商务印书馆 1986 年版，第 327 页。

③ 〔宋〕欧阳修等撰：《新唐书》，中华书局 1975 年版，第 377 页。

之廉颇，秦之王翦，汉之曹参、周勃、李广、霍去病，后汉之邓禹、贾复、寇恂、马援、皇甫嵩，魏之张辽，蜀之关羽，吴之周瑜、陆逊，西晋之羊祜、王濬，东晋之谢玄，前燕之慕容恪，宋之檀道济，梁之王僧辩，北齐之慕容绍宗，北周之宇文宪，隋之韩擒虎、史万岁，唐之尉迟敬德、苏定方、张仁亶、王晙、王孝杰；齐之管仲、田单，赵之赵奢、李牧，汉之彭越、周亚夫、卫青、赵充国，后汉之吴汉、冯异、耿弇、段颎，魏之邓艾，蜀之张飞，吴之吕蒙、陆抗，晋之杜预、陶侃，前秦之王猛，后魏之长孙嵩，宋之王镇恶，陈之吴明彻，北齐之斛律光，北周之于谨、韦孝宽，隋之杨素、贺若弼，唐之王孝恭、裴行俭、郭元振、张齐丘、郭子仪。唐德宗贞元二年（786）去“十哲”之名号，唯享太公及张良，其余诸将不复配祀。唐昭宗天祐二年（905），迁都洛阳，又选址复建武成王庙，立制定度，配享皆从故事。然而此时，唐朝已是日薄西山，奄奄一息了。唐朝设立武庙，其意就是弘扬武功，既有文庙，亦当有武庙，文治武功不可偏废。至五代时，后梁废武庙从祀之祭，后唐则恢复传统，复武庙之礼。

唐代既立武庙，又开武举。以武艺取士，始于先秦。诸侯岁献，须进贡武士于天子，而天子则以武艺试之。秦汉至隋，多有荐举勇武之士充任军职者，然未形成制度。唐开国，各地州牧多为武将出身，然而唐太宗依旧不忘网罗武人，于贞观三年（629）四月诏令荐举文武曰：“白屋之内，闾阎之人，但有文武材能灼然可取，或言忠行谨堪理时务，或在昏乱而肆惰（情），遇太平而克己，亦录名状，官人同申。”① 高宗显庆二年（657）专门诏令在全国范围访求智勇兼备的将才，曰：“济时兴国，实伫九功；御敌安边，亦资七德。朕端拱宣室，思宏景化，将欲分忧俊乂，共逸岩廊。而比者贡寂英奇，举非勇杰，岂称居安虑危之志，处存思乱之心？如不旌贲远近，则爪牙何寄？宜令京官五品以上，及诸州牧守，各举所知。或勇冠三军、翘关拔山之力，智兼百胜、纬地经天之才，蕴奇策于良平，驰功绩于卫霍。踪二起于吴白，

① 〔宋〕王钦若等编纂，周勋初等校订：《册府元龟》卷六七《帝王部·求贤》，凤凰出版社 2006 年版，第 715 页。

轨双李于牧广，赏纤善而万众悦，罚片恶而一军惧。如有此色，可精加采访，各以奏闻。”① 这种选拔武学人才举措，实际属于“制举”之例。《新唐书》卷三四《选举志》载：“唐兴，世崇儒学，虽其时君贤愚好恶不同，而乐善求贤之意未始少怠，故自京师外至州县，有司常选之士，以时而举。而天子又自诏四方德行、才能、文学之士，或高蹈幽隐与其不能自达者，下至军谋将略、翘关拔山、绝艺奇伎，莫不兼取。其为名目，随其人主临时所欲，而列为定科者，如贤良方正、直言极谏、博通坟典达于教化、军谋宏远堪任将率、详明政术可以理人之类，其名最著。而天子巡狩、行幸、封禅太山梁父，往往会见行在，其所以待之之礼甚优，而宏材伟论非常之人亦时出于其间，不为无得也。”②

武则天在长安二年（702）正式把选拔武学人才纳入科举考试之中，史载：“长安二年正月十七日敕：天下诸州，宜教武艺，每年准明经、进士、贡举例送。”③ 又有史载：“又有武举，盖其起于武后之时。长安二年，始置武举。其制，有长垛、马射、步射、平射、筒射，又有马枪、翘关、负重、身材之选。翘关，长丈七尺，径三寸半，凡十举后，手持关距，出处无过一尺；负重者，负米五斛，行二十步，皆为中第，亦以乡饮酒礼送兵部。其选用之法不足道，故不复书。”④ 其考试内容偏重武艺而忽略兵谋，故有唐一代，武举出身有作为的将帅极少。此是另一议题，在此不作详述。武则天设立武举，其用意虽在选拔智勇兼备的军事人才，但也是为了搜罗有别于关陇集团旧族勋臣的新人，以改善统治集团的政治结构和权力结构，从而利于稳固武氏集团的统治。武则天执政之后，以近乎残酷的手段铲除了出身关陇而与己政见不一的诸如长孙无忌、褚遂良等太宗旧臣及其党羽，以异于寻常的方式破格擢拔人才，使大量的寒门庶族子弟得以进身权力高层。所以，武后设立武举

---

① 〔清〕董诰等编：《全唐文》卷一二《令百官各举所知诏》，中华书局 1983 年版，第 146 页。

② 〔宋〕欧阳修等撰：《新唐书》，中华书局 1975 年版，第 1169~1170 页。

③ 〔五代〕王溥等编：《唐会要》卷五九《兵部侍郎》，见《文渊阁四库全书》第 606 册，台湾商务印书馆 1986 年版，第 758 页。

④ 〔宋〕欧阳修等撰：《新唐书》，中华书局 1975 年版，第 1170 页。

既是出于政治需要，也是出于军事需要。太宗于其执政末期，已生将帅渐老而军阵乏人之忧。其时吐蕃、突厥相继为患，均田制遭到破坏，府兵制渐趋瓦解，府兵想方设法逃避兵戎之事，兵源不足，将官匮乏，故在太宗之时就有如前所述的敕令五品以上京官及天下诸州牧守荐举武材的诏谕，而到高宗、武后时，这一问题更加突出。唐朝武举纳入常科考试，分为乡试和省试，乡试由各州府主持。乡试通过以后，再集中到京城参加省试。乡试、省试由兵部主持，主要考试谋略和武艺。武举及第后，朝廷发给告身，大概相当于做官的资格凭证。取得告身之后，根据个人的资历、条件和才能，或授予实职，或授予散官，或历练一段时间后再授予相应官职。唐朝武举的设置，完善了隋朝创立的科举制度，补救了选文不选武的弊端，有利于统治阶级搜罗文武之才以稳固封建集权的专制统治。

虽然唐代设立武庙，主祭的是姜太公，而设立武举，考试重点是武艺，但二者是唐代军事制度的两大首创，意义显著，影响深远。具体而言，这两大举措开创了武举取士、宣扬武功的新风，为大唐盛世的出现提供了军事保障，并为推动唐以后孙子兵学的发展，起到了不可忽视的促进作用。

四、隋唐五代孙子学发展有家族传承

先秦至隋唐，将门有家传。司马迁《史记》卷七五《孟尝君列传》载孟尝君谓其父曰："文闻将门必有将，相门必有相。"《史记》卷一〇四《田叔传》载西汉赵禹谓卫青曰："吾闻之：'将门之下必有将类。'"《三国志》卷一九《魏书·任城陈萧王传》载曹植言："谚曰相门有相，将门有将。"《隋书》卷七〇《杨玄感传》载隋炀帝言："将门必有将，相门必有相，故不虚也。"举例言之：秦代王翦家族三世为将，即王翦、王翦之子王贲、王翦之孙王离；秦国蒙骜家族两世为将，即蒙骜及其孙蒙恬、蒙毅；赵国赵奢家族两世为将，即赵奢、赵奢之子赵括；楚国项羽家族世代为楚将，即祖父项燕，父亲项渠，季父项梁、项伯。汉代李广家族四世为将，即李广之先祖李信，李广之子李当户、李椒、李敢，李当户之子李陵；周勃和周亚夫父子两代为汉朝大将。魏晋六朝高门士族把持军权，将门世家尤为普遍，如吴国之陆逊家族三世为将，即陆逊，陆逊之子陆抗，陆抗之子陆晏、陆景、陆玄、陆机、陆云。

隋唐五代，在战争中脱颖而出的军功将领成为新贵望族。虽然这些军功新贵子弟极少有通过武举考试进入仕途者，绝大多数靠门荫得官，多数也是在军中任职，但其中确有不少人能力出众，得到广泛认同。下面举例以证。

隋代宇文述家族。宇文述本是北周旧臣，《隋书》卷六一《宇文述传》载其“少骁锐，便弓马”，跟随隋文帝杨坚屡立战功，拜右卫大将军。隋炀帝继位后，授左卫大将军、开府仪同三司，并于隋大业年间败吐谷浑，征高丽。宇文述死，隋炀帝为之罢朝，追赠司徒、尚书令。然其为人多遭诟病，名声很坏，故史家评曰：“謇謇匪躬，为臣之高节，和而不同，事君之常道。宇文述、郭衍以水济水，如脂如韦，便辟足恭，柔颜取悦。君所谓可，亦曰可焉；君所谓不，亦曰不焉。无所是非，不能轻重，默默苟容，偷安高位，甘素餐之责，受彼己之讥。此固君子所不为，亦丘明之深耻也。”① 由于其为人多无耻，故其子亦鲜有善终。长子宇文化及官拜屯卫将军，后弑炀帝，立秦王杨俊之子杨浩为帝，又弑杨浩自立，最后死于窦建德之手。次子宇文智及为隋将作少监，在江都之变中为主谋，其兄自立称帝后，被封为齐王，后与其兄并死。唯有三子宇文士及降唐，从唐太宗平定宋金刚和王世充之乱，官至中书令，封郢国公。

隋代韩擒虎家族。《隋书》卷五二《韩擒虎传》载，韩擒虎“少慷慨，以胆略见称，容貌魁岸，有雄杰之表；性又好书，经史百家皆略知大旨”。又载“韩擒累世将家，威声动俗”。韩擒虎以军功拜都督、新安太守，稍迁仪同三司，袭爵新义郡公，进上柱国。其父韩雄，北周大将，以武烈知名。韩擒虎之子韩世谔，倜傥骁捷，有乃父之风。杨玄感乱，引为将，每战先登。韩擒虎之弟韩僧寿，以勇烈闻名，从韦孝宽平尉迟迥，因功授大将军；又从杨素败突厥，拜上柱国，封江都郡公。韩擒虎之次弟韩洪，少骁勇，善骑射，多有战功。宋代兵学家张预《十七史百将传·隋韩擒》评曰：“孙子曰：‘攻其无备。’擒宵济，袭采石。又曰：‘拔人之城而非攻也。’擒兵不血刃而直取

① 〔唐〕魏徵等撰：《隋书》，中华书局 1973 年版，第 1471 页。

金陵是也。”①

韩擒虎之外甥李靖，更是文武兼备。《旧唐书》卷七一《李靖传》载：“少有文武材略，每谓所亲曰：‘大丈夫若遇主逢时，必当立功立事，以取富贵。’其舅韩擒虎，号为名将，每与论兵，未尝不称善，抚之曰：‘可与论孙吴之术者，惟斯人矣。’”宋代张预《十七史百将传·唐李靖》评曰：“孙子曰：‘兵之情主速。’靖谓兵机以速为神。又曰：‘乱而取之。’靖因敌散乱击而破之。又曰：‘出其不意。’靖破冯惠亮及颉利。又曰：‘死间者，为诳于外。’靖因唐俭使虏而袭破突厥是也。”② 李靖著有《李卫公兵法》，已亡佚，其逸文存于唐代杜佑《通典》之《兵典》及北宋李昉、李穆、徐铉等奉敕编纂的《太平御览》之《兵部》等。《渊鉴类函》卷二〇六《武功部·兵法二》引《宋史·兵志》云，宋神宗于熙宁年间曾诏令枢密院曰：“唐李靖兵法，世无全书，杂见《通典》，杂析讹舛，武人将佐多不能通其意，令枢密院检详官与王震等校正分类解释，令今可行。”③ 神宗又命枢密院官员用马步军两千八百人演练阵法，以效李靖之法。然而有宋一代，《李卫公兵法》并未辑成。清代汪宗沂从杜佑《通典》、杜牧《孙子兵法注》及《太平御览》、《武经总要》等文献中辑出其逸文，编为《李卫公兵法辑本》三卷（卷上《将务兵谋》，卷中《部伍营阵》，卷下《攻守战具》）。至于《李卫公问对》，有人疑为宋代阮逸所撰，但吴如嵩等予以驳斥，云：“阮逸伪托说之不值一驳，还不仅仅从情理上判断，其实早在《武经七书》颁布之前，就有一个叫麻皓年的官员为《问对》作注。《问对》在列为《武经七书》之前就有不同注本，这可从主持校订《七书》的朱服的奏章中得到证明。”④ 宋代李焘《续资治通鉴长

---

① 《中国兵书集成》编委会编：《中国兵书集成》第9册，解放军出版社、辽沈书社1991年版，第553页。

② 《中国兵书集成》编委会编：《中国兵书集成》第9册，解放军出版社、辽沈书社1991年版，第581~582页。

③ 〔清〕纪昀等修：《文渊阁四库全书》第987册，台湾商务印书馆1986年版，第372页。

④ 吴如嵩、王显臣撰：《〈李卫公问对〉的真伪及其流传》，见《李卫公问对浅说》，解放军出版社1987年版，第3页。

编》卷三四一“元丰六年”条载：“丙辰，国子司业朱服言承诏校定《孙子》《吴子》《司马兵法》《卫公问对》《三略》《六韬》。诸家所注《孙子》，互有得失，未能去取。它书虽有注解，浅陋无足采者。臣谓宜去注，行本书，以待学者之自得。诏《孙子》止用魏武帝注，余不用注。”① 然而紧接此文，李焘说：“《卫公问对》者，出阮逸家，盖逸仿杜氏所载靖兵法为之，非靖全书也。”以笔者之见，即使作者非李靖本人，但内容为唐太宗与李靖论兵之言，大抵反映了他们的军事思想，内容上也不能算全伪，正如《论语》非孔子亲撰，《墨子》非墨翟手定，《管子》非管仲所编，编者虽伪，其文非伪或非全伪，仍可作为研究唐太宗和李靖的重要史料来使用。

隋代史万岁家族。史万岁之父史静，为北周沧州刺史，战死。史万岁自小好读兵书，英武骁勇，善骑射，有汉代李广之风。宋代兵学家张预《十七史百将传·隋史万岁》评曰：“万岁为将，不治营伍，令士卒各随所安，无警夜之备，虏亦不敢犯，临阵对敌，应变无方，号为良将。孙子曰：‘三军可夺气。’万岁射杀挑骑而突厥不战，闻其威名而达头引去是也。”②

唐代薛仁贵家族。薛仁贵死后，其长子薛讷和第五子薛楚玉均为大将。《新唐书》卷一一一《薛仁贵传》载薛讷“性沉勇寡言，其用兵，临大敌益壮”。薛楚玉之子薛嵩、薛楚玉之孙薛平、薛楚玉之曾孙薛从，皆为唐将。宋代兵学家张预《十七史百将传·唐薛仁贵》评曰：“孙子曰：‘将者，国之辅。’仁贵立功而太宗喜得虓将。又曰：‘三军可夺气。’仁贵发三矢而虏气慑。又曰：‘上下同欲者胜。’仁贵将帅不和而有大非川之败。又曰：‘天地孰得？’仁贵谓岁在庚午，不应有事西方。又曰：‘将军可夺心。’仁贵脱兜鍪而突厥遁是也。”③

唐代张守珪家族。《旧唐书》载其“立功边域，为世虎臣”。张守珪之父

---

① 〔清〕纪昀等修：《文渊阁四库全书》第319册，台湾商务印书馆1986年版，第703页。

② 《中国兵书集成》编委会编：《中国兵书集成》第9册，解放军出版社、辽沈书社1991年版，第562页。

③ 《中国兵书集成》编委会编：《中国兵书集成》第9册，解放军出版社、辽沈书社1991年版，第599页。

和祖父均为折冲都尉，张守珪弟张守琦、张守瑜，分任左骁卫将军、金吾将军；张守珪子张献诚，任兴元节度使；张守珪侄子张献甫、张献恭，先后任兴元节度使。

唐代杜佑家族。杜佑的十三世祖杜预是西晋大将，在灭吴战争中厥功甚伟，成语“势如破竹”即出自杜预率军攻吴的典故。《晋书》卷三四《杜预传》载：“时众军会议，或曰：‘百年之寇，未可尽克。今向暑，水潦方降，疾疫将起，宜俟来冬，更为大举。’预曰：‘昔乐毅借济西一战，以并强齐。今兵威已振，譬如破竹，数节之后，皆迎刃而解，无复著手处也。’遂指授群帅，径造秣陵。”杜预文武兼备，注《左传》，有《春秋左氏经传集解》传于世。杜佑虽然官至宰相，亦尝任节度使，然《新唐书·杜佑传》载其“出师应变非所长”。杜佑耗时三十六年，编撰《通典》，分食货、选举、职官、礼、乐、兵、刑、州郡、边防，然《兵典》不论历代兵制沿革，而论兵法谋略，其中多有阐释《孙子》之言。杜佑之孙杜牧亦好论兵，注《孙子兵法》。吉天保纂辑《十一家注孙子》，杜氏祖孙就占两家。杜佑之父杜希望，杜佑之子杜式方，杜佑之孙杜悰、杜牧均担任过军职。杜悰还官至宰相，但是宋孙光宪《北梦琐言》卷一“秃角犀”条评曰：“杜邠公悰，司徒佑之孙。父曰从郁，历选补畿令。悰尚宪宗岐阳公主，累居大镇，复居廊庙。无他才，未尝延接寒素，甘食窃位而已。有朝士贻书于悰曰：‘公以硕大敦庞之德，生于文明之运，矢厥谟猷，出入隆显。’极言讥之，文多不录。时人号为秃角犀。凡莅藩镇，未尝断狱，系囚死而不问，宜其责之。呜呼！处高位而妨贤，享厚禄以丰己。无功于国，无德于民。富贵而终，斯又何人也？子孙不享，何莫由斯？”[①] 故《新唐书》卷一六六《杜悰传》评曰：“悰于大议论往往有所合，然才不周用。虽出入将相，而厚自奉养，未尝荐进幽隐，佑之素风衰焉，故时号‘秃角犀’。”

唐代苏定方家族。苏定方，唐初名将。宋代兵学史家张预《十七史百将

① 〔清〕纪昀等修：《文渊阁四库全书》第1036册，台湾商务印书馆1986年版，第6~7页。

传·唐苏定方》评其用兵曰："孙子曰：'微乎微乎，至于无形。'定方乘雾行而破颉利。又曰：'速乘人之不及。'定方见尘起而驰捣贼营。又曰：'出其不意。'定方知虏恃雪而追掩是也。"① 史载其父苏邕，隋大业末年，率领乡闾数千人讨贼。苏定方骁悍多力，胆气绝伦，年十余岁，随父讨贼。其父卒，代领其众。其子苏庆节，亦随征战。《旧唐书》卷八三《苏定方传》载："定方以功迁左骁卫大将军，封邢国公，又封子庆节为武邑县公……定方前后灭三国，皆生擒其主。赏赐珍宝，不可胜计。仍拜其子庆节为尚辇奉御，定方俄迁左武卫大将军。"

唐代侯君集家族。侯君集，唐朝名将，曾随李靖学兵法。从李世民征战，在玄武门之变中立功，官至兵部尚书，因涉太子李承乾谋反事被诛。五代刘昫等撰《旧唐书》卷六九《侯君集传》评曰："侯君集摧凶克敌，效用居多；恃宠矜功，粗率无检，弃前功而罹后患，贪愚之将明矣。"朱元璋《明太祖宝训》卷四《报功》评曰："侯君集有功于唐，犯法当诛，太宗欲宥之，而执法者不可，卒以见诛。非高祖、太宗忘功臣之劳也，由其恃功骄恣，自冒于法耳。"侯君集之祖辈，世代为将。九世祖侯龛，后燕散骑常侍；高祖侯恕，北魏北地郡守；曾祖侯欣，北魏泰州刺史；祖父侯植远为北周骠骑大将军；父亲侯定远为北周车骑大将军。惜侯君集贪愚悖乱，其子孙放逐岭南，终至湮灭。

唐代王忠嗣家族。王忠嗣之父王海宾，在玄宗朝为太子右卫率、丰安军使、太谷男，以骁勇闻名，殁于军，追赠左金吾大将军。王忠嗣是玄宗时期的名将，曾经担任西平郡太守、判武威郡事，兼任河西、陇右、朔方、河东四镇节度使。《新唐书》卷一三三《王忠嗣传》评论王忠嗣曰："以忠嗣之才，战必破，攻必克，策石堡之得，不当所亡；高马直，以空虏资；论禄山乱有萌，可谓深谋矣。然不能自免于谗，卒死放地。自古忠贤，工谋于国则拙于身，多矣，可胜咤哉?"宋代张预《十七史百将传·唐王忠嗣》评曰：

① 《中国兵书集成》编委会编：《中国兵书集成》第9册，解放军出版社、辽沈书社1991年版，第594页。

“孙子曰：‘进不求名。’忠嗣不欲竭中国力以幸功名。又曰：‘退不避罪。’忠嗣不忍以万人命易一官。又曰：‘城有所不攻。’忠嗣谓石堡城得之不足制敌，失之未害于国是也。”① 王忠嗣之子王震，亦在军中任职，典掌武库、兵械等，任卫尉寺卿。

唐代裴行俭家族。裴行俭是唐高宗时名将，早年得苏定方教授用兵之术。《新唐书》卷一〇八《裴行俭传》载苏定方传授兵法给裴行俭之事云：“‘吾用兵，世无可教者，今子也贤。’乃尽畀以术。”《旧唐书》卷八四《裴行俭传》又载：“刘乐城、裴闻喜，文雅方略，无谢昔贤，治戎安边，绰有心术，儒将之雄者也。”杜牧《注孙子序》评曰：“复不知自何代何人分为二道，曰文曰武，离而俱行，因使搢绅之士不敢言兵，或耻言之。苟有言者，世以为粗暴异人，人不比数。呜呼！亡失根本，斯最为甚。周公相成王，制礼作乐，尊大儒术，有淮夷叛，则出征之；夫子相鲁公，会于夹谷曰，有文事者必有武备，叱辱齐侯，服不敢动，是一大圣人，岂不知兵乎？周有齐太公，秦有王翦，两汉有韩信、赵充国、耿弇、虞诩、段颎，魏有司马懿，吴有周瑜，蜀有诸葛武侯，晋有羊祜、杜公元凯，梁有韦睿，元魏有崔浩，周有韦孝宽，隋有杨素，国朝李靖、李勣、裴行俭、郭元振。如此人者，当其一时，其所出计画，皆考古校今，奇秘长远，策先定于内，功后成于外。”② 裴行俭的曾祖裴伯凤为北周骠骑大将军，祖父裴定高、父亲裴仁基均在隋末任过将职，其兄裴行俨更是隋末猛将。其子裴光庭曾任兵部郎中、兵部侍郎，官至宰相。其孙裴均，曾任荆南节度使、山南东道节度使，官至宰相。

唐代郭子仪家族。郭子仪是唐中期名将，出生于官宦之家，其父郭敬之历任吉（治今江西吉安）、渭（治今甘肃陇西东南）、寿（治今安徽寿县）、绥（治今陕西绥德）四州刺史。郭子仪以武举入仕，官至兵部尚书、太尉、中书令。曾任天下兵马副元帅，封汾阳郡王，被德宗尊为“尚父”。平定安史

① 《中国兵书集成》编委会编：《中国兵书集成》第9册，解放军出版社、辽沈书社1991年版，第706页。

② 〔清〕纪昀等修：《文渊阁四库全书》第1405册，台湾商务印书馆1986年版，第523~524页。

之乱，收复两京，智退吐蕃、回纥，战功卓著而不自傲。郭子仪有八子，第三子郭晞，随父征伐，屡建战功，追赠兵部尚书；郭晞长子郭钢，曾任朔方节度使杜希全幕僚。其子孙多任文官，然累世富贵，堪称望族。宋代张预《十七史百将传·唐郭子仪》评曰："孙子曰：'逸而劳之。'子仪扬兵捣垒而贼不得息。又曰：'以利动之，以卒待之。'子仪伏卒壁内而为遁。又曰：'三军既疑且惑，则诸侯之难至矣。'子仪与光弼责功不专而及于败。又曰：'强而避之。'子仪谓贼利速战，而坚壁待之。又曰：'敌虽众，可使无斗。'子仪示以至诚而回纥感服是也。"①

唐代李晟家族。李晟自幼熟读兵法，裴度撰文、柳公权书丹《唐故太尉兼中书令西平郡王赠太师李公神道碑铭并序》曰："公幼好学，学不为人及，读吕、张、孙、吴之书，慨然有经邦济物之志。未弱冠，游秦、凉间，元侯宿将见者，咸器异之。"李晟父祖辈（父李钦、祖父李思恭、曾祖李嵩、高祖李芝）世居陇西，《新唐书》卷一五四《李晟传》载曰："世以武力仕，然位不过裨将。"李晟少时从河西节度使王忠嗣击吐蕃，以战功累迁至右金吾大将军，开府仪同三司，泾原、四镇、北庭都知兵马使，封合川郡王。后奉命入朝，任右神策军都将。建中四年（783），泾原兵变，李晟赴奉天勤王，加尚书左仆射、同中书门下平章事，兼京畿、渭北、鄜坊、商华兵马副元帅。平定朱泚之乱，收复京城长安，兼任凤翔、陇右、泾原三镇节度使、行营副元帅，改封西平郡王。李晟功高震主，被罢兵权，进位太尉、中书令。死后赠太师，谥忠武。《新唐书》卷一五四《李晟传》载李晟"有十五子，其闻者愿、宪、愬、听云"。李愿，官至检校尚书左仆射，兼凤翔尹、凤翔陇右节度使。李宪，历任检校左散骑常侍、洪州刺史、江西观察使、岭南节度使。李愬有谋略，善骑射，历任诸州节度使，官至检校左仆射、同中书门下平章事、太子少保，曾雪夜袭蔡州，活捉叛将淮西节度使吴元济。李听，历任羽林将军、授检校兵部尚书、太原尹、北京留守、诸州节度使。余子亦多任军将或

① 《中国兵书集成》编委会编：《中国兵书集成》第9册，解放军出版社、辽沈书社1991年版，第658页。

节度使。李惎，累任右龙武大将军；李憼，任左神武军大将军；李凭，历任诸卫大将军。李晟之孙、李听之子李琢，历任义昌、平卢、镇海三节度使，检校尚书右仆射，蔚州朔州行营招讨使、行营都统、行营节度使。李晟之甥王佖，《旧唐书》卷一三三《李晟传附王佖传》载其“雄武善骑射，自晟河西、河北出师，佖无役不从”，以功历任神策将、检校工部尚书、灵州大都督府长史、朔方灵盐节度使。《旧唐书》卷一三三《李晟传》评李晟曰：“忠于事君，长于应变，诚一代之贤将也。”宋代张预《十七史百将传·唐李晟》评曰：“孙子曰：‘攻其所必救。’晟谓北图范阳则贼当舍赵。又曰：‘将军可夺心。’晟锦裘绣帽，使贼望而畏之。又曰：‘反间者，因敌间而用之。’晟得谍者食而遣还。又曰：‘能愚士卒之耳目。’晟谓人可用之而不可使知之。又曰：‘择人而任势。’晟虽厮养小善，必记姓名是也。”①

唐代李光弼家族。李光弼，契丹族人。经郭子仪推荐，任河东节度副使，参与平定安史之乱，封临淮王。与郭子仪齐名，世称“李郭”。后任天下兵马副元帅，参与镇压浙东袁晁领导的农民起义。死后赠司空、太保，谥曰武穆。李光弼之父李楷洛，原为契丹酋长，武后时归顺唐朝，拜左羽林大将军，任朔方节度副使，封蓟国公，以骁勇闻名，死于抗击突厥之战，赠营州都督，谥曰忠烈。李光弼之弟李光进，于肃宗朝与李辅国并掌兵权，任御史大夫，迁渭北节度使，封凉国公。李光弼有子李义忠，太仆卿；李象，太仆卿；李汇，宿州刺史。有孙李黯，景州刺史。《旧唐书》卷一一〇《李光弼传》评曰：“凡言将者，以孙、吴、韩、白为首。如光弼至性居丧，人子之情显矣；雄才出将，军旅之政肃然。以奇用兵，以少败众，将今比古，询事考言，彼四子者，或有惭德。”宋代张预《十七史百将传·唐李光弼》评曰：“孙子曰：‘攻其无备。’光弼伺敌方饭而击之。又曰：‘辞卑而益备者，进也。’光弼潜沟营地而佯约降。又曰：‘我得则利，彼得亦利，为争地。’光弼移军河阳而使贼不得西。又曰：‘三军

① 《中国兵书集成》编委会编：《中国兵书集成》第9册，解放军出版社、辽沈书社1991年版，第676~677页。

可夺气。’光弼先攻最坚而走太清。又曰：‘因形而措胜于众，众不能知。’光弼知贼必袭而降二将是也。”①

唐代浑瑊家族。铁勒族人。浑瑊早年累官中郎将，参与平定安史之乱，迁左金吾卫大将军，官至检校司徒、中书令，封咸宁王，世称其为“浑咸宁”。死后赠太师，谥曰“忠武”。其父浑释之，历官朔方节度留后、开府仪同三司，封宁朔郡王。祖父浑大寿，官至左领卫中郎将，世袭皋兰都督，赠尚书左仆射。《旧唐书》卷一三四《浑瑊传》载：“镐，瑊第二子。性谦谨，多与士大夫游。历延、唐二州刺史，军政吏职，有可称者。及元和中，诸道出师讨王承宗，属义武军节度使任迪简病不能军，以镐借父威名，足以镇定，乃以镐检校右散骑常侍，充义武军节度副使。九月六日，加检校工部尚书，代迪简为节度使。镐治兵练卒，颇有威望，然不能观衅养锐，以期必胜。”又载：“鐬，瑊第三子，以父荫起家为诸卫参军，历诸卫将军……开成初，宰相拟寿州刺史，文宗曰：‘鐬，勋臣子弟，岂可委以牧民？仲尼有言“不如多与之邑”，今我念其先人之功，与之致富可也。’宰臣曰：‘鐬常历名郡，有政能。’乃从之。三年，入为右金吾卫大将军、知街事，历诸卫大将军，卒。”②

唐代马燧家族。史载：“父季龙，尝举明《孙》《吴》，倜傥善兵法，官至岚州刺史、幽州经略军使。燧少时，尝与诸兄读书，乃辍卷叹曰：‘天下将有事矣，丈夫当建功于代，以济四海，安能矻矻为一儒哉？’燧姿度魁异，长六尺二寸，沉勇多智略，该涉群书，尤善兵法。”③ 又载：“抱真与李芃问曰：‘粮少而深入，何也？’燧曰：‘粮少利速战，兵法善于致人，不致于人。今田悦与淄青、恒三军为首尾，计欲不战，以老我师；若分军击其左右，兵少未可必破，悦且来救，是前后受敌也。兵法所谓攻其必救，彼固当战也，燧为诸军合而破之。’”④ 马燧死后，追赠太尉，谥号庄武。马燧有二子：马汇，

---

① 《中国兵书集成》编委会编：《中国兵书集成》第 9 册，解放军出版社、辽沈书社 1991 年版，第 645~646 页。

② 〔后晋〕刘昫等撰：《旧唐书》，中华书局 1975 年版，第 3711 页。

③ 〔后晋〕刘昫等撰：《旧唐书》，中华书局 1975 年版，第 3689 页。

④ 〔后晋〕刘昫等撰：《旧唐书》，中华书局 1975 年版，第 3693 页。

随父在军中任职；马畅，以父荫累迁至鸿胪少卿，留京师。马燧之兄马炫，好儒学，文武兼济，历任军政要职，以兵部尚书致仕。前引所云“兵法”，据马燧所引内容，实出自《孙子兵法》。史家评曰：“若夫李晟、浑瑊、马燧，为唐德宗时三大名将，晟知吐蕃之难信，不宜与和，而瑊与燧皆未曾料及，是晟之智烛几先，固非二人所可逮者。”①

李抱玉家族。李抱玉原名安重璋，世居河西，唐肃宗时赐为李姓。史载：“代居河西，善养名马，为时所称。群从兄弟，或徙居京华，习文儒，与士人通婚者，稍染士风。抱玉少长西州，好骑射，常从军幕，沉毅有谋……迁同中书门下平章事，又兼山南西道节度使、河西陇右山南西道副元帅、判梁州事，连统三道节制，兼领凤翔、潞、梁三大府，秩处三公……凡镇凤翔十余年，虽无破虏之功，而禁暴安人，颇为当时所称。”② 曾祖安兴贵，右武侯大将军；父安忠敬，河西节度副使。史家评曰：“李抱玉、李抱真，以武勇之材，兼忠义之行，有唐之良将也。且如农隙教潞人之射，数骑入武俊之营，非有奇谋，孰能如是。”③ 李抱玉的堂弟李抱真，喜好骑射，沉毅有谋。李抱玉任泽潞节度使时，非常器重李抱真，任之以要职，使之累迁至昭义军节度观察留后，加散骑常侍。

五代后梁刘鄩家族。史载“鄩幼有大志，好兵略，涉猎史传”④。祖绶，密州户掾，累赠左散骑常侍。父刘融在唐末曾任工部尚书。刘鄩累历泰宁军节度使、检校太尉、同平章事。其子刘遂凝、刘遂雍均在军中任职，刘遂雍任后唐西京副留守，刘遂凝任后晋安州节度使、左武卫上将军等。

家族郡望自魏晋以降日益兴旺，到了唐代更臻鼎盛，形成了宗室李氏、赵郡李氏、陇西李氏、河东裴氏、京兆韦氏、兰陵萧氏、博陵崔氏、清河崔氏、弘农杨氏、荥阳郑氏等名门望族，以世代居官、门第高卓、素守礼法自矜。而在诸多名门世家之中，最著名者有六家。清代李慈铭读《新唐

---

① 蔡东藩撰：《唐史演义》下册，上海文化出版社 1980 年版，第 175 页。

② 〔后晋〕刘昫等撰：《旧唐书》，中华书局 1975 年版，第 3645~3647 页。

③ 〔后晋〕刘昫等撰：《旧唐书》，中华书局 1975 年版，第 3659 页。

④ 〔宋〕薛居正等撰：《旧五代史》，中华书局 1975 年版，第 307 页。

书》记曰："唐之世家，自以郑氏及河东裴氏、京兆韦氏、赵郡李氏、兰陵萧氏、博陵崔氏六族为最，而郑李人物尤著。"① 李氏又阅清钱大昕《十驾斋养新录》而记曰："吾李氏自汉将军广以来，称陇西为大望，至后魏而赵郡之李大盛，几过于陇西，虽太和中定四海望族七姓，以陇西李宝为首，赵郡李楷为末，然《魏书》言孝文重门族，范阳卢、清河崔、荥阳郑、太原王，并赵郡李为五姓，衣冠所推，赵郡诸李人物尤多。世言高华者，以五姓为首，盖陇西惟西凉武昭王后一支，赵郡则有东祖、南祖、西祖三支，又有申公房等。至唐代陇西为皇族，而赵郡名阀犹盛。"② 这些望族之中，虽然统言名门望族，然而将门世家多有。而上列诸将门，往往文武兼备，多才将、智将、儒将、贤将之门。以上将门，虽非当时全部，然其将门之兵学渊源与笃学之风大略可见，其学以致用的将门家学自然促进了孙子兵学的传播和发展。

第二节　隋唐五代孙子学的演进

一、《孙子兵法》在唐代武将文臣及士人中的传播与引用

唐代孙子学在战争的淬炼之中得到长足发展，在宽容、开放的文化氛围中，充分吸取儒家、道家、法家、阴阳五行家等思想，在崇尚武功的国策扶持中，在军功家族的熏陶传承中，不论是战略战术，还是谋略策略，都显示了唐代大开大合、开放包容、豪情满怀、悲壮激越的独特气象。

《孙子兵法》在唐代传播广泛，不少将帅兵法素养深厚，熟读熟记《孙子兵法》，治国经军，文武双全。唐代池州人顾云称："尚书河东裴公，读八千卷儒书，学五十家兵法。名光簪绂，风习英雄。有金熨斗之殊恩，负玉唾壶之妙唱。入则襞香笺而挥彩笔，批天子诏书；出则提龙剑而臂雕弧，主诸侯法令。"③ 语中

① 〔清〕李慈铭撰：《越缦堂读书记》，上海书店出版社 2000 年版，第 330 页。

② 〔清〕李慈铭撰：《越缦堂读书记》，上海书店出版社 2000 年版，第 802 页。

③ 〔清〕董诰等编：《全唐文》卷八一五《武烈公庙碑记》，中华书局 1983 年版，第 8588 页。

“裴公”当指唐宣宗时裴休。《旧唐书》记载唐代名将马燧，其父马季龙，“尝举明《孙》《吴》，倜傥善兵法”，而马燧姿沉勇，多智略，亦善兵法。前文所引《旧唐书》所载李抱真与李艽关于“粮少而深入，何也”之对话，可证马燧精通兵略之言非虚。又史载高霞寓年轻时好读《左传》及孙吴兵法，颇以节概自许。又《旧唐书》载王世充“颇涉经史，尤好兵法及龟策、推步之术。开皇中，以军功拜仪同，累转兵部员外郎”。许多将帅在进行决策时，引用《孙子兵法》，以证决策之正当。史载太原留守李渊起兵反隋，计划攻占京师，但是谋臣裴寂担心隋将屈突通据守蒲关，若不先平蒲关，则前有守卫京师的大军，后有屈突通之援兵，必然腹背受敌，导致失败，若京师绝援，则可不攻而定，所以建议攻下蒲州之后再入关中，夺取京城。然而，这一谋议遭到李世民的反对，李世民说：“兵法尚权，权在于速。宜乘机早渡，以骇其心。”① 此处所引兵法，实际上出自《孙子兵法》。先秦兵法有兵权谋、兵形势、兵阴阳和兵技巧四个流派，孙武之学即兵权谋，而兵权谋的本质内涵就是尚权主速。

唐代官员在奏文中，在涉及战伐之事时，常常引用《孙子兵法》以自证。如唐文宗时宰相李德裕撰文云：“兵法所谓疾雷不及掩耳……兵法云，善用兵者，致人之师，不可自致。所谓致人者，是令其自来。”② 李德裕引曰：“兵法云，疾雷不及掩耳。又云，用兵只闻拙速，不闻巧迟。去春杨弁便是速讨之力，旬日而平。”③ 李德裕引曰：“如兵数寡少，人心动摇，乘此危机，必易为计；多设反间，密用奇谋，使自归心，岂劳兵力？观衅而动，取若拾遗。此兵法所谓‘不战而屈人之兵，善之善也’。”④ 再如，唐代宰相萧俛熟读兵法，与穆宗皇帝探讨“兵有必胜”之法，云：“兵者凶器，战者危事，圣主不

① 〔后晋〕刘昫等撰：《旧唐书》，中华书局1975年版，第2286页。

② 〔清〕董诰等编：《全唐文》卷七〇五《牛僧孺等奉敕公卿集议须便施行其中有未尽处须更令分析谨连如前》，中华书局1983年版，第7236页。

③ 〔清〕董诰等编：《全唐文》卷七〇三《潞州事宜状》，中华书局1983年版，第7215页。

④ 〔清〕董诰等编：《全唐文》卷六九九《赐缘边诸镇密诏意》，中华书局1983年版，第7179页。

得已而用之，以仁讨不仁，以义讨不义。先务招怀，不为掩袭。古之用兵，不斩祀，不杀厉，不禽二毛，不犯田稼。安人禁暴，师之上也。如救之甚于水火，故王者之师，有征无战，此必胜之道也。如或纵肆小忿，轻动干戈，使敌人怨结，师出无名，非惟不胜，乃自危之道也，固宜深慎。"① 萧俛所引，虽非出自《孙子兵法》，但出自先秦兵法《司马法》《吴子》《尉缭子》《六韬》等，其精神与《孙子兵法》实则一脉相承。德宗时宰相、曾任兵部侍郎的陆贽上书曰："臣本书生，不习戎事。窃惟霍去病，汉将之良者也，每言行师用军之道，顾方略何如耳，不在学古兵法。是知兵法者无他，见其情而通其变，则得失可辩，成败可知。古人所以坐筹樽俎之间，制胜千里之外者，得此道也……是以兵贵拙速，不尚巧迟；速则乘机，迟则生变。此兵法深切之诫，往事明著之验也。"② 韩愈的弟子、德宗时进士李翱上书曰："臣以为方今中原无事，其虑者蕃戎与北虏而已，议者以为边备尚虚，皆可忧矣。兵法有之曰：不恃敌之不来，恃此之不可胜。"③

唐代兵法在士人之间并不盛行，特别是自命为儒士者尤耻于言兵论战。此一现象的存在，大略是由于唐朝承平日久、崇尚文学、热衷功名、追求享受所致。即使高宗、武后开武举，也未能改变此种现象。故天宝年间安史之乱爆发，朝廷官兵竟然无法与之抗衡，少有将帅可用，这虽与唐室委军权于方镇有莫大关系，然而与文人阶层醉心于功名而鄙薄武功亦有关联。面对这一现象，晚唐著名诗人杜牧深感不安和愤懑，在其《注孙子序》中批评文武相离、不重兵事的不正常现象云：

子贡颂夫子之德曰："文武之道，未坠于地，在人。贤者识其大者、远者，不贤者识其小者、近者。"季孙问冉有曰："子于战，学之乎？性

---

① 〔清〕董诰等编：《全唐文》卷五四五《对穆宗问兵法有必胜疏》，中华书局1983年版，第5523页。

② 〔清〕董诰等编：《全唐文》卷四六七《论两河及淮西利害状》，中华书局1983年版，第4770~4771页。

③ 〔清〕董诰等编：《全唐文》卷六三四《疏厚边兵》，中华书局1983年版，第6404页。

> 达之也?”对曰:“学之。”季孙曰:“事孔子,恶乎学?”冉有曰:“即学之于孔子。夫孔子者,大圣兼该,文武并用,适闻其战法,犹未之详也。”复不知自何代何人,分为二道,曰文曰武,离而俱行,因使搢绅之士,不敢言兵,或耻言之。苟有言者,世以为粗暴异人,人不比数。呜呼!亡失根本,斯最为甚。周公相成王,制礼作乐,尊大儒术,有淮夷叛则出征之;夫子相鲁公,会于夹谷,曰有文事者必有武备,叱辱齐侯,伏不敢动。是二大圣人,岂不知兵乎?①

虽然贵族士大夫及其豢养的文人阶层,其主流耻于言兵,但是也不乏旷达高远的有识之士,不仅有一些武人博览兵法,而且亦有文人热衷兵法,在其诗文中常有涉及。诗人杜甫送其堂弟杜亚去河西任判官,临行赠诗《送从弟亚赴河西判官》,赞其兵策满腹云:“兵法五十家,尔腹为箧笥。”② 王建《赠李愬仆射》诗云:“知时每笑论兵法,识势还轻立战功。”③ 南唐中主李璟即使咏赞莲花,亦不忘用孙武斩吴姬以教兵法之典,其诗《游后湖赏莲花》云:“蓼花蘸水火不灭,水鸟惊鱼银梭投。满目荷花千万顷,红碧相杂敷清流。孙武已斩吴宫女,琉璃池上佳人头。”④ 李商隐亦有以孙武教战宫女典故入游宴之诗,其《南山赵行军新诗盛称游宴之洽因寄一绝》云:“莲幕遥临黑水津,櫜鞬无事但寻春。梁王司马非孙武,且免宫中斩美人。”⑤ 晚唐诗人方干盛赞孙武之雄图伟略,其《狂寇后上刘尚书》云:“孙武倾心与万夫,削平妖孽在斯须。才施偃月行军令,便见台星逼座隅。独柱支天寰海正,雄名盖世古今无。圣君争不酬功业,仗下高悬破贼图。”⑥ 白居易亦有诗《和微之春

① 〔清〕董诰等编:《全唐文》卷七五三《注孙子序》,中华书局 1983 年版,第 7807~7808 页。

② 〔清〕彭定求等编:《全唐诗》,中华书局 1999 年版,第 2275 页。

③ 〔清〕彭定求等编:《全唐诗》,中华书局 1999 年版,第 3405 页。

④ 〔清〕彭定求等编:《全唐诗》,中华书局 1999 年版,第 74 页。

⑤ 〔清〕彭定求等编:《全唐诗》,中华书局 1999 年版,第 6278 页。

⑥ 〔清〕彭定求等编:《全唐诗》,中华书局 1999 年版,第 7538 页。

日投简阳明洞天五十韵》云："庙谟藏稷契，兵略贮孙吴。"①

唐代士人不仅有以兵法入诗者，而且其所撰之文，亦多有引征兵法之言或赞颂兵法名家。开元年间有学者名严从者，撰文曰："桓温见蜀将八阵，云是常山蛇势，徒妄言耳。常山蛇者，法出《孙子》，谓之率然，盖直阵也，故桓温览《孙子》而有是言，殊无旨哉。然此离合之势，奇正之术，故曰：'或离而为八，或合而为一，以正合，以奇胜。'其要在此矣。孙子，儒者也，至注释务析精奥，而多引空言，以诬后人。"② 唐玄宗时万年县令冯用之纵论先秦兵家穰苴和孙武云："穰苴布衣见景公，景公委之以兵权，斩一宠臣，三军畏慑，克成其功也。孙武被褐谒吴王，吴王试以教战，戮三嬖妾，众女整齐，卒显其能也。"③ 萧颖士云："孙子之谋，长于减灶；杜侯之力，曾不跨鞍？盖古之有善阵不战者，未闻以投石拔棘为全军也。"④ 天宝年间进士、翰林学士于益为白道生写神道碑云："公诞自朔漠，习于干戈。太公之符，如已神授；孙子之要，动皆暗合。"⑤ 常衮为马璘撰写神道碑云："公之理军也，以《穰苴兵法》《孙子十三篇》。先以正合，终以奇胜，闲廓深邃，应变无端。与之安，与之危，故可合不可离；同其败，同其成，故乐死不乐生。"⑥ 裴度之子裴延翰论杜牧云："尚古兵柄，本出儒术，不专任武力者，则注《孙子》而为其序。"⑦ 王叡，号炙毂子，批评盛唐之儒士耻于言兵，而至中唐遭遇兵燹之后方重兵事的现实，曰："近代文儒，耻言兵事，苟或议及，则佥谓之凶

---

① 〔清〕彭定求等编：《全唐诗》，中华书局 1999 年版，第 5086 页。

② 〔清〕董诰等编：《全唐文》卷三〇〇《风后握机图序》，中华书局 1983 年版，第 3047 页。

③ 〔清〕董诰等编：《全唐文》卷四〇四《权论》，中华书局 1983 年版，第 4130～4131 页。

④ 〔清〕董诰等编：《全唐文》卷三二三《为邵翼作上张兵部书》，中华书局 1983 年版，第 3273 页。

⑤ 〔清〕董诰等编：《全唐文》卷三七一《左武卫将军白公神道碑》，中华书局 1983 年版，第 3765 页。

⑥ 〔清〕董诰等编：《全唐文》卷四一九《故四镇北庭行营节度使扶风郡王赠司徒马公神道碑铭》，中华书局 1983 年版，第 4281 页。

⑦ 〔清〕董诰等编：《全唐文》卷七五九《樊川文集后序》，中华书局 1983 年版，第 7882 页。

人。今以翠华去酆镐，黄屋轸尧心，率土之滨，莫宁启处，方可论兵，粗议将略矣……兵法曰：‘始如处女，敌人开户；后如脱兔，敌不及距。’此兵之要也……今之将帅，多不自量其才器，又不知彼之短长，率尔合战，卒然求胜。由聚卵以击山，驱羊而斗虎，欲期弭兵静乱，不亦难哉?”① 唐代赵郡人李铣赋赞孙武，创作了文学史上仅有的一篇以孙武教战为主题的赋体散文。此文虽意在以孙武之独断衬托吴王割爱之善，然殊为难得，故转录于下：

昔孙武以兵术干吴王，曰："臣闻国之大、君之尊，法星象月，则乾效坤。盖材德之并用，故文武而兼存。所以安社稷，保子孙，恢霸图，虑并吞。臣实不敏，请尝试论。"王曰："弧矢之利，以讨其贰。虽邦国之无虞，必干戈之有备。今者革车千乘，介马万辔，外多劲敌，敢旷戎事。诚愿陈五兵之道，用一鼓之气。虽寡人之不德，知将军之自试。闻女子之难令，岂习之而能致？不然者，则无以表将军之异。"武曰："唯唯大王之所示。"乃召内宰，出丽嫔，下高台，授武臣。皇皇兮其令已申，肃肃兮其气益振。"今日宠不可恃，法有所遵。当秉心以受教，勿怙色而骄人。"于是建主首，统诸妇，示其左右，约其先后。惟玉貌之自矜，念将军之何有？顾三令而却立，哂再麾而掩口。当兵法之必诛，虽君令之不受。既而易将更令，整行定伍。开天门，闭地户，审向背，分客主。角以持兵，金以节鼓，张奇正以导其进退，制方圆而必中规矩。武曰："彼如桃如李，皆如貔如虎，可以服楚越，慑齐鲁，惟大王之悉睹。岂独播于虚声，以妇人之讲武?"王曰："始也壮卿之术，今也信卿之效。将遇敌而可敌，故难教而可教。"乃朝群臣，御正殿，授以斧钺，使其攻战。王不失王道，武不辱武战。戮二姬而颜色匪怍，制敌国而军声大变。于是孙子用兵有独断之名，尤不若吴王有割爱之善。②

---

① 〔清〕董诰等编：《全唐文》卷七二五《将略论》，中华书局1983年版，第7470~7471页。

② 〔清〕董诰等编：《全唐文》卷七一三《孙武试教妇人战赋以题为韵》，中华书局1983年版，第7327页。

中晚唐时期，政治腐朽，战伐不断，社会离乱，民不聊生，许多富有人文情怀、关注民生疾苦的士人，对战争持以厌倦和排斥的态度。著名诗人李益作《夜上受降城闻笛》云："回乐峰前沙似雪，受降城外月如霜。不知何处吹芦管，一夜征人尽望乡。"此诗形象而深刻地表达了戍边将士月夜闻笛思乡的愁绪，一改盛唐边塞诗昂扬奋发、立功疆场的精神风貌，而呈现柔靡、消极、悲凉的格调，从一定程度上反映了当时将士厌战、避战、渴望安定生活的心态。晚唐诗人、散文家皮日休撰文批判兵家权谋及战争违背仁道，败坏民心，云："古之取天下也以民心，今之取天下也以民命。唐虞尚仁，天下之民从而帝之，不曰取天下以民心者乎？汉魏尚权，驱赤子于利刃之下，争寸土于百战之内，由士为诸侯，由诸侯为天子，非兵不能威，非战不能服，不曰取天下以民命者乎？由是编之为术（谓《太公》《六韬》也），术愈精而杀人愈多，法益切而害物益甚。呜呼！其亦不仁矣。"① 皮日休所言，乃出自儒家仁政及道家非兵的立场，抨击诸侯利用兵术驱使赤子争战，成就了统治阶级的奢侈和残暴，却埋葬了无辜百姓的尸骨，是对仁道的推崇及对权谋的拒斥，具有强烈的民本意识和批判精神。但是，皮日休囿于所处之时代，并没有认识到战争是生产力和生产关系不可调和的矛盾所造成，也没有认识到统治阶级和被统治阶级之间的鸿沟是社会制度所造成，其批评以战争消灭战争的兵术兵道，则是本末倒置的批评。

二、唐代孙子学的儒学倾向

唐代统治者虽然采取宽容的文化政策，儒、释、道都受到重视，但是由于政治的需要，有时候道教在释教之上，有时候释教在道教之上，道教和释教互相挤压，迭有胜负。尤其佛教，在唐武宗时期，受到重创，史称"会昌法难"。唯独儒家一直处于较为平稳的地位。唐朝文化，从治道角度说，虽然号称儒、释、道并重，但是其本体仍是汉魏以来的儒家思想，佛、道只是其

---

① 〔清〕董诰等编：《全唐文》卷七九九《读司马法》，中华书局 1983 年版，第 8382 页。

功用罢了。故当唐代有皇帝崇佛之时，便有士大夫力主尊崇儒家，恢复儒家传统，排斥佛教。汉魏至隋，文人著述兵书渐多。至唐代，文人著述兵书成为主流。孙子学受到儒家思想的浸染，其重要表现就是以儒释兵。君王与文臣武将谈论战略问题，一是往往以儒家仁义教化思想来统摄，二是以儒家思想解释兵家经典《孙子兵法》。

从兵书著述看，唐代兵学著作不多，在二十七家著述者中，至少有十八家是文士和文官，占三分之一强。《新唐书·艺文志》著录唐代兵书如下：

李靖《六军镜》三卷；员半千《临戎孝经》二卷；李淳风《悬镜》十卷；李筌注《孙子》二卷，又《太白阴经》十卷，《青囊括》一卷；杜牧注《孙子》三卷；陈皞注《孙子》一卷；贾林注《孙子》一卷；孙鐈注《吴子》一卷；裴行俭《安置军营行阵等四十六诀》一卷；李峤《军谋前鉴》十卷；郭元振《定远安边策》三卷；吴兢《兵家正史》九卷；李处祐《兵法》；郑虔《天宝军防录》；刘秩《止戈记》七卷，《至德新议》十二卷；董承祖《至德元宝玉函经》十卷；李光弼《统军灵辖秘策》一卷；裴守一《军诫》三卷，《裴子新令》二卷；韩滉《天事序议》一卷；韦皋《开复西南夷事状》十七卷；范传正《西陲要略》三卷；王公亮《兵书》十八卷，《行师类要》七卷；燕僧利正《长庆人事军律》三卷；李渤《御戎新录》二十卷；李德裕《西南备边录》十三卷；杜希全《新集兵书要诀》三卷；张道古《兵论》一卷。

以上兵书编撰者中，员半千、李淳风、李筌、杜牧、陈皞、贾林、孙鐈、李峤、吴兢、郑虔、刘秩、董承祖、范传正、王公亮、李渤、张道古等，均是文士出身或为文官。其他著者，有的虽有过军旅经历，如韦皋担任过左金吾卫将军、剑南西川节度使等职，但他是当时有名的诗人，“量深器大，举止简傲，不狎于俗……文翰之美，冠于一时”①。再如裴行俭，少年以明经及第，步入仕途，初始并非以军旅起家。又如李德裕，精通《汉书》《左传》，

① 〔宋〕张君房纂辑，蒋力生等校注：《云笈七签》卷二八《治部》“第五葛璝山治”条，华夏出版社 1996 年版，第 159 页。

因耻于与诸生试有司，故以门荫补校书郎，累任翰林学士、浙西观察使、西川节度使、兵部尚书、左仆射，于唐文宗朝、武宗朝两度为相，功业显赫，诗文亦名于当世。李靖之父为隋代太守，其舅韩擒虎为隋代名将，受家族熏陶，李靖少年时就颇有文韬武略。李光弼则出身军将之家，其父李楷洛原是契丹酋长，后归附唐朝，拜官左羽林大将军、朔方节度副使。郭元振进士及第，始以县尉入仕，受武则天赏识，在军中、朝中多任要职，最后官至宰相。李处祐，《新唐书·艺文志》注云“开元中左卫中郎将”，而史书无传。燕僧利正实为辽国人，其所撰《长庆人事军律》三卷，《新唐书》以之入兵家类，而《辽史艺文志补证》以之入释家类。《辽史艺文志补证》，清代王仁俊编撰，王氏自序云：“考辽人著述者，如倪灿《补辽金元艺文志》、厉鹗《补经籍志》、钱大昕《元艺文志》，附见《辽金金门诏三史艺文志》，近缪小珊先生辑补志附辽文以行，俊于诸家所有悉皆标注，又补三十余种，统加考证，以见梗概焉。”① 此种现象，说明从汉魏时期的武人著述兵书逐渐转为儒者、道者等文人论兵。这一风尚的形成，既说明文武进一步分离，又说明文武渐趋合一。所谓文武分离，就是武人著述兵法的部分职能转移到文人身上，是兵事指挥与兵法创制的主体分离；所谓文武合一，就是文人接过了武人转移的兵书著述的部分职能，在兵法理论的创制上超越了武人，在兵书著述上成为主流群体。从这个意义上说，分离即合一，合一即分离。文人分担了兵法创制的任务，武人主要承担兵事指挥的任务。

从君臣和文士的兵学观念来看，唐代承平日久，儒家思想经过汉魏六朝以来的发展，深入人心，客观上比其他学派更符合统治者的执政需求。所以，即使在儒、释、道三家并重的唐代，儒家思想实际上也是统治者治国理政的主导思想。唐代兵学一个非常重要的表征，就是在制、诏、奏、疏、表、文、议、状、书、记、赞、述、启、序、叙、论、说、解、碑、铭、传等文中，若涉及兵事，也多有“仁义教化取胜”的观点。兹引录相关材料以证之：

唐代李观《汉受降城铭并序》曰：

---

① 二十五史刊行委员会编：《二十五史补编》，中华书局1956年版，第8145页。

孝武即既安之朝，而得安其安；驭无为之民，而得为其为，游心大中而陋八区，旁目不庭而叱九军，诏大司马曰："王师有征，其礼若何?"大司马历级而言："王师无校，谓莫敌也，征乃可服。柔服以德，所谓善政不战，善战不陈，圣人不易之道也。"帝曰："吁！周之衰，秦之亡，皆不由之，故龟鼎用迁。"①

唐代蒋防《兵部议》曰：

议曰："弧矢之利，以威天下，其来尚矣。"仲尼有云："不教民战，是谓弃之。"盖用仁义为之本，筹略为之次，果敢为之末。故曰齐之技击，不可以遇魏之武卒；魏之武卒，不可以直秦之锐士；秦之锐士，不可以当桓文之节制；桓文之节制，不可以敌汤武之仁义。所谓善师者不阵，善阵者不战，盖有自矣。今之有司，不曾端其本，而徒袭其末。②

唐代杜牧《上门下崔相公书》曰：

相公气压其骄，文诱其顺，指示叛臣贼子覆灭之踪，铺陈忠臣义士荣显之效，皇威坌涌于言下，狼心顿革于目前。然后剔刮根节，销磨顽犷，日教月化，水顺雪释。吐饭饱之，解衣暖之，威驱恩收，礼训法束。一年人畏，二年人爱，三年化成，裁成一邦，俗同三辅……故曰："见胜不过众人之所知，非善之善者也；战胜而天下曰善，非善者也；百战百胜，非善之善者也；能不战而屈人之兵，乃善之善者也。"③

---

① 〔清〕董诰等编：《全唐文》卷五三五《汉受降城铭并序》，中华书局1983年版，第5430页。

② 〔清〕董诰等编：《全唐文》卷七一九《兵部议》，中华书局1983年版，第7402~7403页。

③ 〔清〕董诰等编：《全唐文》卷七五一《上门下崔相公书》，中华书局1983年版，第7789~7790页。

唐代陈子昂《燕然军人画像铭并序》曰：

君子曰："兵者凶器，仁者恶之，丑虏猖狂，厥自招咎。"今至尊不得已而顺伐，尝闻西方之圣有能仁者，凶吉之业，各报以直，则使元恶授首，群氓不孤，兵无血刃，荒戎底定，岂不在于大雄乎?①

唐代白居易《议兵用舍逆顺兴亡》曰：

夫兴利除害，应天顺人，不为名先，义然后动，谓之义兵；相时观衅，取乱侮亡，不为祸先，敌至而应，谓之应兵；恃力宣骄，作威逞欲，轻人性命，贪人土田，谓之贪兵。兵贪者亡，兵应者强，兵义者王。王之兵，无敌于天下也，故有征无战焉；强之兵，先弱敌而后战也，故百战百胜焉；亡之兵，先自败而后战也，故胜与不胜，同归于亡焉。②

唐代李德裕《幽州纪圣功碑铭并序》曰：

夫兵者，所以除暴害也，爱人则恶其为害，禁暴则恶其为乱，虽睿智不杀，化之以神，至德允怀，招之以礼，然《书》有猾夏之戒，《传》有修刑之训，虞舜四罪，乃成大功；文王一怒，以至无侮，非德教之助欤?③

唐代陆贽《收河中后请罢兵状》曰：

---

① 〔清〕董诰等编：《全唐文》卷二一四《燕然军人画像铭并序》，中华书局1983年版，第2168页。

② 〔清〕董诰等编：《全唐文》卷六七一《议兵用舍逆顺兴亡》，中华书局1983年版，第6838页。

③ 〔清〕董诰等编：《全唐文》卷七一一《幽州纪圣功碑铭并序》，中华书局1983年版，第7300页。

蠲贷疲氓，休罢战士，符往岁息兵之令以彰信，丕大君含垢之德以布仁，俾万姓皆曰：“大哉王言！”又曰：“一哉王心！”如是则威不用而畏如神明，惠不费而怀如父母……古所谓不战而屈人之兵者，斯之谓欤？①

唐代陆贽《论缘边守备事宜状》曰：

贱力而贵智，恶杀而好生，轻利而重人，忍小以全大，安其居而后动，俟其时而后行，是以修封疆，守要害，堑蹊隧，垒军营，谨禁防，明斥候，务农以足食，练卒以蓄威，非万全不谋，非百克不斗……据险以乘之，多方以误之，使其勇无所加，众无所用，掠则靡获，攻则不能，进有腹背受敌之虞，退有首尾难救之患，所谓乘其弊，不战而屈人之兵，此中国之所长也。②

唐文宗《令镇州行营兵马各守疆界诏》曰：

圣人之教，先德后刑；王者之师，有征无战。所以体人经远，要终贵实，导利天下，端由一人，情虽获已，务臻斯道……然国家之本，爱人为先，纵能翦平，岂免伤杀？今但环境设备，使之不能侵轶，须以岁月，自当诛除，此所谓不战之功，不劳而定也。③

唐中宗时宰相魏元忠《上高宗封事》曰：

---

① 〔清〕董诰等编：《全唐文》卷四七二《收河中后请罢兵状》，中华书局1983年版，第4817页。

② 〔清〕董诰等编：《全唐文》卷四七四《论缘边守备事宜状》，中华书局1983年版，第4837页。

③ 〔清〕董诰等编：《全唐文》卷七一《令镇州行营兵马各守疆界诏》，中华书局1983年版，第750~751页。

> 臣闻理天下之柄，有二事焉，文与武也。然则文武之道，虽有二门，至于制胜御人，其归一揆。方今王略遐宣，皇威远振，建礼乐而陶士庶，训军旅而慑生灵。然论武者以弓马为先，而不稽之以权略；谈文者以篇章为首，而不问之以经纶。而奔竞相因，遂成浮俗……臣闻帝王之道，务崇经略。经略之术，必仗英奇……然兵革之用，王者大事，存亡所系。若任得其才，则摧凶而扼暴；苟非其任，则败国而殄人……此皆不战而却敌，全军以制胜。①

上引材料都称扬儒家仁义教化之功、兵家不战而胜之用。然而，儒家的仁义教化多用于治国理政，难以用于战胜攻取。兵家称道的不战而胜实际上是以战而必胜为前提，只是双方力量相较而知胜负，故无须用战，是积极进攻中对武力的有效节制。唐代士人对《孙子兵法》“不战而屈人之兵”往往理解为据险以守、消极防御、不动干戈、仁者之师有征无战，在战略观念和战术手法上已经与孙子本意有很大不同，虽亦主张“多方以误之”，但在战略攻守方面，体现了进攻不足、防守有余的弊端，反映了唐代承平之后的君臣偏执于儒家仁者无敌、兵家智者取胜的理念，以求自我慰藉，实际上暴露了他们避战、怯战、厌战的心理，也暴露了中唐以后君臣在军事上的疲弱无能。

虽然先秦兵书《司马法》《孙子兵法》《吴子》《尉缭子》《孙膑兵法》《六韬》都有对仁、义、礼等的论述，但其或者是西周时期军事观念的反映，或者是春秋战国时期对仁义思想的吸收和借鉴，故先秦兵学理论的核心主张不是“仁者无敌”“教化取胜”，而是谋诈取胜。汉代成书的《三略》，其兵学理论已有儒学化倾向，流露出大一统帝国对兵学理论的儒家政治需求，但也深深地烙上了黄老道家的印记，体现了汉代立国初期兵学理论在政治心态上的转型。在魏晋南北朝的兵学著作和文人论兵篇章中，尽管道家思想、阴

---

① 〔清〕董诰等编:《全唐文》卷一七六《上高宗封事》，中华书局 1983 年版，第 1790~1791 页。

阳五行思想也占有很大比重，但是儒学化倾向并没有中断，亦未弱化，而隋唐五代的兵学观念在整体上有了更重的儒化倾向。杜牧谈到自己注解《孙子兵法》的目的和意义，乃穷究天人之变，继承了汉代司马迁的史家精神，更体现了儒家的道义情怀，印证了经书皆史书、史书亦为经书的传统学术特征。其《自撰墓铭》曰：

> 牧平生好读书，为文亦不由人。曹公曰："吾读兵书战策多矣，孙武深矣。"因注其书十三篇，乃曰："上穷天时，下极人事，无以加也。后当有知之者。"①

杜牧《注孙子序》又曰：

> 兵者，刑也；刑者，政事也。为夫子之徒，实仲由、冉有之事也……俱期于除去恶民、安活善人、为国家者，使教化通流、无敢辄有不由我而自恣者。其取吏也，无他术也，无异道也，俱止于仁义、忠信、智勇、严明也……主兵者，圣贤才能多闻博识之士，则必树立其国也；壮健击刺不学之徒，则必败亡其国也。然后信知为国家者，兵最为大，非贤卿大夫不可堪任其事。苟有败灭，真卿大夫之辱，信不虚也。因求自古以兵著书列于后世可以教于后生者，凡十数家，且百万言。其孙武所著十三篇，自武死后凡千岁，将兵者有成者，有败者，勘其事迹，皆与武所著书一一相抵当，犹印圈模刻，一不差跌。武之所论，大约用仁义，使机权也。②

杜牧认为兵事乃孔门弟子所研习和擅长之事，是仲由、冉有所为之事，而且

① 〔清〕董诰等编：《全唐文》卷七五四《自撰墓铭》，中华书局 1983 年版，第 7823 页。

② 〔清〕董诰等编：《全唐文》卷七五三《注孙子序》，中华书局 1983 年版，第 7807~7808 页。

"兵"的本义就是去恶存善、教化通流、宣扬仁义，故孙武子之兵法要旨乃内仁义、外机权。隋唐的学术儒化已是比较普遍的现象，正如唐代魏徵等云："儒、道、小说，圣人之教也，而有所偏。兵及医方，圣人之政也，所施各异。"①

从以儒家思想阐释兵学经典看，隋唐时期《孙子兵法》注家萧吉、李筌、贾林、陈皞、杜佑、杜牧都为文士或文官，在以儒家思想居主导地位的汉魏以降，孙子学学者以文人居多，一定程度上也代表着孙子学的儒学化。有学者指出，孙子兵学儒学化的方式有两种：一是对《孙子兵法》中与儒学相近的概念如"道""仁""全胜""先为不可胜""慎战"等进行儒学化的解读；二是对与儒家思想观念相冲突的孙子思想，则歪曲其涵义或直接予以批驳。②如《孙子兵法》所言"道者，令民与上同意"中"道"的解释，杜佑释为"导之以政令，齐之以礼教也"，"上有仁施，下能致命也"；贾林则曰："将能以道为心，与人同利共患，则士卒服，自然心与上者同也。"在此，贾林虽未直说"道心"究竟为何物，但是其义自明，即道心乃与人同利共患之仁心爱心。李筌解"道"为"以道理众，人自化之"，杜牧、陈皞则直接解为"道者，仁义也"。③ 这些解释均偏离了孙子"士兵与君主、将帅思想统一"的原意，而偏向儒家仁义礼教的涵义，强为之解。若说汉魏六朝对《孙子兵法》的儒化阐释尚不明显，只是萌芽阶段的话，那么隋唐五代则是《孙子兵法》儒化阐释的发展阶段，而宋明则为成熟阶段。故宋代梅尧臣直言"主有道，则政教行"。王晳曰："道，谓主有道，能得民心也。"④ 南宋朱熹则解《孙子兵法》之"道"为"本原"，云："且如孙吴专说用兵，如他说也有个本原。如说：'一曰道。道者，与上同意，可与之死，可与之生。有道之主，

---

① 〔唐〕魏徵等撰：《隋书》，中华书局 1973 年版，第 1051 页。

② 魏鸿：《〈孙子兵法〉儒学化与中国传统兵学文化的建构》，载《解放军艺术学院学报》2015 年第 1 期。

③ 〔汉〕曹操等撰：《孙子十家注》，见《诸子集成》第六册，中华书局 1954 年版，第 3~4 页。

④ 〔汉〕曹操等撰：《孙子十家注》，见《诸子集成》第六册，中华书局 1954 年版，第 4 页。

将用其民，先和而后造大事。若使不合于道理，不和于人神，虽有必胜之法，无所用之。’”① 如对孙子《火攻》篇提出的“合于利而动，不合于利而止”，宋代梅尧臣则径改“利”为“义”，曰：“兵以义动，无以怒兴；战以利胜，无以愠败。”② 之所以如此改动，是因为儒家认为利在义中，求义而得利；以义为先，以利为后。

为了做到问题阐述的延续性，有必要指出，前文所述唐代兵学观念的儒化状况，到了宋代则更是向着仁义教化的儒学观念发展。由于这是宋代兵学观念问题，故在此不作具体展开，仅引宋代李觏关于“仁义”与“强兵”的一段话加以说明：

> 所谓强兵者，非曰日寻干戈，暴骨万里，逞一朝之忿，以求横行天下也，必有仁义存焉耳。仁义之说何如？曰历观世俗之论兵者，多得其一体而未能具也。儒生曰仁义而已矣，何必诈力？武夫曰诈力而已矣，何必仁义？是皆知其一，未知其二也。愚以为仁义者，兵之本也；诈力者，兵之末也。本末相权，用之得所，则无敌矣。故君者，纯于本者也；将者，驳于末者也。孙子曰：“主孰有道，将孰有能。”道，道德也。能，智能也。又曰：“将者，智也，信也，仁也，勇也，严也。”乃知君则专用道德，将则智、信、仁、勇、严并用之矣……所谓仁义者，亦非朝肆赦，暮行赏，姑息于人之谓也。贤者兴，愚者废，善者劝，恶者惩。赋敛有法，繇役有时。人各有业而无乏用，乐其生而亲其上。此仁义之凡也。彼贫其民而我富之，彼劳其民而我逸之，彼虐其民而我宽之，则敌人望之若赤子之号父母，将匍匐而至矣。彼虽有石城汤池，谁与守也？虽有坚甲利兵，谁与执也？是谓不战而屈人之兵矣。③

---

① 〔宋〕黎靖德编，王星贤点校：《朱子语类》卷八四《礼一》，中华书局 1986 年版，第 2179~2180 页。

② 〔汉〕曹操等撰：《孙子十家注》，见《诸子集成》第六册，中华书局 1954 年版，第 224 页。

③ 〔宋〕李觏著，王国轩校点：《李觏集》卷一七《强兵策第一》，中华书局 1981 年版，第 151~152 页。

李觏主张战争取胜以仁义为本，诈力为末；仁义为体，强兵为用；但主要的还是以仁义之心对待敌国之民，富之，逸之，宽之，使之如赤子望父母，匍匐而至，即使敌国有石城汤池，也无人守卫；即使有坚甲利兵，也无人持执。李觏进而解释《孙子兵法》之“道”为道德，君主专用道德，将帅杂用智、信、仁、勇、严。但李觏又对仁义有新的理解，认为仁义不是妇人之仁义，而是兴贤废愚、劝善惩恶。总之，隋唐五代以降的孙子学，儒学化内涵逐渐加强，无不折射着解释者个人的思想倾向及其所处时代的社会观念的变化。

三、唐代孙子学的道教内涵

兵法的道家内涵并不始于唐代，而是始于战国。《六韬》旧题为太公望所著，但多数学者认为《六韬》成书于战国，只是托名太公望而又发挥了太公望的军事思想。《六韬》以政治、军事谋略为主体，杂取道家、儒家、墨家、阴阳五行家等思想。若“儒兵书”（儒兵家）、“道兵书”（道兵家）、“法兵书”（法兵家）的称谓成立，那么《六韬》就是“杂兵书”（杂兵家）。此后道兵家不绝如缕。春秋时期的范蠡是楚国人，著有《范蠡》及《黄帝四经》。《范蠡》其书已经失传，《黄帝四经》有马王堆帛书本传世。两书均是道兵书。汉代有《三略》，亦是托名太公望所著，另有《淮南子》之《兵略训》，均多取黄老道家思想。东汉末，道教诞生，而魏晋南北朝的兵学受道教影响不浅，其中多有占候和阴阳五行之术的运用，如东晋葛洪《兵法孤虚月时秘要法》，南朝陶弘景《真人水镜》、莫珍宝《杂撰阴阳兵书》、王宜弟《兵法孤虚立成图》，以及无名氏《承神兵书》《阴策林》等。《孙子兵法》之道教意蕴阐释，则自唐代李筌始。李筌虽官至荆南节度副使、仙州刺史，但曾长期隐居于登封少室山，致仕后，又入山访道，是唐代著名道士。其所注解《孙子兵法》，亦多以道教之术《太一遁甲》为理论依据。如注解《计》篇云：“计者，兵之上也。《太乙遁甲》先以计神加德宫，以断主客成败。故孙子论兵，亦以《计》

为篇首。”① 又云：“夫战者，决胜庙堂，然后与人争利，凡伐叛怀远，推亡固存，兼弱攻昧，皆物之所出。中外离心，如商周之师者，是为未战而庙算胜。《太一遁甲》置算之法，因六十算已上为多算，六十算已下为少算。客多算临少算，主人败；客少算临多算，主人胜。此皆胜败易见矣。”② 注解《谋攻》篇“知可以战与不可以战者胜”云：“料人事逆顺，然后以《太一遁甲》算三门遇奇五将无关格，迫胁主客之计者，必胜也。”③ 注解《形》篇“可胜者，攻也”云：“夫善用兵者……背孤向虚，从疑击间。”④ 注解《形》篇“善守者，藏于九地之下；善攻者，动于九天之上”云：“《天一遁甲经》云：‘九天之上，可以陈兵；九地之下，可以伏藏。’”⑤ 注解《虚实》篇“后处战地而趋战者劳”云：“力不足也。《太一遁甲》云：‘彼来攻我，则我为主，彼为客。主易客难也。’是以《太一遁甲》言其定计之义。故知劳佚事不同，先后势异。”⑥ 注解《虚实》篇“我不欲战，画地而守之”云：“拒境自守也。若入敌境，则用《天一遁甲》真人闭六戊之法，以刀画地为营也。”注解《虚实》篇“策之而知得失之计”云：“用兵者取胜之兵法可制。《太一遁甲》五将之计，以定关格掩迫之数，得失可知也。”注解《虚实》篇“故知战之地，知战之日，则可千里而会战”云：“知战之地则舟车步骑之所便也……《太一遁甲》曰：‘计法三门五将，主客成败则可知也。’于是千里会战而胜。”注解《军争》篇“悬权而动”云：“夫先动为客，后动为主，客难而主易。《太一遁甲》：‘定计之算，明动易也。’”又注《虚实》篇“微乎微乎，

---

① 〔汉〕曹操等撰：《孙子十家注》，见《诸子集成》第六册，中华书局 1954 年版，第 1 页。

② 〔汉〕曹操等撰：《孙子十家注》，见《诸子集成》第六册，中华书局 1954 年版，第 21 页。

③ 〔汉〕曹操等撰：《孙子十家注》，见《诸子集成》第六册，中华书局 1954 年版，第 50 页。

④ 〔汉〕曹操等撰：《孙子十家注》，见《诸子集成》第六册，中华书局 1954 年版，第 56 页。

⑤ 〔汉〕曹操等撰：《孙子十家注》，见《诸子集成》第六册，中华书局 1954 年版，第 57 页。

⑥ 〔汉〕曹操等撰：《孙子十家注》，见《诸子集成》第六册，中华书局 1954 年版，第 82 页。

至于无形；神乎神乎，至于无声，故能为敌之司命”云：“言二遁用兵之奇正，攻守微妙，不可形于言说也。微妙神乎，敌之死生，悬形于我，故曰司命。”① 此言“二遁”，即奇门遁甲中的阴、阳二遁。所谓阴遁，乃无形向有形的变化；所谓阳遁，乃有形向无形的变化。

《太一遁甲》乃历数之术，《隋书·经籍志》序曰：“历数者，所以揆天道，察昏明，以定时日，以处百事，以辨三统，以知厄会，吉隆终始，穷理尽性，而至于命者也。”《隋志》著录《遁甲》三卷，其下云：“梁有《遁甲经》十卷、《遁甲正经》五卷、《太一遁甲》一卷，亡。”又著录《三元遁甲》二卷，其下云：“梁《太一遁甲》一卷、《遁甲三元》三卷。”这是《太一遁甲》最早见于著录的记载。《汉书·艺文志》“数术略”著录了一些与“泰壹”“太一”和“遁甲”有关的图书，其中有《太壹兵法》一篇、《天一兵法》三十五篇，均亡佚。又有《泰壹杂子星》二十八卷，亡佚；《泰壹杂子云雨》三十四卷，亡佚；《泰一阴阳》二十三卷。顾实云：“泰壹，星名，即太一，见《天文志》。杂子星者，盖杂记诸星。”② 又有《天一》六卷，顾实云：“亡。《淮南子》曰：‘天神之贵者，莫贵于青龙。或曰天一，或曰太阴。太阴所居，不可背而可向。’”③ 又有《泰一》二十九卷，顾实云：“亡。沈钦韩曰：‘《乾凿度》：“太一取其数以行九宫。”’陶宪曾曰：‘《说文》甲部引《太一经》曰：“头玄为甲。”’疑出此书。”④ 陈国庆云：“姚振宗《汉志条理》：《易乾凿度》郑玄注云‘太乙者，北辰神名也’。《吴志·刘惇传》云：‘惇于诸术皆善，尤明太乙，皆能推演其事，穷尽要妙。’”⑤ 又有《风鼓六甲》二十四卷，顾实云：“亡。李贤曰：‘遁甲，推六甲之阴而隐甲也。⑥

① 〔汉〕曹操等撰：《孙子十家注》，见《诸子集成》第六册，中华书局 1954 年版，第 89 页。

② 顾实著：《汉书艺文志讲疏》，商务印书馆 1930 年版，第 216 页。

③ 顾实著：《汉书艺文志讲疏》，商务印书馆 1930 年版，第 228 页。

④ 顾实著：《汉书艺文志讲疏》，商务印书馆 1930 年版，第 229 页。

⑤ 陈国庆编：《汉书艺文志注释汇编》，中华书局 1983 年版，第 210 页。

⑥ 笔者按：隐甲，即“遁甲”。《后汉书》卷八二《方术列传》云：“其流又有风角、遁甲、七政、元气、六日、七分、逢占、日者、挺专、须臾、孤虚之术，及望云省气，推处祥妖，时亦有以效于事也。”唐李贤注云：“遁甲，推六甲之阴而隐遁也。”

今书《七志》有《遁甲经》。’后书方术传注①。王先谦曰：‘遁甲演于风后，风鼓疑风后之讹。’”② 所谓遁甲，乃五行方术之一，即隐遁之法。晋代葛洪《神仙传·左慈》云：“左慈者，字元放，庐江人也。少明五经，兼通星纬。见汉祚将尽，天下乱起，乃叹曰：‘值此衰运，官高者危，财多者死，当世荣华，不足贪也。’乃学道术，尤明六甲，能役使鬼神，坐致行厨。”③

杜牧亦偶有以术数学范畴解释《孙子》者，然其本意在于阐释《孙子》之重人事，而非重术数，具有朴素的唯物倾向，其注解《计》篇“天者，阴阳、寒暑、时制”曰：

> 阴阳者，五行、刑德、向背之类是也。今五纬行止最可据验。巫咸、甘氏、石氏、唐蒙、史墨、梓慎、裨灶之徒，皆有著述，咸称秘奥。察其指归，皆本人事。《准星经》曰：“岁星所在之分，不可攻；攻之反受其殃也。”《左传》昭三十二年夏，吴伐越，始用师于越。史墨曰：“不及四十年，越其有吴乎？越得岁而吴伐之，必受其凶。”注曰：“存亡之数，不过三纪。岁星三周，三十六岁。故曰不及四十年也。”此年岁在星纪。星纪，吴分也。岁星所在，其国有福。吴先用兵，故反受其殃。哀二十二年，越灭吴，至此三十八岁也。李淳风曰：“天下诛秦，岁星聚于东井。秦政暴虐，失岁星仁和之理，违岁星恭肃之道，拒谏信谗，是故胡亥终于灭亡。”复曰：“岁星清明润泽，所在之国分大吉。君令合于时，则岁星光嘉，年丰人安；君尚暴虐，令人不便，则岁星色芒角而怒，则兵起。”由此言之，岁星所在，或有福德，或有灾祥，岂不皆本于人事乎？夫吴越之君，德均势敌，阖闾兴师，志于吞灭，非为拯民。故岁星福越而祸吴。秦之残酷，天下诛之，上合天意。故岁星祸秦而祚汉。荧惑，罚星也。宋景公出一善言，荧惑移三舍，而延二十七年。以此推之，

---

① 此六字为双行小字夹注，“后书”当为《后汉书》。

② 顾实著：《汉书艺文志讲疏》，商务印书馆1930年版，第229页。

③ 〔晋〕葛洪撰，胡守为校释：《神仙传校释》，中华书局2010年版，第275页。

岁为善星，不福无道；火为罚星，不罚有德。举此二者，其他可知。况所临之分，随其政化之善恶，各变其本色。芒角大小，随为祸福，各随时而占之。淳风曰：“夫形器著于下，精象系于上。”近取之身，耳目为肝肾之用，鼻口实心腹所资，彼此影响，岂不然欤？《易》曰：“在天成象，在地成形，变化见矣。”盖本于人事而已矣。刑德向背之说，尤不足信。夫刑德天官之陈，背水陈者为绝纪，向山坂陈者为废军。武王伐纣，背清水向山坂而陈，以二万二千五百人击纣之亿万之众。今可目睹者，国家自元和已后，至今三十年间，凡四伐赵寇。昭义军加以数道之众，常号十万，围之临城县，攻其南不拔，攻其北不拔，攻其东不拔，攻其西不拔。其四度围之，通有十岁，十岁之内，东西南北，岂有刑德、向背、王相、吉辰哉？其不拔者，岂不曰城坚、池深、粮多、人一哉？复以往事验之，秦累世战胜，竟灭六国，岂天道二百年间常在乾方，福德常居鹑首？岂不曰穆公已还，卑身趋士，务耕战，明法令，而致之乎？故梁惠王问尉缭子曰：“黄帝有刑德，可以百战百胜，其有之乎？”尉缭子曰：“不然。黄帝所谓刑德者，刑以伐之，德以守之，非世之所谓刑德也。夫举贤用能者，不时日而利；明法审令者，不卜筮而吉；贵功养劳者，不祷祠而福。”周武王伐纣，师次于汜水共头山，风雨疾雷，鼓旗毁折，王之骖乘惶惧欲死。太公曰：“夫用兵者，顺天道未必吉，逆之未必凶。若失人事，则三军败亡，鬼神视之不见，听之不闻，故智者不法，愚者拘之。若乃好贤而任能，举事而得时，此不看时日而事利，不假卜筮而事吉，不待祷祀而福从。”遂命驱之前进。周公曰：“今时太岁逆，龟灼言凶，卜筮不吉，星凶为灾，请还师。”太公怒曰：“今纣剖比干，囚箕子，以飞廉为政，伐之有何不可？枯草朽骨，安可知乎？”乃焚龟折蓍，率众先涉。武王从之，遂灭纣。宋高祖围慕容超于广固，将攻城，诸将谏曰：“今往亡之日，兵家所忌。”高祖曰：“我往彼亡，吉孰大焉？”乃命悉登，遂克广固。后魏太祖武帝讨后燕慕容麟，甲子晦日进军，太史令晁崇奏曰：“昔纣以甲子日亡。”帝曰：“周武岂不以甲子日兴乎？”崇无以对。遂战，破之。后魏太武帝征夏赫连昌于统万城，师次城下，昌鼓噪而前。会有风雨从贼后来，太史进曰：“天不助人，将士饥渴，愿趾避之。”崔浩曰：“千里制胜一日，岂得变易？风道在人，岂有常也？”帝从之。昌军大败。或曰：“如此者，阴阳向背定不足信，孙子叙之，何也？”答曰：“夫暴君昏主，或为一瑶一马，则必残人逞志。非以天道鬼神，谁能制止？故孙子叙之，盖有深旨。”①

在上段引文中，杜牧对以道教思维诠释《孙子》作了深刻而详备的批驳。杜牧本来可以直言其意，却不厌其烦地引用战例阐明孙子所云“天者，阴阳、寒暑、时制”，虽以五行、刑德、向背等术语解之，然又云究其根源，乃本于人事。原本兵事无需借用历数之术，只是因为世间君王，圣智者少，而暴虐昏庸者多，故以道教之术约束之。孙子言之，盖有深意。杜牧虽不相信历数之术，但在诠解孙子所云“天者，阴阳、寒暑、时制”时，仍以道教之术解之，并云孙子此言大概是有深意的。这种诠解实际上违背了孙子本旨。孙子是反对在军事中依托鬼神及卜筮等非人事行为的，明确表示战争决策和行动必取于人。由此可以大致推断，在唐代以道教之术解“阴阳”是比较普遍的。故杜牧用较大的篇幅细论此事，估计是针对时俗所议而有所指。以阴阳之气与时候相关联，既是世俗之人的普遍思维，也是道教神仙之术。这从杜牧注《军争》篇“故善用兵者，避其锐气，击其惰归，此治气者也”亦可得到佐证，其云：“阳气生于子，成于寅，衰于午，伏于申。凡晨朝，阳气初盛，其来必锐，故须避之；候其衰，伏击之，必胜。武德中，太宗与窦建德战于汜水东，建德列陈，弥亘数理，太宗将数骑登高观之，谓诸将曰：‘贼度险而嚣，是军无政令。逼城而陈，有轻我心。按兵不出，待敌气衰，陈久卒饥，必将自退。退而击之，何往不克？’建德列陈，自卯至午，兵士饥倦，悉列坐右，又争饮水。太宗曰：‘可击矣。’遂战，生擒建德。”②

---

①〔汉〕曹操等撰：《孙子十家注》，见《诸子集成》第六册，中华书局 1954 年版，第 4~6 页。

②〔汉〕曹操等撰：《十一家注孙子》，见《中国兵书集成》第 7 册，解放军出版社、辽沈书社 1992 年版，第 572~573 页。

《孙子》注解的道教意蕴在南朝梁孟氏注中已有端倪："孟氏曰：兵者，法天运也。阴阳者，刚柔盈缩也。用阴则沉虚固静，用阳则轻捷猛厉；后则用阴，先则用阳。阴无蔽也，阳无察也。阴阳之象无定形，故兵法天。天有寒暑，兵有生杀。天则应杀而制物，兵则应机而制形。故曰天也。"① 经隋唐五代，至宋有渐强之势。如宋代王晳注曰："谓阴阳总天道、五行、四时、风云、气象也，善消息之，以助军胜。然非异人特授其诀，则未由也。若黄石授书张良，乃《太公兵法》是也。意者岂天机神密，非常人所得知耶？"②

唐末五代天下大乱，易代频繁，道教与兵学结合愈密，对兵学的渗透愈多，出现了一些托名前代兵家的兵书。大致编纂于宋代的《九贤秘典》（撰人不详）收录《太公军镜要术》《鬼谷子风云气候诀》《孙武子行军气色杂占》《吴起军录》《张子房行军灾异录》《诸葛武侯行军风候》《崔浩气色占》《袁天罡占风雨诀》《李靖行军要术》共九部兵书，因分别题名姜太公、鬼谷子、孙武、吴起、张良、诸葛亮、崔浩、袁天罡、李靖九位兵家撰著，故名"九贤秘典"。此九部"秘典"均为道教占术兵书，其中有的是唐人或托名唐人所作。如《鬼谷子风云气候诀》凡三篇：第一篇无题，基本以诗歌的古风句式叙述其占候之法，每句七言，凡一百二句，如起首曰："两军相对候天时，有气深青一似衣。料想伏兵宜且住，莫教后悔不如归。如人再睹有三足，出现依依在日西。若我军中须是胜，覆令彼上莫相持。云气如马又如龙，杂色苍苍横在空。贵气若临吾阵上，我军此是大英雄。"此诀语言浅俗，几近俚语，敷文质白，直陈其事，既无汉魏高古之风，又无两宋深雅之气，然从用韵来看，多用本韵，常有邻韵通押，时有换韵，接近律诗，又不是律诗，很可能出自隋唐五代通晓占候的民间术士之手。第二篇题为"军气杂占"，内容为占云气、天气、风气、尘气等，诸如"凡初出军，天色昏漫，云气寒惨者，必败；若清明和畅，风尘不动者，不战"云云；第三篇题为"十干占"，以十天

---

① 〔汉〕曹操等撰：《孙子十家注》，见《诸子集成》第六册，中华书局 1954 年版，第 4 页。

② 〔汉〕曹操等撰：《孙子十家注》，见《诸子集成》第六册，中华书局 1954 年版，第 6 页。

干配日，通过占候不同天干之日所起大风，来预测兵事吉凶。《宋史·艺文志》著录了不少唐人或托名唐人所著而新旧《唐志》没有著录的道教类兵书，如著录唐李靖《六十甲子禳敌克应决胜术》一卷、唐李筌《占五行星度吉凶诀》一卷，又著录五代符彦卿《五行阵图》一卷、《云气图》十二卷、《行军气候秘法》三卷、《从军占》三卷及《太一行军六十甲子禳厌秘术诗》三卷等，但是《九贤秘典》所收阴阳五行占术之兵书未见著录，亦未见于新旧《唐志》及之前的书录。从上大略可知，唐五代是道教方术渗透兵事的繁盛期，不能不影响到孙子兵学的发展。

《九贤秘典》之《孙武子行军气色杂占》应为隋唐五代伪书，对所谓的孙武子占气之术进行发挥，全书共八篇，约两千字。首篇无篇题，讲望气察将之术；次篇《军胜气象占》，讲望气察士之术；篇三为《城吉气占》，讲望气攻城之术；篇四为《战阵气象占》，讲阵前望气而占胜负；篇五为《阴谋气象占》，讲望气占测敌人阴谋；篇六为《暴兵气占》，讲望气占测进犯之敌；篇七为《伏兵气占》，讲望气占测伏兵；篇八为《云雾占》，讲望云雾而占测天气。各篇内容，荒诞无稽，令人发笑。诸如“凡气青而疏散者，将怯懦；凡军上，气发渐渐如云，变作山形者，将有深谋，不可击；若在吾军，速战大胜；凡敌上，气如蛟蛇向人，此猛将之气，不可当，若在吾军，战必大胜”① 云云，皆凭望气辨色而臆说，毫无谋策可言，近乎江湖骗术。

总之，九部“秘典”，包括《孙武子行军气色杂占》在内，均讲军事望气之术；九部“秘典”的语言风格一致，浅近通俗；结构相同或相近，若一书之内有多篇，则首篇多半无篇题，次篇开始才有篇题。从以上种种，可以推断出自一人之手。此九贤之“秘典”，实则可以合为一书，而所以题名“九贤秘典”者，乃假托先贤，故作高深、炫人耳目耳。考其内容，实则一无所取，是道教中的阴阳五行、历算之术对以孙子学为核心的古代兵学的渗透和冲击。但是也有学者把它归入宋代兵书。如刘申宁在“宋朝”类曰：“《孙武

① 《九贤秘典》，见王云五主编《丛书集成初编》本，商务印书馆 1937 年版，第 7 页。

子行军气色杂占》，佚撰者名。是书为《九贤秘典》之一部，版本有清咸丰三年仁和胡珽《琳琅秘室丛书》本、民国二十四年上海商务印书馆辑《丛书集成初编》本等，是书馆藏较丰。”① 此书当为唐末五代宋初人所作，九部贤哲之兵法秘典，应出自一人之手。

此外，尚需提及的是，唐代兵学与道家、道教的结合，形成了一种文化语境，是孙子学之道家和道教内涵提升的重要原因。换言之，在唐代，阐释兵学的道家内涵和道教内涵成了一种习惯或气候。比如，阐释兵家之道家内涵的著作有王真《道德经论兵要义述》，阐释兵家之道教内涵的著作有易静《兵要望江南》。前者完全以道家的无为、守柔、贵静的思想阐发兵家思想，后者完全以道教的阴阳五行、星历、数术、望气、占候等替代兵家的战略战术。这两种做法，实际上是对兵学核心价值的否定和颠覆，既取消了兵家和道家、道教的区别，也否定了道家和道教本身。这种现象之所以出现在魏晋以降，而在唐代呈现张大之势，固然与道家与道教的发展、兴盛有关，但更重要的原因则是人们厌战、恶战、避战、怠战、拒战等思潮在兵学上的曲折反映，也是社会动荡、政治昏暗、战祸频仍时代人们对战争所秉持的折中调和及矛盾心态的反映。这种文化心态对兵学的健康、积极发展是有较大的侵蚀和阻碍作用的。唯有理解这一点，我们才能理解唐代兵学存在如下问题的深层原因，即为什么有唐一代以孙子学为核心的兵学在气质和风格上缺乏与大唐气象相匹配的刚健进取精神？为什么有唐一代缺乏与其时代相媲美的兵学力作？为什么有唐一代知识阶层、士大夫和官僚阶层多数耻于言兵而鄙薄兵学？这些问题的产生和存在，不能不影响到唐代学者对孙子兵学阐释和发挥的思想倾向和文化观念。

四、唐代佛教对兵事的渗透

佛教与兵法相去甚远，其思想主张、理论体系原本大相径庭，但是《孙子兵法》提出的“兵无常势，水无常形”与佛教禅宗的“法本不有，莫作无

① 刘申宁：《历代〈孙子兵法〉著述版本标注》，载《军事历史研究》1992年第3期。

见；法本不无，莫作有见”① 有相通之处；“不战而屈人之兵”又与佛教禅宗“直指人心，见性成佛”② 有异曲同工之妙；以及“兵家之胜，不可先传”“微乎微乎，至于无形，神乎神乎，至于无声”“故形兵之极，至于无形。无形，则深间不能窥，智者不能谋”等，与佛教禅宗“即心即佛，若离于心，别更无佛”③、“不可以言语、音声、形相、文字而求”④、“法即不可说之法，佛即不可取之佛，乃是本源清净心”⑤ 亦可神通。此外，兵家的知彼知己、因敌变化、因形任势、察九地之情、辨屈伸之利、通人情之理、明五间之用、知奇正之化、晓虚实之分等，则与佛教禅宗“佛法在世间，不离世间觉；离世觅菩提，恰如求兔角”⑥ 强调在现世生活中求佛修佛有一致性。因此之故，佛教与兵法亦非完全互相排斥、水火不容。虽然唐代不曾有以佛禅解《孙子兵法》之作，但是唐代将士相信佛法无边，在战争中常常引入佛教信仰，其目的是希冀借助佛法吸取力量，或驱散恐惧，或消除罪孽，在心理和精神上起到鼓舞士气、激发斗志的作用。由南唐国子博士、集贤侍讲周惟简撰述的《重刊寿州金刚经碑》记载了五代十国南唐将士信奉《金刚经》的情况：

> 夫《金刚经》者，乃众经之源，诸法之本，为苦空之风骨，为寂灭之纲者矣。盖如来示密，独在斯文，以归诸无见，诸无而捐一有，在傅诸之遗法者，类图相以现容也。月在秋潭，智者观之，不足以为有。□发空谷，圣者闻之，不得以为无。实坚高前后之所元，乃指视随迎之不

---

① 〔唐〕裴休集并序：《黄檗山断际禅师传心法要》，日本宽永九年（1632）村上平乐寺刊本，第 25 页。

② 〔唐〕裴休集并序：《黄檗山断际禅师传心法要》，日本宽永九年（1632）村上平乐寺刊本，第 23 页。

③ 〔唐〕裴休集并序：《黄檗山断际禅师传心法要》，日本宽永九年（1632）村上平乐寺刊本，第 30 页。

④ 〔唐〕裴休集并序：《黄檗山断际禅师传心法要》，日本宽永九年（1632）村上平乐寺刊本，第 14 页。

⑤ 〔唐〕裴休集并序：《黄檗山断际禅师传心法要》，日本宽永九年（1632）村上平乐寺刊本，第 10 页。

⑥ 陈秋平、尚荣译注：《金刚经·心经·坛经》，中华书局 2007 年版，第 168 页。

及。有道颙上人者□□，神秀语淡行孤。夙持慧剑之锋，已断烦恼之缚。早携瓶锡，久涉云泉。南□□水之乡，北历淮湄之道。次于寓泊，受□斯经。□历耳中，寻了心下。更于研究，转得元徽。可谓系寂寞之得声，视慌惚之见物。因升座而释松帚，遂启卷以化听徒。莫不緇侣云臻，白衣雾集。如是者周游五六郡，首尾八九年，欻举□□□□□倚锡于桂岭，遂于此寺序以安焉。时遇彭城太傅镇于是府，府主太傅修韩白之谋以卫其国，习周孔之教以饰其躬，游释老之门以理其性。所以化被四人之内，咸兴十善之心。于是上人开讲是经日，不唯僧众，而与俗流，靡不仰上人之真风，俟上人之指授，勤拳请问者以雁序而列之，敬奉侧听者若□□而叠之。是以日往月来，周而复始。上人忽一日讲余，谓听徒曰："道□虽□剖幽微引喻□□尚虑后来者不下与于斯说焉，欲刊□□刻诸兹典，为不朽之事，化未闻之人，不知以为可乎?”而且一问未毕，众诺俱旋，施者求先，咸称甚善，乃化钱以构此碑者也。遂具状疏，申达于府主。太傅既览所陈，亦加欣誉。因役斧□□良匠，费楩楠之异材，预建高亭，以为之围庇。惟简叨请直纪，诸不憋书。乡贡进士周惟简述。

寿州营田副使、通判军府公事、金紫光禄大夫、检校司徒兼御史大夫、上柱国张讷，右军散兵马使、充清淮军都勾当、银主光禄大夫、检校刑部尚书、行寿州都督府长史兼御史大夫、上柱国章□镐，右军散兵马使、前军寿州勾官、银主光禄大夫、检校散骑常侍、行引驾兼御史大夫、上柱国瞿延祚，同申助缘，兼施金贰拾万，雕割《金刚经大云疏》一部□卷，印施《金刚般若波罗蜜经》，勾当化缘，建造蜀水，长讲《金刚经》《百法论》大德道颙并篆额。

右军衙前押衙、充清淮军右都押衙、马步诸指挥都虞候、右长剑指挥使、罗城使、左厢马步都虞候、金紫光禄大夫、检校保御史、上柱国张德兴，右军散押衙、充衙内步军诸指挥、都军头虞候兼左随身指挥使、子城中伏钤辖使、金紫光禄大夫、检校司空兼御史大夫、上柱国董瑗，衙内亲从指挥使刘庭钦，右军散兵马使、充衙内右随身指挥副使、甲报指挥公事、银主光禄大夫、检校户部尚书兼御史大夫、上柱国陈进崇，右军衙前虞候、充清淮军衙内随身、马军指挥副指挥□、□都指挥公事、银主光禄大夫、检校国子祭酒兼御史大夫、上柱国张韶，清淮军节度押衙、充宣设使知都酒坊兼仓专知官王审能，右军衙前十将、充三院银主光禄大夫、检校国子祭酒兼上柱国张王审□□□，清淮军节度衙前总管、充通引官王承祚，右军讨击副使、充清淮军通引官张著庆，左军散十将、充清淮军客将、银主光禄大夫、检校国子祭酒兼殿中侍御史、上柱国张延缜，右军散兵马使、充衙内右随身指挥都军头虞候、右厢虞候、银主光禄大夫、检校工部尚书兼御史大夫、上柱国郭令威，当寺监寺表赞大德侣卿，当寺□□讲律大德□□，当寺在城表赞讲论大□□安，当寺文学讲经在城表赞大德惠澄，上座长讲《上生经》《百法论》僧智新，寺主讲《金刚经》僧守颙，都维那僧守忠，典座僧归仁，直戒僧□□。

维大唐保大五年岁次丁未十二月辛巳朔廿八日戊申建立，清淮军左押衙程匡誉、杨宏道镌，住湘山僧守诜谨募众缘重刻，监寺僧法崇□□。①

虽然上引文字是记述南唐中主李璟保大五年（947）重刊寿州金刚经碑的缘起、募捐和刊刻经过，以及主持和参与此事的僧侣和军人官职、姓名及建造时间等。文中“彭城太傅”，当是彭城人刘仁赡。刘仁赡，字守惠，南唐人，历官武昌节度使，徙清淮军节度使，镇寿州。周世宗柴荣挥师入淮，刘仁赡坚守城池，然病甚，其副使孙羽降城。不久刘仁赡卒。周世宗为旌表其忠义之节，追封其为彭城郡王。文中“道颙”，是指在寿州宣讲《金刚经》，向听众倡议镌刻《金刚经》，并得到刘仁赡大力支持的一位高僧。从参与其事者名录看，大多是军职人员。可见南唐时期的军人信奉佛教是一个比较普遍的现象。唐朝于天祐四年（907）覆灭，五代十国的南唐军人崇奉佛教盛行，

① 〔清〕陆增祥编：《八琼室金石补正》卷八一《重刊寿州金刚经碑》，见国家图书馆善本金石组《隋唐五代石刻文献全编一》，北京图书馆出版社 2003 年版，第 639～641 页。

亦可大略看到唐朝军人对佛教的信仰与南唐同。观念、信仰与风俗的变迁总是滞后于政权易手和朝代更替，至少我们可以由此想见中晚唐时期军人的佛教信仰与五代十国大略相同。有学者以《房山石经题记汇编》为依据，考察了唐代幽州军人的佛教信仰，指出在《房山石经题记汇编》中，军人镌刻的石经数量庞大，其刻经目的或为节度使及其家人祈福，或为节度使祝寿，或为皇上及万民祈福，或为宣扬节度使的政绩、军绩及忠孝仁和的品德，可知盛唐至晚唐时期的幽州，其驻军是当地重大佛教活动的主持者和参与者，而藩镇节度使崇佛则直接推动了佛教的繁兴。①

唐代军人除了崇奉《金刚经》，还崇奉毗沙门天王，以之为护军神加以膜拜。毗沙门天王，是佛教四大天王之一。李筌《神机制敌太白阴经》卷七《祭文总序》曰："四天王，则北方天王也，于阗城有庙，身被金甲，右手持戟，左手擎塔，祗从群神，殊形异状，胡人事之。往年吐蕃围于阗，夜见金人被发持戟，行于城上，吐蕃众数十万，悉患疮疾，莫能胜兵。"②

《神机制敌太白阴经》卷七《祭毗沙门天王文篇第七十八》云：

> 维某年岁次，某甲某月朔某日某将军，某谨稽首，以明香净水、杨枝、油灯、乳粥、酥蜜、粽糗供养北方大圣毗沙天王之神曰：伏惟作镇北方，护念万物，众生悖逆，肆以诛夷，如来涅槃，委之佛法。是以宝塔在手，金甲被身，威凛商秋，德融湛露。五部神鬼，八方妖精，殊形异状，襟带羽毛；或三面而六手，或一面而四目，瞋颜如蓝，磔发似火，牙崒嵂而出口，爪钩兜而露骨，视雷电，喘云雨，吸风飙，喷霜雹。其叱咤也，豁大海拔，须弥，摧风轮，粉铁围，并随指呼，咸赖驱策。国家钦若释教，护法降魔，万国归心，十方向化。惟彼胡虏，尚敢昏迷，肉食边氓，渔猎亭障，天子出师，问罪要荒，天王宜发大悲之心，轸护

① 刘琴丽：《唐代幽州军人与佛教——以〈房山石经题记汇编〉为中心》，载《世界宗教研究》2011 年第 6 期。

② 《中国兵书集成》编委会编：《中国兵书集成》第 2 册，解放军出版社、辽沈书社 1988 年版，第 599~600 页。

念之力，歼彼凶恶，助我甲兵，使刁斗不惊、太白无芒，虽事集于边将，而功归于天王。①

唐代军人对四大天王之一毗沙门天王的崇祀习俗，流衍至宋代。许洞《虎钤经》卷二〇《祭毗沙门天王文第一百九十六》云：

维年月日，某官谨以香火、蔬果祭于毗沙门天王：惟天王神灵通畅，威德奋震，据大阴之正位，降普天之妖魔。左手擎塔，尊神显于西土；右手仗戟，赫天威于北方。一举而群魔骇，再举而沙界裂。目激电以日暗，发聚蓝而云委。卓荦万古，郁称亢神。今妖孽未除，生灵涂地，凶声逆气，溢天而浮。皇帝命某领雄师权剿戳群党，大勋未立，壮心徒奋。天王受佛敕印，广扬通尚，能卷大地于掌中，纳须弥于芥子。今此小丑，岂不能祛？伏惟降慈悲心，救众生苦，开大神力神兵，右回左旋，翦灭贼众，脱苦恼于刀兵之劫，发济投于风火之轮，则某也处心皈依，实在此日。尚飨。②

从有关文献记载看，唐代将士不仅在出征前依例祭祀毗沙门天王，而且常常在军中建造毗沙门天王像，以壮声威和求得庇佑。如唐懿宗时有位军官建造毗沙门天王像，记曰："敬造北方天王一躯，弟子当州都虞候冯元庆愿合家大小平安，咸通六年四月十八日□毕。"③ 中唐元和年间进士元友谅撰有《汶川县唐威戎军制造天王殿记》，盛赞毗沙门天王像，并详述唐威戎军建造天王殿之缘起、经过及建造者，其文云：

① 《中国兵书集成》编委会编：《中国兵书集成》第2册，解放军出版社、辽沈书社1988年版，第608~609页。

② 《中国兵书集成》编委会编：《中国兵书集成》第6册，解放军出版社、辽沈书社1992年版，第419~420页。

③ 陈尚君辑校：《全唐文补编》下册卷一四二《冯元庆造像记》，中华书局2005年版，第1732页。

至哉！天王之盛德也。若乃嘘大海为川陆，扇须弥为尘雾，即药父众，破修罗属，赫然天王示其威神也。住水晶宫，护阎浮界，那吒捧塔以前峙，天女持花以凝睇，示其威福也。悬鹿铲剑，秉黄金戟，龙蛇鼓怒以腾目，神鬼睚盱而捧足，示其威力也。天宝中，表其神灵，卫我唐土，化身于阗之国，摧锋于百万之丑，使圣聪无勍敌之虞，士马绝奔腾之患，示其变通也。汶川古塞，戎马之境，山雄玉垒，军壮威戎，有护国精舍，凝翠峰叠，甘凉泉涌，创立天王殿一座。其初也，故使惠澄讨论之，寺主智昕善成之，社众精肃崇构之。两变星霜，方尽其美。我兵马使贺若崟，雷霆在天，威戢戎貊。冠筒精曜，山川载清。当其门阑布德之秋，桃李成蹊之日，副使彭城刘公命昌辅佐戎军，恒持妙略。昔闻飞将，今见轻车。判官西河蔺公弇，风流倩倩，文质彬彬。阮元瑜书记之能，王仲宣从军之乐。汶川县令太原王公炅，水镜临人，清风偃草，邑称“三异”，名慎“四知”。都虞侯及诸大将等，弓张秋月，剑落繁霜，为蜀国之长城，作辕门之巨堑。社众冉州守、摄判官李健俌等，风情廓落，文武纵横，俱怀奉主之心，共守安边之术，故能拔伦腾秀，宏此圣猷。暑起宵兴，率先勿替。遂感祥光迭委，灵气荐臻，十旬不愆，贞质山立，金冠照烂，宝殿玲珑；山横栋宇之奇，花绽雾岚之异。佑我皇也，弧矢不能壮其威；表其神也，灵怪不能藏其用。寺主智昕，俗姓汤氏，梵行沈密，道容真清；勾当僧惠则，俗姓李氏，洁曰虚衷，秋潭月照，俱能辅赞其美，宏阐法梁。巍峨之勋，万古不革之道也。词吏仗命，敢碑斯文。①

综上，隋唐五代佛教在军事活动及军人信仰中有不可小觑的影响力，虽然正史记载不多，但是仍有一些可靠的文献如题记、碑刻、传记、兵书等，印证那个时代的佛教对兵事及兵学的渗透确是一种比较普遍的现象。至于晚

① 〔清〕董诰等编：《全唐文》卷六二〇《汶川县唐威戎军制造天王殿记》，中华书局1983年版，第6262~6263页。

唐段成式《酉阳杂俎》所记隋唐五代佛教在军事中的灵异表现，虽可一定程度地反映唐代佛教的炽盛景况，但终究是小说家言，曲折神奇，荒谬怪诞，不可视为信史，故本书不引。若问佛教为何能在军中大行其道，则大体可从以下方面看：一是佛教乃医治心灵创伤、消除精神恐惧、定力安神的良方；二是佛教宣扬法力无边，自信正义在己的军人为了得到佛法护佑、全命破敌，而崇奉佛教；三是军人崇奉佛教，多数是求得菩萨护佑其家人平安；四是军人崇奉佛教是为了交通其上司，投其所好，以得到上司的信任和关照；五是军人信奉佛教，尤其是军中掌权者信奉佛教，还有宣扬其政绩、展示其军力、彰显其忠勇智信的作用，以希宠邀功；六是军人信奉佛教，可以凭此沟通上下，亲睦左右，凝聚军心，以佛教信仰强化对君主和国家的信仰。总之，隋唐五代军人信奉佛教是一种比较普遍的现象，在当时的社会环境和战争条件下，戍守边关和参加战争带来的孤独、愁郁、忧虑、恐惧，以及个人对战争的不可抗拒、对自己生命的不可左右、对生死的不可控制等所带来的无助和无奈，需要有一种超现实的力量施助、指引、慰藉和开解。这种力量就是以儒、道话语体系阐释佛教内涵的中国化佛教。

隋唐五代佛教对军事和军人的渗透，从理论上讲，必定会对兵学产生一定的影响，事实上也确是如此。比如，李筌《神机制敌太白阴经》中就有一些佛教内容。然而，就隋唐五代佛教对孙子学的影响而言，即以佛注解《孙子》或阐释《孙子》与佛教哲学之关联，从现有的文献资料看，尚未见到。

五、唐代《孙子兵法》传入日本岛和朝鲜半岛

唐朝是一个开放、包容的朝代，在与域外文化交流方面，不仅吸取了其他国家、地区和民族的优秀文化，而且向域外传播中国文化。日本著名孙子学专家佐藤坚司著有《孙子思想研究史》，全书共四篇：第一篇序说、第二篇《孙子》十三篇思想研究、第三篇日本历代对《孙子》思想的研究、第四篇资料、第五篇《孙子》研究补余以及附录。高殿芳等以汉语译介第三篇，题名为“孙子研究在日本”。佐藤坚司通过对《日本书纪》相关记载的考察，提出中国兵法是在日本天智天皇二年（663）前，通过熟悉中国兵法的百济兵

家木素贵子、忆礼福留、谷那晋首、答炼春初传入日本的。其根据是，在《日本书纪》中的相关卷章中有“倏忽之间，出其不意，则破之必也”语，与《孙子·始计》的“出其不意”及《虚实》“趋其所不意”在文字和意思上相同。《日本书纪》作成于日本养老四年（720），而四位百济兵家在日本的活动时间是在 663 年，故大致可以认定是百济人首先把《孙子兵法》传到了日本。①

又据《日本书纪》卷一七载，527 年继体天皇在讨伐筑紫磐井叛乱的诏书中有“大将，民之司命，社稷存亡，于是乎在”语，与《孙子·作战》的“知兵之将，民之司命，国家安危之主也”同，由此可知早在 527 年便已有《孙子兵法》传入日本，而非 663 年。②

在中日史书中有更加确切的记载是，日本古代的奈良时代（710—794），吉备真备（约 693—775）把《孙子兵法》携至日本，并在日本天皇钦点的高级军官中传授。吉备真备作为日本留学生来华学习，在中国学习十八年后，返回日本时带去大量汉文典籍，其中就有《孙子兵法》等兵书。吉备真备不仅是把《孙子》介绍到日本的传播者，而且是日本兵事中《孙子》战略战术的实践者，曾经运用《孙子》中“兵闻拙速”“兵之情主速”“先知迂直之计者胜”等兵策平定了藤原仲麻吕在近江（今日本滋贺县）的叛乱。约编成于 890 年的《日本国见在书目》基本反映了隋唐时期中国汉文典籍传入日本的情况，其中《孙子》就有五个版本：《孙子兵法》二卷，吴将孙武撰；《孙子兵法书》一卷，巨诩撰；《孙子兵书》三卷，魏武解；《孙子兵书》一卷，魏武略解；《孙子八阵图》一卷。《孙子兵法》传入日本之初至日本战国末期的数百年间，主要靠汉文本和抄写本流传在日本的皇室及其中上级官僚阶层，而且作为秘法珍藏，禁止在社会流传。直到日本古代末期，大江家族才公开传授《孙子兵法》，而且大江匡房（1041—1111）以《孙子》与日本战例结

① ［日］佐藤坚司著，高殿芳等译：《孙子研究在日本》，军事科学出版社 1993 年版，第 2 页。

② 吴荣政：《〈孙子兵法〉在日本的传播与研究》，载《贵州社会科学》2004 年第 2 期。

合，著有《斗战经》。然而“《斗战经》的作者从真锐或者刚毅的立场出发，简单地否定孙子的诡道和奇正的用法，这是根本没有理解孙子的‘以正合，以奇胜’（《势篇》），并对实战兵法茫然无知”①。

日本的中世至近世前期，《孙子兵法》虽在日本有一定传播，但是并未成为日本兵家普遍的研究对象，究其原因，“第一是该书被大江家及其他少数人当成了秘不外传的珍藏书。第二则是流传了《训阅集》及其他与此类似的阴阳家兵书，即所谓指挥书。这成了开展《孙子》研究的障碍。”② 所谓“《训阅集》”，是指传入日本的中国兵阴阳书及《六韬》《三略》诸书，大江家族秘而不宣，而以《训阅集》命名。

日本近世后期，孙子学传播广泛，研究深入，形成了众多的日本孙子学流派，主要有以小幡景宪为代表的甲州派、以北条氏长为代表的北条派、以长沼澹斋为代表的长沼派、以上衫谦信为代表的越后派、以林罗山为代表的“彦解”派、以山鹿素行为代表“武士道”派、以德田邕兴为代表的合传派、以荻生徂徕为代表的“钤录”派、以冈熊臣为代表的“新书”派、以吉田松阴为代表的“维新”派、以野口武彦为代表的“海防”派、以会安泽为代表的“新论”派；日本近代，以西方兵学与孙子兵学结合和比较，译介《孙子》成绩卓著者有北村佳逸和阿多俊介，不仅在孙子学理论上有提升，而且与西方的军事理论如克劳塞维茨《战争论》进行比较研究；日本现代，孙子学的实用性研究勃兴，最值得注意的是，“二战”结束后，许多退役军人运用《孙子兵法》经营企业，形成了以松下幸之助、大桥武夫为代表的“孙子经营学派”，在阐释《孙子》方面，亦有佐藤坚司、牧野收、服部千春等人对《孙子》的正解，更加接近《孙子》精义。

《孙子兵法》传入日本和朝鲜半岛，孰先孰后，是一个有争论的问题。孙子学学者韩胜宝通过亲赴韩国考察，与韩国孙子学界的深入交流，根据韩国

---

① ［日］佐藤坚司著，高殿芳等译：《孙子研究在日本》，军事科学出版社 1993 年版，第 7 页。

② ［日］佐藤坚司著，高殿芳等译：《孙子研究在日本》，军事科学出版社 1993 年版，第 9 页。

古代文献记载及韩国现代学者的研究，提出《孙子兵法》传入朝鲜半岛可能早于日本岛的看法。其依据是，韩国学者认为，日本奈良时代天平七年（735）遣唐留学生吉备真备将《孙子兵法》传入日本之前，飞鸟时代白雉十四年（663），来自朝鲜半岛百济国的几位兵法家来到日本修筑城池，因精通中国兵法被授予荣誉勋位，极有可能是朝鲜半岛百济国的几位兵法家把中国兵法传入日本的。① 朝鲜半岛的高丽时代（918—1392），在朝鲜研习《孙子兵法》《司马法》《吴子》《尉缭子》《六韬》《三略》《武经七书》等比较普遍，蔚然成为社会风尚；朝鲜太祖元年（1392），李成桂在其登基国书中有关于以《武经七书》及射御之术选拔武职人才的诏令。那么在此之前中国唐、宋、元时代，《孙子兵法》在朝鲜半岛的上层社会流传，则应该是可信的。孙子文献学家苏桂亮根据日本《和汉三才图会》、朝鲜史书《三国史记》内有关中日、中朝文化交流的史料，提出可能早在2世纪左右的汉代《孙子兵法》就传入朝鲜的看法，有较大的可信度。②

此外，尚需提及的是，五代时期孙子学，从现今文献资料看，并无突出表现，然亦有兵书载录于史册。清代顾櫰三《补五代史艺文志》于杂家类③著录六部兵书：李筌《阃外春秋》十卷、李筌《阴符经注》一卷、符彦卿《人事军律》一卷、符彦卿《五行阵图》一卷、张昭《制旨兵法》十卷、胡万顷《六壬军鉴式》三卷。然而李筌乃唐代人，并非五代人。此人亦官亦隐，亦仙亦道，亦兵亦儒，于玄宗朝任节度副使、御史中丞等官，后入山求仙访道，不知所终。符彦卿为五代北宋之际人，出身武将世家，父兄皆为名将，其人有勇有谋，善用兵，因战功官至天雄节度使，进封魏王。张昭为五代人，历仕后唐、后晋、后汉、后周四朝，官至礼部尚书、户部尚书、兵部尚书。

---

① 韩胜宝：《韩流汉风话孙武——“孙子兵法全球行”韩国情况报告》，载《滨州学院学报》2014年第5期。

② 苏桂亮：《〈孙子兵法〉域外千年传播概说》，载《滨州学院学报》2014年第5期。

③〔清〕顾櫰三《补五代史艺文志》之“杂家类”另著录杂家书徐锴《岁时广记》一百二十卷、孙光宪《蚕书》三卷、毛文锡《茶谱》三卷、僧赞宁《物类相感志》一卷、韩鄂《四时纂要》十卷、《雾居子》五卷（不著作者）、冯鉴《续事始》五卷、马缟《中华古今注》三卷。

张昭奉旨编纂兵书，自叙云："臣本书生，不娴武艺，空忝穰苴之位，惭无郤縠之能，遽捧纶言，令纂兵法……臣逖观前代兵家所著，篇部颇多。自唐末乱离，图书流落。今兰台秘府，目录空存。其余讨论，固难详悉。今只据臣家所有之书，摭其兵要，自军旅制置，选练教习，安营结阵，命将出师，诡谲机权，形势利害，赏罚告誓，攻守巧拙，星气风角，阴阳课式等，都四十二门，离为十卷。管窥蠡测，莫知穹渤之高深。兽走犬驰，且副蒐苗之指使。既成卷部，须有签题。臣伏见前代奉诏撰论，皆目为制旨。今辄准故事，题为《制旨兵法》。"① 胡万顷为五代十国南汉人，史载其"幼神悟，精九宫三元之法，占事多奇验。撰《六壬军鉴式》三卷、《太乙时纪阴阳二遁立成历》二卷，术数家多宗之"②。

第三节 隋唐五代引《孙子》

一、欧阳询《艺文类聚》引《孙子》

欧阳询（557—641），字信本，潭州临湘人，生活于隋末唐初，以书法名世。

《艺文类聚》编于唐初，由欧阳询等奉李渊之旨编纂，与《北堂书钞》《初学记》《白氏六帖》合称唐代四大类书。艺文，泛指各种典籍文章。此书编纂主旨乃以弘扬儒学为本，兼采佛道，崇尚美善。据学者统计，该书引用先唐古籍一千四百三十一种，有极大的辑佚、校勘价值。所引兵书，则有《孙子兵法》《太公兵法》《六韬》《黄石公三略》《太公金匮》《黄石公记》《军谶》《玄女战经》《兵书》《黄帝出军诀》《军令》等，除前四种兵书尚存，其余兵书均不见传世。兹将《孙子兵法》四条移录于下：

---

① 〔清〕董诰等编：《全唐文》卷八六四《进所撰兵法表》，中华书局 1983 年版，第 9055 页。

② 〔清〕吴任臣撰：《十国春秋》，中华书局 1983 年版，第 919 页。

《艺文类聚》卷五九《武部》："孙子曰：凡用兵之法，将受令于君，途有所不由，军有所不击，城有所不攻，地有所不争，君命有所不受。故将通于九变之利者，知用兵矣。"①

《艺文类聚》卷六三《居处部三》："孙子兵法曰：攻城之法，修橹枌榅，其器械，三月而后成。"②

《艺文类聚》卷八〇《火部》："孙子兵法曰：凡火攻有五。一曰火人；二曰火积；三曰火辎；四曰火库；五曰火隧。"③

《艺文类聚》卷九六《鳞介部上》："孙子兵法曰：善用兵者，譬如率然。率然者，常山之蛇也。击其首则尾至，击其尾则首至，击其中身，则首尾俱至。"④

二、虞世南《北堂书钞》引《孙子》

虞世南（558—638），字伯施，越州余姚（今浙江余姚）人，生活于南北朝至隋唐之际，历仕陈、隋，入唐，任著作郎、秘书监等职。

《北堂书钞》乃虞世南在隋朝秘书郎任上所编，现存清代南海孔广陶校注本。按成书年代论，是隋代著作。然而，虞世南入唐以后，历任弘文馆学士、银青光禄大夫等职，又是唐朝官员，故把《北堂书钞》看作唐初著作，亦未尝不可。北堂，乃隋代秘书省之后堂；书钞，则意为从群书中辑抄。从抄录兵书看，除了抄录《孙子兵法》，还抄录《司马法》《尉缭子》《六韬》《黄石公三略》《军谶》《黄帝出军诀》《兵书》《诸葛亮军令》《黄石公记》《黄

---

① 〔清〕纪昀等修：《文渊阁四库全书》第888册，台湾商务印书馆1986年版，第354页。

② 〔清〕纪昀等修：《文渊阁四库全书》第888册，台湾商务印书馆1986年版，第422页。

③ 〔清〕纪昀等修：《文渊阁四库全书》第888册，台湾商务印书馆1986年版，第630页。

④ 〔清〕纪昀等修：《文渊阁四库全书》第888册，台湾商务印书馆1986年版，第916页。

帝问玄女兵法》《洛书兵钤》《诸葛亮教》《吴质将论》《孙子兵法秘要》，以及隋前其他古籍中的论兵哲言，如赋体作品有陈琳《武军赋》、司马相如《子虚赋》、扬雄《长杨赋》、应玚《驰射赋》、左思《吴都赋》、左思《齐都赋》、左思《魏都赋》、陆机《祖德赋》、杜笃《论都赋》、班固《西都赋》、左思《蜀都赋》、崔骃《武都赋》、刘劭《赵都赋》、庾阐《扬都赋》、张衡《东京赋》、傅玄《正都赋》、徐幹《从西戎征赋》、胡综《黄龙大牙旗赋》、刘劭《羽猎赋》等，史籍有《世本》《春秋传》《左传》《谷梁传》《周书》《东观汉记》《汉书》《越绝书》《春秋元命苞》《汉晋春秋》等，诸子之书有《老子》《孙卿子》《管子》《尹文子》《吕氏春秋》《淮南子》《抱朴子》《新序》《蒋子万机论》，经书有《礼记》《周礼》《尔雅》《毛诗》《尚书》等。

虞世南编撰此书的本意是，摘录可供时人著文作诗之用的嘉词善语、哲言警句、成语典故等。然而，虞氏不是完全照抄原文，而是加以凝炼，使之成为高度抽象的固定语，然后附以文献出处及原文。此书抄录《孙子》颇多，往往凝炼概括《孙子》语义，然后标明《孙子》原文。

（一）《北堂书钞》卷一一三《武功部一》之《论兵一》抄录《孙子》：

令之以文，齐之以武。《孙子》云："令之以文，齐之以武，是谓必取。"①

五行无常胜。《孙子兵法》云："夫兵形象水，水之形避高而趋下，兵之形避实而击虚。水因地而制流，兵因敌而制胜。故兵无常势，水无常形，能因敌变化而取胜者，谓之神。故五行无常胜，四时无常位，日有短长，月有生死。"②

校之以计。《孙子》曰："兵者，国之大事，死生之地，存亡之道，不可不察也。故经之以五事，校之以计，而索其情：一曰道，二曰天，

① 〔清〕纪昀等修：《文渊阁四库全书》第889册，台湾商务印书馆1986年版，第552页。

② 〔清〕纪昀等修：《文渊阁四库全书》第889册，台湾商务印书馆1986年版，第552~553页。

三曰地，四曰将，五曰法。道者，令民与上同意，可与之死，可与之生，而不畏危也；天者，阴阳、寒暑、时制也；地者，远近、险易、广狭、死生也；将者，智、信、仁、勇、严也；法者，曲制、官道、主用也。凡此五者，将莫不闻，知之者胜，不知者不胜。故校之以计而索其情。”①

多算胜，少算不胜。《孙子兵法》云：“夫未战而庙算胜者，得算多也；未战而庙算不胜者，得算少也。多算胜，少算不胜，而况于无算乎？吾以此观之，胜负见矣。”②

不动如山，难知如阴。《孙子》云：“夫兵以诈立，以利动，以分合为变者也，故其疾如风，其徐如林，侵掠如火，不动如山，难知如阴，动如雷震，掠乡分众，廓地分利，悬权而动，先知迂直之计者胜，此军争之法也。”③

屈兵非战，拔城非攻。《孙子兵法》云：“故善用兵者，屈人之兵而非战也，拔人之城而非攻也，毁人之国而非久也，必以全争于天下。故兵不顿而利可全，此谋攻之法也。”④

不战而屈人。《孙子》云：“百战百胜，非善之善也；不战而屈人之兵，善之善者也。”⑤

先胜而后战。《孙子》云：“胜兵先胜而后求战，败兵先战而后求胜。”⑥

先为不可胜。《孙子》曰：“昔之善战者，先为不可胜，以待敌之可

① 〔清〕纪昀等修：《文渊阁四库全书》第 889 册，台湾商务印书馆 1986 年版，第 553 页。

② 〔清〕纪昀等修：《文渊阁四库全书》第 889 册，台湾商务印书馆 1986 年版，第 553 页。

③ 〔清〕纪昀等修：《文渊阁四库全书》第 889 册，台湾商务印书馆 1986 年版，第 553 页。

④ 〔清〕纪昀等修：《文渊阁四库全书》第 889 册，台湾商务印书馆 1986 年版，第 553 页。

⑤ 〔清〕纪昀等修：《文渊阁四库全书》第 889 册，台湾商务印书馆 1986 年版，第 554 页。

⑥ 〔清〕纪昀等修：《文渊阁四库全书》第 889 册，台湾商务印书馆 1986 年版，第 554 页。

胜；不可胜在己，可胜在敌。”①

无邀正正之旗，勿击堂堂之阵。《孙子兵法》云：“无邀正正之旗，勿击堂堂之阵，此治变者也。”②

依水草。《孙子》云：“若交军于斥泽之中，必依水草而背众树，此处斥泽之军也。”③

全伍为上，破伍次之。《孙子》注云：“百人以下至五人为伍，又曰国、军、卒、伍，不问小大，全之则威德为优，破之则威德为劣。”④

全国为上，破国次之。《孙子》云：“凡用兵之法，全国为上，破国次之。”注曰：兴师深入长驱，距其城郭，绝其内外，敌举国来服为上，以兵击破败而得之为次也。”⑤

兵闻拙速，未睹巧久。《孙子》云：“兵闻拙速，未睹巧久。夫兵久而国利者，未之有也。”⑥

利而诱之，乱而取之。《孙子》云：“兵者诡道也，能而示之不能，用而示之不用，近而示之远，远而示之近，利而诱之，乱而取之，实而备之，强而避之，怒而挠之，卑而骄之，佚而劳之，亲而离之，攻其无备，出其不意，此兵家之胜，不可先传也。”⑦

夺其所爱。《孙子》云：“或问敌众整而将来，待之若何？曰：先夺

---

① 〔清〕纪昀等修：《文渊阁四库全书》第 889 册，台湾商务印书馆 1986 年版，第 554 页。

② 〔清〕纪昀等修：《文渊阁四库全书》第 889 册，台湾商务印书馆 1986 年版，第 554 页。

③ 〔清〕纪昀等修：《文渊阁四库全书》第 889 册，台湾商务印书馆 1986 年版，第 554 页。

④ 〔清〕纪昀等修：《文渊阁四库全书》第 889 册，台湾商务印书馆 1986 年版，第 555 页。

⑤ 〔清〕纪昀等修：《文渊阁四库全书》第 889 册，台湾商务印书馆 1986 年版，第 555 页。

⑥ 〔清〕纪昀等修：《文渊阁四库全书》第 889 册，台湾商务印书馆 1986 年版，第 555 页。

⑦ 〔清〕纪昀等修：《文渊阁四库全书》第 889 册，台湾商务印书馆 1986 年版，第 555 页。

其所爱，则听矣。”①

六败之道。《孙子》云：“故兵有走者，有弛者，有陷者，有崩者，有乱者，有北者。凡此六者，非天地之灾，将之过也。夫势均，以一击十，曰走；卒强吏弱曰弛；吏强卒弱曰陷；大吏怒而不服，遇敌怼而自战，将不知其能，曰崩；将弱不严，教道不明，吏卒无常，阵兵纵横，曰乱；将不能料敌，以少合众，以弱击强，兵无选锋，曰北。凡此六者，败之道也。将之至任，不可不察也。”②

（二）《北堂书钞》卷一一五《武功部三》之《将帅四》引录《孙子》：

贵之无骄，委之不专。《孙子兵法》云：“贵之而无骄，委之而不专，扶之而无隐，危之而不惧。故良将之动也，犹璧玉之不可污也。”③

察五危。《孙子兵法》云：“用兵之法，无恃其不来，恃吾有以待之；无恃其不攻，恃吾有所不可攻也。故将有五危：必死可杀，必生可虏，忿速可侮，廉洁可辱，爱民可烦。凡此五者，将之过也，用兵之灾。覆军杀将，必以五危，不可不察也。”④

通九变。《孙子》曰：“凡用兵之法，将受命于君，合军聚众，圮地无舍，衢地合交，绝地无留，围地则谋，死地则战，途有所不由，军有所不击，城有所不攻，地有所不争，君命有所不受，故将通于九变之利者，知用兵矣。”⑤

---

① 〔清〕纪昀等修：《文渊阁四库全书》第889册，台湾商务印书馆1986年版，第555页。

② 〔清〕纪昀等修：《文渊阁四库全书》第889册，台湾商务印书馆1986年版，第556页。

③ 〔清〕纪昀等修：《文渊阁四库全书》第889册，台湾商务印书馆1986年版，第561页。

④ 〔清〕纪昀等修：《文渊阁四库全书》第889册，台湾商务印书馆1986年版，第561页。

⑤ 〔清〕纪昀等修：《文渊阁四库全书》第889册，台湾商务印书馆1986年版，第561页。

不知彼，而知己，一胜一负。《孙子兵法》云："知彼知己，百战不殆；不知彼而知己，一胜一负，不知彼，不知己，每战必败。"①

思计如饥。《孙子兵法秘要》云："良将思计如饥，所以战必胜，攻必取也。"②

视卒如爱子。《孙子兵法》曰：视卒如婴儿，故可与之赴深溪；视卒如爱子，故可与之俱死。爱而不能令，厚而不能使，乱而不能治，譬如骄子，不可用也。③

（三）《北堂书钞》卷一一六《武功部四》之《谋策五》引《孙子》：

上略伐智，下略伐势。《孙子兵法论》云："非文无以平治，非武无以治乱。善用兵者，有三略焉。上略伐智，中略伐义，下略伐势。"④

始如处女，后如脱兔。《孙子兵法》云："始如处女，敌人开户；后如脱兔，敌不及拒。"⑤

善出奇者，无穷如天地。《孙子兵法》云："凡战者，以正合，以奇胜，故善出奇者，无穷如天地，不竭如江海，终而复始，日月是也；死而更生，四时是也。声不过五，五声之变，不可胜听也；色不过五，五色之变不可胜视也；味不过五，五味之变，不可胜尝也；战势不过奇正，奇正之变，不可胜穷也。奇正相生，如循环之无端，孰能穷之哉?"⑥

---

① 〔清〕纪昀等修：《文渊阁四库全书》第889册，台湾商务印书馆1986年版，第562页。

② 〔清〕纪昀等修：《文渊阁四库全书》第889册，台湾商务印书馆1986年版，第562页。

③ 〔清〕纪昀等修：《文渊阁四库全书》第889册，台湾商务印书馆1986年版，第562页。

④ 〔清〕纪昀等修：《文渊阁四库全书》第889册，台湾商务印书馆1986年版，第566页。

⑤ 〔清〕纪昀等修：《文渊阁四库全书》第889册，台湾商务印书馆1986年版，第566页。

⑥ 〔清〕纪昀等修：《文渊阁四库全书》第889册，台湾商务印书馆1986年版，第567页。

近而示之远，远而示之近。《孙子兵法》云："兵者，诡道也。故能而示之不能，用而示之不用，近而示之远，远而示之近，利而诱之，乱而取之，实而备之，强而避之，怒而挠之，卑而骄之，佚而劳之，亲而离之，攻其无备，出其不意，此兵家之胜，不可先传也。"①

攻其所不守，守其所不攻。《孙子兵法》云："攻而必取者，攻其所不守也；守而必固者，守其所不攻也。故善攻者，敌不知其所守；善守者，敌不知其所攻。"②

(四)《北堂书钞》卷一一七《武功部五》之《兵势十》引《孙子》：

正正之旗，堂堂之阵。《孙子兵法》。见前《论兵篇》。案《兵书要决》云："《孙子》称：'无要正正之旗，无击堂堂之阵。'正正之旗者，谓行军也。前后正治，故不可要而击之也。堂堂之阵者，谓营阵也，堂堂不冒乱也，不可就而击之也。"③

如林如山。《孙子兵法》云："兵疾如风，其徐如林，侵掠如火，不动如山，难知如阴。"④

势如𢐥弩。《孙子》云："善战者，势如𢐥弩，节如发机。"⑤

---

① 〔清〕纪昀等修：《文渊阁四库全书》第889册，台湾商务印书馆1986年版，第567页。

② 〔清〕纪昀等修：《文渊阁四库全书》第889册，台湾商务印书馆1986年版，第567页。

③ 〔清〕纪昀等修：《文渊阁四库全书》第889册，台湾商务印书馆1986年版，第574页。

④ 〔清〕纪昀等修：《文渊阁四库全书》第889册，台湾商务印书馆1986年版，第574页。

⑤ 〔清〕纪昀等修：《文渊阁四库全书》第889册，台湾商务印书馆1986年版，第575页。

（五）《北堂书钞》卷一一八《武功部六》之《攻战十一》引《孙子》：

避实击虚。《孙子兵法》云：“夫兵形象水，水之形避高而趋下；兵之形避实而击虚。”①

倍则分之。《孙子》云：“用兵之法，十则围之，五则攻之，倍则分之，敌则能战之，少则能逃之，不若则能避之。故小敌之坚，大敌之擒也。”②

夜战多火鼓，昼战多旌旗。《孙子》：“《军政》曰：‘言不相闻，故为之金鼓；视不相见，故为旌旗。’夫金鼓旌旗者，所以一人之耳目也。人既专一，则勇者不得独进，怯者不得独退。此用众之法也。故夜战多火鼓，昼战多旌旗，所以变人之耳目也。”③

以少敌众。《魏武令》云：“孙子用兵，常以少敌众。”④

若决水于千仞。《孙子兵法》云：“胜者之战，若决积水于千仞之溪者，形也。”⑤

（六）《北堂书钞》卷一一九《武功部七》之《守备十二》引《孙子》：

守者藏于九地。《孙子兵法》云：“善守者，藏于九地之下；善攻者，动于九天之上。”⑥

---

① 〔清〕纪昀等修：《文渊阁四库全书》第889册，台湾商务印书馆1986年版，第576页。

② 〔清〕纪昀等修：《文渊阁四库全书》第889册，台湾商务印书馆1986年版，第576页。

③ 〔清〕纪昀等修：《文渊阁四库全书》第889册，台湾商务印书馆1986年版，第576页。

④ 〔清〕纪昀等修：《文渊阁四库全书》第889册，台湾商务印书馆1986年版，第576页。

⑤ 〔清〕纪昀等修：《文渊阁四库全书》第889册，台湾商务印书馆1986年版，第581页。

⑥ 〔清〕纪昀等修：《文渊阁四库全书》第889册，台湾商务印书馆1986年版，第582页。

(七)《北堂书钞》卷一二〇《武功部八》之《旗十八》引《孙子》:

民之耳目。《孙子兵法》云:“言不相闻,故为鼓铎;视不相见,故为旌旗。夫金鼓旌旗,所以一民之耳目也。”①

除上所列,《北堂书钞》有些内容引用《淮南子》,实则是《淮南子》引用《孙子》,因引用者未加详察,而归之于《淮南子》,而以为是《淮南子》的内容。本书所列《北堂书钞》引《孙子》则不涉此。

三、魏徵《群书治要》引《孙子》

魏徵(580—643),字玄成,巨鹿人,官至光禄大夫,封郑国公,谥“文贞”,撰有《谏太宗十思书》,汇辑《群书治要》行世。

《群书治要》是关于治国之术的一部类书,由唐初魏徵、虞世南、褚遂良等奉敕汇纂,多捃摭六经、四史、诸子等书中可以为治国安邦、用兵行军之用的警策之言,分类辑录编次。上自五帝,下至晋代,务乎政术,存乎鉴戒,采集群书,汰除淫放,以求选录范围广博而所收内容精要。全书原有五十卷,然唐宋之后散佚,幸日本有遣唐使抄本被携去日本,且于清乾隆间又传入国内,故得见此书。《群书治要》在兵学方面,辑录《孙子兵法》《司马法》《六韬》《阴谋》《尉缭子》《吴子》等典籍,其中卷三三引《孙子兵法》如下(今删去夹注和眉注):

孙子曰:凡用兵之法,全国为上,破国次之。全军为上,破军次之;全卒为上,破卒次之。是故百战百胜,非善之善者也;不战而屈人之兵,善之善者也。故上兵伐谋,其次伐交,其次伐兵,下攻攻城,故善用兵者,屈人之兵而非战也,拔人之城而非攻也,毁人之国而不久也,必以全争于天下,故兵不钝而利可全也。兵形象水,水行避高而就下,兵之形避实而击虚,故水因地而制行,兵因敌而制胜。故兵无定势,水无常

---

① 〔清〕纪昀等修:《文渊阁四库全书》第 889 册,台湾商务印书馆 1986 年版,第 588 页。

形，能与敌变化而取胜者谓之神。①

孙子曰：凡用兵之法，君命有所不受。无恃其不来，恃吾有以能待之也；无恃其不攻，恃吾之不可攻也。夫唯无虑而易于敌者，必禽于人。故卒未附亲而罚之，即不服，不服即难用也；卒已附亲而罚不行者，即不可用矣。故令之以文，齐之以武，是谓必取。令素行则民服；令素行者，与众相得也。战道必胜，主曰无战，必战；战道不胜，主曰必战，无战。故进不求名，退不避罪，唯民是保，而利全于主，国之宝也。视卒如婴儿，故可与之赴深溪；视卒如爱子，故可与之俱死。厚而不能使，爱而不能全，乱而不能治，譬若骄子，不可用也。知吾卒之可以击，而不知敌之不可击，胜之半也；知敌之可击，而不知吾卒之不可以击，胜之半也；知敌之可击，知吾卒之可以击，而不知地形之不可以战，胜之半也。故曰知彼知己，胜乃不殆；知天知地，胜乃可全。明主虑之，良将修之。非利不赴，非得不用，非危不战。主不可以怒而兴军，将不可以愠而致战。合于利而用，不合于利而止。怒可复喜，愠可复悦，亡国不可复存，死者不可复生也。故曰明王慎之，良将敬之，此安国之道也。兴师十万，出征千里，百姓之费，公家之奉，日千金。内外骚动，不得操事者，七十万家。相守数年，以争一日之胜，而爱爵禄百金，不知敌之情者，不仁之至也，非民之将也，非主之佐也，非胜之主也。故明王圣主，贤君胜将，所以动而胜人，成功出于众者，先知也。先知者，不可取于鬼神，不可象于事也，不可验于度，必取于人，知敌之情者也。②

《群书治要》所引《孙子》文，有的在文字上有所变换，但是语义不变。这一现象，很可能是由于引用者凭着记忆引录而非照录原文所造成，由此亦可见古人熟读经典、倒背如流不是虚言。

---

① 〔唐〕魏徵等撰：《群书治要》第七册，见王云五主编《丛书集成初编》本，商务印书馆 1936 年版，第 567~568 页。

② 〔唐〕魏徵等编：《群书治要》第七册，见王云五主编《丛书集成初编》本，商务印书馆 1936 年版，第 567~569 页。

四、赵蕤《长短经》引《孙子》

赵蕤（约659—742），字太宾，梓州盐亭（今四川盐亭）人，为唐代道家和纵横家代表人物，与李白并称“蜀中二杰”，精于术数，长于韬略，其所著《长短经》集儒、道、法、兵、阴阳、杂之大成，以谋略为经，以史略为纬，寓兴亡变化之道，求长治久安之方，为历代英杰所重。

《长短经》引《孙子》集中在第九卷，其各篇引《孙子》如下（今删去夹注）：

篇首：“孙子曰，《诗》云：允文允武。”①

《出军第一》：“《孙子》曰：将在军，君命有所不受。”②

《道德第四》：“孙子曰：一曰道。道者，令人与上同意者也。故可与之死，可与之生，而人不畏危。”③

《禁令第五》：“孙子曰：卒未专亲而罚之，则不服，不服则难用；卒已专亲而罚不行，则不可用矣。故曰：视卒如婴儿，故可与之赴深溪；视卒如爱子，故可与之俱死。厚而不能使，爱而不能令，乱而不知理，譬若骄子，不可用也……又曰：令之以文，齐之以武，是谓必取……孙子曰：无法之悬，无政之令……孙子曰：法令孰行，赏罚孰明，以此知胜。”④

《天时第七》：“《孙子》曰：二曰天时。天时者，阴阳、寒暑、时节制也……故曰：知地知天，胜乃可全。”⑤

---

① 〔清〕纪昀等修：《文渊阁四库全书》第849册，台湾商务印书馆1986年版，第189页。

② 〔清〕纪昀等修：《文渊阁四库全书》第849册，台湾商务印书馆1986年版，第190页。

③ 〔清〕纪昀等修：《文渊阁四库全书》第849册，台湾商务印书馆1986年版，第192页。

④ 〔清〕纪昀等修：《文渊阁四库全书》第849册，台湾商务印书馆1986年版，第192~193页。

⑤ 〔清〕纪昀等修：《文渊阁四库全书》第849册，台湾商务印书馆1986年版，第194~195页。

《地形第八》:“《孙子》曰：三曰地利。地利者，远近、险易、广狭、死生也。故不知山林、险阻、沮泽之形者，不能行军；不用乡导，不能得地利。故用兵有散地，有轻地，有争地，有交地，有衢地，有重地，有汜地，有围地，有死地。诸侯自战其地，为散地；入人之地而不深者，为轻地；我得则利，彼得亦利者，为争地；我可以往，彼可以来，为交也：诸侯之地三属，先至而得天下之众者，为衢地；入人难反之地深，倍城邑多者，为重地；行山林、险阻、沮泽，凡难行之道者，为汜地；所由入者隘，所从归者迂，彼寡可以击吾众者，为围地；疾战则存、不疾则亡者，为死地。是故散地无战，轻地则无止，争地则无攻，交地则无绝，衢地则合交，重地则掠，汜地则行，围地则谋，死地则战。又有六地：有通，有挂，有支，有隘，有险，有远。我可以往，彼可以来，曰通。居通地，先处其高阳，利粮道，以战则利。可以往，难以反，曰挂。挂形曰敌无备，出而胜之；敌有备，出而不胜，难以反，不利。我出而不利，彼出而不利，曰支。支形曰敌虽利我，我无出，引而去也，令敌半出而击之利。隘形曰我先居之，必盈之而待敌。若敌先居之，盈而勿从也，不盈而从之。险形曰我先居之，必居高阳以待敌；若敌先居，则引而去之，勿从也。夫远形钧势，难以挑，战而不利。凡此六者，地之道也，皆将之至任，不可不察。”①

《水火第九》:“经曰：以水佐攻者强，以火佐攻者明……故火攻有五：一曰火人，二曰火积，三曰火辎，四曰火库，五曰火燧。行火必有因。烟火素具，发火有时，起火有日。时者，天之燥也。日者，宿在箕、壁、参、轸也。凡此四宿者，风起之日……孙子曰：水可以绝，谓灌城也。又曰：绝水必远水，客绝水而来，迎之于水内，令敌半渡而击之利。欲战，无附于水而迎客也，谓处水上之军，故曰以水佐攻者强……孙子

---

① 〔清〕纪昀等修：《文渊阁四库全书》第849册，台湾商务印书馆1986年版，第195~197页。

曰：廉洁可辱也。”①

《五间第十》：“故间有五间：有因间，有内间，有反间，有生间，有死间。五间俱起，莫知其道。因间者，因其乡人而用之者也；内间者，因其官人而用之者也；反间者，因敌间而用之者也；生间者，反报者也；死间者，为诳事于外，令吾间知之，而待于敌间者也……孙子曰：三军可夺气，将军可夺心……孙子曰：敌众而整将来，待之若何？曰：先夺其所爱，则听矣。又曰：善战者致人而不致于人。”②

《将体第十一》：“《孙子》曰：将者，勇、智、仁、信、必也。”③

《料敌第十二》：“《孙子》曰：胜兵先胜而后战。又曰：策之而知得失之计，候之而知动静之理，因形而作胜于众，用兵之要也。”④

《势略第十三》：“《孙子》曰：勇怯，势也；强弱，形也。又曰：水之弱，至于漂石者，势也。”⑤

《攻心第十四》：“《孙子》曰：攻心为上，攻城为下。”⑥

《伐交第十五》：“《孙子》曰：善用兵者，使交不得合。”⑦

《格形第十六》：“《孙子》曰：安能动之。又曰：攻其所必趋……孙子曰：夫解杂乱纠纷者不控拳，救斗者不博戟，批亢捣虚，形格势禁，则自为解耳。今梁赵相攻，轻兵锐卒，必竭于外，老弱疲于内，君不若

---

① 〔清〕纪昀等修：《文渊阁四库全书》第849册，台湾商务印书馆1986年版，第197～198页。

② 〔清〕纪昀等修：《文渊阁四库全书》第849册，台湾商务印书馆1986年版，第198～199页。

③ 〔清〕纪昀等修：《文渊阁四库全书》第849册，台湾商务印书馆1986年版，第200页。

④ 〔清〕纪昀等修：《文渊阁四库全书》第849册，台湾商务印书馆1986年版，第202页。

⑤ 〔清〕纪昀等修：《文渊阁四库全书》第849册，台湾商务印书馆1986年版，第203页。

⑥ 〔清〕纪昀等修：《文渊阁四库全书》第849册，台湾商务印书馆1986年版，第203页。

⑦ 〔清〕纪昀等修：《文渊阁四库全书》第849册，台湾商务印书馆1986年版，第204页。

引兵疾走大梁，据其街路，冲其方虚，彼必释赵而自救，是我一举解赵之围，而弊于魏也。田忌从之，魏果去邯郸。”①

《蛇势第十七》：“《孙子》曰：善用兵者，譬如率然。率然者，常山之蛇。击其头，则尾至；击其尾，则首至；击其中，则首尾俱至。或曰：敢问可使如率然乎？孙子曰：可矣。夫吴人之与越人相恶，当其同舟而济，则救如左右手，是故放马埋轮，不足恃也；齐勇若一，政之道也。此之谓矣。”②

《先胜第十八》：“《孙子》曰：善用兵者，先为不可胜，以待敌之可胜。”③

《围师第十九》：“《孙子》曰：围师必阙。”④

《变通第二十》：“《孙子》曰：善动敌者形之，敌必从之。”⑤

《利害第二十一》：“《孙子》曰：陷之死地而后生，投之亡地而后存。又曰：杂于利而务可伸，杂于害而患可解。”⑥

《奇兵第二十二》：“《孙子》曰：兵以正合，事以奇胜。”⑦

《掩发第二十三》：“《孙子》曰：善战者，其势险，其节短，以利动之，以卒待之。又曰：善动敌者，形之，敌必从。”⑧

---

① 〔清〕纪昀等修：《文渊阁四库全书》第849册，台湾商务印书馆1986年版，第204~205页。

② 〔清〕纪昀等修：《文渊阁四库全书》第849册，台湾商务印书馆1986年版，第206页。

③ 〔清〕纪昀等修：《文渊阁四库全书》第849册，台湾商务印书馆1986年版，第206页。

④ 〔清〕纪昀等修：《文渊阁四库全书》第849册，台湾商务印书馆1986年版，第207页。

⑤ 〔清〕纪昀等修：《文渊阁四库全书》第849册，台湾商务印书馆1986年版，第208页。

⑥ 〔清〕纪昀等修：《文渊阁四库全书》第849册，台湾商务印书馆1986年版，第208页。

⑦ 〔清〕纪昀等修：《文渊阁四库全书》第849册，台湾商务印书馆1986年版，第210页。

⑧ 〔清〕纪昀等修：《文渊阁四库全书》第849册，台湾商务印书馆1986年版，第210页。

《还师第二十四》："《孙子》曰：兴师百万，日费千金。"①

《长短经》所引以上《孙子》语，个别文字有误，或为别字，或为讹字，或为阙者，或为倒者，今均一仍其旧，不作改动。

五、徐坚《初学记》引《孙子》仅两条

徐坚（660—729），字元固，浙江长兴人。少举进士，历任汾州参军、万年县主簿、东都留守判官、太子左庶子、崇文馆学士等职。著有《大隐传》，辑有《初学记》行世。

（一）《初学记》卷一《天部上》之《云第五》"若烟非雾"条：

《史记》曰："若烟非烟，若云非云，郁郁纷纷，萧索轮囷，是谓卿云。卿云，嘉气也。"魏武《兵书摭要》曰："孙子称：司云气，非云非烟，非尘非雾，形似禽兽，客吉，主人之忌。"②

（二）《初学记》卷五《地部上》之《恒山第六》"率然神护"条：

《孙子兵法》曰："常山之蛇，名曰率然，一身而两头。击其一头，则一头至；击其中，则两头俱至。"《神农本草》曰："常山有草，名神护，置之门上，每夜叱人。"③

六、唐人诗文、注疏引《孙子》

唐代诗文引《孙子》，前文有涉论，在此不再赘述。唯唐人注疏引《孙子》，略作补述。如唐代贾公彦为《周礼》之郑注作疏，多处引用《孙子》，

---

① 〔清〕纪昀等修：《文渊阁四库全书》第849册，台湾商务印书馆1986年版，第211页。

② 〔唐〕徐坚撰：《初学记》，中华书局1962年版，第16页。

③ 〔唐〕徐坚撰：《初学记》，中华书局1962年版，第101页。

而且有的不见于今本《孙子》：

云“《孙子》八陈，有苹车之陈”者，是《孙子兵法》有此言也。云“又曰驰车千乘”者，亦是兵书之言。①

云“以其素信于民”者，兵书《孙子》云“素信者与众相得”是也。②

异国欲来侵伐，先遣人往间候，取其委曲，反来说之。其言谍谍然，故谓之“邦谍”。用兵之策，勿善于此。故《孙子兵法》云：“兴师十万，日费千金，内外骚动，以争一日之胜，而受爵禄金宝于人者，非民之将。故三军之事，莫密于反间。殷之兴也，伊挚在夏；周之兴也，吕牙在殷。唯贤圣将能，用间以成，此兵之要者也。”③

唐代《文选》六臣注，多征引《孙子》之言，且有些是今本《孙子》所无。其引《孙子》文时，或称“孙子”，或称“孙子兵法”。《文选》引《孙子》，尚简崇用，无多余之言；或取其意，或合其文，或更其词，或变其序，即使有与今本《孙子》相合者，文字亦有出入。如以下所引，既有与今本合者，又有与今本不合者。不合者很可能是十三篇之外的佚文，也可能是《孙子》另有所指。南朝梁代萧统编、唐代李善注《文选》引《孙子》文如下：

《孙子》曰：“吾将固其结也。”④

《孙子》曰：“水深则回。”⑤

---

① 〔汉〕郑玄注，〔唐〕贾公彦疏：《周礼注疏》卷二七《车仆》，见李学勤主编《十三经注疏》，北京大学出版社 1999 年版，第 730 页。

② 〔汉〕郑玄注，〔唐〕贾公彦疏：《周礼注疏》卷二九《大司马》，见李学勤主编《十三经注疏》，北京大学出版社 1999 年版，第 771 页。

③ 〔汉〕郑玄注，〔唐〕贾公彦疏：《周礼注疏》卷三五《士师》，见李学勤主编《十三经注疏》，北京大学出版社 1999 年版，第 923 页。

④ 〔唐〕李善等注：《文选》卷三张平子《东京赋》注，见《文渊阁四库全书》第 1329 册，台湾商务印书馆 1986 年版，第 63 页。

⑤ 〔唐〕李善等注：《文选》卷六左太冲《魏都赋》注，见《文渊阁四库全书》第 1329 册，台湾商务印书馆 1986 年版，第 108 页。

《孙子》曰：“水因地而制行，兵因敌而制胜。”① 又曰：“夫未战而庙胜，得算之多者也。”②

《孙子》曰：“草树蒙茏。”③

《孙子》曰：“必先算其费务。”④

《孙子》曰：“林木翳荟，草树蒙笼（茏）。”⑤

《孙子兵法》曰：“凡用师，以全兵为上。”⑥

《孙子兵法》曰：“水因地而制行，兵因敌而制胜。”⑦

《孙子》曰：“何世之无才，何才之无施。”⑧

《孙子兵法》曰：“兵闻拙速，不睹工久。”⑨

《孙子》曰：“秋霜被，不凋其秀。”⑩

《孙子》曰：“平陆平处。”⑪

---

① 〔唐〕李善等注：《文选》卷一〇潘安仁《西征赋》注，见《文渊阁四库全书》第1329册，台湾商务印书馆1986年版，第173页。

② 〔唐〕李善等注：《文选》卷一〇潘安仁《西征赋》注，见《文渊阁四库全书》第1329册，台湾商务印书馆1986年版，第173页。

③ 〔唐〕李善等注：《文选》卷一一孙绰《游天台山赋》注，见《文渊阁四库全书》第1329册，台湾商务印书馆1986年版，第189页。

④ 〔唐〕李善等注：《文选》卷一一何平叔《景福殿赋》注，见《文渊阁四库全书》第1329册，台湾商务印书馆1986年版，第200页。

⑤ 〔唐〕李善等注：《文选》卷一三张茂先《鷦鹩赋》注，见《文渊阁四库全书》第1329册，台湾商务印书馆1986年版，第236页。

⑥ 〔唐〕李善等注：《文选》卷二〇潘安仁《关中诗》注，见《文渊阁四库全书》第1329册，台湾商务印书馆1986年版，第345页。

⑦ 〔唐〕李善等注：《文选》卷五八王仲宝《褚渊碑文》注，见《文渊阁四库全书》第1329册，台湾商务印书馆1986年版，第1002页。

⑧ 〔唐〕李善等注：《文选》卷二一左太冲《咏史诗》注，见《文渊阁四库全书》第1329册，台湾商务印书馆1986年版，第367页。

⑨ 〔唐〕李善等注：《文选》卷二九张景阳《杂诗十首》注，见《文渊阁四库全书》第1329册，台湾商务印书馆1986年版，第522页。

⑩ 〔唐〕李善等注：《文选》卷三〇谢玄晖《和王著作八公山诗》注，见《文渊阁四库全书》第1329册，台湾商务印书馆1986年版，第534页。

⑪ 〔唐〕李善等注：《文选》卷三一鲍明远《拟古三首》注，见《文渊阁四库全书》第1329册，台湾商务印书馆1986年版，第546页。

《孙子兵法》曰："治乱，数也。"①

《孙子》曰："兵与敌变化而取胜者谓之神。"②

孙卿曰："水因地而制行，兵因敌而制胜。"③

《孙子》曰："殷之兴也，伊挚在夏。"④

《孙子兵法》曰："并敌一向，千里杀将。"⑤

《孙子兵法》曰："人效死而上能用之，虽优游暇誉，令犹行也。"⑥

《孙子兵法》曰："长陈为甄。"⑦

《孙子兵法》曰："其镇如岳，其渟如渊。"⑧

《孙子》曰："由礼则雅，不由礼则夷。"⑨

《孙子》曰："上兵伐谋，其次伐交。"⑩

《孙子》曰："兵以诈立，以利动，合而为变也。故其疾如风，侵掠如火，则彼三军可夺气，将军可夺心。此则用兵之法也。"⑪

---

① 〔唐〕李善等注：《文选》卷三一刘琨《伤乱》注，见《文渊阁四库全书》第1329册，台湾商务印书馆1986年版，第555页。

② 〔唐〕李善等注：《文选》卷三七曹子建《求自试表》注，见《文渊阁四库全书》第1329册，台湾商务印书馆1986年版，第643页。

③ 〔唐〕李善等注：《文选》卷三七曹子建《求自试表》注，见《文渊阁四库全书》第1329册，台湾商务印书馆1986年版，第643页。

④ 〔唐〕李善等注：《文选》卷四四陈孔璋《檄吴将校部曲》注，见《文渊阁四库全书》第1329册，台湾商务印书馆1986年版，第771页。

⑤ 〔唐〕李善等注：《文选》卷四四钟士季《檄蜀文》注，见《文渊阁四库全书》第1329册，台湾商务印书馆1986年版，第773页。

⑥ 〔唐〕李善等注：《文选》卷四六王元长《三月三日曲水诗序》注，见《文渊阁四库全书》第1329册，台湾商务印书馆1986年版，第806页。

⑦ 〔唐〕李善等注：《文选》卷四六王元长《三月三日曲水诗序》注，见《文渊阁四库全书》第1329册，台湾商务印书馆1986年版，第807页。

⑧ 〔唐〕李善等注：《文选》卷四六王元长《三月三日曲水诗序》注，见《文渊阁四库全书》第1329册，台湾商务印书馆1986年版，第808页。

⑨ 〔唐〕李善等注：《文选》卷四六任彦升《王文宪集序》注，见《文渊阁四库全书》第1329册，台湾商务印书馆1986年版，第810页。

⑩ 〔唐〕李善等注：《文选》卷四七陆士衡《汉高祖功臣颂》注，见《文渊阁四库全书》第1329册，台湾商务印书馆1986年版，第823页。

⑪ 〔唐〕李善等注：《文选》卷四七陆士衡《汉高祖功臣颂》注，见《文渊阁四库全书》第1329册，台湾商务印书馆1986年版，第823页。

《孙子》曰："贞人在冬则松竹，在火则玉英。"①

《孙子兵法》曰："三军可夺气，将军可夺心。"②

由此看来，唐代诗文与注疏对《孙子》的引用，说明唐代孙子学不仅对兵学发展有深刻影响，而且对文学、史学、经学、子学等各领域有深刻影响。唐代孙子兵学呈现新的特点，即涉及战争问题、军事问题，都要引用《孙子》，可谓言兵必称"孙子"。虽然有时把孙武当作"孙卿"（荀卿），如孙卿曰："水因地而制行，兵因敌而制胜。"但亦足可说明《孙子兵法》在兵学中已有"经典化"的趋向，而到宋代之所以会有《武经七书》，亦即《孙子兵法》经典的正式形成，正是汉魏以至隋唐五代孙子学发展的结果。

第四节 隋唐五代注解《孙子》及孙子学著述者群体

一、萧吉注解《孙子》

萧吉（约525—约614），隋代人。出身南朝齐梁宗室，祖父为梁武帝萧衍之兄、长沙宣武王萧懿。萧吉学问渊博，精通养生、阴阳、历算之术，著有《帝王养生要方》《相经要录》等，本传见于《北史》《隋书》《通志》之《艺术》。《北史》卷八九《萧吉传》载："吉性孤峭，不与公卿相浮沈，又与杨素不协，由是摈落，郁郁不得志。"③ 从其所著书看，萧吉还精通《孙子兵法》，《通志·艺文略》《宋史·艺文志》《国史经籍志》等均著录《萧吉注孙子》，前两者著录一卷，后者著录三卷。今不见传本。然民国萧天石著《孙子

---

① 〔唐〕李善等注：《文选》卷五七颜延年《阳给事诔》注，见《文渊阁四库全书》第1329册，台湾商务印书馆1986年版，第982页。

② 〔唐〕李善等注：《文选》卷五七颜延年《阳给事诔》注，见《文渊阁四库全书》第1329册，台湾商务印书馆1986年版，第982页。

③ 〔唐〕李延寿撰：《北史》，中华书局1974年版，第2953页。

战争理论之体系》云："兹于校正之余，特就现存之各家注释及校刊本之可得而考者，略例于左，以为之管窥焉。"而其中就有"《萧吉孙子注》一卷，明刊本，萧氏兰陵书院藏本，《通志》《宋志》《崇文总目》辑释载及"①。由此可知，民国三十一年（1942）萧天石还搜求并阅览过此书。此书之亡佚当在之后。由于此书亡佚，故其内容难以窥获。

二、《李卫公问对》阐发《孙子》

《唐太宗李卫公问对》，简称《唐李问对》，又称《李卫公问对》。其作者有争议，或以为北宋阮逸所作，而假托李靖。宋代陈师道《后山谈丛》："世传王氏《元经》、薛氏《传》、关子明《易传》、《李公对问录》，皆阮逸所著，逸以草示苏明允，而子瞻言之。"② 宋代何薳《春渚纪闻》卷五《杂记》"古书托名"条："先君为武学博士日，被旨校正武举《孙》《吴》等七书。先君言《六韬》非太公所作，内有考证处，先以禀司业朱服。服言此书行之已久，未易遽废也。又疑《李卫公对问》亦非是。后为徐州教授，与陈无己为交代。陈云：'尝见东坡先生言，世传王氏《元经》、薛氏《传》、关子明《易传》、《李卫公对问》，皆阮逸著撰，逸尝以草示奉常公也。'"③ 宋代邵博《闻见后录》卷五云："世传王氏《元经》、薛氏《传》、关子明《易》、《李卫公问对》，皆阮逸拟作。逸尝以私稿视苏明允也。晁以道云：'逸才辨莫敌，其拟《元经》等书，以欺一世之人不难也。'予谓逸后为仇家告'立泰山石，枯上林柳'之句，编窜抵死，岂亦有阴谴耶?"④ 他们之所以认为作者非李靖，主要是因为《新唐书》之《艺文志》和《旧唐书》之《经籍志》均未载录此书，且宋代类书《太平御览》和兵学总集《武经总要》均未引用。陈振孙

① 萧天石撰：《孙子战争理论之体系》，大江出版社 1942 年版，第 22 页。

② 〔清〕纪昀等修：《文渊阁四库全书》第 1037 册，台湾商务印书馆 1986 年版，第 72 页。

③ 〔清〕纪昀等修：《文渊阁四库全书》第 863 册，台湾商务印书馆 1986 年版，第 492 页。

④ 〔清〕纪昀等修：《文渊阁四库全书》第 1039 册，台湾商务印书馆 1986 年版，第 235 页。

《直斋书录解题》云："《李卫公问对》三卷。唐李靖对太宗，亦假托也，文辞浅鄙尤甚。今武举以《七书》试士，谓之《武经》。其间《孙》《吴》《司马法》或是古书，《三略》《尉缭子》亦有可疑。《六韬》《问对》伪妄明白，而立之学官，置师弟子伏而读之，未有言其非者，何也？何薳《春渚纪闻》言，其父去非为武学博士，受诏校七书，以《六韬》《问对》为疑，白司业朱服，服言：'此书行之已久，未易遽废。'遂止。后为徐州教授，与陈师道为代，师道言闻之东坡，世所传王通《元经》、关子明《易传》及李靖《问对》皆阮逸伪撰，逸尝以草示奉常公云。奉常公者，老苏也。"① 前文在谈到唐代兵家李靖时，对《李卫公问对》之真伪已有辨言，此不赘述。

《李卫公问对》与其说是唐代的兵学著作，不如说是《孙子兵法》在唐代的阐释和演进，是孙子学在唐代的继承与发展，也是孙子学在唐代的一种传播、接受和流变，更是孙子学在唐代的一种存在形式。《李卫公问对》以历史与现实的兵事问题为导向，以《孙子兵法》《吴起兵法》等先秦兵典为战争理论，以历史上的战争、战役、战斗为实例，以问对的方式，对战争中的战略、战术、战法等理论进行深入探讨。涉及的问题是多方面、多维度、多时空的，有军事实际问题，如《李卫公问对》卷上记述："太宗曰：高丽数侵新罗，朕遣使谕，不奉诏，将讨之，如何？"有军事历史问题，如太宗曰："霍邑之战，右军少却，其天乎？老生被擒，其人乎？"有军事理论问题，如"太宗曰：分合为变者，奇正安在？"② 李靖对这些问题，进行具体分析，既不空谈兵学理论，亦不拘泥于实际，而是史思结合、理论与战例互证，既从战史中总结理论，又以理论指导战略、战术、战法。既忠实地继承了孙子学，又创造性地发展了孙子学。

《李卫公问对》对孙子学发展的贡献主要体现在以下几方面：

一是发展了孙子的奇正理论。孙子提出"以正合，以奇胜……奇正相生，

---

① 〔宋〕陈振孙撰，徐小蛮、顾美华点校：《直斋书录解题》，上海古籍出版社 1987 年版，第 360 页。

② 〔唐〕李靖等撰：《李卫公问对》卷上，见《文渊阁四库全书》第 726 册，台湾商务印书馆 1986 年版，第 145 页。

如循环之无端”（《兵势》）的用兵谋略。李靖虽然肯定了曹操以敌我数量对比来理解孙子的奇正思想，但是认为只有孙武自身才懂得奇正之真谛：“靖曰：案《曹公新书》曰：‘己二而敌一，则一术为正，一术为奇；己五而敌一，则三术为正，二术为奇。’此言大略耳。惟孙武云：‘战势不过奇正，奇正之变，不可胜穷；奇正相生，如循环之无端，孰能穷之?’斯得之矣，安有素分之耶?若士卒未习吾法，偏裨未熟吾令，则必为之二术。教战时，各认旗鼓，迭相分合，故曰分合为变，此教战之术耳。教阅既成，众知吾法，然后如驱群羊，由将所指，孰分奇正之别哉?孙武所谓‘形人而我无形’。此乃奇正之极致。是以素分者教阅也，临时制变者不可胜穷也。”① 上述引言是李靖对唐太宗提出的奇正之术是否寓于素习之中而阐明的看法。李靖认为，平时教阅只需掌握奇正的大略，而战时运用才是根本，而且奇正变化的最高境界是孙武提出的“形人而我无形”。所以按照李靖的理解，奇正不是什么从战略战术中抽取出来的特别的妙法，而是存在于用兵全过程和所有方面。故善于用兵的人不会在其头脑中有“奇正”的想法，而是善于应敌变化，而历史上能做到奇正变化近乎自然的人，吴起之后未有能及孙武者。故李靖说：“善用兵者，无不正，无不奇，使敌莫测，故正亦胜，奇亦胜。三军之士，止知其胜，莫知其所以胜，非变而能通，安能至是哉?分合所出，惟孙武能之，吴起而下，莫可及焉。”②

二是发展了孙子的虚实理论。唐太宗认为《孙子兵法》十三篇的精髓在于虚实理论，李靖对此持赞同态度，并进一步认为孙武的虚实理论是建立在奇正理论基础上的，主张“先教之以奇正相变之术，然后语之以虚实之形”③，奇正乃根据敌人虚实而设，敌实则我正，敌虚则我奇，而在平时教阅之中，但教诸将以奇正，则虚实自明。换言之，若要明白何为虚实以及如何

① 〔唐〕李靖等撰：《李卫公问对》卷上，见《文渊阁四库全书》第726册，台湾商务印书馆1986年版，第145页。

② 〔唐〕李靖等撰：《李卫公问对》卷上，见《文渊阁四库全书》第726册，台湾商务印书馆1986年版，第145~146页。

③ 〔唐〕李靖等撰：《李卫公问对》卷中，见《文渊阁四库全书》第726册，台湾商务印书馆1986年版，第150~151页。

避实击虚，则须先明奇正。然而不管设计奇正之策，还是运用虚实之法，其目的都是“致人而不致于人”。

三是发展了孙子的治力理论。孙子的治力理论是“以近待远，以佚待劳，以饱待饥”（《军争》），然而唐太宗指出研习《孙子》者，但诵空文，鲜有能推广其义者。故李靖又开悟己见，认为孙子的治力理论只是言其大概，而“善用兵者，推此三义而有六焉：以诱待来，以静待躁，以重待轻，以严待懈，以治待乱，以守待攻。反是则力有弗逮，非治力之术”①。

四是发展了孙子的攻守理论。孙子主张“不可胜者，守也；可胜者，攻也。守则不足，攻则有余”（《军形》），但是后人在理解上受到曹操注解的局限，认为采取守势，是因为力量不足；采取攻势，是由于力量有余。李靖认为这是曲解了孙子本意，因为攻守之法不在于强弱，而在于奇正、虚实。李靖认为孙子本意是，敌人不可胜，我则守，以待敌之可胜时再攻，进而揭示攻守之深层关联：“攻是守之机，守是攻之策，同归乎胜而已矣。若攻不知守，守不知攻，不惟二其事，抑又二其官。虽口诵《孙》《吴》，而心不思妙，攻守两齐之说，其孰能知其然乎？”② 李靖与唐太宗还把攻守、奇正与虚实联系起来，守法之要在示敌以不足，攻法之要在示敌以有余；示敌不足，敌则来攻，此为敌不知其所攻；示敌有余，敌则自守，此为敌不知其所守。故在李靖与唐太宗看来，攻者不止攻其城而陷其地，必有攻其心而破其气；守者不止完其壁而坚其阵，必有守其气而有所待。如此阐释，则把孙子的兵学理论融会贯通，是秦汉以降对孙子理论的重大发展。既遵循了孙子本意，又创新了孙子思想。

五是纠正了学者对孙子夺气理论的错误理解。孙子主张三军可夺气，认为“朝气锐，昼气惰，暮气归”，主张“避其锐气，击其惰归”（《军争》），而后人徒诵空文，未解其义，不知孙子以朝、昼、暮三时为喻的深意，而胶

① 〔唐〕李靖等撰：《李卫公问对》卷中，见《文渊阁四库全书》第 726 册，台湾商务印书馆 1986 年版，第 151 页。

② 〔唐〕李靖等撰：《李卫公问对》卷下，见《文渊阁四库全书》第 726 册，台湾商务印书馆 1986 年版，第 157 页。

柱鼓瑟，作刻舟胶柱之解，故《李卫公问对》为之正解曰："所谓朝气锐者，非限时刻而言也，举一日始末为喻也。凡三鼓而敌不衰不竭，则安能必使之惰归哉?"① 故李靖认为夺气之术在于激励将士含生禀血、所战必胜、虽死不惧的大无畏气概，而不是拘泥空文，为敌所诱。

《李卫公问对》虽有论及战国秦汉其他兵法，如《吴起兵法》《司马法》《尉缭子》《六韬》《三略》《曹公新书》等，但其问对仍是围绕《孙子兵法》的核心理论展开，当多种理论观点不协合时，李靖多以孙子理论为参照，予以阐扬发挥。故谓此书为孙子学新诠不为过也。

三、杜佑《通典》训解《孙子》

杜佑（735—812），字君卿，京兆万年人，历任济南参军、剡县县丞、抚州刺史、容管经略使，江淮水陆转运使、户部侍郎、岭南节度使等职，终拜官司空、司徒等，爵封岐国公，谥"安简"。其在著述上，积三十六年之力编撰《通典》二百卷，创立史著新体式，为后世所重。

杜佑《通典》之《兵典》以注解、训释、征引、例证的方式对孙武兵法十三篇予以解读。杜氏并没有依孙武兵法十三篇的先后顺序逐篇训解，而是先立纲目，然后阐释。先以《兵序》提纲挈领，论述兵之大要及沿革，然后依次类列《兵一》至《兵十五》凡十五部分，每部分又分若干类目，如《兵一》部分有叙兵、收众、选择附、立军、今制附、论将、搜才附七个类目；《兵二》部分有法制、杂教令附两个类目；《兵三》部分有料敌制胜、敌十五形帅十过附、察而后动、验虚声知无实、敌降审察五个类目……《兵十五》部分有敌无固志可取之、归师勿遏、大阵动则乱因乘之而败、先设伏乘势逐敌败之、乘胜、乘势先声后实、因敌惧遂取之、推人事破灾异、散众、风云气候杂占十个类目。其体例是，于每部分名目，即《兵一》《兵二》《兵三》等之后引一段孙子语作为本部分的主旨，而且对

---

① 〔唐〕李靖等撰：《李卫公问对》卷下，见《文渊阁四库全书》第726册，台湾商务印书馆1986年版，第158页。

本段孙子语进行训解，然后分别按照类目进行阐述。而往往在小类目之前，又先引一段孙子语作为该类目的主旨，且对本段孙子语进行注解，然后予以阐发。在对各类目进行阐释或论证时，往往既引用其他兵家与孙子之意相协之语，又援引可以佐证之战例。杜佑《兵序》曰："语有之曰：'天时不如地利，地利不如人和。'诚谓得兵术之要也。以为孙武所著十三篇，旨极斯道，故知往昔行师制胜，诚当皆精其理。今辄捃摭与孙武书之义相协，并颇相类者纂之，庶披卷足见成败在斯矣。凡兵以奇胜，皆因机而发，但取事颇相类，不必一二皆同，览之者幸察焉。其与《孙子》义正相叶者，即朱书其目；颇相类者，即与墨书；其法制可适于今之用者，亦附之于本目之末。"① 故从杜佑的编纂主旨和体例看，其《兵典》实则是对《孙子兵法》的训释、阐发和例解。有人认为《兵典》所言《孙子》，只是引用孙子语。这是不准确的，因为其没有弄清杜佑《兵典》的编纂目的、主旨和体例。清人孙星衍《孙子兵法序》指出《孙子》十家注解的渊源云："此本十五卷为宋吉天保所集，见宋《艺文志》，称《十家会注》。十家者，一魏武，二梁孟氏，三唐李筌，四杜牧，五陈皞，六贾林，七宋梅圣俞，八王皙，九何延锡，十张预也。书中或改曹公为曹操，或以孟氏置唐人之后，或不知何延锡之名，称为何氏，或多出杜佑，而置在其孙杜牧之后。吉天保之不深究此书可知。今皆校勘更正。杜佑实未注《孙子》，其文即《通典》也，多与曹注同，而文较备。疑佑用曹公、王凌、孟氏诸人古注，故有'王子曰'，即凌也。今或非全注本。《孙子》有王凌、张子尚、贾诩、沈友、郑本，所采不足，今佚矣。"② 清人毕以珣《孙子叙录》亦云："按：今《孙子集注》本由《华阴道藏》录出，即宋吉天保所合十家注也。十家者，一魏武，二李筌，三杜牧，四陈皞，五贾林，六孟氏，七梅尧臣，八王皙，九何延锡，十张预也。十家本内又有杜佑君卿注。案：杜佑，乃作《通典》引《孙子》语训释之，

---

① 〔清〕纪昀等修：《文渊阁四库全书》第 605 册，台湾商务印书馆 1986 年版，第 88 页。

② 〔汉〕曹操等撰：《孙子十家注》，见《诸子集成》第六册，中华书局 1954 年版，第 1 页。

非注也。《通典》引《孙子》曰‘利而诱之，亲而离之’……考‘利而诱之，亲而离之’二语，《孙子》本文不相属，《通典》摘引之，又为之注，求其意义，几成一事，与《孙子》句各为义者异已。又按杜佑注例，每先引曹注，下附己意，故前之所说，后或不同也。又杜佑注，自引用曹注之外，亦或间引孟氏。”①

孙星衍怀疑杜佑引用曹公、王凌、孟氏诸人古注，毕以珣说杜佑先引曹注，后附己意，间引孟氏注。事实并非完全如此。杜佑注并非完全引用曹操、王凌等注，有些只是间或与曹操注和王凌注相同或相类。如《计》篇有言："一曰道。杜佑曰：德化（孙星衍、吴人骥校曰：据《通典》补，下四句同）。张预曰：恩信使民。二曰天。杜佑曰：惠覆。张预曰：上顺天时。三曰地。杜佑曰：慈爱。张预曰：下知地利。四曰将。杜佑曰：经略。张预曰：委任贤能。五曰法。杜佑曰：制作。"② 完全是杜佑注，而曹操、王凌、孟氏等无注，何来杜佑引曹注、孟注、王注之说？

再如《计》篇云："道者，令民与上同意也。故可与之死，可与之生，而民不畏危。"曹公注曰："谓道之以教令。危者，危疑也。"孟氏注曰："一作‘人不疑’。谓始终无二志也。一作‘人不危’。道，谓道之以政令，齐之以礼教，故能化服民志，与上下同一也。故用兵之妙，以权术为道，大道废而有法，法废而有权，权废而有势，势废而有术，术废而有数。大道沦替，人情讹伪，非以权数而取之，则不得其欲也。故其权术之道，使民上下同进趋，同爱憎，一利害，故人心归于德，得人之力，无私之至也。故百万之众，其心如一，可与俱同死力，动而不至危亡也。臣之于君，下之于上，若子之事父，弟之事兄，若手臂之捍头目而覆胸臆也。如此，始可与上同意，死生同致，不畏惧于危疑。"杜佑注曰："谓导之以政令，齐之以礼教也。危者，疑也。上有仁施，下能致命也。故与处存亡之难，不畏倾危之败。若晋阳之围，

① 〔汉〕曹操等撰：《孙子十家注》，见《诸子集成》第六册，中华书局 1954 年版，第 17~18 页。

② 〔汉〕曹操等撰：《孙子十家注》，见《诸子集成》第六册，中华书局 1954 年版，第 2~3 页。

沈灶产蛙，人无叛疑心矣。”① 对同样的孙子原文，曹注、孟注、杜佑注均不同，又何来引曹公诸注之说?

又如《计》篇云：“天者，阴阳、寒暑、时制也。”曹公注曰：“顺天行诛，因阴阳四时之制。故《司马法》曰：‘冬夏不兴师，所以兼爱民也。’”孟氏注曰：“兵者，法天运也；阴阳者，刚柔盈缩也。用阴则沈虚固静，用阳则轻捷猛厉。后则用阴，先则用阳。阴无蔽也，阳无察也。阴阳之象无定形，故兵法天。天有寒暑，兵有生杀。天则应杀而制物，兵则应机而制形。故曰天也。”杜佑注曰：“谓顺天行诛，因阴阳、四时、刚柔之制。故《司马法》曰：‘冬夏不兴师，所以兼爱吾人。’若细雨沐军，临机必有捷；回风相触，道远而无功。云类群羊，必走之道；气如惊鹿，必败之势。气云出垒，赤黑临军，皆败之兆。若烟非烟，此庆云也，必胜；若雾非雾，是泣军也，必败。是知风云之占，其来久矣。”孙星衍、吴人骥校曰：“‘故《司马法》曰’以下原本无，今据《通典》及《太平御览》补。”② 从曹注、孟注、杜佑注相比较看，三者有文字相同或相类者，但是不能简单地说杜佑注引曹注、孟氏注，毕竟相同或相类者少、不同者多，而是既引用了曹注、孟注，又有自己的注解。

又再如《计》篇云：“故校之以计而索其情。”曹公注曰：“索其情者，胜负之情。”杜佑注曰：“索其胜负之情。索，音山格反，搜索之义也。”孙星衍、吴人骥校曰：“据《通典》《御览》补。”③

又再如《计》篇云：“将孰有能?”曹公注曰：“道德智能。”杜佑注曰：“道德智能，主君也。必先考校两国之君主，知能否也。若荀息料虞公贪而好宝，宫之奇懦而不能强谏是也。”④

---

① 〔汉〕曹操等撰：《孙子十家注》，见《诸子集成》第六册，中华书局 1954 年版，第 3 页。

② 〔汉〕曹操等撰：《孙子十家注》，见《诸子集成》第六册，中华书局 1954 年版，第 4 页。

③ 〔汉〕曹操等撰：《孙子十家注》，见《诸子集成》第六册，中华书局 1954 年版，第 9 页。

④ 〔汉〕曹操等撰：《孙子十家注》，见《诸子集成》第六册，中华书局 1954 年版，第 9~10 页。

又如《作战》篇云：“兵久而国利者，未之有也。”杜佑注曰：“兵者凶器，久则生变。若智伯围赵，逾年不归，卒为襄子所擒，身死国分。故《新序传》曰‘好战穷武，未有不亡者’也。”①

又如《作战》篇云：“故不尽知用兵之害者，则不能尽知用兵之利也。”杜佑曰：“言谋国动军行师，不先虑危亡之祸，则不足取利也。若秦伯见袭郑之利，不顾崤函之败；吴王矜伐齐之功，而忘姑苏之祸也。”②

又如《作战》篇云：“善用兵者，役不再籍，粮不三载。”曹公注曰：“籍犹赋也。言初赋民便取胜，不复归国发兵也。始载粮，后遂因食于敌，还兵入国，不复以粮迎之也。”杜佑注曰：“籍，犹赋也。言初赋人便取胜，不复归国发兵也。始载粮，遂因食于敌，还方入国，因衅而动，兼惜人力舟车之运，不至于三也。”③

又如《谋攻》篇云：“故善用兵者，屈人之兵而非战也。”杜佑注曰：“言伐谋伐交，不至于战，故《司马法》曰：上谋不斗。”④ 孙星衍、吴人骥校曰：“按：此系杜佑语，见《通典》，原本作何氏。非，今改正。”

又如《谋攻》篇云：“不知三军之事而同三军之政者，则军士惑矣。”曹操注曰：“军容不入国，国容不入军，礼不可以治兵也。”杜佑注曰：“军容不入国，国容不入军，礼不可以治兵也。夫治国尚礼义，兵贵于权诈，形势各异，教化不同。而君不知其变，军国一政，以用治民，则军士疑惑，不知所措。故《兵经》曰：在国以信，在军以诈也。”⑤

又如《谋攻》篇云：“识众寡之用者胜。”杜佑注曰：“言兵之形，有众

---

① 〔汉〕曹操等撰：《孙子十家注》，见《诸子集成》第六册，中华书局 1954 年版，第 25 页。

② 〔汉〕曹操等撰：《孙子十家注》，见《诸子集成》第六册，中华书局 1954 年版，第 26 页。

③ 〔汉〕曹操等撰：《孙子十家注》，见《诸子集成》第六册，中华书局 1954 年版，第 26 页。

④ 〔汉〕曹操等撰：《孙子十家注》，见《诸子集成》第六册，中华书局 1954 年版，第 40 页。

⑤ 〔汉〕曹操等撰：《孙子十家注》，见《诸子集成》第六册，中华书局 1954 年版，第 48 页。

而不可击寡，或可以弱制强，而能变之者，胜也。故《春秋传》曰‘师克在和，不在众’是也。”①

又如《势》篇云：“纷纷纭纭，斗乱而不可乱也；浑浑沌沌，形圆而不可败也。”曹操注曰：“旌旗乱也。示敌若乱，以金鼓齐之。车骑转而形圆者，出入有道齐整也。”杜佑注曰：“旌旗乱也。示敌若乱，以金鼓齐之。纷纷，旌旗像。纭纭，士卒貌。言旌旗翻转，一合一离；士卒进退，或往或来；视之若散，扰之若乱。然其法令素定，度帜分明，各有分数，扰而不乱者也。车骑齐转形圆者，出入有道，齐整也。浑浑，车轮转行。沌沌，步骤奔驰。视其行陈纵横，圆而不方，然而指趋各有所应。故王子曰：将欲内明而外暗，内治而外混，所以示敌之轻己者也。浑，胡本反。沌，陟损反。”② 孙星衍、吴人骥校曰：“据《通典》《御览》补。”

以上仅从《孙子十家注》前几篇的注解中信手拈来的注例，足可佐证杜佑《兵典》不仅引用孙子原文、曹注及孟注，在引用之时，多有拓展、延伸，附入了自己的注解，而且有的注解完全出自杜佑之胸臆，与其他注家并无关涉。需要指出的是，日本昌平坂学问所《十家注孙子》中有“王凌、张子尚、贾诩”等注，与吉天保《十家孙子会注》和孙星衍校《十一家注孙子》不是一个版本。前有所述，兹不赘言。杜佑注引有王氏等古注，大概与日本昌平坂学问所《十家注孙子》传本亦有关联。

统观《兵典》体例，实则以《孙子兵法》语段为纲（即《兵一》《兵二》《兵三》等十五部分），只是打乱了《孙子》十三篇的先后顺序，而后每纲之下立目（如《兵一》之下有《叙兵》《收众》等目），分别于纲目之前或之后引孙子语，然后注解、阐发，并援引古今战例及其他兵家语以多方论证《孙子》语之正确。这分明是一种新的注解体例。视野宏阔，思路清晰，纵横捭阖，论证多方，然其中心乃注解及阐释《孙子兵法》，故其《兵序》方有

① 〔汉〕曹操等撰：《孙子十家注》，见《诸子集成》第六册，中华书局 1954 年版，第 50 页。

② 〔汉〕曹操等撰：《孙子十家注》，见《诸子集成》第六册，中华书局 1954 年版，第 73 页。

“辄捃摭与孙武书之义相协，并颇相类者纂之”之语。孙星衍、毕以珣、吴人骥诸公对杜佑注解《孙子》未有深究，故有上述不当之论。故本有十一家注《孙子》，却偏说是十家注《孙子》，而对杜佑注解《孙子》略而不论，诚为大谬也。

此外，不能因为注解有相同或相类，就否定其中一家的注解主体。因为在十家或十一家注解中，不仅杜佑注与曹注、孟注有相同或类似，其他注家亦有。如《计》篇“故可与之死，可与之生，而民不畏危”，陈皞注同杜牧；《计》篇“天地孰得”，王皙注同杜牧；《计》篇“将孰有能”，梅尧臣注同杜牧；《计》篇“亲而离之”，梅尧臣注同杜牧；《形》篇“数生称”，何氏注同杜牧；《势》篇“其节短”，孟氏注同杜牧；《虚实》篇“能以众击寡者，则吾之所与战者约矣”，何氏注同杜牧。《虚实》篇“寡者备人者也，众者使人备己者也”，何氏注同诸家注。《形》篇“称生胜”，孙星衍校曰：“陈皞、杜佑同杜牧上五事注。”① 所谓“上五事”，是指“地生度，度生量，量生数，数生称，称生胜”，意即此五事之陈皞、杜佑注都和杜牧注一样。陈皞注晚于杜牧注，既有攻杜牧注之短者，又有认同杜牧注者；而杜佑乃杜牧之祖父，杜牧有认同杜佑注者，则可说杜牧注同杜佑注，而非反之。可见，诸注家常有借鉴时彦或前贤之注的情况，不独杜佑如此。

为了更好地说明杜佑注解《孙子》这一事实，下面仍然举例说明。

《兵一》开篇大段引录孙子语，兹转录于下（略去杜佑注文），其云：

孙子曰：兵者，国之大事，死生之地，存亡之道，不可不察。故经之以五，校之计而索其情：一曰道，二曰天，三曰地，四曰将，五曰法。道者，令人与上下同意也，故可与之死，与之生，而人不佹。天者，阴阳、寒暑、时制也。地者，远近、险易、广狭、死生也。夫未战而庙算

---

① 〔汉〕曹操等撰：《孙子十家注》，见《诸子集成》第六册，中华书局 1954 年版，第 64 页。

胜者，得算多也；未战而庙算不胜者，得算少也。多算胜，少算败，而况无算乎！吾以此观之，胜负易见也。①

凡用兵之法，日费千金，然后十万之众举矣。久暴师则国用不足。夫顿兵挫锐，力屈货殚，则诸侯乘其弊而起，虽有智者，不能善其后也。兵闻拙速，未睹巧之久者也。故善用兵者，役不再藉（籍），粮不三载；取用于国，因粮于敌，故军食可足。兵久而国利者，未之有也。不尽知用兵之害者，不能得用兵之利也。②

凡用兵之法，全国为上，破国次之；全军为上，破军次之；全卒为上，破卒次之；全伍为上，破伍次之。百战百胜，非善之善者；不战而屈人之兵，善之善者。故君之所以患于军者三：不知军之不可以进而谓之进，不知军之不可以退而谓之退；是谓之縻军。不知军中之事，而欲同军中之政，则军士惑矣。不知三军之权，而欲同三军之任，则军覆疑矣。三军既惑且疑，则诸侯之难至矣。③

以上杜佑引录的孙子语，第一段出自《计》篇，第二段出自《作战》篇，第三段出自《谋攻》篇，而且每段所引，非《孙子》前后相连的原文，而是采撷重点语句，重新组合，加以训释，断以己意。然后历论兵事之源流，引用班孟坚、管子之兵论，以及汉文帝、南朝宋文帝故事，充分阐释和论证上文所引孙子语。

《兵一》第二类目《收众》以东汉诸葛亮为荆州牧刘表献计为例，讲如何增加人口、收揽人心。

《兵一》第三类目《选择附》引用《大唐卫公李靖兵法》语讲如何选取合格的兵员。

---

① 〔清〕纪昀等修：《文渊阁四库全书》第 605 册，台湾商务印书馆 1986 年版，第 90 页。

② 〔清〕纪昀等修：《文渊阁四库全书》第 605 册，台湾商务印书馆 1986 年版，第 90 页。

③ 〔清〕纪昀等修：《文渊阁四库全书》第 605 册，台湾商务印书馆 1986 年版，第 91 页。

《兵一》第四类目《立军》以周朝军队编制体制、《管子》记载的齐国军队编制体制、《大唐卫公李靖兵法》所载军队编制体制为例，讲如何配置兵力、发挥最大的战斗力。

《兵一》第五类目《今制附》讲杜佑时代的军队编制体制，如“每军大将一人，副二人；判官二人；典四人；总管四人；子将八人；执鼓十二人；吹角十二人；司兵、司仓、司骑、司胄、城局各一人；每队五十人，押官一人，队头一人，副二人；旗头一人，副二人；火长五人”①。

《兵一》第六类目《论将》，引孙子语云：“孙子曰：将者，智、信、仁、勇、严也。故知兵之将，人之司命，国家安危之主也。将者，国之辅。辅周必强，辅隙则国必弱。”② 然后以春秋、战国、西汉、东汉命将、论将之史实和名言论证孙子将论之正确。

《兵一》第七类目《搜才附》讲如何搜罗各种军事人才，亦多有引用古籍之文，并随文夹注。

《兵典》凡十五部分，其余各部分均仿此。

总之，杜佑《兵典》注重兵学理论和兵事实践的结合，特别重视引用《孙子兵法》，以及重视《唐李问对》对《孙子兵法》的阐释，并以《孙子兵法》为纲，而以先唐其他兵书相关内容以及历代战例为目，总结历代战争经验，纲举目张，条理分明，极富实用性。《兵典》梳理了战争中可能遇到的一百三十余种情况，并针对这一百三十余种情况提出相应的军事策略，既以此印证孙子理论的普适性，又发展了孙子理论，使孙子理论更具实践化、操作化和具体化。比如《兵四》之“推诚”“示信”“示义”，《兵五》之“声感人附”“守则有余”，《兵九》之“敌党急之则合，缓之则离”“假托安众”，《兵十四》之“因机设权”“多方误之”“先攻其心”“夺敌心计”，《兵十五》之“乘势先声后实”“风云气候杂占”等都是对孙子理论的推衍和发展。其

---

① 〔清〕纪昀等修：《文渊阁四库全书》第 605 册，台湾商务印书馆 1986 年版，第 96 页。

② 〔清〕纪昀等修：《文渊阁四库全书》第 605 册，台湾商务印书馆 1986 年版，第 96~97 页。

中，“守则有余”与孙子“守则不足”恰相反；“风云气候杂占”则是对孙子“天候”论（阴阳、寒暑、时制）朝着兵阴阳学方向的发展；“声感人”则是对孙子形势论及心战论的发展。

四、李筌注解《孙子》

李筌是唐代著名道士，亦曾为官，其行状及著述，前有所及，兹不赘言。《李筌注孙子》，《新唐书·艺文志》著录二卷，《宋史·艺文志》《通志·艺文略》著录一卷，《郡斋读书志》《国史经籍志》著录三卷。然本书无传，其注见于《十家注孙子》各本中。

李筌注《孙子》有三个特点：

一是注意到了《孙子》各篇次序的关联性。注《计》篇云：“计者，兵之上也。《太乙遁甲》先以计神加德宫，以断主客成败。故孙子论兵，亦以计为篇首。”① 注《作战》篇云：“先定计，然后修战具，是以《战》次《计》之篇也。”② 注《谋攻》篇云：“合陈为战，围城曰攻，以此篇次《战》之下。”③ 注《势》篇云：“陈以形成如决建瓴之势，故以是篇次之。”④ 注《虚实》篇云：“善用兵者，以虚为实；善破敌者，以实为虚。故次其篇。”⑤ 注《九地》篇云：“胜敌之地有九，故次《地形》之下。”⑥ 宋代张预注《孙子》，对篇章结构有更加完整和合理的解释，不可不谓受到李筌的启发而有所借鉴和创新。

---

① 〔汉〕曹操等撰：《孙子十家注》，见《诸子集成》第六册，中华书局 1954 年版，第 1 页。

② 〔汉〕曹操等撰：《孙子十家注》，见《诸子集成》第六册，中华书局 1954 年版，第 22 页。

③ 〔汉〕曹操等撰：《孙子十家注》，见《诸子集成》第六册，中华书局 1954 年版，第 34 页。

④ 〔汉〕曹操等撰：《孙子十家注》，见《诸子集成》第六册，中华书局 1954 年版，第 66 页。

⑤ 〔汉〕曹操等撰：《孙子十家注》，见《诸子集成》第六册，中华书局 1954 年版，第 82 页。

⑥ 〔汉〕曹操等撰：《孙子十家注》，见《诸子集成》第六册，中华书局 1954 年版，第 182 页。

二是李筌注解《孙子》，常常引用《遁甲》之言，有较明显的道家和阴阳五行家的倾向。此在前文“唐代孙子学的道教内涵”中已有论述，兹不赘言。

三是李筌注解《孙子》，往往先训解其义，而后援引战例为证。如注《计》篇“用而示之不用”云：“言己实用师，外示之怯也。汉将陈豨反，连兵匈奴，高祖遣使十辈视之，皆言可击。复遣刘敬，报曰：‘匈奴不可击。’上问其故，对曰：‘夫两国相制，宜矜夸其长。今臣往，徒见羸老，此必能而示之不能，臣以为不可击也。’高祖怒曰：‘齐虏以口舌得官，今妄沮吾众。’械系敬。广武以三十万众至白登。高祖为匈奴所围，七日乏食。此师外示之以怯之义也。”①

此外，李筌注解《孙子》多能发明其义，直探孙子本意。但也有不少牵强附会之说，如《虚实》篇云：“作之而知动静之理。”李筌注曰：“候望云气、风鸟、人情，则动静可知也。王莽时，王寻征昆阳，有云气如坏山，当营而坠，去地数尺没，光武知其必败。梁王僧辩营上有如堤之气，侯景知其必胜，风鸟贪豺之类也。”此处李筌之注解，以“作”为“候”，故有是论。②其他如以遁甲及阴阳术数注解《孙子》者，莫不如是。

五、贾林注解《孙子》

《新唐书·艺文志》《宋史·艺文志》《通志·艺文略》《崇文总目》等均载录贾林注《孙子》一卷，《国史经籍志》著录为三卷。《宋史·艺文志》既著录贾林注《孙子》一卷，又著录《五家注孙子》三卷，其五家为魏武帝、杜牧、陈皞、贾隐林和孟氏。

根据史料，可知贾林与贾隐林是两人，都生活于唐代肃宗、代宗、德

① 〔汉〕曹操等撰：《孙子十家注》，见《诸子集成》第六册，中华书局1954年版，第13页。

② 〔汉〕曹操等撰：《孙子十家注》，见《诸子集成》第六册，中华书局1954年版，第98页。“作之”下孙星衍注云：“《通典》《御览》并作‘候之’，按此与李筌本同；又郑友贤《遗说》亦作‘候之’。”

宗时期。贾隐林，《新唐书》《旧唐书》均有传。《新唐书》卷一九二《贾循传》载，贾隐林为唐玄宗时京兆华原贾循之侄子。贾循颇有大略，玄宗时历任列将、游击将军、榆关守捉使、安东副大都护、平卢节度副使、博陵太守，时安禄山反，使贾循守幽州，唐廷招其做内应，事发而被贼众缢死。《旧唐书》卷一四四《贾隐林传》载，贾隐林初为滑州牙将，德宗建中为兵马使，参与平定朱泚叛乱有功，累官至检校右散骑常侍，封武威郡王，赠左仆射。然其本传未见贾隐林注《孙子》的记载，而且唐代武将鲜有兵法著述或评注者，故目录书中记载贾隐林注《孙子》，恐不足信。

而贾林，虽未有本传，但从散见史料可知，唐德宗时期李抱真有一位门客名为贾林者，然其位卑，其职微。《旧唐书》卷一三二《李抱真传》载曰："抱真乃遣门客贾林以大义说武俊，合从击朱滔，武俊许之。"①《旧唐书》卷一四二《王武俊传》又曰："李抱真使辩客贾林诈降武俊，林至武俊壁，曰：'是来传诏，非降也。'武俊色动，征其说。林曰：'天子知大夫宿诚，及登坛建国之日，抚膺顾左右曰：我本忠义，天子不省。'是后诸军曾同表论列大夫。天子览表动容，语使者曰：'朕前事误，追无及已。朋友间失意尚可谢，朕四海主，毫芒安可复念哉？'"② 宋代秦观《淮海集》卷一六《辩士》曰："贾林致李抱真命，而王武俊倒戈；韩愈入镇州，而牛元翼出矣。此后世用辩士之明效也。天下不用兵则已矣，如用兵，辩士不可无也。"③ 宋代叶适《习学记言》卷四二《唐书》之《列传》赞曰："朱泚既反，朱滔连回纥，围真州，将绝河津，窥东都，与泚合时，李怀光据河中，李希烈自汴逼江汉，李纳、田绪猖狂未已，唐号令所及，十才二三，然而天下卒不至土崩者，李抱真结王武俊之力。抱真所以能说回武俊者，赖贾林之词也，存唐之功过于曹

① 〔后晋〕刘昫等撰：《旧唐书》卷一三二《李抱真传》，中华书局 2000 年版，第 2481 页。

② 〔后晋〕刘昫等撰：《旧唐书》卷一四二《王武俊传》，中华书局 2000 年版，第 2633 页。

③ 〔清〕纪昀等修：《文渊阁四库全书》第 1115 册，台湾商务印书馆 1986 年版，第 509 页。

刿、烛之武矣。"①《资治通鉴》卷二二八《唐纪四十四·德宗神武圣文皇帝三》载曰："李抱真使参谋贾林诣武俊壁诈降，武俊见之，林曰：'林来奉诏，非降也。'"② 宋王钦若等《册府元龟》卷八九一《总录部》之《游说第六》辑录曰："贾林，辩士也。德宗建中末，王武俊僭建国称王，以常山为真定府，泽潞节度李抱真使林诈降武俊，林至营曰：'是来奉诏，非降也。'武俊色动，征其说。林曰：'天子知大夫宿诚。'及登坛建国之日，抚膺顾左右曰：'我本忠义，天子不省。'是后，诸军曾同表论列大夫，天子览表动容，语使者曰：'朕前事误，追无及已。朋友间失意尚可谢，朕四海主，毫芒失，安可复念哉？'"③ 贾林虽然凭其策辩之术建立奇功，但是并未受到封赏，故后世文人颇有为其鸣不平者。宋代吕陶《净德集》卷三八《七言绝句·王武俊》诗云："巨盗盘根岁月深，交流战血竞浮沈。一言便解苍生祸，何事君恩薄贾林。"④ 宋代杨万里《诚斋易传》卷二《震下坎上》疏解《屯卦》"初九爻"义，言不得君王恩遇，亦以贾林故事为例："初九在下，而远君建侯非我职也。而初九能之乎？贾林合李抱真、王武俊之欢，而朱滔遁，唐遂以安，林远君而无位者也。"⑤ 宋代晁以道《负薪对》云："今因金人来伐，之后丕然大变，其政得重使如唐贾林、本朝曹利用之类，以告室韦、奚霫、鞑达、诸蕃，鸣金人之过而四攻之，金人何地以称强哉？"⑥ 清代毛奇龄《西河集》卷一《平滇颂》亦援引典故云："贾林计尽，不能为

① 〔清〕纪昀等修：《文渊阁四库全书》第 849 册，台湾商务印书馆 1986 年版，第 726 页。

② 〔清〕纪昀等修：《文渊阁四库全书》第 309 册，台湾商务印书馆 1986 年版，第 247 页。

③ 〔宋〕王钦若等编纂，周勋初等校订：《册府元龟》，凤凰出版社 2006 年版，第 10345 页。

④ 〔清〕纪昀等修：《文渊阁四库全书》第 1098 册，台湾商务印书馆 1986 年版，第 283 页。

⑤ 〔清〕纪昀等修：《文渊阁四库全书》第 14 册，台湾商务印书馆 1986 年版，第 531 页。

⑥ 〔清〕纪昀等修：《文渊阁四库全书》第 1118 册，台湾商务印书馆 1986 年版，第 53 页。

策；墨翟带解，无以自守。”① 以上材料均以贾林为策士辩使，堪与战国墨子相提并论。由此可知，贾林是唐代一个奔走于幕府之门、效智于藩镇之间的策谋之士。

而贾隐林则是范阳节度副使贾循之侄、唐德宗的股肱之臣，其权势、地位非贾林可比。贾林虽然以奇谋著称，然而“远君而无位”，贾隐林则颇受君王倚重。《旧唐书》卷一四四《贾隐林传》载曰：“贾隐林者，滑州牙将也。建中初，为本军兵马使，令率兵宿卫。朱泚之乱，诸军未集，隐林率众扈从。性质朴，在奉天，贼急攻城，隐林与侯仲庄逐急救应，难险备至。既而怀光军至，逆贼解围，从臣称庆，隐林抃舞毕，奏曰：‘贼泚奔遁，臣下大庆，此皆宗社无疆之休。然陛下性灵太急，不能容忍，若旧性未改，贼虽奔亡，臣恐忧未艾也。’上不以为忤，甚称之。累官至检校右散骑常侍，封武威郡王。将幸山南而卒，赠左仆射，赐其家实封三百户，赙绢百匹、米百石，丧葬官给。”② 北宋王钦若等编《册府元龟》卷一四一《帝王部·念良臣》载：“德宗兴元元年二月，在奉天，赠故永平军节度行营兵马使、右散骑常侍兼御史大夫、武威郡王贾隐林左仆射，赐实封三百户。隐林累有殊功，性颇朴直。初，奉天围解，百寮称贺，隐林抃舞，因质言曰：‘朱泚奔遁，臣下大庆，此皆宗社无疆之休。然陛下性灵太急，不能容忍，若旧性不改，虽朱泚败亡，臣亦恐忧未艾也。’帝虚怀纳之。及是，思其谠言功效，故褒赠有加焉，仍赠绢百匹、米百石，丧官给。”③ 南宋袁枢《通鉴纪事本末》卷三二《刘展之叛》载：“将军贾隐林射展，中目，而仆遂斩之。刘殷、许峄等皆死。隐林，滑州人也。”④ 明代陈耀文撰《天中记》卷四八《笏》“画地陈守贾隐林”条云：“德宗见隐林，伟其貌，问家世，答曰：‘故范阳节度副使循，臣从父也。’帝异之，引

① 〔清〕纪昀等修：《文渊阁四库全书》第1320册，台湾商务印书馆1986年版，第3页。

② 〔后晋〕刘昫等撰：《旧唐书》，中华书局1975年版，第3920~3921页。

③ 〔宋〕王钦若等编纂，周勋初等校订：《册府元龟》，凤凰出版社2006年版，第1576~1577页。

④ 〔清〕纪昀等修：《文渊阁四库全书》第348册，台湾商务印书馆1986年版，第509页。

至卧内。以手板画地，陈攻守计。”①《分门古今类事》卷五《异兆门下》“贾林侍御”（笔者按：当为“贾隐林侍御”）条引《广德神异录》云：“唐德宗欲西幸，有知星者奏云：‘逢林即住。’帝曰：‘岂可令朕止于林木间?’及奉天尉贾隐林谒帝，帝以其名叶星者所奏，召于卧内。隐林陈攻守之策，且奏曰：‘臣昨梦日坠于地，以头戴之。’帝曰：‘此来乃已前定。’遂拜隐林侍御史。”②

究竟是贾林还是贾隐林注解《孙子》十三篇，史无明言，然从官私目录记载看，大多数题名贾林，个别题名贾隐林。于汝波等疑二者同为一人③，然而于史无据。题贾隐林注《孙子》者，唯《宋史・艺文志》著录《五家注孙子》三卷，言其五家注中有贾隐林注。由上史料可以大致推定，目录书记载贾隐林注《孙子》，乃贾林注《孙子》之误。从史载贾林为谋士而贾隐林为将军看，题为贾林注《孙子》当可足信。从传本《十家注孙子》之贾林注看，言辞简练，释义准确，既释语义，又释单字，并有两处引用《尚书》之文，似非唐代武夫将佐所能为。

贾林注《孙子》，今存于《十家注孙子》系统各本中。《郡斋读书志》著录纪燮集注《孙子》三卷，注云：“右唐纪燮集唐孟氏、贾林、杜佑三家所解。”④ 贾林注《孙子》主要有以下几个特点：

一是贾林注《孙子》立意高远，不拘泥原文，而重在阐释其完整含义，具有辩证性。《计》篇云：“将者，智、信、仁、勇、严也。”贾林注曰：“专任智则贼，偏施仁则固，守信则愚，恃勇力则暴，令过严则残。五者兼备，各适其用，则可为将帅。”⑤

---

① 〔清〕纪昀等修：《文渊阁四库全书》第 967 册，台湾商务印书馆 1986 年版，第 311 页。

② 〔清〕纪昀等修：《文渊阁四库全书》第 1047 册，台湾商务印书馆 1986 年版，第 48 页。

③ 于汝波等编：《孙子学文献提要》，军事科学出版社 1994 年版，第 21 页。

④ 〔宋〕晁公武撰：《昭德先生郡斋读书志（二）》，见王云五主编《万有文库》本，商务印书馆 1937 年版，第 272 页。

⑤ 〔汉〕曹操等撰：《孙子十家注》，见《诸子集成》第六册，中华书局 1954 年版，第 8 页。

二是有的注解比其他注家更准确。《计》篇云："计利以听，乃为之势，以佐其外。"贾林注曰："计其利，听其谋，得敌之情，我乃设奇谲之势以动之。外者，或傍攻，或后蹑，以佐正陈。"① "以佐其外"之"外"，其他注家均未单独解释，故不甚明了，而贾林特为之作注。

三是善于跳出原文来注解原文，别开生面，使人豁然开朗。《谋攻》篇云："将不胜其忿，而蚁附之，杀士三分之一，而城不拔者，此攻之灾。"贾林注曰："但使人心外附，士卒内离，城乃自拔。"② 又如《计》篇云："故校之以计而索其情。"贾林注曰："《书》云：非知之艰，行之惟难。"③ 均不直接注解其文，而是变换角度，或从方法入手，或从原因着眼，宕开一笔，旁敲侧击，本身就富含兵法深意，令人觉得新奇。

四是几乎没有援引战例阐述《孙子》思想，即使有，也是非常简洁，不予展开。如《谋攻》篇云："毁人之国，而非久也。"贾林注曰："兵不可久，久则生变。但毁灭其国，不伤残于人。若武王伐殷，殷人称为父母。"④

然而贾林也有注解不甚正确者，如《形》篇云："不忒者，其所措必胜，胜已败者也。"杜牧注曰："措，犹置也。忒，差忒也。我能置胜，不忒者何也？盖先见敌人已败之形，然后攻之，故能制必胜之功，不差忒也。"而贾林注曰："读措为错，错杂也。取敌之胜，理非一途，故杂而料之也。常于胜未形已见敌之败。"⑤ 两相比较，显然杜牧注解比较符合孙子本意。

---

① 〔汉〕曹操等撰：《孙子十家注》，见《诸子集成》第六册，中华书局 1954 年版，第 12 页。

② 〔汉〕曹操等撰：《孙子十家注》，见《诸子集成》第六册，中华书局 1954 年版，第 40 页。

③ 〔汉〕曹操等撰：《孙子十家注》，见《诸子集成》第六册，中华书局 1954 年版，第 9 页。

④ 〔汉〕曹操等撰：《孙子十家注》，见《诸子集成》第六册，中华书局 1954 年版，第 42 页。

⑤ 〔汉〕曹操等撰：《孙子十家注》，见《诸子集成》第六册，中华书局 1954 年版，第 60 页。

六、杜牧注解《孙子》

《新唐书·艺文志》《郡斋读书志》均著录杜牧注《孙子》三卷；《宋史·艺文志》著录《五家注孙子》三卷（魏武帝、杜牧、陈皞、贾隐林、孟氏），曹杜（曹操、杜牧）注《孙子》三卷，杜牧《孙子注》三卷；《直斋书录解题》著录杜牧注《孙子》二卷；《通志·艺文略》著录杜牧注《孙子》一卷。据《孙子学文献提要》著录，其单行本仍有传世者：国家图书馆藏《石室秘笈兵书》五函本、台湾“中研院”藏明刊本一册、北京大学藏清抄本一册、复旦大学藏旧抄本一册。①

杜牧，杜佑之孙，字牧之，既以进士及第，又以第二名制举登第，历仕弘文馆校书郎、淮南节度推官、监察御史、宣州团练判官、吏部员外郎、湖州刺史、中书舍人等官。牧好读书，工诗文，喜论兵，有经纬之略，注曹公所定《孙武十三篇》行于世。其行状可参见《旧唐书》卷一四七、《新唐书》卷一六六本传。

《郡斋读书志》云：“杜牧注《孙子》三卷。右唐杜牧之注。牧以武书大略用仁义、使机权，曹公所注解，十不释一，而其所得自为《新书》尔，因备注之，世谓牧慨然最喜论兵，欲试而不得其学能道春秋战国时事，甚博而详，知兵者将有取焉。”② 杜牧注解《孙子》有以下特点：

一是以古今战事诠释印证孙子理论，并为当世军事提供借鉴，具有明确的经国治军目的。杜牧例举古今战争、战役、战斗阐释孙子主张，洋洋洒洒，视野开阔，气势恢弘。正如杜牧自己所言：“某所注孙武十三篇，虽不能上穷天时，下极人事，然上至周、秦，下至长庆、宝历之兵，形势虚实，随句解析，离为三编。辄敢献上，以备阅览。少希鉴悉苦心，即为至幸，伏增惶惕之至。”③

---

① 于汝波等编：《孙子学文献提要》，军事科学出版社 1994 年版，第 23 页。

② 〔宋〕晁公武撰：《昭德先生郡斋读书志（二）》，见王云五主编《万有文库》本，商务印书馆 1937 年版，第 271~272 页。

③ 〔清〕董诰等编：《全唐文》卷七五二杜牧《上周相公书》，中华书局 1983 年版，第 7793 页。

二是在曹操注《孙子》基础上的发展，弥补了曹操所注的不足，又保留了曹操所注。杜牧云："武所著书凡数十万言，曹魏武帝削其繁剩，笔其精切，凡十三篇，成为一编。曹自为序，因注解之曰：'吾读兵书战策多矣，孙武深矣。'然其所为注解，十不释一，此者盖非曹不能尽注解也。予寻《魏志》，见曹自作兵书十余万言，诸将征伐，皆以《新书》从事，从令者克捷，违教者负败。意曹自于《新书》中驰骤其说，自成一家事业，不欲随孙武后尽解其书。不然者，曹岂不能耶？今《新书》已亡，不可复知，予因取孙武书，备为其注，曹之所注，亦尽存之，分为上、中、下三卷。"①

三是杜牧之后的注家对杜牧注多有借用，杜牧注是唐代最有影响的注家，是孙子注释史上的一个重要节点。唐代陈皞、五代何延锡、宋代梅尧臣、宋代王皙等《孙子》注解多有与杜牧同者，而杜牧也对前代注家多有借鉴，如杜牧注有与南朝梁的孟氏注同者、杜牧注有与其祖父杜佑注同者。

四是杜牧注《孙子》，从字词训释、段落疏解、谋略运用等方面均予以全面关注，引经据典，融会贯通，思路宏阔，汪洋恣肆，往往注解一句孙子语，就下笔千言，妙笔成章。可以说，这是杜牧注的最大特点。如《计》篇"天者，阴阳、寒暑、时制也"，杜牧注曰：

> 阴阳者，五行、刑德、向背之类是也。今五纬行止，最可据验。巫咸、甘氏、石氏、唐蒙、史墨、梓慎、裨灶之徒，皆有著述，咸称秘奥，察其指归，皆本人事。《准星经》曰："岁星所在之分，不可攻；攻之反受其殃也。"《左传》昭三十二年夏，吴伐越，始用师于越，史墨曰："不及四十年，越其有吴乎？越得岁而吴伐之，必受其凶。"注曰："存亡之数，不过三纪，岁星三周，三十六岁。故曰不及四十年也。"此年岁在星纪。星纪，吴分也。岁星所在，其国有福，吴先用兵，故反受其殃。哀二十二年，越灭吴，至此三十八岁也。李淳风曰："天下诛秦，岁星聚

① 〔清〕董诰等编：《全唐文》卷七五三《注孙子序》，中华书局 1983 年版，第 7808 页。

于东井。秦政暴虐，失岁星仁和之理，违岁星恭肃之道，拒谏信谗，是故胡亥终于灭亡。”复曰：“岁星清明润泽，所在之国分大吉。君令合于时，则岁星光嘉，年丰人安；君尚暴虐，令人不便，则岁星色芒角而怒，则兵起。”由此言之，岁星所在，或有福德，或有灾祥，岂不皆本于人事乎？夫吴越之君，德均势敌，阖闾兴师，志于吞灭，非为拯民。故岁星福越而祸吴。秦之残酷，天下诛之，上合天意。故岁星祸秦而祚汉。荧惑，罚星也。宋景公出一善言，荧惑移三舍，而延二十七年。以此推之，岁为善星，不福无道；火为罚星，不罚有德。举此二者，其他可知。况所临之分，随其政化之善恶，各变其本色。芒角大小，随为祸福，各随时而占之。淳风曰：“夫形器著于下，精象系于上。”近取之身，耳目为肝肾之用，鼻口实心腹所资，彼此影响，岂不然欤？《易》曰：“在天成象，在地成形，变化见矣。”盖本于人事而已矣。刑德向背之说，尤不足信。夫刑德天官之陈，背水陈者为绝纪，向山坂陈者为废军。武王伐纣，背清水向山坂而陈，以二万二千五百人击纣之亿万之众。今可目睹者，国家自元和已后，至今三十年间，凡四伐赵寇。昭义军加以数道之众，常号十万，围之临城县，攻其南不拔，攻其北不拔，攻其东不拔，攻其西不拔。其四度围之，通有十岁，十岁之内，东西南北，岂有刑德、向背、王相、吉辰哉？其不拔者，岂不曰城坚、池深、粮多、人一哉？复以往事验之，秦累世战胜，竟灭六国，岂天道二百年间常在乾方，福德常居鹑首？岂不曰穆公已还，卑身趋士，务耕战，明法令，而致之乎？故梁惠王问尉缭子曰：“黄帝有刑德，可以百战百胜，其有之乎？”尉缭子曰：“不然。黄帝所谓刑德者，刑以伐之，德以守之，非世之所谓刑德也。夫举贤用能者，不时日而利；明法审令者，不卜筮而吉；贵功养劳者，不祷祠而福。”周武王伐纣，师次于汜水共头山，风雨疾雷，鼓旗毁折，王之骖乘惶惧欲死。太公曰：“夫用兵者，顺天道未必吉，逆之未必凶。若失人事，则三军败亡，鬼神视之不见，听之不闻，故智者不法，愚者拘之。若乃好贤而任能，举事而得时，此不看时日而事利，不假卜筮而事吉，不待祷祀而福从。”遂命驱之前进。周公曰：“今时太岁逆，龟灼言凶，卜筮不吉，星凶为灾，请还师。”太公怒曰：“今纣剖比干，囚箕子，以飞廉为政，伐之有何不可？枯草朽骨，安可知乎？”乃焚龟折蓍，率众先涉。武王从之，遂灭纣。宋高祖围慕容超于广固，将攻城，诸将谏曰：“今往亡之日，兵家所忌。”高祖曰：“我往彼亡，吉孰大焉？”乃命悉登，遂克广固。后魏太祖武帝讨后燕慕容麟，甲子晦日进军，太史令晁崇奏曰：“昔纣以甲子日亡。”帝曰：“周武岂不以甲子日兴乎？”崇无以对。遂战，破之。后魏太武帝征夏赫连昌于统万城，师次城下，昌鼓噪而前。会有风雨从贼后来，太史进曰：“天不助人，将士饥渴，愿趾避之。”崔浩曰：“千里制胜一日，岂得变易？风道在人，岂有常也？”帝从之。昌军大败。或曰：“如此者，阴阳向背定不足信，孙子叙之，何也？”答曰：“夫暴君昏主，或为一瑶一马，则必残人逞志。非以天道鬼神，谁能制止？故孙子叙之，盖有深旨，寒暑时气，节制其行止也。”周瑜为孙权数曹公四败，一曰：“今盛寒，马无藁草，驱中国士众，远涉江湖，不习水土，必生疾病，此用兵之忌也。”寒暑同归于天时，故联以叙之也。①

五是杜牧尊重孙子本意，秉承孙子朴素的唯物精神，摒弃阴阳、星历、风候、望气等倾向，这一点在上面第四条亦有鲜明体现，而在援引战例详加印证方面，则继承了其祖杜佑的风格。如《谋攻》篇云：“拔人之城，而非攻也。”杜牧不从文意上训释，而是略举两个战例，十分形象而生动地阐释道：

司马文王围诸葛诞于寿春，议者多欲急攻之。文王以诞城固众多，攻之力屈，若有外救，表里受敌，此至危之道也。吾当以全策縻之，可坐制也。诞二年五月反，三年二月破灭。六军按甲，深沟高垒，而诞自

---

① 〔汉〕曹操等撰：《孙子十家注》，见《诸子集成》第六册，中华书局1954年版，第4~6页。

困。十六国前燕将慕容恪率兵讨段龛于广固，恪围之。诸将劝恪急攻之，恪曰："军势有缓而克敌，有急而取之。若彼我势既均，外有强援，力足制之，当羁縻守之，以待其毙。"乃筑室反耕，严固围垒，终克广固，曾不血刃也。①

六是杜牧对曹操注多作补偏救弊之解。根据杜牧注自序，杜牧在保存曹操注解的前提下，为弥补曹注之"十不释一"的缺憾，进行全面注解，所以杜牧注的内容是比较丰赡并贴近《孙子》原文的，而且对曹注的错讹多有纠正。如注《谋攻篇》"倍则分之"，曹操曰："以二敌一，则一术为正，一术为奇。"杜牧曰："此言非也。此言以二敌一，则当取己之一，或趣敌之要害，或攻敌之必救，使敌一分之中，复须分减相救，因以一分而击之。夫战法非论众寡，每陈皆有奇正，非待人众，然后能设奇。项羽于乌江二十八骑，尚不聚之，犹设奇正，循环相救，况其于他哉?"② 杜牧所云"此言非也"，即指曹公所言非也，并引经典战术"项羽乌江二十八骑尤分奇正"予以印证，有理有据，很有说服力。应该说，杜牧的注解比较合乎孙子本意。又如《谋攻》篇云："敌则能战之。"曹操注曰："己与敌人众等，善者犹当设伏，奇以胜之。"杜牧注曰："此说非也。凡己与敌人兵众多少、智勇、利钝一旦相敌，则可以战。夫伏兵之设，或在敌前，或在敌后，或因深林丛薄，或因暮夜昏晦，或因隘厄山阪，击敌不备，自名伏兵，非奇兵也。"③ 唐末《孙子》注家陈皞称赞说："料己与敌人众寡相等，先为奇兵可胜之计，则战之。故下文云：'不若则能避之。'杜说奇伏，得之也。"④ 又如《军争》云："故不知

① 〔汉〕曹操等撰：《孙子十家注》，见《诸子集成》第六册，中华书局1954年版，第41页。

② 〔汉〕曹操等撰：《孙子十家注》，见《诸子集成》第六册，中华书局1954年版，第44页。

③ 〔汉〕曹操等撰：《孙子十家注》，见《诸子集成》第六册，中华书局1954年版，第44页。

④ 〔汉〕曹操等撰：《孙子十家注》，见《诸子集成》第六册，中华书局1954年版，第44~45页。

诸侯之谋者，不能豫交。”曹操注曰：“不知敌情谋者，不能结交也。”杜牧注曰：“非也。豫，先也；交，交兵也。言诸侯之谋，先须知之，然后可交兵合战；若不知其谋，固不可与交兵也。”①

七、陈皞注解《孙子》

《新唐书·艺文志》《宋史·艺文志》《通志·艺文略》著录一卷，《郡斋读书志》《国史经籍志》著录三卷。《宋史·艺文志》还著录《五家注孙子》三卷。五家注《孙子》，即魏武帝、杜牧、陈皞、贾隐林和孟氏注《孙子》。宋代晁公武《郡斋读书志》著录云：“陈皞注《孙子》三卷。右唐陈皞撰。皞以曹公注隐微，杜牧注阔疏，重为之注云。”②

陈皞，唐末人，史传无载，行状不详。然其注解《孙子》，宋代欧阳修有言曰：“世所传孙武十三篇，多用曹公、杜牧、陈皞注，号三家《孙子》。余顷与撰《四库书目》，所见《孙子》注者尤多。武之书本于兵，兵之术非一，而以不穷为奇，宜其说者之多也。凡人之用，智有短长，其施设各异，故或胶其说于偏见，然无出所谓三家者。三家之注，皞最后，其说时时攻牧之短。”③ 陈皞之所以注解《孙子》，是因为不满曹注隐微不明，而杜牧注迂阔无当，故在其注中，往往直言“杜说非也”。如《谋攻》篇云：“倍则分之。”陈皞注曰：“直言我倍于敌，分兵趋其所必救，即我倍中更倍，以击敌之中分也。杜虽得之，未尽其说也。”④ 如《谋攻》篇云：“少则能逃之。”杜牧注曰：“兵不敌，且避其锋，当俟隙便奋决求胜。言能者，谓能忍忿受耻，敌人求挑不出也，不似曹咎汜水之战也。”陈皞注曰：“此说非也。但敌人兵

① 〔汉〕曹操等撰：《孙子十家注》，见《诸子集成》第六册，中华书局1954年版，第110~111页。

② 〔宋〕晁公武撰：《昭德先生郡斋读书志（二）》，见王云五主编《万有文库》本，商务印书馆1937年版，第272页。

③ 〔宋〕欧阳修撰：《居士集》卷四二《孙子后序》，见《欧阳文忠公文集》，《四部丛刊》本。

④ 〔汉〕曹操等撰：《孙子十家注》，见《诸子集成》第六册，中华书局1954年版，第44页。

倍于我，则宜避之，以骄其志，用为后图，非谓忍忿受耻。太宗辱宋老生以虏其众，岂是兵力不等也?”① 《谋攻》篇云：“不知彼而知己，一胜一负。”杜牧注曰：“恃我之强，不知敌不可伐者，一胜一负。王猛将终，谏苻坚曰：‘晋氏虽在江表，而正朔所禀，谢安、桓冲，江表伟人，不可伐也。’及坚南伐，曰：‘吾士马百万，投鞭可济。’遂有淝水之败也。”陈皞注曰：“杜说恃强之兵，无名而有罪，所以败也，非一胜一负之义。”②

陈皞注《孙子》，间或亦有直言曹、杜二说皆非的。如《九地》篇云：“争地，吾将趋其后。”曹操注曰：“利地在前，当速进其后也。”杜牧注曰：“必争之地，我若已后，当疾趋而争，况其不后哉?”陈皞曰：“二说皆非也。若敌据地利，我后争之，不亦后据战地而趋战之劳乎？所谓争地必趋其后者，若地利在前，先分精锐以据之。彼若恃众来争，我以大众趋其后，无不克者，赵奢所以破秦军也。”③ 有时陈皞虽不直言前人注解之非，但在出注时实际上弥补了旧说之不足。如《九地》篇云：“践墨随敌，以决战事。”曹操注曰：“行践规矩无常也。”李筌注曰：“墨者，出道也。出迟道而从之，恐不及。”杜牧注曰：“墨，规矩也。言我常须践履规矩，深守法制，随敌人之形。若有可乘之势，则出而决战。”陈皞注曰：“兵虽要在迅速以决战事，然自始及末须守法制，纵获胜捷，亦不可争竞扰乱也。城濮之战，晋文公登有莘之墟以望其师曰：‘少长有礼，其可用也。’践墨，一作划墨。”④

陈皞事实上确实做到了力避杜牧的疏阔，而比较简洁质实，没有如杜牧一样旁征博引，洋洋洒洒，文采飞扬，且极少援引战例。即使援引，也是只说某

① 〔汉〕曹操等撰:《孙子十家注》，见《诸子集成》第六册，中华书局 1954 年版，第 45 页。

② 〔汉〕曹操等撰:《孙子十家注》，见《诸子集成》第六册，中华书局 1954 年版，第 53 页。

③ 〔汉〕曹操等撰:《孙子十家注》，见《诸子集成》第六册，中华书局 1954 年版，第 205 页。

④ 〔汉〕曹操等撰:《孙子十家注》，见《诸子集成》第六册，中华书局 1954 年版，第 215 页。

事，而不详述战事经过。如《势》篇云："勇怯，势也。"陈皞在训词释句之后，引战例曰："龙且轻韩信，郑人诱我师是也。"① 再如《军争》篇云："夜战多火鼓，昼战多旌旗，所以变民之耳目也。"陈皞注曰："杜言夜黑之后，必无原野列陈与敌人刻期而战。非也。天宝末，李光弼以五百骑趋河阳，多列火炬，首尾不息，史思明数万之众不敢逼之，岂止待贼斫营而已？"② 又如《行军》篇云："鸟集者，虚也。"陈皞注曰："此言敌人若去，营幕必空，禽鸟既无畏，乃鸣集其上。楚子元伐郑，将奔，谍者告曰：'楚幕有鸟。'乃止。则知其设留形而遁也。是此篇盖孙子辩敌之情伪也。"③ 其语言干净利落，直抵要害。如《军争》篇云："掠乡分众。"陈皞注曰："夫乡邑村落，固非一处，察其无备，分兵掠之。掠乡，一作指向。"④ 再如《九地》篇云："先夺其所爱，则听矣。"陈皞注曰："爱者，不止所恃利，但敌人所顾之事，皆可夺也。"⑤

八、纪燮集注《孙子》

在上文"贾林注解《孙子》"小节中已讲到纪燮集注孟氏、贾林、杜佑三家注《孙子》。《旧唐书·经籍志》《新唐书·艺文志》《宋史·艺文志》无著录，宋晁公武《郡斋读书志》著录为《纪燮集注孙子》三卷，宋元之际马端临《文献通考》、明焦竑《国史经籍志》均著录《纪燮注孙子》三卷。纪燮，唐人，行状不详。检索已有文献，纪燮本人并无注解《孙子》之作，而是集注孟氏、贾林和杜佑三家注。其贡献，一是明确杜佑是《孙子》注家之一；二是使三家注汇于一编，方便学者披览。然纪燮汇集三家注与宋代吉天保汇集

① 〔汉〕曹操等撰：《孙子十家注》，见《诸子集成》第六册，中华书局 1954 年版，第 76 页。

② 〔汉〕曹操等撰：《孙子十家注》，见《诸子集成》第六册，中华书局 1954 年版，第 118 页。

③ 〔汉〕曹操等撰：《孙子十家注》，见《诸子集成》第六册，中华书局 1954 年版，第 160 页。

④ 〔汉〕曹操等撰：《孙子十家注》，见《诸子集成》第六册，中华书局 1954 年版，第 115 页。

⑤ 〔汉〕曹操等撰：《孙子十家注》，见《诸子集成》第六册，中华书局 1954 年版，第 193 页。

十家注，毕竟不可同日而语，研读《孙子》者自然取舍有别，故致失传。

九、孙镐注解《孙子》

据《孙子学文献提要》云，《官板书籍解题略》著录《十家注孙子》，其注者有孙镐，而且置于陈皞与梅尧臣之间①，疑似唐人。又《新唐书·艺文志》著录唐人孙鐈注《吴子》一卷。二者当为同一人，镐与鐈因形而误。其书亡佚，内容不详。

十、五家注《孙子》

《宋史·艺文志》著录《五家注孙子》三卷，魏武帝、杜牧、陈皞、贾隐林、孟氏。然此书在宋元后即不见著录，大约是吉天保所辑《十家孙子会注》出，而《五家注孙子》亡。其内容均见于今传本《孙子十家注》。隋唐五代注解《孙子》者，唯杜牧名位稍显，其余多为史传无载，其地位和身世多为中下层士绅或普通士人。虽然高层权贵亦有间或援引孙子语者，然倾心研究者毕竟不多。这从另一个侧面说明唐代孙子学并未受到应有的重视。谈兵者、学兵者、知兵者、研兵者未必有掌兵、用兵之权，而不少掌兵、用兵者往往临阵之时无所措手足，此种状况史不乏载，说明兵学理论与兵事实践在隋唐时代日渐乖离。

十一、隋唐孙子学著述者群体

隋唐五代孙子学著述数量不多，作者姓名确凿者，仅有十部，尚有数部撰者佚名之作。就作者身份言，多为文官，亦有出身军旅或职涉兵事者。

隋代佚书《萧吉注孙子》的作者萧吉，精阴阳之术，官至太府少卿。

唐代《群书治要》引《孙子》，其书编纂者，魏徵出身师旅，虞世南和褚遂良则为文臣。

唐代《李筌注孙子》的作者李筌颇有将略，其职亦涉兵事，做过荆南节

---

① 于汝波等编：《孙子学文献提要》，军事科学出版社 1994 年版，第 25 页。

度副使，晚年访仙求道，不知所踪。

唐代《贾林注孙子》的作者贾林，尝任谋士、幕僚。

唐代《通典》引录和训解《孙子》之编者杜佑，官至宰执，尝任岭南、淮南节度使。

唐代《杜牧注孙子》的作者杜牧，晚唐著名诗人，未历戎事。

唐代《陈皞注孙子》的作者陈皞，生平不详。

唐代《孙镐注孙子》的作者孙镐，生平不详。

唐代《纪燮集注孙子》的作者纪燮，生平不详。

五代有何延锡注《孙子》。①

隋唐五代孙子学著作虽不宏富，但是大多流传后世。杜佑、李筌、贾林、杜牧、陈皞等五家《孙子》注，为吉天保纂集的《十家孙子会注》中的五家。

第五节　隋唐五代诸子对孙子学的接受与批评

隋唐五代，承魏晋南北朝诸子余绪，诸子间出，不绝如缕。然而由于朝廷倡导文学，重视词章，读书人以此入仕，以致诸子百家之说又较六朝衰矣。故此时期士子学人，评判孙子者多为名位显赫之辈，统治阶级上层人物居多，这是很值得玩味的一种现象。由于承平日久，马放南山，刀枪入库，兵书亦束之高阁。普通士子汲汲于以文学词章取功名，鲜有以兵学取富贵者。即使武举开科，亦多取力士而非谋士。何况社会底层人士谋生尚且自顾不暇，哪还顾得上忧国忧民、护国卫疆的兵学呢？故安史之乱爆发，朝廷深感无将可用，遑论文人词士饱读兵书！虽隋唐五代兵学著述多有，然而若论隋唐五代诸子对孙武子及其兵书之接受和批评，则稍显寂寥。

虽然《唐李问对》是否为李靖所作，众说纷纭，莫衷一是，但是在学界未形成统一意见之前，仍宜视之为李靖之作。此书以孙武子之兵书为介质，充分

① 何延锡是五代时期将领，世传何氏注《孙子》，何氏当为何延锡，将在《宋元孙子学》一章中加以考辨和详述。

讨论用兵之道与术，李世民十分推崇孙武兵法，其云："朕观诸兵书，无出孙武。孙武十三篇，无出虚实。夫用兵，识虚实之势，则无不胜焉。"① 而当以孙吴并论时，李世民又偏爱孙武。《李卫公问对》卷中记曰："靖曰：'吴起云：'绝而不离，却而不散。'此步法也。教士犹布棋于盘，若无画路，棋安用之？孙子曰：'地生度，度生量，量生数，数生称，称生胜，胜兵若以镒称铢，败兵若以铢称镒，皆起于度量方圆也。'太宗曰：'深乎！孙武之言。'"② 李靖对孙武子的奇正分合之道推崇备至，认为吴起之后的兵家都不能和孙武子相提并论，其云："分合所出，惟孙武能之。吴起而下，莫可及焉。"③

杜佑编纂《兵典》，自述其意图云："语有之曰：'天时不如地利，地利不如人和。'诚谓得兵术之要也，以为孙武所著十三篇，旨极斯道，故知往昔行师制胜，诚当皆精其理。今辄捃摭与孙武书之义相协并颇相类者纂之，庶披卷足见成败在斯矣。"④ 其意是说孙子之书虽讲诡道，但是其旨在揭示孟子"人和"论之奥妙。从现有文献记载看，杜佑最先注意到兵家与儒家相合，且其编纂《兵典》亦在落实此义。

杜牧诗文皆出色，其注解孙子之书，极尽文人论兵之本色，滔滔不绝，一泻千里，他赞扬孙武子之法与后世兵事无不吻合，其云："孙武所著十三篇，自武死后凡千岁，将兵者有成者，有败者，勘其事迹，皆与武所著书一一相抵当，犹印圈模刻，一无差跌。"⑤

唐代诗人亦常借孙武子故事以壮诗色。比如李商隐《南山赵行军新诗盛称游宴之洽因寄一绝》云："莲幕遥临黑水津，櫜鞬无事但寻春。梁王司马非孙

① 〔唐〕李靖等撰：《李卫公问对》卷中，见《文渊阁四库全书》第726册，台湾商务印书馆1986年版，第150页。

② 〔清〕纪昀等修：《文渊阁四库全书》第726册，台湾商务印书馆1986年版，第152页。

③ 〔清〕纪昀等修：《文渊阁四库全书》第726册，台湾商务印书馆1986年版，第146页。

④ 〔清〕纪昀等修：《文渊阁四库全书》第605册，台湾商务印书馆1986年版，第88页。

⑤ 〔清〕董诰等编：《全唐文》卷七五三《注孙子序》，中华书局1983年版，第7808页。

武，且免宫中斩美人。”再如方干《狂寇后上刘尚书》云：“孙武倾心与万夫，削平妖孽在斯须。才施偃月行军令，便见台星逼座隅。独柱支天寰海正，雄名盖世古今无。圣君争不酬功业，仗下高悬破贼图。”又如唐末罗隐《耒阳》云：“楚水悠悠浸耒亭，楚南天地两无情。忍教孙武重泉下，不见诗人说用兵?”①

自战国至五代，从现存文献看，尚未见到对孙武子个人进行激烈批判的言论。但是我们从前述杜牧《注孙子序》可以看到，诗赋取士制度、文武分途造成了文人、缙绅之士耻于言兵、轻视兵学的社会现象，皮日休则更加直接地指出兵术愈精，则战乱愈多，民心愈坏，把统治阶级发动的战争，以及人心和社会风气败坏都归结于兵家之过，实际上已经间接地开启了对孙武子的贬抑和否定，是开启宋代对孙武子怀疑和否定的先声。

关于战国秦汉、魏晋南北朝诸子对孙子之接受与批评，前已有述，而就唐代来说，尽管在中唐以后国力逐渐颓靡和衰弱，但曾经出现的大唐气象并非凭空形成。其时疆域辽阔、亲民怀远、生产发展、社会富庶、武力强盛、思想开放、文化多元，使唐代士人境界高远、胸怀天下，其学不主一家，儒家思想对社会的控制并不强势，士子对建立个人功业、实现理想抱负亦有多元的兴趣和非凡的热情。入仕之途既有科举，还有门荫、投卷、征辟等，形式比较多样。就科举考试来讲，虽有明经、明算、明法、明书等科目，但亦有以诗文辞赋创作为主要内容而考核个人才学的进士考试，而且中式者有极高的社会声誉。从某种程度说，创造力比记忆力在唐代科举考试中更受青睐，从而进士科成为唐代选拔中上层官吏的主要途径。这些情况足以说明，在唐代，人们的思想尚未完全被儒家学说所控制。所以，我们能够看到的唐代诸子在其诗文史评等文献中，对孙武子及其兵书评判的内容虽然不多，但是从上引孙子学批评之言看，从帝王到士人，对孙武子及其兵书基本上抱持赞扬和认同之态度。

---

① 〔清〕纪昀等修：《文渊阁四库全书》第1084册，台湾商务印书馆1986年版，第248页。

第四章 宋元孙子学

第一节 宋元孙子学的时代背景

960年，赵匡胤夺取后周政权，建立了北宋王朝，后经过苦心孤诣的经营，逐渐消灭了当时与北宋并立的几个割据政权。但是北宋一直受到辽、西夏、金的侵扰与威胁，始终处于求和与退让的劣势，1127年被金国所灭。北宋灭亡之后，宋徽宗第九子赵构在南京应天府（今河南商丘）称帝，国号仍为宋，后又迁都临安（今浙江杭州），史称南宋。金国几次南侵，南宋数度北伐，相持不下而最终媾和，此后偏安江南，政局相对稳定。然而，南宋政治腐败，皇帝昏庸，奸臣当道，不思进取，少帝祥兴二年（1279）被元朝所灭。

北南两宋，享国三百二十余年，与辽、西夏、金、蒙古等少数民族政权长期并存，就人口数量、土地面积、粮食、财赋等综合国力和军事力量来说，少数民族政权都不可与宋朝匹敌，但是由于宋朝奉行防内重于防外、苟安重于拒侮、防御重于进攻的国策，致使有宋一代虽然经济、文化相对繁荣，但是在政治、军事上一味保守退让，以致备受欺侮，这在中国历史上绝无仅有。

在政治与军事上，有宋一代奉行防内重于防外的治理策略，把统治阶级内部矛盾、国内阶级矛盾置于民族矛盾之上。故在政治体制与军事体制的顶层设计上，加强对统治阶级内部和国内民众的防范与控制，却轻于对辽、西夏、金、蒙古等民族政权侵宋的抵抗与遏止。宋朝建立者赵匡胤非常清楚中唐以来至五代十国藩镇割据的乱象，以及造成此种乱象的原因，故在夺取后周政权之后，便剥夺了当初与之一起举事的功臣的兵权，而多多与之田宅、美女、金钱。所以，宋代设计的政治、军事制度，在政权、军权上高度集中在皇帝手里。唐朝安史之乱后的二百余年间，兵连祸结，国无宁日，民不聊生，兵骄则逐帅，帅强则叛上，藩镇割据，各拥重兵，战争绵延不断。为了避免重蹈覆辙，保持国家长治久安，宋朝的创立者深知必须加强皇帝集权，而从根本上铲除兵变的土壤。宋朝创立者对传统的权力结构进行改造，总体原则是皇帝集权，臣僚分权；中央集权，地方分权。形成的局面就是，国家权力集中在皇帝手里，而臣僚互相制衡，部门互相牵制。为了更彻底地防止有人效仿“陈桥驿兵变”，而采用文臣节制武将的办法，降低武将的地位，削减武将的权力，并对兵权进行分化、切割、离散。具体做法是，枢密院掌管兵符，有战时调兵之权而无平时管兵之权；殿前司、侍卫亲军马军司、侍卫亲军步军司等“三衙”有平时管兵之权而无战时调兵之权；将帅等“率臣”有战时领兵之权，而无平时管兵之权。如此，调兵、管兵、领兵三权分立，互不统属，互相牵制，互相监督，而皇帝才是军队的主帅。

兵权的分割加强了皇权，为了保证皇权不旁落，反映在军队驻防的设计上，重内轻外，守内虚外。禁军精锐及大致一半的兵力用于京城拱卫，而非精锐部队及另一半兵力用于防守各地。其主要目的在于严防兵变和镇压人民，可以使京城驻军能够制止任何一地的叛乱，也可以使各地兵力联合起来制止京城驻军的叛乱。这种守内虚外、内外相持、重内轻外的兵力部署一直被有宋一代的统治者所承继，长此以往，以致边防空虚、守备薄弱，最终的结果是灭于外敌而人亡政息。

为了维护宋王朝的家族式统治，不惜对外敌入侵一味地妥协投降、议和苟安，即使在对外军事行动中，宋朝军队处于绝对优势地位，可以获得全胜，宋朝最高统治者也会主动放弃武力而急于向入侵者乞和。譬如，宋太宗在高梁河与辽军交战失败之后谋求与辽媾和。再如，宋真宗为防止统治阶级内部生变，而承认党项族李继迁独霸西北的局面。又如，宋真宗景德元年(1004)，辽军大举南下，直指黄河北岸重镇澶渊，而在辽军孤军深入、归路绝断、抗辽形势大好、士气高涨的形势下，宋真宗与辽订立屈辱的“澶渊之盟”。宋朝应对外敌入侵的“套路”往往是，始或被迫迎战，战而乞求和议，和而苟且偷安。这是一种恶性循环，也是宋朝对敌军事斗争惯用的政治思路。这样的结局，一方面暂时稳固了赵氏王朝的统治，另一方面却打击了抗敌的民心士气，军备逐渐废弛，军力愈加衰落，民心日益溃散。仁宗时大臣富弼在其《上仁宗河北守御十三策》中，历数自古至宋北方边鄙之患，以及历代统治者治边的苟安之策，并指陈宋代边防弊政云：

> 臣伏以北狄自古为中国患，黄帝时谓之獯鬻，周时谓之猃狁，秦时谓之胡，汉时谓之匈奴，唐时谓之契丹，其名虽异，其实则一也。有民人而不知教化，有土地而不出货财，寒无温丽之服，饥无甘珍之食，凡百所欲，率皆不足，只知有射猎之事、禽虫之获，食其肉，衣其皮而已矣。于是见中国之盛、万物之富，爱而不可得，学而不可及，贪惏之性复有趫武，则不得不为边鄙侵掠之患也。然为患深浅，系其强弱，亦系中国盛衰焉，或暂而入寇，或连岁扰边；或散处中原，或逐出漠北，或费兵力而臣畜之，或从权宜而亢礼之，伏叛相倚，胜败不常。历代帝王知其若此，不欲困百姓，而外事四夷，故有曰比之蚊虻，驱之而已；复有曰接以礼让，羁縻不绝而已；又有或质其子，或盟于天，或啖之金帛以厌其欲，或结之姻好以昵其心，自古谋谟之臣运筹画策、相与争于庙堂之上者，亦惟此数科而已。国家初得天下，震耀威武。太祖待北狄，仅若一族，每与之战，未尝不克。太宗因亲征之衄，其势遂骄。频年寇边，胜败相半。真宗嗣位之始，专用文德。于时旧兵宿将，往往沦没。敌骑深入，直抵澶渊，河朔大骚。乘舆北幸，于是讲金帛啖之之术，以结欢好。自此河湟百姓，几四十年不识干戈。岁遗差抚，然不足以当用兵之费百一二焉，则知澶渊之盟未为失策。而所可痛者，当国大臣。议和之后，武备皆废，以边臣用心者谓之引惹生事，以搢绅虑患者谓之迂

阔背时。大率忌人谈兵，幸时无事。谓彼不敢背约，谓边不必预防，谓世常安，谓兵永息。恬然自处，都不为忧。[1]

虽然富弼不敢直言澶渊之盟失策，但他痛陈宋代当权大臣忌人谈兵、苟且偷安、自欺欺人、边防废弛的现状，可谓一针见血，极富远见，令人警醒。

赵宋不是采取积极防御的军事战略，而是消极防守。在边境线上，或修筑堡寨，或开垦稻田，或种植树木，或开挖沟渠，试图以此阻塞外敌侵扰，但事实上不仅未能阻遏入侵者南下，反而劳民伤财。当敌人侵扰时，宋统治者不是集中优势兵力，聚歼来敌，而是将兵力分散防守，但令坚壁清野，不许出兵应战。即便迫不得已与之战，亦只许布阵防守，不许厮杀，而敌人出入中原，若践无人之境。由于消极防御，分兵驻守，互不相援，往往一旦战事不可避免，则使赵宋一邑之众，当敌全国之军，众寡悬殊，败亡相继。此种国策，历代相承，赵宋不欲覆灭，不亦难乎？有宋一代，虽偶有进攻性作战，然亦非依恃实力，实乃凭借侥幸之机而战，如太宗两次攻辽和徽宗联金击辽，均属此类，故遭败绩。

赵宋王朝忌惮武将拥兵自重，故处心积虑地分化削弱武将兵权，终宋一代，实行重文轻武、以文制武的国策，通过文臣主兵、宦官监军、阵图钳制等手段，削弱和限制武将的指挥权。所谓文臣主兵，是指以文臣任统兵官以督率武将。所谓宦官监军，是指宦官参与军事，监督军队，甚或领兵作战，制约将帅。所谓阵图钳制，实则将从中御，由宫闱遥控前线作战，前线将士如何布阵、如何御敌，均由宫闱指挥。虽然宋神宗时，以王安石为相，作了一些改革，比如裁撤冗兵、实行保甲法、废除募兵制、缩小退役年龄、改良武器装备等，但是其军事体制未有任何变革，治标不治本，故宋朝军事力量虽有一定增强，但是未能从根本上改变其防而不战、偶或出战、战而求和、和而苟安的恶性循环之宿命。

---

① 〔宋〕赵汝愚编：《宋名臣奏议》卷一三五《边防门》，见《文渊阁四库全书》第432册，台湾商务印书馆1986年版，第698页。

两宋在军事上的败绩，究其根本原因，不是军事力量不足，而是其妥协苟安、防民甚于防敌、防将甚于防民的政治方略所致。宋代君臣为了赵宋王朝的稳定长久，而不虑天下百姓之安危，实则是赵宋王朝在政治上短视的反映，也是历代封建王朝政治局限、军事局限、思想局限之所在。

在两宋消极防御的军事战略框架内，宋廷往往在吃了败仗之后，希望奋发有为，故能够短暂地重视军事训练，而在媾和之后，又不能居安思危，而是忘情享乐，以致兵器不修，阵法不操，马放南山，刀枪入库。这也是两宋的一大顽症。宋代太宗朝，训练荒废，士卒骄堕，终日嬉戏，军容不整。从真宗朝“澶渊之盟”至仁宗朝近六十年间，军事训练完全废弛，不知战阵为何物。宋神宗朝，厉行改革，然而官兵军事素质没有从根本上改观。北宋覆亡的沉痛教训，使得南宋统治者暂时有所警醒，加强了对军队的训练，但是绍兴和议之后，又走上苟安的老路，家国破碎之痛又遗忘得干干净净。

虽然两宋时期军事颓弱，但仍有可圈可点之处。尽管在唐代高宗、武后时，设立武举以取将才，但是武学成为官学则自北宋仁宗、神宗始。为了改变军官素质日渐低下、御边不力的状况，仁宗庆历三年（1043）设置武学，但是遭到臣僚的反对，不久又被罢黜。神宗熙宁五年（1072），朝廷恢复武学，制定了整套的人才培养机制，学习者需要研习兵法、阵法、战例、战法和武艺，既重视理论学习，又重视实践训练，并有严格的考核办法。武学学制三年，考核合格者，分别等级授官；考核不合格者，继续学习，来年再试。此前，唐朝玄宗年间设立过武学，但没有使之制度化、常规化，故之后湮没无闻。宋仁宗、宋神宗二位君王则承唐余绪，使武学成为官学，也算是对兵学发展的一大贡献。

北宋武学的设置和恢复，标志着武学正式进入国家教育体系。南宋时期得到了完善和普及，从中央到地方均有设置。明清两朝沿袭宋制，直至鸦片战争后被军事学堂所取代。武学恢复之后，出于教学和训练的需要，神宗元丰三年（1080）诏令校定《武经七书》，镂板行之，《武经七书》学由此确立。武学的创设以及《武经七书》的颁行，奠定了孙子学在传统兵学中的基础，确立了传统兵学的地位。宋高宗诏令兵部参定新制，规定学员必须学习

《武经七书》，并在朝廷设立武经博士，兵学的官学地位最终形成。

宋朝承袭唐代武举做法，设立武举。据有关史料，从北宋仁宗天圣八年（1030）开设武科，到南宋度宗咸淳十年（1274），共开武举七十八榜，共录取武进士两千三百余人。宋代武举既要考试弓马，还要考试策问及兵法，虽然终宋一代，其名臣勋将鲜有登武举科者，但也确实选拔了一些有用之才。有的在政务治理上有所作为，如朱熠、蔡必胜；有的在兵学著述上有所成就，如华岳、江伯虎；有的在疆场上独当一面，如程鸣凤、许思纯、张建侯、厉仲方、周虎和薛奕。

武学和武举的设立，无疑对以孙子兵学为核心的传统兵学发展起到了极大的促进作用，创造了从上到下浓厚的兵学研习氛围，对学而优则仕的士人阶层而言，为他们进身仕途、立功成名打开了另一扇希望之门。

如果说先秦时期的战争孕育了不朽的先秦兵学，那么贯穿两宋始末的宋代与北边民族政权之间的对峙与交战，则带来了我国近古时期古典兵学的繁荣。产生于春秋战国时期的《司马法》《孙子兵法》《孙膑兵法》《吴起兵法》《尉缭子》《六韬》是我国上古时期的兵学经典，也是我国兵学最重要的经典，构成了蔚为壮观的先秦兵学繁荣景象。然而秦汉以后至隋唐五代，兵学发展一度低迷徘徊，并未与那个时代的发展和繁荣相映成趣，更不能与其所在时代的战争规模、战争频次，以及社会经济和文化发展相提并论。从秦汉到隋唐五代，兵学原创的步伐踟蹰不前，处于相对滞塞的境地。然而两宋改变了这一境地，其原因大致有以下六个方面：

一是外敌入侵所带来的国破之恨、家亡之痛，使得有志之士痛定思痛而寻求抗敌救国的良策，这与两汉、六朝、隋唐、五代有很大不同。

二是统治阶级对武学的提倡和推行，以及对武举的不断完善，有效地促进了兵学的繁荣。宋代是第一个产生武状元的朝代，也是第一个设立武举殿试的朝代。

三是文武并重的武举考试和武学教育，很好地促进了兵学理论的发展，有效地纠正了过去武举考试重弓马骑射、轻兵法谋略及策论的倾向。

四是有宋一代重文轻武、以文制武的国策，使得武学人才、骁勇之将也积极向文官靠拢，增强自己的文韬武略，提升自己的文化修养。

五是宋代雕版印刷业繁盛，文化与科技高度发展，为兵学文化、兵法理论的传播创造了更有利的条件，有效地刺激和推动了兵学理论的创造。

六是两宋时期频繁的战争及丰富的战争经验，譬如统一战争、镇压农民起义战争，以及与不同边境政权交争的经验积累，丰富和发展了这一时期的兵学内容。

两宋时期兵学繁荣，主要表现在以下几方面：

一是兵学著述繁盛，兵书大量出现。据许保林编制的《各时代兵书存佚情况统计表》，存世兵书从先秦至民国有两千三百零八部，其中先秦兵书八十八部，秦汉兵书十五部，三国两晋南北朝兵书八十八部，隋唐五代兵书五十部，宋辽金元兵书二百二十九部。① 从这些数字看，显然宋、辽、金、元的兵书数量几乎是五代以前各朝代兵书的总和。一个时代兵书数量的多寡反映了该时代兵学的繁荣与衰微。比如，北宋许洞《虎钤经》、北宋何去非《何博士备论》、北宋末年佚名《百战奇法》、南宋陈规《守城录》、南宋黄兑《美芹十策》、南宋李舜臣《江东十鉴》、南宋李道传《江东十考》、南宋陈傅良《历代兵制》等，均是当时重要的原创性兵书。

二是宋代文人士大夫谈兵成风。在目睹和经历了外敌入侵和袭扰，百姓生灵涂炭、流离失所、生产荒废等种种境况之后，有着浓重华夷之辨观念的士大夫无不关注战争的动态，并希冀能从古今兵书及战例中找到救治乱世的良方。这些文人士大夫不仅长于文章之学，在诗词歌赋中寄托收复失地、爱国忧民的情怀，而且在书牍奏章中贡献谋谟。一些著名文人，如苏洵、苏轼父子，欧阳修、王安石、司马光、陆游、辛弃疾、陈亮、叶适等，或以奏疏，或以政论，或以札记，或以兵论等形式，分析军事形势，指陈时弊，提出对策。

即便空谈心性、崇尚义理的道学家朱熹，亦多有论兵之言。朱熹尝言自己年轻时无所不学，禅道、诗文、辞赋、兵法等，样样要学，后来方觉以一

---

① 许保林著：《中国兵书通览》，解放军出版社 1990 年版，第 21 页。

身之精力难以通达，故专究理学。然而，朱子讲理学，亦常与兵学贯通。其引孙吴之言，有时是以兵谈理，有时是以兵论政，有时是以兵谈《易》，有时是以兵品人，虽立足不同，然其熟读兵书，晓畅兵事，谈兵与为学、为政、用兵多有融会。以兵论学者，如《朱子全书》卷一《总论为学之方》云："人多言，为事所夺，有妨讲学，此谓不能使船嫌溪曲者也。遇富贵，就富贵上做工夫；遇贫贱，就贫贱上做工夫。兵法一言甚佳：'因其势而利导之也。'人谓齐人弱，田忌乃因其弱以取胜，今日三万灶，明日二万灶，后日一万灶。又如韩信特地送许多人安于死地，乃始得胜。学者若有丝毫气在，必须进力。除非无了此气，只口不会说话，方可休也。"① 以兵论政者，如《朱子语类》卷一一〇《论兵》云："兵法以能分合为变，不独一阵之间有分合，天下之兵皆然。今日之兵，分者便不可合，合者便不可分。"② 以兵论《易》者，如《朱子语类》卷七〇《谦》以孙子之语释谦卦云："孙子曰：'始如处女，敌来闭户；后如脱兔，敌不及拒。'大抵谦自是用兵之道，只退处一步耳，所以利用侵伐也。"③ 以兵品人者，如《朱子语类》卷一三九《论文》云："欧公大段推许梅圣俞所注《孙子》，看得来如何得似杜牧注底好？以此见欧公有不公处。"④ 可见朱子认为杜牧注胜于梅尧臣注，而为杜牧抱不平，并诘责欧阳修评价之不公允。以兵考礼者，如《朱子语类》卷八四《论考礼纲领》云："又曰：理会《周礼》，非位至宰相，不能行其事。自一介论之，更自远在，且要就切实理会受用处。若做到宰相，亦须上遇文武之君，始可得行其志。又曰：且如孙吴专说用兵，如他说也有个本原。如说'一曰道：道者，与上同意，可与之死，可与之生。有道之主，将用其民，先和而后造大事'。若使

---

①〔清〕纪昀等修：《文渊阁四库全书》第720册，台湾商务印书馆1986年版，第25页。

②〔清〕纪昀等修：《文渊阁四库全书》第702册，台湾商务印书馆1986年版，第284页。

③〔清〕纪昀等修：《文渊阁四库全书》第701册，台湾商务印书馆1986年版，第451页。

④〔清〕纪昀等修：《文渊阁四库全书》第702册，台湾商务印书馆1986年版，第797页。

不合于道理，不和于人神，虽有必胜之法，无所用之。”①

三是官修大型兵书颁行。我国兵书在秦汉、隋唐多半秘而不宣，其著述亦属私撰，未能从国家层面予以重视。虽汉代有诏令整理兵书之事，但整理完毕后，并未颁行全国以示推重。故直至宋代，方从国家层面以皇权推许兵学。宋代除神宗元丰年间诏令编纂颁行《武经七书》，还有几次较大的兵书纂修工程。宋仁宗时，仿照修史形式，诏令曾公亮、丁度等人纂修大型兵书《武经总要》，以《孙子》思想为主线，对宋代选将用兵、军事训练、兵器制造、部队编成、行军扎营、古今阵法、攻守之法、侦察通讯等详加载述，并对历代经典战例予以评点。全书内容宏富，图文并茂，是研究宋代军事制度和宋以前军事的一部非常有价值的大型兵典。此外，宋代还编纂了《武经圣略》《御前军器集模》。《四库全书总目》评《武经总要》曰：“仁宗为守成令主，然武事非其所长。公亮等亦但襄赞太平，未娴将略。所言阵法、战具，其制弥详，其拘牵弥甚，大抵所谓检谱角抵也。至于诸番形势，皆出传闻。所言道里山川，以今日考之，亦多剌谬。然《前集》备一朝之制度，《后集》具历代之得失，亦有足资考证者。《读书后志》别载王洙《武经圣略》十五卷，方宝元中，西边用兵，诏洙编祖宗任将、用兵、边防事迹，为十二门，今已佚。南渡以后，又有《御前军器集模》一书。今惟《造甲法》二卷、《造神臂弓法》一卷尚载《永乐大典》中，其余亦佚。宋一代，朝廷修讲之书存者，惟此编而已。固宜存，与史志相参也。”②

四是注释古代兵学经典范围扩展。自东汉曹操开注释《孙子》十三篇风气以来，历代均有注解《孙子》者，而至宋代除梅尧臣、王晳、张预等注解《孙子》十三篇，还有施子美注解《武经七书》，注解范围扩大。此外，还有张商英《素书注》、吕惠卿《素书注》《三略注》、吴章《司马穰苴兵法注》、张载《尉缭子注》、朱熹《黄帝阴符经注解》等。即使金、元，亦有注解兵

① 〔清〕纪昀等修：《文渊阁四库全书》第701册，台湾商务印书馆1986年版，第776页。

② 〔清〕永瑢等撰：《四库全书书目》，中华书局1965年版，第838页。

书者。如金国侯善渊、唐淳、刘处玄等各有《黄帝阴符经注》，元朝王氏撰有《素书直说》、胥元一撰有《黄帝阴符经心法》、王玠撰有《黄帝阴符经夹颂解注》。

五是兵书内容更加丰富。由于时代的变迁、军事技术的进步、战争样式的变化，加之战争频发，所以宋元时代兵书内容与前代相比，更加丰富多样。这既是兵学发展的必然结果，也是军事发展到宋元时代的必然结果。不仅编纂综合性大型兵书，如曾公亮等《武经总要》、许洞《虎钤经》，而且专科兵书纷纷出现：有专论守城者，如陈规《守城录》《守城机要》、赵万年《襄阳守城录》；专论边防者，如曾致尧《靖边备要》、江默《边防控扼形势图论》、黄度《历代边防屯田便宜》、严鄂《边防龟鉴》、陈克等《东南防守利便》；有专论兵制者，如陈傅良《历代兵制》、钱文子《补汉兵志》、程大昌《北边备对》；专论谋略、战法者，如无名氏《百战奇法》、丘濬等《奇门兵家心书》；专论战略得失者，如何去非《何博士备论》；专论将事、将传者，如张预《十七史百将传》、章颖《宋朝南渡十将传》《六将传》《经进皇宋中兴四将传》、戴少望《将鉴论断》、岳珂《金陀粹编》、王弥大《青溪弄兵录》；专以战例诠释用兵之法者，如王彦《武经龟鉴》；专论政略、军略者，如苏洵《权书》、黄兑《美芹十策》、李纲《辅政本末》、华岳《翠微先生北征录》、綦崇礼《兵筹类要》；专论行军者，如无名氏《行军须知》、朱宏《行军观象书歌注》。

六是北方游牧民族学习中原兵学。契丹、党项、女真等北方少数民族在其崛起过程中，非常注重学习中原文化，其中包括对兵书战策的学习和研究，有的还有自己的兵书著述。譬如，西夏皇帝李元昊自幼熟读兵书，继位之后，以汉族兵法统帅军队，还把《孙子兵法》《六韬》等译成西夏文字。金统治者在对宋作战中，特别重视搜罗汉族典籍，其中就包括兵书。蒙古族人能征惯战，亦非常重视向汉人学习兵法谋略，并有自己独特的治军用兵之法。有的将领还有兵法著述，如蒙古开国大将木华黎著有兵书，但未传世。总之，虽然北方少数民族在兵学文化上不能与中原民族相提并论，但是在长期的对峙中逐渐被中原民族兵学文化所浸染，最终趋于融合。

历史的步伐迈进元代，由于元朝统治阶级对文化、教育的轻视，加之兵学乃国之利器，出于对中原民族的严厉防范，禁谈兵学，以致文化、教育不振，兵学委顿。虽然有个别兵学著作，如王楚材《神机制敌天书白猿经》、无名氏《大元马政记》、李克家《戎事类占》，也有极少的兵书注解之作，如胥元一、王玠等人对《阴符经》的注释，但终究在兵学理论上无所建树，而且《阴符经》《素书》一般作为道家经典加以阐释，其注解中很少有直接的兵法和战争书写。

第二节　宋元孙子学的演进

宋元孙子学的演进过程大致可以分为四个时期：从宋太祖立国至宋仁宗初期六七十年间，为孙子学低迷委顿期；从宋仁宗中期至宋神宗初期约三四十年间，为孙子学动议、推展期；从宋神宗中期至南宋灭亡，为孙子学的发展繁盛期；从南宋灭亡到有元一代，为孙子学的荒芜期。下面即依据这一发展脉络对孙子学的演进情况作一简略陈述。

宋太祖以其宏图大略、天纵英才，代周建宋。宋太祖在位之时，因急于整饬内部及统一南方诸余存政权，对居于北方辽政权的多次侵扰无暇顾及，故政治上采取隐忍之策，而在军事上采取敌来则备、敌去则止的消极防御之策。宋太宗时期，由于南方得到统一，内部得到加强，故能集中力量应对辽的侵扰。但是，由于宋朝廷军事上准备不足、思想上轻敌、指挥上失误等原因，意在夺取燕云十六州的两次北伐均告失败。宋军伐辽失败之后，元气大伤，精锐丧失殆尽，故又采取防御态势，而辽军咄咄相逼，多次对宋廷发起攻击，但是宋廷屡屡退让。宋真宗景德元年（1004），辽军攻至澶州（今河南濮阳），宰相寇准力劝真宗亲征，士气大振，虽然宋军战势迅速好转，却在已经取得胜利的情况下，庸懦的真宗和辽军达成和议。虽然此后的近百年间，宋辽关系比较平稳，基本没有发生大的战争，维持了相对和平的局势，但是宋朝错过了反守为攻的绝佳时机，而达成了以银两、绢帛换取苟安的屈辱的“澶渊之盟”。

虽然辽国在此后的近百年中未有大规模的侵宋战争，但是宋朝的北境之患并未长久停止。在持续二十余年的宋辽战争结束之后，仅仅维持了三十余年和平的北宋又要面对西夏的侵扰。宋仁宗宝元元年（1038），北宋与西夏的战争拉开帷幕，时战时和，直到北宋灭亡。

从宋立国至宋仁宗初期的六七十年间，孙子学并未受到官方应有的重视。究其原因，统治者苟且偷安，自欺欺人，不以边患为虑，即使西夏来袭，亦以夷狄之人无礼而非有异图为借口，故除宝元元年（1038）西夏侵宋，又有庆历二年（1042）辽侵宋，而宋又奉以金帛，以图一时之安。鉴于边境之态势，仁宗亦希图有所作为，故于庆历三年（1043）设置武学，然而由于争议很大，反对的声音很多，故不敢坚持，以致罢黜之。宋神宗留心武备，诏复武学，使人校订《孙子》《吴子》等《武经七书》，训武举之士，颁行兵法战策，以供军人研习。武举之士既要熟悉弓马，又要淹通韬略，考核定级，然后分派到军营任职。从最高统治者言，虽然动议早在宋仁宗时已有，但是真正推动孙子兵学发展，则在神宗朝。

史载："宋自太宗幽州之败，恶言兵矣。契丹其主称天，其后称地，一岁祭天，不知其几。猎而手接飞雁，鸨自投地，皆称为天赐，祭告而夸耀之。意者宋之诸臣，因知契丹之习，又见其君有厌兵之意，遂进神道设教之言，欲假是以动敌人之听闻，庶几足以潜消其窥觎之志欤？然不思修本以制敌，又效尤焉，计亦末矣。"① 不仅宋真宗，即使继之而登位的仁宗，面对西夏的进攻，亦是被迫应战，故其与西夏之康定元年（1040）三川口之战、康定二年（1041）好水川之战、庆历二年（1042）定川之战，都是在西夏入侵之后的仓促应战，不仅战前训练不足，而且谋略亦逊于敌人，故无一例外地遭到失败，于庆历四年（1044）与西夏达成和议，以岁币、绢帛换取了二十余年的和平，而谈兵日寡。宋英宗在位仅四年，在其任上未与西夏有大的冲突，以致当时的臣僚大多承袭偃兵之策。其流毒是，君臣上下缄口不言兵事，故在宋熙宁元年（1068），刚登帝位的神宗问旧臣富弼边事，富弼竟然为之献策

① 〔元〕脱脱等撰：《宋史》，中华书局1977年版，第172页。

云："陛下临御未久，当布德行惠，愿二十年口不言兵。"① 而神宗帝默然以对，至日昃乃退。可见即使比较开明的能臣富弼，亦从维护皇帝的统御地位出发，不主张备边言兵。在有宋一代，神宗是一位比较有抱负的贤明之君，谋求在边事上有所作为，故终究未听从富弼的建议。神宗任用王安石为相，王安石以为天变不足畏，祖宗不足法，人言不足恤，在神宗皇帝的支持下实行变法，并取得了重大成效。在边事上采取积极备边战略，不再消极防御，而是谋求主动出击，故听从江州德安（今江西德安）人王韶《平戎三策》所建议的收复河湟、招抚羌族、孤立西夏之策，其策云：

西夏可取。欲取西夏，当先复河、湟，则夏人有腹背受敌之忧。夏人比年攻青唐，不能克，万一克之，必并兵南向，大掠秦、渭之间，牧马于兰、会，继古渭境，尽服南山生羌，西筑武胜，遣兵时掠洮、河，则陇、蜀诸郡当尽惊扰，瞎征兄弟其能自保邪？今唃氏子孙，唯董毡粗能自立，瞎征、欺巴温之徒，文法所及，各不过一二百里，其势岂能与西人抗哉？武威之南，至于洮、河、兰、鄯，皆故汉郡县，所谓湟中、浩亹、大小榆、枹罕，土地肥美，宜五种者在焉。幸今诸羌瓜分，莫相统一，此正可并合而兼抚之时也。诸种既服，唃氏敢不归？唃氏归则河西李氏在吾股掌中矣。且唃氏子孙，瞎征差盛，为诸羌所畏，若招谕之，使居武胜或渭源城，使纠合宗党，制其部族，习用汉法，异时族类虽盛，不过一延州李士彬、环州慕恩耳。为汉有肘腋之助，且使夏人无所连结，策之上也。②

王安石任用王韶为对西夏作战的主将，王韶率军多次击溃羌人、西夏军的侵扰，收复失地六州，拓地两千多里，形成对西夏的包围之势，史称"熙河之役"。神宗先后于元丰四年（1081）和元丰五年（1082）征西夏，虽然

---

① 〔元〕脱脱等撰：《宋史》，中华书局 1977 年版，第 10255 页。
② 〔元〕脱脱等撰：《宋史》，中华书局 1977 年版，第 10579 页。

均以失败告终，但是表明了神宗皇帝一改真宗皇帝以来在武力上的疲软政策。

综上可知，太宗抗辽受挫，真宗抗辽庸懦，仁宗抗夏无力，且历来胜少败多，然无论胜败，均以银两、缣帛输敌，以换取短暂的安宁。而辽与西夏，其志亦在钱财，而非天下，故亦能在满足其贪婪物欲之前提下，乐于与宋媾和，基本做到互不侵犯。所以在宋君臣看来，和平似乎用钱财便能买到，故其苟安享乐的心态更加怡然自得，以致在军事上对内防备与对外抵抗相比，永远是前者胜于后者。有鉴于此，自宋立国至宋夏战争时期，兴文教，抑武事，几乎是宋的一贯战略思维，而且宋统治者基本上对兵书采取禁止研读和传播之策。真宗景德三年（1006），在意识形态上实行兵学禁锢政策，下诏禁止私习天文、兵法、术数等书。《宋大诏令集》卷一九九《政事五十二·禁约下》“禁天文兵书诏景德三年四月己亥”条云：“天文兵法，私习有刑，著在律文，用防奸伪。顾兹群小，尚或有违，将塞异端，宜惩薄俗。两京诸路管内，除准敕合留阴阳、卜筮书外，应元象器物、天文星算、相术图书、七曜历、太乙雷公式、六壬遁甲、兵书、先诸家历算等，不得存留及衷私传习。有者限一月陈首纳官，释其罪，令官吏当面焚毁讫奏。限满不首，隐藏违犯，并当处死。内有私为诳惑、言及灾异情理重者，当行处斩。论告者赏钱百千，逐处有星算术数人，并部送赴阙，令司天监试验安排，瞽者不在此限。”① 宋统治者对词章之学甚为重视，对兵学则多弃之，把兵书与阴阳之术、星历之算等书同列为禁书。一些有识之士对此提出异议，如太宗朝的王禹偁进献备边御戎之策，主张抑儒崇兵，其言曰：“二曰艰难选举，抑儒臣而激武臣也。自陛下统御，力崇儒术，亲主文闱，志在得人，未尝求备。大则数年便居富贵，小则数月亟预官常。或一行可观，一言可采，宠锡之数，动逾千万……但恐授甲之士有使鹤之言，望减儒冠之赐，以均战士之恩。”② 仁宗朝，重视武事和解除兵书禁令的呼声日高，加之北边战事多发，促使最高统治者重新考量此事。故在仁宗宝元二年（1039），对兵书的禁止略有松动，规定除《孙

① 司义祖整理：《宋大诏令集》，中华书局 1962 年版，第 734 页。

② 〔宋〕李焘撰：《续资治通鉴长编》卷三〇《太宗》，见《文渊阁四库全书》第 3314 册，台湾商务印书馆 1986 年版，第 426~427 页。

子》《吴子》、史书之《天文》《律历》《五行志》，以及《通典》所引诸家兵法，悉为禁书。兵书得到有限解禁，仁宗皇帝允许臣僚及士民研习孙吴之书，亦允许研习《通典》所引兵法，这为孙子学在宋代的传布和研究提供了必要的政治环境。然而被称为暗藏“奸雄之志”的《阴符经》等书仍在禁读之列。《续资治通鉴长编》卷一六一《仁宗》载，庆历七年（1047），仁宗重申：“自今策试武举人，毋得问《阴符》诸禁书。”① 虽然神宗皇帝励精图治，希望有所作为，但是实际上对私习、私藏、私传兵书者仍予严加处置，故当时有诗人孔平仲描述当时兵士疲弱、教习松散、备边无力、将士分离、严禁兵书的现状。《宋诗钞》卷一六收录孔平仲《南卒》诗云：“坐食者南卒，骄与子弟俱。负甲则俯偻，荷戈不能趋。嘈然金鼓鸣，气骇失所图。固无一技良，徒有七尺躯。吾闻孙子教，弱女成武夫。吾欲练汝辈，使之虓虎如。奈何天子诏，苦禁蓄兵书。军旅非素习，壮士心踟蹰。群蛮屡骚动，主将复左除。有急何以报？思之可惊吁。”② 孔平仲系江西峡江人，生活于仁宗朝与徽宗朝之间，辗转任职于州县，熟知当时社会状况，对当朝兵事深表无奈，常怀一旦边警传来则不知何以应对之忧。

虽然神宗皇帝诏令校定和颁行了《武经七书》，赐予将校研习，但是也局限在一定范围、一定对象，而对统治集团内部和民众的防范一直没有放松，所以哪些兵书可藏、可习、可传，都是以皇帝意志加以规定，使臣民严格遵守。从仁宗朝中期到神宗朝初期，较大地推动了孙子兵学的发展，比之于宋初六七十年，其情状有较大改观。

虽然宋代统治者对兵书严加防范，但是仍有难以一一防范者，即使在真宗朝不许言兵的政治环境中，仍有个别私人兵学著作问世。当时有一位兵学家，叫许洞，于真宗咸平四年（1001）至景德元年（1004）撰成《虎钤经》。许洞（976—1015）出身官宦之家，擅武术，精兵学，通《左传》，有文才，

① 〔清〕纪昀等修：《文渊阁四库全书》第316册，台湾商务印书馆1986年版，第599页。

② 〔清〕纪昀等修：《文渊阁四库全书》第1461册，台湾商务印书馆1986年版，第313页。

然其志未展。真宗咸平三年（1000）进士解褐，任雄武军推官，因忤知州马知节而被奏除名。景德二年（1005），许洞以书献于朝廷，并以此参加“洞识韬略运筹决胜”科，然“负谴报罢”，而除均州参军。大中祥符四年（1011）诏试中书，改乌江县主簿。然才高不寿，年仅四十二卒。《虎钤经》都二十卷，凡六壬、遁甲、星辰、日月、风云、气候、风角、医药、相马、鉴人等，莫不具载。虽多汇集前人之说，参以己意，条理成帙，然亦不乏自创之文。综观其书，大抵为先秦两汉兵阴阳学派的传承及增衍。此书献于朝廷，其进表及自序概述作书缘由，乃鉴于《孙子》十三篇奥而精，其意难为学者晓用，而唐代李筌以《太白阴经》发挥《孙子》，却论心术秘而不宣，谈阴阳散而不备，故演绎孙武、李筌之要旨，而通天时、地理、人事之变化。许洞狂狷不逊，恃才傲物，献其所撰《虎钤经》，却触兵禁之讳而获罪，一生不得志，而致英年早逝，可见其怀才不遇之郁愤。在其触怒马知节而被除名之后，隐居吴中数年，日以饮酒为事，甚是落魄。有一次在酒肆中赊酒酣饮，挥毫作《酒歌》数百言，书于壁，乡人争往观之，且纷纷为其解囊，用于归还所欠酒钱。

然而，有史可稽者，在太宗、真宗、仁宗时期，除了桀骜不驯的许洞所撰《虎钤经》，尚无其他私撰兵阴阳之书。此一时期，虽有其他兵书编成，如仁宗御制《神武秘略》，曾公亮、丁度奉诏纂集《武经总要》，则体现皇帝意志。在此期间，亦有私家解注《孙子》者，如梅尧臣注《孙子》、王皙注《孙子》，则在兵书稍稍解禁之后所作。故自太宗至仁宗初期，以及仁宗中期至神宗初期，孙子学发展均受到政治上的高度压制，虽有某些有识之士向朝廷提出解禁措施，朝廷也有一些宽缓之策，但是私人著述仍然不多，而朝廷颁行的兵书在赐用、传习对象和范围方面并非完全开放，而有相当严格的限制。

自神宗中期之后，有了较为宽松的兵学发展环境，既有《武经七书》的颁行，又有武举、武学的开办，在一些开明之臣如范仲淹等的劝谏之下，武举考试亦有兵家韬略之试。早在仁宗时，范仲淹就提出重视将才的培养，必须改变“孙吴之书禁而废学”的状况，对将门子弟中有智勇之资者，密授兵论，委以边任；对平民中的智勇之士，则以武举收为其用；对臣僚中可堪大任者，亦可赐孙、吴之书，使知文武之方。仁宗时的大臣富弼在《上仁宗论武举武学》中则直陈禁止兵书传习弊端云："聚自古兵书置于学中，纵其讨习，勿复禁止……夫习武者读太公、孙吴、穰苴之术，亦犹儒者治五经，舍之则大本去矣。今陛下设制科、武举，求将帅之才，而反禁其所习之书，令学者何所师法？若禁其所习，而冀其所立，是由绁韩卢而求其获，绊骥足而望其骋也，不亦难乎。"① 面对边境之患，选练武将之呼声越来越高，强调文武兼备的选将标准，主张选举沈博有谋、知兵练武之士，试以边任，逐渐培养，以备重用，批评当时将领不学无术、临阵不知应变、不习兵法韬略的现状。在一些有识之臣的倡议下，英宗治平元年（1064）武举得以复置，而《孙子》《吴子》《六韬》《三略》《司马法》亦作为武举的考试内容。八年之后，即神宗熙宁五年（1072），武学得以复置。神宗元丰三年（1080）诏令校定《武经七书》并颁行。由此曲折反复、开禁不定的兵学终于迎来了较为宽松的发展时代。

神宗朝中期以后的孙子兵学，虽然仍有一些区域未能解禁，但是毕竟有较大自由，故直至南宋灭亡，其中虽有一些波澜，但大体上呈现了发展繁盛的良好气象。宋代的《孙子》注释之作、私家兵学之作多出于此期，亦即在有宋一代的三百余年历史中，孙子兵学的发展主要在后二百余年，而前约一百年基本处于禁止、徘徊、犹疑、倡议和解禁阶段，可谓一波三折，峰回路转，但总体趋势还是发展的、前行的。神宗、哲宗时有苏洵、苏轼论孙武；徽宗时有罗戬注《孙子》；两宋之际有吉天保集注《孙子》，郑友贤说《孙子》。而后二百余年的孙子学成就，又多集中在南宋高宗、孝宗时期，如施子美撰《七书讲义》，胡箕、张预、叶宏、陈直中、王自中等注《孙子》，以及王彦著《武经龟鉴》解《孙子》，南宋末有潘可大注《孙子》。

而就兵学之私家著述而言，神宗时有何去非撰《何博士备论》，评论从秦

① 〔宋〕赵汝愚编：《宋名臣奏议》卷八二《武举》，见《文渊阁四库全书》第432册，台湾商务印书馆1986年版，第31页。

汉至五代军事和政治的得失和兴亡。南宋高宗时陈规撰《守城录》《守城机要》，总结自己守城抗金的经验，提出城池守御的战略战术及城防构筑技术。

南宋孝宗、光宗时汤璹撰《建炎德安守御录》，搜集陈规守御德安故事，编撰成篇，反映的是陈规守城御敌思想。陈规非常重视人在战争中的决定性作用，尤其强调用兵之人的作用；主张守城应该攻守合一，守中有攻；在构筑城防工程上主张古人之法，可法则法，不可法则改易，而不可墨守成规。

高宗、孝宗时江西临川人黄兑撰有《美芹十策》，提出积极抗金的策略。后人题为辛弃疾所作，实为误题。考《宋史》辛弃疾本传，无有《美芹十策》之片言，而稽之雍正《江西通志》，则载曰："黄兑，字悦道，临川人，绍兴进士，尝献《美芹十策》《进取四论》。历官守南雄，陛辞三劄，论政事得失，言甚切直，持身清廉，年未七十致仕，官至朝议大夫、临川县开国男。"①《续文献通考》卷一八三《经籍考》子兵家类"美芹十论一卷"云："旧题辛弃疾撰。弃疾字幼安，历城人，官至龙图阁待制，进枢密都承旨，卒谥忠敏。臣等谨案，是书皆论恢复之计，卷末又载疏四篇，则后人所附入也。然史不言弃疾有是书，考《江西统志》载临川黄兑，字悦道，绍兴进士，官至朝议大夫，尝献《美芹十策》《进取四论》，此或兑书而后人讹为弃疾欤?"②

南宋高宗至理宗时，四川人李舜臣、李道传父子分别撰有《江东十鉴》和《江东十考》。李舜臣列举三国至六朝可为南宋政权借鉴的江东十大取胜战例，先叙交战经过，后予以评鉴。此十战为周瑜赤壁之战、祖逖谯城之战、褚裒彭城之战、桓温灞水之战、谢玄淝水之战、刘裕关中之战、到彦之河南之战、萧衍义阳之战、陈庆之洛阳之战及吴明彻淮南之战。李道传为补其父《江东十鉴》之不足，著《江东十考》，此十考为"屯兵之地""统兵之任""取兵之制""财赋之出""出师之途""馈运之方""舟师之利""出骑之用"

---

① 〔清〕谢旻等修，陶成等纂：雍正《江西通志》卷八〇《人物十五·抚州府》，见《文渊阁四库全书》第515册，台湾商务印书馆1986年版，第745页。

② 〔明〕王圻撰：《续文献通考》卷一八三《经籍考》，见《文渊阁四库全书》第630册，台湾商务印书馆1986年版，第443~444页。

“守城之规”“守江之要”。李舜臣父子皆进士及第，均曾任府学教授，并均有中央部门的任职经历，但其谈兵仍被当时某些朝臣和士大夫所讥，以为书生之见、大言炎炎，实际上是南宋投降派对主战派的打压和排斥。李舜臣父子之兵论，为当时对金军事斗争提出了可资借鉴的策略和措施，指出了可以取胜的方法，鼓舞了宋军士气。若循此以用，上下同心，军民团结，何愁国耻不雪，又何忧失地不复！

南宋孝宗时，浙江温州人陈傅良撰《历代兵制》，考述自周至北宋的军事制度，如西周的兵农合一井田制；汉代京师、地方兵制；隋唐府兵制；唐代彍骑、禁军制度；宋代禁兵、厢兵、藩兵制度。对历代兵制的沿袭和革新作了恰当的论析，特别是对兵役、徭役、军功、爵赏、兵员、军费及战况等有所涉及，在对历代军事制度的论列中，表明作者的兵学思想，主张寓兵于农，兵农合一，认为兵制之善，莫过于此；迎合宋最高统治者的旨意，主张兵无专主，将无重权，必须避免兵多常聚、帅多世守、在外则外重、在内则内重的弊病，而应该上下相维，内外相制，四方有事则命将以出，事解则罢，以防止将专兵权，危及君权；主张依法治军，赏罚分明；主张教习精进，日课其艺，勤加训练。陈傅良之用意，实则以历代军制的沿革来印证宋代军事制度的合理性，是为维护宋代军制而作，完全体现了南宋最高统治者对军事体制的要求。陈傅良是南宋永嘉学派的代表人物之一，主张经世致用，反对空谈性理，上承薛季宣事功学，下启叶适事功学之集大成，是永嘉学派发展中的一个极其重要的人物，其《历代兵制》即体现了其事功思想。

南宋宁宗时有赵万年记录襄阳知府赵淳守襄阳抗击金兵事，其书题名《襄阳守城录》，文末按云：“按史，开禧用兵，止载毕再遇数有功而详其事，赵淳止有焚樊城而遁之计，魏友谅突围而去事。今幕客记注乃若此，然则魏当何如记之耶？岂史臣多遗逸而不及见此耶？抑以为夸张失真而不之取耶？皆不可考也。”① 清乾隆时广东南海人伍崇曜跋曰：“右《襄阳

① 〔清〕纪昀等修：《文渊阁四库全书》第869册，台湾商务印书馆1986年版，第632页。

守城录》一卷，宋赵万年撰。案：万年，字里未详，是书则纪开禧间赵淳守襄阳事迹，万年盖淳幕僚云。《四库提要》亦著录，附存目中。厉樊榭等《南宋杂事诗》引用书目亦未之及，殆亦罕觏之帙。末附案语，不知何人所撰，援据各条，皆见《通鉴纲目续编》，谓迥不相侔，遂疑是书之夸张失实。然首尾完善，所言战守之事綦详，均凿凿可据，似非臆撰者。提要谓其'文多残缺，不尽可辨'。此亦亡友黄石溪明经钞存本，略有舛误，亟校勘以付剞劂焉。噫！襄阳为今古南北朝战守所必争之地，厥后南宋末吕文德守襄阳，刘整降元，请赂文德开榷场，筑堡壁，而襄阳始困长围六年。吕文焕以襄阳降元，而淮南、临安俱不守矣，则淳之功，亦安可没哉？"①

南宋高宗时，浙江乐清人钱文子撰《补汉兵志》。钱文子，历任吏部员外郎、国史院编修、宗正少卿。后退居白石山下，自号白石山人。北宋对五代兵弊矫枉过正，收天下之兵于京师，号称八十余万，然虚名冒滥，是无可用之兵。而南渡之后，仓皇招聚，兵员虽多，而冗费亦甚。有鉴于此，钱文子仿效汉代寓兵于农之制，为解决宋代兵制弊病及冗费难题开具良方，故裒辑《汉书》本纪、列传中所涉汉代兵制之文字，加以考证、论断，意欲借此改良宋代兵革疲惫、将士羸弱之现状，亦可谓用心良苦，故清季朱彝尊称赞钱文子非低头拱手、高谈性命之人能比。然钱氏深知宋世恢复兵农合一之制，殊非易事，不仅体制大有不同，而且宋兵多由流民、盗贼、刑徒充任，原本便无产业，一旦骤然裁汰，便又重操旧业；若逐渐裁减，则又兵农实难遽而合一；若不裁撤，则一旦为兵，终身仰食官府，财政实难负担。故宋代兵制改革实则处于两难境地，改则伤筋动骨，不改则军力、战力每况愈下。

南宋张预不仅有《孙子注》，而且编撰《十七史百将传》，选择从西周至五代的一百名将领，为其立传。每传末尾均有一段孙子语录并点评，以概括

---

① 新文丰出版社编辑部编：《丛书集成新编》第 117 册，台湾新文丰出版公司 1985 年版，第 208 页。

本传要旨。如第一传《周齐太公》末云：“孙子曰：‘明君贤将能以上智为间者，必成大功。’周宗太公阴权而兴王业是也。”① 第一百传《周刘词》末云：“孙子曰：‘惟民是保而利合于主，国之宝也。’词被甲枕戈而卧，以报国。又曰：‘军扰者，将不重也。’词神气自若而退奔突是也。”② 张预撰作此书，不惟选择十七史中的百位名将作传，实际上是以将传的形式诠解《孙子兵法》，而且对每位将领的事迹加以剪裁，注重选择最具个性特征和能够体现传主战略、战术、谋略的事迹，然后引用《孙子兵法》语予以点评，起到画龙点睛的作用。

南宋章颖撰有《宋朝南渡十将传》，分别为刘锜、岳飞、李显忠、魏胜、韩世忠、张俊、虞允文、张子盖、张宗颜、吴玠十将作传。《四库全书总目》云：“刘、岳、李、魏四传，开禧二年表上。后六传未上。核以《宋史》本传，此所采摭，未为详核，且抑世忠于胜、显忠后，似亦未安。子盖、宗颜，战功寥寥，允文亦侥幸不败，乃与诸人并数，皆未免不伦也。”③ 章颖，南宋临江（今属江西樟树）人，通经学，孝宗时应诏上书，礼部奏为第一，先后任道州教授、太学博士、左司谏，宁宗时任侍御史兼侍讲、刑部侍郎兼侍讲、礼部尚书。其所记南朝十名将事，一依史传体式，对所经战事详加载述，虽脉络清楚，繁简得当，然兵学理论价值不大。

《百战奇法》作于宋代，作者无可考。今题名明代刘基撰，实为伪托。此书版本有四种：明弘治十七年（1504）马思进《武经总要》附刻本、明万历二十七年（1599）唐富春《武经总要》附刻本、明代万历二十七年（1599）王鸣鹤《登坛必究》附刻本、明崇祯九年（1636）《韬略世法》丛书本。《百战奇法》提出一百种战法：计战、谋战、间战、选战、步战、骑战、舟战、车战、信战、教战、众战、寡战、爱战、威战、赏战、罚战、主战、客战、

① 《中国兵书集成》编委会编：《中国兵书集成》第9册，解放军出版社、辽沈书社1991年版，第5页。

② 《中国兵书集成》编委会编：《中国兵书集成》第9册，解放军出版社、辽沈书社1991年版，第713页。

③ 〔清〕永瑢等撰：《四库全书总目》，中华书局1965年版，第548页。

强战、弱战、骄战、交战、形战、势战、昼战、夜战、备战、粮战、导战、知战、斥战、泽战、争战、地战、山战、谷战、攻战、守战、先战、后战、奇战、正战、虚战、实战、轻战、重战、利战、害战、安战、危战、死战、生战、饥战、饱战、劳战、佚战、胜战、败战、进战、退战、挑战、致战、远战、近战、水战、火战、缓战、速战、整战、乱战、分战、合战、怒战、气战、逐战、归战、不战、必战、避战、围战、声战、和战、受战、降战、天战、人战、难战、易战、离战、饵战、疑战、穷战、风战、雪战、养战、畏战、书战、变战、好战、忘战。此百种战法，大多是相反相成、对立统一的概念，具有十分深刻的辩证涵义。其体例是，先说战法，再析战义，然后以《孙子》或《七书》之警言总括，末附战例。如《计战》云："凡用兵之道，以计为首。未战之时，先料将之贤愚、敌之强弱、兵之众寡、地之险易、粮之虚实。计料已审，然后出兵，无有不胜。法曰：料敌制胜，计险厄远近，上将之道也。"然后援引刘备三顾茅庐之史例：诸葛亮为刘备纵论天下形势，提出先据荆益、西和诸戎、南抚夷越、外结孙权、内修政治之策。

此外，还有丁度《庆历兵录》《庆历缮边录》《备边要览》、杨偕《兵书》、任谅《兵书》、李大著《江东经略》、赵善誉《南北攻守类考》、柴叔达《浮光战守录》、郭雍《冲晦郭氏兵学》、宋仁宗《攻守图术》、蔡挺《裕陵边机处分》及《教阅阵图》、曾致尧《清边前要》、王洙《三朝经武圣略》及《清边武略》、任镇《康定论兵》、曾公奭《军政备览》、赵瑜《安边致胜策》、吕夏卿《兵志》、阮逸《野言》、刘沪《备边机要》、王韶《熙河阵法》、韩缜《元丰清野备敌》、何去非《三备略讲义》、戴溪《历代将鉴博议》、张文伯《百将新书》、刘温润《西夏须知》、王维清《武昌要诀》、徐矸《司命兵机秘略》、徐确《总夫要录》、余壹《兵筹类要》、叶上达《神武秘略论》、夏休《兵法》、汪棣《进复府兵议》及《古今屯田总议》、游师雄《元祐分疆录》、佚名《崇宁边略》、刘荀《建炎德安守御录》、度济《兵录》、《西斋兵议》（文觉兄弟问答兵机）、章颖《四将传》及《神机灵秘图》、石普《军仪条目》、仁宗《神武秘略》、韩霸《水陆阵图》、张从实《将律》、焦大宪《兵易歌神兵苑》、郭固《军机决胜立成图》及《兵法攻守图术》、王存《枢密院诸房例册》、林广《阵法》、王拱辰《平蛮杂议》、杨伋《兵法图议》一卷、韩缜《枢密院五房宣式》、方垧《重演握奇》、梁焘《安南献议文字并目录》、韩绛《宣抚经制录》、王革《政和营缮军补录序》、任谅《兵书》等。此外，还有几十种不知著者的兵书。值得玩味的是，这些兵书虽然已经失传，但是多涉兵阴阳内容，没有受到宋代兵书禁令的束缚。而且更有趣的是，宋代禁止传习《阴符经》，可是在宋代注解《阴符经》者反而愈多，传世者亦不下十种，连朱熹都有《阴符经考异》和《黄帝阴符经注解》传世。从某种程度说，越禁止就越流传，禁而不绝，可以说是兵书流传的一个特征。

据《通志·艺文略》《宋史·艺文志》等载，吕惠卿注《素书》《三略》；吴章注《司马穰苴兵法》；成氏注《三略》；张载注《尉缭子》；张商英注《黄石公三略》。吕惠卿在神宗时任参知政事，协助王安石变法，从哲宗朝至徽宗朝，辗转迁任地方与中央多种官职。吴章在高宗时任潼川府路转运副使。张载主要生活于仁宗至神宗朝，历任司法参军、云岩县令、著作佐郎、签书渭州军事判官、崇文院校书郎等。张载好言兵，关注边事，然而接受范仲淹劝告，范仲淹说："儒者自有名教，何事于兵？"故转而专攻儒家中庸之学，而于嘉祐间登进士第。张商英主要生活于英宗至徽宗朝，历任南川县令、开封府推官、工部侍郎、翰林学士、中书侍郎等官。这些兵书的注解之作，大致出自北宋神宗至南宋高宗时期，因为上述注者均主要生活在这个时期。宋末元初有潘可大《孙子释文》，潘可大的生平史载寥寥，只知其与文学家戴表元、舒岳祥同时，戴表元《剡源文集》卷八收录《潘可大孙子释文序》。此后不见著录。戴序云，此书折衷《孙子》之意，其疏解以儒家之义释孙子之术，多为孙子所未讲，学孙子者所未悉，其心仁，其术慎，其于诈利也远。

从上述可知，宋代以孙子学为核心的兵学著作，主要产生在仁、神至孝、光时期，这一时期的兵学呈现比较繁盛的景象，而且兵学的推动者多为文人，文人论兵、文人著述兵书是宋代兵学的重要特征。究其原因，有宋一代崇文抑武，文官掌兵，文人被最高统治者赋予文武兼修的使命，故宋代文人对兵事、兵学似乎有一种天然的责任和担当。宋代又是一个儒学高度发展的时代，经过北宋初期柳开、王禹偁等人倡导儒学、排斥佛道的努力，继之以仁宗庆历前后孙复、石介、欧阳修、李觏等人在力推儒学的同时，注意吸收、融汇佛道中的有益成分。北宋中期，宋代儒学获得了长足的发展，王安石的荆公新学、周敦颐的濂学、张载的关学、二程的洛学、邵雍的数学、三苏的蜀学先后兴起，影响深广。他们力图建立自己的儒学理论体系，分别提出道、诚、气、理、数等核心范畴，从各自的角度阐述儒家的心性理论。南宋中期，又有胡宏和张栻的湖湘学派、朱熹的闽学学派、陆九渊的象山学派、陈亮的永康学派、叶适的永嘉学派，建立了各自的理论体系，如湖湘学派构建性学理论，闽学学派构建理学理论，象山学派构建心学理论，永康学派和永嘉学派构建事功理论。这些学派及其理论是对北宋中期以来儒学的扩展和深化，使宋代的儒学发展到一个新的高度。北宋以来的儒学，不同学派之间常有争论、辩难，甚至攻讦。这种学术争鸣极大地推动了宋代儒学的繁荣。儒学的高度发展在思想上和意识形态上迎合了最高统治者的要求，得到了政治上的高度认同和大力支持。在这种大气候下，以孙子学为核心的兵学，自然会受到儒学的影响，在解读、阐释《孙子》十三篇时，自觉不自觉地彰显儒家的思想和观点。故有宋一代，不仅文人掌兵，而且将领亦多为儒将，就连兵学，也与儒学融汇，形成兵儒合一的景观。比如张预注“道者，令民与上同意也”云：“以恩信道义抚众，则三军一心，乐为上用。”① 其实孙子学的儒学化进程，自唐代末期已经开始，比如杜牧注解《孙子》之“道”为“仁义”，并以李斯问兵于荀子，而荀子以仁义修政作答为例，又以为兵之主在于仁义节制而已。再如，张预注“兵者诡道”云，用兵虽本于仁义，然其取胜必在诡诈，其注已与孙子本旨相去甚远。然张预在注解《孙子》时，又有与此不同者，认为仁义可以治国，诡诈用于治军，不可颠倒混淆，治国之道不可用于治军，则又甚为确当。可见宋代有的《孙子》注家有时陷入思想上的自相矛盾之中。

---

① 〔汉〕曹操等撰：《孙子十家注》，见《诸子集成》第六册，中华书局 1954 年版，第 3 页。

宋代文人论兵的另一表现，是对兵学的轻视和批评，以王者之学衡量兵学，过分强调文治而偏废武功。宋太宗尝读《阴符经》，称其为“诡诈奇巧，不足以训善”，表现的是奸雄之志。宋代李攸《宋朝事实》卷三《圣学》载曰：“太宗笃好儒学，尝览前代修文殿《御览艺文类聚》，门目繁杂，失其伦次，乃诏翰林学士李昉、扈蒙，知制诰李穆，右拾遗宋白等参详类次，分定门目，编为《太平总类》一千卷，俄改为《太平御览录》。又谓稗官之说或有可采，令取野史、传记、故事、小说编为五百卷，赐名《太平广记》……上览兵法《阴符经》，叹曰：‘此诡诈奇巧，不足以训善，奸雄之志也。’至论《道德经》，则曰：‘朕每读至“兵者，不祥之器，圣人不得已而用之”，未尝不三复以为规戒。王者虽以武功克敌，终须以文德致治。朕每日退朝，不废观书，意欲酌先王成败而行之以尽损益也。’”① 完全以儒家立场对兵学予以否定。即使兼通儒、佛、道的文学大家苏轼，对《孙子》亦抱有求全责备之心，认为孙子之学，未及天子之兵、天下之势，故以将之才用之则可，以君之才用之则不可。故当时的社会风气，尊崇文官，轻视武职。有些官员即使做了武职，也要想方设法转任文职，以致天下官位均由文士占据。北宋英宗时，蔡襄痛陈当世天下用人之弊，并提出各还其职于其能，特别提出了“兵戎之职还于武士”，其《上英宗国论要目十二事》“任材”条云：“今世用人，大率以文词进。大臣，文士也；近侍之臣，文士也；钱谷之司，文士也；边防大帅，文士也；天下转运使，文士也；知州郡，文士也。虽有武臣，盖仅有也。故于文士，观其所长，随而任之；使其所能，则不能者止。其术莫善于还，词令之职还于文士，讲说之职还于文学，典礼之职还于博士，兵戎之职还于武士，吏文之职还于法吏，金谷之职还于财利。臣所谓还者与其能者，不以一人之智兼责之也。若夫宰辅大臣，必兼众能，文学之士皆其出身，忠义之节皆其素立，故不论也。不明法令不可也，不知军旅之情不可也，不知边疆夷狄之数不可也，不知金谷利病不可也，不知礼典之旧不可也，是故

① 〔清〕纪昀等修：《文渊阁四库全书》第608册，台湾商务印书馆1986年版，第30页。

其人陛下知其难也。得人则爱重之，又于群臣询谘而择之，臣故谓任材者，明天子之事也。”① 由于宋代天下官员多为文士出身，所以即使兵戎之职，亦由文士充任，而要革除这种用人之弊，则必须各还其能，量材授官。正因为宋代当政者多出身文士，故其治国治军，主张以德怀远，构筑高垒深沟以防御，而不必以武力争尺寸之地；主张先本而后末，安内以养外，即以人民为本，以夷狄为末；以华夏为内，以夷狄为外。在这样的政治氛围之中，对兵学的释读无疑掺杂了更多的儒学观念，一方面实现了兵儒融合，推动了兵学的发展，但另一方面又弱化了兵学的本质。

宋代孙子学一直伴随着战争的变化而曲折演进，在对辽、夏、金、元的战争中逐渐复兴和繁盛，在有限的解禁过程中获得了文士的垂青。可以说，宋代最高统治者是在御侮战争的裹挟之下，不由自主地对以孙子学为核心的兵学予以有限支持。尽管宋代崇文抑武，但是宋代文人解读兵书、谈论兵事、撰著兵学之作宏富，促进了宋代兵学的空前繁荣，兵书数量远超前代。尽管宋代在战争中屡屡败绩，但是在防守性的战略、战术等理论上多有创新，比如城市防御、边境防御等理论有创新，有多种城防、边防的理论著作，在兵法谋略方面亦有发明，总结了百种战法，极具军事辩证思想。在军事理论的总结汇编、历代军制的梳理考证方面，更是前所未有，不仅规模宏大，而且经世致用。实事求是而言，有宋一代是兵学理论繁盛而兵事实践萎弱的朝代。究其原因，是宋代最高统治者实行崇文抑武、安内重于攘外的治国方略所致。

元代统治者对汉人实行高压统治和种族歧视的政策，对武力则严厉控制，对兵学严加防范，比之宋代有过之而无不及。加之元代统治者对文化的轻视，虽也尊崇儒学，但是并没有从思想深处认识到文化对国家治理的作用。故有元一代，几乎没有值得称道的兵学成果。蒙古帝国虽然骁勇善战，几乎攻无不克，战无不胜，但是在兵学理论的著述上显然大逊于前代。虽然成吉思汗颁布了不少“札撒”法令，其中涉及一些作战方法、战场纪律之类的兵法，

① 〔清〕纪昀等修：《文渊阁四库全书》第 432 册，台湾商务印书馆 1986 年版，第 910~911 页。

而且有个别将领如木华黎，据说也有兵法著述，但是并未流传下来。当然，元代也有少数几种注解《阴符经》《素书》之作及一两种兵阴阳著作，如王楚材作序的《神机制敌天书白猿经》，以及佚名《大元马政记》、李克家《戎事类占》等，与前代相比，全然不足道矣。

宋元时期孙子学著述，多有文官作者。

宋代《梅圣俞注孙子》作者梅圣俞，皇祐三年（1051）进士，累官尚书都官员外郎。

宋代朱服、何去非校定《孙子》，朱服为熙宁进士，累官礼部侍郎；何去非，神宗年间以廷对中式而得官，任武学教授，寻迁武学博士，然亦是文士出身。

宋代《王皙注孙子》作者王皙，亦为文士出身。

宋代《何氏注孙子》作者何延锡，实为五代十国南唐兵马都监何延锡，当为五代北宋之际人。

宋代《张预注孙子》作者张预，或云清河人，或云东光人，虽生平不详，然从其另一著述《十七史百将传》从史传中征引繁富的文字看，亦颇似文士。

宋代佚书《孙吴二书》作者罗戬，宋徽宗时任武学教谕，然亦为文人。

宋代《孙子十家会注》编者吉天保，虽生平不详，然据其综汇前人注《孙子》成果，体例谨严，构思精当，则知非一般的军士、武夫所能及，故亦当为文士或文官无疑。

宋代《孙子遗说》作者郑友贤，宋代人，虽生平不详，然其视《孙子》为儒者之《易》，其所撰述之《孙子遗说》立意高远，学问深长，非学问家不能及，亦当为文人学士。

宋代《武经龟鉴》编者王彦，曾任保平军节度使，出身武官，曾为宋孝宗收复多处失地。

宋代《施氏七书讲义》作者施子美，进士出身，宋孝宗淳熙八年（1181）辛丑科武举状元江伯虎称其为“儒者流谈兵家事”①，可知施子美是

---

① 〔宋〕江伯虎撰：《孙子序》，见谢祥皓、刘申宁辑《孙子集成》第 2 册，齐鲁书社 1993 年版，第 1 页。

儒生。

宋代《孙子注》作者叶宏，为南宋乾道八年（1172）进士，先任武学教谕，后总领江东兵马钱粮，官至敷文阁待制、太府少卿，精研武学，又涉兵事，则非一般文士可比。

宋代佚书《孙子发微》作者陈直中（字颐刚），注解《孙子》，闻名当时，一些文人高士吟诗唱和而赞之。如宋代许及之《寄陈颐刚》云："眼见交游半陆沈，可无百丈引清深。注成兵法有奇志，闲过壮年应苦心。几度梅花开怅望，有时杨叶梦追寻。男儿机会何终极？莫遣愁将鬓发侵。"① 楼钥《次许深甫寄陈颐刚韵》云："博物曾经辨实沈，论兵更觉用功深。九阍未进六奇计，万卷空催一寸心。流水高山谁复会？寒松春柳解相寻。如君岂是长贫者？作计无令岁月侵。"② 陈傅良《陈颐刚注孙子许拾遗赠诗用韵寄之》云："千帆过尽独舟沈，玩世齁齁踵息深。何自著书今白发？不禁恋阙此丹心。诗来沧海珠盈把，人在掖垣梧十寻。应为一编三致意，细论《小雅》到交侵。"③ 陈傅良《酬陈颐刚见和前韵》："离合皆天意，盈虚几月华。家才办藜苋，吾亦逐芦葭。忧世还当路，论兵有故家。深深看踵息，阴火养黄芽。"④ 从上述寄意陈颐刚之诗句"闲过壮年""九阍未进六奇计""如君岂是长贫者""玩世齁齁""家才办藜苋""论兵有故家"等看，陈颐刚是一位清贫的布衣文士，而胸有韬略，闻名当世。陈颐刚不仅善于谈兵，而且善画。宋代廖行之《书陈颐刚墨梅扇》赞其画云："玉斧琢成明月，陈玄幻出横枝。依旧西湖风景，素衣聊受尘缁。"⑤ 由此更可证其为文士。

---

①〔宋〕许纶撰：《涉斋集》卷一一《七言律诗》，见《文渊阁四库全书》第 1154 册，台湾商务印书馆 1986 年版，第 479 页。

②〔宋〕楼钥撰：《攻愧集》卷八《今体诗》，见《文渊阁四库全书》第 1152 册，台湾商务印书馆 1986 年版，第 366 页。

③〔宋〕陈傅良撰：《止斋集》卷六《律诗》，见《文渊阁四库全书》第 1150 册，台湾商务印书馆 1986 年版，第 540 页。

④〔宋〕陈傅良撰：《止斋集》卷五《律诗》，见《文渊阁四库全书》第 1150 册，台湾商务印书馆 1986 年版，第 535 页。

⑤〔宋〕廖行之撰：《省斋集》卷三《七言律诗》，见《文渊阁四库全书》第 1167 册，台湾商务印书馆 1986 年版，第 310 页。

宋代佚书《孙子新略》作者王自中，南宋淳熙年间进士，久历地方官。

宋代佚书《孙子解并武经简要》作者宋奇，由于文献阙如，不知其身份。

宋代佚书《孙吴子注》作者胡箕，学贯经史，尤精《春秋》，善为辞章，官迪功郎。

元代佚书《孙子释文》作者潘可大，从戴表元序称其"于书无所不观"及"修词而好"看，系文士无疑。

元代佚书《武经注》作者解观，为明代解缙之族祖，以治《易》闻名。

元代佚书《孙子张贲注》作者张贲，从刘寅《武经直解》所引张贲注看，非学问深厚、见解精到之学问家不能为。

对以上注家身份的推定，乃依据于汝波等《孙子学文献提要》所列宋元《孙子》十八位注家的行状线索（不含作者佚名数家）。所列十八位注家中，仅有何延锡、王彦、叶宏三位注家有从军或统兵经历，其余皆为文官或文士，而且有文献可考之进士出身者，有梅圣俞、朱服、施子美、王自中和叶宏五人。

宋代重文轻武、文人监军、文官统领武官现象极为普遍，故虽然宋代武学发达，但是研究武学者，亦多为文臣学士。宋代进士，武科不如文科，有的人即使中了武状元，亦有可能弃武从文，比如宋孝宗时的江伯虎，原名江南强，"伯虎"乃孝宗皇帝所赐之名。孝宗皇帝希望他在对金作战中如猛虎一般，能够光复河山，然而江伯虎不愿从军，未能恪守皇帝旨意做一个杀敌立功的武将，而是参加了朝廷专为在任官员设置的"锁厅试"（亦作"鏁厅试"，谓锁其厅事而赴考），考中了文科进士，得授大理评事之职。此事并非因为江伯虎胆大忤旨，实则因为南宋最高统治者施行重文抑武的国策，片面尊崇文官的社会风尚。以此之故，江伯虎非但没有获罪，反而得到重用。

正因为宋元孙子学著述者多为文臣学士，故其注解质量较高，成就较大，梅圣俞、朱服、何去非、王皙、张预、何延锡、吉天保、郑友贤、施子美、张贲等均是令后世尊崇的校注者，其中吉天保收四家注（五代何延锡及宋代梅圣俞、王皙、张预）入《十家孙子会注》，并附郑友贤《孙子遗说》于其后。故有宋一代，统兵者多为文士，论兵者亦多为文士，文人兵学是其最重要特色。

第三节　宋元引《孙子》

一、《太平广记》引《孙子》仅有一条

《太平广记》是宋代李昉、扈蒙、李穆、徐铉等奉宋太宗之命所编的大型类书，取材于汉至宋的野史传说及释道故事。因成书于太平兴国年间，又与《太平御览》同时编撰，且所取材料广泛，故名为《太平广记》。

《太平广记》卷四五六《蛇一》“率然”条：

> 西方山中有蛇，头尾差大，有色五彩。人物触之者，中头则尾至，中尾则头至，中腰则头尾并至，名曰率然，会稽常山，最多此蛇。《孙子兵法》曰：“将之三军，势如率然也。”出《神异经》。①

二、《太平御览》引《孙子》

《太平御览》由宋李昉等编纂，全书一千卷，依次分为天、时序、地、皇王、偏霸、皇亲、州郡、居处、封建、职官、兵、人事、逸民、宗亲、礼仪、乐、文、学、治道、刑法、释、道、仪式、服章、服用、方术、疾病、工艺、器物、杂物、舟、车、奉使、四夷、珍宝、布帛、资产、百谷、饮食、火、休征、咎征、神鬼、妖异、兽、羽族、鳞介、虫豸、木、竹、果、菜茹、香、药、百卉，凡五十五部。每部有若干类目，凡五千三百六十三类，引用五代以前文献凡两千五百七十九种，与《册府元龟》《文苑英华》《太平广记》合称“宋四大书”，所引文献涵盖经、史、子、集，具有很高的辑佚学、校勘学、辨伪学等文献学价值，然大多文献今已亡佚。《太平御览》引用《孙子》

---

① 〔清〕纪昀等修：《文渊阁四库全书》第1046册，台湾商务印书馆1986年版，第363页。

语主要集中在“兵部”，其他部类亦有少量引用。其征引《孙子》有以下特点：

（一）以类目统贯包括《孙子》在内的被引文献内容。就征引《孙子》而言，即把《孙子》中与类目主旨相符的文句置于其下。譬如天部的云、雷、恒山等类目，则以《孙子》中相关的语句相连属，所以虽然引用《孙子》，且十三篇大都有涉及，但是不一定按照原有顺序编次，即打乱了《孙子》原文的顺序，而以类目之意连贯之。

（二）《孙子》原文及注释俱引，在原文之下以双行夹注形式随文编次（本书改为圆括号内单行注）。其双行夹注或为曹操注，或为杜佑注，或为杜牧注，或为陈皞注，或为其他注家之注，而又在文字上有少许增删，此当为李昉等编纂《太平御览》时所为。

（三）所引《孙子》语，有些是今本所无，当为《孙子》佚文，而有的则是同名异书《孙子》文，由于史料阙如，实难区分二者归属。如《太平御览》卷一二《天部十二》“雪”条目下引：“《孙子》曰：昔卫君重裘累茵而坐，见路有负薪而哭之者，问：‘何故也?’对曰：‘雪下衣薄，是以哭之。’于是卫君惧，见于颜色，曰：‘为君而不知民，孰以我为君?’于是开府金，出仓粟，以赈贫。”① 此所引《孙子》并非兵书《孙子》。《太平御览》卷一三《天部十三》“雷”条目下引：“《孙子》曰：‘击电无停光，疾雷无余声。’”② 由于上下文阙如，亦难判断出自兵书《孙子》语，抑或其他《孙子》书。《汉书·艺文志》道家类著录《孙子》十六篇，六国时。《隋书·经籍志》《旧唐书·经籍志》《新唐书·艺文志》道家类著录《孙子》十二篇，皆云孙绰撰。《遂初堂书目》杂家类著录《孙子》，未云卷数。陈振孙《直斋书录解题》杂家类著录《孙子》十卷，云为晋代孙绰撰，“恐依托”，其依据是《唐志》及《中兴书目》无著录，而陈振孙著录此书，乃其从同僚程文简家借阅而为之。然笔者检索《旧唐书·经籍志》及《新唐书·艺文志》，则

① 〔宋〕李昉等编：《太平御览》，中华书局1960年版，第59页。
② 〔宋〕李昉等编：《太平御览》，中华书局1960年版，第65页。

在道家类均著录《孙子》十二卷，孙绰撰，并非如陈振孙所言《唐志》无著录，故陈振孙所云不实。

《太平御览》引《孙子》，虽均名曰《孙子》，但并非都是兵书《孙子》，或为道家《孙子》，或为杂家《孙子》。为供读者辨正，笔者不厌其烦，转录如下。①

《太平御览》卷三九《地部四》“恒山”条：

《孙子兵法》曰：“常山之蛇，名曰率然，一身而两头，击其一头，则一头至，击其中，则两头俱至。”②

《太平御览》卷一八九《居处部十七》“井”条：

《孙子兵法》曰：“地多陷曲曰天井。”③

《太平御览》卷一九三《居处部二十一》“橹”条：

《孙子兵法》曰：“攻城之法，修橹枌榅，具器械三月而后成。”④

《太平御览》卷二七〇《兵部一》“叙兵上”条：

《孙子》曰：“兵者，国之大事。校之以计，而索其情。一曰道，二曰天，三曰地，四曰将，五曰法。道者，令人与上同意，故可与之死，可与之生，而人不畏危。天者，阴阳、寒暑、时利。地者，远近、险易、

---

① 笔者按：《太平御览》在引《孙子》时，随文曹操等注一并引用，今删除曹操等注，只保留《孙子》原文，引文中明显的错讹在移录时径改。

② 〔宋〕李昉等编：《太平御览》，中华书局1960年版，第188页。

③ 〔宋〕李昉等编：《太平御览》，中华书局1960年版，第915页。

④ 〔宋〕李昉等编：《太平御览》，中华书局1960年版，第934页。

广狭、死生。将者，智、信、仁、勇、严。法者，曲制、官道、主用。凡此五者，将莫不闻之者胜，不知者不胜。"①

又曰："兵者，诡道。故能而示之不能，用而示之不用；近而示之远，远而示之近。故利而诱之，乱而取之，实而备之，强而避之，怒而挠之，卑而骄之，佚而劳之，亲而离之，攻其无备，出其不意，此兵之胜，不可豫传。"②

又曰："凡用兵之法，全国为上，破国次之。全军为上，破军次之。全卒为上，破卒次之。全伍为上，破伍次之。是故百战百胜，非善之善；不战而屈人之兵者，善之善者也。"③

又曰："故用兵之法，十则围之，倍则分之，敌则能战，少则能逃，不若则能避之，故小敌之坚，大敌之擒也。"④

又曰："凡治众如治寡，分数是也。斗众如斗少，形名是也。三军之众可使必受敌而无败者，奇正是也。兵之所加，如以瑕（碫）投卵者，虚实是也。"⑤

又曰："故善动敌者，形之，敌必从之；与之，敌必取之。以利动之，以卒待之。故善战者，求之于势，不责于人，故能择人而任势。任势者，其战人也，如转木石，木石之性，安则静，危则动，方则止，员则行。故善战人之势，如转员石于万仞之山者，势也。"⑥

又曰："凡先据战地而待敌者佚，后据战地而趋战者劳，故善战者致人而不致于人。能使敌人自至者，利之也；能使敌人不得至者，害之也。故敌佚能劳之，饱能饥之，安能动之，出其所必趋也。"⑦

又曰："兵形象水，水之行，避高而就下；兵之形，避实而击虚。故

① 〔宋〕李昉等编：《太平御览》，中华书局1960年版，第1263页。
② 〔宋〕李昉等编：《太平御览》，中华书局1960年版，第1263页。
③ 〔宋〕李昉等编：《太平御览》，中华书局1960年版，第1263页。
④ 〔宋〕李昉等编：《太平御览》，中华书局1960年版，第1263页。
⑤ 〔宋〕李昉等编：《太平御览》，中华书局1960年版，第1264页。
⑥ 〔宋〕李昉等编：《太平御览》，中华书局1960年版，第1264页。
⑦ 〔宋〕李昉等编：《太平御览》，中华书局1960年版，第1264页。

水因地而制形，兵因敌而制胜。故兵无常势，水无常形，能与敌变化而取胜者，谓之神。故五行无常胜，四时无常位，日有长短，月有死生。”①

又曰：“故不知诸侯之谋者，不能豫交；不知山林险阻、沮泽之形者，则不能行军；不用乡导者，不能得地利。故兵以诈立，以利动，以分合为变者也。故兵疾如风，徐如林，侵掠如火，不动如山，难知如阴，动如雷霆。”②

又曰：“夜战多火鼓，昼战多旌旗，所以变人之耳目也。故三军可夺气，将军可夺心。是故朝气锐，昼气惰，暮气归。故善用兵者，避其锐气，击其惰归，此治气者也。以治待乱，以静待哗，此治心者也。以近待远，以佚待劳，以饱待饥，此治力者也。无邀正正之旗，无击堂堂之阵，此治齐人者也。”③

又曰：“用兵之法，高陵勿向，倍丘勿迎，丘阪勿迎，佯北勿从，锐卒勿攻，饵兵勿食，归师勿遏，围师勿斗。此用兵之法也。”④

又曰：“故善用兵，譬如帅然。帅然者，常山之蛇也。击其首则尾至，击其尾则首至，击其中则首尾俱至。”⑤

又曰：“践墨循敌，以决战事。是故始如处女，敌人开户；后如脱兔，敌不及矩。”⑥

《太平御览》卷二七二《兵部三》“将帅上”：

《孙子》曰：“将者，智、信、仁、勇、严也。故知兵之术，人之司

① 〔宋〕李昉等编：《太平御览》，中华书局1960年版，第1264页。
② 〔宋〕李昉等编：《太平御览》，中华书局1960年版，第1264页。
③ 〔宋〕李昉等编：《太平御览》，中华书局1960年版，第1263~1264页。
④ 〔宋〕李昉等编：《太平御览》，中华书局1960年版，第1264页。
⑤ 〔宋〕李昉等编：《太平御览》，中华书局1960年版，第1264页。
⑥ 〔宋〕李昉等编：《太平御览》，中华书局1960年版，第1264页。

命，国家安民之主也。将者，国辅。辅周国必强，辅隙则国必弱。”①

又曰：“故君之所以患于军者三。三者何也？曰不知军之不可进而谓之进，不知军之不可退而谓之退，是谓縻军；不知军中之事而同军中之政，则军士惑也；不知三军之任权而欲同三军之任，则军事覆疑。三军既惑既疑，则诸侯之难至矣，是谓乱军而引胜。故知胜有五，知可以战与不可以战者胜；识众寡之用者胜；上下欲同者胜；以虞待不虞者胜；将能君不御者胜。此五者，知胜之道。故曰知彼知己，百战不殆；不知彼而知己，一胜一负；不知彼不知己，每战必殆。”②

又曰：“凡用兵之法，将受命于君，合军聚众，氾地无舍，衢地合交，绝地无留，围地无谋，死地则战。途有所不由，军有所不击，城有所不攻，地有所不争，君命有所不受。故将通于九变之利者，则知用兵矣。将不通于九变之利，虽知地形，不能得地之利矣。”③

又曰：“治人不知五变，虽知五利，不能得人用之矣。是故智者之虑，必杂于利害，杂于利而务可信，杂于害而患可解。趣之以利。故用兵之法，无恃其不来，恃吾有以待之；无恃其不攻吾也，恃吾不可攻。故将有五危：必死可杀，必生可虏，忿速可侮，廉洁可辱，爱人而烦，凡此五者，将之过，用兵之灾。覆军杀将，必以五危，不可不察也。”④

又曰：“吏强卒弱，曰陷。大吏怒而不服，遇敌怼而自战，将不知其能，曰崩。将弱不严，教道不明，吏卒无常，阵兵纵横，曰乱。将不能料敌，以少合众，以弱击强，兵无选锋，曰北。凡此六者，胜败之道，将之至任也。”⑤

又曰：“明主虑之，良将修之。非利不起，非得不用，非危不战。主不可以怒而兴军，将不可以愠而合战，合于利而用，不合于利而止。怒

① 〔宋〕李昉等编：《太平御览》，中华书局1960年版，第1273页。
② 〔宋〕李昉等编：《太平御览》，中华书局1960年版，第1273页。
③ 〔宋〕李昉等编：《太平御览》，中华书局1960年版，第1273页。
④ 〔宋〕李昉等编：《太平御览》，中华书局1960年版，第1273~1274页。
⑤ 〔宋〕李昉等编：《太平御览》，中华书局1960年版，第1274页。

不可复喜，愠不可复悦，亡国不可复存，死者不可复生。故曰明主虑之，良将警之，此安国之道也。"①

《太平御览》卷二七三《兵部四》"将帅下"条：

《孙子》曰："将者，勇、智、仁、信。"②

又曰："三军之众，百万之师，张设轻重，在于一人，谓之气机。道峡路险，名山大塞，十人所守，千人不过，是谓地机。善行间谍，分散其众，使君臣相怨，是谓事机。车坚舟利，士马闲习，是谓力机。此所谓四机者也。"③

又曰："夫将可乐而不可忧，谋可深而不可疑。将忧则内疑，谋疑则敌国奋。以此征伐，则可致乱。故将能清净，能平，能整，能受谏，能听讼，能纳人。能采善言，能知国俗，能图山川，能裁厄难，能制军权。危者安之，惧者欢之，叛者还之，冤者原之，诉者察之，卑者贵之，强者抑之，敌者残之，贪者丰之，欲者使之，畏者隐之，谋者近之，谗者覆之，毁者复之，反者废之，横者挫之，服者活之，降者说之，获城者割之，获地者裂之，获国者守之，获厄塞之，获难屯之，获财散之，敌动伺之，敌强下之，敌凌假之，敌暴安之，敌勃义之，敌睦携之，顺举挫之，因势破之，放言过之。此为将之道也。"④

又曰："故将拒谏则英雄散，策不从则谋士叛；善恶同则功臣倦，将专己则下归咎，将自臧则下少功，将受谗则下有离心，将贪财则奸不禁，将内顾则士卒淫。将有一则众不服，有二则军无试，有三则军乖背，有四则祸及国。"⑤

① 〔宋〕李昉等编：《太平御览》，中华书局 1960 年版，第 1274 页。
② 〔宋〕李昉等编：《太平御览》，中华书局 1960 年版，第 1276 页。
③ 〔宋〕李昉等编：《太平御览》，中华书局 1960 年版，第 1276 页。
④ 〔宋〕李昉等编：《太平御览》，中华书局 1960 年版，第 1276~1277 页。
⑤ 〔宋〕李昉等编：《太平御览》，中华书局 1960 年版，第 1277 页。

又曰："《军志》曰：将谋欲密，士众欲一，攻敌欲疾。将谋密则奸心闭，士众一则群心结，攻敌疾则诈不及。设军有此三者，则计不夺。将谋泄则军无势，以外窥内则祸不制，财入营则众奸会。将有此三者，军必败也。"①

又曰："将无虑则谋士去，将无勇则吏士恐，将迁怒则军士惧。虑也，谋也，将之所重；勇也，怒也，将之所用意。故曰必死可杀也，必生可虏也，忿速可侮也，廉洁可辱也，爱人可烦也。此五者，将兵之过，用兵之灾也。"②

又曰："凡战之要，先占其将，而察其才，因形用权则不劳而功兴也。其将愚而信人，可谋而诈；贪而忽名，可货而赂。轻变，可劳而困。上富而骄，下贫而磔，可离而间。将怠士懈，可潜而袭。智而心缓者，可迫也；勇而轻死者，可暴也；急而心速者，可诱也；贪而喜利者，可袭也，可遗也；仁而不忍于人者，可劳也；智而心缓者，可惊也；信而喜信于人者，可诳也；廉洁而不爱人者，可侮也；刚毅而自用者，可事也；懦心喜用于人者，可使人欺也。此皆用兵之要，为将之略也。"③

《太平御览》卷二八〇《兵部十一》"抚士上"条：

《孙子》曰："视卒如婴儿，故可与之赴深溪；视卒如爱子，故可与之俱死。厚而不能使，爱而不能令，乱而不能理，譬如骄子，不可用也。"④

《太平御览》卷二八二《兵部十三》"机略一"条：

---

① 〔宋〕李昉等编：《太平御览》，中华书局1960年版，第1277页。
② 〔宋〕李昉等编：《太平御览》，中华书局1960年版，第1277页。
③ 〔宋〕李昉等编：《太平御览》，中华书局1960年版，第1277页。
④ 〔宋〕李昉等编：《太平御览》，中华书局1960年版，第1303页。

《孙子》曰："凡战者以正合，以奇胜。故善奇者，无穷如天地，不竭如江海。终而复始，日月是也；死而更生，四时是也。故声不过五，五声之变不可胜闻；色不过五，五色之变不可胜观；味不过五，五味之变不可胜尝；战势不过奇正，奇正之变不可胜穷也。奇正相生，如循环之无端，孰能穷之哉？故水之疾，至于漂石者，势也；鸷鸟之击，至于毁折者，节也。是以善战者，其势险，其节短。势如彍弩，节如发机。纷纷纭纭，斗乱而不可乱；浑浑沌沌，形圆而不可败也。"①

《太平御览》卷二九〇《兵部二十一》"料敌上"条：

《孙子》曰："用兵之道，校之以五计而索其情，曰主孰有道？将孰有能？天地孰得？法令孰行？兵众孰强？士卒孰练？赏罚孰明？吾以此知胜负矣。敌知吾卒之可用以击之，不知敌之不可击，胜之半也；知敌之可以击，而不知吾卒之不可以击，胜之半也；知敌之可以击，知吾卒之可击，而不知形之不可以战，胜之半也。故曰知兵者动而不迷，举而不顿。将不能料敌，以少合众，以弱击强，兵无选锋，曰北。夫料敌制胜，计极险易、利害远近，上将之道也。知此而用，战者必胜；不知此而用，战者必败。夫唯无虑而易于敌者，必擒于人也。故策之而知得失之计，候之而知动静之理，形之而知死生之地，角之而知不足有余之处。"②

又曰："兵者诡道，故校之以五计而索其情。一曰度，二曰量，三曰数，四曰称，五曰胜。地生度，度生量，量生数，数生称，称生胜。故胜兵若以镒称铢，败兵若以铢称镒。胜之战者，人也；若决水于千仞之溪者，形也。"③

---

① 〔宋〕李昉等编：《太平御览》，中华书局1960年版，第1310页。
② 〔宋〕李昉等编：《太平御览》，中华书局1960年版，第1339页。
③ 〔宋〕李昉等编：《太平御览》，中华书局1960年版，第1339页。

《太平御览》卷二九一《兵部二十二》“料敌下”条：

《孙子》曰：“军旁有险阻、蒋潢、井生、葭苇、小林、翳荟者，必谨覆索之，此伏奸之所藏处也。敌近而静者，恃其险也；敌远而挑人者，欲人之进也，其所处者居易利也；众树动者，来也；众草多障者，疑也；鸟起者，伏也；兽骇者，覆也；尘高而锐者，车来也；卑而广者，徒来也；散而条达者，薪采来也；少而往来者，营军者也。辞卑而益备者，进也；辞强而进驱者，退也；轻车先出居其侧者，阵也；无约而请和者，谋也；奔走而阵兵者，期也；半进半退者，诱也。倚仗而立者，饥也；汲役先饮者，渴也；向人见利而不进者，劳也；鸟集者，虚也；夜呼者，恐也；军扰者，将不重也。旗动者，乱也；吏怒者，倦也。粟马食肉，军无悬棰，不及其舍者，穷寇也。谆谆翕翕，徐言入入者，失众也；数赏者，窘也；数罚者，困也；先暴而后畏其众者，不精之至也；来委谢者，欲休息也；兵怒而相迎，久而不合，又不相去，必谨察之。”①

又曰：“凡敌有不卜而与战，有不占而避之。疾风大寒，早兴冥迁，剖冰济度。盛夏炎热，兴役无间，行饥驱渴，务取于远。师久无粮，士众怨怒。妖祥疑惑，上不能止。军资既竭，时多霖注，欲掠无所。师众不多，地土不利。人马疾疫，道远日暮，士卒劳倦，饥未及食，解甲而息。将薄吏轻，士卒不固，三军数惊。师徒无助，陈而未定，舍而未毕。行坂涉险，半隐半出。诸如此类，击而勿疑。若土地广大，人众富盛，上爱其下，惠施流布，赏信刑察，发止得时，行阵居列，任贤使能，师徒习教，兵甲精锐，四邻有助，大国之援。凡如此类，惮而避之。故曰见可而进，知难而退也。”②

《太平御览》卷二九二《兵部二十三》“用间”条：

---

① 〔宋〕李昉等编：《太平御览》，中华书局1960年版，第1347页。
② 〔宋〕李昉等编：《太平御览》，中华书局1960年版，第1347页。

《孙子》曰："兴师十万，出师千里，百姓之费，公家之奉，日费千金，内外骚动，不得操事者七十万家。相守数年，以争一日之胜。是故明王圣主、贤君胜将，所以动而胜人，成功出于众者先知，不可取于神鬼，不可像于事也，不可验于事度，必取于人，知敌之情也。故用间有五：因间、内间、反间、死间、生间。五间俱起，莫知其道，是谓神纪，人君之宝也。因间者，因其乡人而用之也。内间者，因其官人而用之者也。反间者，因其敌间而用之者也。死间者，为诳事于外，令吾间知之而待于敌也。生间者，反报者也。故三军之亲，莫亲于间，赏莫厚于间，事莫密于间。非圣智不能用间，非仁义不能使间，非微密者不能得间之实。微哉微哉！无所不用间也。间事未发而先闻其间者，与所告者皆死。凡军之所欲击，城之所欲攻，人之所欲杀，必先知其守将、左右、谒者、舍人之姓名，令吾间必索知之，敌间之来间我者，因而利之，导而舍之，故反间可得而用也。因是而知之，故乡间、内间可得而使也。因是而知之，故死间为诳事，可使告敌，因是可得而攻也。因是而知之，故生间可使如期。五间之事，主必知之，知之必在于反间，故反间不可不厚也。殷之兴也，伊挚在夏；周之兴也，吕牙在殷。故唯明主贤将，能以上智为间者，必成大功。此兵之要，三军所恃而动者也。"①

《太平御览》卷二九三《兵部二十四》"务速"条：

《孙子》曰："久则顿兵挫锐，攻城则力屈，久暴师则国用不足。夫顿兵挫锐，力屈货殚，则诸侯乘其弊而起，虽有智者不能善其后。故兵闻拙速，未有工之久也。夫久兵而国利者，未之有也。"②

《太平御览》卷二九四《兵部二十五》"示弱"条：

① 〔宋〕李昉等编：《太平御览》，中华书局1960年版，第1348页。
② 〔宋〕李昉等编：《太平御览》，中华书局1960年版，第1352页。

《孙子》曰："兵者，诡道也。故能而示之不能，用而示之不用；近而示之远，远而示之近。"①

又曰："古之善用兵者，能使敌人前后不相及，众寡不相待，贵贱不相求，上下不相扶，卒离而不集，兵合而不齐。合于利而动，不合于利而止。"②

《太平御览》卷二九五《兵部二十六》"审察"条：

《孙子》曰："兵怒而不相迎，交而不合，又不相去，必谨察之。"③

《太平御览》卷二九五《兵部二十六》"避锐"条：

《孙子》曰："少而逃之，不若则能避之。故小敌之坚，大敌之擒。无邀正正之旗，无击堂堂之阵，此理变者也。是故朝气锐，昼气堕，暮气归。善用兵者，避其锐，击其堕归，此理气者也。"④

《太平御览》卷二九六《兵部二十七》"法令"条：

《孙子》曰："法者，曲制、官道、主用也。卒未专亲而罚之则不服，不服则难用也。卒已亲附而罚不行者，则不可用也。故合之以文，齐之以武，是谓必取。令素行以教其人也，令素行则人服；令素不行则人不服。令素信著者，与众相得也。厚而不能使，爱而不能令，乱而不能理，譬如骄子，不可用也。"⑤

---

① 〔宋〕李昉等编：《太平御览》，中华书局1960年版，第1356页。
② 〔宋〕李昉等编：《太平御览》，中华书局1960年版，第1356页。
③ 〔宋〕李昉等编：《太平御览》，中华书局1960年版，第1360页。
④ 〔宋〕李昉等编：《太平御览》，中华书局1960年版，第1361页。
⑤ 〔宋〕李昉等编：《太平御览》，中华书局1960年版，第1364页。

《太平御览》卷二九七《兵部二十八》“训兵”条：

《孙子》曰：“言不相闻，故为鼓铎；视不相见，故为旌旗。夫金鼓旌旗者，所以一人之耳目也。人既专一，则勇者不得独进，怯者不得独退。纷纷纭纭，间乱而不可乱；浑浑沌沌，形圆而不可败。”①

《太平御览》卷三〇一《兵部三十二》“阵”条：

《孙子》曰：“善用兵者，譬如常山之蛇也，击其首则尾至，击其尾则首至，击其腹则首尾俱至。”②

《太平御览》卷三〇二《兵部三十三》“乡导”条：

《孙子》曰：“不用乡导者，不得地利。先知迂直之计者胜，此军争之法也。”③

《太平御览》卷三〇四《兵部三十五》“征伐中”条：

《孙子》曰：“夫伐大国，则其兵众不得聚，威加于敌家，则交不得合。是故不事天下之交，不养天下之权，伸己之私，威加于敌家，故其国可拔，而其城可隳也。无法之悬，无功之令，犯三军之众，若使一人。”④

又曰：“安能动之。故我欲战，敌虽高垒深沟，不得不与我战者，攻

---

① 〔宋〕李昉等编：《太平御览》，中华书局1960年版，第1369页。
② 〔宋〕李昉等编：《太平御览》，中华书局1960年版，第1386页。
③ 〔宋〕李昉等编：《太平御览》，中华书局1960年版，第1389页。
④ 〔宋〕李昉等编：《太平御览》，中华书局1960年版，第1400页。

其所必救也。上兵伐谋，其次伐交。”①

《太平御览》卷三〇六《兵部三十七》“军行”条：

《孙子》曰：“凡用兵之法，驰车千驷，革车千乘，带甲十万。千里而馈粮，则外内之费，宾客之用，胶漆之财，车甲之奉，日千金然后十万之众举矣。”②

又曰：“出其所必趣，行千里而不劳者，行于无人之地。”③

又曰：“凡用兵之法，将受命于君，合军聚众，交和而舍，莫难于军争。”④

又曰：“凡处军相敌，绝山依谷，视生处高，战降无登，此处山谷之军也。绝水必远水，客绝水而来，勿迎之于水内，令之半渡而击之利。欲战无附于水而迎于客也，视在处高，无迎水流，处水上之军也。绝斥泽，唯亟去无流，交军于斥泽之中，必依水草而倍众树，此处斥泽之军也。平陆处易，而左右倍高，前死后生，此处平陆之军也。凡四军之利，黄帝所以胜四帝者也。凡军喜高而恶下，贵阳而贱阴。养生处实，是为必胜，军无百疾，丘陵堤防，必处其高阳而右背也。此兵之利而地之助也。故用兵之法，高陵勿向也，背丘勿迎。”⑤

又曰：“上雨水，水沫至，欲渡者待其定。绝涧、天井、天牢、天罗、天陷、天郄、大害，必亟去之，勿近也。吾远之，敌近之；吾迎之，敌倍之也。军旁有险阻、蒋潢、井生、葭苇、小林、翳荟者，必谨覆索之，此伏奸之所藏处也。”⑥

---

① 〔宋〕李昉等编：《太平御览》，中华书局1960年版，第1400页。
② 〔宋〕李昉等编：《太平御览》，中华书局1960年版，第1409页。
③ 〔宋〕李昉等编：《太平御览》，中华书局1960年版，第1409页。
④ 〔宋〕李昉等编：《太平御览》，中华书局1960年版，第1409页。
⑤ 〔宋〕李昉等编：《太平御览》，中华书局1960年版，第1409页。
⑥ 〔宋〕李昉等编：《太平御览》，中华书局1960年版，第1409页。

《太平御览》卷三一一《兵部四十二》"挑战"条：

《孙子》曰："忿速可侮，主不可以怒而兴军，不可以愠而致战，合于利而用，不合于利而止。怒而可以复喜，愠而可以复悦，亡国不可以复存，死者不可以复生。故曰明王慎之，良将儆之，此安危之道也。"①

《太平御览》卷三一三《兵部四十四》"决战下"条：

《孙子》曰："兵以诈立，以利动，以分合变者也。故其疾如风，其徐如林，侵掠如火，不动如山，难知如阴，动如雷霆。指向分众，先知迂直之计者胜，此军争之法也。"②

又曰："我专而敌分。我专为一，敌分为十，是以十共其一也，则我众而敌寡。能以众敌寡者，则吾所与战者约矣。吾所与战之地不可知也，不可知则敌所备者多，敌所备者多则吾所与战者寡矣。故备前则后寡，备后则前寡，备左则右寡，备右则左寡，无不备者无不寡。寡者备人者也，众者使人备己者也。故知战之地，知战之日，则千里而会战；不知战地，不知战日，则左不能救右，右不能救左，前不能救后，后不能救前，而况远者数十里，近者数里乎？故善用兵者，譬如帅然。帅然者，常山之蛇也，击其首则尾至，击其尾则首至，击其中则首尾俱至。"③

又曰："夜战多火鼓，昼战多旌旗，所以变民之耳目也。故三军可夺气，将军可夺心。是故朝气锐，昼气堕，暮气归。善用兵者，避其锐气，击其堕归也。"④

又曰："胜者之兵，先胜而后求战；败者之兵，先战而后求胜。"⑤

---

① 〔宋〕李昉等编：《太平御览》，中华书局 1960 年版，第 1430 页。
② 〔宋〕李昉等编：《太平御览》，中华书局 1960 年版，第 1441 页。
③ 〔宋〕李昉等编：《太平御览》，中华书局 1960 年版，第 1441 页。
④ 〔宋〕李昉等编：《太平御览》，中华书局 1960 年版，第 1441 页。
⑤ 〔宋〕李昉等编：《太平御览》，中华书局 1960 年版，第 1441 页。

又曰："围地则谋，死地则战。疾战则存、不疾战则亡者，为死地。"①

《太平御览》卷三一四《兵部四十五》"追奔"条：

《孙子》曰："归师勿遏。"②

《太平御览》卷三一七《兵部四十八》"攻围上"条：

《孙子》曰："下攻攻城。攻城之法为不得已，修橹檳辒，具器械，三月而后成。距闉，又三月而后已。将不胜其忿，而蚁附之，则杀士三分之一分，而城不拔者，攻之灾也。善用兵者，屈人之兵而非战，拔人之城而非攻，毁人之国而非久，必以全争于天下，故兵不顿而利可全，此谋攻之法也。"③

又曰："不可胜则守，可胜则攻。守则不足，攻则有余。所以善守者藏于九地之下，善攻者动于九天之上，故能自保而全胜也。"④

又曰："攻而必取者，攻其所不守也。守而必固者，守其所必攻也。故善攻者，敌不知其所守；善守者，敌不知其所攻。微乎微乎，故能隐于常形；神乎神乎，故能为敌司命。进不可御者，冲其虚也；退而不可追也，速而不可及也。故我欲战，虽高垒深沟，不得不与我战者，攻其所必救之。我不欲战，画地而守之，敌不得与我战者，乖其所之。"⑤

《太平御览》卷三一九《兵部五十》"拒守上"条：

---

① 〔宋〕李昉等编：《太平御览》，中华书局1960年版，第1441页。
② 〔宋〕李昉等编：《太平御览》，中华书局1960年版，第1445页。
③ 〔宋〕李昉等编：《太平御览》，中华书局1960年版，第1459页。
④ 〔宋〕李昉等编：《太平御览》，中华书局1960年版，第1459页。
⑤ 〔宋〕李昉等编：《太平御览》，中华书局1960年版，第1459页。

《孙子》曰："昔之善战者，先为不可胜，以待敌之可胜，不可胜在己，可胜在敌。故善战者能为不可胜，不能使敌必不可胜己。故曰胜可知，而不可为也。不可胜者，守也；可胜者，攻也。故善守者，藏于九地之下。"①

又曰："城有所不攻。"②

《太平御览》卷三二一《兵部五十二》"火攻"条：

《孙子》曰："火攻有五：一曰火人，二曰火积，三曰火辎，四曰火库，五曰火坠。行火必有因，烟火必素具。发火有时，起火有日。时者，天之燥也。日者，宿在戊箕、东壁、翼、轸也。凡此四宿者，风起之日也。凡火攻，必因五火之变而应之。火发于内，则早应之于外。火发而兵静者，待而勿攻。极其火力，可从而从之，不可从则止。火可发于外，无待于内，以时发之。火发于上风，无攻于下风。昼风久，夜风止。凡军必知五火之变，以数守之。故以火佐攻者明。"③

《太平御览》卷三二一《兵部五十二》"水攻"条：

《孙子》曰："以水佐攻者强。水可以绝，而不可以夺。"④

《太平御览》卷三二二《兵部五十三》"胜"条：

《孙子》曰："夫未战而庙胜者，得算多也；未战而庙不胜者，得算

① 〔宋〕李昉等编：《太平御览》，中华书局1960年版，第1468页。
② 〔宋〕李昉等编：《太平御览》，中华书局1960年版，第1468页。
③ 〔宋〕李昉等编：《太平御览》，中华书局1960年版，第1475页。
④ 〔宋〕李昉等编：《太平御览》，中华书局1960年版，第1477页。

少也。多算胜少算，而况无算乎？吾以此观之，胜势见也。”①

又曰：“昔之善战者，先为不可胜，以待敌之可胜。不可胜在己，可胜在敌。故战者能为不可胜，不能使敌必可胜也。”②

又曰：“见胜不过众人之所知，非善之善也。战胜而天下曰军善，非善之善也。故举秋毫不为多力，见日月不为明目，闻雷霆不为聪耳。古人所谓善战者，胜胜易胜者也。故善战者之所胜也，无勇攻。”③

又曰：“善战者立于不败之地，而不失敌之败也。故胜兵先胜而后求战，败兵先战而后求胜。善用兵者修道而保法，故能为胜败之政。”④

又曰：“胜可知而不可为也。敌虽众可使无斗，故策之而知得失之计，候之而知动静之理，形之而知死生之地，角之而知有余不足之处。故兵形之极，至于无形，无形则深渊不能窥也，而智者不能谋也。因形而作胜于众，众不能知也。人皆知我所以胜之形，而莫知吾所以制胜之形也。故兵战胜不复，而应形无穷。”⑤

又曰：“知胜有五：知可战与不可以战者胜；知众寡之用者胜；上下同欲者胜；以虞待不虞者胜；将能而君不御者胜。此五者，知胜之道。故曰知己知彼，百战不殆；不知彼而知己，一胜一负；不知彼，不知己，每战必殆。知地知天，胜乃可全。”⑥

《太平御览》卷三二八《兵部五十九》“占候”条：

《孙子》曰：“天者，阴阳、寒暑、节制也。”⑦

《孙子占》曰：“三军将行，其旌旗从容以向前，是为天送，必亟击

① 〔宋〕李昉等编：《太平御览》，中华书局1960年版，第1480页。
② 〔宋〕李昉等编：《太平御览》，中华书局1960年版，第1480页。
③ 〔宋〕李昉等编：《太平御览》，中华书局1960年版，第1480页。
④ 〔宋〕李昉等编：《太平御览》，中华书局1960年版，第1480页。
⑤ 〔宋〕李昉等编：《太平御览》，中华书局1960年版，第1480页。
⑥ 〔宋〕李昉等编：《太平御览》，中华书局1960年版，第1480页。
⑦ 〔宋〕李昉等编：《太平御览》，中华书局1960年版，第1508页。

之，得其大将。三军将行，其旌旗埊然若雨，是谓天沾，其师失。三军将行，旌旗乱于上，东西南北无所主方，其军不还。三军将阵，雨甚，是为浴师，勿用阵战。三军将战，有云其上而赤，勿用阵，先阵战者，莫复其迹。三军方行，大风飘起于军前，右周绝军，其将亡；右周中，其师得粮。"①

《太平御览》卷三三〇《兵部六十一》"警备"条：

《孙子》曰："用兵之法，无恃其不来也，恃吾有能以待之也；无恃其不攻吾也，恃吾不可攻也。"②

《太平御览》卷三三二《兵部六十三》"漕运"条：

《孙子》曰："不尽知用兵之害，则不得尽知用兵之利。故善用兵者，役不再籍，粮不再载，取用于国，因粮于敌，故军食可足。故国之贫于师者远输也。远输则百姓贫，近师则贵卖，贵卖则百姓虚，虚则竭，竭则急于丘役。力屈中原，内虚于家，百姓之费，十去其七。公家之用，破车疲马，甲胄弓矢，戟楯矛橹，丘牛大车，十去其六。故智将务食于敌，食敌一钟，当吾二十钟；芑秆一石，当吾二十石。"③

《太平御览》卷三三四《兵部六十五》"辎重"条：

《孙子》曰："使敌不得至者，险害之地。故饱能饥之。委军而争利，则辎重捐，是以军无辎重则亡，无粮食则亡，无委积则亡。"④

---

① 〔宋〕李昉等编：《太平御览》，中华书局 1960 年版，第 1508 页。
② 〔宋〕李昉等编：《太平御览》，中华书局 1960 年版，第 1515 页。
③ 〔宋〕李昉等编：《太平御览》，中华书局 1960 年版，第 1526 页。
④ 〔宋〕李昉等编：《太平御览》，中华书局 1960 年版，第 1534 页。

《太平御览》卷三三五《兵部六十六》“营垒”条：

《孙子》曰：“绝斥泽，唯亟去无留。为交军于斥岸之中，必依水草而背众树，此处斥泽之军也。平陆处易，而右背高，前死后生，此处平陆军也。”①

《太平御览》卷三三八《兵部六十九》“金鼓”条：

《孙子》曰：“是故《军政》曰：‘言不相闻，故为鼓铎；视不相见，故为旌旗。’夫金鼓旌旗，所以一人之耳目也。人既专一，则勇者不得独进，怯者不得独退，此用众之法也。”②

《太平御览》卷三四〇《兵部七十一》“旗”条：

《孙子》曰：“言不相闻，故为鼓铎；视不相见，故为旌旗。夫金鼓旌旗，所以一民之耳目也。”③

又曰：“无要正正之旗，无击堂堂之阵。”④

《太平御览》卷三五七《兵部八十八》“衔枚”条：

《吴孙子三十二垒经》：“《灵辅》曰：移车移旗，以顺其意；衔枚而陈，分师而伏；后至先击，以战则克。”⑤

---

① 〔宋〕李昉等编：《太平御览》，中华书局1960年版，第1538页。
② 〔宋〕李昉等编：《太平御览》，中华书局1960年版，第1552页。
③ 〔宋〕李昉等编：《太平御览》，中华书局1960年版，第1561页。
④ 〔宋〕李昉等编：《太平御览》，中华书局1960年版，第1561页。
⑤ 〔宋〕李昉等编：《太平御览》，中华书局1960年版，第1643页。

《太平御览》卷三六八《人事部九》“喉咽”条：

《史记》曰：“孙子曰：‘夫救斗者，不搏撠，批亢捣虚，形格势禁，则自为解耳。’”①

《太平御览》卷七六四《器物部九》“斤”条：

《孙子》曰：“何世之无才？何才之无施？良匠提斤斧造山林，梁栋阿衡之材，栌柱楣椽之朴，森然陈于目前，大厦之器具矣。”②

《太平御览》卷八四九《饮食部七》“食下”条：

《孙子》曰：“铄金洪炉，盗隶不探；鸩肉在俎，饿徒不食。”③

《太平御览》卷八六九《火部二》“火下”条：

《孙子兵法》曰：“凡火攻有五：一曰火人，二曰火积，三曰火辎，四曰火库，五曰火燧。”④

《太平御览》卷八七〇《火部三》“灯”条：

《孙子》曰：“火光明于天者，灯烛何施焉？”⑤

① 〔宋〕李昉等编：《太平御览》，中华书局1960年版，第1697页。
② 〔宋〕李昉等编：《太平御览》，中华书局1960年版，第3390页。
③ 〔宋〕李昉等编：《太平御览》，中华书局1960年版，第3795页。
④ 〔宋〕李昉等编：《太平御览》，中华书局1960年版，第3853页。
⑤ 〔宋〕李昉等编：《太平御览》，中华书局1960年版，第3856页。

《太平御览》卷九三三《鳞介部五》“蛇上”条：

《孙子兵法》曰：“善用兵者，譬如率然。率然，常山之蛇也。击其首则尾至，击其尾则首至；击其中身，则首尾俱至。”①

三、《群书考索》引《孙子》

编纂者章如愚，南宋文献学家，庆元年间进士，历任国子博士、史馆编校，迁贵州知府，后因上书言事而触怒韩侂胄，被罢官归家。著有《山堂先生群书考索》，亦称《山堂考索》或《群书考索》，其于文献学之成就，与马端临、郑樵齐名。《四库全书总目》云：“史称所著有文集行世，今已散佚，惟此书独存。凡分四集，《前集》六十六卷，分六经、诸子百家、诸经、诸史、圣讳、书目、文章、礼、乐、律吕、历数、天文、地理十三门；《后集》六十五卷，分官制、学制、贡举、兵制、食货、财用、刑法七门；《续集》五十六卷，分经籍、诸史、文章、翰墨、律历、五行、礼乐、封建、官制、兵制、财用、诸路、君道、圣贤十五门；《别集》二十五卷，分图书、经籍、诸史、文章、律历、人臣、经艺、财用、兵制、四裔、边防十一门。宋自南渡以后，迂儒尊性命而薄事功，文士尚议论而鲜考证，如愚是编独以考索为名，言必有征，事必有据，博采诸家而折衷以己意，不但淹通掌故，亦颇以经世为心，在讲学之家，尚有实际。惟其书卷帙浩繁，又四集不作于一时，不免有重复抵牾之处……皆前后抵牾，疏于决择，然大致网罗繁富，考据亦多所心得。在宋人著述之中，较《通考》虽体例稍杂，而优于释经；较《玉海》虽博赡不及，而详于时政；较《黄氏日钞》则条目独明，较吕氏《制度详说》则源流为备，前人称苏轼诗如武库之兵，利钝互陈，如愚是编，亦可以当斯目矣。”②

---

① 〔宋〕李昉等编：《太平御览》，中华书局 1960 年版，第 4147 页。

② 〔清〕纪昀等修：《文渊阁四库全书》第 936 册，台湾商务印书馆 1986 年版，第 1~2 页。

《群书考索》引《孙子》三条：

《群书考索》卷四《六经门·周礼类》引《孙子》曰："兴师百万，日费千金，怠于道路不得操事者至七十万家。"①

《群书考索后集》卷三八《兵制门》引《孙子》曰："兴师十万，日费千金，内外骚动，怠于道路不得操事者七十万家。"②

《群书考索别集》卷二一《兵法》引《孙子》曰："始如处女，敌人开户，后如脱兔，敌不及拒。"③

四、《玉海》引《孙子》

编纂者王应麟，南宋重臣，与文天祥同时举博学鸿词科，皆及第。《玉海》二百卷，为王应麟私撰。全书凡二十一门，每门分若干子目。《四库全书总目》云："是书分天文、律宪、地理、帝学、圣制、艺文、诏令、礼仪、车服、器用、郊祀、音乐、学校、选举、官制、兵制、朝贡、宫室、食货、兵捷、祥瑞二十一门。每门各分子目，凡二百四十余类。宋自绍圣置宏词科，大观改词学兼茂科，至绍兴而定为博学宏词之名，重立试格。于是南宋一代通儒硕学多由是出，最号得人，而应麟尤为博洽，其作此书，即为词科应用而设。故胪列条目，率巨典鸿章。其采录故实，亦皆吉祥善事，与他类书体例迥殊。然所引自经史子集、百家传记，无不赅具。而宋一代之掌故，率本诸实录、国史、日历，尤多后来史志所未详，其贯串奥博，唐宋诸大类书未有能过之者。"④

① 〔清〕纪昀等修：《文渊阁四库全书》第936册，台湾商务印书馆1986年版，第61~62页。

② 〔清〕纪昀等修：《文渊阁四库全书》第937册，台湾商务印书馆1986年版，第529页。

③ 〔清〕纪昀等修：《文渊阁四库全书》第938册，台湾商务印书馆1986年版，第979页。

④ 〔清〕永瑢等编：《四库全书总目》，中华书局1965年版，第1151页。

《玉海》卷一四〇《兵制·汉五十三家兵书》以《史记》引《孙子》的方式而间接引《孙子》：

《史记》："魏伐赵，急请救于齐，齐以田忌为将，而孙子为师。田忌欲引兵之赵，孙子曰：'夫解杂乱纷纠者，不控卷；救斗者，不搏撠，批亢捣虚，形格势禁，则自为解耳。今梁赵相攻，轻车锐卒，必竭于外，老弱罢于内，不若引兵疾走大梁，据其冲路，冲其方虚，彼必释赵而自救，是我一举解赵之围而收弊于魏也。'田忌从之。魏、赵攻韩，齐救之。孙子谓田忌曰：'彼三晋之兵，素悍勇而轻齐，齐号为怯，善战者因其势而利导之。《兵法》："百里而趣者，蹶上将；五十里而趣利者，军半至。"使齐军入魏地，为十万灶，明日为五万灶，又明日为二万灶。'"①

《玉海》卷一四一《兵制·兵法》引《孙子》：

孙子："善用兵者，如常山之蛇也。击其首则尾至，击其尾则首至，击其中则首尾俱至。"②

《玉海》卷一百四十一《兵制·兵法》引用《通典·孙子》：

孙子曰："兵者，国之大事，死生之地，存亡之道，不可不察。故经之以五事，校之以计，而索其情：一曰道；二曰天；三曰地；四曰将；五曰法。道者，令民与上下同意也。故可与之死，与之生，而人不畏危。天者，阴阳、寒暑、时制也。地者，远近、险易、广狭、死生也。凡用兵之法，全国为上，破国次之；全军为上，破军次之；全卒为上，破卒

① 〔宋〕王应麟编：《玉海》，江苏古籍出版社、上海书店1987年版，第2617页。
② 〔宋〕王应麟编：《玉海》，江苏古籍出版社、上海书店1987年版，第2629页。

次之；全伍为上，破伍次之。百战百胜，非善之善者也；不战而屈人之兵，善之善也。”①

孙子曰：“法者，曲制、官道、主用也。《军政》曰：‘言不相闻，故为金鼓；视不相见，故为旌旗。’夫金鼓旌旗者，所以一人之耳目也。人既专一，则勇者不得独进，怯者不得独退，纷纷纭纭，斗乱而不可乱；浑浑沌沌，形圆而不可败。”②

孙子曰：“用兵之道，校之以计，而索其情，曰主孰有道，将孰有能，天地孰得，法令孰行，兵众孰强，士卒孰练，赏罚孰明。吾以此知胜负矣。夫料敌制胜，计厄险远近，上将之道也。策之而知得失之计，作之而知动静之理，形之而知死生之地，角之而知有余不足之处。知胜有五：知可以战与不可以战者胜，识众寡之用者胜，上下同欲者胜，以虞待不虞者胜，将能而君不御者胜。此五者，知胜之道。用间有五：有因间、内间、反间、死间、生间。五间俱起，莫知其道，是谓神纪。因间者，因其乡人而用之者也；内间者，因其官人而用之者也；反间者，因其敌间而用之者也；死间者，为诳事于外，令吾间知之而传于敌间者也；生间者，反报者也。故三军之事，莫亲于间，赏莫厚于间，事莫密于间。非圣智不能用间，非微妙不能得间之实。凡军之所欲击，城之所欲攻，人之所欲杀，必先知其守将、左右、谒者、门者、舍人之姓名，令吾间必索知之。必索敌人之间来间我者，因而利之，道而舍之，故反间可得而用也。因是而知之，故乡间、内间可得而使也；因是而知之，故死间为诳事可使告敌；因是而知之，故生间可使如期。五间之事，主必知之，故反间不可不厚也。视卒如婴儿，可与之赴深溪；视卒如爱子，可与之俱死。兵者，诡道也。故能用示之不能用，近而示之远，远而示之近。古之善用兵者，能使敌人前后不相及，众寡不相恃，贵贱不相救，上下不相收，卒离而不集，兵合而不齐。

① 〔宋〕王应麟编：《玉海》，江苏古籍出版社、上海书店1987年版，第2629~2630页。
② 〔宋〕王应麟编：《玉海》，江苏古籍出版社、上海书店1987年版，第2629页。

合于利而动，不合于利而止。佯北勿从，锐卒勿攻，倍而分之，少则能逃之，不若则能避之，故小敌之坚，大敌之擒也。无邀正正之旗，无击堂堂之阵，此治变者也。是故朝气锐，昼气堕，暮气归。善用兵者，避其锐气，击其堕归，此理气者也。凡先处战地而待敌者佚，后处战地而趋战者劳，故善战者致人而不致于人。能使敌人自至者，利之也。以近待远，以逸待劳，以饱待饥，此治力者也。凡战者，以正合，以奇胜。故善出奇者，无穷如天地，不竭如江河。终而复始，日月是也；死而复生，四时是也。忿速可侮，主不可以怒而兴师，将不可以愠而致战，合于利而动，不合于利而止。凡处军，视生处高，战隆无登，此处山之军也。无附于水而迎客，视生处高，无迎水流，此处水上之军也。绝斥泽，惟亟去无留。若交军于斥泽之中，必依水草而背众树，此处斥泽之军也。平陆处易，而右背高，前死后生，此处平陆之军也。好高而恶下，贵阳而贱阴，养生而处实，军无百疾，是为必胜。安能动之，故我欲战，敌虽高垒深沟，不得不与我战者，攻其所必救也。夫兵之形象水，水之形，避高而趋下；兵之形，避实而击虚。故水因地而制流，兵因地而制胜。兵无常势，水无常形，能因敌变化而取胜者谓之神。进而不可御者，冲其虚也。地形者，兵之助。故用兵有散地，有轻地，有争地，有交地，有衢地，有重地，有圮地，有围地，有死地。有散地，吾将一其志；轻地，吾将使之属；争地，吾将趋其后；交地，吾将谨其守；衢地，吾将固其结；重地，吾将继其食；圮地，吾将进其涂；围地，吾将塞其阙；死地，吾将示之以不活。上兵伐谋，其次伐交，其次伐兵，其下攻城。攻城之法，为不得已。修橹轒辒，具器械，三月而后成。距闉，又三月而后已。将不胜其忿而蚁附之，杀士卒三分之一，而城不拔者，此攻之灾也。故善用兵者，屈人之兵而非战，拔人之城而非攻，毁人之国而非久。故兵不顿而利可全，此谋攻之法也。故用兵之法，十则围之，伍则攻之。”①

---

① 〔宋〕王应麟编：《玉海》，江苏古籍出版社、上海书店1987年版，第2630~2631页。

《玉海》卷一四三《兵制·阵法》引《孙子》：

《孙子》："夜战多火鼓，昼战多旌旗，所以变人之耳目也。故朝气锐，昼气惰，暮气归。故善用兵者，避其锐气，击其惰归。无邀正正之旗，无击堂堂之阵。"①

《玉海》卷一四六《兵制·车战》引《孙子》：

《孙子》："八阵，有苹车之陈，又曰驰车千乘。"②

《玉海》卷一四六《兵制·车战·隆兴车阵》引《孙子》：

《孙子·作战篇》："凡用兵之法，驰车千驷，革车千乘，带甲十万。"③

《玉海》卷一六九《宫室·门阙上》引《孙子》：

《孙子》："两军相对曰交和，军门曰和。"④

宋代其他类书，如《文苑英华》《册府元龟》未有直接引用《孙子》，而是在引用其他文献时涉及《孙子》，即引用之引用。即便如此，《文苑英华》亦仅涉及两条：卷七五四引何元之《梁典高祖事论》，其中有："孙子曰：善战者，前胜而后求战；善胜者，前战而后求胜。"卷七四三引王叡《将略论》，其中有："兵法曰：始如处女，敌人开户；后如脱兔，敌不及距。此兵之要

① 〔宋〕王应麟编：《玉海》，江苏古籍出版社、上海书店 1987 年版，第 2654 页。
② 〔宋〕王应麟编：《玉海》，江苏古籍出版社、上海书店 1987 年版，第 2690 页。
③ 〔宋〕王应麟编：《玉海》，江苏古籍出版社、上海书店 1987 年版，第 2699 页。
④ 〔宋〕王应麟编：《玉海》，江苏古籍出版社、上海书店 1987 年版，第 3096 页。

也。”严格说来，并非《文苑英华》征引。《册府元龟》所引史料中偶有引用《孙子》语及吴齐两孙子用兵事，如卷二八八《宗室部·忠谏》所引，有“孙子曰：视卒如赤子，故可与之共死”；卷三六二《将帅部·机略》所引，有“孙子曰：兵有所不击，地有所不守”；卷四二一《将帅部·任谋》引孙膑桂陵之战事；卷七八八《总录部·智》引用田忌赛马赢千金事；卷九一九《总录部·仇怨》引孙膑马陵之战事等。

元代类书主要有元初阴时夫《韵府群玉》、元代佚名《群书通要》、元初祝穆《类编古今事林群书一览》、元周宏道辑《裁纂类函》、元代富大用《新编古今事文类聚新集》及《新编古今事文类聚外集》，但未有兵法征引，其编纂主旨乃以儒家思想为纲，以天文、地理、人事为目，诸如星历、文物、官制、风俗、诗文、人伦、草木、虫鱼、日用等内容，多有类列。元代苏应龙《新编类意集解诸子琼林》涉及个别先秦兵家语，如后集卷一三“谋为门”之“谋”条下有“《吴子》：谋者，所以远害就利”。后集卷一四“谋为门”之“果断”条下有“《尉缭子》：除害在于敢断”。前集卷一五“内修门”之“嗜欲”条下有“《尉缭子》：欲生于无度，邪生于无禁”。① 从元代所引兵家语亦可见元代兵学的停顿。

第四节　宋元注解《孙子》

一、朱服、何去非校《孙子》

《宋史·艺文志》著录朱服校定《孙子》三卷，此外还校定《六韬》六卷、《司马法》三卷、《吴子》三卷、《三略》三卷。

朱服，《宋史》有传，字行中，浙江湖州乌程（今浙江湖州吴兴区）人，熙宁进士，以淮南节度推官充修撰经义局检讨，又任国子直讲、秘阁校理，元丰中擢监察御史里行，迁国子司业、起居舍人。此后辗转漂泊，做过多地

① 〔元〕苏应龙辑：《新编类意集解诸子琼林》，日本内阁文库本。

知州，升任礼部侍郎、集贤殿修撰。因诗中有“孤臣正泣龙髯草”而遭贬，并因与苏轼交往，再度遭贬，卒于兴国军任上。

何去非，字正通，浦城（今福建浦城）人，累举不第。元丰五年（1082）以特奏召廷试，除右班殿直武学教授、博士，使校兵法。元祐四年（1089），苏轼荐为承奉郎。元祐五年出为徐州教授。历司农寺丞、庐州通判，卒。有《文集》二十卷、《备论》四卷、《司马法讲义》三卷、《三略讲义》三卷。其子何薳著有《春渚纪闻》十卷。《东坡全集》卷五八《进何去非备论状》，称其“文章议论，实有过人，笔势雄健，得秦汉间风力”①。

北宋元丰三年（1080）神宗诏令朱服、何去非等校定《孙子》等七书，元丰六年（1083）朱服奏曰：

> 国子监：准尚书礼部符节文通直郎、试起居舍人兼权国子司业朱服奏：检会武学奏诸家兵法差舛脱略，殆无完书，谓宜委官，使集诸本，悉行校正。奉圣旨：令武学官校定取旨。今校正《孙子》《吴子》《司马法》《唐太宗李卫公问对》《尉缭子》《三略》《六韬》，并已了毕，仅成完书。但《孙子》诸家注文互有得失，未能去取，其它书解有全然浅陋无足采者。臣窃见方今学者久被教养，皆能讲明义理，如昔日注文，谓宜可删，以待学者之自得。奉圣旨：《孙子》只用魏武注，其余注文并删去。所校正书进入今校到《孙子》等七书，谨具进呈，伏乞付有司镂板颁行。奉圣旨：依所乞。今具校定《武经七书》总目如后：《孙子》三卷，魏武帝注；《吴子》二卷；《司马法》三卷；《唐太宗李卫公问对》三卷；《尉缭子》五卷；《黄石公三略》三卷；《六韬》六卷。②

如朱服所言，诸家兵法至宋时，已无完书，舛误错乱，比比皆是，故神宗诏令校定并颁行。《郡斋读书志》云于元丰中颁行，而神宗薨于元丰八年

---

① 〔清〕纪昀等修：《文渊阁四库全书》第1107册，台湾商务印书馆1986年版，第823页。

② 谢祥皓、刘申宁辑：《孙子集成》第1册，齐鲁书社1993年版，第193~194页。

（1085）三月，故颁行时间当在元丰六年（1083）至八年（1085）。颁行之后，列为武学教科书，凡武学生均需研习《武经七书》。《武经七书》本《孙子》是《孙子兵法》的重要传本之一，为《孙子兵法》的流传开启了新的通道，为孙子学研究提供了新的文本。

朱服、何去非校定《武经七书》传世本《孙子》，有的附有曹注，如宋刊本《校正武经七书》本；有的删削了曹注，如《续古逸丛书》影印本《宋本武经七书》本、皕忍堂刊本《重刻武经七书》本、清影宋本《武经七书》二十五卷本、原皕宋楼藏宋刊本《武经七书》本。清末藏书家陆心源为宋刊《武经七书》题跋云："宋椠本，每页二十行，每行十九字，版心有字数及刊工姓名。殷、征、贞、恒、警、敬、完、构、让、慎皆缺避，当为宋孝宗时刊本。《七书》汇刊，始于宋元丰二年，事见李焘《续通鉴长编》。元丰六年，国子司业朱服言承诏校定《孙子》《吴子》《司马法》《卫公问对》《三略》《六韬》，诸子所注《孙子》互有得失，未能去取，它书虽有注解，浅陋无足采者。臣谓宜去注，行本书，以待学者之自得，诏《孙子》止用魏武帝注，余不用注，亦见《长编》。此本《孙子》亦无魏武注，殆因朱说而削之欤?"①

二、梅尧臣注《孙子》

梅尧臣，字圣俞，宣州宣城（今安徽宣城）人，世称宛陵先生，北宋诗人，与欧阳修、苏舜钦齐名。历任桐城、河南、河阳三县主簿，知建德县、襄城县，监湖州税，签书忠武军、镇安军节度判官。皇祐三年（1051），赐进士出身，迁太常博士、国子监直讲、尚书都官员外郎。故人又称其"梅直讲""梅都官"。《宋史》载其家贫，喜饮酒，贤士大夫多从之游，善谈笑，与物无忤，诙谐讽刺托于诗，而晚年益工。除注《孙子》十三篇，另著有《宛陵集》《毛诗小传》《唐载记》。

---

① 〔清〕陆心源撰:《仪顾堂题跋》卷六《宋刊武经七书跋》，清光绪二十四年（1898）《十万卷楼丛书》本。

《文献通考》《郡斋读书志》《绛云楼书目》《国史经籍志》均著录《梅圣俞注孙子》三卷，《通志·艺文略》《传是楼书目》均著录一卷。

梅尧臣注解《孙子》，常能发明新意，直抵本心。如注《计》篇“故可与之死，可与之生，而民不畏危”曰：“危，戾也，主有道，则政教行；人心同，则危戾去。故主安，与安；主危，与危。”① 注“主孰有道”云：“谁能得人心也。”② 注“全伍为上，破伍次之”云：“谋之大者全得之。”③ 注“勇怯，势也”云：“以勇为怯，示之以不敢。”④ 注“强弱，形也”云：“以强为弱，形之以羸懦。”⑤ 注“黄帝之所以胜四帝”云：“四帝当为四军，字之误欤？言黄帝得四者之利：处山则胜山，处水上则胜水上，处斥泽则胜斥泽，处平陆则胜平陆也。”⑥ 既符合“行军”的本意，又避免了为“黄帝之所以胜四帝”强作解人。

梅尧臣注文精炼简约，而意义丰赡，既不援引战例，也极少引经据典。如注“识众寡之用者胜”云：“量力而动。”⑦ 寥寥数字，却直探真意。全书注解，大致类此。有时则以反问语来点明其义，如注“不知彼，不知己，每战必殆”云：“一不知，何以胜？”⑧ 如注“水之形，避高而趋下”，仅以“性也”二字注之；注“兵之形，避实而击虚”，仅有“利也”二字，却又抓

---

① 〔汉〕曹操等撰：《孙子十家注》，见《诸子集成》第六册，中华书局 1954 年版，第 4 页。

② 〔汉〕曹操等撰：《孙子十家注》，见《诸子集成》第六册，中华书局 1954 年版，第 9 页。

③ 〔汉〕曹操等撰：《孙子十家注》，见《诸子集成》第六册，中华书局 1954 年版，第 35 页。

④ 〔汉〕曹操等撰：《孙子十家注》，见《诸子集成》第六册，中华书局 1954 年版，第 76 页。

⑤ 〔汉〕曹操等撰：《孙子十家注》，见《诸子集成》第六册，中华书局 1954 年版，第 77 页。

⑥ 〔汉〕曹操等撰：《孙子十家注》，见《诸子集成》第六册，中华书局 1954 年版，第 149~150 页。

⑦ 〔汉〕曹操等撰：《孙子十家注》，见《诸子集成》第六册，中华书局 1954 年版，第 50 页。

⑧ 〔汉〕曹操等撰：《孙子十家注》，见《诸子集成》第六册，中华书局 1954 年版，第 53 页。

住要害。

梅尧臣并非全部直解《孙子》文意，而是或解其原因，或解其目的，申明言外之意，使人豁然开朗。解其原因者，如注“是故百战百胜，非善之善者也”云：“恶乎杀伤残害也。”[1] 注“故善用兵者，屈人之兵，而非战也”云：“战则伤人。”[2] 注“拔人之城，而非攻也”云：“攻则伤财。”[3] 注“毁人之国而非久也”云：“久则生变。”[4] 如“不知战地，不知战日，则左不能救右，右不能救左；前不能救后，后不能救前，而况远者数十里，近者数里乎？”梅尧臣注曰：“不能救者，寡也。左右前后，尚不能救，况远乎？”[5] 注“归师勿遏”云：“敌必死战。”[6] 解其目的者，如注“视生处高”云：“处高，乘便也。”[7] 注“粟马肉食，军无悬缻，不返其舍者，穷寇也”云：“给粮以秣乎马，杀畜以飨乎士，弃缻不复炊，暴露不返舍，是欲决战而取胜也。”[8] 注“间事未发而先闻者，间与所告者皆死”云：“杀间者，恶其泄，杀告者，灭其言。”[9]

梅尧臣有时候则从反面注解其义，如注“敌虽众，可使无斗”曰：“苟能

---

① 〔汉〕曹操等撰：《孙子十家注》，见《诸子集成》第六册，中华书局 1954 年版，第 35 页。

② 〔汉〕曹操等撰：《孙子十家注》，见《诸子集成》第六册，中华书局 1954 年版，第 41 页。

③ 〔汉〕曹操等撰：《孙子十家注》，见《诸子集成》第六册，中华书局 1954 年版，第 41 页。

④ 〔汉〕曹操等撰：《孙子十家注》，见《诸子集成》第六册，中华书局 1954 年版，第 42 页。

⑤ 〔汉〕曹操等撰：《孙子十家注》，见《诸子集成》第六册，中华书局 1954 年版，第 97 页。

⑥ 〔汉〕曹操等撰：《孙子十家注》，见《诸子集成》第六册，中华书局 1954 年版，第 127 页。

⑦ 〔汉〕曹操等撰：《孙子十家注》，见《诸子集成》第六册，中华书局 1954 年版，第 145 页。

⑧ 〔汉〕曹操等撰：《孙子十家注》，见《诸子集成》第六册，中华书局 1954 年版，第 162 页。

⑨ 〔汉〕曹操等撰：《孙子十家注》，见《诸子集成》第六册，中华书局 1954 年版，第 235 页。

寡，何有斗？”① 注“故兵以诈立”云：“非诡道不能立事。”② 从矛盾的对立关系角度、以辩证的观点揭明“诡道”是用兵的本质特征，在军事斗争中非诡道不能成事。有时则探寻深层含义，如注“辅隙则国必弱”云：“得贤则周备，失士则隙缺。”③ 有时是指出良策，如注“饱能饥之”云：“要其粮，使不得馈。”④ 要者，邀也，拦截也。

梅尧臣善解《孙子》艰涩之言，故若有诸家未注而阙如者，梅尧臣则注之。如《行军》篇讲到地有六害：“绝涧、天井、天牢、天罗、天陷、天隙。”只有梅尧臣注，故孙星衍曰：“六害皆梅尧臣注。”⑤ 亦偶有与曹操、孟氏、陈皞、杜牧注同者，说明梅尧臣对前贤之注亦有借鉴。再如《地形》篇之“六形”（通、挂、支、隘、险、远），梅尧臣亦分别有解，而诸家阙如。

历代《孙子兵法》注解，后人多重曹操、杜牧、陈皞三家，欧阳修认为梅圣俞之注可与三家并行，云：“后之学者徒见其书，又各牵于己见，是以注者虽多，而少当也。独吾友圣俞不然，尝评武之书曰：‘此战国相倾之说也。三代王者之师，司马九伐之法，武不及也。’然亦爱其文略而意深，其行师用兵、料敌制胜亦皆有法，其言甚有次序。而注者汩之，或失其意，乃自为注。凡胶于偏见者皆抉去，傅以己意而发之，然后武之说不汩而明。吾知此书当与三家并传，而后世取其说者，往往于吾圣俞多焉。”⑥

---

① 〔汉〕曹操等撰：《孙子十家注》，见《诸子集成》第六册，中华书局 1954 年版，第 97 页。

② 〔汉〕曹操等撰：《孙子十家注》，见《诸子集成》第六册，中华书局 1954 年版，第 112 页。

③ 〔汉〕曹操等撰：《孙子十家注》，见《诸子集成》第六册，中华书局 1954 年版，第 47 页。

④ 〔汉〕曹操等撰：《孙子十家注》，见《诸子集成》第六册，中华书局 1954 年版，第 85 页。

⑤ 〔汉〕曹操等撰：《孙子十家注》，见《诸子集成》第六册，中华书局 1954 年版，第 152 页。

⑥ 〔宋〕欧阳修撰：《居士集》卷四二《孙子后序》，见《欧阳文忠公文集》，《四部丛刊》本。

三、吉天保会注《孙子》

吉天保，生平无考。《宋史·艺文志》著录吉天保《十家孙子会注》十五卷。十五卷当为十三卷之误。未载注者十家名氏。吉天保所辑《十家孙子会注》当为传本《孙子十家注》和《十一家注孙子》之底本。毕以珣《孙子叙录》有云："十家本内又有杜佑君卿注。案：杜佑乃作《通典》引《孙子》语而训释之，非注也。"① 孙星衍亦谓："杜佑实未注《孙子》，其文即《通典》也。"② 由此可知，《十家孙子会注》包含了杜佑引《孙子》文或为《孙子》所作注，只是有人不以之为注，有人以之为注，故有十家注和十一家注之别。称十家注者，乃指魏武帝曹操、梁孟氏、唐李筌、唐杜牧、唐陈皞、唐贾林、五代何延锡、宋梅圣俞、宋王皙、宋张预；称十一家注者，则除此十家，还有杜佑注。两书实则为同书而异名。吉天保《十家孙子会注》原本佚，而以其为底本的《孙子十家注》和《十一家注孙子》则传于世。《十家孙子会注》的传本有三：一是宋刊本；二是《道藏》本；三是孙星衍校勘本。

四、佚名辑注《孙子》

据于汝波等《孙子学文献提要》云，《官版书籍解题略》著录《十家注孙子》，日本昌平坂学问所藏。此本所云十家，与吉天保所云十家或十一家有不同。此本十家为：曹操、王凌、张子尚、贾诩、李筌、杜牧、陈皞、孙镐、梅尧臣、王皙，而无孟氏、杜佑、贾林、何延锡、张预，而有王凌、张子尚、贾诩、孙镐。此本《十家注孙子》与吉天保《十家孙子会注》有无关联，尚需进一步研究。吉天保《十家孙子会注》传本之杜佑注，有七处引用王子注文，清孙星衍认为王子即王凌。《隋书·经籍志》著录曹操、王凌、张子尚、贾诩、孟氏、沈友诸家注《孙子》，《旧唐书·经籍志》《新唐书·艺文志》

---

① 〔汉〕曹操等撰：《孙子十家注》，见《诸子集成》第六册，中华书局 1954 年版，第 17 页。

② 〔汉〕曹操等撰：《孙子十家注》，见《诸子集成》第六册，中华书局 1954 年版，第 1 页。

又著录李筌、杜牧、陈皞、贾林、孙镐诸家注《孙子》，马端临《经籍考》又有纪燮、梅尧臣、王皙、何氏诸家注《孙子》。日本《官版书籍解题略》著录的《十家注孙子》可能是与吉天保本互有交集又有所不同的两个集注本。

五、王皙注《孙子》

《郡斋读书志》《文献通考》均著录《王皙注孙子》三卷。二者内容相同，均称《王皙注孙子》三卷，为王皙注，并云皙以古本校正阙误，又为之注；又云仁宗时天下久承平，人不习兵，元昊既叛，边将数败，朝廷访知兵者，士大夫人人言兵，故本朝注解孙武书者，大抵皆其时人也。①

《通志·艺文略》亦著录三卷，云王哲注。"哲"当为"皙"之误，故又或作"哲"。

王皙其人，史无详载。从文献中爬疏剔抉，可知其大略：

宋司马光《传家集》卷三《古诗二》有《齐山诗呈王学士》诗，而于"王学士"下注云"皙字微之"。

宋张耒《柯山集》卷一九《七言律诗》有《赠柘城簿王微之》云："青衫得禄苦不足，白发生头颇有余。赋就相如犹涤器，诗成贾岛独骑驴。先生五斗不挂眼，漫郎一官聊读书。自古好贤惭好色，何人朝夕驾于株。"② 可知王皙早年做过柘城县主簿。

又，《东坡全集》卷一〇六《外制制敕六十七首》有《王皙可知卫州》云："敕。具官王皙。凡我四朝之旧，经德秉哲，笃老不衰者，今几人哉？以尔好学守节，名在循吏，而久不治民，朕甚惜之，太行之麓，民朴讼简，守以安静，莫如汝宜可。"③ 可知王皙做过卫州知州。

① 〔元〕马端临撰：《文献通考》卷二二一《经籍考四十八·兵书》，中华书局1986年版，第1789页。

② 〔清〕纪昀等修：《文渊阁四库全书》第1115册，台湾商务印书馆1986年版，第163~164页。

③ 〔清〕纪昀等修：《文渊阁四库全书》第1108册，台湾商务印书馆1986年版，第668页。

又，宋代梅尧臣《宛陵集》卷五四有诗《送王微之学士知池州》、《宛陵集》卷五五有诗《依韵和池守王微之访别》，可知王皙做过池州知州。

又，宋代刘挚《忠肃集》卷一九《七言律诗》有《九月十日赵韩王园同舍饯送王微之皙出守汝州即席次其韵二首》，可知王皙知汝州。

又，宋代苏颂《苏魏公文集》卷六四《记》有《灵香阁记》云："考成之日，太守集贤王微之率宾僚燕饮其上，且嘉储峙之美，因题其颜曰'灵香'，又赋诗以纪其事。"①

又，《续资治通鉴长编》卷三八九《哲宗》"元祐元年十月"云："知卫州王哲请以历赐有司而不赐其人，诏并赐之。"② 王哲，当为王皙之误。

又，《续资治通鉴长编》卷三九三《哲宗》"元祐元年十二月"云："中散大夫、集贤校理、判登闻鼓院王哲为鸿胪少卿。"③ 王哲，当为王皙之误。

又，《四库全书总目》卷二六《经部二十六·春秋一》著录《春秋皇纲论》五卷云："宋王皙撰，自称太原人，其始末无可考。陈振孙《书录解题》言其官太常博士，考龚鼎臣《东原录》载宋真宗天禧中钱惟演奏留曹利用、丁谓事，称晏殊以语翰林学士王皙，则不止太常博士矣。《玉海》云，皙撰《春秋通义》十二卷，据三传注疏及啖、赵之学，其说通者附经文之下，阙者用己意释之。又《异义》十二卷、《皇纲论》五卷。今《通义》《异义》皆不传，惟是书尚存。凡为论二十有二，皆发明夫子笔削之旨，而考辨三传，及啖助、赵匡之得失，其言多明白平易，无穿凿附会之习。"④ 可知王皙做过翰林学士、太常博士，著述丰富，尤擅解《春秋》，是一位经学家。

又，宋代韩维《南阳集》卷一一《律诗》有《招王微之》云："龙图老

① 〔清〕纪昀等修：《文渊阁四库全书》第 1092 册，台湾商务印书馆 1986 年版，第 692 页。

② 〔清〕纪昀等修：《文渊阁四库全书》第 320 册，台湾商务印书馆 1986 年版，第 635 页。

③ 〔清〕纪昀等修：《文渊阁四库全书》第 320 册，台湾商务印书馆 1986 年版，第 698 页。

④ 〔清〕纪昀等修：《文渊阁四库全书》第 147 册，台湾商务印书馆 1986 年版，第 127 页。

学士，腰痛比如何？久阕新诗和，应寻曲旧歌。梅红轻绽萼，池绿细生波。欲与君同醉，春风试舞罗。”① 可知王皙为龙图阁学士。龙图阁建于宋真宗咸平年间，用于收藏管理皇室御书、典籍、图画、宝瑞之物、宗室名册及谱牒。龙图阁置学士，官秩三品。

又，宋代韩维《南阳集》卷一二《律诗》有《王微之龙图挽辞二首》，第二首云：“高情夙慕冥鸿举，晚节终随倦鸟回。物外忘情常隐几，酒中得趣亦衔杯。每因误曲烦周顾，几废言诗每鼎来。九十年龄随化尽，所嗟不尽是君才。”② 可知王皙最后任官龙图阁学士，卒年九十。

又，宋代陆佃《陶山集》卷一《五言古诗》有《依韵和王微之学士》云：“坐筹国事尚才堪，屈指同年只二三。平昔醉乡营别业，如今仙籍换头衔。光阴老去犹能惜，世事闲来不更谈。闻说进书归秘阁，绝胜流落在山岩。”③ 陆佃诗与韩维诗可互相参证。

综上，王皙，字微之，太原人，历任柘城县主簿，知卫州、池州、汝州，集贤校理，鸿胪少卿，太常博士，翰林学士，累官龙图阁学士。善治《春秋》，长于唱和，雅好饮酒听曲，有善政。卒年九十。

王皙《孙子注》已无单行本，其注集于《孙子十家注》和《十一家注孙子》。

王皙注解《孙子》，多能独出心裁，发明新意，对其他注家，亦间有点评。比如《计》篇云：“天者，阴阳、寒暑、时制也。”王皙注曰：“谓阴阳，总天道、五行、四时、风云、气象也，善消息之，以助军胜。然非异人特授其诀，则未由也。若黄石授书张良，乃《太公兵法》是也。意者岂天机神密，非常人所得知耶？其诸十数家纷纭，抑未足以取审矣。寒暑，若吴起云‘疾风’‘大寒’‘盛夏’‘炎热’之类。时制，因时利害而制宜也。范蠡曰：‘天

① 北京大学古文献研究所编：《全宋诗》第八册，北京大学出版社1992年版，第5249页。

② 北京大学古文献研究所编：《全宋诗》第八册，北京大学出版社1992年版，第5265页。

③ 〔清〕纪昀等修：《文渊阁四库全书》第1117册，台湾商务印书馆1986年版，第67页。

时不作，弗为人客’是也。”① 再如《用间》篇云：“故反间可得而用也。”王晳注曰：“此留敌间以询其情者也，必谨舍之，曲为辩说，深致情爱，然后啖以大利，威以大刑，自非至忠于其君王者，皆为我用矣。”② 对如何使用反间有细致解说。又如注《九地》篇“先至而得天下之众者，为衢地”云：“曹公云：‘先至得其国助。’晳谓先至者，结交先至也。言天下者，谓能广功，则天下可从。”③

王晳注解《孙子》，援引史例以释义，如注“主孰有道”，不直言其义，而是援引有关项羽和刘邦之史实作对比：“若韩信言项王匹夫之勇、妇人之仁，名虽为霸，实失天下心；谓汉王入武关，秋毫无所害，除秦苛法，秦民亡不欲大王王秦者是也。”④ 注《谋攻》篇“凡用兵之法，全国为上，破国次之”云：“若韩信举燕是也。”⑤ 又如《九地》篇云：“去国越境而师者，绝地也。”王晳注曰：“此越邻国之境也。是为邻绝之地，当速决其事，若吴王伐齐近之。然如此者鲜，故不同九地之例。”⑥

王晳注《孙子》，间引《左传》以释义。如注《谋攻》“少则能逃之”云：“逃，伏也。谓能倚固逃伏以自守也。《传》曰：‘师逃于夫人之宫。’”⑦ 所谓“传曰”云云，出自《左传·成公十八年》，以此可见其好治《春秋》者欤？再如注《军争》篇“夜战多火鼓”曰：“多者，所以震骇视

① 〔汉〕曹操等撰：《孙子十家注》，见《诸子集成》第六册，中华书局 1954 年版，第 6~7 页。

② 〔汉〕曹操等撰：《孙子十家注》，见《诸子集成》第六册，中华书局 1954 年版，第 236 页。

③ 〔汉〕曹操等撰：《孙子十家注》，见《诸子集成》第六册，中华书局 1954 年版，第 185 页。

④ 〔汉〕曹操等撰：《孙子十家注》，见《诸子集成》第六册，中华书局 1954 年版，第 9 页。

⑤ 〔汉〕曹操等撰：《孙子十家注》，见《诸子集成》第六册，中华书局 1954 年版，第 34 页。

⑥ 〔汉〕曹操等撰：《孙子十家注》，见《诸子集成》第六册，中华书局 1954 年版，第 204 页。

⑦ 〔汉〕曹操等撰：《孙子十家注》，见《诸子集成》第六册，中华书局 1954 年版，第 45 页。

听，使慭我之威武声气也。《传》曰：‘多鼓钧声，以夜军之。’”①

王晳注文间或有与曹操、李筌、陈皞、杜牧、梅尧臣注同者，而且间或引用曹操注。而在注解方式上，援引战例如杜牧，简约精粹如梅氏。其注《势》篇“可使必受敌而无败者”云：“‘必’当作‘毕’，字误也。奇正还相生，故毕受敌而无败也。”② 注《行军》篇“绝涧”云：“晳谓‘绝涧’当作‘绝天涧’，脱‘天’字耳。”③ 注“勿迎之于水内”云：“‘内’当作‘汭’。”④ 不仅语义晓畅，而且校正讹误亦当有据。若如此，则晁氏称“晳以古本校正阙误，又为之注”，非虚言也。然其注亦有望文生义、牵强附会者，如注“以碫投卵”之“碫”云：“锻，冶铁也。”⑤ 则殊为不当。然而，王晳所注《孙子》原文若是“锻”字，则另当别论；若以“碫”为“锻”，则不妥。

六、何延锡注《孙子》

前面讲到，何延锡是五代十国南唐人，故其注《孙子》应放在隋唐五代论述较为妥当，而今放在宋元时期，则是依据过去对何延锡注《孙子》的认知。

《郡斋读书志》著录《何氏注孙子》三卷，云“不题姓氏，近代人也”。《通志·艺文略》著录《孙子兵法》三卷，何延锡注。《文献通考》著录《何氏注孙子》三卷，晁氏曰未详其名，近代人也。《崇文总目》则云《孙子》二卷，何延锡注。单行本亡佚，其注辑录于《孙子十家注》及《十一家注孙

① 〔汉〕曹操等撰：《孙子十家注》，见《诸子集成》第六册，中华书局 1954 年版，第 118 页。

② 〔汉〕曹操等撰：《孙子十家注》，见《诸子集成》第六册，中华书局 1954 年版，第 67 页。

③ 〔汉〕曹操等撰：《孙子十家注》，见《诸子集成》第六册，中华书局 1954 年版，第 153 页。

④ 〔汉〕曹操等撰：《孙子十家注》，见《诸子集成》第六册，中华书局 1954 年版，第 146 页。

⑤ 〔汉〕曹操等撰：《孙子十家注》，见《诸子集成》第六册，中华书局 1954 年版，第 68 页。

子》中。有的云何氏注，有的云何延锡注。若何氏就是何延锡，那么何延锡只能是《五代史》《宋史》提到的南唐兵马都监何延锡，周世宗征南唐时，败亡于涡口。

晁公武是南宋人，大致生活于靖康、绍兴至乾道、淳熙间，绍兴二十一年（1151）编成《郡斋读书志》。元初马端临《文献通考》依晁氏之说，亦云《何氏注孙子》三卷。郑樵与晁氏大致同年，生活于同一时期，其所撰《通志·艺文略》却云何延锡注《孙子》，而由王尧臣等编纂、成书于庆历元年（1041）的《崇文总目》则首云何延锡注，而且与晁氏所言三卷不同，为二卷。注者和卷数不同，不知是否为同一书。《崇文总目》编成早于《郡斋读书志》百余年，按理说，若晁氏所见书与《崇文总目》著录者相同，则不会说《何氏注孙子》三卷、未题姓名、近代人云云。而郑樵与晁氏生活于同一时期，年龄不相上下，所著录《孙子注》虽然卷数亦为三卷，但是亦云何延锡注。故至今仍为一桩公案，难以遽定。

何延锡其人，文献有记载者，只有五代十国时期南唐将领何延锡。清代孙星衍在其《孙子兵法序》中，批评宋代吉天保在为《孙子》注家排序上未能深究，不知何氏就是何延锡。

下面拟就何氏或何延锡究竟是不是南唐将领何延锡，以及若是，那么其注《孙子》为何又有二卷、三卷的差别，从而展开论述。

《崇文总目》最早著录何延锡注《孙子》，《崇文总目》编成于北宋仁宗庆历元年（1041），距五代不远，加之《崇文总目》是国家藏书目录，比较可靠。晁公武著录何氏注《孙子》时，已是在一百一十年后（1151）。但著录的是三卷，注者为何氏。一百余年间，何延锡《孙子注》已由二卷衍增至三卷，而作者何延锡，有的不清说何氏。这说明有人在何延锡《孙子注》二卷基础上有所增益。

前面讲到，郑樵《通志》著录《孙子兵法》三卷，注者何延锡。《通志》成书于绍兴三十一年（1161），比晁氏《郡斋读书志》的撰成（1151）仅晚十年。郑樵与晁公武生年大约相隔一年，而晁公武著录何氏《孙子注》三卷，与《通志》著录的何延锡《孙子注》三卷相较，卷数相同，而注者有异。但二者当为同一书，都是《崇文总目》著录的何延锡注《孙子》二卷的衍增本。

吉天保纂集《十家孙子会注》，亦大致编成于绍兴间，不会晚于郑樵《通志·艺文略》。因《通志·艺文略》还著录郑友贤《孙子遗说》一卷，可知郑友贤《孙子遗说》亦成于《通志·艺文略》前。又据郑友贤《孙子十家注遗说序》云，其书名曰《十家注遗说》，序中亦多次称“十家之注”。[①] 可知吉天保《十家孙子会注》又早于郑友贤《孙子遗说》。吉天保辑入于《十家孙子会注》的何氏《孙子注》，当是晁公武所见的何氏注三卷本，非郑樵所见的何延锡注三卷本，虽两者内容一样，但因注者题名不同，故有孙星衍批评吉天保不知何氏为何延锡之语。

上面讲过，吉天保纂集的《十家孙子会注》不会晚于郑樵《通志》成书的绍兴三十一年（1161）。南宋周应合总纂的《景定建康志》卷三三《文籍志·子书之目》著录有《十一家注孙子》。周应合为江西武宁人，淳祐十年（1250）进士，景定间应建康知府马光祖之邀，总纂《景定建康志》。此志在乾道（1165—1173）、庆元（1195—1200）间两次纂修《建康志》基础上进行扩充和修订，增加了庆元到景定（1260—1263）间六十余年的新史料。故其著录的《十一家注孙子》，不会晚于南宋景定间。由上可知，《十家孙子会注》与《十一家注孙子》是同书异名，只是在《通志》撰成之年（1161）至《景定建康志》撰成之年（1263）一百多年的时间里，书名由《十家孙子会注》，改为《十一家注孙子》。

此外，可以从下列材料进一步推断《十一家注孙子》出现的时间。宋人尤袤《遂初堂书目》亦著录《十一家注孙子》。尤袤（1124—1194）为南宋无锡人，绍兴十八年（1148）进士，官至礼部尚书。尤袤生年，约晚于晁公武（1105—1180）和郑樵（1104—1162）二十年，尤袤却著录了《十一家注孙子》，郑樵《通志》和晁公武《郡斋读书志》无《十一家注孙子》著录。

---

① 〔汉〕曹操等撰：《孙子十家注》，见《诸子集成》第六册，中华书局 1954 年版，第 241 页。

《通志》成书于绍兴三十一年（1161），《郡斋读书志》成书于绍兴二十一年（1151），那么可以推论，《十一家注孙子》出现在绍兴三十二年（1162）至绍熙五年（1194）尤袤卒前约三十年内。

何氏即何延锡，而何延锡即五代十国南唐兵马都监何延锡。此论依据有四：

一是《宋史·艺文志》兵书类著录了何延锡《辨解序》一卷，说明何延锡确有兵法著述，而《宋史·艺文志》不著录何延锡或何氏《孙子注》，是因为到了元末编撰《宋史》时，何延锡或何氏《孙子注》单注本已经亡佚，其注已被吉天保移录于《十家孙子会注》中，而《十家孙子会注》在《宋史·艺文志》中又恰有著录。会注本或集注本一出，单注本多半会逐渐亡佚，这是古书流传的普遍现象。《十家孙子会注》中的《孙子》注者何氏，与《辨解序》作者何延锡，是同一人无疑。

二是何延锡谋略出众。宋王应麟撰《通鉴地理通释》卷一二《涂中涂塘》载曰："周显德三年，南唐何延锡建言：'六合西二十五里，有堰曰瓦梁，水曰滁河。由河而上数百里，巨细骈比，合五十四流，辐凑吴堰，中阙横断，群山回环，不止鱼三州氓，海四百里，其实据天经而绝地纬之要者。'功未就而罢。景德元年毁之。何氏曰：'晋之取吴，二十万耳，而所出之道六；隋之取陈，五十万耳，而所出之道八。所出之道多，则彼之受敌者众。'"① 又，宋王之道《相山集》卷二二《论瓦梁利害申都督孟参政状》云："周世宗时，李氏苦周兵之南侵，其臣何延锡为画此策，方辇雷塘石封瓦梁口，未及告成，而数州之民皆去而归周。"② 从上引材料看，何延锡非常注重地形地势的利用并使之向有利于作战攻守的方向改造，而且非常熟悉军事地理掌故，只是尚未来得及堵塞瓦梁口，南唐的数州民众便已归附了后周。其原因是，恰在后周显德三年（956）正月，何延锡刚提出改造河道、堵塞堰口以抵御后周军队

---

① 〔清〕纪昀等修：《文渊阁四库全书》第312册，台湾商务印书馆1986年版，第185页。

② 〔清〕纪昀等修：《文渊阁四库全书》第1132册，台湾商务印书馆1986年版，第696页。

之际，便战死了。宋代袁枢《通鉴纪事本末》卷四二下《郭威篡汉》载，周世宗三年（956）春正月庚申，赵匡胤斩杀何延锡于涡口。《宋史》卷四七八《南唐李氏》亦载曰："显德二年，周世宗征淮南，破景众于正阳，遂进围寿州。太祖时总禁兵，破景将何延锡于涡口。"① 清吴任臣《十国春秋》卷一六《南唐二·元宗本纪》亦载，保大十四年（956）春正月庚申，"周赵匡胤败我兵于涡口，都监何延锡战死"②。何延锡生年无从查考，而卒年或在后周显德二年（955）；或在显德三年（956），即保大十四年（956）。

三是何延锡注《孙子》，注重以战例印证兵理，说明他通晓战史。从先秦、秦汉、六朝、隋唐到五代的战例，都有援引。一方面从侧面说明何延锡注《孙子》的真实性；另一方面又说明何延锡《孙子注》中的五代十国战例，正是《崇文总目》著录何延锡《孙子注》二卷本之后的衍增部分，恰好能够合理地解释为何晚于《崇文总目》一百余年的《郡斋读书志》和《通志·艺文略》分别著录何氏《孙子注》三卷和何延锡《孙子注》三卷。而到吉天保纂集《十家孙子会注》时，所用当是晁公武著录的何氏《孙子注》三卷本。三卷本多出的内容，当是在二卷本基础上增益的战例。

四是何延锡既任兵马都监，又任四方馆使，非专任武将。《册府元龟》卷一一八《帝王部·亲征第三》云："太祖上言，败淮贼万余众于涡口，斩伪兵马都监、四方馆使何延锡，静江军使李铎等于阵，擒伪寿州节度使刘仁赡任天忠、指挥使崇浦及获战船五十余只。"③ 宋代兵马都监分掌所辖兵马屯驻、边防、兵甲、训练之政令，多由州郡守兼任，副都监由武臣专任。宋代去五代末未远，官职变革不大，亦可知五代南唐末之兵马都监亦大致如宋。而四方馆使，始置于隋；唐代属中书省，以通事舍人判之；五代则以卿监判之；宋代四方馆使由武臣为之，并掌四方朝贡、内外臣僚觐见之事。由上推论，

① 〔元〕脱脱等撰：《宋史》，中华书局1977年版，第13854页。

② 〔清〕纪昀等修：《文渊阁四库全书》第465册，台湾商务印书馆1986年版，第163页。

③ 〔宋〕王钦若等编纂，周勋初等校订：《册府元龟》，凤凰出版社2006年版，第1292页。

何延锡是州郡守兼兵职，其主要职务不是武将。而其四方馆使之职，则主掌外交及礼仪之事，而非兵事。何延锡之文韬武略兼备，文堪著述、武能治兵已明。

虽然可以肯定何氏就是何延锡，而何延锡就是五代南唐李璟时期的兵马都监、四方馆使何延锡，也能肯定吉天保《十家孙子会注》辑录的是晁公武著录本《何氏注孙子》三卷，《十一家注孙子》本《何氏注孙子》则出现于《通志》成书后三十余年内。但是何延锡《孙子》注多有引用五代史料，甚至直言“五代”，而北宋始称后梁、后唐、后晋、后汉、后周为“五代”，故北宋王溥纂《五代会要》、薛居正撰《五代史记》（晁公武《郡斋读书志》著录为《梁唐晋汉周书》）、欧阳修撰《新五代史记》。今考《孙子十家注》之何延锡注，有四处援引五代史事者，具体如下：

其一，《火攻》篇“一曰火人”何氏注引：“又五代梁太祖，乾宁中，亲领大军，由郓州东北次于鱼山。朱宣觇知，即以兵径至，且图速战。帝整军出寨，时宣、瑾已陈于前。须臾，东南风大起，帝军旌旗失次，甚有惧色。帝即令骑士扬鞭呼啸，俄而西北风骤发。时两军皆在草莽中，帝因令纵火。既而烟焰亘天，乘势以攻贼陈，宣、瑾大破，余众拥入清河，因筑京观于鱼山之下。”① 与《册府元龟》卷一八七《闰位部·勋业第五》所引该事，文字大致相同。

其二，《火攻》篇“一曰火人”何氏注引：“又后唐伐蜀，工部任圜以大军至汉州，康延孝来逆战。圜命董璋以东川懦卒当其锋，伏精兵于其后。延孝击退东川之军，急追之，遇伏兵。延孝败，驰入汉州，闭壁不出。西川孟知祥以兵二万，与圜合势攻之。汉州四面树竹木为栅。三月，圜陈于金雁桥，即率诸军鼓噪而进，四面纵火，风焰亘空。延孝危急，引骑出陈于金雁桥，又大败之。”②《册府元龟》卷四二三《将帅部·讨逆》及《旧五代史》卷七

① 〔汉〕曹操等撰：《孙子十家注》，见《诸子集成》第六册，中华书局 1954 年版，第 216 页。

② 〔汉〕曹操等撰：《孙子十家注》，见《诸子集成》第六册，中华书局 1954 年版，第 217 页。

四《唐书第五十·康延孝传》均载此事，文字大略与之相同。

其三，《势》篇“凡战者，以正合，以奇胜”何氏注引：“又五代汉高祖在晋阳，郭进往依之，汉祖壮其材。会北虏屠安阳城，因遣进攻拔之，戎人遁去，授坊州刺史。虏主道毙，高祖出奇兵井陉，进以间道先入洺北，因定河北。”① 与宋曾公亮《武经总要·后集》卷五《故事五》所引之事同。唯文字上，何氏云“依”，曾氏云“谒”。《宋史》卷二七三《郭进传》亦载此事云：“郭进，深州博野人，少贫贱，为巨鹿富家佣保，有膂力，倜傥任气，结豪侠，嗜酒蒲博，其家少年患之，欲图杀进，妇竺氏阴知其谋，以高进，遂走晋阳依汉祖。汉祖壮其材，留帐下。晋开运末，契丹扰边，汉祖建号太原。契丹主道殂，汉祖将入汴，进请以奇兵间道先趋洺州，因定河北诸郡，累迁乾、坊二州刺史。”② 文字及其表述亦多有相同。

其四，《军争》篇“穷寇勿迫”何氏注引：“五代晋将符彦卿、杜重威经略北鄙，遇虏于阳城。戎人十万围晋师于中野，乏水，军人凿井取泥，衣绞而吮之，人马渴死甚众。彦卿曰：‘与其束手就擒，曷若以身殉国，我今穷蹙。’乃率劲骑出击之。会大风扬尘，乘势决战，戎人大溃。此彦卿为虏十万所围，乃穷蹙之寇，遂致死力以求生，戎人不悟之致败也。”③ 后晋与契丹阳城之战，发生在开运二年（945）。《宋史》卷二五一《符彦卿传》载：“开运二年，与杜重威、李守贞经略北鄙。契丹主率众十余万围晋师于阳城，军中乏水，凿井辄坏，争绞泥吮之，人马多渴死。时晋师居下风，将战，弓弩莫施。彦卿谓张彦泽、皇甫遇曰：‘与其束手就擒，曷若死战，然未必死。’彦泽等然之。遂潜兵尾其后，顺风击之，契丹大败。”④

王钦若等《册府元龟》由宋真宗诏令纂修，始于景德二年（1005），终于大中祥符六年（1013），宋真宗撰序并赐书名。其意在于载录历代君臣史

① 〔汉〕曹操等撰：《孙子十家注》，见《诸子集成》第六册，中华书局 1954 年版，第 69 页。

② 〔元〕脱脱等撰：《宋史》，中华书局 1977 年版，第 9334~9335 页。

③ 〔汉〕曹操等撰：《孙子十家注》，见《诸子集成》第六册，中华书局 1954 年版，第 130 页。

④ 〔元〕脱脱等撰：《宋史》，中华书局 1977 年版，第 8838 页。

实，为治国理政提供鉴照。曾公亮、丁度编纂《武经总要》，始于宋仁宗宝元三年，即康定元年（1040），编成并首刊于庆历四年（1044），仁宗亲自审核并撰序。《武经总要仁宗皇帝御制序》云："凡军旅之政、讨伐之事、经籍所载、史册所记，祖尚仁义，次以钤略，至若本朝戡乱、边防御侮、计谋方略，咸用概举。且用兵贵乎有纪，尚节制也；决胜至于无，形尚权变也。六师练训、四方风土，爰从删正，可备庙算也。"①

南唐何延锡卒于周显德二年（955）或三年（956），显然不可能抄录《册府元龟》和《武经总要》的相关内容，故合理的推论，当是有人在《崇文总目》著录的何延锡《孙子兵法注》二卷基础上进行增益。而增益的时间即在《册府元龟》编成（1013）和《武经总要》编成（1044）至《十一家注孙子》首刊（1194）之间。《崇文总目》始编于宋仁宗景祐元年（1034），编成于宋仁宗庆历元年（1041），其所著录的《何延锡注孙子》二卷，就是南唐何延锡注《孙子》原本，当是比较可靠的：一是著录时间最早，二是著录的书目都是当时的国家藏书。前文讲到，吉天保纂集《十家孙子会注》，不会晚于《通志》成书（1161），而《通志》著录的恰是《何氏注孙子》三卷（增益本）。故可以推论吉天保在纂集《十家孙子会注》时，在《何延锡注孙子》二卷的基础上，已经有人完成了三卷本《何氏注孙子》或《何延锡注孙子》的增益工作。完成增益工作的时间当在《武经总要》编成（1044）至吉天保纂集《十家孙子会注》（不会晚于《通志》编成之1161年）之间。在这期间，完全具备增益时间和征引资料的条件。

增益一说，可以从《孙子十家注》或《十一家注孙子》何氏注的体例来佐证。何氏注《孙子》，其体例大致如下：

一是只有义训，止于注解大意。如注《谋攻》篇云："敌则能战之。"何氏注曰："敌言等敌也。唯能者可以战胜耳。"② 再如注《军争》篇"不动如

① 〔清〕纪昀等修：《文渊阁四库全书》第726册，台湾商务印书馆1986年版，第236~237页。

② 〔汉〕曹操等撰：《孙子十家注》，见《诸子集成》第六册，中华书局1954年版，第45页。

山，难知如阴，动如雷霆”云：“止如山之镇静，暗秘而不可料，藏谋以奋如此。”① 此是经文简短而注文亦简短之例。亦有经文长而注文短之例。如《虚实》篇云：“故善攻者，敌不知其所守；善守者，敌不知其所攻。”何氏注曰：“言攻守之谋，令不可测。”② 当然也有经文短而注文长之例。如《虚实》篇云：“微乎微乎，至于无形；神乎神乎，至于无声，故能为敌之司命。”何氏注曰：

武论虚实之法，至于神微而后见成功之极也。吾之实，使敌视之为虚；吾之虚，使敌视之为实；敌之实，吾能使之为虚；敌之虚，吾能知其非实。盖敌不识吾虚实，而吾能审敌之虚实也。吾欲攻敌也，知彼所守者为实，而所不守者为虚，吾将避其坚而攻其脆，批其亢而捣其虚。敌欲攻我也，知彼所攻者为不急，而所不攻者为要，吾将示敌之虚，而斗吾之实。彼示形在东，而吾设备于西。是故吾之攻也，彼不知其所当守；吾之守也，敌不料其所当攻。攻守之变，出于虚实之法。或藏九地之下，以喻吾之守；或动九天之上，以比吾之攻。灭迹而不可见，韬声而不可闻，若从地出天下，倏出间入，星耀鬼行，入乎无间之域，旋乎九泉之渊。微之微者，神之神者，至于天下之明目不能窥其形之微，天下之聪耳不能听其声之神。有形者至于无形，有声者至于无声，非无形也，敌人不能窥也；非无声也，敌人不能听也。虚实之变极也。善守兵者，通于虚实之变，遂可以入于神微之奥；不善者安然寻微穷神，而泥其用兵之迹，不能泯其形声，而至于闻见者，是不知神微之妙，固在虚实之变也。三军之众，百万之师，安得无形与声哉？但敌人不能窥听耳。③

① 〔汉〕曹操等撰：《孙子十家注》，见《诸子集成》第六册，中华书局 1954 年版，第 114~115 页。

② 〔汉〕曹操等撰：《孙子十家注》，见《诸子集成》第六册，中华书局 1954 年版，第 89 页。

③ 〔汉〕曹操等撰：《孙子十家注》，见《诸子集成》第六册，中华书局 1954 年版，第 89~90 页。

再如《九变》篇云："故将通于九变之利者，知用兵矣。"何氏注曰：

孙子以《九变》名篇，解者十有余家，皆不条其九变之目者，何也？盖自"圮地无舍"而下，至"君命有所不受"，其数十矣，使人不得不惑。愚孰观文意上下，止述其地之利害尔，且十事之中，君命有所不受，且非地事，昭然不类矣。盖孙子之意，言凡受命之将，合聚军众，如经此九地，有害而无利，则当变之，虽君命使之舍留攻争，亦不受也。况下文言"将不通于九变之利者，虽知地形，不能得地之利矣"，其君命岂得与地形而同算也？况下之《地形》篇云："战道必胜，主曰无战，必战可也；战道不胜，主曰必战，无战可也。"厥旨尽在此矣。①

二是义训与例释结合，即先释大意，然后举例证之，简洁精要，而不繁芜。如《形》篇云："故善战者之胜也，无智名，无勇功。"何氏曰："患销未形，人谁称智？不战而服，人谁言勇？汉之子房、唐之裴度能之。"② 再如《军争》篇云："军争之难者，以迂为直，以患为利。"何氏注曰："谓所征之国，路由山险，迂曲而远。将欲争利，则当分兵出奇，随逐乡导，由直路乘其不备急击之，虽有陷险之患，得利亦速也。如钟会伐蜀，而邓艾出奇，先至蜀，蜀无备而降。故下云'不得乡导，不能得地利'是也。"③

三是概括战例以释语义，简明扼要，而不拖泥带水。如《计》篇云："能而示之不能，用而示之不用，近而形之远，远而示之近，利而诱之。"何氏注曰："能而示之不能者，如单于羸师诱高祖，围于平城是也；用而示之不用者，李牧按兵于云中，大败匈奴是也；远而示之近者，韩信陈舟临晋，而渡夏阳是也；近而示之远者，晋侯伐虢，假道于虞是也；利而诱之者，如赤眉

① 〔汉〕曹操等撰：《孙子十家注》，见《诸子集成》第六册，中华书局1954年版，第136页。

② 〔汉〕曹操等撰：《孙子十家注》，见《诸子集成》第六册，中华书局1954年版，第59页。

③ 〔汉〕曹操等撰：《孙子十家注》，见《诸子集成》第六册，中华书局1954年版，第105页。

委辎重而饵邓禹是也。”①

四是虽堆砌战例以证语义，繁芜冗长，不厌其烦。比如《九变》篇何氏解“无恃其不攻，恃吾有所不可攻”云：

《吴略》曰：“君子当安平之世，刀剑不离身。古诸侯相见，兵卫不彻警。”盖虽有文事，必有武士，况守边固圉，交刃之际欤？凡兵所以胜者，谓击其空虚，袭其懈怠，苟严整终事，则敌人不至。《传》曰：“不备不虞，不可以师。”昔晋人御秦，深垒固军以待之，秦师不能久。楚为陈而吴人至，见有备而返。程不识将屯，正部曲行伍，营陈击刁斗，吏治军簿，虏不得犯。朱然为军师，虽世无事，每朝夕严鼓，兵在营者咸行装就队，使敌不知所备，故出辄有功，是谓能外御其侮者乎？常能居安思危，在治思乱，戒之于无形，防之于未然，斯善之善者也。其次，莫如险其走集，明其伍候，慎固其封守，缮完其沟隍，或多调军食，或益修战械。故曰物不素具，不可以应卒。又曰惟事事，乃其有备，有备无患；常使彼劳我佚，彼老我壮。亦可谓先人有夺人之心，不战而屈人之师也。若夫莒以恃陋而溃，齐以狎敌而歼，虢以易晋而亡，鲁以果邾而败，莫敖小罗而无次，吴子入巢而自轻，斯皆可以作鉴也。故吾有以待，吾有所不可攻者，能豫备之之谓也。②

五是何氏有的注解则全部照抄《册府元龟》《通典》《武经总要》，甚至某些文字引录一字不差，比如前所举何氏注《火攻》篇例。此类文字，当非南唐何延锡所引，而是宋代人以何氏之名衍增，但前三类文字当出自五代何延锡之手。

总之，何氏注式相当杂乱，很不一致，简则寥寥几字，详则洋洋千言；

① 〔汉〕曹操等撰：《孙子十家注》，见《诸子集成》第六册，中华书局 1954 年版，第 13~15 页。

② 〔汉〕曹操等撰：《孙子十家注》，见《诸子集成》第六册，中华书局 1954 年版，第 139~140 页。

或仅有义训，或仅有战例，或义训与战例糅合；或断以己意，或照录他书；体例不一，详略不当；体式混乱，制作粗率，凡此种种，不像出自一人之手。

又，《九变》篇何氏注中，有一处注解颇有周章。《九变》篇云："故将通于九变之利者，知用兵矣。"何氏注曰："孙子以《九变》名篇，解者十有余家，皆不条其九变之目者，何也？"① 何氏说"解者十有余家"，当不包含李筌、贾林、梅尧臣，因为李筌曰："谓上之九事也。"贾林曰："九变，上九事。将帅之任机权，遇势则变，因利则制，不拘常道，然后得其通变之利。变之则九，数之则十，故君命不在常变例也。"梅尧臣曰："达九地之势，变而为利也。"② 此三家实际均已"条其目"，指出了"九变"是哪九变，贾林还进一步说"变之则九，数之则十"，解释了"九"与"十"数字不同的矛盾。而何氏自解"九变之目"云："盖自'圮地无舍'而下，至'君命有所不受'，其数十矣，使人不得不惑。愚孰观文意上下，止述其地之利害尔，且十事之中，君命有所不受，且非地事，昭然不类矣。盖孙子之意，言凡受命之将，合聚军众，如经此九地，有害而无利，则当变之，虽君命使之舍留攻争，亦不受也。况下文言'将不通于九变之利者，虽知地形，不能得地之利矣'。其君命岂得与地形而同算也？况下之《地形》篇云：'战道必胜，主曰无战，必战可也；战道不胜，主曰必战，无战可也。'厥旨尽在此矣。"③ 其所解，与李筌、贾林、梅尧臣等暗合，正佐证了"何氏"是五代南唐之何延锡。

那为何"何氏"却对李筌、贾林注"视而不见"呢？其原因只能是，"何氏"没有看到过李筌和贾林《孙子注》（有李筌和贾林注《孙子》书而限于闻见未能看到），更没有看到过宋代梅尧臣《孙子注》（前代人当然看不到后代人著述）。故此"何氏"为南唐何延锡，是可信的。然而，在何氏《孙子注》中，又有"何氏曰：梅氏之注得之"之语。这是对多家注解进行比较

① 〔汉〕曹操等撰：《孙子十家注》，见《诸子集成》第六册，中华书局1954年版，第136页。

② 〔汉〕曹操等撰：《孙子十家注》，见《诸子集成》第六册，中华书局1954年版，第136页。

③ 〔汉〕曹操等撰：《孙子十家注》，见《诸子集成》第六册，中华书局1954年版，第136页。

之后的结论，更像第三者评论，不会出自何延锡。现存何氏注有一百六十七条，一一检视，其中孙星衍、吴人骥校语中有“何氏同孟氏注”“何氏同杜佑注”“何氏同杜牧注”“何氏同贾林注”“何氏同梅尧臣注”者，甚至有“何氏同诸注”。因文字相同，故有此校语。当是何氏与孟氏、杜佑等诸注暗合或抄录其注。然其所言“解者十有余家”，不甚明确。考《孙子》注家，至五代时，注《孙子》者，大致有东汉曹操、沈友，三国魏张子尚、王凌、贾诩，南朝梁孟氏，隋萧吉，唐杜佑、杜牧、陈皞、李筌、贾林、孙镐和纪燮。除去李筌、贾林，还有十二家。故何延锡云“解者十有余家”，亦属可信。

综上所述，《崇文总目》是最早著录《何延锡注孙子》二卷的文献，去五代不远，且是国家藏书目录，故对何延锡及其注《孙子》的著录是可信的。何延锡《注孙子》三卷或《何氏注孙子》三卷，其中增加的一卷，当是宋代“何氏”所为。故传本《何氏注孙子》三卷的注者有二：一是南唐何延锡；二是宋代“何氏”。三卷之中照录于《册府元龟》《通典》《武经总要》的文字及“梅氏之说得之”之语，当是宋代“何氏”所增益。而此“何氏”或许确是一个姓何的人，或许是假托南唐何延锡而称之为“何氏”的某一人。故传本《何氏注孙子》三卷注文，以五代何延锡注为主，又有宋代“何氏”增注。

此外，何氏注《孙子》还有两个重要特征有必要在此予以补充：

一是何氏常引古书释《孙子》。如注《计》篇“主孰有道”云：“《书》曰：‘抚我则后，虐我则仇。’抚虐之政，孰有之也。”① 注“善用兵者，屈人之兵而非战也”云：“言伐谋伐交，不至于战。故《司马法》曰：‘上谋不斗。’其旨见矣。”② 孙星衍所云“原本”系宋吉天保所辑十家注本，而此本又由清代山东文登人毕以珣从《华阴道藏》录出，原名《孙子集注》，毕氏改为《孙子十家注》。注“将军可夺心”云：“《司马法》曰‘本心固，新气

① 〔汉〕曹操等撰：《孙子十家注》，见《诸子集成》第六册，中华书局 1954 年版，第 9 页。

② 孙星衍校订《孙子十家注》曰：“此系杜佑语，见《通典》，原本作‘何氏’。非，今改正。”

胜’者，是也。”① 又注“上下同欲者胜”云：“《书》云：‘受有亿兆夷人，离心离德；予有乱臣十人，同心同德。商灭而周兴。’”② 此外，又有引《司马法》《军政》《军志》《左传》《吴略》《兵法》《淮南子》者。《九地》篇何氏注大量引用吴王与孙武用兵的问答之词，大致是《孙子》十三篇之外六十九篇的相关内容。

二是何氏多援引战例证《孙子》。如注“能而示之不能，用而示之不用”云：“何氏曰：能而示之不能者，如单于羸师诱高祖，围于平城是也。用而示之不用者，李牧按兵于云中，大败匈奴是也。”③ 而且语言大多简练贴切。当然，有时引用战事过于烦琐，未能删繁就简。如注《计》篇“攻其无备，出其不意”条，何氏注曰：“攻其无备者，魏太祖征乌桓，郭嘉曰：‘胡恃其远，必不设备，因其无备，卒然击之，可破灭也。’太祖行至易水，嘉曰：‘兵贵神速。今千里袭人，辎重多，难以趋利，不如轻兵兼道以出，掩其不意。’乃密出卢龙塞，直指单于庭，合战，大破之。唐李靖陈十策以图萧铣，总管三军之任，一以委靖。八月，集兵夔州，铣以时属秋潦，江水泛涨，三峡路危，必谓靖不能进，遂不设备。九月，靖率兵而进，曰：‘兵贵神速，机不可失。今兵始集，铣尚未知。乘水涨之势，倏忽至城下，所谓疾雷不及掩耳。纵使知我，仓卒无以应敌，此必成擒也。’进兵至夷陵，铣始惧，召江南兵，果不能至。勒兵围城，铣遂降。出其不意者，魏末遣将钟会、邓艾伐蜀，蜀将姜维守剑阁，会攻维未克。艾上言：‘请从阴平，由邪径出剑阁，西入成都。奇兵冲其腹心，剑阁之军必还赴涪，则会方轨而进；剑阁之军不还，则应涪之兵寡矣。《军志》云：“攻其无备，出其不意。”今掩其空虚，破之必矣。’冬十月，艾自阴平，行无人之境七百余里，凿山通道，造作桥阁，山高谷深，

---

① 〔汉〕曹操等撰：《孙子十家注》，见《诸子集成》第六册，中华书局 1954 年版，第 120 页。

② 〔汉〕曹操等撰：《孙子十家注》，见《诸子集成》第六册，中华书局 1954 年版，第 50 页。

③ 〔汉〕曹操等撰：《孙子十家注》，见《诸子集成》第六册，中华书局 1954 年版，第 13 页。

至为艰险。又粮运将匮，濒于危殆。艾以毡自裹，自转乃下。将士皆攀木缘崖，鱼贯而进。先登至江油，蜀守将马邈降。诸葛瞻自涪还绵竹，列陈相拒。大败之，斩瞻及尚书张遵等。进军至成都，蜀主刘禅降。又齐神武为东魏将，率兵伐西魏，屯军蒲坂，造三道浮桥渡河。又遣其将窦泰趣潼关，高敖曹围洛州。西魏将周文帝出军广阳，召诸将谓曰：'贼今掎吾三面，又造桥于河，示欲必渡，欲缀吾军，使窦泰得西入耳。久与相持，其计得行，非良策也。且高欢用兵常以泰为先驱，其下多锐卒，屡胜而骄。今出其不意，袭之必克。克泰，则欢不战而自走矣。'诸将咸曰：'贼在近，舍而远袭，事若磋跌，悔无及矣。'周文曰：'欢前再袭潼关，吾军不过霸上。今者大来，兵未出郊，贼固谓吾但自守耳，无远斗志。又狃于得志，有轻我心，乘此击之，何往不克？贼虽造桥，未能征渡，比五日中，吾取窦泰必矣。公等勿疑。'周文遂率骑六千还长安，声言欲往陇右，辛亥潜出军，癸丑晨至潼关。窦泰卒闻军至，惶惧依山为陈，未及陈列，周文击破之。斩泰，传首长安。高敖曹适陷洛州，闻泰没，烧辎重，弃城而走。"①

七、张预注《孙子》

《通志》之《艺文略》著录《孙子》一卷，张预注。张预生平，史传无载。《宋史·艺文志》著录《张预集注百将传》一百卷。《文献通考》著录《百将传》十卷，并录晁公武解题云，张预，字公立，观历代将兵者所以成败，莫不与孙武书相契合，故集良将百人之传成一书，而题孙武兵法于其后，陈振孙亦云以《孙子兵法》断之。又据赵希弁《读书附志》著录"《百将传》十卷"下云"东光张预公立所进"。又核《直斋书录解题》著录"《百将传》十卷"下云"清河张预"。一说河北东光人，一说河北清河人。未知孰是。

《孙子》张预注，现存《十家注》系统各本中，共有五百余条。张预注《孙子》有以下特色：

---

① 〔汉〕曹操等撰：《孙子十家注》，见《诸子集成》第六册，中华书局1954年版，第19~20页。

一是释义谨严、准确、简练，且多有新意。既释词义，又释大意。《计》篇云："法者，曲制、官道、主用也。"张预曰："曲，部曲也；制，节制也。官谓分偏裨之任；道谓利粮饷之路。主者，职掌军资之人；用者，计度费用之物。六者，用兵之要，宜处置有其法。"① 再如注《势》篇"其势险，其节短"云："险，疾；短，近也。言善战者先度地之远近，形之广狭，然后立陈，使部伍行列相去不远，其进击则以五十步为节，不可过远，故势迅则难御，节近则易胜。"②

二是举例恰当而不繁芜。虽战例亦取之于《史记》《汉书》等史书及《通典》《武经总要》等类书，但均有剪裁、取舍，而非照录，行文亦有变化，显得简洁自然。如注"天地孰得"云："观两军所举，谁得天时地利。若魏武帝盛冬伐吴，慕容超不据大岘，则失天时地利者也。"③ 又如注"兵者诡道"云："用兵虽本于仁义，然其取胜必在诡诈。故曳柴扬尘，栾枝之谲也；万弩齐发，孙膑之奇也；千牛俱奔，田单之权也；囊沙壅水，淮阴之诈也。此皆用诡道而制胜也。"④

三是多引古书之言，比如《孙子佚文》《尉缭子》《司马法》《周礼》《刑法志》《李靖兵法》《吴起兵法》等，其引文中保留了个别亡佚兵书的文字。如注《计》篇"实而备之"云："《经》曰：'角之而知有余不足之处。"有余，则实也；不足，则虚也，言敌人兵势既实，则我当为不可胜之计以待之，勿轻举也。李靖《军镜》曰：'观其虚则进，见其实则止。'"⑤ 其中《军镜》已佚。尤其好用《尉缭子》文，其所注文字有二十余处引《尉缭

---

① 〔汉〕曹操等撰：《孙子十家注》，见《诸子集成》第六册，中华书局 1954 年版，第 8 页。

② 〔汉〕曹操等撰：《孙子十家注》，见《诸子集成》第六册，中华书局 1954 年版，第 72 页。

③ 〔汉〕曹操等撰：《孙子十家注》，见《诸子集成》第六册，中华书局 1954 年版，第 10 页。

④ 〔汉〕曹操等撰：《孙子十家注》，见《诸子集成》第六册，中华书局 1954 年版，第 13 页。

⑤ 〔汉〕曹操等撰：《孙子十家注》，见《诸子集成》第六册，中华书局 1954 年版，第 15~16 页。

子》，是十一家注《孙子》中引用《尉缭子》最多的注家（此外有杜牧和何延锡引《尉缭子》），说明张预比较倾向于兵形势家。

四是诠释全书篇章次序，寻绎各篇内在关联，注重孙子战理的思维逻辑。《孙子》十三篇各篇题解，今摘录合并如后：

《管子曰》："计先定于内，而后兵出境。"故用兵之道，以计为首也。或曰："兵贵临敌制宜，曹公谓之于庙堂者，何也？"曰："将之贤愚，敌之强弱，地之远近，兵之众寡，安得不先计之？及乎两军相临，变动相应，则在于将之所裁，非可以逾度也。"计算已定，然后完车马，利器械，运粮草，约费用，以作战备，故次《计》。计议已定，然后可以智谋攻，故次《作战》。两军攻守之形也，隐于中，则人不可得而知；见于外，则敌乘隙而至。形因攻守而显，故次《谋攻》。兵势以成，然后任势以取胜，故次《形》。《形篇》言攻守，《势篇》说奇正，善用兵者，先知攻守两齐之法，然后知奇正。先知奇正相变之术，然后知虚实。盖奇正自攻守而用，虚实由奇正而见。故次《势》。以军争为名者，谓两军相对而争利也。先知彼我之虚实，然后能与人争胜。故次《虚实》。变者不拘常法，临事适变，从宜而行之之谓也。凡与人争利，必知九地之变，故次《军争》。知九地之变，然后可以择利而行军，故次《九变》。凡军有所行，先五十里内山川形势，使军士伺其伏兵，将乃自行，视地之势，因而图之，知其险易，故行师越境，审地形而立胜，故次《行军》。用兵之地，其势有九，此论地势，故次《地形》。以火攻敌，当使奸细，潜行地里之远近，途径之险易，先熟知之，乃可往，故次《九地》。欲素知敌情者，非间不可也。然用间之道，尤须微密，故次《火攻》也……然处十三篇之末者，盖非用兵之常也。若《计》《战》《攻》《形》《势》《虚实》之类，兵动则用之。至于《火攻》与《间》，则有时而为耳。①

① 〔汉〕曹操等撰：《孙子十家注》各篇篇题张预注及《用间篇》篇尾张预注，见《诸子集成》第六册，中华书局 1954 年版，第 1~240 页。

八、王彦解《孙子》

《直斋书录解题》《文献通考》均著录《武经龟鉴》二十卷，王彦撰。上海图书馆藏有宋刻本，国家图书馆藏有宋刻本残本。其书以《孙子》语句为题目，分别以前代兵事证之。考之于《玉海》，亦云二十卷，自《始计》至《用间》十三篇，均以孙子语编次前代战例。隆兴二年（1164）孝宗作序，第二年以书赐诸将。

宋人周应合《景定建康志》卷四《留都录四·御制御书》载《孝宗皇帝御制御书武经龟鉴序》，云："尝欲考古今之成败，较谋略之短长，以合于武，颁示诸将。庶政方繁，有所未暇。保平军节度使王彦以其所编次《武经龟鉴》来上，采掇前代已然之迹，著其得失，必取武书以验之，诚得我心之所同然者……嘉叹之余，因题于篇首。隆兴甲申岁秋九月甲子选德殿书赐王彦。"① 孝宗作序时间为隆兴甲申岁即隆兴二年（1164）九月，则王彦进书亦在此前不远，显然不是绍兴九年（1139）就已离世的王彦所进。孝宗序云王彦以其《武经龟鉴》进献于孝宗，正合孝宗之意。故进献此书者确实非《宋史》列传之王彦。《宋史》列传之王彦，山西上党人，性豪爽，喜韬略。建炎初屡破金兵，声震河朔，由于阻挠宋金和议，被夺兵权，而转治州郡，绍兴九年（1139）卒于官，享年五十。故于汝波等《孙子学文献提要》以作者为《宋史》卷三六八《列传》之王彦，则误也。

近代藏书家、文献学家傅增湘《再跋武经龟鉴》考辨此书作者云："至撰此书之王彦，本为郑刚中、吴璘部曲，其所历之官为主管鄜延经略司公事（绍兴十年）。虢州观察使（绍兴十一年）。鄜延经略使兼知成州（绍兴十二年）。利州观察使、御前前军统制、保宁军承宣使（绍兴二十五年）。龙神卫四厢都指挥使，保宁军承宣使，金、房、开、达州驻札御前诸军都统制，兼知金州，兼金、开、达州安抚使（绍兴三十一年）。至绍兴三十二年，始以收

① 〔清〕纪昀等修：《文渊阁四库全书》第 488 册，台湾商务印书馆 1986 年版，第 44~45 页。

复商、虢之功，进保平军节度使，盖统兵转战川陕者二十余年矣。据《直斋书录解题》，此书署保平军节度使王彦撰，则其进御时必在商、虢奏捷，初领节钺之后。”①

九、施子美讲《孙子》

宋周应合撰《景定建康志》卷三三《文籍一》著录《施子美七书解》。《文渊阁书目》之《宿字号第一厨书目》兵法类著录《武经七书讲义》一部二册。施子美撰《孙子讲义》，为《施氏七书讲义》之一种。施子美，三山人。金朝元光壬午岁（1222）江伯虎作《施氏七书讲义序》云：“三山施公子美，为儒者流，谈兵家事。年少而升右庠，不数载而取高第。为《孙》《吴》之学者，多宗师之。”②

据宋梁克家撰《淳熙三山志》卷三〇《人物类五·科名》载，淳熙十一年武举林嘌榜，有施子美，并注云子礼之兄，字子美，怀安人。淳熙八年（1181）武举进士江伯虎榜，有施子礼，注云字子礼，怀安人。《施氏七书讲义序》作者江伯虎，与施子美之弟施子礼为同榜武举进士。康熙《福建通志》卷三四《选举·宋科目》淳熙八年（1181）武举进士榜有施子礼，云怀安人；淳熙十一年（1184）有施子美，云子礼兄。三山为福州别称，怀安即为宋代福州府的辖县。《淳熙三山志》的撰者梁克家乃福建晋江人，在任福州知府期间，主持编纂《淳熙三山志》。然又据《施氏族谱》载，施济才，字子美，号沛霖，浙江乐清人，祖籍福州三山（今属福清）。宋嘉祐六年（1061）进士，官蕲州签判，辞官归，老于林泉之下，著《施氏七书讲议》。据江伯虎序称“三山施公子美”，则为与作序者同时代人，又称其为儒者言兵家事，则知其非武举进士，乃文科进士，则《施氏族谱》所载亦有可信之处，然康熙《福建通志》与《施氏族谱》所载进士登第年代，相距一百二十余年，则又讹谬太甚，则当从康熙《福建通志》。

---

① 傅增湘撰：《藏园群书题记》，上海古籍出版社 1989 年版，第 307 页。

② 谢祥皓、刘申宁辑：《孙子集成》第 2 册，齐鲁书社 1993 年版，第 1 页。

《施氏七书讲义》是现存最早对《孙子》解义析理之作，对每句孙子语进行讲解，主要在于义理的阐释，并引用前代史实证之，古人成败得失皆可见。故施子美讲论《孙子》有以下特点：

一是几乎没有烦琐的字词训释，而重在讲述要旨，串讲大意，把文字训诂糅合在句段的讲解中。如《始计》"经之以五事，校之以计而索其情"，施子美训讲曰："此言用兵者，必有以尽知彼己之实，而后可以知胜负之所在也。经之为言，或曰常也。如《礼》之所谓'以经邦国'之'经'同，盖言常以此五事修之于己，如织之有经，常而不变。此一说也。或曰度也，如《诗》之所谓'经之营之'之'经'同，盖言当以此五事先度之于己，而后可以求其在人者。此亦一说也。经以五事，此先自治之说也。在己者既备，是五者乃可以权己之所有，而以校其在敌者。校，量也；计，七计也。既以五事经之于己，又以七计校之于彼，则胜负之理可得而知，故可以索其情。曹公曰：'索彼己之情。'杜佑曰：'索其胜负之情。'皆是也。五事，即'一曰道'以至于'五曰法'是也；七计，即'主孰有道'至'赏罚孰明'是也。昔者，高祖之兴也，尝与韩信论楚汉之强弱矣。彼其意，盖欲经之于己而校之于敌也。缟素之举，高祖之有道也；五星之聚，高祖之得天也；成皋之守，高祖之得地也。韩彭之任，非将乎？军法之申，非法乎？乃项羽则不然，阴谋义帝，残灭郡县，甘乌江之夭亡，得成皋而弗守，与夫八千无为楚之心，刻印有刓忍之志，则其七计也，果孰得孰失耶？胜负之情，一见决矣。此韩信立谈之间，所以能知其强弱之所在也。"①

二是引史简明扼要，不觉繁芜，夹叙夹议，史论结合，而不致史例淹没义理而有喧宾夺主之弊。如《始计》篇题注引战例曰："《管子》曰：凡攻战之道，计必先定于内，然后兵出乎境。是以先计后战，充国所以破先零；计定后战，光弼所以擒安史。举兵之始，其可不以计谋为先乎？此《始计》之所由首也。"② 再

① 〔宋〕施子美撰：《施氏七书讲义》，见谢祥皓、刘申宁辑《孙子集成》第2册，齐鲁书社1993年版，第9~10页。

② 〔宋〕施子美撰：《施氏七书讲义》，见谢祥皓、刘申宁辑《孙子集成》第2册，齐鲁书社1993年版，第7页。

如注解《始计》第一句“兵者，国之大事，死生之地，存亡之道，不可不察”云：“此言兵之所系为甚重，故人君之于兵有所不敢轻举也。踊跃用兵，州吁之所以毙；穷兵黩武，汉武之所以衰；兵其可以轻举乎？兵何以不可轻也？以其为国之大事、死生存亡之所系。传曰：‘国之大事，在祀与戎。’充国曰：‘兵势，国之大事。’则兵诚为大事也。兵之所以为大事，以其有死生，有存亡也。兵有胜负，则民有死生；兵有当否，则国有存亡。死生系乎民，故以地言；存亡系乎国，故以道言。赵之四十万众而坑于长平，此兵之为民之死生也。苻坚举国长驱，一败而丧国辱身，此兵之为国之存亡也。兵之所系如此其重，则人君之举兵可不深思孰察而审计之乎？曰察云者，盖量敌而进，虑事而举，惧其或失也。此光武每发一兵，须发尽白者，盖重其事而不敢轻也。”①

三是阐理深透，既能紧扣原文，又能提升发挥，而不拘泥原文、削足适履而致生硬枯燥之陋。如讲《军争》“三军可夺气，将军可夺心”句，施氏曰：“兵以勇胜，勇有时不足恃；将以谋胜，谋有时而不及用。三军之气，三军之勇也。气而可夺，则可以挫其勇，将军之心，将军之谋也。心而可夺，则可以伐其谋。寇恂扬言兵至而阵动，仁贵三矢一发而虏气慑，此夺气也。……大抵气者，志之帅；心者，神之舍。非治己之气，则不能夺人之气；非治己之心，则不能夺人之心。此卫公所以攻心夺气之说。”② 其余体式，莫不大致如此。

四是施氏讲义，多能探明孙子本意而不曲解。如讲《用间》，施氏曰：“然《孙子》之十三篇，终之以《用间》者，非轻之也，盖重之也。若以为束发事君，当朝正色，忠以尽节，信以竭诚，虽有善间，安可用乎？以亚父、钟离昧之在楚，果不忠乎？不信乎？及汉间一行，而不能自保，何间之不足用？用间而不能成功者，非间之罪也，不得其人也。盖有过人之能者，然后

---

① 〔宋〕施子美撰：《施氏七书讲义》，见谢祥皓、刘申宁辑《孙子集成》第 2 册，齐鲁书社 1993 年版，第 8~9 页。

② 〔宋〕施子美撰：《施氏七书讲义》，见谢祥皓、刘申宁辑《孙子集成》第 2 册，齐鲁书社 1993 年版，第 127~128 页。

能为过人之事；有过人之事者，然后能成过人之功。上智者，过人之能也；间者，过人之事也，必成大功，过人之功也。是功也，又岂攻城略地，搴旗斩将之比哉？其大也，不可胜言也。上智之间，必伊吕而后可也。立商造周，其功为如何耶？兵之至要，其在于间。故三军所赖以动用者，非间不可也。何者？间可以知敌之虚实，可以知敌之动静，可以知敌之表里。夫然后吾有所用，可以足其所欲矣。此三军之众所以赖是而动也。昔李愬得李祐而擒元济，光弼得高晖而破思明，兹非恃此而后可动乎？"①

故特点之一、二条，亦可从特点之三、四条的例举得到印证。然而施子美亦有注解不通者，如施子美认为，孙武子所云度、量、数、称、胜五者，指的不是土地、人口、粮食数量及其与兵员数量相称之比例，以及以此为基础的决胜条件，而是指营阵之法：在黄帝则有八阵之图；在太公则有三阵之制；在诸葛亮则有八行阵；在晋马隆，则有偏箱车；在唐代李卫公则有六花阵。此说失之太过矣。

十、郑友贤说《孙子》

南宋郑樵《通志·艺文略》著录《孙子遗说》一卷，云郑友贤撰。然稽之于《孙子十家注》，披览其后所附《孙子十家注遗说序》及《孙子十家注遗说》，知郑友贤原题篇名为《十注遗说》。

郑友贤，其生平事迹史无具载，仅知其为宋代河南荥阳人。其《孙子十家注遗说》是针对《孙子十家注》未能深入探讨的疑难问题进行补遗。郑友贤《孙子十家注遗说序》认为，孙武子兵法，深奥难解，有很多微妙之处，如儒家之《周易》。儒家《周易》通天、地、人三才，以阴阳变化为神，故见仁见智，其深邈之道，百姓日用而不知。与《周易》相类者，孙武子兵法，包含兵权谋、兵形势、兵阴阳、兵技巧四家，牢笼百家之说，以奇正变化演绎兵法之微旨，故谋者见谋，巧者见巧，将士用之而不知。所以郑友贤对孙

① 〔宋〕施子美撰：《施氏七书讲义》，见谢祥皓、刘申宁辑《孙子集成》第 2 册，齐鲁书社 1993 年版，第 246~247 页。

子的微妙深奥及其对于指导战争的普适性予以揭示，悉心揣摩，索隐发微，言人之所未言。用郑友贤自己的话说，则是："顷因余暇，抚武之微旨，而出于十家之不解者，略有数十事，托或者之问，具其应答之义，名曰《十注遗说》。"① 郑友贤说有数十问，实则有二十八问。诸如"死生之地"何以先于"存亡之道"？"多算""少算""无算"究竟何义？计利之外所佐者何？为何因粮于敌而取用于国？为何伐交次于伐谋？武之书皆法，为何孙武言谋攻之法、军争之法？"守则不足""攻则有余"究竟何义？诸如此类，都是孙子思想中的深层问题，而郑氏能在解文析句的基础上进而阐释其学理，并辅以史实，体现了郑氏非凡的兵学理论素养。

郑氏《十注遗说》对《孙子》之十家注，有补充遗漏之功，虽然没有逐篇逐句训解，但是抓住了诸家未能解答而学者又有困惑的问题，以问答的形式予以一一解答，可谓独出机杼。

十一、二苏论孙子

苏洵著《权书》，其中有《孙武》篇，高度评价孙武《十三篇》是言兵之雄杰，为自古以兵著述者所罕言，但是亦指出其言兵与用兵之难统一，亦即言兵出神入化，而用兵则稍有差跌，并列举其用兵有三失，最后感叹孙武自己所著之书尚且不能自用，况且师法孙武智慧之余绪者。

苏轼著《孙武论》上下篇，如苏洵一样，高度评价孙武言兵，认为古之言兵者无出于孙武之右，其奇正、利害、攻守之法均达到无以复加的境界。但是苏轼亦如乃父，认为其智有余，而其用不足。主张儒家仁圣之道，而贬斥兵家诡诈之道。批评世俗之人对孙武之术的承袭和解读，认为孙武之诡诈行于世，则世人如鸟兽相搏而祸乱天下。此外，苏轼认为，孙武只可作为一军之将来使用，而不可作为天子之帅来使用，因为其十三篇只论一军之器械、粮草和谋略，若作为天子之帅，则难堪大任，因其未涉及天子之兵、天下之

① 〔汉〕曹操等撰：《孙子十家注》，见《诸子集成》第六册，中华书局 1954 年版，第 241 页。

势，只知将兵，不知将将。故其言兵，是一军之兵，非天下之兵。此即孙武之阙失。苏轼不仅在古兵法方面钻研深刻，而且勤习武艺，可谓文武双全。苏辙作诗赞曰："旧读兵书气已振，近传能射喜征蕿。手随乐节宁论中，箭作鸱声不害文。力薄仅能胜五斗，才高应自敌三军。良家六郡传真法，马上今谁最出群？"①

十二、宋元亡佚之《孙子注》

除上述传本《孙子注》，文献载录而亡佚之注《孙子》书亦多，兹胪列于下：

（一）罗戬《孙吴二书》

罗戬，宋徽宗时人，曾任武学教谕。明代凌迪知《万姓统谱》卷三五"罗戬"条下注云："通川人，以刚直闻乡里。游太学，进《孙吴二书》，徽宗特命为武学谕。上幸学，百官先集，蔡京于坐谈兵，戬心哂之，昂视屋角，不听其语，触怒夺官。自号观光山人。"② 清代康熙皇帝《渊鉴类函》卷一六一《礼仪部八·州郡学二》"蔡京谈兵"下注云："宋罗戬徽宗时命为武学谕，上幸学，百官先集，蔡京于坐谈兵，戬心哂之，不听其语，触怒夺官。"③

（二）南宋叶宏《孙子注》

清光绪《处州府志》有著录，下注云："胡纮《叶公墓志》：乾道中奉敕撰。"④ 叶宏，字梦符，丽水人，乾道进士，为人倜傥，莅官明敏，任武学谕，注兵书，被褒赏，累迁大府少卿、总领江东兵马钱粮。⑤

---

① 〔宋〕苏辙撰：《栾城集（二）》卷二《闻子瞻习射》，见王云五主编《万有文库》本，商务印书馆 1935 年版，第 16 页。

② 〔明〕凌迪知撰：《古今万姓统谱》卷三五，哈佛大学燕京图书馆藏汲古阁藏板明万历七年刻本。

③ 〔清〕纪昀等修：《文渊阁四库全书》第 986 册，台湾商务印书馆 1986 年版，第 183 页。

④ 〔清〕潘绍诒修，〔清〕周荣椿纂：光绪《处州府志》卷二六《艺文志·书目》，台湾成文出版社有限公司 1974 年版，第 927 页。

⑤ 〔清〕潘绍诒修，〔清〕周荣椿纂：光绪《处州府志》卷一八《人物志·经济》，台湾成文出版社有限公司 1974 年版，第 609 页。

（三）南宋陈直中《孙子发微》

撰作缘由及主要内容，据陈傅良《孙子发微序代陈颐刚作》云：“自六经之道散，而诸子作，盖各有所长，而知兵未有过孙子者。春秋之季，天下将趋于战国矣。故武之书多权谋，儒者辄摈弗道。间有好其书者，又往往为之章句、训解。夫兵事尚变，而欲以训诂求之，不亦陋乎！余自乾道乙酉不干有司之试，端居深念，今复岁矣。盖所观六经，孔孟二氏之遗书，由汉以来诸儒发明之者略备，余未能有所增益。间读《十三篇》，尚多余意，因以所闻于先君子与渡江诸将议论兵间事，与己见推武之说，附次其下。嗟乎！方天子明圣，养晦于外，而拱手让中原者五六十载矣。士大夫怀安，顾耻言兵，然则余是书亦有为为之也。”①《温州经籍志》兵家类据此予以著录，并介绍撰者陈直中云：“陈直中，字颐刚，籍贯事迹，旧府县志无考。惟《陈止斋集》四十《分韵送王德修诗序》，载《松风轩分韵送行》，会者十有四人，皆吾乡人也，而颐刚与焉，其所著《孙子发微》，旧《志》亦未著录，惟止斋代作《叙》，尚见集中，今据补入。又《止斋集》六，有《陈颐刚注孙子许拾遗赠诗用韵寄之》诗，许拾遗谓许深父及之。《涉斋集》十一《寄颐刚诗》有‘注成兵法有奇志，闲过壮年应苦心’之句，即指此书也。又有《酬陈颐刚》诗云：‘忧世还当路，论兵有故家。’《薛艮斋浪语集》二十四《与郑景望书》云：‘陈颐刚比相会，云曾屡拜书，便间望报以一二字，戒以事勿轻举，凡百宽裕沈审，必令内外无间为贵。’是颐刚亦与乾、淳诸老往还讲学者，不徒喜谭兵也。”②

（四）南宋王自中《孙子新略》三卷

雍正《浙江通志》卷二四七《经籍志》兵家类著录《孙子新略》，注云：万历《温州府志》，王自中撰。王自中，字道甫，温州平阳人，自号厚轩居士。宋代魏了翁撰《鹤山集》卷七六《宋故耤田令知信州王公墓志铭》云：

---

① 〔宋〕陈傅良撰：《止斋集》卷四〇《孙子发微序代陈颐刚作》，见《文渊阁四库全书》第1150册，台湾商务印书馆1986年版，第818页。

② 〔清〕孙诒让撰，潘猛补校补：《温州经籍志》，上海社会科学院出版社2005年版，第632~633页。

“淳熙十年，分水县令王公自中以中书舍人王公蔺持荐，诏赴都堂审察。未至，帝数以问近臣。及见，帝曰：‘望卿甚久。’公曰：‘昨诣堂宰执，已传谕圣旨，草茅贱微何自得此？’因反复敷陈数百言，帝为动容。徐出二疏，其略曰：‘臣尝读《唐兵志》，有言：蓄兵所以止乱也，及其弊也，反以为乱。’”该墓志铭又云：“积阶至朝请郎，享年六十六，以孝友称，自奉简，俸余悉以给亲友之贫者……博通古今，文气奇杰，尝注《孙子新略》《前后序》，并《历代年纪》十二卷、《王政纪原》三卷、《表启奏劄》、《歌诗》五卷。”①

《宋史》卷三九〇《王自中传》云：

> 王自中，字道甫，温州平阳人。少负奇气，自立崖岸，繇是忤世。乾道四年，议遣归正人，自中伏丽正门争论，且言：“今内空无贤，外空无兵，当搜罗豪俊，广募忠力，以图中原。”坐斥徽州，放还。淳熙中，登进士第，主舒州怀宁簿，严州分水令……通判郢州，道除知光化军，改信州，丁内艰，服阕，还朝。光宗即位，迎谓曰：“朕得卿名于寿皇，留为郎可乎？”言者不置。主管冲佑观，起知邵州、兴化军，命下而自中已病，庆元五年八月卒，年六十。②

（五）南宋胡箕《孙吴子注》

南宋胡箕撰有《孙吴子注》，大概是《孙子兵法》与《吴起兵法》的合注。胡箕，南宋名臣、文学家胡铨之侄。雍正《江西通志》卷七六《人物志》载曰：“胡箕，字斗南，庐陵人，官修职郎。事亲孝，父没，免丧，棲衰绖于墓侧，遇忌日及四时，必服以上冢。所著有《三传会例》《孙吴子注》并《遗稿》三十卷。”③

---

① 〔宋〕魏了翁撰：《鹤山先生大全文集》，《四部丛刊》本。

② 〔元〕脱脱等撰：《宋史》，中华书局 1977 年版，第 11948~11949 页。

③ 〔清〕谢旻等修，陶成等纂：雍正《江西通志》卷七六《人物志 · 吉安府》，见《文渊阁四库全书》第 515 册，台湾商务印书馆 1986 年版，第 598 页。

（六）元代潘可大《孙子释文》

宋末元初人戴表元撰《剡源文集》卷八《潘可大孙子释文序》，概述其人其书云：

始余疑孙子教吴宫美人战阵非事实，太史公承袭所闻，括其奇载之耳。及言为将，西破楚入郢，北灭齐晋，事亦甚略，盖古有是人，善言兵，不必其能自为兵也，而《孙子》十三篇遂行于世，后之能兵者因共宗之。嗟乎！夫孙子者，岂非春秋战国间恢诡抗拔人世、不独能兵者耶？其书纵横变化，深而切博，而尽读之使人好焉。友人潘可大，盖修词而好焉者也。年方冠，于书无所不观，而独为《孙子》作释文若干言。一日，袖以过余曰："自吾为此书，朋友始而骇焉什四，中而疑焉什六，卒而非且笑焉什八矣。夫非且笑者，是诚不知而疑焉而骇焉者，亦犹未释然于此也。昔周之衰，学士、大夫失其所承，凡能修明世教、不畔于先王者，惟仲尼之徒为然。自余为游谈雄辩，为狂愤著书，最下为刑名计数。诸家盖人人而能言，言而能文也。孙子其言兵而文者欤？夫既言而文，故能勇变古人之法，而自名其家。由汉以来最名将如韩淮阴、赵营平，皆口传其语，班班于策；最奸雄如曹孟德，至亲为之议，他可知矣。然而其书之要，曰兵以诈立、以利动，夫车马资粮之输、赏罚部伍之节、山川阴阳之宜，不待武之智而能及之也。必若以诈而立，以利而动，生人何罪焉？后世尊其人，专徇其法；袭其实，阳讳其名，凡轩辕氏之子孙逮于兹，累千百年为血为肉，皇皇然终不能自必其命，非言之文者为之乎？于此复以文翼之，譬若惧火之熄，而扇其炎，愈不知所终矣。"然潘之意非翼孙子者，观其书所折衷，至称仁人之兵，主于除天下之害；其杀之也，所以生之。诸如此类，本孙子所未讲，而学孙子之家所未悉。持兵者得是说而行之，则为汤武之举；谈兵者得是说而推之，则为伊吕之佐。其心仁，其术慎，其于诈利也远矣。然则必若潘君之云，然后可以论孙子哉。故《孙子》犹或可废，而此书之意不可以不传也。君名衍翁，天台人。①

由上可知作《孙子释文》之潘可大，乃元代文士潘可大，而非明代将领潘可大，且知潘可大以儒释兵，多涉仁道与诡道之辩证阐述，其要大略既是对《孙子》深层涵义的发掘，又是儒家兵学观的反映。《剡源文集》卷七《汴略序》又叙潘可大云："天台潘可大，生又后于余。质敏而志专，学劬而识精。穷坐山谷，授徒以奉亲。足未尝出户限之外，而网罗旧闻。自建隆庚申迄靖康丁未，详其记事之体，附以辩论，若范淳夫之《唐鉴》、胡明仲之《管见》，名为《汴略》者三十卷。又自建炎丁未迄德祐甲子，金天辅戊戌迄天兴甲午，撮提纲要，名为《南北纪年》者若干卷。嗟夫！如可大之讲学，岂非灵龟神蜃，潜藏岩泽，而光彩氛祲，自见于外也哉？使之进为以用世，何可掩抑？而可大不愿为东方生、陆贾、贾山之流者也。姑为题辞篇端，以发其概云。"② 又有宋末元初舒岳祥《咏竹拂子谢潘可大》云："天封竹拂子，赠我意何勤。白马惟余鬣，苍蝇合避人。柄双疑共产，身粉止留筋。可鄙棕毛贱，堪同麈尾珍。书斋添道气，入室许嘉宾。"③ 此诗咏竹拂子，大概是酬谢潘可大赠予竹拂子，云竹拂子驱蝇而添道气。

（七）元代解观撰有《武经注》

雍正《江西通志》卷七六《人物志·吉安府》曰："解观我，名子尚。入试，名观。吉水人。幼警敏，嗜学，自天文、地理、兵刑、历律，靡不精究，尤深于《易》。著《宋书》一千卷、《天文星历》一卷、《地理》若干卷，衍《八阵图》，注《武经》，《刑书考》一卷，作《万分历》，推步如神，作《儒家博要》《四书大义》《周易义疑通释》，行

① 〔清〕纪昀等修：《文渊阁四库全书》第1194册，台湾商务印书馆1986年版，第103~104页。

② 〔清〕纪昀等修：《文渊阁四库全书》第1194册，台湾商务印书馆1986年版，第92页。

③ 〔清〕纪昀等修：《文渊阁四库全书》第1187册，台湾商务印书馆1986年版，第383页。

于世。”① 元吴澄《吴文正集》卷一〇《字说》之《解观伯中字说》篇云：“乡贡进士解观，天历己巳暨其弟蒙联贡礼部，至顺壬申春造予山间，留数日，曰：观于名之下增一言而为字。或不，吾可。请于内外之尊者，更字伯中。佥谓之允。”② 明杨士奇《东里续集》卷一八《跋》为解观《策场备要》作跋云：“右《策场备要》，元吉水解观我先生辑。先生名观，一字伯中，邃于《易》，诸子百氏无不该贯。一日谒吴文正公，适公与学者论历法。先生备举先儒之说，纤悉不遗，而一断以己意。公骇曰：‘伯中非今之学者。’因共讲论三日而后已。然屡举不第。至正中，修辽、金、宋三史，欧阳楚文公、揭文安公交荐之，征至，论议不合，竟去。然其所尝私录宋、辽、金事甚富，朝廷得其书，悉采用之。惜乎其人，国史无闻焉。”③ 明吉水人解缙为其作传，名《伯中公传》，记其学行及家世云：“观我，名子尚。入试，名观。临川吴文正公更字之曰伯中。幼警敏，嗜学，不以食息废，口不绝吟讽，精思妙契，至忘寒暑。幼时大父庄山公藏书万卷，窃读殆遍。大父久而方觉，已甚奇之。受学于季大父主静公，公善诱导，居尝举所见宋儒诸老宿德仪型、嘉言善行，令人竦然，伯中益自刻苦。父万安公清旷不仕，家仅给无余，独处一室，隘甚，人不能堪晨起供洒扫。园蔬厨灶之下，书册不离手。箪食瓢饮，炊菽数筵，且啖且读，未尝知味。天文、地理、兵刑、历律，靡不精究，尤深于《易》。考《宋史》如指掌，著《宋史》一千卷、《天文星历》一卷、《地理》若干卷，衍《八阵图》，注《武经》，《刑书通考》一卷，作《万分历》，推步如神，作《儒家博要》《四书大义》《周易义疑通释》《古赋》《拦江网》《策场备要》，今行于世。”④

---

① 〔清〕谢旻等修，陶成等纂：雍正《江西通志》卷七六《人物志·吉安府》，见《文渊阁四库全书》第515册，台湾商务印书馆1986年版，第616页。

② 〔清〕纪昀等修：《文渊阁四库全书》第1197册，台湾商务印书馆1986年版，第122页。

③ 〔清〕纪昀等修：《文渊阁四库全书》第1238册，台湾商务印书馆1986年版，第601页。

④ 〔明〕解缙撰：《文毅集》卷一一《伯中公传》，见《文渊阁四库全书》第1236册，台湾商务印书馆1986年版，第753页。

（八）元代张贲注解《孙子》

张贲，元人，生平不详。仅能从《孙武子直解》引用的张贲注中得其一二。刘寅在简介其引用《孙子》旧注及张贲注等文献时云："予少时避兵山谷间，受读于先人菊斋处士。亡其书已四十余年，今但能记其大略耳。"① 从刘寅《武经直解序》可知，其序作于洪武三十一年（1398）岁在戊寅，即其成书之年。由此前推四十年，为元至正十八年（1358），而此时张贲之《孙子注》尚刊行于世。故张贲《孙子注》大致亡于元末明初。从刘寅《孙武子直解》可知，张贲注《孙子》有以下两个特点：

一是张贲注本订正了一些错简。刘寅《武经直解凡例》云："《孙子张贲注》论道字甚重，诸家说得极略，《军争》《九变》错简处，贲皆订正，今从之。"② 如杜牧、张预诸家注皆以"圮地无舍，衢地合交，绝地无留，围地则谋，死地则战"五者为"九变"之事，而刘寅则以张贲注本之"高陵勿向""背丘勿逆""佯北勿从""锐卒勿攻""饵兵勿食""归师勿遏""围师必阙""穷寇勿迫""绝地无留"为"九变"。可知张贲注本与杜牧、张预注本不同，是根据张贲自己的理解，在文字上有所调整。而刘寅注本则多用张贲注本。可知张贲注本自有其过人之处。这些在刘寅《孙武子直解》的《军争》篇末和《九变》篇首有详述。刘寅注解《九变》篇题云："按：此篇简编错乱，前人多因而附会其说，惟张贲已能改而正之，其本刊行于世。愚十八九岁时，遭元季抢攘，尝从先人授读，亡其书四十余年。今尚能记其大略。姑依其次序而直解于下，使学者易晓耳。愚非敢佞于张贲而逆于牧、预诸公也，顾其理直与不直耳。"③

二是张贲注本在文字训释和章句疏解上多有己见。如刘寅云："张贲注云部曲有制，分官有道，使各主其用，而不失其义，亦通。"④ 又如《始计第一》云："将听吾计，用之必胜，留之；将不听吾计，用之必败，去之。"刘

① 谢祥皓、刘申宁辑：《孙子集成》第2册，齐鲁书社1993年版，第275页。
② 谢祥皓、刘申宁辑：《孙子集成》第2册，齐鲁书社1993年版，第271页。
③ 谢祥皓、刘申宁辑：《孙子集成》第2册，齐鲁书社1993年版，第404页。
④ 谢祥皓、刘申宁辑：《孙子集成》第2册，齐鲁书社1993年版，第282页。

寅注曰："前将字，指大将而言。此将字，指偏裨之将而言也。人君与大将定计于庙堂之上，大将便当选偏裨之将而节制之。故言偏裨之将听信吾计用之而战必能取胜，则留而任之。偏裨之将不听吾计，用之而战，必然取败，则除而去之不任也。昔马谡违诸葛亮节度，良斩之。是将不听吾计，用之必败，去之也。"自注云："张预注'将'字作平声，读谓将者解也。孙子以此解激吴王而求用，言吴王将听我所陈之计而用兵则必胜，我乃留此矣。将不听我所陈之计而用兵则必败，我乃去之他国。此非忠厚之心，恐失孙子本意。孙子作此书，将欲传之后世，为众人法耳。不应中间用此数语解激吴王而求用，是亦等心哉。故子直取张贲注而不取预言也。"① 可知刘寅注解此句，乃直接取张贲注为之。再如，"作之而知动静之理"下刘寅按云："张贲本为'诈之而知动静之理'，谓或诳之以言，或诱之以利，或示之以害，多方以诡道欺之，则敌之动静可知。"②

此外，宋代有宋奇《孙子解并武经简要》二卷，《宋史·艺文志》有著录，但宋奇生平不详，仅知其大概是宋代人。

第五节　宋元诸子对孙子学的接受与批评

宋元诸子对孙子兵学的评价主要有三方面：一是仍然推崇《孙子》在兵学中不可动摇的地位；二是有褒有贬，既肯定其言兵之祖，又讥诮其用兵无术；三是全面否定孙子兵学，不仅否定孙武其人，而且抹煞孙子学术。

仍然推崇孙子兵书为谈兵之祖者，有宋代韩淲、许洞、郑友贤、张预、郑厚、陈傅良、黄震等人。

南宋韩淲《涧泉日记》云："神宗论孙武书，爱其文辞意指。王安石曰：'孙武谈兵，言理而不言事，所以文约而所该者博。'上论及韩信，安石曰：'信但用孙武一两言，即能成功名。'上曰：'如韩信自是奇

① 谢祥皓、刘申宁辑：《孙子集成》第2册，齐鲁书社1993年版，第287~289页。
② 谢祥皓、刘申宁辑：《孙子集成》第2册，齐鲁书社1993年版，第375~376页。

才，称兵书乃是因诸将问及，引以应之，度其所知，非因读兵书而能及此也。’”① 宋神宗与王安石对孙武的理解高度一致，所以在评判上没有争论，而对韩信则有分歧，王安石以孙武贬韩信，而宋神宗则以为韩信用兵神妙，并非因为读孙武兵书，而是自有奇才，言外之意，堪与孙武比肩。

北宋许洞《虎钤经序》有言：“孙子之法奥而精，使学者难于晓用。诸家之法肤而浅，或用者丧于师律。浅深长短，迭为表里，酌中之理，诚难得焉。又观李筌所著《太白阴经》，论心术则秘而不言，谈阴阳则散而不备，以是观之，诚非具美。臣今上采孙子、李筌之要，明演其术，下撮天时、人事之变，备举其占，或作于己见，或述于古人，名曰《虎钤经》。”② 许洞调和折衷孙子之法与诸家之法，在“浅深长短”中找出恰当的表达方式，以及改善兵书内容，以通天时与人事之变化。既可以理解为对孙武子的推崇，也可以理解为以扬为抑。

宋代郑友贤云：“儒家者流，惟苦《易》之为书，其道深远而不可穷；学兵之士，尝患武之为说，微妙而不可究，则亦儒者之《易》乎？盖《易》之为言也，兼三才，备万物，以阴阳不测为神，是以仁者见之谓之仁，智者见之谓之智，百姓日用而不知。武之为法也，包四种，笼百家，以奇正相生为变，是以谋者见之谓之谋，巧者见之谓之巧，三军由之而莫能知之。迨夫九师百氏之说兴，而益见大易之义。”③ 郑氏以儒家之《易》喻指《孙子》，以易理释兵理，有其独特之处，其意则在说明《孙子》奥而精、广而深，难以晓用。

南宋张预《十七史百将传序》云：“臣尝读杜牧《注孙子序》，至其所谓犹盘中走丸。丸之走盘，横斜圆直系于临时，不可尽知，其必可知者，丸不能出于盘也。臣始谓此言非至论，及观历代史书，上下千余载间，将兵者所

---

① 〔清〕纪昀等修：《文渊阁四库全书》第 864 册，台湾商务印书馆 1986 年版，第 790 页。

② 《中国兵书集成》编委会编：《中国兵书集成》第 6 册，解放军出版社、辽沈书社 1992 年版，第 1 页。

③ 〔宋〕郑友贤撰：《孙子十家注遗说》，见《诸子集成》第六册，中华书局 1954 年版，第 241 页。

以成、所以败，莫不与武之书相符契。由是乃以牧之言为信然……传取数事，先以《孙子兵法》题其后，次以行事合之，参校其得失，学者观此不独简而易习，习而易晓，抑亦知孙子之书不为空言，而古之贤将所以成立功名者，岂无法哉?”① 张预之意实则赞同唐代杜牧的观点，而以历代名将战事阐述孙子战理，即把孙子深奥的理论转换成浅白易懂的名将战例，以供学兵者参悟。然而亦有不认为孙武之书难以晓用者，而是认为孙武兵法既艰深又浅近，易学易用。如南宋郑厚《艺圃折衷》云：“《孙子》十三篇，不惟武人之根本，文士亦当尽心焉。其词约而缛，易而深，畅而可用，《论语》《易》《大传》之流，孟、荀、扬著书皆不及也。”②

北宋李廌从兵法源流以及奇正分合、变化无穷的角度，高度认同孙武子兵略，其《兵法奇正论》云：“兵始于黄帝，法成于太公，黄帝而上兵未设，以有兵胜无兵；太公而上法未备，以有法胜无法。太公而后何其纷纷耶！用兵者既频，学兵者既众，一定之法不足以相胜，故管仲、穰苴、孙武、吴起、尉缭、留侯、孔明、李靖之徒始出而论奇正。奇正者，因古以御时，依体以立用，千变万化以制胜，兵策用之之法可观也。”③

北宋李新跳出兵略范畴，而从政略角度解读孙武子以宫女演兵而斩二妃之故事，认为此事并非孙武要借此立威，而是要为吴王“清君侧”，其理由是，孙武既已看出吴王可与共富贵，则一心要辅佐其成就霸业，却又忧心其耽于美色而废大志，故有此举。其《孙武论》云：“论有为之君必资乎有为之臣，若孙武者，可语有为者也。观其斩二队长之事，窃以谓非直严号令、申约束而已。嗟乎！无故而斩二妇人，此岂足以显将军之勇乎？武之心其必有说也。盖武始以兵法见，固知阖庐可共功名也。然武之意岂不以有为之君不患其无志，而患物有以昏其志耶……惟阖庐悟孙武之能用兵，任之不疑，卒

① 《中国兵书集成》编委会编：《中国兵书集成》第9册，解放军出版社、辽沈书社1991年版，第1~2页。

② 〔清〕纪昀等修：《文渊阁四库全书》第196册，台湾商务印书馆1986年版，第546页。

③ 〔清〕纪昀等修：《文渊阁四库全书》第1115册，台湾商务印书馆1986年版，第781页。

之破楚国，威齐晋。由此观之，女色之可戒，宜矣。呜呼！君侧之小人，其为祸亦女子之比也。有志之士，如欲为圣天子扫除小人之恶者，吾愿以孙武试兵之术告之。”①

南宋黄震不仅认为孙子是谈兵之祖，而且是仁义君子，非一般诸子所能比。《黄氏日抄》卷五八《读诸子》中有《孙子》篇，其云：“孙子言兵，首谓兵者国之大事，死生之地，存亡之道，而切切欲道民使之与上同意，欲不战而屈人兵，欲先为不可胜以待敌之可胜，欲无恃其不来，恃吾有以待之。至论将，则谓进不求名，退不避罪，惟民是保而利于主。盖终始未尝言杀，而以久于兵为戒，所异于先王之训者，惟诡道一语。然特自指其用兵变化而言，非俗情所事奸诈之比。且古人诡即言诡，皆其真情，非后世实诈，而反谬言诚者比也。若《孙子》之书，岂特兵家之祖，亦庶几乎立言之君子矣。诸子自荀、扬外，其余浮辞横议者，莫与比。”②

南宋陈傅良对孙子亦给予深度认同，其《孙子发微序代陈颐刚作》云：“自六经之道散而诸子作，盖各有所长，而知兵未有过孙子者。春秋之季，天下将趋于战国矣，故武之书多权谋。”③

宋代不少学者对孙子及其兵法褒贬兼有，认为其人其书既值得推崇又有瑕疵，比如何去非、苏洵、苏轼、徐积等人。

北宋何去非《何博士备论·霍去病论》有言：“昔之以兵为书者，无若孙武。武之所可以教人者备矣。其所不可者，虽武亦无得而预言之，而唯人之所自求也。故其言曰兵家之胜不可先传，又曰奇正之变不可胜穷，又曰人皆知我所胜之形而莫知吾所以制胜之形，故其战胜不复而应形于无穷。善学武者，因诸此而自求之，乃所谓方略也。去病之不求深学者，亦在乎此而已。嗟乎！执孙吴之遗言，以程人之空言，求合乎其所以教，而不求其所不可教，

① 〔清〕纪昀等修：《文渊阁四库全书》第1124册，台湾商务印书馆1986年版，第504~506页。

② 〔清〕纪昀等修：《文渊阁四库全书》第708册，台湾商务印书馆1986年版，第458页。

③ 〔清〕纪昀等修：《文渊阁四库全书》第1150册，台湾商务印书馆1986年版，第818页。

乃因谓之善者，亦已妄矣。”① 然何去非《何博士备论·魏论下》又云：“言兵无若孙武，用兵无若韩信、曹公。武虽以兵为书，而不甚见于其所自用。韩信不自为书，曹公虽为，而不见于后世。然而传称二人者之学，皆出于武，是以能神于用而不穷。窃尝究之，武之十三篇，天下之学兵者所通诵也。使其皆知所以用之，则天下孰不为韩曹也？以韩曹未有继于后世，则凡得武之书伏而读之者，未必皆能辨于战也。武之书、韩曹之术皆在焉。使武之书不传，则二人者之为兵，固不戾乎武之所欲言者。至其所以因事设奇，用而不穷者，虽武之言有所未能尽也。驱市人白徒而置之死地，惟若韩信者然后能斩陈余，遏其归师；而与之死地战，惟若曹公者然后能克张绣。此武之所以寓其妙，固有待乎韩曹之俦也。”② 从宋代开始，对孙武及其兵学的评论，开始出现从战争实用角度的探讨，故往往把孙子兵学理论与孙子兵学运用区别看待，并以此为发端，探讨兵学理论与运用的不统一性。

与何去非观点相类的，还有北宋苏洵、苏轼。苏洵《权书》论孙武及其兵法曰：

> 孙武十三篇，兵家举以为师。然以吾评之，其言兵之雄乎！今其书论奇权密机，出入神鬼，自古以兵著书者罕所及，以是而揣其为人，必谓有应敌无穷之才。不知武用兵，乃不能必克，与书所言远甚。吴王阖庐之入郢也，武为将军，及秦、楚交败其兵，越王入践其国，外祸内患一旦迭发，吴王奔走自救不暇，武殊无一谋以弭斯乱。若按武之书以责武之失，凡有三焉。《九地》曰：“威加于敌则交不得合。”而武使秦得听包胥之言出兵救楚，无忌吴之心，斯不威之甚。其失一也。《作战》曰：“久暴师则钝兵挫锐。屈力殚货，则诸侯第其弊而起。”且武以九年冬伐楚，至十年秋始还，可谓久暴矣。越人能无乘间入国乎？其失二也。

---

① 〔清〕纪昀等修：《文渊阁四库全书》第727册，台湾商务印书馆1986年版，第145页。

② 〔清〕纪昀等修：《文渊阁四库全书》第727册，台湾商务印书馆1986年版，第150~151页。

又曰："杀敌者怒也。"今武纵子胥、伯嚭鞭平王尸，复一夫之私忿，以激怒敌。此司马戍、子西、子期所以必死仇吴也。勾践不颓旧冢而吴服，田单谲燕掘墓而齐奋，知谋与武远矣。武不达此，其失三也。然始吴能以入郢，乃因胥、嚭、唐、蔡之怒，及乘楚瓦之不仁，武之功盖亦鲜矣。夫以武自为书，尚不能自用，以取败北，况区区祖其故智余论者而能将乎？且吴起与武一体之人也，皆著书言兵，世称之曰孙吴。然而吴起之言兵也，轻法制，草略无所统纪，不若武之书词约而意尽，天下之兵说皆归其中。然吴起始用于鲁，破齐；及入魏，又能制秦兵；入楚，楚复霸。而武之所为反如是。书之不足信也，固矣。①

苏洵批评孙武子只会言兵，不会用兵，其言与行相距甚远，自作兵法尚且不能用以制胜，遑论其余？其责备、贬抑之意溢于言表。然而苏洵毕竟是开明儒士，虽对孙武子颇有微词，心有不满，但是对儒者不言兵的普遍社会现象亦有批评，又足见其非迂儒。其《权书引》述其仁义与权谋之关系云："人有言曰：'儒者不言兵，仁义之兵无术而自胜。'使仁义之兵无术而自胜也，则武王何用乎太公？而牧野之战，四伐、五伐、六伐、七伐，乃止齐焉？又何用也？权书，兵书也，而所以用仁济义之术也。吾疾夫世之人不究本末，而妄以我为孙武之徒也。夫孙氏之言兵，为常言也，而我以此书为不得已而言之之书也。故仁义不得已而后吾权书用焉，然则权者为仁义之穷而作也。"②

苏轼《东坡全集》卷四二《孙武论》有言：

古之言兵者，无出于孙子矣。利害之相权，奇正之相生，战守攻围之法，盖以百数，虽欲加之而不知所以加之矣。然其所短者，智有余而

---

① 〔清〕纪昀等修：《文渊阁四库全书》第1384册，台湾商务印书馆1986年版，第363~364页。

② 〔清〕纪昀等修：《文渊阁四库全书》第1104册，台湾商务印书馆1986年版，第851页。

未知其所以用智，此岂非其所大阙欤……夫武，战国之将也，知为吴虑而已矣。是故以将用之则可，以君用之则不可。今其书十三篇，小至部曲、营垒、刍粮、器械之间，而大不过于攻城、拔国、用间之际，盖亦尽于此矣。天子之兵、天下之势，武未及也。其书曰："将能而君不御者胜。"为君而言者，有此而已。窃以为，天子之兵，莫大于御将；天下之势，莫大于使天下乐战而不好战。夫天下之患不在于寇贼，亦不在于敌国，患在于将帅之不力，而以寇贼、敌国之势内邀其君，是故将帅多而敌国愈强，兵加而寇贼愈坚。敌国愈强而寇贼愈坚，则将帅之权愈重。将帅之权愈重，则爵赏不得不加。夫如此，则是盗贼为君之患，而将帅利之；敌国为君之仇，而将帅幸之。举百倍之势而立毫芒之功，以借其口而邀利于其上。如此而天下不亡者，特有所待耳。①

徐积的看法与苏轼相类，其《策问》云："古之善为兵者，各以其书名家，而三家者最著：司马穰苴，兵之正者也；孙武，兵之有术；吴起，兵之应变者也。三人者，可谓能言，不可谓之已试矣，然其略亦有已试能取胜者乎?"② 徐积以为司马穰苴、孙武、吴起为三家言兵最著之人，但是三人所言并非其已亲身实践、试验之理，故言与行之间仍有令人不能信服之处。

如果说二苏、徐积对孙武只是从孙子兵理及其运用的不一致来委婉地提出批评（既批评其学用不一、能言不能行之短；又批评其非将将之学，而是将兵之学；非天子兵法，而是将兵兵法），那么南宋浙江永嘉人戴少望顺承二苏之意，攻击意味愈加明显，直言其权谋有余、仁义不足，非三代王者之佐，偏见进一步加深。其《将鉴论断》卷一《战国》有言曰：

孙武之书十三篇，众家之说备矣。奇正、虚实、强弱、众寡、饥饱、

① 〔清〕纪昀等修：《文渊阁四库全书》第1107册，台湾商务印书馆1986年版，第587~589页。

② 〔清〕纪昀等修：《文渊阁四库全书》第1101册，台湾商务印书馆1986年版，第936页。

劳逸、彼己、主客之情状，与夫山泽、水陆之阵，战守、攻围之法，无不尽也。微妙深密，千变万化而不可穷。用兵，从之者胜，违之者败，虽有智巧，必取则焉，可谓善之善者矣。然武操术，有余于权谋，而不足于仁义。能克敌制胜为进取之图，而不能利国便民为长久之计；可以为春秋诸侯之将，而不可以为三代王者之佐也……若夫武之为将，知有权谋而已，不知古有所谓仁义之兵。是以久用于吴，讫无成功，假楚之权，祸连怨积，秦、越乘弊于外，夫差造变于内，师入而人无来苏之望，战胜而国有自焚之灾。阖闾矜其盛强，既以兵死；夫差负其贪虐，复以兵亡；得不补失，利不偿害。虽曰善于用兵，而所以用之者，盖不由其道也……后世之人首达孙子权谋之用，而以仁义存心，庶其贤乎！中人以上，可以语此；中人以下，又何责焉！①

更有甚者，自宋代起，开始怀疑孙武其人在历史上的存在，为彻底否定孙子兵学进行铺垫和渲染。南宋陈振孙《直斋书录解题·兵书类》云："世之言兵者祖孙氏，然孙武事吴阖庐而不见于《左氏传》，未知其果何时人也。"②南宋叶适则比陈振孙更加偏激，直言《孙子》为战国初期山林隐士之作，孙武之行事均不可信，并以春秋战国之兵制相佐证。其《习学记言》卷四六《孙子》云：

迁载孙武齐人而用于吴，在阖庐时破楚入郢为大将，按《左氏》无孙武，他书所有，左氏不必尽有，然颍考叔、曹刿、烛之武、鱄设诸之流微贱暴用事，左氏未尝遗，武功名章灼如此，乃更阙略，又同时伍员、宰嚭一一诠次乃独不及武耶？详味《孙子》与《管子》《六韬》《越语》相出入，春秋末战国初山林处士所为，其言得用于吴者，其徒夸大之说

① 〔清〕永瑢等编：《四库全书存目丛书·子部》第30册，齐鲁书社1995年版，第663页。

② 〔清〕纪昀等修：《文渊阁四库全书》第674册，台湾商务印书馆1986年版，第742页。

也。自周之盛至春秋，凡将兵者必与闻国政，未有特将于外者。六国时此制始改。吴虽蛮夷而孙武为大将，乃不为命卿而左氏无传焉，可乎？故凡谓穰苴、孙武者，皆辨士妄相标指，非事实。其言阖闾试以妇人，尤为奇险，不足信。①

有的学者对孙武的攻击愈加激烈，可谓不遗余力，痛斥孙子学为学界和社会流毒。比如宋代儒生蔡岸《晁错不能过崔寔》云："凡天下之言利者，以管仲为不可及，言兵者以孙武为不可及，此皆后世之不幸者也。"② 宋代李壁注王安石《神物》诗云："故好战，则孙武、白起之徒出，而民残于干戈矣。"③ 南宋高似孙《子略》卷三《孙子》有言："兵流于毒，始于孙武乎？武称雄于言兵，往往舍正而凿奇，背信而依诈。凡其言议反覆，奇变无常，智术相高，气驱力奋。故《诗》《书》所述、《韬》《匮》所传，至此皆索然无余泽矣。先儒曰：'无以学术杀天下后世。'是犹言学者也，吴越交兵，胜负未决，武居其间，岂无所以为强吴胜越者？二十年间，阖庐既以战死，夫差旋丧其国。方是时，武之术不行于他国，特见信于吴，而武之言兵亦知为吴计而已，成败兴亡易如反掌，固无待于杀天下后世。兵其可以智用欤？"④

在赞誉派和诋毁派之间，亦有温和派，既不完全赞誉，亦不完全否定，而是以不确定的语气，以存疑的口吻提出看法，对孙武子基本持肯定态度。比如，北宋天才而短命的诗人王令在赞誉和抨击之间，持温和的中庸态度而委婉地表达对孙武子的认同，认为孙武子有其所长，不可全盘否定，战阵之事、韬略之辞，世人或许未有能过之者。王令所撰《广陵集》卷三〇《兵

① 〔清〕纪昀等修：《文渊阁四库全书》第849册，台湾商务印书馆1986年版，第757~758页。

② 〔清〕纪昀等修：《文渊阁四库全书》第1358册，台湾商务印书馆1986年版，第310页。

③ 〔清〕纪昀等修：《文渊阁四库全书》第1106册，台湾商务印书馆1986年版，第335页。

④ 〔清〕纪昀等修：《文渊阁四库全书》第674册，台湾商务印书馆1986年版，第514~515页。

法》云："问世之言兵者不宗孙武之书，则《司马法》也，其道何足言哉？然其谋人之国，帅人之兵，计利以去害，其说亦有长者。自武之后至今盖千有余岁，或未之能过也，则其可无取乎？其说曰：'兵久而国利者未之有也。'予视后世良然。"①

在众多质疑、批判、贬抑、否定等环境中，有人表现出极大的担忧。北宋刘敞既肯定孙武创立兵法，又担忧其权谋诡诈使世俗浇薄，内心充满矛盾，在宋代士大夫中有一定的代表性。其《百工说》云："孙武、吴起思天下之乱，以谓乱生于不教民战，故立兵法。"② 其所撰《伊吕问并序》则云："读鬼谷书，以伊尹在夏、吕望在商为仵合；读孙武书，又以二人为反间。夫世衰道敝，天下语权变者宗鬼谷，语奇正者宗孙武，学者既无以拒之，而复假圣人以自耀，将使浇薄之俗甘心于诈伪。予甚惧焉，作《伊吕问》。"③

元代文学家贡师泰以儒家观念评判孙子，认为春秋以前的战争以仁义道德为本，而春秋之后，则崇尚变诈权谋，其《武经总要序》云："昔黄帝以兵战涿鹿，汤武以师克暴乱，然皆本之以道德，行之以仁义，非若后世出奇设伏，以变诈相倾覆而已。自春秋战国，干戈相寻，孙武、吴起之流始各以知谋相角胜，以暴横相吞噬，迨至秦汉以来，撰述愈多，其所为书，见称于东方朔者已二十二万言，载之西汉《艺文志》者至八百余卷。"④

宋代有不少诗人品评孙武子，有正面，有反面；有同情，有批评。如北宋李廌《汝州王学士射弓行》云："汝阳使君如孙武，文章绝人喜军旅。"北宋邹浩《次韵蔡宽夫解元暮春见怀》云："棋如孙武推多算，诗似颜渊已竭才。"北宋蔡襄《孙武篇》云："入官无所解，因笑得君怜。岂知孙武子，自

① 〔清〕纪昀等修：《文渊阁四库全书》第1106册，台湾商务印书馆1986年版，第562页。

② 〔清〕纪昀等修：《文渊阁四库全书》第1095册，台湾商务印书馆1986年版，第768页。

③ 〔清〕纪昀等修：《文渊阁四库全书》第1095册，台湾商务印书馆1986年版，第815页。

④ 〔清〕纪昀等修：《文渊阁四库全书》第1215册，台湾商务印书馆1986年版，第588页。

欲逞威权?”

值得一提的是，由于文章学的发展，宋人不仅注重义理，而且重视词章。自南朝刘勰以孙武兵法论文法，多有论及孙武子文章之法者。唐代李翱以孙武子文章与秦汉诸子文并列，认为其文、理、义三者兼备，自成一家之文学，且为后世文章大家所效法。其《答朱载言书》云：“六经之后，百家之言兴，老聃、列御寇、庄周、鹖冠、田穰苴、孙武、屈原、宋玉、孟轲、吴起、商鞅、墨翟、鬼谷子、荀况、韩非、李斯、贾谊、枚乘、司马迁、相如、刘向、扬雄，皆足以自成一家之文学者之所师归也。故义虽深，理虽当，词不工者不成文，宜不能传也，文、理、义三者兼并，乃能独立于一时而不泯灭于后代。”① 南宋李耆卿看重孙武子文辞之美，其《文章精义》云：“《老子》《孙武子》，一句一语，如串八宝，珍瑰间错不断，文字极难学，惟苏老泉数篇近之。”② 元代赵汸感慨自西汉以降，虽然儒家学术繁盛，但声辞文章与世俱衰，实难与春秋战国之庄周、孙武、苏秦、张仪等诸子匹敌，究其原因，春秋战国诸子所著无可替代，皆为各自生平所见所闻、所为所历的理性思索。其《华川文集序》云：“自汉西京而后，文与世俱降者近千载。一旦豪杰之士相继而兴，高文大册视西京几可无愧，而学则过之，何其盛也！然诚能观乎辞与声之变，则自春秋而战国，每降愈下，殆如老者之不可复少，是以不能无慨于斯焉。盖尝思之如列国之辞命，庄生、孙武、苏张之徒之书，皆其人各以平日所从事者立言，其身之所亲，心之所喻，无不在是，故能深切明著。”③ 元代陈绎曾从儒家立场出发，对包括兵家在内的诸子文章抱有一定偏见，认为其学“不醇”，不必精研，但是又认为兵家等诸子文章“精奇”“要妙”，见识高深，可资博览。其《文说》云：“读诸子，儒家荀、扬、《文中》、《新序》、《说苑》，杂家《管子》、《吕览》、贾谊、《淮南》，道家《老

① 〔清〕纪昀等修：《文渊阁四库全书》第 1078 册，台湾商务印书馆 1986 年版，第 129 页。

② 〔清〕纪昀等修：《文渊阁四库全书》第 1481 册，台湾商务印书馆 1986 年版，第 805 页。

③ 〔清〕纪昀等修：《文渊阁四库全书》第 1221 册，台湾商务印书馆 1986 年版，第 194 页。

子》《庄子》《列子》《抱朴子》，兵家孙武子、吴起、《司马法》，法家《韩非子》等，皆文章精奇，论说要妙，虽所学不醇，而见趋高深，可资博览。”① 陈绎曾在论及诸子文章的“累语”之病时，说到孙子文章虽偶有“语累”，然词意深妙，值得称扬，其云：“《尚书》‘宽而栗’、《老子》‘长短相形’等语，皆累句也；孙武子‘利而诱之，乱而取之’一节，语虽累，而辞意句句有妙者。”②

此外，还有以道理、禅理类比孙武子兵理者，如宋代释觉范《石门文字禅》云：“庖丁之解牛，但见其理，不见其全牛也，如孙武之诛二队长，但见其法，不见吴之宠姬也。”③

综上种种，宋元诸子对孙武子的批评较以往任何时代都活跃，但也正是从宋代始，对孙武子及其兵法有了怀疑、贬抑和否定，原因大致有四个方面：

一是儒学的发展及至宋代已经有了无法撼动的地位，对社会各阶层产生独一无二的影响力和控制力。宋代理学形成，理学在一定程度上是儒家学说与帝王政治的进一步融合，是儒学应现实政治的需要在新的历史时期的发展。

二是宋代科举取官甚多，一旦科举及第，即授官职，许多中小地主家庭和农工商家庭的子弟趋之若鹜，而且考试内容为儒家经学，科目先有诗赋、帖经、墨义，后有《诗》《书》《礼》《易》《论语》《孟子》等经文义理，总之是以儒家经义为主。因此之故，宋代冗官繁多。苏辙《上神宗乞去三冗》记其情状云：“古之人，其择吏也甚精，人知吏之不可妄求，故不敢轻为士。为士者，皆其修洁之人也。今世之取人，诵文书、习程度，未有不可为吏者也。其求之不难而得之甚乐，是以群起而趋之。凡今农、工、商、贾之家，未有不舍其旧而为士者也。为士者日多，然而天下益以不治，举世所谓居家不事生产，仰不养父母，俯不恤妻子，浮游四方，侵扰州县，造作诽谤者，

① 〔清〕纪昀等修：《文渊阁四库全书》第 1482 册，台湾商务印书馆 1986 年版，第 252 页。

② 〔清〕纪昀等修：《文渊阁四库全书》第 1482 册，台湾商务印书馆 1986 年版，第 248 页。

③ 〔清〕纪昀等修：《文渊阁四库全书》第 1116 册，台湾商务印书馆 1986 年版，第 461 页。

农、工、商、贾不与也。”①

三是前文讲过，宋代文人治国、文人主兵，是典型的文人社会、文人政治和文人军事，儒生、文士有很高的政治地位和社会地位，待遇优渥，而儒生、文士天然具有排斥武事、兵法等心理倾向。在社会实际中，武人、武官地位卑贱，远不如文人、文官，通儒家经典可得富贵，而习武晓兵只能仰给于人，故重文轻武、褒儒贬兵自然不足为奇。

四是最高统治者昏庸无识，不读兵书，不知兵事，造成两宋时期诋毁孙子的现象众多。今试举例言之，即可管窥宋代君臣之庸陋。清代乾隆皇帝《御制文二集》卷三一《书南宋论兵事》云：“南宋弃河北而不守，忍二帝而弗顾。志恢复而知兵者，莫过岳飞一人，以谗诛之，是尚可与言兵哉？而最可笑者，莫若上皇与吴璘相论之事。《宋史》称上皇尝问胜敌之术于璘，对曰：‘弱者出战，强者继之。’上皇曰：‘此孙武子三驷之法，一败而二胜。’吁！其识之鄙，可怪哉！夫亦知孙武子三驷之法乎？彼教田忌与诸公子置马较射，此寻常赌金为戏，以是法相驰固当，一不胜而再胜，在驰射较胜负则佳，而岂可以用之于行军乎？且是法也，市井博奕（弈）之徒，无不知之，亦不得谓孙武子行军妙算也。夫两军对敌，所贵先声，其胜败只在呼吸顷耳，以大为小，以强为弱，不过俯仰之间。今以弱者出战，以当敌之强者，跌而不振，后之强者亦将望风而败，又岂能收两胜之功哉？若夫临敌出奇制变，或先示之以弱，而继以强勇之兵捣其虚，则可要。非对战时，当使弱者居前而强者继后也。昔宋楚泓之战，襄公称先道古，言之非不亹亹，而卒致于败，为天下笑。予谓高宗之举孙武子，其亦类于此矣。”②

总之，宋代之鄙薄、诬蔑孙武子及其兵法，渊源有自。远在唐代，杜牧论及孙武子及其兵书时，已有士人轻视兵书而好辞章及儒经之说。虽然那时的风气还没有宋代炽烈，但是在士林中读书取向已悄然发生变化。自汉至隋

---

① 〔清〕纪昀等修：《文渊阁四库全书》第432册，台湾商务印书馆1986年版，第248页。

② 〔清〕纪昀等修：《文渊阁四库全书》第1301册，台湾商务印书馆1986年版，第476~477页。

唐，虽然战争常有，但是承平之日尤多，人们更加乐于以儒学及辞章取富贵。汉代经学独尊，在朝廷多设经学博士，名儒、大儒多受执政者优待。唐代虽然多元文化共存，但实际上儒家思想仍为主流，且多以科举取士而授官，况兼虽亦立武举，但考试武艺而非兵法谋略，故文士及官员对兵书日益疏远。宋承唐风，愈演愈烈，以致如彼。即使宋元丰间朝廷颁行武经，欲行尚武之风，然冰冻三尺，非一日之寒，亦不能挽兵学地位之颓势，乃至有人直接斥责和否定孙武子及其兵书，此乃欲灭其学而先灭其人之法，甚可叹也。

第五章 明代孙子学

第一节 明代孙子学的时代背景

明朝建立以后，在政治上加强了皇帝集权。在朱元璋时代，对有功之臣的杀戮甚重，其目的是为其子孙后代的继续统治清除障碍。朱元璋制定了很多制度，编成所谓的《皇明祖训条章》，严令其后继者遵守，不得违背和破坏。然而事实上，从朱元璋去世开始，其子燕王朱棣就起兵造反，谋夺了皇位，对朱元璋钦定的继位皇帝朱允炆及其支持者尽数屠戮。终明一代，宫廷内斗几乎没有停止过。

明朝自成祖朱棣死后，政治一代一代腐败，主要的表现是皇帝深居宫内，很少和朝臣见面，政权委于宦官之手，故宦官是明朝大多数时期的实际掌权者；明成祖朱棣和明宪宗朱见深分别设立特务机构东厂和西厂，其成员来自锦衣卫，分布全国，严密监视臣民的言行，而这些特务机构的掌管者也都是宦官；为了实行更加严厉的皇帝专制制度，严格控制大臣的权力，使之分散开来，故从朱元璋开始，就废除了丞相制度，而实行内阁制度；大行科举，以八股文取士，以此束缚士人思想，笼络天下读书人为其集权专制统治效命；大兴文字狱，使很多读书人及其家族遭受酷刑和诛杀。明廷实行以上种种制度的目的，也许是为了保障其统治的专擅性，却造成了政治上的黑暗和腐朽，思想禁锢，贿赂公行，内耗不断。尽管朱元璋时代严酷制裁贪官，甚至剥皮实草，然而利欲熏心的官吏还是层出不穷，而在朱元璋死后，贪腐愈加严重。

统治阶级的贪污腐朽，以及庞大食禄阶层的不劳而获，加重了农民、手工业者及其他劳动人民的经济负担。更甚者，农民的土地被兼并或掠夺，成为流浪者。虽然朱元璋时代还比较关心农民，对农民寄予了一定的同情，分配土地和农具给他们，兴修水利，但是其后继者们肆意践踏其制定的条章，使得越来越多的土地集中到少数人手中，而更多的人要破产、覆家、卖妻、鬻子而流亡，最后被逼起义。即使有的农民拥有少量土地，也要承受畸重的苛捐杂税，并要承担各种差役。

明朝的建立一定程度上解放了被元朝统治者压迫的手工业者，从匠奴和工奴成为稍有一点自由的工人，一定程度上刺激了其劳动积极性，因此明朝的纺织业、印刷业、炼铁业、造纸业、玻璃业、建筑业、漆器业、瓷器业等行业有很大发展。工业的发展，也带动了商业的发展。商品经济兴起，市场繁荣，很多城邑成为商品贸易发达的大都市，资本主义萌芽在专制的封建集权的重农抑商的政治环境中缓慢发展，但最终没有确立其在生产关系中的主体地位，明朝经济根本上仍是自给自足的小农经济。

在军事上，明朝主要面对三大威胁：一是明代前期来自北边的残元势力、明代中期来自北边的瓦剌势力、明代后期来自北边的女真势力，北边的威胁贯穿于自明朝立国至亡国始终；二是来自海上的倭寇，明朝初期，政治还不算太昏暗，军事措施也比较得力，所以倭寇之祸得到遏制，海疆还算安宁，但是明朝中后期，由于皇帝昏愚，朝政腐败，宦官弄权，以致将士中有功者遭黜，倭寇在东南沿海横行十多年，虽有俞大猷、戚继光等领导的抗倭行动屡屡取得大捷，遏制了倭患的蔓延之势，但也常常受到来自朝堂的牵制；三是来自全国各地的农民起义，特别是明朝中后期，国内阶级矛盾激化，大批农民失去土地，由流民发展成小股起义队伍，最后演变成起义大军，明朝这座帝国大厦，最后还是在农民起义的怒吼声中轰然倒塌。

明朝自其立国，至其灭亡，战争常有爆发。明朝建立之初，朱元璋为消灭残元势力，阻止其南下袭扰，提出了“塞前歼敌”的战略方针，建设“九边”防御体系。这一积极防御策略取得了明显成效。对残元势力既实行军事打击，又加强北边防御工事的构筑，“在战略防御中，以进攻的手段，求歼来犯之敌于主要防线之前”①。虽然在朱元璋时代未能实现这一战略目标，但是成祖朱棣实行更加积极的战略，出塞歼敌，先后五次亲率大军作战，取得了巨大胜利。虽未能全歼残元势力，但是从根本上遏制了其对明朝构成的威胁，基本保障了北部边境人民生产、生活的安定。

东南沿海的倭患，在元末就已开始，但是明朝立国之初，明军锐气未消，仍保持着进取之势，加之朱元璋是一位铁腕皇帝，在军事上敢于作为，提出“严加整备，近海歼敌”的战略，加强了海防建设，所以倭患得到遏制，直到明武宗正德时期，东南沿海的安全局势总体比较稳定，倭寇未能酿成大患。其原因主要是，朝廷谋划精当，准备充分，沿海地区防备严密，水军训练有素，防御体系完备，各方防御力量互相支援、配合，形成合力，有海岛驻防、海上巡逻、近水防卫、岸上防卫，形成层次分明而又恰当的防卫纵深，水兵与陆兵配合，军民结合。但是，嘉靖时期，在浙江宁波发生“争贡之役”。此时日本进入战国时期，各方势力互不统属，难以节制，许多大名主拥兵自重，转向中国掠夺钱货，以补充其军资。朱明王朝内部，对倭寇意见不统一，有人主张剿寇，有人主张抚寇；有人主张陆上歼敌，有人主张水上歼敌，吵吵嚷嚷，反复不定，从而助长了倭患的蔓延和扩大，实际上是朝中党争在对待倭寇问题上的反映。虽有朱纨、张经等在平倭方略上措置得法，效果明显，但是他们最终都成了党争的牺牲品，前者愤而自杀，后者冤而被杀，结局都很悲惨。后来胡宗宪总督浙江抗倭之事，方在剿抚两派中立定脚跟，以招抚之名，行剿灭之实。又有俞大猷创造“兵车营”，戚继光创造“鸳鸯阵”“三才阵”，他们在朝中开明务实之臣的支持下，最终取得抗倭胜利。

明代在应对北边势力的威胁、侵扰方面，所费财力、人力、物力大大甚于对付倭寇。令朱明王朝蒙羞的是，竟然发生了英宗皇帝朱祁镇在御驾亲征

---

① 糜振玉主编：《中国军事学术史》，解放军出版社2008年版，第638页。

中被瓦剌军队俘获的丑闻，史称“土木堡之变”。代宗朱祁钰即皇帝位，令兵部尚书于谦发动军民抗击瓦剌，取得胜利。嗣后，宦官石亨、曹吉祥等拥戴英宗朱祁镇复位，发动宫廷政变，即“夺门之变”。明代宗朱祁钰皇位被废，抗击瓦剌的英雄于谦被杀。随着北方各少数部族势力的衰弱及形势的基本好转，为了加强防御，取得一劳永逸之效，加之明朝军力、财力不足，朝政腐败，而在北方大筑“边墙”，从而转向消极防御战略，为后金的崛起和明朝政权覆亡埋下伏笔。明朝衮衮诸公，从此专心内斗。故至明代后期，党争势焰日炽，皇帝愈益昏昧，政治更加腐败，统治日益难继，既要应对人民的反抗斗争，又要应对北边后金政权的觊觎、袭扰和侵略。最后，在李自成领导的农民起义的怒吼声中，明朝覆灭了，而明朝固有的国土和人民沉沦在清军入关的铁蹄之下。

明朝在政治上的专制严酷，虽然造成了思想上的禁锢，却激起了许多有识之士在思想上的叛逆，在思想上突破儒学和理学的范围，造就了不少特立独行、烛照当下、彪炳千秋的思想家。兹略举几例以证之：

王廷相以唯物思想批驳世间“惟理独不朽”的愚痴之论，提出了历史进化论和自然进化论，认为理因时制宜，一代有一代之理，一世有一世之论，没有永远不变的理论；认为弱肉强食、优胜劣汰乃自然之势，即使上天也无可奈何。

王阳明则从唯心论出发，继承和发挥前人心学成果，首次提出以己心之是非为是非、不以孔孟之是非为是非的思想，开启了明代中后期李贽“异端”思想的先河。王阳明心学实则是对传统儒学与理学的反正和创新。其死后，王学流变，学派林立，异彩纷呈，总体上向着重视世俗和事功的平民化方向发展，更加接近普通劳动者的思想诉求。

明末清初，则产生了黄宗羲、王夫之和顾炎武三位大思想家，他们以大无畏的改良和革新精神，猛烈抨击皇帝专制的反人民性和极端自私性，认为君王为天下之大害，提出有治法方有治人、以公法代替私法、限制君权而实行君臣共治等主张。这些思想的提出，亦是朱明王朝政治上极端专制和思想上极端禁锢的反动。

自宋以后，明代的科学技术水平是我国科技史上的一个高峰。西方科学技术由利玛窦等人介绍和传播到我国，弥补了我国传统科学技术发展的不足，促成了我国固有的科学技术在明代晚期井喷式发展。在天文、历法、数学、水利、种植、医药、地质、地理、音律、锌铜合金冶炼、提花织布机、蚕种杂交、煤矿瓦斯排除等科学技术领域，都领先世界。

虽然朱明王朝实行严酷的思想禁锢政策，但许多士人仍然能够在一定程度上挣脱科举取士制度的束缚，在科学技术上有巨大创造，充分说明明代士人和劳动人民的科技创造力是不可压制的，他们以自己的方式，遵循科学技术的发展规律，从“偶然王国”迈向“必然王国”。

在上述政治、经济、思想和科技发展的大背景下，明代的兵书著述同样呈现繁荣景象。有明一代，朱氏家族统治中国二百七十六年，初期（1368—1435）凡六十七年，中期（1436—1572）凡一百三十六年，后期（1573—1644）凡七十一年。从消灭残元势力、抗击北边部族政权内侵、出兵朝鲜、抗击倭寇、镇压农民起义、阻击清军入关等，可谓战争频发，兵连祸结。一些士大夫以及平民知识分子，面对汹汹局势，忧国忧民，纷纷著述，以期有裨于兵事。

明代在军事上，北备蒙古、后金，南击日本倭寇，水战、陆战并重，故在兵书著述上，多有关于北征、九边之作，又有海防、图海之编。科技的繁兴，以及西方科技的进入，尤其是火器在战争中的使用，使武器装备得到改良，军队编制体制、战略战术、作战指挥、战场选择等都发生了显著变化，故又有关于铳枪、火攻、炮法之书。关于九边，有魏焕《皇明九边考》、霍冀《九边图说》、许论《九边图论》、郑文彬《筹边纂议》、郑晓《边纪略》；关于救时之策，有任万民《救时八议》、吕坤《救命书》；关于北边战事，有金幼孜《北征录》、王琼《北边事迹》；关于守城，有安国贤《守城事宜》、祁彪佳《守城全书》、吕坤《守城秘要》、郑若曾《守城法》、刘锡玄《城守验方》、钱旃《城守筹略》；关于火攻，有《军用火攻图说》、赵士桢《备边屯田车铳议》、焦玉《火龙神器阵法》《葛仙神火略》、刘应瑞《火龙神器阵法》、曹飞《火攻阵法》、陈喆《火攻玄机》，以及德国汤若望口授、焦勖撰录《火攻挈要》，等等。

明代虽有郑和先后七次下西洋，然其政治意图大于通商，而对外国的基本态度仍秉持保守策略，但是为了消除倭患，一些有志之士对日本及其倭人多有考察研究。比如，殷都《日本考略》、卜大同《备倭记》等。更多的兵书著述，则是关于海防、江防之论，比如郑若曾《海防图论》《江南经略》、吴时来《江防考》、王在晋《海防纂要》、唐枢《海议》、万表《海寇议》、张兆元《海防图议》、蔡逢时《温处海防图略》、万世德《海防图论补》、胡宗宪《海防图论》《筹海图编》、陈仁锡《全吴筹患预防录》、邓钟《筹海重编》等。

在战法上，为了对付北边部族军队的骑兵战术，明军创造了车营战法，著作主要有明抄本《车阵防御图说》，鹿善继《车营阵图制》，孙承宗、鹿善继、茅元仪等《车营叩答合编》，孙承宗《车营百八叩》等。

上述兵书，是明代兵书著述的亮点。它们突破了宋元传统兵书的内容，具有新的时代特色，主要表现为对边防、海防、江防的重视，对火器制作和使用的重视，对连车为营以阻遏北边骑兵的重视，对抗倭斗争的重视。这是明代所面临的兵事在兵书著述上的反映。理论从来都是为实践服务，从实践中来，又到实践中去，又总结提升为新的理论，如此螺旋式发展进步。

有明一代，在传统兵书注解及著述上也大放异彩。在注解、笺释、刊刻、传播传统兵学元典方面做出了杰出的贡献，刻印了许多以《孙子》为代表的《武经》注解或阐释之作，出现了一些名家名作，如刘寅《武经直解》、赵本学《赵注孙子》等。在战略思考方面，亦有名作，如王余佑《乾坤大略》、茅元仪《战略考》；在综合前代兵书、总结历史经验方面，有茅元仪编纂的鸿篇巨制《武备志》；抗倭方面有俞大猷《洗海近事》、戚继光《纪效新书》《练兵实纪》；兵法韬略的创制方面，有赵本学《韬铃内外篇》、唐顺之《武编》、于谦《经武要略》、李材《经武渊源》《将将纪》、赵时用《经略问奇》等。此外，心学大儒王阳明亦有兵法著述，其《十家牌法》《乡约法》《保甲法》《兵策》等，是其在平定内乱、镇压民变中总结与提炼的治兵与治民融合之法。上述所列，仅就名家名作而言，其余著作不再赘列。一言以蔽之，明代兵书繁多。据许保林《中国兵书通览》统计，包括兵法元典的注释之作，明代兵书传世者当在三百部左右。

第二节 明代孙子学的演进与特点

一、明代孙子学的演进

明代前期，百废待兴，百业并举。表现在军事上，一是继续消灭残元势力，建立九边防御体系；二是对文臣武将大行杀伐之策，为朱明王朝的世代统治清除障碍；三是防倭御寇，主要采取防守之策。表现在文化上，则采取两手政策：一是压制和猜忌儒生，大兴“文字狱”；二是网罗人才，以“八股文”取士，为明政权所用，并辅之以地方官员举荐之法选拔具有真才实学而不以虚文应试之士。表现在经济上，移民垦荒，迁徙富豪之家，人口增加，粮食增产，生产技术提高，商业也有复苏，对外贸易得以恢复和发展。经过明太祖至宣宗约七十年的发展，明朝国力大大提升。

由于立国时间不长，统治者的施政重心在以军事、政治手段巩固其新生政权，而在思想文化上多有禁锢之策。局势稳定之后，其重心转移到恢复生产。故孙子兵学在明代前期，其发展氛围尚未形成。明代前期凡六十七年间，仅有孙子学著述寥寥几部，而且著述者多为由元入明之旧官。朱元璋的重要谋士，为朱元璋提出“高筑墙、广积粮、缓称王”九字方略的朱升，乃元代至正元年（1341）进士，积平生所学，撰有《孙子旁注》。余元长，撰有《重订孙子旁注》，作者生平事迹不详，然其在重订《孙武子十三篇旁注》所撰《小引》末署曰“余元长仁公父漫题”，而于书名“孙子旁注”下题云“书林余仁公订梓”。书林当为今福建建阳之书坊乡，是宋、元、明、清雕版印刷中心之一，享誉刻书界。由是知余元长为福建建阳人，字仁公。《千顷堂书目》著录其著作时，置于《孙子旁注》后，亦当为明代人，晚于朱升。既云“重订”，当是因对《孙子旁注》推崇备至，而恐之散佚，故有其谓耳。洪武四年（1371）辛亥进士郑士元撰《孙武子注》（亡佚）。洪武四年

(1371) 辛亥进士刘寅撰《武经直解》。以上四部孙子学著述，唯刘寅《武经直解》影响较大。

明代中期，随着政权的稳固，朱元璋的后继者们以为其统治能够传之万世而不易，缺乏励精图治之志而安享太平，以致政治逐渐腐朽，经济虽有发展，而奢靡享乐之风日盛。在承平日久之世，士商关系互相影响，士人不再轻视商人，商人不再膜拜士人，而是互相利用，互相抬举。故明代中后期，资本主义生产关系在东南沿海城市萌芽，显示着商品经济的发展以及文化发展有了比较充实的物质基础。然而与孙子学关系更为紧密的是军事。明代中期面对北方蒙古瓦剌军队的南侵以及日本倭寇在东南沿海城市的肆虐，小规模的战争、战役、战斗时有发生，同时农民起义此起彼伏。故朱明天下并不太平，甚至一度发生了明英宗被蒙古瓦剌军队俘虏的屈辱事件。面对内忧外患，一些有识之士，尤其是士大夫阶层，希望能够以孙子学教诫将士，从中得到取胜之法。故其目光多投向孙子学，或注解，或编校，或刻印，或传抄孙子兵书，其目的就是增强将士的兵法修养。故明代孙子学的发展和繁荣是从中期开始，其标志就是孙子学著述增多。明代中期，凡一百三十六年，有孙子学著述四十余部，虽然从时间长度与著作数量相比，还是显得极不相称，但终究取得较高成就。此时期孙子学作者，多半为进士出身。究其原因，这些人一方面有深厚的文化修养、学术底蕴，能够著书立说，而不比普通将士只懂搴旗斩将、攻城略地，文化修养不够；另一方面，读书人建功立业的愿望比较迫切，多数进士出身贫寒，即使不能立功疆场，也会寄意于笔端。加之明代战争虽不如乱世频繁，但是确实常有发生，客观上为明代士人注释、阐述《孙子兵法》提供了必要的条件。在能够考辨其生活时代的三十七位孙子学著述的作者中，进士出身可考者，有十八人，且多数有从军或掌兵经历，有的抚镇一方，有的甚至位居宰执。为了更好地加以印证，兹胪列如次：

《重镌武经七书集注》的撰者李清，景泰五年（1454）甲戌进士，曾在兵部任职，尝用兵于松藩。

《孙子释文》（亡佚）的撰者童轩，景泰二年（1451）辛未进士，曾提督松藩军务兼巡抚。

《孙武子十三篇定本》（亡佚）的撰者赵鹤，弘治九年（1496）丙辰进士。

《孙子释疑》（亡佚）的撰者王崇献，弘治九年（1496）丙辰进士，尝巡抚宁夏。

《孙武子断注》的作者陈珂，弘治三年（1490）庚戌进士，尝巡抚河南。

《孙子吴子集解》（亡佚）的撰者苏祐，嘉靖五年（1526）丙戌进士，曾任兵部尚书。

《校正武经七书》的校者施一德，正德十五年（1520）庚辰进士。

《新镌标题武经七书》的撰者王守仁，弘治十二年（1499）己未进士，尝用兵，颇有战功。

《武学经传》的撰者翁溥，嘉靖八年（1529）己丑进士。

《孙子集注》的撰者谈恺，嘉靖年间进士，尝参与战事，督军虔台，任兵部右侍郎。

《武经七书》序刻者胡直，嘉靖三十五年（1556）丙辰进士，未尝掌兵。

《见罗先生读孙子》的撰者李材，嘉靖四十一年（1562）壬戌进士，尝用兵，数破倭寇。

《诸子汇函》的编者归有光，嘉靖四十四年（1565）乙丑进士。

《方山先生孙子说》的撰者薛应旂，嘉靖十四年（1535）乙未进士。

《增订武经直解》《鳌头七书》《武经直解开宗合参》的撰者张居正，嘉靖二十六年（1547）丁未进士，官至内阁首辅，实行改革，颇有建树，被同时代的李贽称为“宰相之杰”。

《武德全书》的撰者李盘，亦为进士出身。

《兵垣》及《批点孙子》的作者王世贞，嘉靖二十六年（1547）丁未进士，曾任青州兵备使、南京兵部侍郎。

《孙子司马法通义》的撰者陆万垓，隆庆二年（1568）戊辰进士，尝巡抚江西。

其余注释、阐解《孙子》者，还有三类人：

第一类是举人出身，好谈兵，有谋略。如《诸子品节》的作者陈深，乃嘉靖四年（1525）乙酉举人；《武经节要发挥》（亡佚）的撰者陈巘，乃正统六年（1441）辛酉举人；《孙子会通》（亡佚）的撰者黄智，乃景泰元年（1450）庚午举人；《孙子注解》（亡佚）的撰者王训，乃贵州历史上第一位举人，尝任武将。

第二类是自幼好武艺，习兵法，从军立功，志在疆场，或为幕宾，或为参将、偏将。如《新刊京本孙武子十三篇本义》《武经节要》的撰者，正统年间人郑霦，尝任武学训导、都台检校，参赞边务；《孙武子注疏》的撰者曾子清，曾任偏将军；《孙子绎语》的撰者张藻，尝任参将，御倭有功；《孙子集解》（亡佚）的撰者阎禹锡，尝执掌京卫武学；《孙子阵法新说》（亡佚）的撰者成谐，邑诸生，好剑术，尝参战。

第三类是隐士或文士，或无意仕进，或傲世自赏，或干禄无路，或布衣终老，或纯为文士，而他们的共同特征，就是把平生志愿寄寓于《孙子》之注释辑校。如《握机纬》的撰者曹胤儒；《孙子注》《孙子纲领》（亡佚）的撰者黄润玉；《孙武子十三篇讲意》的撰者杨魁；《武经摘要》的撰者吴湘；《赵注孙子兵法》的撰者赵本学；《孙子集注》的校者李棣；《新镌武经标题正义》的撰者赵光裕；《孙子十三篇注》（亡佚）的作者华夏；《孙子十三篇注》的作者黄之寀；《续名文珠玑》的辑者黄凤翔。此三类凡十九人。此十九人加上前述进士作者群体十八人，明代中期有姓名可考且知其具体生活时段者，凡三十七人。

明代后期，倭寇之患基本平息，北方蒙古势力衰弱。然而在外部，有东北方的后金政权兴起，成为明朝的劲敌；在内部，有李自成等领导的农民起义军势如破竹。内外夹攻，明朝政权危如累卵，而党争之祸、宦官之祸、贪腐之祸并未停息。故心系天下安危的有志之士，承担起救亡图存重任，或上马击敌，或下马备兵，或感怀时政，流诸笔端，寄寓《孙子》。明代后期凡七十一年，孙子学著述却不逊于明代中期一百三十六年的成绩。后期孙子学著述的作者凡五十余人，著作有五十余部。这些作者中的进士群体仍是主力军。为了更好地说明问题，兹把明代后期（以作者生活年代为主要的划分标准）孙子学著述作者条列如次：

《武经窥豹编》的撰者崔儒秀，万历二十六年（1598）戊戌进士，尝任开原兵备佥事，抗击后金，兵败自经殉国。

《孙子解证》的撰者何继高，万历十一年（1583）癸未进士，尝任江西右参政，兼佥事分巡湖西道，兼理袁州兵备。

《武学经传句解》的撰者王圻，嘉靖四十四年（1565）乙丑进士，历官陕西布政参议。致仕后筑室淞江之滨，种梅万株，名曰“梅花源”。以著书为事，年逾耄耋，犹篝灯帐中，丙夜不辍。所撰《续文献通考》诸书行世。

《诸子玄言评苑》的撰者陆可教和李廷机，均为进士。陆可教，万历五年（1577）丁丑进士，尝任南京礼部右侍郎；李廷机，万历十一年（1583）癸未进士，官至礼部尚书、东阁大学士。

《武经七书集注标题》的撰者谢弘仪，万历三十七年（1609）己酉武解元，万历三十八年（1610）庚戌武状元，在明尝任广东总兵，入清则任都察院右都御史。

《武经考注》及《武经注解》的撰者周光镐，隆庆五年（1571）辛未进士，曾治兵建昌，平定越夷之乱，以及整饬临邛兵备。

《诸子类语》的辑者王衡，万历二十九年（1601）辛丑进士。

《孙武子绎》的作者钱继登，万历四十四年（1616）丙辰进士，尝巡抚淮阳。

《孙武子品汇释评》及《两翰林纂解诸子折衷汇锦》的校订者焦竑，万历十七年（1589）己丑状元。

《手订武经七书参同平定略初集》的纂者洪承畴，万历四十四年（1616）丙辰进士，尝任兵部尚书。

《武经七书》的校定者徐梦麟，万历十四年（1586）丙戌进士，尝任青州兵备副使。

《即戎要览》及《剑侠传》的撰者周诗雅，万历四十七年（1619）己未进士。

《诸子奇赏》及《续古文奇赏》《子品金函》的撰者陈仁锡，天启二年（1622）壬戌进士。

《新镌标题武经必读增注》的作者徐大仪，天启二年（1622）壬戌进士。

《新编孙武十三篇说印》及《韬略世法》的撰者李腾芳，万历二十年（1592）壬辰进士。

《孙子十三篇注释》的撰者刘梦潮，万历四十七年（1619）己未进士。

《骊珠武经大全》的辑纂者陈子龙，崇祯十年（1637）丁丑进士，尝任兵科给事中。

《武经开宗》的辑注者黄献臣，万历四十四年（1616）丙辰进士。

《新镌注解武经》的辑注沈应明，天启二年（1622）壬戌进士，尝任兵部武选司郎中。

《韬略奇书》的辑纂者金堡，崇祯十三年（1640）庚辰进士。

《诸子类隽》的辑评者钟惺，万历三十年（1602）壬寅进士。

《孙子明解》的撰者郑二阳，万历四十七年（1619）己未进士，尝统兵驻防淮海。

以上所列二十二人，为孙子学著述者主体，全为进士，且大都官居要职。

举人或贡生寄意《孙子》者亦有，但不多：《孙子参同》的撰者李贽，嘉靖三十一年（1552）壬子举人，尝任云南姚安知府，届满则隐居著述；《哀谷子商鹭武经七书》的注者孙履恒，万历三十二年（1604）甲辰举人，尝任知县一类官职；《管仲孙武合钞》的抄录者洪玮德，乃崇祯年间贡生。

亦有熟悉兵事、通晓兵理之武人，但数量不多，从官修文献所见，仅有四人：《孙子取衷》的撰者赵庭，尝佥书浙江阃事；《孙子兵法解》（亡佚）的撰者刘钦，以诸生袭父职，在军中任职；《武备志》的编纂者茅元仪，尝参与兵事；《批点孙子正义》撰者施逢原，曾领兵抗击清军。

余者或为文士书生，或为文官，或为布衣隐士，不一而足。如《孙武子会解》撰者郭良翰，尝以荫官太仆寺丞。其余如《二十子全书》校者吴勉学、《孙子集注》校者黄邦彦、《重订孙子参同集》及《新编百战百胜七书衍义》（亡佚）编订者汪淇、《新镌武经标题佐议》撰者臧应骥、《新镌诸子拔萃》辑录者李云翔、《武经七书合笺》撰者沈际飞、《孙子合符全集》撰者郑元极、《登坛正鹄》辑纂者何言、《评注七子兵略》撰者陈玖学、《武经七书题旨明说》撰者汪本源、《标题评释武经七书》及《古今兵鉴》撰者陈元素、《古今粹言》辑录者陈继儒、《百子金丹》辑注者郭伟、《孙子注》辑注者梅士生、《武经翼》纂辑者方家振、《武经》评点者程道生、《子史汇函》编纂者李国祥、《孙武子集注》（亡佚）撰者李独明、《孙武子纂注》（亡佚）撰者陆弘祚、《孙子兵法注》（亡佚）撰者孙奎，均属此类。他们大多属于纯粹的文人群体，既未尝参与战事，又未尝得志于官场，多半在诗文辞章之外，关心时事，谈史论战，兴之所至，于是乎在纸上谈兵，然后行之于笔端。其言虽于战争实用不足信，然可补之于文辞和校勘，而广孙子学之传。

从明代前、中、后三个时期孙子学著述的情况看，就其著述数量而言，前期不如中期，中期不如后期。后期时间虽然只有七十一年，但是孙子学著作总量超过中期和前期。究其原因，一是孙子学著述需要人才、学术、条件等的积累和支持，学术的发展往往表现为厚积薄发，文化沉淀越丰厚，越有利于学术的发展，这也是孙子学内在逻辑发展的必然结果；二是明代中后期时有发生的战争、战役，在理论上要求孙子学运用于战争实践中；三是明代中后期，统治阶级提倡武学、武举，曾一度设置京卫武学，后来在全国普及，各地卫所均设武学，配备武学教谕，教授孙吴兵法，以刘寅《武经直解》为教材，在武举考试中，从孙子兵书中选择题目，是为“孙子策题”，在客观上推动了孙子学的发展。

二、明代孙子学的特点

明代孙子学是我国孙子学史上的繁荣发展期，不仅孙子学著述数量多，而且研究范式、兵学观念有别于前代，主要表现为以下方面：

一是孙子学著述中，进士作者群体崛起，而不少进士作者有兵事实践经历，或参与战事，或参与戎幕，或执掌兵权，或参与兵机决策。这些人注解《孙子》，其实用目的不言而喻。换言之，明代孙子学，有一个十分值得注意的现象，就是作者多半出身进士，有的还是文状元或武状元，而且这一作者群体成为推动孙子学发展的主力军。明代非常重视科举取士，进士出身者在官员铨叙、任用上，占有绝对优势。大批举人、进士、庶吉士进入官僚系统及儒学、武学教育系统，不仅为巩固君王集权的统治不断输送人才，而且为文化传承和创新提供了有生力量。明代前期选官，不拘一格，然而从明代中期以后形成独重进士的局面，京官非进士出身不能铨选，而举人出身者，即使能力再出众，也会受到压制。明中期以降，孙子学著述逐渐繁富，进士作者群体崛起，亦从另一面反映了明代统治集团在搜罗、使用人才方面所做的努力及其取得的显著成效。孙子学著述的进士作者群体的出现，标志着在明代孙子学术及兵学理论领域，起主导作用的是那些登科入仕的知识群体，他们既有良好的道德修养，又有宏大的政治抱负，成为统治阶级中比较开明的一股政治力量，这一事实说明明代统治集团在罗致人才方面还是相当成功的。

二是从兵学观念看，以儒释兵、彰显儒学要义比前代表现更充分。综观明代孙子学著述，大多以儒家观念注解、阐释兵学奥旨。譬如笺注或解释孙武子所云“道”，往往以得贤、爱民、亲士、修德、行仁释之，从语词到语境，莫不透着儒家之修道观。这实际上是重儒轻兵社会风气的体现，也是明代孙子学学者以儒统兵、以经学诠解兵学的潜意识表现。

三是注解方式虽然多样，但固守传统仍是主流。注解方式多为品节、音注、类注、评点、批注、集评、集注、赏鉴、辑汇、校刻、转抄、摘录、笺注等，可以说是乾嘉学派研究范式的先导。

四是在固守传统的注解方式之外有突破，即由偏重字词注释转向思想内容阐释，并在思想内容阐述中寄托作者的思想和意图。换句话说，有明一代，在孙子学研究中，更多地注入了那个时代的要求。

五是研究目的多元，既有为切陈时弊而作，亦有为传承、普及孙子兵学和士人应试武举之用。故有明一代，注解、刊刻《孙子》，或为提倡文武兼修、儒兵兼通，反对偃武修文、鄙薄武学的社会风尚，或为靖边御侮、武举应试、文学鉴赏之用。

六是文人谈兵虽多，但是并无深研和专研，兵法只是他们所习之一，读书人仍以儒学为安身立命之业，以通经达仕为人生追求要务，这是由当时选官及用人制度所造成的。

七是研究《孙子》之作，数量空前增多，但是质量参差不齐，上乘之作仍不多见，多为普及、传播、备考之用。

综上所述，明代虽然涌现了不少士大夫身份的孙子学人，但是总体情况并不乐观。明代茅元仪在《武备志自序》中深刻分析士大夫不习兵书的原因有五个方面①：

一是易而不玩。即以为兵法简易浅白而不深玩。先明兵家之流，不下百余种著作。明代所存者，唯有数家而已，然而数家之中，其权谋奇策，变化无端，用之无涯，士大夫却以为浅易直白而众所共知，故不深研。

二是狭而自用。即见识狭隘而自以为是。汉唐宋元以降的士大夫对周代所传之官制习而用之，无有不效法者，唯独名将制胜之方，以为陈旧之迹，而置之不理。

三是震而自弃。因兵家阵法不易理解，故因畏难而不学。营阵之制，始于握机；握机之法，出于井田。八阵六花之类，皆其支绪，但其命名变制，旨在愚敌目而振士气，然而附会者崇之如秘录天书一般，士大夫不能深悟其意，最终自弃。

四是惰而自窘。即因不勤勉详察历代治兵之务而临事窘迫。制器、缮甲、攻守、水火、立营、设垒、刍牧、粮饷各有成法，有古胜今者，亦有今胜古者，却均不专擅，故任有司之见欺而不知，视将吏之蹈危而不察，以兵事为儿戏。

五是昧而自蹈。即治兵昏昧，用兵无能，不学无术。士大夫既不习天官之言，又不讲厄塞之势，一朝领中枢之兵权，视术士纷纭而不知折衷，抚天下形势而不知缓急，悍然为之，而悖天地之理。

茅元仪所述以上五点弊端，又岂是明代所独有？实际上自汉代以来的承平一统时代，无不如是也。此既是君人者倡和谐统治之术使然，也是追求苟安逸乐的人性使然。

---

① 谢祥皓、刘申宁辑：《孙子集成》第 9 册，齐鲁书社 1993 年版，第 237~243 页。

第三节 明代文献征引和批评《孙子》

一、《永乐大典》引《孙子》

本文所用《永乐大典》为影印明钞本解缙、姚广孝等编《类书丛编》本。

（一）《永乐大典》卷八三三九《十九庚·兵守》孙子语：

綦崇礼《兵筹类要》孙子语："百战百胜者，非善之善也。"①

綦崇礼《兵筹类要》孙子语："善守者敌不知其所攻。"②

李筌《太白阴经》孙子语："善守者藏于九地之下，善攻者动于九天之上。"③

李昉《太平御览·拒守》孙子语："城有所不攻，固而多重。"④

杜佑《通典》孙子语："百战百胜，不如不战而屈人之兵。是以先为不可胜，以待敌之可胜。不可胜在我，可胜在彼。彼守不足，我攻有余。有余者动于九天之上，不足者陷于九地之下。"⑤

李筌《太白阴经》孙子语："善攻者，敌不知所守；善守者，敌不知所攻。微乎微乎，至于无形。神乎神乎，至于无声。故能为敌之司命。"⑥

---

① 《四库全书存目丛书补编》编委会编：《四库全书存目丛书补编》第66册，齐鲁书社1995年版，第17页。

② 《四库全书存目丛书补编》编委会编：《四库全书存目丛书补编》第66册，齐鲁书社1995年版，第18页。

③ 《四库全书存目丛书补编》编委会编：《四库全书存目丛书补编》第66册，齐鲁书社1995年版，第18页。

④ 《四库全书存目丛书补编》编委会编：《四库全书存目丛书补编》第66册，齐鲁书社1995年版，第30页。

⑤ 《四库全书存目丛书补编》编委会编：《四库全书存目丛书补编》第66册，齐鲁书社1995年版，第34页。

⑥ 《四库全书存目丛书补编》编委会编：《四库全书存目丛书补编》第66册，齐鲁书社1995年版，第36页。

《军诫秘术》孙子语："知胜有五，知可以战与不可战者胜，识众寡之用者胜，上下同欲者胜，以虞待不虞者胜，将能而君不御者胜。此五者，知胜之道也。"①

（二）《永乐大典》卷一八二〇八《十八漾·知兵之将》孙子语：

将，智、信、仁、勇、严也。故知兵之将，人之司命，国家安危之主也。将者，国辅。辅周，国必强；辅隙，国必弱。②

（三）《永乐大典》卷二〇八五一《文选李善注》孙子语：

孙子曰："殷之兴也，伊挚在夏。"③

二、《大学衍义补》评注《孙子》

明代丘濬著《大学衍义补》，在《严武备·武经之要》辑录《孙子兵法》《孙膑兵法》《吴子兵法》《六韬》《李卫公问对》之警语以及秦汉至唐宋文臣武将及儒生文士论兵之言，进行注解评论。其中辑录孙子言，并以"臣按"的形式予以批评。比如，在引录《孙子·始计》"兵者，国之大事"至"校之以计而索其情"一段话后，又引宋代岳飞、戴溪论兵之语，然后加以已意，批评曰："臣按：后世专以权谋用兵始于孙子，凡其所以舍正而凿奇，背义而依诈者，固无足取也。篇首此数言者，虽不尽纯然用兵之法，亦有国家及本兵柄、司人命者所当知者也。择其法制之善者而用之，其言与意之不善者则

---

① 《四库全书存目丛书补编》编委会编：《四库全书存目丛书补编》第 66 册，齐鲁书社 1995 年版，第 37 页。

② 《四库全书存目丛书补编》编委会编：《四库全书存目丛书补编》第 71 册，齐鲁书社 1995 年版，第 284 页。

③ 《四库全书存目丛书补编》编委会编：《四库全书存目丛书补编》第 72 册，齐鲁书社 1995 年版，第 433 页。

略焉，是亦为将之一助也。”又引录“夫未战而庙算”至“况于无算乎”一段，然后注解曰：“臣按：古者兴师命将，必致斋于庙，授以成算，然后遣之，谓之庙算。”在引录《作战》“千里馈粮”至“未睹巧之久也”，评曰：“臣按：孙武生战国时所著书，主于列国相争，故欲速战，恐诸侯之乘其弊而起。若夫天下一家，四海一国，中国与外夷战，朝廷与盗贼战，当主赵充国之言为当。”丘濬在引录其他诸篇要语并连缀成段后，批评曰：“臣按：武经之书，以《孙子》为首，盖以行兵之法，惟《孙子》为最精，诸家皆莫及也。考西汉《艺文志》，乃谓《孙武子兵法》八十一篇，杜牧亦谓武书数十万言，魏武削其繁剩，笔其精粹，以成此书。然考之《史记》，司马氏两称《孙子》十三篇，且其文辞完全而贯穿，非笔削者也。其为孙武全书无疑。杜牧注其书，大略谓其用仁义、使机权。呜呼！机权与仁义岂相为用哉？夫自先王法制废坏之后，世之趋时好者争著为书，如《司马法》《三略》《六韬》之类，犹知笃礼信，尚训齐，虽不纯于理道，然犹不尽悖之也。武书一切以变诈奇诡为说，世争趋之，说者乃有盘之走丸，丸不出盘之喻。若然，则用兵者必主于变诈奇诡，而所为桓文之节制、汤武之仁义皆非耶？虽然君子不以人废言，择其善者而从之。阳货至不仁，而孟子取其为富不仁之语。此学孔孟者择善之法也。臣故就其中择其可以为师律之助者，缀之于篇。”①

第四节　明代注《孙子》

一、朱升注解《孙子》

朱升（1299—1370），字允升，号枫林，安徽休宁人，生活于元末明初，为朱元璋献“高筑墙，广积粮，缓称王”的战略策略，元末历任池州学正、侍讲学士、中顺大夫。入明，官翰林学士。学识广博，旁注群经，有《枫林

① 〔清〕纪昀等修：《文渊阁四库全书》第713册，台湾商务印书馆1986年版，第643~647页。

集》传世。《明史》卷一三六有传。

朱升《孙子旁注》，又云《孙子旁训》。《千顷堂书目》著录朱升《孙子旁注》，未云卷数。乾隆《江南通志》著录《孙子旁训》，亦未云卷数。据《朱枫林集》卷三《孙子旁注序》，可知朱升注解《孙子》的缘由："人尝乐世治，曰：'兵，凶器也。不可以易言也。'余亦悯世乱，曰：'兵，凶器也。不可以易言也。'然国家之大事在戎，言之得无易乎？升生不辰，目击群雄，迭相胜负，有成丘止流之惨，深为此惧。伏承我圣皇应运，召侍军门，十有四年，剪除群雄，战胜攻取，机变妙于武子阵法，合乎武侯。是以不揆愚陋，搜辑见闻，间以己意，旁注《十三篇》，著《演八阵图》于卷末。使词义畅明，阵势明白，而无徒读其书之患也。升极知僭逾，难逭易言之罪，然于行三军者，庶免胶柱鼓瑟之一助云。"① 所谓旁注云者，清代朱彝尊曰："升自序曰，愚自中年以经书授徒，教子每于本文之旁著字，以明其意义，其有不相连属者，则益之于两字之间，苟又有不明不尽者，则又益之于本行之外。学者读本文而览旁注，不见其意义之不足也。"②

《千顷堂书目》又著录余元长《重订孙子旁注》，是对朱升《孙子旁注》的重新编订。此书传本，有日本昌平坂学问所及内阁文库本，分上、下两卷，自《始计第一》至《九变第八》为上卷，自《行军第九》至《用间第十三》为下卷。

余元长重订《孙武子十三篇旁注》，撰《小引》曰："笔无灵，剑无光，丈夫无杀，不可也。自奴酋不率以来，天子宵旰，书生恨不请缨，系单于颈于阙下。筹边遣将者多矣。乃《易》曰神武而不杀，则又何也？兵贵神速，用兵之道，莫过《孙子》，祖自《阴符》，杀之者正所以生之也。广陵罗景伦，语《孙子》奇，习数《孟子》；《吴子》纯，正数《论语》，此未深知《孙子》者。架有藏本《十三篇旁注》，因重订板之，则笔之灵，剑之光，丈

① 〔明〕朱升撰，刘尚恒校注：《朱枫林集》，黄山书社 1992 年版，第 35~36 页。

② 〔清〕于敏中等编：《景印摛藻堂四库全书荟要》史部《经义考》卷四九"周易旁注"条，世界书局 1985 年版，第 283 页。

夫之能杀也。是所望于善读《孙子》者。”① 余元长，福建建阳人，明代刻书家，“潭阳余元长”是福建建阳书林中很有名气的刻书坊名号（建阳别称潭阳）。

余元长重版朱升《孙子旁注》，又间有订正，其订正之语居于书眉。如朱升注《作战第二》“丘役”云：“丘，聚也。财竭则愈急聚敛赋役以应军须。”余元长眉注曰：“古法：四共为邑，四邑为五，每五出戎马一、牛四、车一、甲士三人、步卒七十二人。”② 再如《兵势第五》，朱升注“分数”云：“分者，分别也；数者，人众也。统众既多，必先分偏裨之任，定行伍之数，使递相统属，各加训练，虽治百万之众，实如治寡，此韩信多多益善是也。曹公曰：‘部曲为分，什伍为数。’”余元长认为朱升注解尚不够清楚、详细，故眉注曰：“《兵法》：一人曰独，二人曰比，三人曰参，比参为伍，五人为列，五列为火，五火为队，二队为官，二官为曲，二曲为部，二部为校，二校为裨，二裨为军。”③ 又如朱升注《军争第七》“军争”云：“两军相对而争利也。”又云：“形胜之地争得则胜，凡欲近争便地，许先引兵远去，复以小利陷敌，使彼不意我进，又贪我利，故我得以后发而先至，至此谓以迂为直，以患为利也。”余元长眉注曰：“凡谓争利，非货利之利，乃便利之利也。”④

有的则予点评，如订注曰“杜牧论好”“贾林论好”；有的校正文字讹误，如余元长订注《行军第九》“吾远之，敌近之；吾迎之，敌背之”曰：“迎字当作避字。”⑤

二、刘寅直解《孙子》

据雍正《山西通志·人物志》载，刘寅，字拱辰，山西崞县人，洪武四

---

① 〔明〕余元长重订：《孙子旁注》，日本昌平坂学问所及内阁文库本，第 1 页。
② 〔明〕余元长重订：《孙子旁注》，日本昌平坂学问所及内阁文库本，第 5 页。
③ 〔明〕余元长重订：《孙子旁注》，日本昌平坂学问所及内阁文库本，第 13 页。
④ 〔明〕余元长重订：《孙子旁注》，日本昌平坂学问所及内阁文库本，第 20 页。
⑤ 〔明〕余元长重订：《孙子旁注》，日本昌平版学问所及内阁文库本，第 27 页。

年（1371）辛亥进士，幼敏，嗜读书，精通兵家言，历任兵部主事、兵部侍郎等职，著《武经直解》。刘寅宦海沉浮，经历曲折，曾遭贬谪入滇，明代谢肇淛《滇略》卷六《献略》云："国朝以迁谪流寓入滇者，不可胜数，而最著者，则学士王景常、武功伯徐有贞、修撰杨慎云……又有韩宜可，字伯时，山阴人；刘寅，崞县人；高苹，山东人；祝瓘，德兴人。皆先后谪戍至，流风余韵，至今，人能道说之。"① 而乾隆《云南通志》卷二三《流寓》亦载曰："刘寅，崞县人，洪武庚戌进士，江西佥事，谪金齿，货药训蒙，所著有《武经直解》《伤寒脉赋》《标幽赋》，注其自铭曰：'少游滹阳，老滞永昌道，不遂其初志，心终焉而遑遑。研穷典籍，著述文章，愧无补于名教，徒取笑于大方，知非思改，得善虑亡，幸获享于中寿，即九原而徜徉。'万历间巡抚陈用宾祀于会城，与汉王褒、明杨慎为三贤云。"②

雍正《山西通志·经籍志》著录《刘寅六书直解》，注曰"太原人"；《千倾堂书目》著录刘寅《孙子直解》三卷，注曰"太原人"；《明史·艺文志》著录刘寅《七书直解》；《百川书志》著录《孙子直解》三卷，《百川书志》另著录刘寅《司马法解》三卷、刘寅《吴子直解》三卷、刘寅《三略直解》三卷、刘寅《尉缭子直解》五卷、刘寅《解李卫公问对》三卷、刘寅《集古兵法》一卷。

据其凡例，刘寅《孙子直解》列明所引书目，包含孙子旧注十一家，但又云十一家旧注中，只有魏武、杜牧和张预三家，而其他几家未见。此外，还引用了元代张贲《孙子注》和宋代郑友贤《孙子遗说》。《武经直解》乃为初学者作，若只是略解，恐初学者未能明晓其义，则不若不解，故有此作。云南右卫指挥使乐安孙侯乃嘉拱辰用心之勤，且有便于学者，将刻以广其传，使人作序。序云，孙武旧注，或失之略而不精，或失之繁而无统，《吴子》《司马法》以下六书古无注疏，且其正文市肆板行者阙误甚多，学者常生疑

① 〔清〕纪昀等修：《文渊阁四库全书》第494册，台湾商务印书馆1986年版，第169~170页。

② 〔清〕纪昀等修：《文渊阁四库全书》第570册，台湾商务印书馆1986年版，第217页。

惑，而洪武皇帝命天下军官子孙讲读武书，刘寅因之注《孙子》十三篇，取注孙武书之说而折衷之，并断以己意，并论道德、仁义、忠恕、敬信。① 据刘寅自序云，洪武三十年（1397）岁在丁丑，朱元璋诏令军官子孙讲读武书，通晓者临期试用，刘寅便着手编撰《武经直解》，自云越明年稿就；又明年书成，凡二十五卷一百一十四篇。"越明年"为"于第二年"意，"又明年"为"又到第二年"意。又据刘寅《武经直解序》作于洪武戊寅岁律中无射望日戊戌前，即洪武三十一年（1398）九月十五日戊戌时。可知此书刊刻当在建文元年（1399），洪武三十一年（1398）仅是书稿完成。②

刘寅注《孙子》，有独到之处：

一是比较详细，一般先注解字词，然后疏通语句涵义，简练具体，明白晓畅。即使举例，也不繁芜，而有节制。之所以这样，是因为直解《孙子》，是为了帮助初学者研读，而且在刘寅看来，以往的《孙子》旧注，或过于简略，或过于繁芜。过于简略，则使人不明其义；过于繁芜，则无以统摄其旨。二者都不适合初学者研读。

二是注重儒家思想的宣扬发挥。刘寅注解《孙子》及武经其余六书，如他人所作之序及自序所言，比较注重儒家大义的融汇。比如，注解"道者，令民与上同意"句，云："道者，仁、义、礼、乐、孝、悌、忠、信之谓。为君者，渐民以仁，摩民以义，维持之以礼乐，教之以孝、悌、忠、信，使民知亲其上，死其长，故与君同心同德，上下一意，可与之同死，可与之同生，虽有危难而不畏惧也。惜武王有臣三千，同心同德，是与上同意也……荀卿曰：'仁人之兵，上下一心，三军同力，臣之于君也，下之于上也，若子弟之卫父兄，手足之捍头目而覆胸臆。'斯可与同死同生也。"③

三是如其凡例及自序云，对《孙子》旧注多有引用，并断以己意。如"将听吾计，用之必胜"句，引张预注云："'将'字作平声读，谓'将者'解也。孙子以此解激吴王而求用，言吴王将听我所陈之计，而用兵则必胜，

① 谢祥皓、刘申宁辑：《孙子集成》第2册，齐鲁书社1993年版，第259~260页。
② 谢祥皓、刘申宁辑：《孙子集成》第2册，齐鲁书社1993年版，第263~266页。
③ 谢祥皓、刘申宁辑：《孙子集成》第2册，齐鲁书社1993年版，第279~280页。

我乃留此矣；将不听我所陈之计，而用兵则必败，我乃去之他国。”继之断以己意云：“此非忠厚之心，恐失孙子本意。孙子作此书，将欲传之后世，为众人法耳。不应中间用此数语解，激吴王而求用，是亦何等心哉？故子直取张贲注，而不取预言也。”①

四是不仅综述语句大意，而且总括分段大意，以便于初学者掌握其要旨。如解《始计第一》云：“此篇专言始计，首段总言人君与大将于庙堂之上经此五事，校以七计，搜索彼我胜负之情。第二段言大将选用偏裨之将，而授之以计。第三段言因利制权之道，是亦所谓计也。末段总结上文，言得算多者胜，得算少者不胜，亦岂在夫计之外哉?”②

五是充分吸收借鉴曹操、杜牧和张预《孙子》旧注，以及郑友贤《孙子遗说》，并有所发明，使《孙子直解》更符合研读的实际需要，可谓当时非常实用的武学教材。不仅直解词语、语句、语段，而且在前人基础上对每篇的次序安排有解释，亦即注意到了《孙子》全文的篇章结构及其逻辑关联。如注《用间第十二》云：“愚谓《孙子》首以《始计》而终以《用间》，盖计者将以校彼我之情，而间者又欲探彼之情也。计定于我，间用于彼。计，料其显而易见者；间，察其隐而难知者。计，所以定胜负于其始；间，所以取胜于其终；计易定，而间难用，故曰非圣智莫能用间，非仁义莫能使间，非微妙不能得间之实，皆难之之意也。孙子于篇终言之，其有旨哉?”③

三、王守仁批注《孙子》

王守仁（1472—1529），字伯安，自号阳明子，世称阳明先生，浙江余姚人。弘治十二年（1499）己未进士，历任刑部主事、贵州龙场驿丞、庐陵知县、右佥都御史、南赣巡抚、两广总督、南京兵部尚书、都察院左都御史，平定朱宸濠叛乱，封为新建伯。其学出入儒、道、佛，上承孔、孟、二程、朱、陆之学，卓然自成大家，其于立德、立功、立言上实现了“三不朽”。早

① 谢祥皓、刘申宁辑：《孙子集成》第2册，齐鲁书社1993年版，第288~289页。
② 谢祥皓、刘申宁辑：《孙子集成》第2册，齐鲁书社1993年版，第289页。
③ 谢祥皓、刘申宁辑：《孙子集成》第2册，齐鲁书社1993年版，第533页。

年因得罪宦官刘瑾被贬谪至贵州，任龙场驿丞，得悟圣学之道，吾性自足，不待外求，是谓“龙场悟道”。其著作有《传习录》、《大学问》、《阳明先生手批武经七书》、《兵符节制》、《城守筹略》（实为钱旃著）、《历朝武机捷录》、《国朝武机捷录》、《十家牌法》、《保甲法》、《兵志》等。其生平事迹，《明史》卷一九五有传。

王阳明批注《武经》，其中即有《孙子》批注。明代徐光启《阳明先生批武经序》云：“嘉靖中，有梅林胡公筮仕姚邑，而得《武经》一编，故阳明先生手批遗泽也。丹铅尚新，语多妙悟，辄小加研寻。后胡公总制浙、直，会值倭警，遂出曩时所射覆者为应变计，往往奇中，小丑遂戢，则先生之于胡公，殆仿佛黄石与子房，而独惜是书之未见也。时余被命练兵，有门人初阳孙子携一编来谒，且曰：‘此吴兴鹿门茅先生参梅林公幕谋，获此帐中秘，贻诸后昆，兹固其家藏也。缘其世孙生生氏欲授剞劂，属请序于先生。’余视阳明先生之手泽宛然，而惭碌碌，靡所树奇，分不当先生功臣。第窃喜《正合》《奇胜》《险依》《阻截》诸书，实用固彰彰不诬也。”① 又有明末儒将孙元化序曰：“顷者将图北上，辞友人于苕水。偶从通家弟生生氏案头，见《武经》一编，不觉踊跃神动，辄展而阅之，则王文成公所手批而胡襄懋公参阅者也。大都以我说书，不以书绳我；借书揣事，亦不就书泥书；提纲挈要，洞玄悉微，真可衙官孙吴，而奴隶司马诸人者矣……余遂欲请而读之，生生不许，曰：‘先大夫鹿门先生与襄懋公同榜，相友善，入其帐中，赞谋画而得此，传至今，四世矣，相诫秘不示人。’”② 胡宗宪自称通籍之后，任余姚知县时，“一日购求先生遗书，先生犹子二千石龙川公出《武经》一编相示，以为此先生手泽存焉。启而视之，丹铅若新。”③

王阳明批注《孙子》，一是为紧要语句作旁注、眉注；二是于每篇之末予以总注；三是批注多着眼于明代军事实际，间有所指，直透本心，文字十分

① 谢祥皓、刘申宁辑：《孙子集成》第 2 册，齐鲁书社 1993 年版，第 535～548 页。《孙子集成》本徐光启序乃影印本，文字编排顺序有误，兹引录并校正之。

② 谢祥皓、刘申宁辑：《孙子集成》第 2 册，齐鲁书社 1993 年版，第 579～586 页。

③ 谢祥皓、刘申宁辑：《孙子集成》第 2 册，齐鲁书社 1993 年版，第 551～552 页。

简练。

王阳明批注《始计第一》云："谈兵者皆曰：'兵，诡道也。全以阴谋取胜。'不知阴非我能谋，人不见，人自不能窥见我谋也。盖有握算于未战者矣。"① 完全颠覆了世俗之人对孙子"兵者诡道"的理解，认为诡道并非阴谋，阴非所能谋者，取胜乃以握算多也。从这条批注看，王阳明更加重视战前筹划和庙算，而不是依靠和片面夸大"阴谋"的作用，这体现了王阳明"知行合一"思想中重视客观实践作用的倾向。

王阳明批注《作战第二》云："兵贵拙速，要非临战而能速胜也，须知有个先着在，'校之以计而索其情'是也。"② 其意为用兵者固然知兵贵拙速，然而这不是最重要的，最重要的是必须先知校计索情。打仗不是坐而论道，夸夸其谈，而是必须实实在在地在事上磨炼，要"握算于战"，必须比较敌我力量、摸清敌情，做到胸有成竹。

王阳明批注《谋攻第三》云："'全'之一字，争胜于天下，'上兵伐谋'第校之以计、知胜之道而已。"③ 以全争胜于天下、上兵伐谋，都显抽象、空洞，究竟如何才能全胜？如何才算伐谋？这些都要落到实处，那就是校计索情，这才是"知胜之道"。所以，王阳明没有在批注《孙子》时谈他的心学理论，而是抓住"校计索情"这个根本，这不能不说是独具只眼，直抵要害。

王阳明批注《军形第四》云："能先为不可胜，以立于不败之地者，特行藏而不露耳。"④ 行藏，语出《论语·述而》所言："用之则行，舍之则藏。"行藏之形，须秘藏不泄，己要知彼，而不使彼知己。我如此，而敌亦如此。那么，这就有了校计索情的较量，谁更能校计索情，谁便能握算于战。故最终还是要落实到校计索情上来。

王阳明批注《兵势第五》云："莫正于天地、江海、日月、四时，然亦莫奇于天地、江海、日月、四时者何？惟无穷，惟不竭，惟终而复始，惟死而

---

① 谢祥皓、刘申宁辑：《孙子集成》第 2 册，齐鲁书社 1993 年版，第 595~596 页。
② 谢祥皓、刘申宁辑：《孙子集成》第 2 册，齐鲁书社 1993 年版，第 599 页。
③ 谢祥皓、刘申宁辑：《孙子集成》第 2 册，齐鲁书社 1993 年版，第 604 页。
④ 谢祥皓、刘申宁辑：《孙子集成》第 2 册，齐鲁书社 1993 年版，第 609 页。

复生故也。由此观之，不变不化，即不名奇。‘奇正相生，如环无端’者，兵之势也。任势，即不战而气已吞，故曰‘以正合’‘以奇胜’。”① 此讲奇正和任势，奇正在于变化，不战而屈敌在于任势，所谓任势，实质上是以有利于我的态势、形势、情势，顺势而为，而要做到这些，关键仍然在战前的校计索情，未战而胜势已定。

王阳明批注《军争第七》云：“善战不战，故于军争之中，寓不争之妙。”② 战为了不战，争为了不争，这是战争辩证法，善战不战，即在于此。不战，于我则是不战而取胜，在彼则是不战而取败。于我而言，握算于战前；于彼而言，已败于战前。然而彼己之情并不容易得知，其关键原因就是校计索情不易，故双方均以为胜算在我，故战争就不能避免。因是之故，不战而屈人之兵者，历代战例甚少。

王阳明批注《地形第十》云：“今之用兵者，只为求名避罪一个念头先横胸臆，所以地形在目而不知趋避，敌情我献而不为觉察，若果‘进不求名，退不避罪’，单留一片报国丹心，将苟利国家，生死以之，又何愁不能‘计险厄远近’而‘料敌制胜’乎?”③ 此注针砭时弊，痛斥将士求名避罪的心态，不修丹心，不致良知，心中充塞私意贪念，不以苍生社稷、保国利民为计，故地形在目前而不知趋避；敌情在耳目而不知闻见。

从上可见，王阳明批注《孙子》言人所未言，发人所未发，善于抓住问题的关键，明了事物的要害，入木三分，直达孙子心底。之所以能之，盖赖其心学之力矣。

四、赵本学校解《孙子》

赵本学（1478—1544），原名赵世郁，字本学，泉州晋邑（今福建晋江）人，师从易学大师、同为晋邑人蔡清学《易》，一生隐居著述。其师蔡清号虚斋，赵本学自号虚舟。赵本学精通易学和兵学，是抗倭将领俞大猷之师。其

① 谢祥皓、刘申宁辑：《孙子集成》第2册，齐鲁书社1993年版，第613~614页。
② 谢祥皓、刘申宁辑：《孙子集成》第2册，齐鲁书社1993年版，第624页。
③ 谢祥皓、刘申宁辑：《孙子集成》第2册，齐鲁书社1993年版，第641页。

兵学著作有《赵注孙子兵法》和《韬钤内外篇》，同为福建晋邑人的俞大猷以赵氏《韬钤内外篇》及《孙子兵法十三篇注释》，与自著的《剑经》，合为一编，题名曰《续武经总要》。赵本学善于以《易》言兵，其《韬钤内外篇》即此类兵法。《赵注孙子兵法》流传海外，影响深广，成为日本孙子学研究的重要文本。《赵注孙子兵法》又名《孙子书》或《孙子书校解引类》，或《赵注孙子十三篇》，是其倾心撰写的一部力作。明代名将俞大猷《孙子十三篇注解后序》云："闽清源隐君赵虚舟先生，古黄石老人之流也。生于承平既久之日，以人不知兵为惧，结庐闭户，不求闻达，著《韬钤内外》二篇及注解《孙子十三篇》，然后先生之身无有知者。二书几藏于名山而不行于世矣。逮今总督两广、大司马、二华谭公得之，把玩契合，益深于兵，一举而平岛夷，再举而歼峒寇，行且扫虏穴，系土蛮，报圣主，谢千古矣。以奥西太参石坡庄君志存军国重务，出十三篇注解，托梓广传，以愚为先生弟子，既梓传其《韬钤》二篇，此书之末亦宜有序。噫！公之才得先生而克，先生之志得公而行，其道相成，其事相须，亦古今宇内一大快事乎！"① 俞大猷作序时间为隆庆元年（1567）十二月望日，可知此本最早刻印板行于此时，而作成于隆庆之前。赵本学注解《孙子》之缘由，自述甚明："《孙子》十三篇，实权谋之万变也。数千年来，儒者未尝一开其扃钥，虽有曹操、李筌、杜佑、杜牧、王晳、贾林、张预、郑友贤、张贲、刘寅、郑霨等十五六家之笺，不过粗略训义，苟且引证，加以讹谬相承，渐失古文。迨至于今，凡用兵者，无所于法，庸非治乱所关之一大缺典乎？学不自量，窃为忧之。于是重为校雠而通释之，又取古人一二已行之事以证其下，名之曰《校解引类》，使四方之经生、学士皆可以读之而不难矣……使孙子生于鲁，鲁君用之以诛陈恒而明王法，孔子岂不以鲁为义，以孙子为贤乎？汉唐晋宋及我圣朝，天下一统，礼乐征伐自天子出，儒者生于其时，遇国家有难而主兵，何不可之有！其曰猥云德化，不当用兵。此迂儒保身之谋，卖国之罪也。"②

---

① 谢祥皓、刘申宁辑：《孙子集成》第5册，齐鲁书社1993年版，第483~485页。

② 谢祥皓、刘申宁辑：《孙子集成》第5册，齐鲁书社1993年版，第27~30页。

赵氏注解《孙子》，一是校，二是解，三是引类。三者互为补充，互为支持，据其凡例云，校以订误，解以训义，引类以证实。

赵氏注解《孙子》意在补他书之不足，而事实上确实做到了。

校以订误者，如《始计第一》："将听吾计，用之必胜，留之；将不听吾计，用之必败，去之。"赵氏校曰："将字，一作'如'字。"校《作战第二》"兵贵胜"云："一本'胜'上有'速'字。非是。"校《作战第二》"民之司命"云："一本'民'上有'生'字。非是。"其校必有据。赵氏注解《孙子》，其校亦包括音读，如音校《作战第二》"芑秆"云："芑秆，音箕干。"

解以训义者，如《始计第一》"将听吾计"之"将"，赵氏解曰，将为偏将。并引张预所云"将，语词也"与之相比较。再如解"作战"云："作，造也。庙堂既有成算，然后计程论费，起造战事也。"① 解《始计第一》"道者，令民与上同意"云："愚谓道有王霸之异。其曰节用而爱人，使民以时；其曰民之所好好之，民之所恶恶之；其曰省刑罚，薄税敛，谨庠序之教，申之以孝弟之义，此王道也。王道之民，同心同德，尊君亲上，如子弟之卫父兄，手足之捍头目，与之生死，何畏之有。其曰仁言以入民心，私惠以悦民意。厚战士之家，急有功之赏，哀死而问伤，同甘而分苦，此霸道也。霸者之民，欢虞喜悦，趋事敌忾，以进死为荣，退生为辱，亦与之同生死而不畏危也。孙子诡谲之学，其所谓道，盖兼王霸而已矣。"② 由此观之，赵氏训解孙子之"道"，既蕴含儒家仁、义、礼、乐之道，又有刑罚、威权之道，兼有王霸之义，别具创发，与众不同。

至于引类以证实，即从史书、类书中援引战例以印证《孙子》之理。如解《地形第十》"吏强卒弱曰陷"，引类曰："李抱真籍户，三丁择一，给弓矢，令习射。岁终校阅，第能否赏责。比三年，皆为精兵，横绝溃乱之中，为群盗所惮。"下则自注云："此抱真之善练卒也。"③ 再如解《九地第十一》"争地则无攻"，引类曰："赵奢攻秦，许历谏曰：'先据北山者胜，后至者

---

① 谢祥皓、刘申宁辑：《孙子集成》第5册，齐鲁书社1993年版，第86页。
② 谢祥皓、刘申宁辑：《孙子集成》第5册，齐鲁书社1993年版，第38~39页。
③ 谢祥皓、刘申宁辑：《孙子集成》第5册，齐鲁书社1993年版，第338页。

败。’赵奢许诺，即发万人趋之。秦兵后至，争山不得上。赵奢纵兵击之，大破秦军。”其下自注曰：“此秦人攻争地而败也。”①

赵本学善于借鉴、融汇前贤时彦之《孙子》注，而自成一家，甚或可谓明代《孙子》注解代表作。

五、郑廷鹄序翁溥辑《孙子》

郑廷鹄（1505—1563），字元侍，号篁溪，明代海南琼山人，嘉靖间进士，历任工部都水司主事、吏科给事中、工科左给事、江西督学副使、江西布政司右参政。通兵学，有奇策。嘉靖二十八年（1549），朝廷派兵平定崖州黎酋叛乱，悉依其策。后辞官归乡，创石湖书院，奉母尽孝，以读书著述自娱，编纂《武学经传》《易礼春秋说》《学台集》《兰省掖垣集》《石湖集》《藿脍集》等，共百余卷。郑廷鹄既是名臣海瑞的姑父，又是其启蒙先生，对海瑞影响很大。

郑廷鹄序《武学经传》，《武学经传》收录《武经七书》，其中有《孙子》十三篇。然即便是《武学经传》，亦非郑氏编纂，乃“梦山翁公”抚治江西时命有司编纂刻印，为训教武学生员而编刻。梦山，乃明代翁溥之号。翁公，当指翁溥。郑廷鹄只是受命作序而已，今题名编者为“郑廷鹄”，不合事实。

郑氏《武学经传序》记述刊刻《武学经传》之缘由、经过及参与其事者，其《武学经传序》云：“江西当吴楚之冲，兵日寡弱，求其知旧法者鲜矣。我中丞梦山翁公抚临以来，百废饬举，简教日新，即今军容改观，盗贼屏息，其振作保定之功，可谓至矣。暇间爰念兵有《武经》《百将传》，犹士之有经传也，是兵之善法也。今日讲武而不本诸此，何以制变？乃命都司购求善本刻之，适得少参王君所藏《续百将传》，并刻以传，实武学之完书也。遂题之曰《武学经传》，命鹄序之……故是刻也，视他刻加敏，自壬子冬梓人受戒，迨今四阅月告成。其先事而谋、承檄惟谨者，都指挥佥事孙君兰；校阅更新、共成其美者，佥书丁君来也。鹄不佞，偎承公命，敬书岁月于简首，

① 谢祥皓、刘申宁辑：《孙子集成》第5册，齐鲁书社1993年版，第371~372页。

庶他日知兵者尚有考于斯。嘉靖癸丑春三月清明之吉。赐进士出身、中顺大夫、奉敕提督学校、江西按察司副使琼山郑廷鹄撰。”①

由上可知，是书嘉靖三十一年壬子（1552）冬十一月付印，经四个月告竣，书成并序于嘉靖三十二年癸丑（1553）春三月。此书实为《武经七书》《百将传》《续百将传》之合编，故题名曰《武学经传》，并无注解和阐发，除了供武学生员研习，学术价值不大，只是对兵书传布起到一定作用。

《千顷堂书目》兵家类著录《武学经传》，并云“不知撰人并时代”。日本《尊经阁文库汉籍分类目录》著录此书作“明翁某”。检雍正《江西通志》，嘉靖三十一年（1552）至嘉靖三十二年（1553），巡抚江西者，乃翁溥。故主持此书编纂和刻印者为翁溥，当无疑义。综合有关史料，可知翁溥字德宏，号梦山，浙江诸暨人，嘉靖八年（1529）已丑进士，初知太湖县，擢吏科给事中，迁江西巡抚都御使，官至南京刑部尚书，赠太子少保。著有诗六卷、杂文八卷（其中奏疏十五篇），汇为《知白堂稿》。

六、谈恺集注《孙子》

谈恺（1509—1568），字守敬，又字十山，锡山（今江苏无锡）人，嘉靖进士，授户部主事，迁户部员外郎、郎中，外任山东按察副使，旋改四川按察使，后擢山东参政、福建右布政使，参与平定李文彪叛乱，拜兵部右侍郎，后督军虔台，移镇两广，以功授右都御史，年六十卒。著有《孙子集注》《虔台续志》《前后平粤录》《十山文集》。

谈恺《孙子集注序》对《孙子》十一家注予以点评、比较，指出其优劣得失，交代集注《孙子》之缘由，指出学兵者须对孙子之书素习研磨，以备有事时用，即便儒士亦当尽心于此。其序言约旨丰，文采焕然，十分精彩，今照录于下：

欧阳文忠公撰《四库书目》，言《孙子》注二十余家。予所见仅

① 谢祥皓、刘申宁辑：《孙子集成》第2册，齐鲁书社1993年版，第664~671页。

此：汉有曹操，唐有杜牧、李筌、陈皞、孟氏、贾林、杜佑，宋有张预、梅尧臣、王皙、何氏。诸家多托之空言，而曹操则见之行事者也。操尝创为《新书》，诸将征伐，即以《新书》授之。从者胜，违者负。今《新书》不传，而见于《李卫公问答》者，机权应变，实本之《孙子》。其注多隐辞，引而不发，操之所以如鬼也。杜牧自序云："孙武死后凡千岁，将兵者有成有败，勘其事迹，皆与武所著书一一相抵当，犹印圈模刻，一不差跌。予解犹盘中走丸，横斜曲直，计于临时，不可尽知。其必可知者，知丸之不能出于盘也。"牧未尝用兵。观其与时宰论兵二书，谓尚古兵柄本出儒术，援古证今，若绳裁刀解，使其言用，山东不足平矣。陈皞注多指谪杜之谬误，人各有见，未必为樊川病也。李筌注依《太乙遁甲》，杂引诸史，以证《太乙遁甲》，与今所存书往往不同意，古书散逸久矣。孟氏、贾林、杜佑，即唐纪燮所集者。岐公相业足称，而文章议论亦炳焕杰出，其注即里居时撰，见《通典》。张预取历代名将用兵制胜有合于《孙子》者，编次为传，于《孙子》多所发明。梅尧臣注，文忠公谓其当与三家并传，晦翁有定论矣。孟氏、贾林、王皙、何氏，虽言人人殊，而皆于观者有所裨益。此注之所以集也。夫兵，凶器也，不得已而用之者也。然不素习于承平之时，而姑试于有事之日，吾不知其可也。故生而悬弧，长而习射，冬而讲武，凡人之所当知者也。《诗》云："文武吉甫，万邦为宪。"孔子曰："有文事者，必有武备。"又曰："我战则克。"圣人之所以教者也。余夙有四方之志，每涉猎群书，而尤嗜《孙子》。孙子上谋而后攻，修道而保法，论将则曰仁、智、信、勇、严，与孔子合。至于战守攻围之道，批抗（亢）捣虚之术，山林险阻之势，料敌用间之谋，靡不毕具。其他韬钤机略，孰能过之？然其言约而该，近而远，未易窥测。今观诸家所注，或本隐以之显，或由粗而识精，或援史而证之以事，或因言而实之以人，于是《孙子》之微词奥义，彰彰明矣。故曰《孙子》十三篇，不惟武人根本，文士亦当尽心焉旨哉！言乎予奉命督军虔台，进武弁及生儒，问之，无有知是书者，故授之以梓，以广其传。嘉靖乙卯春正月穀日，锡山谈恺，书于虔台之思归轩。①

七、归有光辑注《孙子》

归有光（1507—1571），字熙甫，又字开甫，别号震川，又号项脊生，世称震川先生。苏州府昆山县（今江苏昆山）人。嘉靖十九年（1540）中举人，嘉靖四十四年（1565）中进士，此时已年届六十。此后历任长兴知县、顺德通判、南京太仆寺丞等官，卒年六十六。其散文与唐顺之、王慎中齐名，号称“嘉靖三大家”。著有《震川文集》《三吴水利录》《易经渊旨》《文章指南》等。

归有光辑注《孙子》见于《诸子汇函》，归有光本人未作评注。《诸子汇函》辑录自周至明之诸子百家言，稽其总目，有周五家、春秋九家、战国二十五家、秦六家、西汉十一家、东汉九家、蜀三家、魏一家、晋六家、隋三家、唐七家、宋五家、元二家、明二家，共计九十四家。然核其子目，实际辑录八十九家。《诸子汇函》为归有光辑注、文震孟参订。明代江阴人陈鼎《东林列传》卷二三《文震孟姚希孟列传》云：“文震孟，字文起，长洲人。弱冠举万历甲午贤书，居父丧，哀毁，庐墓竹坞，三年未尝见齿，有真孝廉之目。十上春官，至天启二年始成进士，廷对第一，授翰林院修撰。”② 崇祯初年文震孟拜礼部左侍郎、东阁大学士，后被朱由崧追谥为“文肃”。

从文震孟序言看，归有光去世五十余年后，书已散落，文震孟发动贾人四方购求归氏手稿，汇集刻印板行。有《孙武子》六篇，依次为《始计》《谋攻》《兵势》《虚实》《军争》《地形》，其余七篇当是在文震孟收录时就已散佚。各篇均有眉注、文内双行夹注、篇尾注。是篇辑录了曾确庵、敖清江、徐子舆、何启图、汪有泉、林见素、陈明卿、俞紫芝、诸远济、诸理斋、张玄超、钱鹤滩、舒国裳等明代学人的《孙子》注文，虽然这些学人的《孙

① 谢祥皓、刘申宁辑：《孙子集成》第 4 册，齐鲁书社 1993 年版，第 3~9 页。

② 〔清〕纪昀等修：《文渊阁四库全书》第 458 册，台湾商务印书馆 1986 年版，第 458 页。

子》著述已经散佚，但是归有光的辑录反映了明朝中下层文人对《孙子》评注的基本情况，给我们呈现了孙子学传布的社会面。

曾确庵，名省吾，字三省，号确庵，晚年又号恪庵，湖北钟祥人，嘉靖年间进士，以文学称。

敖清江，名英，字子发，号东谷，清江（今江西樟树）人。学问淹博，贯通百家。明正德年间进士，任南京工部主事、礼部郎中，督学陕西、河南，官至四川右布政使。著有《绿雪亭》《心远堂诗文》等，名《东谷十书》。

徐子舆，名中行，又字子与，号龙湾，天目山长兴（今浙江长兴）人。嘉靖年间进士，官至江西布政使。以文学称，著有《天目山堂集》《青萝馆诗》。

何启图，号震川，河南信阳人，与归有光同为嘉靖间进士，且同号震川，官太史。

汪有泉，大约生活于明代嘉靖、隆庆、万历年间，著有《倚剑集略》《鹪螟集略》《天游草》《炊玉编》《鬻嘲编》等。

林见素，名俊，字待用，号见素，福建莆田人，成化年间进士。历任云南按察副使、南京右佥都御史、湖广巡抚、工部尚书、刑部尚书等，卒于嘉靖六年（1527），著有《林见素文集》。

陈明卿，名仁锡，号芝台，长洲（今江苏苏州）人。明代天启年间进士，授翰林院编修，官至国子监祭酒。著有《四书备考》《重订古周礼》《陈太史无梦园初集》《潜确居类书》等。

俞紫芝，名和，字子中，晚号紫芝老人。元末明初桐江（今浙江桐庐）人，寓居钱塘（今浙江杭州），能诗善书。

诸远济，生平行状不详。

诸理斋，名燮，字子相，号理斋，浙江余姚人，嘉靖年间进士，官明代兵部主事，儒学名臣，尤精易学。有《理斋文稿》《易经新说》。

张玄超，浙江余姚人，名之象，又字月鹿，官浙江按察使知事，以文章名世，黄宗羲为之作《墓志铭》。

钱鹤滩，名福，字与谦，南直隶松江府华亭（今上海松江）人，明代弘治三年状元，官翰林修撰，有《鹤滩集》。

舒国裳，名芬，号梓溪，明正德年间状元，通经学，江西进贤人，官翰林院编修。

所辑录以上诸家注，虽能正解《孙子》，然并无新奇之处。

如《始计》篇。曾确庵曰："此篇先论兵家之大凡，后乃次其事详之。"敖清江曰："言制胜者先选将，以选将为三军司命也。'知'字为十三篇血脉。"徐子舆曰："兵之诡道至不可先传，战阵之事，君子不厌诈，此之谓也。"何启图曰："自'能而示之不能'至'出其不意'，是一句一义。"汪有泉曰："庙算者，得算于庙堂之上也。后有庙战、庙胜，《淮南》《管轻》皆本此。"

如《谋攻》篇。林见素曰："欲攻敌，必先谋，故曰《谋攻》。"徐子舆曰："全国，如曹彬下江南，克城之日，一不妄杀是也。"陈明卿曰："上兵伐谋。"俞紫芝曰："非战者，如穰苴明法令，抚士卒，燕将闻之不战而退。非攻者，如文王伐崇，因垒而降，兵不血刃是也。"

如《兵势》篇。何启图曰："奇正，虽并言，却重奇字。观后奇正之变可见。"诸理斋曰："'乱生于治数'句，皆毁形匿情。如楚王之毁军，冒顿之见弱，知此法者也。"张玄超曰："此篇论攻取，兵先形势，故以《兵势》名，末结如转圆石于千仞之山者，势也，应前有法。"

如《虚实》篇。钱鹤滩曰："《孙子》十三篇中所论一句自为一义，奇正相生，须纽分晓。"舒国裳曰："见敌之形，则我专易。一敌不能测我之形，则分而为十以防我。"

如《军争》篇。徐子舆曰："后人发，先人至，总是明于度数，先知远近之计，军争之利，在此神妙。"林见素曰："兵一分一合，以敌为变。故顷刻之间，呼吸易形，转移易变。分合之常，何可执也?"

《孙子》原文之下有双行夹注，或引用曹操等注，或自注其文。自注者，如注《虚实》"能使敌人自至者，利之也"云："委弃辎重，佯输诈走，敌贪利而自来，是虚之也。"当为自注。再如《始计》"用而示之不用"，注云："诡者，本会争战，装作不会争战之形，以示之；本用事物之理，假作不用之形，以弃之。”①

八、张居正参解《孙子》

张居正（1525—1582），幼名张白圭，字叔大，号太岳。因是江陵（今湖北江陵）人，故称张江陵。嘉靖年间进士，隆庆元年（1567）入内阁，万历时任内阁首辅，辅佐万历皇帝朱翊钧开创了“万历新政”，在经济上实行“一条鞭法”，赋税、徭役皆以银缴，国库充盈；在吏治上实行“考成法”，严格考核制度，吏治为之一新；在军事上，任用智勇贤将，如用戚继光、李成梁镇守北疆，用凌云翼、殷正茂等平定西南。著有《张太岳集》《增订武经直解》《帝鉴图说》等。《明史》卷二一三有传。

《增订武经直解》，后题名《开宗直解鳌头七书》或《武经直解开宗合参》。《增订武经直解》为张居正晚年对刘寅《武经直解》的增订。张居正于万历五年（1577）冬所作《武经直解序》讲明其增订《武经直解》之用意云：“洪惟圣朝御极，命天下官军子孙讲读武书。前辈刘拱辰先生取注《武经》诸说，折衷为《直解》，悬之国门，靡可增减，不谓成平日久，表章无人，讲习终鲜。今上践阼，号称明盛，宜切日中之忧。余自书鉴《直解》，进圣之余，急出内阁所藏刘先生《直解》原本，详加订证，申明武学，俾世勋子姓、兔罝野人，咸获指南，庶仁义节制之师，有弗战，战必胜矣。斯盖弧矢之利以威天下之大意云。”②

《开宗直解鳌头七书》实则为《增订武经直解》，只是由汪淇纂序。汪淇，字憺漪，明末清初钱塘人，著有《新编百战百胜七书衍义》《尺牍新语》等。清顺治辛丑年（1661），汪淇为《鳌头七书》作序云：

> 《武经》注释，家各异说，然皆因仍沿袭，旨意未彻，则理义斯乖。是集广汇诸书，一宗正说，庶先贤心传毕露，而后学曲说无凭，于世道

① 归有光辑录诸家《孙子》注文，见谢祥皓、刘申宁辑《孙子集成》第7册，齐鲁书社1993年版，第695~727页。

② 谢祥皓、刘申宁辑：《孙子集成》第11册，齐鲁书社1993年版，第570~575页。

> 不无少补矣。梨枣多灾，鱼鲁莫辩（辨），以讹传讹，毫厘千里。是书从家藏古本一一订正，句栉字比，悉遵典型。诸如《军争》《九变》两篇，时本多云错简，兹则仍旧以志阙疑。向来章句割裂，注释分填，既不便于吟诵，又多病于琐零。兹则独录全文，另标解义，使读者去眯目之苦，获快心之乐，自当人奉拱璧焉。拟题既经标明，又复赘于简端，重见叠出，眉目反为不清。此则旁加大圈，开卷即见，尤称简便云。题解向多旧说，近复纷出新见，如《题镜汇解》诸书，诚为精当，间有自出心裁，未合经义。是集力辟其谬，务存其是，分录于后，以成全璧。《武经》一书，从未单行，非赘以射法、阵法，即附以将略、兵谋。是集概不并载，使读者潜心经旨，则机略自生，戋戋技艺，又属末事矣。是书始于旧冬，成于今夏，历二季而成编，其中反博归约，补略成详，备极苦心。书竣，质之二三同志，商榷允当，方敢授梓，虽不足云几绝其编，亦庶几乎数洗其髓矣。①

《武经直解开宗合参》，又题《标题武经七书全文》《开宗直解鳌头七书》，张居正辑录，汪淇纂序，王益朋鉴定，汪桓参订。王益朋，字鹤山，浙江杭州人，清顺治十二年（1655）乙未进士，授庶吉士，改给事中，官至太仆寺少卿，卒于官。汪桓，字殿武，明末清初人，撰有《标题武经七书讲义新宗》。此书为张居正《增订武经直解》与黄献臣《武经开宗》的合参，故取两书之名合称《武经直解开宗合参》。黄献臣，明代晚期福建莆田人，编撰《武经开宗》。合参，即相互参证，合二为一。故其注释、评点，大体融汇两家之说。

以上三种本子，应该是不一样的。张居正增订本应该只是对刘寅《武经直解》的增订，未涉及黄献臣《武经开宗》。《武经开宗》大约成书于明崇祯九年（1636），内容不仅有《武经七书》，而且有戚继光所撰《将略》、《古今名将》及《弓马阵法》等，而传本《武经直解开宗合参》是在张居正辑录基

① 〔明〕张居正辑著：《开宗直解鳌头七书》，浪华书肆文金堂刻本，第1~2页。

础上有增补，即增补和吸收了《武经开宗》的若干注解。《武经直解开宗合参》包括《武经七书》原文、《武经七书》注文及策题汇解。

就注文来讲，《武经直解开宗合参》注曰："道、天、地、将、法，五事之目也。唯有道可伐无道，故居一。顺天者存，逆天者亡，故居二。得地者昌，失地者危，故居三。将得其人者胜，非其人者败，故居四。法行则士卒用命，法壅则三军离散，故居五。道者，渐民以仁，摩民以义，维之以礼乐，教之以孝弟忠信，使民知亲上死长……同心同德，可与同死，可与同生，虽有危难而不畏惧。"① 显然是参合了黄献臣和刘寅的《孙子》注文。黄献臣注曰："用兵贵以有道伐无道，故居一。顺天者存，逆天者亡，故居二。得地者昌，失地者危，故居三。将得人者胜，失人者败，故居四。法行则士用命，壅则离散，故居五。此五事之目。"② 刘寅注曰："为君者，渐民以仁，摩民以义，维持之以礼乐，教之以孝悌忠信，使民知亲其上，死其长，故与君同心同德，上下一意，可与之同死，可与之同生，虽有危难而不畏惧也。"③

就策题汇解讲，有策问，有解题思路，共四十道。内容涉及《孙子》《吴子》《李卫公问对》等七书内容。如"问：孙子首言令民与上同意，吴子亦首言先和而造大事。曰同，曰和，果皆人和之旨非欤？"解题曰："《孙子》言同，《吴子》言和，意似不类，然皆为民起见。曰同，同民也。曰和，和民也。断然以人和为主。但知道同，上使之同；和，上使之和。如此发挥，方有议论。"④ 又如"问：《七书》中所称文武者不一，有曰令文齐武者，有曰修文齐武者、武植文种者，又有曰文武惟王二术者。其立言发义同异何如？"解题曰："《七书》诸家言文武，原无异同，但在军则以之治军，在国则以之治国，譬如阴阳寒暑之不可离也。切不可以恩威二字相替。如礼乐征伐，文武也。俎豆干戈，亦文武也。初何尝有异哉？如此作文，自有条理，不可为

---

① 谢祥皓、刘申宁辑：《孙子集成》第 11 册，齐鲁书社 1993 年版，第 603~604 页。
② 〔明〕黄献臣撰：《武经开宗》卷一，日本内阁文库本，第 5 页。
③ 谢祥皓、刘申宁辑：《孙子集成》第 2 册，齐鲁书社 1993 年版，第 279 页。
④ 谢祥皓、刘申宁辑：《孙子集成》第 11 册，齐鲁书社 1993 年版，第 577 页。

他分解。”①

张居正参解《孙子》，其目的是向学兵者普及《孙子》，故其参解与讲义相类，且有策题和解题指南，供学子参加武举之用。张居正《增订武经直解》并无参考黄献臣《武经开宗》，至汪淇纂序《开宗直解鳌头七书》时方参考黄献臣《武经开宗》，这可从汪序得知。后又经过王益朋、汪桓订正，定名《武经直解开宗合参》。

九、黄献臣等辑注《孙子》

黄献臣，明代福建莆田人。《武经开宗》最早刻印本当为芙蓉馆序刻本。芙蓉馆主人识曰：“《武经》之解，缘误已甚。兹编汇辑众长，参以独见。章标一意，节树一义，开卷了然。而又附以《古今名将》《弓马阵式》，百法具备。令人人仰体圣天子保邦至意，家传户诵。于以壮我国家威神，则丑虏当不战而遁矣。”②

黄献臣《武经开宗》尝称赞郑芝龙曰：“我闽之有郑飞虹也，胸罗数万甲兵，气吞八九云梦，东南半壁，倚为长城。念楚、广、闽、浙烟水之区，乃鲸、鲵、鲛、鳄潜踪之薮，散家赀巨万，炼精卒数千。依水作营，鼓声偕涛声而夜发；临渊布阵，旌影合帆影以星驰。剪红夷群凶，褫天骄之魄于风霾，千里鱼虾收浪；歼大帽洞寇，犁夜郎之庭于雷击，五路草木飞花。出不意而擒魁奇，驱水深火热之惨；因敌谋而诛钟进，得随机应变之神；置死地而灭刘香，妙亡地能存之用。洪兵备忠肝义胆，当与先世之绩共勒千秋；康巡抚拼死获生，实借将军之功永垂百世。十余年养兵，不费公家一粒；四五郡凋敝，全资搬运诸艘。大将军自保成功，拟修炼沙门，仿赤松遗意；圣天子轸恤民隐，重干城锁钥，舒南顾之忧。历数古今名将，靖国难、建奇勋，代不乏才；至若自给兵糈，解君忧、苏民困，千古一人而已。先生战功，未易殚述，聊掇一二，以励后学。自此而忠贞益笃，与国咸休，

① 谢祥皓、刘申宁辑：《孙子集成》第 11 册，齐鲁书社 1993 年版，第 578~579 页。

② 《武经开宗》扉页题识。参见〔明〕黄献臣撰《武经开宗》，日本内阁文库本。

则在将军勉之耳。”①

曾樱《武经开宗序》曰：“夫经文纬武有二乎哉？胸无数万甲兵者，不可以言文；胸无数万甲兵者，何足以语武？此今上所为重出将入相之才也。是故《易》言师贞，《诗》咏吉甫，《书》称除残伐暴，《礼》载樽俎折冲，《春秋》纪诛乱攘夷。下迨百家诸史，缕缕不废谭兵，良以国命民生实绾诸此，未可易言。我祖宗养士几三百年，稍遇盘错，终未得如韩、范者起，而寒乱贼之胆，何也？文臣不识武，与武臣不知文，一也。文臣不识武，安能以八股张六军勇气；武臣不知文，又安能以一剑作万里长城哉？迩者，奴酋反侧，流寇披猖，圣天子廑拊髀之思，慨然以武科并重文闱，诚将相抒猷之会也。莆阳文献甲天下，固不乏蹇蹇桓桓之彦，堪为国家勒钟鼎殊勋，标铜柱奇猷。余不佞，分守兹土，叨预观风之役，获披壶兰之秀，而品题之，乃得黄生献臣、陆生经翼，列诸前茅，既受评文之任，复提讲武之衡，入彀中者亦皆彬彬豪俊，而陆生冲与焉。已而黄陆三生以解释《武经》请政于余，余阅之，觉从前牵合附会之陋涤除净尽，一开卷而了然心目，诚登坛之上略、保国之良图也。文士所当尽心，亶其然乎？宋儒黄勉斋先生文武兼资，三生行将步其武矣。”②

从曾樱所作序言及此书署名，知《武经开宗》编撰者不止黄献臣（字皇肱）一人，而还有莆田（莆阳）同乡陆经翼（字羽功）、陆冲（字元建）、余元熹（字图徽）参与，并由曾樱（字一云）、徐胤昇（字玉林）审定。

陆经翼《武经开宗总论》亦云，此编乃以上诸君子为救时弊，应天子拊髀之思而作，以供文武之士研习，成为后学之司南。

《武经开宗》诸编撰者，多数生平难考。其中曾樱，《明史》卷二七六有传。曾樱，字仲含，江右峡江（今江西峡江）人，万历四十四年（1616）丙辰进士，授工部主事，历郎中，天启二年（1622）迁常州知府，南明时官至

① ［日］川口长孺撰：《台湾割据志》引《武经开宗》，见《台湾文献丛刊》，台湾银行经济研究室编印，第 54~55 页。

② 〔明〕黄献臣撰：《武经开宗序》，日本内阁文库本，第 1~6 页。

吏部尚书、文渊阁大学士。清兵破福州，自缢而亡。

此书为芙蓉馆主人遵旨颁行序刻本，当为至今可见的最早本子。刻序显示，此书纂成于崇祯九年（1636）四月，距明朝灭亡仅八年。

《武经开宗·孙子》既参酌众说，又杂以己见；既有文字训注，又有章句大意；既有文中诠释，又有文末述评；既引史实证理，又阐明孙子本意。明白晓畅，确实适合学子研读。如《始计第一》解道、天、地、将、法云："用兵贵以有道伐无道，故居一。顺天者存，逆天者亡，故居二。得地者昌，失地者危，故居三。将得人者胜，失人者败，故居四。法行则士用命，壅则离散，故居五。此五事之目。"① 此为句解。每一段之后，又有段意概述，如句解完毕"一曰道"至"凡此五者，将莫不闻，知之者胜，不知者不胜"后，申述本段大意并评述道："此申'经之以五事'之意，而致意于主将之能知，惟有道可以伐无道，天时与地理则其助也。二者具，然后议举兵。兵举必须将能，将能然后法修。五事之序也，首言'道者，令民与上同意'，是'道'之一字，最为吃紧。惟道通上下之情，故民自乐为之死。如武王有臣三千，惟一心是也。知道而后可与言天，昔岁星在越而吴伐之，越卒灭吴。福德在燕而秦伐之，燕卒亡秦。此不顺阴阳者也。"②

十、黄邦彦校刊《孙子集注》

黄邦彦，字治徵，明万历年间新都（今四川成都）人，其余不详。黄邦彦自己并未注解《孙子》，而是校正和刊刻《孙子》十一家注，题名《孙子集注》。同为新都人程涓（字巨源）于万历己丑年（1589）仲夏作《刻孙子序》云："黄生治徵读四种书，酷爱《孙子》，得善本刻焉，因而谓余《十三篇》文辞雅驯，而旨深远闳廓，使人读之，如亲被铠甲，援枹鼓而即戎行。一时筹画所运，批捣掎角，无不各当，敌在吾目中矣。余击节壮生之志，因为序。"③

---

① 〔明〕黄献臣撰：《武经开宗》卷一，日本内阁文库本，第5页。
② 〔明〕黄献臣撰：《武经开宗》卷一，日本内阁文库本，第5页。
③ 谢祥皓、刘申宁辑：《孙子集成》第7册，齐鲁书社1993年版，第12~13页。

黄邦彦自作《书孙子集注后》云："圣王之道，有仁义礼乐，亦有威武，虽其讲之有本末，行之有顺逆，而克诘以戒不虞，张皇以鼓神气，亦如《十三篇》者，亦兵资也，胡可少哉？故谨依原注，少加校正，梓之以嘉惠文武多士。"①

十一、王世贞、臧懋循评释《孙子》

王世贞（1526—1590），字元美，号凤洲，又号弇州山人，明代江苏太仓人。嘉靖二十六年（1547）进士，授刑部主事，官至南京刑部尚书。以文章称世。著有《弇山堂别集》《弇州山人四部稿》等。《明史》卷二八七有传。

王世贞评释《孙子》，集中在《孙子评释》中。《孙子评释》又经臧懋循参阅。臧懋循（1550—1620），字晋叔，浙江长兴人，万历八年（1580）庚辰进士，授荆州府学教授，迁南京国子监博士，通五经，善词曲，除文学著作，尚有《校刻兵垣四编》（宋张商英注《素书》一卷、明唐顺之评释《阴符经》一卷、明王世贞评释《孙子》一卷、明王士骐评释《吴子》一卷）。王世贞《孙子评释》未有单行本传世，而仅有《兵垣四编》本和《兵垣六卷》本。

王世贞撰《孙子序》曰："梅圣俞涉孙氏之谲者也，而遗于仁，则诋以倾险。郑厚亟取其仁者也，而略于谲，遂拟以《论语》《易大传》之流，夫妄为诋且拟而罔中其窾等过耳。然则数世而下，评武子者，牧之其知言哉？"②

王世贞《序》之天头与序中内容相对应处，有眉批，如："拈出机权二字，庶几正锋，是牧之妙论，是孙子妙用。"再如："从山阴道上行，使人应接不暇。"又如："圣俞居心不净，强欲倾险人耶？"③ 故此眉批，必非王世贞自注，而是臧懋循阅注。

王世贞《序》又有篇后评："十三篇为世所雌黄，其微言妙旨，政是隐跃，弇州先生剔发之，非唯使人情开涤，亦觉日月晴朗。行文在有意无意之

① 谢祥皓、刘申宁辑：《孙子集成》第 7 册，齐鲁书社 1993 年版，第 438~439 页。
② 谢祥皓、刘申宁辑：《孙子集成》第 9 册，齐鲁书社 1993 年版，第 4 页。
③ 谢祥皓、刘申宁辑：《孙子集成》第 9 册，齐鲁书社 1993 年版，第 2~4 页。

间，多得之司马子长。”① 篇后评显然针对王序而发，是对王序的评点。

非唯王世贞《序》体例如此，次附司马迁撰《孙子传》评释体例亦如此，而《孙子》十三篇之评释体例仍如此。由此可推知，《孙子》十三篇之文内注，为王世贞评释，而眉批和篇后评，则为臧懋循阅注。

王世贞评释，既有释词，又有句解。如《作战》篇，解“驰车”曰“轻车”，解“革车”曰“重车”；“车甲之奉，日费千金”，则又曰“爵赏犹在外也”；解篇题“作战”，则曰“言欲战，必先算其赏，务因粮于敌”；“近师者贵卖”，则曰“近师之地，人多物少，售卖必贵，故民财空竭”。②

臧懋循则以眉批和篇后评的方式补充王世贞之不足，并非重复王世贞之评释，而是对王世贞评释未到之处或臧氏有不同于王世贞评注者，予以补充。如《作战》篇，王世贞未注“役不再籍，粮不三载”，王世贞则眉批曰：“籍，赋也。言初赋民，便取胜，不复归国发兵，始用粮，后遂因食于敌也。”臧懋循对王世贞“近师者贵卖”的训释有不同理解，故眉批曰：“军行已出界，近于师者贫，财皆贵卖。”③ 再如《军形》篇“先为不可胜，以待敌之可胜”，王世贞训释曰：“即下文修道保法也。”臧懋循则眉批曰：“能自修治，以待敌之虚懈。”④ 这是对王世贞训释的补充，表述更加明朗。又如《军争》篇，孙子曰：“以迂为直，以患为利，故迂其途，而诱之以利。”王世贞未有注释，臧懋循眉批曰：“迂远其途，使敌昧而不知争；诱以小利，使敌贪而不能争。然后倍道潜发，得所争之要害也。”⑤ 臧懋循在《孙子》每篇之后均有总括性的文字，概括本篇主旨，揭示本篇要害，甚至分段析篇，串讲大意，便于研习者掌握。如《行军》篇，篇末点评曰：“首言处军相敌，乃一篇之纲领。按：处军之法有四，相敌之法有三十二，自‘绝山依谷’至‘伏奸之所’，皆处军之法也。自‘近而静’至‘谨察之’，皆相敌之法也。末复言治

① 谢祥皓、刘申宁辑：《孙子集成》第 9 册，齐鲁书社 1993 年版，第 5 页。
② 谢祥皓、刘申宁辑：《孙子集成》第 9 册，齐鲁书社 1993 年版，第 21~22 页。
③ 谢祥皓、刘申宁辑：《孙子集成》第 9 册，齐鲁书社 1993 年版，第 22 页。
④ 谢祥皓、刘申宁辑：《孙子集成》第 9 册，齐鲁书社 1993 年版，第 29 页。
⑤ 谢祥皓、刘申宁辑：《孙子集成》第 9 册，齐鲁书社 1993 年版，第 43 页。

兵，乃威武而先之以文德，其作用更何如哉?”① 其余诸篇，大体仿此。

十二、李贽评点《孙子》

李贽（1527—1602），原本姓林，名载贽，后改李贽。号卓吾，又号宏甫，别号温陵居士，绰号秃翁。福建泉州人。历官国子监博士、南京刑部员外郎、云南姚安知府。知府任满，弃官隐居湖北，始依黄安（今湖北红安）人耿定理，后居麻城芝佛院，以读书著述为事。因反对道学，不以孔子是非为是非，倡导童心说而入狱，最终自刎于狱中。著有《焚书》《续焚书》《藏书》《续藏书》《七书参同》等。

书前有王世贞《孙子批释序》，然此序非专为李贽评点《孙子》而作，乃移录王世贞《孙子评释》自序。再有李贽自撰《孙子参同序》云：“吾独恨其不以《七书》与《六经》合而为一，以教天下万世也。故因读《孙武子》，而以魏武之注为精当，又参考六书以尽其变，而复论著于各篇之后焉。”② 又有梅国祯撰《孙子参同叙》云：“兵犹禅也，极其用，海墨书而不尽；究其精，即一言不可得。古今兵法，亡虑数十百家，世所尊为经者七，而首《孙子》。《孙子》之言曰：‘奇正之变，不可胜穷也。’又曰：‘微乎微乎，至于无形；神乎神乎，至于无声。’合而言之，思过半矣。余友秃翁先生，深于禅者也，于兵法独取《孙子》；于注《孙子》者，独取魏武帝，而以余六经附于各篇之后，注所未尽，悉以其意明之，可谓集兵家之大成，得《孙子》之神解。余在云中，始得读之。云中于兵，犹齐鲁之于文学，其天性也。故为广其传，使人知今古兵法尽于《七经》，而《七经》尽于《孙子》，若善读之，则十三篇皆糟粕也，况其他乎?”③

吴兴松筠馆主人闵于忱于万历庚申（1620）撰《孙子参同小引》云：“甲寅岁，余留邺邸，冬官景愚郎公以所刊凤洲批注十三篇见示，其注大都本

---

① 谢祥皓、刘申宁辑：《孙子集成》第 9 册，齐鲁书社 1993 年版，第 53 页。

② 谢祥皓、刘申宁辑：《孙子集成》第 8 册，齐鲁书社 1993 年版，第 280~282 页。

③ 谢祥皓、刘申宁辑：《孙子集成》第 8 册，齐鲁书社 1993 年版，第 283~286 页。

于魏武，于孙子阃奥尚径庭也。后复于旧笥中捡得了凡手笔，点画甚详，段络条贯，呼应起伏，无不昭然显揭，读之数过，恍若起孙武而面质之者，与卓吾子所参吻合，因请以归集为合璧，付剞劂氏，公之宇内云。”①

正文前除列有王世贞、李贽、梅国祯三人之序文及闵于忱《小引》，还列有司马迁《孙子传》、苏洵《孙子老泉论》及《凡例》《考订诸书目录》。《凡例》云，李卓吾《孙子参同》乃其生平之最属意，著述中之最苦心，具载丛书中；书中主意、纲领、眼骨、关键、精华、波澜、条目，均用相应符号标识。

《孙子参同》正文，一是《孙子》原文；二是在《孙子》原文下夹列李贽句解；三是摘抄曹操相关注解；四是李贽训释，以“李卓吾曰”为标识；五是《参考》，以“卓吾子曰”为标识；六是引用《武经七书》中其余六书与《孙子》相关的内容做参考；最后又以李贽的阐发之语总结全篇。《孙子参同》实际是李贽训解、曹操注释和《武经七书》中其余六书的参合与互通。

李贽训解《孙子》，善于把《司马法》《吴子》《尉缭子》《三略》《六韬》《李卫公问对》与《孙子》互相参照，相互贯通，实际上是把“七经”中的其余六经纳入孙子学体系。故梅国祯有“若善读之，则十三篇皆糟粕”的感叹。

李贽对《孙子》的理解多有新意，特别是主张把儒家“六经”与兵家“七经”合二为一的兵学观，值得深研，可谓代表了明朝开明知识分子对兵学的一般看法。

李贽训解《孙子》，具体地说，有以下特点：

一是释句方面，先释句义，后证以史实。如《始计第一》“势者，因利而制权也”，李贽训释曰：“势者，因其所利而制权变之道者也，如韩信知赵王陈余不用李左车之计，是我之所利也，乃敢遂下井陉，使万人先行。出背水阵，又选二千人，人持一赤帜，萆山而望赵军，戒曰：‘若赵空壁逐我，则疾入赵壁，拔赵帜，立汉赤帜。’明日，信建大将旗鼓，鼓行出井陉口，此因利

---

① 谢祥皓、刘申宁辑：《孙子集成》第8册，齐鲁书社1993年版，第293~294页。

制权之事也。”① 其余均大致类此。

二是析段方面，视野宏阔，援儒入兵，兵儒合一，而且针对明代军事存在的问题提出尖锐的批评。如《始计第一》，李卓吾曰：

经之以五事，下五事也；校之以计，下七计也。七计即五事。其曰兵众孰强等，总不出五事中，将与法二者而已。言以此五事计算校量于廊庙之上，则彼我胜负之请，自可索而得之矣。将能听吾计，即为能将，自能于常法之外为之势以佐之矣。势者，权势也。兵无定势，所谓诡道奇谋，此则临时因利而后制，不可以先传也。唯有五事七计，兵家常法，当预算于先耳，故曰始计。始计者，豫算也。君能豫算，将能豫算，则胜算常在我矣。以是用兵，则临时遇敌，有不能因利而制权势者乎？一曰道，孙子已自注得明白矣。曰道者，令民与上同意，可与之死，可与之生，而不畏危是也。夫民而可与之同死生也，则手足捍头目，子弟卫父兄，不啻过矣。孔子所谓民信，孟子所谓得民心是也。此始计之本谋，用兵之第一义。而魏武乃以导之以政令解之，失其本矣。缘魏武平生好以权诈笼络一时之豪杰，而以道德仁义为迂腐，故只以自家心事作注解，是岂至极之论，万世其由之说哉？且夫道之以政令，只解得法令孰行一句经耳。

噫！此孙武子所以为至圣至神，天下万世无以复加焉者也。惜乎儒者不以取士，以故弃置不读，遂判为两途，别为武经。右文而左武，至于今日，则左而又左，盖左之甚矣。如是而望其折冲于樽俎之间，不出户庭，不下堂阶，而制变万里之外，可得耶？个个皆能抱不哭孩儿，一闻少警，其毒尚不如蜂虿，而惊顾骇愕，束手无措，即有正言，亦不知是何说；即有真将军，亦不知是何物。此句不合《论语》，此句不合《孝经》，此说未之前闻，此人行事不好，此人有处可议。呜呼！虽使孙武子复生于今，不如一记诵七篇举子耳。二场、三场，初不省是何言语，咸

① 谢祥皓、刘申宁辑：《孙子集成》第8册，齐鲁书社1993年版，第325~326页。

自为鹿鸣、琼林嘉客，据坐瑶堂，而欲奔走孙武子于堂下矣。岂不羞欤？夫孙武子且然，况魏武乎？益以市井奴辈视之矣。呜呼！若魏武者，吾以谓千载而一见者也，学者慎勿作矮人观场之语可也。①

李贽不仅对曹操注解有不同看法，认为曹操解孙子之“道”为“政令”，是缘于其惯用诡诈之道而笼络天下豪杰的做法，其心中并无仁义之念。李贽认为，得民心才是孙子“道”的第一要义，故兵家实与儒家通，可是时人偏偏不读兵家之书，而片面倚重儒家经典，故把兵家与儒家分为两途，彼此对立。当时的儒士们孜孜追求的是成为鹿鸣、琼林之宴的嘉客，据坐堂上，对孙武子等兵家却视为侍儿、走卒、奴仆，驱使之于堂下，非常滑稽可笑，亦为可悲。李贽推崇魏武帝曹操乃千载一遇之人，儒士们却作矮人观场之语，坐井观天，诚为儒林之羞耻。

李贽参同《孙子》，不仅以儒家参之，且以《武经》之其余六家参之，更以晚明的军事现实问题参之，这在古代《孙子》诸注家中，可谓绝无仅有。

李贽评点《孙子》，常有发明，解人之所不能解，令人豁然，如《作战第二》篇，李卓吾曰：“虽曰作战，其实皆是不欲战之意耳。何也？盖如此，则钝兵不可也；如此，则力屈不可也；如此，则财殚不可也；如此，则国贫于远输，财竭于贵卖，不可也；如此，则中原内虚，私家之费，十去其七；公家之费，十去其六，不可也。唯有因粮于敌，务食于敌，乃可耳。”② 再如《作战第二》篇，卓吾子曰：“粮不三载，三载者，随粮、继粮、迎粮也。”③ 此前诸注家多云“三载”为多载，而李贽则以随粮、继粮、迎粮解之。又如《谋攻第三》篇，李卓吾曰：“夫谋欲攻人之国，便先谋全人之国，以至全军、全旅、全卒、全伍，无一点不要全。盖唯以全人之国，为攻人之谋；又以伐人之谋，为谋攻之上策。”④ 多半解孙子的全胜理念为全己之国、军、旅、

① 谢祥皓、刘申宁辑：《孙子集成》第8册，齐鲁书社1993年版，第332~336页。
② 谢祥皓、刘申宁辑：《孙子集成》第8册，齐鲁书社1993年版，第429~430页。
③ 谢祥皓、刘申宁辑：《孙子集成》第8册，齐鲁书社1993年版，第432页。
④ 谢祥皓、刘申宁辑：《孙子集成》第8册，齐鲁书社1993年版，第471页。

卒、伍，而李贽解为全人之国、军、旅、卒、伍，应该是比较接近孙子本义的。

又有题名李贽撰、臧应骐校阅、蔡国祥参订的《七书参同·孙武子》，臧应骐，字云卿，甬东（今浙江舟山）人。蔡国祥，字尔益，温陵（今福建泉州）人。据于汝波等编《孙子学文献提要》称，此书非李贽著作，而是出自臧应骐之手。理由有四：一是其体例与李贽《孙子参同》大不相同；二是在内容上能够联系实际，针对明朝末年的内忧外患，提出具体对策，表现浓厚的以儒统兵思想，与李贽思想并不吻合；三是就具体注解而言，即使是相同语句，《七书参同·孙武子》与李贽《孙子参同》亦大不相同；四是书末明代蒋荐所撰跋文明确告诉读者此编出自臧应骐之手，其云："矧云卿先生本之以王道，而取材于将略，录其所长，补其不逮，斟酌变通，化裁时出，孙子之术益籍以光，学者宗孔明孟而会心焉。以我用《孙子》，不以《孙子》用我，斯神明于云卿先生之旨矣。"① 蒋荐，正史无传，仅于雍正《江西通志》卷五五《选举》载录其为江西庐陵人，万历七年（1579）己卯举人，万历十一年（1583）癸未进士。又据乾隆《贵州通志》卷一七《职官》载，蒋荐曾任贵州思南府知府。

十三、陈玖学评注《孙子》

陈玖学，号云兹居士，浙江诸暨人，明末清初人。其余不详。著有《评注七子兵略》，其中《评注孙子兵略》能够反映其对孙子兵学的基本看法。陈玖学评注《孙子》，有以下特点：

一是体例大致不出前人注《孙子》之法，既解题，又解字、词、句、段、篇，是初学者较好的入门读物。在注解中，常有串讲，梳理上下文脉，理清前后关联。以《作战第二》篇为例，如"久暴师则国用不足"，陈玖学注云："承上言兵众而用繁，若久战于外，则自贻其患矣。"再如"是谓胜敌而益强"，陈玖学注云："总承上言'务食于敌'，取货利、车乘于敌并其士卒而

① 于汝波等编：《孙子学文献提要》，军事科学出版社1994年版，第79页。

抚用之，是谓取胜于敌，而益己之强矣。”又如“故知兵之将，民之司命，国家安危之主也”，陈玖学注云：“总结前意，言用兵者能胜敌益强，则足贵矣。若久战于外者，徒贻内外之患耳，奚足贵哉？以此见将为生民、国家之所系者重也。”①

其余各篇，大致与此相类。以《谋攻第三》篇为例，如在“此攻之灾也”下，陈玖学评注曰：“自上兵伐谋至此，深著攻城之为灾也。”再如“夫将者，国之辅也。辅周则国必强，辅隙则国必弱。”陈玖学评注云：“此段责为将者以谋之周密而强国，以谋之泄漏而弱国，可不慎乎？”又如“是谓乱军引胜”下，陈玖学评注云：“此段责为君者，三者皆军之患也。‘乱军引胜’，言乱己之军而引敌人之胜也。”②

二是评注简洁，实而不虚，但有时又不免过于质实，反失孙子本意。如《谋攻第三》“夫用兵之法，全国为上，破国次之”，陈玖学评注云：“据其都邑，绝其粮援，使自降服，而保全人国，乃上策也。若攻破其国则为次矣，下仿此。”③ 全国之策，并非只有“据其都邑，绝其粮援”一法，尚有伐谋、伐交等法，而陈玖学则评注过实，拘泥于具体事例，以事释理，胶柱鼓瑟，反而失其旨趣。

三是评注虽不乏新意之处，然而是否符合孙子本意，又值得商榷。如《军形第四》篇“度生量，量生数，数生称，称生胜”，陈玖学评注云：“言因其所处之地，而忖度其远近、险易、广狭之形；既度其地，即量其强弱、多寡之人力焉；既量其力，即用其机械、变诈之术数焉；惟有数，斯可称敌而不弱矣；惟相称，斯可求胜而不负矣。”④ 此处对度、量、数、称的解释距离孙子本意甚远。再如《军争第七》篇，注“掠乡分众”云：“各往。”注“廓地分利”云：“各守。”则其注与此两句本义亦甚远，而不知其所指。

陈玖学评注《孙子》不仅为研习兵法者提供资鉴，而且为应试武举者提

① 谢祥皓、刘申宁辑：《孙子集成》第7册，齐鲁书社1993年版，第733~734页。
② 谢祥皓、刘申宁辑：《孙子集成》第7册，齐鲁书社1993年版，第736页。
③ 谢祥皓、刘申宁辑：《孙子集成》第7册，齐鲁书社1993年版，第735页。
④ 谢祥皓、刘申宁辑：《孙子集成》第7册，齐鲁书社1993年版，第738页。

供参考。故在正文之上有眉批，全是策论题目。其自署凡例曰：“正题加以一圈，副题有注无圈，小题虽标不注，策题加一问字。”① 比如《军形第四》眉批策题“胜可知而不可为”，在策题之后，对答提示曰：“善战者自保而全胜，此宜以形字为主。善守者其形不露，故能自保；善攻者，其形莫御，故能全胜，然修道保法又其本也。”② 再如同篇眉批策题“善兵者修道而保法”，其后缀以答题提示曰：“道谓抚恤士卒之道，所以结其心；法谓攻围战守之法，所以作其气。此皆见于未形而先为自胜者，斯则自保而全胜矣。”③ 又如《虚实第六》眉批策题“形人而我无形”，缀以对答提示曰：“示强而非强，示弱而非弱，此形人而我无形也。是我兵专一，常实而不虚；敌兵分御，常虚而不实矣。结发因敌制胜而无常势意。”④

十四、胡直序刻《武经七书》

胡直，明代江西泰和人，嘉靖三十五年（1556）丙辰进士，官至福建按察使。著有《衡庐精舍藏稿》。其所序刻《武经七书》亡佚，仅传其《刻武经七书序》云：

> 直尝慨古《军政》《司马法》不传，而孙、吴独以辩谲徼称，武经非王者宜用，有长老先生哂曰：“子无异也。”夫《易传》戒机事不密；孔子贵好谋有成；兵家多算胜，少算不胜。此虽黄帝、太公不能违也，而况后世乎？方猾夷之剽攻，巨盗之盘噬，羽燧交施，主震民摇，师兴十万，日费千金，存亡死生，嘘吸霄渊，而将兵者不有奇算密画以取胜敌，乃曰：“我为王道，是不仁之大也。”黄帝、太公之异孙、吴，非异其法，异其心也。心之公私，即道之王伯分焉，子乌得废其法乎？久之，目击倭虏为变，一时诸将败衄，漂血千里，其间非无鸷击飚发之士，而

① 谢祥皓、刘申宁辑：《孙子集成》第7册，齐鲁书社1993年版，第731页。
② 谢祥皓、刘申宁辑：《孙子集成》第7册，齐鲁书社1993年版，第737页。
③ 谢祥皓、刘申宁辑：《孙子集成》第7册，齐鲁书社1993年版，第739页。
④ 谢祥皓、刘申宁辑：《孙子集成》第7册，齐鲁书社1993年版，第742页。

佣帅寡于密策，懦夫诎于先发，往往为贼计所乘，然后知孙、吴之不可已，而讶上之人之未有以教也。孙、吴之书具在，世之武胄有终身莫谙其名文者，或谙其名文矣，又止于墨诵应科，竟未能有皎然试之其身者，则何殊吾党之诵孔氏而未能身明其道者也？夫孔氏之能兴治已乱，至明也。人不能身明孔氏，而治之莫兴，乱之莫已，则尤孔氏之不效，是重诬也。今之诬孙、吴者亦然，以不教之将抚不炼之兵，一旦事起，上下靡从，徒使文臣辍民务以经武事，齐民既出食食兵矣，乃复荷戈而代之死。以至近募远征，莫非朘闾阎之膏以填其腹。盖寇未殄，而国已先瘁矣。所用非所养，所养非所用，则以不教将之繇弊也，而谈者乃咎诸时势将卒之乏，不亦左乎？侍御近麓李公承命按蜀，曰："吾所按惟文武大事，而树风正表，既丕振斯文矣。"又念蜀地近多故，而武弁坐遐僻，无从得书，乃属阃司管君某、陈君某刻《武经七书》，遍示各将佐，而属直以引其端，直因述其旨，为执事者深瞩其《六韬》非出太公，《穰苴》《尉缭》文非古，兹不遑论著。①

从胡直序言可知，当时诬言孙、吴之风甚炽，称兵经非王者宜用，即使有稍诵孙、吴之书者，亦不解其义，而徒以之取功名而已，犹如儒生口诵孔、孟之言而不知其意。虽然世传孙、吴之书，却获得诡谲之名，不见容于当政者及儒士，而一遇战事，则以民事当兵事，上下无所措手足，只知驱民以赴死地。以此之故，刻印武经而分发将士研读，期望稍振讲武之风。

十五、曹胤儒《诸家约注孙子》

曹胤儒，亦作允儒，字鲁川，明代江苏太仓人，大致与归有光同时。精于水利和佛教，著有《苏州府水道志》《松江府境水道志》《苏州府境湖水下流志》《华严指南》等。

---

① 〔清〕纪昀等修：《文渊阁四库全书》第1287册，台湾商务印书馆1986年版，第319~320页。

《千顷堂书目》著录题为元人所撰的《孙子握机纬》十三卷、刘寅《吴子握机纬》二卷，内容与曹氏此书相同，当是同书而误题著作时代。《续通志》著录《握机经》三卷、《握机纬》十五卷，题名明曹允儒撰。此《握机纬》十五卷，当是《孙子握机纬》十三卷、刘寅《吴子握机纬》二卷的合编。

《诸家约注孙子》是指曹操、孟氏、杜牧等十一家注《孙子》的简注。此书存于《握机纬》，题名《孙武子》，下题“诸家约注”字样。对十一家原注进行简择，取其要者，重新编次。比如，杜牧及何氏原注比较冗长，而在此有所删减，显得比较简约。

曹胤儒只是对十一家所作《孙子》原注作了一些简择，有所删减，并无己见，其目的大概是便于阅读和掌握，故学术价值不大。

十六、薛应旂说《孙子》

薛应旂，字仲常，号方山先生，江苏武进人，嘉靖十四年（1535）乙未进士，官至陕西按察副使，著有《四书人物考》《甲子会纪》《宪章录》《方山文录》《薛方山纪述》《薛子庸语》《方山集》《宋元通鉴》等。

薛应旂《方山先生孙子说》二卷，《传是楼书目》有著录。薛应旂《孙子说序》自叙其成书缘由和经过云：“薛子谢浙学政之又明年，嘉靖乙卯，受命视师延绥。延绥，故将薮暨所部士卒，咸以忠勇骁健闻天下，实出诸镇右。第于古兵法，则往往谓其拘而不适于用，以故罕有习者。唯是出奇制胜，或亦未能万全也。薛子每与讲武，必以兵法中语语之。然亦未之深究。既巡历上郡、北地、萧关、泾源诸塞，往返动数千里，车中无事，乃取《孙子》，反覆读之，意有所会，辙冯轼以书，遂致成帙。于是征西将军孙、李二君刻以示诸将士，且属序于简端。”①

薛子在自序中说，自古以来注《孙子》者不下数十家，然或逞于己见，或滞于往迹，或泥于引证，皆不能变通以尽其意，分章析句亦不连贯，习之

① 谢祥皓、刘申宁辑：《孙子集成》第2册，齐鲁书社1993年版，第709~710页。

者往往困惑不解，故自然拘谨其义而不适用。首注《孙子》者曹操，然曹操注多隐晦之辞，非其智力不逮，乃其用心如鬼，欲以愚天下，故其又别著《新书》。曹操尚且如此，其余一曲之士注《孙子》，大都刻舟胶柱，不足与论。

薛子既睥睨群注，则其对《孙子》自有独到见解，如其所言："是书利害相权，奇正相生，战守攻围之法以百数，其变通之神皆寓于形色名声之中，而超于形色名声之外者也……则是书也，岂私见浅识、拘方着相者之可拟议哉？此余之为是说也，犹之读圣人之《易》，二氏之《书》，唯以意会，而不敢以言求也。"①

第一，薛子说《孙子》，主要着眼解其大意，而不拘泥字词训注。不囿小数，而明大道，可谓其最大特点。如《始计第一》"一曰道，二曰天，三曰地，四曰将，五曰法"，薛子云："此五事之目也。天下，道而已矣。凡五常百行，得其道则理，不得其道则乱；得其道则成，不得其道则败，而况兵者死生存亡之系乎？故兵之五事，莫先于道，而天次之，地次之，将次之，法次之。"②

第二，薛子说《孙子》，以儒家之道解孙子之道。如《始计第一》"道者，令民与上同意"之"道"云："上下一心，则休戚相关，而亲上死长，危难非所畏矣。何以能令民如此哉？盖必有其道矣。孟子所谓得其心有道，所欲与聚、所恶勿施是也。兵之为道，亦何尝外于此哉？武王有臣三千，惟一心，是与上同意也；纣有亿万人，惟亿万心，是不与上同意也。何以故？武王有道，纣王无道也。"③

第三，薛子说《孙子》，对《孙子》超越兵家之思想亦有发明，如《谋攻第三》，注"全国""全军""全旅""全卒""全伍"之"全"，就有一番论说："孙子言用兵之法，贵乎全人之国，不贵乎破人之国；不以百战百胜为善，惟以不战而胜为善，此正所谓神武而不杀者，圣人之道不过如此。孙子

---

① 谢祥皓、刘申宁辑：《孙子集成》第2册，齐鲁书社1993年版，第712页。
② 谢祥皓、刘申宁辑：《孙子集成》第2册，齐鲁书社1993年版，第730页。
③ 谢祥皓、刘申宁辑：《孙子集成》第2册，齐鲁书社1993年版，第731页。

之言至此，岂特兵家者流而已哉？”①

第四，薛子对《孙子》旧注有驳议，颇有新见。如《谋攻第三》“夫将者，国之辅也，辅周则国必强，辅隙则国必弱”，薛子之说可谓与众说迥异，别有旨趣。其云：“天下安，注意相；天下危，注意将。相固为国之辅，而将尤为国之辅也。古之用人者，所以以一人而出将入相者，为此也。周，即《书》‘自周有终’之‘周’，谓忠信能获上，而上能信任之也。如此则无所阻挠，唯其所为而三军齐奋，国其有不强者乎？若将在外，与内有隙，则军旅之务从中制之，不得一有所为矣。所谓未有权臣在内而大将能立功于外者也，国其有不弱者乎？旧说‘周’谓‘周密’，‘隙’谓‘疏略’，此亦是一说，但合下文观之，非孙子本意。”②

第五，薛子说《孙子》，颇能领会孙子本意，又能扩展，代孙子言其所未言，令人茅塞顿开。如训释“知彼知己”句云：“彼己之间，有无限变化，岂特虚实强弱而已哉？彼一无所知者固不足论，若知其一而不知其二者，又恶可与语兵也？”③ 再如《虚实第六》，薛子训注“虚实”曰：“虚实二字，兵家之总名。如得也、静也、生也、有余也，斯之谓实也；失也、动也、死也、不足也，斯之谓虚也。”④ 再如《九变第八》解释“五危”云：“必死者轻进，故可杀；必生者畏怯，故可虏；忿速者刚暴，故可侮；廉洁者好修，故可辱；爱民者保护，故可烦。夫此五者，廉洁、爱民，其为美德，不待言已。若必死者，则能致其身；必生者，则能保其身；忿速者，则勇于向敌，亦何尝不可？而顾至于覆军杀将，谓之五危者何哉？盖由其守常而不能达变，知其一而不知其二也。若知变通之道，又安能杀之、虏之、侮之、辱之、烦之哉？此五危所以继之九变之下，而治兵者诚不可以不察也。”⑤

第六，薛子说《孙子》并非全然不作字词训注，对那些不易理解的字词，

---

① 谢祥皓、刘申宁辑：《孙子集成》第 2 册，齐鲁书社 1993 年版，第 748~749 页。
② 谢祥皓、刘申宁辑：《孙子集成》第 2 册，齐鲁书社 1993 年版，第 752~753 页。
③ 谢祥皓、刘申宁辑：《孙子集成》第 2 册，齐鲁书社 1993 年版，第 756 页。
④ 谢祥皓、刘申宁辑：《孙子集成》第 2 册，齐鲁书社 1993 年版，第 781 页。
⑤ 谢祥皓、刘申宁辑：《孙子集成》第 2 册，齐鲁书社 1993 年版，第 804~805 页。

还是会作训注，而且颇具新意。如解《九地第十一》"常山之蛇"为"九军阵法"，所谓"四头八尾，触处为首，敌冲其中，首尾俱救，率然相应者也。"① 再如《军形第四》"兵法：一曰度，二曰量，三曰数，四曰称，五曰胜。地生度，度生量，量生数，数生称，称生胜"，薛子云："度，谓分、寸、尺、丈、引也；量，谓龠、合、升、斗、斛也；数，谓一、十、百、千、万也；称，铢、两、斤、钧、石也。度、量、数、称，所谓物皆然，心为甚者也，皆因地有远近、险易、广狭之形而得。故曰地生度，言自地而生也，于此生量、生数、生称，较度不爽，而必胜之形可得矣。"② 又如《兵势第五》"治众如治寡，分数是也；斗众如斗寡，形名是也"，薛子云："上、下、尊、卑之谓分，十、百、千、万之谓数。定其分而籍其数，左右前后各有部伍，而大将总其纲领，故治百万之众，与治寡同也。旌帜金鼓之谓形，声罪致讨之谓名。别其数而正其名，进退分合，各有统率，而大将为之指挥，故斗百万之众与斗寡同也。"③ 如此训解，可谓令人耳目一新。虽受儒家名分思想之拘牵，然无妨备为一说。

十七、茅元仪评《孙子》

茅元仪（1594—1640），字止生，号石民，又署东海波臣、梦阁主人、半石址山公，归安（今浙江吴兴）人，茅坤之孙。佐孙承宗军务，官至副总兵。因受权臣排挤而去职，忧思国事，郁愤而死。时人称其"年少西吴出，名成北阙闻。下帷称学者，上马即将军"。茅元仪风流倜傥，一度纳秦淮名妓杨宛、王微为妾；名扬文坛，与曹学佺、董其昌、汤显祖往来密切。茅元仪幼读兵书，谙通方略，辑录两千余种兵书，历时十五年（始于万历丙午年，成于天启辛酉年），编成《武备志》。此外，尚有《督师纪略》《暇老斋杂记》《石民赏心集》《谕水集》《横塘集》等著作几十种，由于屡遭禁毁，散佚严重。《武备志》分为《兵诀评》《战略考》《阵练制》《军资乘》《占度载》五

① 谢祥皓、刘申宁辑：《孙子集成》第 2 册，齐鲁书社 1993 年版，第 838 页。
② 谢祥皓、刘申宁辑：《孙子集成》第 2 册，齐鲁书社 1993 年版，第 763~764 页。
③ 谢祥皓、刘申宁辑：《孙子集成》第 2 册，齐鲁书社 1993 年版，第 765~766 页。

部分。

明天启元年（1621）南京太常寺卿李维桢为茅元仪所作《武备志序》曰："其自序云：'士大夫不习兵之故有五：易而自玩。狭而自用。震而自弃。惰而自窘。昧而自陷。'深中膏肓之疾。"①

明天启元年（1621）南京吏部右侍郎顾起元《武备志序》云："鹿门先生，当嘉靖中，感倭变，究极兵家之学，其书多秘诸枕中。君自少得而私习之。比长，而志在四方，蒿目时事，所至访其奇材剑客，与之讨论而肄习。故于兵家者言，得以批其肯綮，而探其潭奥。即嘜嗜宿将与君语，又亡不愿奉鞬櫜而北面君者。自顷辽左之事，起荐绅先生，思欲佐明主挞伐之威，往往相首而画兵事，顾介胄所肄，人视若老生之常谈，而其他奇经秘牒，又多散见于蠹简，深扃于名山，未有能网罗而得其大全者。君乃慨然出其箧中书，以生平之所擘画者，门分户列，手自排缵，且与友人傅君远度辈扬搉而论次之。自《兵诀》至《占度》，凡为部者五，为目者一百八十有四，为卷者二百有四十，为言者二百余万。而古今所载兵家者言，亡不有以提其要而钩其玄，陈其道而列其器，苞而举之，亡遗蕴矣。既成，名之曰《武备志》。"②

明天启元年（1621）云南澄江知府郎文映《武备志序》云："窃闻之，自黄帝涿鹿之役而天下始闻兵。又二千余年，至春秋战国时，而其言始盛。然庞杂纷桀，莫之齐也。至汉而始命秘阁抡次之，然其言纷而不合。又将千年而为宋神宗时，始命曾宣靖公亮开馆编辑为《武经总要》，然其言偏而不全。又将四百年而为本朝孝宗时，马端肃文升始欲申明其学，然仅能传宣靖之书而未能广也。又将二百年而防风茅子元仪始辑《武备志》，其分部五：曰《兵诀评》，曰《战略考》，曰《阵练制》，曰《军资乘》，曰《占度载》。全于宋，合于汉，自黄帝以来之言，无不具也。而又出于独手，成于壮年，古今之编纂家莫或逾也。"③

茅元仪在自序中指出晚明政治、军事之疲敝，士大夫不重兵、不知兵，

---

① 谢祥皓、刘申宁辑：《孙子集成》第9册，齐鲁书社1993年版，第164页。
② 谢祥皓、刘申宁辑：《孙子集成》第9册，齐鲁书社1993年版，第172~176页。
③ 谢祥皓、刘申宁辑：《孙子集成》第9册，齐鲁书社1993年版，第197~199页。

布衣之士则又无法立其间，云："国家自受命以来，承平者二百五十载，士大夫无所寄其精神，杂出于理学、声歌、工文、博物之场，而布衣在下，不得显于时，亦就士大夫之所喜而为之。不如此，则不得附青云而声施也。至介弁之流，亦舍其所当业，而学士大夫之步。何也？人不能以已所不知者知人，而喜以同己所知者为贤。故朝野之间，莫或知兵，又古者文武之途合，故仕者亦迭为之。迭为，自不得不兼工其学。自本朝始判焉若水火，而洪宣以来文师之权又日重，是以不知者制所知，限其学而责其效也。故东胡一日起，士大夫相顾惶骇，文士投袂而言者，武弁能介而驰者，即以为可将，上以此求，下以此应，计无所之，则靦颜而曰：'神而明之，存乎其人。'嗟乎！一人之身，聪明无两具也。使士大夫游塾就传，目未窥书之日，父不以教，师不以传，而能握笔纵横屈伸如意乎？今日之纵横屈伸者，未必皆所教所传也，而非教传又不得，故窃愿朝野之士及时而习之，犹可作三年之艾，无徒高其气而自欺为也。"①

茅元仪《武备志》之《兵诀评》，共有《孙武子》《吴子》《司马法》《六韬》《三略》《尉缭子》《李卫公问对》《太白阴经》《虎钤经》等兵家"九经"，其云："自古谈兵者，必首《孙武子》，故曹孟德手注之，又为《兵家接要》二十万言，大约集诸家而阐明《孙子》者也。世有《武侯新书》者，亦所以明《孙子》，然赝书也，无所短长。孟德书不传，然《孙子》在，有心者可以意迎之，他书可弗传也。先秦之言兵者六家，前《孙子》者，《孙子》不遗，后《孙子》者，不能遗《孙子》，谓五家为《孙子》注疏可也。故首《孙武子》，次《吴子》，以其言核于诸家也。次《司马法》，次《韬》，次《略》，以备制也。次《尉缭子》，以其得用兵之意，可以辅诸家而行也。终之以《李卫公问答》、李筌《太白阴经》、许洞《虎钤经》，以其言皆所以申明六家，犹《易》之有京、焦，《春秋》之有三《传》也。《太白》本八卷，录其三，《虎钤》本二十卷，录其五，以其余谈制数，非诀也。合九家而

① 谢祥皓、刘申宁辑：《孙子集成》第9册，齐鲁书社1993年版，第233~237页。

为《兵诀评》。要之，学兵诀者，学《孙子》焉可矣。”①

关于编纂《兵诀评》之目的及其体例，茅元仪自述甚明：“士大夫既不习天官之言，又不讲厄塞之势，一朝领中权，视术士之纷纭，而不知折衷；抚天下之形势，而不知缓急，欲悍然为之而违天背地，必不能也。余窃悲之，为作《兵诀评》。兵诀无过于六家，为疏其滞，而又删旧注之烦，标其要而又明旧解之误。”②

《兵诀评》包括兵书“九经”原文、简注、兵诀、兵评。

据茅元仪自序，删除了兵经旧注，故《兵诀评》各兵经之注，乃茅元仪自注及抄录陈玖学注。其注简略，且间或有注，非逐句逐段注解。其注亦不乏有新意之处，如《作战第二》题注：“作其气而不使久战。”③ 再如《谋攻第三》“伐交”，注云：“敌将相交而伐之。”④ 又如《九地第十一》“诛其事”，下注云：“‘诛其事’，责成所事也。”⑤ 然而更多的是抄录陈玖学《评注孙子》文，如《军形第四》“地生度，度生量，量生数，数生称，称生胜”，下注云：“因其所处之地，而忖度其远近、险易、广狭之形；既度其地，即量其强弱多寡之人力焉；既量其力，即用其机械变诈之术数焉；惟有数，斯可称敌而不弱矣；惟相称，斯可求胜而不负矣。”⑥ 此注与陈玖学《评注孙子》同，乃抄录陈氏注而用之。再如《军形第四》“故胜兵若以镒称铢，败兵若以铢称镒。胜者之战，若决积水于千仞之溪者，形也”，下注云：“此胜兵之节制，有必胜之形，其视败兵之无制，若以镒之重，称铢之轻，而不相侔也。败兵反是。故胜兵之与人战，若决积水于千仞之溪，而其形不可测也。”亦为抄录陈玖学《评注孙子》之注解。又如《军争第七》“此知迂直之计者也”，下注云：“自迂途而去，而以所利者诱人，使之贪恋，则我虽后人

---

① 谢祥皓、刘申宁辑：《孙子集成》第9册，齐鲁书社1993年版，第253~254页。
② 谢祥皓、刘申宁辑：《孙子集成》第9册，齐鲁书社1993年版，第242~244页。
③ 谢祥皓、刘申宁辑：《孙子集成》第9册，齐鲁书社1993年版，第259页。
④ 谢祥皓、刘申宁辑：《孙子集成》第9册，齐鲁书社1993年版，第262页。
⑤ 谢祥皓、刘申宁辑：《孙子集成》第9册，齐鲁书社1993年版，第295页。
⑥ 谢祥皓、刘申宁辑：《孙子集成》第9册，齐鲁书社1993年版，第266~267页。

而发，得以先人而至。”① 此注乃截取陈玖学对该句注解的后半部分。其余注解大多若此。

兵诀题于天头，如《始计第一》“一曰道，二曰天，三曰地，四曰将，五曰法”之上题曰：“兵诀尽此一语。”②《谋攻第三》评“将能而君不御者胜”曰：“君不御更为要着，然欲使君不御，无徒责乎君。”③《九变第八》评曰：“此说非也。此论变，非论地也。五地及五‘有所不’，共十变也。大略举数曰‘九’。”所谓“五地”，即圮地、衢地、绝地、围地、死地；所谓“五有所”，即途有所不由、军有所不击、城有所不攻、地有所不争、君命有所不受。茅氏此评语是针对《孙子》原文下之陈玖学注文而发：“一云当以前篇‘高陵勿向’八句及此篇‘绝地无留’一句，其为‘九变’，而此段‘圮地无舍’四句，特《九地》篇文，误在此耳。”④《九地第十一》评“将军之事，静以幽，正以治，能愚士卒之耳目”云：“愚之者，所以治之也。帝王之政理亦不出此。”同篇评“投之于险地”曰：“险者，死道也。死者，生也。万物皆生于死。”⑤

此外，茅元仪对《孙子》语句之微妙处、紧关处、一篇之纲领、分段处、隐微处都有标识，便于学习者研读。

十八、李棣校刻《孙子集注》

李棣，字韡斋，江苏高邮人，通《周易》。其余不详。李棣未注《孙子》，只是校刻《孙子》十一家注。故此书十三篇标题之下均署“秦邮后学李棣校”。书前有钱塘人施之藩《孙子集注序》，云：“是注为中丞谈公刻于处台而有阙略，高邮韡斋李君笃学好古，手不释卷，至于乾象三式之说亦多究心，

---

① 谢祥皓、刘申宁辑：《孙子集成》第 9 册，齐鲁书社 1993 年版，第 274 页。
② 谢祥皓、刘申宁辑：《孙子集成》第 9 册，齐鲁书社 1993 年版，第 257 页。
③ 谢祥皓、刘申宁辑：《孙子集成》第 9 册，齐鲁书社 1993 年版，第 264 页。
④ 谢祥皓、刘申宁辑：《孙子集成》第 9 册，齐鲁书社 1993 年版，第 277 页。
⑤ 谢祥皓、刘申宁辑：《孙子集成》第 9 册，齐鲁书社 1993 年版，第 292 页。

暇取诸家疏义而校正之。”① 书后有柳文《刻孙子集注序》云：“秦邮李君韡斋博综群书，志于用世，旁精玄象、太乙、壬遁之学，慨然叹曰：‘世无孙武，其书犹在也。读之神解者，其谁乎？绎诸家之说而观其会通，神可与之游矣。’遂取十三篇注，自魏武而下，总十一家，汇次于本文之下，缮写成帙，视中丞谈公所刻为益详，余得览而议焉。曹公用兵，即兵家之孙武《十三篇》尽在胸中，从其会意处著语，借彼明己，所谓非郭象注《庄子》，乃《庄子》注郭象也。又如禅宗心地转法华，不为法华转也。李筌自误矣。牧惜曹之略，皞时时攻牧之短。所知略，乃至精。其为攻也，不因其太详耶？欧公重梅圣俞，故重其书，圣俞安能及牧之耶？其解互有得失，俟知兵者折衷而取舍之尔。因劝君锓之梓，而序诸末简。”②

从上序言可知，李棣对明嘉靖间谈恺刻本《孙子集注》予以重新校刻，保持体例不变。然而于汝波等称其“旧错不改，又添新误，大不可取。书中除旧注外，校者亦未加任何己见”③。由此亦见此书学术价值不大，仅对孙子学传播起一定作用。

十九、陈深品节《孙子》

据同治《长兴县志》载，陈深，字子渊，浙江长兴人，嘉靖乙酉举人，知归州，调荆门，又任雷州府推官。清朱彝尊《经义考》卷二四八著录陈深《十三经解诂》云：“陈先生讳深，字子渊，吴兴长兴人，一再官不得意，老而喜读书，年八十余，篝灯至丙夜不辍。”④ 陈深通晓经学，尤精《周易》，又辑有《诸子品节》，《千顷堂书目》《续文献通考》《浙江通志》《吴兴备志》《四库全书总目》均有著录，为五十卷。《四库全书总目》云，《诸子品节》分内品、外品、小品。内品有《老子》《庄子》《荀子》《商子》《鬼谷

---

① 谢祥皓、刘申宁辑：《孙子集成》第6册，齐鲁书社1993年版，第7~8页。

② 谢祥皓、刘申宁辑：《孙子集成》第6册，齐鲁书社1993年版，第721~723页。

③ 于汝波等编：《孙子学文献提要》，军事科学出版社1994年版，第65页。

④〔清〕纪昀等修：《文渊阁四库全书》第680册，台湾商务印书馆1986年版，第238页。

子》《管子》《韩子》《墨子》；外品有《晏子》《子华子》《孔丛子》《尹文子》《文子》《桓子》《关尹子》《列子》《屈原》《司马相如》《扬子》《吕览》《孙子》《尉缭子》《新语》《新书》《淮南子》；小品有《说苑》《论衡》《中论》，以及桓谭等政论和扬雄等诸赋。以上诸子之文错杂其中。

《诸子品节》辑录《孙子》十三篇全文及注文。所谓品节，即品评节录。然而《孙子》十三篇，是完整的，没有删节。陈深《诸子品节》之《孙武子》，除全录原文，还有注文，但不知此注文是否为陈深所作。此外，天头有品评之语。如《作战第二》，在“钝兵挫锐”之上品评曰：“钝兵而能挫锐，师旷日淹久，虽锐亦钝也，故敌人窥而来挫之。”①

二十、何允中辑刻曹操《孙子略解》

何允中，浙江仁和人，天启二年（1622）壬戌进士，任汉中推官，万历间辑刻《广汉魏丛书》。清嘉庆间刊刻《广汉魏丛书》补足本有清孙星衍《孙子略解序》及曹操《孙子序》。此本为二卷本：《孙子》卷之一有《计》《作战》《谋攻》《形》《势》《虚实》，凡六篇；《孙子》卷之二有《军争》《九变》《行军》《地形》《九地》《火攻》《用间》，凡七篇。何允中只是辑刻《孙子略解》，并无校注及评论等，但对魏武帝《注孙子》的流传有一定的意义，而学术价值不大。

二十一、徐梦麟校《孙子》

徐梦麟，字惟仁，安徽宣城人，万历十四年（1586）丙戌进士，知河南府，仕至南京太仆少卿，自咏曰：“平生宦况犹江水，日对青山夜读书。”明代程敏政《篁墩文集》卷八九《送门生江宁徐梦麟赴会稽教谕》云：“教铎分持客棹轻，青年文采属徐生。会稽山水占鹏运，建业衣冠起《鹿鸣》。殷序暂为丁祭主，汉庭终拟甲科名。我来子去匆匆里，不尽沙头酒一行。”② 又有

---

① 谢祥皓、刘申宁辑：《孙子集成》第7册，齐鲁书社1993年版，第448页。

② 〔清〕纪昀等修：《文渊阁四库全书》第1253册，台湾商务印书馆1986年版，第709页。

序云："余自滥竽留笺以来，日惴惴，惟是张皇弗效……爰手辑《武经七书》，属库曹郎徐君梦麟为芟其旧注之秽不中窾者，间以己意诠正之，刻置南都武学中……今之学士家多羞言武者，盖借口于服上刑云，不知子舆氏特为当时民残于战、战残于术者而发偏辞也……其所以羞言武，则狃于承平无事，彼诚谓无所用之也。藉令一旦有事，乃以素不习兵者，与敌人争呼吸之命。"①其注文取用魏武帝注，文末有按语曰："按《汉·艺文志》称《孙武兵法》八十二篇。今之十三篇乃魏武注之而删定者，然其言舍正务奇，背义任诈，果战国相倾之说。武尝以此干吴王阖闾，止于强霸，乃知霸术不如王道。"②由上可知，徐梦麟删其旧注，而基本保留曹注，并间以己意以校正之，且其虽然辑校《孙子》，然其深层意识中，乃秉承儒家仁义礼让之道，而轻视兵家霸术，认为霸术还是不若王道。此实为迂儒之谈。

二十二、赵庭注解《孙子》

赵庭，安徽凤阳人，佥书浙江阃事，著《孙子取衷》。其《刊孙子取衷小序》云："重刊《孙武子》者何？孙子为武人根本，戎垣之首务也。刊《孙武子》而题以取衷者何？谭兵者，人各异言，言各异志，浮而未切，愽而未确也。使浮而未切、愽而未确可以从事，是胶舟可渡而土羹可食矣，何益于折冲之用？矧将军者立旂鼓之下，当锋镝之交……愚自髫龄即学《孙》《吴》。弱冠溷贤书，犹然嚼蜡。辛丑之役，进谒督台李公。督台不以愚不肖，而慨然历举古兵法。下问盖立谈之顷，虽据臆以对，然辞旨未竟，退而惶汗浃背矣。于是发愤取魏武、杜预诸君子十三家注疏，日研究而折衷之。取其所长，补其所短。虽诸公不无千虑之失，而不肖复自信其一得之愚。九易寒暄，始编次成帙。大抵十三家之中，孟德、元凯亲犯矢石，老于兵间，其旨深厚而确当；李筌、杜牧超超自诣，每多睿思，足备帷幄之采；陈皞、赵本学以下则时见一班而纯驳不掩矣。语有之，管不可以窥天，蠡不可以测海，

① 谢祥皓、刘申宁辑：《孙子集成》第7册，齐鲁书社1993年版，第633~640页。
② 谢祥皓、刘申宁辑：《孙子集成》第7册，齐鲁书社1993年版，第693页。

谓其拘于见也。愚则尽愚，管蠡之心庸讵知天海之大哉？虽然，督台属望之意不敢虚也，即使刻成，而瑜不盖瑕，愚亦庸敢避乎？吾尽吾心而已。”①

赵庭折衷十三家之《孙子》注，独出机杼，新意迭出。如《始计第一》“将听吾计”，赵庭解曰：“将，语辞也。谓吾五事七计业已揣摸料度，一一有可胜之机，是吾计之得也，而敌必在吾所探之中，是为敌听吾计，留此计而用之可矣。若敌之鬼蜮难测、变幻难防，形之而不从，饵之而不取，是谓不听吾计，亟改弦更鼓，另出奇谋，毋坐贻败衄也。”② 再如《谋攻第三》“将能而君不御者胜”，赵庭解曰：“御如‘御车’之‘御’，言左右之也，将能而君御之，犹縶骐骥之足而责以千里也，不御则将得以展其能，故必胜。”③ 又如《谋攻第三》篇末结语解曰：“此篇始终以持重万全为戒略，无一言诡谲之术，其真用兵之指南哉？”④ 此外，注《军形第四》篇“地生度，度生量，量生称，称生胜”云：“地，战地也。度以地言，量以兵言，数以步言，称以敌言，胜以策言。欲战之地，必先按视地形中间、广狭、险易、死生之处，皆度之以心。此地之生度也。既度之，则其地之所容者何阵，或当用广、用长、用圆、用方；奇正当居何处，当分为几阵，皆可知矣。此度生量也。因其量车、骑、徒、步，相参阵队，奇正之，则无不定之。此量又生数也。数定，则节制在我，然后取彼与我而较其优劣之分。较其优劣，则所以胜战之算有所主矣。此数之生称，称之生胜也。”⑤

赵庭注解《孙子》，间或引用曹操、张预等注以辅佐己注，亦偶有史证之引。如《虚实第六》“以吾度之，越人之兵虽多，亦奚益于胜哉？”赵庭解曰：“按《史记》：子胥、夫差日夜治兵，以图报越，败越于夫椒。《孙子》盖取当时本国之事而断之，以明神于料敌也。”⑥ 再如《始计》解题曰：“故光武计隗嚣曰：‘虏在目中。’我太祖计陈友谅曰：‘贼在掌上。’是以奏凯之

① 谢祥皓、刘申宁辑：《孙子集成》第8册，齐鲁书社1993年版，第21~27页。
② 谢祥皓、刘申宁辑：《孙子集成》第8册，齐鲁书社1993年版，第39页。
③ 谢祥皓、刘申宁辑：《孙子集成》第8册，齐鲁书社1993年版，第73~74页。
④ 谢祥皓、刘申宁辑：《孙子集成》第8册，齐鲁书社1993年版，第75页。
⑤ 谢祥皓、刘申宁辑：《孙子集成》第8册，齐鲁书社1993年版，第85~86页。
⑥ 谢祥皓、刘申宁辑：《孙子集成》第8册，齐鲁书社1993年版，第114页。

绩不在原野，而在庙堂；搴旗之功不在锋镝，而在尊俎。此《孙子》以计为始，以《始计》冠十三篇也。”①

赵庭注解《孙子》，虽折衷十三家之说，然其深层观念，彰显其儒家之学。如《始计第一》注“道者，令民与上同意”曰：“道者，君心之仁义，子爱、苍赤之极也。民罔常怀，怀于有道。上得其道，则体民者必周，下用其情，则戴君者自切。是上感下应，如令之耳。”②

赵庭注解《孙子》，每篇都有解题，少则一二百言，多则四五百言，不仅讲明题意，而且点明篇章主旨及篇内要点。如《军争第七》，赵庭解题曰：“军争者，两军争胜，凡兵家便利之事，无不欲先人而得之，不止地利一事而已。篇内上言争利，下言争胜，是故计有迂直。直者，顺算之、浅算之也；迂者，反算之、深算之也。迂其途者，惟迂其计者能之，不有迂计，安知迂途乎？善用兵者，先以身处敌人之地，而设为敌人料我之情，乃诈张形势，以应其所料，而反逆其所不料者，而故出之。此谓以迂为直、以患为利也。凡人心外驰，则内治必缺。故于篇末复有治众、治力、治心、治气、治变之法。要之，十三篇虽篇各异义，而法实相须，其曲畅旁通，真有难以言语形容者。呜呼！此所谓孙武子哉！”③

二十三、周光镐考注《孙子》

周光镐，字国雍，号耿西，广东潮州人，明朝嘉靖、隆庆、万历时期人。嘉靖四十三年（1564）甲子举人，隆庆五年（1571）辛未进士。初授浙江宁波府推官、擢任南京户部主事，转吏部主事，出为四川顺庆（今四川南充）知府。晓畅兵事，曾任平叛监军，论功升右参政。又任陕西按察使、宁夏巡抚，佐理军务，理政治军，政绩可观。官至大理寺卿。致仕后，筑草堂，授徒讲学。善诗文，编著有《左传节文注略》《韩子选抄》《武经考注》《兵政集训》等。

---

① 谢祥皓、刘申宁辑：《孙子集成》第8册，齐鲁书社1993年版，第29~30页。
② 谢祥皓、刘申宁辑：《孙子集成》第8册，齐鲁书社1993年版，第31~32页。
③ 谢祥皓、刘申宁辑：《孙子集成》第8册，齐鲁书社1993年版，第121~122页。

《孙子考注》一书有黄榜重辑本和白应乾校阅本，前者阙周光镐和耿定力序文，而后者有。黄榜，生平无考，仅见《孙子考注》卷末署曰：“浙江掌印都司黄榜重辑，佥书都司干以临、楼大有同校。”① 周光镐考注《孙子》，目的在于使喜兵者初学入门，其《孙子考注》实为《武书考注》中之一书。其凡例称，武经《孙子》有曹操、杜牧、张预等十家注，《吴子》有贾诩注，余未有训释者，然又称当时已俱不可考，虽坊间《吴子》注甚繁冗，然姑且取之并删除舛讹，但欲便于初学而已，而不计其芜且陋。由此可见，周光镐《武经考注》实是为初学者而作。而《孙子考注》依刘寅《孙子直解》为底本，其云明朝注《武经》者，唯有太原人刘寅《直解》可观，由于地处荒裔，不可多得善本，故因陋就简，以刘寅注《武经》为底本，删定之。然而对比周光镐《孙子考注》与刘寅《孙子直解》，其注并不相同。

周光镐考注《孙子》，一是有考论，二是有释注。所谓考，乃考论兵法源流，故于篇首附以《古今兵法论略》。周光镐注《孙子》，多以儒释兵，如注《始计第一》“道者，令民与上同意”云：“道者，人和是也。”并于书眉引史传之文以发明之曰：“楚公问用师之道于王仲淹，王曰：‘行以仁义。’曰：‘若之何决胜?’曰：‘亦惟仁义。过此，败之招也。’此，一曰道，道即仁义。”② 再如注“主孰有道”云：“两国之主孰为有道德乎?”周氏注《孙子》，用语简洁，篇幅精短，且“校阅之间，偶有史传诸书可以互相发明者，随所记忆缀之上方，亦便学者一参考也”③。

二十四、何守法校音点注《孙子》

明代何守法著有《校音点注孙子》。何守法，字钟吴，浙江解元，自号西湖逸士，其《校音点注孙子》，今存明万历三十二年（1604）弘锡堂刊本。此书由何守礼标题，王世盛、王世兴、伯崇爵、陈廷和同订。书前有何守法《孙子十三篇源委》云：“愚今无暇究十三篇之先后、孙子之有无，姑据其所

① 谢祥皓、刘申宁辑:《孙子集成》第9册，齐鲁书社1993年版，第160页。
② 谢祥皓、刘申宁辑:《孙子集成》第9册，齐鲁书社1993年版，第93页。
③ 谢祥皓、刘申宁辑:《孙子集成》第9册，齐鲁书社1993年版，第86~87页。

作评之：其书先计而后战，修道而保法，论将则曰智、信、仁、勇、严，与太公之言吻合。至于战守攻围之法、山泽水陆之军、批亢捣虚之术、料敌用间之方，靡不毕具，是以战国以来用兵者，从之则胜，违之则败。虽一时名帅，莫能出其范围。故欧阳文忠公撰《四库书目》，言注之者二十余家，今据集注与直解所列，仅见汉有曹操，唐有杜牧、李筌、陈皞、孟氏、贾林、杜佑，宋有张预、梅尧臣、王皙、何氏共十一家，并郑友贤《遗书》。其张贲注，刘寅谓止记大略，余俱亡之矣。近又有郑霦《本义》，杨魁《讲意》，赵本学《注》，但诸说虽存，矛盾者多。第恐犹不足以发扬《孙子》之旨，俾学者知归缩变通也。遂不揣鄙浅，妄以蠡测之见折衷诸说，僭为注释于左，以请益于四方高明云。”①

所谓校，即依别本校《孙子》，如《谋攻第三》篇，“不知三军之不可以进而谓之进”，何守法校曰：“‘三军’，‘三’字，今本无，特依旧本增之。”② 同篇“知可以与战不可以与战者胜”，何守法校曰：“一本‘不’字上有‘与’字，‘战’字上皆无‘与’字。非。”③

所谓音，即为《孙子》原文及其注解中的某些字注音。如《始计第一》篇“道者，令民与上同意”，何守法音曰：“令，音零，平声。读去声，非。注同。”注曰：“令，使也。”不仅为《孙子》原文中的某些字注音，而且为注文中的某些字注音，兹不赘引。

所谓点，即为《孙子》原文及其注文句读，以小圆圈标识。

所谓注，即注解《孙子》。其注《孙子》，多有发明，言之有据，不尚空谈。如《始计第一》解“经之以五事”之“经”为“理”，并比较各家优劣云：“或曰：‘经，常也。’如《中庸》之‘九经’，言五事为治国之常道也。觉文义不顺，又曰：‘经，度也。’如《诗》云：‘经之营之。’言以五事度之于己也。觉与‘校’字同，又曰：‘经，犹本也。经，经纬也。’更牵强，俱不可从。”④

---

① 谢祥皓、刘申宁辑：《孙子集成》第 9 册，齐鲁书社 1993 年版，第 310~311 页。
② 谢祥皓、刘申宁辑：《孙子集成》第 9 册，齐鲁书社 1993 年版，第 400 页。
③ 谢祥皓、刘申宁辑：《孙子集成》第 9 册，齐鲁书社 1993 年版，第 408 页。
④ 谢祥皓、刘申宁辑：《孙子集成》第 9 册，齐鲁书社 1993 年版，第 314~315 页。

再如释“作战”，云：“所谓作者，鼓之舞之也。”① 比较诸家注曰：“或曰：‘作，制也、造也。’谓庙算已定，即计程论费，制造战事也。孙子因昔之好兵者，往往日久费广，以致民穷祸起，故于《始计》之后，即陈其所费，勉其速胜，以为万世之法，惜汉武、隋炀复不悟而犯之。此则专主制造战事说。盖以作士之气在深入不得已之际，非出师之初也。岂知战以气为先，盛则胜，衰则败，何分于先后哉？必以‘作气速战而胜’说为正。”② 又如《始计第一》“一曰道”，何守法注曰：“所谓道者，君之于民，能感之以仁恩，教之以礼义，使知尊君亲上……或曰道者，仁、义、礼、智、孝、悌、忠、信之谓。虽通，觉全在性上言，恐于用兵匆切。或曰道，机权也。觉又忒轻。或曰道，乃义所当行，适于人心者。觉又为浅。或曰道者，道之以政令。是以道作引导之导。恐虚。或曰道，治国之道也。恐晦。历观五说，除首说，余四说俱以孙子为兵家者流……欲得人同心致死，岂易感哉？观曹刿之论战，以察狱为可；荀卿之论兵，以仁为尚。子犯亦曰：‘当先教之以礼、义、信。’而谓孙子不知大道，可乎？愚意不同者，特诚伪之分。故王霸之业所由异也。”③

二十五、郑二阳明解《孙子》

郑二阳，河南鄢陵人，字见羲，号潜庵，明万历四十七年（1619）己未进士，历任德安府推官、淮扬道参议、安庆巡抚、都察院右佥都御史。著有《师卦解》《孙子明解》《郑中丞公益楼集》。《孙子明解》卷端题刻：“中州郑二阳、敦次氏著，秣陵赵之琰、伯琬甫参，海阳胡正心、正言、正行较。”秣陵人赵之琰《孙子明解序》云：“中州郑先生蚤以经学鸣家世，而又以制义擢两榜，繇仪部转维扬兵宪，究极经济。虽在戎务倥偬间，不废讲读，乃著《师卦》，并《孙子明解》。刻成示琰，琰得受而读之。见先生不以《易》解

① 谢祥皓、刘申宁辑：《孙子集成》第 9 册，齐鲁书社 1993 年版，第 345 页。
② 谢祥皓、刘申宁辑：《孙子集成》第 9 册，齐鲁书社 1993 年版，第 346~347 页。
③ 谢祥皓、刘申宁辑：《孙子集成》第 9 册，齐鲁书社 1993 年版，第 316~318 页。

《易》、《孙子》解《孙子》，而详引经传、子史、天文、奇遁、三教、九流诸书，皆凿凿根据，发所未到，畅所欲言，且其指示精确。即尺幅间隐隐有无形之金汤、不穷之丁甲，是解非明解，精解也，玄解也。岂直鸣剑抵掌辈驰志伊吾之北，即矩步章句之流，亦有封狼居胥意。岂与夫射覆、影响、茫昧于蠹鱼者埒哉?”① 崇祯戊辰年（1628）郑二阳自序曰：“余尝谓人间世，惟兵与医所系最重：吉凶同，患其效同，存亡立决其机同。必见垣一，方知彼知己，不容以毫发，假则又同。是以君子即终身无疾，不可以一日不知药。王者即宾重译，櫜弧矢，犹兢兢，不敢一日忘长子、丈人之思，若兵家之有《孙子》，犹轩辕氏之《灵枢》《素问》，不可不真参实究者也。余昔司李德安，公余多暇，尽发诸家《孙子》解，一参伍之，魏武固成其家言，但词义幽渺，韎韐之士未易悟入，遂用浅近语为之阐发，上士诵之，不失筌蹄，中下诵之，亦得因指见月，不至以三军之性命为戏。虽然，言不尽意，神而明之，存乎其人。”② 与郑二阳为同榜进士、崇祯间曾任内阁首辅的孔贞运撰《郑见羲孙子明解序》云：“余同年郑见羲之以《明解》解十三篇也，辟之晦明、寒暑、风云之变，莫可端倪，彼洞灵之士不犹能循日月五纬推测而知之乎？则兹解也，政日月五纬之杪忽，皆可布算者也，神而不明，所以为不可知；神而明之，天下鼓舞之矣。见羲建旄淮海，壁垒精强，纪律严整，顷者流贼震邻，闻风远遁。奚足侈乎？不斩奴儿头，剑终夜吼不休。见羲握其神，出其明，有成谱于胸中久矣。”③

郑二阳将《师卦解》冠于《孙子明解》之前，感慨后世兵书之繁芜，却不能如《师卦》之简约。《师卦》之六画具有图阵精义，其六爻明纪律、重将权、惩旁参、审进止、戒穷黩、严外挠、明赏格、慎用人，究归于遏乱绥怀，彰显王者之师风范。

所谓明解《孙子》，即明白晓畅地解读《孙子》十三篇。郑氏引用经传、诸子、史籍、天文、遁甲之言，以释证《孙子》之理，可谓综核百家，贯通

① 谢祥皓、刘申宁辑：《孙子集成》第 10 册，齐鲁书社 1993 年版，第 25~28 页。
② 谢祥皓、刘申宁辑：《孙子集成》第 10 册，齐鲁书社 1993 年版，第 11~14 页。
③ 谢祥皓、刘申宁辑：《孙子集成》第 10 册，齐鲁书社 1993 年版，第 5~8 页。

万方，展现郑氏宏阔的学术胸襟和不持偏见的学术视野。如《始计》篇“经之以五事”之“经”，解为《中庸》所言“九经”之“经”，即修身、尊贤、亲亲、敬大臣、体群臣、子庶民、来百工、柔远人、怀诸侯。又如《始计》篇“一曰道”，郑氏引三家之言解“道”：一是以文中子王通之“道者仁义”释之；二是以太公之“能生利者”释之，即道者，恶死乐生、好德归利；三是以吴子“反本复始”释之。而解“天者，阴阳、寒暑、时制”，则分别引《孟子》《周易》《太白阴经》等言，阐释“天”为“天时不如地利，地利不如人和”之义，并评论曰：“《孟子》下语又自圆活。”显然，郑二阳比较倾向于儒家孟子的观点。又引《吴子》《司马法》关于阴阳、寒暑之论，佐证自己所解“时制者，因时制宜也。时，即阴阳寒暑是也”①。

其余篇章大抵类此，即撰者在大量引用子史、经传、天文、遁甲等与《孙子》相关之材料以辅证或相互比较时，会得出自己的见解，而其见解亦多有独到之处，甚可备为一家之言。

二十六、沈际飞笺注会通《孙子》

沈际飞，生卒年不详，字天羽，江苏苏州人，号梦道人，又号震峰居士，大致生活于万历、崇祯间。擅戏曲，精诗词，批点《草堂诗余四集》，编订《玉茗堂集》。

沈际飞之研究《孙子》，一是笺注《孙子》，著《武经七书合笺》，所谓“合笺”，非众注之合，乃众书之合。其中，《孙子》笺注，既参考旧注，又断以己意。如《始计第一》“道者，令民与上同意”，沈氏笺注曰：“君以道德怀民，民亦与君上同心，故可共生死，虽有危难，无所畏惧。如武王有兵三千，惟一心；若纣有臣亿万，惟亿万心，则反是矣。”② 此则借鉴、改造旧注，糅合刘寅、薛应旂等说为己说。其笺注《孙子》，亦多援引史实、战例，如《谋攻第三》“百战百胜，非善之善者也；不战而屈人之兵，善之善者

① 谢祥皓、刘申宁辑：《孙子集成》第10册，齐鲁书社1993年版，第96~102页。
② 谢祥皓、刘申宁辑：《孙子集成》第11册，齐鲁书社1993年版，第294~295页。

也”，沈氏引证道：“如楚将武臣，从蒯彻之计，不战而下者三十余城；汉王使郦生说，下齐七十余城。”① 沈氏间或对旧注进行校正，如《谋攻第三》“少则能守之”，沈氏先以己意笺注：“敌众我少，高壁清垒，勿与战也。”然后加以按语：“案：旧注彼众我寡，宜逃去之。如项羽围成皋而汉王逃，魏太武伐柔然，五道并进，柔然北走……逃非可为训哉！”②

沈际飞对《孙子》的研究，二是会通《孙子》，超越《孙子》文本，即以《武经七书》之《吴子》《司马法》《尉缭子》《六韬》《三略》《李卫公问对》六书与《孙子》会通，撰《武经七书会通》，此为其独到之处，但亦可肯定是从李贽《孙子参同》得到启发，然而又比李贽《孙子参同》有进步。正如沈氏自己所言：“愚既笺《七书》矣，一书自具一礼，一篇自具一义，句栉字比，务求晓畅。综而论之，《孙子》函盖韬略诸书，《唐李问答》又羽翼《孙》《吴》诸书者，意绪可通，而浑融非易。龙湖李氏曾取《孙子》为主，余六书断章附益之，梗概粗陈，纲领多舛。愚故不辞浅陋，更为论次，比类引伸，如珠联绳贯，谓六书注一书可也，谓七书出一人可也。兵法之妙，不出乎分合奇正，盖义云尔。”③ 从其《武经七书会通》观之，实则以其余六书笺注《孙子》，每篇之后均引列其余六书中能阐释《十三篇》之语段，附益之。如在《行军》篇末附益《尉缭子》《唐李问答》《司马法》三书之相关文字；《九变》篇末则仅附益《六韬》中相关文字。

二十七、黄暟伯类注《孙子》

黄暟伯，名华旸，江西临川人，生平不详，大致与精通八股文的艾南英（1583—1646）同时。著有《武经七书类注》。艾南英，明末江西临川人，与黄暟伯同乡，撰有《答黄暟伯论文书》。黄暟伯师事徐虞求。徐虞求，名石麒，字宝摩，号虞求，浙江嘉兴人。生于明万历六年（1578），卒于南明弘光元年（1645）。天启年间进士，官至南京吏部尚书。清兵陷嘉兴，自缢而亡。

---

① 谢祥皓、刘申宁辑：《孙子集成》第 11 册，齐鲁书社 1993 年版，第 314 页。
② 谢祥皓、刘申宁辑：《孙子集成》第 11 册，齐鲁书社 1993 年版，第 318 页。
③ 谢祥皓、刘申宁辑：《孙子集成》第 11 册，齐鲁书社 1993 年版，第 292 页。

徐虞求《序武经七书》云："江右黄晪伯从予游有年，名擅文雄，胸蟠武库，杰然用世之才，毅然安边之志，类注《武经七书》，足与魏武、杜牧诸人相上下，举七子神明之略，与夫精微之旨，昭然大明于军用，欲天下人咸能审势出奇，因地转化，借以张挞伐之成功，昭皇灵之赫濯。此晪伯之志夫也。予愿天下雅志匡扶之士当精取其书而读之，读其书者，依经以达权，循迹以观化，深而深之，若岳武穆之所谓运用之妙存乎一心，则精于言武经者矣。"①

黄晪伯于崇祯十年（1637）自序云："予不佞，请缨之志有慨于中久矣。取七子之书，支分节解，字诠句释，使其精义毕出。复采先贤诸疏，其所当者，因而仍之；其所否者，起而更张之；其所略者，间出臆见以补之。去杂删繁，由经吴江徐老师之笔削，自谓解注之功斯已勤矣。予将借老师之简，上献天子，广布学宫，务俾天下之人，家而习之，户而究之，相渐而成风，相比而成俗，人咸知兵，将咸有略，使天子之皇灵日鬯，蠢尔虏寇，不转顾间，自能设奇张勇，系而俘之阙下。则拨乱反治，斯编之功，或云未可诬欤？"② 黄晪伯之临川同乡、明熹宗天启七年（1627）丁卯举人席荣亦为之序曰："晪伯以澄清为己任，綦冠南雍，声气千里，以余力骖驭起、牧，出其胸藏，示海内，岂徒为挟策先资？"③ 其序署名，自称"社弟"，可见是临川人无疑。雍正《江西通志》对其人其书亦有载录。

《武经七书类注》题名徐虞求鉴定、黄晪伯类注。黄晪伯的孙子学研究体现在《孙子类注》中。黄晪伯在其《类注凡例》中表明其对《孙子》及其历代注训的看法，以及自己类注《孙子》之意图，曰："《孙子》一书，为兵家鼻祖，出奇制胜，罕获其伦。吴、李诸人非撷其词，即师其意，故注笺于《孙子》独悉，非敢略于诸人也，恶其复也。旧注则有魏武、李筌、杜牧、王晳、张预、贾林及近时刘寅数家，旧评则有苏洵、王圻及陈深、李贽诸人而已，篇中悉为采入，以备大观。昔郑厚谓《孙子》十三篇，不惟武人之根本，

① 谢祥皓、刘申宁辑：《孙子集成》第 11 册，齐鲁书社 1993 年版，第 429～432 页。
② 谢祥皓、刘申宁辑：《孙子集成》第 11 册，齐鲁书社 1993 年版，第 450～453 页。
③ 谢祥皓、刘申宁辑：《孙子集成》第 11 册，齐鲁书社 1993 年版，第 436 页。

文士亦当用心。吴子以下诸人与孙子互有发明，故类注辑笺，一本成说，间出己裁。”①

黄暟伯类注《孙子》十三篇，然其各篇辑笺者各有其人。《始计第一》《作战第二》《谋攻第三》《军形第四》《兵势第五》为卷一，题名张自烈辑笺；《虚实第六》《军争第七》《九变第八》《行军第九》为卷二，题名罗万藻辑笺；《地形第十》《九地第十一》《火攻第十二》《用间第十三》为卷三，题名张允修辑笺。

张自烈，字尔公，号芑山，江西宜春人，崇祯末为南京国子监生，晚年隐居庐山，主讲白鹿洞书院。著有《正字通》《四书大全辨》《诸家辨》《芑山文集》等。

罗万藻，江西临川人，与艾南英友善，于南明王朝先后任知县、礼部主事，早年师事戏曲大家汤显祖。万历末，与同乡陈际泰、章世纯、艾南英结社，倡导唐宋文风，擅长制义，世称“临川四才子”。其著述有《此观堂集》《十三经类语》《罗文止稿》《制义》等。

张允修，字恂孺，浙江临安人，复社成员。清代吴山嘉《复社姓氏传略》有载录。又有湖北江陵人张允修，字建初，荫尚宝丞，为张居正之第五子。因拒绝张献忠征召其为官，不食而死，并赋诗于壁云：“八十空嗟发已皤，岂知衰骨碎干戈。纯忠事业承先远，捧日肝肠启后多。今夕敢言能报国？他年漫借未抡科。愿将心化铮铮铁，万死丛中气不磨。”康熙《荆州府志》有载述。然《武经七书类注》之辑笺者之一的张允修，未知孰是，有待考证。

类注者对《孙子》十三篇的文章精华、文采波澜、一篇关键、文法小段落、文法大段落、古人姓名、一言逗句，均以不同的符号标识，“既令读者易句，亦令观者勿迷”②，感叹《武经七书》苦无善本，而此本可谓奇观。

《孙子类注》文本分三部分：一是《孙子》原文，依照十三篇次序排列；二是注文，注文分别列于十三篇原文之后；三是笺文，列于注文之后。注文

① 谢祥皓、刘申宁辑：《孙子集成》第11册，齐鲁书社1993年版，第457~458页。
② 谢祥皓、刘申宁辑：《孙子集成》第11册，齐鲁书社1993年版，第459页。

即类注，出自黄暟伯之手；笺文即辑笺，三卷分别出自不同人之手。其类注，先列出被注之原文中的字、词、短语，如《始计第一》篇“经五事”“校计索情”“道”“地”“将”等，此种注解开启了现代注释形式的先河。不同的是，现代注释往往在字、词、短语前标示序号。辑笺亦仿此形式，只是被注内容为短语和句子，很少有字词。如《作战第二》篇“攻城力屈”“乘弊而起”“贫于师者远输二句”“近师者贵卖三句”“取敌之利者货”等。类注，着重训注词义；辑笺，既训注词义句意，又辑引史书中之战例。当然，并非绝对千篇一律，而是偶有对句段的类注，亦偶有对词语的辑笺。

由黄暟伯类注，张自烈、罗万藻、张允修辑笺的《孙子》三卷，凡十三篇，其目的在于疏通文义，阐明大意，辑引战例，注释文辞，便于学者理解，不致为其所迷。若从孙子学的创新性看，则几无称道者焉。

二十八、郑霦注《孙子》

郑霦，字希山，福建同安人，明正统前后人，官至工部都水主事。《千顷堂书目》著录郑霦《孙武子十三篇本义》，另著录其所撰《吴子增释》。赵本学在其《孙子书校解引类序》中云，其所见从东汉至明代注《孙子》者十五六家，而郑霦为其中一家。可见郑霦注解《孙子》在当时是比较有名的。郑霦认为前代注《孙子》泥于所注、不能变化，故仿朱熹《周易本义》，作《孙武子十三篇本义》，会通诸家注解，间或加以己意，为学者指南。郑霦自序其注解《孙子》缘由云：

> 霦尝观《孙武子》，十一家之注非不详也，引证非不巧也，第使学者局于所注，曰：“孙子之书止于是也。”泥于引证，不能活变，故荥阳郑友贤言武之意不得谓尽于十家之注也，况得失互见，支离繁杂，多非本义。霦于是学取朱夫子作《周易本义》之意，亦为之略搭，记兼文义，曹操及李筌、杜牧革诸家，皆说了，霦只就语脉中略牵过，这意思只如俗说，欲人易晓，看《孙子》，先看霦《本义》，了却看诸家，以相参考；如未看诸家，先看霦之《本义》，却也易看，亦不为他注所拘也。而

此书固非君子立心操行之方，乃不得已而用之之权也。虽曰权，而亦卒归于正。近代省元戴溪作《将鉴博议》曰："《孙子》权谋有余，仁义不足。"此可谓不知《孙子》者也。司马子曰："军容不入国，国容不入军。"溪之思耳。且孙子所著之法，无非欲伐罪吊民，戡祸乱，诛惨贼，使天下治平、万国来王之权术也。若因之以成其功，则于忠君之义、爱民之仁亦何加焉？矧亦未尝不陈仁义，首之以"一曰道，令民与上同意"，非仁义而何？选将则曰"智、信、仁、勇、严"，仁在其中。贵速不贵久，恐伤财害民。曰"全国为上，破国次之"，是恶其杀伤。曰"辅周则国必强，辅隙则国必弱""修道而保法""进不求名，退不避罪，唯民是保而利于主"，若此之类，可不谓之仁义乎？至于终篇又曰"非仁义不能使间"，是则终始皆本于仁义，而何尝独尚乎诡诈也？或曰："《孙子》，战书也。"战者，危事也。方今六合和平、四方宁谧，无用于兵，何独拳拳用心于无用之地哉？曰战虽危事，岂不闻好战必亡，忘战必危，有文事者必有武备，文武之政不可偏废。窃惟圣朝内，而股肱尽皆贤良；外而藩屏，率皆智勇，可谓盛矣。然而犹敕诸司下求孙、吴、卫、霍器议非凡之士，是亦安不忘危之意也。於戏！圣圣相承，七八十年，天下治安，民不习战，虽求之笃而应之众，故罕有能称上用者也。霸窃思之，与夫得之难，孰若养之易哉？若择武臣子孙俊修者，以孙武子书俾其习读，责通晓者为之训解，不数年间修养成器，则孙、吴之辈岂胜用哉？此《本义》所由作也，而亦知国家作养之方，自有明制，不待微末小虫啾唧于草茅之下。然刍荛之言，圣人择之，而此但以备乎采取，与夫统十万之众，日费千金，临机对敌，而欲战必胜，攻必取，不贻君父之忧者，未必无少助焉。①

郑霸之意在于探究《孙子》本义，而不必转相求阅于诸家注，并务使文

① 〔明〕郑霸撰：《孙武子十三篇本义序》，见《新刊校正京本孙武子兵法本义》，日本内阁文库本，第2~5页。

字简明，释义忠实本文，目的是使有志于学习兵法、效法孙吴者在国家有需要时能够挺身而出。郑霶以为孙吴之书虽然不是涵养心性、砥砺操行之儒家书，却是不得已而用的通权达变之书，不可不精研覃思。通观全书，句解段讲，然而正如郑霶自序所言，颇能照顾前后语脉，而避免离章析句、孤立解释之弊。

二十九、陈仁锡评选《孙子》

陈仁锡，字明卿，号芝台，长洲（今江苏苏州）人。明天启二年（1622）壬戌进士，初授翰林编修，官至国子监祭酒。编有《四书备考》《经济八编类纂》等。

陈仁锡之评选《孙子》，收录于《奇赏斋古文汇编》，其《选子》部分，有《黄石子》《孙武子》《司马法》《吴子》等。陈氏其所选之兵书，间有随文夹注，书眉偶有批语。如《始计》篇眉批有“打利，然后可以在势”；《谋攻》篇眉批有“孙武子只用一稳字”；《军形》篇眉批有“孙子须自有招，然处若泛聚，其语不过正心诚意而已”；《九地》篇眉批有“四五者，谓九地利害”；《用间》篇眉批有“先知而必取于人，所以为妙”①。其眉批甚妙，而其随文夹注，则几无称道者也。

陈仁锡另编有《续古文奇赏》，《续古文奇赏》中有《选经》，《选经》中有《武经》，《武经》中有《孙子》。《孙子》之眉批与《奇赏斋古文汇编》本《孙子》不同，如《用间第十三》“必取于人”之上，眉批为“上智不常有，间渠魁而已”，而《奇赏斋古文汇编》本则为“先知而必取于人，所以为妙”。同为陈仁锡选评，其眉批之所以不同，大抵是因为陈仁锡批注或有时间先后之别，是两个不同的批注本。

此外，陈仁锡还有《子品金函》，其中有《孙子节评》。《子品金函》节选《太公望》《蒲衣子》《滨河子》《老子道德经》等五十一家子书之文字。

---

① 〔明〕陈仁锡评选：《奇赏斋古文汇编》卷九七《孙武子》，见明崇祯七年（1634）《奇赏汇编》本，第3~20页。

其中《孙子节评》节选了《始计》《谋攻》《军形》《虚实》《军争》《九地》六篇。引录苏洵、王维桢、王世贞等注文及其他旧注，间有陈仁锡评点文字。总之，陈仁锡注《孙子》，注重选评，引录诸家注解，间发己意，是其特征。

三十、郭伟辑选《孙子》

郭伟，字士俊，福建泉州人，题名梁孝元帝撰《金楼子》卷六《杂记下篇》记曰："有一羊者，富拜之曰：'吾羊九十九，今君之一，盈成我百，则牧数足矣。'邻者与之。从此观焉，富者非贫，贫者非富也。"下案曰："此条原本无。《太平御览》引作《符子》。明郭伟所辑《百子金丹》引作《金楼子》。谨附于此。"①《续通志》《续文献通考》均载《百子金丹》为明郭伟编。《四库全书总目》云："《百子金丹》十卷，明郭伟编。伟，字士俊，泉州人。其书分文编、武编、内编、外编、奇编、正编，六门所采，上自周秦，下迄明代，诡立名号，不可究诘，如曹植《七启》设为《镜机子问答》，即割其一段，题曰《镜机子》，其大略可知矣。"②《百子金丹》乃为读书人科场应试而辑纂，由于子书浩瀚，多为秘藏，求之不易，即使得见其书，亦病其杂芜，难以究诘，故选取诸子中文字纯正、可垂世立训、不悖经法、与圣贤之道相吻合者，汇编成帙，"可为士子文武兼全取法者，咸罗网不遗"。白下主人少山傅梦龙《百子金丹凡例》云："此集于士林中，构出原刻真本，计四十余种。又于吴越诸名宦家搜求，得诸子全书十有奇。聘请温陵名家郭洙源先生精选采择，为读子家指南，子姓浩繁，难以笔记，取名百子，示其概也，实则不止于百子。"③ 凡例撰者傅梦龙当为明末刻印此书的书坊坊主。

《百子金丹》之《将道类》辑选《军争》《兵势》《用间》三篇中的部分字，并分别题名《为将当审军争》《为将当知兵势》《三军恃五间而动》；《筹

---

① 〔清〕纪昀等修：《文渊阁四库全书》第 848 册，台湾商务印书馆 1986 年版，第 878 页。

② 〔清〕永瑢等撰：《四库全书总目》，中华书局 1965 年版，第 1129 页。

③ 〔明〕傅梦龙撰：《百子金丹凡例》，见《新刻分类评注文武合编百子金丹》，明天启经国堂刊本，第 2 页。

画类》辑选《始计》《谋攻》《作战》《军形》四篇中的部分文字，并分别题名《兵先定计》《上兵攻谋》《师胜于速》《善战先图军形》；《人和类》辑选《九变》中的文字，题名《审九变远五危》；《攻战类》辑选《火攻》中的文字，题名《若将皆当慎五火》。其选文、随文夹注照录所选之本，而非郭伟自注。即便评语，亦非自评。如《筹画类》之《兵先定计》引录："李卓吾评：孙子之文，有精华，有关节，有眼骨，有次置，有余波照应，起伏分改，难以具述。此足征其大概，且一句一经术，尤人所难，谈兵之家称第一人矣。"再如《筹画类》之《师胜于速》引录："王守溪评：篇中屡言久役之害，见师贵神速也。周宣王时有呼析父而怨者，信司马之不如兵也。"又如《筹画类》之《善战先图军形》引录："李见罗评：九地九天之说，只是说军形贵密，不欲使敌人测识耳，是故用兵之妙，存乎一心，神而明之，存乎其人，密之谓也。"①

郭伟辑注《孙子》，实则辑录编纂，但是若无对《孙子》注本的广泛搜集和对各本的细致比较，若无独到、深邃的判断，则难以完成此项别具鉴裁的工作。其随文夹注及评语虽非出于己手，其所选本子及评语却反映了其对孙子学的见解。

三十一、其余诸家注《孙子》

（一）阎禹锡注解《孙子》

阎禹锡，字子与，洛阳人。博览群书，兼通文武。举正统九年甲子乡试。第二年任昌黎训导。又以母丧归，庐墓三年，以孝闻名乡里。后任国子学正。主张严监规，复武学。寻升监丞，又左迁徽州府经历，再迁南京国子监丞，掌京卫武学，官至监察御史。著有《司马法吴子批注》《孙子选注》《武学词范》等。

（二）焦竑评《孙子》

焦竑，字弱侯，号漪园、澹园，江宁（今江苏南京）人。生于嘉靖十九

① 〔明〕郭伟辑：《新刻分类评注文武合编百子金丹》卷之四《武编》筹画类，明天启经国堂刊本，第2~8页。

年（1540），卒于万历四十八年（1620）。焦竑纂辑《二十九子品汇释评》，其中《孙子释评》会集凡三十一家释评文字。兹并列三十一位注家于下：

钱福，字与谦，自号鹤滩，明弘治三年（1490）庚戌状元。官翰林院修撰。著有《鹤滩集》。

马理，字伯循，号溪田，陕西咸阳人，明正德九年（1514）甲戌进士。历官吏部稽勋员外郎、吏部文选司主事、稽勋考功郎中、南京光禄寺卿等。著有《周易赞义》。

陈后山，即宋代陈师道，彭城（今江苏徐州）人，字履常，号后山。官至秘书省正字，以诗名世。著有《后山集》。

林希元，字茂贞，号次崖，福建同安人，明正德十二年（1517）丁丑进士。历官大理寺丞、钦州知府、广东按察司佥事等。著有《易经存疑》。

吕补，生平不详。

虞集，字伯生，号道园，世称邵庵先生，元代人，南宋左丞相虞允文之五世孙。元成宗大德初年，任大都路儒学教授；元仁宗时，任集贤院修撰、翰林院待制；元文宗时，任奎章阁侍书学士。著有《道园学古录》《道园遗稿》。

黄凤翔，少名凤翥，字鸣周，号仪庭，晚号止庵，福建晋江人，明隆庆二年（1568）戊辰进士。

赵瑶，字德用，福建晋江人，明成化元年（1465）乙酉进士。编纂《泉州府志》。

伦以训，字彦式，别号白山，广东南海人，明正德十二年（1517）丁丑进士，授翰林院编修，官至南京国子监祭酒。著有《白山集》。

钱谷，字叔宝，自号悬罄室，明代吴县（今属江苏苏州）人，游文徵明门下，以善画名世。编有《续吴都文粹》。

舒芬，字国裳，号梓溪，明代进贤人，明正德十二年（1517）丁丑进士，任翰林院修撰。著有《梓溪文钞》。

叶重第，字道及，明代吴江（今江苏省苏州市吴江区）人，明万历十四年（1586）丙戌进士。历官河北玉田知县、工部员外郎、贵州提学佥事等。

后以奉养老母为由辞官归里。

何孟春，字子元，湖南郴州人，明弘治六年（1493）癸丑进士。历官兵部主事、兵部侍郎、云南巡抚、吏部尚书等。著有《五经晰疑》《孟春文集》。

楼昉，字旸叔，号迂斋，南宋浙江鄞县（今浙江省宁波市鄞州区）人。南宋光宗绍熙四年（1193）癸丑进士，授从事郎，迁宗正簿；嘉定年间，先后任太学博士、守兴化军使。著有《宋十朝纲目》《中兴小传百篇》《东汉诏令》等。

申时行，字汝默，号瑶泉，晚号休休居士，苏州府长洲（今属江苏苏州）人，明嘉靖四十一年（1562）壬戌状元。历任翰林院修撰、礼部右侍郎、吏部右侍郎兼东阁大学士、内阁首辅、太子太师等。著有《纶扉奏草》《申定公赐闲堂遗墨》。

闵如霖，字师望，号午塘，浙江乌程（今属浙江湖州）人，明嘉靖十一年（1532）壬辰进士。累官至南京礼部尚书，赠太子太保。著有《午塘集》。

王维桢，号槐野，明嘉靖十四年（1535）乙未进士。历官翰林院庶吉士、翰林院修撰、署南京翰林院事、南京国子监祭酒。著有《槐野先生存笥稿》等。

许国，字维桢，明徽州府歙县（今安徽歙县）人，明嘉靖四十四年（1565）乙丑进士。历仕嘉靖、隆庆、万历三朝，历官国子监祭酒、太常寺卿、礼部侍郎、吏部侍郎、礼部尚书兼东阁大学士，入参机务。著有《许文穆公集》。

冯叔吉，字汝迪，浙江慈溪人，明万历间官湖广布政使。

高似孙，字续古，号疏寮，浙江鄞县（今浙江宁波市鄞州区）人，宋孝宗淳熙十一年（1184）甲辰进士。著有《子略》等。

张之象，字月鹿，又字玄超，别号碧山外史，晚年号王屋山人，明代上海人。撰述宏富，凡千余卷。著有《盐铁论新旧注》等十几种书。

康海，字德涵，号对山，陕西武功人，明弘治十五年（1502）壬戌状元，以文学名世，著有诗文集《对山集》等。

王慎中，字道思，号遵岩居士，后号南江，又称王仲子，晋江人，明嘉靖八才子之首。任户部主事、常州通判、江西参政、河南参政等。著有《遵岩集》。

李淦，字耆卿，元代江西临川人，官国子助教、益都于钦笔援。著有《文章精义》。《四库全书总目》云："《文章精义》，世无传本，诸家书目，亦皆不载，惟《永乐大典》有之，但题曰李耆卿撰，而不著时代，亦不知耆卿为何许人。考焦竑《经籍志》，有李淦《文章精义》二卷，书名及李姓皆与此本相合，则耆卿或淦之字欤？"①

顾鼎臣，字九和，号未斋，江苏昆山人，明弘治十八年（1505）乙丑状元，官至礼部尚书、文渊阁大学士。著有《未斋集》。

袁宗道，字伯修，号玉蟠，又号石浦，湖北公安人，明万历十四年（1586）丙戌进士，官至太子右庶子。著有《白苏斋集》。

茅坤，字顺甫，号鹿门，浙江吴兴人，明末儒将茅元仪之祖父，嘉靖十七年（1538）戊戌进士。尝任广西兵备佥事。著有《茅鹿门集》。

顾充，字仲达，一字回澜，浙江上虞人，明隆庆元年（1567）丁卯举人。历官镇海教谕、南京都水司郎中。著有《皇明一统纪要》《历朝捷录大成》等。

姜宝，字廷善，号凤阿，丹阳人，少从学于唐顺之，明嘉靖三十二年（1553）癸丑进士。官至南京礼部尚书。著有《周易传义补疑》《春秋事义全考》《姜凤阿文集》。

黄道开，生平不详。

傅夏器，字廷璜，号锦泉，明泉州南安人，嘉靖十年（1531）辛卯举人，嘉靖二十九年（1550）庚戌进士。官吏部郎中。因不附会严嵩而罢职归乡。著有《易义》《锦泉文集》。

据此可以推定，以上诸家为宋代至明代人，而以明代为主。汇合注家如

---

① 〔清〕纪昀等修：《文渊阁四库全书》第1481册，台湾商务印书馆1986年版，第803页。

此之众，在明代绝无仅有，由此可窥明代训注《孙子》风气之盛，其影响所及，范围之大，此一事实可补明代正史载录孙子学文献史料之不足。

焦竑还纂辑有《诸子折衷汇锦》，其中《孙武子》十三篇全文收录，其释注如书名所言，折衷诸家观点，在于使人明解，而其创见不夥。

（三）施逢原批点《孙子》

施逢原，字深之，浙江绍兴人，精通兵学，多有奇谋。崇祯间，于清兵进逼京城之际，提兵入卫京陵。著有《批点孙子正义》《新镌孙子兵法衍义》及未付梓之《古今兵鉴》。

（四）钟惺评注《孙子》

钟惺，字伯敬，号退谷，湖广竟陵（今湖北天门）人。万历进士，官至福建提学佥事，在文学上，与谭元春开创竟陵派，反对摹古，倡导孤峭，追求险僻，故其诗文艰涩。著有《隐秀轩集》，辑纂《诸子类隽》。其《诸子类隽》辑有《孙子》，评释附于《孙子》原文后，主要有钟惺、陈仁锡、叶绍泰、顾宾、张启等的评释文字，着眼疏通文义，无甚新见。

（五）李清集注《孙子》

李清《重镌武经七书集注》八卷，其中有《孙子》一卷。李清，字希献，一作希宪，直隶松江府（今上海市松江区）人，景泰五年（1454）甲戌进士，历任工部主事、南京刑部郎中、四川右参议、左参议、湖广右辖等。其孙子兵学观表现在，兵者本之以仁义，济之以权谋，故世人不能仅慕仁义，而不知权谋，而应有仁义之心、权谋之计。其注《孙子》，广引经、传、子、史之言及《七书》中除《孙子》的其余六书，以参证《孙子》之意。

（六）陈珂、陈天策《孙武子断注》

陈珂，字希白，浙江嵊县（今浙江嵊州）人，弘治进士，官至大理寺卿。陈天策，浙江钱塘人。二陈认为，《孙子》本于《六韬》《司马法》，而《孙子》乃发明此二书意蕴之作，故多取其余兵书之言以注《孙子》，试图互相参证。此书援引《周易》《尚书》《左传》《老子》，以及《武经七书》中《六韬》《司马法》《李卫公问对》等其余六书之文，以注《孙子》十三篇，而加之以断语。所谓断语，即论断之语，表明撰者的兵学见解。

（七）吴勉学校刻《孙子》

吴勉学，字肖愚，号师古，安徽歙县人，明隆庆、万历间徽州府著名刻坊师古斋主人。吴勉学校刻《孙武子十三篇》，以《十家注》为底本。

（八）李国祥辑录《孙子》

李国祥，字休徵，豫章（今江西南昌）人，天启中任开封府同知。其所编纂《子史汇函》，辑录有《孙子》。

（九）郭良翰会解《孙子》

郭良翰，字道宪，明末福建莆田人，万历间任太仆寺丞。其著《孙武子会解题辞》，引录曹操、李筌、杜牧、王晳、刘寅、王世贞、李贽、赵本学等《孙子》注，并断以己意，既有对《孙子》原文的心解，又有对引注的评点，并提示段落大意，其意在于初学者领悟、理解《孙子》。

（十）谢宏仪辑注《孙子》

谢宏仪，字瘖云，浙江绍兴人，万历三十八年（1610）武科状元。辑注有《新镌武经标题七书》，其中有《孙子》。此书完全为应试武举而作。有正题、副题、小题、策题。正题、副题之下有注文，小题、策题之下无注文。此“四题”实为猜题押宝之作，亦是《孙子》十三篇之重点、关键，乃应试武举者须悉心揣摩之处。据于汝波等《孙子学文献提要》，言此书与赵光裕（字克荣，号玉斋居士，浙江上虞人）《新镌武经标题正义》之《孙子》相比对，其标题与注文基本相同。因是应试之作，故互为传抄当属常事。

（十一）孙履恒商评《孙子》

孙履恒，号裒谷子，又号从龙子，江苏吴江县（今江苏苏州市吴江区）人。明万历间举人，历任广东新宁、乐昌、博罗知县，通《易》，喜兵。天启末年，归田著述，作成《裒谷子商骘武经七书》。商骘，即商评、商榷之意。其中《孙武子》十三篇，孙履恒以旁注、眉批等方式，训释字词、疏解文义，每篇之后又加评语，申明己意。目的在于为学习者开启便捷之门。

（十二）沈应明辑评《孙子》

沈应明，江苏吴县（今属江苏苏州）人，天启间进士，历任奉议大夫、兵部武选司郎中。作者目睹边患内乱、武备松弛、忧心国事，故纂辑《新镌注解武经》十四卷，以备志士仁人研读。其中《孙武子十三篇》，汇辑曹操、杜牧、李筌、陈皞、纪燮、王晳、梅尧臣等诸家注解，对原文入神处、入彀处、入解处、入微处，均以圈点标识，而在汇辑诸家注解之外，尚有沈氏评析，其对《孙子》的见解主要在此。此书订正者张修和认为，《孙武子十三篇》之要领在于“校之以计而索其情”。

（十三）陈元素评释《孙子》

陈元素，字古白，生卒年不详，明代江苏吴县（今属江苏苏州）人，通经史，善临池，出入欧、虞、颜、米间，片缄尺牍，人争宝之。又擅画兰。修身如玉，不妄交游。学者私谥其为贞文先生。其所辑纂《标题评释武经七书》十卷，为应试武举者研习《孙子》而作，故为策问形式注解《孙子》。所用《孙子》底本为曹注本。既有标题，如“不战而屈人之兵”“善战者择人任势”；又有提问，如“孙子言地形有九，其实何如？而其随地以制宜者，宜者其事又何如？”①

（十四）杨魁注解《孙子》

杨魁，三衢（今浙江衢州）人，明代嘉靖时人，任京卫武学教授，著有《孙武子十三篇讲意》。京卫武学教授自建文元年（1399）二月始置。其《叙孙武子讲意后》云：“孙武子十三篇，注释之者多矣。曹、张诸人袭汉之遗文，既高古，解不联属，融会贯通之旨微矣。自是而下，知兵者自秘其说，不知兵者不敢强解。儒者方以孙吴为耻，读其书，恶其权诡取胜，而肯为之陈说哉？刘寅注释七书，知究心矣。然未尝会通本文，且以后世之战附会之，意见杂出，文辞繁琐，初学武生未易通其概也。余少年尝好此书，集诸注释而贯穿之，未能卒通其旨，后乃涵咏本文。久之，知其名篇各有旨存，而一篇之中前后照应，似亦自为贯串解释。窃若有得于其书，而以学道遗之者二十余年，嘉靖辛酉以贡授武学，训试诸武生，见其命题之旨，多所未通，略拈一二讲之。时月滨王公为僚长，命为讲章授之。余曰：‘余职也。’遂书一二篇请教于公，辞务浅显，旨务易通。公阅之，遂令诸生录之，且促余毕其

① 于汝波等编：《孙子学文献提要》，军事科学出版社 1994 年版，第 96 页。

余篇。余未敢决任，而公升矣。时督学方瀛王公见之，亦促余成之。余亦未敢决辞，而公告假去矣。及会泉公督学，余时迁本堂，又命余遍授诸生，余乃续成之。揭之壁间，听有志者录之呈会泉公，发令梓之。公今亦以制归，呜呼！余学道数年，静坐一窝，谛观清澄之体；动处百物，自验流通之常。庶几性道交俑，以慰吾愿。乃以职事为粗浅之说，讲权诡之文非我志也。鸟养养鸟，理固有宜；学衷学箕，家自为业。诸生业武，享升斗之禄，不得不会通其说，志于有成；余职武学，负一命之寄，不得不讲说其书，觊乎有造。余愧横渠之早脱孙吴，诸生则宜如卫公之学古兵法可也。夫学古而变通之，万人敌也，舍是书何以哉？讲是书而春容之，古人阶也，舍是书讲意何以哉？"①

杨魁生平不见于史籍，仅从其后序知其于嘉靖间充任京卫武学教授，少时熟读孙子书，然后二十余年读儒经，此书乃以职事之故，应训导武生之需，在其僚长劝勉、督促下编成。此编意在弥补刘寅注解孙子书不能融会贯通之不足，故于书中多所引发议论。杨魁所谓融会贯通，从其讲授与刘寅注解对比看，实则杨魁重在阐释段落，而刘寅重在注解语句。注解语句，难免有离析乖谬之弊；阐释段落或全篇，则能贯通前后，照顾全篇及全书。正如杨魁自述刘寅注解《九地》篇之缺陷云："此篇刘注失于会通，又无远稽前哲证据，但出意见逐句自为之说，故不得本文之旨，多所舛误，盖圣人之言不自明，待人深思力行而自得之；贤人之书必自解，但前后贯通而其旨自现。今不会通本文，故言多窒而不得其旨，若逐段折辨，则不胜其辨矣，观者自详之。如'政举之日'以下皆诡道以误敌，如处女之事也，而不知所以，任意曲说于本文，且不通其余，可知矣。"② 再如，《始计第一》"道者，令民与上同意"，杨魁说："刘寅集注，'道'字作仁渐义摩说，此岂孙武子所知，亦岂战国国君所能据，孙武子之书只作义所当行，适于人心者，事上粗粗说为是。"③ 但也有对刘寅注解称道者，如在通解《火攻第十二》篇之末云："刘

① 〔明〕杨魁撰：《孙武子十三篇讲意》，日本内阁文库本，第 47~49 页。
② 〔明〕杨魁撰：《孙武子十三篇讲意》，日本内阁文库本，第 34~35 页。
③ 〔明〕杨魁撰：《孙武子十三篇讲意》，日本内阁文库本，第 6 页。

注‘水火之用’一段甚美，水攻、火攻，古今之事备矣，而又表出不得已之意，不专恃此以取胜，其意特善观者详之。”①

（十五）明代辑录《孙子》

陈继儒，明末学者，江苏华亭（今上海松江区）人，闭门著述。其所纂辑《古今粹言》，辑录《孙子》《吴子》《司马法》《尉缭子》《三略》《六韬》《诸葛子》等精粹之语，几无学术价值可言。

李云翔（字为霖，江苏扬州人）辑纂《孙武子拔萃》取自坊刻本《诸子汇函》，支离割裂其文，而杂取其言辞，编缀成篇，几无价值可言。

周诗雅（字廷吹，江苏武进人）辑纂《武经要览》。全录《孙子》，节录《吴子》《司马法》《李卫公论兵法》《尉缭子》《黄石公》《太公》《诸葛武侯心书》。《孙子》十三篇之解题、注文，均掠取前人旧注，无有新见。

李盘用（浙江于越人）、彭好古（亭州人），以及李盘用之子李名世（于越人）集注、李赞世（于越人）补注、李匡世（于越人）共同编纂《武德全书》，其中有《孙子》十三篇，解题、作注多引明代及其前诸家旧注，以“武德”为标准解之，角度与众不同。

王衡《诸子类语》，选取三十余子言论，分君道、臣道、天地、灾祥、论道、物理等五十六类，依类编辑。其中有“孙子类语”，节录《孙子》文句十余处。王衡，字辰玉，江苏太仓人，万历间进士，授官翰林院编修。

黄之寀辑校《孙子》。黄之寀，安徽歙县人，刻书家，大致为万历前后人。辑校《四子兵法》，中有《孙子》十三篇白文本，无注解，无评析，于孙子学研究价值不大。

三十二、亡佚《孙子》注

除上述既有著录又有传本之《孙子》注，还有不少仅见著录之名而未见存世之书者。梳理明代以来官私目录著作，钩玄剔抉，大致胪列如下：

郑士元，字好仁，浙江宁海人，洪武进士，官至湖广按察使佥事。著有

---

① 〔明〕杨魁撰：《孙武子十三篇讲意》，日本内阁文库本，第39页。

《孙武子注》。

黄智，福建浦城人，景泰举人。著有《孙子会通》。

童轩，字士昂，江西鄱阳人，景泰进士，官至南京礼部尚书。著有《孙子释文》。

阎禹锡，字子与，洛阳人，官至监察御史。著有《孙子集解》。另撰《吴子集解》《尉缭子集解》《李卫公问对集解》《武学词范》。

黄润玉，字孟清，号南山先生，浙江鄞县（今浙江省宁波市鄞州区）人，官至湖广按察使佥事。著有《孙子纲领》《孙子注》。

赵鹤，字叔鸣，江都（今江苏扬州）人，弘治进士，著有《武子十三篇定本》。

王崇献，字季徵，号药塘，明曹州（今山东曹县）人，弘治进士，历官左佥都御史、巡抚宁夏，著有《孙子释疑》。

成谐，字和仲，福建莆田人，擅剑术，通六壬，死于战。著有《车战篇》《孙子阵法新说》。

苏祐，字允吉，濮州人，嘉靖进士，官至兵书尚书。著有《孙子吴子集解》。

施一德，字恒斋，崇明人，著有《校正武经七书》。

杨魁，生平不详，著有《孙武子十三篇讲义》。

陈锡，字南衡，浙江天台人，嘉靖进士，官至礼部员外郎。著有《校订魏武帝注孙子》。

郑芸，字士馨，福建莆田人，嘉靖进士。著有《孙子节要》《孙子十三篇本义》。

王圻，字元翰，上海人，嘉靖进士，官至陕西布政司参议。著有《武学经传句解》。

陆可教，字敬承，号葵日，浙江兰溪人，万历进士，官至南京国子监祭酒。与李廷机合著《孙武子玄言评苑》。

李廷机，字尔张，福建晋江人，万历进士，官至礼部尚书、东阁大学士。与陆可教合著《孙武子玄言评苑》。

王升，字日初，号鲁庵，福建漳州龙溪人，永乐进士，历任翰林院庶吉士、县令、知府等。著有《孙武子解义》。

何继高，字汝登，浙江山阴（今浙江绍兴）人，万历进士，官至江西布政使参政。著有《孙子解》。

曾子清，与王世贞友善，文武兼修，先后任幕僚、偏将军，隐居商城山。著有《孙武子注疏》。

洪承畴，字彦演，号亨九，福建泉州南安人，万历间进士、崇祯朝兵部尚书。著有《重订孙子参同》。

钱继登，字尔先，又字龙门，浙江嘉兴人，万历间进士。著有《孙武子绎》。

臧应骥，浙江定海人，生平不详。著有《孙子标题佐议》。

刘梦潮，字国状，号海若，福建同安人，万历进士。著有《孙子十三篇注释》。

王训，字继善，号寓庵，贵州卫人。著有《孙子注解》。

郑元极，生平不详。著有《孙子合符全集》。

张明弼，生平不详。著有《武经七书合笺武经续书》。

耿庭柱，字伯镇，山东新城（今山东桓台）人，生平不详。著有《孙子摘要》。

华夏，字中甫，江苏无锡人，与文徵明、祝允明友善。著有《孙子十三篇注》。

黄凤翔，福建泉州人，生平不详。著有《孙武子》。

方家振，生平不详。著有《孙子翼》。

梅士生，安徽宣城人，生平不详。著有《梅氏孙子注》。

程道生，字可生，浙江海宁人，生平不详。曾经评点《孙子》。另著有《握机经辑注图仪》《九边图考》《射义新书》等。

方家振，生平不详，著有《武经翼》，其中有《孙子翼》。

何言，生平不详。其所著《登坛正鹄》辑录《孙子》。

陆万垓，生平不详。著有《孙子通义》。

金堡，生平不详。辑纂《孙武子》。

李独明，字五先，福建德化人，其余不详。著有《孙武子集注》。

刘钦，贵州黎平人，其余不详。著有《孙子兵法解》。

陆弘祚，字餍台，浙江乌程（今属浙江湖州）人。著有《孙武子纂注》。

孙奎，字启文，号曲涧居士，江西南城人。著有《孙子兵法注》。

汪淇，字憺漪，浙江钱塘（今浙江省杭州市钱塘新区）人。著有《孙子衍义》。

徐昌会，生平不详。著有《孙子兵法十三篇注》。

张藻，字子新，安徽六安人，其余不详。著有《孙子绎语》。

郑露，太原人，生平不详。著有《孙武子注》。

徐大仪，江西贵溪人，生平不详。著有《孙子增注》。

洪玮德，字握灵，江苏淮安人，崇祯年间贡生。著有《管仲孙武合钞》。

李腾芳，字子实，号湘洲，湘潭人，万历二十年（1592）壬辰进士。著有《新编孙武十三篇说印韬略世法》。

汪本源，生平不详。著有《武经七书题旨明说》。

解元，生平不详。著有《孙子注》。

此外，还有一些佚名作者注解《孙子》，但大多亡佚，如《孙子比事》（佚）、《孙子兵法发明》（佚）、《孙子辑释》（佚）、《孙子原旨》（佚）、《孙子注略》（佚）等。

第五节　明代诸子对孙子学的接受与批评

史书记载，明朝洪武四年（1371）九月庚戌朔日，有日食，朱元璋与众臣论《孙子》，君臣有一番对话："或曰：'武之书自易以及难，其法先粗而后精，其言约而要，故叩之而不穷，求之而益隐。'或曰：'武之术，其高者在于用常而知变，若实在彼，则变而为虚；虚在此，则变而为实，机妙莫测，此用武之权，千古不可易也。'或又曰：'武之术以诡道胜，至于终篇而《用间》。'曰：'计以情而生，情以间而得，苟遇不可间之君、无可乘之隙，将何以得其情哉？'

人各持其说。以朕观之，武之书杂出于古之权书，特未纯耳。其曰‘不仁之至’‘非胜之主’，此说极是。若虚实、变诈之说，则浅矣。苟君如汤武，用兵行师，不待虚实、变诈而自无不胜。然虚实、变诈之所以取胜者，特一时诡遇之术，非王者之师也，而其术终亦穷耳。盖用仁者无敌，恃术者必亡。观武之言与其术亦有相悖，盖武之书必有所授，而武之术则不能尽如其书也。”①

此则君臣问答的史料体现了朱元璋对孙子学的基本态度，体现了乱世与治世对《孙子》运用的不同策略。诸臣各表其意，各持其说，然而作为最高统治者的朱元璋，则站在统一国家、巩固政权的立场，指出《孙子》本仁用诈，其仁义之说方为王者之本，而虚实、变诈之说乃一时之用，仁者无敌，术者必亡。虽然孙子之学说，其意旨诚然归于仁义，战则为了不战，计则为了不计，谋则为了不谋，术则为了不术，然而此为用兵的终极目标或终极关怀，非其所用也。朱元璋主张以仁义为用兵之本，却又陷入儒者迂腐之论。此非朱元璋真迂腐，乃朱元璋欲使人迂腐。既得天下，形势异乎前也。其于元末举兵而窃取农民军领导权，岂是以仁义取之？故其言不攻自破。

朱元璋之孙子学观，确定了有明一代对兵学的基本态度，故明代孙子学大致建立在此观念之上。

明朝初期方孝孺虽然站在仁者无敌的儒家立场评论孙子，但是也肯定了孙武计谋、攻战、先知、料敌等用兵思想的实战价值，其《逊志斋集·读孙子》云：“战非圣人之得已也。圣人之所为战者，不城而人莫敢逾，不池而人莫敢近，无戈矛、剑戟、弓矢之器而奸谋、邪虑消沮于万里之外，是之谓道德之师；其次导之以礼乐，申之以政令，诛暴而伐罪，救民而不求利，不战而服人，不杀一卒而胜国，是之谓仁义之师；下此则以材相用、以诈相欺而已矣。若孙武子者，亦其一也。然其《十三篇》之所论，先计谋而后攻战，先知而后料敌，用兵之事，周备明白，虽不足与于仁义之师，苟以之战，则岂非良将乎？视彼恃力之徒，驱赤子而陷之死地者，犹狼残虎噬耳。呜呼！武亦安可得哉？”② 方

① 〔明〕胡广等纂修：《大明太祖高皇帝实录》卷六八，国家图书馆藏明抄本。

② 〔清〕纪昀等修：《文渊阁四库全书》第1235册，台湾商务印书馆1986年版，第132页。

孝孺没有全盘否定孙武子，认为其书非仁义之书，其兵非仁义之兵，且孙武子又非恃力之徒所能比，而是介于仁义与残暴之间，故仍不失为一名良将。

明朝中期李梦阳亦认为孙武学说非仁义礼信之书，不是兵学中善之善者，而言兵之最善者要数姜太公《六韬》，其《与徐氏论文书》云："请与足下论战，世称善战非孙武、司马穰苴辈乎？然特世俗论尔。何则？此变诈之兵也。荀子所谓施于暴乱、昏嫚之国而后可者也。仆常谓兵莫善于《六韬》，仁以渐之，义以断之，礼以治之，信以驱之，勇以合之，知以行之，蓄之神幽，而动之霆击，故尚父得之，佐武王王天下。"① 言下之意，孙武子乃霸者兵学，非王者兵学，有高下之分。

明朝后期王世贞以为通天下兵理者，首数孔、老二氏，次数孙武子，其《弇州续稿》卷四五《曾子清孙武子注疏序》云："三代而下，能得兵理者，莫过于孔老氏。孔子之《系易》曰：'地中有水，师君子以容民蓄众。'又曰：'刚中而应，行险而顺，以此毒天下，而民从之。'老子则曰：'兵者不祥之器，不得已而用之，恬憺为上。'又曰：'以正治国，以奇用兵，以无事取天下。'又曰：'行无行，攘无臂，仍无敌，执无兵，祸莫大于轻敌，轻敌几丧吾宝。'盖亦精微之致哉！其次则莫若孙武。其言曰：'善用兵者，屈人之兵而非战，拔人之城而非攻。'又曰：'见胜不过众人之所知，非善之善者也。战胜而天下曰善，非善之善者也。善战者之胜也，无智名，无勇功。'若孙武者，庶几能得兵理者也。自是而后，虽强如项籍，勇如韩白，以称知兵事可耳，得兵理则未也。诸为孙武而训故之者，凡十余家言。夫以强如项籍，勇如韩白，尚不敢以得兵理归之，而是十余家者，为能得兵之理乎哉？夫是十余家者，得兵之谈，而不得其所以谈。其所以谈，则理也。"②

《孙武子注疏序》的作者曾子清，为王世贞好友，"少游诸生，读书商城

① 〔清〕纪昀等修：《文渊阁四库全书》第1262册，台湾商务印书馆1986年版，第564页。

② 〔清〕纪昀等修：《文渊阁四库全书》第1282册，台湾商务印书馆1986年版，第589页。

山中，业成且奏公车”①，而中道厌之，云其为龌龊文士所为。又习武，学成，厌之，云其为一人敌耳，当学万人敌。因学兵法，为岛夷大将军幕僚，居偏将军之职，然终不见用，复归商城山中，著《孙武子注疏》。王世贞为曾子清所作序言，反映了当时文人士大夫以儒家为正统、崇尚儒学的观念，而以兵家居其后。孔老二氏虽亦通晓兵理，然其论兵，远不及孙武子，确然不可并论。虽孔子之儒理、老子之道理亦与兵理通，然若就兵学建树而言，岂可与孙武子比肩？王氏之论，实际上反映了他以儒统兵、以儒制兵的观念，而这一观念已经超出了学术的范围，带有相当浓厚的政治和利益倾向。

明朝后期叶春及贬抑兵家之学，认为兵家不合儒家之道，难以望圣人之项背，但是言信行果、注重实效的风格做派值得肯定，故总体说来是瞧不起孙武子等兵家学派的。其《应诏书·敦行实》云：“臣闻王道既衰，诸侯力政，好恶殊方，人各善其私学以干世主，于是百家杂技蜂出并起。汉兴，董仲舒以为无所统一，下不知所守，画策定议诸不在六艺之科、孔子之术，皆罢绝之。方今道德一，风俗同，家《诗》《书》而户孔孟，五尺童子羞比管晏，则既粹然正矣，而人才乃不逮古远甚，何哉？夫物莫不有实。实者，物之所凝于天地之精，而所用于天地之具也。稻粱之贵于荑稗决矣，有秕焉。虽如坻满车，上不登于簠簋，下不救于饥馁，何者？无实故也。无实则荑稗不若。今夫申不害、商鞅、墨翟、李悝、司马穰苴、孙武之徒，岂非学士之所贱简哉？尝试求之，天下有内修政教、外应诸侯、广地富国、立主威者乎？无矣。有枯槁不舍为天下垦草入邑者乎？无矣。有文能附众、武能威敌、攻取战克者乎？无矣。盖其所为，虽不轨于大道，然而言必信，行必果，即事必著其效，未尝以虚辞借也。故以诸子望圣人，不啻荑稗之于稻粱。”②

有人论《孙子》深远广大而比之于禅法之用。戚继光《纪效新书自序》

---

① 〔清〕纪昀等修：《文渊阁四库全书》第1282册，台湾商务印书馆1986年版，第589页。

② 〔清〕纪昀等修：《文渊阁四库全书》第1286册，台湾商务印书馆1986年版，第242~243页。

云：“天下之事难者多矣。至于兵，则难之尤者也。世有视弓马为末艺，等行伍为愚民者，是岂知本之论哉？黄帝之法根于几微，汤武之兵本诸仁义。几微之所由起，仁义之所从出，在于吾心。是故迹至粗也，而用至神也。然则兵岂细故哉？愚尝读孙武书，叹曰：‘兵法，其武库乎？用兵者，其取诸库之器乎？兵法，其药肆乎？用兵者，其取肆之材乎？’及读诸将传，又悟曰：‘此固善握器而妙用材者乎？学者欲求下手着实工夫之门，莫逾于此。’数年间予承乏浙东，乃知孙武之法，纲领精微莫加矣。第于下手详细节目则无一及焉，犹禅家所谓上乘之教也，下学者何由以措？”①

有人就孙子文中之具体内容予以评说。有论车战者，如沈际飞《孙子合笺》曰：“孙子用兵平原广野，悉用车战。战则以车为陈，止则以车为营。器甲糗粮，于是乎载。人得休息，以逸待劳。进无速奔，退则遽守。”②

有人就《孙子》奇正之论进行评论或阐释，如黄启瑞（或云黄之瑞）《草庐经略》卷五《正兵》云：“孙子之言，奇正之变也。非道其常，不足以辨奇正；非极其变，不足以尽奇正之妙也。兵正者，其阵堂堂，其队整整，退如山移，进如不可当，前却有节，左右应麾，可以更休而迭战，可以致远而无弊，敌人卒来，撼之而不动；敌人暗袭，当之而不乱。由此而变化不测，倏忽无常，是以正生奇也。纷纷纭纭，斗乱而不可乱；混混沌沌，形圆而不可败，是以奇归于正也。奇正之用，其无穷矣。”③ 又如何良臣《阵纪》卷二《奇正虚实》曰：“孙子谓：‘出奇者，无穷如天地，不竭如江河。’要知善用正者，亦如天地之无穷，江河之不竭耳。又曰：‘善用奇者，无不奇；善用正者，无不正。’正谓此也。世之谈兵者，执以旁击为奇，埋伏为奇，后出为奇；选锋为正，先合为正，老营为正。有等庸将派定伍队，正者只做正兵，奇者只做奇兵，皆非也。善用奇正者，不但使

---

① 《中国兵书集成》编委会编：《中国兵书集成》第 18 册，解放军出版社、辽沈书社 1995 年版，第 5~6 页。

② 谢祥皓、刘申宁辑：《孙子集成》第 11 册，齐鲁书社 1993 年版，第 307 页。

③ 新文丰出版社编辑部编：《丛书集成新编》第 32 册，台湾新文丰出版公司 1985 年版，第 459 页。

敌人不识我之奇正，如三军之众，偏裨之多，亦不得预测我之孰为奇、孰为正也。”①

有人论兵法传承、师徒授受而为孙武子鸣不平。抗倭名将戚继光从师承关系提倡尊崇孙子之学，批评那些诋毁讥诮孙武子的武生。《练兵实纪·杂集·储练通论》云：“习武者，不外于《孙》《吴》，是习《孙》《吴》者，皆孙吴之徒也。自夫世好之不同也，试文之余，每于篇中必肆诋毁讥诮其师，无所不至。试使今日之毁师者，受国家戡定之寄，而能攘外安内如孙吴者几人哉？夫业彼之业，而诋彼之短，是无师矣。以无师之心，而知忠爱之道，有是理乎？”② 戚继光说，武生在试文之余，极尽诋毁讥诮孙武子之能事，一面从事孙武子之业，一面却在诋毁孙武子，可谓欺师灭祖。明代武人对孙武子的态度恶劣到此种程度，今日读来，深感震惊，实难理喻。欺师灭祖之人在封建时代属于大恶之人，必定不容于师门，可是他们安然无恙。这只能说明，在当时的社会环境和文化环境中，若不在一定场合诋毁、讥诮孙武子，可能就显得不合时宜；只有肆意诋毁、讥诮孙武子及其兵书，方显武人本色。这恐怕还说明武人之前途、命运，操控在儒官之手，若不顺承其意，亦恐难有升迁之望。

从某种程度说，后世兵家之言，实则源于《孙子》十三篇。茅元仪《武备志·兵诀评孙子序》云：“自古谈兵者，必首《孙武子》……先秦之言兵者六家，前《孙子》者，《孙子》不遗，后《孙子》者，不能遗《孙子》，谓五家为《孙子》注疏可也。故首《孙武子》，次《吴子》，以其言核于诸家也。次《司马法》，次《韬》，次《略》，以备制也。次《尉缭子》，以其得用兵之意，可以辅诸家而行也。终之以《李卫公问答》、李筌《太白阴经》、许洞《虎钤经》，以其言皆所以申明六家，犹《易》之有京、焦，《春秋》之有三《传》也。《太白》本八卷，录其三，《虎钤》本二十卷，录其五，以其余谈制数，非决也。合九家而为《兵诀评》。要之，学兵诀者，学《孙子》焉

① 〔清〕纪昀等修：《文渊阁四库全书》第727册，台湾商务印书馆1986年版，第688页。

② 《中国兵书集成》编委会编：《中国兵书集成》第19册，解放军出版社、辽沈书社1994年版，第446~447页。

可矣。”① 虽然所论仅就先秦六家而已，但是其思想与戚继光一脉相承。

有人为孙子其人其书正名，如宋濂批评宋代叶适等人否定孙武及其著作的言论，其《诸子辩》为孙武子辩护曰：“《孙子》一卷，吴孙武撰。魏武帝注，自《始计》至《用间》，凡十三篇。《艺文志》乃言八十二篇。杜牧信之，遂以为武书数十万言，魏武削其繁剩，笔其精粹，以成此书。按《史记》，阖闾谓武曰：‘子之十三篇，吾尽观之。’其数与此正合。《汉志》出《史记》后，牧之言要非是。武，齐人，吴阖闾用以为将，西破强楚，入郢，北威齐晋，显名诸侯。叶适以不见载于《左传》，疑其书乃春秋末、战国初山林处士之所为。予独不敢谓然。春秋时，列国之事，赴告者则书于策，不然则否。二百四十二年之间，大国若秦、楚，小国若越、燕，其行事不见于经传者有矣，何独武哉？”②

有人批评武将、文士不懂孙子精义，如胡直批评世人不晓孙子战理，即使武将世家，也不明其文，更不能用之于战，其《衡庐精舍藏稿·刻武经七书序》云：“孙吴之书具在，世之武胄有终身莫谙其名文者，或谙其名文矣，又止于墨诵应科，竟未能有皎然试之其身者。”③ 无独有偶，明代著名刻书家、松筠馆主人闵于忱有与之相近的言论。闵氏一方面站在儒家立场，指出《孙子》为战国相倾之说，另一方面又批评后世经生、武弁即使从小习读，也未尝明其精蕴，赞叹其深奥玄微，其《孙子参同小引》云：“高氏《纬略》曰：‘兵流于毒，始于孙武。其言舍正而凿奇，背义而依诈。’是书果出于战国相倾之说，亦或其然。迄今数千载后，经生、武弁童而习之，若其精蕴，白首未得也。”④

有人论《孙子》用兵之变，如赵本学对孙子权变理论推崇备至，其《重

① 《中国兵书集成》编委会编：《中国兵书集成》第 27 册，解放军出版社、辽沈书社 1989 年版，第 185~186 页。

② 〔清〕纪昀等修：《文渊阁四库全书》第 1224 册，台湾商务印书馆 1986 年版，第 417 页。

③ 〔清〕纪昀等修：《文渊阁四库全书》第 1287 册，台湾商务印书馆 1986 年版，第 319 页。

④ 谢祥皓、刘申宁辑：《孙子集成》第 8 册，齐鲁书社 1993 年版，第 292~293 页。

刻孙子书校解引类序》云："《孙子》十三篇，实权谋之万变也，数千年来儒者未尝一开其扃钥。"① 赵氏云，数千年来儒者未尝一开兵法之扃钥，以儒家与兵家比较，一定意义上，把兵家置于儒家之上，比较委婉地贬抑了儒者之迂腐无能，张扬了兵家之深妙而实用。再如尹宾商以中医用药之变喻《孙子》因敌之变，其《兵垒·变》云："良将用兵，若良医疗病，病万变，药亦万变。病变而药不变，厥疾弗能瘳也。孙子曰：'能因敌变化而取胜者，谓之神。'善为将者，杀机在心，活局在臆。每自运方略，其法皆不同，非务相反也，时异势殊耳。故运用之妙，存乎一心，捷于矢不袭其镞，铦于剑不刻其舟。若赵括读父书而不知变，其覆军擒将，为天下万世笑，非不幸也。"② 尹宾商，字亦庚，号白毫子，湖北汉川人，有隽才，喜谈兵，名动江楚间，曾以恩选为邑令，因忤上官而去职。

有人以孙武与吴起做比较，互见优劣。徐祯卿《与同年诸翰林论文书》云："吴起书不如孙武子，然而孙之用兵不如吴。"③

有人批评章句小儒诋毁孙武等人的非凡功业，自身却汲汲于名位，一旦有事，则瞻顾重重，不知决断，难成大事。如尹民兴《某小吏学诗序之》："孙武之用兵，卫鞅之行法，李牧之守边，而子产之治郑也，《诗》云乎哉！此数子者，皆置心于毁誉得丧之外，故能坚守其术。以及于成世间小儒不足以谋大事者，好名之心重，而瞻顾之念多也。"④

有人就《孙子》之文章作法、文学成就予以评说，如明初朱君复《诸子斟淑》卷三二云："杜牧之注《孙子》叙云：'孙武著书数十万言，魏武削其繁剩，笔其精粹，凡十三篇，因注解之。'考《史记》本传，阖庐谓武曰：'子之十三篇，吾尽观之矣。'可见非笔削为十三篇也。其中妙喻迭出，如所

① 谢祥皓、刘申宁辑：《孙子集成》第 5 册，齐鲁书社 1993 年版，第 27 页。

② 《中国兵书集成》编委会编：《中国兵书集成》第 37 册，解放军出版社、辽沈书社 1994 年版，第 925 页。

③ 〔清〕纪昀等修：《文渊阁四库全书》第 1454 册，台湾商务印书馆 1986 年版，第 645 页。

④ 〔清〕纪昀等修：《文渊阁四库全书》第 1456 册，台湾商务印书馆 1986 年版，第 164 页。

谓‘奇正相生，如循环之无端’；‘势如彍弩，节如发机’；‘如转圆石于千仞之山’；“水因地而制流，兵因敌而致胜”；‘其疾如风，其徐如林，侵掠如火，不动如山，难知如阴，动如雷震’；‘始如处女，敌人开户；后如脱兔，敌不及拒’等语，即后代文士犹难措手，孰谓孙子徒武雄哉?”①

关于朱君复，在此作一小考。元末郑元祐有《赠朱君复秀士》诗。所谓“秀士”，即文才出众之士。其《侨吴集》卷五《赠朱君复秀士》云：“松陵驿里雨骚骚，翦拂谁甄汗马劳？扁石呼儿朝授简，疏棂启帙夜焚膏。不因圣药无熊胆，每为神山有凤毛。老我江湖读书眼，会看攀桂月轮高。”②“松陵驿”，即苏州之松江亭，此指朱君复居于苏州松江亭。“翦拂谁甄汗马劳”言其才高学深。“扁石呼儿朝授简，疏棂启帙夜焚膏”，言其朝夕读书授徒。“不因圣药无熊胆，每为神山有凤毛”，言其为熊罴之士、人中之凤，才学俊逸。“老我江湖读书眼，会看攀桂月轮高”，言其老居山野，不受重用。清代凤县知县周召《双桥随笔》卷一则云：“明朱君复有《诸子斟淑》一书，历数成周鬻熊以至于唐马总，凡五十一家，俱有评论。”③从以上材料看，朱君复当是元末明初的隐逸高士。

评说孙子兵书之文学性者，还有苏伯衡、归有光、宋濂等人。浙江金华人苏伯衡云：“《孙子》十三篇论战守次第与山川险易长短小大之状，皆曲尽其妙，摧高发隐，使物无遁情，此由文章妙处。”④归有光《孙武子》云：“孙武子，齐人，为吴王阖庐将，著此书。魏武笔其精粹为十三篇。往往舍正凿奇，背义依诈。然其词约而缛，易而深，畅而可用，名《孙武子》。”⑤宋濂论先秦诸子各派文章，颇有意味，说管仲之文重霸略，邓析之文重辨说，

---

① 〔明〕朱君复：《诸子斟淑》，见《丛书集成续编·子部》第76册，上海书店出版社1994年版，第6页。

② 〔清〕纪昀等修：《文渊阁四库全书》第1216册，台湾商务印书馆1986年版，第473页。

③ 〔清〕纪昀等修：《文渊阁四库全书》第724册，台湾商务印书馆1986年版，第384~385页。

④ 〔明〕归有光辑：《诸子汇函谈薮》，见《四库全书存目丛书·子部》第126册，齐鲁书社1995年版，第16页。

⑤ 《四库全书存目丛书》编委会编：《四库全书存目丛书·子部》第126册，齐鲁书社1995年版，第310页。

列子之文重清修，墨翟之文贵兼爱，公孙龙之文重名实，庄子之文轻生死，慎到之文重法术，鬼谷之文重捭阖，苏张之文重纵横，孙吴之文重兵略，然而不能与荀子之文相比，仍有差距，遑论与先王相比。表面上看，宋濂是在肯定孙吴文章，说它是诸子之一种。然而在宋濂的观念里，诸子不能与孔孟等列。这种观念反映了明代士大夫的主流观念。其《华川书舍记》云："自先王之道衰，诸子之文人人自殊。管夷吾氏，则以霸略为文；邓析氏，则以两可辨说为文；列御寇氏，则以黄老清净无为为文；墨翟氏，则以贵俭、兼爱、尚贤、明鬼、非命、尚同为文；公孙龙氏，欲屈众说，则又以坚白、名实为文；庄周氏，则又以通天地之统、序万物之性、达死生之变为文；慎到氏，则又以刑名之学为文；申不害氏、韩非氏宗之，又流为深刻之文；鬼谷氏，则又以捭阖为文；苏秦氏、张仪氏学之，又肆为纵横之文；孙武氏、吴起氏，则又以军刑、兵势、图国、料敌为文。独荀况氏粗知先王之学，有若非诸子之可及。"①

综上所引，明代诸子对孙武子的评说，有褒有贬，有毁有誉，亦有介于两者之间者，与宋代诸子大体相类。然而不同的是，宋代诸子中有不少怀疑孙武其人其书真实性的言论，而明代诸子几乎没有对孙武其人其书的怀疑。儒学自汉代作为官方哲学、治国纲领之后，发展到明代，其所体现的集权与专制的政治含义走向极端，渐趋僵化。程朱理学在南宋后期，尤其是宁宗朝、理宗朝为理学正名，被尊为正统学术，其儒学道统得到官方确认。然而，直到元代，朱熹《四书章句集注》作为科举教材，儒学在思想上的统治地位才最终确立。明成祖朱棣钦定"四书""五经"等理学文本，以朱熹注疏为标准答案，天下读书人皆以孔、孟、程、朱之学为衡量一切是非的标准，所以明代诸子对孙武子的评判必然以程朱理学为依归。明代孙子学著作繁多，但是多数为了应武举试，其意在以孙子学为桥梁，而在试文之余，每在篇中讥诮、诋毁之，也就甚合情理而成为一种习焉不察的时尚了。

---

① 〔清〕纪昀等修：《文渊阁四库全书》第1223册，台湾商务印书馆1986年版，第268~269页。

第六章　清代孙子学

第一节　清代孙子学的时代背景

清军入关，实行剿抚并用策略，经过数十年的努力，平定了各个地方的反清力量，基本统一了全国。在对待反清势力方面，若遇抵抗，则一律剿灭，故有“扬州十日”“嘉定三屠”等事件；在对待故明皇室及遗臣方面，为故明崇祯帝发丧，不夺故明诸王爵禄，保护明陵，尊孔祭孔，录用降官，对生民暂行轻徭薄赋之策。经过顺治朝的整治，清朝在全国的统治得到稳定和巩固。

为了维护国家统一和领土完整，在军事上，康熙帝发动平定三藩之战、收复台湾之战、抗击沙俄之战、平定噶尔丹之战，并取得胜利。在政治上，满族统治者对汉族官员及士人多有猜忌，在某些重大利益上，仍然实行歧视政策，比如不许汉人在本省做官，实行回避制度；理藩院、户部银库、工部火药局等，全属满缺，汉人不得染指。所以，清朝最高统治者宣扬的所谓“满汉一体”政策，并非实质一体，而是表面一体。

在思想文化上，一方面实行禁锢政策，大兴文字狱，另一方面积极拉拢汉族读书人，宣扬和尊崇程朱理学，以八股文取士，重用有才学的儒生；开博学鸿儒科，为罗致天下不愿意参加科举考试的文士，改以诗赋考评之，然后分别授予官职，以此进一步笼络读书人，以消除汉族人民对清廷的抵抗情绪。但是，清朝沿袭了明朝弊政，故于康乾之后，贪腐日盛，精神日靡，从朝廷到地方，从衙门到军队，无一例外走向故步自封、自高自大、贪腐无度的境地。

从军事学术发展看，清朝在平定内乱、经略边疆的系列战争中，其战略、战术都得到了锻炼，特别是火器的普遍列装和使用，改变了清朝军队的作战样式，以骑兵为主要兵种的作战样式，逐步让位给装备了火器的成疏散队形的步兵；其编制体制也发生了深刻变革，由单一的骑兵逐渐发展为有步兵、骑兵、炮兵、工兵、辎重兵等诸兵种合成的军队编制体制。在较大的战役中，诸兵种合同作战样式进入全新时代，而主将的职责也由身先士卒、冲锋陷阵的前线移到了运筹帷幄、决胜千里的指挥所。由于作战样式的变化，战术动作和战斗队形也发生变化，清军过去那种逐利如鸟集、败退如兽散的游牧式战法，逐渐向比较正规的阵形和战术演变，然而这种演变所带来的战斗力，并没有受到清朝当局的重视，而是处在一种随波逐流、顺其自然的状态，所以直到鸦片战争之后，清朝当局才有意识地进行军队近代化革新。

清代后期，先后发生第一次鸦片战争、第二次鸦片战争、收复新疆的战争、中法战争、中日甲午战争、八国联军侵华战争、沙俄入侵东北战争和英军入侵西藏战争等，可谓战争不断，中华民族遭受前所未有的深重灾难，成为半封建半殖民地国家。上述战争，除了收复新疆的战争和中法战争取得最后的胜利，其余战争均以失败告终，清廷通过签订不平等条约，以割地和输银换取侵略者的欢心而苟安一时。

近代抗击外国侵略战争的失败，根本原因是决策者没有制定正确的战略计划，在面对外来侵略时，左右摇摆，或傲慢自大，或卑躬屈膝，没有团结和依靠民众，而是对内残酷镇压，对外懦弱无能，在抗击侵略的战争中，统属分散，政出多门，争权夺利，心志不齐，战术呆板落后，充分暴露了清廷只为保持其统治地位的自私和虚骄心理。

清廷面对强大的侵略者，面临深重的生存危机和亡国灭种的威胁，被迫接受近代化。清朝统治者中的开明之士不得不呼吁采取一些改良措施，来发展军事、科学、技术、教育等，以扭转日益倾颓的局势。比如最早倡议创练新军的清末大臣胡燏棻在《上变法自强条陈疏》中指出：“考西国，每经一战，则列阵之体一改；每创一器，则行阵之式一更。今中国一切攻守之法又沿旧，湘楚各军尚有大旗、刀矛为战具者，并有持新器而茫然不知用法者，犹复师心自用，以为昔年曾经战阵，即无不能御之敌，承讹袭谬，沿而不改。”①

兵学与军事的近代化是在向西方学习的过程中实现的。经历了清廷在战争上惨败、签订不平等条约，以及割土、输银、称臣之后，一些有识之士反思清朝和世界先进国家的差距，认为清朝军队的战争能力缺乏军事学术的支撑，而纯粹寄希望于人、财、物等条件的改善，是不可能取得全胜的。虽然清朝军队很重视硬件方面的建设，但是其军事学术很落后，缺乏深通军事学术的军事指挥人才。故在与列强的交战中，不得不向帝国主义列强学习近代军事、科学、技术和教育等，通过向德国和日本派遣留学生，以及聘请外国教官，编译、介绍发达国家的兵学著作，如日本教官应雄图编《战略学》、日本教官贺忠良编《战法学教科书》，以及裘荣治编《最新战法学》、清廷陆军部编《步兵暂行操法》、袁世凯等编《训练操法详晰图说》等军事教程，创办《武备》《海军》《军华》等兵学杂志，学习和宣传先进的军事理论和知识，以补充我国传统兵学之不足，兵学理论也由此迈向近代化。

与兵学理论近代化相伴而生的，是武器装备和军事教育的近代化。自洋务运动始，创办了近代化的兵工厂，延聘洋人当技师，制造先进的战船和枪炮，用以列装清军；创办近代化军事学堂，培养了大批军事指挥和军事理论人才；派遣留学生到德国、日本等国学习军事指挥和军事技术。

中国传统兵学的近代化，不仅终结了中国传统兵学，使中国传统兵学实现了质的发展，而且培养了清廷的掘墓人。因军事近代化而建立的新军，其

① 〔清〕陈忠倚辑：《皇朝经世文三编》卷一六《治体四变法上》，清光绪二十四年（1898）上海书局石印本。

中大批的先进分子发动了武昌辛亥革命，终结了两千一百多年的封建专制统治。

清代前中期（1644—1840），其社会思想、科学技术、工商业、军事力量等均落后于世界列强，但是“天朝上国”的观念根深蒂固，“俾睨天下”“横扫六合”的夜郎自大心态暴露无遗，思想保守、观念陈旧、战法呆滞，军事学术鲜有创见。自清以前，重农轻工商，重道不重器，兵学发展因循古人，重注释而轻创作，一味依傍经典。清代前中期兵学著述，基本限于注释和详解《孙子》《吴子》《司马法》《尉缭子》《六韬》《三略》《握机经》《素书》《阴符经》等武学经书，或为整理国故，或为武闱之用。在一定受众中还流传兵阴阳学，编撰和抄阅《太乙兵机便览》《太乙十精风雨赋》等书，甚至在清代晚期多次遭受战争惨败之后，仍有人寄取胜的希望于兵阴阳术数，而辑录注解《六壬军帐神机》，宣称其书“不但十用十灵，而有百占百验也，虽有《风后》《握机》《虎钤》《韬》《略》诸书，亦不可少”①。

清代前中期有一些原创性兵书，然大体不出孙吴之学，比较有价值的著作有王余佑《乾坤大略》、顾祖禹《读史方舆纪要》、魏禧《兵迹》《兵谋》《兵法》、揭暄《揭子战书》《兵法纪略》《兵经百篇》、王侃《治平要术》、年羹尧《治平胜算全书》、林君升《舟师绳墨》等。其中，王余佑《乾坤大略》不谈具体的战术战法，而是讲扭转乾坤的大战略，但是又以历代战例作辅证，故其名在民国时更名为《兵鉴》。此书提出了关于大战略的一些观点，比如兵进必有奇道、决战之道在出奇设伏、乘胜略地莫过于招降、据守必审形胜、立国在有规模、兵聚必资屯田等。年羹尧《治平胜算全书》虽主要采自《武经总要》《武备志》《孙子》等书，但是比较注重实用，较少空谈，提出了不少有益的战术思想，比如守城应该出奇用诈，以战代守，以击解围；官兵的战力来自平时严格训练；了解敌情不要局限于敌情，而要了解民情。这些都是有实际价值的用兵经验之谈，既有思想高度，又容易理解和操作。

---

① 〔清〕白水道人撰：《六壬军帐神机序》，见《续修四库全书》第1055册，上海古籍出版社2002年版，第473页。

清代后期（1840—1911），兵学一是沿袭汉末以来笺解、阐发《孙子》的传统，如顾福棠撰《孙子集解》、黄巩撰《孙子集注》。二是为适应时人学习和研读要求，以在官兵中讲授、普及为目的，兵书多予以白话演义。广东将弁学堂编述《孙子白话演义》，对《孙子》十三篇的解释全用白话，俚语俗言多有，非常适合中下层军官学习。如《作战》篇中的一段解语："上篇既说的计算，计算既定，就要预备战具了，所以这第二篇叫作《作战》。作战是预备粮草东西，作战没得别的巧法，总以神速为要。春秋时代，是用车战，与现在的陆军的制度不同。那时代的车，分为两种，一种是打仗的，一种是装火食器械的，打仗的车一千两，每一辆用四匹马拖走；装火食器械的车也是一千辆，每辆用两匹马拖走。"① 这种方式一改传统的注解之法，全无字、词、语、段的注释，只有对原文的讲解，纯用口语，娓娓道来，便于学习者接受。三是出现富有近代军事意识的兵书创作，如魏源撰《海国图志》、陈龙昌撰《中西兵略指掌》、袁祖礼撰《战守心法》、北洋武备研究所编《晚清新编陆军战法兵语字汇》。其中，《海国图志》是一部具有划时代意义的著作，表达了比较先进的政治、经济、军事等理念，介绍了西方国家的史地知识，主张既向当时西方国家学习先进的技术，又要能够自造、自修、自用技术，而不仰赖于外人。谢元福为《中西兵略指掌》作序云：

> 今之谈兵者众矣，穰苴、尉缭之术甚精也，肄西法者则迂之；德、法、英、美之器甚利也，泥古法者则诞之。谓西法必可用乎？则枪炮弹药之具备，将无败端矣；谓古法必当守乎？则鱼丽虎钤之久废，将无胜兵矣。执此以谈兵，所谓刻舟以求剑、胶柱以鼓瑟者也。背水之阵，韩信用之而得；马谡用之而失。甲子之占，周武以之而兴，商周以之而亡。鄂忠武王云："运用之妙，存乎一心。"旨哉言乎！旨哉言乎！楚沅陈司马成叔有味乎斯旨也，著《中西兵略指掌》二十四卷……合中西而编之以次，而旁及于诸家著述，与夫布军政局、美水师书院之新书《营伍之

① 广东将弁学堂编述：《孙子白话演义》，聚昌印刷公司1918年版，第6页。

要》《器械粮储之要》《气候之要》《水陆墩堡之要》，凡军中所当及者，无巨无细，无缓无急，无微不入，无美不备，而继之以《形势》《海防》《集说》终焉。是书也，其用之也宏，其取之也精，而其运用之妙，则大旨仍归于一心。夫练兵之有《实纪》也，草庐之有《经略》也，注《孙子》之有十三家也，中国所著录，盖人人而读之矣。枪之有来复、毛瑟也，炮之有格林、克虏伯也，陆之有地雷、炮台也，水之有铁甲、水雷也。西域所流传，盖人人而闻之矣。顾海军之设，训练十余年，度支千百万，猝有不虞，其望风惊遁，不能支一军，发一矢者，则何耶？盖舍是法不足以谈兵，泥是法亦不足以谈兵，而其挫衄溃败之由，则又非不用西法、不用古法之罪也。古之人有言曰："能与人规矩，不能与人巧。"又曰："用法恒得法外意。"去年之役，毋论矣。国家养士三百年，必有谋行勇士崛起行间，师其法，神明其规矩，尽化中外之见，而以心运用之，则庶几与古人为徒，不为西人所讪笑。是则作是书者之本心，而亦读是书者之会心也。①

谢元福为晚清时人，字子受，号绥之，广西临桂（今属广西桂林）人，咸丰十一年（1861）辛酉举人，同治十年（1871）辛未进士，官翰林院编修，淮、扬、海道台。

《中西兵略指掌》述古今中外之兵法、兵技、兵略，以传统与近代、中国与外国之军事思想，互相参校，以裨益于我之战略战法及军事技术。

清代后期还出现总结历代军事经验的兵史类著作，如谭吉璁《历代武举考》、徐炳龙《历代民兵考略》、北洋陆军编译局《历代名将事略》、张焕纶《历代方略纪要》、张泰交《历代车战叙略》、邓毓林《历代兵略》、闵峻《历代兵法观略》等。这些兵史类著作，反映了当时国人中有志之士把眼光转向历代兵事和兵论，试图通过总结历代军事、军人、军理、军备、军具、军略

---

① 《续修四库全书》编委会编：《续修四库全书》第969册，上海古籍出版社2002年版，第132页。

等与战争相关的问题，以改进或改善当时的军事状况。

清代后期兵学向着更加专业化发展，诸如守城、守边；刀法、枪法、弓法；海防、江防、筑垒、壕堑、要塞；教育、训练、行军、战法；炮兵、步兵、辎重兵、工兵、马兵；战车、兵器；炮学、枪学；内务、阵式、军制、兵史、兵技；天文、地理、水雷、军占、风角、军医、军需；陆军、水师、海军等，都有相应的著述。在清代兵学中，战争理论虽然占有一定比重，但是兵学发展到后期，更多的兵学著作出现，其专业性更强，技术性、技能性、科学性更高，并非如传统兵学侧重讲“道”的层面，而是更加注重“器”的层面。

此外，战具、战法升级换代。近代化的先进武器从国外购进或自产，装备于军队，由于武器的变化，其作战方法、阵法、样式也都随着变化，故清代八旗制度逐渐消亡，代之以近代军队的编制体制和训练方法，主要是仿效德国、日本等国。明清时期，火器已经装备部队，但是冷兵器使用仍占较大比重，甚至清代末期武举取士仍在考试骑射、步射、刀戟等。武举制度的废存问题，也在朝堂发生激烈争论，有人主张保留，有人主张废除，经过了一番曲折，武举制度在光绪二十七年（1901）被废除，从长安二年（702）武则天开始设立的武举制度至此退出历史舞台①，而传统兵学亦由此基本终结，向着近代兵学进一步转变。

第二节　清代孙子学的演进

清代孙子学与明代相比，虽然著述数量与之相当，但是著述目的更加功利化，多数孙子学著述是武举应试之作，作者和读者的功利心态都暴露无遗，故有清一代孙子学著述者的兵学水平，亦难与明代进士群体相提并论。在清代传世及亡佚的一百一十余部孙子学著述中，约有半数是为武举士子所作的

① 科举制度则从隋大业元年（605）设立到清光绪三十一年（1905）废除，历经一千三百年。

考试用书。这类书，大多标有“全题”“标题”“题炬”“名解”“策题”“讲义”“体注”“武闱”“箓题”等词，其内容大多模仿内场的策论考试，精心设计题目，或予以解答，或予以剖析，或予以释疑。这类著述，数量多，名目繁，语言比较通俗浅显，不作高深之论，十分适合武举士子的应试需求。较有代表性的应试之书，概述于下：

清代初期（1644—1662），主要有陈裕纂辑《武经全题汇解》《标题武经七书开宗合纂全题汇解》《武经七书集注合参》；尤大臣纂辑《武经七书题炬》；彭继耀、谈飞鸣纂注《武经七书醒宗》《增补武经集注大全》；沈定远纂辑《标题武经七书讲意新宗》；林嗣环、钱登峰《增补武经集注大全》；艾期芳《武经增删集注合参名解》；丁洪章《增补武经七书策题全解》；谢重纶撰《武经全题讲义通考》；章立帜撰《武经标题正说》；邓廷罗《兵镜备考》《兵镜或问》。邓氏之《兵镜备考》，顾名思义，即供武举士子备考之书，模拟武闱策论，择取要语，设为论题，为武举士子答卷而作，然而多所发明；《兵镜或问》亦设计问答，既作为武举的参考书，又对古典兵家的哲学范畴有比较集中的梳理、概述和总结，从哲学层面认识《孙子》，有其独特意义，不可忽视。

清代中期（1662—1840），主要有黎利宾、曹曰玮、夏仲龄辑注《武经三书汇解》；鲁经纂辑《武经大全标题会解》；孙道升、仇廷桂纂辑《武经三书体注大全会解》；夏振翼撰《武经体注大全会解》《增补武经三子体注》；艾钦撰《武闱三子详解》；张权时辑注《武闱三子全书析疑大全》《武经三书体注合解》等。所谓标题，即模拟标示武举乡试、会试策论之题，如“兵者国之大事”“道者令民与上同意”“兵者诡道”等，从兵书中择取原文而来。所谓体注，是指解其要旨，注其大意，析其根本，阐释所蕴含的战略战术思想。

清代后期（1840—1911），由于鸦片战争的爆发，帝国主义列强用坚船利炮强行轰开清朝紧闭的大门，清朝当权者夜郎自大的高傲心态受到沉重打击，武举虽未废除，但为武举而作的孙子学著述已不多见，孙子学著述转而切合战争现实，便于官兵研读，提升官兵战略谋略素养，这成为当时孙子学著述的主要目的。诸多著述中，学术性较强者，有顾福棠《孙子集解》、黄巩《孙子集注》；普及性较强者，有陈任旸撰白话译解《孙子十三篇直讲》，广东将弁学堂编述、陈希夷重订的《孙子白话演义》。

清代为武举而作的孙子学著述，还有佚名《读兵书杂记》、佚名《箓题句解》、佚名《武经七书开宗合纂增补全题汇解》，还有袖珍本武闱夹带之类的书，如佚名辑《武经三子全书》。这些武闱策论之书，多数出自民间书坊书肆，质量不高，而能得到普遍认可的应试之书，当数武秀才出身的朱墉所撰《武经七书汇解》，此书曾被指定为武学教材。箓题者，汇编武举策论题目成簿册之谓也。

清代之所以有大量的孙子学应试之作，主要是自顺治到光绪都实行武举制度，依据层级分为童试、乡试、会试和殿试，考中者分别称武秀才、武举人、武进士和三甲（状元、榜眼、探花）。这种制度的实行，既笼络了大批勇武之士为清朝效命，又客观上推动了以孙子学为代表的武学的发展。尽管武举地位不如文举，但是由于这是一条不错的进身之途，所以应试者依然如过江之鲫，大受各阶层人士的热衷追逐。

历来武人多半重力而不重识，能武而不能文，故策论类考试成绩往往很差，有的甚至不堪入目。对此，清代赵翼的记述甚为详细，其云：

> 武闱但以弓马技艺为主，内场文策不论工拙也。余尝主顺天乙酉科武乡试，其策有极可笑者，如“一旦”二字多作“亘”字，“丕”字又作“不一”字。盖缘夹带小本字画甚密，不能分晰，故抄誊讹错耳。又如“国家”字应抬高一字，则凡泛论古今处，如“国家四郊多垒”“社稷危亡”之类，亦无不抬写。“武生”自称“生”，则应于行内稍偏，乃又将“生人”“生物”“生机杀机”之“生”字，一概偏在侧边，如此者不一而足。然外场已挑入双好字号，则不得不取中。幸武闱无磨勘之例，可不深求耳。①

① 〔清〕赵翼撰：《檐曝杂记》卷二《武闱》，中华书局1982年版，第29~30页。

清代沿袭明代武举制度，通常每三年一考，分为外场和内场，外场是武艺考试，内场是策论考试。若外场不合格，则不得入内场。由于多数应试者断文识字欠佳，遑论兵法素养！故凡武艺出众者，策论即使较差，也能录取。久而久之，策论几乎成了一种走过场的考试。顺治及康熙时期，策题和论题分别取自武经三书《孙子》《吴子》《司马法》和儒家经典《论语》《孟子》。自乾隆以后，则策题、论题全部取自《武经七书》，不再考试儒家经典，而且要求一再降低。到了嘉庆年间，甚至废除了策论，干脆改为默写兵书约百字。由于政治上重文轻武，加之武举考试只重武艺，而不重兵法修养及军事思想，故武举的社会地位日渐为时人所轻视，待遇也大不如文官，由此造成了清朝中后期武将乏人的状况。

由于清代文武分途，能文者不能武，能武者不能文，故又有一些有识之士提出文武相济。早在明代后期，李贽就认为文事武备乃读书人之分内事，不可分割，应该以《武经七书》和儒家六经合一，以教天下万世。明代郑二阳著有《孙子明解》，其书参校者赵之琰在《孙子明解序》中，既提出兵、儒并重的看法，又提出“经学即兵法，兵法即经学”的观点，比李贽以六艺与七书合一更加激进。赵之琰评议郑二阳之注解：“不以《易》解《易》，《孙子》解《孙子》，而详引经传、子史、天文、奇遁、三教九流诸书，皆凿凿根据，发所未到。”① 而郑二阳则自云：“仁人用兵，如以毒药治病，一试不再试者也。因叹古人不特以活人之药活人，甚且以杀人之药活人，识者诚通医之说，于兵而生民，庶其大有造矣。”② 康熙皇帝也注意到文武分途不利于人才选拔，故敕令武科举人可以考文科进士，文科举人亦可考武科进士。然而终清一代，未有能此者。即使是自行科举之制以来，也仅有明代湖北武昌人熊廷弼能此。据清人王应奎考证，熊廷弼先中湖广武科乡试第一，然后又弃武从文，中万历二十五年（1597）丁酉科湖广乡试第一，成为文武两解元，故有人题其榜曰：“三元天下有，两解世间无。”第二年又登进士第。只

① 谢祥皓、刘申宁辑：《孙子集成》第10册，齐鲁书社1993年版，第26~27页。
② 谢祥皓、刘申宁辑：《孙子集成》第10册，齐鲁书社1993年版，第16~17页。

是其大才难展，虽先后两次经略辽东，但是壮志未酬，成了明朝后期党争的牺牲品。

由于枪、炮、雷等火器在战争中的普遍使用，武举中所考箭法、刀法等传统武艺显然考非所用，故朝野均有废除武举的呼声，但是直到光绪二十七年（1901）才废除了自长安二年（702）以来近一千二百年的武举考试。

清代亦有一些进士出身者精研《孙子》，撰写解读、校释之作，如《孙子汇征》的撰者郑端，为顺治十六年（1659）己亥进士；《孙子十家注》的校刻者孙星衍、吴人骥，分别为乾隆五十二年（1787）丁未进士和乾隆三十一年（1766）丙戌进士；《武备集要》纂者马慧裕，乃乾隆三十六年（1771）辛卯进士；《兵法三家撮要》的作者胡统虞，为明朝崇祯十六年（1643）癸未进士。武进士则有《武经三书汇解》《武经七书汇解》的撰者之一曹曰玮，乃康熙三十三年（1694）甲戌武状元。

有的作者虽出身儒者，却富有作战指挥经验，如《兵法七种》的选注者胡林翼、左枢，分别为湘军统帅和将领，胡林翼还是道光十六年（1836）丙申进士。清代孙子学的进士作者群体与明代庞大的进士群体相比，显然不可同日而语。

清代亦有一些汲汲于《孙子》注解及校刻的人，他们或出于兴之所至，或出于文化传承，或出于倡导文武兼通，而编纂、辑录、注解、评点《孙子》。主要著述有谢文洊撰《兵法类案》、邓廷罗撰《孙子集注》、王又乔《孙子集注》、王瞰《武经三书集注》、李宝洤编纂《诸子文粹》、翁同书批点《孙子十三篇》、凌堃《孙子增注》、何惺编撰《武备指南》、丁洪章辑注《武经全解》等，其目的非为武举士子提供模拟性策论及答案，而是着眼于学术性探讨或对兵事实践的指导，所以价值较大，并非体式一律的武举考试用书可比。

清代孙子学学人当中，有一些是无意仕进的文人或隐逸之士，他们亦把目光投向孙子学，如《孙子附解》的撰者郑达，自号奈村农夫；《戊笈谈兵》的作者汪绂终生未仕；《精写孙子兵法》的抄录者丁晏未入仕；《孙子十三篇》的作者姚椿，未入仕；《孙子集解》的作者顾福棠，虽是光绪十四年

（1888）副贡生，但终生布衣；《孙子集注》的作者清光绪间长沙人黄巩，亦未入仕。他们多以讲学、授徒、著述为事，是纯粹的学人。

清代孙子学，其主体是武举策论之学，表面繁荣的景象后面，隐藏着孙子学衰微的实质。多数孙子学著述者，不免陷于标题帖括之习，虽在一定程度上传播了孙子学，但是真正从事孙子学的人并不多。究其原因，大抵由于清代为少数民族统治，对汉人既施以笼络之策又严加防范，清代的汉族士子并不如明代士子一样有着十分浓重的民族忧患意识，而是或为富贵，或为隐逸，其心并不和清朝统治者同。而且，满人自身在文化传承与创新上能力不足，均有赖汉族知识分子。基于此，清代文科进士虽考录不少，但是撰述孙子学著作的不多，在明代的进士群体是孙子学著述的主要力量。

然而，清代也有一些值得称道的孙子学学人及著作，如孙星衍及其校刊《孙子十家注》。孙星衍为乾隆五十二年（1787）丁未进士，历任翰林院编修、刑部主事、刑部郎中、兖沂曹济兼管黄河兵备道、山东督粮道等职。孙星衍辞官后主持南京钟山书院，读书、著述。其所校刊《孙子十家注》，以《道藏》本《孙子》为底本，以《通典》《太平御览》为校本，成为清代中后期流行广泛的本子，使《孙子》的传本自宋代以后以《武经七书》本为主流的局面得到改善，对孙子学的贡献非小。其他如郑端《孙子汇征》、汪绂《戊笈谈兵》、顾福棠《孙子集解》、黄巩《孙子集注》及王仁俊辑佚之作《孙子佚文》都是清代学术性较强的孙子学作品。

值得一提的是，与清廷相抗衡的太平天国，亦重视兵学传习，效仿前朝及清廷做法，实行武举考试，选拔弁将之材。当时应试士子的必读教材，乃洪秀全所定的《武略书》。

第三节　清代孙子学现衰微之象

清代孙子学仍以集解、集注、直解、笺注、辑录、句解等形式注解《孙子》，但是优秀之作不多，而且作者群体的人员构成发生改变，孙子学学人中，进士不多，文化素养参差不齐，从整体上说，其著述能力不可与明代学人同日而语。故清代孙子学著述，表面繁多，然其目的，不论是作者、读者、刻印者、书商，都是为了牟利，学术担当、文化自觉的意识不强，故孙子学表面繁荣的背后，已现衰微之象，尤其到了清代后期，已是强弩之末不可穿鲁缟矣。

鸦片战争爆发后，一方面传统兵学的弊端日益显现，另一方面将士普遍缺乏基本的兵略、韬略素养，更缺乏近代军事知识和技术，故以孙子学为核心内容的传统兵学要为反侵略战争提供智力支撑显得力不可支，近代兵学之途由此开启。显然，在清代后期，以应试为主要目的的孙子学，以策论、标题、备考等为书名的帖括之作，根本无法改变晚清积贫积弱、受人欺侮的现状。

清朝八旗官兵及其子弟，大多不学无术，仅以科举考试为例，著名史家范文澜有云："旗人乡会试在清初另立一榜，止考翻译（用满文译汉文一篇），称为翻译科举。雍正以后，旗汉人一体考试，形式上似乎很公平，可是事实却大不然。试取一甲作例，从顺治三年至光绪二十年，状元、榜眼、探花凡三百二十四人，其中宗室、满洲、蒙古、汉军、盛京共得状元一人（蒙古人），探花二人（汉军旗人），汉人共得三百二十一人（江苏最多，计一百一十六人；浙江较少，七十四人）。旗汉人中式名额，相差极远。"① 由此大体可知当时满族人的文化知识水平很低，更谈不上著述能力，他们只是一个食利食禄阶层。虽有一些满汉、满蒙文对照类孙子学著述，如耆英编译的《满汉合璧孙子兵法》、桑额编译的满汉对照《孙吴武经》、桑儒布编译的《蒙古文孙子兵法》、三格编译的《满汉合璧孙子十三篇》，以及其他一些佚名者编译的满、蒙、汉文合璧《孙子兵法》，亦可算是清代孙子学的一个特色，然而这类孙子学著述，仅是语言的译介，无文义及思想的笺解和阐述，除了为满族人、蒙古族人提供阅读便利，价值不大。

第四节 清代类书引《孙子》

清代官修类书，主要有《渊鉴类函》《古今图书集成》《子史精华》《佩

① 范文澜著：《中国通史简编》，河北教育出版社 2000 年版，第 717 页。

文韵府》《骈字类编》《分类字锦》等。前三书皆引录《孙子》文，其余类书不见引录。

《渊鉴类函》设有“武功部”，分兵法、论兵、将帅、偏将、威名将、儒学将、军师、军旅、武、文武相须、讲武、田猎、耀武、训练、号令、谋策、料敌、征伐、军容、兵势、攻战、火攻、水战、车战、守备、拒守、险固、军门幕府等，凡一百三十一类。每类引先秦至明代兵书，加以纂辑，其中引《孙子》者亦夥。兹例举如次：

《渊鉴类函》卷二〇六《武功部一·兵法二》“孙子十三篇”条：

> 《史记》：“孙子武者，齐人也。以兵法见于吴王阖庐。阖庐曰：‘子之十三篇，吾尽观之矣。’”①

《渊鉴类函》卷二〇六《武功部一·兵法二》“起之书几乎正，武之书一乎奇”条：

> 《经籍考》：“高氏《子略》曰：‘读《吴子》，盖与孙武截然其不相侔也。起之书几乎正，武之书一乎奇。’”②

《渊鉴类函》卷二〇六《武功部一·论兵一》引录：

> 《孙子》：“兵者国之大事，死生之地，存亡之道，不可不察。故经之以五事，校之以计而索其情：一曰道，二曰天，三曰地，四曰将，五曰法。道者，令民与上下同意，可与之死，与之生，而不畏危也；天者，阴阳、寒暑、时制也；地者，远近、险易、广狭、死生也；凡

---

① 〔清〕纪昀等修：《文渊阁四库全书》第987册，台湾商务印书馆1986年版，第372页。

② 〔清〕纪昀等修：《文渊阁四库全书》第987册，台湾商务印书馆1986年版，第372页。

用兵之法，日费千金，然后十万之众举矣。久暴师则国用不足。夫顿兵挫锐，屈力殚货，则诸侯乘其弊而起，虽有智者，不能善其后也。故善用兵者，役不再籍，粮不三载，取用于国，因粮于敌，故军食可足。兵久而国利者，未之有也。不尽知用兵之害者，不能得用兵之利也。故军之所以患于君者三：不知军之不可以进而谓之进，不知军之不可以退而谓之退，是谓之縻军；不知三军之事而欲同三军之政，则军士惑矣；不知三军之权而欲同三军之任，则军覆疑矣。三军既惑且疑，则诸侯之难至矣。”①

《渊鉴类函》卷二〇七《武功部二·将帅一》引录：

孙子曰：“将者，智、信、仁、勇、严。”又曰：“将能而君不御者胜。”原又曰：“凡用兵之法，将受令于君，合军聚众，圮地无舍，衢地合交，绝地无留，围地则谋，死地则战，涂有所不由，军有所不击，城有所不攻，地有所不争，君命有所不受，故将通于九变之利者，知用兵矣。”增又曰：“将军之事，静以幽，正以治，能愚士卒之耳目，使之无知；易其事，革其谋，使人无识；易其居，迂其途，使人不得虑；帅与之期，若登高而去其梯，帅与之深入诸侯之地，而发其机。若驱群羊，莫知所之，聚三军之众，投之于险，此将军之事也。”②

《渊鉴类函》卷二〇七《武功部二·将帅三》“五危”条：

《孙子》：“将有五危，必死可杀，必生可虏，忿速可侮，廉洁可辱，爱民可烦。凡此五者，将之过也，用兵之灾也。覆军杀将，必以

① 〔清〕纪昀等修：《文渊阁四库全书》第987册，台湾商务印书馆1986年版，第374~375页。

② 〔清〕纪昀等修：《文渊阁四库全书》第987册，台湾商务印书馆1986年版，第389页。

五危。”①

《渊鉴类函》卷二〇七《武功部二·将帅三》“思计如饥，思士如渴”条：

《孙子兵法秘要》：“良将思计如饥，所以战必胜，攻必取也。”②

《渊鉴类函》卷二〇七《武功部二·将帅四》“动犹璧玉”条：

《孙子兵法》：“贵之而无骄，委之而不专，扶之而无隐，危之而不惧，故良将之动也，犹璧玉之不可污也。”③

《渊鉴类函》卷二〇七《武功部二·将帅四》“视如婴儿”条：

又视卒如婴儿，故可与之赴深溪；视卒如爱子，故可与之俱死。④

《古今图书集成》专设孙子部，分为孙子部汇考、孙子部总论、孙子部艺文、孙子部纪事四类，汇集先秦至明代关于孙子学的有关著录、考辨、论评、颂赞等材料。此外，引有《玄女兵法》《太公兵法》《卫公兵法》的文字数条；引有《太公六韬》《管子·兵法》《尉缭子》《淮南子·兵略训》《卫公兵法》《吴子》的文字。

---

① 〔清〕纪昀等修：《文渊阁四库全书》第987册，台湾商务印书馆1986年版，第397~398页。

② 〔清〕纪昀等修：《文渊阁四库全书》第987册，台湾商务印书馆1986年版，第398页。

③ 〔清〕纪昀等修：《文渊阁四库全书》第987册，台湾商务印书馆1986年版，第402页。

④ 〔清〕纪昀等修：《文渊阁四库全书》第987册，台湾商务印书馆1986年版，第402页。

兹仅列《古今图书集成》引《孙子》如下：

《孙子》："凡军好高而恶下，贵阳而贱阴。"①

《孙子》："铄金为洪炉，盗隶不探；鸩肉在俎，饿徒不食。"②

《孙子·火攻》篇："月在奎、壁、翼、轸此四宿者，风起之日也。"③

《孙子·军争》篇："动如雷霆。"④

《孙子·军争》篇："夜战多火鼓，昼战多旌旗。"⑤

《火攻》篇："凡火攻有五：一曰火人，二曰火积，三曰火辎，四曰火库，五曰火队。行火必有因，烟火必素具。发火有时，起火有日。时者，天之燥也；日者，月在箕、壁、翼、轸也。凡此四宿者，风起之日也。凡火攻，必因五火之变而应之。火发于内，则早应之于外。火发而其兵静者，待而勿攻。极其火力，可从而从之，不可从则止。火可发于外，无待于内，以时发之。火发上风，无攻下风。凡军必知五火之变，以数守之。故以火佐攻者明，以水佐攻者强。"⑥

《孙子部汇考二·唐杜牧孙子注三卷》引用杜牧《注孙子序》全文。⑦ 因

---

① 〔清〕陈梦雷等编：《古今图书集成》第 8 册，中华书局影印 1934 年版，第 32 页，第 2 栏。

② 〔清〕陈梦雷等编：《古今图书集成》第 697 册，中华书局影印 1934 年版，第 6 页，第 2 栏。

③ 〔清〕陈梦雷等编：《古今图书集成》第 12 册，中华书局影印 1934 年版，第 18 页，第 2 栏。

④ 〔清〕陈梦雷等编：《古今图书集成》第 13 册，中华书局影印 1934 年版，第 19 页，第 3 栏。

⑤ 〔清〕陈梦雷等编：《古今图书集成》第 14 册，中华书局影印 1934 年版，第 50 页，第 2 栏。

⑥ 〔清〕陈梦雷等编：《古今图书集成》第 14 册，中华书局影印 1934 年版，第 50 页，第 2 栏。

⑦ 〔清〕陈梦雷等编：《古今图书集成》第 591 册，中华书局影印 1934 年版，第 56 页，第 1~2 栏。

本书多处有所引录，故于此阙而不引。

《孙子部汇考二·按欧阳修序》引用欧阳修《孙子后序梅圣俞注孙子》全文。因此文重要却又常被忽视，故照录于下，以引起注意：

> 世所传孙武十三篇，多用曹公、杜牧、陈皞注，号“三家孙子”。余顷与撰《四库书目》，所见《孙子》注者尤多。武之书本于兵，兵之术非一，而以不穷为奇，宜其说者之多也。凡人之用智，有长短，其设施各异，故或胶其说于偏见，然无出所谓三家者。三家之注，皞最后，其说时时攻牧之短。牧亦慨然最喜论兵，欲试而不得者，其学能道春秋战国时事，甚博而详。然前世言善用兵称曹公，曹公尝与董、吕、诸袁角其力而胜之，遂与吴、蜀分汉而王。传言魏之将出兵千里，每坐计胜败，授其成算，诸将用之十不失一。一有违者，兵辄败北。故魏世用兵，悉以《新书》从事，其精于兵也如此。牧谓曹公于注《孙子》尤略，盖惜其所得，自为一书。是曹公悉得武之术也。然武尝以其书干吴王阖闾，阖闾用之，西破楚，北服齐、晋，而霸诸侯。夫使武自用其书，止于强霸。及曹公用之，然亦终不能灭吴、蜀，岂武之术尽于此乎？抑用之不极其能也？后之学者徒见其书，又各牵于己见，是以注者虽多而少当也。独吾友圣俞不然，尝评武之书曰：“此战国相倾之说也。三代王者之师，司马九伐之法，武不及也。”然亦爱其文略而意深，其行师用兵、料敌制胜亦皆有法，其言甚有序次，而注者汩之，或失其意。乃自为注，凡胶于偏见者皆抉去，傅以己意而发之，然后武之说不汩而明。吾知此书当与三家并传，而后世取其说者，往往于吾圣俞多焉。圣俞为人谨质温恭，衣冠进趋，眇然儒者也。后世之视其书者，与太史公疑张子房为壮夫何异？①

① 〔清〕陈梦雷等编：《古今图书集成》第591册，中华书局影印1934年版，第56页第3栏。

此外还有几处引录：

《孙子·军争》篇："是故《军政》曰：'言不相闻，故为之金鼓；视不相见，故为之旌旗。'夫金鼓旌旗者，所以一人之耳目也。人既专一，则勇者不得独进，怯者不得独退，此用众之法也。"①

《孙子·谋攻》篇："《孙子》曰：'凡用兵之法，全国为上，破国次之；全军为上，破军次之；全旅为上，破旅次之；全卒为上，破卒次之；全伍为上，破伍次之。是故百战百胜，非善之善者也；不战而屈人之兵，善之善者也。'"②

《孙子·谋攻》："上兵伐谋，其次伐交，其次伐兵，其下攻城。攻城之法，为不得已。修橹轒辒，具器械，三月而后成；距堙，又三月而后已。将不胜其忿而蚁附之，杀士卒三分之一，而城不拔者，此攻之灾也。故善用兵者，屈人之兵而非战也，拔人之城而非攻也，毁人之国而非久也，必以全争于天下，故兵不顿而利可全，此谋攻之法也。故用兵之法，十则围之，五则攻之，倍则分之，敌则能战之，少则能守之，不若则能避之。故小敌之坚，大敌之擒也。"③

另有照录《孙子》十三篇全文。④ 原文均略，不引录于此。

《子史精华》（清光绪十年甲申春上海同文书局石印本）亦专设武功部（卷七二至卷七六），涵盖兵机、将帅、士卒、行阵、克捷、勇力、攻守、训练等内容，摘取《管子》《老子》《孙子》《鹖冠子》《商子》《慎子》《吴子》

---

① 〔清〕陈梦雷等编：《古今图书集成》第740册，中华书局影印1934年版，第45页，第2栏。

② 〔清〕陈梦雷等编：《古今图书集成》第741册，中华书局影印1934年版，第25页，第1栏。

③ 〔清〕陈梦雷等编：《古今图书集成》第764册，中华书局影印1934年版，第47页，第1栏。

④ 〔清〕陈梦雷等编：《古今图书集成》第748册，中华书局影印1934年版，第2页第3栏至第4页第1栏。

《尉缭子》《韩非子》《荀子》《吕氏春秋》《淮南子》《文中子》《国语》《战国策》《史记》《汉书》《后汉书》《蜀志》《吴志》《魏志》《晋书》《宋书》《齐书》《梁书》《南史》《魏书》《周书》《北史》《隋书》《旧唐书》《新唐书》《五代史》《宋史》《辽史》《金史》《元史》《阴符经》《阴符经注》《六韬》《心书》《两同书》《水经注》《逸周书》《梦溪笔谈》《鹤林玉露》《文始真经》《东都事略》等。先列成语、典故，后引相关文和事。

《子史精华》卷七三《武功部二·将帅》有五条：

"生民司命"条：《孙子》："知兵之将，生命之司命。"①

"五危"条：《孙子》："将有五危：必死可杀，必生可虏，忿速可侮，廉洁可辱，爱民可烦。此五者，将之过也，用兵之灾也，覆军杀将，必以五危，不可不察也。"②

"智信仁勇严"条：《孙子》："将者，智、信、仁、勇、严也。"③

"登高去梯"条：《孙子》："帅与之期，如登高而去其梯。"④

"若驱群羊"条：《孙子》："焚舟破釜，若驱群羊，驱而往，驱而来，莫知所之。"⑤

《子史精华》卷七四《武功部三·士卒》"婴儿爱子"条：

《孙子》："视卒如婴儿，故可与之赴深溪；视卒如爱子，故可与

① 〔清〕纪昀等修：《文渊阁四库全书》第1009册，台湾商务印书馆1986年版，第114页。

② 〔清〕纪昀等修：《文渊阁四库全书》第1009册，台湾商务印书馆1986年版，第114页。

③ 〔清〕纪昀等修：《文渊阁四库全书》第1009册，台湾商务印书馆1986年版，第114页。

④ 〔清〕纪昀等修：《文渊阁四库全书》第1009册，台湾商务印书馆1986年版，第114页。

⑤ 〔清〕纪昀等修：《文渊阁四库全书》第1009册，台湾商务印书馆1986年版，第114页。

之俱死。”①

《子史精华》卷七六《武功部五·攻守》有四条：

“十围五攻”条：《孙子》：“故用兵之法，十则围之，五则攻之。”②

“藏于九地之下，动于九天之上”条：《孙子》：“善守者，藏于九地之下；善攻者，动于九天之上。”③

“以正合，以奇胜”条：《孙子》：“凡战者，以正合，以奇胜。故善出奇者，无穷如天地，不竭如江河。”④

“避锐击惰”条：《孙子》：“是故朝气锐，昼气惰，暮气归。善用兵者，避其锐气，击其惰归，此治气者也。”⑤

第五节　清代注《孙子》

一、朱墉、国英纂注《孙子》

朱墉，字鹿冈，江苏吴县（今属江苏苏州）人，武秀才，康熙间参加乡试不第，旋入封疆大吏蔡毓荣戎幕为僚。后居南京，在雪浪庵讲学授徒。著有《武经七书汇解》《广百将论》《毛诗春秋通论》等。

---

① 〔清〕纪昀等修：《文渊阁四库全书》第1009册，台湾商务印书馆1986年版，第125页。

② 〔清〕纪昀等修：《文渊阁四库全书》第1009册，台湾商务印书馆1986年版，第151页。

③ 〔清〕纪昀等修：《文渊阁四库全书》第1009册，台湾商务印书馆1986年版，第151页。

④ 〔清〕纪昀等修：《文渊阁四库全书》第1009册，台湾商务印书馆1986年版，第151页。

⑤ 〔清〕纪昀等修：《文渊阁四库全书》第1009册，台湾商务印书馆1986年版，第151页。

光绪二年（1876）国英撰《重刊武经汇解总序》云："夫有文事者，必有武备。言乎文事，则新民明德；言乎武备，则攻心伐谋。二者相因，而事功乃济。兵书一道，非习之于常，不能应之于变。忆自道光间，封疆底定，教匪初平，偃武修文，人皆忘战。未几，海疆衅起，粤逆相继为乱，海内骚动者垂二十年，岂非武备不讲之故欤？余少孤寡学，武略非所知，始读《武备志》《纪效新书》，茫然莫测其旨。洎乎供职兵曹，阅四司所掌，始知我朝兵制。所以励将才、简军实者，犹是大司马九伐之遗意。适友人瑞芝轩斌以《武经汇解》见授，余读而爱之。迨分巡归绥，值西疆回匪扰及晋郊，勒兵助剿，而金鸡堡以平，则得此书之力也。按《七书》之中，《四库全书总目》收其注者，惟刘寅《三略直解》，至阮芸台相国所进，则有《孙子十家注》、刘寅《尉缭子直解》，《道藏》则有《魏武帝孙子》《遗说》，而此书所采，至八十五种，可谓赅而博矣。夫历代谈兵之书最夥，然皆以七书为宗。鹿冈复汇众说而解之，其阐发尤为美备。虽《六韬》《三略》或疑伪托，然言之有故，持之成理，要非浅浅寡谋者所能道。读兵家言者，取其有用足矣，岂必拘之于此哉？余拟购求别本，遍访不可得。深恐前贤秘笈湮没不传，爰与幕中同志校而刊之，使读之者条分缕晰、了如指掌，庶天下智能之士得知兵家利害，为国家宣力四方，靖内患而洁外侮，余心不大慰哉？晚近士大夫润色升平，讳言韬略，动以兵凶战危为解，而武备以废。不知安不忘危，治不忘乱，古训有之。鹿冈见及此，而以世无定本，为作是编。今甫去鹿冈百七十年，此书又复散轶，余故欲寿诸世，以为百年不用之备云尔。"①

国英，字鼎臣，满姓索绰络氏，隶属满洲镶白旗，生于道光三年（1823），卒于光绪十年（1884），历官兵部主事、兵部员外郎、江西按察使、广东盐运使等职。

朱墉于康熙三十九年（1700）自序云："自六经复出于汉学者，莫得其本真，于是诸儒章句之学兴焉，其后传、注、笺、解、疏、义，转相讲述，而圣道以明。至兵法之书，则犹多缺略也。然余观文武两途，如阴阳之不可相

① 谢祥皓、刘申宁辑：《孙子集成》第14册，齐鲁书社1993年版，第9~19页。

无也。第文为阳而主乎春夏，武为阴而主乎秋冬。发生者尚仁，肃杀者尚义，故孔子删《诗》《书》而赞乾元，老氏则论道德而崇清净。孟子、荀卿专本尼山，庄、列、申、韩惟师柱下，盖虚无流为刑名，刑名流为兵律，分轨殊趋，各有旨归矣。独是六经之道，原简严易直，迂儒强为分疏，而烦者不胜其烦。七子之言则放诞变迁，后人附会支离，而略者终守其略。虽有张、杜、梅、陈、欧阳诸先辈诠释，而世无善本，户少藏书，使武士不识统宗，良可悼哉！余尝从《艺文志》翻阅遗编，窃有所得也。若《孙子》之诡谲奥深、穷幽极渺，《吴子》之醇正简要、恕己近情，《司马》之缜密谨严、详核周至，《卫公》之辨析精微、考据典确，《尉缭》之敦本务实、峻法明刑，《黄石》之机权敏幻、智术渊闳，《太公》之规模阔大、本末兼该，是以并列黉宫，武士得其一二，足以建立奇勋，岂得谓为语言文字而不身体力行哉？说者曰暗合，运用者在于意授，何须更下注脚，失于胶柱刻舟，然冥悟可以求上哲，而不可以期中庸。读书而怀疑，如蒙瞽之愦愦于途，何如揭日月于中天乎？余故从而订之，疏解有浅深，汇集有先后，既统括其大纲，更纂序其神吻，必使无义不彻而止，世之好学者，其亦鉴余衷哉？但余上之不能修德行于乡党，次之不能效智勇于边陲，仅穷年兀首，考同辨异，为蠹鱼以老，其亦食仙而不化，无补于六经圣道，未免为君子所鄙笑也已。”①

朱墉纂辑、国英重订《重刊武经七书汇解》，由辉发索绰络氏国英重订，金陵朱之翰原鉴，青溪朱圻原订，金陵叶惟寅、禹山程家瑎同参，凤城刘文蔚录校。其体例是先“直解”，次“汇解”，再次“通义”，又次“开宗”，终以“国英曰”训解。如《始计第一》“兵者，国之大事，死生之地，存亡之道，不可不察也”，汇辑《左传》、《谷梁传》、《易传》、张预、李筌的相关文字和训注以参释之。“通义”亦汇辑诸家之说，辑录了梅尧臣、王皙、张预、刘寅等注。所谓“开宗”，即揭一章要旨之句段，指的是本句或本段在上下文或全篇中的作用。所谓“直解”，即偏重对语意的解释。所谓“汇解”，乃汇辑众家之言以解之。所谓“通义”，乃偏重对主旨的解释。综观十三篇汇解，

---

① 谢祥皓、刘申宁辑：《孙子集成》第14册，齐鲁书社1993年版，第1~8页。

大抵如此。然亦有异于此者，如有的地方标注“指南”“指归”，“指南”多明词语之用处，“指归”在于释其语言之用意。有的还有“翼注”。所谓“翼注”，即辅助注解。每篇结束，有“全旨”和“纂序”。所谓“全旨”，即对全篇大意的总括。所谓“纂序”，即本篇纂辑之后序，多为发挥本篇旨意。

朱墉《孙子汇解》之体例，是清代学者对《孙子》的总结性注释，显示了比较宏阔的学术视野和兼收并蓄的汇解风格，是对“集注”体例的发展。但是由于汇解名目细而繁，在实际操作中，互相之间难以进行明晰的区分。兹以“直解”和“通义”为例说明二者区别：虽然“直解”偏重文本的解释，“通义”偏重语义的解释，但是二者仍有交叉和重叠处。

二、邓廷罗注《孙子》及对孙子学的理论探讨

邓廷罗，字叔奇，号偶樵，江宁（今江苏南京）人，顺治中拔贡生，曾于康熙二年（1663）任漳州知府，康熙三年（1664）去职，官至湖广荆南道。著有《兵镜》。《四库总目提要》著录“《兵镜》十一卷”云：“是编凡《孙子集注》一卷十三篇，各为评释。其《作战》一篇移为第三；《九变》一篇改为《军变》；而删其与《地形》篇重出五句；《九地》一篇谓原本重复，为之改正，殊嫌窜乱旧文；次为《兵镜或问》上下卷各十五篇；次为《兵镜备考》八卷，则于十三篇中摘其要语为纲，而罗列史事以互证其说，摭拾颇为丛杂。”①

陈廷敬于康熙己未年（1679）仲春序曰：“邓观察偶樵著《兵镜》，书成，余得寓目焉，因俯而思，仰而叹曰：大哉！帝王将相之权舆。而古今成败得失之林也，兵事云乎哉……三代后，谈兵家辐辏蜂出矣，然大要折衷于孙武子。若夫尉缭、李靖之言，校诸十三篇，犹拾沈也。偶樵读书破万卷，他所论著，脍炙海内已久，其于《孙子》，章疏而句释之，翼以《备考》，参以《或问》，工良心苦，非为《孙子》也，以云镜也。夫盈虚消息，循诸天道；山林水泽，因诸地理；虚实、顺逆，度诸人情；迟速、取舍，揆诸事势。

① 〔清〕永瑢等撰：《四库全书总目》，中华书局1965年版，第846页。

如是而得，如是而失；如是而败，如是而成。上下数千年，若列眉而指掌也。”①

邓廷罗思考兵事与治乱关系，希望能从《武经七书》，尤其是《孙子》中寻求治国治兵良方，其《孙子集注序》曰：“兵者，治天下之具，亦乱天下之具也。善用之则治，不善用之则乱，盖古今往往而然矣。是故唐虞之世，兵不用而治；夏商之世，兵一用而治；春秋战国之世，兵数用而不治；秦汉唐宋之世，兵时用而时治，数用而数乱，则其故何也?《志》曰：‘兵凶战危，圣王不得已而用者也。’得已而不已，国虽强，好战必弱；不得已而已，国虽安，忘战必危。是故，兵无所谓法也。好战与忘战焉，二者而已矣。周之失，在忘战；秦之失，在好战；汉、唐、宋之失，在始好战而终忘战，非忘战也……古之谋深而虑远者，恒三致意焉。第言兵之家多矣，而规矱可守者，类推七书。其间或真或赝，不无泛滥寡要之虑，惟《孙子》十三篇简而该，精而有则。即其《始计》篇曰‘令民与上同意’，则其言近于道，而治国治兵之理，若符券焉。是可为韬钤士之金科玉律矣。因特编注以为式。”②

邓廷罗《兵镜》，正如《四库全书总目》所言，内容比较“丛杂”，包括《孙子集注》《兵镜或问》《兵镜备考》三种书，但是又连贯一体。《孙子集注》则包括章句、注释及编纂者诠解。《孙子集注凡例》云：“《孙子》一书，自《始计》，以迄《用间》，如同条，如共贯，原始要终，层次井井，十三篇如一篇也。至一篇之中，节有旨，句有义，亦靡不纲举目张，主宾互见。惟是嬴秦灰烬之余，篇次失序。迨汉、晋、唐、宋而还，传不一代，注不一家，鲁鱼豕亥之讹，相沿而愈乱。如《作战》窜《谋攻》，《军变》误《九变》，《九地》前后参差重复，俾读者目眯，作者意晦，盖种种焉。兹章句段落，一轨于度，复者删之，淆者正之，务使深浅虚实，明白易晓，极知僭罔之愆，或所不免。然因文解义，因义考法，古今人之相去未远也。”③ 由此，邓氏对

① 谢祥皓、刘申宁辑：《孙子集成》第 12 册，齐鲁书社 1993 年版，第 1~4 页。
② 谢祥皓、刘申宁辑：《孙子集成》第 12 册，齐鲁书社 1993 年版，第 13~15 页。
③ 谢祥皓、刘申宁辑：《孙子集成》第 12 册，齐鲁书社 1993 年版，第 17~18 页。

《孙子》篇题及顺序重加编次，依次是《始计》《谋攻》《作战》《军形》《兵势》《虚实》《军争》《军变》《行军》《地形》《九地》《火攻》《用间》，其中《谋攻》与《作战》互换次序，《九变》改为《军变》。辨章析句、订正讹误，使深者浅，虚者实，晦者明，复者删，烦者约，自是邓氏章句之义。

邓廷罗有感于《孙子》注解，虽有数十家，然而多为单词只句，并散见于他书。至于条分缕析，“画然成一家言者”，则“未之概见”，故撰成《孙子集注》，总为一卷。此书略仿《紫阳经书》体例，于每篇序次前后关联以见大意，于每节总括要旨以别源流，于每句逐字音释以详训诂。

邓廷罗又有感于救乱如救病，用兵犹用药，善医者因症立方，善兵者因敌设法。医不通晓药方，不可谓良医；将不贯穿古今战例，不可谓良将。故不仅训解《孙子》深义，而且力图以古今名将之战事以诠释和印证之，并以《孙子》每篇中足以师法之语，作为标题，为十三卷，名之曰《兵镜备考》。

邓廷罗有感于《孙子》十三篇，无篇不可为法，无句不可为训，考察古今用兵之事，或时同而法异，或事异而法同，固当切墨引绳，却不可胶柱鼓瑟，故将历代庙谟胜算、文德武功之事迹相反、名义相类者，设为问答，使之相提并论，以考其得失，于同处求异，异处求同。其文总而为《兵镜或问》，其篇题，则拟如“王霸”“天人”“内外”“文武”“用舍”“人势”“道法”“赏罚”“创守”“微彰”“恩威”“谋战”“先后”“缓急”“弃取”“奇正”“险易”“常变”“分合”“攻守”“迂直”“彼己”“治乱”“劳逸”“进退”“顺逆”“主客”“长短”“强弱”“虚实”“众寡”“老壮”“久速”等相反相成之语词。邓氏《兵镜或问序》论禅与兵、心学与兵学曰：

> 兵犹禅也，禅不悟不了，兵不悟不神。曰：“悟不可以言传，问答云乎哉?”曰：“义由文宣，法由心悟。渔人得鱼而忘筌，顾不筌而得鱼者，未之闻也。帖括之家，究其文，不究其实；韬钤之士，知其粗，不知其精，是以人无师学，家传父书，何怪乎三代以后绝无武功乎？古之不用兵法而暗合孙吴者，汉霍去病、唐张巡、宋岳飞三人耳。飞之言曰：‘阵而后战，兵法之常，运用之妙，存乎一心。’噫！人谁无心，而问《阴

符》于黄石哉？夫诸法咸备于《十三篇》，而治气治心之学，始则倡于武穆，继则和于文成，千古而下，盖两人而已……所行皆顺乎人心，斯无往而不克尔。夫不悖于一心，则人心顺；不悖于人心，则天心顺。兵之法，如是焉足矣。而或者犹以为春秋之节制，不同于三代之仁义；后世之兼并，不同于春秋之战伐。要皆论世升降之说，而遂执为用兵之定衡，岂其然乎？杜杲有言：吾兵间无悖谋左画，皆得力于《四书》。夫《四书》为孔、孟、曾、思发明道学之书，而善读者无不可以治兵。今之应制科者，莫不文习《四书》，武习《七书》矣。行而著、习而察者，又何人哉？吾姑以今之心与古之心，此斟而彼酌；以有是人之心与无是人之心，送往而迎来。盖亦渔人之筌而已。若曰得鱼，是在悟者相遇于有言无言之外可也。"①

《兵镜或问》以问答的方式比较充分地阐述了邓廷罗的兵学思想。比如《王霸》篇，或问："自古用兵之家，仁义者王，节制者霸，王与霸有辨乎？"邓氏答曰："知仁义而不知节制，不可以言王；知节制而不知仁义，不可以言霸。王霸者，义利之辨而已，非仁义、节制之谓也。"② 比较客观地解决了王霸之间的对立问题，指出了王霸的本质区别是义利之辨，而非仁义、节制之辨。再如《天人》篇，或问："得天者昌，失人者亡，天与人何从乎？"邓氏答曰："天视即我民视，天听即我民听。不可知者，天也；无不可知者，人也。"③ 比较中肯地回答了天人关系问题，表达其民本思想。又如《文武》篇，或问："定天下以武，治天下以文，文与武异用乎？"邓氏答曰："礼与法，表里也；文与武，左右也。唯因时者适于用而已。"④ 认为文武相辅相成、相济为用，只是用之要适时而已。

邓廷罗《兵镜或问》所探讨的问题，基本是《孙子》十三篇中的问题。

① 谢祥皓、刘申宁辑：《孙子集成》第12册，齐鲁书社1993年版，第127~129页。
② 谢祥皓、刘申宁辑：《孙子集成》第12册，齐鲁书社1993年版，第133页。
③ 谢祥皓、刘申宁辑：《孙子集成》第12册，齐鲁书社1993年版，第137页。
④ 谢祥皓、刘申宁辑：《孙子集成》第12册，齐鲁书社1993年版，第145页。

针对这些问题，邓氏作出了自己的回答，其论述多有独到之处。比如，辨用与舍之利弊，邓氏认为用舍在于明断，若用一人足以夺将军之心，用之可也；若舍一人可以夺三军之气，舍之可也。充分阐释了《孙子》“兵以利动”的思想。再如，对人与势之抉择，《孙子》云：“故善战者，求之于势，不责于人，故能择人而任势。”二者孰轻孰重？邓氏回答的是，无其势得天下者有之，但是未有无人能得天下者。若在二者中，一定要做选择，那么人最重要，并举例说，春秋之时，吴势强，越势弱，然而越灭吴。楚汉之间，楚势强，汉势弱，然而刘邦灭项羽。又如，对道与法孰得孰失的问题，邓氏认为兵以仁为本，以义为用。以仁为本，则其民可亲；以义为用，则其民可说。仁为道，义为法，故道与法备于一体。又如，论“创守”云，以兵创者，必以兵守；以兵始者，必以兵终。创守之道，实则归一。论“谋战”云，谋所以始吾战，战所以终吾谋；先谋而后战，其战可胜；先战而后谋，其谋可败。论“先后缓急”云，胜兵先胜而后战，败兵先战而后胜，胜兵贵胜而已，不在乎先后也。恶劳而喜逸，兵之常；趋先而避后，兵之变，愚者见已然，智者见未然。先后者，机而已矣。机有所宜，若先可，则后不可；若后可，则先不可。若机有所不宜，若后不可，则先亦未见其可。论“弃取”云，兵合于利而动，取之不为贪；不合于利而止，弃之不为怯，顾宜与不宜焉。论“奇正”云，以正合者，教战之术；以奇胜者，制敌之变。故兵无不正，无不奇。论“众寡”云，知兵之胜败，在用，不在众寡。论“虚实”云，在彼者，虚实之形也；在已者，虚实之用也。故形可知，而用不可知。论“强弱”云，有能之将，无制之兵，不可败；无能之将，有制之兵，不可胜。故胜败在将，不在强弱。论“胜败”云，知胜败者，贵于无声无形，而不在乎形声以后也。论“常变”云，知变不知常，不可以为法；知经不知权，不可以图功。论“险易”云，险易者，势而已。攻必取者，攻其所不守，则为易；守必固者，守其所不可攻，则为险。论“分合”云，兵有常法，合之以观其治；胜无定形，分之以观其变。故分合者，势而已。论“老壮久速”云，兵贵胜，不贵久，胜则未有不壮者，久则未有不老者。论“劳逸锐惰”云，释近谋远者，劳而无功；释远谋近者，佚而有终。劳逸者，远近之势也，而锐与惰因焉。

论“攻守迂直”云，攻守之法归一，善攻者，敌不知其所守；善守者，敌不知其所攻。迂则守，直则攻，势之有远有近而已。攻则有余，守则不足，力之有强有弱而已。当攻则攻，当守则守，机之有利有钝。论“彼己治乱”云，彼己者一而已，而知己尤为重要；知彼己，则知治乱。论“进退生死”云，可以进而不知进，谓之縻；可以退而不知退，谓之惑。故一进一退，生死之道备焉。论“顺逆”云，顺天则昌，逆天则亡；顺逆者，天之理也，而人事寓焉。论“主客”云，我为主，敌为客，兵之常也；敌为主，我为客，兵之变也。善论兵者，论其常而已，而变寓焉。知变而不知常，将不可以守；知常而不知变，将不可以战。主客之道，不两得，则两失。论“长短”云，轻用其长者，其长必短；重用其短者，其短必长。惟用之善不善而已，而不可拘泥于法。以上诸论，表明邓廷罗对孙子兵学有较深刻的理论思考，并有朴素而精辟的理论概括，能够抓住核心概念，予以辩证地阐述，是清代孙子学的重要理论成果。

邓廷罗《兵镜备考序》云：“兵之为用，非法不足以应变，非变不足以济穷，大较然矣。顾善用之，法变而有余；不善用之，法守而不足。”① 《兵镜备考》凡十三卷，一卷有若干篇。其篇题乃摘取《孙子》十三篇之哲言警句，如“校之以计而索其情”“主孰有道”“将孰有能”“计利以听乃为之势”“兵者诡道”“用而示之不用”“攻其无备，出其不意”“兵家之胜不可先传”“多算胜，少算不胜”“上兵伐谋”等。每篇均选取周代至明代战例若干，敷衍成篇，以证孙子战理。

总之，邓廷罗对孙子学的研究，是多方面的：既有对《孙子》的注解，亦有对孙子学重要概念的阐发，又有对《孙子兵法》的战例释证。邓氏之研究最有价值和学术意义的则在《兵镜或问》对孙子学理论的贡献，是有清一代具有开拓性的孙子学成果。

三、曹曰玮、黎利宾、夏仲龄纂辑《孙子》

曹曰玮（1671—1706），字继武，号秀山，秋浦（今安徽池州）人，康熙

① 谢祥皓、刘申宁辑：《孙子集成》第12册，齐鲁书社1993年版，第302页。

三十三年（1694）甲戌武科状元，形意六合拳第二代传人，官陕西靖远总镇都督，作《武经汇解》，其友人黎观五、夏书城校补此书，康熙四十四年（1705）刻印颁行，为武举参考书。

黎利宾，字观五，禺山（今属浙江德清）人。夏仲龄，字书城，秣陵（今属南京市江宁区）人。二人与曹曰玮纂辑《武经汇解》。此书由孟芬、邓泰参校。然而二人生平不可考。

曹鉴伦序曰："武家有七书，犹文家有四书也。四书得子朱子合程、张、吕、范、游、杨、尹、谢之说，句斟字酌，发挥圣贤之意，毫无余蕴。七子之书，虽有魏武、杜牧、张预、李筌诸先辈各为笺注，然历世既久，家鲜藏书，学者不能复睹。近世之所行者，则千手雷同，或择焉而不精，或语焉而不详，且不免于穿凿破碎、支离冗繁之失，而书之本旨因之反晦者有矣。余自束发受书，未究兵机将略。迩者恭膺简命，位之兵曹，受任以来，以政为学。适吾侄继武暨江宁黎子观五、夏子书城汇萃诸名人讲说，纂成《武经汇解》一书，问序于余。余展而视之，精详慎密，字必推敲，明体达用，义无泛设，可为韬钤家立一指南也。此书一出，当必如朱子之《集注》传之千百世而不朽矣。"① 曹鉴伦，字彝士，号蓼怀，浙江嘉善人，康熙十八年（1679）己未进士，官至吏部侍郎，署尚书。著有《忝斋诗稿》。

曹曰玮自序其成书缘由云：

> 尝考唐《艺文志》，天宝间诏以《武经七书》定本刊于学官。自是以后，笺释此经者代有宗工，然多挂一漏十，言不尽意，传暨胜明，又用以标题取士，使与八股帖括并行，而此书之蕴，遂日就荒芜矣。当今之世，圣天子在上，励精图治，《天保》治内，《采薇》治外，甚盛事也。余以樗栎之材，滥获一第，公退之暇间，取古今注疏，博观纵览，为学以入政之一助，而心窃异之曰：此兵家之权舆也。其中行军立阵、克敌制胜之道，变化莫测，有与天文地理、阴阳鬼神相为表里者，固非

① 谢祥皓、刘申宁辑：《孙子集成》第14册，齐鲁书社1993年版，第355~362页。

> 浅学所能骤窥。然苟不为分析其名义，条陈其指趣，使人各有所得，则终身习之，有白首茫然而不知其颠末者矣。用是不揣谫陋，与白门黎子观五肆力搜讨，因得汇辑前人之说而为此书。分为七卷，抉择必精，贯通务浃，所以推阐隐秘、发挥奇奥者，其用意盖详且密也。惟在世之善读者，知别出只眼，而开拓心胸，以贮之耳。丙子冬，杪集成，复与黎子商所以名之者，黎子曰："前辈诸名家之解，支分派别，譬则江、淮、河、汉也。是书探本穷原，而有以会其归焉，譬则海也，请以'汇解'名之。"余曰："诺。"今俾之锲板问世，庶可践吾成言，以不虚吾之志云。①

序曰考之于《新唐书·艺文志》或《旧唐书·经籍志》，认为是唐代天宝间诏刊《武经七书》定本。当属错讹。曹氏所考者，当为《宋史·艺文志》，而诏令颁行《武经七书》，则在北宋元丰三年（1080），神宗诏令国子监司业朱服领其衔，武学博士何去非等参与其事。经过三年努力，于元丰六年（1083）完成。曹曰玮身为武科状元，于前代艺文，尤其是《武经七书》刊行时代，粗疏致讹，理属不该。由此亦可知清代武科状元、进士之文化素养、兵学理论如何耳。《武经七书》颁行之后，诸家及注释之作蜂起，如宋朝施子美《武经七书讲义》，明朝刘寅《武经七书直解》、黄献臣《武经开宗》，入清则有朱墉《武经七书汇解》、丁洪章《武经七书全解》及曹曰玮等《武经汇解》。

夏仲龄序述其与黎利宾参与纂辑《武经汇解》经过云："往丙子岁，余友黎子观五薄游京师，与曹继武先生时相往复，先生知余友者也。一日以所辑《七书汇解》示之……是书也，吾从事久矣。子盍加以笔削，将付之锓板，为吾辈立一权舆，何如？黎子归以语余，余闻而心识之。甲申春，先生邮其稿本至白下，余得受而观焉。见其荟萃诸家之说，综以己意，纲举目张，条分缕析，以视世之凡为是书者，直沟浍行潦之观耳。谓之'汇解'，良曰攸宜，

① 谢祥皓、刘申宁辑：《孙子集成》第14册，齐鲁书社1993年版，第365~373页。

复同黎子观五严加雠校，登之梓，以广其传，俾世之韬钤家得共见是书。”①康熙时代之丙子岁，即康熙三十五年（1696），甲申岁即康熙四十三年（1704）。此序时间，作者自署“康熙旃蒙作噩良月”，即康熙四十四年冬十月，岁在乙酉（1705）。

黎利宾序曰：“天下之治道有二，曰德，曰威；天下之学术有二，曰文，曰武。三代而降，兵制废，军法亡，公卿、将帅之途分。不特礼乐、法政、教化、维持之具散亡、磨灭，凡伍、两、卒、旅之制，蒐、狩、简、稽之法，悉荡焉无存。于是魁梧杰出之士，乘衰蹈敝，奋其聪明材力，立功立言，而七子之书遂流著于后世。夫七子之书，权谋智术之书也，其去圣人之道远矣。虽然，神武不杀、文德诞敷之盛，既不可复见；而容民蓄众、伏至险于大顺、藏不测于至静之道，又无所窥寻。降观汉唐后世，故民生治功，学术慨乎七子之书，有不容没没者。世儒经生，枵然自命为《诗》《书》文字之材，蔑视此书，不屑措意，而专肄此业者又多掇拾吞剥、侥幸以弋功名，曾未经研精覃思，务求心得，以为坐言起行之本。嗟乎！天下之患，莫大乎读书待用之士务高谈而忘实义，习空文而鲜实用；穷居无学问，显达无经纶；治天下之道既有所不详，安天下之方又有所不备，则其关系岂细故哉？余于此窃有慨焉。自揣谫劣，不能考究古先圣王治国经邦之道，窃欲取有裨于世事民生之学与天下英俊相讲求，期济于实用间。尝取七子之书反覆研寻而窃叹其中仰观天文、俯察地利中悉人情物态，以及事机时变，莫不有妙道微权、神谋奥术，以推行而有变化。权谋智术之中，自具广大变通之用，有非佣耳僦目、剽辞窃句所能得其本而致其用也。丙子岁，余旅寓京师，得继武曹先生时相往复。先生魁梧杰出，与语是书，包罗贯穿，指陈特异，因亦叹今世之士莫肯用心于此，以求既其实也。爰相与纂辑《汇解》一书，搜罗剔抉，荟萃厘正，提纲挈领，节解支分，阐奇发秘，欲以告天下之有志者而未卒其业。既而先生出镇关中，遂慨然以立功自任，欲然以立言委余。余不敏，承先生意，年来朝夕雠校，而又有夏子书城勖余不逮，订成此书，付诸梨枣。呜呼！天

① 谢祥皓、刘申宁辑：《孙子集成》第14册，齐鲁书社1993年版，第375~380页。

下聪明材力之士，拔萃超群，余敢以一二人之私言为天下之公学乎哉？但愿用为嚆矢，导其聪明材力，俾务实学，以待实用。虽不得复见三代圣王治安天下之具，而学术事功犹足为斯世斯民万里长城，不徒为高谈空文之习，以苟博富贵于一时也，则古人之事业，其在今人也夫！"① 此序叙述自己参与编纂此书之经过，以及表明文武之功用、重文轻武之弊端、实学实用之主张。当然也反映了其儒家正统的思想偏见，即认为七子权谋之书，去圣人之道甚远，从内心深处仍对孙子兵学持鄙薄之意。

此书体例，《孙子》本文之后有释、序、参，而参又有指南、通义、句解等。据《纂〈武经七书汇解〉凡例》，《孙子》本文之后，继之以释，但诸家笺释，多有异同，故择其善者而从之；释后继之以序，序即代笺注者立言，旨意必须分明，口吻必须酷肖；序后继之以参，参即酌量众说，而取其一说，如此人解此句有精义，即载此一人之言，其余则汰之，并不重复其他之说；且参中所载皆前人之精理名言，即使纂辑者有一得之见，也不敢附入，其原因是不敢自居注者之列。

能表明编纂者曹曰玮等见解的文字，则是每篇之后的"全旨"，即此书凡例所言："每卷结尾处各有总评，乃余檃栝全篇之意以立言者。间有吹求洗索，似属孟浪，亦可佐阅者之一炬，即载于全旨之后，因加一圈以隔之。"② 如《始计第一》"全旨"："孙子开口一句，便见兵之一字，为天地气运盛衰所关，不可不用，亦不可轻用，欲人于无事之日思患而豫防之也。其书十三篇，以《始计》为首，'计'字固重，而'始'字亦不轻，盖有计谋而不早图之，安危胜负未可必也。《始计》一章，前半是经，后半是权，而归重于庙算。经者，常也。有经然后可以行权。盖经以立本，权以尽变。《始计》之要尽于是矣……通章以'计''算'二字分结，各具一胜负，中间特揭一'佐'字分言之，而合用之也。夫理不分则不明，而用不合则不神也。学者率以'计''算'二字合言之，何以处两结语，乃世将守常而不知合变，用权而不

① 谢祥皓、刘申宁辑：《孙子集成》第14册，齐鲁书社1993年版，第381~390页。

② 谢祥皓、刘申宁辑：《孙子集成》第14册，齐鲁书社1993年版，第396页。

至于拂经，又非其相佐之旨，岂可与之谈孙子之兵书哉？”①

再如《作战第二》“全旨”：“此章通篇俱是说战，而大意则在务速。盖不欲匮乏公帑、劳苦百姓也。夫师旅之费无穷，必不得已而后用之。自古好兵之国，往往民穷财尽，祸生肘腋，不可胜数，其始皆由不知用兵之害，而无以告之者也。故《孙子·始计》之后，即为之会计其所费，开陈利害之端，惓惓以速胜为勉、久暴为戒，岂非所以为万世法耶？篇名《作战》而不详于战事，顾独念为将者久留天诛，必致中原坐困、内外骚动，为国家忧。盖前章于决胜之策，载之颇详，在知兵者一举而速决耳。故此篇首尾各揭一‘胜’字……章中‘速’字是一篇之纲领，余皆明速之利、久之害也。战本不得已之事，至不得已而战，宁速毋久，宁拙毋巧。但能速胜，虽拙可也。非爱拙也，以言速胜为巧之至而人不知也。故未见有巧而久者，则凡久于师者，是谓真拙矣。且慎重于战，何如哉？故终之以贵胜不贵久，而又叮咛告之曰：‘此民之司命，国家安危之主也。’诚不可以不慎也。然则善战者服上刑，正孙子之所不赦矣。”②

又如《谋攻第三》“全旨”：“此章言欲谋攻人之国，便先谋全人之国，以至全军、全旅、全卒、全伍，无一处不要全。盖惟以全人之国为攻人之谋，又以伐人之谋为谋攻之上策，故军、旅、卒、伍无一而不得全也。始谓以全争于天下。观其不以百战百胜为善，而以不战屈人之兵为善之善，犹是兵期无兵之意。前篇庙计已定，战具已集，至此可以言攻矣。但攻人以谋攻为贵，而不在于兵攻。盖以兵攻人者，决胜负于血刃，安能自保其无伤乎？以谋攻人者，老成持重，制胜万全。攻期于无战，战期于无杀，不战不杀而人自服。此其攻所以次《作战》也。此章言谋攻之法，前段重攻人而欲全人之意，后段因谋攻而概举兵法与知胜之道言之。孙子恶兵之为惨也，必谋攻，乃可攻而后无害于兵，又虑谋之为虚也，必百战乃可，不战而后得成其谋。读者细

① 谢祥皓、刘申宁辑：《孙子集成》第 14 册，齐鲁书社 1993 年版，第 420~421 页。
② 谢祥皓、刘申宁辑：《孙子集成》第 14 册，齐鲁书社 1993 年版，第 439~441 页。

心玩索，则孙子立言之旨，自跃跃言表矣。”①

四、丁洪章辑注、邓瑄校订《孙子》

丁洪章，字南翔。邓瑄，字虞白。二人均为江苏镇江人。《武经全解》体例完备，以全旨、节旨、注、疏、参订、考证等形式疏解《孙子》。全旨，即全篇大意；节旨，即一节大意；注，即训释文字；疏，即疏通句义；参订，即辑录旧注之可参阅者；考证，即载录相关战例。以上为注解及参证部分。此书之另一部分，即策题、题解、策法，以供武闱士子参考。从《孙子》注释史看，丁洪章比较看重曹操、李筌、杜牧、李贽、王阳明、赵本学等诸家旧注，故多有引用，以参订新解。

辑注此书之后，丁洪章、邓瑄抽取《武经全解》中的策题部分，予以增补，编成《增补武经七书策题全解》为武闱策题，先列题源，即节录《孙子》原文；继之以“注疏”“题解”“策法”。虽然意在为武闱士子提供应试指南，但也反映了辑注者对《孙子》的理解，而且有的观点颇具新意。譬如，训释“军形”和“兵势”云，军形贵在使人莫测，兵势贵在使人莫御；莫测者如探深溪，莫御者如转圆石；莫御因之迅捷，莫测因之难窥。诸如此类，不仅对应试者有裨益，即使对其他研习者亦有提点之效。

五、陈梦雷、蒋廷锡刊录《孙子》白文本

陈梦雷（1650—1741），字则震，号省斋，又号松鹤老人，福建闽县（今福建福州）人。陈梦雷少有才名。康熙九年（1670）庚戌进士，选庶吉士，授编修。蒋廷锡（1669—1732），字西君，又字杨孙，号南沙，又号西谷，自称青桐居士。江苏常熟人。康熙四十二年（1703）癸未进士，历官礼部侍郎、户部尚书、文华殿大学士、太子太傅。二人奉诏编纂《古今图书集成》，中有《经济汇编·戎政典》，其中《兵法部》收录《孙子兵法》白文本。

---

① 谢祥皓、刘申宁辑：《孙子集成》第14册，齐鲁书社1993年版，第464~465页。

六、徐经编纂《孙吴兵诀》

徐经（约1750—1835），字芸圃，自号甃坪居士、秦望山人，生于福建永安，奉母定居建阳，大略为清乾嘉间人。以父军功授八品监生，然科举屡次失利，故专心著述，以古文称于世，亦留心时务，研论兵学，对《左氏兵法》《孙吴兵法》，均能取精撮要。著有《雅歌堂集》。其中，外集卷二有《孙吴兵诀》一卷。徐经于嘉庆己未年（1799）三月于辰溪舟次自序云："少读是书，常窃究其意。今邪匪猖獗，四省军兴，家大人捍御葭萌，为蜀栈北门之障。余闲关赴蜀，辄于途次取是书，删而存之，分为十二类，意欲从诸将吏朝夕揣摩，使人人尽得其诀。吾知贼不足平也。"① 《孙吴兵诀》是徐经在舟途中，阅读《孙子》《吴子》两部兵书时，摘录精妙语句，分门别类，编缀成篇，依次取名为《论军情》《论教战》《论立营》《论地形》《论敌情》《论击敌》《论大敌》《论遇敌》《论谷战》《论水战》《论火攻》《论用间》。该书亦即依据所立题旨，从《孙子》《吴子》中摘录原文，分类编次，并无创新，仅是读书摘要而已。

七、左枢注《孙子》

左枢（？—1869），字梦星，湖南湘乡人。因镇压太平天国起义军授知县，因镇压少数民族起义军授知府，赏戴花翎。后死于战，追授光禄寺卿。著有《孙子左枢笺》。其书以《魏武帝注孙子》为底本，以笺的形式断以己见，或在魏武帝注后附以左枢笺文。如《始计第一》云："法者，曲制、官道、主用也。"于曹注之后笺曰："官道，设官之道也。"② 《军形第四》"胜可知而不可为"，于曹注之后笺曰："敌之兵强将智，是不可胜也。至于用反间而极矣，乃反间亦不行，则兵法固有穷时也。故孔明伐魏，迂儒之所震，圣智之所嗤也。"③《兵势第五》"形圆而不可败"，于曹注后笺曰："形圆者，

---

① 谢祥皓、刘申宁辑：《孙子集成》第14册，齐鲁书社1993年版，第775页。
② 谢祥皓、刘申宁辑：《孙子集成》第16册，齐鲁书社1993年版，第1页。
③ 谢祥皓、刘申宁辑：《孙子集成》第16册，齐鲁书社1993年版，第9页。

奇兵之包抄也。"① 有的在魏武帝未注之文后附以左枢笺文。如《军争第七》"此军争之法也"，左枢笺曰："明地形，知敌情，悬权而动，则疾徐皆宜。盖疾徐在我，非致致于人也。此军争之法也。"②《九变第八》"杂于害而患可解也"，左枢笺曰："于利而杂思其害，则利之，务乃可信；于害而杂思其利，则害之患亦可解也。死地则战，害中思利之谓也。"③《行军第九》"夫唯无虑而易敌者必擒于人"，左枢笺曰："兵少者，其进虽若不武然，但足以并力料敌，取人而已；若无虑而易敌，虽百万之众，必擒于人。"④

《孙子》左枢笺是对魏武帝曹操注的补充，简明扼要，多有发明。如《九地第十一》"不争天下之交，不养天下之权，信己之私，威加于敌"，曹注并没有对"信己之私"作注，仅注前者，而左枢笺曰："独奋其阴谋，以与天下战，绝不借助于诸侯，所谓'伸己之私也'。"⑤ 此处解"信己之私"，实则"奋其阴谋"之意，比较贴切。即使曹氏已作注解，左枢亦为之发明，别有洞见。如《九地第十一》"施无法之赏，悬无政之令"，曹操合而解之曰："言军法令不豫施悬之，《司马法》曰：'见敌作誓，瞻功作赏。'"左枢以为意犹未尽，故笺曰："有法有政，则形矣。智者不惟不形于敌，并不形于国，然后为能谋者也。"⑥

总之，左枢富有作战经验，故其笺解《孙子》，令人信服。左笺不仅是对《孙子》曹注的补充，也是对《孙子》注释学的贡献。其注虽简，然用功深，探义准，惜其未能笺解全书而有所恨矣。

八、姚椿手抄《孙子十三篇》

姚椿（1777—1853），字子寿，又字春木，自号蹇道人、樗寮病叟、东畲

---

① 谢祥皓、刘申宁辑：《孙子集成》第16册，齐鲁书社1993年版，第13页。
② 谢祥皓、刘申宁辑：《孙子集成》第16册，齐鲁书社1993年版，第19页。
③ 谢祥皓、刘申宁辑：《孙子集成》第16册，齐鲁书社1993年版，第21页。
④ 谢祥皓、刘申宁辑：《孙子集成》第16册，齐鲁书社1993年版，第26页。
⑤ 谢祥皓、刘申宁辑：《孙子集成》第16册，齐鲁书社1993年版，第36页。
⑥ 谢祥皓、刘申宁辑：《孙子集成》第16册，齐鲁书社1993年版，第36页。

老民，娄县（今上海松江区）人，受业于桐城派姚鼐。著有《樗寮先生全集》四十二卷，编有《国朝文录》八十二卷。姚椿抄写《孙子十三篇》，以魏武帝注本为底本，而删魏武帝注，乃手抄白文本，价值不大。既无笺注，又无序跋。仅于书名“孙子十三篇”之下云：“孙武，字长卿，齐陈书孙。书伐莒有功，景公赐姓孙氏，食采于乐安，生凭，字起宗，齐卿。凭生武。以田、鲍四族谋为乱，奔吴为将。三子：驰、明、敌。明食采富春，自是世为富春人。见《唐书·宰相世系表》。表语虽不足尽信，然意必有所受之。《简明目录》云，兵家书传于今者，惟此为最古。”①

九、朱煌漫编纂《武经七书择要》

朱煌漫，广西永安（今广西蒙山）人，道光二十三年（1843）任浙江温州玉环厅知事。其所纂录《武经七书择要》，顾名思义，乃从《武经七书》中选取其所认为重要者纂录一编。其于自序中云，纂录者于书坊中偶然发现有明代王阳明批点本《武经七书》，购得之后，有感于其所“圈点批评，大有妙悟”，而且切合战阵之用，后茅坤参赞胡梅林幕府，奉此本为秘籍，变通用之，屡建奇功，终平倭寇。故择其简明而切要者，手录上、下二卷，以便观览，名之曰《武经七书择要》，其中即有《孙子择要》。其所择录之《孙子》文，乃朱氏所认为精要可备日常观览者，并不分卷。实则为《孙子》原文摘抄。然纂录者于其自序中提出了值得肯定的“有备无患”的战争观，其云：“兵固可百年不用，断不可一日不备。所谓备者，岂第设将弁足额数而已哉？盖必以有能之将将有制之兵，无事则练之于教场，有警则驱之于战阵。将与兵相习，兵与将相孚，合众人之心思为一人之心思，合众人之耳目为一人之耳目。众志成城，所以有备而无患也。”② 而于战争谋略，朱氏云，虽然军旅之事古今异制，南北异宜，水陆异势，但“兵法不外乎攻守，而以攻为守，以守为攻，千变万化，不外乎‘先为不可胜，以待敌之可胜’一句；攻守之

① 谢祥皓、刘申宁辑：《孙子集成》第16册，齐鲁书社1993年版，第193页。
② 谢祥皓、刘申宁辑：《孙子集成》第16册，齐鲁书社1993年版，第219页。

法，不外乎奇正，而正中生奇，奇仍归正，千言万语，不出乎‘多方以误之’一句；奇正之法，不外乎分合，而能合而又能分，能分而又能合，千头万绪，不出乎‘致人而不致于人’一句。此更要而又要、简而又简之论。毋论古今南北水陆之各异，皆当神明而变化之，而不可以陈腐无用之言掷之者也。”①以上论列，不可不谓精当。若说《孙子择要》意义之所在，则在于此矣。

十、耆英以满文翻译《孙子》

耆英（1790—1858），满族，爱新觉罗氏，字介春，满洲正蓝旗人，为两次鸦片战争主和派人物，两任钦差大臣，与英国先后签订《南京条约》《五口通商章程》《虎门条约》。在两广总督任上，与美国签订《望厦条约》，与法国签订《黄埔条约》。第二次鸦片战争期间，在与英法联军交涉之中，因有欺谩之迹，而被咸丰帝赐死。耆英面对英、法、美等国的侵略，代表了腐朽的统治集团利益，主张妥协、投降，签订了一系列不平等条约。耆英之死，既是统治集团内部争权夺利的结果，亦是统治阶级用来掩盖当权者丧权辱国行径、平息民愤的一个工具。

耆英在政治上腐朽，在军事上投降，在外交上卑躬屈膝，在经济上攫取私利，在文化上又附庸风雅而翻译《孙子兵法》。其所作《翻译孙子兵法序》云：“用兵有法乎？孙子之书尚在也；为将必读兵书乎？马服之子以父书败，而贩缯、吹箫、屠狗者崛起阡陌，以战取通侯，不闻所读何书。两军角逐，将智者胜，跬步换形，俄顷百变，存亡生死，悬于呼吸。此亦惟有如张睢阳所云，兵识将意，将解兵情，以意为战耳。何暇远稽古人已阵之迹，睹目前难必之效哉？虽然，运用之妙，存乎一心，此决于临事者也；前事不忘，后事之师，此肄于平时者也。必俟登坛授钺，始讲韬钤；执锐陷坚，始论攻守，是承平之世，不必豫储将才；饱暖之氓，无庸更筹捍卫。《书》所云‘备御不虞’，孙子之善教者，何以称焉？自昔国家虽安，忘战必危。我朝以神武定天下，二百年来，累洽重熙，圣主谆谆训诫，每以整饬戎政为急。不佞内充宿

① 谢祥皓、刘申宁辑：《孙子集成》第16册，齐鲁书社1993年版，第221页。

卫，外总师干，从事于选将练士者，历有年所，稔悉古今兵制屡变，古以车战，后乃用骑；古以旅矢为利器，后乃用铳；古之炮用石，后乃用火。又况宜于陆，不宜于水；宜于平旷，不宜于隘阻；宜于江湖，不宜于沧海，亦安有辙迹之可寻哉？顾有同而异者、异而同者，惟《孙子兵法》。体用经权，无往不备，虽十家注解，不如我翻译清文了如指掌。”① 其序文虽流露出满族优越感，以满文傲视《孙子》十家注，而且语义含混，文法淆乱，然而其认为战阵万变，既不可拘泥成法，亦不可蔑古无法，主张平时备御，安不忘战，则有可取之处。

耆英《满汉合璧孙子兵法》，署曰“宗室耆英撰并序”，然耆英作为鸦片战争的参与者、一系列不平等条约的签订者，临阵自解武装，签约丧权辱国，又以满文翻译《孙子兵法》自许，则是辱没孙子及其兵法也。

十一、凌堃重校并增注《孙子》

凌堃（1796—1862），字仲讷，又字厚堂，自号铁箫子，浙江乌程（今属浙江湖州）人，道光间举人。精医，擅占，揲蓍相宅，莫不奇验。编著有《传经堂丛书》《医宗宝笈》。凌堃以孙星衍校《魏武帝注孙子》为底本，重校《魏武帝注孙子》，并有所增注。书前有孙星衍及魏武帝序。书名仍为《魏武帝注孙子》，自署“吴兴凌堃增注重校”。其重校或增注之处，以“堃按”标志。《始计第一》，曹操注：“顺天行诛，因阴阳四时之制，故《司马法》曰：‘冬夏不兴师，所以兼爱吾民也。’”凌堃以《周易》之《豫卦》解《孙子》，按曰：“因应承乘，随时以动，豫道也。”② 曹操注有“不能定计，则退，去之”文，堃按曰：“未信而试用之，必败。”③ 曹操注“故能而示之不能，用而示之不用，近而示之远，远而示之近”云：“欲进而治去道，若韩信之袭安邑，陈舟临晋，而渡于夏阳也。”凌氏增注曰：“堃按：将宜测其诡而

① 谢祥皓、刘申宁辑：《孙子集成》第 16 册，齐鲁书社 1993 年版，第 247~257 页。
② 谢祥皓、刘申宁辑：《孙子集成》第 16 册，齐鲁书社 1993 年版，第 439 页。
③ 谢祥皓、刘申宁辑：《孙子集成》第 16 册，齐鲁书社 1993 年版，第 440 页。

反之，再反，三反，变化在人，顾料敌将何等耳。”① 曹操注“亲而离之”曰：“以间离之。”凌氏增注并校曰：“节制之师，诡道无庸，况仁义乎？”②《谋攻第三》中“少则能逃之”，曹操注曰：“高壁坚垒，勿与战也。”凌堃校曰：“注守非也。守乃敌禽。”③ 其意云，曹操注为坚守壁垒之意，甚为不当，我军寡不敌众，必为敌擒。禽者，擒也。曹操注“上下同欲者胜”为“君臣同欲”，而凌氏则曰：“与民同欲者胜。”两字之差，含义却有不同。曹操重君臣一体，凌堃则重军民一心，反映了凌堃的民本观念，而弱化了君本意识，一定程度反映了东汉末至清后期政治、军事思想的发展演化。故凌氏此处重校，其用意深远，不可忽视。《兵势第五》中“治众如治寡，分数是也”，曹操注曰：“部曲为分，什伍为数。”凌氏增注曰：“兵无虚设，亿万一心，束伍其始事耳。淮阴将兵，多多益善。孟德赤壁致败，不知分数故耳。”④《军争第七》中“交和而舍”，曹操注曰：“军门为和门，左右为旗门，以车为营曰辕门，以人为营曰人门，两军相对为交和。”凌氏校注曰：“交和，如和于国、于军、于陈、于战之类。”⑤ 凌堃之所以重校并增注《孙子》，大概缘于对曹注《孙子》有不同见解。据于汝波等编《孙子学文献提要》，凌氏不仅重校曹注《孙子》并有增注，而且对曹操注文有删削，或删数言，或删整句，而不出校记，于此又显轻率而粗疏。

十二、丁晏手抄《孙子兵法》

丁晏（1794—1875），字俭卿，号柘堂，江苏山阳（今江苏淮安）人。道光元年（1821）举人，曾官内阁中书。晚年讲学于丽正书院。精通校勘学。著有《尚书余论》《石亭纪事续编》；编有《颐志斋丛书》二十二种；刻印骆腾风数学论著《艺游录》。丁晏自序曰：“《孙子兵法》十三篇，韬钤之学，

---

① 谢祥皓、刘申宁辑：《孙子集成》第 16 册，齐鲁书社 1993 年版，第 441 页。
② 谢祥皓、刘申宁辑：《孙子集成》第 16 册，齐鲁书社 1993 年版，第 441 页。
③ 谢祥皓、刘申宁辑：《孙子集成》第 16 册，齐鲁书社 1993 年版，第 446 页。
④ 谢祥皓、刘申宁辑：《孙子集成》第 16 册，齐鲁书社 1993 年版，第 449 页。
⑤ 谢祥皓、刘申宁辑：《孙子集成》第 16 册，齐鲁书社 1993 年版，第 456 页。

以此书为最古，历代宝之，异乎《六弢》之赝鼎矣……其书通贯天人，祖述仁义，不专尚权谋之术，用之则胜，违之则败，比于六艺，可称兵经，文约辞醇，明白晓畅，其论至精，其说甚正，注解烦衍，转为骈枝，蒙首夏无事，抄写正文，以备记诵。”① 之所以仅抄写，而不作注，是因为他认为对于此书之醇正精美来说，注解是一种累赘。此书被严复的侄孙严群（其书房名曰“淳斋”，故严群又称“严淳斋”）所珍藏。严淳斋记云：“好战不已，必亡其国，所以昔贤云善战者服上刑，以为黩武者戒也，执死不悟，自取灭亡，古今中外，不可胜数。兵凶战危，人尽知之而古今无百年不战之国，是以制国保邦之道不可一日无兵。无兵即无国矣。养之教之，以备不虞，期其人人为国家干城之益，人人有忘生争死之心，虽古今战术不同，然一言以蔽之曰：谋定而后动者胜。谋之如何？曰：熟读《孙子兵法》十三篇，于制胜之道，思过半矣。《谋攻》篇中云：‘百战百胜，非善之善者；不战而屈人之兵，善之善也。’斯论已进于王道兵法云乎哉!”② 又记云：“丁俭卿先生当洪杨之乱，练乡兵以卫淮安，修缮城垣，缉捕奸宄，手《孙子兵法》一编于军事旁，午中抄录而诠释之，部勒严明，深合古法。此其手写《孙子兵法》十三篇可贵也。”③

十三、王瞰集注《孙子》

王瞰，号始旦，山西绛州（今山西新绛）人，大约为清康熙时人。《清史稿·艺文志》兵家类还著录王瞰撰《握奇经解》一卷。王瞰集注《孙子》，存于《武经团镜》中。《武经团镜》乃王瞰集注《孙子》及其辑注《吴子》之合编。合编者为清人李廷樟。李廷樟，字榕峰，广西陆川（今属广西玉林）人，道光间进士，历任知县、知府，曾办团练以镇压捻军。王瞰另有《武经三书集注》，为《孙子集注》《吴子集注》《司马法集注》三书的合刻，已亡佚。

① 谢祥皓、刘申宁辑：《孙子集成》第16册，齐鲁书社1993年版，第542页。
② 谢祥皓、刘申宁辑：《孙子集成》第16册，齐鲁书社1993年版，第578~579页。
③ 谢祥皓、刘申宁辑：《孙子集成》第16册，齐鲁书社1993年版，第580~581页。

王瞰《武经团镜·孙子》，署曰“王瞰集注”，故此书名亦可谓《王瞰孙子集注》。书首《孙武子传》关于孙武子以兵法《十三篇》见吴王阖闾并以宫女演兵之事，与《史记》记载同，然关于孙武子结局的记载不同。此处《孙武子传》云：“阖庐心知孙子能用兵，以斩爱姬之故，疏而不用。孙子亦知其不可久留于吴，乘间辞去。自此隐迹不出，而惟以兵法《十三篇》传世。”①《史记·孙子吴起列传》则记载阖闾知孙子能用兵，以之为将，破强楚，入郢都，威齐晋。《越绝书》则载姑苏城之巫门之外，有一大冢，乃吴王客卿孙武子之墓。王瞰《孙武子传》与此记载一致。

王瞰虽自言“集注”，然从注文看，大略是集诸家之意，而非集诸家之言。偶有几处征引明代刘寅、唐荆川，宋代梅尧臣、王皙，唐代贾林、张贲等注文，然全书大多当出自王瞰之手，而其自署“集注”，恐是集注他家之意而已，非如《十一家注孙子》之谓也。

王瞰集注《孙子》，既有释词、句解，又有串讲大意，还有议论发挥，间或援引战例，抑或征引典籍，纵横捭阖，从容自若，很见胸襟气概。如《军争第七》“故迂其途而诱之以利，后人发先人至，此知迂直之计者也”，王瞰注曰：“愚按：‘迂直之计’，古之名将，惟赵奢得焉。观其既遣秦间，卷甲疾趋，一日夜而至阏与，是能以迂为直也。赵王欲救韩，诸将皆谓道远险狭难救，而奢独任其事，且曰譬如两鼠斗于穴中，将勇者胜，是能以患为利也。去邯郸三十里，坚壁增垒，留二十八日而不行，是能迂其途也。秦军军武安西，武安屋瓦皆振。军中有言急救武安者，奢立斩之，是能诱之以利也。发万人，先据北山，亲兵后至，争山不得上，是能后发先至也。”②

王瞰集注《孙子》，十分注重逻辑关联，层层关照，环环相扣，既对十三篇次序详加阐释，又对内容的前后传承多有提点，几乎每释一段或一节，均用“此一节承上……而言”“此又承上……而言”“此节与上一节相反”“此节申明”等语，以明前后内在关联。其串讲夹叙夹议，既讲大意，又释词义，

---

① 谢祥皓、刘申宁辑：《孙子集成》第16册，齐鲁书社1993年版，第587~588页。
② 谢祥皓、刘申宁辑：《孙子集成》第16册，齐鲁书社1993年版，第648~649页。

娓娓道来，进退有据，深入浅出，不能不令人信服。如《用间第十三》："孙子曰：'凡兴师十万，出征千里……非胜之主也。'"开头一段，王瞮以串讲的形式注解曰："此节历叙兴师之费、持久之弊，以起间不可不用之意。'十万'言其众；'千里'言其远；'内'谓国中；'外'谓军前；'骚'，扰也；'怠'，倦也；'操'，执也；'不得操事'，言不得执农事也；'怠于道路'，所谓骚动于外者也；'不得操事'，所谓骚动于内者也。古者，井田之法，八家同井，一家从军，七家供之。十万出征，则不得事耕作者，七十万家矣。相守，谓两军相持也。爱爵禄百金，谓吝惜财赏之微，不与间谍也。非主之佐，主谓君也。非胜之主，主谓将也。盖将者，国家安危之主，故亦以主称之。"①

王瞮集注《孙子》，在训注、释解的基础上，以"愚谓"的形式，跳出其苑囿，延伸拓展，纵横比较，发挥己意，思维开阔，多有独到之见。如《军形第四》"故能为胜败之政"，王瞮云："愚谓古之善用兵者，不求其能胜，只求其不败，至于不败在我，而所胜亦多矣。譬之弈，着着谨守，虽不大胜，亦不大败。若贪杀不顾，非大胜，即大败矣。"② 再如《兵势第五》"故能择人而任势"，王瞮注曰："愚谓求之于势，不责于人，惟孙武能之，若尉缭《重刑令》等篇，残杀士卒，强使力战，总皆不明于择人任势之道故也。"③

王瞮注解，时见新意。如《地形第十》"视卒如婴儿……譬如骄子"，王瞮注曰："婴儿，孩提始生之称。女曰婴，男曰儿。视卒如之，保护之至也。骄子，谓骄惰成性之子也。言将之御下，恩宜设于前，威宜设于后。若恩已加而法不行，鲜克济焉。"④ 再如，《九地第十一》"四五者，一不知，非霸王之兵也"，王瞮注曰："四五，九数也，指九地言。然不曰九而曰四五者……故以四五分言之。霸王二字连读，不必细分。霸者，把持之称，言能把持诸

① 谢祥皓、刘申宁辑：《孙子集成》第16册，齐鲁书社1993年版，第722页。
② 谢祥皓、刘申宁辑：《孙子集成》第16册，齐鲁书社1993年版，第622页。
③ 谢祥皓、刘申宁辑：《孙子集成》第16册，齐鲁书社1993年版，第634页。
④ 谢祥皓、刘申宁辑：《孙子集成》第16册，齐鲁书社1993年版，第688页。

侯之权，故谓之霸王。”①

十四、王诒寿校《孙子十家注》

王诒寿（1830—1881），字眉叔，浙江山阴（今浙江绍兴）人，与李慈铭友善，与之多有诗文唱和。眉叔少孤，幼从祖母读书，十四岁始就外傅，二十五岁游于府学。学问赅博，然不喜制举，两次参加乡试均落第。初任县学训导，后聘为浙江书局总校。光绪七年（1881）卒，年五十余。王诒寿一生穷蹙多病，性淡逸，尤工南宋小词，著有《缦雅堂集》。

王诒寿以其赅博之学问，任浙江书局总校。其所校《孙子十家注》，既未出校文，又无按语，很可能校于书局总校任上，为书局刻印孙星衍、吴人骥校本《孙子十家注》而校。比勘孙星衍、吴人骥所校《孙子十家注》，未有不同，故可知王诒寿总校《孙子十家注》，一仍孙星衍、吴人骥所校之本。即使冠于书前之魏武帝《孙子序》、孙星衍《孙子兵法序》、司马迁《孙子本传》、毕以珣《孙子叙录》及书后附刻郑友贤《孙子十家注遗说序》，均一仍孙星衍、吴人骥校本。故其贡献，不在发现《孙子》新意，而在使孙星衍、吴人骥校本《孙子十家注》能够不改原貌地流传于世。此书之校者，除总校王诒寿，尚有金肇麒、许诵禾、陈铦、孙瑛、徐鼎勋、章乃锡、沈琮宝等人分校，分校者大略为王诒寿同仁。

十五、大纯镇编辑、徂徕先生训解《孙子九地问对》

《孙子兵法》曰：“用兵之法，有散地，有轻地，有争地，有交地，有衢地，有重地，有圮地，有围地，有死地。”张预曰：“此九地之名。”《孙子兵法》又曰：“诸侯自战其地，为散地。入人之地而不深者，为轻地。我得则利，彼得亦利者，为争地。我可以往，彼可以来者，为交地。”此为《孙子兵法》“九地”之名与“九地”之义。

《孙子九地问对》专门训释《孙子兵法》的“九地”，以张预注引吴王与

---

① 谢祥皓、刘申宁辑：《孙子集成》第16册，齐鲁书社1993年版，第707页。

孙武问对之语为训解对象，以何氏注引吴王与孙武问对之语为参考，以徂徕先生训解为主体，辑录《十一家注孙子》中关于“九地”的文字，汇为一编。吴王与孙武之问对，今本《十一家注孙子》中，只有何氏注引，然据徂徕先生训解称，张预亦有注引。而张预和何氏之注引，文字上有少许差异，故以何氏注引附于张预注引之后，徂徕先生训解则是为张预注引而作。基于此，徂徕先生曰：“此编物子以张预说为体，以何氏说弥缝焉，故以何氏所说识篇末，以备参考。”① 古人认为，天地为父母，万物为子息。故训解者以“物子”自称。然苏桂亮、阿竹仙之助则曰：“此书一题《孙吴兵略问答》，未见日本刊本，仅以民国二十二年本所见，卷首题‘徂徕先生训解、信阳刺史大纯镇编辑’，可知已非日本故书原貌。所列九地系根据《孙子十家注·九地》篇张预、何氏两家注中所引吴王（《通典》作吴子）与孙武问答之辞辑录而成，即大纯镇所称‘此编物子（徂徕）以张预说为体，以何氏说弥缝’是也。‘九地’各条下，均附何氏注全文，以备考。大纯镇间有注释之文，或比较引文之异同，或标注音义。”② 苏桂亮等认为《孙子九地问对》为日本人荻生徂徕（1666—1728）训解。非也。此书编纂、注解体式全为汉式，并全用汉文，训解中所引典籍及战例均为汉籍及汉人战例，未涉片言只语日本战例或史事，此其一。其二，此书如苏桂亮、阿竹仙之助所言，未见日本刊本。既未见日本刊本，必当作于中国且刊刻于中国。其三，此书题曰“徂徕先生训解”，又题“信阳刺史大纯镇编辑”。徂徕先生是否为宋初大儒石介尚需考证，然从其自称“物子”（自然万物之子）而言，当是隐于草野之士，可能是道家中人。“信阳刺史大纯镇”虽于史籍无考，然必为中国人所作，而非日本倭人——日本倭土何来“信阳刺史”之名？由上观之，苏桂亮、阿竹仙之助认定此编为“日本孙子书”显然欠妥。

此编可见的最早刊本为光绪甲申年（1884）上海刊本，后又有宣统元年（1909）倚武社铅印本。此本编前，冠以曾国藩论述时势、时政的文字，全录

① 谢祥皓、刘申宁辑：《孙子集成》第 19 册，齐鲁书社 1993 年版，第 9 页。

② 苏桂亮、[日] 阿竹仙之助合编：《日本孙子书知见录》，齐鲁书社 2009 年版，第 26 页。

于下：

以今日之大局，而必欲骧首前进，攘臂求名，虽大愚之人不至此，则肥遁以鸣高，蔬食以自足，入山惟恐不深，入林惟恐不密，亦市井寻常之人所优为，初非一二君子独得之秘也。若论古今之通义，则我国家深仁厚泽，吾辈之高曾祖父久食升平之福，而席诗书之荣，此岂得秦越视之，而置国事于不闻不问之列？此揆之君臣之义，有所不得而逃也。法人崇天主之教，弃孔氏之经，但知有天，无所谓君也；但知有天，无所谓父也。蔑中国之人伦，从夷狄之谬妄。农不能自耕以纳赋，而师贾氏官田之法，以谓皆天主之田；商不能自运以取息，而借王氏贷民之说，以谓皆天主之贷。假令湖南不守，吾辈独得晏然已乎？彼且履我之室，而田我之田，辱我以魋结，而疆我以缥聘，彼又将禁弃人家之诗书，而变易人家之伦常，此岂独我大清之变？乃尧舜以来之奇变。我仲尼之所痛哭于九原者也。吾辈讽孔氏之经，今独无所激于中乎？秦燔经籍而儒生积愤怨以覆其国。今以天主教横行中原，而儒者或漠然不以关虑，斯亦廉耻道丧者矣。国藩现筹备战舰，水陆并进，明知无补万一而正大之名、忠直之气，固可上对日月，下对鬼神。惟时势愈艰，有识者多则避伏处。孤忱耿耿，谋而无与同，失而无与匡，是以致书同志，不为下走之私聘，而以为国家之公义；不以为兵家讨伐之常，而以为孔门千古之变，则天下万古之幸也。湘乡曾国藩记。①

从曾国藩略带序言性质的文字看，当为刊刻者转录于此，以明当时形势及刊刻《孙子九地问对》之用意，而非曾氏所论与此书有必然之联系，亦即既非曾氏为之作序，亦非曾氏为之评点。

十六、汪绂注《孙子》

汪绂（1692—1759），初名烜，字灿人，号双池，又号重生。徽州婺源

① 谢祥皓、刘申宁辑：《孙子集成》第19册，齐鲁书社1993年版，第3~5页。

（今江西婺源）人。少时家贫，佣于江西景德镇，为画碗之役，所绘人物、山水、花鸟，精细活脱，惜无款识，人罕知之。乾隆年间诸生，然不喜举业，止于讲学著述，博综儒经，不曾入仕，竟成东南名儒。晚居闽中，馆枫岭、浦城间。卒年六十八。著有《戊笈谈兵》《易经诠义》《书经诠义》《诗经诠义》《春秋集传》《礼记章句》等。

清末总理各国事务衙门大臣赵舒翘作序曰："婺源汪双池先生以坚苦卓绝之诣，具体用兼备之学，平生尤笃信朱子，其讲解四书五经，均得圣贤微旨，下至乐律、医药，无不精解。"① 浙江宁绍道台吴引孙《戊笈谈兵序》亦云："用兵之道，至诚无私而已。诚则明，无私则人信服。然后本之以仁，制之以义，运之以神奇，出之以变化。鼓行而前，所向无敌。所以能然者，万人一心故也。故曰天时不如地利，地利不如人和。圣人岂不思而言哉？'军旅之事未之学也'，孔子特一时以格灵公之非心耳，非谓儒者不言兵也。三代而降，如汉赵充国、诸葛武侯、唐陆宣公、宋范文正、明王文成、国朝曾文正皆以儒术用兵，安攘并著。他如郭汾阳、岳武穆行师，亦莫不本之诚信以告成功。然则决荡万里，操之方寸，从可知矣。双池先生躬践礼义，学究天人，著述等身，率多未显。甲午夏长安赵展如方伯求得其遗书甚夥，因请于宣州刘景韩中丞，相与集赀，将为次第寿诸梨枣。而此《戊笈谈兵》十卷尤先生生平精思所在，所谓能推至诚无私以治军，使敌失其所备者也。"②

汪绂注《孙子》，著《戊笈谈兵》。如序言所称，汪绂以儒家之至诚无私及仁义为本，训注与评论统一，即逐篇训注文义，而每篇之末予以评论。其思想倾向非常明朗，即不喜诡道，而喜王道。汪氏训注"兵者诡道"云："却最不喜诡字。"③ 认为机权虽为兵家之不可废者，但内中亦有奸险之谋，非王者之道。故评论《始计》篇曰："筹之于事始，察之于用人，权之于当机，万全而后动。止此一篇，足见《孙子》谈兵，高出《七书》之上矣。首一段经纬拟议，便是同德度义、同力度德景象。王者动众，不过如此。后段便全是

① 谢祥皓、刘申宁辑：《孙子集成》第19册，齐鲁书社1993年版，第44~45页。
② 谢祥皓、刘申宁辑：《孙子集成》第19册，齐鲁书社1993年版，第51~54页。
③ 谢祥皓、刘申宁辑：《孙子集成》第19册，齐鲁书社1993年版，第58页。

机权之习，杜牧谓其‘用仁义、使机权’，予谓孙子亦假仁义、用机权耳，乌能‘用仁义’。此晋文、楚庄之间，齐桓之下也。若仁义，则贵乎实有而实行之，岂可虚为人用者哉?”① 汪氏对孙子之机权比较反感，甚至不惜在训注《孙子》过程中，删除《用间》中的个别文辞，云：“篇末引伊、吕以为用间之证。吾恐以重诬圣人者贻口实于后世，特删去之。《孙子》假托仁义，用其机变，实不知仁义为何物者。至《军形》《兵势》诸篇而露其相，及是篇而肺肝见矣……《孙子》十三篇，其近正者，惟《始计》《作战》二篇；其最妙者，则《军形》《兵势》《虚实》三篇；而最险者亦无逾于此三篇。至于《用间》，不足怪矣。然则握奇制变，《孙子》为最，而正大昌明，《孙子》为下。”②

十七、聚奎主人辑印《兵书七种》

聚奎主人，姓名、行状不详。据于汝波等编《孙子学文献提要》云，书前“有王纬序，略论晚清军政弊端”及辑录此书的军事意义，并交代《兵书七种》包含《孙子》《六韬》《吴子》《司马法》《武侯火攻心法》《心书》《乡兵管见》七书。然谢祥皓、刘申宁辑《孙子集成》题名辑印者为王纬，不知所据为何。据《兵书七种》序云，聚奎主人于光绪二十四（1898）年夏辑录此书，而作序者自称日侍彭玉麟戎幕中，却未署姓名。由此推知，《兵书七种》辑印者非王纬，乃聚奎主人。又，《兵书七种》题签有“会稽峭庵王纬题赙”语，可知王纬为《兵书七种》题签者。故于汝波等云王纬作序，亦不可靠。

在此，有必要赘言的是，《乡兵管见》是清代末期关于保甲、团练之书，有《乡兵劝谕》《乡兵章程》《乡兵杂说》三卷。作者李柬，字敬之，清代北平（今北京）人，生平不详。主要讲述建立乡兵的重要性、选拔和训练乡兵的原则和方法，体现其以民卫民、以民治民、人人皆兵的思想，其目的是借

① 谢祥皓、刘申宁辑：《孙子集成》第19册，齐鲁书社1993年版，第60页。
② 谢祥皓、刘申宁辑：《孙子集成》第19册，齐鲁书社1993年版，第113页。

助农民的力量来镇压农民起义，颇具煽动性和蛊惑力，但另一方面也反映了清末豪强地主对官军深感失望，而设法依靠组建乡兵以自卫的社会现象，是清朝末年武装力量走向腐朽没落的表现。

《兵书七种》之《孙子》，乃抄录《魏武帝注孙子》文以印行，并无创见。不仅如此，其抄录亦有不少讹误，可谓俯拾皆是。如“始计第一”下注：“计者，选将最敌，度地料卒，计于庙堂也。”① 其中“最”为“量”之误，且“卒”之后脱“远近险易”。再如“谋攻第三”下注：“欲求敌，必先谋。”② “求”为“攻”之误。此本《孙子》开头虽冠以孙星衍校勘《孙子》序言，然其注并非孙星衍所校之注。比如《始计第一》中“故经之以五事，校之以计而索其情”，孙星衍校勘本作“故经之以五，校之计而索其情”，并出注曰：“《通典》古本如此，今本作‘经之以五事，校之以计’，盖后人因注内有‘五事’之言，又下文有‘校之以计’句，故臆改之也。”③ 此本《孙子》虽据以孙星衍所校《魏武帝注孙子》而印行，然并未忠实于魏武帝注。如《始计第一》中“地者，远近、险易、广狭、死生也”，此本无注。而孙星衍校注本则有注：“言以九地形势不同，因时制利也。论在《九地》篇中。”并于“因时制利也”下按曰：“《通典》及《御览》作‘制度’。非。”④ 余者不赘举。总之，聚奎主人本《孙子》虽号称孙星衍校《魏武帝注孙子》，然其辑印，率性而为，随意取舍，诚不足法也。若抛开原文及注不论，则其价值在于其序文。其序云：

> 古之有国者，戡乱定功，未尝不以兵也。汤、武之所以王，齐、晋之所以霸，皆以德为主，而以兵辅之。战国秦汉之世，尤以兵为重。其国之兴废，视其兵之强弱与措置之术如何耳。古者寓兵于农，耕桑所得，

---

① 谢祥皓、刘申宁辑：《孙子集成》第19册，齐鲁书社1993年版，第133页。

② 谢祥皓、刘申宁辑：《孙子集成》第19册，齐鲁书社1993年版，第135页。

③〔汉〕曹操等撰：《孙子十家注》，见《诸子集成》第六册，中华书局1954年版，第3页。

④〔汉〕曹操等撰：《孙子十家注》，见《诸子集成》第六册，中华书局1954年版，第7页。

足以衣食其家，故处则富足，出则精锐，是以无养兵之费而有用兵之实。考诸唐宋以来，兵制屡更，赋敛于农民，以给正军。兵农既判为两途，则费愈多，而兵愈弱。我朝以弧矢威天下，八旗之士，控弦跃马，夙号劲旅，驻防之设、绿营之制，克臻美善矣。至海禁大开，中外互市，海西诸岛国始以奇技淫巧糜我金钱，又挟其枪炮利器，飘忽往来，横行海上。朝廷以柔远为怀，弗事挞伐，屡许行成，然和局不可以久恃，则整军经武之不容一日懈也。一旦汰绿营而为练兵矣，募健儿而充防勇矣，习洋操而为自强军矣。夫今日之大患，患在将不知兵，兵不习战。为将领者，平居嬉游，日事征逐，甚以克饷虚额为自肥身家计。为兵者，率市井无赖，恃其名列军籍，鱼肉乡里，遇敌则望风先溃，以是而言兵，乌乎其可耶？岁次甲申，彭刚直公奉命督师防粤，驻节虎门炮台，走也日侍戎幕，备闻公之伟论，拳拳服膺，逾久弗忘。今夏聚奎主人有《兵书七种》之辑，上自周书《六韬》，下逮《乡兵管见》，咸为论兵切实之要旨。诚能取法乎上，神而明之，练其胆识，审其机宜。将请终军之缨，膺干城之选，搜讨军实，安内攘外，于是乎在，不禁拭目俟之。忆自弱冠之年，即喜千金买刀，百金易马，以从事戎旃、磨盾草檄，惜大半散佚。吾知是书一出，不胫而走，定贵五都之市矣。是为叙。①

此序作于光绪二十四年（1898）秋七月，未署序者姓名。而从序文可知作序者乃彭刚直之幕宾。彭刚直者，彭玉麟也，与曾国藩、左宗棠、胡林翼号称清末“中兴四大名臣”，官至两江总督兼南洋通商大臣，领兵部尚书衔。此序纵论兵制更替，至有清一代，积弊难除，兵无战力，将无韬略。作序者于戎幕之间，常听彭公高论，故对兵法甚是推崇。恰于光绪二十四年（1898）夏聚奎主人纂辑《兵书七种》，预言其书必将“不胫而走”，故为之序。

十八、顾福棠《孙子集解》

顾福棠，原名成章，字咏植，江苏武进人，光绪间副贡生。著有《孙子

① 谢祥皓、刘申宁辑：《孙子集成》第19册，齐鲁书社1993年版，第119~125页。

集解》。光绪二十六年（1900）顾福棠自序其作书之缘由曰：

今天下海氛厉矣。非挟船坚炮利不能擅大洋之长，非习风涛沙线不能捷大洋之战。立五大洲之上，抚掌以观雄。雄莫雄于今，精莫精于今，诚从古未有之创局，昔人所不能逆料于今者也。然其地、其器今昔不同，原用兵之法与用兵之术，则无不同。中国之兵书富矣，三代以上者，类多托名。其最确者，莫如孙吴。然孙吴虽并称，而吴之书繁略不中，无所统纪，不若武之书言约而意博，始于《计》，而终于《反间》，经之以《形》《势》，纬之以《火攻》。奇权、秘算悉举，天下古今之兵说，包括于其中。此诚千古兵家之祖、兵家之师也。今天下之贫与弱可胜言哉？挟救时之策者，畴不曰急宜富、急宜强？然筹此二端，当有先后焉，非强兵无以立国，无以卫商，无以操自主之权，无以禁外泄之利，即无以致富而保富。然则讲求用兵之法与用兵之术，其不可一日缓也，明矣。但法者，其常也；术者，其变也。用常易而达变难。非讨求古今中外各兵书，不足以变化纷纭而令人莫测。《孙子》一书，其尤兵之最尚奇变者也。其所处之世，当春秋之末，战国之先，亦与今之世大略相同。日本兵书数百家冠以《孙子》，海外之人犹且尊之、信之、习其说，以行其计，而况吾国家功令所颁之武经，能不汲汲焉诵而习之、沉思积虑，以借为御侮之资哉？福棠蒿目时艰，不揣梼昧，爰据孙氏星衍所校《十家注》本，翦其繁芜，删其不切于经旨者，而取其义之精者，间附以鄙意，勒成一书，略宗颜氏师古注《汉书》之例，名曰集解，亦思有裨于今之武备云尔。①

此序放眼世界，痛陈时弊，特别强调海权、海军和海战，认为既要有坚船利炮，又要有国家富强，还要有奇谋善变，而奇谋善变为最者，首推《孙子》，故顾福棠集注《孙子》，其志非惟传承《孙子》，亦惟有裨于当时之武备。故

① 谢祥皓、刘申宁辑：《孙子集成》第19册，齐鲁书社1993年版，第157~158页。

其书乃为时而作，为势而作。

清光绪二十七年（1901），江苏阳湖人、曾任浙江巡抚的恽祖翼为之序曰：

> 余往岁奉命抚两浙军，其地襟江带海，负山控湖，水陆防练，各营已逾制兵之数远甚。然而北方告警，派兵入援，各州县民教不安，寇攘充斥，络绎召募，为剿为防，犹虑日不暇给，而掌度支者仰屋窃叹，月饷早已不赀。当此之时，若议增兵加饷有益乎？抑无益乎？不穷其源，终不足以药其病也。余于是特疏奏请将营中所积诸弊一一上陈，庶几严申军律，宿垢悉除，饷有恒源，兵无缺额，廉耻日重，训练日精，两浙之营其振作乎？天下事，凡积之数十年，未有沉痼之习蓄于中，忍听其随俗波靡，而日深一日，不思有以补救之、惩警之、涤荡之者，岂特军制然哉？军制其尤为急也。或者谓我之兵非不足恃也，特船不坚、炮不利耳。呜呼！此不务本而务末者耶？或者又狃于发捻之乱，谓我之兵御外侮不足，平内乱有余。呜呼！此旁观揣度之言，岂身历其境之言耶？兵之不足恃，非惟两浙为然，吾恐各省之风亦比比然也。仰承天子圣明，录余所奏，叠谕各疆臣，实力整顿，执法重惩，庶将士知所改更，而军心为之一振。所痛者，太夫人逝世，奉讳旋里，浙中之弊未能遵旨扫除，余心常耿耿焉。适顾君咏植以所著《孙子集解》见示，余读之，为之豁然者累日。夫《孙》《吴》《司马》，本兵家所必读之书，而《孙子》为尤最。其辞简，其意周，其书条理秩然，不芜不杂，而咏植尤能寻原竟委，阐发其微，集诸家之大成，择要削繁，融会经旨，此非特《孙子》一书之功臣，实千古用兵之龟鉴也。幸将士读之，其亦为水陆诸营振作之一助乎。①

此序以撰者恽祖翼督抚两浙军队的实际经历，痛陈清朝末年治理松散、

---

① 谢祥皓、刘申宁辑：《孙子集成》第19册，齐鲁书社1993年版，第155~156页。

军纪废弛、疏于训练、粮饷不足、兵员缺额、战力衰微等弊端。这些弊端，正如恽祖翼所言，非特两浙如此，实则其余各省亦如此，是清末军队的普遍现象。两浙之军营仅是大清晚期军营的一个缩影而已。恽祖翼虽有补偏救弊之志，上疏一一指陈军营之弊，奏请加以更正。朝廷亦善加采纳，晓谕各省，着力惩治，其结果是"军心一振"。此序所言自当属实，然清末军队之弊，实为朝政之弊，由来已久，积重难返，其根本原因在于封建政治制度和八旗军事制度已然严重与时代要求相悖。故恽祖翼之奏疏，即使能收一时之功效，也不能从根本上扭转清军腐败和颓废之局面，甚至不可逆转地加速了清朝终结——此序撰写的十年后，清朝便走向了覆灭的结局。

恽祖翼对顾福棠《孙子集解》给予了真实而全面的评价，而顾福棠也确实做到了如其自序所称删冗取精、附以己意。故此书一改"集注"体全而繁的训解方式，而是简洁明了，深得《孙子》本旨，战争实用性很强。

其体例是，在选取《孙子》十家注中的精要注解基础上，以"福棠曰"引出自己的意见，大多能钩玄发微，令人耳目一新。如《计》篇"道者，令民与上同意也，故可与之死，可与之生，而民不畏危"，曹公曰："谓道之以教令。危者，危疑也。"张预曰："以恩信道义抚众，则三军一心，乐为上用。《易》曰：'悦以犯难，民忘其死。'"福棠曰："曹张之说，非正义也。道，理也。凡我出兵，必先计有不得不用兵之理，然后一国之人皆有不得不战之心，故曰'令民与上同意'。一国之人既有不得不战之心，由是临战之时，死生不计。虽置之危险之地，亦无所畏避矣。《谋攻》篇云：'上下同欲者胜。'即此之谓也。"① 顾福棠不仅训解《孙子》原文新意迭出，而且具有国际视野，中西融会，多以西方战例印证自己的训解。如《计》篇"天者，阴阳、寒暑、时制也"，顾福棠曰："阴阳者，雨晴也，晦明也，昼夜也。寒暑者，冬夏也。时制者，因时制宜也。曷谓因时制宜？言因阴阳、寒暑之时，以各行其计也。"② 然后援引清嘉庆四年（1799）法国拿破仑伐埃及、清嘉庆十五

① 谢祥皓、刘申宁辑：《孙子集成》第19册，齐鲁书社1993年版，第160~161页。
② 谢祥皓、刘申宁辑：《孙子集成》第19册，齐鲁书社1993年版，第161页。

年（1810）拿破仑伐奥匈帝国均利用阴阳、寒暑、时制以取胜的战例，以佐证“乘天之时以制胜”的解读。再如《计》篇“法令孰行”，顾福棠解“法”为“行军不易之成法”，“令”为“主将一时之号令”，两军相较，成法备而号令明者胜。然后援引南北花旗水师交战、北花旗水师军法完备而号令严明的战例以印证之。又如顾福棠注解《计》篇“将听吾计，用之必胜，留之；将不听吾计，用之必败，去之”，云孟氏解“将”为裨将、陈皞解“吾”为孙武自己，均非。而解“吾”为吴王，指孙武站在吴王的角度说此话，为吴王献计。认为君为主谋，将为参谋，君臣意见相同，方可兴师，诸家之说“究未达孙子作书之次序，故颠倒纷纭，望文生训”。此说可谓一家之言。此外，顾福棠对庙算、全胜等均有自己的独到诠解。总之，顾福棠之训解《孙子》往往能够不为旧注所囿，而能独出新解，而且既引中国传统战例，又引外国战例以释之，是传统孙子学向近代孙子学过渡的重要关节，在孙子学史上具有不可忽略的地位。

十九、陈任旸注解《孙子》

陈任旸（约1841—1911），字寅谷，号耐叟，又号封翁，江苏宜兴人，清末秀才。著有《孙子十三篇直讲》《京口三山志》《焦山六上人诗》等。清咸丰、同治年间在乡里襄办团练。光绪二十四年（1898）作白话夹注《孙子》。其特点是，原文和注文相连而读，则成《孙子》诠解。如《作战第二》云：“兵（之道）闻（虽）拙（而贵能）速（了），未睹（有）巧之（可以）久（者）也。夫兵久而（与）国（有）利者，未之有也。故不尽知用兵之害（而卤莽用之）者，则不能尽知用兵之利（而收之者）也。”①

此种体式很是新颖，用墨不多而得《孙子》要义，甚合官兵之心。此书撰作缘由，陈任旸在其序中说得明白：“光绪二十四年秋，新宁刘忠诚公总制两江，以魏武批本刊发各营，令相诵习。吴养吾都督继培驻防镇郡，患文义简奥，非浅近者所能通晓也，持以见商，告之曰：‘此篇行世，尚有十家注本

① 谢祥皓、刘申宁辑：《孙子集成》第19册，齐鲁书社1993年版，第450页。

甚详，然不免互见异同，军中岂能博及尽喻？误且反入歧趋，曷不采注之尤者，以小字嵌入大字内，作为俗语，使每篇联成一气，复撮篇中之大意，标于篇首，使十三篇联成一气，则讲解记忆，庶期较易。’吴都督以为然，因创稿赠之，副本留案头七年于兹矣。”① 其意是，光绪二十四年（1898）两江总督刘坤一（谥号忠诚）为其所部官兵颁发曹注《孙子》，令其诵习，但皖南镇总兵吴继培（字养吾）认为曹注《孙子》文辞艰涩，难以晓达其意，故宜兴人陈任旸作此浅显易懂之训注，以《孙子》原文与注联成一体，近乎白话，使官兵易于接受，并在篇首以简短的文字撮录该篇大意。吴继培在其序中亦有记述：“光绪二十四年秋，大帅刘忠诚公以《孙子》十三篇刊发各营，授而读之，证以身之所历、耳之所闻，复推及于东西各战事，无不若合符节，岂所用之器械、所居之形势亦胥相似哉？夫绝不相似而率无不合者，法在则然也，善之善者也。第历世既远，文法攸殊，为部下讲解，辄有所难通。得寅谷封翁此注，似俗话出之。虽至愚极鲁，莫不闻而欣欣色喜，若有所领悟，则又发明此篇而成其善之善者也，然而于绝不相似之中，求所以无不相合之故，苟泥于器械、形势，则仍将有所难通焉。是在讲者、读者能领悟其善之善者。庶几可征诸实用，不成为纸上空谈，垂之千百世而无弊，用以振军经武，而日起有功，而封翁之苦心亦在是矣。”②

总之，陈任旸注解《孙子》，体例新颖，切合军中官兵文化实际，有助于官兵快速理解孙子原文，而且注解基本能够得其精要，不至征引烦琐、阐释拖沓、多言寡义，而是十分简洁，真可谓“武人读本”。

二十、清锐等《孙吴武经》

清锐，字秋圃，成都驻防蒙古镶黄旗人，光绪九年（1883）癸未科翻译进士。官至江宁将军、兵部尚书。其所注《孙吴武经》之《孙子》，原文为汉满文对照，其注解浅近易懂，适合武人习读。其所注多秉承儒家仁义礼乐、

---

① 谢祥皓、刘申宁辑：《孙子集成》第19册，齐鲁书社1993年版，第433~435页。
② 谢祥皓、刘申宁辑：《孙子集成》第19册，齐鲁书社1993年版，第440~443页。

道德忠信之意。比如《始计第一》“道者，令民与上同意”，清锐解曰：“维之以礼乐、教之以孝悌忠信，皆道也。此就平日而言。”“君以道德怀民，使民亦与君上同心同德。”这种解释完全以儒释兵，当然并非孙武本意，而是以今释古、以经注我。再如《军形第四》释“修道保法”为修治仁义之道、令民与上同意、保守节制之法。又如释《用间》篇所涉伊吕为间之事曰：“伊尹五就桀，不用。乃相汤，伐桀。吕望初居朝歌，后归周，佐武王伐纣，非为间于夏殷者。况汉高斩丁公，苻坚诛李伯护。二君犹知恶反间者之不忠，汤武乃与之哉？仁义之师又何借于间也。孙子借以言五间之用，须上智之人，如伊、吕者始成大功耳，非谓伊、吕真用间也。读者不以辞害意可也。”① 注者虽尊重孙子关于用间的本意，但是认为仁义之师不需用间，遑论伊尹、吕望曾经为间，可谓近乎迂腐。此外，清锐注《孙子》，还能适当引用战例及史实以辅翼其注，此不赘引。总之，清锐之注解，在比较通俗、便利地理解《孙子》方面，做得较好。在注解时，没有烦琐地引用前人旧注，且能精选例证，使义例相符，言简意赅。

二十一、王仁俊《孙子佚文》

王仁俊，一名人俊，字捍郑，又字杆郑、干臣，江苏吴县（今属江苏苏州）人。光绪十八年（1892）壬辰进士，授翰林院庶吉士，改吏部主事。先后创办《实学》报馆，署宜昌、黄州府事，任湖北存古学堂教务长、京师大学堂教习、学部图书局副局长等。长于辑佚、考证，于文献学、金石学、敦煌学、西夏学方面，著述宏富，凡几十种。在孙子学方面并无发明，仅从毕以珣《孙子叙录》中辑出《孙子佚文》。

二十二、黄巩注解《孙子》

黄巩，字子固，室号存几堂，长沙人。其《孙子集注》，辑录自东汉末曹操、王凌、张子尚，三国时期魏国贾诩、萧吉，三国时期吴国沈友，南朝梁

① 谢祥皓、刘申宁辑：《孙子集成》第 19 册，齐鲁书社 1993 年版，第 775 页。

代孟氏，唐朝杜佑、李筌、杜牧、陈皞、贾林、纪燮，宋朝朱服、宋奇、苏轼、梅尧臣、王皙、何延锡、张预、吉天保、郑友贤、晁公武，明朝王凤洲、归有光，清朝毕以珣、孙星衍共二十七家。黄巩认为《孙子兵法》与《管子兵法》互为表里，《管子》论兵之正，而《孙子》论兵之变。远古兵法如黄帝《李法》、周公《司马法》、太公《六韬》，原本均已不传，故兵家之法，《孙子》最古。而《孙子》之法，本于仁义，佐以权谋，其意务求不战而屈人之兵。故权谋者，乃以曲成其仁义也。故兵非胜人之谓，可以定人之谓；仁者之师，天下无敌。黄巩又认为，《孙子》论兵，在智不在力，在将不在士，在志气而不在形器，全在精神振作，故《孙子》极尽纵横变化之妙。此种理念，正如《管子》所谓举如飞鸟，动如雷霆，发如风雨，莫当其前，莫害其后，独出独入，莫敢禁圉。然而，西洋兵法传至中国，只教以步伐之大概，其精神志气却秘而不宣，若能以西洋兵法与《孙子兵法》结合，则必出于西法之上。黄巩鉴于当时所传《孙子十家会注》及五家注本，皆杂沓雷同，支离割裂，令人不可卒读，故于每篇之文，先分章节，然后采集诸家之言，申其文义，附以集注者按语，务使旨趣淹通，作用晓畅。黄巩又说，《孙子》文义，为诸家拘牵傅会，转令读者生疑。如“方马埋轮”之“方”，与《诗经》“比物四骊”之“比”同，乃齐其力之意，而有注家训以“缚”。“犯三军之众”之“犯”，与《庄子》“犯人之形”同，乃“承受”之意，而有注家训以“动”。“厉于廊庙之上而诛其事”，与“诛讨”同，即“讨论”之意，而有注家训以“治”。“践墨随敌”为践履幽险，与“墨辟”之“墨”同，即墨刑之意，而有注家训以“绳墨”。支离牵合，率多类此。究其原因，皆由推求古义而转相自失所致。此外，指出某些注家的错误。例如“以本待之”，“本”之讹为“卒”；“方马埋轮”，“埋”之讹为“理”；“夫人尽力”，“夫”之讹为“士”，黄巩皆因义校正。

黄巩之注《孙子》，可谓深得《孙子》微旨，其洞彻力直透人心。如对《用间》的按语，便可概见其意：“巩按：十三篇以《用间》终，《用间》以殷周之兴王终。盖谓兵虽诡道，而曲成其安民除乱之功，则诡不失乎正。故出而为将，必先有安定天下之心，然后可以经权并用，捐小节而成大功。否则争地争城，残民以逞，无论顺逆，皆所谓以暴易暴者也。夫一物之微，无故戕贼，尚乖祥和，况驱数千万生灵赴之汤火哉？此孙子必以全争于天下论兵，而巩必以兼爱天下论兵也夫。”① 以《始计》开篇，孙子有其深意，黄巩释曰：“巩按：始之以计，深得临事而惧、好谋而成之意。谓孙子一于韬钤之术者非也。”② 黄巩集注《孙子》，其目的是在集注诸家旧注的基础上，提出自己的观点，而其最主要的观点，则是在《始计》注中提出的“非兼爱天下不可以言兵”，并在末篇《用间》中照应此观点。由此可谓黄巩乃以墨论兵，然而墨之兼爱出于儒家之仁，故黄巩说《孙子》首尾谓兵不可久用，深知用兵之害而不敢轻用兵也。由此观之，《孙子》虽兵家言，然深得孔子慎战之义，非战国善战者之说能比也。

然而，黄巩之训注，并非尽善尽美，如训“作战”曰：“巩按：作，振作也。一鼓作气，如文王一怒，武王一戎衣。兵者，不得已而用之。故不敢淹久，以蠹国病民也。”再如《火攻》篇注“故以火佐攻者明，以水佐攻者强，水可以绝，不可以夺”，黄巩按曰：“明，谓人扰乱而我治明；强，谓人陷溺而我强暴；绝，谓决水灌军，敌俱绝灭；夺，则乘其扰乱，可以夺彼之军实也。水绝火夺，利与害有轻重。与其用水，宁用火也。孙子及此，亦杀人之中又有礼焉耳。诸家注皆非。”③ 两军交战，用火攻，抑或水淹，均要根据客观条件来决定，非能主观任性选择。黄巩之意乃谓，与其水淹，不如火攻，因水淹会使敌军绝灭，但是火攻可以使我军乘乱获得敌人军辎、粮草等，也可使部分敌军乘乱逃生，进而言杀人之中亦有礼存焉。此类训解，正如他自己批评的那样，亦有牵强附会墨家兼爱之病。

二十三、毕以珣《孙子叙录》

毕亨（1757—1836），原名以珣或以田，字恬溪，山东文登人，嘉庆初迁居东昌。嘉庆十二年（1807）丁卯举人。道光六年（1826），署江西安义县，

① 谢祥皓、刘申宁辑：《孙子集成》第20册，齐鲁书社1993年版，第87页。
② 谢祥皓、刘申宁辑：《孙子集成》第20册，齐鲁书社1993年版，第17页。
③ 谢祥皓、刘申宁辑：《孙子集成》第20册，齐鲁书社1993年版，第81页。

后补崇义县，以积劳卒于官。其学师从戴震，精于汉人诂训，尤长于治《尚书》。孙星衍撰《尚书今古文注疏》，多采毕亨说，每称为“经学无双”。著有《孙子叙录》《九水山房文存》《古文尚书经传释疑》《经训杂记》《新刻十三经叙录》等。

毕以珣《孙子叙录》在孙子学史上享有较高地位，可谓研究孙子学之门径。在《孙子叙录》中，毕以珣确定《孙子兵法》的作者是孙武，纠正了唐宋以来对《孙子兵法》作者的怀疑。历史上，由于《孙膑兵法》的失传，或以为孙武与孙膑是同一人，或以为历史上没有孙武其人，或以为《孙子兵法》与《孙膑兵法》是同一部著作，而毕以珣则坚定地认为《孙子》十三篇者，出于孙武手定，并称《孙子》“惟为古书”，故先秦两汉多袭用其文，东汉以后诸传记所征引者，更不可以悉举，云云。

在《孙子叙录》中，毕以珣比较合理地解释了史书记载的《孙子兵法》八十二篇、图九卷与传本《孙子》十三篇的关系，指出八十二篇的内容由以下构成：“按：八十二篇者，其一为十三篇，未见阖闾时所作，今所传《孙子兵法》是也。其一为问答若干篇，既见阖闾所作，即诸传记所引遗文是也。一为《八阵图》，郑注《周礼》引之是也。一为《兵法杂占》，《太平御览》所引是也。外又有《牝八变阵图》《战斗六甲兵法》，俱见《隋经籍志》。又有《三十二垒经》，见《唐艺文志》。按：《汉志》惟云八十二篇，而《隋唐志》于十三篇之外又有数种，可知其具在八十二篇之内也。”① 而对《七录》所载《孙子兵法》三卷的看法是，十三篇为上卷，问答之辞为中、下卷，其八阵图、杂占诸书，则别本行之。对《孙子》十三篇到了汉代骤增为八十二篇的原因解释说，十三篇之外，又有问答之辞，而武未见阖闾，作十三篇以干阖闾；既见阖闾，则相与问答，故又定著为若干篇。毕氏的上述解释，是孙子文本研究的重大突破，奠定了近代以来孙子文本研究的基本框架。后人之研究，大抵不出此范围。

毕以珣从《通典》、《孙子》何氏注、《太平御览》、五臣《文选注》、郑

---

① 谢祥皓、刘申宁辑：《孙子集成》第15册，齐鲁书社1993年版，第43页。

玄《周礼注》、王符《潜夫论》等古籍中比较完整地辑录了《孙子》佚文。

在《孙子叙录》中，毕以珣比较全面地梳理孙武身世及其行事，从《史记》《吴越春秋》《古今姓氏书辩证》《越绝书》等史籍中爬罗剔抉出有关孙武身世和行事的文字，形成了对孙武比较全面的认识。

在《孙子叙录》中，毕以珣匡谬纠误，做了大量的考证工作，颇有发明。如解《谋攻》"不知三军之事而同三军之政"之"同"为"冒"，"冒"即"干预"之意。再如《军争》"朝气锐，昼气惰，暮气归"之"归"为"熄灭"之意，依据是《广雅》云："归，息也。"此外，纠正史书所载讹误，如《新唐书·艺文志》载《兵书捷要》七卷，云孙武著，而毕以珣则认为"孙武"为"魏武"之误，其所据为《隋书·经籍志》及《通志·艺文略》的相关著录。

毕以珣是渊如学派创立者孙星衍的重要交游对象，也算是渊如学派成员，很受孙星衍的器重。孙星衍著《尚书今古文注疏》多采其说，其所辑《周易集解》亦得毕氏之助。孙星衍《孙子兵法序》云："适吴念湖太守、毕恬溪孝廉皆为此学，所得或过于予，遂刊一编，以课武士。"① 故以毕以珣《孙子叙录》一卷置于《孙子十家注》前。

此外，需略作说明的是，上海大众书局出版之《孙吴兵法》，其中有《孙子》一编，编者无载，而有人认为是毕以珣所编。书前有《孙子本传》和毕以珣《孙子叙录》。《孙子本传》即《史记》之《孙子吴起列传》。《孙子叙录》末尾说，《道藏》本《孙子》有郑友贤《孙子遗说》一卷，见《通志·艺文略》，故仍依原本，附刻于后。《孙吴兵法》之《孙子》书末，的确附有郑友贤《孙子遗说序》及《孙子遗说》，但不能因此推断《孙吴兵法》就是清代毕以珣所编。《孙吴兵法》之《孙子》在十家注之外，增加了宋代施子美注和明代赵本学注，当是清代学者在孙星衍校《孙子十家注》基础上又增益了施、赵两家注的一个本子。

二十四、孙星衍《孙子十家注》

孙星衍（1753—1818），字渊如，江苏阳湖（今属江苏常州）人。史载其

① 谢祥皓、刘申宁辑：《孙子集成》第15册，齐鲁书社1993年版，第5页。

“少与同里杨芳灿、洪亮吉、黄景仁文学相齐。袁枚品其诗，曰‘天下奇才’，与订忘年交。星衍雅不欲以诗名，深究经、史、文字、音训之学，旁及诸子百家，皆必通其义。乾隆五十二年，以一甲进士授翰林院编修，充三通馆校理。”① 孙星衍既校刻《孙子十家注》，又著有《周易集解》《夏小正传校正》《明堂考》《考注春秋别典》《尔雅广雅诂训韵编》《孔子集语》《晏子春秋音义》《寰宇访碑录》《金石萃编》《续古文苑》等。孙星衍晚年著书，多付之于文登毕亨、嘉兴李贻德以卒其业。

孙星衍是清代乾嘉时期的经学家、校勘学家，其在孙子学的贡献，自然当数校刻《孙子十家注》。《孙子兵法》自东汉魏武首注之后，历代迭出，而至宋代吉天保集众家注为一书，名之曰《孙子十家会注》。然宋元以降，其注或有衍脱，或有颠倒，失去吉天保手辑原貌。至有清一代，考据之学兴，全面校勘和总结前代学术，已然蓬勃生发，故全面校勘《孙子十家注》之重任，历史地落在了以孙武后裔自称的孙星衍身上。孙星衍校勘本自嘉庆二年（1797）以《道藏》本校刊于山东兖州观察署以来，成为此后二百余年校勘最精、流传最广、影响最大、可信度最高的一个本子，至今仍难有替代者。孙星衍通过他校、本校、理校等方法，精心校勘《孙子十家注》之讹误。他校如《孙子十家注》卷四《形》篇“不能使敌必可胜”，孙星衍出校记曰：“原本作‘之可胜’。按：注则故书正作‘必’也。从《通典》《御览》改正。又按：《吕氏春秋》云：‘不可胜在己，可胜在彼。圣人必在己者，不必在彼者。’是其证。”② 本校如同篇李筌注“可胜者攻也”曰：“夫善用兵者，守则高垒坚壁也。攻其城则尚橦棚、云梯、土山、地道。”孙星衍校记曰：“原本无‘城则尚’三字，据上文注补。”③ 理校如《孙子十家注》卷五《势》篇“兵之所加，如以碫”，孙星衍校记曰：“按：‘碫’当为‘碬’，从‘叚’。唐以后多‘遐’音者，以字之讹而作音也。至王晳又以冶铁之‘鍜’

① 赵尔巽等撰：《清史稿》，中华书局1977年版，第13224页。
② 谢祥皓、刘申宁辑：《孙子集成》第15册，齐鲁书社1993年版，第173页。
③ 谢祥皓、刘申宁辑：《孙子集成》第15册，齐鲁书社1993年版，第175页。

当之，更谬。”[①] 理校例再如同篇“战势不过奇正，奇正之变，不可胜穷也”之注中，有曰：“何氏曰：《六韬》云：‘奇正发于无穷之源。’”孙星衍校记曰：“原本作‘孟氏’。按：合注之例，孟氏在前，今置于此，当是何氏注传写误耳。改从何氏。”[②] 总之，孙星衍校刊《孙子十家注》，综括其十三篇经文及十家注文，凡三百七十余处，所校皆言之有理，持之有据，下语谨严，令人信服，而且行文简洁、干净利索。今日展读其校注，清代朴学之风扑面而来，非博学慎思不能到也。

二十五、李宝淦粹辑《孙子十家注》

李宝淦（1864—1919），字经宜，又字经畦、经彝、汉堂，晚号荆遗，江苏武进人。优廪贡生，山东补用知州，湖南候补道，署湖南提学使。工诗文，著有《汉堂类稿》《诸子文粹》等。其中《诸子文粹》卷三四为《孙子文粹》，精选《孙子十家注》经文及传注，辑录成编。

此书《凡例》云：“选录古人之文，由来已旧，或兼综数代，或仅取数家，至国朝宜兴储氏、桐城姚氏、湘乡曾氏诸选，文体尤备，无善不臻，而独阙丙部。夫亦谓诸子者，盖以立意为宗，不以能文为本，虽舍旃可也。愚谓意之所至，文亦至焉。故是编专取诸子，以备一格。诸子选本，古罕流传，唐初魏徵奉敕撰《群书治要》，经史并录，其先后则有俞仲容《子钞》、马总《意林》、高似孙《子略》，斯为最著。或其书已亡，或篇帙寥寥，割裂什九，致足惜也。是编所录，专主鸿篇巨制，而零珪碎璧，亦不忍轻弃。虽取之本书，仅十之三四，然精言奥旨，虽有遗焉，寡矣……子部选家，或删改字句，或移节原文，明代杂编，畸零割截，等诸自郐，然学者不知，辄谓本书如是，而不悟其久遭窜乱也。是编有删无改，有节无移。虽略间数语，亦提行缮录，庶不致变易古书，就我胸臆。”[③]《诸子文粹》卷三四《孙子》以清孙星衍校

---

① 谢祥皓、刘申宁辑：《孙子集成》第15册，齐鲁书社1993年版，第199~200页。
② 谢祥皓、刘申宁辑：《孙子集成》第15册，齐鲁书社1993年版，第205页。
③〔清〕李宝淦编：《诸子文粹》，清光绪二十三年（1897）刻本。

《孙子十家注》为底本，亦如《凡例》所言，有所删减，但无改窜。不仅原文有删减，而且诸家注文亦有删减，仅保留了部分诸家之注，而且部分诸家之注文，亦有删减，使之更显“精粹”。其书名《诸子文粹》之“粹”义于此可见。其选文用意，正如《凡例》所云，为使诸子之文有正传，而无支离割裂，以致面目改易者也。

二十六、魏源注解《孙子》

魏源（1794—1857），名远达，字默深，又字墨生、汉士，号良图。汉族，湖南邵阳人，道光二年（1822）壬午举人，道光二十五年（1845）乙巳进士。官高邮知州，晚年归隐，一心研佛，法名承贯，是中国睁眼看世界的先驱。著《孙子集注》，亡佚。但存《孙子集注序》，兹移录于下：

《易》，其言兵之书乎？“亢之为言也，知进而不知退，知存而不知亡，知得而不知丧，所以动而有悔也”，吾于斯见兵之情。《老子》，其言兵之书乎？“天下莫柔弱于水，而攻坚强者，莫之能先”，吾于斯见兵之情。《孙武》，其言道之书乎？“百战百胜，非善之善者也；不战而屈人之兵，善之善者也。故善用兵者，无智名，无勇功”，吾于斯见兵之情。故夫经之《易》也，子之《老》也，兵家之《孙》也，其道皆冒万有，其心皆照宇宙，其术皆合天人，综常变者也。而苏洵曰：“按言以责行，孙武不能辞三失：久暴师而越衅乘，纵鞭墓而荆怒激，失秦交而包救至；言兵则吴劣于孙，用兵则孙劣于吴，矧祖其余论故智者乎？呜呼！吴，泽国文身封豕之蛮耳。一朝灭郢，气溢于顶，主骛臣骄，据宫而寝，子胥之智不能争，季札之亲且贤不能禁，一羁旅臣能已之乎？故《越绝书》称“巫门外有吴王客孙武冢”，是则客卿将兵，功成不受官，以不尽行其说故也。或又谓将才非人力，运用存一心，括读父书，徒取秦禽，是又不然。兵列五礼，学礼宜及。“有文事者，必有武备”，“好谋而成”，“我战则克”，“学矛夫子，获甲三百”。特兵危事而括易言之，正与兵书相背故也。“弩生于弓，弓生于弹，弹生于古之孝子”，杀人以生人，匪谋曷成？谋定而后战，斯常夫可制变。上谋之天，下谋之地，中谋之人；人谋敌谋，乃通于神，非神之力也，心之变化所极也。变化者，仁术也。上古圣人，以其至仁之心，挠水火而胜之，挠龙、蛇、虎、豹、犀、象而胜之。恩生于害，害生于恩。微观于五行相生相克之原，天地间无往而非兵也，无兵而非道也，无道而非情也。精之又精，习与性成，造父得之以御名，弈得之以射名，稷得之以稼名，宜僚以丸，秋以弈，越女以剑，虽得诸心，口不能云。口即能云，不能宣其所以云。若夫由其云以通其所以云，微乎微乎，深乎深乎！夫非知《易》与《老》之旨者，孰与言乎？①

二十七、郑端《孙子汇征》

郑端，字司直，河北枣强人，清初名臣，顺治十六年（1659）己亥进士，历官翰林院庶吉士、江苏巡抚、兵部侍郎、都察院右副都御史。著有《政学录》《日知堂文集》《朱子学归》《孙子汇征》，且多收入《四库全书》并传于世。《四库全书总目》“兵家类存目”云，《孙子兵法》诸家旧注，见于史志及诸家书目者，多数不传。即有传者，亦多散见诸书，罕有完本。郑端汇集众说，兼采古来谈兵之言，堪与《孙子》本文互相发明。各家旧注及各论兵之言列于《孙子》原文之下，颇为详备。其病则在征引冗繁。如《作战》篇“公家之费”节，注内所录车马器械之论，于车则全载《考工记》，于马则悉引《相马经》，于弓矢、戈戟、牌棒、钯铁等类，则屡陈演习攻打之法，非常烦琐，博而不精。其书每卷皆标曰《孙武子集解广义》，而郑端自序则又题曰《孙子汇征》。② 标题尚不统一，可见其纂辑之不精也。其实两名均可，而从搜集《孙子》旧注及古来论兵之言而广其义看，则前者似乎更恰当。郑端纂辑此编时称，兵乃不祥之器，圣人往往不肯明言，而寓意于语言文字之

① 〔清〕魏源撰：《魏源集》，中华书局 1976 年版，第 226~228 页。

② 〔清〕永瑢等撰：《四库全书总目》，中华书局 1965 年版，第 841 页。

外。古今谈兵之雄者首推孙子，孙子能推黄帝、太公之意，然其微旨亦不传。今人若能博览群书，旁通曲喻，然后澄心静气以求《孙子》之大义，便会发现《孙子》之理其实可以“旦暮遇之”。从学问言，不可谓不行；然从实战言，精于末节而反失要旨，则为书生通病，不可取也。故郑端亦有自知之明，于其《孙子汇征序》末云：“余本章句腐儒，安敢妄言兵政，因岁在甲寅，逆贼犯顺，杖策从戎，武备为急，故不揣愚陋，汇集诸家，仍折衷于孙子，以志愿学之意云。”①

郑端推崇曹孟德，在注解《孙子》十三篇时，每篇都引曹孟德《孙子注》以注之，然后在每篇之末言简意赅地点评该篇大旨。通观其意，实则以注解兵法为手段，而以弘扬儒家王道、仁德为目的；儒家之道为经，兵家之道为权，经为体，权为用。正如其所论《计》篇所云：“子罕有云：‘天生五材，民并用之，废一不可，谁能去兵？兵之设久矣，所以威不轨而昭文德也。圣人以兴，乱人以废。废兴、存亡、昏明之术，皆兵之由，何可去也？’兵既不可去，便不可不知彼行师之正经。兵家之常谈，不特武士闻之，文士亦闻之；不特曾将兵者能言之，即未曾将兵者亦能言之。然人言之，而我闻之，此谓耳食耳，食者鲜能知味。我闻之，而我亦能言之，此谓坐谈。坐谈者不能应机，必得心计之。人平日既明于策数，临时又求其情，实五事七计逐件校量，孰胜孰负，了然心目，如是而后为真知兵者矣。真知兵者，方可命将；能通经者，方可行权。于是以吾之所知者授意于吾将，而能耳受者自能心通，此可与言者也，则留与计事，其不听吾言者必败，乃公事屏而去之，不必与谋。择将既得，计利既熟，则凡以谲敌者，又约略言其毕数端，若曰：‘阃外之事，将军主之，不从中御。’兵家万变，难以遥度，亦不敢豫泄也。盖兵法，有常有变，有内有外，即奇正之说也。以常为正，则以变为奇矣；以内为主，则以外为佐矣。善将兵者，教正不教奇；善将将者，主内不主外。非不欲主也，称物平施。所谓权道，随时准数，原是活法，未有其物，安所施

① 《四库全书存目丛书》编委会编：《四库全书存目丛书·子部》第30册，齐鲁书社1995年版，第299页。

权？因利而制，何可预料？然除非不能算、不必算者，则不强算。凡可以用吾算者，吾将无所不算。算君算将，算天算地，算法算兵，算赏算罚，既算我又算人。算之精，则知之至。知之至，则见之明。然后举此加彼，则建瓴而下，势如破竹矣。此篇经权分两段，而以多算为主，故咏叹以结之，其大旨乃料敌遣将，二件皆君相之责，非阃外之事，观‘庙算’等语，孙子俨然自居命世之佐，孰谓一将之任，足竟其才耶？”① 郑端以为孙子乃治国之才，仅以将视而用之，其才焉能竟？经者乃君相算之于庙堂，权者乃将帅施之于阃外。郑端论述此篇，仅述其君相之经，却对“兵者诡道”至“不可先传”一段有意避开，可见其重在君相之经，与其他注家大有不同矣。

郑端在注解《孙子》的基础上，纵论历史，阐述自己的兵法见解，既是兵论，也是政论。如《孙子》十三篇注解完毕后，首篇论英雄，英雄之名，乃源自“草之精秀者为英，兽之特群者为雄”，故人之文武茂异者谓之英雄。聪明秀出谓之英，胆力过人谓之雄。然后依次论述富国强兵、用兵有道、学兵有法、籍民为兵、多方求将、天官人事、节气时刻、风雨占候、云气胜负。以上为卷一内容。

卷二依次论述列郡分野、九州区域、三都形胜、直省形势、南北大势、沿边要害、西边事宜、京省道里。

卷三依次论述审察地利、搜探情伪、令行禁止、信赏必罚、励士劝功、练心养气、料敌制胜、众寡机宜、用兵任势、奇正相生、虚实彼己、攻守一法、节制严明、部伍分数、旗帜金鼓。

卷四依次论述守圉、转输、选士、教战、阵法。

卷五依次论述战法、营制、行营、夜营、五兵、火攻、用间。

卷六依次论述车、马、甲、弓、矢、射、弩、剑、戈戟殳矛、牌、刀、镋钯、狼筅、枪、棒、铁、威远炮、大将军、佛狼机、虎蹲炮、鸟铳、六合铳、子母铳、火箭、飞枪飞刀飞剑（三飞）、喷筒、刚柔牌。

---

① 《四库全书存目丛书》编委会编：《四库全书存目丛书·子部》第30册，齐鲁书社1995年版，第303页。

卷七论兵谈。

卷八论风角。

郑端各卷兵论，洋洋洒洒，多引儒经、诸子、史传之言，甚至不厌其烦，史论结合，兵政结合，纵横捭阖，以发挥《孙子》十三篇之兵理。尤其值得称道的是，郑端能够对清代先进的火器予以详尽的记录，对其形状、功能、造法予以一一载明，具有很强的时代特征。于汝波等谓其论述极其琐细，详其末而失其旨要，乃书生谈兵易犯之病。① 若从实用来说，则不无道理；若从兵学史料学、兵学文献学的角度看，则有其不可忽视的价值。

二十八、谢文洊类释《孙子》

谢文洊（1615—1681），字秋水，号约斋。江西南丰人，于城西建程山学舍，世称“程山先生”，与星子县髻山隐士宋之盛、宁都县翠微峰隐士魏禧交游甚密，并称“三山学派”。谢文洊编撰《兵法类案》十三卷，以释《孙子》要旨。其法是，摘取《孙子》十三篇要语为纲，如卷一《始计第一》有“主孰有道”“将孰有能”“法令孰行、兵众孰强、士卒孰练、赏罚孰明”“能而示之不能”“近而示之远”“远而示之近”“利而诱之”“乱而取之”“强而避之”“怒而挠之”“卑而骄之”“逸而劳之”“亲而离之”“攻其无备，出其不意”十四纲。每纲之下，立若干目。如“将孰有能”下立“汉王论魏将”“周亚夫军细柳营”“后魏慕容绍宗拒侯景”“曹玮策赵元昊”“明太祖北伐谕诸将”凡五目。以纲统目，以目系纲，纲举目张，逻辑严密，层次明了，思路清晰。

谢文洊在其序中交代此书是在李腾芳《孙子说印》基础上的删订和评点，并改易为今名。故其中保留了李腾芳原评，如“法令孰行”纲下云：“‘法令孰行、兵众孰强、士卒孰练、赏罚孰明’数语是一串的，将之所以称能者，其要在于能行法令。而法令之行，不过以强兵练士耳。兵之强不强，士之练不练，其把柄全在赏罚。原评。”②

---

① 于汝波等编：《孙子学文献提要》，军事科学出版社 1994 年版，第 123 页。

② 〔清〕谢文洊撰：《兵法类案》，清光绪十八年（1892）重刊《谢程山全书》本，第 16 页。

其余诸篇，摘取诸如“守则不足”“攻则有余”“兵以奇胜”“兵之所加，如以瑕（碫）投卵，虚实是也”等为纲，体例与《始计第一》同，均援引历代明君贤将言论和战史为目，以此印证和阐释《孙子》思想。此书重在以实例类释《孙子》思想，史论结合，事言结合，非训诂文字、寻章摘句能比，因而有较强的实用性。

关于此书体例及价值，谢文洊自序曰：“予读《孙子》十三篇，千古用兵之法，莫有能出其范围者，因取篇中要语为纲，历代名将已成之迹为目，名曰《兵法类案》。案者，刑名家之公案也。两造情伪，百出狱吏，按律研情，无有或遁。及其案成，屹然如山之不可移。后世理官，苟阅是案，则吏师于是乎在。今取诸将陈迹，分类以实《孙子》之言，善悟者神而明之，则奇谋伟略如汲井然，用之不竭矣……今以孙子之法御诸将之事，以诸将事表孙子之法，事法贯通……予编次倾会，得《孙子说印》一书，为楚潭李公腾芳著，先得予心，不禁狂喜，于是就加删订而评点之，易以今名。”①

二十九、其余诸家注《孙子》

清代《孙子》注解，除以上主要作品，尚有其他重要作品。

（一）科举应试类《孙子》注解，主要有以下：

陈裕（字苠生，明末清初江宁人）辑《武经全题汇解》，其中《孙子汇解》节引《孙子》十三篇要语为题，然后辑录前人旧说，予以解注，十三篇各篇题之下简要说明本篇主旨。陈裕还撰有《武经七书集注合参》《标题武经七书开宗合纂全题汇解》七卷，其中均各有《孙子》十三篇注解，亦系科举应试读本，既有每篇篇旨，又辑集旧注，要言不烦。

尤大臣（字尺威，明末清初江苏吴兴人）《武经七书题炬》之《孙子题炬》，题炬者，炬照微旨也。其体例以《孙子》十三篇重要文句为题，予以解说，阐发其义，故名“题炬”。

---

①〔清〕谢文洊撰：《兵法类案》，清光绪十八年（1892）重刊《谢程山全书》本，第2页。

佚名《新镌武经七书标题正义格言七卷》之《孙子》，列出《孙子》十三篇的有关问题，以供研习者思考，且说明十三篇篇旨，间或注解原文。

彭继耀（字孺熙，清初江宁人）、谈飞鸣（字敷公，清初江宁人）《武经七书醒宗》七卷之《孙子》，列出《孙子》重要文句，模拟武举兵法策论，予以讲解，结合原文注解，甚合举子应试之需。彭继耀、蒋先庚、蒋台楫又撰《增补武经集注大全》七卷，又题《武经集注大全》或《武经大全纂序集注》，与《武经七书醒宗》体例及内容大体相同。

沈定远（字汉超，号鹏飞，清初湖北人）《标题武经七书讲意新宗》七卷之《孙子》一卷，体例与前书相仿，既有篇旨，又有要语诠解，亦在原文之下夹列注文，为应试读本。

林嗣环（字紫海，清初晋江人）、钱登峰（字泰观，清初湖北人）《增补武经集注大全》七卷之《孙子》一卷，内容与彭继耀《增补武经集注大全》基本相同，是在彭书基础上略加改易而成。

章立帜（字汉符，清初杭州人）《武经标题正说》七卷之《孙子》一卷，亦是武举考试读本，既有注解原文，又有重要文句阐释，还有篇旨概括。

谢重纶（字子彝，清初钱塘人）、谢永锡（字载时，重伦之子）《武经全题讲义通考》之七卷《孙子》一卷，虽亦为科举应试读物，然正如书名所示，在对重要文句阐释之时，亦有句义源流考述，以探求《孙子》本义。

鲁经（号圣书，浙江余姚人）纂辑、洪宇（号羽鸿，江宁人）校订《武经大全标题会解》七卷之《孙子》一卷以“秘拟乡会标题”及其题解，与《孙子》十三篇会解会注结合，其意仍是便于士子应试前研习。所谓“秘拟乡会标题”，实际上是猜题押题。然观其会解会注，亦有新颖之处。如注“善攻者动于九天之上”说，“九天之上”非言空间上高不可测，而是言善攻者悠忽迅疾，犹如从天而降。再如注解“兵闻拙速，未睹巧之久”说，兵拙而能速胜，虽拙亦巧；兵巧而持久不胜，虽巧亦拙。斯可谓得《孙子》本旨。

孙道升（字慎高，杭州人）、仇廷桂（字丹植，宁波人）纂辑《武经三书体注大全会解》三卷之《孙子》一卷，亦是应试之本，并无新意。

夏振翼（号遁闇，安徽芜湖人，喜谈兵）纂辑、包国甸（字鸥亭，号次候，安徽石埭人）校订《武经体注大全会解》七卷，另撰《武经标题三书体注大全》三卷（或题《武经备旨汇解说约大全》）、《增补武经三子体注》三卷（或题《宁致堂武经体注》《武经三子体注大全会解》）。此三书各有《孙子》一卷。其体例与注解大致相同。《武经体注大全会解》七卷之《孙子》一卷，有《孙子》十三篇原文，有章旨，有篇序，有字诠句释，既注释字句，又阐发微旨，仿照五经讲章之例，为武科应试者指南。《武经标题三书体注大全》三卷之《孙子》一卷，既有《孙子》十三篇篇旨及分节提要，又有十三篇文字注解，其分节提要以"序""题炬""拟题镜""通义""指南""指归""定解""大全"等为标题。《增补武经三子体注》三卷之《孙子》一卷，则有章旨、节旨、序，并辑录历代诸家评注。所谓三子，即孙子、吴子和穰苴。以上各本，均为武科应试者而作。民国时期军学编译社重新刊行此书，并说其书原名《增订武经体注大全会解》，为康熙年间于湖夏振翼、澜水金正音等纂辑，仿照《经书备旨》体例："依据本文，支分节解，字诠句释，韬钤奥旨，瀹而使通，洵古代兵书之津梁……原本版式，分上下两栏，本文及注在下栏，章旨及序在上栏。"①

艾钦（字训将，广西东乡人）注、许锵（字贤声，江苏上元人）订《武闱三子详解》三卷详解《孙子》十三篇重要文句，为武举应试者点明题眼，名曰"孙子标题金针解"，如释"拙速巧久""上下同欲者胜"均有独到新解，给应试者以启发。

张权时（字可庵，乾嘉时期山东济南人）辑注《武闱三子全书析疑大全》（或题《三子兵法武经体注八十四家解》），三子者，《孙子》《吴子》《司马法》也。其中，《孙子》采集历代八十四家注，注释文字，阐发大意，亦为武闱应试读本。张权时又在明代周亮辅《增补武经讲意备旨》基础上，或删，或增，或改，编成《武经三书体注合解》三卷，保留《孙子》《吴子》《司马法》，删去其余四种，并对注文予以增减损益，以适应清代武举需要。

（二）有妄意删改《孙子》十三篇者，如王又乔（字式晋，江苏扬州人）

① 〔清〕夏振翼撰：《增订武经注解·孙吴之部》，军学编译社 1942 年版，第 1~2 页。

《孙子集注不分卷》以《武经七书》本为底本，删《作战》篇题，将该篇正文并入《谋攻》篇，全书凡十二篇。其余多篇文字均有删改，全凭臆度，亦无校记，支离颠倒，改容易貌。又有洪秀全《武略》，《武略》即《武经三书》，洪秀全更其名而成。不仅更改书名，而且删改《孙子》《吴子》《司马法》内容及个别篇名，体现了太平天国蔑视封建正统的思想。太平天国史研究专家罗尔纲《〈武略〉跋》云，《武略》国内尚未发现，英国伦敦不列颠博物馆藏有原刻本一册。洪秀全改《九变》为《八变》，又删《地形》篇中根据战场实情不可从君命时可不从君命的主张，还把《始计》篇中“法者，曲制、官道、主用也”改为“法者，十诫、十斩、十除也”，即太平天国制定的天条、律法，反映其君主专制思想比封建帝王更严重。①

（三）节选、节录以编纂成书者亦颇多，流传较广者如马慧裕（字朗山，号朝曦，奉天铁岭人，乾隆间进士，选庶吉士，擢升工部尚书、礼部尚书、湖广总督）《武备集要》，选录《孙子》《吴子》《六韬》《三略》《尉缭子》《老子》《抱朴子》等诸子书，以及诸葛亮、岳武穆、戚继光等人论兵警语，汇编成帙。其他尚有以下诸书：

佚名选辑袖珍本《片玉武经》，精选《武经七书》要语，其中录有《孙子》十三篇原文。其书体制，长三寸，宽二寸。又，佚名《武经三子全书》亦为袖珍本，版心高九厘米许，宽五厘米许。疑是书商为武举应试士子提供的夹带。

湘浦（字号及籍贯不详）辑录《卫民捷录十二卷补遗一卷》辑录历代兵论、兵械、占卜、药方等，以及《孙子》等兵书原文及注文。

吴坤修（字子厚，号竹庄，江西新建人，官至安徽布政使）辑录《兵法汇编十一种》三十八卷，其中《孙子》一卷，辑录孙星衍校订曹操注《孙子》十三篇。其余辑录《六韬》《吴子》《司马法》《太白阴经》《历代兵制》《守城录》《何博士备论》《阵纪》《九边图论》《海防图论》。

胡林翼（字贶生，号润芝，湖南益阳人，道光进士，湖北巡抚，湘军统

---

① 罗尔纲：《〈武略〉跋》，载《近代史研究》1984年第3期。

帅）选《兵法七种》，即选《孙子兵书》《阴符经注》《黄石公素书》《太公六韬注》《黄石公三略》《武侯火器图说》《兵法圆机》凡七种。其中，《孙子兵书》三卷，为曹操注、左枢笺、魏洪畴校。

有的辑录之作，既无序跋，又无注释，纯为白文，且校勘不精。如佚名《武经三子全书》三卷，辑录《孙子》《吴子》《司马法》兵书三种，无甚学术价值。又有王廷学（上海人）辑校《孙子十三篇》三卷，以《武经》本为底本，然校改不多。

卢崇俊（清朝山东人，生平不详）编辑《兵钤内外书》录有《孙子》十三篇、曹操注《孙子》及《孙子阵图》等，无所发明，纯属辑录之作。

何惺（字君栗，号象山，湖北钟祥人，明末清初人）辑录《武备指南》，据同时代湖北人金德嘉说，何惺有感于乱世中书生不武，乃取孙、吴等诸子兵书荟萃成《武备指南》。①

（四）也有校勘之作，如马徵麟（字钟山，号淡园居士，安徽怀宁人，任太平县教谕，参与曾国藩戎幕）《校正武经三子》，未见传本，仅著录于《马钟山遗书》之《思古堂杂著》子部书目。

（五）晚清有以白话文译解《孙子》十三篇之作。成立于1904年的广东将弁学堂（次年更名为广东陆军速成学堂）编写《孙子白话演义》，开《孙子》十三篇白话翻译之先河。又有《筞题句解》为半文半白、半经文半译述之作。该书在原文之间加上连贯之语，使之成为半白话式的文字，显得浅白易懂；且诠解《孙子》各篇要语，注解简单，往往不达本旨，似为粗通兵法者所作。

（六）有读书札记或读书心得之作，如佚名《读兵书札记》，系读《孙子》《吴子》《司马法》三兵书札记的合编。其中读《孙子札记》，取《孙子》十三篇中的重要语句为题眼，予以解析、阐发，颇有见地。如释“兵之情主速”，既不可宜速而不速，亦不可不宜速而速，而应通其变，因其势，由

① 〔清〕金德嘉撰：《居业斋文稿》卷一六《何象山墓志铭》，见《清代诗文集汇编》第121册，上海古籍出版社2011年版，第366页。

不虞之道，攻其不备。又如翁同书批点《孙子十三篇》，也属于读书札记一类。翁同书，字祖庚，号药房，江苏常熟人，道光进士，官至安徽巡抚。每篇有批点，篇末有跋语。此处跋语相当于篇末总括发挥之言。有的批语点中要害，如《九地》篇云：“犯之以事，勿告以言；犯之以利，勿告以害；投之亡地然后存，陷之死地然后生。”翁同书批曰：“至此方说破士卒始终受其愚。”点明此乃孙子的愚兵之术。

有满文、蒙古文译述《孙子》，如桑额（又名桑峨，隶汉军镶蓝旗，历任总兵、提督）《满文孙吴子兵法》；耆英（隶满洲正蓝旗）《满汉合璧孙子兵法》四卷；王世贞（字元美，号凤洲，又号弇州山人，江苏太仓人）评释《满汉合璧孙子》；桑儒布（蒙古族）《蒙古文孙子兵法》二卷。

清初胡统虞（字孝绪，湖南常德人，明崇祯进士，官至清廷内秘书院大学士）《兵法三家撮要》，未见传本。然据嘉庆《常德府志》卷一九《艺文考》子部著录《三家撮要》云：“按行状，盖取孙、吴、穰苴之法，附以论断。”①

于和、郭诚（生平不详）编有《治平宝鉴》，其中有《孙子印史》，重在以历代战例印证孙子谋略。

此外，清代还有不少辑录、评点、注释《孙子》或《武经七书》的作品，主要有边祖恭（生平不详）《团守心镜》，何文明（生平不详）《诸子粹白》，牟庭相（山东栖霞人）《校正孙子》，李敏昌（生平不详）《兵法指南》，许震（生平不详）《评注孙子兵略》，释元佶（生平不详）《七书》二十四卷、《校定训点孙子》（苏桂亮列该书为日本人释元佶作，疑误，待考），孙鹤（生平不详）《孙吴六韬三略翼注》，俞律时（生平不详）《孙子液存》，葛士达（上海人）《孙子十家志辩》十卷，陆芝田（甘肃人）《孙子兵书注》，江总（安徽人）《武经备旨》，汪永安（上海人）《七书转借录》，水安澜（生平不详）《孙子兵法》二卷，李育瀍（生平不详）《武经三书》。其余不知

① 江苏古籍出版社编选：《中国地方志集成·湖南府县志辑》第76册，江苏古籍出版社、上海书店出版社、巴蜀书社2010年版，第273页。

编者之作颇多，如有《孙氏之兵书》《武经七书开宗合纂增补全题汇解》《武经数目全题正解》《武经摘要》《七书摘抄》《孙武子三家天文军镜九宫行营》《论古今兵法》《孙子十三篇解刊》《武经指南》《武经指归》《武经文诀合参》《满汉合璧孙子十三篇》等。

清代刊印《满汉合璧孙子兵法》和《蒙古文孙子兵法》世多有；佚名、失传之《孙子》注解或写本亦多有。

此外，清末有李丕基（1849—1911）者，字鸿业，河北邱县人。其所作《孙子十三篇释疑》认为孙武未必有其人，可能是吴国将领，而《孙子》十三篇可能出自孙膑之手。李丕基说："欲确定《孙子》十三篇之作者，必先决定是书之时代，欲决定其时代，须先解决两大问题，（一）《史记》中孙武事迹是否可信，（二）十三篇之内容是否为春秋时代之产物。"① 李丕基认为，《史记》所载孙武吴宫教战乃民间传说，司马迁采自民间，误以为史实；除了《史记》，其他史书文献所载吴军破楚入郢之将帅中无孙武其人，不仅吴国之名将在《左传》中无孙武其人，先秦所有文献亦无孙武其人之记载，而只有孙膑之记载；《孙子》所言之战争规模动辄"带甲十万"，则非春秋时战争规模，春秋战争规模一般为几万人，动辄十万几十万，至战国时才有。从军制来说，"《孙子》所言军制，亦非春秋时军制，盖封建之世，军政合一，民兵不分，国君即为一国之元戎，其卿大夫，治则佐君理政，乱则率属以赴，所谓入则理之，出则长之是也。迨届战国，封建制废，民事日繁，于是军政两权始分，专理军权之将军出矣，今《孙子》之言兵也，以将为主。"② 其证据是《孙子》多次说"将受命于君"，又说"将能而君不御者胜"。此外，有的名词比如"霸王"，到战国时才有，"形名""分数"更为战国法家之语，而非兵家所解"部曲""什伍"之意，则《孙子》书作于法家之后，法家则为战国时期学派。以此之故，《孙子》既为战国之书，自出知兵者之手，然则作于孙膑之说庶几与之近似。③

---

① 李丕基：《孙子十三篇释疑》，载《新东方杂志》1941 年第 2 卷第 3 期。

② 李丕基：《孙子十三篇释疑》，载《新东方杂志》1941 年第 2 卷第 3 期。

③ 李丕基：《孙子十三篇释疑》，载《新东方杂志》1941 年第 2 卷第 3 期。

第六节　清代诸子对孙子学的接受与批评

清代诸子对孙子学的态度，与宋明十分相似，既有对孙子的无上推崇，又有对孙子的贬抑和诋毁，两种态度对比鲜明。不同的是，明代温和，清代激烈。明代虽也有从儒家的仁义道德角度看孙子及其兵书，但是总体上没有极端尖锐的意见，甚至出现以兵书与儒书合一的呼声，希望调和兵儒矛盾，进而达至儒兵双修的境界。

清代孙星衍以孙武子嫡传后裔自居，重新审视孙子学，为之正名，给予与儒家“六艺”同等的地位，而且并不认为其思想以权谋为本，而是说它通“三才五行”，以权谋为辅，故其学说甚正。这种观点与那些以儒家正统自居的伪道学截然相反。孙星衍为《孙子十家注》校刊作序云：“兵家言，惟《孙子》十三篇最古，古人学有所受。孙子之学，或即出于黄帝，故其书通三才五行，本之仁义，佐以权谋，其说甚正。古之名将，用之则胜，违之则败，称为兵经，比于六艺，良不愧也。”① 孙星衍推测孙子学或许出于黄帝，而清代郑端亦有相同观点，其《孙子汇征自序》云：“古今谈兵之雄者，首推孙子。盖孙子能推黄帝、太公之意，而武侯、卫公又皆推孙子之意，故言兵者以孙子为宗，第孙子之微旨不传。”②

清代朱煌漫则洞悉《孙子》十三篇之机要，认为《孙子》之精髓不外三句话：“兵法不外乎攻守，而以攻为守，以守为攻，千变万化，不外乎‘先为不可胜，以待敌之可胜’一句；攻守之法，不外乎奇正，而正中生奇，奇仍归正，千言万语，不出乎‘多方以误之’一句；奇正之法，不外乎分合，而能合而又能分，能分而又能合，千头万绪，不出乎‘致人而不致于人’一句。”③ 这一看法明显受到《李卫公问对》的影响。

---

① 谢祥皓、刘申宁辑：《孙子集成》第15册，齐鲁书社1993年版，第3页。

② 《四库全书存目丛书》编委会编：《四库全书存目丛书·子部》第30册，齐鲁书社1995年版，第299页。

③ 谢祥皓、刘申宁辑：《孙子集成》第16册，齐鲁书社1993年版，第220~221页。

清代顾祖禹云："论兵之妙，莫如《孙子》；而论地利之妙，亦莫如《孙子》。"① 顾祖禹毕生攻研舆地学，其高祖顾大栋著有《九边图说》，其父亲顾柔谦沿承家学，通晓小学、史学，著有《补韵略》《六书考定》等。顾祖禹历时三十余年，编成《读史方舆纪要》。

清末顾福棠明确孙武子实有其人，在孙、吴之间，偏爱孙子，盛赞其书无所不包，前后照应而结构紧凑。其《孙子集解自序》云："中国之兵书富矣，三代以上者，类多托名。其最确者，莫如孙吴。然孙吴虽并称，而吴之书繁略不中，无所统纪，不若武之书言约而意博，始于《计》，而终于《反间》，经之以《形》《势》，纬之以《火攻》。奇权、秘算悉举，天下古今之兵说，包括于其中。此诚千古兵家之祖、兵家之师也。"②

清初李光地认为孙武子为战国时人，并未否定其人的历史存在，其在《记握奇经》中说："孙武之书，以权计始，以用间终，其得握机之用乎？汤武之师，未之有也。作书者，其春秋之后七雄之世乎？"③ 清末梁启超虽然认为《孙子》书未必孙武所著，可能是战国人依托，因为书中所言战事规模及战术皆非春秋时所能有，也不会出于汉代以后。尽管如此，就历代诸子论兵而言，梁启超认为："《孙武子》一书，兵学之精神备焉。虽拿破仑之用兵，不能出其范围也。"④

清代邓廷罗《孙子集注序》称赞《孙子》十三篇简而赅，精而有则，可为韬钤士之金科玉律，其《孙子集注凡例》有以医术相譬之言："救乱如救病，用兵犹用药。善医者因症立方，善兵者因敌设法。《孙子》十三篇，治病之方也。"⑤ 清代名医、江苏吴江人徐大椿（字灵胎）有"用药如用兵"之

---

① 〔清〕顾祖禹撰：《读史方舆纪要·总叙二》，见王云五主编《万有文库》本，商务印书馆 1937 年版，第 11 页。

② 谢祥皓、刘申宁辑：《孙子集成》第 19 册，齐鲁书社 1993 年版，第 157 页。

③ 〔清〕纪昀等修：《文渊阁四库全书》第 1324 册，台湾商务印书馆 1986 年版，第 789 页。

④ 梁启超撰：《中国学术思想变迁之大势》，见《重订分类饮冰室文集全编》卷一，广益书局 1948 年版，第 176 页。

⑤ 谢祥皓、刘申宁辑：《孙子集成》第 12 册，齐鲁书社 1993 年版，第 19 页。

论，云：“古人好服食者，必生奇疾；犹之好战胜者，必有奇殃。是故兵之设也，以除暴，不得已而后兴；药之设也，以攻疾，亦不得已而后用，其道同也。故病之为患也，小则耗精，大则伤命，隐然一敌国也……富强之国可以振威武也，然而选材必当，器械必良，克期不愆，布阵有方，此又不可更仆数也。《孙武子》十三篇，治病之法尽之矣。”①

从反面看孙子及其兵书者，仍然承袭宋明某些评论，仍以儒家之仁义否定兵家之权变，甚至认为应该废弃兵家之书。

清康熙皇帝第十七子、果毅亲王胤礼作《孙吴论》，一面赞叹《孙子》为兵法至精，一面又批评其心至忍：“凡兵家者流，皆天下之忍人也。春秋以来，谈兵者凡数百家，而《孙武子》十三篇、《吴起兵法》为最。然其言愈精，而其心愈忍矣。孙子小试勒兵，斩阖庐之二姬；吴起母死不归，杀妻求将。呜呼！是可忍，孰不可忍哉？以天下之至忍之人言天下至忍之事，宜其书必不可以传世行远，而经秦火而不毁，后世且尊之以为经，此何说也？盖君子不以人废言。兵犹刑也，言兵之书犹律也。君子而不用刑则已，君子而用刑，舍萧何之律，奚从乎。故就兵言兵，则孙吴其善者也，而孙子尤善之善者也，然君子虽有时而用律，而终不满于萧何，盖与伯夷降典皋陶刑期于无刑，则不可同年而语矣。孔子曰：‘我祭则受福，战则克。’孔子岂尝用孙吴之战法哉？而可以操必胜之权，其必有道矣。孟子谓孝弟忠信之民可使制梃以挞秦楚之坚甲利兵，则孙吴之书虽毁弃之可也。故吾于《吴子》之书，唯取其对武侯‘在德不在险’之一言；《孙子》十三篇唯节取其卒章‘非圣知不能用间，非仁义不能使间’二语。”② 此种看法，支离割裂《孙子》思想，形而上地认为兵家乃天下之忍人，并认为其法愈精，其心愈忍。这种看法可谓妇人之仁矣。胤礼甚至认为孙吴之书即使废弃之亦未尝不可，反映了清代皇子亲王对兵书不求甚解、对兵事懵懂无知的现象，代表了清代某些儒

① 〔清〕徐灵胎撰：《医学源流论》上卷《用药如用兵论》，日本早稻田大学图书馆藏半松斋版，第51~52页。

② 〔清〕陈廷敬等编录：《皇清文颖》卷三《孙吴论》，见《文渊阁四库全书》第1449册，台湾商务印书馆1986年版，第471页。

家士大夫的迂腐兵学观，是对宋代讥评、诬蔑和否定孙武子及其兵书的继承。

无独有偶，清代纪昀认为孙子乃百代谈兵之祖："其说多舍正而取奇，背义而依诈，三代礼信之遗，至此遂荡然而一变。"① 把春秋战国不讲礼信而讲诈谋、道德废弛、天下崩乱的恶果归咎于孙子"舍正而取奇，背义而依诈"，显然不是实事求是的唯物史观和辩证史观。孙武子只是应世而为、顺时而作，其兵学思想顺应了那个社会发展的潮流而已，即使春秋末年没有孙武子，其社会状况也不会是那些儒家士大夫所向往的"郁郁乎文哉"的礼乐社会。

清代谭献遍读先秦兵书，比较《握奇经》《六弢》《孙子》《吴子》《司马法》等，认为《握奇经》与医经《素问》并行千古；《六弢》虽非出自太公，然其古制古言亦显周时遗迹；《孙子》书"确然古书"，且在精神上与儒家"六艺"相通；《吴子》语言质朴浅近，但不如《孙子》深纯而有变化；惟有《司马法》能彰显夏、商、周三代淳笃之仁义，故古代兵家者言，当以《司马法》为冠冕。②

清代全祖望怀疑孙武子之历史存在，由此否定《孙子》十三篇出自孙武之手，而认为是出自一位精通兵学的其他人。历史上本无孙武其人，而如苏轼等人责备孙武用兵与其十三篇不相应验的观点，也就失去了根据，其云："眉山苏子谓孙武用兵不能必克，与书所言远甚。吴起言兵，轻法制草略，无所统纪，不若武书词约意尽。然起用于鲁，破齐；用于魏，制秦；入楚则楚霸。而武之所为乃如此。书之不足信固矣。全子曰：苏子之言可谓独具论世之识者，然吾尚惜其言之未尽。夫孙子，亦安知兵？今世人之所共称，莫如以军令斩吴王宠姬一事。不知此乃七国人所传闻，而太史公误信之者……《左氏春秋内外传》纪吴事亦颇详，然绝不一及孙子。即《越绝》诸书出于汉世，然亦不甚及孙子，故水心疑吴原未尝有此人，而其书其事皆纵横家之所伪为者，可以补《七略》之遗，破千古之惑。至若十三篇之言，自应出于

---

① 〔清〕纪昀等修：《文渊阁四库全书》第726册，台湾商务印书馆1986年版，第44页。

② 〔清〕谭献著：《复堂日记》，河北教育出版社2001年版，第95~96页。

知兵者之手，不可按之以责孙子之不售也。”①

清代汪绂推崇《孙子》的权谋机变，而鄙视《孙子》不够正大光明，批评孙子开倾轧、诡诈之端，把世人倾轧之习归咎于孙武子，其云：“世人倾轧之习，盖不自今日始也，是以君子恶言兵也。”② 又云：“《孙子》假托仁义，用其机变，实不知仁义为何物者。至《军形》《兵势》诸篇而露其相，及是篇（指《用间》篇）而肺肝见矣，故善战者服上刑，宁独以杀人盈野哉？”又云：“《孙子》十三篇，其近正者，惟《始计》《作战》二篇；其最妙者，则《军形》《兵势》《虚实》三篇；而最险者亦无逾于此三篇。至于《用间》，不足怪矣。然则握奇制变，《孙子》为最，而正大昌明，《孙子》为下。”③

为何清代诸子对孙子学的接受和批评，与宋代更为接近，而与明代有明显的区分？这恐怕要从宋代和清代的学术寻求答案。宋代学人注重义理和心性的阐释，喜好张扬和凸显主体意识，在经学中出现疑古思潮，崇尚创新。前文讲到的宋代诸子对孙武子及其兵书的怀疑和贬抑，正是疑古思潮在兵学领域的反映。疑古思潮发展的结果是，一部分学人转向重在彰显主体意识的理学、心学等新儒学，另一部分学人转向重在文本注解的考证学，而宋儒的辨伪考证之学，在清代特定的历史时期得到了承继。宋代疑古思潮中重视经学文本之学风蜿蜒而行，在经历了明代几百年后，终于与清代极端严苛的政治环境和文化环境相遇，而得以大显身手；宋代疑古思潮中重视阐发心性、义理之学风，则在明代得到应接而心学继起。清代诸子对孙武子及其兵书的态度，与宋代诸子几同，除了汉代以来儒学经学思维模式的影响和束缚，不能不说也是宋代疑古学风在清代的延续。

---

① 〔清〕全祖望著：《鲒埼亭集》卷二九《孙武子论》，台湾文海出版社 1988 年版，第 1215~1218 页。

② 〔清〕汪绂撰：《戊笈谈兵》，见谢祥皓、刘申宁辑《孙子集成》第 19 册，齐鲁书社 1993 年版，第 80 页。

③ 〔清〕汪绂撰：《戊笈谈兵》，见谢祥皓、刘申宁辑《孙子集成》第 19 册，齐鲁书社 1993 年版，第 113 页。

国家出版基金项目
NATIONAL PUBLICATION FOUNDATION

“十三五”国家重点图书
出版规划项目

孙子学流变研究

李桂生 著

（下）

齊魯書社

图书在版编目（CIP）数据

孙子学流变研究 / 李桂生著. -- 济南 : 齐鲁书社, 2020.12
ISBN 978-7-5333-4408-5

Ⅰ.①孙… Ⅱ.①李… Ⅲ.①兵法—中国—春秋时代 ②《孙子兵法》—研究 Ⅳ.①E892.25

中国版本图书馆CIP数据核字(2020)第247637号

策划编辑：孔　帅
责任编辑：孔　帅　王江源　班文冲　昝婷婷
装帧设计：郭　觐　李　生　王其宝

孙子学流变研究

SUNZIXUE LIUBIAN YANJIU

李桂生 著

主管单位	山东出版传媒股份有限公司
出版发行	齊魯書社
社　　址	济南市英雄山路189号
邮　　编	250002
网　　址	www.qlss.com.cn
电子邮箱	qilupress@126.com
营销中心	（0531）82098521　82098519　82098517
印　　刷	山东临沂新华印刷物流集团有限责任公司
开　　本	720mm×1020mm　1/16
印　　张	62.5
插　　页	7
字　　数	986千
版　　次	2020年12月第1版
印　　次	2020年12月第1次印刷
标准书号	ISBN 978-7-5333-4408-5
定　　价	350.00元（上、下册）

第七章　民国孙子学

第一节　民国孙子学的时代背景

辛亥革命推翻了封建帝制，但是胜利果实被袁世凯窃取。在孙中山的领导下，先后发动了“二次革命”和“护国战争”，袁世凯不得不取消帝制并在民众的唾骂声中死去。袁世凯死后，民国政府被北洋军阀把持，派系林立，争权夺利，《中华民国临时约法》遭到严重破坏，在孙中山的领导下，先后发起两次“护法战争”，但由于没有建立自己的军队，而告失败。

国民党总结经验，吸取教训，改组了国民党，确立了“联俄”“联共”“扶助农工”三大政策。国民党和共产党实现第一次合作，进行了第一次国内革命战争。先后创办黄埔军校，平定广州商团及杨希闵、刘震寰、陈炯明的叛乱，国共领导的北伐战争取得胜利。

第二次国内革命战争时期，中国共产党创立了工农红军，建立红色根据地，而国民党背叛革命，对中国共产党人大肆“围剿”，在反“围剿”中，中国共产党采取游击战、运动战的斗争方式，取得了反“围剿”的胜利。以毛泽东为代表的中国共产党人开创了工农武装割据、农村包围城市、从而夺取政权的革命道路。

在抗日战争时期，中国共产党领导的武装力量成为抗日中流砥柱，团结一切可以团结的力量，形成了广泛的民族统一战线，与国民党军一道进行了坚苦卓绝的战斗，实现了第二次国共合作。抗日战争胜利之后，为了实现永久和平，推翻国民党的反动统治，中国人民解放军在中国共产党的领导下，进行了第三次国内革命战争，到 1950 年 6 月解放了除西藏及台湾、澎湖、金门、马祖等岛屿的全部国土。

民国时期是社会大裂变、思想大激荡、文化大争鸣的“新战国时代”。新的与旧的、中国的与西方的、保守的与激进的、反动的与革命的、倒退的与进步的、衰落的与新生的，共生共存，在以反传统、反封建、反文言为主题的新文化运动的洗礼下，思想学术界革故鼎新，马克思列宁主义传入中国，并在中国共产党的领导下，与中国革命实际结合，由此无产阶级新文化运动蓬勃兴起。在救国救民的革命实践中，中国传统兵学的近代转换最终得以在这一时期实现。

据许保林《中国兵书知见录》《中国兵书通览》等统计，先秦至清代的兵书约略两千一百部。民国以后的有关兵学著作，一般不称“兵书”，而称“军事著作”。由于兵学发展到近代，其分支越来越多，所以近代以后的所谓“兵书”也越来越多，发展迅速。据有关资料统计，自 1840 年鸦片战争至 1911 年辛亥革命，七十余年间，出版兵书一千余部。而民国时期（1912—1949）三十多年间则出版军事著作四千八百余部，大约是清代后期兵书数量的四倍。出现这种情况最重要的原因是，传统兵学已经发展成为近代兵学，即军事学，过去笼统地以兵书视之，在近代则以细密的军事学分科来命名，故“兵书”数量自然会成倍地增长。民国时期“兵书”，从近现代军事学的视角考量，可以分为军事理论、军备军制、战略战术、军兵种、军事建设、军需、武器装备与军事技术、军史战史、军事地理等学科，其中关于军兵种及战略战术的著作最多，分别均有一千余部；其次是军备军制、武器装备与军事技术的著作，分别有六百余部和四百七十余部。从这些军事著作的数量分析，可以看出当时人们对军事关心的重点，而这些重点多数是传统兵学的短板。自古以来的每一次重大科技进步，都会引起相应的军事变革，而中国近现代军事变革，主要表现在军兵种、编制体制、武器装备与军事技术的变革，故对这些问题的探讨自然成为当时急务。

从20世纪80年代中叶陆续出版的《民国时期总书目》（1911—1949）著录的军事文献看，这一时期，近代军事学形成并有较大发展的主要表现是，军事学分科细密，有军事哲学、军事心理、军事经济、军制、军事管理、军事历史、军事装备、军事指挥、军队参谋、后方勤务、军事运输、军事教育、军事训练、军队政工、兵役、军需勤务、国防建设、战备、战略战术、军事技术、军事地理、军事工程、军事通讯、军事预测等众多分支学科，每个学科都有大量的著述面世。

民国时期军事著作，大致分为理论类、辑纂类、编译类、注解类。其中，理论类占有很大比重，是军事理论、军事思想、军事知识的创新，如孙文《国防计划纲目》《武力建设》、蒋百里《国防论》《军事常识》《新兵制与新兵法》、杨杰《国防新论》、余拯《国防科学原理》、顾毓琇《国防科学运动》、叶时杰《国防试论》、程宽沼《国防算术》、王藏《经济战争》、王锳《军事学》、杜煐《军事学通论》、张崇玖《军事学 ABC》、徐旨乾《军事哲理》、史久光《军事哲学劄记》、石铎《国民军事学》、郭化若《军事辩证法》、谌国钧《空军与国防》、罗登《空战论》、钱俊瑞《论战争》及《中国国防经济建设》、郭绍宗《中国国防政策》、林问樵《论战争与交通》、焦敏之《马列主义论战争与军队》、吴耀麟《童子军教育概论》、陶鲁书《现代空军》、王屏障《现代战略》、胡若愚《现代战争理论》、刘支球《心战论》、陈昌蔚《新兵器》、史天行《新兵器丛谈》及《新战术》、周亚卫《新国防论》、舒沛泉《新中国空军》、陶希圣《现代军略论》、芥舟《现代军备概论》、蔡泽明《游击战术》、胡天民《游击战术的实际运用》、毛泽东《论游击战》及《抗日游击战争的战略问题》、潘怡如《游击战争的政略与战术》、杨德安《中国国防地理》、黎东方《中国战史研究》、杨永仁《筑城学》、沈星五《化学战争》、陆军大学编《军制学》、民权编辑部编《军政及军备》、教育部社会教育司编《现代战争》、中央陆军军官讲习所编《战术学》、时与潮社编《现代战术论》、东方杂志社编《战争哲学》等。这些军事理论著作，着眼近代战争局势和要求，介绍和论述最新的军事理论。比如杜烦《军事学通论》论述陆海空军的特点、军制、新兵器及防御方法。再如张崇玖《军事学 ABC》介绍和论述军语、战略、战术、行军、给养、输送、训令、参谋等内容。

辑纂类军事著作，指的是辑纂民国时期有关军事的著述，主要是丛书类著作，如林薰南、李浴日《兵学论丛》，李浴日《闪电战论丛》，王芃生《时局论丛》，中央训练团兵役干部训练班《兵役法规汇编》，张旭光《大战史料汇编》，以及《国防常识丛书》《农民抗战丛书》《国民军事必读国防丛书》《战时综合丛书》《国防实用丛书》《抗战建国丛书》《国民军事常识丛书》《国防丛书》《国防教育丛书》《国防科学丛书》《国民军事丛书》《海军小丛书》《航空丛书》《国防建设丛书》《民族解放丛书》《黄埔丛书》《童子军小丛书》《训练丛书》《军训丛书》《抗日战争丛书》《新军事学丛书》《日本研究资料丛书》《战地文化丛书》《抗敌常识小丛书》《抗战小丛书》《抗战救国丛书》《解放小丛书》《兵学丛书》《空军丛书》《陆大丛书》《新军丛书》《突击丛书》《中国抗战史料丛书》《抗日战争参考丛书》《特种丛书》《青年军人丛书》《国际军事丛书》《军事丛书》《党军丛书》《淮海战役丛书》《心理战术丛书》《游击丛书》《战时常识丛书》《战时民众训练小丛书》《战时经济丛书》《战时理论丛书》《抗战丛刊》《世界大战丛刊》《焦土丛刊》《战史丛刊》《敌情研究丛刊》《战时小丛刊》《军事工程丛书》《军用电气小丛书》等，均属此类。这些丛书以相同或相近的主题展开论述，包含了不同作者的著作若干部或论述性文章若干篇，有十分突出的时效性和实用性，其主张大多能针对当时的战事实际问题而发。比如，林薰南、李浴日《兵学论丛》（第一辑）收录了林薰南《怎样发展中国兵学》、杨杰《现代战争与统帅》、王泽民《再论与欧战同时会师东京的战法》、赵承恩《兵机十策》，以及日本小山弘健《日本近代兵学之形成》、日本小林知治《战略地理与近代战术》等十五篇文章。

编译类军事著作也占有较大比重。自鸦片战争以来，中国开眼看世界，学习和借鉴外国先进的科学技术知识，军事领域也不例外。故译述国外军事著作，以之与中国固有之兵学理论相融通，以求发展符合中国具体情况的近代军事学。民国时期，成立了“训练总监部军学编译处”“国防研究院编译组”“内务部编译处”“海军总司令部编译处”等专门编译机构，译述外国的军事著作，其数量不下五百部，而以译述日本、美国、法国、德国的军事著作为多。其译述的内容，以军事教材、战略战术、军兵种、军备军制、军事理论和武器装备、军事训练为主，多半着眼于解决当时军事领域中的现实问题，具有很强的针对性。训练总监部军学编译处编译了不少外国军事著作，比如德国克劳塞维茨《大战学理》、德国鲁登道夫《整个战争》、美国米切尔《空中国防论》，以及《科学战争》《全民战争》《军队论》《空中战》《美国总动员计划》《毒气战史》《法国统帅纲领》《各国军制要纲》《国防之知识》《日本军部十雄》《日本陆军读本》《日本之防空》《日俄战术原则对照》《世界列强战备比较论》《世界战时美军数字的记录》《小部队之想定作为及统裁要领并范例》《战斗之实相》《化学战之展望》等。

其他的编译机构也编译了不少外国军事著作。如行政院新闻局编译《总体战》，总卫生处编译处编译《近代战伤治疗集》等，内务部编译处编译《欧战期间杂纪》，商务印书馆编译所编译《法国革命战史》《菲律宾独立战史》等，中央警官学校编译室编译《防空》等，南京中央日报编译部编译《赫尔回忆录》，军事编译处编译《日清战史讲授录》。

还有不少编译著作是由个人完成，如宋逢春编译《现代陆军作战之特质》，萧治平编译《现代日本》，凤林、申浦编译《现代战争论》，朱沅芷编译《今日的法国与人民阵线》，谭葆慎编译《兵器和人》，沙羽编译《欧战见闻》，赵会昌编译《欧战以来世界史》，陶鲁书编译《日本航空学教程》，刘华式编译《日俄海战史》，谢菊曾编译《经济战争》等。

编译著作大多能够反映当时世界军事状况，而且择取对中国军事理论及实际有裨益的内容加以编译。比如，《科学战争》全书共十三章，分别论介通讯战、技术战、地面战、空中战、化学战、电子战、音波战等新型战术理论。再如《全民战争》论述全民战争的本质、基础、全民战争与经济的关系、实行等。又如《军队论》论述军队的定义与本质、社会历史过程与军队的发展、现代帝国主义的军队、社会主义国家的军队等。又如，《整个战争》论述整个战争的性质、整个战争的基础、整个战争与经济、军队的力量与价值、武力的组织、整个战争的实施等。

注解类军事著作，主要是注解和阐释先秦兵书，为赢取当时战争提供谋略支撑，而又以注解《孙子》为主，后文将有详论，在此不予陈述。

辛亥革命以前，由于受到“中学为体，西学为用”思想观念的束缚，虽然军事理论上有一定的创新，但是中西兵学融汇和创新的力度、强度、深度和广度都比不上辛亥革命以后。民国以后，军事著述和译介蓬勃兴起，产生了不少资产阶级军事指挥家和军事理论家，比如孙中山、蒋介石、蒋百里、杨杰、李浴日、蔡锷；同时产生了一大批杰出的无产阶级军事指挥家和军事理论家，如毛泽东、朱德、郭化若等。民国时期，是中西军事理论融汇和资产阶级军事思想与无产阶级军事思想并立的时期。历史事实证明，只有无产阶级的军事理论和军事思想才能指导中国人民取得革命的胜利，给古老的中国带来新生。以毛泽东为代表的无产阶级革命先驱，创造性地发展了中国的军事理论，创作了杰出的军事著作，比如《星星之火，可以燎原》《井冈山的斗争》《论持久战》《中国革命战争的战略问题》《抗日游击战争的战略问题》《集中优势兵力，各个歼灭敌人》《解放战争第二年的战略方针》《十大军事原则》等经典论著，在不同历史阶段提出的战略方针、战术思想，系统地形成了符合中国革命实际的无产阶级军事思想体系，是这一时期军事理论的最高成就。

民国时期的军事著述，对国际国内的战争及军事理论有着较为全面而实用的反映，对两次世界大战的情况都有介绍，译介了不少关于第一次和第二次世界大战的史料和观点，对国际军事斗争有比较明确的认识；涌现了大量反映抗日战争的军事著作，除了毛泽东的抗日军事论著，比较有代表性的还有郭沫若等《持久抗战与组织民众》、冯玉祥《抗日游击战术问答》、赵康《游击战术讲话》等，对如何进行抗日游击战争作了专门阐述，起到了鼓舞民心和宣传战术的作用。虽然国共两党在抗日战争中形成了统一战线，但是在政治立场和中国出路问题上仍然存在根本分歧，历史已经充分证明只有中国共产党领导下的革命战争才最符合历史发展规律和民众意愿，其所主张的军事斗争路线、阐述的战争理论才是正确而伟大的军事理论创新。

民国时期军事著作，非常重视近代军事技术的介绍和研究。20世纪初出现的自动步枪、冲锋枪、机关枪等枪械，火炮、坦克、飞机、舰艇等重型武器，芥子气、光气、氯气、毒气等化学武器；三四十年代出现的雷达、导弹、原子弹等尖端武器，都在中国军事专家的介绍和研究之列，专论、通论各式近代武器装备的著作大量出现，如王式华《兵器学教程》、谭葆慎《兵器和人》、钟光琳《兵器学之参考》、孙锡洪《化学兵器》、谭勤余《化学战争》、训练总监部军学编译处《步兵重火器之运用》、训练总监部国民军事教育处《步枪、轻机关枪、手枪射击教范草案》、李待琛《军械制造》、曾昭抡《火箭炮与飞炸弹》、陈岳生《原子能与原子弹》、柴志明译《现代军事技术》等。当时的军事专家普遍认识到兵器是引起战争方式变化的重要因素，所以在他们的著作中比较客观而全面地论述了武器装备的使用及近代技术在军事上的应用，真实反映了那个时代军事技术的面貌。

民国时期的军事著作，反映了现代军兵种起源的情况。中国现代意义的军队，肇始于南京国民政府的军队建设。南京国民政府依据现代军队的要求，对军队进行了编制体制的改革，颁布了一系列规章制度，明确了军队的组织领导、指挥系统、建制规模、不同军兵种的确立。比如，确立了陆军以军为单位、一军统辖三师的编制体制。再如，建立了工兵、通讯兵、辎重兵、装甲兵、炮兵、铁道兵等兵种。又如，确立了与军队建设紧密关联的后方勤务、军事训练、军事动员和国民军事教育等制度，规范了空军、海军等军种的编制体制及指挥体系等。与此相应地，有关介绍和阐述军兵种理论的著作大量涌现。民国时期的军事著作，其中有一部分就是此类书籍。实际上，民国时期是近代军事成熟并转向现代军事的时期，是近代军事学与现代军事学交汇并走向分离的时期，近代中有现代，现代中有近代。

若要探求民国时期军事著作所反映的军事思潮或战争理念，那么可以概括为以下三方面：

一是重视国防建设的宣传。自1840年鸦片战争以来，面对亡国灭种的国家和民族危机，如何加强国防建设、如何保家卫国是所有有志之士的共识，所以民国时期的军事著作，很多都以“国防”为题，介绍和阐述国防建设理论与方法。

二是“经世致用”理念左右着这一时期军事著述的方向。民国时期军事著述，其目的是解决眼前的战争困境，颇有“重器轻道”的思维倾向，这与清代以前“重道轻器”的文化传统大相径庭。民国时期的军事理论家十分重视借鉴国外先进的军事技术，以期能够马上运用到反侵略的战争中。相应地，在军事理论上，拿来主义、实用主义观念流行，具有战略指导意义的理论巨著却鲜有产生。民国时期军事近代化的进程是与大量翻译先进国家的军事理论和军事技术著作密切相关的，在四千八百余种民国军事著述中，有五百余种是译述之作。这些译著改变了中国传统的军事思维方式和军事认知结构，并且有效地改造了中国的传统兵学，使之向着近代化发展。即使是对古典兵书的注解，也是多半以近代战争理论来阐释，使之更加符合时代要求，能够更有效地为近代战争提供智慧支持。

三是无产阶级军事思想形成并影响着历史的进程。在民国三十余年的短暂历史中，中国共产党领导的人民军队由弱到强，不仅在反侵略战争中成为中流砥柱，而且在国内革命战争中不断壮大，历史地证明了其军事理论的正确，为中国的军事著述和军事理论开辟了崭新的天地。

民国时期不仅兵书著述繁多，而且军事刊物丰富，学科分类繁密。据笔者保守统计，民国军事刊物数量在五百种以上。与兵学关系较为密切的，主要有《军事月报》《武德》《兵事杂志》《欧洲战事汇报》《欧战风云周刊》《护国军纪事》《国防报》《大战事报》《北战场半月刊》《兵工》《兵工月刊》《兵工杂志》《兵役月刊》《步兵杂志》《裁兵》《党军月刊》《党军周刊》《党童子军司令部月刊》《敌情参考资料》《敌情研究》《敌情月刊》《东南战线》《东战场》《反攻》《反侵略》《反日特刊》《防空》《防空杂志》《防空军人》《赣南兵役》《革命的海军》《革命军人导报》《革命空军》《国防论坛》《国防研究》《国防线》《国防月刊》《国防杂志》《国防周报》《国防周刊》《国民空军》《海军杂志》《海军公报》《海军建设》《海军期刊》《海军整建》

《后方勤务半月刊》《军人魂月刊》《军事汇刊》《军事旬刊》《军事政治月刊》《军需杂志》《军学月刊》《抗战评论》《抗战月刊》《空军参谋学校月刊》《空军月刊》《陆大季刊》《南洋兵事杂志》《怒潮月刊》《世界兵学》《什伍季刊》《现代军事》《新海军》《新军》《新军月刊》《新中国军事杂志》《新中国军学月刊》《八路军军政杂志》《解放》七十种。这些刊物宣传了近代军事思想和近代军事技术，对传统兵学进行了比较有效的近代转换和近代改造，推进了军事学术的近代化发展，使传统兵学在完成近代化发展之后，完成了近代军事学的转身，并向现代军事学演进。

第二节 民国孙子学的演进

在近代军事思潮的影响下，在血与火的战争洗礼下，孙子学由纯粹解读《孙子》文本演化为《孙子》思想的阐发和运用，由传统向近代转变，基本摆脱了清代中期以前的训诂窠臼。其研究范式主要有四：

一是仍然保持传统风格的孙子学著述，注重文本笺释、辑校、训诂、章句、翻译、史证、考辨、编目等汉学、朴学风格。陆懋德《孙子兵法集释》、夏寿田《孙子选注》、张之纯《评注孙子菁华录》、军学编辑局编注《孙子兵法》、苏荫森《苏氏孙子注解》、陈和祥《评注孙子读本》、支伟成《孙子兵法史证》、赵玉珊《孙子吴子择注》《孙吴兵法快读》、张文治《孙子治要》、刘文亘《孙子释证》、钱基博《孙子章句训义》、朱怀冰《读孙子十三篇阵中笺释》、杨言昌和陆达节合著《孙子考》、陆达节《孙子兵法书目汇编》、徐容溥《孙子表释》、吕兴周《孙子十三篇句解》、王明长选注《孙子兵法》等，均属此类。

二是注重《孙子》义理的阐发，而且多半以孙子理论与战争实际联系。公羊寿《孙子兵法哲理研究》从近代战争理念出发，把《孙子》的思想概括为定谋、命将、出师、审形、窥势、料敌、接战、攻守、因敌、用计十个方面，予以理论及文本的阐释。蒋方震和刘邦骥合著的《孙子浅说》，以近代军事理论来理解《孙子兵法》的思想体系，以立体的思维来观照孙子思想，这在清代以前是没有的。叶慕然《孙子兵法新诠》以中外战术史的视角探讨《孙子》的近代适用性和历史局限性。李天豪《孙子兵法评注》既有注解，亦有评点，而其视角则是近代军事，故有较明显的近代特征。温晋城《孙子浅说补解》以哲学的深度阐解《孙子》的思想，认为《孙子》是一部辩证的、实践的哲学书，具有广泛的适用性。陈华元《孙子新诠》以近代军事理论对接《孙子》的战争理论、机动理论及战略战术。北平武学印书馆编撰《孙子兵法之研究》，以近代军事理论诠解《孙子》。陈启天《孙子兵法校释》以近代战争理论阐述《孙子》的战争原理及思想体系，注论结合，述释相辅。萧天石《孙子战争理论之体系》称其目的是使《孙子》的思想阐释近代化，以近代战争理念及表述方式建构其思想体系。罗列《武经孙子》以表解和摘咏的方式论释《孙子》的兵学体系。郭化若的著作以马克思主义观点和方法阐释《孙子》的军事思想。

三是孙子学著述呈现应用型特征，多表现为呼应战争需要，为当时的战争服务，从孙子思想中借鉴战争智慧。许有成《孙子与现代》结合抗日战争实际阐释其军事理论。齐廉《新注孙子兵法直讲》以近代军事及抗日战争局势和事例分析《孙子》战理，阐发《孙子》思想，论证中国必胜。吴石《孙子兵法简释》以近代军事术语诠解《孙子》思想。韩一青《孙子兵法十三篇浅释》结合抗日战争实际，以近代军事学术阐解《孙子》的兵略含义。李则芬《以孙子兵法证明日本必败》以孙子战理检讨日本战略战术的失误。吴鹤云《孙子兵法新检讨》以近代战争理念和术语，结合战争实际，检讨和表解《孙子》。关靖《孙子兵经》依照古为今用的原则，以《孙子》理论与当时战争实际结合，意在探讨近代军事学术。徐庆誉《孙子兵法与现代战争》从立体战、化学战、国力战等近代战争特点出发，综述《孙子》的战略、战术、选将、用兵、侦察、情报等思想，其意在于使将士领会《孙子》要旨，并把它运用到近代作战中。张廷灏《从孙子兵法研究做事方法》则跳出《孙子》的军事学范围，论述如何应用到政治、外交、社会交往、人生处世等竞争性活动方面，开创了《孙子》原理的非军事应用研究的先河。李浴日《孙子兵法之综合研究》（又名《孙子兵法新研究》）以近代军事语言及军事理念来阐解《孙子》，且引用了丰富的近代战例证明《孙子》战理的正确。

那么，上列著作如何阐解《孙子》原理在军事上的应用呢？兹举李浴日之《孙子》研究为例，以明其大端："日本古代各种兵法，如《甲阳军鉴》《信玄全集》《兵法记》《兵法秘传》等书，其中枢思想，均出自《孙子》。武田信玄是很崇拜孙子的，彼曾录《军争第七》'其疾如风，其徐如林，侵掠如火，不动如山'的四句，书于旌旗，而竖于军门。又八幡太郎受兵法于大江匡房，陆奥之役，由于悟起《行军第九》的'鸟起者，伏也'，故看见雁鸟的乱然飞起，遂断为有敌的伏兵，得免于危。降至近代，如日俄之役，联合海军总司令东乡元帅于对马的大海战，打败俄国的海军，其阵法出自《孙子》，彼于出发时，仅携有一册《孙子》随身，于战胜后，曾道其战胜之理：'以逸待劳，以饱待饥。'这二句出自《虚实第六》。又，是役的陆军大将乃木希典，于战胜后曾以私费出版《孙子谚义》赠友。至今为世界所注目的荒木、真崎等亦很喜欢研究《孙子》，真崎于尾川敬二的《孙子论讲》中题以'以正合，以奇胜'这二句，出自《兵势》第五。又，数年前，法西斯蒂政治家松冈洋右于赴华盛顿办理外交时，德富苏峰翁曾赠以吉田松阴所注的《孙子》一部，冀其运用制胜。"① 再如李浴日在阐释《作战第二》所讲车马、甲胄、弓矢、戟楯、蔽橹等战具和军需时，云："古代的武器和近代的不同，近代的武器以重工业为基础，重工业是军需工业、国防工业，所以假设孙子生在近代，他在这里必力说重工业的重要性了。所谓重工业，即是钢铁、石炭、石油、机器、造船、电汽等工业，举凡国防用具，如船只、车辆、飞机、兵舰、大炮、枪弹等均为重工业的出品。故先有繁荣的重工业，始有资格从事于近代的战争明甚。日本军事评论家平田晋策于其所著《一九三六年》一书，评吾国说：'中国虽拥有两百万的大军队，但没有一个强有力的军需工业根据地，徒有庞大的陆军，于近代战争上不会有独力作战的能力。'虽为持平之论，但忽略了中国军需品可以仰给于外国的工厂。近代战是需要强大的军需工业，因为有了强大的军需工业，才能供给大量的兵器。诚然近代战就是

① 李浴日著：《孙子兵法之综合研究》，商务印书馆1938年版，第25页。

需要大量兵器的。在欧洲大战，所谓“近代战恶魔”的机关枪与“战场支配者”的大炮，于初期与末期的比较：德军机关枪从一万二千挺增至十万四千挺，大炮从七千五百门增至二万五千门；法军机关枪从五千挺增至二十万挺，大炮从四千八百门增至一万七千五百门。”①

四是白话译解，在于普及。叶玉麟《白话译解孙子兵法》以白话译解的方式普及《孙子》，比较通俗。周传铭《孙子兵法古今释例》不仅以白话译解，还有古今战例对比，以及用近代军事理论阐释《孙子》思想。冯家勋《新译孙子兵法》以译注的形式引导读者领会《孙子》战理之精髓。覃孝方《孙子兵法今释》以近代战例释《孙子》要旨，目的亦在普及和应用。孙思政《孙子与孙子兵法》、杨杰《孙武子》以通俗的语言、近代军事理念及术语介绍孙武子的生平及思想。袁韬壶《新式标点孙子十家注》、郑麐编译的英汉对照及新式标点本《孙子兵法》，更是针对大众阅读的普及本。

梳理民国孙子学著述，可以发现，民国前期（1912—1928）为北洋政府时期，以传统注释为主，不以思想阐发和理论体系的构建为主。如陆懋德《孙子兵法集释》、夏寿田《孙子选注》、张之纯《评注孙子菁华录》、吴观岱《孙子读本》、陈和祥《评注孙子读本》、支伟成《孙子兵法史证》、袁韬壶《新式标点孙子十家注》、赵玉珊《孙子吴子择注》、张文治《孙子治要》等，均属于传统注释类。前期也有以近代军事理念来观照《孙子》者，如蒋方震、刘邦骥《孙子浅说》，苏荫森《苏氏孙子注解》。故前期是一个过渡时期，从晚清没落时期的传统孙子学过渡到近代孙子学，它带有沉重的历史负担，以蹒跚的步伐，以老态龙钟、日薄西山的苍凉之气，又以含苞欲放的兵学新姿，转向具有多元质素的近代孙子学时期。

民国后期（1928—1949）为国民政府时期，以阐释《孙子》思想及理论以便服务于现代战争取胜为目的，故其文本虽然如故，但是其论释的内容已非老旧，或者说以近代战争理论及军事学术阐发《孙子》。其著述不再是服务于冷兵器时代的作战理念和战略战术，而是服务于以热兵器及机械化为特征

---

① 李浴日著：《孙子兵法之综合研究》，商务印书馆 1938 年版，第 51~52 页。

的近代战争的需要，故不管从军事视野、战争理念，还是战争方法，其立论都比较开阔、新颖和切实，甚至有的著述直接为抗击日本侵略战争而作，其目的非常明确。如前所列举，刘文垕《孙子释证》、许有成《孙子与现代》、公羊寿《孙子兵法哲理研究》、齐廉《新注孙子兵法直讲》、叶慕然《孙子兵法新诠》、周传铭《孙子兵法古今释例》、吴石《孙子兵法简释》、李浴日《孙子兵法之综合研究》（又名《孙子兵法新研究》）及《东西兵学代表作之研究》、李天豪《孙子兵法评注》、朱怀冰《读孙子十三篇阵中笺释》、李则芬《以孙子兵法证明日本必败》、温晋城《孙子浅说补解》、吴鹤云《孙子兵法新检讨》、陈华元《孙子新诠》、陈启天《孙子兵法校释》、萧天石《孙子战争理论之体系》、徐庆誉《孙子兵法与现代战争》、覃孝方《孙子兵法今释》、杨杰《孙武子》、罗列《武经孙子》、孙思政《孙子与孙子兵法》、郭化若《白话译解孙子兵法》（又题《孙子兵法之新研究》）等均属此类。亦有极少数的著述，仍沿用传统的注解方法，内容无新意，而缺少近代战争气息，兹不赘列。

五是从作者群体看，民国孙子学著述者，多为军职人员，根据《孙子学文献提要》所列民国时期有姓名可考的四十六家（不含佚名著述七家及有关机构著述七家）著述看，其中军人或军人出身或参与戎幕者有二十六人，或为中高级将领，或有军旅经历，或曾参与戎幕，或弃武从文，占民国时期孙子学著述者人数一半强，具体如次：《孙子浅说》作者蒋百里、刘邦骥；《苏氏孙子注解》作者苏荫森；《孙子释证》作者刘文垕；《孙子兵法哲理研究》作者公羊寿；《新注孙子兵法直讲》作者齐廉；《孙子兵法新诠》作者叶慕然；《孙子兵法古今释例》作者周传铭；《孙子兵法简释》作者吴石；《孙子兵法评注》作者李天豪；《孙子兵法之综合研究》（又名《孙子兵法新研究》）及《东西兵学代表作之研究》作者李浴日；《孙子章句训义》作者钱基博；《孙子考》主编杨言昌；《读孙子十三篇阵中笺释》作者朱怀冰；《以孙子兵法证明日本必败》作者李则芬；《孙子浅说补解》作者温晋城；《孙子表释》作者徐容溥；《孙子兵法新检讨》作者吴鹤云；《历代名贤经武粹语》编者刘千俊（湖南湘潭人，曾任陈诚幕僚，参与戎机）；《孙子战争理论之体系》作者萧天石；《孙子兵经》作者关靖；选注《孙子兵法》作者王明长；《孙武子》作者杨杰；《武经孙子》作者罗列；《孙子兵法之新研究》作者郭化若；《孙子与孙子兵法》作者孙思政。

其他作者，或为文士，或为政务人员，不一而足。

民国时期，成立了专门的兵学编辑、印刷、发行机构，如军学编辑局、武学印书馆、军学编译社、世界兵学编译社等，为研究、译解、传播古今中外兵学，为不同时期的战事决策和指挥者提供谋略支持，起到不可忽视的作用。民国时期孙子兵学与近代军事融合发展，实现了《孙子》文本阐释的近代转型，其原因大致有以下方面：

一是自鸦片战争以后，民族多艰，虽然向西方学习的思潮兴起，但是对中国传统兵学并未全盘抛弃，而是在谋求近代阐释的转型。清代前期、中期，相对来说，承平日久，统治阶级及民众实质上不知兵，而只知以读兵书求富贵者所在多有。在中华民族面临危亡之际，仍有许多贤哲不仅把目光投向西方军事理论和军事技术，而且关注本国固有之兵学。故自清代后期开始，孙子兵学就在向通俗化解读演变，而在进入民国之后，则又以近代军事理念及术语重新解构《孙子》，使之对战争有着更加切合时代特点的价值。

二是新文化运动为孙子兵学的近代转型提供了思想和社会条件。中国近代史上兴起的新文化运动，提倡民主，反对专制；提倡科学，反对迷信；提倡新道德，反对旧道德；提倡新文学，反对旧文学，为开明知识分子和缙绅之士普遍接受，封建复古势力遭到猛烈批判。这场新文化运动启迪了人们民主和科学的意识。在这场颠覆性的思想文化运动中，传统文化几乎被全盘否定，而西方文化几乎被全盘接受。然而具体到孙子兵学，没有被简单地否定，而是以白话的形式予以新解，而且注入了近代军事思想，以近代军事语言和理论来重新展示《孙子兵法》的永恒魅力。故民国时期孙子学著述，绝大多数是以近代军事理论和学术语言阐释《孙子》，却又不乏传统的孙子学著述，如陆懋德《孙子兵法集释》及杨言昌、陆达节合著《孙子考》即属后者。即使以近代军事理论和学术语言阐释《孙子》，也不是为了否定孙子学，而是为了发展孙子学。这和当时反对以儒家思想为主要内容的封建礼制，形成了迥然不同的状态。根本原因在于，就孙子学与孔子学相较而言，孙子学更多体现为工具理性，而孔子学更多体现为道德理性。

三是民国时期由胡适倡导的“整理国故运动”，以传统文化中的历史、典籍、人物、学术观点等为研究对象，提出不同于传统的看法，做到对传统思想文化不盲从、不迷信，试图清晰地寻绎出中国几千年思想文化发展的脉络和因果关系，是民国知识界兴起的一场影响广泛的文化学术运动，是继清代乾嘉考据学之后的又一个学术高峰。一些知识分子对“国故”予以重新认知和评判，提出许多虽然不一定正确却新颖的观点。以孙子学为代表的古典兵学，自然也成为国故家们重新考量和评判的对象之一。与军政界不同的是，知识界对孙武其人其书大多持怀疑和否定的态度。比如，钱穆《先秦诸子系年考辨》（1935 年初版）之《孙武辨》认为孙武和孙膑是同一人。齐思和《〈孙子兵法〉著作时代考》（《燕京学报》1939 年第 26 期）认为《孙子兵法》为战国时代产物，而《孙子兵法》和《孙膑兵法》是两部不同著作。金德建《古籍丛考》（1941 年初版）之《孙子十三篇作于孙膑考》认为《孙子兵法》的作者为孙膑。黄云眉《古今伪书考补正》（1932 年初版）认为《孙子》十三篇的作者非孙武。由于知识界和军政界对待孙子学的出发点不同，所以其研究的目的、范式、思路及内容也不相同。国故派关心的是如何重新考量传统文化学术，而军政派关心的是如何把国故与现实紧密结合，并从国故中寻找救世良方。民国时期知识界对孙武及其著作的怀疑，是宋代以降疑古思潮在近代的延续，其意在于对国故进行重新整理和评价，但是对繁荣孙子学仍然有着不可否定的作用。

四是民国政府和国共两党都倡导学习《孙子兵法》，以提高官兵的谋略素养。袁世凯和徐世昌任中华民国大总统时，对《孙子兵法》的传播多予支持。比如，夏寿田《孙子选注》及蒋方震和刘邦骥合著《孙子浅说》，都是奉命注解的进呈本，徐世昌还为后者作序。国民党方面，蒋介石多次公开提倡《孙子兵法》研究，并为相关研究论著作序，以示嘉勉。国民党当局有不少军政要员，如林薰南、李浴日、杨杰、蒋百里等，都精研《孙子》，宣传《孙子》，运用《孙子》。国民党还在军校开设《孙子兵法》课程，在军队有关部门成立兵学研究机构，研究和传播《孙子》。共产党方面，不仅毛泽东同志亲自研读《孙子兵法》，在讲话和文章中引用《孙子》，而且有一批将领，如刘伯承、陈毅、叶剑英、林彪、郭化若等，都活学活用《孙子》。特别是郭化若，开启了以马克思主义理论和方法研究《孙子》的新途径、新境界、新范式，取得了丰硕的成果，丰富和发展了孙子学。

第三节 民国时期注《孙子》

一、陆懋德注解《孙子》

陆懋德（1888—约 1961），字用仪，别号泳沂，山东历城人，清朝“庚子赔款”第三批留美学生，历任清华大学、北京大学教授，著有《周秦哲学史》《史学方法大纲》《中国上古史》《孙子兵法集释》等。然《孙子兵法集释》署“会稽陆懋德集释”，说明其祖籍为浙江绍兴。陆懋德于 1911 年赴美，1914 年归国，1915 年印行此书。其《孙子兵法集释序》叙述集释《孙子》的缘由及主要内容云：“汉魏人注《孙子》者，凡数家。今存者惟曹公注。宋人益以杜佑、杜牧、李筌、王皙、贾林、张预、梅尧臣等之说，谓之十家注。词冗而义晦，余窃病之。乃取《尔雅》《说文》《玉篇》及诸经、诸子、《史记》、《汉书》之故训，为之集释。其十家注之得者，节而存之，失者辨而正之。盖孙子之文简切骏快，训释明而真义自见，无待后人之繁说也。”① 如《计篇第一》篇题下注云：“《玉篇》曰：‘计谋也。’《史记·淮阴侯传》曰：‘计者，事之机也。’《汉书·赵充国传》曰：‘兵以计为本，故以《计篇》为始。’”再如“兵者诡道也”下注云：“《玉篇》曰：‘诡，欺也，谩也。’《荀子·议兵》篇曰：‘兵之所贵者，势利也；所行者，变诈也。’”又如《作战第二》篇题下注云：“《诗·鲁颂》传曰：‘作，始也。’《说文》曰：

① 谢祥皓、刘申宁辑：《孙子集成》第 20 册，齐鲁书社 1993 年版，第 179~180 页。

‘战斗也。’曹公曰：‘欲战，必先算其费，务因粮于敌也。’”① 其注解不同于前人及时人之注，乃引录经史诸子中与《孙子》相关之文，可谓无一字无来历，无一言无出处。《孙子》十三篇的所有注解，无不如是。故陆氏名之曰“集释”，诚为确当。

陆懋德虽然取经、史、诸子及字书之言集释《孙子》，然其意在于融通兵家与儒家，正如其于民国四年（1915）正月自序云：“余尝谓古者兵家与儒家相通，孔子自谓未学军旅，而未尝不知兵，故曰‘我战则克’。其门人如子路可使治赋，冉有、樊迟同破齐师，曾子之门人吴起，儒服以兵机说魏武侯。战国之末，荀卿最为老师祭酒，亦与临武君论兵于赵孝成王前。此其证也。今古兵书之存者鲜矣，虽其片言碎语，已足宝贵，而况孙子兵家之雄，而《十三篇》为千古谈兵之最者乎！然则取其说，训而释之，亦儒家之所不废欤？”②

二、蒋方震、刘邦骥注解《孙子》

蒋方震（1882—1938），字百里，浙江海宁人，清末秀才。毕业于日本陆军士官学校。历任保定陆军军官学校校长、陆军大学代理校长、袁世凯总统府参议等职。著有《国防论》《孙子新释》，与刘邦骥合著《孙子浅说》等。

刘邦骥（1868—1930），字襄奎，湖北汉川人，清末举人，毕业于日本陆军士官学校。先后任张之洞幕僚、湖北武师范学堂堂长、陆军小学堂监督、陆军测绘学堂总办、湖南军事参议、浙江宁波道台、总统下行走、北京高级警官学校校长等职。与蒋百里合著《孙子浅说》。

蒋方震、刘邦骥奉民国大总统徐世昌之命为《孙子》作注。蒋方震、刘邦骥向徐世昌进呈复兴兵学之意见，认为孙子兵学对中华民族至关重要，武力为外交后盾、内政保障。不如此，则无以图存。中国自三代迄至宋明，皆为闭关时代，始以武力得天下，继以文德守天下。朝野上下，以重文轻武为惯例。及至各代之衰，武备废弛，盗贼蜂起，故汉有匈奴之祸，唐有吐蕃之

① 谢祥皓、刘申宁辑：《孙子集成》第20册，齐鲁书社1993年版，第183~185页。
② 谢祥皓、刘申宁辑：《孙子集成》第20册，齐鲁书社1993年版，第180页。

逼，宋有辽、金、元之侵凌，明有满、蒙之崛起，协以谋我，国随以亡。然而，汉唐宋明之外患，不过一方一隅之虑，况其文明程度均不及华夏。在群雄并峙之近代，若不振兴兵学，则无以为外交之后盾、内政之保障，恐地球之上不能容其立国。故国家应当尊《孙子》为兵经，列之学宫，使莘莘学子，家弦户诵，不特存绝学于将坠，抑且振英风于方来。此书署名虽是蒋方震在前，刘邦骥在后，然而在进呈表中，又特别说明：“是编草案，由邦骥主稿，合并声明。”① 徐世昌亦在《孙子浅说序》中阐述自己的兵学观云：“夫国于天地，必有兴立，而当群国竞争之世，莫亟于治兵。特兵家者流，大抵以权谋相尚。儒家者流，又往往瞢于时事，讳言军旅，盖两失之。予惟古之善治国而兼善治兵者，曰管子，曰商君，曰诸葛孔明。之三人者，皆先求自治，而后用以制敌者也。今观孙子之书，其第一之《计》篇有曰‘主孰有道’，第四之《形》篇有曰‘修道保法’，刘君揭明其为主德内政之纲要，然则孙子虽兵之权谋家，因亦制敌之方，基于自治，非徒诡道取胜，侥幸一试，遂能长此自立于不败也……《孙子》一书，文字不多，文义亦非其艰深，初学皆可以卒读。惟旧注随文解释，散漫无归。刘君依赵岐《孟子注》例，逐篇发明章旨，十三篇丝联绳贯，条理井然，于学师讲授尤便，自宜颁之学校，立为专科，俾吾中华民国知国岌岌，非武力不足以自存，国家将竭全力以注意兵，为民人者，人人有征调之定期，为军人者，人人晓韬略之大意，则此书有功于吾国甚伟。”②

刘邦骥认为，谈论兵学，当以《孙子十家注》为善本，而参考诸家之说，然初学者苦其繁难，且各家互有异同，初学靡所适从，故作《孙子浅说》，分门别类，提要钩玄，揭其纲领，列其条目，脉络贯通，气息条畅，言取其近，旨取其约，使初学者宜于明晓《孙子》之奥义，而不苦其烦冗，不厌其重复。

刘邦骥以现代兵学阐述《孙子》思想，综括十三篇要旨，认为第一篇总论军政，平时当循正道，临阵当用诡道，而以庙算为主，实军政与主德之关

---

① 谢祥皓、刘申宁辑：《孙子集成》第 20 册，齐鲁书社 1993 年版，第 95 页。

② 谢祥皓、刘申宁辑：《孙子集成》第 20 册，齐鲁书社 1993 年版，第 96~97 页。

系也；第二篇至第六篇论百世不易之战略；第七篇至第十三篇，论万变不穷之战术。具体地说，《作战第二》论军政与财政之关系。《谋攻第三》论军政与外交之关系。《形篇第四》论军政与内政之关系。《势篇第五》论奇正之妙用。《虚实第六》论虚实之至理。《军争第七》所论者为：庙算已定，财政已足，外交已穷，内政已饬，奇正之术已成，虚实之情已审，即当授为将者以方略，而战斗开始矣。《九变第八》论战争既起，全在乎将之得人，乃能临机应变，故示后世以将将之种种方法。《行军第九》论行军计画。《地形第十》论战斗开始之计画。《九地第十一》论战斗得胜深入敌境之计画，故以知地形为主，地形之种类不可枚举，故略举其数曰九。《火攻第十二》所论者，乃以火力补人力之不足。《用间第十三》所论者，乃以间为诡道之极则，而庙算之能事尽矣；非有道之主，则不能用间，而反为敌所间，可见用间为庙算之作用。准此以读十三篇，若纲在网，有条不紊，不能增损一字，亦不能颠倒一篇，可谓完美。

刘邦骥认为，十三篇字字精审，读其书者，但当求其义理，通其训诂，参以考据，而不可有所攻击此定理也，然《用间》篇末，以伊吕为汤武之间谍，历代注家未有雅训，故对《用间第十三》所言“殷之兴也，伊挚在夏；周之兴也，吕牙在殷”专门训释、阐述曰：

> 郑友贤氏谓伊吕假道济权，无害于圣人之德，未免失之附会；赵虚舟氏谓孙子以反间待圣人，亦未免失之周内。总而言之，伊吕在殷周之际，备知天下古今治乱兴亡之道而不得行其志，则干莫之光澈乎霄汉，珠玉之气媚乎山川，有自来矣。加以汤武求贤若渴，从善如流，鱼水君臣，金石契合，自然知无不言，言无不尽，夫岂间哉？孙子引用二公意者，殆欲重视间谍。文人格以为汤非伊无以知桀之失德，武非吕无以知纣之失德，一旦汤武成功，即举一切弊政而革除之，实赖伊吕先知之力。故虽当时不得谓之间，后世不能指为间，然自兵家学理而观之，亦可作上智之间观也，于孙子又何所诟病哉？①

---

① 谢祥皓、刘申宁辑：《孙子集成》第20册，齐鲁书社1993年版，第173页。

刘邦骥自叙其撰注体例，即历征前贤之说，凡合乎孙子之微言大义者存之，或全录其文，或节取其义，或参合数家之说，连缀成文，以便诵习，不合者不录，亦不置辩，间或亦附以己意，有为前人所未发者。

蒋方震著《孙子新释》，其中《计》篇分两次发表在《庸言》1914 年第 5 号、第 6 号上。作者在其《缘起》中说，在日本求学时期，研读过《大战学理》和《战略论》等书的重译本，曾经把这些著作的某些理论附注于《孙子兵法》之后，宣统二年（1910）自德国柏林归国，拟遍访德国兵学家，最终得见普法战争时的普军大本营作战课长伯卢麦将军，即《战略论》的作者。伯卢麦将军赠之以照片一帧、新版《战略论》一本，鼓励蒋方震为东方兵学复兴努力前行。蒋方震重读《战略论》，本想翻译为汉文，但想到我国固有之《孙子兵法》影响东西方，而且以其所见之菲烈德、拿破仑、毛奇等人的军事著作，却无有能够过之者，故自愧说："子孙不肖，勿克继承其业，以有今日而求诸外，吾欲取他国之学说输之中国，吾盍若举我先民固有之说，而光大之，使知彼之所谓精义原则者，亦即吾之固有，无所用其疑骇，更无所用其赧愧。所谓日月经天，江河行地，放诸四海而准百世，以俟圣人而不惑者也。嗟夫！数战以还，军人之自馁极矣，尚念我先民其自觉也。"①

蒋方震以强烈的民族自尊、自强精神，把投向研究西方军事理论的目光回顾到研究中国古代固有的军事学术，发觉西方的军事理论其实在我国古已有之，只是未能继承与发扬之，故导致"数战以还，军人之自馁极矣"的不自信局面。倘若能以之推向大众，则在念及我先民时，定能奋然自觉，以唤醒我军事理论上的民族自信，并且在抵抗侵略的战争中培育智慧和精神。

蒋方震把《计》篇分为五段，其解题曰："此篇总分五段：第一段述战争之定义，第二段述建军之原则，第三段述开战前之准备，第四段述战略战术之要纲，第五段结论胜负之故。全篇主意在'战'二字，言战争者，危险之

---

① 蒋方震撰：《孙子新释缘起》，载《庸言》第 2 卷第 5 号，正蒙印书局 1914 年版，第 2 页。

事，必于未战以前，审慎周详，不可徒恃一二术策，好言兵事也。摩耳根曰‘事之成败，在未着手以前’，实此义也。”① 蒋氏以西方现代军事理论与孙子战理融汇，互相印证，视野宏阔，超越诸家旧注限于《孙子》字词、章句的训释，而且能够舍事言理，就孙子的军事理论，以现代军事术语予以表达和建构，这是很大的进步。如在阐释“兵者，国之大事”时，引用毛奇、克劳塞维茨、伯卢麦的相关言论予以论证。又如阐释《计》篇“经之以五，校之计，而索其情。一曰道，二曰天，三曰地，四曰将，五曰法”云：“此段专言内治，即平时建军之原则也。道者，国家之政治；法者，国军之制度；天、地、人三者，其材料也。中国古义以天为极尊，而冠以道者，重人治也，即可见孙子之所谓天者，决非如寻常谈兵者之神秘说。法者，军制之根本，后于将者，有治人，无治法也。五者为国家（未战之前）平时之事业。经者，本也。以此为本，故必探索其情状。”② 蒋方震阐释《孙子》，阐发大于释义，往往用很多的笔墨和篇幅阐释孙子的一句话，洋洋洒洒，多有“六经注我”之意，而非“我注六经”。如释“将者，智、信、仁、勇、严”，用了四千多字，释“故校之以计”至“吾以此知胜负”用了将近四千字，基本上是“借题发挥”。虽然蒋氏改变了过去简注、简释等朴实的传统做法，但是矫枉过正，往往容易以己意代替孙子本意。此乃蒋氏新释《孙子》的弊端。故蒋氏之新释《孙子》，长于对《孙子》意蕴的发挥，短于本义探究；长于理论阐述和概括，短于《孙子》战略战术的运用。

三、苏荫森注解《孙子》

苏荫森（1889—?），河北阳原人，毕业于保定陆军军官学校，历任国民革命军旅长、汪伪徐州绥靖军副总司令、汪伪参赞武官公署副武官长。著有《苏氏兵略》《八阵图说》《二十世纪孙子注解》《苏注吴子》《步兵学合编》等。

---

① 蒋方震撰：《孙子新释》，载《庸言》第2卷第5号，正蒙印书局1914年版，第3页。
② 蒋方震撰：《孙子新释》，载《庸言》第2卷第5号，正蒙印书局1914年版，第4页。

苏荫森在其自序中交代注解《孙子》之缘由，默察于二十世纪众国林立，列强兼并弱国之势，无异于春秋战国。若欲戢兵而图存，则势恐不能。国人在军事上竞尚新说，流于模型制式，而运用之妙不知从《孙子》中求取。因有感于军人不能解《孙子》，故于1922年夏即取是书，分节注解，力求不悖现代用兵之要旨。苏氏又云，魏武以前，未有注《孙子》者，盖周秦之世，《孙子》一书，人多秘之，至魏武始为之注，而后所注多有谬误，故以近代兵学要旨重加注解，以便利当世读者。由于二十世纪注解此书者，尚无其人，故名之曰《二十世纪孙子注解》。①

苏氏在其《孙子附说》中，结合注解《孙子》体例，阐述自己对孙子兵学的看法，有许多独到、中肯之语，今举例以证之：《孙子》十三篇，皆言军事，不杂政治、教化之说，后人以孙子专一于以奇用兵，遂视为杂霸之才，远于王道，盖不明《孙子》者也。中外战略战术，大皆出于《孙子》，而国人却舍近求远，可谓好奇而不择。《孙子》之理，皆由实际上立论，故言无不可实践。孙子言战，可谓不战之兵法；孙子用兵，顺从理势，可战则战，不可战则避。孙子作战，必计国民之虚实，必念输送之困难，必储军中之食用，周详审慎，为诸家兵书所不及。《孙子》之书，可涵盖百家之书，而百家之书，不能尽《孙子》之意。读《孙子》之书，可知兵力之运用，可知兵心之变化，可知天道之顺应，可知地道之利害，可知攻守。不读《孙子》，则不可为将，不可与谈兵。拿破仑战胜欧洲，即依据《孙子》一书；魏武帝力敌群雄，所恃者亦为《孙子》一书。《孙子》乃天地奇书，作《孙子》者，非人，乃天地现身。②

依据以上观点，苏氏注解《孙子》，有注，有解，有阐发。注者，训注字词；解者，串讲句义。在注解基础上，苏氏以"苏荫森曰"为标识，进行阐述发挥。

四、支伟成《孙子兵法史证》

支伟成（1899—约1929），江苏丹徒（今江苏镇江）人，本名懋祺，师

① 苏荫森著：《二十世纪孙子注解》，武学书局1943年版，第1~2页。
② 苏荫森著：《二十世纪孙子注解》，武学书局1943年版，第1~4页。

从蒋维乔，任江苏省立第一图书馆主任等，推崇“立德、立功、立言”三不朽的事业，故改名“伟成”。著有《清代朴学大师列传》《墨子综释》《庄子校释》《国学用书类述》《楚辞之研究》《孙子兵法史证》等。

支伟成有感于当时天下多故，士人相见，喜谈兵事，然率多暗于方略。支伟成认为，欲明兵法，务识方略。欲识方略，当知史事。方略为用兵之本原，其道历久不变，非若战阵、器械等因时因地而变化。支伟成提出有别于历代诸家之孙子观，认为孙武之学，出于黄老，通三才五行，本于仁义，佐以权谋。为深入领会孙武子兵学，当以古今成败之战例，设身处地以佐证，并由此抽取蕴含于其中之方略。

支伟成自述从降生以来，即遭遇世乱，常怀匹夫之责，辄作从戎之想，然志有未逮，故致力于学。批评当时士人不知兵，认为兵为小人之事，非学者之事；认为当时天下大患，正在此弊。

支伟成广征博引诸家文献，其中有些文献为稀见珍籍，认为注《孙子》者，除十家注，尚有宋施子美《孙子讲义》、明刘寅《孙子直解》及赵本学《注孙子》，均称精审。而以史事相类纂者，有唐杜佑《通典》之《兵典》，摭拾《孙子》之义，以史事相类者纂之；明唐顺之作《武编》，其《后集》征述古代战事；叶梦熊作《运筹纲目》，先列史事，而后加以评断，其《决胜纲目》则先摅论说，而后证以史事。茅元仪《武备志》卷首论述战略，自西汉至元代，皆有崖略。清代胡林翼作《读史兵略》，上起春秋，下迄五代，兵事方略，灿然可观，凡论兵略史事者，此书最为善本。而论方略之书，则有明代戚继光《练兵实纪》《纪效新书》以及王余佑《乾坤大略》、包世臣《雌雄渊》。总之，战术、战法、战具虽日新月异，而兵法、兵略、兵谋则古今同轨。①

支伟成以孙星衍校《孙子十家注》为底本，删繁就简，择其注之精粹者置于孙子原文之下，虽名之曰《孙子兵法史证》，然其实际，并非仅有史证，而是除此之外，有校有释，而且以校、释居多，间有史证，故其全称为《标

① 谢祥皓、刘申宁辑：《孙子集成》第20册，齐鲁书社1993年版，第519~520页。

点释校孙子兵法史证》。其校以《通典》《北堂书钞》《太平御览》等文献所引《孙子》之文以校之。其史证所举之战例，语言简明，未有拖泥带水之弊。其总体风格是简洁明快，精要突出，不失为普及佳本。

五、公羊寿注《孙子》

公羊寿（1889—1940），江苏常熟人，字石年，号带沙闲人，曾在国民革命军任职。著有《孙子兵法哲理研究》。此书有国民革命军第一军参谋长兼第二十六师师长戴戟所作的序，而公羊寿是其秘书。戴序云："余友常熟公羊寿石年君，中宏而识远，学渊而行矩，以能文章闻于江左。家贫，奔逐衣食于东西南北，凡与之识者，咸重其为人，而乐与之交。尝从余为秘书，每见其公余之暇，辄研究文字之学。戊辰之夏，余方率国民革命军第二十六师，驻扎广东之廉州，奉命镇抚钦、廉、两阳，凡司令部中往来文移，悉出其手，日且数十件以至百件，无有漏误，而暇则仍手不释卷，盖好学者也。其时部中方拟举办壁报，将以我党正义启迪同志，而推君主'学术介绍'一门，君于是本孙总理中山先生之意，而为孙子兵法哲理之研究，日事讨索，颇费苦心，计半年而积稿盈箧，因辑成是书。"① 此书虽以哲理名篇，观其文，却是战理，其哲学意蕴未得深究。之所以仍以"哲理"命之者，公羊寿释曰："夫所谓哲学者，谈玄理，取要妙而已矣。战争之事，两阵相还，彼此竞胜，出奇设伏，变诈百出，所谓要妙与玄理，似相去甚远。虽然，试读《孙子》之书，则其于战胜攻取之术，纵以干戈弧矢，进而为枪炮弹丸之火器；即再由枪炮弹丸之火器，进而为毒气、电气以为战，而料敌应变、避实击虚之术，仍不能逾越其范围，变更其论列。此《孙子兵法》所以得为军事哲学之书，岂如其他哲学之籍徒托空言，以高谈要妙、专尚玄理之可比哉?"② 又云："近世文明，分哲、实二科，由理智而言者归哲学，由事物而言者归实学。理智之事，每由事物研求而进，故理智仍不能离乎事物而言也；战争之事，更

① 公羊寿著：《孙子兵法哲理研究》，国光印书局 1933 年版，第 1 页。

② 公羊寿著：《孙子兵法哲理研究自序》，见《公羊寿文集》，凤凰出版社 2016 年版，第 140 页。

不能离乎事实而专言理。《孙子》即从事实而求其共通不易之理以成是书。盖《孙子》参以过去之战争事实，运以统括之说理与论断，明以自己之体验与心得，以成此精深不易之宝典，而开今日世界军事哲学之先河，非其他兵家徒作泛论所得而拟也。”①

公羊寿以阐释近代战理为宗旨，把《孙子》的思想分为定谋、命将、出师、审形、窥势、料敌、接战、攻守、因敌和用计十个方面，而把相关篇章的原文重新编排，并用白话予以意译，分别归纳到十个方面之下，作为论证材料，以羽翼其说。公羊寿于其《孙子兵法哲理研究绪言》云：“窃谓战争之道不外定谋、命将、出师、审形、窥势、料敌、接战、攻守、因敌、用计等事，而孙子所论，亦未能出乎十事范围以外。”② 公羊寿又认为，《孙子》之书虽非出于《老子》，而实与《老子》同其旨趣，故在书末作《后论》，以论《老子》与《孙子》之哲学相通之关系。

六、张文治《孙子治要》

张文治（1898—1956），字润之，号立斋。原籍湖南常德，生于江西南昌。任上海中华书局编辑近三十年。出入经史子集，涉猎广泛，时人称之为“活辞海”。然张文治述而不作，编校《高中国文读本》《中学国文教师手册》，编著《古书修辞例》，校点《四部备要》《资治通鉴》《诗词曲语词汇释》，参与编纂旧版《辞海》，与蒋镜芙合编《国音学生字典》。另外编撰《疑年统谱》，为查考历史人物生卒年提供方便。

张文治《诸子治要》辑录《荀子》《春秋繁露》《法言》《中说》儒家四种，《老子》《列子》《庄子》道家三种，《管子》《商子》《韩子》法家三种，《公孙龙子》名家一种，《墨子》墨家一种，《鬼谷子》纵横家一种，《吕氏春秋》《淮南子》《论衡》杂家三种，《孙子》兵家一种，凡八家十七种诸子之

① 公羊寿著：《孙子兵法哲理研究绪言》，见《公羊寿文集》，凤凰出版社 2016 年版，第 143 页。

② 公羊寿著：《孙子兵法哲理研究绪言》，见《公羊寿文集》，凤凰出版社 2016 年版，第 146 页。

作，而以兵家殿后。每家之中，各举一二巨子，而每一巨子之书，亦不全部采录，仅以其中有代表性的篇目入编。基于此，《孙子》之文，仅辑录《计》《作战》《谋攻》三篇。称《孙子》“列于权谋类，为兵书中最古而最可信之书，自来言兵法者皆宗之”。又说：“《汉志》兵书自为一略，自《隋志》四部之名立，乃并之入子部。说者谓汉廷校书，必选专家，故兵书、术数、方技，各有所使，遂分三略。然持校诸子，学实同条，后世之合，盖变而通之意，未可非也。故今亦从之，附于编末。”① 张文治以孙子列于诸子，乃秉持《隋志》意见，然其所取兵家者流，仅限于《孙子》，亦是缺憾，而辑录《孙子》，又仅限于三篇之文，则是缺憾之缺憾。要之，张文治以清孙星衍校《孙子十家注》为底本，并有个别文字校改。张文治氏长于编辑校注，其所辑《孙子》，亦不出此范囿。故于扩大孙子流传范围有一定裨益，然在孙子学上并无创见。

七、叶慕然注解《孙子》

叶慕然，广东番禺人，生平不详。著有《孙子兵法新诠》。1936 年广东军事政治学校政治深造班主任陈肇燊为之序曰：“本班高级组学员叶子慕然，久历戎行，于《孙子兵法》，夙有研究，去年入校训练，与师友互相讲论，所见亦精，近本心得，编述《孙子兵法新诠》，将以问世，书成，请序于予。”可知叶氏于 1935 年入广东军事政治学校受训，受训期间撰作此书。②

叶慕然有感于当时中国处在山穷水尽关头，在其《篇前绪语》阐述其孙子学主张，认为只有全国一致对外，抵抗敌人的侵略，拿起新式兵器，以捍卫国家，与那些军事知识已经普及到全体国民的国家并驾齐驱，才可以死里求生。他说，我国军事的专书很少，而能够保持其超越时代声价的只有《孙子兵法》。日本人已经研究了数百年，称道它是过去两千年来，无限的战争里一切作战原理、原则的发祥物。他们自从维新之后，其对外关系，无论政治

---

① 张文治编：《国学治要》第三编《诸子治要》卷一，中华书局 1930 年版，第 1~3 页。

② 陈肇燊撰：《陈主任肇燊序》，见叶慕然《孙子兵法新诠》，广州美华书店 1936 年版，第 4 页。

的或军事的，以《孙子兵法》十三篇就可囊括而有余。他们研究西方各国军事理论以探索《孙子兵法》的原理，并出有专书。《孙子兵法》已经成为日本国民必读的专书。可是在我国，这部极有价值的兵书，往往作为皇室专读之书，秘藏之而禁止流传于世，又遭受一些谬论的诋毁和排斥，一些伪儒认为兵法讲诡诈之术，便耻言兵学，以自鸣其高尚，而一些苟安、庸懦之人恰恰借此谬说以自慰。我国几千年历史差不多都是重文轻武，认为强项、粗豪、残酷是武人特有的个性，辛劳、艰险、牺牲是军人特有的报酬，一般吟风弄月和书香贵胄的公子们是不屑于研读的，故自古及今，兵学不振，以致近代屡遭外敌侵凌。叶慕然声明自己诠释《孙子》不是想以过去数千年之残骸来抵抗近代敌人犀利的枪炮，也不是想以大众缺乏军事训练以及军事技术来做毫无意义的纸上谈兵，而在于普及我国国民普遍缺乏的兵学知识和军事谋略。①

叶慕然在《篇前绪语》还谈到世界战术的沿革，认为："我国古来的战法，都是不弱于欧西的，到了中古时代更有长足的进展，可惜到了近代火器发达以后，国民习于颓懦，便遭人家凌砾到体无完肤。如果我们不是自暴自弃、甘于灭亡的话，便有急起直追、努力自救的必要。"②

叶慕然不仅考证孙武及其著作的真伪，认为我国春秋时代，学派众多，尤其战国前期的诸家哲学对战国时代的学术思想影响很大，而且战国时期战争频繁、军事经验丰富，《孙子兵法》就是完成于这一时期。《孙子兵法》源于《周书》，具体地说是源自《太公阴符》之兵权谋学。《周书》是周朝的《史记》，《阴符》就是《周书》里的一部分，其内容完全记载太公的兵权谋学，其内容是吕尚的用兵权谋，在《史记》里有此记载，所以《孙子兵法》发源于《周书》之兵权谋学说无疑。鬼谷子的学说也是源于姜太公的兵权谋学，但它和《孙子兵法》是同源异流。其不同之处是，鬼谷子的学说纯粹是关于政略的学说，《孙子兵法》是在政略里面参以兵略的学说，而《孙子兵

① 叶慕然著：《孙子兵法新诠》，广州美华书店1936年版，第3~5页。
② 叶慕然著：《孙子兵法新诠》，广州美华书店1936年版，第32页。

法》早于《鬼谷子》，故鬼谷子的学说受孙子兵学的影响很大。《鬼谷子》和《孙子兵法》的内容在前半部几乎相同，只不过一个全谈政略，一个半谈政略、半谈兵略；一个谈永久和平，一个半谈和平、半谈争战。

叶氏又谈到世界近代战术，认为近代战术以火器战术为特征，10世纪末铳枪发明；从14世纪中叶开始采用火器以后，中古时期全盛的骑士战术便遭淘汰，步兵战术再度兴起；15世纪大炮应用于战场；16世纪铳枪虽然用于战争，但是效力仍然有限，主要决胜的武器还是弓矢、投枪、飞矛等冷兵器，步兵纵深很长，几乎回复到上古时期几千人的方阵；17世纪后，火器有了更大进步，效力增强，枪兵人数逐渐减少，铳兵人数逐渐增加，队列纵深亦逐步缩小，炮兵数目亦有增加，一般每个军团有六七门大炮。总之，火器的进步使得战术得到改良。

叶氏还谈到世界现代战术，认为现代战术要从欧洲大战说起，虽然仍是火器战术，但是战法更加丰富，主要表现为攻守方法日渐繁多的疏散战术，战役的形式更多的是阵地战、运动战等现代战术。

此外，叶氏在《篇前绪语》展望世界未来战术的发展说："从来的战术是地上的平面战术，水面的直线战术，但是将来一定会添上空中战。若果海、陆、空三种战法复合起来，这种的立体战场将来在战术舞台中，合演出划时代的妙技。"①

叶慕然以白话文诠释《孙子》，更重要的是以近代兵学，并结合中国现状来诠释《孙子》，其目的是以《孙子》的理论来指导当时中国反抗帝国主义侵略。比如，叶氏在《第一篇始计》提要中说："非战论者虽千方百计努力于战争之消弭，但是必因帝国主义者之存在，而战魔不忍离却了人间，尤其是冀重新分割殖民地，以缓和其中心矛盾之帝国主义者之第二次世界大战，我国东北四省之被占，实为其战争爆发前之信号，且吾人对于此种敌人理想中以我国为战场之重大战争，实无坐观成败之可能，尤不应采取坐以待毙之下策。故吾人今日惟有振奋自卫，方足救亡。而振奋自卫，则自审己量敌为充

---

① 叶慕然著：《孙子兵法新诠》，广州美华书店1936年版，第48页。

份之军事准备始。《孙子》‘始计篇’实为我国救亡之实箴也。”①

叶氏多用现代科学来解释《孙子》的有关内容，譬如《第一篇始计》诠释“天者，阴阳、寒暑、时制也”云：“古来用兵对于天气之变幻，每委诸不可或违之天命，殊不知空中气象之变迁，尽可用人力及时利用，以防患未然也。近世兵器锐进，战争为天候所影响亦较多，同时军事气象学之研究，亦已独成一体系……倘孙子阴阳之说，系指空中气象之变迁而言，则适与今日军事天气学相雷同，而寒暑之说，亦与现代军事气候学相暗合。”② 再如《第一篇始计》诠释“地者，远近、险易、广狭、死生也”，则以近代地质学应用于军事具有重大意义为例，云：“晚近科学精进，攻守之器，日新月异，战车、飞机、炸药、毒气，攻袭之工具既精，而深沟高壑、钢甲电网，防守之方法亦备，由是而地质学者对于近代战史之贡献亦未尝后人。日俄之役，日人曾派遣专家调查朝鲜地质，以供献军事家之策划，所收果效，实有可观。”③

叶氏始终以近代战争来阐述孙子的作战理论，重在诠释对当时抗击帝国主义侵略在战略、战术上的指导意义。如《第二篇作战》提要有三点：战争费用问题、战斗力维持及补充问题、中立国向背问题。叶氏言，其申述之事实和理论，虽是两千年前语，但其意义精博，能随时代演进而愈益彰明。孙子时代十万之师日费千金，近代战争对国民经济之影响亦千百倍于孙子时代。《孙子》其余十一篇，亦大抵遵循此一路径，故叶氏诠释《孙子》的现实意义可谓深重矣。中山大学首任校长邹鲁为之序（《邹校长鲁序》）曰：“叶子慕然于古籍中言兵者，独取《孙子》一书，而加以诠释与考据，且于诠释本义之余，若世界战术沿革、国际形势、世界军备、日本军事等，均为之讨论与说明，而归本于我国之自救。是诠释古书，而不为所误者也。以现代战争而证以古人学说者也，夫不得谓为无所补矣。释《孙子》者多矣，其能以现

---

① 叶慕然著：《孙子兵法新诠》，广州美华书店 1936 年版，第 1 页。
② 叶慕然著：《孙子兵法新诠》，广州美华书店 1936 年版，第 5~6 页。
③ 叶慕然著：《孙子兵法新诠》，广州美华书店 1936 年版，第 9 页。

代战术为之解说，且有合者，无几也，其视吴兢之《兵家正史》为更备欤？”①

八、叶玉麟注《孙子》

叶玉麟（1876—1958），字浦荪，晚号灵贶居士，安徽桐城人，受业于同县马其昶。精古文，与郑孝胥相善，是儿女亲家。著有《白话译解孙子兵法》《白话译解庄子》《白话荀子读本》《白话译解道德经》《白话译解战国策》等。叶氏以注释、译解经典见长，其《白话译解孙子兵法》以孙星衍校《孙子十家注》为底本，在转录《孙子》原文及注文之外，予以选择性地白话译解。所谓选择性，即以白话译解篇题原注及该篇《孙子》原文，而正文之十家注则不译解。其译解文从字顺，比如《作战》篇，叶氏白话译解曰：“大凡用兵之法，轻车若具千辆，重车若具千辆，带甲的兵就有十万人，若馈送粮草于千里之外，以供军用，再加国内和军中的用度、诸侯派来使者的费用、修饰器械的胶漆材料、整治车甲的油脂皮线等，每日须费用千金，然后才能兴十万兵。及至和敌军交战，若日久才能取胜，必至兵器钝弊，锐气挫折，攻城若日久，必至人力殚尽，军队若久暴露在外，国用必至空虚不足。”② 叶氏注《孙子》，总体上是一个较好的普及性译解本，在民国时期有一定影响。不足之处是停留在白话译解上，而缺乏对孙子战理的探讨和兵法学理的寻绎，故学术性不强，放在今天看，则价值不大。

九、吴石《孙子兵法简释》

吴石（1894—1950），字虞薰，号湛然，福建闽侯人，先后毕业于保定军校、日本炮兵学校、日本陆军大学，著有《兵学辞典粹编》《孙子兵法简释》《克罗则维茨战争论之研究》《新战术之研究》《战术讲话》《新战术论》《近代战争与国防之本质》《新国防论》《东游甲乙稿》等。其孙子学研究，主要

① 叶慕然著：《孙子兵法新诠》，广州美华书店1936年版，第1页。
② 叶玉麟著：《白话译解孙子兵法》，广益书局1943年版，第53页。

集中在1936年兵学研究会排印的《孙子兵法简释》中，今有上海图书馆藏本。主要内容是概述《孙子》十三篇要旨及其内在联系，综合诠释十三篇文义、统帅用兵应具之信条、用兵之要谛、后方补给等内容，其特点是以现代军事思想联系抗战局势，对《孙子兵法》予以诠解，期望达到以之指导抗日战争的目的。正如作者在其《通说》中所说："兵家孙子以不世出之资，所著兵法十三篇，于行军用兵之道，神妙靡极，精警无论，于今时隔二千载，而其与所阐明统帅之大经大义，初不因科学发达，诸凡变革而少减其精神，诚不失为我国军之战术主义之圭臬。惟因文义深奥以及当时兵器编制等，与现在不同，研究颇感困难，兹抽绎编中要旨所在，依挽近兵学惯用术语，加以诠析，俾资研究斯学之阶梯云。"①

吴石对《孙子》要语之简释，全书体例大致如斯：

> "上下同欲者胜"是即战斗纲要纲领中所谓："协同一致，以达战斗之目的，极为重要，不论兵种，不问上下，必当勠力同心，举全军一体之实，方期得战斗之成果。"云云，是孙子对上下一致为胜利之先导，良为千古不磨之至义也。②

十、李浴日与孙子学

李浴日（1908—1955），广东海康人，幼年发蒙于私塾，大学毕业于上海国立暨南大学，又赴日本研读兵法。1941年创立世界兵学社，弘扬兵学。著有《孙子兵法新研究》（《孙子兵法之综合研究》）、《孙子兵法总检讨》、《东西兵学代表作之研究》等，编纂《中国兵学大系》。

李浴日注解《孙子》的著作，主要是《孙子兵法新研究》和《孙子兵法总检讨》两书。

---

① 吴石著：《孙子兵法简释》，兵学研究会1936年版，第2页。
② 吴石著：《孙子兵法简释》，兵学研究会1936年版，第8页。

《孙子兵法新研究》取材于第二次世界大战前日本各家《孙子》注解，如北村佳逸《孙子解说》、大场弥平《孙子兵法》、尾川敬二《孙子论讲》、福本椿水《孙子训注》、樱井忠温《孙子》、阿多俊介《孙子之新研究》、落合丰三郎《孙子例解》、板井末雄《孙子评释》、大谷光瑞《孙子新诠》、尾池宜卿《孙子》，以及第二次世界大战中出版的大场弥平《孙子袖珍》、北村佳逸《兵法孙子》、多贺义献《东洋古兵法之精神》，加上李浴日自己多年的《孙子》研究心得，并征引德将克劳塞维茨《战争论》、鲁登道夫《全体性战争》、美将马歇尔《致陆军部二年报告书》，以及当时中国最新的《步兵操典》《作战纲要》等文献，还涉及当时中日战争、二次大战的有关资料。

李浴日阐发《孙子兵法》运用之范围，认为《孙子》虽作于平面战争时代，但其原理亦可运用于立体战争时代，陆战固毋论，即海战、空战亦多适用。《孙子》之理论渊源，来自《老子》却不入于玄。李浴日首次概括《孙子》基本原理或基本思想，认为有十大原理或十大思想：先知原理、计划原理、自然原理、求己原理、全存原理、主动原理、利动原理、迅速原理、秘密原理和变化原理。李氏为诠释《孙子》战理而运用的战例，多为近代有关国家的战例，故又具有国际视野。譬如，《用间第十三》以欧洲普法战争及德俄战争中的间谍活动为例，演绎《孙子》间谍理论之运用，指出现代世界各国的谍报活动规模愈来愈大、巧妙而科学化，谍报机关以驻外使馆为中心，武官、领事为其最有力的角色，因他们具有身体、财产、文书的不可侵犯权，而且第二次世界大战证明了新兵器对于战争有着决定性作用，所以新兵器秘密及其他军事科技的发明今后必然成为间谍活动的主要目标。

其注解《孙子》揭意准确、文笔晓畅，富有时代精神，在不少旧注中原本有争议的孙子原文，经李浴日译解，其意义却颇为连贯得体。譬如《孙子》末篇“昔殷之兴也，伊挚在夏；周之兴也，吕牙在殷”，李浴日译为，以前商汤所以能够灭夏而统一天下，是赖他的军师伊尹在夏做过官；周武王所以能够灭商而夺得政权，亦赖他的参谋总长姜太公在商做过官；因为他俩在那里做过官，所以对夏殷的虚实十分明了。并进一步阐述、释疑：“伊吕原为儒家所尊崇的二圣，孙子在这里竟奇想大开地把他俩列入间谍群，当做高等间谍，实足以加强本篇的意义，打破一般人对于间谍的轻视观念，但却买了儒家的愤慨，说是污辱了他俩。其实间谍亦有革命的与反革命的之分，当了革命的间谍，好像他俩辅佐汤武伐暴救民，那有何不可呢？不过伊吕于仕夏仕殷时，是否负着汤武（及文王）的使命，因无史实可考，尚难断定。但他俩基于仕夏仕殷之时而明了敌情，以为汤武确立作战计划，当为事实。所以便有人怀疑。由于他俩在夏殷做过官，并间谍必须选择上智者充当，故孙子把他俩冠以间谍之名，而雄其说。”① 孙子之所以以伊尹、吕尚为例，在于阐明熟悉敌人情况是多么重要，而非实指他们俩是担负着汤武使命的间谍。李浴日之译解可谓明其本义而去其表意，并不如某些注家一样因孙子把伊、吕看作“间谍”而愤慨不已。

李浴日在注解《孙子》基础上，对《孙子》的战争原理进行系统概括，并与现代战争紧密联系，从物理学、心理学、地理学、近代海空战、原子武器等方面阐发孙子兵学理论，揭示其可以运用到现代战争中的思想。其对《孙子》的注解撮要如下：

孙子以物理巧喻兵理，如“胜兵若以镒称铢，败兵若以铢称镒”；“胜者之战，若决积水于千仞之溪者，形也”；“激水之疾，至于漂石者，势也；鸷鸟之疾至于毁折者，节也；故善战者，其势险，其节短；势如彍弩，节如发机”；“任势者，其战人，如转木石；木石之性，安则静，危则动，方则止，圆则行”；等等。《孙子兵法》是一部全体性战争理论著作，心理战不是首创于德将鲁登道夫，而是两千多年前的孙武，其“三军可夺气，将军可夺心”正是其心理战理论。孙子之军事地理，主要表现在《地形》篇和《九地》篇，两篇详细分析地形与地势，提出众多攻守原则。以“二战”后美、苏两国不敢遽然出战为例，说明孙子提出的“远形”是其原因之一。《地形》篇说：“远形者，势均，难以挑战，战而不利。”故美国正致力于发展空军和海军，以弥补此弱点。指出一般人认为《孙子》仅是一部陆战的书，其实亦可运用于空战、海战，如《孙子》所云“善攻者，动于九天之上；善守者，藏

① 李浴日著：《孙子新研究》，世界兵学社 1946 年版，第 271~272 页。

于九地之下”，不正是空战、海战的写照吗？过去为达成孙子的“速战速决”而使用原子弹，今后为达成孙子的“不战而屈人之兵”或“非利不动，非得不用，非危不战”而求“速战速决”，亦唯有赖原子弹乃至氢弹的储备、改进和使用。唯有以此正告侵略者，勿要轻启战端，我们方能实行“上兵伐谋”的战争理论。①

必须指出的是，李浴日虽然在古典兵学特别是孙子兵学上造诣深厚，但是其反共、反人民的立场是顽固不化的，看不清历史与社会发展的方向，甚至一度还做着“反攻大陆”的黄粱美梦，诚可叹哉！

十一、钱基博注《孙子》

钱基博（1887—1957），字子泉，别号潜庐，江苏无锡人，历任小学教员、中学教员、师范教员，以及上海圣约翰大学、清华大学、南京中央大学、浙江大学、华中大学等校教授。著述丰硕，有《武侠丛谈》《版本通义》《古籍举要》《骈文通义》《经学通志》《近百年湖南学风》《现代中国文学史》《中国文学史》《周易解题及其读法》《老子解题及其读法》《文史通义解题及其读法》《孙子章句训义》等二十余种专著，以及论文数十篇。

钱基博所著《孙子章句训义》，后予以增订出版，名曰《增订新战史例孙子章句训义》。钱基博认为，孙子生于春秋，《十三篇》所言战略战术，乃为列国交兵说法，而诸注释家生于秦汉以后，习于内战，往往不得其解。惟今日欧美通达，列国相交，事多相符。稽之《孙子》，其十三篇要旨，归于先胜后战，贵胜不贵久，攻瑕不攻坚，勿轻犯敌人之强，而以全争天下。第一次世界大战，德国之所以覆败，是因为不知孙子兵学之要旨。而钱氏详征博引，志在推陈出新，以新例释证原义和古义，广泛搜罗战史，以战史释证孙子原理。不仅以第一次世界大战印证孙子之战略战术，亦且以克劳塞维茨兵学理论佐证《孙子》十三篇，意在弥补蒋方震《孙子新释》之不足。其训义及《孙子》原文，以孙星衍平津馆《孙子十家注》为底本，参以明正统《道藏》

① 李浴日著：《孙子兵法总检讨》，世界兵学社 1956 年版，第 49~55 页。

本、嘉靖年间谈恺刊本，以及湖北崇文书局《百子全书》本等四种本子校勘，采集诸本之长，正如钱氏自序曰：

> 《孙子》书，李筌、杜牧、何延锡三家注，亦多引史事以相晓譬，而战争之尤繁巨以媲于现代史者，盖莫如一九一四年欧洲大战。倘有人焉，依据《孙子》而援欧战事为说，以扩三家注之所未备，古书新证，必有发前人之所未发者，仆怀此意久而未有以发也。徒以抗日军兴，家山唱破，违难奔走，不废教学，而烽火惊心，客子危涕，自顾老矣，而志未衰，未能荷戈，且为谈兵，以为胜负何常，祸福相倚。倘读《孙武》十三篇书而籀绎其旨，知日本之胜不贵久，斯可以知我国之势不终败。遂发箧中所写《章句》，为之诵说，而以十家之注，后多因前，辞或重复，徒乱人意。于是削其繁剩，笔其精粹，取意相发而不相复，以成《训义》。①

钱氏以近代世界有关国家战争为例，印证《孙子》提出的战略、战术及其谋略、策略，然而“史证”的基础是“训义”及“基博按”。所谓“训义”，即《孙子》之十家注。不过钱氏所选之十家注，是秉持“削其繁剩，笔其精粹，取意相发而不相复”的原则，经过细致筛选的注文。所谓“基博按”，即对《孙子》原文的句解及史证，亦即章句。如《计篇第一》“兵众孰强”，其“训义”只取杜牧注文“上下和同，勇于战，为强；卒众车多，为强”。而章句及史证，则为：“基博按：兵众，指一国民众之堪执兵任战者言之，而所以衡其孰强者三端：一比例，一国之土地、人口，而能出兵多少。德国鲁登道夫著《全民战争论》，以谓‘交战国双方，兵力之人数，无时无刻，不为现代战争决胜之因素也’。春秋之世，每言千乘之国，即比例其国之土地、人口而出兵十万人、车千乘……欧洲第一次大战，一九一四年开始，延至一九一七年之终，德在西线各军，以英法联军之叠次袭击，死伤相继，

---

① 谢祥皓、刘申宁辑：《孙子集成》第23册，齐鲁书社1993年版，第201页。

而一百五十师之兵，只余六十师人可用，不得不征十八岁之青年五十万人，入伍以弥缝其阙。”①《孙子》十三篇章句训义，各篇莫不若此之例。钱氏学问淹博，所引史料富赡，虽然“训义”不可不谓精切，然其引征史料之繁富，又生出另一弊端，即史料堆砌、行文繁琐、篇幅冗长、论证反复，在战争的岁月中，恐极少有人能卒读其篇。要之，钱氏训注《孙子》，长于穷理，而短于致用。坦率地说，此为书生论兵之弊也。钱氏虽为学问大家，亦不出此范围。而钱氏对此亦有自谦之辞，故其《孙子章句训义》附录《孙子今说》之末，自署数语云：“民国三十四年一月，钱基博讲于湘中前线大庸军次凡两日，每日两小时，听者五百余人。韩军长仲景、徐参谋长亚雄，咸不以余言为剌谬。而徐参谋长于余急言竭论之余，必起而提示指要，郑重申明。呜呼！书生谈兵，何当大计；野人献曝，亦有微诚。耿耿此心，读者鉴之。”②

然而，钱氏于研究孙子兵学，除了比较注重用近代战史以证之，并注重探求兵学思想之传承关系，还比较克劳塞维茨和孙武、中外各相关国家战略战术之不同，其见解颇有独到之处。

一是比较战术与战略之不同。认为用兵以为一时一地之交战，为战术；而料敌制胜，计险厄远近，调节空间、时间而运筹各地之交战，以求达到最后之胜利，为战略。

二是比较孙子与克劳塞维茨之不同。认为克氏贵先，孙子贵后。克氏之论兵，争主动，尚攻击，期于先发制人；孙子则在战术上争主动，在战略上不争主动，用间出奇，因利制权，战术虽为其可胜，而战略常虑其不可胜。克氏作战重攻，而孙子则以攻为下策。克氏以胜必可为，敌必可胜，而孙子认为不可胜在己，可胜在彼，故善战者能为不可胜，不能使敌之必可胜，故曰胜可知而不可为。克氏主动以争人之先，孙子后起以承人之弊。克氏先为攻，先人有夺人之心；孙子先为守，先为不可胜以待敌之可胜。总之，克氏、孙氏攻守异势，先后异同；孙子之论战略，注意时间，为持久战；孙子之言

---

① 谢祥皓、刘申宁辑：《孙子集成》第 23 册，齐鲁书社 1993 年版，第 273~274 页。
② 谢祥皓、刘申宁辑：《孙子集成》第 23 册，齐鲁书社 1993 年版，第 856 页。

战术，着眼空间，为运动战。

三是比较中、苏、英、法、美与德、日、意战略之不同。钱氏认为，德、日、意争先而主攻，中、苏、英、法、美，贵后而先守，然而以《孙子》度量之，则可知德、日、意战略之弊在于久而不能善后，中、苏、英、法、美战略则可自保而全胜。①

十二、陆达节与孙子目录学

陆达节（1895—1968），原名陆建琅，字守庵，海南文昌人。曾任国民党南京训练总监部军学编译处少将编译官、国立中山大学教授、珠海大学教授等。陆达节主要致力于孙子兵学文献的搜集、整理和编纂，是全力整理孙子兵学文献的第一人。著有《孙子考》《孙子兵法书目汇编》《历代兵书目录》《中国兵学现存书目》《历代兵书概论》等。

其所著《孙子考》，着力点不是考证孙子文献，而是辑录、整理和纂集孙子文献，是一部孙子文献目录汇编。上起魏晋，下至1936年，大凡《孙子兵法》注解、评论，以及著录于正史、方志、艺文志、经籍志和官私书目的孙子学论著均予以搜集汇编。除此之外，还有少量日人所著的《孙子》注解之作。依照孙子原著、注释、辑刊、论文、日人译述之先后次序编排。每种论著，先考其存佚，次述其历代著录，再录其序跋、解题，后缀以编者按语或作者小传。

《孙子考》主编为杨言昌。杨言昌（1886—1950），字味兰，广东香山人，在其作于1938年的自序中，梳理宋元以后孙子兵学研究基本情况以及编纂《孙子考》等书的缘起。杨氏称宋元而后，评辩蜂起，对孙子或誉或毁，对《孙子》或信或疑，各执一端，“恣为月旦，仁知见殊，得失参半”。其争讼之观点，有误会仁义机权之体用，附会支离，致失原书本意者，有按言责行、以武功论《孙子》书者，有谓《孙子》一书非春秋时之孙武作者。此三则观

---

① 以上三点内容为概述《孙子章句训义》之附录《孙子今说》要义，见谢祥皓、刘申宁辑《孙子集成》第23册，齐鲁书社1993年版，第831~849页。

点，为历代学者聚讼之端。观苏洵、苏轼《孙武论》，叶适、高似孙、黄震、方孝孺、全祖望《读孙子》，宋濂《孙子辨》，姚际恒《孙子考》等诸论《孙子》之作，可以想见孙子兵学之大要。然于《孙子》精义，罕所发明，诸家首推曹操，然曹操之注，十不释一。而且历代注家多有散佚者，宋初《四库书目》所录《孙子》注二十余家，至有清一代，《四库提要》所录反而锐减，而至民国时所通行之本，惟孙星衍校刊之《十家注》为最流行，其余则有日渐湮灭之象。基于此，杨言昌有心遍搜古今注家，考其存佚，勒为一书，故每览群集，见有道及《孙子》者，辄录存之，或有引《孙子》语以论兵事者，亦施以丹黄，俾使寻检，但由于簿书鞅掌，无暇汇辑成帙，直到1932年聘任陆达节为编译处编辑官，纂《历代兵书目录》，又仿秀水朱氏《经义考》例，撰《孙子考》，终于完成这一夙愿。

陆达节搜集、编撰孙子兵学文献，乃为救亡图存，故其立意高远，气象阔大。正如其自序曰："呜呼！强邻凭陵，金瓯伤缺，亡羊补牢，尚未为迟。宋人《读书志》云：'仁庙时天下承平久，人不习兵，元昊既叛，边将数败，朝廷颇访知兵者，士大夫始人人言兵，故本朝注解孙武书者，大抵皆当时人也。'然则吾辈今日忧愤国事，甚于宋贤，岂可不祖述武子、阐扬兵经，以为御侮固圉之资哉？"①

陆达节在编撰《孙子考》之后，有感于其书近二十万字，卷帙较大，携带不便，故对此书删繁存要，编成简编本《孙子考》，名曰《孙子兵法书目汇编》，其内容大抵为《孙子考》之书目部分。《孙子考》汇辑历代孙子文献存佚状况、书目及有关序跋，是治孙子学不可或缺之参考资料，可谓治孙子学之门径。

十三、李则芬注《孙子》

李则芬（1909—2004），字虞夫，广东兴宁人。黄埔军校第五期学员，历任国民党陆军大学兵学教官、第五师师长等，撰有《以孙子兵法证明日本必

① 谢祥皓、刘申宁辑：《孙子集成》第22册，齐鲁书社1993年版，第474页。

败》《元史新讲》《中外战争全史》《中日关系史》《成吉思汗新传》《战争史话》等。尽管在学术上有一定成就，但其反共、反人民的政治立场未曾改变。

李则芬之注《孙子》，重在以《孙子》原理证明日本侵华战争必败。李则芬概括《孙子兵法》的基本理论：用兵的最高原则是不战而屈人之兵，不战而屈人之兵的方法是伐谋、伐交，而伐谋、伐交的前提是充实军备、立于不败之地。然而，伐谋、伐交有时而穷，此时不得不诉诸战争。战争的手段是若非不得已则不可攻城，务于野战以击溃或歼灭敌人的主力，此即伐兵，而伐兵贵胜不贵久。然而天下事不能尽如人料，战争瞬息万变，尤其如此，故不能不做战争持久的准备，其方法是因粮于敌、俘获敌人充实自己的战力等，此之谓“胜敌益强”。此外，李则芬对《孙子》关于战争的准备、战斗的实行、主将的条件等，均予以一一概括和总结。

李则芬通过对孙子兵书的细心研味，论证日本侵华战争必败，理由如下：日军超过了不战而屈人之兵的限度；日军做不到速战速决；日军做不到胜敌益强；日军不知己不知彼；战争一开始日军便被动。此外，尽管日军的装备比中国军队充实是事实，日本的海空军处于绝对的压倒优势是事实，日本对战争的准备比中国早几十年也是事实，但我们试以孙子的“七计”来做比较，就知道日本仅有“兵众强”和“士卒练”两项占优势，再严格地说，仅有“士卒练”一项占优势。

李则芬此书作于 1939 年，书成之时，适南昌弃守，但是李则芬认为中国不但无可悲观，反而可以增强必胜的信念，因为南昌弃守，不像上海、徐州、武汉会战一样以巨大的兵力去支援，而是采取避实击虚的战略战术，故日军之攻占南昌，是战略失败后陷入无法结束战争泥淖的挣扎，胜利终归属于中国。

十四、吴鹤云注解《孙子》

吴鹤云（1911—1991），福建莆田人，毕业于黄埔军校第六期，参加过北伐战争，后考入陆军大学第十一期。抗日战争时期，历任国民党军要职。1949 年在云南参加起义。新中国成立后，历任中国人民解放军南京军事学院教员等职。著有《将帅修养》《古今战阵研究》《孙子兵法新检讨》等。

吴鹤云研究《孙子》之心得，主要集中在《孙子兵法新检讨》中。顾祝同为之序曰："吴君鹤云，相从有年，近出其向在陆大时所编注之《孙子兵法新检讨》一书，问序于余。粗阅一过，觉其逐篇提纲、分章论注、归纳表解，各成体系，自属创格。内容博征战史兵略，旁及名家学理，而尤数数引证典令原则、战斗纲要、统帅纲领，乃至德日英法苏俄军学教程，不一而足。其用功之勤、搜讨之广、见解之审、编注之新，洵属难能可贵，坊间版本，与此体例相捋者尚不多觏。"① 而据作者自序，亦明此书为其就读于陆军大学时所撰，始于1932年，成于1935年。作者经淞沪、徐州、武汉、南昌、湘北、桂南、鄂中诸会战，竟觉耳闻、目见、身受者，莫不与《孙子兵法》相契合。

吴鹤云提出，研读兵书既要有形而上的修养，也要有形而下的衣食住行；既要研讨古今战史，又要观察自然现象之原理；既要以兵事原则为中心，而求其无穷之变化，又要使自己的精神充注于兵事原则之内，要使精神与原则一致，否则过目空诵，无济于事；研读兵书既要紧密联系国情特点，又要适应时代要求，切莫忽略现时代的情势。② 而他自己正是身体力行以上原则来撰作《孙子兵法新检讨》的。

吴鹤云所解《孙子》，近代兵学特色鲜明，深深打上了时代的烙印。譬如，以近代政治之"主义"来注释《孙子》之"道"，认为所谓"道"，是立国之大方针、大主义，必使全国人民深刻了解、同心协力、排除万难，虽牺牲身家性命，亦在所不惜；近代战争之特质，乃综合思想战、政略战、武力战、经济战四种形式，务必彻底屈服敌人意志。其中尤以思想战为最重要，孙子所云"不战而屈人之兵"即源于此。盖根据思想战，粉碎敌人综合的武力，消灭其战意，借以结束战争，为近代战争之一大特色。再如，以"军制"注释"法者"，具体地，以"军政"释"曲制"，以"军令"释"官道"，以"军法"释"主用"。其解释是否合乎孙子本义，姑且不论，然其以时代战争

① 吴鹤云著：《孙子兵法新检讨》，战地图书出版社1940年版，第4页。

② 吴鹤云著：《孙子兵法新检讨》，战地图书出版社1940年版，第13~14页。

之需而立意，是吴鹤云注解《孙子》之特色。又如注解“主孰有道”为执政者对本国之内政、外交政策是否获得全体民众支持与拥护。他认为大凡具有坚定的主义追求的民族常有伟大的抵抗力，即使陷入危险境地，亦不向敌国屈服。

吴氏之注释不仅富有近代战争含义，而且在《孙子》十三篇本义的检讨方面新意迭出。如第十三篇《用间》论谍报勤务，认为随着军事艺术之发展，谍报之规模亦渐至完善，证之欧战间，德、法、英、俄各国之谍报工作已叹观止。迩来科技突飞猛进，各国情势波谲云诡，无不竭尽智能，出奇斗巧，其规模之广大、手段之神奇，莫可言传。故今日之战争，与其谓军事之争，不如谓谍报之争。

十五、陈华元《孙子新诠》

陈华元，生活于民国时期，其余不详，其所著《孙子新诠》是民国时期较好的孙子诠释本。陈氏以近代军事学阐释和概括《孙子》的基本内容，引用古今中外军学理论，用以阐明《孙子》十三篇，其诠释多有精辟、深透之处。他在《自序》中讲述研究孙子之目的云：“我们研究孙子，不是要为祖先歌功颂德，也不是要拿来当做偶像一样的顶礼膜拜，而是要从中探讨出至今不易的战争原则来，刷新而说明之。”① 在自序中，还谈到其作《孙子新诠》，不仅要达到上述目的，而且还要用以纪念蒋百里，因为蒋百里是继《司马法》著者、李靖、唐太宗之后第四个“真正明了”《孙子》的人，然而蒋百里的《孙子新释》竟因出版商的格碍而辍作。“他的零散的偶然提到的说法均显露出真谛的所在”，并给予陈华元写作《孙子新诠》以极大的暗示与助力。②

陈华元拟定孙子兵学纲要，其主要内容可以概括为：孙子的作战主张是速战速决、敌境作战、突然出兵、猛烈追击；孙子的作战原则是尽量消灭敌人而保全自己，以最少的兵力牵制敌人主力并以优势兵力攻击敌人薄弱环节；

---

① 陈华元著：《孙子新诠》，商务印书馆 1940 年版，第 1 页。
② 陈华元著：《孙子新诠》，商务印书馆 1940 年版，第 1 页。

孙子的作战方法是先取得主动地位，完成审慎的守势布置，而以少数兵力误导敌人，于适宜的时机，以预先集结的兵力向适宜的攻击方向行动，略示生路而使敌无心恋战并消灭之；孙子的军事见解是，战争取胜以精诚团结为最重要，只有详较彼此才能建立适宜的对外政策，军事与外交、政略与战略均须互相联络和协调，对外策略仅有一定的方针而不能详拟一定的计划，经济对于军事非常重要，统帅权必须独立健全而贯彻，统帅必须统管政治、军事、经济等一切；孙子的用兵技术是需要临机通变，根据地形、地势决定是否战斗，陷士卒于危境以求胜，利用间谍获得敌人情报，运用水攻和火攻辅助作战。①

十六、陈启天校释《孙子》

陈启天（1893—1984），湖北黄陂人。先后毕业于武昌中华大学、南京高等师范学校，力倡“国家主义教育”。先后任上海中华书局编辑、四川大学教授、上海知行学院院长、南京国民政府经济部长、南京国民政府政务委员兼工商部长等职。著有《张居正评传》《中国法家概论》《商鞅评传》《近代中国教育史》《国防中心论》《中国政治哲学概论》《民主宪政论》《韩非及其政治学》《商君书校释》《韩非子校释》《孙子兵法校释》等。

陈启天对兵法的见解，集中在《孙子兵法校释》中，其自序云：“民国初元，蒋方震首以现代兵学为《孙子》作新释，虽惜其书仅成第一篇，然从此为研究《孙子》者开一新途径，功殊不鲜，近年注释《孙子》之作，渐能温故知新者，殆多由蒋方震启之耳……中国固有之文化学术，莫盛于先秦。先秦诸子百家，各明一义，而法家、兵家实亦当时之显学也。汉后以儒家独尊之故，学者多阴习之而阳非之。偶有明目张胆而讲论者，辄遭腐儒之讥笑不已，此中国之所以积弱不振也欤！近年国人感于当今世界新战国时代之日急，渐有发扬固有文化，以求自固国本之声，斯固可喜之事矣。惟须知中国旧战国时代之固有文化中，原有法家、兵家之学，较适于今后国家生存发展之用，

---

① 陈华元著：《孙子新诠》，商务印书馆 1940 年版，第 1~4 页。

亟待吾人发扬而改进之。”① 陈启天在先秦诸子研究领域，以法家领域用力最勤，成果最富，然有感于未及深究中国兵家之学，故于避难巴乡，山居多暇之日，研读孙星衍校刊《孙子十家注》，而重新校释之，并于书后附《先秦诸子的战争观》一文。在校释《孙子》十三篇时，陈氏注意到《孙子》所言战争原理，虽现代兵学亦莫能逾越其藩篱而胜之，故间取现代兵学与《孙子》比而论之，以示《孙子》之战理超越时空之价值。

陈氏认为《孙子》非普通军事学著作，亦非普通战术著作，其所论及者，多为战争之基本问题，故谓孙子学为战争哲学或军事哲学，均无不可。孙子之战争论，既非厌战论，亦非黩武论。孙子之战本论（或称战争先务论），包括修明政治、开发经济、运用外交、充实军备。孙子之战争指导论，包括以战争结局必胜为主眼，非利不动，非得不用；战时须知彼知己，知地知天；战前应比较敌我情势。孙子之统御论，包括军队编制讲“分数”，作战部署重“形名”；统御之病或对疏远者过于用威，对亲近者过于用爱；思想教育要令之以文，整饬纪律要齐之以武，确立信仰要令素信著、与众相得；统御方法有治心、治力、治气、治变，量材器而用（择人），激励敌忾之心（怒），鼓舞攻击精神（赏），培养协同能力（齐勇若一），利用战地形势（投之亡地而后存、陷之死地而后生），运用军队心理（围则御，不得已则斗，过则从）；统御有六种过失（走、驰、陷、崩、乱、北）。孙子之将才论，包括将为民之司命的重要性，智、信、仁、勇、严的选材标准，静以幽、正以治的将略，通权达变的将谋，进不求名、退不避罪、惟民是保而利合于国的将责。孙子之战争方略论（即战略论、战术论，孙子统称为战势论），包括因利而制权是战争方略之含义；十二诡道是战争方略之纲领；速战速决（贵胜不贵久）、奇正配合（以正合以奇胜）、避实击虚（攻其无备，出其不意）、迂直之计（以迂为直，以患为利）、争取主动（致人而不致于人）、兼权利害（九变、五利）是战争方略之要旨；决战以击溃敌军为主眼，始战贵能并力、料敌、取人，会战贵能以己之主动转变敌人为被动，决战贵能运用急突之战势（始如

① 陈启天著：《孙子兵法校释》，中华书局1947年版，第1~2页。

处女，后如脱兔)，武力战须配合外交战，为战争方略之实施。孙子之战斗原则论，行动上有迅速、猛烈、安徐、秘密、镇定、先制等区别，兵数上须识众寡之用，敌情上要因敌制胜，地利上应因地制胜，火攻上有预备与实施，凡此之要，皆为孙子所论列。概言之，《孙子》虽是专门军事学书，然而其所讨论者，非军事技术问题，而是军事基本问题。所谓基本问题，即战争的一般规律和原则问题，亦即上述所列问题。

陈氏考证孙武在历史上实有其人，驳斥了自宋以来的怀疑说，并把《孙子兵法》的流传分为四个时期：

第一期为原本时期（战国至西汉末）。《孙子》自产生至战国末，极为流行，藏孙吴之书者家有之。战国末之《吕览》中的《孟秋纪》《仲秋纪》《季秋纪》三篇为战国末论兵之作，其中偶有化用《孙子》语者。汉兴以来，兵家者流，韩信、陈余、卫青、赵充国等，皆奉《孙子》为兵阵宝典，《史记》及《前汉书》诸传常引《十三篇》之言。霍去病不好言兵法，而汉武帝尝欲教之以孙吴兵法。刘安《淮南子》主于道家，然其《兵略训》多引《孙子》语。

第二期为附益时期（西汉末至东汉末）。《孙子》于十三篇之外，又有增益，内容多至八十二篇、图九卷。

第三期为注释时期（魏晋至清末）。首为《孙子》作注者乃曹操，曹操删除八十二篇《孙子》中附益的文字，恢复十三篇本来面目。此后各代均有训注之作问世。魏晋到唐宋有十家注，元代亦有注家，如潘衍翁。明代注家最多，翻刻之版本亦多。明代注释《孙子》之特色是，融汇众说，评点文字，而在孙子兵学上较有成就者，当数刘寅、赵本学、茅元仪三家。

第四期为新注释时期（清末至民国）。由汉至清代鸦片战争爆发以前，战争虽多，但内战多于外战。间有外战，亦有异于战国时代之战争。故学者多以内战观念解说《孙子》，而《孙子》之精义，遂多湮没不彰。自鸦片战争以来，中国渐入于“新战国时代”，而此时代之要务，乃救亡图存。近百年来中国对外战争之失败教训，迫使国人以“新战国时代”之战争观念代替历史传统之内战观念，并学习西洋新兵学和新军备来改善中国传统兵学和军备。

故会通传统兵学与西洋兵学之风，渐次兴起。其特点：一是“新战国时代”之战争观念；二是西洋新兵学之比较研究；三是孙子原理之综合研究；四是《孙子》原书之历史考证；五是日人注释之翻译介绍，至于《孙子》原文之校雠、训释，反倒不及前期之留意焉。而首启新注释之风者，为蒋方震于1913年引用克劳塞维茨之《战争论》、毛奇《普法战争史》及伯卢麦《战略论》等书，作《孙子新释》。1915年刘邦骥融合旧注，参以新释，而成《孙子浅说》，乃本期最重要作品。

陈启天注释《孙子》，学力深厚，训解准确，有题义、篇旨、节次、校释诸方面内容，可互为参阅。在附录论述先秦诸子战争观时指出，儒、道、墨三家偏重防守，法、兵二家兼重攻守，而杂家偏重攻势。两汉以来，统治者偏好儒、道、墨三家所主张之战争观，而非难法、兵二家，是中国积贫积弱的明证。既然战争无法避免，又欲求得战争必胜，必须采取进攻的战争方式，而不能依赖防御，攻击才是防御最有效的手段。中国今后要把自己从战争中解救出来，必须采取攻击的手段才有望达到。

十七、萧天石与孙子学

萧天石（1909—1986），号文山遁叟，湖南邵阳人。精研诸子之学，兼通佛道。曾任四川灌县县长，后长期活跃在出版界、期刊界。新中国成立前夕，移居台湾。著述主要有《孙子战争理论之体系》《世界名将治兵语录》《道家养生学概要》《老子圣义阐微》《禅宗心法》《道藏精华》等；编纂丛书《中国子学名著集成》《今古楼全书》。

萧天石著有《孙子战争理论之体系》，不仅注重文本解读，对其他注家精粹之文多有引录，而且十分重视理论体系的阐述。其注释详考各版本字句之异同，对孙子兵学重要原则之阐发则不厌其烦，对历代兵家之兴衰及中外名将胜败之迹及名言亦多有措意。其十三篇各篇原文之后为“特注”，“特注”之后为“特义”。“‘特义’除使《孙子》近代化外”，多有阐扬发抒之言，使读者对《孙子》战争原理与近代战略战术有融会贯通之了解。在此基础上，归纳总结《孙子》战争指导原则体系：国家指导原则、政治战指导原则、经济战指导原则、外交战指导原则、精神战指导原则、间谍战指导原则、先知原则、目的原则、计划原则、安全原则、速战速决原则、歼灭战原则、包围战原则、闪击战原则、主动原则、攻击原则、集中原则、奇正原则、虚实原则、因敌原则、诡变原则、机动原则、协同原则、简单原则、秘密原则、利动原则、火攻原则、各种地形之战斗指导原则、统御原则和任将原则，凡三十条指导原则。对各条原则均有阐述发挥，并称世人多谓《孙子》为兵学圣典，然而其意义不仅在斯，且系政治、外交、经济、人生及国家指导之圣典。萧天石认为其所蕴含的原理、原则，非但古代为然，近代为然，即万世之后，亦不能外其方。此作阐解孙子战争理论，纲举目张、本末兼赅、体用俱备。若寻绎孙子理论之体系，并以近代战略战术与之对照，更觉其博大精深。①

十八、徐庆誉与孙子学

徐庆誉（1898—1997），湖南浏阳人。1923 年赴英国牛津大学修读哲学。历任国民党要职，后任香港大学教授。

徐庆誉著有《孙子兵法与现代战争》，认为现代战争（即今之所谓近代战争）的特点是：由陆地和海面的平面战进而为海陆空三位一体的立体战；由枪炮战进而为化学战；由兵力战进而为国力战。古代的战争，一般而言，谁的兵力强，谁就能取胜。产业革命以后，机械工业取代手工业，科技日益发展，社会组织日益复杂，军事与文化、经济的关系日益密切，若单靠军队众多，而没有文化和经济作为军队后援，其结果注定是要失败的。② 交战两国不再是两国兵力的决战，而是两国国力的决战。兵器进步了，战术也改进了，但战争的哲学，就大体上说，不仅异地皆然，而且古今一辙。故《孙子兵法》在近代战争上有其重要地位，主要表现在：

一是政略与战略的调和。战争非为战争而战争，而是为国家而战争，故战略必须要根据政略来转变，战略是政略的工具，两者宜调和而不宜冲突。

---

① 萧天石著：《孙子战争理论之体系》，大江出版社 1942 年版，第 213~268 页。

② 徐庆誉著：《孙子兵法与现代战争》，见李浴日编《孙子兵学新论》，世界兵学社 1946 年版，第 34~35 页。

《孙子兵法》的庙算、不战而屈人之兵、伐谋伐交等战略都是包含着政略在内。

二是选将与用兵。国家没有良将，不足以保疆土。故赵不用廉颇而败于白起，燕不用乐毅而败于田单，德国有毛奇而能胜法国，日本有乃木希典而能胜俄国。故国之大将，必须要明晓战争哲学，而战争哲学的精蕴就在《孙子兵法》，其诡道十二法、令文齐武、冒险轻生、指挥若定、养精蓄锐、爱护士兵等秘诀，就是孙子战争哲学中的用兵哲学。

三是攻击战术与防御战术。现代（即今所谓近代）遭遇战的秘诀仍要遵循《孙子兵法》的原理，即第一要先发制人，第二要动作迅速。现代（即今所谓近代）阵地战的秘诀亦要遵循《孙子兵法》的原理，即捣虚、出奇、镇静。现代（即今所谓近代）防御战术中不论是决战防御，还是持久防御，有两个原则非遵守不可：一个是隐秘。《孙子兵法》对于隐秘战术有十分精辟的论述，比如“不动如山，难知如阴”“善守者，藏于九地之下”等。一个是利用“地利”。利用地利，一方面要靠工事坚固，一方面要靠地形优越。这两点，《孙子兵法》都有论述。

四是必胜之道与必败之道。现代战争（即今所谓近代战争）的胜道与败道仍奉《孙子兵法》为圭臬。必胜之道有五：其一，知彼知己，百战不殆；其二，识众寡之用，调度有方；其三，上下同欲，军民一体；其四，先胜后战，准备充分；其五，统一指挥，不可遥制。必败之道有六：其一，以弱敌强，以寡敌众，以一击十；其二，有好兵而无好将，兵虽能战，而将官懦弱无能，指挥失度；其三，有好将而无好兵，将虽能战，而兵无训练；其四，将士失和，贸然应战；其五，无良将，无锐卒，无教育，无纪律，即孙子所云“将弱不严，教道不明，吏卒无常，陈兵纵横”；其六，不知敌人虚实，而无先锋部队，即孙子所云“不能料敌”，而“兵无选锋”。

五是宣传与情报侦探。现代战争（即今所谓近代战争）中的宣传和情报侦探也要遵循《孙子兵法》用间原则。宣传工作在现代战争（即今所谓近代战争）中非常重要，欧战时各交战国都花了很多经费，用了很多人才，专做宣传工作，以坚定我军必胜信心，而动摇敌人的军心。情报侦探与宣传工作相为表里，孙子在两千多年前就看到宣传工作的重要，故有《用间》专论情报，而现代（即今所谓近代）各国武官的派驻以搜集情报为目的，则可以印证孙子间谍理论之正确。①

十九、杨杰论述《孙子》

杨杰（1889—1949），云南大理人，白族，字耿光，与蒋百里、白崇禧、刘伯承被外国人称为中国的“三个半参谋长”。日本陆军大学毕业。历任陆军大学校长、国民政府驻苏联大使等。其著作《孙武子》《国防新论》《军事与国防》《大军统帅学》《战争要诀》，风行20世纪三四十年代的中国，由于其思想言论倾向于共产党的政治主张而被国民党杀害。

杨杰所著《孙武子》，对《孙子》产生的时代背景、孙子的家世、孙子流亡与建功于吴国等都有浅白而通畅的解说，对孙子的战争思想、国防思想、政治思想、外交思想、经济思想、战术思想、组织思想亦予以详尽而贴近时代的重点阐述，而其中孙子的组织思想，则为近代以来首次得到阐述。

杨杰阐释《孙子》，其特点是出于时代需要和现实需要，颇有“以经注我”之意。譬如讲孙子的战争思想，便提出“生活就是战争”“准备吧，战争是不可避免的”“已胜、易胜、不战而胜”“速战速决，争取贱价的胜利”等带有激励意味的观点。再如，讲孙子的国防思想，则从“国防第一主义”“国防的五大要素”“国防的几种运用方法”“全民战与国力总决赛”四方面来谈②，都是为了现时的需要且用合乎时代的语言来展开论述。又如讲孙子的外交思想，则从伐谋与伐交的关系、外交与国防的关系、特使与特务的关系三方面展开，亦是根据当时军政局势而发。而对孙子的战术思想，则比较忠实文本原义，从武装、地形、筑城、教育、选将、战术六方面予以解读和发明。总之，杨杰从现实主义出发，迫于时代之需，借孙子之言以发己意而激励抗战。

---

① 徐庆誉著：《孙子兵法与现代战争》，见李浴日编《孙子兵学新论》，世界兵学社1946年版，第34~49页。

② 杨杰编著：《孙武子》，胜利出版社1943年版，第45~70页。

二十、张廷灏与孙子学

张廷灏（1901—1980），浙江南浔人，中共党员，第一次国共合作期间，曾任国民党上海特别市党部执行委员。著有《中国国民党劳工政策的研究》《国父遗教提要》《从孙子兵法研究做事方法》等。

张廷灏认为，《孙子》十三篇揭示的许多原理，固然是就当时的战争而言，但是何尝不能适用于政治、外交、社交、处世和其他含有竞争性的比赛。孙子所说的诡道，不是什么诈术，而是出奇、奇道，这样理解比较合理。这是做事方面的机权。知变不知常，自然无有成功的希望。但是知常不知变，亦未必能争存于社会。张廷灏根据自己从事政治活动二十年的经验，总结《孙子》十三篇的做事原理，比如做事要先立于不败之地，事先了解各种情况；务求先知；保守秘密，把握时机；运用权变；遵守亲而罚之、令文齐武的干部政策；善用治众如治寡、斗众如斗寡的组织原理；提倡身陷不惧、不得已则斗、死而后生的冒险奋斗精神。张廷灏通俗讲解《孙子》原理，希冀当时的干部以之运用到工作中去，并总结说："吾人生于现在的时代，如欲有所建树，必须具备儒家的忠诚、法家的严明、兵家的权变和释家的超脱。详细说：待人，应守儒家的忠诚；治事，应持法家的严明，力求综核名实，赏罚必信；对于干部不但应用人莫疑，尤贵效法儒家之学的态度，勤加指导；而且应以事业至上、成功第一为前提，酌用兵家的权变，以促事业之成功，而免于失败。养心，应信释家的超脱，不但可以免除许多烦恼，而且对于事功方面，才可以发挥我不牺牲、谁愿牺牲的冒险奋斗的精神出来，建立旷世未有的伟业。"①

二十一、夏寿田选注《孙子》

夏寿田（1870—1937），湖南桂阳人，字耕父，一字桂父，号午诒、天畴、直心翁。师从王闿运，工诗文，擅书法，能篆刻，与齐白石友善。光绪

① 张廷灏著：《从孙子兵法研究做事方法》，中周出版社1945年版，第77页。

十五年（1889）举人，光绪二十四年（1898）榜眼。在清历任刑部郎中、山西清吏司行走、翰林院编修、朝议大夫，1912 年任湖北省民政长，1913 年任总统府内史。袁世凯称帝之制诰，多出其手。在袁世凯帝制梦破灭后，改投曹锟门下，任机要秘书。后定居上海。

夏寿田任总统府内史时，奉命选注《孙子》，作《孙子选注》。以孙星衍校刊《孙子十家注》为底本，对《孙子》原文每句的注释，仅选取一至两家他认为最为精当的注文，以双行夹注的形式，另起一行列于原文之左。所选注家仍是十一家：曹操、孟氏、李筌、杜牧、梅尧臣、王皙、何氏、贾林、杜佑、陈皞、张预。于汝波等称："仅选曹操、孟氏、李筌、杜牧、梅尧臣、王皙、何氏、张预等八家之注，故称'选注'。对《孙子》原文的解释，每句只选一家之说。"① 殊为不确。一是所选注家数目仍有十一家，二是对《孙子》原文的注释，不止选一家。有的是一家，有的是两家，比如《孙子选注十一·九地》篇原文"令发之日，士卒坐者涕沾襟，偃卧者涕交颐"下注云："杜牧曰：'士皆以死为约。'王皙曰：'感励之使然也。'"② 故其所谓"选注"，是为夏寿田选取认为确当之注，而不照搬原注，祛除了繁琐冗长之旧病，为之瘦身，殊为精悍简练，有其可取之处。

二十二、张之纯评注《孙子》

张之纯，字尔常，号痴山，江苏江阴人，生卒年不详。清光绪间贡生，历官安徽直隶州州判。著有《评注诸子菁华录》《听鼓闲吟》《叔苴吟》等。

张之纯应上海商务印书馆之约，编注古文读本，是为《评注诸子菁华录》十八卷。一种即为一卷，凡十八种书。计有儒家五种：《晏子春秋》《荀子》《贾子新书》《春秋繁露》《扬子法言》；道家五种：《老子》《文子》《庄子》《列子》《鹖冠子》；法家三种：《管子》《商君书》《韩非子》；墨家一种：《墨子》；杂家三种：《尸子》《吕氏春秋》《淮南子》；兵家一种：《孙子》。

① 于汝波等编：《孙子学文献提要》，军事科学出版社 1994 年版，第 158 页。
② 谢祥皓、刘申宁辑：《孙子集成》第 20 册，齐鲁书社 1993 年版，第 424 页。

《孙子》一卷，是为末卷第十八卷。以孙星衍《孙子十家注》所校刊之《孙子》本文为底本，其注多出自编者张之纯之笔，间有引录十家注者。其所评注，既有引用诸家之说，如《计篇第一》释“阴阳寒暑时制”，引李卫公言曰：“左右者，人之阴阳；早晏者，天之阴阳；奇正者，天人相变之阴阳；此皆言兵有阴阳刚柔之用，非天官时日之阴阳也。寒暑，谓冬夏不兴师。时制，谓顺天时而节制水旱蝗雹。饷道不通，不可兴师。非孤虚王相之属也。”① 又有出于己意者，如注《作战篇第二》“兵闻拙速，未睹巧之久”云：“兵闻拙速，谓拙者庙算逊于人，惟速战犹可以制胜。《军志》所谓‘先人有夺人之心’也。若巧者，庙算既胜，可以随机变化，何必持久乎?”② 张之纯不仅以双行夹注的形式注解《孙子》，而且以眉评的形式深释其义。比如《谋攻篇第三》评“用兵之法，十则围之”一段云：“此言泛常攻战亦必量力而后进，否则知进而不知退，知存而不知亡，知得而不知丧，其能免亢龙之悔乎?”③ 总之，张之纯评注《孙子》秉承传统训诂之法，重在注释文字，评点文义，不涉及近代兵学，但在孙子注释学上仍有一定价值。

二十三、陈和祥评注《孙子》

陈和祥，浙江永康人，民国学者，号雅仙居士。精小学，擅书法。生卒年不详。编有《正草隶篆四体大字典》《绘画童话大观》《绘画童谣大观》《绘图国民模范》《新式初等历史读本》《高级国文读本教学法》《古今名人新体广注》《分类文学尺牍全书》《评注庄子读本》《评注孙子读本》等。

陈和祥著《评注孙子读本》，意在普及和传播《孙子兵法》，以应时人之需。其《编辑大意》云：“兵家学说，似隶专门，非寻常学子人人必应研究之品，然士生今世，苟不欲应付以后之潮流，则亦已耳。倘必欲应付以后之潮流立于全世界之竞争舞台，以为吾国对内对外之折冲者，则兵争一端，固不可或免。而兵事之要识，固不可不预储之也。矧人生斯世，固无时无日不在

① 谢祥皓、刘申宁辑：《孙子集成》第 20 册，齐鲁书社 1993 年版，第 473 页。
② 谢祥皓、刘申宁辑：《孙子集成》第 20 册，齐鲁书社 1993 年版，第 477 页。
③ 谢祥皓、刘申宁辑：《孙子集成》第 20 册，齐鲁书社 1993 年版，第 481 页。

潮流激荡中与各外界争持，则切实用之，固在于兵，而临机活用，又不仅在于兵也。然则谓是书乃普应一切变化之方，无不可也。愿读是书者勿拘拘仅作兵谋解也。”① 然其意不仅在此，而且在于教授学子效法古人为文之法、布局谋篇之技。陈氏对《孙子兵法》之文学特征亦有评述，云：“《孙子》文笔虽似出秦汉以后，然自纯正一气，绝无伪作羼杂其间，虽间有脱误，殆经魏武删订以后，无复阙失。而其行文布局，却自平易近人，极便初学顾。遂谓一无变化则亦未可，盖于平易中参变化。断推此种凡初学作文已知布局谋篇之法进而欲求变化者，是书其良导体也……古来有意为文，不务阐发内容者，文往往未必工。惟无意为文，一以发明主义为务者，其文往往不求工而自工。此唐宋以后，限于篇幅，触发于事端，偶引一二主义，而无由穷源竟委，以发其蕴者，所以终不逮秦汉……今试以《孙子》较《老》《庄》《荀》《列》，固落下乘。然以比唐宋，则犹觉上之。是惟其无意为文，故转工耳。本编诸评，不专于形式方面著语，亦本此意。”②

陈氏之注《孙子》，有评有注，先评后注。譬如，《始计第一》紧接原文之末，评曰：“说得本末兼尽，体用俱全，行文亦部伍严整，步骤井然，在诸子中特为浅显明豁，大可供初学参究。”③ 紧随其后，则为注。其注甚详，其见允当。若因一语而有歧见，则一并摆出，不置是非。如注“将听吾计”至“去之”段云：“将，谓部将也。言所属之将校，能遵守主帅之计画者，则必胜，宜留而用之，不能遵守计画，违反节度，则必败，宜除去之也。一说，孙武以书干吴王阖闾，欲激其见用，故为此数言曰：能听我计者必胜，吾将留此；不能听吾计则必败，吾将去而往他国也。”④ 风格平实，用语朴素，重在训解孙子本意，颇有朴学之风。譬如《作战第二》注曰：“楯，与‘盾’通。橹，盾之大者。丘牛，大牛也。……钟，六斛四斗曰钟。”⑤

---

① 谢祥皓、刘申宁辑：《孙子集成》第21册，齐鲁书社1993年版，第4~5页。
② 谢祥皓、刘申宁辑：《孙子集成》第21册，齐鲁书社1993年版，第3~4页。
③ 谢祥皓、刘申宁辑：《孙子集成》第21册，齐鲁书社1993年版，第10页。
④ 谢祥皓、刘申宁辑：《孙子集成》第21册，齐鲁书社1993年版，第12~13页。
⑤ 谢祥皓、刘申宁辑：《孙子集成》第21册，齐鲁书社1993年版，第17页。

陈氏《评注孙子读本》之别有意趣之语，当属十三篇题解。其题解，从首篇至末篇，按照前后顺序连贯起来，则如下文：

《始计第一》，定计为行兵始事，而篇内五事七计皆计也，凡作此篇中题者，勿忘计字。《作战第二》，庙堂既有成算，然后完车马，利器械，运粮草，约费用，以作战备也。《谋攻第三》，此篇在谋攻之法也。前段重攻人而欲全人之意，后段因谋攻而械举兵法，与知胜之道言之，然知胜之道，亦就谋攻上见。《军形第四》，兵之有形，犹物之有形，因形见情，密胜而疏败，善用兵者，能变化其形。《兵势第五》，谓用兵贵任势也。《虚实第六》，用兵贵识彼我之虚实。《军争第七》，两军相对而争利也。《九变第八》，不拘常法，随事适变，其用有九也。《行军第九》，言行军当据地利，察知敌情也。《地形第十》，言用兵者，常先察地形之险易以立胜。《九地第十一》，言用兵之地，利害有九也。《火攻第十二》，助兵取胜，当戒虚发。《用间第十三》，欲知敌情，非用间不可。①

二十四、刘文匡《孙子释证》

刘文匡，字后同，山西解梁（今山西临猗西南）人，为蒙自（今云南蒙自）人、督办新疆军务兼新疆省长杨增新的门人。曾就学于甘肃武备学堂，好谈兵，曾在军中任职。杨增新称其为“晋之奇杰士”。刘氏精通《孙子》，谓非拨乱不能致治，而拨乱不可以无兵，兵又非仅步伐止齐、糈充器利可以致必胜也，必有赖于运用之术与应变之理。刘氏又认为，术者日出无穷，理乃亘古不变，而言理至精者无过于《孙子》。②

刘文匡自述其撰《孙子释证》（又题《孙子漫记》）缘由，称其典兵陇晋时，与部属讲授战术兼及《孙子》，使官兵知晓战术虽重要，而战理亦不能

---

① 谢祥皓、刘申宁辑：《孙子集成》第 21 册《评注孙子读本》十三篇各篇题解，齐鲁书社 1993 年版，第 9~78 页。

② 谢祥皓、刘申宁辑：《孙子集成》第 21 册，齐鲁书社 1993 年版，第 87~88 页。

不重视，近代战法虽精，然古法亦不可废。故于口授之余，随手笔录，以备遗忘，遂成此编。刘文屋称，《孙子》一书义精词奥，为谈兵之祖。惟近世战术日新，军事家每多鄙视古法，岂知战术虽有新旧，而战理固无古今。《孙子》论理深微，此其所以历百世而不能易者也。古今注家，不下数十百家，或精义理，或详训诂，或重考据，各擅其术，互有阐发，而呈灿然美备之象。然读者苦其泛滥，故综合各家之见，择其精义，并附己意于其间。其体例，每篇之首总论数语，诠括大旨，每篇分若干节，分节之意义亦有说明。然后讲释字句，使之连贯易解。鉴于旧注诸家援引史证大多简略，于《孙子》微言隐义不能尽数发明，故于经史百家中与《孙子》相合而可以引证并可以补《孙子》之义者，皆旁征曲引，其目的是逐句证明《孙子》之战理，使读者触类引申，于言中得法，法外得意。此外，必须指出的是，虽然刘文屋取用旧注，不专主一家，以义精理足为标准进行采择，但亦有例外，即各注有以“纵掠为赏、多杀为严”等义以解《孙子》者，则于仁道有伤，故不采取。此处可见刘文屋颇为注重战争伦理。又云，孙子言兵，如荷盘走珠，字字活泼，而后世解之者，亦当如此，方为上乘。盖兵必活，而后可用；计必活，而后可行。释证《孙子》之逻辑理路，乃以孙子学实为军事哲学，本于事实而寻绎学理，非以学理而牵合事实，故其释证亦本于事实而不故作高深之空谈。

刘文屋虽采用“释证”之法注解《孙子》，然其理论阐发亦不逊色，常有振聋发聩之思。如《计篇第一》之题解：“此篇论制胜以庙算为本也。孙子霸才，论兵皆霸术也。霸者，综核名实，务以上人。如五事七计之正、十二诡道之谲，霸术无遗矣。即庙算之本也，正谲兼用。庙算为多，则国无不治，兵无不强。故庙算又为治兵之本也。惟兵不尽出于正，谲又不足示人，则必缘饰诸仁义。缘饰仁义，是霸者之所以能上人也。而五事论将德，七计问主道。殆欲缘，无饰之，使有缘；不能，饰之，使能耳。孟子所谓五霸假之是也。矫不正而归之正，则由霸而进于王矣。不然，则无以救五事七计之穷，即先无由治兵以称霸。盖主不皆为有道，将不皆为有德。于此之时，将听敌算多而甘于不胜欤？抑因我算少而不思变计欤？此所以必缘饰诸仁义也。缘饰仁义，内斯治矣。权诡继施，人莫测焉。不独孙子为然，伊、吕、管、乐亦莫不皆然。必能悟此，始可与读《孙子》。”① 讲孙子之才为霸才、孙子之学为霸术者，刘文垕乃第一人。因是霸术，正诡兼用，故须缘饰以仁义，矫不正而归于正，以至于由霸及王。再者，君王不皆为有道之君王，将士不皆为有德之将士，故亦须缘饰之以仁义。以仁义缘饰，而施以权诡之用，则人莫有能测者也。这一理路，不仅孙子为然，伊尹、吕尚、管仲、乐毅，莫不皆然。此实为古典兵学之传统，亦为古典兵学之通则。刘文垕以为，“五事七计”乃孙子庙算之主，“十二诡道”乃孙子用兵之辅，主强辅明，无有败绩。若知一昧二，则鲜有能胜。至若茫然无策，率尔相从，固已败绩于庙堂之上，何由决策于疆场之间乎？故刘文垕以为，孙子首重庙算，而计之多少有无，则须从深处言之也。

其余诸篇题解，概略如后。《作战篇第二》论开战要以理财为先。刘文垕以为，作战之费百倍于平时，若财政未审，粮草不足，遽然出兵，以逞武功，即使庙算为多，亦未有可恃者也。

《谋攻篇第三》论兵力为外交之后盾。刘文垕以为，作战贵谋，谋有等差，谋之上者，折冲樽俎，犹言外交政策以兵力为后盾。无兵力，则不能言外交，更不能操必胜之算。故全篇以伐谋伐交为主体，以知彼知己为归宿。

《形篇第四》论军政与内政之关系。刘文垕以为，用兵固以伐谋为上，然亦须以伐兵为后盾；伐兵之要，贵在知形，而形有有形和无形；有形为攻守，无形为道法；攻守为军政，道法为内政；有形疏而易见，无形密而难测。刘文垕之释孙子之兵形，亦可谓得其本义。

《势篇第五》论奇正之变化。刘文垕以为，无形制胜本乎道，有形制胜求诸势；势乃奇正虚实，此篇专论奇正变化以明因利制权之用。

《虚实篇第六》论虚实之玄奥。刘文垕以为，虚实倚伏于奇正，奇正发用为虚实，故未有不明奇正，而能谈虚实者，此孙子所以论虚实于奇正之后也。

---

① 谢祥皓、刘申宁辑：《孙子集成》第21册，齐鲁书社1993年版，第149~151页。

《军争篇第七》论战争之法。刘文屋以为，明奇正虚实之用，可以举军争胜，然三军之众、两国之间非仓遽所堪从事。

《九变篇第八》论应变之极。刘文屋以为，论兵之道，应变亟难。此篇以变名篇，专论进退取舍，应变于用兵；深思密虑，应变于利害；屈伸俯仰，应变于诸侯；有待无恃，应变于攻守；勿必勿固，应变于硁执。语入精微，发人深省。

《行军篇第九》论行军计画。刘文屋以为，山泽水陆，不一其形；处军相敌，因异其道；不忽于细微者，方能明于远大，能知其变通者，始可与语计画，此孙子所以继《九变》而作《行军》篇也。

《地形篇第十》论地机之微妙。刘文屋以为，行军之道，在处军相敌；战争之要因地用形，盖兵之贵者在势，地之贵者在形，势得形则愈张，形得势则愈利，所谓地者兵助，兵者术助，术者将助，故将者能用地形则得其利，不能则反受其害。

《九地篇第十一》论深入之策略。刘文屋以为，《地形》者，言地理所呈之形势，《九地》者，历敌国所遭之境遇，而分为散、轻、争、交、重、衢、圮、围、死等地形，因深入之次第不同，故应对方法各异。然其要义，不外人情，见利则进，见害则退。若能洞见此理，处置之术周密幽深，则可玩敌于股掌之上。

《火攻篇第十二》论用火之精义。刘文屋以为，兵犹火也，不戢则将自焚。戢非扑灭，而是息敛以待时。兵可千日不用，不可一日不备。火攻可百战不举，举则荼毒生民，有伤天道。此孙子慎言而又不能不言者。若以火攻，必要详审利害轻重。至若水攻，其利不若火，其害甚于火，故附叙而不详，慎之又慎，诚仁人之用心者也。

《用间篇第十三》论间道之神秘。刘文屋以为，孙子论兵多主诡道，而间为诡道之尤，故彰明间之神用。非惟用间难，选间亦难。为间者，须忠信以守义，才辩以趋事。然实际上，有才辩者，未必忠信；有忠信者，未必有才辩；既有忠信，又有才辩者，又未必为我所用。故要用其所长，勿要责之以全，但神我用，俾间无二心。其法则是亲之，厚之，密之，以收间心。故须圣智仁义之人，方可用间，而用间之微妙神秘，则无可言传。此所以孙子不言选间，而谆谆告诫于用间，盖寓选间于用间者也。①

刘文垕释证《孙子》，既能舍事言理，又必据事言理，有一定的理论抽象，在历代注释《孙子》者中，可谓是比较独特的一家。在对《孙子》各篇进行题解之后，把各篇分为若干节，然后综括本节大意，多有发挥。譬如最后一篇，即《用间篇第十三》讲殷兴而伊挚在夏、周兴而吕牙在殷一节，刘文垕说，此节论用间之极则。孙子言兵，首论将德，而将德以智冠之；论用间，以上智终之。说明经国治军之道，非有绝地通天之智，无以运伐谋、伐交之神。为间者当有上智，用间者亦当有上智。智之为首，非徒主之择间如此，亦且间之择主者也。此解方为《孙子》正解。

刘文垕之山西同乡景耀月有跋，言刘文垕之《孙子释证》，其解与诸家所说意义多所不同，自抒心酌，命以新旨，合乎古者著书之谛，发千秋未发之覆。其所释解，独出心裁者，俯拾即是，譬如释“远”曰“迂回”；释“仁”曰“去残慎杀”；释“内外之费”曰“军事之需，外交之用”；释“粮不三载”曰“往载归迎，载不及三而凯旋”；释“杀敌者怒也”曰“法峻气盛，斯可杀敌”；释“取敌者货也”曰“赏隆士勇，斯可取敌”；释“少则能逃之”曰“彼众我寡，逃形设诈”；释“不若则能避之”曰“情势见绌，避长避实，避锐避强，击短击虚，击惰击弱”；释“不可胜者守也”曰“先为形不可胜，守以待机”；释“可胜者攻也”曰“在敌形有可胜，我则攻之”；释“守则不足，攻则有余”曰“守示不足，使敌莫知所攻；攻示有余，使敌莫知所守”；释“指乡分众”（一本作“掠乡分众”）曰“指定趋向，分道众进”；释“绝地勿留”曰“越境谋人，趋进勿稽”；释“远形者，势均，难以挑战，战而不利”曰“山水迂曲，宜静制动，形势相埒，挑战忌先，能致敌来，自可破之”。② 其言甚是。然若不细读，亦易疏忽。

---

① 以上引述，乃笔者综括刘文垕为《孙子》十三篇所作之题解，见谢祥皓、刘申宁辑《孙子集成》第21册《孙子释证》之各篇题解。

② 谢祥皓、刘申宁辑：《孙子集成》第21册，齐鲁书社1993年版，第613~614页。

二十五、周传铭例释《孙子兵法》

周传铭（1887—1969），字寿鼎，湖南湘阴人，毕业于湖南陆军小学堂、保定陆军军官学校。先后在国民党军队及地方任职，曾任湖南湘阴县县长，因揭露国民党抗日假新闻，被国民党当局投入监狱。后参加湖南和平起义，为解放湖南做出了贡献。新中国成立后，任湖南省人民政府参事室参事。

周传铭受家学熏陶，从小熟读经史，加之长期接触军事，故对《孙子兵法》情有独钟。其所作《孙子兵法古今释例》曰："每篇之首，先述命名大意，及其主旨之所在，榜曰篇旨。次将全篇分析为若干节，每节之后，按古文义理及当时编制情况等，按字逐句，详加解释，名曰古义，盖依据古代之字义而言也。次就现代之新战术，以及兵器、筑城、交通情形等等，根据原则，对照本文，同者合之，异者标之，以便读者明了古今形势，不致泥古，不能忘今，名曰'今解'，即合时代之解释法也。末就本文之重要原则，申引古今中外战史，作为举例，一以促进读者之重视此项原则，一以证明孙子学说之适于现代应用，而为公利之不可逃。凡此三者，则对兵经原旨定则之研究，似已尽矣备矣。庶此后之读者，费一二日之工夫，即可窥兵经之奥妙，得战术之精微。既少隔靴搔痒之弊，又收事半功倍之效。"①

周传铭之所以手注《孙子》，主要是由于，在他看来，《孙子》十家之注家，概为书生，唯曹操所注，尚属近情，其他或详于考据，或偏于训诂，或致力于文义，或注重于史例，均置孙子兵学理论及原则于不顾，甚或牵强附会，聚讼分歧，致使读者对其义理无所适从。因历代注解，学说庞杂，毫无归属，而致近代军人莫敢问津。因有感于此，故荟萃各家言论，归纳一途，使成有系统之研究。

周传铭认为，孙子作战必有许多奇诡、虚实之策，或因秦火而致不传。至于《孙子》十三篇，可视为兵经，无不切中肯綮，无不为作战原则，而近代之新战术几乎无不脱胎于是。《孙子》旁及财政、兵器、交通、粮秣、运

① 谢祥皓、刘申宁辑：《孙子集成》第21册，齐鲁书社1993年版，第627~628页。

输、政治各项，而《孙子》之《计》篇，即以“主孰有道”为全部之主宰，虽言兵法，实重政治，可知二者固相依相辅，不能偏废。其所注《孙子》，既有“古义”，又有“今解”，还有“实例”。古义即文言翻译、注释以及古代战事之评释；今解即以近代之战争情状解释其义，亦即《孙子》之近代阐释及应用；实例即举近代之史例予以佐证。以实例而言，例释《计篇第一》首句“兵者”一句，所举实例是，日本人灭亡朝鲜后，限制朝鲜人民的婚嫁和生育，规定凡是生育，必须交费，男婴三百元，女婴一百五十元，对贫而无力者，则暗杀其子女。另一实例是，日本占领中国东三省后，东北人民稍有不平之言，则会被扑杀；每年春季，山东、河北出关谋生之苦力不下百余万人，先由日本关东军司令部征收入关费，后来则一律禁止入关。故流离失所之贫民不计其数，由此可知亡国之惨痛。

据署名为“河北无恶苟志仁”所作《跋》，可知周传铭是一位奇杰之士。其奇有三：少年离乡，治兵华北十余年，此为一奇；毕业于保定陆军学校二期，其同学为高官者众多，却不附骥尾以自拔，宣称若为对内杀人放火之军官，宁可不为，而经营五三印刷社以自活，此为二奇；本是武人，却好技术，举凡纺织、化学、机械、农林、养殖、窑业、工程、新闻等各项专技，无所不精，此为三奇。有此三奇，堪称人杰矣。其为人“好学博闻，谦让有德，与之交游，有故君子风……其在学生时代，即著有《军队内施》一书，都三十余万言，发行达万册。故各省各期军官同学，无不知君名”①。跋者称此书为寿世之言，体例赅博，言简意深，为古今战术之合璧。“无恶苟志仁”，语出《论语·里仁》。其云：“子曰：苟志于仁矣，无恶也。”其跋者自称著有《古今名将图说》。《古今名将图说》有作者近影及署名，其署名“无恶苟志仁河北青县”，别署“无我”。可见“无恶”是字，“苟志仁”是姓名。审定者河北景县人程希贤（字伟儒，冯玉祥的部将，所谓“西北军十三太保”之一，抗战中投靠日本人）在其序中，颇为推重作者，云：“同乡苟无恶君，川名士杨沧白先生之门人，积学士也。竭两载之力，集成《中华古今名将图

---

① 谢祥皓、刘申宁辑：《孙子集成》第21册，齐鲁书社1993年版，第841页。

说》，上起西周，下迄民国，凡百二十名将，每将各立一传，并附一图。书成就正于余。余喜是书用意，先得我心，且去取紧严，雅俗共赏，可作军人之模范也。”①

二十六、郭化若注《孙子》

郭化若（1904—1995），福建福州人，毕业于黄埔军校，参加过北伐战争和红军长征，曾任中国人民解放军南京军区副司令员、中国人民解放军军事科学院副院长，1955 年授予中将军衔。长期从事孙子兵学和军事理论研究，多有创见。著有《孙子兵法之初步研究》《孙子译注》《军事辩证法》《郭化若军事论文选集》等。

1939 年至 1940 年，郭化若先后在《八路军军政杂志》第一卷第九期、第十二期和第二卷第一期，分三次连载《孙子兵法之初步研究》。全书分三部分。第一部分为孙子与《孙子兵法》，内容包含孙子的历史记载、《孙子兵法》考证、孙子时代的政治经济状况及哲学思想、孙子以前的战争及战略思想及其对《孙子兵法》的影响。第二部分为孙子之战略思想，内容包含速战速决的运动战、主动灵活的指导法、开明严厉的纪律、贤能的将帅四个方面。第三部分为对孙子的评判，内容包含孙子战略思想的价值、《孙子兵法》的唯物辩证法、孙子思想方法的缺陷及其战略局限性。这是孙子学史上第一部以马克思主义观点来解读孙子军事思想的著作。

郭化若对《孙子兵法》进行了系统、全面的研究，运用马克思主义的观点和方法进行剖析，既有哲学的高度和深度，又有兵学的宽度和厚度，还有史学的信度和实度，更有指导抗日战争的现实意义，可谓应时而作，为战而作，也是孙子学逻辑发展的必然。

郭化若认为，孙子的战略思想主要表现在：

其一，春秋无义战，孙子又是贵族阶级的将军，他不会也不敢揭示战争的本质、目的和真正的内涵，同时他不反对战争，反而赞成不义战争，所以

---

① 苟志仁撰：《名将图说》，五三印刷社 1935 年版，第 2 页。

就有“兵以诈立，以利动”“掠乡分众，廓地分利”的论调。这就影响到他对战胜因素的分析和论列时，无视战地国的人心向背。

其二，贵族虽需要战争，但是不断的战争反而使贵族没落；战争需要动员农民参加，但是又影响到农业的发展。这使得孙子一方面鼓动战争，一方面不得不主张统治者采取慎重的态度。

其三，由于春秋末期处于城寨攻防时代，攻城器具并不先进，易守难攻，所以孙子主张运动战，而把攻城看作下策。

其四，由于当时是列国割据时代，并无形成集权局面，缺乏有组织、有训练的常备军，而被强征从军的奴隶和平民，常有逃亡和反抗，这是战争中最大的威胁，所以孙子极力主张实行严刑峻法、厚赏亲爱、愚民诈民的逼迫政策，而且还主张“置之死地”和“投之亡地”的策略。

其五，孙子处于战争动乱时代，一方面接受了当时哲学的最新成果，包括富含辩证法的某些思想，加上其天才的思考，故而其思想方法达到了一个时代的高峰，直至今天仍有其不朽的价值。

郭化若认为，春秋时代的战争具有以下特点：

一是相互掠夺的不义战争。

二是往往一个会战就解决了一个战役或战争，一个战役又往往是一个战斗，空间上没有绵长的战线，时间上也没有持久的对抗。

三是虽然战争的目的多半为掠夺土地和人口，有时也为了争夺霸权，但是其动机还有许多偶然性，使得战争具有不可确定性和随意性。

四是由于当时的战争是初级性质的战争，军队的组织脆弱，训练缺乏，技术落后，故战斗方式、战争样式也比较简单，袭击战、埋伏战、围困战成为当时最有力的战争方式，而大规模的正规战是很少看到的。

五是由于当时军队组织脆弱、军事技术低落、士卒训练缺乏等因素，将帅的作用一方面具有偶然性，一方面更能发挥其主观能动性，故其作用被极大地提高。

六是由于士卒多半是奴隶和平民组成，本身是被压迫阶级，往往不愿意参加掠夺式的不义之战，故“令民与上同意”的思想政治工作被提到了空前的高度。

郭化若认为，孙子速决的进攻运动战，是战略的，也是战术的，因为那个时候一个战役往往是一个战斗，对一个国家的灭亡，往往一个会战就可以完成，所以战略与战术的区别是很小的。孙子之所以主张速决的进攻战略，一是因为当时的战争是掠夺的、争霸的、侵略的不义之战；二是因为当时经济落后，综合国力不强，交通不便，运输困难，后勤补给难以满足持久战争的需要；三是因为军队组织涣散，士卒厌战，兵源补充困难。

郭化若认为，孙子是主张歼灭战的，因为孙子提出过“十则围之，五则攻之”。这里面就包含了歼灭的意思，而不仅仅是击溃，而且有速决的意思，虽然当时他并未提出“歼灭战”的概念。郭化若总结孙子造成敌人弱点的办法是形敌、乱敌、误敌、致敌、造势、争先等；又总结孙子的灵活性策略表现在迷敌、击虚、出奇和机变；认为孙子的教令，不是真正启发士兵觉悟，不会把“为什么打仗”“为谁打仗”的问题告诉士兵，所以其教令大概只会是怀柔、改良、欺骗等手段，并继之以厚赏、严刑，使士兵不得不战，而且不得不拼死作战。

郭化若总结孙子朴素的唯物辩证法因素，认为孙子把战争与经济的关系看得很重；对战争胜败的条件，不仅看到将帅这一因素，而且看到了政治、法令、外交、天时、地利等因素；孙子反对唯心主义与鬼神迷信；认为战争有一定的规律，可以认识，可以把握；分析各种地形的利害条件，且没有机械地估计地形的条件；孙子不是片面、孤立地看问题，而是系统、全面地看问题；孙子不把战争中的问题看作是静止不变的，而看作是运动变化的；孙子不把战争中对立的范畴看作是分离、不相联系的，而看作是互相渗透、互相推移的；孙子不会被复杂迷乱的现象所蒙蔽，而是能透过现象看本质。

郭化若不仅总结了孙子思想方法的伟大，而且指出了其缺陷和局限性，主要表现在：

一是孙子思想中包含着观念论的因素，他对战争和政治的解释没有反映出战争和政治的本质，而是用超阶级的说辞来掩盖其站在贵族阶级的立场。

二是孙子的变化观带有浓厚的循环论色彩，所谓“终而复始，死而复生”，没有看出上升的发展，只看到量的变动，没有看到质的变化。

三是孙子战略战术上还有不少消极的因素，比如“卷甲而趋，日夜不处，倍道兼行，百里而争利，则擒三将军……其法十一而至；五十里而争利，则蹶上将军，其法半至；三十里而争利，则三分之二至”，在今天看来就只是片面的真理了。①

郭化若对孙子军事、政治、经济等问题的深刻解剖，基于马克思主义观点和方法，所以看到了前人及当时许多人没有看到的问题，而且具有较强的理论性、系统性，能够辩证地、具体地、历史地看问题，对孙子的主要观点进行了令人信服的实事求是的分析，揭示了其主张之所以为然的原因，令人耳目一新，豁然开朗。特别是对抗日战争所采取的战略战术具有非常有用的启发意义。可以说，郭化若对《孙子》的初步研究，在孙子学史上具有划时代的意义。从此，孙子学的研究进入一个新阶段，达到一个新高度，开辟一个新境界。

二十七、温晋城《孙子浅说补解》

温晋城（1890—1969），原名温学峤，字晋城，后以字行，江西宁都人。青年时赴日本留学，并在日本加入同盟会。1911 年回国，受同盟会委派，至江苏徐州等地组织反清武装起义，又随李烈钧参加讨袁护法战争。1927 年，蒋介石背叛革命，发动四一二反动政变，温晋城因此转入政界，先后任江苏赣榆县县长、中央政治学校教授等。后赴台湾。他的人生后期主要从事教学、研究等活动，先后任职于台湾中正大学、台湾省立法商学院、台湾中兴大学，研究成果集中在中国思想史、中国外交史、孙子学等领域，著有《孙子浅说补解》《孟子会笺》《国文十讲》《战争经济学》等。

《孙子浅说补解序》云，作者在国民党“中央政治学校”任教时，教授学生《孙子兵法》，但是苦于没有善本，只得到蒋方震、刘邦骥合著的《孙子

① 引述的郭化若主要观点，为综括《八路军军政杂志》第 1 卷第 9 期第 93～102 页、第 1 卷第 12 期第 107～118 页、第 2 卷第 1 期第 167～174 页的内容。

浅说》，觉得很适合教学，因而用为教本。当时正值全面抗战之际，有许多的事实可以作为注解《孙子》的例证，故又在每篇之后，增加一段或若干段，内容为战争时事及对《孙子浅说》的发挥，既有文本训释，也有战争时事佐证，而名之曰“补解”。在蒋方震、刘邦骥对《孙子》每一节的浅说之末，均有温晋城“补解”。比如，在《计篇第一：论军政与主德之关系》之末，温晋城以日本侵占东北之九一八事变前夕，日军铁蹄蹂躏东北大地，兵端已启，但是国民党军队不顾民意，再三退让，饰之以中国军队没有现代化作战条件而不能贸然与日军开战，若轻率开战，则招致亡国之祸的说辞，而实行投降政策。温晋城却以之为重战、慎战的史例，阐释孙子“兵者，国之大事，死生之地，存亡之道”的论点，显然是大错特错。这正是其政治上反人民而导致其思想上愚蠢的表现。

温晋城认为，宋元以后统治阶级片面重视儒学，以之牢笼士人，使雕章琢句者取富贵、居高位，而《孙子》一书很少有人问津。《孙子》一书，从它的表面来看，是军事著作，但是在用兵之法、治兵之道中，包含着丰富的治国经纶，故决不能以“军事”两字视之。他说“道”的真义，“就是今日所谓主义”；“法”的真义，“就是今日所谓纪纲”。然后强调“主义是政治的渊泉，纪纲是政治的精神，所以《孙子》一书，实在可以说是我们古代的政治学或政治哲学”①。虽然温晋城所说的主义是国民党信奉的“三民主义”，其所说的纪纲是国民党的纪纲，并不符合人民的利益和历史发展的方向，但是能从政治学或政治哲学的角度来阐解孙子的某些主张，则有一定的启发意义。

温晋城之补解《孙子浅说》，对《孙子兵法》的领悟多有出人意表之言，比如他说：“孙子为对付当时的诸侯，于是想出一种极巧妙极有效的办法，就是以道德仁义（道）为骨干，潜植于战胜攻取（兵）的技术（变）之中。这种方法，是孙子处世的方法，而不是孙子治学的方法。那么孙子治学的方法又如何呢？我们现在是研究孙子思想的哲学基础，所以对于孙子治学的方法，

---

① 温晋城著：《孙子浅说补解》，中央政治学校，1939年铅印本，第3页。

是有探讨的必要。我认为孙子用兵的方法，就是孙子治学的方法，而孙子处世的方法，仍不外是用兵的方法。所以我们把孙子用兵的方法考察一番，就可以发现他治学的方法和处世的方法究竟是一种什么方法?”① 在对《孙子》的用兵方法进行考察、研究之后，温晋城说孙子的方法就是“辩证法”，孙子的价值标准，即实践哲学或价值论是“道”；孙子的基本观念及理论哲学或宇宙论，是“生”。如此，孙子整个的哲学也就可以窥见大概了。

温晋城在《孙子兵法》中又看到了孙子的民生哲学，说孙子的学说中，必定有或多或少的民生的思想，即在孙子的观念中，生存是万物最基本的要求；在孙子的战略战术目标中包含着以仁爱为中心的关怀；在其全胜策略中同样彰显了仁爱的理念，仁是最高原理，爱是实际行动；仁是动的，是积极的，必须要发为行动，其功用才能显现。孙子从仁出发，产生其修道保法和用兵的行动，而以有道伐无道、禁暴除乱，使人各遂其生，以达到人类生存的完善之境。前面讲到孙子的基本观念是生存，万物的基本要求也是生存，其思想学说以仁为出发点，又归宿到仁。故孙子的兵法是自卫的兵法；不是侵略和黩武的兵法；是卫人的兵法，不是残民的兵法。故孙子的兵法先从政治、经济、外交谈起，然后谈到奇正、虚实等临机应变的方略，然后再谈行军、地形、九变、火攻、用间等，不以百战百胜为善，而以不战而屈人之兵为善。孙子的哲学基础，是以仁爱为出发点，认为军事不过是实现人类兼相爱的一种手段。孙子的学说不仅是军事学，也是政治学、经济学、社会学、哲学和民生学，与传统的政治思想、经济思想、社会生态思想、社会伦理思想、民本思想等均有相通之处。

必须指出的是，温晋城的《孙子浅说补解》及其对孙子思想的阐扬，是基于孙中山先生“三民主义”政治理想的，有其党派及其阶级的局限性，终究是不能以最先进、最革命、最科学性的马克思主义学说去分析和总结孙子朴素的辩证的唯物主义因素，故在当时只能是一家之言。温晋城虽能从传统的仁道哲学的层面来补解《孙子浅说》，诠释孙子学说，但是其深刻性和实践

---

① 温晋城著：《孙子浅说补解》，中央政治学校，1939 年铅印本，第 11 页。

性不能与郭化若的《孙子兵法之初步研究》相提并论，而有浅薄与深刻、低级与高级、落后与先进之分。

二十八、朱怀冰注解《孙子》

朱怀冰（1892—1968），湖北黄冈人，毕业于保定陆军军官学校，同盟会会员，参加过辛亥革命。曾任国民党要职。著有《读孙子十三篇阵中笺释》。此书在战阵之间作成，目的是为抗战提供可以借鉴的战略战术，故其笺释，重在孙子兵书要旨的阐发，而非文字训诂。朱氏主张研究孙子其人其书，既要置身于孙子之时代，又要置身于当今之时代，要特别注重孙子思想在近代军事中的运用。作者在其《前言》中讲到，他在学生时代即喜读古代兵书，多方搜求，而于《孙子》十三篇之文义古奥，不易得其本义，且时移势迁，兵法兵略，古今各异，每有同一语句、同一意义，辗转思维，不能会通一贯者。尔时颇不自揣，欲以毫末之得评释，然以学力浅薄，错误甚多，遂行停止。中日战争爆发，敌人举数十年之准备，欲以亡我。作者在战阵之间奉命研究《孙子》，而日本朝野上下无不熟读《孙子》，不独奉为兵学圣则，而且视为国家之宝，更为涉世修身之学术。此书自着手编写到完稿，只用四十日，由于在军阵之中，战事急而参考之书少，故成三万余字。

全书笺释简洁明了，几无修饰，干净利落，各篇题解及正文均如此。比如《始计第一》解题曰："本篇为用兵之总纲，建国、建军及政略、军略之运用，体用兼备，故冠于首。以五事为经，以七计为用，要在于未战前算胜于庙堂之上，如现时之政治、经济、外交、宣传及军令、军政、军训、国防计划等是也。"① 再如《作战第二》题解曰："本篇主言作战贵速胜，越国远征，补充接济诸问题最关重要，直接关系于前方之军事，间接影响国内之国计民生，故次于《始计》。"② 又如《谋攻第三》题解曰："此篇主言作战贵全胜，为上篇速战之用。"③ 又如《军形第四》题解曰："本篇乃《谋攻》之下篇，

① 朱怀冰著：《读孙子十三篇阵中笺释》，青年书店1939年版，第5页。
② 朱怀冰著：《读孙子十三篇阵中笺释》，青年书店1939年版，第9页。
③ 朱怀冰著：《读孙子十三篇阵中笺释》，青年书店1939年版，第14页。

中言全胜之用，同思于政略之运用。”① 又如《军争第七》解题曰：“本篇论军争之法，对行军交战指挥诱导之要领，详晰阐明，属于战略战术之运用。军争者，举军远出，以争于敌国也。”② 又如《用间第十三》解题曰：“用间之法，孙子最为注重，于政治、外交同等重视。此篇殿后者，盖重视之意也。本篇在十三篇中文字意义，均有独特性，亦可谓为《孙子兵法》十二篇之外篇。”③

其正文注解，亦极为简要，撮其要旨，而无繁文缛节之语。如笺释《用间》篇第一小段“凡兴师十万”至“不得操事者七十万家”曰：“言军事动员影响国计民生之重大。出师十万，行千里辽远之途，每日多费千金，不得操事生产者，七十万家。此均就当时政治制度与社会生活言。古井田制，八家为邻，一家从军，七家奉之。如动员十万之众，则不事耕作者七十万家。操事，耕作也。”④ 其余笺释大体仿此。

二十九、齐廉注解《孙子》

齐廉，字民藩，松江省阿城（今黑龙江省哈尔滨市阿城区）人，商家子，十六岁入某营驻该县随营学校，三年毕业，戎马半生。然时乖命蹇，所投奔之军旅，多被缴械或解散，故二十年间郁郁不得志。先后成立军学编译社和兵学书店，十余年间，出版军事书籍数百种。著有《步兵操典详解》《新注孙子兵法直讲》《增订武经注解》等。

齐廉注解《孙子》，一是增订校阅清代夏振翼《武经体注大全会解》，撰《重刊增订武经注解》，其中有《孙子注解》。齐廉《重刊增订武经注解序》曰：“今……手令各军事学校，增设武经为必修课，并指定专习《孙》《吴》《六韬》三书，不禁私衷庆幸，古学复兴……爰将庋藏清人夏振翼等所纂辑之《武经体注大全会解》中之《六韬》及其增订版本之《孙子》《吴子》，重加

① 朱怀冰著：《读孙子十三篇阵中笺释》，青年书店 1939 年版，第 19 页。
② 朱怀冰著：《读孙子十三篇阵中笺释》，青年书店 1939 年版，第 36 页。
③ 朱怀冰著：《读孙子十三篇阵中笺释》，青年书店 1939 年版，第 72 页。
④ 朱怀冰著：《读孙子十三篇阵中笺释》，青年书店 1939 年版，第 72 页。

校勘，勒为一卷，付诸铅椠，以公袍泽。由是莘莘学子，据以朝简练而夕揣摩，则军中髦俊，亦必从风而靡，进而发扬光大之者，将大有人在也。”[①] 其书原名《增订武经体注大全会解》，为清康熙年间夏振翼、金正音等纂解，仿照《经书备旨》体例，依据本文，支分节解，字诠句释韬钤奥旨。该书所引录历代诸注中精要者，或抉诸本文，或独抒心得，皆能阐明经术。原书包含《孙子》《吴子》《司马法》三书，编纂者认为与蒋介石所倡导的《孙子》《吴子》《六韬》三书不符，故把《司马法》换成《六韬》，仍为三书。其中《孙子》，有注有解。注为注释字词，解为训解段意、章旨。二是注解《孙子》，撰著《新注孙子兵法直讲》。江苏宜兴陈任旸著《孙子十三篇直讲》，齐廉惜其过于简略，故为之作“新注”，并自序曰：“余自幼好谈兵。及长，酷嗜旧兵书，尤好读《孙子》。顾每过书肆，必注意搜求，虽残篇断简，亦不惜重价购之，置案头，与共晨夕，前后搜罗古代兵书数十种。嗣于友人处，获见《武经体注》一书，遂借阅之。潜心揣摩，百读不厌：兵家妙蕴，叹观止矣。迨后从戎，转瞬二十载。又复研究新学，期有心得，以便于战阵之需，而为雪耻图强之基础。然于古兵法，仍未尝弃置也。惟近代军学图书，固无异汗牛充栋，类皆西铅东椠，翻译而出，所有战术战略，以及补助作战诸书，间尝与古代兵书相考证。仅诸兵部队之动作，与兵器之运用，随时代逐渐改良而已。一切战斗原则，总未脱孙子窠臼。”[②] 其新注一般置于《孙子》原文分节之后，名曰“注”，实际上是讲析大意，训释文句，如《九地》篇从“凡为客之道”至“此谓将军之事也”，齐廉曰：“新注：此段系言用兵务必深入，投士兵于不得不尽力之地也。深入则专者，我军攻入敌国谓之客，在敌地作战，则专心无他，不虑其轻于退却也。主人不克者，即敌心专一，军垒坚固，不能立时攻克也。掠于饶野，三军足食者，于敌富饶之区，掠取粮食，以足三军给养之用也。谨养而勿劳，并气积力者，即坚壁自守，劝抚士卒，勿任以劳苦，令气盛而力全也。运兵计谋，为不可测者，计谋隐匿，行

① 齐廉著：《增订武经注解》，军学编译社 1942 年版，第 2~3 页。
② 齐廉著：《新注孙子兵法直讲》，军学编译社 1940 年版，第 1 页。

动无常，敌难测知也。”①

三十、覃孝方释《孙子》

覃孝方（1880—1959），字寿坤，湖北蒲圻（今湖北赤壁）人，清光绪三十年（1904）甲辰进士，做过知县、知州，民国时做过山东教育厅长、国民党中央监察委员，中华人民共和国成立后历任湖北省政府委员、省参事室参事等。著有《孙子兵法今释》《孝方诗存》等。

从覃孝方《孙子今释例言》可见，覃孝方注解《孙子》，既有校勘旧注，又以现代战例释证，其战例多用两次世界大战战事。此外，其注解彰显注者兵儒合一的观念。据其自述，此书成于 1941 年春，作者有感于战争时局，认为有必要发扬光大孙子兵学，使之在民众中普及，故其语言生动明快，易学易懂，一扫古典派之艰深晦涩。作者纵观第一次世界大战至第二次世界大战爆发后的各国军事力量对比，认为中国虽然在科学战争及物质技术上不得不自承落后，但是在政略战略方面，则在周秦之际就很发达，集中保留在诸子兵书之中。考察近代国际战史，可见无一战役能越其轨范。正文前《陆军大学审查意见》云，原书解释《孙子》，悉去古代玄虚及谶纬术数之见，确定战争为一种科学作用，并非命运论见解；认为战争为罪恶，其流弊必至于唐宋以后，兵戎销沉，故致有辽、金、元空前之巨变；战争需在不得已的条件下“成立”，方不致流于黩武，而德、日之所为，正是黩武之祸；自汉以来，儒家鄙薄兵学，以致两千年来重文轻武，种种流弊由此酿出。②

此书最大的特点是以孙子战理联系战争实际，以战理诠释战争，又以战争诠释战理，认为中国近代就如两千多年前的春秋战国时代，《左传》一书反映了春秋列国之纷争，而《孙子》一书反映了纷争之智略，既可用于古，亦可用于今；世界列强英、法、德、意等国争霸于世界，势不相下，中国要在列强环伺中生存下去，求得民族独立，必须在军事上依靠传统的军事战略战

---

① 齐廉著：《新注孙子兵法直讲》，军学编译社 1940 年版，第 97 页。

② 覃孝方著：《孙子兵法今释》，复兴书局 1943 年版，第 1~6 页。

术，而《孙子》是我国最早最完善的古代战略战术教程。作者在《始计第一》阐释兵为国家大事、存亡之道的含义时，讲到侵略战争不合正义之道，必定遭到排斥和抵抗，吾国必须以全力从政治、经济、军事、外交等方面奋起自卫，并认为生存自卫之战在战争的理论上，“莫不承认其为合道”。凡为民族争取生存权，即孙子所讲的“五事”中的“道”，故全世界被侵略、被压迫之民族均须秉此以自卫。

自曹操注解孙子书以来，诸注家对“道”的理解，人言言殊，至民国，亦有不同解释。覃孝方对“道”的诠解是孙子“道论”在近代发展的重要环节，既不同于以往的纯粹儒家意义上的仁义之道，又不同于近代唯物论所认为的规律、法则，而是两者的结合。他说：“古书中之所谓道，指一切事物之原理原则而言。《大学》：‘物有本末，事有终始，知所先后，则近道矣。’本篇之道字，与此同义。在吾国哲学理论上，道字兼有‘仁义’二字之意，仁者近于原理，义者近于原则。韩愈《原道》云：‘博爱之谓仁，行而宜之之谓义，由是而之焉之谓道。’此所谓道，亦可作为本篇道字之解释。”① 从覃孝方的这段话看，他实际上并不理解所讲之道是“事物之原理原则”的真正含义，而是以此唯物的范式表达儒家仁义之道的旧意。于此正可见民国新旧思想交替、冲突和融合的复杂之象。

覃孝方具有初步的唯物与科学认知，比如认为：“孙子之论兵法，纯系阐发实际军事学之原理原则，与近代兵家科学著述之范畴初无二致。凡古代阴阳五行、谶纬迷信之说，本书中屏弃殆尽，然则本节阴阳二字，断为代表气象之词，当无疑义。至于气象与军事关系之重要，各国海空军校，列为专科。”② 覃孝方不仅以近代战争理念和术语诠释《孙子》文本，而且扩展到社会和政治各个方面，比如“七计”中的“法令”一词，其认为兼具政治与军事意义，并不单指军事法令，而是指政治与军事上的双重服从，这符合政治大于军事的定理。覃孝方特别提出此点，则与我国 20 世纪 40 年代国民党军

---

① 覃孝方著：《孙子兵法今释》，复兴书局 1943 年版，第 5 页。

② 覃孝方著：《孙子兵法今释》，复兴书局 1943 年版，第 7~8 页。

队与政治的关系有深层关联，更与覃孝方自身的政治背景和政治立场有关。比如覃氏诠释“自战其地”时讲：“自战其地之国家，如欲防免内部意志之破裂，必须于政治集团内，所函之政略、党派种种，随在扑灭其分裂之因素，始能从事于团结工作，此不可不注意者二。又凡军队意志分裂之最大因素，常起于政略、党派、思想、主义之种种。故避免部队意志之分裂，必先取此类因素而一并消弭之。即使处不能消弭之势，亦必取关于此类在军事上之宣传、组织、训练等项工作，立予一并停止。如苏联之撤废军队中指导政治的党员、德国停止国社党员在军队中之党务动作……英美等国消除各党在军事上分立之党争。此为近代国际战争时，团结内部之必要的原则，并不因敌国之侵入或未侵入而起……吾人以为军队在国际战争——全体性战争，必以‘民族为生存权自卫权而战’为全体最普遍最有力之惟一的主义。”①

从覃孝方的诠解看，自战其地，实则指的是内战，其所谓消弭党争、主义和思想之分歧，实则是贯彻蒋介石“攘外必先安内”的孙子学注解。由此可见，覃孝方诠释孙子战理，是带有政治偏见和政治倾向的，并且以之贯彻于诠释的始终。这是我们在研读其《孙子兵法今释》时必须加以注意和警惕的方面。

覃氏阐释《孙子》，能避空谈，戒玄虚，而遵循质实有用的原则。比如他认为，《始计第一》之“算”，并无玄妙之处，就是战前筹划、计数以算胜负，后人却杂以气数、术数等义，“成为我国谈空说玄”，与西方近代科学之所由判，“是可为憬然者矣”。再如诠释“兵势”，覃孝方说：“利用军队已成之形，以造成掌握胜利之势，其最要之点，在于运用奇正相生，作机动之战斗，而尤注意于用奇。”②

总之，覃孝方全依近代战争之语境诠释《孙子》，使得孙子战理具有近代气息而不是古人遗言；其诠解不是依傍古代战争语境，而是以古代战理用于近代战争，如释“分数”为部队编制；释“形名”为传达命令的工具，比如

---

① 覃孝方著：《孙子兵法今释》，复兴书局1943年版，第271页。
② 覃孝方著：《孙子兵法今释》，复兴书局1943年版，第91页。

空军之照明弹、海军之旗语、斥候瞭望台之信号灯塔、电报电话等通信工具；释“战之地、战之日”为战争场所和战争时期；释“军争”为两军争胜之途径与方法；释“文”为政治，“武”为军事。与其说是覃孝方诠解孙子思想，不如说是借孙子之口诠解覃孝方对近代战争的观察和理解，是孙子战理与近代战理的融汇。

三十一、吕一舟《兵经哲学》

吕一舟，民国时期学者，生平不详。著有《兵经哲学》。所谓兵经哲学，实则孙子兵法哲学，其哲学范畴大多取自《孙子》，并以之为核心展开讨论，是民国时期从哲学层面对孙子兵学进行研究的范例。其主要观点是，古今中外，无论作战技术怎样发展，战略战术原则都不会改变，所以孙吴兵法这些书，到现在还是同样有价值。辩证哲学是我国固有的东西，其原理就是社会进化的道理，要把这种原理运用到军事上来，就要研究我国固有兵经，如《孙子兵法》《吴子兵法》等。吕一舟提出“民生哲学”概念，认为民生哲学能够说明社会进化的道理，研究民生哲学以求解决民生问题、社会问题、政治问题、民族问题等，走向共有、共治、共享的人生理想境界；又认为民生哲学也是指导战争的最高原则，因为民生哲学以仁爱为基础，以行仁政为根本，主张不得已而征战，其征战的宗旨在于行仁。① 在上述哲学思想指导下，吕一舟逐一论述孙子兵学中将才、心性调和、将领修养等关乎选将的问题，治心、治气、治力等关乎治军的问题，恩威赏罚的表里、先后、本末问题，奇正、虚实、攻守、彼己等用兵问题。全书通俗易懂，语言平易朴实。比如谈到“心性调和”时说：“军事上的天才不是由于心或性的单一的力，而是由于心与性、知与情相互调和、相互融洽所生的合力……我们仅仅分开来去了解将帅应该具备智、信、仁、勇、严五种材德是不够的。我们必须进一步去研究这五者相互调和、相互融洽所生的合力。……人生的力都从心与性两方

---

① 吕一舟著：《兵经哲学》，军用图书社 1942 年版，第 2~13 页。

面表现出来，一为心的力，一为性的力。”① 以上诸问题，从军事辩证法角度讲得比较多而且比较透。

三十二、民国其他学人的孙子学研究

（一）顾实考辨《孙子》

顾实（1878—1956）在《汉书艺文志讲疏》中对吴、齐两孙子的著作有涉及，其讲疏“《吴孙子兵法八十二篇》”云：“残。《史记》曰：‘孙子武者，齐人也。以兵法见于吴王阖庐，阖庐曰：“子之十三篇，吾尽观之矣。”’张守节曰：‘《七录》云：“《孙子兵法》三卷。案十三篇为上卷，又有中下三卷。”’（并见本传及注）盖十三篇以吴王言而得名，故世多传之。杜牧谓：‘武书十数万言，魏武削其繁剩，笔其精切，凡十三篇，成为一编。’（《孙子序》）其说非也。《隋志》：《孙子兵法》二卷、《吴孙子牝八变阵图》二卷、《孙子兵法杂占》四卷。《新唐志》：《吴孙子三十二垒经》一卷，盖十三篇之外，其书唐宋犹未尽亡。故《通典》（百二十、百五十二、百五十九）、《文选注》（《曲水诗序》）、《太平御览》（三百二十八及三百五十七）咸见称引。然今日本人用兵久，以十三篇为至精，亦足珍矣。”讲疏“《齐孙子八十九篇》（图四卷。师古曰：孙膑。）”云：“亡。道家《孙子》十六篇，盖非同书。《吕览》曰：‘孙膑贵势。’（《慎势篇》）司马迁曰：‘孙子膑脚，兵法修列。’（《汉书》本传）”②

（二）关靖注《孙子》

关靖（1888—?），黑龙江宁安人，毕业于保定陆军军官学校。曾任东北陆军讲武堂北平分校教官、教务处长。著有《战争之思想》《孙子兵经》《关注孙子十三篇节录》。其书以近代军事理论诠解《孙子》，归纳其用兵理论、作战原则。如《孙子兵经》之《始计》篇归纳了用兵指导与政略之关系、用兵之基本方针、国力之比较、服从与军纪、军事外交关系与用兵指导之基本

---

① 吕一舟著：《兵经哲学》，军用图书社 1942 年版，第 23 页。

② 顾实著：《汉书艺文志讲疏》，商务印书馆 1930 年版，第 200~201 页。

方针、用兵指导纲领之企划凡六条概要性原理，完全是以近代军事语言来表述《孙子》的思想，有的虽然未必准确，但是毕竟能做到古为今用，其现实性和实践性都比较强。又如《关注孙子十三篇节录》选取《孙子》中之经典语句，先予以注释，然后以近代战例敷衍其战理。例如释“上兵伐谋”曰：“伐者，破也。谋者，计也。以计破谋，使其畏服，或计未就，而先自败，以谋略或用外交之手段以制胜于未然……例如普奥战役，法国拿破仑第三世本欲乘普奥两国相争交疲之时，从中干涉，坐享渔利……”① 然此书十分简略，似为随笔或札记类书，且文字亦多有讹误，质量不高。

（二）许有成《孙子与现代》

许有成，江苏无锡人，其余不详。专注国学，尤好兵法。其所撰《孙子与现代》，有感于九一八事变之后，国家处于危难之中，复兴古学，当以《孙子兵法》为最，主张以之造就将才，以抵御侵略，拯救国家和人民。许氏以历代战例、史事诠释、注解《孙子》，其目的就是为抗日战争提供智慧、谋略的支持，故名之曰《孙子与现代》。贵州安顺人方策为其作序云：“夫军器军制者，形质也，随时代而变者也，而修德任贤、节用爱人、料敌制胜者，原理也，亘万古而不变者也，我国兵书大都阐述用兵原理，故历来学者引证注释，代不乏人，而于《孙子》尤见其多，可以知是书之价值矣。无锡许有成先生好治古兵书，近编《孙子与现代》以现代用兵法则并我国与列国形势及史迹诠释孙子学理，融通明显，洵称杰作。书成示余，并乞一言为序。余每见现代军人咸研究列强军学，奉为科律，转视我国古代军学如敝屣，罕有措意者。夫列强军学为时代所需要，固应致力，而国粹所系之古代军学为养成高尚将材者，亦当兼修融会，以资深造。”②

（三）余毅恒论《孙子》

余毅恒（1914—2002），四川宜宾人，曾在报社、部队、高校任职，在文史

① 方勇总编纂：《子藏·兵家部·孙子卷附吴子》第 31 册，国家图书馆出版社 2019 年版，第 15 页。

② 方勇总编纂：《子藏·兵家部·孙子卷附吴子》第 20 册，国家图书馆出版社 2019 年版，第 8~9 页。

研究方面颇有成就，著有《论孙子》，发表在《怒潮月刊》1946年第13期。

（四）柯远芬讲《孙子》

柯远芬（1906—1996），广东梅州人，在国民党军队历任要职，中将军衔。著有《孙子兵法讲授录》。

（五）杨家骆集校《孙子》

杨家骆（1912—1991），江苏南京人，主要成就在目录学方面。著有《孙子集校》。

（六）魏汝霖注译《孙子》

魏汝霖（1908—2002），字泽民，河北满城人，先后就读于国民党陆军军官学校、陆军大学、国防研究院，长期在国民党军队任职，后从事教育与文化工作。著有《孙子今注今译》《孙子兵法大全》《孙膑兵法注释》《中国军事思想史》等。

（七）徐容溥表释《孙子》

徐容溥，生卒年不详，四川资中人，国民党陆军军官学校毕业，在国民党军队任职。著有《孙子表释》。所谓表释，即以表格的形式来疏解、注释，免于阅读文字之苦，一表在手，奥义可览。全书十三篇，每篇一表。每表分上、下两栏，上栏为《孙子》“通则”，即《孙子》主要思想及与思想对应的原文；下栏为以现代军事语言对上栏《孙子》思想或通则所做的阐述和诠释。其《著释例述》云：“选辑每篇之精要，注以适新之纪述，编组成表，以免役于文墨，而资采其奥谛。”①

（八）冯家勋译述《孙子》

冯家勋，民国学者，生平不详。著有《新译孙子兵法》，注译简易，重在钩玄提要及述评，目的在于体悟和运用《孙子》的精神和原则，引导民众武装头脑，反抗日本侵略。

（九）吕兴周句解《孙子》

吕兴周，河北乐亭人，清末民初学者，光绪二十九年（1903）癸卯进士。

---

① 徐容溥著：《孙子表释》，军学编译社1940年版，第2页。

著有《孙子十三篇句解》。采择旧注中之优长者，与现代军事学术会通，间发己意，探索《孙子》精义。

（十）王明长选注《孙子》

王明长（1906—1962），字天一，山东蓬莱人，国民党军官。喜谈兵，著有《孙子选注》。所谓选注，即选择性采录《孙子十家注》中的注文，删繁就简，择其精当，寓以己见。书末附有《孙子十三篇表解》，与徐容溥《孙子表释》类似，以表格的形式列出各篇内容要点，一目了然。

（十一）罗列讲解《孙子》

罗列（1907—1976），福建长汀人，毕业于黄埔军校，长期在国民党军队任职。著有《武经孙子》。其书是《孙子》讲稿，既论述《孙子》在武经中的地位、《孙子》成书的时代背景、研究《孙子》的意义，又结合抗战形势，以表解的方式注释《孙子》十三篇。

（十二）北平武学印书馆编译部注解的《古代兵经·孙子》

本书又题《孙子兵法之研究》，其创新之处，在以孙子的军事原则与近代战略战术融汇。如讲《计》篇，讲作战计划之重要，具体阐明作战对捍卫国家安全的重要、作战计划为用兵先决、作战计划对胜负的决定作用等。其余诸方面，则乏圈点之处。此书与民国时期《孙子》注解大多相类，即对《孙子》原文分段注解，注文引用历代旧注，且多采史志所载战例以证之，虽有一定学术性，但其现实性和实践性不强。所贵者，各篇题解联系近代军事理论比较紧密，现实性和实践性比较突出。

另外，有金典戎所著《孙子兵法与现代战术对照之研究》，亦可推重。

（十三）其他一些孙子研究论文和通俗文章

这些研究论文和通俗文章在内容上有以下几个特色：

一是与当时抗日战争实际紧密联系，体现《孙子兵法》对抗日战争的战略战术指导价值，现实性和实践性都很强。比如，陈顾远《孙子作战篇已注定了敌人的败果》（《中国社会》1939 年第 2 期）、邓冶欧《敌方战略之总检讨：以孙子兵法证明其必败》（《决胜》1939 年第 21 期）、楼桐孙《以孙子兵法断定倭寇必败》（《时事类编》1939 年第 39 期）、刘世善《从孙子兵法论断纳粹必败》(《时代精神》1943 年第 4 期)、周正《孙子兵法论战争必胜与必败之道》(《王曲》1944 年第 3 期、第 4 期合刊)、钱基博《从孙子兵法论日本必败》(《大中国》1942 年第 2 期)及《当前大战之孙子说明书》(《国民周报》1948 年第 12 期)。

二是探讨孙子学术，传承清代朴学，以札记、考、注、译、释、评、论、表、解、随笔、订补等传统方式阐解《孙子》。比如，易培基《读孙子杂记》(《国故》1919 年第 3 期、第 4 期)、何守仁《孙子劄记：论迅速》(《杂说》1942 年第 3 期)、齐思和《孙子著作时代考》(《燕京学报》1939 年第 26 期)、钱宝琮《孙子算经考》(《科学》1929 年第 2 期)、陆修祜《孙吴兵法概论附孙子十家注考略》(《国专月刊》1936 年第 2 期)、李俨《孙子算经补注》(《国立北平图书馆馆刊》1930 年第 4 期)、陈启天《孙星衍校孙子十家注补订》(《读书通讯》1941 年第 18 期)、严敦杰《孙子算经研究(附表)》(《学艺》1937 年第 3 期)、李丕基《孙子十三篇释疑》(《新东方杂志》1941 年第 3 期)、金典戎《孙子评论》(《陆大参谋月刊》1941 年第 4 期)、罗列《学术研究：武经孙子》(《武当》1944 年第 5 期)、皮震《孙子学术思想探源》(《怒潮》1945 年第 1 期)、邱祖铭《孙子兵法今释》(《民族》1936 年第 10 期)、刘盂扬《孙子注集选要》(《军事月刊》1941 年第 11 期)、罗瑛《孙子兵法概要表解》(《军事杂志》1946 年第 172 期)、澹云《孙子兵法要义》(《广播周报》1937 年第 129 期、第 140 期、第 141 期)、吴鹤云《孙子兵经体系表并序》(《赣南兵役》1948 年第 6 期)、余毅恒《论孙子》(《怒潮》1946 年第 13 期)、李百堃《读孙子随笔》(《联校》1944 年第 2 期)等。

三是在近代战争语境下探讨孙子战争思想及其运用，具有国际视野。比如，郑拔群《孙子国防思想评论》(《国防新报》1947 年第 20 期)、萧健《孙子兵法在现代战争中的价值》(《军事杂志》1940 年第 130 期)、于振洲《选刊考试：试论孙子兵法是否与后代兵家相合》(《雍言》1943 年第 10 期)、叶夷中《孙子兵法与克劳塞维慈战争论之比较》(《国防新报》1947 年第 12 期)、李浴日《孙子与原子》(《世界兵学》1947 年第 2 期)、周振纲《孙子兵法的政治工作观》(《抗战时代》1940 年第 10 期)、郑拔群《孙子情报理论与实施》(《宇宙文摘》1948 年第 7 期、第 8 期合刊)。

四是民国时期有一些关于《孙子》分篇解释以及依据孙子原理分析具体战例的文章，多能联系战争实际，有一定的实践指导意义。比如，姜炎钟《孙子计篇》(《复兴》1935 年第 6 期)、鲁文秀《作战篇：孙子白话演译》(《社员生活》1932 年第 10 期)、潘武《关于孙子用间篇》(《精忠导报》1942 年第 3 期)、杨言昌《孙子九地篇新解》(《世界兵学》1946 年第 4 期)、廖国忠《依据孙子兵学原理对于马陵长平与坎尼坦能堡四次战役之比较研究》(《现代军事》1946 年第 7 期) 等。

五是民国时期有一家颇具影响力的杂志《世界兵学》，视野开阔，观点前瞻，理论性和务实性兼容，在民国兵学界地位很高，传播很广，受到各界读者的欢迎，引领着民国孙子学的发展。比如，《世界兵学》1942 年第 2 期刊载六篇文章：李岳鸣《国父总裁与孙子兵法》、黄岗山人《孙子的战法》、陈纵才《以孙子兵法分析德国五年来之军事行动》、日本大木阳堂《孙子兵法与人生》、卢绍储《孙子兵法出自春秋吴国之论证》及陆达节《孙子兵法现存书目》。该刊主编李浴日在《写在本辑之前》中有言："孙子的不朽，自有原因在，即他所建立的兵学理论，仅是原理原则，不涉于枝叶末节，或小动作，依次而做千变万化的妙用，故虽以时代的推移，犹能保存它光辉的生命……我国军人今后是要'折节读书'了(指以兵书为主)。在过去的内战专凭勇气可以打胜仗，今后在对外的国际战争上则要深造乎学问了。斗智重于斗力，于今犹然。所以我们军人今后应利用余暇，从事于兵学的研究。"① 《世界兵学》还零星刊载了其他论著，比如程靖宇《评〈孙子新研究〉》(《世界兵学》1947 年第 6 期)、日本学者多贺义宪《孙子兵法之基本论理》(《世界兵学》1947 年第 1 期)、李浴日《孙子与原子》(《世界兵学》1947 年第 2 期)、李武《孙子的文章法》(1947 年第 2 期、第 3 期)。

此外，民国时期有的杂志大力普及传扬《孙子》，连载《孙子兵法图证》，以孙子原理加战图印证抗日战争、战役、战斗之胜负，比如"国家虽处

---

① 李浴日主编:《世界兵学》，世界兵学社 1942 年版，第 2~3 页。

战时，修道保法则不可忽略”；再如“孙子在《谋攻篇》提出五条必胜的条件，而‘上下同欲者胜’是最坚强的一条”。①民国时期政府曾把《孙子》的经典篇章如《始计》《作战》《谋攻》《虚实》《军争》等篇列入国文教材，让青少年学生从小接受古典兵法的教育和熏陶。上述民国期刊论文或文章，形式活泼，既有学术性论文，又有喜闻乐见的通俗性、指导性文章，内容贴近现实，极具时代气息，是孙子学史上最具大众化、实战化的孙子学现象。

第四节 民国诸子对孙子学的接受与批评

民国时期，新旧嬗变，中国处在半殖民地半封建社会阶段，中华民族和帝国主义的矛盾、封建主义和劳苦大众的矛盾是当时社会的主要矛盾。一方面，帝国主义操纵了中国的经济、政治；另一方面，民族资本主义形成；再者，封建地主广泛存在。因此阶级矛盾、社会矛盾十分尖锐。在这样的社会背景下，中国传统兵学复苏，挣脱了儒学和武举的束缚，直面社会现实，加之受到西方近代兵学的影响，主动适应时代要求，与西方先进文化对话，实现了传统兵学向近代兵学的转型。这一时期的孙子学，以近代军事理论诠释、阐解孙子思想，使孙子学在理论研究上有了新的发展，摆脱了汉代以来的训诂窠臼。

民国时期的学者、政治家、军事家，在内忧外患之时，精研《孙子兵法》，以期汲取救国救民的智慧，故往往对孙子学作出符合其本来面目和内容特征的评价。虽然有人争论孙武子其人其书的真伪，但没有如宋至清的某些学者一样以儒家的仁义道德标准来诋毁和抹黑孙子，而是大都能对孙子及其兵学给予中肯的评价。这既是孙子兵学自身发展与民国特定历史时期相遇而产生的结果，也是世界列强的兵学家刺激了国人自尊自强的神经所致。比如日本、美国、德国等兵学家对孙子兵学十分推崇，中国的有志之士游学海外时，聆听过他们对孙武子及其兵书高度推崇的评语，从世界列强兵学家的眼

① 《孙子兵法图证》，载《良友》1940年第151期。

光中看到孙子的伟大，从而反求诸己，转向精研本国固有的孙子兵学。当时中国孙子学学者有一种普遍的做法，就是通过引用发达国家尤其引用邻国日本兵学家对孙子学的评价来建立自己对孙子兵学的信心，李浴日就是其中的代表。他在著述中常常不厌其烦地引用日本兵学家对孙武子及其兵书的赞美之词，比如引用日本尾川敬二《孙子论讲自序》云："《孙子》是东方兵学的鼻祖、武经的冠冕，东方各种兵法，说皆出自《孙子》，实是不错，如《武经七书》，除《孙子》外，其他六书，虽托为往昔的兵圣所著，其实不过是试做《孙子》的注解而已。至其文章苍古雄劲，与内容之美满相映，大有优于六经之概；历代文人多学之，爱诵玩索而不置，在东方文学上，实给予巨大的影响；又如其格言规箴，最为脍炙人口，可以当为处世的教训，而贡献于一般人士者殊不少。故《孙子》不独在兵法上具有最高权威，而且在思想上亦蔚为巨观。"① 引用日本坂井末雄《孙子评释凡例》云："《孙子》十三篇在兵书上固是不朽，即在外交术上，社交术上，亦为万世不易的定理，尤其文章，字字句句，古色可掬，令人宛如对名手之古画般的美感快感。"② 引用日本福本椿水《孙子训注自序》云："通观《孙子》，其文遒劲瑰丽，雁行老、庄、韩非诸子，至其局面之大，或出于诸子之上，尤其意图深远，谋策精细，术略的确，此孙子所以为兵家之神也。古来日本明君贤将多精读之，视为自家药笼中物，而树日本独特之兵派，武威因以扬于海外，可谓有故也夫。余曩读《孙子》大有所感，盖《孙子》者，兵书而外交教书也，亦人事百般座右铭也。今更生于新时代，依各人之职务而活用之，处世上有所裨益也必矣。"③ 引用日本北村佳逸《孙子解说自序》云："汉民族自在黄河流域建筑了文化的基础，春风秋雨五千年了，其间不知死生了多少人，用剑或有优于孙子者，但用笔而敌于孙子者实无一人，彼是兵法家、哲学者，更是东方第一流的大文豪。"④ 引用日本平田晋策为大场弥平《孙子兵法》所作序云：

---

① 李浴日著：《孙子兵法之综合研究》，商务印书馆 1937 年版，第 1 页。

② 李浴日著：《孙子兵法之综合研究》，商务印书馆 1937 年版，第 2 页。

③ 李浴日著：《孙子兵法之综合研究》，商务印书馆 1937 年版，第 2 页。

④ 李浴日著：《孙子兵法之综合研究》，商务印书馆 1937 年版，第 2~3 页。

“政治与兵法是楯的两面，东西古今的大政治家，皆是兵法家。兵法的宝库无尽，有信长式，有秀吉式，有家康式，又有拿破仑式、列宁式、蒋介石式，积极消极、强气弱气、正法奇道、里表四十八手（日本力士赛技，正从四十八法），不论什么都有。东方兵法的生命，由于近代科学的勃兴，更增其光辉。倘若通晓《孙子》与《三略》，则使用航空战队、机械化兵团，都可以不错。天下第一流的大场少将《孙子讲义》，是通俗兵学的最高峰，比任何军谈与军事小说为有趣味，且可做各国陆军大学的兵术教科书。兵法书在公则为政治秘诀，在私则为处世秘诀，《孙子》以下的《兵法全集》六卷，皆是立身处世的教科书。”① 引用日本阿多俊介《孙子之新研究自序》云：“孙子是富有天才的人，其书在今日，无论何人，莫不称为万古不易的真理，又其头脑的精密、思想的远大，令人惊叹不置，而有今人不及古人之感，在未有纸与印刷的古代，为政者皆视为石室秘本，代代相传，比较尚不失其原文以至于今，故学者均称孙子为兵圣，其书为兵经，与六经诸书并重，亦所当然。”②

这些引用既表明李浴日对日本兵学家评价孙武子及其兵书的肯定，又似乎在告诉国人：“诸君请看日本人是如何看重孙武子及其兵书的，用它来侵略我们，而我们又是怎样对待孙武子及其兵书的呢？连侵略我们的日本都如此看重孙子，我们怎能不好好研究和运用呢？”这一招颇有效果，民国时期孙子学兴起，这是原因之一。李浴日对《孙子》书亦有评说：“《孙子》虽是陆战的书，但其原理却可应用于海战上、空战上，且合经济、外交、宣传诸端而论之。《孙子》是古文，又是哲理的书，因人而有不同的解释，或大同小异的解释，其实所谓解释，亦不过供人参考而已——出之于言，则为死言；笔之于书，则为死书；运用之妙，存乎一心。”③

民国时期诸子能够比较客观地认同孙武子及其兵书的价值，即使对孙武子手书十三篇有所怀疑，也持以审慎和平和的态度，而不加以激烈的攻击和

① 李浴日著：《孙子兵法之综合研究》，商务印书馆 1937 年版，第 3 页。
② 李浴日著：《孙子兵法之综合研究》，商务印书馆 1937 年版，第 1 页。
③ 李浴日著：《孙子兵法之综合研究》，商务印书馆 1937 年版，第 7~8 页。

贬斥。比如，李丕基说："孙子既为战国之书，自必如全氏所谓出诸战国知兵之手，然则作于孙膑之说庶几近似矣。"① 陈启天说："就今本《孙子》考之，谓其书出于孙膑所撰，似乎近真。然若因此即谓孙膑为孙武，则未免失之武断。"② 更多的评说是，充分肯定和揭示孙子书中蕴含的战争原理，为孙武子及其兵书正名，对宋元以来强加于其上的偏见予以反正。无锡国学专修学校陆修祜说："孙子谈兵，较吴子为备，不囿方隅，实旁通于百家。"③ 刘文屋说："《孙子》一书义精词奥，为吾国谈兵者所祖，惟近世战术日新，军事家每多弁髦古法，讵知战术虽有新旧，战理固无古今，《孙子》乃论理而入深微者，此其所以历百世而莫能易也……《孙子》言兵，如荷盘走珠，字字活泼……《孙子》一书，为言军事者之哲学，十三篇悉本事实而寻绎学理，非以学理而牵合事实者。"④ 民国时期，基本没有诬蔑孙子兵道"流毒天下"之言论，而有斥责腐儒不知兵家权谋之评说。陈启天《中国战争原理：孙子兵法述要》评曰："其专论战争原理之古籍，当首推《孙子兵法》一书，是书产生之时代，盖在春秋战国之际，其所言之战争原理，实集自黄帝迄战国中国民族战争经验之大成。自是书出世后，中国历代皆奉之为兵学之经典，虽至今犹不失其学术价值与应用价值焉。故谓《孙子兵法》一书，为中国战争原理，或中国战争哲学之宝典，亦无不可。惟惜自宋以来，腐儒多斥之为权谋诡诈之书，而不知其不尽为权谋诡诈也。其书虽杂有权谋诡诈之术，然仅如《汉书·艺文志》所云'权谋者，以正守国，以奇用兵'而已。以正守国者，非权谋诡诈也；以奇用兵，虽有权谋诡诈，但用之对敌，非用之治国也。"⑤ 陈启天在《孙子兵法校释自序》中又说："《孙子兵法》一书，即融合战国以前二千余年中我国民族之战争经验而成者，谓为古代中国民族战争经验之结晶品，亦无不可。其为文也，言简而义赅，耐人寻味；其立论也，

---

① 李丕基：《孙子十三篇释疑》，载《东方杂志》1941 年第 3 期。

② 陈启天著：《孙子兵法校释》，中华书局 1947 年版，第 41 页。

③ 陆修祜：《孙吴兵法概论》，载《国专月刊》1936 年第 4 卷第 2 期。

④ 刘文屋著：《孙子释证》，谢祥皓、刘申宁辑《孙子集成》第 21 册，齐鲁书社 1993 年版，第 141~144 页。

⑤ 陈启天著：《孙子兵法校释》，中华书局 1947 年版，第 3 页。

纲举而目张，有类科学，就兵言兵，无不曲尽精微，先政后兵，尤能兼综本末。全书虽仅约六千字，然几举战争之基本原理而道之无遗矣。世界不能一日无战争，则此书不可一日不研讨，宜乎我国历来研讨此书者之多也。岂惟我国，即外国知有此书者，亦莫不尊为兵学之经典。是书于宋明传入日本后，彼邦从事译注者，据陆达节《孙子考》所载，亦有五十余家。至西洋各国，亦先后有英、德、法文译本。中外深通现代兵学者，几莫不惊奇二千余年前之孙子已能若是之精要也。”①

齐廉评论孙子其人其书曰：“孙子为兵圣，其书为兵经，无论何时何人，无不认为千古不磨之真理。此乃我国世传之遗宝，岂可不深研穷讨，以发扬其妙用也哉?”②

民国孙子学更多地用于指导抗日战争中所应采取的战略战术，中国在战争科技、战争准备等方面固不如日本，但是战争谋略有几千年积累之经验，有不少学者以孙子战理验视日本战略战术，以证明其必败之结局。比如李则芬认为，不战而屈人之兵是孙子用兵的最高原则，全胜是孙子用兵的最高理想，日军违背了孙子最高原则，超过了不战而屈人之兵的限度，速战速决的阴谋受到挫败，胜敌益强不可能，未战而庙算不胜，既不知彼，也不知己，在战场上致于人而不致人，最后得出结论，在《孙子兵法》中找不出日军胜利的条件。③

在民国时期，有学者以孙子之理用于处世。如温晋城说：“孙子这种处世应变的方法，不特可以拿来游说春秋战国的诸侯，在人类进化没有达到最高阶段以前，任何时代都可拿来向当时的政治团体或掌握政权的最高当局进言，因为他是与宇宙万物进化的法则相符合的，是一种辩证的方法。”④

讲到中国哲学，自然会想到儒家哲学、道家哲学、佛家哲学，然而兵家哲学亦不可忽略，故有人以孙子之书和老子之书相比较，仅就用兵而言，两

---

① 陈启天著：《孙子兵法校释》，中华书局 1947 年版，第 1~2 页。

② 齐廉著：《新注孙子兵法直解》，军学编译社 1940 年版，第 124 页。

③ 李则芬著：《以孙子兵法证明日本必败》，生活书店 1939 年版，第 1~63 页。

④ 温晋城著：《孙子浅说补解》，中央政治学校，1939 年铅印本，第 14 页。

者亦有相同之处。比如历劫余生《道德经上之兵事观与孙子比较》说："《老子》与《孙子》对于兵事观，实完全同一，所不同的是，《孙子》为兵法专书，《道德经》仅示兵事原则，二者只是详略不同而已。"①

民国时期诸子传承自汉代以来的文字训诂之学，有诸多兵家训诂之作，重在解释文本原义，比如支伟成《孙子篇目述义》援引和承袭宋代张预之言曰："《计篇》第一，将之贤愚，敌之强弱，地之远近，兵之众寡，当先计及之，而后兵出境。故用兵之道，以《计》为首。《作战篇》第二，计算已定，然后完车马，利器械，运粮草，约费用，以作战备，故次《计》。《谋攻篇》第三，计议战备已定，然后可以智谋攻，故次《作战》。《形篇》第四，两军攻守之形，隐于中则人不可得而知，见于外则敌乘隙而至，形因攻守而显，故次《谋攻》。《势篇》第五，兵势以成，然后任势以取胜，故次《形》。《虚实篇》第六，善用兵者，避实击虚，先须识彼我之虚实也，故次《势》。《军争篇》第七，先知彼我之虚实，然后能与人争胜，故次《虚实》。《九变篇》第八，变者不拘常法，临事适变，从宜而行之之谓也。九者，究也，数之极也。用兵之法，当极其变耳。凡与人争利，必知九地之变，故次《军争》。《行军篇》第九，知九地之变，然后可以择利而行，故次《九变》。《地形篇》第十，行师越境，审地形而立胜，故次《行军》。《九地篇》第十一，用兵之地，利害有九，此论地势，故次《地形》。《火攻篇》第十二，以火攻敌，当熟察途径之远近、险易，助兵取胜，戒虚发也，故次《九地》。《用间篇》第十三，战者必用间谍以知敌之情实也。然用间之道，犹须微密，故次《火攻》。"②

讲到民国孙子学，不能不提及两人，一是孙中山，一是蒋介石。孙中山一生从事革命，对中国传统兵法有深切关心，并有深刻见解，他说："就中国历史来考究，二千多年前的兵书有十三篇。那十三篇兵书便是解释当时的战理，由于那十三篇兵书，便成立中国的军事哲学。所以照那十三篇兵书讲，

---

① 历劫余生著：《老子研究与政治》，中国图书杂志公司 1939 年版，第 23 页。

② 支伟成著：《孙子兵法史证》，见《孙子集成》第 20 册，齐鲁书社 1993 年版，第 525～527 页。

是先有战斗的事实，然后才成那本兵书。就是现在的战术，也是本于古人战斗的事实，逐渐进步而来。”① 蒋介石没有继承孙中山“联俄、联共、扶助农工”的训教，实行独裁统治，其政治和军事集团代表的是官僚、地主、资本家的利益，却在文化上常以发扬传统自高自许，对孙子学颇为推崇，在多种场合的讲话中提到孙子及其兵书，比如他在《科学精神与科学方法》中说：“如果人与物各方面，没有充分的准备，一经牺牲，便无可补充，没有精神方面的准备，虽有武力，也不能发挥战斗力量，尤其是精神的准备，格外要紧，即是孙子所谓‘不战而屈人之兵，战之善者也’。”② 又如他在《中庸之要旨与将领之基本学理》中说：“讲到我国古代的军事哲学，要推《孙子兵法》为最精深。《孙子》十三篇中之第一篇，提到五校之计，第一就是道，以下次第讲到天、地、将、法。孙子说：‘道者，令民与上同意也，故可与之生，可与之死，而民不畏危。’这里所讲的道，其主要之点，就是在‘令民与上同意’之中，所谓民，实在就是兵。古代田猎戎事农功，都是人民的天职，兵即是民，民即是兵。”③ 抛开其政治上的反人民性而言，若就事论事，则蒋介石对《孙子》的看法不无道理。

民国诸子已经没有精力和时间追究孙武子及其兵书的真伪，在民族危难之际，阐释其义理，借用其谋略，以拯救中华，驱逐帝国列强，反对独裁统治，谋求国家和平，所以基本上不再在考究上争短长，即不作毫末之争，而作根本之论，继承发扬孙子兵学，使孙子兵学更加贴近民众和战争。这既是时势所迫，也是民国诸子理性思维之表现。

---

① 孙文著：《三民主义·民权主义第一讲》，商务印书馆 1934 年版，第 17 页。

② 蒋介石著：《科学的学庸》，国民政府军事委员会政治部，1938 年，第 80 页。

③ 蒋介石著：《科学的学庸》，国民政府军事委员会政治部，1938 年，第 40 页。

第八章　新中国孙子学

第一节　新中国孙子学的时代背景

中华人民共和国成立后，中国人民从此真正当家做了主人。为了巩固新中国政权，保护刚刚建立起来的社会主义制度，国家开展了“镇反”“三反”“五反”“三大改造”“反右”“大跃进”“人民公社”“社教”“工业学大庆”“农业学大寨”等一系列运动。中共十一届三中全会召开，确立了对内改革、对外开放的基本国策，中国全面进入以经济建设为中心的时代，经过四十余年坚苦卓绝的努力，取得了举世瞩目的成就，综合国力大大增强，人民生活水平显著提高，在国际上的地位越来越重要。

在军事方面，国家先后进行正义的抗美援朝战争、中印边境反击战、中苏珍宝岛自卫反击战、中越西沙军事冲突、中越边境自卫反击战，捍卫了国家主权和领土完整。其中，规模最大的是抗美援朝战争。这是一场大规模的现代化局部战争，为维护亚洲和世界和平做出了杰出贡献。在战争实践的磨砺中，在改革浪潮的推动下，中国军队建设经历了从半机械化到机械化、从机械化到信息化的转变，实现了武器装备、编制体制、军事理论、作战样式、后勤补给等全面转型升级。

第二节 新中国孙子学的演进

中华人民共和国成立初期，百废待兴，孙子学研究进入新时代，以马克思主义和毛泽东思想研究《孙子》，是这一时期的重要特点。在军队，先后成立了中国人民解放军军事学院和军事科学院，开展了一系列的孙子学研究。老一辈革命家刘伯承、叶剑英亲自组织编写《孙子兵法》《中国古代兵法选辑》等著作，把《孙子兵法》列为军队高级干部必读书，把《中国古代兵法选辑》颁发给部队，供基层官兵研读。

由于军队对孙子学的倡导，20 世纪 50 年代末至 60 年代初，郭化若《今译新编孙子兵法》、关锋《孙子军事哲学思想研究》、杨炳安《孙子集校》、中华书局上海编辑所影印线装《宋本十一家注孙子》等出版或发表；任继愈在《光明日报》发表了《〈孙子兵法〉中的辩证法的因素》；冯友兰、任继愈分别在其编写的《中国哲学史》中，设立专章评述《孙子兵法》，确立了《孙子兵法》在中国哲学史上应有的地位。

“文革”期间，以马克思主义和毛泽东思想为指导的孙子学，受到极左思想的影响，代之以政治实用主义的观点和方法，从而遭到扭曲和破坏，把孙子及其兵法作为批判儒家的武器，失去了孙子学应有的功用和面貌。这一时期，出于政治需要，出版了一批《孙子兵法》译注之作，比如解放军三〇七一部队与黑龙江大学中文系联合编写《孙子兵法译注》、广西军区〇五四一部队与七三三二部队联合编写《〈孙子兵法〉浅释》、辽宁军区编写《孙子兵法译注》、解放军五二九二八部队与山西大学中文系联合编写《〈孙子〉译注》、解放军六五四八部队机枪三连理论小组与江苏师范学院大批判组联合编写《孙子兵法注译》、解放军三〇〇九部队编写《法家军事著作选注》、解放军驻浙某部防化连与杭州大学历史系联合编写《先秦法家军事著作选注》等。这一时期的《孙子》译注之作，大多由部队官兵与大学师生合编，这是“文革”时期孙子兵学的一个特有现象。

这一时期，《孙子兵法》往往作为法家著作来看待，比如《先秦法家军事著作选注》辑选了孙武、吴起、孙膑、商鞅、荀况、韩非六位先秦法家人物的作品，从阶级斗争需要出发，结合“批林批孔”运动，以法家的法治精神阐解《孙子兵法》，正如有的译著所讲：“遵照毛主席的教导，运用马克思主义的立场、观点和方法，从巩固无产阶级专政的历史任务出发，研究《孙子兵法》，这对于我们研究和总结儒法斗争和整个阶级斗争的历史经验，尤其是儒法两条军事路线斗争的经验，批判地继承我国古代优秀的文化遗产，推动批林批孔运动普及、深入、持久地开展，都有十分重大的意义。”① 再如在阐述《孙子兵法》等古代军事著作的思想时说：“一切战略战术原则，都具有鲜明的阶级性。先秦法家作为新兴地主阶级的代表，对自己的力量和前途充满了信心，在政治上坚持变法革新，反映在战略战术上，敢于藐视众敌、强敌，不断地创造出克敌制胜的作战方法。而儒家作为腐朽没落奴隶主阶级的代表，顽固坚持复辟倒退的反动路线，反映在战略战术上，往往因循守旧、墨守成规。”② 基于这一指导思想，在注解《孙子兵法》时，往往会加上按语，以呼应当时的政治需要。比如在《计》篇第一句“兵者，国之大事，死生之地，存亡之道，不可不察也”后面，加以按语云：“孙武重视战争，把战争首先作为政治问题来考察，反映了新兴地主阶级以武力夺取政权的要求。这个思想是先秦法家军事思想的重要组成部分。孔丘、孟轲从维护没落奴隶制出发，狂叫‘去兵去食’，要使‘善战者服上刑’，反对新兴地主阶级的进步战争。”③ 又如有的讲：“孙武作为新兴地主阶级的代表，则鲜明地坚持了法家的‘重战’主张。他在《孙子兵法》第一篇的开头就明确指出：‘战争是国家的大事，关系到人民的生死，国家的存亡，必须认真研究，慎重对待。’这表明了孙武对战争问题的高度重视，也反映了新兴地主阶级想通过战争确立和发展封建制度的愿望。”又说：“孙武强调发挥主观能动性、灵活运用战略

① 中国人民解放军三〇七一部队、黑龙江大学中文系编：《孙子兵法译注》，黑龙江人民出版社 1976 年版，第 10~11 页。

② 中国人民解放军驻浙某部防化连与杭州大学历史系编：《先秦法家军事著作选注》，浙江人民出版社 1975 年版，第 11 页。

③ 中国人民解放军驻浙某部防化连与杭州大学历史系编：《先秦法家军事著作选注》，浙江人民出版社 1975 年版，第 16 页。

战术原则的军事思想，和儒家‘天不变，道亦不变’的形而上学思想以及‘不鼓不成列’的蠢猪式战术是根本对立的。”又说：“孙武把政治、天时、地利、将领、法制等看作决定战争胜负的主客观条件，并以此作为筹划战争的依据。在论述政治这个条件时，他在一定程度上看到了民众在战争中的作用，显示了地主阶级在上升时期的进步性……孙武虽然认识到战争的重要，但没有也不可能阐述战争的阶级实质，这是他的阶级和时代的局限。”①

这一时期，也发表了少量孙子学论文，其内容有的谈临沂银雀山汉墓出土的竹简《孙子》，有的谈孙子的法家思想。代表性论文有遵信《〈孙子兵法〉的作者及其时代——谈谈临沂银雀山一号汉墓〈孙子兵法〉竹简的出土》（载《文物》1974 年第 12 期）、詹立波《略谈临沂汉墓竹简〈孙子兵法〉》（载《文物》1974 年第 12 期）、陈国胜等人《孙武的法家军事思想——读〈孙子兵法〉》（载《安徽师范大学学报》1974 年第 4 期）、杨丙元《论孙子的尊法反儒思想》（载《郑州大学学报》1974 年第 3 期）。这些论文虽然不能摆脱狭隘的政治思维模式，但还是有较多篇幅的学术探讨，比如遵信论述了《孙子兵法》的时代特征及其对《孙膑兵法》的影响，其观点多有可取之处。再如詹立波对竹简本《孙子兵法》与传世宋本《孙子兵法》以及《孙子兵法》佚文进行对照，探讨其相异之处及相异的原因，亦有可取之处。

此外，有的论文是以单位为署名作者，如“某某部队”或“某某学院理论组”等，其目的无非是服务于当时以阶级斗争为纲的政治需要。

其他《孙子》译注之作，其内容和观点大抵与上述所引相同或相类，只是语言表达上存有差异。这种以服务政治或阶级斗争为目标的孙子学研究，基本上形成了一个固定不变的模式，其思路固定、格式固定、观点固定，最终使学术研究僵尸化和政治化，教条而机械地理解马克思主义和毛泽东思想，其结果是使学术研究走向了形而上学。正如于汝波所说：“《孙子兵法》丰富多彩的内容被局限在一个固定的模式之中，因此不可能展示《孙子兵法》的

---

① 广西军区〇五四一部队、七三三二部队联合注释：《〈孙子兵法〉浅释》，广西人民出版社 1975 年版，第 3~9 页。

活力，更谈不上有很高的学术价值。这些书大多数已成为历史的陈迹。”①

“文革”结束后，孙子学朝着正常的学术轨道发展，在其后四十余年时间里，产生了各类孙子学著作一千六百余部，是有史以来最繁盛的时期。

一是传统的整理、注译、阐释之作层出不穷，有四百余部。重要注家及作品有郭化若《孙子今译》、吴如嵩《孙子兵法浅说》、吴九龙《孙子校释》、杨炳安《〈孙子〉会笺》、李零《吴孙子发微》及《孙子兵法译注》、黄朴民《白话孙子兵法》及《〈孙子兵法〉解读》、徐勇《先秦兵书通解》、刘庆《名家讲解孙子兵法》、张震泽《孙膑兵法校理》、霍印章《孙膑兵法浅说》、赵国华《孙子兵法》、李桂生《兵者诡道——李桂生讲〈孙子兵法〉》等。

二是通论及阐解之作方兴未艾，但数量不是很多，有七十余部。重要作品有陶汉章《孙子兵法概论》、吴如嵩《孙子兵法新说》、赵海军《孙子学通论》、陆允昌《孙武研究新探》、钮先钟《孙子三论：从古兵法到新战略》、薛国安《〈孙子兵法〉与〈战争论〉比较研究》、李零《兵以诈立——我读〈孙子〉》、李桂生《诸子文化与先秦兵家》、谢祥皓与谢德合著《孙子兵法十日谈》、魏占武《孙子势哲学》、戚文等《孙子兵法十讲》、陈相灵《孙子兵法与战争谋略》、邱复兴《孙子今论》、孙远方《孙子兵法概论》、孙远方与刘庆合著《魏武帝注孙子讲解》等。最值得称道的是赵海军《孙子学通论》，试图从理论层面建立孙子学体系，在众多著述中最具学理性。

三是不乏孙子学在现代战争中的应用研究，但是数量不多，有十几种。20世纪80年代末至90年代初，海湾战争结束之后，美国作为主导国家，在全球范围兴起了新军事变革风暴，其时已由工业化时代转入信息化时代，影响到军事领域的相应变革。其变革的基本内容是，发展军事技术、调整编制体制、变革作战方法、更新作战思想，其目的是推动机械化战争形态向信息化战争形态全面转型升级。随着新军事变革浪潮到来，探讨《孙子兵法》在高技术局部战争中的运用成为当务之急，代表性著作有岳水玉等《孙子兵法与高技术战争》、王玉仁等《孙子兵法与现代战争》、吴清丽等《孙子兵法在

① 于汝波主编：《孙子兵法研究史》，军事科学出版社2001年版，第194~195页。

现代战争中的运用》、刘很《孙子兵法与现代战争》、邓学鹏《孙子兵法对现代战争的启迪》、王寅宝《高技术海战谋略新探——读〈孙子〉札记》、姚华飞《谍战与孙子兵法》、钟少异《孙子的战争智慧》、贺少华《孙子兵法与现代战争》及王硕民《孙子军事信息思维论》等。

四是非军事应用研究之作泉涌而出，数量众多，不下四百种。改革开放以来，我国经济高速发展，受时代浪潮的激荡，《孙子兵法》非军事应用研究全面繁荣。从民国张廷灏开启《孙子兵法》的非军事应用研究、撰著《从孙子兵法研究做事方法》以来，其间相当一段时期非军事应用研究十分冷清，几乎无人接续，然而自20世纪80年代起，《孙子兵法》在经营、管理、领导艺术、营销、商道、体育、情感、家政、理财、经济、相夫教子等一切可能应用的领域，都有新作迭出。而值得推许的，则有杨先举《孙子管理学》及《兵法经营十谋》、洪兵《孙子兵法与经理人统帅之道》、纪洪波与姚振文合著《兵法经营学构建研究》、李桂生《兵家管理哲学》、魏占武《孙子兵法经营学》等。然而不少作品在神化、圣化《孙子兵法》的同时，又在把《孙子兵法》引向庸俗化、世俗化、厚黑化的道路，在应用研究方面牵强附会，其背后的推手即庞大的市场需求以及由此带来的经济利益，故而虽然呈现一派繁盛景象，但是正品、精品不多，有些出版物更是东拼西凑、胡编乱造，完全不尊重孙子学固有的内容和特质。

五是孙子学史的研究渐兴，大有可为。代表性著述有于汝波《孙子兵法研究史》，魏鸿《宋代孙子兵学研究》，邱逸《兵书上的战车：宋代的〈孙子兵法〉研究》，邵青《民国时期孙子学研究》，赵国华《中国兵学史》，黄朴民、魏鸿、熊剑平合著《中国兵学思想史》等。这些著述或对孙子学发展历程作通史性或断代性的专门论述，或在部分章节对孙子学史有所涉及。

六是以影印、译介、传记、论文集、文集、丛书、小说、故事、翻译、画册、漫画、书法、篆刻、外国语译本、少数民族译本、词典等形式，以及以特殊材质或出版方式（仿竹简版、丝绸版、黄金版、木活字版、木锡瓷铜活字版、雕版、经折装版、盲文版等）传承和普及《孙子兵法》的出版物，层出不穷，比较保守地统计，有七百种左右。

七是《孙子兵法》研究论文繁多，检索有关数据库，发现以“孙子兵法”为题的期刊论文有两千三百多篇，硕士、博士论文一百一十余篇，单篇会议论文四十余篇，有关孙子学会议论文集十余种。

八是孙子学研究呈现军地融合以及研究重心从军队向地方转移的趋势，主要表现在：越来越多的地方学者参与其中，军地合作研究越来越多，地方学者人数大有超过军队学者的迹象；近年来，位于孙子故里山东滨州的滨州学院孙子研究院正以全国孙子学研究重镇的形象展现于世人面前，集聚着军地研究力量，大有后来居上之势。

从上述现象和数据可知，孙子学进入了由量变到质变的全面繁荣新时代。

改革开放四十余年来，孙子学的发展呈现新的特点。人心向背、战争正义与否、军人素质高低、谋略高下虽是决定战争胜负的重要因素，但是现代军队的发展和战争取胜，愈来愈依赖科学技术进步和武器装备精良。任何一次军队的深刻变革，都是源自科学技术带来的武器装备的变革，然后引起编制体制的变革、作战方法和战争样式的变化。反映在孙子学研究上，就是《孙子兵法》在信息时代高技术战争中的运用研究，成果极少，与新时代军队建设和国防建设的要求有很大差距。可以说，孙子学研究偏离了世界军事变革和发展的方向，缺乏国际视野、未来眼光和战略胸襟，急功近利、故步自封、画地为牢地坚守着历史传统，局限于本土范围，没有紧随世界军事变革的步伐而不断地进行创新发展。本该着重关切或大力研究的领域，并没有获得相应的发展，偏离现代战争的非军事应用研究，却大行其道。这些都是我们必须勇于正视并予以矫正的偏差，也是未来孙子学研究应该力争避免的问题。

孙子学是以《孙子》及其相关问题为研究对象的一门学问，而《孙子》主要是谈战争诸问题的兵书，故其研究对象当然是战争，而非战外之事。可是真正谈战，特别是谈现代高技术战争的著述很少。纵观新中国孙子学发展历程，我们发现，新中国成立初期的孙子学，是启蒙化的孙子学；“文革”时期的孙子学，是政治化的孙子学；而改革开放后的孙子学，又走向了另外一个极端，即经济化的孙子学。新中国成立初期及“文革”时期的孙子学，除少数成果，如郭化若、关锋、杨炳安等的孙子学著述，可圈可点者甚少，自然不必多论。下面就“文革”结束后，尤其是中共十一届三中全会以后孙子学特点作一评析：

一是作者平民化。改革开放四十余年来，孙子学著作繁多，并有庞大的作者群。除了军队系统的作者，其余作者大多为普通知识分子，或为高校师生，或为机关工作人员，或为企业经营管理者，或为中小学教师，或为其他孙子学爱好者，绝大多数没有军旅经历，更未参加过战争。出于对孙子学的热爱，他们站在各自的认知角度，对《孙子兵法》进行研究。若要称之为“文人论兵”，似乎亦不为过，恐怕还是有史以来文人论兵最为普遍的时代。只是多数论述，实则以兵法的名义论非兵法之事，具体地讲，是谈如何赚钱、如何处世、如何经营、如何恋爱等，而不是真正谈论兵事、战事，所以严格意义上说，并不是真正的“文人论兵”。况且多数作者对孙子学发展史并不关切，并不论及兵学史。由于孙子学作者群体的构成具有复杂性，故其著述质量也参差不齐。一般地，军事院校、军事研究机构、野战部队和地方高校，有着深厚历史文化底蕴，明了战争本质及规律，其所生产的作品质量较高，理论性、思想性、学术性较强，价值较大，是孙子学著述的上乘之作。而一般爱好者，甚至某些专家学者，或因自身学养不高而胡编乱造，或因出于牟利动机而请人捉刀，或为哗众取宠而故作高论，或为博取高名而附庸风雅，故其编著的孙子学出版物，相当一部分不能卒读，毫无学术价值可言，被时代大潮迅速淘汰。甚至有的著述，刚一“出生”，就已“死亡”，没有获得广大读者认可。然而，与此相反的另一种现象是，绝大多数读书人，并不研究《孙子》，他们或是出于儒家传统固有偏见，或是出于个人兴趣，或是出于谋生需要，认为《孙子》所讲都是诡诈之道，为正人君子所不屑。新中国成立以来，承平日久，许多读书人不知战争为何物，漠视以《孙子兵法》为代表的古典兵学，以致兵家研究无论研究深度还是研究广度，都远远落后于儒家、道家、佛家、易学、阴阳五行学的研究，受众远远少于其他诸家。这既有数千年来中国文化传统的原因，亦有现代思想观念、社会风尚等原因。

二是诠解通俗化，传播大众化。在20世纪初期，在中国掀起了一场声势浩大、波澜壮阔的新文化运动，倡导语言上改用白话文，使用新式标点。新中国成立以来，贯彻为人民服务的文化方针，反映在孙子学上，就是《孙子兵法》诠解通俗化。尤其是改革开放四十余年来，出版了许多接地气的符合普通劳动者阅读需求的孙子学作品，这些作品不仅以普通大众能懂的浅显通俗语言诠解，而且以绘画、书法、版刻、少儿诵读、语文读本、故事传说、盲文等形式出版，真正做到了诠解的通俗化，使有粗浅文化水平的人都能读懂，彻底结束了孙子学只为少数知识分子拥有的历史，使之面向大众，面向普通人。

三是接受实用化。改革开放四十余年来，由于受到经济大潮的冲击，出版行业市场化，文化学术也悄然发生变化，纯学术的研究一度不受待见，从作者、出版者到读者，秉持实用主义的态度，往往以经济效益为考量标准，致使孙子学在战争理论、战争思想、战场应用等方面的创新研究不够。如前所述，对《孙子兵法》的现代高技术战争运用研究严重不足，对《孙子兵法》进行注解和非军事应用的研究却如潮涌般产生，而且不少出版物从形式到内容，都是对前人研究成果的简单复制或重新组合，“新瓶装旧酒”现象严重，没有什么创新。这是改革开放四十余年来社会心态浮躁、片面追求物质利益而产生的不良后果，必须引起我们的高度警惕和反思。

第三节　泛孙子化、泛兵法化现象及其影响

孙武撰著《孙子兵法》，其目的是用于战争，并最终消灭战争。虽然以兵法奇计经商者自战国时期即已有之，如计然、白圭、范蠡、吕不韦等，皆为翘楚，可谓渊源有自。秦汉以后商人亦多奉计然等人为商家典范，故历代不乏以兵法经商而成功者。虽标榜崇尚儒商，然而商场如战场，经商与战争确有许多相通相类之处。故以兵法经商本无可厚非，然而二者又有本质区别。战场之争，往往关系国家和民族的生死存亡，而经商做买卖，则要双赢，方可持久。故泛孙子化源于战国时期，其后不绝如缕。而把《孙子兵法》奉为经商圭臬，著书立说，自成理论体系，则始于“二战”结束之后。日本战败，

大批败军之将，其自中国所学《孙子兵法》，在战争结束后亦无用武之地，故用之于经商，并取得成功，形成了一套兵法经商理论，自成体系，自彰风格，被称为“兵法经营学派”。如曾任日本前陆军中佐的参谋军官大桥武夫、陆上自卫队退休军官武冈淳彦、防卫大学教授杉之尾宜生等人皆此一学派的代表人物。大桥武夫在日本成立“兵法经营塾”，聚集了商界、管理界许多成功人士。武冈淳彦改“兵法经营塾”为“国际孙子俱乐部”。杉之尾宜生又把“国际孙子俱乐部”改回“兵法经营塾”。日本兵法经营理论成熟于“二战”结束之后，而其兵法经营理论雏形则可追溯到日本战国时代被称为“兵法经营鼻祖”的北条氏长，他认为兵法非仅用于战争，而且用于士、农、工、商各领域。然而北条氏长本人并非企业家或商人，而是军人。江户时代是日本兵法经营理论提出、兴起及日本商人阶层形成的一个时代。所以，日本真正在商业活动中运用兵法原理的第一人，要算日本江户时代三井财团创始人三井高利，三井出身于武士，通晓兵法并以之运用于商业经营活动。①

由于历史的原因，我国台湾地区与日本经济、文化交流密切，故受到日本兵法经营学理论的影响。早在20世纪70年代，台湾地区就开始进行兵法经营学的研究，出版了相关的著述；20世纪80年代和90年代，台湾地区兵法经营学发展迅速。21世纪初期，台湾地区孙子兵法经营学呈现繁荣景象。我国大陆孙子兵法经营学研究稍晚于台湾地区，起于20世纪80年代，其后在以经济建设为中心的改革开放政策引领下，大批兵法经营论著应运而生，至今呈现繁兴之象。

孙子兵法经营学，几乎形成了一股世界潮流，诸如韩国、马来西亚、印度尼西亚、法国、英国、美国等都有孙子兵法应用于经营管理的研究和著述。其中，韩国起步较早。20世纪60年代末韩国即有兵法经营学著述问世，如安东逸《（企业作战）孙子兵法》以及沈载彦译日人安藤亮著《企业作战孙子兵法》。西方国家则稍晚，但有后来居上之势，出版了一些研究力作。如美国

① ［日］铃木拓史著，董凤伍译：《日本兵法经营思想史研究》，载《滨州学院学报》2006年第5期。

退役军官马克·麦克内利《孙子兵法与商业艺术》（中文译名《经理人的六项战略修炼——孙子兵法与竞争的学问》）、法国让·费朗索瓦·费黎宗《思维的战争游戏——从〈孙子兵法〉到〈三十六计〉》、德国维尔纳·施万费尔德《无敌兵法：孙子管理学》等，都是质量上乘、深受欢迎的作品。

《孙子兵法》运用于经营管理只是其非军事应用研究的主要方面，其他领域的应用研究也在所多有，在此不予细述。

《孙子兵法》应用的泛化现象，一则说明《孙子兵法》具有舍事言理的普适性价值，孙子学日益向着深广发展，丰富和深化了《孙子兵法》的含义；二则说明至今没有哪一种战争新理论能够超越《孙子兵法》的理论高度；三则说明孙子学的发展偏离了孙武子著述兵法十三篇的本意。《孙子兵法》应用的泛化现象虽然在一定程度上可以提升民众的智慧和谋略水平，有一定的战略意义，当我们面对战争的时候，即便普通民众，亦知有《孙子兵法》可以运用，但是从战争理论、谋略学的发展而言，显然背离了兵法固有的本质内涵。《孙子兵法》应用的泛化，是在相对和平的国际环境和国内环境中产生的一种必然现象，是时代的产物。这一现象可能会继续存在，并在相当长的时期内向着更深广的领域延伸。

就我国泛孙子化、泛兵法化的“孙子学”和“兵学”著述而言，则一定程度上造成了伦理道德上的误导，使得普通读者以为全部的人类社会活动和社会关系，都可以甚或必须以兵法思维面对和展开，而成为传统伦理道德滑坡和解构的推手，使人们陷入极端的实用主义陷阱。这种兵法思维的形成，亦必然造成人文精神的沦丧和湮灭，不能不引起有良知、有见识的学者的戒备和纠正。

毋庸讳言，某些研究者对孙子兵学应用的泛化现象所引起的消极影响熟视无睹，甚至继续任其蔓延，这不是在为社会和平做贡献，而是在为未来的战争做失败的准备。孙子学的最高理念应该是维护和平、追求和平，但是人类历史表明，和平是要靠强大的军事力量甚至战争来维护的，孙子的战争哲学，就是以战争遏制战争，从而实现和平。所以，孙子学研究应该理性地回归兵学本位，不断地深化和丰富以孙子学为代表的兵学理论，创造性地发展具有中国风格和中国气派的现代兵学理论，而不是随波逐流地把孙子学庸堕化，把兵学理论边缘化。

第四节 新中国建立后台湾地区孙子学的演进

一、台湾地区孙子学著作与孙子学演进

在我国台湾地区，据吴如嵩、苏桂亮《孙子兵学大辞典》相关统计，20世纪五六十年代，重版及新版孙子学著作至少有七十种，比大陆出版的孙子学著作多得多。重版或再版的孙子学著作，属于民国时期著述的主要有齐廉《新注孙子兵法直讲》、陈启天《孙子兵法校释》、王明长选注《孙子兵法》、张廷灏《从孙子兵法研究做事方法》、陈任旸《孙子十三篇直讲》、蒋百里与刘邦骥合著《孙子浅说》，属于明代著述的主要有王阳明手批《武经七书》、陈玖学《七子兵略》等，属于宋代著述的主要有郑友贤《孙子遗说》、吉天保辑《孙子注解》十三卷。新版孙子学著作，主要有李浴日《孙子兵法总检讨》、柯远芬《孙子兵法讲授录》、彭锷《孙吴兵学之新研究》、夏信侯《孙吴兵法之理论体系》、魏汝霖《孙子兵法今注》、杨家骆《孙子集校》、郭寿华《三民主义与孙子军事思想》、冯龙《孙子例证之研究》、严一萍选辑《孙子叙录》等。这一时期，台湾地区孙子学著述形势较好，究其原因，一是台湾地区当局比较重视传承和研究传统文化，二是国民党在大陆时期，国统区的孙子学著述比解放区要多得多，败退台湾之后，基本上接续了其在大陆的做法，或重版、再版民国和清代之前的孙子学著作，或出版新著，所以总体形势较好。

中华人民共和国建立后，台湾地区兵学典籍译注仍有一定成绩。如前所述，在20世纪60年代中期至70年代中期，台湾地区在整理古代文化典籍方面仍予以一定的关注，古籍的今译今注多有成绩，《孙子兵法》亦在其域，如对赵本学《孙子书校解引类》进行疏解、刊印，其他则有魏汝霖《孙子今注今译》、叶麟《白话孙子兵法读本》、柳元麟《孙子新校解》，而在《孙子》

思想及其与现代战争研究方面，则有王建东《孙子兵法思想体系精解》、李浴日《孙子兵法之综合研究》《孙子兵法总检讨》、萧天石《孙子战争论》、李启明《孙子兵法与现代战略》等。可以说对《孙子兵法》应用于现代战争，台湾地区比大陆关注得略早。20世纪70年代以来，民国及明代产生的《孙子兵法》名家注释，社会需求长盛不衰，比较通行的注释有蒋百里与刘邦骥合著《孙子浅说》、朱怀冰《读孙子十三篇阵中笺释》、柯远芬《孙子兵法讲授录》、夏信侯《孙吴兵法之理论体系》、郭化若《孙子兵法之新研究》以及明代刘寅《武经七书直解》等。20世纪90年代后，由于受到社会思潮和经济发展的影响，则在传统的文本解读、思想阐述等孙子研究中，注入了商战、领导、处世、经营、管理等元素，而进入21世纪，通俗化、大众化、普及化、世俗化的倾向愈来愈突出。

台湾地区比较重视军事教育和训练。国民党军队在黄埔军校，一般教授战术、兵器、交通、筑城四大科目，而很少教授《孙子兵法》战略科目。溃逃台湾之后，从20世纪50年代至70年代，国民党军队和青年学生的军事训练，仍以教授军事实践科目为主，在基础教育中的国文教育模块引入《孙子兵法》有关内容，其着眼点主要是国文学习。在大专院校，则在军事理论科目中开设《孙子兵法》以供选修。20世纪70年代末，大专院校对《孙子兵法》的重视程度有所提高，有专门编写的教科书，并把它列入国文的必修和考试科目。20世纪八九十年代有一些著述从兵学、哲学、谋略等方面对《孙子兵法》进行译述、阐发。进入21世纪，台湾地区在基础教育阶段和大学阶段更加重视《孙子兵法》的教育，从课程开设、教材编写（如姚季农编著《孙子十三篇语文读本》）到考试考核，都有比较清晰而严谨的规程。台湾元智大学在王立文的力推下，《孙子兵法》成为必修课程，并以《水浒传》作为经典案例印证《孙子兵法》。

中华人民共和国建立后，台湾地区的孙子学研究开启我国孙子兵法经营研究的先河。台湾地区在20世纪70年代便出版了《孙子兵法》经营管理著作，比如刘式谷《企业经营必须借重孙子兵法》、刘式毅《商战孙子兵法》、一也《孙子兵法的赚钱哲学》、萧而邝《孙吴兵法与企业管理》，这些著作是我国最早的兵法经营管理著作，大陆直到20世纪80年代中期才出版此类著述，故台湾地区比大陆早十五六年。台湾地区《孙子兵法》非军事应用的著述层出不穷，数量远超其他方面著述。代表性著作有黄营杉《我国兵家之管理思想：策略形成与执行》、萧新永《孙子兵法的管理智慧》《鬼谷子：说服谈判的艺术》、方鹏程《孙子：谈判说服的策略》、严定暹《新解孙子兵法》《用谋：活用〈孙子兵法〉》及曾仕强《孙子兵法与人力自动化》等。

在台湾地区20世纪50年代至今五百多部孙子学著述中，非军事应用占全部著述的十分之八九，诸如应用于股票、期货、营销、理财、经商、心理战、企划、公关、攻心、组织、领导、生活、处世、论辩、谈判、教学、竞技、职场、人生、保险、恋爱、婚姻、成功、老板、人际关系、店长学、厚黑学、人性化管理、赚钱致富、应对社会风险、项目管理、决策、品牌管理、家庭教养等，可谓无所不至。其应用范围与大陆基本相同，只是台湾地区更加讲究现学现用、活学活用、手到擒来、立竿见影，语言表述更加直白外向，不如大陆温婉含蓄、一唱三叹，即使讲赚钱兵法，也在表述上更显学术化。

少数孙子学著述比较注重战略战术思想的阐释。如王政《孙子兵法绎论》、丁肇强《孙子考证及其战略思想之研究》、王建东《孙子兵法思想体系精解》、郑峰明《孙子思想研究》、徐瑜《孙子兵法：不朽的战争艺术》、李启明《孙子兵法与现代战略》《孙子兵法与波斯湾战争》《不战而屈人之兵：孙子战略学》《孙子兵法政治作战概要》、吴林山《东方战略智慧：孙子兵法精要》、陈秉鸿《世界最伟大的兵书：〈战争论〉〈五轮书〉和〈孙子兵法〉的智慧艺术》、刘侠《毛泽东与孙子兵法》等。另外，林金顺《〈孙子〉错简新编》《孙子胜道初探》《孙子胜道初解》《孙子十二胜道实用》，在传统文献学、思想剖析基础上，对孙子的胜道运用进行研究。林金顺所编纂的《中国兵学名著大全》，收入西周到清代现存经典性兵书或兵论，分为基本兵法类、综合兵法类、兵谋类、战法类、治军练兵类、战争文选类、战史评述类等，凡十大类。

有些著述不是出自台湾地区本土作者之手，而是日本学者和中国大陆学者的著述在台湾地区出版。日本人所作，主要有安藤亮《孙子兵法今译》、守屋洋《孙子兵法：经营策略应用》《百战不败读孙子》、山本七平《参谋学：孙子兵法大解析》、今枝二郎《商战孙子兵法》、佐藤坚司《孙子兵法体系的研究》、中野明《立刻上手的孙子兵法》、福田晃市《萌译孙子兵法》、是本信义《图解孙子兵法》、武冈淳彦《孙子一日一言》、森友幸照《现代〈孙子兵法〉必胜心理战》、浅野裕一《孙子传》等。大陆学者所作，主要有郭化若《十一家注孙子》、李零《兵以诈立》、施芝华《孙子教你诈》《孙子不是教你诈》《孙子兵法教战二部曲》、张震泽《孙子兵法校理》、吴九龙《孙子校释》、黄朴民《大话孙子兵法》、杨善群《孙膑》《孙子》等。其他如韩国学者郑飞石《孙子兵法演义》，亦有台湾地区版。

重版或再版明、清、民国孙子学著述。属民国者，除前所列之作，还有刘文屋《孙子释证》、萧天石《孙子战争论》、钱基博《孙子章句训义》、叶玉麟《白话译解孙子兵法》、蒋百里与刘邦骥合著《孙子浅说》、陈华元《孙子新诠》；清代如陈任旸《孙子十三篇直讲》、毕以珣《孙子叙录》；明代如赵本学《孙子书校解引类》、刘寅《武经七书直解》等。但是这类著述总量不多，在三十种左右。

孙子兵学两岸学术交流方兴未艾，台湾地区的孙子研究机构主要有中华战略学会、中华孙子兵法研究学会等，为孙子学的传承和交流做出了积极贡献。

二、台湾地区孙子学论文与孙子学演进

台湾地区孙子学，除了前述大量著作，还有不少专门论文，而且更多地与现代相关学科紧密结合，其应用研究更加广阔。下面以孙子学学人为经，以其著述为纬，详赡介绍台湾地区孙子学论文及其主要观点。

台湾地区孙子学学者提出了不少有见地的观点。李子弋撰有《孙子兵法》论文数十篇，认为中国战略文化的“道胜”思想最早由姜太公提出；中国所有兵学发源于齐国；中国的大战略思维在于构建全人类的生存延续与共存；中国的和平发展不在于“力胜”“威胜”，而在于“道胜”。于宗先认为《孙子兵法》是商战法宝，智者之虑必在于利害，既要独善其身，也要兼善天下，

选人用人要择人任势，产业发展要致人而不致于人，继承传统与创新发展要在变中求生存和发展，在国际竞争中要善于知彼知己、用谋庙算、握机伐交，方能立于不败之地。傅慰孤认为《孙子兵法》崇尚和平、理性、人本等理念，不仅是战争兵法，也是和平兵法，是解决海峡两岸和平统一的法宝，其战略、谋略超越时空，其哲学思维超越军事对抗，屠戮虽然能赢得战争，但是赢不了人心；杀敌一千、自损八百，虽能惨胜，实质是两败俱伤，故孙子学是关于战争与和平的哲学。

林金顺以习惯领域理论分析《孙子兵法》，其《运用HD理论解析孙子奇胜思想——以孔明空城计的积极求解为证》一文，以“习惯领域”（Habitual Domains）理论阐释《孙子》提出的奇胜策略，并以《三国演义》的“空城计”为例，诸葛亮和司马懿均以“习惯领域”理论对对方的核心理念予以靠近和探测，从而演出了“空城计”。其《从HD“积极求解”印证“死地求生”之运用——兵学中最小阻力原则之探究》一文，以行为法则中的积极求解理论诠释孙子死地求生的可能性，并以韩信背水列阵战例印证“习惯领域”理论的可靠性。

朱文章善于以《孙子兵法》与战争理论及现实政治分析相结合，有一定的启发意义。其《另一部〈孙子兵法〉：探究〈齐孙膑兵法〉与〈吴孙子兵法〉的差异性》一文认为，兵法讲权谋，并不完全靠武力，孙武、孙膑二人笔法相近，讨论的主题前后衔接，战争理念也非常相似。《孙子的两种面貌：在战争中左右逢源》认为，孙子追求不战而屈人之兵，但是在实施过程中，装作对胜负漠不关心，这种示形于敌的“两面派”做法，是孙子最擅长的。《一个“文化中国”VS. 一个“中国文化”：孙子与中国崛起》认为，若要实现两岸的军事互信，只是引用《孙子兵法》的“不战而屈人之兵”的话，那么前途难以预料，因为双方追求的目标不统一，即究竟是齐桓公的一个“文化中国”，还是秦始皇的“一个中国”文化。所以要在目标统一的前提下，来研究《孙子兵法》，实现两岸的统一。

把《孙子兵法》应用于管理决策、企业管理、领导科学上。这方面的成果最多，有以下代表性论文：纪光阳《论〈孙子兵法〉的决策思维——情报观点的反思》认为，《孙子》提出了科学的情报决策，其重点就在谋定而后动，而《孙子》的谋略重心以情报为主体，孙子的情报决策过程与现代的科学决策暗合。徐木兰《〈孙子兵法〉与西方策略管理思想之系统性比较》，以策略管理学派分析《孙子兵法》与西方策略管理思想的异同，认为《孙子兵法》所揭示的策略管理本质不仅与规划、设计和定位等学派的观点相符，而且与认知、环境、形构等学派观点吻合。然而，由于《孙子兵法》以领导者为策略核心，而忽视组织内相关变数对策略形成和执行的影响，故而其在现代策略管理的应用上仍有局限性。杨辉南《〈孙子兵法〉之策略管理意涵》，从结构主义角度诠释《孙子兵法》的策略管理意蕴，并为之制作策略管理模型。林士奇、赵定涛《〈孙子兵法〉在企业上的应用研究》，认为企业的可持续发展要依赖正确的战略管理，《孙子兵法》的“审时度势”及“内外环境观察分析”原则运用到企业管理中，可以使企业得到良性发展。陈美容《〈孙子兵法〉权变领导理论研析》以现代权变理论阐述《孙子兵法》领导观。许俪龄《〈孙子兵法〉知识移转研究》，认为20世纪90年代学术界兴起“知识管理”之风，不少学者与企业家研读《孙子兵法》，以“知识移转”的方式，把《孙子兵法》应用于企业管理，获得成效，并掀起兵法的非军事应用研究热潮。其他还有康自立、张菽萱《中国式领导模式在制造业之应用：中国式领导量表之编制》；吴万益《由〈孙子兵法〉之角度探讨策略执行面之研究》；贾良定《造形、治气、利器而创势：〈孙子兵法〉战略思想体系研究及其在现代企业战略管理中的应用》，通过解构孙子的形势论、治气论、战略战术论而重构现在企业管理思想与方法；林奎允《〈孙子兵法〉竞争思想研究》，从竞争的内涵、原则、实践等方面建构具有现代意义的孙子竞争思想体系；钟莹《〈孙子兵法〉导引企业竞争之案例分析》，以《孙子兵法》与现代管理理论作比较，并以十家企业案例，验证《孙子兵法》运用于企业决策、规划和执行的可行性；陈业蒂《〈孙子兵法〉管理思维之现代诠释：以管理功能为基础》，认为《孙子兵法》具备了管理功能中的三大管理构面，即“规划”“组织”“领导”，且其所涵盖范围毫不逊于现代管理理论，具备现代管理理论之实质，唯独“控制”构面一块，论述不够，殊感遗憾。

把《孙子兵法》应用于竞技领域，有以下主要论文：邹濬智《试说〈孙子兵法〉在竞技比赛中的应用》认为，《孙子兵法》所体现的战争原理与现代竞技有很多相似之处，比如进攻与防守、突破与反突破的对抗性，都要求在一定的规则内如何取胜。王瑞瑾《以〈孙子兵法〉的智慧探讨超级篮球联赛》把《孙子兵法》原理应用到超级篮球联赛，提出了以下观点：要建立法治，摒除人治；全方位思考，永续经营；遴选总教练，以礼待之，以权柄授之，总教练在球队行政、战术、球员管理上要能掌控得宜；球员要放弃自我意识，培养团队合作，放宽眼界，目标一致；裁判要公正不阿，要建立具有公信力的考核制度，方能够得到群众信赖。黄军华《以赛局理论在孙子兵法之虚实篇应用之研究——以税务谈判为例》结合西方赛局理论，以《孙子兵法》的“虚实”理论，应用于政府与从业者之间的税务谈判中，降低和减少税务谈判中的冲突和障碍。

分析评论《孙子》的战略、战术、政治等观点，基本上只作文本研究，而不作应用考察。主要有以下论文：赵敏芝《〈孙子〉战略思想刍议》认为，《孙子》的战略思想涵括了政治、经济、心理、军事等方面，政治战略为得民心者胜；经济战略为因粮于敌；心理战略为夺气夺心；军事战略为知己知彼，先胜后战。朱俊豪《曹操的兵学思想：以魏武注孙武为例》透过曹操注解《孙子兵法》，剖析曹操的兵略和用兵特点。王伟建《〈道德经〉与〈孙子兵法〉在中国兵学的交辉与致用》认为，《道德经》和《孙子兵法》两部经典提出了慎战的国防理念、适度的战争手段、重谋的战略思维、以慈为勇的治军方略、不争善胜的制胜策略、奇正相生的用兵之术、以柔克刚的心战之法、兵形象水的变化原则和隐形匿踪的行动要领。祝仲康《受规范的君主：〈孙子兵法〉“主用”的新解》，认为《孙子》旧注多把“主用”解释为“财务和军需补给”或“军需后勤之掌理运用”，但是根据《孙子》诸篇中关于“主”的用法和含义，“主用”可能是指“君主的花费开销”，表示孙武主张即使君主的支出花费，也应接受法律规范。其《迂直之计新解及其与间接路线之比较》认为，传统的注解把“迂直之计”解释为“把迂回曲折之路当作直路的策略”，即“以迂为直”或者是“示敌以迂远”的策略，甚至有人与英国军事学家李德哈特的“间接路线”相类比。但是根据《孙子》语境，“迂直之计”是指“破坏或削弱敌军优势的策略”，而李德哈特提出的“间接路线”，其目的是要让敌军措手不及，所以可与孙子主张的“攻其无备，出其不意”相类，以及“以正合，以奇胜”等用兵策略相类。葛惠敏《〈孙子兵法〉“胜”之思想与启示》认为，“胜”是孙子思想的核心，有“先胜”“全胜”“战胜”。“先胜”，实力和态势上处于胜利；“全胜”，无损失的胜利；“战胜”，通过努力作战而取胜。“先胜”是“全胜”和“战胜”的条件；“全胜”是对“先胜”的优化，又为“战胜”创造条件；“全胜”不成功，就付诸“战胜”，运用作战艺术而取胜。“战胜”又可为实施“全胜”战略增加筹码。孙子“胜”的思想历久弥新，超越时空，对国家防卫和人生处世都有积极意义。

以《孙子兵法》分析具体的战役，如张琪闵《从孙子“虚实”观点论淞沪会战》，从《孙子》“致人而不致于人”“我专敌分”“策之”“作之”“形之”“角之”等用兵谋略，分析淞沪会战在抗战中的关键作用。淞沪会战的目的是，迫使日军分散兵力，转移日军作战重心，以创造抗日持久的条件，此与孙子“虚实”原则如出一辙。日军因不知孙子“虚实”的真谛，而未集中优势兵力于战略关键点，所以虽然赢得淞沪会战，但终致侵华战争失败而投降。

有的著述对台湾地区和日本孙子学进行回顾和反思。王长河《台湾孙子兵法研究廿年》对台湾地区 20 世纪 90 年代到 21 世纪前十年的孙子学研究进行长镜头式的观照，指出虽然台湾地区孙子学研究呈现多元化和通俗化，成果比较丰富，但是缺乏战略性发展规划。范舒涵《山鹿素行“孙子谚义”的研究》，探讨山鹿素行的孙子观及《孙子兵法》在江户时代盛行的原因，认为日本兵学起源于中国的《孙子兵法》，日本有关《孙子》的注解、研究在江户时期十分盛行，其原因主要是德川幕府把《孙子兵法》作为军队的教材，致使其书广被注释和研究。加之日本进入江户时代后，倡导居安思危、文武兼备，故《孙子兵法》广为推崇，成为武士修炼的必备科目。

有把《孙子兵法》应用于环境伦理上的论文。如周颖君《〈孙子兵法〉

的运用性重构》提出，《孙子兵法》可以运用在环境伦理学的探讨之中，用以解决当今的环境问题。

其他论文，如郑良树《论银雀山出土孙子佚文》、王民信《西夏文孙子兵法》、唐亦男《孙子与老子书中“道”——概念之意义及运用》、沈清松《孙子思想的现代诠释》、温华昇《以〈孙子兵法〉“始计篇”探讨击剑运动中锐剑项目比赛战术运用》、蒋豪《兵圣孙武的身世推测》、蔡宪昌《〈易经〉与中国兵学思想》、吴顺令《近十年来孙子兵法应用在企业经营管理方面研究之分析》、刁竹叶《〈孙子兵法〉与俾斯麦的谋略思想》、胡舒婷《〈孙子兵法〉与人生》等，大体上能够反映20世纪70年代后期到21世纪前十年台湾地区孙子学研究主题的变化：从文本研究，到意义生发，再到行业应用。

从台湾地区孙子学研究论文看，多为相关领域的学者对《孙子兵法》进行跨学科研究，所以其成果多呈现零散化、碎片化、补丁化，缺乏系统性和整体性的成果，反映出研究者缺乏学术追求、社会担当、时代责任和历史责任的普遍心态。他们利用《孙子兵法》在非军事领域中应用的普适性，以急功近利的态度支持、辅翼、丰富现代政治学、外交学、管理学、经营学、领导学、竞争学、处世学、家政学等，不同学科领域的研究者都各自从熟悉的角度选择性地来理解和阐释《孙子兵法》，各取所需，为我所用，有的则望文生义、牵强附会。表面看来，这些研究者及其发表的文章，造就了孙子学的繁荣景象，但实质上隐藏着忧患，就是说孙子学的核心理论及其体系本身并未得到发展，孙子学这个亘古“巨人”被人们剜削，用以修补其他的学说，故看上去虽然五光十色、光彩夺目，而实质上是一种舍本趋末、本末倒置的功利现象。孙子学在本质上是关于制止战争与追求和平的学问，其核心理论是道胜、谋胜、全胜、不战而胜、先胜、知胜等非战争手段取胜之战略、策略。然而遗憾的是，台湾地区的很多孙子学著述抛弃了孙子的核心理论，而错把诡道竞争当成了孙子学的灵魂。这是近几十年来孙子学发展不如人意的突出表现。

第五节　新中国《孙子》注解与孙子学研究

一、郭化若与孙子学

新中国成立后，郭化若撰写的《今译新编〈孙子兵法〉》，先后于1957年和1962年由人民出版社和中华书局上海编辑所出版发行。今译目的在于普及《孙子兵法》，故其十三篇已不同于原本十三篇，而是按照当下人们对战阵及《孙子兵法》的理解进行重新编排，其篇目依次为《论战争》《进攻战》《速决战》《运动战》《主动性》《灵活性》《地形》《用间》《情况判断》《火攻》《管理教育》《指挥关系》《将帅修养》。郭化若又有《孙子今译》，中华书局上海编辑所1961年影印宋本《十一家注孙子》以之附于书后，有郭化若序。1977年有人民出版社单行本。1984年又有上海古籍出版社的改编本《孙子译注》。郭化若译注本，与1977年中华书局出版的由中国人民解放军军事科学院战争理论研究部《孙子》注释小组编写的《孙子兵法新注》，是新中国成立之后普及最广、影响最大的两种今译今注本。

郭化若善于运用马克思主义、毛泽东思想诠解《孙子兵法》蕴含的军事思想和哲学思想，其分段标号的注释方式颇为新颖，对文句的理解不仅忠实于孙子本意，而且能够根据语境予以充实，使之有所隐藏的意义凸显出来。郭化若对《孙子兵法》予以接近事实的评价和考证，认为《孙子》十三篇是我国古代最早最伟大的兵书，历来被列入《武经七书》之首，其书大体是孙武总结春秋和以前的战争及吴伐楚的经验，以及评判吴王和伍员等谈论军事的观点。经过百余年口授、抄录，辗转流传，到战国经过孙膑整理、增补成十三篇。到了汉代，《孙子》已不是十三篇的原样，而是成了八十二篇文及九卷图。三国时期，曹操“削其繁剩，笔其精粹”，恢复为十三篇。在20世纪70年代山东临沂银雀山出土《孙子兵法》和《孙膑兵法》竹简前，有这种认识，实在难能可贵。郭化若以马克思主义的唯物史观和辩证史观理解《孙子兵法》对战争的论述，认为春秋战国时期生产力不高，战争对经济的破坏很大，其战争主要是列国之间争夺土地、人民和霸权的战争，并不具有义战的性质，而抵御外族入侵和奴隶起义的战争，在《孙子兵法》中没有反映。简陋的生产工具和落后的生产方式决定了当时的作战方式和指挥方式，所以袭击和围困成为当时最有力的战斗方式，君王“亲自统率”是当时最有效的指挥方式。然而，落后的生产方式不仅不妨碍而且促进了先进的运动战军事理论的诞生。春秋战国时期的军队是诸侯手中用以镇压平民的反抗、对外扩张以及争霸的工具，其所实施的管控方法是暴力压迫，但这并不能阻止广大士兵消极的反抗，比如溃败、逃亡、倒戈和投敌。故代表新兴地主阶级利益的一些开明将帅，主张严刑与厚赏并重，比如孙武提倡“视卒如爱子”的治兵理论，有其具体的历史依据，反映了其阶级实质。郭化若在《孙子译注·前言》中说：“《孙子》的军事思想是从属于新兴地主阶级的政治思想，并成为它的组成部分。它关于战争问题和军队问题的论述，就反映了地主阶级在新兴时期政治上的需要。”① 由于春秋末期军队具有较强的脆弱性，或一战即败，或一战即胜；战争规模小，战线短，耗时少，既是战役，也是战斗，故孙子总结的那些战争理论，既是战略理论，也是战术理论，两者之间没有很明晰的界限。

郭化若还在序言中对孙子的军事思想进行了综合和概括，认为孙子的军事思想有一个广博而精深的比较完整的体系，对战争问题有唯物的全面的认识，对战略问题有深刻的辩证的见解，对治军亦有若干主张。具体地说，孙子是追求和平的，但是不管战争会不会爆发，都要做好战争的准备，而不要寄希望于敌人不会发动战争；孙子对战争胜负的因素有全面的论述，而把在政治上能否得人心放在第一位；孙子提出了战争与经济的关系，由土地大小之“度”生出物产多少之“量”，由物产多少之“量”生出军力大小之“数”，由军力大小之“数”生出双方力量优劣对比之“称”，由双方力量优劣对比之“称”决定胜败的物质基础。当时的战争消耗很大，出师十万，日费千金，而不得操事者七十万家。故孙子在此基础上，提出速战速决战略，

---

① 郭化若著：《孙子兵法译注》，上海古籍出版社 2012 年版，第 111 页。

是有其客观的历史条件作为依据的，这正是郭化若运用马克思主义和毛泽东思想研究《孙子兵法》的深刻之处。正因如此，郭化若往往能以现代语言来阐述孙子的战略战术思想。比如他说："孙子战略思想的基础，是建立在总体上藐视敌人，而在具体的作战指导上又重视敌人上面的。"① 郭化若对《孙子兵法》原文，亦有在现代语境下的理解，比如对"上兵伐谋，其次伐交"就有新解：首先应该在战前揭露敌人的阴谋，提高人民的警惕性；在外交和国际活动中争取支持和援助，孤立敌人，增加敌国的内部矛盾，使敌国不易发动战争。② 再如《计篇第一》之题解，郭化若说："《孙子》十三篇，以'计'为首篇。'计'是当时《孙子》所用的范畴，直译为计算或估计，是战前对敌我双方的政治、经济、军事、天时、地利和将帅才能等现有的客观条件的估计和对比。即我们今天说的通过敌对双方有关战争胜败的条件进行对比，从而作出胜败估算。紧接着论述了战略上总的方针和主要原则以结束本篇。"③

郭化若认为孙子初步提出了战争和政治的关系，即把"道"作为决定战争取胜的首要因素。而孙子对治军的论述，反映了新兴地主阶级根据当时新的土地关系而企图革新军制的需要，其文武兼施、刑赏并重的治军原则和方法，"是当时社会上地主阶级同农奴、奴隶及其他贫苦劳动者的阶级关系在治军思想上的反映。这同奴隶主阶级军队中将帅对士卒极端野蛮、残酷的统治相比，有一定的进步性。但是在军队内部存在着剥削和被剥削阶级对立的条件下，所谓'爱卒''善俘'，实际上是不可能做到或不可能完全做到的"④。

二、庞齐与孙子学

庞齐（1910—1990），陕西安康人，著有《孙子兵法探析》，参编《中国

① 郭化若撰：《论孙子兵法（代序）》，见《十一家注孙子》，中华书局 1962 年版，第 8 页。

② 郭化若撰：《论孙子兵法（代序）》，见《十一家注孙子》，中华书局 1962 年版，第 7 页。

③ 郭化若著：《孙子兵法译注》，上海古籍出版社 2012 年版，第 1 页。

④ 郭化若著：《孙子兵法译注》，上海古籍出版社 2012 年版，第 113 页。

古代兵法选辑》等。其《孙子兵法探析》对《孙子》作者及其思想进行了深入剖析，指出：“《孙子》十三篇是‘舍事言理’的战略哲学专著，它总结了春秋末期及其以前古代中国战争的经验，并上升到战略全局去考察战争这一社会特殊现象。”① 庞齐以此为支点，对《孙子》的战争理论价值进行总结，认为《孙子》以慎战论作为战略思想的出发点，从而主张间接路线的战略方针，一般避免激烈的对决战，而力求以政治、外交、攻心等途径去瓦解敌人；《孙子》吸收古代《易经》《老子》的思想，立足于“变”上，讲求运用之妙存乎一心，在哲学根本问题上尊重客观现实、知彼知己，强调综合和系统分析，全面把握战争形势；作为新兴地主阶级军事家的孙子，以其鲜明的政治观点作为其战略思考的出发点，提出忠君爱民、修道保法的政治原则；《孙子》不仅在政治上、军事上价值巨大，而且在文学和企业经营上也是不可忽视的经典。

三、张震泽与孙子学

张震泽（1911—1992），山东济南市长清区人，精文字、音韵、训诂，出入经史子集，著有《孙膑兵法校理》《扬雄集校注》《诗经新诠》《许慎年谱》等。《孙膑兵法校理》纠正旧注讹误一百二十一条，增注二百六十八条，被美国学者译成英文出版。考定银雀山汉墓竹简，认为《孙膑兵法》写于汉高祖刘邦在位的十余年。其校理重证据，多能发人之所未发，如校理《禽庞涓》篇题：

> 本篇叙孙膑擒庞涓事，故以“禽庞涓”为题。据本书，庞涓于桂陵之役被擒，于马陵之役被杀。（本书《陈忌问垒篇》言：“取庞子。”《史记·田敬仲完世家》言：“杀其将庞涓。”）既已被擒，何以于十余年后又为魏之主将而见杀于马陵？人或疑诸书记载不实。今按，本篇既为孙膑弟子所传，桂陵擒庞涓，当不致有误，后人致疑，盖由于对禽（擒）字之误解。禽（擒）本有二义：《左传》襄公二十四年“收禽挟囚”，杜

① 赵嘉朱编：《孙子研究文献备要》，新华出版社 1992 年版，第 141 页。

注："获也。"此是第一义。哀公二十三年："知伯亲禽颜庚。"即用此义。《淮南子·兵略》："吴王夫差西遇晋公，禽之黄池。"高注："禽之，服晋也。"吴王为黄池之会，实未俘虏晋公，此禽字是制服之义，此为第二义。《韩非子·存韩》"劲韩以威禽"；《战国策·秦策三》"大夫种率四方士上下之力以禽劲吴"；《盐铁论·结合》"秦南禽劲越"；《西域》"吴越迫于江海，三川循环之，处于五湖之间，地相迫，壤相次，其势易相禽也"；此皆用第二义。庞涓之禽，当同此义。人多习第一义而忽第二义，遂生疑。①

四、钮先钟与孙子学

钮先钟（1913—2004），江西九江人，著有《孙子三论：从古兵法到新战略》及《中国战略思想史》。钮先钟之"孙子三论"，即孙子原论、校论和新论。所谓原论，即把对《孙子》的理解和阐释还原到《孙子》的本来面貌和意义上。所谓校论，即比较研究，一是《孙子》与先秦诸子著作的比较；二是《孙子》思想与近代西方战略思想的比较。所谓新论，是以今天的思维、观点来重新审视两千多年前的《孙子》，找出它在今天的价值。

钮先钟希望通过以《孙子》为代表的古兵法来建构现代新战略，而新战略既指当前的战略，也指未来的战略。研究古兵法只是一种手段，而探求新战略才是目的。其论述很多方面可圈可点。比如，《孙子》十三篇之思想体系，从其逻辑顺序而言，第一篇到第三篇讨论的是大战略（国家战略）及军事战略，可谓战略通论，是代表孙子战略思想的最高阶段。第四篇到第六篇讨论的是战争艺术的思想体系，在我国古代称为"用兵"，在西方则称为"作战"，可谓是"将道"的精华。第七篇到第十二篇讨论战术、后勤、地理等问题，层次低于战略，有发人深思的名言，值得注意。第十三篇讨论军事情报，提升到战略层次，实为《孙子》思想体系中的重要内容。

---

① 张震泽著：《孙膑兵法校理》，中华书局1984年版，第4~5页。

再如，钮先钟认为诡道只是表示随机应变、不循常规的形式，并不全是欺诈，欺诈只是诡道中的一个方面。

又如，“作战”应解释为“备战”；“伐谋”是打击敌人的战略计划，使敌人的战略计划完全失败；“伐交”是打击敌人的外交，即分化敌人的同盟或附庸。钮先钟在对《孙子》原文，特别是有争议的原文作了串讲和阐释之后，又对《孙子》与先秦诸子的思想、先秦兵书，以及与西方的克劳塞维茨、若米尼、李德·哈特、博弗尔的思想进行比较，以求中西军事思想互通互补。又由此递进，阐述孙子的哲学基础、孙子与未来战争、孙子与现代企业管理、孙子之“四求”（求知、求先、求全、求善）与论将。钮先钟认为，孙子的哲学基础是二元论、未来学、行动学，而未来学加行动学等于战略；从《孙子》全书的内容可以看出，孙子有四个理想追求，即求知、求先、求全、求善；而在现代企业管理的应用上，最适用的还是《孙子》的大战略思想，主要表现在道、天、地、将、法对现代企业管理的指导意义。

五、何炳棣与孙子学

何炳棣（1917—2012），浙江金华人，著有《明清社会史论》《明初以降人口及其相关问题（1368—1953）》《黄土与中国农业的起源》等，发表论文《中国现存最古的私家著述〈孙子兵法〉》《中国思想史上一项基本性的翻案：〈老子〉辩证思维源于〈孙子兵法〉的论证》等，认为《孙子兵法》撰成时代比《论语》要早，是中国现存最古的私人著述，《老子》的辩证思维至少部分衍生于《孙子》，若两种观点无大错，则中国学术史的很多问题将重新定位，中国哲学轴心时代的坐标亦将重新校定。①

六、古棣、戚文与孙子学

古棣（1919—2005），即关锋，山东庆云人，有《孙子军事哲学思想研究》《王充哲学思想研究》《春秋哲学史论集》《老子校诂》等论著。

---

① 何炳棣：《中国现存最古的私家著述〈孙子兵法〉》，载《历史研究》1999 年第 5 期。

戚文（1931—2016），即戚本禹，山东威海人，著有《先秦人物论》等。

古棣和戚文两人合编《孙子兵法大辞典》《孙子兵法全解》。

古棣认为，孙子的认识路线是根据事实求索胜负之情，了解敌情、天时、地理条件和自己的情况，从而进行比较，确定战略、战役、战斗计划，发挥主观能动性，就有胜利的把握。孙子的天才战略战术思想，就是循着这条唯物主义的认识路线，概括实战经验得出来的。又认为，孙子的认识路线不是直观的，而是和辩证法结合在一起，通过孙子的战略战术原则能够看到他的辩证的思想方法。比如孙子能透彻地理解和分析利和害、迂和直、围和阙、乱和治、怯和勇、弱和强、众和寡、攻和守、为和不为、奇和正的辩证关系，而且在其军事哲学中包含着客观规律性和主观能动性统一的思想，但是孙子实际上把违背客观规律的“不为”和符合客观规律的“为”分得很清楚，既承认客观必然性，又承认主观能动性，还承认它们的统一性。①

古棣和戚文二人主编的《孙子兵法全解》，是目前比较全面地对《孙子兵法》进行解读的作品，有解题、原文、今译和解析。其中“解析”是对《孙子》十三篇原文及佚文中重要的词语、短语的诠解分析，比如“死生之地”“存亡之道”“不可不察”“经之以五事”“校之以计”等。必须指出的是，编者根据有关文献和自己的理解，把某些孙子佚文，比如与《九地》有关的佚文，予以重新编次，以成《散地战》《轻地战》《争地战》《交地战》《衢地战》《重地战》《圮地战》《围地战》《死地战（一）》《死地战（二）》《山险战》《攻骄战》凡十二篇；又如《临沂银雀山汉简》之孙子佚文有《吴问》《四变》《黄帝伐赤帝》《地形二》《见吴王》五篇，古棣、戚文仅录前三篇，因《地形二》残缺太多，语意不连贯，而《见吴王》与司马迁《史记》所载孙武以宫女演兵之事相同，算不得《孙子》佚文，故两篇均不录。如此处理，颇有道理。其余如《孙子》训诂、校勘上的争议，也多有辨正，颇见小学功力。

七、杨炳安与孙子学

杨炳安（1925—），河南新野人，著有《孙子集校》《〈孙子〉会笺》《孙

---

① 关锋：《孙子军事哲学思想研究》，载《哲学研究》1957 年第 2 期。

子校释》《十一家注孙子校理》《政治伦理学》等，发表《“孙子”十三篇校笺举要》《〈孙子〉新笺》《孙子笺补》《孙子兵学的东流和西渐》《论孙子兵学与科学理性》等论文。

《〈孙子〉会笺》是在《孙子集校》问世二十余年后的一部力作，其“后记”称，其《集校》“只校文字，未解本义，且其时汉简尚未出土，又昧于见闻……历来学者见仁见智，各执一端，或随文衍绎，以讹传讹，故常思索隐发微，正其旨归。是以参阅各本，旁摭众说，审其得失，取其所长，辨其讹忤，核其音义，考其旨实，而有此笺”①。会笺，顾名思义，即广搜众说，互相参会，以求《孙子》真义。比如《作战》篇杨炳安解题曰：“‘作战’，非常言作战、交战、打仗之义。‘作’，在此乃‘始’义。”再引《广雅》之王念孙疏证、《老子》之言，予以佐证。

杨炳安的《〈孙子〉会笺》是建立在他对《孙子》比较全面而深刻的理论阐释上的。杨炳安比较系统地论述了《孙子》产生的社会历史条件以及《孙子兵法》的军事思想，概括了孙子在政治上修道保法、物质上保证军队实力、将帅修养上“五德”兼备的基本观点，梳理了孙子知己知彼、料敌制胜、以十攻一、攻其无备、出其不意、兵贵拙速、避实击虚、避锐击惰、贵势重节、因利制权等作战方法和策略原则；指出孙子的军事思想是建立在朴素的唯物论和辩证法基础上，分析了孙子提出的一系列哲学范畴，认为孙子把战争看作是一个对立统一的矛盾转化过程，而且认为孙子非常重视“战道”，即重视战争的规律。同时，杨炳安指出孙子军事思想的局限性，一方面孙子对战争的认识还是非常肤浅的，虽然意识到战争对国家存亡和人民生死的极端重要性，但他对战争的根源、产生、消亡、暴力的双重作用，进步战争对社会发展的推动作用，以及战争的长期性和复杂性等重大问题，一无所知；另一方面尽管孙子重道、重民，但对战争与政治的本质关系，以及对战争的正义性和非正义性不甚明了，对将帅的个人作用夸大到不切实际的地步，对战略战术的认识也比较模糊。总之，杨炳安认为孙子对战争的认识仍处在比较

① 杨炳安著：《〈孙子〉会笺》，中州古籍出版社1986年版，第231页。

直观的层面，还没有上升到哲学的高度，虽然有时也接触到一些具有哲学意义的重大问题，但并没有进行深刻的论述。①

《十一家注孙子校理》旨在校理《孙子》重要传本系统之一的十一家注（亦即统称十家注）系统之母本宋刊《十一家注孙子》的文字，不以《武经七书》系统或其他系统《孙子》传本的文字标准来校改，以保持宋本十一家注《孙子》的原来风貌；在校改内容上，不仅包括十三篇经文，也包括十一家注文，但只作文字校理，不作疏证，对其思想观点之是非，亦不加评议。杨炳安之校理《十一家注孙子》，当是孙子注释学史上的一个重大成果，此前有清代孙星衍校刊本和20世纪60年代中华书局上海编辑所校刊本。孙星衍校刊本是二百多年来流行最广、影响最大的本子，而中华书局上海编辑所影宋校刊本吸收了孙校本的成果，是当下通行的本子。它们加上杨炳安校理本，可谓鼎足而三。

八、杨先举与孙子学

杨先举（1930— ），浙江宁波市鄞州区人，著有《孙子管理学》《兵法经营十谋》《经营战胜策》《三国管理学》等。他与李世俊等合著《孙子兵法与企业管理》。其研究注重《孙子兵法》在经营管理中的应用，他的文风朴实而又生动活泼。他认为兵法经营应该遵循以下十个法则：悟道法则、治众法则、五德（智、信、仁、勇、严）法则、庙算法则、全胜法则、利动法则、先知法则、胜战法则、造势法则、权变法则；他认为以兵法指导经营必须注意兵法的特殊性，因为兵法经营和一般经营虽有互相可以借鉴之处，但是若把本该属于兵法特有的原则滥用到工商经营上来，就会弄巧成拙。② 他特别强调：“借鉴《孙子》于管理时，根据《孙子》‘因敌制胜’的指导原则，必须据时空条件不同而审慎考虑。时间变了，《孙子》毕竟是诞生于二千多年前的传世之作，反映当时的具体作战方法等；空间不同，军事管理与企业管理，有共性一面，也

① 杨炳安撰：《论孙子的军事思想（代序）》，见《〈孙子〉会笺》，中州古籍出版社1986年版，第1~23页。

② 杨先举：《兵法经营刍议》，载《滨州学院学报》2008年第5期。

有特异性一面，一些很具体的作战方法等是不能套用到企业管理中来的。”①

九、钮国平与孙子学

钮国平（1932— ），广西梧州人，著有《孙子详解》《司马法笺证附韵读》等，发表孙子学论文十余篇，长于对《孙子》文本的音读、疏证、考释、诠解。比如他认为，“其势险”当训为“兵势难测”；“其节短”指势的节奏短促。“势险”“节短”是《兵势》全篇的主题，“难测”“短促”是兵势的特性。“不知诸侯之谋者，不能豫交”，与“不争天下之交，不养天下之权，信己之私，威加于敌”并举，将对立的两种策略并举，旧注以为有错简、脱字等，非《孙子》原本，实际上孙子常常把两种对立的策略统一起来，表明其军事外交策略包含着丰富的辩证因素。② 其《孙子详解》解读文句、归纳篇旨、引证文献、标示韵读，其意在于解读《孙子》文本，重点不在应用，故不引用战例或事例。

十、蓝永蔚与孙子学

蓝永蔚（1936— ），著有《春秋时期的步兵》《〈司马法〉注释》，与黄朴民、刘庆、钟少异合著《五千年的征战：中国军事史》，发表《〈孙子兵法〉时代特征考辨》等论文。其《〈孙子兵法〉时代特征考辨》从《孙子兵法》的思想倾向、战略思想特征、所表现的军制特征及《十三篇》与孙子佚文四个方面，论证《孙子》为春秋末期的作品，反映了春秋时期我国的军事状况，认为对它的任何怀疑都没必要。③

十一、谢祥皓与孙子学

谢祥皓（1937—2018），江苏沛县人，在儒、道、兵等研究方面，成果颇

---

① 杨先举等：《浅谈〈孙子兵法〉与企业管理》，载《经济理论与经济管理》1984年第6期。

② 钮国平：《孙子兵法探微两则》，载《西北师范大学学报（社会科学版）》2002年第1期。

③ 蓝永蔚：《〈孙子兵法〉时代特征考辨》，载《中国社会科学》1987年第3期。

多。著有《中国兵学》《中国儒学》《孙子导读》《庄子导读》《孟子思想研究》《兵圣传略》等，主编《兵圣孙武》《文化中国》，合编《孙子集成》。其中，《中国兵学》以孙子兵学为核心，对中国先秦至清代几千年的兵学发展脉络予以鸟瞰式梳理和陈述，比较客观和全面，尤其对中国古代兵家的思想进行了实事求是的总结和分析，对历史上的兵家人物也多有介绍和点评，事实清楚，理论概括准确，评价中允得当，既突出了人民创造历史的主体作用，又体现了中国兵学一以贯之的贵谋贱战的思维方式。《孙子集成》由谢祥皓和刘申宁共同辑编，汇辑了中国历代《孙子兵法》注本、校本、刊本、集释本等八十余种，有的本子还是珍本、善本、孤本，可谓一编在手，研读不愁，为孙子学学人寻找《孙子》历代注本提供了极大便利。

十二、杨善群与孙子学

杨善群（1937— ），上海人，著有《孙子评传》《孙子答客问》《古今兵圣：孙子》《越王勾践新传》，主编《孙子兵法鉴赏辞典》，发表论文数十篇。

《孙子评传》把孙武、孙膑和司马穰苴合为一编，以广其传，对他们的生平事迹、军事、政治、哲学思想均作了全面的评述。《孙子答客问》以客人提问和孙子自述的形式对《孙子》的产生、流传、真伪、主要内容等进行梳理和论述，形式活泼，通俗易懂。《古今兵圣：孙子》从孙子兵学的成就到孙子兵学产生的背景，从孙子的军事谋略到孙子的哲学思维，从孙子的政治智慧到孙子的经济头脑，从孙子兵学在历代的崇高地位到孙子的世界影响，从孙子的军事谋略到非军事应用，从孙子的家世、避乱奔吴、宫廷演兵、西破强楚、南服越人、北威齐晋到弃甲归隐，进行全方位的评述。《孙子兵法鉴赏辞典》对《孙子兵法》的文本、主题、名言三大方面进行鉴赏：就文本而言，对《孙子》原文进行注释和鉴赏；而就主题和名言而言，亦取其精华进行解读，并选取有代表性的战例予以分析和印证。

十三、吴如嵩与孙子学

吴如嵩（1940— ），贵州铜仁人，著有《孙子兵法浅说》《孙子兵法新论》《孙子兵法十五讲》《孙子兵法新说》，主编《中国古代兵法精粹类编》《孙子兵法辞典》等。

吴如嵩研究《孙子》，既继承文字训诂传统，又辅以战例，并对孙子的军事理论体系有进一步的概括，提出了孙子理论体系“十六论”，即慎战论、先胜论、全胜论、伐交论、突袭论、易胜论、致人论、任势论、诡道论、阵法论、常法论、治军论、将帅论、后勤论、地理论和战道论，提升了孙子学成果的理论水平。吴如嵩以孙子学为研究支点，向外扩展到整个兵学领域，重视孙子学与当下军事实际问题和重大军事斗争问题的关联性研究，意识到“军事科技高度发达的西方强国蓦然回首，发现他们在决策思想、作战思想上要借助东方古典兵学作为外脑”，指出孙子的全胜思想与当下核战略、善战思想与“空地一体战”理论等有密切关联。具体来说，吴如嵩以美国《作战纲要》借鉴孙子兵学的核心思想为例，对其“空地一体战”理论与孙子兵学进行全面比较：其“空地一体战”的理论生成，直接受到孙子“知彼知己，胜乃不殆；知天知地，胜乃可全”思想的启发；其战役战略的“突袭”理论，借鉴了孙子“攻其无备，出其不意”主张；其“快速取胜”策略，从孙子“兵之情主速”“兵贵胜，不贵久”脱胎而来；其“迂回战术”思想，受到孙子“因敌制胜”主张的影响；其“各兵种合成作战”思想，效仿了孙子“奇正相生”的用兵观点；其“纵深攻击”，则受到孙子“避实击虚”“攻其必救”的启发。凡此种种，证明美国《作战纲要》在理论上多方面吸收了孙子的智慧。

十四、吴九龙与孙子学

吴九龙（1941— ），四川成都人，主要致力于汉简《孙子》的释文、笺注方面，为孙子学的发展做出了重大贡献。著有《孙子校释》《银雀山汉简释文》等。

《孙子校释》由吴九龙主编，杨炳安、吴如嵩、穆志超、黄朴民合编，为中国孙子兵法研究会组织编写的《孙子兵法大全》系列丛书之一种。《孙子兵法大全》遵循普及与提高相结合的原则，对《孙子兵法》的深厚内涵进行全面的梳理和总结，分为十个专题：《孙子校释》《兵圣孙武》《孙子兵学体系详析》《孙子战争哲理精解》《孙子军事经济思想论纲》《孙子语言艺术发微》《孙子商战新诠》《孙子集评》《孙子学文献提要》《孙子兵法大全研究粹编》。《孙子校释》以中华书局 1961 年影宋本《十一家注孙子》为底本，参以《武经七书》本《孙子》、汉简本《孙子》，对传本和简本在文字、段落、篇章次序等方面的三百余处讹异，以子书、类书等相关文献作参考，进行校订。其中，类书多取《北堂书钞》《太平御览》《通典》《长短经》《昭明文选》等所引《孙子》文。先校，次注，后译，用力甚深，征引广博，在比较中自见正讹。如《计》篇“凡此五者，将莫不闻，知之者胜”，作者校记曰：“《御览》卷二七〇引此‘闻’下无‘知’字，且连读为‘将莫不闻之者胜’，未可据。”次之以“注释”云：“知，谓深刻了解、确实掌握之意。《庄子·外物》：‘心彻为知。’成玄英疏曰：‘彻，通也。’曹操注：‘同闻五者，将知其变极，即胜也。’”①《银雀山汉简释文》对银雀山一号墓竹简和木牍、银雀山二号墓竹简进行释文，内容涉及《孙子兵法》《孙膑兵法》《尉缭子》《晏子》《六韬》《守法守令十三篇》，以及《论政论兵之类》《阴阳时令占侯之类》，此外还有《唐勒》《定心固气》《相狗方》《作酱法》等杂类。

十五、苏桂亮与孙子学

苏桂亮（1943— ），辽宁鞍山人，在孙子学文献研究方面用功甚勤，成就斐然。合编《孙子学文献提要》《日本孙子书知见录》《孙子志》《中外孙子兵学硕博论文备要》《孙子兵学大典》《孙子兵法辞典》《孙子兵法研究史》等，主编《孙子兵学大辞典》等，对海内外孙子学文献，以一人之力，尽数搜集，并撰文介绍。苏桂亮与时俱进，适应数字时代人们的阅读偏好和研究需要，建立了孙子文献网，把古今中外重要的孙子学纸质文献转换为数字文献，为孙子学的传播和利用提供了便利。

---

① 吴九龙主编：《孙子校释》，军事科学出版社 1990 年版，第 10 页。

十六、姚有志与孙子学

姚有志（1945—　），山东胶州人，重在对孙子战略思想的研究，是较早撰文呼应许保林提出建立孙子学倡议的学者。发表《〈孙子兵法〉蕴含的基本的科学精神》《谈孙子兵学思想与现代理论需求的统一》《中国古代兵书述要》等关于孙子学的论文。

十七、于汝波与孙子学

于汝波（1945—2006），河北盐山人，主编《孙子学文献提要》《孙子兵法研究史》，著有《大思维——解读中国古典战略》，合编《中国军事通史》和《孙子兵法军官读本》。

《孙子学文献提要》集资料性、工具性、学术性为一体，把古今中外孙子学文献搜罗净尽，分类编纂，提要钩玄，穷流竟源，缜密考证，成为孙子学研究的必备参考书。《孙子兵法研究史》是第一部全面梳理《孙子兵法》研究的史作，对《孙子兵法》研究史的分期、中国历代《孙子兵法》研究的内容和特点、影响《孙子兵法》研究发展的因素以及《孙子兵法》在国外的流传等都作了比较详尽而中肯的阐述。

《大思维——解读中国古典战略》以统体思维、一二思维、中和思维、象类思维、大一统思维、变易思维等战略思维分析为经，以谋全胜、重系统、计环周、察反正、变利害、识常变、讲仁诡、知虚实、通奇正、善专分、明久速、晓迂直、兼攻守等哲学思维，以及战略指导、战略决策、战略研究、军队治理、为将修养、国家统一等应用思维为纬，对中国古典战略中的思维问题进行全面和深入的分析和概括，着重解读孙子的全胜思维，认为谋全胜，就是谋全局、懂全破、定全策，既包括不战而屈人之兵的理想目标，也包括以小破求大全的实践理论，并指出中国古典战略中的统体思维长于系统思维和辩证思维。

综观于汝波的孙子学研究，可以发现他十分注重《孙子兵法》在现代国防建设以及军事实践中的应用，探讨孙子学在维护国家统一和谋求世界和平中的作用，认为在《孙子兵法》的战争理论体系中，“胜”是其核心思想，先胜、全胜、战胜则是“胜”的三种形态。

十八、许保林与孙子学

许保林（1948—1993），山东阳谷人，首倡建立“孙子学”。在中国古代兵学文献的整理、注译、编纂方面有突出贡献，在20世纪七八十年代，针对“卷帙浩繁的古代兵书大都以线装书、手抄本的形式存在，所以‘善本’多、‘孤本’多、‘秘藏’多，许多读者有心研究兵书，却不知到哪里去查找，兵书检索工具极为缺乏，既没有一本搜罗齐全的‘历代兵书目录’，也没有一本著录准确的‘全国现存兵书目录’”① 等现状，以非凡的恒心和毅力编撰《中国兵书知见录》和《中国兵书通览》。为普及兵书知识，与王显臣合著《中国古代兵书杂谈》，译注《黄石公三略浅说》，并参与编纂《中国兵书集成》。

其中，《中国古代兵书杂谈》对兵书的历史、著录、分类、作者、版本、流传、兴衰以及主要内容、社会作用等进行了探讨和阐述。《中国兵书知见录》历十余年艰辛，搜罗历代兵书，分类编目，弄清中国兵书总数有三千三百八十部，其中存世兵书两千三百零八部，为治兵学者盘点了“家藏”，指明了门径。

《中国兵书通览》既论述历代兵书的源流、作用、种类、数量、内容、价值、发展分期、特点、厄运、影响、研究现状和展望，又介绍了近百部有代表性的兵书要籍，还介绍现存兵书的作者、卷数、版本、藏地。其中不少阐述有创见，把兵书分为兵法类、阵法类、兵略类、训练类、城守类、兵制类、乡兵团练类、兵器类、军事地理类、名将传类、综合类、类书类和丛书类。这些分类，有其合理性，但是其分类原则并不一致，故又有交叉之处。又如，把中国古代兵书的发展分为三个时期八个阶段：殷商至西周为萌芽和产生期——殷商为萌芽阶段、西周为产生阶段；春秋至隋唐为成熟和发展期——

① 许保林：《近年来中国古代兵书研究述评》，载《社会科学》1987年第2期。

春秋战国为成熟和第一次发展的高潮阶段、西汉为整理的高潮阶段、东汉至隋唐为发展的低潮阶段；宋元和明清为兴盛和衰落时期——两宋为复兴阶段、明清为兴盛阶段、清末为彻底衰落阶段。高体乾将军评曰："这种分期是符合兵书发展实际的，因而是有价值的……《中国兵书通览》对兵书的价值，从军事学术、哲学、科技史料、管理学等方面进行了比较深入的阐述，并将那些至今仍有重要价值的精华从浩繁的兵书中撷出，以利借鉴。对近百部兵书的内容和主要军事思想进行了提要钩玄，使我国兵书要籍的内容和思想得到充分的展现。"①

虽然许保林的兵学研究不限于《孙子》一书，但他对中国以《孙子》为代表的历代兵书进行梳理和介绍，视野开阔，气象宏大，在兵学文献特别是古典兵学目录学方面贡献非小，而且是倡议建立"孙子学"的第一位学者，认为"所谓孙子学，就是研究《孙子兵法》的内容、思想、价值、应用和产生、流传、发展、影响的一种专门学问"②。其基本框架是：续《孙子》、注《孙子》、校《孙子》、考《孙子》、训《孙子》、译《孙子》、辑《孙子》、阐述《孙子》、《孙子》应用研究和《孙子》比较研究。

十九、李零与孙子学

李零（1948— ），山西武乡人，长于古文字、古文献研究及考古研究。著有《〈孙子〉古本研究》《吴孙子发微》《〈孙子〉十三篇综合研究》《兵以诈立——我读〈孙子〉》《唯一的规则——〈孙子〉的斗争哲学》《中国方术考》《丧家狗——我读〈论语〉》《死生有命，富贵在天：〈周易〉的自然哲学》《上博楚简三篇校读记》《郭店楚简校读记》等，文风冷峻客观，峭拔幽默，富含哲理，不合流俗，独具一格。李零试图纠正人们对元典的误读、误解，以还兵学元典的本来面目，认为孙子学不是生意经，经商者不必研究孙子学，孙子学既讲战术，也讲哲学；既讲诡诈，也讲仁义。

---

① 许保林著：《中国兵书通览》，解放军出版社 1990 年版，"序"第 3~4 页。

② 赵嘉朱编：《孙子研究文献备要》，新华出版社 1992 年版，第 141 页。

二十、田旭东与孙子学

田旭东（1954— ），四川渠县人，著有《古代兵学文化探论》《司马法浅说》《二十世纪中国古史研究主要思潮概论》《周秦汉唐历史文化十八讲》等，发表《〈孙子兵法〉善本考》《先秦齐国兵学成就略论》《“兵阴阳家”几个问题的初步研究》等数十篇论文。其《〈孙子兵法〉善本考》，依据善本的一般定义①，认为《孙子兵法》的善本不外乎以下四种本子：银雀山竹简《孙子兵法》本、影宋《魏武帝注孙子》本、宋《武经七书》本和宋《十一家注孙子》本。

二十一、刘庆与孙子学

刘庆（1956— ），四川简阳人，合撰《中华文化通志·军事学志》，合编《外国重要军事著作导读》等，发表论文数十篇。其中，《中华文化通志·军事学志》对军事学的产生和发展、军事理论家群体及流派、军事思想载体、战争观、国防思想、战略思想、战术思想、军队建设思想等予以明晰的论述。其中许多论述值得称许，比如对中国古代兵学流派的阐述，认为春秋战国时期形成了南方兵学、齐国兵学、秦晋兵学，而南方兵学包括吴越兵学和楚国兵学，南方兵学代表人物是伍子胥和范蠡。秦晋兵学在中国北方，代表人物商鞅、韩非、尉缭以法家理论糅合到兵学中。齐国兵学源于姜太公，其后有管仲、司马穰苴、孙武和孙膑等。南方兵学受到中原周朝兵学的影响很小，不尚仁义，而专崇诈伪；秦晋兵学尚法重刑；齐国兵学融汇儒、道、墨、法、名、阴阳等思想，既有浓厚的民本观念，又有重视政治作用和崇尚谋略的特征，可谓兼收并蓄。他对孙子战争观和战略战术思想进行总结，认为孙子坚持非利不动、非得不用、非危不战的战争态度，坚持知彼知己、致人而不致于人、以众击寡、我专敌分、出奇制胜、施以诡诈和因情制敌原则。

---

① 以校勘整理出版古书论，旧刻、旧抄者是善本；以时代论，宋本最善，元本次之，明本又次之；以阅读论，精校、精注、精刻者为善本；清代藏书家对旧刻善本以明嘉靖以前者为善本，清代乾隆时期经过精校写成的本子亦为善本。

刘庆在其他的论著中，重点对中国古代军事思想、战略战术思想、诸子兵学思想等展开论述，以及对中外军事思想进行比较研究，注重现实意义的开掘，提出了很多具有启发意义的见解。比如，在论及古代国防政策时，认为中国古代国防政策包括国家的防卫政策、国防建设方针和宗藩政策，阐述中国古代国防思想在近代的转变，主要表现为从海防、塞防之争到全面防卫，从“耕战”到“商战”，从“宗藩”政策到“藩篱”政策，指出：“从传统国防政策向近代国防政策的转化，是一个长期曲折的过程。中法战后开始的变化，总的说来还是表层的、有限的，从封建统治阶级的根本利益出发，那些与国防体制有关的基本政策仍然被清政府保留下来，在后来的中日甲午战争和反抗八国联军入侵战争中起到了很不好的作用，这个经验教训是值得注意的。”①

在论及《孙子兵法》有关问题时，他认为孙子构建了与周朝完全不同的兵学体系，对周朝兵学中的礼乐内容进行批判，抛弃“礼乐征伐自天子出”的戒律，主张战争的目的是维护诸侯国和民众的利益，反映了孙子代表新兴地主阶级的利益，形成了孙子兵学与以往兵学在政治立场上的根本分歧，大肆宣扬“兵者诡道”理论，强调“掠于饶野”“因粮于敌”“掠乡分众”“廓地分利”等掠夺式战争，在战争伦理上没有丝毫的道德不适，改造了周朝春秋时期儒家道统所讲的“仁义”内涵，而认为在十万之师出征、内外骚动、国内民众不得操事者七十万家，却因吝啬爵禄百金而不知敌情，方为“不仁之至”。刘庆认为，反映周朝兵学观念的“不战而屈人之兵”在春秋时期以其历史惯性尚未退出历史舞台，虽然其理论的现实合理性和指导性不复存在，但是抱着民本主义和科学理性态度的孙子，极力想避免战争破坏性的绝对化倾向，而赋之以新的内涵，提出了“全胜”战略，在对战争境界的追求上大大超越前人和孙子所处的时代。②

在比较孙子兵学与古希腊和古罗马兵学时，认为其区别在于以下六方面：

---

① 刘庆：《中国古代国防政策及其在近代的转变》，载《军事历史研究》1991年第1期。

② 刘庆：《〈孙子〉对周朝兵学的批判与继承》，载《管子学刊》1997年第4期。

孙子兵学以军事理论体系的内在逻辑要求确立结构、布局谋篇，古希腊和古罗马兵学则以记史的形式反映军事思想；在军事学术传统上，中国古代很早就形成了兵学流派，古希腊和古罗马的军事学则很长时间充当史学的附庸；孙子兵学的创建者孙武是军人，其著述以指导战争为目的，而古希腊和古罗马的兵学著述者是置身于战争之外的学者，其著述目的是劝善惩恶；孙子兵学建立了完整的理论体系，使用了充满哲理的兵学范畴，而古希腊和古罗马兵学则使用了大量的军事术语；在思想方法上，孙子兵学注重哲学思辨和直觉感悟，而古希腊和古罗马兵学则注重逻辑推理和求真务实，而且不能摆脱"神意"色彩；孙子兵学重道尚谋，而古希腊和古罗马兵学则注重军事技术和具体战法。①

刘庆比较《孙子兵法》和《战争论》在思想体系方面的异同、思维方式和形式方面的异同及其文化取向的差异，指出孙子论兵而不局限于兵，立足于从大战略的视域观察战争，涉及政治、经济、外交等诸领域，而克氏局限于战争领域，其他方面基本不涉及；孙子把"不战而屈人之兵"作为军事家、政治家的追求，而克氏强调军队的数量和实力是制胜的普遍因素；孙子侧重计谋和战略，而克氏侧重暴力。② 其《〈孙子〉兵学体系初探》认为孙子兵学包含两大理论、三大范畴：两大理论是战争准备理论和战争实施理论；三大范畴是战争问题、作战指导和军队建设。由此对孙子兵学的理论与范畴进行详尽阐述。

二十二、黄朴民与孙子学

黄朴民（1958— ），浙江绍兴人，著有《春秋军事史》《孙子评传》《黄朴民解读孙子兵法》等，发表孙子学论文几十篇，善于从中国思想文化的宏观视角，对孙子学进行文化的、哲学的、历史的观照，特别是对《孙子兵法》

① 刘庆：《〈孙子〉与古希腊、罗马军事著作的比较》，载《管子学刊》1991 年第 2 期。

② 刘庆：《〈孙子兵法〉与〈战争论〉军事思想体系的比较研究》，载《滨州学院学报》2005 年第 5 期。

的哲学精髓、理论体系的文化内涵等进行了深入阐述，认为其哲学精髓集中在其唯物辩证方法、对立统一的矛盾观，善于处理利害、全偏等矛盾关系，体现了孙武对战争问题的哲学思考。他又认为《孙子兵法》建立了完整的理论体系，其根本特点是从哲学层面观察战争现象和总结战争规律，提出了完备的战争指导策略，以现代军事学科的规定性梳理其理论体系，其文化内涵表现在义与利的统一、力与谋的统一、常与变的统一、物与我的统一、利与害的统一、迂与直的统一、势与节的统一、全与偏的统一八个方面，并批评当下有不少学人在理解和研究《孙子兵法》的理论体系时，不能够辩证地全面地领悟其文化内涵，而是郢书燕说、支离割裂、偏颇极端、生搬硬套。此外，关于竹简《孙子兵法》的文献价值、《孙子兵法》对春秋政治思潮、古代战争等的影响都有涉论，提出了启人哲思的观点。

二十三、徐勇与孙子学

徐勇（1959— ），广东海丰人，著有《〈孙子兵法〉与中国原典兵书研究》《兵家文化面面观》《先秦兵书通解》《先秦兵书佚文辑解》等，善于把孙子学与古典兵学进行综合研究，视野开阔，把先秦兵家置于中国军事文化发展的大背景下进行考察，常能得出独到的见解。他对《孙子兵法》是先秦军事思想发展最高峰的说法予以辩驳，指出《孙子兵法》是先秦军事思想发展的第一座高峰，《吴起兵法》和《孙膑兵法》分别是先秦军事思想发展的第二、第三座高峰，而《尉缭子》是先秦军事思想发展的最高峰，或者说尉缭子是先秦兵家的集大成者。这些论断对孙子学史乃至中国兵学史的研究都有启发意义。

二十四、赵国华与孙子学

赵国华（1963— ），河南镇平人，著有《〈孙子兵法〉注说》《中国兵学史》《诡秘的权谋——传统权谋学评析》《赵国华史学论文初编》等，主编《孙子兵法辞典》《中国谋略事典》《秦汉思想文化研究》等，发表学术论文数十篇。

赵国华对中国兵学予以宏观考察，又给予微观观照，其文笔往往纵横捭阖、酣畅淋漓、游刃有余。其《中国兵学史》是第一部中国兵学通史，上起先秦，下至晚清，对中国兵学的内涵和历史分期、中国兵学思想、中国兵学传统和中国兵学现代价值等都作了全面、客观而详赡的论述，既重视兵学元典史料，又重视思想阐发、史论结合，对兵学史的研究有开拓之功。

在孙子学领域，赵国华以史学家的视角和笔触，又以思想家的深邃，对孙子学予以历时态和共时态交织的考察，认为中国孙子学经历了战国初期至东汉末年的发轫期、东汉末年至北宋末年的拓展期、北宋末年至清前期的深化期、晚清至20世纪70年代的嬗变期、20世纪80年代以来的繁荣期五个时期，并对每个时期孙子学的基本情况和特点都作了富有启发性的阐述。赵国华从《孙子》的作者、成书、文本、本义、延伸、传播、影响七个方面整体辨析孙子学的发展演变，指出在中国历史上，孙子学的发展从来不限于《孙子》，而总是朝着两个方向发展，一个是学科内的延伸，一个是学科外的延伸。所谓学科内的延伸，即《孙子》作为一条主线纵向贯穿整个兵学史，每一时期的兵学发展都与《孙子》有必然的联系，而有关孙子学的研究，则是中国兵学研究的核心。所谓学科外的延伸，即由孙子学向外扩展的横向的多重联系，向孙子学之外的发展，比如经营管理、人生处世、中医诊治等。这两种延伸，又表现为理论研究和应用研究，而理论研究是应用研究的基础，应用研究是理论研究的拓展。①

二十五、高友谦与孙子学

高友谦（1963— ），河南三门峡市陕州区人，专注于孙子其人及《孙子》文本的考释，著有《孙子新传》《银雀山汉简研究：孙子兵法五十篇》《孙子揭秘》等。其立论往往以新奇见称，能给人以启发。比如认为，孙子祖籍在河南濮阳；孙武就是战国时的孙膑，在先秦人眼里，孙子就是孙膑，但是到了汉代，学者们虚构了孙武；《孙子》十三篇作于战国晚期；汉简《孙

① 赵国华：《中国孙子学的整体辨析》，载《南都学坛》2009年第3期。

子》只有一种，没有《孙子兵法》和《孙膑兵法》之分，所谓《孙膑兵法》，实际就是《孙子兵法》中的一部分，故在实践中把《孙子兵法》和《孙膑兵法》合为五十篇。《孙子》分为经、传、说、记四大部分，具体是：卷一《孙子上经》包含《计》《作战》《谋攻》《形》《势》《行军》六篇；卷二《孙子下经》包含《军争》《虚实》《九变》《地形》《九地》《火攻》《用间》七篇；卷三《孙子上传》包括《篡卒》《势备》《兵情》《月战》《黄帝伐赤帝》五篇；卷四《孙子下传》包括《地葆》《行篡》《五教法》《延气》《杀士》《八阵》《官一》七篇；卷五《孙子上说》包括《地形二》《十阵》《十问》《略甲》《万乘》《富国》六篇；卷六《孙子下说》包括《四变》《客主人分》《善者》《五名五共》《程兵》《观法》《将义》《将德》《将过》《曲将之法》《雄牝城》十一篇；卷七《孙子上记》包括《见威王》《威王问》《强兵》《陈忌问垒》《陈忌问故》《擒庞涓》《齐胜诸侯》七篇；卷八《孙子下记》包括《见吴王》《吴问》二篇。高氏宣称，其研究彻底揭开了孙子的真实面目，基本弄清了《孙子》的作成年代，完全破解了孙子世系的作伪真相，寻找出了伪孙子世系的始作俑者唐代孙逖家族，颠覆了《新唐书》“宰相世系表”记载的谬传千余年的妫姓孙氏世系。① 其观点虽未获得学界认同，但仍可作为一家之言，对推进孙子学向纵深研究不无裨益。

二十六、赵海军与孙子学

赵海军（1965— ），河北张家口市万全区人，著有《孙子学通论》《孙子兵法精要》《图说孙子》等。《孙子学通论》对孙子学的概念、源流、体系及与传统文化关系等进行全面论述，吸收前人和时贤的思想成果，有史有论，以论为主，有较高的理论水平。《图说孙子》体例新颖、构思巧妙，以《孙子兵法》为经，以吴如嵩所撰几十副《孙子兵法》楹联为纬，辅以战例、漫画、图片，对《孙子兵法》的战争观、战略思想、作战指导思想、作战原则、军队建设思想等进行了形象而生动、活泼而新颖的解读。

---

① 高友谦著：《孙子揭秘》，团结出版社 2009 年版，“序言”第 3 页。

二十七、姚振文与孙子学

姚振文（1966— ），山东邹平人，著有《兵法经营学构建研究》《孙子文化产业开发研究》《兵道与商道：博弈中的生存哲学》《大智无疆——孙子兵法在非军事领域的应用》《问道兵学》等，在孙子兵学的应用研究及兵学与传统文化关系研究方面，颇有成绩。《兵法经营学构建研究》注重孙子兵法经营学的理论体系建构、从哲学层面会通兵道与商道，是孙子兵学非军事应用研究的代表作品。

二十八、李桂生与孙子学

李桂生（1967— ），江西宁都人，著有《兵者诡道——李桂生讲〈孙子兵法〉》《诸子文化与先秦兵家》《兵家管理哲学》，合著《多元文化视阈中的李贽军事思想——从湖北麻城到山西大同》。《兵者诡道——李桂生讲〈孙子兵法〉》把《孙子兵法》置于先秦文化的背景下，以文化还原的方法对《孙子》原文进行注释、阐述和翻译。《诸子文化与先秦兵家》不囿于汉代刘向、班固等人的固有观点，提出兵家乃诸子之一家，把先秦兵家纳入诸子学范畴，论证了兵家的诸子学性质、学派特征及基本范畴，阐述了兵家的人文主义精神；认为重战尚武、以战止战，重法尚仁、刑德兼用，重谋尚诈、通权达变，重利尚功、理性实用，是先秦兵家的学派特征；揭示了诡道的内涵，认为利动原则是诡道的出发点和归宿，诡道十二法是孙子兵学诡道的基本内容，造形蓄势是实施诡道的基础，奇正、虚实、迂直、用间是诡道的主要表现形式，示形和因敌是实施诡道的基本手法，变是诡道的本质内涵。《兵家管理哲学》挖掘和梳理了兵家管理思想，构建了兵家管理哲学的体系，论述了兵家管理哲学的流变、分期、含义、特点和内容；探讨了兵家管理的本体论、本质论、人性论、策略论、方法论、思维论、行为论、知行论、目标论、价值论、伦理论和生态论，并对兵家管理的对象、种类、职能和特征进行界定。《多元文化视阈中的李贽军事思想——从湖北麻城到山西大同》以《孙子参同》为中心，探析了李贽编纂《孙子参同》的时地和动机，李贽军事思想中的儒家、道家、佛家的文化元素，特别是对《孙子参同》的体例、李贽军事思想体系、军事思想的辩证思维、时代特征和社会影响进行详赡阐述，还原了李贽兵学体系，弥补了李贽兵学研究的不足。李桂生把孙子兵学扩展至中国古代兵学，认为孙子兵学是中国古代兵学的核心内容，孙子兵学与其他兵家及其兵学有必然的内在关联，所谓前孙子者，孙子不遗；后孙子者，不遗孙子，故中国的孙子兵学在一定意义上代表了中国的古代兵学，但是又不能以此代替并忽略中国古代其他兵学的研究，而应该抓住孙子兵学这个核心内容，在研究上涵盖整个兵学的内容，并以此反过来促进和深化孙子兵学的研究。

二十九、宫玉振与孙子学

宫玉振（1969—　），山东莱阳人，著有《取胜之道——孙子兵法与竞争原理》《中国战略文化解析》《书剑飘逸——中国的兵家与兵学》等，发表论文数十篇。宫玉振的某些观点值得注意，比如他认为西方战略管理理论的发展历史表明，越是规范和全面竞争的市场经济，越是需要成熟的战略理论作指导。孙子兵学是大智慧和大战略层次的管理学，其深刻的理论思维、卓越的战略思想、独特的表现形式，对于人们理解战略真谛具有极高的指导意义，故孙子兵学在经济领域、企业经营管理领域中的运用亦应定位于此。①

三十、邵青与孙子学

邵青（1972—　），山东梁山人，致力于民国孙子学研究，发表《民国政府与民国孙子学的发展》《民国孙子学发展探源》《国故与国魂——整理国故运动中关于孙子兵法辨伪的一场争论》等论文，出版学术专著《民国时期孙子学研究》。

三十一、魏鸿与孙子学

魏鸿（1973—　），黑龙江望奎人，著有《宋代孙子兵学研究》，与任力

① 宫玉振：《〈孙子兵法〉在经济领域中应用的历史性跨越》，载《滨州学院学报》2005 年第 5 期。

等合著《孙子兵法解析》。其中，《宋代孙子兵学研究》界定了“孙子兵学”的含义，对宋代孙子兵学发展的时代背景作了探讨：宋代实行“崇文抑武”的治国方略和“以文制武”的政治体制；一方面军事积弱，另一方面社会要求增强军事力量，这对矛盾一直贯穿和伴随着宋代走向终结；宋代儒学有了新的发展，理学和心学对兵学的发展有着显著影响，文人论兵蔚然成风，而以儒释兵、兵学思想的儒学化也是其主要表现。此书对宋代《孙子》注释、校勘、辨伪、考证，宋代孙子兵学的理论发展，宋代孙子兵学的军事实践，以及宋代孙子兵学的特点及传播等，均作了深入而细致的论述。

三十二、熊剑平与孙子学

熊剑平（1973— ），安徽巢湖人，著有《〈孙子〉新研究：以银雀山竹简为中心》，重在对《孙子》传本、简本进行文字、训诂、考辨、校勘等文献学研究，兼及对孙子情报思想、外交思想等进行阐发，发表孙子学论文数十篇。

三十三、王珏与孙子学

王珏（1974— ），山东阳谷人，撰有《〈孙子·九变〉再审视——兼论〈孙子〉研究的方向》《孙武、〈孙子〉与柏举之战有关问题辨正》《有关〈孙子〉研究的新认识》等论文。他主张以《左传》参悟《孙子》战理，认为《孙子》研究应该重视元典，得古人之意，重温《孙子》历史，以资鉴当今，《孙子》研究的突破必须有待发现新材料、运用新方法、纠正前人错误。

三十四、苏成爱与孙子学

苏成爱（1978— ），江苏睢宁人，撰有《〈孙子〉文献学研究》，发表《孙子学文献整理与研究刍议》《孙子学文献目录补遗（民国篇）》《〈孙子书〉作者赵本学之谜初揭》《中国历史上的八个“孙子”》等学术论文。《〈孙子〉文献学研究》重在整理与考辨孙子学文献，通过对银雀山汉简《孙子》经文、传文的考察，认为简本与传世本《孙子》各有其文献价值，没有必要厚此薄彼；从文字学、训诂学角度对《孙子》经、传进行解读，通过出土文本与传世宋本、古书引文相对照来分析《孙子》经、传的流变谱系，同时对《孙子》“佚文”进行辨析；学界认为上孙家寨简中讲军阵与军令的文字与《孙子》无关，但作者通过与传世文献的逐一对比，提出上孙家寨简所记军阵与军令属于《孙子》传文；自清毕以珣以来，学者致力于辑录《孙子》佚文，然而有误收孙绰《孙子》、荀卿《荀子》诸书者，应当剔除，而其余“佚文”实为解释十三篇之传文。

三十五、孙子学其他学人及著述

陈炳富（1920—2010），安徽和县人，发表《〈孙子兵法〉及其管理思想》《〈孙子兵法〉与战略管理》《现代化管理与〈孙子兵法〉》《〈孙子兵法〉战略管理模式探索》等论文，对《孙子兵法》的管理思想多有涉论，认为《孙子兵法》包含丰富的管理思想，主要是六大原则：优化原则、激励原则、时效原则、随机原则、信息原则、组织原则；而孙子的战略哲学，基于实用主义的价值观，以系统思维为基础，融汇儒道的温情与法家的实用，与欧美战略强调直线进攻相比，孙子更倾向于曲线速胜，以迂为直，避实就虚。[①] 孙子的战略管理模式是战略分析阶段、战略形成阶段、战略实施与控制阶段。在战略分析阶段要考虑限制条件和备选方法；在战略形成阶段要做实力分析，以及实力的分配和运用；在战略实施和控制阶段，要考虑时空及竞争对手，根据信息反馈，制定和调整职能战略，使之得以实施。[②]

穆志超（1922—2001），笔名陈彭，满族正兰旗，姓乌肃哈拉，辽宁沈阳人。著有《古本孙子正义》《孙子用间理论研究》《孙子书两个传本系统源流考》《孙子兵学的东流和西渐》等，汇编为《孙子学文存》出版。

陆允昌（1931— ），江苏太仓人，著有《孙武研究新探》，对孙武的家族、世系、故里、《孙子》成书及孙子去齐入吴等进行考辨，并对某些学术观点予以评析，其特点是史料翔实丰富，立论谨慎，可谓成一家之言。

---

① 陈炳富、杨兆力：《〈孙子兵法〉与战略管理》，载《南开经济研究》1993 年第 1 期。

② 陈炳富、邱昭良：《〈孙子兵法〉战略管理模式探索》，载《国际经贸研究》1997 年第 1 期。

杨少俊（1931— ），江苏镇江人，发表《把定量统计分析方法引入〈孙子兵法〉的研究》等，著有《孙子兵法的电脑研究》等。

葛荣晋（1935— ），河南济源人，著有《兵商——孙子的智性管理》，发表《〈孙子兵法〉与企业家品格的塑造》等。

史美珩（1937— ），浙江东阳人，所著《古典兵略》对《孙子兵法》《孙膑兵法》的战争观、战备观、民本观、将帅观、心战观、全胜观、诡道观等有所涉论；其所撰《简论〈孙子兵法〉思想方法的全面性》《论孙武的屈伸之利》《论孙武的“不战而屈人之兵”》《孙子思维的整体性辩证性跳跃性——对〈孙子兵法〉文义多处重述原因的探索》等论文，对孙子兵学的谋略思想、思维方法、全胜思想等有所阐述和概括。

黄葵（1939— ），四川资中人，著有《国学经典导读：孙子兵法》，概述孙武家世、出身、《孙子兵法》著述时代、军事思想、哲学思想、历史地位、学术影响、研读方法、文本注解、典型战例、汉简《孙子》、《孙子》佚文等。另编著《〈孙子兵法〉的谋略应用》。

郑良树（1940— ），祖籍广东潮州市潮安区，生于马来西亚，撰有《论〈孙子〉的作成年代》《孙子军事思想的继承和创新》等，对《孙子》的作成年代和军事思想有独特见解。

魏占武（1945— ），吉林长春人，注重对《孙子》势哲学和经营管理方面的探索和研究，著有《孙子势哲学》《求势——孙子为势术》《孙子兵法经营学》等。

付朝（1945— ），辽宁锦州人，著有《孙子兵法详解》《孙子兵法结构研究》，擅长对孙子兵学结构及体系的解释。

于敬民（1948— ），山东文登人，发表《管子、孙子兵学思想之比较研究》等论文。

刘春志（1949— ），陕西宝鸡人，著有《〈孙子兵法〉教本》《论智谋》《孙武传》《孙子兵法通论》《协同战略学》等，发表《孙子形势论及其历史影响》《〈孙子兵法〉对信息时代战争形态的影响与启示》等论文。

施芝华（1951— ），上海人，著有《孙子兵法新解》《孙子教你

"诈"——孙子兵法诡道妙用》《孙子不是教你诈》《孙子兵法与人生智慧》等。

李兴斌（1951— ），山东招远人，在20世纪90年代创办国内第一家孙子学刊物《孙子学刊》，合作编著《孙子兵法新译》《中国经典兵书》等，著有《青山依旧：谈兵斋笔耕录》等，对普及、传播和推动孙子学发展起到积极作用。

韩胜宝（1954— ），上海人，在《孙子兵法》国际传播与交流方面有卓越贡献，先后两次发起和完成"孙子兵法全球行"的采访活动，足迹遍及五大洲，从政治、军事、外交、商贸、文化、科技、情报、体育、社会生活等领域真实报道海外国家和地区《孙子兵法》的传播、研究及应用情况，著有"孙子兵法全球行"系列丛书。

陈学凯（1954— ），陕西周至人，著有《制胜韬略——孙子战争知行观论》《孙子兵法译注》《孙武》等。

褚良才（1956— ），山东潍坊人，著有《孙子兵法研究与应用》，注重孙子学的应用研究和普及工作，而在对孙子其人及其《十三篇》的考辨方面，亦有见解，如论证孙武为齐将田开、吴县陆墓镇孙墩浜南侧之大冢为孙武子墓等。

任力（1957— ），天津人，撰有《〈孙子兵法〉与春秋时期战争观念的转变》《〈孙子兵法〉中的战略思维》等孙子学论文十余篇，对《孙子》十三篇的军事谋略思想有较深刻而全面的阐述。

刘春生（1959— ），天津人，与日本学者服部千春合撰《〈孙子兵法〉的版本与校勘研究》，与黄葵合编《孙子兵法词典》，独著《十一家注孙子集校》《〈尉缭子〉全译》，发表论文《简本〈孙子〉残简校读》等。

于孔宝（1961— ），山东桓台人，发表论文《关于〈孙子兵法〉两次问世的思考》。

陈伟武（1962— ），广东汕头市澄海区人，其所著《简帛兵学文献探论》对汉墓银雀山竹简《孙子兵法》及其佚文，以及《孙子兵法》的内容、军事思想、文献性质、文化内涵等有所涉论。

仝晰纲（1962— ），山东郓城人，专注于齐鲁文化研究，出版著作《青铜的战神——齐鲁兵家文化研究》，发表论文《〈六韬〉的成书及其思想蕴涵》《〈司马兵法〉的成书和流传》《〈司马兵法〉的文化价值》《齐鲁兵家的基本特征》等。

孙远方（1962— ），山东梁山人，主要致力于孙子学传播、孙子学活动策划，主编《孙子兵法概论》，与刘庆合著《魏武帝注孙子讲解》。

钟少异（1963— ），浙江平阳人，发表《〈孙子〉管见》等论文，著有《孙子的战争智慧》等。

纪洪波（1963— ），山东蓬莱人，发表论文《兵法经营学体系之构想》《孙子的战争实力论和企业竞争优势理论》《〈孙子兵法〉的影响及其原因分析》等十余篇，合著《兵法经营学构建研究》等。

赵鲁杰（1964— ），山东阳谷人，发表《〈孙子兵法〉的思想维度与当代中国军事创新》，从战略思维、系统思维、辩证思维、法治思维、非对称思维、底线思维等阐述孙子思想对现代军事创新的价值。另有《孙子治将思想及当代启迪》等孙子学论文。

晁罡（1968— ），河南商丘人，其《〈孙子兵法〉中的领导艺术及其对现代管理者的启示》，对孙子所主张的将帅人格修养与企业家品格塑造、领导艺术与企业管理予以阐述。

邱剑敏（1971— ），江西景德镇人，发表《孙子的地缘思想》等论文。

阎盛国（1972— ），河北保康人，重在对孙子谋略思想的解读，发表《孙子兵法对王阳明兵学思想的影响》等孙子学论文二十余篇。

解文超（1974— ），女，内蒙古赤峰人。其所著《先秦兵书研究》对先秦兵书及其思想进行文献学方面的研究；其所著《明代兵书研究》考察明代的兵书种类及主要兵书的内容、作者及版本流传，以及明代兵书与明代政治、军事、文化之关系，明代兵学的主要思想及其与经学、实学的关联，虽然不是专以孙子及其《十三篇》为研究对象，然而其研究总是与孙子兵学有内在的必然联系，而且不局限于孙子兵学，扩展至兵学的大范畴，对中国古代兵学进行宏观的整体考察，把先秦兵学及明代兵学予以全景式展现，表现出比较宏阔的视野，其研究方法也多注重文献学的运用，持之有据，是值得称道的。

李元鹏（1975— ），河北东光人，发表《〈孙子兵法〉的人本观》《胡林翼对孙子思想的认知与发展》等孙子学论文。

王凤翔（1977— ），山东莱州人，发表《论唐代孙子兵学的渊源与发展》《〈唐太宗李卫公问对〉军事地理思想探析》《兵势水形：唐代道兵家发微》等论文。

毕海林（1979— ），山东荣成人，发表《邓廷罗之〈兵镜或问〉与清初孙子兵学研究》《赓续与再造：〈曾胡治兵语录〉与清末民初孙子兵学发展》等孙子学论文。

梁娟娟（1982—），山东淄博人，专注孙子学研究，发表《李贽〈孙子参同〉的成就》《明代儒家“仁义”观与孙子“利诈”观的冲突与融合》《论戚继光的将帅思想——兼论其对孙子将帅思想的继承与发展》《明代中后期武器革新与孙子学发展》等。

新中国成立后，特别是20世纪80年代以来，孙子学空前发展、繁荣，孙子学人对《孙子兵法》的研究，或选辑，或注释，或诠解，或阐述，或应用，种类繁富，层出不穷。它们虽然整体质量有待提高，但也有不少值得称道的高水平著述。比如，赵嘉朱《孙子研究文献备要》辑录自新中国成立至20世纪90年代初的孙子研究著作十六部、论文二百三十余篇，其内容涵盖孙子生平、《孙子》内容、《孙子》注释、《孙子》版本、《孙子》思想、《孙子》海外传播等，是具有较高参考价值的孙子学资料汇编。又如邱复兴《孙子名言妙用史证》《孙子兵学大典》、管正《孙武与吴地》、李殿仁《〈孙子兵法〉谋略新解》、张伟明《孙子兵法中的领导艺术》、张国骥《权力向善——我读〈孙子兵法〉》、董志新《毛泽东品孙子兵法》、沈零和夏易恩《孙子兵法活学活用》、沈玉壶《孙子兵法全评》等，都是具有一定学术价值的代表性优秀著述。此外，南兵军、郭洪纪、张泰玮、刘军成、孟祥才、杨新、王廷文、由俊勇、刘海江、王朝阳、王敏、刘春霞等在孙子学领域亦有耕耘，或创办刊物，或探讨学术，或宣讲普及，或发表相关论述。

第六节　新中国诸子对孙子学的接受与批评

新中国成立后，孙子学进入一个全新的时代，其标志是全面、深刻地以马克思主义理论和方法指导孙子学研究，发扬了我党在战争时期对古典兵学的扬弃精神。在“文革”十年中，孙子学研究虽然受到冲击，学术价值大大降低，但还是有一些值得肯定的研究。中共十一届三中全会以后，解放思想，改革开放，孙子学进入多元发展的繁荣时代。新中国诸子对《孙子兵法》有着不同以往时代的评价，站位高远，境界开阔，是新中国伟大时代最好的注脚和体现。一代有一代之孙子学，以下采撷新中国诸子的一些评论，以求管中窥豹，大致了解新中国诸子对孙子学的一般看法。

毛泽东十分重视《孙子兵法》所反映的战争原理，把孙子战理上升为客观事物发展规律，在《论持久战》中说：“孙子的规律——‘知彼知己，百战不殆’，仍是科学的真理。”① 又在《中国革命战争的战略问题》中说：“中国古代大军事学家孙武子书上‘知彼知己，百战不殆’这句话，是包括学习和使用两个阶段而说的，包括从认识客观实际中的发展规律，并按照这些规律去决定自己行动克服当前敌人而说的；我们不要看轻这句话。”②

新中国诸子对孙子其人其书的评价，最大的特点就是能够运用马克思主义和毛泽东思想辩证地历史地分析孙子的思想，从而作出客观中允的评价。聂荣臻赞誉《孙子兵法》为“兵学圣典，世之瑰宝”③。薄一波说：“《孙子兵法》一书，不仅是中国，而且也是全世界现存的最早的兵书，在军事史上占有十分重要的地位，一直为世人所推崇。美、苏、日、英、法、德等国，都出版过大量译、著，从《孙子兵法》中吸取营养，指导现实。美国《空地

① 毛泽东著：《论持久战》，见《毛泽东选集》第二卷，人民出版社 1991 年版，第 490 页。

② 毛泽东著：《中国革命战争的战略问题》，见《毛泽东选集》第一卷，人民出版社 1991 年版，第 182 页。

③ 聂荣臻题词，载《光明日报》1991 年 7 月 30 日。

一体战——纵深进攻》作战原则，据说就是根据《孙子兵法》的‘奇正之变’和‘避实而击虚’的原理而制定的。尼克松、布热津斯基等西方政要曾在他们的著作里多次引用《孙子兵法》。美国西点军校等一些世界著名的军事院校，甚至将《孙子兵法》列为必读书。日本人则更进一步，将《孙子兵法》中的战略思想和策略思想广泛地运用于企业的经营管理，并获得了巨大的成功。《孙子兵法》是我们中国人对人类文明史的一大贡献，是一份极其珍贵的思想遗产……《孙子兵法》为什么能历时两千多年而不衰？最根本的原因是，这部书贯穿着朴素的唯物论和辩证法思想。孙子正是依靠这种思想方法研究战争，才正确地揭示了战争的一些客观规律。《孙子兵法》的核心思想是实事求是，因势利导。因此，不管战争环境怎样变化，武器如何不同，《孙子兵法》提出的那些基本的战略和策略原则，仍保持着强大的生命力。学习《孙子兵法》，关键是领会其中的哲理，掌握举一反三的本领，而不是单纯地背诵条文，就事论事，要争取达到运用之妙，存乎一心的境界。”①

军事史家郭化若说：“《孙子》中的朴素唯物论观点，首先表现为无神论和反天命的态度……《孙子》中辩证法思想的表现，虽然只限于军事领域并且是自发和朴素的，还没有形成完备的理论，但是，在两千多年前，《孙子》就有这样丰富而生动的军事辩证法思想，则是难能可贵的……它未能区别战争的性质，而且公然主张‘掠乡分众，廓地分利’，‘掠于饶野，三军足食’，这是剥削阶级本性的表现。当时的兼并战争，是诸侯列国争夺土地和霸权的战争。《孙子》之不指明战争性质，客观上正是掩盖这一兼并战争的本质……在认识论和方法论方面，《孙子》中含有某些唯心论和形而上学的成分。例如，‘不战而屈人之兵’就是对战争问题的唯心论表现。……再《孙子》把自然界的运动，它的发展变化过程看作‘终而复始’‘死而复生’，对军事上的‘奇正相生’看作‘如环之无端’，把事物螺旋式的发展运动，看成简单的循环，这就带有循环论的色彩……在历史观方面，《孙子》是倾向唯心论

---

① 薄一波：《薄一波谈〈孙子兵法〉连环画丛书的出版》，载《中国图书评论》1991 年第 5 期。

的，它过分夸大将帅的作用，认为‘知兵之将，民之司命，国家安危之主也’。轻视广大兵卒和人民在战争中的作用，提倡愚兵政策。它主张‘愚士卒之耳目’，把兵卒看成羊群，‘驱而往，驱而来，莫知所之’。这些都是帝王将相创造历史的唯心史观的表现。”①

新中国诸子既能辩证地看待孙子思想，又能充分认识孙子思想中的辩证因素，他们最感兴趣的还是孙子思想中朴素的唯物论和辩证法内涵。哲学史家任继愈说：“《孙子兵法》中的朴素唯物论和军事辩证法思想的丰富内容不局限于战争这一种社会现象，在认识论、方法论上也具有一般哲学意义。”②历史学家范文澜说：“吴王阖闾（前五一四年至前四九六年）的将军齐国人孙武，总结军事经验，著兵法十三篇，成为军事学的经典。十三篇中包含着丰富的唯物辩证法思想的因素，与《老子》五千言同为研究中国古代哲学思想的重要著作。”③ 军事史家高锐在《第三届孙子兵法国际研讨会闭幕词》中说：“《孙子兵法》所蕴藏的杰出的思想和深邃的哲理，是中国也是世界社会思想发展史上的一座里程碑。它所以在两千多年的历史长河中，不断地为一代又一代的军事家、政治家、思想家和社会活动家所重视、所研究、所运用，正是由于它的基本思想是具有真理意义的，具有对社会实践活动首先是军事斗争实践活动的巨大指导意义，也就是有使用价值。它不仅启迪人们摆脱上帝神灵决定人类活动命运的唯心论的束缚，把古代的认识论推上了唯物主义的科学轨道，而且启迪人们如何发挥主观能动性去争取斗争的胜利。”④

新中国诸子视野宏阔，境界高远，既着眼于战争，又能超越战争看待孙子的思想，认为孙子的思想在人类活动的各个领域都有非常重要的指导意义。军事史家陶汉章说：“《孙子兵法》这部著作所论述的内容，极为丰富，包括

① 郭化若著：《孙子译注》，上海古籍出版社 1984 年版，第 14~21 页。

② 任继愈撰：《〈孙子兵法〉中的哲学》，见《任继愈文集》第三册，国家图书馆出版社 2014 年版，第 88 页。

③ 范文澜著：《中国通史》第一册，人民出版社 1994 年版，第 158 页。

④ 黄朴民编：《孙子探胜——第三届孙子兵法国际研讨会论文精选》，军事科学出版社 1992 年版，第 18~19 页。

战争规律、哲理、谋略、政治、经济、外交、天文（气象）、地理等等。用现代观点研究《孙子兵法》，应当是吸取其精华，去其糟粕，古为今用，有所发展和创新。研究《孙子兵法》，对指挥员指导战争、组织战役、启发谋略、开发智力、增长才干，都有很大的好处。”① 姜春云说：“《孙子兵法》问世二千五百多年以来，其影响早已远远超出国家和时代的界限。它不仅属于中国，也属于世界；不仅属于古代，也属于现代和未来，它已成为全世界人民的共同文化遗产和永恒的宝贵精神财富。学习、研究、弘扬这一优秀人类文化遗产，是当今世界军事、政治、经济、思想和社会活动各领域的人们十分关注的大课题……面对当今国际上经久不衰的‘孙子热’，我们务必加倍努力，强化研究，不但要研究孙子的军事思想，而且要研究它在政治、经济、外交、体育、人生等各个领域里的借鉴和应用价值。”②

新中国诸子既能着眼当今，又能放眼未来；既着眼国内，又能胸怀世界；既主张以孙子思想解决国内问题，又主张以孙子理论解决国际问题。军事家洪学智在第三届孙子兵法国际研讨会上指出：“《孙子兵法》不但在前二千五百年有用，在未来的二千五百年中亦将继续充满活力。坚持唯物主义和辩证法，并不是一件容易的事情。历史上有许多人懂得《孙子》的理论原则，却不能正确使用它，最后打了败仗。他们的问题就在于没有坚持唯物主义和辩证法。现在我们搞改革开放，我们的和平建设任务很重，我们研究《孙子》一定要古为今用，真正掌握《孙子》的理论精义，在实践中去发展它，应用它。”③ 军事家刘华清在第三届孙子兵法国际研讨会上指出：“孙子非常重视用政治、外交的手段解决国与国之间的纷争，反对轻启战端……可以说，孙子的学说也是争取和平的学说，对于今天处理国家间的关系，建立国际政治新秩序具有重要的借鉴作用……我们今天来研究孙子，正是要在更高的层次

① 陶汉章编著：《孙子兵法概论》，解放军出版社 2009 年版，第 4 页。

② 姜春云撰：《序》，见《孙子探胜——第三届孙子兵法国际研讨会论文精选》，军事科学出版社 1992 年版，第 1~2 页。

③ 黄朴民编：《孙子探胜——第三届孙子兵法国际研讨会论文精选》，军事科学出版社 1992 年版，第 14 页。

上理解战争与和平的相互关系，积极发展遏制战争的因素，创造有利于和平与发展的国际环境，为人类的进步事业作出自己的贡献。”①

新中国诸子对孙子学的接受和批评，体现了社会主义秉持唯物辩证地继承和发展中国传统兵学的马克思主义方法和态度，既展示了中华民族对本土文化的自信，体现中国文化、中国思想、中国学术独特的风格和气派，也展示了中华学术兼容西方学术、海纳百川、有容乃大的中国气度和中国胸怀。

① 黄朴民编:《孙子探胜——第三届孙子兵法国际研讨会论文精选》，军事科学出版社 1992 年版，第 8~9 页。

中编 孙子学的地域流变

孙子学自其诞生以后，传习者众多，藏孙吴之书者有之，和先秦时期的太公兵学、穰苴兵学、吴起兵学、尉缭兵学、黄石公兵学，共同构成了蔚为大观的先秦兵学。探讨孙子学的地域流变，当以春秋战国历史地理文化，结合秦汉以降中国文化发展变迁的状况，作为地域文化界定的标准。春秋战国是中国文化的轴心时代，它奠定了中国文化的基本走向，构建了中国文化的基本概念和思想体系，使中国文化绵延不绝，不管是传统文化形态还是现代文化形态，其质素都能历久弥新，并不随着历史的更替而消磨。先秦时期自然地理、生产、生活、政治、经济、军事、文化等多因素的共同作用，形成了特色鲜明的先秦地域文化，主要有齐鲁文化、吴越文化、荆楚文化、三晋文化、秦陇文化、巴蜀文化、滇黔文化、燕赵文化、岭南文化和关外文化，而且秦汉之后近两千年的中国地域文化，不管文化质素如何变化，其文化内核和基本特征都能大体循此展开。

著名史学家范文澜有言：“东周时期，北方齐国、南方楚国都是积累起丰富的军事知识的国家，特别是齐国，军事学专家尤多。孙武著兵法十三篇，最为杰出。战国时齐孙膑著兵书，主张用骑兵。春秋齐景公时，大夫穰苴作《司马法》。战国时齐威王使大夫论述古兵法，成《司马穰苴兵法》一百五十五篇。齐楚两国外，各国都有兵家，卫人吴起最著名。汉初张良、韩信整理兵书，共得一百八十二家，其中战国兵家占极大多数。战国时期诸子百家活跃，兵家是最活跃的一家。”①

我们可以从孙子学学人的出生地或籍贯分布，来了解孙子学的地理分布

① 范文澜著：《中国通史》第一册，人民出版社 1994 年版，第 271 页。

及地域流变。任何兵学家的成长都不可能离开特定的地理环境，任何兵学著述都与作者的生长环境有密切关系，在著述中会无形地注入作者曾经拥有的地理环境因素，这种与兵学家与生俱来的地理环境因素，可以称之为兵法发生学的“地理基因”。人类栖息在地球之上，生长在特定的地理环境之中，其兵学撰作也就有了地理归属，而在特定的时代和环境，也会使兵学的“地理基因”发生突变。这种突变，或表现为兵学的转型，或表现为兵学的急剧衰微，或表现为兵学的勃然复兴。有的突变是好的，而有的突变是不好的。比如，兵学的繁兴，就是好的；而兵学的委顿，就是不好的。在兵学创作中，“地理基因”还表现为或多或少总是有作者熟悉的地理空间植入其中，或者总会以其提出或建构的兵学理论，植入在某种特定的地理空间，而这种地理空间必定是植入者所熟知甚或是熔冶在其精神或思想血液之中的。人秉天地万物之气和日月精华而生，故不同的地理环境造就不同的种族、民族和文化。兵学理论乃人类智力和谋略的最高形式的体现，而不同种族、不同民族、不同地区的人携带的“地理基因”各不相同。不同的“地理基因”隐藏在不同作者所建构的兵学理论及相关著述之中，其显性表现就是，不同的作者，其思考问题的方式方法、解决问题的策略谋略、想定的战略战术都会有所不同，甚至大相径庭。正如《孙子兵法》和《战争论》不同一样。基于此，我们可以肯定地说，循着兵学发生的“地理基因”理论，即依据某一时代、某一地域孙子学学人的出生地或籍贯分布情况，来研判孙子学的地域流变情况，大体上是可行的，其结论大体上也是可信的。

第一章 齐鲁孙子学及其演变

第一节 齐鲁与齐鲁文化

一、齐鲁界定

齐、鲁是西周初年的两个封国，大致在今山东境内。鲁国大致为今山东的西南部，齐国大致为今山东中北部。公元前 256 年鲁国为楚国所灭，公元前 221 年齐国为秦国所灭。齐鲁亦称“海岱”之地，以泰山和大海为地理标志。西周建立之时，东部沿海地区的东夷人和殷人势力强大，不服周王统治，武王东征，平定叛乱，封邦建国，派周公和姜尚分别管辖鲁国和齐国，以镇抚东方殷人和夷人。齐鲁封邦之始，方圆不足百里，后来经过兼并，疆域不断扩大，基本扩展至今山东全境。在长期的文化冲突和交融中，齐鲁形成了独具个性的区域文化。齐国和鲁国虽是邻国，但并不和睦，而是常常对峙甚或争战。齐国比较强盛，鲁国相对庸懦，鲁国常常遭到齐国攻打，虽然没能灭了鲁国，却削弱了鲁国的实力。后来楚国灭了鲁国，拥有了鲁国原有的版图，而齐国为了防御楚国对其构成威胁，把齐国原先西段的长城续接，延伸至东部滨海，筑成了一条连接齐鲁之境的防线，齐鲁由最初的邦国概念，逐渐成为一个地域概念。

春秋时期，晋国处在太行山以西，而称太行山以东为“山东”，战国秦汉时期称崤山以东为“山东”，故称齐、楚、燕、赵、韩、魏为“山东六国”。汉代已有“山东”指齐鲁地区之义。宋元时期，有了作为行政区划的山东。到了清代，才有了“山东省”的名称，并与古代齐鲁的范围大略相同。本章所云齐鲁，是指文化区域的齐鲁，而非行政区域的齐鲁。

齐鲁之地虽然相当于今天的山东，但是齐和鲁起初并非相提并论的两个邦国，其称呼并不合并使用。孔子曾论说齐鲁风俗文化之关联：“齐一变，至于鲁；鲁一变，至于道。”（《论语·雍也》）孔子推崇西周王道，认为鲁国比较接近它，而齐国则应该向鲁国看齐，所以说齐国在礼乐方面做一些改变，就能够达到鲁国的样子，而鲁国若再进一步改变，就可以达到西周的样子了。鲁国是周公的封地，周公制礼作乐，故其封地也就能够效法西周畿辅，成为礼乐之邦。孔子钦慕西周文化，故屡屡赞扬鲁国文化。后来孔子又说：“齐鲁之故，吾子何不闻焉?”（《左传·定公十年》）齐鲁由此合称。不过这时的齐与鲁，只是国家意义的概念，还不是地域概念。战国时期的荀子，把孔子合称的“齐鲁”，过渡到地域意义的齐鲁概念，比较齐鲁之地和秦地民风民俗的巨大差异云：“天非私齐鲁之民而外秦人也，然而于父子之义、夫妇之别，不如齐鲁之孝具敬父者，何也?以秦人之从情性，安恣睢，慢于礼义故也，岂其性异矣哉?”① 齐鲁之地民风淳厚，父子有义，夫妇有别，而秦地不如也。究其故，秦人纵性情，安恣睢，不通礼义，而非人性与齐鲁不同。荀子以齐鲁之地和秦国的文化进行对比，此后逐渐有了齐鲁区域文化的含义。到了汉代，“齐鲁”作为齐鲁文化的代称来使用已经比较普遍。比如班固叙述儒家《论语》学派，其中谈到齐鲁学派，但是仍把齐、鲁分别来看。原文如下：“《论语》者，孔子应答弟子时人及弟子相与言而接闻于夫子之语也。当时弟子各有所记。夫子既卒，门人相与辑而论纂，故谓之《论语》。汉兴，有齐鲁

① 〔清〕王先谦著：《荀子集解》，见《诸子集成》第2册，中华书局1954年版，第295页。

之说。传《齐论》者……传《鲁论语》者……皆名家。”① 如果说班固所云“有齐鲁之说”尚不完全表示齐鲁文化区域意思的话，那么唐代房玄龄等人称晋代名儒范宣教授子弟读书，“讽诵之声，有若齐鲁”②，则已完全具备此种意义。到了宋代，“齐鲁”一词完成了从自然地域概念向地域文化概念的转变。比如苏轼说：“我本生西南，为学慕齐鲁。”此处“齐鲁”即指齐鲁之学。至明末清初，“齐鲁”含义又有变化。比如吴伟业《赠苍雪》说：“洱水与苍山，佛教之齐鲁。”③ 此处“齐鲁”则指佛教文化的齐鲁派。

二、齐鲁文化

齐鲁文化在齐鲁大地上滋生繁衍，在春秋战国呈现繁荣景象。齐鲁文化犹如泰山与大海，表现出高岸、深博、宏阔的气势，太公学派集黄老道家、兵家、阴阳家等文化于一体，继之有管仲学派发扬光大，而齐威王之时设立的稷下学宫，则海纳百川，集天下英才而讨论之、争鸣之，形成了稷下学派，对周边国家都有一定影响。齐鲁文化蓬勃发展，私家著作纷然杂出，如《宋子》《捷子》《田子》《管子》《晏子春秋》《太公兵法》《司马法》等文化典籍，烛照了那个时代的社会，活跃了那个时代的思想。黄老之学是稷下学术的主体内容，其孕育与发展的原因和目的，是在政治上为田氏代姜氏政权进行理论上的论证和辩护。田氏宣扬自己出自黄帝，为华夏正宗，又把黄帝和老子相提并论，在学术上予以接合，故在国家治理上宣扬黄老之学。故黄老道家文化是齐鲁文化的重要内容之一，在田齐政权的支持下蓬勃发展，影响很大。比如晋人文子，赵人慎到，楚人环渊、接舆、鹖冠子，齐人田骈、尹文，宋人宋钘，郑人列子等，大体上都属于黄老学派。虽然齐国是黄老道家孕育、发展和繁荣之地，但儒家、墨家、兵家、名家、杂家、阴阳五行家在齐国同样得到深广传播和强力发展。

① 〔汉〕班固撰：《汉书》，中华书局 1962 年版，第 1717 页。

② 〔唐〕房玄龄等撰：《晋书》，中华书局 1974 年版，第 2360 页。

③ 〔清〕纪昀等修：《文渊阁四库全书》第 1312 册，台湾商务印书馆 1986 年版，第 3 页。

鲁国是周公之子伯禽的封地，在周代邦国之中，是姬姓之国，乃周最亲近和信赖之邦，是西周礼乐文明最虔诚的传承者和最忠实的践行者，故有“周礼尽在鲁”之说。鲁国源远流长、根深蒂固的礼乐文化不仅对鲁国，而且对其他国家都产生了巨大影响，即使在东周时期礼崩乐坏的境况之下，鲁国仍能保持其好礼崇乐的秉性，仍有不少知礼行礼之人。而就其文化元素构成而言，一是来源于周文化——此乃其主体文化；二是来源于殷文化——鲁国有不少殷商遗民；三是东夷文化——东夷族是鲁国的本土民族。鲁文化就是融汇上述三种文化而成。鲁文化中的礼乐文化是一种政治文化，亦即鲁地的官方文化，它以礼维持秩序和人伦，尊亲、君臣、父子、夫妇、兄弟、朋友等关系都以严格的尊卑等级来约束，并渗透到政治、经济、军事、社会等各领域和层面，故有吉、凶、宾、军、嘉“五礼”之称，而且名目繁多，有所谓“经礼三百，曲礼三千”之说。而与礼相对应的，就是乐。乐是配合礼而生的，其功能就是宣化礼的制度、礼的精神。鲁国的礼乐文化，其核心指向不在礼乐本身，而是政治上“敬德保民”思想，故其典章制度实为周朝政治理念而设，吸取夏商灭亡教训而建立起来的周朝有了“皇天无亲，惟德是辅”的理念，使其政治秩序得到重新厘定。殷人亦有自己的礼俗，并通过殷人后裔孔子影响和发扬西周的礼乐文化。孔子将死之时，希望以殷礼葬己。殷因于夏礼，周因于商礼。商周之礼损益前代之礼，而到周代，则郁郁乎文哉！故孔子说：“吾说夏礼，杞不足征也。吾学殷礼，有宋存焉。吾学周礼，今用之，吾从周。”（《中庸》）周文化重文，殷文化重质；周道尊尊，殷道亲亲。

齐鲁所居，虽同为东夷文化区，但是齐文化与鲁文化有很大不同。齐国因其俗而简其礼，使东夷文化既有所简化，又有很大保留；鲁则变其俗而革其礼，对东夷文化虽有吸收或保留，但被改变和革去的礼俗文化居多。齐重工商，尚功利，通工商之业，便鱼盐之利，重视财富积累，而且学术活跃，言论自由，齐桓公、齐威王、齐宣王等均礼贤下士，虚心纳谏，变革图强；鲁重农桑，尚伦理。齐尊尊，鲁亲亲，齐国故此重视人才，选贤任能，国力渐增，而鲁国重血统，讲亲恩，在弱肉强食的春秋战国时代，仅能勉强维持生存，而逐渐成为庸懦之国。齐重变革开新，重视人才，吸收他国之优长，富国强兵，而鲁守旧持重，重视传统，以尚古从周为宗旨，依循周礼，在文化上述而不作。儒家学派孕育和产生于鲁国，正是鲁文化重视周礼传统、推崇礼乐的明证。故史家称："齐带山海，膏壤千里，宜桑麻，人民多文彩、布帛、鱼盐，临菑亦海岱之间一都会也。其俗宽缓阔达，而足智，好议论，地重，难动摇，怯于众斗，勇于持刺，故多劫人者，大国之风也。其中具五民。而邹、鲁滨洙、泗，犹有周公遗风，俗好儒，备于礼，故其民龊龊。颇有桑麻之业，无林泽之饶。地小人众，俭啬，畏罪远邪。及其衰，好贾趋利，甚于周人。"① 然而这种区分多以先秦为时空依据进行观照，汉代儒家独尊之后，齐、鲁两种异质文化逐渐趋向融合，故从儒家的立场，齐鲁文化则可作为一个整体来看待，文化一体性逐渐显现。

第二节 齐鲁孙子学与兵学

一、齐鲁孙子学的内容、演变和特征

孙子学孕育于齐，诞生于吴，兴盛于吴越，流布于荆楚、三晋、燕赵、岭南等地。《史记·孙子吴起列传》说孙武以兵法见吴王阖闾。《吴越春秋·阖闾内传》记述，孙武辟隐深居，世人莫知其能，而伍子胥荐之于吴王阖闾，吴王阖闾用之为将，伐楚而威齐晋，名显诸侯。《越绝书·越绝外传记吴地传第三》亦载，吴王阖闾令伍子胥、伯嚭、孙武伐楚入郢，并说距县十里之巫门外有一大冢，为吴王客卿齐国人孙武冢。从这些记载看，可以大体上推断《孙子兵法》作成于吴而孕育于齐。故在讲述齐鲁孙子学时，仍要提及孙武及其兵法十三篇。故班固《汉书·艺文志》著录《吴孙子》八十二篇及图九卷。非惟孙武其人成名成功于吴地，抑亦其书成就于吴地也。孙武死后，齐国有孙膑继承和发展其兵法思想，著有《孙膑兵法》，《汉书·艺文志》载录

---

① 〔汉〕司马迁撰：《史记》，中华书局1982年版，第3265~3266页。

为《齐孙子兵法》八十九篇，今存银雀山竹简本《孙膑兵法》。司马迁《史记·孙子吴起列传》称，孙武既死，后百余岁有孙膑，乃孙武之后世子孙。细研《齐孙子兵法》，其兵法思想可以看作《吴孙子兵法》的延续和演化。

虽然孙武和孙膑都是齐人，齐地也是兵家云集、兵学繁盛之地，但是齐鲁孙子学并不兴荣。自孙膑之后，研习《孙子兵法》者在齐鲁之地当不可胜数，然而有兵法传世者不多。秦汉至宋元，在齐鲁境内，竟然出现空白。直至明代方有孙子学著作问世，数量亦不多，而且鲜有质量上乘、流传广泛者。这一现象非常值得深思和探究。

明代有学者三人，著作三部，均有目无书：

王崇献，曹州（今属山东菏泽）人，著有《孙子释疑》，今有目无书。

苏祐，濮州（今山东鄄城和河南范县一带）人，著有《孙子吴子集解》，今有目无书。

耿庭柱，山东新城（今山东桓台）人，著有《孙子摘要》，今有目无书。

清代有学者四人，著作四部：

毕以珣，山东文登人，著有《孙子叙录》。

张权时，山东济南人，著有《武闱三子全书析疑大全》（或题《三子兵法武经体注八十四家解》）。

卢崇俊，山东人，所编《兵钤内外书》录有《孙子》十三篇。

牟庭相，山东栖霞人，著有《校正孙子》。

民国有学者二人，著作二部：

陆懋德，山东历城人，著有《孙子兵法集释》。

王明长，山东蓬莱人，著有《孙子选注》。

新中国成立后，齐鲁之地孙子学学人增多，其中有代表性的学者六人，有代表性的论著十篇（部）：

张震泽，山东长清人，著有《孙膑兵法校理》。

古棣（关锋），山东庆云人，发表《孙子军事哲学思想研究》等。

戚文（戚本禹），山东威海人，与古棣合编《孙子兵法大辞典》和《孙子兵法全解》等。

宫玉振，山东莱阳人，著有《取胜之道：孙子兵法与竞争原理》等。

姚振文，山东邹平人，著有《兵法经营学构建研究》《孙子文化产业开发研究》《兵道与商道：博弈中的生存哲学》《大智无疆：孙子兵法在非军事领域的应用》等。

褚良才，山东潍坊人，著有《孙子兵法研究与应用》等。

齐鲁文化区，作为孙子学的孕育地、兵学的发源地，孙子学的发展并不与之相谐协，而在相当长的历史时期内，孙子学呈现空白现象，明清之后才陆续出现一些著述，这既有政治、军事、文化等发展不平衡的原因，也有历史上文化重心迁移的原因，还有兵学文化及军事学术自身发展规律的原因，甚至还有文化人类学的原因。总之，这是一种比较特殊的现象，而且这一现象非常值得探究。

二、齐鲁兵学

齐鲁孙子学与齐鲁兵学有着不可分割的关系。齐鲁在先秦时期，兵学繁荣，其主要原因在于齐鲁滨海之开阔环境及东夷族人尚武传统造就了齐鲁勇武善谋的品格。齐鲁兵学可以上溯到姜太公，史载其事多兵权奇计，后世言兵皆以太公为本谋，据说其撰有《阴谋》《六韬》等，今存《六韬》旧题为《姜太公兵法》，保留了部分姜氏兵事思想，是基本可信的。银雀山汉墓出土的《六韬》残卷也佐证了今本《六韬》非全伪。

齐国管仲继承姜太公的兵权、阴谋之计，并发扬光大之。管仲兼收并蓄法家、道家、兵家等思想，题名为管仲所作的《管子》，人们多半以之为杂家，杂家虽亦主以王治，但是在治国路径上与其他诸家不同。最大的不同，就是不主一家，即有极大的灵活性和可操作性，能够随时调整其王治思路。《李卫公问对》卷上云："太公既没，齐人得其遗法。至桓公，霸天下，任管仲，复修《太公法》，谓之节制之师，诸侯毕服。"管仲对太公治国用兵之法既有继承，又有发展，故一方面云"得其遗法"，另一方面又云"复修太公法"。《管子》之书，不仅涉及政治、经济、外交，而且多有兵事之论。如《兵法》《制分》《地图》专讲兵事，其他如《兵法》《制分》《地图》《幼官》

《七法》《参患》《势》《九变》《霸言》《小匡》《小问》《侈靡》《法法》《立政》《大匡》《八观》《五辅》等篇多有论兵文字。虽然未必全部出自管仲之手，但一定程度上反映了管仲学派的主要思想则是毋庸置疑的。

其后齐国有司马穰苴，司马穰苴即田穰苴，是田完后裔，齐国田氏家族的庶孳，曾为齐景公率军击退晋、燕入侵，后因遭受高氏、国氏家族的谗言而被黜，郁愤而死。田氏因此怨恨高氏、国氏，后来田常杀齐简公，并尽灭高氏、国氏家族，田常的曾孙田和取代姜齐而代之，自立为王。田穰苴在兵学上的成就，以申明、运用《司马法》而著名。田和代齐之后，用兵行威，大仿穰苴之法，而诸侯朝齐。司马迁述曰："齐威王使大夫追论古者《司马兵法》而附穰苴于其中，因号曰《司马穰苴兵法》……余读《司马兵法》，宏阔深远，虽三代征伐，未能竟其义。"① 又说："自古王者而有《司马法》，穰苴能申明之。作《司马穰苴列传第四》。"② 田穰苴只是申明《司马法》，亦即申述阐明《司马法》。换句话说，田穰苴是精通《司马法》并能讲解《司马法》的兵家。明代刘寅陈述《司马法》在齐国传承之源流及与田穰苴之关系云："《司马法》者，周大司马之法也。司马掌邦政，统六师，平邦国，乃六卿之列，入则佐天子以治国，出则总戎兵以定乱，故此书《仁本篇》首言仁、义、礼、智、信，次言九伐之法，《天子之义篇》首言法天地，观先圣，教民体俗，次言赏善罚恶之法，《定爵篇》首言教诏之法，次言战攻之法，《严位篇》专言治兵之法，《用众篇》专言应敌之法，有太公不愆于四伐、五伐、六伐、七伐，乃止齐焉，不愆于六步、七步乃止齐焉之义。此王者仁义之兵也。周武既平殷乱，封太公于齐，后子伋为齐侯，故其法传于齐。桓公之世，管仲用之，变而为节制之兵，遂能九合诸侯，一匡天下。景公之世，田穰苴用之，又变而为权诈之兵，遂能却燕晋之师。景公以穰苴有功，封为司马之官，后世子孙号为司马氏，至齐威王追论古《司马法》，方成此书。又远述穰苴所学，遂有《司马穰苴》数十篇，今世所传兵家者流是也，书中分权谋、形势、

① 〔汉〕司马迁撰：《史记》，中华书局 1982 年版，第 2160 页。
② 〔汉〕司马迁撰：《史记》，中华书局 1982 年版，第 3313 页。

阴阳、技巧四种，非此《司马法》也。是书言辞古简而义深，中间又有缺文误字，儒家多不经意，学者由是不得其说。”① 刘寅明述《司马法》与齐国姜尚、管仲、穰苴之关系，《司马法》体现王者仁义之兵的风范，因姜尚封于齐，故在齐地流传，且与太公的兵权奇计融会。到管仲用兵时，仁义之兵的宗旨演变成节制之师。到穰苴用兵时，又演变为权诈之法。传本《司马法》五篇，大体上彰显了古《司马法》的仁本宗旨。刘寅明确指出附于《司马法》后的《司马穰苴》数十篇不是《司马法》中的内容，而是分为权谋、形势、阴阳、技巧四种的兵家者流。故此种观点否认齐威王时稷下学宫的兵家追述古《司马法》并融汇或掺入《穰苴兵法》于其中的说法，基本符合司马迁在《史记・司马穰苴列传》中的相关记载。

司马穰苴之后，齐国诞生了孙武，其《孙子兵法》孕育于齐国，是齐国的兵学传统和尚武之风，以及孙武自身的军事天才，赋予他伟大的兵学哲思，最后在吴国著就其兵学圣典，并凭此获得吴王阖闾的赏识和重用，从而建功立业，名扬四海，兵法传世。

孙武之后有孙膑，乃孙武之后裔，著有《孙膑兵法》。此兵法成于战国，其中涉及的人物有魏惠王、魏太子申、庞涓、齐威王和田忌，可知孙膑与他们大致同一时代。在先秦之时，孙膑学派是诸子学派之一，《吕氏春秋・不二》篇总结当时学术云，老耽（聃）贵柔，孔子贵仁，墨翟贵廉，关尹贵清，列子贵虚，田骈贵齐，杨朱贵己，孙膑贵势，王廖贵先，兒良贵后。这里所列的人物都是其学派的代表人物，老耽（聃）代表道家，孔子代表儒家，墨翟代表墨家，关尹代表道家中的清派，列子代表道家中的虚派，田骈代表道家的齐一派，杨朱代表道家中的为我派。而孙膑、王廖、兒良都是兵家人物，他们的主张也不相同，王廖的兵论突出先发制人，兒良则重在后发制人。孙膑承袭了孙武的兵形势理论，而突出兵势，略于兵形，由此可见孙膑学派在当时是有较大影响的。《孙膑兵法》自汉代失传，至 1972 年银雀山出土吴国

---

① 〔明〕刘寅撰：《司马法直解》，见《中国兵书集成》第 10～11 册，解放军出版社、辽沈书社 1990 年版，第 473～475 页。

孙武、齐国孙膑两《孙子》竹简时，约有两千年。由于出土的竹简残缺，故不能对《孙膑兵法》作全面而详准的评价，但根据竹简残片，可知孙膑主张重战慎战、战而有义，反对乐兵利胜，尤其是强调要因势利导，提出“势者，所以令士必斗也”，发展了孙武的“任势”思想，还提出“示形”“让威”，发展了孙武的“因形”思想。另外，孙膑又发展了孙武兵力分合理论，其战术、战策更具操作性，比如“用阵三分，诲阵有锋，诲锋有后，皆待令而动。斗一，守二。以一侵敌，以二收。敌弱以乱，先其选卒以乘之。敌强以治，先其下卒以诱之。车骑与战者，分以为三，一在于右，一在于左，一在于后。易则多其车，险则多其骑，厄则多其弩。险易必知生地、死地，居生击死”（《孙膑兵法·八阵》）。如果说孙武的战术战策重在从哲学层面进行抽象概括，那么孙膑的战术战策则重在从实践操作层面进行具体陈述，告诉人们究竟该怎么做，是对孙武军事思想的贯彻和落实。故从这一角度看，孙膑对孙武军事思想的发展，是对孙武军事思想的具体化、实践化、技术化、操作化解读。与孙武兵法不同的是，权、势、谋、诈均非“兵之急者”，而“必攻不守，兵之急者也”，把孙武“攻其所必救”提升到战略原则的高度，而把“示形”“示之疑”“示之不知事”“批亢捣虚”等诡诈之道作为实现“攻其所必救”战略目标的战术手段来对待。

齐鲁兵学，主要是指齐兵学，而鲁国兵学薄弱。齐兵学本于太公兵学，《李卫公问对》卷上云：“周之始兴，则太公实缮其法：始于岐都，以建井亩；戎车三百辆，虎贲三千人，以立军制；六步七步，六伐七伐，以教战法。陈师牧野，太公以百夫致师，以成武功，以四万五千人胜纣七十万之众。周《司马法》，本太公者也。太公既没，齐人得其遗法。至桓公，霸天下，任管仲，复修《太公法》，谓之节制之师，诸侯毕服。”① 故有学者认为，姜太公是中国兵学之祖，并非没有依据。

鲁国以兵家著称者主要是吴起。吴起本为卫国左氏邑（今山东定陶或曹

---

① 〔唐〕李靖撰：《李卫公问对》，日本庆长十一年（1606）龙集丙午初秋念又一日龙阳闲室元佶叟写本，早稻田大学图书馆风陵文库藏，第8页。

县）人，后离开卫国，游学鲁国，先后跟随曾参学习儒术，后弃儒学兵，拜在季孙氏门下。故其兵学的研修是在鲁国完成的。学成之后留在鲁国任官。齐国侵鲁，鲁穆公欲拜之为将以拒秦，然忌吴起之妻为齐人。吴起为明忠鲁心迹，杀妻求将，率领鲁兵打败齐军。吴起因为受到鲁国权贵的谗毁而离开鲁国，投奔魏文侯，屡次打败秦国入侵，收复了被秦国占领的河西之地。魏文侯死后，魏武侯继位，吴起又因遭受小人谗言而被迫离开魏国投奔楚国。楚悼王欣赏其才干，拜吴起为令尹。吴起在楚国实行变法，富国强兵，扩大了楚国的版图，但是其变法遭到保守派的激烈反对。楚悼王死，保守派发动兵变，射杀吴起。吴起趁乱伏身于楚悼王尸体，楚悼王尸体被乱箭射中。楚肃王继位后，把发动兵变并射中楚悼王尸体者尽数处死。

齐鲁相较，鲁国兵学不振，而儒学兴盛，在弱肉强食的春秋战国时代，处于齐楚两大强国之间，修儒偃兵，自然不合时宜，故亡国比齐早。齐国行霸道，其政治的人性假设是性恶论，故以武制武，以恶去恶，故存国久。鲁国行王道，其政治的人性假设是性善论，而一味地标榜善，则流于伪善；一味地尊崇礼乐，则流于虚饰；一味地倡导仁义，则流于懦弱。故鲁早灭于楚，而齐终亡于秦。齐国就其国力来讲，完全可以与秦相抗衡，但是其君臣缺乏统一天下的战略目标，以守势保国，却不知反而因此丧国。在秦国远交近攻之下，楚、燕、韩、赵、魏争相赂秦，而齐国虽独不赂秦，却以其赂者而亡，故苏洵叹曰："六国破灭，非兵不利，战不善，弊在赂秦，赂秦而力亏，破灭之道也……不赂者以赂者丧，盖失强援，不能独完……齐人未尝赂秦，终继五国迁灭，何哉？与嬴而不助五国也。五国既丧，齐亦不免矣。"①

吴起是一位具有雄才大略的军事家，魏国李悝称其用兵，即使司马穰苴也难以与之相比。吴子在《图国》篇亦自褒赞云："与诸侯大战七十六，全胜六十四，余则钧解。辟土四面，拓地千里，皆起之功也。"《荀

① 〔宋〕苏洵撰：《嘉祐集》，见王云五主编《万有文库》本，商务印书馆 1937 年版，第 21~22 页。

子·议兵》记述楚将临武君与荀卿议兵于赵孝成王前，临武君说："兵之所贵者，势利也；所行者，变诈也。善用兵者，感忽悠暗，莫知其所从出。孙吴用之，无敌于天下。"① 可知吴起兵学大体上有类孙武、孙膑，均主张势利、变诈，故先秦诸文献多以"孙吴"并称。再如《尚史·田齐诸臣传》说："食人炊骨，士无反北之心，是孙膑、吴起之兵也。"②《孟子集疏》卷七《离娄》说："善战，如孙膑、吴起之徒；连结诸侯，如苏秦、张仪之类。"③《史记·孙子吴起列传》说："太史公曰：世俗所称师旅，皆道《孙子》十三篇，吴起《兵法》，世多有，故弗论，论其行事所施设者。"④ 班固《汉书·刑法志》说："世方争于功利，而驰说者以孙、吴为宗，时唯孙卿明于王道，而非之曰：彼孙、吴者，上势利而贵变诈。"⑤ 从《吴起兵法》今存六篇内容看，是吴起向魏武侯进献用兵之道的问答记录，故其书当作成于仕魏之时，而且是吴起门弟子所辑录。然而吴起学兵于鲁、成就战功与威名于鲁，其军事思想亦当成熟于鲁。故讲述鲁国兵学时，亦应提及吴起及其兵法。

其实，鲁国立国之君周公旦，亦是一位文韬武略兼备的人物，而且春秋初始，鲁国曾有一时之强盛，清初顾祖禹描绘兖州府的盛况及其在军事上的敝弱云："府据河、济之会，控淮、泗之交，北阻泰岱，东带琅邪，地大物繁，民殷土沃，用以根柢三楚，囊括三齐，直走宋、卫，长驱陈、许，足以方行于中夏矣。然自春秋以来，不能抗衡于齐、楚，而纷纭之际，豪杰竞起，未见能以兖州集事者，何欤？盖必悬权而动，所向无前，然后可以拊敌之项背，绝敌之咽喉。若坐拥数城，欲以俟敌之衰敝，未有

① 〔清〕纪昀等修：《文渊阁四库全书》第695册，台湾商务印书馆1986年版，第204页。

② 〔清〕纪昀等修：《文渊阁四库全书》第405册，台湾商务印书馆1986年版，第245页。

③ 〔清〕纪昀等修：《文渊阁四库全书》第200册，台湾商务印书馆1986年版，第465页。

④ 〔汉〕司马迁撰：《史记》，中华书局1982年版，第2168页。

⑤ 〔汉〕班固撰：《汉书》，中华书局1962年版，第1085页。

得免于覆亡者也。”① 而其余历史时期，文而不武，均处于庸懦弱小的境地，故备受强国欺辱。司马迁记曰：“故泰山之阳则鲁，其阴则齐。齐带山海，膏壤千里，宜桑麻，人民多文彩、布帛、鱼盐，临菑亦海岱之间一都会也。其俗宽缓阔达，而足智，好议论，地重，难动摇，怯于众斗，勇于持刺，故多劫人者。”② 齐人多智慧而好议论，是其长处，但是勇于个人持刺，而怯于众斗，缺乏整体观念。其原因是国富而民贫，统治阶级过着豪奢的生活，却对细民百姓简慢漠视。故其军队不能同心合力，往往是一阵两心，军官之心重，而士卒之心轻。所谓重与轻，是指勇于战斗之心。故一旦交战，官兵离心。《吴子》云：“夫齐性刚，其国富，君臣骄奢而简于细民，其政宽而禄不均，一阵两心，前重后轻，故重而不坚。”（《料敌》）与三晋和秦国相比，齐国之战力和勇武也不算强，司马迁记述孙膑对田忌说的话：“彼三晋之兵素悍勇而轻齐，齐号为怯，善战者因其势而利导之。”③《荀子》云：“齐之技击，不可以遇魏氏之武卒；魏氏之武卒，不可以遇秦之锐士。”（《议兵》）齐国的实战能力和水平相对低弱，与其军事理论发达状况并不相符，这一现象也值得研究。正如司马迁所云：“语曰：‘能行之者未必能言，能言之者未必能行。’”④ 不但孙膑和吴起个人才干如此，而且诸侯之国也大抵如此。故古兵法《司马法》有言曰：“人方有性，性州异；教成俗，俗州异，道化俗。”（《严位》）

鲁将曹刿曾经与鲁庄公论政谈兵，著有《曹沫之陈》，其内容大多数亡佚。传本有上博简《曹沫之陈》，以仁义思想为本。曹刿认为政治应该优先于战争，而战争应该服从政治，故有“陈者，三教之末”“战有显道，勿兵以克”“有克政而无克阵”的论述，体现了宋襄公之前的仁本兵学主旨尚不以诡诈为用兵之道。曹刿战略战术思想还保存在《曹刿论战》里面。《曹刿论战》

① 〔清〕顾祖禹撰：《读史方舆纪要》卷三二《山东三》，中华书局 2005 年版，第 1509 页。

② 〔汉〕司马迁撰：《史记》，中华书局 1982 年版，第 3265 页。

③ 〔汉〕司马迁撰：《史记》，中华书局 1982 年版，第 2164 页。

④ 〔汉〕司马迁撰：《史记》，中华书局 1982 年版，第 2168 页。

出自《左传·庄公十年》。曹刿赞同庄公“小大之狱，虽不能察，必以情”的取信于民的政略，而不大赞同“衣食所安，弗敢专也，必以分人”的小恩小惠做法，更不赞同以“牺牲玉帛，弗敢加也，必以信”的诚信态度对待天神。在长勺之战中，等齐人三鼓之后，出阵击齐，秉持的是“一鼓作气，再而衰，三而竭”的“用气”原则。可见曹刿非常注重“士气”的运用，也反对把胜利寄托于对神灵的忠信上，表现其朴素的唯物论意识。其实，“士气”也属于“势”的范畴。“势”有两方面：一是形势，即战场态势及各种力量组合而成的局面；二是气势，即由士气产生的不可阻挡和压制的力量。其战前得人、取信于民、战中察敌虚实及“一鼓作气，再而衰，三而竭”的勇气观，体现了弱国战胜强国的战略战术。

鲁人左丘明，春秋末期人，史家称“左丘失明，厥有《国语》”，又著《春秋左传》。其故里，或谓定陶，或谓临沂，或谓枣庄，或谓泰安。两书虽为史书，但是多可作兵书观，特别是《春秋左传》，其战法谋略不亚于兵法专书所论。故其著者左丘明，亦不失为一位兵家。

鲁人墨子，名翟，滕州人，自称北方之鄙人，人称布衣之士，虽为墨家开山之祖，然亦不愧为兵家。墨学之中，亦不乏兵学之论。与当时兵家普遍撰论进攻之法相比，唯有墨子创守御之法。一攻一守，阴阳之道，正是战国兵学旨趣。汉代刘向整理《墨子》七十一篇，今存《道藏》本五十三篇，其中有不少论兵篇章。墨子主张兼爱、非攻，反对掠夺式的不义之战，支持救守式的正义之战，批判当时大攻小、强凌弱、多欺寡、贵傲贱、富骄贫、诈残愚的社会现实。与其政治主张相应，墨子建立了系统的防御军事理论，人称“墨子兵法”。墨子兵法，主要保存在其十一篇论兵篇章里。其中有《备城门》《备高临》《备梯》《备水》《备突》《备穴》《备娥传》《迎敌祠》《旗帜》《号令》《杂守》论述武器、装备、要塞、筑城等军事防御技术问题，当属先秦兵家中的“兵技巧”类兵书。从上述篇章中可以看出墨子的军事思想，主要表现为重视民众的作用，主张亲民，修明政治，做好充分的战前准备，根除国内各种不利于取胜的内患。《备梯》篇说：“内不亲民，外不约治，以少间众，以弱轻强，身死国亡，为天下笑。”① 《七患》篇说：“以七患居国，必无社稷；以七患守城，敌至国倾；七患之所当，国必有殃。”②

三国诸葛亮，琅邪阳都（今临沂沂南）人。临沂古属鲁地。据文献记载，诸葛孔明著有《将苑》（明代又称《心书》）二卷五十篇、《便宜十六策》十六篇。诸葛亮《将苑》始见于著录是在南宋尤袤所编的私家书目《遂初堂书目》，此前未见著录于目录书中，亦未见有其他文献提及，由此可以推断是伪书。姚际恒和顾实等均持此观点。《便宜十六策》又称《十六事》，则始见于南宋《通志·艺文略》，此前亦未见有文献著录或提及。其部分内容与北宋李昉等编《太平御览》所引《诸葛亮兵法》相类，清代编入《诸葛亮文集》，亦属伪书。虽然题名诸葛亮所作的兵书不足信，但他仍留下了关于论兵的个别篇章或史传中的有关言论。从这些论政谈兵的文字中，仍能梳理出其战略策略思想。比如《隆中对》就比较集中地体现了诸葛亮的战略思想，即联吴抗曹、建立根据地，具体策略是先占领荆州、益州、汉中，一旦天下有变，则向宛洛，出秦川，由战略防守转为战略进攻，与魏、吴争锋，最后达成三分天下的局面。再如在用兵和治军方面，诸葛亮认为“据道讨淫，不在众寡”③，强调军队要受节制，受节制的军队，将领即使平庸，也不至于败北；不受节制者，兵多无益；主张“赏不遗远，罚不阿近，爵不可以无功取，刑不可以贵势免”④。又如在作战指导方面，从《三国志》等文献看，诸葛亮主张谨慎行事，善用心战，避实击虚，以心战、谋战为上，在持久对峙的形势下，主张后勤补给要因粮于敌。

西晋名将马隆，东平平陆（今山东汶上）人。平陆亦属古鲁地。马隆撰

---

① 〔清〕纪昀等修：《文渊阁四库全书》第 848 册，台湾商务印书馆 1986 年版，第 132 页。

② 〔清〕纪昀等修：《文渊阁四库全书》第 848 册，台湾商务印书馆 1986 年版，第 27 页。

③ 〔晋〕陈寿撰：《三国志》卷三五《诸葛亮传》裴松之注引，见《文渊阁四库全书》第 254 册，台湾商务印书馆 1986 年版，第 583 页。

④ 〔晋〕陈寿撰：《三国志》卷四一《张裔传》，见《文渊阁四库全书》第 254 册，台湾商务印书馆 1986 年版，第 642 页。

有《八阵总述》，以四言一句、每阵八句的形式，总述天阵、地阵、风阵、云阵、龙阵、鸟阵、蛇阵、虎阵八阵，又以四字句的形式分别总述奇兵、游军、金革、鞞鼓、麾角和兵体，但不是具体战术战法，而是总论性质的语言，所以称为“八阵总述”。

明代名将戚继光，山东济宁人。济宁当属古鲁地。戚继光生活在明代嘉靖、隆庆、万历时期，他抗击倭寇，北拒鞑靼，发明了鸳鸯阵战术和虎蹲炮、戚氏军刀、狼筅等战具，著有《纪效新书》《练兵实纪》。《纪效新书》是戚继光练兵作战时总结和汇编的训练及作战要领，相当于条令条例，有很多是戚继光对将士们所发的训令和教导，比较集中地反映了戚继光军队建设、选兵、练兵、用兵的思想。比如练兵方面，主张操练武艺要实在、能杀敌，不能使花拳绣腿，在人前图好看；选兵方面，主张不用城市油滑之人，多用乡野老实之人，要兼顾身材丰伟、武艺好、力气大、聪明伶俐四条标准，不可偏废。在为将方面，主张事事要身先士卒，要与士卒共滋味；在器械装备方面，认为器械要便利锋利，装备精良，优于敌人，若器械不利，便是以身予敌，以卒予敌；在赏罚方面，认为要赏不避仇，罚不避亲，而且身体力行。其长子因于行阵回顾，而被他依军法斩杀。其《练兵实纪》分为练伍法、练胆气、练耳目、练手足、练场操、练行营、练野营、练战约、练将九个部分，对选兵、编制、旗帜、金鼓、武器、军礼军法、将领修养、车步骑的编成、合同训练及作战等都有详尽的论述。

齐鲁兵学属于兵权谋学派，《汉书·艺文志》概括其特点为“以正守国，以奇用兵，先计而后战，兼形势，包阴阳，用技巧”，兼收并蓄其他兵家的精华，可谓海纳百川，广泛吸取前代和同时代的文化，以成其独有的兵学体系，孕育了《孙子兵法》，成就了《司马法》《孙膑兵法》《六韬》《管子》《练兵实纪》《纪效新书》等著名兵法。对战争观、战争指导、军队建设、用兵谋略、选兵练兵、武器装备、粮草供应等涉及用兵打仗的全部方面都有系统的论述。

齐鲁是孙子学的主要发源地，《孙子兵法》综合了春秋以前齐国和吴国的战争艺术，吸取了南北两地的文化精华，兼容法家、儒家、道家、五行家、阴阳家等思想，以权谋为核心内容，正如班固所说先计而后战，兼形势，包阴阳，用技巧。吴孙子兵学和齐孙子兵学都体现了兵权谋的特征，其后鲁之吴起，楚之范蠡，越之文种，卫之商鞅，赵之庞煖、李左车，韩之韩信，三国之诸葛亮等一脉相承，其兵法和用兵均属此类。在有关史籍中，也往往以上述之人相提并论，如《范雎蔡泽列传》记载蔡泽之言："今商君、吴起、大夫种之为人臣，是也；其君，非也。故世称三子致功而不见德，岂慕不遇世死乎？夫待死而后可以立忠成名，是微子不足仁，孔子不足圣，管仲不足大也。夫人之立功，岂不期于成全邪？身与名俱全者，上也。名可法而身死者，其次也。名在僇辱而身全者，下也。"① 而孙、吴并称则在古籍中俯拾即是。在《汉书·艺文志》中，则班固均以除诸葛亮外之人及其兵法归于"兵权谋"。在孙武、孙膑之前，齐国尚有《司马法》，太公《阴谋》《六韬》，《管子兵法》等兵书，均对《孙子兵法》和《孙膑兵法》有深刻影响，可谓是孙子学的源头。其中传本《司马法》并非周朝时期的《司马法》，而是在齐威王时追述亡佚之周朝《司马法》，并附田穰苴之兵法于其中，故又称《司马穰苴兵法》。然而田穰苴亦在孙武之前，当是田氏家族先人，对孙子思想的形成自然有不可忽略的影响。《孙子兵法》所主张之"信""仁""严"，当是直接源于《司马法》中的相关论述而变化之。

若结合齐鲁兵学观之，齐鲁兵学虽讲诡道，但更重仁义、道德、礼制、勇武，更加注重兵法体系的建构，举凡谋划、备战、出兵、战阵、战略、战术、用兵、治军、政略、战后、战争伦理、侦察、交战等都有论述，是完整的兵学理论体系。南方兵学却缺乏这种完整体系，而偏重于诡道的论述和发挥，且在语言表达上显得光滑圆转，不如齐鲁兵学质朴方正，更具操作性。齐鲁兵学虽重诡道，但是其诡道更具确定性，诡道中有直道、方道、正道、仁道。比如《六韬》中武王与太公的对话，讨论的基本上是诡道问题，但是这些诡道都比较具体、质实、方正，有一定的程式，也就是说齐鲁兵学善于把诡道演变成具体的策略、谋略以及战术战法，而南方兵学既不重军礼，亦

① 〔汉〕司马迁撰：《史记》，中华书局 1982 年版，第 2421 页。

不重仁义，而更加重视取胜的结果，故贵客不贵主，贵后不贵先，贵近不贵远，贵柔不贵刚，贵阴不贵阳，贵胜不贵德，贵诈不贵义。故吴、楚、越等南方兵学，多遵从天道、天时，多以人事与天时相参，而不强行人事，应天顺人的观念比较重。《国语·越语下》载述范蠡劝谏越王勾践之言："夫勇者，逆德也；兵者，凶器也；争者，事之末也……夫人事必将与天地相参，然后乃可以成功……臣闻古之善用兵者，赢缩以为常，四时以为纪，无过天极，究数而止。天道皇皇，日月以为常，明者以为法，微者则是行。阳至而阴，阴至而阳。日困而还，月盈而匡。古之善用兵者，因天地之常，与之俱行。后则用阴，先则用阳；近则用柔，远则用刚。后无阴蔽，先无阳察，用人无艺，往从其所。刚强以御，阳节不尽，不死其野。彼来我从，固守勿与。若将与之，必因天地之灾，又观其民之饥饱劳逸以参之，尽其阳节，盈吾阴节而夺之。宜为人客，刚强而力疾，阳节不尽，轻而不可取。宜为人主，安徐而重固，阴节不尽，柔而不可迫。凡陈之道，设右以为牝，益左以为牡，蚤晏无失，必顺天道，周旋无究。今其来也，刚强而力疾，王姑待之。"①

楚之道家经典《老子》《文子》《列子》《鹖冠子》《十大经》《经法》等，虽有关于战争伦理的论述，比如，《文子》提出，兵有义兵、应兵、忿兵、贪兵和骄兵；《十大经》提出，兵有为利之兵、为义之兵和泄愤之兵；《经法》提出，有好凶杀之兵、行逆德之兵、纵心欲之兵，然而它们主张的战术、战法并不看重其道义上的含义，而是注重立功取胜的结果。

反映吴越历史、政治、军事等内容的文献，如《吴越春秋》《越绝书》《国语·越语》等，其中有关兵论，与楚国兵论一样，均从理念和态度来说，具有不可确定性，缺乏具体的操作方法，犹如后世之论文，以"羚羊挂角、无迹可求""不着一字、尽得风流"来形容，庶几无过矣。而上述范蠡的用兵理念，在吴、楚、越等南方兵学中有较高的代表性。那么孙子兵学在吴、楚、越等南方区域的流传和运用，自然会受到南方固有的兵学理念的影响。虽然

---

① 徐元诰撰，王树民、沈长云点校：《国语集解》，中华书局2002年版，第576、582、584~586页。

在明、清、民国以及现代的孙子学著述中，几乎没有体现这一特征。因为毕竟是对《孙子兵法》文本及其思想的阐发，而不至于离题太远，抛却《孙子兵法》文本而另行一套。所以说，在孙子学著述中体现南方兵学重天时、应人道等道法自然的特征不明显，而在历代战事中则有较为充分的体现。

上述特点的形成，大概与南北方人的天赋秉性不同有很大关系。虽然齐鲁兵学和吴、楚、越等南方兵学都很重视借鉴道家思想，以之纳入兵学思想体系，但是齐鲁兵学更加重视道家中的黄老政治学说，相对而言是比较有为的积极面，而吴、楚、越等南方兵学更加注重借鉴道家中柔静无为等自然思想，强调是的大音希声、大象无形、大智若愚的哲学境界，更具抽象性和不可捉摸性。齐鲁兵学既重视兵学哲理的阐释，又注重战术战法、器械技巧等，既借鉴阴阳对立统一和五行生克的辩证思维，又重视人事，尤其重视人的主观能动性，反对鬼神、星历、望气、占候等，而吴、楚、越比较注重鬼神祭祀、星历吉凶等神秘观念在战争中的施为。

第二章　吴越孙子学及其演变

第一节　吴越与吴越文化

一、吴越界定

吴国的开国之君是太伯，是周太王古公亶父的长子，即周文王的伯父。传说，周太王有三个儿子，长子太伯、次子仲雍、三子季历。季历即周文王姬昌之父。当时周太王看到孙子姬昌聪明灵秀，很想传位于他，但是按照传统做法，应该传位于长子。太伯明白父亲之意，故与弟弟仲雍以采草药为名离开王宫，来到荒凉的江南，开基建国，号称句吴国。司马迁记曰："太伯之奔荆蛮，自号句吴，荆蛮义之，从而归之千余家，立为吴太伯。"① 吴国强盛时，其势力范围包括今苏皖两省于长江以南地区及赣东北地区。春秋时吴王夫差被越王勾践所杀，身死国灭。

越国的开国之君是无余。无余是夏王少康之庶子，夏禹之后裔。司马迁记曰："越王句践，其先禹之苗裔，而夏后帝少康之庶子也。封于会稽，以奉守禹之祀。文身断发，披草莱而邑焉。后二十余世，至于允常。允常之时，

① 〔汉〕司马迁撰：《史记》，中华书局1982年版，第1445页。

与吴王阖庐战而相怨伐。允常卒，子句践立，是为越王。”① 越存国一千九百多年，至汉武帝时，东越王余善被灭国迁众，越国最后一支后裔从此消失。越并非族名，而是地名，为古代九州之一，即扬州。越国曾经强盛一时，越王勾践灭吴国，其版图北近齐鲁，东至于海，西达皖淮、赣鄱，为东南雄主。

吴王阖闾建都姑苏（今江苏苏州），越王勾践建都会稽（今浙江绍兴）。吴越古国均尚勇崇武，其风气矫健劲悍。晋室南渡，北方士大夫大量南迁吴越，为吴越文化注入了精致典雅的儒生气质和清高俊逸的书生意气，社会风尚由此一变。至唐宋，中国的经济重心南移，而北方的传统文化也在吴越地区得到融汇和传承，并且在经过北方少数民族的短期统治及频发的战争之后，固有的“北方气质”逐渐淡化。从此，吴越地区人文繁盛，人才辈出，经济、文化发展并驾齐驱。

故大体上说，由于历史和现实的双重原因，若从区域文化意义来界定，吴越指的是今江苏、浙江、上海诸地区，有时甚至扩展到安徽东部和江西东北部。

二、吴越文化

吴越文化区域，是以太湖流域为中心的区域，包括今上海、江苏南部、浙江全部和江西东北部，而以钱塘江为吴文化与越文化的分界线。吴越区域文化，则以外柔内刚、谦和重礼、精细雅致为特征。若依今人视角，在此地域之内，则又可分为吴文化、越文化、海派文化，然而本书所指吴越文化多以先秦吴越文化为主，兼顾秦汉以后吴越文化的有关情况。

周太伯逃吴，初居梅里，后居姑苏，其范围大致在今苏州、无锡之间。故有人以为太湖流域是吴文化的中心，而又有人以在苏州、无锡的历史遗存中并无明显的商周文化元素，反倒以在安徽屯溪和江苏南京锁金村一带有较多商周文化元素为据，认为宁（南京）镇（镇江）一带方为吴文化的中心，而太湖地区为越文化的中心。西周时期，吴越文化有明显分野，可谓泾渭分明，但是到了春秋战国，吴越文化互相渗透和融通，其表现主要是吴越文化

① 〔汉〕司马迁撰：《史记》，中华书局1982年版，第1739页。

互相嵌入、渗透，最终达到文化认同。

创造吴文化的始祖是周太伯，周太伯带来了周文化，以之与当地文化糅合。创造越文化的始祖为无余。无余带来了华夏文化，并以之与当地文化融汇。故吴越文化在吴越立国之初，就已接受了中原文化的浸润和熏陶，在其文化中早就分别融汇了周文化、夏文化的元素，但仍以当地文化为主体。《左传·哀公七年》记载，太伯开始以周礼治国，到了其弟仲雍继位后，则断发文身，裸以为饰，与当地居民并无两样。吴越文化的特征多表现为聪明俊秀、灵动多思、柔和精细、重视功利、经世致用，又与北方文化的粗犷豪放、重视亲情伦常有很大不同。班固记载淮南王刘安的一段话很有代表性："臣闻越非有城郭邑里也，处溪谷之间，篁竹之中，习于水斗，便于用舟，地深昧而多水险……且越人愚戆轻薄，负约反复，其不可用天子之法度，非一日之积也。"① 赵晔记载越王勾践之言："越性脆而愚，水行山处，以船为车，以楫为马，往若飘然，去则难从，悦兵敢死，越之常也。"②

《大清一统志》卷二一六《杭州府》云："建置沿革：《禹贡》扬州之域，春秋为越西境。战国属楚，秦置钱唐县，属会稽郡。汉为会稽郡，西部都尉治。后汉永建四年分属吴郡，晋及宋、齐、梁因之，陈祯明元年置钱唐郡，属吴州。隋废郡，置杭州，仁寿中置总管府；大业初府罢，三年改曰余杭郡。唐武德四年复置杭州，天宝元年改余杭郡；乾元元年复为杭州，属江南东道；景福二年移镇海节度使来治。五代时钱镠建吴越国。宋仍曰杭州、余杭郡，淳化五年改宁海军节度，属西浙路；大观元年升为帅府，领两浙西路兵马钤辖；建炎三年以为行在所，升临安府为浙西路治。元至元十三年立两浙都督府，十五年改杭州路。明初改杭州府，为浙江布政使司治所。本朝因之，领县八州一。"③ 并对杭州府的山川形势、风

---

① 〔汉〕班固撰：《汉书》，中华书局 1962 年版，第 2778 页。

② 〔汉〕赵晔撰，〔元〕徐天祜音注：《吴越春秋·勾践伐吴外传》，江苏古籍出版社 1999 年版，第 176 页。

③ 〔清〕纪昀等修：《文渊阁四库全书》第 479 册，台湾商务印书馆 1986 年版，第 3~4 页。

俗人情多有描述，兹移录如下：

> 形势：川泽沃衍，有海陆之饶；西界浙江，东奄左海；江海上游，东南巨屏；包络山川，左江右湖，控引岛蛮；南跨吴山，北兜武林，左带长江，右邻湖曲，山停水聚，元气融结；据东南之都会，号繁盛之乐土；山川秀丽，井邑浩穰。风俗：水行山处，以船为车、楫为马；郡中争厉志节，习经者以千数，道路但闻弦诵之声；珍异所聚，故商贾并凑；衣冠萃止，儒术为盛；人性柔慧，尚浮屠之教；俗奢靡而无积聚，家文雅而人英茂。①

《史记·货殖列传》记述越地风俗曰："浙江南则越。夫吴自阖庐、春申、王濞三人招致天下之喜游子弟，东有海盐之饶，章山之铜，三江、五湖之利，亦江东一都会也。"② 又有唐代魏徵等《隋书》卷二《高祖下》记述吴越风俗曰："吴、越之人，往承弊俗，所在之处，私造大船，因相聚结，致有侵害。其江南诸州，人间有船长三丈已上，悉括入官。"③ 据文字学家考证，"吴"之甲骨文形同"鱼"，且二者同音同义。鱼生水中，故吴越之人多灵巧圆滑，不受拘束。司马迁《史记·货殖列传》曰："总之，楚越之地，地广人希，饭稻羹鱼，或火耕而水耨，果隋蠃蛤，不待贾而足，地势饶食，无饥馑之患，以故呰窳偷生，无积聚而多贫。是故江淮以南，无冻饿之人，亦无千金之家。"④ 班固《汉书》卷二八《地理志》曰："楚有江汉川泽山林之饶；江南地广，或火耕水耨。民食鱼稻，以渔猎山伐为业，果蓏蠃蛤，食物常足。"⑤ 这些记载反映了吴、越、楚之地多山多水的生活环境及其居民以鱼虾、水稻和山货为赖以生存的物资。南方之水，多狭长曲折奇特，依山就势，蜿蜒而

---

① 有关形势和风俗之文字，见〔清〕纪昀等修《文渊阁四库全书》第479册，台湾商务印书馆1986年版，第6页。

② 〔汉〕司马迁撰：《史记》，中华书局1982年版，第3267页。

③ 〔唐〕魏徵等撰：《隋书》，中华书局1973年版，第43页。

④ 〔汉〕司马迁撰：《史记》，中华书局1982年版，第3270页。

⑤ 〔汉〕班固撰：《汉书》，中华书局1962年版，第1666页。

行，奔涌宽阔者少；南方之山，多高耸峭拔险峻，冷傲孤寒，纵横开阔之地少。在此种环境中生息繁衍，人随山水秉性而行，在山间水域左右逢源，因山水而俯仰，故人多狡猾依随；地少山众，靠天吃饭，环境恶劣，生死有命，故不聪明灵巧者不能活；吴越之人多把生命寄托于上天福佑，故鬼神观念深重。独特的地理环境必然形成与之相应的心理习惯和文化习惯，因而形成与北方兵学气质和秉性完全不同的南方兵学。

第二节　吴越孙子学与兵学

一、吴越孙子学的内容、演变和特征

《孙子兵法》因成书于吴，又因孙武寓居于吴，故称为《吴孙子兵法》。之所以讲《吴孙子兵法》成书于吴，是因为在其书中有多条内证：

一是《孙子兵法》有讲山林草泽之战术的内容，比较符合南方的地形地貌。

二是《孙子兵法》讲吴人和越人相恶，但当遇风雨，则同舟共济如左右手，这是以当时人熟悉的身边事为例。又讲“以吾度之，越人之兵虽多，亦奚益于胜败哉?”（《虚实》）也是站在吴国立场来讲越国之兵不可畏。

三是《孙子兵法》讲到善用兵者，譬如率然，又讲率然者，常山之蛇。常山，当为春秋末期越国会稽之常山，《太平广记》记载云，会稽常山多“率然”之蛇，亦是以身边人熟知之事为例。

四是《孙子兵法》讲到水战之法，南方之国重水战，北方诸国不习水战。

五是《孙子兵法》还讲处在山谷、草泽、山林之军该如何行动，其中“绝涧”“天井”“天牢”“天罗”“天陷”“天隙”“潢井”“葭苇”“山林”“蘙荟”等，与南方的地形地貌比较吻合，这也是南方军队如何因地形用兵的问题。

孙武从齐国奔吴，寓居吴国，亦终老于吴国，其功业在吴国建成，且既为吴王进献兵法，又为吴王计谋军事，自然有站在吴国地域角度讲话的潜意

识，而自觉不自觉流露于笔端。《孙子兵法》实可视作孙武为吴王阖闾所作的军事对策，亦是干禄之作。

吴越文化区的孙子学著作，自吴郡人沈友《孙子注》开其端，而隋代萧吉《孙子注》踵其后。萧吉为南兰陵（今江苏武进）人。《宋史·艺文志》著录萧吉注《孙子》一卷，又云“或题曹、萧注”，《通志·艺文略》著录萧吉注《孙子兵法》一卷，而在《隋书·艺文志》、新旧《唐书·艺文志》中无著录，故又有人认为萧吉注《孙子》，于史并无确证。然《隋书·艺文志》兵部著录萧吉《金海》三十卷，《旧唐书·艺文志》著录《金海》四十七卷，而藤原佐世《日本国见在书目录》亦有隋萧吉撰《金海》三十七卷的著录。著录的《金海》卷数虽互有差异，但都肯定萧吉著有兵书《金海》。萧吉是精通阴阳、术数、占测之学的淹博之士，其《金海》一书大体上是一部兵阴阳类兵书。既然萧吉精通兵术，其撰注《孙子》也就不足为奇。《宋史·艺文志》是官修书目，其著录当可足信，只是内容亡佚，未知其详。

确切地说，《孙子兵法》诞生于吴越，是孙武从北方带来的齐鲁文化与吴越本土文化融合的结晶，其孕育的母体是齐鲁文化，而吴越文化为《孙子兵法》这个胎儿给予了营养。自唐宋始，随着经济、文化重心的南迁，孙子学在吴越地区逐渐兴盛起来。

唐朝出现大量引用《孙子兵法》的文献二部，涉及引录者至少二人，即越州（今浙江余姚）人虞世南《北堂书钞》引《孙子》和李善等《文选六臣注》引《孙子》。六臣之首李善，江都（今江苏扬州）人；吕向，泾州宜禄（今陕西长武）人；吕延济、刘良、张铣、李周翰，生卒年、籍贯不详。六臣都是唐代人。

北宋有湖州乌程（今浙江湖州）人朱服、建州浦城（今福建浦城）人何去非校定《孙子》。随着宋室南迁，受到南迁文人士大夫崇文重学的影响，南宋吴越士人望风钦仰，人文蔚起，在孙子学领域多有建树：

有三家引录《孙子》，即婺州金华（今属浙江）人章如愚《群书考索》引录《孙子》；庆元府鄞县（今浙江宁波）人王应麟《玉海》引录《孙子》；浙江长兴人徐坚《初学记》引录《孙子》。

有四家注释《孙子》：浙江丽水人叶宏《孙子注》，书已亡佚；浙江瑞安人陈傅良《孙子发微序》；浙江瑞安人陈直中《孙子发微》，书已亡佚；浙江平阳人王自中《孙子新略》，书已亡佚。

可贵的是在文化相对荒凉的元代，吴越士人中亦有《孙子》注解之作，即浙江天台（元朝天台属台州路）人潘可大《孙子释文》，然而书已亡佚。

明代则是吴越孙子学的繁盛时期，学人和成果最多。见于文献记载并有确证者，至少五十家，孙子学作品至少五十部，兹列于下：

王守仁，浙江余姚人，批注《孙子》，著有《阳明先生手批武经七书》。

赵本学，泉州晋邑（今福建晋江）人，著有《赵注孙子兵法》。

翁溥，浙江诸暨人，纂辑《武学经传》，其中有《孙子》。

谈恺，江苏锡山（今江苏无锡）人，集注《孙子》，著有《孙子集注》。

归有光，苏州昆山（今江苏昆山）人，评注《孙子》，其中辑录曾确庵、敖清江、徐子舆、何启图、汪有泉、林见素、陈明卿、俞紫芝、诸远济、诸理斋、张玄超、钱鹤滩、舒国裳等明代学人的《孙子》注。以上被引录的诸家《孙子》注释或训解之作，均已亡佚。从归有光的《孙子评注》中可以略窥明代有众多孙子学学人，而被归有光辑录诸注家，多数属于吴越文化区。兹把诸注家籍贯或出生地赘列于下：曾确庵，湖北钟祥人，荆楚文化区；敖清江，即敖英，清江（今江西樟树）人，荆楚文化区；徐子舆，浙江长兴人，吴越文化区；何启图，河南信阳人，荆楚文化区；林见素，福建莆田人，岭南文化区；陈明卿，江苏长洲（属江苏苏州）人，吴越文化区；俞紫芝，浙江桐江（今浙江桐庐）人，吴越文化区；诸理斋，浙江余姚人，吴越文化区；张玄超，浙江余姚人，吴越文化区；钱鹤滩，松江华亭（今上海松江）人，吴越文化区；舒国裳，江西进贤人，荆楚文化区。

王世贞，江苏太仓人；臧懋循，字晋叔，浙江长兴人，二人评释《孙子》，著有《孙子评释》。

陈玖学，浙江诸暨人，明末清初人，评注《孙子》，著有《评注七子兵略》。

胡直，江西泰和人，序刻《武经七书》，亡佚，仅存《刻武经七书序》。

曹胤儒，江苏太仓人，著有《诸家约注孙武子》。

薛应旂，江苏武进人，解说《孙子》，著有《方山先生孙子说》。

茅元仪，茅坤之孙，浙江归安（今浙江吴兴）人，评论《孙子》，撰《兵诀评》，其中有《孙子》。

李棣，江苏高邮人，校刻谈恺《孙子集注》，一是校，二是刻。

陈深，浙江长兴人，品节《孙子》，撰《孙子品节》。

何允中，浙江仁和人，辑刻曹操《孙子略解》，毫无新意，只在传播曹注《孙子》方面有一定意义。

何守法，浙江解元，自号西湖逸士，著有《校音点注孙子》。

沈际飞，江苏昆山人，著有《武经七书合笺》和《武经七书会通》。

黄暟伯，江西临川人。临川在赣东，属吴越文化区。类注《孙子》，著有《武经七书类注》，其中有《孙子类注》。参与类注者三人：张自烈，江西宜春人；罗万藻，江西临川人；张允修，浙江临安人。

陈仁锡，江苏长洲（今江苏苏州）人，选评《孙子》，编有《选子》（其中有选《孙子》）和《孙子节评》。

焦竑，江宁（今江苏南京）人，评《孙子》，著有《孙子释评》。

李清，上海云间（今上海松江）人，集注《孙子》，著有《重镌武经七书集注》八卷，其中有《孙子》一卷。

陈珂，浙江嵊县（今浙江嵊州）人；陈天策，浙江钱塘人，二人合著《孙武子断注》。

谢弘仪，浙江绍兴人，辑注《孙子》，著有《新镌武经标题七书》，其中有《孙子》。

孙履恒，江苏吴江人，商评《孙子》，著有《衷谷子商骘武经七书》。

沈应明，江苏吴县人，辑评《孙子》，编纂《新镌注解武经》十四卷，其中有《孙武子十三篇》。

陈元素，江苏吴县人，评释《孙子》，著有《标题评释武经七书》。

陈继儒，松江华亭（今上海松江）人，辑录《孙子》。

李云翔，江苏扬州人，辑纂《孙武子拔萃》。

王衡，江苏太仓人，编纂《诸子类语》，其中有《孙子语类》。

李盘用，于越（今属浙江）人，汇编《武德全书》；此书又有彭好古校，以及李盘用之子李名世（于越人）集注、李赞世（于越人）补注及李匡世（于越人）订证。

郑士元，浙江宁海人，著有《孙武子注》，今有目无书。

黄润玉，浙江鄞县（今浙江宁波）人，著有《孙子纲领》及《孙子注》，今有目无书。

赵鹤，江都（今江苏扬州）人，《孙武子十三篇定本》，今有目无书。

施一德，上海崇明人，著有《校正武经七书》，今有目无书。

陈锡，浙江天台人，著有《校订魏武帝注孙子》，今有目无书。

王圻，上海人，著有《武学经传句解》，其中有《孙子》，今有目无书。

陆可教，浙江兰溪人；李廷机，福建晋江人，二人合编《诸子玄言评苑》，其中录有《孙子》，今有目无书。

何继高，浙江山阴（今浙江绍兴）人，著有《孙子解》，今有目无书。

华夏，与文徵明、祝允明友善，江苏无锡人，著有《孙子十三篇注》，今有目无书。

钱继登，浙江嘉兴人，著有《孙武子绎》，今有目无书。

程道生，浙江海宁人，评点编次《孙子》，今有目无书。

陆弘祚，浙江乌程（今浙江湖州）人，著有《孙武子纂注》，今有目无书。

孙奎，江西南城人。南城在江西东部，属吴越文化区。著有《孙子兵法注》，今有目无书。

汪淇，浙江钱塘人，著有《孙子衍义》，今有目无书。

洪玮德，江苏淮安人，著有《管仲孙武合钞》，今有目无书。

以上为明代吴越文化区孙子学著述情况。由此可见明代孙子学在吴越文化区得到长足发展，并臻鼎盛。经过唐、宋、元三个历史时代的文化积累和经济发展，吴越文化区不仅在文苑曲囿中花繁叶茂，而且在孙子学等领域精耕细作，硕果累累，领先于其他文化区域。

进入清代，吴越孙子学仍呈稳健发展之势，虽不能和明代等量齐观，但是也可算成绩斐然：有文献可考之孙子学学者至少二十五家，有至少二十五部《孙子》注释或辑录之作。清代《孙子兵法》辑校、训释、批点等著作，虽然在数量上和明代相比少了一半，但和其他朝代相比，又算较多，兹列之于下：

丁洪章辑注、邓琯校订《孙子》，著有《武经全解》，二人均为江苏镇江人。

姚椿，松江府娄县（今上海松江）人，手抄《孙子十三篇》。

凌堃，浙江吴兴人，重校并增注《孙子》，以孙星衍校《魏武帝注孙子》为底本，重校《魏武帝注孙子》，并有所增注。

丁晏，江苏山阳（今江苏淮安）人，手抄《孙子兵法》。

王诒寿，浙江绍兴人，校《孙子十家注》。

汪绂，徽州婺源（今江西婺源）人，注《孙子》。

顾福棠，江苏武进人，著有《孙子集解》。

陈任旸，江苏宜兴人，注解《孙子》，著有《孙子十三篇直讲》。

王仁俊，江苏吴县人，著有《孙子佚文》。

孙星衍，江苏阳湖（今江苏武进）人，校勘《孙子十家注》。

李宝泠，江苏武进人，粹辑《孙子十家注》。

谢文洊，江西南丰人，类释《孙子》，著有《兵法类案》。南丰在江西东部，属吴越文化区。

陈裕，清初江宁（今江苏南京）人，辑《武经全题汇解》，其中有《孙子全题汇解》。

尤大臣，清初江苏吴兴人，著有《武经七书题炬》，其中有《孙子题炬》。

彭继耀、谈飞鸣，均为清初江宁（今江苏南京）人，著有《武经七书醒宗》七卷，其中有《孙子》。

章立帜，清初杭州人，著有《武经标题正说》七卷，其中有《孙子》一卷。

谢重纶、谢永锡，清初浙江钱塘人，父子俩著有《武经全题讲义通考》七卷，其中有《孙子》一卷。

余姚人鲁经纂辑、江宁（今江苏南京）人洪宇校订《武经大全标题会解》七卷，其中有《孙子》一卷。

杭州人张道升、宁波人仇廷桂纂辑《武经三书体注大全会解》三卷，其中有《孙子》一卷。

王又乔，江苏扬州人，著有《孙子集注》。

翁同书，江苏常熟人，批点《孙子十三篇》，属于读书札记类。

王世贞，江苏太仓人，评释《满汉合璧孙子兵法》。

王廷学，上海人，辑校《孙子十三篇》。

陈梦雷、蒋廷锡编纂《古今图书集成》，其中《经济汇编·戎政典》刊录了《孙子》白文本。陈梦雷，福建闽县（今福建福州）人；蒋廷锡，江苏常熟人。

民国时期孙子学，有文献可稽之孙子学学者，至少八家，著作至少八部。兹赘列于下：

蒋方震、刘邦骥注解《孙子》。蒋方震，浙江海宁人，著有《国防论》《孙子浅说》。刘邦骥，湖北汉川人，清末举人，与蒋方震合著《孙子浅说》。

支伟成，江苏丹徒人，著有《孙子兵法史证》。

钱基博，江苏无锡人，著有《孙子章句训义》。

张廷灏，浙江南浔人，著有《从孙子兵法研究做事方法》。

张之纯，江苏江阴人，评注《孙子》，著有《评注孙子菁华录》。

陈和祥，浙江永康人，评注《孙子》，著有《评注孙子读本》。

许有成，江苏无锡人，著有《孙子与现代》。

杨家骆，江苏南京人，著有《孙子集校》。

新中国成立之后，吴越学者亦多有，其孙子学著作虽不一定撰就于吴越文化区，但是作为籍贯或出生地为吴越文化区的学者，其孙子学研究仍能反映吴越文化的某些性格，而且都很重要，在孙子学界有相当大的影响。兹仅就有代表性的孙子学学者和作品列举于下：

黄朴民，浙江绍兴人，著有《孙子评传》《黄朴民解读孙子兵法》等。

谢祥皓，江苏沛县人，著有《孙子导读》，合编《孙子集成》《兵圣传略》《兵圣孙武》等。

杨先举，浙江鄞县（今浙江宁波）人，著有《孙子管理学》等。

杨善群，上海人，著有《孙武评传》《孙子答客问》《古今兵圣：孙子》《越王勾践新传》等，主编《孙子兵法鉴赏辞典》。

何炳棣，浙江金华人，撰有《中国现存最古的私家著述〈孙子兵法〉》。

从上述比较翔实的文献资料看，吴越文化区的孙子学是随着其经济、文化的发展而发展的。秦汉时期，吴越地区文化基本处于停滞不前的荒芜时代，这是吴越文化发展的低落期。自三国东吴建都建业（今江苏南京），西晋永嘉之祸导致“衣冠南渡”及晋室南迁，唐朝天宝年间“安史之乱”引起士族南奔，北宋末年靖康之难促使宋室偏安江南，中原汉文化给长江下游地区即吴越地区带来了蓬勃生机，革新、改造了吴越人的文化，使之向中原汉文化靠近。特别是东晋和南宋分别建都建业（今江苏南京）和临安（今浙江杭州），为两座繁华城市的文化注入了新的元素，从语言、服饰、生活习惯、生产方式、精神追求等各方面使得吴越文化发生了根本性变化，使之向优雅、细腻、柔美转化，而且吴越等江南地区的经济在北方汉民族人口大量迁入的情况下，获得了快速的发展，经济重心最终实现了南移。元代，文化教育不受重视，又实行民族歧视政策，社会矛盾、阶级矛盾、民族矛盾尖锐，导致文化发展迟滞，不仅江南地区文化萎靡，而且全国范围文化萎靡不振。经过明清时期长期磨合和融汇，吴越文化向汉文化的转变趋于成熟。吴越地区孙子学研究，从秦汉、三国、两晋、南北朝时期的低迷，到隋唐北宋时期的发端，到南宋时期的发展以及元代的回落，到明清时期的繁荣鼎盛，再到民国时期的近代转型，最终在新中国成立之后完成了现代转型。这一发展路径与中国社会历史进程在吴越地区的反映，以及中国经济、文化在吴越地区的律动，是完全一致的。

在吴越文化区中，太湖流域和钱塘江流域是中心地带，而以钱塘江为界，浙西属吴文化区，浙东属越文化区，而括苍山以南，则为瓯越文化，皖南徽州一带则为徽州文化，赣东北紧邻越文化区，受越文化的影响很大，也是吴越文化的一个支流。吴越孙子学中，吴越中心区域的孙子学及非中心区域的孙子学自然又受到各自区域文化的影响，具有本区域的文化特征。

二、吴越兵学

从秦汉到隋唐五代，传统兵学在北方，即使有个别兵家，有传说出自吴越文化区者，也是隐居在吴越的某个地方，如黄石公隐居东海下邳（今属江苏睢宁），被称为“下邳神人”，但下邳仅是隐居之地，非生长地或籍贯地，其生长地是曲阳（今河北曲阳）。当然有著名将领韩信，出自今江苏淮阴，司马迁在《史记》中为其立传，这算是例外。

魏晋南北朝时期，传世兵学，魏有三家，无一家是吴越人；蜀有一家（即诸葛亮）；吴无传世兵学著作；晋有两家，均非吴越人。

隋唐五代时期，从传世兵学著作看，没有一家是吴越文化区的学者。隋唐五代的兵学家及著作，除了杜牧《孙子兵法注》，还有李靖《卫公兵法辑本》《李卫公问对》《李卫公兵法望江南》等十种；李筌《神机制敌太白阴经》《阃外春秋》《黄帝阴符经注疏》等五种；王琚《射经》一种；张果、王玠《黄帝阴符经注》等两种；王真《道德真经论兵要义述》；李淳风《乙巳占》一种；易静《兵要望江南》一种；赵蕤《长短经·兵权》一种，没有一家属吴越文化区。

吴越兵学到宋代有一个大变化，就是出现多种兵学著作。在主要的四十九位兵学学者中，有十五人出自吴越文化区。这十五人及其著作分别罗列如下：

北宋吴郡（今江苏苏州）人许洞，著《虎钤经》。

两宋之际浙江临海人陈克，与吴若合著《东南防守便利》。

南宋信州（今江西上饶）人谢枋得，撰《武侯心书注》。

南宋山阴（今浙江绍兴）人王佐，绍兴十八年（1148）戊辰状元，历任平将军节度判官、秘书省校书郎、知府等，多次参预军谋，官至工部尚书、户部尚书。著兵阴阳类兵书《太乙秘书》。

南宋浙江金华人唐仲友，著《鲁军制九问》一卷。

南宋江西浮梁（今属江西景德镇）人朱宏撰有《行军观象书歌注》。

南宋浙江瑞安人陈傅良，著《历代兵制》。

南宋抗金将领、江苏无锡人李纲，著《宋丞相李忠定公辅政本末》。

南宋浙江临海人谢采伯，著《九贤秘典》。

南宋浙江温州人戴少望，著《将鉴论断》。

南宋吴郡（今江苏苏州）人俞琰，著《黄帝阴符经注》。

南宋浙江永嘉人夏元鼎，著《黄帝阴符经讲义》。

南宋浙江乐清人钱文子，著《补汉兵志》。

南宋宗室明州鄞县（今浙江宁波）人赵汝梅，著《八阵通记》及《如意城略》。

南宋祝泌，江西饶州德兴人，度宗咸淳十年（1274）甲戌进士，所著《六壬大占》收录在题名华阳逸叟所编的《清隐山房丛书》中。

以上十五人，一人生活于北宋，一人生活于两宋之交，十三人为南宋时期的吴越学人。

元朝疆域空前辽阔，然而整个朝代，传世兵学著作仅有五家六种，没有一种为吴越文化区的学者所作。

明代除了孙子学著作、军牍文书、军事奏折和以朝廷名义纂辑的兵学文献外，私家兵学著述，传世者二百六十九种，其中作者籍贯或生长地为吴越文化区者，有一百零七家，占比约百分之四十，兹胪列于下：

常州府武进人周诗雅著《练兵要览》及《武经要览》。

江苏常熟人陈禹谟著《左氏略》。

江苏丹阳人诸葛佐著《诸葛七书》。

松江华亭人宋征壁撰《左氏兵法测要》。

江苏长洲（今江苏苏州）人刘畿撰《诸史将略》。

镇江府丹徒人杨一清撰《制府杂录》。

苏州府昆山人归有光评点《子牙子》。

浙江乌程（今浙江湖州）人张兆元撰《海防图议》。

浙江余姚人何良臣著《阵纪》。

江苏长洲（今江苏苏州）人皇甫冲撰《枕戈杂言》。

江苏长洲（今江苏苏州）人陈元素撰《增附武经七书评释节要》。

明代江苏镇江人周台公参订、清代扬州人陈锡蕃增订《增订慎守篇》。

杭郡上虞（今浙江绍兴）人赵光裕评《新刊官板批评正百将传十卷续百将传四卷》《新镌批选皇明百将传合法兵戎事类》《武家彀》《古今合法将传》《阵法马步射法棍法》。

浙江秀水人卜大同著《备倭记》。

浙江湖州人庄元臣著《阴符经注解》。

浙江慈溪人王文禄著《阴符经疏略》。

江苏江宁人焦竑著《阴符经解》。

江苏武进人唐顺之著《阴符经考》。

浙江余姚人徐九章著《讲武要略》。

浙江余姚人王守仁著、会稽人商周祚评论《历朝武机捷录》《国朝武机捷录》；王守仁又辑纂《兵志》。

江苏苏州人陈仁锡著《续古文奇赏：武经》。

浙江海宁人周宗彝著《修备记略》。

江苏常熟人瞿汝说编《皇明臣略纂闻》。

江苏太仓人盛敬编《形胜要略》。

江苏苏州吴江人吴可参著《新刻武学经史大成》。

江苏金陵（今江苏南京）人朱权著《新刻古今武考》。

浙江诸暨人陈玖学著《新镌增补标题武经七书》。

浙江会稽人谢弘仪著《新镌增补标题七书》。

浙江定海人臧应骥著《新镌武经标题佐义》。

浙江衢州人徐日久著《五边典则》。

上海人王圻著《武学经传句解》。

浙江诸暨人翁溥著《武学经传三种》。

浙江乐清人赵士桢著《神器谱》《神器谱续》《神器谱或问》《防虏车铳

议》《车铳议》《车铳图》《倭情屯田议》《中国朝鲜日本形势图略》。

浙江余姚人方长卿著《尉缭子注》。

江苏扬州兴化人李清著《武经七书集注》。

江苏昆山人沈际飞著《武经七书合笺》。

江西浮梁人金宗舜著《神技编》。

江西临川人黄华旸（即黄瞪伯）著《武经七书类注》。

江苏兴化人李盘编《武德全书》。

浙江青田人刘基著《刘伯温先生重纂诸葛忠武侯兵法心要》。

浙江归安人茅元仪编《武备志》。

江苏江宁人潘铎评释、浙江归安人茅元仪辑纂《战略考》。

浙江秀水人施永图著《武备三大秘书》《心略》《辛夷韬略三大秘书》《武备水火攻》《武备天文志》《武备地利》。

江苏武进人唐顺之著《唐荆川先生纂辑武编》。

浙江海宁人程道生著《握机经辑注图议》。

江苏太仓人曹胤儒著《握机经》《握机纬》。

江苏昆山人王应电著《握机经传》。

浙江归安人唐枢著《未学学引》。

浙江人阮汉闻著《尉缭子标释》《诘戎践墨》。

杭州西湖逸士著、浙江解元钟吴人何守法音注《投笔肤谈》。

上海人徐光启汇选、江苏太仓人王在晋评释、陕西扶风人张继孟辑说《韬略世法》。

浙江仁和人金堡辑纂《韬略奇书》。

苏州吴县人慎懋赏注《素书》。

浙江山阴人祁彪佳著《守城全书》。

江苏长洲（今江苏苏州）人陈仁锡著《全吴筹患预防录》。

苏州吴江人孙履恒著《衰谷子商鹭武经七书》。

江苏吴江人沈棨著《南船纪》。

江苏昆山人归有光著《马政志》。

浙江诸暨人陈玖学著《详注孙武司马法》。

松江华亭（今上海松江）人陈子龙编《骊珠武经大全》。

浙江山阴（今浙江绍兴）人刘世鹍著《军征集》。

杭州钱塘人于谦著《经武要略不分卷》。

常州武进人庄应会著《经武要略》。

江苏江都人赵时用著《经略问奇》。

江苏丹阳人颜季亨著《经世急切时务》。

徽州婺源人俞琳著《经世奇谋》。

江西贵溪人汪三益辑注《参筹秘书》。

江苏兴化人李盘、镇江人周鉴撰《金汤借箸十二筹》。

京口人周鉴著《将略标》。

江苏昆山人郑若曾著《江防图考》《江南经略》《万里海防图论》《守城法》《海防图论》凡五种。

浙江仙居人吴时来著《江防考》。

江苏江宁（今江苏南京）人陈喆著《火攻玄机》。

江苏扬州人焦勖撰、德国汤若望口授《火攻挈要》。

江苏兴化人陆西星著《黄帝阴符经测疏》。

江苏太仓人王在晋著《皇明海防纂要》。

浙江吴兴人朱国桢著《杭州兵变》。

浙江归安人唐枢著《海议》。

浙江鄞县（今浙江宁波）人万表著《海寇议》。

江苏无锡人顾祖禹著《读史方舆纪要》。

苏州府太仓人王世贞著《定浙二乱志》。

江苏淮安人王鸣鹤著《登坛必究》《兵法百战经》。

江苏昆山人郑若曾著《筹海图编》。

高邮兴化人李清著《重镌武经七书集注》。

江苏苏州人刘锡玄著《城守验方》。

浙江嘉善人钱栴著《城守筹略》。

南直隶松江华亭（今上海松江）人陈子龙著《陈忠裕公兵垣奏议》。

浙江归安人茅元仪与北直隶保定人孙承宗、北直隶定兴人鹿善继合著《车营扣答合编》。

浙江长兴人臧懋循著《兵垣四编》。

浙江乌程（今浙江湖州）人闵声、闵英张编《兵垣四编四种附论三种四卷》。

江苏太仓人王士骐著《吴子注》。

浙江定海人薛俊著《日本国考略》。

浙江海宁人程道生著《兵钤七种》。

江苏苏州人何汝宾著《兵录》。

松江人张龙翼著《兵机类纂》。

江苏苏州府长洲（今江苏苏州）人陈元素著《标题评释武经七书》。

浙江海盐人郑晓著《边纪略》。

浙江山阴（今浙江绍兴）人王应遴著《备书》。

江苏太仓人盛敬著《兵胜要略附采古议论》。

苏州吴江人孙履恒著《武略杂言》。

江苏长洲（今江苏苏州）人陈仁锡著《备兵要览》。

浙江山阴（今浙江绍兴）人刘宗周著《保民训要》。

浙江秀水人卜大同著《备倭图记》。

杭州钱塘人高濂著《八段锦》。

上海金山卫人侯继国著《两浙兵制》。

从文化区域看，下列学人及其兵学作品，亦当属吴越文化区：

安徽宁国人焦玉著《元戎济振风雷集》。

江西临川人汤显祖著《阴符经解》。

江西广昌人何乔新著《续百将传》。

安徽宣城人蔡逢时著《温处海防图略》。

江西信州上饶人杨时乔著《马政纪》。

浙江余姚人朱锦著《古今纡筹》。

浙江桐乡人冯孜、冯时宁著《古今将略》。

江西婺源人余懋衡著《古方略》《古方略续编》。

徽州歙县（今安徽歙县）人吴国仕著《楚边条约》《楚边饷》。

从明代吴越兵学著作看，多数属于注释、疏解、校刊、会纂前代兵学元典的作品，自创性兵学著作少，主要有何良臣《阵纪》、西湖逸士《投笔肤谈》、王鸣鹤《登坛必究》、郑若曾《筹海图编》。而体制庞大、囊括众多、跨时久远、内容繁富者，要数茅元仪《武备志》，此书体现了“志”这一兵学体裁的历史性、综合性、实用性特点。

明代吴越兵学，开始注重海防及御倭的研究，出现了多种该方面的著作。明代倭寇侵扰沿海，酿成大患，吴越滨海，于其害，则首当其冲；于其责，则责无旁贷。有志之士便著防海、御倭之作。如薛俊《日本国考略》、刘宗周《保民训要》及卜大同《备倭图记》。

明代吴越兵学，亦有区域性明显的兵学著作，如郑若曾《江南经略》、朱国桢《杭州兵变》、王世贞《定浙二乱志》、蔡逢时《温处海防图略》，对杭州兵变、浙江之乱，以及温州、处州（今浙江丽水）等海防，均有详论。

明代火器技术有较大发展，故有焦勖、汤若望《火攻挈要》、陈喆《火攻玄机》等著作。由于倭寇侵扰目的在于掳掠，甚至攻占城池，而吴越之地首当其冲，故又多有守城之论。譬如有刘锡玄《城守验方》、郑若曾《守城法》、钱栴《城守筹略》（有人误为王阳明所作）。

吴越兵学充分体现三个特点：

一是对传统兵学的继承发展，即注释、笺校、疏解、评述前代重要兵学著作，而在前代重要兵学著作中，先秦兵学元典占多数。这一特点不仅吴越兵学有，其他文化区域的兵学同样有，可以算是共同特点。

二是体现了吴越的地域性特点，吴越地域性主要表现在吴越兵学的地理性，吴越兵学学人多有针对吴越文化区的区域性军事问题立论发言。

三是体现了明代吴越兵学的时代性，反映了明代吴越文化区域对备倭、抗倭的兵学思考、谋略和对策。

吴越孙子学与其他兵学相互激荡，在吴越文化史上兵学最为繁荣的明代，吴越孙子学与吴越兵学一道，得到长足发展。

元代之前，仅宋代有十余家吴越之地的兵学学者，而隋唐以前竟无一家。吴越兵学和孙子学自宋代发端，元代沉寂，明代繁盛，清代踵其后，而民国以降，趋于低迷。宋代之所以骤然发端，而以南宋兵学为富，自然是由于南宋政权的南迁，以及经济重心的彻底南移，带来了文化的变迁。自上古至隋唐荒凉干涸的吴越兵学沙漠上，突然零星地长出了几块绿洲，给人带来了惊喜。这几块绿洲竟又在明清两代持续发展，范围扩大，臻于繁茂。据有关文献资料记载，明清时期江浙两省的举人约占全国百分之七十，而至近代，出自江浙两省的科学家、人文学者，在全国占有最大的比率；两宋状元全国一百一十八人，其中江浙三十五人，占比约百分之三十。其中，南宋状元全国四十九人，江浙二十六人，占比约百分之五十三。明代状元全国八十九人，其中江浙三十九人（浙江二十人，江苏十六人，上海三人），占比约百分之四十四；清代状元全国一百一十四人，其中江浙六十八人，占比百分之六十。这些数据说明自两宋之后，吴越文化区已经成为全国的文化重心。请注意，这里说的是重心而非中心。一般来说，京畿地区是政治和文化中心。宋代是吴越地区兵学文化发展的分水岭。之所以会出现这种情况，除了宋代以降北方文化、经济等南迁的原因，还与长江下游地区的自然条件、人口发展等因素密切相关。明清时期，吴越文化区人口稠密。据邹逸麟《中国历史人文地理》统计，南方人口与北方人口的比例约为七比三。明清时期，长江下游地区交通便利，江河湖海密布，京杭大运河沟通海河、黄河、淮河、长江、钱塘江五大水系，既利于货物流通，也利于人口往江南地区的迁移。长江下游地区，受到战争影响少，生活安定，历来是人口迁入之地，人口繁盛，土壤肥沃，气候宜人。加之唐宋以来中原文化和先进耕作技术的传入，使得本来人类历史悠久的长江下游地区（如河姆渡文化有七千多年的历史）成为繁华富庶之地。明清时期，绍兴刀笔吏、苏州状元、扬州尚书、徽州朝奉闻名天下，几成囊括天下胥吏和掌柜之势，以致清代雍正元年（1723），朝廷“禁六部经承专用绍兴人；勒天下衙门吏胥之限；以各省吏员考取六部经承；天下衙门吏胥多者汰之；山阴、会稽、萧山之人专习钱谷刑名之学，盘踞天下大小衙门，相传已久，积弊渐多，故加以廓清”①。明清状元全国二百零三人，苏州有三十四人。其中，清代状元一百一十四人，苏州状元二十七人，约占百分之二十三；明代状元八十九人，苏州七人，约占百分之八。而扬州尚书之名，则出自民国时人徐谦芳之言：“道光中叶，江都史致俨先后为礼、工、刑三部尚书，宝应朱士彦为兵部兼吏部尚书，仪征吴椿为礼部尚书，高邮王引之先后为吏、工部尚书，仪征阮元以体仁阁大学士先后管理刑部、兵部。当时扬州会馆遂有‘六部五尚书’之说，而北京于是有‘苏州出状元，扬州出尚书’之谚。”② 明清时期，徽商甲天下，蔚然成风。徽州虽多贾者，然咸近士风，故契约意识浓厚，且晓畅文字，雕章琢句，咬文嚼字，思虑缜密，非通晓文墨者不能为。徽商近士，有文在焉。

综上所述，有四层意思：一是吴越之地土壤肥沃、气候宜人、水系发达，适合人类居住和发展；二是吴越之地有七千多年的文明史，其稻作文明、手工业文明、商业文明都很发达，不亚于中原文明，长江文明与黄河文明可谓并驾齐驱；三是吴越地区人口繁盛，人文蔚起，而且畅通天下，适合商品经济发展，所以明代资本主义关系萌芽于长江下游地区，领先于全国其他地区，是其区域经济发展的必然；四是唐宋以降，中原移民带来的文化、耕作技术、手工业技术以及人才，是刺激吴越文明高速发展、遥遥领先全国的外部因素。由此，明代吴越兵学之发达，便不难得到合理的解释。

清代除了孙子学及军事诏令、奏诰类作者，兵书作者共约四百零五人，总数超过明代，但是吴越文化区只占一百三十一人，占比约百分之三十二。和明代相比，清代吴越文化区学人虽然绝对数相差无几，但是占比下降了约百分之八。可见，吴越文化区在清代，兵学的发展不如明代，呈现趋缓变慢的局势。本书为更直接阐明该问题，不惮烦琐地胪列清代吴越文化区学人编纂或著述的兵学文献如下，以便真切直观地考察清代吴越文化区的兵学发展

① 〔清〕萧奭撰：《永宪录》卷二（下），见《清代史料笔记丛刊》，中华书局 1959 年版，第 128 页。

② 〔民国〕徐谦芳撰：《扬州风土记略》卷之下《杂缀》，江苏古籍出版社 2002 年版，第 84 页。

概貌。

浙江山阴（今浙江绍兴）人陈惟本著《记问迩言》。

浙江宁波人林松唐编辑《诸葛武侯兵略》。

浙江杭州人丁乃文著《炮法举隅》《子药准则》。

浙江永嘉人王致远著《开禧德安守城录》。

江苏常熟人薛熙著《练阅火器阵记》。

江苏苏州人陆嵩龄著《御侮备览》。

江苏太仓人王士骐编、江苏武进人薛寀评《诸葛忠武侯全书》。

江苏吴江人陈黄中著《蒙古边防议》。

江苏兴化人袁青绶著《皖江武备考略》。

江苏嘉定人王鸣盛著《周礼军赋说》。

江苏太仓人陆世仪著《支更说》。

浙江余姚人黄百家著《征南射法》。

江西婺源人汪绂著《戊笈谈兵》。

江西婺源人程春荣著《战车练炮图说辑要》。

江西婺源人江峰青著《借箸编》。

江西广昌人揭暄著《揭子战书》《兵法纪略》。

江苏扬州人陈锡蕃增订《增订慎守篇》。

上海人姚文栋著《云南勘界筹边记》。

江苏吴江人徐大椿著《阴符经注》。

浙江吴兴人闵一得著《阴符经玄解正义》。

江苏无锡人华世芳著《沿海形势论》。

浙江会稽人朱凤枟纂辑《巡防备览》。

江苏武进人钱方琦著《续读史兵略》。

江苏南通人顾厚焜编《巴西国地理兵要》。

江苏常熟人鲍叔衡著《湘军水陆战纪》。

浙江钱塘人许学范著《武备辑要》。

浙江钱塘人许乃钊著《武备辑要续编》。

江苏溱潼人李敬之著《乡兵管见》。

江苏武进人朱墉辑纂《武经增删集注合参明解》。

江苏江宁人汪本源著《武经题旨明说》。

浙江武康人黎利宾著《武经三书汇解》。

松江华亭（今上海松江）人陈裕著《武经入学第一明解》。

浙江绍兴人谢弘仪、江苏秣陵人夏仲龄、安徽贵池人曹曰瑋著《武经七书汇解》。

江苏吴县人朱墉著《增补武经七书》。

浙江临安人章立帜著《武经标题正说》。

江苏嘉定人廖寿丰辑《武备新书》。

江苏娄县人姚椿著《武备类抄》。

江苏武进人张惠言著《握机经定本》。

江苏金山（今属上海）人吴履刚著《卫乡要略》。

浙江钱塘人赵瞳著《铁铸斜溜炮台全图》。

江苏长洲（今江苏苏州）人龚振麟著《铸炮铁模图说》《火箭摇车图说》。

浙江杭州人劳经原著《唐折冲府考》。

江苏宝山人蒋敦复著《唐兵鉴》。

浙江德清人俞樾著《孙子评议补录》。

浙江乌程（今浙江湖州）人吴勤邦著《素书辑注》。

浙江嘉兴人吴文溥著《师贞备览》。

江苏吴县人曹元忠著《司马法古注附音义》。

江苏丹徒人陈庆年著《司马法校注附逸文》。

江苏太仓人陆世仪著《桑梓五防》。

浙江钱塘人陆在元著《慎守编》。

浙江海宁人陈守谦著《沈观察燕晋弭兵记》二卷。

江苏无锡人钱泳辑纂《守望新书》。

江苏太仓人吴殳著《手臂录》《纪效达辞》。

浙江富阳人董诰著《钦定军器则例》。

江苏吴县人吴大澄著《枪法准绳》。

浙江诸暨人陈玖学著《评注七子兵略》。

江苏无锡人秦缃业著《平浙纪略》。

江苏江宁人陈光宪著《历代名将事略》。

浙江秀水人杜文澜著《平定粤匪纪略》。

浙江余姚人黄百家著《内家拳法》。

江苏无锡人钱麟书著《麟州兵事刍议》。

江苏无锡人薛福成著《浙东筹防录》。

浙江嘉兴人谭吉璁著《历代武举考》。

上海人张焕纶著《历代方略纪要》。

上海人闵峻著《历代兵法观略》。

浙江嘉善人丁大椿著《来福堂海防私筹》。

江苏太仓人唐文治著《军箴》。

浙江定海人黄以周辑《军礼司马法考证》。

江苏昆山人顾炎武著《惧谋录》。

浙江慈溪人姜宸英撰《江防总论》《海防总论》。

上海嘉定人姚文楠著《江防海防策》。

江苏华亭（今上海松江）人朱逢甲著《间书》。

浙江绍兴人赵宁辑《江防集要》。

浙江桐乡人沈善蒸著《火器真诀解证》。

浙江钱塘人陈坤著《虎门炮台图说》。

浙江海宁人李善兰撰、湖北沔阳人卢靖著《火器真诀释例》。

江苏苏州人王韬、广东香山人黄达权编译《火器说略》。

浙江临海人黄毓琦著《火鸟图说》。

浙江钱塘人邵穆生著《黄帝阴符经窃注》。

浙江会稽人董德宁著《黄帝阴符经本义》。

江苏常熟人翁同爵撰《皇朝兵制考略》。

浙江临海人张大昌辑《杭州八旗驻防营志略》。

浙江湖州人姚承舆著《杭湖防堵纪略》。

浙江秀水人杜臻著《海防述略》。

江苏昆山人蔡方炳著《海防篇》《广治平略》《历代马政志》。

江苏武进人谢瑛纂解《握机经》，著《古握机经传》。

江苏吴江人翁大年著《古兵符考略残稿》。

安徽旌德人朱璐著《防守集成》。

江苏无锡人华湛恩著《海防形势考》。

上海崇明人施在钰著《防守节要》。

江苏无锡人薛传源编《防海备览》。

安徽婺源人汪绂著《读阴符经》。

浙江海宁人蒋廷黻著《读史兵略缀言》。

浙江绍兴人陈锦著《东溟校伍录》。

江苏丹徒人杨棨著《出围城记》。

江苏丹徒人姚锡光著《筹海军刍议》《长江炮台刍议》。

江苏淮安人关天培著《筹海初集》。

江苏武进人沈钟著《筹防辑略》。

浙江乐清人陈虬著《筹边议》。

江苏苏州人王韬著《操胜要览》。

浙江嘉兴人钱仪吉著《补晋兵志》。

浙江钱塘人王晫著《兵仗记》。

江苏无锡人徐建寅著《兵学新书》。

浙江绍兴人沈桐生著《兵学新法》。

江苏苏州人姚锡禧著《兵训辑略》。

江苏江宁（今江苏南京）人邓廷罗著《兵镜三种》。

江苏通州（今江苏南通通州区）人徐宗干著《兵鉴》，辑《测海录》。

浙江德清人傅范初、上海松江府娄县人廖宇春著《陆军教育训诫篇》。

上海南翔人姚文栋著《日本地理兵要》。

浙江嘉兴人许景澄著《外国师船图表》。

浙江嵊县人魏邦翰著《听黄鹂馆外编》。

江苏苏州人宋翔凤著《海防辑要》。

浙江嘉兴平湖人薛培榕著《中外时务海防测要》。

江苏无锡人薛福成著《筹洋刍议》。

江苏宝山人蒋敦复著《兵鉴》。

江苏丹徒人陈庆年著《兵法史略学》。

浙江德清人傅云龙著《北洋海防津要表》。

江苏太仓人陆世仪著《八阵发明》。

江苏桃源人尹耕云纂《豫军纪略》。

浙江乌程（今浙江湖州）人温睿临著《本朝八旗军志》。

江苏苏州人陆嵩龄著《江海备览外编》。

江苏仪征人刘奇著《观德谱》《科场射法指南车》。

浙江钱塘人纪鉴著《贯虱心传》。

江苏苏州人陈昌年著《清溪草堂集·兵略》。

祖籍浙江上虞、迁居钱塘、寄籍直隶顺天府大兴县、嗣后又转籍钱塘的张曜，编纂《山东军兴纪略》。

江苏吴县人周秉鉴著《守城法》。

浙江吴兴人凌堃著《司马法注》。

浙江义乌人傅禹著《武备志略》。

江苏江宁人彭继耀、蒋先庚合纂《武经大全纂序集注》。

浙江余姚人鲁经著《武经大全会解》。

江苏丹阳人丁洪章辑注《武经全解》。

浙江武康人黎利宾、秣陵人夏仲龄和安徽贵池人曹曰瑋合纂《武经七书汇解》。

从江苏淮安迁至江苏嘉兴的秦光第著有《行军法戒录》。

江苏无锡人袁宫桂，自号惠麓酒民，编有《洴澼百金方》。

清代兵学既是传统兵学的继续，又是近代兵学的发轫，所以兼具传统与近代的双重性。一方面，兵学元典的注解、笺校、考释、例证、策题之学一以贯之地发展；另一方面，兵学中的新兴学科茁壮成长。就前者而言，成果占多数；就后者而言，多有西方兵学的渗入，比较注重兵学分科的理论探索和实践，比如曾任旅顺水雷管带的天津人王平著有《水雷电器问答》，其中虽有电和磁不分的理解错误，但毕竟在向西方学习军事科技并以之运用到兵事中来。兵学分科越来越细，分科著述时有所见，兹例举如下：

贵州威宁人蔡标著《地营图说》。

河南汜水人牛嵩生著《弹弓谱》。

湖南湘乡人葛道殷、冯国士合著《操练洋枪浅言》。

安徽合肥人陈王谟著《射诀集益》。

山西上谷人傅在田著《操炮教练》《兵器学教程》。

安徽绩溪人张孔昭述、同邑曹焕斗注《拳经拳法备要》。

山西霍州人成德著《三才刀法谱》。

湖南新化人罗世瑶著《行军方便便方》。

安徽人梅定九著《火器命中》。

天津人李士锐著《地形侦察》。

江北陆军学堂编《简明世界地理兵要讲义》。

滕利芳（籍贯和生地不详）著《临时筑垒学》《地形学》。

浙江德清人傅范初著《陆兵枪学》。

练兵处军学司编《马兵暂行操法》。

练兵处军学司编《工兵暂行操法》。

练兵处军学司编《炮兵暂行操法》。

练兵处军学司编《辎重兵暂行操法》。

辽宁金州人王长运著《兵法理数论》。

浙江杭州人丁乃文著《炮法举隅》。

安徽庐江人潘鼎新著《洋枪队大操图说》。

此外，还有不署编著者姓名或机构的《八旗官兵合操阵图》《云梯阵图》《水战阵式》《陆军部暂行官制》及《直隶练军马步营制章程》等分科兵书。

从上所举兵书例看，清代兵学有一部分在向专门的军事技术、军事方法、军事工程、军事教学等发展，显然是受到发达国家近代军事发展的影响。从清代上述比较有代表性的分科兵学著作看，它们虽然分科比较细，但是处于新旧交织的时期，既有传统的弹弓、射法、拳法、刀法、云梯、八旗兵操法、水战阵式、火器使用等，又有洋枪操练、洋炮操练、陆军官制、地形侦察、工事建筑、军事地理等。

清代江防、海防意识增强，故江防、海防类兵书逐渐增多。兹亦例举如下：

湖南湘乡人杜俞著《水师说略》。

广东香山人林福祥辑《平海心筹》。

浙江慈溪人姜宸英著《江防总论》《海防总论》。

四川遂宁人张鹏翮著《江防述略》。

赵宁（里籍不详）著《江防集要》。

上海人姚文楠著《江防海防策》。

广东南海人颜斯综著《海防余论》。

安徽合肥人李鸿章著《海防要览》。

浙江秀水人杜臻著《海防述略》。

江苏昆山人蔡方炳著《海防篇》。

章轮著《海防经略纂要》。

韩奕（里籍不详）著《海防集要》。

江苏华亭（今上海松江）人朱逢甲著《沿海形势论》。

江苏东海人华湛恩著《防江形势考》《防海形势考》。

广东香山人郑观应著《防海危言》。

福建同安人许温其著《防海蠡测》。

福建闽县人郑章辑《防海机略》。

上海崇明人施在钰著《防海节要》。

江苏无锡人薛传源编《防海备览》。

江苏苏州人陆嵩龄著《江海备览外编》。

湖南溆浦人严如熤著《洋防辑要》。

江苏丹徒人姚锡光著《筹海军刍议》《长江炮台刍议》。

浙江嘉兴人许景澄著《外国师船图表》。

湖南湘乡人曾国藩著《江苏水师奏议》。

江苏通州（今江苏南通通州区）人徐宗干辑《测海录》。

湖南衡州人芍唐居士编《防海纪略》。

江苏苏州人宋翔凤著《海防辑要》。

江苏无锡人薛福成著《筹洋刍议》。

江西修水人徐宗干著《洋防说略》。

浙江嘉兴人薛培榕著《中外时务海防策要》。

浙江德清人傅云龙著《北洋海防津要表》。

此外，还有《海防事例》《户部筹饷海防新章捐例》《海防新例铨补章程》《海防策要》《筹海刍论》等。学人凡三十余家，海防江防等著作或文献三十多部。

明代虽也有关于海防的兵书，比如江苏昆山人郑若曾《江南经略》《江防图考》《万里海防图论》《万里海防》，江苏太仓人王在晋《海防纂要》，浙江归安人唐枢《海议》，浙江仙居人吴时来《江防考》，浙江鄞县（今浙江宁波）人万表《海寇议》，浙江乌程（今浙江湖州）人张兆元《海防图议》，山西偏关人万世德《海防图论补》，安徽绩溪人胡宗宪《海防图论》《筹海图编》，江苏昆山人郑若曾撰《筹海图编》，广西东山人邓钟重编《筹海重编》，安徽宣城人蔡逢时《温处海边图略》，但是远没有清代海防著述丰富。

明清之际的海防学者，能够比较详细地分析海岸、海岛、海区的军事地理形势，重视台湾、海南、舟山、澎湖等岛屿的外护作用，认识到长江、珠江、钱塘江等入海口的军事锁钥和咽喉地位。尽管明清有不少人研判海防江防，并有远见卓识，初步有了海防江防等系统思想，但是朝廷实行闭关锁国的禁海政策，明朝重在“禁入”，清朝重在“禁出”。所谓禁入，即禁止海寇进入我国海域；所谓禁出，即禁止海内人员出海，以防与外寇勾结而酿成大患。自明代至清代鸦片战争，对海防的学术研究虽然较多，但是并没有真正的海防政策及防御工程。明清之海防，目的无非是阻遏海上盗匪进入沿海偷渡，以维护社会治安等。若是应对列强侵略，则无能为力。明清之际，朝廷虽然实行闭关政策，但并不意味着民间没有海上贸易。相反地，民间的海外人口迁移、海外交往交流、商品贸易等，总会以一种非法的形式存在。朝廷海禁政令实行，并不能完全遏制在一定时期、一定地区、一定程度的海上往来。清代实行严格的“禁海”“迁界”政策，甚至一度将沿海船只尽数烧毁，不许片帆入海，不许一贼登岸。这些政策的实施，都是缘于军事安全、政治安全的需要，而非经济发展的需要，恰恰与经济发展需要背道而驰。

明清以来，基于军事、政治的需要，提出筹海、图海、守江之策，因而有了上述的几十部海防、江防兵学力作。比如明代郑若曾《筹海图编》专为抗倭而作，提出防海、固海、守城等海防战略，主张陆海呼应，水陆并进，军民协力，各方配合，重视地理和气象在抗倭作战中的作用，既有地图，又有文字论述，是军事地理学的重要著作。再如胡宗宪汇编（或题郑若曾撰）《海防图论》，分析了沿海各地的战略形势和战略地位，以及据此二者提出了抗倭措施，其主要战略思想是御敌于远洋、歼敌于近海，各方联合，协同会剿，内外相应，水陆兼具。又如郑若曾《江南经略》，是为抗倭而作的江防著作，与《筹海图编》紧密相连，提出了“御倭之法，海战为上；海防失守，则滋蔓及江”的策略，且以倭寇进犯的路线（海防则以华亭—上海—嘉定—太仓—常熟为序；江防则以常熟—靖江—江阴—武进—丹阳—丹徒为序）为篇目次序，对江南地理形势及历史变迁，即江南沿海府州县山川形势、历史沿革、战略地位、城池修筑、兵马训练、倭患情况等详加考述，并辅以大量地图。在战术上，从防御、训练、选兵、守城、重民等方面提出具体的策略方法，而且批评当时军中普遍存在的不择将领、不慎选募、不谙训练、不明赏罚、不惜财用及不核图籍等弊端。又如魏源《海国图志》，记述了世界各国地理、历史、政治、经济、军事、科技、宗教、文化等，是一部史地著作；是根据英国人慕瑞（Murray）所撰《地理大全》编译的，又是一部海防著作。魏源提出“师夷长技以制夷”的思想，而这一思想的贯彻，必须以熟悉世界各国的军事地理为前提；在战略战术上，提出挑选当地勇武的青壮年进行训练的战略，其理由是当地青年服水土、熟道路、顾身家，有强烈的家国情怀；提出守外洋不如守海口、守海口不如守内河的防守策略，其观点与郑若曾截然相反。其原因是清廷面对的外敌不同于明代倭寇，明代倭寇没有坚船利炮，而清代外敌武器装备精良，我方则非常落后，所以必须扬长避短，实行类似游击的战术。又如徐家干《洋防说略》，从军事地理的角度，详述沿海各省的形势、岛屿及其设防部署，主张建立海、江、陆一体化的防御体系，以海防、江防、陆防结合，才能形成坚固的防御体系，做到万无一失。洋防是在要害之地固防，而不是处处设防。中国万里海疆，无法做到处处防守，若在要紧处如奉天之旅顺，直隶之天津、北塘，山东之登州，江苏之江阴、龙华镇，浙江之定海，福建之福州、台湾，广东之广州、琼州等处驻军严备，其余海口边境则略微布置，虽有挫失，于大局亦无大碍。

从上所举明清海防类兵书，可知其着眼点在于严防海面、江面的来犯之敌，属于消极防守，而非发展海上力量、拓宽海洋通道、连通海上贸易等积极举措。清朝晚期建立的北洋水师、南洋水师、福建水师等海军，虽然规模庞大，军力号称世界第八，但是都在与外敌交战中覆灭沉沦，其原因很多，然而根本原因在于政治腐朽、官僚贪渎，虽有一批志士仁人立志献身海防，但是架不住战船战具建造中的偷工减料、海防工事建筑中的中饱私囊等宿弊。

从前面所胪列清代海防类兵学著作可以看出，多数出自吴越学者之手。这并非偶然，除了吴越之地经济富庶、文化繁荣等原因，还因为吴越文化区的学者自有乡邦情怀，其家乡受到外敌入侵最直接，遭遇的战乱之痛最真切，所以他们对海防、江防等最关切。这从一个侧面印证了清代学人对海防、江防的关切。

民国时期，孙子兵学著作很多，但是除去孙子学文献及官方印行的兵学文献，私人译注、著述的兵学著作不多，吴越文化区则更少。大致有如下几种：

江苏吴县人曹元忠著《司马法集注》。

浙江象山人徐培根著《太公六韬今注今译》。

浙江象山人徐培根、河北满城人魏汝霖著《孙膑兵法注释》。

民国时期私人著述的兵学著作（不含孙子学译注、阐发类），为什么反而不如清代多？究其原因，国难当头，最可资借鉴、学习的兵学智慧，集中在《孙子兵法》中，故为《孙子》作注、译述、阐释的孙子学著作较多，而其他非孙子学的兵学著作，特别是原创类兵学著作较少。当然，民国不到四十年的时间，与此前历朝历代相比，时间太短，也是一个重要原因。

与民国时期我国其他文化区的兵学著作相比，吴越文化区非孙子学类兵书占有三种，还是较多的，其他文化区非孙子学类兵学著作种数分列于下（据许保林《中国兵书通览》之“民国以后兵书研究”中的民国非孙子学兵书进行分类统计）：

燕赵文化区：河北阳原人苏荫森著《苏注吴子》；河北满城人魏汝霖著《黄石公三略今注今译》。凡二部。

巴蜀文化区：成都温江人官道尊著《诸葛心书集注》；重庆黔江人程昌祺著《素书解》。凡二部。

三晋文化区：山西人杜蘅著《三略兵法解证》。凡一部。

秦陇文化区：甘肃临潭人苟志仁编、湖南湘阴人周传铭校评《古今名将图说》。凡一部。

荆楚文化区：湖南湘乡人陈毅夫著《中国古代军事学》；湖南宁乡人周家树编辑、湖南邵阳人蔡锷作序《古兵家学说辑要》；湖南平江人曾振著《唐太宗李卫公问对今注今译》。凡三部。

齐鲁文化区：山东夏津人杜缄三著《诸葛武侯心书新解》。凡一部。

岭南文化区：福建侯官人林传甲著《中国名将事略》；台湾人王秀芝著《黄石公素书三略的研究》；广东雷州人李浴日著《中国兵学大系》。凡三部。

关外文化区：辽宁朝阳人刘仲平著《尉缭子今注今译》。凡一部。

作者籍贯地或出生地不详的民国非孙子学兵书：连华岩编《左氏兵法用例释义》；辛钟灵著《古代兵略》。凡二部。

就传统兵学来讲，相关机构或组织编纂的非孙子学兵书六部：中央陆军军官学校印行《先贤军政语录》、第九战区司令长官司令部印《古代兵经》、军人文库编辑委员会编《中国兵学大全》、上海求学进步社富华图书馆石印

《中国步兵战法》、北京琉璃厂武学书馆编印《司马兵略》《武侯心书》。

许保林对民国时期及以后的兵书，主要从传统兵学的角度予以界定，而对民国时期具有近代意义的兵学著作，如蔡锷《曾胡治兵语录》《军国民篇》《军事计划书》，杨杰《国防新论》《军事与国防》《战争抉要》《总司令学》《国民军事必读》等，蒋百里《国防论》，李浴日《抗战必胜计划》《闪电战论丛》《兵学随笔》等，均无涉及，不能不说是一种疏漏和遗憾。所以，有必要加以说明的是，自晚清洋务运动以后，由于近代社会处于急剧转型期，军事领域无有例外地进行可贵的探索和创新。其表现是，一方面中国读书人在兵学上求新思变，主张开眼看世界；另一方面西方列强以武力打开了中国自我封闭的大门，迫使中国接受他们的统治，而学习他们的科技和学术，客观上促使一批比较开明的军政要员，如曾国藩、李鸿章等洋务派维新人物，能够自觉接受近代军事变革现实，以其颇具识见的军事战略战术理念推动近代兵学和军事的发展。

第三章　荆楚孙子学及其演变

第一节　荆楚与荆楚文化

一、荆楚界定

楚，在古代文献中又称“荆”“荆楚”。荆、楚本是灌木名，《说文解字》云：“楚，丛木，一名荆，从林，疋声。”疋，音舒。楚人即林中之人也。荆，从艸，刑声。古者刑杖以荆，故从艸，从刑。荆、楚为同物异名，故合称荆楚。江汉流域多生荆、楚，故又把生活在该地区的人称为“楚人”或“楚族”。

周朝之初，熊绎受封建立楚国，仅有土地方圆五十里，到春秋时成为“五霸”之一。荆楚初始封地很小，但是扩张很快，在其强盛之时，东达江浙，而西至巴蜀，北抵山东，南到广东，在列国之中，曾经疆域最广。

对荆楚的区域界定，有人认为荆楚相当于今天的湖北，有的认为荆楚相当于今湖北、湖南和河南南部，有的认为荆楚除了包括今湖北、湖南、河南南部，还包括江西的西部、安徽与赣鄂两省接壤的大部分地区。本书采用最后一种观点。

二、荆楚文化

荆楚区域辽阔，处于我国地势中二级阶梯向三级阶梯过渡地带，地形复杂，既有长江水流冲积而成的平原，又有丘陵和山地，湖泊众多，河道纵横，其地势既有开放性，又有封闭性。而其民族构成，以东周为例，则以楚族为主，并有诸姬、蛮族、杨越、濮族、巴族等；以秦汉为例，则有蛮、越、巴等族；以六朝为例，诸多民族部落发展为汉族、壮族、土家族、苗族、瑶族等。荆楚地区的原住民大多数还是汉族，而少数民族居住在西南和南部山区。

荆楚地区具有自然环境的复杂性和民族的多样性，加之地处南北东西之交的要冲地带，可谓九省通衢、八面来风，故其文化也具有多元性。多元性的表现就是兼容性和开放性。

楚国建立之后，在相当长的时期内，受到中原大国和周王朝的歧视和压制。他们以“楚蛮”“南蛮”“荆蛮”称呼楚人，不以华夏之族待之，仅以子爵封楚，但是楚国君民自强不息，周王室不仅未能扼杀其积极进取精神，反而激起了楚人的自主创新之志、民族自尊和爱国热情。比如在封国制度上，楚就与中原诸国大相径庭。西周中期，楚君熊渠分封诸子，皆以王号赐之，这自然不合周朝礼制，然而《史记·楚世家》记述熊渠之言曰：“我蛮夷也，不与中国之号谥。”这既反映了楚国受到周王室歧视和中原诸国排挤的事实，也反映了楚国干脆以“蛮夷”自居的独立自主心态。楚国这种自强不息的文化风尚一直延续后世。自秦末“楚虽三户，亡秦必楚”，到楚汉之争，再到晚清洋务运动、辛亥革命，荆楚人的奋发图强精神和爱国使命，一直生生不息。

荆楚大地，山川瑰丽，光怪陆离，神秘飘逸，培育出强烈的浪漫主义精神，屈原及其骚赋是代表。刘勰《文心雕龙·物色》评曰：“若乃山林皋壤，实文思之奥府，略语则阙，详说则繁。然屈平所以能洞监风骚之情者，抑亦江山之助乎?”①

荆楚的深层文化是儒家、道家、墨家、法家、道教、佛教等多元融汇或

---

① 〔清〕纪昀等修：《文渊阁四库全书》第 1478 册，台湾商务印书馆 1986 年版，第 177~178 页。

多元并存的一种文化，而以道家、儒家文化为主流。荆楚腹地是道家文化的发祥地，楚君鬻熊在被商朝及中原华夏族长期压制的过程中，形成了积阴转阳、集柔成刚的比较系统的道家思想，而在中原文化力有不逮的边缘之地——长江中游一带，恰恰可以自由舒展个性，故产生了与中原周公礼乐文化形成较大反差的道家文化，集中的体现就是老子、庄子道家都发源于荆楚地区。而在奋发有为的进取中，在与诸侯大国的争霸及兼并斗争中，楚国不断地接受儒家文化的熏陶，加之齐鲁文化和三晋文化南渐之风不止，故又形成了重义的儒家精神，以及“内圣外王”的王霸目标。

尽管荆楚文化大体上表现为以上的特征，然而在荆楚不同的区域，其民风民俗仍有不同，可谓异彩纷呈，各有特色。司马迁记载当时荆楚之地的民风民俗曰：“越楚则有三俗。夫自淮北沛、陈、汝南、南郡，此西楚也。其俗剽轻，易发怒，地薄，寡于积聚。江陵故郢都，西通巫、巴，东有云梦之饶。陈在楚夏之交，通鱼盐之货，其民多贾。徐、僮、取虑，则清刻，矜己诺。彭城以东，东海、吴、广陵，此东楚也。其俗类徐、僮。朐、缯以北，俗则齐。浙江南则越。夫吴自阖庐、春申、王濞三人招致天下之喜游子弟，东有海盐之饶，章山之铜，三江、五湖之利，亦江东一都会也。衡山、九江、江南、豫章、长沙，是南楚也，其俗大类西楚。郢之后徙寿春，亦一都会也。而合肥受南北潮，皮革、鲍、木输会也。与闽中、干越杂俗，故南楚好辞，巧说少信。江南卑湿，丈夫早夭。多竹木。豫章出黄金，长沙出连、锡，然堇堇物之所有，取之不足以更费。九疑、苍梧以南至儋耳者，与江南大同俗，而杨越多焉。番禺亦其一都会也，珠玑、犀、玳瑁、果布之凑。”①

《吴子》记载齐、秦、楚、燕、三晋之地人性、人情、风俗云：

夫齐性刚，其国富，君臣骄奢而简于细民，其政宽而禄不均，一阵两

① 〔汉〕司马迁撰：《史记》，中华书局1982年版，第3267～3268页。张守节正义曰：“取，音秋。虑，音闾。徐即徐城，故徐国也。僮、取虑二县并在下邳，今泗州。”

心，前重后轻，故重而不坚。击此之道，必三分之，猎其左右，胁而从之，其阵可坏。秦性强，其地险，其政严，其赏罚信，其人不让，皆有斗心，故散而自战。击此之道，必先示之以利而引去之，士贪于得而离其将，乘乖猎散，设伏投机，其将可取。楚性弱，其地广，其政骚，其民疲，故整而不久。击此之道，袭乱其屯，先夺其气，轻进速退，弊而劳之，勿与争战，其军可败。燕性悫，其民慎，好勇义，寡诈谋，故守而不走。击此之道，触而迫之，陵而远之，驰而后之，则上疑而下惧，谨我车骑必避之路，其将可虏。三晋者，中国也，其性和，其政平，其民疲于战，习于兵，轻其将，薄其禄，士无死志，故治而不用。击此之道，阻阵而压之，众来则拒之，去则追之，以倦其师。此其势也。(《料敌》)

从历史维度考察荆楚文化，大致可以分为上古形成期（夏朝至战国）、中古发展期（秦汉到唐末五代）、近古兴盛期（北宋至清代中叶）、近代转型期（鸦片战争至五四运动）、近代复兴期（五四运动至1949年新中国成立前夕）、现代繁荣期（1949年新中国成立以后）六个阶段。

在上古形成期的夏朝，第一批中原人，即祝融后裔芈姓部落南迁荆楚；商朝时，第二批中原人南迁至汉水流域，楚人先祖鬻熊、熊绎建立盘龙城（今湖北省武汉市黄陂区）等活动据点；西周时，第三批中原人迁居汉水流域，建立随国、曾国。楚国即在此基础上建立并扩展版图，渐渐地，中原文化与汉水流域的文化融合，形成了上古荆楚文化。

在中古发展期，随着秦汉的统一，荆楚文化得以汉化；三国两晋及唐末五代，由于战乱而导致北方移民大批南迁，来到长江中游地区，带来了更多的中原文化，荆楚文化又得到发展。这一时期，楚文化与江淮一带民俗文化融合，形成江淮文化。江淮文化从楚文化大家庭中析出，形成楚文化中的一个分支。

在近古兴盛期，北宋以后，今属湖南、湖北、安徽等地域的经济、文化普遍发展，故从荆楚文化的母系统中，分化出湖湘文化、江汉文化、江淮文化等既有荆楚文化共性，又有各自亚区域独特性的文化子系统。湖湘文化基本上分布于今湖南境内，江汉文化大体上分布于今湖北境内，江淮文化则分布于安徽及河南南部。近古荆楚文化的兴盛期也是分化期，因为兴盛，所以有滋生、分化和扩展。

在近代转型期，在战争带给人们的苦痛、穷则思变的抗争、西学东渐的推进等影响下，荆楚文化也经历了战争的淬炼和洗礼，实现了蜕变和重生，故近代荆楚文化在继承荆楚文化传统，即前所述兼容开放、多元融汇、浪漫神秘的基础上，形成了具有新的时代特质的荆楚新文化，主要体现在崇武尚勇、变革创新、经世致用等。荆楚之人自古就刚劲悍直，秉性粗犷，使气尚性，而在中原文化浸润下，逐渐形成崇文尚武的品质，这在近代尤为明显。荆楚文化从其形成起，就具有融汇吸收其他文化的天性，并一直在变革创新中发展，而至近代，这一文化特质尤为可贵。在近代革新运动及洋务运动中，多有楚人作中流砥柱，如谭嗣同、陈宝箴、曾国藩、左宗棠、郭嵩焘等，都出自荆楚文化区。近代楚地，经世致用思潮盛行，大批楚人以实际行动投身于伟大历史变革的洪流中，同时他们在学界、思想界倡导“中学为体，西学为用”的思想，兴办实业，改革教育，变革军事，改造政治等，表现出楚人敢为人先的精神。现代荆楚文化既有固守传统的一面，又有强烈的革新精神，涌现了许多杰出的人物，而当下荆楚文化，则在新的时代体现出改革开放的探索精神。

第二节　荆楚孙子学与兵学

一、荆楚孙子学的内容、演变和特征

东汉末年，荆楚之沛国谯县（今安徽亳州）人曹操首注《孙子》。虽然《孙子》元典不产于荆楚，但是《孙子》成学，是荆楚开孙子学术之先河。荆楚之地，历代注解、阐释《孙子》者，虽不如吴越之富，但是与其他文化区域比较，则算可观。据于汝波等编《孙子学文献提要》及许保林《中国兵书通览》之《现存兵书简目》，笔者梳理出荆楚孙子学学者及孙子学文献，详述于后。

《孙子兵法》自诞生之后，战国秦汉传抄、学习者众多，在士人以上阶层，几乎家喻户晓，汉代墓葬中多有《孙子》竹木简手抄本的随葬品，山东临沂银雀山和青海大通县上孙家寨的汉代《孙子》竹简抄本就是明证。然而注解之作，直到汉末三国才出现。经过自《孙子》问世以至东汉末年的传抄和增益，到曹操删削注解《孙子》，最终标志孙子学的形成。曹操，沛国谯县（今安徽亳州）人。夏代谯县隶于豫州，当属三晋文化圈，尚武崇勇之风极盛，后来政区多有变迁，与荆楚文化更为接近。曹操注《孙子》，今有《魏武帝注孙子》传世。在两晋南北朝及隋唐五代的七百多年间，荆楚文化区不见有孙子学著作传世，大抵此一历史阶段，由于荆楚之地文化教育不够发达。进入宋代，荆楚文化渐呈发展之势，尤其是处于吴头楚尾的江西，文化教育走在前列。唐宋时期，荆楚文化区主要有四人引录、评论、注解《孙子》：

唐代欧阳询，湖南衡州（今湖南衡阳）人，祖籍潭州临湘（今湖南长沙），所编撰《艺文类聚》多引《孙子》。

北宋梅尧臣，安徽宣城人，撰有《孙子注》，传本见《十一家注孙子》。宣城东临吴越，但亦可归于荆楚文化区。

北宋欧阳修，江西庐陵人，撰有《注孙子序》，评论曹操、杜牧、陈皞和梅尧臣注《孙子》之优劣，而以梅尧臣为最佳。

南宋胡箕，江西庐陵（今属江西吉安）人，撰有《孙吴子注》，亡佚。秦朝置庐陵县，属九江郡，文化上当属于荆楚文化区。

元代不重视文化教育，士人地位连娼妓都不如，有“七匠、八娼、九儒、十丐”之称，而且在与历代相比中也是地位最低的，但是元代荆楚地区，孙子学学人亦有二人，著作二部：

元代解观，江西吉水人，撰有《武经注》，其中有《孙子注》。其书亡佚。

元代张贲注解《孙子》。生平籍贯不详。其书亡佚。

明代是荆楚孙子学的蓬勃发展期，元末明初、明末清初两次大规模“江西填湖广”运动，不仅给湖南、湖北填补了人口，而且提高了人口素质，把江西先进的生产技术和文化教育带到荆楚地区，使得明清时期的荆楚地区生产力和文化得到飞速发展。明代有文献记载或可考证的孙子学学人有十三人，著作十五部。其中湖南一人，著作一部；湖北二人，著作四部；江西三人，著作三部；安徽七人，著作七部。兹分别胪列如下：

李腾芳，湖南湘潭人，著有《新编孙武十三篇说印韬略世法》，亡佚。

张居正，湖北江陵人，编撰《增订武经直解》《鳌头七书》《武经直解开宗合参》，其中有《孙武子直解》。

钟惺，湖北竟陵（今湖北天门）人，编纂《诸子类隽》，其中有辑录和评注《孙子》。

李国祥，江西豫章人，其所编纂《子史汇函》辑录《孙子》。

童轩，江西鄱阳人，著有《孙子释文》，亡佚。

解缙，江西吉水人，总纂《永乐大典》引《孙子》。

朱升，安徽休宁人，注解《孙子》，有《孙子旁注》传世。休宁南接江西，东南毗邻浙江，可算是荆楚文化圈。休宁有历代文武状元十九人。

赵庭，安徽凤阳人，注解《孙子》，撰《孙子取衷》。

梅士生，安徽宣城人，辑注《孙子》，亡佚。

张澡，安徽六安人，《孙子绎语》，亡佚。六安当属楚文化区。

徐梦麟，安徽宣城人，校刻《魏武帝注孙子》。

吴勉学，安徽歙县人，校刻《孙武子十三篇》。

黄之寀，安徽歙县人，辑校《四子兵法》。

从上所列学人及著作看，安徽学人及著作最多，大抵因为安徽为明开国皇帝朱元璋的故乡，政治上采取扶持策略而带来了人才和文化的发展。比如，朱元璋先后两次把大批苏州及江南富户十几万人迁到安徽凤阳，以充实明朝中都人口。这些移民不仅颇有资财，而且文化修养也高，所以在安徽籍士人中，所出人才亦最夥。加之，安徽人有贾而好儒的传统，重视教育，书院数量在有明一代高出其他各省平均数。据有关成果显示，安徽（以明代行政区划为准）共有书院一百四十四所，其中新建一百三十一所，重建十三所，而各省平均数约为一百零三所。① 基于此，吴楚孙子学以安徽孙子学为最，也就

---

① 邓洪波著：《中国书院史》，东方出版中心2004年版，第140页。

不足为怪了。

至于荆楚之湖南，其人才之全面兴起，虽发端于宋元，但繁盛则始于明代。清末皮锡瑞云："湖南人物，罕见史传，三国时如蒋琬者，只一二人。唐开科三百年，长沙刘蜕始举进士，时谓之破天荒。至元欧阳元，初明刘三吾、刘大夏、李东阳、杨嗣昌诸人，骎骎始盛焉。"① 皮氏的概述也许不够全面和准确，湖南人文及人才状况也许不是如皮氏所说那么凋零，但也大体上反映了湖南人文及人才之盛始于明代的事实，故在孙子学著述上湖南的数量不如江西，亦甚合情理。

清代荆楚孙子学，其学人和成果主要集中在湖南、湖北两省，江西西部和安徽较少。其中，湖南五人，著作五种；湖北三人，著作三种；安徽四人，著作五种；江西一人，著作一种。兹列于下：

左枢，湖南湘乡人，笺解《孙子》，著有《孙子左枢笺》。

黄巩，湖南长沙人，注解《孙子》，著有《孙子集注》。

魏源，湖南邵阳人，注解《孙子》，著有《孙子集注》，其书亡佚。

胡林翼，湖南益阳人，选辑《兵法七种》，编有《孙子兵书》三卷。

胡统虞，湖南常德人，纂辑《兵法三家撮要》。

沈定远，湖北人，辑校《标题武经七书讲意新宗》七卷，其中有《孙子讲意新宗》。

钱登峰，湖北人，与清初晋江人林嗣环编纂《增补武经集注大全》，其中有《孙子集注》。

何惺，湖北人，明末清初人，纂辑《武备指南》。

夏振翼，安徽芜湖人；包国甸，安徽石埭人，二人分别纂辑、校订《武经体注大全会解》七卷，另撰《武经标题三书体注大全》三卷、《增补武经三子体注》三卷。此三书分别有《孙子》一卷。

曹曰玮，安徽池州人，与浙江人黎利宾、江苏南京人夏仲龄纂辑《武经汇解》，其中有《孙子汇解》。

---

① 〔清〕皮锡瑞：《师伏堂未刊日记》，载《湖南历史资料》1958 年第 4 期。

马徵麐，安徽怀宁人，纂有《校正武经三子》，未见传本。

吴坤修，江西新建人，辑录《兵法汇编十一种》三十八卷，其中有《孙子》一卷。

从上所列可见，清代以降，湖南人文鼎盛，人才众多，在孙子学方面，荆楚之湖南后来居上，领先于安徽、湖北，而楚文化区之江西仅一人。进入民国，荆楚孙子学学人及成果，湖北居多，而安徽较少。兹列于此：

刘邦骥，湖北汉川人，与浙江海宁人蒋方震合著《孙子浅说》。

陈启天，湖北黄陂人，校释《孙子》，著有《孙子兵法校释》。

朱怀冰，湖北黄冈人，注解《孙子》，著有《读孙子十三篇阵中笺释》。

覃孝方，湖北蒲圻（今赤壁市）人，著有《孙子兵法今释》。

萧天石，湖南邵阳人，著有《孙子战争理论之体系》。

徐庆誉，湖南浏阳人，著有《孙子兵法与现代战争》。

夏寿田，湖南桂阳人，著有《孙子选注》。

周传铭，湖南湘阴人，著有《孙子兵法古今例释》。

张文治，江西南昌人，原籍湖南常德，编著《孙子治要》。

叶玉麟，安徽桐城人，著有《白话译解孙子兵法》。

新中国成立以来，荆楚文化区的孙子学研究又有回落之象。比较重要的学人及代表作主要有：

杨炳安，河南新野人，著有《〈孙子〉会笺》《孙子集校》。新野当属荆楚文化区。

赵国华，河南南阳镇平人，著有《孙子兵法注说》。南阳当属荆楚文化区。

钮先钟，江西九江人，著有《孙子三论：从古兵法到新战略》。

陈炳富，安徽和县人，著有孙子管理学系列论文，属于非军事应用的孙子学研究。

总而言之，荆楚孙子学发轫于汉末曹魏，开全国孙子学著述之先河。然越五百余年，进入宋元，始有零散著述，不成气候。明清时期方为荆楚孙子学之兴盛繁荣期，而在荆楚文化区的不同地域，又各有兴衰，此消彼长，各有千秋。民国时期，以荆楚文化区的腹心地带湖北、湖南为最盛，而安徽又趋零落。新中国成立后，荆楚孙子学的发展却不如民国以前。这既有历史传统因袭和时代主题变迁的原因，亦有兵学学术逻辑发展的内在原因。

二、荆楚兵学

汉墓竹简《盖庐》是一部兵阴阳书。《汉书·艺文志》所载兵阴阳书全部亡佚，故不能得兵阴阳学派之全貌，而从《盖庐》可以略见其情，故《盖庐》一书对了解先秦兵阴阳学派情况有十分重要的文献学价值。《汉书·艺文志》“兵技巧”类还著录《五子胥》十篇、图一卷，亦亡佚。顾实谓《文选注》《太平御览》均有引《子胥水战法》。

《盖庐》是吴王盖庐（阖闾）和申胥（伍子胥）讨论治国和用兵的问答记录，其中涉及较多的阴阳理论。从《盖庐》看，伍子胥吸收儒家、道家、阴阳家思想，主张治国用兵要遵行道义，安民利民，顺天时，行地德，依阴阳五行，顺天敬人，因时而动，不可妄举。《盖庐》第一章由治国谈到用兵之谋，其余八章均讲战道，今录首章于此：

> 盖庐问申胥曰：“凡有天下，何毁何举，何上何下？治民之道，何慎何守？使民之方，何短何长？循天之则，何去何服？行地之德，何范何极？用兵之极何服？”申胥曰：“凡有天下，无道则毁，有道则举。行义则上，废义则下。治民之道，食为大葆，刑罚为末，德正为首。使民之方，安之则昌，危之则亡，利之则富，害之有央。循天之时，逆之有祸，顺之有福。行地之德，得时则岁年熟，百生饱食；失时则危其国家，顷其社稷。凡用兵之谋，必得天时，王名可成，妖孽不来，凰鸟下之，毋有疾灾，蛮夷宾服，国无盗贼，贤悫则起，暴乱皆伏，此谓顺天之时。黄帝之正天下也，太上用意，其次用色，其次用德，其下用兵革，而天下人民、禽兽皆服。建埶四辅，及彼太极，行彼四时，环彼五德。日为地繁，月为天则，以治下民，及破不服。其法曰：天为父，地为母，参辰为刚，列星为纪，维斗为击，转动更始。苍苍上天，其央安在？洋洋

下之，孰知其始？央之所至，孰知其止？天之所夺，孰知其已？祸之所发，孰知其起？福之所至，孰知而喜？东方为左，西方为右，南方为表，北方为里，此谓顺天之道。乱为破亡，治为人长久。”①

《汉书·艺文志》“兵权谋”类著录《楚兵法》七篇、图四卷，顾实讲疏云：“孙敖称《军志》、楚之兵法尚矣。”②

战国时楚国将领景阳，有兵书《景子》十三篇，顾实讲疏云：“或曰，此景子即景阳也，见《楚策》及《淮南子·氾论训》。”③

范蠡，春秋末期楚国宛（今河南南阳）人。《汉书·艺文志》著录《范蠡》二篇云：“越王勾践臣也。”范蠡的兵阴阳言，从《汉书》注文、《左传》疏文、《文选》注文、《吴越春秋》等均可看到。

《汉书·甘延寿传》张晏注引《范蠡兵法》云：“飞石重十二斤，为机发，行二百步。”④

《左传·桓公五年》孔颖达疏引《范蠡兵法》云：“一曰飞石，引《范蠡兵法》作飞石之事以证之。《说文》亦云建大木，置石其上，发机以磓敌，与贾同也。案《范蠡兵法》：虽有飞石之事，不言名为旝也，发石非旌旗之比。”⑤

《文选》潘安仁《闲居赋》注引《范蠡兵法》云：“飞石重二十斤，为机发，行三百步。”⑥ 唐人注尚见引之，可知在唐代《范蠡兵法》未亡佚。

汉赵晔《吴越春秋》卷四《勾践入臣外传第七》云：

越王闻之，召范蠡，告之曰：“孤闻于外，心独喜之，又恐其不足也。”

---

① 张家山二四七号汉墓竹简整理小组编著：《张家山汉墓竹简［二四七号墓］（释文修订本）》，文物出版社 2006 年版，第 161 页。

② 顾实著：《汉书艺文志讲疏》，商务印书馆 1930 年版，第 204 页。

③ 顾实著：《汉书艺文志讲疏》，商务印书馆 1930 年版，第 205 页。

④ 〔汉〕班固撰：《汉书》，中华书局 1962 年版，第 3007 页。

⑤ 〔清〕纪昀等修：《文渊阁四库全书》第 143 册，台湾商务印书馆 1986 年版，第 135 页。

⑥ 〔清〕纪昀等修：《文渊阁四库全书》第 329 册，台湾商务印书馆 1986 年版，第 268 页。

范蠡曰："大王安心，事将有意，在玉门第一。今年十二月，戊寅之日，时加日出。戊，囚日也；寅，阴后之辰也。合庚辰岁后会也。夫以戊寅日闻喜，不以其罪罚日也。时加卯而贼戊，功曹为腾蛇而临戊，谋利事在青龙，青龙在胜光，而临酉，死气也；而克寅，是时克其日，用又助之。所求之事，上下有忧，此岂非天网四张、万物尽伤者乎？王何喜焉？"①

汉赵晔《吴越春秋》卷五《勾践归国外传第八》云：

百姓拜之于道曰："君王独无苦矣。今王受天之福复于越国，霸王之迹自斯而起。"王曰："寡人不慎天教，无德于民，今劳万姓拥于岐路，将何德化以报国人？"顾谓范蠡曰："今十有二月己巳之日，时加禺中，孤欲以此到国，何如？"蠡曰："大王且留，以臣卜日。"于是范蠡进曰："异哉！大王之择日也。王当疾趋，车驰人走。"越王策马飞舆，遂复宫阙。②

汉赵晔《吴越春秋》卷五《勾践归国外传第八》云：

越王乃召相国范蠡、大夫种、大夫郢问曰："孤欲以今日上明堂，临国政，专恩致令，以抚百姓，何日可矣？惟三圣纪纲维持。"范蠡曰："今日丙午日也。丙，阳将也，是日吉矣，又因良时，臣愚以为可。无始有终，得天下之中。"大夫种曰："前车已覆，后车必戒，愿王深察。"范蠡曰："夫子故不一二见也。吾王今以丙午复初临政，解救其本，是一宜；夫金制始，而火救其终，是二宜；蓄金之忧，转而及水，是三宜；君臣有差，不失其理，是四宜；王相俱起，天下立矣，是五宜。臣愿急

① 〔清〕纪昀等修：《文渊阁四库全书》第463册，台湾商务印书馆1986年版，第47页。

② 〔清〕纪昀等修：《文渊阁四库全书》第463册，台湾商务印书馆1986年版，第50页。

升明堂临政。”越王是日立政，翼翼小心，出不敢奢，入不敢侈。①

汉赵晔《吴越春秋》卷五《勾践归国外传第八》云：

越王又问相国范蠡曰：“孤有报复之谋，水战则乘舟，陆行则乘舆，舆舟之利，顿于兵弩。今子为寡人谋事，莫不谬者乎?”范蠡对曰：“臣闻古之圣君，莫不习战用兵，然行阵队伍军鼓之事，吉凶决在其工。今闻越有处女，出于南林，国人称善，愿王请之，立可见。”②

汉赵晔《吴越春秋》卷六《勾践伐吴外传第十》云：

越王复召范蠡谓曰：“吴已杀子胥，道谀者众，吾国之民又劝孤伐吴，其可伐乎?”范蠡曰：“未可。须明年之春然后可耳。”王曰：“何也?”范蠡曰：“臣观吴王北会诸侯于黄池，精兵从王，国中空虚，老弱在后，太子留守，兵始出境未远，闻越掩其空虚，兵还不难也，不如来春。”其夏六月丙子，勾践复问，范蠡曰：“可伐矣。”③

汉赵晔《吴越春秋》卷六《勾践伐吴外传第十》云：

大夫范蠡曰：“审备则可战，审备慎守以待不虞，备设守固，必可应难。”④

---

① 〔清〕纪昀等修：《文渊阁四库全书》第463册，台湾商务印书馆1986年版，第51页。

② 〔清〕纪昀等修：《文渊阁四库全书》第463册，台湾商务印书馆1986年版，第59页。

③ 〔清〕纪昀等修：《文渊阁四库全书》第463册，台湾商务印书馆1986年版，第63页。

④ 〔清〕纪昀等修：《文渊阁四库全书》第463册，台湾商务印书馆1986年版，第64页。

汉赵晔《吴越春秋》卷六《勾践伐吴外传第十》云：

> 越王还于吴，当归而问于范蠡曰：“何子言之其合于天?”范蠡曰：“此《素女》之道，一言即合大王之事。王问焉，实《金匮》之要，在于上下。”越王曰：“善哉！吾不称王其可悉乎?”蠡曰：“不可！昔吴之称王，僭天子之号，天变于上，日为阴蚀。今君遂僭号不归，恐天变复见。”①

从上所引范蠡言论，大体上可知范蠡的用兵思想：一是以德化民，得民之心，君不可失理；二是重视阴阳五行，讲究顺天时、察时机，而不盲动，注重创造形势，借自然之力以制胜；三是重视守备，兵胜于平时；四是避实击虚，出其不意，攻其不备；五是讲究平时训练和器械巧利，认为胜败的吉凶在于战法是否高妙、战技是否娴熟、器械是否工巧。

楚国有名将项羽，著有兵书，张舜徽先生言之甚详：

> 项籍，下相（江苏宿迁县）人，字羽。初起时，年二十四。项氏世世为楚将，其季父项梁教籍兵法，籍大喜，略知其意，不肯竟学。起兵破秦，自立为西楚霸王，亦曰项王。事败，自刎而死，年仅三十一岁。事迹详《史记·项羽本纪》。《汉志》著录其兵书一篇，不必为其手著，盖追慕其人者之所为，而亦不传。②

笔者根据许保林《中国兵书通览》之《现存兵书简目》，大致地梳理出先秦至民国各时期荆楚兵学的著述情况，今概述如下：

从先秦到唐五代，在荆楚地区，虽然涌现了许多杰出的将帅和兵学之才，曹操首注《孙子》，但是并无其他兵学著作传世。

---

① 〔清〕纪昀等修：《文渊阁四库全书》第463册，台湾商务印书馆1986年版，第67页。

② 张舜徽著：《汉书艺文志通释》，湖北教育出版社1990年版，第244页。

到了宋代，经济、文化相对发达的吴头楚尾地区的作者创作了一些兵学著作，如临江军（今江西清江）人章颖著《六将传》《经进皇宋中兴四将传》；江西丰城（今宜春丰城）人邓子龙著《阵法直指》；吉州（今江西吉安）永丰人欧阳修著《九射格》；安徽宣城人梅尧臣著《孙子注》；安徽贵池人华岳著《翠微先生北征录》；安徽休宁人程大昌著《北边备对》。

从宋代传世的兵学著作看，文化比较发达的区域是今江西、安徽等地区，而相当于今湖南、湖北的荆楚中心地区却基本属于兵学的蛮荒之地。不仅如此，宋代荆楚之地基本没有原创的兵谋类著作，也就是说，策略性、谋略性、战略性兵法著作缺乏，而只有为数不多的几部注解性、技巧性、传记性、纪事性、对策性的兵学著作。

元代文化相对贫困，荆楚地区仅有江西修水人王玠《黄帝阴符经夹颂解注》、江西丰城人李克家《戎事类占》两部兵阴阳类著作。

明代荆楚地区兵学全面发展，从相当于今江西西部、江西北部、安徽等地区，扩展到今湖北、湖南等境，都有数量不等的兵学类著作（除孙子学著作），兹罗列于下：

湖广景陵（今湖北天门）人龚奭撰《左兵》。

湖北汉阳人尹商撰《三立堂新编阃外春秋》《新编八十六朝名将韬略世法附营阵图说》《百将全传》。（盖尹商即尹宾商，字于皇，或云尹宾商，晚年更名为商）

湖北汉阳人尹宾商撰、湖北黄安（今红安）人刘誉菜、方以南、吴树芬、周树藩校勘《白毫子兵垒》。

湖北黄州人黄之瑞著《草庐经略》。

湖北黄州人吴之皞、湖广嘉鱼人游士任选辑，湖广黄梅人曹飞集选《阵图纪要等兵法六种》《筹兵药言》《筹兵三略》。

湖北江陵人张居正辑注《武经七书》。

湖北宜都人何僎著《读史机略》。

江西泰和人郭子章注解，王守仁撰《历朝武机捷录》《国朝武机捷录》《郭青螺先生批诸葛武侯兵要》。

江西进贤人樊良枢辑评王守仁所作《阳明兵策》。

江西进贤人朱健撰《古今治平略》。

江西宜春人张自烈辑笺《武经七书》。

江西丰城人李材撰《武经渊源十五卷附武经要览一卷练兵要览一卷》。

江西峡江人金幼孜撰《北征录》。

江西豫章人喻龙德撰《喻子十三种秘书兵衡》。

江西豫章人万廷言编辑《经世要略》。

徽州歙县人程羽文撰《剑气》。

徽州新安（今安徽歙县）人程子颐编《武备要略》。

安徽宁国人焦玉撰《火龙神器阵法》。

安徽绩溪人胡宗宪辑纂《皇明将略等八种合刻》《海防图论》。

徽州休宁人程宗猷撰《程氏心法》《长枪法选》《单刀法选》《蹶张心法》《耕余剩技》《少林棍法阐宗》。

安徽歙县人汪淇撰《新编百战百胜七书衍义》。

湖南湘潭人李腾芳评释，尹商撰《营阵图说》。

河南固始人高折枝撰《将略类编》。

从明代荆楚兵学著作看，《武经七书》等兵法元典仍受重视，有几部注释、笺校之作；重视从历史文献和诸子文献中辑录有关将略、兵理的文字，梳理、纂辑历代可以启发后人的用兵史料，所以纂辑性著作居多；体现时代特点的军事技术如火攻技术的著作也有，如焦玉《火龙神器阵法》。最值得称道的是，不乏具有原创性的兵谋类著作，比如尹宾商《白毫子兵垒》、黄之瑞《草庐经略》、程宗猷《程氏心法》。而从荆楚各地域的兵学发展情况看，与前面已述的荆楚孙子学著作的地理分布也大体一致，即湖南的孙子学及其他兵学著作相对少，而江西、安徽的孙子学及其他兵学著作相对多，而湖北虽然孙子学著作略少，但其他兵学著作稍多，总体上与江西、安徽约略持平。

清代荆楚籍学者的现存兵学著作大略如下：

湖南邵阳人魏源著《海国图志》《苗防论》。

湖南浏阳人卢彤著《中国历史战争形势图说》。

湖南宝庆人蔡锷编《曾胡治兵语录》。

湖南湘乡人葛道殷著《用炮要言》《操练洋枪浅言》。

湖南湘潭人王闿运著《湘军志》。

湖南湘乡人曾国藩著《湘军水陆战记》《武备辑要》。

湖南湘乡人王鑫著《王壮武公练勇刍言》。

湖南湘乡人杜俞著《水师说略》，节录《彭刚直公长江百条（录三十四条）》。

湖南沅南县人陈龙昌著《中西兵略指掌》。

湖南溆浦人严如熤著《三省边防备览》《洋防辑要》《苗疆师旅考》。

湖南长沙人刘权之编《钦定工部军器则例》。

湖南湘乡人刘连捷著《临阵心法》。

湖南长沙人郑曰敬著《今兵利弊》。

湖南益阳人胡林翼著《读史兵略》。

湖南常宁人唐义渠著《从征图记》。

湖南湘阴人左宗棠著《兵书三种附洋务新论》（《兵法入门》《左氏兵谋》《左氏兵法》）。

湖南祁阳人李蕊著《兵镜类编》。

湖南新化人罗世瑶著《行军方便便方》。

湖南长沙人丁鸿臣著《四川派赴东瀛游历阅操日记》。

湖南湘乡人罗长琦编《江南将弁学堂学案》。

湖南清泉人王之春（号芍唐居士）著《防海纪略》。

湖南湘乡人易熙著《中西兵法通义》。

安徽全椒人郭鸿熙著《左氏兵法正宗》。

安徽合肥人张树声著《自强兵法考》。

安徽怀远人年羹尧著《治平胜算全书》《年羹尧兵法》。

安徽桐城人马君实著《行军决胜篇》。

安徽泗州人陈阶平著《戎政刍言》《虎帐必知录》。

安徽贵池人曹曰瑋著《武经三书汇解》《武经七书汇解》。

安徽芜湖人夏振翼著《武经三子体注》。

安徽歙县人汪宗沂著《汪氏兵学三书》。

安徽桐城人何廷谦著《团练约编》。

安徽合肥人陈王谟著《射诀集益》。

安徽旌德人朱璐著《守城集成》。

安徽安庆人陈澹然著《权制》。

安徽合肥人李鸿章著《枪炮操法图说》。

安徽宣城人李文瀚著《拟呈关中战守策》。

安徽宣城人梅文鼎著《火器命中》。

安徽泾县人包世臣著《两渊》。

安徽歙县人汪宗沂辑纂《武侯八阵兵法辑略》。

安徽当涂人夏炘著《讦谟成竹》。

安徽淮北人黄石如著《黄注阴符经》。

安徽歙县人叶世槐著《河阳空心炮台图式附许州空心炮台记》。

徽州人程真如阐释《峨眉枪法》。

安徽桐城人戴钧衡著《草茅一得三卷续得一卷》。

安徽宣城人梅文鼎著《火器命中》。

安徽休宁人汪桓著《标题武经七书全文》。

湖北宜昌人王定安著《曾文正公水陆行军练兵志》《湘军记》。

湖北人沈定远著《标题武经七书开宗》。

湖北蕲州人熊方柏著《炮法审度》。

湖北枝江人曹廷杰著《东北边防辑要》。

湖北人袁祖礼著《战守心法》《战守罗盘炮指南仪及五雷各法图说》。

湖北云梦人江起龙著《兵法心传》。

湖北枣阳人史策先著《兵法集鉴》。

湖北大冶人陈翼亮著《敖公纪述》。

湖北浠水人徐炳龙著《历代民兵考略》。

江西南昌人邓钧撰《炮准算法图解》。

江西南昌人沈汝瀚撰《清隐山房丛书》。

江西修水人徐家干著《洋防说略》。

江西乐平人彭定澜著《兵家方道指南》。

从上所列看，有清一代，湖南后来居上，兵学著作最多。其次是安徽，再次是湖北，最少是江西。这反映了在荆楚文化区内，湖南文化亚区、安徽文化亚区、湖北文化亚区等在不同历史时期文化发展的不平衡。从清代荆楚文化区的兵学著作看，对先秦两汉兵学元典的注解不绝如缕，但是兵学主题在清代有了转移，亦即从传统兵学向近代兵学的转型正在显现，兵学分科更进一步，越来越细，越来越专门化，兵权谋、兵形势之理论性逐渐弱化，而兵技巧的技术性、操作性、科技性渐趋增强，故有清一代的火器、枪械、炮击、射击、练卒、水师、守城、洋防、海防、边防、行军、军医、军事纪实、军事历史、军事形势、团练、军事观察游记、军事谋略、中西兵学比较、洋务等方面，均有相应的著作问世。

民国时期，荆楚兵学主要集中在对《孙子兵法》的解注上，其目的是为抗击外国列强入侵提供兵略谋略。除此之外，也有对古代兵学进行整体性研究，比如，湖南湘乡人陈毅夫撰有《中国古代军事学》；湖南宁乡人周家树撰有《古兵家学说辑要》，并由湖南宝庆（今属湖南邵阳）人蔡锷将军作序。民国时期相比于其他时代，兵学著作相对少的原因，主要是民国时间短，不到四十年时间。其次是缺少安心著述的环境，特别是在抗侵略、防分裂、反压迫、求保命的战乱时代，在军事谋略的运用上，自然首先会想到既有的兵学圭臬《孙子兵法》，能够拿来即学即用就好。所以，民国时期孙子学研究比较丰富，呈现百家争鸣的盛况，且多有名家名作，是孙子学近代转型的一个关键阶段。比如周家树《古兵家学说辑要》，运用近代兵学理念及术语对古代兵家学说予以概括、总结，全书分为纲领、作战计划、阵中要务、攻击及防御、局地战和结论六编。蔡锷为之作序曰：“吾国二千年前之先哲论兵讲武，其伟大精深，以与近世相衡，实有过之无不及者。第物质上之进步，今优于古已耳。拿破仑有言：一百年后，东方将有兵略家出，承其古昔教训之原则，为欧人之大敌。今已届百年矣，返观吾族，不问精神与物质上之文明堕落晦蚀已达极点，兵学一端亦随兹堕落晦蚀之潮流以遂去。”① 蔡锷心中这份对兵学日趋没落的忧愤之情，代表了民国所有有志之士对中国当时物质与精神贫弱现状及兵学衰顿的深沉忧虑。

① 曾业英编：《蔡松坡集》，上海人民出版社1984年版，第781页。

第四章 三晋孙子学及其演变

第一节 三晋与三晋文化

一、三晋范围

晋国受周天子分封，其开国之君是唐叔虞，国号唐。唐叔虞之子燮继位后改国号为晋。晋国强盛之时，疆域广大，以今山西、河南为中心，向西直抵今陕西，向东到达今河北。但一般认为，三晋大致相当于今山西及河南的中北部地区。

春秋时期，晋为霸主，傲踞中原，虎视鹰扬，称霸时间最长。晋国实行三军六卿制度。晋平公后，赵氏、韩氏、魏氏、智氏、范氏、中行氏六家把持晋国军政大权。晋定公时，范氏、中行氏先亡，只剩四卿。晋出公时，赵氏、韩氏、魏氏联手打败执政的智氏，瓜分晋国，最后三家又被秦国所灭。

二、三晋文化

三晋处在中原，交通便利，四通八达，称霸春秋，四方来朝。其开阔的地理位置及霸主地位，养成了其开阔的眼界和远大的抱负，故三晋文化的特点之一就是开放包容。晋文公重耳曾经长期流亡国外，广泛接触中原及夷狄文化，返国继位之后，自然能够秉持兼容并包的文化精神。春秋时有“楚才晋用”的美谈，战国时有赵武灵王“胡服骑射”的改革，魏国公子信陵君无忌、赵国公子平原君赵胜，蓄养文武之士，食客众多，名扬宇内。这些史事均反映了三晋不拘一格、为我所用的开放、致用和变革精神。

从思想层面看三晋文化，能够更深刻透彻地理解其开放、致用和变革的文化特征。三晋多产法家、纵横家、兵家，养士之风盛行。吴起既是兵家，又是法家，其在魏国整军经武、实行法治，史有所载。《战国策·魏策》述写魏相公叔痤谓魏王曰：“夫使士卒不崩，直而不倚，栋桡而不避者，此吴起余教也，臣不能为也……县赏罚于前，使民昭然信之于后者，王之明法也。”①说明魏国士卒在作战中能遵法而行，是吴起的余教所致，而相国公叔痤不能为。清代秦蕙田《五礼通考》卷二三六《军礼四 》引班固《汉书·刑法志》关于孙武、吴起治军之言云：“吴有孙武，齐有孙膑，魏有吴起，秦有商鞅，皆禽敌立胜，垂著篇籍。当此之时，齐愍以技击强，魏惠以武卒奋，秦昭以锐士胜。世方争于功利，而驰说者以孙吴为宗。”② 魏氏之武卒，究竟是怎样的一种士卒？荀子《荀子·议兵》述曰：“魏氏之武卒，以度取之，衣三属之甲，操十二石之弩，负服矢五十个，置戈其上，冠軸带剑，赢三日之粮，日中而趋百里。”③

虽然吴起变法有明确记载，是在楚国为相之时，而且吴起也因此献出了生命，但在魏国，仍有一些零散的文字载述吴起重法之治。如《韩非子·内储说上》记述，吴起为魏武侯西河郡守之时，因为魏国边境有一座秦国哨亭，对魏国百姓耕作边境之田很有妨碍，所以吴起打算拔掉这个哨亭，但是考虑到为这小小的哨亭动用军队，则不值得，于是想发动民众来攻掉它。他在北门外立一

---

① 〔清〕纪昀等修：《文渊阁四库全书》第 407 册，台湾商务印书馆 1986 年版，第 224 页。

② 〔清〕纪昀等修：《文渊阁四库全书》第 141 册，台湾商务印书馆 1986 年版，第 431 页。

③ 〔清〕纪昀等修：《文渊阁四库全书》第 695 册，台湾商务印书馆 1986 年版，第 205 页。

车辕并发布告示说："有能徙此南门之外者，赐之上田、上宅。"很长时间没有人相信，北门外的车辕一直在那儿。某一天，有个人试着把车辕搬到了南门，吴起果然依据告示赐给他上田、上宅。没过多久，又置一筐赤豆在东门之外，而告示曰："有能徙此于西门之外者，赐之如初。"人们争相去搬。吴起见已取信于民，于是下令第二天攻亭，承诺有能先登者，任命为国大夫，并受赐上田、上宅。民众争相攻亭，一个早上就拿了下来。这则史料虽然是说吴起巧用民力以攻秦亭，但其智巧之中也包含了"立法取信"的思想。

三晋的法家人物，可谓多矣。如韩有申不害、韩非。申不害为韩相，实行法治，富国强兵。韩非虽少壮而夭，然其思想则集法家法、术、势之大成，终为秦国所用。而赵有慎到，齐宣王时讲学于齐国稷下，影响很大。同为赵人的荀子则援法入儒，改造了原始儒家仁礼、王道思想，而兼取法治，推行霸道。

春秋战国时期，群雄逐鹿，争相问鼎中原，而三晋处于争夺矛盾之中心，韩国扼天下之咽喉，魏国居天下之胸腹，自然成为各路英豪施展才干以打击或拉拢的对象，亦必然成为最具实践理性和政治理性的法家、纵横家、兵家思想的策源地，故三晋多权变之士。司马迁《史记·张仪列传》评曰："夫言纵横强秦者，大抵皆三晋之人也。"纵横家的祖师魏人王诩，隐居鬼谷，故号鬼谷子。苏秦、张仪、庞涓、孙膑、商鞅等，皆其弟子。张仪主张连横，公孙衍主张合纵，皆为魏人。东周雒阳（今河南洛阳）人苏秦，主张合纵抗秦。赵国人楼缓，辅佐赵武灵王"胡服骑射"，在赵则主张与秦、楚联合以攻魏，在秦则主张与赵、宋联合以拒齐，而赵国中牟人虞卿斥责楼缓之媚秦，提出联合齐、魏以抗秦。再如魏国芮城人范雎提出"远交近攻"之策。总之，司马迁所言纵横家多为三晋之人，实非虚言。刘向整理《战国策》，叙曰："是以苏秦、张仪、公孙衍、陈轸、代、厉之属，生纵横短长之说，左右倾侧。苏秦为纵，张仪为横。横则秦帝，从则楚王，所在国重，所去国轻。"① 除了

① 〔清〕纪昀等修：《文渊阁四库全书》第407册，台湾商务印书馆1986年版，第3页。

陈轸是齐人，其余皆为晋人。

赵武灵王实际上也是一位兵家人物，他效法北方游牧民族，改峨冠博带的华夏服饰为上衣下裤的游牧民族服饰，并向游牧民族学习骑射，军队战力大增。其他如梁惠王时魏人尉缭、魏公子无忌、魏国李悝，赵国名将李牧之孙、秦末李左车等，皆出自三晋，《汉书·艺文志》分别著录其兵书为《尉缭子》《魏公子》《李子》《广武君》。此外，还有可能出自三晋的庞煖，亦有《庞煖》三篇著录。虽非出自三晋，但在三晋展示其兵学谋略、成就功名者，亦很多，比如吴起、带佗、兒良。吴起仕魏自不必说，就带佗、兒良而言，汉代焦赣云："带季、兒良，时利权兵，将师合战，敌不能当，赵、魏以强。"① 可知带佗、兒良分别为赵、魏之将。带季即带佗也。

三晋之地不仅产法家、纵横家和兵家，而且产道家。道家以道为核心概念，改造令人失望和堕落的人文世界。道家传播地域非常广泛，大体上有南北两派，南方道家主要以宋国蒙城人庄子为代表，发展了老子返璞归真、清心寡欲的思想，进而主张追求长生久视的逍遥之境。北方道家又有两支：一支是齐国的黄老道家，一支是三晋的文子道家。黄老道家和文子道家继承发展的是老子治道的一面，主张贵虚、无为而治之道，是道家中的"入世"派；南方道家庄子继承发展的是老子修身自守的一面，主张精神与自然的合一，游离于世外，追求绝对自由，是遗世独立的道家"出世"派。

先秦时期，道家代表人物有秦人关尹，齐人彭蒙、田骈、宋钘、尹文，郑人列子（郑被韩所灭，故又称郑韩），晋人文子，魏人杨朱，赵人鹖冠子（从鹖冠之名分析，当是赵人而隐居于楚，其思想内容当属北方黄老道家），宋人庄子。以上诸人，出自三晋者居多。虽然以上诸子全部出自北方，但是后世传播，却是南方多受庄子影响，独善其身，修心养性，企求长生，而北方多受文子和齐国黄老道影响，虽也主张虚静、恬淡、退让、无为，但仍是一种政治理念，是一种兼善天下的情怀或隐忍不发的策略。

---

① 〔清〕纪昀等修：《文渊阁四库全书》第 808 册，台湾商务印书馆 1986 年版，第 379 页。

三晋文化实则为中原文化，是中国文化的渊薮，也是春秋战国时代的文化轴心和政治轴心。三晋孙子学和兵学就是在这样的背景下展开，故在分析孙子学流变及其特征时，不能不考察三晋文化和思想学说的历史渊源。

第二节　三晋孙子学与兵学

一、三晋孙子学的内容、演变和特征

三晋不是《孙子兵法》的诞生地，但是自三国魏晋南北朝起，便有了对《孙子兵法》的传注笺释。三晋地区，最早注解《孙子》者，为三国魏太原祁（今山西祁县）人王凌。史载三国魏王凌、张子尚、贾诩及三国吴沈友并有《孙子》注，而其书均亡佚。王凌有《孙子集解》。张子尚，生平不详，然亦可能是晋人。贾诩为武威姑臧（今属甘肃）人，乃属秦陇之地。沈友则为吴郡（今江苏苏州）人。南朝梁代有孟氏注《孙子》，然孟氏不知何地人也。

南北朝后期至隋唐五代是三晋孙子学的荒漠期，四百多年中，竟无《孙子》注家及著作传世或存目，直至北宋仁宗、神宗时，有太原祁（今山西祁县）人王皙注《孙子》。此后又经有元一朝，而无《孙子》注家。直到明代才有几家《孙子注》，即山西崞县（今山西原平市）人刘寅直解《孙子》，撰有《武经七书直解》；河南鄢陵人郑二阳注《孙子》，撰有《孙子明解》；河南洛阳人阎禹锡注《孙子》，撰有《孙子集解》，然并无传本；隐居于河南商城山有名曾子清者，撰有《孙武子注疏》，亦无传本；山西太原人郑露撰有《孙武子注》，亦有目无书。

清代与明代相比，三晋孙子学没有更上层楼，反有回落之象，几与宋元类似。有清一代，仅有两家《孙子》注，即山西绛州（今山西新绛）人王瞰集注《孙子》，撰有《孙子集注》，另撰有《握机经解》一卷。王瞰集注《孙子》，存于《武经团镜》中。另外一家，即山西解梁（今山西运城市盐湖区）人刘文屘《孙子释证》。

民国时期，三晋孙子学继续回落，其情况与隋唐五代相同。新中国成立后，三晋焕发文化发展生机，孙子学有复苏之象，然学人及著作仍不夥。代表性作品有山西武乡人李零《〈孙子〉古本研究》《吴孙子发微》《〈孙子〉十三篇综合研究》《兵以诈立——我读〈孙子〉》《唯一的规则——〈孙子〉的斗争哲学》；河南陕县人高友谦《孙子新传》《银雀山汉简研究：孙子兵法五十篇》《孙子揭秘》；河南济源人葛荣晋《〈孙子兵法〉与企业经营谋略》；河南商丘人晁罡《〈孙子兵法〉中的领导艺术及其对现代企业管理者的启示》等。

从上文简要综述可以看到，三晋孙子学在有明一代，相对于其他朝代是发展稍好的一个时期，在三晋孙子学史上，是个小高峰。然而与吴越文化区、荆楚文化区同时期相比，其学人及其著作的数量却又与之相去甚远。这从另一个侧面印证了南北文化自宋代以降发展的差异。

二、三晋兵学

三晋兵学，流传下来的先秦兵学元典，有魏惠王时隐士尉缭所作《尉缭子》五卷。

秦汉有韩国人张良著《阴符经注》。

西晋有河内温县（今河南温县）人司马彪所撰《战略》，以人物系战事，以战事明战理，以战理求兵略。此其“战略”称谓之深意也。然终究不是兵理、兵略、兵谋类兵书，故其理论性与“战略”之名相距甚远。

隋唐有怀州河内（今河南沁阳）人王琚著《射经》。

北宋有汴京（今河南开封）人丁度与福建晋江人曾公亮合编《武经总要前集二十二卷后集二十一卷》。

南宋三晋地区现存兵学著作，有赵起著《种太尉传》。赵起，自号河汾散人。有人说河汾地广，不知其名，然非不可稽考，汾河为黄河支流，流经山西境内，故大致可以推断赵起乃山西人。又有人说赵起是平阳府人，不知依据为何。此书载述北宋将领、河南洛阳人种谔的事迹。

南宋还有相州汤阴（今河南汤阴）人岳飞著《岳忠武王文集》《易筋经

义图说》，以及相州汤阴（今河南汤阴）人岳珂著《奇门遁甲元机》《金陀粹编》。

金有平阳府临汾（今山西临汾）道士侯善渊著《黄帝阴符经注》。

元代三晋地区没有兵学著作传世，这与有元一代自始至终兵学文化委顿甚至衰退有关。

明代三晋兵学著述大略如下：

山西太原人王琼著《西番事迹》《陕西四镇军马钱粮数及会兵御虏图文》《北边事迹》。

山西猗氏人荆可栋著《营阵》及其绘图本《韬略世法》。

山西崞县人刘寅著《武经七书直解》。

河南洛阳人阎禹锡著《司马法集解》。

山西猗氏人何东序著《删定武库益知录》。

河南宁陵人吕坤著《守城秘要》《救命书》《黄帝阴符经注》。

山西古绛人韩霖著《守圉全书》以及与扬州人李盘、镇江人周鉴合著《金汤借箸十二筹》。

山西偏关人万世德著《辽东军饷论》《海防图论补》。

山西太原人任万民著《救时八议》。

山西孝义人霍冀著《九边图说》。

山西陵川人王鼎新著《约言》。

河南灵宝人许论著《九边图论》。

河南泌阳人樊以屏著《飞鸣园阵法答客问》。

清代三晋地区现存兵学著作大略如下：

山西曲沃人刘一明著《阴符经注》。

河南汜水人禹祥著《禹氏枪谱秘传》。

河南项城人袁世凯编纂《训练操法详晰图说》《新建陆军兵略录存》。

山西绛州人王瞮著《握机经解》《团守心镜》。

山西曲沃人王国翰纂辑《射法指归》。

山西阳城人张泰交编《历代车战叙略》。

山西临猗人谢瑛编《教练纪要》。

河南汜水人牛嵩生撰《弹弓谱》。

山西曲沃人卫周胤撰《兵言》。

山西霍州人成德撰《三才刀法谱》。

山西榆次人张彪撰《兵法初读不分卷》。

民国时期，三晋兵学著作有二部：

山西临猗人景蔚文校《兵法要略》。

山西河东人杜蘅编《三略兵法解证》。

从上述三晋传世兵书可知，先秦至宋代，值得称道者，仅有晋代司马彪《战略》。其在传统兵书中，首以《战略》命名，虽非如先秦兵法舍事言理，而是以人说事，以事明法，但毕竟在兵学史上已有明确的“战略”理念。其后有隋代赵煚《战略》二十六卷，其书亡佚。而隋唐宋金元时期，只有王琚《射经》，曾公亮、丁度《武经总要》，以及岳飞《岳忠武王文集》等少数几部著作，不可忽视。其余著作，不管是《阴符经注》，还是《种太尉传》，均不足道也。

比较而言，明清时期是三晋兵学发展的高峰，传世兵书比其他朝代要多，其中清代又要比明代略逊一筹。这与三晋孙子学的历史情况相类。从内容看，三晋兵学比较注重对兵学元典的解释、传注，这方面要数刘寅《武经七书直解》比较著名。三晋兵家较多地关注传统兵事，如城池守御、射法、刀法、边防、海防、营阵、阵法等，除了袁世凯编纂兵学文献，几乎看不出中国兵学的近代转型痕迹。在大变革、大动荡的中国近代，三晋兵学却几乎没有创新，既看不到西学东渐的影响，也看不到传统兵学的嬗变，更看不到原创性谋略型兵法的诞生。但是三晋兵学又有其独特之处，其刀法、射法、弹弓、守城、教练等传统兵事技巧，可谓独擅胜场，非其他区域兵学可比。

第五章 燕赵孙子学及其演变

第一节 燕赵与燕赵文化

一、燕赵界定

作为文化区域，燕赵大致相当于今河北全部、京津地区、山西北部、河南北部及内蒙古南段。据《禹贡》记载，燕赵在上古时期属于冀州，春秋为燕、晋等国，战国则包括燕、中山、赵等国，甚至包括齐、魏与之相邻的部分区域。其疆界时有变化。从自然地理看，燕赵北枕燕山，南达黄河，西抵太行，东滨渤海。地形地貌多样，自古为兵家必争之地。

二、燕赵文化

燕赵作为一个文化区域，开始是与齐鲁对举而言。司马迁记述汉武帝之事曰："会武帝年老长，而太子不幸薨，未有所立，而旦使来上书，请身入宿卫于长安。孝武见其书，击地，怒曰：'生子当置之齐鲁礼义之乡，乃置之燕赵，果有争心，不让之端见矣。'于是使使即斩其使者于阙下。"① 齐鲁崇尚

① 〔汉〕司马迁撰：《史记》，中华书局 1982 年版，第 2118 页。

仁义礼让，而燕赵尚武任侠，可见齐鲁与燕赵不同的文化内涵及特征最迟在汉代已经形成。燕文化源于殷商，赵文化分于三晋，而处在燕赵之间的中山文化，则源于少数民族的北狄文化。故燕赵文化是殷商文化、晋文化、北狄文化的融汇变迁，亦即燕文化、赵文化和中山文化的融汇变迁。

西周宗室召公奭辅佐武王灭商后，受封于蓟，建立燕国，后来吞并蓟国，而于战国末为秦所灭。从西周至春秋，燕国长期处在大国、强国之间，最为弱小，境况艰难。司马迁云："燕外迫蛮貉，内措齐、晋，崎岖强国之间，最为弱小，几灭者数矣。然社稷血食者八九百岁，于姬姓独后亡，岂非召公之烈邪！"① 其国地小民寡，西迫于赵，南近于齐，然齐、赵皆强国。故燕国在相当长的历史时期内，国力疲弱，位势卑蹙，其慷慨悲歌的精神特征并未形成。而战国时期，燕国听从苏秦游说，加入合纵行列，卑辞重币，招揽人才，国力逐渐强盛，士卒乐轶轻战，精神文化上也由卑弱、窘促向奋发、高昂转变。燕昭王命乐毅为帅，曾联合秦、楚、三晋以伐齐，攻下七十余城，仅有三城未破，齐几乎亡国。然而燕惠王时，乐毅被黜免，齐国败燕复国，燕国从此不振，其困蹙卑弱再次呈现。但是燕国不甘于衰弱，在强敌环伺之际，仍谋求复仇。故有燕太子丹遣荆轲刺秦王、易水饯行悲歌之典故。

赵国从晋分出，先后都于晋阳（今山西太原）、中牟（今河南郑州）和邯郸（今河北邯郸），赵惠文王时，任用廉颇、赵奢为将，强国不敢窥伺，大国不敢觊觎，国力空前强盛，然而赵国最后被秦所灭。其疆域主要在今河北省中西部和山西省北部。

赵国的文化特征主要表现为尚武任侠、游冶放荡。史书记载的赵氏孤儿、豫让刺赵襄子、胡服骑射等史事，表现了赵人的忠勇狭义和变革图强。赵武灵王推行"衣胡服、习骑射"的改革，乃因地、因势、因情而为，是赵国所处的地理位置及其国情倒逼所致，当时赵国的情形，正如赵武灵王说："今中山在我腹心，北有燕，东有胡，西有林胡、楼烦、秦、韩之边，而无强兵之救，是亡社稷，奈何？夫有高世之名，必有遗俗之累。吾欲胡服……今吾将

① 〔汉〕司马迁撰：《史记》，中华书局1982年版，第1561~1562页。

胡服骑射以教百姓。”①

经过赵武灵王的改革，赵国空前强盛，灭中山国，实现了领土的扩张。燕赵之地，乱世多悲歌慷慨，而治世多游冶恣肆。班固记述云：

> 赵、中山地薄人众，犹有沙丘纣淫乱余民。丈夫相聚游戏，悲歌慷慨，起则椎剽掘冢，作奸巧，多弄物，为倡优。女子弹弦跕躧，游媚富贵，遍诸侯之后宫。邯郸北通燕、涿，南有郑、卫，漳、河之间一都会也。其土广俗杂，大率精急，高气势，轻为奸。太原、上党又多晋公族子孙，以诈力相倾，矜夸功名，报仇过直，嫁取送死奢靡。汉兴，号为难治，常择严猛之将，或任杀伐为威。父兄被诛，子弟怨愤，至告讦刺史二千石，或报杀其亲属。钟、代、石、北，迫近胡寇，民俗懻忮，好气为奸，不事农商，自全晋时，已患其剽悍，而武灵王又益厉之。故冀州之部，盗贼常为它州剧。定襄、云中、五原，本戎狄地，颇有赵、齐、卫、楚之徙。其民鄙朴，少礼文，好射猎。雁门亦同俗，于天文别属燕。燕地，尾、箕分野也。武王定殷，封召公于燕，其后三十六世与六国俱称王。东有渔阳、右北平、辽西、辽东，西有上谷、代郡、雁门，南得涿郡之易、容城、范阳、北新城、故安、涿县、良乡、新昌，及勃海之安次，皆燕分也。乐浪、玄菟，亦宜属焉。燕称王十世，秦欲灭六国，燕王太子丹遣勇士荆轲西刺秦王，不成而诛，秦遂举兵灭燕。蓟，南通齐、赵，勃、碣之间一都会也。初太子丹宾养勇士，不爱后宫美女，民化以为俗，至今犹然。宾客相过，以妇侍宿，嫁取之夕，男女无别，反以为荣。后稍颇止，然终未改。其俗愚悍少虑，轻薄无威，亦有所长，敢于急人，燕丹遗风也。②

关于燕赵风俗，唐代边塞诗人高适有诗《邯郸少年行》云：“邯郸城南游

---

① 〔汉〕司马迁撰：《史记》，中华书局 1982 年版，第 1806 页。

② 〔汉〕班固撰：《汉书》，中华书局 1962 年版，第 1655~1657 页。

侠子，自矜生长邯郸里。千场纵博家仍富，几度报仇身不死。宅中歌笑日纷纷，门外车马常如云。未知肝胆向谁是，令人却忆平原君。君不见即今交态薄，黄金用尽还疏索。以兹感叹辞旧游，更于时事无所求。且与少年饮美酒，往来射猎西山头。”① 高适虽以邯郸少年自况，描写其纵情任侠以报国的个性和志向，以及现实生活中以黄金多寡衡量交情厚薄的炎凉世态，表现其怀才不遇的愤懑心情；但是我们通过其诗歌对邯郸少年的叙写，间接地感受到战国时期赵国崇武任侠、纵横享乐的民风在唐代的流风遗韵。

燕赵文化既有崇武任侠、逞勇好斗的一面，又有游冶放荡、纵情恣肆的一面。而实际上，这两者是燕赵地区豪迈、奔放、不羁性格在不同的历史环境下互相折射的另类表现。具体说，在强邻压境、生死攸关之乱世，燕赵文化表现的是勇武任侠；当国富民强、太平盛世之时，表现的是游冶放荡。

中山国是春秋末期由狄族鲜虞部建立的诸侯国，相当于今河北省中南部地区，主要包括今保定南部和石家庄大部分。春秋战国之际，一度为楚国所灭。复国后，为魏所灭。战国中期，中山桓公又复国，励精图治，有战车九千乘，国力鼎盛，然最终为赵所灭。中山国是北方狄族所建，处在中原各国之间，为华夏视作心腹之患，故其为赵所灭自有原因。然此后，六国亦相继为秦所并。其俗亦与华夏之国不同，华夏之国尊卑有序、长幼有等、男女有别，自周公制礼作乐以来，虽于春秋战国时渐趋式微，但是与中山等北方民族相比，仍是礼乐之国。故有文献载曰：“天生民而令有别。有别，人之义也。所异于禽兽麋鹿也，君臣上下之所以立也。中山之俗，以昼为夜，以夜继日，男女切倚，固无休息，康乐歌谣好悲，其主弗知恶。此亡国之风也。”② 中山国并入赵国之后，其文化融入了华夏文化，与燕赵文化成为一体。由此，“慷慨悲歌”的区域文化共性基本形成，两千余年来，已成为燕赵文化的核心特质，并在不同的历史时代及不同的领域有着不同的

① 〔清〕纪昀等修：《文渊阁四库全书》第 1344 册，台湾商务印书馆 1986 年版，第 477 页。

② 〔战国〕吕不韦等撰：《吕氏春秋》，上海书店 1986 年版，第 180 页。

体现。

若把燕赵文化向前推，则可上溯到商末。在商末，有一个国家叫孤竹国，是在冀东历史上出现的最早的国家。孤竹国君有二子，分别名伯夷、叔齐，因周武王灭商而不做周官、不食周粟、不采周薇，最终饿死在首阳山。其忠贞壮烈，恐怕是燕赵文化“慷慨悲歌”最古老的源头之一。从先秦赵国政治家赵武灵王、军事家蔺相如、割据岭南的赵佗，思想家慎到、公孙龙、荀卿，到汉代大儒董仲舒，到蜀汉开国之君刘备，北魏地理学家、散文家郦道元，西晋政治家、文学家张华，西晋政治家、文学家、军事家刘琨，西晋文学家卢谌，北魏政治家、散文家杨衒之，唐代名臣魏徵、边塞诗人高适、苦吟诗人贾岛、天文学家僧一行，宋代开国皇帝赵匡胤，宋代名相、文学家李昉，元代杂剧作家关汉卿、王实甫，元代天文学家、数学家、水利学家郭守敬，明代政治家、散曲作家赵南星，清代政治家、文学家纪晓岚，清末政治家、洋务派代表人物张之洞，中国最早的马克思主义者和中国共产党创始人之一李大钊，以及在中国近现代史上涌现的许多杰出人物，都出自燕赵大地，一代又一代地传承演绎着燕赵文化“慷慨悲歌”的丰富内涵。

第二节 燕赵孙子学与兵学

一、燕赵孙子学的内容、演变和特征

燕赵之人多慷慨激越、勇武任侠，短于思虑，常有狭隘狷急之病。燕赵与北边相邻，地多偏僻，虽受三晋文化、齐鲁文化的影响和化育，但与它们仍有差距。故燕赵地区在孙子学发展上，表现迟缓。

燕赵地区从战国到魏晋几乎没有孙子学学人及著述。

到北周时，中山无极（今河北无极）人甄鸾著《孙子算经》。甄鸾是一位算学家，实际上，此书不是兵学著作，只是一部算学著作。而题名为“孙子算经”，要么假托孙子（孙武或孙膑）之名，要么“孙子”另有其人。

燕赵之地学人到唐代才真正表现出对《孙子兵法》的关切，在个别类书

及注疏之作中引用《孙子》。如巨鹿郡（今属河北）人魏徵编纂《群书治要》引《孙子》；唐州永年（今河北邯郸东北部）人贾公彦在疏解汉代郑玄《周礼注》时，多引《孙子》。

至宋代，燕赵地区既有在类书中引《孙子》者，亦有开始注解《孙子》者。引用《孙子》者，有深州饶阳（今河北饶阳）人李昉编纂《太平御览》；注解《孙子》者，有南宋东光（今河北东光）人张预，其注解文字今存《十一家注孙子》。

元明两代，燕赵几无关切《孙子》者，更无孙子学著述。

清代及民国，燕赵地区出现几家《孙子注》：清初河北枣强人郑端《孙子汇征》；清末民初河北乐亭人吕兴周《孙子十三篇句解》；清末民初河北邱县人李丕基《孙子十三篇释疑》；民国河北阳原人苏荫森《二十世纪孙子注解》。

新中国成立后，燕赵孙子学学人增多，呈现前所未有的繁兴景象，是自战国至今两千多年来的首波高峰期，其孙子学学人及著作虽然在总量上不占优势，但是学术品质较高。其代表性学人及著述，主要有河北满城人魏汝霖编撰《孙子今注今译》《孙子兵法大全》《孙膑兵法注释》等；河北盐山人于汝波主编《孙子学文献提要》以及《孙子兵法研究史》，并有系列孙子学论文。后起之秀有河北万全人赵海军，撰有《孙子学通论》《孙子兵法精要》，主编《图说孙子》等。此外，有天津人刘春生发表《〈孙子兵法〉的版本与校勘研究》《简本〈孙子〉残简校读》《十一家注孙子集校》等论著。

从燕赵孙子学发展历程看，其特征是，进展缓，学人少，著述寡，在过去的两千多年，基本是孕育积累的时期，直至新中国成立后，才迸发蓬勃生机。这是由于燕赵文化与新的社会、新的时代遇合，而被赋予新的质素和内涵后呈现强大生命力。

二、燕赵兵学

燕赵兵学发展与孙子学发展既有相合的一面，又有不相合的一面。先秦至南北朝，几无兵学著述，而新中国兵学繁兴，这与孙子学发展状况基本一致。唐、宋、元三代，有为数不多的兵学著述问世。明代燕赵孙子学荒芜，明代燕赵兵学却呈发展小高峰。清代燕赵孙子学略有发展，而清代兵学保持了犹如明代的稳进态势。兹把唐、宋、元、明各朝兵学著述条列于下：

唐代隐居中条山的河北广宗人张果撰有《黄帝阴符经注》。

南宋河北东光人张预解注题名为黄石公撰的《兵略史》，著有《兵略史解》；并集注《百将传》，著有《张氏集注百将传》及《十七史百将传》。

南宋永宁军东光（今河北东光）人刘荀撰《德安守御录》。

元代有燕京契丹族人王楚材作序的《神机制敌天书白猿经》，撰者佚名。

明代燕赵兵学勃然而兴，达到小高峰，现存兵学著作有如下十五部：

北直隶保定人孙承宗、定兴人鹿善继与浙江归安人茅元仪合撰《车营叩答合编》。

河北定兴人鹿善继著《车营阵图制》。

北直隶新城（今属河北）人王余佑撰《乾坤大略》。

北直隶新城人杨希闵纂辑《诸葛武侯言行录》。

北直隶真定人贾应春校刊《行军须知》。

河北内丘人乔中和撰《阴符经注》。

河北蔚州人尹耕撰《乡约》《塞语》。

河北固安人郭光复撰《倭情考略》《守扬练兵辑要》。

河北大名人郭增光辑评《纬弢》。

河北沧州河间人冯嘉会辑《万胜真韬》。

河北宛平人戈永龄辑《太阳太阴通轨》。

河北河间人范景文撰《师律》。

顺天府宛平人冯清撰《保生管见一卷附固本迂谈一卷》。

从以上著述看，燕赵兵学于明代有注重战略的著述，如王余佑《乾坤大略》专论王霸策略，而更多的是关于具体兵学专题的讨论，如尹耕《乡约》《塞语》讲如何发动乡人守护乡土的策略和方法。其他兵书，或讲练兵，或述虏情、倭情，或讲战阵、车营、行军，或讲兵阴阳，或讲兵谋战策。讲兵谋战策者，如范景文《师律》对兵制、练将、足兵、足食、练兵、营阵、守城、攻战、火攻、水战、车战、马政、险厄、明弊等均有详赡论述。

清代燕赵私家兵学著述大略有十二部：

直隶蠡县（今河北保定）人李塨撰《学射录》。

天津人王增年撰《武经征事》。

天津人王平撰《水雷问答》。

直隶大名府魏县人刘观成撰《金汤辑略》。

北平人王昆绳著《兵论》。

籍贯河北南皮、生地贵州兴义的张之洞编《钦定禁卫军营制饷章》。

北直隶新城（今属河北）人王余佑著《太极连环刀法》。

河北保定人陈元燮著《军营纪略》。

河北博野人李培著《灰画集》。

河北唐山人田献章撰《普通目兵须知》。

津门人李士锐撰《地形侦察》。

津门人张绣岩撰，同郡丁运枢、陈世勋编《张公襄理军务记略》。

从上所列清代兵学著作看，有对具体军事技艺如射箭、太极连环刀法的论述；有对近代军事科技如电、气、水、雷等的普及性讲述；有对军事地形的探讨；有对军营制度的编订；有对武经予以史事引证的著述；有对兵学的理论性阐述，如王昆绳《兵论》、刘观成《金汤辑略》。其中，值得特别注意的是李培《灰画集》，它从历史军事地理的角度，讲述古今开创、守成的规律性战略策略，认为古今经略天下不外乎两种策谋：一种是北上，东占齐地，西控秦地，同时控制荆州、襄阳一带，然后伺机进占汴京、洛阳；一种是南下，先占淮河，后占长江，然后进兵江南。至于卫戍都城，则应重重设防，而涿州、通州、昌平州、蓟州拱卫京师的四个重镇，乃京师畿辅之城；山海关、紫荆关、古北口、居庸关、倒马关等为必守关隘。作者李培乃直隶蠡县人，久居燕赵，环视天下，研究明亡原因，借鉴历史经验，提出天下开拓、守成之策，有较高的战略参考意义。

第六章　秦陇孙子学及其演变

第一节　秦陇与秦陇文化

一、秦陇界定

秦陇之地，大致相当于今陕西、甘肃和宁夏中南部。

古代秦陇连称。秦源于秦人祖先非子受封的秦城、秦亭，地处陇东高原渭河谷地（今甘肃清水北），周孝王以前，乃西戎地，至周孝王时，始有秦邑。陇，指陇山以西，即陇右，泛指今甘肃六盘山以西和黄河以东地区。隋唐时期，陇西范围远超今甘肃。其俗曰："陇头流水，鸣声幽咽。遥望秦川，肝肠断绝。"又《三秦记》云："陇坂谓西关也。其关九回，不知高几许，欲上者，七日乃得越绝，高处可容百余家，下处容千万户，山顶有泉，清水四注之，东望秦川，如四五里，人上陇者，想还故乡，悲思而歌，有绝死者。"又《秦州记》云："登陇东，望秦川，四五百里，极目泯然。墟宇桑梓，与云霞一色。"① 秦地风俗，"君子有勇而无义，即为乱；小人有勇而无义，即为

---

①〔宋〕乐史撰：《太平寰宇记附补阙》卷三二《关西道八》"陇州"条，台湾文海出版社1980年版，第270页。

盗。故此陇右故郡人俗质木，不耻寇盗”①。陇州风俗，与凤翔小异，尤类秦州。

秦陇地域广袤，西起河西走廊，东至太行山脉，北达内蒙古高原，南达秦岭大巴山，黄河从中蜿蜒穿过，泾河、渭河、洛河、延河、无定河等黄河支流纵横分布，南有秦巴山脉，中有关中平原，北有黄土高原，是中国文化的发祥地之一。《诗经·大雅·绵》歌咏秦地曰：“周原朊朊，堇荼如饴。”讲的是关中平原土地肥沃，像堇荼这样的苦菜都能长得和麦芽糖一样甜。《史记·秦本纪》记载周孝王派秦族先祖非子牧马于汧水和渭水之间，而马大藩息，畜牧繁荣，为天下富饶之地，且秦陇与西戎北狄相接，故其民长于射猎。而在渭水盆地，有八百里秦川，乃秦陇核心区域，四面皆有关塞，崇山峻岭，起伏连绵，自古以来为兵家要地。

二、秦陇文化

秦陇文化是典型的农耕与游牧交融互补的文化，在长期的历史变迁和民族冲突中，形成了以农带牧、以畜养农的生产与生活方式。

商周时期，秦陇地区仰韶文化、青铜器文化闻名遐迩。春秋战国时期嬴姓秦人部族逐渐强大，征服了西戎，其地域扩展到关中，形成重实际、轻礼乐的价值观，在强大的武力推进中，统一了六国。秦朝建立，在治国上并未改弦更张，而是实行更加严酷的专制政策。汉代即在其地域文化基础上，先后推行黄老道以及外儒内法的文化策略，因而呈现大一统的文化气象。魏晋南北朝，秦陇地区陷入分裂割据局面，但文化发展仍未停滞，佛教文化与儒家文化相得益彰，苍凉高劲的游牧民歌、豪迈狂放的边塞诗赋、热烈奔放的西域音乐舞蹈、风情万态的胡风胡习，均盛行于秦陇。隋唐时期，秦陇文化空前繁荣，特别是唐朝，堪称世界文化交流中心，其经济与文化的辐射功能和集聚功能在中古时代可谓空前绝后，从而开创了“大唐盛世”景象。唐末

---

① 〔宋〕乐史撰：《太平寰宇记附补阙》卷一五〇《陇右道》“秦州条”，台湾文海出版社 1980 年版，第 330 页。

五代、宋元以后，政治中心东迁，经济重心南移，丝绸之路中断，西北疆界收缩，秦陇文化呈现衰弱和委顿之状，由唐时期的张扬繁富向内敛保守转变，其地域变得封闭堵塞，其文化的多元融合变成格局单一，尊贤而王遗风成为一种义理约束，都城长安沦为州府建制，与其昔日辉煌不可同日而语。

秦陇文化有着非常鲜明的特色，雄健磊落、高昂激越是其基本格调，黄土高原的农耕文化、广袤草原的游牧文化，融合了质朴、豪放、粗犷、彪悍、务实、重利的民风，洋溢着锐意进取、开拓创新的精神风貌。秦人具有浓重的地域观念，但是宗族观念比较淡泊，较少有宗法制度的约束，重视功利，轻视礼乐，关心农牧，开塞徕民，奖励耕战，富国强兵，故秦国成为“虎狼之国”。处于上古时代前期的夏商西周时期，仁义忠信与礼乐教化在秦人那里，几乎不知为何物，故与戎狄同俗。处于上古时代中期的春秋战国，东方六国学术繁荣，百家争鸣，而秦陇泯然无声。即使有吕不韦召集门客编撰《吕氏春秋》，亦只能列于杂家之流。所以，秦陇之地几乎没有出现具有独立思想体系的大思想家。处于上古时代后期的秦汉时期，出自秦陇的汉代经学家杨震、马融，隋唐训诂家颜师古，并无思想理论之构建。即使出自秦陇的宋代学者张载创立关学，探讨性、道、天命等范畴，提出了气本体论，也只是体现其躬行礼教、重视实践的朴素思维，并未在理论思辨上有所建树，故于明代以降，未能成为显学大家，反倒沦为理学末流。由于秦陇人关注实际利益的思维取向，对世俗生活具有积极的追求，故在与生产、生活有关的技术领域，如医药、相马、饲养、兽医、农耕、水利、建筑、机械、数学、地理、园艺等，有非凡的创造。秦陇人在文史创作上亦有不俗表现，《诗》三百篇其中有些篇章，如《豳风》《秦风》《大雅》《周颂》等，出自秦陇士民之吟诵。长安作为汉代及唐代都城，则更成为文坛中心，集聚了天下诗文英才，描摹和记述了汉唐盛世。

汉唐时期，秦陇民风好胜尚武，既有安土重迁的农耕理念，又有侵凌好战的游牧风气，胡风汉俗相融互通；既有浓厚的地域特征，又有兼融百家、会通天下的超地域特征。而在宋元以降，秦陇文化趋于衰落，封闭自足和慕古因循是其主要特征。

第二节　秦陇孙子学与兵学

一、秦陇孙子学的内容、演变和特征

承袭秦陇文化重实际、逐功利的思维特征，秦陇故地之文化不重思辨，所以，既鲜有大思想家，亦鲜有大理论家。虽然孙子学是介于实用与理论之间的学术，但是秦陇孙子学的发生发展，总体上呈现缓滞不振的特点。

东汉末年，曹魏集团中有甘肃武威姑臧人贾诩抄《孙子》，是否有注，尚不得而知，然而其书亡佚是事实。此后四百多年间，秦陇竟无注解《孙子》之学人。秦代武功固然盖世，但是文治则为后世诟病，即便兵法谋略著述，亦无自出机杼者。

自汉至隋，朝代屡替，其中虽有承平之汉，然其兵学略无成就。其余朝代，自不待言。

步入唐朝，秦陇大地不仅涌现了许多杰出的政治和军事人物，而且在孙子学方面，亦有可以圈点之处。兹条述如下：

雍州三原（今陕西三原）人李靖与出自陇西成纪的唐太宗李世民讨论兵学，多涉孙子学，纂有《唐太宗李卫公问对》。

京兆万年（今陕西西安）人杜佑编撰《通典》，其中有引述及训解《孙子》。

陇西（今属甘肃境内）人李筌自注《孙子》，今存于《十一家注孙子》；李筌所撰《太白阴经》亦多引《孙子》。

京兆万年（今属陕西西安）人杜牧注解《孙子》，今亦存于《十一家注孙子》。

岐州雍县（今陕西凤翔）人李淳风注《孙子算经》（或假托孙子，或孙子另有其人）。

可知作者生地或籍贯者，仅上数人。唐代其余注家，籍贯或生地不详者，则有贾林注《孙子》、陈皞《注孙子》、纪燮《集注孙子》（亡佚），另有疑似唐人孙镐（或曰孙鐈）《注孙子》。而此数家，是否有出自秦陇者，则殊难考辨。

五代、宋、元、明、清、民国各时期，历时一千余年，秦陇几无孙子学著述，仅有民国时期陕西安康人庞齐著有《孙子兵法探析》。

新中国成立后，孙子学著述亦不多见，值得提到的，有陕西宝鸡人刘春志《〈孙子兵法〉教本》《孙武传》等；陕西周至人陈学凯著有《制胜韬略：孙子战争知行观论》《孙子兵法译注》《中华历史名人孙武》等。

二、秦陇兵学

唐代秦陇兵学发展情况与秦陇孙子学大体一致。唐代秦陇兵学略有成就，有李靖、李筌、李淳风“兵学三李”。其著述如下：

雍州三原（今陕西三原）人李靖、清代歙县人汪宗沂辑编《卫公兵法辑本》。

李靖撰《白猿经》《李卫公问对》《李卫公兵法望江南》《李卫公白猿奇书望江南词》。

李靖撰，明代福建晋江人苏茂相订，浙江余姚人严之伟补《白猿奇书日月风云占候图说》《李卫公天象占候秘诀歌》。

陇西（今属甘肃境内）人李筌《神机制敌太白阴经》《阃外春秋》《黄帝阴符经疏》。

岐州雍县（今陕西宝鸡）人李淳风撰《乙巳占》。

五代、宋、元时期及辽金统治区，秦陇几无兵学著述。

明清则秦陇兵学略有发展，而孙子学几近荒芜。

明代有四家四种著述：

泾阳（今陕西咸阳）人李昶撰《院试平苗善后策》。

陕州（今河南省三门峡市陕州区）人崔儒秀评辑《古今将略微言》。

陕西宝鸡人王沓著《纲目兵法》。

甘肃阶州（今甘肃武都）人龙正著《八阵合变图说》。

清代有五家七种著述：

陕西咸阳人刘古愚撰《团练私议》《壕堑私议》。

甘肃阶州（今甘肃武都）人邢澍辑《司马法辑注五卷逸文一卷》。

凉州府武威（今甘肃武威）人张澍整理《司马法辑注一卷》及《诸葛忠武侯文集》。

陕西洵阳（今陕西旬阳）人刘璞撰《将略要论》。

陕西华州（今陕西省渭南市华州区）人刘东野撰《华州兵事志》。

民国则秦陇兵学与孙子学不相上下，有著述一家一种：

甘肃临潭人苟志仁编纂，湖南湘阴人周传铭校评《古今名将图说》。

从以上所列看，唐代、明代、清代秦陇兵学有所著述，而据现有文献资料，其他朝代则几无著述。这个结论与秦陇文化重实操、尚功利、关切当下、追求实实在在的世俗生活等有密切关系。此外，从秦陇兵学内容看，除个别著述如《李卫公问对》，多数是兵阴阳、兵技巧、兵事史料、兵事章程，以及兵法辑注之类，这也体现了秦陇文化崇尚质实、具体、功用的特征，而缺乏思想理论深度。

从兵学著述主体看，秦陇缺乏重要的兵学思想家，在中国兵学史上占有重要地位的只有唐代李靖和李筌，然而题名作者李靖的兵学著作在学术界是有争议的，可能多为伪作。而李筌虽做过节度副使之类的官职，然而终究以道士闻名，其兵学理论亦以道家思想为主，是对老子兵学的继承和发展。秦陇其他兵学著述者，从其个体而言，虽说有所成就，但是放在兵学史上看，则显得无足轻重。

第七章　巴蜀孙子学及其演变

第一节　巴蜀与巴蜀文化

一、巴蜀区域界定

巴蜀核心区相当于今重庆、四川。先秦时期，巴国、蜀国有不少族群，比如賨人、苴人、濮人、龚人、滇人、獽人、僚人、僰人，大多属于百濮族系，与中原华夏族有较大区别。从出土的文物形制、纹饰看，地方特色非常鲜明，刻于器物上的文字与汉字迥异，至今不能释读。商代末，巴人从武王伐纣有功而建立巴国。据传，蚕丛是蜀国开国君王，其后有杜宇（望帝）、鳖灵（开明帝）。蜀国的开明王朝在公元前666年建都于成都，此后实力日增，北攻秦，而东伐楚。巴国以巴族的务相（廪君）为国君，建都江州（今重庆）。春秋时巴国与邻近之国鄾、邓、申、楚等有交往。后来巴蜀相争，彼此消耗，最终蜀国为秦所灭，巴国为楚所灭。

二、巴蜀文化

巴蜀文化以重庆、四川为中心，辐射到陕南、鄂西和滇黔北部地区，主要由重庆巴文化和四川蜀文化构成。巴，古义为能吞噬大象的蟒蛇；蜀，古义为葵中之蚕。在先秦时期，巴与蜀泾渭分明，秦汉以降，巴蜀渐趋合一。巴文化源于鄂西清江流域，活跃在四川盆地东部地区，西周时已建有巴国。商及西周，蜀地先民与活动在黄河流域一带的民族有过交流。由于巴蜀在地域上相连，故文化交流密切。巴蜀自古以来就是四塞之国，但是与外部的勾连交往有很多的通道，既有水道，又有栈道、笮桥，所以远在四千余年前，就有通向古代缅甸和印度的通道，而在汉代已经有先从巴蜀到印度，然后通往西亚的“南方丝绸之路”。巴蜀虽为高山、高原所阻隔，但是阻不断巴蜀先民探索的脚步：巴蜀盆地西部江流穿行于横断山脉，但是经过河谷可以打通南北通道；巴蜀盆地北部则可通过剑门蜀道和嘉陵江河谷直通秦陇和汉中；而巴蜀盆地东部的清江流域又与江汉平原接壤；巴蜀盆地南部则与湘西山地连接。名为四塞之地，实为四通之国。故巴蜀文化与秦陇文化、荆楚文化、中原文化都有交流，而且形成了独特的文化特色，既有安守本土、知足常乐的文化心态，又有冒险探索、积极外张的奋斗精神；既有强大的吸收和集聚功能，又对滇黔文化产生了较大的辐射作用，故其文化表现为保守而进取、恬淡而热烈、尚柔而崇刚、高亢而诙谐的特征。

然而，巴蜀文化终究是盆地文化，其农耕可以自足，其商贸可以自富，其山水可以自乐，其险厄可以自守，其闭塞可以自适，其偏居可以自安，故既可坐享天成，行无为之道；又可追求有为，积极外求。以是之故，其文化兼容儒释道，而以仙风道骨为其气质，故从容而慵闲，明快而浅薄，而其自然之瑰丽奇伟，又散发出飘逸神秘之气息。兹有一例，可窥蜀人个性之一斑。据明代凌迪知撰《古今万姓统谱》卷三五《尚友录》载，罗戬为宋达州人，自号观光山人，以刚直闻名乡里，曾经游太学，向朝廷进献《孙吴二书》，徽宗特命为武学教谕。有一天，徽宗亲临武学，百官齐集，宰相蔡京于是坐而论兵，众皆恭听，唯罗戬仰视屋角，以示蔑视。由此忤京，遂夺官。罗戬比较典型地体现了蜀人俊逸而清高、洒脱而刚直的性格，一如巴蜀山川地理之风貌。

第二节　巴蜀孙子学与兵学

一、巴蜀孙子学的内容、演变和特征

巴蜀之地，与三晋、齐鲁、荆楚、吴越等相比，自然显得壅塞自闭，故其文化虽有一定的兼容力，但是其地域特色更加张扬。故巴蜀孙子学发展迟缓，自战国、秦汉至隋代，几乎不见有孙子学著述。直至唐代以降，方有孙子学著述问世，有唐代梓州盐亭（今四川盐亭）人赵蕤《长短经》卷九《兵权》引用《孙子》；北宋四川达州人罗戬《孙吴二书》，然其书亡佚；北宋眉州眉山（今四川眉山）人苏洵著有《权书》，其中有《孙武》篇论孙武；苏洵之子苏轼则著《孙武论》。元代兵学文化整体上穷蹙而贫困，乏善可陈，遑论蜀川荒远之地。明代有新都（今四川成都）人黄邦彦校刊《孙子集注》。清代近三百年，巴蜀地区亦无一书论孙子。民国则有四川宜宾人余毅恒《论孙子》、四川资中人徐容溥著《孙子表释》。新中国成立后，有四川成都人吴九龙撰《孙子校释》、四川简阳人刘庆撰著孙子学系列论文，亦有四川渠县人田旭东《〈孙子兵法〉善本考》《古代兵学文化探论》，还有四川资中人黄葵编著《国学经典导读：孙子兵法》《〈孙子兵法〉的谋略应用》等。

二、巴蜀兵学

从巴蜀孙子学并不繁荣的史实，可以大致知晓巴蜀兵学的状况。一如巴蜀孙子学之发展，自战国秦汉至隋代，巴蜀地区无兵学著述。

至唐朝，则有梓州盐亭（今四川盐亭）人赵蕤著《兵权》及《长短经》。

宋代则有隆州井研（今四川阆中一带）人李舜臣撰《江东十鉴》；四川眉山人苏洵撰《权书》、苏轼撰《残仪兵的》；蜀州新津（今属四川崇州）人张商英注《素书》，撰《黄石公素书》。

元代，仅有潼川路（今四川三台）六虚散人胥元一撰《黄帝阴符经心法》。

明代，有四川达州人李自蕃撰《练兵节要》；四川成都人吴惟顺、吴鸣球撰《兵镜》；四川内江人郑璧撰《经世宏筹》《古今兵鉴》。

清代，有四川崇州人杨遇春纂《武备制胜编》；四川遂宁人张鹏翮撰《江防述略》《诸葛忠武侯志》；四川双流人祝廷彪纂辑《登坛快览》；四川射洪人刘光谟撰《辟炮仁术》；四川江津人陈麟图撰《历代筹边略》；重庆人陈昌撰《霆军纪略》。

民国，有四川富顺人刁广孚编选《李卫公兵词选》，而此书本非自创，故可略而不论；重庆黔江人程昌祺撰《素书解》；成都温江人官道尊撰《诸葛心书集注》。

从上略知，在巴蜀兵学史上，清代算是兵书著述相对丰富的朝代，可以算是一个小高峰，但是并无重要兵书。而在唐宋，虽然兵书寥寥，却有赵蕤《长短经》以及苏洵、苏轼父子之兵论，在孙子学及兵学史上熠熠生辉。

第八章　滇黔孙子学

第一节　滇黔与滇黔文化

滇黔的核心区域为今云南、贵州两省。夏商周时期，滇黔属于西南夷；春秋末至西汉初，滇人处于青铜器时代；西汉晚期，滇人由青铜器时代进入铁器时代。滇人其俗，男子结发于头顶，以带束之；女子则挽髻堕于项后，男女皆跣足，佩耳饰，戴手镯，迥异于汉族人之装饰。司马迁记载楚将庄蹻率军于滇池建国称王，至秦代始设置官吏治滇。汉代在滇置益州郡以治。黔属于西南夷的荆楚和南蛮族群，战国时期的夜郎国即在黔地，秦汉以后设置官吏以治。战国末，楚国设立黔中，其地在今湖南西部和贵州东部之间。秦国吞并楚国之后，设立黔中郡，范围更大，包括今天四川、湖南、贵州、湖北等交界区域。唐代则设置黔中道，范围有今贵州大部分及今湖南、湖北、重庆小部分。

滇黔少数民族众多，而在历史上，汉族文化几乎融汇于少数民族文化当中，并不显得强势。加之滇黔地处云贵高原和西南原始森林，土地贫瘠，交通不便，与外界接触甚少，其文化一方面保留了较为朴素的原生态民族风情，体现较浓重的封闭性和自足性；另一方面由于多民族杂处而表现出文化的多样化和丰富性。滇黔是我国少数民族最多的区域之一，其中云南少数民族数量居全国之首，其次是贵州。少数民族人口占全区域人口的三分之一。而在一百七十万年前的远古时期，云南就出现了亚洲最早的人类元谋猿人。社会进化到原始社会时期，云南就生活着羌、濮、越三个族群，他们是云南最早的居民，秦汉时期称为“西南夷”。经过两千余年的迁徙、分化、融合、演变，滇黔地区逐渐形成了众多稳定而有较大规模的少数民族聚居区，而且不同的少数民族在长期的生产和生活过程中，聚居于不同的地形区域，比如白族、壮族聚居于平坝，傈僳族、怒族和独龙族聚居于怒江、独龙江两侧山区，瑶族、彝族、哈尼族聚居于边远山区或半山区。

虽然滇黔地区在历史上有亚洲最早的人类出现，但是其闭塞的地理环境制约了文化的进步。滇黔文化亦有借鉴、吸收荆楚文化、巴蜀文化和中原文化；儒释道文化在滇黔文化中亦有较多的汇入，也与滇黔文化中的某些相同或相近的质素融合，故滇黔文化天然地与出世性较强的佛教及道教文化具有更强的近缘关系，而儒家文化在滇黔文化中占有的份额则明显低于前两者。由此观之，滇黔文化天然的民族自足性以及地域环境的封闭性决定了其文化发展的滞后性，至少在滇黔孙子学与兵学文化的发展上是这样的。

第二节　滇黔孙子学与兵学

一、滇黔孙子学的内容、演变和特征

由于滇黔地域独特，长期处于化外之地，故两千多年来，孙子学在此地域并未形成气候，只是有些零星的著述。

从先秦至宋元，滇黔地区并无孙子学著述。

直至明代以后，滇黔地区方有极少的孙子学学人及孙子学著作，即明代贵州黎平人刘钦撰有《孙子兵法解》，然其书亡佚；明代贵州人王训撰有《孙子注解》，其书亦亡佚。

清代滇黔地区无孙子学著述。

民国时期，则有云南大理人杨杰（白族），著有《孙武子》《军事与国防》《国防新论》《欧洲军事考察报告》《国民军事必读》等著作。

新中国成立后，则有贵州铜仁人吴如嵩，究心于孙子学，著述宏富，造诣深厚，撰有《孙子兵法浅说》《孙子兵法新论》《孙子兵法十五讲》《孙子兵法新说》，主编《中国古代兵法精粹类编》《孙子兵法辞典》等。可见，滇黔孙子学，迨至近现代，才真正进入发展的时期，出现了杨杰和吴如嵩两位大家，他们在孙子学界和军事理论界产生了较大影响。

二、滇黔兵学

若把滇黔孙子学与滇黔兵学联系起来考察，则知滇黔兵学中之孙子学著述于明代开其端。清代继其后，略有生气。近代有杨杰，现代有吴如嵩，犹如两座相连的山峰。虽从整体看，滇黔兵学不振，然少而精、精而强是其特色。

先秦至明代，滇黔地区无孙子学之外的兵学著述问世。

直至清代，有以下几种：

云南昆明人华日来撰《蒲江县练团规约》。

云南腾越人李根源撰《滇西兵要界务图注》。

贵州松桃人杨芳撰《杨芳练兵奏疏》。

贵州贵筑人朱荣璪撰《奇门遁甲启悟》。

贵州贵阳人谢岐园撰《槐轩思豫录》。

贵州威宁人蔡标撰《地营图说》。

由上观之，滇黔地区，清代近三百年之兵学著述，仅有寥寥六七部，而且还算不上具有原创性之兵权谋或兵形势著作，而是具体的兵务专题。这种现象，一方面大体上反映了滇黔学人的务实性格，另一方面也表明滇黔文化不重玄理而尚实事的思维特征，故即使有“现代兵学泰斗”之誉的杨杰，亦终究难与孙武、克劳塞维茨等并立。

第九章　岭南孙子学及其演变

第一节　岭南与岭南文化

一、岭南界定

岭南是南岭以南地区，而南岭主要由五岭组成。五岭即湘桂之间的越城岭、都庞岭、萌渚岭，湖南东南部的骑田岭，赣粤之间的大庾岭，是构成南岭的主要山脉，分布于广西、湖南、江西、广东四省交界区域。故岭南泛指湖南东南部、赣南、福建、广东、广西、海南。由于港澳台地区与岭南在民俗、民风方面多有相同或相近，故此处把港澳台地区孙子学归入岭南孙子学范畴来阐述。前文已把湖南及湖南与江西交会地带归入荆楚文化区域，故涉及湖南的内容，在岭南文化中不再涉及。

二、岭南文化

岭南的主体是珠江流域，处于五岭之南，背靠五岭，面朝大海。珠江流域，河汉纵横，上古时代的百越族先民即生活于此。岭南文化以粤文化、桂文化、闽文化、海南文化为主体，而以赣南文化、港澳台文化为亚文化共同构成。五岭之一的大庾岭虽穿行于赣粤交界的大余县境内，并非赣南十八县市都在大庾岭之南，但赣南的民风民俗及观念文化、行为文化与闽粤非常接近，故可以将其归到岭南文化范畴。港澳台地区虽然由于历史原因，受到西方文化的冲击比较大，但是其文化根柢仍是中华文化，其生产、生活、民风、民俗、民性、民情、民思、民行等所表现的特质及风格，仍与岭南文化一脉相承。

岭南从渔猎文化到稻作文化，从商贸文化到海洋文化，不断彰显其南越文化的独特品质，在历史上与随着几次规模巨大的移民潮一起南下的中原儒家文化、法家文化、道家文化、佛教文化融合，与荆楚文化、吴越文化、巴蜀文化亦有交汇，通过海上丝绸之路吸纳域外先进的商业、科技、政治、军事等文化，成为新思潮、新观念的主要登陆场。

在相当长的历史时期，岭南由于南北交往的自然阻隔，不能很好地学习和借鉴黄河流域、长江流域的先进生产、生活、思想、制度等，而被以中原文化为正统的王朝所轻视，被视为蛮夷之地，一度成为朝官贬谪之所。秦汉以后，岭南统一于中华，接受朝廷的管辖。秦代灵渠的开凿和唐代大庾岭的开通，沟通了南北。唐宋以后，随着经济重心和文化重心南移，岭南文化逐渐发展。到近现代，岭南地区则常开时代风气之先，成为学习和传播西方思想、科学、文化之前沿阵地和津梁。从“康梁变法”到孙中山领导的辛亥革命，再到20世纪80年代以来的改革开放，岭南文化都彰显其敢为人先、勇于变革的精神，由过去的边缘性亚文化，逐渐成为时代主流文化的重要组成部分。

在思想观念文化层面，岭南在几千年本土文化的基础上，吸收中原文化和域外文化，形成了勤劳务实、重商远儒、世俗功利、外向兼容、求变尚新的文化精神及文化特征。

第二节　岭南孙子学与兵学

一、岭南孙子学的内容、演变和特征

由于历史上岭南在经济、文化、政治等发展上，与长江流域、黄河流域

客观上存在较大的差距，所以孙子学在岭南的流播和发展是在南宋以后。随着北宋灭亡，皇室和大量臣民迁至南方，为岭南各阶层人士接触中原文化在空间上缩短了距离，提供了方便。

秦汉至北宋，岭南均无孙子学方面的著述。

南宋覆亡之际，文天祥率南宋遗臣遗民达百万之众进入福建和广东，较快地促进了岭南文化的发展，缩小了与岭北文化的差距。故就孙子学而论，南宋末有福建三山（今福建福州）人施子美撰《施氏七书讲义》；南宋末福建长溪人赵万年编《襄阳守城录》。

元代岭南无孙子学著述。

明代岭南孙子学有较大发展，与其他朝代相比，著述最多，兹列于此：

福建莆田人黄献臣主编，陆经翼、陆冲、余元熹参编《武经开宗》。

福建泉州人李贽评点《孙子》，撰《孙子参同》。

福建泉州人郭伟编《百子金丹》十卷，辑选《孙子》。

福建同安人郑霶撰《孙子十三篇本义》。

福建莆田人郭良翰撰《孙武子会解题辞》。

福建浦城人黄智撰《孙子会通》，亡佚。

福建莆田人成谐撰《车战篇》及《孙子阵法新说》，亡佚。

福建莆田人郑芸撰《孙子节要》《孙子十三篇本义》，亡佚。

福建晋江人李廷机与浙江兰溪人陆可教合撰《孙武子玄言评苑》，亡佚。

福建漳州龙溪人王升撰《孙武子解义》，亡佚。

福建泉州人洪承畴撰《重订孙子参同》，亡佚。

福建同安人刘梦潮撰《孙子十三篇注释》，亡佚。

福建晋江人黄凤翔撰《孙武子》，亡佚。

福建泉州德化人李独明撰《孙武子集注》，亡佚。

广东潮阳人周光镐撰《孙子考注》。

清代岭南孙子学与明代相比，略有衰退，其著述如下：

福建闽县人陈梦雷与江苏常熟人蒋廷锡合撰《经济汇编戎政典》，刊录《孙子》白文本。

福建永安人、奉母迁居福建建阳的徐经编纂《孙吴兵诀》。

福建晋江人林嗣环与湖北人钱登峰合撰《增补武经集注大全》，其中有《增补孙子集注》。

广东花县人洪秀全钦定《武略》，《武略》即《武经三书》（《孙子》《吴子》《司马法》）。

广西永安（今广西蒙山）人朱煌漫纂辑《武经七书择要》，其中有《孙子择要》。

民国时期岭南孙子学超越清代，其著述有不菲的成绩，兹条列如下：

福建长汀人罗列撰《武经孙子》。

福建闽侯人吴石撰《孙子兵法简释》。

福建莆田人吴鹤云撰《孙子兵法新检讨》。

福建福州人郭化若撰《孙子兵法之初步研究》《孙子今译》。

广东番禺人叶慕然撰《孙子兵法新诠》。

广东海康人李浴日撰《孙子新研究》《孙子兵法之综合研究》《孙子兵法总检讨》《东西兵学代表作之研究》，编纂《中国兵学大系》，创办《世界兵学》刊物。

广东香山人杨言昌主编《孙子考》。

广东兴宁人李则芬撰《以孙子兵法证明日本必败》。

广东梅州人柯远芬撰《孙子兵法讲授录》。

海南文昌人陆达节撰《孙子考》《孙子兵法书目汇编》。

江西宁都人温晋城撰《孙子浅说补解》。

新中国成立后，岭南孙子学著述颇丰。主要著述有广东海丰人徐勇撰《兵家文化面面观》，主编《先秦兵书通解》；赣南宁都人李桂生撰《兵者诡道——李桂生讲〈孙子兵法〉》《诸子文化与先秦兵家》《兵家管理哲学》《多元文化视阈中的李贽军事思想——从湖北麻城到山西大同》等孙子学和兵学著述；广西梧州人钮国平撰《孙子详解》。

此外，我国台湾地区学者林金顺、朱文章、李子弋、傅慰孤、于宗先、林建煌、郑景俗、康自立、何泽恒、吴万益、徐木兰、贾良定、周颖君、陈美容、杨辉南、邹濬智、林士奇、纪光阳、王伟建、王瑞瑾、赵敏芝、朱俊豪、祝仲康、葛慧敏、张琪闵、范舒涵、许俪龄、许义民、林奎允、钟莹、陈业蒂、黄军华、黄长河、萧新永、方鹏程，其他如郑良树、王民信、唐亦男、沈清松、温华昇、蒋豪、蔡宪昌、吴顺令、刁竹叶、胡舒婷等，均活跃在兵学领域，有孙子学论著发表。其中，有的学者长期从事孙子学研究，发表了系列论著，如林金顺撰《孙子胜道初探》《孙子胜道初解》《孙子十二胜道实用》等书，在台湾地区有一定影响。

二、岭南兵学

秦汉至唐五代，岭南无兵学著述。

宋代岭南不乏兵学名家，比如何去非和施子美。兹列宋代兵学著述如下：

福建浦城人何去非撰《何博士备论》。

福建闽县人李槸注解《吴子》。

海南琼州人邱濬撰《奇门兵家心书》。

福建三山（今福建福州）人施子美撰《施氏七书讲义》，其中有《孙子讲义》。

福建尤溪人朱熹撰《朱子阴符经考异》《黄帝阴符经注解》。

元代岭南无兵学著述。

明代岭南兵学著述如下：

福建晋江人俞大猷撰《镇闽议稿》《韬钤续编》《剑经》。

福建晋江人赵本学撰《续武经总要》《韬钤内外篇》。

福建松溪人魏濬撰《筼亭抄略》《武略》。

福建晋江人王有麟撰《百将传补遗》《古今战守攻围兵法》。

福建惠安人张岳撰《天时占验》。

福建漳州人陈廷对撰《地利海防》《韬略世法》。

福建莆田人黄献臣撰《武经开宗》。

福建莆田人郑芸撰《武经节要》。

福建闽县人韩霖撰《镇守要录》。

福建闽县人安国贤辑《守城事宜》。

福建泉州人李贽撰《七书参同》。

福建泉州人洪承畴编辑《古今平定略》《戚少保手定略》《明将平定略存》。

福建泉州人郑大郁撰《经国雄略》。

福建福清人郭应响编辑《补释戚少保南北兵法要略》《补辑兵法要略》。

福建长乐人谢汝韶撰《黄石公注》。

福建古田人魏焕编辑《皇明九边考》。

福建漳浦人黄道周注断《广百将传》。

福建晋江人何观撰《空群斋集》。

广东潮阳人周光镐撰《武经考注》。

广东南海人庞尚鹏撰《军政事宜》。

广东惠州人叶梦熊撰《运筹纲目》《决胜纲目》。

广州人樊志张撰《玄易增衍天机秘钤》。

广西东山人邓钟撰《筹海重编》。

海南琼山人郑廷鹄撰《武经七书注》。

清代岭南兵学著述如下：

福建同安人林君升撰《舟师绳墨》。

福建泉州人李光地撰《阴符经注》《握机经注》《握机经订本》《靖海纪事》。

福建同安人陈伦炯撰《沿海形势录》。

福建晋江人丁拱辰撰《演炮图说辑要》。

福建闽县人江鸿升撰《训兵六章》。

福建同安人许温其撰《防海蠡测》。

福建闽县人郑章辑《防海机略》。

福建漳浦人蓝鼎元撰《东征集》《潮州海防记》。

福建闽县人龚景瀚撰《坚壁清野议》。

广东南海人颜斯综撰《海防余论》《南洋蠡测》。

广东丰顺人丁日昌辑《百将图传》。

广东丰顺人丁日昌、安徽合肥人李鸿章合撰《海防要览》。

广东高明（今属广东佛山）人刘文澜撰《奇门行军要略》。

广东香山人林福祥撰《平海心筹》。

广东香山人郑观应撰《海防危言》《盛世危言》。

广东南海人谢兰生撰《军兴纪略》。

广东嘉应人杨秀清撰《行军总要》。

江西宁都人魏禧撰《兵迹》《兵谋》《兵法》，并纂辑《魏勺庭先生左氏兵谋兵法》《左氏韬钤》。

广西贺州人林肇元撰《储将刍言》。

广西永安（今蒙山）人朱煌漫辑《武经七书择要》。

广西桂林人侯绍瀛纂《万胜车营图说》。

民国时期，则有福建侯官人林传甲撰《中国名将事略》。

从岭南历代孙子学和兵学著述情况可以看出，岭南有后发优势，自宋以后，文化发展快速，在其核心区域福建和广东，其孙子学和兵学的著述并不冷清，而呈热闹之态，而且福建又要比广东胜一筹，不管在明代还是清代，都是如此。广东孙子学和兵学的发展比福建缓滞，但到了清代则有较大起色。

岭南文化后来居上，其兵学也不甘示弱，而且多有大家、名家参与其中。宋代有何去非、施子美、朱熹，明代有俞大猷、赵本学、李贽、洪承畴、黄道周，他们均出自闽地，可谓人才济济。广东亦有可嘉赞者，如叶梦熊。然广西、海南、赣南大为逊色。清代闽地兵学仍保持发展态势，不输明代，有李光地、丁拱辰等人。广东大大超过明代成绩，在兵学著述上有丁日昌、郑观应等人。赣南则有明清之际“易堂九子”之首领宁都人魏禧。广西虽略有进步，然而与其他几地相较，仍逊色不少。

从岭南兵学著述主题分析，宋代多以注解兵书经典为主题。明代略有变化，在保持经典注解主题之外，有更多的关于守城、战法、武略、将传、军政、经略、平乱等主题，反映在政略及战略上，表现为维护国家统一，其假想敌来自内部，而非外部。可见抗倭御侮虽在明代中后期是事关国运的大事，但是在岭南兵学中未上升为兵学主题。有清一代，经典兵书的注解方面弱化，而海防、海事、海战方面强化。近代海防战略上升为该时期的主题，故此期岭南兵学著述大多为海防类兵书，间或有近代兵学技术如火炮技术，而城守、平乱等传统主题退出。海防类兵书最多者仍是福建和广东，主要是因为两地为清代海防的要冲之地。

从岭南历代孙子学和兵学著述看，福建是岭南孙子学和兵学发展的核心区，这与历史上福建的文化、教育比岭南其他地区发达有密切关联。唐代福建经济、文化、社会均比较落后，而到宋代，福建则被称为东南繁盛之地。宋代常州人张守描写福建社会景况云："惟昔瓯粤险远之地，为今东南全盛之邦。八郡分支，封圻广袤；三山鼎峙，形势尊雄。"① 又云："惟是闽粤稍远于行阙，矧经寇虐之震惊，犹为东南全盛之奥区。"② 清代陈衍评述福建人文景况云："余维文教之开，吾闽最晚，至唐始有诗人。至唐末五代，中土诗人时有流寓入闽者，诗教乃渐昌，至宋而日益盛。"③ 唐代以前，福建经济、文化相当落后，几乎处于蛮荒状态。南宋学者梁克家描述福州社会状况云："始州户籍衰少，耘锄所至，甫迩城邑。穹林巨涧，茂木深翳，小离人迹，皆虎豹猿猱之墟。"④ 到了宋代，福建则成为东南繁盛之地。福建为古闽越之乡，秦汉时期，仍是荒野之邦、方外之地，而无城廓里邑，其民断发文身，居于山谷、河涧、竹篁之中，善用舟楫，穿行于水泽之间。汉魏两晋以后，大批中土移民入闽，带来了先进的生产技术和文化。据史家考证，早期中土汉族人入闽者，多为亡命之人、流放之人、驻闽官兵、避乱之人、采药炼丹之人。到西晋永嘉之乱，又有

---

① 〔宋〕张守撰：《毗陵集》卷六《谢除知福州到任表》，见《丛书集成初编》本，商务印书馆1935年版，第82页。

② 〔宋〕张守撰：《毗陵集》卷一〇《回贺知福州曾尚书启》，见《丛书集成初编》本，商务印书馆1935年版，第142页。

③ 〔清〕陈衍撰：《补订闽诗录叙》，见〔清〕郑杰等辑录《全闽诗录》，福建人民出版社2011年版，第1页。

④ 〔宋〕梁克家修纂：《三山志》卷三三《寺观类一》，海风出版社2000年版，第512页。

大批士族簪缨之家入闽避乱，由北而南，占籍为闽人，从而带动了闽越的发展，然而发展仍然缓慢。直到唐代中期，中土内乱，战祸蔓延，经济重心南移，福建的发展才进入较快的轨道。于是此地设立学校，培育人才，弘扬儒学。到唐末五代，中土世族大家，潮涌而南下，入闽者亦多。两宋时，福建已是繁盛富庶之区，成为儒士之乡，人才辈出，全然不见蛮荒之迹。福建在两宋时科举发达，负笈试于京城者，常半天下。故两宋时期，福建进士总数占全国近五分之一。元代由于实行民族歧视政策，在科举考试上对汉族人、南人有诸多限制，加之科举时废时立，汉族人及南人在科举上并不占优势，故元代福建科举不如宋代。明清时期，福建科举再度复兴，福建文化迅速发展，闽县、莆田、泉州成为明清时期福建文化和人才培育的重镇。

广东是岭南的核心区，而且常常以广东指代“岭南”，但是其文化发展并不与其核心区位相匹配。广东文化发展相对于同属岭南区域的福建文化来说，还是略显滞后，故历来有“广东无文化”的说法。虽然从历史看，以广东文化为代表的岭南文化，与荆楚文化、吴越文化、齐鲁文化、三晋文化一样源远流长，只是其表现的方式有别于长江流域文化和黄河流域文化，但是其发展速度确实落后于北方文化。这是毋庸置疑的。其在上古时期，民户稀少，多与鸟兽杂居，其生产、生活方式，亦多为耕三渔七，以舟楫谋食，故其俗好相攻击，野蛮无礼，与礼乐文明相距甚远。

广东文化的历史进程与福建文化一样，也是在不同的历史时期，受到北方文化的影响和浸润而逐渐发展繁盛起来，由非主流文化向主流文化迈进、看齐。秦统一六国之后，十几万将士在秦将尉佗的率领下，翻越南岭，从中原进入岭南，中原文化大规模进入，但是随着秦末战乱，中原文化逐渐从广东消退，广东又恢复到其蛮荒状态。东汉末年到东晋，大批中原士族进入岭表，其子孙遂安家于此，而广东受到中原士族文化及习俗的影响，原先的习俗逐渐废除，其文化向着中原文化靠拢。此后经过唐末及南宋末动乱时期北方士族和移民的涌入，广东在文化、教育、政治等领域，逐渐有了发展。虽然总体看，从先秦到隋唐，其经济、文化、社会发展的水平低下，但是唐宋以后，广东的经济、文化、社会发展水平有了快速提升，其发展进程与福建文化有很多相同或相近之处，都是由贬谪官员、驻军将士、中原移民，以及各代流官、谪官、客商，把中原先进的生产技术和文化带来，逐渐带动当地发展起来。当然，其发展也少不了广东当地人民自身的努力。其实在唐宋时，其茶果、蔬菜、花卉、甘蔗、柑橘、渔业等农业经济，以及冶铸、陶瓷、刺绣等工业、手工业与贸易，都有较大发展。思想文化上，儒家书院文化和佛教寺庙文化，也都在广东逐渐兴起。其文化发展路线，大抵上是沿着由北向南、由西向东、由内陆向沿海的路线逐渐推进。可以说，明代以前，广东文化常落后于中原，但是自清代起，广东文化可以与荆楚文化、吴越文化、三晋文化相提并论。在近现代史上，广东文化则迸发其积极活力，熔冶和接受外来文化，形成崇变尚新的粤文化。

综上关于福建、广东文化的历史发展状况，我们可以比较清楚地明晓福建和广东同为岭南之文化区域，但是又各有自己的亚文化，而广东文化的进程在清代之前确实要比福建滞后。真正受到世人瞩目与认可是从清末民初开始，故孙子学和兵学的发展在清代中期以前，广东远不如福建，只是到了清代中晚期以后，广东方可与福建比肩而论。

第十章　关外孙子学

第一节　关外与关外文化

关外，又称边外、塞外、塞北，泛指山海关之外、长城以北的地方，相当于今辽宁、吉林、黑龙江、内蒙古东四盟及宁夏中北部等地区。而在秦汉时期，关东是指函谷关以东。

关外文化是多民族聚集、多元文化融合的文化，既有草原文化、游牧文化，又有农耕文化。其地形有平原，有山地，有草原。关外地域广袤，东西、南北气候温差大，习俗不一。几千年来，关外既是北方少数民族的活动区域，又是少数民族与汉族相邻及交汇之地。其民族既表现为粗犷豪放、剽悍勇猛、崇尚武功的性格，又不断地受到汉族儒家礼乐文化的浸润，而兼有重义崇文的倾向。在明朝之前，关外既没有形成以某个少数民族为主体、以其他民族为辅助的文化，也没有形成以汉族为主体、以其他民族为辅助的文化，而是多元民族文化共存。在长期的对垒和接触过程中，不同民族的文化互相吸纳、融合，故一种民族文化往往包含了另一种或多种相邻民族文化的元素。明代末年，在关外的核心区域即今东北地区，女真各部统一，形成一个新的民族，即满洲（辛亥革命后通称为“满族”）。清朝统治者，从努尔哈赤开始，就倡导汉族文化，重用汉族知识分子，在思想上以儒家文化改造女真等少数民族文化，加快了思想文化及统治方式的汉化，故形成了事实上以汉文化为主体，而兼有各少数民族非主体特征的文化。

关外区域，素称戎狄之域，在中国历史上基本处于文化上的相对不发达地带。虽然有的民族有自己的语言文字，但是在文化创造上并无出色表现。虽然武功非凡，但是文治上都向往汉文化。满族入主中原之后，在思想文化及统治方略上，积极向汉文化学习。

第二节 关外孙子学与兵学

一、关外孙子学的内容、演变和特征

汉魏至明末，关外可能有《孙子》兵书的流传，但是没有孙子学著述。关外孙子兵学的传播和发展，当至满族入主中原后，始可论及。

清代关外孙子学著述，以编纂为主，其目的是为官员、将士、子弟提供学习、阅览的范本，谈不上深入研究。或以满文、蒙古文翻译《孙子》，或以满文、蒙古文与汉文对照编辑《孙子》，以便习读。

清代关外孙子学编述主要有满洲正蓝旗人耆英译《满汉合璧孙子兵法》；蒙古镶黄旗人清锐等编《孙吴武经》；汉军镶蓝旗人桑额编《满文孙吴子兵法》；蒙古科尔沁右翼中旗人桑儒布编《蒙古文孙子兵法》；奉天（今辽宁沈阳）铁岭人马慧裕编《武备集要》，其中选录《孙子》。

关外孙子学学人及著作，在民国时期，有松江阿城（今黑龙江省哈尔滨市阿城区）人齐廉撰《重刊增订武经注解》《新注孙子兵法直讲》；吉林宁安人关靖注解《孙子兵经》。

新中国成立后，关外孙子学学人有出色表现，主要学人有：辽宁鞍山人苏桂亮、辽宁锦州人付朝、吉林长春人魏占武和黑龙江望奎人魏鸿。苏桂亮致力于梳理历代孙子学文献，对海外孙子学文献的整理亦有涉及，为孙子学学人提供治学门径。付朝重在解读孙子兵书元典，对其思想、结构、体系多

有新见。魏占武重在揭示孙子哲学意蕴及经营管理学意义，亦有收获。魏鸿重在孙子学学理探讨，从孙子学扩展至兵学整体，视野开阔，思考深邃，多有收获。

二、关外兵学

清代关外兵学，除了孙子学著述，还有一些著述：

清代满洲旗人明亮撰《中枢政考绿营》《八旗》。

满洲旗人长善等纂《驻粤八旗志》。

满洲旗人呢玛善辑编《百战略》《战守辑略》。

满洲黑龙江绥芬厅（今黑龙江宁安）人恒玲纂辑《知古录》《韬钤拾慧录》。

满洲旗人荣禄撰《谕武卫中军告示》。

满洲旗人武隆阿撰《营武约编》。

满洲旗人庆寅辑编《营伍指要》。

满洲旗人荫昌编辑《行军指南》。

蒙古旗人乐善撰《行军纪略》。

蒙古旗人壁昌撰《守边辑要》《兵武闻见录》。

满洲旗人阿桂、和珅等编纂《军需则例》。

满洲旗人长龄、庆源等人修纂《兵部续纂处分则例》。

满洲旗人伯麟等纂修《兵部处分则例》。

汉军旗人金德纯撰《旗军志》。

满洲旗人成德撰《九门锤谱》。

蒙古旗人希元等撰《荆州驻防八旗志》。

满洲旗人鄂尔泰撰《八旗通志初集》。

满洲旗人刚毅撰《见闻辑要》。

汉军旗人韩奕辑《海防集要》。

满洲旗人庆锡纂辑《兵法阵法合抄》。

满洲旗人讷尔经额原绘，吉林长白人炳文摹画《兵技指掌图说》。

辽宁沈阳人范宜宾撰《阴符玄解》。

辽宁沈阳人卢崇俊、吕磻撰《兵钤内外书》。

辽宁奉天（今辽宁沈阳）人马慧裕撰《武备集要》。

辽宁金州人王长运撰《兵法理数论》。

从这些著述看，清代关外兵学，多数为军事公文和军事文献的编纂、辑录等，或为军事类则例、奏疏、规范、章程，或为其他兵事文献的汇编。这些著述，严格说来，不是兵法创作。故清代关外孙子学，主要是满洲八旗和蒙古八旗的孙子学和兵学，只是停留在抄录、辑编有关兵书和章程之类上，只有关外的个别汉族学人著述水平较高，如范宜宾、卢崇俊、吕磻、马慧裕和王长运，他们的著述有一定的学术价值，表现出较高的兵学素养。

新中国成立后，关外兵学亦有值得称道者，比如内蒙古赤峰人解文超撰《先秦兵书研究》《明代兵书研究》；辽宁阜新人蒙古族达林太撰有《蒙古兵学》，及其与吴其同、朝克合著《蒙古族军事思想史》。

总之，清代关外孙子学和兵学，起步晚，学人少，缺少理论建树。新中国成立后，关外孙子学才真正进入发展阶段，我们期待它取得丰硕的成果和展示鲜明的特色。

下编 孙子学的文化流变

孙子学流变形态的多样性，不仅体现在孙子学的历史流变、地域流变，而且体现在其文化流变。中国传统文化多元统一的格局萌发于新石器时代晚期，发展于夏商周时期，而形成于春秋战国时期。孙子学文化形态的丰富多样性几乎要超过其历史流变和地域流变的丰富多样性。历史流变和地域流变也是广泛意义上的文化流变的两个分支，因为历史总是人所影响和创造的历史，地域也总是人所生活、生产并按照人的自身意志加以改造过的地域。然而从作为人类活动的精神、信仰、思想、意志等成果的狭义文化角度来讲，孙子学的历史发展和地域发展显然不仅仅是历史和地域意义上的发展，而且还受到更加丰富多样的文化学术的影响。孙子学是兵家文化的核心，但孙子学派也受到了兵家其他学派的影响，它以权谋为主要思想，但也“兼形势，包阴阳，用技巧”；孙子学虽是兵家，但也融汇儒、道、墨、法、阴阳等诸子百家，其海纳百川、开放包容的气度，在诸子之学中无有出其右者；孙子学不仅为兵学之圭臬，且其流变衍化，受到算术、辞章、禅学、心学、朴学、义理之影响；孙子学是极具实用精神和实践理性的学术，故其实用性和实践性在历代战争、政治及个人功利之中发挥到极致；从更加宽广的视阈来看，孙子学之流变与中国传统文化的演进、历代战争的演进以及历代政权更替均有千丝万缕、或明或暗的关联，对中国的历史和社会演化有一定的影响。所以，梳理和探求孙子学的文化流变，反映其流变的复杂性、多元性，有利于我们更加客观和真实地理解和把握孙子学的含义及其形态。

第一章　从兵家流派看孙子学的流变

史载孔子死后，儒分为八；墨子死后，墨离为三。而兵家众多流派之形成，却要比儒家、墨家复杂。笔者曾把先秦兵家流派分为两大系统五个流派。这种区分糅合了地域文化和兵家思想特征的双重角度。从地域文化看，先秦兵家分为齐系统和魏系统，虽然大体上符合历史真实，但总是不够全面。而从兵家思想特征来看，先秦兵家则分为司马派、孙氏派、吴氏派、太公派、稷下派五派，各个流派都有自己的代表人物，并以之命名。① 从不同的角度考察，兵家流派便有不同的划分。笔者按照班固《汉书·艺文志》著录的兵家类别来进行论述，这也是汉代以来兵学史上常用的兵学流派分类。

茅元仪认为，自古谈兵，首推《孙子》，汉魏三国谈《孙子》者，有曹孟德、诸葛武侯等人，曹孟德手注《孙子》，并著《兵家接要》。诸葛武侯有《武侯新书》阐明《孙子》，然为赝品，无所短长。曹孟德之《兵家接要》不传于世，然有《孙子》在，故有心于兵法者，以意迎之即可；有《孙子》在，其余诸兵书虽不传亦可也。何以言之？先秦兵家有六，而前孙子者，孙子不遗；后孙子者，不能遗孙子，故其余五家可谓孙子之注疏矣。唐代《李

---

① 李桂生著：《诸子文化与先秦兵家》，岳麓书社 2009 年版，第 55～69 页。

卫公问对》《太白阴经》及宋代《虎钤经》之于《孙子》，则犹如《春秋》之有三传，《周易》之有汉代焦氏易、京氏易二宗。故茅元仪之辑集《孙武子》《吴子》《司马法》《六韬》《三略》《尉缭子》《李卫公问对》《太白阴经》《虎钤经》，其目的就是以八家注疏一家，故称“学兵诀者，学《孙子》焉可矣”①。

张之洞以我国兵学与西方兵学进行比较，其《劝学篇·兵学第十》详述中外兵学流派之相近云：“盖兵学之精，至今日西国而极。有械不利，利械不习，与无手同；工作不娴，桥道不便，辎重不备，与无足同；地理不熟，测量不准，侦探不明，与无耳目同。聚千万无手、无足、无耳目之人，乌得为兵？是必先教之以能战之具，范之以不败之法，既成为兵矣，而后可以施方略，言运用。至于方略运用，岂必西法？亦岂必古法哉？汉《艺文志》兵家分权谋、形势、阴阳、技巧四类，西人兵学惟阴阳不用，余皆兼之。枪炮、雷电、铁路、炮台、濠垒、桥道，技巧也；地图测算，形势也；至攻守谋略，中西所同，因其械精艺多，条理繁细，故权谋一端亦较中法为密。”②

第一节　兵权谋孙子学

一、兵权谋孙子学的渊源

班固以史家的求实和严谨，叙述兵家起源及流变：兵家起源于司马之官，商周时期的治国典则《洪范》记载了食、货、祀、司空、司徒、司寇、宾、师，其中“师”就是兵。民以食为天，故“八政”之中，食为首位。兵虽然置于末位，但是其意义极为重大，故孔子有“足食足兵”之说，又谓“以不

---

① 〔明〕茅元仪撰：《兵诀评》，见谢祥皓、刘申宁辑《孙子集成》第9册，齐鲁书社1993年版，第254页。

② 《续修四库全书》编委会编：《续修四库全书》第953册，上海古籍出版社2002年版，第76页。

教民战，是谓弃之”。

兵源自远古时代用于自卫和谋食的木石弧矢之利，人类先祖在相当长的历史时期内崇尚兵力，武器虽然简陋，却可以威慑敌人。商周以降，以铜、铁为兵刃，以革为甲胄。

及至周王得天下，三皇五帝时代那种崇尚野蛮残暴之武力的传统有了改变，代之以“以师克乱，而济百姓，动之以仁义，行之以礼让”，这是中国历史上具有划时代意义的军事变革，摒弃了那种不讲仁义、不讲礼让、不救乱、不济民的原始社会中后期原始部落及部落联盟间的黩武思维，而使中国进入一个兵学发展的文明时代。对这一时代的战争理念、战争方略、战术战法有所反映的历史文献，就是《司马法》。今存仅有五篇的残本《司马法》，虽然不是作于周代的原本《司马兵法》，是出自齐威王时稷下大夫们的追论以及在其中附录了齐威王时齐国军事家司马穰苴的兵法，却保存了周代治兵、用兵的理念及思想，反映了那个时代对兵事的普遍观念及做法；它不仅是先秦时期的重要兵法文献，而且是先秦思想史的重要资料，从中可以想见周代的政治、军事情况。

到了春秋战国时期，出奇设伏，变诈之兵勃兴，完全违背了周代古《司马兵法》的仁义礼让及救民济乱的理念，又恢复到了原始社会中后期那种崇尚武力、以大欺小、以强欺弱的状态，这些在先秦诸子如孟子、墨子的著作中有普遍反映，遭到了先秦一些富有仁爱精神的思想家的猛烈批判。

原始社会中后期的兵事活动，并没有形成全面而深刻的兵学理论，即使在甲骨文、钟鼎文等古文献资料里保存了当时军事活动记录，也只是片言只语，并没有如商周时期出现的《军政》《军志》《司马法》《太公兵法》一样的兵事典则及兵法文献，所以完整的具有一定理论意义的兵学文献最初形成于商周时期，而在天崩地坼的春秋战国大变革时代则蓬勃兴起兵法理论创新的高潮，相继出现了以孙武、孙膑为代表的先秦兵家群体，产生了古典兵学的第一个高峰期。

兵权谋孙子学的渊源，自当上溯到商周之交的姜太公。司马迁《史记·齐太公世家》载，姜太公与周文王用阴谋倾覆商朝，修养道德，集聚实力，收揽天下民心，其书多兵权奇计，后世言兵及周之阴权皆宗太公为本谋。本谋者，谋之本原也。故太公者，阴权奇计之祖师也。在《汉书·艺文志》兵权谋类著录之后，班固说："省《伊尹》《太公》《管子》《孙卿子》《鹖冠子》《苏子》《蒯通》《陆贾》《淮南王》二百五十九种。出《司马法》，入礼也。"其中《太公》，入于道家类。在班固著录之前，所省之书入于兵家权谋类，只是班固著录时又以之归入其他类。比如，《伊尹》《太公》《管子》《鹖冠子》入道家，《孙卿子》《陆贾》入儒家，《苏子》《蒯通》入纵横家，《淮南王》入杂家（然而在杂家类后又云"右杂二十家，四百三篇，入兵法"）。可见班固所著录的诸子书，有的书既可归入兵家类，又可归入杂家类，又可归入儒家类，又可归入道家类，又可归入纵横家类。

孙子学虽不产生于姜太公时代，而是产生在姜太公、司马穰苴之后，但是孙子学毫无疑问地受到了太公用兵之法和附于《司马法》中的穰苴用兵之法的影响，并在内容上、思想上多有承继和吸取。

汉代班固撰《艺文志》，叙述兵法文献的整理和编纂过程：汉代政权创立之初，张良、韩信序次兵法，有一百八十二家，删除繁复之后，只留取重要兵家著作三十五家。汉武帝时，军政杨仆纂述并奏呈《兵略》，但是兵书并不完备。到了西汉后期的孝成帝刘骜在位时，任宏奉旨编纂历代兵法，把兵法分为四个种类，即兵权谋、兵形势、兵阴阳及兵技巧，而东汉班固著录时，有兵权谋十三家、兵形势十一家、兵阴阳十六家、兵技巧十三家。

兵权谋的十三家，有《吴孙子兵法》《齐孙子》《公孙鞅》《吴起》《范蠡》《大夫种》《娷》《兵春秋》《庞煖》《广武君》《韩信》《李子》《兒良》。班固解释"权谋"说："权谋者，以正守国，以奇用兵，先计而后战，兼形势，包阴阳，用技巧者也。"①

兵形势的十一家，有《楚兵法》《蚩尤》《孙轸》《繇叙》《王孙》《尉缭》《魏公子》《李良》《景子》《丁子》《项王》。班固解释"形势"说："形

① 〔汉〕班固撰：《汉书》，中华书局1962年版，第1758页。

势者，雷动风举，后发而先至，离合背乡，变化无常，以轻疾制敌者也。”①

兵阴阳十六家，有《太壹兵法》《天一兵法》《神农兵法》《黄帝》《封胡》《风后》《力牧》《鹓冶子》《鬼容区》《地典》《孟子》《东父》《师旷》《苌弘》《别成子望军气》《辟兵威胜方》。班固解释“阴阳”说：“阴阳者，顺时而发，推刑德，随斗击，因五胜，假鬼神而为助者也。”②

兵技巧十三家，有《鲍子兵法》《伍子胥》《公胜子》《苗子》《逢门射法》《阴通成射法》《李将军射法》《魏氏射法》《强弩将军王围射法》《望远连弩射法具》《护军射师王贺射书》《蒲苴子弋法》《剑道》《手搏》《杂家兵法》《蹴鞠》。实际上有十六家。大约是“三”为“六”之误。班固解释“技巧”说：“技巧者，习手足，便器械，积机关，以立攻守之胜者也。”③

从班固对兵家的理解和定义，我们看到，兵权谋里有兵形势、兵阴阳和兵技巧的内容，但是兵权谋和其他几家的内容并不能互相替代，所以有其独立性。后世孙子学分化发展为兵权谋孙子学、兵形势孙子学、兵阴阳孙子学、兵技巧孙子学，正是由于兵权谋中包含了兵形势、兵阴阳、兵技巧的元素。

上面虽对班固所定义的兵权谋、兵形势、兵阴阳和兵技巧作了大致的阐释，但是这种阐释并不使人感到清晰明了，特别是对兵权谋和兵形势之间的区别不是很清楚。实际上，班固所说的兵权谋和兵形势相当于我们今天所说的战略和战术。兵权谋就是《孙子兵法》里面所讲的“计”，就是对战争全面、长期而预设的战略计划；兵形势则是《孙子兵法》里面所讲的“计利以听，乃为之势，以佐其外”。“其外”即庙堂之外，在战阵之间，而庙算之计，则在庙堂之内。《孙子兵法》主要讲战略，但是也讲很多的战术。战略重视庙算之计划，战术重视权谋之运用。战略是在未战之前所拟定，战术是在战阵之中随机应变。对这两者的区分，钱基博所著《孙子章句训义》所附录之《孙子今说》有精到、透彻的见解，是孙子学史上少有的妙论。

---

① 〔汉〕班固撰：《汉书》，中华书局 1962 年版，第 1759 页。
② 〔汉〕班固撰：《汉书》，中华书局 1962 年版，第 1760 页。
③ 〔汉〕班固撰：《汉书》，中华书局 1962 年版，第 1762 页。

钱基博云，古人所谓兵法，不过作战之法尔。唯战有一时一地之交战，有非一时一地之交战；有数次、数十次、数百次之交战，而成一大战。然大战有数十百次之小战而积聚而成，未有以一时一地之小战决胜负。故欲明兵法，则不可不知兵法之区别：杀敌致果、用兵以为一时一地之交战者，谓之战术；而料敌制胜，计险厄远近，调节空间、时间以运用于各地之交战而祈以达最后之胜利者，谓之战略。德国军事学家克劳塞维茨在其《战争论》中对战略和战术有所论述。而反观班固《汉书·艺文志》所云汉代任宏论次兵书者为四种，即“权谋”“形势”“阴阳”“技巧”。班固称“权谋者，以正守国，以奇用兵，先计而后战，兼形势，包阴阳，用技巧”，则为克氏之所谓“战略”；而称“形势者，雷动风举，后发而先至，离合背向，变化无常，以轻疾制敌”，则为克氏之所谓“战术”。《孙子兵法》以《计》篇冠其首，其开篇“校之以计而索其情，计利以听，乃为之势，以佐其外。势者，因利而制权也”。孙子此处提出的“计”和“势”，实为十三篇之主眼。势者，兵家之诡道；计者，庙算之先胜。势者，因利制权，施之于临战；计者，量敌审己，虑于未战。自《计》篇以下，《作战》《谋攻》及《形》三篇，反复强调“先胜而后求战”“知彼知己”“地生度，度生量，量生数，数生称，称生胜”等，皆阐发《计》篇未尽之蕴。孙子之所谓“计”，班固谓之“权谋”，而克氏谓之“战略”。《势》篇及以下《虚实》《军争》《九变》《行军》《地形》《九地》《火攻》《用间》九篇，皆因利而制权之“势”，其大旨不外言“以正合，以奇胜”“后人发，先人至”“以诈立，以利动，以分合为变”“以迂为直”“攻其所不戒”等，此班固所谓“形势”，而克氏谓之“战术”者也。推孙子之意，重“计”而不重“势”，则是“战略”重于“战术”。①

钱基博对班固所定义的汉代四种兵法中的兵权谋和兵形势，作出近代兵学的理解，厘清了兵权谋和兵形势的区别和联系，令人茅塞顿开。而兵阴阳与兵技巧，则相对比较容易理解，加之《孙子兵法》虽有涉及二者的内容，但毕竟重点不在论述兵阴阳和兵技巧之理，故钱基博未加详训。

---

① 谢祥皓、刘申宁辑：《孙子集成》第23册，齐鲁书社1993年版，第832页。

二、兵权谋孙子学的流变

兵权谋是关于战略计划及战略预测之学，关注的不是具体的局部的眼前问题，而是着眼长远和全局的谋划问题；战略是一种整体思维和计划，不是具体做什么、怎么做，相对地，思维层次较高，带有理论指导性质。《汉书·艺文志》兵权谋类著录《范蠡》二篇，可知范蠡和孙武、孙膑、文种都是兵权谋家。据文献记载，兵权谋多运用兵阴阳理论。清人李锴《尚史》卷六四《越诸臣传·范蠡》“兵权谋《范蠡》二篇”条下引《越绝书》云：

越王既已胜吴，反邦，未至，问大夫种曰：“圣人之术可以加于此乎?”大夫种曰：“不然。范子豫见之策，未肯为王言也。”越王愀然而恐，请于范子曰：“寡人闻夫子明于阴阳进退，豫知未形，推往引前，后知千岁，可得闻乎？寡人垂意听于下风。”范子曰：“夫阴阳进退，前后幽冥，未见未形，此特杀生之柄，而王制于四海，邦之重宝也。阴阳进退者，天道自然。夫阴入浅者，岁善；阳入深者，岁恶。故圣人见物不疑，是谓知时，固圣人所不传也。”越王曰：“善。”以丹书帛，置之枕中，以为邦宝。①

《范蠡》之书，乃兵权谋之作，然其所用，不离阴阳之学，又与道家的道法自然、知时顺物相参合，大抵上与兵阴阳学派之星历、遁甲、式占、望气、风角等有所区别，也就是说，兵阴阳重在运用阴阳术数，而兵权谋重在运用阴阳理论。

宋代有学者对兵权谋与兵形势作过比较，宋代薛季宣《浪语集》卷三〇《叙握奇经》云：“今独《孙子》十三篇者，为兵权谋之祖。论形势者，本《握奇经》。权谋，在人奇诡焉，用形势、纪纲、军政，为天下者，尚有取焉。”②《孙子

① 〔清〕李锴撰：《尚史》，见《文渊阁四库全书》第405册，台湾商务印书馆1986年版，第133页。

② 〔清〕纪昀等修：《文渊阁四库全书》第1159册，台湾商务印书馆1986年版，第462页。

兵法》为兵权谋之祖，当为确论，然《握奇经》是否为兵形势之祖，则甚可商榷。

《握奇经》始见于著录，乃在《宋史·艺文志》，而《汉志》《隋志》均无著录。最早有“握奇”之说者，始自唐代独孤及《毗陵集》之《八阵图记》，称风后握机制胜，作成《阵图》，当时以诸葛亮之《八阵法》，推演为《八阵图》。宋代高似孙《子略》则称晋代马隆作《幄机》。而幄者，军帐也；机者，军机也，不可示于人。故又有人附会为《幄机经》，因幄、握同音，故又称《握机经》。

曹操注解《孙子》，简切深远，比较充分地体现了兵权谋家的本色。其运用战例，偏好兵权谋。如《始计第一》注解“能而示之不能”，援引韩信袭安邑、陈舟临晋而渡于夏阳之战例①；注解《谋攻第三》“十则围之”，则以曹操兵围下邳、生擒吕布之战例；注解“倍则分之”，则以奇正之术解之，云：“以二敌一，则一术为正，一术为奇。”即使注解“敌则能战之”，曹操亦不忘以奇兵取胜释之，尝云：“己与敌人众等，善者犹当设奇，伏以胜之。”② 注《九变第八》“围地则谋”曰：“发奇谋也。”注“城有所不攻”曰：“城小而固，粮饶，不可攻，操所以置华费，而深入徐州得十四县也。”③ 注《行军第九》“久而不合，又不相去，必谨察之”曰：“备奇伏也。”④《九地第十一》云：“夫众陷于害，然后能为胜败。”曹操注引孙膑之言曰：“孙膑曰：兵恐不投之于死地也。”⑤ 注“犯之以事，勿告以言”云：“兵尚诈。”注“千里杀将”云：“先示之以闲空虚弱之处，敌则并向而利之，虽千里可擒其将也。”注“方马埋轮未足恃也”云：“专难不如权巧。”⑥ 注《军争第七》“后人发先人至”云：“明于度数，先知远近之计。”⑦《兵势第五》题解云：

① 谢祥皓、刘申宁辑：《孙子集成》第1册，齐鲁书社1993年版，第152页。
② 谢祥皓、刘申宁辑：《孙子集成》第1册，齐鲁书社1993年版，第157页。
③ 谢祥皓、刘申宁辑：《孙子集成》第1册，齐鲁书社1993年版，第169页。
④ 谢祥皓、刘申宁辑：《孙子集成》第1册，齐鲁书社1993年版，第173页。
⑤ 谢祥皓、刘申宁辑：《孙子集成》第1册，齐鲁书社1993年版，第182页。
⑥ 谢祥皓、刘申宁辑：《孙子集成》第1册，齐鲁书社1993年版，第180~183页。
⑦ 谢祥皓、刘申宁辑：《孙子集成》第1册，齐鲁书社1993年版，第166页。

"用兵任势也。"而注"择人而任势"云："专任权也。"① 可见，曹操所理解之"任势"，就是"任权"，就是运用策略、权谋之义。《军形第四》注"善用兵者，修道而保法，故能为胜败之政"云："用兵者，先修治为不可胜之道，保法度，不失敌之败乱也。"② 孙武子所云"修道"，当为政道，指政治开明之意，曹操则指兵道，即敌人不可胜我之道。曹操认为胜兵先胜而后求战，在于有权谋；败兵先战而后求胜，在于无权谋。若从"权谋"词义来讲，权者，权衡；谋者，谋虑。兵权谋孙子学强调权衡利弊、谋划全局，不是针锋相对、两败俱伤的意气之争，亦非兵来将挡、水来土掩的具体战术，而是为了全局或长远利益，可以放弃某个局部或暂时利益，所以须用权谋，全面而深远地计划决策，以政略、法度、外交、策谋等手段解决战争问题。然而战略亦是相对的概念，在低层面或小范围为战略者，在高层面或大范围则为战术。故班固所说兵权谋"先计而后战，兼形势，包阴阳，用技巧"，其丰富而深刻的内涵便不难理解了。

总之，曹操注解《孙子》十三篇，一方面立足于以权谋解释文本，即使文本不是讲权谋的，亦喜以权谋释之；另一方面，曹操例解《孙子》不多，所举之例一是兵权谋家韩信，二是曹操本人用兵作战之例。魏武帝注《孙子》，充分流露了其偏好兵权谋的心理及性格。故其自序深赞"孙武所著深矣，审计重举，明画深图，不可相诬"云云，皆发自内心叹服孙武子权谋之语。

南朝梁代孟氏崇尚兵权谋。其注解《孙子》，多以权谋视之。《计》篇云："道者，令民与上同意也。故可以与之死，可以与之生，而不畏危。"孟氏注曰："道之以政令，齐之以礼教，故能化服士民，与上下同心也。故用兵之妙，以权术为道。大道废，而有法；法废，而有权；权废，而有势；势废，而有术；术废，而有数。大道沦替，人情讹伪，非以权数而取之，则不得其欲也。故其权术之道，使民上下同进趋，共爱憎，一利害，故人心归于德，

---

① 谢祥皓、刘申宁辑：《孙子集成》第1册，齐鲁书社1993年版，第160~162页。
② 谢祥皓、刘申宁辑：《孙子集成》第1册，齐鲁书社1993年版，第159页。

得人之力，无私之至也。故百万之众，其心如一，可与俱同死力，动而不至危亡也。臣之于君，下之于上，若子之事父，弟之事兄，若手臂之捍头目，而覆胸臆也。如此，始可与上同意，死生同致，不畏惧于危疑。”①

晚清左枢特别推崇曹操《孙子略解》，笺解《魏武帝注孙子》，对于曹操以兵权谋注解《孙子》而言，可谓步武继踵。如《九地第十一》云：“不争天下之交，不养天下之权，信己之私，威加于敌。”左枢笺曰：“独奋其阴谋，以与天下战，绝不借助于诸侯，所谓伸己之私也。”② 然而左枢并未专恃权谋，而是中肯对待。譬如《军形第四》云：“胜可知而不可为。”曹操注曰：“敌有备故也。”左枢笺则曰：“敌之兵强将智，是不可胜也。至于用反间而极矣，乃反间亦不行，则兵法固有穷时也。故孔明伐魏，迂儒之所震，圣智之所嗤也。”③ 孔明为了统一中原，恢复汉室，五次伐魏，然智穷谋竭，未能成功。左枢之意，兵法并非万能，其所施为，须有诸多条件配合，既非迂儒所见，亦非圣智所识。

五代何氏注《孙子》体现兵权谋特征。其注“是故胜兵先胜而后求战，败兵先战而后求胜”曰：“凡用兵，先定必胜之计，而后出军。若不先谋，唯欲恃强，胜未必也。”④ 孙子曰：“不知三军之权，而同三军之任，则军士疑矣。”何氏曰：“不知用兵权谋之人，用之为将，则军不治而士疑。”⑤ 孙子曰：“地生度。”何氏曰：“地者，远近险易也。度，计也。未出军，先计敌国之险易，道路迂直，兵甲孰多，勇怯孰是。计度可伐，然后兴师动众，可以成功。”⑥ 孙子曰：“量生数。”何氏曰：“数，机变也。先酌量彼我强弱利害，然后为机数。”⑦ 孙子曰：“称生胜。”何氏曰：“上五事未战先计必胜之法，

---

① 谢祥皓、刘申宁辑：《孙子集成》第 1 册，齐鲁书社 1993 年版，第 364 页。
② 谢祥皓、刘申宁辑：《孙子集成》第 16 册，齐鲁书社 1993 年版，第 36 页。
③ 谢祥皓、刘申宁辑：《孙子集成》第 16 册，齐鲁书社 1993 年版，第 9 页。
④ 谢祥皓、刘申宁辑：《孙子集成》第 1 册，齐鲁书社 1993 年版，第 446 页。
⑤ 谢祥皓、刘申宁辑：《孙子集成》第 1 册，齐鲁书社 1993 年版，第 428 页。
⑥ 谢祥皓、刘申宁辑：《孙子集成》第 1 册，齐鲁书社 1993 年版，第 448 页。
⑦ 谢祥皓、刘申宁辑：《孙子集成》第 1 册，齐鲁书社 1993 年版，第 448 页。

故孙子引古法以疏胜则之要也。”①

王皙注解《孙子》，亦体现兵权谋特征。孙子曰：“数生称。”杜牧曰：“称校也。机权之数已行，然后可以称校彼我之胜负也。”王皙曰：“称所以知重轻，喻强弱之形势也。能尽知远近之计、大小之举、多少之数，以与敌相形，则知重轻所在。”② 王皙所言强弱、远近、大小、多少、重轻，就是兵家必须权衡取舍之方面，是战略谋划之重心所在。

宋代张预注《孙子》体现兵权谋特征。张预有言曰：“用兵虽本于仁义，然其取胜必在诡诈。”③ 注“不知三军之权，而同三军之任，则军士疑矣”曰：“军吏中有不知兵家权谋之人，而使同居将帅之任，则政令不一，而军疑矣。”④ 注“故善战者之胜也，无智名，无勇功”曰：“阴谋潜运，取胜于无形，天下不闻料敌制胜之智，不见搴旗斩将之功，若留侯未尝有战斗功是也。”⑤ 注“是故胜兵先胜而后求战，败兵先战而后求胜”曰：“计谋先胜，然后兴师，故以战则克。”⑥ 什么是势？张预曰：“所谓势者，须因事之利，制为权谋，以胜敌耳。”故以张预之见，兵形势亦是权谋一类，最终要因势以权。张预兵权谋孙子学，又体现了儒家仁义情怀和朴素的唯物主义倾向。如注“道者，令民与上同意也”曰：“以恩信道义抚众，则三军一心，乐为其用。”⑦ 然而孙子所言“道”之本意，未必就如张预所言之意，令民与上同意的办法很多，亦未必就是“恩信道义”。其注“阴阳”曰：“夫阴阳者，非孤虚向背之谓也。盖兵自有阴阳耳……李卫公解曰：‘左右者，人之阴阳；早晏者，天之阴阳；奇正者，天人相变之阴阳。’此皆言兵自有阴阳刚柔之用，非天官日时之阴阳也。”⑧ 张预所解“阴阳”，是指自然之阴阳、万物之阴阳，

---

① 谢祥皓、刘申宁辑：《孙子集成》第1册，齐鲁书社1993年版，第449页。
② 谢祥皓、刘申宁辑：《孙子集成》第1册，齐鲁书社1993年版，第448~449页。
③ 谢祥皓、刘申宁辑：《孙子集成》第1册，齐鲁书社1993年版，第377页。
④ 谢祥皓、刘申宁辑：《孙子集成》第1册，齐鲁书社1993年版，第428页。
⑤ 谢祥皓、刘申宁辑：《孙子集成》第1册，齐鲁书社1993年版，第443页。
⑥ 谢祥皓、刘申宁辑：《孙子集成》第1册，齐鲁书社1993年版，第446页。
⑦ 谢祥皓、刘申宁辑：《孙子集成》第1册，齐鲁书社1993年版，第363页。
⑧ 谢祥皓、刘申宁辑：《孙子集成》第1册，齐鲁书社1993年版，第369页。

而非以占卜推算时日的术数。

明代王阳明注重战前校计索情，而非临阵应变，体现兵权谋孙子学特征。其佐证如下：

《始计第一》评曰："谈兵者皆曰：'兵，诡道也，全以阴谋取胜。'不知阴非我能谋，人不见，人自不能窥见我谋也，盖有握算于未战者矣。孙子开口便说'校之以计而索其情'，此中校量计画，有多少神明妙用在，所谓'因利制权''不可先传'者也。"①《用间第十三》评曰："用间与乘间不同，乘间必间自人生，用间则间为我用。知此一法，任敌之坚壁完垒，而无不可破，横行直撞，直游刃有余了。总之，不出'校之以计而索其情'一语。"②

明代薛应旂一方面认可孙子书是兵权谋书的说法，另一方面认为兵权谋超越于功名、利益，其权谋奇计寓于形色、名声之中，而又超于其外，既是权谋，又不是权谋。薛应旂与一般的孙子学学人不同，他融汇儒、道、佛之意论孙子，言其寓于形色而又超越形色，非拘方着相之人所能拟议，非至廉、至静、至信者不能明。其于《孙子说序》云："视而可见者，形与色也；聪而可闻者，名与声也；其寓于形色、名声之中，而超于形色、名声之外者，则固不可以目视而耳听也。是书利害相权，奇正相生，战守攻围之法以百数，其变通之神皆寓于形色、名声之中，而超于形色、名声之外者也。诚有如苏子瞻氏所谓以智教人者也。子瞻又谓智非所以教人，唯不役于利者，斯可以用智。呜呼！斯言尽之矣。然则是书也，岂私见浅识、拘方着相者之可拟议哉？此余之为是说也，犹之读圣人之《易》、二氏之书，唯以意会而不敢以言求也。或谓孙子兵家者流，皆权谋术数，一切以就功名之说，曷谓不役于利？不知其所以论兵者，唯民是保、唯国是全而终始皆本于仁义，诚非至廉、至静、至信者不能会通而神明之也。"③

明代抗倭名将俞大猷在为赵本学《孙子十三篇注解》作跋时说，赵本学

---

① 谢祥皓、刘申宁辑：《孙子集成》第 2 册，齐鲁书社 1993 年版，第 595~596 页。

② 谢祥皓、刘申宁辑：《孙子集成》第 2 册，齐鲁书社 1993 年版，第 660~661 页。

③ 谢祥皓、刘申宁辑：《孙子集成》第 2 册，齐鲁书社 1993 年版，第 711~713 页。

是“古黄石老人之流”①，结庐闭户，著述兵法，世人未有知其身者。黄石公《三略》是关于政略、兵略之书，是讲战略的，讲的都是一般原则，是兵权谋类著作，没有讲具体战术、战法者。汉代张子房为帝师，即因受其遗书之教。我们常说兵学史上第一部讲战略的书，是司马彪《战略》，这并不准确。应该说，题名“战略”的第一部书是司马彪《战略》，而专讲战略的第一部书则是黄石公《三略》。赵本学注解《孙子》十三篇，作《孙子书校解引类》，亦多从权谋、战略着眼。即使注解十三篇中之兵形势语，如注“故为兵之事，在详顺敌人之意，并敌一向，千里杀将，是谓巧能成事”云：“如彼欲进，诱之令进；彼欲退，纵之使退；彼料我弱，示之以弱；彼料我惧，形之以惧之类。并敌一向，知敌之意，而逆遏之，彼必转生他计，更不可测，但佯为不知，纵顺其意，使彼并在一向，无他计谋，则我得以反误之也。千里杀将者，言以此术施之于敌，其将虽在千里之外，不能不送死也，所以甚言佯顺其意为必胜之道，巧能成事者，言顺敌人中我之意，而因之以反中于敌，是用术巧妙，以成克携之功者也。”② 又以孙膑减灶和曹操击马超、韩遂之战为例，释证“详顺敌人之意”。赵本学又引曹操之论，点破佯顺敌人之意，目的在于骄敌，使之不为备，以便积蓄己力，以迅雷不及掩耳之势，出其不意地对敌人发动攻击。孙子本文，讲的就是雷动风举、离合向背、变化无常、以轻疾制敌等兵形势特征，然而要实现兵形势家的制胜目的，必定要有统筹兵形势理论中战术战法的战略想定，就是说，兵形势离不开兵权谋的战略统筹。

赵本学对《孙子》十三篇中的兵形势语，多作兵权谋解，再如注解“兵之情主速，乘人之不及，由不虞之道攻其所不戒”云：“言兵以神速为贵，必也乘人仓卒不及为之时，而由其所不料度之路，以攻其所不戒备之处。所谓先夺所爱者，当依此法可也。愚谓人情，仓卒则胆易惊，逼迫则心易乱。童子疾呼，勇士为之怵然。而回顾夜卧之人闻失火，懵然不知其门之所出。一虎入市，万人改颜。一蛇入室，举家颤手。此几之所在也。善攻人者，审其

① 谢祥皓、刘申宁辑：《孙子集成》第5册，齐鲁书社1993年版，第483页。
② 谢祥皓、刘申宁辑：《孙子集成》第5册，齐鲁书社1993年版，第422~423页。

几而神之；善自守者，先其几而防之。世之愚将，但知其人有可攻之便，而不自虞其不便之处，荡然轻出，为敌所袭，空虚之地不能支而自陷，逆救之兵又劳倦而不及，城堕于前，兵偾于后，为天下笑。殆由其心大胜，气大锐，胆大放，而意大略也。孙子此三言者，可谓应人者之第一术，可为远征者之第一患。”① 表面看来，赵本学之言，似为形势家语，然其所蕴含之兵理，莫不与兵权谋相交融。批评世之愚将缺乏远谋大略，只虑人之可攻之处，而不虞己之不便之处，虽能做到神速，却不料城堕于前，而兵偾于后，为天下笑。其深层原因不在战术，而在制约、影响战术的权谋。权谋不周、不远、不广、不深，亦即犯了战略性错误，没有做到知彼知己，只是肤浅地、片面地理解孙武子“兵之情主速”“乘人之不及”“由不虞之道攻其所不戒”等语，而不是从权谋和战略层次来理解。

之所以说赵本学之注解《孙子》十三篇，大多从兵权谋角度来讲，主要是其注解意境开阔、气象广大、境界高远，即使是孙武子的战术之言，亦能提升到战略的高度来观照，而又不失其本旨。如注解《地形》云：“此篇《地形》乃论战场之形势、安营布阵之所也，吴起所谓地机，其在于此。虽有智勇之将、精强之卒，阵之不得其地，用兵不得其法，犹走骐骥于墙茨之上，斗猛虎于淖泥之中，不惟不能施其技，且见其自毙以死也。是以排兵布阵，莫慎于此。为主将者，固贵乎有目力之巧、心机之明，命为按视者，亦贵乎履历之才、度量之惯。彼士卒者，不可过驱而置之于其所耳。苟以失地之故，而致失其卒，何以异于诸将自杀之耶？读此篇者，当以六者之地，聚米拨沙，以试其形，闭目想象，宛然如见，庶可他日当其事，处其时，自能形与心会，计因形生，而无临时睥睨、料度之误矣。”② 赵本学之解题，全然以权谋为度，站在战略谋划的高度来解《地形》篇，而其他注家则以地形解《地形》，格局、视野显然稍逊于赵氏。特别是赵氏所言“形与心会，计因形生，无临时睥睨、料度之误”，计与料度，皆为战前之谋划，而非临时之机变，岂非兵

① 谢祥皓、刘申宁辑：《孙子集成》第 5 册，齐鲁书社 1993 年版，第 380~382 页。
② 谢祥皓、刘申宁辑：《孙子集成》第 5 册，齐鲁书社 1993 年版，第 327~328 页。

权谋欤？

又如注解《谋攻》，其解题云："以谋攻人者，老成持重，制胜万全。攻，期于无战；战，期于无杀。不战不杀，而人自服耳。此《谋攻》所以次《作战》也。夫《作战》之篇，其辞忧，继之以《谋攻》，欲以持重为主也。《火攻》之篇，其辞危，先之以《九地》，欲以死战为主也。孙子其示人先后贵贱之伦，意有在矣。世之年少喜功之人，不胜果敢之气，视所爱之民，无以异于所不爱之民，驱使穷斗，两败俱伤，卒计其所获之数，不足以补其所丧之多。此不惟为三代之罪人，其亦为孙子之罪人也。孙子之书，有无愧于先王者，其在于此。"① 谋攻，自然讲的是谋略、权谋，有战略意图，所以赵氏说是"制胜万全"，万全之策，即周密、长远之策。不战不杀，而人自服，即须依靠政略、战略、权谋的运用。赵氏又云，孙子之书有无愧于孔子大仁、大智之处，则更是把战略提升到政略和王道的高度。

赵氏在《行军》篇以"计"与"式"或"智"与"式"，来理解《孙子》十三篇之权谋与形势之别。智和计，属于战略或谋略范畴；而式，即具体作战方法，属于战术范畴。有人问，《行军》篇本来不应该编在《作战》篇之后，可是孙武子先言作战，后言行军，中间还讲谋攻、形势、虚实、军争、九变，赵氏答曰："形势也，虚实也，争与变也，皆兵家之计也，处军也，相敌也，相地形也，此特兵家之常式耳。有将帅之智，然后可受将帅之任，有用兵之计，然后可问用兵之式，不惟有缓急之分，亦有先后之序也。《孙子》编次篇目，皆有微意。读是书者，惟即此而求之，亦去其道不远矣。"② 赵氏所谓"常式"，即通常的办法，含有式样、不变之意，指具体的规程、顺序，而形势、虚实、争变等，则是变化多于不变，变化是否自然、巧妙，则取决于将帅的智慧和计谋之高下。

之所以说赵本学之孙子学可以归于兵权谋孙子学范畴，还由于赵本学自撰《重刻孙子书校解引类序》中有儒者当研习兵家权谋之论，其叙述自己注

① 谢祥皓、刘申宁辑：《孙子集成》第5册，齐鲁书社1993年版，第108~109页。
② 谢祥皓、刘申宁辑：《孙子集成》第5册，齐鲁书社1993年版，第296~297页。

解《孙子》十三篇之原因和目的时讲到，天地间只要有人存在，就有战争；有战争，就有制止战争的方法。而制止战争的方法不得不用权谋。若用兵不以权谋，必定兵败国灭，而乱不止。君子不得已而用权谋，正如圣人不得已而用兵。其用权谋，合乎天理，则为仁义；合乎王法，则为礼乐，所以管仲辅佐齐王称霸，靠的就是权谋。具体地说，管仲用兵，释实而攻虚，释坚而攻脆，释难而攻易，以欢娱为道，假尊周为名。故其人虽权谋，而其事则仁义；其事虽权谋，而其心则仁义。再如，宋代韩琦、范仲淹、寇准、宗泽、李纲、岳飞对金主战而不主和，运用权谋，无所不至，而观其为人，则金玉君子，忠厚正直，一言一行，无非圣贤正心修身之法。反观王钦若、汪伯彦、黄潜善、王伦、秦桧之徒，其对金主和而不主战，对金未有权谋之计，而其为人，则犬彘小人，奸回险薄。依此观之，正用权谋，以去暴虐，乃儒者分内之事。《孙子》十三篇，实乃权谋之万变。然而数千年来，儒者未尝一开其扃钥。虽有曹操、李筌、杜佑、杜牧、王皙、贾林、张预、郑友贤、张贲、刘寅、郑霦等注者，然其所注粗浅，讹谬相沿。为使天下经生学士研习古兵法，不至感觉艰深晦涩，而校解之。儒者生逢其时，若遇国家有事，儒者未尝不可主兵，若借口德化而声称不当用兵，则是“迂儒保身之谋、卖国之罪也”①。

明代曹胤儒《握机纬》所辑录《孙武子》十家注，是精简原十家注而有所选择，多选辑战略计谋之注文，称为“诸家约注”。

清代陈任旸《孙子十三篇直讲》在其自序开篇即言：“言兵之书夥矣，然终不能外‘天时不如地利，地利不如人和’两语，而能阐发此两语者，则惟此《孙子》十三篇。”② 而陈任旸认为人和之重，首在庙算及将能。故其注解《孙子》十三篇，紧紧围绕“庙算多胜，胜在用将得人”展开。其对《孙子》庙算多胜、用将得人的领悟，集中于各篇题解。《始计第一》题解：“始计者，重在多庙算，而不可轻言用兵也。兵贵临敌制宜，而兹重庙算者，庙算在能

① 谢祥皓、刘申宁辑：《孙子集成》第5册，齐鲁书社1993年版，第21~30页。

② 谢祥皓、刘申宁辑：《孙子集成》第19册，齐鲁书社1993年版，第433页。

将将，知将能临敌制宜而任之，则战胜在庙堂之上矣……庙堂不能遥制，责在将矣……兵之死生，国之存亡系焉，苟非其人，而使为将，是自取死亡也。此所以首重庙算，庙算在用将得人。”①《作战第二》题解：“作战者，谋定后动，贵速不贵久也。将既得人，尚未可遽言用兵，必须筹定军食，而料定不致久曝其师，然后可以言战，拙速巧久诰诫之，而申之以不尽知害者即不能尽知其利，慎重极矣，仍归重在庙算得将。”②《谋攻第三》题解：“谋攻者，谋为上，攻次之也。将既得人，军食亦已筹定，然后可以言战，而重在不战屈人，深诫多杀敌人，与乘忿而自杀其人，仍归重在任将。”③《兵势第五》题解：“随形任势，仍重在择人，足见任非其人，转石千仞之势，未可易言也。”④《行军第九》题解：“五事，先道，次及天地，首在得人和也。”⑤《地形第十》题解：“如婴儿、爱子，勿如娇子，带兵之法，尽于此矣。吾愿司兵事者三覆斯言。”⑥虽未明言《地形》篇主旨归重在将得其人，然而对将领的谆谆告诫，如响耳边。《九地第十一》题解：“于成法外立赏罚，足见全在为帅者之因时因地制宜……此篇为练军之真正法门……临敌易将，一遇危疑，先自溃耳。”⑦《火攻第十二》题解：“怒而兴师，忿而致战，尤为用兵所深忌，此中斟酌筹度，在将而不在兵矣。”⑧《用间第十三》题解：“谓非圣智仁义、未可轻言用间者，仍归重在任将得人，即庙算胜者得算多之意也，然则可轻言用兵，猛浪择将哉？静以幽，正以治，此方是将材。当求之于老成有阅历者，喜事好大言，与身未阅历者，未可轻信，即不可轻用。”⑨从所辑材料，可见陈任旸对《孙子》的理解，着重在《孙子》庙算，而庙算者，多为常法；因利制权者，多为变法。在陈任旸看来，不是形势权诈之术不重要，

---

① 谢祥皓、刘申宁辑：《孙子集成》第 19 册，齐鲁书社 1993 年版，第 445 页。
② 谢祥皓、刘申宁辑：《孙子集成》第 19 册，齐鲁书社 1993 年版，第 448~449 页。
③ 谢祥皓、刘申宁辑：《孙子集成》第 19 册，齐鲁书社 1993 年版，第 452 页。
④ 谢祥皓、刘申宁辑：《孙子集成》第 19 册，齐鲁书社 1993 年版，第 459 页。
⑤ 谢祥皓、刘申宁辑：《孙子集成》第 19 册，齐鲁书社 1993 年版，第 474 页。
⑥ 谢祥皓、刘申宁辑：《孙子集成》第 19 册，齐鲁书社 1993 年版，第 479~480 页。
⑦ 谢祥皓、刘申宁辑：《孙子集成》第 19 册，齐鲁书社 1993 年版，第 484 页。
⑧ 谢祥皓、刘申宁辑：《孙子集成》第 19 册，齐鲁书社 1993 年版，第 493 页。
⑨ 谢祥皓、刘申宁辑：《孙子集成》第 19 册，齐鲁书社 1993 年版，第 496 页。

而是极其重要，因为形势权诈之高下是衡量君王所用之将是否有能的标准，而将领素质和能力的高下则直接决定庙算命将的成功与否，所以陈任旸把《孙子》十三篇看作战略学。一切战术源于战略，一切战术服务和服从于战略，而联结战略与战术的关键环节，就是“任将得人”，亦即通过“任将得人”来创造临敌制胜、变化万端的战术，最后以战术的累积式取胜来最终体现“庙算得人”的正确性。其战争逻辑，与其自序所言“天时不如地利，地利不如人和”的政治逻辑是高度一致的。

民国时期，湖南人周传铭认为政治为军事之本，军事之胜败取决于政治家之政略、战略是否高明。就周传铭释《计》篇而言，他认为此篇是以运谋设策为主体，即以战前谋划为主体，战未开而大计必定，乃千年不变之谋，因为“器为形下之物，谋则无论中外古今，无所不同。《孙子》兵经之难能可贵，固在谋而不在术也。须知战争为人群之不可免，而亦天然淘汰之途径。设使世界大同，则人类之蕃殖不已，而此区区有限之生物，其将何以永久维持有增无已芸芸众生之生活乎？势必弱肉强食，使弱者受天然之淘汰而归于消灭，此天演公理之不可逃。虽经数千百年之后，使地球仍能保持有数之人类。故近代之灭人国者，皆得限制其生育以亡人之种，而散布己种之势力。是与其多生而相杀，何如使其不生以图减少较为和平乎？是比战争之惨杀尤足多矣。哀吾黄胄，既拥有地球四分之一以上之人口，若欲消灭，原非易事，然终日任人宰割，莫能自拔，此情此景，是较世界任何种民族为可怜。欲求打开出路，以图生存，是非讲武不足以自立”①。从周传铭所述，其对《计》篇，多从政略、战略上理解，亦即从其所谓谋的层面，而非术的层面去理解。这与其固有之孙子兵学观是有极大关联的。所以，其对人类生死存亡之思考，亦能从战略与政略的层面来展开，以限制某种民族人口之繁衍，来替代残酷的杀伐和灭绝行径，似乎在伦理和道德上更胜一筹，而实质上其反人类的性质是一样的。这些看似不相关联的引申，实则是其对孙子兵学“在谋不在术”的注解。

---

① 谢祥皓、刘申宁辑：《孙子集成》第21册，齐鲁书社1993年版，第647~648页。

在具体注释《孙子》时，周传铭则综合了义理、考据和辞章的多种方法。在对孙子兵学的看法上，周氏认为孙子“在谋不在术”，且提出对现代军事的思考，表达了其基本的政治倾向和军事见解。比如从《孙子》庙算、伐谋、伐交之论谈到当时之相关问题：“试以现代例之：今之所谓方略，非孙氏之《计》篇乎？所谓资源者，非孙氏《作战》篇之粮食、车马、财政等等乎？今之国际外交，非《谋攻》篇所示诸事乎？‘非安内不能攘外’，非彼之《形》篇乎？彼之所谓《军争》《九变》，非战斗之原则及应变之方略乎？彼之《行军》，非现代之输送计划乎？彼之《地形》《九地》，则不外乎今之地形学也。彼之《火攻》，即今之化学战也。《用间》，即今阵地战之军事斥候与国际侦探也。综观《孙子》全篇，无一语一字不与现代合。”① 在考据上，书后附有精心辑校之《附录孙子兵法本文异同考》，对诸家注本之《孙子》文本进行对比、校勘，此乃清代考据学之余绪；在辞章上，重视注释体例编排、古今兼顾、采辑诸注精华，先古后今，层层递进；先总后分，逻辑严密，无不体现其辞章之讲究。故周传铭之孙子学，实为晚近综合孙子学。

古之兵书，有称为韬者，有称为略者，如《六韬》及太公《谋》《言》《兵》，而在《汉书·艺文志》中分别著录于儒家和道家，而非著录于兵家。其原因，主要是韬略一类的兵书，并非如春秋战国时期的孙吴兵法一样切于实用，具有立竿见影之效。孙吴兵法，在诡诈权谋方面，大大超过古之《六韬》及太公《谋》《言》《兵》。张良所学，乃太公兵学。纵观张良功业及其生平，几乎没有倾险、阴诈之谋，而皆为战略性的筹划，甚至很难与兵法关联。而韩信所学，乃孙吴兵法，故其背水阵就是源自孙子“置之死地而后生”之教，属于孙子权谋学派。而《六韬》及太公《谋》《言》《兵》等在秦汉之际，被认为是迂缓不切实用的东西，与孙武、吴起、尉缭子等兵法相较，则大不中用，故在班固编修《汉书·艺文志》之时，不被著录在兵家类，亦是自然不过了。我们常因上述几种兵书著录在非兵家类而感到困惑不解，其实这与战国秦汉之后兵法的流变有着很大的关系。产生于西周时期的《军志》

---

① 谢祥皓、刘申宁辑：《孙子集成》第21册，齐鲁书社1993年版，第626~627页。

《军政》，从其辑佚文字看，多表现为政略、德治、攻心等方略，古《司马法》亦与之大体相类。汉魏以降，崇尚权谋诡诈之风愈甚，兵法之诡术、诈术的倾向和特征愈加明显和浓重，正如明代黄榜所云："皮日休读《司马法》曰：古之取天下也，以民心；今之取天下也，以民命。汉魏尚权，取赤子于利刃之下，争寸地于百战之内。是编之为术愈精，而杀人愈多。此所深叹后世之兵法也。"①

古代兵书在内涵上由韬略向法术流变，但是在名称上，"韬"或"略"与"法"往往不加区别。名"韬"者，如姜太公《六韬》，南朝宋代刘裕《金韬》、梁代萧绎的《玉韬》，明代郭增光《纬韬》、冯嘉会《万胜真韬》等；名"略"者，如黄石公《三略》、魏文帝《兵书要略》（佚）、北宋景祐年间的《神武秘略》（佚）、北宋庆历年间的《续经武略》（佚）、北宋熙宁年间的《经武要略》（佚），以及明代胡宗宪《战略》、郑若曾《江南经略》、茅元仪《督师纪略》、庄应会《经武要略》、于谦《历代经武要略》、黄之瑞《草庐经略》、刘基《百战奇略》、陈禹谟《左氏兵略》，清代傅禹《武备志略》、陈麟图《历代筹边略》、徐家干《洋防说略》等；名"法"者，如《吴起兵法》《孙膑兵法》《司马法》《太公兵法》，唐代《卫公兵法》，明末清初魏禧的《兵法》，清代沈桐生《兵学新法》、江起龙《兵法新传》等。实际上，古典兵书名为"韬""略"或"法""兵法"的只占一部分。汉代以降，兵法由综合向着分科发展，由战理向着技术发展，所以兵书名称，亦呈现多元化趋势，所以有称"兵记"的，有称"兵林"的，有称"秘策"的，有称"兵鉴"的，有称"兵要"的，有称"指掌"的，有称"论"的，有称"书"的，有称"经"的，有称"志"的，有称"制"的，等等，名目繁多，不一而足。

《孙子兵法》在解读方式的流变方面，大体经历了文本训解、战例印证、战略战术阐释、思想体系建构、中西兵法对比、战争实践指导和非军事应用

---

① 〔明〕黄榜著：《古今兵法论略》，见谢祥皓、刘申宁辑《孙子集成》第9册，齐鲁书社1993年版，第77~78页。

等阶段，既呈现多元多维发展，又有一定的逻辑脉络。近代以前的训解多以文字语言的训释为主，主要体现汉学和朴学的风格和特征。近代以来，受到西学东渐影响，开眼看世界，更主要的是遭受了帝国主义侵略者强加给中国的战争蹂躏的苦难，以土地被侵占、人民受屠戮、财富被掠夺、国家被瓜分的惨痛代价，换取孙子学的近代嬗变，故在《孙子兵法》的阐释上，出现了根本性转变，思想解放了，思维活跃了，视野宽广了，既有中西兵学对比的阐释，又有思想体系的建构和战争理论的探求，更有以孙子战理指导当时战争实践的训解，还有人生处世应用类研究。近代以后，马克思主义孙子学应运而生。现代孙子学研究，运用马克思主义唯物辩证法成为主流。孙子学的现代战争解读是孙子学研究的一个重要流派。现代孙子学随着经济社会的发展而全面发展，非军事应用研究得到广泛、持续、深入的追捧，其应用研究范围无所不及。孙子学阐解方式的历史流变，也正好印证了兵法由综合向着分析、由道理向着技术、由整体向着专门——总之由“道”向着“术”、由“一”向着“多”的流变，即由人心而道义，由道义而道术，由道术而法术，由法术而技术，由技术而方法等的流变，体现了科学技术愈进步而兵道兵理愈稀释的社会发展逻辑，这不能不令人忧虑。故上文所引晚唐诗人皮日休读《司马法》所说“古之取天下以民心，今之取天下以民命”，不管以之放在历史上的哪个“古今”，都具有一定的普遍性和适用性价值。

第二节　兵形势孙子学

一、兵形势孙子学的渊源

班固《汉书·艺文志》说：“形势者，雷动风举，后发而先至，离合背乡，变化无常，以轻疾制敌者也。”从班固所言，兵形势就是蓄力突发，出其不意，瞅准时机，后发制人，以轻疾剽劲、变化无常而取胜。班固著录的兵书《楚兵法》《蚩尤》《孙轸》《繇叙》《王孙》《尉缭》《魏公子》《景子》《李良》《丁子》《项王》，均属此类。故若要溯源，则蚩尤乃兵形势家之祖。

又，《吕氏春秋》提到三位先秦兵家的用兵特点：孙膑贵势，王廖贵先，兒良贵后。可知孙膑和兒良属兵形势家，然班固以此二人入兵权谋家。因兵权谋“兼形势，包阴阳，用技巧”，本有相通，故未尝不可。王廖贵先，先声夺人；兒良贵后，后发制人。二者均为用势，善用形势而动。

《孙子兵法》中有所谓“胜兵先胜而后求战”；“胜兵若以镒称铢”；形如“决积水于千仞之溪”，势如“转圆石于千仞之山”“后人发，先人至”“分合为变”“其疾如风”“侵掠如火”“动如雷震”“出其不意，攻其不备”等，讲的就是兵形势家的用兵特点。

隋代秘书郎虞世南所编《北堂书钞》，其中引《孙子兵法》云：“贵之而无骄，委之而不专，扶之而无隐，危之而不惧。良将之动也，犹璧玉之不可汙也。”① 此为《孙子》佚文，体现的就是《孙子》兵形势思想。它讲的是如何养成敌方骄妄之气，使之自贵而不知骄，佯顺其意而使之失去控制，假意扶持而使之不稳，使之一步步走向危殆境地而不知惧，故等到形势成熟，则良将一旦发动攻击，我方必如璧玉之完洁，没有任何污损，而取得完胜。

唐代杜佑编纂《通典》，引《孙子》之文，多为兵形势言，其内容为吴王与孙武的问答之语，吴王提出战术方面的问题，孙武作答释疑。比如，《通典》卷一五二引《孙子》云，吴王问孙武曰，敌勇不惧，骄而无虑，兵众而强，怎么对付？孙武答曰，隐藏实力，等待时机，以顺其志，不要让它觉察，而使它更加懈怠而不顾，然后在适当时机出击，即使敌人再多，也可以打败它，所谓“攻骄之道，不可争锋也”②。再如，吴王问，若我围敌，则如之何？孙武答曰，山谷险峻，难以逾越，谓之穷寇，击之之法：伏卒隐庐，开其去道，示其走路，求生透出，必无斗意，因而击之，虽众必破。③

综上，兵形势孙子学之渊源，乃孙武子远绍蚩尤，而匠心独创，著其形势言于十三篇之中。

---

① 吴如嵩、苏桂亮主编：《孙子兵学大辞典》，白山出版社 2015 年版，第 820 页。
② 吴如嵩、苏桂亮主编：《孙子兵学大辞典》，白山出版社 2015 年版，第 820 页。
③ 吴如嵩、苏桂亮主编：《孙子兵学大辞典》，白山出版社 2015 年版，第 822 页。

二、兵形势孙子学的流变

孙武子之后，既有承其权谋者，又有承其形势者，故后世所注《孙子》，因为关注的侧重点不同，所以风格有所不同。从兵形势角度阐述孙武子思想者，亦不乏其人。

南宋施子美解释“军形”曰：“军有形有势，形者言其大体也；势者言其权，临时之宜也。军形者，军之自然之形也。见其形，而后可以制胜，斯谓之军形。”① 施子美谓“势者，兵之临时制敌之势，能明乎势，则可以胜敌”②。然后，施子美阐述用兵之道，以为用兵之道有四：一是用法；二是用令；三是用机；四是用势。他又以为，孙武子所讲“分数”，即用法；所讲“形名”，即用令；所讲“奇正”，即用机；所讲“虚实”，即用势。施子美又讲，正兵贵先，奇兵贵后；形势者，即贵后之势；然而其前提是要有用势之机，方能战而胜之。至若荀子之《议兵》篇所讲，锐利者若莫邪之锋刃，当之者必败；圆倾而方止、圆危而方安之势，就像磐石一样，势在必发，然而触动磐石飞滚者，必依赖“角摧”。“角摧”即机也。即使压卵之势，亦须有机。故施子美之意，形势为奇，而使形势发挥作用的条件（机），则为正。故兵形势与兵权谋不可须臾离也。

施子美兵形势孙子学体现了儒家思想倾向，其注“修道以保法”曰：“道者何？仁义礼信，无非道也。法者何？赏罚号令，无非法也。道惧其或废，故从而修之；法惧其不存，故从而保之。昔汤武之兴也，以至仁伐不仁，以至义伐不义，此修道也。”③ 另外，施子美赞同杜佑“道”为“德化”之解，而认为曹操训以教令，显得未尽其意；又云道者，仁义，莫非道也，即孟子所谓得道多助者也。施子美解“兵者诡道”云：“兵有正有奇，孙子所言，特其诡道者，孙子非不知正也，盖是当时之君唯图近效，此而非奇则不足以

① 谢祥皓、刘申宁辑：《孙子集成》第 2 册，齐鲁书社 1993 年版，第 75 页。
② 谢祥皓、刘申宁辑：《孙子集成》第 2 册，齐鲁书社 1993 年版，第 89 页。
③ 谢祥皓、刘申宁辑：《孙子集成》第 2 册，齐鲁书社 1993 年版，第 85 页。

济此。”①

明代程巨源为黄邦彦校正并重刻《孙子集注》，作《刻孙子序》云：“兵，阴道也，而阳用之。且也叔世之变，竞角而趋狡，即千虑一失之虞，何得不竭神思、殚智术，以图万全哉？余读《孙子》，诚善其辞，多先秦剽劲之气，在则人，亡则书，《古今人表》之数，《左氏》不必尽有也。”② 可知，程巨源看《孙子》，实则从“剽劲”观之，多以气势、形势解其意，亦近乎兵形势家。

明代陈深《诸子品节》之《孙武子》，对抽象概念不作解读，而主张战术战法的阐释，而且更加注重实际运用，往往以经典战例来说明，其指导思想就是偏重战术，是兵形势孙子学的典型案例。具体而言，如其注“称生胜”，引《尉缭子》曰：“无过于度数。”然后自释曰：“度为尺寸、数为什伍者，皆因地形而得，故自地而生之也。李靖五阵随地形而变是也。”可知陈深在理解“地生度、度生量、量生数、数生称、称生胜”时，主导其思维的是战术性的思想，即兵形势思想。

明代赵庭，髫龄之年即学兵法，弱冠视读圣贤书犹如嚼蜡。其所作《孙子取衷》之《始计》篇云：“道者，君心之仁义，子爱苍赤之极也，民罔常怀，怀于有道，上得其道，则体民者必周；下用其情，则戴君者自切。”③ 又云：“奏凯之绩不在原野，而在庙堂；搴旗之功不在锋镝，而在尊俎。此《孙子》以计为始，以《始计》冠十三篇也。”④ 赵庭于《谋攻》篇末云：“《孙子》此篇始终以持重万全为戒，略无一言诡谲之术，其真用兵之指南哉？”⑤ 注《军形篇》之度、量、数、称、胜云：“胜者，应机制胜之术，檃括兵法，五字尽之矣。”⑥ 虽然赵庭本人接受儒学熏陶，在注解《孙子》原文中，常以

① 谢祥皓、刘申宁辑：《孙子集成》第 2 册，齐鲁书社 1993 年版，第 22 页。
② 谢祥皓、刘申宁辑：《孙子集成》第 7 册，齐鲁书社 1993 年版，第 10~11 页。
③ 谢祥皓、刘申宁辑：《孙子集成》第 8 册，齐鲁书社 1993 年版，第 31~32 页。
④ 谢祥皓、刘申宁辑：《孙子集成》第 8 册，齐鲁书社 1993 年版，第 29~30 页。
⑤ 谢祥皓、刘申宁辑：《孙子集成》第 8 册，齐鲁书社 1993 年版，第 75 页。
⑥ 谢祥皓、刘申宁辑：《孙子集成》第 8 册，齐鲁书社 1993 年版，第 85 页。

儒家思想解《孙子》，但是就其对《孙子兵法》的根本观点来说，实际上赵庭把《孙子兵法》看作是制权之术，亦近于兵形势家，而对《孙子》战略思想、政略思想关注不够，故其看法不够全面，也不够深刻，与大多数儒者一样，只看到了《孙子》的表象，而未能更深入地探究其本质。

对孙武之战略思想，赵庭多以“术”称之，如在《虚实》篇注“故其战胜不复，而应形于无穷”云：“不复，不蹈袭已胜之术而复用之也。盖制胜之术，因敌之形而为之，形不同而术亦不同，何尝拘于一定也。”① 此外，此篇注解还有诸如“夫袭虚之术”“是其术也”“皆致人之术也”“此言候敌之法”“真用兵之秘术也”“以策作形角之术”等表述。其评点《始计》，称《始计》所言，乃“因利制权之事，乃百战百胜之方，皆随机应变，而机不可以预设，变不可以先图者也，在智者自得之耳。大抵五事七计，皆可先知。势必临时制宜，昔贤所称临敌出奇也”②。其余篇章亦有如“堕吾术中”“以此术待我”“颠倒驾驭之术”“堕我伪术中”。术即法，赵庭以术、法视《孙子》十三篇，故曰：“十三篇虽篇各异义，而法实相须，其曲畅旁通，真有难以言语形容者。”③ 即在赵庭看来，《孙子》十三篇，每篇虽然内容不一，但是每篇所讲之法是相辅相成的。而其所用“道”字，其义大略等同于“术”“法”，只是“术”带有阴诈之义，而“道”“法”带有阳仁之义。其注解中，偶可见“用是道矣”“凶之道也”“君臣将帅皆失其道”等语。以上材料足可证明赵庭之解《孙子》，乃依据其战术思维而展开，可以归于兵形势孙子学范畴。

兵权谋、兵形势和儒家孙子之区别，主要是由于其解读和阐释的视角和立场不同，正如明代王世贞所言：“梅圣俞涉孙氏之谲者也，而遗于仁，则诋以倾险。郑厚亟取其仁者也，而略于谲，遂拟以《论语》《易大传》之流。夫妄为诋且拟，而罔中其窾，等过耳。然则数世而下，评武子者，牧之其知言哉？”④

---

① 谢祥皓、刘申宁辑：《孙子集成》第 8 册，齐鲁书社 1993 年版，第 118 页。

② 谢祥皓、刘申宁辑：《孙子集成》第 8 册，齐鲁书社 1993 年版，第 47 页。

③ 谢祥皓、刘申宁辑：《孙子集成》第 8 册，齐鲁书社 1993 年版，第 122 页。

④〔明〕王世贞撰：《孙子序》，见谢祥皓、刘申宁辑《孙子集成》第 9 册，齐鲁书社 1993 年版，第 4 页。

王世贞无意于孙子学流变之梳理，但是指出世人评注《孙子》之态度、立场不同：有以《孙子》为谲者，有以《孙子》为仁者，有以《孙子》为用仁义、使机权者。梅圣俞、郑厚、杜牧三人所取态度及立场，大抵上与兵形势孙子学、儒家孙子学、兵权谋孙子学相类。

清代顾福棠认为，兵事讲究用兵之法与用兵之术，而用兵之法，即用兵之常，是大体不变的通则；用兵之术，即用兵之变，是临机制变之技巧。法，多体现为庙算，是为战略性方案，而术则是随时都可能变化的具体应变方法。由于常法易用，而变法难通，故孙子著兵法传世，而“《孙子》一书，其尤兵之最尚奇变者也”。因是之故，顾福棠之孙子学，实乃兵形势孙子学。比如，曹操认为《始计》中的“道”即“道之以教令”，张预则说是“恩信道义”，顾福棠却说：“曹、张之说非。正义也，道理也。凡我出兵必先计有不得不用兵之理，然后一国之人皆有不得不战之心。”① 顾福棠并不受儒家政治的影响，而是从战争本身来解读《孙子》十三篇，更加重视战术的思考，而不是儒家思想的发挥。顾福棠认为“五事”“七计”皆为用兵之常法，而用兵之高下则在于对常法的变化，故曰：“以上五事，常法也。凡为将者，莫不共闻。但深明其变化则胜，否则败。以上五事所谓‘经之以五’也，以下七事所谓‘校之以计而索其情’也。此句结上以起下。孰有道、孰有能、孰得、孰行、孰强、孰练、孰明者，言我与敌相较现在之长短，以索后来胜负之情。”②《始计》云：“计利以听，乃为之势，以佐其外。势者，因利而制权也。”顾福棠曰：“计利以听者，言君定计于内，然后使大将奉命而行，是计之本也。乃为之势，以佐其外者，言大将临时作势，以治于外，是计之辅也，故曰佐。‘因利制权’，申明上句‘所以为之势’之义也。权何由制？以诡道制之也。”③ 顾福棠解读，君王定计于内，为计之本；将领作势于外，为计之辅。本者，战略也；辅者，战术也。如何作势？因利制权也；如何制权？用诡道也。战略须用战术来贯彻，所体现者为常法；战术须用战略来指导，所

---

① 谢祥皓、刘申宁辑：《孙子集成》第19册，齐鲁书社1993年版，第160页。

② 谢祥皓、刘申宁辑：《孙子集成》第19册，齐鲁书社1993年版，第164~165页。

③ 谢祥皓、刘申宁辑：《孙子集成》第19册，齐鲁书社1993年版，第169页。

体现者为变法，而战术之根本在诡道。

民国时期夏寿田对孙子学的看法，主要表现为战术孙子学，即兵形势孙子学。他认为，治国为本，治兵为末；治兵为本，治战为末。而《孙子》为治战之言，决胜于庙算，始于《作战》，终于《用间》，其言虽未及于治兵者，然而深知治国之道，以及谋国者所以用兵之本意。何以言之？孙子云："先为不可胜，以待敌之可胜。先为不可胜者，治国治兵之事也；以待敌之可胜者，治战之事也。"① 然而其在选注《孙子》时，则体现清代朴学风格。

兵家形势，多是狭义之形势，属于战术范畴。若放眼观之，凡形成某一局势、态势而可依此成功者，亦是形势。此为政治、军事、经济、社会、民意等综合而成之广义形势，属于战略甚或政略范畴。明代罗钦顺对此有精辟之言，云："凡用兵制胜，以识形势为先。然有天下之形势，有一方之形势，有战阵间之形势，得之则成，失之则败。成败之为利害，有不可胜计者矣。今之儒者，鲜或谈兵，要之，钱谷甲兵皆吾人分内事，何可以不讲也？且如唐安禄山既犯东京，眷留不去。李泌、郭子仪皆请先取范阳以覆其巢穴，此真识形势者也。肃宗急于收复，不从其策，河北之地由此失之，终唐之世而不能复。黄巢横行入广，高骈请分兵守郴、循、梧、昭、桂、永数州之险，自将由大庾度岭击之，此真识形势者也。使从其言，巢直置中兔尔。而当国者曾莫之省，巢果覆出为恶，遂致滔天。然则，形势之所系岂小哉？"② 由此言之，兵之形势，有大者，有中者，有小者；有一隅者，有一域者，有全局者；有一时者，有多时者，有长时者。随形势而动，方为知形顺势。兵形势学之要，尽在此矣。

---

① 夏寿田撰：《刘文屋孙子释证叙》，见谢祥皓、刘申宁辑《孙子集成》第 21 册，齐鲁书社 1993 年版，第 91 页。

② 〔明〕罗钦顺撰：《困知记》卷上《凡八十一章》"六〇"条，见《文渊阁四库全书》第 714 册，台湾商务印书馆 1986 年版，第 293 页。

第三节 兵阴阳孙子学

一、兵阴阳孙子学的渊源

《孙子兵法》吸取了兵阴阳元素，有少量的兵阴阳内容，兹罗列于下：

《行军》篇云："凡军好高而恶下，贵阳而贱阴，养生而处实，军无百疾，是谓必胜。丘陵堤防，必处其阳，而右背之。此兵之利，地之助也。"

《虚实》篇云："故五行无常胜，四时无常位，日有短长，月有死生。"

《火攻》篇云："时者，天之燥也；日者，月在箕、壁、翼、轸也。凡此四宿者，风起之日也。"

然而，《孙子兵法》吸纳兵阴阳元素，是取其朴素的唯物论意义，并非兵阴阳学派所依赖的望气、星占、气占、鬼神、术数等神秘意义。其《用间》开篇明确地说，兵家不可依靠鬼神、天象作出判断，而是要重视人的作为。这是孙武子本意，而作为孙子学重要组成部分的兵阴阳孙子学，却也不能不予以观照。具体地说，历史的车轮驶入战国秦汉，《孙子兵法》在内容上有了很多的增衍和附会，由十三篇扩增到八十二篇。而在十三篇之外的六十九篇中，从辑存的《孙子》佚文看，有不少是兵阴阳学的内容。

《隋书·经籍志》著录《孙子杂占》四卷，《太平御览》引其文曰："孙子占曰：三军将行，其旌旗从容以向前，是为天送，必亟击之，得其大将。三军将行，其旌旗垫然若雨，是为天沾，其帅失。三军将行，旌旗乱于上，东西南北无所主方，其军不还。三军将阵，雨师，是为浴师，勿用阵战。三军将战，有云其上而赤，勿用阵，先阵战者，莫复其迹。三军方行，大风飘起于军前，右周绝军，其将亡，右周中，其师得粮。"① 清代毕以珣称此为《孙子杂占》遗文也，而《孙子杂占》当属《汉书·艺文志》著录《吴孙子》八十二篇中的文字。

---

① 谢祥皓、刘申宁辑：《孙子集成》第24册，齐鲁书社1993年版，第20页。

银雀山汉墓竹简《孙子兵法》佚文有一些兵阴阳的内容。《黄帝伐赤帝》中所讲的南伐赤帝，东伐青帝，北伐黑帝，西伐白帝，右阴，顺术，倍冲，既胜四帝，大有天下，云云，实为兵阴阳孙子学理论。虽然《十陈（阵）》中所讲的方阵、圆阵、疏阵、数阵、锥形阵、雁行阵、钩行阵、火战阵、水战阵等阵法属于兵形势范畴，但阵法往往借助天象、天气、地形等变化之情，利用阴阳消长之理而变换阵型，使敌人感到扑朔迷离，无所施为，从而取胜，故又有兵阴阳元素。《地形二》所讲山陵、水泽之方位实际也是兵阴阳之一种。

战国秦汉时期，阴阳谶纬之学非常流行，长沙马王堆、临沂银雀山汉墓、阜阳双古堆汉简都有大量的阴阳类文献，如马王堆《刑德》《辟兵图》《五星占》等，银雀山《地典》《牝牡城》等，双古堆《刑德》《日书》《星占》等残简，一是说明阴阳学在战国秦汉十分流行，二是说明阴阳学在军事上有广泛应用。《汉书·艺文志》著录的兵阴阳著作，以及天文、历谱、蓍龟、杂占、五行等，凡二百余种，说明阴阳学和兵学关系密切。有的兵阴阳著作，比如《五音奇胲用兵》，却著录在五行类。阴阳学渗入兵学中的现象非常普遍，虽然有如孙武子、吴起子、尉缭子等兵家对阴阳学保持警惕，只吸取其原始、朴素的唯物元素者，但是同时代的其他兵书，如《六韬》《三略》却于此有较多的关注和吸纳。

兵阴阳学的具体表现，就是关于兵事的卜筮、天象、云气、式占、象占、风角、择吉、谶纬、祝祷、厌胜、巫蛊等阴阳术数，与道教的方技、科仪、符箓紧密相连，以道教的神秘道术在精神上、意志上摧垮敌人，张扬自己，虽然兵阴阳和道教是不同的两个概念，但是在战争中往往会如影随形地结合在一起。有人说，运用道术从事战争活动，比较符合班固界定的兵阴阳家的特征，所以道教可以视为兵阴阳学发展的一种形式或一个阶段。①

兵阴阳学的功用，在兵家看来，是召唤和团结军民克敌制胜的手段。银雀山汉墓竹简《孙膑兵法·行篡》云：“阴阳，所以聚众合敌也。”② 所谓

---

① 邵鸿：《兵阴阳家与汉代军事》，载《南开学报》2002 年第 6 期。

② 〔战国〕孙膑撰，银雀山汉墓竹简整理小组编：《孙膑兵法》，文物出版社 1975 年版，第 69 页。

“合敌”，就是与敌正面交战。尽管有明智的兵家深知兵阴阳的荒诞性，但是在战争实践中又不得不以之为凝聚、鼓舞己方士气而消减敌人士气的一种手段。因为他们不得不面对阴阳思想在兵士头脑中占据着一定支配地位的现实，即兵阴阳思想一定程度上支配着士兵的观念和行为。孙膑虽然继承了孙武子兵阴阳思想中的朴素唯物论因素，但是偏离了正确的方向，向着神秘主义发展，其《月战》云：“十战而六胜，以星也。十战而七胜，以日者也。十战而八胜，以月者也。十战而九胜，月有……［十战］而十胜，将善而生过者也。”① 月战是根据日月星辰、阴阳四时而战。古人认为日为阳精，月为阴精，兵主杀伐，乃阴之道。故一般认为行兵在月盛之时比较适宜，而不主张选择晦日，因为晦日是月终之时，象征阴精尽散。故兵家尚望日，而忌晦日。这一观念自春秋战国以至清代，均相沿不灭。孙膑讲月战，是为了论证其抚时而战的思想，也是为了强调天时、地利、人和三者同时具备，对战争取胜有着至关重要的作用。虽然孙膑在此三者中特别尊重人的作用，认为“间于天地之间，莫贵于人……天时、地利、人和，三者不得，虽胜有殃”②，但是其阴阳思想在兵学中的地位也不容忽视，而与《孙子兵法》“天者，阴阳、寒暑、时制也”的朴素唯物观念大相径庭。汉代兵书《淮南子·兵略训》云：“明于星辰日月之运，刑德奇賅之数，背乡左右之便，此战之助也，而全亡焉。”③ 其对阴阳学的运用与《孙膑兵法》所云“无方而战者，小胜以付磨”相同。所谓“付磨”，就是符合星历之数，即《管子·四时》所谓星德、日德、月德。具体是，东方为星德，在时为春，在气为风，其德喜赢；南方为日德，在时为夏，在气为阳，阳生火与气，其德施舍；北方为月德，在时为冬，在气为寒，寒生水与血，代表甲兵和五谷，其德淳越温怒。兵阴阳所云刑德，所包含的内容较多，指天官、时日、阴阳、向北等。刑即杀伐，德指

① 〔战国〕孙膑撰，银雀山汉墓竹简整理小组编：《孙膑兵法》，文物出版社 1975 年版，第 57 页。

② 〔战国〕孙膑撰，银雀山汉墓竹简整理小组编：《孙膑兵法》，文物出版社 1975 年版，第 57 页。

③ 张双棣著：《淮南子校释》，北京大学出版社 1997 年版，第 1560 页。

星德、日德、月德等。

《孙膑兵法·地葆》以地形与阴阳五行相配，曰：“凡地之道，阳为表，阴为里……南阵之山，生山也。东阵之山，死山也。东注之水，生水也。北注之水，死水。不流，死水也。五地之胜曰：山胜陵，陵胜阜，阜胜陈丘，陈丘胜林平地。五草之胜曰：藩、棘、椐、茅、莎。五壤之胜：青胜黄，黄胜黑，黑胜赤，赤胜白，白胜青。五地之败曰：溪、川、泽、斥。五地之杀曰：天井、天宛、天离、天隙、天柖。五墓，杀地也，勿居也，勿□也。”①这就是班固所说的兵阴阳“因五胜”。

《汉书·艺文志》著录《齐孙子兵法》八十九篇、图四卷，其中有大量的衍增内容，衍增的内容中肯定有不少兵阴阳内容。然而大约在汉代，其书失传。究其缘由，大概是世人重《吴孙子兵法》而轻《齐孙子兵法》。那么，世人为何对此两者有轻重之别？除了《孙子兵法》具有更高的抽象性和战略性，《孙膑兵法》虽然也是兵权谋类即战略类著作，但是与《孙子兵法》相比来讲，其战术性，亦即包含的形势类兵法的内容比《孙子兵法》多得多。其上编十五篇既讲权谋（战略），又讲形势（战术）。《擒庞涓》讲桂陵之战围魏救赵的经过，《威王问》记录孙膑与齐威王、田忌讨论在兵力不同的情况下如何用兵作战的战术、战法，讲得非常具体。《陈忌问垒》讲在未能构建营垒时如何组织兵力进行作战，也是很具体的战术、战法。《八阵》既讲战略问题，也讲战术问题，主要是讲布阵作战之法，具体地就是要根据敌情和地形决定战术、战法：“用八阵者，因地之利，用八阵之宜。用阵三分，诲阵有锋，诲锋有后，皆待令而动。斗一，守二。以一侵敌，以二收。敌弱以乱，先其选卒以乘之。敌强以治，先其下卒以诱之。车骑与战者，分以为三，一在于右，一在于左，一在于后。易则多其车，险则多其骑，厄则多其弩。险易必知生地、死地，居生击死。”②《地葆》讲地形的阴阳生死及其五胜，实

① 〔战国〕孙膑撰，银雀山汉墓竹简整理小组编：《孙膑兵法》，文物出版社 1975 年版，第 61 页。

② 〔战国〕孙膑撰，银雀山汉墓竹简整理小组编：《孙膑兵法》，文物出版社 1975 年版，第 59~60 页。

际上讲处军之法。《势备》讲阵、势、变、权，是关于形势和权谋问题。《兵情》讲士卒、将帅和君主如何配合方能取胜的道理。《行篡》讲选贤用能。《杀士》讲如何使士卒效死。《延气》讲激励士气。《官一》讲阵法战法。《强兵》讲富国强兵之道，属于战略范畴，但也有讲战术的文字，如讲到“此齐之所以大败燕”“此齐之所以大败楚人反”“大败赵”“人于啮桑而擒汜皋”“擒唐□也”等，均为讲战法及战例者。《孙膑兵法》下编十五篇大多讲战术问题，属于兵形势的范畴。其中还有兵阴阳的内容，比如《雄牝城》就是讲城之阴阳生死。《汉书·艺文志》把《孙膑兵法》著录在兵权谋类，但是检视其内容，还是把它归于兵形势类比较合适。《孙膑兵法》曾经失传大抵上还是因为其过于具体的表述及战术战法的文字，和《孙子兵法》相比，其哲理性、普适性、抽象性大有逊减。

民国时期湘阴人周传铭论及孙子兵阴阳内容，认为它是《孙子》遗文，原本在八十二篇之内，而今传世之十三篇本，大概是秦火之后幸存篇章的部分内容，其云：

> 据《汉书·艺文志》所载，《孙子兵法》计有八十二篇、图九卷，则今传之十三篇本，或即秦火后全部之精华，为后人所拔选如四子书例是也。据闻，尚有问答若干篇，或为见吴王后互相讨论研究兵法之词，亦即诸传记中所谓孙子遗文是也。尚有《八阵图》一卷，为郑注之《周礼》所引。至云《兵法杂占》四卷，完全系行军作战遭遇天变、以为占卜之用，《太平御览》中亦曾载之。其他如《牝八变阵图》一卷，及《战斗六甲兵法》一卷，均见《隋经籍志》。《三十二垒经》一卷，见《唐艺文志》。《兵法捷要》七卷，载于《唐志》，是皆在八十二篇之内也。原拟汇集，标曰“孙子兵经详解”，细玩其书，如“兵法杂占八变阵图集”，则偏于阴阳家之言。如“六甲兵法”，则近方术。如“兵书捷要”及“三十二垒”两种，皆已失去时代性，早为古代儒家所不屑道，亦无补于现代之战略战术，是不果集。独此十三篇，固为历代兵家之祖，亦近代战略之根本原则，故

不可不加以深切之研究。①

二、兵阴阳孙子学的流变

由于《孙子兵法》元典中含有兵阴阳元素，故后世以此阐释、附会孙武子的兵阴阳思想，实际上已经不是孙武子思想的本来面目，但是作为孙子学的一个重要组成部分，还是有必要对其流变作一番梳理。

明代陈珂、陈天策断注的《孙武子断注》之《火攻》篇云："兵法四种，不离乎阴阳。"② 据此可知，在古典兵法中，兵阴阳内容还是较多的。后世文献对《孙子兵法》佚文中的兵阴阳亦有引录，比如汉代桓宽《盐铁论·论功》引曰："《孙子》八阵，有苹车之阵。"③ 兵家阵法更多地属于兵阴阳的范畴，除了阵法变换，还与阴阳、五行、气色、星历、祭禳等术数紧密结合。

南朝梁代孟氏注《孙子》，表现其一定的兵阴阳倾向。如释"天"曰："兵者，法天运也。阴阳者，刚柔盈缩也。用阴则沉虚固静，用阳则轻捷猛厉。后则用阴，先则用阳。阴无蔽也，阳无察也。阴阳之象无定形，故兵法天。天有寒暑，兵有生杀。天则应杀而制物，兵则应机而制形。故曰天也。"④

唐代李筌之孙子学，一方面体现其兵权谋思想。其注解"乱军引胜"云："引，夺也。兵，权道也，不可谬而使处。"⑤ 注"胜兵先胜而后求战，败兵先战而后求胜"曰："计与不计也。"⑥ 均以计谋而非形势、强弱、地形、辎重、粮秣、战术等为取胜之关键。注"数生称"曰："分数既定贤智之多少，得贤者重，失贤者轻，如韩信之论楚汉也。须知轻重、别贤愚而称之，锱铢

---

① 谢祥皓、刘申宁辑：《孙子集成》第21册，齐鲁书社1993年版，第625~626页。

② 于汝波等编：《孙子学文献提要》，军事科学出版社1994年版，第54页，"孙武子断注三卷"条释文。

③ 吴如嵩、苏桂亮主编：《孙子兵学大辞典》，白山出版社2015年版，第823页。

④ 谢祥皓、刘申宁辑：《孙子集成》第1册，齐鲁书社1993年版，第368页。

⑤ 谢祥皓、刘申宁辑：《孙子集成》第1册，齐鲁书社1993年版，第429页。

⑥ 谢祥皓、刘申宁辑：《孙子集成》第1册，齐鲁书社1993年版，第445页。

则强。”① 李筌对《孙子》十三篇次序安排，亦作主于权谋解，李筌曰：“孙子论兵，始于计而终于间者，盖不以攻为主，为将者可不慎之哉?”② 不以攻为主，则以谋为主，其意了然。另一方面体现了其兵阴阳思想，可谓兵阴阳孙子学的代表。其注解《孙子》，将近一半的内容以兵阴阳解之，尤喜以太一遁甲之法解之。在李筌看来，《孙子》十三篇乃太一遁甲等兵阴阳学之精髓。即使开篇释“计”，亦云：“计者，兵之上也。《太一遁甲》先以计神加德宫，以断主客成败。故孙子论兵，亦以计为篇首。”③ 李筌注“治乱，数也”云：“历数也。百六之灾，阴阳之数，不由人兴，时所会也。”④ 之所以出现把孙武子既作兵权谋家看，又作兵阴阳家看的情况，一是因为兵权谋本身就兼容并包兵家各派思想，二是体现了注家本身的思想偏好，在其注解中，融入了注者自身的兵学见解和学术倾向。若以此反观李筌之兵学思想，则可知其是一位倾向于兵权谋和兵阴阳的孙子学学人。

唐代虞世南《北堂书钞》卷一一五引《兵法》曰：“风雨可障者，有象也；寒暑不可塞者，无形也。故良将慎密，其动如神。”⑤

《李卫公问对》卷上引《八阵图》曰：“以前为后，以后为前，进无速奔，退无遽走。四头八尾，触处为首，敌冲其中，两头皆救。数起于五，而终于八。”⑥

《春秋左传注疏》卷一五孔颖达疏引《兵法》曰：“右背山陵，前左水泽。”⑦

宋代李昉等《太平御览》引《孙子》文云：“《孙子》称司云气，非云，

---

① 谢祥皓、刘申宁辑：《孙子集成》第1册，齐鲁书社1993年版，第448页。

② 谢祥皓、刘申宁辑：《孙子集成》第1册，齐鲁书社1993年版，第687页。

③ 谢祥皓、刘申宁辑：《孙子集成》第1册，齐鲁书社1993年版，第361页。

④ 谢祥皓、刘申宁辑：《孙子集成》第1册，齐鲁书社1993年版，第465页。

⑤〔清〕纪昀等修：《文渊阁四库全书》第889册，台湾商务印书馆1986年版，第562页。

⑥〔清〕纪昀等修：《文渊阁四库全书》第726册，台湾商务印书馆1986年版，第146页。

⑦〔清〕纪昀等修：《文渊阁四库全书》第726册，台湾商务印书馆1986年版，第348页。

非烟，非雾，形似禽兽，客吉，主人忌。”又引《孙子占》曰：“三军将行，其旌旗从容向前，是为天送，必亟击之，得其大将。三军将行，其旌旗垫然若雨，是为天沾，其师失。三军将行，旌旗乱于上，东西南北，无所主方，其军不还。三军将阵，雨甚，是为浴师，勿用阵战。三军将战，有云其上而赤，勿用阵。先阵战者，莫复其迹。三军方行，大风飘起于军前，右周绝军，其将亡；右周中其师，得粮。”①

以上唐宋文献所引《兵法》之文，实际上是《孙子兵法》十三篇之外的内容，是战国秦汉时期所增加的兵阴阳成分，故视之为孙子学之流变而非孙子学之源头比较合适。

宋代郑樵《通志》把兵书分为军律、营阵、兵阴阳、边策四类，可见宋代兵阴阳书比较多，在兵书中专列一类。《隋书·经籍志》《通志·艺文略》著录《孙子八阵图》一卷（《日本国见在书目》则著录为《孙子兵法八阵图》），又著录《吴孙子牝牡八变阵图》二卷、《孙子兵法杂占》四卷；《隋书·经籍志》《山东通志》《苏州府志》著录《孙子战斗六甲兵法》一卷；《旧唐书·经籍志》《新唐书·艺文志》著录《吴孙子三十二垒经》（《通志·艺文略》著录为《吴孙子三十三垒经》）；《读书敏求记》著录《孙武子行军气色占》（今存《琳琅秘室丛书》本）。直到清代，还有兵阴阳孙子学著作，如《述古堂书目》著录《孙武子三家天文军镜九宫行营》。这些兵阴阳孙子学著作均已亡佚，具体内容不得而知。不过，从文献中搜寻到几条关于兵阴阳孙子学的文字，辑录以供参研：

宋代李昉等《太平御览》卷三五七引录《吴孙子三十二垒经》云：“灵辅曰：移车移旗，以顺其意，衔枚而陈，分师而伏；后至先击，以战则克。”②

宋代徐梦莘《三朝北盟会编》卷六五《靖康中帙》云：“郭京者，献《六甲法》欺绐朝廷，尤为妖妄。臣在都堂客次，适与京遇，因问京曰：‘学士院中书省街司十数辈，尽投六甲兵去矣。此市井小儿，岂堪战耶?’京曰：

---

① 〔宋〕李昉等编：《太平御览》，中华书局1960年版，第1508页。
② 〔宋〕李昉等编：《太平御览》，中华书局1960年版，第1643页。

‘只要他拾敌人头耳。’臣又问曰：‘用谁斩敌人而使此辈拾耶?’京不答，面愠怒发赤。”① 引文所云《六甲法》当为《孙子战斗六甲兵法》，可知在宋代还有传本。

宋代钱塘厉鹗《南宋院画录》卷五“梁楷”条云：“梁楷画之传世者：《孙子牝牡八变阵图》一、《太乙三宫用兵阵图》一、《章贤十二时云气图》一、《世室明堂宗庙位次图》一、《天蓬像》一、《天猷像》一、《天王图》二、《罗汉像》六、《钟馗图》一。”② 梁楷善画人物山水、道释鬼神，师贾师古，描写飘逸，青胜于蓝。嘉泰年间画院待诏，赐金带，楷不受，挂于院中而去。嗜酒自乐，号曰梁风子。院人见其精妙之笔，无不敬伏，但传世者皆草草，谓之减笔。说明宋宁宗嘉泰年间《孙子牝牡八变阵图》有传本存世，而梁楷方可摹画之。

宋代许洞《虎钤经》，其名虽与《孙子兵法》甚不相类，然其实质内容是演绎《孙子兵法》和诠释李筌《太白阴经》之意，故从源流来说，亦可谓兵阴阳孙子学在宋代的流变。《四库全书总目》说得甚为明白透彻，兹引录于下：

> 《虎钤经》二十卷，宋许洞撰……是书卷首有洞进表及自序，大意谓《孙子兵法》奥而精，学者难于晓用，李筌《太白阴符经》论心术则秘而不言，谈阴阳又散而不备，乃演孙李之要，而撮天时人事之变，备举其占：凡六壬、遁甲、星辰、日月、风云、气候、风角、鸟情，以及宣文、设奠、医药之用、人马相法，莫不具载，积四年书成，凡二百十篇，分二十卷，名曰《虎钤经》。大都汇辑前人之说，而参以已意，惟第九卷所载《飞鹗》《长虹》《重覆》《八卦》《四阵》及《飞辕寨》诸图，为洞自创耳。其《四阵》统论，自以为远胜李筌所纂，其间亦多迂阔诞渺

① 〔清〕纪昀等修：《文渊阁四库全书》第350册，台湾商务印书馆1986年版，第518页。

② 〔清〕纪昀等修：《文渊阁四库全书》第829册，台湾商务印书馆1986年版，第608页。

之说，不足见诸施行，然考《汉书·艺文志》兵家者流，有兵权谋、兵形势、阴阳诸类，凡七百余篇。盖古来有此专门之学。今《汉志》所录者久已亡佚，而洞独能掇拾遗文，撰次成帙，不可谓非一家之言，录而存之，亦足以备一说也。①

明代兵学家赵本学善以易学推演兵家之奇正虚实变化，而易学以阴阳变化为核心内容，故其兵学思想主要是兵阴阳理论，其解《孙子》亦多贯彻其虚实、奇正等阴阳思想。比如，解《孙子》之《虚实》篇“攻而必取者，攻其所不守也”云：“示形在东而攻在西，示形在近而攻在远。”以朱隽攻黄巾军为例：朱隽鸣鼓攻城之西南，黄巾军悉众赴之，隽则自引兵五千余攻城之东北，乘城而入。又解“守而必固者，守其所不攻也”云：“敌攻其东，我备其西；敌攻其远，我备其近。”又以周亚夫在昌邑为例：吴兵奔壁东南陬，亚夫令备西北，已而吴之精兵果奔北而不得入。② 这种解释应该比较符合孙武子本意，即攻阴则备阳，攻阳则备阴，非不攻阴阳也，乃攻阴而备阳，攻阳而备阴也。这是对兵阴阳学的唯物论阐释和运用。

兵阴阳孙子学源于《孙子兵法》，而《孙膑兵法》以阴阳五行之术发明之，将孙武子的朴素唯物主义兵阴阳改造为唯心主义、神秘主义兵阴阳。从孙武子所处的春秋末年到孙膑所处的战国前期，时代进步了，而孙膑的兵阴阳观却退步了。自战国至汉魏南北朝，产生了大量的孙子学著作，其中不少著录于官私书目文献，直至清代还有兵阴阳孙子学著作的撰作，如《述古堂书目》著录清代佚名《孙武子三家天文军镜九宫行营》，说明兵阴阳孙子学还是有一定的生存的社会土壤和传播的社会需求，并没绝迹。

从文献著录看，兵阴阳孙子学的兴盛期在汉魏南北朝，隋唐以后著录于文献的兵阴阳孙子学著作渐少，这说明兵阴阳孙子学逐渐走向衰微，而其著作亡佚的根本原因，就是兵阴阳学没有什么生命力，其欺狂、荒谬、虚妄的

---

① 〔清〕永瑢等编：《四库全书总目》，中华书局 1965 年版，第 838 页。

② 谢祥皓、刘申宁辑：《孙子集成》第 5 册，齐鲁书社 1993 年版，第 198~199 页。

内容不管在什么时代都不为主流兵家所认可，只被一些愚蠢之人深信不疑，或者只为某些兵家所利用而已。上文提到的徐梦莘所云郭京者，《宋史・孙傅传》载其事曰："金人围都城，傅日夜亲当矢石。读丘濬《感事诗》，有'郭京、杨适、刘无忌'之语，于市人中访得无忌，龙卫兵中得京。好事者言京能施六甲法，可以生擒二将而扫荡无余，其法用七千七百七十七人。朝廷深信不疑，命以官，赐金帛数万，使自募兵，无问技艺能否，但择其年命合六甲者。所得皆市井游惰，旬日而足。有武臣欲为偏裨，京不许，曰：'君虽材勇，然明年正月当死，恐为吾累。'其诞妄类此。"①

第四节 兵技巧孙子学

一、兵技巧孙子学的渊源

班固所定义的兵技巧，有三个层面的内涵，一是"习手足"，加强体能训练，使手足灵活有力，柔韧力、弹跳力、爆发力、耐受力都适合作战需要。春秋战国时期有蹴鞠、投石、超距等运动，都是很好的手足军事训练，这是从人的层面来说；二是"便器械"，改良兵器兵械，刀、剑、戟、矛、弓箭、甲胄等短长兵器都要用得灵便称心，兵士作战技能提高以后，还要有使用便利的兵器兵械，这是从武器使用层面来说；三是"积机关"，战争需要积聚攻守器具或设备，比如行军车、攻城车、辎重车、瞭望车、抛石机、铁蒺藜、云梯、壕堑、城墙、城门、关隘、要塞、营垒等。这些大型军事器具和军事设施，不是一时能备好，而是如《孙子》之《谋攻》篇所讲："修橹轒辒，具器械，三月而后成；距堙，又三月而后已。"要花好几个月才能准备停当。由此可知，兵技巧是关于人和器物如何结合得更好的技巧性知识体系，是关于实战的个体性和集体性技能和技术问题。

---

① 〔元〕脱脱撰：《宋史》，中华书局1977年版，第11137页。

二、兵技巧孙子学的流变

自古以来，兵技巧含义虽未多变，都是习器械、便手足之意，但是一代有一代之兵器，也就一代有一代之技巧。若要讲孙子学之兵技巧演进，则实难焉。因孙子学重在战理、谋略，薄于技巧、器物，故后世释《孙子》者，亦不出此范围。故历代注解《孙子》之作，所流露的兵学观念及所体现的学派特征，从传世文献看，似乎没有形成兵技巧孙子学派。但是从传世的《孙子》佚文以及《汉志》著录《孙子》八十二篇看，其中有并应该有专谈兵技巧的内容，所以兵技巧孙子学派是曾经存在过的。只是技巧随时代变化，前代之技巧不适于后代之使用，故兵技巧资料和兵阴阳资料一样易于散失。

然而，历代亦有谈到兵技巧之运用与训练者，也算是兵技巧之观念不曾断绝。汉代去春秋战国未远，器械更新不多。汉代班固有一些关于兵技巧文字的引录。比如，《汉书·袁盎晁错传》引《兵法》曰："一曰得地形，二曰卒服习，三曰器用利。"又引《兵法》曰："丈五之沟，渐车之水，山林积石，经川丘阜，中木所在，此步兵之地也，车骑二不当一。土山丘陵，曼衍相属，平原广野，此车骑之地，步兵十不当一。平陵相远，川谷居间，仰高临下，此弓弩之地也，短兵百不当一。两陈相近，平地浅（草），可前可后，此长戟之地也，剑楯三不当一。（萑）苇竹萧，草木蒙茏，支叶茂接，此矛鋋之地也，长戟二不当一。曲道相伏，险厄相薄，此剑楯之地也，弓弩三不当一。士不选练，卒不服习，起居不精，动静不集，趋利弗及，避难不毕，前击后解，与金鼓之（音）相失，此不习勒卒之过也，百不当十。兵不完利，与空手同；甲不坚密，与袒裼同；弩不可以及远，与短兵同；射不能中，与亡矢同；中不能入，与亡镞同，此将不省兵之祸也，五不当一。"又引《兵法》曰："器械不利，以其卒予敌也；卒不可用，以其将予敌也；将不知兵，以其主予敌也；君不择将，以其国予敌也。四者，（国）之至要也。"①

唐代杜佑对兵技巧亦有关注，其《通典》卷一二〇引《孙子》曰："强

① 〔汉〕班固撰：《汉书》，中华书局1962年版，第2279~2280页。

弱长短杂用。”《通典》又曰：“远则用弩，近则用兵，兵弩相解也。”《通典》又曰：“以步兵十人击之骑一匹。”①

唐代李筌在其《太白阴经》中讲到选士有十种，依次是善于谋划的智能之士、善于游说的辩论之士、善于获取情报的间谍之士、熟悉地利的向导之士、善于制造攻守器具的技巧之士、善用器具而搴旗摭鼓的猛毅之士、善乘奔马出入营垒战场的趫捷之士、善于行走的疾足之士、善于负重的巨力之士以及善用五行三式、阴阳天道的技术之士。唐代较之春秋战国，兵技巧有很大发展，便器械、习手足、积机关等的内容更加丰富，所以在十士之中，属于技巧之士者，不独是善于使用作战器械之士，而且有猛毅之士、趫捷之士、疾足之士、巨力之士。孙武子时代，没有骑兵，而在战国以降，骑兵兴起，故骑兵中的佼佼者，亦属兵技巧范畴。而任宏、班固所谓兵阴阳，在李筌则为兵技巧；而兵权谋、兵形势，在李筌则为智能之士。兹引录李筌关于“十士”的论述于下：

> 夫选士以赏，赏得其进；用士以刑，刑慎其退。古之善选士者，悬赏于中军之门，有深沉谋虑出人之表者，以上赏而取之，名曰智能之士。有辞纵理横、飞箝捭阖、能移人之性、夺人之心者，以上赏而礼之，名曰辩说之士。有得敌国君臣问间请谒之情性者，以上赏而礼之，名曰间谍之士。有知山川水草次舍、道路迂直者，以上赏而礼之，名曰乡导之士。有制造五兵、攻守利器、奇变诡谲者，以上赏得而厚之，名曰技巧之士。有引五石之弓矢贯重札、戈矛剑戟便于利用、陆搏犀兕、水攫鼋鼍、佻身捕虏、搴旗摭鼓者，以上赏得而抚之，名曰猛毅之士。有立乘奔马、左右超忽、逾越城堡、出入庐舍而亡形迹者，上赏得而聚之，名曰趫捷之士。有往返三百里不及夕者，上赏得而聚之，名曰疾足之士。有力负六百三十斤行五十步者，上赏

① 〔清〕纪昀等修：《文渊阁四库全书》第605册，台湾商务印书馆1986年版，第200页。

得而聚之，或二百四十斤者，次赏得而聚之，名曰巨力之士。有步五行，运三式，多言天道、阴阳、诡谲者，下赏得而存之，名曰技术之士。夫十士之用，必尽其才，任其道。①

章学诚不是兵家，但他梳理了《汉志》中关于兵书的著录，谈到兵技巧书的分类及流传情况：

《孙武兵法》八十二篇，注“图九卷”，此兵书权谋之首条也。按《孙武传》：“阖闾谓孙武曰：‘子之十三篇，吾尽观之矣。’”阮孝绪《七录》：《孙子兵法》三卷，十三篇为上卷，又有中下二卷。然则杜牧谓魏武削其数十万言为十三篇者，非也。盖十三篇为经语，故进之于阖闾，其余当是法度名数，有如形势、阴阳、技巧之类，不尽通于议论文词，故编次于中下，而为后世亡逸者也。十三篇之自为一书，在阖闾时已然，而《汉志》仅记八十二篇之总数，此其所以益滋后人之惑矣……八十二篇之仅存十三，非后人之删削也。大抵文辞易传而度数难久，即如同一兵书，而权谋之家尚有存文，若形势、阴阳、技巧三门，百不能得一矣……即如《孙武》《孙膑》书列权谋之家，而《孙武》有图九卷，《孙膑》有图四卷，书篇类次，犹之可也；图则断非权谋之篇所用者矣，不为形势之需，必为技巧之用，理易见也……郑樵言任宏部次有法，今可考而知也：权谋，人也；形势，地也；阴阳，天也。孟子曰：“天时不如地利，地利不如人和。”此三书之次第也。权谋，道也；技巧，艺也。以道为本，以艺为末，此始末之部秩也。②

章学诚虽未专讲兵技巧书之流传及学术之演变，但是讲到《孙子》八十

---

① 〔唐〕李筌撰：《神机制敌太白阴经·选士篇第十六》，见《丛书集成初编》本，商务印书馆影印1936年版，第31~33页。

② 〔清〕章学诚著，王重民通解：《校雠通义·汉志兵书第十六》，上海古籍出版社1987年版，第123~126页。

二篇，流传下来的多为兵权谋内容，即传本《孙子》十三篇，而形势、阴阳和技巧等内容“百不能得一”。因此之故，兵技巧孙子学之后世传扬不盛，也就不足为奇。之所以如此，是因为兵权谋属道，兵技巧属器；兵权谋属战略，兵形势属战术，兵阴阳属术数，兵技巧属器物。中国文化历来重道轻器，故兵家四个流派，于后世流传中，权谋居首，形势次之，阴阳又次之，而技巧为末。检视孙子学流变规律，与此吻合。兵形势、兵阴阳与兵权谋相比，虽理论深度和高度不能与之比肩，但仍不乏理论阐述，唯独兵技巧缺乏理论体系，故兵技巧孙子学在后世流传中尤为不振。

第二章　从诸子流派看孙子学的流变

第一节　儒家孙子学

一、儒家孙子学渊源

兵家与儒家都讲仁义忠信，兵家以战争求和平，儒家以仁政求和平，二者殊途同归。孙武子《始计》讲将帅要“智、信、仁、勇、严”，“退不避罪，唯民是保”；《谋攻》讲要谋攻，不要强攻，要以全争天下；《军形》讲为君为将要修道保法，善战者之胜，“无智名，无勇功”；《地形》讲“视卒如婴儿”“视卒如爱子”；《火攻》讲“非利不动，非得不用，非危不战”；《用间》讲要不惜重金以亲间、厚间、用间，若不知敌情而战，则是“不仁之至”，故“非仁义不能使间”。凡此之类，都极富人文情怀，是儒家孙子学之本源，后世注家和研究者，皆依此向儒学方向展开。

李浴日撰作《兵事乃儒学之至精》，高谈兵家与儒家相通，伦理与战理相通，孔孟与孙吴相通，故以儒家作兵家讲，以兵家作儒家讲，未尝不可。其云：“古人说：‘兵乃儒学之至精。’精通儒学者，能文亦能武，能入相，亦能出将。原来儒学之先师孔子以六艺教人（其中射、御，即军事教育，至于礼、乐、书、数，亦与军事有关)，又深信自己必能将兵说：‘我战则克。’可见孔子能文能武，文武合一是儒家的基本精神。在历史上，如汉之陈汤、赵充国、祭遵、皇甫规、虞诩，蜀之孔明，晋之羊祜、杜预、陶侃、谢玄，唐之李靖、张巡、李光弼、郭子仪，宋之曹彬、范仲淹、韩琦、岳武穆、虞允文，明之刘伯温、王阳明、戚继光、史可法，清之曾国藩、胡林翼、左宗棠等，均为精通儒学之名将。再证之古人云：‘古来名将出通儒。’如《易经》的道理，前人已演为兵法，至于《论语》《孟子》《大学》《中庸》的道理，亦与战理相通。近有人著《论语兵学》一书，那么大家对于这个名言的意义更可充分了然。”①

儒家孙子学的强健发展，其消极影响是以儒家思想教化和羁縻军人，以儒家置于兵家之上，而不是以兵家为主体，以平等的地位借鉴和吸收儒家的某些思想，以致文人论兵，多停留在仁者无敌、不用诈伪之上，迂腐蠢笨而不能用。近代名将蔡锷痛陈其弊云：“军事是极质之事，二十三史，除班马而外，皆文人以意为之，不知甲仗为何物，战阵为何事，浮词伪语，随意编造，断不可信。”② 蔡将军评论虽然偏激，却也不无道理。

二、儒家孙子学流变

南朝梁代孟氏注《孙子》，虽依《孙子》文本而注，然其个性化的兵学思想亦见端倪，如注“地形者，兵之助也”，诸注家或谓天时不如地利，或谓主兵者乃仁义之道，地形仅作辅助，唯梁孟氏认为此句是说地利因人而险，更加明确地突出人的作用：“地利待人而险。”同样地形，不同人利用，其险易则不同。梁孟氏《孙子》注文不多，大多依文释义，故不足为据。然而此条注文，则使梁孟氏以人为本的兵学观呈现于前。其重视人的智慧、谋略作用，大类曹操。对此句与梁孟氏有相同注解的，还有王皙，其注曰：“兵道则在人。”孙武子主张要以威慑手段使敌国不能聚众和合交，云：“夫霸王之兵，

---

① 李浴日著：《兵学随笔（增订本）》，世界兵学社 1952 年版，第 34~35 页。

② 蔡锷辑录，蒋介石增补：《曾胡治兵语录增补本》，巴蜀书社 1995 年版，第 71 页。

伐大国，则其众不得聚；威加于敌，则其交不得合。”梁孟氏认为要使敌国不能聚众和合交的手段是义，故注曰：“以义制人，人谁敢拒?”诸家均解为以富强、威势、权力加于敌，使之惧怕而相离散，唯梁孟氏解为以义制人，人不可拒，认为义者无敌。这些都是儒家孙子学的体现，是把兵学作儒学讲的例证。

唐代杜牧表现其儒家孙子学特征，其注《始计》中的“道”为“仁义”，并引荀子之言，认为仁义乃修政之本，政修则民亲其上，乐以效其君，轻而为之死；又认为所谓阴阳，虽指五行、刑德、向背之类，但察其指归，皆本人事，表现其朴素的唯物论倾向。① 其于《形》篇注“修道而保法，故能为胜败之政”云：“道者，仁义也；法者，法制也。善用兵者，先修理仁义，保守法制，自为不可胜之政，伺敌有可败之隙，则攻能胜之。”② 注“夫地形者，兵之助也”云：“夫兵之主，在于仁义、节制而已。若得地形，可以为兵之助，所以取胜也。”③ 在这里，杜牧认为主兵者乃仁义爱信和军纪法度，而非地形。地形只能为胜兵之辅助。而机权变数，更是等而下之，只有在双方强弱之势已定之后，方可使用，故注“量生数”曰：“数者，机数也。言强弱已定，然后能用机变数也。”

宋代梅尧臣孙子学则受到理学影响。譬如，孙子曰：“是故百战百胜，非善之善者也。”梅尧臣曰：“恶乎杀、伤、残、害也。”④ 孙子曰：“水之形，避高而趋下。”梅尧臣曰：“性也。”孙子曰：“兵之形，避实而击虚。”梅尧臣曰：“利也。”⑤ 孙子曰：“穷寇勿迫。”梅尧臣曰：“困兽犹斗，物理然也。”⑥ 孙子曰：“军有所不击。”梅尧臣曰：“往无利也。”孙子曰：“城有所不攻。”梅尧臣曰：“有所害也。”孙子曰：“地有所不争。”梅尧臣曰：“得之

① 谢祥皓、刘申宁辑：《孙子集成》第1册，齐鲁书社1993年版，第364~365页。
② 谢祥皓、刘申宁辑：《孙子集成》第1册，齐鲁书社1993年版，第446页。
③ 谢祥皓、刘申宁辑：《孙子集成》第1册，齐鲁书社1993年版，第603页。
④ 谢祥皓、刘申宁辑：《孙子集成》第1册，齐鲁书社1993年版，第408页。
⑤ 谢祥皓、刘申宁辑：《孙子集成》第1册，齐鲁书社1993年版，第501~502页。
⑥ 谢祥皓、刘申宁辑：《孙子集成》第1册，齐鲁书社1993年版，第543页。

无益者。"① 孙子曰："夫吴人与越人相恶也，当其同舟而济，遇风，其相救也，如左右手。"梅尧臣曰："势使之然。"② 孙子曰："夫霸王之兵，伐大国，则其众不得聚；威加于敌，则其交不得合。"梅尧臣曰："伐大国能分其众，则权力有余也；权力有余，则威加敌；威加敌，则旁国惧；旁国惧，则敌交不得合也。"③

宋代王晳注"进不求名，退不避罪"云："皆忠以为国也。"又注"视卒如婴儿"曰："以仁恩结人心也。"王晳注"衢地吾将固其结"曰："固以德礼威信，且示以利害之计。"④ 注"道、天、地、将、法"曰："夫用兵之道，人和为本。天时与地利，则其助也。三者具，然后议举兵。兵举必须将能，将能，然后法修。孙子所次，此之谓矣。"⑤

明代薛应旂表现儒家孙子学倾向，其注"道、天、地、将、法"云："天下道而已矣。凡五常百行，得其道则理，不得其道则乱；得其道则成，不得其道则败，而况兵者，死生存亡之系乎？故兵之五事，莫先于道，而天次之，地次之，将次之，法次之。"又注"道"云："孟子所谓得其心有道，所欲与聚，所恶勿施，是也。兵之为道，亦何尝外于此哉？"⑥

明代刘寅说："《尉缭子》乃商鞅之学，儒者所不谈，然中间亦多有可取者，不以人废言可也。"⑦ 刘寅引用儒书及史书十一家（《易》《书》《诗》《春秋左传》《春秋胡安国传》《论语》《孟子》《中庸》《通鉴纲目》《宋鉴》《元史》），又云："《武经》言仁义、礼智、道德、忠信，与儒家无异，但用之者自有大小、浅深、精粗、广狭不同，岂别有所谓仁义、礼智、道德、忠信者哉？"⑧ 又云："道者，仁义礼乐孝悌忠信之谓，为君者渐民以仁，摩民

① 谢祥皓、刘申宁辑：《孙子集成》第1册，齐鲁书社1993年版，第547~550页。
② 谢祥皓、刘申宁辑：《孙子集成》第1册，齐鲁书社1993年版，第634页。
③ 谢祥皓、刘申宁辑：《孙子集成》第1册，齐鲁书社1993年版，第646页。
④ 谢祥皓、刘申宁辑：《孙子集成》第1册，齐鲁书社1993年版，第643页。
⑤ 谢祥皓、刘申宁辑：《孙子集成》第1册，齐鲁书社1993年版，第363页。
⑥ 谢祥皓、刘申宁辑：《孙子集成》第2册，齐鲁书社1993年版，第730~731页。
⑦ 谢祥皓、刘申宁辑：《孙子集成》第2册，齐鲁书社1993年版，第272页。
⑧ 谢祥皓、刘申宁辑：《孙子集成》第2册，齐鲁书社1993年版，第276页。

以义，维持之以礼乐，教之以孝悌、忠信，使民知亲其上，死其长，故与君同心同德，上下一意。”①

明代谈恺刻印《孙子十家集注》，虽未有己注，然其《孙子集注序》有言：“操尝创为《新书》，诸将征伐，即以《新书》授之，从者胜，违者负，今《新书》不传，而见于《李卫公问答》者，机权应变，实本之《孙子》，其注多隐辞，引而不发，操之所以如鬼也……孙子上谋而后攻，修道而保法，论将则曰仁、智、信、勇、严，与孔子合。至于战守攻围之道，批抗捣虚之术，山林险阻之势，料敌用间之谋，靡不毕具。其他韬钤机略，孰能过之?”② 此段话基本上表明谈恺对《孙子》的理解，是建立在儒家观念上的兵权谋之计、兵形势之术，不是援儒入兵，而是以儒统兵。

清代晚期蒙古镶白旗人国英重订清初朱墉《武经七书汇解》，他与朱氏到底还是以儒家思想注武经。朱墉注《孙子》直言“道”为仁、义、礼、乐、孝、悌、忠、信，人之所共由者，并且认为“道者”二字最要提掇得、醒见得，民不与我一心，我不能令民一心，皆非道也。国英重刊此书，亦循朱墉之迹而拓展之，认为霸者恃强侵夺，虽能速成于一时，终非久安之策，而王者、圣者乃可持久。自古先王耀德不耀兵，兵者不得已而用之，圣人制兵，用以济德礼之穷，辅政刑之不及也。比如《始计》篇末，国英曰：“得算多少，须活看，霸者以谲诈胜，以术力胜，得算虽多，终不可恃。王者则以德化胜，以仁义胜，上下皆有亲爱一体之心，即是胜算。”③ 在十三篇中，像这样的注解，随处可见。即使伐谋，亦是王者心法，除乱于未萌，而不必待之战阵，而非如有的注家所云“谋攻即阴谋阴行”（偶樵氏邓廷罗语），故邓廷罗为儒杂孙子学，而国英、朱墉之流为儒家孙子学，其所异者，在纯与杂之间耳。国英虽时时处处强调“王者之师”，仁德爱民，亲爱士卒，但并非迂儒，深知善用兵者，须王霸兼用，若专行王道，必然如宋襄公之仁兵败于楚成王之义兵，而亡于泓水之上。此非仁义之过，实乃不通权变之害。如《虚

① 谢祥皓、刘申宁辑:《孙子集成》第 2 册，齐鲁书社 1993 年版，第 279 页。
② 谢祥皓、刘申宁辑:《孙子集成》第 4 册，齐鲁书社 1993 年版，第 3~8 页。
③ 谢祥皓、刘申宁辑:《孙子集成》第 14 册，齐鲁书社 1993 年版，第 64 页。

实》篇“能因敌变化而取胜者谓之神”，国英曰：“兵形避实，敌人严守，不可力攻，宜用谋略，攻其必救，而王者之师，重德化，明恩信，消患于未萌，使敌畏威怀德，斯谓之神。”① 如此注解，恐与孙武子本意相去甚远。再如《九地》篇末之注，国英曰：“如王者，则以仁义化人，不事谍间、诈谋，此圣贤之道，保卫民生，以安天下之心也。”② 又如《用间》篇末注，国英曰：“读孙子《用间》之篇，与太公《文伐》三疑者，以演义参者之则，了如指掌矣。夫行兵用间，本行险儌幸之举，霸者欲出奇制胜，可偶用之，若王者之师，仍以堂堂正正保宗祀、安民业为善策。”③

孙星衍是乾嘉时期的著名学者，坚持考据因器求道、恢复和弘扬原始儒学的方法和途径，其与吴人骥一同校勘《孙子》十三篇，以儒家为本，融汇诸子，并把诸子看作儒家支流，是清代儒家孙子学的代表人物。孙星衍《孙子兵法序》云：“曩予游关中，读华阴岳庙《道藏》，见有此书，后有郑友贤《遗说》一卷……遂刊一编，以课武士……今世泥孔子之言，以为兵书不足观，又泥赵括徒能读父书之言，以为成法不足用，又见兵书有权谋，有反间，以为非圣人之法，皆不知吾儒之学者。吏之治事可习而能，然古人犹有学制之惧。兵凶战危，将不素习，未可以人命为尝试，则十三篇之不可不观也。”从语中“吾儒”之词看，孙氏以儒者自居，并认为真儒当知兵法，而应摒弃俗儒对兵法的偏见陋习。其中还有对孔子之言的误读：“孔子曰：‘军旅之事未之学。’又曰：‘我战则克。’孔子定礼正乐。兵则五礼之一，不必以为专门之学，故云未学。所为，圣人有所不知，或行军好谋则学之，或善将将，如伍子胥之用孙子，又何必自学之？故又曰‘我战则克’也。”④

清代丁晏手抄《孙子兵法十三篇》，其手抄之义在于丁晏认为：“其书通贯天人，祖述仁义，不专尚权谋之术，用之则胜，违之则败，比于六艺，可称兵经，文约辞醇，明白晓畅，其论至精，其说甚正。注解烦衍，转为骈枝。

① 谢祥皓、刘申宁辑：《孙子集成》第 14 册，齐鲁书社 1993 年版，第 178 页。
② 谢祥皓、刘申宁辑：《孙子集成》第 14 册，齐鲁书社 1993 年版，第 318 页。
③ 谢祥皓、刘申宁辑：《孙子集成》第 14 册，齐鲁书社 1993 年版，第 350~351 页。
④ 谢祥皓、刘申宁辑：《孙子集成》第 15 册，齐鲁书社 1993 年版，第 4~5 页。

首夏无事，抄写正文，以备记诵。孟子以善陈善战为大罪，此书亦云百战百胜非善之善者也。又谓善战者无智名勇功，功成而不居其名，非竞功利者所能知旨哉！言乎几于道矣。”① 清末民初许福昞（号汉卿，别字淳斋，早年在清廷任职，后创办银行）在孙子书藏本末尾的记语中云，《谋攻》篇中，云百战百胜非善之善者，不战而屈人之兵善之善也，斯论已进于王道兵法云乎哉！王道兵法，实则内圣外王的儒家兵法。

清代汪绂《戊笈谈兵》则对孙武子的权谋、形势之论提出批评，认为孙武子不够正大光明，是假仁义用机权，非假机权用仁义。江苏仪征人吴引孙所撰《戊笈谈兵序》谓：“用兵之道，至诚无私而已，诚则明，无私则人信服，然后本之以仁，制之以义，运之以神奇，出之以变化，鼓行而前，所向无敌，所以能然者，万人一心故也。故曰‘天时不如地利，地利不如人和’，圣人岂不思而言哉……双池先生躬践礼义，学究天人。”② 不仅明示撰序者的儒家心意，而且直言汪绂（双池先生）乃践行儒家礼义之人。而汪绂对《始计》篇的评述，印证了吴引孙的序言，其云：“首一段经纬拟议，便是同德度义、同力度德景象，王者动众，不过如此。后段便全是机权之习，杜牧谓其用仁义，使机权，予谓孙子亦假仁义，用机权耳，乌能用仁义?”③ 故评议《用间》篇，汪绂亦说：“然则握奇制变，孙子为最，而正大昌明，孙子为下。”④

清锐《孙吴武经》之解《孙子》，不出于以儒释兵的大概。《始计第一》解“道者”曰：“渐民以仁，摩民以义，维之以礼乐，教之以孝悌、忠信，皆道也。此就平日而言。”⑤ 又曰：“惟有道可以伐无道，天时与地利则其助也。二者具，然后议举兵。兵举必须将能，将能然后法修。五事之序，自‘一曰道’以至‘令民同意’，是‘道’之一字最为吃紧。”⑥ 又引周猷庵之语曰：

① 谢祥皓、刘申宁辑：《孙子集成》第16册，齐鲁书社1993年版，第543~544页。
② 谢祥皓、刘申宁辑：《孙子集成》第19册，齐鲁书社1993年版，第51~53页。
③ 谢祥皓、刘申宁辑：《孙子集成》第19册，齐鲁书社1993年版，第60页。
④ 谢祥皓、刘申宁辑：《孙子集成》第19册，齐鲁书社1993年版，第113页。
⑤ 谢祥皓、刘申宁辑：《孙子集成》第19册，齐鲁书社1993年版，第504页。
⑥ 谢祥皓、刘申宁辑：《孙子集成》第19册，齐鲁书社1993年版，第507页。

“未战不是竟不战，不过尚未战；这胜不是竟胜，不过算胜；庙堂亦不必泥定庙堂，总是运算于帷幄之意；多算亦非容易得来的，须有大精神、大识见、大智慧、大才干，算时始有实际，始无遗漏。”① 《谋攻第三》题解：“《作战》篇要速战，不贵久战，其词优。此篇又恐人泥定速战、伤残人命，又不战不杀，以谋攻为持重之本，而孙子兵期无兵之意亦可知矣。”② 清锐之儒家仁爱思想又与黄老道家天道天理思想、佛家因果报应思想融合，在评论《谋攻》篇时说，好生恶杀，天之道；福善祸淫，天之理。历史上一些将领滥杀无辜，违反天道、天理，而自身亦遭到天道天理的惩罚。他举例讲，白起诈坑赵卒于已降而不免杜邮之祸；韩信袭破齐军于既下而终就云梦之烹；李广诱杀降羌八百而终身不得封侯；虞诩滥杀贼众数百而家门不增一口；两世为将之赵括报于其身；三世为将之王离报其子孙。其结局悲惨，令时人唏嘘。故称此篇大有功于戎政焉。其解《用间》云：“仁义之师，又何藉于间也？孙子借以言五间之用，须上智之人如伊吕者，始成大功耳，非谓伊吕真用间也。读者不以辞害意可也。”③

第二节　道家孙子学

一、道家孙子学渊源

儒家孔子、道家老子和兵家孙子的生活时代大致相当，而其著作的诞生，虽各有先后，但其思想的互相融通，则无异议。一般地，学界认为道家《老子》的思想部分地衍生了兵家《孙子》的思想，但是也有学者认为，兵家《孙子》的思想部分地衍生了道家《老子》的思想。比如，何炳棣撰文认为：“《孙子》十三篇和《吴问》都可确定是撰成于吴王阖庐三年，孔子时年四十。《孙子》及《吴问》的撰成应早于《论语》的编就至少两个世代。本文

① 谢祥皓、刘申宁辑：《孙子集成》第 19 册，齐鲁书社 1993 年版，第 523~524 页。
② 谢祥皓、刘申宁辑：《孙子集成》第 19 册，齐鲁书社 1993 年版，第 540 页。
③ 谢祥皓、刘申宁辑：《孙子集成》第 19 册，齐鲁书社 1993 年版，第 775 页。

的结论如无大误，举世汉学界理应公认《孙子》为中国现存最古的私人著述。中国典籍、目录诸学、学术、哲学诸史亦应重定坐标。重定坐标势必引起一系列的学术翻案，其中可预期令人最惊讶的将是《老子》辩证思维至少部分衍生于《孙子》的这项论证。”①

从《孙子》文本看，其蕴含的道家思想非常丰富，比如全书充盈着动静、阴阳、虚实、刚柔、奇正、正反、先后、胜败、利害、迂直、全破、众寡、攻守、勇怯、治乱、方圆、有无、分合、聚散、进退、常变、死生、短长、远近、饥饱、劳佚、锐惰、徐疾、劲疲、围阙、文武、强弱、开阖、存亡等相反相成的概念所体现的辩证精神。《孙子》与《老子》一样，既是一部哲学著作，也是一部兵法著作，而其“无智名、无勇功”等不以私利取天下的精神，更表现了老庄无己、无功、无名、无为的追求，而“微乎微乎，至于无形；神乎神乎，至于无声”的战争谋略，更是体现了《老子》道家“大音希声”“大象无形”“大巧若拙”的道法自然的气蕴。兵家中的道家内涵，更接近无为而无不为的黄老道家，而非庄子道家，故《鹖冠子》《文子》《淮南子》等道家著作中亦有不少兵家谋略的内容，而《素书》《阴符经》既是道家典籍，又是兵书，历来著录于兵书类。在极富道家智慧的古代兵书中，要数唐代三部兵书最具代表性，即李筌《太白阴经》、王真《道德经论兵要义述》和赵蕤《长短经》。若从继承孙子兵书辩证思维看，那么相传为南宋末年谢枋得编撰的《百战奇法》（明代又题刘基所撰）可为代表。其中有不少内容以对立统一的兵学范畴来论述，大体上有众战，有寡战；有爱战，有威战；有赏战，有罚战；有主战，有客战；有强战，有弱战；有形战，有势战；有昼战，有夜战；有攻战，有守战；有先战，有后战；有山战，有谷战；有奇战，有正战；有虚战，有实战；有轻战，有重战；有利战，有害战；有安战，有危战；有生战，有死战；有饥战，有饱战；有劳战，有佚战；有胜战，有败战；有进战，有退战；有远战，有近战；有缓战，有速战；有分战，有合

① 何炳棣：《中国现存最古的私家著述〈孙子兵法〉》，载《历史研究》1999年第5期。

战；有不战，有必战；有难战，有易战；有整战，有乱战等。这些相反相成的兵学范畴，与《孙子兵法》中的兵学范畴一脉相承。这些实质上是从《孙子兵法》衍生的谋略作品，是孙子辩证战略战术的生动注脚。

二、道家孙子学流变

道家孙子学在一定程度上衍变为道教孙子学，与阴阳孙子学有不少相近的内容，在阐释孙子文本时，掺杂了大量的阴阳、孤虚、占候、望气、星历等内容，但是师法自然、无名无功、无智无谋的道家思想一以贯之地存在于孙子文本的阐释之中，故仍然可以视为道家孙子学。

道家孙子学一方面衍生于孙子元典固有的道家元素，另一方面在兵学的流变中，对孙子文本的解释受到了秦汉时期《风后握奇经》《太公兵法》《三略》等黄老道家兵书的影响，而由唐代李筌发其轫，且多以太乙遁甲注《孙子》。《李卫公问对》在讨论孙武子兵法时亦多以黄老道家言之，而其下卷之末太宗告诫李靖云，道家忌三世为将，所创兵法不可妄传，亦不可不传，宜应谨而慎之。而据《新唐书》李靖本传所载，李靖精通风角、鸟占、云祲、孤虚之术。所以在李靖和唐太宗讨论阴阳术数在兵事中的运用时，太宗问之是否可废，李靖说不可废，因为兵乃诡道，若托之以阴阳术数，则可以用贪用愚，而使贪者愚者深信不疑。《李卫公问对》虽未直接讨论《孙子》的道家思想，然而与道家糅合，与阴阳、术数融汇，却已说明李靖是一位有较明显的黄老道家倾向的兵家。

若以道家思想而非阴阳、术数等道教思想评论孙子，则宋代苏轼所撰的《孙子论》值得推崇。此论较长，为能全面知其意而不至于断章取义，故今照录全文于下：

古之言兵者，无出于孙子矣。利害之相权，奇正之相生，战守攻围之法，盖以百数，虽欲加之，而不知所以加之矣。然其所短者，智有余而未知其所以用智，此岂非其所大阙欤？

夫兵无常形，而逆为之形；胜无常处，而多为之地，是以其说屡变而不同，纵横委曲，期于避害而就利，杂然举之，而听用者之自择也。是故不难于用，而难于择。择之为难者，何也？锐于西而忘于东，见其利而不见其所穷，得其一说，而不知其又有一说也。此岂非用智之难欤？夫智，本非所以教人。以智而教人者，是君子之急于有功也。变诈汩其外，而无守于其中，则是五尺童子皆欲为之，使人勇而不自知，贪而不顾，以陷于难，则有之矣。

深山大泽，有天地之宝，无意于宝者得之。操舟于河，舟之逆顺，与水之曲折，忘于水者见之。是故惟天下之至廉为能贪，惟天下之至静为能勇，惟天下之至信为能诈。何者？不役于利也。夫不役于利，则其见之也明。见之也明，则其发之也果。古之善用兵者，见其害而后见其利，见其败而后见其成。其心闲而无事，是以若此明也。不然，兵未交而先志于得，则将临事而惑，虽有大利，尚安得而见之？若夫圣人，则不然。居天下于贪，而自居于廉，故天下之贪者，皆可得而用；居天下于勇，而自居于静，故天下之勇者，皆可得而役；居天下于诈，而自居于信，故天下之诈者，皆可得而使。天下之人欲有功于此，而即以此自居，则功不可得而成。是故，君子居晦以御明，则明者毕见；居阴以御阳，则阳者毕赴。夫然后孙子之智，可得而用也。

《易》曰："介于石，不终日。贞吉。"君子方其未发也，介然如石之坚，若将终身焉者。及其发也，不终日而作。故曰：不役于利，则其见之也明。见之也明，则其发之也果。今夫世俗之论则不然，曰："兵者，诡道也。非贪无以取，非勇无以得，非诈无以成。廉静而信者，无用于兵者也。"嗟夫！世俗之说行，则天下纷纷乎如鸟兽之相搏，婴儿之相击，强者伤，弱者废，而天下之乱何从而已乎？①

苏轼本意是批评世俗之人以兵家解释兵家，亦批评孙武子之短在于智有余而不明用智之法，故世俗流传全以孙子学为诡道之学，以为"非贪无以取，

① 谢祥皓、刘申宁辑：《孙子集成》第2册，齐鲁书社1993年版，第715~719页。

非勇无以得，非诈无以成”，与孙武子的本意相去甚远，因此世人尚兵谋而世道纷乱，尚诈利而以武相博，以致共伤互残，而无以制。以苏轼之见，则当以黄老之道用孙子兵谋，若能居廉、处静、守信、居晦、居阴，则孙子之智，可以得而用之。否则，适得其反。这种批评给我们理解孙武子开启了一扇豁通之门，即以道家为体，以兵家为用；以道家为本，以兵家为术。苏轼的见解和主张很好，但事实上苏轼并未读懂孙武子，或故作不懂而撰鸿文，以邀声价。若善读《孙子》，则可发现，孙武子主张以无私心、私志、私欲而运兵计谋，重战而慎战，进不求名，退不避罪，唯民是保而利于主，大兵无创而天下全，不战而天下安。若非道家之廉、静、晦、阴等用于兵，则焉能如此？又焉能与范蠡、张良并列，功成不居而高脱于世？惜乎世之人，即使如苏子之高明淹博，亦未能脱俗而不能尽解孙武子之真意也。

南宋以降，以理学形式面世的新儒学确立统治地位，兵学的儒学化、经学化解读模式不断强化，而其黄老道家之深意鲜有发明。加之，儒生迂腐狭隘，将校浅鄙孤陋，故孙子学未能深入发展。宋明清时期，以武经试武士，以武举取高第，以兵学取富贵，更使孙子兵学向着世俗化、功利化发展。正如苏轼所言，读《孙子》者所关心的是结果，而不是过程。故仅知孙武子之智，而不知孙武子所以用智。晚近以来，孙武子的道家思想受到学人关注，学者以之与老子、庄子相提并论，并作比较研究，多有创获。

第三节　杂家孙子学

一、杂家孙子学渊源

管子为春秋前期齐国政治家、军事家，孙子为春秋末期吴国军事家，其生活时代相距一百七八十年，但《管子》的成书当在战国，是齐国稷下学宫一些追论管子思想的人集体编写的一部书，兼容并包各家思想，体现了杂家的特征。

有学者认为，孙子学出于管子，故《孙子》亦如《管子》，具有杂家性质。但这一观点，现在看来是站不住脚的。因为《孙子》十三篇出自孙武子之手，成书在春秋末，早于《管子》成书。而两书有相近或相同的思想和特征，则是事实。晚近长沙人黄巩《孙子集注例言》云："《孙子》十三篇与《管子兵法》相表里，《管子》论其正，《孙子》兼极其变……孙子之学出于《管子》，而能神明于《管子》之外。《管子》论兵，务在先立富强之本，然后以政加人。其言曰：'为兵之道，存乎聚财，而财无敌；存乎论工，而工无敌；存乎制器，而器无敌；存乎选士，而士无敌；存乎服习，而服习无敌；存乎遍知天下，而遍知天下无敌；存乎明于机数，而明于机数无敌。'孙子则曰：'任势者，其战人也，如转木石，木石之性，安则静，危则动；方则止，圆则行，故善战人之势者，如转圆石于千仞之山者，势也。'所以约束申令，妇人可教以战；马足等齐，胜负在我之自为，此皆临变制胜、运谋不测之道也。后世韬略诸家，纵横开阖，离合奇正，皆不能出孙子《虚实》一篇之范围，后人所校计者，短长之度数；孙子所运用者，变化之机权。"①

《孙子》之杂，表现在《孙子》与《管子》一样，对各方思想持兼容并包的态度。《孙子》以兵道为核心，向外扩展，融汇儒家、道家、阴阳家、法家等相关思想，表现较强的杂家特征。这是后世学者阐释孙武子思想往往持以杂家倾向的根本原因。

二、杂家孙子学流变

有综合道家、儒家、阴阳家、法家等诸子，以解《孙子》者，可谓杂家孙子学。如明代黄榜《武书考注·孙子》（《武经孙子注解》），一是有选择性地攫取刘寅注解作为其书注释，二是于天头间加缀史传诸书中可以发明《孙子》之旨者，故其注解均非黄榜自注，但是体现了黄榜对《孙子》理解的倾向性态度。黄榜在其《武书考注凡例》中说："我朝注武书者，惟有太原崞人刘寅直解可观，今荒裔不能多得其本，故姑因此注而删定之，寅乃洪武辛亥进士也。一校阅之间，偶有史传诸书可以互相发明者，随所记忆缀之上

① 谢祥皓、刘申宁辑：《孙子集成》第20册，齐鲁书社1993年版，第13~14页。

方，亦便学者一参考也。”① 如《始计第一》“一曰道”上缀曰：“《阴符经》曰：天生天杀，道之理也。”又缀注曰：“楚公问用师之道于王仲淹，王曰：‘行以仁义。’曰：‘若之，何决胜?’曰：‘亦惟仁义。过此，败之招也。’此‘一曰道’，‘道’即仁义。”② 在《军争第七》中亦有引文中子王通（王仲淹）之言曰：“文中子曰：‘居而安，勤而变，可以佐王矣。’予则曰：‘居不可桡，动不可测，可以用兵矣。’”③ 王通是隋末一位学者，既崇儒又批儒，批判道教、佛教、玄学，认为三教可以归儒。王通言论有看似矛盾之处，其实他是个杂家，具体地说，其思想驳杂而统于王道，与先秦杂家一脉相承。黄榜偏好引用王通之言，如于《火攻第十二》“主不可以怒而兴师，将不可以愠而致战”上缀曰：“此但言愠怒之兵，《魏相》曰：‘救乱诛暴，谓之义兵，兵义者王。敌加于己，不得已而应之者，谓之应兵，兵应者胜。争恨小，故不忍。愤怒者，谓之忿兵。忿者败。利人土地货宝者，谓之贪兵。兵贪者破。恃国家之大，矜民人之众，欲见威于敌国者，谓之骄兵。兵骄者灭。此五者，非但人事，亦天道也。’”④ 《魏相》非王通《文中子》中篇目，乃《汉书》之《魏相丙吉传》。

北宋熙宁年间为相的王安石，在《始计第一》“庙算”上缀注曰：“王安石对神宗曰：‘纪律所以自治，算数所以胜敌，故兵法曰：“多算胜，少算不胜，况无算乎。”今非但无纪律，且患无算数。’”⑤ 在《兵势第五》“善出奇者，无穷如天地……”缀注曰：“王安石曰：‘古论兵无如孙武者，以其粗见道也。如“日有短长，月有死生。五声之变，不可胜听；五色之变，不可胜观；奇正之变，不可胜穷”，盖能见道语。’”⑥ 王安石是儒家中的杂家，诸子百家之学，无不综贯，有人说他立足于儒，是儒门杂家，主张调和儒释，

---

① 谢祥皓、刘申宁辑：《孙子集成》第9册，齐鲁书社1993年版，第86~87页。
② 谢祥皓、刘申宁辑：《孙子集成》第9册，齐鲁书社1993年版，第93页。
③ 谢祥皓、刘申宁辑：《孙子集成》第9册，齐鲁书社1993年版，第121页。
④ 谢祥皓、刘申宁辑：《孙子集成》第9册，齐鲁书社1993年版，第154页。
⑤ 谢祥皓、刘申宁辑：《孙子集成》第9册，齐鲁书社1993年版，第96页。
⑥ 谢祥皓、刘申宁辑：《孙子集成》第9册，齐鲁书社1993年版，第110页。

援法入儒，整军经武，富国强兵，融汇诸子，创立新学，时人称其学为“荆公新学”，风行当时。

黄榜亦有引朱熹解《孙子》语者，如《军争第七》“迂直之计”上缀曰：“朱晦翁曰：‘用兵之要，敌势急，则自家当委曲以缠绕之；敌势缓，则自家当劲直以冲突之。’此说迂直之计尤当。”① 又缀注“三军可夺气”曰：“《阴符经》曰：‘禽之制在气。’”②《行军第九》刘寅注“视生处高”曰：“视察生气，先处高地。”黄榜则缀注刘寅“生气”曰：“生气，阳气也。”③ 于《九地第十一》“始如处女，敌人开户”上缀引曰：“朱子曰：《老子》言，大国以下小国，则取小国；小国以下大国，则取大国。又言抗兵相加，谦者胜矣。大抵谦是用兵之道，只退一步法耳。此《易》之所以利用侵伐也，此与《孙子》处女开户意同。”④

以上黄榜直接或间接引用诸子之语以缀注《孙子》（亦间有史传之语），反映了黄榜重辑《孙子考注》的儒门杂家孙子学倾向。实际上，黄榜之杂，还体现在“杂乱”之杂，因为有的缀注反映了黄榜迂儒之见。譬如《用间第十三》“昔殷之兴也，伊挚在夏；周之兴也，吕牙在殷”，黄榜缀注曰：“汤武仁义之师，何至用间？然伊之五就桀，周之一物释西伯，类用间者，故孙子揣度言之。”⑤ 以为仁义之师根本无需用间，仁义无敌，所向披靡，且认为伊挚和吕牙之为间，乃孙武揣度之辞。既如此，仁义之师亦无需用权谋诡诈，反映了明代儒者之迂阔腐朽之状，今日看来，着实近乎荒唐。

何守法注解《孙子》，综合各家之见，而常出新意，既客观地解读文本，传递孙武子兵权谋之意，又诠达其兵形势之思，但在具体阐解时，有既相矛盾又相融合之处，即儒、道、阴阳互杂。

何守法解《孙子》有一定的道家倾向。《始计第一》解释“道者，令民

① 谢祥皓、刘申宁辑：《孙子集成》第 9 册，齐鲁书社 1993 年版，第 119 页。
② 谢祥皓、刘申宁辑：《孙子集成》第 9 册，齐鲁书社 1993 年版，第 122 页。
③ 谢祥皓、刘申宁辑：《孙子集成》第 9 册，齐鲁书社 1993 年版，第 126 页。
④ 谢祥皓、刘申宁辑：《孙子集成》第 9 册，齐鲁书社 1993 年版，第 151 页。
⑤ 谢祥皓、刘申宁辑：《孙子集成》第 9 册，齐鲁书社 1993 年版，第 159 页。

与上同意”说：“所谓道者，君之于民能感之以仁恩，教之以礼义，使知尊君亲上。”然而后面所讲“岂知天下之道，‘一’而已矣。欲得人同心致死，岂易感哉”① 却又推翻了前面解释之辞。由此可知，何守法所理解孙子之“道”，乃如道家之“一”，体现了何守法道家倾向。道家多用阴阳之学以证其说，故何守法之于阴阳学，并不否定，而是加以引发，故在诠解“天者，阴阳、寒暑、时制”中，对阴阳、天官、孤虚之说，则多持肯定性的理解，称兵家尽敌阳节而盈吾阴节而夺之，自有阴阳之妙。何守法虽然融汇道家，但不同于李筌之道教，他对李筌的一些注解并不认同，比如《虚实第六》“画地而守之”，何守法曰：“李筌曰：‘若入敌境，则用太一遁甲真人开六戊之法，以刀画地为营也。’……俱欠通，不可从。”②

何守法的儒家倾向比较明显。比如，比较孟子与孙子关于“诸侯豫交”的看法，直接提出自己的观点：“愚谓交邻有道，孟氏言之，而孙子之豫交，则异于是矣。何也？孟氏之所谓交，乃讲信修睦也。孙子不过为合纵连横之术、远交近攻之谋，搂诸侯以伐诸侯，诡亦甚矣。有志于圣王之师者，当知所辩焉可也。”③ 由此可见，何守法显然是贵儒轻兵，认为有志于为圣王之师者当学孟子之“讲信修睦”，遵循“交邻有道”的原则，而不可学孙武子“搂诸侯以伐诸侯”，则其迂儒之脾性见矣。客观地说，战时当学孙武子，平时应学孟子舆，而不可拘泥于儒家之文辞，方为真懂儒家和兵家者。《九变第八》讲到对“屈诸侯者以害，役诸侯者以业，趋诸侯者以利”的解释，何守法则曰：“若害业利，必作在己欺敌言，则是敝邻以强其国，利己而嫁祸于人，恐非先王讲信修睦之道也。孙子亦假仁义济机权者，肯以此垂训哉？噫！学者慎之。”④ 何守法又云：“《用间第十三》：愚谓间须圣智微妙固矣，若仁义之道，乃王者之所以怀诸侯而服万国者也，何以施之于间？要之，孙子十二篇中，止有《始计》言‘仁’字，并无‘仁义’兼言者，此独揭之，盖亦

① 谢祥皓、刘申宁辑：《孙子集成》第9册，齐鲁书社1993年版，第316~317页。
② 谢祥皓、刘申宁辑：《孙子集成》第9册，齐鲁书社1993年版，第495~496页。
③ 谢祥皓、刘申宁辑：《孙子集成》第9册，齐鲁书社1993年版，第538~539页。
④ 谢祥皓、刘申宁辑：《孙子集成》第9册，齐鲁书社1993年版，第589~590页。

假借诡谲之词耳。圣贤全体之仁义，乌足以知之？宋儒谓之假仁义使权谋，不益信夫？”①

何守法对孙子书中以伊尹、吕尚为间谍之言颇有讥评之辞，他说伊尹、吕尚是圣人，怎么可能为人作间呢？但是稽考其行迹，确有似间之事，所以孙武子才这么说，其意是说为间者须有如伊尹、吕尚等圣智之人方可胜任，表明孙武子重视间谍之用，并非伊尹、吕尚分别在夏和商做过间谍。故孙武子以圣人伊尹、吕尚比附间谍，则是太过看重间谍，而以间谍比附圣人伊尹、吕尚，则又太过看轻了圣人。所以，此类无根之言，一定是春秋游说之士拉虎皮做大旗，以圣人伊、吕来为自己站台。何守法由此批评孙武子这一句话却有两处失误，实在不明智。之所以如此，还是因为孙武子不知世间还有王圣之大道。何守法之原话照录于下：

> 愚意伊吕圣人之耦，岂为人间哉？但据其往来之迹有似于间，故孙子特引之。不过明五间之用非如伊吕之才智者不可用之意，盖重间之词耳。其实，伊尹之五就，欲行其道，非作汤之反间；武王伐纣，受命于天，亦非太公以阴诡告之。今孙子忽有此说者，必春秋游说之士，计窃圣人以自盖，故假为无根之说也。殊不知，以圣人而待反间，则失之太厚；以反间而待圣人，则失之太薄。一言两失，其为不知，甚矣。所以然者，良由学其所学，而不知有圣人之大道也。②

然而，何守法注解《孙子》，确切地说，体现了“儒门杂家”的特征。具体地说，是以儒家思想为主导，兼收道家、儒家等思想的儒杂孙子学。如其注解“兵者，诡道也”一语云：“夫由计外之势，不出于因利制权观之，则知兵不可以常法拘，须纯用诡诈之道也。何也？盖其本虽在于仁义，御众虽在于诚信，而欲胜乎敌，非诡诈，奚以致之？”③ 何守法认为，诡道即以仁义

① 谢祥皓、刘申宁辑：《孙子兵法》第9册，齐鲁书社1993年版，第812~813页。
② 谢祥皓、刘申宁辑：《孙子兵法》第9册，齐鲁书社1993年版，第824~825页。
③ 谢祥皓、刘申宁辑：《孙子集成》第9册，齐鲁书社1993年版，第333~334页。

为本、因利制权之道，亦即兵形势之学。故何守法主张世人对孙子学应该持守不可不知却不可专恃的态度。何守法说，孙子之学“大要皆本于人情，将能深达人情，驭之以术，发之以机，则人可用而地不困。此孙子作书之旨也”①。他还认为：“世之将，于孙子之法，固不可不知，但不宜专恃之以为胜人术耳。”②

何守法对《孙子》的战略计划与战术谋略区分甚清，在前代《孙子》注解中不多见。他以为《始计》篇就是讲战略的，他所说的战略，就是君王兴师命将之前的“庙算”，亦即对政治、经济、军事形势以及敌我双方诸方面的比较，这实际上是“阳谋”，非“诡道”之“阴谋”。何守法认为，古之将帅，能通战略与战术之全才者极少，多数将领以“术”取胜。其论古之将领曰：“尉缭子亦曰：兵胜于朝廷。愚谓古之将，全才者少。以小术胜无术者多。惟三国君臣，皆一时之杰，所以力战诡道，不相上下，其胜负之分，止在于算有多寡之间。”③ 其意是，古之将领，有术无算者多，即懂战术的稍多，懂战略的很少，而既懂战术又懂战略的更少，而取胜者往往是以小术胜无术的多。但是三国时期，诡道之术不相上下，互相角逐，棋逢对手，故其胜负在于战略优劣，不在战术精粗。而在注《谋攻第三》“不知三军之权”之“权”为“攻战之妙术”，在何守法看来，术非计，术即战阵之间“诡诈之权术”，计即在庙堂之上的战略筹划。在《谋攻第三》末尾，何守法申明己意曰：“愚意孙子之论固精矣，若推而上之：知可与战，终不如善阵者之不战；识众寡之用，终不如善国者之不师；上下同欲，孰与无欲之可同？虞待不虞，孰与无虞之可备？”④ 其意在于战争不如阵而御之，无论多么高明的战者都不如善于防御战争的不战者；精通战阵之间的众寡之用，不如善于治国而防止战争爆发；上下同欲，不如不必同欲（很有庄子相濡以沫不如相忘于江湖之意）；以有备等待无备，不如世间太平，无所可备。何守法这番宏论，

① 谢祥皓、刘申宁辑：《孙子集成》第9册，齐鲁书社1993年版，第678页。
② 谢祥皓、刘申宁辑：《孙子集成》第9册，齐鲁书社1993年版，第789页。
③ 谢祥皓、刘申宁辑：《孙子集成》第9册，齐鲁书社1993年版，第344页。
④ 谢祥皓、刘申宁辑：《孙子集成》第9册，齐鲁书社1993年版，第416页。

当然也是兵家的终极追求。何守法发挥孙武子之精论，由战术之胜上溯到战略之胜，得出战术之胜不如无术之胜的结论，彰显了道家无为精神，又兼容了墨家“非战”兵论，既符合孙武子本意，又申发新解，体现了其儒门杂家孙子学特征。其“无欲之可同”句，直教人联想到《庄子·大宗师》中之言：“泉涸，鱼相与处于陆，相呴以湿，相濡以沫，不如相忘于江湖。”相忘于江湖，就是无欲之可同；相呴以湿，相濡以沫，就是彼此同欲。此种扩展、延伸，不可不谓道家之妙法。再如，《虚实第六》“兵形象水”一段，何守法以儒道兼融的用语来表述：“兵之形，象水之形。水避地之高而趋其下，性之顺也；兵避敌之实，而击其虚，势之利也；惟趋下，则水本无为，但因地之高下而制其流；惟击虚，而兵本无心，但因敌之虚实而制其胜。”① 性者、心者，多为儒家孜孜探求的范畴；无为者，道家之追求。在注“五行无常胜，四时无常位”时云：“至于造化之神，其见于木、火、土、金、水之五行也，则因时代王，无有恒久之胜。谓木盛则土衰，火盛则金衰，土盛则水衰，金盛则木衰，水盛则火衰；见于春、夏、秋、冬之四时也，则寒暑推迁，无有恒久之位……则虚实之见于兵者，又岂有一定之势哉？”② 这些解释，虽然因文本而生意，即尊重了孙武子融汇阴阳五行思想的本意，但是在孙子文本的基础上，又有更生动和精妙的发明，这不能不让我们确定地认为其中有何守法本人的见解。

清代邓廷罗著有《兵镜》，同时代的陈廷敬为之作序曰：“偶樵读书破万卷，他所论著，脍炙海内已久，其于《孙子》，章疏而句释之，翼以备考，参以或问，工良心苦，非为《孙子》也，以云镜也……昔陆子《新语》、贾山《至言》，崔寔激昂于《政论》，严安、徐乐之属慷慨于对策，要旨兢兢于当世之镜云。是编也，标本具举，洪纤兼该，后先相望，将无同乎？”③ 陈氏以邓廷罗《兵镜》与汉代陆贾《新语》、贾山《至言》、崔寔《政论》、严安及徐乐之对策相提并论，足见邓廷罗《兵镜》乃儒杂类兵书。邓廷罗在其《孙

---

① 谢祥皓、刘申宁辑：《孙子集成》第 9 册，齐鲁书社 1993 年版，第 516 页。
② 谢祥皓、刘申宁辑：《孙子集成》第 9 册，齐鲁书社 1993 年版，第 518~520 页。
③ 谢祥皓、刘申宁辑：《孙子集成》第 12 册，齐鲁书社 1993 年版，第 3~5 页。

子集注凡例》“或问”条亦云：“兹将历代帝王将相、庙谟胜算、文德武功、事迹相反、名义相类者设为问答，使之相提并论，以考其得失。于同处求异，于异处求同，务期诸家之是非离合，与历代之成败兴亡合契同符，庶几坐而言，起而可行也。”① 邓廷罗注释《孙子》，一方面主张“务广德”，而不要“务广地”，广德者强，广地者亡，反对穷兵黩武、贪婪恣肆，而推崇孟子善战者、善阵者为罪人的思想；另一方面，在其《兵镜或问》中，广泛吸纳儒家、道家、法家、墨家、阴阳五行家等思想，而又偏好儒家，融汇贯通，史论结合，相得益彰，纵横捭阖，汪洋恣肆，犹如兵学杂文，又如政论散文，实在是孙子学中一大奇观。然历代于《兵镜或问》关注甚少，殊为憾事。

民国时期刘文屋认为孙子虽然讲正道，其正道就是“五事七计”，但其重点所讲是诡道；孙子虽讲王道、仁义，但是其重点讲的是用机权、饰仁义，其学之根本是霸道。故刘文屋释证《孙子》，旁征博引，经传子史，无所不录，凡与《孙子》相合相关者，尽取之于笔端，正如其自述云：“兹取经史百家所载有与《孙子》相合而可为引证者，有足补《孙子》之意而借以发明者，有与《孙子》似相反而实不背其法者，皆旁征曲引……《孙子》一书为言军事者之哲学，十三篇悉本事实而寻绎学理，非以学理而牵合事实者。”② 刘文屋在理念上注重战理的释证，特别是军事哲学的释证，但是在释证实践中并未实现。刘文屋认为《十三篇》重斗智，轻斗力；活言战术，深阐战理，即使近代火器、瓦斯时代的战争，亦不能不运用战理、战术。战术有新旧，战理无古今，而孙子乃善于阐发战理于深微。刘文屋重视战理的释证，故广援战争故事及经传、诸子之言，然其深层思想意识中，仍是儒家观念。其证据之一是，刘文屋对历代旧注有所取舍，历代注中多有“以纵掠为赏、多杀为严等义解《孙子》者”，认为：“未免伤仁，故不采取。”③《计篇第一》题解，刘文屋纵论仁霸、正谲之关系，云孙子之学乃霸学，然其霸学以仁义饰之，“五事”论将德，“七计”问主道。孟子讲春秋五霸乃夏禹、商汤、周文

① 谢祥皓、刘申宁辑：《孙子集成》第12册，齐鲁书社1993年版，第20~21页。
② 谢祥皓、刘申宁辑：《孙子集成》第21册，齐鲁书社1993年版，第143~144页。
③ 谢祥皓、刘申宁辑：《孙子集成》第21册，齐鲁书社1993年版，第144页。

王之罪人，诸侯则是五霸之罪人，大夫则是诸侯之罪人，其仁义渐失，而霸术渐兴。后世朱子亦有言曰，有功者高不过五霸，有罪者大不过五霸，故五霸者，功之首，罪之魁。刘文屋则谓孙子之霸术，乃假借仁义以上人，故能得到世人之称赞，矫不正而归于正，由霸道而进于王道，仁义治于内，诡谲施于外。而历史事实往往是主皆非有道，将皆非有德。主无道，将无德，则敌算多而我算少，敌胜众而我胜寡，故为使算多胜众，必须缘饰仁义，使主有道，将有德。非如此，不能言战、悟《孙子》者也。

刘文屋之杂家孙子学，当为儒门杂家，以儒为体，以杂为用；以王道为体，以霸术为用。虽在释证孙子战理时，主要以霸术、诡道言之，然其本归于仁道、王道。故刘文屋释“道”曰：“道，人和也。孟子曰：‘天时不如地利，地利不如人和。’吴子曰：‘不和于国，不可以出军；不和于军，不可以出阵；不和于阵，不可以进战；不和于战，不可以决胜。是故有道之主，将用其民，先和而造大事。’”又引汉末袁涣谓曹操语“兵者凶器，不得已而用之，鼓之以道德，征之以仁义，兼抚其民而除其害”以证之。通览其书，凡经传、诸子、史书之与孙子相涉者，均有所引，而系之于儒家之王道理想，可谓极圣王之高明而道霸者之诡术也。

第三章 从学术形态看孙子学的流变

第一节 算术孙子学

孙武子善于运用数学方法对军事问题进行定量分析，这大概是军事运筹学的萌芽。《孙子兵法》产生之后，流布广泛，研习、增衍、演绎者众，不仅形成前述几种影响较大的孙子学流派，而且有不为多数人所了解的算术孙子学。算术孙子学的代表作是《孙子算经》。《文选》卷一一所录何来叔《景福殿赋》李善注引《孙子》曰："必先算其费务。"①

我国数学在伏羲时代和黄帝时代便有了简单的计数方法。《夏阳侯算经序》云："然算数起自伏羲，而黄帝定三数为十等，隶首因以著《九章》。逮乎有虞，乃同律度量衡。"②

《孙子算经》必非孙武子所作，然而以孙子伪托之，可见孙子学影响之广。然而亦有以《孙子算经》为孙子遗书者，如晚近长沙人黄巩在《孙子集注例言》中说："《汉书·艺文志》载《孙子》八十二篇、图九篇，《隋经籍

① 吴如嵩、苏桂亮主编：《孙子兵学大辞典》，白山出版社 2015 年版，第 823 页。

② 纪志刚主编：《孙子算经张邱建算经夏侯阳算经导读》，湖北教育出版社 1999 年版，第 271 页。

志》载《孙子八陈图》《牝八变陈图》《战斗六甲兵法》，《唐艺文志》载《孙子三十二垒经》。然两汉之后，伪书蘪出，今按《吴越春秋》与《史记》，皆只言十三篇，则《孙子》本书当以十三篇为正。唯近传《孙子算经》，以度、量、数、称，分为四节，与《兵形》篇一节文同，故学者多疑为孙子遗书。"①

在《孙子兵法》一书中，关乎算术者多有，如《始计》篇中的庙算、多算、少算，《作战》中车马、甲胄、兵员、人户及战争消耗等数量关系，《军形》篇中度、量、数、称的数量关系，以及《用间》篇中涉及的民众之数与公家之费、战争消耗与受战争影响不得从事生产的人口数量等问题，在实际的战争运筹中必定要用到算术。因此之故，有人以为孙武子不仅是兵家，而且是一位算术家。

此外，《军争》篇通过数量分析来阐述军争的利害对比，其所云"百里而争利，则擒三将军""劲者先，疲者后，其法十一而至""五十里而争利，则蹶上将军，其法半至""三十里而争利，则三分之二至"等，都是运用具体的数字来阐述观点，若不是经过精确的计算，则实难办到。其他如《作战》篇所讲"役不再籍，粮不三载"、《谋攻》篇所讲"杀士三分之一而城不拔者"等，莫不需要运用算术进行精确计算，方能在当时的战争环境中作出精准论断。

虽然孙武子没有举出具体的例子以及计算公式、方法或模型，来预先计算上述的战争筹划，并把计算的过程展示给读者，但孙武子是个高明的算术家，则无可怀疑。孔子以礼、乐、射、御、书、数教弟子，可知与孔子约略同时的孙子亦不会不精通数学。《孙子算经》成书于南北朝时期，充分讨论了度、量、衡的计算单位及计算方法。春秋时期，我国的算术已经有较大发展，比如成书于东汉的算术著作《九章算术》就总结了春秋、战国、秦汉时期的算术成就，阐述了加减运算法则、负数问题、分数问题、赢不足问题，是当时具有世界先进水平的应用数学。孙武子生活于春秋末期，作为伟大的兵家，

① 谢祥皓、刘申宁辑：《孙子集成》第20册，齐鲁书社1993年版，第14~15页。

可以肯定地说，他不独对春秋以前的兵学、政治、历史、哲学等有全面而系统的借鉴和吸收，而且对自然科学中与军事运筹密切关联的数学亦有透彻的理解和非凡的运用能力。

战争运筹虽然要用到算术，但是运筹孙子学并没有在古代军事实践中得到发展，究其原因，主要是历代统治者重道轻器、重文轻技、重经轻子、重文轻武、重农轻战的官本思想和农本思想导致自然科学技术发展不充分、不丰满。

《孙子算经》卷下有涉及人口与兵役计算的内容：

今有丁一千五百万，出兵四十万。问几丁科一兵？答曰：三十七丁五分。

今有丁九万八千七百六十六，凡二十五丁出一兵。问兵几何？答曰：三千九百五十人奇，一十六丁。①

《孙子算经》的基本概念有度、称、量、数等，与《孙子兵法》所讲计算概念度、量、数、称相同。《孙子算经》卷上云：

度之所起，起于忽。欲知其忽，蚕吐丝为忽，十忽为一丝，十丝为一毫，十毫为一厘，十厘为一分，十分为一寸，十寸为一尺，十尺为一丈，十丈为一引，五十尺为一端，四十尺为一匹，六尺为一步，二百四十步为一亩，三百步为一里。

称之所起，起于黍。十黍为一絫，十絫为一铢，二十四铢为一两，十六两为一斤，三十斤为一钧，四钧为一石。

量之所起，起于粟。六粟为一圭，十圭为一撮，十撮为一抄，十抄为一勺，十勺为一合，十合为一升，十升为一斗，十斗为一斛。斛得六

① 纪志刚主编：《孙子算经张邱建算经夏侯阳算经导读》，湖北教育出版社 1999 年版，第 95~96 页。

> 千万粟。所以得知者，六粟为一圭，十圭六十粟为一撮，十撮六百粟为一抄，十抄六千粟为一勺，十勺六万粟为一合，十合六十万粟为一升，十升六百万粟为一斗，十斗六千万粟为一斛。十斛六亿粟，百斛六兆粟，千斛六京粟，万斛六垓粟，十万斛六秭粟，百万斛六穰粟，千万斛六沟粟，万万斛为一亿斛，六涧粟，十亿斛六正粟，百亿斛六载粟。
>
> 凡大数之法：万万曰亿，万万亿曰兆，万万兆曰京，万万京曰垓，万万垓曰秭，万万秭曰穰，万万穰曰沟，万万沟曰涧，万万涧曰正，万万正曰载。①

其中“度之所起”“称之所起”“量之所起”“凡大数之法”等，虽为《孙子算经》中的概念演绎及其逻辑进路，但是可知《孙子兵法》中的“度生量，量生数，数生称，称生胜”有与之相似甚或相近的运筹思维，是《孙子兵法》运算原理的具体展开。

清代毕以珣认为《孙子》是真古书，因为其文字之运用，皆依先秦古义。世传《孙子算经》三卷，虽无作者之名，《宋史·艺文志》亦不载作者名姓，然而“考《孙子兵法·形篇》云：‘《兵法》一曰度，二曰量，三曰数，四曰称，五曰胜。地生度，度生量，量生数，数生称，称生胜。’而《算经》则云：‘度之所起，起于忽；称之所起，起于黍；量之所起，起于粟。’凡大数之法，万万曰亿。篇首即以度、量、数、称四事分为四节，与他算书不同，则断知其为孙武之书无疑也。又《中兴书目》云：‘或云《五曹算经》，出于孙武。’按此所说是也。五曹者，一为《田曹》，地利为先也。既有田畴，必资人力，故次《兵曹》。人众必用食饮，次《集曹》。众既会集，必务储蓄，次《仓曹》。仓廪货币相交质，次《金曹》。而其意则以兵为要，田畴食币，皆为兵用也。又按夏侯阳《算经》曰：‘《田曹》曰：“度之所起，起于忽。”《仓曹》云：“量之所起，起于粟。”’以《孙子算经》之文而谓之五曹，则

---

① 纪志刚主编：《孙子算经张邱建算经夏侯阳算经导读》，湖北教育出版社 1999 年版，第 72 页。

固知其为一人之书也。《书目》之言，信足征矣”①。

第二节　辞章孙子学

从南朝刘勰《文心雕龙》起就有不少学者注意到孙子运用文辞之精妙，这在上编关于历代诸子对孙子学的接受和论述等内容中有所涉及，兹仅就前文尚存欠缺处作一补充。

归有光是明代文学大家，其辑注《孙子》，以文学眼光看《孙子》，其所辑注《孙武子》仅六篇，其中五篇引他家注以评述《孙子》章法。《始计》篇末评曰：“林见素曰：孙子之文，有精华，有关节，有眼骨，有次置，有余波照应，起伏分段，难以具述。”② 李贽亦有此语，然林见素生于景泰三年（1452），卒于嘉靖六年（1527）；归有光生于正德二年（1507），卒于隆庆五年（1571）；李贽生于嘉靖六年（1527），卒于万历三十年（1602）。三人之中，李贽的生活时代最晚，当是李贽引用林见素之言。《谋攻》篇末评曰：“王凤洲曰：既知速久之利害，又不可无谋，谋攻者，先谋定而后攻之也，篇中议论曲折，可谓得兵家之要务。”③《兵势》篇末评曰：“曾确庵曰：出奇处置无不尽神，而文字亦高出一头地。”④《虚实》篇末评曰：“王凤洲曰：通篇总一避实击虚之意，而所以敌为我击，则以先处战地而佚，因敌变化，其应若神也。此篇首尾唤应，较他篇更句句精密。”⑤《地形》篇末评曰：“林见素曰：欲战，先审地形，以立胜。前所论山水、川泽、平陆未尽，故又以通挂、支、隘、险、远为将之至任，不可不察，而篇中逐条开合有法。”⑥ 以上都是对《孙子》布局谋篇、层次安排、前后照应等写作方法上的评述。

---

① 谢祥皓、刘申宁辑：《孙子集成》第 24 册，齐鲁书社 1993 年版，第 29 页。
② 谢祥皓、刘申宁辑：《孙子集成》第 7 册，齐鲁书社 1993 年版，第 698 页。
③ 谢祥皓、刘申宁辑：《孙子集成》第 7 册，齐鲁书社 1993 年版，第 703 页。
④ 谢祥皓、刘申宁辑：《孙子集成》第 7 册，齐鲁书社 1993 年版，第 708 页。
⑤ 谢祥皓、刘申宁辑：《孙子集成》第 7 册，齐鲁书社 1993 年版，第 715~716 页。
⑥ 谢祥皓、刘申宁辑：《孙子集成》第 7 册，齐鲁书社 1993 年版，第 727 页。

归有光之后，有王世贞以文学立场看《孙子》，其评释《孙子》，言语精简，而多有以章法称誉之者，如评释《虚实》篇云："通篇总一避实击虚之意，而所以敌为我击，则以先处战地而佚，因敌变化，其应若神也。此文首尾唤应，较它篇更句句秘密，乃孙子出其生平所学尽力摩画之文。"① 即使评司马迁《孙子传》亦云："通篇以'兵法'二字作骨。"② 评释《行军》篇云："首言处军相敌，乃一篇之纲领……末复言治兵，乃威武而先之以文德，其作用更何如哉?"③ 评释《九地》篇云："上篇言地之形，此篇言地之势。势有九，先举其目于前，复解其义，著其法于后。"④ 评释《用间》篇云："首篇言校计以索彼己之情，而此又举用间以察敌终之。盖计定于己而易见，用间于彼而难知，抑又深矣。"⑤

民国时期，陈和祥《评注孙子读本》由音韵、文字、训诂、辨讹等考辨性注解向理解式注解转变，是清代考据学向近代注释学转变的一个重要关节。陈氏评注《孙子》，亦可看作朴学孙子学，因为其注解、训释仍然以词语、句段的理解为主，只是不再斤斤拘牵于前人旧注，而是参合前人之意，出己新意。陈和祥作《编辑大意》云："是编以力求浅显，特参合诸家，详释意义，务使本旨豁然呈露，故诸解尤较旧注为详，其有两说并列者，则亦并列之。"⑥ 然而其目的不专在注解形式方面，且在于文章作法上。陈和祥在其《编辑大意》中说："孙子文笔，虽似出秦汉以后，然自纯正一气，绝无伪作羼杂其间，虽间有脱误，殆经魏武删订，以后无复阙失，而其行文布局，却自平易近人，极便初学，顾遂谓一无变化则亦未可，盖于平易中参变化，断推此种。凡初学作文，已知布局谋篇之法，进而欲求变化者，是书其良导体也……古来有意为文，不务阐发内容者，文往往未必工。惟无意为文一以发明主义为务者，其文往往不求工而自工，此唐宋以后限于篇幅触发于事端，

---

① 谢祥皓、刘申宁辑：《孙子集成》第 9 册，齐鲁书社 1993 年版，第 41 页。
② 谢祥皓、刘申宁辑：《孙子集成》第 9 册，齐鲁书社 1993 年版，第 7 页。
③ 谢祥皓、刘申宁辑：《孙子集成》第 9 册，齐鲁书社 1993 年版，第 53 页。
④ 谢祥皓、刘申宁辑：《孙子集成》第 9 册，齐鲁书社 1993 年版，第 66 页。
⑤ 谢祥皓、刘申宁辑：《孙子集成》第 9 册，齐鲁书社 1993 年版，第 74 页。
⑥ 谢祥皓、刘申宁辑：《孙子集成》第 21 册，齐鲁书社 1993 年版，第 4 页。

偶引一二主义而无由穷源竟委以发其蕴者，所以终不逮秦汉……今诚以孙子较老、庄、荀、列，固落下乘，然以比唐宋，则犹觉上之。是惟其无意为文，故转工耳。”①

民国有一位叫李武的学者，写了一篇《孙子的文章法》。在这篇文章里，他提出了孙子的文章法体现在三方面：一是孙子的倒说笔法；二是孙子巧妙的比喻；三是孙子喜用的字句。所谓倒说笔法，就是把某一通常的道理反过来说、倒过来说，比如通常人们对百战百胜称善，但是孙子说“战胜而天下曰善，非善之善者也”“不战而屈人之兵，善之善者也”。类似的倒说法，在孙子书中多有。至于比喻，则俯拾皆是。比如以水为喻，以圆石为喻，以风、林、火、山为喻，以处女、脱兔为喻，以九天、九地为喻，等等。孙子喜用的字句有用“故”“是故”“必”字，检视全书，用“故”八十一处；用“是故”十五处；用“必”四十五处。李武认为，“故”和“是故”意在引起下文，亦在加强自己的立论，以取信于吴王阖闾，无暇左顾右盼之意。而“必”字尤见文章特点，富有活力，斩钉截铁，毫无模棱两可、迟疑不决之意。李武因此称赞《孙子》十三篇是“兵以文传，文因兵著，兵文并茂”的不朽之作。②

辞章孙子学的另一意义，则是以孙子学之哲学范畴和辩证思维运用于文学批评，这是孙子学在辞章学上最深刻的影响及流变。笔者曾就这一问题撰文讨论，认为：“《文心雕龙》之‘体势’‘奇正’‘虚实’‘变化’‘文武’以及直接论兵之文字，既是刘勰借用兵法语言来表述其文学批评之观点，更是刘勰建构其文学批评理论体系之思维。在《文心雕龙》一书中，其理论无不贯穿着兵家的辩证思维。”③ 如果说西晋陆机《文赋》以儒家之婉约、温润、雅丽、博约、中和论诗文，南朝齐梁钟嵘《诗品》以道家“自然”与

---

① 谢祥皓、刘申宁辑：《孙子集成》第21册，齐鲁书社1993年版，第3~4页。

② 李武：《孙子的文章法》，载《世界兵学月刊》1947年第4卷第2期、第4卷第3期。

③ 李桂生：《从〈文心雕龙〉的兵家思维和兵法语言看刘勰的兵学素养》，载《诸子学刊》第六辑，上海古籍出版社2012年版。

“真美”论诗，南宋严羽《沧浪诗话》以佛禅论诗，近代王国维以“出乎其外，入乎其内”的儒释道互补论词作，钱锺书《谈艺录》以儒道相合之“顺性就心”论诗，则刘勰乃属于以兵法论文。与刘勰相辉映者，有清代叶燮《原诗》以“正变”“识才”“胆理”“事情”论诗，刘熙载《艺概》以“深浅”“重轻”“直曲”“奇正”“空实”“开合”论诗，其与刘勰论文、孙子论兵一脉相承。

第三节　禅兵孙子学

王阳明是明代中期的心学大家，其对心学的承继、阐扬和践履是明代思想领域的一股清流，使自南宋以来的理学走出了沉闷的困境；王阳明又是一位兵学大家，其对兵学经典的批注点评，独出机杼，渗透和彰显其心学精神；而其心学虽非禅学，然而又无不与禅道相通，而散发着禅道的精神和气质。

一、《孙子兵法》文本有暗与禅道相通之质素

《孙子兵法》中有多篇包含着与心学、禅学相通的文字。比如《始计》篇云：“此兵家之胜，不可先传也。”曹操注曰：“兵无常势，水无常形，临敌变化，不可先传也。故料敌在心，察机在目也。”《虚实》篇云：“微乎微乎，至于无形；神乎神乎，至于无声。”《用间》篇云：“非圣贤不能用间，非仁义不能使间，非微妙不能得间之实。微哉！微哉！无所不用间也。”宋代岳飞则对古兵法之神奇微妙有更加接近心学的理解：“阵而后战，兵法之常，运用之妙，存乎一心。”①《孙子兵法》中的这些心学质素是我们理解阳明心学与禅兵相通的基础。

二、王阳明评注兵书的心学意趣

王阳明兵学建立在其心学基础上，而其心学又吸收了禅学的内容。自明

① 〔元〕脱脱等撰：《宋史》，中华书局 1977 年版，第 11376 页。

代中期以后，关于阳明心学与禅学关系的争论就一直没有停止。王阳明的兵学思想大体上可以梳理出以下方面：

一是王阳明特别重视战前谋划，其谋划的过程，就是心力运用的过程。王阳明为《孙子》十三篇所作的十三处评语，有五篇着重讲到“校之以计而索其情”，可见谋划深远、周密、细致，是王阳明兵学的重要特征之一。兹把与谋划有关的王阳明评语引录于下：

评《始计》篇曰：“孙子开口便说‘校之以计而索其情’，此中校量计画有多少神明妙用在！”①

评《作战》篇曰：“兵贵拙速，要非临战而能速胜也。须知有个先着在，‘校之以计而索其情’是也。”②

评《谋攻》篇曰：“上兵伐谋，第‘校之以计’‘知胜之道’而已。”③

评《军争》篇曰：“善战不战，故于军争之中寓不争之妙，以迂为直，以患为利，分合为变，悬权而动，而必申之以避锐击惰、以治以静、无邀无击、勿向勿逆等语，所谓校之以计而索其情者，审也。”④

评《用间》篇曰：“用间与乘间不同，乘间必间自人生，用间则间为我用。知此一法，任敌之坚壁完垒而无不可破，横行直撞，直游刃有余了。总之，不出‘校之以计而索其情’一语。”⑤

二是王阳明在奏疏、公移及谈话中，引用和化用孙子语，师法自然，不露痕迹，既出于孙子，又出于己心，兹引录和梳理相关文字如下：

王阳明于弘治十二年（1499）呈奏《陈言边务疏》，向弘治皇帝提出八大治边举措，其中第三条是“简师以省费”。王阳明论曰：“何谓简师以省费？臣闻之《兵法》曰：‘日费千金，然后十万之师举。’夫古之善用兵者，‘取用于国，因粮于敌’，犹且‘日费千金’。今以中国而御夷虏，非漕挽则无粟，

① 谢祥皓、刘申宁辑：《孙子集成》第2册，齐鲁书社1993年版，第596页。

② 谢祥皓、刘申宁辑：《孙子集成》第2册，齐鲁书社1993年版，第599页。

③ 谢祥皓、刘申宁辑：《孙子集成》第2册，齐鲁书社1993年版，第604页。

④ 谢祥皓、刘申宁辑：《孙子集成》第2册，齐鲁书社1993年版，第624页下接第651页。

⑤ 谢祥皓、刘申宁辑：《孙子集成》第2册，齐鲁书社1993年版，第660~661页。

非征输则无财，是故固不可以言‘因粮于敌’矣……何谓屯田以给食？臣惟兵以食为主。无食，是无兵也。边关转输，水陆千里，踣顿捐弃，十而致一。故《兵法》曰：‘国之贫于师者远输，远输则百姓贫；近师贵卖，贵卖则百姓财竭。’此之谓也……何谓敷恩以激怒？臣闻杀敌者，怒也。今师方失利，士气消沮；三边之戍，其死亡者非其父母子弟，则其宗族亲戚也……何谓捐小以全大？臣闻之《兵法》曰：‘将欲取之，必固与之。’又曰：‘佯北勿从，饵兵勿食。’皆捐小全大之谓也……何谓严守以乘弊？臣闻古之善战者，先为不可胜以待敌之可胜。盖中国工于自守，而胡虏长于野战。今边卒新破，虏势方剧，若复与之交战，是投其所长而以胜予敌也……索情较计，必将疲罢奔逃；然后用奇设伏，悉师振旅，出其所不趋，趋其所不意；迎邀夹攻，首尾横击。是乃以足当匮，以盛敌衰，以怒加曲，以逸击劳，以坚破虚，以锐攻钝。所谓胜于万全，立于不败之地，而不失敌之败者也。右臣所陈，非有奇特出人之见，固皆兵家之常谈，今之为将者之所共见也。但今边关将帅，虽或知之而不能行，类皆视为常谈，漫不加省。势有所轶，则委于无可奈何；事惮烦难，则为因循苟且。是以玩习弛废，一至于此。”①

正德十二年（1517）正月，王阳明至赣州上任，巡抚南赣汀漳，谋划剿抚山贼事宜。二月，王阳明剿漳南山贼，斩获颇多，山贼逃匿，众将商议等到秋季援兵到来再进战，王阳明力排众议云：“兵宜随时，变在呼吸，岂宜各持成说耶……若因而形之以缓，乘此机候，正可奋怯为勇，变弱为强，而犹执其持重之说，必候土军之至，以坐失事机；是徒知吾卒之未可击，而不知敌之正可击也。善用兵者，因形而措胜于敌，故其战胜不复，而应形于无穷。胜负之算，间不容发，乌可执滞哉？”② 于是王阳明亲率诸道锐卒进屯上杭，密敕群哨，佯言犒众退师，俟秋再举。王阳明暗中乘其懈怠，兵分三路，衔枚并进，直捣敌巢，一举荡平盘踞于漳南深山几十年的山贼。

---

① 〔明〕王守仁著，谢廷杰辑刊：《王阳明全集》卷九《别录一·奏疏一》，中央编译出版社 2014 年版，第 263~266 页。

② 〔明〕王守仁著，谢廷杰辑刊：《王阳明全集》卷三二《附录一·年谱一》，中央编译出版社 2014 年版，第 1075 页。

正德十二年（1517）五月，王阳明奏陈《攻治盗贼二策疏》，分析缓急两策利弊云：

然而攻治之方亦有二说。若陛下假臣等以赏罚重权，使得便宜行事，期于成功，不限以时，则兵众既练，号令既明，人知激励，事无掣肘，可以伸缩自由，相机而动；一寨可攻则攻一寨，一巢可扑则扑一巢；量其罪恶之浅深而为抚剿，度其事势之缓急以为后先。如此亦可以省供馈之费，无征调之扰；日剪月削，使之渐尽灰灭。此则如昔人拔齿之喻，日渐动摇，齿投而儿不觉者也。然而今此下民之情，莫不欲大举夹功，以快一朝之忿，盖其怨恨所激，不复计虑其他。必须南调两广之狼达，西调湖湘之土兵，四路并进，一鼓成擒，庶几数十年之大患可除，千万人之积怨可雪。然此以兵法"十围五攻"之例，计贼二万，须兵十万，日费千金。殆于道路不得操事者七十万家，积粟料财，数月而事始集；刻期举谋，又数月而兵始交；声迹彰闻，贼强者设险以拒敌，黠者挟类而深逃，迨于锋刃所加，不过老弱胁从。且狼兵所过，不减于盗；转输之苦，重困于民。近年以来，江西有姚源之役，疮痍甫起；福建有汀漳之寇，军旅未旋；府江之师方集于两广，偏桥之讨未息于湖湘。兼之杼柚已轻，种不入土；而营建所输，四征未已；诛求之刻，百出方新。若复加以大兵，民将何以堪命？此则一拔去齿而儿亦随毙者也。①

正德十二年（1517）五月制定《兵符节制》，"先生谓：'习战之方，莫要于行伍；治众之法，莫先于分数。'将调集各兵，每二十五人编为一伍，伍有小甲；五十人为一队，队有总甲；二百人为一哨，哨有长，有协哨二人；四百人为一营，营有官，有参谋二人；一千二百人为一阵，阵有偏将；二千四百人为一军，军有副将、偏将无定员，临事而设。小甲于各

① 〔明〕王守仁著，吴光、钱明、董平、姚延福编校：《王阳明全集》，上海古籍出版社1992年版，第315~316页。

伍之中选才力优者为之，总甲于小甲之中选才力优者为之，哨长于千百户义官之中选材识优者为之。副将得以罚偏将，偏将得以罚营官，营官得以罚哨长，哨长得以罚总甲，总甲得以罚小甲，小甲得以罚伍众：务使上下相维，大小相承，如身之使臂，臂之使指，自然举动齐一，治众如寡，庶几有制之兵矣”①。

综上所述，可知王阳明不仅熟读孙子兵书，而且娴熟治军布阵之方，万千甲兵藏于胸中，招之即来，又如行云流水，自然洒脱，毫无滞碍。

三、王阳明心学的佛禅意趣

明代胡宗宪解读王阳明“致良知”，认为王阳明倡导致良知，就是要纯正心性，但纯正心性不能流于浅表，不能错把知觉作心性。良知即良心、道心，即儒学所云人之仁义礼智、忠孝节义等自然本性。致良知即要使良心、道心趋于纯正，但是此种纯正，又不是空灵无物，不涉世事，更不是如佛道二氏追求虚寂之境，而是知行合一、积极入世的实理实学。胡宗宪《重刊阳明先生文录叙》云：

> 明兴百有余年，文教虽盛而流弊亦浸以滋，先生亦不得已而揭“致良知”一语以示人，所以挽流弊而救正之，无非发明孔门致知之教，而羽翼斯道之传。要其指归，则“良知”即“道心”也，“致”即“精一”也，即周子之所谓“纯心”，程子之所谓“定性”也。夫岂外诸儒而别立一门户耶？是故良知皆实理，致知皆实学，固非堕于空灵，一与事物无干涉，如禅家者流也。然“明心见性”与先生“致良知”之说亦略相似，若认错本旨，则高者必以虚寂为务，而离形厌事；卑者则认知觉为性，而自信自便。此则所谓毫厘之差，千里之谬，非先生立教之本旨矣。②

---

① 〔明〕王守仁著，吴光、钱明、董平、姚延福编校：《王阳明全集》，上海古籍出版社 1992 年版，第 1241 页。

② 〔明〕王守仁著，吴光、钱明、董平、姚延福编校：《王阳明全集》，上海古籍出版社 1992 年版，第 1594~1595 页。

阳明先生年谱载，孝宗弘治“十有五年壬戌，先生三十一岁，在京师。八月，疏请告。是年先生渐悟仙、释二氏之非”①。

武宗正德六年，王阳明四十岁，作《别湛甘泉序》云：“某幼不问学，陷溺于邪僻者二十年，而始究心于老、释。赖天之灵，因有所觉，始乃沿周、程之说求之，而若有得焉。顾一二同志之外，莫予翼也，岌岌乎仆而后兴。”②

黄宗羲在《文成王阳明先生守仁》中阐述阳明心学大旨云：“先生之学，始泛滥于词章，继而遍读考亭之书，循序格物，顾物理吾心终判为二，无所得入。于是出入于佛、老者久之。及至居夷处困，动心忍性，因念圣人处此更有何道？忽悟格物致知之旨，圣人之道，吾性自足，不假外求。其学凡三变而始得其门。自此以后，尽去枝叶，一意本原，以默坐澄心为学的。有未发之中，始能有发而中节之和，视听言动，大率以收敛为主，发散是不得已。江右以后，专提‘致良知’三字，默不假坐，心不待澄，不习不虑，出之自有天则。盖良知即是未发之中，此知之前更无未发；良知即是中节之和，此知之后更无已发。此知自能收敛，不须更主于收敛；此知自能发散，不须更期于发散。收敛者，感之体，静而动也；发散者，寂之用，动而静也。知之真切笃实处即是行，行之明觉精察处即是知，无有二也。居越以后，所操益熟，所得益化，时时知是知非，时时无是无非，开口即得本心，更无假借凑泊，如赤日当空而万象毕照。是学成之后又有此三变也。”③ 王阳明的高足钱德洪在《刻文录序说》中言及王阳明为学三变及为教三变：“先生之学凡三变，其为教也亦三变：少之时，驰骋于词章；已而出入二氏；继乃居夷处困，豁然有得于圣贤之旨：是三变而至道也。居贵阳之时，首与学者为‘知行合一’之说；自滁阳后，多教学者静坐；江右以来，始单提‘致良知’三字，直指本体，令学者言下有悟：是教亦三变也。”④

---

① 〔明〕王守仁著，吴光、钱明、董平、姚延福编校：《王阳明全集》，上海古籍出版社1992年版，第1225页。

② 〔明〕王守仁著，吴光、钱明、董平、姚延福编校：《王阳明全集》，上海古籍出版社1992年版，第231页。

③ 〔清〕黄宗羲著，沈芝盈点校：《明儒学案》，中华书局2008年版，第180页。

④ 〔明〕王守仁著，吴光、钱明、董平、姚延福编校：《王阳明全集》，上海古籍出版社1992年版，第1574页。

从上引材料看，王阳明为学三变，即从泛滥词章到学朱子格物，再出入佛老，终至龙场悟道，提出心即理，理在心中，不假外求。而其为教亦历三变，从提出知行合一，到专意心体本原，澄心静坐，以收敛不散发为功夫；从澄心静做，到江右以后，则更进一层，专提“致良知”三字。此时之体悟到良知即未发之中，良知即中节之和，故不须假以默坐澄心，本身即知行合一。居越之后，心学臻于醇熟，至于开口即得本心，如赤日当空而万象毕照。

王阳明出入佛老，又摒弃佛老，回归圣人之道，其原因是王阳明渐渐认识到佛氏遗物理，外人伦，求虚寂，不可以之治天下，它以逃避尘世的方式，追求一种虚空的状态，事实上是极端自私的做法，抛弃了君臣、父子、夫妇、兄弟等人伦关系，名义上不著相、不执念，实际上就是著相执念，故不能实现普度众生的佛法宗旨。佛氏往往以坐禅入定为功夫，杜绝一切思虑，以求参悟真如本性。王阳明晚年提出“无善无恶心之体，有善有恶意之动，知善知恶是良知，为善去恶是格物”四句教，会通了佛儒，既像佛禅，又不是佛禅；既像儒，又不是儒，是超越了佛与儒的心学。虽然王阳明对佛氏多有批评，并不认同其处世之教，但是又假借佛禅作为言说的方式，故其心学在理论上呈现佛禅出世意味，而在实践上则有儒家用世本色。

王阳明主张致良知，既在于静坐澄心、省察克治，又在事上磨炼、日常践履。前者源于“息妄除染”“凝心入定”等北禅渐悟功夫；后者源于“无念为宗”“平常心是道”等南禅顿悟功夫，是对禅宗南北流派的综合。王阳明说：“人须在事上磨炼做功夫，乃有益。若只好静，遇事便乱，终无长进。那静时功夫，亦差似收敛，而实放溺也。”①

王阳明心学究竟是儒学还是禅学，从明代中期以来就争议不断，或说外儒内佛；或说儒学为体，佛学为用。其实，不可否认，王阳明心学糅合了佛学、道学和儒学，已经很难剖辨哪为儒、哪为道、哪为佛了。三者已经水乳交融、血肉相

---

① 〔明〕王守仁著，吴光、钱明、董平、姚延福编校：《王阳明全集》，上海古籍出版社 1992 年版，第 92 页。

连。毫无疑义，王阳明是大儒，是明代新儒家代表；同时也不能否认，王阳明摄取了佛、道心性论的某些精微要素，以之与儒家的仁圣及道家的无为融汇，而以坚守儒家伦理为本位。青年王阳明对道家、道教就表现出了极端的兴致，甚至在其成婚之日，因在南昌铁柱宫偶遇道士而相与趺坐而忘归，与之探讨自然之道，至次日方还家。王阳明经常出入佛寺，耽于佛禅，其对陆九渊心即理、心外无理的继承和发展，与万法唯识、识外无法的唯识宗相发明。《传习录》之《答陆静原书》中的相关文字，可见其对佛禅的会通和巧用，如解释“良知”的意思时，他说：“佛氏‘于不思善不思恶时认本来面目’，与吾儒‘随物而格’之功不同……‘不思善不思恶时认本来面目’，此佛氏为未识本来面目者设此方便。‘本来面目’即吾圣门所谓良知。今既认得良知明白，即已不消如此说矣。‘随物而格’，是‘致知’之功，即佛氏之‘常惺惺’，亦是常存他本来面目耳。体段工夫，大略相似。但佛氏有个自私自利之心，所以便有不同耳。”①

由于佛教禅学“有个自私自利之心”，缺乏对国家、社会、家庭、人伦等责任担当，片面追求个人心境的宁静，而把自己隔离于社会之外，以看破红尘为借口，逃避世俗生活，比不上儒家积极入世的态度，所以王阳明仅仅取其有用之处，为我所用。王阳明不仅对待佛禅如此，对待老庄之道亦如此。张元冲问王阳明说，二氏与圣人之学在性命体悟方面仅有毫厘之差，但是二氏有些子私利，所以就谬之千里了，那么圣人之学是否兼取二氏之性命论中的有益元素呢？王阳明答道，兼取就不必了，圣人之学，万物皆具，因为二氏之用已经具备于圣人之学中，故“二氏之用，皆我之用。即吾尽性至命中完养此身，谓之仙；即吾尽性至命中不染世累，谓之佛。但后世儒者不见圣学之全，故与二氏成二见耳。譬之厅堂，三间共为一厅，儒者不知皆我所用，见佛氏则割左边一间与之，见老氏则割右边一间与之，而己则自处中间，皆举一而废百也。圣人与天地民物同体，儒、佛、老、庄皆吾之用，是之谓大道。二氏自私其身，是之谓小道”②。此则儒家圣人之学，

① 〔明〕王守仁著，吴光、钱明、董平、姚延福编校：《王阳明全集》，上海古籍出版社1992年版，第66~67页。

② 〔明〕王守仁著，吴光、钱明、董平、姚延福编校：《王阳明全集》，上海古籍出版社1992年版，第1180页。

本已具备万物之义，而有的人没有看到圣学之全体，故专门挑出二氏来讲，实际上是在割裂圣学之完美。这固然表现了王阳明对儒家圣学之溢美，但是也表明他的确受到佛道二氏之学的影响，只是不再在儒学之外寻二氏，而是在儒学之内体悟二氏之精神。

《传习录》记载，萧惠好仙、释，阳明先生警之曰："吾亦自幼笃志二氏，自谓既有所得，谓儒者为不足学。其后居夷三载，见得圣人之学若是其简易广大，始自叹悔错用了三十年气力。大抵二氏之学，其妙与圣人只有毫厘之间。汝今所学乃其土苴，辄自信自好若此，真鸱鸮窃腐鼠耳！"惠请问二氏之妙，先生曰："向汝说圣人之学简易广大，汝却不问我悟的，只问我悔的！"①这段文字足够印证王阳明为学之变化：始学佛、道，终弃佛、道；始轻儒学，重归于儒学。

四、王阳明用兵之术

由于王阳明心学很自然地融摄了佛禅的心性之思，所以植根于其心学本体的兵学思想亦透露着佛禅性格，故有学者指出王阳明"融心学于兵学之中"②。

王阳明的武功为学术所掩，其兵学亦为心学所掩，后人往往仰慕其学术，而对其兵学及用兵之法多有忽视。然而亦有推崇王阳明兵学者，比如20世纪50年代有学者叫张铁君的，从四个方面总结王阳明战略战术思想：

一是拔本塞源的政治战，以政治战从根源上改造产生祸乱的土壤。目睹江西在宸濠之乱后，三月不雨、禾苗枯死、民众乘势作乱的情景，王阳明尽心安抚，许乞优恤。他痛心地说："夫荒旱极矣，而因之以变乱；变乱极矣，而又加之以师旅；师旅极矣，而又加之以供馈。益之以诛求，亟之以征敛。当是之时，有目者不忍观，有耳者不忍闻，又从而剡其膏血，有人心者尚忍乎？宽恤之虚文，不若蠲租之实惠；赈济之难及，不若免税之易行。今不免

① 〔明〕王守仁著，吴光、钱明、董平、姚延福编校：《王阳明全集》，上海古籍出版社1992年版，第36~37页。

② 于汝波等编：《孙子学文献提要》，军事科学出版社1994年版，第57页。

租税，不息诛求，而徒曰宽恤赈济，是夺其口中之食，而曰吾将疗汝之饥；刳其腹肾之肉，而曰吾将救汝之死：凡有血气者，皆将不信之矣。”①

二是迷离惝恍的情报战，军事行动往往采取实者虚之、虚者实之的计策，活用孙子用间原理，使得贼众的间谍活动失灵，比如经常佯装择定日期围剿贼众，却又临时止兵不发，以此削弱贼众士气，而又突然袭击，使得贼众屡屡溃败逃散，得以彻底平定之。

三是声东击西的攻击战，以渐进策略，相机而动，日翦月削，分化瓦解，各个击破，指东打西，抚剿并用。

四是神机妙算的歼灭战，平定宸濠一役，可谓算无遗策。“静如处女”“动如脱兔”“先人有夺人之气”“攻瑕则坚者亦瑕”“兵以幽”“将以静”等孙子战术运用得炉火纯青。

张铁君在梳理王阳明武功轨迹之后评价说：“阳明在武功上的成就，虽然由于他对军事哲学研究的精湛，可是他的军事哲学仍然基于他的人生哲学的素养而来。他的‘主一’的修养功夫，使他能够在千万百险中，能定能静，能安能虑，指挥若定，算无遗策，若果他仅仅懂得此军事哲学而没有人生哲学的修养，以他的处境看来，他决不会建立这么大的功绩。”② 这一评价算是比较深刻，基本触及了阳明兵学源自其心学修养的秘诀。

因上之故，从阳明心学的角度来总结其兵学思想及用兵之术，大略可以归纳为以下九个方面：

一是破心中贼比破山中贼难而且重要。

二是攻心为上，以抚为主，剿抚并用。

三是善察先机，善抓战机。

四是攻心夺气，夺其所爱，避其锐气，击其惰归，务求全胜。

五是大兵之后，必施以教化；剿抚山中贼之后，必剿抚心中贼。

---

① 〔明〕王守仁著，吴光、钱明、董平、姚延福编校：《王阳明全集》，上海古籍出版社 1992 年版，第 1271 页。

② 张铁君：《王阳明的武功及其战法》，载《战斗月刊》1955 年第四卷第 2 期、第 3 期合刊。

六是以儒御兵，儒心兵表。王阳明评《司马法》第二篇《天子之义》云：“先之以教民，至誓师用兵之时，犹必以礼与法相表里，文与武相左右，即‘赏罚且设而不用’，直归之‘克让克和’，此真天子之义，能取法天地而观于先圣者也。”①

七是戒望气，重士气。王阳明评《龙韬》之《兵征第二十九》云：“‘望气’之说，虽是凿凿，终属英雄欺人。如所云‘强弱征兆，精神先见’，则理实有之。”②

八是熟能生巧，奇从正生。王阳明评《尉缭子》之《兵教上》云：“习伏众神，巧者不过习者之门。兵之用奇，全自教习中来。若平居教习不素，一旦有急，驱之赴敌，有闻金鼓而色变，睹旌旗而目眩者矣，安望出死力而决胜乎?”③

九是兵法既要计划深远，又要实用可行，知行合一思想在兵学中得到很好的体现。王阳明评《吴子》第六篇《励士》云：“吴子握机揣情，确有成画，俱实实可见之行事，故始用于鲁而破齐，纵入于魏而破秦，晚入于楚而楚伯。身试之，颇有成效。彼孙子兵法较吴岂不深远，而实用则难言矣。想孙子特有意于著书成名，而吴子第就行事言之，故其效如此。”④

这九个方面，实际上是一体的，只是为了叙述的需要，才勉强如是分析。

为了印证阳明兵学之妙用，兹举战例稍加说明：

王阳明在平定南赣贼众之后，认为民风之所以不善，是因为教化未明，于是兴立社学，教化百姓，“师还，至赣，立社学，举乡约，修濂溪书院，刻《大学古本》《朱子晚年定论》。所至会讲明伦，武夫介士执兵环立，蹑跻担

① 〔明〕王守仁著，吴光、钱明、董平、姚延福编校：《王阳明全集》，上海古籍出版社1992年版，第1188页。

② 〔明〕王守仁著，吴光、钱明、董平、姚延福编校：《王阳明全集》，上海古籍出版社1992年版，第1191页。

③ 〔明〕王守仁著，吴光、钱明、董平、姚延福编校：《王阳明全集》，上海古籍出版社1992年版，第1189页。

④ 〔明〕王守仁著，吴光、钱明、董平、姚延福编校：《王阳明全集》，上海古籍出版社1992年版，第1188页。

镫之夫千里远至，长揖上坐，一言开悟，终身诚服。风教四被，讫于江表岭峤”①。通过歌诗教育，条畅其情感，抒发其意志，进而诱导其习学孝悌忠信、礼义廉耻，提升其儒学修养。

平定宸濠作乱前夕，王阳明任南赣都御史，在赴闽勘事途中，行至丰城闻变，即旋折回吉安，督率诸府调集军民，筹措钱粮，造作战船，告谕相关官员事变之急重，激之以忠义，而对朱宸濠则保密，佯装不知其欲作乱，以稳其心。任士凭在《江西奏复封爵咨》一文中云：“直伺调度已定，乃移檄远近，宣布朝廷威惠，暴露宸濠罪恶。又度兵家决胜之机，不宜急冲其锋，须先复省城，捣其巢穴，贼闻必回兵来援，则出兵邀而击之，此全胜之策。于是佯示以自守不出之计。”②

平定宸濠乱之际，明武宗为显示皇威，决定亲征，而王阳明则上疏谏止曰：“臣于告变之后，选将集兵，振威扬武，先攻省城，虚其巢穴，继战鄱湖，击其惰归。”③ 虽然最终未能阻止明武宗亲征，但是王阳明的平叛方略一览无遗。

王阳明精于兵学，谙于实战，这与其立志做圣贤的高远理想有密切关系，又与其自少年起便留心兵学及战阵之事有密切关系，更与其体悟心学之宏阔深微有密切关系。

明宪宗成化二十二年（1486），王阳明十五岁，出游居庸等三关，慨然有经略四方之志，闻多处有盗贼作乱，而欲上书朝廷，及其父斥之轻狂方罢。

孝宗弘治十年（1497），王阳明二十六岁，当时边关告急，朝廷匆忙诏令荐举将才，然而仅得骑射搏击之士，而无精通韬略、善于统御之才，由此凡兵家秘籍，王阳明莫不精究，每有宾宴，常聚果核列阵势为戏。

---

① 〔明〕王守仁著，吴光、钱明、董平、姚延福编校：《王阳明全集》，上海古籍出版社 1992 年版，第 1554 页。

② 〔明〕王守仁著，吴光、钱明、董平、姚延福编校：《王阳明全集》，上海古籍出版社 1992 年版，第 1506 页。

③ 〔明〕王守仁著，吴光、钱明、董平、姚延福编校：《王阳明全集》，上海古籍出版社 1992 年版，第 1267 页。

孝宗弘治十二年（1499），王阳明二十八岁，上疏陈言边务，提出八条措施，颇中肯綮。

王阳明告诉弟子们如何见得仁体，他说圣人之心如明镜，纤毫尘翳无所容，自然不需磨刮。然而常人之心，就像斑驳之镜，必须刮磨一番，尽去驳蚀之后，纤尘方见，尘垢才能拂去，此时方识得仁体。但是人情好易而恶难，且受私意气习缠蔽，若不下功夫，则往往流入禅释，此又是须警惕戒慎处。

王阳明莅任南赣汀漳巡抚后发现，对活动在江西、湖南、广东三省交界处的劫匪，如何平定，有一种主流意见，就是等待三省兵力配合，夹攻围剿，一举擒杀；而王阳明力排众议，提出分化瓦解、相机而行之策。最后朝廷准许王阳明提出的方略，给予其便宜从事的军政大权。

平乱之后，王阳明随即着手加强地方治理，进行儒化教育。比如，平定南赣之乱后分别在福建和江西设立和平县、平和县和崇义县；平定思田之乱后，实行土司和流官相结合的地方治理制度，并开办书院，对学子予以儒学教化，均收到很好的效果。

王阳明是儒学、心学的代表人物，但是他在治兵上并不限于儒学、道学、佛禅、心学等的运用和融汇，而是扩展视野，重视吸纳法家思想，其治兵风格显示了突出的法家精神。王阳明《再辞封爵普恩赏以彰国典疏（嘉靖元年）》云：

> 夫考素行，别贤否，以激扬士风者，考课之常典；较功力，信赏罚，以振作士气者，军旅之大权。故鄙猥之行，平时不耻于士列，而使贪使诈，军事有所不废也。急难呼吸之际，要在摧锋克敌而已，而暇逆计其他乎？当此之时，虽有御人国门之寇，苟能效其智力以协济吾事，亦将用之；用之而事果有成，亦必赏之。况乎均在士人之列，同有勤事之忠者乎？人于平居无事，扼腕抵掌而谈，孰不曰我能临大节，死大难。及当小小利害，未必至于死也，而或有仓皇失措者有矣。又况矢石之下，剑刃之间，前有必死之形，而后有夷灭之祸，人亦何不设以身处其地而少亮之乎？

夫考课之典，军旅之政，固并行而不相悖；然亦不可以混而施之。今人方有可录之功，吾且遂行其赏可矣。纵有既往之愆，亦得以今而赎。但据其显然可见者，毋深求其隐然不可见者赏行矣。而其人之过犹未改也，则从而行其黜谪。人将曰：昔以功而赏，今以罪而黜，功罪显而劝惩彰矣。今也将明军旅之赏，而阴以考课之意行于其间，人但见其赏未施而罚已及，功不录而罪有加，不能创奸警恶，而徒以阻忠义之气，快谗嫉之心。①

从上材料看，王阳明特别倚重赏罚之用：一是重视赏罚之信，二是重视赏罚之公。认为若赏罚必行，赏罚无分贵贱，则能够提振士气，刷新部队精神，增强战斗力，故“鄙猥之行，平时不耻于士列，而使贪使诈，军事有所不废也”，以求摧锋克敌，批评当时将领明用赏，阴用黜，不记功，只治罪，而不能劝善惩恶，抑制了忠义之气，变相助长奸恶之风。

王阳明在《申明赏罚以励人心疏（十二年五月初八日）》中举例论之云：

古之善用兵者，驱市人而使战，收散亡之卒以抗强虏。今南、赣之兵尚足以及数千，岂尽无可用乎？然而金之不止，鼓之不进；未见敌而亡，不待战而北。何者？进而效死，无爵赏之劝；退而奔逃，无诛戮之及；则进有必死而退有幸生也，何苦而求必死乎？吴起有云：“法令不明，赏罚不信，虽有百万，何益于用？凡兵之情，畏我则不畏敌，畏敌则不畏我。”今南、赣之兵，皆“畏敌而不畏我”，欲求其用，安可得乎！故曰“兵力之不足，由于赏罚之不行”者，此也。②

---

① 〔明〕王守仁著，吴光、钱明、董平、姚延福编校：《王阳明全集》，上海古籍出版社1992年版，第457~458页。

② 〔明〕王守仁著，吴光、钱明、董平、姚延福编校：《王阳明全集》，上海古籍出版社1992年版，第310页。

五、王阳明禅兵要义在不动心

王阳明禅兵思想的要义，在用兵时不动心，即保持仁心、义心、理心、良心、道心不动，则可泰然处之，稳操胜券。于我不动心体，于贼则要去其贼心，安其仁心。在平定思恩、田州，抚剿八寨时，作《绥柔流贼》云："盖用兵之法，伐谋为先；处夷之道，攻心为上；今各瑶征剿之后，有司即宜诚心抚恤，以安其心；若不服其心，而徒欲久留湖兵，多调狼卒，凭藉兵力以威劫把持，谓为可久之计，则亦末矣。"① 伐谋攻心为用兵处夷之上法。所谓攻心，在王阳明看来，就是征剿之后，地方官员应对流窜之盗匪"诚心抚恤"，若其心不服，即便凭恃武力以镇压、慑服，亦非可久之计。只有剿除贼心，方能彻底剿除贼人，方能安定一方民心。

为使思恩、田州二州长治久安，嘉靖六年（1527）王阳明历陈朝廷对思恩、田州用兵之非，认为当以绥柔为上计，称用兵有十害，而招抚有十利，建议朝廷对思恩、田州实行土官制度，以稳其心，亦以稳边境之安，其云："思恩未设流官，土酋岁出兵三千，听官征调。既设流官，我反岁遣兵数千防戍。是流官之设，无益可知。且田州邻交址，深山绝谷，悉瑶、僮盘据，必仍设土官，斯可藉其兵力为屏蔽。若改土为流，则边鄙之患，我自当之，后必有悔。"②

王阳明的学生王畿作《读先师再报海日翁吉安起兵书序》，记录宁王朱宸濠变乱平定之后，王阳明与诸生讨论格物致知之事：

> 一日，召诸生入讲，曰："我自用兵以来，致知格物之功愈觉精透。"众谓兵革浩穰，日给不暇，或以为迂。师曰："致知在于格物，正是对境应感，实用力处。平时执持怠缓，无甚查考，及其军旅酬酢，呼吸存亡，

---

① 〔明〕王守仁著，吴光、钱明、董平、姚延福编校：《王阳明全集》，上海古籍出版社 1992 年版，第 650 页。

② 〔明〕王守仁著，吴光、钱明、董平、姚延福编校：《王阳明全集》，上海古籍出版社 1992 年版，第 1540 页。

宗社安危，所系全体精神，只从一念入微处，自照自察，一些著不得防检，一毫容不得放纵，勿欺勿忘，触机神应，乃是良知妙用，以顺万物之自然，而我无与焉。夫人心本神，本自变动周流，本能开物成务，所以蔽累之者，只是利害毁誉两端。世人利害，不过一家得丧尔已；毁誉，不过一身荣辱尔已。今之利害毁誉两端，乃是灭三族，助逆谋反，系天下安危。只如人疑我与宁王同谋，机少不密，若有一毫激作之心，此身已成齑粉，何待今日！动少不慎，若有一毫假借之心，万事已成瓦裂，何有今日！此等苦心，只好自知，譬之真金之遇烈焰，愈锻炼，愈发光辉，此处致得，方是真知；此处格得，方是真物；非见解意识所能及也。自经此大利害、大毁誉过来，一切得丧荣辱，真如飘风之过耳，奚足以动吾一念？今日虽成此事功，亦不过一时良知之应迹，过眼便为浮云，已忘之矣！”①

王阳明主张致良知要在事上磨炼，而战争的实践最有效地检验和丰富了王阳明的良知心学，他自己亦觉格物致知之功愈加精透，其门人弟子不解，兵革繁穰，哪有时间顾得上精进良知之功呢？此岂非迂腐太甚？实际上，阳明之“致良知”学说，就是主张要在居厄处困上磨炼。兵革乃凶事，不得已而用之。胜则身全国保，败则身死国危，在心念中容不得丝毫尘垢，沾不得半点私心利害，“对境应感”，触及心体，以之照察良知，不敢有半点怠慢，不敢有丁点执滞。犹如真金遇烈火，烧去残物污秽，留得真金闪耀。故经历兵燹之良知，方是真良知。良知不从外物格得，实从心中格得，格去心上斑驳锈迹，拂去心上尘灰，方见得良知自在。此良知，即进不求名、退不避罪、唯社稷君王是保，个人身家之利害荣辱，不得有一厘一毫之顾忌，否则动了心体，碍了良知。正如阳明自谓有人疑其与宁王同谋，机事稍不密，若有一毫激作愤懑之心，则其身便成齑粉；行动稍有不慎，若有一毫假借之心，则

① 〔明〕王守仁著，吴光、钱明、董平、姚延福编校：《王阳明全集》，上海古籍出版社 1992 年版，第 1599~1600 页。

万事已成瓦裂。故王阳明的学生蔡文在《平宁藩事略》中颂赞曰："先生心事如青天白日，用兵如风雨雷霆。"①

用兵不必求万全之策，应当抓住战机，不然等到自以为计策万全之时，早已失去最佳战机，故宁可拙速，不可巧迟。计谋虽巧而周密，然战机已经瞬间消逝。今日观王阳明剿匪、平乱，莫不循此心则。故王阳明《赴任谢恩遂陈肤见疏》在谈到如何平定田州之叛时，批评当事者缺乏担当，顾虑重重而欲求万全之计，云："夫当事者之意，固无非欲计出万全，然以用兵而言，亦已失之巧迟，所谓强弩之末，不能穿鲁缟矣。"②

《明史》阳明本传云："终明之世，文臣用兵制胜，未有如守仁者也。当危疑之际，神明愈定，智虑无遗，虽由天资高，其亦有得于中者欤。矜其创获，标异儒先，卒为学者讥。"③ 此语赞其在愈是危疑之际，愈加神清气定，智虑周全，虽由于其天资高明，亦有得于中者也。所云"中"者，有人解为儒家"中庸"之学，非也。中者，内心也，心学也。即其"致良知"之学也。"中"字含义，亦如黄宗羲在《文成王阳明先生守仁传》中所述王阳明"有未发之中，始能有发而中节之和"之"中"，即其从心中求天理，即如王阳明自述"致吾心良知之天理于事事物物，则事事物物皆得其理"。故张廷玉由此紧接着批评王阳明"矜其创获"，即矜其中者，亦即矜其心学也，进而批评他标榜王学与儒家先圣之学不同，故最终为学者讥笑。此虽为张廷玉为维护儒家正统，排斥吸纳了佛禅之思的王门心学，而发出片面、极端的批评之词，但是张廷玉亦不得不承认阳明心学在"用兵制胜"中的功用。

王阳明的弟子钱德洪记述其师徒间的谈话，撰《征宸濠反间遗事》，其中谈到阳明用兵与心学之关系，言语甚详，兹录于下：

---

① 〔明〕王守仁著，吴光、钱明、董平、姚延福编校：《王阳明全集》，上海古籍出版社1992年版，第1486页。

② 〔明〕王守仁著，吴光、钱明、董平、姚延福编校：《王阳明全集》，上海古籍出版社1992年版，第464页。

③ 〔明〕王守仁著，吴光、钱明、董平、姚延福编校：《王阳明全集》，上海古籍出版社1992年版，第1542~1543页。

德洪昔在师门，或问："用兵有术否?"夫子曰："用兵何术，但学问纯笃，养得此心不动，乃术尔。凡人智能相去不甚远，胜负之决不待卜诸临阵，只在此心动与不动之间。"

又尝闻邹谦之曰："昔先生与宁王交战时，与二三同志坐中军讲学。谍者走报前军失利，坐中皆有怖色。先生出见谍者，退而就坐，复接绪言，神色自若。顷之，谍者走报贼兵大溃，坐中皆有喜色。先生出见谍者，退而就坐，复接绪言，神色亦自若。"

又尝闻陈惟濬曰："惟濬尝闻之尚谦矣。尚谦言，昔见有待于先生者，自称可与行师。先生问之。对曰：'某能不动心。'曰：'不动心可易言耶?'对曰：'某得制动之方。'先生笑曰：'此心当对敌时且要制动，又谁与发谋出虑耶?'又问：'今人有不知学问者，尽能履险不惧，是亦可与行师否?'先生曰：'人之性气刚者亦能履险不惧，但其心必待强持而后能。即强持便是本体之蔽，便不能宰割庶事。孟施舍之所谓守气者也。若人真肯在良知上用功，时时精明，不蔽于欲，自能临事不动。不动真体，自能应变无言。此曾子之所谓守约，自反而缩，虽千万人吾往者也。'"

又尝闻刘邦采曰："昔有问：'人能养得此心不动，即可与行师否?'先生曰：'也须学过。此是对刀杀人事，岂意想可得?必须身习其事，斯节制渐明，智慧渐周，方可信行天下；未有不履其事而能造其理者，此后世格物之学所以为谬也。孔子自谓军旅之事未之学，此亦不是谦言。但圣人得位行志，自有消变未形之道，不须用此。后世论治，根源上全不讲及，每事只在半中截做起，故犯手脚。若在根源上讲求，岂有必事杀人而后安得人之理。某自征赣以来，朝廷使我日以杀人为事，心岂割忍，但事势至此。譬之既病之人，且须治其外邪，方可扶回元气，病后施药，犹胜立视其死故耳。可惜平生精神，俱用此等没紧要事上去了。'"①

① 〔明〕王守仁著，吴光、钱明、董平、姚延福编校：《王阳明全集》，上海古籍出版社 1992 年版，第 1473~1474 页。

从上引四则材料可知，王阳明自证：用兵之要在于养得心不动；用兵镇定自若，在于虑周；心不动不是心之虚寂，亦非不惧履险，而是守得住良知，时时处处精明，不为私欲所蔽；若要养得此心不动，须在事上磨砺，先履其事，而后造其理，然而圣人则“自有消变未形之道”，不必身习其事；心外之物事应心内之良知，使良知之学日渐精透；所谓不动心，是内心良知不为外界所搅扰和诱惑，即儒门所谓富贵不能淫、贫贱不能移、威武不能屈之类，亦即佛门所谓持守真如本性，王阳明借用佛家言，谓之“不动真体”。佛教认为常住真心，即万法真体，真体生万物，万物归真体。佛门所言真体，即《楞严经》所言“真精妙心”，即阳明之心学。王阳明认为，敌我双方，尤其是主帅或主将，智力不相上下，战术战法亦无多大不同，双方较量的实则是“真体”是否动了，亦即是否持守“良知”，是否保持心地光明，是否未受私欲蒙蔽，是否保持了良知的清明和纯真。王阳明认为心学是一种极其简易的学说，大道至简至易，若懂得在良知上求天理，则可以无所不往，正如其所云：“此曾子之所谓守约，自反而缩，虽千万人，吾往者也。”“虽千万人吾往矣”出自《孟子·公孙丑上》，是曾子自述其勇气的表现。曾子推崇简约，即反躬自问，只要所思所行是正直之道，合乎良知，那么即使千军万马亦阻挡不了他的步伐。王阳明以曾子养勇之言表达自己秉持良知本心，只要合乎良知本心，则可不问其他，勇往直前而不顾。这就是王阳明的简约易行之道。

王阳明所云“不动心”，亦非不动胜敌的谋虑之心，故有人说自己有不动心的本事就可领兵打仗，王阳明便讥讽他，要是不动心，那么谁来谋虑并发出号令？故王阳明不动心，是不动妄心、妄念，不动佛禅所言“真体”之心。更加明白地说，所谓不动心，就是王阳明评点《孙子·地形》篇所言：“今之用兵者，只为求名避罪一个念头先横胸臆，所以地形在目而不知趋避，敌情我献而不为觉察。若果‘进不求名，退不避罪’，单留一片报国丹心，将苟利国家，生死以之，又何愁不能‘计险厄远近’，而‘料敌制胜’乎？”①

心学渊源久远，最早见于《尚书·虞书·大禹谟》云：“人心惟危，道心

① 束景南著：《阳明佚文辑考编年》，上海古籍出版社 2012 年版，第 78 页。

惟微，唯精惟一，允执厥中。”心者，主于中而应于外。从形气而言，为人心；从义理而言，为道心。人心难公而易私，故曰“人心惟危”；道心易蔽而难见，故曰“道心惟微”；唯有精察而守悟道心，才能克除私心，彰显公心，方能处事公允，既无太过，亦无不及。圣人之道，本乎阴阳之变易，洗涤心中私意，而与天地同心，而不放心于邪僻。宋代陆象山云，四海古今之人同心同理，宇宙便是吾心，吾心便是宇宙。近人缪斌论心学曰：

心学之道无他，求诸己而诚之而已。求诸己则心虚，心既虚则公平。公平则是非较然易见，当为不当为之事自知。心虚则灵，如鼓虚则响，钟虚则鸣，故至诚如神者，心虚而灵之谓也。盖胸中恢恢广广，如烛四方上下，无所不照；又如一片白纸，外象感应，则黑白分明，故万物不能碍天之大，万事不能碍心之虚。心虚则静，静则如悬镜空中，无物不入其中，故心愈虚，则见愈广。推其极则能体天下之物，视天下之物无一非我，此心与天心合一……故心学者，仁学也，亦生学也。仁是生之理，心是仁之本。无心学则不能见仁，无仁则不能求生。由此可知，心学者，非空洞无物之玄学。惟无心学，则不诚而空洞无物矣。心学若虚，实则万物兼备，不以万物为对象，则无心学之可言也。心至太虚，则烛理光明，万物毕现，则无障蔽。然后圣人能尽人之心，以尽物之心，发为真理，以至于致中和而赞化育。故心学者，视之又若唯物矣。然唯物者，无心学之涵养，则有人欲之私。有所私，则有所障蔽，则见理不周，而入于偏狭之途矣……心学则苟在克去人欲之私，虚一而静，洞照万物，然与天地同心，一动一静，生生不已，此心常与天地同流，万物同生，固非宋学所谓寂然不动者也。唯能心动，故能虚己受物……宋学以寂然不动为心，虽于心学多所发明，然见仁而不能行仁，此寂然不动之说，有以致之也。宋儒以为静即须不动，不知天地之间，无物不动，不动则不能存在。动静云云，不过为动之动，动之静而已，固非动时始动，静时真静也……故心学之道，全在将心之动力，操存而集中之耳。能操存而集中者，则万物之动静莫不吸引而感应于心，何者为善，何者为恶，顷刻剖明。故圣人能知几如神，能先忧人之所未忧，发人之所未发……心学之道无他，于人求动力之集中，于国求国力之集中，而集中之法，在于虚心。虚心则在人为无私，在国为至公。故至公无私，即心学之根本。孟子之所谓集义，庄子之所谓集虚，岳武穆之所谓练心，要皆心学之功也。①

缪斌在《武德论》中宣扬武力乃道德，为日本军国主义侵略中国张目，固然十分反动和荒谬，然其对先秦以来的心学阐释，则又有值得肯定之处。

王阳明的一些重要兵学材料，见于王阳明《武经七书评》（或题《阳明先生批武经》，或题《新镌武经七书评》）。关于此书之真伪，束景南先生认为："此书实为阳明早年学兵法、读兵家秘书所作笔记批语，故徐光启《阳明先生批武经序》谓'阳明先生手批遗泽'……阳明学兵法、读兵书主要在弘治十年至十二年之间，其《兵志》《阳明兵策》《历朝武机捷录》《武经七书评》大致皆作在其时。"②

王阳明在战争实践中，十分注重绥柔，注重从人的内心深处消除作乱的动因，从而达到安人人安、安国国安的治理目标，所以他对兵法中的奇计诡谲虽然精通，却并不津津乐道，而是对兵家阴谋诡计的运用有所警觉和保留。《传习录》记载，程伊川认为《春秋》与《左传》的关系是"传是案，经是断"。王阳明对此评曰："伊川此言，恐亦是相沿世儒之说，未得圣人作经之意。如书'弑君'，即弑君便是罪，何必更问其弑君之详？征伐当自天子出，书'伐国'，即伐国便是罪，何必更问其伐国之详？圣人述六经，只是要正人心，只是要存天理、去人欲，于存天理、去人欲之事，则尝言之；或因人请问，各随分量而说，亦不肯多道，恐人专求之言语，故曰'予欲无言'。若是一切纵人欲、灭天理的事，又安肯详以示人？是长乱导奸也。故孟子云：'仲尼之门无道桓、文之事者，是以后世无传焉。'此便是孔门家法。世儒只讲得

---

① 缪斌著：《武德论》，开明书店 1935 年版，第 226~229 页。

② 束景南著：《阳明佚文辑考编年》，上海古籍出版社 2012 年版，第 88 页。

一个伯者的学问，所以要知得许多阴谋诡计，纯是一片功利的心，与圣人作经的意思正相反，如何思量得通?”因叹曰：“此非达天德者未易与言此也。”①

在这段话里面，王阳明认为圣人作经，意思表达即可，并不繁文缛节；圣人述六经，目的是要人存天理、去人欲，而如何存天理、去人欲，则看人而随分量说。至于纵人欲、灭天理之“弑君”“伐国”等事，只要知其罪而无需述其经过，否则以此“长乱导奸”，则违背了圣人作经之意。这是孔门家法与心法，也是《左传》微言大义。故齐桓、晋文用计运谋之经过，后世无传。世俗之儒只讲得出霸者的学问，而不能超凡入圣，深刻体察圣人之意，所以认为必须懂得阴谋诡计，而此纯粹是功利之心，与圣人作经的意图相反，不值得提倡。王阳明在践履其心学时，也是实实在在体现了这一思想。比如平宸濠之乱，王畿《读先师再报海日翁吉安起兵书序》记其事：“宸濠始事，张乐高会，诇探往来，且畏师之捣其虚，浃旬始出。人徒见其出城之迟，不知多方设疑用间，有以贰而挠之也……人徒知其成擒之易，不知谋定而动，先有以夺其心也。”②

章炳麟在《王文成公全书题辞》中则批评王阳明言行相乖，认为王阳明一方面认为俗儒只讲得霸者之学，而不知王者之学，而批评俗儒借助阴谋诡计；另一方面王阳明自己却行诡计阴谋以平宸濠之乱及平田州乱。章氏云：“文成《传习录》称仲尼之门无道桓、文事者，世儒只讲伯学，求知阴谋，与圣人作经意相反。今勿论文成行事视伯者何若，其遣冀元亨为间谍，以知宸濠反状，安在其不尚阴谋也？及平田州，土酋欲诣车门降，窃议曰：‘王公素多诈，恐绐我。’”③

但实际上，章炳麟对王阳明“知行不一”的批评并不符合事实。王阳明

① 〔明〕王守仁著，吴光、钱明、董平、姚延福编校：《王阳明全集》，上海古籍出版社1992年版，第8~9页。

② 〔明〕王守仁著，吴光、钱明、董平、姚延福编校：《王阳明全集》，上海古籍出版社1992年版，第1599页。

③ 〔明〕王守仁著，吴光、钱明、董平、姚延福编校：《王阳明全集》，上海古籍出版社1992年版，第1630页。

的弟子钱德洪在《征宸濠反间遗事》中，记述王阳明平居并不多言兵事，弟子们有问，亦“皆默而不答”，故诸多军事谋划始终不为人知晓，而只存在于奏疏文移之中（此乃不得不言），而使用间谍的情况，即使在奏疏、文移中亦不见记载。这不仅是《孙子兵法》所云“事莫密于间”之故，而且正是王阳明践行不矜依诡谲之道、不宣扬阴谋奇计的“儒门家法”，其云：

> 昔者德洪事先生八年，在侍同门每有问兵事者，皆默而不答，以故南、赣、宁藩始末俱不与闻。先生殁后，搜录遗书七年，而奏疏文移始集。及查对月日，而后五征始末具见。独于用间一事，昔尝概闻，奏疏文移俱无所见。去年德洪主试广东，道经江西，访问龙光，始获间书、间牌诸稿，并所闻于诸同门者，归以附录云。①

由此可见，阳明兵学受心学影响极大，在理论上和实践上均表现为以仁道统御诡道、以心学统御兵学的特征，而其心学融汇了禅学之思，故其兵学亦摇曳着禅思的幽灵。

王阳明在文人用兵上，有明一代，尚绝无仅有，其用兵神奇之秘诀，主要落在“不动心”上，即不动真体本心，始终不为妄念、贪欲、私心等所蔽，保持天理在真体本心上的纯洁性。这是一个方面。另一方面，王阳明主张动敌之心。其批《司马法》之《定爵》篇云：“因心之动。”即战略、战术必须因敌之动心而行。敌不动心，则要动其心，使其心颠倒迷惑、错乱昏昧。王阳明在平定宸濠之乱中，“因心之动”的心学内涵发挥得淋漓尽致。王阳明因宸濠心动之三种可能，而设计了上中下三策，若宸濠直取北京将如何？若宸濠奔趋南京将如何？若宸濠回据省城南昌将如何？为阻止宸濠攻取两京，阳明使用反间计，阴泄各路勤王八十万大军张网以待的假文书，使宸濠“动心”（乱心），思虑不明，判断失误，而致未敢出兵两京，却回据省城南昌。此乃

① 〔明〕王守仁著，吴光、钱明、董平、姚延福编校：《王阳明全集》，上海古籍出版社 1992 年版，第 1474 页。

宸濠之下策，阳明之上策。心学之要义，既为保持我之真体光明，亦为在与人对决中动人之心，使其心受贪、嗔、痴、妄、慢、疑等遮蔽。

黄宗羲《文成王阳明先生守仁传》云：

> 夫以知识为知，则轻浮而不实，故必以力行为功夫。良知感应神速，无有等待，本心之明即知，不欺本心之明即行也，不得不言“知行合一”。此其立言之大旨不出于是。而或者以释氏本心之说，颇近于心学，不知儒释界限只一理字。释氏于天地万物之理，一切置之度外，更不复讲，而止守此明觉；世儒则不恃此明觉，而求理于天地万物之间。所为绝异，然其归理于天地万物，归明觉于吾心，则一也。向外寻理，终是无源之水，无根之木，总使合得，本体上已费转手，故沿门乞火与合眼见暗相去不远。先生点出心之所以为心，不在明觉而在天理，金镜已坠而复收，遂使儒释疆界渺若山河，此有目者所共睹也。试以孔、孟之言证之。致吾良知于事物，事物皆得其理，非所谓人能弘道乎？若在事物，则是道能弘人矣。①

黄宗羲这段话，阐明阳明心学立论之大旨在于知行合一，知行合一在于良知感应神速，本心明白即知，不违本心即行，行在知中，知在行中；知在行时，行在知时。故本心是知行合一的本心。释氏本心之说，颇近良知之说。然而释氏本心与俗儒却有隔阂，释氏只是守住明觉，而不管顾心外万物之理；俗儒不持守明觉本心，却去心外求仁、义、礼、智、信等万物之理。所以释氏与俗儒终究绝异。只有王阳明的致良知之说，使万物之理与本心明觉合一，求之本心，便得天理，遂使儒释不复绝异，而是其“疆界渺若山河”，即山河相依，无有隔离。若回复到孔、孟本源，则是人能弘道，道能弘人，而能为此者，皆以良知真体常在之故也。黄宗羲所讲释氏本心之说颇近良知之说，

① 〔明〕王守仁著，吴光、钱明、董平、姚延福编校：《王阳明全集》，上海古籍出版社 1992 年版，第 1544~1545 页。

即肯定阳明心学的佛禅特质。

禅的本义是静虑、摄念，是使精神集中、不使散乱的一种修心方法。禅的修持，一般有禅思、禅念和禅观。所谓禅思，就是使精神集中的一种冥想。它可以排除一切思想、概念和理论对人的干扰。所谓禅念，就是厌弃一切世俗烦恼和欲望，而使人的精神进入虚空状态。所谓禅观，就是坐禅以观照禅理。禅定则是通过坐禅的方式使心念专一、心境宁静，其根本方法就是息思和静虑。禅宗后来发展为一种生命体验，提倡在日常生活中体悟生命的意义。

禅宗有一则众所周知的公案：慧能在广州法性寺听印宗法师讲《涅槃经》，有风吹来，幡旗飘动，有二僧争论，是风动还是幡动，慧能一旁言曰，非风动，非幡动，是心动。

心性论是禅宗思想的核心。禅宗对心性的认识有一个发展变化的过程。从达摩祖师到弘忍、神秀，都重视佛教经典，强调参禅，即坐禅、念佛、守心、去妄、求净。这是一种静态的渐悟禅法。到了六祖慧能，既主张借教弘法，又主张摆脱经教，强调保持清净自性，定慧双修，所谓见性成佛，彻见心性本源，超越文字义解，顿悟成佛，自证于心，佛不外求。唐代马祖道一则更进一步，融汇庄老自然之道，直指人心，提出“平常心是道”的命题，强调即心即佛、非心非佛的自然本性，强调要发现和保持此种自然本性，认为：“众生的自心、本性就是佛，离开自心、本性去论佛、求佛都是错误的；自心、本性是空寂清净的，执着自心、本性，执着佛，也是不对的。”① 所谓行走坐卧，莫非佛法，认为心的自然本性就是佛性的显现。宋代不少帝王虔心向佛，士大夫无不效仿，游走于儒、释、道之间，无不以习禅相尚，可见佛禅已经渗透到了士大夫知识分子的精神领域，就连周程所创的宋代理学和陆九渊所创的心学，亦融汇了佛禅的心性论。不少儒门中人耽思禅悦，欲借禅理以申儒教。《法藏碎金录》提要云：“宋晁迥撰。迥有《昭德新编》，已著录。迥受学于王禹偁，以文章典赡擅名，而性耽禅悦，喜究心于内典。是

① 方立天：《从对“如何是佛”的回答看禅宗的核心思想》，载《中国文化研究》1996 年冬之卷。

编乃天圣五年退居昭德里所作。皆融汇佛理，随笔记载，盖亦宗门语录之类。其曰碎金，取《世说新语》安石碎金义也。孙觌谓其宗向佛乘，以庄、老、儒书汇而为一。盖嘉祐治平以前，濂、洛之说未盛，儒者沿唐代余风，大抵归心释教。”① 宋代禅宗的兴盛，是在后周世宗灭佛之后继唐代佛教繁荣后的一次大复兴。宋代禅宗，既有天子的扶持、士大夫的推崇、文人儒士的唱和，又有民众的膜拜，外儒内释，高谈理道心性，蔚成风气。在思想界，以程朱理学和禅学为盛，灯史、语录、评唱与击节等禅文学风行，禅宗流派由晚唐五代五家（临济宗、曹洞宗、沩仰宗、云门宗、法眼宗）增衍为宋代七宗（除了前述五家，又有临济宗分出的黄龙派、杨岐派），而以临济、云门两派为盛，文字禅、默照禅、看话禅竞起。元朝崇尚功业，并不推重禅学，禅学日衰。明初学术，实承朱学之支流余韵，而能发明先儒之意者，当数宋濂、吴与弼、薛瑄、陈献章、娄谅诸人，他们出入儒佛而有出蓝之誉，其所说愈益近禅，实为阳明禅之前驱。王阳明十七岁从娄谅问学，“娄谅之学，实王学之发端……佛学入于儒士之间，至王阳明而集大成，以达摩之真诠起心学，故有‘孔门大乘’之称……王学之发明与慧能的思想大体一致，即谓人心本觉，反诸本心而得之。若以此论，古之学脉不绝，实有赖于王学之禅化”②。宋代以来，儒学借禅理解义理，程朱理学及陆学本身就援禅入儒，加之禅宗思想的世俗化，使王阳明不能不受到佛禅思想的影响，并进而用之于阐释其新儒学，即在朱熹理学和陆九渊心学基础上的新理学、新心学。明代陈建评述王学曰：

> 阳明良知之学，本于佛氏之本来面目，而合于仙家之元精、元气、元神，据阳明所自言，亦已明矣，不待他人之辩矣。奈何犹强称为圣学，妄合于儒书，以惑人哉……阳明讲学，通仙、佛、儒，上下而兼包之，谓为圣人中正一贯之道，诚舛矣。昔朱子辩吕舍人，谓左右采获，而集

---

① 〔清〕永瑢等编：《四库全书总目》，中华书局 1965 年版，第 1237 页。

② 麻天祥著：《中国禅宗思想发展史》，武汉大学出版社 2007 年版，第 317~318 页。

> 儒佛之大成。今阳明又广为笼罩，而并仙、佛、儒三教之大成也，诚杂矣。王阳明答人问神仙书云："吾儒亦自有神仙之道，颜子三十二而卒，至今未亡也。"足下能信之乎？后世上阳子之流，盖方外技术之士，未可以为道。若达磨、慧能之徒，则庶几近之矣，然而未易言也。足下欲闻其说，须退处山林三十年，全耳目，一心志，胸中洒洒，不挂一尘，而后可以言此。阳明一生讲学只是尊信达磨、慧能，只是欲合三教为一，无他伎俩。谓颜子至今未亡，此语尤可骇，岂即佛氏所谓形有死生，真性常在者邪？①

陈建以责难和批判的态度辨别王学与儒、释、道之异同，肯定地指出王学不是儒学，而是释学、禅学，却以圣人之学欺世盗名，其学问亦并无高明之处，只是欲把儒、释、道合而为一而已。且其谓儒家亦有神仙之道，并以颜渊为例，说颜渊虽死，然至今未死。陈建则以之攻其所短，即驳问王氏云，佛家讲形有生死而真性常在，颜渊难道一如是乎？其实王阳明实实在在地借鉴了佛禅某些表达方式以及从心内求义理的思维路径，其思想内核则是儒家的忠孝节义、仁义礼智等，是继承和融汇了历代儒家的思想。王阳明自己亦有坦率指示，作《示诸生》诗训诲诸生云："尔身各各自天真，不用求人更问人。但致良知成德业，谩从故纸费精神。乾坤是易原非画，心性何形得有尘？莫道先生学禅语，此语端的为君陈。"②

王阳明的心学是禅学，也是儒学，更是人学，强调人的决定性作用，认为胜败由人，兵贵善用。重视人的心性道德的本体性价值，尤其强调培养忠的德行，忠君之心是根本，它能使才干得以充分施展，否则只会顾惜自身安危，求功求名，避罪畏祸，不能计险厄远近而料敌计胜。

---

① 〔明〕陈建撰：《学蔀通辨》卷九《续编下》，见王云五主编《丛书集成初编》本，商务印书馆1936年版，第120～121页。

② 〔明〕陈建撰：《学蔀通辨》卷九《续编下》，见王云五主编《丛书集成初编》本，商务印书馆1936年版，第122页。

六、禅兵孙子学流变

（一）日本禅兵思想

16世纪中叶，日人泽庵宗彭禅师著《不动智神妙录》云，诸佛不动智，回归本心，兵法亦如是，虽云不动，非同草木，心遍十方，无有所住，是谓不动。亦如儒家孟子所云“求其放心”，心不放，则有所缚，而不自由；不自由，则有拘执、滞碍，故无住之心，方是本心；无住之法，方是妙法。

与泽庵宗彭同时的日人宫本武藏撰《五轮书》，其自序曰：“为了求得神助，以完成自己写作的心愿，宽永二十二年十月上旬，我专程登临肥后的岩户山，向佛陀、天尊、观音三者膜拜。”① 在其《地之卷》曰：“兵法，与其说是一种技能，不如说是武士所专长的一门艺术。领兵打仗的大将要对队伍的行动作出决策，须熟知兵法才能取得战争的制胜权。而作为一个好的部将，要听从主将的调遣并领会主将用兵的策略，也需要了解兵法。如今能达到这种‘兵法之道’境界的武士，已经很少了。所谓道，是指做一切事情的至高无上的方法。道分为很多种：佛道，重在行救赎之事，儒道，重在学习一切为人处世的规矩；行医有行医的道，唱戏有戏子的道；茶有茶的道，弓箭手有射箭拉弓的道。”②

前四卷是地之卷、水之卷、火之卷、风之卷，是运用了佛家的有观；第五卷是空之卷，运用了佛家的空观。宫本武藏云：“空者，无始无终，无内无外。因为空，所以不为任何外物所束缚，可以既入乎其内，又出乎其外……对于学习兵法的人来说，熟知兵法，使用时却不拘泥于兵书，洞悉一切规律，却不依靠规律，率性而为，水到渠成，才是兵法的最高境界。我们用四卷的篇幅教会大家兵法，这一卷却是教大家忘记兵法。前四卷教的是‘有法’，此一卷教的是‘无法’。兵法的道，同时是自然的道。”③ 宫本武藏把玄学的有无境、佛学的空有观运用到兵法中来，其所谓空，是既知无，又

---

① ［日］宫本武藏著，李津译：《五轮书》，企业管理出版社2003年版，第39页。
② ［日］宫本武藏著，李津译：《五轮书》，企业管理出版社2003年版，第43页。
③ ［日］宫本武藏著，李津译：《五轮书》，企业管理出版社2003年版，第51页。

知有，就是既参透兵法，又抛开兵法，保持童心，扫除心中所有障碍，达到澄澈空明的境界，洞悉事物本质，消除执迷和偏颇，这就是“空”的境界，就是无知无觉、空无一物的“空明”境界。这和阳明心学的“致良知”是一致的。

（二）明代李贽禅兵孙子学

明代思想家李贽注解《孙子》，其著名论思是以儒家六经和武经七书相参合，且多引诸子史传之语以发明《孙子》之文，又立足于佛家，故有人说李贽为佛门杂家。他一方面倡导心学，批评儒学，却又主张兵儒合一，对儒家既有批判，又有维护，在其思想中的确有不少互相矛盾的内容存在。因是之故，说他是杂家，亦是确当。综观其兵学倾向，既可视之为禅兵孙子学，又可视之为杂家孙子学。其友大同巡抚梅国桢《孙子参同叙》评之曰：“兵犹禅也，极其用，海墨书而不尽，究其精，即一言不可得……余友秃翁先生，深于禅者也。于兵法，独取《孙子》，于注《孙子》者，独取魏武帝……今古兵法，尽于《七经》，而《七经》尽于《孙子》，若善读之，则十三篇皆糟粕也……余家居，与秃翁未数见，亦未于深谭，且不知有禅，亡论兵。”① 李贽以《武经七书》中其余六经参同《孙子》，虽未直言其禅意，但是以经传诸子及兵书贯通孙武子兵书之意，直取其义，不取其辞，非禅而何？

（三）清代邓廷罗谈兵与禅

邓廷罗以禅之悟与兵之悟，以兵学之理与儒学之理，而相提并论，其意在于阐明万法皆通于心之意，故作《兵镜或问序》云：

> 兵犹禅也。禅不悟不了，兵不悟不神。曰：“悟不可以言传，问答云乎哉？”曰：“义由文宣，法由心悟。渔人得鱼而忘筌，顾不筌而得鱼者，未之闻也。帖括之家，究其文，不究其实；韬钤之士，知其粗，不知其精。是以人无师学，家传父书。何怪乎三代以后绝无武功乎？古之不用兵法而暗合孙吴者，汉霍去病、唐张巡、宋岳飞三人耳。”飞之言曰：

① 谢祥皓、刘申宁辑：《孙子集成》第8册，齐鲁书社1993年版，第283~287页。

“阵而后战，兵法之常也，运用之妙，存乎一心。”噫！人谁无心，而问《阴符》于黄石哉？夫诸法咸备于《十三篇》，而治气治心之学始则倡于武穆，继则和于文成。千古而下，盖两人而已。《易》之《师卦》曰：“刚中而应，行险而顺。”谓九二有刚中之德，为能乘危定倾，而所行皆顺乎人心。斯无往而不克尔。夫不悖于一心则人心顺，不悖于人心则天心顺。兵之法，如是焉，足矣。而或者犹以为春秋之节制，不同于三代之仁义；后世之兼并，不同于春秋之战伐。要皆论世升降之说，而遂执为用兵之定衡，岂其然乎？杜杲有言，吾兵间无悖谋左画，皆得力于《四书》。夫《四书》，为孔、孟、曾、思发明道学之书，而善读者，无不可以治兵。今之应制科者，莫不文习《四书》，武习《七书》矣。行而著，习而察者，又何人哉？吾姑以今之心与古之心此斟而彼酌，以有是人之心与无是人之心送往而迎来，盖亦渔人之筌而已。若曰得鱼，是在悟者，相遇于有言无言之外可也。①

（四）民国太虚法师吕淦森作《禅兵》，全文如下：

禅与兵缀为一辞，其言吊诡，故未有也，然不足骇异。太虚曰：“吾昔读庄子《说剑篇》而奇焉。”程伊川睹临济、德山师道影，矍然曰：“若非这个，定然作个渠魁。”呜呼！此必有说也。作《禅兵》。

昔荀卿子议兵，本之儒术。吾宗明教师尝答问兵，其词甚美，曰：“发乎仁而止乎义，故相正而不相乱。”意犹荀卿也。而唐、宋宗乘师，则往往引兵说禅，廓落微淖，可神会不可思拟。

然《孙武子》十三篇，真天下言兵之至精者。曰：“守如处女，出如脱兔。”曰：“出其不意，攻其不备。”能此者，兵之圣也。盖赴机先，人人虽有长技，将失其用。然必养乎己者，至其量充塞，与物为一，而其效乃著。

---

① 谢祥皓、刘申宁辑：《孙子集成》第12册，齐鲁书社1993年版，第127~129页。

史称侯景持剑逼梁武帝，自然心志枯竭，此其验者也。然凝矣，未至乎化也。尽其妙者，非禅宗老古锥莫属……昔越女论剑曰：“妾非有所习，而忽然得之。”太虚曰：“乌知此忽然得之者，乃至不忽然乎?”禅宗喻之箭锋相值，非人巧所预……宗家活用，在善用杀，浅尝而误施者，则有姚广孝、清世宗，而旁见于王介甫、王守仁。

密宗亦密符禅机，《楞严》曰：“心持印咒，顾盼雄毅。”……夫禅密之为功同，同乎一诚。《中庸》曰：“不诚无物。”此语足贞金石矣。饥而食，渴而饮，百姓由之而不觉，虽有微言妙语，不能使之忘食废饮。斯其故无他，亦诚乎饥渴而已矣。诚乎涅槃妙心者亦然，诚则凝，凝则一，一则化，臻乎化者，白云出谷，听物卷舒，古镜当台，随形好丑，是谓诚而明。惟其诚且明，故异饥渴、饮食不觉也。而禅宗得之，称曰大机大用。其距斥罢软由心而相应乎身，乃有达摩之《易筋经》。龚定盦不知也，曰：“授村童牧竖以禅语，俾讽诵谐熟无脱节，三日禅师满街矣。”斯语也，可以评六步禅、穿珠禅耳，设以拟古禅德，犹曰以胡孙冠尧舜之冠，服尧舜之服，即是为尧舜也。

夫赵括非不能读父书，马谡非不熟诵《孙武子》，然临之兵，则何如乎？故曰微言妙语，不能使人饥不食，渴不饮，而禅宗喻之神庙泥马，叶公画龙，觉范见讥于灵源，汉月被诋于圆明，未尝尽枉也……如若姚少师之忍鸷，清世宗之残刻，禅宗喻之镆耶斫土，明珠弹雀，腾笑于大方也久矣。其大机而现大用者，临济、德山而外，前有马祖、黄檗、赵洲，后有云门、大慧、紫柏。紫柏于己则得也，而以临济玄要比天台时教，谓魏无忌椎杀王龁，能代领其十万之众者在乎兵符，而禅宗之纲宗则犹兵符也，其语不尽然。

夫魏无忌能帅王龁之众者，尤在平日之威信；其能用之以救赵者，亦以其能兵。而兵符者，特临机一瞬之功耳。曰其效乃尽于此，则三峰派之末流，从此开已。禅书载有屠一日正游刃间，忽舍刀大笑，投僧伽蓝作沙门。嗣有款以日用事，即作持刀屠豕势。太虚曰：此其机括，与越女忽然得剑者无异。可以禅而兵，可以兵而禅。世有孙武子，其迎下风而拜曰：俞。①

吕淦森以禅、儒、道、兵合一，而其之所以能合一，则在于心之诚、意之专、虑之纯，心无旁骛，而能出神入化，与万物齐，臻于虚空之境。禅机在于忽然得知，而此忽然之得，亦非忽然，而是体悟心物为一的结果。

第四节　朴学孙子学与义理孙子学

一、朴学孙子学

朴学源自汉学，是对清代乾嘉学派或考据学朴实风格的一个称谓。汉代儒学发展，有古文经学和今文经学两派，古文经学重文本，今文经学重义理。古文经学多用音韵、文字、训诂、考证、辑佚、辨伪等方法，目的是返本还原，不乖本义，而较少阐发义理。今文经学多阐发义理，重视经典的思想意义，目的是古为今用，服务现实政治。

《孙子兵法》的注释始自东汉末曹操，而曹操注《孙子》，文字简略，以致后来很多注家批评其文字过于简单而至晦涩难懂。曹操虽不是古文经学家，但基本还是体现了朴实的古文经学风格，而且还克服了古文经学烦琐的弊病。曹操之后，诸注家解《孙子》，虽在文字上更加繁富，但是在注释风格及精神上还是秉承了汉学，故在晚近之前更多的是朴学孙子学。

朴学孙子学，大略就是“我注孙子”；与之相对的，就是“孙子注我”。从解经方法来说，与汉学相对的则是宋学。宋学重义理阐述，而不重文字、音韵、训诂、考据、辨伪、辑佚、校勘等朴学方法。宋学与汉学相对而生，又并行于学术史的进程中，中国自汉至晚近的学术，大略就是这两大主题的并行和交替。至于有人讲宋学就是宋明理学或宋代文化学术，则是从宋学的

① 印顺文教基金会编：《太虚大师全书》第十九编《文丛》第十二章《杂文》，中华佛典宝库 2008 年 2 月制作，未标页码，原文发表于《海刊》第一卷第七期。

内容来讲，而非从治学方法或解经模式来讲。

曹操注《孙子》，不仅是我国《孙子》注释的开端，而且是朴学孙子学的肇始。其后的注家基本坚持古文经学的治学方法，注重照实传递《孙子》文本原意。南朝梁代孟氏，唐代贾林、杜佑、杜牧、陈皞，五代何延锡，宋代朱服、何去非、梅尧臣、王晳、张预、郑友贤，明代刘寅、王守仁、谈恺、赵本学、黄邦彦、王世贞、李贽、汪淇、焦漪园、黄献臣、陈玖学，清代朱墉、丁洪章、黎利宾、邓廷罗、汪绂、周亮辅、孙星衍、吴人骥、黄丕烈、左枢、黄巩、陈任旸、王瞰、王仁俊、王廷学、毕以珣，民国陆懋德、张之纯、苏阴森、支伟成、吴石、钱基博、陆达节、杨言昌、徐容溥、吴鹤云、覃孝方、王明长、郭化若，现代杨炳安、吴如嵩、吴九龙、李零、黄朴民等，或校，或注，或解，或集注、集解，或疏，或音义，或评，或参，或章句，或辑佚，或问答，或考辨，或史证，或引类，或印证，基本上依循汉代以来形成的解经范式传述经义，这是孙子学发展演变的文本基础。

晚近以降，有的注家开辟新路，在“古文经学”和“今文经学”两种范式中调和，既试图阐述《孙子》的思想，又蹈袭文字、训诂、考据的传统。比如长沙人黄巩，在观念上认为孙子之学乃形势之学，其《例言》阐明了对《孙子》十三篇的基本观点：《孙子兵法》与《管子兵法》相表里，管子论其正，孙子极其变；兵家之言，除了《管子兵法》，唯《孙子兵法》最古。黄巩不同意孙星衍谓《孙子》十三篇通三才五行、本之仁义、佐以权谋的看法，而认为孙子权谋务在不战而屈人之兵，故孙子权谋正好曲成其仁义。换句话说，黄巩认为，孙子权谋本在不战而屈人之兵，而不在施行仁义，只是不战而屈人之兵的向往恰好符合儒家的仁义理想。换句话说，孙子本心不在仁义，而在权谋，只是权谋的本心在于不战而屈人之兵，而不战屈人之兵的目标与儒家仁义理想一致，正如俗语所云“歪打正着”也。虽然黄巩并不认同孙星衍的看法，但他并没有对孙子的权谋理论（此指兵形势理论）进行系统的总结和概括，只是提出了零散的、碎片化的认识，云：“孙子论兵，全在精神气志上振作，故其中篇义，曰《作战》，曰《谋攻》，曰《兵势》，曰《虚实》，曰《军争》，曰《九变》，皆极控纵、变化、神奇之妙，管子所谓‘举如飞鸟，动如雷霆，发如风雨，莫当其前，莫害其后，独出独入，莫敢禁圉’者是也。”① 黄巩在观念上所认知的孙子学，与汉代班固所云“兵形势”相合，故在兵学观念上可以归于兵形势孙子学范畴；而在笺注方法上，黄巩没有对兵形势孙子学进行深入阐释，而是秉承了清代乾嘉以来的朴学学风，对《孙子》十三篇进行文字训诂方面的研究，撰成《孙子集注》一书。黄巩有感于近世所传《孙子》注解文义杂沓、支离破碎、错讹繁多，而采辑曹操以来的诸家注解，加以黄巩自己的考辨、疏证，系统地整理和考释文义，削赝存真，以求孙子本义，文风朴实，笔墨简洁，十分精练。

再如，清代孙星衍校刊《孙子十家注》，可谓完全遵从朴学范式，其云：“今国家令甲以《孙》《吴》《司马》书拔武士，伏读《四库书目提要》言者：‘武举者所诵习坊刻讲章，鄙俚浅陋，无一可取。’是善本传世最少，恐试官发题舛误，文义乖违，所失大矣。尝读《华阴道藏》，手录《孙子十家注》本刊于历下，又得明洪武时进士刘寅《直解武经三书》校此本，大略相同，补其缺页。寅《凡例》以为因宋国子司业朱服校定之旧本是宋本，如此，寅又据旧本增订数处，盖宋时别本耳。此本既影写上版，宋人缺笔字及不合六书字体皆仍其旧，每篇有卷上、中、下，题识又不分卷，亦因之。板心注明补页，不惑后人。当与顾茂才商确，作《音义》附后。”②

孙星衍又尝自述云：“吾家出乐安，真孙子之后，愧余徒读祖书，考证文字，不通方略。”③ 讲自己只懂考证文字，而不通方略，虽属自谦，然而于注解《孙子》而言，亦属事实。

又如，清代《孙子九地问对》，则是徂徕先生对吴王阖闾与孙武关于散地、轻地、争地、交地、衢地、重地、圮地、围地、死地凡九种地形如何应变的《孙子》佚文的简单注释，既作文字训诂解，又注重不同版本在文字方面的异同。

作成于民国四年（1915）的陆懋德《孙子兵法集释》虽意在融汇兵家与

---

① 谢祥皓、刘申宁辑：《孙子集成》第20册，齐鲁书社1993年版，第13页。
② 谢祥皓、刘申宁辑：《孙子集成》第19册，齐鲁书社1993年版，第130页。
③ 谢祥皓、刘申宁辑：《孙子集成》第15册，齐鲁书社1993年版，第6页。

儒家，不少兵家语却作儒家语讲，但是从其注解风格看，是朴学风格，在文字训诂、辨讹、注疏方面多有发明，正如注者陆懋德《自序》所言："十家注词冗而义晦，余窃病之，乃取《尔雅》《说文》《玉篇》及诸经、诸子、《史记》《汉书》之故训为之集释，其十家注之得者，节而存之，失者辨而正之。盖《孙子》之文简切骏快，训释明而真义自见，无待后人之繁说也。"① 民国叶玉麟《白话译解孙子兵法》，是以孙星衍校本《孙子十家注》为底本进行白话译解，忠于十家注原本，亦可算是朴学孙子学。

民国还有杨言昌主编、陆达节撰写的《孙子考》，考辨战国秦汉至民国《孙子》注解及研究之书的存佚，凡十六种；以及介绍日人译述《孙子》诸书，凡五十二种。以文献为据，旁征博引，对存本的版本流传多有考述。又有钱基博《孙子章句训义》，在其分章析句的"训义"中，虽然大量地以古今中外战斗、战役、战争为例，但其目的仍在诠释《孙子》本义，而不同于"六经注我"之法，未能跳出朴学孙子学的范畴。

其他如晚近时期的一些著述，夏寿田《孙子选注》辑注十三篇中之名言警句，从曹操、王皙、李筌、杜牧、陈皞、梅尧臣等十家注中择取释义准确者为注，十分简洁、明了、朴实。张之纯以阳湖孙星衍校正本《孙子》为底本，或引十家注中文字，或直接缀以己见，名之曰"评注"，其意在于疏通文义，而不在文字训诂。支伟成《孙子兵法史证》称"欲明兵法，务识方略；欲识方略，当知史事。诚以方略为用兵之本原，其道历久不变，非若战阵器械之因时地而转移也"②。又云："战术、战具虽日新月盛，而兵法、兵略则古今同轨。"③ 支伟成为阐明孙子方略，既校文本，又释文义，还举史证，三者结合。

二、义理孙子学

与朴学孙子学偏重考据、训诂不同，义理孙子学偏重对孙子学的内涵及

① 谢祥皓、刘申宁辑：《孙子集成》第20册，齐鲁书社1993年版，第179～180页。
② 谢祥皓、刘申宁辑：《孙子集成》第20册，齐鲁书社1993年版，第515页。
③ 谢祥皓、刘申宁辑：《孙子集成》第20册，齐鲁书社1993年版，第520页。

精神的阐发和论述，并不看重对《孙子》文本进行雕章琢句的注疏、考证、辑佚、辨伪等。

孙子学经书产生后，很快出现不少孙子学纬书，在孙子学流派中一般归于兵阴阳孙子学。比如秦汉之际佚名所作的《孙子八阵图》《吴孙子牝牡八变阵图》《孙子战斗六甲兵法》《吴孙子三十二垒经》《孙子兵法云气图》《兵法接要》① 《孙武子行军气色杂占》；北周甄鸾《孙子算经》；唐代李筌《孙子注》；明代成谐《孙子阵法新说》；明代曹胤儒《握机纬》之《孙子》②；清代佚名《孙武子三家天文军镜九宫行营》等。这些孙子学著述，虽然不是以阐明义理、揭示微言为主，但是已经偏离了孙子本意，使之向阴阳、术数、星历、天象、谶纬等方面演化，亦是一种广泛意义上的义理孙子学。比如，唐代李筌是一位道士，精通太一遁甲之学，在注解《孙子》时，常常以《太一遁甲》附会孙子之意，虽然其注解的大部分内容应当归于朴学的注解方法，但是以《太乙遁甲》之幽微来诠解孙子大意，则是借孙子代言己意，实则为义理孙子学范畴。

秦汉时期谶纬孙子学最终在东汉末年走向终结，其终结的标志是曹操《孙子注》的面世。虽然唐代李筌注解《孙子》仍带有一定的谶纬性质，但唐代其他注家如杜佑、杜牧、陈皞，以及五代何延锡，宋代梅尧臣、王皙、张预、陈直中、郑友贤、施子美等注家使《孙子》注释向着探究本义或阐发义理的方向发展，摆脱了谶纬迷信的思维范式。其中，陈直中所作《孙子注》，书虽亡佚，但陈傅良在序言中反对以训诂之法求《孙子》大义，其注多根据作者平日端居深念及渡江诸将论兵之言所作，以整军经武为目的，批评南渡士大夫甘于偏安东南、耻于言兵的时弊。郑友贤《孙子十注遗说》视兵家之《孙子》为儒家之《易经》，探幽析微，发明大义。施子美则以朴学与义理二法兼用，而重在阐述《孙子》义理。

---

① 《兵法接要》其书，从《太平御览》所存数段佚文看，皆为阴阳杂占文字，乃兵学谶纬之书，托名曹操所著。

② 《握机纬》之《孙子》以风后古文十九字兵法为经，以《孙子》十三篇和《吴子》六篇之内容为纬，体现了作者视《孙子》为纬书的观念。

明代薛应旂《方山先生孙子说》重在灵活变通孙子之言而适于用。明代茅元仪《兵诀评·孙子》集注释、阐发与评论于一体。明代施逢原《批点孙子正义》多以批点和衍义并行，介于朴学与义理之间。清代翁同书批《孙子十三篇》，虽无深刻阐述和分析，但是以批语的形式表达自己对孙子书的理解，亦跳出传统训诂窠臼。

清代顾福棠《孙子集解》体现了注解方式及注解理念的转折性变化，十分重视以近代军事理念诠解孙子战理，并以大量欧美近代战例进行衍发。顾福棠继承和创新了《孙子》阐释的方法，是传统向近代转变的重要节点，既有朴学方法的保留，又有兵学新理念的注入，以近代军事观照古典兵法，以近代战术战法例解孙子战理，有很大的突破。广东将弁学堂编、陈希夷重订的《孙子白话演义》在顾福棠的基础上，更迈进一步，接近现代军事认知。

民国时期与蒋百里齐名的杨杰，在撰作《孙武子》时，就告诉读者，他是拿近代战争的眼光来研究《孙子兵法》的。他所注意的是孙子的精神和思想，是《十三篇》的要义，把握孙子学的思想方法，并运用于近代战争中，以创新战争思想与方法，而不是咬文嚼字，机械地记诵其文句。历代各家注释也只能作为理解《孙子》文本的参考，而理解的重点是“探讨它的真义”不论何种学术，都是时代的产物。孙子的战争理论是农业社会的产物，克劳塞维茨的战争理论是工业社会的产物，两者产生的时代相距两千余年。它们虽然代表着两个不同的时代，但是在变化的过程中总有一部分是不变的，那就是孙子和克劳塞维茨揭示的战争原理。虽然《孙子兵法》产生于两千多年前，但以近代战争来说，孙子学就是近代国防学，就是近代全体性战争理论。① 基于这样的认识，杨杰对孙子的战争、国防、政治、外交、经济、战术、组织等思想，以近代战争的视角，以及本着运用于近代战争的需要，进行了全面的总结，提出了既通俗又深刻的见解。由于世界政治和军事格局的变化，西方兵学对东方兵学的深刻影响，战争样式和作战方式的重大转变，

---

① 谢祥皓、刘申宁辑：《孙子集成》第23册，齐鲁书社1993年版，第39~158页。

民国孙子学学人依循近代战争的需要，而全面拓宽视野。其时虽不乏朴学孙子学著述问世，但是更多的而且有较大影响的著述，则是重在阐发孙子战理并能够用于军事实践的义理孙子学著述。

由此，民国时期一批杰出的兵学家脱颖而出，他们纷纷撰文，阐述孙子思想，不再沿着朴学的老路，而是为现实政治与战争服务，他们对《孙子兵法》作出比较合理的战争学的解说。当时就有人提出："考证学不应该用在《孙子兵法》的辨伪上——由思想内容以推测其成书的年代，无益于国防，是仁者智者所不为。《孙子》有个庄严的传统，历代的兵家尊之为兵经，行阵御侮，无不以《孙子》为准绳……一方面用它去打仗，一方面又怀疑它，是绝大的矛盾……我见有人作《孙子兵法》评论，就徘徊于应用与怀疑之间，旁征博引断孙子非孙武，反复辩驳孙子非孙膑，这是站在考证与辨伪的立场看兵法，是不能有益于国防而正国民的视听。《孙子兵法》若是无名，当把这杰作归还中华民族。我们一想到欧洲的无名英雄墓，就了解《孙子兵法》底无名意义。这杰作不是任何人可以一手造成，必经过许多战役，必经过许多人之手编辑而成。"① 比较有代表性的论文，有金典戎《孙子的价值、思想与西洋兵法》、林夏《孙子兵法的特色及价值》、徐庆誉《孙子兵法与现代战争》、李浴日《孙子兵法的解剖》、杨杰《孙子的战术思想》、徐培根《孙子兵法注释》等。其中，杨杰和徐培根与蒋方震齐名，被认为是民国三大杰出的兵学家。这些论著从近代战争由平面战进为立体战、由枪炮战进为化学战、由兵力战进为国力战等特点出发，分析《孙子兵法》在近代战争中的作用、价值与地位，以及在对日寇作战中，政略、战略、选将、练兵、治军、战术、情报、攻击、防御、地形、教育、组织等方方面面的运用，解剖《孙子兵法》六十余种的作战方法。在上述文章的论点中，最值得称道的是，提出了"武器决定战术"的命题，认为"武器和装备是战术的基础，有什么样的武器和装备，就有运用这种武装并使用这种武装发挥高度效能的战术，新式武器产

---

① 谭彼岸撰：《孙子兵法的另一看法及未解的一句》，见李浴日编《孙克兵学新论》，世界兵学社 1943 年版，第 78 页。

生了新型军队，新型军队创造了新式战术。军队的组织是跟着武装变的，战争的艺术是跟着军队的组织变的。换句话说，武器决定战术”①。孙子战略战术思想的近代阐释，是基于当时面临或将要面临的战争来展开的。曾经担任国民党陆军大学教育总长的徐培根，在谈到国防思想演进时讲道：“装甲兵殆为未来兵种，海军战术将施行于空陆，以装甲兵为主，辅以空军以及机械化部队，殆为未来军队编成之畴范。装甲兵与非装甲兵对立，有如古代装甲骑士初次出现于战场，使弓矢戈矛皆成无用之物。虽目前装甲厚度与炮弹穿力之竞争，尚无定论。但因其运动性及冲突力增大，足使古代以骑兵为主力之战术思想复活，殆无疑义。故将来之战争，必有两方铁骑成群，直接冲突之一日，而此项兵种之演进，将因其任务和需要，必渐分为搜索、驱逐和主力战之各级战车队，一面更研究其速度，以演成‘陆地舰队’之编成，因之海军战术即将施诸陆上。同时，空军战斗武器之进步，亦必有装甲无畏式之飞机出现，此后制空权之争夺，空中编队之对战，必更猛烈，其演进亦将如装甲兵之在陆上，而采用海军战术。”② 徐培根预见之战争，即机械化战争，后来的事实已经充分证明其预见之正确，故其注解《孙子》多有近代战争理论之精蕴。

孙子学本是关于兵事的理论和学问，但是由于其和非军事竞争理论有诸多相通之处，所以又有人演绎其政治、外交、管理、经营、人生处世等方面的含义。这些演绎虽有可取之处，但终究不是孙子著述的本意，只不过是“借尸还魂”的一个策略而已，即借助《孙子兵法》之高名以解释作者自身的想法。这实在是典型的“孙子注我”。

民国时期的孙子兵学研究者，常常以孙子兵法与西洋兵法进行比较，金典戎说：“西洋战术思想的完成，是在克劳塞维茨时代；中国战术思想的完成，远在孙子的时代，而且到孙子时，已集思想的大成，到了发展的顶点。东西的战术思想，相差竟至二千余年。这原因在什么地方呢？我认为第一是

---

① 杨杰撰：《孙子的战术思想》，见李浴日编《孙克兵学新论》，世界兵学社 1943 年版，第 60 页。

② 徐培根：《国防思想之新趋向》，载《江西地方教育》1940 年第 192—193 期合刊。

由于文化的发达，中国文化到春秋战国时，已有伟大的成就，所以战争思想，也有同样的发展；第二是由于文明主流的内容不同，中国的文明是精神的文明，西洋的文明是物质的文明，所以中国的战争，是以精神来推动战争思想的；西洋是以技术来推动战争思想的，这是中国军事技术的落后的原因，也是西洋战术思想发达过迟的原因。孙子的战术思想，始终站在指导的地位，过去我们没有把它作现代的研究，以致西洋的战术思想，反而支配了全世界的战争精神。现在我们要努力于孙子思想的阐扬，同时以现代战术来作对照的研究，相信在这研究之中，必能发现宝贵的结论。”①

需要注意的是，上文提到了李浴日孙子学及其主编的刊物和书籍，但李浴日的阶级立场和政治立场决定了他不可能是一个马克思主义者，而是为国民党政权服务的孙子学学者，他运用孙子学原理分析对日战争和世界反法西斯战争中中国必胜的形势和前途，但是由于他政治立场的反动性，与人民为敌的政治本性，所以决定了他对共产党领导下的人民政权持敌视的立场。在国民党败退台湾后，台海形势紧张，金门成为海峡两岸对峙的要冲。台湾当局妄图据守金门以反攻大陆，李浴日受命编辑《战斗》月刊，刊发了不少孙子学文章，多以孙子学原理“支撑”其反攻大陆野心，由于其阶级立场和政治立场的反动，尽管他谙熟孙子理论，但是得出的结论只能成为历史的笑谈。李浴日时常撰写文章，比如在1954年，他先后在《战斗》月刊上发表《炮战后金门走笔》（第三卷第五期）、《岛屿防卫与机动兵力》（第三卷第六期）等多篇文章，以孙子兵理及其他古典兵法理论阐扬其“反攻大陆”的观点。从李浴日的兵学成就及其政治立场、观点相对照看，兵学素养的高深，不仅不能帮助他得出正确的结论，而且其兵学成就亦受到其政治视野和政治立场的制约，从这一侧面也说明了兵学受到政治的统御，一个兵学家对兵事的正确分析，决定于其政治方向和政治路线的正确把握。

义理孙子学总是与朴学孙子学并行不悖，或交互而行，而且孙子学中的

---

① 金典戎撰：《孙子的价值、思想与西洋兵法》，见李浴日编《孙克兵学新论》，世界兵学社1943年版，第12页。

朴学和义理概念，并不完全等同于儒家经学的朴学和义理。孙子学的朴学和义理，是借助儒家治学的术语，而在内涵上有所不同。在不同的历史阶段，孙子学的朴学方法和义理方法也不尽相同，而是有所发展。此外，两者并不截然对立，往往是朴学中有义理，义理中有朴学。

义理的内涵，在不同的时期以及不同的著述中，有不同含义。比如有以儒释兵者，有以道释兵者，有以禅释兵者，有以政治、外交释兵者，有以人生哲理和竞技哲理释兵者。而在中华人民共和国成立后，在孙子学研究中，学者更多地注入了马克思主义的观点和方法，形成了马克思主义孙子学派。其义理的阐释更具马克思主义内涵，比如郭化若所编著的《今译新编孙子兵法》《宋本十一家注孙子》《孙子译注》，以及关锋撰写的《孙子军事哲学研究》、王建东撰写的《孙子兵法思想体系精解》、吴如嵩撰写的《孙子兵法新论》、赵海军撰写的《孙子学通论》等，都具有较高的代表性。

义理孙子学发展到民国及以后，其义理不再局限于孙子战理，而是包括政理、人生处世之理、经营管理之理等，与此相关之内容，则在相应节次申述。

第五节　马克思主义孙子学

毛泽东对中国古代文化遗产，历来主张以古为今用、批判继承的态度去学习和借鉴，取其精华，去其糟粕，在其著述中常有引用和化用古代兵法的名言警句。郭化若在其回忆录中写道："他写的《中国革命战争的战略问题》《矛盾论》《论持久战》等著作，不少地方就是在马克思主义的指导下，从包括抗日战争在内的中国革命战争的实际出发，灵活运用古兵法、特别是《孙子兵法》总结战争经验，揭示战争发展的规律。毛主席是伟大的无产阶级军事家，也是用马克思主义的观点和方法，研究运用古兵法的典范。"①

① 郭化若著：《郭化若回忆录》，军事科学出版社 1995 年版，第 162 页。

郭化若编发毛泽东亲自创办的《八路军军政杂志》①，而且在毛泽东的指导下，研究古兵法和古代经典战例，把所撰成的文章发表在该刊物。比如研究赤壁之战，撰写《赤壁之战及其对民族抗战的启示》，指出如果刘、孙不联合抗击曹操八十万大军南侵，孙、刘必定被曹操各个击破。抵抗日寇侵略，虽然与三国时期刘、孙联合抗曹的性质不同，但是不联合则败、联合则胜的道理是一样的，抗日战争必须实行国共联合的统一战线才能最后取得胜利。又撰写《齐燕即墨之战的初步研究》，分析了战国时期燕国联合韩、赵、魏和楚国进攻齐国，齐国坚持抗战，最后反败为胜，收获丢失的七十余城的战例，指出抗日战争必须军民团结一致，采取在拖垮日军之后进行全面反击的斗争策略。

郭化若于1939年开始研究《孙子兵法》。起因是第二次国共合作时期，国共两党共同抗日，而当时国民党只搞阵地战，不搞运动战，处处挨打，频频战败。毛泽东为了宣传运动战的思想，指示郭化若研究古兵法，说对国民党军官搬古兵法，他们懂，听得进去，而讲马列，讲唯物辩证法，他们听不进去。毛泽东告诉他，要精滤《孙子兵法》中卓越的战略思想，批判地接受孙子的战争指导法则和原理，要批判和反对那些曲解孙子思想和贻误中国抗日战机的思想。郭化若从此开始收集孙子学资料，对历史上评注《孙子》的十家注进行了认真细致的研究，运用马克思主义的方法，写出了《孙子兵法之初步研究》，对孙武的出生和活动年代，春秋末期政治经济状况、哲学思想，孙子时代以前的战争战略思想，《孙子兵法》的成书以及孙武和孙膑的关系，进行了探讨和考证。郭化若自述本文“力图在马克思主义军事理论的指导下，着重探讨孙子的战略思想……这些战略思想，既是从《孙子兵法》中精滤出来的，又同抗日战争中的许多问题密切联系着”②。

关于孙子的战略思想，郭化若归纳了四个方面：一是速决的进攻的运动战，二是主动的灵活的指导法，三是开明的严厉的纪律，四是全能的高超的

---

① 《八路军军政杂志》于1939年1月创刊，1942年3月停刊，共出版4卷39期。

② 郭化若著：《郭化若回忆录》，军事科学出版社1995年版，第166~168页。

将帅。郭化若不是对《孙子兵法》进行形而上的片面而孤立的研究，而是历史地辩证地进行分析，他说："《孙子兵法》依据于春秋末期及其以前长时期的战争经验的积累，适应当时各国间不断进行战争的需要，特别是新兴的、企图争霸和扩张领土的吴国的需要，把战争中最一般、最重要的规律，大体发现与揭示出来了。各时代各民族各地域的战争，虽都有各自的特殊规律，因之也各有各的战略思想；然而一切战争也有其共同的规律，在这些共同规律的基础上就产生战略上共同的原则。"①

郭化若认为《孙子兵法》蕴含着朴素的唯物论和辩证法的要素，能够全面地联系地发展地看问题，能从复杂的现象中揭示事物的本质，能在对立统一的矛盾中抓住战争的本质和规律，但是这里面不可避免地含有唯心论和机械论的因素。他以马克思主义唯物辩证法的方法，分析孙子战争理论存在的不足，说得十分中肯："用超阶级的观点解释战争、解释政治，在决定战争胜败、国家强弱问题上过分强调将帅的作用等，就是明显的唯心论思想。他的战略思想中存在的一些片面的、静止的观点，则反映了他哲学思想中的机械论成分。"②

郭化若的孙子学研究，在国共两党的军官中产生了积极的广泛的影响，不少国民党军官经常索要郭化若发表在《八路军军政杂志》上的孙子学文章。郭化若为在抗日战争中宣传运动战和向国共两党广大官兵普及古兵法而进行的孙子学研究，是以实际行动贯彻毛泽东关于抗日战争重要指示的卓越表现。

新中国成立以后，郭化若在孙子学领域继续精耕细作，运用马克思主义观点分析孙武子的军事思想和哲学思想，先后出版《今译新编孙子兵法》《宋本十一家注孙子》《孙子今译》《孙子译注》等一系列著作，开创了马克思主义孙子学派。此后，在郭化若等老一辈孙子学学者的影响下，以马克思主义观点和方法研究孙子学，已经成为新中国孙子学研究的主流，涌现了关锋《孙子军事哲学思想研究》、军事科学院战争理论研究部《孙子兵法新注》、

① 郭化若著：《郭化若回忆录》，军事科学出版社 1995 年版，第 168~169 页。
② 郭化若著：《郭化若回忆录》，军事科学出版社 1995 年版，第 170 页。

齐光《孙子兵法评注》、吴如嵩《孙子兵法浅说》《孙子兵法新论》、陶汉章《孙子兵法概论》、刘庆《〈孙子〉兵学体系初探》、黄朴民《解读孙子兵法》、赵海军《孙子学通论》等论著。这些孙子学著述，继郭化若等革命先辈的孙子学著述之后，和其他优秀的孙子学著述一起，奠定和形成了我国现代孙子学研究的马克思主义基调和风格。

第四章　从应用形态看孙子学的流变

第一节　战争孙子学

孙子战理因战争而起，为战争而生；来自战争，又回到战争；在战争中得到阐释，又在战争中得以丰富、提升和演变。之所以冠以“战争孙子学”，那是因为孙子学发展到今天，已经有许多变化，分化出不同的功能，出现了非战争孙子学的存在，比如经营管理孙子学、人生处世孙子学等。

战争孙子学，是最重要最根本的孙子学内容或流派。孙子学从流传、整理、抄写、衍增到注解、阐发等，最重要的价值就是为战争服务。历代孙子学，不管其非战争功能如何分化，其战争的核心功能都没有改变。孙子学的传承过程，也是其丰富内涵和功能分化的过程。经过两千五百多年的传承，战争孙子学呈现四种形态：

其一，解释性战争孙子学——以战争例证和解释孙子战理。这种形态是最传统且最常用的形态。自曹操注解孙武书以来，直至当下，对孙子书的传统注释依然存在并必将长久存在。这是理解和研究孙子战理最直接最简单的方式，它以过往的战争、战役、战斗及治兵、用兵实例来佐证和解释孙武子的战略战术、治兵用兵思想。其目的主要是传承、普及和研习孙子学，比较注重《孙子》文本的理解以及原始孙子学的探究。自汉魏到鸦片战争爆发，这种形态的战争孙子学几乎覆盖了全部的孙子学著述。

其二，融汇性战争孙子学——以近代军事理论释证孙子战理，以孙子战理融汇近代军事理论。鸦片战争爆发后，中国进入近代社会，国破家亡，山河沦丧，西学东渐，革故鼎新，学习和借鉴西方的军事理论，“师夷长技以制夷”。反观和检视我国固有的孙子兵学，发现西方近代军事理论并非多么了不起，其实在孙武子时代，我国兵学理论已经臻于近代的西方认知，只是表述方式、理论结构和学术体系有中西差异，因此借用西方近代军事理论的表达方式释证孙子战理，并以孙子战理融汇近代西方军事理论，形成“中学为体，西学为用”的孙子学。近代前期孙子学著述，相当一部分以近代战例和近代军事术语解释孙子战理，实际上是以孙子战理融汇了西方近代军事理论。融汇性战争孙子学，与解释性战争孙子学相比较，更接近世界军事语境，是传统孙子兵学的近代转型。

其三，预测性战争孙子学——以孙子战理预测和指导战争。孙子学发展到近代后期，以更加开放和务实的姿态参与战争实践，以孙子战理、政理、兵理分析当时的战争形势及趋势，这在之前是没有过的现象。孙子学从理论殿堂走向战场，接入当时发生的战争、战役、战斗实际。孙子学在悠久的历史发展过程中，更多的是以孙子战理解释和总结已经结束的战争，在介入战争进行战争形势预测和指导是在近代后期。具体地说，预测性战争孙子学突出地体现在持续十四年之久的抗日战争时期。在面临亡国灭种的危难时期，从前线将士到后方民众，国共实现第二次合作，“地无分南北，年无分老幼，无论何人，皆有守土抗战之责，皆应抱定牺牲一切之决心”①。在这种背景下，孙子学接入战争实际和社会现实，从而获得空前发展，形成“抗日孙子学”。这一时期的孙子学研究，多以服务抗战为宗旨，以其鞭辟入里的孙子战理及战争形势分析，预测和指导抗日战争，极大地鼓舞了全国军民争取胜利

---

① 蒋中正：《对卢沟桥事件之严正声明》，1937 年 7 月 17 日蒋介石庐山谈话，收录于沈钧儒等著《血钟与义旗》（中国文史出版社 2019 年版）。

的信心。

其四，开新性战争孙子学——以孙子战理启发和创新军事理论。孙子学发展到近现代，多与近现代军事理论融汇。孙子学是关于战争的整体性理论，而近现代军事学是关于战争的分科性理论。孙子学理论更多的是讲军事的哲学问题，近现代军事学更多的是讲军事的技术性问题，前者更抽象，后者更具体。孙子学既融摄近现代军事理论，又创新近现代军事理论，为近现代军事理论提供新的智慧资源，把孙子学理论延伸到近代机械化战争及现代信息化战争中，探讨近现代战略战术，丰富和发展了近现代战争理论，在战争谋略、战略指挥、战术指挥、军事预测、军事后勤、军事情报、军队建设、军事训练、军事心理、军事哲学、军事伦理等方面建构了中国特色军事理论体系，注入了丰富的孙子学元素，同时又反过来为提升孙子学理论水平、发展孙子学理论体系提供了更多的思想资源。这既是近现代军事学思想资源的开新，也是近现代战争孙子学理论的开新。

上述四种形态战争孙子学也是战争孙子学发展的四个阶段，但彼此不是互相孤立和排斥的，有些形态是同时并存的。比如在近现代孙子学中，解释性战争孙子学、融汇性战争孙子学、预测性战争孙子学和开新性战争孙子学同时存在。下面着重对预测性战争孙子学进行必要的详述。

近代后期，抗日战争孙子学是预测性孙子学的具体表现形式。1931 年日本发动九一八事变，标志着中国人民抗日战争开始。抗日战争是在第二次世界大战中中国抵抗日本侵略的全民族抗战。日本占领东北地区，成立伪满洲国，继而把侵略战争推进到华北、华南等广大地区。1937 年发生的卢沟桥事变，标志着中国人民抗日战争全面爆发。1941 年，国民党政府正式对日宣战。国共两党携手合作，全国人民与日本侵略者进行艰苦卓绝的斗争。直到 1945 年日本宣布投降，抗日战争取得了最终胜利。在这长达十四年的抗日战争中，孙子兵学发挥其战略战术的理论指导作用，结合抗日战争实际，涌现了众多的抗日孙子学论著，形成了独特的抗日孙子学思潮和抗日兵学流派。

抗日战争时期，孙子学学者撰作文章，以孙子战争原理分析抗日战争形势及战争走向。杨言昌在《孙子九地篇新解》云："近年以来，注释《孙子》

之书，风起云涌，皆皇皇巨著，累十数万言。”① 有的以孙子游击战争原理来分析抗战所应采取的方法，如李浴日《孙子的游击战术》（载《新建设》1939年第1期）；有的以孙子所论军事统帅应该具备的素质、能力来分析抗日战争的指挥艺术，如普怀隐《孙子兵法中的统帅论》（载《中原》1941年第4卷第4期），有的以孙子战理预言日寇必败，如楼桐孙《从孙子兵法断定倭寇必败》（载《时事类编》1939第39期），李浴日《从孙子兵法分析敌犯粤北的溃败》（载《战地文化》1940第1卷第5—6期），陈顾远《孙子作战篇已注定了敌人的败果》（载《中国社会》1939第5卷第2期）。这些文章，依据《孙子》文本，理解其战理，以之分析日军的不利局面，有理有据，很有说服力，对增强民众抗日信心大有裨益。其中，陈顾远讲道：“敌人采了孙子兵法上的下策，偏又在始计方面，错认了我国不能团结一致，无抗战的意志并持久的力量，构成了‘未战而妙算不胜’的错误。由是敌人自九一八以来惯用的不战而屈我之兵，既已成为梦想；而在作战方面所特别注意的一个‘速’字，所特别避忌的一个‘久’字，也就不能有所趋避：便给敌人注定了‘虽有智者不能善其后矣’的败果！我们呢？因为是一个弱国，又是受人侵略的国家，无法从正面接受孙子作战篇的遗训，拘守一个‘速’字。但我国虽武器不如敌人，却是一个地广物博人众的大国，内而因抗战上下一心，如胶似漆；外而取得了国际的同情和帮助，战争的持久性对我们绝对有利，这就从敌人最不利的‘久’字上下了功夫。”②

在抗日战争孙子学中，李浴日创办的《世界兵学》杂志发挥了重要作用，其主旨就在反映国内外战争形势，弘扬中外兵学，其中对中国古典兵学特别是孙子兵学有较多涉及，经常组织笔谈，刊载抗日战争文章，通俗易懂，受众面很广。《世界兵学》刊载了系列文章，以孙子战理分析抗日战争，提升军民必胜信心。比如，陈纵材《以孙子兵法分析德国五年来的军事行动》针对中国近代向德国学习军事而忽视我国固有之军事思想理论，分析德国在吞并

---

① 杨言昌：《孙子九地篇新解》，载《世界兵学月刊》1946年第3卷第4期。

② 陈顾远：《孙子作战篇已注定了敌人的败果》，载《中国社会》1939年第5卷第2期。

奥捷战争、德波战争、德挪战争、德荷战争、德比战争、德法战争、德英战争、巴尔干战争、德苏战争中，用兵作战莫不效法《孙子兵法》，而且德国在军事上所陷入的困境正是孙武子所告诫的①。黄岗山人《孙子的战法》分析总结出孙武子提出的五十四种战法，是“集古今战法之大成”。李浴日《孙子与原子》：“《孙子》是世界兵法的最高峰，原子弹是世界威力最大的武器，一发明于中国，一发明于美国；一为古代的兵书，一为现代的兵器，今日我把它俩拉在一起来谈，也许有人要大惊小怪吧。其实这二子是相得益彰的，没有原子弹，则孙子不能发挥其理想；没有孙子，则原子弹亦减其光辉……但谈到原子弹的使用于战争上（政略上与作战上），我觉得孙子的学理最适合它的使用，于此亦可见孙子并未丢失在今日所谓原子战争的后头，而原子战争实应根据孙子伟大崇高的学理而进行。”② 李浴日《从孙子兵法分析敌人进犯粤北的溃败》③ 从将领骄横、不知彼己、计划错误、地形困厄几个方面，分析敌人进犯粤北在政治上、军事上违背孙子原理，在一个多月中被歼灭一万多人，这是日寇虽然熟读《孙子》而不能活用《孙子》的必然结果。李浴日根据孙子原理，编写的《抗战必胜计划》④、《兵学随笔》⑤ 以浓重的笔墨，以专节论述《孙子》，比如有“孙子的不朽”“孙子战法的种种”“孙子的世界性”“孙子与拿破仑”“普及孙子”等观点比较中肯的篇章，也有“孙子与反攻大陆”等政治观点反动的篇章，但其致用于战争的主旨是一以贯之的。

此外，有的孙子学学者出版著作，为抗战提供智力支持和精神支持。萧天石为使坊间抗日游击战争言谈上升到理论层面，从而对抗日战争有一定的指导作用，撰作《游击战略与游击战术原则之研究》，既遵循孙子战理，又结合抗日战争实际，细致入微地论述游击战略与游击战术，认为对日游击战争应该遵守的总原则是，在战略上求持久，而在战术上求速决；在战略上取防

---

① 李浴日主编:《世界兵学月刊》第 2 卷第 2 期，世界兵学社 1942 年版。

② 李浴日主编:《世界兵学月刊》第 4 卷第 2 期，世界兵学社 1947 年版。

③ 李浴日:《从孙子兵法分析敌人进犯粤北的溃败》，载《广东省政府公报》1939 年元旦特刊。

④ 李浴日:《抗战必胜计划》，韬略出版社 1937 年版。

⑤ 李浴日:《兵学随笔》，台湾世界兵学社 1952 年版。

御，而在战术上取进攻。具体地，游击战略当遵循经济、集中、奇袭、先胜、安全、协同、分伏、机动的原则；游击战术则当遵循争取主动、避实击虚、稳扎稳打、以静制动、夜袭晓攻、险堵隘截等原则，采取埋伏、袭扰、围攻、追击等方法；而在散地、轻地、争地、交地、衢地、重地、圮地、围地、死地孙子所讲“九地”，其游击战法各有不同。李则芬《以孙子兵法证明日本必败》，以日军违背孙子兵法原则为理论依据，分析日本侵华战略战术的种种败端，得出中国必胜、日本必败的结论。在孙子战理中找不出日军胜利的条件，日军超过不战而屈人之兵的限度；速战速决的企图落空；不知彼，不知己；致于人而非致人，“敌人在战略上是完全处在被动的，由不战而屈人之兵，速战速决以至于速和速决，一连贯的失败，已十足注定了日军败亡的前途。即在战术上过去难互有得失，但今后亦将随着第二期抗战的开始而失掉它的优势，失掉他主动的自由”①。

许有成《孙子与现代》因抗日战争而作，意在通过注释和分析孙子原文及战略战术思想，而对抗日战争有所裨益。其《孙子与现代》自序言：“东北各省，早已拱手让人，上海血战月余，以援绝而却退，停战之协定方订，榆关之风云又急，危如今日，可为极矣！若再不谋国是，吾四百兆羲皇遗胄，宁有噍类？虽然，吾国军队，号称数百万，军费年占岁百分之七十以上，奈何外寇入境，一至束手无策，至若是乎？曰：糟粕古学，兵法失传，平日不以兵凶战危为戒，不知讲武修政故耳……此指圣人之所以教人者也。故吾以为欲救危局，除准备实力外，提倡古学，亦不可稍缓也。吾国治兵之学，如太公之《六韬》，黄石公之《三略》，及《孙子》《吴子》《司马法》等，皆为讲究兵家之权谋，上礼义，明教训，历来奉为圭臬也。第自欧风东来，一般学者，喜新厌故，对于吾国固有之学术，莫不弃之如遗；即手握兵符者，对以上诸书，亦均束诸高阁而不以瞬，此吾国近百年来文化被侵之明证也。余不禁为吾国之学术悲，而更为吾国之前途危矣！余非故步自封，排斥西洋学术，惟以吾国精粹博洽之兵法，实为折冲樽俎根本之学，尽人所当精研者

① 李则芬撰：《以孙子兵法证明日本必败》，生活书店 1939 年版，第 63 页。

也，至于欧美传入之战争法，乃疆场决胜之术，实即吾国古之阵法也。夫战术虽熟练，设不知用兵之法，则犹盲人骑瞎马，夜半临深池，安能操必胜之算乎？故吾以为战术固不可以不精，而兵法更不可以不熟，二者须相辅并行耳……是以当此国家危急存亡之秋，养成人才，为国效命，实为最重要之急务。然余辑是书也，初无是意，徒供纸上谈兵，借以志余个人读《孙子》之心得，故迄今未附梨枣。今也，强寇日逼，祸患日深，正可出而问世，用以造成高尚之将才，作打到帝国主义者之工具，此余急欲刊印是书之本旨也。”①

吴鹤云《孙子兵法新检讨·自序》云：“世之难者，莫难于用兵。审虚实，运奇正，出隐入微，非睿智，其孰能此……所惜历代帝王，每私其说，而知兵之将，亦讳言传，驯至宝珠藂溷，淹没晦蚀者几三千年。乃者科学昌明，战争艺术，一日千里，然万流所归，仍不能脱孙子之范畴。邻邦人士，所以奉为圭臬者，盖有由矣。廿一年冬，余负笈陆大，问道之余，矻矻于是书之钻研，每有所得，辄笔录之，期年成帙……二十四年冬稿成，适余方卒业陆大，蒙行营主任顾公墨三先生之召，匆匆就道，未及细校，遗漏之处，所在多有，乃置之，不敢刊行。尔后南北奔走，遂无暇晷。迨抗战军兴，经淞沪、徐州、武汉、南昌、湘北、桂南、鄂中诸会战，凡所耳闻、目见、身受者，莫不与孙子原则暗相契合，乃重校而仍置之。旋诸同仁以国难未已，敌寇鸱张，奈何私之相劝。余闻之，不禁重有感焉。”② 自序虽然讲的是撰作及印行经过，但是其以孙子原则运用于抗战之目的亦跃然纸上，非因抗战，此书亦无面世的可能，其中所引战例有不少是包括日本在内有关国家的近代战例，其解说贴近战场，具有很高的实用价值。陈华元《孙子新诠》③ 从孙子的战争论、孙子两种机动论、孙子的战略战术三大方面理解孙子的理论体系，其中涉及的政略、政治、外交都是为战争服务，这种理解角度可能更符

---

① 方勇总编纂：《子藏·兵家部·孙子卷附吴子》第20册，国家图书馆出版社2019年版，第14~19页。

② 吴鹤云著：《孙子兵法新检讨》，战地图书出版社1940年版，第5~6页。

③ 陈华元著：《孙子新诠》，上海书店出版社1940年版。

合孙子本意，其目的亦非常明确，即服务于抗日战争。

抗日战争中，日本军国主义给中国人民造成了深重灾难，在民族危亡之际，全国上下同仇敌忾，表现了极大的团结精神。这一时期的兵学主题，就是抗日兵学。许多兵学贤达，纷纷成立兵学研究组织，办报刊，出书籍，做演讲，发文章，其主旨无非抗日兵学；即使街谈巷议，亦无非抗日之论；而在抗日兵学中，抗日孙子学是其重点，故作为近代后期影响较大的战争孙子学流派，作如上论述。相反地，对解释性战争孙子学、融汇性战争孙子学、开新性战争孙子学的具体内容及表现，因在其他章节有所涉及，故略而不论。

第二节　武举孙子学

一、武举孙子学渊源

据《新唐书·选举志》载，长安二年（702）始设武举，考试科目有射箭、翘关、马枪、负重、身材等，不考兵法。凡中第者，以乡饮酒礼送兵部，量才授官。此前，唐高宗永隆元年（680）设岳牧举。岳牧举是从低级官吏中选录地方高级官吏的一种考试，不是专门的武举考试，在考试中会涉及一些兵法兵略。此次岳牧举，武陟县尉员半千及第。《唐会要》卷七六《制举科》记载，唐高宗在武成殿亲试其兵略曰："兵书云天阵、地阵、人阵，各何谓也?"半千对曰："臣谓载籍，多谓天阵谓星、孤虚也；地阵谓山川向背也；人阵谓编伍弥缝也。以臣愚见，谓不然矣。夫师出以义，有若时雨，得天之时，此天阵也；兵在足食，且耕且战，得地之利，此地阵也；士卒轻利，将帅和睦，此人阵也。使三者去矣，其何以战?"① 高宗皇帝深赏之。在武则天正式设立武举之前，亦在制科中设有武科，如长寿三年（694）设"临难不顾徇节宁邦"科；神功元年（697）设"绝伦"科，录用武艺绝伦者，但仅是

① 〔清〕纪昀等修：《文渊阁四库全书》第607册，台湾商务印书馆1986年版，第159页。

权宜之计，并非常格。唐代正式设立武举后，制科亦常举行。开元十二年（724），设“将帅”科；开元十五年（727）设“武足安边”科；开元二十三年（735）设“智谋将帅”科；建中元年（780）设“军谋越众”科；贞元元年（785）设“识洞韬略堪任将相”科；元和二年（807）、长庆元年（821）、宝历元年（825）及太和二年（828）均设“军谋宏达材任将帅”科。为使官民重视武举，唐睿宗景云元年（710）诏令全国，应试士子学《孙吴》，由皇帝亲试择录。开元八年（720）开设“知合孙吴运筹决胜”科，唐玄宗亲试应制举人于含元殿，策题涉及边关经略、将帅品评、治军之要及战守之策，考察应试者的兵法韬略、战争史识、军政素质以及对天下形势的看法。策题所考兵法兵略，重在运用，非如宋明清时期重在阐释义理的帖括考试，故更能考察应试者的实际能力。①

宋代设置武举和武学，虽然对兵书采取禁锢之策，但在不同时期又有变化。宋神宗元丰年间，朝廷颁行《武经七书》，作为官兵学习兵法的教材。总体来说，宋代重视武举考试，且武艺和兵略并重，武举制度臻于完善。具体是外场考武艺，内场考兵论策略。宋代还设立武学，武学制度开历史先河。南宋以后，由于受到科举取士模式的影响，武举逐渐向经学化转变。元朝时期，武举废止。明清两朝，兵学的经学化在武举和武学中趋于成熟，进入历史上的鼎盛时期。

二、武举孙子学流变

明代立国之初，武学、武举未设。建文帝虽一度设立武学，然而明成祖登位，下旨取缔。直至英宗方诏令天下设立武学，被禁止的武学又得以恢复。虽有武学，但武举并未实行。武运不兴，故边患四起，边警不断，而领兵之将匮乏。明宪宗即位后，有识之士呼吁重视武举，得到采纳，于是朝廷诏令全国推荐武学人才。天顺八年（1464）颁行《武举法》，明朝开始以武取士，

---

① 〔清〕董诰等编：《全唐文》卷二九九杨若虚《应知合孙吴运筹决胜科对策》，中华书局 1983 年版，第 3032 页。

培养武官。然而据文献记载，当年并无应试者。自天顺八年（1464）至崇祯十七年（1644），武举始终稍显疲废，情势颓靡，故不如文举。突出事例就是，虽然经常有士大夫及当朝大臣提议以文举之程序同等对待武举初试及第者，但是直到崇祯四年（1631）才举行过殿试和传胪大典，武举状元才与文举状元有着同等殊荣。故此，以武举而仕进至显位者，终明一代甚少。武举选聘人才只是为行伍之人提供进身将佐的一个阶梯。王世贞《弇山堂别集》卷五《盛事述》“武举首至通显”条云：“武举始自弘治十四年，其居首选者曰会元，如近世尹凤、王世科之类，亦俱至都督佥事。若名位之显者，曰许泰，至左都督，封安边伯；安国至都督同知，赠左都督，赐谥武敏；王佐以锦衣都指挥使赠右都督。三人皆有才望，而泰不克终。”① 所列会元、状元仅有尹凤、王世科、许泰、安国、王佐五人。由此看来，明朝武举兴立之声不绝于耳，“万历之末，科臣又请特设将材武科，初场试马步箭及枪、刀、剑、戟、拳搏、击刺等法，二场试营阵、地雷、火药、战车等项，三场各就其兵法、天文、地理所熟知者言之”②，遗憾的是这种与时俱进的武举法虽然得到御准，但未能施行。若能施行，则清廷是否能够主政中原，恐未可知。有明一代，即便武举既已兴立，亦不能与文举相提并论，朝廷上下看重武举出身者不多。究其原因，既有重文轻武的思想倾向，亦有在承平之世，武科非进身之佳途的观念。事实上，崇祯皇帝是很想有一番作为的，故陈学伊于崇祯九年（1636）奏请士子加试武经策论和骑射，以选拔文武兼通者，备不虞之需。山东道御史陈学伊奏曰：“今天下亦多故矣，一行作吏，则半为民牧，半为将领，倘非有文经武纬之略，能胜其任愉快者乎？则今日之士子，即异日之命吏，与祖宗庠序之儒观德射圃，得无意乎？今欲使衿绅之辈谙练武备，祈敕提学于道考之日，后场间试以武经论策。及道府发案之后，除六等生不许预外，余有留心疆场、精通骑射者，报名登册，先示之期，提学暨诸守令、学师明试之演武公所，果能百步命中、技勇绝伦、其文艺考居一等者，即拔

---

① 〔清〕纪昀等修：《文渊阁四库全书》第409册，台湾商务印书馆1986年版，第69~70页。

② 〔清〕张廷玉等撰：《明史》，中华书局1974年版，第1708页。

帮补二、三、四、五等，依次递拔，以示激劝。至于乡会得隽之日，试录上注明‘精通武备’字样于名下，以备宕疆边才之选。况士者，四民之首也。生儒既各竞奋，则乡勇益思鼓厉，委弱不振之积习当有焕然一变者，国可使强矣。”①

清代武举承袭明代之制而略有变化。清代武举出身者增多，武举制度更加完备，对武举的重视程度有所增强。清代武举有四个层级的考试：在县、府举行童试，中第者为武秀才；在省会举行乡试，中第者为武举人；在京师举行会试，中第者称武进士；中进士者再行殿试，分出三甲，与文科考试一样，有状元、榜眼、探花，前三甲分别获得“赐武进士及第”“赐武进士出身”“赐同武进士出身”之名号，与文进士具有同等殊荣，并量才授官，职务从御前侍卫到守备不等。虽然清代较之宋明，武举更受最高统治者的看重，但武举人才仍以行伍擢拔为主。清代除了武举常科，亦如唐宋有制科，又如明代有恩额，以显皇恩浩荡而笼络天下士子为之效命。

基于前述境况，有志之士致力于武学、武举的振兴，故其著述亦有为年轻士子应试之用者。虽然唐代已有武举，而宋代以之为官学，但是唐代只是开其端，宋代只是成其型，明代延续而规范之，清代趋于鼎盛。故武举孙子学，以明清为要。

成书于万历五年、由张居正著辑、汪桓参订的《武经直解开宗合参》，即为官军子孙讲读武书之用而作。张居正《武经直解序》云：“申明武学，俾世勋子姓、兔罝野人，咸获指南，庶仁义节制之师有弗战，战必胜矣。”② 策题汇解和文本注释合编，以互相参发。策题汇解，有策问，有解答，当属武经策论考试指南类。明清时期，许多学者注解《武经七书》或单解《孙子兵法》，都为顺应武举需要，所以明清孙子学一定程度上说就是武举孙子学。

江西临川人黄暄伯《新镌武经七书类注》在全书编目前面就有《新镌武经七书论题备览》，备览中有六十道论题，每道论题取自《孙子》，如从《始

---

① 谢祥皓、刘申宁辑：《孙子集成》第 11 册，齐鲁书社 1993 年版，第 33~36 页。

② 谢祥皓、刘申宁辑：《孙子集成》第 11 册，齐鲁书社 1993 年版，第 573~574 页。

计》篇取有“兵者国之大事”“道者令民与上同意”“将者智信仁勇严”等，从《作战》篇取有“拙速巧久”“智将务食于敌”等，从《谋攻》篇取“用兵全国为上”“上兵伐谋”“上下同欲者胜”等题。总之，《孙子》十三篇各篇均有论题。明代崇祯十年（1637），黄暟伯在自序中交代其编著缘起云：“古称兵凶战危，武经几为衰世之书……世息奔鲸，人争绣虎，文墨之士不度天下之势，不虞后日之变，必欲举兵家之言一芟而去之，盖借《诗》《书》所称，放牛马櫜弓矢之说，以文太平。以故天下之人上不能明天时，下不能辨地势，中不能练人谋，欲求其如古名将之阖辟在心，经纬在手，何可得哉？嗟乎！天下之变，常伏于其所偏重而不举之处，后世之弊，其所不举者，将在武矣……近代不幸，疆场多故。大吏据城拥兵，贼至而莫敢击，遥遁窜伏于林莽之间，以避兵革之祸，而不能出一矢以加遗。此亦非独雄于古人而拙于今人也，亦习不习之故也。此其流弊伏于比年，承平日久，恬熙相安，《武经七书》束之不观。即有观者，亦埒之为尘饭土羹之具，而不精习其义。仓卒有意外之变，而后事至而应之，患至而为之，谋用不战之民，以待必战之敌。如此而谓我有车攻薄伐之能，而天下置伏尸流血之祸。噫！此虽孙吴诸人之才之有不能也。”①

明代沈际飞《武经七书会通》以《吴子》《尉缭子》《六韬》《司马法》《三略》《李卫公问对》六书，与《孙子》会通，在《孙子》每段文字之后，把六书的相关内容分别附于其后。其名曰“会通”，其实是以六书为《孙子》注脚。这也反映了孙子学的内涵，从广义来说，是包含了六书的。沈际飞交代其编纂主旨云：“七书各自为笺，似无剩义，而复集腋为裘，贯钱以索，作《会通》一卷。盖不如是，不足以阐合一之旨。”②

清代黎观五、曹继武、夏书城纂辑《武经汇解》，其目的之一就是为武举科闱备拟论题，其《纂武经七书汇解凡例》云：“七书白文繁多，场中命题必取其冠冕而正大者，余因备拟论题。即标于本文之旁，上拟者圈之，次拟者

① 谢祥皓、刘申宁辑：《孙子集成》第 11 册，齐鲁书社 1993 年版，第 441~449 页。
② 谢祥皓、刘申宁辑：《孙子集成》第 11 册，齐鲁书社 1993 年版，第 27 页。

点之，以便检阅。书旨既明，搦管为文，自有得心应手之妙。题解一则，似属赘疣，倘必欲如彼之所云云以做文，几成泥塑木雕，毫无变化，则胶柱鼓瑟之诮不能免矣……释后则继之以序，所以代当日著书者详细立言耳，旨义必令其分明，口吻必使其酷肖，阙略处则补之，断截处则续之，囫囵处则剖晰之，庶读者一寓目之间，自觉其了然于言表……名公所著论策，有诠题得其精髓，或段或句可以经世，且可垂世者，亦为之采入参中，阅者幸等之檀片琼枝，毋看做竹头木屑。"①

以上所举，仅是有代表性的著例，似乎很难反映明清时期武举孙子学的全貌。事实上，明清时期孙子学，习研者之目的绝大多数在于自己参加武举考试，或为其他参加武举考试者提供帖括范式。所以官方和民间都有很多《武经七书》刻印发行，而质量普遍不高，脱讹衍夺、鲁鱼亥豕之误多有，甚至有刊刻不少几寸长宽的袖珍式《武经七书》，其意大概是便于考生夹带入场。由于明清时期孙子学向着经学化转向，甚至有人提出兵法即经学、经学即兵法的观点，这一方面提升了孙子学的地位，促进了孙子学的传承，另一方面限制了孙子学研究的思维，僵化的经学思维同样影响着孙子学发展。

第三节　政略孙子学

一、政略孙子学渊源

《太平御览》卷六二六《治道部七・贡赋下》引孙武曰："夫帝王处四海之内，居五千里之中，焉能尽专其利？是以分建诸侯，以其利而利之，使食其土之毛，实役其人民之力，故赋税无转徙之劳，徭役无怨旷之叹矣。"② 由此可知《孙子兵法》十三篇以外的内容多有关于政略方面的文字。虽然其余六十九篇非孙武所作，但是属于孙子学派的后学所作，仍可视为孙子学元典

---

① 谢祥皓、刘申宁辑：《孙子集成》第 14 册，齐鲁书社 1993 年版，第 392~394 页。

② 〔宋〕李昉等编：《太平御览》，中华书局 1960 年版，第 2805 页。

的重要组成部分。即使十三篇之内，亦有谈政略的文字，比如“令民与上同意”“修道保法”。所以，孙子学的政略性，是其固有的本质属性之一。

二、政略孙子学流变

从先秦至晚近，人们更多的是从战争的角度来评述孙子及其兵法。成书于战国末期的杂家著作《吕氏春秋》云，阖闾之教、孙吴之法，不能当矣。汉代司马迁在《孙子吴起列传》中则云，世俗所称师旅，皆道《孙子》十三篇。东汉曹操云，其所观兵书战策甚多，而孙武所著甚深，审计重举，明画深图，不可相诬。唐太宗与李靖讨论兵法，称其所观诸兵书，无出孙武。宋代则对《孙子兵法》多有贬斥和质疑，评价普遍不高。明代赵本学赞叹《孙子》十三篇，实为权谋之万变，数千年来儒者未尝一开其扃钥。清代魏源则说，经学中的《易经》、子书中的《老子》、兵家中的《孙子兵法》，其道皆包罗万象，其心皆照宇宙，其术体现天人合一、常变依存的精义。

深入细致地比较以上具有一定代表性的评述，我们会发现，清代魏源是从战略与政略合一的角度，从国家治理、宇宙生成、万物变化、社会人生等角度综合评价《孙子》，其本有注释《孙子》之作，惜乎不传于世矣。

把孙子学更多地作为政略学、兵学略而非兵法学来理解的，首推《淮南子》，其《兵略训》引用和继承《孙子兵法》，把战略置于政略的视野内进行观察和运用。《淮南子》成书于汉代初期，面对的形势是如何治理新兴的国家，而不是在强国中争霸称王，其理论重心不是战术战法，而是战略和政略，所以在《兵略训》中对战争的根源、战争目的、战争性质、战争伦理，以及战略、政略等都有宏论。《淮南子》认为，战争的根源在于人类相争的天性和社会利益分配不均，其曰：“喜而相戏，怒而相害，天之性也。”又曰：“群居杂处，分不均，求不赡，则争。争则强胁弱，勇侵怯。”《淮南子》认为战争目的是禁暴除乱，安抚百姓，维护社会正义和公平；战争手段则是“霸王之兵，以论虑之，以策图之，以义扶之”，兴义兵，不战而止。

因循黄老道家思想，主张霸王之兵，法天道，顺阴阳，内修政治，外怀绥德，故兵之胜败，根本在于政治，“政胜其民，下附其上，则兵强矣，民胜其政，下畔其上，则兵弱矣”①。其文虽多有引用孙子言者，如《淮南子》卷一五《兵略训》曰：“故全兵先胜而后战，败兵先战而后求胜。德均，则众者胜寡；力敌，则智者胜愚；智侔，则有数者禽无数。凡用兵者，必先自庙战：主孰贤，将孰能，民孰附，国孰治，蓄积孰多，士卒孰精，甲兵孰利，器备孰便。故运筹于庙堂之上，而决胜乎千里之外矣。”② 但是强调庙战、王者之筹谋等战略，以政略统之。在战术上多体现兵形势家的思想，以凌厉之势，以迅疾之速，批亢捣虚，千万人如一人，所向披靡。

《淮南子》的兵论，不仅引用和继承《孙子兵法》，而且引用了《司马法》《吴子》《尉缭子》《六韬》《孙膑兵法》，或化用其意，或引其文辞，或承其精神，是先秦兵法在汉代的总结性继承和发展，既吸收了《司马法》的仁义，又吸收了《吴子》《孙膑兵法》的形势、《尉缭子》的法治、《六韬》的黄老道等思想。其作成当在《三略》之后，因为其思想具有更强的综合性和概括性，完全超越了《三略》。从语言风格和思想观点等多方面考察，其后的兵书向着专门化方向发展，故《三略》当是我国兵学从上古（夏商周、春秋战国、秦汉）向中古（魏晋、南北朝、隋唐五代）过渡和转变的分水岭。其后的兵书，再无如《兵略训》囊括万有之深博能容的特征。

以用兵之术与治国之法相融汇，足见《淮南子》的军事思想以国治民安为归依，刘安召集宾客作此书的目的，实际上是为其企图君临天下做思想理论的准备。它没有独立地或者孤立地阐述用兵问题，而是与社会风尚、治国策略及礼乐制度相联系，具有十分强大的涵容力。且看《淮南子·本经训》云：

> 晚世风流俗败，嗜欲多，礼义废，君臣相欺，父子相疑，怨尤充胸，思心尽亡，被衰戴绖，戏笑其中，虽致之三年，失丧之本也。古者天子

① 〔汉〕高诱注：《淮南子》，见《诸子集成》第七册，中华书局 1954 年版，第 256 页。

② 〔汉〕高诱注：《淮南子》，见《诸子集成》第七册，中华书局 1954 年版，第 257~258 页。

一畿，诸侯一同，各守其分，不得相侵。有不行王道者，暴虐万民，争地侵壤，乱政犯禁，召之不至，令之不行，禁之不止，诲之不变，乃举兵而伐之，戮其君，易其党，封其墓，类其社，卜其子孙以代之。晚世务广地侵壤，并兼无已，举不义之兵，伐无罪之国，杀不辜之民，绝先圣之后。大国出攻，小国城守，驱人之牛马，傒人之子女，毁人之宗庙，迁人之重宝，血流千里，暴骸满野，以澹贪主之欲，非兵之所为生也。故兵者，所以讨暴，非所以为暴也；乐者，所以致和，非所以为淫也；丧者，所以尽哀，非所以为伪也。故事亲有道矣，而爱为务；朝廷有容矣，而敬为上；处丧有礼矣，而哀为主；用兵有术矣，而义为本。本立而道行，本伤而道废。①

《淮南子》往往把用兵与为政并举而论，如《诠言训》云："故用兵者，先为不可胜，以待敌之可胜也；治国者，先为不可夺，以待敌之可夺也。"②

即使专门论兵的《兵略训》，也是多杂以政论，更多地着眼于兵事与政事、兵略与政略的关系。《兵略训》云："古之用兵者，非利土壤之广，而贪金玉之略，将以存亡继绝，平天下之乱，而除万民之害也……夫兵者，所以禁暴讨乱也。炎帝为火灾，故黄帝禽之；共工为水害，故颛顼诛之。教之以道，导之以德而不听，则临之以威武；临之威武而不从，则制之以兵革。故圣人之用兵也，若栉发耨苗，所去者少，而所利者多……故霸王之兵，以论虑之，以策图之，以义扶之，非以亡存也，将以存亡也。"③

《兵略训》又云："故善用兵者，用其自为用也；不能用兵者，用其为己用也。用其自为用，则天下莫不可用也；用其为己用，所得者鲜矣。兵有三诋：治国家，理境内，行仁义，布德惠，立正法，塞邪隧，群臣亲附，百姓

① 〔汉〕高诱注：《淮南子》，见《诸子集成》第七册，中华书局 1954 年版，第 124～125 页。

② 〔汉〕高诱注：《淮南子》，见《诸子集成》第七册，中华书局 1954 年版，第 238 页。

③ 〔汉〕高诱注：《淮南子》，见《诸子集成》第七册，中华书局 1954 年版，第 251～252 页。

和辑，上下一心，君臣同力，诸侯服其威，而四方怀其德，修政庙堂之上，而折冲千里之外，拱揖指㧑，而天下响应，此用兵之上也。地广民众，主贤将忠，国富兵强，约束信，号令明，两军相当，鼓錞相望，未至兵交接刃，而敌人奔亡，此用兵之次也。知土地之宜，习险隘之利，明奇正之变，察行陈解赎之数，维枹绾而鼓之，白刃合，流矢接，涉血属肠，舆死扶伤，流血千里，暴骸盈场，乃以决胜，此用兵之下也。"①

《淮南子》把兵事上的成败与政事上的善恶紧密联系，认为政事决定兵事，政治决定兵治，所以把兵事问题多看成政事问题，这表明了刘安的政治家本质及其着眼天下治理问题，其目的在于得天下、治天下，不在于具体的战略战术等军事问题。《兵略训》云："兵之胜败，本在于政。政胜其民，下附其上，则兵强矣；民胜其政，下畔其上，则兵弱矣。故德义足以怀天下之民，事业足以当天下之急，选举足以得贤士之心，谋虑足以知强弱之势，此必胜之本也。地广人众，不足以为强；坚甲利兵，不足以为胜；高城深池，不足以为固；严令繁刑，不足以为威。为存政者，虽小必存；为亡政者，虽大必亡。"② 然后举楚国之强大、秦始皇帝和秦二世之奄有天下，却由于政事糜烂、民不聊生而覆灭，又以武王伐纣、陈胜揭竿为例，说明恶政必定会为统治者带来灾难性的后果。

《淮南子》把军事问题当作政治问题看，认为强大的军事力量不在于其军队是否善战、装备是否精良，而在于政治是否得民心，是否民富国强。倘如此，则天下可得。《兵略训》云："是故善守者无与御，而善战者无与斗，明于禁舍开塞之道，乘时势，因民欲，而取天下。故善为政者积其德，善用兵者畜其怒。德积而民可用，怒畜而威可立也。"③《兵略训》又云："夫兵之所以佐胜者众，而所以必胜者寡。甲坚兵利，车固马良，畜积给足，士卒殷轸，

---

① 〔汉〕高诱注：《淮南子》，见《诸子集成》第七册，中华书局 1954 年版，第 254~255 页。

② 〔汉〕高诱注：《淮南子》，见《诸子集成》第七册，中华书局 1954 年版，第 256 页。

③ 〔汉〕高诱注：《淮南子》，见《诸子集成》第七册，中华书局 1954 年版，第 257 页。

此军之大资也，而胜亡焉。明于星辰日月之运，刑德奇赅之数，背乡左右之便，此战之助也，而全亡焉。良将之所以必胜者，恒有不原之智、不道之道，难以众同也。”① 这里也是在阐明一个观点，就是军事力量不是孤立的存在，而是要依靠政治力量，不管军事上具备多少取胜的因素、条件和手段，都只是“佐胜”之要素，而非“必胜”之要素，所以即使兵强马壮、精通天文、地理，若政道不善，不能取胜者，亦比比皆是，而要取胜，则务使国内政治清明、臣民安附。要言之，《淮南子》认为，政治决定军事，政略决定兵略，政胜决定兵胜，而政胜之根本又在于得民心。

《淮南子》继承《孙子兵法》，不仅表现在引用和化用《孙子兵法》，而且发展了《孙子兵法》，就对其政略特征的强化而言，其所直接引用和间接引用的《孙子兵法》文句，多半用来阐明其政略思想。综观《淮南子》全书，其治国思想是其需要表达的核心思想，而把治军、用兵、治家、治身、治心的思想统摄其下。在治国思想中，又以黄老道家的自然无为思想统摄儒家的修身、齐家、治国思想。从其表征看，《淮南子》兼容并包，融汇了诸子百家的思想，似乎无有所主，但它实实在在是以道家统摄诸子、以治国统摄用兵、以政略统摄兵略的一部建国大纲和治国方略之书。虽然我们不能从文本中找到刘安召集门客著作此书的真正用意的直接证据，但是从其生平履历及其政治抱负之中，我们似乎可以隐约地窥见其怀抱天下的宏图伟略，只是时运不济、事业未竟，而徒留悲慨的历史叹惋而已。

继淮南王刘安之后，多有学者把孙子的战略战术问题归结于政治问题，进而以政治统帅军事，以政略引导兵略。宋代神宗元丰年间，朝廷确立《武经七书》在兵学中的经学地位，但是多受儒家新学即理学的影响，以儒家的思想浸润其中，而要求与文人主兵的原则相合，既是宋代政治需要，又是孙子兵学历史发展和逻辑发展的必然。元代实行民族歧视政策，不重文化学术，孙子学发展突然停顿和中断，元朝统治不足百年则灰飞烟灭。明清两代，赓续宋代《武经七书》传统，规范武举和武学制度，在强化其制度的同时，又

---

① 〔汉〕高诱注：《淮南子》，见《诸子集成》第七册，中华书局1954年版，第255页。

强化了以政治统摄兵事、以儒学融合兵学的做法，故明清两代的孙子兵学总体上是儒家兵学、武举兵学，孙子学并没有突破性发展。此种状况持续到近代初期，才在国势危急和西学东渐的双重紧逼下，实现了近代兵学的转向。

近代把孙子学当作政治学之延伸来看者，首推刘邦骥《孙子浅说》。刘邦骥试图在《孙子》十三篇中找到贯穿于其中的理论线索，从而得其纲领，认为十三篇结构缜密，秩序井然，而以政治主线贯穿之。具体来说，《始计》总论军政，平时循正道，战时用诡道，而以庙算为主，实际是谈军政与主德之关系；《作战》《谋攻》《军形》《兵势》《虚实》凡五篇，论百世不易之战略。在刘邦骥看来，孙子之战略更多地体现为政略。所以他认为，第二篇论军政与财政之关系；第三篇论军政与外交之关系；第四篇论军政与内政之关系；第五篇论奇正之妙用；第六篇论虚实之至理。而从第七篇到第十三篇，才是落实到具体的战术问题。然而刘邦骥所认为的政治，就是要体现最高统治者的意志，这也是其解说《孙子》用意之所在。此书为进呈时任民国大总统徐世昌而作，希望能把孙子学立于学宫，使之家弦户诵。刘邦骥虽在军事上有一些近代意识，但在政治上遵循顽固保守的帝制思想，他认为大总统和皇帝之称号，只是名称有差异，实质上并无二致，都是总揽一国军政、土地、财赋和人民大权，拥有至高无上之尊位。在训解《计》篇“主孰有道”时讲：“此主字，因时代不同，其解释亦不能不为之详说，以坚军人信仰拱卫之心，而奠国家长治久安之计，旷观中国五千年历史，所谓主者，专属之皇帝，无论其传贤也，传子也，官天下也，家天下也，亦无论其自称之如何，皇、王、后、辟可也，甲、乙、丙、丁亦可也，但使其尊无二上，遂群以皇帝目之。此中国历史之旧观念也。横览外国五大洲国体，则所谓主者，确有二义：传子之家天下，则谓之黄帝；传贤之官天下，则谓之大总统。其实皆尊无二上之代名词。有总揽全国主权、土地、人民之全权而毫不受外国干涉、牵制、侵略、保护者，则无论其为皇帝、为大总统，均为全国之主，此地球各国之新解释也。”① 在刘邦骥看来，军人坚定信仰，就是要坚定信仰国家之君主，

① 谢祥皓、刘申宁辑：《孙子集成》第 20 册，齐鲁书社 1993 年版，第 107 页。

即皇帝或大总统。刘邦骥因为不管是皇帝或大总统，都是国家无上之代名词，人民和军人必须拥护和拱卫，并进一步阐述兵学为立国之要，而孙子学之精义，古今中外咸不能出其忠心为主之范围，即尊无二上之皇帝及大总统，故“人民对于主，有当兵之义务，有纳税之义务，有神圣不可侵犯之义务，而主之对于人民，当以有道为标准”，并称此为“天下古今万国之通义”。可见刘邦骥虽然身处民国，但是其政治理念停留在帝王专制时代，家天下也罢，官天下也罢，反正人民和军人的主宰就是皇帝或大总统。刘邦骥实际上是在变相地向徐世昌宣效忠之誓，仍在徐世昌身上寄托着圣王、明主之梦想。故从思想根源看，其受迂儒之毒匪浅，纵使其《孙子浅说》有可采之处，但由于其对孙子战略战术思想的解读是建立在儒家仁政专制思想之上的，逆时代潮流而行，在政治上并不明智，故其阐解亦无多大价值。正因有此局限，故刘邦骥对有违儒家传统的训释，会给予适当的“纠正”，以“正人心，厚风俗”①。

除了刘邦骥，把孙子兵略作政略理解者，还有萧天石和陈启天等人。

湖南邵阳人萧天石《孙子战争理论之体系》（又名《孙子战争论》）把《孙子兵法》揭示的原理作为国家政治的指导原则，以及作为政治战、外交战、精神战的指导原则。作者自言：“本书不但可作为古代兵书读，且可作为现代之战略战术读。可作为政治哲理读，可作为政略宝典读，可作为外交原则读，可作为治国经义读。惟内中多只可为上智者道，而非中才下资者所可得而领会二三者。”② 晚年萧天石由青壮年时期研究万人敌、帝王统御术转向研究道家，从而对孙子兵学的认识发生了一些变化，认为兵源于易，而脱胎于道，师法天地自然，从有法归于无法，从有形归于无形，其在《孙子战争论四版序言》中云：“孙子之兵学思想，实无不脱胎于《易》与《道》，而以无形为形，不用为用，无兵为兵，不战为战。其书中所言形势、虚实、分合、奇正之用，以及权谋、术数、治乱、存亡之理，与乎强弱胜败往复循环之变；

① 谢祥皓、刘申宁辑：《孙子集成》第 20 册，齐鲁书社 1993 年版，第 101 页。
② 萧天石著：《孙子战争理论之体系》，大江出版社 1942 年版，第 3 页。

无不正反相因，奇正相生，治乱相循，福祸相伏，生生无息而无已时……治《孙子兵法》，宜从《易》与《道》入，复从《易》与《道》出，方可望“不离圜中”，而自“透出象外”矣。”① 萧天石认为，《孙子兵法》一部分受《周易》影响，一部分受《太公兵法》影响，一部分受黄帝兵学思想影响，加之以孙武子自身独特的军事天才，而成就其伟大兵学。通书所见，皆昂扬奋发之精神，与其晚年之观点，迥然有别。然而其解读《孙子》文本，则仍体现其政略孙子学倾向，如其在《始计》篇解“道”为主义和政治，具体讲，就是国家观念和民族主义。

陈启天在其《孙子兵法校释自序》中认为，理解孙子原理，如果先政后兵，则能兼宗本末，因为军事是全盘政治之重要部门，治国理政，国防乃其重要一端。《孙子》首章开宗明义，即言计与道，此恰为言政者之所不能忽略之所在。兵学又为学术之一分支，如不明兵学，则无由识学术之全体和大用。我国自宋代以来，多不明斯理，故其文化偏而不全，我国文化学术莫盛于先秦，而先秦诸子之中，兵家、法家乃当时之显学。而后儒家独尊，学者多阴习之而阳非之，偶有当众讲论者，屡遭迂儒讥讽，此中国之所以积弱不振也。实际上，“孙子之书，既为兵学名著，则言兵者宜亟治之，无待烦言。即言政言学者，亦宜识其崖略焉”②。因此之故，作者自云撰作此书，以近代兵学与孙子原理相比勘，非以整理国故、发扬文化自诩，而是希望对日抗战有所小补。

此外，江西宁都人温晋城《孙子浅说补解》探求民生哲学和政治哲学意蕴，认为一切政治团体和政治集团都可以之为参考。

第四节　经营管理孙子学

一、经营管理孙子学渊源

战争是政治矛盾、社会矛盾、阶级矛盾、民族矛盾不可调和的结果，孙

---

① 萧天石著：《孙子战争论》，台湾自由出版社 1983 年版，第 3~8 页。
② 陈启天著：《孙子兵法校释》，中华书局 1944 年版，第 2 页。

子学是关于战争谋略的学问，从宽泛意义上来讲，是关于斗争的学问。人类无处不存在斗争，而斗争的起因及目的，就是争利。所以孙武子讲，非利不动，合于利而行，不合于利而止。人类活动，无不以利而展开，源于利，归于利，而行于利。为了约束利益争夺行为，不至于使利益之争的社会秩序失控而给人类带来祸乱，所以要有道德要素及刑赏要素构成的社会利益调节系统介入其中。孙武子著述十三篇的本意是教人获取战争的胜利，不是教人获取其他利益，但是在经营管理方面有着丰富的哲思，笔者在《兵家管理哲学》中有比较详尽的论述，认为孙武子不仅对管理的本体、本质、人性、策略、方法、思维、行为、目标、价值、伦理等有经典性论述，而且对管理对象、管理种类、管理职能亦有开创性的思考。兵家管理是以孙子管理为核心建立起来的具有组织结构科层性、指挥权力集中性、群体行为统一性、劳动分工专业性、管理策略权变性、方案策划严密性、内部环境封闭性、外部环境开放性、人性价值工具性等特征的管理理论，① 比较符合中国古代专制体制的要求，故历代王朝虽不倡导兵家管理，但是暗中都在学兵家管理，而民间阴习孙子而阳奉孔子的现象更加普遍。

二、经营管理孙子学流变

把孙子兵策谋略用于经营，有文献记载的，始于战国白圭。司马迁记载白圭以伊尹、吕尚之谋，孙吴用兵之法，商鞅行法之术，为经商之术，而乐观时变，人弃我取，人取我予，智于权变，勇于决断，仁于取予，强于有守，且忍嗜欲，节衣食，与僮仆共甘苦，而富比王侯。白圭之前，有春秋范蠡，虽未明言以兵法经商致富，但是自云“交易有无之路通，为生可以致富……候时转物，逐什一之利”②，居官则至卿相，居家则致千金，世称陶朱公。白圭之后，更有无数商人效仿之，然见载于文献者，则寥寥。究其原因，主要是秦汉以降以至晚近，高度专制的封建统治抑制商业发展，且兵法亦多在禁

① 李桂生著：《兵家管理哲学》，上海古籍出版社 2011 年版，第 217~224 页。
② 〔汉〕司马迁撰：《史记》，中华书局 1982 年版，第 1752~1753 页。

习之列。尽管如此，民间仍有以兵法经商者。明代安徽歙县《褒嘉里程氏世谱》载述徽商程致和效法白圭经营云："公幼读异书，不欲沾沾习博士艺，卜居春谷，行白圭治生之学，以美恶占岁，以弃取伺人。能薄饮食，忍嗜欲，节衣服，与用事僮仆同苦乐，趋时观变若猛兽鸷鸟之发，以生以息，凡廿年而业振。于是乎徙鸠兹、据喉囟，大规利便，凡十年而素封。问其何以致此，则究竟仁强智勇之守，孙吴伊吕之谋也。公既能左画圆、右画方矣，而又能仰有取、俯有拾，敏而给之，勤而据之。又以为不散则不聚也，莛贫急难，创胜扶倾，厉廉市义，自期功以至闾里，罔不德其周且笃矣。"① 可见以兵法经营管理，自白圭以后，不绝如缕，只是囿于记载缺乏，无法一一考述。

晚近时期，清政府迫于国内外形势，不得不作出一些改良，兴办实业，与西方世界交通。有识之士以中西之兵事与商务对比，如清代光绪十六年（1890）十月十五日《申报》刊登无署名文章《商务通于兵法说》，讲西方国家以商养兵，兵以卫商，而中国以农养兵，兵以卫官，故西方国家兵商相济相成，商业繁荣，军事强盛，而中国兵商相离相背，商业不振，军事疲弱，以此洞见治兵与经商之奥秘、经商与用兵之关系，颇为深刻神妙。这是迄今我们所能见到的最早的兵法经营文章（个别模糊不清之文字，以□代之）。今转录于下：

> 泰西各国专究商务，其兵亦因之而强。中国人之言商者，其序乃居四民之末，不重商，而兵亦因之而弱。说者谓外洋以商养兵，即以兵卫商，两相济，实两相成。中国之兵本非所以卫商，中国之商又岂能以养兵？此强弱之所由分，即兵商之所由异也。中国此时招商设局，迩商有官，风气盖亦大异乎从前矣，而商务之振兴终不若外洋各国之盛。此其故何哉？歧兵与商而二之，而不能合兵与商而济之也。夫兵之与商，岂特相济为用而已哉？其理亦实有相通者，商人之资本，即营中之兵卒也。

① 张海鹏等辑：《褒嘉里程氏世谱・寿文・奉贺致和程老先生六十荣寿序》，见《明清徽商资料选编》，黄山书社 1985 年版，第 102 页。

用兵以攻城略地，冀有获也。将本以求利，所冀者亦无非获而已矣。善用兵者在乎精，不在乎多；在乎智，不在乎勇。善为贾者亦然。他人以盈千累万之资本，动辄耗折，彼独以轻本而获重利？用兵之道，所贵者，能随机应变，能致人而不致于人。善贾者亦不能拘执不化，必因时以制宜，随地而办货，亦且使利来就我。用兵者曰：兵不厌诈，虚者实之，实者虚之，必使人以不测也。善贾者，有时而有若无，实若虚；有时而无而为有，虚而为盈，其掩盖弥缝直有令人不可捉摸者。用兵者，赏信罚必，令出惟行，而后乃可以服众。善贾者，亦必明信义通商，童叟无欺，定价划一。用兵者，争城以战，杀人盈城；争地以战，杀人盈野，奋往无前之忾，直以性命相博，置死生于度外。善贾者，利之所在，趋之若鹜，此争□□，亦有以性命相博者。且其筹划也，毫厘丝忽亦不使之有所遗漏，此正如用兵者之运筹帷幄，一切行灶军粮，统□筹□，起伏进退，悉心擘画，决不使有一着之错，致漏盘之输也。其运用也，自近而远，由内而外，何者宜于南，何者宜于北，何者宜于夏，何者宜于冬，一一熟筹之于胸中，而后宜南者南，宜北者北，可冬者冬，可夏者夏。此正如用兵者，水陆并进，山海攸宜，何路由水，何路由陆，何处可伏，何处可截，一一洞明于眼底，而后水有水军，陆有陆军，截其后路，伏其半途，不得有所贻误也。商人之选货，犹将军之选兵，老弱者汰之，精壮者留之，合用者进之，无用者退之，不可以勉强也。货物有合宜者，商人所必取，其不合宜者，在所必弃。货之无用者，即兵之疲软者也，拣而出之，使军中壁垒为之一新，其衔货以求售也，不啻兵家之耀武扬威，观兵演阵，如荼如火之军容，令人不能逼视。凡若此者，兵与商皆不同而同者也。而其中之最要者，则莫如用人。统兵者得其人，而战无不胜；经营者得其人，而往无不利。且不仅主之贵得人而已，其所用者亦必□□得人而后可。试观英、彭，未合韩信，亦不能收垓下之功；卧龙初至，尚不能无当阳之败。九节度兵溃于相州，而魏公失志于符离。古今来，大将号虽能兵，尚且或以一人作梗，以致全军尽墨。彼为商者，无论行商坐贾，未必能事事躬亲，一或所托非人，无有不受其

> 累。其所用之人丧良心、吞资本席卷而逃者，尤其显而易见者也。或先以浸润求入，继而潜逞其能，或侵用于暗中，或遮蔽于当面，或漏多鱼之师，或贪小利而罔顾大局。偶一不慎，误听其言，驯至于消□亏耗而不之觉。初不必如行军之卖阵，而事已不可为矣。吾故曰用人为第一要义也。虽然，用人之道，谈何容易！观人必至于其微。见其微，即可知其著；见其小，即可知其大。《伊训》曰："有言逆于汝心，必求诸道；有言逊于汝志，必求诸非道。"谚曰："良药苦口利于病，忠言逆耳利于行。"今天下之用人者，往往取顺而舍逆，去苦而就甘，夫是脂韦洁楹之辈，皆于于然乐为之用，而得人之效将于何收之也哉？无论为兵为商，其道一也。抑更有进者，营商贵乎得人，用兵贵乎得人，是固然矣。推而至于朝廷之用人，夫岂有异理哉？得人则治，否则乱；得人则尝，否则亡。夫以天下之大、四海之广，而其盛衰治乱之由胥关乎得人，兵与商又何足道哉？①

然而近代百年，兵燹不已，离乱不息，救亡图存，奔走呼号，活着已殊不易，遑论兵法经营管理？故虽有智者洞见兵商之关联，然而时局艰难，而民族资本家秉持实业救国之精神，惨淡经营，即便有崇尚兵法经营管理者，亦未能蔚成风气，故鲜见于史料记载。春秋范蠡、战国白圭之所以能以经商致富成名，垂之于竹帛，自然与春秋战国贸易相对自由、兵法弗禁有关，而秦汉之后，天下一统，重农抑商，兵法亦常被禁习，此兵法经营的必要条件不复存在，故以兵法经营自春秋战国之后，无有发展繁兴，而只有零星存在，不亦宜乎！

兵法经营源自中国，却于近代后期在海外演变成经营流派，然后转回中国。"二战"结束后的日本，大批官兵退伍后进入商界，把孙子兵学与经商相通者运用于经营管理之中，大桥武夫、武冈淳彦创立了兵法经营学，开设讲座，成立研讨组织，在其影响下，日本许多大公司纷纷效仿，蔚然成风。其

① 佚名：《商务通于兵法说》，载《申报》第6234号1890年11月26日第1版。

后，日本人孙正义创造性地运用孙子兵学智慧于企业经营管理，提出了“孙孙兵法经营”。“二战”后日本运用孙子兵法经营的成功范例，为欧美国家提供了借鉴，孙子兵法经营在美国等西方国家受到追捧，企业、高校、政府均认同孙子兵法经营理念，认为孙子兵学在商业竞争中仍然具有不可忽视的参考价值，《孙子兵法》甚至被列入哈佛大学商科学生的必读书目。此外，马来西亚、韩国从20世纪80年代以后，也运用孙子兵学于经营管理之中，并成立相关研究组织，从理论上进行探讨和宣传。兵法经营与理论探讨，实则始自中国，在经过两千多年的沉寂之后，开始在海外传播，然后回流中国。20世纪80年代至90年代末，中国管理学界逐渐掀起兵法经营的思潮，企业家、学者和政府官员纷纷参与，或做演讲，或发表论著，或发起讨论，大量著作面世，但是在急功近利的社会风气的影响下，社会上存在着机械照搬、牵强附会等现象，孙子兵法经营管理学陷入僵化和教条，与孙子因形变化的精神背道而驰。21世纪初，社会对兵法经营管理的研讨回归理性，学术界对过去的粗浅做法提出批评和质疑，企业界人士也开始反思兵法经营在理论和实践中的误区和教训，并致力于从宏观和深层角度开掘孙子思想在企业经营管理中的价值。

中国以孙子谋略经营者比比皆是，而作理论研究者亦大有人在，故论著所在多有，其意在于探讨建立兵法经营学科。虽然迄今并没有建立兵法经营学的理论体系，但是也进行了有益探索。比较早地探讨兵法经营管理的著作，是李世俊、杨先举等《孙子兵法与企业管理》。此后，有暴奉贤《孙子兵法与现代企业管理战略》，周松波《企业兵法管理》，王泽民《孙子兵法管理学阐释》，周三多等《孙子兵法与经营战略》，周述实《兵法经营概论》，魏占武《孙子兵法经营学》，唐突生《孙子兵法与市场谋略》，夏书章《孙子兵法与现代管理 》，周大雄《孙子兵法与经营谋略》，洪兵《孙子兵法与经理人统帅之道》，虞先泽《孙子兵法经营智慧》，徐丁来《经理人的孙子兵法修炼》，纪洪波、姚振文《兵法经营学构建研究》等著作。

从学科理论着眼，经营管理孙子学可以分为两派，一是孙子经营学派，以暴奉贤、周三多、姚振文等为代表；二是孙子管理学派，以李世俊、杨先举、周松波等为代表。又有学者把“市场战争学”① 列为一派。实际上，把经营管理孙子学派分为经营和管理两个流派是可以的，而于此之外另立“市场战争学”则不妥。因为市场战争学也属于兵法经营学范畴。就经营和管理的区别与联系言，经营注重的是市场开拓，管理注重的是团队组织；经营注重的是运营如何盈利，管理注重的是管理如何有效；经营注重的是效益，管理注重的是公平；经营重在市场变化，管理注重制度创新；经营之胜不可言传，管理之胜有道可寻；经营在于“静以幽”，管理在于“正以治”；经营重个性，管理重共性；经营有微妙之术，管理有透明之法；经营重在开源，管理重在节流；经营是核心，管理是保障；管理为经营服务，经营亦需管理约束。两者相依存，经营涉及管理，管理涉及经营。

经营管理孙子学著述虽多，但有些著述更多的是牵强附会地以《孙子》文本与经营管理理论对应，常以诠解《孙子》文本、列举经营管理案例、辅以作者点评为书写方式，而不出传统的孙子注释学故法，缺乏学理分析和理论阐述，故粗浅于言而寡淡乎味。虽然如此，但还是有具有较高理论水平的兵法经营著述。在兵法经营方面，纪洪波、姚振文主张建构兵法经营学体系，认为企业经营的战略目标要逐利而全胜；企业的战略决策要审时度势、校计索情；企业管理要修道保法、造形蓄势；企业的市场竞争要批亢捣虚、不战而胜。② 在兵法管理方面，笔者曾从哲学角度阐述了兵家管理的含义、特点和基本内容，对兵家管理的本体、本质、策略、思维、方法、人性假设、行为、目标、价值、伦理等有比较全面的概括，对兵家管理的对象、种类、职能、特征等进行深入疏解，试图还原兵家管理的哲学本义，以现代管理学建构兵家管理哲学的基本体系。③ 上面两种著述是迄今有一定学理深度的兵法经营管理之作。

---

① 魏占武著：《孙子兵法经营学》，吉林文史出版社 2013 年版，第 4 页。

② 纪洪波、姚振文著：《兵法经营学构建研究》，山东大学出版社 2015 年版，第 51 页。

③ 李桂生著：《兵家管理哲学》，上海古籍出版社 2011 年版，第 16~217 页。

第五节 人生处世孙子学

一、人生处世孙子学渊源

孙子兵书中的战略智慧，若去除其战争阴霾，则实在是阳光人生的指南。人生充满希望，但也充满矛盾、艰辛和困苦，此则与战争同。《孙子》文本固已富含此理。比如“将者，智、信、仁、勇、严”“多算胜，少算不胜”“进不求名，退不避罪，唯民是保”“知彼知己”“先为不可胜”“不可胜在己”“同舟共济”“因形任势”“有备无患”“修道保法”“以迂为直，以患为利”“视生处高”“死地则战”等，都是人生处世箴言。故孙子兵学蕴含的人生哲学，非由外烁，乃其所固有者也。古人云，天下熙熙，皆为利来；天下攘攘，皆为利往。此语虽有片面、偏激之嫌，却也揭示了人生多元要义之一端。利益之争，乃人生固然，无可厚非，然于义中取利方为正当。李筌《太白阴经》卷二《人谋下》云：“兵非道德仁义者，虽伯有天下，君子不处。周德既衰，诸侯自作礼乐，专征伐，始于鲁隐公。齐以技击强，魏以武卒奋，秦以锐士胜。说者以孙吴为宗，惟荀卿明于王道而非之。”① 不仅经武治军者以道德仁义为本，而且人生处世亦然。故凡以孙吴为宗者，儒者荀卿非之。儒家重伦常秩序，谈心性修养，立身处世，乃从正面立言；兵家重计谋权变，以破求立，谈韬略机巧，化解危困，乃从反面立言。此二者，其途不同，其归则一。故既不可以兵废儒，亦不可以儒废兵，而执两用中则可。明代谈恺《孙子集注序》对此亦有高明之论：“孙子上谋而后攻，修道而保法，论将则曰仁、智、信、勇、严，与孔子合……《孙子》十三篇，不惟武人根本，文士亦当尽心焉。”②

---

① 〔清〕纪昀等修：《文渊阁四库全书》第 726 册，台湾商务印书馆 1986 年版，第 171 页。

② 谢祥皓、刘申宁辑：《孙子集成》第 4 册，齐鲁书社 1993 年版，第 7~8 页。

二、人生处世孙子学流变

人生处世，是指人生在世如何与人相处，以及如何自处。具体地说，就是如何处理个人在生活、工作、学习、恋爱、婚姻、家庭、社交等活动中所遇到的矛盾和问题。这些矛盾和问题的处理，涉及一个共同的主题，即做人做事的方法与技巧。最早研究孙子学运用于人生处世的，是 20 世纪 40 年代张廷灏《从孙子兵法研究做事方法》，它从孙子原理中抽出为人处世方面的方法技巧来，比如先立于不败之地、务求先知、保守秘密、把握时机、运用权变、善用组织等，分别予以阐释和论述。张廷灏认为，孙子原理中的先知、秘密、权变、迅疾等，是事业成功必不可少的条件，以之衡量人生的成功与失败，没有谁能够例外，以孙子原理的积极精神来求得人生处世的成功，而不以"达人知命"来安慰和麻痹自己，为自己的平庸和失败找借口。20 世纪 80 年代以来，人生处世孙子学的著述非常多，各种书籍、文章、演讲纷纷呈现于人们的眼前，把孙子原理用于人生之中，所谓"胜在孙子，赢在老子"以及"处世学老子，成事学孙子"，以兵家智慧解决人生难题，告诉人们在人生场域如何脱颖而出、反败为胜。比如李英豪《孙子兵法与现代人》以作者自身的人生经历印证孙子兵略之正确，既充满人生哲理，又富含人生真情。施芝华《孙子兵法与人生智慧》从人性、人情出发，以孙子的先胜、正胜、迂胜、全胜、知胜、奇胜、慎胜、速胜、因胜、忌胜、致胜等理论，阐释做人、做官、经商、为学等胜出的妙法。陈才俊《孙子兵法智慧精华》以《孙子》十三篇为经，以历代名人的成功案例为纬，用历史事实阐释孙子人生智慧。万胜《孙子兵法与人生谋略》以十三篇中的名言警句为经，以历史人物的成功案例为纬，阐解孙子的人生智慧。周依朋《孙子兵法的人生经营课》，以古今中外的人生处世和功业成败案例，以通俗的语言为媒介，以普遍关注的人生矛盾和困惑为焦点，诠解孙子兵略中蕴含的人生处世哲理。上官觉人《曾国藩与孙子兵法》则以曾国藩活学活用孙子兵略的成功术为参照，以孙子兵略中丰富的解纷处危之法为题眼，解"始计"为心计、"作战"为心战、"谋攻"为心攻、"军形"为心形、"兵势"为心势、"虚实"为心力、"军争”为心争、“九变”为心变、“行军”为行心、“地形”为心形、“九地”为心地、“火攻”为心法、“用间”为用心，全书以“心”立论，其所要表达的核心理念就是兵学乃心学，既可用于战争，亦可用于人生。王云力《从〈孙子兵法〉看人生哲学》认为“人生是一个复杂的过程，是自然性和社会性、肉体和精神、利益和道德等矛盾运动的过程。矛盾双方皆有自己的运动机制，又互相交织一起，彼此对立、协调、统一。人生不是一个人的生活，而是同家庭、社会、国家密切相关”，故可以“从《孙子兵法》的大战争理念、作战的主观能动性、辩证兵学等方面，认识和探讨人生哲学思想”。① 以上著述所阐发的孙子兵学人生处世意蕴，都应值得肯定。

然而人生处世孙子学流派的一个重大缺陷，就是学理不足，正面阐释不足，弘扬社会主义核心价值观的主旋律不足，有不少著述生吞活剥《孙子》文本，歪曲孙子本意，隐晦曲折地教人运用诡道理论和间谍理论牟取非正当利益，抛弃仁义，漠视道德，专尚诡诈，破坏规则，蛊惑人心，违背良知，败坏风气，与现代社会文明背道而驰，从而滑向厚黑学的泥潭。诸如股市孙子兵法、讨债孙子兵法、营销孙子兵法、恋爱孙子兵法、婚姻孙子兵法、婆媳孙子兵法、班主任孙子兵法、办公室孙子兵法、社交孙子兵法、竞技孙子兵法等，纷纭复杂，名目繁多，炫人眼目。其中，有不少内容打着兵圣孙子的名义，兜售厚黑学理论，乖离孙子兵学以仁为体、以谋为用的本质，而把孙子学的人生处世内涵泛滥化、扩大化、阴暗化。这个现象必须引起我们的高度警觉和抵制，因为其本质是披着学术外衣、举着人生哲学幌子、表面神化孙子兵学、实际丑化孙子兵学、诲贪诲盗、诲邪诲恶的“高级红”和“低级黑”。

---

① 王云力：《从〈孙子兵法〉看人生哲学》，载《孙子研究》2017 年第 2 期。

第五章 从文化、战争和政治的演进看孙子学流变

第一节 从文化演进看孙子学流变

我们常说，中国文化是以儒、释、道为主，并且三家互补和融汇的文化，但是我们普遍忽视了一个事实，即儒、释、道是中国文化的表征，而以兵家、法家为代表的谋、法、术、势是中国文化的内在，它们互为表里。兵略、法、术与儒、释、道相伴而行，并行不悖，甚至在某种具体的历史境遇中，谋、法、术、势文化上升为核心文化，故而是中国文化中极其重要的内容。

孙子学的流变，在一定程度上，或在某些方面代表了中国文化的演进。《孙子兵法》产生于春秋末期，春秋多战多乱的时代造就了孙子学的母本《孙子兵法》。《孙子兵法》在文化上，集成和发展了春秋以前的思想文化。综观春秋时期及其以前时代的文化，孙武子无不兼收并蓄，诸如阴阳之生克、易道之万变、儒家之仁义、道家之自然、法家之严峻、纵横家之善辩、农家之质实、太公之权谋、穰苴之严正，以及夏、商、西周三代至春秋朴素的唯物思想、辩证思想、人本思想、天人思想、中和思想等，无不囊括于其中，而在自然科学方面，其在星历、天象、算学等方面，亦无不关涉。

战国时期，《孙武兵法》《孙膑兵法》与《吴起兵法》很受欢迎，世称“孙吴兵法”。士以上阶层几乎家有藏之。《孙膑兵法》《吴起兵法》都产生于战国时期。面对日趋激烈的兼并战争和混乱的政治形势，战国思想家对以强欺弱、以富欺贫、以大欺小、以众欺寡等现象提出了激烈的批评，比如，《孟子·离娄上》云：“争地以战，杀人盈野；争城以战，杀人盈城。此所谓率土地而食人肉，罪不容于死。故善战者服上刑，连诸侯者次之，辟草莱、任土地者次之。”① 他还提出民为贵、社稷次之、君为轻的思想，表现强烈的反抗意识和批判精神。《孟子·尽心下》云：“吾今而后知杀人亲之重也。杀人之父，人亦杀其父。杀人之兄，人亦杀其兄。然则非自杀之也，一间耳。”②《孟子·离娄下》云：“君之视臣如手足，则臣视君如腹心。君之视臣如犬马，则臣视君如国人。君之视臣如土芥，则臣视君如寇雠。”③ 与此相连地，孟子提出了反映民生的基本要求。《孟子·梁惠王上》云：“庖有肥肉，厩有肥马，民有饥色，野有饿莩，此率兽而食人也。兽相食，且人恶之；为民父母，行政不免于率兽而食人，恶在其为民父母也……今夫天下之人牧，未有不嗜杀人者也。如有不嗜杀人者，则天下之民皆引领而望之矣！诚如是也，民归之，由水之就下，沛然谁能御之……无恒产而有恒心者，惟士为能。若民则无恒产，因无恒心。苟无恒心，放辟邪侈，无不为已。及陷于罪，然后从而刑之，是罔民也。焉有仁人在位，罔民而可为也？是故明君制民之产，必使仰足以事父母，俯足以畜妻子，乐岁终身饱，凶年免于死亡。然后驱而之善，故民之从之也轻。今也制民之产，仰不足以事父母，俯不足以畜妻子，乐岁终身苦，凶年不免于死亡。此惟救死而恐不赡，奚暇治礼义哉？”④《孟子·告子下》云：“今之事君者皆曰：‘我能为君辟土地，充府库。’今之所谓良臣，古之所谓民贼也。君不乡道，不志于仁，而求富之，是富桀也。‘我能为君约与国，战必克。’今之所谓良臣，古之所谓民贼也。君不乡道，不志于仁，而

① 陈成国点校：《四书五经》（上册），岳麓书社 2002 年版，第 98 页。
② 陈成国点校：《四书五经》（上册），岳麓书社 2002 年版，第 132 页。
③ 陈成国点校：《四书五经》（上册），岳麓书社 2002 年版，第 100 页。
④ 陈成国点校：《四书五经》（上册），岳麓书社 2002 年版，第 64~67 页。

求为之强战，是辅桀也。由今之道，无变今之俗，虽与之天下，不能一朝居也。”①

以上所引《孟子》中的文字，既是战国时期政治、战争、社会、官民等状态的真实记录，也是孟子对仁心回归的深情呼唤；既对当时的社会现实进行了深刻而愤怒的批判，又对为政者寄予了不切实际的幻想，反映了孟子那个时代士人矛盾而苦闷的普遍心态。春秋战国，百家争鸣，士人们之所以敢说真话实话，是因为当时政治不统一，天下诸侯及天子都无法控制天下士人的言论，他们甚至希望有更多样的言论出现，而从中择取于己有利者，以辅佐自己实现称霸天下的梦想。这和春秋末期大不相同。究其原因，一方面战国时期诸侯兼并战争的步伐全面加快，社会进入了诸大国之间军事斗争和政治斗争更高、更新的时代，是春秋时期的称霸战争无法相比的；另一方面，孟子对孔子的思想既有继承，又有发展，孟子学说既反映了战国时期思想的时代性，又体现了孟子的思想个性。从上所引的言论，我们看到了一个具有批判精神、反抗意识的思想家，其思想虽然不能与近现代思想等量齐观，但是在战国时期，能有孟子所主张的朴素的民主、平等、富民、轻君、止战的反抗意识和革新意识，已经十分了不起。

荀子和孟子相比，其批判政治和社会的语气稍显和缓，常常以比较雍雅的方式提出实行仁政，崇尚礼义，重视法治，加强君权。其在《议兵篇第十五》云：“君贤者，其国治；君不能者，其国乱；隆礼贵义者，其国治；简礼贱义者，其国乱；治者强，乱者弱……好士者强，不好士者弱；爱民者强，不爱民者弱；政令信者强，政令不信者弱；民齐者强，民不齐者弱；赏重者强，赏轻者弱；刑威者强，刑侮者弱；械用兵革攻完便利者强，械用兵革窳楛不便利者弱；重用兵者强，轻用兵者弱；权出一者强，权出二者弱。”②但是，荀子有时候也会忍不住要以十分愤激的方式表达自己的思想，对暴君、

---

① 陈成国点校：《四书五经》（上册），岳麓书社2002年版，第124~125页。

② 〔清〕王先谦著：《荀子集解》，见《诸子集成》第二册，中华书局1954年版，第179页。

民贼、独夫进行无情的批判，肯定了以仁义代替残暴无道的革命精神。其在《正论篇第十八》云：“诛暴国之君，若诛独夫。”又云：“汤武非取天下也，修其道，行其义，兴天下之同利，除天下之同害，而天下归之也。桀纣非去天下也，反禹汤之德，乱礼义之分，禽兽之行，积其凶，全其恶，而天下去之也。天下归之之谓王，天下去之之谓亡。故桀纣无天下，汤武不弑君，由此效之也。汤武者，民之父母也；桀纣者，民之怨贼也。”① 荀子力主王者之兵，而批评强霸之兵，并非主张不需要强大的军队，并非不需要强大的战斗力，并非不需要训练有素的战斗技巧，并非否定战争中必要的权势谋诈，而是从王者得天下、治天下的高度来谈治兵用兵问题。其主张的“王者之兵”，就是以仁义思想指导的志在得天下、治天下的文明之师、威武之师，与乱天下、害天下的“盗兵”有本质区别。其所云“仁者之兵，王者之志”，是用仁义思想来教导将士，并以之为兵者灵魂，以此灵魂来统御权、谋、势、利、攻、守、变、诈等具体的用兵之术。正如陈嚣谓之曰：“先生论兵，常以仁义为本。”故荀子在《议兵篇第十五》云：“齐之技击，不可以遇魏氏之武卒；魏氏之武卒，不可以遇秦之锐士；秦之锐士，不可以当桓文之节制；桓文之节制，不可以敌汤武之仁义。有遇之者，若以焦熬投石焉……以诈遇诈，犹有巧拙焉；以诈遇齐，辟之犹以锥刀堕太山也，非天下之愚人莫敢试。故王者之兵不试。汤武之诛桀纣也，拱挹指麾，而强暴之国莫不趋使，诛桀纣若诛独夫。故《泰誓》曰‘独夫纣’，此之谓也。故兵大齐则制天下，小齐则治邻敌。若夫招近募选，隆埶诈，尚功利之兵，则胜不胜无常，代翕代张，代存代亡，相为雌雄耳矣。夫是之谓盗兵，君子不由也。”②

墨子针对当时“大夫之相乱家、诸侯之相攻国者”的普遍现象，指出当时的各种乱象：大国攻小国，大家乱小家，强劫弱，众暴寡，诈谋愚，贵傲贱；君者不惠，臣者不忠，父者不慈，子者不孝；执兵刃、毒药、水火，以

---

① 〔清〕王先谦著：《荀子集解》，见《诸子集成》第二册，中华书局 1954 年版，第 216 页。

② 〔清〕王先谦著：《荀子集解》，见《诸子集成》第二册，中华书局 1954 年版，第 181~182 页。

交相亏贼，等等。认为这些是社会的大害。又历数为政者不人道的种种表现，其于《节用上》云："今天下为政者，其所以寡人之道多，其使民劳，其籍敛厚，民财不足，冻饿死者不可胜数也。且大人惟毋兴师以攻伐邻国，久者终年，速者数月，男女久不相见，此所以寡人之道也。与居处不安，饮食不时，作疾病死者，有与侵就援橐、攻城野战死者，不可胜数。此不令为政者所以寡人之道，数术而起与？圣人为政特无此。不圣人为政，其所以众人之道，亦数术而起与？故子墨子曰：去无用之费，圣王之道，天下之大利也。"① 墨子指出战国时期导致这些政治、社会、战争、伦理等问题的根源，在于人与人不相爱。从人性的角度考察战争频仍、社会动乱、民不聊生、官不长久、人人自危的根本原因，虽有一定的理论意义，但是缺乏解决这些问题的实践性和操作性对策。墨子在《兼爱中》云："今若国之与国之相攻，家之与家之相篡，人之与人之相贼，君臣不惠忠，父子不慈孝，兄弟不和调，此则天下之害也……今诸侯独知爱其国，不爱人之国，是以不惮举其国，以攻人之国。今家主独知爱其家，而不爱人之家，是以不惮举其家，以篡人之家。今人独知爱其身，不爱人之身，是以不惮举其身，以贼人之身。是故诸侯不相爱，则必野战。家主不相爱，则必相篡。人与人不相爱，则必相贼。君臣不相爱，则不惠忠。父子不相爱，则不慈孝。兄弟不相爱，则不和调。天下之人，皆不相爱，强必执弱，富必侮贫，贵必傲贱，诈必欺愚。凡天下祸篡怨恨，其所以起者，以不相爱生也，是以仁者非之。"② 基于以上时弊，墨子提出修身、亲士、兼爱、交利、节用、节葬、非攻、非乐、非命、尚贤、尚同、天志、明鬼等主张，可谓振聋发聩，真药石也。

春秋战国诸子中，能如孟子、荀子、墨子那样直接抨击逞残暴、兴兵患、弃仁义的君王的思想家，并不多见。道家虽有"夫乐杀人者，则不可得志于天下"（《三十一章》）以及"失道而后德，失德而后仁，失仁而后义，失义

---

① 〔清〕孙诒让著：《墨子间诂》，见《诸子集成》第四册，中华书局 1954 年版，第 101 页。

② 〔清〕孙诒让著：《墨子间诂》，见《诸子集成》第四册，中华书局 1954 年版，第 64 页。

而后礼。夫礼者，忠信之薄，而乱之首”（《三十八章》）等主张；法家韩非子虽对诸侯国内普遍存在的乱法现象心存忧虑，在其《五蠹第四十九》云：“今则不然，士民纵恣于内，言谈者为势于外，外内称恶，以待强敌，不亦殆乎！”① 但是也对战国时期的现实有冷静而深刻的认识：“上古竞于道德，中世逐于智谋，当今争于气力。”② 并依据这一社会现实，为有志于霸天下的诸侯设计了综合运用法、术、势的思想纲领，认为在“争于气力”的时代，不是讲仁义道德的时代，而是要把国家实力和军事实力提升，要奖励耕战，重农抑商，废除世爵世禄制，以战功授爵位。以是之故，其主张受到了秦国君主的青睐，虽然身死于车裂，但其思想得施于秦国，而流播天下。

综上简述诸子代表之主张，可知先秦诸子不管是儒家、道家、墨家、法家，还是其他各家，虽然思想活跃，互相辩驳，呈现了百家争鸣、百花齐放的局面，但是他们的思想并没有跳出为君主统治服务的苑囿。儒家倡导仁义，道家倡导无为，法家倡导法术势，墨家倡导兼爱，农家倡导自耕自足，纵横家倡导合纵连横的外交等，都没有突破君主专制政治的藩篱，而且都希望君人者能取用自己的主张，好为君主政治效命。所以，作为中国轴心时代文明之光的先秦诸子，没有在那个大动荡、大变革的时代设计出不同的政治模式和政治制度。他们几乎都是在君主专制的框架下发挥自己的才智，并在各自的著述中互相攻讦和嘲讽，所追求的是在君主专制制度下的有限真理、正义和美善，而非具有普遍意义的人性价值，是为当下特定政治集团服务的工具价值。其所争者其实是一样的，就是如何争得为新兴地主阶级和君主专制、集权服务。这种现象和古希腊的思想家有很大区别。古希腊思想家德谟克利特、亚里士多德、赫拉克利特、毕达哥拉斯等伟大的智者，以探索者、求知者的姿态，把科学和思想的研究独立于统治者的需求之外，而对政治制度和社会制度提出了普遍而有意义的设想。比如，德谟克利特提出在民主制度下

---

① 〔清〕王先慎著：《韩非子集解》，见《诸子集成》第五册，中华书局 1954 年版，第 347 页。

② 〔清〕王先慎著：《韩非子集解》，见《诸子集成》第五册，中华书局 1954 年版，第 341 页。

的贫困生活比在专制制度下的富贵生活要好，犹如拥有自由比受奴役好，宁愿找到一个因果的说明，也不愿意接受波斯的王位。从这一点来讲，崇尚绝对自由的庄子与之有很大的相似。此外，杨朱轻物贵己、全性葆真的思想，与道家既有相似，又有不同，比较独特。事实上，杨朱和庄子等人，是找不到向外的道路，便向内寻找，仍然是在无力触及或未曾触及君主制度之外的制度设计。所以先秦诸子，大多数的目的就是提出自己的思想主张，然后游说诸侯取用自己的主张，以推行于当下的政治范式。荀子的一段话有一定代表性，其在《儒效篇第八》云：“故人主用俗人，则万乘之国亡；用俗儒，则万乘之国存；用雅儒，则千乘之国安；用大儒，则百里之地，久而后三年，天下为一，诸侯为臣；用万乘之国，则举错而定，一朝而伯。”① 则知荀子若此，其余亦大体如此。

春秋战国诸子在其著述中表现了他们对现实政治的批判意识和反抗意识，以及对仁义道德的呼唤。相应地，兵家著述中对此也有所反映。孙膑和孙武的战争思想有所不同，孙膑特别重视人的作用，认为天地之间人为贵，比孙武更加重视仁义在兵事上的作用，对当时流行的赏、罚、权、势、谋、诈思想并不认同，认为此六者不是用兵中最重要的原则，攻虚击懈才是最重要的原则。攻虚击懈虽然以巧取胜，体现了兵家谋略，但是从另一方面，却使交战双方和民众的损失降到最低，这无疑是一种比较仁义的用兵之法，是更加重视战争伦理的表现。战国时期与春秋时期相比，战争的激烈程度加剧，但是兵家对战争伦理有了更深的认识。这实际上是残酷的战争现实对礼乐、仁义、道德、人性的呼唤。故孙膑的思想比孙武的思想具有更多的儒家元素，其所主张的兵为王者傅道而非恒恃，用兵在于存亡继绝，不在廓地分利，须以仁、德取天下，以礼、乐、信、义治天下，故孙膑在《威王问》中提出“用兵无备者伤，穷兵者亡”的观点。

战国时期的其他兵家如吴子、尉缭子等也同样反映了这个时代的思想。

① 〔清〕王先谦著：《荀子集解》，见《诸子集成》第二册，中华书局1954年版，第89页。

《吴子》提出以道、义、礼、仁治国治军，提出多战生弊、一战取胜，义兵能胜、暴兵必败，在德不在险等具有时代特征的论说。《尉缭子》之《天官》篇提出“天官时日，不若人事”，从另一角度体现了对人的价值的重视。《尉缭子》非常推崇道胜，其《战威》篇说，所谓道胜，就是讲武料敌，使敌人士气散失，兵士虽多，却无战斗力，虽有军队却不为君主所用。此处所讲“道胜”，与《尉缭子》之《兵谈》篇提出的“甲不出橐而威制天下”的“兵胜于朝廷”相比较，当属于同一层次。总之，道胜于朝廷与兵胜于朝廷，都是《尉缭子》所推崇的胜战之法，因为两者都体现了更高的战争取胜理论，体现了对人的价值的重视和对人性的关怀。

秦汉时期，中国进入大一统时代。秦国以其强大的武装力量扫除了六国，实现了短暂统一。秦朝虽在十五年后覆亡，但是体现其大一统的政治制度、官僚制度、文化制度却被汉代政权所继承。汉代统治者在对待兵学文化上，既持利用的态度，又持防备的态度：一方面多次整理兵书，另一方面又秘藏不发。这与战国时期孙吴兵书士大夫之家皆藏之的情况，差距甚大。由于汉代天下一统的政治要求，以孙武子兵法为代表的兵学传播也受到一定限制，主要是在统治阶级的中上层流传。司马迁在《史记》中有明确记载，张良、韩信整理兵法，定著三十五家，诸吕用事而盗取之。可见，兵法在当时的流通限制在一定的范围内。汉代武帝后虽然独尊儒术，但是黄老道家、阴阳五行、谶纬神学亦大行其道，有的和孙子学结合，产生了兵阴阳孙子学，前文多处对此有论述，故兹不重复。而以孙子学与黄老道家、儒家、阴阳家、法家等紧密融汇、深度交织的杂兵家，要算《淮南子》。《淮南子》论兵则集中在《兵略训》，而又不局限于《兵略训》。在《淮南子》中，刘安等人把孙子兵学政略化、道家化、儒学化，从精神气质上有了一些改造，这是刘安等人试图从治国安邦、超越前圣世贤的战略高度来利用孙子学，把孙子学的精髓纳入其中，而变化为政治谋略学。

魏晋南北朝，孙子学进入注释及研究阶段，曹操、贾诩、孟氏、王凌、张子尚等纷纷作注，然而多数注文失传，保留比较完整者有曹操注和孟氏注，曹操注除了十一家注本，还有单行本传世。东汉末年，天下纷乱，道教趁势而起，流布社会，极为广泛。加之印度佛教东传，与儒家、道家结合，形成具有中国特色的般若学。传统儒学又与道教结合，调和名教与自然，崇尚老庄学及易学，这些不能不影响到孙子学的发展，故仅从传世孙子注看，当时的孙子学一定程度打上了魏晋南北朝的学术印记。譬如孟氏注“天者，阴阳、寒暑、时制也”云：“兵者，法天运也。阴阳者，刚柔盈缩也。用阴则沈虚固静，用阳则轻捷猛厉；后则用阴，先则用阳。阴无蔽也，阳无察也。阴阳之象无定形，故兵法天。天有寒暑，兵有生杀；天则应杀而制物，兵则应机而制形。故曰天也。”① 再如孟氏注“攻其无备，出其不意”云：“击其空虚，袭其懈怠，使敌不知所以敌也。故曰：‘兵者无形为妙。’太公曰：‘动莫神于不意，谋莫大于不识。’”② 由于贾诩、张子尚、王凌诸人之《孙子》注文亡佚，不复得见，仅凭孟氏一两处注解，自然不能说明魏晋南北朝的孙子学受到了阴阳五行和道家学派的影响。但是从这一时期其他兵书看，奇门遁甲、星历天算、真人水镜、望气孤虚、推元岁计、祈禳术、阵图等一类的兵书，占有将近一半的比例。从这个情况看，魏晋南北朝的兵学有向着兵阴阳学转向的迹象。之所以如此，主要是由魏晋南北朝盛行阴阳五行、谶纬、术数等神秘文化所决定的。必须肯定的是，曹操《孙子》注文，简切而深邃，体现了其作为一代政治家、军事家的雄才伟略，与文人注家重文字阐释而轻战争实践有根本区别。

隋唐时期，国力鼎盛，疆土辽阔，文化昌明，一切焕发出蓬勃生机，文治武功堪称一流，视野开阔，兼容并包，儒释道三教融合，大唐气象熠熠生辉，现实主义和理想主义精神相得益彰。表现在兵书的创制上，道兵书、阴阳兵书、技巧兵书、形势兵书、权谋兵书、战事实录等，各行其道，蔚为大观，然而能够流传下来并有价值的兵书不多。诸如李靖《卫公兵法辑本》《李卫公问对》、李筌《神机制敌太白阴经》《阃外春秋》、赵蕤《儒门经济长短

① 〔汉〕曹操等撰：《孙子十家注》，见《诸子集成》第六册，中华书局 1954 年版，第 4 页。

② 〔汉〕曹操等撰：《孙子十家注》，见《诸子集成》第六册，中华书局 1954 年版，第 19 页。

经》、王真《道德真经论兵要义述》是其中较有价值的兵书，而最有价值者莫若李靖所著兵书。唐代其余兵书多受道教影响，偏重兵阴阳之术。隋代国祚短暂，三十八年内，产生的兵书不少，但是与隋朝一样，其生也速，其亡也忽，很快就消失在历史的泥淖之中。根据《隋书·经籍志》等著录，隋代兵书有七八十种之多，但是全部亡佚，没有一部存世者。隋唐时期的孙子学著述，主要有杜佑、杜牧、李筌、贾林、陈皞、纪燮等《孙子》注释之作，其中纪燮集注《孙子》已经亡佚。其余几家注文见存于《孙子十家注》内。这一时期，携笔从戎、立功疆场是许多文人的梦想，仗剑远游、赋诗塞上、饮马河边，也正是唐代许多文人向往或经历的生活。唐代由于政治相对清明、经济相对繁荣、文化相对昌盛、思想相对开放，表现在《孙子兵法》的注释上不拘一格，不论是李筌的道家情怀，还是杜牧的儒士胸襟，都在孙子学的建树中有比较鲜明的体现。此二人是唐代《孙子》注家最具代表性的人物，其注解洒脱自然，收放自如，简切而宽博，奔放而舒徐，尽显道儒之风貌。

古代中国虽然是以农业为主体的社会，但是商业很早就产生，商朝已经出现了商人和货币。西周的商业由官府控制。春秋战国，私商大量出现，逐渐取代官商，成为商人的主要成分，并在商业的促进和推动下，形成了许多都会。汉代商业有大的发展，而且对外贸易发达，开拓了通往西亚和联通地中海各国的陆上丝绸之路。隋唐商业繁荣，都会中的坊与市有了功能区分，出现不少商业繁荣的大都会，比如长安、洛阳、扬州等，不仅拓展了陆上丝绸之路，而且拓展了自汉代以来就开通的海上丝绸之路，使之伴随着造船术、航海术发展而成为对外贸易的主要通道，而不再是此前的辅助通道。宋代出现了世界上最早的纸币交子，店铺随处可设，打破了坊与市的分界，不仅有日市，而且有早市、夜市，还设置了勾栏、瓦肆等娱乐场所。明清时期，则出现了许多区域性的商人团体，如江右商、晋商、徽商、浙商、苏商、潮商等。

回顾中国先秦至明清的商业发展，是为了说明经济基础对思想学术的决定性影响：商业的发展历经汉代、魏晋南北朝、隋唐五代，到了宋代，已经达到了比较繁荣的阶段，醉心于享乐的奢靡之风和对礼制的僭越，已经渐成风气，而这种风气对汉代以来的传统儒学有很大的冲击和影响。面对传统礼制等秩序的失范，魏晋时期出现了以老庄思想解释儒家经典《易经》的玄学，以求儒道会通，以儒释道，以道解儒，彰显对儒家统治的不满和抵触情绪，从而追求道家洒脱自若的情怀。唐代则有学者提出三教合一，到了宋代则融汇儒、道、佛，创建了理学。从宋初“理学三先生”孙复（992—1057）、胡瑗（993—1059）、石介（1005—1045），到“北宋五子”邵雍（1011—1077）、周敦颐（1017—1073）、张载（1020—1077）、程颢（1032—1085）、程颐（1033—1107），再到南宋朱熹（1130—1200）、陆九渊（1139—1193）等，共同创建和发展了理学。他们试图以儒家的仁、义、礼、智、信、诚等概念纳入“天理”的范畴，而把过度的物质享乐欲望装入“人欲”的筐子，以“存天理、灭人欲”的理论来消减社会上普遍出现的追求享乐、僭越礼制的风气，以维护皇权的专制统治，以及等差分明、阶级森严的利益分配制度，维护统治阶级尤其是最高统治集团的物质享受，而最终受到严厉的“人欲”限制的实际上是普通民众。理学家以心、性、形、气、情、命、理、道等为基本概念，构筑理学的理论系统。理学认为，心有道心和人心，道心即天地之心，就是天理，而人心就是人欲，道心主宰人心，而去掉私欲之心就是道心，染上私欲之心就是人心。天所授予者为命，物所秉受天命者为性，故性即理，而理之聚集则为性。气聚为形，气发为情。性又有天地之性和气质之性。人心即气质之性，道心则是天地之性。气有清浊，性有善恶。若要化气质之性为天地之性，人心就要合乎道心。性即理，性为体，情为用，性和情生于心，为心所统摄，故要尽心、知性、修道。尽心，知性，即发明本心，弘扬善性。而本心具有至大、至刚、至直、至平、至公的天性。由此，陆九渊提出与理学相对而互补的心学。与程朱理学不同的是，陆九渊认为心即理，吾心即宇宙，宇宙在吾心，心外无物，万物在吾心，与朱熹的“格物致知”路径有很大不同。宋代理学虽然为封建君主专制服务，强化君权，稳定政权，强化人伦，厘定秩序，对人们的思想起到了禁锢作用，但是在唤醒人的自然善性、发挥人的心性主体功能，提升人的德行修养，强调内圣修炼与外王实践的统一，对中华民族注重心性修为的人格塑造等方面，则起到了非常重要的促进作用。

宋代理学的发展对以孙子学为核心的兵学的发展有很大影响。宋代文化发达、经济繁荣，虽然在战争中屡屡丧师失地（这主要是由于当时的政治制度和军事制度所造成），但兵学的发展，与当时文化和经济的发展还是基本匹配的。宋代文人论兵风气超过唐代。唐代的兵论受道家文化的影响比较深，一定程度上也表现了儒道合一的倾向。宋代的《孙子》注解、兵论、兵书多出自文人，而超过前代，著名者有五代何延锡《孙子注》（其中部分注解为宋代所增益），宋代梅尧臣《孙子注》，吉天保集注《孙子》，施子美《施氏七书讲义》，欧阳修作《孙子集注》《九射格》，何去非《何博士备论》，许洞《虎钤经》，陈傅良《历代兵制》，曾公亮、丁度《武经总要》，李道传《江东十考》，李舜臣《江东十鉴》，辛弃疾《美芹十论》，戴溪《将鉴论断》，以及理学家张栻《汉丞相诸葛忠武侯传》等。五代时期，武将叛乱频繁，宋代赵匡胤凭借兵变取得天下。宋代统治者吸取教训，重文轻武，尊崇文人，抑制武将，使文人的地位一直保持较高的水平，文人生活条件优渥，是故终宋一代，不见有文人和上书言事者被杀的文献记载。另外，从历史发展的一般规律来讲，一张一弛，乃文武之道，武力割据的唐末五代乱世终结之后，物极必反，统治者自然要大兴文教。尊崇文人，不仅可以恢复汉唐的儒教传统，还可以利用文人集团来压制武将，实行文人统兵、文人监军，以防止陈桥兵变的故事重演。

历史事实如宋代最高统治者所预设，宋代文人不仅为君主专权服务不遗余力，而且推动了兵学的发展。宋代论兵著作（不含阴阳类）主要受到儒家文化及理学文化的影响，仅从宋代注家多以仁义道德解释《孙子》“道”的含义，以及注解《孙子》文本时所用的某些语词，即可略见一斑。比如，王皙注“能因敌变化而取胜者谓之神”曰：“兵有常理，而无常势，水有常性，而无常形。兵有常理者，击虚是也。无常势者，因敌以应之也。水有常性者，就下是也。无常形者，因地而制之也。”① 此处之“理”“形”“性”即理学

① 〔汉〕曹操等撰：《孙子十家注》，见《诸子集成》第六册，中华书局 1954 年版，第 102 页。

家所偏爱的词汇，虽然不能完全据以佐证其理学况味，但是至少可以说明注家本身受到了理学的浸染，并在潜意识中影响到对兵家的理解。宋代儒者言兵甚多，许洞、曾公亮、丁度、王晳、郑友贤、李觏、苏洵、苏辙、苏轼、曾巩、张载、王安石、程颢、程颐、陈规、杨万里、朱熹、陈亮、叶适、辛弃疾、文天祥等，都是宋代文人言兵的代表人物。虽然他们所言，非局限于孙武子，而是整个兵学范畴。其实文人言兵自古而然，只是后世有些儒者自欺欺人，不愿意面对这一现象而已。苏洵批评过这一现象，其《嘉祐集》卷二《权书叙》论说自己作《权书》的缘由云："人有言曰：'儒者不言兵，仁义之兵，无术而自胜。'使仁义之兵，无术而自胜也，则武王何用乎太公？而牧野之战四伐、五伐、六伐、七伐，乃止齐焉，又何用也？《权书》，兵书也，而所以用仁济义之术也。吾疾夫世之人不究本末，而妄以我为孙武之徒也。夫孙氏之言兵，为常言也。而我以此书为不得已而言之之书也。故仁义不得已而后吾《权书》用焉。然则权者，为仁义之穷而作也。"① 苏洵是在"仁义不得已"（仁义不能奏效）的情况下作权谋之论的，目的在于"用仁济义"（仁义可以补益权谋），并批评世人以为只有孙武之徒才写兵书，实为大谬不然。

明代君权高度集中，朱元璋废除了中书省和丞相制度，实行内阁制度，把军政大权牢牢控制在皇帝手中。明成祖朱棣夺权成功后，违背先人训诰，重用宦官，设立特务机构，用来牵制内阁，对它的权力进行制衡，使得君权更加集中。虽然内阁制度、君主专权制度发展到明朝中晚期，出现了种种弊端，也受到了其他势力如宦官集团和文人政治集团的制约和影响，不能够顺利地按照其初心运行，受到了一些限制，但是终明一代不管是政治上，还是文化上，其专制手段都很严酷。从文化政策来讲，严厉控制文人士大夫的思想，钳制他们的创新意识，实行八股文取士制度，以四书五经为考题，以朱熹的注解为解经范式，从内容到形式，从外在言行到内心活动都受到专制制

---

① 〔清〕纪昀等修：《文渊阁四库全书》第 1104 册，台湾商务印书馆 1986 年版，第 851 页。

度的严密监控。为了造成人人俯首、个个恭顺的政治氛围，不断制造文字狱，用血案警示学人，使人产生惊悚的心理。而在用人上，压制不为当朝所用的读书人。朱元璋《御制大诰三编》“苏州人才第十三”有诰文云：

> 苏州人材姚叔闰、王谔二生，皆儒学，有人以儒者举于朝廷，吏部行下苏州府取赴京师，朕欲擢用，分理庶务，共造民福。二生交结本府官吏张亨等，暗作主文老先生，因循破调，不行赴京，以就官位而食禄，匿于本郡作害民之源。事觉枭令，籍没其家。呜呼！古者士君子，其学既成，必君之用，将老乡无举者以为耻焉。今二生名已在朝，举者诉以实学，其二生以禄为薄，以酷取民财为厚，故重主文贵老先生而为得计，以致杀身亡家。呜呼！率土之滨，莫非王臣，成说其来远矣。寰中士夫不为君用，是外其教者，诛其身而没其家，不为之过。①

苏州人姚叔闰、王谔不愿意为朱明王朝做官，交结苏州府官吏张亨等，不去南京赴任，而被枭首。这样的例子很多。究其原因，是因为当时读书人畏惧朱明严律酷令而求全身。

由于实行在文化上深入骨髓的思想钳制政策，明代中期以降，国家治理出现诸多危机，其深层原因，就是宋代以来的理学已经不能给予这个庞大的帝国注入精神能量，其壅蔽自封、缺乏生机的“天理人欲”论遇到了现实障碍，以致人心凋敝散乱，故而王守仁继承和发扬陆九渊创立的心学，阐释了陆九渊心即理的学说，重新诠释朱熹理学提出的“格物致知”理论，认为“格物”就是格去心中之非，“致知”就是发明心中良知，存心中天理，而不是格取外物之理。其目的不是要与理学反其道而为之，而是试图把理学家提出的“天理”，通过内心的探求而得到，因为在王守仁看来，此心纯是天理，只要去除内心的尘染杂念，便可得见天理，故心学与理学最大的区别是对天理的求取路径上，其目的仍然是要规范和强化君

---

① 〔明〕朱元璋撰：《御制大诰三编》，明洪武内府刻本，第47页右。

主专制时代的社会伦理秩序。“致良知”思想的提出，得到了许多读书人的追随和认同，而成一大学派。王阳明出生在成化八年（1472），卒于嘉靖八年（1529）。其心学思想的萌发和阐释主要在弘治（1488—1505）、正德（1506—1521）两朝，而正德朝是明代思想由严酷专制趋向宽松的分水岭，社会风气、思想文化在此一时期发生转向，资本主义生产关系发展，农工商繁荣，经济发展刺激了文化的发展变化，士大夫大多具有取利之心，儒家思想趋向平民化，理学的沉闷和保守气氛被打破，许多学者讲学不仅面向知识阶层，而且面向普通大众，文人结社，创立门户者多有。明人何良俊评述当时社会文化与传统文化之冲突云：

> 阳明先生拈出良知以示人，真可谓扩前圣所未发。盖此良知，即孔子所谓愚夫愚妇皆可与知者，即孟子所谓赤子之心，即佛氏所谓本来面目，即中庸所谓性，即佛氏所谓见性成佛，乃得于禀受之初，从胞胎中带来，一毫不假于外，故其功夫最为切近。阳明既已拈出，学者只须就此处着力，使不失本然之初，便是作圣之功。其或杂以己私，则于夜气清明之时反观内照，而其虚灵不昧之天，必有赧然自愧者。因此渐渐克去，损之又损，而本体自无不具矣，又何必费许多辞说哉？夫讲论愈多，则枝叶日繁，流派日广。枝叶繁而本根萎，流派广则源泉竭。岐（歧）路之多，杨朱之所以下泣也，其于理性何益哉……心性之学，吾辈亦当理，盖本源之地，理会得明白，则应事方有分晓。然亦只是自家理会，间所有得，则札记之，以贻同志可也。岂有创立门户，招集无赖之徒，数百为群，亡弃本业，兢事空谈，始于一方，则一方如狂，既而一国效之，则一国如狂，至于天下慕而效之，则天下如狂正所谓处士横议，惑世诬民？即孔子所诛少正卯，所谓言辨而伪、行僻而坚者，正此类也，其何以能容于圣世耶……唯阳明先生从游者最众。然阳明之学自足耸动人，况阳明不但无妨于职业，当桶冈、横水用兵之时，敌人侦知其讲学，不甚设备，而我兵已深入其巢穴矣。盖用兵则因讲学而用计，行政则讲学兼施于政术。若阳明者，真所谓天人，三代以后岂能多见？而后世中

才，动辄欲效之。呜呼！几何其不贻讥于当世哉？①

有明一代，孙子学受到当时政治、社会、文化的影响颇深。虽说明代前期文化专制超越前代，但是中后期有松动之势，甚而文人集团如“东林党人”一度影响了朝政的走向，这又不能不说是文化政策宽松所致。就明代前期而言，有不少读书人藐视皇权，不愿意被朱家皇朝所用，所以多有受到惩罚者，轻则被严厉申饬，重则被剁手指，或被籍没家财，或被流放，或被处死，故许多读书人以不为朝廷所用而庆幸，在朝堂者则以为民请命而赴死为荣，朝廷内外多有不合作的消极避祸之风气。随着朱家政权的日益巩固，此一风气日渐消弭，读书人无不转而从光耀门楣出发，以荣身全家计，心甘情愿为君所用，所以在明代中期，朝廷设立武学、武举。此后孙子学多受武举文化影响，为武举考生而注《孙子》者众多，为科举取富贵的功名之心夹杂其中，此其一。

其二，明代孙子学学人，数量更比宋代多，其所注《孙子》书，亦超迈前代，多有不为后世所逾越者。刘寅《孙子直解》、赵本学《孙子书校解引类》、茅元仪《兵诀评》、陈玖学《评注七子兵略》。明代还有不少著名兵学注家及作品。李贽以《武经七书》与儒家六经相融通，而李贽本身对佛、儒、兵多有参悟。王阳明批点《孙子》则可使人洞见其心学奥旨。其余如王世贞、钟惺、焦竑、张居正等，对孙子兵学皆有独家之见。其中虽有身处高位者，然其出身莫不以儒家经学名世。

其三，明代孙子学的儒学化特征更加突出，非惟时代使然，更以作者多为儒者所致，故其所注《孙子》多倾向于儒家立场。比如俞大猷论孙武子及兵学曰：

善为治者蓄其怒，善为兵者积其愠。夫怒蓄则德可大，愠积则威可

① 〔明〕何良俊撰：《四友斋丛说》卷四《经四》，见《元明史料笔记丛刊》本，中华书局1959年版，第30~32页。

立。吾之德大而威立，彼其邻国与敌且有阴弱之势矣。吾国吾军之命脉于是有所司之矣。安全之道岂有大于此哉？虽然，武子惧天下不能忍而轻于愠怒，以至于危败。吾独惧天下苟安于忍辱而遂忘乎愠怒，其弊必至于萎靡而不可收拾，岂但危败而已耶……怒者，正所谓有其义者有其辞，君子可以动众，义理之勇，诚仁人所不容隐忍者，然又且度德而从举，量力而后会，昧而攻之，服而纵舍之，则其为愠怒也，吾又何病焉？独不观之天地乎？域中雷雨，乾坤震动，万物无所避其威，然而俄顷之间，太虚寥廓，青山绿树自如故。前王文武犹天地也。文王一怒而安天下之民，武王亦一怒而安天下之民。此无他，文武得中和之义也。喜怒哀乐之未发，谓之中；发而皆中节谓之和。人能致中和，天地且从而位焉，万物且从而育焉。之其所为道欤？武子所谓安国全军之道，其规模气象之大小何如耶？吁！吾犹惜乎武子特以其所见之一偏者言之，而未闻乎中庸之大道也。①

俞大猷的《正气堂集》每篇均以儒家内圣外王的思想来统帅和恒定包括《孙子兵法》在内的兵法，表明俞大猷等明代将领是真切的儒兵家，也表明明代中后期包括孙子学在内的兵学与儒学已有深刻而广泛的融汇，或者更确切地说，是兵学融汇于儒学之中。

此外，以战事实操为训练基准的戚继光《练兵实纪》，亦无不以儒家思想为指针，多以孔孟之言如“教民七年”“仁者无敌”等阐明以仁义威利治兵之重要。不仅如此，而且特别注重“心性气质”的磨炼，这是前此所未见的提法。其于《储练通论上·练心气》云：

人有此身，先有此气心。气发于外，根原于心。匪心则气曷出？故出诸心者为真气，格于物而发者为客气。练心则气壮。《孟子》曰：“我

① 〔明〕俞大猷撰：《正气堂集》卷一《会试论策》“安国全军之道嘉靖乙未科会试第五名俞大猷”条，见《正气堂集十七卷近稿一卷余集四卷续集七卷首一卷镇闽议稿一卷》，清道光孙云鸿味古书室刻本，第4页。

善养吾浩然之气。”养心也。又曰：“志一则动气，气一则动志。今夫蹶者、趋者，是气也，而反动其心。”是心者，内气也。气者，外心也。故出诸心者为真气，则出于气者为真勇矣。是故走阵于场，习艺于师，召耳目以金鼓，齐勇怯以刑名，皆兵中之一事，如人之五官、十指、四肢、皮毛，各有轻重缓急之司。要之，少一件，固非完人；便少一件，亦未害其为人，亦与大命无干。何也？不足以该全体也。即如三军之政，行伍、号令、旗鼓、技艺之数，少一件，固不足以为万全之师；少一件，亦未必不能为一战之胜。故大命所系在气，而内属乎心；心之所系，则神明之感、自然之应也。故诛一人而千万人顺，诛心也；赏一人而千万人奋，赏亦心也。不怒而威，岂斧钺之力哉？不言而信，岂金帛之惠哉？视死如归，得其心也；视敌如仇，心之同也。苟不求于心，而务求于气，诚以北方之兵，骁悍劲猛，气孰尚焉？往年征役于吴，一败而不可复振，盖其所发为勇者，乃浮气之在外者，非真气之根于心也。气根于心，则百败不可挫，天下莫当父子之兵矣。

戚子于督兵东南时，凡诸营伍中有养气太勇而久未用者，不使当前行。以其积气太浮，畏心渐掩，不轻视其号令，必堕贼之计中。故兵入惟恐其不勇，人皆知之，而勇之过盛亦不可用，则知之者鲜矣。

善将者，宜何如而练其心气哉？是不外身率之道而已矣。倡忠义之理，每身先之，以诚感诚。又如婴儿、哑子，饮食为之通，疾病为之恤，患难为之共，甘苦为之同。彼有情焉，如婴儿不能自通乎心，如哑子不能自白于口。善将者，不待其心之发而先为之所，不待其口之出而预为之谋，谆谆谕以忠君之义，祸福之辨，修短之数，死生之理，使之习服忠义，足以无忝所生。

其为荣也、利也，如何？世之情事，有重于死者，有甚于生者。人心观感之下，积戴之久，感于爱，则爱君爱将，而身非所爱；感于义，则不忍后君后将，而先其所私；感于祸福之辨，则患难不足恐，而亲上之志坚；感于修短死生之数，则水火存亡不足以夺得其心。万人一心，心一而气齐，气齐而万人为一死夫。是吾以一心之万力，而敌万力之各心，以一死夫而拒彼万生命。孔曰：“教民七年。”孟曰：“仁者无敌。执梃以挞秦楚之坚甲利兵。”非得心而一其气，何以致此于民哉？故感通之神，孟贲失其勇，良平失其智，不疾而速，不行而至，民之可使赴汤蹈火，趋仁如水趋下。况三军之士，佐之以不时之赏，斧钺之威，而行吾仁义于其中，为有本之治耶！

或谓：“常操之套，果其可用于临敌否？而真操赏罚精微之处，亦在此否耶?”

戚子曰：“操兵之道，不独执旗走阵于场肆而后谓之操，虽闲居、坐睡、嬉戏，亦操也。善操兵者，必使其气性活泼，或逸而冗之，或劳而息之，俱无定格。或相其意态，察其动静，而撙节之。故操手足号令易，而操心性气难；有形之操易，而不操之操妙。能操而使其气性活泼，又必须收其心，有所秉畏兢业。又有操之似者，最为操之害。何则？欢哗散野，似性气活泼；懈苦不振，似心有兢业，为将者辨此为急，知此可以语韬钤之秘矣。猎人养鹰犬，故小道也，将无所似乎？且夫好生恶死，恒人之情也。为将之术，欲使人乐死而恶生，是拂人之情矣。盖必中有生道在乎其间，众人悉之，而轻其死，以幸其生，非果于恶生而必死也。故所谓恩赏者，不独金帛之惠之谓，虽一言一动，亦可以为恩为惠；所谓威罚者，不独刑杖之威之谓，虽一语一默，亦可以为威为罚。操之于场肆者，不谓之操，所谓筌蹄也。而兵虽静处闾阎，亦谓之操，乃真操也。微乎，微乎，妙不可测；神乎，神乎，玄之又玄。此圣贤之精微，经典之英华，儒者之能事，岂寻常章句之可拟耶？况诿之曰：‘弓马粗材，武夫血气之技’，焉乎可?”①

戚继光认为将士成材，在读书修为上有次第、有先后，最先读的书，应是儒家之书，非兵家之书，主张以儒家的心性修养来涵泳兵法的谋略机巧，

① 〔明〕戚继光著，邱心田校释：《练兵实纪》，中华书局 2001 年版，第 216～221 页。

然后再读兵书和将传。这一将才成长的路径，即以儒家之土壤、水源、空气、阳光来培育兵家之枝干，其于《练兵实纪·储将》篇云：

今之练将者如何？

戚子曰：“无分于武弁也，无分于草莱也，无分于生儒也。遴其有志于武者，群督而理之。首教以立身行已，捍其外诱，明其忠义，足以塞于天地之间，而声色货利足以为人害，以正其心术。其所先读，则《孝经》《忠经》《语》《孟》白文，《武经七书》白文，次第记诵。其所先讲，则《孝经》《忠经》《语》《孟》《武经七书》，毋牵意解，不专句读。每一章务要身体神会。其义庸有诸身乎？其理果得于心乎？拟而研之，研而拟之，由恍惚而得，由得而复恍惚。俟毕，即读《百将传》。将传中诸将人品、心术、功业，某何如而胜？某何如而败？孰为奸诈？孰为仁义？孰为纯臣？孰为利夫？孰为烈士？孰为逆臣？某如何完名全节？某如何而败名丧家？某何以非其罪？某何以为罔生幸免？某能守经，某能应变，逐节比拟，以我身为彼身，以今时为彼时，使我处此地当此事，而何如可？俟其尚志既定，仍复如前，晓以祸福利害之数、成仁取义之道，须心中有定主，不为害挠，不为祸惕，无见于功，无见于罪，常惺惺矣。然后益之以《春秋》《左传》《资治通鉴》，以广其才；又授之《学》《庸》大义，便知心性之源头。源洁流清，悟见鸢鱼，常活泼矣。又如医者之于医，先习药性、脉诀、医方，而后进之以岐伯《难经》《素问》，故得命乎方而不拘乎方，悟于法而不泥于法。于是，为纯臣之性，吉士之材矣。然后进之以杂习器技、行伍之务，将之以桴鼓实用之间，则将材成矣。”①

由上所引，可知戚继光非常重视对将士进行儒家经典教育，特别注重养

① 〔明〕戚继光著，邱心田校释：《练兵实纪》，中华书局2001年版，第208～211页。

成他们忠诚的品质，并以儒家心、性、气的修炼用之于将士修养之上，而兵法与将传则是后续修炼的内容。此虽为戚继光之独家秘籍，但仍可看作明代将士修炼的一般做法，因为任何兵家学说都是当时社会心理的反映，思想学说的提出者，更多的是担当总结者和复述者的角色，总结和复述的内容则在当时的社会具有一定普遍性。又如戚继光于《储练通论下·原性气》篇云：

夫人之生，禀天地之灵。天地有南北、寒暖之殊，故人禀有强弱、直诈、智愚之别。南北之不可同，若天地之寒暖不能一也。江以北，大端气浮而轻躁，易挫而难振，此盖一时迫切之浮气，非真勇气也。似当先挫仰其浮气，发其真勇。南兵气虽平和而虑周，多虚激之气，而无刎颈决腹之志。似当扫其虚气，作其真勇。教驭之方，亦自不同。大抵江北土平水少，兵法所谓“十步当一骑”，正其地也，当重骑兵。然骑兵不便短战，倭铳可以远及，因骑形之大，犹易中伤。步骑必须兼用，但骑不可逼步之后，步若教练未信，亦不可使当骑之前，骑旁攻而步正出，或者其可乎？骑于弓矢之外，可用毒弩。平野之地，冲骑散列，直冲贼营，以毒弩射之，尤非弓矢所能比也。步兵乘险打铳，而揉之以骑，亦无不可。虽然，临机应变，因敌易形，又在主将，不能逆睹也。①

虽然早在先秦的兵书及史传中，就有关于不同地域人群秉性的论述，对不同地域人群性情的探讨并非明代始有，但是综观戚继光《练兵实纪》，多有言及性气之地域性特点者，并以此名篇，则非偶然，乃历代儒学精蕴积累所致，及至明代，学者浸淫于兵学，使兵学既承继孙子兵学传统，又有儒学与兵学长期融汇、交流的创发。

王阳明发明的心学在嘉靖时期形成完整体系后，很快在全国风行，而到了万历时期，则又逐步趋向衰落。王阳明心学对理学的某些僵化理论有所修正和补益，给人以一种心灵的振奋，但是发展到后来，其清淡心性的空疏之

① 〔明〕戚继光著，邱心田校：《练兵实纪》，中华书局2001年版，第228~229页。

弊亦逐渐流露出来，面对明代后期特别是晚明日益腐败、黑暗的政治形势、风起云涌的农民起义等重重危机，亦显力不从心，以顾宪成、高攀龙、刘宗周，以及复社领袖张溥、陈子龙等为代表的思想家，高举批判心学、倡导实学的旗帜，呼声日渐高涨。

明末清初黄宗羲、顾炎武、王夫之、方以智等人以更加激烈的态度继续批判理学与心学，特别是对君主专制进行否定，而倡导物质之学、唯物之学。但是，自晚明以来的这股清新而又质实的思想风气并没有直接延续下去，而是在清初统治者的政治高压之下中断。清朝建立以后，统治者内心并不自信，他们一边用残酷的武装和政治手段迫使晚明遗民臣服，一边在文化上大兴文字狱，又辅以笼络手段，搜罗天下读书人为清政权效力。为了加强对思想文化的控制，在整理文献的同时，统治者又以抽毁文献、毁掉刻版等方式清除不利于专制统治的文献。乾隆皇帝亲自主持，组织全国的著名学者编纂《四库全书》。由此，清代思想文化并非接着明末清初的民主启蒙思潮继续前行，而是发生了方向性逆转，即向着整理国故、考证典籍之路发展。在严酷的政治高压、文化钳制、生命威胁等各种手段的强制下，自夏商以来有着三千多年历史的中华文化，至清代具备了物质和精神的条件而予以大规模的整理，这既是清代文化专制政策导向的结果，也是中国学术自宋明以来逻辑发展的必然。若从实学的角度说，乾嘉学派片面而畸形地继承了明末清初的实学精神，但是遗失了更加重要的批判精神。直至道咸时代，在直面社会危局的背景下，在思想文化领域才出现以今文经学为标志的倡言改革变法的思潮，主要代表人物有龚自珍和魏源。清代今文经学远绍汉代今文经学，以近宗乾隆时期的庄存与、孔广森，嘉庆时期的刘逢禄、凌曙等人最为突出。清代今文经学，是对乾嘉时期以考据见长的古文经学的反动和异流，只是到了道咸以降，政治进一步腐朽，社会纷乱，战争频发，近代百年耻辱的历史从此开始，而以文字、音韵、训诂、辨伪、辑佚、校勘等方法为主要特征的清代汉学，无助于解决社会问题而渐趋终结。清初启蒙思想家的批判精神到了道咸才又得以赓续和光大，而有清一代，陆王心学无以为继，从而居于学术末位。然而，科举考试实行的八股文制度，以及科举答卷必须以朱熹《四书章句集注》

为标准，一方面从统治者的角度看，程朱理学仍然是官方哲学，是用来统一天下思想的工具；另一方面从被统治者的角度看，虽然在思想界先后有民主启蒙思想的萌发和变法图强思想的兴起，但是它们并没有成为统治者认可和遵循的法则，只是在民间悄然传播，并逐渐取代程朱理学。因是之故，清代今文经学与政治的巧妙结合，以致孕育了“驱除鞑虏、恢复中华”的反清思潮，既承继了明末清初的反清复明运动的因子，又在思想上孕育和开启了辛亥革命，推翻了两千多年的封建帝制。

清代，虽然在学术界经学取代了理学和心学，但是经学并不注重义理的发明，而是走向了考证的偏途。虽然考证亦是学问，但是更直接的表现是为学问而学问，注定了其对现实问题关注不够真切，经学逐渐暴露出脱离社会实际等问题。这一学风直接影响到孙子学的发展。清代孙子学的成就主要表现在《孙子兵法》的集注、句解、校订、辑注、订正、参阅、参订、纂辑、校点、笺注等方面，而以孙星衍和吴人骥所校《孙子十家注》为代表作；辑佚方面则有清末王仁俊《孙子佚文》；今文经学家魏源亦撰有《孙子集注》（亡佚）。

清代武举制度的实行，武学应试文化风行，以《孙子兵法》为主的武经注解，有不少是为武举士子应试而作，标题、帖括之作甚多，其意出于攫取俸禄，非为繁荣学术，但是客观上促进了孙子学的传播。故其笺解多类鹦鹉学舌，又类邯郸学步，以儒解兵，几无发明。孙子学具有用兵制胜的工具性，又有为统治阶级服务的御用性，自其产生以来，就依附和服务于当朝政治。虽说一代有一代的孙子学，但就其主旨来说，自汉唐以降，孙子学无不受到历代统治者所推崇的儒学的影响，清代亦概莫能外。以是之故，清代孙子学主要沿着唐宋以降以儒释兵的路径，在考据学上有比前代更大的成绩，未受到明末清初民主启蒙思潮的影响，而多少受到晚清以今文经学方法为表达手段的变革图存思潮的影响。

然而，孙子学在清代的发展，亦有两条比较清晰的路线：一是因循汉代古文经学传统方法的发展路线；一是依照汉代今文经学以经义与现实问题紧密关联的解经方法的发展路线。明显地，鸦片战争之前的武经解释路径更多地表现为汉代古文经学的路子，而在鸦片战争以降则发生了重大变化。这种变化一方面是现实问题日益突出，中国半殖民地半封建社会进程加速，使得许多开明的士大夫不再固守寻章摘句、考校音义的老路，而是以近代战争理念和战争思维来解释《孙子兵法》等武学经典，以期从武学经典中寻求抵抗西方列强侵略的战略战术。比如广东将弁学堂编述的《孙子白话演义》以白话通俗地讲解《孙子兵法》，不是照着老一套的方法注解字句，讲解章节，而是通释大意，拣那些与晚清战争形势紧密关联的要紧处来讲。实际上是借孙子的文本，讲自己的意思。比如《势》篇末尾，编述者讲：

> 你们读了孙子的《势篇》，就可知道用兵不能呆呆的在兵身上想，就可知道看势头是用兵第一的要事。平日用心讲究，那样是好势头？那样是坏势头？心用惯了，打仗的时候，勿论那个山，那条水，那个村子，那个林子，里头，都可以做我的势头了。勿论或进或退，或分或合，或真或假，都可以作我的势头。①

而在《虚实》篇开头，接着《势》篇末尾讲道：

> 前篇说的势头要紧，要会用势头，必要先懂得虚实。这第六篇所以说就是《虚实》。前面《形篇》是说攻守，《势篇》是说奇正。晓得攻守并重的法子，才晓得奇正。晓得奇正变换的好处，然后才晓得虚实。奇正是在攻守上用的，虚实是由奇正上来的。所以这《虚实篇》应在《势篇》之后。不懂虚实的道理，是不会用奇正的。大凡要打仗，必先占了好地方，我再赶紧的跑去找他打仗。已落他的后面，打起来也就费力。这就是敌兵安佚，我兵辛苦了。会打仗的，总是叫人跟着我跑，不要叫我跟着人跑。却是敌人怎的肯跟我跑？这却有个法子：是把利益引诱他，他自然肯来了。如果不是要他跟著我走，这也有两个法子：或是我出一

① 广东将弁学堂编述：《孙子白话演义》，聚昌印刷公司1918年版，第29页。

队奇兵，在半路上断他的来路；或是派一队兵把他牵在别处，使他不能分身，他自然不能跟着我走了。他若是占了好地方，他是安佚的了。我定要多想些方法，多派些兵队，使他防备不了，对付不开，自然他也劳碌起来。①

这种对武经《孙子》注解的方法，已经打破了过去的范式，是以《孙子》的文本为依据，做着阐释自己用兵治兵思想的事情，是比较典型的“六经注我”的路子。这个路子不再斤斤于文字、音韵、训诂、章句、笺注、辨伪、辑佚等偏重考据学的汉学方法，而是观其大意，得其精蕴，与当下的战争密切联系，以自己的战略战术想定来阐释《孙子》文本。

晚清是孙子学由传统学术向近代学术转变的关节点，产生了不少孙子学著作。这些著作融合古文经学与今文经学两种范式，既忠于《孙子》文本、解释本义，又以近代西方战法战例来发挥孙子思想。比如顾福棠《孙子集解》和黄巩《孙子集注》以近代西方兵器、战法、战争样式来解读孙子思想，既把孙子思想与世界近代军事思想融合，又把孙子政略、战略、战役、战术思想作近代化的阐释，而不再囿于传统范式进行解读。

晚清孙子学的今文经学化，要数洪秀全所定的《武略》最有代表性。洪秀全本是农民起义领袖，但是定都南京后，很快蜕变为封建帝王式的人物，虽然倡导建立人人平等、有饭同吃、有衣同穿、有钱同使、无处不均、无人不饱的理想社会，但是实际上并没有努力践行他的理论，反而变本加厉地脱离农民革命队伍和广大民众。在对待传统兵学的态度方面，洪秀全根据其政治目标的需要，无所顾忌地删改《孙子》《吴子》和《司马法》。其中，比较明显地删改《孙子》语句有多处。比如，把《始计第一》中“法者，曲制、官道、主用也”改为“法者，十诫、十斩、十除也”②；把《作战第二》中“故智将务食于敌”改为“故杀妖务食敌”；把《作战第二》中“故知兵之

① 广东将弁学堂编述：《孙子白话演义》，聚昌印刷公司 1918 年版，第 30 页。
② 王庆成主编：《影印太平天国文献十二种》，中华书局 2004 年版，第 325 页。

将，生民之司命，国家安危之主也”改为“故知兵之将，民之司命，国以永安也”①。王庆成为《武略》所撰《题注》云，《武略》大约刊行于太平天国七年（1857）或八年（1858），太平天国十一年（1861）颁行的《士阶条例》规定太平天国应试武士子必须学习洪秀全所定的《武略》等书，具体指出其中删改之处云：

据此可知《武略》虽是《孙子》《吴子》《司马法》三种古兵书的汇刻，但经过了洪秀全审订删改；经研究，或删或改大小不下一百数十处。其突出者如，目录中《孙子》有“九变”篇，而内容中“九变”改为“八变”，删去“君命有所不受”一句；原书中有关古圣先贤和君臣将帅的人名事迹等多处，悉被删去。如“黄帝之所以胜四帝也”被删；“昔殷之兴也，伊尹在夏，周之兴也，吕牙在商，故明君贤将能以上智为间者，必成大功”被删；“武侯尝谋事，群臣莫能及，罢朝而有喜色。起进曰：昔楚庄王尝谋事，群臣莫能及，罢朝而有忧色。曰：寡人闻之，世不绝圣，国不乏贤，能得其师者王，能得其友者霸，今寡人不才，而群臣莫之及者，楚国其殆矣。此楚庄王之所忧而君悦之，臣窃惧矣。”亦被全删。等等。故本书虽似是古书重印，而其实际的价值，除表明太平天国对古兵书的吸取外，更在于显示洪秀全本人的思想：他的君权至上和全盘否定古人古事的极端思想。②

概言之，清代实学、考据学、今文经学、西学东渐、武举取士等思潮和制度，都对孙子学有或多或少的影响，清代实学思潮与孙子学本有天然的相通，其经世致用、崇实黜虚理念，使孙子学一方面向着与战争实际结合的路径发展，以中国当时面对的战争问题以及欧美的近代战争话语、战争样式、战争实例与孙子的战略战术思想融合，其意在于彰显时代的诉求，以孙子战

① 王庆成主编：《影印太平天国文献十二种》，中华书局2004年版，第326页。
② 王庆成主编：《影印太平天国文献十二种》，中华书局2004年版，第323~324页。

争理论纾解现实中的战争困境；另一方面，使孙子学一以贯之地保持朴素、质实的注释风格，并沿着考据实学路径发展，而有诸多考辨校注成果；再者，实学思潮影响所及，还可以追寻至孙子学的今文经学化。孙子学作为兵家经学，在晚清以降，与现实性的军事问题、政治问题、外交问题都有越来越明显的关联，与西学东渐一道，开启了孙子学的近代化进程。然而另外一种境况是，清代的武举制度催生了众多的标题、策论、帖括之作，对志在干禄的考生来说，世上没有比这更大的“实学”了，在客观上清代又在强化君权专制制度，使得日益没落的儒家学术仍在继续影响孙子学的发展，故清代又是汉唐以降儒学与兵学融合最深刻、最广泛的一个朝代。这些相斥相持、相反相成的现象，也许正是思想文化所固有的纵横交错、你中有我、我中有你的本真之相。

自鸦片战争始，中国被西方列强用武力打开了闭关锁国的大门。中国主权遭受前所未有的践踏，中国进入半殖民地半封建社会。辛亥革命后建立起来的中华民国，没能带领中国走向真正的共和，倒是打着共和的招牌，实行专制的做法。不管是北洋政府，还是国民党政府，不但没有改变中国半殖民地半封建的现状，反而变本加厉地奴役国人。即使在日本帝国主义侵华战争失败后，国民党统治下的中国，其半殖民地半封建社会性质也没有从根本上得到改变，中国的经济、政治、军事、文化等方面受到帝国主义和殖民主义的控制。

但是民国时期，与辛亥革命之前七十年相比，民智更加开放，帝国主义列强在输入他们的侵略和奴役之外，还输入了他们的文化和技术。中国有志之士，师夷长技以制夷，面对侵略，不断地探求救国救民的真理，而反映在兵学上，则是传统兵学获得创新，具体地，就是以西方近代军事理论与近代战略战术融汇于中国的传统兵学，在与西方军事理论的互摄中，丰富和发展了中国兵学，使中国传统兵学向近代兵学转变。鸦片战争以后，先后推行的洋务运动和清末新政，虽然都没能挽救清朝日落西山的命运，但是促进了清朝的军事变革，建立了军事学堂，创立了新式军队，实行近代兵役制度，创办军事工业，从军事装备、编制体制到治军理论和战略战术等，都有很大的改变。晚清的军事变革，实际上是在西方列强侵略我国之后，在中国的社会性质由封建社会向半殖民地半封建社会发生转变的过程中，所作的并非自觉的变革，然则社会结构、政治结构、权力结构、经济结构均发生了历史性的改变，军人地位提高，谈兵、论兵、研兵盛行，在兵学理论创新上进入一个新旧更替、中西融汇的时期，传统兵学转变为近代兵学。由于晚清军事变革是在清朝统治者在帝国主义列强瓜分和蚕食中国领土的背景下所作的被动的变革，所以决定了其变革具有先天的不彻底性，在军事变革中遵循“中学为体，西学为用”原则，变革仅限于器物层面，而在道统上则一仍其旧。其具体表现是缺乏军事制度和军事理论创新，传统的军事理念仍然根深蒂固，这必然限制从西方引进的器物发挥应有的作用，而对军事竞争力起到消极影响。

近代军事变革，从晚清延伸到民国，以军事变革为牵引，驱动其他相关领域的变革，比如政府组织、社会组织、经济组织、文化组织等相应地发生变革。清廷经过鸦片战争惨败之后，从官方到民间都认识到中国的军事实力与西方列强相距甚远，所以在军事装备、军事训练和编制体制上，谋求向列强学习，设立造船厂、火器局，聘请外国技术人员传授制造武器装备的技术，还聘请外国教官培训中国军队官兵，指导他们使用西式武器装备，比如驾驶战船，操练炮舰，运用近代西方的战术战法。

近代军事学术亦有进步，龚振麟《铸炮铁模图说》、丁拱辰《演炮图说辑要》《演炮图说后编》《西洋军火图编》、林福祥《平海心筹》、丁守存《自来火铳造法》《详覆用地雷法》《新火器说》《造化究原》等，都是这一时期的重要成果。

近代学者对边防和城防亦有关注。边防方面，有姚莹《康辅纪行》记载西藏的军事地理和军事防御。城防方面，朱璐所编《防守集成》，是一部类书，依照“城制”“保卫”“保甲”“乡团”“积贮”“烽堠”等科目类别纂集有关古代城防的文献资料。

近代在借鉴外军军事学术方面，译述数量很大。对此，梁启超有详赡记录及精到见解。他说：“中国自通商以来，京师译署、天津水师学堂、上海制造局、福州船政局及西国教会医院，凡译出之书，不下数百种……中国官局旧译之书，兵学几居其半。中国素未与西人相接，相接者兵而已。于是震动于其屡败之烈，怵然以西人之兵法为可惧，谓彼之所以驾我者兵也。吾但能师此长技，他不足敌也。故其所译，专以兵为主。其间及算学、电学、化学、水学诸门者，则皆将资以制造，以为强兵之用。此为宗旨剌谬之第一事。起点既误，则诸线随之。今将择书而译，当知西人之所强者兵，而所以强者不在兵，不师其所以强，是由欲前而却行也。达于此义，则兵学之书，虽毋译可也。”①

甲午战争前后，在知识分子阶层和士大夫阶层，风行向西方学习军事的思潮，主要做法是设立译馆，专注于翻译外国书籍。根据施渡桥的梳理②，当时所译之书，有与编制体制相关者，如《列国兵制》《德国军制》《英国水师律例》《英国水师考》《美国水师考》；有与军事操练相关者，如《陆操新义》《临阵管见》《营阵揭要》《攻守炮法》《轮船布阵》《水师操练》《各国水操战法》《德国骑兵操典》《德国步兵操典》《新订步兵操法》《瞄准要法》《射击规范》《毛瑟枪打靶法》；有与器械制造相关者，如《军械沿革》《克虏伯炮弹造法》《格林炮造法》《洋枪浅说》《水雷图说》《鱼雷图解》《制火药法》；有与行军相关者，如《步队行军篇》《行军指要》《行军造桥说》《行军帐棚说》《行军电报说》；有与战法相关者，如《步队战法》《马队战法》《炮队战法》《三队合战法》《航空战术》《野战规则》；有与侦查相关者，如《步兵侦探》《骑兵斥候问答》《军队搜索》；有与司令参谋相关者，如《日本战时最高司令部勤务令》；有与军事教育有关者，如《日本陆军学校》《高等兵学教科书》《战法学教科书》《临时筑城学教程》；有与军事工程相关者，如《沟垒图说》《筑垒必携》《修路说略》；有与军事地理相关者，如《兵要地理》；有与海防海战相关者，如《海防臆测》《海战指要》《航海章程》《船坞论略》；有与军事学术相关者，如《大战学理》《战略学》《地形学》《兵器学》《战术学》《军制学》；有与战史相关者，如《日俄战纪》《普法战纪》

---

① 梁启超著：《饮冰室合集·文集第一册》，中华书局1936年版，第67~68页。

② 施渡桥：《西方兵书的译介与晚清军事近代化》，载《军事历史》1996年第3期。

《战史丛书》《中东战纪本末》《英国海军战史》。以上所译介兵书，所涉门类和学科齐全。又有学者统计说："根据《中国兵书总目》记载，从1895年至1911年的16年间，共翻译各种军事著作340部，涵盖战略战术理论、军事制度、军事后勤、军事医学、军事工程、武器装备等，中国军事学界之学术视野大为拓宽。"①

甲午战争以降，在大量译解西方军事著作的同时及之后，本土兵学著述亦颇有新意，融汇中西，古为今用，多有创见。资产阶级军事著述和无产阶级军事著述同时大量出现。资产阶级兵学著述，有徐建寅《兵学新书》、陈龙昌《中西兵略指掌》、蔡锷《军事计划》、蒋百里《军事常识》《国防论》、杨杰《国防新论》、龚厥民《军事学大意》，以及孙中山《总理国防十年计划书》；无产阶级兵学著述，有毛泽东、朱德、彭德怀、郭化若、刘志坚等关于抗日游击战争的论著，既体现民国时期军事理论的巨大创发，亦表明晚清以来中西兵学融汇向着纵深延伸。无产阶级军事思想形成和成熟，是这一时期兵学最重要的成就和特点。民国时期，军事院校数量增多，军事教育有较大发展，比如国民党创办的陆军大学、黄埔军校、云南讲武堂、保定陆军军官学校、笕桥中央航空学校，以及中国共产党创办的抗日军政大学，培养了许多杰出的军事人才。但是民国时期的军事理论，真正发挥积极作用、扭转中国命运、拯救苦难民众的，只有中国共产党以马克思主义毛泽东思想为指导的军事理论。以此理论为指南，取得了反帝、反封建、反侵略、反内战的伟大胜利。

在这样的历史背景下，民国时期的孙子学涌现了大量以近代战争理论、近代战争技术、近代军事术语、近代作战样式和近代西方战例诠释孙子思想的作品，对孙子的思想进行全方位的立体式研究。与晚清相比，经过新文化运动的洗礼，民国时期的近代意识更加浓厚，视野更加开阔，孙子学的近代化转型是在这一时期完成的。郭化若等无产阶级兵学家孕育了孙子学现代化

① 曹敏华：《近代中国军事变革与社会变迁论纲》，载《中共福建省委党校学报》2010年第12期。

的转型，开启了以马克思辩证唯物主义和历史唯物主义诠释《孙子》文本的先河。这既是民国的时代要求，也是晚清以降孙子学今文经学化逻辑发展的必然结果。民国孙子学具有更加浓郁的时代气息、西方兵学理论气息和近代战争气息，孙子学著述的具体内容，反映了作者本人丰富的思想，而作者本人的思想又是切合当时战争和政治的需要，顺应了时代的潮流，所以就有东方孙子兵学与西方克劳塞维茨兵学的比较研究，亦有对孙子学思想体系的概括，还有符合近代战争话语体系的孙子兵学诠解。民国孙子学繁荣，第一是时势造学术；第二是孙子学自身逻辑的发展；第三是孙子学与抗日战争紧密结合；第四是兵学的分科趋向细密，比如有军事工程学、军用化学、军用电气学、兵器学、军事交通学、军事心理学、军事轰炸学、防空学、城塞学、军事管理学、军人道德学，并以此编成抗战丛书。民国的军事翻译类著作，多以翻译日本、美国、德国的军事著述为主，涵盖战略战术、军兵种、军制、国防理论、军备理论、军事学术、军事装备、军事训练、战史等类别，包罗广泛，分科众多。质量虽然参差不齐，但是也有不少上乘之作，比如蒋方震编译《新兵制与新兵法》，既译外文，又穿插己见，很受欢迎。民国时期的军事著作，既介绍近代西方军事思想，又创新中国传统兵学思想；既有资产阶级军事理论，又有无产阶级军事理论，两种军事学说因政治理念、政治立场不同而有本质差异。资产阶级军事理论借鉴西方资本主义兵学，又体现国内不断发展的民族资产阶级和官僚地主阶级的意志，在战争理论、国防建设、军事教育、军制等方面体现了资产阶级和地主阶级的要求，张崇玖、杜瑛、杨杰、吴杰光、王瑛、方秋苇、蒋介石等都对中国的军事问题做过有益的探索，然而都不能解决中国的实际问题。标志中国军事理论发生根本变化的是中国共产党军事理论的产生，即以毛泽东军事思想为代表的军事理论——从星火燎原理论、游击战争理论、农村包围城市理论、武装夺取政权理论、持久战理论、人民战争理论，到解放战争理论等，形成了近代具有中国风格、中国气派、中国特色的符合中国革命实际的无产阶级军事思想理论。这是具有划时代意义的军事理论创造。

民国时期军事著述，还包括反映和阐述两次世界大战、近代军事技术、近代军兵种构成等方面的著述，而孙子学在这一时期，与上述军事著述相比较而言，则不论在数量上还是在思想创新上，都不具备优势。这是时代需求和战争实践需求所致，并不能以此否定民国时期孙子学的价值。民国兵学家李浴日在论述关于孙子哲学的阐释时指出：

> 《孙子》这一部书虽作于平面战争的时代，但以他天才的超卓，眼光的远大，其所建立的原理则却可以运用于现代的立体战争上："陆战固勿论，即海战空战亦多适用"，且合政治、外交、经济、宣传诸端而言之，又成为现代所谓"综合战争"，或"全体性战争"理论之母。至在解释上，因它是古文，又是哲理的书，便因人而有不同的解释，或大同小异的解释；其实所谓解释，亦不过供读者参考而已，——出之于言，则为死言，笔之于书，则为死书。运用之妙，存乎一心。《孙子》的哲理渊源于《老子》，却不入于玄，他经过消化之后，是变为科学的了；所以过去有人怪我把他和老子拉在一起，实因未深加研究之故。又，我对于《孙子》的原理原则并不是盲目的崇拜，乃是批判的接受，读者于本书中自可领略到。其次，我还有一个意见：即欲使《孙子》与时代不脱节，合乎新战争的需要，则非五年或十年来一次新注解不可；正如《孙子》十家注是过去了，新的注解，新的研究应随时而兴。①

李浴日为使阐释孙子的哲理做到与近代战争的要求相合，而充分取材于第二次世界大战前日本的各家注解，如北村佳逸《孙子解说》的哲学及英译部分，大场弥平《孙子兵法》的战史、名将言论部分，尾川敬二《孙子论讲》的典令原则部分，福本椿水《孙子训注》的鸟瞰表部分，樱井忠温《孙子》的战史部分，阿多俊介《孙子之新研究》，落合丰三郎《孙子例解》，板井末雄《孙子评释》，大谷光瑞《孙子新诠》，尾池宜卿《孙子》，以及第二次世界大战后出版的大场弥平《孙子袖珍》、北村佳逸《兵法孙子》；引证于

① 李浴日撰：《自序》，见《孙子新研究》，上海书店出版社 1946 年版。

德国将领鲁登道夫《全体性战争》、美国将领马歇尔《致陆军部二年报告书》，以及第二次世界大战中抗日战争和世界大战的资料，加上作者自己的独到见解和深刻领会，形成此书。从李浴日自序看，从其所征引的资料，可以管窥到民国时期关于孙子思想阐解的一般状况，那就是在内忧外患的困境中、在帝国主义列强以政治、军事、经济等手段对中国进行全面的侵略、压迫中，我们来不及更好地咀嚼、消化和升华其军事理论资料，便比较粗疏地以拿来主义的态度，在综览外国有关军事成果之后，编撰成自己的军事著作，推介于国内大众。我们不得不承认，中国古典兵学的渊博，两千多年来，多半仅止于抽象的谋略思维，而于兵制、兵学分科、兵学技术、兵器及其生产，则自近代远远落后于资本主义国家。之所以如此，是因为落后的封建自给自足的小农经济的生产关系和中央高度集权的君主专制制度阻碍了它的发展，故民国的兵学研译者不得不选取那些能够即学即用的具有较高实战意义的兵学内容。我们也应该认识到，研究高深兵学的人，没有不感到历史研究的重要。近世德国首先创造了历史哲学，历史的研究蔚成了一种风气，足证德国军事人才的优越和国防事业的坚实确有学术上的背景。就中国说来，孔子的最大努力就是编了一部有哲学性的历史著作《春秋》。不管他的微言大义对不对，但他终是努力从客观的事实中，寻出了一个主观的方向，所以《春秋》是中国历史著作中一种划时代的创作，因为社会的过程是那样错综复杂、头绪纷繁，要从中寻出几个要点，成立一贯的系统——由此证明了一个民族的传统精神，确是不容易的事。近代数十年来创造新式军队，事事只知道请教外人，结果只学得外人的皮毛，因为外人有外人的传统精神，不是中国人所能学的。不能深入国民的心性，适应民族的传统，以致节节失败，原因有一部分就在于本民族的历史没有研究好。①

蒋百里的这种认识，在当时兵学研究中有一定的代表性。不过只是由于民国时期的中国积贫积弱，经济上太穷，无力负担起庞大的军费开支，而难以实现政治维系，导致“读书的人一味空谈，不适事实；做事的人一味盲动，

---

① 蒋百里著：《国防论》，上海古籍出版社 2013 年版，第 1~2 页。

毫无理想……姑就军事来举一个简单的例。不到十年前，一字不识的人可以做大元帅、做督军。他们自然具有一种统御人的天才，但一点常识也没有，在现在怎能担任国家的职务？反之，在今日南京各军事学校当教官的，十之七八还是终身当教官，没有直接办事的经验。不仅军事，各社会事业都有此种倾向。这可说是现在的最大缺点，所以现在建设国防，有两个问题须提前解决：（一）如何能使国防设备费有益于国民产业的发展？我们太穷了，应当一个钱要发生二个以上的作用。（二）如何能使学理与事实成密切的沟通？现在不是空谈就是盲动。盲与空有相互的关系，愈空愈盲，愈盲愈空”①。

蒋百里以上所述，就是民国时期的军事、经济、社会、文化等真实状态。在这样的状态下，兵学的研译，有的显得盲动与空疏，有的过于追求实用而缺乏理论深度，也就不难理解了。

近代百余年间，国难频仍，山河破碎，民众受尽蹂躏，遍遭磨难，饱尝屈辱，国人认识到唯有军事强，方能驱除侵略，故包含晚清和民国的近代军事变革，是国人谋求自立自强的必选之路。以军事为龙头，带动了政治、经济、文化、教育等领域的深刻变革。

孙子学固然受到民国军事学术的影响，但由于孙武子笔端所反映的春秋时期的军队编制体制、战争样式、战术战法、武器装备、指挥系统等与近代相距甚远，故孙子学发展与外国军事著作译介相比，自然不算热门，甚至略显萧条冷落。由于国外近代军事学术、军事工业、军事编制体制、军事武器、军事训练、军事教育等可以直接以拿来主义的方法用在战场上，很快就能形成战斗力，所以民国时期的孙子学，就其注解之作而言，仅占很小的部分，而且传统的古文经学式的注解所占比重又更少，更多的是通过对孙子文本的解读，来传递和论述当时最新的军事理论，并表达注解者本人的思想，这是自汉代以降的今文经学传统在民国的延续和扩展，蒋方震、许有成、公羊寿、齐廉、叶慕然、吴石、陆达节、李则芬、温晋城、吴鹤云、冯家勋、李浴日、陈华元、萧天石、徐庆誉、郭化若、张廷灏等所作的关于孙子文本的阐释，

---

① 蒋百里著：《国防论》，上海古籍出版社 2013 年版，第 3 页。

就是体现今文经学的治学传统，探索孙武子的思想精义及其与近代战争的联系，丰富和发展了孙子兵学，并体现西方兵学对东方兵学的影响。

在“五四”新文化运动的洗礼下，以孙子学为核心的古典兵学焕然一新，在兵事决策中强调科学，在军队治理和战争动员中注重民意。比如蒋百里在《孙子新释》中阐解“令民与上同意”一节云：“本节文义甚明，所当注意者为一‘民’字及一‘令’字，民者，根据上文国家而言，乃全体之国民非一部之兵卒也。令者有强制之意，政府之本领价值，全在乎此。案正式之文义，例亦不胜枚举，兹特举普法战役之例，以见国民虽有欲战之志，而政府懦弱不足以用之，卒至太阿倒持，以成覆败之役。特举普奥战役之例，以见民虽不欲战，而政府有道，犹足以令之，以挽危局为安全，可见可与之死、可与之生两句，决非寻常之叠句文字。与民死固难（普奥之役之普国），与民生亦不易也（普法时之法国）。”① 再如注“兵众孰强”一节云：“武力中之最贵重者，曰民力，即国民之体魄、道德、智识之力也；征之于史，固有用外国兵以战者，然背于近今战争之原则，盖国民有防卫国利之荣誉义务者也。民力之大小，以其多寡及性质而定，民力者各人之力之总积也。故随数以俱增，为当然原则，然各人之力之差则甚大，故有其数大而其积小者。勇敢质朴之人民，比之懦弱萎靡者，其数虽小，而军事上之能力转大也。然道德智识之力，实较体力为尤重，义务心、果断、克己、爱国精神等诸德性，其增加国民之武力者盖伟，智识之程度亦然。故战争者，国民价值之秤也，上流者安于逸乐而失德，则其军之指挥不灵，普通人民之文化不开，则其锋铓钝。”②

然而，亦不能以此量彼，以偏概全。民国时期，既有崇新，又有尚古，古今交织；既有守中，又有崇西，中西并行。既有上所言今文经学之孙子学及其代表人物，亦有古文经学之孙子学及其代表人物；就后者代表人物而论，有陆懋德、刘邦骥、张之纯、苏荫森、支伟成、刘文屋等；既有如蒋百里之重民意与民力者，亦有如刘邦骥之尊皇权、重专制者。比如，刘邦骥诠解

① 蒋百里著：《国防论》，上海古籍出版社 2013 年版，第 85 页。
② 蒋百里著：《国防论》，上海古籍出版社 2013 年版，第 94~95 页。

“主孰有道”之“主”云：“此‘主’字，因时代不同，其解释亦不能不为之详说，以坚军人信仰拱卫之心，而奠国家长治久安之计。旷观中国五千年历史，所谓主者，专属之皇帝，无论其传贤也、传子也、官天下也、家天下也，亦无论其自称之如何：皇、王、后、辟可也……横览外国五大洲国体，则所谓主者，确有二义：传子之家天下则谓之皇帝，传贤之官天下则谓之大总统，其实皆尊无二上之代名词……是人民对于主，有当兵之义务，有纳税之义务，有神圣不可侵犯之义务。”① 民国虽有大总统之称谓，然而在刘邦骥看来，与皇帝无二，只是换了一个叫法而已。然而，民国孙子学又有介于古文经学与今文经学之间者，或者说兼有古文经学与今文经学之特征者，或者说新旧方法、新旧思想互相交织者，诸如周传铭、钱基博、陈华元、陈启天、覃孝方、罗列等人所注解孙子兵书，均属此类。

总而言之，民国时期的孙子学，其形貌比较复杂，特征比较多样，与当时的国民颇有几分相似，有的西装革履，却又别着一只长烟袋；有的长袍马褂，却又剪了辫子；有的上身披马褂，下身穿西裤……林林总总，不一而足。

中华人民共和国成立后，中国共产党领导全国人民实行人民民主专政，巩固人民政权，恢复国民经济，实行个体农业、手工业、资本主义工商业的社会主义改造，使近代百年的半殖民地半封建社会进入新民主主义社会。社会主义三大改造基本完成之后，我国社会进入社会主义阶段，发展社会主义生产，同时在思想上进一步加强社会主义教育。军事学术与时俱进，以现代军事理念和战略战术解构和重构孙子理论体系成为学术发展的必然：一方面，郭化若、任继愈等老辈学者一以贯之地坚持以马克思主义、毛泽东思想来诠解和论述孙子的军事思想和哲学思想；另一方面，台湾地区以民国时期的历史惯性和西方现代兵学话语体系来解读孙子思想。比如20世纪50年代，郭殿章《战争原则与孙子兵法》以西方现代军事学普遍运用的“目标”“简单”“指挥统一”“攻击”“机动”“集中”“兵力节约”“奇袭”“安全原则”等范畴，与孙子的战略战术思想相对照，用来印证孙子思想的超时空性及哲理性。

---

① 谢祥皓、刘申宁辑：《孙子集成》第20册，齐鲁书社1993年版，第107~108页。

再如刘厚荣《孙子兵法之研究》从军事哲学、军事科学、军事指挥三方面诠解孙子思想。但是，中国大陆孙子学界较好的学风、政风及治学形势并没有持续多长便进入“文革”时期，孙子学研究受到了严重影响。

中共十一届三中全会以来，在改革开放思潮的推动下，孙子学主要向着两大方向发展：

一是从汉末以来有着悠久历史的古文经学传统不绝如缕，旨在还原《孙子兵法》本义的校勘、考证、笺注、音韵、版本、目录之作，常有出现，蔚成大观。然而精品不多，学术品质有待提高，而且近年来有衰退迹象。古文经学孙子学是兵学研究的文献基础，它固守传统，注重实证，耗时费力，与时下科研考核体制相冲突，而随着老一代学者逐渐退出研究工作一线，这一进路的孙子学研究可能会后继乏人，恐怕很难有重大成果问世，必将影响整个孙子学的发展。

二是从晚清以来在孙子学领域兴起的今文经学思潮从形式到内容都有新的变化。从形式上讲，释经的方法更加灵活；从内容上讲，与经典文本的距离越来越远，注入了更多的当下意义和现实理解。这一进路的孙子学研究既有令人欣慰的变化，又有令人担忧的隐患。一方面对《孙子兵法》作辩证唯物主义的解释，从政治学、哲学、心理学、谋略思想、决策学、战略战术、认识论、信息科学、情报学、思想方法、军事预测、军事地理、军事经济、系统论、军事后勤、兵学体系、势哲学、科学理性、战略管理、孙子与老子比较、中西兵学比较、现代西方军事理论、军事伦理、西方战理、现代战争、核威慑战略、谍报理论、心理战、毛泽东军事思想与孙子军事思想之关系、海湾战争、军队建设等角度，深刻剖析孙子学，发掘其中的现代意蕴，目的是古为今用，以时代眼光重新审视孙子的思想，丰富和发展孙子的理论，同时借《孙子兵法》之文本载入更多的现代思考，承担当下的意义。另一方面，从 20 世纪 80 年代以来，是今文经学化孙子学发展比较繁荣又比较混乱的时期。今文经学孙子学向着更加实用、更加宽广的非军事学术道路发展，对《孙子兵法》作出经营管理、人生处世、职业发展、竞技、婚恋、家庭、社交、公关等阐释，不切实际地发明孙子思想中与这些领域相关的微旨，使孙子学走向神坛的同时，也使孙子学转向庸俗化的曲解和无尽的牵强附会。海峡两岸暨香港、澳门都有此种倾向，是孙子学今文经学化的另类发展，必须理性地与之保持距离。

第二节 从历代战争演进看孙子学流变

从前文关于孙子学历史演变的叙述可知，从文本阐释和接受的维度看，孙子学可以依历史发展先后，大致分为四个时期：第一是冷兵器时代对《孙子》文本忠实解读时期；第二是冷兵器与热兵器兼用时代的古文经学孙子学与今文经学孙子学并行时期；第三是机械化作战时代今文经学孙子学阐释时期；第四是信息化战争时代孙子理论体系的再造时期。

历代战争是孙子学历史流变的主要介质；没有战争，孙子学便失去意义，而战争使孙子学在不同的历史朝代均焕发不朽的光辉。战争是传播孙子学最好的媒介，战场是运用孙子学最好的场域，历代战争从实践角度为孙子理论的深广性和理论体系的开放性提供了生动而丰富的战争实例，以战争实践的方式诠释了孙子的思想。历代重要战争中有孙武子的身影，孙子学来源于战争，运用于战争，发展于战争，中国历代重要战例印证孙子学的高妙和伟大。孙子学是实践的哲学，孙子学的发展离不开战争实践，其军事哲学思想在战争实践中不断地得到验证和丰富。

孙子学中超越时空的战争哲理和战争谋略，为历代战争中的胜者提供了战略战术启迪，而为历代战争中的败者提供了战略战术反思。从历代重大战争的胜负看，绝大多数杰出的政治家、军事家、战略家精研《孙子》，而少数未曾精研《孙子》者，其用兵之法却与《孙子》理论有惊人相似。

孙子学随着军事变革而不断升华，历代军事变革不仅没有否定孙子学，而且在历史的进程中发展了孙子学。人类从石器时代向金属时代迈进，迎来了冷兵器时代的到来。春秋战国是冷兵器的成熟期。夏商是纯铜兵器和青铜兵器兼用的时期，西周是青铜兵器和铁兵器兼用的时期，春秋是铁兵器广泛使用的时期。东方兵学圣典《孙子兵法》即产生于春秋末期。

唐宋之际，火药开始应用于战争。唐末开始使用火药箭，以飞火攻城。北宋初开始使用火球、火蒺藜；北宋末开始使用霹雳炮、震天雷，在抗金战争中就已使用此类火器，并取得胜利。南宋有了火枪，在突火枪中装置火药弹，称为子窠，借助火药燃烧产生的气体使子窠射出，发出巨响，远闻百五十余步，与现代火枪和火箭的原理相类。火器在唐末开始装备部队，火器作坊多，但在交战中还是以冷兵器为主，热兵器还是辅助配置。到了元代，火器制作和使用有了发展，火药武器大规模应用于战场。由两宋简单的喷射性管型火器，发展到元代蒙古军队大量装备火铳，冷热兵器在战争中平分秋色。明代出现专门掌管火器制作的机构和以火器为主要装备的兵种，铜铳、铜炮装备部队呈现常态化，城防及海防器具往往是虎蹲炮、子母炮、红衣大炮、佛郎机、火铳、快枪、火箭等热兵器与传统的弓弩、滚木、礅石等结合，可以多层次地纵深防御。“随着冷兵器的大量改良，火器的大范围使用，传统的作战理论也随之丰富与发展，由孙子提出的战争制胜观、协同作战理论、防御理论及攻、守城战法也相应发生了变化……促使多层次纵深防御体系的形成，极大丰富了孙子战略防御体系的内容……不仅有各兵种的协同作战，还有冷兵器和火器、长短兵器、进攻与防守等兵器间的相互配合，发展了孙子的协同作战理论。”① 火器的普遍使用，使战争中的攻守之法发生了变化，即守城趋于易，攻城亦趋于易。明朝以火器运用于战争，普遍装备于部队，其火器种类和数量惊人。当历史的脚步踏入清代，其火器制作和使用却停滞不前，并没有在明代基础上有所建树，这和清代统治者以天朝上国自居的虚骄排外心态及专意防内的治国之策有关，也和当时火器模具铸造、铜铁冶炼和火药升级等技术条件有关，但根本原因还是清朝的防内而不攻外、攘夷必先安内的畸形意识形态，并由此产生重儒轻兵、耕牧自足、故步自封的体制。清朝统治集团不仅不谋求武器装备的更新换代，而且严禁民间制作和使用一切与火药有关的技术和器物，故清朝军队不唯在火器装备上缺乏兴趣，而且

---

① 梁娟娟等：《明代中后期武器革新与孙子学发展》，载《滨州学院学报》2018 年第 3 期。

其实行的武举取士制度和军事训练制度也刻意回避枪炮的使用，从而回归到弓马骑射、剑戟刀枪的演习和训练上，愚蠢地遏制了火器技术在中国军事中的发展和运用于抗击外来侵略。在西方列强研制火器方兴未艾并装备于军队、商队之时代，在以军事技术为牵引的世界军事变革的浪潮中，清代统治者却悠然自得地满足于传统的冷兵器制作和使用，故其实战水平和同时期的欧洲诸国相距甚远，从而导致了近代百余年的中国屈辱史。

清朝没有把原本发端于我国的热兵器进行改良并推展开来，而是在它传入欧洲后由欧洲把这场兵器变革推向成熟，并以此为其军队变革的资本，以坚船利炮打开了清朝锁闭的大门，迫使清朝签订了一系列不平等条约。至此，晚清政府不得不向西方列强学习，而推动热兵器军事变革和军队体制的改革，作战方式也由此改变。然而，由于政治制度的腐朽，清朝政权最终在军事变革的蹒跚学步中被辛亥革命推翻。民国北洋政府和国民党政府在挨打中见证了世界军事由热兵器变革向着机械化变革迈进的过程，第一次世界大战在欧洲的爆发，标志着进入了以使用堑壕体系、铁丝网、机关枪、坦克、飞艇为特征的半机械化战争时代；第二次世界大战中的帝国列强则基本实现了以轰炸机、喷气式战斗机、舰载战斗机、坦克、航空母舰、雷达、高射炮、火箭炮以及原子弹为攻防武器的机械化变革；而我国的机械化军事变革步履维艰，当我们还没来得及完成机械化军事变革时，时代列车又驶入以现代信息技术为核心的武器装备系统的信息化军事变革轨道。

孙子关于战争与军事的原理，并没有因为从其诞生之后的两千五百多年来多次因为科技的创新所带来的军事变革而失去指导战争的价值。相反地，却在冷兵器战争时代、热兵器战争时代、机械化战争时代和信息化战争时代，一以贯之地发挥着不朽的作用。具体地说，《孙子兵法》虽然反映的是冷兵器时代的战争思想，而且战争样式、作战方法已经完全不是孙子生活的那个时代，中国战争乃至世界战争，其战争样式已经由平面作战发展到立体作战；其武器装备，由剑、戟、戈、矛、盾、弓、弩等冷兵器，发展为枪、炮、坦克、飞机、火箭、航母、导弹等热兵器和机械化兵器；由地面作战发展为空中、海上、太空作战；由近距离作战发展为远距离作战，前方和后方泾渭分明发展为界限不甚分明，甚至没有前方与后方之别；由冲破敌阵、歼灭有生力量之后方能“斩首”，发展为先精确“斩首”，以瘫痪敌军指挥系统，使敌军陷入混乱，不战而败；由机械化武器发展为信息战武器和信息化武器，交战双方的争夺焦点在于信息获取权、控制权和使用权。但是孙子学的思想，比如慎战原理、动员原理、计划原理、组织原理、控制原理、指挥原理、全胜原理、先胜原理、运动战原理、歼灭战原理、迂直原理、谋交原理、致人原理、不战原理、善战原理、速战原理、胜不可穷原理、知彼知己原理、胜而后战原理、诡道原理、虚实原理、奇正原理、攻守原理、任势原理、用间原理、后勤补给原理等，对不同历史阶段不同作战形式的战争都有永恒的指导意义。在冷兵器时代，孙子战理对战争的指导作用，固不必多言。即使在机械化战争时代，其所体现的战争智慧，亦随战争形态的演进而不断得到新的阐释。换句话说，在战争中，孙子战争理论的内涵不断地得到与战争样式相适应的阐释。是故孙子学是随着时代发展而发展的兵学，其理论体系是开放革新的体系，不仅在不同地理维度的空间上，而且在不同历史维度的时间上，都是一种开放革新的体系。

历代《孙子》注家，往往援引孙子战理的运用实例，使这些战争实例成为涵化在孙子学中的重要内容，不断层累，成为支撑孙子学理论的重要材料，而且这些材料已经与孙子学融为一体，成为不可分割的有机成分。从《孙子十家注》所用的战例，到近现代孙子学著述，如黄巩、蒋方震、刘邦骥、陆懋德、钱基博、郭化若、吴如嵩、黄朴民等解注之作中所用的战例，已经成为孙子战理的实例载体。从这个角度说，不同时代、不同样式的战争使孙子学的发展与之同步演进，并不断地吸纳新的兵学理论，比如近现代的总体战理论、海战理论、空战理论、核威慑理论、斩首理论等，而孙子学所表征的以战止战、追求人类和平的理念，则是对近现代西方兵学所表征的强权主义、功利主义、人类中心主义等极端理论的有效中和与抑制。

战争是解决以常规手段无法解决的社会矛盾的特殊手段，是推动社会进步的原生力之一，战争改变了政治结构、社会结构、阶级结构、权力结构、组织结构、生产力结构、生产关系结构、价值结构、观念结构、文化结构，并促使政治、经济、军事、文化、社会等系统进行重组，而中国自战国以降的重大战争，多半受到孙子战理的指导或影响，并反过来丰富和发展了孙子学，故有言曰：“因有文化之进步，乃有军事组织之进步；因有军事组织之进步，乃有国家组织之进步。由是可知历史之进展，乃是由于民族文化与军事政治交织而成，亦为先民艰难缔造与辛勤经营之所积累也。又每当社会新旧递嬗之际，总是经过长时期剧烈之斗争，但历史有其进化之规律，新兴势力常是代替旧有势力而使社会进入新时代。原始之氏族社会，不敌周代之封建；周代之封建，不敌秦代之统一。”① 因此也可以说，《孙子兵法》改变了战争胜负，由此改变了历史。历代开国之君及名将贤臣，多半谙熟《孙子》，并以之斩将搴旗，改变了交战双方的力量对比，由此改变了历史进路。例而言之，秦末韩信所学，为《穰苴兵法》与《孙吴兵法》，其明修栈道，暗度陈仓；木罂渡河，避实击虚；背水布阵，置己于死地；潍水示弱，击敌于半渡；兵围垓下，攻心为上，楚声乱敌等，无不体现孙武、孙膑兵略之精髓。东汉刘秀熟读兵法，文韬武略兼备，故能以少胜多、以弱胜强，重造汉室，而且善于网罗人才，其部下多有能征惯战之将。比如冯异精通《左传》《孙子》，为刘秀立下赫赫战功。东汉虞诩精通《孙子兵法》《孙膑兵法》，且能创造性地反其意而用之，故在对羌人作战中，增灶而阻追兵。东汉末曹操、诸葛亮、司马懿等乱世枭雄，其对《孙子兵法》之精通及活用，更自不待言。曹操为广布孙子之学，而自注其书。北宋苏辙向神宗皇帝上《进御集表》，其中有称颂曹操言：“魏太祖芟夷群丑，其用兵虽法孙吴，然因事变化，自作兵书十余万言，诸将征战，皆以《新书》从事，临事又手为节度，从令者克捷，违教者负败。”② 诸葛亮、司马懿在兵法计谋上更是旗鼓相当，难分上下。他们若非以兵法及自己的才智雄于当世，则后来的历史向何处发展，恐未可知。即便如割据之世，方国枭雄亦多通晓兵法韬略。比如武昭王李暠，《十六国春秋》卷九一《西凉录一》载其“少而好学，性沈敏宽和，美器度，通涉经

---

① 《中国历代战争史》第2册，中信出版社2012年版，第296页。

② 〔清〕纪昀等修：《文渊阁四库全书》第1112册，台湾商务印书馆1986年版，第549页。

史，尤善天文，及长，颇有声称，兼习武艺，诵《孙吴兵法》”①。又如十六国前赵之开国皇帝刘渊“幼而好学，不舍昼夜，师事上党崔游习《毛诗》《京氏易》《马氏尚书》，尤好《春秋左氏传》，孙吴兵法，略皆诵之，《史》、《汉》、诸子无不综览”②。北魏崔鸿《别本十六国春秋》卷一《前赵录》载其子刘聪“幼而聪悟，究通经史，兼综百家之言，《孙吴兵法》，靡不诵之。猿臂善射，弯弓三百斤，膂力骁捷，冠捷一时”③。唐代李渊父子开创大唐基业，成为后世建国与治国之典范。尤其是李世民，与李靖纵论兵法，其中部分内容，既是对《孙子兵法》的深刻领悟和继承，也是对《孙子兵法》的丰富、发展和创新。平定安史之乱的功臣郭子仪，以武举出身，在战争中运用孙子谋略，出神入化，其在言谈中引用孙子之语，史传多有载录；与郭子仪一同平定安史之乱的功臣李光弼，亦是胸藏孙吴韬略的名将。平定朱泚叛乱、迎回德宗的李晟，其婿张彧所撰《忠武先庙碑记》称其十三岁读《尚书》，十七岁学兵法，尤好孙吴之书，而李晟用兵之妙策，据《旧唐书》所载，实出孙吴。李愬平淮西，示假隐真，韬光养晦，乘敌无备，引兵袭蔡州，活捉吴元济，亦灵活运用孙子谋略。唐代其他名将贤臣，如李世勣、狄仁杰、马燧、裴度等人无不在疆场之上或帷帐之中，常有引用《孙子》之言。宋代狄青，在韩琦、范仲淹之提点之下，熟读《左传》及战国秦汉以降兵法，平定侬智高叛宋之乱，恢复了岭南及西南边疆的安全。史载岳飞少负气节，沉默寡言，家贫力学，尤好《左氏春秋》《孙吴兵法》，可知其收复宋朝失地，击退金军，孙吴之法与有力焉，且其自谓“阵而后战，兵法之常，运用之妙，存乎一心”④。明代开国谋臣朱升、刘伯温，通晓兵略，辅佐朱元璋统一天下，朱升注解《孙子》，刘伯温自作兵书《百战奇略》，明朝之建立，若非有二位之

① 〔清〕纪昀等修：《文渊阁四库全书》第 463 册，台湾商务印书馆 1986 年版，第 1042 页。

② 〔清〕纪昀等修：《文渊阁四库全书》第 463 册，台湾商务印书馆 1986 年版，第 317 页。

③ 〔清〕纪昀等修：《文渊阁四库全书》第 463 册，台湾商务印书馆 1986 年版，第 1108 页。

④ 〔元〕脱脱等撰：《宋史》，中华书局 1977 年版，第 11376 页。

力，恐怕是另外一种历史。清代之年羹尧、曾国藩、左宗棠、胡林翼，无不通晓兵略；近代以毛泽东为代表的无产阶级军事家，亦多有熟读《孙子》书者。

孙子固已在其兵书中总结了春秋以前战争的战略战术思想，诸如黄帝伐蚩尤的涿鹿之战、商汤伐夏桀的鸣条之战、武王伐纣的牧野之战的战略战术思想。而春秋以降之战争、战役多受到孙子思想的涵泳，诸如春秋末期吴军对楚军的柏举之战；战国时期齐燕即墨之战，齐魏桂陵之战，秦赵长平之战；秦末秦楚巨鹿之战，韩信指挥的还定三秦之战、井陉之战、潍水之战；汉代卫青、霍去病指挥的漠北之战；莽新时期刘秀击败王莽的昆阳之战；东汉虞诩击败西羌的赤亭之战；汉末曹操指挥的兖州之战、孙刘联军抗曹的赤壁之战；前秦与东晋的淝水之战；隋末李渊进击长安的关中之战，李世民击灭薛仁杲的浅水原之战，隋末李世民消灭窦建德的虎牢之战；唐代李靖平定萧铣之战，李愬平定淮西的蔡州之战，郭子仪击败番兵的奉天、灵台之战，李光弼击败史思明的太原之战，张巡击败安庆绪的睢阳之战，郭子仪和李光弼合兵击败史思明的嘉山之战；后周赵匡胤击败南唐军队的六合之战；南宋吴玠和吴璘击败金军的和尚原之战；南宋末年忽必烈攻襄阳之战；元末朱元璋击败陈友谅的鄱阳湖之战；明代燕王朱棣击败建文帝的白沟河之战，郑成功收复台湾之战，王三善击败叛军安邦彦的贵阳之战，戚继光九战九捷的台州之战；后金军队对明军的萨尔浒之战；近代毛泽东和朱德指挥的第一次、第二次、第三次反“围剿”战役，朱德、周恩来指挥的第四次反“围剿”战役，徐向前指挥的鄂豫皖苏区第三次反“围剿”战役和晋中战役，粟裕指挥的黄桥战役、苏中战役、莱芜战役、孟良崮战役和豫东战役，第二野战军刘伯承、邓小平和第三野战军陈毅、粟裕指挥的淮海战役，林彪、罗荣桓指挥的辽沈战役和平津战役，等等。纵观古今战争、战役，上述这些著名战例，或大或小改变了中国的历史面貌和历史进路，虽然不能说这些战争或战役的指挥者都受到了孙子战略战术思想的熏陶和影响，但是在一定的程度或某些特定的场景中，仍然可以看到孙子兵略的智慧之光，在决策、指挥和决战中影影绰绰地活跃着孙武的身影。所以从这个角度来讲，孙子学的流变，是伴随着历代战争的演进而演进，而不是孤立的兵略演进，也不是纯粹的学术史的演进，而是与历代战争实践相伴相生。它来源于春秋及之前的战争经验，又衍生和吸储着春秋末年以降的战争经验。故离开历代战争来谈孙子学的演进，就不是马克思主义的唯物史观和辩证史观应有的态度和方法。

基于以上，我们可以说，孙子学的流变推动了战争的历史演进。《孙子兵法》的诞生，并不就是孙子学的诞生。只有当《孙子兵法》成为人们的研究对象，或传抄，或讲授，或增益，或衍义，或注释，或整理，或传习，有一定数量的研究者和学习者，能在社会上蔚成风气并且有影响力，才可称为专门的系统的学问。孙子学形成于汉魏两晋南北朝，其基本表征是，两汉时期大量的《孙子兵法》衍增和附会之作产生，以孙子思想与阴阳、五行、星历、望气、谶纬等结合，从而出现“孙子兵法丛林”现象；而孙子学形成的根本表征则是曹操《孙子注》的问世和流传，又有魏之贾诩、王凌、张子尚，吴之沈友，梁之孟氏等人注解《孙子》之作纷然问世。由此，孙子学卓然独立于学术之林。

在汉代礼仪中，有武官研习兵法及演练军阵的礼仪。《文献通考》卷一五七《兵考九》载曰：“东汉制：以立秋之日，自郊礼毕，始扬威武，斩牲于郊东门，以荐陵庙。其仪：乘御戎路，白马朱鬣，躬执弩射牲，牲以鹿麛；太宰令、谒者各一人，载获车，驰驷送陵庙；还宫，遣使者齐束帛以赐武官；武官肄兵，习战阵之仪、斩牲之礼，名曰貙刘；兵官皆肄孙吴兵法、六十四阵，名曰乘之。”①《五礼通考》卷二四〇《军礼》亦载曰：“汉仪：立秋之日，自郊礼毕，始扬威武，斩牲于郊东门，以荐陵庙；乘舆御戎辂，白马朱鬣，躬执弩射牲，太宰命谒者各一人，载以获车，驰送陵庙；还宫，遣使者齐束帛以赐武官；武官肄兵，习战阵之仪、斩牲之礼，名曰貙刘；兵官皆肄《孙吴兵法》、六十四阵，名曰乘之。”② 由此可见，汉代礼仪中有孙子兵学内容，把孙子兵学的研习和阵法的演练融入重大节日的礼仪之中，并且成为一

① 〔清〕纪昀等修：《文渊阁四库全书》第 613 册，台湾商务印书馆 1986 年版，第 514 页。

② 〔清〕纪昀等修：《文渊阁四库全书》第 141 册，台湾商务印书馆 1986 年版，第 548 页。

种定制。当然也只是局限于礼仪，而实际研习的效果不见得好，但从中也可窥见汉代兵事还保留着周代遗风，有周代崇尚军礼之余绪，而反映在战阵之间，在出兵及凯旋之际，亦当有所表现。虽然春秋战国以降，兵事尚谋诈，而在西周则多尚礼制。之所以如此，是由于西周家天下的血缘宗法制度尚能维持下去，诸侯国都要遵行而且愿意遵行此制度。故周王之兵，在于防御，即使出战，亦出于不得已，非为求战，而在不败而已。春秋霸者之兵，在于决胜以威慑他国，而追求称霸地位；战国雄主之兵，在于决胜以兼并他国，而意在取天下而代周。春秋战国，由于对诸侯侵夺之心有较大约束力的礼乐制度瓦解，故诈谋之心膨胀，无所顾忌，在政治、战争、经济等领域，其手段无所不用其极，故以谋诈为核心的兵法大兴，甚至在当时，其运用范围超越了战争领域，而渗透到商业经营等经济领域。故有战国商人白圭云："吾治生产，犹伊尹、吕尚之谋，孙、吴用兵，商鞅行法是也。是故其智不足与权变，勇不足以决断，仁不能以取予，强不能有所守，虽欲学吾术，终不告之矣。"① 周代司马兵法，与春秋战国孙吴之法相比，立意相距甚远，有尚仁义与重谋诈、尊礼乐与崇势权之不同，表现在战争实践中亦如是。秦汉以降，循春秋战国之法，发扬光大谋、诈、势、权，然而其用兵并不完全抛弃周代以来的阵法，故至东汉仍有六十四阵之操练。战国时期孙膑有十阵，而其中的水阵和火阵本质上不属于阵法，而是水战之法和火战之法，而此一时期的孙子学尚处于元典传抄阶段。汉末三国两晋，有诸葛亮八阵图。两汉魏晋南北朝时期，孙子学从传抄向衍增和注解演变，其衍增甚富，扩充甚多，而注解则相反，比较简略，显得相当朴素近古。唐代有李靖六花阵。宋代是一个在军事比较保守的防御型的朝代，在各朝代中，最为注重阵法，故有太宗设计的平戎万全阵，往往临战授予将帅，指示方略，以实现将从中御的目的。宋代亦有其他阵法，如所谓"本朝八阵"以及弩阵和叠阵等。宋末以降，阵法虽常有使用，然而毕竟呈现渐衰之象。宋元热兵器逐渐受到重视，明代有较多的火炮等装备部队，而宋元以前流行的阵法到了明代失去了防御作用，

① 〔汉〕司马迁撰：《史记》，中华书局1982年版，第3259页。

其密集的阵型无法经受火炮的攻击，故明代虽偶有阵法使用，但是其阵疏散，已丧旧日功用，故戚继光创造了大分散、小集中的鸳鸯阵，以应对倭寇强劲的单兵作战及火炮攻击。唐五代孙子学由注解向着阐述演变，洋洋洒洒，下笔千言，战理战法，融合交错，而杜牧、何氏为最。两宋承唐五代之旧，梅尧臣、王皙、张预等人踵事增华，尽显铺张之能事。宋元时期，随着冷兵器时代向热兵器时代过渡，战争样式发生了较大的变化，而孙子学注释风格亦从简约转向丰满，由狭窄转向阔大，由线性注解思维转向平面注解思维。明代冷热兵器并用，但是火器的使用相比于宋元来说还是更多，所以体现冷兵器时代用兵特点的阵法，到了明代就有很大的变化，密集型阵法已不适合明代武器装备的发展，而转为疏散型阵法。清代亦有使用阵法，太平天国用以对付清军的牵线阵、螃蟹阵、伏地阵等都是比较著名的阵法。当然，这些阵法的使用，主要限于双方都以使用冷兵器为主的战役、战斗。晚近则由于普遍列装枪械、火炮，冷兵器退出历史舞台，伴随冷兵器存亡始终的阵法才彻底消失。与之相应地，明清时期的孙子学在文本注释上表现为更多的战略战术思想阐述，以及为干禄而作的以儒释兵的延伸和拓展，既充分吸取既往成果，又弥补其不足，既有力求元典本义之古文经学之孙子学，又有阐释其现代价值和体现时代需求之今文经学孙子学。虽然古文经学孙子学与今文经学孙子学不是区别战争史上冷热兵器时代的标准，即使在现代战争背景下，坚守朴学方法解读孙子文本，不仅仍有必要，而且客观存在，即使在将来，也会仍然存在。自从第一次世界大战进入机械化战争时代之后，其战争规模、战争样式、作战方式、军队编制体制等，都与冷兵器时代有了迥然不同的变化，而对孙子思想的阐释，也由明清时期的平面思维转向立体思维，从政治、军事、外交、组织、动员、指挥、控制、心理、情报、勤务等全方位地进行，脱胎换骨地演进为近代孙子学。进入信息化战争时代，海、天、空、陆、电的多维战场已经成为一体，孙子学的内涵也发生了极大变化，随着战略战术信息化内涵的增强，而得到了现代化的诠解，所以孙子学的流变首先是由战争的演进来推动的，同时反过来，孙子学的演进在作战思维、作战观念、作战方法等方面无形地影响着战争的决策、指挥及其取胜，而能动地作用于战争实践。

第三节 从政权更替与国家治理看孙子学流变

一代有一代之孙子学，政权更替影响着孙子学的流变，而孙子学流变通过战争的演进，间接影响政权的更替。历代政权更替，无不与兵学、兵事紧密相关。政兴于兵，又亡于兵，乃古今定理。故兵事及兵学，不重则国危，重则国昌，亦古今之定理。唐代杜牧《注孙子序》云：

> 某幼读《礼》，至于“四郊多垒，卿大夫之辱也”，谓其书真不虚说。年十六时，见盗起圜二三千里，系戮将相，族诛刺史及其官属，尸塞城郭，山东崩坏，殷殷焉声振朝廷。当其时，使将兵行诛者，则必壮健善击刺者，卿大夫行列进退，一如常时，笑歌嬉游，辄不为辱。非当辱不辱，以为山东乱事，非我辈所宜当知。某自此谓幼所读《礼》，真妄人之言，不足取信，不足为教。及年二十，始读《尚书》、《毛诗》、《左传》、《国语》、十三代史书，见其树立其国，灭亡其国，未始不由兵也。主兵者，圣贤才能多闻博识之士，则必树立其国也；壮健击刺不学之徒，则必败亡其国也。然后信知为国家者，兵最为大，非贤卿大夫不可堪任其事。苟有败灭，真卿大夫之辱，信不虚也。①

又有清代颜元论兵事决定宗庙社稷之废立曰：

> 天之将兴一代也，必生以勤兵绩武之主，使之征慑海外，而子孙世享太平，宗祀灵长，如汉武帝、唐世民、明永乐是也；天之将亡一代也，亦必生以勤兵绩武之主，或干戈交起之事，使之耗财杀士，而横敛致怨，宗祀以亡，如秦始皇、隋炀帝、元、明末是也。其机只在于岁，岁丰则足以给其雄威，而国运永；岁凶则适以暴民生，乱国运。宋之初兴，欠

---

① 〔清〕董诰等编：《全唐文》，中华书局1983年版，第7808页。

武功，故后代懦弱。①

苏轼少时认为礼乐乃国之至大至重之事，而四郊多兵垒，则是卿大夫之耻辱。及年长，通观史书，国立国亡，未有不始于兵者，故方知兵为国之至大至重之事，国家之覆亡、政权之败丧，才是卿大夫之耻。清代颜元亦持相同看法，以史实为据，证明一朝一代之政权既兴于兵，又亡于兵。

历代王朝重文而轻兵，重兵事而轻兵学，而兵事之中又只重兵权，故兵学之兴往往出自士夫。即便有少数君王重兵学，亦未能慎终如始。故我国兵学常处于被冷落、被禁止、被限制之境地，研读亦多持功利、实用之态度，与儒学、文学相比，其学理内涵、学科发展不可同日而语。兵书之禁，当始于战国，商鞅在秦国实行变法，主张烧《诗》《书》而行法令。《韩非子·和氏第十三》云：

> 商君教秦孝公以连什伍，设告坐之过，燔《诗》《书》而明法令，塞私门之请而遂公家之劳，禁游宦之民而显耕战之士。孝公行之，主以尊安，国以富强，八年而薨，商君车裂于秦。楚不用吴起而削乱，秦行商君法而富强。二子之言也，已当矣。然而枝解吴起而车裂商君者，何也？大臣苦法而细民恶治也。当今之世，大臣贪重，细民安乱，甚于秦、楚之俗，而人主无悼王、孝公之听，则法术之士，安能蒙二子之危也而明己之法术哉？此世所以乱，无霸王也。②

此段文字虽未明说禁毁兵书，但是《诗》《书》尚且被禁毁，何况兵家书？由此亦知焚书不自始皇始，当在秦孝公商鞅变法时已有此举。

《韩非子·五蠹第四十九》亦宣扬“明主之国，无书简之文，以法为教；

---

① 〔清〕颜元撰：《颜习斋先生言行录》卷上《三代第九》，见国立中央大学藏《畿辅丛书》本，清代王灏辑定州王氏谦德堂校刊，第36~37页。

② 〔清〕纪昀等修：《文渊阁四库全书》第729册，台湾商务印书馆1986年版，第636页。

无先王之语，以吏为师；无私剑之捍，以斩首为勇。是境内之民，其言谈者必轨于法，动作者归之于功，为勇者尽之于军，是故无事则国富，有事则兵强。”①《韩非子·说疑第四十四》又云：“禁奸之法，太上禁其心，其次禁其言，其次禁其事。”② 这些思想，虽在其生前未能付诸实施，然而对秦始皇之施政却有极大影响。

秦朝建立后，秦始皇在文化上实行专制政策，清除不利于其政治统一的诸子百家之言，具体做法就是焚书，除了医、农、林、占卜、算学等不影响国家政权的书籍，其余一律焚毁，而兵家之书自在其焚毁范围之内。由李斯拟定的禁书令规定，非博士官所职，天下敢藏《诗》《书》及诸子百家书者，均送交官府烧毁。

然而自秦朝开始，专制政策注定了不能完全扼杀思想的自由、学术的发展，包括吴齐两《孙子兵法》在内的兵书仍然流传下来。汉代兴起，统治阶级吸取秦朝覆灭的历史教训，与民休息，减免赋税，生聚教训，以黄老道家作为治国思想。刘邦统一天下之后，对包括兵家文献在内的诸子文献实行既限制又利用的策略，萧何仿照秦制，修订《挟书律》，规定有敢私藏违禁书籍者灭族，其宗旨与秦代李斯相近，对包含兵书在内的诸子之书的私藏也有所禁止。刘邦死后，其子刘盈继位，是为汉惠帝。汉惠帝省法令，适当去除科禁，与民休息，废除了一些不恰当的禁令。春秋战国虽是我国文化的轴心时代，但是真正全面整理文献并能使之流传的还是汉代。汉代是我国学术文化发展的关键时代，对先秦文献予以全面整理并有创新，而这些都与汉代的国家治理方略紧密相关。汉代先后三次整理包括《孙子兵法》在内的兵书。西汉初年张良、韩信序次兵法，有一百八十二家之多，可见先秦兵书之富。然而，整理者删取要用，定著三十五家。被删之书，湮没于历史洪流之中，是不可弥补的损失和遗憾。张良、韩信既保留了五分之一许的先秦兵书，又汰

① 〔清〕纪昀等修：《文渊阁四库全书》第 729 册，台湾商务印书馆 1986 年版，第 782~783 页。

② 〔清〕纪昀等修：《文渊阁四库全书》第 729 册，台湾商务印书馆 1986 年版，第 761 页。

除了认为没有价值的一百多家兵书。所谓家者，流派之称谓也，一人亦可称“家”，几人、几十人亦可称“家”。汉初整理兵书，之所以是张良、韩信主持，大概是由于他们是理论造诣高深与实践经验丰富的兵家。张良所学，多出自《太公兵法》《六韬》《三略》；韩信所学，多为《穰苴兵法》和《孙子兵法》，以及以轻疾制敌的兵形势家。其实，他们所学应该不限于此，而是有更广泛的涉猎。唐代李靖就说过，大体上他们所学不出“三门四种”，亦即《太公言》《太公谋》《太公兵》三门，以及兵权谋、兵形势、兵阴阳、兵技巧四种。汉武帝时，杨仆整理兵书，主要是拾遗补阙，搜集亡佚之兵书，编为《兵录》，然而“犹未能备”。孝成之时，任宏整理兵书，分为上面所说四种。杨仆和任宏都是武官，受到皇帝信任，但其兵法素养自然不能与张良、韩信相提并论。汉代先后三次整理兵书，都是最高统治者授意为之，可见当朝重视程度。然而汉代整理兵书，是为了加强对兵书的管控和利用，不至于广为扩散而不利于最高统治者对兵略的垄断。但是汉惠帝死后，吕后称制，故《史记》载曰：“诸吕用事而盗取之。”然而忌惮于汉高帝旧臣之威权而终不敢发。虽未在史籍中找到有关禁藏兵书明确的文字记载，但是从诸吕盗取兵书看，显然兵书在当时属于禁止私藏之列。

汉末三国，科禁犹在。南朝宋代裴松之注晋代陈寿撰《三国志·常林传》曰：

> 吉茂字叔畅，冯翊池阳人也，世为著姓。好书，不耻恶衣恶食，而耻一物之不知……二十二年，坐其宗人吉本等起事被收。先是科禁内学及兵书，而茂皆有，匿不送官。及其被收，不知当坐本等，顾谓其左右曰：“我坐书也。”会钟相国证茂、本服第已绝，故得不坐。①

此处所述乃东汉献帝建安年间事，云吉茂好读书，而于建安二十二年（217）因宗人吉本起事而被收监，而此前科禁兵书及内学，而吉茂皆有私藏，却不

① 〔晋〕陈寿撰，〔南朝宋〕裴松之注：《三国志》，中华书局1964年版，第660页。

送官处置而继续匿藏，故吉茂误以为自己因私藏兵书事被捕。

又有宋代叶适《水心先生文集》卷五《奏议》论三国科禁之事云：

> 三国分裂，虽政繁赋重，民无所措手足，本不足以言治，然边方鼎立，彼此争雄，一有蹉跌，而祸败随之，其所以皆自立于窘匮丧乱之余不可动摇者，岂非其分人以地，任人以兵，功有所望，罪有所归，截然自用而不相拘制哉?①

此文虽未明言科禁兵书，但既然说“科禁严密”，则大体上可以推知兵书亦在禁藏之列。南北朝时期，兵书之禁，虽未见明载，然而科禁亦多有。《魏书》卷二《太祖纪》记载北魏道武皇帝拓跋珪诏令“三公郎中王德，定律令，申科禁”②。

《北史》及《隋书》记载文士虞绰之事，亦可以小见大，略知北朝至隋代之科禁：

> 帝尝问绰于颎，颎曰：“虞绰粗疏人也。”帝颔之。时礼部尚书杨玄感称其贵踞，虚己礼之，与结布衣之友。绰数从之游。其族人虞世南诫之曰：“上性猜忌，而君过厚玄感。若与绝交者，帝知君改悔，可以无咎。不然终当见祸。”绰不从。寻有告绰以禁内兵书借玄感，帝甚衔之。及玄感败，其妓妾并入宫，帝因问之曰：“玄感平常时与何人交往?”其妾以虞绰对。帝令大理卿郑善果穷理其事。绰曰：“羁旅薄游，与玄感文酒谈款，实无他谋。”帝怒不解，徙绰于边。绰至长安而亡。吏逮之急，于是潜渡江，变姓名，自称吴卓。游东阳，抵信安令天水辛大德舍。岁

---

① 〔清〕纪昀等修：《文渊阁四库全书》第1164册，台湾商务印书馆1986年版，第113页。

② 〔清〕纪昀等修：《文渊阁四库全书》第261册，台湾商务印书馆1986年版，第45页。

余，绰与人争田相讼，因有识绰者而告之，竟为吏所执，坐斩江都。①

虞绰与杨玄感交厚，尝以禁内兵书借给杨玄感，帝因此衔恨于心，及杨玄感起兵反隋失败，从杨玄感妓妾口中得知平素与杨玄感过往甚密者有虞绰，而流放虞绰于边境，不想虞绰逃走，而变更姓名，隐匿以苟活，不料与人争田产而讼于官府，被人举报而被执，斩首于江都。至于虞绰如何从禁内获得兵书，不得而知。然而，有隋一代禁止私藏兵书由此可见一斑。

隋末大乱，唐高祖李渊还在太原留守任上时，有一个叫武士彟的人向李渊进献兵书并鼓动他举事，而李渊劝止之曰："兵书禁物。"其事具见载于刘昫《旧唐书》卷五八《武士彟传》：

武士彟，并州文水人也。家富于财，颇好交结。高祖初行军于汾、晋，休止其家，因蒙顾接，及为太原留守，引为行军司铠。时盗贼蜂起，士彟尝阴劝高祖举兵，自进兵书及符瑞，高祖谓曰："幸勿多言。兵书禁物，尚能将来，深识雅意，当同富贵耳。"②

又有初唐宰相李峤记载唐高祖李渊在起兵反隋之前接受他人所献之兵书，可知李渊任郡守之官，平素亦不敢私藏兵书。《全唐文》卷二四九《攀龙台碑》云：

帝尝夜行，闻有称唐公为天子者，登遣寻索，了无其人。又梦从高祖乘马登天，俱以手扪日月。于是具以状白，并献所撰兵书。高祖大欢，益以自负，置其书于箱箧，后皆按以从事。③

---

① 〔唐〕李延寿撰：《北史》，中华书局 1974 年版，第 2812 页。
② 〔后晋〕刘昫撰：《旧唐书》，中华书局 1975 年版，第 2316~2317 页。
③ 〔清〕董诰等编：《全唐文》，中华书局 1983 年版，第 2518 页。

唐高宗时，朝廷制定司法文书《唐律疏议》，对太宗时期制定的《贞观律》进行解释，其中卷三《职制律》明确规定禁止玄象器物，其中包括兵书。宋代窦仪《重详定刑统》卷九《职制律》疏解“禁玄象器物”曰：

> 诸玄象器物、天文、图书、谶书、兵书、七曜历、《太一》、《雷公式》，私家不得有，违者徒二年。私习天文者，亦同。其纬候及《论语谶》不在禁限。疏议曰……兵书谓《太公》《六韬》《黄石公三略》之类，七曜历谓日月五星之历。太一雷公式者，并是式名，以占吉凶者。私家皆不得有，违者徒二年。若将传用，言涉不顺者，自从造祆言之法。私习天文者，谓非自有书，转相习学者，亦得二年徒坐。纬候及谶者，《五经纬》《尚书中候》《论语谶》并不在禁限。①

由此可知，唐代在太宗时对兵书有明文禁令，不许私藏私习。此一科禁，在宋代《宋刑统》甚至明代《大明律》中，几乎得到全部承袭。兵书中有“兵阴阳”类兵书，亦在禁止之列。《资治通鉴》卷二一四《唐纪三十》记载，唐玄宗开元二十七年（739）夏四月敕令：“诸阴阳术数，自非昏丧卜择，皆禁之。”②

宋代开国之初，既然有杯酒释兵权之举，那么禁止私藏兵书自然不复多言。有文字可稽之史证，并不鲜见。宋真宗景德三年（1006），“申严私藏天文、兵法之禁，星算、术数人，所在悉部送赴阙。”③ 宋仁宗景祐元年（1034）绛州通判富弼进呈《上仁宗论武举武学》奏文：“宜于太公庙建置武学，许文武官与白身岁得入补，聚自古兵书置于学中，纵其讨习，勿复禁止，

① 〔宋〕窦仪撰：《重详定刑统》，中华书局 1983 年版，第 155 页。

② 〔清〕纪昀等修：《文渊阁四库全书》第 308 册，台湾商务印书馆 1986 年版，第 753 页。

③ 〔宋〕李焘撰：《续资治通鉴长编》卷六二《景德三年》，见《文渊阁四库全书》第 315 册，台湾商务印书馆 1986 年版，第 26 页。

朝观夕览，无一日离乎兵战之业。虽曰不果，臣不信也。夫习武者，读太公、孙、吴、穰苴之术，亦犹儒者治五经，舍之则大本去矣。”① 宋仁宗景祐四年（1037），参知政事韩亿进言武臣应当通晓兵书，然而兵书为禁书，不许传播，故请求皇上诏令编纂兵法要略以供将校研读。仁宗于是敕令以《神武秘略》授边臣。宋仁宗庆历六年（1046），武举取士，冯维师奏称武举要以策题优劣决定留去，还要以弓马高下为评判标准。然而兵书之禁并未全面解除，仁宗仅以《神武秘略》授予边境重臣，而冯维师之建言亦未实行。故两年后，即宋仁宗宝元二年（1039），学士院奉诏详定阴阳禁书时，向仁宗建议除《孙子》《吴子》和《通典》所引兵书，皆为禁书，得到准许。史载其事云：“三司军将耿从古告进士高肃私藏《六壬》《玉钤》事，下开封府治。开封府言肃所藏《六壬》《玉钤》首尾不具，罪当末减。上虑愚民或多抵冒，因召司天监定合禁书名揭示之，复诏学士院详定，请除《孙子》、《吴子》、历代史天文、律历、五行志，并《通典》所引诸家兵法外，余悉为禁书。奏可。”② 三十年后，即宋神宗熙宁二年（1069），有人建议以诸葛亮《八阵法》和《李靖兵法》等授予边臣。随后，又以《武经总要》等授予边将。其意虽在使边将研习阵法，但兵书之禁逐渐松动，此年（1069）十一月，赵卨请求以诸葛亮《八阵法》授边将，使知应变，神宗诏郭逵同赵卨讲求相度地形，定为阵图奏闻。神宗熙宁五年（1072）四月，诏蔡挺“先进教《阅阵图》”。同年（1072）十二月，诏赐御制《攻守图》《行军环珠》《武经总要》《神武秘略》《风角集占》《四路战守约束》各一部，余令关秦风路经略司抄录。起初，神宗诏枢密院曰：“唐李靖兵法，世无全书，杂见《通典》，离析讹舛。又官号物名与今称谓不同，武人将佐多不能通其意。令枢密院检详官与王震、曾收、王白、郭逢原等校正，分类解释，令今可行。”③

① 〔宋〕赵汝愚编：《宋名臣奏议》卷八二《儒学门·武举》，见《文渊阁四库全书》第 432 册，台湾商务印书馆 1986 年版，第 31 页。

② 〔清〕纪昀等修：《文渊阁四库全书》第 316 册，台湾商务印书馆 1986 年版，第 25~26 页。

③ 〔元〕脱脱等撰：《宋史》，中华书局 1977 年版，第 4865 页。

宋代兵书之禁有较大松动，明确可以习读诸家兵法，是在神宗熙宁五年（1072）。当时枢密院奏请建武学于太公庙，“选文武官知兵者为教授，凡使臣未参班并门荫草泽人，许召京朝官保任，试验人材弓马，应试武举合格者，方许入学给常膳，习诸家兵法，教授官纂次历代用兵成败及前世忠义之节足以训者讲释之。愿试阵队者，量给兵伍，隶习在学。及三年则具艺业保明考试等第推恩，未及格者逾年再试。”① 而此前，宋仁宗景祐元年（1034）通判绛州的富弼已有与此相近的奏言。

宋代设立武学之后，研习兵书自在其中，故八年之后的元丰三年（1080），宋神宗“诏校定《孙子》《吴子》《六韬》《司马法》《三略》《尉缭子》《李靖问对》等书，镂板行之”②。由此宋代兵书之禁在一定范围内基本解除，允许相关官员及士子研习、诵读。

宋代兵书之禁，还算明智的是禁止兵书流向交趾。史载宋徽宗大观初年，交趾贡使至京乞市书籍，然而“有司言法不许，诏嘉其慕义，除禁书、卜筮、阴阳、历算、术数、兵书、敕令、时务、边机、地理外，余书许买”③。

元明两代没有明确的科禁兵书之文字记载，但洪武年间制定的《明律》规定：“凡私家收藏玄象器物、天文图谶、应禁之物及历代帝王图像、金玉符玺等物者，杖一百。若私习天文者，罪亦如之。”④ 所谓“应禁之书”，自然是以最高统治者的意志为转移，所禁范围更加宽泛，表面看来，科禁放松，实际上藏书者随时都有可能犯禁，最高统治者给藏书者定罪，可以更加随心所欲。从元明两代官私图书著录看，可知所禁兵书，多为占候、天文、历算、望云、望气、风水、谶纬、阴阳、五行、六壬、遁甲、道藏经等图书，重在

① 〔宋〕李焘撰：《续资治通鉴长编》卷二三四《神宗》，见《文渊阁四库全书》第318册，台湾商务印书馆1986年版，第13~14页。

② 〔宋〕李焘撰：《续资治通鉴长编》卷三〇三《神宗》，见《文渊阁四库全书》第319册，台湾商务印书馆1986年版，第215页。

③ 〔元〕脱脱等撰：《宋史》，中华书局1977年版，第14070页。

④ 〔明〕李东阳等纂：《明会典》卷一二九《明律》“收藏禁书及私习天文”条，见《文渊阁四库全书》第618册，台湾商务印书馆1986年版，第310页。

术，不在略，故与此有关之兵书均在禁藏禁习之列，且有不少兵书当是伪托之作，特别是多为周秦汉魏时人所作的兵阴阳、兵术数、兵图谶之类。兹从安平秋、章培恒所编《中国历代禁书目录》① 择其要者胪列于下：

周朝有题名师旷著《随军枢要》。

秦朝有白起著《神妙行军法》，题名黄石公著《兵书统要》。

三国有题名诸葛亮著《行军指掌》《行兵法》《武侯八阵图》《将苑》。

唐代有题名李淳风著《行军历》《行军明时秘诀》，易静著《行军占风气》《军占要略》《神机武略歌》，李筌著《太白阴经》《军旅指归》，李光弼著《行兵法》《兵家正书》，裴守一著《兵家正史》，杜希全著《兵书要诀》，李鼎祚著《兵钤手历》，王适著《出军占怪历》《行军立成七十二局》，胡万顷著《军鉴式》。

宋代有韩霸著《戎机》、章颖著《行军用兵玄机》《兵书气候旗势图》《韬钤秘录》《神兵要术》《神兵机要》《将略兵机论》《兵机要论》《兵机简要》、夏休著《兵法》、牟知白著《战斗秘诀》《兵书总要》《兵策秘诀》《兵诀》、王峦著《行军走马立成法》、焦大宪著《行兵攻具术》《行兵攻具图》《将术》、郭固著《军机决胜立成图》《兵法攻守阵图》、符彦卿著《新集行军月令》《五行阵图》、郭雍著《郭氏兵学》。

元代有李克家著《戎事类占》。

清代所禁之兵书，从《清代禁书目录》看，多为明代人所编、所述、所撰，比如赤赤子《历代胜算闲编》、郑以伟《历朝捷录》、钟惺《历朝捷录大成》、陈继儒《历朝捷录全编》、张懋忠《兵戎类典》、张龙翼《兵机类纂》、阮经心《兵机选要》、陈象明《兵略》、何汝宾《兵录》、吴若礼《兵镜》、吴惟顺《兵镜》、邓廷罗《兵经备考》《或问》《孙子集注》、喻龙德《兵衡》、邹维琏《兵曹条议》、瞿九思《武功录》、张一龙《武库纂略》、施永图《武备三大秘书》、潘康《武备全书》、茅元仪《武备志》、程子颐《武备要略》、

① 安平秋、章培恒主编：《中国禁书大观》，上海文化出版社 1990 年版，第 622~647 页。

朱墉《武经七书汇解》、沈应明《武经七书集注》、方凤仪《武科韬略全书》、戴日昭《谈兵略》、曹飞《筹兵三略》、佚名《诸子兵家言》等。①

历代史书多载某人少时喜读兵书，似乎兵书无所禁，然而细考传主家世，他们多为贵胄之后，或世代荣华，或家道中落，而发愤读书习武，尤好兵法云云。譬如：

《梁书》所载王茂，父祖为高官，年长之后，好读兵书，究其大旨。

《梁书》所载王檀，俊朗洒脱，好兵法。

《北史》所载北朝北周人宇文深，家世显赫，世代居北魏要职，然其少孤，性多奇谲，好读兵书。

《北史》所载梁士彦，少任侠，好读兵书，颇涉经史。周法尚，出身将门，少果劲，有风概，好读兵书。

《北史》所载北朝西魏人杜整骁勇有膂力，好读孙吴兵法。

《旧唐书》所载樊泽，其父为兵部尚书，而樊泽好读兵书，有武艺。

《旧唐书》所载崔圆，为后魏左仆射崔亮裔孙，其父崔景晊，官至唐代大理评事，而崔圆年少孤贫，志尚闳博，好读兵书，有经济宇宙之心。

诸如此类，不胜枚举。通观二十五史，少好兵书者，多为贵胄之后，少数出身平民。这类现象说明不论哪个朝代，虽然科禁严密，但是所禁之物事，都禁而不绝，而且往往越是禁书，越有人想方设法去搜寻研读。

由上可见，自古以来兵书为国之重器，为历代最高统治者所看重，一方面防止它为奸邪所用，另一方面统治者又希望忠臣良将懂得兵法，为己所用。所以就最高统治者而言，对待兵书，采取既利用又防范的策略。在治平之世，往往禁绝之；在外族入侵之世，又所有放宽。在冷兵器时代，军事技术含量不高，统治阶级能够拥有的武器装备，平民百姓也能轻易拥有。故统治者除了禁止民间私藏兵器，就是禁止私藏兵书了。自秦朝确立大一统的封建君主集权制度以后，历代皇帝没有不一以贯之地效法的，故一旦统治者夺取天下，

---

① 安平秋、章培恒主编：《中国禁书大观》，上海文化出版社 1990 年版，第 656~699 页。

无不阻绝兵书的流通，并加强对武人的防范。然而，成也萧何，败也萧何。历代政权的夺取者或建立者，深知武装力量和兵法谋略的极端重要性，故希冀对此只可独有而不可共享，从而拥有至高无上的兵权。这种统治思维模式一直延续到清末。因是之故，明清时期的国家律令基本上保留了唐代《贞观律》对兵书的态度。虽然明清时期武举取士比起前代有所加强，武学的开设更加普遍，很多士人把仕途寄托在武举上，但是醉翁之意不在酒，士人对兵学的研讨只是为了获得功名利禄，故明清时代武学和武举的复兴和繁荣，并不代表兵学的复兴和繁荣。当时的真实状态是，武状元、武进士不如文状元、文进士，武官不如文官。而这恰恰又是自有科举以来的普遍现象，不独清朝如此。而且事实上，当朝者并不重视举子之武略如何，而特别重视举子之武艺如何。此种现象，自唐代开设武举至明清，莫不如是。清代连横《台湾通史》卷一一《教育志》载曰："武科之制，始于唐代，其制与文士等。清代沿明之例，设为甲乙两科，其初试武童者，必先通四子书，以文事与武备相为表里也。其后仅录武经，每逢岁试，试以刀石马步之箭，拔其尤者而进之。乡会亦同。"① 故中国人自秦汉以来形成了一种思维定式：只有当战争来临之时，才想到了要研习兵书、兵法，才想到了要有强大的军队，才想到要有如姜子牙、张良、韩信、陈平、郭子仪、李晟、诸葛亮、刘基、王阳明、曾国藩、左宗棠等一样的人物。历代最高统治者以极端功利的态度来对待孙子学，一旦得天下，便束之高阁，而一旦有外族入侵，又奉若神灵。故孙子虽为武圣人，然而与文圣人孔子地位悬殊；孙子学之研究与孔子学之研究，亦难以相提并论。历代统治者把儒学置于兵学之上，以实现其奴化统治，而兵学常受儒学讥评和打压，而宋代以降为尤。清人王源云："宋儒不知兵，以横渠之才，一讲兵法，即为范公所斥，其屈于辽、夏，辱于金、元，不亦宜乎！"② 故清代学者颜元以此论兵儒之相通曰："今使予治兵三年而后战，则孙吴之术可

① 〔清〕连横著：《台湾通史》，见《民国丛书》第三编第 68 册，上海书店 1991 年版，第 123 页。

② 〔清〕李塨纂，王源订：《颜习斋先生年谱》，见《续修四库全书》第 554 册，上海古籍出版社 2002 年版，第 262 页。

黜，节制之兵可有胜而无败。若一旦命吾为帅，遂促之战，则诡道实中庸也。此阳明子所以破宸濠、擒大鬓也。何也？率不择之将，以不教之民，畀之虎狼之口，覆三军，丧社稷，曰吾仁义之师，耻陷阱之术，此不惟圣门之腐儒，而天下之罪人矣。君子何取焉？”① 治兵用儒术，致战用兵术，如明代王阳明之以心学与兵学合一而平定叛乱，岂可以儒黜兵或以兵斥儒乎？

历代政权更替，虽非孙子学所能决定，然而孙子学流变却无不受到政权更替的影响。孙子学流变既然影响到战争的胜败，自然也会对新政权的建立和旧政权的覆灭有影响。虽然孙子战理在战争中的有效发挥不是压倒旧政权的最后一根稻草，但旧政权对孙子学的防范、控制、漠视和利用，使得旧政权在与新兴政权对决之时，总是处于下风，而新兴政权对孙子学的渴求和运用自如及创造性发展，毫无疑义地为其最后赢得战争的胜利、取代旧政权，提供了智力支持和精神动力，并推动了孙子学的历史演进。故孙子学是通过影响战争胜负来影响政权的更替，通过影响文武张力来影响国家的治理。旧政权的覆灭无不由于长期扼制兵学文化的传播，贬抑军队、将帅、军士的社会地位，采取愚兵手段，企图把官兵训练成可以随心所欲地操纵的工具，即使在兵书有一定解禁的宋代神宗朝，也对兵书、兵学有所管控。据《宋史》卷一六五《职官志》载，宋朝廷专设祭酒之官，掌国子、太学、武学、律学、小学之政令，司业为之贰丞，参领监事……武学博士、学谕各二人，掌以兵书、弓马、武艺训诱学者。故对兵书的严密管控，是历代统治阶级维护其统治地位不被推翻的必然手段。

从历代王朝对兵书的严密控制中，可以反观军人社会地位的低下。西周时期，军人的社会地位较高，只有国人及贵族子弟能当兵，而徒隶不得当兵。春秋战国时期，随着战争规模的扩大，为了扩大兵源，而强征徒隶和农夫当兵。秦汉时期，实行征兵制，规定具体的服役年限，并按军功授爵，所以地位较高。东汉以后，征兵制难以继续，而出现了募兵制，一定程度上实行军人

---

① 〔清〕钟錂辑：《颜习斋先生言行录》卷下《不为第十八》，见国立中央大学藏《畿辅丛书》本，清王灏辑定州王氏谦德堂校刊，第34页。

职业化制度。三国时期，为了保障兵源充足和稳定，而实行世兵制，世兵制比募兵制更进一层，是军人世袭制度。南北朝时期，西魏的宇文泰实行府兵制，平时耕种，战时出军，军粮和武器自备。府兵制实质上也是军人世袭制。隋唐沿袭了这一制度。但是到了唐末，这一制度又无法继续下去，很多府兵开始逃避兵役而参加科举考试，以博取功名。故唐末至宋，又实行募兵制。募兵制的实行，虽然能够基本保障充足的兵源，但是由于军人职业高风险、低待遇的特殊性，募兵制往往吸引的是那些为求生存的饥民、流民等走投无路之人，甚至官府把罪犯刺配充军，保家卫国和捍卫政权的职业反倒成了一种惩罚性、罪恶性职业，因此但凡有其他谋生手段的人，当兵都不是其首选。清初颜李学派创始人颜元谈到这一现象时痛心地说："军者，天地之义气，天子之强民达德之勇，天下之至荣也。故古者，童子荷戈以卫社稷，必葬以成人之礼，示荣也。明政充军以罪，疆场岂复有敌忾之军乎？"① 颜元指出以罪徒充军是明代政治的"四失"之一：一是信异端，设僧道职衔；二是立宦官衙门，宠信近幸；三是不养廉耻，以梃杖诏狱挫辱士大夫；四是问罪充军，以武为罪徒。②

其实，明代不仅兵学不为统治者及社会所重，即使儒学亦不为所重，其所重者惟佛禅及文人之虚浮。颜元述其弊端曰："礼乐，圣人之所贵，经世重典也。而举世视如今之礼生、吹手，反以为贱矣。兵学、才武，圣教之所先，经世大务也，而人皆视如不才寇盗，反皆以为轻矣。惟袖手文墨，语录、禅宗，为至尊而至贵，是谁为之也？"③ 然而明初洪武之世亦有可取者，颜元弟子钟錂述其状曰："洪武元年，设文、武科。应文举者，察之言行，以观其德；考之经术，以观其业；试之书算，以观其能；察之经史、时务，以观其政。应武学者，先之以谋略，次之以武艺，但求实用，不尚虚文。"④ 明代卫

---

① 〔清〕钟錂辑：《颜习斋先生言行录》卷下《不为第十八》，见国立中央大学藏《畿辅丛书》本，清王灏辑定州王氏谦德堂校刊，第 33 页。

② 〔清〕戴望撰：《颜氏学记》，中华书局 1958 年版，第 64 页。

③ 〔清〕钟錂辑：《颜习斋先生言行录》卷下《教及门十四》，见国立中央大学藏《畿辅丛书》本，清王灏辑定州王氏谦德堂校刊，第 16 页。

④ 〔清〕钟錂辑：《颜习斋先生言行录》卷下《刁过之第十九》，见国立中央大学藏《畿辅丛书》本，清王灏辑定州王氏谦德堂校刊，第 37 页。

所制度的实行，是府兵制和世兵制的一个变种，但是到了明朝中期以后，卫所制度开始崩溃，崩溃的根本原因当然还是军人职业的高风险、低待遇。明朝资本主义生产关系萌芽，经济有很大发展，而对于军人来说，只有牺牲和奉献，而得不到社会的尊崇，所以很多人逃避兵役。

清朝的八旗兵和绿营兵，都是世兵，虽然在为大清夺取政权和镇压农民起义中发挥了极为重要的作用，但是到了清代中后期，日渐腐败，几乎没有战斗力，故其社会地位亦日趋衰降。张之洞为粉饰清廷，不切历史实际地历数前代兵弊而颂扬清朝仁政，其《劝学篇·教忠第二》云：

> 前代征伐，多发民兵。汉选江淮之卒以征匈奴，唐劳关辅之师以讨南诏，田园荒芜，室家仳离，死伤过半，仅得生还。唐之府兵、明之屯卫，书生称为良法。然而本系农夫，强以战斗，征戍之苦，愁怨惨凄。司马温公尝论之矣，于忠肃尝改之矣。北宋签官军，刺义勇，练保甲，当时朝野病之。本朝军制，不累农民，除八旗禁旅外，乾隆以前多用绿营，嘉庆以后参用乡勇。其人由应募而来，得饷而喜，从无签派之事，是曰恤军。①

然而军人社会地位低微是就整体情况而言，而在某一时期、某一地域，以及身属某类或某一阶层的军人，则又有不同。比如兵骄将悍，为害甚大，是历史上的普遍现象。张之洞痛斥前代兵弊是对的，赞誉清廷仁政却是错的。张之洞历数前代害民之兵政，其《劝学篇·教忠第二》又云：

> 历代亲贵佞幸，骄暴横行，最为民害，汉之外戚、常侍，北魏之王族武臣，唐之贵主禁军、五坊小儿、监军、敕使，元之僧徒贵族，明之藩府矿使、边军缇骑、方士乡官，胁辱官吏、残虐小民，流毒遍于天下。②

① 《续修四库全书》编委会编：《续修四库全书》第953册，上海古籍出版社2002年版，第42页。

② 《续修四库全书》编委会编：《续修四库全书》第953册，上海古籍出版社2002年版，第44页。

其实前代如此，清代又何尝不是如此！我国历史上军人社会地位的普遍低微，是其所处朝代政权覆没的原因之一。当权者视军人为草芥，军人则视当权者为寇仇，在政权存亡关头，临阵倒戈现象屡有发生。宋末元军侵占中原而霸天下，明末清军突破山海关而居寰中，晚清外国列强瓜分中国，乃至历代旧政权覆亡，无不与军人地位低微、军队腐朽、朝政昏暗有莫大关系。

晚近时期，在抗击外来侵略和本国腐朽统治的战争中，军人地位有一定程度的提高。尤其是中国共产党领导下的人民军队，来自人民，服务人民，以马克思主义毛泽东思想武装头脑，政治素质和军事素质过硬，履行着保家卫国的光荣使命，与半殖民地半封建社会的军阀部队和国民党军队有本质的区别。中国军人地位的变迁，曲折地反映了孙子学的传播及演变有其局限性。也就是说，自先秦至晚清，在军人社会地位不高甚至是每况愈下的中国古代社会，希求兵学如儒学一样受到自上而下、从统治阶层到平民阶层都习用，是不可能的。孙子学本身亦如军队一样，既被历代统治阶级所依赖、利用和控制，又被防范和警惕。它就像一柄双刃利剑，若不为统治阶级所用，则必成为统治阶级的心头大患。所以在历代君主专制的封建社会中，飞鸟尽，良弓藏；敌国灭，谋臣亡，是普遍的军人命运，在一定程度上也是孙子学的命运。这也就决定了孙子学的流变和发展具有较大的曲折性和不确定性，既被最高统治者所看重，又被其所控制，在不同朝代或不同历史阶段，孙子学受到重视或被防范，是由最高统治者的好恶及其对军队治理的需要与否而定。只有晚近以来，尤其是新中国成立以后的社会主义社会，兵书、兵法、兵学才得到前所未有的普及和重视。随着信息化战争时代的来临，信息化部队的诞生，高科技武器的普遍装备，现代化战争对孙子兵学谋略的需求，已经出现了新的变化，即兵学谋略的重要性已不如冷兵器时代。在冷兵器时代，影响战争双方胜负的一个主要因素，就是战争、战役、战斗的指挥者是否具有非凡的军事谋略，而在近现代战争中，兵家谋略似乎已经不再那么重要，而训练有素的军队、先进的军事技术和武器装备，在决胜中的地位正在上升。《孙子兵法》所揭示的战争的普遍原理，经过历代战争的陶冶和运用，到了近代后期及现代，几乎成为所有战争指挥者的共识，或者暗合着战争指挥者所接受的其本国所固有的兵法谋略。第二次世界大战和以美国为首的多国部队发动的两次海湾战争已经充分证明，在具体的战役、战斗中，兵法只是佐胜之资，而非决胜之本。在海湾战争中，外媒有所谓美军给参战将士配发《孙子兵法》的报道，说是两千五百多年前的孙武在指挥这场战争，固然印证了孙子学具有跨时代的世界影响，但是也不能夸大其影响及作用。在现代及未来的战争中，孙子的战略战术原理永不过时，比如计划、庙算、慎战、先知、全胜、伐谋、伐交、威慑、奇正、虚实、屈害、役业、趋利等，仍然会在一定程度上影响未来的战争及其走向。

在内忧外患的晚近时期，孙子学不再被统治阶级所控制，统治阶级自顾性命不暇，遑论孙子兵学。在西方列强的侵削下，我国国土遭到蚕食，政权和民权不受保护，成为一个半殖民地半封建的国家。若要论及清代兵学之衰颓，则应从国政、民风、经济、文化等综合考察。清末重臣张之洞《劝学篇·兵学第十》云："外国重武，其民以充兵为荣，为国家效力计，不为一身糊口计，且工商多，闲民少，其兵皆有技能，军籍既脱，仍有执业……华兵以入伍为生计，故疲老多而裁汰难。"① 梁启超纵论清末之种种病端，其中三者尤为严重：一是学校不立；二是兵学不修；三是官制不善。此三者是导致晚清政府积贫积弱、如一羸羊处群狼之中的主要因素。故梁氏撰《论不变法之害》云：

> 学校不立，学子于帖括外一物不知，其上者考据词章，破碎相尚，语以瀛海，瞠目不信，又得官甚难，治生无术，习于无耻，懵不知怪。兵学不进，绿营防勇，老弱瘾烟，凶悍骚扰，无所可用。一旦军兴，临事募集，半属流丐，器械窳苦，馕糈微薄；偏裨以下，流品猥杂，一字不识，无论读图。营例不谙，无论兵法。以此与他人学问之将、纪律之师相遇，百战百败，无待交绥。官制不善，习非所用，用非所习，委权

---

① 《续修四库全书》编委会编：《续修四库全书》第953册，上海古籍出版社2002年版，第78页。

胥吏，百弊猬起。一官数人，一人数官，牵制推诿，一事不举。保奖蒙混，鬻爵充塞，朝为市侩，夕登显秩。宦途壅滞，候补窘悴，非钻营奔竞，不能疗饥。俸廉微薄，供亿繁浩，非贪污恶鄙，无以自给。限年绳格，虽有奇才，不能特达，必俟其筋力既衰，暮气将深，始任以事，故肉食盈廷，而乏才为患。法敝如此，虽敌国外患，晏然无闻，君子犹或忧之，况于以一羊处群虎之间，抱火厝之积薪之下而寝其上者乎?①

即使晚清洋务运动兴起，清廷虽不禁止兵书流传，但对民间习兵仍有严厉禁止。张百熙、荣庆、张之洞《学务纲要》（光绪二十九年十一月二十六日）“私学堂禁私习兵操”条云：“凡民间私设学堂，非经禀准，不得教授兵式体操。其准习兵操者，亦止准用木枪，不得用真枪，以示限制。应由学务大臣咨行各省，晓谕民间，一律遵照。”② 只允许官办学堂教授兵学，其“各堂兼习兵学”条云：

中国素习，士不知兵，积弱之由，良非无故。揆诸三代学校，兼习射御之义，实有不合。除京师应设海陆军大学堂，各省应设高等普通专门各武学堂外，惟海陆军大学堂暂难举办。兹于各学堂一体练习兵式体操，以肄武事，并于文高等学堂中，讲授军制、战史、战术等要义。大学堂政治学门，添讲各国海陆军政学，俾文科学生稍娴戎略。此等学生入仕后，既能通晓武备大要，即可为开办武备学堂之员，兼可为考察营务将卒之员。③

近代百余年既是中华民族抵抗外族入侵的时代，又是反封建压迫、反帝

① 张品兴主编：《梁启超全集》第一卷《变法通议》，北京出版社 1999 年版，第 11 页。

② 陈学恂主编：《中国近代教育史教学参考资料（上册）》，人民教育出版社 1986 年版，第 541 页。

③ 陈学恂主编：《中国近代教育史教学参考资料（上册）》，人民教育出版社 1986 年版，第 544 页。

国主义侵略的时代。在这个时代，孙子学以前所未有的姿态呈现在世人面前，与西方兵学、近代战争理论融汇，发挥着救乱、除暴、安民、济世的功用，所有对兵书的科禁不复存在，以《孙子兵法》及其研究著作为代表的古典兵书得到完全的解放。因此，以孙子兵学为代表的古典兵学，经历了战国至秦汉的传抄衍附时代、魏晋南北朝至清中期的元典注释时代、近代西学东渐的战理阐述时代，以及现代以马克思主义为指导的多元发展时代，它必将以更加丰富、生动而炫目的形象迎接未来战争和社会的陶冶。

第四节　时代使命与孙子学重构

我们已经迈入了一个前所未有的新时代，这意味着中国道路、中国制度、中国文化有了新的发展，令我们更加自信。这也必然要求我们担负起创新学术的使命，使之服务于新时代的发展。中国诸子学术兴起于中国文化“轴心时代”的春秋战国，历经两千多年的赓续，至今焕发着强大的生命力。但是，一个时代有一个时代的使命，而为着这个使命，一个时代必然有一个时代的学术，后一时代总是变革前一时代的学术而不断地创新发展。中国诸子学术在自我革新的同时，为适应新时代发展的需要，正在呈现新时代特征。

为实现文化学术服务时代的自觉，近年来，著名学者方勇先生提出“新子学”构想，并引起了广泛响应、争论和辩难，学界正以极大的热情从理论构建到实践推行来关切和展开这一构想。兵家作为“百家”之一“家”，孙子作为“诸子”之一“子”，其学术生成与发展自晚周以降的两千多年来，既有其独特路径，又受到儒家经学的影响，其文本和思想虽然在历代的疏解、注释中得以传承，但是在当今中华优秀传统文化全面复兴的新时代，同样面临重构或再造的时代命题。

“新子学”浪潮的时代回响深情而热切地呼唤“新孙子学”的建立。近些年来，“新子学”研讨方兴未艾，逐渐形成了以华东师范大学为核心的国际学术平台。这个国际学术平台汇聚了中国大陆、中国台湾、中国香港、中国澳门，以及新加坡、韩国、日本、美国等诸子学专家，出版《诸子学刊》，召开“新子学”国际学术研讨会和全国“新子学”博士生论坛，编纂《子藏》和诸子学研究丛书，对“新子学”的概念、内涵、外延、范畴、特征及研究对象进行广泛而深入的讨论、争鸣，在诸子学领域形成了新时代的“诸子百家争鸣”。方勇先生多次申论“新子学”，奠定了“新子学”的理论构架，认为：“当今的世界与先秦诸子时代极为接近，皆处于多国并立、文化异质、竞争与交流并重的时代，因此在思想文化上不可能固守一家独尊，而应当直面现实，选择中华民族传统文化中与之相适应的多元文化因素，通过大力整合和提升，来引领时代文化的走向。我倡导‘新子学’，不仅意在呼吁革新传统诸子学的研究方式，更主张从‘子学现象’中提炼出多元、开放、关注现实的‘子学精神’，并以这种精神为导引，系统整合古今文化精华，构建出符合时代发展的开放性、多元化学术，推动中华民族文化的健康发展。”① 在“新子学”研究的范围之中，本然地包含着“新孙子学”的内容。“孙子学”建构提出三十多年来，研究实践及现状充分说明孙子学必须重新加以建构，而如何重构孙子学，是摆在我们孙子学同仁乃至诸子学同仁面前必须认真思考、积极行动，并作出不负时代重托的回答的问题。

孙子学既是研究孙子及孙子书的学问，又是研究孙子研究者及其孙子学著述的学问，是关于历代乃至现代孙子研究及其研究者的学问，是诸子学的一个重要分支。在诸子学复兴以及“新子学”理论体系建构的学术进程中，我们对孙子学予以重新建构，确立其“诸子百家”之“子”的地位。方勇先生阐述“新子学”的内涵时，说道：“所谓子学之‘子’并非传统目录学‘经、史、子、集’之子，而应是思想史‘诸子百家’之‘子’。具体内容上，则应严格区分诸子与方技，前者重思想，后者重在技巧，故天文算法、术数、艺术、谱录均不在子学之列。”② 以此之故，我们检视“孙子学”建构提出之后三十多年的孙子学研究状况，深深感到恰恰最应该得到张扬和开掘

① 方勇：《再论“新子学”》，见叶蓓卿编《“新子学”论集》，学苑出版社 2014 年版，第 13 页。

② 方勇：《“新子学”构想》，见叶蓓卿编《“新子学”论集》，学苑出版社 2014 年版，第 4 页。

的具有核心价值的政治、战争、治军、经国、人类社会发展等思想题材，却被有意无意地忽略和淡化，技巧性题材却被夸大拔高而泛滥于学界，诸如“孙子教你诈”“爱情兵法”“股票兵法”“办公室兵法”等，把本该讲究伦理道德、人性人情的社会关系和社会活动完全斗争化、阴谋化、诡诈化、阴暗化，这不仅是对孙子学的歪曲，也是对社会伦理道德的腐蚀和解构，有学术良知和社会责任感的研究者均应予以抵制和批判，使孙子学回归到以战止战、安国全军、治军用兵及关注人类和平与生存发展的本位上来。

孙子学的重构，还应重新检视孙子学的研究范围，在“新子学”视阈中，“诸子百家”不仅指春秋战国的“诸子百家”，也指汉魏以降直至当下的“诸子百家”；不仅指中国“诸子百家”，也指世界“诸子百家”。从时代来讲，应接入当下；从空间来讲，应接入世界。就孙子学来说，其研究范围应当扩展至《孙子兵法》之外的所有兵家兵法，即以《孙子兵法》为核心，以《孙膑兵法》为次核心，继之以《孙子兵法》和《孙膑兵法》研究，又加之以战国以降乃至民国与《孙子兵法》《孙膑兵法》有思想联系的兵法及其研究著述。此外，还应把世界杰出兵家兵法置于此视野之内。这便是诸子意义上的兵学及兵法。茅元仪所谓“前孙子者，孙子不遗；后孙子者，不遗孙子”，正是揭示了历代兵法和《孙子兵法》之间的一脉相承的思想关系。从这个角度看，战国以降的兵法都是对《孙子兵法》的继承和发展，也可看作《孙子兵法》研究成果，故应该纳入孙子学研究范畴之中。换言之，“孙子学”概念可以从狭义和广义来考察。狭义孙子学，就是历代研究《孙子兵法》的学问；广义孙子学，就是以《孙子兵法》研究为核心，扩展至与《孙子兵法》相关联的历代兵法研究以及与《孙子兵法》相关的世界兵法研究，如民国时期兵家李浴日《孙克兵学新论》即如此，它以孙子思想为核心而吸纳糅合德国克劳塞维茨的兵学思想，并比较二者思想之优劣。当然，置于“新孙子学”视野中的兵法兵书不应包含纯粹的兵技巧类内容（但兵技巧中的某些思想性内容则不应忽视），而是专讲战略、战术、兵谋、兵略、治道、人道、天道的具有较高思想价值的兵书兵法。

孙子学重构应当融汇现代战争理论和战争思想，充分吸纳现代兵学思想和战争理论，所应该解决的是国家战略、国际战略乃至宇宙战略等问题，而非具体的武器装备和军事技术，必须着眼于战争哲学、政治哲学以及人类生存哲学层面来进行考量；应当把西方兵学中的优秀思想（比如克劳塞维茨战略战术思想）予以中国化和孙子化，融汇生成“新孙子学”，同时多维而深层地开掘现代兵学理论中与《孙子兵法》及其后“诸子百家”意义上的诸家兵法中与孙子基因相连贯的内容。所以“新孙子学”是以战争思想、政治思想、经国思想为核心的开放的思想体系，它在吸纳我国历代兵家思想的优秀成分、西方兵学中的思想精华的基础上进行创新和再造。孙子学不是已经过去了的死亡的学术，而是接入当下、与时代紧密相连并融汇于时代之中的鲜活的学术，所以它又是发展和开放的思想体系，是以研究战争哲学和生存哲学为基本内容的经世之学，自战国秦汉以来，无不浸润着强烈的现实精神和时代精神。

孙子学的重构有赖于对孙子学文献的系统整理和孙子文献学的发展。长期以来，在前贤时彦的努力下，孙子学文献整理取得了不菲成就，先后编纂出版了《中国兵书集成》以及谢祥皓、刘申宁辑的《孙子集成》等大型兵学文献，但是与其他诸子如儒家、道家、法家等文献整理相比，有关孙子学的文献显然不可同日而语，这既有历史原因，也有现实原因。令人欣慰的是，由笔者协助方勇先生编纂的《子藏》“兵家部”广搜力购兵家文献善本及稀见版本，把“诸子百家”意义上的“九子”兵书囊括其中，分为三卷（《孙子卷附吴子》《六韬卷附尉缭子司马法》《黄石公卷附武侯心书李卫公问对》），都为一部，即“兵家部”，总成十六开本五十五册，其体量超过《中国兵书集成》。从传统的注经学术发展看，文献学中的注疏、考据、辨伪、辑佚、校勘、目录、汇纂等方法，固然是孙子学研究的题中之义，也是孙子学重构的文本依据，但是孙子学重构更重要的方面还是要多层次多方位开掘其义理，以此从容面对西学和世界，实现中学与西学的良性对话，实现本土性与世界性的自然融洽，既要力戒以中国学术解释中国学术的自话自语、孤芳自赏，也要力戒以西学为标准来衡量中国学术的崇洋媚外、全盘西化，而要彰显孙子学的中国学术、中国风格和中国气派。中国诸子与西方诸子各有其学术理念、学术思维、学术范畴、学术话语、学术路径、学术体系和学术评价，可以互相借鉴而不可互相替代，可以互相包容而不可互相包含。在当今时代，传统子学多元共生、异质同求的思想实质和以天下为己任的担当精神，为回应时代呼唤和“新子学”兴发提供了价值导向和理想诉求，为孙子学回归战争哲学和生存哲学本位、为兵学回归战争诸子学本位准备了充足的先天基因。

孙子学重构既不能全盘否定注经传统，又必须跳出注经传统。自汉代以降，注经是中国传统学术的基本样式。孙子学毫无疑问受到了注经传统的深刻影响并一直被注经传统所左右，而在注解兵学经典时，又受到儒家正统思想的影响，所以自汉代以后的兵家学术是渐趋儒学化的兵学。特别是我们在披览唐宋以后的孙子学注疏时，会发现孙子学就是孔孟之学、程朱之学主导下的兵学经典注疏，其所解释兵家之“道”乃儒家仁政之道，其“诡诈”乃儒家“仁义”统摄之诡诈；伊尹和吕望虽为圣智之人，但在儒学思维的主导下，注家认为“伊挚在夏”“吕牙在殷”都不是指二人分别在夏、殷做间谍，因为在儒家看来，做间谍是不光彩的事情，儒家圣人绝不屑为此，儒家用兵都讲求“仁者无敌”，无需以诡诈手段获取情报和赢得战争。诸如此类，不一而足。这一状况直到清末民初才有所改变。总之，在经学主导中国学术的背景下，兵学注疏儒学化，兵学经典儒经化。虽然现代孙子学得以改变儒学独尊的局面，但是以儒家式注疏作为研究兵学经典的方式方法根深蒂固。研究孙子文本，阐明孙子本义固然重要，但是必须以之与当下结合，开掘其当下意义，反映时代诉求，担负时代使命，这才是最重要的。所以孙子学领域，存在两个极端的研究现象：一是以孙子书为经典（儒学统摄下的武学经典），多以古文经学方法予以注疏，故注疏之作众多而思想阐解、理论建构极少；一是以孙子之术为实用的求利求胜之术，故近代以来特别是现代各种孙子兵法应用研究层出不穷，实际上是假借孙子之外衣，裹着与之不相干的时尚红肚兜。当下孙子学存在两种极端现象，一是尚古崇旧，墨守成规，食而不化；一是尚用求新，生吞活剥，牵强比附，以现代西方各种名目繁多的所谓新“理论”与之嫁接。这两种极端做法若不改弦更张，孙子学重构和创新必定进无可进，而迷失在狭窄的偏道僻径之中，失去其兵道、治道、人道之本质。孙子学发展到清末民初，以西方兵学注中国兵学，解释中国兵学，使兵学得以近代转型，这是其积极的一面；但是转型所带来的问题就是简单、机械地以西方兵学为标准、以实用为指南，以中国兵学的内容削足适履地填充西方的学术形式，这是其消极的一面。孙子学重构，或者说“新孙子学”的建立，必须对当下及之前的孙子学加以扬弃，既要继承注经传统中好的做法，又要涤除背离孙子学本质的内容及方法。

孙子学的重构，必须把孙子学放置在诸子学的视阈或框架之下，消解儒家经学对兵学的长期控制和制约。《孙子兵法》作为“武经”之首，曾有一些见解高远的思想家主张以之与“儒经”相比肩。譬如，李贽呼吁以《武经七书》和儒家“六经”融汇合一，这在明代后期特定的历史语境中，是一种难得的思想进步。然而，李贽试图把兵家抬高到与儒家相等的高度，让当政者和士大夫都予以重视，这种思想仍然建立在以儒家学术为评判标准的框架之内。兵家之《孙子》《吴子》《司马法》《尉缭子》《六韬》《三略》《李卫公问对》“七书”，在宋代虽然被尊为“武经”，但也是在儒经主导下的武经，其地位实际上从来没有与儒经平等过。故“新子学”视阈下的孙子学重构，必须明确兵学非经学，兵学就是诸子学之一种，与其他诸子一样探求“治道”之学派，百虑而一致，殊途而同归，故孙子学的重构必须还原兵学的诸子学本来面目，亦必须把儒家还原为诸子之一家，从学术理念到学术方法全方位地消解儒家的经学地位，重新确认它们地位平等而非统摄和依附的关系。唯有如此，我们才能深刻而接近真实地理解包括兵家元典在内的诸子元典精神，真正阐释和揭示开放多元、争鸣会通的子学真谛，而不是作孤立之想、封闭之思。兵家本身兼容会通诸子，儒、道、名、法、阴阳等思想元素均吸纳其中，有点近似杂家，举凡治道兵道、策略谋猷，无不涵养包裹，虽以用兵之道为本，然其目的在治国和人类生存之思。若不明此，则无以重构孙子学。以是之故，孙子学不与诡诈学等同，兵学不与战争学等同，诡诈之学、战争之学只是孙子学和兵学的基本内容，体现为孙子兵学之用，而其真正归宿或高于其用者则在于“以战止战”“以杀去杀”“止暴去乱”之“治道”，其所构想的社会理想是追求没有战争的和平世界。虽然兵学元典并不直接回答如何治国，但是在其阐述用兵之道中无不以“治道”为归依。

孙子学的重构，必须严肃而坦然地面对时代的主流意识形态。近代以来，马克思主义传入中国，并与中国革命实践相结合，逐渐成为中国社会的主流意识形态。在对待优秀传统文化与马克思主义关系时，既不能借口坚持马克思主义理论而否定优秀传统文化，也不能借口继承优秀传统文化而否定马克思主义理论，马克思主义理论和中国优秀传统文化不是对立的，而是能够互相融合共生的，故我们应该秉持开放、包容的姿态，互相吸收和借鉴，互相促进和成就。早在20世纪三四十年代，郭化若等革命知识分子最早以马克思主义理论和方法来理解、阐释、建构孙子思想体系；以阶级分析的方法，唯物地、历史地、辩证地诠解孙子的战争理论，为孙子学研究开辟了一条全新的道路。马克思主义本身既不是封闭的体系，也不是静止的学说，而是开放的理论体系和不断发展的学说。它继承了德国古典哲学、英国古典政治经济学，以及英国、法国的空想社会主义理论，基于资产阶级的腐朽、资本主义社会的衰败，而对无产阶级革命实践予以理论和实践的时代呼应，批判吸收黑格尔辩证法、费尔巴哈唯物思想，以及19世纪初叶最新自然科学成果，而进行的天才性理论创造。孙子学的重构不能回避，也不应该回避时代的主流思想即马克思主义，而应该坚持马克思主义唯物论思想和辩证法思想，历史地发展地对待以往的兵学文化，深化孙子学的唯物论因素和辩证法意蕴，而孙子学理论也是马克思主义中国化所应借鉴的重要思想资源之一，其丰富的诸如死生、奇正、虚实、攻守、迂直、动静、主客等相反相成的矛盾范畴，正是马克思主义中国化最有效、最具中国特色和中国风格的重要思想材料。

孙子学重构，必须创新研究范式，处理好“照着讲”和“接着讲”的关系。现有孙子学研究比较注重史实叙述和内涵阐释的方法，研究内容比较分散，不够系统，建立共识不够，各自为政，零敲碎打，缺乏学术引领，更缺乏学科门类贯通的兵学整体研究和兵学重大理论研究。基于此，在研究范式上，既要重视传统，又要注重创新。以叙述、解释、分析、比较为主要方法的传统研究范式仍不过时，而以思辨、抽象、综合、转换为主要方法的研究范式在当下更重要。前一种研究范式仍有意义，会伴随着孙子学的发展一直存在下去，所以我们要“照着讲”。后一种研究范式，是当前孙子学研究比较薄弱和轻视的地方，需要我们“接着讲”。研究范式的创新，必定要为理论创新服务，必须把历代孙子兵学文献、孙子兵学流派、孙子兵学元典以及其他兵学资源进行现代转换，以符合现代学术话语体系的合理性标准，形成孙子学研究的问题系统，从而建构现代孙子兵学理论体系。

要之，《孙子兵法》自问世以来，就其著作本身而言，可谓家喻户晓、妇孺皆知，然而就研读者来讲，其目的或为筹策算计，或为势位富贵，或为纸上谈兵，或为经商取利，或为谋身之策等，而少有以之为诸子学者；偶尔有之，亦以之为儒学之附庸、庙堂之走卒，招之即来，挥之即去。历代最高统治者既利用而秘藏之，又防备而禁锢之，往往使之成为边缘之学、禁止之学。故孙子学历两千多年而不能发挥其“述道言治”之功用，而仅仅作为战时息争之“刍狗”，平时则忘于脑后，弃置不用，而不以之为治世之谋谟，此为孙子学之不幸。然而汉代以降，又有诸多学者为之作注，世代流传，广布海内外，此则为孙子学之幸。孙子学之重构，当纠正历史之偏颇，还原其“述道言治”之本貌，消解儒家经学之控制，恢复其用兵治世之本心，置于“新子学”框架内，与其他诸子相会通，与世界诸子对话，以多层多样的开掘方式探索孙子深意，重塑孙子学理论，摒弃浅薄短视之俗见俗用，不作矮人观场之阐解，以还原其恢宏博大之气象、兼容并蓄之本貌，这就是孙子学重构之意义所在。

基于以上，本书在叙述孙子学流变的多种形态时，引入孙子学的治道价值，有意探求其治道内涵，发掘孙子学在历代政权更替及战争演进中的意义，为重构孙子学在学术史的梳理方面体现“新孙子学”的理念诉求。若能有一孔之得，则幸甚之至矣。

参考文献

一、古近文献

〔春秋〕孙武撰，银雀山汉墓竹简整理小组编：《孙子兵法》，文物出版社 1976 年版。

〔战国〕孙膑撰，银雀山汉墓竹简整理小组编：《孙膑兵法》，文物出版社 1975 年版。

〔战国〕吕不韦等撰：《吕氏春秋》，上海书店 1986 年版。

〔汉〕焦延寿著，尚秉和注：《焦氏易林注》，光明日报出版社 2006 年版。

〔汉〕司马迁撰：《史记》，中华书局 1982 年版。

〔汉〕班固撰：《汉书》，中华书局 1962 年版。

〔汉〕高诱撰：《淮南子集解》，广益书局 1936 年版。

〔汉〕赵晔撰，徐天祜音注：《吴越春秋》，凤凰出版社 1999 年版。

〔晋〕陈寿撰，〔南朝宋〕裴松之注：《三国志》，中华书局 1964 年版。

〔晋〕葛洪撰，胡守为校释：《神仙传校释》，中华书局 2010 年版。

〔唐〕李延寿等撰：《北史》，中华书局 1974 年版。

〔唐〕李靖撰：《李卫公问对》，早稻田大学图书馆风陵文库藏日本庆长十一年（1607）刊本。

〔唐〕吴兢等撰：《贞观政要》，上海古籍出版社 1978 年版。

〔唐〕魏徵等撰:《群书治要》,王云五主编《丛书集成初编》本,商务印书馆1936年版。

〔唐〕魏徵等撰:《隋书》,中华书局1973年版。

〔唐〕徐坚撰:《初学记》,中华书局1962年版。

〔唐〕李筌撰:《神机制敌太白阴经》,王云五主编《丛书集成初编》本,商务印书馆1936年版。

〔唐〕房玄龄等撰:《晋书》,中华书局1974年版。

〔后晋〕刘昫等撰:《旧唐书》,中华书局1975年版。

〔宋〕欧阳修撰:《欧阳文忠公集》,《四部丛刊》本,商务印书馆1929年版。

〔宋〕薛居正等撰:《旧五代史》,中华书局1975年版。

〔宋〕李昉等编:《太平御览》,中华书局1960年版。

〔宋〕王钦若等编纂,周勋初等校订:《册府元龟》,凤凰出版社2006年版。

〔宋〕欧阳修等撰:《新唐书》,中华书局1975年版。

〔宋〕苏洵撰:《嘉祐集》,王云五主编《万有文库》本,商务印书馆1937年版。

〔宋〕苏辙撰:《栾城集》,王云五主编《万有文库》本,商务印书馆1935年版。

〔宋〕窦仪撰:《重详定刑统》,中华书局1983年版。

〔宋〕乐史撰:《太平寰宇记附补阙》,台湾文海出版社1980年版。

〔宋〕郑樵撰:《通志》,王云五主编《万有文库》本,商务印书馆1935年版。

〔宋〕陈振孙撰,徐小蛮、顾美华点校:《直斋书录解题》,上海古籍出版社1987年版。

〔宋〕晁公武撰:《昭德先生郡斋读书志》,王云五主编《万有文库》本,商务印书馆1937年版。

〔宋〕黎靖德编,王星贤点校:《朱子语类》,中华书局1986年版。

〔宋〕王应麟编：《玉海》，江苏古籍出版社、上海书店1987年版。

〔宋〕魏了翁撰：《鹤山先生大全集》，《四部丛刊》本，商务印书馆1936年版。

〔宋〕张守撰：《毗陵集》，王云五主编《丛书集成初编》本，商务印书馆1936年版。

〔宋〕梁克家修：《三山志》，海风出版社2000年版。

〔元〕脱脱等撰：《宋史》，中华书局1977年版。

〔元〕苏应龙辑：《新编类意集解诸子琼林》，日本内阁文库藏本。

〔元〕马端临撰：《文献通考》，中华书局1986年版。

〔明〕陈建撰：《学蔀通辨》，王云五主编《丛书集成初编》本，商务印书馆1936年版。

〔明〕茅坤辑：《史记钞》，明万历三年（1575）茅坤自刻本。

〔明〕张居正辑著：《开宗直解鳌头七书》，浪华书肆文金堂刻本。

〔明〕黄献臣撰：《武经开宗》，日本内阁文库本。

〔明〕陈仁锡评选：《奇赏斋古文汇编》，《奇赏汇编》本，明崇祯七年（1634）刊本。

〔明〕傅梦龙撰：《新刻分类评注文武合编百子金丹》，明天启经国堂刊本。

〔明〕何良俊撰：《四友斋丛说》，《元明史料笔记丛刊》本，中华书局1959年版。

〔明〕俞大猷撰：《正气堂集》，清道光孙云鸿味古书室刻本。

〔明〕戚继光著，邱心田校释：《练兵实纪》，中华书局2001年版。

〔明〕凌迪知撰：《古今万姓统谱》，哈佛大学燕京图书馆藏汲古阁藏板明万历七年刻本，哈佛大学燕京图书馆藏。

〔明〕胡广等纂修：《大明太祖高皇帝实录》，国家图书馆藏明抄本。

〔明〕朱元璋撰：《御制大诰三编》，明洪武内府刻本。

〔清〕潘绍诒修，〔清〕周荣椿纂：《省处州府志》，《中国方志丛书》本，台湾成文出版社1974年版。

〔清〕钟錂辑注：《颜习斋先生言行录》，清代王灏辑定州王氏谦德堂校刊《畿辅丛书》本。

〔清〕黄宗羲著，沈芝盈点校：《明儒学案》，中华书局2008年版。

〔清〕纪昀等修：《文渊阁四库全书》，台湾商务印书馆1986年版。

〔清〕永瑢等撰：《四库全书总目》，中华书局1965年版。

〔清〕王鸣盛撰：《十七史商榷》，清乾隆洞泾草堂刻本，台湾广文书局1971年影印版。

〔清〕孙诒让撰，潘猛补校补：《温州经籍志》，上海社会科学院出版社2005年版。

〔清〕姚际恒著，顾颉刚校点：《古今伪书考》，朴社1933年版。

〔清〕姚鼐撰：《惜抱轩文集》，清嘉庆三年（1798）刻本。

〔清〕李铭皖、谭钧培修，冯桂芬纂：同治《苏州府志》，江苏古籍出版社等1991年版。

〔清〕汪宗沂辑：《太公兵法逸文》，《渐西村舍丛刊》民国影印本。

〔清〕张文虎撰：《史记集解索隐正义合刻本》，清同治五年（1866）金陵书局校刊本。

〔清〕董诰等编：《全唐文》，中华书局1983年影印本。

〔清〕陆心源撰：《仪顾堂题跋》，清光绪二十四年（1898）《十万卷楼丛书》本。

〔清〕李慈铭撰：《越缦堂读书记》，上海书店出版社2000年版。

〔清〕彭定求等编：《全唐诗》，中华书局1999年版。

〔清〕国家图书馆善本金石组编：《隋唐五代石刻文献全编》，北京图书馆出版社2003年版。

〔清〕吴任臣撰：《十国春秋》，中华书局1983年版。

〔清〕赵翼撰：《檐曝杂记》，中华书局1982年版。

〔清〕陈梦雷等编：《古今图书集成》，中华书局影印1934年版。

〔清〕戴望撰：《颜氏学记》，中华书局1958年版。

〔清〕李宝淦编：《诸子文粹》，清光绪二十三年（1897）刻本。

〔清〕魏源撰：《魏源集》，中华书局1976年版。

〔清〕谢文洊撰：《兵法类案》，清光绪十八年（1892）重刊《谢程山全书》本。

〔清〕夏振翼撰：《增订武经注解》，军学编译社1942年版。

〔清〕陈忠倚辑：《皇朝经世文三编》，清光绪二十四年（1898）上海书局石印本。

〔清〕顾祖禹撰：《读史方舆纪要》，王云五主编《万有文库》本，商务印书馆1937年版。

〔清〕全祖望撰：《鲒埼亭集》，台湾文海出版社1988年版。

〔清〕徐灵胎撰：《医学源流论》，日本早稻田大学图书馆藏半松斋本。

〔清〕张廷玉等撰：《明史》，中华书局1974年版。

〔清〕章学诚著，王重民通解：《校雠通义》，上海古籍出版社1987年版。

〔清〕萧奭撰：《永宪录》，《清代史料笔记丛刊》本，中华书局1959年版。

〔清〕郑杰等辑录：《全闽诗录》，福建人民出版社2011年版。

赵尔巽等撰：《清史稿》，中华书局1977年版。

顾实撰：《重考古今伪书考》，大东书局1928年版。

顾实著：《汉书艺文志讲疏》，商务印书馆1930年版。

陈寅恪著：《唐代政治史述论稿》，商务印书馆2011年版。

蔡东藩撰：《唐史演义》，上海文化出版社1980年版。

傅增湘撰：《藏园群书题记》，上海古籍出版社1989年版。

广东将弁学堂编述：《孙子白话演义》，聚昌印刷公司1918年版。

缪斌著：《武德论》，开明书店1935年版。

谭献著：《复堂日记》，河北教育出版社2001年版。

梁启超著：《重订分类饮冰室文集全编》，广益书局1948年版。

徐元诰撰，王树民、沈长云点校：《国语集解》，中华书局2002年版。

徐谦芳撰：《扬州风土记略》，江苏古籍出版社2002年版。

梁启超著：《饮冰室合集》，中华书局1936年版。

蒋百里著：《国防论》，上海古籍出版社 2013 年版。

蔡锷辑录，蒋介石增补：《曾胡治兵语录增补本》，巴蜀书社 1995 年版。

陈尚君辑校：《全唐文补编》，中华书局 2005 版。

《续修四库全书》编委会编：《续修四库全书》，上海古籍出版社 2002 年版。

《中国兵书集成》编委会编：《中国兵书集成》，解放军出版社、辽沈书社 1991 年版。

王国轩校点：《李觏集》，中华书局 1981 年版。

陈国庆编：《汉书艺文志注疏汇编》，中华书局 1983 年版。

北京大学古文献研究所编：《全宋诗》，北京大学出版社 1992 年版。

《清代诗文集汇编》编纂委员会编：《清代诗文集汇编》，上海古籍出版社 2010 年版。

新文丰出版社编辑部编：《丛书集成新编》，台湾新文丰出版公司 1985 年版。

江苏古籍出版社编选：《中国地方志集成》，江苏古籍出版社、上海书店出版社、巴蜀书社 2010 年版。

张家山二四七号汉墓竹简整理小组编著：《张家山汉墓竹简［二四七号墓］（释文修订本）》，文物出版社 2006 年版。

陈戍国点校：《四书五经》，岳麓书社 2002 年版。

谢廷杰辑刊：《王阳明全集》，中央编译出版社 2014 年版。

〔明〕王守仁撰，吴光、钱明、董平、姚延福编校：《王阳明全集》，上海古籍出版社 1992 年版。

司义祖整理：《宋大诏令集》，中华书局 1962 年版。

王庆成等编：《影印太平天国文献十二种》，中华书局 2004 年版。

周谷城等著：《民国丛书》，上海书店出版社 1991 年版。

李学勤主编：《十三经注疏》，北京大学出版社 1999 年版。

《四库全书存目丛书》编委会编：《四库全书存目丛书》，齐鲁书社 1995 年版。

国学整理社辑：《诸子集成》，中华书局 1954 年版。

谢祥皓、刘申宁辑：《孙子集成》，齐鲁书社 1993 年版。

方勇总编纂：《子藏·兵家部·孙子卷附吴子》，国家图书馆出版社 2019 年版。

二、今人著作

郭化若译：《十一家注孙子》，中华书局 1962 年版。

郭化若著：《孙子译注》，上海古籍出版社 1984 年版。

郭化若著：《郭化若回忆录》，军事科学出版社 1995 年版。

郭化若著：《孙子兵法译注》，上海古籍出版社 2012 年版。

萧天石撰：《孙子战争理论之体系》，大江出版社 1942 年版。

李则芬著：《以孙子兵法证明日本必败》，生活书店发行 1939 年版。

吴鹤云著：《孙子兵法新检讨》，战地图书出版社 1940 年版。

李浴日著：《孙子兵法之综合研究》，商务印书馆 1938 年版。

李浴日主编：《世界兵学》，世界兵学社 1942 年版。

李浴日撰：《孙克兵学新论》，世界兵学社 1943 年版。

李浴日著：《孙子新研究》，上海书店出版社 1946 年版。

李浴日著：《兵学随笔（增订本）》，世界兵学社 1952 年版。

李浴日著：《孙子兵法总检讨》，世界兵学社 1956 年版。

公羊寿著：《孙子兵法哲理研究》，国光印书局 1933 年版。

张文治著：《国学治要》，中华书局 1930 年版。

叶慕然著：《孙子兵法新诠》，广州美华书店 1936 年版。

叶玉麟著：《白话译解孙子兵法》，广益书局 1943 年版。

陈华元著：《孙子新诠》，商务印书馆 1940 年版。

陈启天著：《孙子兵法校释》，中华书局 1944 年版。

杨杰编著：《孙武子》，胜利出版社 1943 年版。

张廷灏著：《从孙子兵法研究做事方法》，中周出版社 1945 年版。

荀志仁撰：《名将图说》，五三印刷社 1935 年版。

温晋城著:《孙子浅说补解》，中央政治学校，1939年铅印本。

朱怀冰著:《读孙子兵法阵中笺释》，青年书店印行1939年版。

齐廉著:《增订武经注解》，军学编译社1942年版。

齐廉著:《新注孙子兵法直讲》，军学编译社1940年版。

覃孝方著:《孙子兵法今释》，复兴书局1943年版。

吕一舟著:《兵经哲学》，军用图书社1942年版。

徐容溥著:《孙子表释》，军学编译社1940年版。

历劫余生著:《老子研究与政治》，中国图书杂志公司1939年版。

孙文著:《三民主义》，商务印书馆1934年版。

蒋介石著:《科学的学庸》，国民政府军事委员会政治部1938年版。

《中国军史》编写组编:《中国历代军事思想》，解放军出版社2006年版。

中国人民解放军三〇七一部队、黑龙江大学中文系编:《孙子兵法译注》，黑龙江人民出版社1976年版。

中国人民解放军某部防化连与杭州大学历史系编:《先秦法家军事著作选注》，浙江人民出版社1975年版。

广西军区〇五四一部队、七三三二部队联合注释:《〈孙子兵法〉浅释》，广西人民出版社1975年版。

姜国柱著:《中国军事思想通史》，中国社会科学出版社2007年版。

刘申宁编:《中国兵书总目》，国防大学出版社1990年版。

张震泽著:《孙膑兵法校理》，中华书局1984年版。

吴九龙主编:《孙子校释》，军事科学出版社1990年版。

吴如嵩、王显臣撰:《李卫公问对浅说》，解放军出版社1987年版。

中国科学院自然科学史研究所编:《钱宝琮科学史论文选集》，科学出版社1983年版。

糜振玉主编:《中国军事学术史》，解放军出版社2008年版。

金受申著:《古今伪书考考释》，中华印刷局1924年版。

于汝波等编:《孙子学文献提要》，军事科学出版社1994年版。

于汝波编:《孙子兵法研究史》，军事科学出版社2001年版。

许保林编:《中国兵书知见录》，解放军出版社 1988 年版。

许保林著:《中国兵书通览》，解放军出版社 2002 年版。

苏桂亮、［日］阿竹仙之助合编:《日本孙子书知见录》，齐鲁书社 2009 年版。

麻天祥著:《中国禅宗思想发展史》，武汉大学出版社 2007 年版。

赵嘉朱编:《孙子研究文献备要》，新华出版社 1992 年版。

张品兴等编:《梁启超全集》，北京出版社 1999 年版。

陈学恂主编:《中国近代教育史教学参考资料》，人民教育出版社 1986 年版。

毛泽东著:《毛泽东选集》，东北书店 1948 年版。

任继愈撰:《任继愈文集》，国家图书馆出版社 2014 年版。

范文澜著:《中国通史》，人民出版社 1994 年版。

束景南著:《阳明佚文辑考编年》，上海古籍出版社 2012 年版。

杨炳安著:《〈孙子〉会笺》，中州古籍出版社 1986 年版。

陶汉章编著:《孙子兵法概论》，解放军出版社 2009 年版。

黄朴民编:《孙子探胜——第三届孙子兵法国际研讨会论文精选》，军事科学出版社 1992 年版。

黄朴民、魏鸿、熊剑平著:《中国兵学思想史》，南京大学出版社 2018 年版。

赵国华著:《中国兵学史》，福建人民出版社 2004 年版。

张双棣著:《淮南子校释》，北京大学出版社 1997 年版。

张舜徽著:《汉书艺文志通释》，湖北教育出版社 1990 年版。

安平秋、章培恒主编:《中国禁书大观》，上海文化出版社 1990 年版。

吴如嵩、苏桂亮主编:《孙子兵学大辞典》，白山出版社 2015 年版。

高友谦著:《孙子揭秘》，团结出版社 2009 年版。

李桂生著:《兵者诡道——李桂生讲〈孙子兵法〉》，武汉出版社 2008 年版。

李桂生著:《诸子文化与先秦兵家》，岳麓书社 2009 年版。

李桂生著：《兵家管理哲学》，上海古籍出版社 2011 年版。

李桂生等著：《多元文化视阈中的李贽军事思想》，江西人民出版社 2013 年版。

张海鹏等辑：《明清徽商资料选编》，黄山书社 1985 年版。

纪洪波、姚振文著：《兵法经营学构建研究》，山东大学出版社 2015 年版。

陈秋平、尚荣译注：《金刚经·心经·坛经》，中华书局 2007 年版。

赵海军著：《孙子学通论》，国防大学出版社 2000 年版。

魏鸿著：《宋代孙子兵学研究》，军事科学出版社 2011 年版。

邵青著：《民国时期孙子学研究》，军事科学出版社 2011 年版。

田旭东著：《古代兵学文化探论》，中国社会科学出版社 2010 年版。

解文超著：《明代兵书研究》，天津人民出版社 2010 年版。

万国鼎等编：《中国历史纪年表》，中华书局 1978 年版。

［日］佐藤坚司著，高殿芳等译：《孙子研究在日本》，军事科学出版社 1993 年版。

［日］冈田武彦著：《孙子兵法新解》，重庆出版社 2017 年版。

［日］宫本武藏著，李津译：《五轮书》，企业管理出版社 2003 年版。

三、报纸、期刊、论文

《光明日报》1991 年 7 月 30 日。

《申报》（第 6234 号）1890 年 11 月 26 日第 1 版。

《八路军军政杂志》第 1 卷第 9 期、第 1 卷第 12 期、第 2 卷第 1 期。

《世界兵学月刊》第 3 卷第 4 期，世界兵学社 1946 年。

《中国社会》1939 第 5 卷第 2 期。

《世界兵学月刊》第 4 卷第 2 期、第 3 期，世界兵学社 1947 年。

《江西地方教育》1940 年第 192—193 期合刊。

陆修祜：《孙吴兵法概论》，载《国专月刊》1936 年第 4 卷第 2 期。

蒋方震：《孙子新释缘起》，载《庸言》第二卷第 5 号，正蒙印书局 1914 年。

朱国炤：《上孙家寨木简初探》，载《文物》1981年第2期。

刘琴丽：《唐代幽州军人与佛教——以〈房山石经题记汇编〉为中心》，载《世界宗教研究》2011年第6期 。

吴荣政：《〈孙子兵法〉在日本的传播与研究》，载《贵州社会科学》2004年第2期。

罗尔纲：《〈武略〉跋》，载《近代史研究》1984年第3期。

何炳棣：《中国现存最古的私家著述〈孙子兵法〉》，载《历史研究》1999年第5期。

关锋：《孙子军事哲学思想研究》，载《哲学研究》1957年第2期。

杨先举等：《浅谈〈孙子兵法〉与企业管理》，载《经济理论与经济管理》1984年第6期。

钮国平：《孙子兵法探微两则》，载《西北师范大学学报（社会科学版）》2002年第1期。

蓝永蔚：《〈孙子兵法〉时代特征考辨》，载《中国社会科学》1987年第3期。

韩胜宝：《韩流汉风话孙武——“孙子兵法全球行”韩国情况报告》，载《滨州学院学报》2014年第5期。

苏桂亮：《〈孙子兵法〉域外千年传播概说》，载《滨州学院学报》2014年第5期。

许保林：《近年来中国古代兵书研究述评》，载《社会科学》1987年第2期。

李零：《青海大通县上孙家寨汉简性质小议》，载《考古》1983年第6期。

宫玉振：《〈孙子兵法〉在经济领域中应用的历史性跨越》，载《滨州学院学报》2005年第5期。

陈炳富、杨兆力：《〈孙子兵法〉与战略管理》，载《南开经济研究》1993年第1期。

陈炳富、邱昭良：《〈孙子兵法〉战略管理模式探索》，载《国际经贸研究》1997年第1期。

方立天：《从对“如何是佛”的回答看禅宗的核心思想》，载《中国文化研究》1996年冬之卷。

邵鸿：《兵阴阳家与汉代军事》，载《南开学报》2002年第6期。

刘庆：《中国古代国防政策及其在近代的转变》，载《军事历史研究》1991年第1期。

刘庆：《〈孙子〉对周朝兵学的批判和继承》，载《管子学刊》1997年第4期。

刘庆：《〈孙子〉与古希腊、罗马军事著作的比较》，载《管子学刊》1991年第2期。

刘庆：《〈孙子兵法〉与〈战争论〉军事思想体系的比较研究》，载《滨州学院学报》2005年第5期。

赵国华：《中国孙子学的整体辨析》，载《南都学坛》2009年第3期。

施渡桥：《西方兵书的译介与晚清军事近代化》，载《军事历史》1996年第3期。

曹敏华：《近代中国军事变革与社会变迁论纲》，载《中共福建省委党校学报》2010年第12期。

张铁君：《王阳明的武功及其战法》，载《战斗月刊》1955年第4卷第2期、第3期合刊。

梁娟娟等：《明代中后期武器革新与孙子学发展》，载《滨州学院学报》2018年第3期。

李桂生：《先秦兵家流派初探》，载《社会科学战线》2005年第1期。

李桂生：《先秦兵家人文主义精神特征探析》，载《中华文化论坛》2006年第3期。

李桂生：《先秦兵家的诸子学性质、学派特征与基本范畴》，载《诸子学刊》2009年第1期。

李桂生：《兵家管理哲学的理论构架》，载《诸子学刊》2010年第2期。

［日］铃木拓史著，董凤任译：《日本兵法经营思想史研究》，载《滨州学院学报》2006年第5期。

后　记

我于少年时期，雅好文学，故于大学阶段，泛览诗、词、文、赋与小说，常流连忘返，沉溺其中。然文学巧于言情而拙于说理，故常为其情所伤而不能自已，故于硕士阶段转治道家。然道家长于玄思而短于实用，故于博士阶段转向兵学。然后家精于算计，长于杀伐，而疏于仁厚，短于温婉，故于博士后阶段兼综儒、道，出入文、史，而以兵主之。至于今日，方成小观。然吾之所学，与时风世俗大不相协，而无悔也。

近代以来，在国破家亡的危难中，在坚船利炮的侵凌和轰击中，在欧风美雨的吹拂中，古典孙子兵学渐渐蜕变为近代孙子兵学，实现了其战争思想解读的时代转换，也发挥了其应有的战略谋划、战术指导和精神鼓励作用。在近代百年抗击外来侵略和实现国内和平的战争中，孙子学浴火重生。在新中国成立后的七十余年来，除了发生过抗美援朝战争、中印边界军事冲突、中苏边界军事冲突、中越边界军事冲突等几个小规模局部战争或军事冲突，我国的生活环境几乎没有受到战争的影响。七十余年的和平使得我国经济高速而稳健地发展，人民生活水平大大提高，物质条件得到极大改善，可以说是历史上最好的时代。我国国防奉行积极防御的国防政策和军事战略，守大于攻，和平大于战争，这与孙子兵学精神一脉相承。但是长久的安定生活必然易于造成战争意识的迟钝，也必然易于造成对传统兵学的轻视和忽视。孙子兵学除了在为数不多的学术同仁中有所探讨和研究，对于普通读者来说，尚显陌生。普通读者对《孙子兵法》的理解，仅仅止于其“阴谋诡计”层面上。甚至在学术研究上，人们更多地津津乐道于儒家、道家、佛家等心性修养的学问，而少有对兵家问津者。所以，兵学实际上是小众的学问，是冷门学科，若不引起国人和学界的重视，随着世界和平主题的长久深化，可能成为绝学，一旦战争来临，则无以应对。以孙武为代表的先秦兵家，以孙子学为代表的兵学作为古圣先贤遗传下来的宝贵思想文化财富，理应得到充分的整理、学习和研究。但是就目前情况看，古典兵学的研究与其他诸子学的研究相比，显得十分薄弱，更不能与诗词曲赋等古典文学相提并论。在许多学者看来，孙子兵学无非是“阴谋诡计”之学，为正人君子所不齿，算不得真正的学问。所以，研究古典兵学者多出自军旅。然而，军旅学者自有其学术风格及研究范式，他们多从战争实用主义出发，在古典兵学的战争应用研究上用力甚勤，而鲜有精力涉及古典兵学的文献学、学术史、地理学、文化学等研究，即使有，也仍然显得薄弱，与孙子兵学乃至古典兵学在传统文化中的重要地位难以匹配。

人类的每一次进步、文明的每一次发展，无不伴随战争的脚步。战争摧毁了旧的典章制度和生产关系，建立了新的典章制度和生产关系，解放了生产力，促进了新生文明的发展。与人类共生共存的战争不应当只有在战时才被人关注和思考，而更应该在平时被关注和思考，“好战必亡，忘战必危”的古训不应被忘却。然而我们在对待以战争为研究对象的古典兵学时，往往予以轻视和忽视，深层的原因可能是乐见和平而恶见兵燹的人性使然。我们读书人、知识分子应当从国家、民族的大义出发，自觉担当传承发扬古典兵学的使命，在学术研究中逆向而行，把冷门学问传承好，要培育国民的战争防御及战争应对意识。我们反对不义战争，我们爱好和平，但是一定要有应对战争的思想意识、战争谋略和战争艺术。随着战争的现代化、信息化、高科技化，战争空间不局限于陆海空（包括太空作战），而且扩大到电子系统、信息系统、生化系统、贸易系统、科技系统、文化系统、观念系统等不见硝烟的战争空间。战争手段更加隐蔽，战争形式更加新奇，前线和后方的空间界限不再泾渭分明，军人和民众的身份界限也不再一目了然，随着精确打击和定点摧毁，后方可能变成前方，民众可能变成军人，主帅也可能变成战士。在传统的战争中，要在万军之中取上将首级，那是难上加难，除非万军已被消灭，但是现代战争能轻而易举做到。然而，从战略谋略来说，不论军事科技如何进步，武器装备如何先进，战术战法如何变化，都没有跳出孙子“上兵伐谋”“夺其所爱”“千里杀将”等理论。所以，孙子兵学乃战争哲学，蕴含着千古不易之战争谋略。

基于此况，20 世纪 90 年代末我在部队院校工作时，便留心孙子学学术史的梳理，只是囿于学力浅薄，而不敢贸然着手撰写。21 世纪初十余年，我先后完成《兵者诡道——李桂生讲〈孙子兵法〉》《诸子文化与先秦兵家》《兵家管理哲学》等著作。2009 年，我有幸结识教育部“长江学者特聘教授”、华东师范大学先秦诸子研究中心主任方勇先生，并受邀参与其主持的《子藏》编纂工作。《子藏》包含道家、法家、名家、墨家、杂家、兵家等部，搜集整理自先秦至民国诸子元典注释及研究文献，影印出版，并为所收录出版的各子文献撰写提要。我主要协助方勇先生策划“兵家部”《孙子》《吴子》《尉缭子》《司马法》《素书》《三略》《六韬》《诸葛武侯兵法》《李卫公兵法》凡九家兵书历代注释及研究文献的选目，以及约请军事科学院中国历代战争思想研究室副主任王珏研究员、邱剑敏研究员、李元鹏博士、赵英博士，滨州学院韩荣钧博士，安徽财经大学苏成爱博士分别担任各分卷主编，而我负责《孙子卷附吴子》分卷的编纂工作。《孙子卷附吴子》收录善本、稀见本《孙子》文献 138 种、《吴子》文献 46 种，凡 184 种，汇为 16 开本 34 册，影印精装，于 2019 年 10 月出版，是迄今为止收录书最全的《孙子》文献汇编，是对先秦至民国《孙子》《吴子》文献的保护性、抢救性、再生性整理。在协助方勇先生编纂《子藏·兵家部》的过程中，方勇先生提到要编纂《诸子学史》，希望我能撰写《孙子学史》部分。他的这一提法，与我久久思考并有初步文献积累的《孙子学流变研究》构想不谋而合，我当即应允，并申请获得 2016 年国家社会科学基金资助。我从 1999 年留心孙子学到 2019 年《孙子学流变研究》基本完稿，历经二十年，不可不谓呕心沥血。在此二十年间，我为了更全面和准确地理解和把握孙子学在古典兵学中的地位和价值，大量阅读兵书及其研究著作，积累了丰富的读书札记，而且为了专心从事此项研究，做到心无旁骛，多次作出艰难选择，辞去行政职务，并全家搬迁，两易工作单位，基本做到了“不管窗外风和雨，一心只研孙子书”。

本书由于侧重运用文献梳理和历史叙述的方法，所以孙子学理论开掘仍感不足。这既有孙子学学科基础本来就比较薄弱的客观原因，更有本人学力不逮的原因。孙子学历史流变、地域流变、文化流变的轨迹和脉络，以及孙子学与历代政治演进、政权更替、重大战争等关系仍嫌叙述、揭示不够。在实际研究中，我发现历代孙子学学者籍贯或出生地分布及其原因分析是一个很有意义而且值得深度挖掘的问题，应该绘制“历代孙子学时地分布图”“历代战争时地分布图”及“中国古典兵学发展时地分布图”。具体地说，一是应该探讨孙子学学者的籍贯或出生地分布，主要包括孙子学学者时地分布的南北差异、孙子学学者时地分布与战争时地分布、孙子学学者的时地分布与经济发展的时地重心转移、孙子学学者的时地分布与兵学发展的时地重心转移、孙子学地域文化的差异性与趋同性分析；二是应该探讨孙子学学者时地分布原因分析，拟从地理环境、政治因素、战争因素、经济因素、文化因素、人口因素、灾害因素等方面考察。这些问题，既和本课题有密切关联，又超越了本课题的研究范围，是兵学地理学研究的范畴，它涉及地理学、环境学、政治学、战争学、人口学、经济学、文化人类学等多学科的交叉，因为不是本课题研究必须包含的内容，属于本人想解决而又无力解决的问题，故暂时搁置，留待条件成熟后设计专题继续研究。

以孙子学为代表的古典兵学是中华优秀传统文化的重要组成部分，我们不仅需要重视古典兵学的实用性及应用性研究，而且要重视古典兵学的学术性及基础性研究，只有在和平中不忘战争，才能在战争一旦来临时驾驭有方、应对有法。不仅军方要重视兵学，而且地方也要重视兵学，只有全民关注兵学，才能在抵御外来侵略及应对突发事件时，有取之不尽、用之不竭的智慧资源。

就在校对本书注释及撰写后记之际，暴发了令人恐怖的新型冠状病毒

（2019-nCoV）疫情。面对这场灾难，毫无疑问，我们很多人缺乏基本的应变能力和战备素养。这样一场突如其来的灾难，谁能说这不是一场战役？而我们在面对这场战役时，却对“敌人”捉摸不透，知之甚少。它们无影无形，无臭无味，令人防不胜防。基于这一意义，谁又能说兵法、兵学只能用于有硝烟的战争？所以我非常希望能够把古典兵学列入国民教育内容之中，把《孙子兵法》及先秦其他优秀兵学著作提升到与《论语》《孟子》《道德经》一样的高度，让国民从小培养基本的兵学素养，具备基本的危机意识和应急能力，培养基本的“兵家思维”和忧患意识，更希望学者能把目光投向古典兵学，传承之，普及之，发扬之。倘能如此，则国家之幸，民族之幸。

我出身军旅，回归百姓，若问我此生有什么追求，那么致力于兵学的传承和复兴，就是我的追求。我每次作出的人生抉择，都是为着这一追求而行。因此之故，寓居八桂时作词《踏莎行》以明志曰：

水阔山长，骏车驰骛。离甬别楚西南去。当年负笈出蓬门，岂求美屋华堂住？

桂郡偏居，花山千幕。堪称世外桃源渡。万千往事一如烟，梦中人却频回顾。

词中所谓“梦中人”者，非它，乃自身兵学研究之初心也。

近年来，我多次游历孙武故里，亦多次参加在孙武故里举办的孙子学研讨会，与孙子学同行切磋交流，亦曾赋词《水龙吟》以寄托对兵圣的追慕之思：

暮春初夏滨州美，乍雨还晴鲜绮。黄河波涌，城门灯俏，四湖环倚。当有佳人，相思梦里，月沉星委。旭阳照齐宇，海光旖旎，神奇地，此应是。

自夏而来立祀，几千年，人文蔚起。春秋末，长卿出世，横空万里。孙膑继之，生于阿鄄，百余年矣。数骚人墨客，繁星点点，岂堪伦比？

本书列为“十三五”国家重点图书出版规划2019年度增补项目，并获2020年度国家出版基金资助立项。在申请两个国家级立项过程中，得到业师“浙江省特级专家”、浙江大学宋学研究中心主任束景南教授，教育部“长江学者特聘教授”、华东师范大学先秦诸子研究中心主任方勇先生的鼎力推荐，以及业师华中师范大学历史文化学院姚伟钧教授的指教。责任编辑孔帅先生在本书申请两个国家级立项及编校出版中，眼光敏锐，筹划有方，用心细密，编校扎实，出力尤多。当初以此课题申报国家社科基金立项时，得到孙子文献学专家苏桂亮先生的支持。在此，对他们的热忱帮助和辛勤劳动一并致以衷心谢忱。

华中师范大学中国史博士生李鹤群撰写了中篇第一章，下篇第三章之第三节、第五章之第四节，在此特作说明。

由于作者学力浅薄，故书中舛误恐在所难免，观点亦不尽公允，还望海内外方家批评指正。

作者

2020年2月始记于汉阳问菊斋

2020年12月改定于羁旅书舍

清代山東刻書史（上）

唐桂艷 著

儒家文明協同創新中心資助項目
儒學與山左學術叢書之四

齊魯書社

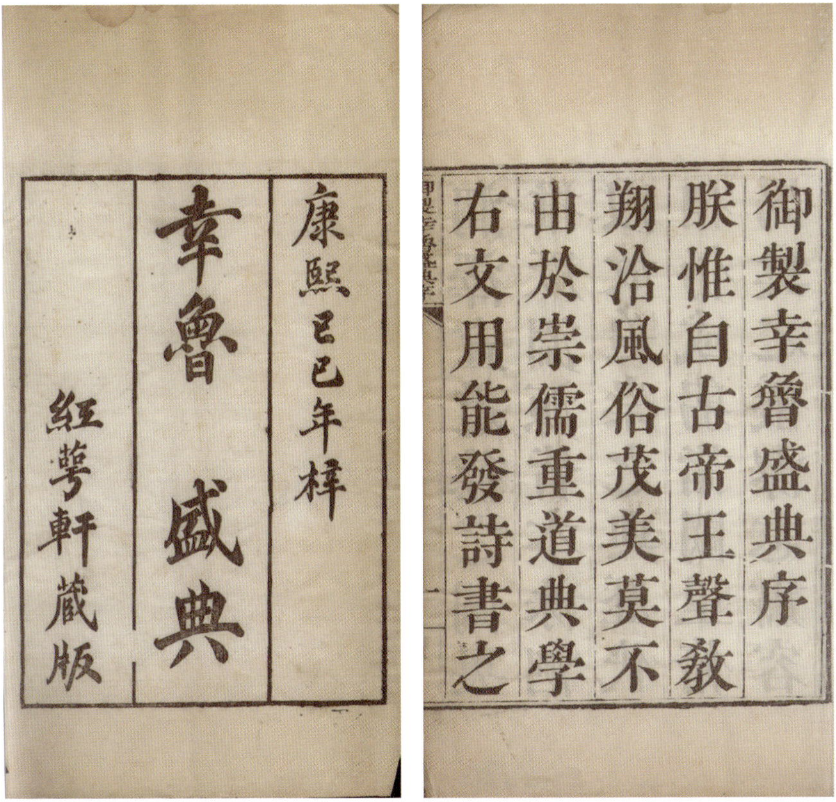
康熙己巳年梓
幸魯盛典
紅萼軒藏版

御製幸魯盛典序
朕惟自古帝王聲教
翔洽風俗茂美莫不
由於崇儒重道典學
右文用能發詩書之

清康熙孔府刻清孔毓圻等纂修《幸魯盛典》，孔府爲清内府在曲阜所設的刻書處

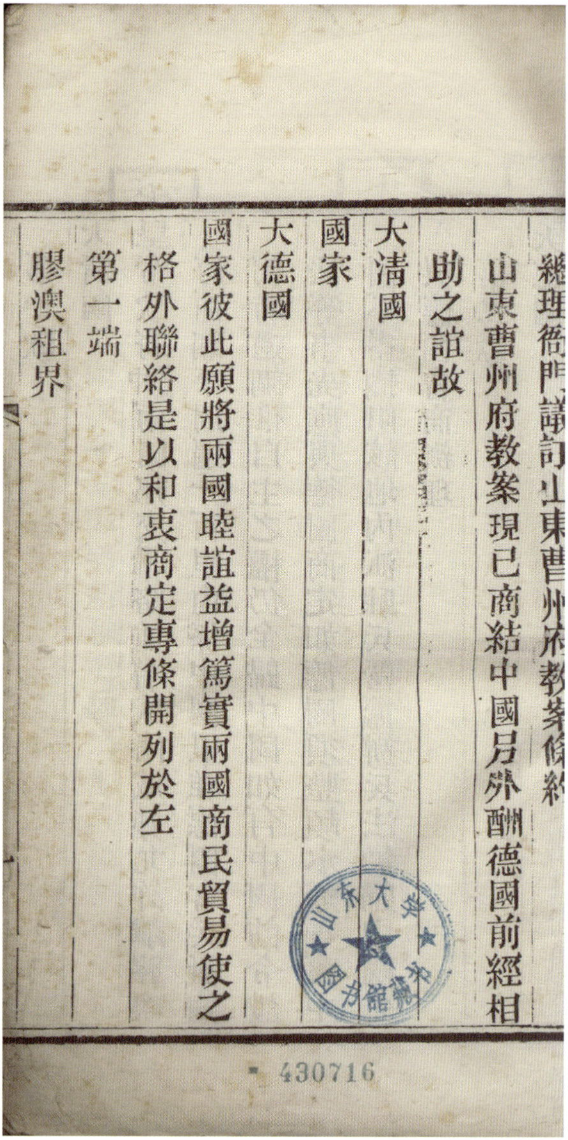

總理衙門議訂山東曹州府教案條約

山東曹州府教案現已商結中國另外酬德國前經相
助之誼故
大清國
國家
大德國
國家彼此願將兩國睦誼益增篤實兩國商民貿易使之
格外聯絡是以和衷商定專條開列於左
第一端
膠澳租界

清光緒二十六年山東巡撫刻總理各國事務衙門議訂《山東曹州教案條約》，書藏山東大學圖書館

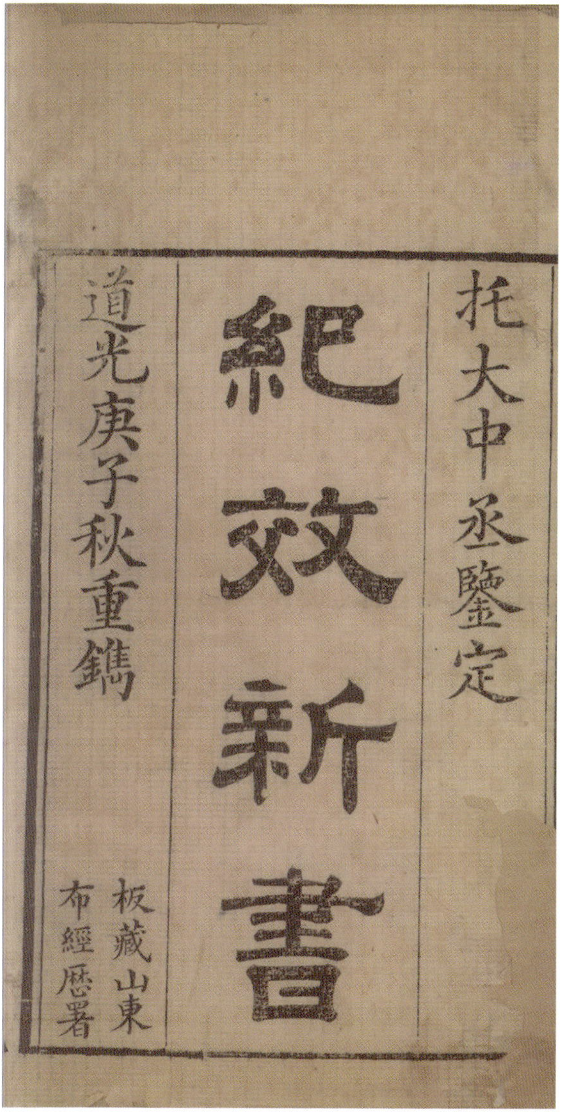
托大中丞鑒定

紀效新書

道光庚子秋重鐫

板藏山東布經歷署

清道光二十年山東布政司經歷署刻明戚繼光撰《紀效新書》，山東布政使楊慶琛遵山東巡撫托渾布之囑令經歷余榮校讎督刊

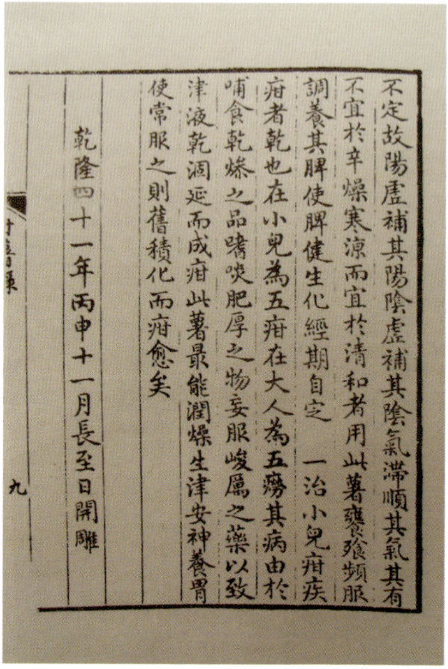

不定故陽虛補其陽陰虛補其陰氣滯順其氣其有不宜於辛燥寒涼而宜於清和者用此薯饔飧頻服調養其脾使脾健生化經期自定　一治小兒疳疾疳者乾也在小兒為五疳在大人為五癆其病由於哺食乾燎之品嗜啖肥厚之物妄服峻厲之藥以致津液乾涸延而成疳此薯最能潤燥生津安神養胃使常服之則舊積化而疳愈矣

乾隆四十一年丙申十一月長至日開雕

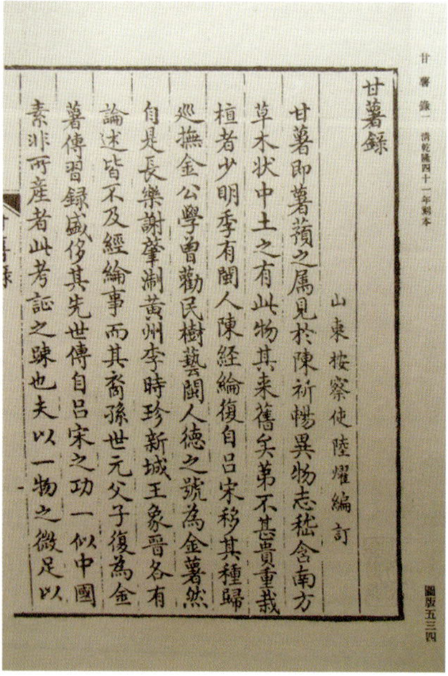

甘薯録

山東按察使陸燿編訂

甘薯即薯蕷之屬見於陳祈暢異物志嵇含南方草木狀中土之有此物其來舊矣第不甚貴重栽植者少明季有閩人陳經綸復自呂宋移其種歸巡撫金公學曾勸民樹藝閩人德之號為金薯然自是長樂謝肇淛黄州李時珍新城王象晉各有論述皆不及經綸事而其裔孫世元父子復為金薯傳習録彙其先世傳自呂宋之功一似中國素非所產者此考證之疎也夫以一物之微足以

清乾隆四十一年山東按察使司刻清陸燿編《甘薯録》，乾隆皇帝下令推廣

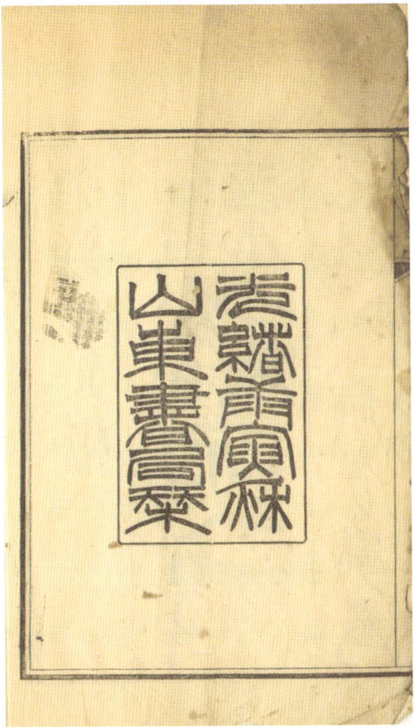

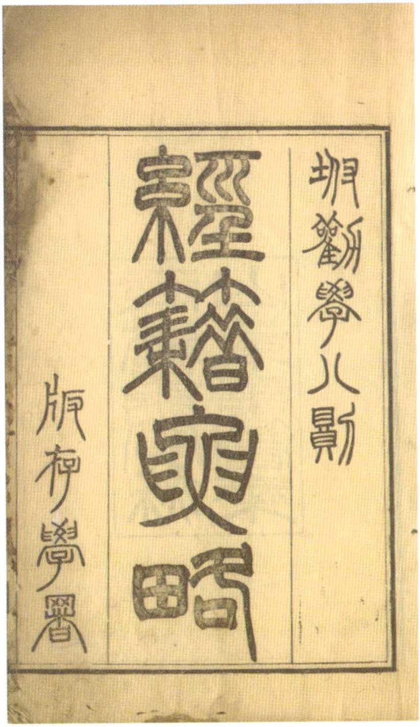

清光緒十六年山東書局刻清裕德編《經籍要略》，山東學政裕德主持刊刻

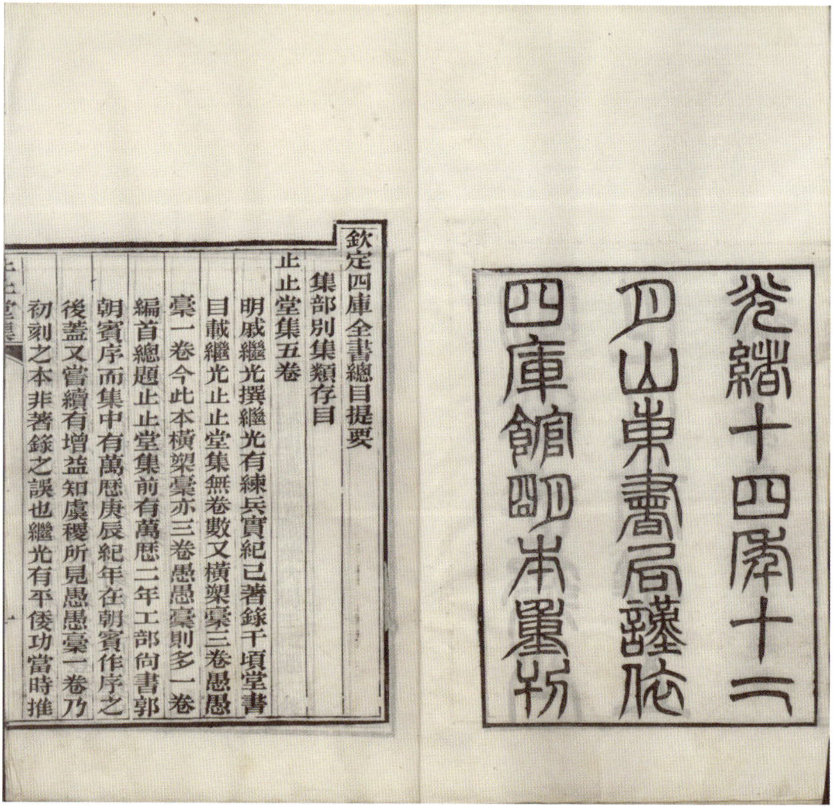

清光緒十四年山東書局刻明戚繼光撰《止止堂集》，山東巡撫張曜主持刊刻

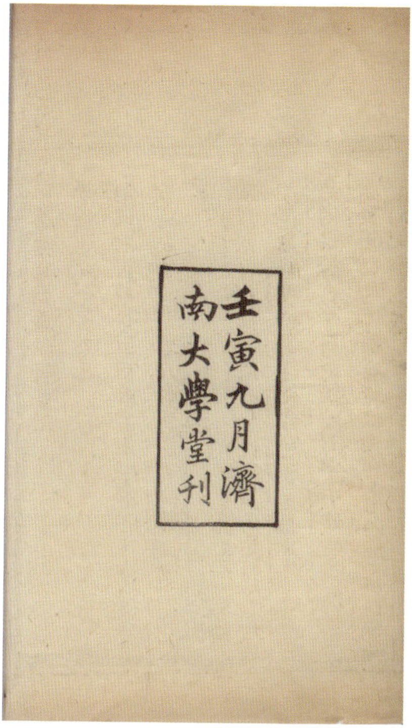
壬寅九月濟
南大學堂刊

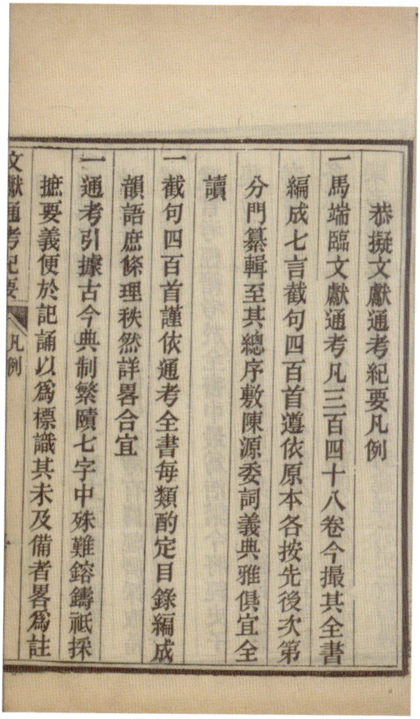
恭擬文獻通考紀要凡例
一馬端臨文獻通考凡三百四十八卷今撮其全書
編成七言截句四百首遵依原本各按先後次第
分門纂輯至其總序敷陳源委詞義典雅俱宜全
讀
一截句四百首謹依通考全書每類酌定目錄編成
韻語庶條理秩然詳畧合宜
一通考引據古今典制繁賾七字中殊難鎔鑄祇採
摭要義便於記誦以爲標識其未及備者畧爲註

文獻通考紀要　凡例

清光緒二十八年山東大學堂刻元馬端臨撰
《文獻通考紀要》

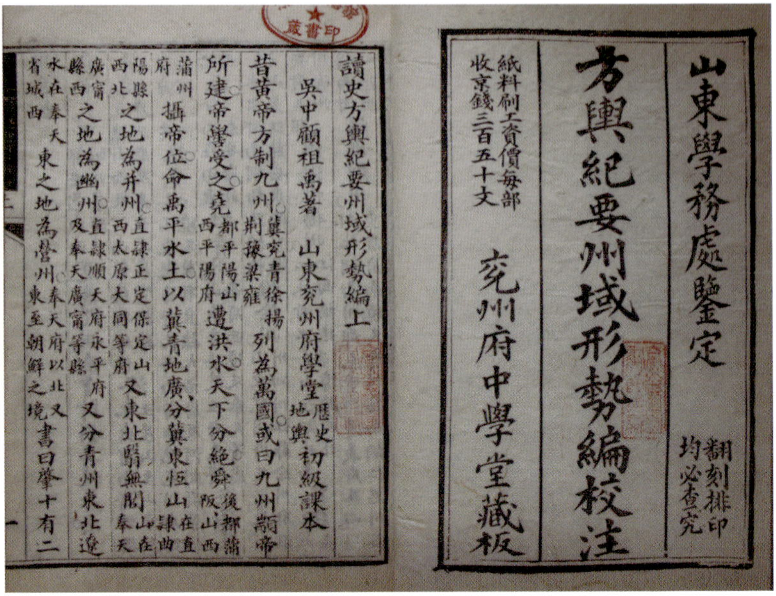

清末兗州府中學堂刻清顧祖禹撰《讀史方輿紀要州域形勢編》，書藏中國科學院圖書館

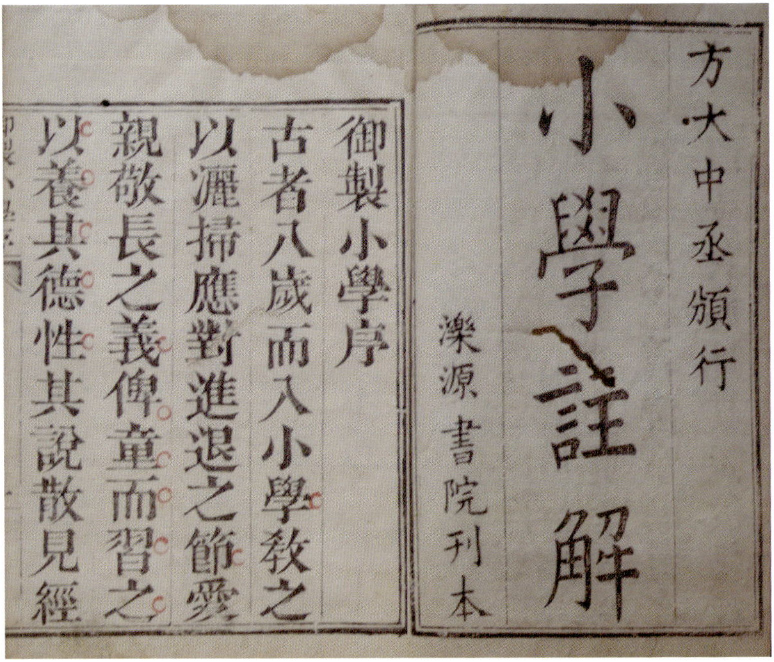

清乾隆十一年至十二年間濟南濼源書院刻《小學註解》，濼源書院是清代山東唯一一個省級書院

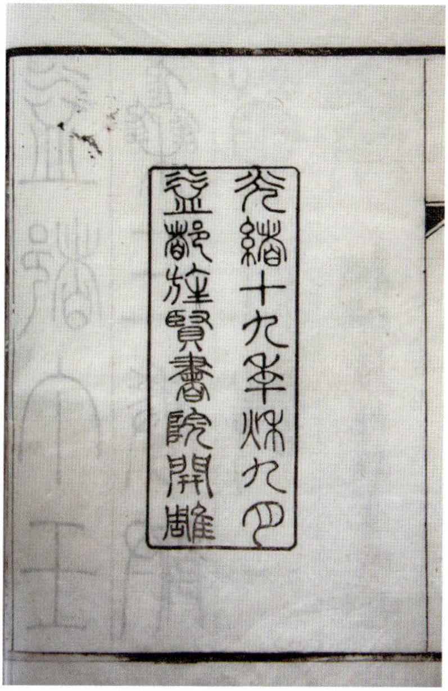

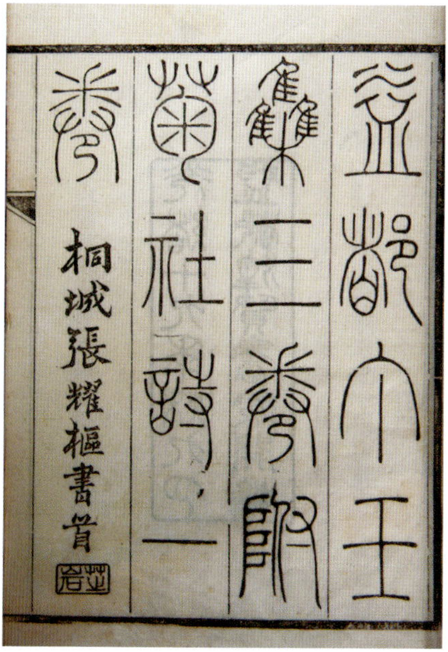

清光緒十九年益都旌賢書院刻清邱端玉等編《益都丁壬集》，旌賢書院是清代益都第一所官辦書院

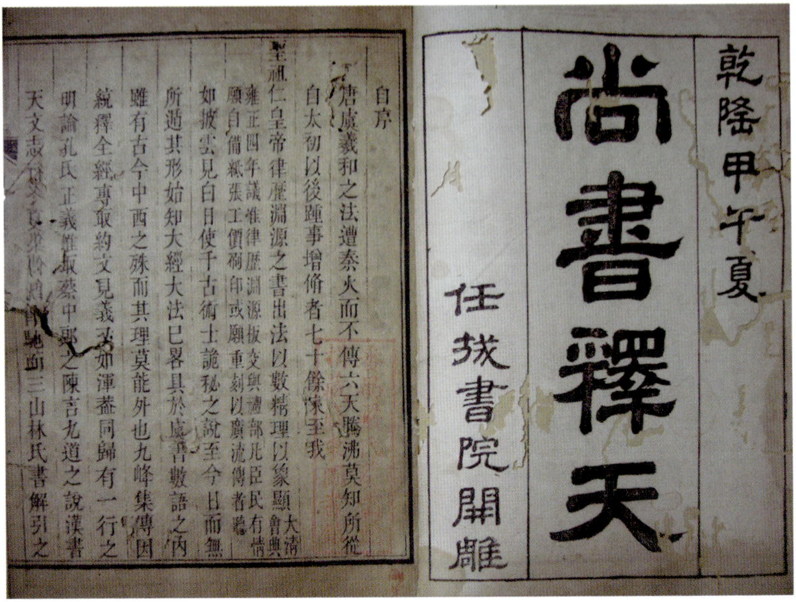

清乾隆三十九年濟寧任城書院刻清盛百二撰《尚書釋天》，任城書院於乾隆三十年由總河姚立德所建

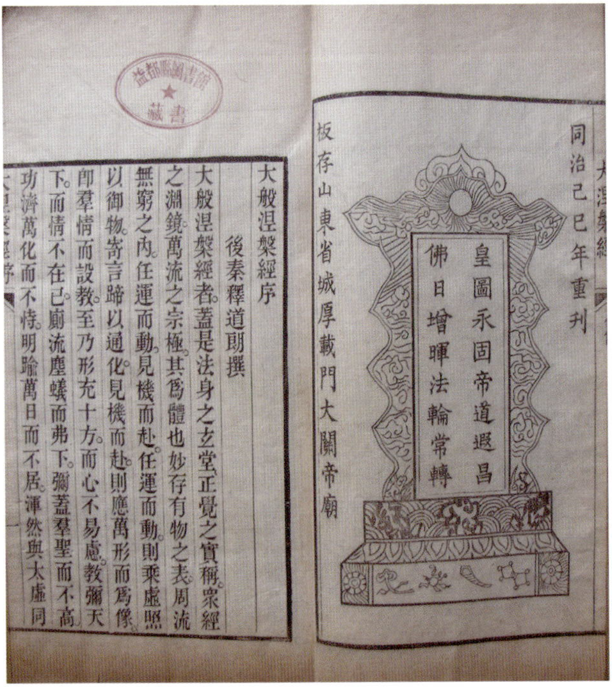

清同治八年濟南大關帝廟刻《大般涅槃經》

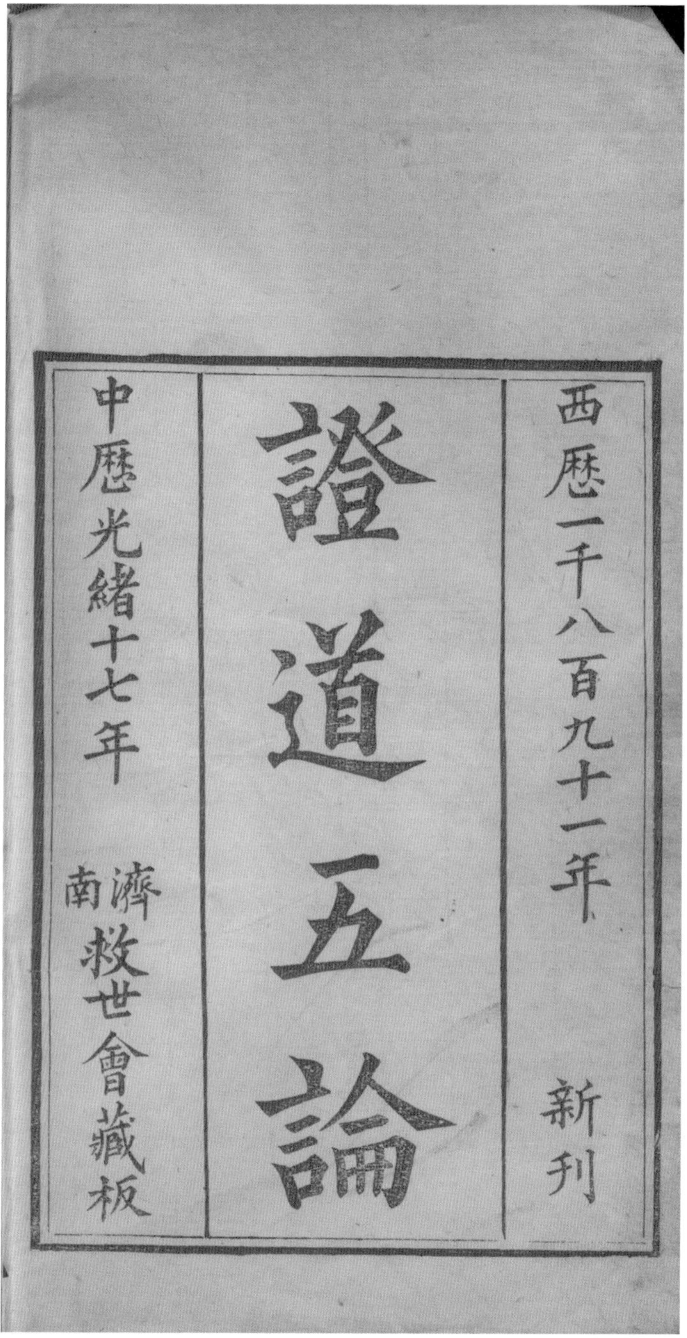

西歷一千八百九十一年　新刊

證道五論

中歷光緒十七年　濟南救世會藏板

清光緒十七年濟南救世會刻英國秀華陽撰《證道五論》

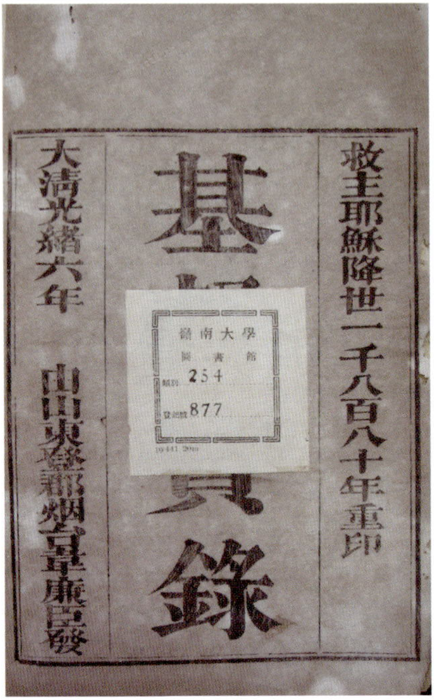
救主耶穌降世一千八百八十年重印

基督實錄

大清光緒六年

山東登郡烟台韋廉臣發

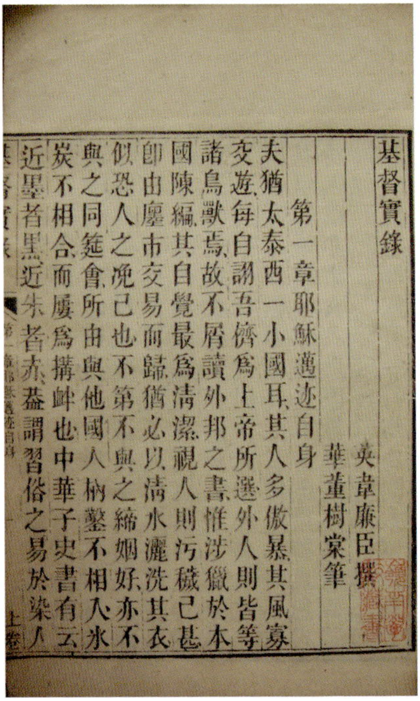
基督實錄

英韋廉臣撰

華董樹棠筆

第一章耶穌邁迹自身

夫猶太泰西一小國耳其人多傲慕其風寡交遊每自謂吾儕爲上帝所選外人則皆等諸鳥獸焉故不屑讀外邦之書惟涉獵於本國陳編其自覺最爲清潔視人則污穢已甚即由廛市交易而歸猶必以清水灑洗其衣假恐人之浼己也不第不與之締姻好亦不與之同筵會所由與他國人枘鑿不相入水炭不相合而屢爲搆衅也中華子史書有云近墨者黑近朱者赤蓋謂習俗之易於染人

基督實錄 第一章耶穌邁迹自身 上卷 一

清光緒六年煙台基督教堂刻英國傳教士韋廉臣撰《基督實録》，書藏廣東省立中山圖書館

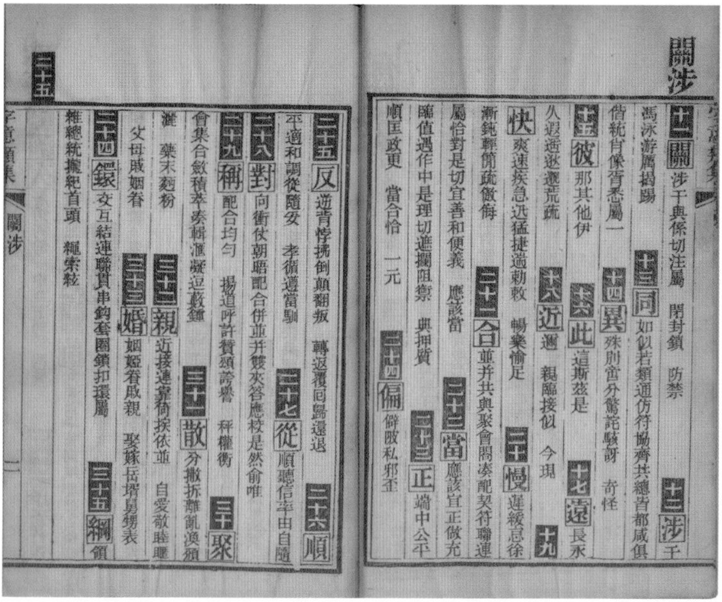

清光緒三十年青州浸禮會基督教堂刻英國傳教士仲均安撰《字意類集》

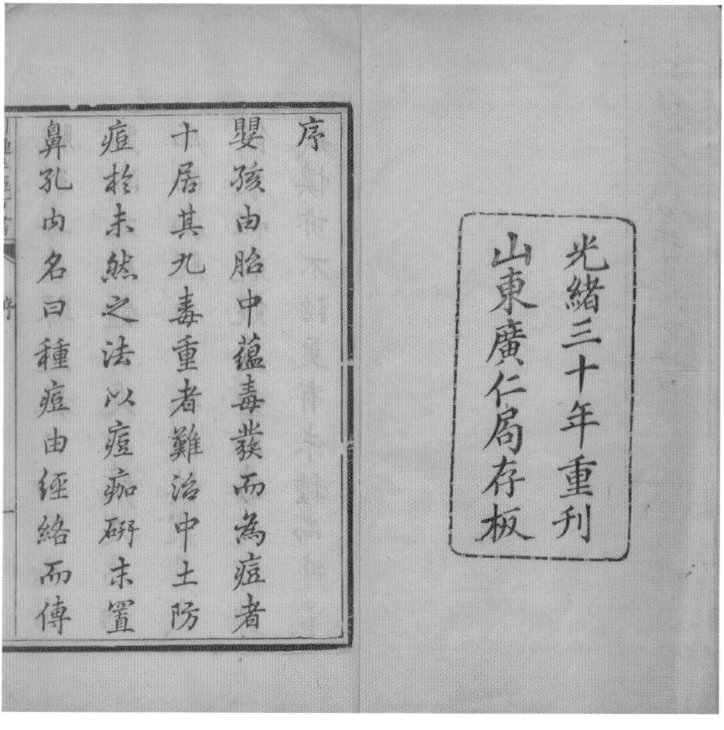

清光緒三十年山東廣仁局刻清邱熺輯《引種保嬰牛痘方書》

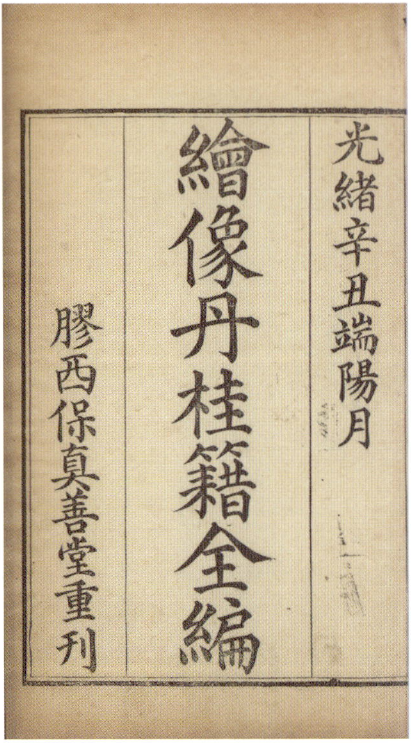
光緒辛丑端陽月
繪像丹桂籍全編
膠西保真善堂重刊

清光緒二十七年膠西保真善堂刻
《三經圖説》

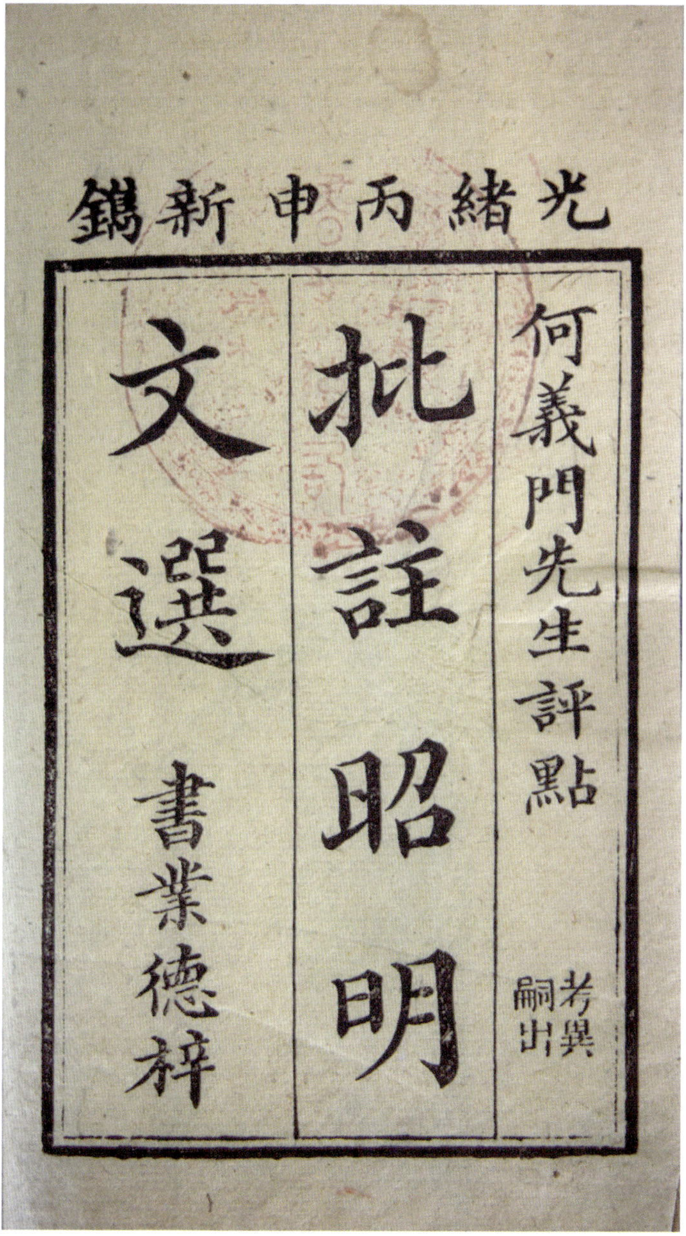
光緒丙申新鐫

何義門先生評點

批註昭明文選

考異嗣出

書業德梓

清光緒二十二年東昌書業德刻《昭明文選》，東昌書業德是清代山東刻書最多的坊鋪

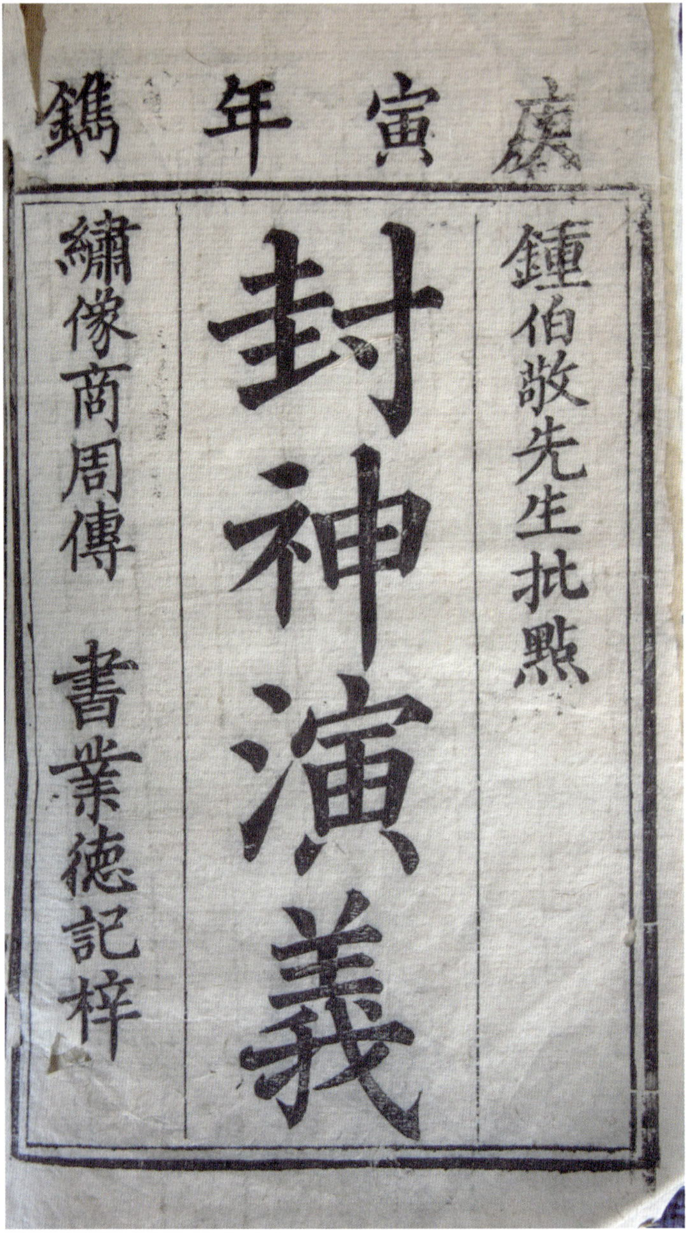

庚寅年鐫

鍾伯敬先生批點

封神演義

繡像商周傳　書業德記梓

清東昌書業德刻《封神演義》

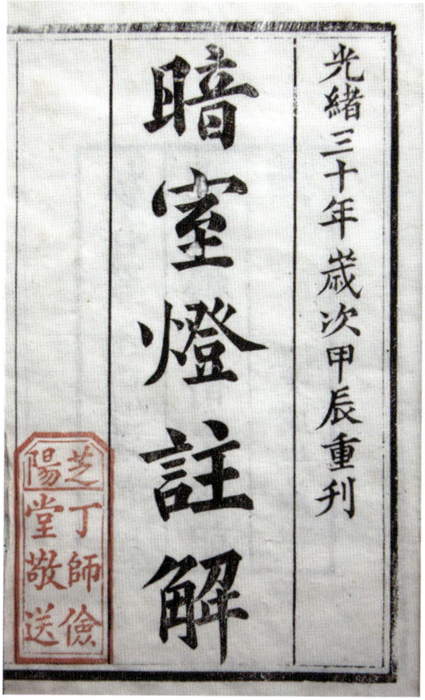

光緒三十年歲次甲辰重刊

暗室燈註解

芝丁師儉
陽堂敬送

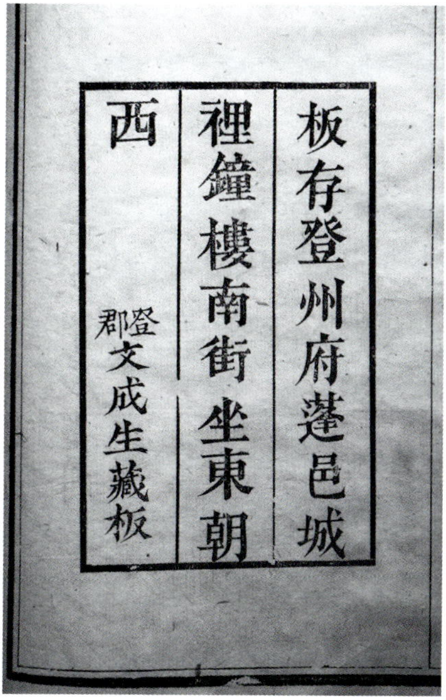

板存登州府蓬邑城
裡鐘樓南街坐東朝
西
登郡文成生藏板

清光緒三十年登郡文成生刻《暗室燈註解》，文成生爲登州府刻書坊鋪

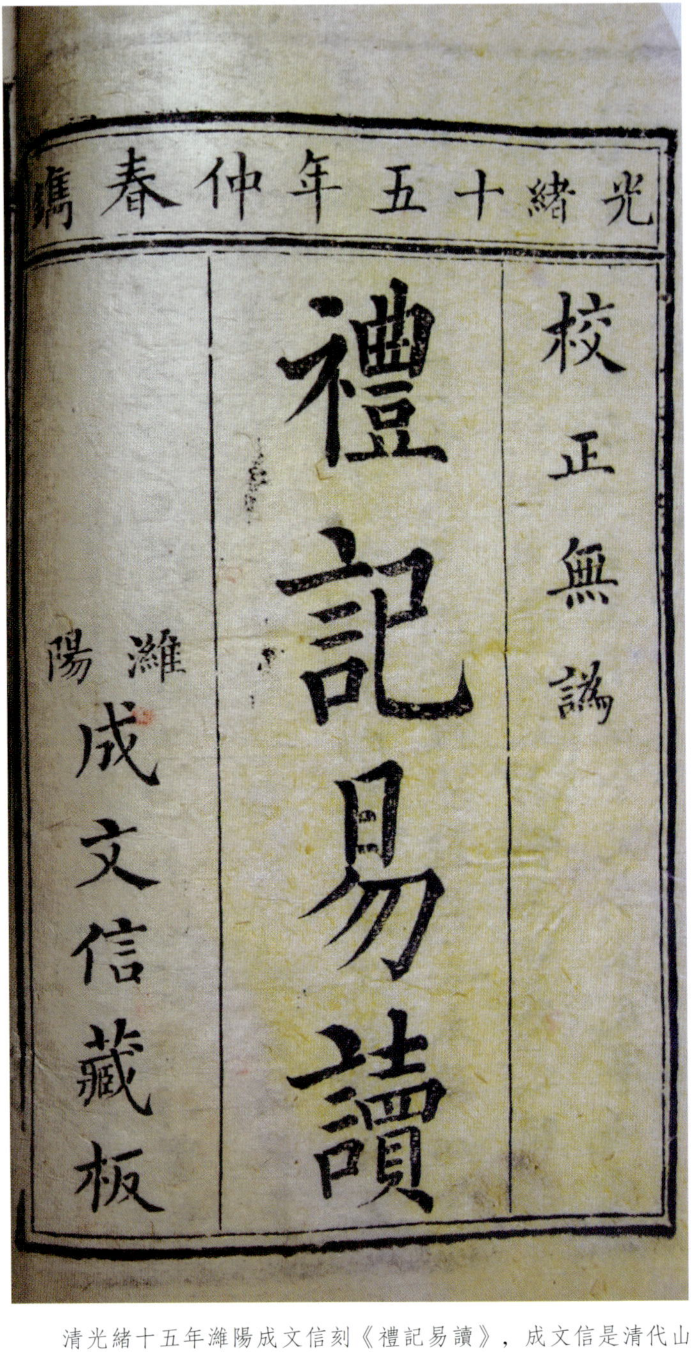

清光緒十五年濰陽成文信刻《禮記易讀》，成文信是清代山東分布最廣的刻書坊鋪

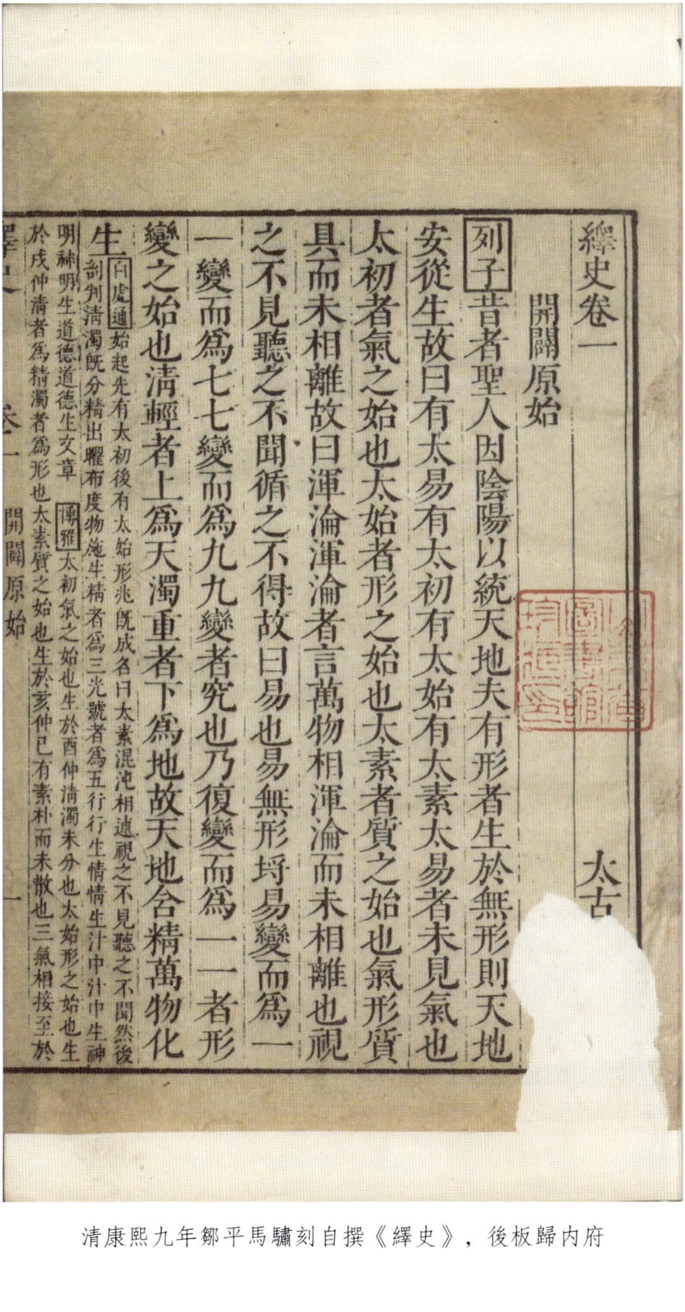

繹史卷一　　太古

開闢原始

列子　昔者聖人因陰陽以統天地夫有形者生於無形則天地安從生故曰有太易有太初有太始有太素太易者未見氣也太初者氣之始也太始者形之始也太素者質之始也氣形質具而未相離故曰渾淪渾淪者言萬物相渾淪而未相離也視之不見聽之不聞循之不得故曰易也易無形埒易變而爲一一變而爲七七變而爲九九變者究也乃復變而爲一一者形變之始也清輕者上爲天濁重者下爲地故天地合精萬物化生

白虎通　始起先有太初後有太始形兆既成名曰太素混沌相連視之不見聽之不聞然後剖判清濁既分精出曜布度物施生精者爲三光號者爲五行行生情情生汁中汁中生神明神明生道德道德生文章　廣雅　太初氣之始也生於酉仲清濁未分也太始形之始也生於戌仲清者爲精濁者爲形也太素質之始也生於亥仲已有素朴而未散也三氣相接至於

繹史　卷一　開闢原始　一

清康熙九年鄒平馬驌刻自撰《繹史》，後板歸内府

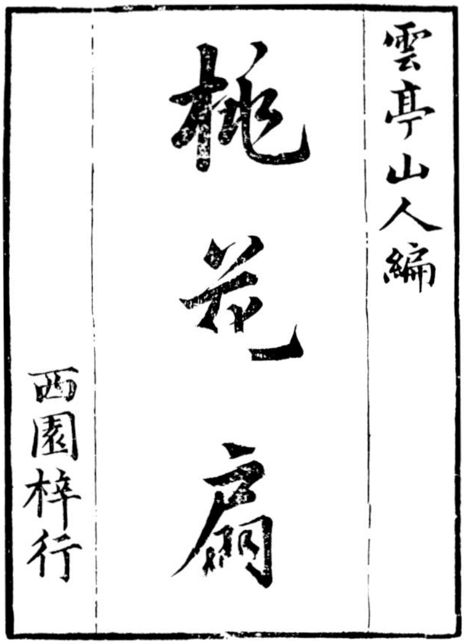

雲亭山人編

桃花扇

西園梓行

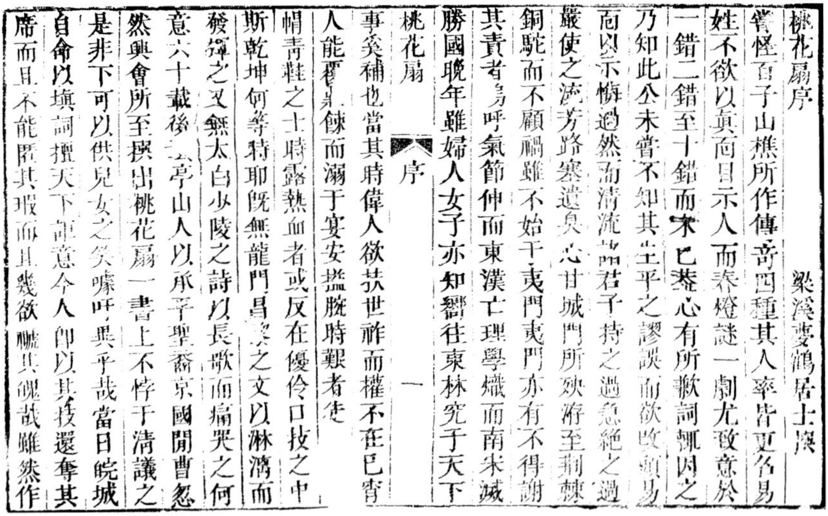

桃花扇序　　梁溪夢鶴居士撰

嘗怪百子山樵所作傳奇四種其人率皆更名易姓不欲以眞面目示人而春燈謎一劇尤致意於一錯二錯至十錯而未已甚心有所歉詞輒因之乃知此公未嘗不知其生平之謬誤而欲改頭易面以示悔過然而清流諸君子持之過急絶之過嚴使之流芳路塞遺臭心甘城門所殃澼至荆棘銅駝而不顧禍雖不始于夷門夷門亦有不得辭其責者烏呼氣節伸而東漢亡理學熾而南宋滅勝國晚年雖婦人女子亦知嚮往東林究于天下

桃花扇　序　一

事奚補也當其時偉人欲扶世祚而權不在已宵人能覆鼎餗而溺于宴安搤腕時艱者徒帽青鞋之士時露熱血者或反在優伶口技之中斯乾坤何等時耶既無龍門昌黎之文以淋漓而發揮之又無太白少陵之詩以長歌而痛哭之何意六十載後云亭山人以承平聖裔京國閒曹忽然興會所至撰出桃花扇一書上不悖于清議之是非下可以供兒女之笑嚎呼異乎哉當日皖城自命以塡詞擅天下詎意今人即以其技還奪其席而且不能匿其瑕而且幾欲臚其醜哉雖然作

清康熙曲阜孔氏刻清孔尚任《桃花扇傳奇》，是此書的早期刊本

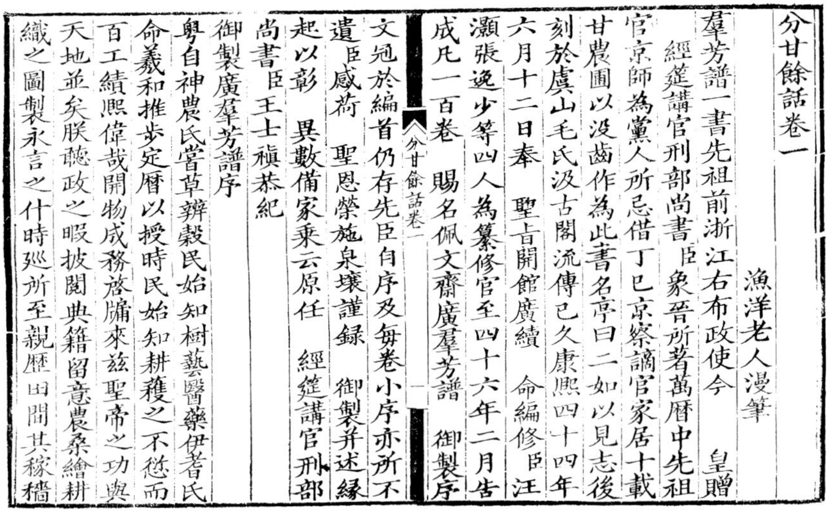
分甘餘話卷一
漁洋老人漫筆
羣芳譜一書先祖前浙江右布政使今　皇贈
經筵講官刑部尚書臣象晉所著萬曆中先祖
官京師為黨人所忌借丁巳京察謫官家居十載
甘農圃以没齒作為此書名亭曰二如以見志後
刻於虞山毛氏汲古閣流傳已久康熙四十四年
六月十二日奉　聖旨開館廣續　命編修臣汪
灝張逸少等四人為纂修官至四十六年二月告
成凡一百卷　賜名佩文齋廣羣芳譜　御製序

文冠於編首仍存先臣自序及每卷小序亦所不
遺臣感荷　聖恩榮施泉壤謹録　御製并述緣
起以彰　異數備家乘云原任　經筵講官刑部
尚書臣王士禛恭紀
御製廣羣芳譜序
粤自神農氏嘗草辨穀民始知樹藝醫藥伊耆氏
命羲和推步定曆以授時民始知耕穫之不悮而
百工績熙偉哉開物成務啓牖來茲聖帝之功與
天地並矣朕聽政之暇披閲典籍留意農桑繪耕
織之圖製永言之什時巡所至親歷田間其稼穡

顔栁以後若温飛卿與牧之亦名家也愚按宣和
書譜唐詩人善書者賀知章李白張籍白居易許
渾司空圖呉融韓偓杜牧而不載温飛卿然余從
他處見李商隱書亦絶妙知唐人無不工書者特
爲詩所掩耳此卷今藏宋太宰牧仲家
分甘餘話卷四止
姪孫兆棟敬書

清康熙四十八年新城王士禛刻《分甘餘話》，姪孫王兆棟寫刻，刻於新城

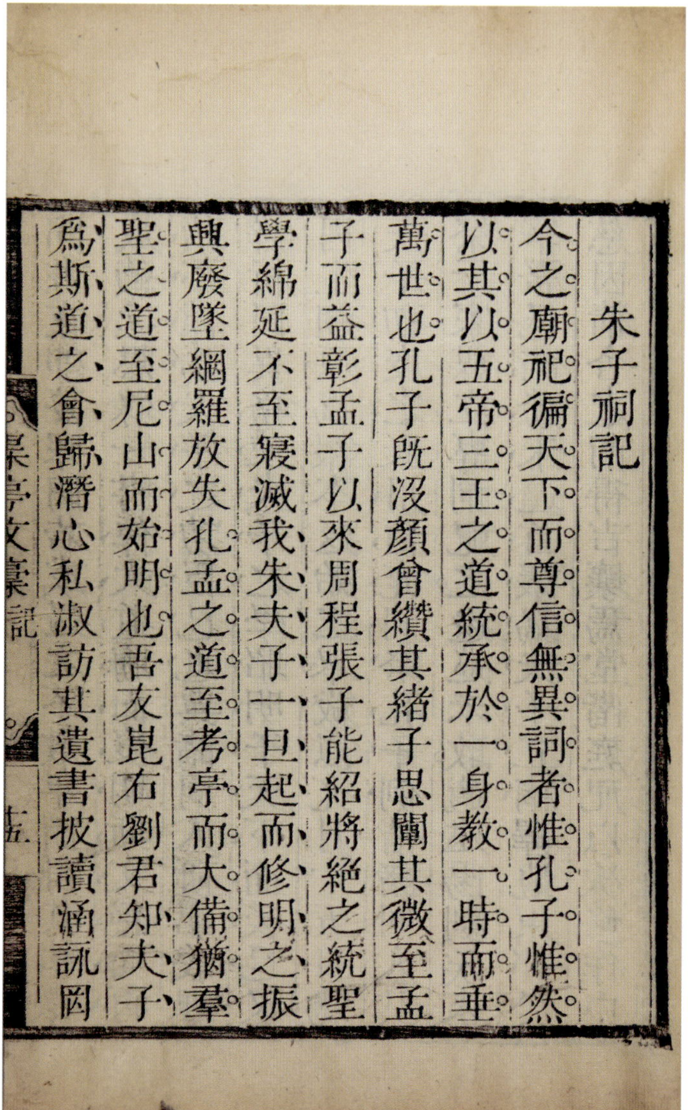

朱子祠記

今之廟祀徧天下而尊信無異詞者惟孔子惟然以其以五帝三王之道統承於一身教一時而垂萬世也孔子既沒顏曾纘其緒子思闡其微至孟子而益彰孟子以來周程張子能紹將絕之統聖學綿延不至寖滅我朱夫子一旦起而修明之振興廢墜綱羅放失孔孟之道至考亭而大備猶羣聖之道至尼山而始明也吾友崑右劉君知夫子爲斯道之會歸潛心私淑訪其遺書披讀涵詠罔

清康熙間安邱張貞刻自撰《渠亭山人半部稾》

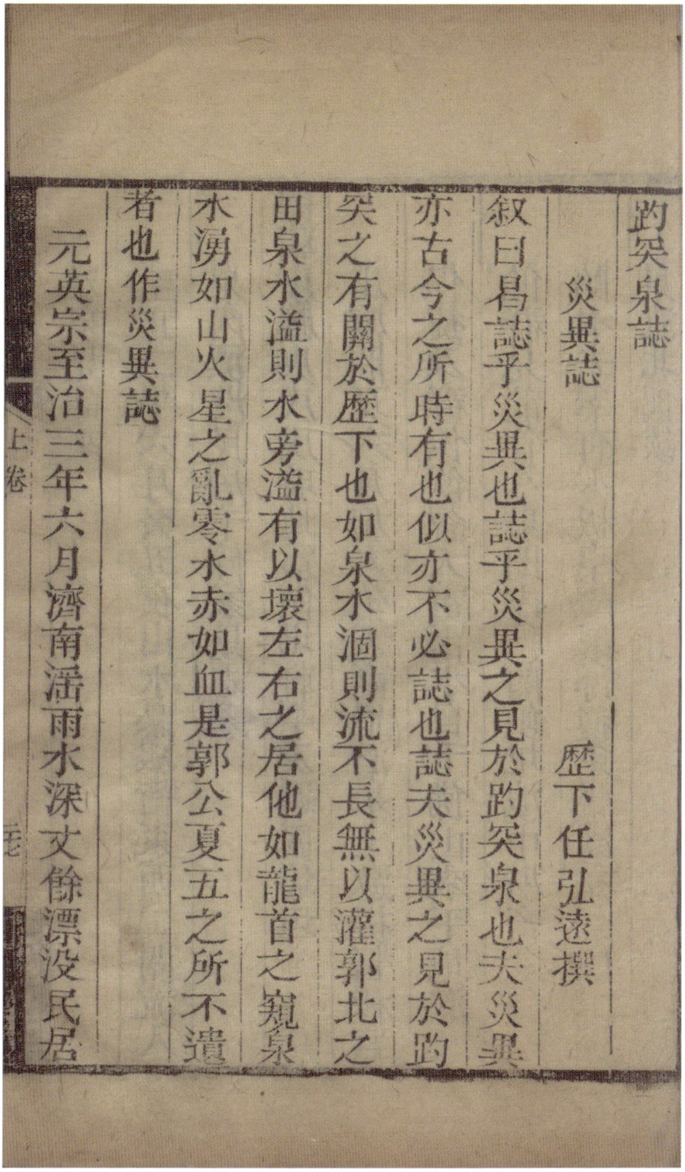

趵突泉誌

災異誌　　歷下任弘遠撰

叙曰曷誌乎災異也誌乎災異之見於趵突泉也夫災異亦古今之所時有也似亦不必誌也誌夫災異之見於趵突之有關於歷下也如泉水涸則流不長無以灌郭北之田泉水溢則水旁溢有以壞左右之居他如龍首之竅泉水湧如山火星之亂零水赤如血是郭公夏五之所不遺者也作災異誌

元英宗至治三年六月濟南淫雨水深丈餘漂没民居

上卷

清乾隆七年歷城任弘遠刻自撰《趵突泉誌》，此志被譽爲“天下名泉第一志”

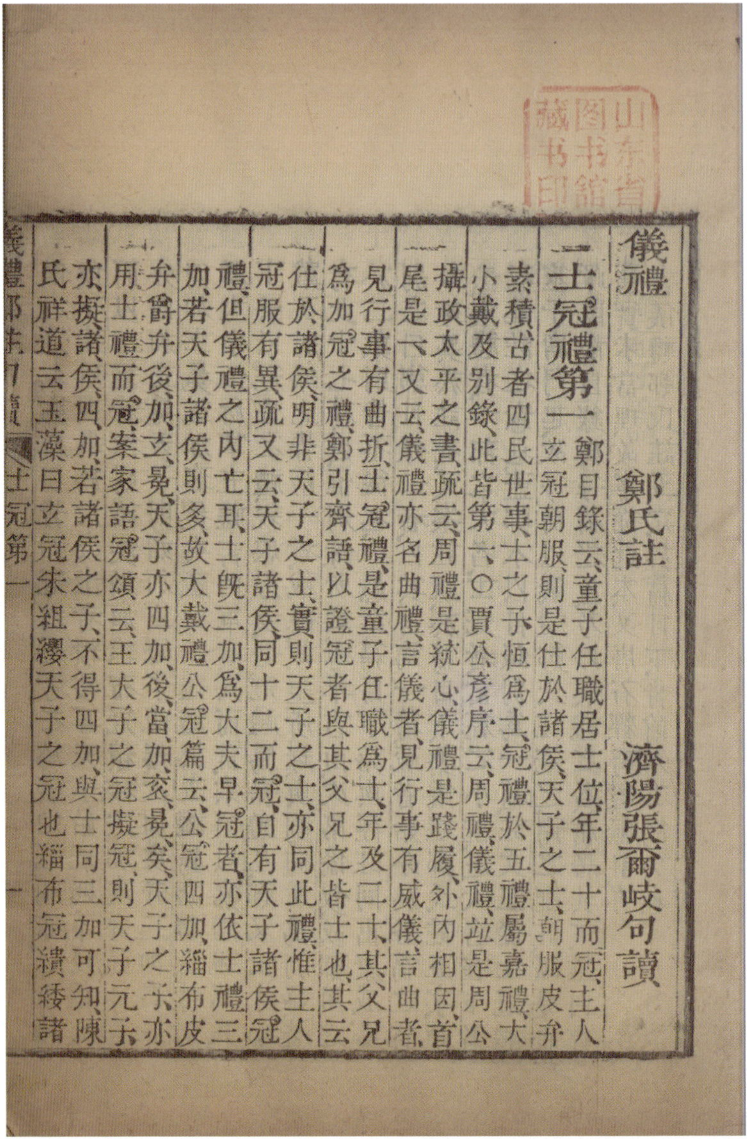

清乾隆八年濟陽高廷樞刻清張爾岐撰《儀禮鄭注句讀》，後山東書局刻《十三經讀本》中《儀禮》源於此本

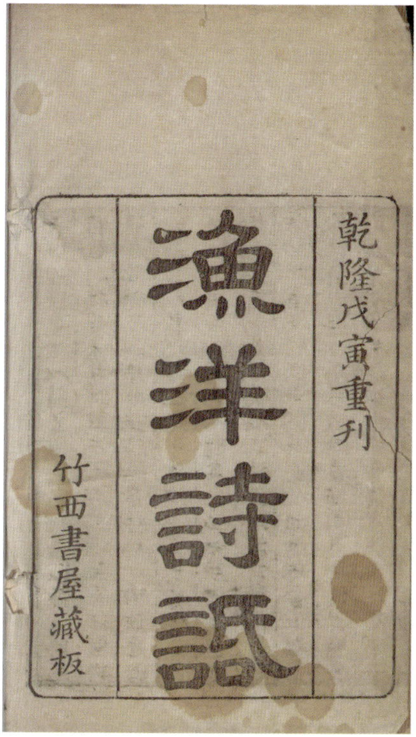

乾隆戊寅重刊

漁洋詩話

竹西書屋藏板

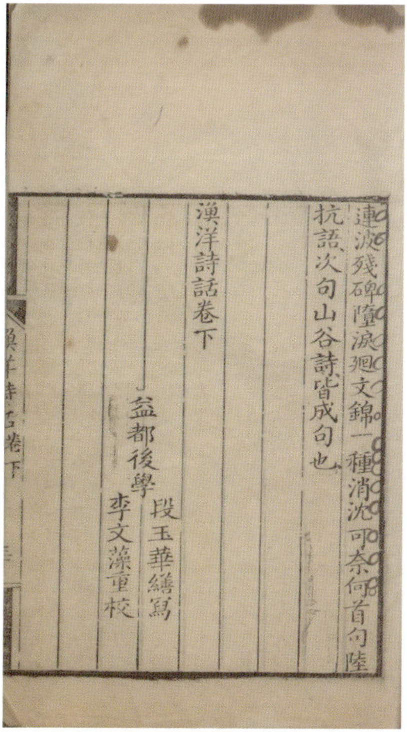

連漪殘碑墮淚廻文錦一種消沈可奈何首句陸抗語次句山谷詩皆成句也

漁洋詩話卷下

益都後學　段玉華繕寫

李文藻重校

清乾隆二十三年益都李文藻刻清王士禛撰《漁洋詩話》，寫工爲益都段松苓之父段玉華

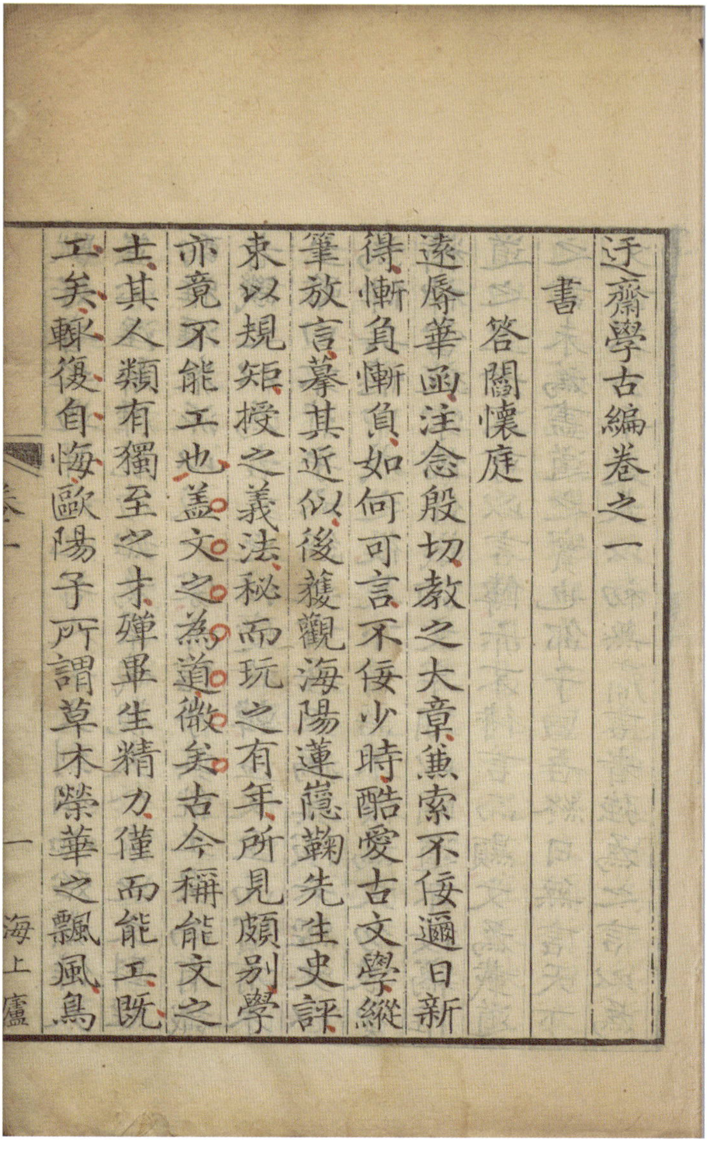
迂齋學古編卷之一

書

答閻懷庭

遠辱華函注念殷切教之大章兼索不佞邇日新得慚負慚負如何可言不佞少時酷愛古文學縱筆放言摹其近似後獲觀海陽蓮蕩鞠先生史評東以規矩授之義法秘而玩之有年所見頗別學亦竟不能工也蓋文之為道微矣古今稱能文之士其人類有獨至之才殫畢生精力僅而能工旣工矣輒復自悔歐陽子所謂草木榮華之飄風鳥

卷一　一　海上盧

清乾隆三十九年膠州法氏海上盧刻法坤宏撰《迂齋學古編》，羊城著名刻字鋪六書齋寫刻

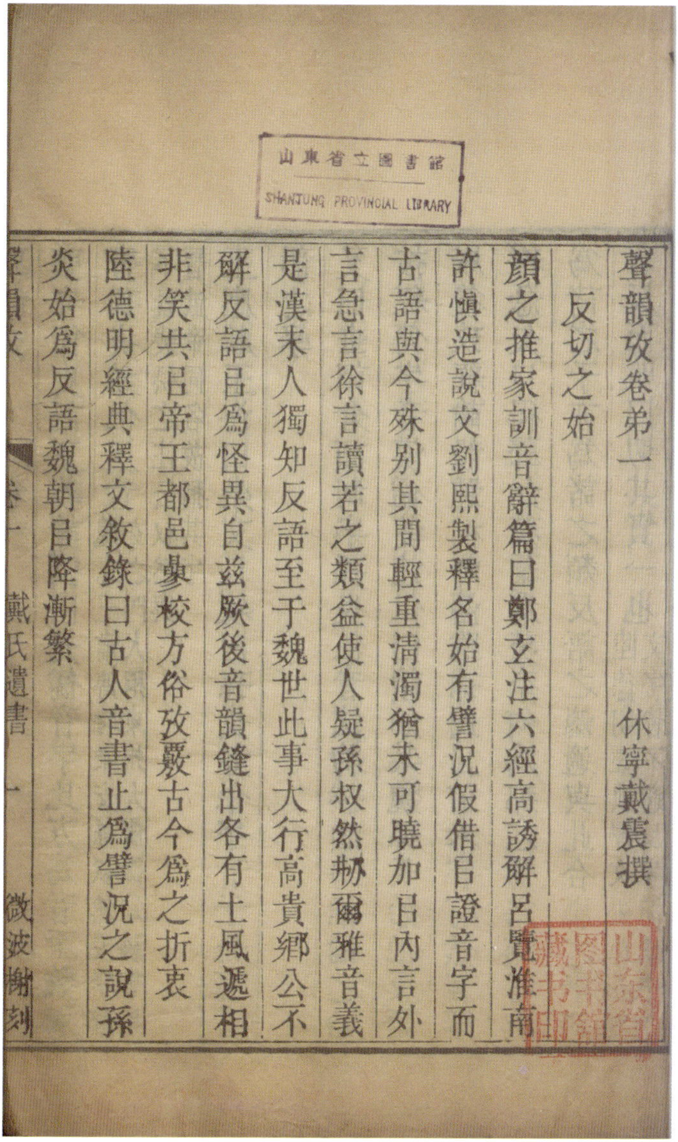

聲韻攷卷第一　休寧戴震撰

反切之始

顔之推家訓音辭篇曰鄭玄注六經高誘解呂覽淮南許慎造說文劉熙製釋名始有譬況假借以證音字而古語與今殊別其間輕重清濁猶未可曉加以內言外言急言徐言讀若之類益使人疑孫叔然創爾雅音義是漢末人獨知反語至于魏世此事大行高貴鄉公不解反語以爲怪異自茲厥後音韻鋒出各有土風遞相非笑共以帝王都邑參校方俗攷覈古今爲之折衷

陸德明經典釋文敘錄曰古人音書止爲譬況之說孫炎始爲反語魏朝以降漸繁

聲韻攷　卷一　戴氏遺書一　微波榭刻

清乾隆四十二年至四十四年曲阜孔繼涵微波榭刻清戴震撰《戴氏遺書》，《微波榭叢書》之一

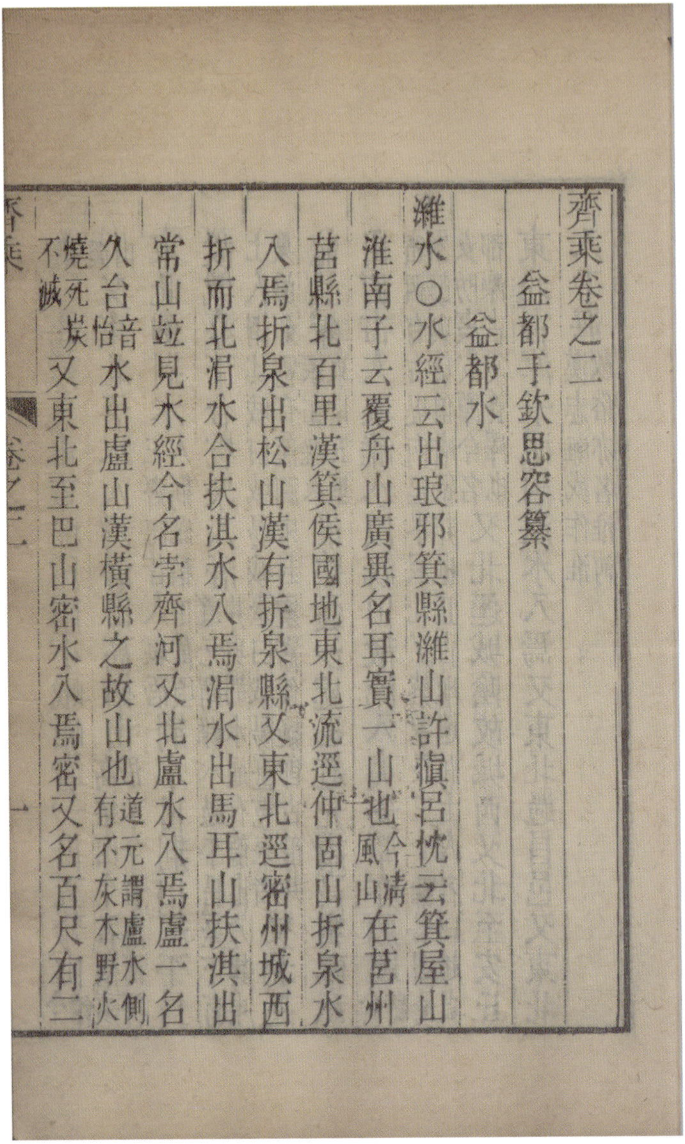
齊乘卷之二

益都于欽思容纂

益都水

濰水○水經云出琅邪箕縣濰山許慎呂忱云箕屋山淮南子云覆舟山廣異名耳實一山也今淸風山在莒州莒縣北百里漢箕侯國地東北流逕仲固山折泉水入焉折泉出松山漢有折泉縣又東北逕密州城西折而北涓水合扶淇水入焉涓水出馬耳山扶淇出常山竝見水經今名孛齊河又北盧水入焉盧一名久台音怡水出盧山漢橫縣之故山也道元謂盧水側有不灰木野火燒死炭不滅又東北至巴山密水入焉密又名百尺有二

齊乘　卷之二　一

清乾隆四十六年桂林胡德琳刻元于欽撰《齊乘》，因有周氏考證而成爲此書現存的最好版本

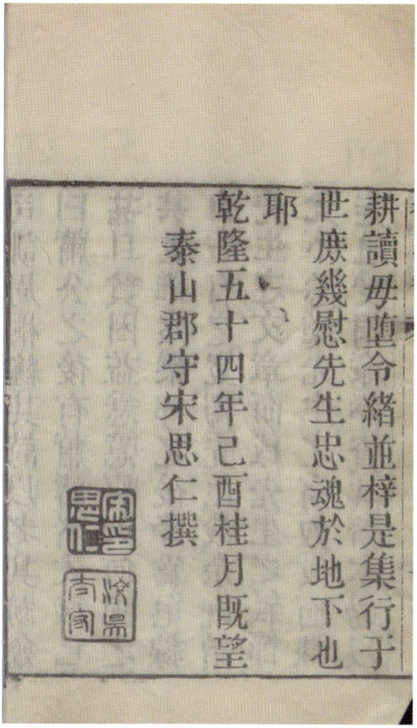
耕讀毋墮令緒並梓是集行于
世庶幾慰先生忠魂於地下也
耶
乾隆五十四年己酉桂月既望
泰山郡守宋思仁撰

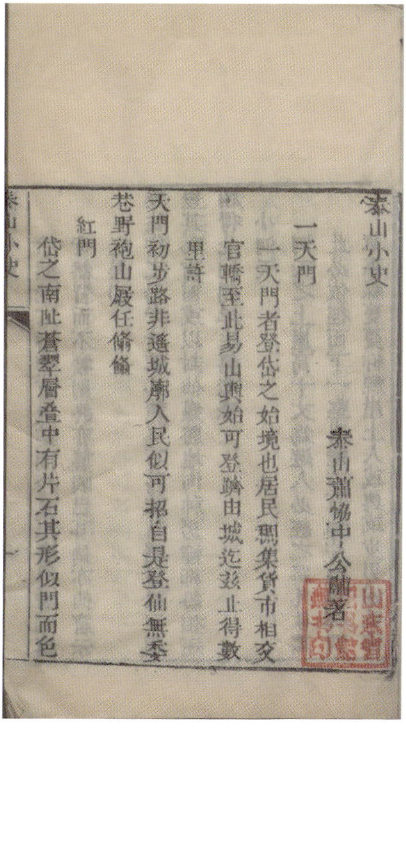
泰山小史
泰山蕭協中公黼著
一天門
一天門者登岱之始境也居民駢集貿市相交
官轎至此易山輿始可登躋由城迄玆止得數
里詩
天門初步路非遙城廓入民似可招自是登仙無委
巷野袍山屐任翛翛
紅門
岱之南阯蒼翠層叠中有片石其形似門而色

清乾隆五十四年泰山郡守長洲宋思仁刻
明蕭協中撰《泰山小史》

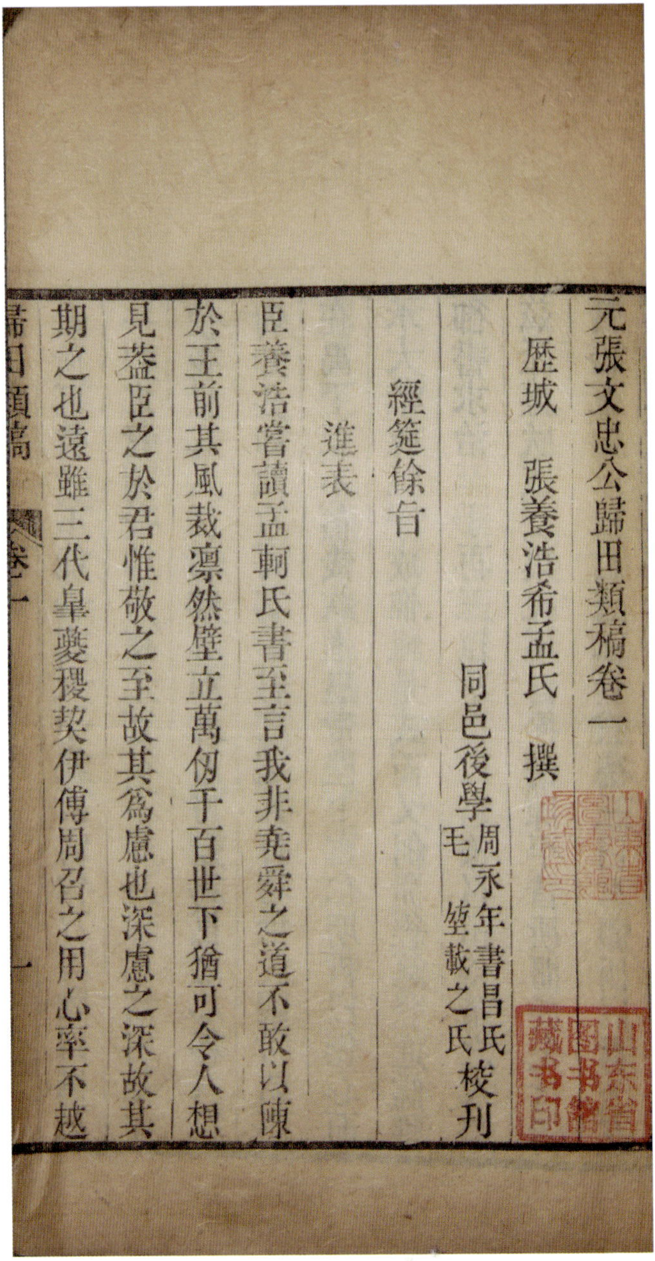

元張文忠公歸田類稿卷一

歷城　張養浩希孟氏　撰

同邑後學周永年書昌氏
毛垐載之氏校刊

經筵餘旨

進表

臣養浩嘗讀孟軻氏書至言我非堯舜之道不敢以陳於王前其風裁凜然壁立萬仞千百世下猶可令人想見蓋臣之於君惟敬之至故其爲慮也深慮之深故其期之也遠雖三代皐夔稷契伊傅周召之用心率不越

清乾隆五十五年歷城周永年刻元張養浩撰《元張文忠公歸田類稿》，爲此書現存的唯一版本

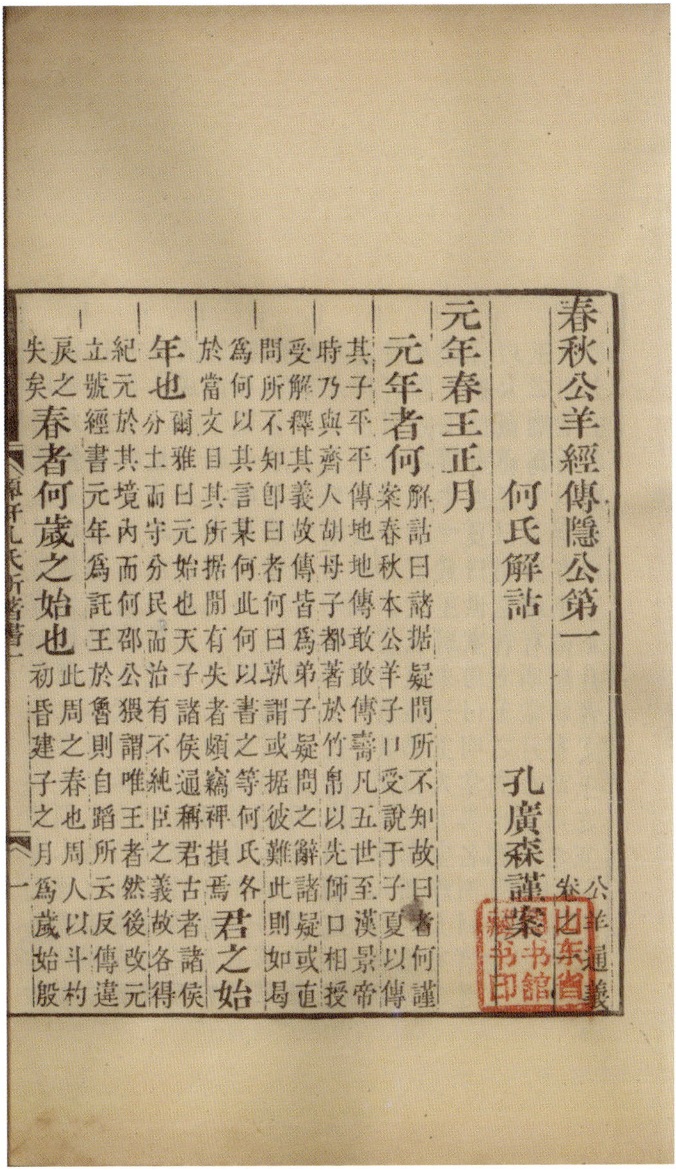
春秋公羊經傳隱公第一

何氏解詁　　孔廣森謹案

元年春王正月

元年者何解詁曰諸据疑問所不知故曰者何謹案春秋本公羊子口受說于子夏以傳其子平平傳地地傳敢敢傳壽凡五世至漢景帝時乃與齊人胡母子都著於竹帛以先師口相授受解釋其義故傳皆為弟子疑問之辭諸疑或直問所不知即曰者何曰孰謂或据彼難此則如渴爲何以其言某何此何以書之等何氏各於當文目其所据閒有失者頗竊裨損焉君之始年也爾雅曰元始也天子諸侯通稱君古者諸侯分土而守分民而治有不純臣之義故各得紀元於其境內而何邵公猥謂唯王者然後改元立號經書元年爲託王於魯則自蹈所云反傳違戾之失矣春者何歲之始也此周之春也周人以斗杓初昏建子之月爲歲始般

清乾隆嘉慶間曲阜孔廣廉、孔昭虔刻清孔廣森撰《顨軒孔氏所著書》

方石書話

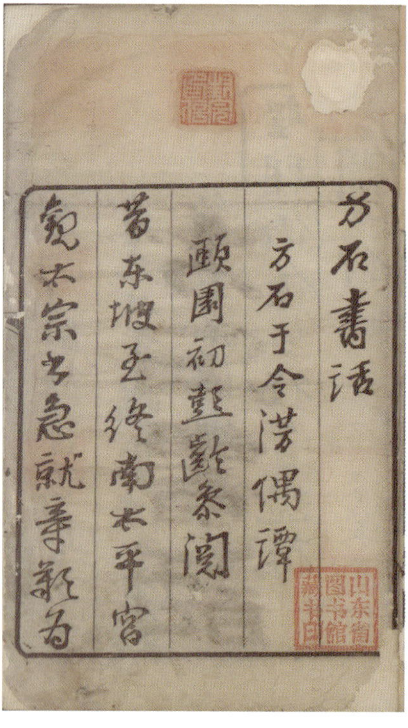

方石書話

方石于令淓偶譚

頤園初甄鑑參閱

昔東坡至終南太平宮

觀太宗書急就章數百

清乾隆嘉慶間文登于書佃刻

清于令淓《方石書話》

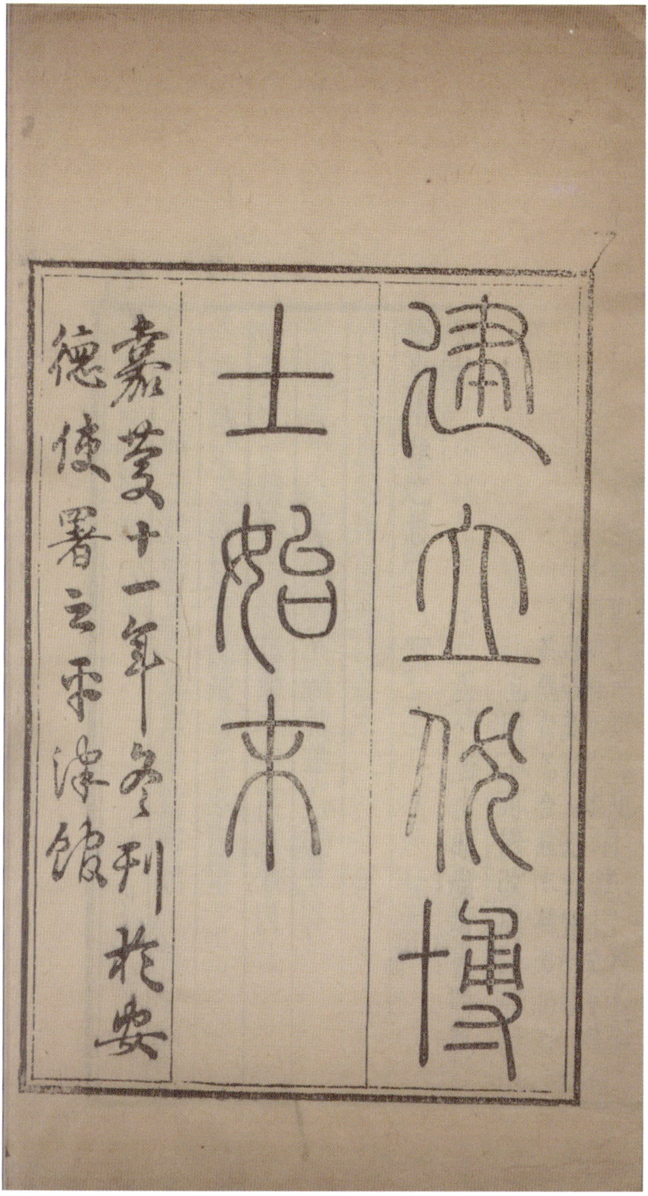

清嘉慶十一年陽湖孫星衍平津館刻《建立伏博士始末》，此書刻於山東安德使署

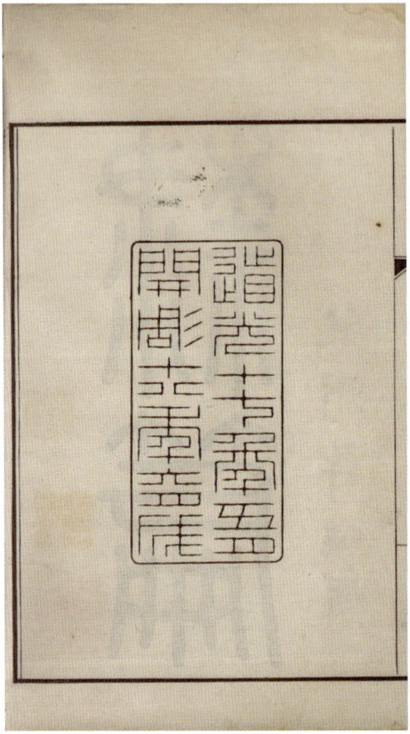

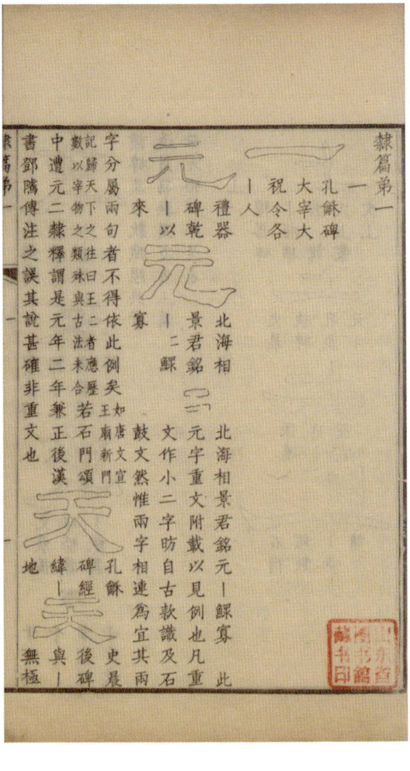

清道光十八年掖縣翟云升刻自編《隸篇》，此書刻成於掖縣，部分書板尚存萊州市博物館

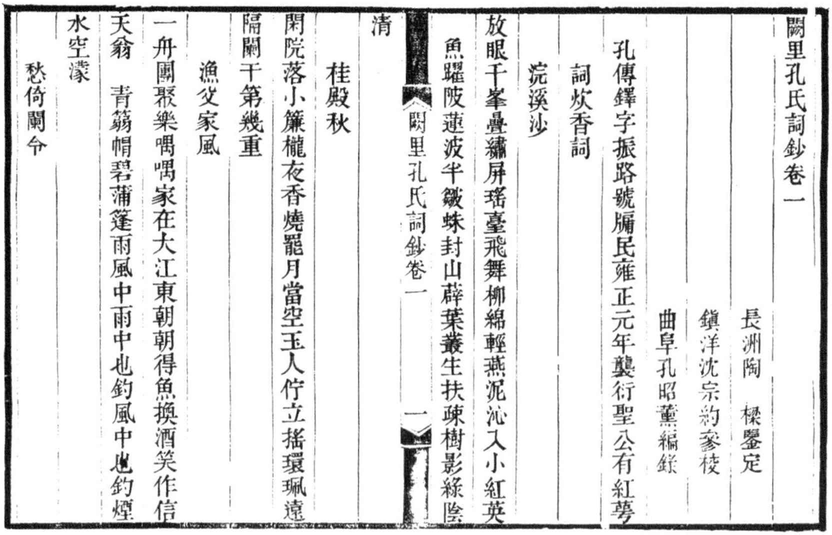

闕里孔氏詞鈔卷一

長洲陶　樑鑒定

鎮洋沈宗約參校

曲阜孔昭薰編錄

孔傳鐸字振路號牖民雍正元年襲衍聖公有紅萼詞炊香詞

浣溪沙

放眼千峯疊繡屏瑤臺飛舞柳綿輕燕泥沁入小紅英魚躍陂蓮波半皺蛛封山薜葉叢生扶疎樹影綠陰

闕里孔氏詞鈔卷一　一

清

桂殿秋

閑院落小簾櫳衣香燒罷月當空玉人佇立搖環珮遠隔闌干第幾重

漁父家風

一舟團聚樂喁喁家在大江東朝朝得魚換酒笑作信天翁　青蒻帽碧蒲篷雨風中雨中也釣風中也釣煙水空濛

愁倚闌令

清道光十九年曲阜孔昭薰玉虹樓刻清孔昭薰、孔昭燕輯《闕里孔氏詞鈔》，是展示孔氏家族詩詞成就的重要文獻

說文繫傳校錄卷一

安邱王　筠菉友撰

同邑劉燿椿莊年參訂

膠州後學宋翔南　同邑受業孫藍田　受業弟瑨　男彥侗　仝校

一部　一　惟初太極大徐極作始太極見易傳太始見子書可以決所從矣○凡一之屬皆从一大徐從作从諸書所引皆作從惟王篇作从蓋後人以大徐本改嚴氏桂氏皆用從字是也其天從一大丕從一不聲之類皆放此不從一兀大徐从一从兀兀經字樣云兀聲上虞王更出元　輿汾泉曰繫傳云俗本有聲字人妄加之錯所謂俗本正古本也魯論小車無軏說文作軏云从車元聲是元兀同聲之證髟部髡或體作髨从兀从元並聲垚部堯亦當从垚兀聲虫部虺亦當从虫兀聲兀乃五忽切之轉　吏　吏之理人案理字南唐避唐諱也大徐改作治

上

說文繫傳校錄卷一　一

部　上　段氏改爲二誤也觀古文帝字注曰二古文上字可知如或部首即作二何煩費詞哉蓋丨在一之上一之上是以物之高而狹者頓置於上也一在一之上是以物之平而闊者頓置於上也皆合於指事而上字合一兩字作之而又曲筆以取茂密耳且古文帝下說云古文上字從一篆文從二段氏何不徑改爲二不尤古哉○而今之末學爲象文者顧本象作篆○辛在口右則五蔦反案不盡在口右惟正書則作啐耳○皆不從丂案皆不當乙轉○長者長上也案上似當作大○故經傳之字多者乖異疏口案者當作有空白當是闕字○漢陽葉名澧潤臣曰松柏皆作木作字　帝　朿聲大徐朿聲案篆依朱文藻攷異當是從字本書朿大抵作朿　帝　本大徐作帝五音韻譜作帝○辛言示辰龍童音章大徐無言字汲古刓補之段氏力辨亦非也傳曰至於言童龍音章等皆從辛之聲此說是也必如段氏之意則祇一辛字足矣以愚斷之此句全非許語　旁　合篆文之次弟闕字方聲闕大徐闕方聲指　旁　祁本竹君本古文　旁　下　從反上爲丅大徐無而言此句而有指事二字　示部　示　故凡宗廟葉潤臣曰廟字衍　示　祁本竹君本古文　示　案金刻多作

清咸豐七年安邱王彥侗刻清王筠撰《説文繫傳校録》

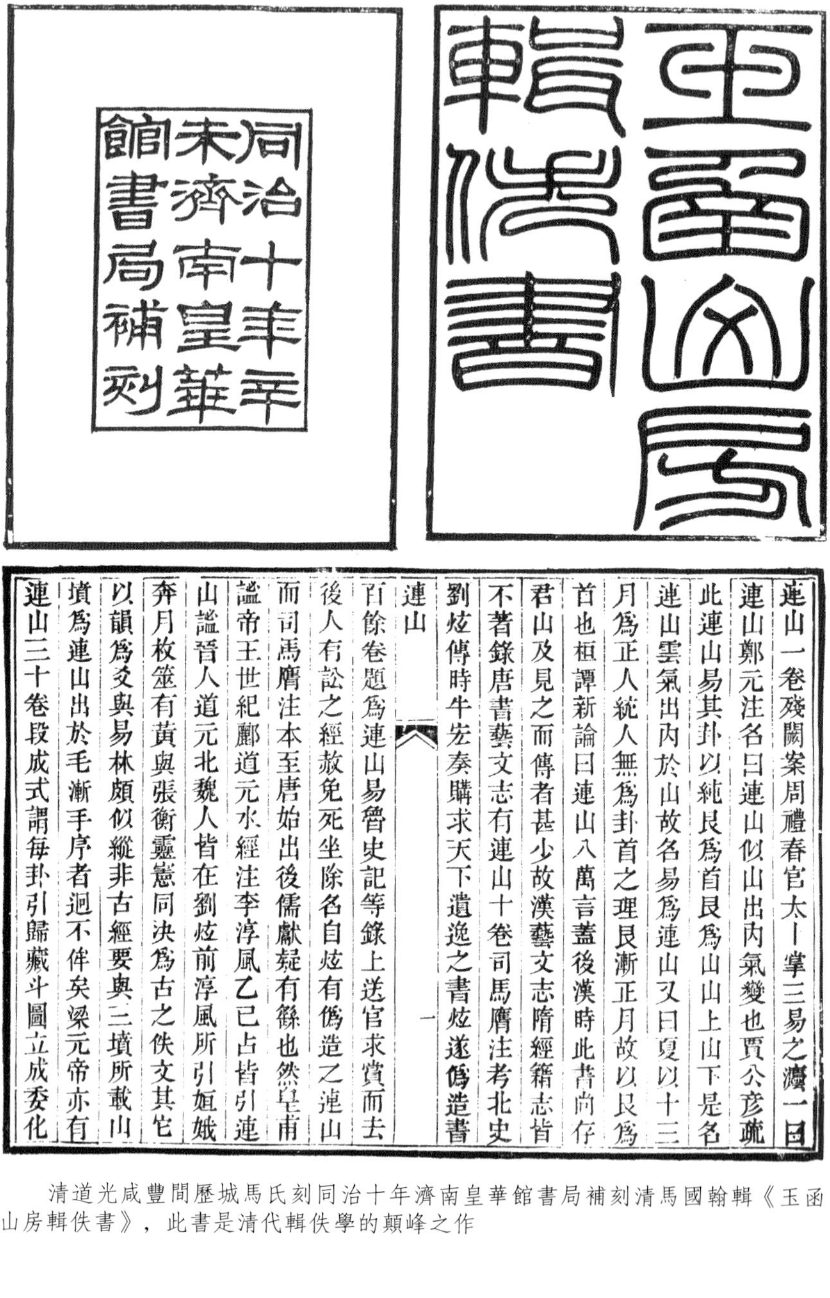
玉函山房輯佚書

同治十年辛未濟南皇華館書局補刻

連山一卷殘闕案周禮春官太卜掌三易之灋一曰連山鄭元注名曰連山似山出內氣變也賈公彥疏此連山易其卦以純艮爲首艮爲山山上山下是名連山雲氣出內於山故名易爲連山又曰夏以十三月爲正人統人無爲卦首之理艮漸正月故以艮爲首也桓譚新論曰連山八萬言蓋後漢時此書尚存君山及見之而傳者甚少故漢藝文志隋經籍志皆不著錄唐書藝文志有連山十卷司馬膺注考北史劉炫傳時牛宏奏購求天下遺逸之書炫遂僞造書

連山　一

百餘卷題爲連山易魯史記等錄上送官求賞而去後人有訟之經赦免死坐除名自炫有僞造之連山而司馬膺注本至唐始出後儒獻疑有繇也然皇甫謐帝王世紀酈道元水經注李淳風乙巳占皆引連山謐晉人道元北魏人皆在劉炫前淳風所引姮娥奔月枚筮有黃與張衡靈憲同決爲古之佚文其它以韻爲爻與易林頗似縱非古經要與三墳所載山墳爲連山出於毛漸手序者迥不侔矣梁元帝亦有連山三十卷段成式謂每卦引歸藏斗圖立成委化

清道光咸豐間歷城馬氏刻同治十年濟南皇華館書局補刻清馬國翰輯《玉函山房輯佚書》，此書是清代輯佚學的顛峰之作

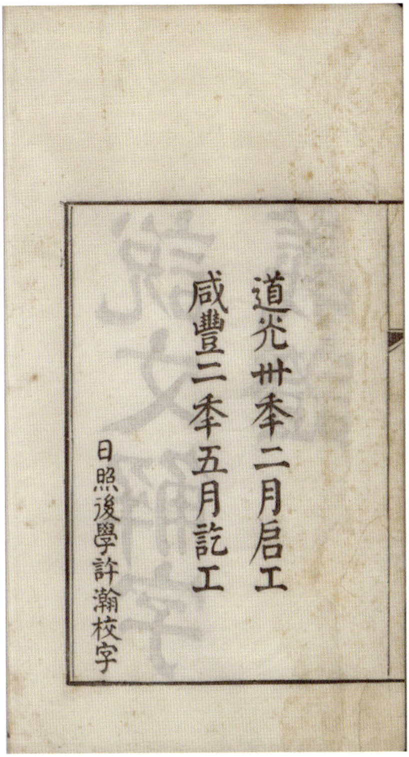

道光卅年二月启工
咸豐二年五月訖工
日照後學許瀚校字

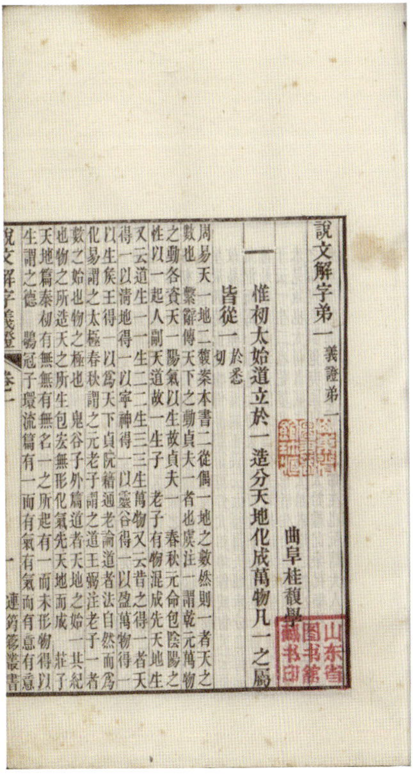

說文解字弟一　義證弟一
曲阜桂馥學
一　惟初太始道立於一造分天地化成萬物凡一之屬
皆從一　於悉切
周易天一地二藝桼本書二從偶一地之數然則一者天之
數也　繫辭傳天下之動貞夫一者也虞注一謂乾元萬物
之動各資天一陽氣以生故貞夫一　春秋元命包陰陽之
性以一起人副天道故一生子　老子有物混成先天地生
又云道生一一生二二生三三生萬物又云昔之得一者天
得一以淸地得一以寧神得一以靈谷得一以盈萬物得一
以生矦王得一以爲天下貞阮籍通老論道者法自然而爲
化易謂之太極春秋謂之元老子謂之道王弼注老子一者
數之始也物之極也　鬼谷子外篇道者天地之始一其紀
也物之所造天之所生包宏無形化氣先天地而成　莊子
天地篇泰初有無無有無名一之所起有一而未形物得以
生謂之德　鶡冠子環流篇有一而有氣有氣而有意有意
說文解字義證　卷一　一　連筠簃叢書

清道光三十年至咸豐二年日照許瀚刻清桂馥撰《説文解字義證》，此書刻成不到十年，板即毁

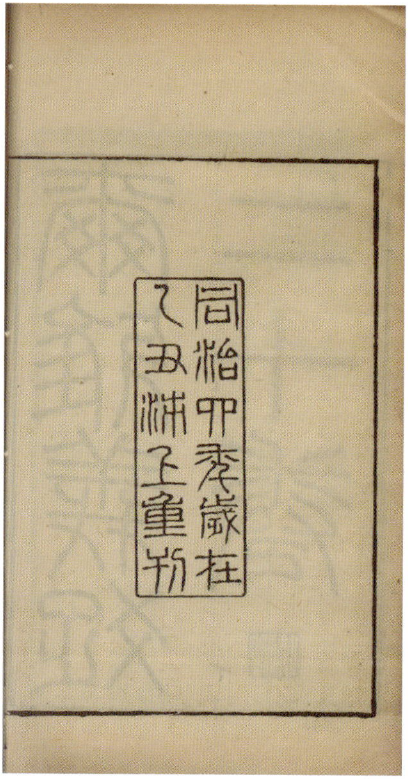
同治四季歲在
乙丑沐子重刊

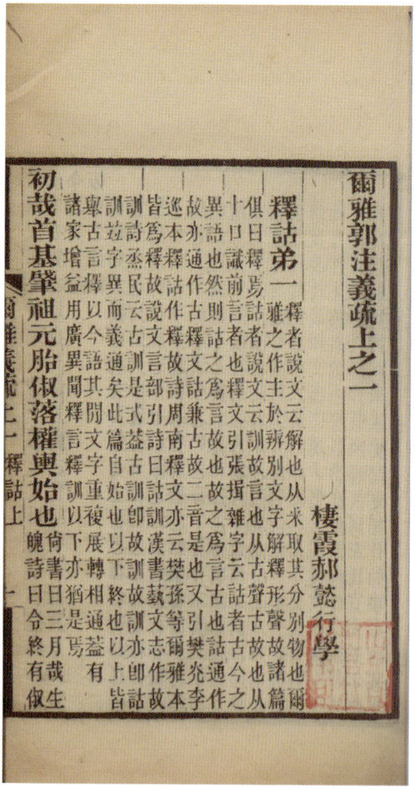
爾雅郭注義疏上之一

棲霞郝懿行學

釋詁弟一 釋者說文云解也从釆取其分別物也爾雅之作主於辨別文字解釋形聲故諸篇俱曰釋昜詁者說文云訓故言也从古聲古故也从十口識前言者也釋文引張揖雜字云詁者古今之異語也然則詁之為言故也故之為言古也詁通作故亦通作古釋文詁兼古故二音是也又引樊光李巡本釋詁作釋故詩周南釋文亦云樊孫等爾雅本皆為釋故說文言部引詩曰詁訓漢書藝文志作故訓詩烝民云古訓是式蓋古訓即故訓故訓亦即詁訓茲字異而義通矣此篇自始也以下終也以上皆舉古言釋以今語其閒文字重複展轉相通蓋有諸家增益用廣異聞釋言釋訓以下亦猶是焉

初哉首基肇祖元胎俶落權輿始也 尚書曰三月哉生魄詩曰令終有俶

清同治四年棲霞郝聯薇刻清郝懿行撰《爾雅郭注義疏》，此經部要籍刻於濟南

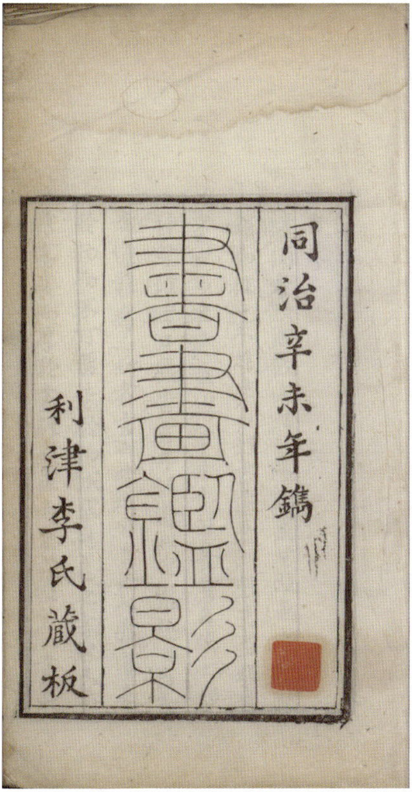

同治辛未年鐫

書畫鑑影

利津李氏藏板

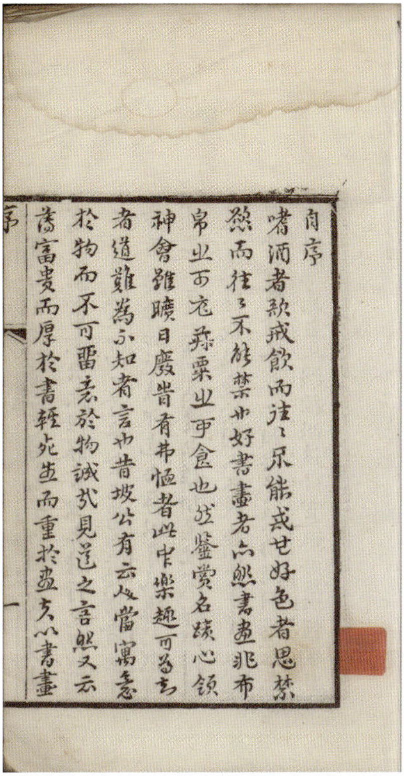

自序

嗜酒者欲戒飲而往往不能戒也好色者思禁慾而往往不能禁也好書畫者亦然書畫非布帛之可衣菽粟之可食也然鑒賞名蹟心領神會雖曠日廢時有弗恤者此中樂趣可爲喜者道難爲不知者言也昔坡公有云凡當寓意於物而不可留意於物誠哉見道之言然又云薄富貴而厚於書輕死生而重於畫夫以書畫

清同治十年利津李佐賢刻自撰《書畫鑑影》，李佐賢爲清代咸同時期山東著名的金石學家

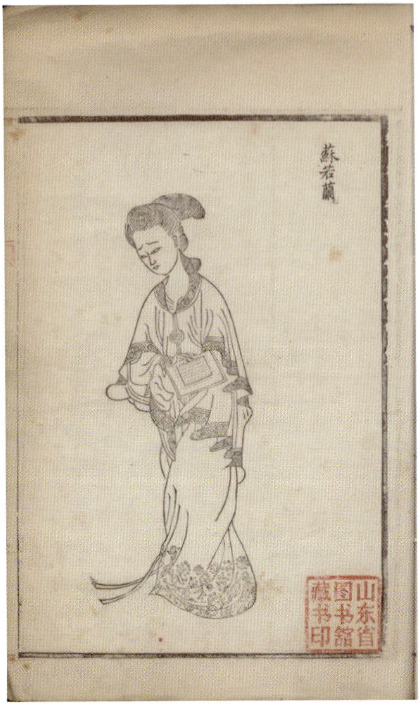

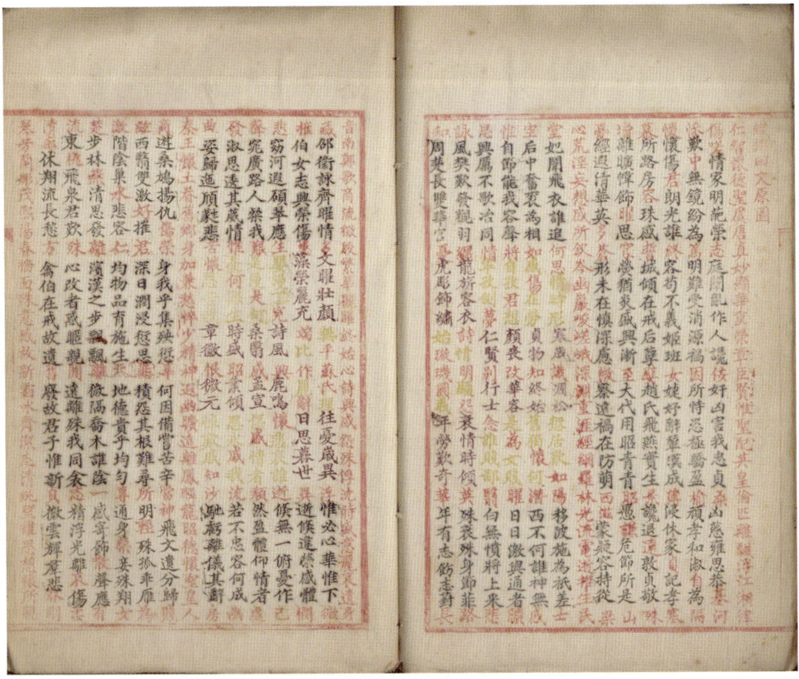

清光緒六年昌樂閻湘蕙刻五色套印晉蘇蕙撰《璇璣圖詩》，是目前所見山東唯一一部五色套印本

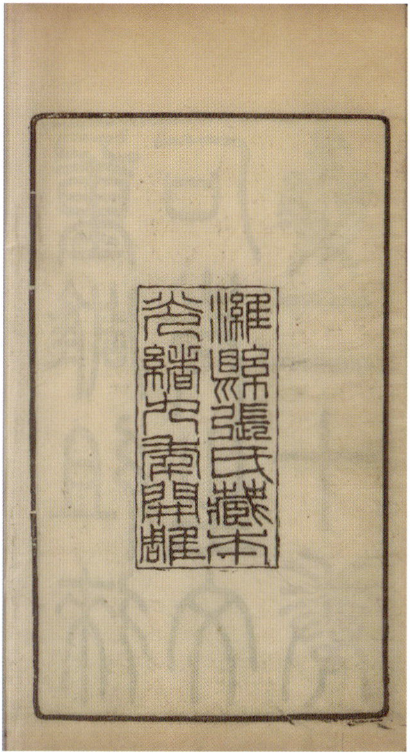
濰縣張氏藏本
光緒九年開雕

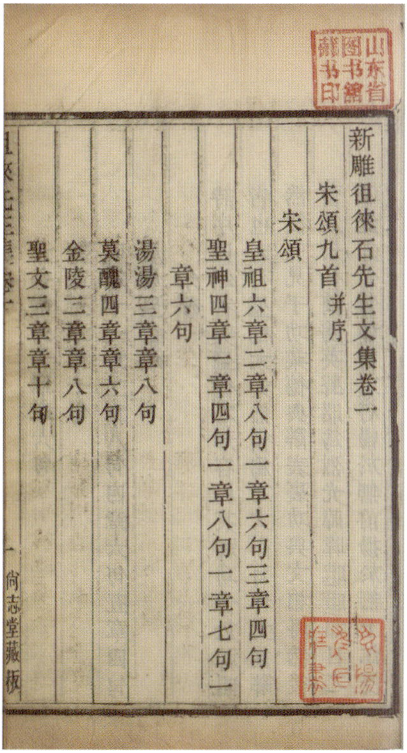
新雕徂徠石先生文集卷一
宋頌九首 并序
宋頌
皇祖六章二章八句一章六句三章四句
聖神四章一章四句一章八句一章七句一
章六句
湯湯三章章八句
莫醜四章章六句
金陵三章章八句
聖文三章章十句
尚志堂藏板

清光緒九年濰縣張昭潛尚志堂刻宋石介撰《新雕徂徠石先生文集》，此書在尚志堂校勘

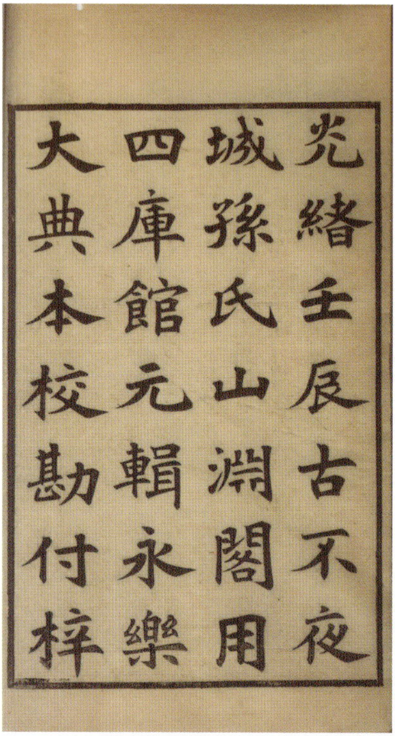
光緒壬辰古不夜
城孫氏山淵閣用
四庫館元輯永樂
大典本校勘付梓

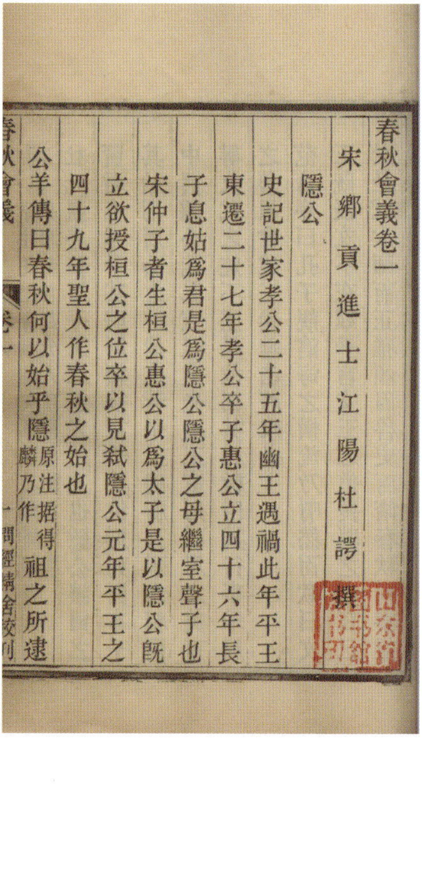
春秋會義卷一
宋鄉貢進士江陽杜諤撰
隱公
史記世家孝公二十五年幽王遇禍此年平王
東遷二十七年孝公卒子惠公立四十六年長
子息姑爲君是爲隱公隱公之母繼室聲子也
宋仲子者生桓公惠公以爲太子是以隱公既
立欲授桓公之位卒以見弑隱公元年平王之
四十九年聖人作春秋之始也
公羊傳曰春秋何以始乎隱原注据得麟乃作祖之所逮
春秋會義　卷一　　問經精舍校刊

清光緒十八年榮成孫葆田濟南尚志書院刻宋杜諤撰《春秋會義》，此書底本爲四庫館所輯《永樂大典》本

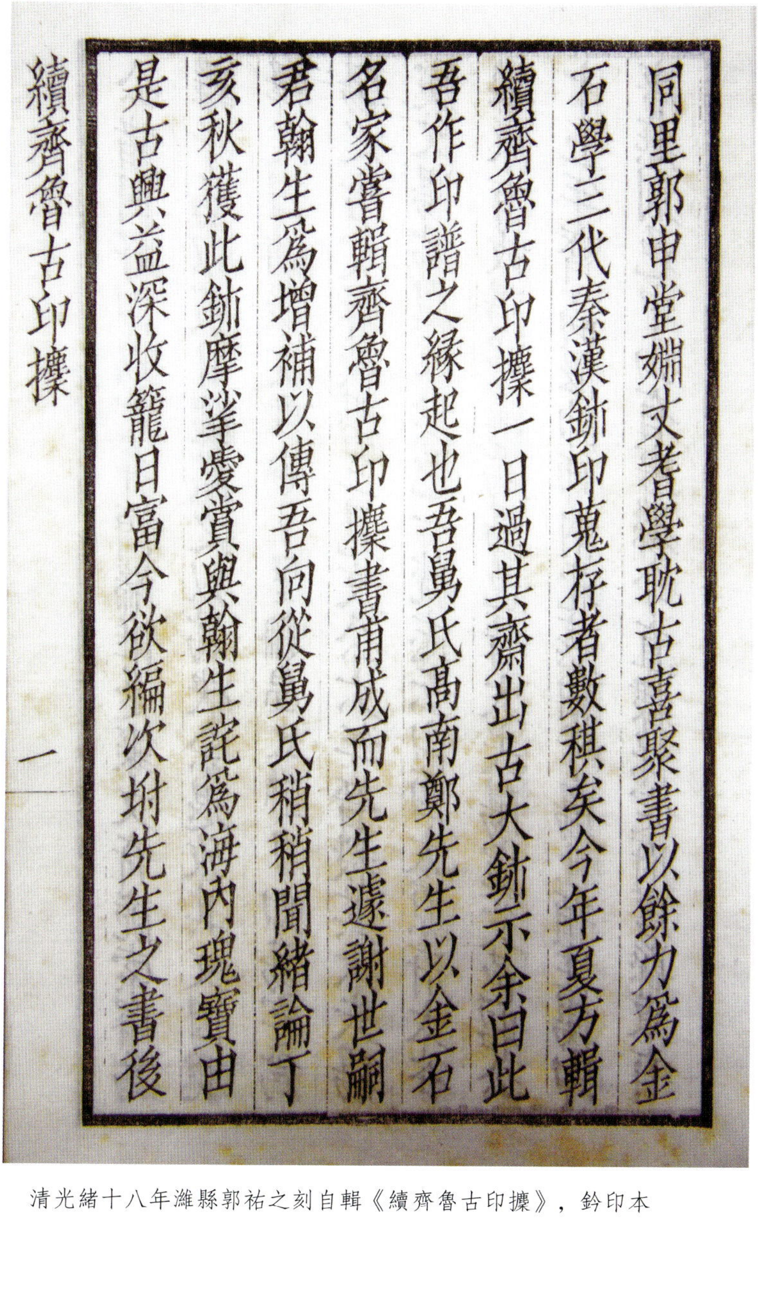
同里郭申堂姻丈耆學耽古喜聚書以餘力爲金石學三代秦漢鉨印蒐存者數稘矣今年夏方輯續齊魯古印攈一日過其齋出古大鉨示余曰此吾作印譜之緣起也吾舅氏高南鄭先生以金石名家嘗輯齊魯古印攈書甫成而先生遽謝世嗣君翰生爲增補以傳吾向從舅氏稍稍聞緒論丁亥秋獲此鉨摩挲愛賞與翰生詫爲海內瑰寶由是古興益深收籠日富今欲編次坿先生之書後

續齊魯古印攈　一

清光緒十八年濰縣郭祐之刻自輯《續齊魯古印攈》，鈐印本

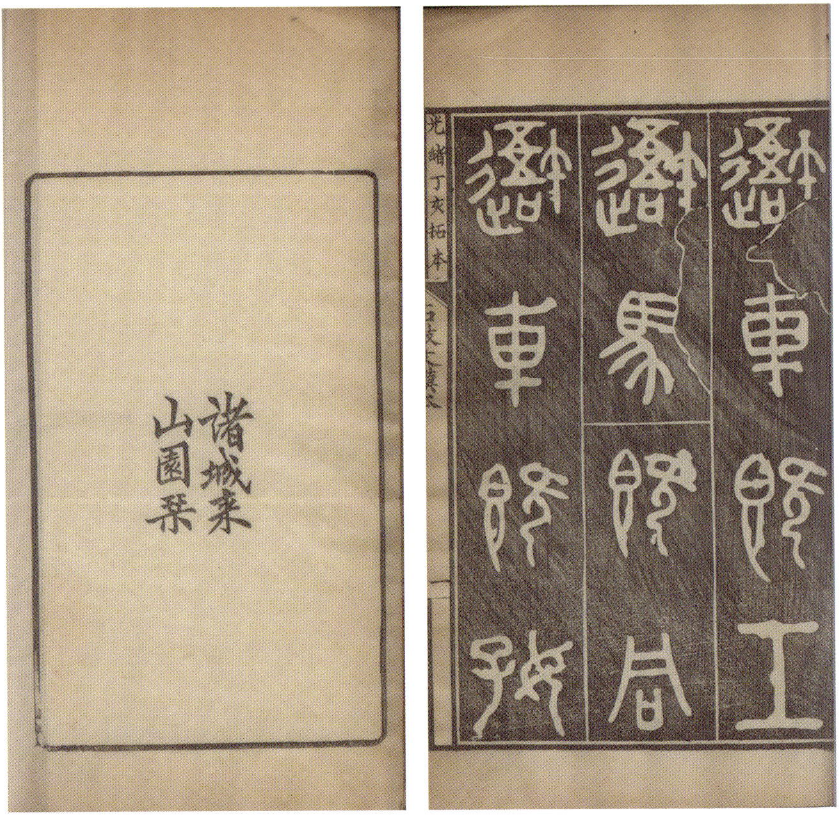

清光緒十九年諸城尹彭壽刻《石鼓文匯》，歷城刻工趙鳳章參與刊刻

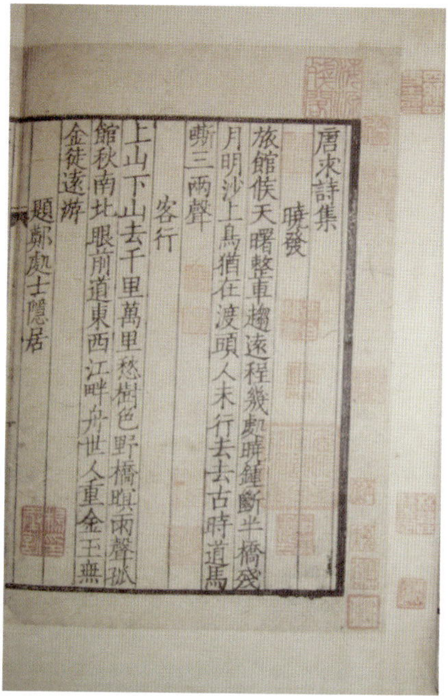

唐求詩集

曉發

旅館候天曙整車趨遠程幾處曉鍾斷半橋殘
月明沙上鳥猶在渡頭人未行去去古時道馬
嘶三兩聲

客行

上山下山去千里萬里愁樹色野橋暝雨聲孤
館秋南北眼前道東西江畔舟世人重金玉無
金徒遠游

題鄭處士隱居

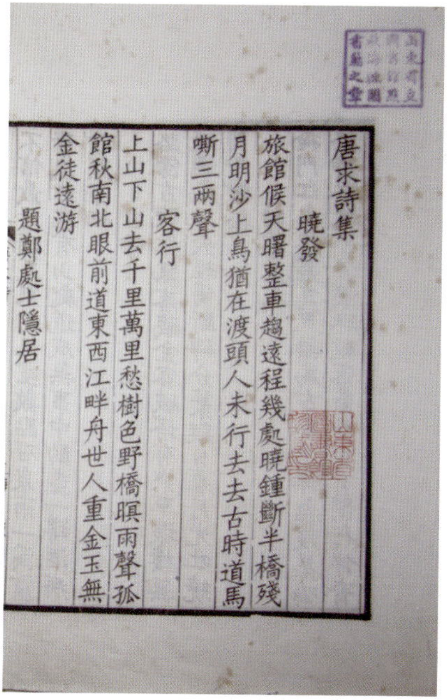

唐求詩集

曉發

旅館候天曙整車趨遠程幾處曉鍾斷半橋殘
月明沙上鳥猶在渡頭人未行去去古時道馬
嘶三兩聲

客行

上山下山去千里萬里愁樹色野橋暝雨聲孤
館秋南北眼前道東西江畔舟世人重金玉無
金徒遠游

題鄭處士隱居

清光緒二十年聊城楊保彝京師仿宋刻唐唐求撰《唐求詩集》，上爲宋刻本

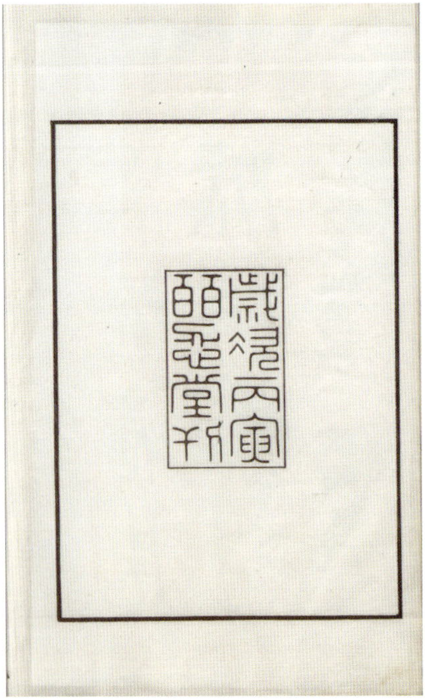

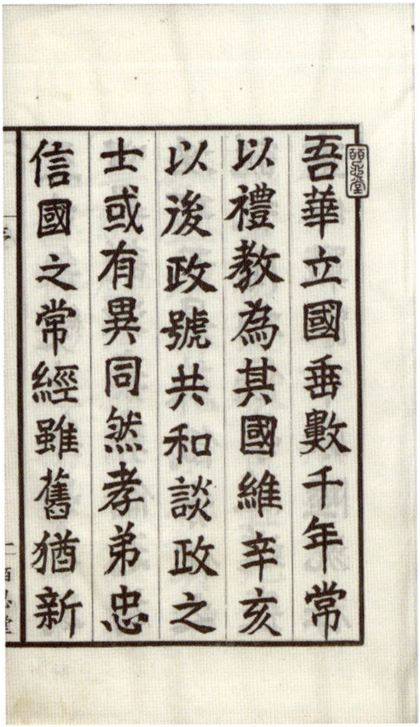

民國十五年掖縣張宗昌皕忍堂刻《唐開成石壁十二經》，武進陶湘代刻，文楷齋承刻

儒家文明協同創新中心
資助項目成果出版説明

爲促進儒學與中國傳統文化的研究和弘揚，山東大學於2012年8月聯合清華大學、北京師範大學，共同組建了“儒學與中華文化復興協同創新中心”。2015年3月，中心進一步擴大協同範圍，更名爲“儒家文明協同創新中心”。協同單位有：山東大學、清華大學、北京師範大學、浙江大學、四川大學、華東師範大學、曲阜師範大學等高校，以及孔子學院總部/國家漢辦、文化部民族民間文藝發展中心、山東省人民政府、濟寧市人民政府、曲阜市人民政府，國際儒學聯合會、中國孔子基金會、山東社會科學院、孔子研究院、孟子研究院、山東省圖書館、山東教育電視臺、尼山聖源書院、臺灣大學人文社會高等研究院、夏威夷大學中國研究中心等單位。中心成立了由理事會、學術委員會和管理委員會組成的學術和行政决策運行體系。2015年3月21日召開理事會年度會議，山東大學校長張榮教授當選爲中心理事會理事長，清華大學陳來教授當選爲中心學術委員會主任。儒家文明協同創新中心辦公機構設在山東大學，各協同單位成立相應的管理中心及辦公室，共同開展與國家文化發展戰略相關的具有重大意義的學術創新研究工作。

儒家文明協同創新中心對相關學術成果經過專家評審，予以資助出版。本次資助出版的《儒學與山左學術叢書》包括四項成果：《山東文獻書目（修訂本）》《山東文獻書目續編》《山東藏書家史略（增訂本）》《清代山東刻書史》。

儒家文明協同創新中心

2015年11月20日

目　次

序

杜澤遜

雕版印刷是中國古代圖書出版的主要方式,木活字印刷其實是雕版印刷的變通。這種方式傳到周邊國家或地區,共同生產了連屋充棟、分布在世界各個角落的中文古籍印本。在人們心中,"古書"(或叫"老書")都是紙張發黄、綫裝、雕版印刷出來的書本。這些外貌差不多的古書,被一再劃分等級,分出"善本"和"普通本"。"善本"的年代下限被一而再、再而三地往下放,用不了多久就放到宣統三年或者民國年間了,因爲雕版印刷術在這一個階段逐步退出了歷史舞臺,雕版印刷的書本成了不可再生資源。所以劃分年代早晚意義上的"善本"與"普通本",並没有太大的意義。願意買古書的朋友,也完全没必要按"善本"標準去買,應當從古書自身的品質來衡量和取捨。這樣説來,"中國刻書史"就成了基本封閉的科研課題,這個"史"有了頭和尾。不過,研究的對象畢竟數量太大了,任何人要研究這個課題,都無異於蛇吞象。葉德輝《書林清話》衹是抽樣研究,得其梗概。欲知其詳,恐怕要切塊研究。首先撰寫分地刻書史,也許是最好的辦法。因爲從宋代開始,刻書的地域特色就形成了,雖然明中葉以來地域特色淡化,但毫無疑問,依然具有分地研究的基礎。因爲刻書的地域特徵外表上看淡化了,表象背後卻並没有淡化。這些表象背後的地域特點和各地的共性,構成了一個地方的刻書史,各地合起來也就是中國刻書史。地方刻書史的研究,衹是中國刻書史研究的一個組成部分,因此,是地方的,也是全國的,其全局意義不可忽視。當然這也要求研究者具有全局把握,不可把眼光局於一隅。

唐桂艷女史的《清代山東刻書史》正是立足於中國刻書史而撰寫的山東地方刻書史。桂艷自1997年始來山大旁聽我的目録版本校勘學課,2002年考取研究生,正式從余習版本目録之學。碩士研究生階段撰寫《〈天禄琳琅書目〉研究》,從中國藏書史的皇家藏書角度進行了深入探討,從而對中國出版史上輝煌的宋元時代有了較多的認識。後來進入博士研究生階段,則把眼光下延到明清。正如前面所説,明清刻本存世極富,汗牛充棟。理性的選擇必然是先從事一地的刻書史研究,而桂艷在山東省圖書館古籍部供職已20年,對山東歷史上的刻書事業可以説瞭若指掌,在這種條件下,從事《清代山東刻書史》的撰寫,應當是輕車熟路,勝任愉快的。但桂艷没有停留在以往的經驗上,而是重新仔細閱覽山東刻書,詳加記録,即使到國家圖書館開會,也不放過機會,利用一切休息時間到國圖閱覽山東省圖書館缺藏的山東刻書。近年我國古籍普查保護工作大有進步,山東省古籍普查工作也跟着國家的步伐越走越快。桂艷既參加了國家古籍保護工作,又參加了山東省古籍保護工作,所見益廣,認識亦隨之加深。《清代山東刻書史》也就逐步撰寫完成了。這部大著,作爲博士論文,已是空前豐富。就刻書史而言,也遠較前人詳備。過目之書大都詳加著録,分時分地,冠以史略,點面結合,繩貫而珠連。欲知清代山東刻書之歷史,不能不以此書爲根據。欲知中國刻書之歷史,亦不能不以此書爲骨幹。桂艷事親至孝,相夫至賢,教子至慈,敬業守誠,有足道者。惟其如是,其艱辛備嘗,又豈可盡爲人知耶?大抵人間堅苦之業,對於以苦爲樂之人而言,雖苦猶甜,桂艷之於古籍文獻,可謂憂樂繫之矣。書將問世,桂艷屬序其端,因述聞見以報之。癸巳三月廿七日滕州杜澤遜序於北京旅次。

前　言

我國是最早發明印刷術的國家。山東是聖人之鄉,文物之邦,文化底蘊深厚。

據文獻記載,山東刻書始於五代初,青州所刻《王公判事》當是已知的山東最早的刻本。鄆城和凝是我國歷史上刻印自己集子的第一人。宋代濟南劉家功夫針鋪印刷的商標是我國發現的最早的商標,也是山東宋代流傳下來的唯一印刷實物。鄆州汶陽穆修將家藏唐本韓柳集鏤版刷印數百部,帶到京城大相國寺出售,以廣流傳,是已知山東有意識以刊版進行文獻傳播的第一人。山東的金刻本有一定數量,但多數是道書,且大都未見流傳。濱都道人王一興所刻的《棲霞長春子丘神仙磻溪集》三卷,在現存的金刻本中,可謂魯殿靈光。宋神宗元豐八年,孔子四十六代孫孔宗翰曾纂修《家譜》並刊行,此爲孔氏刻譜之始。正大四年,闕里孔氏曾刻過孔元措《孔氏祖庭廣記》十二卷,可惜原本早佚。蒙古馬乃真后元年,闕里孔氏又據以重雕,刀法凝重蒼勁,字畫精美,爲蒙古時期雕版印刷的上乘之作。蒙古太宗九年,萊州掖城道士披雲真人宋德方主持刊刻《玄都寶藏》。元東平丁思敬於大德八年在南豐州刻宋曾鞏《元豐類稿》,版式寬大,字畫精整,爲元刻本之上乘。

明代是山東刻書的發展期,刻書數量大幅增加,三大刻書系統基本形成。官刻52種,家刻364種,藩府刻書38種,以明後期刻書爲主。開始形成世家大族刻書的特色,如淄川畢氏、新城王氏、臨朐馮氏。但也呈現出各地刻書發展不平衡的現象。

承接明代的刻書發展趨勢,清代山東刻書達到了極盛,刻書數量達4000餘種。按照版刻特點,清代刻書可劃分爲三期:順治至乾隆四朝爲清前期,嘉慶、道光、咸豐三朝爲清中期,同治、光緒、宣統三朝爲清後期。

清前期,政治上逐步穩定,經濟上漸趨繁榮,出現了康乾盛世。清代學術也經歷了由清初的明達體用到清中葉的乾嘉學術兩個時期。特别是乾嘉時期,山東以經學爲中堅,視小學爲門徑,形成了大批頗具學術價值的考據訓詁研究成果。這些成果爲山東刻書提供了豐富的資源,使得清前期的山東家刻最爲豐富,有757種。各府中,以濟南府刻書爲最多,青州府次之,兖州府居第三。兖州府的刻書主要爲孔氏刻書,出現了孔貞瑄、孔尚任、孔繼涵、孔繼汾等重要刻書人物。登州府刻書僅38種,是青州府的五分之一,與清初此地的于七起義有關,加之海禁,一定程度上影響了刻書數量。在刻書内容上,集部書有473種,占百分之六十三,蓋係王士禛主盟全國詩壇所致。史部、子部、經部大體相當。經部書以兖州府所刻爲最多,與孔繼涵、孔廣森、孔廣林的經學研究成果不無關係。在時間分布上,康熙277種,年平均刻書4.5種,乾隆370種,年平均刻書6.2種,一定程度上反映了此期的社會穩定形勢。

清前期最明顯的刻書特點是出現了諸多刻書大家,亦出現了諸多的刻書家族。如新城王氏、曲阜孔氏、德州盧氏、益都李文藻、安邱張氏、濟南朱氏、德州田氏、益都趙氏、益都孫氏、壽光安氏、淄川高氏、安邱曹氏、諸城丁氏、德平葛氏、萊陽宋氏、萊陽左氏、高密單氏、膠州法氏,還有淄川唐夢賚、濰縣韓夢周,不僅刻書數量多,而且各有特點。這些世家大族刻書成爲清前期私家刻書的主體,而王士禛、趙執信、田雯、朱緗的刻書對詩壇的貢獻,孔尚任刻書對戲曲的貢獻,趙起杲刻書對小説的貢獻,以及盧見曾、李文藻刻書對漢學發展的貢獻,都是此期山東刻書最值得稱頌的地方。

山東清前期的官刻書,在數量上亦不少,有50種。其中,省級衙門刻書12種,地方官府刻書7種,書院刻書7種。孔府刻書24種。坊鋪刻書有聊城“四大書莊”相繼開業。寺廟刻書有泰山普照寺、青州法慶寺等。

清中期,政府在政治、經濟上處於非常困難的境地,山東也不能得免。但在學術上,延續乾隆時的盛況。山東此三朝的經學、小學尤其是金石學極爲興盛。家刻共758種,與前期相較,刻書大家明顯減少,僅聊城楊氏、福山王氏、曲阜孔氏、歷城馬國翰、章邱李氏、安邱王筠、諸城劉喜海、日照許瀚、淄川王培荀、德州李氏、邱縣劉大觀、棲霞郝氏、棲霞牟氏、海陽趙氏、濰縣郭氏、寧陽黄恩彤,但在刻書的個人分布及地區分布上,則更具廣泛性。刻書兩種以上五種以下的所在多有,成爲清中期各地刻書的主體。此期的登州府家刻有趕超濟南府之勢,與其經濟發展及海運開通有極大關係。而泰安的數量最少,與乾隆時發生在此地的兩大文字獄案有直接的關係。此期家刻在内容分布上,經部數量有較大提高,占到整個刻書量的百分之二十,以登州府和東昌府爲多,説明清中期的膠東是山東經學發展的重鎮,出現了以刻經書爲主的棲霞郝氏、牟氏,福山王德瑛、王祖源,黄縣丁氏等。在朝代分布上,道光時的年平均刻書量爲14種,説明此時的山東受外界的干擾少,經學得到了穩定的發展,“濟南詩派”的詩歌創作一派繁榮。

清中期的官刻雖然不發達,數量較前期爲少,但在機構的層次與内容的多樣化上,則較前期更有特色。刻書的機構不僅有省級衙門,還有地方衙門。刻書的省級衙門不僅有布政司、按察司、提督學政、都轉運司,還有巡撫官署。不僅在内容上關注賦役、河道、鹽法、救災、農業等國計民生，而且在文化上的需求更强烈一些。

清中期的山東坊刻發展迅速，出現了煙台成文信、周村三益堂、濟南會文齋等著名坊鋪。

清後期，清政府推行“洋務運動”，形成了“同治中興”的局面。之後，雖然社會動蕩，資本主義國家入侵，但中國學術因對西學的接受，呈現一派新氣象，體現出鮮明的時代特色。

隨着各地官書局的陸續創辦，山東官書局也於同治八年成立，成爲清後期山東官刻書的主要機構。山東書局共刻書 70 餘種，雖與其他書局還有一定的差距，但在内容上，經、史、子、集，無所不包。其中，翻刻内府本是其重要内容。山東書局刻書關注地方文獻，重版本，精校勘。被公認爲校勘精審的本子有《十三經讀本》附《校勘記》和《資治通鑑綱目四編合刻》附《校勘記》。

除了山東書局，山東的教育機構刻書也不少，如尚志書院刻書 35 種，其内容更注重學術性。清末實行新政，山東大學堂爲了便於教學，刊印了不少課本，雖爲新式教育，但所刻内容還以傳統國學爲主。

清後期的山東官刻，數量上大幅增加。省級衙門刻書 17 種，地方官衙刻書 10 種。

清後期的家刻共 626 種，數量上不及前期和中期，但年均刻書量在 12.5 種，比前期、中期要高。在前、中期穩定發展的萊州府位居第二，登州府亦與萊州府、濟南府相埒。而在清前期占盡風頭的青州府刻書卻急速下降，沿海地區與内陸地區在經濟與文化上的差異開始在刻書上體現出來。在刻書内容上，子部書較前期和中期有較大增長，約占總刻書量的百分之二十一，原因是膠州的儒學類書籍較多，蓬萊、黄縣的善書和醫書較多。在朝代分布上，光緒一朝刻書最多，年刻書量約 13.5 種，是刻書業發展到晚期的“回光返照”。

清後期的家刻還呈現出一個新特點，即除了本土的刻書家族如海豐吴氏、福山王氏、黄縣丁氏、榮成孫氏、濰縣郭氏、日照丁氏、利津李氏、濟寧孫氏、諸城尹彭壽外，流寓山東或在山東爲官者刻書亦夥，如太湖張承燮、扶溝柳堂、山陰陳錦、歸安丁彦臣、桐城方敦吉、閩縣龔易圖等，體現了清後期山東刻書與各地刻書的融合與交流。

山東清後期的坊刻，在坊鋪和刻書數量上，均較清前期和中期有大幅增加。濟南府坊鋪有近30家，東昌府坊鋪達25家。隨着煙台的開埠，清後期的煙台坊刻最爲興盛。萊州府、青州府、沂州府、曹州府、濟寧亦有相當數量的坊鋪。總的來説，清後期的山東坊鋪已達100家，與江蘇整個清代202家坊鋪相較，已不相上下。

清後期的宗教機構刻書最爲豐富。其中寺廟刻書6種，道觀刻書3種，教堂刻書最多，有7種，大多集中在青州與煙台兩地，反映了這兩個地區是晚清宗教在山東滲透的主要區域。民間團體刻書亦有發展，以慈善組織爲多，所刻以醫籍、善書爲主。

民國山東刻書猶在相當長的一段時間内，堅持並延續着這一傳統的印刷技藝，産生了諸多藝術精品。

民國時期山東的私家刻書主要内容還是詩文集，經部書有日照丁以此的《毛詩正韻》；史部有膠州柯昌濟的《殷虚書契補釋》，濟寧許鴻磐的《方輿考證》，高唐田士懿的有關金石學的三種著述；子部書中，樂鏡宇創辦的濟南宏濟堂藥店刻有《宏濟堂藥目》，最珍稀者當爲長山養正堂刻《續學統》。

這一時期受石印、鉛印、珂羅版印刷的衝擊，傳統的雕版印刷業逐漸退出歷史舞臺。官刻書由於動蕩的社會狀況而刊刻極少，坊刻是新技術的最先受益者，故堅持以雕版方式印刷的坊鋪寥若晨星。宗教機構刻書，最著名者當屬濟南萬國道德會。慈善機構刻書數量亦較清末大爲減少。但此期還是産生了諸多具有藝術價值的名品，如滕縣生克昭北平法源寺刻《[民國]續滕縣志》和《滕縣生氏族譜》，非常精美，是民國山東刻書的代表之作。最有名的是掖縣張宗昌皕忍堂刻《唐開成石壁十二經》和《重刻武經七書》，兼具版本、藝術、文獻等多重價值。這與當時崇尚精審、雕摩精細的刻書風尚有關。二書由陶湘經管，沿其精美一路，爲山東刻書畫上了一個圓滿的句號。

清代山東刻書的特色，可概括爲：刻書數量龐大，地域分布廣泛，刻書品類豐富，以經學、小學、金石、文學見長，以世家大族刻書爲主。清代山東刻書社會意義深遠，除了保存山東文獻、促進書籍流通之外，對學術發展的推動作用，對全國刻書風氣的影響，都不可輕視。同時，書籍中保存了大量的刻書史料，對社會史、文化史的研究具有重要意義。

中國出版史的研究已有一批重要成果。2008年，中國書籍出版社出版的《中國出版通史》，以大出版的視野，涵蓋了各個歷史時期出版業概貌、出版管理機構及制度、出版人物、重要出版物，反映出編輯、印刷、管理、發行、版權及書籍裝幀等圖書出版活動的各個環節及其之間的相互聯繫，對中國文化史的研究具有重要意義。作爲區域文化研究的重要組成部分，區域刻書史的研究在十年前就已如火如荼地開展起來了。專著有方維保、汪應澤的《徽州古刻書》，劉尚恒的《徽州刻書與藏書》，謝水順、李珽的《福建古代刻書》，葉樹聲、余敏輝的《明清江南私人刻書史略》，四川省印刷史料編寫組的《成都印刷業史話》，吴彦壽的《建陽刻書史》，白玉岱的《甘肅出版史略》，《浙江省出版志》編纂委員會辦公室編的《浙江歷代版刻書目》，王桂平的《清代江南藏書家刻書研究》等。論文則有胡明麗的《陝西古代刻書考》等。這些成果爲地方刻書史研究積累了寶貴經驗。

素有文化大省之稱的山東至今還没有一部山東出版史，不能不認爲是一大缺憾。"清代山東刻書史"正是基於這樣的原因着手探討撰寫的。這祇是山東出版史的一部分,也許可以部分彌補這一缺憾。

對於山東刻書的研究,新中國成立後就有零星文章出現,如欒美素《建國前的山東出版業》,葉征《清代山東私人刻書家知見録》,葉樹聲《山東歷代私人印書探微》,李國慶《山東籍雕版刻工輯略》,洪友生《晚清時期山東的刊刻出版業》,取得了可喜的成績。關於某個地區的刻書狀況,則有尚昭明、鄒訓儉《膠州印刷業》,崔平《膠縣解放前出版印刷發行業一覽》,張樹棠《膠州成文堂書局》,孫泉聲《解放前即墨的印刷業》,貢世卿《解放前濟南新舊圖書業概況》,金紫垣、胡國典、劉伯紀《聊城四大書莊》,蘇道宏《聊城刊刻出版業的興衰》,吴雲弢《聊城刻書與出版業的興衰概況》,李士釗《聊城海源閣楊氏藏書刻書簡述》,丁延峰《海源閣刻書考》,趙文志《劉金貴、劉作信及其"誠文堂""誠文信"書局》,伯泉《曲阜的木版刻印業》,張冠群《濰縣圖書業概況》,李蒼松《濰縣印刷史話》,黄沁一《我所知道的濟寧圖書館·報刊·印刷業》,李中《泰安地區刊刻出版業概況》,鍾士林、畢建平《晚清以來煙台出版業概況》,崔章蔭《淄博私營書業》,趙鍾雲《古老的山東書局》,等等,也同樣值得充分關注。還有一些單書的版本研究,如袁世碩《王漁洋早年詩集刻本》,蒲澤《鮮爲人知的〈聊齋志異〉朱氏刻本》,朱睦卿《書傳四海 版刻嚴陵——趙起杲和青本〈聊齋〉》,宋平生《〈桃花扇傳奇〉版刻源流考》,王慧《〈金石録〉版本源流考》,柳向春《郝懿行〈爾雅義疏〉之刊刻源流》,劉捷《盧見曾與雅雨堂刻書》,崔天勇《翟云升與其木版〈隸篇〉》,丁延峰《海源閣楊氏刻本〈蔡中郎集〉考述》,張莉《〈蔡中郎集〉版本源流考》,王永《〈滹南遺老集〉版本源流考》等,更是專精研究的重要成果。

王紹曾先生《略談山東刻書及其在文化史上的作用》一文,係對上自五代下至清代的山東刻書的全面梳理,是迄今爲止對山東刻書最全面、最權威的論述,有力地駁斥了山東"猶未聞有刻書之風"、山東刻書之風"聲聞寂寞"的説法。這篇逾萬言的文章確定了我們對山東刻書的基本認識,令我們看到了更廣闊的研究空間。毫無疑問,山東刻書史的研究無論在廣度還是深度上,都還存在較大的努力空間,需要我們在已有成果的基礎上繼續開拓。

2003年,我隨杜澤遜師讀碩士的時候,杜師就建議我做山東刻書研究,但因時間不允許,暫且擱置。進入博士學習階段,我毫不猶豫地選擇了這個題目,希望通過對清代山東刻書概況的梳理,能對山東刻書業的成績予以詳細揭示、準確記録,從而對山東刻書事業的歷史地位有個客觀公允的評價。同時,作爲整個中國刻書研究的一部分,希望這種區域性的研究對全國的同類研究有借鑒意義。

山東刻書的範圍,首先包括在山東本地的刻書,即山東人在山東所刻書以及外地人在山東所刻書。其次是山東人在外地的刻書。因爲刻書事業包括出資和版權、編輯和校勘、刊刻和印刷、存版和流通等各個環節,絶不僅僅是一個刻版問題,所以刻版在山東的固然要納入山東刻書史的研究範圍,刻版在外地而由山東人主持的刻書活動,同樣要納入山東刻書史研究的範圍。衹有這樣,纔符合山東刻書史的實際情況,纔能全面反映山東刻書的歷史面貌。2008年12月由《浙江省出版志》編纂委員會辦公室編,浙江人民出版社出版的《浙江歷代版刻書目》,將浙江人在外地所刻書也計入浙江刻書,如山陰陳錦《橘蔭軒全集》,係光緒中在山東歷城刻成,秀水盛百二《尚書釋天》,係在山東任城書院所刻,今《浙江歷代版刻書目》皆收入。至於外地人在浙江所刻書,因所用刻工、材料均係浙江所有,故屬於浙江當地刻書,如山東牟庭的《楚辭述芳》由其子牟房在湖州刻成,亦收入《浙江歷代版刻書目》。可見,本地人在外地所刻書納入本地刻書史研究的範圍,不乏先例,同時也是區域文化交叉現象的客觀反映,是區域文化史研究較爲妥善的研究方法和思路。

至於清代山東刻書史,則是在以上横向關係處理原則基礎上的斷代研究,其主體研究限於清順治元年至宣統三年之間的山東刻書,但同時上溯宋元明時期的山東刻書,對民國時期的山東刻書也作爲清代山東刻書的餘波予以探討,從而可以對整個山東刻書史獲得完整的線索。

本課題的研究步驟分三步:

1. 蒐集各家書目數據,形成《山東刻書目録》。即從各種目録中過濾清代山東所刻的書。參考書目有:宣統三年修《山東通志·藝文志》,王紹曾主編《山東文獻書目》,崔巍著《山東省博物館藏明清民國山左學者著述知見録》,顧廷龍主編《中國古籍善本書目》,上海圖書館編《中國叢書綜録》,孫殿起編《販書偶記》《販書偶記續編》,杜澤遜撰《四庫存目標注》,杜信孚、杜同書編《全明分省分縣刻書考》,杜信孚編《全清分省分縣刻書考》,《山東文獻集成》,山東省圖書館善本書目和普通本書目,國家圖書館書目數據,北京大學圖書館書目數據,上海圖書館書目數據,中國科學院圖書館書目數據,廣東中山圖書館書目數據,山東大學圖書館書目數據,《濟南市圖書館館藏古籍書目》《煙台公共圖書館館藏古籍書目》《濰坊古籍書目》等。把這些書目中記載的山東刻書信息輯出來,去其重複,形成《山東刻書目録》。

2. 按目索書,對每一部書進行實物考察、研究。從形式到内容,搞清刊刻人、刊刻地、刊刻經過,並給予準確記録、客觀描述,從而爲每一部書定位。

3. 歸納總結及論述。以時間爲序,將清代山東刻書分爲前、中、後三期。每一期以府爲單位進行敘述,府下分官刻、家刻、坊刻、宗教機構刻書、民間組織刻書。其中官刻按機構敘述,坊刻按坊鋪敘述,家刻按縣,縣下分家族,家族下列個人刻書。對各個系統、各個層次的刻書特點逐一進行歸納總結。

本課題的研究方法有四種:

1. 文獻研究:以每一部書爲單位進行研究。小到客觀描述,大到刻書意義的探析。

2. 分析歸納:從個體到全面,由事實到規律。以家刻爲例,分層次總結刻書特點,如個人、家族、縣府。

3. 比較研究:横向比較有:人與人的比較,書與書的比較,府與府的比較,外省與本省的比較,刻書機構的比較,刻書内容的比較,刻書數量的比較。縱向上則有清代與明代、清代與民國的比較。

4. 文獻統計:用圖表及數字直觀地展示刻書概況。

在本題目的研究過程中,筆者目驗山東刻書二千餘部,並一一做了客觀描述。同時,結合政治、經濟、文化、學術等因素,對清代山東刻書事業進行考察,對清代山東重要刻書者的刻書思想、刻書特點、刻書貢獻進行較爲全面的梳理,不僅揭示了清代是中國刻書業發展最爲繁盛的時期,而且關注各地區刻書發展的不平衡現象,着重探討不平衡現象背後的原因。希望通過這次對山東刻書全面、系統、細緻的探討與論述,能爲讀者展現山東刻書的面貌,理清其發展脈絡,爲全國出版史的研究盡一份綿薄之力。錯誤和疏漏之處,還請讀者不吝賜教。

2013年9月19日

凡　例

1. 本書雖名爲《清代山東刻書史》,但對清以前及民國的刻書均有涉及,以期明確認識清代刻書對前代的繼承及對後世的影響。

2. 山東刻書的範圍,包括山東人及外地人在山東地區刊刻的書,亦包括山東人在省外所刻書。

3. 清代的界限,始自順治元年,終至宣統三年。三期劃分:順治至乾隆爲清前期,嘉慶至咸豐爲清中期,同治至宣統爲清後期。

4. 三期之下劃分十府二州,依據爲朱士嘉《中國地方志綜録》①和宣統《山東通志》②,其順序及所領州縣如下:

濟南府:歷城、章邱、鄒平、淄川、長山、新城、齊河、齊東、濟陽、禹城、臨邑、長清、陵縣、德州、德平、平原。

兖州府:滋陽、曲阜、寧陽、鄒縣、泗水、滕縣、嶧縣、汶上、陽穀、壽張。

東昌府:聊城、堂邑、博平、茌平、清平、莘縣、冠縣、館陶、恩縣、高唐州。

青州府:益都、博山、臨淄、博興、高苑、樂安、壽光、昌樂、臨朐、

①朱士嘉:《中國地方志綜録》增訂本,商務印書館1958年版。

②楊士驤修,孫葆田等纂:《[宣統]山東通志》,民國四年至七年山東通志刊印局排印本。

安邱、諸城。

登州府：蓬萊、黄縣、福山、棲霞、招遠、萊陽、寧海州、文登、海陽、榮成。

萊州府：掖縣、平度、濰縣、昌邑、膠州、高密、即墨。

武定府：惠民、青城、陽信（附慶雲）、海豐、樂陵、商河、濱州、利津、霑化、蒲臺。

沂州府：蘭山、郯城、費縣、莒州、蒙陰、沂水、日照。

泰安府：泰安、肥城、新泰、萊蕪、東平州、東阿、平陰。

曹州府：菏澤、單縣、城武、鉅野、鄆城、曹縣、定陶、濮州、范縣、觀城、朝城。

濟寧州：金鄉、嘉祥、魚臺。

臨清州：夏津、武城、邱縣。

爲便於分節，又以乾隆四十一年所定“三道”爲序，即：

濟東泰武臨道：駐濟南府，轄四府一直隸州：濟南府、東昌府、泰安府、武定府、臨清州。

登萊青道：駐登州府，轄三府：登州府、萊州府、青州府。

兖沂曹濟道：駐兖州府，轄三府一直隸州：兖州府、沂州府、曹州府、濟寧州。

5. 府州之下以官刻、家刻、坊刻、宗教機構刻書、民間團體刻書爲單位順序進行論述。官刻首叙省級衙門，次叙地方官府，再次爲書院。家刻、坊刻按所轄各縣順序叙述。宗教機構以寺廟、道觀、教堂順序叙述。民間團體以各團體叙述。

6. 書分八個層次，以“章”“節”“一、”“（一）”“1.”“1）”“（1）”“①”及字號、字體加以區分。

7. 清代山東在出版史上有著名的泰安徐志定磁版印本《蒿庵閒話》和《周易説略》，暫未收入本書。另外，清代山東除家譜以外的活字本，目前僅見嘉慶諸城臧氏活字印本《盧溪詩草》一卷，活字印本《鏡山庵集》二十五卷《十八闋》一卷，一藏山東省圖書館，一藏山東博物館。二書未收入本書。

8. 因地方志、族譜、硃卷三個門類的刊刻，在每一門類的特徵上較多相似之處，故暫不計入當地刻書。山東人在外地爲官時所刻居官地方志，列入個人刻書；山東人在外地所刻的山東方志，如明確表示爲個人捐資，則爲私刻，計入個人刻書。未明捐資付梓者，暫作爲官刻處理，不計入個人刻書；族譜以“家傳”“家模”的形式出現，並非嚴格意義上的族譜，故列入個人刻書；硃卷有的在世家大族刻書中提及，但不計入其刻書。

9. 爲了彰顯外地人在山東刻書的成果，外地人在山東所刻方志一併計入個人刻書。

10. 有些刻本今已不存，文獻記載又無確切書名，暫以“[　]”注明。引文中有無法辨識的字，以“□”代之。書中原有之按語，以“原按：”注明；筆者所加之按語，以“按：”注明。

11. 叢書在地區刻書列表中以零種的方式出現，叢書總名不再出現。

12. 刻書表有重出者，即一書在一地出現，在另一地亦出現，大多係補刻或多人合刻而分屬不同地區所致。

13. 有部分家族刻書跨兩個時期，爲保持家刻的完整性，集中在一個時期論述，另一時期簡略提及。但在各府的統計表中各入其所屬時期。

14. 刻書時間跨不同時期的坊鋪，亦如家族刻書，在一個時期內進行總體介紹。一爲避免重複，二爲集合每個坊刻的所有刻書，並附總表，以見其盛況及特點。關於每期每府的坊刻總數，仍依家刻例，嚴格以時間分期計算。

15. 一地刻書時間不確定者，附於清後期的該地刻書之後。

16. 書中有用簡稱者，如《四庫提要》，即《四庫全書總目》；

《四庫存目》，即《四庫全書總目》中存目書的提要；《販記》，即《販書偶記》；《販續》，即《販書偶記續編》；《叢綜》，即《中國叢書綜録》；《善目》，即《中國古籍善本書目》；《山東目》，即《山東文獻書目》；《博》上、《博》下，即《山東省博物館藏明清民國山東學者著述知見録》，該書分上、下兩册，本書引用時後跟頁碼；《存目標注》，即《四庫存目標注》；《孔考》，即《孔子故里著述考》。

17. 書中有個别字不統一者，如爲避孔子諱，雍正間改“丘”爲“邱”。今將行文中的地名一律作“邱”，如“安邱”。至於書名及引文，悉從原著。其他如“刊”——“梨”，“寧”——“甯”，均用此例。另據清末、民國的政府呈文及成文信刻書，“煙台”有作“煙臺”者，有作“烟台”者，用“煙台”者居多，今在行文中用“煙台”，引用時悉從原著。濟南有後宰門街，有作“后”宰門者，行文中用“後”字，引文悉從原著。

18. 書中所列刻書目録，均依《中國古籍編目規則》著録；所引杜信孚先生《全明分省分縣刻書考》《全清分省分縣刻書考》中數據，悉遵原著，未加改易。

19. 書中引文皆注出處，唯《山東通志·藝文志》所據爲徐泳學兄整理的電子版，未注具體頁碼。

20. 文中統計數字均基於目前所見、所知，尚有許多未知者，俟後續補。

第一章　清以前山東刻書概述

第一節　明以前山東刻書概述①

根據史料記載，山東刻書，始於五代之初。南唐劉崇遠《金華子》説："王師範鎮守青州，執法不渝，至今青州猶印賣《王公判事》。"王師範卒於公元907年，是唐末五代初年的軍事家兼藏書家，《王公判事》當是已知的山東最早刻本。其次爲號稱"曲子相公"的和凝（898—955），字成績，鄆州須昌（即鄆城）人。《舊五代史·和凝傳》説他"平生爲文章，長於短歌艷曲，尤好聲譽。有集百卷，自篆於版，模印數百帙，分惠於人焉"。他是我國歷史上刻印自己集子的第一人。據張秀民先生推斷，這部集子可能是其在家鄉出版的。明羅頎《物原》説："五代和凝始以梨板刊書。"以梨板刊書，當然不始於和凝，但和凝的確是文學家出版自己作品的第一人。

在版刻史上，宋元刻本明確記載刻於山東地區者，爲數不多。今藏中國國家博物館的宋代劉家功夫針鋪印刷的商標是我國發現的最早的商標。銅版上方横刻"濟南劉家功夫針鋪"八字，中間雕一兔子搗藥圖案，左右兩側反刻"認門前白兔兒爲記"字樣。可見

①本節多據王紹曾先生《山東藏書家史略·山東藏書家概述（代序）》，山東大學出版社1992年版。

當時山東的印刷技術已具相當水平。鄆州汶陽穆修"晚年得柳宗元集,募工鏤板,印數百部攜入京相國寺,設肆鬻之"①,有意識地以刊版進行文獻傳播。

北宋政和五年,山東陷金人之手,可以稽考的金刻本,有一定數量,但多數是道書。其時咸陽王嚞創立全真教,於大定七年至山東傳教,山東人從其教者甚衆。門徒有棲霞丘處機(長春子)、掖縣劉處玄(長生子)、寧海譚處端、登州馬鈺,號稱"林下四友"。又與東牟王處一、寧海郝鄰,加上重陽子王嚞,合稱"七真人",而丘處機尤有名。王重陽在大定二十八年被世宗召見,賜冠服,受到統治者的重視,由是全真教風靡一時。"七真人"著有《七真要訓》,實際上是一種道教叢書。其中有王重陽《全真集》,丘長春《磻溪集》《鳴道集》,譚長真《水雲集》,馬丹陽《微語集》,王玉陽《靈光集》,郝廣寧《太古集》,均有金刻本。其中有的書一再爲道士們刊傳。《七真要訓》外,亦刻其他道書。大定至正年間,山東刊刻道書成風。如大定二十三年,馬丹陽門人寧海靈真子朱抱一募工刻《教化下手遲》《分梨十化》《好離鄉》。二十七年,掖縣劉長生於東萊全真堂重刻譚長真《水雲集》。二十八年又重刻王重陽《重陽全真集》。刻於大定間的尚有郝廣寧的《崑崙文集》。明昌二年濟南畢守真刻劉長生的《黃帝陰符經注》。就山東所刻的道書而言,規模都不算小,證明當時山東地區具有大批成熟的刻工。明昌二年《大金玄都寶藏》在中都刊補完成,全藏六千四百五十五卷,六百有二帙。泰和七年章宗元妃施道經二藏,一送棲霞太虛觀,一送聖水玉虛觀。可見棲霞太虛觀已成爲金代的道教中心,在中國藏書史、道教史上有其重要地位。山東所刻的道書原本,雖然大都未見流傳,但濱都道人王一興所刻的《棲霞長春子丘神仙磻溪集》三

①〔宋〕魏泰撰,李裕民點校:《東軒筆録》,中華書局1983年版,第30頁。

卷,在金刻本中,可謂魯殿靈光。此書半葉九行,每行十七字,白口,左右雙邊,版心記"磻集一""磻集二"等字,框高二十一·八厘米,寬一五·二厘米。前有大定丙午五月日中條山玉峰老人胡光謙序,文楷、行、草書間雜,半葉七行。字仿顔平原,體格端嚴,鐫亦古勁。書中用語涉及金廷均提行空格。詩中所紀歲月至大安己巳,刻梓當在大安之初。此本爲最早刻本,後有明正統道藏本,據傅增湘跋語①,此本可訂正元史之失。並且,此本有些内容爲正統本所無,所以可以補正統本之不足:"道藏本或竟删除,或意爲節略,均失本真,賴有金時刊本得以校補其缺失,足見古本之可珍矣。"②

山東金刻本中,正大四年闕里孔氏曾刻過孔元措《孔氏祖庭廣記》十二卷,可惜原本早佚。蒙古乃馬真后元年闕里孔氏又據以重雕。此本前有宋元豐八年孔宗翰《家譜舊引》:"宗翰假守豫章,恩除魯郡,將歸之日,遽以舊譜命鏤板,用廣流傳。"又有孔傳宋宣和六年於曲阜燕居申申堂《祖庭雜記舊引》。有孔元措夢得金哀宗正大四年《孔氏祖庭廣記引》,稱:"自四十六代族祖知洪州軍州事柱國纂集所傳,板行四遠,於是乎有《家譜》。逮四十七代從高祖邠州軍州事朝散,克承前志,推原譜牒,參考載籍,摘拾遺事,復成一書。值宋建炎之際,不暇鏤行。至四十九代從祖主祥符縣簿承事,懼其亡逸,證以舊聞,重加編次,遂就完本,布之天下,於是乎有《祖庭雜記》。二書並行……比因兵災,闕里家廟半爲灰燼,中朝士大夫家藏文籍多至散没,豈二書獨能存歟!元措托體先人,襲封世嗣,悼斯文之將没,恐祖牒之久湮,去聖愈遠,來者難考。乃與太常諸公討尋傳記,及諸典禮,於二書之外,得三百二事,皆往

①《棲霞長春子丘神仙磻溪集》,《中華再造善本》影印國家圖書館藏金刻本。
②《棲霞長春子丘神仙磻溪集》,《中華再造善本》影印國家圖書館藏金刻本。

古尊師之懿範,皇朝重道之宏規,前此所未見聞者。於是增益二書,合爲一編,……題曰《祖庭廣記》。"據此可知,宋神宗元豐八年,孔子四十六代孫孔宗翰曾纂修《家譜》並刊行,此爲孔氏刻譜之始。宣和六年孔子的第四十七代孫孔傳又成《祖庭雜記》,然恰逢南宋初渡,社會動盪,未能刊行。至四十九代孫孔瓌,增補材料,重加編次,《祖庭雜記》方鏤版以行。入金,孔子五十一代孫孔元措(1182—約1252)於承安二年襲封衍聖公。他綜合以上二書,正誤補闕,又參考載籍,述金皇統、大定、明昌以來崇奉孔子的故事,又冠以圖像,將原來兩書三卷十八門五百四十三事,增益爲十二卷二十六門八百四十事,成《孔氏祖庭廣記》十二卷。曲阜文獻,自此完備。此《引》後有"正大四年歲次丁亥十月望日訖功"一行,當爲孔元措正大四年刻本之刊記。刊記後有銜名:"太學生介山馬天章畫像,禮官業進士浚儀王柔立校正,禮官業進士中山靳唐校正,太常寺太祈日照張籥校正,集賢院司議兼太常寺奉禮郎權博士古燕馬遂良校正,惠民司令兼太常博士富平米章校正,資政大夫襲封衍聖公知集賢院兼太常丞五十一代孫元措謹續編。"從以上銜名可以看出,此書的參與者主要是山東人或在山東做官的人。書末有:"大蒙古國令中書省耶律楚材奏准皇帝聖旨於南京,特取襲封孔元措,令赴闕里奉祀,來時不能挈負《祖庭廣記》印板,今謹增補校正重開以廣其傳。壬寅年五月望日,門生曹國王恕重校,門生冀州伊莘重校。"據此可知,此書於金正大四年鐫版於金都南京(今河南開封)。但其初版久佚,蒙古壬寅,耶律楚材奏准皇帝,令孔元措赴闕里奉祀,增補校正,重雕此書。此本爲孔氏家譜現存的最早刻本。蒙古太宗之皇后乃馬真氏稱制元年,相當於宋淳祐二年,當時金朝已亡,蒙古未建年號,故以干支紀歲。此本紙墨古雅,字畫精美,爲蒙古時期雕版印刷的上乘之作。書中圖十二幅,爲太學生馬天章畫,浮光季大簡刻。構圖嚴謹,是早期版畫插圖的傑作。正文十一行二十字，白口，左右雙邊，雙魚尾，版心有刻工和字數，框高二十二·七厘米，寬十四·七厘米。刀法凝重蒼勁，足證金元之際，山東的雕版藝術具有極高的水準。《續古逸叢書》《四部叢刊》即據此帙影印。此書現藏國家圖書館。原藏曲阜孔氏，清乾嘉時，孔氏贈予其婿何元錫（字夢華），何元錫又轉讓給黄丕烈，以後又幾易其手。從書上所鈐"丕烈""蕘夫""士禮居""汪印士鐘""閬源真賞""綬珊經眼""瞿印秉淵""祁陽陳澄中藏書記""郇齋"等印，可粗見此書的遞藏源流。書上還有錢大昕、瞿中溶、黄丕烈、邵淵耀等爲之跋，孫星衍、吴翌鳳爲之題款。黄丕烈稱此書爲"驚人秘笈"，堪與其藏宋刻《東家雜記》合稱雙璧。而錢大昕則稱"所見金元刊本，未有若是之完美者"。除刊刻精緻外，書中保存的大量闕里文獻，前人目録中也罕有著録，特别是兩漢以來孔氏廟林碑刻，舊書衹録碑目，此書則盡載舊碑全文，可補諸家碑録之闕。所以此書爲研究孔子和曲阜史地的珍貴資料。①

蒙古太宗九年，丘氏門徒萊州掖城道士披雲真人宋德方與其門人陵川通真子秦志安，得到丞相胡公白金千兩的資助，開始刊刻《玄都寶藏》。他們先後設立了棲霞宫八卦局等二十七個分局，招募五百多刻工，總局設在平陽玄都觀，由秦志安在平陽玄都觀總領其事。宋德方親自校勘，坐鎮玄都觀近十年，手不釋卷，日課校讎，三洞四輔一萬八千餘種著作，多出其手，歷時八載，到乃馬真后三年竣工。趙萬里先生《中國版刻圖録》之《雲笈七籤》條稱："宋張君房撰，蒙古乃馬真后三年刻道藏本。元初宋德方遵其師長春真人丘處機遺志，太宗九年倡刻《道藏》，開局於平陽玄都觀，據管州所存《金藏》付刻，乃馬真后三年《金藏》告成，凡七千八百餘卷，名《玄都寶藏》。定宗時平陽永樂鎮純陽萬壽宫建成，即庋經版於宫

①《孔氏祖庭廣記（善本掌故）》，見《人民日報·海外版》2005年12月30日。

内。”此蒙古的《玄都寶藏》刻於平陽，並非刻於山東，但主持者爲山東人。王紹曾先生在《山東藏書家概述（代序）》中說：“不過我相信必然有不少山東刻工去參加這個浩大的工程。”這部宋德方校刻的《道藏》，後來經過元世祖下令燒毁所有的道藏經文和印版，大都化爲灰燼。現在保存下來的，祇有《太清風露經》一卷和《雲笈七籤》零葉。《太清風露經》六行十七字，有刻工，框高二十一·九厘米，字體工整，刻板清晰。

值得一提的是，元東平丁思敬於大德八年在南豐州刻過宋曾鞏《元豐類稿》。末有丁思敬跋：“僕嘗讀舍人王公所著《南豐先生文集序》，喜其有‘波濤’‘煙雲’‘三軍朝氣’之語，足以摹寫斯文之妙。及觀紫陽夫子序公家譜，甚恨世之知公者淺，而後未敢以前言爲可喜也。公先世亦魯人，嘗欲抽瓣香，修桑梓，敬而未能。大德壬寅春，假守是邦。既拜公墓，又獲展拜祠下，摩挲石刻，知爲魁樞千峰陳公名筆。至品藻曾、蘇二公文，則獨以金精玉良許曾文之正。信乎！曾文定之文價，至陳文定而後論定也。公餘進學官，諸生訪舊本，謂前邑令黄斗齋嘗繡諸梓，後以兵毁。夫以先生文獻之邦，而文竟無傳，後守烏得辭其責。乃致書雲礽留畊公，得所刻善本，亟捐俸，倡僚屬及寓公、士友，協力鳩工，摹而新之，逾年而後成，其用心亦勤矣。後必有不汲汲於它務者，憫其勤而壽其傳，斯無負雪樓先生品題云。大德甲辰良月，東平丁思敬拜手書於卷尾。”據此可知，任南豐太守的東平丁思敬認爲南豐是曾鞏故里，不可無其文集傳存，以雲礽留畊公宋刻善本爲底本，於大德八年主持刊刻了《元豐類稿》。此本共五十卷，大字，十行，行二十字，白口，左右雙邊，版心上記字數，下記刊工人名。框高二十四厘米，寬十七·六厘米。前有王震序和程文海撰《大德重刊元豐類稿序》，後附録行狀、碑、志、哀挽一卷。是本書法槧手俱極古雅，麻紙濃墨摹印精工，版式寬大，字畫精整，爲元刻上乘。據吴芹芳《〈元豐類稿〉版本考略》①一文,丁思敬刻本在曾鞏《元豐類稿》的版本系統中有着非常重要的位置。《元豐類稿》的祖本爲宋刻本,現已不存,衹是傅增湘《藏園群書經眼録》卷十三載有宋刊本殘卷版式:半葉十二行,每行二十至二十五字不等,白口,左右雙欄,版心上記字數,下魚尾下記葉數,下方記刊工人名。文中有夾注,行間異文旁注。丁思敬所據本即爲此本。在丁本之後,又有明正統十二年鄒旦刻本,十一行二十一字,黑口,四周單邊,鄒旦時爲宜興令。成化八年,南豐令楊參又取宜興本重刻。嘉靖間,又有王忬刻本,所祖爲楊參本,十一行二十一字,黑口,四周雙邊。可以説,明清刻本大多以丁本爲祖本。王紹曾先生認爲此本"爲明清刻本所從出,版式寬大,字畫精整,爲元刻中代表作"。

元代還有濟寧李璋刻過《九經》《四書》。據文獻記載,其"《四書》版加厚,字加大,猶慮北方風高,木善裂,取生漆加布其四端,歸諸孔廟之下,俾久於模印而無壞"。這種用布包裹書版的四端,再塗以生漆的保存方法,爲李氏所獨創,惜未見後人仿效。惟朝鮮海印寺所存《高麗藏》版,均髹之以漆,銅飾左右,略似李璋保存《四書》刊板方法,故至今完好無恙。

另外,濟南潘昂霄有《金石例》十卷,據《四庫全書總目》②,書在元代版凡三刻,有在濟南刻者,惜未見。

在印刷史上更爲重要的是,元代東平王禎不僅成功地用木活字印過《[大德]旌德縣志》,而且還在其名著《農書》中總結了製作木活字印書的經驗,爲後來大量利用木活字印書開闢了道路。由此可見,自五代至宋元,山東不僅在造紙、印刷方面有獨創性,還勇於實踐,産生了諸多印刷精品。

①吴芹芳:《〈元豐類稿〉版本考略》,載《江西圖書館學刊》2003 年第 4 期。
②以下簡稱《四庫提要》。

第二節 明代官刻

一、省級衙門刻書

(一)巡撫刻書

巡撫刻書,多命布政司或按察司刊刻。在明代,由山東巡撫授意刊刻次數最多的是《重修政和經史證類備用本草》三十卷,或布政司刊,或按察司刊,爲保持版本的承繼性,今一併叙述。

北宋蜀地名醫唐慎微所著《經史證類備急本草》,是一部集藥物學之大成的本草巨作。大觀二年,仁和縣尉管句學士艾晟刊刻印行,名曰《經史證類大觀本草》,簡稱《大觀本草》。宋徽宗認爲此書實可垂濟萬民,於政和六年,命醫官曹孝忠重新校定《大觀本草》,賜名爲《政和新修經史證類備用本草》,簡稱《政和本草》。然此書版既成,金兵已至,書版亦爲金人所得。此後南北分割,形成了南地的《大觀本草》與北地的《政和本草》兩個版本系統。

北方的《政和本草》,現存蒙古定宗四年張存惠晦明軒刻本,明成化四年原傑、雷復等刻本,明嘉靖二年陳鳳梧刻本,明嘉靖十六年楚府崇本書院刻本,明嘉靖三十一年周玧、李遷刻本,明隆慶三年刻本,明隆慶六年施篤臣、曹科刻本,明萬曆五年蜀府刻本,明萬曆六年歸仁齋刻本,明萬曆十五年内府刻本,明天啓五年曹爾楨等刻本,等等。

其實,在張存惠晦明軒本和明成化四年原傑、雷復本之間,還有個元大德十年許氏本。葉德輝《書林清話》卷四"元私宅家塾刻書"有著録,認爲此許氏本係據張存惠本翻刻,而明本係仿元本重刻。此説法可以明成化本末有"元大德丙午歲,仲冬望日,平水許宅印"字樣證之。此本現已不存。在現存諸本中,山東巡撫原傑本是繼張存惠本之後的第二個版本。

①《重修政和經史證類備用本草》三十卷,宋唐慎微撰,宋寇宗奭衍義,明成化四年山東巡撫原傑刻本。

此書係原傑令山東按察司所刻。原傑,字子英,山西陽城人,正統十二年進士。成化二年至五年在山東巡撫任上。

前有成化四年商輅序:"邇副都御史原君傑奉命巡撫山東,見而善之,謀諸左右布政使雷君復、葉君冕、按察使李君裕、副使劉君敬,命工重鋟諸梓,以廣其傳。"末有"成化四年歲次戊子冬十一月既望重刊"一行,又有"山東按察司經歷司知事湖廣黄陂楊昇督工,山東兖州府東平州學正湖廣武陵梅詡重校,山東都司濟南衛經歷司知事華亭劉肅重録,寓濟南士人姑蘇朱同録"四行。此校録人員皆爲官山東或流寓山東。

王重民先生《中國善本書提要》稱:"明成化四年山東巡撫原傑翻刻於魯,明代諸翻本,蓋多從原氏翻本出。"①

十二行二十三字,黑口,四周雙邊。

②《重修政和經史證類備用本草》三十卷,宋唐慎微撰,宋寇宗奭衍義,明嘉靖二年山東巡撫陳鳳梧刻本。

此書係陳鳳梧令山東按察司所刻。陳鳳梧,字静庵,江西泰和人,弘治進士,歷河南按察使、右副都御使,巡撫應天十府,著有《四書六經集解》等。

據王重民先生《中國善本書提要》,此書原題:"成都唐慎微續證類,中衛大夫、康州防御使、句當龍德宫、總轄修建明堂所醫藥、提舉入内醫官、編類《聖濟經》、提舉太醫學臣曹孝忠奉敕校勘。"②

有商輅成化四年原序。陳鳳梧序云:"成化間巡撫山東都御

①王重民:《中國善本書提要》,上海古籍出版社 1983 年版,第 253 頁。
②王重民:《中國善本書提要》,上海古籍出版社 1983 年版,第 253 頁。

史原公傑,得平陽善本,刻之臬司,其傳寢廣。然模印既久,字畫汙漫,至不可辨。聖天子紀元之初,鳳梧以謭陋承乏巡撫……迺檄臬司訪舊本而重鋟之,其工梓之費則取之贖金,閱歲而工始告成。凡爲版一千一百四十有奇”,“是舉也,始其事者江憲使潮,中其事者吴憲副山、錢憲副宏,而終其事者潘憲使珍也”。則山東按察司參與此書刊刻的有按察使江潮,副使吴山,副使錢宏,按察使潘珍。

③《重修政和經史證類備用本草》三十卷,宋唐慎微撰,宋寇宗奭衍義,明嘉靖三十一年山東巡撫王積刻本。

此係王積令山東按察司所刻。卷末有牌記:“嘉靖三十一年歲次壬子春正月重刊,山東濟南府儒學教授胡大慶、訓導冀爲珩同校督。”有原序二:成化四年商輅序,嘉靖二年陳鳳梧序。又有嘉靖三十一年王積序,嘉靖三十一年馬三才序。王積《重刊證類本草序》:“原本刊於山東按察司。摹印既久,剥落漶漫,幾不可識,覽者病之。憲使周君琉曰:‘此書殆不可坐令其廢。’乃謀於方伯謝君存儒、沈君應龍暨諸僚寀,請爲重刊。予樂從之。乃屬濟南守李還鳩工鋟梓,越兩月工且告竣。”後署“嘉靖壬子春正月望賜進士出身都察院右副都御史奉敕巡撫山東地方太倉王積撰”。

又有項廷吉《重翻本草序》:“山東按察司翻治故刻《證類本草》,余爲序之曰:‘余按是土,屬征兵以謀胡難……懼其遂泯也,按察使周君琉盡然以拯人起痛是任,爰諏方伯謝君存儒、沈君應龍,謀於其寮洎其屬濟南李守還,罔不同心,稽斥冗財,余故得以正治之,以廣惠澤。’嘉靖壬子布法之月,書乃告成。”署“巡按山東監察御史江右漁浦項廷吉撰”。

王積(1492—1569),字子崇,號虚齋,江蘇太倉人。正德十六年進士,曾任山東按察使、左布政使,後巡撫山東。刻此書時,當在山東巡撫任上。周琉,字潤夫,號石崖,湖北應城人。嘉靖十一年進士。刻此書時,在山東按察使任上。謝存儒,字懋蚧,湖北蒲圻人。明嘉靖五年進士。初授給事中,旋遷祭酒,調山東布政使,再陞副都御史,最後擢兵部侍郎。沈應龍,字翔卿,浙江烏程人。嘉靖十四年進士,歷刑部主事、郎中,進爲右副都御史,巡撫山東。刻此書時,謝存儒與沈應龍在山東布政使任上。李遷,字子安,號蟠峰,江西南昌人。嘉靖二十二年任濟南府知府。看來,此書係由按察使周玧提議,與布政使謝存儒、沈應龍二人相商,在得到巡撫王積的支持後,由濟南知府李遷具體操辦而成。

十二行二十三字,白口,四周單邊,雙魚尾。此本蓋依陳鳳梧翻本重雕,故字體行款,莫不相同。唯陳本不記刻工,此本則下書口記刻工姓氏:程仁、程俊、李奎、王政、胥守皋、劉寵、王安、張崇義、顧計先、李如等。

④《重修政和經史證類備用本草》三十卷,宋唐慎微撰,宋寇宗奭衍義,明隆慶六年山東巡撫傅希摯刻本。

此書係傅希摯令山東布政司施篤臣所刻。傅希摯,字承弼,河北衡水人,隆慶五年至萬曆二年任山東巡撫。施篤臣,字敦甫,號恒齋,安徽青陽人。嘉靖三十五年進士。隆慶五年,遷山東左布政使。此書《中國古籍善本書目》①作"明隆慶六年施篤臣、曹科刻本"。曹科爲山東右布政使。

書除原序外,又有隆慶六年吴從憲序,是年施篤臣序,是年傅希摯序云:"《本草》刊於東省舊矣,模印既久,漸齮齕,幾不可辨,閲者病之。方伯施君篤臣恐愈久而愈失其真也,乃謀諸寮寀洎臬閫諸君,請爲重梓。余善之,遂屬醫官時孟陽輩,細加校讐。間有字畫之襲訛者改正之,藥性之有忌者增注之,可省可用,或不可多用者更詳補之。《神農》本□□陶隱居唐本等注,原刊陰文白字,今易以陽文□字;其來自《神農》者,又特以圈爲識別。"王重民先

①《中國古籍善本書目》,上海古籍出版社1993年版。以下簡稱《善目》。

生認爲:"是此本稍有校正,故行款與成化、嘉靖諸本不同。又此本眉端有音注,亦爲以前諸本所無。惜此本後印,文字漫漶,有不能辨識者。"①

此爲山東的第四次刊刻,改由布政司刊刻。

十一行二十三字,白口,四周雙邊。刻工有郭乾、邦相、孫容、張治、志信、程延令、朱希等。

⑤《重修政和經史證類備用本草》三十卷,宋唐慎微撰,宋寇宗奭衍義,明天啓五年山東布政司曹爾楨等刻本。

此書卷一、二、七、八、九、十一、二十三、二十五、二十六之末有記:"天啓甲子歲歷下世醫邑庠生胡馴、府庠生陳新重校。"卷七、八、十一、二十三、二十六"天啓"下多"四年"二字。書尾有校勘官銜名:"天啓五年歲次乙丑春二月既望重刊。山東等處承宣布政使司左布政使直隸長洲曹爾楨督理;山東等處承宣布政使司右布政使湖廣景陵胡承詔督理;署按察司事山東布政使司分守萊州道右參政浙江嘉興譚昌言督理;濟南府知府浙江錢塘樊時英督理;同知直隸棗强蘇爲梯督理;通判山西興邑李一桂督理;通判陝西朝邑井東星督理;推官浙江黄巖吴執御督理;山東等處承宣布政使司經歷司經歷、河南泌陽陳民思督工;山東等處承宣布政使司經歷司都事、廣東瓊山林捷春督工。"此書除原序外,尚有晦明軒牌記,皇統三年宇文虚中跋,大德十年劉祁跋。王重民先生認爲:"以此知翻刻之役,始於天啓四年,竣工於五年二月。此本字體與嘉靖間兩翻本不同,劉祁跋後有成化四年翻本督工人銜名,又知此本殆逕從成化本出。"②自此,山東翻刻《本草》不再依據嘉靖時的翻刻本,而是由成化本翻刻。

①王重民:《中國善本書提要》,上海古籍出版社 1983 年版,第 254 頁。
②王重民:《中國善本書提要》,上海古籍出版社 1983 年版,第 255 頁。

十二行二十三字，白口，四周單邊。有刻工：章朝聘、程彦榮、劉京邦、趙光先、張茂儒等。

以上五次刊刻《重修政和經史證類備用本草》，除了最後一次未注明外，其餘四次皆由山東巡撫主持。另外，就目前所知，山東巡撫還刻了如下四種書。

⑥《新刊補註釋文黄帝内經素問》十二卷、《新刊黄帝内經靈樞》十二卷、《黄帝内經素問遺篇》一卷、《新刊素問入式運氣論奥》三卷、《素問運氣圖括定局立成》一卷、《黄帝内經素問靈樞運氣音釋補遺》一卷，明嘉靖四年山東巡撫王堯封刻本。

此書係王堯封令山東布政司所刻。由歷城縣儒學教諭田經校正。王堯封，字伯圻，號南皋，河北定興人。弘治進士。嘉靖二十一年官至南京兵部尚書，嘉靖四年始任山東巡撫。

《新刊補注釋文黄帝内經素問》有嘉靖四年山東布政使司左布政使林琦撰《重刊黄帝素問後序》，序云："余每病夫舊本昏蝕舛訛，苟不能辨，而誤用之，則將差毫厘而謬千里，其不至於夭折人命者幾希，用是請於欽差巡撫南皋王公。公之心尤切於濟人利物，深以余言爲不妄，遂命重刊之，以廣其傳，因督歷城縣學教諭田經析昏訂舛，越半載而工始成，僭用是説附諸後，欲表其書之所自云。"①

此書行款不一，均白口，四周單邊。

⑦《大儒大奏議》六卷，明邵寶編，明嘉靖六年山東巡撫王堯封刻本。

此書係王堯封令山東省藩司所刻。有明嘉靖六年丁亥山東布政使司右布政使潘塤《重刊大儒大奏議序》："舊本梓行已久，巡撫

①浙江圖書館陳誼、童聖江兩先生提供書影。

山東大中丞南皋王先生乃命藩司長堯川郭韶重梓，以廣之。”①

是書取二程及朱子奏議彙抄成帙。現存此書有明弘治十八年王德明刻本和山東藩署刻本。

⑧《新刊儀禮注疏》二十卷，漢鄭玄注，明嘉靖山東巡撫陳鳳梧刻本。

據曹之先生《明代南監刻書考》②一文，明嘉靖五年，山東巡撫都御史陳鳳梧刻《新刊儀禮注疏》860 面。

一説，陳鳳梧嘉靖五年任江南巡撫。王雲編《山東巡撫》一書中有《明清山東巡撫一覽表》，陳鳳梧在正德十六年至嘉靖二年任山東巡撫。據此，則嘉靖五年陳鳳梧不在山東巡撫任上。山東省圖書館藏本作“明陳鳳梧刻本”，蓋因衹見卷末題“後學廬陵陳鳳梧校刊”一行，未見嘉靖五年刻書的明確標志。

十行二十字，小字雙行二十字，黑口，四周單邊。

⑨《農書》三十卷，元王禎撰，明嘉靖九年山東巡撫邵錫刻本。

此書係邵錫提議山東布政司所刻。邵錫，字天佑，河北安州人，嘉靖九年至十年任山東巡撫。王禎（1271—1368），字伯善，山東東平人。元成宗元貞元年任宣州旌德縣縣尹，在職六年。元成宗大德四年調任信州永豐縣縣尹。他在任期間，獎勵農業，發展生産。爲總結農事經驗，撰寫了農學巨著《農書》。

《農書》在中國農學史上占有極其重要的地位。《四庫提要》稱其“引據賅洽，文章爾雅，繪畫亦皆工緻，可謂華實兼資”。此書前有嘉靖九年庚寅閻閎《新刻東魯王氏農書序》：“巡撫山東右副都御史安州邵公，得元王禎氏《農書》，顧右布政使長興顧公謂：‘玆實大關民事而政之首也，當轉寫善本即布政使司刻之，以廣流

①浙江圖書館童聖江先生提供資料。

②曹之：《明代南監刻書考》，載《晉圖學刊》1990 年第 2 期。

布。'……刻半,左布政使固始李公至,乃趣完刻。"可知此書確係明嘉靖九年山東布政使司所刻。《農器圖譜》後附"活字法"一篇,係元代創造活字印刷法的原始資料。

清葉德輝《書林清話》卷八"宋以來活字板":"元時活字印書雖不傳,然明嘉靖庚寅山東布政司李鞛、顧應祥刻元王禎《農書》三十六卷,後有文移一通。内稱梨版刻字、畫匠工食銀兩,於司庫貯泰山頂廟香錢内動支。(王士禛《居易録》二十九云:'吾鄉泰山收碧霞元君祠香税,自明正德十一年從鎮守太監言始。')"①知此書由布政使李鞛、顧應祥主持刊刻,所費由布政司内所收泰山碧霞元君祠香税支出。

現存的《農書》版本分爲兩個系統:一是以嘉靖本爲祖本的"明本系統",三十六卷;一是出自《永樂大典》的"庫本系統",二十二卷。明嘉靖山東布政司本是《農書》現存最早的刻本,萬曆二年濟南府章邱縣刻本和萬曆四十五年鄧渼文遠堂刻本即據此本重刻。從明《永樂大典》中輯出的《農書》是"庫本",清乾隆《武英殿聚珍版叢書》本即據此本排印。

本書插圖二百八十一幅,繪刻極精。現僅山東省圖書館、南京圖書館、浙江圖書館有藏,彌足珍貴。山東省圖書館藏本已入選第二批《國家珍貴古籍名録》。

⑩《讀書續録》十二卷,明薛瑄撰,明萬曆七年山東巡撫趙賢刻本。

此書係趙賢令青州府同知王圻所刻。趙賢(1532—1606),字良弼,號汝泉,河南汝陽人。祖籍山東歷城。其子趙壽祖(1560—1634),字山甫,曾官山東按察副使。萬曆初,時巡撫湖廣僉都御史的趙賢就搜輯何孟春詩文,刻之永州。又别録其奏議爲《何文

①葉德輝:《書林清話》,上海古籍出版社 2008 年版,第 150~151 頁。

簡疏議》十卷,刊於衡州。萬曆五年九月始任山東巡撫,萬曆七年刻薛瑄《讀書續録》。

書前有《刻薛文清公讀書録公移》,稱“欽差巡撫山東等處地方督理營田都察院右副都御史趙爲重刻大儒《續録》以惠後學事。據青州府同知王圻揭,稱伏蒙發下《讀書續録》二册,已選善書謄寫,委兩學教官莊文龍等對磨……”知此書爲趙賢令青州府同知王圻所刻。又有青州後學冀鍊《刻讀書全録序》:“趙汝泉先生知是書爲聖學正脈,百代之師,撫楚中先刻《前録》,撫山東併刻《續録》……書成於萬曆七年,司校正而督其成者,青州二守前御史洪洲王君圻。”知趙賢在山東刻《續録》。

十行二十字,白口,四周雙邊。

⑪《葛端肅公集》十八卷,明葛守禮撰,明萬曆十年山東巡撫趙賢刻本。

萬曆十年,趙賢在山東巡撫任上,刻了葛守禮的《葛端肅公集》十八卷。

書前有萬曆十年福山郭宗臯序:“公既卒之明年,巡撫中丞汝陽趙公索遺稿於公之孫,彙以爲集,刻之郡庠。”此汝陽趙公即趙賢。又有萬曆十年德平鄭材序:“自今南太宰汝泉趙撫全齊時鋟布之也。”可知此書由汝陽趙賢在山東刻過。清嘉慶七年,守禮七代孫葛周玉重刻此書,有《葛端肅公集重刻序》:“先端肅公撰著。原自署《静思齋稿》,藏於家。公薨後五載,爲萬曆壬午時冢宰趙汝泉公拊循山東徵去,屬濟南太守仁和宋公應昌編次,釐爲十八卷,授梓,題曰《葛端肅公集》。校正者,郡司馬固始許公際可,司李南樂魏公允孚,濟南教授鄧州藍公儀,寧陽教諭新都程公時言也。其板久闕,書亦不全。”宋應昌,萬曆十七年至二十年任山東巡撫。郭宗臯序言“公既卒之明年”,杜澤遜師《存目標注》5213條考證葛守禮卒於萬曆六年戊寅,此書當刻於萬曆七年,“諸家著録爲萬曆十年刻,似未確”。但據葛周玉序,却言刻於萬曆十年。或許此書刻始於萬曆七年,成於萬曆十年。

⑫《五經旁訓》二十一卷,元李恕撰,明萬曆二十三年山東巡撫鄭汝璧刻本。

此書係鄭汝璧令布政司、按察司所刻。《善目》有明萬曆二十三年鄭汝璧、田疇等刻本,實爲一本。

鄭汝璧(1546—1607),字邦章,號昆岩、愚公,浙江麗水人。明隆慶二年進士。萬曆二十一年七月爲山東右布政使,八月擢右僉都御史,代孫鑛巡撫山東。

此書前有原序二:元大德三年李恕序,元至正陳澔序。又有萬曆二十三年巡撫山東都御史栝蒼鄭汝璧序。有銜名:“山東布政司左布政使田籌、右布政使程正誼、右參政汪應蛟、左參議邵以仁,按察司按察使陳文衡、趙欽湯、副使詹思虞、僉事周應治,濟南府知府徐榜、同知劉思誠、通判但貴元、推官馬洙,德府長史司長史孫枝華,歷城縣知縣張鶴鳴校刊。”可見,此書所涉及的不僅有布政司、按察司,還有濟南府知府,藩府中駐濟南的德府長史司,地方官歷城縣知縣。自巡撫至縣令,四級官員參與刻書。

後有山東督糧道左參議上元邵以仁跋,稱“大中丞括蒼鄭公撫有大東,百務具舉,觀兵之暇,嘉惠後學,特出《五經旁訓》重梓之”,“鄭公猶命藩臬諸文學再爲校讎”。又有山東布政司分守濟南道右參政新安汪應蛟跋:“中丞鄭公謂是書可裨經教,乃命不佞蛟、督儲邵君以仁、督學周君應治更加校讎,以屬藩長田君疇、程君正誼曰:‘是宜善梓,以公同志。’”知爲鄭汝璧令布政司、按察司所刻。

七行二十字,小字四十餘字不等,白口,四周單邊,有刻工。鄭汝璧序葉版心下有“戴密刻”。陳澔序後有“宛陵徐廷諫書”。邵以仁跋版心下刻“溧水縣李宗文刻”。汪應蛟序版心下刻“鄭元”。

此本係《五經旁訓》的第二個刻本，在此之前，有明萬曆十六年朱鴻謨、陳文燭等刻本。朱鴻謨爲山東益都人，下文青州府家刻有述。

以上，由山東巡撫主持刊刻的書共有十一種，經部書二種，子部書八種，文集一種，没有史書。

（二）布政司刻書

繆咏禾先生認爲："在省級機關中，布政使司出書最多，其次則爲按察司、學署、書院等，還有一些專門機構如鹽運司、督糧道等，衛所巡道等也偶有刻印圖書的。"①布政司在各省的機關刻書中數量最多，確實如此。

目前所知山東布政司刻書除了上述兩次刊刻《重修政和經史證類備用本草》，刊刻《大儒大奏議》《農書》和《黄帝内經素問》系列書，並參與刊刻《五經旁訓》外，另有如下數種。

①《西山先生真文忠公文章正宗》二十四卷，宋真德秀撰，明嘉靖四十三年山東藩司刻本。

此書據杜信孚《全明分省分縣刻書考》②著録，未見傳本。

②《薛文清公要語内篇》一卷、《外篇》一卷，明薛瑄撰，明谷中虚輯，明隆慶四年山東布政司刻本。

九行十七字，黑口，四周雙邊。此書之前僅存明嘉靖四十五年盛賚汝刻本。

③《丹溪心法附餘》二十四卷、《首》一卷，元朱震亨撰，明隆慶六年山東布政司刻本。

卷末有："隆慶壬申孟冬吉山東布政使司左布政使施篤臣重

①繆咏禾：《中國出版通史·明代卷》，中國書籍出版社 2008 年版，第 157 頁。

②杜信孚、杜同書：《全明分省分縣刻書考》，綫裝書局 2001 年版。

梓,布政司照磨劉子厚督刊,醫官時孟陽、醫生孫學詩、崔希忠同校證。”①證爲山東布政司刻本。

此書《善目》有隆慶六年施篤臣刻本,與此本實爲一本。

十行二十二字,白口,四周單邊,雙魚尾,版心下刻字數。

④刊刻《賦役全書》和《則例》。

《賦役全書》是明清兩代最重要的經濟法律文書之一,是各級地方官吏彙總檔案資料編纂而成,是一種官修政書。賦役指田賦力役,作爲國家賦稅徵收的依據,《賦役全書》詳列各州縣田畝類别、地丁原額、逃亡丁數、徵收錢糧漕米之額數,以及賦役的實徵數及留存等内容,是研究國家田賦收入最重要的文獻。《賦役全書》不僅是田土賦役的最原始資料,其對於田土賦役的歷史沿革往往也有着較爲詳細的描述,對考察明清的賦役制度、研究明清經濟史、財政史和明清基層社會等,均是重要依據。

《賦役全書》的編訂始於明代。《明史·葛守禮傳》:“隆慶元年起户部尚書……於是奏定國計簿式,頒行天下。自嘉靖三十六年以後完欠、起解、追徵之數及貧民不能輸納,備録簿中,自府州縣達布政,送户部稽考,以清隱漏那移侵欺之弊。”②當時“國計簿式”之詳,已不可考,也許就是《賦役全書》的雛形。明代施行一條鞭法,把國家徵收的各種賦役的名目集中合併成一條,化繁就簡,統一徵收。一條鞭法施行後,編訂了記載各地賦役數額的册簿,稱《條鞭賦役册》,即《賦役全書》的前稱。據今所存資料,全國首次編修《賦役全書》約在萬曆十一年,以一省或一府、一州縣爲編制單位。每一州縣發兩部,一部存官衙備查,一部存學官,任士民檢閲。

①上海圖書館郭立暄先生提供書影。

②〔清〕張廷玉等撰:《明史》,中華書局1974年版,第5667頁。

山東在明代亦有《賦役全書》的編修。國家圖書館所藏清順治刻《山東省賦役全書》,其中有《濟南府府頭》一卷兩册,稱濟陽在崇禎十五年刊《則例》①,新城在崇禎十六年刻過《則例》,德平在崇禎十六年刻過《賦役》。可知,崇禎年間山東曾刻過《則例》和《賦役》,時間不同,似爲各縣所刻,但亦有可能由布政司統一組織,而刊刻時間有早晚。

以上爲明代山東布政司所刻書,約在十種以上。

(三)按察司刻書

按察使司又稱臬司。山東按察司在明代刻書四種,即巡撫刻書部分所列三次刊刻《重修政和經史證類備用本草》,及遵巡撫鄭汝璧令所刻《五經旁訓》。

(四)清吏司刻書

山東清吏司隸屬户部,掌核山東布政司及東北三省之錢糧,鹽課、參課之政令等。設郎中、員外郎、主事等職。刻書一種。

《南京刑部志》四卷,明龐嵩撰,明嘉靖三十四年山東清吏司刻本。

龐嵩,字振卿,廣東南海人,嘉靖十三年舉於鄉,二十三年任應天府通判。王重民著録爲明高棟等輯。② 卷端載《修志案呈》:"山東清吏司郎中龐嵩,以南京各衙門類有志書,刑部尚缺,因與湖廣司郎中顧允揚訪得前任江西司郎中應廷玉舊稿,更懇請司務廳轉行十三司,協尋案卷,並薦無錫生員高棟編纂。越月書成,凡四卷,四篇,曰《原刑》,曰《司刑》,曰《祥刑》,曰《明刑》,爲目二十有二。雖成書於倉卒,内容尚屬詳盡,蓋以因於舊稿者多也。"

本書輯明初在南京設立的刑部歷年規制、職掌、典故、事蹟。

①按:《則例》爲完善賦役制度而制定。

②王重民:《中國善本書提要》,上海古籍出版社 1983 年版,第 168 頁。

卷首有凡例、目録、龐嵩所作叙總、乾象圖、坤儀圖、南京刑部堂署圖、人官圖。卷一至卷四分四篇二十一目。第一篇《原刑》,論述刑法順應天地生殺之理以及歷載刑部所應遵行的法令;第四篇《明刑》,表列南京刑部歷彰諸官職名,以及有關事蹟、奏議等。有明嘉靖三十四年陶尚德序,嘉靖三十五年曾均序,龐嵩序。

(五)鹽運司刻書

明代於兩淮、兩浙、長蘆、河東、山東、福建等六處設都轉鹽運使司。山東鹽運司刻書兩種。

①《岱史》十八卷,明查志隆撰,明萬曆十五年戴相堯刻本。

查志隆,字鳴治,浙江海寧人。嘉靖三十八年進士,歷任保定知府、山東按察副使、山東布政司參政。萬曆十四年,查志隆任山東都轉運鹽使司同知時,遵從山東監察御史譚耀之意,廣泛搜集資料,編輯此書。前有萬曆十五年于慎行序,繼有是年譚耀序:“予往奉璽書,按鹺政於濟上……乃屬同轉運使查君輯而新之……茲史甫就刻。”譚耀,廣東東莞人。萬曆五年進士,官至監察御史。

目録後有“鄉進士山東運司經歷荆門戴相堯校梓”一行。戴相堯,湖北荆門人,舉人。不知他何時來山東,衹知其萬曆十一年還在福建將樂縣任縣令。他在山東參與了《岱史》和《山東鹽法志》的刊刻。

②《山東鹽法志》四卷,明查志隆撰,明譚耀、詹仰庇參修,明萬曆十八年山東鹽運司刻本。

仰庇,福建安溪人。嘉靖四十四年進士,官至刑部侍郎。《四庫提要》曰:“是編乃志隆官山東鹽司同知時所作。耀時巡鹽長蘆,仰庇時爲山東按察司副使。正統中,命長蘆巡鹽御史兼理山東鹽法。隆慶五年,又令山東驛傳副使兼管鹽法,故皆得與志隆裁訂焉。”

杜澤遜師《四庫存目標注》①2496條著録：九行二十字，白口，四周單邊。前有萬曆十八年詹仰庇《續刻山東鹽法志序》，萬曆十七年劉應龍《續山東鹽法志叙》，萬曆十七年查志隆《續山東鹽法志叙》。次公移，次《東鹽制規》，次凡例。卷一目録題："明巡按直隸督理長蘆山東鹽課兼理河道監察御史嶺南譚耀裁定，山東提刑按察使司副使古閩詹仰庇、山東都轉運鹽使司同知西浙查志隆編輯，經歷荆門戴相堯校閲。"卷一目録末題"經歷司經歷荆門戴相堯校梓，知事永年李廷華校梓"二行。卷一正文題"欽差巡按直隸等處督理長蘆山東鹽課兼管河道監察御史嶺南譚耀裁定、邵陵劉應龍裁定，山東按察司鹽法道副使温陵詹仰庇校訂、大梁胡希舜重訂，山東都轉運鹽使司運使豫章甘一驥校閲、同知西浙查志隆編輯、同知雲間徐琳續輯"。

（六）運河道濟寧分司刻書

河道分司，即河道同知衙門，又稱運河廳。明代運河同知爲山東運河道分署機構之一。時山東設有寧陽、南旺、夏鎮、沽頭、濟寧、北河、臨清等七個分司。濟寧分司刻書一種。

《泉河史》十五卷，明胡瓚撰，明萬曆二十七年山東運河道濟寧分司刻本。

杜澤遜師《存目標注》2096條著録有明萬曆二十七年刻清順治四年增修本。各卷目録題："皖人胡瓚伯玉删定。"前有萬曆二十六年吴應賓序，稱胡瓚"乃出水衡餐錢若干，付羅倅一夔壽諸梓"。萬曆二十七年于若瀛序，順治四年任有鑑《泉河史補序》。末有萬曆二十七年己亥寧陽知縣李沐民跋。卷三末有雙行小牌記"清明寧陽署中校正凡第八艸"。卷四末有小牌記"九月廿九日舟

①杜澤遜：《四庫存目標注》，上海古籍出版社2007年版。以下簡稱《存目標注》。

中校正凡第五艸"。他卷間亦有之。于若瀛序後有"新都黄鋌梓"小字一行,卷一目録末有"吉水郭惟勳寫"一行,卷十目録末有"魏郡車養志寫"小字一行,卷十三末有"新都黄釗寫刻"一行。十行二十字,白口,四周單邊。版心下刻"板藏濟寧分司"六字。

此書有《泉河史凡例》,有《纂修名氏》《編集書目》,一如地方志的編纂,屬官刻無疑。監梓者有二人:濟寧州管河判官羅一夔,本司巡捕百户蕭中洲。

二、孔府刻書

山東孔氏是一個特殊的家族,在孔府之外的孔氏刻書屬家刻,當無疑議,但是孔府刻書是屬於官刻還是家刻,還需考察它的性質。

自宋仁宗封孔子後裔爲"衍聖公",孔府便成爲我國封建社會享有特權的大貴族,被稱爲"天下第一家"。明代,"衍聖公"不僅班列群官之上,還特許在紫禁城騎馬等。明洪武十年,敕令在闕里故宅以東重建孔府,詔令其有權設置官署,三堂六廳爲官衙,還有東房、西房以及嚴格的保甲組織。在曲阜,族長、林廟舉事的辦事處稱爲"族長衙門",它與"知縣衙門""百户衙門""管勾衙門"合稱孔府四衙門。如果族長衙門對某糾紛處理不了,就送縣衙門處理。從金代起,朝廷就規定曲阜縣令由衍聖公兼任。明代以後,規定由衍聖公保舉孔氏族人兼任。從元代到明初,詔定的衍聖公屬官即多達七十六員。屬官由衍聖公統一領導,他們雖有品銜,卻不能直接和地方州縣交往,每遇公事,須先稟衍聖公,然後由衍聖公移文辦理。國家命官在丁憂時,糧餉停發,而孔府屬官在丁憂時糧餉照發。

這樣看來,孔府在政治上是被作爲官衙來看待的,享有特殊的權力。歷代皇帝可以换,但孔府作爲"天下第一家"的地位是不變的。所以,孔府刻書應屬於官刻。衹要是在孔府内刻的書,均應作爲官刻來對待。即衍聖公所刻書爲官刻,衍聖公出資並在孔府内所刻的書爲官刻,孔府之外的刻書均視爲家刻。

孔府刻書始於宋代,金、元、明,代有刻書。孔府設有多個刻書坊,先後用過的名稱有:忠恕堂、紅萼軒、詩禮堂、聚文齋、金絲堂、萃賢堂、微波榭、儀鄭堂、玉虹樓等名稱,據不完全統計,宋時刻書27種,金元刻書6種,明代刻書49種,清代刻書103種。"①繆咏禾先生所列刻坊,並非全部設在孔府之内,孔府内僅有忠恕堂、紅萼軒、安懷堂、聚文齋,詩禮堂、金絲堂在孔廟内,萃賢堂、微波榭、儀鄭堂屬十府,而玉虹樓屬十二府所有。其所統計的數字是所有孔氏家族的刻書,未將孔府單列。本書將孔府刻書視爲官刻,將其他孔氏刻書歸爲家刻。

(一)刻家譜

孔府被稱爲"天下第一家"。反映孔氏家族的孔氏家譜,不論是從記載的源遠流長上,還是從它本身的體制規模上,都堪稱天下第一家譜。雖然家譜的刊刻一般都入家刻,但孔氏家譜是個例外,它更多地帶有帝王家譜的官刻味道,雖然亦有闔族捐資的記録,但真正主持、操辦的還是衍聖公,故此處所述孔府内所刻族譜,一律視爲官刻,各支譜則以家刻待之。

孔氏家譜的編纂已有一千多年的歷史,最早是由孔子第四十六代孫孔宗翰北宋元豐八年創修。自創修後四百年間,雖有人修譜,但無刊刻。直到明弘治二年,纔又續修。此家譜在譜中規定"六十年一大修,三十年一小修,大修以甲子爲期,小修以甲午爲期"。但並未執行。

明天啓二年,孔胤植、孔弘顥等撰成《孔氏族譜》八卷,孔府刻本。卷首署:"六十一代孫洙泗書院學録弘顒督刻,六十一代孫四氏家庠廩生弘顥校閲。"並鈐有襲封衍聖公印及曲阜縣印。前有

①繆咏禾:《中國出版通史·明代卷》,中國書籍出版社2008年版,第174頁。

六十五代孫襲封衍聖公孔胤植天啓二年仲秋《序》①,六十二代孫曲阜縣世職知縣孔聞簡天啓二年四月《孔氏族譜叙》,六十一代孫孔弘顥天啓二年仲春《孔氏宗傳總論》,六十一代孫洙泗書院世職學録、管理林廟舉事孔弘顒天啓二年孟春《序》,及孔弘顥所撰《僞孔考》與《凡例》等,凡十九葉。弘顒《譜系引》云:"不揣庸陋,輒取而增修之,刊印成帙,散布諸宗……復恐存其梓木,便於複印,未能盡杜轉售之弊,乃通計合用,共若干帙。印造既完,即毁厥木,以示不可復得。"聞簡《叙》云:"是譜創修於宋宗翰祖,殘缺已久,余慨其亥豕,建議修葺,開局捐俸,實摠其政;督工庀材,勸課惟勤,則學録攝舉事泗洲公也。"胤植《序》云:"其捐俸率成,實令尹臨寰公諱聞簡;督刻鳩工,則學録攝舉事泗洲公諱弘顒;而篝燈纂叙,出諸生諱弘顥手;檢閲者,諱聞弦、聞謨、貞祚也","凡捐資數目並印譜數目,細細詳開於後。散譜之數除公府、本縣,轉運各譜貳部外,不問捐資多寡,自壹兩以上者,俱各散譜一部。謹將捐資並受譜之數開後"。以下詳列捐資銀兩及散譜情況,並支銷賬目。由此可見,雖爲孔氏修譜,亦有捐資成份。

九行二十字,小字雙行二十字,白口,四周單邊,單魚尾,版心鐫有書名、卷數、葉碼。

(二)衍聖公孔胤植刻書

①《孔叢子》三卷,漢孔鮒撰,明崇禎衍聖公孔胤植刻本。

卷端題:"漢太傅孔鮒著,明裔孫孔胤植較。"

有崇禎六年孔胤植《重刻孔叢子序》:"用是爰進梓人,公之後世,述《叢子》以述聖祖不作之訓,於吾孔氏家傳庶無墜云爾。"知爲孔胤植所刻。

十行十九字,白口,四周單邊。版心下刻字數。

---

①孔胤植,原名允植,字懋甲,號對寰,孔子六十五代孫,天啓二年襲封衍聖公。孔子後世爲避清帝諱,改稱孔衍植。

②《聖蹟圖》一卷，明孔胤植撰，明崇禎刻本。

據崔巍《山東省博物館藏明清民國山東學者著述知見録》①一書，卷首有蒲州韓爌序："對寰出其《聖蹟圖》一卷，凡三十六圖。每圖之下，對寰與吕生兆祥，各採摭年譜事迹備爲箋注。使人一披覽間，何啻聲應口答。若見當時征輪使轡，纓舄堂皇，不與春秋限隔也者。此夫子畢生之景光，始終之境界，莫不比焉。"

③《闕里誌》二十四卷，明陳鎬撰，明孔胤植重修，明崇禎曲阜孔氏刻本。

陳鎬，江蘇會稽人，成化二十三年進士，官至右副都御史，巡撫湖廣。

前有弘治十八年李東陽原序，楊士聰序。後有孔胤植後序。士聰序爲孔胤植重修作，署"賜進士第"，士聰爲崇禎四年進士，知重修在崇禎年間。此書在康熙雍正時有增刻。

十行十九字，白口，四周單邊。

④《聖門志》六卷，明吕元善撰，明崇禎元年曲阜刻本。

此條據杜澤遜師《存目標注》1462 條著録。此書有三刻，一在天啓三年由樊維城刻入《鹽邑志林》；二在天啓四年由秣陵顧起元重刻於南都，有所續增；三爲崇禎元年刻之曲阜，據南都本重刻，有衍聖公孔胤植序。不知是否爲孔胤植所刻，暫附於此。

三、各地官刻

（一）濟南府官刻

1. 濟南知府刻書

①崔巍：《山東省博物館藏明清民國山東學者著述知見録》上册，2003 年 8 月，第 111 頁。以下簡稱《博》。按：此書爲山東博物館崔巍老師自己籌資鉛印，上、下二册，送杜澤遜師一份，杜澤遜師建議山東省圖書館複印兩份留存。本書所言"崔巍老師書"或"《博》"，皆指此複印本。

《邊華泉集》八卷,明邊貢撰,明嘉靖十七年濟南知府司馬魯瞻刻本。

明弘治、正德間歷城著名詩人邊貢,其詩之所以能夠廣泛流傳,得益於《華泉集》的多次刊刻。據《善目》、清康熙本各序、王士禛選本序及謝鶯興《邊貢〈華泉集〉版本考述》①,得知邊貢詩文集在明代就有七刻:一是章邱李開先嘉靖十五年選,山西臺察趙侯齋刻本,未見;二是嘉靖十七年劉天民編,濟南知府司馬魯瞻刻本,即巡撫胡可泉鋟梓,刻詩,現存;三是嘉靖十七年劉天民編,嘉靖二十三年李寵序刻本,現存;四是同年蘇祐刻本,刻詩,現存;五是歷城令巽川李公藏稿,桃溪方伯王公捐俸刻本,未見;六是萬曆年間魏允孚在其治理濟南之第二年所刻,有詩有文,現存;七是明刻本,有詩有文,現存。以上刻本,在山東刻者有三。三種中現存者有二。

首爲司馬氏刻本。據清康熙四十四年歷城張澄源刻嘉慶十年咸豐元年歷城李氏補刻宣統元年修補本《邊華泉集》八卷、《邊華泉集稿》六卷,有魏允孚序,嘉靖十七年戊戌歷下劉天民序,潘子霓《遺稿後序》。第八卷末有李肇慶識:"至戊戌,希尹復收其逸詩若干首,天水胡中丞可泉鋟梓以行。"胡可泉即胡纘宗。纘宗(1480—1560),字世甫,一字可泉,自號鳥鼠山人,陝西秦安人。正德三年進士。正德五年後,歷經嘉定州判官,安慶、蘇州知府,山東、河南巡撫。在山東巡撫任上的時間是嘉靖十五年至十七年。則此書爲巡撫胡纘宗在任時,濟南知府司馬魯瞻刻者。

次爲魏允孚刻者。此本爲《邊華泉集》八卷、《集稿》六卷,明萬曆魏允孚濟南刻本。允孚,字懋成,號雲門,大明府南樂人,萬曆二年進士,官刑部郎中。書有魏允孚序云:"先生集舊有本,歲久

①謝鶯興:《邊貢〈華泉集〉版本考述》,載《東海中文學報》第16期。

而蝕,又遺所爲文不載。余理濟之明年,從先生仲子搜得數十篇,因叙入集中,爲重鋟之。匪徒不朽於先生之詞,且俾論世者有所考見。”

2. 章邱縣刻書

《農書》三十卷,元王禎撰,明萬曆二年章邱縣刻本。卷末有“大明萬曆二載甲戌濟南府章邱縣刊”一行。

3. 泰安州刻書

《泰山蒐玉集》三卷,明袁稔輯,明萬曆七年泰安州刻本。

袁稔,字玉田,安徽懷遠人,官泰安州知州。是編採泰山碑銘詩文彙爲一帙,皆嘉靖三十四年以後之作。

卷端題:“荆人袁稔輯,訓導王化校正,生員張重光編次。”有邢侗序。萬曆七年泰安州儒學訓導六安王化序:“躬自校閱,爰命鋟諸梓,以壽其傳。”則此書爲萬曆七年刻本,《善目》亦著録此年。繆咏禾作嘉靖刻本①,誤。

九行十九字,白口,四周單邊。

(二)兖州府官刻

1. 曲阜刻書

①《闕里誌》十三卷,明陳鎬撰,明弘治十八年曲阜刻本。

板藏孔府奎文閣。十行二十一字,白口,四周單邊。

杜澤遜師《存目標注》1448 條著録。前有弘治十八年九月朔日李東陽序云:“適聞提學副使陳君鎬有事於此,因舉以屬之,取所定凡例稍加潤飾,且以《孔氏實録》《孔庭纂要》《素王事紀》《世家補》鈔本致之,以備採擇。陳君乃參閲孔氏所藏《祖庭廣記》,與凡遺碑斷刻,諸書所載,逾年而後成。”又云:“適僉事黄君繡歸自

①繆咏禾:《中國出版通史·明代卷》,中國書籍出版社 2008 年版,第 159 頁。

京師,因畀之,俾刻於闕里,置於所謂奎文閣者。”書末又有弘治十八年十月山東巡撫徐源跋云:“少傅公又以閣本《孔氏實録》《纂要》《事紀》諸書附源畀鎬。”又云:“出修廟餘帑,用鋟諸梓,以詔後來。”又正德元年孟夏山東等處提刑按察司副使奉勅提督學政江東陳鎬自跋云:“若《纂要》《實録》《事紀》《世家補》諸書,多出元儒,本在中祕,世不多見。”由諸序跋可知,此志弘治十七年至十八年陳鎬據《孔氏祖庭廣記》《孔氏實録》《孔庭纂要》《素王事紀》《孔子世家補》等修成。其付梓在弘治十八年,刊成蓋在次年即正德元年。

②《闕里誌》十五卷,明陳鎬撰,明孔弘幹續撰,明嘉靖三十一年曲阜縣令孔承業刻本。

此條據杜澤遜師《存目標注》1448 條著録。十行二十字,白口,四周單邊。

另有明嘉靖四十三年刻隆慶三年增修本,作《闕里誌》八卷《首》一卷,明陳鎬撰,明孔弘幹續撰。還有明萬曆三十七年刻本,作《闕里誌》十二卷,明孔貞叢撰,九行二十一字,白口,四周單邊。此本據陳《誌》重修,有弘治十八年李東陽原序,萬曆三十七年黄克纘序,陳瑛序,朱頤瑑序。不知以上二本是否刻於曲阜。

③《陋巷志》八卷,明顔胤祚修,明萬曆二十九年楊光訓曲阜刻本。

據杜澤遜師《存目標注》1465 條著録,前有萬曆二十九年巡按山東監察御史楊光訓序。王重民先生考證,光訓字汝若,陝西渭南人。萬曆十四年進士,授南充令,擢山東道御史,仕至順天府丞。于慎行序云:“陋巷舊志,自正德初年成於學使陳公,採摭草創,尚有闕遺。歷載相沿,莫之損益,覽者惜焉。萬曆庚子,侍御關西楊公,行部至魯,展禮廟庭,徵諸翰博顔君胤祚,博採舊聞,列爲條目。下記郡伯豫章陳侯,質之舊史,因其詞事,稍加緣飾。司理長沙周侯攝篆,復加綜校,以付梓人。”①知爲山東道監察御史楊光訓在曲阜所刻。

2. 鄒縣刻書

①《孔顔孟三氏志》六卷,明劉濬編,明成化十八年張泰刻本。

此書係孔、顔、孟三家的合志。卷端署:“賜戊戌進士、山東兖州府鄒縣知縣、肅寧張泰校正,鄉貢進士、山東兖州府鄒縣教諭、永嘉劉濬編次,宣聖五十八代孫、三氏學録、闕里孔公璜輯録。”劉濬爲永嘉人,成化中官鄒縣教諭。此書爲劉濬考證孔、顔、孟三氏世系以及褒崇諸典,彙輯而成。有成化十八年劉濬序:“成化壬寅冬,鄒尹肅寧張泰以戊戌進士來宰是邑,廉勤志孝,勇於有爲。濬以遺稿獻,慨然喜曰……志成,捐俸鋟梓,以廣其傳。”知此書由鄒縣令張泰出資幫助刊刻。張泰(1452—1513),字世亨,河北肅寧人,成化十四年進士,授鄒縣知縣。各卷輯録人不同。目録末有“邑庠生趙環謄寫”一行。

九行二十字,黑口,四周雙邊。寫刻體,爲山東明代早期刻本之一。杜澤遜師《存目標注》1449條著録。

②《三遷志》六卷,明史鶚撰,明嘉靖三十二年刻本。

史鶚,字鼎山,四川蒼溪人,進士出身,官奉政大夫、山東按察司僉事、奉敕整飭沂州等處兵備。他在該書的序言中説,在他任沂州兵備道的時候,來遊孟子林廟,對孟子十分景仰,得知孟氏尚没有單獨的志書,“乃命教官費子增,遍考群籍,删繁存要,集爲全帙。予又重加修訂”。由此可知,嘉靖本《三遷志》的實際執筆者是費增。費增,江州人,舉人出身,時任滋陽縣儒學教諭。

此志是孟氏第一部專門而單獨的家志,它奠定了孟氏家志的規模。

①王重民:《中國善本書提要》,上海古籍出版社1983年版,第139頁。

首有史鶚作《三遷志序》及《凡例》九條，後有費增《後序》及孟子五十八代孫、前翰林院世襲五經博士孟公肇《三遷志後語》。

十行二十一字，上白口，下黑口，四周雙邊，雙魚尾。

③《孟志》五卷，明胡繼先纂，明萬曆三十九年刻本。

胡繼先，四川漢州人。萬曆間進士，自萬曆三十五年起任鄒縣知縣。

有胡繼先《新修孟志引》："歲庚戌之春，觀察潘公以是方文獻暫休沐於里中，而孝廉周君復以博綜爾雅佐之，遂乃極意釐正，分類編摩。""觀察潘公"名榛，字茂昆，鄒縣人，萬曆二十年進士，官至山西按察副使、分巡晉冀寧道。因母病告歸，從此退隱林下。"孝廉周君"名希孔，字自淑，萬曆三十一年舉人。

首有山東巡撫黄克纘《序》和胡繼先《新修孟志引》以及《凡例》《目録》。

九行二十字，白口，四周單邊，單魚尾。

④《三遷志》五卷，明吕元善、吕兆祥、吕逢時撰，明天啓七年刻本。

吕元善，字冠洋，浙江海鹽人，任過山東布政使司都事。兆祥，字聖符，監生，吕元善之子。吕逢時，吕元善之孫。卷首有尚寶司司丞李日華序，山東學政賀萬祚序，太僕寺少卿吕濬序。該書是萬曆《孟志》的增補本。

卷端題："海鹽吕兆祥、吕逢時重修，曲阜孔胤植、孔貞叢參考，裔孫孟弘譽、孟聞玉訂閱。"前有天啓七年九月李日華序，山東學政海鹽賀萬祚序，天啓六年吕濬序，又舊序七篇。此書崇禎元年有補刻，多崇禎元年施鳳來、孔胤植、虞廷陛、吴麟瑞四序。清初亦有重修，增清順治十一年高旻序，卷端題名改刻爲："同里後學潘榛編次，周希孔參考，曲阜孔胤植、孔弘毅重訂，海鹽吕兆祥、吕逢時重修，裔孫孟弘譽、孟聞玉較閲。"還有清初重修版，卷端改刻爲:“潘榛編次,周希孔參考。”此條據杜澤遜師《存目標注》1463條著録。

十行十九字,白口,左右雙邊。

3. 曹縣公署刻書

①《字學三正》四卷,明郭一經撰,明萬曆二十九年曹縣公署刻本。

卷四後有:“大明萬曆辛丑仲秋,山東曹縣公署繡梓。”

九行二十一字,白口,四周單邊。

②《兼山遺稿》二卷,明王崇文撰,《行實》一卷,明萬曆三十年曹縣公署刻本。

王崇文,曹縣人。弘治六年進士,巡撫保定,副都御史。

4. 汶上縣南旺公署刻書

《治水筌蹄》二卷,明萬恭撰,明萬曆張文奇汶上縣南旺公署刻本。

此書係萬恭治理黄運過程中的工作隨記,是明代後期頗有影響的治理河運著作。卷端署:“兵部左侍郎南昌萬恭著。”卷末題:“後學長洲張文奇重刊於南旺公署。”萬恭,字肅卿,江西南昌人。明嘉靖二十三年進士。張文奇,字原正,萬曆五年進士,同年至十三年任南旺分司副使。可知原書約刊於萬曆五年至十三年間。既曰“重刊”,則萬曆五年前已有初刊本。《治水筌蹄》刊出後,即受到河臣們的重視,成爲他們治理河運的重要參考資料。潘季馴《河防一覽》多有取用,引用《治水筌蹄》最多的是清雍正年間編纂的大型水利資料彙編《行水金鑑》。

十行二十字,白口,四周雙邊,有刻工。

(三)青州府官刻

1. 杜思刻書

杜思,字子睿,浙江鄞縣人。嘉靖三十五年進士,官至青州府知府。有《考信編》七卷。

①《青州府志》十八卷,明杜思修,明馮惟訥纂,明嘉靖四十四年青州知府四明杜思刻本。

九行十九字,小字雙行十九字,白口,左右雙邊,單黑魚尾。

②《徐幹中論》二卷,漢徐幹撰,明嘉靖四十四年青州知府四明杜思據明弘治十五年黄紋刻本重刻本。

有嘉靖四十四年青州府知府四明杜思序:"余刪訂《青志》,繡梓竣事。兵憲懷庭秦公謂曰:'青郡文獻名天下,藝文不下百數十種,未能盡傳,若管子書、《晏子春秋》,仲尼之徒羞稱焉。《文心雕龍》葩藻勝矣。徐幹《中論》辭義典雅,足傳於後,曾子固所取也。盍壽諸梓,以廣其傳。'余曰唯唯,謹識之而刻於郡之資深堂。"則爲杜思所刻無疑。

八行十六字,字大行疏,極精美,卷端下題:"四明薛晨子熙校正。"

③《皇極經世觀物外篇釋義》四卷,明余本撰,明嘉靖青州府刻四十四年四明杜思重修本。①

九行二十五字、二十三字不等,白口,四周單邊。

④《革朝遺忠録》二卷,明郁衮撰,明青州知府四明杜思重刻本。

此條據臺灣師範大學圖書館善本古籍數位典藏系統目録著録。

2. 王圻刻書

《讀書續録》十二卷,明薛瑄撰,明萬曆七年王圻青州府刻本。前巡撫趙賢刻書已述。

(四)登州府官刻

《全史吏鑑》四卷,明徐元太撰,明萬曆二十八年登州府刻本。

①此書杜信孚《全明分省分縣刻書考》作萬曆山東省青州府刻本。

此書爲徐夢麟、張以翔刻。徐夢麟，字惟仁，安徽宣州人。萬曆十四年進士，授河南長葛知縣，遷南武庫司郎中，出爲河南府尹，改知登州，擢青州兵備副使，復任山東提學。提學任上，力倡文學，獎掖後進，所拔多名士。又歷督糧參政、按察使。張以翔，祥符舉人，萬曆十八年任登州牧。

十行二十二字，白口，四周雙邊，有刻工。

第三節　明代家刻

一、濟南府家刻

明代山東爲六府。濟南府轄四州十五縣。四州有：德州，屬縣有德平、平原；泰安州，屬縣有新泰、萊蕪；武定州，屬縣有陽信、海豐、樂陵、商河；濱州，屬縣有利津、霑化、蒲臺。十五縣爲：歷城、章邱、鄒平、淄川、長山、新城、齊河、齊東、濟陽、禹城、臨邑、長清、肥城、青城、陵縣。現以先州後縣的順序叙述。

（一）德州家刻

1. 德州刻書

杜信孚《全明分省分縣刻書考》①中統計有三種：

濂溪集六卷	（宋）周敦頤撰	明嘉靖三十七年德州丁永成刻本
程左丞稿八卷	（明）程瑶撰	明萬曆十九年德州縣程瑶刻本
杜詩胥鈔十五卷	（明）盧世㴶撰	明崇禎五年德州盧世㴶尊水園刻本

①以下凡參考杜信孚此書者，統計表格中所列書名、著者、版本等一依杜書著録，不作改動。

實際的刻書數量遠不止此，僅盧世漼就另有崇禎五年刻《訂讀古本大學》和崇禎九年刻《春寒閒記》兩種。盧世漼又有二十三種書在清順治十年前刻成，因無具體時間，故統歸於清代論述。

德州李氏家族的李誠明亦有《翾翾草》之刻，大約在明萬曆間。

2. 德平刻書

據杜信孚統計，德平明代刻書有五種：

古今醫統大全一百卷	（明）徐春甫撰	明隆慶四年德平縣葛守禮刻本
東山餘墨五卷	（明）葛引生撰	明天啓元年德平縣葛如麟刻本
司馬谷公文集二卷	（明）谷中虛撰	明天啓元年德平縣葛如麟刻本
楊道行集三十三卷	（明）楊于庭撰	明萬曆二十三年德平縣季東魯刻本
西湖遊覽志二十四卷	（明）田汝成撰	明萬曆二十五年德平縣季東魯刻本①

德平葛氏爲當地大族，自嘉靖葛守禮始，至嘉慶葛周玉止，綿延明清兩代近三百年，七世爲官，著述頗豐，是山東著名的文化世家之一。刻書亦自葛守禮始，據葛周玉刻《德平葛氏族譜》及刻《般上舊聞》卷三“先世著述”條可知，德平葛氏在明代就刻有家集十四種，加之以上爲他人刻書二種，再加上葛守禮刻官書一種，共有十七種之多：

［嘉靖］山海關志八卷	（明）詹榮纂修	明嘉靖十四年德平葛守禮刻本
古今醫統大全一百卷	（明）徐春甫撰	明隆慶四年德平葛守禮刻本
川上草堂集	（明）葛彙生輯	明德平葛氏刻本
節孝録一卷	（明）葛皓撰	明德平葛氏刻本
東山論草三卷	（明）葛引生撰	明隆慶三年德平葛曦刻本

①季東魯在明萬曆二十四年任杭州知府。此書係其在杭州知府任上所刻。

（續表）

葛端肅公家訓二卷	（明）葛守禮撰	明萬曆二十三年德平葛昕刻本
孝經	（明）葛昕輯	明萬曆間德平葛昕刻本
端肅公名臣記一卷	（明）葛昕撰	明萬曆間德平葛昕刻本
端肅公哀終録四卷	（明）葛昕撰	明萬曆間德平葛昕刻本
葛夫人哀終録一卷	（明）葛昕撰	明萬曆間德平葛昕刻本
家禮摘要五卷	（明）葛引生撰	明萬曆二十五年德平葛氏刻本
四禮考	（明）葛引生撰	明刻本
宗約	（明）葛引生撰	明刻本
家譜	（明）葛引生撰	明刻本
集玉山房稿十卷	（明）葛昕撰	明萬曆四十三年德平葛氏刻本
東山餘墨五卷	（明）葛引生撰	明天啓元年德平葛如麟刻本
司馬谷公文集二卷	（明）谷中虛撰	明天啓元年德平葛如麟刻本

葛氏另有部分刻書爲明末清初刻本，有八種：

祀典管見	（明）葛如麟撰	明末清初德平葛氏刻本
丁丑吟	（明）葛如麟撰	明末清初德平葛氏刻本
葛符卿公年譜一卷	（明）葛如麟撰	明末清初德平葛氏刻本
葛符卿公行録一卷	（明）葛如麟撰	明末清初德平葛氏刻本
歷代帝王歌一卷	（明）葛如麟撰	明末清初德平葛氏刻本
小兒語一卷	（明）葛如麟撰	明末清初德平葛氏刻本
痘書一卷	（明）葛如麟撰	明末清初德平葛氏刻本
痘疹括一卷	（明）葛如麟撰	明末清初德平葛氏刻本

3. 平原刻書

據杜信孚《全明分省分縣刻書考》統計，平原明代刻書有兩種：

重訂丹溪心法三卷	(元)朱震亨撰	明嘉靖十八年平原縣張一厚刻本
痘疹幼幼全書十七卷	(明)吕獻策撰	明崇禎八年平原縣吕獻禎刻本

(二)泰安州家刻

明代的泰安刻書,杜信孚統計有九種:

西玄集十卷詩集不分卷	(明)馬汝驥撰	明嘉靖十七年泰安縣胡纘宗刻本
藝文類聚一百卷	(唐)歐陽詢輯	明嘉靖泰安縣胡纘宗刻本
批選唐詩正聲二十二卷	(明)高棅編	明嘉靖泰安縣胡纘宗刻本
陳思王集十卷	(魏)曹植撰	明嘉靖泰安縣胡纘宗刻本
雍音四卷	(明)胡纘宗編	明嘉靖泰安縣胡纘宗刻本
素問玄機原病式一卷	(金)劉完素撰	明嘉靖泰安縣胡纘宗刻本
鞏縣志三十卷	(明)胡纘宗纂修	明嘉靖泰安縣胡纘宗刻本
夷俗記一卷世系表一卷	(明)蕭大亨撰	明萬曆二十二年泰安縣蕭大亨刻本
古雋考略六卷	(明)顧充輯	明萬曆三十七年泰安縣蕭大亨刻本

表中所列胡纘宗刻書最多,有七種。但胡氏非山東泰安人,雖然在嘉靖十五年至十七年任山東巡撫,但以上諸書均不敢確定爲山東刻書。

蕭大亨,字夏卿,號岳峰,嘉靖四十一年進士,歷官太子太保、刑部尚書。著有《岳峰蕭公奏議》十卷、《夷俗記》一卷。其子蕭協中,著有《泰山小史》。

泰安還有一位宋燾(1572—1614),字岱倪,號繹田,又號青巖,明代泰山著名學者。萬曆二十九年進士,官至江南學政,後歸隱泰山。他效仿宋代孫復、石介之舉,在泰山下築室講學,並搜求泰山故實,成《泰山紀事》三卷,明萬曆自刻本。此書卷一曰《天集》,記天神事;卷二曰《地集》,記古蹟;卷三曰《人集》,記名宦人物。所録泰山民間傳説,對民間文學的研究有重要的參考價值。卷端題"明進士宋燾岱倪甫輯"。前有萬曆四十年壬子宋燾自序:"積久成帙,仍壽諸梓,題之曰《泰山紀事》。"十行十八字,白口,四周單邊。

宋燾還撰有《青巖居集》一卷,多爲感懷詩,明萬曆自刻本。

(三)武定州家刻

武定州屬縣有陽信、海豐、樂陵、商河,除商河無刻書記載外,其餘均有刻書。

1. 武定州刻書

據杜信孚《全明分省分縣刻書考》一書,武定州刻書有以下六種:

鑒懲録一卷後編一卷	(明)殷世儋輯	明隆慶四年武定州殷世儋金輿山房刻本
明農軒樂府一卷	(明)殷世儋撰	明萬曆六年武定州殷世儋金輿山房刻本
小隱三徑書六卷	(明)劉繼先撰	明萬曆武定州陳三策刻本
詞致録十六卷	(明)李天麟輯	明萬曆十五年武定州李天麟刻本
八代四六全書十四卷	(明)李天麟輯	明萬曆十八年武定州李天麟刻本
餘清館詩稿三卷	(明)祁光宗撰	明萬曆四十八年武定州康萬民刻本

"殷世儋"爲"殷士儋"之誤。士儋,字正甫,號棠川,歷城人,嘉靖二十六年丁未進士,官武英殿大學士,謚文莊。其《鑒懲録》一卷、《後編》一卷,有士儋自序曰:"輯傳記中寬殘感應四十事,謬附贊述,題曰《鑒懲録》以授諸君子。人書一通,置諸座隅,接目警心,能無小補?"其《明農軒樂府》一卷,《山東通志·藝文志》引《縣志》載唐府宗正宙槙序略曰:"《明農軒樂府》,濟南少保殷公所

作也。公既罷相歸濟上,絶口不談聲利,而於詩文亦謝不復爲,日與其友人許殿卿輩策款段,命扁舟,延眺鵲華之峰,寄傲明湖之渚。酒酣興逸,則肆口而占樂府數闋,間自爲曼聲,引而歌之,相樂也。積久成帙,二三同好者梓之濟上。余從南陽司李王所得一帙,受而讀之。"知以上二書自刻於濟南。

李天麟,字公武,萬曆八年進士。由牧馬千户所軍籍中式,故自稱燕人。官至監察御史巡按湖廣。

2. 陽信刻書

陽信縣目前所知有萬曆間馬攀龍刻吴國倫撰《甔甀洞續稿文集》十卷、《詩集》十二卷。攀龍字沖霄,號媿非,陽信人,嘉靖三十四年乙卯舉人,官禮部主事。著有《株守談略》四卷等。《甔甀洞續稿文集》十卷、《詩集》十二卷,十行二十字,白口,四周單邊。

3. 海豐刻書

據杜信孚統計,海豐在明代刻書有六種:

古樂府十卷	(元)左克明輯	明嘉靖二十九年海豐縣楊巍刻本
陽明先生則言二卷	(明)王守仁撰	明嘉靖四十四年海豐縣谷中虛刻本
重修政和經史證類備用本草三十卷	(宋)唐慎微撰 (宋)寇宗奭衍義	明隆慶四年海豐縣谷中虛刻本
夢山存家詩稿八卷	(明)楊巍撰	明萬曆三十年海豐縣楊岑刻本
皇明廣蒙求三十七卷	(明)姚光祚輯	明萬曆四十二年海豐縣郭志仁刻本
少司馬谷公文集二卷	(明)谷中虛撰	明天啓元年海豐縣谷近喬、葛如麟刻本

海豐刻書主要是谷中虛。谷中虛(1525—1585),字子聲,别

號岱宗。嘉靖二十三年進士。隆慶元年，任浙江巡撫，隆慶四年，調任湖廣巡撫。

谷中虛所刻《陽明先生則言》二卷，九行十七字，黑口，四周單邊。

谷中虛刻《重修政和經史證類備用本草》三十卷，有隆慶四年自序，稱"余來督撫兩浙，賴上神聖，海波不揚。越兩稔，以其暇日，檢自敝笥，得嘗所校讎《證類本草》一編，表而梓之"。書末刻"隆慶三年歲次己巳秋吉旦重刊"。知此書應爲隆慶三年始刻，四年刻成。

此書十二行二十三字，小字雙行二十三字。白口，四周雙邊，雙魚尾。有刻工王照、王漢、夏英、羅文、夏良、沈四等。此書字體仿宋，行格疏朗，代表着明代江浙地區的刻書風格。李健認爲①，此書爲谷中虛家刻本。谷中虛時在浙江巡撫任上，以官資刻此書屬正常，因當時的山東幾任巡撫均有授意布政司和按察司刻此書的先例，故谷中虛所刻很有可能爲官刻。另外，在隆慶四年，谷中虛還刊刻了《食物本草》二卷，九行二十字，白口，四周雙邊。有谷中虛序曰："余嘗留意調攝，實欲與斯民共之。謂是編不失周公之遺意，可以寄仁心於不窮也。遂命梓之浙藩，以廣其傳焉。"②據此可知，此書由谷中虛令浙江布政司刊刻，係官刻無疑。

谷中虛有《少司馬古公文集》二卷，明天啓元年海豐縣谷近喬、德平葛如麟刻本。谷近喬，可能爲谷中虛後人。

4. 欒陵刻書

明代欒陵刻書，杜信孚統計有兩種：

---

①李健：《清以前〈證類本草〉的版本研究》，中國中醫科學院 2009 年碩士學位論文。

②《刻〈食物本草〉序》，見山東省惠民地區衛生史志編纂委員會編：《惠民地區衛生志》，天津科學技術出版社 1992 年版，第 447 頁。

來禽館集二十九卷	(明)邢侗撰	明萬曆四十六年樂陵縣史高先刻本
史薈五卷	(明)王家植輯	明萬曆四十六年樂陵縣史高先刻本

史高先,字紹卿,號夢斗,萬曆三十八年進士。官拜南京户部主事、襄陽知府、湖北僉事、貴州按察司御使。

《史薈》五卷,九行二十一字,白口,四周單邊,版心下有刻工。

《來禽館集》二十九卷,明邢侗撰,明萬曆四十六年臨邑邢王稱、樂陵史高先刻本。

邢侗(1551—1612),字子願,一字知吾,臨邑人,萬曆二年甲戌進士,歷官陝西太僕寺少卿。此集《四庫全書總目》在《存目》①中曰:"是集凡文二十四卷,詩僅五卷。侗以善書得名,當時有北邢南董之目。"

此集在邢侗去世後六年即萬曆四十六年刻成,由其子邢王稱與其婿史高先編輯,當時的都察院右僉都御史王洽慨然資助,又聯絡牟鳴區、李洪聲、王士憲、李玉戀、張玉筍等人贊助了一部分資金,使《來禽館集》得以刊印。此書九行二十一字,白口,四周雙邊,單黑魚尾。明末風格。版心有刻工,有字數。卷端題:"濟南臨邑邢侗子願父著。"王重民先生《中國善本書提要》稱"此本爲侗婿史高先校刻於襄陽,高先序及李維楨序均述校刻原委甚明"。有萬曆四十六年李維楨序,是年史高先序。

杜澤遜師《存目標注》5499條著録刻工,有黄岡李茂春刻、萬儒刻、江夏萬儒刊、萬儒、吴大玉、貴、儀、文、閔、元、賢、潘、劉、位、余、禮、友、定、葵、明、宋、鄭、春、隆、孟。史序云:"會余有襄陽之役,薄俸可佐不給……屬司李洪聲希、襄陽令王士完、南漳令李玉戀、穀城令張玉筍,参伍質證……若乃字櫛句比,校讎編次,始終厥

①以下簡稱《四庫存目》。

事，則棗陽諭陸敬叔。”襄陽、南漳、穀城、棗陽皆襄陽府屬縣，刻工則來自黄岡、江夏，刻板於襄陽無疑。

此書刻後，版存臨邑邢氏，續有補刻。清代後期臨邑刻書有述。

（四）濱州家刻

明代濱州刻書，杜信孚統計有四種：

揚子法言十卷	（漢）揚雄撰（明）趙大綱集注	明隆慶濱州崔近思刻本
六臣注文選六十卷	（梁）蕭統編　（唐）李善、吕延濟、劉良、張銑、吕向、李周翰注	明萬曆二年濱州崔孔昕刻本
嚴石溪詩稿六卷	（明）嚴恰撰（明）黎堯勳輯	明萬曆五年濱州劉效祖刻本
昭明文選芟四卷	（明）杜詩撰	明萬曆四十八年濱州杜詩刻本

崔近思，嘉靖二十九年進士，曾任長垣令、南京刑部主事。隆慶間刻印過《揚子法言》十卷。

崔孔昕，字晉明，《山東通志·藝文志》未收此人，但據范志新《文選版本擷英》①一書，著濱州人。嘉靖三十二年進士，官新安太守。所刻《六臣注文選》首有萬曆二年汪道昆序，目録第五至第八行有同校者崔孔昕、黨馨、朱守行、郭宗磬四人署銜，版刻於新都。版心下記刻工姓名，多歙縣仇村黄姓。此後有徐成位萬曆六年重修本，版心下無刻工。

（五）歷城刻書

據杜信孚《全明分省分卷刻書考》著録，歷城明代刻書十四

①范志新：《文選版本擷英》，貴州人民出版社 2005 年版。

種，最早的刻本爲明弘治十年張鼒刻《精選古今名賢叢話詩林廣記前集》十卷、《後集》十卷。正德二種。正德十五年，邊貢刻《岑嘉州詩》七卷，同年祝壽刻《正蒙會稿》四卷。嘉靖刻書最多，爲七種，占二分之一。萬曆三種，崇禎一種。詳見下表：

精選古今名賢叢話詩林廣記前集十卷後集十卷	（宋）蔡正孫輯	明弘治十年歷城縣張鼒刻本
岑嘉州詩七卷	（唐）岑參撰	明正德十五年歷城縣邊貢刻本
正蒙會稿四卷	（明）劉璣撰	明正德十五年歷城縣祝壽刻本
王忠文公集二十四卷	（明）王褘撰 （明）劉傑輯	明嘉靖三年歷城縣張齊刻本
稼軒長短句十二卷	（宋）辛棄疾撰	明嘉靖十五年歷城縣王詔刻本
邊華泉詩集八卷	（明）邊貢撰	明嘉靖十七年歷城縣劉天民刻本
韓詩外傳十卷	（漢）韓嬰撰	明嘉靖十八年歷城縣薛來芙蓉泉書屋刻本
易占經緯四卷	（明）韓邦奇輯	明嘉靖二十年歷城縣金城刻本
六朝詩彙一百四十卷詩評一卷	（明）張謙輯 （明）王宗聖增輯	明嘉靖三十年歷城縣金城、陸師道刻本
黃帝内經素問二十四卷	（唐）王冰注 （宋）林憶改正 （宋）孫兆改誤	明嘉靖歷城縣田經刻本
蔡中郎集十卷外傳一卷	（漢）蔡邕撰	明萬曆三十九年歷下馬維驥刻本
司農奏草十六卷	（明）趙世卿撰	明萬曆歷城趙世卿經濟軒刻本
游蜀吟稿二卷	（題）函山子撰	明萬曆歷城縣劉亮采刻本
司農奏議十四卷	（明）趙世卿撰	明崇禎七年歷城縣趙濬初刻本

明代山東歷城刻書還有不少。嘉靖二十六年進士殷士儋刻書兩種,在武定州刻書中有述。

明中期著名的"歷下三傑"之一的劉天民,正德九年進士,所撰《函山集》十卷,有《蟲吟草間集》《刺壽稿》《游蜀稿》《田間集》諸目,其孫劉亮采彙而刻之。劉天民去世在嘉靖二十年,則此書當刻於嘉靖中後期,而杜信孚書僅列《游蜀吟稿》二卷。

明萬曆三十九年馬維驤刻《蔡中郎集》十卷、《外傳》一卷,爲蔡邕集衆多版本之一,刊刻精良。前有歐静叙,王乾章叙,後面附有徐子器跋。馬維驤跋曰:"謁選得陳留令,陳留故漢中郎蔡公里也。余履其地,遐想其人,因詢諸父老,所爲其裔苗者,而未有也。獨邑中有《文集》十卷,板已磨勒,不可校矣","會郡伯王使君,已有此命,於是開局鳩工,幾閱月而始成。雖未敢竄削其間,而庶之乎無魯魚亥豕矣"。張莉認爲①,此本出自明萬曆元年徐子器本,傳世極少。刻工精細,應爲上乘版本。除徐本外,此本最佳。跋後有"男庠生鳴寧、鳴宣、鳴宇仝校,門生李　書"字樣。據此,則爲歷城人馬維驤刻於陳留。馬維驤,萬曆舉人,陳留縣令。

明弘治十年張鼐刻宋蔡正孫輯《精選古今名賢叢話詩林廣記前集》十卷、《後集》十卷,係除元刻本外此書現存的第二個版本,版本價值極高。黄裳《來燕榭讀書記》中著録有正統十一年寧夏刻本,《善目》未著録,不知存否。

邊貢正德十五年刻《岑嘉州詩》七卷本,《善目》無著録,不知存否。

《正蒙會稿》四卷,《善目》著録爲明正德十五年祝壽、武雷等刻本。繆荃孫、吴昌綬、董康撰《嘉業堂藏書志》卷三著録:"《正蒙會稿》四卷,明刻本。明劉璣撰。璣字近山,陝西人,官至户部尚

①張莉:《〈蔡中郎集〉版本源流考》,載《圖書館理論與實踐》2005 年第 3 期。

書。此書取張橫渠先生《正蒙》,與同志諸友會講成稿,而西安府同知祝壽、館陶武雷、推官臨清張鶚刻之。前有正德十五年何景明、嘉靖十一年韓邦奇兩序。"①則此書刻者皆爲山東人。

《華泉集》在山東有三刻,其中兩刻爲濟南官刻,前已有述。在兩刻之間,還有一私刻本,即桃溪方伯王公刻本。據前引張澄源刻李肇慶補刻本,有潘子霓《遺稿後序》謂:"歷城令巽川李公藏稿,桃溪方伯王公捐俸刻之。"潘子霓爲嘉靖三十二年癸丑進士,則此書當刻於魏允孚本之前。現此本不存,亦不知方伯王公的具體情況。

薛來芙蓉泉書屋刻《韓詩外傳》,有嘉靖十八年濟南陳明序,錢塘楊祜序,薛來刻書序。九行十八字,白口,左右雙邊,版心下刻"芙蓉泉書屋"。此爲薛來讀書處。毛春翔《古書版本常談》、孫欽善《中國古文獻學》均將此書列入明代精刊之本。其原因,可從傅增湘《藏園群書經眼録》中得知:"此書通津草堂所刻最稱善本,刊手亦最精。然余曾臨黄蕘圃校元本,則通津本誤字最多,而此本乃往往與元本合。乃知古書非比勘不知其優劣,未可據耳食爲定論也。"②可知此本在通津本之上,具有重要的版本價值和校勘價值。

王重民先生在《中國善本書提要》中,推測此本在通津本之前,進一步肯定了此書的價值:"來字汝修,歷城人,事蹟無考。持校沈辨之野竹齋刻本,文字大致相同。按沈本無年月,辨之事蹟亦不顯,諸家漫謂辨之爲嘉靖間人,亦無人注意其刻書在薛來前,抑在後?考楊氏《楹書隅録續編》卷三著録《校明鈔本畫鑒》,版心有'野竹齋校刊'字樣,不記年月,末有史臣紀嘉靖四十四年題記,顧玄緯隆慶三年題記。疑是時其書已流出野竹齋外,或辨之即卒於

①繆荃孫、吴昌綬、董康撰,吴格整理點校:《嘉業堂藏書志》,復旦大學出版社 1997 年版,第 397 頁。

②傅增湘:《藏園群書經眼録》,中華書局 1983 年版,第 34 頁。

是時，則其藏書刻書時代，當與嘉靖一朝相終始。何良俊《四友齋叢説》，記辨之往山東賣書買漢畫一事，余因疑辨之在山東時，薛刻始出，因攜回重雕，故文字相同，字體相肖也。世人但重沈刻，而不知沈本爲從薛本出也。余説若信，則此本價值，實應在野竹齋本上。"①此推測頗有道理。

金城所刻《易占經緯》四卷、《附録》一卷，十行字不等，白口，四周單邊，有刻工。

此書以三百八十四爻爲經，以四千九十六變爲緯，由韓邦奇外孫張士榮和韓氏門人王賜紱裒輯，嘉靖二十四年成書。

卷端題："苑洛韓邦奇輯。"前有嘉靖二十四年王賜紱序云："嘉靖己亥春，先生撫晉歸，紱以《易》往就學焉。甲辰，先生起總河道，紱南宫不第，歸，卒業門下。先生以占變語紱，且命以三百八十四變爲經，四千九十六變爲緯。經者《易爻辭》，緯取《易林》，附之占，則一以孔子占變爲主。且曰：'《易》用變又皆九六、不變則七八也。易無七八之爻，何自而占，且於孔子之旨違焉。'紱乃與窗友張子士榮次第成編。士榮者先生外孫，隨侍先生，且以蔡沈《書》卒業云。"嘉靖二十七年戊申濟南金城刻書序云："刻之閫庠，用示來學。"末有嘉靖二十四年張士榮跋。跋後爲附録。

杜澤遜師《存目標注》3274 條著録。版心下刻：李長、張玉、陸八郎、黄文、劉官生、美刊、葉二、陳珪、葉林、李烏、蔣文貝、付山、黄朝用、世昹、周妳、鄭福林、葉良、熊九、范璞、陸壽進、陳林、王鎮刊、余瞏、王仁、張在、鄭孫郎、周亨刊、余廷啟、葉池、余榮、張福貝、劉清、陸文進、王浩、余廷昭、華福刊、張尾、李長、陸福進、江仲仁、王富、楊壽、李二、余有才、黄昭郎、詹肥、陸景得，等等。十行二十字，白口，四周單邊。

①王重民：《中國善本書提要》，上海古籍出版社 1983 年版，第 10 頁。

王重民《中國善本書提要》:"余以此本刻印極精,非麻沙可比,因記其刻工,以爲嘉靖間福州代表作,俾有見他本而無時地者,或可依刻工姓氏有所考焉。"①所録刻工比杜澤遜師所録多出"余添榮",杜澤遜師録"陸景得",王重民先生作"陸景德"。

(六)章邱刻書

章邱名人輩出,先後有鄒衍、房玄齡、崔融、李清照、劉敏中、張養浩、李開先、孟洛川等,故文化建設僅次於歷城。所知章邱刻書始自明代,杜信孚《全明分省分縣刻書考》一書著録明代章邱刻書十一種,除一種爲章邱縣刻《農書》外,其餘十種皆爲家刻。

杜信孚《全明分省分縣刻書考》一書中著録明代章邱家刻書如下:

趙浚谷詩文集十六卷	(明)趙時春撰	明嘉靖八年章邱縣李開先刻本
詞謔二卷	(明)李開先撰	明嘉靖章邱縣李開先刻本
中麓山人拙對二卷續對一卷	(明)李開先撰	明嘉靖章邱縣李開先刻本
李中麓閒居集十二卷	(明)李開先撰	明嘉靖章邱縣李開先刻本
張小山小令二卷	(元)張可久撰	明嘉靖四十五年章邱縣李開先刻本
改定元賢傳奇七卷	(明)李開先編	明嘉靖四十五年章邱縣李開先刻本
新編林冲寶劍記二卷	(題明)中麓放客撰	明萬曆八年章邱縣李開先刻本
歐陽文忠集五十卷	(宋)歐陽修撰 年譜一卷 (宋)胡柯輯	明嘉靖三十二年章邱縣李冕刻本
中麓山人拙對二卷	(明)李開先撰	明嘉靖三十四年章邱縣李思禄刻本
集古録十卷	(宋)歐陽修撰	明萬曆章邱縣謝啟光刻本

①王重民:《中國善本書提要》,上海古籍出版社1983年版,第289頁。

李冕(1490—1563),字端甫,號脈泉,李開先同鄉友人。正德十一年舉人,嘉靖五年進士,官至山西、雲南右布政使。所刻《歐陽文忠集》五十卷,《善目》作嘉靖二十二年刻本。

杜信孚認爲,章邱謝啟光刻《集古録》在萬曆年間,其實不然。此書刻於清順治十年。謝啟光,萬曆三十五年進士,累官南京兵部左侍郎。順治間歸清,官至太子太保、工部尚書。其子謝世箕,順治七年刻有《金石録》三十卷。《集古録》十卷,黄永年、賈二强撰集《清代版本圖録》,認爲是順治十年章邱謝啟光四留堂校刻本①。黄永年先生在其《唐史史料學》一書中認爲,宋人將《歐陽文忠公集》裏的《集古録跋尾》,再加上"跋於諸卷之尾者二百九十六卷",重新編輯而成此書,這個宋人重編本,宋以後到清初順治時纔有謝啟光刻本。"清順治時謝啟光刻本爲善,因能保存宋人重編的舊式,但此謝刻傳本極少。"②認爲是謝啟光刻本。山東大學圖書館編《山東大學圖書館古籍善本書目》③著録爲謝啟光校,清初章邱謝世箕刻本,與黄永年先生觀點不同。山大藏本無序跋題識等。此書卷端題:"廬陵歐陽修著,章丘謝啟光校。"九行二十一字,小字雙行二十一字,白口,四周單邊,單黑魚尾。此處暫依黄永年先生的説法。

實際上,明代章邱刻書遠不止此。李攀龍撰《滄溟先生集》三十卷,明萬曆三年胡來貢刻本。胡來貢,章邱人。此書的刊刻,爲李攀龍詩文的傳播起到了重要作用。此書係胡來貢致仕後所刻,故刻於章邱。同樣,作爲山東地方文獻,邊貢的《華泉集》十四卷,最早由章邱李開先選,山西臺察趙俟齋刻成,亦有作李開先刻

①黄永年、賈二强:《清代版本圖録》,浙江人民出版社 1997 年版。

②黄永年:《唐史史料學》,上海書店出版社 2002 年版,第 268 頁。

③山東大學圖書館:《山東大學圖書館古籍善本書目》,齊魯書社 2007 年版,第 149 頁。

本者。

李開先(1502—1568),字伯華,號中麓。七歲能文,博學强記。弱冠登朝。嘉靖八年進士,官至太常卿,提督四夷館。雅負經濟,不屑稱文士。會九廟災,上疏自陳,竟罷歸。治田産,蓄聲伎,家居近三十年。徵歌度曲,爲新聲小令,恣肆放歌,自謂馬東籬、張小山無以過。性好蓄書,藏書名聞天下,時有"嘉靖八才子"之稱。

李開先自謂藏曲最富,有"詞山曲海"之目。《静志居詩話》:"中麓最爲好事,藏書之富甲於齊東。詩所云'豈但三車富,還過萬卷餘'。"《讀書敏求記》:"斧季從輦下還,解裝出書二百餘帙,皆秘本也。近代藏書家推章邱李氏、金陵焦氏。灰劫之餘,未知金陵圖籍猶有存焉否?今斧季所購,乃中麓秘藏之物也。"①李氏書後歸毛晉、徐乾學。

正是基於對詞曲的特殊愛好,有着豐富的藏書作後盾,李開先創作了諸多戲曲名品,從此奠定了他在明代戲曲界的地位。

《寶劍記》是明中葉"三大傳奇"之一。周亮工云:"公所藏元人曲有百十種,如馬東籬、白仁甫諸曲,皆手自改訂付梓。又最喜張小山、喬夢符小令,專刻以行。"②

李開先嘉靖間自刻的《詞謔》,"是明中葉較早出現的一部戲曲(包括散曲)論著,它直接影響着明代曲論在萬曆年間的繁榮和成熟,並爲後人研究戲曲史提供了豐富而有價值的文獻資料"③。

《張小山小令》二卷,元張可久撰,明李開先輯,明嘉靖四十五年李開先刻本。此書卷端題:"慶元張可久著,章丘李開先編。"杜澤遜師《存目標注》6817 條著録:前有嘉靖四十五年丙寅李開先

①〔清〕葉昌熾:《藏書紀事詩》,北京燕山出版社 2008 年版,第 157 頁。
②趙山林:《中國戲劇學通論》,安徽教育出版社 1995 年版,第 933 頁。
③許金榜:《山東分體文學史·戲曲卷》,齊魯書社 2005 年版,第 57 頁。

序。後有李開先跋,署"季冬蠟日中麓再書",當亦嘉靖四十五年作,内云:"今所編次,雖成上下二册,每樣曲終鏤版不剔空,以待博學君子。"知係嘉靖四十五年李開先刻本。九行十八字,黑口,四周單邊。

除了以上戲劇散曲,李開先還有《李中麓閒居集》和《中麓山人拙對》《續對》。

《閒居集》,前有嘉靖三十五年自序。卷四末有李開先後序,又有少庵弭子方跋語。王重民《中國善本書提要》辯證爲明隆、萬間刻本。如果確爲隆、萬間刻本,則可能非李開先所刻,因其去世於隆慶二年。

杜信孚所言李開先刻《中麓山人拙對》二卷、《續對》一卷,《善目》作明嘉靖刻本,王重民先生《中國善本書提要》收録《中麓山人拙對》二卷①,亦作明嘉靖刻本,係明嘉靖間李思禄所刻。卷端題:"章丘李開先著。"李思禄跋云:"中麓李隱君居常作對,俱太平之樂,曠達之言。自老堂辭世,愛子連殤,面少光澤之色,對多愁歎之聲。起自嘉靖癸卯,止於癸丑,得對共一千聯。予嘗就而録之,歸藏篋笥,恐久而散佚,因謀諸梓以廣其傳。"有嘉靖三十一年自序,嘉靖三十二年後序,嘉靖三十四年李思禄跋,高明跋,張克恭跋,馬暉跋,陳德安跋,袁學詩跋。不知與杜信孚所言李開先刻本是否爲一種。

李開先在明代山東人中刻書數量不少,這源於他對刻書的認識。《山東通志·藝文志》於《經義待質》條引王士禛《居易録》曰:"李中麓太常云:'如楊慈湖之《易》,林之奇之《書》,《詩》則王氏《總聞》,《春秋》則木訥《經筌》,及衛湜之《禮記集説》,多有高出朱註之上者。此外能發明經旨者,抑又不止四五十家。宋刻已

①王重民:《中國善本書提要》,上海古籍出版社1983年版,第607頁。

古,鈔册漸訛,再過百年,俱失傳矣。必須題請之後有京板,以及各書坊有鏤板,始可遍行天下。不然則以拘拘背朱爲嫌,而經術不幸不滅秦火矣。'"可見,他是很重視刻書的保存和傳播文獻的作用的。

已知明代章邱家刻有:

趙浚谷詩文集十六卷	(明)趙時春撰	明嘉靖八年章邱李開先刻本
華泉集十四卷	(明)邊貢撰	明嘉靖十五年章邱李開先山西刻本
詞謔二卷	(明)李開先撰	明嘉靖章邱李開先刻本
中麓山人拙對二卷 續對一卷	(明)李開先撰	明嘉靖章邱李開先刻本
李中麓閒居集十二卷	(明)李開先撰	明嘉靖章邱李開先刻本?
張小山小令二卷	(元)張可久撰 (明)李開先輯	明嘉靖四十五年章邱李開先刻本
改定元賢傳奇七卷	(明)李開先編	明嘉靖四十五年章邱李開先刻本
新編林沖寶劍記二卷	(明)李開先撰	明萬曆八年章邱李開先刻本
歐陽文忠集五十卷	(宋)歐陽修撰 年譜一卷 (宋)胡柯輯	明嘉靖二十二年章邱李冕刻本
中麓山人拙對二卷	(明)李開先撰	明嘉靖三十四年章邱李思禄刻本

(七)鄒平刻書

鄒平明以前未見刻書記載。明代的鄒平刻書僅有張延登一人,杜信孚統計有四種:

皇明謚紀彙編二十五卷	(明)郭良翰撰	明萬曆四十二年鄒平縣張延登刻本
明策四卷	(明)馮琦、黄汝良撰 (明)張延登輯	明崇禎鄒平縣張延登刻本
干禄字書一卷	(唐)顔元遜撰	明崇禎十三年鄒平縣張延登刻本
晏海編二卷	(明)張延登撰	明崇禎十五年鄒平縣張延登刻本

延登字濟美,號華東,萬曆二十年壬辰進士,官至右都御史,贈太子太保,謚忠定。《干禄字書》一卷刻於濟南。

《唐策》十卷,明張延登輯,明崇禎五年張氏智居樓刻本。八行十六字,白口,四周單邊。

(八)淄川刻書

據《山東通志·藝文志》,淄川在宋元二代皆有著述,但未見刻書記載。明代著述四十九種,杜信孚統計刊刻有七種:

畢氏祭文鈔一卷	(明)畢自嚴輯	明萬曆四十年淄川縣畢自嚴刻本
儀部張先生文集二卷	(明)張敬撰	明萬曆四十三年淄川縣張至發刻本
銓部王先生集不分卷 修縣志小序一卷	(明)王教撰	明萬曆四十四年淄川縣張至發刻本
壬辰四友二老詩讚一卷	(明)畢自嚴輯 恩綸録不分卷	明天啓畢自嚴刻本
壬辰四友二老詩集不分卷	(明)畢自嚴編	明崇禎五年淄川縣畢自嚴刻本

（續表）

李少崖先生還樸心聲一卷	(明)李汝桂撰	明崇禎十年淄川縣張至發刻本
四代恩綸録不分卷	(明)畢自嚴編	明崇禎淄川畢自嚴刻本

由上可見,明代淄川刻書皆在明末,且均爲畢自嚴和張至發所刻。

張至發(1573—1642),張篤慶曾祖。天啓十年代温體仁爲内閣首輔大學士。次年,罷相歸家。崇禎八年陞爲刑部右侍郎。崇禎十五年去世,謚少保公。

畢氏,係淄川大族。畢自嚴之父畢木,字子近,通經史,擅詩詞。晚年自稱"黄髪翁"。自寅,字畏甫,號旭陽,畢木第六子。萬曆四十三年乙卯舉人,官至南京户部廣東司主事。罷官歸田後在西鋪建有拱玉園。晚年著有《拱玉園集》《志隱集》《選石齋詩》等,輯《畢氏宗乘》刊行於世。其《拱玉園集》,《山東通志·藝文志》引《縣志·選舉》云:"自寅搆拱玉園,日嘯飲其中,刻有《拱玉園集》,載名公贈篇數百首。"則知自寅有《拱玉園集》之刻。

畢自嚴(1569—1638),字景曾,號白陽。萬曆二十年進士。官至户部尚書,進太子太保。著述頗多,據姜艷平考證①,康熙五十七年畢自嚴之孫畢盛鉅撰刻"畢氏家祠碑"《明太子太保户部尚書畢公本傳》,載畢自嚴一生"著有《石隱園藏稿》八卷,《撫津疏草》四卷,《督餉疏草》五卷,《度支奏議堂稿》二十卷,《餉撫疏草》七卷,《留憲疏草》一卷,《留計疏草》兩卷,《各司》九十八卷,具刻行世。《書牘》九十卷,《尚友編》一百一十四卷,藏之家塾"。可知"具刻行世"的著述有八種,其中第一種爲其子畢際有清代所刻,

①姜艷平:《畢氏萬卷樓藏書考述》,山東大學2007年碩士學位論文。

《撫津疏草》《督餉疏草》《餉撫疏草》《留憲疏草》《留計疏草》爲天啓刻本,均爲九行十九字,白口,四周單邊。時畢自嚴在世,當爲自刻。另兩種,《度支奏議堂稿》二十卷和《各司》九十八卷,姜艷平據《畢自嚴年譜》考證,當爲其崇禎七年獄居真如寺期間所刻。現據《善目》,《度支奏議》一百十九卷,比畢盛鉅所言卷數要多得多,不知是否爲一書,還是後有續增。九行二十字,白口,四周雙邊。《各司》"畢氏家祠碑"爲九十八卷,《畢自嚴年譜》著爲九十四卷。

姜艷平據《畢自嚴年譜》考:萬曆二十五年畢自嚴纂刻《雲間雅奏》;萬曆四十三年鏤選《四時絶句》十二卷;崇禎七年撰有《抽簪贅言》一卷,鐫《四友二老詩贊》;同年冬十一月又鐫《友玄考選處分始末》;崇禎七年出獄後,鐫《解網録》。以上六種,除《抽簪贅言》《四友二老詩贊》《解網録》現存外,其餘均未見。《四友二老詩贊》當爲《壬辰四友二老詩讃》,與杜信孚所列《壬辰四友二老詩集》應爲同一種書,《善目》著録爲《壬辰四友二老詩贊》一卷,作明崇禎五年自刻本。

另據《善目》,畢自嚴還撰有《回話奏疏》一卷,明崇禎刻本,九行十八字,白口,四周單邊。畢木撰《黄髮翁續集》二卷,有明萬曆四十六年淄川畢氏家刻本,可能爲畢自嚴兄弟所刻。

除了張氏、畢氏,淄川刻書還有高氏一族。高舉字鵬程,號東溟,萬曆八年庚辰進士,官至巡撫浙江僉都御史,高珩祖父。舉弟高譽,字鵾程,號南溟,貢生。二人撰有《壎篪編》二卷,明萬曆二十三年淄川高舉浙江金臺刻本。據光緒二十年高徽嵋刻本,書名下有"萬曆乙未草金臺刻"。有萬曆二十三年乙未高舉序:"客思不禁,輒爲小詠,紀事遣懷,多取足目前,意興而止。因家弟之言,彙而梓之。若云作者,其何敢!"是年高譽識云:"茲刻也,第以唐吾神耳,匪敢以巴人細響,謬託白雪絶調也。"可見,此爲一刻。此書在光緒二十年由高珩九世孫高徽嵋重刻。

另道光二十七年淄川王培荀重刻其七世祖王巽詩集時，提到王巽曾自刻過《遊晉草》《客越集》，惜雕版已失。詳見清中期的淄川刻書。

由上可知，淄川目前已知刻書二十餘種，是明代山東刻書中僅次於新城的地方。

（九）長山刻書

明代的長山刻書，杜信孚統計有三種：

詩宿二十八卷	（明）劉一相輯	明萬曆三十六年長山縣劉一相刻本
詩宿二十八卷	（明）劉一相輯	明萬曆四十六年長山縣其子劉鴻訓刻本
四素山房集十九卷皇華集一卷	（明）劉鴻訓撰	明崇禎十三年長山縣劉孔中刻本

以上三種，實爲長山劉氏一家三代刻書。劉一相字維衡，號頊陽，萬曆五年丁丑進士，歷官陜西按察司副使。鴻訓字默承，號青岳，一相子，萬曆四十一年癸丑進士，歷官太子太保、禮部尚書、文淵閣大學士，著有《困學紀聞鈔》《四素山房集》二十卷。劉孔中字藥生，鴻訓子，崇禎三年庚午副貢，入清，官潁州道參議，著有《讀史脓》《鳳遊草》《柘枝集》《倦飛樓集》。

（十）長清刻書

明代的長清刻書，杜信孚統計有三種：

巢睫集四卷	（明）曾棨撰	明成化長清縣張大振刻本
巢睫集五卷	（明）曾棨撰	明成化七年長清縣張綱刻本
蠛蠓集五卷	（明）盧柟撰	明萬曆三十年長清縣張其忠刻本

以上三種實爲二種，張綱與張大振爲一人。張綱（1421—1478），字大振，明景泰五年進士，成化六年始任湖廣按察使，不久陞至左僉都御史。成化七年張綱所刻《巢睫集》係山東現存較早

的明代刻書。十二行二十字，黑口，四周雙邊。

（十一）新城刻書

明代的新城刻書，杜信孚統計有九種：

伊川擊壤集二十卷	（宋）邵雍撰	明成化十一年新城縣畢亨刻本
小兒衛生總微論方二十卷	佚名撰	明弘治二年新城縣李延壽刻本
救荒本草二卷	（明）朱橚撰	明嘉靖四年新城縣畢昭刻本
二程子鈔釋十卷	（明）吕柟撰	明嘉靖十五年新城縣鄧誥刻本
老子尺木會旨二卷	（明）涂印玄撰	明萬曆二十七年新城縣徐準刻本
盧龍塞語二十卷圖一卷	（明）郭造卿撰 （明）郭應寵編	明萬曆三十八年新城縣王象乾刻本
皇明典故紀聞十八卷	（明）余繼登撰	明萬曆新城縣王象乾刻本
亦玉堂稿十卷	（明）沈鯉撰	明萬曆新城縣王象乾刻本
濟南百咏一卷	（明）王象春撰	明萬曆四十四年新城縣王象春刻本

畢亨，字嘉會。成化十一年進士。授吏部主事，仕至南京工部尚書。《伊川擊壤集》十八卷本，現存有元刻本。二十卷本除了明初刻本，即此本。此本版式闊大，印製精良，是山東明代早期刻書的精品。

畢昭，畢亨子。弘治十二年進士。官至僉都御史，巡撫山西。

另據《善目》《山東通志·藝文志》等，還可補以下二十六種：

嘉靖戊午科山東鄉試墨卷一卷	（明）王之垣撰	明刻本	據《善目》
諫議疏稿	（明）王之垣撰	明王之垣刻本	據王士禛刻本《歷仕録》序

（續表）

忠勤録四卷	（明）王象乾、王象蒙輯	明萬曆刻本	據《善目》
皇明開天玉律四卷	（明）王象乾撰	明萬曆三十八年刻本	據《善目》
文選删註十二卷	（明）王象乾撰	明萬曆刻本	據《善目》
詩餘圖譜三卷	（明）張綖輯	明萬曆二十二年至二十三年王象乾上古署中刻本	據王象晉重刻此本序
趙松雪集	（元）趙孟頫撰	明王象乾刻本	據杜澤遜師《山東著名藏書家·王士禛池北書庫》
問山亭詩十卷	（明）王象春撰	明萬曆刻本	據《善目》
救荒成法一卷	（明）王象晉輯	明萬曆王象晉刻本	據《善目》
新刊玉機微義五十卷	（明）徐□撰 （明）劉純續	明王象晉刻本	據《善目》
董漕副墨二卷	（明）王象晉撰	明崇禎七年刻本	據《善目》
詩餘圖譜三卷	（明）張綖輯	明崇禎八年王象晉刻本	山東省圖書館藏
簡便驗方四卷	（明）王象晉撰	明萬曆四十二年刻本	據《山東通志·藝文志》
簡便驗方四卷	（明）王象晉撰	明崇禎二年刻本	據《山東通志·藝文志》

（續表）

三補簡便驗方四卷	（明）王象晉撰	明崇禎十七年刻本	據《善目》
金剛經直解一卷	（明）王象晉撰	明崇禎十七年刻本	據《山東通志·藝文志》
萬曆甲午科鄉試硃卷一卷	（明）王象晉撰	明刻本	據《善目》
群芳譜三十卷	（明）王象晉撰	明崇禎三年汲古閣代王象晉刻本	據杜澤遜師《存目標注》
郢封里吟一卷	（明）王象晉撰	明末刻本	據《善目》
基命録	（明）王之垣撰	明王象晉刻本	據王士禛刻本《歷仕録》序
惺心樓三編	（明）王之垣撰	明王象晉刻本	據王士禛刻本《歷仕録》序
念祖約言	（明）王之垣撰	明王象晉刻本	據王士禛刻本《歷仕録》序
鶴隱集	（明）王象明撰	明刻本	據《山東通志·藝文志》
雨蘿集	（明）王象明撰	明刻本	據《山東通志·藝文志》
念祖約言世記	（明）王之垣撰	明王與胤刻本	據《山東通志·藝文志》
六經圖六卷	（宋）楊甲撰 （宋）毛邦翰補	明崇禎五年王與胤刻本	據《善目》

以上明代新城刻書當有三十餘種,在明代的山東刻書中數佼佼者,其中尤以王氏刻書爲最多,有三十種:王之垣二種,王象乾八種,王象春二種,王象晉十四種,王象明二種,王與胤二種。

王象晉刻書最多。象晉,字子進,萬曆三十二年進士,授中書舍人,遷禮部主事,官至浙江右布政使。其《簡便驗方》三次刊刻。《山東通志·藝文志》著録有《保安堂三補簡便驗方》四卷,有王象晉自序云:“此舊刻也,稿凡三易。初梓於萬曆甲寅,再梓於崇禎己巳。逮壬午季冬,窮搜舊本,類附新知,兩閱歲華,始克就緒。”知此書有三刻。

王象晉《二如亭群芳譜》請毛晉代刻,亦爲刻書史上請他人代刻之一例。康熙四十一年新城王士禛京師刻本《歷仕録》一卷,有此年王士禛序:“先曾祖大司徒公遺書,如《諫議疏稿》若干卷,公常自刻之。《基命録》《惺心樓三編》《念祖約言》三書,則先伯祖大司馬、先祖方伯贈少司徒(按:王象晉)刻之,皆藏家塾……至於先方伯著書尤富,版在常熟毛氏汲古閣者已多散佚,惟《群芳譜》一書亦歸吴中質庫,士禛於二千里外多方贖歸,告諸家廟。”從此序可知,《諫議疏稿》,明王之垣自刻本;《基命録》《惺心樓三編》《念祖約言》三書,明王象晉刻本;《群芳譜》,毛氏汲古閣刻本,後版歸王氏家塾。杜澤遜師《存目標注》3485 條有詳細著録,卷端題:“二如亭群芳譜天部卷之一,濟南王象晉藎臣甫纂輯,松江陳繼儒仲醇甫、虞山毛鳳苞子晉甫同較,寧波姚元臺子雲甫、濟南男王與胤、孫士和、曾孫啓泓詮次。”八行十八字,白口,左右雙邊,單黑魚尾。上、中、下三欄。有王象晉序,毛鳳苞序,申用懋序,張溥序,方岳貢引,崇禎二年春仲朱國盛序,天啓元年辛酉王象晉跋。杜澤遜師又引王士禛《分甘餘話》卷一:“《群芳譜》一書,先祖前浙江右布政使今皇贈經筵講官刑部尚書臣象晉所著。萬曆中,先祖官京師,爲黨人所忌,借丁巳京察謫官,家居十載,甘農圃以没齒,作爲此書，名亭曰‘二如’以見志。後刻於虞山毛氏汲古閣，流傳已久。”所述始末甚詳。

《詩餘圖譜》三卷、《附録》二卷，明張綖撰，明末毛氏汲古閣刻《詞苑英華》本。題：“高郵南湖張綖編輯，濟南霽宇王象乾發刊，康宇王象晉重梓，姑蘇子九毛鳳苞訂正。”九行十九字，白口，左右雙邊。前有崇禎八年乙亥王象晉《重刻詩餘圖譜序》云：“萬曆甲午乙未間，予兄霽宇刻之上古署中。……海虞毛子晉，博雅好古，見予讐校此編，遂請歸而付之剞人。”此三卷之後，附刻《秦張兩先生詩餘合璧》二卷，即秦觀、張綖詞各一卷。題：“濟南康宇王象晉梓，姑蘇子九毛鳳苞較。”前有崇禎八年乙亥王象晉序云：“南湖張先生與少游同里閈，慕少游之所爲詩文，因取宋人詩餘彙而圖之爲譜。……予不能詩，更不能詞，而甚慕兩先生之所爲詩若詞，特合兩先生詞，併而梓之《圖譜》之後。”則《圖譜》《秦張詩餘合璧》皆崇禎八年毛晉代王象晉刻，故版心無“汲古閣”字。

毛晉汲古閣爲王氏刻的還有王象晉編《王氏族譜》。

象晉子王與胤，字百斯，崇禎元年進士，由庶吉士改御史，坐事被謫，不復仕。所刻《六經圖》，係仿此書的初刻本——宋乾道元年刻本而成，而宋刻本已不存，故王氏此本具有較高的版本價值。

王象乾(1546—1630)，字子廓，號霽宇。明隆慶四年舉人，連科進士，官僉都御史，至兵部尚書，累加太子太師。所刻《皇明典故紀聞》，杜澤遜師《存目標注》1303 條著録。卷端題：“交河余繼登輯，臨朐馮琦訂，新城王象乾校。”九行十八字，白口，左右雙邊。前有馮琦序：“中丞王公取以付梓人，刻未竟而世用卒。”版心有刻工，浙江圖書館藏本刻工與臺灣“中央圖書館”藏本刻工不同，不知哪個爲初刻。所刻《皇明開天玉律》四卷，顏體大字，寫刻精美，筆畫遒勁。其中有的刻工與《皇明典故紀聞》同，大約刻於同時同地。

(十二)濟陽刻書

明代的濟陽刻書,杜信孚統計有兩種:

杜律七言注解二卷	(唐)杜甫撰 (元)虞集注	明嘉靖七年濟陽縣黄臣刻本
黄蘿館集五卷	(明)江伯容撰	明崇禎元年濟陽縣江伯容刻本

黄臣字伯鄰,號安厓,正德六年辛未進士,官至巡撫都御史。

(十三)臨邑刻書

明代臨邑刻書,據杜信孚《全明分省分縣刻書考》統計,有天啓四年王洽刻宋代尹焞撰《和靖尹先生文集》十卷。洽字涵仲,臨邑人,萬曆三十二年甲辰進士,官至兵部尚書。

臨邑刻書還有數種。首先,杜信孚將明萬曆七年邢邦刻黄扉撰《秘傳經驗痘疹方》四卷、明萬曆二十三年邢侗刻于慎行撰《穀城山館詩集》二十卷誤作臨清刻本,應爲臨邑刻本。

其次,邢侗於萬曆十年在山西懷慶刻過《葛端肅公集》十卷。本書第二章第二節"家刻"中的"德平刻書"有葛周玉重刻《葛端肅公集》,前有萬曆十年邢侗序,稱"偶檢篋中,得公遺稿,遂屬守序次,劂行之",可知邢侗於萬曆十年在山西刻過此書,邢侗時任巡按山西等處監察御史。書凡十卷,具各體詩文,無奏議,懷守靳水朱公期至編叙。書在清嘉慶時原板已亡,所存印本僅有一部完整。

邢侗在萬曆間所刻《來禽館帖》最爲有名。此帖請刻帖名手蘇州吴應祈父子精心刻製,成爲傳世的著名叢帖之一。該帖共收八個分帖。計有《唐人雙鈎十七帖》《澄清堂帖》《黄庭經》《蘭亭序》三種(定武本、褚遂良本和趙孟臨本)、《出師頌》《西園雅集圖記》。其中尤以《十七帖》和《澄清堂帖》最爲世重,影響也最大。來禽館本《十七帖》被認爲是天下《十七帖》第一,在傳世《十七帖》版本中威信很高。《澄清堂帖》係選刻，凡被米芾、黄伯思指爲僞帖者，皆不選，摹刻也精。總之，此帖對純化和精化王書做出了貢獻。

邢侗之妹邢慈静刻有《芝室集帖》。此帖計十葉，字體清峻秀拔，刀工精良，特色鮮明。《芝室集帖》共分三部分内容，第一部分是她手臨的《芝蘭室蘭亭序》，第二部分是她自己手書的四十一首詩，稱《芝蘭室非非草》，第三部分是她集長兄邢侗書劄墨蹟，稱《芝蘭室來禽館真蹟》。邢慈静在帖尾記述："生平篤嗜先太僕兄筆蹟，至今病中尚勤寤寐。檢笥得此，遂拭目雙鈎，命鐫工劂之。"明代劉重慶跋曰："夫人禊帖，自是夫人帖。然筆法婉勁，晉體獨存，余不知右軍當年面目何似，然而視禊帖傳世本千百矣，後有真賞，或者其首肯於此。"此書板目前尚存。

王洽所刻《來禽館真蹟》亦爲名刻。王洽與邢侗之子邢王稱有姻親關係。同時，王洽也是邢侗設館授課的弟子，所以，王洽非常崇拜邢侗的爲人。邢侗去世的第二年，王洽開始搜集邢侗的墨蹟，主要是邢侗晚年書劄信函。爲了不失邢侗書法的本來面目，王洽聘請了曾給邢侗刻石的江南名刻手吴士端前來主刻《來禽館真蹟》。前後用了六年的時間纔完成。王洽刻的《來禽館真蹟》共分七卷，以"天、地、元、黄、宇、宙、洪"分簽標題，其中名人跋語一卷，《千字文》一卷，另五卷則全部是邢侗的墨蹟。

此帖有萬曆四十六年王洽跋，言史高先助資逾半。崇禎二年，王洽被誣入獄，三年庾死獄中，距此帖刻畢十二年，家道敗落。其後人以"朱提十流"質於邑東關質庫中。史高先贖歸樂陵家藏。後歸樂陵張鵬南，嵌於西關外其"並蒂園"壁上。現由樂陵市文化館保存。

（十四）陵縣刻書

明代的陵縣刻書不少，杜信孚統計有六種，皆爲康丕揚所刻：

宋文正范先生文集十卷	(宋)范仲淹撰	明萬曆三十五年陵縣康丕揚刻本
痘疹真訣二卷	(明)陳文治編	明萬曆三十五年陵縣康丕揚刻本
重編東坡先生外集八十六卷	(宋)蘇軾撰　年譜一卷	明萬曆三十六年陵縣康丕揚刻本
雍野李先生快獨集十八卷	(明)李堯民撰	明萬曆三十六年陵縣康丕揚刻本
范文正公集二十四卷	(宋)范仲淹撰　年譜一卷 (宋)樓鑰撰　補遺一卷附録一卷	明萬曆三十六年陵縣康丕揚刻本
韓魏公集三十八卷	(宋)韓琦撰　家傳十卷别集録一卷遺事一卷	明萬曆三十六年陵縣康丕揚刻本

丕揚字士遇,陵縣人,萬曆二十年壬辰進士,官至監察御史。著有《北臺疏草》《按遼疏草》等十餘種。康丕揚是明代山東刻書中的佼佼者,所刻書多爲他人著述,以上六種,有宋人四種,明人兩種,而他自己的著述,衹刻了一種《三關圖説》。

(十五)青城刻書

明代的青城刻書,杜信孚統計有兩種:

便民圖纂十六卷	(明)鄺璠撰	明萬曆二年青城縣于永清刻本
變清三卷	(明)楊夢兖撰	明萬曆青城縣楊夢龍刻本

二、東昌府家刻

明代的東昌府有屬州三:臨清州,屬縣爲邱縣、館陶;高唐州,屬縣爲恩縣、夏津、武城;濮州,屬縣爲范縣、觀城、朝城。另有縣七:聊城、堂邑、博平、茌平、莘縣、清平、冠縣。

(一)臨清州刻書

明代的臨清刻書,杜信孚統計有四種:

秘傳經驗痘疹方四卷	(明)黄扉撰	明萬曆七年臨清州邢邦刻本
劉季子書經講義六卷	(明)劉爾碩撰	明萬曆二十一年臨清州曹楷刻本
穀城山館詩集二十卷	(明)于慎行撰	明萬曆二十三年臨清州邢侗刻本
詩家直説一卷	(明)謝榛撰	明萬曆臨清州謝榛刻本

邢邦和邢侗兩人係臨邑人,非臨清州人。

雖僅有二人刻書,但明代的臨清州出現了詩壇上的重要人物——謝榛。謝榛字茂秦,號"四溟山人",明代"後七子"中著名的詩人和詩論家。其詩以律詩絶句見長,功力深厚,句響字穩。著有《四溟集》《四溟詩話》。

其中,《四溟集》是謝榛的創作實踐,而《四溟詩話》及《詩家直説》,是其論詩之作。謝榛的詩論在"前後七子"的詩論中有其獨特的地位,他的情景適會説、四格説對明清詩論家的情景説、神韻説、性靈説都有一些啓示和影響。同時,謝榛在"後七子"中,是唯一提出較完備的論詩主張的人,故由其本人刊刻的《詩家直説》,在明代詩歌理論的建樹上有着重要地位。

此本現已不存,所據爲《四溟集》附録《詩家直説》二卷,有謝榛序曰:"予梓《詩説》若干篇,譬諸築基起樓,勢必高大,所思不無益也。"時間爲萬曆二年。

(二)高唐州刻書

明代的高唐州有高唐縣和武城兩地刻書,杜信孚統計有六種:

新編並音連聲韻學集成十三卷直音編七卷	(明)章黼編	明成化十七年高唐縣劉士元刻本
朝邑縣志二卷	(明)韓邦奇纂修	明正德六年武城縣王道刻本

（續表）

原機啓微集一卷	（明）倪維德撰	明嘉靖六年武城縣王道刻本
洪範圖解一卷	（明）韓邦奇撰	明嘉靖六年武城縣王道刻本
張鷃庵先生集二卷	（明）張邨撰	明嘉靖七年武城縣王道刻本
碧山詩餘二卷	（明）王九思撰	明嘉靖三十年武城縣宋廷琦刻本

以上二縣在清代均無刻書記載。從各家書目記録看，二縣明代的著述要比清代多，比如武城，在明代著述有十種，而清代僅三種。

武城刻書共五種，其中王道刻書四種。王道字純甫，號順渠，正德六年辛未進士，官至吏部侍郎。他精擇强記，深研程朱義理之學、儒家經典，崇尚平實簡易之學。同時，不受世俗拘牽，不標立門户。他接受王守仁心學，爲聊城"七賢"之一。著述頗豐，所刻均爲他人著述，而他自己的著述卻無一刊刻。

（三）聊城刻書

明代聊城刻書，杜信孚統計有十種：

漢魏詩紀二十卷	（明）馮惟訥輯	明嘉靖三十二年聊城縣王應璧刻本
龍石詩集八卷文集五卷	（明）許成名撰	明嘉靖四十二年聊城縣其子許鷗刻本
皇明疏議輯略三十七卷	（明）張瀚輯	明隆慶五年聊城縣王汝訓刻本
國語鈔評八卷	（明）穆光熙輯	明萬曆十二年聊城縣傅光宅、曾鳳儀刻本
徐迪功集六卷談藝録一卷	（明）徐禎卿撰	明萬曆十二年聊城縣傅光宅刻本

（續表）

王文定公遺稿二十卷	（明）王道撰	明萬曆二十七年聊城縣朱延禧刻本
王文定公文録十二卷	（明）王道撰	明萬曆三十七年聊城縣朱延禧刻本
穆文簡公宧稿二卷	（明）穆孔暉撰	明萬曆四十年聊城縣朱延禧刻本
龍石先生詩鈔一卷文鈔一卷	（明）許成名撰 （明）丁懋儒輯	明萬曆聊城縣丁懋儒刻本
傅伯俊詩草七卷	（明）傅光宅撰	明萬曆聊城縣其子傅爾康刻本

由上可見，聊城刻書比較分散，朱延禧刻書最多。延禧字允修，萬曆二十三年乙未進士，官至吏部尚書，建極殿大學士，贈太保，謚文恭。刻書除以上三種，據杜澤遜師《存目標注》可補充一種：《大學千慮》一卷，明穆孔暉撰，明聊城朱延禧刻本。知朱氏刻書有四種，所刻爲王道和穆孔暉二人著述，皆爲聊城地方文獻。孔暉字伯潛，堂邑人，弘治十八年乙丑進士，官太常卿，王守仁的學生，是陽明心學在山東的第一個傳播者。《［宣統］聊城縣志》末附《耆獻文徵》有《朱延禧刻小學書後》："余伏巖中，日夜望作人訛，立奏隆平，乃二書俱無佳刻，而小學尤甚，取陳侍御注本，正其訛誤，删其繁蕪，捐貲刊成……崇正（按：崇禎）九年仲秋日聊城遯齋老人書。"知崇禎間朱延禧刻過小學書。

另據崔巍老師《博》下－100，趙維新的《感述録》六卷、《續録》四卷在明代有萬曆四十三年郡伯石梁岳先生東昌刻本，有萬曆四十六年畢佐周序："甲寅冬，余來茌，則素衷尚健飯。余即以俗吏窘簿書，未能侍講席。然觀其行事與其言論風旨，宛如見弘山先生也。越明年，素衷歿，遺稿囑余謀梓之，而郡伯石梁岳先生乃刻之東昌。”

杜信孚還著録有《霏雪録》二卷,明劉績撰,明弘治元年平山衛人張文昭刻本。平山衛亦在聊城,當爲聊城刻本。

（四）堂邑刻書

據杜信孚統計,明代的堂邑刻書有兩種：

旗峰詩集十卷	（明）林春澤撰	明嘉靖堂邑縣常序刻本
疏草四卷	（明）張鳳翔撰	明天啓三年堂邑縣張鳳翔刻本

現據《善目》補三種：

①《大學千慮》一卷,明穆孔暉撰,明嘉靖堂邑穆孔暉刻本。

②《樂經集注》二卷,明張鳳翔撰,明末刻本。

③《疏草》七卷,明張鳳翔撰,明天啓刻本。

後二種雖未標明爲張鳳翔刻本,但此時張鳳翔在世,應爲自刻本。另據鳳翔七世孫張應魁重刻《樂經集注》跋,稱族人藏張鳳翔舊板有七八種之多,則證其自刻無疑。另《善目》有《李郡疏草》一卷、《典劇疏草》一卷、《撫畿疏草》四卷（與《疏草》七卷分列兩條）,明張鳳翔撰,明天啓三年自刻本。杜信孚所收《疏草》四卷應爲《撫畿疏草》四卷。這樣,明代的堂邑刻書當在五種以上。

（五）博平刻書

明代博平刻書,杜信孚統計有一種：

選詩三卷詩補一卷	（明）顧大猷輯	明萬曆二十八年博平縣劉大文刻本

（六）茌平刻書

杜信孚著録明代茌平刻書有一種：

張弘山集四卷	（明）張後覺撰	明萬曆茌平縣張尚淳刻本

張後覺的《弘山集》在明代有兩刻,一是萬曆二十七年張尚淳刻本,杜澤遜師《存目標注》3619 條：九行十九字,白口,左右雙邊,

題"茌平張後覺著，吴橋范景文、光山畢佐周編，聊城朱延禧、梁廷楫、堂邑張鳳翔校，孫男張尚淳、曾孫張明俊、張明傑、張明俁、張明璽録"。前有萬曆二年茌平門生孟秋序，萬曆二十七年張尚淳《重刻語録叙言》。末有萬曆十六年門人孟秋跋；二是畢佐周萬曆四十六年刻《茌邑三先生合刻》本。有萬曆四十六年畢佐周序："顧其書與教言、文集各自行矣。余謀之郡伯，請合刻。"

（七）莘縣刻書

明代莘縣刻書，杜信孚書無記載，但據孫肇興所撰《四書删補約説》孫鋌重刻識，稱肇興宗程朱爲的，參以衆論，著有《四書約説》。晚年念《約説》尚多辭費，復於已及者斟酌之，以節其繁，未及者增釋之，以充其義，提綱挈領，辭簡意賅，命名《删補》，板藏諸家。原刻本有三種：《四書約説》《四書批點》《四書題説》，孫鋌的伯父和父親出力最多。可知，孫鋌重刻之前，孫肇興及其子刻有《四書約説》《四書批點》《四書題説》三種，《續修四庫全書》164 册收《四書約説》六卷、《四書題説》二卷，作明崇禎刻朱墨套印本，當爲家刻。書中所有序言，皆未言刻書事，有孫肇興撰《四書約説弁言》，題"崇禎六年癸酉暮春有莘孫肇興謹識"，又有孫肇興撰《題説小引》，署"崇禎癸酉孟夏一日孫肇興漫書"。《四書約説》《四書題説》大概即孫鋌所言的家刻三種本之二。

三、登州府家刻

明代登州府有屬州一：寧海州。縣八：蓬萊、黄縣、福山、棲霞、招遠、萊陽、文登、海陽。

（一）蓬萊刻書

蓬萊在明代的家刻書僅知有戚繼光一人，但成果豐富。

戚繼光（1528—1588），字元敬，號南塘，晚號孟諸，登州人。明代著名抗倭將領、軍事家。率軍之日於浙、閩、粤沿海諸地抗擊來犯倭寇，歷十餘年，大小八十餘戰，終於掃平倭寇之患，被譽爲民族英雄。著有《紀效新書》《練兵實紀》《止止堂集》等。

國家圖書館藏戚繼光所刻《大佛頂如來密因修證了議諸菩薩萬行首楞嚴經會解》十卷、《維摩詰所説經註》六卷。據李際寧先生幫助查核,在兩部書的單數卷端,有"明特進光禄大夫少保兼太子太保中軍都督府左都督總理薊昌保定三鎮兼鎮守薊州/永平山海等處前鎮守福浙惠潮郴桂南贛伸威營總兵官定遠東牟戚繼光校刊"兩行文字。而《維摩詰所説經註》封面有書簽(藺色,四周雙邊),題:"禪家六籍(按:大字),維摩注經/注解伍(按:小字雙行)。"李際寧先生在給筆者的回信中説:"我頗懷疑當時戚繼光可能校勘刻印了與禪宗有關的六部典籍。如果不錯,那麽,戚繼光就是刻了六部佛經,而這是哪六部,似乎學術界還没有人寫過文字。"據"伍"字知,《維摩詰所説經註》爲其中的第五種。

據《善目》,上海圖書館藏有《楞伽阿跋多羅寶經》四卷,又據山東師範大學圖書館藏書,戚繼光還刻有《金剛般若波羅蜜經集解》四卷。看來,戚繼光對佛經書確實很關注,極有可能如李際寧先生所言,刻過六部,而目前已知有四部。

戚繼光參與刊刻的最大的一部書是《文苑英華》。《文苑英華》一千卷,宋李昉等輯,明隆慶元年胡維新、戚繼光刻本。

此書是宋代四大類書之一,有宋嘉泰元年至四年周必大刻本,第二個版本即胡維新、戚繼光刻本。

此書有官刻性質。明代有不少書,是由某一地方官發起倡議,同僚、同年、地方士紳都出資相助,然後委請一個刻印鋪製作成書。這一類書,是官府和私家合作的産物,最後以發起其事的主持官員署名,不以官衙署名,但書版往往保存在官衙。這種書一般作爲官刻統計。此書隆慶元年由福建的官員們捐俸刻印。主持者是福建巡撫胡維新和總兵戚繼光。書有隆慶元年胡維新序:"率先捐廪奠費,則督撫公之首文也。剗謬證疑,銓次補逸,則藩臬諸君之協襄也。鳩工厲程,繕書校刻,大將軍孟諸戚公及福州太守胡君帛、泉州太守萬君慶之奏勞也。不數閲月,《苑文》刻成,孟諸公命副軍金科告余竣事,並請序之。"可知此書係胡維新和戚繼光發動官員"捐廩奠費"刻成,戚繼光是刻書的實際操辦者。有銜名:"巡撫福建地方兼督軍務都察院右僉督御史涂澤民,巡撫福建監察御史胡維新,巡撫福建監察御史王宗載,鎮守福浙地方總兵官中軍都督府署都督同知戚繼光,福建承宣布政使司左布政使陳大賓,左布政使劉光濟,右布政使劉佃,左參政楊準,右參政周賢宣,左參議陳一松,右參議黄希憲。"此書各書目均作"胡維新、戚繼光刻本",以私刻視之。

(二)黄縣刻書

明代的黄縣刻書,杜信孚統計有四種:

唐詩紀事八十一卷	(宋)計有功撰	明嘉靖二十四年黄縣張子立刻本
醫説十卷	(宋)張杲撰	明嘉靖三十二年黄縣張子立刻本
五鵲别集二卷	(明)盧寧撰	明嘉靖黄縣劉珙刻本
字學全書三十二卷	(明)王三聘撰	明嘉靖四十三年黄縣王三聘刻本

張子立,字元禮,嘉靖五年進士,官至延綏巡撫。《唐詩紀事》有明嘉靖二十四年張子立序:"宋計有功《唐詩紀事》八十一卷,嘉定間王慶長氏校刻時,已稱傳疑。版刻湮没,士大夫家傳抄,屬之胥吏,運毫睨視,後先襲謬,舛字斷句,歲積寖遠,益不可讀。矧簡帙繁重,憚於校理,即校鮮能卒業,以故疑者猶昔。"此本與明嘉靖二十四年洪楩清平山堂刻本共同成爲此書現存的最早刻本。

(三)萊陽刻書

明代萊陽刻書,杜信孚統計有三種:

唐陸宣公集二十二卷	(唐)陸贄撰	明弘治十五年萊陽縣于鳳階刻本
皇明疏鈔七卷	(明)孫旬輯	明萬曆十一年萊陽縣孫旬刻本
盧隱集六卷郎潛集六卷	(明)高出撰	明萬曆四十五年萊陽縣高出刻本

高出另有《鏡山庵集》二十五卷，明天啓高若騈等刻本，應爲家刻。明代的萊陽刻書還有明崇禎四年萊陽左懋第韓城刻《崇檢書》，金陵刻自撰詩文全集等。

(四)文登刻書

明代文登刻書，杜信孚統計有三種：

叢豐山奏議略六卷	(明)叢蘭撰	明嘉靖二十九年文登縣叢磐刻本
諸史將略十六卷	(明)劉畿編	明萬曆四十二年文登縣劉必紹刻本
皇明七山人詩集七卷	(明)劉必紹輯	明天啓五年文登縣劉必紹刻本

叢蘭、林洙、宋廷訓、劉必紹四人被稱爲文登明代四君子。蘭以經濟顯，洙以清節著，宋、劉服習理學，身體力行。

(五)海陽刻書

明代海陽刻書，杜信孚統計有兩種，皆爲孫平仲所刻：

南華真經旁注五卷	(明)方虛名撰	明萬曆二十二年海陽縣孫平仲刻本
漢雋十卷	(宋)林鉞輯	明萬曆二十六年海陽縣孫平仲刻本

四、萊州府家刻

萊州府有屬州一：膠州。縣六：掖縣、平度、濰縣、昌邑、高密、即墨。

明代的萊州府除昌邑一縣無家刻記載外，其餘五縣一州皆有刻書。

(一)膠州刻書

《山東通志·藝文志》著録膠州明代著述四十六種，刊刻者寥寥，杜信孚統計有三種，皆爲趙慎修刻本。《善目》著録慎修刻本有四種。慎修，字敬思，一字清廓，趙完璧子。嘉靖四十四年進士，官至河南按察副使。萬曆十九年總纂《膠州志》。

趙慎修刻書如下：

四書摘訓二十卷	(明)丘橓輯	明萬曆五年膠州趙慎修刻本
海壑吟稿七卷文稿五卷	(明)趙完璧撰	明萬曆十年膠州趙慎修刻本
唐詩合選十五卷	(元)楊士弘(明)高棅、趙完璧輯	明萬曆十一年膠州趙慎修刻本
滸東山房批選廬陵曾氏十八史略八卷	(元)曾先之輯	明萬曆十二年膠州趙慎修刻本

以上據《善目》補,杜信孚書缺《四書摘訓》一種。

(二)掖縣刻書

掖縣刻書始於金,前已有述。明代的掖縣刻書,杜信孚統計有十一種:

少湖先生文集七卷	(明)徐階撰	明嘉靖三十二年掖縣宿應麟刻本
皇明名臣言行録前集十二卷後集十二卷續集八卷	(明)徐咸輯	明嘉靖三十九年掖縣侯東萊刻本
節孝先生文集三十卷語録一卷事實一卷	(宋)徐積撰	明嘉靖四十四年掖縣劉祐刻本
西隱文稿十卷附録一卷	(元)宋訥撰	明萬曆六年掖縣劉師魯刻本
王忠文公集二十四卷	(明)王禕撰	明萬曆掖縣劉師魯刻本
駱丞文集十卷	(唐)駱賓王撰	明萬曆八年掖縣原一魁刻本
兩京遺編十二種六十五卷	(明)胡維新編	明萬曆十一年掖縣原一魁刻本

（續表）

文章正論十五卷緒論五卷	（明）劉祐輯	明萬曆十九年掖縣徐圖刻本
行人司書目不分卷	（明）徐圖編	明萬曆三十年掖縣徐圖刻本
古文雋十六卷	（明）趙燿輯	明崇禎元年掖縣趙胤昌刻本
韻略匯通二卷	（明）蘭茂撰	明崇禎十五年掖縣畢拱辰刻本

侯東萊，嘉靖二十九年進士。

徐圖（約1533—？），字君猷，又字明宇。萬曆十一年進士，歷官武進知縣、行人司正、户部郎中等。所刻《行人司書目》是行人司藏書目録。

行人司，明代從事對外工作的機構。該司有慣例，出使還朝者必從四方購書若干種帶回，藏行人司，積久而成爲官署藏書最豐富者。在徐圖之前，黄怡堂編有《行人司書目》。萬曆三十年，徐氏在行人司正任上，鑒於《行人司書目》所載之書大半烏有，且新書久積甚豐，無目録，不便檢閲，故重新編刻司内藏書目録。徐圖《自叙》："惟行人索莫長安邸中……圖籍不備，真一大闕事也。於是署中著爲令，凡乘使車，事竣報命，無不購書數種爲公贄，贄即留署中，蓋歷幾時幾何人，異書畢集，儼然鄴架。"該目分類不依四部，而自行創新，分典、經、史、子、文、雜六部，六部之内再設二十二類。共收書一千四百餘部。每目僅著録書名、册數，無著者、卷數、版本、解題，極爲簡略。然目中罕秘不傳之本往往而有。此書，僅見《絳雲樓書目》著録，博聞如黄蕘圃、顧千里皆未得見。此書對研究明代官府藏書頗有助益。①

畢拱辰，字星伯，號湖目，萬曆四十四年丙辰進士，官山西分巡

①此條多據趙傳仁、鮑延毅、葛增福：《中國書名釋義大辭典》，山東友誼出版社2007年版，第425～426頁。

冀寧僉事,殉節。所刻《韻略匯通》,八行,字不一,白口,四周雙邊。前有崇禎十五年畢拱辰序:“因壽梓,而弁數語如左。”卷端下題:“東萊宿度舊梓,同郡畢拱辰更定。”知此書在畢拱辰刻之前,宿度已有刊刻。宿度,掖縣人,嘉靖三十八年進士,官至山西右參政。

(三)平度刻書

明代的平度刻書,杜信孚統計有四種:

杜工部五七言律詩二十卷	(元)虞集(明)趙汸注(明)穆相輯	明嘉靖七年平度州崔廷槐刻本
新刊招擬指南七卷新刊比部招擬五卷	(明)龔大器輯	明萬曆平度縣官賢刻本
筆山崔先生文集十卷	(明)崔涯撰	明萬曆三十六年太平縣其子崔廷健刻本
銓叙管子成書十五卷	(明)梅士亨撰附録一卷	明天啓五年平度縣賈毓祥刻本

崔涯係直隸太平縣人,其子崔廷健刻書不應歸在山東。故已知明代平度刻書爲三種。

(四)濰縣刻書

明代濰縣刻書,杜信孚著録有三種:

新刻月林丘先生家傳禮記摘訓十卷		明萬曆三年濰縣劉應節刻本
答問草一卷	(明)郭尚友輯	明萬曆四十五年濰縣郭尚友刻本
知漳罪略九卷又刻一卷	(明)張爾忠撰	明崇禎元年濰縣張爾忠刻本

(五)高密刻書

杜信孚一書無高密刻書記載。目前所知,高密張福臻,字惕生,號澹如,萬曆四十一年癸丑進士,官至兵部尚書。撰有《聖諭講解録》一卷,有明天啓二年刻藍印本,應爲自刻本。另有高密李昆,字承裕,弘治三年庚戌進士,官至兵部侍郎,有《東岡小稿》五卷,明嘉靖刻本,現存山東省圖書館。

(六)即墨刻書

據《山東通志·藝文志》,即墨明代著述達九十二種,刊刻成書者並不多,杜信孚統計有九種:

雲峰胡先生文集十四卷	(元)胡炳文撰 (明)胡用先、胡濬輯	明弘治二年即墨縣藍章刻本
八陣合變圖説一卷	(明)藍章、龍正撰	明正德十一年即墨縣藍章刻本
諸葛孔明心書一卷 八陣合變圖説一卷	(明)藍章編	明嘉靖四十一年即墨縣單棻刻本
藍侍御集十卷	(明)藍田撰	明萬曆十五年即墨縣藍思紹刻本
類編草堂詩餘三卷	(明)顧從敬編 (明)胡桂芳重輯	明萬曆三十五年即墨縣黄作霖刻本
古今書刻二卷	(明)周弘祖輯	明萬曆三十六年即墨縣黄嘉善刻本
律吕正聲六十卷	(明)王邦直撰	明萬曆三十六年即墨縣黄嘉善刻本
道德經集義二卷	(明)周如砥輯	明崇禎九年即墨縣周爆、周熠刻本
周季平先生青藜館集四卷	(明)周如砥撰	明崇禎十二年即墨縣周爆刻本

王邦直撰《律吕正聲》六十卷,《山東通志·藝文志》引王士禛《池北偶談》:"萬曆甲午詔修國史,翰林周如砥上其書史館,其外孫黄御史宗昌序刻之。"認爲是黄宗昌所刻。周如砥撰《周季平先生青藜館集》四卷,山東博物館及《善目》均作崇禎十五年刻本。

《古今書刻》成書於隆萬之際,黄嘉善是萬曆五年進士,此書當刻於萬曆年間,故黄本應爲《古今書刻》的較早版本。九行字不一,白口,四周雙邊。無序跋。卷端下題:"古黄周弘祖輯録,即墨黄嘉善校梓。"

目前所知即墨刻書還有兩種,一種是周如砥撰《周季平先生文集》三十二卷,明天啓刻本,當爲自刻。一種是黄宗昌撰《恒山遊草》一卷,黄宗昌的十世孫黄象冕家藏,卷首有虞山錢謙益、鄴下孫珍、上谷潘芹序暨宗昌自序。後附《和韻詩》一卷,内有高宏圖、邱石常之作,其子黄坦的和詩亦載卷末。應爲家刻本。

由上可知,即墨十一種明刻本,藍氏刻三種,黄氏刻四種,周氏刻三種,即墨的三大家族幾乎囊括了現存所有的明代即墨刻書。

五、青州府家刻

明代青州府有屬州一:莒州。縣十三:益都、臨淄、博興、高苑、樂安、壽光、昌樂、臨朐、安邱、諸城、蒙陰、沂水、日照。

(一)益都刻書

益都明代刻書,周弘祖《古今書刻》統計有三種,杜信孚《全明分省分縣刻書考》統計有八種,現存最早的爲正德五年刻本:

會稽志二十卷	(宋)沈作賓、施宿纂修 續集八卷(宋)張淏纂修	明正德五年益都縣石存禮刻本
爾雅注三卷	(晉)郭璞撰	明嘉靖四年益都縣黄卿刻本

（續表）

王襄毅公集二十卷	（明）王邦瑞撰	明隆慶五年益都縣温如春刻本
房海客侍御疏三卷	（明）房可壯撰	明天啓二年益都縣房可壯刻本
宋祠部集六卷	（明）宋延年撰	明萬曆三年益都縣宋伯華刻本
周易程傳九卷略例一卷	（宋）程頤撰	明萬曆十六年益都縣朱鴻謨刻本
練兵實紀九卷雜集六卷	（明）戚繼光撰	明萬曆二十五年益都縣邢玠刻本
敬修先生集十卷	（元）劉因撰	明萬曆三十六年益都縣蔣如苹刻本

另有《宋祠部集》四卷，在萬曆刻本前就有隆慶六年益都宋氏家塾刻本。朱鴻謨，字文甫，隆慶五年進士，除了刻有《周易程傳》九卷、《略例》一卷，還於萬曆十六年與陳文燭等刻《五經旁訓》十九卷，這是此書現存的第一個版本。邢玠刻《練兵實紀》九卷、《雜集》六卷亦爲該書的第一個版本。另據《善目》，蔣如苹還刻有《楊忠愍公集》三卷。《山東通志・藝文志》著録如苹萬曆三十六年刻自撰《豳風槼》一卷。

（二）博興刻書

明代博興刻書僅知有一種：《元城語録》三卷，宋馬永卿撰，明嘉靖博興縣顧鐸刻本。顧鐸，字孔振，明正德十二年進士。《元城語録》刻本較多，顧鐸本並不稀見，但對於博興來説，此書可謂是明代博興刻書的代表，尤其是在清代無刻書記載的情況下，明清兩代僅此一種，極爲珍稀。

(三)樂安刻書

據杜信孚《全明分省分縣刻書考》,樂安明代刻書有兩種:宋王黼撰《博古圖録》三十卷,明嘉靖七年樂安縣蔣暘刻本;元熊忠撰《古今韻會舉要》三十卷,明嘉靖十五年樂安縣李舜臣刻本。《至大重修博古圖録》除了元刻本,現存的第二個刻本即蔣暘本了。李舜臣與秦鉞合刻的《古今韻會舉要》,通文字之源流,明經傳之假借,釐正字體,是一部重要的韻書。

(四)壽光刻書

明代的壽光刻書,杜信孚統計有六種:

古直先生文集十六卷附一卷	(明)劉玡撰	明嘉靖三年壽光縣劉銃刻本
墨池編二十卷	(宋)朱長文輯(明)薛晨校注　續編三卷(明)李茴輯(明)薛晨校注	明隆慶二年壽光縣李茴永和堂刻本
白沙先生詩教解十五卷	(明)湛若水注	明隆慶六年壽光縣麗澤書院海岱李茴刻本
人物志注三卷	(魏)劉劭撰(北魏)劉昞注	明萬曆二年壽光縣李茴永和堂刻本
學約古文三卷	(明)岳倫輯	明萬曆壽光縣李時漸刻本
三臺文獻録二十三卷	(明)李時漸輯	明萬曆壽光縣李時漸刻本

(五)臨朐刻書

明代臨朐刻書,杜信孚統計有十種:

陂門山人集八卷	(明)馮惟健撰	明嘉靖三十五年臨朐縣馮惟訥刻本
漢魏詩紀二十卷	(明)馮惟訥輯	明嘉靖三十八年臨朐縣馮惟訥刻本

（續表）

山堂詞稿不分卷	（明）馮惟敏撰	明嘉靖四十五年臨朐縣馮惟敏刻本
馬學士文集八卷	（明）馬愉撰	明隆慶臨朐縣遲鳳翔刻本
馮光禄詩集十卷	（明）馮惟訥撰	明萬曆十四年臨朐縣馮琦刻本
淡然軒集八卷	（明）余繼登撰	明萬曆三十一年臨朐縣馮琦刻本
太行集一卷	（明）馮惟重撰 （明）康丕揚選	明萬曆臨朐縣馮琦刻本
經濟類編一百卷	（明）馮琦撰	明萬曆臨朐縣馮琦刻本
詩紀前集十卷正集一百三十卷外集四卷别集十二卷	（明）馮惟訥輯	明萬曆臨朐縣馮珣刻本
雲黄詩集三十二卷文集六十八卷	（明）傅國撰	明崇禎十三年臨朐縣傅國刻本

以上十種中，有八種是馮氏所刻，可知馮氏在明代臨朐刻書史上的地位。

據《善目》，馮惟訥在正德十六年還刻有《楚辭》八卷，卷端題："北海馮惟訥校刊。"八行十六字，白口，左右雙邊。無序跋。但據張秉國《馮氏五先生綜譜簡編》①，此年馮惟訥纔九歲，不可能刻書，姑存此説。明隆慶二年馮惟訥與栗永禄刻有明王崇古撰《公餘漫稿》五卷。以上，馮惟訥共刻書四種。

刻書最著者爲馮惟重之孫馮琦。上表中《太行集》一卷係明萬曆中馮琦刻《五大夫集》本，另有四種爲：《方伯集》一卷，明馮裕撰；《陂門集》一卷，明馮惟健撰；《石門集》一卷，明馮惟敏撰；《光

①張秉國：《馮氏五先生綜譜簡編》，載《聊城大學學報》2004 年第 2 期。

禄集》一卷,明馮惟訥撰。九行十九字,白口,四周單邊,有刻工。首有萬曆二十四年丙申康丕揚《刻四馮先生詩集序》。

馮氏刻書的特點非常明顯,主要刊刻的是詩文著述。馮琦所刻馮惟訥《詩紀》,上薄古初,下迄陳隋,共一百五十六卷,是一部重要的詩歌總集。

(六)安邱刻書

明代的安邱刻書,杜信孚統計有三種:

青陽先生文集六卷	(元)余闕撰 (明)郭子章輯	明正德八年安邱縣張文錦刻本
困學纂言六卷	(明)李栻撰	明萬曆二年安邱縣馬文煒刻本
毛詩傳箋七卷	(漢)毛萇傳(漢)鄭玄箋	明萬曆安邱縣馬應龍刻本

以上三種,未包括安邱的兩大家族,即曹氏和張氏。曹氏刻書始自明代,據民國續修《安邱曹氏族譜》記載,曹一麟,字伯禎,號瑞嚴,嘉靖三十五年丙辰進士,其《目涉手鈔》和《省愆堂集》有刻本,但版已不存。曹一鳳,字伯儀,號翔宇,一麟弟,嘉靖十四年乙未進士,有《兩京及家居詩文稿》,版不存。曹應聲,曹一豸子,一麟、一鳳從子,有《訓兒小説》,據《安丘新志》卷十九《藝文考》載:"張緒倫代刻,版存張氏家塾。"張緒倫,安邱人,張貞叔父。乾隆年間,應聲族人曹賡重刻此書。

由上可知,明代的安邱刻書至少有七種。

(七)諸城刻書

明代的諸城刻書很少,杜信孚統計僅有兩種:

司牧安驥集八卷		明萬曆二十一年諸城縣張世則刻本
普門醫品四十八卷	(明)王化真撰	明崇禎九年諸城縣王化真刻本

實際上,丁耀亢在崇禎時就刻書兩種:崇禎刻《問天亭放言》,崇禎七年刻《天史》十卷。丁耀亢刻書主要在清代,故在清前期的

青州府刻書一併詳述。

(八)沂水刻書

明代的沂水刻書,杜信孚統計僅一種:《梅花集咏》一卷,明楊光溥撰,明萬曆其子楊東野刻本。

(九)日照刻書

日照明代刻書,杜信孚統計有兩種,皆爲嘉靖時所刻:

醫閭先生集九卷	(明)賀欽撰	明嘉靖日照縣齊宗道刻本
日記故事二卷	(題)歷耕老農編	明嘉靖日照縣申安刻本

六、兖州府家刻

明代兖州府轄四州二十三縣,有刻書記載者三州十五縣,總刻書量不多,比較分散。

(一)濟寧州刻書

明代的濟寧刻書,杜信孚統計有五種:

松陵集十卷	(唐)皮日休、陸龜蒙撰	明弘治十五年濟寧州劉澤刻本
屏山集二十卷	(宋)劉子翬撰	明正德七年濟寧州劉澤刻本
靳兩城先生集二十卷	(明)靳學顔撰	明萬曆十三年濟寧州王湘刻本
弗告堂集二十六卷	(明)于若瀛撰	明萬曆三十一年濟寧縣于若瀛刻本
金石韻府五卷	(明)朱雲篆	明崇禎濟寧州徐標刻本

劉澤,弘治十二年進士。

(二)東平州刻書

明代的東平州刻書,杜信孚統計僅一種:

少泉詩集四卷	(明)王格撰	明嘉靖十八年東平州李文芝刻本

東平州屬縣東阿在明代刻書有八種:

海嶽山房存稿詩五卷文集十五卷别稿五卷	(明)郭造卿撰 (明)于慎行輯	明萬曆東阿縣郭應寵刻本
海嶽山房存稿詩五卷文集十五卷别稿五卷	(明)郭造卿撰 (明)于慎行輯	明萬曆東阿縣于慎行刻本
穀城山館詩選二十卷	(明)于慎行撰	明萬曆東阿縣于慎行刻本
冊川先生集六卷	(明)于玭撰	明萬曆二十六年東阿縣其子于慎行刻本
龐眉生集十六卷	(明)于慎思撰	明萬曆二十七年東阿縣于慎行刻本
讀史漫録十四卷	(明)于慎行撰	明萬曆三十七年東阿縣郭應寵刻本
讀史漫録十四卷	(明)于慎行撰	明萬曆三十七年東阿縣于緯刻本
穀山筆麈十八卷	(明)于慎行撰	明天啓五年東阿縣于緯刻本

由上可知,于慎行刻書最多,有爲父親刻的,有爲兄弟刻的,還有爲他人刻的。其萬曆三十二年自刻《穀城山館詩集》二十卷,題:“東阿于慎行著,門人臨邑邢侗、門人秋浦楊日森仝校。”九行十八字,白口,四周單邊。前有葉向高序云:“謝病歸,優悠林壑者羸十稔……僅以其所爲詩如干卷梓之吴會間。屬余以滿考道阿城,謁先生於家,先生出以示余,使序焉。”又邢侗序云:“先生時年正六十,……比以一編馳示小子侗,曰‘此余平生所爲韻語也,子其爲我校之紀之。’”杜澤遜師《存目標注》5454 條著録。考此書付梓於萬曆三十二年甲辰。

杜澤遜師《存目標注》還著録《穀城山館詩集》二十卷、《文集》四十二卷,明萬曆三十五年周時泰南京刻本,總名《穀城山館全集》。《詩集》題:“東阿于慎行著,門人邢侗校,門人郭應寵編。”《文集》題:“東阿于慎行著,北海董可威校,門人郭應寵編。”九行二十字,白口,四周單邊。前有葉向高全集序云:“此《于文定公集》也。歲甲辰,余過穀城,公出其所梓詩,命余序之。余謂公文何不以傳。公曰力不任梓耳。余至白門,以告太學生周時泰。時泰請任斯役。公乃裒其生平所著作,删定釐次。蓋又更兩歲而始寄余,時丁未初夏也。未幾,而余與公同被綸扉之命,同入都。而公有末疾臥邸中,不旬日逝矣。逝之日,時泰適告成事,以公事來,並其詩合刻之。公猶反覆繙閲,刊訛摘謬,仍以一帙示余。余讀未數行,忽報公目已瞑也。”

《穀城山館文集》四十二卷,明萬曆于緯刻本。國家圖書館藏本題:“東阿于慎行著,門人郭應寵編,北海董可威、都門李本緯、天中李時馥校,男于緯重梓。”九行十八字,白口,四周單邊。版心有刻工:仲、世、春、正、信、史、宋、君、吴、焦、劉、進等。

由上可知,《穀城山館詩集》以萬曆三十二年于氏自刻本爲初刻,至三十五年周時泰重刻於金陵。《文集》則萬曆三十五年周時泰金陵刻本爲初刻,其後慎行之子于緯重刻之。

于緯還刻其父書兩種,即《穀山筆麈》和《讀史漫録》。《讀史漫録》版本年代應爲萬曆四十二年,杜澤遜師《存目標注》2615 條有辯證。杜澤遜師《存目標注》3593 條著録《穀山筆麈》十八卷,明于慎行撰,明萬曆四十一年于緯刻本。題:“明東阿穀山于慎行著,門人福唐郭應寵編次,男于緯校梓。”九行十八字,白口,四周單邊。前有馮琦序,目録後有萬曆四十一年門人郭應寵序。又有明萬曆四十一年于緯刻清康熙十六年重修本,有康熙十六年宋文英修版跋。明天啓五年于緯刻本,書名卷數同前本。八行十八字,白口,四周單邊。卷端題:“明東阿穀山于慎行著,門人福唐郭應寵編次,男于緯校梓。”有天啓五年郭應寵序,文字與萬曆四十一年郭應寵序同,唯改作序之年而已。此本行款與萬曆本不同,開版稍大,長宋字亦較稍圓轉方正之萬曆本稍大。則《穀山筆麈》一書,于緯即刻有兩次,一次爲萬曆四十一年,一次爲天啓五年。

另,郭應寵爲慎行門人,係福建人,杜信孚將其歸爲山東東阿人。

(三)曹州刻書

明代的曹州刻書,杜信孚統計有兩種:

韻略易通不分卷	(明)蘭茂輯	明萬曆三十七年曹州吴允中刻本
瑞芝山房集十四卷	(明)鮑應鰲撰	明崇禎三年曹州何應瑞、賈大儒刻本

(四)曲阜刻書

曲阜明代私家刻書,杜信孚統計有四種:

全唐詩話三卷	(宋)尤袤撰	明正德十二年曲阜縣鮑繼文刻本
行軍須知二卷		明嘉靖元年曲阜縣孟鳳刻本
闕里誌十五卷	(明)陳鎬輯 (明)孔弘静續增	明嘉靖三十一年曲阜縣孔承業刻本
新刊性理集要八卷	(明)詹淮輯	明嘉靖四十年曲阜縣李廷海刻本

孔承業所刻當爲官刻。

曲阜的明代刻書還可補如下八種:

顔氏家訓七卷	(隋)顔之推撰	明萬曆二年曲阜顔懋乾刻本
顔氏家訓七卷	(隋)顔之推撰	明萬曆三年曲阜顔嗣慎刻本

（續表）

顔氏家訓七卷	（隋）顔之推撰	明萬曆六年曲阜顔忠邦刻本
顔魯公集十五卷補遺一卷年譜一卷附録一卷	（唐）顔真卿撰	明萬曆曲阜顔欲章刻顔氏傳書本
顔魯公集十五卷補遺一卷年譜一卷附録一卷（《顔魯公文集》二十卷）	（唐）顔真卿撰	明萬曆十四年曲阜顔胤祚刻本
闕里誌十二卷	（明）孔貞叢撰	明萬曆三十七年曲阜孔氏刻本
東野誌二卷	（明）吕化舜原輯 （明）東野武舊訂 （清）孔衍治增輯 （清）東野沛然續訂 （清）顧龍標校正 （清）東野枝盛增鐫 東野興燁參訂	明崇禎元年刻清康熙元年黏本盛康熙二十五年陳良謨雍正間修補本
在魯齋文集五卷	（明）孔貞時撰 （明）孔尚豫等編	明崇禎四年曲阜孔尚豫刻本

（五）其他各縣刻書

滋陽縣	左粹類纂十二卷	（明）施仁輯	明萬曆滋陽縣蔣希孔刻本
寧陽縣	對山集十九卷制策一卷	（明）康海撰 （明）張治道編	明嘉靖三十四年寧陽縣吴孟祺刻本
	吕氏春秋訓解三十六卷	（秦）吕不韋撰 （漢）高誘注	明萬曆七年寧陽縣張登雲刻本

（續表）

滕縣	醫壘元戎十二卷	（元）王好古撰	明嘉靖四十一年滕縣魏尚純刻本
	記纂淵海一百卷	（宋）潘自牧撰（明）陳文燧補遺	明萬曆七年滕縣王嘉賓刻本
	何文定公集十一卷	（明）何瑭撰	明萬曆八年滕縣張中鴻刻本
	名義考十二卷	（明）周祁撰	明萬曆十二年滕縣黄中色刻本
	淮南鴻烈傳二十八卷	（漢）劉安撰（漢）高誘注（明）劉績補注	明隆慶元年滕縣王元賓刻本
	事物考八卷	（明）王三聘輯	明隆慶三年滕縣王嘉賓刻本
	汪師訓詞存稿九卷	（明）黄嘉賓撰	明萬曆刻本
嶧縣	皇明兩朝疏抄二十卷	（明）賈三近輯	明萬曆十四年嶧縣賈三近刻本
汶上縣	修身餘録一卷保生心鑒一卷養生導引法一卷		明正德八年汶上縣王杲刻本
	王文成公全書三十八卷	（明）王守仁撰	明隆慶汶上縣郭朝賓刻本
	徑山志十四卷	（宋）奎光撰	明天啓四年汶上縣李燁然刻本
	華山經一卷	（明）東蔭商撰並注	明崇禎七年汶上縣李燁然刻本

（續表）

壽張縣	石川集十卷	（明）殷雲霄撰	明嘉靖二十八年壽張縣張先存刻本
郯城縣	三事忠告三卷	（元）張養浩輯	明宣德郯城縣李驥刻本
	爾雅注三卷	（晉）郭璞撰	明嘉靖四年郯城縣張景華、黄卿刻本
單縣	秦襄毅公年譜一卷	（明）秦紘撰	明嘉靖十七年單縣秦學書刻本
	增補武林舊事八卷	（宋）周密撰 （明）朱廷焕補	明崇禎十年單縣朱廷焕刻本
鄆城縣	侯中子亦咏草四卷亦咏又草二卷	（明）侯正鵠撰	明萬曆三十八年鄆城縣侯提封刻本
曹縣	藍亞中文集十八卷	（明）藍近任撰	明崇禎八年曹縣藍近任紫芝館刻本
定陶縣	靈棋經一卷	（題晉）顔幼明撰（宋）何承天（元）陳師凱（明）劉基注解	明正德十五年定陶縣喬遷刻本
	豫章黄先生文集三十卷	（宋）黄庭堅撰 伐檀集二卷 （宋）黄庶撰 山谷先生年譜三十卷（宋）黄罃撰	明嘉靖六年定陶縣喬遷刻本

（續表）

金鄉縣	殿諍録六卷	（明）周永春撰	明萬曆四十一年金鄉縣周永春刻本
	兵機秘纂十三卷	（明）周永春撰	明萬曆四十七年金鄉縣周永春刻本
魚臺縣	念庵羅先生集十三卷	（明）羅洪先撰	明嘉靖四十三年魚臺縣甄津刻本

汶上、壽張、鄆城三縣清代均無刻書記載，但在明代卻有刻書，如汶上縣刻書四種，數量並不少。清代刻書少大概與著述較少有關，《山東通志·藝文志》未載壽張著述。可見，著述數量對刻書數量有直接影響。鄆城明代著述有二十餘種，清代有三十餘種，可清代無一刊刻，個中原因，可能與進士的數量有關，鄆城在明代有四名進士，而清代衹有兩名，其他貢生較多，舉人也較少，出仕品階的高低，對刻書不無影響。

滕縣明代著述三十三種，刻者不多，而滕縣人刻外地人及明以前人著述不少。清代滕縣著述一百零三種，刊刻者不足十種，比明代要遜色得多。

第四節　明代坊刻

據洪友生《晚清時期山東的刊刻出版業》①一文，明朝，在濟南、聊城、濰坊等地區已經有了商辦刻坊。聊城的好友堂是明中葉開業的，這是一家資本微薄、規模較小的刻坊，主要刻印《三字經》《百家姓》《千字文》等啓蒙讀物以及其他通俗讀物。聊城的聚錦

①洪友生：《晚清時期山東的刊刻出版業》，載《山東出版志資料》第八輯，1989 年版。

堂也是明朝開業的,明末刻過馮惟訥輯的《古詩紀》。

第五節　明代藩府刻書①

山東明代刻書最具特色的要屬藩府刻書。周弘祖《古今書刻》著録德府刻書六種,魯府刻書四種。實際上德府和魯府刻書遠不止此。明代山東的藩府,除德府、魯府外,尚有漢王府、衡王府、高唐王府、新樂王府。這些王府有着得天獨厚的條件,封王時例有賜書,每多宋元善本,1970 年山東鄒縣魯王朱檀墓出土了六種元刻本,就是很好的例證。藩王府有着雄厚的財力,既有善本可資翻雕,府内又設有長史、紀善、伴讀、教授等官職,其中頗多明經通儒,刻書時由屬官悉心校勘。因此藩刻本既多且精,向爲藏書家、校勘家所重視。

據杜信孚《全明分省分縣刻書考》和張秀民先生《中國印刷史》中《明代藩府印書表》,可知山東各藩府刻書大體情況。

一、德藩刻書

明天順元年,封朱見潾(1448—1517)爲德王,駐德州。明成化三年,朱見潾在濟南城區最繁華的地段——濟南公張榮府邸舊址上修建德王府,亦稱"德藩故宫",爲明代濟南城中最大的建築群。

目前所知德藩刻書有四種:

①《前漢書》一百卷,漢班固撰,明德藩最樂軒刻本。十行二十一字,白口,左右雙邊,有刻工。版心上刻"德藩最樂軒"。

②《五經》,明德藩刻本。據《古今書刻》。

③《朱子綱目》,明德藩刻本。據《古今書刻》。

④《藥師本願功德寶卷》一卷、《佛説三十五佛名經》一卷,明嘉

①此節多據王紹曾先生《山東藏書家概述(代序)》。

靖二十二年德妃張氏刻本。半開五行十五字，上下雙邊，有彩圖。

二、衡藩刻書

衡藩在青州。朱祐楎是明憲宗第七子，愛好讀書，精於書法，喜吟詩詞，亦善繪畫。著有詩文若干，名曰《歲寒齋稿》。成化二十三年被封爲衡王，弘治十二年朱祐楎就藩青州，嘉靖十七年薨逝。

衡藩刻書十三種，僅《洪武正韻》就刻了四次之多：

五經白文二十三卷	明嘉靖十九年衡藩刻本
洪武正韻十六卷	明嘉靖二十七年衡藩刻藍印本
事親述見十二卷	明嘉靖四十一年衡藩刻本
洪武正韻十六卷	明隆慶元年衡藩刻本
攝生衆妙方十一卷急救良方三卷	明隆慶二年衡藩刻本
攝生衆妙方十一卷急救良方二卷	明隆慶三年衡府刻本
攝生衆妙方十一卷急救良方二卷附元敖氏傷寒金鏡録一卷	明隆慶三年衡府刻本
四書集注十九卷	明隆慶四年衡府刻本
清時樂事二卷	明隆慶五年衡藩刻本
洪武正韻十六卷	明隆慶六年衡藩厚德堂刻本
洪武正韻十六卷	明萬曆十一年衡藩刻本
衡藩重刻胥臺先生集二十卷	明萬曆十二年衡藩刻本
便於蒐檢四卷	明衡藩刻本

三、魯藩刻書

魯藩在兖州。朱檀是明太祖朱元璋的第十子。洪武十八年，十五歲的朱檀到兖州就藩，但十九歲就去世，謚爲“荒王”。魯藩一系共傳九世十三王，其中追封王二位。

魯藩刻書十六種：

張先生校正楊寶學易傳二十卷	明嘉靖二十三年魯藩敏學書院刻本
誠齋易傳二十卷	明嘉靖二十三年魯府朱當㴐刻本
金精直指一卷	明嘉靖三十八年朱觀熰刻本
抱朴子内篇二十卷別旨一卷外篇五十卷	明嘉靖四十年魯府刻本
翰林古文鈔八卷	明嘉靖四十一年魯藩刻本
抱朴子内篇二十卷外篇五十卷	明嘉靖四十四年魯藩承訓書院刻本
海嶽靈秀集二十二卷	明隆慶三年魯藩承訓書院刻本
文心雕龍十卷	明隆慶三年魯藩三畏堂刻本
書法大成八卷	明萬曆四十三年魯肅王朱壽鏞、朱壽鋑刻本
魯府秘方四卷	明萬曆二十二年魯王朱壽鏳刻本
西遊記	（具體刊刻年代不詳）
蓬萊圖	（具體刊刻年代不詳）
群書鉤玄十二卷	（具體刊刻年代不詳）
薩天錫詩	（具體刊刻年代不詳）
魯藩望洋詩稿	（具體刊刻年代不詳）
龔廷賢禁方	（具體刊刻年代不詳）

安徽圖書館有《翰林古文鈔》八卷，卷端題：“東魯嶧峰任瀛類選，魯藩禮□觀校刊。”有魯藩序，署“大明嘉靖壬戌中秋魯藩”。次《翰林古文叙》，署“東魯嶧峰任瀛登之甫識”。任瀛，兖州人，嘉靖十四年進士。

四、漢王府刻書

漢王府在樂安州。朱高煦（1385—1426），明成祖第二子，洪武二十八年受封高陽郡王。成祖繼位後，於永樂二年進封漢王，十五年就藩樂安州。朱高煦存謀逆之心久，幾欲奪位，最後被朱瞻基燒死。

漢王府刻書衹一種:《擬古感興詩》一卷。

五、新樂王府刻書

新樂王府在青州。刻書三種:

綺合繡揚集	明嘉靖三十六年後刻本
琴譜瑟譜一卷	明嘉靖四十年朱載璽刻本
鱸□雅唱一卷	(具體刊刻年代不詳)

六、高唐王府刻書

明代先後分封過兩支高唐王，一爲德王系，一爲衡王系。德王系有朱見潾、朱祐榕、朱厚烘。衡王系有朱厚煐、朱載堺、朱翊鑲、朱常澤。

目前所知高唐王刻書一種:《陽春白雪》，宋趙聞禮輯，明嘉靖間高唐王朱厚煐刻本。

第六節　清以前山東刻書的特色及歷史地位

一、清以前山東刻書的特色

五代之初，青州印賣《王公判事》，説明山東是較早開始有雕版印刷的地方。

山東刻書雖然起步早，但成果不多，宋元刻本明確記載刻於山東地區者寥寥，宋代劉家功夫針鋪印刷的商標是我國發現的最早的商標，也是山東宋代流傳下來的唯一印刷實物。

山東的金刻本有一定數量，但多數是道書，且大都未見流傳。濱都道人王一興所刻的《棲霞長春子丘神仙磻溪集》三卷，在現存的金刻本中，可謂魯殿靈光。

宋神宗元豐八年，孔子四十六代孫孔宗翰曾纂修《家譜》並刊行，此爲孔氏有譜之始。正大四年，闕里孔氏曾刻過孔元措《孔氏祖庭廣記》十二卷，可惜原本早佚。蒙古乃馬真后元年闕里孔氏又據以重雕，刀法凝重蒼勁，字畫精美，爲蒙古時期雕版印刷的上乘之作。此足證金元之際，山東的雕版藝術具有極高的水準。

蒙古太宗九年，丘氏門徒萊州掖城道士披雲真人宋德方主持刊刻《玄都寶藏》。此書刻於平陽，並非刻於山東，爲山東人外地刻書較早的例證。

元大德八年，東平丁思敬南豐州刻宋曾鞏《元豐類稿》。這一刻本在曾鞏《元豐類稿》的版本系統中有着非常重要的位置，明清刻本大多以此本爲祖本。此書寫刻俱極古雅，版式寬大，字畫精整，爲元刻上乘。

明以前的山東刻書精品屈指可數，在刊刻數量上也無法與成都、浙江、福建三大刻書中心相比，即使與安徽、江西等地相較，差距也很大。江西在宋代就刻有 181 種書①，宋元時期安徽地區刻書有 150 種。陳堅、馬文大撰輯的《宋元版刻圖釋》②收宋版書影 660 餘種，遼、西夏、金版書影 55 種，元版書影 370 餘種，而所收山東刻書書影僅 3 種，即《孔氏祖庭廣記》《元豐類稿》《雲笈七籤》(《玄都寶藏》本)。就現存數量來説，山東明以前的刻書大體與陝西相當。

雖然山東自古就不是刻書中心，但經過明代的發展，山東刻書已上了一個臺階，呈現出以下特點：

(一)刻書數量大幅增加

據周弘祖《古今書刻》統計，山東明代共刻書 51 種，其中，山

①杜信孚、漆身起：《江西歷代刻書》，江西人民出版社 1994 年版。

②陳堅、馬文大：《宋元版刻圖釋》，學苑出版社 2000 年版。

東布政司 20 種，山東按察司 6 種，濟南府 1 種，東昌府 6 種，兗州府 4 種，登州府 2 種，青州府 3 種，遼東 3 種，德府 6 種，魯府 4 種。但據杜信孚的《全明分省分縣刻書考》統計，有刻書者 185 人，刻書 261 種。山東布政司僅有 7 種，其中《黄帝内經靈樞》應與《素問入式運氣論奥》《黄帝内經素問遺編》合一種，實爲 6 種。山東按察司也僅有 1 種。

據筆者不完全統計，山東明代官刻 52 種，其中巡撫刻書 8 種，布政司 11 種，按察司 4 種（按：以上三方刻書有交叉，如《重修政和經史證類備用本草》係在巡撫授意下，由布政司或按察司刊刻，今在統計時分别計算），清吏司 1 種，鹽運司 2 種，運河道濟寧分司 1 種，孔府 5 種，濟南知府 2 種，章邱縣 1 種，泰安縣 1 種，曲阜 3 種，鄒縣 4 種，曹縣公署 2 種，南旺公署 1 種，青州府 5 種，登州府 1 種。

明代家刻共 364 種：濟南府 168 種，其中濱州 4 種，德州 8 種，德平 19 種，平原 2 種，泰安 4 種，武定州 4 種，陽信 1 種，海豐 7 種，樂陵 2 種，歷城 17 種，章邱 11 種，鄒平 7 種，淄川 24 種，長山 3 種，長清 2 種，新城 35 種，濟陽 2 種，臨邑 7 種，陵縣 7 種，青城 2 種；東昌府 35 種，其中臨清州 2 種，高唐 1 種，武城 5 種，聊城 13 種，平山衛 1 種，堂邑 7 種，博平 1 種，茌平 2 種，莘縣 3 種；登州府 20 種，其中蓬萊 5 種，黄縣 4 種，萊陽 6 種，文登 3 種，海陽 2 種；萊州府 37 種，其中膠州 4 種，掖縣 12 種，平度 3 種，濰縣 5 種，高密 2 種，即墨 11 種；青州府 50 種，其中益都 13 種，博興 1 種，樂安 2 種，壽光 7 種，臨朐 13 種，安邱 7 種，諸城 4 種，沂水 1 種，日照 2 種；兗州府 54 種，其中濟寧州 5 種，東平州 1 種，東阿 8 種，曹州 2 種，曲阜 11 種，滋陽 1 種，寧陽 2 種，滕縣 7 種，嶧縣 1 種，汶上 4 種，壽張 1 種，郯城 2 種，單縣 2 種，鄆城 1 種，曹縣 1 種，定陶 2 種，金鄉 2 種，魚臺 1 種。

明代坊刻僅 2 家。

以上是依現存的部分書目所做的統計，實際總數量應大大高於此數，因爲還有大量的私家刻書未統計在内，這可以從清代刊刻的明以前人的詩文集中找到線索。

（二）刻書發展不平衡

由上述數據可知，濟南府刻書最多，兖州府次之，青州府居第三，刻書最少的是登州府，僅20種。

分布不均衡的原因，首先是與各府所轄州縣數量差别較大有關。濟南府最大，轄四州十五縣，在歷史上是地域最廣的時期。兖州府所轄州縣亦與濟南府相當，衹是每縣刻書數量少，比較分散。登州府僅轄七縣一州，刻書者僅四地。二是社會的安定與否直接影響着文化的發展。明初，山東沿海是倭寇活動的重災區。洪武至永樂年間，倭寇騷擾山東沿海不下百次，其中較大的有一二十次之多。最大的一次是永樂六年，倭寇聚集萬人夜襲成山轉而襲擊寧海。此種狀况直到戚繼光抗倭後纔有好轉，但明末的孔有德叛亂又在登萊沿海發生，使得這一地區的人民頻遭驚擾。而山東的其他内陸地區，則相對較爲安定。三是文化底藴的差異。濟南府文化興盛，先後有"前七子"之一的邊貢，"後七子"之一的李攀龍，成爲詩壇重鎮。兖州府有曲阜和鄒縣，不論是官刻還是家刻，不論是社會安定還是動蕩，聖賢之鄉的崇儒之風罔替不輟。

（三）刻書内容官私各有側重

官刻共52種，去除重複，有46種。史部最多，有22種，以孔、孟、顔三氏志爲主，其中三刻《闕里誌》，《孟志》也有三次刊刻。可見，不論是省級官衙還是地方官署，均以刊刻聖人志爲重點。子部15種，内容衹有三項，即醫家、儒家、農家，其中《重修政和經史證類備用本草》五次刊刻，《農書》《讀書録》均有兩次刊刻。集部6種，其中邊貢集2種。經部最少，僅3種。

家刻共364種，集部最多，有179種，其中明别集126種，刊刻前代文人集18種,總集23種,詩歌評論6種。子部次之,有79種,以儒家類和醫家類爲主。史部68種,奏疏最多,有22種,傳記次之,有15種。經部35種,以小學書爲主。叢部1種。另有2種僅據書名無法分類。

由上可見,官刻重史書,家刻重集部。

(四)後期刻書爲主體

明代出版事業,可分爲前、中、後三個時期,各個時期有明顯的特點。明前期,大約自洪武至正德,經濟好轉,社會穩定,思想文化的統治比較寬容,圖書出版事業得到正常發展。明中期,大約是嘉靖、隆慶間,國勢由盛轉衰。到了後期,即萬曆、天啓、崇禎三朝,雖然國力衰頽,但圖書出版事業卻沿着自身發展的規律邁進,向着近世化的方向發展。這個趨勢,在明末更加顯著。

山東官刻46種中,成化2種,弘治1種,嘉靖19種,萬曆15種,天啓3種,崇禎6種。這樣,前期刻書3種,中期刻書19種,後期刻書24種。可見以後期爲多。

家刻364種中,宣德1種,成化4種,弘治6種,正德11種,嘉靖74種,隆慶18種,萬曆174種,天啓22種,崇禎54種。前期22種,中期92種,後期250種。後期刻書數量占整個明代刻書的三分之二强。

(五)刻書名家各有特色

章邱李開先刻書8種,所刻傳奇、散曲等曲類書較有特色,這與其愛好有關,亦與其豐富的藏書密不可分。

目前所知淄川畢氏家刻17種,畢自寅刻1種,畢自嚴刻16種,居明代山東刻書前列。畢自嚴所刻大多爲奏議。

新城王氏刻書最多,有31種:王之垣2種,王象乾8種,王象春2種,王象晉14種,王象明2種,王與胤3種。其中,王象晉刻書最多。其《二如亭群芳譜》《王氏族譜》以及張綖《詩餘圖譜》三卷、《附録》二卷,均委託毛晉汲古閣代刻,較有特色。清代王士禛承其餘緒,亦有請宋犖代刻之舉。

臨朐馮氏兩代刻書,以馮惟訥、馮琦所刻爲最多,内容多爲自家著述,以詩文爲主。

其他如臨邑邢侗、邢慈静兄妹以刻帖著稱,陵縣康丕揚以刻集部書爲主,東阿于緯以重刻其父于慎行著述爲主等,均各有特色。

(六)刻書名品多

明代山東刻書頗多精品,具有文獻價值的有:

王象晉《群芳譜》是一部重要的著述,清康熙帝在此書基礎上命汪灝重編成《廣群芳譜》一百卷。

謝榛在"後七子"中,是唯一提出較完備的論詩主張的人,故由其本人刊刻的《詩家直説》,在明代詩歌理論的建樹上有着重要地位。

徐圖所刻《行人司書目》是行人司藏書目録,對研究明代官府藏書頗有助益。

具有版本價值的有:

明弘治十年張鼐刻宋蔡正孫輯《精選古今名賢叢話詩林廣記前集》十卷、《後集》十卷,係除元刻本外此書現存的第二個版本。

薛來芙蓉泉書屋刻《韓詩外傳》,與元本相合,在通津本之上,具有重要的版本價值和校勘價值。

黄嘉善所刻《古今書刻》是此書的較早版本。

具有藝術價值的有:

明萬曆三十九年馬維驥刻《蔡中郎集》十卷、《外傳》一卷,雖爲蔡邕集衆多版本之一,但刊刻精良,傳世極少,具有重要的文物價值。

金城所刻《易占經緯》四卷刻印極精,非麻沙本可比。

明代山東刻書的精品還可從各種圖録中窺見一斑。

《中國版刻圖録》①所收山東明代刻書有一種：隆慶元年胡維新、戚繼光刻《文苑英華》。收入《明代版刻圖釋》②的有：安邱張文錦正德八年所刻《青陽先生文集》（第 156 頁）；弘治元年平山衛張文昭刻本《霏雪録》二卷（第 117 頁）；嘉靖四十四年青州知府四明杜思刻《徐幹中論》二卷（第 309 頁）；嘉靖四十五年李開先刻《張小山小令》（第 313 頁）；嘉靖三十二年鄒縣刻《三遷志》（第 351 頁）；隆慶元年胡維新、戚繼光刻《文苑英華》（第 405 頁）。

（七）藩府刻書有特色

明代的藩府刻書頗具特色。分封於山東的藩王共有 6 處。魯藩刻書最多，有 16 種。衡藩次之，13 種。德藩 4 種，新樂王府 3 種，漢王府 1 種，高唐王府 1 種。

以上共 38 種，但並不代表山東藩府刻書的全部。新樂王府刻的《綺合繡揚集》，很可能是一部綜合性叢書，也可能是一部卷帙浩繁的詩文彙刻本，網羅了宗藩著作數十種，足見其刻書規模之大。

杜信孚《全明分省分縣刻書考》僅收駐山東藩府三個，刻書 7 種：魯藩 2 種，德藩 1 種，衡藩 4 種。此數遠低於實際刻書數量。杜書收其他藩府刻書數量如下：遼藩 7 種，秦藩 4 種，晉府 6 種，周藩 10 種，寧藩 4 種，吉府 8 種，蜀藩 9 種，伊藩 3 種，沈藩 6 種，唐藩 7 種，代府 3 種，趙府 15 種，襄藩 1 種，崇府 3 種，益藩 12 種，潞藩 4 種，楚府 11 種，靖江王府 2 種，淮府 2 種，榮府 2 種，岷府 1 種。

山東藩府刻書的內容，一是翻刻古籍或當代著作，如《四書集注》《五經白文》《洪武正韻》《胥臺先生集》有衡府刻本；《誠齋易傳》《楊寶學易傳》《西遊記》《抱朴子》《薩天錫詩》《文心雕龍》有魯府刻本；《朱子綱目》《漢書》《五經》有德府刻本。二是自刊或子孫、臣

①北京圖書館：《中國版刻圖録》，文物出版社 1961 年版。
②周心慧：《明代版刻圖釋》，學苑出版社 2001 年版。

僚刊印藩王著作，如朱觀熰的《海嶽靈秀集》、朱健根的《魯藩望洋詩稿》，有魯府刻本；朱高煦的《擬古感興詩》有漢王府刻本；朱祐櫋的《便於蒐檢》有衡府刻本；朱厚煐手書篆文的宋趙聞禮輯《陽春白雪》有高唐王府刻本。三是編刻醫書良方，濟世利民，如魯府醫正劉應泰奉命編《魯府秘方》，因龔廷賢爲魯王妃治病，魯府爲刻《龔廷賢禁方》；張時徹《攝生衆妙方》《急救良方》，嘉靖、隆慶刊印兩次，隆慶本由良醫馬崇儒重加校正，可見其認真不苟。

值得注意的是，不但藩王刻書，王妃亦刻書。如德王妃張氏與五公主梓行的《藥師本願功德寶卷》，首有彩繪圖，爲現存最早的寶卷之一。

在山東藩府刻書中，有四種書尤爲藏書家所推重。一爲《張先生校正楊寶學易傳》二十卷，嘉靖二十三年魯藩敏學書院刻本，前有嘉靖二十三年甲辰秋八月既望魯國望洋子當丏序，蓋即朱當丏所刻。此書實爲翻宋本。江陰繆荃孫《藝風堂藏書記》、江安傅增湘《藏園群書經眼録》均有著録。繆氏稱此本“較嘉靖間尹氏療鶴亭本爲佳”。傅氏則稱其“刊印極精”。二爲晉葛洪《抱朴子》七十卷，嘉靖四十四年魯府承訓書院刻本。此本錢塘丁氏《善本書室藏書志》、獨山莫氏《宋元舊本書經眼録》、吴縣潘氏、顧氏《明代版刻圖録》、臺灣《“國立中央圖書館”善本書目》、江安傅氏《藏園群書經眼録》均有著録。九行二十字，版式陰陽葉各爲方框，四周雙邊，版心刻“抱朴子内篇卷一”，以墨框界之，下方亦一小墨框，記數字及刻工名，在明版中版式極爲罕見。前有嘉靖四十四年乙丑歲仲秋朔大明六代孫魯藩務本健根序，稱“是編之膾炙者衆矣，顧所傳抄舛譌，乃與兒輩手校壽梓，以與同志者共之”。蓋即奉國將軍朱健根手自校刊之書。陽湖孫氏平津館曾據以翻刻，《四部叢刊》據以影印。三爲《漢書》一百卷，嘉靖間德藩最樂軒刻本。此本長沙葉氏《郎園藏書志》、獨山莫氏《宋元舊本書經眼録》、臺灣《"國立中央圖書館"善本書目》均有著録。刻工中李澤、李受、張敖等均爲蘇州地區良工,曾爲徐熥刻《唐文粹》,爲王延喆刻《史記》。所用紙墨,多選上料,印刷裝備,極爲考究,大字寬本,藍綾包背裝,近似内府本,人稱明刻之最精者。四爲篆文《陽春白雪》,嘉靖間高唐王府刻本。此書爲高唐王朱厚煐手書篆文上版。未見各家著録。鄭振鐸在杭州石渠閣得殘本二册,詫爲罕見,其《嘉靖本篆文陽春白雪跋》云:"按明刻詞集最少,《陽春白雪》在朱彝尊編《詞綜》時已不可得,以篆文寫之詩餘,尤爲絶無僅有,雖殘本亦足珍也。"朱厚煐素工篆書,《陽春白雪》即其手書。厚煐藏書,多録秘本,易代後散落市肆,紙墨精好,裝潢工緻,王士禛曾先後得岳珂《玉楮集》,吕東萊《左氏傳説》,皆衡府高唐王家抄本。王氏康熙四年乙巳歸自揚州,至青州,與張貞觀書市中,又得劉貢父《春秋權衡》《意林》二書,皆高唐王府中物。然則高唐王府不僅版刻精雅,抄本亦紙墨俱佳,流傳絶少,極爲珍秘。

綜觀山東明代藩刻,大抵盛於嘉靖、隆慶,至萬曆猶相沿不替,其刻書規模雖不如蜀府、寧府、弋陽王府,亦足與遼府、鄭府、徽府相頡頏。更爲重要的是,藩府刻書一定程度上帶動了當地刻書的發展。明代青州府治益都縣,刻書有十一種,而衡王朱祐楎刻書則有十四種,比益都一縣刻書還要多。朱祐楎愛好讀書,精於書法,喜吟詩詞,亦善繪畫。自成化二十三年被封爲衡王,弘治十二年就藩青州後,至嘉靖十七年薨逝,近四十年期間,僅《洪武正韻》就刻了四次之多。藩府刻書之盛,不能不對當地刻書有所推動。萬曆二十三年,山東巡撫鄭汝璧令布政司、按察司刊刻《五經旁訓》時,居歷城的德府長史司長史孫枝華參與了校刊工作,可見,藩府刻書對當地刻書業的發展是有助益的。

二、清以前山東刻書的歷史地位

明代山東刻書開啓了官、私、坊三大刻書系統,爲清代的全面發展開辟了道路。同時,將山東刻書推向了全國的第二梯隊,奠定了清代刻書發展的基礎。

明代對於山東來説,是一個刻書新興時期。因爲元代實行民族歧視政策,對公私刻書進行了嚴格審查,造成元代刻書業反而遠遜於宋代。私人刻書需由當地士紳呈請學使,再呈中央學部批准方能刻印,故元代家刻、坊刻較少,幾乎是官刻一統天下。山東刻書不多,亦未見有私家和坊刻書。與前代相比,山東明代出版物不僅在數量上大增,且出版機構出現了一些新的特點:一是省、府、州、縣出版機構異彩紛呈;二是私刻數量大爲增加;三是藩王府從事出版活動。儘管山東坊刻在明代纔剛剛起步,但畢竟聊勝於無。

在官刻方面,官書編纂的取向是皇朝秩序的鞏固、意識形態的確立、典章制度的制訂。所以,上層的號召是各地官府刻書的動力,如翻刻經書、倡修《賦役全書》等。在這點上,明代爲清代打開了局面。明代有地方官府翻刻内府書的先例,且爲了防止重要圖書在翻刻過程中發生錯誤,政府還頒布圖書樣本。洪武時頒布過《大誥》的大字樣本,命各地照樣翻刻。嘉靖十一年福建提刑按察使發出牒文,召集書坊主到衙門,頒發經書的"欽定官本",要求坊主照樣翻刻,具結保證不得違反。在建本《禮記集説》《春秋四傳》序目後,全文印了這篇牒文。葉德輝《書林清話》卷七"明時官刻書衹准翻刻不准另刻"曰:"世傳閩中刻《五經四書》,首有提刑按察司牒建寧府云:'……拘各刻書匠户到官,每給一部,嚴督務要照式翻刊。'"①明代山東翻刻内府書的情況尚未做考察,陳鳳梧的《新刊儀禮注疏》大約可視爲翻刻之一種。翻刻前朝書籍,也是明代官刻的一項重要内容,宋代由政府頒布刊刻的《重修政和經史證類備用本草》是一個很好的例證。山東多位巡撫令布政司或按

①葉德輝:《書林清話》,上海古籍出版社 2008 年版,第 135 頁。

察司翻刻此書,使得此書的出版幾成山東的專利。清代沿其例,翻刻殿版書成爲官刻的重要内容之一。

明代山東的家刻書中有不少是山東人在外地爲官時所刻,如淄川畢自嚴刻書幾乎全部是在外地刻成,臨朐馮惟訥刻《陂門山人集》《漢魏詩紀》皆在陜西刻成,《公餘漫稿》在江西左布政使任上刻成。馮惟敏的《山堂詞稿》亦係在鎮江府學刻成。馮琦刻書多在京師刊刻。明代山東人在外地刻書最有名的當爲登州府戚繼光在福建所刻千卷大書《文苑英華》,而其所刻佛經書亦當在外地完成。可見,明代山東的家刻書真正在山東刻成的不多,這種情況在清代有所改善。隨着大量著述的産生,山東本土的刻書大幅增加,如果没有明代的基礎,没有明代對外地刻書經驗的輸入和交流,清代也很難出現大發展的局面。

繆咏禾先生在《中國出版通史・明代卷》①一書中統計,明代從中央到地方,各級政府的官刻機構僅占百分之十五左右,私刻和坊刻占百分之八十以上。這是全國的概貌,但對山東來説,坊刻書僅處於起步階段,根本無法與南京等地相比。根據杜信孚《全明分省分縣刻書考》一書的著録,在今江蘇省境内,明代共有坊肆416家,刻書1050餘種。所刻内容主要有類書、戲劇、醫藥、各種史書、别集、經類、總集等。杜書爲江蘇專門設有書林卷。根據《福建古代刻書》②的著録,在今福建省境内,明代共有余、熊、葉、鄭等十幾個姓氏的251家書坊。杜信孚書中亦列浙江書坊101家,而山東與山西、河南、陜西、廣西、貴州、雲南諸省都没有書坊刻書的記載。雖無記載,但不能説没有,衹是從一個方面説明山東的坊刻業並不發達。

①繆咏禾:《中國出版通史・明代卷》,中國書籍出版社2008年版,第9頁。
②謝水順、李珽:《福建古代刻書》,福建人民出版社1997年版。

言明代的山東刻書已居全國第二梯隊,是基於各種統計數字。

杜信孚《全明分省分縣刻書考》一書著録“刊者”5400 家,其中私刻 4374 家。著録山東刻書者 185 人,刻書 261 種,而實際上山東明代家刻要多得多,僅目前已知就達 364 種。

杜書著録的北京官刻包括内府、國子監、都察院、欽天監、太醫院、兵部、司禮監,刻書 200 種。國子監所刻主要爲史書,欽天監所刻主要爲大統曆。因是國家級刻書機構,故無可比性。河北官刻(府署、縣署)2 種。山西 11 種,其中省級 6 種(布政司 4 種),各地官刻 5 種。陝西 10 種,其中布政司 5 種,各地官刻 5 種。江蘇官刻 85 種,有一些國家級官衙,如内府、欽天監、吏部、禮部、工部、應天府、南京太常寺、都察院、國子監、尚寶司等。國子監刻史書是主體。河南僅布政司 4 種。福建共 17 種,其中布政司 3 種,按察司 2 種,督糧道 1 種,各地官刻 9 種,府學儒學 2 種。浙江共 8 種,其中布政司 5 種,按察司 2 種,兩浙都轉鹽運司 1 種。安徽官刻(含縣學府學儒學)共 17 種。江西有 21 種,其中布政司 6 種,按察司 2 種,學宫、儒學 4 種,各地官刻 9 種。湖北 8 種,其中布政司 3 種,湖廣官書 2 種,各地官刻 2 種,府學 1 種。廣東有 5 種,其中布政司 1 種,軍政掌印署 1 種,府學儒學 2 種,各地 1 種。廣西官刻僅 1 種。四川有 4 種,其中布政司 2 種,各地官刻 2 種。雲南有廣西府江兵巡道刻書 1 種。貴州無官刻記載。

因杜信孚統計山東明代官刻不足 10 種,而實際卻有 46 種之多,故杜信孚的統計數字要比實際數量低。如僅以上述數據比對,北京、江蘇最多,江西、福建、安徽次之,在 15 種至 20 種左右。山西、山東、浙江、陝西、湖北大體相當。如以現知的山東明代官刻 46 種與各省比較,則山東名列全國第三,是除去兩京之外官刻書最多的地方。

由上可見,山東明代刻書已不是宋元時期的寥若晨星,而是逐漸拉近與刻書中心的距離,這爲清代的進一步發展打下了良好的基礎。

山東明代刻書亦有其不足之處,如書院刻書極少。據杜信孚統計,陝西關中書院1種,弘道書院3種,西亭書院4種;山西書院刻書5種;江蘇書院六處,刻書6種。河南三個書院有刻書。安徽書院1種。江西書院3種,湖南書院3種,廣東書院5種。據李偉《山東書院史話》①一書,山東在元代有書院24處,明代又增37處。60餘處書院,在明代刻書中卻無刻書記載。

明代的山東宗教機構刻書亦無記載,與其他地區相比,差距較大。如北京寺院道觀4家有刻書,河北寺廟刻1種,山西寺廟刻3種,江西寺廟刻1種,陝西耀州真人洞刻書1種,江蘇寺院六座,刻書7種,比較豐富。山東金元時期全真教盛行,刻書很多,是山東刻書的一個亮點。明代山東有著名寺院約40座,但無一有刻書記載。

以上明代山東刻書的兩個不足,在清代均有改善,如濼源書院、任城書院、士鄉書院、尚志書院均有刻書,寺廟、道觀、教堂等宗教機構刻書亦很豐富。

①李偉:《山東書院史話》,山東文藝出版社2004年版。

第二章　清前期(順治至乾隆)山東刻書

第一節　清前期山東刻書概述

清朝建立以後,在政治軍事上實行了許多實現統一和鞏固政權的政策,經濟上採取了一系列恢復和發展生產的措施,出現了康乾盛世。與此同時,爲了加强同漢族的融合,拉攏漢族知識分子,清朝統治者又特設博學鴻詞科,鼓勵士子們參與政治,學術上提倡程朱理學,規範明清鼎革時期的意識形態。政治的安定、經濟的繁榮、學術的發展,爲刻書業的興盛提供了有利的社會環境、堅實的物質基礎和良好的文化氛圍。

一、清前期的社會經濟狀況

以康熙二十年爲界,順治至乾隆間的歷史可大體分爲兩個階段,前一階段主要是統一,後一階段主要是發展。

順治帝是清代入關後的第一代皇帝。從順治元年到七年,國家政權實際操控在皇叔父多爾衮手裏。多爾衮攝政七年間,清廷在以武力統一全國的過程中,發兵追剿李自成、張獻忠的農民起義軍和南明抗清勢力,推行剃髮易服、圈地等民族高壓政策,民族矛盾一直在激化中。

對山東,多爾衮先是"招撫",之後是籠絡漢族地主階級。但對於山東各地的武裝反抗,則直接"進剿",於是,引發了山東人民的抗清鬥争，如趙應元領導的青州起義；張廣領導的農民軍自濰縣轉戰萊州、掖縣等地；在昌樂、壽光等地，則有秦尚行、葛東方領導的數萬農民軍的抗清運動；順治三年至四年，謝遷在淄川起義；膠東最大的反清鬥争莫過於棲霞于七的抗清運動了；而曹州的榆園軍抗擊清軍時間最久，長達 12 年。

由於明末清初幾十年的戰亂，山東經濟遭到極大的破壞，土地荒蕪，人口鋭減，工商業凋弊，社會經濟呈現一片殘破景象。

順治帝即位後，在其母孝莊文皇后的幫助下，採取了停止圈地、放寬逃人法等一系列緩和民族矛盾的措施。在整頓吏治的同時，更注重農業生産，鼓勵墾荒。山東的墾荒亦見成效，濟南、東昌、兖州、青州等府開荒甚多，至順治十八年，山東額賦土田已超過了明代時的最高數額。除了墾荒，順治帝還採取了另一項恢復農業經濟的措施，即蠲免賑濟。據《清世祖實録》中記載，從順治二年至十八年，清政府曾多次下令免除山東全省及部分地區荒地的賦額，還多次免除部分受災州縣的正常賦額，在一定程度上減輕了農民的負擔，對恢復當時殘破的農業經濟，起到了一定的積極作用。

康熙初年，清政府雖然確立了對全國的統治，但是，南方的“三藩”和臺灣的鄭氏作爲不可忽視的割據勢力，仍然威脅着剛剛建立不久的清朝的統治。康熙十二年至二十年，通過八年的戰争，清政府終於平定了三藩。二十二年，又統一了臺灣。之後近四十年，雖然康熙又進行了抵禦外侵、親征朔漠、善治蒙古等軍事行動，但比起二十二年前的這幾場戰争，規模均小得多，所以自康熙二十二年後，清朝進入了平穩發展的時期，史家稱平定三藩之亂後至嘉慶元年川陝楚白蓮教起義爆發這段長達 115 年的時期爲“康乾盛世”。

在全國政治穩定的大氣候下，山東經濟開始全面復甦。首先，在康熙二十九年時，從山東開始，除“丁税”外，無地的佃户，就可以少交一點地租。康熙四十九年，兵科給事中高遐昌奏請，將山東、江南的辦法,推及全國。康熙五十一年,政府下令"滋生人丁,永不加賦",爲後來攤丁入畝奠定了基礎。雍正元年,山東巡撫黄炳提出將丁税攤入田畝的建議,雖未被採納,但引起了清世宗的重視。雍正三年,山東全面推行攤丁入畝。這種地丁合一的政策,廢除了人頭税,按土地的單一標準收税,改變了賦役不均的情況,減輕了農民的負擔,有利於農業生産的發展。

乾隆帝即位後,除了實行減免賦税、招集流亡、開荒的政策外,還在其祖、父的基礎上繼續發展生産,治理黄河、淮河水患,興修水利,推廣高産作物,提高了農作物的産量。

在發展農業經濟的同時,清政府還實行恢復、發展手工業的政策。據《清世祖實録》卷十六,順治二年五月十九日,"免山東章邱、濟陽二縣京班匠價,並令各省俱除匠籍爲民"①。康熙帝將"班匠銀"攤入地畝徵收,手工業工人的生活有了一定的保證。乾隆時期,廢除匠籍。從此,手工業者的人身獲得了自由,地位有了較大提高。

隨着手工業的發展,資本主義萌芽有所增長。商業出現繁榮,商品經濟進一步發展,大小城鎮和農村市場日益增多,農産品商品化。到乾隆時期,北京、漢口、廣州、佛山、杭州、江寧、蘇州、杭州、鎮江、無錫等發展成了繁榮的商城,全國普遍出現了豐裕的景象,社會由凋敝轉向了繁榮。在山東,出現了一批商業城鎮,如向有"南北之間實一大都會"之稱的臨清,在乾隆時期成爲華北地區的重要商業經濟中心;地處運河南部的濟寧,是山東西南地區的商品集散中心;位於濟南府長山縣境内的周村,被稱作"旱碼頭",是山東中部地區的工商經濟中心;位於萊州府境内的濰縣,是溝通山東西部與東部地區經濟聯繫的樞紐。其他如張秋、景芝、顔神等鎮,

①《清實録山東史料選》,齊魯書社1984年版,第8頁。

也相當繁榮。

清前期山東經濟的恢復與清政府對山東的重視有關。自康熙至乾隆年間,皇帝數次南巡,每次經過山東,必考察吏治,處理山東發生的重大政治經濟問題。康熙曾三次下令對山東地丁錢糧“通行蠲免”,對受災地區,不僅免除錢糧,還調撥糧食加以救濟。乾隆十二年,山東大面積水災,波及九十餘縣,清政府發放救濟糧九十餘萬石,銀一百七十萬兩,幫助災民度過難關,穩定了生産。清政府還十分重視農田水利建設,如康熙年間對小清河的治理,乾隆年間對運河的治理,都是由皇帝親自過問,調集數十萬甚至上百萬民工參加的較大工程。

二、清前期的學術文化狀況

從順治到乾隆,在社會歷經統一達到穩定發展的同時,清代學術也經歷了由清初的明達體用到清中葉的精專考據兩個時期。

清初的軍事征服階段,清王朝尚無暇顧及文化學術,學術按其本身的規律發展,即梁啟超所謂“自由之研究精神特盛”①。出現了顧、黄、王、顔幾位大師。作爲明朝遺老,顧炎武、黄宗羲、王夫之等幾位大儒,不喜空談性理,强調篤行實踐,其志在求天下利病。王國維將有清一代的學術分爲國初、乾嘉和道咸以降三個階段:“國初之學大,乾嘉之學精,道咸以降之學新。”所謂“國初之學大”,指的就是以上諸人經史兼治、漢宋兼採、經世務實、爲學磅礴的氣勢。

而“乾嘉之學精”,指的是乾嘉時代漢學興盛,學術研究由博轉精,重視實證,長於考據。研究範圍以經學爲中心,涵蓋史學、文字、音韻、訓詁、歷史、地理、天文、曆算、金石、樂律、校勘、辨僞、目録、輯佚等各個學術領域。此階段的學術派别有吴、皖、揚州、浙東四派,而代表人物則有惠棟、戴震、錢大昕等人。

①梁啟超:《清代學術概論》,江蘇文藝出版社2007年版,第30頁。

關於乾嘉學派的形成原因,其一是康乾盛世經濟上的繁榮和社會的安定,爲乾嘉學派的形成提供了雄厚的物質基礎和寬鬆的治學環境;其二是學術自身發展的歷史傳承性與開拓性;其三是統治者軟硬兼施的文化政策。

所謂“軟”,就是立國之初,爲了争取漢族士人的歸心,清政府不得不重視文化,倡導學術研究。清初大臣范文程説:“治天下在得民心。士爲秀民,士心得,則民心得矣。”①順治帝提出:“今天下漸定,朕將興文教、崇經術,以開太平。”②在“興文教”方面,順治二年,順治帝沿襲明朝的科舉制度,開科取士。康熙帝親政後,提出:“致治之道,首重人才。儲養之源,由於學校。”③推動各地的學校建設。康熙十七年,在原有正科之外,特設博學鴻詞科,吸收學行兼優、文詞卓越的漢族士人。同時還增加“經濟特科”和“孝廉方正科”等科舉科目及録取名額。乾隆元年又舉行“博學鴻儒科”,二十六年舉行“太后萬歲恩科”。這一系列的舉措,均爲使讀書者有出仕之望,泯滅他們的反清意識,故張存仁稱之爲“不勞兵之法”,此語道出了科舉考試的作用。在“崇學術”方面,康熙帝説:“朕以爲孔孟之後,有裨斯文者,朱子之功,最爲弘鉅。”④故把朱熹從孔廟中的聖賢之列提陞到大成殿四配十哲之次,極力推崇程朱理學,以此爲化民之方。並重用一批理學名臣,使士人潛心於程朱理學。雍正帝同樣重視文化建設,多次詔令各州縣修志。乾隆帝更是繼承了其祖、父之志,進行了大規模的圖書收集、整理活動。但在編纂《四庫全書》時,他對全國書籍作了一次大規模的檢查,查禁、銷毁和删改了許多所謂“悖逆”和“違礙”書籍。

①趙爾巽等撰:《清史稿》,中華書局 1977 年版,第 9353 頁。
②《世祖實録》卷九十,《清實録》第三册,中華書局 1985 年版,第 712 頁。
③《聖祖實録》卷四四,《清實録》第四册,中華書局 1985 年版,第 584 頁。
④《聖祖實録》卷二四九,《清實録》第六册,中華書局 1985 年版,第 466 頁。

這是清政府“硬”的一面。同時,大興文字獄,以達到消滅異端、鉗制思想的目的。康熙一朝,文字獄還不多,最大的案件是莊廷鑨的《明史》案和戴名世的《南山集》案。雍正時,統治階級内部矛盾激化,雍正帝就曾静一案作《大義覺迷録》,主張清朝的正統性和“華夷一家”,以期消弭漢人的夷夏之防。乾隆朝,文字獄成了家常便飯,案件比康熙、雍正兩朝合計增加四倍以上。這種在王朝的統治比較穩定之後,對文化思想領域進行嚴密控制的做法,雖不是導致士人們埋首故紙堆的直接原因,但對他們的治學範圍有一定的影響。

山東在全國的氛圍影響下,學術文化有了很大的發展。加之一些政策的傾斜,如雍正三年三月初一日,“增山東省各學取進文童額數”①。同時山東地方官員也很重視山東的文化建設。乾隆六年二月三十日,“山東巡撫朱定元奏明遵旨廣行教化、飭令有司廉訪多士,有不求聲譽、閉户潛修者,酌量獎勸,振興省城書院;並令各州縣多設義學,敦訪名師”②。諸如此類的舉措,對山東的學術文化皆有較大影響。

開一代學術之風的顧炎武,長期活動於山東,結識了大批學者,推動了實學思潮在山東的勃興與傳播。其最爲推崇的,就是濟陽張爾岐。張爾岐雖學守程朱,但不空言義理,其研“禮”的目的,在於匡正明末以來社會禮教的潰蕩與空疏學風的氾濫。故其《儀禮鄭注句讀》最爲精審,顧炎武稱“獨精三禮,卓然經師,吾不如張稷若”。

史學與經學,爲清初經世漢學的兩翼,馬驌與張爾岐相呼應,在史學研究上多有創獲,先後編著《左傳事緯》與《繹史》兩部史學著作。其中《繹史》被顧炎武譽爲“必傳之作”,不僅蒐羅繁富,而且體例獨具匠心。梁啟超在《中國近三百年學術史》中稱:“其體

①《清實録山東史料選》,齊魯書社 1984 年版,第 127 頁。

②《清實録山東史料選》,齊魯書社 1984 年版,第 205 頁。

例之別創,確有足多者,蓋彼稍具文化史雛形,視魏晉以後史家專詳朝廷政令者蓋有間矣。"

乾嘉時期的山東漢學研究①,以經學爲中堅,視小學爲門徑,形成了大批頗具學術價值的考據訓詁研究成果。

經學中,"五經"是學者研治的重點。於《易》,有牛運震的《周易解》,張完臣的《周易滴露集》,董養性的《周易訂疑》《易學啓蒙訂疑》《周易本義原本》,李源的《易經簡明集解》,邱仰文的《碩松堂讀易記》,單鐸的《研經堂周易顯指》《周易釋要》《周易答問》,匡文昱的《讀易拾義便抄》《周易遵翼約編》;於《書》,有閻循觀的《尚書讀記》,畢亨的《古文尚書經傳釋疑》;於《詩》,有閻循觀的《毛詩讀記》,牛運震的《詩志》;於《禮》,有孔廣森的《大戴禮記補注》《禮學卮言》,孔廣林的《周官臆測》《儀禮臆測》,孔繼汾的《劻儀糾謬集》《闕里儀注》,孫自務的《讀禮竊注》;於《春秋》,有孔廣森的《春秋公羊經傳通義》,梁鴻翥的《春秋辨義》,牛運震的《春秋傳》,董養性的《春秋訂疑》,閻循觀的《春秋一得》,單鐸的《研經堂春秋事義合註》,李文淵的《左傳評》,法坤宏的《春秋取義測》。

以上諸家,考注説解,各有發明,向爲學者推崇。在治《禮》與《春秋》上,孔廣森的《禮學卮言》《大戴禮記補注》,以史傳訂補漢唐以來諸家注釋之未及,精奥通博,多出神悟,爲清代"禮學"名家之一。《春秋公羊經傳通義》則據《春秋》經文,力駁何休《公羊》"三科九旨""三世"説,以樸學治《公羊》,雖偏離"公羊"家法,但少主觀臆測的發揮,在"公羊學"中自成一家之論。阮元認爲,讀《通義》"始知聖志之所在"②,爲清代《公羊》諸家中最爲"謹確"之作。

①本文將清代山東刻書分爲三期,前期自順治至乾隆,中期始嘉慶。乾嘉學派跨前、中兩個時期,但作爲學術現象,在前期一併叙述。至於嘉慶時産生的名著,則在中期談及。

②趙爾巽等撰:《清史稿》,中華書局 1977 年版,第 13209 頁。

在文字學方面，桂馥的《説文解字義證》，集四十年心力而成。其宗旨是爲"通經"而訓釋《説文》，故立説審密，不施臆斷。張舜徽先生認爲："清儒致力許學者，不下數十百家，論其功力之深，尊信之篤，吾必推馥爲首最。"

在音韻學方面，則有孔廣森的《詩聲類》。此書在戴震、段玉裁等人的研究基礎上，首次系統地提出了陰陽對轉的概念及對轉説理論，是對古韻學研究的重要貢獻。此理論後經江有誥、章太炎、黄侃等學者的進一步完善發揮，終成不刊之論。

清前期山東在文學方面的成就最大，這當然得益於明中葉以來邊貢、李攀龍、謝榛等前後"七子"推行的詩文革新運動。加之詞曲大家李開先、馮惟敏，山東文學一改宋元時期的沉寂，在全國占據了重要地位。以詩歌爲例，清初的遺民詩雖流傳不廣，但其詩歌所達到的藝術成就，僅以新城徐夜來説，卻可與同邑王士禛相頡頏。康熙詩壇，士禛爲盟主，其"神韻説"影響及於全國，宗尚王氏者，山東籍文人最多，但德州田雯自成一家，益都趙執信亦以現實主義的詩風及理論，與王士禛争鋒。趙執信在《談龍録・二十八條》云："本朝詩人，山左爲盛。先清止公與萊陽宋觀察荔裳琬同時。繼之者，新城王考功西樵士禄及其弟司寇，而安邱曹禮部升六貞吉、諸城李翰林漁村澄中、曲阜顔吏部修來光敏、德州謝刑部方山重輝、田侍郎、馮舍人後先並起。"可見當時山左詩壇的盛況。他們互相唱和，形成了聲勢浩大的山左詩人群體。這不僅擴大了山左詩壇的影響力，而且取代了相對蕭條的江浙詩壇的盟主地位，成爲一股不可忽視的新生力量。劉執玉於乾隆三十二年刻《國朝六家詩鈔》，其中，山東居三家，有康熙早期的"南施北宋"，中期的"南朱北王"，晚期的"南查北趙"，足見山東在全國詩壇上的地位。

乾嘉時期，由高密"三李先生"李懷民、李憲暠、李憲喬所創立的"高密詩派"，爲中國歷史上"寒士詩"的代表性詩派，影響全國。

同時,山東戲曲、小説競相發展。如丁耀亢不僅詩文兼擅,且以小説《續金瓶梅》和傳奇《蚺蛇膽》等名世;蒲松齡《聊齋志異》爲文言短篇小説的集大成者,是古典小説的巔峰之作;傳奇則有孔尚任《桃花扇》,以離合之情,寫一代興亡,愛情與政治的結合達到了古典戲曲的最高水平。它與《長生殿》構成了清代傳奇的兩顆巨星,標志着傳奇劇發展的頂峰。

由上可見,山東清前期的學術文化發展達到了極盛,大量優秀作品的産生,爲這一時期山東刻書提供了豐富的資源,同時,也刺激着刻書業的發展。

三、清前期的山東刻書概況

明代已形成官、私、坊三大刻書系統,清代在此基礎上,繼續發展,並有書院、宗教機構、民間團體等刻書。

(一)官刻

清前期的官刻書首先是爲政治服務,宣揚儒家思想。康熙帝親自撰寫《性理精義》,並詔令李光地編輯《朱子大全》《周易折中》等書籍。還命傅達禮主持將《大學衍義》《春秋》《易經》《孝經》《孔子家語》《勸善要言》等典籍翻譯爲滿文,刊刻、頒發。雍正四年,雍正帝命内府刊刻《大戴禮記注》,五年刊印《欽定書經傳説彙纂》,八年刊印《欽定詩經傳説彙纂》。乾隆帝爲了籠絡漢族士人,表示"稽古右文,崇儒興學"之意,還鼓勵著述、刻書。他網羅大批漢族士人,投入大量的人力物力,大規模地搜集、編纂、注釋、刊刻和出版各類典籍。

清内府刻書主要由武英殿來承擔。有清一代武英殿刻書當在700種以上。武英殿刻書多是精品,如康熙四十九年刊刻的《佩文韻府》《古文淵鑑》《萬壽盛典初集》《御選唐詩》《欽定詞譜》等等,都是殿版中的極品。乾隆時期,是武英殿刻書的輝煌時期,無論是品質還是數量,都前所未有。漢文《大藏經》是一傑作,同時還校勘刊刻了《十三經注疏》《二十一史》《八旗通志初集》《大清一統志》《大清會典》《通志》《通典》《文獻通考》《續文獻通考》等大部頭的書籍。除武英殿刻書,清代内府刻書還包括各部、院、監、司、揚州詩局、蘇州詩局等刻書。尤其是揚州詩局,康熙時在曹寅的主持下,刊刻了著名的《全唐詩》《佩文齋書畫譜》等,嘉慶間又刊刻大部頭的《全唐文》,寫刻精美,稱一時上品。

在山東,清内府亦有一刻書地,即孔府。所刻書爲《幸魯盛典》。據衍聖公孔毓圻上表,知當時刻書地在孔廟,所選之纂修官爲皇帝欽定,陣容强大,完全是官刻風格。事成,康熙四十年,孔毓圻還爲纂修官孫致彌請官。可見,孔府是清内府設在外地的又一刻書處。此書之所以在山東孔府刊刻,不僅因孔府的特殊地位,大概與皇帝、朝廷對山東刻書水平的認可不無關係。

據統計,清代内府刻書大概有1200—1300種,大多刻於康熙至乾隆時期。相比之下,地方官刻則相形見絀,正如張秀民先生所説:"清代地方官署刻書,不及宋、明遠甚。"

一般來講,内府刻書的興盛當促進地方的官刻,但事實上,清代地方官刻除了後期的官書局刻書,在清前期和中期刻書甚少。究其原因,一是内府刻書太完備,地方官刻很難找到刻書的新内容。二是,由於朝廷的極度集權,官員動輒得咎,思想上的高壓政策,加之地方的財政定額遠低於實際需要,六部尚書或地方政府不僅根本没有公共財力用於刻書,而且也没有興趣。所以清代中央六部、地方官衙很少主動刊刻圖書。僅僅康熙、雍正、乾隆初期曾命令各省巡撫和布政使將頒發的御纂欽定經史重刻。對於這些重刻書,特别是御纂欽定經史,各省布政使都盡可能集資刊刻。所謂地方官刻僅此而已。①

①朱賽虹:《中國出版通史·清代卷上》,中國書籍出版社2008年版,第73頁。

山東清前期的官刻書,在數量上並不少,有五十餘種,其中,省級衙門刻書十二種,地方官刻書僅七種,另有書院刻書七種。

山東布政司在清前期的官刻書中占主要位置,刻書最多,有六種。其一便是順治年間刊刻的《賦役全書》。雍正年間翻刻了四部御纂經書:《御纂周易折中》《欽定書經傳説彙纂》《欽定詩經傳説彙纂》《欽定春秋傳説彙纂》。雍正間布政司還刻了《山左足民録》。

清朝統治者十分重視治理黄河,而山東又是京杭大運河流經的重要地段,故山東提刑按察使司有《山東全河備考》之刻。乾隆四十一年,按察使司所刻陸燿編《甘薯録》,被乾隆皇帝推行全國,影響極大。

提督山東學政阮元在乾隆五十九年刊刻的《士子習讀書目》,是爲山東學子們擬定的學習書目,在全國少見。

泰山文獻《岱史》,先由山東鹽運使司傅應星刻於順治十一年,後康熙三十八年勞繩祖又有修補,均由鹽運司承辦。雍正二年至十二年,鹽運司還刻了《山東鹽法志》。

山東運河道庫於乾隆四十一年刻了《山東運河備覽》,同治十年王化堂等又有補刻。

除了省級衙門刻書,山東地方上刻書較少。

泰安因有泰山,官刻書最多。康熙八年,秣陵林杭學泰安岱署來恩樓刻《泰山輯瑞集》。乾隆五十四年,泰安郡守宋思仁刻《泰山小史》,五十五年又刻《泰山述記》。三書均爲外地人在此爲官時所刻。

泰安還刻了一部頗具特色的善書,即乾隆三十一年海昌沈維基等東平州署刻《文昌帝君覺世鴻文圖説》。此書由東平知州沈維基倡刻,參與者有官員,亦有平民。人數多達六十四人,是清代山東善書刊刻的最多參與者。

乾隆間德州學正亦刻善書《講約教條》。

乾隆五十八年,濟陽縣令魏禮焯將乾隆五年内府刻《欽定康濟録》原書上版,刻印精美,係翻刻書的典範。

鄒縣於康熙六十一年刻雍正增修本《三遷志》,是《孟志》的最完備之本。

濼源書院是雍正時提倡建成的山東唯一的一個省級書院,刻書有五種:乾隆十一至十二年間刻《小學集註》《小學名解》;乾隆二十二年刻《詩説》二種;乾隆三十年刻《餘山先生遺書》《澹初詩稿》;乾隆間刻《試帖前選》。

山東的書院刻書還有:乾隆三十九年任城書院刻《尚書釋天》;曹州府菏澤重華書院在乾隆五十八年左右刻有《曹州牡丹譜》。

山東特殊的官刻地——孔府,在清前期刻書二十七種,其中刻家譜四種,衍聖公刻書二十三種。

衍聖公孔毓圻刻書七種:《闕里誌》《幸魯盛典》《孔叢子》《編正孔子家語》《大學正文約註》《禮庭吟遺稿》《往深齋詩集》。他或爲榮耀家族而刻,或爲族長輩而刻,皆有功於整個家族。衍聖公孔傳鐸刻書最多,有《安懷堂文集》《繪心集》《申椒集》《盟鷗草》《紅萼詞》《紅萼軒詞牌》《炊香詞》《讀古偶誌》《春秋三傳合纂》《魯門詩集》十種,除了爲羅筮豫刻《魯門詩集》,其餘皆係自著詩文集。衍聖公孔廣棨刻有《純齋遺草》《孔子集語》二種。衍聖公孔昭煥刻《闕里文獻考》一種。另有孔氏刻《周禮》《國語》《戰國策》三種。

(二)家刻

與官刻形成鮮明對比,清前期的山東家刻最爲豐富,有757種。與學術發展相適應,出現了諸多刻書大家,亦出現了諸多的刻書家族。現僅舉其要者。

新城王氏刻書達九十種,是清前期山東刻書成果最大的家族。其中,王士禛刻書有七十二種。所刻多爲自己的著述,集部書最多,可見其着力之處;刻書時間集中於康熙三十年以後,即主要在京師所刻,揚州次之。刻書地有京師、揚州、廣東、金陵、新城、濟南、蘇州(吴門)、崑山、福建、新安、山西臨汾等地;以家刻爲主,有門人操辦者,亦有請他人代刻者。

漁洋詩作隨作隨刻,爲其"神韻説"做了最好的宣傳。單刻小集自不必説,僅合集就有《阮亭詩選》《漁洋詩集》《漁洋續集》《漁洋山人詩合集》《蠶尾集》《漁洋山人精華録》《蠶尾續集》《帶經堂集》近十種,這些詩集合刻,是其詩歌創作的集中體現。在揚州任上他組織了三次文學交遊盛會,有《紅橋倡和集》《冶春絶句》《水繪園修禊詩》刻成,此舉此詩才華盡顯,令東南名流斂手稱服,基本奠定了他在東南士人中詩壇領袖的地位,是其作爲一代宗匠、主持風雅數十年的開始。而《十子詩略》的選刻,更是各路英才群聚其麾下的印證。此外,《十種唐詩選》《唐賢三昧集》《唐人萬首絶句選》表明了他的詩歌傾向,《漁洋詩話》更是他詩歌理論的體現,而《池北偶談》《香祖筆記》《古夫于亭雜録》《分甘餘話》也是他博學多聞的體現。

王士禛刻書講究,多請名寫手,如林佶寫《漁洋山人精華録》,黄儀寫《漁洋續集》,陳奕禧寫《池北偶談》,禹慎齋繪《載書圖》。王士禛對刻工也有嚴格的要求,《漁洋山人精華録》的刻工爲鮑聞野。除此之外,他的一切書板及刷印諸書係門下梓工李萬琮經手。

王氏家族除了王士禛,士禛父王與敕,兄王士禄、王士禧,子王啓涑,孫王兆森,曾孫王祖肅,裔孫王允熙皆有刻書。士禄書多在南方刻成,其《燃脂集》,現僅存稿本二十五卷、道光十五年王允豐抄本二卷,故士禄刻《燃脂集發凡》就彌足珍貴了。

位居第二的是曲阜孔氏。孔氏自孔子第六十三代始,至七十三代止,除了六十四、六十六代無刻書外,其餘九代皆有刻書。時間跨度從康熙六年至光緒二十三年,共一百七十年。刻書計一百二十五種,是山東整個清代刻書最多的家族。清前期刻書有八十四種,孔繼涵就有三十四種,約占一半。《微波榭叢書》實際上由四部分組成:《戴氏遺書》《算經十書》《春秋地名》等七種、《微波榭遺書》六種。其中,《微波榭遺書》大概爲孔繼涵後人所刻。

與孔繼涵同時的孔繼汾,刻書六種:《文獻通考序》《爾雅》《文廟樂舞全譜》《孔氏家儀》《劻儀糾謬集》《闕里儀注》;孔尚任刻有《桃花扇傳奇》《續古宮詞》《湖海集》《石門山集》;孔貞瑄刻有《聊園詩略前集》《後集》《聊園詩續集》《聊園文集》《大成樂律全書》;孔毓埏刻《於陵子》《拾籜餘閒》《述聖圖》;孔傳鋕刻《補閒集》《清濤詞》;孔廣廉刻《大戴禮記補注》《詩聲類》。孔繼銃所刻《老子説略》,是張爾岐此書的第一個版本。孔昭薰所刻顧炎武撰《菰中隨筆》,極具版本價值。孔繼涑摹刻的《玉虹樓法帖》更是一項浩大工程,爲中國三大叢帖之一。

德州盧氏可謂第三大家族。先是遺民詩人盧世㴶,爲詩尊杜甫,刻書共二十五種,大部爲詩集。刻自己的著述有《尊水園宿草》《在輿草》《閒居漫興》《杜亭近草》《畫扇齋詩始》《讀杜私言》《紫房篋中小集》《紫房篋中餘集》等,刻友人著述有《宋布衣詩選》《簡齋詩鈔》《汪未央詩》《寒山新詩》《程魯詹嘯歌》《燕遊稿》《醫書》《清壑亭近詩》《許葺翁和陶詩》《羅生堂近義》《秋草詩》《胡嗣玄制義》等。盧世㴶刻書除三種有明確刻書時間外,餘皆未注明,所刻詩係從同邑程先貞刻其子盧孝餘補刻的《尊水園集略》中得知。以個人之力,刻書數量如此之多,在明末清初的山東可謂首屈一指。

盧世㴶後人盧見曾,繼承了他刻書的優良傳統,以其特殊的社會地位,以及豐裕的經濟條件,刻書三十九種。經學著述十種,《易》籍居多:《經學五書》(《學禮質疑》《禮記偶箋》《儀禮商》《周官辨非》《學春秋隨筆》)《大戴禮記》《尚書大傳》《匡謬正俗》《李氏易傳》《鄭注周易》《周易音義》《周易乾鑿度》《周易爻辰圖》《周易述》。除《經學五書》外,餘皆收入《雅雨堂藏書》。他刻《雅雨堂藏書》,一方面基於自己的學術積累和爲學好尚,另一方面,則得力於惠棟、沈大成、戴震、盧文弨諸儒的襄助。他以刻書表彰漢學,引領學術風氣,提供交流機會,推動乾嘉學術的發展,具有重要的意義。因此,《雅雨堂藏書》的問世,可視之爲漢學崛起的一種表徵。

盧見曾是刻書的行家,刻書注重版本。他對每部書的版本來源十分清楚,在底本的選擇上首選精校精勘本,其次是選擇流傳少的本子,底本盡量用稀見的宋本但不佞宋。故盧見曾刻本大多成爲現存最好的本子,《尚書大傳》《周易乾鑿度》《文昌雜録》《封氏聞見記》均爲現存最早的刻本。

盧見曾刻書多關注地方文獻,在居官地刻《金山志》《焦山志》。雖宦跡江南,但他心繫山左。刻《感舊集》,是幾代山東人以及盧見曾的朋友共同努力的結果。因謝世箕刻本流傳不廣,他又重刻趙明誠的《金石録》。他刻《國朝山左詩鈔》,拉開了山東地方文獻整理的帷幕。他刻趙執信的《聲調三譜》,又刻《談龍録》,不僅僅起自鄉曲觀念,更是不囿於門户之見,展示多樣化的詩壇風貌。

盧見曾所刻《金石三例》是將潘昂霄的《金石例》、王行的《墓銘舉例》、黄宗羲的《金石要例》彙爲《金石三例》的首次刊刻。其增刻的朱彝尊《經義考》,在經學和目録學研究中具有極爲重要的學術地位和研究價值。他刻的《旗亭記》和《玉尺樓傳奇》亦爲傳奇佳品。

盧見曾後人亦有刻書。其孫盧蔭長嘉慶九年刻《信驗方》,道光三年刻《續信驗方》。盧蔭溥之子盧本道光十九年刻《禧壽堂自訂年譜》,道光十七年山東雅雨堂刻明吕坤撰《呻吟語》,道光二十年曾孫盧樞清雅堂刻《雅雨堂詩文集》三種。

益都李文藻一生刻書二十二種。乾隆間在山東所刻僅見《漁洋詩話》一種,此書由段松苓的父親段玉華繕寫,刻印較精。李文藻所刻的最具學術意義的是周永年彙印的《貸園叢書初集》。此書所收多爲經部書,且採最新研究成果,有江永的《四聲切韻表》《古韻標準》,惠棟的《九經古義》《春秋左傳補注》《易例》,戴震的《聲韻考》,錢大昕的《鳳墅殘帖釋文》,足見其關注學術的發展。對山東人的著述,李文藻也不遺餘力地刊刻,有張爾岐的《蒿庵閒話》,趙執信的《談龍録》,張養浩的《三事忠告》。李文藻對地方文獻的最大貢獻是刊刻了《山左明詩鈔》。此書是繼盧見曾刊刻《國朝山左詩鈔》後,對山東明代詩歌所做的一次全面總結。成書不易,刊刻亦難。李文藻還爲聊城鄧汝功刻《上谷集》《密娛齋詩稿》《鄧謙持時文稿》三種。

安邱張氏八代刻書,綿延整個清代。清前期以張貞爲著,所刻《渠亭山人半部稾》《渠丘耳夢録》《杞田集》《浮家汎宅圖詩》等,字大行疏,扁平字體,版心下刻堂號,非常漂亮,是安邱張氏刻書的代表,也是山東少見的精品。其子張在辛亦參與了其父張貞的刻書活動。張貞孫輩主要刻了張在辛的《瑣言》,參與了《杞田集》的刊刻。張氏第六代刻了張扶輿的《漁山吟》及《安丘張氏列傳》,第八代張介禄刻了張善恒的兩部詩集和張在辛的《隱厚堂遺詩》。安邱張氏注重家譜和家族資料的刊刻,爲重要人物立傳,如《渠丘三張公(張嗣倫、張繼倫、張緒倫)合傳》《張孝廉(張嗣倫)行略》《安丘張氏列傳》。張氏還注重地方文獻的刊刻,有關安邱的有《渠丘耳夢録》《杞紀》《安丘縣學崇祀鄉賢小傳》《全城紀立後記》,有關青州的有《青州鄉賢小傳》,有關金鄉的有《金鄉鄉賢傳》。

濟南朱氏刻書始於朱昌祚。昌祚康熙三年刻有《撫浙疏草》《撫浙移牘》《撫浙檄草》。朱氏刻書自朱緗始盛。朱緗著述五種,皆爲本人自刻:《棣華書屋近刻》《楓香集》《吴船書屋詩》《觀稼樓詩》《雲根清壑山房詩》。朱緗有弟四人:朱絳、朱綱、朱纘、朱縉,刻書者僅見朱綱一人,刻有《蒼雪山房稿》《粤遊草》《滇遊草》,其《檢屍考要》,雍正四年刻於湖南,此年朱綱在湖南布政使任上。

朱緗子崇勳有《桐蔭書屋詩》,崇道有《湖上草堂詩》,均爲乾隆刻本。朱綱子崇厚有《繪事逋還雜詠》,崇厚子朱翊黄刻成。朱氏第四代還有朱攸,編有《其順堂三世遺詩》,乾隆間刻本,係朱攸爲祖父朱緯、父朱令昭、兄朱倬所刻詩。第四代朱琦,有《倚華樓詩》,乾隆刻本。朱氏的第五代朱曾武刻有《唐詩繹律初集》《四書字義説略》《文話》《時文筆譜》《古文筆譜》。朱氏第六代朱汲,集衆人之力,道光二十年刻成其父朱曾喆的《養中之塾文集》。

德州田氏刻書十五種。以刊刻自著的詩文詞爲主,刻書時間爲康熙至乾隆間。所刻田雯著述有:《黔書》《山薑編年詩選》《長河志籍考》《古歡堂集》《蒙齋年譜》《蒙齋生志》;還有田需的《水東草堂詩》,田霡的《南遊詩》《鬲津草堂詩》,田肇麗的《有懷堂文集》《有懷堂詩集》,此二種爲田同之所刻。田同之著述頗多,但《硯思集》係益都宰羅克昌刻,《西圃叢辨》係李世垣刻,自刻者有《安德明詩選遺》《二學亭文涘》《西圃文説》《西圃詩説》《西圃詞説》《晚香詞》數種。其中《安德明詩選遺》是有關德州一地明代的詩歌總集。

益都趙氏,先有趙執信叔父趙展庵刻有《彊善叢鈔》。之後趙執信刻書四種:《删潤地學庭訓》《葬經改註》《千金歌改註》《駁正原真》,皆刻於雍正十年。趙執信之子趙念、趙戇、趙憖、趙慶等刻書最多,皆署"趙氏因園",先後刻有《秋谷先生遺文》《飴山詩集》《翰村詩稿》《談龍録》《飴山文集》《聲調譜》。以上六種,除了《翰村詩稿》爲仲昰保所撰外,其餘五種皆爲趙執信著述。趙執信從弟趙執端,有《寶菌堂遺詩》,乾隆三年由執端子趙芝庭刻成。趙執信從弟趙執瑄，有《知畏堂詩》《知畏堂詩餘》，乾隆二十七年由執瑄子趙憙刻成。

益都孫廷銓刻書亦很豐富。其《孫文定公全集》，有六種，或爲自刻，或爲兒子所刻。《南征紀略》爲孫廷銓京師刻本；《顔山雜記》爲孫廷銓山東刻本；《漢史億》爲孫廷銓刻本；《沚亭文集》《沚亭自删詩》《琴譜指法省文》（《詩集》附）爲廷銓之子孫寶仍刻本。廷銓子寶侗撰《惇裕堂集》，亦由寶仍刻成。

壽光安致遠刻有《紀城文稿》，字大行疏，康熙風格。其《玉磑集》《蟹音》《壽壙碑辭》《綺樹閣稿》《賦稿》《詩稿》《紀城詩稿》《吴江旅嘯》《東歸草》《蘇節婦墓表》《紀城文稿續集》，由其子安箕刻成。

淄川高氏七代刻書，三百年不輟，主要刻先輩的詩文集。高珩刻《醒夢戲曲》，高肇鼎、高肇豐、高肇悛刻《棲雲閣詩》《[淄川]高氏家模彙編》《强恕堂詩集》，高氏畏天齋刻《留畊堂遺詩》，高貽榮刻《棲雲閣詩拾遺》《棲雲閣文集》。

淄川唐夢賚以個人之力刻書九種，數量頗多。所刻書多爲自己的詩文集及選詩，有《志壑堂詩集》《志壑堂詩後集》《志壑堂文集》《志壑堂文後集》《辛酉同遊倡和詩餘後集》《吴越同遊日記》《阮亭選志壑堂詩》。他爲至交釋元玉刻書二種：《菊花百詠》《華嚴頌》。唐夢賚刻書時間多在居武林時，故刊刻精良。

安邱曹氏，刻書者主要有貞吉、申吉二人。貞吉成名比其弟晚，故其最初的詩文由其弟申吉刊刻。貞吉自刻的集子有《朝天集》《鴻爪集》《黄山紀遊詩》《黄山紀遊詞》，四集均刻於新安，但刻書時間有前後之分，故版式不同，字體亦不同。曹申吉於順治十七年在京師刻自撰《澹餘詩集》，康熙又刻自撰《澹餘詩集》，康熙八年於吴中爲其兄刻《珂雪初集》（亦名《珂雪集》），十一年於貴州刻《珂雪二集》。在貴州時，還刻有《貴州通志》《黔行集古近體詩》《黔寄集》《南行日記》四種。二人曾孫曹益厚,乾隆間補刻《貞吉詩集》,將原集分爲二卷,上卷爲王漁洋所刻《珂雪詩》,下卷爲《朝天》《鴻爪》《黄山紀遊詩》《黄山紀遊詞》四集。同時補刻申吉《澹餘詩集》《南行日記》。

諸城丁氏刻書自明崇禎始,至清康熙終,歷經明清兩代,但祇丁耀亢、丁慎行父子二人刻書。丁耀亢所刻書主要爲自家著述,如《逍遥遊》《陸舫詩草》《椒丘詩》《漆園草》《化人遊》《赤松遊》《表忠記》《出劫紀略》《非非夢》《星漢槎》《續金瓶梅》,耀亢還爲其師鍾羽正刊刻了《崇雅堂集》,並爲鍾羽正的侄子鍾諤刊刻了《鍾一士遺稿》,共刻書十六種,在明末清初的個人刻書中屬於數量較多的。其子丁慎行所刻大多爲以上諸書的重刻。

德平葛氏刻書極有特點,自明至清,刻書不輟。明末清初刻書八種。康熙四種,均爲葛元福刻,康熙二年刻葛曦撰《葛太史公集》、自撰《綱鑑策題彙纂》,又刻自撰《傳記合刻》、葛元祺撰《介之詩草》。

葛氏以葛周玉刻書爲最多,共有十種。乾隆五十二年刻《德平葛氏族譜》;嘉慶刻《般上舊聞》;嘉慶七年刻葛守禮撰《葛端肅公家訓》《葛端肅公集》;嘉慶八年刻葛曦撰《葛太史公集》、葛如麟撰《葛憲使公集》;嘉慶九年刻葛引生撰《東山葛氏遺書》、葛昕撰《集玉山房稿》。

德平葛氏刻書時間跨越明清兩代,清代達十四種之多,以集部和史部爲主。書板旋刻旋毁,德平的自然災害加之人爲破壞,可能是葛氏家族書板不存的重要原因。由於書旋刻旋毁,於是葛氏後人不間斷地進行重刻。這種重複刻書在家刻中常見,但大量的重複刻書不常見。葛氏進行此項工作的祇有一人,即葛周玉。

泰安趙國麟,刻書内容比較集中,有制藝、詩文集、方志。制藝有《本朝元墨文統》《制藝綱目》《制義文統類編》《與點集》;詩文集有《雲月硯軒古體詩稿》《調皖紀行草》;方志有《[乾隆]江南通志》二百卷。趙氏刻書時間貫穿康雍乾三朝,刻書不限於一地,有京師、湖州、福建、泰安,他將《制義文統》拿到湖州這個歷代刻書中心去刻,説明他有眼光,也表明他對此書的重視。他的刻書特徵明顯,多爲九行,白口,左右雙邊,寫刻體,較精,雖然字有些小,但很精細,也符合制藝的格式。

萊陽宋氏,首爲宋琬。宋琬順治七年京師刻《荔裳集文》《荔裳集詩》,順治十五年永平刻《永平府志》,順治十七年刻《安雅堂詩》,康熙五年吴門刻《安雅堂文集》,康熙刻《祭皋陶》。宋琬子宋思勃,康熙三十八年刻《安雅堂重刻文集》。宋琬孫宋永年,乾隆三十一年刻《安雅堂未刻稿》《安雅堂未刻稿入蜀集》。宋琬族孫宋邦憲,乾隆中刻《安雅堂拾遺文集》《安雅堂拾遺詩集》。可見,萊陽宋氏三世刻書,均在清前期,所刻除《永平府志》外,其餘皆爲集部書。

萊陽左氏,所刻書皆爲左懋第著述,有《蘿石山房文鈔》《梅花屋詩草》《左忠貞公剩藁》等。左氏刻書在清代歷經六朝,主要集中在乾隆年間,道光、光緒二朝應爲餘緒。從左懋第的五世孫至九世孫,五代人參與。其中左懋第文集凡三刻,一刻於乾隆五年,二刻於乾隆四十六年,三刻於光緒六年。

萊陽姜氏所刻亦爲遺民詩,有《姜貞毅先生輓章》《敬亭集》《鶴澗老人題畫詩》,均刻於康熙年間。

文登于氏有兩支,一支爲于克托孫子于熙學——于令滂——于書佃,熙學刻王苹《二十四泉草堂集》、其父于其昭《樹筆堂遺稿》,令滂、書佃刻《方石書話》。與于克托同輩的于克襄於金陵刻自撰《鐵槎詩存》《鐵槎山房見聞録》,另刻有《碶山樓詩鈔》。另一支爲于穎發、于頤發兄弟。道光八年二人於清江浦鎮刻叢秉肅撰《學庸順講》,字小行密,但刻印不苟。頤發有子于昌進,昌進有子寶之,寶之刻昌進撰《舊雨軒剩稿》,請名家萬嵐寫照,刻書字大格滿,刻印精美。光緒間寶之又刻有前輩于克襄撰《今雨樓詩存》《晚晴草堂詩集》。可見,于氏刻書大多在外地,尤其是利用了金陵、清江浦等地優良的刻書傳統,精品頗多。

濰縣韓夢周刻書八種,除一種爲自己所刻外,餘皆爲昌樂閻氏刻:《西澗草堂詩集》《西澗草堂文集》《陪尾山房詩鈔》《困勉齋私記》《春秋一得》《尚書讀記》《毛詩讀記》。其中經部書的刊刻,對理學在山東的盛行起到了推波助瀾的作用。

膠州法氏刻書自法若真始。法若真刻了蓬萊吴脈鬯撰《增輯易象圖說》。之後,其子法樟又刻了法若真的《黄山詩留》。《黄山集》,亦爲法氏康熙刻本。法樟之子法輝祖,是法家刻書成就最大的一位,先刻其祖父法若真的《黄山年略》,繼刻張謙宜的《絸齋詩談》《絸齋論文》《絸齋詩選》三種。法輝祖之後,法家的另一個刻書者是法坤宏。刻有《迂齋學古編》,寫刻本,字大疏朗,相當精美。坤宏又於廣東西湖街六書齋刻《春秋取義測》,寫刻頗精。

高密單氏,以家族名義刊刻制藝、帖括之書及家譜,貫穿整個清代。個人刻書以經部書和集部書爲主,更注重經部書的刊刻,如清前期所刻《研經堂周易顯指》《周易釋要》《周易答問》《研經堂春秋事義合註》《朱子詩義補正》等體現了單氏研經的家學傳統。單氏還注重地方文獻的刊刻,單作哲在饒陽、棗强分別刊刻了當地方志:《饒陽縣志》《棗强縣志》,在池陽刊刻《高密詩存》,有功於高密的鄉邦文化。單氏刻書範圍不限於本族,單作哲爲其老師及老師的朋友刻書三部:《朱子詩義補正》《張彝歎先生遺詩》《王昆繩先生遺文》,擴大了桐城派在山東的影響。

高密李氏是"高密詩派"的奠基者。首先是李憲喬刻有《過嶺集》,爲李憲暠刻《定性齋集》《蓮塘遺集》。這是"高密詩派"形成的標志性作品。但其詩歌理論的奠基之作《中晚唐詩主客圖》卻未能及時刊刻,一定程度上影響了該流派的發展。

即墨黄氏十一代人三朝刻書,總計有二十六種,清代前期最多,有二十種。刻書内容上以集部書爲主。除黄立世爲馮文炌所刻一種外,幾乎全部是家族著述。刻書地有即墨,亦有外地,如有海寧鹽官官署刻《即墨黄氏詩鈔》十七種,有黄立世在廣東花縣刻《柏蔭堂詩鈔》。

曲阜顔氏刻書自康熙始,至清末,六代刻書,主要集中於清前期,前期刻書九種。刻書内容上主要爲集部,以顔氏三兄弟爲主,其中顔光猷最多。顔光猷刻有《水明樓詩》《顔澹園藏稿》《闕里顔太史真稿》,顔光敏刻有《未信堂近稿》,顔光斆刻有《顔學山近稿》。

諸城王氏三世刻書,王鉞刻有《破夢齋詩草》《世德堂文集》《世德堂詩集》,其子王沛恂刻有《匡山集》。王氏家刻本最著者爲《世德堂遺書》。

淄川畢際有承續了明代畢自嚴的刻書傳統,刻書三種。有兩種是爲其父所刻,且爲同一種書,即《石隱園藏稿》,分别刻於順治十七年和康熙二十五年。第三種爲《淄乘徵》,有關淄川的地方文獻,爲畢際有參與纂修《淄川縣志》時的副産品。

淄川張氏刻書三種,所刻皆爲本家著述,且刻印質量高。康熙間刻有張篤慶編纂的《先相國少保公年譜》附《摭遺録》,乾隆三十四年刻有張篤慶撰《崐崘山房詩集殘稿》,字體俊逸,刻印精細。篤慶從子張元,著有《譚藝一得》,爲乾隆中門人曾尚增與張元之孫張廷寀共同校刊。

樂陵董養性太平府署刻《周易訂疑》《易學啓蒙訂疑》《周易本義原本》《春秋訂疑》《四書訂疑》。

長山劉氏刻書三種,清順治四年劉孔中、鄧漢儀等刻劉鴻訓撰《玉海纂》,順治八年刻《困學紀聞鈔》。劉孔中從弟劉孔懷,撰《宋范文正公流寓長山事迹考》,康熙間刻本。

濱州杜氏在清前期刻有杜漺撰《禮垣疏草》《湄湖吟》《聽松軒遺文》。

德州宋弼是乾隆年間山東詩界的重要人物,他爲多人的詩集作序,爲同鄉好友撰《傳》,訂正選編了許多山東人的詩集。盧見曾輯刻《國朝山左詩鈔》,宋弼有"徵求草創"之功。在此書刻後,宋弼又輯《續鈔》《補鈔》,雖然未刻,卻爲嘉慶間張鵬展的刊刻提供了最基本的材料。之後,輯《山左明詩鈔》,由李文藻刊刻。可見,宋弼對山東詩學發展的貢獻是很大的。目前已知宋弼刻書兩種,一是刻曹縣于振翀撰《愛萱齋小草》,一是乾隆十六年增刻汾陽劉組曾刊刻的《蓮洋集》。

四庫館臣歷城周永年家貧,連其自著的《先正讀書訣》亦無力刊刻。目前所見周永年刻書僅二種,且爲與他人合力所刻。一是刊刻了其師張元撰《緑筠軒詩》,一是與毛堃合作刊刻了《元張文忠公歸田類稿》,皆字體方正,刻印不苟。

鄒平馬驌著述三種。一是《左傳事緯》,康熙馬驌之子刻道光二十年馬文慶補刻。二是《繹史》,康熙馬驌刻。刻成後,康熙四十四年,版以二百兩白金入内府。三是《十三代瑰書》,書成未刻。

平原有董氏一族。康熙間董思凝刻其父董訥的《柳村詩集》。董訥季弟董訪撰《似山亭詩》,康熙五十年家刻本。思凝之子董元度有《舊雨草堂詩》《詩餘》,乾隆四十三年自刻於河北保定蓮池書院。

聊城鄧鍾岳在江蘇學政任上,曾刊印《近思録》《白鹿洞規》教育學士。去世後,其子爲其刻了《知非録》《寒香閣詩集》,字體清秀疏朗,寫刻極精美。

茌平王氏刻書四種,王曰高撰《槐軒集》《永慕編》《槐軒小草》,王宜繩撰《梅亭小草》。

武定李之芳在浙江刻朱之錫撰《河防疏畧》,其子李鍾麟刻《李文襄公棘聽草》《李文襄公奏疏》《奏議》《别録》。

泰安聶鈫刻書三種。首爲《泰山道里記》,是有關泰山文獻的名著。其《孫明復小集》是據趙國麟藏本而刻,具有重要的版本價值。另刻有石介的《石徂徠文鈔》。

德州馮廷櫆有《晴川集》,康熙時刻於楚中。其《馮舍人遺詩》,雍正十一年由孫子馮德培所刻。

鉅野李其彭刻有《四書正訛》《五經正訛》,另刻有《詩訣》二十一種,盛百二稱其爲"詩學金針"。

除了以上刻書大家,另有單刻者亦多精品。

濟陽張爾岐著述頗豐,但刊刻者少,其子張孝寬刻有《弟子職注》。爾岐另一名著《儀禮鄭注句讀》,由濟陽高廷樞於乾隆八年刻成。

濟南謝世箕於順治七年在淮陰任上刻的《金石録》有功於此書的流播。其父謝啟光又刻有歐陽修的《集古録》。二書均係金石學名著。

泰安李雨霑、萬達順治十一年刻《萬氏秘傳片玉心書》,是清早期一部有名的兒科著作。

茌平張愚刻《茌邑三先生合刻》四種,是清前期山東較重要的一部書,其刻書是爲了傳道以人,希冀重新振興王學。

歷城任弘遠所刻《趵突泉誌》是我國自古至今唯一一部泉志,被譽爲"天下名泉第一志"。

歷下吴元祥刻《周易説略》,解決了版本學史上的一樁公案。

乾隆三十一年萊陽趙起杲刻《聊齋志異》,是《聊齋志異》的第一個刻本。

膠州張謙宜康熙間刻自著《㠯節録》,寫刻體,比較精。

膠州高鳳翰,康熙四十八年刻有《南州草》,非常稀見。

外地人士在山東刻書亦不少。

銀城李興祖刻有自撰《課慎堂文集》《課慎堂詩》《課慎堂詩餘》和《南北史類鈔》，爲老師王餘佑刻《五公山人集》，宋體字，刻印較精。

在山東刻書較多的外籍人爲胡德琳。胡德琳每歷一地，即聯繫山東著名文人如李文藻、周永年及秀水盛百二修纂當地的志書，共修山東志四種，其中《濟陽縣志》刻於任上。後在登州任職時，於乾隆四十六年刊刻了《齊乘》，此本不是最早的版本，卻是最好的版本，因爲有周嘉猷的考證。乾隆三十二年胡德琳刻靳輔的《治河方略》；乾隆三十七年與李中簡刻僧湛性《雙樹軒詩鈔》；乾隆三十八年刻張爾岐《蒿庵集》，同年刻王苹《蓼村集》。胡德琳爲保存齊魯文獻做出了重要貢獻。

《聊齋志異》有泰安知府歷城朱孝純刻本，此本不爲人知，且比青柯亭本要全，故是一部自成體系的很有價值的早期刻本。

鄭燮《鄭板橋全集》，手書上版，門徒司徒文膏刻字。寫刻精美，刊印精緻，爲清代著名寫刻本。

總之，清前期的山東刻書名家和刻書家族約有四十個左右，居清代三個時期之首，刻書數量也最多。

（三）坊刻

明代確立了官、私、坊三大刻書系統，故在清前期，各地書坊刻書比較普遍。

相對來説，南京、蘇州、北京等地坊鋪較多。如金陵有鄭氏奎壁齋，北京琉璃廠有陶氏五柳居、韋氏鑒古堂等。蘇州更是書坊林立，是當時的刻書中心之一，創設於明代後期的掃葉山房最爲有名，還有以刻小説爲主的書業堂。

就目前所知，山東僅聊城與濟寧兩地在清前期有刻書鋪。

聊城有“四大書莊”。書業德由清康熙年間山西靈石郭氏創建。書板千餘種,刻書注重選擇好版本,錯字極少,雕板精良,字面清晰。有"南書"和"府書"之别。

善成堂是聊城的第二大書莊。乾隆初年由四川人傅氏開辦,應是四川善成堂在山東的分號。善成堂刻書有專門的領域,就是刻印"闈墨"。書板四百四十餘種,均聘請堂邑雕刻能手刻製。書簽和内衣的題字都請有"聖手書生"之稱的劉鳳藻或書法家肖蒲田寫樣。

康熙中葉開業的寶興堂是聊城的第三大書莊。康熙末年開業的有益堂書莊是第四大書莊。四大書莊皆延續至清末民國時期。

濟寧的文源堂、文定齋,均開業於乾隆年間。

以上坊鋪所刻多爲塾學中用的《四書》《五經》和啓蒙讀物《百家姓》《三字經》《千字文》《弟子規》《龍文鞭影》《女兒經》等,還有《本草綱目》《本草備要》《醫宗金鑑》《景岳全書》《千金方》等與民生相關的書籍。但流傳至今的刻本非常稀少,大概與坊刻書的對象爲城鄉普通人家有關。因爲它是通行本,故一般人家購買這種圖書後,經常翻檢,破爛後隨手拋棄,隨生隨滅,而當時的收藏家看這類書也不入眼,所以,坊刻書雖然刻了不少,流傳下來的卻不多。

(四)宗教機構刻書

山東清前期的寺廟刻書有八種。濟南靈巖寺刻《靈巖志》,泰安普照寺刻釋元玉的《石堂全集》《石堂近稿》《金臺隨筆》,康熙日照萬松禪林刻《五蓮山志》,乾隆五十三年馮堜濟寧玉露禪院刻《金剛般若波羅密經直解》《觀音大士降筆法語》《般若波羅密多心經直解》。

青州法慶寺刻書最多,有四種:《山翁忞禪師語録》,釋道忞撰,清初刻本;《天岸昇禪師語録》,釋天岸撰,清康熙刻本;《青州法慶靈譽中禪師語録》,釋元中撰,清康熙刻本;《青州法慶碩林楚禪師語録》,釋成楚撰,清康熙刻本。後二種疑爲《嘉興藏》零種。

總之,在順治至乾隆年間,國家統一最終完成,社會經濟高度繁榮,學術文化蓬勃發展,山東刻書也達到了極盛。

第二節　濟南府刻書

一、官刻

(一)各級衙門刻書

1. 布政司刻書

清代濟南府的第一部官刻書便是由山東布政司刊刻的《山東省賦役全書》。

清王朝建立後,爲了恢復生産,整頓税收,順治初期大體就按明代《賦役全書》徵收。御史寧承勳早在順治元年就提出重新編纂《賦役全書》,他指出:"賦役之制未頒,官民無所遵守。"①順治三年又重申了這個建議:"在内責成各該管衙門,在外責成撫按:將錢糧數目原額,嚴核詳稽,彙造《賦役全書》。"②順治三年四月:"飭所司詳定《賦役全書》,頒行天下。"③"諭户部稽覈錢糧原額,彙爲《賦役全書》。"④時值各地抗清運動風起雲湧,軍務倥偬之際,此計劃未遑實施。順治十一年又命户部右侍郎王弘祚予以訂正。直至順治十四年纔頒布了新版《賦役全書》。以事理衡之,即使是户部總編全國《賦役全書》,其各省亦當由各省布政司操辦刊刻,不可能在北京統一刊刻,因爲這是一項巨大的工程。

山東省順治年間刊《賦役全書》,每册前有皇帝勅諭:"兹特命户部右侍郎王弘祚將各直省每年額定徵收、起存、總撒實數,編撰

①戴逸:《簡明清史》第一册,中國人民大學出版社 2006 年版,第 274 頁。
②戴逸:《簡明清史》第一册,中國人民大學出版社 2006 年版,第 274 頁。
③趙爾巽等撰:《清史稿》,中華書局 1977 年版,第 102 頁。
④趙爾巽等撰:《清史稿》,中華書局 1977 年版,第 3527 頁。

成帙。詳稽往牘,參酌時宜。凡有參差遺漏,悉行駁正。錢糧則例俱照萬曆年間。其天啓崇禎時加增盡行蠲免。地丁則開原額若干,除荒若干。原額以萬曆刊書爲準。除荒以覆奉諭旨爲憑。地丁清核,次開實徵……更有昔未解而今宜增者,有昔太冗而今宜裁者,俱細加清核,條貫井然。後有續增地畝錢糧,督撫按彙題造册報部,以便稽核。綱舉目張,勒成一編,名曰《賦役全書》,頒布天下。庶使小民遵茲令式,便於輸將。官吏奉此章程,罔敢苛斂。爲一代之良法,垂萬世之成規。"可知,清代全國的《賦役全書》由户部統一進行編刊,首次起於順治三年,編定於順治十四年。

康熙二十四年,户部再次重修《賦役全書》。這次規定:"止載起運、存留、漕項、河工等切要款目,删去絲秒以下尾數。"①此稱《簡明賦役全書》,於康熙二十六年完成。此後,"定例每十年修輯一次"②。據《清會典事例》記載,雍正十二年曾明令規定,《賦役全書》"每至十年,照例動用存公銀修輯一次"③。實際上這項規定並未在全國認真推行。時至晚清,由於吏治腐敗加上戰亂頻仍,這一規定往往形如具文。

對於各省的《賦役全書》,《清會典事例》中明文規定:"各省《全書》,責令布政使司刊造……每州縣各發二本,一存户房,備有司查考;一存學宫,俾士民檢閲。"④

山東在順治年間修《賦役全書》要晚於全國。據國家圖書館現存《山東省賦役全書》,時間止於順治十六年。國家圖書館此書

①趙爾巽等撰:《清史稿》,中華書局1977年版,第3530頁。

②《皇朝文獻通考》卷四十一《國用考三》,《文津閣四庫全書》本,商務印書館2005年影印本。

③〔清〕崑岡、李鴻章:《欽定大清會典事例》卷一百七十七,清光緒二十五年重修本。

④〔清〕崑岡、李鴻章:《欽定大清會典事例》卷一百七十七,清光緒二十五年重修本。

爲黄綾包背裝,每葉鈐有官印,模糊不清,似爲"山東□□藏章"。觀此裝潢,確爲官府刻書。書簽題"山東某某府某某縣賦役全書"。首有《山東司總》一卷,每縣一卷。十行二十字,白口,四周雙邊,單魚尾。版心上刻"賦役全書",中刻"某某府某某縣",如"濟南府府頭""山東司總"。宋體字,刻印不苟。

此書國家圖書館著録爲一百十一卷,有九十八縣,各爲一卷:歷城、章邱、鄒平、淄川、長山、新城、齊河、齊東、濟陽、禹城、臨邑、長清、陵縣、德州、德平、平原、滋陽、曲阜、寧陽、鄒縣、泗水、滕縣、嶧縣、汶上、陽穀、壽張、聊城、堂邑、博平、茌平、清平、莘縣、冠縣、館陶、恩縣、高唐州、臨淄、博興、高苑、樂安、壽光、昌樂、安邱、蓬萊、黄縣、福山、棲霞、招遠、萊陽、寧海州、文登、掖縣、平度、益都縣、濰縣、諸城、臨朐、昌邑、膠州、高密、即墨、青城、陽信、海豐、樂陵、商河、濱州、利津、霑化、蒲臺、郯城、費縣、莒州、蒙陰、沂水、日照、肥城、新泰、萊蕪、東平州、東阿、平陰、單縣、鄆城、城武、鉅野、曹縣、定陶、濮州、范縣、觀城、朝城、金鄉、嘉祥、魚臺、夏津、武城、邱縣。加上《山東司總》《濟南府府頭》《登州府》《萊州府》《青州府》《東昌府》《兖州府》《武定州》《沂州》《泰安州》《曹州》《濟寧州》《臨清州》,共一百十一卷。

據《善目》著録,順治刊刻各地《賦役全書》,除了《江南賦役全書》存一百三十九卷,《陝西省賦役全書》存一百二十六卷外,再就是《山東賦役全書》了,現存數量排第三位。

清朝州縣地方官前後任辦理交接手續時,首先要交代的就是由上級頒發刻印的《賦役全書》。"頭接到日,先取本縣《賦役全書》(要刻印本)。"①於此可見當時社會對此書的重視與此書在實

①轉引自師道剛:《影印雍正版〈山西省賦役全書〉前言》,載《山西大學學報(哲學社會科學版)》1985 年第 4 期。

際政治中的作用。

山東刊刻《賦役全書》,對清初山東的經濟狀況是一個直觀的記録。清代初期,由於戰亂,社會經濟遭到嚴重的破壞,耕地大量荒蕪,農民死亡逃徙,全國各地呈現一片荒涼蕭條的景象。“山東地土荒蕪,有一户之中,止存一二人,十畝之田,止種一二畝……荒多丁少。”①爲了擺脱困境,山東巡撫方大猷在順治元年倡導墾荒、屯田:“荒地無主者,分給流民及官民屯種;有主無力者,官給牛種,三年起科。”②從而恢復和發展農業生産。順治四年前,大規模圈地也殃及山東濟南、德州、臨清縣,這些經濟事件直接體現在《賦役全書》中。此書作爲最可靠、最詳備的文獻資料,對研究山東省的歷史發展,了解社會全貌有着重要意義。

光緒末年,山東布政司還刊刻了一次全省的《賦役全書》,將在清後期的濟南府刻書中介紹。

雍正時山東布政司翻刻了一部分御製書。明代就有翻刻内府書籍的現象,如《四書五經大全》等。清内府刻成一些官書後,往往下各省布政司翻刻,但各省布政司到底刊刻了没有,刊刻了多少,現存各家書目很難反映出來,除非有明確的翻刻標記,否則不能説是某省翻刻。

《清内府刻書檔案史料彙編》一書中有幾條關於清代官書賜下各省並准翻刻的例子,逐録如下:

“乾隆四年六月　日,甘肅巡撫元展成奏,乾隆三年接准部咨,欽奉上諭將聖祖仁皇帝御製諸書頒發各省布政司敬謹刊刻。”③

①《清世祖實録》卷十三,《清實録》第三册,中華書局 1985 年版,第 119 頁。

②《清世祖實録》卷七,《清實録》第三册,中華書局 1985 年版,第 81 頁。

③翁連溪:《清内府刻書檔案史料彙編》,廣陵書社 2007 年版,第 108 頁。

"乾隆二十二年正月二十二日,福建巡撫臣鍾音奏,(中略)《三禮義疏》告成,前經禮部頒發各省布政司敬謹刊刻,准人刷印,以廣誦習。"①

"乾隆二十五年九月初四日,湖南巡撫馮鈐奏,臣於乾隆二十年十二月初一日奉到頒賞《樂善堂全集》定本二函……布政使許松傳將《樂善堂文集》捧回,臣於每日辦事之暇,敬謹照繕,一面選就工匠,即於臣署内陸續親督敬刊。"②

乾隆五十五年九月二十五日,辦理軍機處爲通飭事,"所有外省頒發原本及書坊翻刻並官刻本,俱令隨時收繳,由各該地方官轉送布政司,敬謹收貯在案"③。是《樂善堂全集》頒各省布政司刻後又收繳事。

"乾隆三十一年三月十三日,福建巡撫暫留湖南巡撫李因培奏,(中略)《御纂周易述義》《折中》《春秋直解》三項經書,依式鋟刊,頒發各衙門及各屬儒學書院義學等處。"④是經書頒省刊刻事。

"乾隆三十八年二月二十六日,大學士劉統勳等謹奏,(中略)臣等遵旨擬賞發下《清漢對音》一百部……其餘一十八部按省分給一部,令各該省自行翻刻通行。"⑤

清内府曾分兩次刊刻《御纂七經》,先是雍正時刻前四經,即《御纂周易折中》《欽定書經傳説彙纂》《欽定詩經傳説彙纂》《欽定春秋傳説彙纂》。後三經於乾隆三年刻成,即《欽定周官義疏》《欽定儀禮義疏》《欽定禮記義疏》。《七經》刻成之後,下各省布

---

①翁連溪:《清内府刻書檔案史料彙編》,廣陵書社2007年版,第115頁。
②翁連溪:《清内府刻書檔案史料彙編》,廣陵書社2007年版,第117頁。
③翁連溪:《清内府刻書檔案史料彙編》,廣陵書社2007年版,第390頁。
④翁連溪:《清内府刻書檔案史料彙編》,廣陵書社2007年版,第121頁。
⑤翁連溪:《清内府刻書檔案史料彙編》,廣陵書社2007年版,第155頁。

政司,准許翻刻,故現存的《御纂七經》翻刻本極多。2010年5月,杜澤遜師爲山東省古籍保護中心舉辦的古籍編目培訓班授課,内容係清代内府刻書與翻刻本的鑒定,經目驗,現山東省各地所藏的《御纂七經》,真正爲内府刻者寥寥,大部分爲翻刻本,而翻刻本卻無明確的翻刻依據,封面、牌記均未説明,故需仔細辨别。

山東布政司翻刻内府本《御纂七經》,現知有四部,所依據的是《經籍要略》一書①。這部書告知:"按前四經於雍正時奉敕各直省布政使敬謹刊刻,今山東藩庫有存板,不完。"可知,山東布政司在雍正時刻過以下四種書:《御纂周易折中》《欽定書經傳説彙纂》《欽定詩經傳説彙纂》《欽定春秋傳説彙纂》。

除了翻刻書,山東布政司在雍正年間還刻了鄭禪寶等撰《山左足民録》八卷。

禪寶,雍正五年任山東巡鹽御史,雍正十年至乾隆二年任山東布政使,後改浙江按察使。此編即禪寶任山東布政使時所輯。其中彙集山東巡撫岳濬及河東總督王士濬等批詞以及各屬詳牘。卷首有王士濬序云:"癸丑春來豫,即巡歷大河以南。盛暑親行二東,遍閲笑圻。與中丞岳商榷開墾之策,公深以爲然。下檄兩省,有司爭先力行。未幾而麥隴青青,又未幾而黄雲棲畝。岳公既謀安集力田之平民,遂籌及無告,仿京師普濟育嬰之制,令兩省各屬建堂收養,以廣安老慈幼之仁。河東士民,聞之翕然争起,慕義恐後,願捐私囊以急窮黎。朱提、白粲、布縷、絲枲之屬,投之公庫者動以千百計,甚有割地千畝及數百畝輸堂爲義産者。先是豫之方伯裒余所批詳牘,彙爲一編,名曰《天中足民録》,而東藩司亦請刊中丞暨余山左足民批詞各爲一集。余手披口誦,公之用意指授,告語諄諄,與余大略相同。何余二人之心,殷然若一如斯也。"

---

①〔清〕裕德:《經籍要略》一卷,清光緒十六年山東書局刻本。

2. 按察司刻書

清前期的山東按察使司刻書有兩種。

首爲康熙十九年刻《山東全河備考》四卷。卷端署:"古吴葉方恒學亭甫纂。"有校刊銜名,列兖州府知府趙蕙芽至蒙陰縣王允孚共五十一人"仝校刊"。有兖州知府、東昌知府、兖州府運河同知、兖州府黄河同知、兖州府泇河通判、兖州府捕河通判、東昌府糧河通判、曹州知州、濟寧知州、東平知州、臨清知州、泰安知州,知縣有滋陽、曲阜、寧陽、鄒縣、泗水、滕縣、嶧縣、金鄉、魚臺、單縣、城武、曹縣、定陶、嘉祥、鉅野、鄆城、汶上、東阿、陽穀、壽張、聊城、堂邑、博平、清平、冠縣、莘縣、館陶、恩縣、夏津、武城、范縣、朝城、萊蕪、新泰、肥城、蒙陰,還有寧陽縣丞和金鄉縣丞。所涉人員皆爲漕河流經地的官員,尤其是濟寧州。前有康熙十九年施維翰序,又有康熙十九年葉方恒序,署"賜進士出身奉直大夫分巡濟寧道督理通河道山東提刑按察司僉事"。《四庫提要》曰:"國朝葉方恒撰。方恒,字學亭,崑山人。順治戊戌進士,官至山東濟寧道。是編即其督理山東河道時所輯,專言漕河之在山東者。首圖志,次河渠,次職制,次人文。大致採掇明王恕《漕河通志》、王瓊《漕河圖志》、車璽《漕河總考》諸書而稍參以近時之形勢。"此書係葉氏在濟寧河道任職期間,對黄河、運道的利弊興廢悉心講求,撰成此書。雖然此書重在講山東運河,但對黄運有關史實、議論多有注意,且資料多係明末清初的文獻。十行二十字,白口,四周雙邊。

按察使司所刻的第二部書在全國最爲有名,是乾隆四十一年刻陸燿編《甘薯録》。該書前有陸燿序,末有"乾隆四十一年丙申十一月長至日開雕"一行。十行二十字,白口,四周單邊,單魚尾。

番薯,在明萬曆間傳入中國,首先在福建、廣東等地傳播。清康熙時,隨着經濟的發展,人口也出現了大幅增長,由此産生了相應的社會問題,即耕地有限,民食不足。所以,清政府開始大力推廣番薯。雍正至乾隆初,番薯的收成與下層百姓的生活,已有很大關係。乾隆以降,人口壓力不斷增加,番薯開始從南向北推廣。除了民間自然傳播外,官方出面進行的推廣起了重要的作用。最初,還是一些地方官員爲當地的安定而進行的推廣,如乾隆十二年安徽巡撫潘思榘要求全省種植紅薯,得到部分落實。安徽鳳臺縣知縣鄭基"嘗循行阡陌,見沙地磽确多不治,教民種薯蕷,佐菽麥,俾無曠土。"乾隆間山東范縣知縣吴焕彩在當地教民種番薯,民困乃紓。而山東按察使陸燿總結當時種植番薯的經驗,寫成《甘薯録》,刊發各府州縣,宣傳種植甘薯的好處和方法,收到很好的效果。乾隆五十年八月初三日諭軍機大臣等:"據明興奏,陸燿於山東臬司任内曾刻有《甘薯録》一編,頗爲明切易曉,現飭多爲刊刻,頒行各府州縣,分發傳鈔,使皆知種薯之利,多爲栽種等語,所辦甚好。……朕閲陸燿所著《甘薯録》,頗爲詳晰。著即抄録寄交劉峩、畢沅,令其照明興所辦,多爲刊布傳鈔,使民間共知其利,廣爲栽種,接濟民食,亦屬備荒之一法。將此傳諭知之。"①陸燿(1723—1785),字青來,一字朗夫,吴江蘆墟人。中乾隆十七年會試,授内閣中書。歷户部郎中、山東登州府知府,調運河道、按察使司、布政使司,既而巡撫湖南。有《切問齋集》。陸燿於乾隆五十年去世,蓋明興於是年將其所刻《甘薯録》奏上。此書對推動全國的經濟發展起到了重要作用。至此,番薯在京畿地區和河南等地,進一步大規模地推廣開來,成爲全國更廣大地區下層人民的主要食物之一。

福建刊刻關於種薯的書較早,有陳世元於乾隆三十三年所刻《金薯傳習録》二卷。世元六世祖陳振龍於明萬曆年間從菲律賓攜帶薯藤並習栽種之法歸國,世元克承祖志,與三個兒子致力於甘

①《清實録山東史料選》,齊魯書社 1984 年版,第 629 頁。

薯的推廣事業,於是積累經驗成此書。刻後八年,又删減、增刻了部分内容。此書係海内孤本,詳見謝水順、李珽著《福建古代刻書》①。但此書的波及面不如由乾隆帝親自下令推廣的山東所刻《甘薯録》一書。山東按察司所刻《甘薯録》因寫刻精雅被收入《中國版刻圖録》。

3. 提督學政刻書

提督學政,又稱提學使,掌一省教育事務。

清代山東關注教育反映在刻書上,自阮元任山東學政始。昌邑王偉波藏有《士子習讀書目》不分卷,此書又名《山東阮學政擇定童生應看書目》,清乾隆五十九年刻本。

此書前有乾隆五十九年二月阮元示生童文:"提督山東學政阮示生童知悉:所有删本經書、小本高頭講章、策略考、墨卷、律詩等,已經前院翁奏禁在案。爾等讀書不可以此等書爲務。果能留心經史典故,則四書經文策問自能擅長。留心漢唐宋以來詩文,則文詞詩賦自能出衆。小之即副科名,大之亦成家數。惟不能自尋門徑,遂致孤陋寡聞。今將眼前應看之書分類開後,以便坊間販賣,好學者按名購買,就性之所近者爲之,事半功倍矣。乾隆五十九年二月日。"

由此示可知,阮元在來山東之前,前主學政者大興翁方綱已有規範士子用書的行動,即將所有删本經書、小本高頭講章、策略考、墨卷、律詩等奏禁在案。阮元乾隆五十八年六月二十五日,奉旨出任山東學政,到任後即將士子應讀的書目開列,以備學生選擇。全書分經學書籍等類别,首列御纂諸書,如《御纂四經》《御纂性理精義》《欽定三禮義疏》等。之後首列《十三經注疏》,用的版本可選擇,或監板,或汲古閣板,説明阮元知道版本的優劣,不愧是個大學

①謝水順、李珽:《福建古代刻書》,福建人民出版社1997年版,第411頁。

者。對於唐陸德明的《經典釋文》,他主張用通志堂板,並告知士子坊間有單行本。對於惠棟的《九經古義》,推薦李文藻所刻板,並告知板存歷城周永年家。這個書目不僅僅是提供書目,更爲學術研究提供了導向。由此可見,乾隆末嘉慶初山東學子的學風由來,與當時的學者主持學政有很大的關係。此書九行二十字,小字雙行,黑口,四周單邊,單黑魚尾,分類以圈圍之。宋體字,刻印尚可。

4. 都轉鹽運司刻書

山東鹽運使司在清前期刻書兩種,其一是順治十一年傅應星山東鹽運使司刻康熙三十八年勞繩祖山東鹽運使司修補本《岱史》。

此書每册前有銜名:"賜進士出身督理山東鹽課監察御史嶺南譚耀定,賜進士山東都轉運鹽使司運使豫章甘一驥閱,賜進士山東都轉運鹽使司同知西浙查志隆輯,賜進士山東右布政前翰林院學士河北張縉彦删補,鄉進士山東都轉運司以道臣行事登封傅應星重刻。"有萬曆十五年丁亥于慎行原序,是年嶺南東官譚耀原序。有順治十一年甲午河北張縉彦坦公父撰《重刻岱史序》:"余在藩署,求前朝諸藏書已無片本,即全省通志亦湮消字滅,不可見焉。時鹺政夢築先生怵然曰:'《岱史》一書,係本衙鐫本,今半亡去,請乞木補之'……(傅應星)乃捐俸刊行。"傅應星有序:"用是梓之。"末有康熙三十八年山東都轉運鹽使司經歷司經歷勞繩祖《重訂岱史跋》:"查《岱史》一書,自明季嘉靖間鹺憲吴所創,厥後鹺憲譚命濱濼分司查編輯成帙,付之梓人,而《岱史》之名遂傳。迨至皇清甲午鹺憲傅翻刻前版,重加纂述,於是名卿士大夫之所傳記載入集中者愈增炳蔚,今經數十載矣。己卯春仲,聖駕南巡,各憲委諭裝訂以備御覽,不料所存木版散失二十餘葉,緣道署遷改搬移遺失,而且版篇殘缺,後先失叙。爰遍訪歷下紳衿士庶,從齊河得譚憲原刻一部,將木板散失者命梓人補緝。各卷所補,合計二十二篇,其殘缺者一爲補正,奈傅憲增刻未得内查,少無字部第六十六篇一葉,疑字部八十二篇一葉,俟異日訪獲,再加添補。遵奉各憲令諭,幸得與聞,未敢自取冒昧也。"

據以上諸序,知《岱史》一書初創修於明嘉靖間吴氏。萬曆間譚耀命屬下查志隆編輯成書,刻梓。順治十一年,傅應星重刻。康熙三十八年,勞繩祖補刻。

山東鹽運司主持刊刻此書,其動因大概與明代流行的"書帕本"有關。爲官一地者,甫到任,必重刻或補刻當地重要文獻以備晉京拜謁時呈送皇帝或贈送他人,以此來表明對當地文化建設的重視。清初,此風當還在延續。此書的刊刻,與"聖駕南巡,各憲委諭裝訂以備御覽"有直接的關係,且山東鹽運司有豐厚的資金,有能力來做這件事情。

此書九行二十字,白口,四周單邊,無魚尾。字小,但開本大。

山東鹽運使司刻的第二部書與鹽運司的職責有關,即《山東鹽法志》四卷,清莽鵠立等撰,清雍正二年至十二年刻本。

5. 山東運河道庫刻書

乾隆四十一年,山東運河道庫刻《山東運河備覽》十二卷,清陸燿纂。

此書封面題:"仁和姚大司馬鑒定,切問齋藏版。"《修纂姓氏》有:"鑒定:兵部尚書都察院右都御史河南山東河道總督姚立德(浙江仁和人,字次功,號小坡)。排纂:山東通省運河兵備道今陞山東按察使陸燿(江蘇吴江人,字青來,號朗甫)。"《修纂姓氏》最後一行刻有:"吴門劉萬傳鐫。"①

①按:此書刻工爲蘇州人劉萬傳,大抵是由於負責編修《山東運河備覽》的山東運河兵備道陸燿爲蘇州府吴江縣人,蘇州又是刻書業發達之地。此刻工當是陸燿從家鄉招來的。

書有乾隆四十一年丙申正月兵部尚書兼都察院右都御史總督河南山東河道提督軍務仁和姚立德序:"吴江陸君朗夫,好古篤實之君子也。於職事勤且敏。在任河道三年,纂輯《運河備覽》若干卷……書成,遷山東提刑按察使。下車之始,即並日視事,不使案有留牘,蓋又以所以治河者見之於理刑矣。剞劂既竣……"又有乾隆四十年乙未五月巡視山東漕務工科掌印給事中淩川王猷序。

此書同治十年有王化堂等運河道庫補刻本。封面題:"同治辛未重雕,運河道庫藏板。"《重刊姓氏》有"纂定:兵部侍郎兼都察院右副都御史總督河南山東河道提督軍務蘇廷魁(廣東高要縣人,乙未進士,號賡堂);鹽運使銜分巡山東通省運河兵備道兼管河庫事務王化堂(河南密縣人,壬子進士,號蒞之)。參閱:知府銜署兗州府運河水利同知桂德均(廣東南海縣人,號笙陔)"等等,名銜很多。有同治十年辛未六月鹽運使銜山東通省運河兵備道王化堂序:"同治丁卯,檢得是書,讀而愛之,顧板多殘缺,輒欲爲之重刊,以軍書旁午,未遑及也。戊辰夏,賊殲直東之交,中原底定,中外臣工咸以規復河運爲議,然欲復河運而是書顧可忽乎哉?爰與桂笙陔司馬商及同僚,集資刻成,板即存諸道庫,以垂永久。"又有原序二,原輯姓氏。經與乾隆本比對,行款爲十一行二十五字,白口,左右雙邊,單黑魚尾,與乾隆本同,除了封面、序、原輯姓氏及補刻序外,其餘皆係同版。王化堂序中曰"刻成",應理解爲"補刻成"。

6. 其他官刻

乾隆五十八年,山東濟陽縣令魏禮焯翻刻過一部《欽定康濟録》四卷。封面題:"乾隆五十八年濟陽縣知縣臣魏禮焯重刊,恭紀重刊因由於卷末。"卷末有跋:"此乾隆初年先臣元樞官刑曹時蒙恩賜書也。迨後出守寧武,承辦朔平等處賑務,率皆尊用此書成法,以宣皇仁,全活饑民無算。臣禮焯於五十二年挑發山東,補授濟陽知縣,適遇連歲旱歉,撫臣吉率屬捐施粥賑,禮焯即採用《録》中《賑粥須知》

各説，仿而行之。法良意美，實惠均霑。而東省此書甚少，因將原書發刻，庶免謄寫校對遲滯，即日刷印百部，稟呈撫臣分發州縣，以便取法……乾隆五十八年春正月知濟陽縣事臣魏禮焯恭紀。"

魏禮焯，河北豐潤人。乾隆五十二年來山東濟陽任縣令。嘉慶元年到昌樂，當年冬即修縣志，嘉慶三年夏完成，未付梓，即調離。嘉慶二年曾興辦營陵書院。此書有乾隆五年武英殿刻本。此次魏氏是以原書上板，行款與原書不差毫厘。九行二十二字，白口，四周單邊，單黑魚尾，無直格。因所據爲原書，刻印精。

杜澤遜師提供信息，日本早稻田大學圖書館有光緒二十六年德州刻本《講約教條》，據序知乾隆間經山東巡撫楊某同意，此書曾有刊行，楊或爲乾隆十七至十九年的楊應琚，或爲三十九年至四十二年的楊景素。有楊批令："據該學中送勸民一編，詞雖近俚而愷切動人，使愚民易曉，以感發其天良也。古人鳴鐸警衆，作歌化民，册仿佛其遺意，可謂仁人之言，大有功於斯世矣。即宜刊行布，召廣其傳。"知書爲德州當地學正刊刻。

以上，清前期的濟南府各級衙門刻書共十四種。

（二）書院刻書

書院刻書也是地方官刻中的一個重要支脈。

山東歷代書院不少，據統計近三百所，但刻書者不多。

各地方志刻成後，有將板子存放於書院的，如"板存雲門書院""雀城書院藏板""牟平書院藏板""壽良書院藏板""宣文書院存板"。但在書院刻書者少，《［光緒］曹州府曹縣志》十八卷《首》一卷，清光緒十年居敬書院刻本，係典型的書院刻書，纂修人均在書院，封面題"居敬書院梓"。

山東較著名且有刻書活動的書院是濼源書院。濼源書院，位於濟南府歷城縣。雍正十一年下詔設立省級書院："省會之地仍各建書院，以作育人才。""擇一省文行兼優之士讀書其中，使之朝夕講誦，整躬勵行,有所成就,俾遠近士子觀感奮發,亦興賢育才之一道也。”“督府駐扎之所,爲省會之地,著該督撫商酌奉行。”並給予充足的資金保證:“各賜帑金一千兩,將來士子群聚讀書。”“須預爲籌畫,資其膏火,以垂永久。”“其不足者,在於存公銀内支用。”①山東巡撫岳濬奉御旨,並得銀千兩,於是年將都指揮使司舊址改建而成濼源書院。作爲山東唯一一個省級書院,濼源書院受到了歷任巡撫的重視,經費充裕,藏書豐富,齋舍寬敞,成爲清代山東規模最大的書院。更重要的是,數百年間,它爲培養人才和促進學術發展做出了重要貢獻。“像徐松、匡源、何紹基、王之翰、繆荃孫等碩學鴻儒曾先後主講於此,周永年、王懿榮等著名學者先後在這裏讀書。可以説濼源書院是近代山東文化命脈所繫,也是中國近代文化史不可忽略的一節。”②

從目前掌握的材料看,濼源書院共刻書八種。

①《小學集註》六卷、《小學名解》不分卷,明陳選集注,清高東軒撰名解,清乾隆十一至十二年間濼源書院刻本。

封面題:“方大中丞頒行,小學註解,濼源書院刊本。”知書由方觀承主持刊刻。

前有雍正三年御製《小學》序,末有乾隆十年夏宗瀾原跋,乾隆十二年于敏中跋,乾隆十二年傅王露後序。夏宗瀾原跋云:“高公東軒先生諄語及此,思廣其傳,因取坊本講説稍順者,略爲增删,補定案語,刊板書院中,通行直屬郡縣,務俾鄉塾幼學之士,人人盈耳充腹……瀾與於編校,謹述先生所以刻書之意,綴於篇。”于敏中跋云:“先是高公東軒先生以《小學》講義罕有善本,乃增删舊説,斷以己意,題曰《小學名解》,刊行畿輔,以惠來學。今桐城方

①以上均轉引自鄧洪波:《清代省會書院:遍布全國的教育學術中心》,見卞孝萱、徐雁平編《書院與文化傳承》,中華書局2009年版,第125頁。

②楊洪昇:《繆荃孫與濼源書院》,載《山東圖書館季刊》2006年第3期。

公攝山左節，慫廣其傳……以帑金刊刻頒布。”傅王露後序云：“茲桐城問亭方公奉命攝篆撫東，特出大學士東軒高公所輯《小學註解》一書，奏請於朝，頒示書院，鋟版以行其義。”

方觀承（1698—1768），字遐谷，號問亭，安徽桐城人。乾隆十一年，署理山東巡撫。此本有乾隆十年原跋，説明乾隆十年有刊刻。方觀承巡撫山東時，以前者爲底本，向朝廷申請資金，由濼源書院刊行。又方觀承巡撫山東衹一年時間，此書序言時間爲乾隆十二年，故刊刻時間當爲乾隆十一年至十二年間。書中“玄”“弘”“曆”避諱。

上欄小字二十四行十八字，下欄九行十四字，小字雙行十四字，白口，四周雙邊，單黑魚尾。

②《詩説》二種三卷，清宋弼撰，清乾隆二十二年濼源書院刻本。

包括《聲調彙説》二卷，《通韻譜説》一卷。

北京大學研究生潘妍艷同學經眼於北京大學圖書館。此書封面題：“蒙泉輯訂，詩説二種，濼源書院藏板。”

《聲調彙説》分上下二卷，卷首爲宋弼《聲調彙説序》，自識其撰述緣起及宗旨，曰：“暇時本先君子之意，取飴山之《譜》與漁洋司寇一事，彙而説之，使學者曉然於聲調焉。……乾隆丁丑冬日蒙泉居士宋弼序。”知其乃本王士禛《律詩定體》、趙執信《聲調譜》而作。其書卷上題“律詩定體”，卷下題“重訂聲調譜”。《通韻譜説》一卷，卷首宋弼《通韻譜説序》亦言撰述之旨，曰：“律詩專用本韻，無論已。一涉古作，依據坊間本子，謬戾茫昧，令人齒冷，可乎？……予既掇漁洋、飴山兩先生之言聲病者，以示諸門人，其説詳於古體，則學者當知古韻。顧亭林先生著作精詳，安溪李文貞公嘗掇其韻譜，分析論辨，犁然當於人心。因本其説，列以爲譜，而撮其義例，著於每部之後，俾覽者了然心目。……乾隆丁丑冬蒙泉居士宋弼書。”知乃本顧炎武、李光地之説而論韻譜。妍艷認爲，此《詩説》二種，專講聲律，蓋爲宋弼主濼源書院時教授生徒之用，故序中有"以示諸門人"之語。二書合刻於書院，且板藏書院。

十行二十一字，白口，四周單邊，無格。《聲調彙説》無魚尾，《通韻譜説》單魚尾（間雜一葉無魚尾）。宋體字上版，刻印一般。

③《餘山先生遺書》十卷，清勞史撰，清乾隆三十年濼源書院刻本。

勞史（1655—1713），字麟書，號餘山，浙江餘姚人。餘山學派的創始人。勞史一生未仕，躬耕自養。其弟子有桑調元、汪鑒、盧存心等。其私淑弟子有沈廷芳等。其再傳弟子有盛世佐、錢載等。此派以朱熹之學爲宗，以居敬窮理爲要，在清初浙東諸儒中獨樹一幟。

此書現藏北京大學圖書館，潘妍艷經眼。封面題："門人桑調元、沈廷芳敬編，須友堂藏板。"

桑調元（1695—1771），字伊佐，一字弢甫，自號獨往生、五嶽詩人，浙江錢塘人。雍正四年舉順天鄉試，十一年召試，欽賜進士，授工部屯田司主事。後引疾歸田，歷主九江濂溪、嘉興鴛湖、濼源書院講席，並編過《濼源書院學規》等書。沈廷芳（1702—1772），字畹叔，一字萩林，號椒園，浙江仁和人。乾隆元年舉博學鴻詞科，授翰林院庶吉士。散館授編修，遷河南按察使，以母老乞歸。再補山東按察使，以老致仕。他以經學自任，古文宗方苞，詩效查慎行，於經學多有闡述。嗜藏書，建有藏書樓"隱拙齋"，藏書豐富。他以"古柱下史"自稱。"須友堂"乃勞史堂名，桑調元先後主大梁、濂溪、濼源諸書院，皆建須友堂，以奉其師。①

---

①妍艷示余曰：可參桑調元撰勞史《行狀》，又桑氏《弢甫集》亦屢有記載，如卷十八《觀察處南定巖董君墓誌銘》謂董氏"剏濂溪書院"，"首延予爲山長，造須友堂，奉勞餘山先師"。又如，《弢甫續集》卷七《題須友堂詩（並序）》序曰"予顔大梁書院之須友堂"云云。又如，《弢甫續集》卷十九有《疊韻奉酬萩林題濼源書院須友堂作》詩，等等。

首有沈廷芳乾隆三十年序,桑調元乾隆二十九年序,卷末附桑調元所撰勞史《行狀》。沈序云:"及轉山左,偕纂遺書,先受性本體,次爲學工夫,次第爲十卷。議構朱子祠堂於濼源書院,奉三大儒配。尋濫席鰲峰,與輯通志,列貫一於道學。今山長以遺書刻成,因共朝夕循誦,奉爲圭臬……乾隆乙酉長至日門人沈廷芳拜序。"桑調元撰《行狀》云:"仁和沈萩林司臬廷芳,續竹垞朱氏《經義考》,推先生邃於《易》學,卓爲經師人師,遂自稱私淑門人。於山東濼源書院建朱子祠,以楊園、稼書、餘山三先生從祀,大昌朱子之學,以上泝先聖之傳。調元方濫席濼源,共相鼓勵,士莫不感奮。"知此書由桑調元刻於濼源書院,係個人刻書還是書院刻書,妍艷有疑問,因序中皆未明言,暫置於此。

十一行二十字,白口,四周單邊,單魚尾。

④《澹初詩稿》八卷,清沈翼機撰,清乾隆三十年桑調元濟南濼源書院刻本。

卷端署:"海寧沈翼機西園。"沈翼機,字西園,號澹初,浙江海寧人。康熙四十五年進士,官至翰林院侍讀學士。

前有乾隆六年沈氏門人張鵬仲序,乾隆十二年門人孫仁龍序,乾隆三十年門人桑調元序,乾隆三十四年後學胡彦昇序。桑序云:"公之諸孫心齋世講由長沙明府陞任東原刺史,時調元應崔大中丞之招,掌教濼源書院。心齋來省,得與款洽,因出公詩集十卷,屬校對而付之梓……謹次其先後而悉鐫諸版。"

十行二十字,白口,左右雙邊。寫刻頗精。

⑤《試帖前選》四卷,清宋弼輯,清乾隆濼源書院刻本。

封面題:"山長選訂,濼源書院刊行。"目録下署:"濼源書院山長選定。"知此選乃宋弼任濼源書院山長時所輯唐詩,以教授學子者也。

書以事物分類,共選唐詩二百三十三首。卷首有宋弼自序:

"歲在丁丑之二月,詔下禮部,春闈試士用五言八韻唐律一首……唐人試帖,舊多刊本,其頗爲注者曰類箋,凡五百餘篇,試律盡於是矣。同年石柯亭大令,攜以示余,乞爲選擇。予及芟厥穢蕪,擢其菁華,去俗訂舛,僅存其半以授梓矣……予居濼源學舍……刻既成,爲序其緣起。"可見,此書爲宋弼在濼源書院時所刻。宋弼助盧見曾搜集《國朝山左詩鈔》刻於乾隆二十三年,三十三年任甘肅按察使,於本年入覲途中卒於洛陽。則此書當刻於乾隆三十三年前。山東博物館作嘉慶刻本,無依據,應爲乾隆中刻本。

十行二十一字,小字雙行二十一字,白口,四周單邊,單黑魚尾,無行格。刻印精,字體似康熙乾隆間的殿版,非寫刻。

⑥《經韻集字析解》二卷,清熊守謙參訂,清彭良敞集注,清道光十年濼源書院刻本。

封面題:"道光庚寅年鐫,濼源書院藏版。"卷端署:"新建熊守謙虛谷氏參訂,南昌彭良敞研珊氏集註,姪邦培校録,男慶恬、邦進校對。"

此書有道光二年彭良敞任天津長蘆鹽運使時刻本,則此本爲濼源書院重刻本。

八行,大字十六字,小字雙行三十二字,白口,四周雙邊,單黑魚尾。刻印精美。

⑦《濼源書院課藝》初二編,清匡源輯,清同治六年匡源濼源書院刻本。

匡源,字本如,號鶴泉,山東膠州人。道光十九年舉人,二十年進士。二十九年入值上書房,爲咸豐帝師。歷官吏部左侍郎、禮部尚書、軍機大臣,爲顧命八大臣之一,緣事革職,移居濟南,爲濼源書院和尚志書院的山長近二十年。光緒七年去世。

書有山東巡撫丁寶楨同治九年序:"同治丁卯,嘗選課藝之佳者刊爲初二編。”

⑧《濼源書院課藝三編》，清匡源輯，清同治八年匡源濼源書院刻本。

有牌記：“同治己巳冬十有二月栞成，敬樂堂藏版。”

丁寶楨同治九年序：“本年春復有《三編》之刻，書成，緘以示余。”匡源同治八年十二月序於碧梧翠竹之齋：“余曩有《濼源書院課藝》初二兩編之刻……監院李君石瑚復請再選續編……乃先取丁卯年月課各藝，擇其理法不悖者，得若干篇，彙爲《三編》，付諸剞劂。其四、五兩編亦將續選授梓焉。……至是編訂正，仍質之緒念劬同年，中丞及蕭質齋觀察，實捐廉成其事云。”

蕭培元，字質齋，雲南昆明人，咸豐二年壬子進士。監院李慶翔，字石瑚。此時濟南既有濼源書院，亦有尚志書院，兩院平行，師資力量互相利用，爲的是造就更多的人才。這是丁寶楨的貢獻。此書雖爲濼源書院刊，也有個人捐資成份，如丁寶楨和蕭培元捐資助刊。末有朱賜田同治七年跋。

九行二十五字，白口，四周雙邊，單黑魚尾，無直格，刻有句讀。字端正。

由上可知，濼源書院是清代山東成立較早的書院之一，在乾隆年間刊刻了五種書，道光一種，同治二種，且均在濟南另一書院——尚志書院成立之前。濼源書院在尚志書院成立後，未刻過書，據此推測：匡源參與了尚志書院的編校刻書，尚志書院接續了濼源書院的一些工作。這樣，山東書院的刻書就承接起來了，即清前期由濼源書院承擔，清後期由尚志書院承擔（尚志書院刻書在清後期的濟南府官刻中介紹）。

五種書中，經部兩種，集部兩種，子部儒家類一種。從著者看，桑調元老師的著述兩種，宋弼兩種。刻書均在乾隆十一年至三十三年間。

附:濟南府官刻總表

布政使司	賦役全書		清順治山東布政使司刻本
	御纂周易折中	(清)李光地等撰	清雍正間山東布政使司翻刻内府本
	欽定書經傳説彙纂	(清)王頊齡等編	清雍正間山東布政使司翻刻内府本
	欽定詩經傳説彙纂	(清)王鴻緒等撰	清雍正間山東布政使司翻刻内府本
	欽定春秋傳説彙纂	(清)王掞等纂修	清雍正間山東布政使司翻刻内府本
	山左足民録八卷	(清)鄭禪寶等撰	清雍正間山東布政使司刻本
按察使司	山東全河備考四卷	(清)葉方恒撰	清康熙十九年刻本
	甘薯録一卷	(清)陸燿編	清乾隆四十一年陸燿山東臬司刻本
提督學政	士子習讀書目不分卷(山東阮學政擇定童生應看書目)	(清)阮元編	清乾隆五十九年山東刻本
鹽運使司	岱史十八卷附録一卷	(明)查志隆撰	清順治十一年傅應星山東鹽運使司刻康熙三十八年勞繩祖山東鹽運使司修補本
	山東鹽法志四卷	(清)莽鵠立等撰	清雍正二年至十二年刻本
運河道庫	山東運河備覽十二卷首一卷	(清)陸燿纂	清乾隆四十一年刻同治十年王化堂等運河道庫補刻本

（續表）

濟陽	欽定康濟録四卷	（清）倪國璉撰	清乾隆五十八年濟陽縣令魏禮焯濟陽縣衙刻本
德州學正	講約教條一卷		清乾隆間德州學正刻本
灤源書院	小學集註六卷小學名解不分卷	（明）陳選集註（清）高東軒撰名解	清乾隆十一至十二年間灤源書院刻本
	詩説二種三卷（聲調彙説二卷，通韻譜説一卷）	（清）宋弼撰	清乾隆二十二年灤源書院刻本
	餘山先生遺書十卷	（清）勞史撰	清乾隆三十年灤源書院刻本
	澹初詩稿八卷	（清）沈翼機撰	清乾隆三十年桑調元濟南灤源書院刻本
	試帖前選四卷	（清）宋弼輯	清乾隆灤源書院刻本

二、家刻

（一）歷城刻書

歷城刻書始於金代，明代刻書有十七種，清代是歷城刻書的最盛期，既有歷城當地人刻書，亦有外地人在歷城爲官時刻書。現已知清代歷城最早所刻的書是葉承宗撰《濼函》。

1）葉氏刻書

葉承宗（1601—1648），字奕繩，别號濼湄嘯史，亦作稷門嘯史，歷城人。明天啓七年舉人，清順治二年進士，授江西臨川知縣。任寶禎《葉承宗和他的〈（崇禎）歷城縣志〉》①：“爲培養人才，成立

①任寶禎：《葉承宗和他的〈（崇禎）歷城縣志〉》，見濟南時報 2007 年 12 月 4 日。

香南社，教授本縣諸生，選其文章優秀者數百篇刊刻，入社生員後多人成名。”知葉氏在臨川有刻書行爲，時間爲明末，未見傳本。

所見葉氏刻書有《［崇禎］歷城縣志》十六卷，明崇禎十三年刻本，係葉承宗在劉敕所編《歷乘》的基礎上纂修而成，其弟葉承祧奕紹校正刊行。

葉氏平生著述主要有《濼函》十卷、《耳譚》二卷、《少陵詩選》六卷，其弟葉承祧用十餘年時間收集整理其著述，今唯見《濼函》十卷，清順治十七年友聲堂刻本。

2）朱氏刻書

清代前期歷城私家刻書首推朱氏。

朱氏先世居高唐州，朱緗祖父朱美先明季始遷歷城，以義行重於鄉。朱緗之父朱宏祚，官至廣東巡撫、浙閩總督。伯父朱昌祚，爲封疆大吏，官至直隸、河南、山東三省總督，人稱“朱三省”。朱緗二弟朱絳官至廣東布政使，三弟朱綱雍正年間官至雲南巡撫。兄弟三人皆有詩作傳世。其後世爲官、習文者，亦代不乏人。

朱氏有《濟南朱氏詩文彙編》行於世，《中國叢書綜録》著録①，但這並不是其全部作品的彙集，還有部分未收入，且刻書時並没有叢書計劃，衹是以單刻行世，後世彙印而成，故不應以叢書視之。

（1）朱昌祚

朱氏刻書始於朱昌祚。昌祚有《撫浙疏草》五卷、《撫浙移牘》一卷、《撫浙檄草》二卷，清康熙三年刻本。

（2）朱緗

朱氏刻書自朱緗始盛。

朱緗（1670—1707），字子青，號橡村。自負俊異之才，博覽群

①上海圖書館：《中國叢書綜録》，上海古籍出版社 2007 年版，第 885 頁。以下簡稱《叢綜》。

書。詩學王士禛,與四方文士交遊,與淹博之士朱彝尊、文學家蒲松齡等相切磋,頗有詩名,深得詩人田雯賞識。築室於章邱明水,曰“橡村”,讀書處爲“見山樓”。著有《橡村集》《楓香集》《雲根清壑山房詩》《吴船書屋集》《觀稼樓詩》等。另有《嶺南草》《端江集》收入朱氏兄弟合刻集《棣華書屋近刻》中。

清初諸位詩壇大家如王士禛、朱彝尊、田雯、張貞等對朱緗作品及人格評價甚高。張貞在《觀稼樓詩題辭》中云:“予以康熙甲戌讀橡村先生《楓香集》,歎爲奇作,序而歸之。更七年,過緑玉堂,橡村出觀稼樓新詩相示,又索弁言。予反覆誦之,意氣跌宕,筆墨馳騁,天風海雨之氣逼人,較作《楓香》序時,胸中眼底另一意致。”緑玉堂可能爲朱緗的堂號。

目前所見朱緗著述五種,除一種爲與兄弟合刻外,餘皆爲自刻本。

①《棣華書屋近刻》四卷,清朱緗、朱絳、朱綱撰,清刻本。

有南海梁佩蘭序。

這是朱緗、朱絳、朱綱兄弟三人合集。《四庫存目》曰:“此集凡緗《嶺南草》一卷,《端江集》一卷,乃其省親粤東時作;絳《嶺南草》一卷,蓋與緗同行所作;綱《濟南草》一卷,中有《聞二兄自粤北歸》詩,蓋與緗、絳《嶺南詩》同時所作,故合刊云。”

朱絳約在康熙末雍正初任廣東布政使,朱緗康熙四十六年去世,蓋朱緗省親粤東係看望其父朱宏祚,朱絳同行。其父任廣東巡撫在康熙二十六年,朱緗十八歲。則此書成於康熙二十六年後。又據李興祖康熙三十四年序《楓香集》曰“余嘗讀《棣華集》”,或《棣華集》係指《棣華書屋近刻》,如此,則此書在朱氏刻本中爲最早。

②《楓香集》一卷,清朱緗撰,清康熙刻本。《濟南朱氏詩文彙編》之一。

卷端題:“魚邱朱緗子青。”

《山東通志·藝文志》:“(朱緗)有《橡村集》四卷……是集分

四種,曰《楓香集》,曰《吴船書屋集》,曰《觀稼樓詩》,曰《雲根清壑集》。自《吴船書屋》以下,皆士禛之所評定也。"

有王士禛序,"禛"缺末筆,知此書刻於康熙年間。張貞康熙三十三年序。銀城李興祖康熙三十四年序。田雯序。梁佩蘭序。

十行十八字,粗黑口,左右雙邊,單黑魚尾。字大方正,清初期刻本特徵。此書當爲朱緗自刻。

③《觀稼樓詩》二卷,清朱緗撰,清康熙刻本。《濟南朱氏詩文彙編》之一。

卷端題:"新城王阮亭先生評,濟南朱緗子青。"

末有張貞康熙三十九年厚書庵識:"予以康熙甲戌(按:三十三年)讀橡邨先生《楓香集》……更七年,過緑玉堂,橡邨出觀稼樓新詩相示。"

十行十八字,粗黑口,左右雙邊,單黑魚尾。非寫刻字體,刻印一般,不似康熙刻本。但此時朱緗在世,應爲朱緗所刻。

④《吴船書屋詩》一卷,清朱緗撰,清康熙刻本。《濟南朱氏詩文彙編》之一。

卷端題:"新城王阮亭先生評,濟南朱緗子青。"

十行十八字,粗黑口,左右雙邊,單黑魚尾。非寫刻字體,但刻印精。"禛"缺末筆。

⑤《雲根清壑山房詩》一卷,清朱緗撰,清康熙刻本。《濟南朱氏詩文彙編》之一。

卷端題:"新城王阮亭先生評,濟南朱緗子青。"

朱彝尊序:"橡村貽書索予序。"王士禛序:"朱子之尊人司馬公,少與余爲同學,朱子又從予遊,家世翔貴……同郡友人王士正。"

此書與《吴船書屋詩》似爲同時刻。"禛"改爲"正",當爲雍正印本。

十行十八字,粗黑口,左右雙邊,單黑魚尾。寫刻字體,刻印精美，清初風格。

(3)朱綱

朱緗有弟四人：朱絳、朱綱、朱纘、朱縉，刻書者僅見朱綱一人。

朱綱(約1674—1728)，字子聰。歷任刑部江西司郎中、天津道副使、河南按察使、湖北按察使、湖南布政使等職。雍正五年，晉陞爲雲南巡撫。後調任福建巡撫。六年病卒。著有《濟南草》《蒼雪山房稿》。又長於法醫，著《檢屍考要》。刻書有以下四種。

①《蒼雪山房稿》一卷，清朱綱撰，清康熙刻本。《濟南朱氏詩文彙編》之一。

卷端題："新城王阮亭先生評，濟南朱綱子聰。"

有王士禛序。《四庫存目》曰："(綱)與兄緗、絳皆學詩於王士禛，是集亦士禛所評定。詩頗清淺，蓋少作也。"

②《粵遊草》，清朱綱撰，清康熙刻本。《紉蘭集》之一。

此集蓋爲朱綱與朱緗廣東省親所爲詩，約成於康熙二十六年以後。

③《滇遊草》，清朱綱撰，清康熙刻本。《紉蘭集》之一。

八行十九字，小字雙行十九字，白口，左右雙邊，單魚尾。

④《檢屍考要》一卷，清朱綱撰，清雍正四年湖南刻本。

書有朱綱自序，云："舊有《洗冤録》《無冤録》《讀律佩觿》《未信編》等書，皆講論檢驗之法。康熙間浙江仁和陳漱六者，取諸本彙校，集爲八卷，名曰《洗冤集説》。今係就《洗冤集説》中所載之《洗冤》《無冤》《讀律佩觿》等書，選其與驗屍關鍵之處，彙爲一帙。至其中屍傷屍圖、致命不致命處所係，照刑部現行新例核定。其原本内有因事涉疑，似存二説，以備考訂，與字義訛誤可疑，旁註小字以備斟酌者，亦照舊並存焉。"

《山東通志·藝文志》："是書刊於雍正丙午。"此年朱綱在湖南布政使任上，當刻於湖南。

(4)朱崇勳、朱崇道

朱緗後,其子崇勳、崇道繼承他的刻書傳統。這是朱氏第三代刻書。

崇勳字彝存,號怡園,貢生。能詩賦,宗新城王士禛,清脱灑灕。有《桐蔭書屋詩》二卷,清乾隆刻本,收入《濟南朱氏詩文彙編》。卷端題:"歷城朱崇勳彝存。"有乾隆二十五年宋弼序。盱江魯鴻序。十行十九字,粗黑口,左右雙邊,單黑魚尾。字體瘦長。乾隆風格。

崇道字帶存,崇勳弟,貢生。有《湖上草堂詩》一卷,清乾隆刻本,收入《濟南朱氏詩文彙編》。卷端題:"歷城朱崇道撰。"十行十九字,粗黑口,左右雙邊,單黑魚尾。字體瘦長。乾隆風格。

(5)朱翊黄

朱綱子崇厚,字野君,有《繪事逋還雜詠》一卷,由其子朱翊黄刻成,時間在乾隆中。這是朱氏第四代刻書。

卷端題:"歷城朱崇厚野君。"有識:"乾隆乙酉,璽厓弟尹東光,余往視之,攜之置行篋中,嗣署舍爲鄰煨燒,盡付灰燼矣。"乾隆四十一年海豐張映緯序:"濟南朱先生野君,爲勤恪公叔子,性孤介。少承先生業,博極群書,不希進取,晚年村居扃户,日以吟詠書畫自娱……甲戌,余館先生家……嗣余歸臥,海濱先生尋捐館舍……嗣君翊黄持先生所著《繪事逋還雜詠》,丐序於余。"末有乾隆十八年癸酉聊攝後學靳文鋭跋。

八行十九字,白口,左右雙邊,單魚尾,版心下刻"慎影堂"。乾隆時非寫刻本特徵,但刻精。"慎影堂"或爲朱翊黄堂號。

(6)朱攸

朱氏第四代還有朱攸,乾隆間編刻《其順堂三世遺詩》。

攸字好德,號淵亭①,一號迂舟。乾隆三十七年壬辰進士,授

①《歷城朱氏硃卷彙編》《山東通志・藝文志》,均作"字淵亭"。

吉安知府,未任卒。兄朱倬,弟朱倜,子朱曾可,國子監助教。朱曾喆《養中之塾文集》載《族叔父淵亭行略》云:"家世善詩,父冰壑翁名尤著。叔父有《其順堂三世遺詩》刻,其所自作則散佚矣。"

朱攸所刻《其順堂三世遺詩》,爲祖父朱緯詩、父朱令昭詩、兄朱倬詩。朱緯,爲朱丕祚嗣子,與朱緗、朱綱同輩,其子朱令昭,其孫朱倬、朱攸。

《其順堂三世遺詩》有:

①《夢村集》六卷,清朱緯撰。

卷端題:"朱緯義俶。"

前有唐夢賚序。

②《冰壑詩鈔》六卷、《冰壑詩餘》一卷①,清朱令昭撰。

令昭字次公,號漆園。少與淄川張元、膠州高鳳翰等結柳莊詩社。精音律,善詞曲,工書畫,兼工篆刻。

③《遯齋稿》二卷,清朱倬撰。

卷端題:"朱倬振亭。"

前有乾隆三十一年張象恩序:"歷城朱氏世以詩鳴,自夢村學博(按:朱緯)、橡村主政(按:朱緗)、紫垣方伯、勤恪開府(按:朱綱)、素存中舍、冰壑司馬(按:朱令昭),人自爲集,集自名家。至於童孺就學,輒工爲韻語。其家學循習而然。振亭爲夢村先生諸孫,冰壑先生之子,其成能於詩也固宜。"

十行十九字,小字雙行十九字,白口,左右雙邊,單魚尾。字體方正,刻印比較精。

(7)朱琦

朱琦,字景韓,號復亭,又號篔谷居士。康熙五十五年生,卒年不詳。歷城朱氏家族之一員,但世系不清。乾隆十二年舉人。曾

①《山東通志·藝文志》作三卷。

官彭縣、安岳知縣。著有《杜詩精華》六卷、《倚華樓詩》四卷、《鐵峰集》一卷、《倚雲樓詩》四卷等。目前所見唯有《倚華樓詩》四卷,清乾隆刻本,收入《濟南朱氏詩文彙編》。

卷端題:"歷城朱琦景韓。"

有乾隆二十六年盱江魯鴻序。

十行十九字,粗黑口,左右雙邊,單黑魚尾。字體瘦長,乾隆風格。

(8)朱曾武

朱氏的第五代爲"曾"字輩,刻書時間已到了清代中期。

曾武字繩孫,號蒨圃,乾隆四十八年癸卯舉人,官廣東開平知縣。著有《唐詩繹律初集》四卷、《四書字義説略》二卷、《説餅庵詩》《古文筆譜》二卷。

①《唐詩繹律初集》四卷,清朱曾武輯,清嘉慶十一年朱曾武廣東刻本。

封面題:"嘉慶丙寅新鐫,緑玉堂藏版,翻刻必究。"

有同鄉營陵(昌樂)李華庭序:"濟南朱君蒨圃,工於詩,尤好論詩,以名孝廉出宰粤中。公餘之暇,不廢詠歌。罷官後,仍以詩自遣……手自選輯,細加詮解。"有嘉慶十一年丙寅秋七月濟南朱曾武書於粤東廣州客邸。當爲廣東刻本。

九行二十一字,白口,左右雙邊,無直格。刻印尚可。

②《四書字義説略》二卷,清朱曾武輯,清嘉慶十二年朱曾武廣東刻本。

封面題:"嘉慶丁卯仲夏鐫,緑玉堂藏版,翻刻必究。"卷端下題:"濟南朱曾武蒨圃論著。"

前有登州同鄉曉村弟張其修書於粤中廣州客邸:"濟南朱君蒨圃,績學有年,間著《四書字義説略》一書,《集注》所有,無不會而通焉。《講義》所無,亦且覈而詳焉。"據此序,此書當亦在廣東所刻。

八行二十二字,白口,左右雙邊,單黑魚尾。刻印尚可。

③《文話》二卷,清朱曾武撰,清嘉慶十九年緑玉堂刻本。

此條據《販續》《山東文獻書目》[1]著録。

④《時文筆譜》一卷,清朱曾武撰,清嘉慶刻本。

⑤《古文筆譜》二卷,清朱曾武撰,清道光十六年刻本。

自序云:"古文、時文規模不同,而其用筆未嘗不同。意欲集筆法之大成,而匆匆未暇。茲僅就所得,先爲付梓,竊以公同好焉。"

(9)朱汲

朱氏第六代朱汲,集衆人之力,道光二十年刻成其父朱曾喆的《養中之塾文集》一卷,收入《濟南朱氏詩文彙編》。

曾喆字濬叔[2],乾隆二十八年生,據《奉萱草堂詩文集》,乾隆五十四年舉人,官寧陽縣教諭。堂伯朱琦,堂叔朱彤,再從堂叔朱攸,子朱汲。私淑方苞,時誦習其文,其爲文深於義法,於程朱之學篤信力行。

目録下題:"濟南朱曾喆鈍甫著,楊濰憶園訂正。"

有道光十三年癸巳王贈芳叙,云:"鈍甫既卒,其友鄒平成君肅中出其遺著一册,讀之氣韻淵茂,動陳古義,類皆表章忠孝節烈之作。其積學既久且深,而又出以矜慎,非世俗之文也。"高密單爲鏓《朱鈍甫古文序》:"鈍甫因方子之古文,上溯程、朱之學,篤信力行之,齊魯推巨擘……乙未再至會城,攜雞酒哭先生墓,從其子汲索得先生古文,汰其冗者,存如干首,將俟故人之志乎古者,必梓之以廣其傳。"乙未爲道光十五年。後有道光二十年朱汲跋:"先君《養中之塾文集》,博山孫康甫待詔、海豐吴平山觀察共助剞劂

①王紹曾:《山東文獻書目》,齊魯書社1993年版。以下簡稱《山東目》。
②《歷城朱氏硃卷彙編》《山東通志·藝文志》作"字鈍甫"。

……癸巳春(按:道光十三年)捐館,汲懇楊憶園姐夫訂正,分爲二卷……今康甫世叔,不遠千里,自京都分俸禄見貽,平山表弟則自楚襄觀察厚寄廉資,俾汲得敬授梓人。”

成瓘,字肅中,鄒平人。博山孫康甫,其人不詳。吴式敏,字平山,海豐人,官至湖北安襄鄖荆道。楊滽,字憶園,長清人,泗水縣訓導。

此書集多人力量而成。先是鄒平成瓘藏其詩册,高密單爲鏓進行遴選,楊滽爲之訂正,博山孫康甫和海豐吴式敏助資刊刻。朱曾喆之子朱汲,是此書的主要刊刻者。

十一行二十二字,白口,四周雙邊,單黑魚尾。字體端正,道光風格。

濟南朱氏刻書一覽表:

撫浙疏草五卷撫浙移牘一卷撫浙檄草二卷	(清)朱昌祚撰	清康熙三年刻本
棣華書屋近刻四卷	(清)朱緗、朱絳、朱綱撰	清刻本
楓香集一卷	(清)朱緗撰	清康熙刻本
吴船書屋詩一卷	(清)朱緗撰	清康熙刻本
觀稼樓詩二卷	(清)朱緗撰	清康熙刻本
雲根清壑山房詩一卷	(清)朱緗撰	清康熙刻本
蒼雪山房稿一卷	(清)朱綱撰	清康熙刻本
粤遊草	(清)朱綱撰	清康熙刻本
滇遊草	(清)朱綱撰	清康熙刻本
檢屍考要一卷	(清)朱綱撰	清雍正四年刻本
桐蔭書屋詩二卷	(清)朱崇勳撰	清乾隆刻本
湖上草堂詩一卷	(清)朱崇道撰	清乾隆刻本

（續表）

繪事逋還雜詠一卷	（清）朱崇厚撰	清乾隆中歷城朱崇厚子朱翊黄刻本
其順堂三世遺詩（夢村集六卷冰壑詩鈔六卷冰壑詩餘一卷遯齋稿二卷）	（清）朱攸編	清乾隆間朱攸刻本
倚華樓詩四卷	（清）朱琦撰	清乾隆刻本
唐詩繹律初集四卷	（清）朱曾武輯	清嘉慶十一年緑玉堂刻本
四書字義説略二卷	（清）朱曾武輯	清嘉慶十二年緑玉堂刻本
文話二卷	（清）朱曾武撰	清嘉慶十九年緑玉堂刻本
時文筆譜一卷	（清）朱曾武撰	清嘉慶刻本
古文筆譜二卷	（清）朱曾武撰	清道光十六年刻本
養中之塾文集一卷	（清）朱曾喆撰	清道光二十年朱曾喆之子朱汲刻本

濟南朱氏刻書特點有八：

一是六代刻書，自第一代朱昌祚始，至第六代朱汲止，刻書達二十餘種。

二是刻書時間主要集中在康、雍、乾三朝，康熙最多，大部爲自刻。乾隆次之，大部係後人爲前人刻書，意在總結與發揚家風。嘉道間亦有六種之多。

三是刻書内容除朱綱《檢屍考要》、朱曾武《四書字義説略》外，餘皆爲詩文集，可見，朱氏是以詩文傳家的。

四是全部爲家刻。或爲自刻，或爲兄弟刻，或子爲父刻，或孫爲祖刻。

五是朱緗、朱綱集子多有"新城王阮亭先生評"字樣,不没王士禛的功勞,亦點明師承關係。

六是行款版式整齊劃一,多爲十行十八或十九字,粗黑口,個别白口,左右雙邊。

七是刻書質量高,刻於康熙者多爲寫刻。乾隆時多爲宋體字,即使非寫刻,亦精美。

八是道光時期,朱氏家道中落,經濟不興,朱汲刻其父朱曾喆的集子,由衆人援助始成。質量上也無甚特色,細行密字,皆爲節省成本,經濟條件與刻書的關係可見一斑。

3)張養浩後裔刻書

張養浩後裔不墮家聲,有《雲莊休居樂府》之刻。

《雲莊休居樂府》一卷,元張養浩撰,附《隱詞歸田》,明王陽明撰,清康熙十二年濟南張氏刻本。

卷端題:"濱國文忠公張養浩著,陽丘吏隱主人赤鳳子較。"

末有:"樂府自古有之,我始祖歷仕以來,功德著於元朝,《綱鑑》《府志》備載。退居著《樂府》一百五十五首,《綽然亭隱詞》二十三首,合爲一卷,抄傳於今。前板無可考尋,恐其失傳,忞、燦、寶善、寶機合族會合修板,傳於後世,永不失傳云。歲次癸丑孟冬,十五世孫燦謹述較正後世孫敦行。"

此書有明成化十九年邊寧刻本,題名《雲莊張文忠公休居自適小樂府》一卷,九行十七字,黑口,四周雙邊。癸丑應爲康熙十二年,原因有二,一是據《四庫提要》,有"考順治丁酉赤鳳子《雲莊樂府引》"一語,知赤鳳子《雲莊樂府引》作於順治十四年,而此書卷端恰有"陽丘吏隱主人赤鳳子較",則知此書當晚於順治十四年。二是張養浩生卒年爲至元六年至天曆二年,十五世之後約三百年,大體與康熙十二年合。

九行二十二字，白口，四周單邊，無直格。字體方正。

4）孫光祀之子刻書

光祀（1614—1698），字袢庭，號溯玉，順治十二年乙未進士，官兵部右侍郎，康熙十八年因事降調。著有《膽餘軒集》《膽餘雜著》。

《膽餘軒集》不分卷，清孫光祀撰，清康熙三十三年刻本。

是集凡文七册，詩一册。版心下刻孝、弟、忠、信、仁、義、禮、智以區分册次。一、二册爲序文，三、四册爲論、策、表、啓，五、六册爲志銘、碑記、行狀、傳記，七册爲奏疏，八册爲詩。

前有順治十八年辛丑榆山孫光祀《自叙》，康熙三十一年丙子受業汪灝書於燕臺邸舍《序》，是年門人韓菼《讀膽餘集》："吾師少司馬袢庭先生致事歸，輯比其奏牘、詩、古文行世，名曰《膽餘》。"溧陽受業門人彭會淇於燕臺邸舍撰《膽餘集跋》："歸老山東，追理生平著作，十亡五六，檢其存者彙成一編。"康熙三十四年乙亥受業平湖陸棻《膽餘軒集序》，日照受業門人李應鳵識於燕邸《序》，康熙三十三年甲戌魏希徵《膽餘軒集序》："諸嗣君近始蒐輯成帙，梓以壽世。"據此，此書當爲孫氏之子所刻，時間爲清康熙三十三年。

八行十八字，白口，四周雙邊，單黑魚尾。宋體字，康熙風格，刻印精。

據崔巍老師《博》下－128，有孫光祀八世孫孫建長刻印樣底本，時間當在清乾嘉時期。

5）趙吉徵子趙磐友刻書

趙吉徵字君孚，號鶴山，大興人，家歷城，順治十一年甲午舉人，官應山知縣，有《菜根堂詩》四卷。歷城王苹《蓼谷集》載是集後序云："吾邑應山明府趙鶴山先生《菜根堂詩集》四卷，其仲子磐友於先生卒後二十三年始克裒集遺稿，乞新城大司寇公選定批點，爲序而版行之。”則知其書爲康熙間趙吉徵子趙磐友所刻。未見傳本。

6)張澄源刻書

邊貢《華泉集》在明代有七刻,其中山東三刻,前已有述。到了清代,先有王士禛康熙刻本,爲詩選四卷(新城刻書有介紹),繼有歷城張澄源溎康熙四十四年刻本。

所見山東省圖書館藏本即清康熙四十四年歷城張澄源刻嘉慶十年咸豐元年歷城李氏補刻宣統元年修補本,有魏允孚序,嘉靖十七年戊戌歷下劉天民序,潘子霓《遺稿後序》。又嘉慶十年尹廷蘭《書後》:“康熙乙酉(按:康熙四十四年),邑文學張澄源溎得其全集,重刻行世。”

此書的珍貴之處,在於附録王士禛選本詩五首。第八卷末有李肇慶識:“右詩五首,見王文簡選刻本,而集中不載,則知此集非文簡所據胡、魏二刻本也。華泉卒於嘉靖十五年丙申,章邱李太常開先選其詩八卷,一刻於晉,一刻於家。劉希尹曾以書致謝。至戊戌,希尹復收其逸詩若干首,天水胡中丞可泉鋟梓以行。是此集於尚書甫歿三年内,已有三刻本矣。潘序謂:‘歷城令巽川李公藏稿,桃溪方伯王公捐俸刻之。’魏序謂:‘余理濟之明年,從先生仲子搜得數十篇叙入集中,重鋟之。’兩序皆無重刻年月,然考潘子霓,嘉靖三十二年癸丑進士;魏允中,萬曆八年庚辰進士,允孚乃允中季弟,其成進士又在庚辰之後。潘、魏兩人成進士前後相去三十年,則方伯刻本在前,司理刻本在後,相去當不下二十餘年矣。文簡不言方伯刻本者,其所據乃中丞、司理二刻本,非方伯刻本故也。此集原本乃邑文學張溎得之臨邑廣文盛君者,其爲方伯刻本無疑,茲特補刻五詩附於八卷之末,而識其源流如此。”李肇慶此識梳理了邊貢集的刊刻情況,但限於時地,並不完全。又辯證了王士禛所據爲胡、魏二本,而張澄源所刻依據方伯本,現方伯本不存,所以,張澄源本具有一定的文獻學意義。

7)張潛後人刻書

山東省圖書館藏有《家藏貫珍録》一卷,清張潛輯。潛字幽光,歷城人。

書衣題簽:"餘慶堂藏板。"卷端題:"歷下張潛幽光輯,孫思閣玉章、思虚若谷、思默慎言校字,曾孫耀曾宏緒重梓,姪曾孫蕖臨溪、雲官龍紀梓訂。"

前有雍正十二年歷下牛元承序:"付之剞劂。"説明雍正十二年爲第一刻,蓋爲歷下張氏刻本(按:後二行似補刻或重刻)。又有周永年乾隆四十三年序:"其目十有四,首之以原天命,終之以攝生。於禔躬、治家、涉世之道,皆類聚經傳及先儒格言,亦間採二氏之説,名之曰《貫珍》,欲其子孫世守而寶之也……今其子孫咸能體先生之教,永識弗忘。因舊板散佚,謀重刻以永其傳。"可知,乾隆四十三年爲第二刻。十行二十四字,白口,四周雙邊,單黑魚尾。刻印精,有乾隆刻書風格。末有耀曾識:"(因藏板漫漶不真)兹付剞劂,重新補刻。"知在嘉慶間又有補刻。又有"道光二年歲次壬午元孫希洞、來孫守訓重刊",看版心書名、字體,蓋非重刻,而係原版刷印。

以上,知本書有二刻,一爲雍正十二年歷下張氏刻本,二爲乾隆四十三年歷下張氏刻本,嘉慶間張燿曾等補刻,道光二年又原版刷印。《山東通志・藝文志》認爲乾隆爲補刻,道光重刻,誤。

8)任弘遠刻書

被稱爲"天下第一泉"的濟南趵突泉,至乾隆初年有了第一部專書介紹,即歷城詩人任弘遠的《趵突泉誌》。

弘遠字仔肩,號濼湄。祖籍山西,清初其祖父來山東爲官,遂定居歷城。弘遠幼負軼才,性好吟詠,不求仕進,壯遊四方。著有《鵲華山人詩集》《見山亭集》。其《鵲華山人詩集》一卷,有乾隆十九年刻本。

《趵突泉誌》的編纂，始於康熙五十二年，至乾隆七年付梓。書分上、下兩卷。弘遠乾隆七年自叙云："余乃不揣剪陋，於康熙癸巳春發凡起例，首紀聖祖遊幸御製詩並所題碑版，復取《爾雅》《山海經》《通鑑》《名山記》《寰宇記》《水經注》、古今詩文、歷代沿革、天文、仙釋諸編，成書二帙。凡泉之所有者悉所存，泉之所無者在所刪。藏之篋笥，不敢問世。恭逢今上御極之年，召修天下古蹟，於是啓諸舊藏，復加精勘。雖不敢居作者之林，爲繼宋、元、金、明諸先生之後塵，使千百世而下，知我朝德澤洋盈，遍及於泉石巖壑之間，或亦賡揚皇仁於萬一也。"

弘遠以一人之力編纂的這部《趵突泉誌》，是我國自古至今唯一一部記述一處名泉，具有較高史料價值的地方名物專志，同時又是一部具有濃郁地方色彩的文學作品的總集。其所收作者既有濟南歷代名士，也有名揚全國的著名詩人如曾鞏、蘇轍、元好問、趙孟頫、王陽明等。許多佳詩美文都是描寫趵突泉的傳神之筆，繪聲繪色，氣韻生動，流傳千古。數百年來，《趵突泉誌》一直受到世人的青睞，被譽爲"天下名泉第一志"。

9）吴元祥刻書

山東泰安徐志定磁版印本《周易説略》《蒿庵閒話》，其版本問題是自清末民初以來版本目録學界争議的焦點。但在清代，似無疑議，認爲就是一塊整版雕刻而成。這從乾隆二十七年歷下吴元祥等刻《周易説略》四卷本中可以得知。

該書封面題："乾隆壬午重鐫，三與堂藏板。"

前有張爾岐原序，徐志定原序。又有吴元祥識："前有徐氏藏板（按：指康熙五十八年泰山徐志定磁板印本），刷印無幾，早被陰雨損傷。"由此二句似可看出，衹有整塊板子纔有可能被"陰雨損傷"，不應該是活字排印。正是由於徐志定磁版不能再繼續刷印，吴元祥“遂議捐資復刊,群諉余董其事……時三十餘工齊集鄙舍”。知此本所據底本當爲徐氏本。在徐氏本流傳不廣的情況下,此本爲張爾岐著述的流播做出了重要貢獻。

吴元祥,字星岩。識後署:“後學田培彬君雅、馮繼宗末嗣、吴維禮敬齋校字。”

十行二十二字,白口,四周單邊,無魚尾,無行格。比較清朗,寫刻本。但吴元祥序,刻字不佳。

10)周永年刻書

歷城周永年,字書昌,乾隆三十六年進士。山東著名的藏書家,人稱其藏書“甲於山左”。他有感於明代曹學佺之論,作《儒藏説》。他還是著名的學者,在校勘學、目録學和圖書館事業上成績卓著。乾隆三十八年與修《四庫全書》,任子部分校官。

永年家貧,連其自著的《先正讀書訣》亦無力刊刻。目前所見周永年刻書僅二種,且爲與他人合力所刻。

①《緑筠軒詩》四卷,清張元撰,清乾隆四十一年周永年等刻本。

元字長四,號榆村,淄川人,雍正四年丙午舉人,官魚臺教諭。

封面題:“乾隆丁酉,周書昌等及門諸子較刻。”可見,刻書者爲張元的弟子們。

《緑筠軒詩總目》下題:“受業李士榆荆圃、李士珣萩亭、羅以書素文、瞿建書笏山、朱重禧祐存、朱琦景韓、羅以深淵碧、李士琛獻南、李士珠謹亭、周永年書昌編次。男作賓叔尚、孫廷鈞秉夫、廷寀惠夫、廷銘警夫、廷叙惇夫校對。”

建書字笏山,號松軒,淄川人,廩貢,官樂安教諭,有《南園遺詩》。朱琦字景韓,前已有述。以深字淵碧,號樸園,德州人,增貢,有《樸園片紙集》。作賓號南圃,張元子,有《南圃詩草》。廷寀字惠夫,號亮齋,張元孫,乾隆十八年癸酉拔貢,有《亮齋詩文存稿》《重續淄川縣志》。廷叙字惇夫，號訥齋，張元孫，諸生，有《香雪園詩》《娥江集》《棗花集》《生白軒稿》《燕石集》。

由上可知，此書編者爲張元的弟子們，而校對者爲張元的子孫。《四庫存目》曰："是集凡七百餘首，其孫廷寀所刻也。"所言刻者爲廷寀，大概據廷寀序而定。廷寀序曰："先祖《緑筠軒詩稿》，舊有兩本，皆編年而不分，一先世父手抄，一先君手抄，互有小異而大略相同，均未經先祖手定也。晚年之詩，多先祖自書，亦無定本。歲庚辰（按：乾隆二十五年），寀與伯弟廷銘合兩本比對校讐，並已刻《平山詩草》及晚年諸作，編次於後，分爲四卷，續寫成帙。時沈椒園（按：沈廷芳）先生廉鎮二東，素與先祖有縞紵之好，因乞爲論定作序。然無力付梓，謹藏笥篋而已。越十年（按：三十六年）辛卯，寀假道濼上，比部郎李君荆圃，先祖門人也。偶言及遺詩未刊，比部慨然欲首倡諸同學醵金而板行之。已而比部下世，事遂不果。明年壬辰（按：三十七年），周君書昌復倡前議，索取寀所藏本，倩門人鄭秋池楷書，立付梓人。已開雕矣，周君旋以徵召隆遇，授官翰林，遠在京邸，是刻因久而未成。去年冬杪，乃得告竣。玆復詳加校對，改正訛誤，遂成完本。是集之刻，李周兩君先後雅意表章及諸君子共襄厥成，高誼古道，固未易得，而鄭君欣然命筆，不憚賢勞，亦可感也。爰識緣起如此。乾隆丁酉夏六月孫男廷寀謹識於濼上寓齋之分緑書屋。"可見，序中並無廷寀自刻之意，而是集合衆人之力刻了五年。先是張元後人編輯成編，其次是請名人作序，如沈廷芳，再次是乾隆三十六年李荆圃倡同學付梓，但因下世未果。三十七年，周永年又提議刻書，請門人鄭銘楷書付之梓人，但因調京修《四庫全書》，故遷延至四十一年冬始告竣。實際上，此書最後刊刻成功，實是永年之力。銘字秋池，歷城人，乾隆四十四年己亥舉人。有《儀禮讀本》四卷，刊於乾隆三十八年，周永年作序。

書前有《平山詩草》原序，即乾隆十五年，寧遠太守膠州張秉義忍齋爲張元刻《平山詩草》，請盧見曾作序，張元曾以八十高齡爲盧見曾《感舊集》校讐於津門。張秉義原跋。時張元受盧見曾之請，主講永平敬勝書院。沈廷芳乾隆二十五年庚辰序。武林蔡應彪序。德州田同之序。聊城鄧汝功序："乾隆壬辰（按：三十七年）夏，余同年周進士書昌出張榆村先生《緑筠軒詩》，屬爲編訂，因汰其抄録訛謬及脱漏無從更正者十之三……先生下世已十七年，而叔父之亡亦已十三年矣。"宋弼作《墓表》，稱張元於乾隆二十一年丙子卒於魚臺學舍，八十五歲。據此《墓表》，知在此之前，門人曾庶常尚增裒其《四書文》，求定於王步青已山檢討。檢討比於釀花爲蜜，噓氣成雲，序而行之，但未見刻本。又有歷下申士秀撰《傳》，《魚臺縣新志小傳》，歷下小門生鄭銘《楷書緑筠軒詩集刻成恭題五絶句》。

十一行二十二字，白口，左右雙邊，單黑魚尾，楷書，精美。

②《元張文忠公歸田類稿》二十卷，元張養浩撰，清乾隆五十五年周永年、毛埅刻本。

目録下刻："同邑後學周永年書昌氏、毛埅載之氏校刊。"

乾隆五十五年周永年《重刊元張文忠公歸田類藁序》："《歸田類藁》二十卷，吾鄉張文忠公所著，一名《雲莊類藁》。公自序凡四十卷，明重刊本止二十七卷，今定爲二十卷。其《三事忠告》，益都李南澗已别有刻本。余幼嗜藏書，於同鄉前輩撰著尋求更亟。己丑夏，南澗謁選京師，寓書於余曰：'近交餘姚邵二雲，曾見天一閣范氏、二老閣鄭氏之書，《雲莊集》尚存未亡也。'因亟託其購之，遲數年未得。南澗曰：'二雲其誑余哉？'後余與二雲同校四庫書，相見未嘗不以兹集爲言。及二雲以艱歸，丙申夏始從振綺堂汪氏鈔一本，託瑞金羅臺山攜以來，余得之狂喜，繕一副本送館，其後原本又爲人借去不肯還。每一念及司空表聖久憶良朋之句，殆未足以喻之。戊申冬，復來京師供事，張某爲人録四庫書副本，因又録二本，蓋恐其復遺失之也。吾友毛載之孝廉，偶見而好之，因捐資付梓。公大節著於《元史》，其文之淵源具見於原序二篇。惟是吾鄉山水，自酈道元《水經注》外，房豹、李、杜、蘇、黄、曾、元諸公僅見於詩篇。李文叔有《歷下水記》，其書已不存。公家於雲莊，辭聘侍親者十餘年，於環城之溪光山色刻畫清新，爲諸家所未及，而各體之文往往神施鬼設，自辟門庭。葉文莊謂蘇氏文類僅載一二首，殊非其至者。王文簡偶得王友開墓誌一篇，歎其奇詭。今雖不能復四十卷之舊，而已得其大半矣。惜也，南澗、臺山歿已十餘年，不及見此書之有印本也。"

此書爲張養浩《歸田類稿》現存的唯一版本，價值非常大。時周永年賜進士出身，任文淵閣校理、翰林院編修。此書得來不易，首先是牽涉人員廣，有李文藻、邵晉涵、羅有高。前二人皆爲乾隆時大儒。羅有高，字臺山，江西瑞金人，被梁啟超推爲篤於佛學之人。梁啟超《清代學術概論》："晚清思想界有一伏流，曰佛學。前清佛學極衰微，高僧已不多，即有，亦與思想界無關係。其在居士中，清初王夫之頗治相宗，然非其專好。至乾隆時，則有彭紹升、羅有高，篤志信仰。"其次是時間跨度長，從乾隆三十四年開始搜求，至乾隆四十一年纔由邵晉涵從汪氏振綺堂鈔一本托羅有高捎來京師。周永年還有個重要的思想，就是好書一定要藏之公家，在得了邵晉涵鈔本之後，他首先想到的就是鈔一部留四庫館，這是確確實實在貫徹他的書爲公用的思想，此本成爲《四庫全書》本的依據。所鈔另一本得而復失，五十三年纔又據《四庫全書》本鈔録一本，前後達二十年。

永年所刻此本係據《四庫全書》本而來。《四庫提要》稱，張養浩的《歸田類稿》四十卷有元代龍興學宫刻本，改其名曰《雲莊集》，《文淵閣書目》著録爲三册。焦竑《國史經籍志》著録張養浩

《文忠集》十八卷,係危素删定者。以上二書元末已尠流播。明季有刻本二十七卷尚存於世(按:即周永年托邵晉涵從汪氏振綺堂藏本所鈔之本),既多漏略,編次亦失倫類。《四庫全書》據以爲本,别採《永樂大典》所載,删其重複,補其遺闕,得雜文八十八首,賦三首,詩四百六十三首,共爲五百八十四首,釐爲二十四卷。《四庫全書》本爲二十四卷,而永年所刻本爲二十卷,不知異在何處。

九行二十一字,白口,左右雙邊,單黑魚尾。字體方正,刻印不苟。

永年刻書較少,但因藏書多,爲他人刻書提供底本的很多,如李文藻刊刻《貸園叢書初集》,所據底本多得自周永年(詳見李文藻刻書)。永年所做的另外一件大事,即是於乾隆五十四年重編彙印了好友李文藻的《貸園叢書初集》,永年有乾隆五十四年《貸園叢書初集叙》:"《貸園叢書初集》共十二種,其版皆取諸青州李南澗家,其不曰《大雲山房叢書》者,何也?曰尚思續刻以益之。凡藏弆書板者,又將多所借以廣之,不必限以一家故也。余交南澗三十年,凡相聚及簡尺往來,無不言傳鈔書籍之事。及其官恩平、潮陽,甫得刻茲十餘種,其原本則多得之於余。今君之殁已十一年,去年冬始由濟南至青州,慰其諸孤,因攜板以來。憶君有言曰:'藏書不借,與藏書之意背矣;刻書不印,其與不刻奚異!'嘗歎息以爲名言,使果由此多爲流布,君之志庶幾可以少慰乎。乾隆五十四年歲次乙酉仲夏歷城周永年書昌氏叙於京宣武坊寓舍。"據此則知板存益都,但《山東通志·藝文志》曰:"是編乾隆間刊,版存京師琉璃廠。"不知所據。

11)鄭銘刻書

上文談及爲張元《緑筠軒詩》寫樣的歷城人鄭銘,著有《儀禮讀本》四卷,清乾隆三十八年刻本,有周永年序:"本《鄭注句讀》而加以裁簡,詞約義明,兼附《戴記》中《冠義》等篇於其後,以明制與義並行之意。微哉旨乎。"此書大概爲鄭銘本人所刻,因爲他自己能寫樣。未見傳本。

12)淮陰周忱等刻書

《闕里詩選》三卷,清錢肅潤等輯,清康熙八年淮陰周忱等山東歷下公署刻本。

卷端題:"錫山錢肅潤礎日、淮陰周愓子密評選,廣陵陸志遇君友、會稽趙其隆今至、吴郡沈晉初康生、淮陰周忱子敦參評。"錢肅潤,字礎日,無錫人。周忱康熙八年仲冬月於歷下公署序曰:"茲日授剞劂以公天下。"

九行二十一字,白口,單黑魚尾。字體康熙風格,非寫刻本,避"玄",刻印精美。

13)銀城李興祖刻書

李興祖,字廣寧,銀城(今鐵嶺)人。康熙十三年任慶雲知縣,先後擔任沂、郯、海、贛同知、河間知府,康熙三十一至三十四年任山東鹽運使,擢江西布政使,以事罷官。修《慶雲縣志》,編纂《靈巖志》,有《課慎堂詩文集》若干卷。

在山東,李興祖參與的第一項文化事業就是續修《[康熙]慶雲縣志》十二卷。《[康熙]慶雲縣志》原爲崔允貞纂,有康熙十二年刻本。康熙十三年,李興祖來慶雲縣,因詔修《明史》,十九年催徵新舊邑乘,以資採輯,興祖遂以十二年本續補之,爲書十二卷,並於當年續刻成。在地方史志方面,李興祖還與馬大相編《靈巖志》六卷。下文宗教機構刻書有述。

康熙三十一年,李興祖再次來山東時,居歷城。刻書三種。

①《課慎堂文集》十四卷又六卷、《詩》三卷、《詩餘》一卷。清李興祖撰,康熙三十三年銀城李興祖歷下刻本。

②《南北史類鈔》一百零五卷,清李興祖撰,清康熙三十四年

銀城李興祖歷下刻本。

③《五公山人集》十六卷，清王餘佑撰，清康熙三十四年銀城李興祖歷下鹺署刻本。

王餘佑，字曰之，一字介祺。李興祖師。曾師從鹿忠節、孫蘇門徵君、刁非有、杜紫峰。

封面題："康熙乙亥鐫，枕釣齋藏板。"

卷端題："銀城李興祖編，慶雲鄧鏻、孫超宗校。"

有康熙三十四年李興祖於歷下之鹺署題："先生編纂甚富，幾重壓牛腰，今藏於家未及行世……年來搜輯彙成茲集。"魏坤撰《傳》。

十行二十一字，黑口，四周雙邊，雙對黑魚尾。宋體字，刻印較精。

14）桂林胡德琳刻書

胡德琳是在山東刻書較多的外籍人。胡德琳字碧腴，號書巢，廣西桂林人，乾隆十二年舉人，十七年壬申進士，任四川什邡知縣。二十五年十二月任濟陽縣令，三十一年官歷城縣令，三十四年擢知濟寧州，遷東昌府尹。胡德琳在東昌府知府任上，受原山東按察使姚立德所托，將太監高雲從之弟高雲龍薦於臨清知州王溥，安排在臨清州當長隨（管理稅口）。乾隆三十九年，事發，胡德琳被革職。大約在乾隆四十二年，起用爲萊州知府。有《碧腴齋詩存》八卷，由夫人袁傑的堂哥袁枚刻成，入《隨園三十八種》。

胡德琳在山東首先進行的文化工作是與修並刊刻方志。胡德琳每歷一地，即聯繫山東著名文人如李文藻、周永年，及在山東的秀水盛百二修纂當地的志書，共修山東志四種：乾隆三十年修《濟陽縣志》，乾隆三十年刻成，胡德琳在任上所刻；與李文藻、周永年、盛百二纂修《歷城縣志》，爲清代方志纂輯派的代表作之一，章學誠贊其"無一字不著來歷"，刻成在乾隆三十八年，時胡德琳已調任濟寧;與周永年、盛百二合修《濟寧直隸州志》,刻印時,已是乾隆四十二年,胡德琳任萊州府知府;與周永年、盛百二、葉夢麟、畢以田同修《東昌府志》,參訂者有董元度、鄧汝勤、梁鴻翥,乾隆四十二年刻成。

以上四部方志,胡德琳親自督刊的祇有一部《濟陽縣志》。在登州任職時,他刊刻了一部重要的志書:《齊乘》六卷、《音釋》一卷、《考證》六卷,元于欽撰,元于潛音釋,清周嘉猷考證,清乾隆四十六年刻本。此書每卷末有校對人:卷一,臨桂胡德琳書巢校;卷二,錢唐周嘉猷兩塍校;卷三,餘杭葛昊容齋校;卷四,益都李文濤秋水校;卷五,益都段松苓赤亭校;卷六,益都楊峒書巖校。十一行二十字,白口,左右雙邊,單黑魚尾。字方正,精美,有乾隆官刻風格。《齊乘》有明嘉靖四十三年刻本,胡德琳本不是最早的版本,但是最好的版本,因爲有周氏的考證。

其次是刊刻他人的著述:

①《靳文襄公治河方略》十卷、《首》一卷,清靳輔撰,清崔應階重編,清乾隆三十二年胡德琳、俞調元、盛百二刻本。

卷端題:"楚鄂崔應階吉升甫重編,海昌俞調元燮齋、桂林胡德琳書巢、秀水盛百二秦川訂梓,華亭張松孫鶴坪、高郵夏曉春南芷、長興錢大琴素芬較閱。"

封面題:"乾隆丁亥刊行,聽泉齋藏板。"此"聽泉齋"或爲盛百二的堂號,盛氏有《聽泉齋記》一文。

書有乾隆三十二年撫東使者崔應階序。

十行二十字,白口,左右雙邊,單黑魚尾,宋體字,刻印精。

②《雙樹軒詩鈔》五卷,清僧湛性撰,清乾隆三十七年李中簡、胡德琳山東刻本。

卷端題:"江都湛汛藥根著。"每卷行首題"雙樹堂詩鈔",不標卷數。依五言古、七言古、五言律、七言律、七言絶析爲五卷。

十行十九字，白口，左右雙邊。杜澤遜師《存目標注》6212 條評價：“寫刻甚精。”

前有李中簡《藥根上人小傳》。乾隆三十六年吾邱文園李中簡於山左學署之采山書屋《重刻藥根詩序》云：“藥公有故刻古近體詩一卷，序跋者數家。……辛卯十月，余將赴山左，檢藥公餉余諸作，都已散落，獨攜舊刻置行篋中，欲弁以小傳、引言而重刻之。適晤東昌守桂林胡君書巢，亦藥公夙好，即前爲藥庵集書後者，極爲贊成，且許代董其事。余惟藥庵集既刻又二十餘年，藥公乃歿，今集後詩百無一存，是刻乃管豹耳。”乾隆三十六年辛卯除夕桂林書巢胡德琳於性其情齋《重刻藥上人詩序》云：“丁亥余令歷城，得其和章，時卓錫保定青蓮禪舍。方思邀爲濟南之遊。忽其徒持上人小照一幍，自鐫印一方，貽余，且曰：‘此吾師遺命也。’而後知上人化去矣。越四載，余守東郡，任邱李文園先生視學山左，謂與上人有舊，出遺詩見視，且將重刻之。”程夢星序，乾隆十六年昭文邵齊然序，乾隆十七年趙青藜序，是年金兆燕序，周長發序，韋謙恒序。有《題贈》一卷，收李中簡、方觀承、陳兆崙、觀保、謝墉、汪永錫、沈初、胡德琳詩。此時，胡德琳在東昌。

③《蒿庵集》三卷，清張爾岐撰，清乾隆三十八年桂林胡德琳刻本。

爾岐字稷若，自號蒿庵處士，濟陽人，諸生。著有《周易說略》四卷、《詩經說略》五卷、《儀禮鄭注句讀》十七卷附《監本正誤石經正誤》二卷、《夏小正傳注》一卷、《春秋傳議》四卷、《甲申紀聞》一篇、《弟子職注》一卷、《風角書》八卷、《蒿庵閒話》二卷、《老子說略》二卷、《新濟藝文》二卷等。

《四庫存目》曰：“是集爾岐所自定，凡雜文七十篇。大抵才鋒駿利，縱横曼衍，多似蘇軾，而持論不免駁雜。蓋爾岐之專門名家，究在鄭氏學也。”張爾岐是清初著名經學家，但其著述刊刻不多，流傳不廣。

《蒿庵集》原無刻本，胡德琳爲其刊刻。此時，胡德琳在東昌，書刻成後版歸濟陽縣衙。故封面題："乾隆三十八年栞，濟陽縣衙藏板。"目録題："濟陽張爾岐著，秀水後學盛百二訂，桂林後學胡德琳編，歷城後學周永年較。"可見此書牽動了許多學者。

前有乾隆三十八年胡德琳序云："因與一二同好搜羅排編，定爲三卷，付之剞劂氏，以公同好。庶不至子云覆瓿之慮乎。噫，先生之没，幾百年矣。余承乏濟陽凡五六年，求其集未得。由是而歷下，而任城，又六七年，無時不以先生之集爲念。蹉跎至今日，始克成之，豈有數於其間耶？抑篤行之報，必久而彌光，天道然也。先生之書已刻者，今已呈乙覽，其未刻如《春秋傳議》《老子説略》諸書，我知當有好事者共完此願力焉。"末署："乾隆三十八年三月桂林胡德琳識於東昌郡齋。"又有樂安李煥章序。

十一行二十一字，白口，左右雙邊。

④《蓼村集》四卷，清王苹撰，清乾隆三十八年桂林胡德琳濟南刻本。

苹字秋史，號蓼谷，歷城人，康熙四十五年丙戌進士，官成山衛教授。著有《壬午科名表》一卷、《明史稿節鈔》一卷、《二十四泉草堂集》十二卷、《蓼谷紀年集》十二卷等。

《蓼村集》封面題："乾隆癸巳鐫，聽泉齋藏板。"卷端題："歷城王苹秋史。"目録下題："桂林胡德琳書巢編定，秀水盛百二秦川參訂，益都李文藻素伯、歷下周永年書昌同校。"

前有胡德琳乾隆三十八年春三月《蓼邨甲乙集序》："其《二十四泉草堂詩》已有刻之以行世者……歲壬辰，朝廷有收採遺書之役，余從事編校，得《蓼邨文集》四册於周子書昌，因卒讀焉……時余方刻《蒿庵集》，即以《蓼邨文》删定付梓。原本分爲二集，自癸亥至庚子三十四年之作，各自編年，惟辛丑以後之文無存。今仍其舊,曰《蓼邨甲乙集》。共四卷,乙居四之一焉。……先生本籍越之臨山衛,年十四,當康熙壬子,隨父鉞至濟南,遂家焉。”

在胡氏刊刻之前,此書有康熙五十六年于熙學刻本,爲十二行二十二字,白口,左右雙邊。而胡氏本爲十行二十一字,白口,左右雙邊,單黑魚尾。字體一般,比較端正。《蓼村集》刻在《蒿庵集》稍後,亦牽動了周永年、盛百二、李文藻等學者。

胡德琳在山東,與山東人結下了深厚的友情,他曾爲乾隆三十三年刻本邱仰文《碩松堂讀易記》作序,爲乾隆三十年刻本董元度《舊雨草堂詩》作序。尤其是與李文藻、周永年、盛百二志味相投,共同編纂了多部方志,並刻方志二種,刊刻他人著述四種,計在山東刻了六種書,爲保存齊魯文獻做出了重要貢獻。

15)沈廷芳、桑調元刻書

《歷城三子詩》不分卷,清朱令昭、方起英、劉伍寬撰,清乾隆二十六年沈廷芳、桑調元刻本。

沈廷芳、桑調元,濼源書院刻書已述。

乾隆二十六年桑調元序:“吾友萩林,以詩稱區内,弼教於東。公餘取歷下朱、方、劉三子詩,既掇其雅者成帙,復屬予編次,共細意芟,録爲定本,人各百餘篇,鍥而傳之。”

十一行二十一字,白口,四周單邊,單黑魚尾。

16)大興翁方綱刻書

乾隆末年,在山東學使任上的翁方綱,其刻書雖在濟南使院,但屬私人行爲。

翁方綱(1733—1818),字正三,一字忠叙,號覃溪,晚號蘇齋。直隸大興人,乾隆十七年進士,授編修。歷督廣東、江西、山東三省學政,官至内閣學士。精通金石、譜録、書畫、詞章之學。論詩創“肌理説”。

翁方綱刻書頗多,有刻於吉安使院者,如《十三經注疏姓氏》,

有刻於南昌使院者,如《兩漢金石記》二十二卷。乾隆五十六年九月至五十八年七月任山東學政的兩年中,他編定並刊刻了《通志堂經解目録》《經義考補正》《小石帆亭著録》等著作。

①《通志堂經解目録》一卷,清翁方綱撰,清乾隆五十六年大興翁方綱濟南使院刻本。

此書成於乾隆五十五年,次年刻成。有自序云:"至庚戌十月予臥痾,五旬不出户,始取原書審核,爲之迴憶與小疋對論時又十年矣。辛亥冬十二月,自沇州按試還濟南,擬與學官弟子切究經訓諸書,因鋟板以當舉隅之,不足以示博洽之士也。"《通志堂經解》刻於康熙十五年,然實未盡善。翁氏搜羅所得,擬定目録。凡收一百三十八種。

②《經義考補正》十二卷,清翁方綱撰,清乾隆五十七年大興翁方綱濟南使院刻本。

自序曰:"丙申春與小疋過從質經,見所校朱竹垞《經義考》積十條,録存於篋。後十二年南昌使院重校。又後三年,按試曹沂,門人王實齋相助校勘,因録所補正凡千八十八條爲十二卷。"朱氏原書,爲二千年來經部之總彙,考證詳贍,但多舛誤,翁氏尤病其删序跋歲月,致使作者先後次序無所按據。或有未見之書,而每書下載"某人曰",不明著出於某書,尤失考訂之宜,因亟爲補正。

③《小石帆亭著録》六卷,清翁方綱輯撰,清乾隆五十七年大興翁方綱濟南使院刻本。

翁方綱是王士禛門生黄叔琳崑圃的學生,他頗以私淑漁洋爲榮。他在《小石帆亭著録序》中寫道:"使院廳事後四照樓前有石焉,旁有水亭三椽,因題以'小石帆',而勉效著録之義,庶與吾學侣共質之。""石帆亭"本爲王士禛所居與弟子談詩之小圃,翁氏取爲本書之名,且自"小"之,即顯示其維護王士禛之主旨。

翁方綱在《石洲詩話》卷六末自序道:"愚幼而遊吾里黄崑圃

之門，得遍識漁洋手定之説。既而與朋輩借閲，所稱漁洋評本者，大約非西樵之評本，則漁洋早年述西樵之評本。其後於同里趙香祖齋得漁洋評本，嘗與漁洋平日論杜語，逐條細較，實是其親筆無疑。昔在山東學使廨，刻拙作《小石帆亭著録》六卷，已載此本於王氏遺書目矣。海鹽張氏刻有《帶經堂詩話》一編，於漁洋論次古今詩，具得其概。學者頗皆問詩學於此書。”此書前五卷爲《王文簡古詩平仄論》《趙秋谷所傳〈聲調譜〉》《五言詩平仄舉隅》《七言詩平仄舉隅》《七言詩三昧舉隅》，内容多與王士禛詩學有關，考辨申述，亟用其心。現分述如下：

其一：《王文簡古詩平仄論》一卷，清翁方綱録評。

乾隆五十三年至五十七年間，王士禛裔孫王允熙刻過《王文簡公論七言古體平仄》一卷，翁氏見後，初以爲非王士禛原本，後經考察，知爲家傳原本。

山東省圖書館有王允熙刻本，前有乾隆五十三年汪鏞序，並有王允熙識，皆言刻書事，當爲允熙所刻無疑。山東省圖書館另有一本，前有乾隆五十七年翁方綱《新城縣新刊王文簡古詩平仄論序》，稱此書見江南屢有刊本，“今見新城此刻，抑又不同，或遂疑其有贋……方綱若不爲之剔抉原委，俾讀者……故因新城學官之請，而爲之序如此。乾隆五十七年春二月六日文淵直閣事内閣學士兼禮部侍郎提督山東學政大興翁方綱”。經與前本相核，實爲一版，九行十九字，大黑口，四周雙邊，無直格，無魚尾，行疏字朗。

因未見翁氏原書，僅據《天壤閣叢書》本見有翁氏按語，又揣測山東省圖書館有翁序之本的序係移自翁氏刻本，會蔣寅先生在館内閲書，故向先生請教王允熙本與翁氏本是否爲一本。2011 年 3 月 7 日，蔣寅先生回覆曰：“根據翁方綱的序跋來看，王允熙先刊了《王文簡公論七言古體平仄》一卷，這也見於《民國新修桓臺縣志》卷十七：‘王允熙字敬止，號少海漁人。恩貢生。學問淵博，詩以神韻爲主,漁洋嘗著《七古平仄論》,允熙廣其説而梓之。'至於是否爲乾隆五十三年刊則不好説,古人刻書有先請人序,但書稽遲未刻的。但五十七年應已刻成,值翁方綱提學山東,新城縣學遂請爲序,故兩本一有序一無序,應是一本。《小石帆亭著録》是翁方綱自己的研究著作,卷一《王文簡古詩平仄論》應據王允熙本收入,加自己研讀的按語。序即爲王本所作的序,删去了官稱結銜,《清詩話》即據《著録》編入。《小石帆亭著録》據自序,是緣於新城刻漁洋《古詩平仄論》纔編纂的。"據此知,翁氏本刻於乾隆五十七年,與王允熙本非一本。

其二:《趙秋谷所傳〈聲調譜〉》一卷,清翁方綱録評。

據張寅彭先生該書提要①,本書考趙執信《聲調譜》與王士禛古詩平仄論之不同,以正視聽。此卷乃翁氏對趙《譜》之評論,中多删節與異議,實爲一家之言。

其三:《五言詩平仄舉隅》一卷,清翁方綱撰。

乾隆五十七年十月二日翁氏自序:"二十年前,在粤東使院九曜池上與學侶論詩,偶識此二卷,不足示人也。今因著録漁洋先生《平仄論》,不得已而附此於後。"書中專論五言古詩平仄,爲補趙執信、王士禛兩家詩論未備而作。此書實爲翁氏研究聲律之心得。

其四:《七言詩平仄舉隅》一卷,清翁方綱撰。

臺灣政治大學中研所研究生李豐楙先生在碩士論文《翁方綱及其詩論》中認爲:"此卷所舉皆唐宋人七古,多就詩之平仄,求其所謂筋脈者,於音節之轉折、貫串,細至一字,大至通篇,詳加鈎稽,雖間有求之過鑿處,要之,可視爲翁氏聲律説之主要見解也,亦爲後人究論詩律之一大佐助。"

①傅璇琮:《中國古代詩文名著提要》中《詩文評卷》,河北教育出版社2009年版,第409頁。

其五:《七言詩三昧舉隅》一卷,清翁方綱撰。

此卷本於王士禛撰《三昧集》之旨,復於其古詩選中七言部分,摘取之以證三昧之旨。

其六:《漁洋先生書目》一卷,清翁方綱輯。

此書依據王士禛傳世三十六種及惠棟《精華録訓纂採用書目》,删繁去複,共得四十一種。

綜上,翁方綱在濟南使院不到兩年的時間裏,刊書三種,尤其是《小石帆亭著録》六卷,闡揚王士禛的詩學成就,爲山東詩學的發展做出了重要貢獻。

清前期的歷城刻書尚有朱畹乾隆六十年刻劉大紳等撰《明湖詩草》一卷,清中期朱氏父子刻書詳述。

(二)章邱、鄒平、淄川、長山刻書

1. 章邱刻書

章邱之名,始自隋開皇十六年。

明以前章邱無刻書記載。明代章邱刻書有十一種。清代章邱刻書,目前所知有二十六種,主要是清中期所刻。前期僅有五種。

1)謝世箕刻書

《金石録》三十卷,宋趙明誠撰,清順治七年章邱謝世箕淮陰刻本。

謝世箕生卒年不詳。順治時曾爲官淮陰,《金石録》即刻於淮陰任上。

卷端題:“宋東武趙明誠編著,清濟南謝世箕較梓,晉陵馮達道參訂。”有順治七年馮達道《金石録序》。

《金石録》是宋代趙明誠的著述,在宋即有刊刻。順治七年謝世箕刻本是清代最早的刻本。謝世箕有《〈金石録〉敘》云:“因檢篋中,得家大人授所謂《金石録》若干卷,爲宋人趙明誠輯著。歷代制器、斷碣、蝕文罔弗備焉。……爰出兩載來不敢糜之廩,悉以付諸梓人。德甫有知,或亦以予爲千秋後一功臣未可知也。"然版成之後,未及刷印,謝世箕即因病辭世,後由其父謝啟光印成此書。謝啟光(1577—1658),明萬曆三十五年進士,官南京兵部左侍郎。順治元年歸清,官至工部尚書。其《〈金石録〉後序》,詳細叙述了該書的刊刻經過:"余初得易安序,讀之,嘉其夫婦同心,篤於嗜古,訪求其全書未得也。……歲甲申,應召入都,遍語燕市之收藏古書者,最後得一抄本於計曹張主政。會箕兒出淮陰,乃授之以去。越兩載,箕兒據以繕梓,寄一帙於京邸。時余已罷官解維潞河矣。攜抵里門,見其中多錯誤,有題跋此碑而半入他碑者,甚且有題跋一碑而分載兩處者。爰取舊本參閱改正,寄箕兒另爲補刻。乃殺青甫竣,而箕兒以簿書勞瘁,一疾長逝矣。冬仲,梨棗與其旅櫬同歸,余見輒掩袂而泣,未忍啓籠。旋思箕兒出常俸,罄橐裝,以刻是書,人雖亡而書存,庶幾藉是書以存姓名於後世。遂抆淚重閲,復更其數訛字,漫書數語以識其始末如此。"據此後序可知,謝刻《金石録》所依爲抄本,但爲何人所抄,序中未加説明。王慧《〈金石録〉版本源流考》①一文認爲,該書雖謝世箕所刻,而其父功不可没。他先是覓得抄本授之其子繕梓;又參以舊本對之詳加校勘,訂謬糾誤是正頗多;版成之後,又重閲一過,復更其錯訛;最後經其手刷印成書。謝世箕父子爲《金石録》的流布付出了巨大的心血。

九行二十一字,小字雙行二十一字,白口,單黑魚尾,四周單邊。

謝刻《金石録》至乾隆時,流傳已甚爲稀少。乾隆中,有德州盧見曾刻本。

2)謝啟光刻書

謝啟光在順治間刻有歐陽修的《集古録》十卷,明代濟南府章

①王慧:《〈金石録〉版本源流考》,載《山東圖書館季刊》2004年第4期。

邱刻書已有辯證。

3)李開先後人李其桐刻書

李開先有子李春塢,春塢有子李衡,字虎門,萬曆四十六年舉人,工詩善畫,頗有時名,人稱"小太常",能承續家傳。

李開先的《閒居集詩選》四集和李衡的《虎門遺詩》一卷皆由裔孫李其桐刊刻。其桐,乾隆二十七年壬午科舉人。

二書皆由德州宋弼選訂。《閒居集詩選》有乾隆六十年宋弼序:"《閒居集詩文》十二册,章邱李中麓先生所著也,流傳既久,刻板朽滂,其裔孫其桐來謁余,謀精擇重鋟……刻成,爲序其緣起並所以選訂之意如此……先生孫衡,字虎門,萬曆戊午舉人,高才能詩,並録遺稿五十餘篇附後以傳。"《虎門遺詩》有李其桐識。

二書均刻於乾隆二十四年。九行二十字,白口,四周雙邊,無魚尾。非寫刻,乾隆風格。《閒居集詩選》封面題:"書帶草堂藏板。"每卷末有校閲人,卷一:裔孫瑞植、鳳舞恭閲;卷二:裔孫連甲恭閲;卷三:裔孫其華恭閲;卷四:裔孫其睿恭閲。《虎門遺詩》末署:"裔孫其蕃恭閲。"看來李開先後人不少,不僅有其桐,還有瑞植、鳳舞、連甲、其華、其睿、其蕃等人,此書係家刻本無疑。

4)紀漇刻書

紀漇,字淵若,章邱人,諸生。自撰《韻辨》十一卷,清乾隆三十年章邱紀漇静正軒刻本。封面題:"静正軒藏板。"前有乾隆三十年章邱逸人紀漇《序》:"然予不敢自私,爰授之梓人,以公同志。"知爲紀氏自刻本。八行字不一,白口,四周單邊,無格。

2. 鄒平刻書

鄒平之名始於春秋,西漢始置鄒平縣。清屬濟南府。

鄒平漢代即有經師伏勝,但明以前未見刻書記載。明代的鄒平刻書僅有張延登一人。清前期的鄒平刻書僅有馬驌一家。

馬驌(1621—1673),字宛斯,一字聰御。順治十五年舉人,十六年進士,選授淮安府推官。蒞任三月餘,改任安徽靈璧縣知縣。是清代前期享有盛名的古史學家。畢生殫研經史,尤以研究夏、商、周歷史著稱,時人稱其爲“馬三代”。嗜愛《左傳》,《左傳事緯》是他長期研究《左傳》的心血結晶。他將《左傳》所記史實編寫成歷史事件一百零八篇,計十二卷,另有《附録》八卷,成爲一部以紀事本末體叙述春秋時代歷史的通史。此書每篇都有他的精辟見解和詳贍的史料依據。《四庫提要》稱:“驌於左氏實能融會貫通,故所論具有條理,其圖表亦皆考證精詳。”顧炎武也稱此書爲“必傳之作”。《左傳事緯》的編纂,顯示了馬驌在史學研究方面的卓越功力與才華。繼《左傳事緯》之後,馬驌又用十年的時間撰成另一部巨著《繹史》,共一百六十卷。此外,馬驌還輯成了一套卷帙宏富的叢書——《十三代瑰書》。該叢書收集了自周秦以下十三朝的經、史、子、集各類著作數百部,現僅存目次。

馬氏刻書共兩種,一種是馬驌刻《繹史》,一種是馬驌之子刻《左傳事緯》。

①《繹史》一百六十卷、《世系圖》一卷、《年表》一卷,清馬驌撰,清康熙九年鄒平馬氏刻本。

對於此書的價值,《四庫提要》已有評論。書刻成後,版片的去向則爲人關注。王士禛《分甘餘話》:“康熙四十四年,聖駕南巡至蘇州,一日垂問故靈璧知縣馬驌所著《繹史》,命大學士張玉書物色原版。明年四月,令人賫白金二百兩至本籍鄒平縣,購版進入内府,人間無從睹之矣。”其《漁洋山人自撰年譜》又述曰:“冬,侍讀黄崑圃視學山左,省山人於里第。黄,山人辛未所取士也。情話之餘,述詔旨取故靈璧知縣馬驌所著《繹史》刻版入内府。因感賦一絶,載《蠶尾後集》。”知《繹史》書版於康熙四十五年入内府,但現已不存。

②《左傳事緯》十二卷、《前書》八卷,清馬驌撰,清康熙間馬驌

之子刻道光十二年裔孫馬文慶補刻本。

封面題:“本衙藏板。”有攬茝齋主人馬驌《左傳事緯略例》。有成瓘序:“(馬驌)官江南日,刻《繹史》,甫成而疾。疾革,以《事緯》《瑰書》未刻爲憾。公子承遺志,爲刻《事緯》一書,貲以澌罄,故《瑰書》終以卷帙浩大無力版行也。康熙四十四年,聖祖仁皇帝南巡,至蘇州,命大學士張玉書物色《繹史》原版,明年四月差員賫白金二百兩,賜其家,取版入内府。乾隆四十四年,高宗純皇帝定《四庫全書》,《繹史》與《事緯》同荷收録……《十三代瑰書》凡二箱,其家典於孫鎮質庫中,二十年不能贖。質庫者,岢嵐州牧李公世業也,書因歸州牧家。乾隆辛卯年,周大中丞撫山東,從州牧家購去,歸於江南,而縣中遂無是書矣。”附記《左傳事緯》:“《事緯》版久歸侍御幼賓先生家,侍御裔孫文慶於四五十年前得《事緯》原叙,嚴禹航先生沆所撰也。據序考之,《事緯》成於辛卯(按:順治八年)以前,先生爲孝廉已六年矣,又七年丁酉(按:順治十四年),禹航始叙之。後二年己亥(按:順治十六年),先生乃成進士。服官政,遂無暇刻是書。書刻於身後,是以校刊未精,或仍缺略。道光十二年,文慶爲補刻原叙,其宗人興基文學取其全書,句櫛字比,通校一過,正其訛誤,附後。蓋歷百二十年,迄今始成完璧云。同里後學成瓘。”道光十二年王方濂跋。文慶道光十二年識:“《事緯》先成,而鐫版在公歿後,遺原叙未刻,即文字之校勘亦未精也。版存慶家已數世。念缺其序,終非完書,今補刻之。慶同姪在坰幼習是書,若其文多脱誤,粘標籤記於上方。適宗弟興基取左氏全經,以它本對校,是正其脱者、誤者、互倒者……固附刻如左。”《鄒平志》云:“是書刻於身後,校勘未精,且多缺略。道光十二年文慶(按:驌從弟光裔孫)爲補刻原叙(按:嚴沆撰)。其宗人興基(按:諸生)又取正文十二卷,句櫛字比,正其訛誤。後又考證其《前書》八卷,通加是正。蓋歷百二十年乃成完書云。”

原刻爲九行二十二字,白口,左右雙邊,眉上鐫有小字三行。康熙風格。補刻爲十一行三十六字,白口,四周單邊,無魚尾,字小。

馬驌於康熙十二年去世。《事緯》成於順治八年,即三十歲前。十四年,嚴禹航作序。十六年,馬驌成進士。康熙十二年去世。其子刻書,則當在康熙中。成瓘云"歷經百二十年",約在康熙五十一年,亦是康熙刻本不謬。由上可見,馬驌著述有三種:《左傳事緯》,康熙馬驌之子刻道光二十年馬文慶補刻;《繹史》,康熙馬驌刻(康熙四十五年,版以二百兩白金入內府);《十三代瑰書》:書成。其書流向:鄒平質庫——州牧李公——乾隆三十六年辛卯周大中丞撫山東購去——江南,從此山東無此書。此書後有乾隆四十九年懷澄堂刻本。

3. 淄川刻書

隋開皇十八年置淄川縣。

據《山東通志·藝文志》,淄川在宋元二代皆有著述,但未見刻書記載。明代刻書九種。清代刊刻近五十種,主要在前期和中期。

清前期的淄川刻書有四家:畢際有家、高珩家、唐夢賚家、張元家,尤以高珩家最著。

1)畢際有刻書

淄川畢際有承續了明代畢自嚴的刻書傳統,刻書三種。際有(1622—1693),字載積,號存吾,順治二年拔貢,考授山西稷山知縣,陞江南通州知府。康熙二年因解運漕糧,積年掛欠,賠補不及,罷官歸里,優遊林下三十年。同邑蒲松齡嘗館其家三十餘年,教授其子盛鑑、盛鉅昆仲,相交甚篤。際有著《存吾草》《淄乘徵》《泉史》等。

畢際有所刻三種書有兩種是爲其父畢自嚴刻,且爲同一種書,即《石隱園藏稿》八卷。首次刻於順治十七年,八行二十字,白口,四周單邊,無直格。再刻於康熙二十五年,十一行二十一字,細黑口,左右雙邊。二書的區别在於第二次刻本有《首》一卷,有的卷後有補遺。如卷二後有補遺兩篇:《度支新餉司奏議序》《八鎮經制序》。前有同邑後學高珩撰序,又序。高珩與畢氏有兒女姻親,"至刺史君重刻家集,與先生之刻《黄髮翁集》略同……予祖中丞公所輯刻諸書約數十種,自邑城陷後,遂不可覓矣。數年前,予有事濟寧,會其地給諫陳君曰:'此地有中丞公《撫浙草奏》板數百葉。'予聞之驚喜,具禮贖之以歸。吉光片羽,幸有此耳"。王士禛序。外孫唐夢賚序。益都孫廷銓《故明太子太保户部尚書白陽畢公墓碑》。卷端題:"淄川畢自嚴景曾著。"卷一末有畢際有識。卷八末有畢際有識:"兵燹之後,書牘存稿尚有九十三册,再三摘録授梓,亦僅百篇,大抵關乎出處經濟交誼之大者也。若督以掛一漏萬,則有皋何能自逭。康熙丙寅二月朔日男際有識。"刻印精美,清初風格。

畢際有所刻第三種書爲《淄乘徵》一卷,康熙二十五年刻本。畢氏卷端識:"康熙癸丑,余與修邑志之役,迫促成書,未慊素願,廼又輯《淄乘徵》一卷,小有考證。迨歲丙寅,邑志續修,余老不能從事,以歸載筆者,頗經採取。此直蔗之滓耳,而念東先生(按:高珩)似以爲尚能有餘甘也者,謂宜梓出孤行。竊聞家有敝帚,享以千金。爰加芟削,少增新得,録存三十三則焉。般陽畢際有。"則知此書爲畢際有參與纂修《淄川縣志》時的副産品。有高珩序,稱其考證"皆前書所未有"。唐夢賚序:"畢刺史載積先生家傳賜書富於鄴侯……茲所爲《淄乘徵》一卷,有增邑志所未及者,有正其訛謬者……是般陽薈蕞矣。"孫蕙序:"載積先生家承賜書,勇退歸田。二十年來,嘯傲石隱園中,兼收宛委、二酉之藏,蒐宏獵博,探賾鈎微,撰述不輕問世。一日偶以《淄乘徵》示予,見其辨駁精嚴,考覈典奥，正其紕謬，尋其源流。”袁藩序：“先生左圖右史，考誤訂訛，確有證□，終以沿習久未便去留，廼輯《淄乘徵》一卷。”衆友人對其書價值給予了很高的評價。十一行二十一字，小字雙行二十一字，白口，左右雙邊。

2）高氏刻書

淄川高氏在清代以高珩聲名最著。高珩（1614—1696），字蔥佩，號念東，晚號紫霞道人。高舉之孫。明崇禎十六年進士，翰林院庶吉士。入清，選授秘書院檢討，累遷至刑部左侍郎，疏請辭歸，鄉居十餘年。康熙十八年，復起任刑部左侍郎，尋以疾致仕。能詩文，生平所作不下萬餘首。然不甚愛惜，散佚較多，後編定爲《棲雲閣詩集》十六卷，《拾遺》三卷，《棲雲閣文集》十五卷。詩筆超拔，文有典則，又多涉及社會現實及國計民生，可供研究清初歷史者參考。

清代高氏自高珩一代始，世系及著述如下：

“玉”字輩：高瑋。高珩。高瓚字孝酌，諸生，著有《但如園詩》。高琭字石君，號振東，康熙六年丁未進士，著有《放言集》。

“之”字輩：之騄字仲治，珩子，貢生，著有《强恕堂詩集》八卷。之灖字梓岩，自號槐安客，之騄弟，著有《梓岩遺詩》。之驌字宛西，號曠庵，諸生，著有《曠庵遺詩》。《山左詩鈔》有録。之騋字安貞，號嬾濱老人，瑋子，諸生，著有《嬾濱老人詩》。之駒字聖游，珩子，順治十八年辛丑進士，官平越知縣，著有《含翠堂詩》。可見，高氏這一代多有功名。

“肇”字輩：高肇鼎、高肇豐、高肇悛三人有刻書活動。另有：肇勣字勒卣，高瑋孫，諸生，著有《東園詩草》。肇翰字百憲，號西林，肇勣弟，諸生，著有《淡如亭遺詩》。肇昆字慶長，號孝逸，著有《孝湄詩草》。肇馨字寧齋，例貢，著有《戴經集解》。肇毅字近庵，肇翰從弟，諸生，著有《閒情録》。肇晊字徑千，號灦庵，雍正二年甲辰舉人,官濰縣教諭,著有《衣德堂詩》。此輩皆有詩文之作,文學成就較高。

"肇"字下還應有一代,未有聞達者。

"貽"字輩:貽范字希文,號石迂,諸生,著有《榆蔭堂詩》。貽圃字農如,諸生,著有《紫泥遺詩》。貽素字少白,監生,著有《少白遺詩》。貽茨字蘆洲,諸生,著有《蘆洲詩草》。貽芝字瀛洲,一字紫亭,號蘭泉,諸生,著有《石蘭書屋詩》。

"謀"字輩:廷謀字贊虞,號夢園,廩貢,嘉慶元年丙辰舉孝廉方正,有《淄邑金石考》《夢園詩文稿》。勷謀字孟昭,有《石湖詩草》。宴謀字笣亭,一字杏江,嘉慶六年辛酉拔貢,有《量齋詩稿》,編有《艮背閣三家詩鈔》。中謀字億堂,號鏡霞,道光三年癸未進士,歷官臺拱同知,有《訓俗俚言》《億堂詩文稿》《高氏詩彙》,《鄉園憶舊録》中謀條云:"高氏世多詩人,先生輯爲《高氏詩彙》,乞内兄杜石樵先生爲評選,未及刻。"謀字輩已到了嘉慶道光間,有刻《高氏詩彙》的想法,但未實現,衹刻了高中謀的硃卷一部。

"謀"字下兩代無刻書。

光緒中高徽嵋爲高舉的第十一世孫,高珩的九世孫,有刻書行爲。

(1)高珩

清代高氏刻書自高珩始。高珩詩文集其在世時未刊刻,去世後由後人陸續付梓。所撰《醒夢戲曲》一卷,清初刻本,很有可能是高珩本人所刻。

(2)高肇鼎、高肇豐、高肇悛

高珩的兒子"之"字輩未見有刻書,孫子"肇"字輩刻書不少,所刻多爲高珩和高珩子高之騱的著述。

①《棲雲閣詩》十六卷,清高珩撰,清趙執信選,清乾隆三年淄川高肇鼎、高肇豐、高肇悛刻本。

卷端題:“刑部左侍郎前吏部左侍郎淄川高珩字蔥佩。”目録下題:“飴山後學趙執信選定。”

前有雍正九年趙執信序:“(高珩)少爲諸生,與益都孫文定公(按:孫廷銓)、馮文毅公(按:馮溥)及先叔祖清止公(按:趙進美)齊名。(按:時王士禛欲訂之,先生弗與)計先生平生詩不下萬首,皆晦於家,終不使斯世一睹光氣也已。先生薨後垂四十年,有賢孫三人……得詩僅數千首,而重複訛缺者什三四,請余正之(按:漁洋已歿二十年)。先清止公集已雕之板,遂無一片存者。”後有常熟仲昰保識。仲昰保字友夔,一字羹梅,號翰村。學詩從馮武,與趙執信爲莫逆交,自雍正二年來博山歸趙執信,在此達十九年之久,終葬博山。二人的關係非同一般,故此書有趙執信序,又有仲氏跋。後有肇豐跋:“先大父……吾父與叔父兩先人遵約弗敢踰。垂四十年,仲兄肇鼎慮弗輯後遂不可知,謂豐及弟悛曰:……(按:雍正六年請趙執信選正)閲三寒暑事乃竣,方謀授梓人,而仲兄復□志以歿。乾隆戊午,豐、悛兩人始黽勉從事,剞劂成集……刊校已竟。”

九行十九字,白口,四周單邊,單黑魚尾。乾隆風格。

②《[淄川]高氏家模彙編》二卷,清高之騱輯,清乾隆三年高肇悛刻本。

目録後有:“十二世孫肇咥、肇豐仝較字。”卷端署:“十一世孫之騱輯。”

有康熙五十二年張篤慶識。康熙五十年高之騱書於家學畏天軒之桐陰窗畔。末有高肇悛識:“此書乃先君子仰承先德垂訓後人之所爲作也。凡嘉言懿行以及世系科名罔不備録,用心致深且遠。歿後垂二十年未付剞劂,悛每不克永傳是慮。乾隆戊午,大父詩集刊刻告竣,爰以是編並先君子《强恕堂詩集》恭録授梓,一以見我祖宗德業之隆,一以見先君子佑啟之厚,世世子孫其念之哉。

肇㥚謹識。”由此可知,《棲雲閣詩集》刻於此書之前,與此書同時刊刻的還有高之騱的《强恕堂詩集》。乾隆風格,刻印極精。

③《强恕堂詩集》八卷,清高之騱撰,清乾隆三年淄川高肇㥚刻本。

前有康熙三十四年乙亥張篤慶序。《總目》末有:“時乾隆戊午桂月穀旦男肇㥚較梓。”卷端題:“般陽高之騱字仲治著。”

《[淄川]高氏家模彙編》二卷,末有高肇㥚識,前已有述,知《强恕堂詩集》刻於乾隆三年。肇㥚爲之騱子,高珩孫。乾隆三年,《棲雲閣詩》成,家譜成,《强恕堂詩集》成。九行十九字,白口,四周單邊,單魚尾。乾隆風格,非寫刻,刻精美。

高之灦撰《梓岩遺詩》,有沂水高氏刻本。詳見清前期的沂水刻書。

(3)高珩曾孫

高珩曾孫刻書一種:《留畊堂遺詩》四卷,清高瑋撰,清乾隆二十四年淄川高氏畏天齋刻本。

瑋字握之,號繩東,高珩之兄,順治三年丙戌進士,官河間府推官。另著有《爲善於家》《三要圖説》《遺言》《贅語》《家塾寶訓》《規訓隨鈔》《淄風輯略》,皆未見。

封面有印:“畏天齋藏板。”“畏天齋”大概爲高氏的堂號,因高珩有《畏天等歌》,存《高氏家模》中。此書不知具體刊刻人。

有乾隆二十四年己卯宋弼《留畊堂遺詩》序:“初,先生與弟司寇同舉於鄉,有玉穀同升之目。司寇踐清華,陟卿貳,風流文采,照耀天下,而先生獨窮於遇……兩先生皆性情瀟灑,興至揮毫,不復存省,積紙盈篚,久輒散佚,其後人裒輯成帙。司寇篇帙較多,飴山宫贊定爲《棲雲閣集》。先生詩所收獨少,予得而讀之,因爲編次以傳。使天下之讀先生詩者,論其世,悲其遇,有以想見其人。”

高珩較瑋年少十三歲,而中進士比其兄早四年,一生宦達榮貴。其兄則潦倒半生,其遇與不遇不同矣。

九行十九字,白口,四周單邊,單魚尾。字方正,乾隆風格,刻印精。

(4)高貽棨、高貽樂、高貽華等

高珩玄孫“貽”字輩刻書亦有兩種。

①《棲雲閣詩拾遺》三卷,清高珩撰,清宋弼選,清乾隆四十一年畏天齋刻本。

每卷末有“元孫貽棨校字”。此書蓋爲高珩五世孫高貽棨刻本。前有宋弼乾隆二十一年序:“(按:趙執信選者爲十卷,一千首。宋弼至濟南,觀其原本,又選二百篇)以歸先生曾孫,俾附前集之後。”九行十九字,白口,四周單邊,單黑魚尾。乾隆風格。

②《棲雲閣文集》十五卷、《附録》一卷,清高珩撰,清乾隆四十四年淄川高貽棨、高貽樂、高貽華等刻本。

柯愈春《清人詩文集總目提要》著録:“自訂文集十五卷,乾隆四十一年陸燿選刻,盛百二於四十二年爲作後序,陸燿序稱凡文百三十八篇,實爲一百四十七篇,蓋陸作序後又有所增益。”①此書實爲陸燿選,高氏刻。時間應爲乾隆四十四年。

卷端題:“吴江陸燿朗甫選定,秀水盛百二秦川參訂,震澤錢大培巽齋、歷城周永年書昌、清平劉湄岸淮、歷城方昂訒庵、同邑畢世濟濟川校閲。”目録後有:“五世孫貽棨、貽樂、貽華,六世孫鳳謀、廷謀同校字,宴謀、中謀、佐謀、丙謀重校。”

前有山東按察使吴江後學陸燿乾隆四十一年序,云高貽棨對他講,趙執信衹選詩,“惟文集尚藏於家,方謀剞劂而未能。越六年,貽棨之弟貽樂奉其兄命,手公文來謁余……得如干篇,訂爲正集,其出入二氏與夫散碎零雜近於小説者,則歸諸别集……貽棨兄

①柯愈春:《清人詩文集總目提要》,北京古籍出版社2002年版,第78頁。

弟如力不足以全梓，先出其正集以傳世也”。又有盛百二乾隆四十二年(時在任城書院學海樓)《棲雲閣文集後序》：“余昔承乏般陽，與先生元孫木欣昆季善。”又有曾孫緗、緒識：“以授二子，時乾隆乙酉。”五世孫貽榮、貽樂識：“嗚呼，此先大人未竟之志也。今曷幸，逢吴江陸朗甫先生搜羅遺文，蒙賜選輯。恭依明教，先以正集付梓。”卷末有乾隆四十四年歷城方昂跋：“淄川高君貽榮刊其先侍郎念東先生《棲雲閣文集》十五卷……今年春，木欣以刊本寄……”據此，此書當刻於乾隆四十四年。

九行十九字，白口，四周單邊，單黑魚尾。乾隆風格。

(5)高中謀

高珩的六世孫“謀”字輩亦有刻書，如高中謀有《會試硃卷》之刻，在道光三年。丙謀有《蝴蝶詩》，清光緒刻本，或爲後人所刻。

(6)高徽嵋

光緒年間，高氏後人又有《壎篪編》二卷之刻，光緒二十年由高珩九世孫高徽嵋刻成。

封面題：“光緒甲午孟夏重刊。”卷一署：“淄川高舉鵬程。”卷二署：“淄川高譽鶚程。”書名下有“萬曆乙未草，金臺刻”。

萬曆二十三年乙未高舉序，是年高譽識，是年曾孫壻李堯臣序，同邑後學韓維垣題，五世孫肇恒識：“高王父中丞府君與我叔高祖上舍府君倡和之詩也，向已付諸棗梨，因世遠年湮，無多傳本，敬爲録出，以永其傳，庶使後之人讀之，見怡怡之雅。”蓋僅録出，未見重刻。十一世孫徽嵋跋：“吾八世伯祖東溟公著述甚富，俱梓行於世。兵燹以來，散軼殆盡，其僅存者惟《壎篪詩》一編，與南溟公唱和之作也。伯仲之間，怡怡之情，至今可想。雖兩公之行實不僅以詩傳，而兩公之性情亦可於詩見。讀是詩者，當以兩公爲法，庶其篤友於而勿怨角弓乎。是編一刻於金臺，舊板已失。茲因重録《族譜》及《家模》告成，以其餘金並付諸梓，聊以存先人之手澤云爾。"則此書爲高徽嵋等於光緒二十年刻成《族譜》及《高氏家模》後,以餘金所刻。這是此書的第二刻。徽嵋刻書計三種,所言《族譜》爲光緒十九年刻本,現藏國家圖書館及中國人民大學圖書館。《家模》今山東省圖書館藏清抄本二卷,爲高中謀輯,有中謀嘉慶五年序,未見刻本。

九行十九字,白口,四周單邊,單黑魚尾。刻印尚可。

淄川高氏刻書特點有四:

一是三百年刻書不輟。自明萬曆二十三年至光緒二十年,高氏刻書整整綿延了三百年,跨明清兩代。主要刻書時間在乾隆年間,高氏刻書共十種,其中乾隆年間爲六種。另有順治一種,光緒三種。

二是七代刻書。已知高氏刻書有七代,高舉——高珩——高肇鼎、高肇豐、高肇悛——高珩曾孫——高貽榮、高貽樂、高貽華——高中謀、高丙謀——高徽嵋。其中高肇鼎、高肇豐、高肇悛和高貽榮、高貽樂、高貽華兩代刻書最多,一在乾隆初年,一在乾隆中後期。

三是主要刻先輩的詩文集及家族史料。高珩的詩文集和戲曲有四部。《壎篪編》《家模》均兩次刊刻。

四是刻書風格統一。九行十九字,白口,四周單邊。字方正,乾隆風格,刻印精,尤其是《[淄川]高氏家模彙編》,刻印極精。

3)唐夢賚刻書

唐夢賚(1627—1698),字濟武,别字豹喦,又號嵐亭。少承家學,喜好詩詞、古文。順治五年舉人,六年進士,改翰林院庶吉士。八年授檢討,後因具疏諫阻皇帝譯《玉匣記》等,又遭奸佞陷害,被罷官。遂怡然歸籍,絶意仕進,隱居五畝園,園中有志壑堂,專意著述。性好山水,康熙十一年與高珩、張紱、蒲松齡等八人同遊嶗山。康熙十二年,又與蒲松齡等遊覽泰山。尤長於詩賦。著有《志壑堂集》二十四卷、《志壑堂後集》八卷。《志壑堂詩集》十五卷，爲王士禛所評定。另有《借鴿樓小集》二卷、《濟南府志》五十四卷、《淄川縣志》八卷，以及《林泉漫録》若干卷，並爲李之芳撰《年譜》一卷。康熙二十一年，爲《聊齋志異》作序。

已知唐夢賚刻書有以下九種：

①《志壑堂詩集》十二卷，清唐夢賚撰，清康熙二十年淄川唐夢賚杭州刻本。

封面題："西湖書林藏版。"

有康熙十八年馮溥序，孫光祀序，十九年施維翰序，還有未署時間的葛世振、李呈祥、黄山真、許纘曾序，姜宸英識。北海衲黄山真識有"又數日，唐生召工總計鐫之本末"之語，知《詩集》爲唐氏自刻。又據《詩後集》吴陳琰序："先生《志壑堂初集》，浙中諸當事既刻之武林，遠近士大夫多口誦而心儀之……自辛酉迄丙寅又六載，而《後集》復成。"知《詩集》刻於康熙二十年，在杭州，《詩後集》刻於康熙二十五年，刻書地不詳。

唐夢賚康熙三十七年去世，王士禛爲撰《墓志銘》，稱其"客武林"，此書或爲其居武林時所刻。

②《志壑堂詩後集》五卷，清唐夢賚撰，清康熙二十五年淄川唐夢賚刻本。

封面題："莊山書屋藏版。"

有康熙二十五年張鵬序，是年宫夢仁序，田雯《書志壑堂集後》："淄川唐翰林濟武先生刻其詩古文詞共若干卷，名之曰《志壑堂集》。集成，寓余一編，且屬一言殿於後。"田雯去世於康熙四十一年，此本爲康熙時所刻無疑。又有康熙二十五年吴陳琰《志壑堂後集序》，知爲康熙二十五年刻本。又有康熙二十一年高珩《唐豹嵒太史生壙誌》。

③《志壑堂文集》十二卷，清唐夢賚撰，清康熙刻本。

有序，但未言及刻書事。

④《志壑堂文後集》三卷，清唐夢賚撰，清康熙刻本。

有序，但未言及刻書事。

⑤《辛酉同遊倡和詩餘後集》二卷，清唐夢賚、吴陳琰撰，清康熙二十四年淄川唐夢賚刻本。

有錢塘吴陳琰康熙二十五年序："余愛而和之，得十三闋，先生謬加歎賞，而付之梓……今春郵寄一編，即余兩人《辛酉同遊倡和集》初付之梓者也。"有康熙二十四年唐氏於莊山書屋序："爰付之梓，以永此編。"

⑥《吴越同遊日記》二卷，清唐夢賚等撰，清康熙刻本。

以上六書行款相同，均爲九行十九字，白口，四周單邊，單黑魚尾。從這一點看，似乎六書皆爲唐氏刻。字體娟秀，大約均在杭州刻成。

⑦《阮亭選志壑堂詩》十五卷，清唐夢賚撰，清康熙淄川唐夢賚刻本。

有康熙三十年王士禛序。

此書行款與上述不同，十一行二十字，黑口，四周單邊，雙對黑魚尾。字體端正，扁平。當爲唐氏所刻，證據有二：一是王士禛序在康熙三十年，此時唐氏在世，完全有可能自己刻印；二是王士禛《帶經堂集·蠶尾續集》卷十三有《敕授徵士郎内翰林秘書院檢討豹嵒唐公墓誌銘》，稱："《選集》十四卷，則予所論定也。"可證明王士禛在撰《墓志銘》時，《選集》已刻印。《蠶尾續集》所收爲康熙三十四年至四十三年所作，故其撰《墓誌銘》也就是在唐夢賚去世後不久。可以推測，此《選詩》爲唐氏生前所刻，時間約在康熙三十年。

⑧《菊花百詠》，清釋元玉撰，清康熙間淄川唐夢賚刻本。

釋元玉（1628—1695），號祖珍，晚號古翁，别號石堂老人，江南通州人。傳俗姓馬氏,少年出家,爲金粟天岸大師的弟子。順治年間主青州法慶禪寺。康熙年間,主持泰山普照寺。元玉有儒僧之稱,工詩文,有《石堂集》《菊花百詠》及《華嚴頌》行世。

元玉《石堂集》有三堂居士吴雲於泰山小天下處書:"昔淄川唐公濟武已梓石堂《菊花百詠》及《華嚴頌》行世矣。"可知,唐氏有刻元玉以上二集之舉。

元玉在淄川時,與唐夢賚等人較爲熟悉,唐夢賚曾爲元玉的《石堂集》作序。康熙十二年七月,唐夢賚與蒲松齡等遊泰山時還拜訪了他。泰安聶鈫的《泰山道里記》載,泰山南麓的"普照禪林"旁有元玉塔,塔上有唐夢賚撰寫的銘文,可以證明唐夢賚確實與元玉有很深的交情,故爲其刻書也是自然之事。

⑨《華嚴頌》,清釋元玉撰,清康熙間淄川唐夢賚刻本。見上條。

以上二種均未見有書流傳,衹是據文獻記載。

淄川唐夢賚刻書特點有三:

一是刻書共九種,數量頗多。

二是所刻書多爲自己的集子,有文集、詩集及選詩,亦有與友人唱和之作。爲他人刻書二種,均爲至交之作。

三是刻書時間多在居武林時。杭州自古有刻書傳統,故刊刻精良。

4)張篤慶、張元家刻書

張篤慶,字歷友,號厚齋,又號崐崘外史,康熙二十五年丙寅拔貢。著有《兩漢高士贊》《班范肪截》《五代史肪截》《崐崘山房集》《崐崘山房詩集》《崐崘山房詩集殘稿》《八代詩選》等。

①《先相國少保公年譜》不分卷附《摭遺録》,清張篤慶編纂,清康熙間淄川張氏刻本。

相國少保公即張篤慶曾祖張至發,字聖鵠,號憲松。至發在明代刻書多種,前已有述。

卷端題:“曾孫張篤慶編纂。”

十行二十八字,白口,四周雙邊,單魚尾,無行格。字小但刻印精。看風格,應爲清初刻本,或爲張篤慶所刻。

②《崐崘山房詩集殘稿》不分卷,清張篤慶撰,清乾隆三十四年淄川張氏刻本。

卷端題:“崐崘山房詩集殘稿,漁洋先生批點,淄川張篤慶歷友撰。”末署:“崐崘山房詩集殘稿七言近體百一詩。”

前有《縣志貢生録》《縣志文學傳》《山左詩鈔小傳》。此書正文分兩部分:《七言近體》《明季詠史百一詩》。有吴江弟尚瑗書於平樂郡齋之南樓的《崐崘山房詩集序》。山西臨汾蔣仁錫静山跋云:“已經漁洋夫子點次,不敢妄著丹鉛,内有數字,是記室録副之訛,略爲筆正,幸速爲版行,使仁錫得掛名校讎之末,所切望耳。屠維赤奮若五月快雨初晴乘涼謹識。”蔣氏爲康熙三十八年舉人,王士禛門人,據序後所記太歲紀年,或爲康熙四十八年,此時張篤慶未去世,或爲乾隆三十四年,此時蔣氏已届九十高齡。書中避“弘”,避“曆”,應爲乾隆三十四年蔣静山校本,實際的刻書人當爲張氏後人。又山東省圖書館藏有此書的藍印本,即印樣本,説明在山東刻書的可能性很大。

十行二十一字,黑口,四周單邊,雙順黑魚尾。宋體字,清秀俊逸,刻印精。

③《譚藝一得》一卷,清張元撰,清乾隆十三年淄川張氏刻本。《山東通志·藝文志》未著録,現藏山東博物館,爲乾隆中張元門人曾尚增與張元孫張廷寀共同校刊。書成於乾隆十三年,有張元自序。

以上張氏所刻皆爲本家著述,且質量高,刻印精細。

5)王橘刻書

除了以上四家,清前期的淄川刻書還有王橘,所刻爲其從弟王樛撰《息軒草初集》一卷、《二集》二卷、《附録》一卷,刻於康熙十年。

樛字子下,號息軒。

卷端題:"淄川王樛子下著,同邑唐夢賚濟武、張篤慶歷友選評,兄王橘雪因編次,侄王啓泰大來校閱。"

詩由唐夢賚與張篤慶評選,以編年爲序。有張篤慶序:"雪因公梓公集於里中。"高珩序曰:"《息軒詩》向已授梓,蓋先生執友蜀撫張公坤育、滇撫李公敬茲醵金爲之。今先生從兄雪因先生感深花萼,補輯遺珠,將以存先生於千百世後,意良深矣。"末有王橘跋。

九行二十二字,白口,四周單邊,宋體字,清初風格,刻印精。

4. 長山刻書

長山在漢時稱於陵。隋開皇十八年始稱長山縣。

明代的長山僅有劉氏一家三代刻書。到了清代前期,長山刻書還是劉氏唱主角。

①《玉海纂》二十二卷,明劉鴻訓撰,清順治四年長山劉孔中、鄧漢儀等刻本。

《四庫存目》曰:"是編以王應麟《玉海》卷帙浩繁,因節録其要語,部分悉依原目,惟全删其'詞學指南'一類。'詞學指南'專爲當時詞科而設,删之亦可。至其全書,正以典核詳贍爲長,鴻訓删存十之一二,遂變爲記誦剽竊之本,非著書之初指矣。"對此書評價不高。

封面題:"長山劉青岳先生授,金閶王允明梓。"目次下有:"四素山房纂定。"卷端題:"浚儀王應麟伯厚甫輯,長山劉鴻訓青岳甫纂,弟鴻采松皋甫、男孔中藥生甫編次,吴州後學鄧漢儀孝威甫、陸舜玄升甫較閱。"

前有順治四年鄧漢儀序。陸舜序:"孔賓吾師藥翁敬踵精梓之。”劉孔中《凡例》。末有順治四年劉孔中跋:“因謀授梓,乃與鄧子孝威、陸子玄升繕寫編輯之。其去取鉛槧,一仍當日之舊。”

杜澤遜師《存目標注》4192 條著録。《善目》作清順治四年刻本。山東省圖書館作清順治四年王允明刻本,所據蓋爲封面所題,實爲劉孔中刻本,王允明或爲刻工。

九行二十字,白口,四周單邊。無直格,清初風格。

②《困學紀聞鈔》二卷,清劉孔中評選,清周亮工參訂,清順治八年長山劉氏刻本。

劉鴻訓之侄、劉孔中從弟劉孔懷,字友生,號果庵,順治甲午拔貢。撰《宋范文正公流寓長山事迹考》一卷,清康熙刻本,當爲自刻。

(三)新城刻書

元太宗時析長山縣一部分置新城縣。

1)王氏刻書

明代的新城刻書大部分爲王氏所刻。清代的新城刻書還是以王氏爲主。先將王氏世系列如下:

王重光——王之垣——王象乾、王象晋、王象春、王象明等——王與胤、王與敕等——王士禄、王士禧、王士祜、王士禛、王士驪等——王啓涑兄弟——王兆棅兄弟。

王之垣刻書在明代有一種。其季子王象晋刻書最多,有自刻者,亦有他人代刻者,如《王氏族譜》十三卷、《翦桐載筆》一卷就由海虞毛氏汲古閣所刻。象晋有《清寤齋心賞編》一卷,似爲明末刻本。象晋所撰《賜閒堂集》二十卷,則由子王與敕刻成。

(1)王與敕

王與敕,象晋季子,字欽文,號匡廬,順治二年拔貢,翌年有司舉薦,以服侍年邁父親爲由不仕。《賜閒堂集》二十卷刻於順治九年。

前有《賜閒堂集題詞》,有賜閒老人藎臣甫王象晉題:“今九十有三歲……兒孫輩請付梓。”又有王與敕跋,稱其父著述數十餘卷,尚未授梓,“間從簡牘獲一二殘編,合以近歲所作,請命而付之剞人”。則此書刻時,王象晉已九十三歲,第二年象晉去世。

各卷卷端所題不同,卷一:新城王象晉藎臣著,男與敕、孫士鵠校;卷二:新城王象晉藎臣著,男與敕、孫士禄校;卷三:新城王象晉藎臣著,男與敕、孫士禧、士良校;卷四:新城王象晉藎臣著,男與敕、孫士祜、士禛校。

九行十九字,白口,四周單邊,單黑魚尾。字體渾厚,刻印極精,一絲不苟。

(2)王士禄

與敕有子四:士禄、士禧、士祜、士禛。其中進士三人,士禄最長。士禄(1626—1673),字子底,號西樵,順治九年進士。累官吏部員外郎。工詩,獨愛孟浩然,與弟王士祜、王士禛齊名,稱爲“三王”。著有《讀史蒙拾》《燃脂集》《表餘堂詩存》及《十笏山房辛甲集》等。已知士禄刻書共五種。

①《落箋堂初稾》一卷,清王士禛撰,清初新城王士禄刻本。

《山東通志·藝文志》引《居易録》云:“十五歲有詩一卷,曰《落箋堂初稾》,兄序而刻之。”兄謂士禄。王士禛自八歲吟詩,至十五歲有詩,即順治五年,其兄序而刻之。

②《十笏草堂辛甲集》七卷,清王士禄撰,清王士禛選,清康熙四年新城王士禄杭州刻本。

卷端署:“新城王士禄子底著。”目録下有:“弟士祜子側、士禧禮吉、士禛貽上仝定。”目録後有:“右辛丑春詩、《西轅集》(辛丑五月以後詩)、《塵餘集》(壬寅癸卯兩歲詩)、《拘幽集》(甲辰秋詩)、《上浮甲集》(甲辰冬詩)五本合編,凡爲五七言古近體詩四百一十二首。”

詩起辛丑,迄甲辰,即順治十八年至康熙三年。每年所作皆叙次分明。分體編次,卷一爲五言古詩,卷二爲七言古詩,卷三爲五言律詩,卷四爲七言律詩,卷五爲七言律詩後加一首五言排律,卷六爲五言絶句,卷七爲七言絶句。

前有康熙四年林嗣環序,稱"今年若再刻詩,倘能仍編某月某日甲與乙爲友善也"。有雷士俊、王巖序,陳維崧序稱"先生先有《十笏草堂詩集》,後則有《南徐游覽詩》暨《西湖竹枝詞》"。毛先舒序,王士禛《辛丑詩》原序,王士禄《塵餘集自序》:"予詩前此率歲爲一卷,丙申迄庚子五歲所作,貽上又爲分體合編爲九卷。辛丑西使,合京師作共爲二卷。"《拘幽集自序》:"歲暮,又别爲《上浮甲集》。"

此年二月,王士禄在廣陵、京口等地,三月與父王與敕在杭州,至五年二月纔與士禛歸里,所以,此書應在杭州刻成。

九行十九字,白口,左右雙邊。避"玄"字。非寫刻,康熙風格。

③《南徐游覽集》一卷,清王士禄撰,清康熙五年新城王士禄杭州刻本。

版心下刻:"十笏草堂,乙巳春詩。"版心有字數。乙巳爲康熙四年,此刻應爲康熙五年。書體較康熙四年、六年刻本均瘦小,行款不同,尤其是版心不同。此年王士禄除二月在家鄉外,其餘時間一直在杭州,直到六年十月回鄉,故此書刻於杭州。

九行二十字,小字雙行二十字,白口,四周單邊,無魚尾。字體瘦長,比較精美。

④《十笏草堂上浮集》四卷,清王士禄撰,清康熙六年新城王士禄廣陵刻本。

卷端題:"新城王士禄更生著。"王士禄於康熙三年三月入獄,冬天出獄,自號"更生"。

此書集康熙四年、五年兩年詩。卷一、卷二爲乙巳詩(乙集),

卷三、卷四爲丙午詩(丙集),每一卷有一統計數字,共四百零七首。有杜濬序,稱“今長公《十笏草堂》全刻之後,又有《上浮》《游草》行世”。孫枝蔚序,宗元鼎序,康熙五年廣陵之寓園自序。卷三前有康熙六年丁未王巖序,雷士俊、李長祥、鄧漢儀、宗元鼎序。鄧漢儀序曰:“新城王西樵先生既刻其《十笏草堂》諸集行世矣,丙午遊廣陵,復集諸詩,謀授之梓。”則知此書刻於廣陵。宗元鼎序曰:“鼎既爲西樵先生序《上浮乙集》矣,至是《丙集》成,梓以行世。”《上浮甲集》爲康熙三年詩,已刻入《十笏草堂辛甲集》,《上浮乙集》爲康熙四年詩,《上浮丙集》爲康熙五年詩。

九行十九字,白口,左右雙邊,單黑魚尾。非寫刻,康熙風格。

⑤國家圖書館有《新城王氏雜文詩詞十一種》①,中有王士祿《燃脂集發凡》一卷,作清康熙刻本。

士祿順治六年始纂《燃脂集》,康熙十二年病中手定,於本年去世,則《發凡》當刻於順治六年後,康熙十二年前。現《燃脂集》僅存稿本二十五卷、道光十五年王允豐抄本二卷,故此《發凡》一卷彌足珍貴。

十一行二十三字,白口,四周單邊。

(3)王士禧

士禧字禮吉,一字仲受,太學生。

《抱山詩集》二卷,清王士禧撰,清康熙新城王士禧刻本。

王士禛《蠶尾續文·仲兄墓誌》云:“仲兄所刻《抱山集》詩凡二卷,嘗和《月泉吟社詩》五十餘章,多警策,未及鋟梓。”則知士禧有此書之刻。康熙四十年,士禛又刻《抱山集選》一卷。

(4)王士禛

新城王氏在清代名聲最顯者當爲王士禛。

①以下簡稱《雜文詩詞》。

士禛(1634—1711),字子真,一字貽上,號阮亭,自號漁洋山人。居官四十餘年,位列臺閣,以刑部尚書致仕。一生著作等身,詩論、詩作標舉"神韻",朝野尊爲詩壇泰斗,對清初詩歌的發展起到了重要作用。王士禛刻書七十餘種,這在清初的個人刻書數量上,幾乎無人能比。茲按時間先後縷述如下。①

①《長白遊詩》一卷,清王士禛、徐夜撰,清順治十三年新城王士禛刻本。

《山東通志·藝文志》引《居易録》云:"予幼自乙酉、丙戌間避兵長白,即《史記》所稱副嶽也。《酉陽雜俎》記山中崔羅什、沙彌二桃事,其峰巒洞壑、横側單複之奇,概未之及也。乙未舉進士。後丙申春始與邑高士徐夜東癡同遊,凡柳庵、上書堂、醴泉寺諸勝皆至焉。刻《長白遊詩》一卷。"丙申即順治十三年。長白山在山東鄒平縣境。此書記述長白山的地理形勢、歷史古蹟並有關傳説。未見傳本。

②《表餘落箋合選》十一卷(一名《琅琊二子近詩合選》),清王士禄、王士禛撰,清周南、王士禧等輯評,清順治十六年新城王士禛刻本。

此書分體編輯,卷一爲五言古詩,卷二爲七言古詩,卷三、卷四爲五言律詩,卷五、卷六、卷七爲七言律詩,卷八爲五言排律,卷九爲五言絶句,卷十爲七言絶句,卷十一爲樂府。

程軼《清初詩人王士禄研究》②考證,此書國家圖書館有藏,題名《琅琊二子近詩合選》,卷首有高念東丙申序,吴偉業己亥序,姚

①按:其中有些書是其門人刊刻,但由王士禛默許或指示,故均列入王士禛刻書。本文多引用王士禛撰《漁洋山人自撰年譜》二卷,清惠棟注補,以下皆稱《自撰年譜》。伊丕聰撰有《王漁洋先生年譜》,山東大學出版社1989年版,以下稱伊《譜》。

②程軼:《清初詩人王士禄研究》,山東大學2007年碩士學位論文。

侄序，以及周聖攘己亥跋。周聖攘跋中有"家尊既付校讎，予小子因得竟讀諸體畢"之語，由此可推斷爲順治十六年己亥刻本；倫明《漁洋山人著述考》著録《表餘落箋合選》十一卷，程軼云此書未獲見。據著録，此書爲順治刊本，卷首有《凡例》七則，但倫明未敘及有序和跋，程軼認爲，根據這一點，再聯繫周聖攘跋文題目《跋表餘落箋合選詩後》，可判定《琅琊二子近詩合選》是《表餘落箋合選》的後出本，不刻《凡例》，增入序跋。不知此考證確否。據此，則本書有兩刻，首爲順治中刻《表餘落箋合選》，次爲順治十六年刻《琅琊二子近詩合選》，今未見《表餘落箋合選》，姑且作爲一條處理。康熙元年盛符升跋《阮亭詩選》："前乎是稿，有琅玡二王合刻焉，有西樵山人之刻焉。"此"琅玡二王合刻"當指《琅琊二子近詩合選》。

王士禛順治十六年八月前在萊州，八月遷國子助教，歸里省親，十一月赴京師。故此書極有可能刻於山東。

九行十九字，白口，左右雙邊。

③《彭王唱和集》，清王士禄、王士禛、彭孫遹撰，清順治十六年新城王士禛京師刻本。

《自撰年譜》順治十六年惠棟補："是冬，山人與西樵及羨門倡和香奩體詩，刻《彭王倡和集》。"是年，王士禛謁選得江南揚州府推官，冬天還在京師，故刻於京師。

④《十笏草堂詩選》九卷，清王士禄撰，清梁熙、王士禧等選，清順治新城王士禛吴中刻本。

此書收士禄丙申至庚子即順治十三年至十七年詩。前有王士禛序。康熙四年士禄杭州刻《十笏草堂辛甲集》七卷，有《塵餘集自序》："予詩前此率歲爲一卷，丙申迄庚子五歲所作，貽上又爲分體合編爲九卷。"所指當爲此書。

卷端題："新城王士禄子底著，鄢陵梁熙曰緝、弟王士禧禮吉選。"各卷選者不同。

九行十九字,白口,左右雙邊。

⑤《白門前後集》,清王士禛撰,清順治十八年新城王士禛揚州刻本。

王士禛順治十七年有《白門集》,十八年有《白門後集》,袁世碩先生《王漁洋早年詩集刻本》①一文稱,《阮亭詩選》"庚子詩"小序稱有《白門集》,未言"專刻","辛丑詩"小序稱"爲《白門詩》",有别爲"專刻"之語,故袁先生得出結論:《白門前後集》是合爲一集,前集没有單行。據此,《白門集》前後二集當刻於順治十八年。

⑥《過江集》,清王士禛撰,清順治十八年新城王士禛揚州刻本。

《居易録》云:"順治庚子冬在揚州,病起,以公事渡江往毘陵,與京口别駕程康莊崑崙同遊金、焦、北固,及鶴林、招隱、竹林寺、海岳庵諸名勝,有《過江集》。"《阮亭詩選》卷十三"庚子詩三"下注:"《過江集》别爲專刻,今編入。"又《販書偶記續編》著録:"順治辛丑刊。"②知《過江集》有單刻,時間在順治十八年。伊《譜》後附《王漁洋先生著作及研究論文目録》,亦稱此書有順治十八年刻本。

⑦《十笏草堂詩選》十一卷,清王士禄撰,清梁熙、王士禧等選前九卷,清陳允衡、楊繼經、唐允甲選後二卷,清順治康熙間新城王士禛吴中刻本。

前有王士禛序曰:"伯氏編年詩九卷,舊刻吴中。兹集二卷附之。"所言係士禛爲士禄刻九卷本,收詩自順治十三年至十七年,

①袁世碩:《王漁洋早年詩集刻本》,載《中國典籍與文化》2002年第1期。

②孫殿起:《販書偶記續編》,上海古籍出版社1992年版,第224頁。以下簡稱《販續》。

上已有述。此書又加兩卷,即卷十、十一,收順治十八年詩。卷端題:"新城王士禄子底著,南昌陳允衡伯璣、靳水楊繼經傳人、宣城唐允甲祖命選。"九行十九字,白口,左右雙邊。蓋亦爲王士禛刻於吴中者。杜澤遜師《存目標注》5831條著録。

⑧《入吴集》,清王士禛撰,清康熙刻本。

《山東通志·藝文志》引《居易録》云:"辛丑春,以例往松江謁直指,次滸墅。聞鄧尉梅花盛開,遂輕舟入太湖口。自光福元墓,留聖恩寺四宜堂,賦詩數十篇而返,因自號漁洋山人,有《入吴集》。"則此書成於順治十八年。《販續》著録:"康熙間刊。"①《善目》亦收是書,作康熙刻本,則知刻於康熙年間。

⑨《秦淮雜詩》一卷,清王士禛撰,清康熙刻本。

此書成於順治十八年三月,刻書時間亦大約在此時。康熙元年刻《阮亭詩選》卷十五"辛丑詩二"下注:"《白門後集》《秦淮雜詩》别爲專刻,今編入。"知確有一刻。

十一行二十三字,白口,四周單邊。

⑩《鑾江唱和集》,清王士禛、吴國對撰,清康熙刻本。

此書成於順治十八年。《阮亭詩選》卷十六注:"另爲專刻,今編入。"則知,康熙間有一刻。未見傳本。

⑪《歲暮懷人絶句》,清王士禛撰,清康熙刻本。

《自撰年譜》在順治十八年條有:"冬赴淮安甓社湖中,作《歲暮懷人絶句》六十首。"《阮亭詩選》"辛丑詩"注:"《歲暮懷人詩》别爲專刻,今編入。"則知有刻本,但未見傳本。

⑫《琅邪三公集》,明王象春、王象艮、王象明撰,清新城王士禛刻本。

此爲王士禛輯其叔祖象春、象艮、象明三人詩。

①孫殿起:《販書偶記續編》,上海古籍出版社1992年版,第224頁。

是編《居易録》作《三公詩選》,《分甘餘話》又作《三王公集》。張象津《白雲山房文集》又稱有《問山》《思止》二詩選,《山東通志·藝文志》有疑問:"或當日《三公集》止刊其二耶?"象春有《問山》,象艮一字思止,有《思止》。不論當時全刻與否,至少在張象津時,還有兩個本子存世。

⑬《金陵遊記》一卷,清王士禛撰,清康熙刻本。

此書成於順治十八年,與《秦淮雜詩》同年作。國家圖書館有《雜文詩詞》十一種,收是書,作康熙刻本,十一行二十三字,白口,四周單邊。

⑭《壬寅集》,清王士禛撰,清康熙元年新城王士禛金陵刻本。

據伊《譜》,王士禛在康熙元年撰成《壬寅集》。國家圖書館《雜文詩詞》十一種收此種。此年王士禛在金陵,當刻於金陵。

十一行二十三字,白口,四周單邊。

⑮《阮亭詩選》十七卷,清王士禛撰,清康熙元年新城王士禛吴中刻本。

書衣題簽:"阮亭紀年詩。"封面題:"漁洋山人集。"版心及各卷首葉均刻:"阮亭詩集。"目録後有校訂人姓名:"兄士禄西樵、士禧禮吉、士祜子側同選;崑山盛符升珍示校;太倉崔華不雕、王立極我建、吴之頤正求、青浦王朱玉元式、江都郭士琦又韓、謝廷爵爾縻、高淳孫謙文益、上海朱廷獻幼修、高郵柏熊生非熊、如皋冒禾書穀粱、冒丹書青若、興化王仲儒景州、王熹儒歙州、丹陽蔡芬谽若仝校;姪啓溶、啓演、啓浣、啓涫、啓沆、啓湞、啓深、男啓汿、啓渾、啓汸同訂。"

首有錢謙益、李元鼎、黄文煥、熊文舉、李敬、汪琬、施閏章、冒襄、陳維崧、趙進美等二十七家序,及兄王士禄西樵序、《自題丙申詩序》、本集自序。順治十八年《自序》末云:"友人盛珍示、崔不雕輩,請余丙申以後紀年之作校讎而刻之吴中,予不能禁也,聊爲述大旨如此。辛丑九日雨中舟次召伯埭書。"所收爲順治十三年以後紀年詩。此詩之刻,是王士禛與盛珍示商定校刻,時間在順治十八年。盛珍示名符升,崔不雕名華,都是王士禛順治十七年分校南闈所取之士。卷末有盛珍示跋語,題"壬寅五月既望崑山盛符升謹識"。壬寅爲康熙元年,當爲其校刻將成之時。《自撰年譜》:"是春(按:康熙元年),盛侍御集丙申以來至辛丑紀年之作,刻之吴下。"王士禄序曰:"今在吴門刻其内申以來五年之作……庚子秋日十笏草堂主人書。"此書所收内容辯證詳見袁世碩《王漁洋早年詩集刻本》一文。

九行十九字,白口,左右雙邊,單黑魚尾。因在吴中所刻,故爲寫刻體,較精美。

⑯《紅橋倡和集》,清王士禛、袁于令等撰,清康熙元年新城王士禛揚州刻本。

王士禛在揚州任上曾組織了三次文學交遊盛會,傳爲藝苑佳話。一是康熙元年夏的修禊紅橋,參加者有袁于令、杜濬、邱象隨、蔣階、朱克生、張養重、劉梁嵩、陳允衡、陳維崧九人。刻爲《紅橋倡和集》。

國家圖書館《雜文詩詞》十一種收是書,作《紅橋唱和詞》。十一行二十三字,白口,四周單邊。

⑰《隴首集》一卷,明王與胤撰,清康熙二年新城王士禛揚州刻本。

與胤字百斯,一字永錫,崇禎元年進士,歷官湖廣道監察御史。明亡,與妻于氏、子士和同自盡於里第。《四庫存目》曰:"是集乃其巡視陝西茶馬時所作,故名《隴首》。其姪士禛編次之。僅詩四十二首,又《劾鄧玘淫掠疏》一篇,自撰《墓誌》一篇,而以傳及墓表、逸事狀附焉。"

卷端題:"前監察御史王與胤著,侄刑部尚書王士禛較。"總目下有："孫男啓沆、曾孫兆箰編次。"

前有陳允衡序，曰："壬寅秋，從公從子士禄、士禛乞公全書，則以兵火散軼僅存《隴首集》一卷，因特表於詩慰。"壬寅爲康熙元年。康熙二年錢謙益《王侍御遺詩贊》云："從子士禛刻其遺詩四十餘章，皆奉使關隴之作。"又有杜濬跋，紀映鍾跋。杜澤遜師《存目標注》著録有康熙三十八年至四十三年間重刻本，並考證是集初刻於康熙二年。

十行十九字，黑口，左右雙邊，寫刻精。

⑱《癸卯詩卷》，清王士禄、王士禛撰，清康熙二年新城王士禛揚州刻本。

此書成於康熙二年，國家圖書館《雜文詩詞》十一種收是書，當刻於此年。十一行二十三字，白口，四周單邊。

⑲《冶春絶句》，清王士禛、林古度等撰，清康熙三年新城王士禛揚州刻本。

此書成於康熙三年。這是士禛在揚州任上組織的第二次文學交遊盛會，參加者有林古度、孫枝蔚、張綱孫、程遂、孫默、許承宣、許承宗等。士禛賦《冶春》絶句二十首，諸人和之，盛況空前。書前有林古度序，後有杜濬、孫枝蔚、張綱孫、劉體仁、陳維崧、余懷、紀映鍾、丁澎、彭孫遹等題詞，末有跋。王獻唐跋曰："此漁洋《冶春絶句》單刻本，亦此詩之最初刻本也。當時各家題詠，爲以後刻本所不載。"①則知此本罕見。

⑳《禪智録别》一卷，清王士禛編，清康熙四年新城王士禛刻本。

《山東通志·藝文志》引《居易録》云："乙巳七夕，予赴京師，諸君餞於禪智寺……因刻《禪智録别》一卷，誌一時窮交之誼。"

---

①王獻唐：《雙行精舍書跋輯存》，齊魯書社1983年版，第259頁。

伊《譜》作《禪智倡和集》。國家圖書館《雜文詩詞》十一種收是書,作《蜀岡禪智寺唱和詩》,應爲一書。十一行二十三字,白口,四周單邊。

㉑《焦山古鼎圖詩》一卷,清王士禛撰,清康熙四年新城王士禛刻本。

康熙四年二月書成。國家圖書館《雜文詩詞》十一種收是書。十一行二十三字,白口,四周單邊。

㉒《水繪園修禊詩》一卷,清王士禛、冒襄等撰,清康熙四年新城王士禛揚州刻本。

此爲王士禛在揚州任上組織的第三次文學交遊盛會,地點在如皋冒襄的水繪園,有冒襄、邵潛等八人與會,分體賦詩,士禛成七言古詩十章,刻《水繪園修禊詩》一卷,時在康熙四年。

㉓《漁洋詩集》二十二卷,清王士禛撰,清康熙八年王士禛門人王我建吴門沂詠堂刻本。

《四庫存目》曰:"士禛初刻《落牋堂詩》,又刻順治丙申至辛丑所作爲《阮亭詩》,復有《過江》《入吴》《白門》前後諸集。後乃删併諸作,定爲《漁洋前集》。始於丙申,終於康熙己酉,凡十四年之詩。是集出,而少作諸集悉微,故今不甚傳。"則此集收順治十三年至康熙八年所作詩。《自撰年譜》惠棟補注云:"是年山人自取甲辰以前廣陵所作、乙巳以後禮部所作,共一千三百餘首,删其什六,益以《過江》《入吴》《白門》前後諸集,都爲一編,曰《漁洋集》,門生王我建(立極,庚子年所取士)刻之吴門。"①

卷端題:"新城王士禛貽上撰。"有陳維崧、汪琬、葉方藹、李敬序。目録後有牌記:"康熙己酉吴郡沂詠堂雕。"知係康熙八年吴郡沂詠堂刊版。

①《自撰年譜》卷上,第32葉。

《唐賢三昧集》有崑山門人盛符升跋:“《漁洋初續》二集、《蜀道》《南海》諸集,皆手授符升詳校流傳……《唐詩十選》亦授符升及王子我建次第刊成。”盛符升(1615—1700),字珍示,號誠齋,又號贛石,江蘇崑山人,康熙三年進士。他承擔了王士禛大部分作品的編刻工作,所校刊的有《漁洋集》《二集》《蜀道驛程記》《南海集》。盛氏及王氏皆爲主持刻書者,實際爲王士禛所刻。

十行十九字,白口,四周單邊。非寫刻體,但係康熙風格。

㉔《阮亭甲寅詩》一卷,清王士禛撰,清康熙刻本。

此書成於康熙十三年。國家圖書館《雜文詩詞》十一種收是書,十一行二十三字,白口,四周單邊。

㉕《十子詩畧》,清王士禛編,清康熙十六年新城王士禛京師刻本。

《山東通志·藝文志》引《居易録》曰:“丙辰、丁巳間,商邱宋犖牧仲、郃陽王又旦幼華、安邱曹貞吉升六、曲阜顔光敏修來、黄岡葉封井叔、德州田雯子綸、謝重輝千仞、晉江丁煒雁水及門人江陰曹禾頌嘉、江都汪懋麟季用,皆來談藝,予爲定《十子詩》刻之。”刻書時間比較明確,但目前祇見兩種,一是顔光敏《樂圃集》,一是曹貞吉《珂雪詩》。《四庫存目·樂圃集》曰:“此集爲王士禎所定。版心題曰‘十子詩畧’……而十人各爲卷帙,其版亦分藏於各家,往往别本單行。版心所題,猶其全編之總名也。”可知,十集各以别本單行,故流傳不廣。杜澤遜師《存目標注》5809條著録《樂圃詩集》:每卷首行大標題“十子詩畧”,下小字題“樂圃集”,次行題“曲阜顔光敏”。版心題“樂圃集卷幾”。周洪才《孔子故里著述考》①一書認爲校刊之事,實出施閏章手。《顔氏家藏尺牘·施閏

①周洪才:《孔子故里著述考》,齊魯書社2004年版,第448頁。以下簡稱《孔考》。

章致顔光敏書》云:“尊詩入《十子詩畧》者,不得不照衆式,倘刻全稿,必須宋字,筆畫略重,或照錢宗伯《杜詩箋注》款式,用十一行爲古雅。”大概衹此一種爲施閏章校刊,其他未明。

十行十九字,大黑口,四周單邊。

㉖《漁洋續集》十六卷,清王士禛撰,清康熙二十三年王士禛門人盛符升蘇州刻本。

《自撰年譜》曰:“是年,盛侍御珍示裒集辛亥迄癸亥之詩,共十六卷,重爲編次,曰《京集》,曰《蜀集》,曰《家集》,合爲《漁洋續集》。屬常熟黄子鴻儀書之。明年,刻之吴中。”①知所彙爲康熙十年至二十二年之詩,共十六卷。

卷端題:“漁洋山人詩集。”下注“續集”二字。封面及版心均題“漁洋續集”。有施閏章、徐乾學、陸嘉淑序,康熙二十年門人曹禾序,曰:“前集始丙申迄己酉,合二十二卷,刻於吴郡,流傳徧天下矣。門人輩又取其辛亥以來之作釐爲十六卷,名曰《續集》,復將刻於金陵。”康熙二十一年門人汪懋麟序,康熙二十三年門人金居敬序,是年萬言序,曰:“其門下士刻之吴中,將成。”蓋《續集》爲康熙二十二年編成,二十三年在蘇州刻成。

盛符升有《唐賢三昧集序》,前已有述,應爲主持刻書者,實爲士禛所刻。《香祖筆記》云:“黄子鴻名儀,常熟人,隱居博學,工書法。予刻《漁洋續集》,將仿宋槧,苦無解書者。門人崑山盛誠齋侍郎(符升)聞子鴻多見宋刻,獨工此體,因禮致之。子鴻欣然而來,都無厭倦。今《續集》自首迄尾,皆其手書也。”更可證明此書爲士禛自刻,所請名寫工爲黄儀。

十行十八字,黑口,左右雙邊。寫刻體,甚精。

㉗《憶洞庭詩唱和集》,清王士禛輯,清康熙刻本。

①《自撰年譜》卷下,第5葉。

此書大約成於康熙二十一至二十三年間。國家圖書館《雜文詩詞》十一種收該書,十一行二十三字,白口,四周單邊。

㉘《南來志》一卷(《粵行三志》之一),清王士禛撰,清康熙刻本。

卷端題:"詹事府少詹事兼翰林院侍講學士王士禛。"

此書成於康熙二十三年。康熙甲子,士禛官少詹事,奉使祭告南海,記其驛程所經。因所載自京師至廣州而止,故曰《南來》。前有史官太倉黄與堅序,番禺屈大均序,易堂後學魏世傚序。

十行十九字,黑口,左右雙邊。寫刻體。

㉙《廣州遊覽小志》一卷(《粵行三志》之一),清王士禛撰,清康熙刻本。

卷端題:"詹事府少詹事兼翰林院侍講學士王士禛。"末有"門人盛符升較"一行。

此書成於康熙二十四年。士禛以康熙甲子十一月祭告南海,以乙丑二月八日至四月一日北歸,計留廣州五十一日,因而遊覽古蹟,作爲此志。

十行十九字,黑口,左右雙邊。寫刻體,字體版式同《南來志》。

㉚《北歸志》一卷(《粵行三志》之一),清王士禛撰,清康熙刻本。

卷端題:"詹事府少詹事兼翰林院侍講學士王士禛。"末有"門人盛符升較"一行。

此書成於康熙二十四年。士禛於康熙乙丑二月至廣州,四月初一日始還,記其歸途所經,至六月十六日至其家新城而止。所記山水名勝,較《南來志》爲詳。

十行十九字,黑口,左右雙邊。寫刻體,字體版式同《南來志》《廣州遊覽小志》。

㉛《皇華紀聞》四卷,清王士禛撰,清康熙刻本。

卷端題:"詹事府少詹事兼翰林院侍講學士王士禛。"卷末刻:

"門人盛符升、孫男兆酇較。"

此書係士禛祭告南海於道途所經之地,搜採故事而成。前有長洲韓菼序,康熙二十九年冬十月姪源序。

十行十九字,黑口,左右雙邊,寫刻頗精。

㉜《南海集》二卷,清王士禛撰,清康熙刻本。

卷端題:"新城王士禛貽上甫。"

此書亦爲祭告南海所作。《四庫存目》曰:"皆其奉使祭告南海往還之作。上卷自京師至廣州,下卷自廣州至其家新城而止。蓋其《北歸志》亦止於新城也。趙執信作《談龍録》,摭其開卷二詩,以爲似覊臣遷客之語,其言誠是。然士禛之詩長於山水,别爲一調,未可以二馮之法繩之也。"前有門人金居敬序,無年月,據文義,在康熙二十四年夏。

據盛符升《唐賢三昧集序》,此集亦爲盛氏校刻。十行十九字,黑口,左右雙邊,寫刻精。

㉝《十種唐詩選》十七卷,清王士禛選,清康熙二十六年新城王士禛崑山刻本。

《自撰年譜》康熙二十六年:"是年,取唐人殷璠、高仲武諸家之選,各加删定,而益以韋莊《又玄》、姚鉉《文粹》,通爲《唐選十集》,屬門人盛珍示、王我建校刊。"知成書於康熙二十六年,校刻者爲門人盛符升、王立極。前有徐乾學序:"新城王先生既選唐詩爲《唐賢三昧集》。"韓菼序。尤侗序:"復取唐人選唐詩九家,益以姚鉉《文粹》,所録合爲《唐詩十選》,梓而行之。"盛符升序。徐乾學康熙三十一年《十種唐詩選書後》:"今新城先生選定《唐賢三昧集》,又選刻《十種唐詩》。"

據徐乾學所説,《唐賢三昧集》刻在前,《十種唐詩選》刻在後。但據《自撰年譜》卷下第七葉,《十種唐詩選》刻在前,爲康熙二十六年,《唐賢三昧集》刻在後,爲康熙二十七年。《自撰年譜》又引

《池北偶談》曰:"今刻於崑山。"則徐乾學爲崑山人,當對此事有所了解,故不知徐氏記載有誤還是《自撰年譜》有誤。

士禛《居易録》曰:"近日金陵有刻《唐詩十集》者,謂爲予所訂。或作序假予言曰'余奉此爲金科玉律,年來於此道稍有會心者,得力於是書良多'云云。及訪是書閲之,乃標華亭唐汝詢仲言名。大旨在通高漫士、李滄溟、鍾退谷三選之郵,而以汝詢《詩解》附之。强分甲乙丙丁等目,淺陋割裂,可一笑也。"知此書未出以前,先有僞本。

十行十九字,黑口,左右雙邊,避"玄"。寫刻精美。《文粹》下有刻工姓名:顧洪、金玉、甘玉、邘文、紉臣。

㉞《唐賢三昧集》三卷,清王士禛選,清康熙二十七年新城王士禛刻本。

《自撰年譜》康熙二十七年:"秋七月七後,先生撰《唐賢三昧集》三卷,告竣於宸翰堂。"《唐賢三昧集序》云:"康熙戊辰春杪,歸自京師,居宸翰堂,日取開元、天寶諸公篇什讀之。於二家之言,别有會心。録其尤雋永超詣者,自王右丞而下四十二人,爲《唐賢三昧集》,釐爲三卷。合《文粹》《英靈》《閒氣》諸選詩,通爲《唐詩十選》云。……康熙二十七年七夕後王士禛阮亭書。"前有姜宸英序:"新城先生既集古五七言詩各如干卷,復有《唐賢三昧》之選。"又有王立極跋。有崑山門人盛符升跋:"《漁洋初續》《二集》《蜀道》《南海》諸集皆手授符升詳校流傳……《唐詩十選》亦授符升及王子我建次第刊成。"前已有述。

十行十九字,黑口,左右雙邊,寫刻精美。

㉟《突星閣詩鈔》十五卷,清王戩撰,清康熙二十八年新城王士禛濟南刻前五卷、康熙三十九年漢陽王戩蘇州自刻後五卷、康熙四十九年朱愷仲等刻四卷、康熙五十七年許謙次刻一卷本。

此本經四次刊刻始完。杜澤遜師《存目標注》5896 條有詳細考證:前有王士禛序,康熙四十一年壬午王戩序,康熙四十九年庚寅王戩又序。後有乾隆十三年冬姪楠跋云:"《突星閣》一集,前五卷叔祖阮亭公付梓。中後九卷,朱愷仲、董養齋兩先生所鐫。末一卷則許謙次、李甸四、張方客三公共剞劂者。"《四庫提要》即本此。王戩自序有云:"先是在濟南,有《突星閣詩鈔》一集,新城公序而刻之。自時厥後……遂排纘爲續集,舟過吴閶,屬繕寫雕於版,合前集共十卷。"康熙四十九年自序云:"壬午冬,饑驅往京師……新城公謂余詩續集雕版甚善。"則前五卷王士禛刻於濟南。卷六至十王戩自刻於蘇州。康熙四十九年自序又云:"搜篋中,十年來有詩四卷,朱愷仲兄見之甚喜,且欲爲我授諸梓人。余感其意,遂以歸之。"然則朱愷仲所刻爲卷十一至十四,共四卷。今檢集中,前五卷止於康熙二十八年己巳,王士禛當刻於是年。卷六起爲康熙二十九年庚午作,至卷九爲三十九年庚辰作。卷十題"突星閣新添集外詩",末有自跋,謂故簏中舊詩一册,其壻向來鈔得數十首,今並以鐫版云云。以上五卷當即自刻於蘇州者。卷十一詩起於康熙四十年辛巳,至卷十四止於四十九年庚寅,庚寅之作有《别朱愷仲二首》。此四卷即康熙四十九年自序所謂"十年來有詩四卷",朱愷仲等刻此四卷當在是年。卷十五則康熙五十年辛卯以下作,所謂許謙次等所刻者也。卷十五後有康熙五十七年戊戌男釐、瓚跋,稱"往有《突星閣詩鈔》十四卷行世",則卷十五當刻於康熙五十七年或稍後。然則王楠跋言之未確。

十行十九字,黑口,左右雙邊。寫刻精美。

㊱《蜀道驛程記》二卷,清王士禛撰,清康熙三十年新城王士禛京師刻本。

卷端題:"濟南王士禛貽上甫。"卷下尾題列名:"弟士驪、男啓涑、啓汸、啓汧、孫男兆鄴仝較。"

此書成於康熙十一年,係此年士禛爲四川鄉試正考官,記其來往所經。二十年後,又補成並刻之。有施閏章、曹禾、徐夜序。據

第34條,此書亦爲盛氏操辦。

十行十九字,黑口,左右雙邊。無序跋。寫刻本。

㊲《漁洋山人詩合集》十八卷,清王士禛撰,清康熙三十三年新城王士禛刻本。

卷端署:"新城王士禛貽上甫。"末署:"男啓涑、啓汸、啓汧、孫男兆酅、兆鄭、兆郢校梓。"

此書未見,據辛德勇先生《漁洋山人詩合集》①一文,知《漁洋山人詩合集》計十八卷,前七卷爲古體詩,後十一卷爲今體詩,應爲漁洋山人詩作精品的彙選。《善目》著録爲康熙三十三年刻本。此年王士禛六十一歲,《漁洋山人詩合集》當是對他六十歲以前詩作的一個萃編。據辛德勇先生考證,此《合集》與六年之後亦即康熙三十九年編選刊刻、性質雷同的《漁洋精華録》之間有着特殊的關係。他認爲後者是在前者的基礎上删削增改成書的。書中還有一些地方帶有墨釘,當時王士禛還在世,不會是詩稿文字存有缺損無從填補所致,衹能是最初印本,書版尚未完全剖删竣事的痕跡。看來此書刊成後王士禛便有所不滿,所以没有印行。推敲其原因,除了嫌選詩還不夠精純之外,恐怕也有對版刻形式的不滿。

㊳《蠶尾集》十卷,清王士禛撰,清康熙三十四年新城王士禛京師刻本。

卷端署:"濟南王士禛貽上甫。"

《自撰年譜》:"山人次甲子使粵以前及丁卯以後詩、庚午以後雜文爲《蠶尾集》十卷,其古文詞前此者復别爲《漁洋文略》十四卷,屬門人張漢瞻(雲章)序之。"②《四庫存目》有辯證,認爲盛符升作《雍益集序》、《蠶尾集》原文及士禛自序三處所言收録時間有

①辛德勇:《漁洋山人詩合集》,載《中國典籍與文化》2002年第3期。
②《自撰年譜》卷下,第13葉。

出入:"士禛集皆所自刊,而三説錯互如是,未喻其故。"

書有康熙三十五年宋犖序,宋犖於康熙三十一年壬申到吴閶,刻汪容甫集,又刻侯朝宗、魏禧、汪容甫三家文鈔:"阮亭以書抵予曰:'吾論交當不後汪、魏,吾所爲《蠶尾集》詩二卷,文八卷,幸以鋟之梨,且爲我叙。'"據此可知,《蠶尾集》確刻於康熙三十四年,操辦者爲宋犖。

十行十九字,黑口,左右雙邊,寫刻精。

㊴《漁洋山人文略》十四卷,清王士禛撰,清康熙三十四年新城王士禛京師刻本。

卷端題:"新城王士禛字貽上。"

成書時間《自撰年譜》前已有述。張雲章《新城先生文稿序》云:"先生之文其散見者雖多,而未有專刻行世。今《蠶尾集》之刻,爲詩二卷,爲文八卷,又次其雜文舊藁十四卷,别爲集,將與天下盡見之矣。"

十行十九字,黑口,左右雙邊,寫刻精。

㊵《國朝謚法考》一卷,清王士禛撰,清康熙三十四年新城王士禛刻本。

此書録自清初迄康熙三十四年間大臣的賜謚。康熙三十四年尤侗序。王士禛自序。

目録後有"門人宋至山言,男啓涑、啓汸、啓汧、孫兆鄴、兆鄭、兆郢仝較"。十行十九字,黑口,左右雙邊,寫刻體。

㊶《雍益集》一卷,清王士禛撰,清康熙三十六年刻本。

此書成於康熙三十五年,王士禛奉命祭告西嶽、西鎮、江瀆而作。《自撰年譜》:"是役有詩百餘篇,爲《雍益集》……又有《秦蜀驛程後記》二卷,《隴蜀餘聞》二卷。"①

---

①《自撰年譜》卷下,第14~15葉。

前有盛符升八十三歲作《讀雍益集總述》，敘漁洋詩文刊刻始末甚詳："庚子秋，符升辱收門下，盡得受而讀之。因集其順治丙申以來至辛丑紀年之□較讎之，爲《阮亭詩》之刻，此專集所托始也。久之，先生復自取千三百餘首，删其什六，益以《過江》《入吴》《白門》前後諸集，都爲一編，凡二十二卷。由是甲辰前廣陵所作，乙丑後禮部所作，斐然畢備，屬同門生王子我建鎸之吴門，此《漁洋前集》之再刻也。康熙壬子秋，祗奉朝命，典試益州，有《蜀道集》二卷、《驛程記》四卷。……戊午春，膺皇上特達之知，擢授翰林侍講，尋下徵其詩，録三百篇以獻，謂之《預覽集》，未敢專行。庚申冬拜國子祭酒，符升時官膳部，從遊無間晨夕，乃更裒其辛亥迄癸亥之詩，得十六卷，重爲編次，曰《京集》，曰《蜀集》，曰《家集》，此《漁洋續集》之三刻也。甲子冬，以官詹受命秩祀粤海，有《南海集》二卷，符升僭序其端，而《粤行三志》三卷、《皇華紀聞》六卷、《廣州遊覽志》一卷附之。此一時一地專爲記録之四刻也。方使車之南行也，雪阻東平，望小洞庭中有蠶尾山，爲唐蘇源明讌賞地，因取以名其山房。退食之暇，合戊辰至乙亥詩及碑版記序以傳。此詩文合集之五刻也。丙子春，以少司農祗命祭告西嶽、西鎮、江瀆，有《雍益集》《秦蜀驛程後記》《隴蜀餘聞》各一卷。……丁丑夏屬婁江通政錢公郵寄，且以總序見委。……此又一時兩地再爲記録之六刻也。……又有《五言詩七言詩》及《唐賢三昧集》《唐詩十選》三書，獨發明司空表聖、嚴滄浪論詩微旨，與詩集並行，爲世所宗法，此又先生諸集外之别刻也。其他著述已成書者則又有《國朝謚法考》一卷、《池北偶談》二十六卷、《居易録》三十卷、《五代詩話》《古懽録》各若干卷，皆集外單行。"集末有康熙三十六年丁丑七月門人蔣仁錫書後，曰："錫亟請先生近詩授梓，冀得任校録之責，挂名末簡……梓既成，因次前後答問之語復於先生。"

十行十九字,黑口,左右雙邊,寫刻精。

㊷《秦蜀驛程後記》二卷,清王士禛撰,清康熙刻本。

成書於康熙三十五年,上條有述。

卷端署:"經筵講官户部左侍郎王士禛。"

十行十九字,黑口,左右雙邊,寫刻體,字體版式與《南來志》《北歸志》《蜀道驛程記》同。

㊸《隴蜀餘聞》一卷,清王士禛撰,清康熙刻本。

成書時間同《秦蜀驛程後記》。

卷端題:"濟南王士禛貽上甫。"末題:"門人盛符升、男啓涑、啓汸、啓汧、孫男兆鄴仝較。"

十行十九字,黑口,左右雙邊,寫刻頗精。

㊹《長白山録》一卷、《補遺》一卷,清王士禛撰,清康熙刻本。

卷端題:"新城王士禛貽上。"《補遺》後有康熙三十六年跋,署"康熙丁丑中秋漁洋山人王士禛書於京邸之書舟"。蓋此書成於京師。跋後題:"男啓涑、啓汸、啓汧、孫男兆鄴、兆鄭較字。"

十行十九字,大黑口,左右雙邊,寫刻頗精。

㊺《徐詩》二卷,清徐夜撰,清王士禛選,清康熙三十七年新城王士禛京師刻本。

徐夜字嵇庵,又字東癡,初名元善,字長公,明諸生,入清後更名夜。士禛兄弟稱其爲表舅。王士禛與徐夜訂交在順治十年。順治十三年,徐夜與士禛同遊長白山,士禛刻《長白遊詩》一卷。徐夜去世後,士禛又爲其刻詩集二卷,即此書。

卷端題:"新城徐夜東癡譔,同里王士禛貽上批點。"

前有王士禛《徐詩序》:"余在京師,數寄書索其稿,先生但遜謝而已。余乃就篋中所藏斷簡編綴之,得二百餘篇,刻梓以傳。"卷末有王士驪幔亭康熙三十七年戊寅跋:"家兄司徒在京師刻東癡先生詩成,余受而讀之。先生詩不啻千篇,秘不示人。司徒昔官祭酒,日屢索之,率不肯出。後往西江,渡潯陽,其稿盡没於水,今所存者纔什一耳。”民國二十三年,徐夜裔孫徐馨山、徐聘之又重刻此詩,並補二卷,成四卷。參見本書第五章。

十行二十字,黑口,左右雙邊,單黑魚尾。寫刻精。

㊻《蕭亭詩選》四卷,清張實居撰,清王士禛選,清康熙三十七年新城王士禛京師刻本。

實居字賓公,號蕭亭,鄒平張延登孫,士禛内弟。入清後,隱居不仕,築“採芝山堂”,晚年館於新城王氏,以詩詞琴棋終其生。鄧之誠先生對其詩評價極高:“清初山東詩教最勝,定當以實居爲第一。”

《漁洋詩話》中曰:“内兄張蕭亭(實居)……予刻其詩四卷。”據此可知王士禛所刻爲四卷本,但目前所見唯有康熙桓臺知縣孫元衡刻六卷本。前有孫元衡《蕭亭詩選序》:“康熙癸酉春,衡備員桓臺,司農王公爲先伯父同年友……衡以通家子間從賢嗣清遠昆仲遊,因識鄒平蕭亭張先生。先生,清遠舅氏也……衡服膺先生詩,不敢自私,彙爲六卷,授之梓。”又有王啓涑於石帆亭《刻蕭亭詩選後記》:“吾邑令公孫湘南先生捐俸雕版者也……與東癡徐先生合爲二高士詩,藏之篋衍久矣。康熙乙亥以後,舅氏讀書西城别墅,適湘南先生爲令……遂捐廉俸,代爲剞劂。”據王啓涑《記》及孫元衡《序》,可知六卷本爲孫元衡所刻,但不知是否爲補刻四卷本。孫本十行二十字,小字雙行二十字,黑口,左右雙邊,單黑魚尾,寫刻體。

㊼《考功集選》四卷,清王士禄撰,清王士禛選,清康熙三十七年新城王士禛京師刻本。

卷端題:“新城王士禄西樵譔,弟王士禛阮亭批點。”

前有資政大夫經筵講官都察院掌院左都御史弟士禛序曰:“先兄考功平生詩不减二千餘篇。已刻者曰《表餘堂集》,曰《十笏草堂集》，曰《辛甲集》，曰《上浮集》。海内耆宿論之詳矣……諸家之論云然，適刻東癡、蕭亭二家詩於京師，乃復擇先生詩什之二三，次爲四卷，並刻以傳。"

杜澤遜師《存目標注》5831 條著録：士禛康熙三十七年七月陞都察院左都御史，十一月陞刑部尚書，則是本之刻在康熙三十七年七月至十一月間。

十行二十字，黑口，左右雙邊，寫刻體。

㊽《古鉢集選》一卷，清王士祜撰，清康熙三十七年新城王士禛京師刻本。

士祜字叔子，一字子側，號東亭，又號古鉢山人，士禄、士禧弟，士禛三兄，康熙九年進士。

卷端題："新城王士祜叔子撰，弟王士禛貽上批點。"

杜澤遜師《存目標注》第 5963 條有考證：前有資政大夫經筵講官都察院掌院左都御史弟士禛《刻古鉢遺集序》云："《古鉢山人詩》一卷，凡爲古今體百篇，山人母弟士禛所編録，於是距山人之殁十二年矣。刻成，序之曰。"士祜卒於康熙二十年辛酉，則是本編於康熙三十二年。考士禛康熙三十七年七月始陞都察院左都御史，十一月陞刑部尚書，則序文當作於康熙三十七年七月至十一月間。蓋至是年始刊成。又序曰："士禛搜篋中遺文，率取零簡敗楮，書之叢殘……已而攜之東粵，攜之京師，歷十年始啓篋，稍次第一卷。"則爲士禛康熙三十七年刻於京師無疑。

十行二十字，黑口，左右雙邊。寫刻精美。

㊾《迪功集選》一卷(《二家詩選》之一)，明徐禎卿撰，清王士禛選輯，清康熙三十八年新城王士禛京師刻本。

與下條《蘇門集選》合刻。王士禛《二家詩選序》云："弱歲官揚州，數于役大江南北，停驂輟棹，必以《迪功》《蘇門》二集自隨。順治辛丑，泊舟海陵，嘗取二集評次，録爲一通。大抵於徐主《迪功集》,而外集、别集什不取一。於高主五言,而七言姑舍是。此本貯篋中久矣。康熙己卯居京師,是歲夏閏七夕,悼亡之餘,夜旁皇不能寐。燒燭檢故書,適得二集,鉛槧宛然,如旦晚脱手者。回思往事,忽忽已四十年,此丹黄手蹟,觸目如新。輒取舊本略加删補,鋟版京師,以申平生瓣香二公之志。"《自撰年譜》亦云:"(順治十八年)秋七月泊舟海陵,取徐迪功、高蘇門二集評次,録爲一通,康熙己卯刻於京師。"①則爲京師刻本無疑。

十行十九字,黑口,左右雙邊,寫刻體。

⑩《蘇門集選》一卷(《二家詩選》之一),明高叔嗣撰,清王士禛選輯,清康熙三十八年新城王士禛京師刻本。見上條。

⑪《華泉集》四卷、《首》一卷,明邊貢撰,清王士禛選,清康熙三十八年新城王士禛京師刻本。

卷端題:"户部尚書濟南邊貢著,刑部尚書後學王士禛選。"

《香祖筆記》卷二云:"吾鄉風雅盛於明弘、正、嘉、隆之世,前有邊尚書華泉,後有李觀察滄溟。《滄溟集》盛傳於世,《華泉集》一刻於胡中丞可泉,再刻於魏推官允孚,又逸稿六卷,刻於方伯桃溪,又有李中麓太常選本,山西臺察侯齋刻於太原。予所及見者前三本,而中麓選本獨未之見,諸本亦漸就澌滅矣。康熙己卯,予乃選刻於京師,凡四卷。予兒啓涑以予私淑先生之切也,移書宗侄苹,訪其後裔。久之,苹乃詳其家世,報涑曰:'先生二子,長子翼,以蔭官光禄寺丞,其後無聞;次子習,歷城諸生,字仲學,號南洲,有詩名。習子治禮,治禮子節,節子庶,皆以諸生奉祀事。庶子材,材子紹祖。自先生至紹祖凡七世,其家尚有先生畫像云。先生祀郡邑鄉賢,其奉祀至材始失之。材今年老,爲人佃田,紹祖始十餘歲,亦失學傭工。'辛巳假歸,涑乃爲予述之,而濟南諸生某某以書導

①《自撰年譜》卷上,第20葉。

材，攜紹祖及先生畫像謁予里第。比予過郡，因與巡撫王中丞東侯、提學徐僉事章仲備言先生名德，而後裔僅有存者，遂以紹祖奉先生祀焉。”

書前有魏允孚原序，附録諸家評，王士禛序。後有劉天民原序。杜澤遜師《存目標注》5158 條按：是刻王士禛序未題年月，唯序中有云“與徐氏《迪功集》並刻於京邸”。《迪功集選》與《蘇門集選》同刻，合稱《二家詩選》，前有王士禛序云：“康熙己卯，居京師……輒取舊本，略加刪補，鋟版京師。”序末署“是年仲冬”。又據《香祖筆記》卷二云：“康熙己卯，予乃選刻於京師，凡四卷。”是《華泉集選》之刻於京邸在康熙三十八年己卯。唯王士禛《邊仲子詩序》云：“康熙庚辰予刻《華泉集》於京師”，又較己卯晚一年，蓋付刻於三十八年己卯，刊成於三十九年庚辰。

十行十九字，黑口，左右雙邊，寫刻精。

㉜《睡足軒詩選》一卷，明邊習撰，清徐夜、王士禛選，清康熙三十九年新城王士禛京師刻本。

習字仲學，邊貢之次子，王士禛《論詩絶句》所謂“不及尚書有邊習，猶傳林雨忽霑衣”者是也。貧困以没，僅存其七十歲客孫氏時詩一卷，名《睡足軒集》。

卷端題：“歷城邊習仲學著，新城徐夜嵇庵、王士禛阮亭選。”

此《詩選》附刻於《華泉集》後。前有王士禛《邊仲子詩序》云：“仲子貧困，負薪以授生徒取給饘粥。今所存《睡足軒詩》一卷，其七十時客孫氏作也。故友徐隱君夜，購得手稿，重裝之。予假其本將謀鋟梓未遑也。而隱君以癸亥歲客死潯陽。又十七年康熙庚辰，予刻《華泉集》於京師。乃取徐本重閱，録其半，附先生集後，將以告亡友於地下也。”

十行十九字，黑口，左右雙邊，寫刻精。

㉝《隴首集》一卷，明王與胤撰，清康熙三十八年至四十三年

間新城王士禛京師刻本。

此書有康熙二年王士禛揚州刻本。杜澤遜師《存目標注》著録此本,並按:則是集初刻於康熙二年,是本題刑部尚書王士禛,考士禛康熙三十八年十一月遷刑部尚書,四十三年七月降三級調用,蓋士禛官京師時重刻本。

㊴《池北偶談》二十六卷,清王士禛撰,清康熙三十九年山西高都王廷掄福建臨汀郡署刻本。

封面題:"康熙庚辰夏五,臨汀郡署授梓。"卷端題:"濟南王士禛阮亭著,高都姪廷掄簡庵較。"

有王士禛《池北偶談序》。"池北"者,係士禛宅西圃中池之北,有"池北書庫"藏書處,庫旁有石帆亭,嘗與賓客聚談其中,故以名書。

序末署:"辛巳長至海寧門人陳奕禧書。"書工爲門人海寧陳奕禧。陳奕禧(1648—1709),字六謙,又字子文,號香泉,晚號葑叟。浙江海寧人。《香祖筆記自序》:"吾舊有《池北偶談》二十六卷刻於閩,《居易録》三十四卷刻於粤,皆有成書。"可知此書刻於福建臨汀。

此書操辦者爲王廷掄。末有王廷掄刻書跋:"《池北偶談》一書,掄新城伯父尚書公之所手輯也……掄偶於三山書肆見其寫本……意欲梓爲家藏定本,以待四方博洽君子取則,未敢遽也。遣走請命京邸,幸伯父不以爲非是。爰於退食之暇,逐款参訂,逐字校讎。文意核其是,點畫求其工,寧過審詳,不甘苟簡。擇工之良者十二人,鋟爲五百六十二版。卷分《談故》者四,《談獻》者六,《談藝》者九,《談異》者七,共卷二十有六,目千二百九十一,仍原編也。除不可考者闕疑外,凡字二十二萬三千七百有奇。洋洋大部,可以觀矣。工始康熙庚辰五月,至今年辛巳二月止。書成,裝潢進呈,特紀其實於部之尾,恭聽伯父大人教焉。福建汀州府知府高都姪廷掄拜手謹識並書。"

伊《譜》謂:"康熙二十八年,先生撰《池北偶談》二十六卷成。此年冬十一月赴京師。此書成於京師。康熙三十年刻成。"不知康熙三十年刻成之語有何根據。士禛序爲三十年,但未言刻書事。

十一行二十三字,小字雙行二十三字,大黑口,左右雙邊,單黑魚尾。字體長方,雖非寫刻,刻印不苟,可知福建刻工技藝之精。

55《漁洋山人精華録》十卷,清王士禛撰,清康熙三十九年侯官林佶寫刻本。

是編爲删掇諸集,合爲一帙。

卷端及《漁洋山人精華録總目》題:"門人侯官林佶編。"有漁洋山人戴笠像。每卷末分三行,署訂、書、閲人姓氏。卷一:門人監察御史崑山盛符升、國子監祭酒江陰曹禾同訂,康熙三十九年五月十五日門人林佶謹書,男啓涑恭閲。卷二:門人監察御史崑山盛符升、國子監祭酒江陰曹禾同訂,侯官門人林佶恭繕寫,男啓汸恭閲。餘八卷前二行皆依卷二,衹是閲人不同,卷三:男啓汧恭閲;卷四:孫兆鄴恭閲;卷五:男啓涑恭閲;卷六:男啓汸恭閲;卷七:男啓汧恭閲;卷八:孫兆鄴恭閲;卷九:男啓涑恭閲;卷十:男啓汸恭閲。主要校閲人爲四人:啓涑、啓汧、啓汸、兆鄴。

有林佶後序:"康熙庚辰夏,先生以授門人林佶,佶承命編録。"林佶是王士禛的學生,爲清代知名書法家,他曾有著名的"林佶四寫"。此書刻在《堯峰文鈔》後。在爲老師手寫《漁洋山人精華録》時,他傾心盡力,尤顯精妙。爲了提高寫板品質,二人多次商量校勘繕寫之事,經過反復商訂,最後纔精心書寫上板。"加之倩良工鮑闻野操刀,梓版至精至善,與漁洋山人的銘心佳句,相得益彰,堪稱三絶,故風行海内,至今仍是藏書家争相羅致的妙品。"①

①辛德勇:《漁洋山人詩合集》,載《中國典籍與文化》2002年第3期。

十一行二十一字,白口,左右雙邊,單黑魚尾。寫刻極精。

㊽《古懽録》八卷,清王士禛撰,清康熙三十九年新安朱從延快宜堂刻本。

此書成於康熙三十八年,述上古至明林泉樂志之人。卷端署:"濟南王士禛貽上撰,新安門人朱從延翠庭校。"版心下刻"快宜堂"或"快宜堂欽明"。版心上有字數。

前有王士禛康熙三十九年序:"書成,録一通,付雲間門人朱君從延,俾藏於縣區之漁洋山,又以其副置小洞庭之黿尾山房後。"宋犖序:"從延則欲廣其師傳,雕版以行。"又有朱從延序。

㊾《居易録》三十四卷,清王士禛撰,清康熙四十年新城王士禛廣東刻本。

是書乃王士禛康熙二十八年己巳官左副都御史以後,至四十年辛巳官刑部尚書以前十三年中所記,成於康熙四十年。伊《譜》:"康熙四十年四月,臥痾月餘","是月,《居易録》三十四卷成"。則知此書成於里籍。

前有王士禛序,稱先著《池北偶談》二十六卷,又著《皇華紀聞》四卷,又著《居易録》三十四卷。末有王士禛後記:"右《居易録》三十四卷,予康熙己巳冬杪重入都門,隨所聞見而雜記之,歲有記録。合前所著《池北偶談》二十六卷,通六十卷。辛巳四月,三十四卷既成,而予隨上疏請告,詎非數之前定耶。"未言刻書事,但《香祖筆記自序》:"吾舊有《池北偶談》二十六卷刻於閩,《居易録》三十四卷刻於粤,皆有成書。"可見,此書刻於廣東,且在《香祖筆記》前。

十行二十字,黑口,左右雙邊,單黑魚尾。非寫刻體。

㊿《浯溪考》二卷,清王士禛撰,清康熙四十年新城王士禛京師刻本。

此書係士禛族姪官祁陽時,以舊志寄至,士禛以其冗雜泛濫,至不可耐,於是窮搜遐摭,要取精覈,改作而成。

卷端題:"濟南王士禛。"前有康熙四十年王士禛序。

十行十九字,黑口,左右雙邊。寫刻甚精,印本清朗。

59《抱山集選》一卷,清王士禧撰,清康熙四十年新城王士禛刻本。

卷端題:"新城王士禧禮吉著,弟王士禛貽上批點。"

首有王士禛序云:"抱山者,兄少日所居堂,因以自名其詩,蓋取諸孟東野句。嘗歲暮大雪,夜集堂中,置酒。酒半,出王裴《輞川集》,約共和之。每一詩成,輒互賞激彈射,詩成酒盡而雪不止。久之,余三人先後成進士去,各以王事馳驅南北,獨仲兄家食以老。辛巳,余請急歸田。一日坐帶經堂,兄子啓溶、孫兆郯泣而請曰:'季父刻世父、叔父兩公之詩,既卒業矣,吾父有詩數百篇,久沈翳篋中,頃始繕寫,可以觀覽,惟季父圖之。'余棖觸而悲。暇乃擇三之一刻之,與《古鉢》同附《考功集》之後以傳焉。"據此可知,此書刻於康熙四十年。

十行二十字,黑口,左右雙邊。

60《載書圖詩》一卷,清王士禛編,清康熙刻本。

王士禛宦遊南北,俸錢所入,悉以購書。康熙四十年,給假歸里,諸門生爲紀其事,屬揚州門人禹之鼎寫《載書圖》,以道其行。一時多爲題詠,士禛彙以成編。圖後首載《奏疏》二篇,次《序》二篇,次題圖詩八十六首,皆其門人所作,而附其姪啓座《送還京》詩一首。又贈行二十四首,皆朝臣之作,附尤侗《寄懷》詩一首。又《賜沐起程》一篇,附朱彝尊《池北書庫記》。

王獻唐曰:"漁洋《載書圖詩》,初時單行,後編入《帶經堂全集》,首刊禹慎齋繪《載書圖》。繼以刷印漫漶,與圖前封面別刻一版,爲俗手所爲,圖多變更,款題、印記亦不合。"①可見,刻工對於

①王獻唐:《雙行精舍書跋輯存》,齊魯書社1983年版,第286頁。

書的刻印質量非常重要，亦説明此書很受歡迎，刷印較多。禹之鼎(1647—1716)，字尚吉，一字尚基，一作尚稽，號慎齋。江蘇興化人，後寄籍江都。清代名畫家，擅山水、人物、花鳥、走獸，尤精肖像。

十行十九字，白口，左右雙邊，單黑魚尾。寫刻體。

61《歷仕録》一卷，明王之垣撰，清康熙四十一年新城王士禛京師刻本。

之垣字爾式，號見峰，嘉靖四十一年進士，歷官户部侍郎，贈本部尚書。此書爲自記其歷官行事，自荆州府推官，歷御史、給事中、太僕寺少卿、鴻臚卿、順天府尹、湖廣巡撫至户部左侍郎止。

卷端題："户部左侍郎贈户部尚書王之垣述，曾孫經筵講官刑部尚書王士禛較。"封面題："惺心樓，王氏家塾刻。"

前有世系圖，後有康熙四十一年王士禛序："先曾祖大司徒公遺書，如《諫議疏稿》若干卷，公常自刻之。《基命録》《惺心樓三編》《念祖約言》三書，則先伯祖大司馬、先祖方伯贈少司徒(按：王象晉)刻之，皆藏家塾。惟《歷仕録》一卷，以致政後自述生平服官之梗概，及師友交誼以垂示子孫者，未授剞劂。兵燹之餘，副墨僅存，士禛藏諸篋中數十年矣……壬午初冬乃稍加校訂，刻諸京師。至於先方伯著書尤富，版在常熟毛氏汲古閣者已多散軼，惟《群芳譜》一書亦歸吴中質庫，士禛於二千里外多方贖歸，告諸家廟。"知係康熙四十一年冬王士禛刻於京師者。後又有士禛跋二則。

十行十九字，黑口，左右雙邊，雙順黑魚尾。寫刻體。

62《蠶尾續集》二卷，清王士禛撰，清康熙四十三年新城王士禛京師刻本。

卷端署："濟南王士禛貽上甫。"

康熙四十三年，王士禛集康熙三十四年乙亥迄四十三年甲申之作，爲《蠶尾續集》，時在京師。惟無三十五年丙子一年詩，以是年奉使祭告,别爲《雍益集》。錢塘吴陳琰康熙五十五年甲申序曰:"《蠶尾集》最後出,自京師走劄命余序。"

十行十九字,黑口,左右雙邊,寫刻精。

⑥3《香祖筆記》十二卷,清王士禛撰,清康熙四十四年新城王士禛吴門刻本。

此書晚於《池北偶談》和《居易録》。前有宋犖康熙四十四年序,有《香祖筆記自序》:"吾舊有《池北偶談》二十六卷刻於閩,《居易録》三十四卷刻於粤,皆有成書。壬午後盡急還京師,偶有見聞,筆之簡策,適所居邸西軒有蘭數本,花時香甚幽淡,昔人謂蘭曰香祖,因以名之,凡十二卷。"《古夫于亭雜録》六卷前有王士禛序:"逮甲申之秋,復有《香祖筆記》八卷。是歲冬,罷歸田里,迄明年乙酉,續成四卷,通十二卷,又刻之吴門。"此書皆王士禛在康熙四十二、四十三年兩年所記,至四十四年乃排纂成書。從康熙四十一年至四十四年,四年中,前二年在刑部,後二年居家。

十行十九字,白口,左右雙邊,單黑魚尾。寫刻體。

⑥4《古夫于亭雜録》五卷,清王士禛撰,清康熙蔣仁錫刻本。

此書有五卷本與六卷本之别,五卷本在前,六卷本在後。兩種刊本所載條目數量略有參差,編次不同,文字亦有小異。六卷本前有王士禛自序一篇。收筆記三百四十六條。五卷本前無王士禛自序,共收筆記三百四十七條半。

《雜録》並非一開始就訂爲六卷,五卷本是作者定稿之前的本子。全書寫成後,由門人蔣仁錫操辦刊刻,刻成,板存蔣氏。不久,王士禛又對原稿重加釐定,將五卷劃分爲六卷,並寫了自序。

兩個刻本,傳世無多。版式均爲十行十九字,粗黑口,左右雙邊,雙順黑魚尾。寫刻體。區别在於,六卷本中縫題"夫于亭雜録",五卷本中縫題"古夫于亭雜録"。二本"禛""弘""曆"三字均不諱,"玄"缺末筆或作"元",可見都是康熙間刊本無疑。

⑥⑤《古夫于亭雜録》六卷,清王士禛撰,清康熙四十六年大名成文昭京師慈仁寺刻本。

此爲修改定本,前已有述。《自撰年譜》云:"山人既歸里第,閉户著書,不以一字通朝貴,門無雜賓。唯與張蕭亭(實居)、歷友(篤慶)諸君茗飲焚香,往來倡和,積成卷軸。明年五月,大名成周卜校刊於京師之慈仁寺。"成文昭,字周卜,大名人,王士禛門生。有資料將其認作刻工,實應爲主持刊刻者。《嘯園叢書》六卷本《古夫于亭雜録》有光緒三年丁丑葛元煦《古夫于亭雜録跋》:"余覔得《古夫于亭雜録》六卷,亦先生晚年筆墨。在先生爲遣悶送日、興到筆隨,然而名手出人,心眼迴别。原板既燬,急爲重録,以開其端,則先生之全集固可次第復刊也。"説明光緒三年時康熙刻板已燬。

⑥⑥《蠶尾後集》二卷,清王士禛撰,清康熙四十七年新城王士禛里中刻本。

此爲士禛康熙四十七年戊子歸田後所作,五七言絶句居十之九。前有自序曰:"余次康熙戊子一歲之作爲《蠶尾後集》。"

卷端署:"漁洋山人王士禛。"卷一、卷二末均題"姪孫兆杲恭録",是王兆杲手寫上板,行款與《正》《續》二集同,但字體不同。十行十九字,黑口,左右雙邊。寫刻精。

⑥⑦《分甘餘話》四卷,清王士禛撰,清康熙四十八年刻本。

此書於康熙四十八年成於里中,時王士禛七十八歲。

國家圖書館數據中有康熙八年吴郡沂泳堂刻本,十行十九字,白口,四周單邊,單魚尾。此書成於康熙四十八年,爲何在康熙八年即有刻本?當誤。又有康熙四十八年程哲七略書堂校刻本。筆者曾見康熙四十九年淮南黄又瑾刻本,前有漁洋老人康熙四十八己丑臘月朔雪中書《序分甘餘話》:"七十歸田,讀書之暇,輒提抱弱孫以爲樂(按:作息田間已六載)……庶使子孫輩知老人晚年所樂在此爾。”又有四十九年淮南後學黄又瑾跋:“己丑(按:四十八年)之夏……謁先生於里第,先生歡然相接,頗憾相見之晚。館余於西城别墅。洎余將行,爲手題《出塞》《度嶺》二圖,殷勤握别,並以所撰《唐人萬首絶句》定本付余攜歸,命謀於同志,槑之廣陵。(按:據此則知,《唐人萬首絶句》於康熙四十八年夏還未刻成,刻成之日當在四十八年至四十九年間)嗣又以《夫于亭雜録》六卷、《分甘餘話》四卷見寄,書尺勤惓,情逾舊雨。其《萬首絶句選》及《夫于亭雜録》皆先生門人分任剞劂。《分甘餘話》最後出,山左已有刻本而傳布未廣,余因鳩工另爲鐫板,冀其流通南中也。”可見,康熙四十九年前,山東已刻此書,大約在康熙四十八年,刻書者當爲士禛本人。筆者又見一本,卷端題:“漁洋老人漫筆。”每卷末書:“姪孫兆楱敬書。”此王兆楱寫刻本當在乾隆年間,因爲兆字輩主要在乾隆年間。十行十九字,黑口,左右雙邊,單黑魚尾,無序跋。雖爲寫刻體,但字劣於其他刻本。

⑱《唐人萬首絶句選》七卷,清王士禛選,清康熙四十八年至四十九年新城王士禛里中刻本。

洪邁有《唐人萬首絶句》,宋倉部郎中福清林清之真父鈔取其佳者,勒爲四卷,名曰《唐絶句選》,約汰其十之八,但其書不傳。士禛此輯,僅取十分之一,最爲精煉。《四庫提要》曰:“其書成於康熙戊子,距士禛之殁僅三年,最爲晚出。又當田居閒暇之時,得以從容校理,故較他選爲精審。”

書有王士禛序:“余少習是書,惜其踳駁,久欲爲之槑定而未暇也。歸田之五載,爲康熙戊子,乃克成。”可見此書康熙四十七年選定於里中。《蠶尾續文》云:“偶案上有宋洪景盧氏《唐人萬首絶句》舊板本,乃日取讀之,兩月而畢,於是撰録其優者凡九百餘首,以繼《文粹》《詩選》之後。”

此書刊刻當在康熙四十八年至四十九年間,如上《分甘餘話》

黄又瑾序分析,四十八年夏還未刻,四十九年又言弟子任剞劂事,則知刻於此兩年中。

卷末有:"濟東觀察使吴郡年家子宋廣業較刊。"宋廣業,字澄溪,江蘇長洲人,在康熙四十三年至四十八年間任濟東泰武臨道道臺。據此卷末所題,則知宋廣業時襄助成此刻。

十行十九字,黑口,左右雙邊,單黑魚尾。寫刻精美。

⑥⑨《己丑庚寅近詩》一卷,清王士禛撰,清康熙四十九年新城王士禛刻本。

《自撰年譜》云:"是年,刻《己丑庚寅近詩》一卷。"

⑦⓪《漁洋詩話》三卷,清王士禛撰,清康熙四十九年新城王士禛山西臨汾刻本。

此書由門人蔣仁錫操辦,時王士禛在里中。

《四庫提要》曰:"其論詩之語,散見於所著《池北偶談》諸書中,未有專帙……是編乃康熙乙酉士禛歸田後所作,應吴陳琬(按:吴陳琰)之求者。初止六十條,戊子又續一百六十餘條,裒爲一集,付其門人蔣景祁刻之。"認爲主持操辦者爲門人蔣景祁。蔣景祁卒於康熙三十四年,不可能爲王士禛刻書。雍正三年俞兆晟在雲南澄江使院重印此書時有序曰:"漁洋先生《詩話》三卷,板藏蔣氏,辛丑歲暮,余同《古夫于亭雜録》並載以歸。有客問余曰:'新城先生《詩話》盡於此乎?'余曰'否否'。"此蔣氏當指王士禛的門人蔣仁錫,山西臨汾人,爲王士禛操辦刻書數種,如《雍益集》《古夫于亭雜録》等,《四庫提要》此條誤蔣仁錫爲蔣景祁。蓋此書由王士禛授予蔣仁錫在山西刻成,板片一直存放於蔣家,後俞兆晟捆載而南。與《古夫于亭雜録》一樣,俞氏修補後重印。這是王士禛晚年所刻書,是在他去世前一年即康熙四十九年所刻。是年,他在里中臥病,將所著《漁洋詩話》增一百六十條,共成三卷,授門人黄叔琳序而刊行。《自撰年譜》云:"是年,刻《己丑庚寅近詩》一卷。山人乙酉年撰《詩話》六十條,戊子秋冬間,又增一百六十條,共成三卷。是秋,授門人黄侍讀叔琳序而梓之。”①此書有王士禛自序:“大兒啓涑好收余詩文、尺牘草藁,遂付裝潢。余年來目昏不能書,此藁藏之家塾,留以示子孫可耳。”又有黄叔琳康熙四十九年序:“此一編最近出,皆燕言紀舊之録也……(先生)今以斯編授梓,且曰:子爲我少述其旨槩。”

九行十九字,白口,左右雙邊,單黑魚尾,寫刻精美。

⑺《帶經堂集》九十二卷,清王士禛撰,清康熙五十年歙中刻本。

此爲王士禛最後編輯刊刻的書,係全集,由程哲兄弟操辦。康熙四十九年,王士禛七十七歲,臥病於里中。是年秋,其門人歙縣程哲兄弟寄書來徵詩、文,擬付印全集。先生置各集於枕旁,命子啓汧檢查朗誦,詳加去留,編次凡九十二卷,名《帶經堂集》。程哲校編,並爲作序,云:“吾師新城王先生漁洋《正》《續》詩文五十二卷,《蠶尾》詩文十卷,同人版行已久,而顧無合刻。庚寅秋哲郵書請命於先生,因舉諸刻定本並未刻《蠶尾續》詩文三十卷,統名之曰《帶經堂集》,畀哲及季弟鳴讎校開雕,閱卯冬而蕆事。”有嗣君啓汧跋曰:“庚寅初秋,變爲瘍症,呻吟床褥,其苦更甚,會歙中程君聖跂(哲)、友聲(鳴)昆仲,以書來徵先君平生詩、文,彙爲全集,鏤板以行。先君呼不肖輩曰:‘余所著詩、文,每欲删繁就簡,合爲一集付梓未果。頃門人程氏昆仲之請,甚愜余懷。’因於病次置各集於枕旁,命不肖查檢朗誦,詳加去留,力疾編次,共九十二卷,顔曰《帶經堂集》。”

十行十九字,白口,左右雙邊。封面題“七略書堂校刊”。

⑻《王考功年譜》一卷,清王士禛撰,清康熙新城王士禛刻本。

①《自撰年譜》卷下,第26葉。

卷端題:"弟士禛泣述。"

十行十九字,白口,四周單邊,單黑魚尾。

新城王士禛刻書特點有九:

一是刻書大多爲自己的著述,有四十種。其次是與他人的倡和詩,有十一種。再次是編選唐代詩,有三種。以上共五十四種,占全部刻書的四分之三,説明個人創作是刻書最基本的動力。另有爲家人刻書十種,編選前代及同代人詩集八種。

二是所刻集部書最多,有五十六種,尤以别集爲主,有三十種,總集次之,十五種。可見其着力之處,不愧爲詩壇大家。另有史部十二種,子部四種,經部無。

三是所刻書有十六種未見傳本。清初距今三百餘年,其書不存,大概與合刻詩集有關,其合集刊出後,零星小集不再流傳。

四是刻書自順治十三年始,至康熙五十年去世止,時間長達五十五年。集中於康熙三十年以後,此時他在京師,刻書最多。另揚州所刻亦不少。刻書地有京師,有揚州,有廣東,有金陵,有新城,還有濟南。他的門人還分散於各地爲其刻書,如蘇州(吴門)、崑山、福建、新安、山西臨汾等地。可謂北至京城,南至南海,歷代的刻書中心,如揚州、金陵、福建、臨汾,都有他刻書的影子。可知,王士禛刻書精美,與他廣泛利用全國刻書的優秀資源有關。

五是以家刻爲主,許多書均有家人校訂字樣,從弟士驪始,至男啓涑、啓汸、啓浒、啓泞、啓渾,至姪啓溶、啓演、啓浣、啓涫、啓沉、啓湑、啓深,再至孫男兆鄌、兆鄭、兆郢、兆筠,姪孫兆杲,三代人刻書,規模甚大。

六是刻書由門人操辦者不少。康熙八年門人王我建吴門沂詠堂刻《漁洋詩集》;康熙二十三年門人盛符升蘇州刻《漁洋續集》;《唐詩十選》授符升及王我建次第刊成;《蜀道驛程記》《南海集》《雍益集》亦爲盛氏操辦。可見,盛氏校刊的最多,王士禛亦不没其功,多有“門人盛符升較”字樣。康熙三十九年山西高都王廷掄福建臨汀郡署刻《池北偶談》;康熙三十九年侯官林佶寫刻《漁洋山人精華録》,爲著名的“林佶四寫”之一;康熙三十九年新安朱從延快宜堂刻《古懽録》;《古夫于亭雜録》五卷本,門人蔣仁錫操辦刊刻,六卷本,大名成文昭京師慈仁寺刻;《漁洋詩話》,由門人蔣仁錫操辦;《帶經堂集》,由程哲兄弟操辦。

七是請他人代刻者亦有數種,如請宋犖康熙三十四年刻《國朝謚法考》,是年爲刻《漁洋山人文略》《蠶尾集》。康熙四十四年刻於吴門的《香祖筆記》,操辦者亦可能爲宋犖。

八是刻書重視質量。刻書要想刻得精,必須要有好的寫工寫樣,其次要有好的刀工雕刻,這兩項是最基本的,缺其一,都不可能完美。近人葉昌熾曾經有詩:“難得臨池筆一枝,東津可比宋曹司。從來精刻先精寫,此體無如信本宜。”①由此可見,版印的精粗、印刷水準的高低與寫樣密切相關。如果兩道工序没有做好,刷印精美就無從談起。王士禛首先注重的是寫工,他的刻書有多種請的都是名寫手,像林佶寫《漁洋山人精華録》,黄儀寫《漁洋續集》,陳奕禧寫《池北偶談》,禹之鼎繪《載書圖》。王士禛對刻工也有嚴格的要求,《漁洋山人精華録》的刻工爲鮑聞野,除此之外,他的一切書板及刷印諸書係門下梓工李萬琮經手。

九是刻書風格比較明顯,分兩個階段。康熙十六年前,多爲九行十九字,白口,左右雙邊,或十一行二十三字,白口,四周單邊。康熙十六年後,多爲十行十九字,黑口,左右雙邊,亦有二十字者。其刻書幾乎全部爲寫刻體,甚精,是康熙寫刻體的實踐者及代表。

①轉引自陳紅彦:《令人賞心悦目的名家手寫上版中國古籍》,見國家圖書館古籍館、國家古籍保護中心編《文津流觴》,2006年版。

王士禛還有一部分書，因未見流傳，不知刻否：

論詩絶句	（清）王士禛撰	未知刻否
維揚信讞	（清）王士禛撰	未知刻否
倚聲集	（清）王士禛、鄒祇謨輯	未知刻否
王禮部集	（清）王士禛撰	未知刻否
遊山詩	（清）王士禛撰	未知刻否
北征日記一卷	（清）王士禛撰	未知刻否
迎駕紀恩録	（清）王士禛撰	未知刻否（有昭代叢書本）

王士禛著作經由他人刻者若干種，列如下：

阮亭詩餘略一卷（衍波詞）	（清）王士禛輯	清康熙三年孫默刻本
唐詩七言律神韻集	（清）王士禛撰	清泰州繆肇甲、黄泰來刻本
漁洋山人精華録箋注十二卷補一卷年譜一卷	（清）金榮撰 （清）徐淮輯	清康熙五十一年金氏鳳翽堂刻乾隆二年續刻本
五代詩話十二卷	（清）王士禛撰 （清）宋弼等補輯	清乾隆十三年黄叔琳養素堂刻本
漁洋山人精華録會心偶筆六卷	（清）王士禛撰 （清）伊應鼎編	清乾隆二十三年新城伊應鼎刻本
漁洋詩話三卷	（清）王士禛撰	清乾隆二十三年益都李文藻竹西書屋刻本
詩論正宗二卷	（清）王士禛撰 （清）王廷銓輯	清乾隆二十五年西泠王廷銓刻本
七言歌行鈔十五卷	（清）王士禛選	清乾隆刻本

康熙三十四年,邵長蘅編刻《二家詩鈔》。此二家,一是王士禛,一是宋犖。邵氏將此二人並列,無疑是對二人在詩壇上擁有同樣地位的認同。

二人年相若。王士禛生於明崇禎七年,去世於康熙五十年。宋犖與王士禛同年生,去世晚兩年,故爲同代人。

二人位相近。王士禛居官四十餘年,位列臺閣,以刑部尚書致仕。宋犖的仕途卻相對坎坷。康熙三年纔出仕爲黄州府通判,九年又歸喪。自十六年補理藩院院判,始進入飛黄騰達的時期。翌年陞刑部貴州司員外郎,二十年陞刑部福建司郎中,二十二年陞直隸通永道僉事,時已五十一歲。可謂出道較晚,但在他人生最輝煌的時期,即康熙二十六年,一年内連遷山東按察使、江蘇布政使,未幾又奉特旨陞右副都御史,巡撫江西。三十一年補江寧巡撫,連任十四年,以四十四年末補吏部尚書,三年致仕,居鄉里五年去世。其官至吏部尚書,晚年亦與王士禛一樣居鄉,可謂後半生相似。

二人道相似。他們皆以引領詩壇風尚爲己任,在詩壇上具有相當的地位。王士禛係引領京師詩壇的盟主,宋犖係引領江南詩壇的盟主。二人一北一南,各持風雅之柄,共同促進了清代詩歌的發展。

因了以上的相似性,宋犖便可作一參照,來考察王士禛在刻書史上的貢獻。

二人刻書的共同點有十:

一是刻書數量多。王士禛一生刻書七十二種,宋犖五十餘種,數量上相當。

二是刻書質量高。王士禛所刻書皆爲寫刻,有在揚州刻者,有在京師刻者,均精美無比。宋犖更不在話下,因其處於江南刻書中心,便有了更好的刻書條件,康熙帝曾讓他刻《御製詩》《皇輿表》《御批通鑑綱目》三書,表示了對他刻書質量的肯定。

三是有專門的刻工和寫工。王士禛有林佶、陳奕禧、黄儀爲其寫樣,還有名刻工鮑聞野、家刻工李萬琮操刀。而宋犖,在吴十四年,刻書更得地利,所請皆爲蘇州工匠,不論是在江南時,還是離開蘇州後,刻手均爲蘇州一流的工匠。劉乾《宋犖刻書考》①一文認爲,"康版"之稱不應始於曹寅,而應始於宋犖,頗有道理。

四是所刻集部書最多。王士禛所刻書中集部書占四分之三,宋犖五十三種書中有四十六種爲集部書,所占比重更大,説明二人有共同的旨趣。

五是所刻書有一部分未見傳本。王士禛有十六種,宋犖有二十三種,説明二人著述隨出隨刊,故單刻小集很多,但最後結集出版,小集不再流傳。

六是刻書時間長。王士禛達五十五年,而宋犖刻書比王士禛還早,在十九歲時,即順治十一年刻《古竹圃詩集》,順治十三年,又刻了第二部詩集《嘉禾堂詩集》。而王士禛在順治十三年纔刻了第一部書《長白遊詩》。王士禛刻書止於其去世前,宋犖最後的刻書時間爲康熙四十七年,但他手自編定《西陂類稿》付毛氏梓行,當亦在其去世前不久。

七是以家刻爲主。王士禛除了爲自己刻書,還爲曾祖、祖父、父輩、三位兄長,乃至外舅、内弟刻書。宋犖爲父親、兄弟、兒子、孫子刻書,並刻家譜。

八是刻書由門人操辦者亦不少。王士禛前已有述。宋犖的門人之中,更不乏刻書裹手,如刻《元詩選》的秀野草堂顧嗣立,刻《欽定全金詩》的揚州郭元釪。以刻《唐四家詩》著名的汪立名,被他委刻《中州名賢文表》。淮陰博學的藏書家丘迥,被他委刻《唐百家詩》。嘉定的陸廷燦,被他委刻《梁園風雅》。

①劉乾:《宋犖刻書考》,載《黄淮學刊》1991 年第 2 期。

九是均有里程碑式的刻書。康熙十六年,王士禛在京師刻了《十子詩畧》,此書奠定了王士禛詩壇領袖的地位。借用馬大勇先生的話:"一方面可以説漁洋定《十子詩畧》爲他日後登上'扶輪大雅'的寶座增添了一顆沉重的法碼。一個'定'字標志着他'領袖群倫'的勢派也已嶄露頭角。另一方面可以説'金臺十子'係漁洋在走向'盟主'寶座過程中一直進行的'人材儲備庫'建設的關鍵部分","這一批十人則是繼貳臣詩界瓦解、第一代臺閣詩人群也衰落後最稱'有聲'的後起之秀中尤其'英拔'者,網羅這些或稱弟子、或稱友人、然皆服膺自己、至少也是'和而不同'的詩壇健者爲羽翼,當然爲日後極其壯聲勢、添光彩……王漁洋次年由部曹改翰林院侍讀,一來與朝廷開博學宏詞科招賢納士、籠絡人才、倡揚文治的時勢相應和,二來也是其歷年來在詩壇網絡英才、廣樹聲氣的必然結果"。①

馬大勇的另一篇文章《開府江南的宋犖與"江左十五子"》②認爲,宋犖確立自己詩壇地位的奠基之作便是康熙四十二年所刻《江左十五子詩選》。他接受其師嚴迪昌先生的觀點,認爲從康熙五十年王士禛謝世到乾隆二十年這四十幾年時間中,清詩實際上是處在一個缺乏領袖之整合因而呈顯真空態勢之階段,而《江左十五子詩選》的刻成對這一時段有接續和啓變意義。他認爲,宋犖通過此集的刊刻,對"江左三大家"時代後一直顯得零落、鬆散的江蘇詩壇進行重新"洗牌",從而以群體形式推出"甲天下"的文化建設成果,這對於詩歌文化之活躍無疑起了推促作用。此觀點頗有道理。可以説,宋犖的重要作用是構建了執康熙後期江南詩

①馬大勇:《汪懋麟、曹貞吉、曹禾合論——兼談"金臺十子"的異名問題》,見《中國詩學(第十輯)》,人民文學出版社 2004 年版,第 145 ~ 157 頁。

②馬大勇:《開府江南的宋犖與"江左十五子"》,載《南陽師範學院學報》2004 年第 8 期。

壇牛耳的一個重要集群。

十是二人在刻書上互相扶持。宋犖爲王士禛刻書，前已有述。而王士禛對宋犖詩的評點，並多次與宋犖商談刻書事宜，不能不説是宋犖刻書活動的堅强後盾。宋犖的《雙江倡和集》《回中集》《西山倡和詩集》均經王士禛評點後刊行。他授汪立名刊刻的《中州名賢文表》是王士禛直接宣導所致，王士禛《〈梁園風雅〉序》："《梁園風雅》，明雍丘趙彦復微生、臨清汪元範明生所撰，自李獻吉、何仲默、王子衡、高子業以下凡八人，義例嚴潔。予嘗勸宋中丞牧仲合劉欽謨《中州文表》刻之吴中，以備河南文獻。乙酉六月適寄到《風雅》新刻本，乃嘉定門人陸廷燦校刊者。予笑謂座客曰：'吾爲朋友謀則善矣，吾鄉文獻乃聽其放失，可乎？'"

通過以上分析可見，王、宋二人在康熙一朝的刻書活動是有着共通之處的。二人於康熙六年定交，在康熙十六年宋犖入京後，交往日漸密切，最後同時稱霸於南北詩壇，引導一代詩風。邵長蘅先結識王士禛，後入宋犖幕府，與二人關係密切，選刻《二家詩鈔》，亦在情理之中。但此書的編刻，卻引起了詩界的軒然大波，大部分人認爲宋犖是不能與王士禛相提並論的，於是詩界一派尊王抑宋之聲。四庫館臣紀昀在《西陂類稿》提要中也説："（犖）詩文亦爲當代所推，名亞於新城王士禛。"這種論點亦有其合理性，或許從二人的刻書活動上，亦能找出差距之端倪。

二人刻書的不同點有五：

一是刻書數量差别較大，對詩壇的影響程度不同。而這取決於二人的著述數量，王士禛一生創作詩歌五千餘首，而宋犖爲詩卻不足千首，這是個很大的差距。一般認爲，刻書的目的就是流播，而創作是刻書的動力，所以，著述是刻書的源泉，其數量多少決定着刻書的多少，而刻書的多少直接構成對詩界影響的大小。宋犖這種"先天不足"使得他在詩界的地位要遜於王士禛。

二是對利用刻書推行詩歌理論的認識不同。雖然二人分别有論詩專書《漁洋詩話》《漫堂説詩》刊刻行世，但僅有理論是不夠的，更多的還要通過其詩歌創作及選詩體現其詩論。王士禛善於以刻書來推行自己的詩歌主張。他標舉"神韻説"，故其選刻《十種唐詩選》《唐賢三昧集》《唐人萬首絶句選》，這些詩集正是他詩學取向的印證。而宋犖重刻的《王荆公唐百家詩選》，似較難窺見其詩學取向。

徐禎卿與邊貢是"前七子"的代表人物，王士禛選刻其詩，用意深刻。邊貢是山東人，選刻山東人的著述，屬情理之中，但徐禎卿詩的編刻，不能不説是對其詩歌理論與實踐的認同。高叔嗣，雖以李夢陽爲師，但詩歌創作並不襲蹈李夢陽，而是稍有變體，之後的"後七子"又承接了高叔嗣輩的餘風，可見，高氏在明中期的詩壇上具有重要的作用，王士禛選刻其詩，有特别的意義。可以説，對前人詩歌的選刻，是王士禛詩歌主張的體現，從這點上看，刻書對一代思潮的影響是巨大的。宋犖似乎缺乏這種自覺性，他不僅爲詩比較隨性，就是在選刻他人集子上，也似乎大多無目的性。他爲詩以蘇東坡爲宗，故其唯一的一部有意識闡揚其詩學宗尚的是康熙三十九年刻的《施注蘇詩》。

三是合集出版有早晚，且聲勢不同。一般來説，合集的出版標志着作家文壇地位的確立，王士禛的《阮亭詩選》十分典型地體現了這一點。康熙元年，王士禛在吴中刻《阮亭詩選》十七卷，時王士禛在揚州推官任上，在江南三年，他結交了大批文人，包括部分明代遺民，他與這些重要人物的交往，爲他日後統領文壇打下了很好的基礎。這部書從作序人至校訂人，從朋友到門生，再到家人，大家共襄此事，所以，作爲他的專集之始，此書的刊刻具有重要意義。書前列錢謙益等人的二十七篇序，其中既有前輩達官，也有同儕新貴，而最引人注目的則是林古度、冒辟疆等明朝遺民，還有參校者二十八人,其中有九人都是順治十七年王漁洋任江南鄉試同考官所取的舉人,餘爲揚州一帶的後進才彥。至此可見,王士禛在江南網羅、結交了大批詩壇名流,他的領袖地位也由此確立。而宋犖則不同,他康熙二十七年纔刻《綿津山人詩集》,不僅比王士禛晚二十七年,而且相當寥落,書前僅有汪琬、劉棨二序,可見,直到此時,宋犖的聲名地位與王士禛還是有很大差距的。

四是是否組織文學盛會並刊刻倡和詩。王士禛在揚州任上曾組織了三次文學交遊盛會,傳爲藝苑佳話。一是康熙元年夏的修禊紅橋,參加者有袁于令、杜濬、邱象隨、蔣階、朱克生、張養重、劉梁嵩、陳允衡、陳維崧九人。第二次紅橋修禊在康熙三年,參加這次文學盛會的有林古度、孫枝蔚、張綱孫、程遂、孫默、許承宣、承宗兄弟等。士禛賦《冶春》絶句二十首,諸人和之。第三次在如皋冒辟疆的水繪園,有冒襄、邵潛等八人與會,分體賦詩,士禛成七言古詩十章,時間在康熙四年。三次盛會,皆有詩刻。適時地組織文學盛會,並及時地刊刻詩文,是宣傳自己的極好手段,王士禛得心應手。宋犖則遜於王士禛。首先是没有機會組織這種盛會,其次是僅有的幾個倡和集如《雙江倡和集》《西山倡和詩集》《漫堂倡和詩》均無重要人物參加,影響自然不及王士禛。

五是刻書重點有差異。雖然二人均以刊刻自己和家人的著述爲主,但除此之外,旨趣迴然有别。王士禛重在推行自己的詩歌主張,上已有述,而宋犖則更像一個出版家,從以下四個方面可以看出:

重刻古籍講究版本。蘇詩之注,北宋王十朋注最通行,但屬僞託之書,訛誤很多。南宋有施元之、施宿父子及顧禧所注,但傳本極稀。完整之本,祇存錢氏絳雲樓,毛氏汲古閣有殘宋刻,但缺十二卷,毛氏屢求借抄補全,錢氏吝而不予,絳雲一炬,世無完書。迨宋犖撫蘇,於康熙三十八年見毛氏殘刻,急命邵長蘅、李必恒先後補注，付之梨棗，蘇詩之施注復行於世。康熙三十八年重刻《王荊公唐百家詩選》，所據爲宋乾道刻本，係宋犖得自徐乾學家而授山陽丘迥依式所刻，但以殘缺爲憾。四十二年，其門人又於江陰物色到明抄本二十卷全書，宋犖便又命丘迥補刻。可見，宋犖刻書關注珍稀之本。

代皇帝刻書。康熙二十三年，王士禛上疏請重修明代北京國子監《十三經注疏》《二十一史》版印行，並請通知江南督撫查訪明代南京國子監經史書版，令管理學務的官員收存在尊經閣中，以便刷印使用，這個建議得到康熙帝的批准。可知，王士禛充分認識到了宫廷刻書及書版的價值。而宋犖則更進一步，實際操作，爲宫廷刻書。康熙四十二年南巡時，命宋犖刻《御製詩》《皇輿表》等書，其《御製詩》一集、二集、續集共二十卷，刻成於四十三年。康熙四十四年再南巡時，又命他刻《御批通鑑綱目》一百多卷。因爲怕他任務太重，纔於次年將刻《全唐詩》的任務交給了曹寅。地方官員代内府刻書，在康熙時並不少見，如揚州詩局刻《全唐詩》、揚州書局刻《佩文韻府》，但宋犖在蘇州所刻以上三種，並不爲世人熟知。

代他人刻書較多，且代刻不代印。宋犖爲王士禛刻書四種，詳見劉乾《宋犖刻書考》。康熙三十年爲朱載震刻《章江集》二卷；是年選刻江西新建人徐世溥的《榆溪詩鈔》二卷；康熙三十二年又刻計東的《改亭文集》十六卷。

比較關注地方文獻。康熙二十七年，宋犖在江西巡撫任上編刻《江右採風録》，三十三年在蘇州，又刻《吴風》，四十五年又刻《梁園風雅》和《中州名賢文表》。

凡此種種，宋犖樂此不疲，完全是一個出版家的姿態。而相對來説，王士禛的刻書範圍就不如宋犖廣泛，且在刻書質量上，略遜於宋犖。宋犖的刻書可以用"精美絶倫"來形容。一般認爲，對清代康熙一朝刻書的昌盛，宋犖是有一定影響並起了推動作用的。

通過以上與宋犖的比較，約略可知王士禛在清代刻書史上的地位。

(5)王士驪

王士禛從弟士驪，字幔亭，歲貢，諸城訓導。有《就園小詠》。刻書一種。

《柏峰詩稿》，明王之猷撰，清初新城王士驪刻本。

之猷字爾嘉，號柏峰，之垣弟，萬曆五年丁丑進士，歷官浙江按察使、淮陽兵備。

是册爲之猷子象春手録本。從曾孫士禛跋云："吾邑前輩以詩名者，自國子司業澄川沈先生始。曾叔祖柏峰公與沈公生同時，其詩派亦略相似，大抵步趨濟南，不爽尺寸。至叔祖季木公，始一變而雄肆清厲，雖家庭風氣，不相沿襲。此集傳爲考功手書，有東癡隱君題贊，劫灰之後，故蹟僅存，古色蒼然，有鼎彝之氣，貽西其珍藏之。康熙二十五年仲秋上浣。"

(6)王啓涑

王士禛有子啓涑、啓汸、啓汧、啓浵、啓渾。啓涑爲長，字清遠，貢生，茌平教諭。據程軼《清初詩人王士禄研究》及《山東通志·藝文志》，啓涑刻書四種：

問詩堂稿	(清)王啓涑撰	清新城王啓涑刻本
問詩堂隨筆	(清)王啓涑撰	清新城王啓涑刻本
蘇詩補注	(清)王啓涑撰	清新城王啓涑刻本
西陂别墅題詠	(清)王啓涑編	清新城王啓涑刻本

《山東通志·藝文志》引《鄉園憶舊録》云："新城阮亭先生西陂别墅有石帆亭、樵唱軒、半碣閣、大椿軒、雙松書隖、小華子岡、小善卷洞、春草池、三峰嘯臺、石丈竹徑、緑蘿書屋，一時名人題詠，共九十餘人。公子啓涑彙而刻之。此書不見《漁洋全書》。"所指爲

啓浰刻《西陂别墅題詠》一書。

(7)王兆森

據《山東通志·藝文志》,王士禛撰有《律詩定體》,爲其後人所刊。鉅野李其彭乾隆四十一年刻自纂輯《廿一種詩訣》,其《凡例》曰:“漁洋詩法即《然燈記聞》也,與《律詩定體》皆有漁洋從孫諱兆森者所梓,最爲善本。”知此二種爲王兆森所刻,當在乾隆四十一年以前。

(8)王士禛孫輩

王士禛的兒輩爲“啓”字,孫輩爲“兆”字,曾孫爲“祖”字,玄孫爲“宸”字。乾隆年間,由其孫輩、曾孫、玄孫三代續修了《[新城]王氏世譜》。

另有王士禛孫輩道然,名兆宏,以字行,乾隆元年舉人,著有《四書圖説》《四書貫通録》。其《四書圖説》六卷,清乾隆六十年其甥何維綺清輝堂刻本。前有劉大紳、劉元錫、藍嘉瓚及自序。劉大紳稱此書“無非先儒宗旨,並不蹈襲常談。蓋於聖門一貫之旨已有理會,豈俗章爛時文所能仿佛哉”。

(9)王祖肅

祖肅(1717—?),字敬亭,王士禛曾孫,雍正四年丙午科武亞元,候選守備,以名家子工文詞,爲諸生。祭酒起家,令毗陵有聲,補薦遷新安司馬,嘗權知府事。著有《敬亭自記年譜》等。

①《漁洋山人詩問》二卷,清王士禛撰,清乾隆三十五年新城王祖肅刻本。

卷端題:“再從孫祖肅校訂重刊。”前有乾隆三十五年庚寅汪廷璵序:“余友王君敬亭……因出所藏文簡公《詩問》凡如干條,梓以式多士。”看來是王祖肅令新安時所刻。

八行十八字,白口,左右雙邊,單黑魚尾。

②《敬亭自記年譜》一卷,清王祖肅編,清乾隆間新城王氏

刻本。

九行二十二字，白口，四周雙邊，單魚尾。

（10）王允熙

王氏後人還有王允熙，字鏡沚，乾隆五十三年至五十七年間刻王士禛撰《王文簡公論七言古體平仄》一卷。

前有乾隆五十三年戊申汪鏞序："家居課子姪，指授七古平仄，較若列糜，其族孫鏡沚同學出付剞劂，公諸同好。"後有王允熙識："熙録公七古平仄之論，公之於世，又録公所自爲詩以證之。"應爲允熙所刻無疑。山東省圖書館所藏另一部書前有乾隆五十七年翁方綱《新城縣新刊王文簡古詩平仄論序》，係翁方綱應新城學官之請而作，後人其《小石帆亭著録》六卷，爲第一種《王文簡古詩平仄論》，衹是刪去了官稱結銜。前文翁方綱刻書已辯證。

九行十九字，大黑口，四周雙邊，無直格，無魚尾，行疏字朗。

2）伊應鼎刻書

伊應鼎，字元吉，别字戒平，號侗叟。雍正十年舉人，乾隆元年進士。幼時就傅於士禛家，親得士禛口授。

①《漁洋山人精華録會心偶筆》六卷，清王士禛撰，清伊應鼎編，清乾隆二十三年新城伊應鼎刻本。

此書係選評《漁洋山人精華録》之作。内容評價詳見陳汝潔《伊應鼎與〈漁洋山人精華録會心偶筆〉》①。

封面題："戊寅新鐫。"有伊氏自序。卷端題："新城後學伊應鼎戒平編述，同邑于履坤厚庵、於陵張永瑗系南、渤海劉紫遷北容同訂，廣川袁光裕孝本、袁佐際清、袁傑漢亭同校。"

廣川即德州，三位袁氏校者大概與袁承寵有關，前有廣川袁承

①陳汝潔：《伊應鼎與〈漁洋山人精華録會心偶筆〉》，載《山東理工大學學報（社會科學版）》2004 年第 4 期。

寵序曰:“庚午,兩小兒同叨鄉薦,適新城戒平伊致仕歸自安陽。某乃致敬盡禮,延居西席,俾兒輩受業。杯酒談心,益獲聞所未聞。久之,伊君以所著《精華録會心偶筆》一編相示,俯讀之下,不禁喟然曰:‘是我先子未暢之志、未竟之緒也’……因命謄録校正,付之梓人,流布宇内,以公同好。”則知此書的推動者還有德州袁承寵。

十行十九字,小字雙行十九字,白口,四周單邊,單黑魚尾,無直格。字畫不苟,字大,稍扁,清新風格。

②《唐人試帖》,清伊應鼎編,清乾隆新城伊應鼎刻本。

據陳汝潔文,伊氏後人有《敕授文林郎選授河南彰德府安陽知縣元吉公行述》,中稱:“奉公令以詩爲取士配文,因選《精華録會心偶筆》並《唐人試帖》梓行於世。”可知,伊應鼎有《唐人試帖》一刻,未見傳本。

(四)德州刻書

德州,堯舜時期爲兖州之域,夏爲有鬲氏之國,秦設兩縣。西漢時,在今德州東境置安德縣,屬平原郡。隋設廣川、長河縣,改安德郡爲德州,治安德縣,此爲德州地名之初始。以後時廢時復,至唐乾元元年復稱德州,五代改長河爲將陵,元改將陵爲陵州,明洪武七年徙州治於現址,遂名德州。

明代德州刻書,至少在五種以上。清代的德州刻書總量在全省僅次於濟南、曲阜,與諸城不相上下。尤其是前期刻書,德州盧氏、田氏、謝氏、宋弼等,名家輩出。

1)盧氏刻書

(1)盧世漼

乾隆年間,身爲兩淮鹽運使的德州盧見曾不僅政績卓然,在學術史上也占有一定的位置。他爲了弘揚乾嘉學術,利用揚州在刻書上的優勢,精刻精印了幾十種漢學書籍,促進了乾嘉時期考據學的興盛,引領了一代學術發展,在文化史上首屈一指。其實,他的刻書是有家學淵源的，其五世祖盧世漼就是明末清初一位有名的刻書家。今人從王獻唐先生的《山東之抄書家——盧德水先生》衹知其爲抄書家，他刻書的情形卻不爲人知，實際上，他在山東刻書史上的地位舉足輕重。

盧世漼（1588—1653），字德水，又字紫房，晚稱南村病叟。明天啓五年進士，官户部主事及監察御史，巡視漕運。順治元年，起福建道御史，病亟不能行，蒙恩以原官在籍調理，順治十年卒於家，時六十六歲。世漼性嗜酒，喜讀書，藏書數千卷，建尊水園，有茅屋十餘間如杜亭、畫扇齋、匿峰庵、涪軒，讀書其中。著述頗豐，有《杜詩胥抄》《尊水園宿草》《在輿草》等，皆隨成隨刻。除《杜詩胥抄》有流傳外，其他均未見。其去世後，同鄉程先貞等輯刻《尊水園集略》十二卷，將以上數種分體編之，散入全書中，或許這也是其刻書不傳的原因之一。

目前所見的唯一一部盧世漼刻書爲《杜詩胥鈔》十五卷、《贈言》一卷、《大凡》一卷、《餘論》一卷，明崇禎七年盧世漼尊水園刻本。八行十九字，小字雙行十九字，白口，左右雙邊，單黑魚尾。寫刻字體，比較敦厚。

順治時德州程先貞等輯刻《尊水園集略》，有程先貞《緣起》："先生已刻詩如《尊水園宿草》《在輿草》《閒居漫興》《杜亭近草》《畫扇齋詩始》凡五種，未刻詩如《杜亭移草》《蒽庵掌記盧詩》二種。已刻文如《讀杜私言》凡一種，未刻文如《視漕存稿》《南郙書鈔雜引》《南郙目録》凡三種。"知盧氏自刻書有六種。六種中，據《尊水園集略》卷九《自序》文若干篇及《尊水園集略》，四種有明確的刻書依據，現縷述如下：

①《尊水園宿草》有自序："盧子園居無事，取囊中詩稿，肆力删改，釐爲一帙，從而覆之。"

②《在輿草》所作係去雁門路上所得詩，共四十六首。有自

序:"刻成,自笑好事習氣未易破除。"

③《閒居漫興》有序:"遂完平韻,標舉興會,爰勒梓材。"

④《杜亭近草》無刻書依據。

⑤《畫扇齋詩始》無刻書依據。

⑥《讀杜私言》,《尊水園集略》第六卷爲此書,有《大凡》十一條,首條曰:"余數年間於杜詩近四十餘讀,稍稍會其倫要。邇來却掃,益有餘力,另録而重讀之。長篇短章務細察其意思所在,乃手彙爲帙,序準編年體,分古近言之五七,區以別焉。即小有裁酌而杜詩之全局統是矣。會友人王君瑞符、門人王生元禮俱留心於杜,謂此本頗善,可流播,朋輩因商定而授之梨人,梨人執簡請余安名。"可知此書確實刻過。

因盧氏於順治十年去世,故以上六種均應爲順治十年前所刻。

另據《尊水園集略》中第九卷《自序》,可知盧氏刻書還有《紫房篋中小集》《紫房篋中餘集》《春寒閒記》三種。

①《紫房篋中小集》未言刻書事,但《紫房篋中餘集》首言:"前刻已贅矣,是亦不可以已乎。"知《紫房篋中小集》刻成。

②據以上序言,《紫房篋中餘集》當亦刻成。

③《春寒閒記》:"此余辛酉歲所手鈔者,迄今丙子十六年矣,俯仰間遂成昨夢。原鈔有三十一紙,略裁割之,存二十三紙。即將手藁付梓,既已志感,更有説焉。"

《尊水園集略》卷八爲《刻書序》,據這些序,可知盧氏還刻過以下十六種:

①《訂讀古本大學》有序:"壬戌……於今十年矣……爰就遺編,翻爲新本,期與有志大學者共讀焉。"壬戌爲天啓二年,十年後即崇禎五年,則崇禎五年刻此書。

②《唐子西文録》有序:"余讀而愛之,粗加點定……遂付梨人,俻杜亭書刻一種。"

③《杜生傳》有序："一遇《杜生傳》，欲歌欲舞，欲罷不能。因鈔繕付梓，定爲單本。"杜生即杜五郎，宋之隱士，潁昌人，世潅對入《宋史·隱逸傳》的這位杜五郎非常欽慕，特爲刻《杜生傳》。

④《許繩齋批點李于鱗太華山記》，明李攀龍撰，明許繩齋批點。有盧氏序："遂命門人謝生白按葺翁墨蹟臨出，付梓。"繩齋晚更號葺翁，堂邑人，名不詳。

⑤《許葺翁和陶詩》，明許繩齋撰。有盧氏序："堂邑蓋有許繩齋先生，晚更號葺翁……余企慕不能已，因請其雜著五七種，又於掌記處覓得十餘種，皆明體適用，有補於身心風教。每欲彙粹排纘，而力苦不足。兹於古詩草中録出《和陶飲酒》二十首，敬勒梨云，以志高山之仰。"又題云："兹《和陶飲酒》二十首，乃東郡許葺翁壯歲時作。翁自云終篇無一語相類。美哉！非達人大觀，誰肯下此虛心語。然字字從胸襟流出，全無一毫顧盼。以翁人品論之，陶而陶者也。以翁詩品論之，不陶而陶者也。"又題："余欽慕翁甚，爲此刻詩。"

⑥《宋布衣詩選》，明宋登春撰。有盧氏序："頃過新河，得原本於其族人家，詩凡三百五十餘首，余慱選之，止留九十九首，皆與古人争勝毫釐，斷斷乎其可傳者也，因付剞氏，竢留心風雅者採焉。"

⑦《簡齋詩鈔》，明劉榮嗣撰。有盧氏序："世潅謹綸貫評唱而公諸海内，名曰《簡齋詩鈔》。"

⑧《汪未央詩》，明臨清汪大年撰。有盧氏序："余乃取而刻之，公諸同好。"

⑨《寒山新詩》，明陳寒山撰。有盧氏序："因點次批評，雕成板本，傳之通邑大都，與朋友共。"

⑩《程魯詹嘯歌》有序："乃屬余詳定，余淚灑行間，累欷不能卒業，聊撮其十一付梓。"

⑪《燕遊稿》,明程先貞撰。有盧氏序:“刻《詩》祇以白本爲雅,凡加圈點批評皆是近世惡習。古無《詩》也。程正夫《燕遊稿》皆手自揀定,世無孔子,誰敢删之……今將原本付梓人。”先貞字正夫,號蒠庵,德州人。歷官工部員外郎。入清,家居不出。

⑫《醫書》,明吕君俞撰。有盧氏序:“茲刻特舉一隅,其苗脈關紐,詳君俞自叙。”

⑬《清壑亭近詩》,明沈嘉客撰。嘉客字無謀,與盧氏、汪大年交。有盧氏序:“無謀文成數千,力不任繕梓,余乃偕粲甫請其庚辛兩歲所賦詩授諸梨人,是爲《清壑亭近稿》。”

⑭《羅生堂近義》,明沈嘉客撰。有盧氏序:“(沈無謀)茲稍裒十一登梓,以代繕寫,余粗爲評點。”

⑮《秋草詩》,明沈景倩撰。有盧氏序:“刻而傳之,與説詩者賞焉。”

⑯《胡嗣玄制義》,明胡虞支撰。胡虞支,字嗣玄,歙縣人。有盧氏序:“于役金陵,解鞍長干,塔院居適,與嗣玄相連……余竢鐘動人定,篝燈對之,伏讀窮五夜,篇終意愜,因令板行之,以廣其傳。”

以上除有確切刻書時間的之外,其他的刻書時間亦當在清順治十年之前。

以上所計,明確可知的盧氏刻書共二十五種,在明末清初的山東可謂首屈一指。

德州盧世㴶刻書特點有三:

一是所刻書以詩歌爲主。世㴶爲詩尊杜甫,故尊水園中有杜亭,王士禛《論詩絶句》:“杜家箋注太紛拏,虞趙諸賢盡守株。若爲南華求向郭,前惟山谷後錢盧。”錢指錢謙益,盧指盧世㴶。説明盧氏在詩歌方面是可與錢謙益比肩的。因其對詩有特殊的偏好,論詩選詩亦精到,故所刻詩皆爲其中意者。

二是所刻書除了自己的詩文外,尚有他人著述。其中大多爲友人刻,如程先貞、汪大年、許繩齋、沈無謀、陳寒山等。

三是除了三種書有明確的刻書時間即崇禎外,其餘均不知刻於何時。

(2)盧孝餘

盧世㴶去世後,其子盧孝餘繼承了刻書傳統。先是,順治十年至十七年間,友人程先貞等輯《尊水園集略》十二卷,《補遺》二卷,凡詩四卷,文八卷,但衹刻了四卷。順治十七年盧孝餘補刻了八卷。此書封面題:"見賓堂藏板。"目録下有:"德州盧世㴶德水著,受業陳鍾英幼仲、程先貞正夫、趙其星仲啓輯。"《補遺》目録下題:"德州盧世㴶德水著,受業程先貞正夫、李源星來、趙其星仲啓輯。"

前有程先貞撰《緣起》。順治十七年李源序:"盧德水先生既没,程子正夫取其生平所爲詩文彙成十二卷,先梓四卷,已行矣。兹其次公仲繩兄復梓八卷,屬余參校。"後有順治十七年盧孝餘跋:"幸賴表兄程正夫與陳幼仲、趙仲啓、李星來四先生爲之收貯,犁爲十二册,題曰《尊水園集略》。'尊水園'者,先侍御讀書之所;'集略'者,緣此集計可得十分之四五,猶欲待大全於異日也……孝餘捧承涕泣,謹藉皮爲楮,削骨代穎,舉付剞劂,以傳不朽。"

九行十九字,白口,四周單邊。字體獨特,稍長,疏朗。原刻爲寫刻體,綫魚尾。補刻一般爲黑魚尾。

上述諸人皆爲清初德州名流。程先貞(1607—1673),晚號海右陳人,明朝遺民,與顧炎武以及同邑李浹、李源、李濤爲摯交。他通過對理氣的解釋來表達宇宙觀,主張並履行"躬行實踐,經世致用"的原則,反對脱離實際的學風。有《海右陳人集》。

李源,字江餘,一字星來。順治三年丙戌進士,官河津知縣。誠明之子,誠明從子。歸里後,與李浹、程先貞日日觴詠於其父輩所建的矩園中。李源與顧炎武交厚。有《見可園集》。

趙其星,字仲啓,順治十八年進士。

盧氏刻書表:

訂讀古本大學	(清)盧世㴶撰	明崇禎五年德州盧世㴶刻本
杜詩胥鈔十五卷	(清)盧世㴶輯　贈言一卷(清)盧世㴶輯　大凡一卷餘論一卷(清)盧世㴶撰	明崇禎七年德州盧世㴶尊水園刻本
春寒閒記	(清)盧世㴶撰	明崇禎九年德州盧世㴶刻本
尊水園宿草	(清)盧世㴶撰	清順治十年前德州盧世㴶刻本
在輿草	(清)盧世㴶撰	清順治十年前德州盧世㴶刻本
閒居漫興	(清)盧世㴶撰	清順治十年前德州盧世㴶刻本
杜亭近草	(清)盧世㴶撰	清順治十年前德州盧世㴶刻本
畫扇齋詩始	(清)盧世㴶撰	清順治十年前德州盧世㴶刻本
讀杜私言	(清)盧世㴶撰	清順治十年前德州盧世㴶刻本
紫房篋中小集	(清)盧世㴶撰	清順治十年前德州盧世㴶刻本
紫房篋中餘集	(清)盧世㴶撰	清順治十年前德州盧世㴶刻本
唐子西文録	(宋)唐庚撰	清順治十年前德州盧世㴶刻本

（續表）

杜生傳		清順治十年前德州盧世㴶刻本
許繩齋批點李于鱗太華山記	（明）李攀龍撰 （明）許繩齋批點	清順治十年前德州盧世㴶刻本
許茸翁和陶詩	（明）許繩齋撰	清順治十年前德州盧世㴶刻本
宋布衣詩選	（明）宋登春撰	清順治十年前德州盧世㴶刻本
簡齋詩鈔	（明）劉榮嗣撰	清順治十年前德州盧世㴶刻本
汪未央詩	（明）汪大年撰	清順治十年前德州盧世㴶刻本
寒山新詩	（明）陳寒山撰	清順治十年前德州盧世㴶刻本
程魯詹嘯歌		清順治十年前德州盧世㴶刻本
燕遊稿	（明）程先貞撰	清順治十年前德州盧世㴶刻本
醫書	（明）吕君俞撰	清順治十年前德州盧世㴶刻本
清壑亭近詩	（明）沈嘉客撰	清順治十年前德州盧世㴶刻本
羅生堂近義	（明）沈嘉客撰	清順治十年前德州盧世㴶刻本

（續表）

秋草詩	（明）沈景倩撰	清順治十年前德州盧世㴶刻本
胡嗣玄制義	（明）胡虞支撰	清順治十年前德州盧世㴶刻本
尊水園集略十二卷補遺二卷	（清）盧世㴶撰	清順治德州程先貞等刻十七年德州盧孝餘補刻本

（3）盧見曾

繼盧德水之後，德州盧氏的另一位刻書家——盧見曾，繼承先輩優秀的刻書傳統，利用天時、地利、人和的優越條件，一躍成爲乾隆間全國有名的刻書大家。

盧見曾（1690—1768），字抱孫，號雅雨山人，又號澹園，室名雅雨堂。康熙五十年舉人，六十年進士。其父盧道悦，康熙九年進士。盧見曾曾師從王士禛、田雯。雍正三年爲四川洪雅縣知縣，九年任安徽蒙城知縣，後任六安知州。十二年任亳州知州，十三年陞任江南江寧府知府，又調安徽潁州。乾隆元年出任兩淮鹽運使，在任期間被誣丟官並被發配到外蒙古戍臺。乾隆九年補直隸灤州知州，第二年陞任永平府知府。十六年任長蘆鹽運使，十八年復調兩淮鹽運使，二十七年告老還鄉。乾隆三十三年兩淮鹽尹案發，盧見曾被逮問論絞，死於獄中。三年後大學士諸城劉統勳爲其昭雪。

盧見曾不僅是一位歷政有聲的朝廷大吏，而且是一位有功於清代學術的學者，尤其是在揚州期間，他廣延人才，刊刻書籍，對漢學的復興起到了重要作用。現將其所刻書一一縷述如下。

①《雅江新政》，清盧見曾編，清雍正三年至四年德州盧見曾刻本。

《雅雨堂文集》卷一載其自序云：“受事以來，於今八月，綱舉目張，規模略定。用是彙集群言，付之梨棗。前載對君之詞，後列臨民之政……昔趙清獻晝有所爲，夜則焚香，以告於天。曾之以《雅江新政》付剞劂也，亦此物此志也夫。”

盧氏於雍正三年任洪雅縣令，於雍正九年補官江南亳州蒙城知縣，並協理州務。未三月，旋授六安州知州。此書當在雍正三年至四年之間刊刻。這是目前所知盧見曾刻的第一部書。

②《感舊集》十六卷，清王士禛選，清盧見曾補傳，清乾隆十七年德州盧見曾雅雨堂刻本。

封面題：“雅雨山人補傳。”先有乾隆十七年盧見曾手書上版的《刻漁洋山人感舊集序》，繼有王士禛序，朱彝尊序，盧見曾序，《感舊集補傳凡例》及張元《刻感舊集後序》。

此書的刊刻，是幾代山東人共同努力的結果。首先是王士禛的搜羅之功，王士禛康熙十三年序云：“輒取篋衍所藏平生師友之作，爲之論次，都爲一集。又取向所撰録《神韻集》一編，芟其什七附焉，存殁悉載。竊取《篋中》收季川、《中州》登敏之之例，以考功終焉。”可見，此書初成於康熙十三年。對於此書的價值，盧見曾在《凡例》中云：“先生主詩教，以神韻爲宗。是集自虞山而下，凡三百三十三人，詩二千五百七十二首。遭遇不同，性情各異，而一經先生選次，如金之入大冶，渣滓悉化，融鍊一色。洵選家之巨手也。”

除了王士禛的搜羅之功，盧見曾的補傳之功也是不可没的。《感舊集補傳凡例》：“甲寅成書，未嘗版行。先生殁後，其甥益都趙綬庵執端即其家，遍索原本不得，得散稿一束，開有目録，抄存此本，共爲四大卷，卷百餘葉。考功在第二卷末，與自序所云通爲八卷，以考功終，及朱序凡五百餘首者不合，其爲先生晚年更定未成之書無疑也。今依抄本序次，共釐爲十六卷，補遺各詩彙載每大卷之末者各附正選之後。”盧見曾所據抄本來自黄叔琳家。盧見曾

《刻漁洋山人感舊集序》:"乾隆丁巳罷官揚州,嘗與馬君秋玉論及此事(按:指叙文人姓氏爵里)……辛未冬,以公役至京師,謁崑圃黄夫子於家,出所鈔漁洋先生《感舊集》見示,拜受而卒讀之……馬君秋玉又不期而遇於京邸,不忘久要,慨然任剞劂之事……於是不遠千里,延淄川老友張孝廉榆邨至署,采集故實,以長夏簿書餘昃,秉燭操觚,倣遺山以下各詩選之例,人系之以小傳,而述所緣起如右以貽之。"由此序可知,此書原本來源於黄叔琳,主持者爲盧見曾,實際操作者爲馬曰琯,故有作"揚州馬曰琯小玲瓏山館刻本"者。序中言盧、馬二人相遇於京師,係馬曰琯進京爲皇太后祝壽時相遇。可見,黄叔琳出示抄本,提供刻書的底本,爲功甚巨。而揚州馬曰琯慨然任剞劂之事,主要是緣於朋友之誼,而不僅僅因爲二人一是鹽官,一是鹽商,有着經濟利益上的關係。

這是盧見曾復出後的第一次刻書。此年他在長蘆鹽運使任上,第二年即赴兩淮鹽運使任。他從來不没别人的付出,《感舊集補傳凡例》:"採集諸書,淄川張孝廉元之力居多。搜羅幽隱,則同里宋編修弼。集成而復加較訂,則江寧秦孝廉大士也。宋編修有《蒙泉集》,張孝廉有《書香堂集》,秦孝廉有《抹雲山樓集》。……是集輾轉抄寫,訛誤頗多,宋編修蒙泉嘗訂正之,復委榆邨之孫宷、余子謙以校讎之役再三過,尚有闕疑。玲瓏山館藏書充棟,所與稽者,厲樊榭鶚、陳授衣章,皆博雅君子,幸重檢閲而後授梓,毋致有魯魚亥豕之訛,是則余所深望也夫。"上述諸人,宋弼前已有述。秦大士,字魯一,又字鑒泉,號澗泉,又號秋田老人,江寧人。乾隆十七年文武雙科狀元,官至侍讀學士。張元《刻感舊集後序》,稱張元之父與盧見曾同舉於鄉,有鄉黨之誼。乾隆十七年夏五月,時張元在歷下,接到盧見曾手劄,於是急赴京校讎,時年八十一歲。由上可知,此書參加人數頗多,既有張元、宋弼、馬曰琯、秦大士等聲名顯赫者,又有張元之孫張廷宷、盧見曾之子盧謙等不見經傳的小輩,更有厲鶚、陳章等詩學名家的幫助。時厲鶚、陳章皆館於小玲瓏山館,二人參與此書的校勘,無疑使此書内容更加精審。

盧見曾對此書的刊刻十分用心,朱彝尊序後有盧見曾注:"按:此序與《曝書亭集》删定之本小異,今從原本。"可見,在刊刻前,盧氏查考過朱氏《曝書亭集》,體現了其嚴謹的刻書態度。

此書十一行二十一字,白口,左右雙邊,寫刻極精美。這與馬氏操辦有很大關係。馬氏兄弟是揚州大鹽商,既有廣博的學識,又有雄厚的經濟實力,不僅富於藏書,而且精於刻書。他們慎選良工,把所藏的善本書籍、金石拓片擇要刻印,以廣流傳。其刻書速度之快、雕工之精、版式之美,均屬上乘,世人稱之爲"馬版"。所以,此書屬典型的揚州刻本,精美絶倫自是必然。

③《金石三例》十五卷,清盧見曾輯,清乾隆二十年德州盧見曾雅雨堂刻本。

此書包括:《金石例》十卷,元潘昂霄撰;《墓銘舉例》四卷,明王行撰;《金石要例》一卷,清黄宗羲撰。

有盧見曾乾隆二十年《金石三例序》:"元潘蒼崖(按:潘昂霄)創爲《金石例》十卷,制器之楷式、爲文之榘矱,靡不畢具。明初王止仲(按:王行)又撰《墓銘舉例》四卷,兼韓子以下十五家,條分縷晰,例之正變,推而愈廣。本朝黄梨洲以潘書未著爲例之義與壞例之始,作《金石要例》一卷,用補蒼崖之闕。合三書而金石之例始賅。曩病時賢碑碣叙次失宜,煩簡靡當,盖未嘗於前人體製一爲省録爾。兹故彙刻以行世,俾後之君子曉然於金石之文,不異史家,發凡言例亦春秋之支與流裔,觸類而長之,庶乎知所從事矣。蒼崖,吾鄉濟南人;止仲,吴中北郭十子之一;梨洲爲忠端公子。漁洋重推之三君者,學問文章皆有根柢,其所論者,足爲程式。刻既成,爲序其大略如此。"

《墓銘舉例》卷四末有盧見曾跋。據跋可知,三書版本各有來源。潘氏書來源於元至正五年刻本,又據《四庫提要》,書在元代版凡三刻,有在濟南刻者。現國家圖書館有一部元刻本,不全。有明初及明刻本若干部。黄宗羲書來源於《南雷文定》,而王行書由三個本子互相參訂,一是孫勷本,一是金孝章抄本,一是錢謙益家藏本。王行書前無刻本,此爲初刻。書由惠棟與張四科讎校。張四科,字喆士,號漁川,陝西臨潼人,官候補員外郎。寓揚州,在天寧寺旁築讓圃,與馬氏兄弟相鄰。

十行二十二字,白口,左右雙邊,單黑魚尾。刻此書時,盧見曾在兩淮鹽運使任上,故版刻精美。

盧氏首次將三書合刻,意義非同尋常。此書後有棲霞郝懿行刻本,郝氏在《曬書堂文集》卷二《答張蒙泉重刻〈金石三例〉書》中説:"《三例》一刻,弟實未滿於此,訪諸通人,亦以爲然,而時賢之爲八家古文者,亟賞此書,且有購覓不獲以爲憾者,弟親見其然,故商之雅雨盧氏,欣然出其家藏而重付之梓,且屬爲作序。"在《重刻金石三例叙》中,他説:"《金石三例》者,雅雨堂盧氏舊刻也,今其版亡,爰購而重梓之。盧氏刻書凡十餘種,皆善本,有益於世。"對盧見曾刻書評價很高。

④《經義考》三百卷,清朱彝尊録,《經義考總目録》二卷,清盧見曾編,清康熙刻乾隆二十年德州盧見曾增刻本。

有盧見曾《經義考序》:"秀水朱竹垞先生,經學大儒,著《經義考》三百卷,依宋十三經之例,益以《大戴》,凡十四,爲類一十有五。淮南已刻其半,其《春秋》已下七經暨逸經、毖緯尚有十三類闕焉未覩,余竊病之。乾隆癸酉,余以轉運再至淮南,明年三月,始得其未刻之本於先生之孫稻孫,乃與同志授之梓,而爲之序曰……刻成,俾以弁諸首。"

在序中,盧見曾表明了其學術觀點,即通經當以近古爲信,勿信今而疑古。盧序後有惠棟識語,闡明了"古訓不可改,經師不可廢”的觀點，對後人摒棄漢學的學術作風不滿：“薄訓詁而不爲，即《爾雅》亦不盡信，其説經也，往往多憑私臆，經學由兹而晦。篇中‘義理用而家法亡’一語，道破前人之陋，爲之稱快。末幅言通經之法，真懸諸日月而不刊之論。”對朱氏的《經義考》大加贊賞。盧見曾於《經義考》總目後識語曰：“《經義考》全書告成，余既爲之序，又編《總目》二卷。……已刻一百六十七卷，其宣講、立學、家學、自序三卷本闕，今補刻一百三十卷。卷帙浩繁，校對不易，從事諸君子，各題名於每卷之後。而博徵載籍，以正字畫之訛者，錢塘陳授衣章、儀徵江賓谷昱也。刻既成而覆校之者，元和惠定宇棟、華亭沈學子大成也。其商略考訂，兼綜其事，則祁門馬嶰谷曰琯、半查曰璐云。”

又有乾隆二十年朱稻孫序：“雍正甲寅，得交嶰谷馬君於維揚，君好古博雅，篤於友誼，欣然約同志欲爲我先人成此未竟之業，中有所格，不果。越二十年，歲甲戌，德州盧公重掌江南鹺政，稻孫謁公邗上，公一見即詢及《經義考》，因具陳顛末，公爲歎息者久之。遂首捐清俸，爲同志倡，還以其事屬諸馬君，馬君由是與令弟半查盡發二酉之藏，偕錢塘陳君授衣、儀徵江君賓谷、元和惠君定宇、華亭沈君學子，相爲參校，而稻孫仍率次子昌淳、長孫承暨、從孫堉、同里金蓉共襄厥事，既踰年而剞劂乃竣，計一百三十卷，合前所刻一百六十七卷，成完書。”由上可知，此書亦動用了大量人力，馬氏兄弟、惠棟、陳章、沈大成等皆參與其中。書實二百九十七卷，另有第二百八十六卷、二百九十九卷、三百卷闕而未刻。

朱氏此書搜羅廣博，考證賅洽，資料豐富，對研究古代經籍及有關文獻，具有很高的參考價值。《四庫提要》評論該書，於“上下二千年間，元元本本，使傳經原委，一一可稽，亦可以云詳贍矣”。如果没有盧見曾的增刻，此書就無法以完整的面貌呈現在世人面前。此書爲清初學風由空轉實的重要著作，盧見曾的增刻具有重要意義。

十二行二十三字,白口,四周單邊,單黑魚尾。寫刻體,極精。

⑤《容安齋詩集》四卷,清汪應銓撰,清乾隆間德州盧見曾雅雨堂刻本。

《雅雨堂文集》卷二有盧見曾《容安齋詩集序》:"康熙辛丑,見曾之成進士也,實出虞山杜林汪公之門。時同考官每房二人。石首鄭又梁夫子得見曾頭場卷,方擬薦。公閱二場表判,大驚異,揚言於堂曰:'人言北人不諳四六駢體,此豈吾南人之所有耶?'於是大總裁急索閱之,公爲朗誦其警拔之句,共擊節歎賞,遂獲雋……公孫道泳就學於見曾,乃與輯公詩而付之梓。"可見,汪應銓對盧見曾有知遇之恩。盧爲其刻書,一爲懷念,二爲感激。此書又有八卷本,鐵琴銅劍樓刻。

十行十九字,白口,左右雙邊,單黑魚尾。

⑥《雅雨堂藏書》一百四十八卷,清盧見曾輯,清乾隆二十一年德州盧見曾刻本。

此書包括:《李氏易傳》十七卷,唐李鼎祚集解;《鄭注周易》三卷,《李氏易傳》附,漢鄭玄撰,宋王應麟輯,清惠棟補輯;《周易音義》一卷,《李氏易傳》附,唐陸德明音義;《尚書大傳》四卷,漢伏勝撰,漢鄭玄注,附《補遺》一卷、《續補遺》一卷、《考異》一卷,清盧文弨輯並撰考異;《鄭司農集》一卷,《尚書大傳》附,漢鄭玄撰;《周易乾鑿度》二卷,漢鄭玄撰;《大戴禮記》十三卷,北周盧辯注;《戰國策》三十三卷,漢高誘注;《匡謬正俗》八卷,唐顏師古撰;《封氏聞見記》十卷,唐封演撰;《唐摭言》十五卷,南漢王定保撰;《北夢瑣言》三十卷,宋孫光憲撰;《周易爻辰圖》一卷,清惠棟撰;《文昌雜録》六卷、《補遺》一卷,宋龐元英撰。

此叢書的刊刻特點有五:

一是刊刻此叢書的目的是揚漢學家法。

盧見曾生活的時代正是漢學興起的時候,他深於兩漢之學,推尊鄭氏,不僅刊刻了《鄭司農集》,更以刊刻鄭氏所注經書來宣揚鄭學。盧見曾《雅雨堂藏書》之刻,正是此一爲學宗尚的體現。

《雅雨堂藏書》除高誘、封演、王定保、孫光憲、龐元英五種著作屬史部、説部外,其他九種皆爲解經之作,是整個叢書的核心。

《李氏易傳》前有乾隆二十一年丙子盧見曾《刻李氏易傳序》,述易學發展脈絡。他認爲,兩漢傳《易》者有數十家,而衹有費氏《易》是古文《易》,得聖人之意。荀、虞二家承其餘緒。唐李鼎祚撰《易傳集解》,共三十餘家,荀、虞二家最多。從王弼到韓康伯,易之大義始乖,孔穎達亦用王氏易,於是兩漢之學亡。"今幸李氏《易傳》尚存,前明朱氏、胡氏、毛氏刊本流傳,然板皆迷失,又多訛字,余學《易》數十年,於唐宋元明四代之《易》無不博綜元(按:玄)覽,而求其得聖人之遺意者,推漢學爲長,以其去古未遠,家法猶存故也。爲校正謬誤,刊以行世,並附宋王伯厚所采鄭氏《易》於後,以存古義。荀、虞逸象最多,故李氏序云'刊輔嗣之野文,補康成之逸象'。晁公武謂李氏刊王存鄭,此誤解序義也,爲辨而正之。"盧氏刊此書的目的是揚漢學、存家法。但對王弼並未完全摒棄,而是以其補鄭氏之不足。

《鄭注周易》前有乾隆二十一年丙子盧見曾《刻鄭氏周易序》,稱孔穎達用王弼《易》而使鄭玄《易》亡,但北宋時還存有《文言》《説卦》《序卦》《雜卦》四篇,載於《崇文總目》,但到了南宋,四篇也佚,於是浚儀王應麟始裒集群書爲《鄭氏易》一卷。明胡震亨刻此書附於李氏《易傳》之後。"第厚齋(按:王應麟)所集尚有遺漏,吾友元和惠子定宇世通古義,重加增輯,並益以漢上嵩山之説,釐爲三卷,今依孝轅(按:胡震亨)之例仍附於李傳之後,用廣其傳於世。余學《易》有年,每講求漢儒遺書以求印正,雖斷簡殘編,未敢有所忽略。此書之傳,雖不及三《禮》《毛詩》之完具,然漢學《易》

義無多,存此以備一家,好古之士或有考於斯。”盧氏刻鄭氏《易》的目的非常明顯,即弘揚漢學。

《尚書大傳》前有乾隆二十一年盧見曾《刻尚書大傳序》:“此書元時尚存,前明未聞著録。嘗歎山東大師,伏生冠於漢初,康成殿於漢末,而《大傳》一書,出自兩大儒,此吾鄉第一文獻也。曩留心訪求,近始得之吴中藏書家,雖已殘闕,然《五行傳》一篇,首尾完具,乃《二十一史》史志之先河也。三家章句雖亡,而今文之學存此,猶見一斑,爲刊而行之,别撰《補遺》一卷,並附康成集於卷末,俾後之求漢學者,知所考焉。”知盧氏刻此書的目的亦爲弘揚漢學。

《周易乾鑿度》前有乾隆二十一年盧見曾《刻周易乾鑿度序》,稱此書多七十子大義,故兩漢諸儒皆宗之,有京房注,有鄭玄注。此雖爲《易緯》中的一篇,但盧氏對緯書的認識並不偏頗:“聖人作經,賢人緯之。經粹然至精,緯則有駁有醇:成哀之緯,其辭駁;先秦之緯,其辭醇。《乾鑿度》,先秦之書也,去聖未遠,家法猶存,故鄭康成漢代大儒而爲之注。唐李鼎祚作《易傳》,是時緯候具在,獨取《乾鑿度》,非以其醇耶?”此序説明書雖係一部緯書,但因去古未遠,家法猶存,所以是學習漢學的一部重要的書。

盧見曾不僅注目於漢學之經書,其於漢儒之發明史事者,亦頗爲之張揚。

《戰國策》前有乾隆二十一年盧見曾《刻高氏戰國策序》,對高誘極爲推崇:“少受學於同縣盧侍中子幹,嘗定《孟子章句》,作《孝經》《吕氏春秋》《淮南》諸解,訓詁悉用師法。尤精音讀,其解《吕氏春秋》《淮南》二書,有急氣緩氣、閉口籠口之法。蓋反切之學,實始於高氏,而孫叔然炎在其後。今刻二書者,盡删其説,爲可惜也……兩漢傳注,存者自毛氏、何氏而外,首推鄭氏,繼鄭氏而博學多識者,唯高氏。蓋其學有師承,非趙臺卿、王叔師之比也。”而高誘之注《戰國策》,世罕見其書。明天啓中,有虞山某氏於梁溪安氏處購得南宋剡川姚伯聲校正本,後又得梁溪高氏本,"互相契勘,遂稱完善"。然世所傳鮑彪本,一改首東周、次西周之次,而以西周爲正統,陞之卷首。盧見曾於再任兩淮鹽運使時,從吴中借得高注本,以之與鮑彪本相校,以爲高注古雅,遠勝鮑氏,能存舊觀,因此梓而廣之:"好古之士,審擇於高、鮑二家,孰得孰失,必有能辨之者。"即此,亦可見盧見曾於古學之取向矣。

二是盧氏刊刻此書得到了多位漢學家的幫助。清代漢學的兩位最著名的代表人物惠棟和戴震,都曾在盧見曾幕府中數年。惠棟是考據學吴派的創始人。戴震爲皖派的代表人物,是將漢學推向高峰的漢學大師。沈大成通經史百家之書,與惠棟友善。《雅雨堂藏書》之成,實賴惠、沈二人之力。惠、沈二人之外,如戴震、王昶諸儒,在此期間亦曾客盧見曾所,與惠、沈定交,論學切磋,於校勘之事亦有所是正。更有盧文弨者,見曾因其於《大戴禮記》用功頗深,亦常書信往來,商訂求正。《大戴禮記》集中體現了衆人幫助盧氏刊書的情景。此書前有乾隆二十三年盧見曾《大戴禮記序》:"余家召弓太史於北平黄夫子家借得元時刻本,以校今本之失,十得二三注之,爲後人刊削者亦得據以補焉。又與其友休寧戴東原震泛濫群書,參互考訂既定,而以貽余。夫以戴書盧注,經千百年後復有與之同氏族者爲之審正而發明之,其事蓋有非偶然者,因亟授諸梓。"戴、盧二人爲校正此書實立下了汗馬功勞。先是,戴震嘗注目於《大戴禮記》,而尋得五種舊本,爲之參互校正。乾隆二十二年春,盧文弨以其所校本示戴震,戴震"又得改正數事。盧編修本所失者,則余五本中或得之。若疑文闕句,無從考得,姑俟異日"①。而盧文弨自示其校本於戴震後,又嘗六七讎校,始自

①戴震:《戴校大戴禮記目録後語》,見《雅雨堂藏書》。

信無大謬誤。《大戴禮記》刻成之後,戴震於乾隆二十五年冬致書盧文弨,就校勘《大戴禮記》事,提出一己之見。其言曰:"《大戴禮記》刻後印校,俗字太多,恐傷壞版,姑正其甚者,不能盡還雅也。所有誤字,顯未覈出……謹陳鄙見,惟有道正之。"①盧文弨再加校閱,又得數事,附之於後。乾隆二十六年夏,戴震又曾致書盧文弨,論《大戴禮記》校勘未盡之事。曰:"其《大戴禮記》一書,今正復檢一過,又得若干事,後因窮處多繁雜,未及訂定。茲略舉大致,以乞教正。……謹録如上。一二致確處,私心頗怡樂也。伏待垂擇,不無有可附於閣下前所訂數十條末者。"②可惜的是,戴震的此一建議,未能補入《雅雨堂藏書》刻本中。以戴震、盧文弨博學之大儒,其於《大戴禮記》拳拳注目如此,而盧見曾則推揚刊刻,可見一時復興古學之風氣。

作爲對漢學家們的報答,盧見曾對於他們的成果,也不遺餘力地進行宣揚。如《尚書大傳》刻成之後,盧見曾又得盧文弨所撰《考異》一卷、《續補遺》一卷,因"愛其考據精確,實有功於是書,爰並刻之,以廣其傳"③。

盧見曾之刻《雅雨堂藏書》,一方面基於自己的學術積累和爲學好尚,另一方面,則得力於惠棟、沈大成、戴震、盧文弨諸儒的襄助。因此,《雅雨堂藏書》的問世,亦可視爲漢學崛起的一種表徵。

三是從底本的選擇上可以看出盧見曾的刻書思想。

首先,盧見曾對版本來源考察得十分清楚。《封氏聞見記》前有乾隆二十一年盧見曾序:"昔漁洋先生最愛《封氏聞見記》《唐摭

①〔清〕戴震:《與盧侍講召弓書》,見《戴震文集》,中華書局1980年版,第52~54頁。

②〔清〕戴震:《再與盧侍講書》,見《戴震文集》,中華書局1980年版,第54~61頁。

③盧見曾:《尚書大傳跋》,見《雅雨堂藏書》。

言》二書,以爲秘本可貴……(封演)撰《古今年號録》一卷、《錢譜》一卷、《聞見記》五卷,《年號録》《錢譜》二書並亡,唯《聞見記》獨存,然流傳絶少,故《稗海》《秘笈》諸刻罕津逮焉。前明東吴吴方山家藏是本,虞山孫岷自得之秦酉巖,同里陸敕先又從孫氏假録,於是吴中間有藏者,余倩友人訪而得之,與《唐摭言》校刊行世。尋《唐書·藝文志》、晁氏《讀書志》並云五卷,今所傳乃十卷,翻有闕佚,則似輾轉相録而失其本真耳。然考據該洽,論辨詳明,乃説部之佳者,宜爲漁洋所寶愛云。"此序詳細説明《封氏聞見記》的版本來源及版本價值。又如,《北夢瑣言》前有乾隆二十一年盧見曾序:"前明商氏刻《稗海》,亦有是書,殊失本真。兹得林屋葉石君萬收藏本,石君又得之吴方山岫,於是孫氏之書犂然完具。余恐其日久散佚,特爲刊布,用廣舊聞。"此序中有對前刻本的評價,也有對自己的版本來源可靠、精審的宣揚。

其次,選擇錯誤少的底本。盧見曾《刻周易乾鑿度序》:"此書前明刊本流傳而多闕誤,兹得之嘉靖中吴郡錢君叔寶藏本,不失舊觀,爲梓而行之,以備漢學。"以此可知盧氏的刻書思想,即用錯誤少的本子。對於李鼎祚的《李氏易解》,盧見曾認爲:"今幸李氏《易傳》尚存,前明朱氏、胡氏、毛氏刊本流傳,然板皆迷失,又多訛字。"對朱氏和毛氏本進行評價。此朱氏刊本指明嘉靖三十六年朱睦㮮聚樂堂刻本,毛氏刊本指明末毛氏汲古閣刻《津逮秘書》本。

再次,底本選擇流傳稀少的本子。《唐摭言》前有盧見曾序:"此書行世絶少,吾鄉漁洋山人謂與《封氏見聞記》皆秘本可貴重者,特刊布以廣其傳。"《唐摭言》在盧氏刻本前,衹有明萬曆清真館刻本,其餘均爲抄本。可見,盧氏刻書爲了善本流傳,而選用傳世較少的本子。這是私家刻書的一個特點。

第四,底本盡量用稀見的宋本但不佞宋。《李氏易傳》《周易音義》封面均題"宋本校刊",聲明版本來源可靠。《匡謬正俗》所用亦爲宋本。《雅雨堂文集》卷一有《刻匡謬正俗序》:“宋時雕版避諱作《刊謬正俗》,元明以後未見刻本,爲梓而行之,以廣其傳,改‘刊’爲‘匡’,存本書之舊。”此書衹有宋本,元明未有刊本,因其稀少,所以重刻。而宋本書名有避諱,所以此刻據實改正,不用宋本之舊,體現了盧見曾不佞宋的學術風格。

第五,底本有錯即改,校勘精審。刻《文昌雜録》,盧見曾序稱王士禛最喜説部書,《居易録》一書見聞周悉,可爲史家取衷,但未知其體例創自何人,及觀宋單父龐氏《文昌雜録》,始知先生倣懋賢之書而爲之,“此書刻本無多,爲梓以行世。懋賢名元英,《鼉尾集》跋誤書文英,當改正。《通典》以尚書省乃文昌天府,龐爲郎官,記省中事,故以名其書云。”可見,盧見曾不僅刻書,還針對錯誤進行改正,對於老師的錯誤亦不迴避。

四是有許多書盧見曾的刻本成爲現存最好的本子。

正是由於盧見曾對底本的選擇如此審慎,他的刻本有些成爲現存最好的本子,有些成爲現存最早的本子。如《尚書大傳》和《周易乾鑿度》,除了惠棟紅豆齋抄本外,盧見曾的刻本均爲現存的最早刻本。《文昌雜録》除了徐氏傳是樓抄本,盧氏刻本爲現存的最早刻本。《大戴禮記》雖然前有元刻本、明袁褧刻本等,但從校勘價值上講,盧見曾的刻本無疑是第一位的。《戰國策》的三十三卷本即高誘注本,現存除了一部宋紹興刻本外,就是盧見曾的刻本了,此本流傳最廣。《匡謬正俗》現存除兩部明刻本外,就是盧見曾刻本了,而盧氏所據爲宋本,所以盧氏本比明刻本要好也是顯而易見的。現存的《封氏聞見記》明代均爲抄本,盧見曾刻本爲現存的最早刻本。

五是版式整齊劃一。

《雅雨堂藏書》幾乎所有書的封面均題:“乾隆丙子鐫,雅雨堂藏板。”版心下刻:“雅雨堂。”《大戴禮記》係别行後併入叢書,故牌記題"乾隆庚辰鐫",與其他書刊刻時間不同。行款版式均爲十行二十一字,白口,四周單邊,單黑魚尾。寫刻精美。

⑦《漁洋山人精華録訓纂補》十卷、《首》一卷、《年譜補》一卷,清惠棟撰,清乾隆二十二年德州盧見曾雅雨堂刻本。

封面題:"漁洋山人精華録訓纂補,本傳篇,參注姓氏,紅豆齋藏板。"版心下鐫"紅豆齋"。薛惠媛師妹查考原書,云前有乾隆二十二年盧見曾序:"吾友東吴惠子定宇出所撰《漁洋精華録訓纂》一書示余,且乞余叙。……惠子又有《補遺》一編,余爲刻之。"①則此書當爲盧見曾刻,板藏紅豆齋。

十行二十一字,小字雙行二十一字,白口,四周雙邊,單黑魚尾。

⑧《周易述》三十卷,清惠棟集注並疏,清乾隆二十三年德州盧見曾雅雨堂刻本。

卷端署:"元和惠棟集注並疏。"版心下刻"雅雨堂"。

前有乾隆二十三年盧見曾序:"吾友惠松崖先生説《易》,獨好述漢氏。……蓋先生經學得之半農先生士奇,半農得之硯谿先生周惕,硯谿得之樸庵先生有聲。歷世講求,始得家法,亦云艱矣。先生六十後,力疾撰著,自云三年後便可卒業。孰意垂成疾革,未成書而歿。今第如其卷數刊刻之,不敢有加焉,懼續貂也。先生年僅六十有二,余與先生周旋四年,爲本其意而叙之如此。"

在入盧見曾館之前,惠棟已著有《古文尚書考》《九經古義》《易漢學》諸書,而《周易述》亦於乾隆十四年開始撰作。惠棟於《周易述》垂成之際,卻因疾而溘然長逝,遺憾於人間。盧見曾既服膺惠棟之學,且深相交契,因於惠棟下世當年(即乾隆二十三年)八月下旬,爲序而梓之。

十行二十二字,小字單行二十二字,白口,四周單邊。寫刻

①此序亦見《雅雨堂文集》卷一,名《漁洋山人精華録訓纂序》。

精美。

⑨《國朝山左詩鈔》六十卷,清盧見曾輯,清乾隆二十三年德州盧見曾雅雨堂刻本。

封面題:"乾隆戊寅鐫,雅雨堂藏板。"又有朱記:"己卯重校定本。"版心下刻"雅雨堂"。己卯爲乾隆二十四年。

前有乾隆二十三年盧見曾序:"山左之詩甲於天下……顧百餘年來未有專選。漁洋《感舊集》遍及海内之知交故舊,而於山左或缺略未備,先生嘗以爲憾。……余近刊漁洋《感舊集》,爲之補傳,每歎遺文散失,姓氏無徵,吾鄉文獻及今不爲搜輯,再更數十年,零茫澌滅盡矣。此後死者所大懼也。竊不自揆,屬同里宋蒙泉弼、平原董曲江元度及諸同人遍搜昭代之詩,上自名公鉅卿,下及隱逸方外,莫不畢載,釐爲六十卷。每人各附小傳,具列鄉里出處,間綴名流評騭,以備一代之詩史,以昭我聖朝風雅之盛。"此序闡明了刻書的目的。

有《國朝山左詩鈔凡例》,共十八條,非常詳盡。其中列有出力之人:"是集徵求草創,同里編修宋蒙泉弼之力爲多。與共參訂考核於京師者,庶吉士平原董曲江元度、明經曲阜顔介子懋价、編修獻縣紀曉嵐昀也。其在揚州,則長洲惠定宇棟、華亭沈學子大成。曲江繼至,下榻年餘,與兒子謙遍檢原本,搜剔遺落,漏下三鼓,猶就余商榷。余行則舟中,止或館舍,必攜集以從,凡歷五年之久,而後成書。若夫訂訛考異,參較舊聞,則侍講武進劉圃三星煒、比部秀水王穀原又曾、中翰王蘭泉昶及受業生江寧嚴東有長明。而購訪遺集當事諸公,則中丞郭子肩一裕、方伯李蒖涯渭、觀察朱曉園在東、熊東山繹祖。借觀藏書,在京則黄崑圃夫子,在揚則馬秋玉員外曰琯,及其弟半槎曰璐也。"可見,此書涉及山東及山東以外的許多重要人物:草創者爲宋弼,參訂考核者爲董元度、顔懋价、紀昀、惠棟、沈大成,有在京師的,有在揚州的。兒子盧謙又與董元度及盧見曾搜剔遺落，又有王昶等人相與訂訛考異，黄叔琳、馬氏兄弟借觀藏書……所以，此書雖爲山東人的詩選集，卻凝聚了北京、揚州的多位學者的心血。

《凡例》又云："是編起於癸酉仲春，成於戊寅仲秋，得人六百二十餘家，得詩五千九百有奇，又附見詩一百十九首。搜集雖廣，而缺佚尚多……此外軼人軼詩尚待咨訪，擬作續編附後，凡有藏本仍望寄達"，"漁洋擬選吾鄉明詩五十餘家爲一集而未果。不揣鄙陋，欲踵成之。廣徵明代作者以爲前編，故蒙泉原本所録姜如農、劉節之以下十數家，俱不入此鈔。所望於梓里名流訪輯郵致者，又其一也"。説明盧氏有宏大的計劃。此集一出，後繼之數種山東人詩文集與之一脈相承，全面揭示了歷代山東人尤其是清代山東人在文學上的成就，對山東文化的流播以及擴大在全國的影響起到了非常大的作用。《山東通志・藝文志》引《鄉園憶舊録》云："《山左詩鈔》，盧雅雨先生主之，而選擇則廉訪宋蒙泉先生。宗法漁洋，所取大都清醇雅正，一切纖側怪譎，概置不録。其餘僞體，以晦澁爲幽深，以詰曲爲古奥，以枯淡爲高老，以浮艷爲才華，以粗獷爲豪邁，後來所矜尚，皆先生之所裁也。雅雨聞見宏富，博徵遠引，足以論世知人。雖未有詩者，每附見焉，極意搜羅，爲功於桑梓甚巨。其間參訂，若紀曉嵐、惠定宇、王蘭泉、嚴東有諸先生，皆天下聞人。又借書於黄崑圃、馬秋玉兩先生。閲五年而成書，宜爲鉅觀，非後來所能及。"評價至當。

⑩《德州盧氏家譜》六卷，清盧見曾編，清乾隆二十三年德州盧見曾雅雨堂刻本。

卷端題："十二世孫見曾謹編。"有顧棟高序。

十行二十一字，白口，四周單邊，單魚尾。寫刻精美。

⑪《選明代山左詩鈔採訪書目漁洋山人擬選五十家》一卷，清王士禛撰；《漁洋擬選五十家外續開六郡採訪名人書目》一卷，清

盧見曾輯,清德州盧見曾刻本。

以上二種目録爲合刻。

《選明代山左詩鈔採訪書目》卷端題:“選明代山左詩鈔採訪書目,漁洋山人擬選五十家。”

前有盧見曾《徵選山左明詩啟》。王士禛《漁洋香祖筆記》:“嘗欲輯海右六郡前輩作者遺集五十家……萃擷菁華,都爲一集。守官京師四十餘載,匆匆未暇,今歸田矣……乙酉六月二十二日西堂書。”知此選當在康熙四十四年。此書體例爲先列人名字號,再録書名卷數,最後是關於卷數及序跋的説明。

《漁洋擬選五十家外續開六郡採訪名人書目》分濟南府屬、兖州府屬、東昌府屬、青州府屬、登州府屬、萊州府屬六部分。末有盧見曾再啟:“兹集所徵皆明代之詩,故諸賢姓氏仍列當時原隸郡縣以便訪求。至開書目,止就見聞所及,氏里集名間有未詳。吾鄉世族收藏先代遺書,或有前目所未載者,祈並賜讀,另録評選,原帙即當繳還。大雅君子與人爲善,定無吝惜也。”

乾隆三十六年益都李文藻刻《山左明詩鈔》前有李文藻乾隆三十六年序:“《山左明詩鈔》三十五卷,德州宋仲良先生之所輯也。先是其州人兩淮鹽運使盧君屬先生選國朝山東人詩,成六十卷,刻於戊寅、己卯間,因而遂徵山東明人詩。”據此可知,此徵選書目當在乾隆二十三年後。乾隆二十八年,宋弼所輯基本成形,故可確定此本當刻在乾隆二十八年前。

十行二十字,白口,左右雙邊。寫刻體,刻印精美。

⑫《經學五書》(《學禮質疑》四卷、《禮記偶箋》三卷、《儀禮商》二卷、《周官辨非》一卷、《學春秋隨筆》十卷),清萬斯大撰,清乾隆二十三年德州盧見曾雅雨堂刻本。

《雅雨堂文集》卷一《重刻萬充宗先生經學五書序》:“四明萬生福攜其大父充宗先生所著《經學五書》見示……按其作書之日,

則《春秋》爲康熙辛酉後所成，而《禮學四書》尤生平所注意。其哲嗣授一先生爲次第版行之者也。萬生云，乾隆庚申三月，其家復不戒於火，遺書盡爲煨燼，此册從友人插架攜歸者……亟謀諸同志重梓以廣其傳，而乞余一言爲之序。”可知，是書由斯大之子萬經次第刊行，但於乾隆五年不幸毁於火。其後，復從友人處覓得一本，萬經子福因謀諸同志，重梓以廣其傳，以免“先人著述如一髮之引千鈞，倘遂因此滅絶，則某之罪茲大”之憾，並謁盧見曾於揚州，請爲序之。盧見曾嘉萬福之志，遂爲助其刻資之半，而序之曰：“竊惟先生爲梨洲黄公入室弟子，故其學皆務實踐，覃研經典，務去剿説雷同、傅會穿鑿之病。其立説，以爲非通諸經則不能通一經，非悟傳注之失則不能通經，非以經釋經則亦無由悟傳注之失。因是由博致精，而深求乎造化之微妙。凡所解駁，悉發前人所未發，出馬、鄭後千餘年數百家辯論之外。故雖老師宿儒，讀其書者無不心折首肯，而信其必傳於後無疑也……余嘉萬生之志，爲助其刻資之半，而重爲序之。”

早在清初之時，萬斯大即提出“非通諸經則不能通一經，非悟傳注之失則不能通經，非以經釋經則亦無由悟傳注之失”的治經方法。此方法對盧見曾的治學也産生了很大的影響。盧氏協助萬福刊刻此書，亦爲彰顯萬斯大之通經治學方法，於古學的復興，頗有意義。

⑬《韓昌黎詩集編年箋注》十二卷，唐韓愈撰，清方世舉箋注，清乾隆二十三年德州盧見曾雅雨堂刻本。

封面題：“德州盧雅雨商定，春及堂藏板。《漢書辯注》《世説考義》《蘭叢詩話》《家塾恒言》嗣出。”據封面所題，可知盧見曾有刻這四部書的想法，衹是限於時地而未刻。

書有乾隆二十三年盧見曾序：“吾友方扶南先生譔《昌黎編年詩注》，博極群書，詳考事實，大抵援新舊兩書以正諸家之誤，援行狀墓誌以正兩史之誤,俾讀者顯然如與籍湜輩親登其堂,斯真昌黎之功臣也已。扶南老矣,將售是書,以爲買山計。余既歸其貲,且付剞劂。"

十行二十三字,小字雙行二十三字,白口,四周單邊,單黑魚尾。版心下刻:"雅雨堂。"寫刻精美。

⑭《旗亭記》二卷,清金兆燕撰,清乾隆二十四年德州盧見曾雅雨堂刻本。

前有盧見曾乾隆二十四年己卯序:"全椒蘭皋生,矜尚風雅,假館真州,問詩於余。分韻之餘,論及唐《集異記》旗亭畫壁一事,謂古今來貞奇俠烈、逸於正史、而收之説部者,不一而足,類皆譜入傳奇。雙鬟、信可兒,能令吾黨生色,被之管絃,當不失雅奏。而惜乎元明以來詞人均未之及也。蘭皋唯唯去。經年,復遊於揚,出所爲《旗亭記》全本於篋中。余愛其詞之清雋,而病其頭緒之繁,按以宫商,亦有未盡協者,乃款之於西園,與共商略。又引梨園老教師,爲點版排場,稍變易其機柚,俾兼宜於俗雅,間出醉筆,揮灑胸臆。雖素不諳工尺,而意到筆隨,自然合拍,亦有不自解其故者。《記》成,沈長洲先生適至,爲奏終曲,先生嘉賞之曰:'是導淫、述怪兩家對症之良藥也。'題六絶句於册,而勸授梓焉。乾隆己卯山東偺父書於揚州之官梅亭。"

此《旗亭記》,有説盧見曾作,有説金兆燕作,亦有説二人所作爲不同的作品。觀此序,知爲金兆燕所作,時金氏在揚州作府學教授,而盧見曾爲其删改,並請梨園老師爲之修訂。

十行二十一字,小字雙行二十一字,白口,四周單邊,單黑魚尾。天頭刻有眉批,每行五字。寫刻精美。

⑮《玉尺樓傳奇》二卷,清朱薁稗撰,清乾隆間德州盧見曾雅雨堂刻本。

據《山東藏書家史略》王紹曾先生序,乾隆二十四年,盧見曾將朱蕙稗的《玉尺樓傳奇》與《旗亭記》共付梨棗。國家圖書館作乾隆間刻本,未明確爲乾隆二十四年。

十行二十一字,白口,左右雙邊。

⑯《聲調譜》三卷(《前譜》一卷、《後譜》一卷、《續譜》一卷),清趙執信撰,清乾隆二十四年德州盧見曾雅雨堂刻本。

卷端題:"博山趙執信秋谷。"前有乾隆二十四年德州盧見曾序:"《聲調》一譜,誠爲學詩家指南之本,不可不亟廣其傳者矣。此譜刻於本家,流布未遠,而版已漫漶,翻刻者數家,既多魯魚之訛,又或以己意添注,轉失本旨,茲再爲校刊,以公諸海内。又所著《談龍録》一書,多關宗旨微言,皆前賢之所引而未發,學詩者不知,必至徒飾形貌,無關性情,因亦節鈔授梓,以廣教思於無窮焉。"可見盧見曾刊刻此譜的原因是此譜爲學詩家指南之本。

盧見曾還有刻趙執信詩集的想法,《雅雨堂詩文集》卷二有《趙秋谷先生詩序》,係爲宋弼刻本所作序,曰:"先生足跡半天下,翰墨流傳,貴之者如拱璧,而未覩其全稿。歿後,滇南李鶴峰閣學視學山左,就抄於其家,以還於京。余自初作詩即奉先生論詩之旨爲依歸。逮成進士,座主陽城相國於先生實有淵源,因介同里宋蒙泉編修乞閣學之本,刊之於津門。嘗約舉先生《談龍録》大旨,持異於漁洋而未嘗不同歸者,以弁之簡端。適聞本家刻本已出,隨罷茲役。既而蒙泉寄刻本並爲徵序。余前序先生之詩,見《並門》《觀海》二集,而未嘗見其序。序《並門》者爲蒲州吴天章,序《觀海》者爲南海陳元孝兩公,皆與先生輩行相倡和,其序能盡先生底藴。顧余小子,何能爲役?"可見,趙執信詩集有趙氏家刻本,有宋弼刻本,在二者之間,盧氏刻於津門,無果而終。

九行二十字,小字雙行二十字,大黑口,四周雙邊,單黑魚尾,無直格。字體方正,有些呆板,不似盧氏刻書風格。

⑰《談龍録》一卷,清趙執信撰,清乾隆間德州盧見曾雅雨堂

刻本。

據《聲調譜》，盧見曾有《重刻趙秋谷先生〈談龍録〉並〈聲調譜〉序》，道其刻《談龍録》的原因，此書從滇南李公處乞得："益都趙秋谷先生以詩名天下，生平所爲詩凡數種，合若干卷。殁後，閣學滇南李公視學吾鄉，從其令嗣得先生手定本，余乞之而版行於世。"他對趙執信的詩有很高的評價："簡澹高遠，寄興微妙，讀之者悄然而思，悠然而移我情，洵古作者之傑也。"他認爲漁洋與執信有過節，但在論詩的觀點上是一致的，衹因"持門户者之過也"，所以要刻《談龍録》："余既梓行先生之詩（按：指上條刊於津門未果者），因並取《談龍録》附之卷末，以告世之善讀是書者。"但《四庫提要》認爲盧見曾"欲調停二家之説，遂舉《録》中攻駁士禛之語，概爲删汰，於執信著書之意，全相乖忤，殊失其真"。可見，盧氏的做法不爲官方所認可。

《談龍録》成書於康熙四十八年，盧見曾此本最早，繼之爲乾隆三十九年《飴山詩文集》家刻附本，還有《貸園叢書初集》本等。

⑱《金石録》三十卷，宋趙明誠撰，清乾隆二十七年德州盧見曾雅雨堂刻本。

《雅雨堂文集》卷一有乾隆二十七年《刻金石録序》："趙德夫《金石録》三十卷，匪獨考訂之精覈也，其議論卓越，時有足發人意思者。顧世鮮善本，濟南謝世箕嘗梓以行，今其本亦不可得見。獨見有從謝氏本影鈔者，並何義門手校吴郡葉文莊公本。此二本庶幾稱善，其他鈔本猥多，目録率被删削，字句訛脱不足觀。學者未得見謝、葉二家本，得世俗所傳，猶不惜捐多金購求繕寫，珍弆爲枕中秘，蓋其書之可貴若此。余患其久而失真也，因刊此以正之。"

可見，謝氏本不可得見，流傳頗少，乾隆時衹見有影鈔本，又有吴郡葉文莊公本，有何焯手校，此二書爲善本。因此書可貴，所以盧見曾纔加以刊刻。

據王慧《〈金石録〉版本源流考》①一文，盧見曾得何焯校本《金石録》和謝刻《金石録》之影抄本，並借得鮑廷博等人校抄本，囑友人盧文弨參以《隸釋》《隸續》《字原》《金石略》《隸辨》等書對之詳加校勘而刻成。王慧認爲，盧見曾序中所謂"何義門手校吴郡葉文莊公本"其實並非葉氏原本，而是傳抄葉氏本。何焯藏有兩部抄本《金石録》，一爲葉文莊抄宋本，一爲依葉文莊本傳抄、何焯本人校定本，盧見曾所得爲後者。此書雖舛誤較多，但自清代以來成爲《金石録》的通行本，對《金石録》的傳播意義巨大。

盧見曾刻此書還有一個重要的目的，就是爲李清照正名："德夫之室李清照，字易安，婦人之能文者。相傳以爲德夫之殁，易安更嫁，至有桑榆晚景駔儈下材之言，貽世譏笑。余以是書所作跋語考之，而知其決無是也。德夫殁時，易安年四十六矣，遭時多難，流離往來，具有蹤蹟。又六年始爲是書作跋，是年已五十有二，匪夏姬之三少，等季隗之就木，以如是之年而猶嫁，嫁而猶望其才地之美、和好之情亦如德夫昔日。至大失所望而後悔之，又不肯飲恨自悼，輒諜諜然形諸簡牘，此常人所不肯爲而謂易安之明達爲之乎。觀其洊經喪亂，猶復愛惜一二不全卷軸，如護頭目，如見故人，其惓惓德夫不忘若是，安有一旦忍相背負之理？此子輿氏所謂好事者爲之，或造謗如碧雲騢之類，其又可信乎？易安父李文叔，即撰《洛陽名園記》者。文叔之妻，王拱辰孫女，亦善文。其家世若此，尤不應爾。余因刊是書而並爲正之，毋令後千載下易安猶蒙惡聲也。"

⑲《金山志》十卷、《首》一卷，清盧見曾纂，清乾隆二十七年德州盧見曾雅雨堂刻本。

版心下刻"雅雨堂"。《宸翰》下有："兩淮鹽運使司鹽運使臣

①王慧：《〈金石録〉版本源流考》，載《山東圖書館季刊》2004 第 4 期。

盧見曾恭録。”

前有乾隆二十七年盧見曾序，末署“賜進士出身兩淮都轉運使司運使七十三歲老人”。時盧氏在兩淮鹽運使任上，正是春風得意之時，刊刻當地的山志，也是他義不容辭的責任，正如他在《凡例》中所説，《金山志》的編纂，起源於明正德進士張萊纂《三山志》，其中有金山、焦山、北固山，但失之太簡，而胡經的《金山志》又加進了許多不該有的内容，顯得蕪雜，清代《釋行海志》則無所發明，詳於釋。而閩人劉名芳的《金山志》訛舛甚多，所以，重纂《金山志》的重任就落到了盧見曾的肩上。此書在光緒二十七年又有他人補刻一卷，非盧氏刻。

十行二十一字，白口，左右雙邊，單魚尾。字體長方，非寫刻體。

⑳《焦山志》十二卷，清盧見曾撰，清乾隆二十七年德州盧見曾刻本。

十行二十一字，白口，左右雙邊，單魚尾。

㉑《嘯村近體詩選》三卷，清李葂撰，清乾隆間德州盧見曾雅雨堂刻本。

李葂，安徽人，能詩畫，盧見曾高足。盧見曾與膠州高鳳翰友，時高氏爲皖城縣丞，盧見曾爲六安知縣，盧氏常去看望高氏，得交李氏。

《雅雨堂文集》卷二有《李嘯村三體詩序》：“嘯村工於近體，不爲古詩，不以其所不能爲能，此所以爲嘯村也。”未言刻書事。國家圖書館作“清乾隆間德州盧見曾雅雨堂刻本”。

九行二十一字，小字雙行二十一字，白口，左右雙邊，單黑魚尾。

㉒《查注蘇詩》，清乾隆間德州盧見曾雅雨堂刻本。

《雅雨堂文集》卷二有《刻查注蘇詩序》：“宋蘇文忠公詩内有王氏龜齡注，世多訾之。自宋尚書牧仲版行施氏本，而王注遂廢。

故翰林查初白先生以詩名世,又以施氏於文忠公之詩歲月先後多失次,其稱引事詞不無謬缺,更爲之編年而補其注,積三十年之久而書始成,視原書贏餘倍之,其用心可謂精且勤矣。吾師黄崑圃先生以授予,予反覆是二書,亦互有得失。”可知,蘇氏詩有三人注,一爲王注;一爲施注,宋犖刊行;一爲查注,盧見曾刊行。盧見曾刊查注蘇詩,踈漏處爲之補,而繁蕪處卻視施注而更甚之:“余愛此書爲先生一生精力所萃,而惜有未愜,乃屬同人爲校讎,於其繁芿概爲删削,於其闕遺間補一二,要歸於明是詩而止。”

㉓《雅雨山人出塞集》一卷,清盧見曾撰,清乾隆間德州盧見曾雅雨堂刻本。

此條據盧樞刻《雅雨山人出塞集》原跋及盧樞序。道光二十年,盧見曾曾孫盧樞刻此書,前有乾隆時序,後有門生陽羨湯先甲跋:“雅雨夫子《出塞集》既成,命甲繕寫以付剞劂。”盧樞道光十九年己亥跋:“先曾祖雅雨公最篤師友之誼,以故名人著作卓有可傳,皆序梓而表章之,所刻已不下數十種。而手自著詩八集,文十餘卷。惟《塞外詩》有板本,餘雖編定,悉遭回禄,天下惜之。”可見,《出塞集》確實刻過。這是盧見曾刊刻的唯一一部自己的集子,但刊刻年不詳。

由上可見,盧見曾刻書的主要内容包括三個方面:

一是經學著述。共十種,著名者除《雅雨堂藏書》外,還有《周易述》《經義考》《經學五書》,盧見曾在此方面用力最多。

二是史部地志、金石目録類書籍。共有九種,地志有《金山志》《焦山志》;金石目録有《金石録》《續開六郡採訪名人書目》《選明代山左詩鈔採訪書目》。

三是詩文集類。共十七種。詩文總集有《感舊集》《國朝山左詩鈔》;别集有《漁洋山人精華録訓纂補》《嘯村近體詩選》《容安齋詩集》《韓昌黎詩集編年箋注》《查注蘇詩》;詩文評有《聲調譜》

《談龍録》《金石三例》;傳奇有《旗亭記》《玉尺樓傳奇》;個人集子有《雅雨山人出塞集》。盧見曾於集部書亦爲用心。

(4)盧見曾後人

德州盧氏除盧見曾外,亦有後人刻書。

①《信驗方》一卷,清盧蔭長輯,清嘉慶九年德州盧蔭長刻本。

盧蔭長,字怡亭,盧見曾孫。嘉慶二十二年曾爲德州封保祺《柳舫集印》一卷作序。

此書分雜症、外科、婦人、小兒,詳叙各方組成、劑量、服法、主治及辨證加減,約録一百五十方。

前有盧蔭長序:"謹於元本擇尤精者及□集存各方,屬唐昌魯芸峰年友商定,梓以公世……故茲刻兢兢慎慎。"

九行二十字,小字雙行二十字,白口,左右雙邊,單魚尾。

②《續信驗方》一卷,清盧蔭長輯,清道光三年德州盧蔭長刻本。

分内科、外科、婦人、小兒,論方須詳察病之寒熱虚實,約録一百三十一方。後附《信驗方補遺》二十二方。

有自序:"余前刻《信驗方》,閲今十餘年,索者踵至,既咸信其有驗□□,復積得百餘方,仍兢兢焉,期信諸己以驗於人。獨有驗而未能盡信者,則質之姜君春帆、汪君□燕,再四參酌,補其未備……癸未臘月怡亭盧蔭長識。"癸未爲道光三年,當爲此年所刻,距嘉慶九年首刻《信驗方》約二十年。

③《禧壽堂自訂年譜》(一名《盧霖生自述年譜》,又名《盧文肅公年譜》)一卷,清盧蔭溥撰,清道光十九年德州盧蔭溥之子盧本刻本。

盧蔭溥,見曾之孫,盧謙之子,盧本之父。乾隆四十六年進士,選庶吉士,授編修。官至内閣學士,兼署刑、吏兩部尚書。道光十年拜體仁閣大學士,管理刑部,是盧家繼見曾之後又一位朝廷大吏。

此書有盧本道光十九年序："爰輟泣恭繕，虔付剞劂。"

八行二十字，白口，四周雙邊，單黑魚尾。字大疏朗。

④《呻吟語》六卷，明吕坤撰，清道光十七年山東雅雨堂刻本。

據杜澤遜師《存目標注》2804 條，知《呻吟語》有山東雅雨堂刻本，此雅雨堂應爲德州盧氏後人沿用盧見曾的堂號，未見原書。

⑤《雅雨堂詩文集》三種七卷，清盧見曾撰，清道光二十年德州盧見曾曾孫盧樞清雅堂刻本。

包括《雅雨堂詩集》二卷，《雅雨堂文集》四卷，《雅雨山人出塞集》一卷。

有盧樞道光十九年己亥跋："先曾祖雅雨公最篤師友之誼……先祖所掇拾，唯古文七十篇，詩二百七十首。又以官守所羈，未暇補綴，而傳舍遷移，又幾經散失矣。先父、伯、叔宦遊歸田，始能於姻家故舊訪求先人遺稿，積之數十年，後僅得詩文數十篇，終以不獲全集爲恨，欲授梓而不果……（樞）不揣鄙陋，思欲輯録成書，以繼先人之志。近延金立方先生授諸子經，聞其師封棣堂先生家藏有我先祖詩文若干篇，急求借鈔。雖非完稿，然合前後所得，已有詩二卷、文四卷……因亟商於金君立方、王子品泉，共相補成全集。"

據《山東通志・藝文志》記載，《山左詩續鈔》盧見曾條引姪子盧詣記云："先伯父詩，初任洪邑有《雅雨集》，轉運兩淮有《平山堂集》，罣吏議戍臺有《出塞集》，再任邯鄲有《邯鄲集》，遷永平守有《北平集》，司鹽長蘆有《海門集》，再調揚州有《平山堂後集》，歸休後有《里門感舊集》。前後八集，盡燬於火。加意搜求，不過十之一二耳。"可見，盧見曾爲詩不少，但流傳下來的不多。

《詩集》封面題："道光庚子夏鐫，清雅堂藏版。"卷端題："同里後學金在恒立方編次，曾孫樞蘭言校梓。"《文集》卷端所題與《詩集》不同。

九行十九字,小字雙行十九字,白口,左右雙邊,單黑魚尾。字體方正,字大,完全不似雅雨堂刻本。此時盧氏堂號已改爲“清雅堂”。

2)田氏刻書

德州詩人作家群體,有田氏兄弟、馮氏父子、盧氏父子,皆聞名於清代,其中尤以田雯爲代表。趙執信言:“漁洋公方爲詩壇盟主,前所推行者十子,而山左居四;四之中德州居其二,則田山薑侍郎、謝方山郎中也。”①

田氏家富藏書,藏書處爲山薑書屋、古歡堂。康熙四十一年聖祖南巡,駐蹕田氏寒緑堂,賜書“山薑書屋”。同鄉盧見曾詠《里門感舊詩》云:“牙籤充棟足高門,舊庫於今幾尚存。最愛遺堂仍賜額,藏書萬卷到玄孫。”

田氏最著名者爲田雯。田雯(1635—1704),字紫綸,一字綸霞,號漪亭,自號山薑子,晚號蒙齋。父田緒宗,順治九年進士,爲田家第一個進士。田雯於康熙三年成進士,授中書舍人。歷遷户部主事、員外郎、工部郎中。十九年提督江南學政。二十三年調湖廣督糧道,陞光禄寺少卿、鴻臚寺卿。二十六年出爲江蘇巡撫,明年調貴州。後歷任刑部、户部左右侍郎等職。三十八年,奉旨督修淮安高家堰河工,與河道總督意見不合回京,以病辭職歸里。負詩名,自成一家,與王士禛、施潤章等人同具盛名。著有《古歡堂集》三十六卷、《黔書》三卷、《長河志籍考》十卷等。

田雯二弟田需(1640—1704),字雨來,號鹿關。從兄田雯爲學。年二十七中舉,四十成進士。選翰林庶吉士,尋授翰林檢討。參與修《明史》《大清一統志》。以疾辭職告歸,卒於家。著有文集《側塾録》,詩集《潞河集》《涉江集》等。

①轉引自黄金元:《田雯詩歌研究》,2004 年山東大學碩士學位論文。

田雯三弟田霡(1652—1729),字子益,號樂園,又號香城居士。康熙二十五年拔貢,選授堂邑教諭,以病未赴職。曾師從王士禎,奉其詩教,以詩聞名。著有《鬲津草堂詩集》三卷、《菊隱集》一卷、《南遊稿》一卷。

田雯長子肇麗(1661—1735),字念始,號蒼厓。屢赴科舉不第,以蔭得官,至户部郎中。著有《有懷堂詩文集》。

田雯孫田同之(1677—1756),字在田,康熙五十九年庚子舉人,官國子監學録。有"小山薑"之稱。田雯有詩:"客來須倩小山薑,扶我傴迎似杖長。"著有《西圃叢辨》《硯思集》《晚香詞》等。

田氏刻書自田雯一代始,刻的第一部書是爲其母張氏刻《茹荼吟》。張氏,德州人,以子雯貴,封太恭人。《蠶尾集·田母張太恭人墓表》云:"少工詩,脱稿即焚棄,曰:'吾不願諸女孫效之也。'所存惟《茹荼吟》三十章,諸子刻附《家乘》。"未見傳本。

田氏著述頗豐,《叢綜》作《德州田氏叢書》,但非一時所刻,而是三世所刻。現按刊刻時間縷述如下。

①《黔書》二卷,清田雯編,清康熙二十九年刻本。

田雯於康熙二十七年至三十年任貴州巡撫,他把治理貴州的經驗加以總結,寫成《黔書》二卷。所述爲貴州山川地理、風土人情。篇目、體例大體與方志同。此書雖非黔省通志,然記載貴州全省史事、人物、物産等頗多參考,爲清代貴州的重要文獻。朱興泉《田雯與〈黔書〉》①一文認爲,此書對我們今天認識十六世紀的貴州風土面貌,實爲一部極其珍貴的資料。尤其應該肯定的是,《黔書·方言》開創了地方志記載少數民族語言的先例,對後世修志者影響甚大,此後西南諸省、州的地方志多承其例,將"方言"辟爲專項。

①朱興泉:《田雯與〈黔書〉》,載《貴陽文史》2000年第4期。

卷端題:"濟南田雯蒙齋編。"

有康熙二十九年庚午徐嘉炎序:"先生之書,蓋專爲治黔者法也。"王士禛跋:"田綸霞中丞作《黔書》,凡七十六篇,篇不一格。其記苗蠻種類,記水西烏蒙馬,記革器,記朱砂、水銀、雄黄、凱裏鉛、草醬、邛竹諸篇,有似《爾雅》者,似《考工記》者,似《公》《穀》《檀弓》者,似《越絶書》者,讀之如觀偃師化人之戲。故相國孫文定公沚亭作《顔山雜記》,記山蠶、琉璃、窯器、煤井、鐵冶等,文筆奇峭,亦如此。"

此書應爲田雯所刻,因爲其在巡撫任上,有能力刻書。成書時間在康熙二十九年,刻書時間大約也在此年。據其自撰《年譜》,康熙三十年閏七月初六日,聞母喪,倉皇東歸。

十一行二十四字,大黑口,左右雙邊,單魚尾。字方正,行密,不似其他書的乾隆風格,蓋貴州刻書如此。

②《山薑編年詩選》,清田雯撰,清康熙刻本。

此書未見,據田雯自撰《年譜》,稱康熙四十一年,删汰原刻《山薑編年詩選》,各體分集,覓工鐫板,刻成《山薑詩選》。知在此之前,田雯曾刻過《山薑編年詩選》。此書未見,推測分體詩刻成後,編年詩就不再流傳了。

③《長河志籍考》十卷,清田雯撰,清康熙刻本。

長河,是因爲德州在隋時爲長河縣。是編皆記德州軼聞古蹟,於疆域、沿革考據尤精。

封面題:"古歡堂。"有田雯康熙三十七年《長河志籍考題辭》云:"周流輿籍,詳觀圖牒,摭英略穢,彙聚類分,飭以藻采,學彼駢麗,楊衒之'伽藍'之《記》,孟元老'夢華'之《録》,大概如斯矣。"

十二行二十四字,粗黑口,左右雙邊,單黑魚尾。細行密字,但字體端莊敦厚,似康熙刻本。

④《古歡堂集》三十七卷,清田雯撰,清康熙刻本。

内容包括文二十二卷,詩十五卷。文:雜著八卷、序四卷、題辭一卷、記二卷、銘表二卷、傳一卷、跋一卷、雜文三卷。詩爲《古歡堂集·山薑詩選》十五卷:古雜體一卷、五言古三卷、七言古三卷、五言律二卷、五言排律一卷、七言律二卷、五七言絶句三卷。《四庫提要》爲三十六卷,認爲詩十四卷,誤,《山東通志·藝文志》沿其誤。

二集行款風格均不同。文集:十行十九字,大黑口,左右雙邊,單黑魚尾。寫刻體,字精美,似康熙刻。無序跋。《古歡堂集·山薑詩選》:十二行二十二字,黑口,雙對黑花魚尾,左右雙邊。字體敦厚,非寫刻,也似早期刻本。無序跋。據田雯自撰《年譜》,可知《山薑詩選》刻於康熙四十一年。

又見山東省圖書館另一本,二册。《古歡堂集》中的《山薑詩選》二十一卷,按詩作時間排序,有壬子藁、癸丑藁、甲寅藁、乙卯藁、丙辰藁、丁巳藁、戊午藁、己未藁、庚申藁、辛酉藁、壬戌藁、癸亥藁、甲子藁、乙丑藁、丙寅丁卯藁、戊辰藁、己巳藁、庚午藁、癸酉藁、甲戌藁、補刻藁二十一卷,原書以藁分卷,未標二十一卷。卷端首行上題"古歡堂集",下題"某某藁"。第二行題:"濟南田雯綸霞。"十行十八字,黑口,四周雙邊,單黑魚尾。非寫刻體,字大且精美,似田氏家刻本。

檢《補刻》部分,七言古詩《題胡循齋漢江帆影圖》在十五卷本卷一《七言古》中有,且内容全同,而《祝詞爲韓坡》十五卷本無,《大雨行詠古》置於十五卷本古雜體中,《題惲香山畫册》在十五卷本中爲《題惲香山輞川圖卷子》,内容不同,有改動。《悶》《僧房》《黄氏山莊》在五言律中有,《悼僕》没有。《聞燕》在七言律中有,《乙卯生日》《湖上苦雨》無。《燕子箋》《出郭偶成》在五七言絶句中無。

一般認爲,編年體在前,分體在後,即二十一卷本在前,十五卷本在後，此二十一卷本中的有些詩是十五卷本中所没有的，抑或十五卷本爲選本。

此編年本前有曹禾、沈珩、吴綺、沈三曾、惠周惕、徐釚序，有徐嘉炎《蒙齋説》。而十五卷本則無這些序跋。《補刻稟》前有田雯康熙三十四年乙亥《補刻山薑詩引》，稱"山薑詩刻，始於壬子，迄甲戌"，"日惟思痛，芟而重刊之。無何，長夏病寂，偶遇廢簏，遂出舊稟"，"故又檢刻一百二十五篇，附於甲戌卷末"。知此書大抵在康熙三十三年刻成，第二年又增刻了一部分。惟"山薑詩刻""重刊之"不好解釋。

劉保今《田雯和〈山薑詩選〉》認爲十五卷本是在編年體的《山薑詩鈔》的基礎上形成的，則知編年體確在分體前，但目前所見爲《詩選》而非《詩鈔》，或《詩鈔》即田雯所説的"山薑詩刻"？即原來就刻過一次？此書待考。

⑤《蒙齋年譜》一卷、《續》一卷，清田雯撰；《補》一卷，清田肇麗撰，清康熙刻本。

有倪璠序。有《蒙齋六十歲像讚》。《年譜》時間至田雯六十歲，即康熙三十三年，末有其除夕識："茲後餘年，始俟子若孫補入於卷末可耳。"《續年譜》時間至康熙四十年十一月。田雯於四十三年正月去世，則此年譜當刻於康熙四十年至四十二年間。

《補年譜》前有其子田肇麗識："府君六十歲著《年譜》成，識曰：'餘年之闕，姑竢子若孫補入於卷末。'庚辰（按：康熙三十九年），府君奉使袁浦，續乙亥以後，凡六年。辛巳（按：四十年）一載在都，又續之。壬午（按：四十一年）歸里，申春棄世。不肖三年茹苦，未及搦管，服闋，縻禄京華。癸巳（按：五十二年）假歸。丙申（按：五十五年）冬杪，將家居兩年事實補入卷末，至身後恩卹、崇祀、輿論，以及行狀、墓誌、神道碑銘，並不肖官户部郎中恭遇覃恩誥命，一併載入焉。"卷末刻："康熙五十二年三月十八日。"按此識,則《補年譜》當刻於康熙五十五年。

《年譜》又載,四十一年十月,康熙帝南巡到德州,有傳旨"田雯素能詩,著即進覽","田雯恭呈舊刊《山薑詩選》《長河志籍考》《黔書》"。可知,《山薑詩選》《長河志籍考》《黔書》均在康熙四十一年以前刊。

《年譜》《續年譜》:十行十九字,粗黑口,左右雙邊,單黑魚尾,寫刻體。刻成時間當在康熙年間。《補年譜》:十行十九字,粗黑口,左右雙邊,單黑魚尾,非寫刻體,但係康熙時刻。

⑥《蒙齋生志》一卷,清田雯撰,清康熙刻本。

此書附於《年譜》後,十行十九字,粗黑口,左右雙邊,單黑魚尾,寫刻精美。蓋刻於康熙四十年至四十二年間。

⑦《水東草堂詩》一卷,清田需撰,清康熙六十年田霡刻本。

書前有康熙六十年辛丑秋九月弟田霡跋:"霡從旁私記,僅得百有餘首……今付剞劂,非先生志也,而子孫世傳之,亦可告無罪於先生云。"不避"禛",則此書刻於康熙六十年無疑。

九行十九字,大黑口,左右雙邊,單黑魚尾。寫刻精美。

⑧《南遊詩》,清田霡撰,清康熙雍正間刻本。

據《鬲津草堂詩·乃了集》後有乾隆三年戊午婿張崋年識:"(外舅香城公)又刻《南遊詩》一册。"知《南遊詩》刻得早,爲田霡自刻,田霡去世於雍正七年,則此書刻在雍正七年前。

⑨《鬲津草堂詩》六卷,清田霡撰,清康熙至乾隆刻本。

卷端下題:"德州田霡子益。"

有《香城居士七十二歲像》及像贊。王士禛序。乾隆三年錫山後學吴培源叙。孫勷《讀鬲津草堂詩題後》。

此書包括五部分:《五字古體詩》一卷;《香城居士七十以後詩》二卷,有雍正五年丁未黄越序;《鬲津草堂絶句詩》一卷,後題"南遊稿",有康熙六十年孫勷叙,雍正五年曉堂序;《鬲津草堂五字今體詩》一卷;《乃了集》一卷,有乾隆三年戊午婿張崋年識:“(外舅香城公)有《鬲津草堂詩》二册……崋年出守金陵……曾至官舍……又刻《南遊詩》一册,既而歸老鬲津,悠遊頤養,復得詩七十六首名《乃了集》。丁巳(按:乾隆二年)冬,舅兄鷗餘攜至寧署,囑余續刻。”避“玄”“禎”“慎”“真”。

《乃了集》爲乾隆三年田霡婿張崋年金陵刻本。其他應爲康熙至乾隆間所刻,具體刊刻人不詳,但應係田氏所刻。《絶句詩》後有:“常建極近長、宋其桐鳳棲、高鳳翰南村、顔希聖振玉、李奕烈繩齋、宋來會清源、魏丕承藿村、陳英選兩新、葉正夏仲一、胡龍卜兆葉、趙念曾根矩、劉友田丹峰、盧見曾抱孫、蕭承沆道一、李芾南宫、孫今蘭香祖同校。孫開河東覆校。”知田霡孫田今蘭、田開均參與了校書。

九行十九字,大黑口,左右雙邊,單黑魚尾。寫刻精美。

⑩《有懷堂文集》一卷、《詩集》一卷,清田肇麗撰,清乾隆七年田同之刻本。

此書有益都宰羅克昌序:“《有懷堂集》,吾師(按:田同之)尊公太夫子倉厓先生遺稿也……及捐館後,吾師方搜葺所遺,將付剞劂氏,時昌宰益都……吾師出以相示,且命爲序。”

九行十九字,白口,左右雙邊,單黑魚尾,字體扁平,刻寫精美。蓋與羅克昌刻《硯思集》同年。

⑪《硯思集》六卷,清田同之撰,清乾隆七年益都宰羅克昌刻本。

有長洲沈德潛序,張元序,益都王洪謀序,趙閲序,浦起龍序。乾隆七年壬戌田同之序:“從而汰之,且至再至三,今復痛自掃除,强集其半,名曰《硯思》,聊以志家學云爾,未敢意剞劂也。乃有益都宰羅子鍾岐,情深風雅,誼篤通門,一見即慨爲付梓。”知此書係學生爲老師所刻。

十行十九字，小字雙行十九字，大黑口，左右雙邊，單黑魚尾。乾隆風格，刻印精美。字體方正，比《晚香詞》略扁。

⑫《安德明詩選遺》一卷，清田同之輯，清乾隆七年田同之刻本。

據《二學亭文涘》田同之序跋，可知其刻過《安德明詩選》："故加意持擇而梓之。"

十行十九字，黑口，左右雙邊，單魚尾。

⑬《二學亭文涘》四卷，清田同之撰，清乾隆刻本。

有乾隆仁和沈廷芳序，未提刻書事。書中避"弘"，故爲乾隆時所刻。

十行十九字，粗黑口，左右雙邊，單黑魚尾。乾隆風格，刻印精美。

⑭《西圃文説》三卷、《西圃詩説》一卷、《西圃詞説》一卷，清田同之撰，清乾隆刻本。

《文説》前有魏丕承序，云田同之當時七十歲。

《詩説》有田同之自序，張元序。

《詞説》有自序，云："臥病岩間，無所事事，復流連於宋之六十家中，勉强效顰，以寄情興。而又慮斯道淵微，自鄒、彭、王、宋、曹、陳、丁、徐以及浙西六家後，爲者寥寥，論者亦寡。故不自揣於源流正變、是非離合之間，追述所聞，證諸所見，而諸家詞話之切要微妙者，又復採擇之，參酌之，務求除魔外而準正軌，以成此填詞之説。"

似爲乾隆刻本，因田同之爲康熙五十九年舉人，晚年應在乾隆間。

十行十九字，白口，左右雙邊，單黑魚尾。

⑮《晚香詞》三卷，清田同之撰，清刻本。

卷端題："將陵田同之在田製，雲間張鳳孫少儀評。"

是集有小令一卷,中調一卷,長調一卷。

十行十九字,小字雙行十九字,左右雙邊,單黑魚尾,字體長方,刻印精美,似乾隆風格。

⑯《西圃叢辨》三十二卷,清田同之撰,清乾隆十九年李世垣刻本。

卷端題:"安德田同之小山蘊纂集。"

有乾隆十九年甲戌李世垣序:"又惜西圃以清白家傳,無復餘力……因捐薄俸代爲刊行。"時李任陜西興安直隸州事。李氏因與田同之有"共學"之淵源,故爲之刻書。又有乾隆七年田同之序。

十行十九字,小字雙行十九字,黑口,左右雙邊,單魚尾。

德州田氏刻書特點有七:

一是以刊刻自著的詩文詞爲主。田氏共刻書十七種,詩文詞最多,亦有關於詩文詞的評論,更有《安德明詩選遺》這樣的地方詩文集,還有地方史志,如德州地區的方志、田雯爲官貴州的志書。總的不出集部和史部兩類,刻書内容比較單純。

二是刻書時間爲康熙至乾隆間。四世刻書,一世爲田雯、田需、田霡;二世爲田肇麗,田霡婿張畢年;三世爲田同之、田今蘭、田開;四世爲田徵輿。中國人民政治協商會議德州市委員會《清國子監學正——田同之》①一文中談到:"清乾隆二十一年届八旬,(田同之)命子田徵輿赴省城濟南改刻各種著作,並要求徵輿,凡語中涉及激昂之詞,要悉心更正。是年冬,抄攤書猶昔②,竟以微疾而端坐長逝。"知田氏四世刻書不輟,綿延幾十年。

①中國人民政治協商會議德州市委員會:《清國子監學正——田同之》,http://www.dzszx.gov.cn/xszx/html/?2188.html。

②"是年冬,抄攤書猶昔"疑爲"是年冬杪,攤書猶昔"之誤。

三是刻書數量與聲名成正比。田雯是田氏名聲最顯赫的一位,是田氏的代表。爲詩最著,可與王士禛比肩;爲官最顯,官至二品。故他刻書最多。其兩個弟弟稍遜於他,刻書亦不多,僅田霡刻過兩種書,一是爲兄田需刻《水東草堂詩》,一爲己刻《南遊稿》。田氏刻書居其二的是田雯之孫、有"小山薑"之稱的田同之,他不僅家學淵源,薪傳有自,而且親炙漁洋。不僅詩名大震,詞亦清新婉麗,寄托遥深。可以説,田同之開拓了田氏詩文創作的新領域。他刻書共六種,有田肇麗的詩文集,還有自己的詩文詞集,更多的是他的評論之作。

四是田同之的刻書活動展現了清初山東詩壇的面貌。他的論詩、論詞、論文之作,在清中期文壇上,堪稱一個頗爲獨特的存在。他爲詩主神韻,但又加入了杜甫詩的沈實因素,故從田同之的論詩著述和詩歌活動中可以尋覓到詩風嬗變的痕跡。詳見石玲《田同之詩論與康乾之際山左詩學思想的嬗變》①一文。可見田同之的詩歌理論在整個清初詩壇的影響,而他的刻書活動正是這種影響的根源,假如没有詩集的刊刻,其思想及實踐就不會廣爲流傳,這也是刻書對文學發展起推動作用的一個例證。

五是刻書活動來自衆人幫助。田霡的《鬲津草堂絶句詩》集中了山東一地的名流爲其校定,如高鳳翰、宋來會、盧見曾等,尤其是由盧見曾這位乾隆時期的刻書大家爲其謀劃刊刻,其刻書質量當爲上乘。

六是行款版式有明顯的時代特徵。田雯刻書初期爲細行密字,後來便固定爲十行十九字,尤其是到了田同之,這一行款一直保持,黑口,左右雙邊。字體多爲寫刻體,比較精美、漂亮,康乾風

①石玲:《田同之詩論與康乾之際山左詩學思想的嬗變》,載《山東師範大學學報》2006 年第 5 期。

格較爲明顯。

七是刻書不署時間。一般地講,此時的刻書尤其是田同之乾隆時刻書,版權意識較强,均在封面上題寫刻書時間或刻書人,有的甚至有牌記,更是一目了然,但田氏卻没有這樣做,這或許體現了田氏刻書的目的很單純。

3)謝重輝及後人刻書

重輝(1639—1711),字千仞,號方山,大學士謝陞子,廕中書舍人,官刑部郎中。著有《德州先賢傳》《杏村詩集》七卷。謝重輝是深受詩壇領袖王士禛器重的德州詩人。王士禛嘗選刻《十子詩畧》,重輝居其一。他所刻的是楊巍的詩選。

楊巍,海豐人,明嘉靖二十六年進士。著《夢山存家詩稿》八卷,有明嘉靖鄒觀光刻本,萬曆三十年海豐楊岑刻本。王士禛選其詩爲三卷,囑謝重輝刊之。此條所據爲《四庫提要》:"士禎常選訂其詩爲三卷,屬謝重輝刻之,今未之見。"莫友芝《郘亭知見傳本書目》載:"《存家詩稿》八卷,明楊巍撰。明嘉靖鄒觀光刊本。有國初刊本,名《夢山集》。又王漁洋屬謝重輝刊本三卷。"則知,謝重輝確實刻過三卷選本,名之曰《楊夢山詩選》。刻書當在康熙間。

作爲德州四大家族盧、田、謝、李之一的謝氏,謝重輝的後人亦有詩作傳世。

重輝的四世孫謝九錫,字綸齋,號雲村,嘉慶間歲貢,官清平訓導。著有《正隆遺音》《南阮集》。國家圖書館藏《陵州耆舊集》六卷,謝九錫纂,馬洪慶重訂,抄本,大概此書未刻。其《南阮集》二卷,清同治十二年謝九錫之孫謝若卿刻本。

《南阮集》封面題:"同治癸酉,歸燕堂藏板。"卷端題:"德州謝九錫雲村著。"有原序二。一爲道光十一年辛卯夏六月玉堂袁潔識於東昌旅次:"選刊既竣,爰弁數語於卷首。"二爲是年王發越題於古貝邱緑雲山房:"適得袁玉堂詞丈任其事而陳省庵諸君子佐其資,俾成帙而行世。"有《傳》,稱"熙湖王君一山收其遺稿,與臨清陳省庵質諸袁玉堂、王英齋兩令尹,並力爲之剞劂"。同治十年辛未同里馬洪慶序:"比歲家居多暇,適先生文孫若卿手先生刻稿二册示余……先生白首冷官,坎坷以終,其友人陳省庵輩哀其遺集傳之。惜臨清原板遺失,僅存藏本,若卿懼其久而湮也,將重刻問世,屬序於余……擷其精華若干首,俾付剞劂並弁數言以歸之。"有衆人題辭。後有同治十二年癸未謝九錫子謝穎《跋》:"顧偃蹇不遇,垂老司訓清平,竟卒於任,遺稿無力刊刻,賴王英齋世丈與陳公省庵、袁公玉堂、王公一山併力授梓,著作得免散佚,心甚感焉。惜原板久已遺失,流布未廣。穎梼昧無文,不克負荷先業,若聽其湮没不彰,則厥罪益無可逭,乃命兒子汝諧浼同里馬葛村駕部精選若干首重刊問世,長山袁鶴洲孝廉補選三首並附卷末。"由上可知,此書於道光十一年王發越、陳省庵、袁潔、王英齋刻過,同治十二年謝穎攜子謝若卿重刻。

八行二十二字,白口,左右雙邊,單黑魚尾。

4)宋弼刻書

德州宋弼(1703—1768),字仲良,號蒙泉,宋來會之子,乾隆十年乙丑進士,官至甘肅按察使。著有《德州新志稿》《州乘餘聞》《國朝山左詩補鈔》七卷、《續鈔》四卷、《廣川四子集》等。

據杜澤遜師《存目標注》5991條,吴雯撰《蓮洋集》有三個版本,一是清乾隆十五年汾陽劉組曾刻乾隆十六年德州宋弼增刻本,一爲山東孫峩所刻,一爲浮山張體乾所刻。知宋弼有補刻劉組曾本。

《山東通志·藝文志》有曹縣于振翀撰《愛萱齋小草》,有按:"振翀又有《策園集》,宋弼刻本。"知宋弼有此一刻。

宋弼是乾隆年間山東詩界的重要人物,他曾爲多人集子作序,如朱崇勳《桐蔭書屋詩》,法坤宏《迂齋學古編》,高瑋《留畊堂遺詩》。他爲同鄉好友撰《傳》,如爲張元撰《墓表》,爲同邑李徵熊作傳，爲同邑孫勷撰《遺事》。山東許多人的集子賴其訂正選編，如訂李開先《閒居集詩選》並撰序，選李衡《虎門遺詩》，選高鳳翰《高南阜詩刻》，選高珩《棲雲閣詩拾遺》，編《畢氏兩世遺詩二種》，輯明鄒頤賢《蘆南集》。最重要的是，他助盧見曾輯刻《感舊集》，盧見曾輯刻《國朝山左詩鈔》，宋弼有"徵求草創"之功，在此書刻後，將前《鈔》未入的二百十七人，録爲《續鈔》四卷，又以前《鈔》之人其佳篇未及盡入者，録爲《補鈔》七卷，雖然未刻，但爲張鵬展的刊刻提供了最基本的材料。之後，又輯《山左明詩鈔》，由李文藻刊刻。可見，宋弼對山東詩學發展的貢獻是很大的。

5）馮廷櫆、馮德培刻書

德州馮廷櫆（1649—1700），字大木。父馮沛，字雲生，順治八年辛卯舉人，德州名士。廷櫆康熙十七年舉人，二十一年進士，二十三年授内閣中書舍人。官内閣時，性情孤高寡合，不喜結交權貴高門，獨與青州趙執信爲摯友。王士禛曾想把二人的倡和詩編爲《二妙集》刊行於世，但被趙執信拒絶。馮廷櫆曾以中書舍人典試湖北，後在館閣任職十餘年，致仕歸里，居鄉數年，惟以詩酒自娱。身後詩作逸散甚多，其孫馮德培輯其所存之詩爲《馮舍人遺詩》。

《馮舍人遺詩》六卷，清馮廷櫆撰，清雍正十一年德州馮德培刻本。

詩凡六卷，包括《京集》三卷，《晴川集》一卷，《雪林集》一卷，《曹村集》一卷。前有王士禛《晴川集原序》，雍正九年辛亥趙執信序："丁卯校士於楚，爲《晴川集》，漁洋評而刻之。既而與余悉芟比年所作《銅鼓》諸什，不欲仍所依附耳。"後有雍正十一年癸丑申詡跋，是年馮德培跋："右先祖詩共六卷，凡若干首，惟《晴川集》爲典試楚中刻，余或家藏或散在朋友間。德培不肖，日謀存活計不足，未遑收拾也。庚戌、辛亥間始漸裒集抄録，友人資以東行，得秋谷先生序論，里中前輩及同志諸君子共謀之，乃克付梓。先祖一生精力在此。梓成，謹援筆識其所以不至淹没之由，不敢忘。癸丑三月初四日孫德培謹識。”據以上趙執信序和馮德培跋，可知康熙時馮廷櫆在楚中刻有《晴川集》。

十行十九字，黑口，四周單邊。刻印精美。

6) 鄒士廉刻書

德州明代有鄒頤賢，字仰賢，一作養浩，號蘆南，正德八年癸酉舉人。官平涼同知時有《蘆南集》一卷，宋弼輯，清乾隆十六年鄒頤賢裔孫鄒士廉刻本。有宋弼序云：“國初時猶傳其本，今不可見矣。曩從程正夫先生《詩搜》中得四十篇已，從李泰雲先生《廣川人文初搜》又得八十四篇……深於比興，多所寄託，得古人長言詠歎之旨。氣體音節，亦駸駸與古爲化，非模擬剽竊者所及。其用韻出入，間有未考，無害於其詩也。”

德州前期還有李氏家族中的李有基刻其祖輩詩集二種，在中期的德州刻書再述。

(五) 齊河、濟陽、陵縣、德平、平原刻書

1. 齊河刻書

齊河因臨濟水、濟水又名齊水而得名。金時始設齊河縣。

清代前期至中期，齊河出了郝氏一門。允哲字鏡亭，乾隆四十年乙未進士。未出仕卒。著有《深柳堂遺詩》。允秀字水村，號寅亭，允哲弟，歲貢，官堂邑教諭。著有《水村居詩集》《拾翠囊詩》《濟南名士詩鈔》。郝允哲有一子一女，子爲郝答，字餐霞，諸生。著有《愛吾廬稿》《南遊小草》。女爲秋岩，即郝簠。著有《秋岩詩集》一卷、《蘊香閣詩鈔》一卷、《恤緯吟》一卷。

齊河郝氏著述頗豐，大多由他人刊刻。郝簠所撰三種書由昌邑李若琳刊刻，詳見清中期的昌邑刻書。道光十三年齊東李玉清刻《郝氏四子詩鈔》七卷，詳見清中期的齊東刻書。

郝氏所刻唯一一種書是郝允秀撰《拾翠囊詩》一卷，所據爲王

培荀《鄉園憶舊録》,云:"(允秀)十四歲能詩,十九刻有《拾翠囊詩》。與兄鏡亭棣萼聯吟,人稱二難。任陽穀學博,年逾古稀,晨昏一編不去手。所選《濟南名士詩鈔》不下數萬首,惜未刊行。平生自爲詩亦不下萬首,而自訂其詩,删存甚少,名《秋水詩集》。"以允哲四十年中進士來看,允秀此書當刻於乾隆年間。

2. 濟陽刻書

濟陽縣始置於金天會七年,因縣在濟水之北而得名。

明代的濟陽刻書有兩種。清代前期的濟陽名人首推張爾岐。

張爾岐的著述生前所刻無多,除了其子刊刻一種外,其餘大多由他人完成。現列表如下:

弟子職注一卷	清濟陽張爾岐之子張孝寬刻本
周易説略四卷	清康熙五十八年泰山徐志定磁版印本
老子説略二卷	清康熙間曲阜孔繼鋐刻本
新濟藝文二卷外篇一卷	清康熙刻本
儀禮鄭注句讀十七卷	清乾隆八年濟陽高廷樞刻本
夏小正傳註一卷	清乾隆十年黄叔琳養素堂刻本
蒿庵集三卷	清乾隆三十八年桂林胡德琳濟陽刻本
蒿庵閒話二卷	清乾隆益都李文藻刻歷城周永年輯印貸園叢書初集本
夏小正註一卷	清乾隆刻本
風角書八卷	清開州李若琳刻本
春秋傳議四卷	清刻本①

①《山東通志·藝文志》:"好事者刻之也。"

張爾岐的著述由濟陽以外的人刻者，皆在各地刻書中述及，此僅叙述在濟陽刻者。

首先是其子張孝寬刻《弟子職注》一卷。《山東通志·藝文志》："是書見爾岐《自叙墓誌》。據《縣志》載于湜叙，乃爾岐長子孝寬所刊。湜序稱其考據精詳，詮釋明備，甚便學者。"未見傳本。

其次是高廷樞於乾隆八年刻《儀禮鄭注句讀》十七卷。

《四庫提要》評價該書："是書全録鄭玄《注》，摘取賈公彦《儀禮注疏》而略以己意斷之。因其文古奥難通，故並爲之句讀。至於字句異同，考證尤詳。所校除監本外，還有唐開成古經本、元吴澄本以及陸德明《音義》、朱熹與黄幹所次《經傳通解》諸家。其謬誤脱落、衍羨顛倒、經注混淆之處，皆參考得實，又曉明西安王堯惠所刻《石經補字》，最爲舛誤，遂也逐一駁正。"

目録后有校閲人姓氏："濟陽張爾岐稷若句讀，崑山顧炎武寧人訂正，長山劉孔懷友生、李斯孚蓼園參訂，于湜正夫音字，濟陽後學高之玥又振、高之璿蕴中校字。"

有自序。長山劉孔懷康熙十三年甲寅序："吾鄉惟堂邑張蓬玄先生鳳翔有《禮經》一刻。"此指堂邑張鳳翔有《禮經集注》一書。鳳翔字稚羽，又字蓬玄，萬曆二十九年辛丑進士，官至兵部尚書，入清復官至刑部尚書。又有長山李斯孚序。顧炎武序："又參定監本脱誤，凡二百餘字，並考石經脱誤，凡五十餘字，作《正誤》二篇附於其後，藏之家塾，時方多故，無能板行之者。"黄叔琳乾隆八年序："濟陽張處士稷若積學好古，不求聞達，取《儀禮》石經、監本互讎之。刊誤辨疑，章分節解，全録鄭注。精擇賈疏，而附以己意。勒成一書，題曰《儀禮鄭注句讀》。余昔承乏東省，獲見是書，亟加校訂，期繡諸梓。既以還朝，不果。與彼都賢士大夫别，猶以是書未刻爲憾。癸亥夏（按：乾隆八年），教諭高君走書都下，則以是書刻成乞序於余。"説明黄叔琳極看重此書，屢以此書未刻成爲憾。

乾隆三十八年癸巳胡德琳跋,關於補刻李斯孚序的事:"其同校閲之功者,爲劉果庵(按:劉孔懷)、李貞庵二先生,今卷首惟果庵孔懷一序而已。壬辰,余被採訪遺書之任,閲淄川張篤慶《崑崙集》,始知貞庵亦有序,歿後失之,康熙癸未,蒿庵之子請崑崙補作者也。於時學使徐公仲章欲刻之未果,故此序復佚矣。余方校刻《蒿庵文集》,遂爲補刊而書其後。"由此序知,胡德琳對此書有補序之功。

有高廷樞識:"癸亥二月,適會城,遇高苑學博單君雲谷、蓬萊學博王君任木,談及《儀禮句讀》,二君素知此書深,玉之授梓,且代製徵刻文啓,辭頗典麗。歸里謀諸同人,僉曰素志也。遂公議捐資,付之剞劂,群諉予董其事。乃偕同人取艾大司寇家所藏蒿庵先生手定原本,與朱子《經傳通解》、鄭《註》、賈《疏》及曩日手抄舊本,參互考證,以定格式。其時,三十餘工齊集鄙舍,所需瑣碎繁雜之用,日不暇給,而詳細對閲,胥借力於男之玥、侄之璿,蓋若輩亦曾手録過也。既敷於板,又命侄之玫、之璐對勘,而後交工。每刻一葉,刷印數紙。玥、璿兩人對面唱答,一點一畫,不許輕易放過,如是者又三繙,乃敢云成。其難其慎,惟恐失先生苦心。是年炎熱甚於往歲,六月初旬,午夜篝燈,繙閲校對,蚊蠅趨附,汗流浹背,復值旱魃肆虐,物力維艱,幸賴同人不惜資助,共勷厥事,克竣其工,集腋爲裘,不致虧於一簣也,庶足以酬良友之素志,亦可以仰副嚴君之夙願矣。書成,録其原委附焉。讀者鑒諸。乾隆八年桂月濟陽後學高廷樞景垣謹識。"

據此序可知:一,原本藏艾元徵家;二,此書爲濟陽教諭高廷樞董理,衆人合資刊刻;三,高氏家人出力尤多,有高廷樞及子高之玥、侄高之璿、高之玫、高之璐共五人參加;四,刻書極難,酷暑難耐,汗流浹背,日夜不輟;五,謹慎至極,刻書之前先對閲,上板之後再對勘,印刷之後再對校,如此三校,詮釋了刻書的全過程。此書九行二十四字,白口,左右雙邊,單黑魚尾。刻印精。

此書的刊刻具有重要的意義。在刊刻前，僅以抄本流傳，如顧炎武抄有一部，藏山西祁縣，流傳未廣，以致誤解，有一例：王筠道光九年《致芸心先生書》①："然張蒿庵先生《儀禮鄭注句讀》，未得親見槧板，俗字滿紙，頗爲圭玷。"可見，書的刊刻不僅使作者的思想得以流傳，更重要的是，能以真實的面目流傳。

濟陽又有王琢璞，著述由後人刊刻。

王琢璞，字連城，一字無瑕，自號支離子，濟陽人，崇禎元年戊辰歲貢。撰《王無瑕先生詩集》五卷、《文集》三卷（即《山東通志·藝文志》著録的《雲來館集》八卷），清乾隆八年濟陽王氏家刻本。

書前有邢其諫、張爾岐序。末有乾隆八年曾孫王振、王揚及其子"王元禧、王元禮、王元祚、王元祺謹刊"字樣。並有識："曾祖諱琢璞……祖諱弘謙……父諱期，欲梓行未逮。余才學庸劣，愧言丕承……爰邀梓敬鐫。"

八行二十字，白口，左右雙邊，單黑魚尾。字大行疏，但較粗劣。

由上可知，清前期濟陽刻書三種，一種爲張孝寬刻，一種爲高廷樞刻，一種爲王琢璞後人刻。

3. 陵縣刻書

陵縣在明以前，縣境應在德州域内，明洪武元年與安德合併爲德州，十三年在安德故地設縣，始有陵縣之名，屬德州。這樣看來，明清時期，安德與陵縣同屬德州，德州是個大概念，安德和陵縣是小概念。許多人以德州人自居，有些可能就是陵縣人。另有些人以陵縣人自居，如康丕揚。故籍貫悉依原題，標陵縣者，歸陵縣，標德州者，歸德州。

明代的陵縣刻書有六種，皆爲康丕揚所刻。整個清代衹見陵

①〔清〕王筠撰，鄭時、屈萬里輯校：《清詒堂文集》，齊魯書社1987年版，第130頁。

縣刻書一種,即臨邑女史邢順德的詩作。順德(1729—1760),字蘭圃,陵縣康魯瞻妻。著有《蘭圃詩草》一卷。

《山東通志·藝文志》引《陵縣志》載李基圻《蘭圃詩序》云:"邢氏女,名順德,字曰蘭圃,余同胞姊所出也。負夙慧,方八、九齡時輒解《書》《史》,尤喜《騷》《雅》。祖静園先生授以古詩及《唐賢三昧》等集,刺繡之餘,披誦不輟,形爲吟詠,如初日芙蕖,風致絶佳。余嘗覽其《華清宫》《長門怨》及《歸雁》《蟋蟀》諸作,清思遠韻,饒有唐人遺意,與臨邑邢慈静可稱雙美。然工於詩而不欲以詩名,嘗曰:'閨閣中以韻語外播,非所宜也。'余每嘉其深識遠見,卓然拔俗,視世之播弄虚聲、邀名閨秀以自詡爲能詩者,其相去奚如也。及笄,歸余康甥魯瞻,伉儷甚相得。繇是相夫子,事孀姑,代理内政,詩思亦漸減矣。又數年,迭遭大故,勞憊日深,而病以作。然伏枕之餘,覽物增感,時復寫意以自遣。故生平所作,於詩尤多。既綿惙,口喃喃不能語,猶力疾賦《絶命》三則,謝父母及其夫君云。"

現青島市圖書館有《蘭圃遺詩》一卷,國家圖書館有《蘭圃遺稿》一卷,均作清乾隆間刻本,九行二十二字,白口,左右雙邊,單魚尾。

4. 德平刻書

德平縣,古鬲國地,漢爲平昌縣,東漢爲西平昌,五代後唐改德平,明清皆屬濟南府。

德平明代刻書,明確者有二十二種,另有明末清初刻本八種,主要爲葛氏刻書。

葛氏自嘉靖葛守禮始,至嘉慶葛周玉止,綿延明清兩代,近三百年,七代人,世代爲官,著述頗豐,是山東著名的文化世家之一。對其著述的介紹,有徐泳《稿本〈般上舊聞〉所記德平葛氏著述考索》①

①徐泳:《稿本〈般上舊聞〉所記德平葛氏著述考索》,載《山東圖書館季刊》2008年第4期。

一文。而現已知的清代德平刻書，衹有葛氏一族，故需先明了自葛守禮開始的葛氏世系。

第一代：

葛守禮（1505—1578），字與立。嘉靖七年戊子解元，八年己丑進士，授彰德府推官，歷官户、禮、刑三部尚書、左都御史，贈太子太保，謚端肅。

第二代：

引生字長伯，號東山，守禮之子，邑廩生，葛氏後人稱"文肅公"。《德平志》稱其"聞見賅博，未第而卒"。著有《四書説》四卷、《易學指掌》二卷、《左傳彙語》二卷、《過庭紀聞》二卷。

彙生字進伯，引生從弟，諸生，官武英殿中書舍人。葛氏後人稱其爲"中翰公"。

第三代：

葛昕（1542—1602），字幼明，號龍池，守禮孫，引生子，以蔭補國子生，歷官尚寶司卿，葛氏後人稱其"符卿公"。著有《郎中疏草》等。

葛曦，字仲明，號鳳池，昕弟，萬曆四年丙子解元，十一年癸未進士，授翰林院檢討，官南京國子監司業。

葛晧，字季明，號鯤池，引生子，例貢生，官鴻臚寺隨堂辦事主簿，葛氏後人稱其"鴻臚公"。

第四代：

葛如麟（1577—1650），字子仁，號朝池，昕子，葛周玉之伯曾祖，萬曆三十一年癸卯舉人，三十八年庚戌進士，歷官陝西按察使，葛氏後人稱"憲使公"。有《祀典管見》《丁丑吟》等。

第五代：

葛元福，字向五，號謙齋，曦孫，順治十一年甲午拔貢，官長沙同知，謚欽簡，葛氏後人稱"欽簡公"。

葛元祺，字介之，如麟子，葛周玉所稱“先伯祖”者。

第六代：

葛椝，葛周玉之父。據《般上舊聞》卷六“先父遺事”條，字曾若，號述謙，又號思齋，生於康熙十年。

第七代：

葛周玉，字溪璜，號般水漁人，乾隆三十五年庚寅副貢，嘉慶五年在鳳臺縣令任上，著有《般上草堂》六卷。

清初的葛氏刻書除了第一章所述八種外，尚有康熙四種，爲葛元福、葛元祺一代所刻。

1）葛元福、葛元祺刻書

①《葛太史公集》五卷，明葛曦撰，清康熙二年德平葛元福刻本。

據嘉慶八年葛周玉刻本所知。嘉慶八年玄孫葛周玉識：“萬曆壬辰（按：二十年），先高祖（按：葛曦）卒於京邸，馮文敏公同康驤漢公收文稿寄吾家。越崇禎丙子（按：九年），吾從伯祖憲使公（按：葛如麟）始編爲五卷，名《葛太史公集》。至康熙癸卯（按：二年），先祖欽簡公（按：葛元福）始授梓，屬參校於鞠湖蕭尺木、當塗陳蔚宗，以憲使公輯仲父集識後，文弁首，不另爲序。”又據葛周玉刻《德平葛氏族譜》，稱此集康熙元年梓，板皆不存。葛周玉刻《般上舊聞》卷三“先世著述”云：“憲使公序，康熙元年壬寅梓。”與葛周玉上述識語言二年刻不同，相差一年，但所説應爲同一種書。

②《綱鑑策題彙纂》四卷，清葛元福撰，清康熙二年德平葛元福刻本。

據葛周玉刻《德平葛氏族譜》，其先祖欽簡公《綱鑑策題彙纂》四卷，康熙二年梓，板皆不存。此書蓋與《葛太史公集》同時刻。“先世著述”亦云刻於康熙二年癸卯，坊板。

葛元福還有《讀書録》一卷、《種花草》一卷，“先世著述”云：

"存,未梓。"《德平續志》録"葛欽簡公《讀書録》一卷、《種花主人稿》一卷",則云:"皆梓行。"葛周玉刻《德平葛氏族譜》:"吾祖欽簡公《讀書録》一卷、《種花主人稿》一卷,吾父述謙府君《思齋閒話》一卷、《思齋遺稿》一卷,俱存笥。"亦似未梓。還應以"先世著述"爲準,應爲未梓。

③葛元福撰《傳記合刻》一卷,"先世著述"條"所輯之書"有是編,云:"已經付梓。"又《般上舊聞》卷三"傳記合刻"條云:"《吕純陽自序傳》,爲先端肅公與殷文莊公士儋、楊襄毅公博、王文端公家屏同官京師時扶乩仙筆;《内鄉城隍述異記》,乃臨邑李觀察公若訥作,紀先高祖太史公殁後,爲内鄉城隍神事也。先大父欽簡公合而刻之,非所自著書。板久不存。"

④葛元祺撰《介之詩草》一卷,"先世著述"云:"已梓而書亡。"其人其書,《德平志》《山東志》均不載。但應以"先世著述"爲準,即已梓行。

周玉之父葛椝有《思齋遺稿》一卷、《思齋閒話》一卷,"先世著述"載二編云:"皆先父述謙公著,存,未梓。"《德平志》《通志》均未載。《德平續志》云:"皆梓行。"今不見書目著録。據葛周玉刻《德平葛氏族譜》:"吾祖欽簡公《讀書録》一卷、《種花主人稿》一卷,吾父述謙府君《思齋閒話》一卷、《思齋遺稿》一卷,俱存笥。"似未刻。

2)葛周玉刻書

葛氏刻書最多者爲葛周玉,共有十種。刻書始於乾隆五十二年。

①《德平葛氏族譜》十四卷、《首》一卷、《末》一卷,清葛周玉重纂,清乾隆五十二年德平葛周玉樹滋堂刻本。

卷末署:"裔孫信、丕顯校字,裔孫趙玉督刻。"

前有乾隆五十二年葛周玉序,稱家譜自端肅公嘉靖四十年修,萬曆丁酉符卿公葛昕續修，崇禎壬午葛憲使公重修，距今百五十年，雍正時欲修未成，現纂輯閱十年始成。卷首爲原序、塋圖、排行吉字，卷末爲《續譜隨筆》。又有《譜例》《目録》。

此書與一般家譜不同，有《行録》，多人撰，其實是葛氏家族個人傳記集。又有《言録》。卷末有"葛憲使重修譜未受梓"，可見，崇禎壬午年所修譜未刻成。譜中有許多刻書材料，尤其是關於刻板存亡情況的調查，迻録如下：

"《端肅公集》十八卷、《視履家訓》二卷、文肅公《東山論草》三卷、《東山餘墨》五卷、《四禮摘要》五卷、符卿公《集玉山房稿》五卷。板在迴姪家，皆不全。"

"《端肅公全集》刻於太宰汝泉趙公巡撫山東時，福山郭康介公宗皋爲序，計十八卷。再則臨邑邢太僕公侗手序，梓於懷慶者爲十卷，當是選本，予家所存，乃邢刻。"

"《端肅公全集》板缺七十餘葉，乾隆五十六年邑侯鍾公大受補刻，增入《明史·端肅公本傳》，爲小記於後，板仍不全。"

"《太史公集》五卷，康熙元年梓。欽簡公《綱鑑策題彙纂》四卷，康熙二年梓，板皆不存。"

"中翰公《川上草堂詩》，予從迴姪處見一抄本，多名流過從之作，不獨中翰公詩，德州宋憲使弼選《山左明詩鈔》，益都李莀畹先生刻之，内有中翰公詩二首，知當年刻本流布，猶有存者。"

"符卿公年譜一卷，名《葛氏家乘》，憲使公所撰也。板在迴姪家，亦不全。"

"憲使公《篤惠堂稿》六卷，未梓行，久散失矣。公元孫迴復爲搜輯，予更得公文數篇，增入並讎校作序，釐爲四卷，題曰《葛憲使公集》，以淄川高少司寇珩所作公誌銘附後，當亟授梓。"

"吾祖欽簡公《讀書録》一卷、《種花主人稿》一卷，吾父述謙府君《思齋閒話》一卷、《思齋遺稿》一卷，俱存笥。"

《德平葛氏家譜》的行款爲九行二十字，上白口，下黑口，四周雙邊，單黑魚尾。乾隆風格，刻印精美。

《德平葛氏族譜》雖爲家譜，但保存了大量刻書史料，對德平刻書至關重要。

②《般上舊聞》六卷，清葛周玉撰，清嘉慶德平葛周玉刻本。

卷端署："德平葛周玉溪璜。"

書前有嘉慶二年般水漁人葛周玉自序云："嘉慶二年元旦後，予病肺氣。幸門可羅雀，得偃仰静攝。日惟仲弟鼎臣及兒子鴻逵侍側，每噱談鄉里故事娱予。予反增倦，輒睡去。子弟不解予意，予語之曰：'言人所已言，爲拾牙後，何不言所未言？問人所盡知，殆入漆室，何不問所罕知？自吾家憲使公《德平文獻考》爲齊丘《化書》，往事已失傳矣；百餘年來，又鮮撰著實録。不宜人云亦云，重誣來者。'於是子弟皆憬然悟，請廣所聞。予爲日舉數條，俾疏之。苦無文義，僅紀其目。入三月，疾平，編次成帙，題曰《般上舊聞》。'般上'者，敝廬所在也。'舊聞'者，生斯長斯，得諸耳者也。"有般水漁人小照。

九行二十一字，白口，四周雙邊，單黑魚尾。

③《葛端肅公家訓》二卷，明葛守禮撰，清嘉慶七年德平葛周玉樹滋堂刻本。

封面題："嘉慶七年重刻，樹滋堂藏板。"有陰文方印："樹滋堂珍藏。"

此書爲葛守禮六世孫周玉在山西刻。舊有明萬曆二十三年德平葛昕刻本。嘉慶七年葛周玉於丹川官舍識："原稿前署'視履家訓'，後署'平昌逸叟與川子'。書本一卷，其分爲上、下兩卷，蓋先伯高祖符卿公授梓時所定。邊際署'葛氏家訓'，前後式如原稿。故於文定公序仍舊稱，迨馮文敏公爲序，始稱《葛端肅公家訓》。今重刻，應從馮序，後款移於各卷前行。""符卿公"爲葛昕。萬曆乙未葛昕原刻書序。嘉慶六年山西澤州府同知攝府事滇南郭晉序，稱葛周玉有矯矯不群之概，卓然特立。知周玉嘉慶六年時已在山西長平爲官。

九行二十一字，白口，四周雙邊，單黑魚尾。開本大，字大，疏朗，家刻風格，刻印精良。

④《葛端肅公集》十八卷，明葛守禮撰，清嘉慶七年德平葛周玉樹滋堂刻本。

封面題："嘉慶七年重刻，樹滋堂藏板。"有陰文方印："樹滋堂珍藏。"

此書在葛周玉刻本之前有兩刻，時間均在萬曆十年，一爲汝陽趙賢刻於山東，一爲臨邑邢侗刻於山西懷慶。本書第一章明代刻書部分有述。

前有萬曆十年福山郭宗皋序，乾隆五十六年德平縣知縣閩中後學鍾大受《葛端肅公集補缺板序》："乾隆己酉，余承乏公邑……第文集原刻，歷年久遠，不無殘蝕，余爲之揀次，補刊缺板若干葉。"知乾隆五十六年，時任德平縣知縣的福建人鍾大受又進行了補刻，補刻的當爲汝陽趙賢的刻本。據《德平葛氏族譜》，當時此集板缺七十餘葉。

葛周玉《葛端肅公集重刻序》："嗟乎，由開雕迄今纔二百餘歲，已殘缺如此，良可慨已。乾隆辛亥閩中鍾公大受宰吾邑，心儀先公，既葺公祠，復補刻集板，廣爲蒐羅，不獲全書，祇補數十葉，趙刻仍缺，且舊板字畫漶漫，率難識别。補刻尤多舛訛，再數年必盡壞，無從整理，洵爲子孫者之責也。小子周玉年來静中取趙、邢兩公刻本，參互考訂。邢本所有趙本所無者，按類補入。兩本皆有則以邢本訂趙本。趙本漫滅，邢本又無其文，惟就模糊墨跡，審其形似，每訂一字，務與上下文義脗合。少有弗確，寧闕不敢臆斷。又於鍾刻之訛者正之。仍編爲十八卷。另輯闕文者於後，曰《識闕》,積誠以求之,或終可得也。邢、鍾兩序則次趙刻原序之後,復從先公《哀終録》摹入遺像,並鐫《明史本傳》及誌銘、墓表、神道碑,庶論世者有可考焉。緬自丁巳,迄辛酉,五歷寒暑,始校輯成編。幸先澤未斬,重付梓人,惟願後來珍護,永行於世可耳。嘉慶七年歲次壬戌秋七月六代孫周玉稽首謹識。"

行款風格同上條。

⑤《葛太史公集》五卷,明葛曦撰,清嘉慶八年德平葛周玉樹滋堂刻本。

卷端署:"明翰林院國史檢討經筵講官直起居注德平葛曦仲明著。"

前有崇禎九年丙子姪如麟序,稱先生行世詩一册,刻之馮公。文二册,刻之御史大夫張公。如麟崇禎丙子彙編成五卷。可見,葛曦詩文在明代已有刻本。詩爲馮琦所刻,文爲御史大夫張公所刻。嘉慶八年玄孫葛周玉識:"先祖歿後,集板散失(按:指康熙二年葛元福刻版)。不肖周玉髫齡時閲家刻,獨先高祖集殘缺,心焉傷之。乾隆甲戌(按:十九年)遊濟南,得黄氏藏本,乃見吾高祖集全編,迄今嘉慶癸亥纔勉力重刻。"有《葛太史公遺像》,下署"來孫鴻遠敬臨",有葛周玉識。

九行二十一字,白口,四周雙邊,單黑魚尾。

⑥《葛憲使公集》四卷,明葛如麟撰,清嘉慶八年德平葛周玉樹滋堂刻本。

封面題:"嘉慶八年鐫,樹滋堂藏板。"卷端署:"明陝西按察使奉勅備兵寧夏德平葛如麟子仁著。"

有淄川高珩撰《葛憲使公墓誌銘》。前有乾隆五十二年從姪曾孫葛周玉《葛憲使公集序》:"先伯曾祖憲使公自訂其詩古文六卷,名《篤惠堂稿》。公歿後,寫本佚亡,距今百餘年矣。其元孫迴,留心網羅,得公草稿數十紙,益以余家所藏,計詩十首、文四十二篇，率殘缺錯訛，不可識辨。周玉反覆挍讎，卒得完整，釐爲四卷，題曰《葛憲使公集》……先高祖客歿京邸，衣物星散，篋中稿草得青州馮文敏公收寄吾家，賴公編次，先祖藉以授梓。茲於公稿挍訂散失之餘，殫精力，積歲時，始成編，付剞劂氏。”徐泳《稿本〈般上舊聞〉所記德平葛氏著述考索》：“《葛憲使公集》四卷。‘先世著述’稱‘憲使公集原名《篤惠堂稿》，計六卷，久佚。予復網羅散失，合《祀典管見》及《丁丑吟》，編爲四卷，名《葛憲使公集》。’”按今山東省圖書館藏清嘉慶八年葛周玉樹滋堂刻本，卷一詩、議、説、雜著，卷二序、記、題跋、祭文、傳，卷三行狀、行述，卷四墓表、墓志。並無《祀典管見》及《丁丑吟》。

據前引《德平葛氏族譜》刻書史料第七條“當亟授梓”，知周玉在刻《族譜》時，葛如麟此書尚未刻。

九行二十一字，白口，四周雙邊，單黑魚尾。宋體字，乾隆風格，刻印精。

⑦《東山葛氏遺書》，明葛引生撰，清嘉慶九年德平葛周玉重刻本。

包括三種：《家禮摘要》《東山餘墨》《東山論草》。

三書明代有刻本：《家禮摘要》五卷，明萬曆二十五年德平葛氏刻本；《東山餘墨》五卷，明天啓元年德平葛如麟刻本；《東山論草》三卷，明隆慶三年德平葛曦刻本。此爲重刻。

封面題：“嘉慶九年重鐫，東山葛氏遺書，樹滋堂藏板。”卷端題：“德平葛引生長伯。”

《家禮摘要》五卷，于慎行序、王象乾序皆有。《東山論草》三卷，隆慶三年儀封張鹵名序，隆慶三年長林彭時中保民公署序，隆慶三年德平後學唐文輝序，三序皆在。《東山餘墨》五卷，天啓元年康丕揚序。以上皆爲原序。

據葛周玉刻《德平葛氏族譜》：“板在迴姪家，皆不全。”

三書行款統一，九行二十一字，黑口，四周雙邊，單黑魚尾。

⑧《集玉山房稿》十卷，明葛昕撰，清嘉慶九年德平葛周玉樹滋堂刻本。

是集爲其子如龍等所編。

德平葛氏刻書特點有五：

一是刻書時間跨越明清兩代。自明代嘉靖葛彙生始，至清代嘉慶九年葛周玉止，共歷二百五十年。明確的明代刻本有十七種，多在萬曆時期。明清之際刻書有八種。清代刻書有十八種，除去葛元福的兩種和葛椝的兩種暫不收外，也有十四種之多。

二是六代人刻書。除葛椝未知是否刻書外，其餘六代人均參與了刻書活動。其中嘉慶間葛周玉刻書最多，有十種，占整個家族刻書的四分之一强。時間集中在嘉慶七年至九年間。周玉刻書最早是在乾隆五十二年。

三是刻書三十九種，數量多，是明清時期山東的刻書大族。

四是刻書偏重集部、史部。三十九種中集部十五種，史部十六種，集、史占刻書總量的三分之二强，是葛氏刻書的主要内容。葛氏以詩文傳家，故詩文集多，而這個家族又非常注重家族資料的刊刻，如傳記、家譜、家訓等。子部有四種，醫書《痘書》《痘疹括》的刊刻，表明了這個家族對生命的重視。經書有四種，皆關《禮》學，可見，對《禮》的遵循與考證，是一個世家大族的必修課。

五是與其他家族刻書不同，旋刻旋毁。毁的一是書板，二是印本。在“先世著述”中，“板缺”“板亡”“已經付梓，書存而板失”之語所在多有，知在葛周玉時，已有大部分書板不存。到目前爲止，除了葛周玉的十種書可見外，其餘三十種書皆不存。可見，葛周玉之前的葛氏刻書不僅是板不存，印本竟也無一幸存。這是一個值得注意的現象，作爲一個世家大族，刻書數量不少，爲何會有如此結果？查光緒《德平縣志》卷十《祥異卷》，自隆慶五年始，德平自然災害頻仍，尤其是萬曆年間，如十九年、二十年、二十七年、二十九年、三十年、三十二年至三十四年、三十七年至三十八年、四十三年至四十四年，雨雹、蝗災、水災、旱災，幾乎年年光顧德平。萬曆三十八年的“大水入城，城幾崩”，可以想見給德平帶來的影響。天啓共六年，而第二、四年均有地震。崇禎十二年兵亂殺掠，四野一空。明清易代之際，山東所受破壞極大，可從德平一地窺斑見豹。入清後，順治五年，德平遭土寇數千搶掠，知縣吴盛祖親自上馬禦之。而康雍時期的山東災害更是頻繁，以至於每年都有減免賦税的諭令。所以，德平的自然災害加之人爲破壞，可能是葛氏家族書板不存的重要原因。

書旋刻旋毁，促使葛氏後人不間斷地進行重刻。《東山論草》《東山餘墨》《葛端肅公家訓》《葛太史公集》《集玉山房稿》《家禮摘要》六種書皆兩次刊刻。這種重複刻書在家刻中常見，但大量的重複刻書並不常見。而進行此項工作的衹有一個人，即葛周玉。他可以説是葛氏家族文獻傳承的功臣，對葛守禮、葛引生、葛昕、葛曦的著述尤爲關注，因引生的著述明代刻本無一幸存，他便把葛引生的著述彙集刊刻成《東山葛氏遺書》三種。葛周玉刻書的特點是，均爲九行二十一字，四周雙邊，單黑魚尾。除葛引生的三種爲黑口外，其餘皆爲白口。封面大多有明確的重刻年，並有“樹滋堂藏板”字様，有的還有陰文方印：“樹滋堂珍藏。”版權意識較强。

5. 平原刻書

秦置平原縣。

平原明代刻書有兩種。清前期的平原刻書以董氏爲主。

1）董氏刻書

董氏是平原大族，先世樂安，明初始遷平原。明末時已爲殷實之家，清代出了探花董訥，自董訥後，五世詩文，綿延不絕：董訥、董訪、董調——董思凝——董元度、董元賡——董芸——董肇彤。刻書亦有二代。

董訥（1639—1701），字兹重，號默庵。康熙六年丁未進士，授編修，累擢至江南總督。著有《督漕疏草》二十二卷、《華瑨集》六卷、《柳村詩集》十二卷。其《柳村詩集》十二卷，據《山東通志·藝文志》，由其子董思凝於康熙年間刻成。首有門人張希良及漢陽王戩序。是集《四庫存目》曰："其詩皆訥手自删定。因有別墅在平原城南二里，名曰柳村，遂以名集。《平原縣志》稱'康熙四十一年聖祖南巡，駐蹕柳村之南樓，詢訥詩集。其子思凝繕寫恭呈御覽'，殆即此本歟？"思凝，字養齋，號石帆，康熙二十七年進士，官直隸口北參議道。有《養齋集》《海棠巢詩詞》《淮行草》《滇行草》等，未見刻本。

董訥季弟董訪，監生，撰《似山亭詩》四卷，清康熙五十年家刻本。十行十九字，黑口，左右雙邊，單黑魚尾。

思凝之子董元度（1709—1783），字曲江，號寄廬，乾隆十七年壬申進士，官安遠知縣，改東昌教授。有《舊雨草堂詩》八卷、《詩餘》一卷，乾隆四十三年自刻於河北保定蓮池書院。

書有黄叔琳序，乾隆四十三年戊戌胡德琳序："同年進士董君曲江者，平原人，總憲默庵先生之孫……又生長濟南……既入詞館，詩名噪都下……余陟守東郡，曲江由縣令改官教授，同宦一方……間出《舊雨草堂詩刻》示余，余擬爲作序，復以他事去官，不果。邇者，曲江以老乞休，應保定蓮池書院之聘，暇取舊刻删削，益以近年所作，重付梓人。刻成，郵示，復理前諾。"是自刻於保定。有南昌萬廷蘭乾隆四十三年戊戌序："促膝讀之，相與擊節稱快，謂不可不壽諸梨棗，南屏慨分清俸爲剞劂之費，而汪薌圃刺史、田實齋、紀棠圃、吴蓀圃三明府後先佽助。予僅司讎校，燈火熒熒，訂其訛舛，五閲月而工竣。詩凡八卷。”

董元度曾在東昌任教授，刻此書時主河北蓮池書院，故此書爲河北保定蓮池書院刻本，刻印精。有仝人資助。九行二十一字，白口，四周雙邊，單黑魚尾。字體方正，刻印精美。

2）張完臣家刻書

平原清前期刻書還有張完臣家。完臣字良哉，順治十二年乙未進士，官國子助教。著有《東村日録》《海隅寤言》《安遠堂詩集》《鈔評陸劍南七言絶句》《周易滴露集》等。

《周易滴露集》不分卷，《四庫存目》曰：“大旨取朱子《本義》爲主，而附益以諸家之説，於吴璉《訂疑》、蔡清《蒙引》、姚舜牧《疑問》所引尤多，間亦附以己意。所注僅上、下兩《經》，而無《繫辭》以下，蓋用程子本也。”

目前知此書有兩個版本，一是清康熙二十八年張拭刻本，卷端署：“平原張完臣良哉甫輯述。”九行二十二字，白口，四周雙邊。前有《凡例》。《凡例》末署：“安遠堂主人識。”卷尾有康熙二十八年張拭跋：“勉力剞劂，公諸同好。”封面刻：“本衙藏板。”是家刻無疑。張拭，字天目，號綺園，完臣子，康熙十四年乙卯舉人，官内閣中書舍人。有《綺園學詩稿》未刻。

另一版本是山東博物館藏四卷本，清乾隆五十八年平原張氏家刻本。卷末有宋藻跋：“張子潤田，尹先先生之曾侄孫也。嘗袖一編見示，簽題‘荆園小語集證’。潤田指謂曰：‘《荆園小語》者，廣平申鳧盟先生所著。先大父愛其語意真醇，可以厲世，乃復引申義類，附各條下，目以《集證》。董曲江先生參訂成書。家藏百餘年，開雕力絀，中懷頗耿耿。頃與族弟春旭議合資付剞劂，希賜校訂，成行於世。’”據此序言，知《周易滴露集》由張完臣孫輩潤田和春旭所刻。而同時刊刻的還有《荆園小語集證》，爲潤田之曾祖父張子覺撰，子覺字尹先。

附：濟南府家刻總表

濼函十卷	（清）葉承宗撰	清順治十七年友聲堂刻本
撫浙疏草五卷撫浙移牘一卷撫浙檄草二卷	（清）朱昌祚撰	清康熙三年刻本
棣華書屋近刻四卷	（清）朱緗、朱絳、朱綱撰	清刻本
楓香集一卷	（清）朱緗撰	清康熙刻本
吴船書屋詩一卷	（清）朱緗撰	清康熙刻本
觀稼樓詩二卷	（清）朱緗撰	清康熙刻本
雲根清壑山房詩一卷	（清）朱緗撰	清康熙刻本
蒼雪山房稿一卷	（清）朱綱撰	清康熙刻本
粤遊草	（清）朱綱撰	清康熙刻本
滇遊草	（清）朱綱撰	清康熙刻本
檢屍考要一卷	（清）朱綱撰	清雍正四年刻本
桐蔭書屋詩二卷	（清）朱崇勳撰	清乾隆刻本
湖上草堂詩一卷	（清）朱崇道撰	清乾隆刻本
繪事逋還雜詠一卷	（清）朱崇厚撰	清乾隆中歷城朱崇厚子朱翊黄刻本
其順堂三世遺詩（夢村集六卷遯齋稿二卷冰壑詩鈔六卷冰壑詩餘一卷）	（清）朱攸編	清乾隆間朱攸刻本
倚華樓詩四卷	（清）朱琦撰	清乾隆刻本

（續表）

雲莊休居樂府一卷	（元）張養浩撰 隱詞歸田 （明）王陽明撰	清康熙十二年濟南張氏家刻本
膽餘軒集不分卷	（清）孫光祀撰	清康熙三十三年濟南孫氏刻本
菜根堂詩四卷	（清）趙吉徵撰	清康熙間歷城趙吉徵子趙磐友刻本
邊華泉集八卷邊華泉集稿六卷	（明）邊貢撰	清康熙四十四年歷城張澄源刻嘉慶十年咸豐元年歷城李氏補刻宣統元年修補本
家藏貫珍録一卷	（清）張濳輯	清雍正十二年歷下張氏刻本
家藏貫珍録一卷	（清）張濳輯	清乾隆四十三年歷下張氏刻嘉慶間張燿曾補刻本
趵突泉誌二卷	（清）任弘遠撰	清乾隆七年歷城任弘遠刻本
鵲華山人詩集一卷	（清）任弘遠撰	清乾隆十九年刻本
周易説略四卷	（清）張爾岐撰	清乾隆二十七年歷下吴元祥等刻本
儀禮讀本四卷	（清）鄭銘撰	清乾隆三十八年刻本
緑筠軒詩四卷	（清）張元撰	清乾隆四十一年周永年等校刻本
元張文忠公歸田類稿二十卷	（元）張養浩撰	清乾隆五十五年歷城周永年、毛埜刻本

(續表)

闕里詩選三卷	(清)錢肅潤等輯	清康熙八年淮陰周忱等山東歷下公署刻本
課慎堂文集十四卷又六卷詩三卷詩餘一卷	(清)李興祖撰	清康熙三十二年銀城李興祖歷下刻本
五公山人集十六卷	(清)王餘佑撰 (清)李興祖編	清康熙三十四年銀城李興祖歷下鹺署刻本
南北史類鈔一百零五卷	(清)李興祖纂	清康熙三十四年銀城李興祖歷下刻本
靳文襄公治河方略十卷首一卷	(清)靳輔撰 (清)崔應階重編	清乾隆三十二年胡德琳、俞調元、盛百二刻本
雙樹軒詩鈔五卷	(清)僧湛性撰	清乾隆三十七年李中簡、胡德琳山東刻本
蒿庵集三卷	(清)張爾岐撰	清乾隆三十八年桂林胡德琳濟陽刻本
蓼村集四卷	(清)王苹撰	清乾隆三十八年桂林胡德琳濟南刻本
歷城三子詩不分卷	(清)朱令昭、方起英、劉伍寬撰	清乾隆二十六年沈廷芳、桑調元刻本
通志堂經解目録一卷	(清)翁方綱撰	清乾隆五十六年大興翁方綱濟南使院刻本
經義考補正十二卷	(清)翁方綱撰	清乾隆五十七年大興翁方綱濟南使院刻本

（續表）

小石帆亭著録六卷（王文簡古詩平仄論一卷趙秋谷所傳聲調譜一卷五言詩平仄舉隅一卷七言詩平仄舉隅一卷七言詩三昧舉隅一卷漁洋先生書目一卷）	（清）翁方綱輯撰	清乾隆五十七年大興翁方綱濟南使院刻本
明湖詩草一卷	（清）劉大紳等撰	清乾隆六十年濟南朱畹紅蕉館刻本
金石録三十卷	（宋）趙明誠撰	清順治七年章邱謝世箕淮陰刻本
集古録十卷	（宋）歐陽修撰	清順治間章邱謝啟光刻本
閒居集詩選四集	（明）李開先撰 （清）宋弼訂	清乾隆二十四年章邱李其桐刻本
虎門遺詩一卷	（明）李衡撰 （清）宋弼選	清乾隆二十四年章邱李其桐刻本
韻辨十一卷	（清）紀洂撰	清乾隆三十年章邱紀洂静正軒刻本
繹史一百六十卷世系圖一卷年表一卷	（清）馬驌撰	清康熙九年鄒平馬氏刻本
左傳事緯十二卷前書八卷	（清）馬驌撰	清康熙間馬驌之子刻道光十二年裔孫馬文慶補刻本
石隱園藏稿八卷	（明）畢自嚴撰	清順治十七年淄川畢際有刻本
石隱園藏稿八卷	（明）畢自嚴撰首一卷	清康熙二十五年淄川畢際有刻本

（續表）

淄乘徵一卷	（清）畢際有輯	清康熙二十五年淄川畢際有刻本
醒夢戲曲一卷	（清）高珩撰	清初淄川高珩刻本
棲雲閣詩十六卷	（清）高珩撰 （清）趙執信選	清乾隆三年淄川高肇鼎、高肇豐、高肇悛刻本
［淄川］高氏家模彙編二卷	（清）高之騱輯	清乾隆三年高肇悛刻本
强恕堂詩集八卷	（清）高之騱撰	清乾隆三年淄川高肇悛刻本
留畊堂遺詩四卷	（清）高瑋撰	清乾隆二十四年淄川高氏畏天齋刻本
棲雲閣詩拾遺三卷	（清）高珩撰 （清）宋弼選	清乾隆四十一年淄川高貽榮刻本
棲雲閣文集十五卷附録一卷	（清）高珩撰	清乾隆四十四年淄川高貽榮、高貽樂、高貽華等刻本
志壑堂詩集十二卷	（清）唐夢賚撰	清康熙二十年淄川唐夢賚杭州刻本
志壑堂詩後集五卷	（清）唐夢賚撰	清康熙二十五年淄川唐夢賚刻本
志壑堂文集十二卷	（清）唐夢賚撰	清康熙刻本
志壑堂文後集三卷	（清）唐夢賚撰	清康熙刻本
辛酉同遊倡和詩餘後集二卷	（清）唐夢賚、吴陳琰撰	清康熙二十四年淄川唐夢賚刻本
吴越同遊日記二卷	（清）唐夢賚撰	清康熙淄川唐夢賚刻本
阮亭選志壑堂詩十五卷	（清）唐夢賚撰	清康熙淄川唐夢賚刻本
菊花百詠	（清）釋元玉撰	清康熙間淄川唐夢賚刻本

（續表）

華嚴頌	（清）釋元玉撰	清康熙間淄川唐夢賚刻本
先相國少保公年譜不分卷附摭遺録	（清）張篤慶編纂	清康熙間淄川張氏刻本
譚藝一得一卷	（清）張元撰	清乾隆十三年淄川張氏刻本
崐崘山房詩集殘稿不分卷	（清）張篤慶撰	清乾隆三十四年淄川張氏刻本
息軒草初集一卷二集二卷附録一卷	（清）王樛撰	清康熙十年淄川王橘刻本
玉海纂二十二卷	（明）劉鴻訓撰	清順治四年長山劉孔中、吴州鄧漢儀等刻本
困學紀聞鈔二卷	（清）劉孔中評選 （清）周亮工參訂	清順治八年長山劉氏刻本
宋范文正公流寓長山事迹考一卷	（清）劉孔懷撰	清康熙長山劉氏刻本
賜閒堂集二十卷	（明）王象晉撰	清順治九年新城王與敕刻本
落箋堂初稾一卷	（清）王士禛撰	清初新城王士禄刻本
十笏草堂辛甲集七卷	（清）王士禄撰 （清）王士禛選	清康熙四年新城王士禄杭州刻本
南徐游覽集一卷	（清）王士禄撰	清康熙五年新城王士禄杭州刻本
十笏草堂上浮集四卷	（清）王士禄撰	清康熙六年新城王士禄廣陵刻本

(續表)

燃脂集發凡一卷	(清)王士禄撰	清康熙刻本
抱山詩集二卷	(清)王士禧撰	清康熙新城王士禧刻本
長白遊詩一卷	(清)王士禛、徐夜撰	清順治十三年新城王士禛刻本
表餘落箋合選十一卷(一名《琅琊二子近詩合選》)	(清)王士禄、王士禛撰(清)周南、王士禧等輯評	清順治十六年新城王士禛刻本
彭王唱和集	(清)王士禄、王士禛、彭孫遹撰	清順治十六年新城王士禛京師刻本
十笏草堂詩選九卷	(清)王士禄撰 (清)梁熙、王士禧等選	清順治新城王士禛吴中刻本
白門前後集	(清)王士禛撰	清順治十八年新城王士禛揚州刻本
過江集	(清)王士禛撰	清順治十八年新城王士禛揚州刻本
十笏草堂詩選十一卷	(清)王士禄撰 (清)梁熙、王士禧等選前九卷(清)陳允衡、楊繼經、唐允甲選後二卷	清順治康熙間新城王士禛吴中刻本
入吴集	(清)王士禛撰	清康熙刻本
秦淮雜詩一卷	(清)王士禛撰	清康熙刻本
鑾江唱和集	(清)王士禛、吴國對撰	清康熙刻本

（續表）

歲暮懷人絶句	（清）王士禛撰	清康熙刻本
琅邪三公集	（明）王象春、王象艮、王象明撰	清新城王士禛刻本
金陵遊記一卷	（清）王士禛撰	清康熙刻本
壬寅集	（清）王士禛撰	清康熙元年新城王士禛金陵刻本
阮亭詩選十七卷	（清）王士禛撰	清康熙元年新城王士禛吴中刻本
紅橋倡和集	（清）王士禛、袁于令等撰	清康熙元年新城王士禛揚州刻本
隴首集一卷	（明）王與胤撰	清康熙二年新城王士禛揚州刻本
癸卯詩卷	（清）王士禄、王士禛撰	清康熙二年新城王士禛揚州刻本
冶春絶句	（清）王士禛、林古度等撰	清康熙三年新城王士禛揚州刻本
禪智録别一卷（蜀岡禪智寺唱和詩）	（清）王士禛編	清康熙四年新城王士禛刻本
焦山古鼎圖詩一卷	（清）王士禛撰	清康熙四年新城王士禛刻本
水繪園修禊詩一卷	（清）王士禛、冒襄等撰	清康熙四年新城王士禛揚州刻本
漁洋詩集二十二卷	（清）王士禛撰	清康熙八年王士禛門人王我建吴門沂詠堂刻本
阮亭甲寅詩一卷	（清）王士禛撰	清康熙刻本

(續表)

十子詩畧	(清)王士禛編	清康熙十六年新城王士禛京師刻本
漁洋續集十六卷	(清)王士禛撰	清康熙二十三年王士禛門人盛符升蘇州刻本
憶洞庭詩唱和集	(清)王士禛輯	清康熙刻本
南來志一卷(粵行三志之一)	(清)王士禛撰	清康熙刻本
廣州遊覽小志一卷(粵行三志之一)	(清)王士禛撰	清康熙刻本
北歸志一卷(粵行三志之一)	(清)王士禛撰	清康熙刻本
皇華紀聞四卷	(清)王士禛撰	清康熙刻本
南海集二卷	(清)王士禛撰	清康熙刻本
十種唐詩選十七卷	(清)王士禛選	清康熙二十六年新城王士禛崑山刻本
唐賢三昧集三卷	(清)王士禛選	清康熙二十七年新城王士禛刻本
突星閣詩鈔十五卷	(清)王戩撰	清康熙二十八年新城王士禛濟南刻前五卷康熙三十九年漢陽王戩蘇州自刻後五卷康熙四十九年朱愷仲等刻四卷康熙五十七年許謙次刻一卷本

（續表）

蜀道驛程記二卷	（清）王士禛撰	清康熙三十年新城王士禛京師刻本
漁洋山人詩合集十八卷	（清）王士禛撰	清康熙三十三年新城王士禛刻本
蠶尾集十卷	（清）王士禛撰	清康熙三十四年新城王士禛京師刻本
漁洋山人文略十四卷	（清）王士禛撰	清康熙三十四年新城王士禛京師刻本
國朝謚法考一卷	（清）王士禛撰	清康熙三十四年新城王士禛刻本
雍益集一卷	（清）王士禛撰	清康熙三十六年刻本
秦蜀驛程後記二卷	（清）王士禛撰	清康熙刻本
隴蜀餘聞一卷	（清）王士禛撰	清康熙刻本
長白山録一卷補遺一卷	（清）王士禛撰	清康熙刻本
徐詩二卷	（清）徐夜撰 （清）王士禛選	清康熙三十七年新城王士禛京師刻本
蕭亭詩選四卷	（清）張實居撰 （清）王士禛選	清康熙三十七年新城王士禛京師刻本
考功集選四卷	（清）王士禄撰 （清）王士禛選	清康熙三十七年新城王士禛京師刻本
古鉢集選一卷	（清）王士祜撰	清康熙三十七年新城王士禛京師刻本
迪功集選一卷（二家詩選之一）	（明）徐禎卿撰 （清）王士禛選輯	清康熙三十八年新城王士禛京師刻本
蘇門集選一卷（二家詩選之一）	（明）高叔嗣撰 （清）王士禛選輯	清康熙三十八年新城王士禛京師刻本

(續表)

華泉集四卷首一卷	(明)邊貢撰 (清)王士禛選	清康熙三十八年新城王士禛京師刻本
睡足軒詩選一卷(華泉集附)	(明)邊習撰 (清)徐夜、王士禛選	清康熙三十九年新城王士禛京師刻本
隴首集一卷	(明)王與胤撰	清康熙三十八年至四十三年間新城王士禛京師刻本
池北偶談二十六卷	(清)王士禛撰	清康熙三十九年山西高都王廷掄福建臨汀郡署刻本
漁洋山人精華録十卷	(清)王士禛撰	清康熙三十九年侯官林佶寫刻本
古懽録八卷	(清)王士禛撰	清康熙三十九年新安朱從延快宜堂刻本
居易録三十四卷	(清)王士禛撰	清康熙四十年新城王士禛廣東刻本
浯溪考二卷	(清)王士禛撰	清康熙四十年新城王士禛京師刻本
抱山集選一卷	(清)王士禧撰	清康熙四十年新城王士禛刻本
載書圖詩一卷	(清)王士禛編	清康熙刻本
歷仕録一卷	(明)王之垣撰	清康熙四十一年新城王士禛京師刻本
蠶尾續集二卷	(清)王士禛撰	清康熙四十三年新城王士禛京師刻本

（續表）

香祖筆記十二卷	（清）王士禛撰	清康熙四十四年新城王士禛吴門刻本
古夫于亭雜録五卷	（清）王士禛撰	清康熙蔣仁錫刻本
古夫于亭雜録六卷	（清）王士禛撰	清康熙四十六年大名成文昭京師慈仁寺刻本
蠶尾後集二卷	（清）王士禛撰	清康熙四十七年新城王士禛里中刻本
分甘餘話四卷	（清）王士禛撰	清康熙四十八年刻本
唐人萬首絶句選七卷	（清）王士禛選	清康熙四十八年至四十九年新城王士禛里中刻本
己丑庚寅近詩一卷	（清）王士禛撰	清康熙四十九年新城王士禛刻本
漁洋詩話三卷	（清）王士禛撰	清康熙四十九年新城王士禛山西臨汾刻本
帶經堂集九十二卷	（清）王士禛撰	清康熙五十年歙中刻本
王考功年譜一卷	（清）王士禛撰	清康熙新城王士禛刻本
柏峰詩稿	（明）王之猷撰	清初新城王士驪刻本
問詩堂稿	（清）王啓涑撰	清新城王啓涑刻本
問詩堂隨筆	（清）王啓涑撰	清新城王啓涑刻本
蘇詩補注	（清）王啓涑撰	清新城王啓涑刻本
西陂别墅題詠	（清）王啓涑編	清新城王啓涑刻本
律詩定體	（清）王士禛撰	清乾隆間新城王兆森刻本
然燈記聞	（清）王士禛撰	清乾隆間新城王兆森刻本
漁洋山人詩問二卷	（清）王士禛撰	清乾隆三十五年新城王祖肅刻本

（續表）

敬亭自記年譜一卷	（清）王祖肅編	清乾隆間新城王氏刻本
王文簡公論七言古體平仄一卷	（清）王士禛撰	清乾隆五十三年至五十七年間新城王允熙刻本
漁洋山人精華録會心偶筆六卷	（清）王士禛撰 （清）伊應鼎編	清乾隆二十三年新城伊應鼎刻本
唐人試帖	（清）伊應鼎編	清乾隆新城伊應鼎刻本
四書圖説六卷	（清）王道然撰	清乾隆六十年王道然甥何維綺清輝堂刻本
尊水園宿草	（清）盧世㴶撰	清順治十年前德州盧世㴶刻本
在興草	（清）盧世㴶撰	清順治十年前德州盧世㴶刻本
閒居漫興	（清）盧世㴶撰	清順治十年前德州盧世㴶刻本
杜亭近草	（清）盧世㴶撰	清順治十年前德州盧世㴶刻本
畫扇齋詩始	（清）盧世㴶撰	清順治十年前德州盧世㴶刻本
讀杜私言	（清）盧世㴶撰	清順治十年前德州盧世㴶刻本
紫房篋中小集	（清）盧世㴶撰	清順治十年前德州盧世㴶刻本
紫房篋中餘集	（清）盧世㴶撰	清順治十年前德州盧世㴶刻本
唐子西文録	（宋）唐庚撰	清順治十年前德州盧世㴶刻本
杜生傳		清順治十年前德州盧世㴶刻本
許繩齋批點李于鱗太華山記	（明）李攀龍撰 （明）許繩齋批點	清順治十年前德州盧世㴶刻本
許葺翁和陶詩	（明）許繩齋撰	清順治十年前德州盧世㴶刻本
宋布衣詩選	（明）宋登春撰	清順治十年前德州盧世㴶刻本
簡齋詩鈔	（明）劉榮嗣撰	清順治十年前德州盧世㴶刻本
汪未央詩	（明）汪大年撰	清順治十年前德州盧世㴶刻本
寒山新詩	（明）陳寒山撰	清順治十年前德州盧世㴶刻本

（續表）

程魯詹嘯歌		清順治十年前德州盧世㴶刻本
燕遊稿	（明）程先貞撰	清順治十年前德州盧世㴶刻本
醫書	（明）吕君俞撰	清順治十年前德州盧世㴶刻本
清壑亭近詩	（明）沈嘉客撰	清順治十年前德州盧世㴶刻本
羅生堂近義	（明）沈嘉客撰	清順治十年前德州盧世㴶刻本
秋草詩	（明）沈景倩撰	清順治十年前德州盧世㴶刻本
胡嗣玄制義	（明）胡虞支撰	清順治十年前德州盧世㴶刻本
尊水園集略十二卷補遺二卷	（清）盧世㴶撰	清順治德州程先貞等刻十七年德州盧孝餘補刻本
雅江新政	（清）盧見曾編	清雍正三年至四年德州盧見曾刻本
感舊集十六卷	（清）王士禛選 （清）盧見曾補傳	清乾隆十七年德州盧見曾雅雨堂刻金石三例本
金石例十卷	（元）潘昂霄撰	清乾隆二十年德州盧見曾雅雨堂刻金石三例本
墓銘舉例四卷	（明）王行撰	清乾隆二十年德州盧見曾雅雨堂刻金石三例本
金石要例一卷	（清）黄宗羲撰	清乾隆二十年德州盧見曾雅雨堂刻本
經義考三百卷	（清）朱彝尊録經義考總目録二卷（清）盧見曾編	清康熙刻乾隆二十年德州盧見曾增刻本
容安齋詩集四卷	（清）汪應銓撰	清乾隆間德州盧見曾雅雨堂刻本
李氏易傳十七卷	（唐）李鼎祚集解	清乾隆二十一年德州盧見曾刻雅雨堂藏書本

（續表）

鄭注周易三卷（李氏易傳附）	（漢）鄭玄撰 （宋）王應麟輯 （清）惠棟補輯	清乾隆二十一年德州盧見曾刻雅雨堂藏書本
周易音義一卷（李氏易傳附）	（唐）陸德明音義	清乾隆二十一年德州盧見曾刻雅雨堂藏書本
尚書大傳四卷附補遺一卷續補遺一卷考異一卷	（漢）伏勝撰 （漢）鄭玄注 補遺續補遺 （清）盧文弨輯並撰考異	清乾隆二十一年德州盧見曾刻雅雨堂藏書本
周易乾鑿度二卷	（漢）鄭玄撰	清乾隆二十一年德州盧見曾刻雅雨堂藏書本
大戴禮記十三卷	（北周）盧辯注	清乾隆二十五年德州盧見曾刻雅雨堂藏書本
戰國策三十三卷	（漢）高誘注	清乾隆二十一年德州盧見曾刻雅雨堂藏書本
匡謬正俗八卷	（唐）顔師古撰	清乾隆二十一年德州盧見曾刻雅雨堂藏書本
封氏聞見記十卷	（唐）封演撰	清乾隆二十一年德州盧見曾刻雅雨堂藏書本
唐摭言十五卷	（南漢）王定保撰	清乾隆二十一年德州盧見曾刻雅雨堂藏書本
北夢瑣言三十卷	（宋）孫光憲撰	清乾隆二十一年德州盧見曾刻雅雨堂藏書本

（續表）

周易爻辰圖一卷	（清）惠棟撰	清乾隆二十一年德州盧見曾刻雅雨堂藏書本
文昌雜録六卷補遺一卷	（宋）龐元英撰	清乾隆二十一年德州盧見曾刻雅雨堂藏書本
鄭司農集一卷（尚書大傳附）	（漢）鄭玄撰	清乾隆二十一年德州盧見曾刻雅雨堂藏書本
漁洋山人精華録訓纂補十卷首一卷年譜補一卷	（清）惠棟撰	清乾隆二十二年德州盧見曾雅雨堂刻本
周易述三十卷	（清）惠棟集注並疏	清乾隆二十三年德州盧見曾雅雨堂刻本
國朝山左詩鈔六十卷	（清）盧見曾輯	清乾隆二十三年德州盧見曾雅雨堂刻本
選明代山左詩鈔採訪書目漁洋山人擬選五十家一卷	（清）王士禛撰	清德州盧見曾刻本
漁洋擬選五十家外續開六郡採訪名人書目一卷	（清）盧見曾輯	清德州盧見曾刻本
經學五書	（清）萬斯大撰	清乾隆二十三年德州盧見曾雅雨堂刻本
韓昌黎詩集編年箋注十二卷	（唐）韓愈撰 （清）方世舉箋注	清乾隆二十三年德州盧見曾雅雨堂刻本
旗亭記二卷	（清）金兆燕撰	清乾隆二十四年德州盧見曾雅雨堂刻本

(續表)

玉尺樓傳奇二卷	(清)朱蕡稗撰	清乾隆間德州盧見曾雅雨堂刻本
聲調譜三卷	(清)趙執信撰	清乾隆二十四年德州盧見曾雅雨堂刻本
談龍録一卷	(清)趙執信撰	清乾隆間德州盧見曾雅雨堂刻本
金石録三十卷	(宋)趙明誠撰	清乾隆二十七年德州盧見曾雅雨堂刻本
金山志十卷首一卷	(清)盧見曾纂	清乾隆二十七年德州盧見曾雅雨堂刻本
焦山志十二卷	(清)盧見曾撰	清乾隆二十七年德州盧見曾刻本
嘯村近體詩選三卷	(清)李葂撰	清乾隆間德州盧見曾雅雨堂刻本
查注蘇詩		清乾隆間德州盧見曾雅雨堂刻本
雅雨山人出塞集一卷	(清)盧見曾撰	清乾隆間德州盧見曾雅雨堂刻本
茹荼吟不分卷	(清)張氏撰	清德州田氏刻本
黔書二卷	(清)田雯編	清康熙二十九年刻本
山薑編年詩選	(清)田雯撰	清康熙刻本
長河志籍考十卷	(清)田雯撰	清康熙刻本
古歡堂集三十七卷	(清)田雯撰	清康熙刻本
蒙齋年譜一卷續一卷	(清)田雯撰　補一卷(清)田肇麗撰	清康熙刻本

（續表）

蒙齋生志一卷(年譜附)	（清）田雯撰	清康熙刻本
水東草堂詩一卷	（清）田需撰	清康熙六十年德州田霡刻本
南遊詩	（清）田霡撰	清康熙雍正間刻本
鬲津草堂詩六卷	（清）田霡撰	清康熙至乾隆刻本
有懷堂文集一卷詩集一卷	（清）田肇麗撰	清乾隆七年德州田同之刻本
安德明詩選遺一卷	（清）田同之輯	清乾隆七年刻本
二學亭文涘四卷	（清）田同之撰	清乾隆刻本
西圃文説三卷西圃詩説一卷西圃詞説一卷	（清）田同之撰	清乾隆刻本
晚香詞三卷	（清）田同之撰	清刻本
楊夢山詩選三卷	（明）楊巍撰	清康熙間德州謝重輝刻本
蓮洋集十二卷補遺一卷	（清）吴雯撰	清乾隆十五年汾陽劉組曾刻乾隆十六年德州宋弼增刻本
策園集	（清）于振翀撰	清德州宋弼刻本
晴川集	（清）馮廷櫆撰	清康熙德州馮廷櫆楚中刻本
馮舍人遺詩六卷	（清）馮廷櫆撰	清雍正十一年德州馮德培刻本
蘆南集一卷	（明）鄒頤賢撰 （清）宋弼輯	清乾隆十六年德州鄒士廉刻本
見可園集一卷	（清）李源撰	清乾隆五十九年德州李源曾孫李有基福建連城官署刻本
後知堂遺詩一卷	（清）李樫撰	清乾隆五十九年德州李有基福建連城官署刻本

(續表)

拾翠囊詩一卷	(清)郝允秀撰	清乾隆間齊河郝允秀刻本
弟子職注一卷	(清)張爾岐撰	清濟陽張爾岐子張孝寬刻本
儀禮鄭注句讀十七卷	(清)張爾岐撰	清乾隆八年濟陽高廷樞刻本
王無瑕先生詩集五卷文集三卷(雲來館集八卷)	(清)王琢璞撰 (清)張爾岐定	清乾隆八年濟陽王氏刻本
蘭圃遺詩	(清)邢順德撰 (清)李基沂選	清乾隆間刻本
祀典管見	(明)葛如麟撰	明末清初德平葛氏刻本
丁丑吟	(明)葛如麟撰	明末清初德平葛氏刻本
葛符卿公年譜一卷	(明)葛如麟撰	明末清初德平葛氏刻本
葛符卿公行録一卷	(明)葛如麟撰	明末清初德平葛氏刻本
歷代帝王歌一卷	(明)葛如麟撰	明末清初德平葛氏刻本
小兒語一卷	(明)葛如麟撰	明末清初德平葛氏刻本
痘書一卷	(明)葛如麟撰	明末清初德平葛氏刻本
痘疹括一卷	(明)葛如麟撰	明末清初德平葛氏刻本
葛太史公集五卷	(明)葛曦撰	清康熙二年德平葛元福刻本
綱鑑策題彙纂四卷	(清)葛元福撰	清康熙二年德平葛元福刻本
傳記合刻一卷	(清)葛元福撰	清德平葛元福刻本
介之詩草一卷	(清)葛元祺撰	清德平葛氏刻本
柳村詩集十二卷	(清)董訥撰	清康熙平原董思凝刻本
似山亭詩四卷	(清)董訪撰	清康熙五十年平原董氏刻本
舊雨草堂詩八卷詩餘一卷	(清)董元度撰	清乾隆四十三年平原董元度河北保定蓮池書院刻本

（續表）

周易滴露集不分卷	（清）張完臣撰	清康熙二十八年平原張拭安遠堂刻本
周易滴露集四卷	（清）張完臣撰	清乾隆五十八年平原張氏家刻本
荊園小語集證不分卷	（清）張子覺撰	清乾隆間平原張氏家刻本

三、坊刻及宗教機構刻書

目前未見清前期濟南府坊刻書。

寺廟刻書僅一種，即《靈巖志》六卷，清王宏任、馬大相、王昕編，清康熙三十五年濟南靈巖寺刻本。

靈巖寺是一座千年古刹。它地處泰山北麓，初建於東晉，興於北魏，盛於唐、宋、金、明。與浙江天台國清寺、南京棲霞寺、江陵玉泉寺並稱我國寺院四絕，並負四絕之首盛名。

山東博物館有此書。據崔巍老師《博》上－181 知，宏任字雲亭，濟寧人，官長清訓導。大相字左丞，定陶人，康熙十五年歲貢，官長清訓導。昕，長清人。

此志乃康熙四十五年王宏任興修，大相、王昕同纂。卷首有山東鹽法道副使李興祖序，稱茲編雖微嫌沉蔓，然志沿革，志建置，志名勝、古蹟、碑銘、詩賦、古文詞，令閱者爽然心目，得以搜奇抉奧，一吐胸中所有。此書卷一爲圖，卷二爲封域志、建置志、人物志、古蹟志，卷三至卷五爲藝文志，卷六爲雜述志，末附《鄰山勝境》。

四、濟南府刻書特色

（一）官私坊三系統的分布

自明代形成的官刻、私刻、坊刻三大系統，在清前期的濟南府刻書中卻無法見到三足鼎立的局面。就目前所知，濟南府清前期共刻書 285 種，其中官刻書 19 種，包括各種衙門刻書 13 種，書院刻書5種,德州學正刻書1種。家刻275種,寺廟刻書1種,而坊刻卻無一種。可見,家刻是清前期濟南刻書的支柱。

(二)官刻特點

濟南府各級衙門刻書共13種,涉及的刻書機構有布政使司、提刑按察使司、提督學政、鹽運使司,還有濟陽縣衙。布政司刻書最多,6種,其中1種是有一百多個子目的叢書。可見,山東布政司在清前期的官刻書中占主要位置。

清前期的各地官府刻書主要是刻印地方志和翻刻殿本書籍,也刻少量其他書籍,曾經出現質量不佳的狀況。爲了改變地方刻書出現的問題,雍正帝、乾隆帝曾諭各省布政司主持刻書,明令士子可以從事出版業。山東布政司在刻書方面算是成績不小的。其翻刻的四部御纂經書及濟陽縣衙翻刻的《欽定康濟録》占了清前期山東官刻書的三分之一强,足見翻刻内府書是地方官刻的主要内容。刻書之多也可能與山東官員的學識有關,乾隆四十七年七月十九日奉旨開列辦理《四庫全書》在事諸臣職名,總纂官有三人,一是文淵閣直閣事、兵部侍郎紀昀,一是文淵閣直閣事、大理寺卿陸錫熊,第三位就是太常寺少卿、當時任山東布政使的孫士毅。

清朝統治者十分重視治理黄河,其主要目的是"濟運通漕",以確保秩序的安定和政權的鞏固。康熙帝把三藩、河務、漕運當作首要解決的三件大事並於十六年決心要大規模治河,故山東提刑按察使司有《山東全河備考》《山東運河備覽》二書之刻。

總之,清前期山東官刻書最大的特點,即關注經濟民生。從運河到鹽法,從賦役到富民政策,從種植甘薯到救災活民,無一不與國計民生相關,而詩文等文化建設卻不是官府所關注的第一要務。

清前期的官衙刻書在時間分布上,順治2種,康熙1種,雍正6種,乾隆4種。刻書内容上,史書最多,有8種,所關有山東運河、賦役、鹽運、救災等國計民生。經書次之,有4種,主要爲布政司翻刻内府刻書。農書1種,在全國起到了示範作用。無詩文集。

在地區分布上,除了歷城、濟陽、德州,其他13縣均無官刻本。歷城12種,最多,主要是府治的緣故。

濼源書院所刻5種書中,經部2種,集部2種,子部儒家類1種。從著者看,桑調元老師的著述2種,宋弼2種。刻書均在乾隆十一年至三十三年間。

另有德州學正爲地方教化刻善書1種,有巡撫批文。

(三)家刻數量分布

濟南府轄十六縣,清前期有十二縣有刻書記載:歷城、章邱、鄒平、淄川、長山、新城、齊河、濟陽、陵縣、德州、德平、平原。四縣無刻書記載:齊東、禹城、臨邑、長清。

家刻書共275種,其中歷城41種,章邱5種,鄒平2種,淄川23種,長山3種,新城93種,齊河1種,濟陽3種,陵縣1種,德州85種,德平12種,平原6種。

名次	縣	數量
1	新城	93
2	德州	85
3	歷城	41
4	淄川	23
5	德平	12
6	平原	6
7	章邱	5
8	長山	3
9	濟陽	3
10	鄒平	2
11	齊河	1
12	陵縣	1

通過上表可發現,歷城刻書並不是最多的,新城、德州都遠超歷城。一般認爲,歷城作爲濟南府治,是濟南府更是山東省的政治、經濟、文化中心,精英薈萃,文化建設方面有條件、有優勢,理應在刻書數量上拔頭籌,但實際上還不及德州的一半,也僅是新城的三分之一。究其原因,是新城和德州有著名的刻書大家的存在。新城刻書 93 種,王士禛家刻書達 90 種,幾乎囊括了全部。德州刻書 85 種中,盧世漼及其子有 24 種,盧見曾有 38 種,則盧氏共有 63 種之多,占德州刻書總量的近百分之九十。另有田氏刻書 15 種。可以看出,世家大族的刻書是地方上刻書的主體,也是衡量各地刻書多寡的重要指標。這其中也有例外,如作爲德州四大家族之一的謝氏刻書僅有 1 種,與其大族身份不吻合。宋弼輯選山東詩集不少,但所知明確的宋弼刻書僅 2 種,亦屬異常現象。

(四)家刻内容傾向

分類	數量	百分比
經部	18	6.5
史部	45	16.5
子部	20	7.2
集部	192	69.8

由上表可見,清前期的濟南府刻書以集部爲主,這與新城王氏,德州田氏,歷城朱氏,淄川高氏、唐氏、畢氏,皆以詩文聞名有關,故别集有 147 種,其中當代人的集子有 115 種。總集有 24 種,其中,王士禛輯刻者 13 種,地方藝文 3 種,分别爲《闕里詩選》《國朝山左詩鈔》《安德明詩選遺》。集部中詩文評居第三,有 13 種,其中王士禛有 5 種,趙執信有 2 種,盧見曾輯刻《金石三例》3 種。

史部書共 45 種,傳記類最多,有 18 種,其中王士禛 7 種。地理類次之,有 9 種。可喜的是,有目録類書 5 種。

經部 18 種,其中爲盧見曾刻者有 9 種,占二分之一。易類 9 種,惠棟著者有 2 種,還有 1 種爲補注《鄭注周易》。另有張爾岐的《周易説略》和張完臣的《周易滴露集》。

子部書 20 種,其中雜家類占 10 種,王士禛就有 6 種之多。

(五)家刻時間分布

時代	數量	百分比
順治	51	18.5
康熙	127	46.2
雍正	4	1.5
乾隆	93	33.8

康熙時刻書最多,有 127 種。乾隆次之,93 種。雍正最少,衹 4 種。順治 51 種。

康熙時刻書最多大概與王士禛兄弟、田雯兄弟、朱緗兄弟、高珩、唐夢賚等皆主要活動在康熙朝有關。

(六)名家刻書特點

家刻以名家刻書爲主體,而名家的刻書特點決定着這個地區的刻書特點。

王士禛的刻書特點是:刻自己的著述最多,説明個人創作是刻書最基本的動力;作爲詩壇大家,刻集部書最多,可見其着力之處;没有刻過經部書;單刻小集存者少,蓋與後來刊刻合集有關;刻書時間集中於康熙三十年以後,在京師刻書最多,揚州次之,刻書地另有廣東、金陵、新城、濟南、蘇州(吴門)、崑山、福建、新安、山西臨汾等地;以家庭通力合作爲刻書方式,許多書均有家人校訂字樣;門人操辦刻書者不少,亦有請他人代刻者。

盧見曾的刻書特點是:刻書共 39 種,其中經學著述 10 種,史部地志、金石目録類書籍 9 種,詩文集 17 種;以其特殊的社會地位,網羅多位同僚,借衆人之力刻書;刻書注重版本,是刻書的行家,故許多刻本成爲現存最好的本子;刊刻名著;以刻書表彰漢學,引領學術風氣,提供交流機會,推動乾嘉學術的發展;關注地方文獻,展示山東詩學的成就;刊刻趙執信的詩論,不囿於門户之見,展示多樣化的詩壇風貌。

濟南朱氏:刻書内容除朱綱《檢屍考要》、朱曾武《四書字義説略》外,餘皆爲詩文集。可見,朱氏是以詩文傳家的。

淄川高氏:三百年刻書不輟,七代刻書,主要爲先輩的詩文集。

德州田氏:以刊刻自著的詩文詞爲主,刻書時間爲康熙至乾隆間;刻書數量與聲名成正比;田雯刻書最多;田同之的刻書活動展示了清初山東詩壇的面貌。

德平葛氏:德平刻書由葛氏一家一統天下,這在其他地方少見;刻書以集部和史部爲主;書板旋刻旋毁,德平的自然災害加之人爲破壞,可能是葛氏家族書板不存的重要原因;由於書旋刻旋毁,於是葛氏後人不間斷地進行重刻。

(七)名家刻書重視刻書質量

王士禛極爲重視刻書質量,覓高手寫樣,他的刻書幾乎全部爲寫刻體,甚精,是康熙寫刻體的實踐者及代表。濟南朱氏在康熙時所刻多爲寫刻,乾隆時多爲宋體字,亦精美。淄川高氏刻書字體方正,乾隆風格,尤其是《[淄川]高氏家模彙編》,刻印極精。唐夢賚多在武林刻書,杭州自古有刻書傳統,故刊刻精良。德州田氏刻書的行款版式亦有明顯的時代特徵,田雯刻書初期爲細行密字,後來便固定爲十行十九字,尤其是到了田同之,一直保持這一形式,黑口,左右雙邊,字體多爲寫刻體,比較精美,漂亮,具康乾刻書風格。乾隆三十四年淄川張氏刻張篤慶《崐崘山房詩集殘稿》,宋體字,字體俊逸,刻印精。

(八)家刻名品

王士禛的刻書名品首先是決定其詩壇地位的詩集的刊刻。王士禛在揚州任上曾組織了三次文學交遊盛會,傳爲藝苑佳話。三次文學修禊,士禛才華盡顯,令東南名流斂手稱服,基本奠定了他在東南士人中詩壇領袖的地位,這正是他作爲一代宗匠、主持風雅數十年的開始。而《十子詩略》的選刻對於王士禛的作用,馬大勇先生的觀點前已有述。

其次是刊刻了不少頗具藝術價值的著述。王士禛首先注重的是寫工,他的刻書有多種請的都是名寫手,象林佶寫《漁洋山人精華録》,黄儀寫《漁洋續集》,陳奕禧寫《池北偶談》,禹慎齋繪《載書圖》。王士禛對刻工也有嚴格的要求,《漁洋山人精華録》的刻工爲鮑聞野,除此之外,他的一切書板及刷印諸書係門下梓工李萬琮經手。

德州盧見曾所刻名品最多,不僅因爲他的書大多在揚州刻成,皆爲寫刻體,代表了當時的寫刻水平,更重要的是,他的書學術價值極高,《雅雨堂藏書》前已有述,另有如下精品:

乾隆十七年刻《感舊集》十六卷,這是盧見曾復出後的第一次刻書,也是幾代山東人以及盧見曾的朋友共同努力的結果。首先是王士禛的搜羅之功,其次是盧見曾的補傳之功,黄叔琳的奉獻原本之功,馬曰琯的實際操作刊刻之功,另有多人的校勘之功,有張元、宋弼、馬曰琯、秦大士、張元之孫張廷寀、盧見曾之子盧謙,還有厲鶚、陳章等朋友相助,二人皆館於小玲瓏山館,參與此書的校勘工作,所以此書内容精審是自然的。

乾隆二十年盧見曾刻《金石三例》十五卷,這是將潘昂霄的《金石例》、王行的《墓銘舉例》、黄宗羲的《金石要例》彙爲《金石三例》的首次刊刻。三書版本各有來源:潘氏書來源於元至正五年刻本,黄宗羲書來源於《南雷文定》,而王行書由三個本子互相參訂,前無刻本,此爲第一刻,意義非同尋常。字刻精美,此時盧見曾在兩淮鹽運使任上,是揚州刻本。

乾隆二十年盧見曾增刻朱彝尊録《經義考》。《經義考》三百卷,康熙時刻一百六十七卷,盧見曾補撰《經義考總目録》二卷,補刻一百三十卷。該書是朱彝尊在清初學風由空返實、學者不約而同宣導經學、注重考據的大背景下,詳考歷代經籍存佚情形纂輯而成。全書搜羅廣博,考證賅洽,資料豐富,對研究古代經籍及有關文獻,具有很高的參考價值。《四庫提要》評論該書,於"上下二千年間,元元本本,使傳經原委,一一可稽,亦可以云詳贍矣"。《經義考》在經學和目録學研究中具有極爲重要的學術地位和研究價值。

《金石録》是金石學名著,清代首有濟南謝世箕刻本,但流傳不廣,盧見曾重刻,成爲自乾隆以來此書最通行的本子,對此書的傳播起到了重要作用。

乾隆二十三年刻《國朝山左詩鈔》六十卷,拉開了山東地方文獻整理的帷幕。隨後,宋弼在協助盧見曾編纂成《國朝山左詩鈔》後,又編成《補鈔》七卷、《續鈔》四卷,同時輯《山左明詩鈔》三十五卷,收明代山東詩人四百三十一人,乾隆三十六年由李文藻刻印;嘉慶間張鵬展輯刻《國朝山左詩續鈔》三十二卷;道光二十九年余正酉又編成《國朝山左詩彙鈔後集》,收入山東詩人三百八十九家的詩作。以上四種合計,共得明代至清道光五百餘年間山東詩人二千一百八十七家,每人都繫有小傳,山東詩人詩作大體略備。盧見曾《國朝山左詩鈔》的編刻是具有肇始之功的。

乾隆二十四年刻趙執信的《聲調三譜》,又刻《談龍録》,有功於當時的詩壇辯論。盧見曾雖爲王士禛的學生,但信奉趙執信《談龍録》中的寫詩主張,自幼以秋谷《談龍録》理論爲作詩的指導原則。後來,他被趙執信所選之士陽城田文端相國拔爲士,李鶴峰收集抄録趙執信詩集後,他爲《飴山詩集》作序。並刊刻了《談龍録》和《聲調譜》,可見他並無門户之見。《聲調三譜》前有乾隆二十四年德州盧見曾序："《聲調》一譜，誠爲學詩家指南之本，不可不亟廣其傳者矣。"所刻《談龍録》成爲此書現存的最早版本。

除了以上王、盧二家，濟南府清前期的精品還有：

歷城任弘遠所刻《趵突泉誌》是我國自古至今唯一一部記述一處名泉，具有較高史料價值的地方名物專志，同時又是一部具有濃郁地方色彩的文學作品的總集，被盛譽爲"天下名泉第一志"。

歷下吴元祥刻《周易説略》，有吴元祥識："前有徐氏藏板，刷印無幾，早被陰雨損傷。"從此可看出，乾隆時就已認定泰山徐志定刻《周易説略》《蒿庵閒話》即磁版印本，而非磁活字，解決了版本學史上的一個大案。吴元祥本所據底本當爲徐氏本，在徐氏本流傳不廣的情況下，此本爲張爾岐著述的流播做出了重要貢獻。

歷城周永年家貧，連其自著的《先正讀書訣》亦無力刊刻，但他刻了張養浩的《歸田類稿》，這是此書現存的唯一版本。此書得來不易，首先是牽涉人員廣，有李文藻、邵晉涵、羅有高。其次是時間跨度長，從乾隆三十四年開始搜求，二十年後纔得以刊成。

王士禄的《燃脂集》，現僅存稿本二十五卷、道光十五年王允豐抄本二卷，故其於順治六年後康熙十二年前刻《燃脂集發凡》一卷，雖僅爲"發凡"，卻彌足珍貴。

濟陽高廷樞於乾隆八年所刻《儀禮鄭注句讀》，具有重要的意義。在刊刻前，此書僅以抄本流傳，流傳未廣，並致誤解。經雕版印刷後，張爾岐此書傳播甚廣，清末山東書局刻《十三經讀本》所用即此本。

被顧炎武稱作"必傳之作"的鄒平馬氏《繹史》，是清代非常重要的史學專著，刻於康熙年間，康熙四十五年板入内府。據翁連溪《清内府遺存書版考》一文，"康熙四十年衍聖公孔毓圻刊刻進呈的《幸魯盛典》，康熙時期徐焯刊刻的《全唐詩録》，宫夢仁編刊的《讀書紀數略》，馬氏刊刻的《繹史》，康熙時期納蘭性德編刊乾隆五十年補刻的《通志堂經解》，嘉慶時期兩江總督鐵保編纂、由浙江巡撫阮元於廣州刊刻進呈的《熙朝雅頌集》，大多是由私人刊刻後遵旨交内府刷印的"①。看來，自康熙始，由私人刊刻並被皇帝看中的書籍，板入内府是常有之事。

第三節　東昌府、泰安府、武定府、臨清州刻書

一、東昌府刻書

(一)家刻

清前期東昌府無官刻書記載，坊刻僅有聊城書業德三種，書業德刻書大部分在中後期，故於清中期刻書一併介紹。

清前期的東昌府四縣有家刻書記載：聊城、堂邑、茌平、莘縣。

1. 聊城刻書

漢置聊城縣，自明屬東昌府，清因之。

明代聊城刻書有十三種。清初聊城刻書有五種，其中鄧鍾岳家刻書四種。

1）鄧氏刻書

鍾岳(1674—1748)，字東長，號悔廬，聊城人，康熙六十年狀元，雍正四年任江蘇學政，乾隆元年督浙江學政，官至禮部左侍郎。著有《知非録》《寒香閣詩集》。

鄧鍾岳在江蘇學政任上，曾刊印《近思録》《白鹿洞規》來教育學士。時在雍正年間，刻書當在江蘇。去世後，其子爲他刻了兩種書。

①《知非録》一卷，清鄧鍾岳撰，清乾隆聊城鄧氏家刻本。

末署："男汝功、汝�，門人彭紹謙、彭紹觀仝校。"

①翁連溪：《清内府遺存書版考》，見《中國典籍與文化》編輯部編《中國典籍與文化論叢》第九輯，北京大學出版社 2007 年版，第 289 頁。

乾隆二十年長洲後學彭啓豐《知非録序》。

八行十五字,白口,左右雙邊,單黑魚尾。字體清秀疏朗,寫刻精美,乾隆風格。

②《寒香閣詩集》四卷,清鄧鍾岳撰,清乾隆聊城鄧氏家刻本。

卷端題:“東昌鄧鍾岳悔廬。”

乾隆二十年長洲彭啓豐序:“公之子謙持遜修緘遺藁,屬爲編次。”謙持即鄧汝功,後改名汝勤。目録後有:“先公生平吟詠未經編訂,故散佚甚多。兹檢篋中所存藁片,彙録一集,凡四卷。後有續見者,當另爲裒輯云。男汝勤、汝勄謹識。受業門人汪嘉濟、吴泰來、彭紹謙、彭紹觀參校。”據此可知,此書爲家刻本,此時鄧鍾岳已去世,其子汝功、汝勄編刻行世。

九行十七字,白口,左右雙邊,單黑魚尾。寫刻,極精美。

2)任氏刻書

除了鄧氏刻書,聊城前期的刻書還有任氏一種。

《任克溥奏疏》一卷,清任克溥撰,清乾隆四十九年東昌任克溥玄孫任兆炯江蘇江浦刻、道光十年來孫任郿祐、任蘭祐等補刻本。

克溥(1618—1703),字海眉,聊城人,順治四年進士,官至刑部侍郎,加尚書銜。《府志》本傳云:“乾隆四十七年,奉上諭,將條奏各事宜頒行中外,現鏤版行世。”所指即爲刊刻《奏疏》一事。

前有朱印乾隆四十七年上諭。後有乾隆四十九年元孫任兆炯跋:“炯於乾隆四十七年三月授職江浦……先高祖於康熙四十二年告終林下,遺有抄存《奏稿》二册。自祖父以來,收藏篋笥,未曾宣露……炯因檢篋中所藏奏稿,仿照頒布疏本校閱刊刻。”兆炯,乾隆四十五年舉人,仕至蘇州知府,四十七年在江浦縣。

道光十五年來孫任郿祐、任蘭祐識:“維時曉林先叔官江浦,敬將奏稿校閲刊刻。迄今垂五十年,刷印既多,板片漸就模糊,兹郿等率姪文甲覆行校對,缺者補之,重付剞劂。”知書後經任郿祐兄弟補刻。

此書因任兆炯刻在江蘇江浦任上，故刻得十分精美。九行十九字，白口，四周雙邊，綫魚尾，字大行疏。

2. 堂邑刻書

隋開皇六年始置堂邑縣，明屬東昌府，清朝因之。

明代的堂邑刻書在六種以上。清代前期堂邑刻書有兩種。

①《儀禮經集注》十七卷，明張鳳翔撰，清順治七年堂邑張鳳翔刻本。

鳳翔(1577—1657)，字稚羽，又字蓬玄，堂邑人。萬曆二十九年辛丑進士，官至兵部尚書，入清復官至刑部尚書。另著有《禮經集注》《四書粕》《大中集》《移愚集》《性塵集》《石蘂集》。其子張幼安亦爲清初進士。

臨桂胡德琳對此書評價不高。他在《儀禮鄭注句讀跋》中謂，是書會通鄭、賈，不復分别，令學者昧於本原。此書及下條《樂經》，係鳳翔順治十二年進呈之書，首有進書奏疏，又有孫奇逢、門人傅以漸及張鳳翔自序。自序云："蓋嘗經筵奏言：'《周官》一書，固爲禮綱領，至其儀法度數，則《儀禮》乃其本經。望就秘書省關借諸書，招集舊學，令其編類，垂之永久。'會去位，不果行，乃略通其古奥難誦讀者刻之。"其七世孫張應魁重刻此書時在《樂經集注》後有跋："嗣於族人敗簏中得舊板一堆，皆先司空公遺著，共七、八種，而二書在焉。率皆凋殘剥落，卷帙不完，又實無從查核校正。屆辛卯秋，曲江師(按：曲江爲平原董元度字)於無意中得一全部，亟借録之，而禮樂《經》始有完本。"據"舊板一堆""凋殘剥落"，知張鳳翔確實有刻書行爲，至於具體刻過哪些書，除明代刻四種，清代刻一種外，其他不可得知。嘉慶元年，張鳳翔七世孫張應魁重刻《儀禮經集注》十七卷、《樂經集注》二卷。張應魁重刻跋如上。封面題："嘉慶元年，七世孫應魁、應元重鐫。"九行十八字，白口，左右雙邊，無魚尾。

②《青要山房詩選》十二卷，清吕謙恒撰，清乾隆六年堂邑張人崧刻本。

目次及卷端均署："新安吕謙恒天益著，受業發千張人崧涵齋重梓。"

謙恒字天益，河南新安人。康熙四十八年己丑進士，官至光禄寺卿。謙恒嘗讀書"青要山"，因以名集。其古文力追上古，與方苞過從甚密。方苞爲其撰《墓誌銘》及序。

張人崧，字維嶽，堂邑人，雍正元年癸卯進士，官象山知縣。吕氏門人。有《謦牙集》《涵齋文集》。吕氏書賴張氏以傳。書末有乾隆六年張氏跋："崧高祖寧倩公，明天啓間師祖忠節公分校所拔士，故於忠節著述中多所參校。崧於先人未能爲役，而又不工於詩，受《青要集》而莊誦之，殆不勝汪洋之嘆也。原集十二卷，同門仁和范君九池爲之校刻。因字多訛誤，今重付開雕，並汰去各體詩百八十餘首云。"

十行十九字，白口，左右雙邊，單魚尾。寫刻字體，乾隆風格，非常精美。

3. 茌平刻書

漢置茌平縣，明屬東昌府，清沿之。明代的茌平刻書有一種。清前期的茌平刻書有三種。以子目計，則有七種。

①《茌邑三先生合刻》四種二十一卷，明畢佐周輯，清康熙五年茌平張愚刻道光間茌平張法軺補刻《禹貢集注》本。

此書包括：《張弘山先生集》四卷，明張後覺撰；《禹貢集注》一卷，明張後覺撰；《感述録》六卷、《續録》四卷，明趙維新撰；《孟我疆先生集》六卷，明孟秋撰。

張後覺，師從王守仁弟子顔鑰及再傳弟子徐樾。維新，字素衷，茌平人，官長山教諭，師從張後覺，得心學大要，以道援儒，彙通佛儒,體現北方陽明後學三教合流的特色。孟秋亦師張後覺,是王學北方學派的突出代表,被學者譽爲"山斗"。

書前有康熙三年畢忠吉序:"王先生弗以某不敏,托爲重梓其集,而明之同志……時康熙三年季秋畢忠吉淄湄父撰。"畢忠吉,益都人,下文青州府益都刻書有述。雲陽後學賀宿《重刻三先生集後序》:"癸卯(按:康熙二年)之秋,北山王先生奉使來南,余趨謁於金陵,先生出其鄉三先生集屬爲重梓。予得受而讀焉。"上序屢次提及的王北山,即王曰高,字登孺,號北山,茌平人。順治十五年戊戌進士,官給事中。他關注鄉賢文獻的刊刻,曾請畢佐周後人畢忠吉再刻三先生集,康熙二年,爲官金陵時還請賀述重梓。

如果僅據以上二序,極易得出畢忠吉刻書的結論。山東博物館著録爲康熙三年益都畢忠吉刻本,國家圖書館著録《感述録》六卷、《續録》四卷爲清康熙三年畢忠吉刻《茌邑三先生合刻》本。但山東省圖書館藏本還有康熙五年張愚《重刻三先生集後序》:"會司理范公、邑侯畢公(按:畢佐周)謀欲重梓,以原集頗簡,並訂次所未行世者,與我疆集、素衷集彙爲一册,額曰《合刻三先生》,於是乎並傳不朽矣。版存邑祠,值癸未(按:崇禎十六年)兵變,俱付回禄。屢創之後,笥中亦無藏本。倘先人所云傳道以言不若傳道以人之意耶?幸同裡王北山先生表率文獻,謂往哲之遺,不可自我而泯。愚乃索之東郡,命兒顒、孚輩繕録成本,從叔父明篤、明璧相與校正,頗得無憾……繼前人之業者無能揚前人之德,而仰成於北山先生,愧怍當何如也。爰詳書淵源所自……時康熙丙午年十月望日四世孫愚薰沐謹識。"

據此可知,此書實爲張後覺四世孫張愚所刻。張愚序後有《宏山後裔》,有諸人簡介。張愚,字存古,貢士。其從叔明篤,字了凡,儒士。從叔明璧,字緝宏,增生。子張顒,字孟觀,廪生。可見校勘者皆爲張後覺後人,故封面題:"本衙藏板。"此爲家刻無疑。書後還有《原訂姓氏》《重訂姓氏》。九行二十字,四周雙邊,無魚尾。

張後覺的《弘山集》在明代有兩刻,一是萬曆二十七年張尚惇刻本,二是畢佐周萬曆四十六年合刻《茌邑三先生合刻》本。趙維新的《感述録》六卷、《續録》四卷在明代亦有二刻,一是萬曆四十三年郡伯石梁岳先生東昌刻本,二是畢佐周萬曆四十六年合刻《茌邑三先生合刻》本。以上均在明代的東昌府刻書有述。

張愚刻本本無張後覺的《禹貢集注》一卷。道光十六年,張氏後裔張法軺因家藏此本,於是請教諭張存素作序,補刻此書。故行款字體均與前三集不同。道光二十八年山陰胡學醇《書茌邑三先生集後序》:"去歲攝篆斯邑,既下車,即祇謁宏山先生祠,其裔孫法軺爲邑庠生……爲書於三先生集後……道光戊申孟秋知茌平縣事山陰後學胡學醇謹識。"張存素道光十六年《禹貢序》:"今其裔孫庠生名法軺出家藏《禹貢集注》見示……道光丙申季冬茌平縣教諭古育黎後學張存素拜撰。"卷端題"書經集注卷之二",版心題"禹貢"。九行二十字,小字雙行二十字,白口,四周雙邊,單黑魚尾,與正文四卷字體不同,係道光刊本。

②《槐軒集》十卷,清王曰高撰,清康熙八年茌平王曰高南京自刻雍正五年其孫王念祖修補增刻本。

杜澤遜師《存目標注》5867 條著録:前有康熙八年吴偉業序,康熙七年曹爾堪序,康熙八年周亮工序,吴國對序,康熙八年熊賜履序,康熙八年鄒祇謨序,賀宿序,康熙七年董以寧序,康熙七年陳玉璂序。後有康熙十三年甲寅張貞生《書槐軒續草後》,康熙三年張翕跋,康熙四年傅予潤跋,康熙十五年自記,丁未菊月孫念祖跋。周亮工序云:"戊申先生遊南中,同人梓其《槐軒集》,貽予一編,命予序。"知是書康熙七年戊申刻於南京。王念祖跋云:"王父捐館後,自庚辰至甲申,先君子與季父相繼即世,家道中落,梨棗散失。

……於是裝潢成帙,用廣其傳。"丁未當是雍正五年。王念祖跋又云:"若《十遊西山》《上方》諸記,則又所續入者也。"今觀以上各記,多在康熙七年以後,字體有别,知此本仍係康熙七年刊板,雍正五年王念祖修補增刻,刷印行世。

此書爲王曰高自刻,還可從熊賜履序"王子梓所著《槐軒集》詩文若干篇首問世"中得知。

卷一至四題"槐軒詩集",卷五至十題"槐軒文集"。各卷次行題"茌山王曰高北山著"。封面刻"槐軒集""槐軒藏板"。

九行十九字,白口,左右雙邊,單黑魚尾。寫刻字體,精美。

③《茌平王氏家集》三種,清王曰高輯,清茌平王氏刻本。

三種分别爲王曰高撰《永慕編》《槐軒小草》,王宜繩撰《梅亭小草》。

《槐軒小草》目録下題:"茌平王曰高北山著。"有廬陵同學張貞生《槐軒雜著序》,後有康熙五十七年王曰高《書跋》:"間拾舊草數幅合之。近懷損衣俸之資,爰付梨棗,置之案上,聊當座右之銘。藏之敝簏,留作示兒之編。時出一二,以遺我故人。戊戌小春朔生明丙寅宵識于梅竹邸舍。"有博陵東野逸叟識。《韓夫子遺札》末署"璽生具"。九行十九字,白口,四周單邊。版心上刻篇名。每篇行款一樣,但字體不一。有的版心下有總葉碼,有的無葉碼,裝訂時按篇排序,未按總葉碼。可能非一時所刻,而是隨作隨刻,刻書人當爲王曰高本人,刻印質量不高,估計家資不充裕。

宜繩字梅巖,曰高子。《梅亭小草》乃宜繩子念祖裒輯。前爲古近體詩,後爲雜文、詩餘。桐城張廷玉序云:"以風雅之辭,寫性靈之語,不事雕繪,而吐納風流,自然中節。"

九行十八字,白口,四周單邊。

4. 莘縣刻書

隋開皇十六年置莘州,大業初廢州改莘縣,明屬東昌府,清朝因之。

明代莘縣刻書各家書目無記載。但據康熙五十四年孫鋌重刻孫肇興撰《四書刪補約説》六卷本，可知明代孫氏刻書有三種。

清初莘縣祇有孫鋌刻書一種，即孫肇興撰《四書刪補約説》六卷。

肇興字興公，號振宗，莘縣人，明天啓二年壬戌進士，官廣西布政司左參議，入清，復官工部左侍郎。

封面題："本衙藏板。"卷端題："有莘孫肇興振宗著，門人聊攝傅以漸于盤、汶陽王度平子仝校正，男玉澤伯潤、玉智朗庵仝叅閲，孫鋌省齋重訂。"孫玉澤，康熙二十一年壬戌進士。

順治十年有莘孫肇興識，未言刻書事。其孫孫鋌康熙五十四年重刻識，稱其先司空有《四書約説》，晚年刪改後命名《刪補》，板藏諸家。時山東巡撫以此書進呈，尋奉世祖章皇帝論旨，以爲體會精細，較之先儒注疏議論更爲確當，實有功於聖門，允宜頒行天下，以爲後學津梁。原刻本有三種：《四書約説》《四書批點》《四書題説》，但經年後，"俱剥落遺忘，蓄念重鐫而力弗逮。歲辛卯，量移紫陵……用是漸加考訂，先以是書分俸付梓重刻，以畢曩志，以公同好"。九行二十二字，白口，四周單邊。無行格。上鐫小字三字。刻印較精。

附：東昌府家刻總表

近思録十四卷	（宋）吕祖謙、朱熹輯	清雍正間聊城鄧鍾岳江蘇刻本
白鹿洞規	（宋）朱熹訂	清雍正間聊城鄧鍾岳江蘇刻本
寒香閣詩集四卷	（清）鄧鍾岳撰	清乾隆聊城鄧氏家刻本
知非録一卷	（清）鄧鍾岳撰	清乾隆聊城鄧氏家刻本

（續表）

任克溥奏疏一卷	（清）任克溥撰	清乾隆四十九年東昌任克溥玄孫任兆炯江蘇江浦刻道光十年來孫任鄖祐、任蘭祐等補刻本
儀禮經集注十七卷	（明）張鳳翔撰	清順治七年堂邑張鳳翔刻本
青要山房詩選十二卷	（清）吕謙恒撰	清乾隆六年堂邑張人崧刻本
張弘山先生集四卷	（明）張後覺撰	清康熙五年茌平張愚刻茌邑三先生合刻本
感述録六卷續録四卷	（明）趙維新撰	清康熙五年茌平張愚刻茌邑三先生合刻本
孟我疆先生集六卷	（明）孟秋撰	清康熙五年茌平張愚刻茌邑三先生合刻本
槐軒集十卷	（清）王曰高撰	清康熙八年茌平王曰高南京自刻雍正五年其孫王念祖修補增刻本
永幕編	（清）王曰高撰	清茌平王氏刻茌平王氏家集三種本
槐軒小草	（清）王曰高撰	清茌平王氏刻茌平王氏家集三種本
梅亭小草	（清）王宜繩撰	清茌平王氏刻茌平王氏家集三種本
四書删補約説六卷	（明）孫肇興撰	清康熙五十四年莘縣孫鋌刻本

（二）東昌府刻書特色

清前期東昌府刻書數量少，官刻書未見記載。聊城有名的“四大書莊”均開辦於清前期，但流傳下來的目前所知的坊刻書僅有3種，坊刻總量已不可考。個中原因，大概與坊刻書所針對的對象爲城鄉普通人家有關，因爲它是通行本，故一般人家購買這種圖書後，經常翻檢，破爛後隨手拋棄，隨生隨滅，而當時的收藏家對這類書也看不上眼，所以，坊刻書雖然刻了不少，流傳下來的卻不多。加之聊城坊本大多運往外地銷售，所以清前期的坊本能流傳下來的很少，不過這在清前期整個山東的坊刻書中已是鳳毛麟角了，山東其他地區在清前期幾乎無坊刻記載。

清前期書業德刻書表：

四書便蒙十九卷	（清）許寶善輯	清乾隆間書業德刻本
御纂詩義折中二十卷	（清）傅恒等撰	清乾隆二十年書業德刻本
御纂詩義折中二十卷	（清）傅恒等撰	清乾隆二十八年書業德刻本

東昌府的家刻共15種，所轄十縣中，僅四縣有刻書，六縣無刻書記載：博平、清平、冠縣、館陶、恩縣、高唐州。

四縣中，茌平最多，有7種。府治聊城次之，有5種。堂邑2種，莘縣1種。

東昌府的家刻在內容上，集部最多，有8種，占一半，王曰高家詩集比較多。但子部儒家類的增多，是清前期東昌府的刻書特色，有4種，所占比例在四分之一强，這在其他地區不多見。其中3種與鄧鍾岳有關，2種爲其自刻於江蘇，另1種爲其家刻。經部書有2種，雖然不是代表之作，但在山東西北一隅，也可見經學研究的些許靈光了。史部1種，爲任克溥的奏疏。

清前期東昌府所刻最重要的一部書是《茌邑三先生合刻》。

北方陽明心學的流傳有兩個主要分支,在明代中後期綿延,學術、教育、事功影響頗大。一支是王守仁——劉魁——尤時熙——孟化鯉——張信民、吕維祺——馮奮庸,流傳地主要在河南洛陽一帶;另一支是王守仁——顔鑰、徐樾——張後覺——孟秋、趙維新,流傳地主要在山東聊城一帶。所以,山東聊城是陽明心學的重鎮,直接影響了明末山東地區的學術思想。入清,康熙帝重理學,陽明心學稍有沉泯的跡象,張愚重刻此書,大概與王曰高的想法一致,即不衹是關注鄉邦文獻,關鍵是爲了傳道以人,希冀重新振興王學,故此書的刊刻具有重要的意義。這在當時大概是一股逆流,書刻成後流傳並不廣,據《善目》著録,此書衹收了國家圖書館的康熙刻本《張弘山先生集》四卷。山東省圖書館海源閣藏書有全本。

東昌府在清代中晚期成爲北方的刻書中心,其淵源有自。據金紫垣、胡國典、劉伯紀《聊城四大書莊》①一文,聊城刻書的歷史,當始於明洪武初年。當時大批移民從晉南遷往東昌府,由於金元時期山西平陽(臨汾)是北方的印刷中心,所以移民也帶來了雕版印刷的人力和技術,遷入堂邑的較多。而堂邑距聊城僅四十華里,往返十分方便,故堂邑、聊城兩地帶動了整個東昌府的刻書,使這個雖偏於山東西北一隅,但借運河之利,又承山西臨汾金元刻書傳統的地方,不僅成爲山東坊刻書的繁榮之地,而且成爲家刻中的藝術代表。這從清前期的 15 種刻書中可見端倪。

鄧鍾岳在江蘇學政任上刻書未見,但其《知非録》《寒香閣詩集》二書,卻是在聊城所刻,字體清秀疏朗,寫刻極精美;任兆炯在江蘇江浦任上刻《任克溥奏疏》,字大行疏;堂邑張人崧刻吕謙恒撰《青要山房詩選》,寫刻字體,非常精美;王曰高撰《槐軒集》亦爲

①金紫垣、胡國典、劉伯紀:《聊城四大書莊》,見《聊城文史資料選輯》第四輯,1987 年版,第 28 頁。

寫刻,比較精細;孫鋌重刻經部書《四書删補約説》,刻印較精。總之,東昌府的刻書可用“精美”形容,這與其刻書的大環境密不可分。

二、泰安府刻書

(一)官刻

清前期的泰安府官刻書有四種,其中三種在泰安所刻,均爲泰山文獻,另一種爲東平州署所刻。

1. 泰安官刻

①《泰山輯瑞集》二卷,清林杭學輯,清康熙八年秣陵林杭學泰安岱署來恩樓刻本。

卷端題:“知泰安州秣陵杭學果庵選輯。”

有康熙八年林杭學《自序》:“余以丙午仲秋奉命守岱,治及二朞,百廢修舉,乃覽介丘之勝,訪仙閭之遺……爰於退食之叚,殫志校讐,窮神搜採,取《岱史》《州志》二書,汰其蕪濫,補其闕略,得詩文各二卷,名爲《輯瑞集》。但自啓、禎以來,文獻無徵,兵燹蕩滅,碑版孑然無遺者。昭代人文之盛,卓越千古。上而廟堂巨公,下而山林佚士,莫不詞吐雲霓,調叶金石。適余奉佐漳新命,急於成帙,不及走郵筒遍徵乞,僅就二年中投贈者彙以授梓。”末署“康熙己酉孟夏奉直大夫知泰安州秣陵林杭學題於岱署之來恩樓”。

九行二十字,白口,左右雙邊,單魚尾,版心下鎸“來恩樓”。順治康熙風格,字體端正,刻印較精。

②《泰山述記》十卷,清宋思仁輯,清乾隆五十五年泰山郡守長洲宋思仁刻本。

宋思仁(1730—1807),字藹若,號汝和,乾隆五十二年出任泰安知府,官至山東糧道。

封面題:“乾隆庚戌年仲秋月鎸,板藏泰安縣署。”

乾隆五十五年長洲宋思仁自序:“丁未冬,余移守汶陽……晝諸餘閒，輒搜討群書，刮磨殘碣，並考郡邑志乘所載，又得廣文王君鴻中、周君桐相與摭拾，凡確實有徵者編爲一集，自康熙二十三年訖於乾隆五十五年。"

十行二十字，白口，四周雙邊，單黑魚尾。刻印較精。

③《泰山小史》一卷，清蕭協中撰，清乾隆五十四年泰山郡守長洲宋思仁刻本。

有乾隆五十四年宋思仁序："（蕭協中）生平精文翰，尚氣節，著有《緑遠樓賦》《醖檀集》。《泰山小史》，李維楨爲之序，今僅存是帙……思仁來守汶陽，因修《泰山述記》而得其詩於縣司訓周桐，緣其詩以孝其跡，僉曰：'蕭公之後有蕭濬者，式微已甚，且貧困益急……'不忍聽先生之裔奴役而隸走也，爰捐廉俸，資其薪水，勗以耕讀，毋墜令緒，並梓是集行於世。"

十行二十字，白口，四周單邊，單魚尾，無行格。刻一般。

以上三種書爲官員在任上刻當地文獻，應作官刻。

2. 東平州官刻

《文昌帝君覺世鴻文圖説》四卷，清乾隆三十一年海昌沈維基等東平州署刻本。

此書係海昌沈維基在東平州署任上募集資金刊刻而成，不是純粹的官刻，有個人捐資的成份，但也有知縣捐資，是官資還是個人資金，不得而知，暫以官刻目之。

乾隆三十三年戊子桂林陳宏謀序："余向見《文昌帝君覺世鴻文》勸人爲善，戒人爲惡，到處流傳。至於村夫婦人，皆能記誦一二言。其感發善心、懲創惡者念，不可勝紀。海昌沈君維基作令楚南，余適同事，見其於境内士民有諄切化導之意，其理訟也，定讞之後，必有一番勸戒，冀士民皆有悔過遷善之機。余喜其居官留心政教，不同於俗吏之以案牘了事者。今沈君擢任東平，將《覺世鴻文》爲之繪圖集説，公刊廣布，内可得省躬克己之要，外亦可廣利人濟物之功。閲是編者,按其圖,玩其説,於所載善惡諸條,如見其事,如聞其聲,必欣然有所恭於善,暢然有所畏於惡,益以廣琴堂治數化導之所不及,其有造於東平者,普遍而永久也。乾隆戊子春月賜進士出身經筵講官太子太保東閣大學士兼管工部尚書事務加四級又軍功加二級桂林陳宏謀題。”鄭大進序:“沈君是編,格言不足則圖之,圖像未盡則又説之。觸於目,警於心,庶幾矯誕者流,迷途其亦知返歟? ……賜進士出身分守山東濟東泰武等處兼通省驛傳道加三級韓江鄭大進題。”乾隆三十一年宋文錦序:“《覺世鴻文》之作,固與《太上感應篇》同爲勸善之書也……顧氏以多經籍粹語,非顓愚所能解領,爲之箋釋,海昌沈君心齋曾綴以格言事蹟,版行於時。越十年丙戌,重加删訂,各增圖説如左,募同志復付諸梓,工竣,以序來請。……乾隆三十一年歲次丙戌冬十一月望日知泰安府事長白宋文錦撰。”乾隆三十一年沈維基自序:“先君子嘗鏤版行世,未幾得顧氏箋注,基喜其注釋明暢,再登梨棗。既復於鉛槧之餘,綴輯先賢哲言、古今事跡,仍其句逗,縷析條分,標其簡首,曰《覺世鴻文註證》。時歲次丁丑,基以分鐸成均期滿,留都候部銓,得乘間募同志鏤金授梓。是年秋出宰永興,攜所鐫版之任,閲六年調長沙。癸未八月,方於署東舍之書廳刷印《鴻文》。一夕,庖人不戒於火,飛焰直逼寢室,亟壞垣毁,屋賴以無虞。俄家人起告,書廳屏楹亦焦灼過半,書廳去庖廚風馬牛不相及,跡其致火之由,得燭跋餘燼於柱隙,殆奴輩插燭柱間,偶忘取去,燭燼柱燃,燒痕自下而上,遂及頂蓬,旁延屏障。度炎炎之勢,撲救已無可施矣。適《鴻文註證》版及刷印紙張正臚列縱横於其下,悉引火具也。火至此正不知何由而滅。……是直帝君珍惜《鴻文》,陰爲呵護耳。顧《鴻文》意旨深微,雖有引言微事,互相發明,而夫婦之愚未必盡通文墨,即未能戒目而劌心也,擬加圖説,用警顓蒙。甲申秋,基由長沙陞任東平,下車鹿鹿,有所未遑。越明年,簿領稍暇,謹即《鴻文註證》刪其舊輯事蹟之半，計存一百九十餘條，屬工畫者按事繪圖，手自校訂，更喜同善樂輸，遂付剞劂，九閱月而工竣，以是流播鄉曲。……乾隆三十有一年丙戌秋七月上浣海昌沈維基撰。"

據以上諸序，可知此書沈氏有三次之刻：一是其父刊刻；二是沈維基得顧氏箋注，於乾隆二十二年在京都募刻《覺世鴻文註證》；三是所見此書，於乾隆三十一年在東平募刻《覺世鴻文圖說》，加圖。

封面題："乾隆丙戌年，東平州署刊。"

十行二十字，白口，四周雙邊，單黑魚尾，版心下刻捐刻人姓名，字畫精美，版畫線條流暢，人物神情生動。書衣印有："書中恭繪聖像，凡讀者勿加膝，勿擲地，勿近房幃，勿夾針線，如有願印者，借板流通，所望同志。"

因此書係沈維基倡刻，故其捐資所刻最多，達四十六葉。而參與此書刊刻的人數多達六十四人，是所知清代山東由官員倡刻善書參與人數最多者。參與者除了官員，還有平民。卷一、二多爲各地知縣捐刻，説明爲官一地者，極爲重視當地的教化，勸善懲惡，以喚起人們自覺的善心來輔助其政治。參與者，府有一：武定知府。散州有二：東平知州、膠州知州。縣有十三：清平、淄川、新城、諸城、鉅野、堂邑、泰安、平陰、壽張、館陶、樂安、黄縣、茌平。除沈維基外，少者一葉，多者十多葉。卷三、四多爲個人參與，説明善書有廣大的受衆。東平當地人士最多，有十三人。其次爲海寧籍人士，有八人，大約與沈氏爲海寧人有關。再次爲汾陽籍人士，有四人。除海寧沈元錕捐刻二十四葉外，其餘均一至三葉。

各知縣及個人捐刻葉數統計如下：

東平州知州沈維基：46；清平縣知縣馬元位：13；膠州知州蘭應桂：4；淄川縣知縣趙王槐：5；新城縣知縣員家駟：5；諸城縣知縣何樂善：6；候補知縣俞調元：6；鉅野縣知縣劉椿：6；堂邑縣知縣陶文鎬：6；東平州吏目杜霖：2；泰安縣知縣邱恩榮：8；平陰縣知縣陳瑜：

5;壽張縣知縣李紹富:6;武定府知府李瀚:11;館陶縣知縣張顧鑑:10;館陶縣知縣:1;樂安縣知縣李敬勤:8;黄縣知縣蕭炳馨:1;茌平縣知縣李濤:5;海寧沈元錕:24;海寧徐逢泰:3;長清縣縣丞吴鈉:2;海寧謝維熊:2;洪洞馬汝龍:2;臨汾裴方益:3;聞喜李祥麟:2;汾陽任任:3;汾陽王榮德:3;汾陽劉璋:3;汾陽李天秀:3;海寧管應選:5;石門吴履綏:2;朝城縣知縣熊仁泰:5;東平侯封晉:1;仁和陸龍池:3;東平侯封齊:1;淄川縣丞萬人模:2;海寧朱體元:2;東平孟貞驄:1;東平孟貞奎:1;濰縣縣丞高怡:2;東平杜貞恒:2;仁和倪師亮:3;海寧沈元錡:29;安邱縣知縣張師元:5;肥城縣知縣李品鎬:7;濮州知州潘汝誠:7;夏津縣知縣范汝載:10;富陽趙蘭芬:2;東平劉紹曾:1;淄川汛千總孟衍奎:2;淄川縣典史章錦麟:2;東平所千總竇維藩:2;東平劉璿:1;安山閘主簿張肇基:2;海寧沈維豐:2;武進瞿天柱:3;東平馬騰甲:1;東平孟寅年:1;東平孟慧年:1;東平孟煥齡:1;東平馬永清:1;海寧沈之洲:2。

附:泰安府官刻總表

泰山輯瑞集二卷	(清)林杭學輯	清康熙八年秣陵林杭學泰安岱署來恩樓刻本
泰山小史一卷	(明)蕭協中撰	清乾隆五十四年泰山郡守長洲宋思仁刻本
泰山述記十卷	(清)宋思仁撰	清乾隆五十五年泰山郡守長洲宋思仁泰安府刻本
文昌帝君覺世鴻文圖説四卷	(清)沈維基撰	清乾隆三十一年海昌沈維基等東平州署刻本

(二)家刻

清前期的泰安府坊刻無記載。家刻共十四種,全部爲泰安縣刻書,無刻書記載者有六縣:肥城、新泰、萊蕪、東平州、東阿、平陰。

雍正十三年,陞泰安州爲府,泰安縣成爲泰安府治。

明代的泰安縣刻書有十三種。清前期的刻書以趙國麟爲著。

1)趙氏刻書

(1)趙國麟

趙國麟(1675—1751),字仁圃,號拙庵,泰安人,清前期大臣。據祝賀《清大學士泰安趙國麟年譜長編附考》①一文,趙國麟於康熙四十七年以青巖爲書院,講學其中,有興復泰山書院、重振泰山學風之志。從者甚衆,人稱"青巖先生"。康熙四十八年進士。歷任直隸長垣縣知縣、永平府知府、福建布政使、河南布政使、福建巡撫、安徽巡撫。乾隆三年,内擢刑部尚書。四年,進爲大學士。乾隆八年家居後,專意教育與學術。倡建泰安書院,日與弟子講論程朱之學。著有《雲月硯軒藏稿》一卷、《拙庵近稿》一卷、《與點集》一卷、《文統類編》等。

現已知趙國麟刻制義四種、自著詩文集三種、方志一種。

①《本朝元墨文統》,清趙國麟撰,清康熙四十七年泰安趙國麟泰安青巖洞刻本。

封面題:"泰山趙仁圃評選,青巖洞藏板。"卷端題:"本朝元墨文統,青巖洞讀本。"

青巖書院是由趙國麟在康熙四十七年建的,有講堂、書室數間,趙氏講學其中,名青巖義社。乾隆五年,泰安知府王一夔拓建,書院復興。

有康熙四十七年青巖洞學人趙國麟仁圃氏於讀易亭序,稱:"前朝制義,由洪、永而成、弘,由正、嘉而隆、萬。其變者,繁簡質文之異。其不變者,局脈識神之理。其變者未嘗無可變之道,其不

①祝賀:《清大學士泰安趙國麟年譜長編附考》,東北師範大學 2007 年碩士學位論文。

變者未嘗有能變之心,惟萬曆中葉至啓、禎之季,裂冠毁裳,妖歌艷舞,核乎其實,所謂禮壞樂崩,文物聲容澌滅殆盡之時矣。本朝承極敝之後,名公鉅卿刮垢磨光六十餘年,風凡數變。反正之功始於癸丑,高冠長佩,煌煌乎復覩漢官威儀;金鐘大鏞,洋洋乎如聽關雎之紀。"知此書所選文自康熙十二年癸丑始。

十行,小字,白口,左右雙邊,無行格。版心下刻:"青巖洞鐫。"字小,但刻印精,寫刻體。

②《制藝綱目》一卷,清趙國麟選注,清雍正六年泰安趙國麟福建刻本。

封面題:"雍正六年鐫,雲月硯軒藏板。""雲月硯軒"爲趙國麟的齋號。此年,趙國麟在福建布政使任上,故此書刻於福建。

據祝賀文,乾隆四年趙國麟撰成《制義總論》。此《總論》非《綱目》,因《綱目》雍正六年就刻成了。此集見於山東省圖書館藏《制義文統類編》後,二書非一時所刻,可能是後人彙印或彙編而成。

九行二十二字,小字雙行二十二字,白口,左右雙邊,單黑魚尾。字體方正。

③《制義文統類編》十二卷,清趙國麟選注,清乾隆五年泰安趙國麟京師始刻乾隆十一年湖州繼刻道光南通徐宗幹泰安補刻本。

據祝賀文,乾隆五年四月,趙國麟動手刊刻《制義文統》。乾隆六年罷職後,日以批校《文統》爲事。乾隆七年,以病乞休,日夕臥床檢點《文統》。乾隆八年秋,還在校訂《文統》。乾隆十一年二月,鰲峰書院門人、湖州郡丞何際逑任刻《文統》。後趙國麟分别致函浙江巡撫、按察使、鹽運使及蘇州巡撫,托其成就《文統》一書刊刻事。三月,派人將《文統》手稿五百篇送至湖州刊刻。

由上可知,此書始刻於乾隆五年,時趙氏在京師,故爲京師刻本。封面題:"乾隆五年鐫,存仁堂藏板。"卷端題:"男起震、起田、起夏校字。”書分十二體，第一體後有“受業甥江永鼒校梓”。可證此書始刻年及家刻特徵。趙氏有子九人，長子起震，字長占。次子起田，三子起夏。後文所述起魯爲第九子。

乾隆八年後，趙氏歸泰安，但未繼續刻書，祇是日日校點。乾隆十一年，始謀劃在湖州繼續刊刻，由時任湖州司州的門人何際逑承擔，且委託當地官員幫忙，故此書續刻於浙江湖州。在他去世前，此書還未刻成。安邱王筠《教童子法》云：“泰安趙仁甫相國（名國麟），作一講時文書（忘其名，亦未見其書），凡十二卷，泰安刻九卷，濟寧知州徐樹人（名宗幹）補刻三卷。”可知此書爲十二卷，先刻九卷，後三卷爲道光徐宗幹補刻本。王筠爲道光時人，所言當有據。但九卷本爲泰安所刻，可能有誤，因北京刻卷不明，湖州刻卷亦不知，故不敢遽斷。筆者所見第八、十二體卷端題：“江左後學徐宗幹補輯。”末有“徐宗勉、徐宗祥同訂”字樣。篆文後題：“濟南後學賈楙、重熙校刊，裔孫育民、文民校字。”確爲南通徐宗幹補刻，惜祇見兩卷。徐宗勉、徐宗祥蓋爲宗幹兄弟。所用校訂人亦爲濟南人。同時亦有趙氏後人趙育民、趙文民參與。徐宗幹（1796—1860），字伯楨，江蘇通州（今南通）人。嘉慶二十五年進士。道光元年知曲阜，又知武城、泰安。道光十八年由高唐知州陞兖州府知事兼濟寧知州。二十二年離開山東，累官至福建巡撫、浙閩總督。二十八年奉旨擔任按察使銜分巡臺灣兵備道。徐宗幹宦魯二十餘年，廣交許瀚、馮雲鵷等山東及寓魯的金石學家，切磋學問。在濟寧時，修學宫、纂州志，又與馮雲鵷、許瀚等纂修《濟寧直隸州志》，並將其中的金石部分輯出，成《濟寧金石志》八卷，未及刊行即離魯别任。徐氏念念不忘刊行事，道光二十五年於福建任内請人將《濟寧金石志》付梓行世。而《濟寧直隸州志》的稿本現藏山東省圖書館。徐宗幹每至一地，均致力於當地的文化建設，刊刻地方志，道光八年修《泰安縣志》。十六年修《高唐州志》，任總纂。始十五年夏,終十六年冬,而書始成。衆弟子及諸生徒同校之,費省工易,均割俸發刊。《讀父書齋詩稿》一卷、《斯未信齋詩録》四卷有徐宗幹自記:"來往山左,復宦遊其地,自辛巳春攝曲阜,秋之武城,比及甲申夏五邑泰山下……"知其道光四年夏來泰安,故此書的補刻當在道光四年後,地點在泰安。

九行二十二字,白口,左右雙邊,單黑魚尾。版心下刻有字數,這在清代較少見。雖行款統一,但字體不一。

④《與點集》一卷,清趙國麟撰,清泰安趙國麟刻本。

卷端題:"長垣李魯玉先生鑒定,同學及門諸子評選,兄國治鈞衡、國安元衡校閲,岱宗趙國麟仁圃氏撰。"

推測爲趙國麟入仕前編刻。祝賀文稱,乾隆十二年十月,"每日講《與點集》《元墨文統》"。大概此二書皆爲趙氏入仕前在青巖書院講學時的講義。

九行二十六字,白口,四周單邊或左右雙邊,單魚尾,有圈點,眉上鐫有小字三字,無行格。字小,但也疏朗,寫刻本,較精。

⑤《雲月硯軒古體詩稿》一卷,清趙國麟撰,清雍正泰安趙國麟刻本。

書輯古體詩七十餘首,除與友朋贈答詩外,多爲述景遊山之作。起自康熙四十二年,據祝賀文,約止於雍正十一年。

卷端題:"泰山拙庵趙國麟。"

九行二十字,白口,左右雙邊,單黑魚尾。寫刻字體,字大,行疏字朗,非常漂亮。

⑥《調皖紀行草》一卷,清趙國麟撰,清雍正泰安趙國麟刻本。

書收雍正十三年二月趙國麟赴安慶沿途所作古近體詩,中多流連光景之作。

卷端題:"泰山拙庵趙國麟。"

九行二十字,白口,左右雙邊,單黑魚尾。寫刻字體,字大,行疏字朗,非常漂亮。

⑦《拙庵近稿》一卷,清趙國麟撰,清乾隆十一年李棟武昌刻本。

此集爲趙氏遊泰山之詩與記。

卷端題:"泰安趙國麟仁圃著。"

李棟乾隆十一年序,稱趙國麟與李父交最歡,乾隆二年丁巳李謁趙於皖口,乾隆十一年夏至泰安謁趙於白峪村,此時趙罷官已四年,臨行手編見貽,李至武昌,出以付梓。此書可視爲趙國麟委託李棟所刻。

八行十八字,白口,左右雙邊,單黑魚尾。寫刻體,較精,但不如《雲月硯軒古體詩稿》《調皖紀行草》二種精美。

⑧《[乾隆]江南通志》二百卷、《首》四卷、《序目》一卷,清尹繼善、趙國麟修,清黄之雋、章士鳳纂,清乾隆元年泰安趙國麟安徽刻本。

雍正十二年十月,趙國麟調任安徽巡撫,乾隆三年調離,故此書應由趙國麟刻於安徽。

泰安趙國麟刻書特點有六:

一是所刻衹三類書,即制義、詩文集、方志。主要爲制義和詩文集。據周郢《考察〈泰安趙相國印譜〉》①一文,趙國麟爲當時制義大家。清袁枚《隨園詩話》卷十云:"(泰安相國趙公仁圃)平生愛時文,雖入綸扉,猶手校成、弘諸大家,孜孜不倦。"趙國麟平生所著制義書甚多,計有《制藝綱目》《本朝元墨文統》等,晚年猶矻矻於《文統類編》一書,未刻竣而卒。其制義之"癖",真可謂至老不衰。故有"制義癖"一印。國麟制義,一依明成化、弘治名家爲宗。王筠《教童子法》於此亦有至論云:"聞泰安人初宗法之,以致

①周郢:《考察〈泰安趙相國印譜〉》,見吕金成主編《印學研究》,山東大學出版社 2009 年版,第 201 ~215 頁。

數十年無捷南宫者,遂棄之。我以意揣之,必因仁甫先生於每種題,皆録成、宏、正、嘉文以爲式,從而學成、宏,以至不中也。可謂癡絶。"故趙氏亦有"成弘正印"一印。

二是生前未刻理學著述,實爲憾事。據周郢文,趙國麟思想以程朱爲宗,自言"半生私志在尊朱"①。清唐鑒《國朝學案小識》卷十一《待訪録》云:"(國麟)日與士子講明程朱之學。"民國《重修泰安縣志》卷八《本傳》論云:"國麟自少至老,潛心力學,務闡明宋五子而不泥其辭。"其印有"孔孟程朱文在兹""截斷姚江",是其儒學思想的反映。

趙國麟與當時的古文家方苞有來往,而方苞正是尊崇程朱理學的。雍正六年,二人爲會試同榜,相見於京師。方苞爲趙國麟祖父撰《趙處士墓表》,爲其父撰《贈右副都御史趙公神道碑》,並在國麟居家時,時常有往來信函。如十年十一月二十一日,方苞來信爲其遠祖求作序文。十一年十二月,又來書。説明二人的交往是很密切的。二人經歷相似,方苞比趙國麟早七年出生,早兩年去世,係同時人。不過,方苞一直在京師爲官,而趙國麟乾隆三年纔回京師。方苞於乾隆七年告老還鄉,趙是八年回鄉。二人皆在晚年潛心著述。而二人的交往也在致仕後纔密切。説明二人的旨趣相同。

趙氏獨嗜程朱,還可從他的讀書上略見一斑。據祝賀文,乾隆十三年的春夏,趙氏每日讀《朱子文集》《漢書》《伊洛淵源》及《通鑑》。秋冬,每日讀《程氏外書》《朱子語類》《明道文集》《伊川文集》《伊川經説》等。

趙氏的理學思想集中體現於他的《大學講義》中,但此書在他生前未刻,這與他的經歷有直接的關係。他被乾隆帝斥爲"假道

①轉引自周郢文,見吕金成主編《印學研究》,山東大學出版社 2009 年版,第 201 ~ 215 頁。

學”,政治上受冷遇,成爲統治階層從“尊宋”到“崇漢”學術宗尚轉變的犧牲品,自然無法將理學著述刊刻流傳。《大學講義》是在道光年間由别人刊刻而成的。山東博物館有北京抄本《大學講義》一卷,趙國麟撰。據此抄本,可知有清道光間仙源宋肇輝泰安縣署刻本。此抄本有“道光辛卯仙源宋肇輝捐俸付捐以壽諸世謹識”:“仁圃相國著有《制義綱目類編》《元墨文統》《與點集》等書,大抵古法深細,非殫精竭智不克讀也。及見其天雄書院口授《大學講義》,文法書旨相輔而成章。”並有抄者民國二十五年丙子泰安壺天閣識:“乙亥夏,余得明刊《泰安州志》,命諸生補抄。余爲校勘付印,行於世。同時又得仁圃相國此本,蓋青巖後裔所藏,乃手抄藏之齋中,備編入《泰山叢書》。原書爲邑司訓宋肇輝先生梓行,據云板存學署,惟同光以來迭經喪亂,文物泰半散佚,板已無存”。可知,民國時此書版已不存。雖未見此書,但據抄本,可約略知道刻本的原貌。卷端題:“大學講義,天雄書院口授,泰山趙國麟仁圃氏著。”末署:“板存泰安縣學署。”

三是家富藏書,與刻書相輔相成。趙國麟爲官清冷絶塵,死後身無長物。貽其子孫者,惟古書一屋,硯十數方而已。其藏書多善本,如藏有康熙五十八年泰山徐志定磁活字本《周易説略》八卷,宋刊宋印本《景德傳燈録》三十卷等。藏印有“閩南開府所得之書”“泰山趙氏藏書”“太山趙氏拙庵圖書”“泰山文獻”“文淵閣大學士”“仁圃”等。

趙氏所藏《孫明復小集》對孫復理學的流播起到了重要作用。陳養源《書明復先生上集後》詩云:“泰山相國珍如玉,相國原是嗜古者。搜羅遺文遍朝野,撫蒞安徽得此集。什襲攜歸泰山下,聶君劍光廣其傳。”①所言爲雍正十二年十月,趙氏調任安徽巡撫,於是

①《[道光]泰安縣志》卷十二,清道光八年刻本。

年,在安慶喜得久求不見之《孫明復小集》。趙氏第九子起魯,字道軒,嘉慶元年舉孝廉方正,官蒲臺教諭。有《清蔭亭稿》。乾隆三十二年丁亥,益都李文藻客濟南,借起魯《孫明復小集》,又録副寄其師紀昀,紀昀進呈四庫館,乃著録於《四庫全書》。此書在乾隆間由泰山聂鈫(聂劍光)刻成,後經道光十三年南通徐宗幹和光緒十五年榮成孫葆田又刻,知此書得以流傳,孫復理學得以傳播,實賴趙氏提供文獻資源。

四是刻書時間貫穿康、雍、乾三朝。趙國麟自康熙四十七年刻第一部書始,直至去世,一直在刻書。刻書主要在雍正、乾隆間。雍正時他爲官四方,北至北京,南至福建,有精力、有財力、有能力刻書。乾隆時他家居,有充裕的時間刻書。

五是刻書不限於一地。有京師刻,有湖州刻,有福建刻,亦有山東泰安刻。尤其是將《制義文統》拿到湖州這個歷代刻書中心去刻,一説明他有眼光,二也表明他對此書的重視。

六是刻書特徵明顯,多爲九行,白口,左右雙邊。寫刻體,較精,雖然字有些小,但很精細,也符合制義的格式。

(2)趙氏後人

趙國麟之後,又有道光年間趙氏刻趙宏文著述。

趙宏文(1591—1673),字東淵,號樸庵,明萬曆四十六年戊午舉人,崇禎十年丁丑進士。入清,以廣東道監察御史巡按蘇松。辭官歸里後,潛心學道。施閏章、盧宏、元玉等人推重爲"真儒"。

《光碧堂稿》一卷,清趙宏文撰,清道光三十年泰安趙氏翠瑞園刻本。

封面題:"清道光庚戌鐫,來書來詩附,翠瑞園藏版。"卷端題:"泰山趙宏文樸庵甫著,趙綦昌抄。"

首爲序文若干篇,次爲書札,後有古今體詩二十五首,皆爲贈答之作,並附來詩,最後爲散記。

此書爲趙宏文七世孫趙綽培等輯刊。有道光三十年七代孫趙綽培序:"堂兄書田藏先侍御樸庵公《光碧堂稿》一册,未刻而卒。適臨倉弟有修譜之舉,因出此書並付剞劂。此書向失刻本,傳抄既久,遺誤頗多,兹於原本概仍其舊。世遠言湮,姑付諸存疑云耳。"

十行二十二字,白口,左右雙邊,單黑魚尾,無行格。刻印較精。

2)聶鈫刻書

聶鈫(1715—1790後),字劍光,泰安人。生長泰山下,少爲府胥,性嗜山水,每攀幽躋險,探稽往躅。質之野老,參之群書,竭半生精力,彙成《泰山道里記》。是書以道里爲綱,詳細記載了山水、路程、名勝、古蹟,並做了不少辨訛補缺工作。嘉定錢大昕稱此書"其文質而不俚,簡而不陋,洵志乘之佳者"。周郢《泰山石刻學史》一書中第四部分《清代中期的泰山石刻研究》①稱此書貢獻有三:其一,對泰山石刻進行了全面的普查著録,展示了岱刻全貌。其二,記録了衆多親聞親見的泰山石刻,爲後世研究岱刻變遷提供了第一手資料。其三,對泰山石刻進行了獨到的考證,提出了諸多新見新解。周郢認爲,錢大昕的《潛研堂金石跋尾》多取自聶鈫此書的成果。繼此書之後,聶鈫又完成《泰山金石考》一書,未梓而亡佚。

①《泰山道里記》一卷,清聶鈫撰,清乾隆三十八年泰山聶鈫杏雨山堂刻道光六年徐宗幹修版光緒四年增瑞補刻圖本。

封面題:"乾隆癸巳年鐫,聶氏杏雨山堂。"十一行二十一字,細黑口,左右雙邊。版心下刻"雨山堂"。

①周郢:《清代中期的泰山石刻研究》,http://blog.sina.com.cn/s/blog_4c3e6ba401000cpm.html。

前有錢大昕序，乾隆四十年姚鼐序。乾隆三十八年高怡序：“歲己丑，擢長清令。間於公務之暇，輒據記稿復爲審定，付諸剞劂。”聶鈫序。末有聶鈫識語，識語後有“錢塘周曰庠督刊”一行。後有乾隆三十五年李成鵬跋：“因亟勸付梓，以公同好。”乾隆三十一年聶學文跋，稱聶鈫爲叔祖，則學文爲聶鈫從孫。

山東省圖書館藏光緒四年鐵嶺增瑞補刻本，行款版式同前。有道光六年丙戌泰安知縣徐宗幹序：“原刻漫漶不可識，因覆校正。”又光緒四年戊寅增瑞《泰山道里圖記序》：“乾隆間鐵嶺高明府怡爲刊以傳，久而漫漶，道光初通州徐清惠公令泰，重校以復其舊。予得之，幸稱完書矣，若夫有圖以輔之，不更快乎。迺邀繪師終其事。”知是本刻於乾隆三十八年，道光六年徐宗幹修版，光緒四年增瑞又補刻圖。凡補圖五幅。圖及增瑞序均大黑口，版心下無“雨山堂”三字，且字體較原版細長。據增氏補刻圖序，此書似初爲高怡所刻，而高怡序所言不明，大概僅有審定之功，而封面及版心“杏雨山堂”“雨山堂”係聶鈫堂號，則此書爲聶鈫所刻無疑。

②刻孫復集。

光緒十五年，榮成孫葆田刻《孫明復小集》三卷，目録後有是年孫葆田識，言孫復有《睢陽子集》十卷，宋代尚存，而明代不見著録。泰安趙國麟家藏一本，後被聶鈫刊行。有錢大昕序，聶鈫刻書序及趙國麟之子趙起魯序。道光時徐宗幹刻《魯兩先生集》，即孫復與石介的集子，孫復集所用的本子即聶鈫本。此本未見。

③《石徂徠文鈔》一卷，宋石介撰，清乾隆四十年泰山聶鈫杏雨山堂刻本。

此書有乾隆四十年聶鈫序：“特懼其久而散佚也，復以力綿未能重刊全集，廣播其傳。惟就集中有所會心者得詩廿六篇，文十九篇，隨意録爲一册，名曰《石徂徠先生文鈔》……爰書弁言以識刻之歲月。”

3)其他刻書

除了趙、聶二家,清前期的泰安刻書還有四種:

①《萬氏秘傳片玉心書》五卷,明萬全撰,清順治泰安李雨霈、萬達刻本。

此書爲兒科著作。卷一至三總論兒科病證的診斷、治法,較有特色,並附歌賦和望診圖;卷四至五記述胎毒、變蒸、驚風等三十二類疾病的證治。

卷端題:"山東泰安州李雨霈方悦父發梓,羅田萬全密齋著。"卷二未題,卷三、四、五題:"羅田密齋萬全著,玄孫通之萬達刻。"

李雨霈,進士,順康間曾任福州知府。有順治十一年序。

九行二十字,黑口,四周單邊,無魚尾,無直格。字小,刻印不精。

②《徂徠石先生全集》二十卷,宋石介撰,清康熙五十六年泰山石鍵刻本。

石介集有四刻,一爲泰安州事徐公刻詩文集,二册,未見。二爲石鍵刻本,二十卷。三爲乾隆間聶鈫刻本,爲《文鈔》一卷。四爲光緒九年張昭潛尚志堂刻本。

石鍵本卷端題:"後學錢塘丁詠淇衛瞻校訂,桐城張鴻聲自希、仁和喬良槐庭三同校。"

有石鍵《刻徂徠先生全集序》:"鍵忝爲先生宗裔,來守是邦,登堂瞻像,慨焉景慕。未幾,先生十九世奉祀孫維岩捧前守徐公所刻徂徠詩文二册進見,且言有全集二十卷,得之漁洋書庫者,徐公方謀剞劂,會内遷,遂不果。予亟索觀,較徐刻數倍之,真可覩先生之全而發先生之光矣,因割俸授梓以廣其傳……康熙五十五年歲次丙申孟夏之吉奉直大夫知泰安州事加三級燕山鍵秉臣氏頓首拜撰。"康熙五十六年丁詠淇跋:"增删之字總計一百八十五字,稿經五閱目,重審訂選,督良工開雕,三月而竣事。"知此本爲石鍵私刻,因係捐俸所刊。

十行十九字,白口,左右雙邊,單黑魚尾。寫刻字體,刻印俱極精,康乾風格。

③由上條可知,《徂徠石先生集》有清康熙間泰安知府徐氏刻本。

④《聊齋志異》,清蒲松齡撰,清乾隆三十九至四十一年泰安知府歷城朱孝純刻本。

《聊齋志異》成書於康熙年間,首刻爲乾隆三十一年萊陽趙起杲青柯亭刻本,次爲乾隆三十二年金壇王氏的選本。王培荀《鄉園憶舊録》:"朱子穎運使守泰安時,初見吾淄蒲柳泉先生《聊齋志異》鈔本,喜而刻之。偶爲删潤,有長篇縮爲二三行者,先生見之亦當心服;其餘短章數篇,雖有小致,亦在所棄,不使敗葉溷芳華也。自是坊間翻刻盛行,子穎之爲功於柳泉大矣。"可知,此泰安朱氏刻本亦爲《聊齋志異》版本之一。

據蒲澤《鮮爲人知的〈聊齋志異〉朱氏刻本》①一文,知朱氏爲朱孝純,字子穎,號海愚,流寓歷城,遂爲歷城人。朱孝純於乾隆二十七年應順天鄉試,以舉人授四川簡縣令,後擢爲叙永同知、泰安知府,官至兩淮鹽運使。有《海愚詩鈔》。據《山東通志》載,朱孝純於乾隆三十九年至四十一年任泰安知府,則此書當刻於這幾年中。

蒲澤認爲,此書對《聊齋志異》在北方的傳播,起過很大的作用,比起删除了五十餘篇的青柯亭本和僅收半數的王氏刻本要"全"得多,它"是一部自成體系的很有價值的、早期的刻本"②。

①蒲澤:《鮮爲人知的〈聊齋志異〉朱氏刻本》,載《山東師範大學學報》1989年第3期。

②蒲澤:《鮮爲人知的〈聊齋志異〉朱氏刻本》,載《山東師範大學學報》1989年第3期。

附:泰安府家刻總表

本朝元墨文統	(清)趙國麟撰	清康熙四十七年泰安趙國麟泰山青巖洞刻本
制藝綱目一卷(制義文統類編十二卷附)	(清)趙國麟選注	清雍正六年泰安趙國麟福建刻本
制義文統類編十二卷	(清)趙國麟選注	清乾隆五年泰安趙國麟京師始刻乾隆十一年湖州繼刻道光南通徐宗幹泰安補刻本
與點集一卷	(清)趙國麟撰	清泰安趙國麟刻本
雲月硯軒古體詩稿一卷	(清)趙國麟撰	清雍正泰安趙國麟刻本
調皖紀行草一卷	(清)趙國麟撰	清雍正泰安趙國麟刻本
[乾隆]江南通志二百卷首四卷序目一卷	(清)尹繼善、趙國麟修(清)黄之雋、章士鳳纂	清乾隆元年泰安趙國麟安徽刻本
泰山道里記一卷	(清)聶鈫撰	清乾隆三十八年泰山聶氏杏雨山堂刻道光六年徐宗幹修版光緒四年增瑞補刻圖本
孫明復小集三卷	(宋)孫復撰	清乾隆泰山聶鈫刻本
石徂徠文鈔一卷	(宋)石介撰	清乾隆四十年泰山聶氏杏雨山堂刻本
萬氏秘傳片玉心書五卷	(明)萬全撰	清順治泰安李雨霑、萬達刻本
徂徠石先生集	(宋)石介撰	清康熙間泰安知府徐氏刻本
徂徠石先生全集二十卷	(宋)石介撰	清康熙五十六年泰山石鍵刻本
聊齋志異	(清)蒲松齡撰	清乾隆三十九年至四十一年泰安知府歷城朱孝純刻本

（三）宗教機構刻書

泰安府有寺院刻書一種，也與泰山有關，即由建於泰山上的普照寺所刻僧人元玉的集子。

《石堂全集》十卷、《石堂近稿》一卷、《金臺隨筆》一卷，清釋元玉撰，清康熙泰山普照寺刻道光中南通徐宗幹增刻光緒七年補刻圖本。

封面題："泰山祖珍禪師著，普照寺藏板。"卷端題："崇川菊林懶衲古翁玉著，豫章雪圃居士柘翁霖評，吉安三堂道人舫翁雲閱。"

有康熙十三年甲寅張肇昌序，高珩序，三堂居士吴雲書於泰山小天下處："昔淄川唐公濟武已梓石堂《菊花百詠》及《華巖頌》行世矣。今予取其法語詩文若干卷，皆名《石堂集》，同柘翁先生評而序行之。"有柘翁序，康熙十五年丙辰孔貞瑄題，嘉慶二年丁巳蔣芝田《石堂集後跋》："其書無一存者……祖珍四世孫曰瑞庵，自勞山問道歸，始於榛莽中得《石堂集》板，至弟子盛光庋藏益謹，並購得《金臺隨筆》《石堂近稿》二種，於是向之失者得，散者聚。"《石堂近稿》有康熙二十九年庚午徐沛然序，《金臺隨筆》有康熙二十八年己巳淄川韓沖序，康熙二十九年陳于逵序。徐宗幹《石堂記》："石堂，古翁禪師所居也。師名元玉，又號祖珍，康熙年間居此，與江山民、孔璧六、張方平諸君莳荷種菊，詩酒倘佯（按：當爲徜徉），爲泰山散人。著有《石堂集》《金臺隨筆》等書。《石堂集》全刻猶存，蔣芝田廣文讀書寺中時，復爲校訂無缺。又見《菊花百韻》及手批江山民《梅花詩》各册，朱墨點竄，古香盎然，又得小影一幅……師生於前明崇禎戊辰七夕日，卒於康熙乙亥二月十九日……乃知師爲江南通州馬氏子云。鄉後學徐宗幹。"徐宗幹又有《讀石堂集跋》："於是索之寺中，於經幢梵貝中檢得其書，偕同鄉龔子廉白重爲編次……道光庚寅正月梁甫徐宗幹跋。"《祖珍禪師小像》有徐宗幹識，此爲道光中徐宗幹增刻，又增刻了《泰山普照禪寺祖珍和尚塔銘》(宋書堂二尹所藏鈔本)。又有光緒七年補刻普照寺圖。

由以上諸序跋可知,此書初爲康熙時柘霖、吴雲刻於普照寺,嘉慶中蔣芝田整理過版片,道光時徐宗幹重印過,光緒又印,但所據皆爲原板,每次僅增一、二葉。

九行二十四字,白口,四周雙邊,單黑魚尾。無直格。刻有圈點,字雖小,但行疏字朗,有佛教典籍的刻書風格,版口上書"石堂集",版口無框。

(四)泰安府刻書特色

清前期的泰安府有官刻書 4 種,3 種爲泰安縣所刻,均爲泰山文獻,另 1 種爲海昌沈維基在東平州署上募刻善書。清前期山東有官刻書的府衹有三個,除濟南府和兖州府外,就是泰安府了。濟南府是山東省的政治中心,省級衙門設於此,有官刻不足爲奇。兖州府官刻書主要是因爲曲阜有衍聖公府刻書,這個特殊的官刻在全國也衹有孔府一家。而泰安府有官刻則因有泰山這一名山而致,故所刻皆與泰山有關。東平州署所刻善書也是山東官刻的唯一,由知州倡議,由各縣縣令捐資,並發動廣大民衆參與,這在清前期的刻書中亦不多見。此書文字精美,圖畫生動流暢,既有實用性,又有藝術觀賞性,可算是官刻書的異品了。

泰安府還有寺院刻書 1 種,也與泰山有關,即由建於泰山上的普照寺所刻僧人元玉的集子。此書書版歷經修補,可見人們對它的重視。

泰安府轄七縣,而有家刻記載的衹泰安一縣,其他六縣均無,可謂一枝獨秀。

家刻 14 種,其中集部最多,有 11 種,史部 2 種,子部 1 種。集部多主要是因爲趙國麟的著述全部爲集部書,加之泰山名人石介的集子有三刻。可喜的是,短篇小説集《聊齋志異》有泰安知府歷城朱孝純刻本,此本不爲人知,且比青柯亭本要全,是一部自成體系的很有價值的、早期的刻本。順治年間泰安李雨霑、萬達刻《萬氏秘傳片玉心書》,是清早期一部有名的兒科著作。

刻書名家有趙國麟,刻書内容比較集中,主要爲制義和詩文集;趙國麟思想以程朱爲宗,有印曰"孔孟程朱文在兹",曰"截斷姚江",講義有《大學講義》,但於生前未刻;趙氏家富藏書,有《孫明復小集》,爲李文藻録副寄紀昀,從而著録於《四庫全書》,成爲聶鈫重刻的底本;趙氏刻書貫穿康、雍、乾三朝;刻書不限於一地,有京師、湖州、福建、泰安,尤其是將《制義文統》拿到湖州這個歷代刻書中心去刻,一説明他有眼光,二也表明他對此書的重視;刻書特徵明顯,多爲九行,白口,左右雙邊。寫刻體,較精,雖然字有些小,但很精細,也符合制義的格式。

泰安另一地方文獻的研究者聶鈫,刻書 3 種。首爲《泰山道里記》,是有關泰山文獻的名著。其《孫明復小集》是據趙國麟藏本而刻,具有重要的版本價值。

泰安在宋代出了著名的理學先驅孫復和石介,故清前期泰安府家刻書 14 種就有 4 種是重刻二人的集子,除了與當時朝廷提倡的宋明理學相呼應,更主要的是出於對地方名人的景仰與弘揚,不論是當地人如聶鈫,還是外地來此爲官者如泰安知事石鍵、知府徐氏。

三、武定府刻書

(一)家刻

清前期武定府無官刻和坊刻的記載,現僅述其家刻。

武定府下轄十縣,有刻書者六縣,共刻二十二種。無刻書者四縣:青城、商河、霑化、蒲臺。

1. 惠民刻書

"惠民"之名出現較晚,雍正十二年武定州陞爲武定府,始置惠民縣。惠民縣爲武定府的附郭縣,故署武定府(州)刻書者一併在此敘述。

清代前期的惠民刻書主要是李之芳。

1)李之芳及其子刻書

李之芳(1622—1649),字鄴園,明崇禎十五年舉人,順治四年進士。曾任浙江金華府推官、刑部主事、湖廣道御史、吏部右侍郎、兵部右侍郎兼都察院左副都御史等職。著有《行間日記》《文襄公奏疏》《白雲語録》《文襄公别録》《李文襄公集》《李文襄公棘聽草》《賦役詳稿》。

①《河防疏畧》二十卷附《崇祀録》一卷、《墓誌銘》一卷,清朱之錫撰,清康熙七年武定李之芳浙上寒香館刻前十卷闕里孔貞來宛陵續刻後十卷本。

《四庫提要》:"之錫,字孟九,號梅麓,義烏人,康熙五十一年壬辰進士,官至兵部尚書督察院右副都御史總督河道。是編即其治河奏稿也。"

前有康熙七年孟秋舊屬闕里孔貞來《引言》云:"朱少保逝世之三載,徐子埜公持侍御鄴園李公所刻少保《疏略》十卷睞來。"又云:"今計奏議二十卷,共百篇。首十卷爲侍御李公刻於浙上,以差竣未及終事。後十卷來續刻於宛陵,刻成載貯河署,以公之天下後世。"康熙七年施閏章敘:"侍御李公鄴園剞劂將半,吾郡太守孔公爲之刻成。"版本比較明確。又有康熙七年姜希轍序,徐沁引。

卷首又有《崇祀録》一卷、《墓誌銘》一卷,《崇祀録》有康熙十年事,蓋刊成後增刻者。九行二十一字,白口,四周單邊。版心下刻"寒香館"三字,後十卷無此三字,蓋"寒香館"爲李之芳堂號。

②《李文襄公奏議》二卷、《奏疏》十卷、《别録》六卷、《首》一卷、《年譜》一卷,清李之芳撰,清康熙武定李鍾麟刻本。

李之芳在世時衹刻過一種書,他的著述皆由其子董理,刊於金陵。《山東通志・藝文志》引《武定志》載陳鵬年後序云:"公功德茂著,雅不欲以文章名,然海内望其片紙隻字,莫不如景星鳳凰,争先覩以爲快。顧公生平無專刻,捐館十餘年,公子憲副公始刊其奏議及當官條令平反之文若干卷於金陵。"

卷端題:"男鍾麟編次。"有唐夢賚序:"壬申之歲,竊得參訂武定先生年譜,已,又盡得所爲奏疏文移諸稿,頗撿點之。今彙集章奏若干卷,啓稿、咨稿、文告之屬凡若干卷,以行於世。"知此書由唐夢賚編成。壬申爲康熙三十一年,此書當刻成於康熙三十一年後。唐夢賚康熙三十六年去世。杜澤遜師《存目標注》1418 條著録:"《奏議》前有康熙二十六年聖諭。《奏疏》至康熙二十二年止。《别録》至康熙二十一年止。《年譜》題:'杭州受業程光裋編纂。'字體與《奏議》《奏疏》《别録》不同。前有康熙三十三年唐夢賚序,四十一年程光裋跋。蓋《年譜》後刻,非一時授梓也。"十行二十二字,白口,四周雙邊。又 5802 條認爲《李文襄公文集》三十三卷,爲清康熙刻彤錫堂彙印本,包括《李文襄公奏議》二卷、《奏疏》十卷、《首》一卷、《别録》六卷、《年譜》一卷、《李文襄公棘聽草》十二卷附《賦役詳稿》一册。

③《李文襄公棘聽草》十二卷附《賦役詳稿》一册,清李之芳撰,清康熙武定李鍾麟刻本。

《棘聽草》九行十九字,白口,四周雙邊。《賦役詳稿》九行二十字,白口,四周雙邊,單魚尾,無直格。

2)李衍孫刻書

衍孫字蕃升,號味初,惠民人,乾隆三十年乙酉舉人,官蒲城知縣、沔縣知縣。著有《哀劬堂稿》《炊菰亭詩集》。乾隆間刻自輯《武定明詩鈔》四卷、《國朝武定詩鈔》十六卷。

前有校對姓氏:邵大偉、高暭、杜垿、石肇崙、孫中涵、爼錦、劉植瑲、李堯年、杜壿、李堯衢、李炯、李堯牧、李堯觀、李堯臣、李友鷗、李同升。《武定明詩鈔》前有乾隆五十九年李衍孫序，避"弘"，大約爲乾隆時所刻。歷城朱曾翼跋云："山左詩人在勝朝孝廟、世廟間，華泉、滄溟以實大聲宏之學執騷壇牛耳，一時士大夫蔚爲風尚。武定實吾濟南東鄙，家有傳薪，由來舊也。顧古人論詩，即以論其人、其世，味初於詩人之人、之世之中，獨取其關於忠孝者而標舉之。如袁忠愍、杜方伯諸前輩及馬夫人，皆有不可磨滅之行以綿亘於世。然則是編也，區區以詩人之存亡云乎哉？"

十行十九字，小字雙行十九字，粗黑口，左右雙邊，單黑魚尾。刻印精美。

繼此書之後，利津李佐賢輯《武定詩續鈔》二十四卷，清同治六年利津李佐賢刻本。這樣，自明至清同治年間，武定詩鈔大體完備。

3)李師敏刻書

惠民李師敏，字仲堅，號允堂，乾隆二十二年丁丑進士，官臺灣知府。著有《管亭詩稿》《漳江頌言》。其《漳江頌言》，《山東通志·藝文志》曰："漳人爲李師敏作也。師敏官漳州知府，多善政，三載調東甯，士大夫作詩頌之。不載編者姓名，度即師敏所自刊也。"

九行二十一字，白口，四周雙邊，單魚尾。

2. 陽信刻書

漢置陽信縣，清屬武定府。

明代的陽信刻書僅一種。清前期有勞嵋、勞揆武父子刻書二種。

①《半庵詩稿》，清勞嵋撰，清乾隆十七年陽信勞揆武刻本。

勞嵋字貞庵，號澹巖，又號半庵，陽信人，監生。

《四庫存目》曰："《山左詩鈔》作勞礪，其字從石。然此本爲其家刻，字皆從山，則《山左詩鈔》誤也。嵋年五十四爲詩，故工候未深，多不入律。高適曠代之才，固不容於有二矣。"

此書趙嫄師妹經眼。封面題："怡怡堂。"卷端題："無棣爾行袁先生選,倪城勞嶸貞庵甫著,男榮祖撰武、姪繼祖丕承校。"

首爲乾隆十七年歲次壬申十一月朔眷晚生馬洪册序,序中有"(貞庵先生)與無棣爾行袁先生遊,始講究爲詩""先生長余四歲""先生於壬申之秋以五十九而忽爾明悟也""幸先生克有令嗣撰武兄,不忍其湮没無聞,乃啓其舊篋,求袁先生爲之選定成集,將以付之剞劂"等語。知爲勞嶸之子勞撰武所刻。次爲乾隆十七年歲在壬申暢月無棣同社弟袁有恒爾行氏序,序中有"(勞半庵)至乾隆之癸亥行年且五十矣,始偶一爲之""半庵小余九歲""余既往哭之,因啓其篋,取其詩讀之,以爲此半庵生平精神命脈之所寄,懼其久而散軼也,乃爲點次訂定,付之剞劂氏""半庵名嶸,字貞庵,園中有小室,顔曰半庵,蓋寓意造物忌全,故止取其半,因又自號半庵云"等語。知勞嶸於乾隆十七年去世,此書由其子勞撰武在其去世之年刊刻。

九行十九字,黑口,四周單邊。

②《倪城風雅》二卷,清勞嶸編,清乾隆九年陽信勞嶸刻本。

《四庫存目》曰:"是編所録,皆陽信一縣之詩。上卷自明代嘉靖以後,得劉世偉等十人;下卷自國朝雍正以前,得張崖等二十三人。上卷少而可觀;下卷不免冗濫矣,則同時假借之故也。"

此書趙嫄師妹亦經眼。首爲袁有恒序,次爲乾隆九年歲次甲子正月穀旦後學勞嶸貞葊序,序末云:"稽之邑乘,並訪諸親舊,偶得片紙,輒愛若拱璧,因手爲抄録。集既成,藏之笥中,顔之曰《倪城風雅》。雖不敢自負可與言詩,而先達之著作庶幾藉以不泯云爾。"此年勞氏還未去世。

十行二十二字,白口,左右雙邊,單黑魚尾。

3. 海豐刻書

海豐縣原稱無棣,於隋開皇六年所置。海豐之名始於明洪武六年,以縣境有海豐鄉,西北有海豐場而取名。清屬武定府。

明代海豐刻書有六種。清代前期海豐刻書衹四種,均爲吴氏所刻,其中三種爲吴自肅的《作文家法》。吴氏《作文家法》有六刻,清前期有三刻,清中期有兩刻,清後期有一刻。詳見清後期的海豐刻書。

4. 樂陵刻書

樂陵之名,始於西漢初,當時屬平原郡。清雍正十二年屬武定府。

明代樂陵刻書有兩種。清前期的樂陵刻書主要有董養性,刻書五種,且全部爲經部書。

1)董養性刻書

有"江北第一才子"之稱的董養性(1616—1672),字邁公,號毓初。順治五年拔貢,以明經通判寧國,攝南陵、太平兩縣。康熙十一年卒於官,享年五十八。生平潛心理學,著有《四書訂疑》《春秋訂疑》《周易訂疑》等。

《山東通志·藝文志》云《縣志》有張瓛撰《毓初董先生傳》,稱《周易訂疑》十五卷、《易學啓蒙訂疑》四卷、《周易本義原本》十二卷均已鏤版。另有《書經訂疑》《詩經訂疑》《禮記訂疑》。張瓛撰《傳》云:"《書》《詩》《禮》三經《訂疑》脱稿,未鐫。"可知前三書有刻本,後三書無刻本。

三書刻本傳世頗罕,《四庫全書存目叢書》有影印本,並有《序例》一卷,係南京圖書館與山東省圖書館的配本,杜澤遜師《存目標注》有著録。杜澤遜師尚撰有《跋清正誼堂刻本〈周易訂疑〉》①一文,曰:"(《周易訂疑》)此本卷一至卷八題:'樂陵董養性邁公輯著,旌德門人杜名齊朋李較正。'卷九題:'樂陵董養性邁公輯著,太平門人胡泉白水較正。'卷十題:'樂陵董養性邁公輯著,太平門人胡師旦□公較正。'卷十一以下較正人均題:'弟養中建公

①杜澤遜:《跋清正誼堂刻本〈周易訂疑〉》,載《山東大學學報》1998 年第 3 期。

較正。'較正者除弟養中外，均董養性官太平府時所結士。余又見山東省圖書館藏《易學啓蒙訂疑》四卷，題：'樂陵董養性邁公輯著，旌德門人杜名齊朋李較正。'版式字體行款與南京圖書館《周易訂疑》全同，知是同時所刻。據《樂陵縣志》所收施閏章、張瓛二文，董養性《周易訂疑》《易學啓蒙訂疑》《四書訂疑》（按：《縣志》載是書云：有刊本行世）均在太平府署刊行，《春秋訂疑》刊刻未竟即卒於任所。此《周易》二種較正者既爲太平人士，當即康熙初原刊之本。《易學啓蒙訂疑》前有康熙八年自序，養性之歿在康熙十一年，生前刊刻未竟者爲《春秋訂疑》，則《周易訂疑》等當即刻於康熙八年前後。'正誼堂'當是董養性堂號，上舉張瓛《毓初董先生傳》謂養性著書'以正誼明道自期'，是'正誼堂'命名旨趣。"

由上可知，《周易訂疑》《易學啓蒙訂疑》《周易本義原本》《四書訂疑》均爲康熙中董養性在太平府所刻，《春秋訂疑》十四卷，已鐫板而未竟。

2）史尚確等刻書

清前期的樂陵刻書還有一部很重要的地方文獻，即張鏐、史尚確等輯《樂陵詩彙》二卷，清乾隆二十七年樂陵史尚確等刻本。

封面題："乾隆壬午年鐫，詞賦嗣出。"卷端題："邑學博士沂水趙元颺庚陶、東萊劉彤翼庭選定，邑張鏐紫峰、史尚確易齋同輯。"

張鏐乾隆二十七年後序。鏐字紫峰，號心陽，樂陵人，乾隆九年甲子舉人，官臨清學正。又有史尚確乾隆二十七年《跋語》，稱其先大父自膠署歸，著《養拙山房末集》，彙樂陵本朝詩二卷，未付剞劂，到長山任，未果，遺稿存家。父命確搜集前明詩增入，校梓未遑。庚辰，張鏐欲輯詩彙，又搜羅三年，後又徵時賢之詩。可知此集所收爲明清二代樂陵人所爲詩。尚確字易齋，樂陵人，乾隆二十一年丙子舉人，官蘇州同知。史尚確父子兩代搜羅樂陵地方詩，有功於地方文獻。這是地道的山東刻書。據"詞賦嗣出"可知，又有詞、賦兩種文體待刻。

十行二十字,小字雙行二十字,白口,左右雙邊,單黑魚尾。寫刻字體,但不如乾隆時寫刻風格明顯,亦不甚精美。

5. 濱州刻書

五代周顯德三年始置濱州,清雍正二年陞爲直隸州,十二年改屬武定府。

明代濱州刻書有四種,其中一種爲杜詩刻書。杜氏爲濱州大族,杜詩與其侄杜承式曾雙雙中進士,四世後,杜氏刻書幾乎跨越了整個清代。

1)杜氏刻書

清代的杜氏刻書自杜詩四世孫杜漺始。

①《禮垣疏草》一卷,清杜漺撰,清順治十五年濱州杜漺刻本。

杜漺(1622—1685),字子濂,號湄村,順治四年丁亥進士,官河南驛鹽道。著有《湄湖吟》《禮垣疏草》。

此書當爲杜漺自刻。

八行十九字,白口,四周單邊。

②《湄湖吟》十一卷、《聽松軒遺文》一卷,清杜漺撰,清雍正間濱州杜氏刻道光九年杜堮重修補本。

卷端題:"濟南琅槐杜漺湄村父著,甬東張鷺又陶、東冶魏憲惟度、遂安毛際可會侯評閱。"康熙十九年庚申郜焕元凌玉甫序。魏憲序。毛際可序:"己未(按:康熙十八年)夏,湄村先生以所著《梁苑草》見示。披覽之餘,震心駴目。後歲餘,先生復出其全集,曰《岱遊》《四明》《白下》諸草,繼以《梁苑》,而統之曰《湄湖吟》。上薄風騷,下掩宋元,斟酌於六朝三唐之間,而抒以己意,比事屬辭,窮工極致。則自釋褐以來,出入掖垣,分轄吴越之所爲作也。"王士禛撰《墓誌銘》,"禛"爲"正",知爲雍正刻本。後有道光九年己丑元孫杜堮識:"先高祖大參公詩,見於《國雅》《詩持》《詩觀》

《詩逢》及漁洋《感舊》、雅雨堂《山左詩鈔》諸集。此家刻全集，蓋先曾祖誠方公取當時朋好評點之本梨行。閱歲既久，板多漫漶。乙酉（按：道光五年）之冬，堮督學事竣，過里門，攜板至都。明年受田散館，授職詞曹。多暇，乃命取藏本，重加勘校，補正闕訛。内有當時編次失序者，别記於册，以俟他日並刻。王文簡公所撰墓誌於前，而以搜獲遺文數首附焉。外有别見碑版他集者亦俟續補。”知杜漺爲杜堮五世祖，杜漺於康熙二十四年去世，此書由杜漺之子董理刊刻，刊刻時當在雍正。因版片損壞，故在道光九年，杜堮及子受田較正並補刻。

杜堮（1764—1859），字石樵，嘉慶六年進士，官吏部左侍郎，加太子少保，係清後期重臣。有著述近三十種。其子受田，字芝農，道光三年進士，官至刑部尚書，協辦大學士加太子太傅。受田子杜翰，字繼園，道光進士，署禮部右侍郎。另一子杜翻，字漢升，號筠巢，道光十五年進士，官户部右侍郎。著有《運甓吟草》。

③《杜文端公（堮）自訂年譜》不分卷，清杜堮撰，清杜翻續編，清咸豐八年濱州杜氏家刻本。

末有杜翻識：“晚年著述二十餘種，尚待編次。《年譜》一册，奉茲手澤，實惟身教，固宜尊爲彝訓。謹和淚濡墨，恭繕付梓，傳示後昆，而昭垂久遠。”

④《杜文正公（杜受田）年譜》一卷，一名《杜芝農年譜》，清杜翰、杜翻纂，清咸豐間濱州杜氏家刻本。

八行二十二字，白口，左右雙邊，單魚尾。

⑤《繼園行述》一卷，清杜翰、杜庭璞等撰，清同治間濱州杜氏家刻本。

庭璞爲杜翰子。

⑥《遂初草廬詩集》十卷，清杜堮撰，清同治九年濱州杜堮從子杜師竹刻本。

卷端題:“琅槐杜堮石樵著。”

朱鳳標同治九年《序》:“公所著尚有《武鏡》《述訓》等二十餘種,師竹司馬將謀次第授梓人,則詩特其嚆矢也。”崇恩同治九年序:“先生著述等身,未遑問世。今年先生猶子師竹刻史自蜀來京,擬刻先生全稿,首以詩集發刊……其餘古文詞賦筆記雜著尚有十餘種之多,師竹已次第刊訂。”

九行二十四字,小字雙行二十四字,白口,左右雙邊,無魚尾。行疏字密,刻印不苟,家刻風格。

濱州杜氏刻書特點有二:

一是六世刻書,杜漺——杜漺之子——杜堮——杜受田、杜師竹——杜翰、杜翻——杜庭璞等。時間自順治始,至同治止,幾乎跨越了整個清代。

二是刻書六種,其中三種爲傳記類,説明杜氏對家族重要人物的重視。

2)其他刻書

除了杜氏刻書,濱州清前期刻書還有一種:

《紅雪軒稿》六卷,清渤海女史高景芳撰,清康熙五十八年刻本。

6. 利津刻書

清前期的利津刻書衹二種,即李源刻《利津李氏考卷》及《易經簡明集解》三卷,因李源家刻書大多在清中期,故在中期介紹。

附:武定府家刻總表

河防疏畧二十卷附崇祀録一卷墓誌銘一卷	(清)朱之錫撰	清康熙七年武定李之芳浙上寒香館刻前十卷闕里孔貞來宛陵續刻後十卷本
李文襄公棘聽草十二卷附賦役詳稿	(清)李之芳撰	清康熙武定李鍾麟刻本

（續表）

李文襄公奏疏十卷奏議二卷别録六卷首一卷年譜一卷	（清）李之芳撰 （清）李鍾麟編　年譜一卷（清）程光裎編	清康熙武定李鍾麟刻本
武定明詩鈔四卷國朝武定詩鈔十六卷	（清）李衍孫輯	清乾隆惠民李衍孫刻本
漳江頌言不分卷	（清）李師敏輯	清惠民李師敏自刻本
倪城風雅二卷	（清）勞㦖編	清乾隆九年陽信勞㦖刻本
半庵詩稿	（清）勞㦖撰	清乾隆十七年陽信勞揆武刻本
半閣詩選一卷	（清）吴象默撰	清雍正十三年海豐吴氏家刻本
作文家法一卷（一刻）	（清）吴自肅撰	清乾隆三十一年海豐吴紹詩江西南昌刻本
作文家法一卷（二刻）	（清）吴自肅撰	清乾隆海豐吴壇江蘇刻本
作文家法一卷（三刻）	（清）吴自肅撰	清乾隆海豐吴垣廣西桂林刻本
樂陵詩彙二卷	（清）張鏐、史尚確等輯	清乾隆二十七年樂陵史尚確等刻本
周易訂疑十五卷序例一卷	（清）董養性撰	清康熙間樂陵董養性太平府署刻本
易學啓蒙訂疑四卷	（清）董養性撰	清康熙間樂陵董養性太平府署刻本
周易本義原本十二卷	（清）董養性撰	清康熙間樂陵董養性太平府署刻本

（續表）

春秋訂疑十四卷	（清）董養性撰	清康熙間樂陵董養性太平府署刻本
四書訂疑二十二卷	（清）董養性撰	清康熙間樂陵董養性太平府署刻本
禮垣疏草一卷	（清）杜漺撰	清順治十五年濱州杜漺刻本
湄湖吟十一卷聽松軒遺文一卷	（清）杜漺撰	清雍正間濱州杜氏刻道光九年杜堮重修補本
紅雪軒稿六卷	（清）高景芳撰	清康熙五十八年刻本
利津李氏考卷不分卷	（清）李源輯	清乾隆五十八年利津李氏刻嘉慶二十四年續刻本
易經簡明集解三卷	（清）李源撰	清乾隆六十年利津李源刻本

（二）武定府刻書特色

清前期的武定府刻書目前僅見家刻本。共 22 種，樂陵 6 種，惠民 5 種，海豐 4 種，濱州 3 種，陽信 2 種，利津 2 種。

在内容上，經部 6 種，史部 2 種，子部無，集部 14 種。

集部中别集有 9 種，總集有 5 種，其中地方藝文有《倪城風雅》《樂陵詩彙》《武定明詩鈔》《國朝武定詩鈔》。《倪城風雅》，係明清兩代陽信一縣之詩。《樂陵詩彙》係明清兩代樂陵一縣之詩，且爲父子相繼補輯而成。《武定明詩鈔》《國朝武定詩鈔》刊刻後，利津李佐賢輯《武定詩續鈔》，如此，自明至清同治年間，武定詩鈔大體完備。可見，武定府大到府小到縣，均非常重視地方藝文的編刻。

清前期的武定府刻書中經部書的比例較高，是一個值得關注的現象。在一般地區,經部書零星刊刻,而武定府的經部書數量較多,這幾乎是董養性一人的功勞。6 種書中,董氏刻有 5 種。《周易訂疑》《易學啓蒙訂疑》《周易本義原本》均爲康熙中董養性在太平府所刻,第四種《春秋訂疑》十四卷,已鐫板而未竟。前三種刻本傳世頗罕。另刻有《四書訂疑》。

清前期武定府的刻書名家除樂陵董氏,還有濱州杜氏。杜氏六世刻書,時間自順治始,至同治止,刻書 6 種。

第四節　登州府、萊州府、青州府刻書

一、登州府刻書

(一)家刻

清前期的登州府暫無官刻書和坊刻書記載。

登州府下轄十縣,未見刻書記載者僅兩縣:寧海州、榮成。有家刻書者八縣:蓬萊、黄縣、福山、棲霞、招遠、萊陽、文登、海陽。

1. 蓬萊刻書

蓬萊在漢時爲黄縣地。漢元光二年武帝東巡至蓬萊,望神山不遇,築一座小城命名爲“蓬萊”。唐始置蓬萊縣。明清屬登州府,爲府治所。

明代蓬萊未見有刻書記載。清前期的蓬萊刻書,目前所見僅兩種。

一是張儒刻其曾祖張瑶《持忠集》二卷。張瑶,字琪草,天啓五年乙丑進士,官開封推官,行取入都,沂州宋鳴梧抑爲真定同知,旋謫河州判官,告歸里。崇禎五年壬申,叛兵攻城,罵賊不屈,被害,贈光禄少卿。崔巍老師博下－109 著録:此編上卷爲奏疏十篇及啓事、揭帖等文,下卷爲詩賦,輯詩六十九首。卷首有其門人盧世揚序。

另一種是清乾隆四十六年桂林胡德琳登州刻《齊乘》六卷、《音釋》一卷、《考證》六卷。清前期的歷城刻書已述。

2. 黄縣刻書

商末建萊國,秦設齊郡,始置黄縣。

明代的黄縣刻書有四種,清代黄縣可考的最早刻書是在乾隆年間,即姜氏刻書兩種。

黄縣姜氏非大族,但因爲有了姜其垓祖孫二進士而名揚當地。據姜濤祥《龍口窪裏村姜氏"一門二進士"》①一文,姜其垓,字萊西,號養竹道人。康熙二十一年進士,敕封儒林郎,二十三年出任雲南易門縣知縣。長子姜宣,號巽河,康熙五十二年舉人,授儒林郎,任兩淮鹽運司通判。其垓孫姜重霨,字慶蔚,號瀛洲,乾隆十七年進士,出任安徽天長縣知縣。

姜其垓著有《周易古本集注》十二卷、《春秋集傳折衷録》三十二卷、《滇遊雜詠》一卷、《叢篁居集》一卷等。今所見刻本僅有《滇遊雜詠》和《叢篁居集》。

此二種合稱爲《既翕堂詩稾》,清乾隆三年姜氏既翕堂刻同治十一年既翕堂補刻本。

《滇遊雜詠》乃姜其垓出仕雲南所作,《叢篁居集》乃其歸田後所詠。

《滇遊雜詠》有康熙十一年唐斯盛序,康熙三十七年姜其垓自序:"《滇游草》,余捧檄滇南,往返長途之雜録也。初集辛未秋杪至丙子春初,凡詩百餘首。"三十八年李斯義序。乾隆三年潘遇莘序:"用是命諸剞劂。"陸曉序:"余越左孤蹤,忝淮安分鹺,姜公舊好丁巳客遊官署,獲諷其先太翁萊西老先生宦游滇南及家居叢篁

①姜濤祥:《龍口窪裏村姜氏"一門二進士"》, http://www.lkwww.net/news/2008-08/23663.shtml。

詩……適淮南潘小山先生(按:潘遇莘)以鴻博入都,辰科甫捷,即遭外艱旋里,遊於鹺署,因出是集索爲評選,付之梨棗。”姜公即姜其垓長子姜宣。此書由姜宣及淮南潘遇莘刻於淮安,屬家刻,故版心有“既翕堂”。末有元孫四人識:“先高祖萊西公由進士筮仕滇省,作有《滇遊雜詠》一卷。及解組歸林下,復有《叢篁居集》之作。二編合刻,題曰《既翕堂詩稿》。板藏於家者百有餘年矣,但閱歲既久,板既不全,字亦漫滅。同治壬申夏四月,謹取初印善本,逐細校訂,剔敝補闕,復歸完善。庶先人手澤,不致泯没云爾。元孫洽、溎、淦、潋謹識。”可見,同治十一年,姜氏玄孫四人又將板修補重印。

書衣題簽曰:“既翕堂詩稾。”卷端題:“東黄姜其垓萊西氏著,濟南李斯義質君氏選。”版心下刻“既翕堂”。八行二十字,白口,四周雙邊,花魚尾。

據姜濤祥上文知,姜氏又有《[芝陽]姜氏族譜》,清道光十六年刻本。

3. 福山刻書

金天會九年設福山縣,因境内有福山而得名。

明代福山無刻書記載。清前期的福山刻書衹知兩種。

《岭嶁山人詩集》不分卷、《文集》一卷、《詩餘》一卷,清謝乃實撰,清乾隆福山謝氏家刻本。

乃實(1651—1715),字華函,福山有岭嶁山,因號岭嶁山人。康熙二十七年戊辰進士,官湖南興寧知縣。還著有《睢陵漫録》一卷。

另一種爲清乾隆四十六年古牟蕭氏刻蕭榕年纂《四書引左彙解》十卷,在清中期的蕭氏刻書中詳述。

4. 棲霞刻書

棲霞刻書自金始,明代的棲霞刻書非常少。清初的棲霞衹林仲懿著述二種有刊本。

林仲懿,字山甫,康熙五十年辛卯舉人,官銅陵知縣。

①《離騷中正》不分卷，清林仲懿撰，清乾隆十年棲霞林氏世錦堂刻本。

是編《四庫存目》曰："首載《讀離騷管見》數則，謂屈原之賦以執中爲宗派，主敬爲根柢。自述學問本領，陳述帝王心法，與四子書相表裏。其説甚迂，故所釋類多穿鑿。如釋'名余曰正則，字余曰靈均'，謂屈子竊取子思之道，所言正則、靈均，與《中庸》'天命之性，率性之道'相合。是果騷人之本意乎？"

杜澤遜師《存目標注》4708 條著録：山東大學藏清乾隆十年世錦堂刻本，不分卷，正文凡五十九葉。前有《讀騷管見》六葉。正文題："後學林仲懿註評"，下鈐"林仲懿印"白文方印。《讀騷管見》末署"霞山林仲懿山甫氏識"，並鈐"金山林氏世家"朱文方印。卷末有"乾隆十年乙丑中冬梓"一行。封面刻"世錦堂藏板"五字。蓋猶林氏家藏原印本，當時刷印無多，故外間罕傳也。此書刻成後鈐林氏印，則爲林氏所刻無疑。世錦堂蓋爲林氏堂號。

八行二十一字，白口，四周雙邊。

②《南華本義》七卷，清林仲懿撰，清乾隆十六年棲霞林氏家刻本。

《山東通志·藝文志》標爲二卷。是書《四庫存目》曰："祇注《莊子》内篇，語多附會。如釋《逍遥遊》，以北冥有魚爲太極静而生陰，化而爲鵬爲太極動而生陽，以南冥、北冥爲無極而太極、太極本無極之類，皆强生意見。其餘詮釋，亦多類金人瑞、徐增之流。"

杜澤遜師《存目標注》4618 條著録：浙江圖書館藏清乾隆十六年存悔堂刻本，題"棲霞謙齋林仲懿山甫註評，同懷兄仲愚又魯點次，内弟牟永澄彙川同訂，長男譔掌綸、中男謌肱良、胞姪甦萬蘇、堂姪誥紫封參校"。卷末有"乾隆己巳孟夏脱稿辛未中春梓"一行。封面刻"存悔堂藏書"。乾隆十四年脱稿，十六年中春梓成，所參與校訂者皆爲家人。可見，此書爲家刻無疑。"存悔堂"大概爲家中堂號。

八行二十一字,白口,四周雙邊。

5. 招遠刻書

招遠設縣始於金天會九年,爲招集流亡者,使其回鄉安心農耕,遂取名“招遠縣”。《山東通志》載:“招遠者,招攜懷遠之義也。”

招遠刻書不多,明代無刻書記載,清代衹一種,僅見於清乾隆元年膠州宋雲會刻明王僩撰《太古園詩集》一卷,中有康熙四十六年張謙宜《書太古園詩選後》,云:“家有《太古園詩》,子羽(按:諸城劉翼明)爲王氏壻張若木(按:張桐)所訂。招遠楊晴巒亦有刻本,然非其舊已。”可知,清初招遠楊晴巒刻有《太古園詩》一卷,未見傳本。

6. 萊陽刻書

萊陽古稱昌陽,晉元康八年置昌陽縣,五代後唐諱昌,改萊陽縣。明清屬登州府。

明代萊陽刻書有六種,清前期的萊陽刻書以宋氏、左氏、姜氏爲主。

1)宋氏刻書

宋氏是萊陽的大族。宋琬的高祖宋黻是明代萊陽的第一個進士,曾官至浙江按察副使。曾祖宋耀、祖父宋述都是廩膳生。父宋應亨,字嘉甫,號長元,天啓五年進士,歷官清豐知縣、吏部主客司主事、吏部稽勳司郎中。宋琬兄弟四人,長兄宋璠,字玉伯;仲兄宋璜,字玉仲,號召石,崇禎十三年進士,歷任杭州推官、兵部職方司主事等職;四弟宋珣。

宋琬(1614—1673),字玉叔,號荔裳。與安徽宣城施閏章齊名,有“南施北宋”之稱。順治四年進士,歷任户部主事、吏部郎中、陝西隴西道。秩滿,遷直隸永平道,繼調浙江紹臺道。十八年,擢浙江按察使。不久,被宋氏族人誣告與登州于七通謀爲叛,革職被逮下獄。康熙三年,昭雪得釋,挈家流寓浙江。十年奉旨起復吏部供職。十一年,爲四川按察使。逾年,入京覲見時卒。

宋氏現存的著述除了宋琬的幾種外,餘皆未見流傳,即使是宋琬的作品,大部分也是由他的兒孫輩刊刻,他自己刊刻的衹有三種(其中一種未成)。除《永平府志》外,《叢綜》將宋琬的作品命名爲《安雅堂全集》,其中子目非一時一地一人所刻,且刊刻時並無《安雅堂全集》這個叢書名,所以,茲僅以時間先後順序考證其著述刊刻情况。

①《荔裳文集》一卷、《詩》一卷,清宋琬撰,清順治七年萊陽宋琬京師刻本。

杜澤遜師《存目標注》5798條著録,曰:"《四庫全書附存目録》顧廷龍先生手批:'《荔裳文集》一卷、《詩》一卷,順治庚寅宣城門人儲日升校刊,版心下有安雅堂三字。'"《四庫全書附存目録》係顧老得知杜澤遜師要做《存目標注》時贈予杜師的,裏面有大量顧老的手批。可見,顧老是見了此書的。既然版心下刻"安雅堂"三字,説明版權是歸宋氏安雅堂的。所以,門人儲日升衹是操辦者。庚寅是順治七年,此年宋琬由蕪湖調京,改任吏部稽勳司主事,冬,爲逆僕誣構下獄。故刊刻此集當在京師。所録的詩文,當係宋琬順治七年前所作,與順治十七年所刻的《安雅堂詩》不同。此書今已不復得見。

②《永平府志》二十三卷,清宋琬纂修,清順治十五年萊陽宋琬永平府刻本(未成)。

順治十四年,宋琬奉調直隸永平道,十五年,修成《永平府志》。

據李利鋒《明清時期〈永平府志〉修撰情況》[①]一文,知《永平

①李利鋒:《明清時期〈永平府志〉修撰情況》,http://bbs.yutian.gov.cn/thread-92584-1-1.html。

府志》在清初始修於宋琬,時刊刻未成,宋琬擢浙臬,於是攜板而南。後來,永平遣人往浙取板來京師,仍發永平。康熙九年成書,十二年知府唐敬一纂修《續補永平志》。十八年,常文魁任知府,又修補《永平府志》,五十年,知府蕭山張朝琮又續修。據此可知,《永平府志》的纂修肇始於宋琬,並已動手刊刻,歷經五十餘年,幾代知府,最終坎坷成書。《四庫提要》云:"琬與施閏章齊名,時號南施北宋。而此志不見所長。卷端題永平府知府蕭山張朝琮重修。其竄亂失真歟?"是不知其修纂經過矣。

③《安雅堂詩》一卷,清宋琬撰,清順治十七年萊陽宋琬浙江刻本。

封面題:"本衙藏板。"目録後有"年家子丁克振、任韓燦、丁夢之校正"。有順治十七年來集之序,順治十七年蔣超序。此年,宋琬在浙江,以左參政分守紹興,當爲宋琬在浙江所刻。據陳宇舟《清初詩人宋琬研究》①一文,可知這是宋琬在第一次出獄之後於京師任職到爲官浙江大約七八年間的作品集。而後來乾隆三十一年其族孫所刻之《拾遺》則搜羅較廣,從宋琬於明亡前少時所作到晚年《入蜀集》都有收録。

九行二十字,白口,四周單邊,單黑魚尾。清初字體。

④《安雅堂文集》二卷,清宋琬撰,清康熙五年萊陽宋琬吴門刻本。

有康熙五年丙午金之俊序:"今年來吴門,出其所爲《安雅堂集》,問序於余。"有趙□明序,黄與堅序,杜濬序。劉春興《宋琬研究》②認爲是流寓吴越間勘定,康熙八年刻。不知康熙八年有何依據。

---

①陳宇舟:《清初詩人宋琬研究》,蘇州大學 2004 年碩士學位論文。
②劉春興:《宋琬研究》,蘇州大學 2005 年碩士學位論文。

十行二十字，上白口，下細黑口，左右雙邊，綫魚尾。字體方扁，密行，不似清初刻本。

⑤《祭皋陶》一卷，清宋琬撰，清康熙萊陽宋氏刻本。

封面題："本衙藏板。"卷端題："二鄉亭主人新編，海上隨緣居士評。"二鄉亭主人即宋琬。關於"二鄉"，他曾在《從謝方山中翰索酒四絶句》中自注爲"醉鄉"和"夢鄉"。

康熙三十二年隨緣居士《題詞》，康熙十一年杜陵□水生弁語。劉春興《宋琬研究》認爲是康熙十二年刻本，不知有何依據。如爲此年刻本，當爲宋琬在四川所刻，因爲宋琬於康熙十一年授四川按察使。

九行二十字，白口，四周單邊，無魚尾。

宋琬有《二鄉亭詞》三卷，《叢綜》收入《安雅堂全集》中，但不是宋琬刻本，而是清康熙中休寧孫默刻《留松閣新詞合刻》本。

⑥《安雅堂重刻文集》二卷，清宋琬撰，清康熙三十八年其子宋思勃刻本。

王士禛《池北偶談》曰："康熙以來，詩人無出南施北宋之右，宣城施閏章愚山，萊陽宋琬荔裳也。"又曰："宋浙江後詩，頗擬放翁。五古歌行，時闖杜、韓之奥。康熙壬子春，在京師求余定其詩筆爲三十卷。其秋，與余先後入蜀。予歸之明年，宋以臬使入覲。蜀亂，妻孥皆寄成都，宋鬱鬱没於京邸，此集不知流落何地矣。"可見，王漁洋曾爲宋琬的三十卷詩集做過點定的工作。應該不是此二卷。

書有康熙五年丙午尤侗序，康熙三十八年乙卯周金然《重刻安雅堂集序》："兹幸嗣君思勃克念箕裘，以舊刻《安雅堂集》殘缺漫漶之餘，補輯重梓。"康熙三十八年張重啟《重刻安雅堂集序》："先生舊刻《安雅堂集》，文賦詩詞共若干卷，喪亂後版葉殘缺，其仲子思勃補輯訂正，復成完璧。"康熙三十八年王熙《重刻安雅堂詩文集序》，是年嚴虞惇序等。

宋思勃(1668—1699後),琬次子,小字阿環,據《安雅堂未刻稿》記載,此子"骨相頗殊",後出爲宋璠子。宋琬長子爲思勱,三子爲思䅘。

九行十九字,白口,左右雙邊,單黑魚尾。字體峭麗,行疏字瘦,與初集風格迥然不同。

⑦《安雅堂未刻稿》八卷,清宋琬撰,清乾隆三十一年萊陽宋永年刻本。

封面題:"乾隆丙戌新鐫,本衙藏板。"卷末署:"孫永年敬刊,曾孫宇、宜、寧、宣、審校訂。"有彭啓豐序:"萊陽宋君仁若輯其王父玉叔先生未刻遺集若干卷。"宋永年,字仁若,宋琬之孫。

十行二十一字,黑口,左右雙邊,單黑魚尾。字體一般。

⑧《安雅堂未刻稿入蜀集》二卷,清宋琬撰,清乾隆三十一年萊陽宋永年刻本。

《四庫提要》:"所謂《入蜀集》者,其後人亦無傳本。"誤,《入蜀集》不僅有刻本,還有王士禛家抄本。《漁洋詩話》曰:"康熙庚辰,余官刑部尚書。荔裳之子思勃來京師,以《入蜀集》相示,亟録而存之。集中古選詩歌行,氣格深穩,余多補入《感舊集》。"

十行二十一字,黑口,左右雙邊,單黑魚尾。字體一般。

⑨《安雅堂拾遺詩集》八卷、《附録》一卷、《安雅堂拾遺文集》二卷、《重刻二鄉亭詞》四卷,清宋琬撰,清乾隆萊陽宋琬族孫宋邦憲刻本。

薛惠媛師妹提供中國科學院圖書館所藏信息:《重刻安雅堂拾遺文集》二卷,卷端題:"萊陽宋琬玉叔荔裳著。"有乾隆十一年三韓尹繼善《安雅堂拾遺文集序》,乾隆十一年皋里後學楊繩武於鍾山書院《安雅堂拾遺集序》,云"先生名門世胄,文孫仁若永年及澹襄恬暨、梅亭邦憲等俱克世其家學。而梅亭鋭志網羅,南北驅馳,凡於耆舊宿儒、斷簡叢編,以及驛壁旂亭,練裙紈扇,見先生一字之題，一篇之作，手自繕寫，彙而刻之，爲《拾遺》若干卷。雖西蜀全編無從再遇楚弓，而視己卯重刻之集目次相埒。會與余相遇於金陵，屬爲之序”。薛惠媛師妹按：據此則宋邦憲當是宋琬之孫，而“彙而刻之，爲拾遺若干卷”似可作爲宋邦憲刻書之依據。此《文集》刻於乾隆十一年。有“原序，乾隆丙寅重梓”，署“太倉吴偉業梅邨撰”。有“重編姓氏”及“安雅堂拾遺文目録”。

九行二十字，白口，四周單邊，單黑魚尾。版心上鐫“安雅堂”。

《安雅堂拾遺詩集》八卷、《附録》一卷，卷端題：“萊陽宋琬玉叔荔裳著，宣城施閏章尚白愚山、商丘弟宋犖牧仲漫堂參閲，古歙程崟夔州平川重編。”内容包括《安雅堂詩話》《安雅堂酬贈詩》《安雅堂墓志銘》。

八行二十字，白口，四周單邊，單黑魚尾。版心上鐫“安雅堂”。

惠媛師妹按：此集前後無序跋，書中凡“玄”字避諱，“弘”字避諱，但“禎”字不避諱，不知何故。“寧”字、“淳”字不避諱。此集亦應是清乾隆刻本。

《重刻二鄉亭詞》四卷，卷端題：“重刻二鄉亭詞，萊陽宋琬荔裳著，吴門弟實穎既庭參閲，仁和陳兆崙星齋重編。”有“二鄉亭詞原引，乾隆丙寅重梓”，末署“康熙己酉暮春下浣雲間年家後學董俞蒼水題於玉屏梵閣”。據“乾隆丙寅重梓”可知《詞》刻於乾隆十一年。

八行二十字，白口，四周單邊，單魚尾。版心上鐫“二鄉亭”。

據以上信息，可知《文集》和《詞》明確刻於乾隆十一年，《詩集》刻於乾隆年間。此結論與杜澤遜師《存目標注》5798 條結論亦同。

⑩《安雅堂書啓》一卷，清宋琬撰，清刻本。

無序跋。九行十九字，白口，左右雙邊，單黑魚尾。字體瘦長。

與宋思勃刻本行款同，似清初刻本，但不知何人所刻。

宋琬詩文的書板至民國十六年還存在宋家。山東省圖書館藏書中有民國十六年日照許衍灼《重印安雅堂全集序》，曰："丙寅秋，來長斯邑。從政之暇，爰瞻故宅，式謁遺祠，復招教育局長董丙南，謀檢藏板，藉傳陳編，乃捐廉印刷百有五十部，用爲讀本，並餉知交。"所刷印的書有《安雅堂詩》《安雅堂文集》《重刻安雅堂文集》《安雅堂未刻稿》《安雅堂未刻稿入蜀集》《祭皋陶》，還有《二鄉亭詞》二卷，係康熙間休寧孫默刻《留松閣新詞合刻》本，想必是宋家將此種版片單獨收存。但民國彙印本無《安雅堂拾遺詩集》八卷、《附録》一卷、《安雅堂拾遺文集》二卷、《重刻二鄉亭詞》四卷及《安雅堂書啓》一卷。

萊陽宋氏刻書特點有三：

一是三世刻書：宋琬及其子思勃、孫永年、族孫邦憲，均在清前期，即順治、康熙、雍正、乾隆四朝間。

二是所刻除《永平府志》外，其餘皆爲集部書。

三是宋琬際遇不順，經濟條件不濟，影響了宋氏刻書的數量和質量。

與同時的施閏章比較，宋琬著述的刊刻與其相埒，但在自刻的數量上相差懸殊。施閏章（1618—1683），安徽宣城人，順治十三年任山東提學僉事，在濟南居五年。祖父、父親都是理學家，爲詩尊崇唐人，反對宋詩。施氏在宣城也是刻書大家，他比宋琬小四歲，去世比宋琬晚十年，刻書時間比宋琬要長。作爲清初的著名詩人，二人雖一南一北，遥遥相對，但在刻書上有着極大的相似性。

二人刻書均始於順治年間，並在順康間陸續刊刻了自己的集子。施閏章的首次刻書是順治時刻自撰《越遊草》一卷。在康熙時施閏章延請徽寧二府名工刻其自撰《學會堂詩集》五十卷，《學餘堂文集》二十八卷附《外集》六卷。

二人均熱衷於地方志的刊刻。他們每至一地爲官,熱心纂修方志,有功於當地的文化建設。施閏章在順治時編刻《登州府志》二十二卷,康熙時編刻《袁州府志》二十卷、《首》一卷,並訂定明俞策撰《閣皁山志》。

在二人去世後,其後代子孫均有編刻其著述之舉。施閏章的長子施彦淳於康熙四十七年編刻《愚山全集》九十四卷,乾隆年間施念曾編《施愚山年譜》四卷和《施氏家風述略》一卷、《續編》一卷等,均對其先人的著作有所弘揚。

與宋琬不同的是,施閏章不僅刊刻自己的作品,還爲别人刻書,康熙元年與沈希孟等刻明顧夢遊撰《顧與治詩》八卷。

作爲清初的兩大詩人,宋琬與施閏章作品數量大致相當,但他們在世時,所刻數量相差懸殊,宋琬衹刻了《文集》三卷、《詩》一卷,而施閏章詩文合刻達八十餘卷,基本奠定了《愚山全集》的規模。故二人的後人整理編刻的側重點亦有所不同,宋琬的後人主要是搜集整理之功,而施氏後人主要是彙編重刻之功。

從質量上看,施閏章刻書明顯要優於宋琬,這大概有兩方面的原因:一是施閏章家境要比宋琬好,際遇比較平順,有能力隨時刊刻。二是宣城爲安徽屬地,距徽州不遠,刻書之風較盛,且名工不少,故施閏章能從當地請到名工,所以刻書質量較高。即使宋琬刻《文集》在吴門,但限於財力,亦與施閏章有明顯的差距。不能不承認這樣一個事實,即經濟條件决定刻書質量,無論刻書人是否在刻書中心。

2)左氏刻書

萊陽左懋第(1601—1645),字仲及,號蘿石。崇禎四年進士,授陝西韓城縣令。十二年陞户科給事中。在南明王朝任都察院右僉都御史,臨危受命,奉詔率使團赴京與清廷議和。在出使過程中,他不屈不撓,寧死不辱使命,最後於順治二年被清廷殺害,壯烈殉國,被譽爲明末的“文天祥”。乾隆四十一年欽定殉節録,賜專謚“忠貞”。

左懋第不僅政績斐然,文學成就亦卓著,著有《梅花屋詩稿》《蘿石山房文鈔》,後人編有《左忠貞公剩藁》。

左懋第令韓城時,刊《崇檢書》一書。至於自著的詩文,據《梅花屋詩草》張汝霖序:“先生詩文,故有全書鐫板,金陵蕩於兵燹。”知其詩文全集明末有刊板,似由左懋第刻於金陵,因金陵蕩於兵燹,故板無存。所以,目前所見的左懋第著述,皆由其後人刊刻而成。

①《蘿石山房文鈔》四卷,明左懋第撰,明李清編,清乾隆五年萊陽左懋第五世孫左繩宗、左彝勗、左光勗刻本。

每卷末有“大清乾隆五年二月開雕”。卷一、卷二末有“從玄孫彝勗、光勗恭録”。卷三末有“從玄孫光勗恭録並校,邑後學趙起彬參閲”。卷四末有“從玄孫光勗恭録並校,玄孫繩宗、即墨後學黄玉書參閲”。

首爲《明史本傳》。卷一爲奏議十二篇,卷二爲申文、書劄、議序等文二十篇。卷三序、記、傳、論文等二十篇,卷四爲行狀、祭文十八篇。此書爲興化李清編。前有昭陽陸廷掄序,末有李清跋。李清(1602—1683),字心水,號映碧,明末清初著名的史學家,被奉爲遺民領袖,《清史稿·明遺民列傳》首列李清之傳,乾隆修《四庫全書》亦首禁李清之書。看來,李清編左懋第的文集是有淵源的。

九行十九字,小字雙行十九字,白口,四周雙邊,單黑魚尾,無直格。

②《梅花屋詩草》一卷,明左懋第撰,清乾隆十八年萊陽左懋第五世孫左光勗刻本。

此爲左懋第治韓城詩。前有乾隆六年張汝霖序:“先生詩文,故有全書鐫板。金陵蕩於兵燹,其家鈔存是編。會辛未歲,余權視潮汀鹽務,先生有孫静勗爲場監,袖以視余。"

卷末有"大清乾隆十八年四月二十日開雕,從玄孫光勗恭録並校"。

③《蘿石山房文鈔》四卷,明左懋第撰,清乾隆四十六年萊陽左懋第六世孫左堯勳刻本。

封面題:"乾隆辛丑四月鐫,左公祠藏板。"卷末有:"從五世孫彝勗、光勗恭録並校,從六世孫堯勳恭刊。"

此爲重刻本,乾隆五年初刻後四十年又重刻。

九行十九字,上白口,下粗黑口,四周雙邊,無直格,單黑魚尾。字一般。

④《左忠貞公剩藁》四卷,明左懋第撰,清乾隆五十八年萊陽左懋第六世孫左彤九刻七世孫左賡澄、九世孫左鼇科、左振烈、左振勳校刻本。

有《凡例》:"其《蘿石山房文鈔》,先君子於乾隆庚申(按:五年)已校刊印行矣,至暮年頗憾未備,命不肖增輯。四十年間,又得二本,一曰《東海人文》(先彙海府君集),一曰《蘿石山房集》(邑人張九如先生編)。較之,詳略互異,共得遺文及詩百有餘篇。……不得已,謹依原文纂刻……乾隆癸丑荷月從六世孫彤九謹識。"癸丑爲乾隆五十八年。

是編卷一爲奏疏、申文,奏疏末附《家塾藏藁》一篇。卷二爲申文、告示,末附令韓城時所刊《崇檢書》,其大旨在禁婚喪之奢,别貴賤之等,省酬酢之煩。卷三爲古文。卷四爲雜著,有表二,策五,皆應試之作。《十椽樓遺詩》六十三首,乃順治初其弟懋賞應黄家瑞之請,從故紙堆中檢出,命胥史鈔成者。懋賞字彙海,明揚州海運同知,入清不仕。世所傳懋第《絶命》詩、《古辣水》詩,皆見此編。又有《蘆花行》《傷世亂》《哀民生》等篇。

每卷端有“六世孫彤九敬輯”。卷四末有“七世侄孫賡澄較訂,九世侄孫鏊科、振烈、振勳謹刊”。此一行字跡與前不同,蓋爲彤九刻完後,七世孫、九世孫後印時又有修補,文中有不少墨釘,係刻成後又有修改。

九行十九字,白口,四周雙邊,單黑魚尾,無直格。

⑤《梅花屋詩稿》一卷,明左懋第撰,清道光六年萊陽左懋第七世孫左益齡刻本。

輯詩一百餘首。首有衛胤文序,末有趙起庭跋。

封面題:“道光丙戌夏刊,左公祠藏板。”卷末葉署:“梅花屋詩稿終,從七世孫益齡恭刊。”

九行十九字,上白口,下粗黑口,四周雙邊,單黑魚尾,有直格。字體長方,刻一般。

⑥《蘿石山房集》四卷、《梅花屋詩草》一卷、《别集》一卷、《左侍郎奏疏》一卷,明左懋第撰,清光緒六年萊陽左中行刻本。

據《山東通志·藝文志》著録:《府志》載諸編云:“其文集凡三刻,此本乃其裔孫中行刻於光緒六年者。”此書未見傳本。

萊陽左氏刻書特點有五:

一是刻書時間跨越明清兩代,明末左懋第自刻詩文集及《崇儉書》不可得見。清代自乾隆五年始,至光緒六年止,歷經清代的六個朝代,主要集中在乾隆年間。道光、光緒二朝應爲餘緒。

二是五六代人參與刻書,始自左懋第的五世孫,至九世孫。有的還參與了多部書的刊刻,如左彝勗、左光勗既刻了《蘿石山房文鈔》,又刻了《梅花屋詩草》。左氏爲讀書之家,子孫亦奮發有爲。左彝勗(1740—1777),乾隆元年舉人,官西安府盩厔縣知縣。左光勗,歲貢生,工書法。左彤九(1746—1810),字鵬翀,號心齋,監生,例贈修職郎,倡修族譜。彤九少年時能繼承先志,最嗜學,自少至老不釋卷。經籍子史,莫不涉覽,其家藏書本來甚富,彤九又復購若干帙，平日招來邑中名士周苗玉（乾隆間進士）、展子授兩耆宿，常住家中數日。常酒酣燭灺，談古今事，輒旁引曲喻，辯論縱橫。

三是刊刻的内容衹有一項，即左懋第的詩文集。其中文集凡三刻，一刻於乾隆五年，二刻於乾隆四十六年，三刻於光緒六年。如此反復刊刻的原因衹有一個，即對先人的崇敬之意，要把先人遺著傳承下去的信念。對於左懋第後人來説，這個任務更艱巨些，因爲左懋第是抗清英雄，在清初直至乾隆正式爲他們平反之前，刊書活動一直是有所忌諱的。乾隆四十年，乾隆帝爲了進一步鞏固統治，緩和民族矛盾，瓦解民族意識，達成統一思想，大力表彰忠臣，爲明末清初的抗清人士恢復名譽，承認南明王統和褒獎抗清死難的南明忠臣，賜左懋第專謚“忠貞”，祀本邑鄉賢、韓城名宦祠，萊陽又建左公祠。在這個大背景下，左氏於乾隆四十六年，將《文鈔》再刻，書版藏於左公祠，並於五十八年搜羅遺著，刊成《左忠貞公剩藁》。看來，明末抗清志士遺著的刊刻是與清代的政策息息相關的。

四是刻書年月比較明確，如“大清某某年開雕”或“清某某年鐫”。末署校人姓名，不僅責任自負，而且彰顯家刻傳統。行款有定式，均爲九行十九字，白口，四周雙邊，單黑魚尾，無直格。

五是刻書有衆人幫助。乾隆五年刻的《文鈔》有“黄玉書參閲”“趙起彬參閲”。玉書字鄰素，號芥亭，即墨人，貢生，乾隆嘉慶間人。趙起彬，字質先，號鶴汀，萊陽人，太學生，著《紉蘭書屋詩集》一卷，刻《聊齋志異》（青柯亭本）的趙起杲之弟，亦爲乾隆嘉慶間人。起彬子擢彤，嘉慶十九年刻過李懷民、李憲喬的《中晚唐詩主客圖》。可見，趙氏亦是刻書之家。所以，左氏書的刊刻不僅靠家族人的努力，還得力於鄉邦人士的幫助。

3）姜氏刻書

萊陽在清初另一個與清廷不合作的家族是姜埰一家。

姜埰(1607—1673),字如農,萊陽人,崇禎四年辛未進士,授儀真縣知縣,官禮科給事中。以建言受廷杖,謫戍宣州衛。明亡後流寓蘇州,鐫私印曰“宣州老兵”。臨歿遺命葬宣城,以明帝未有赦令不敢歸也。著有《正氣集》《嚶鳴録》《紀事摘謬》《敬亭集》。伯子安節,字勉中。著有《孝經正義》《永思堂詩鈔》。季子實節(1647—1709),字學在,號鶴澗,居吴中。有孝行,篤友誼。明禮科給事中,入清隱遁,不入城市,布衣終老。有《鶴澗老人題畫詩》一卷。

①《姜貞毅先生輓章》不分卷,清姜安節、姜實節輯,清康熙十九年萊陽姜氏刻本。

九行二十字或十一行二十二字,白口,左右雙邊。

②《敬亭集》十卷、《補遺》一卷、《附録》一卷、《自著年譜》一卷,明姜埰撰,《年譜續編》一卷,清姜安節撰,清康熙萊陽姜安節等刻本。

卷端題:“明前禮科給事中姜埰字如農。”《年譜續編》署:“長男安節謹編,次男實節謹訂。”前有《姜貞毅先生自著年譜》一卷。卷端有像,題“不肖次男實節泣血敬摹”。《年譜》後正文前有黄周星序,錢澄之序,自序。附録後有錢澄之撰《姜貞毅先生元配董孺人遷葬墓誌銘》,康熙十九年庚寅魏僖撰《姜貞毅先生副室王孺人墓誌銘》。

是集《四庫存目》曰:“埰少以氣節著,自得罪流竄後,始學爲詩。朱彝尊《静志居詩話》稱其風格一本杜陵。今觀所作,大抵才本清剛,氣尤激壯,故詩文皆直抒胸臆,自能落落不凡。然縱筆所如,不暇鍛鍊,故粗獷之語亦時時錯雜其間,蓋性情用事居多也。集本埰自定,分《敬亭》《餺飥》二集。其子安節等刊行,乃併合爲一,統名《敬亭集》。後有《補遺》一卷,又埰殁後安節掇拾而成。其《揚州諸子燕集次韻》一首,已見第四卷,乃更收入,殆偶然失檢歟?”據此知爲姜安節等家刻無疑。是集有光緒十五年己丑山東書局重刻本。

十行二十字,小字雙行字不一,白口,左右雙邊,雙魚尾。

③《鶴澗老人題畫詩》一卷,清姜實節撰,清康熙四十七年萊陽姜實節吴門刻本。

《販續》著録:"約康熙戊子精刊。"①此時實節當居吴門,應爲自刻。吴門刻書自然精美。

以上,姜氏刻書有三種,皆爲姜埰子輩刊刻。

4)趙氏刻書

趙氏亦爲萊陽大族。趙崙,字閬仙,順治十四年進士,曾任廣東玉山縣知縣、江南學政等職。其子趙子泗,字文水,康熙二十三年貢生。子泗子趙莘,字東野,曾任浙江昌化縣知縣。趙莘子趙起杲,字清曜,號荷村,又號冠峰,乾隆二十二年揀補福建漳州南勝縣同知,同年補連江知縣,次年四月,補古田知縣,二十六年以同知揀發浙江杭州,第二年署杭州總捕同知,三十年任嚴州知府。在知府任上,起杲刊刻了著名的《聊齋志異》。這是《聊齋》的第一個版本,在《聊齋》的傳播史上有着重要的地位。

(1)趙起杲

《聊齋志異》十六卷,清蒲松齡撰,清乾隆三十一年萊陽趙起杲刻本。封面題:"青柯亭開彫。"卷端題:"淄川蒲松齡留仙著,新城王士正貽上評。"前有高珩、唐夢賚序,爲原序。又有余集序,趙起杲序:"宦閩中時,晤鄭荔薌之子。以荔薌曾宦山東,得《聊齋》稿本於松齡家中,因求得其書録副藏之。後審爲原稿,遂付梓。"

據朱睦卿《書傳四海,版刻嚴陵——趙起杲和青本〈聊齋〉》②

①孫殿起:《販書偶記續編》,上海古籍出版社 1992 年版,第 150 頁。

②朱睦卿:《書傳四海,版刻嚴陵——趙起杲和青本〈聊齋〉》,載《聊齋志異研究》2005 年第 4 期。

一文，趙起杲在乾隆十一年就從老友周季和手中得到兩册抄本，深以不能全抄爲憾，萌生了刊刻全書的念頭。在閩又從鄭荔薌家中録副另一抄本，乾隆二十五年至京師，並從吴穎思處借得另一抄本，將二本對勘，確認鄭荔薌本爲抄自原稿本。在杭州五年，鮑廷博極力慫恿趙起杲刊刻此書，但趙因公務繁忙而未果。在嚴州任上，趙起杲請杭州名士余集審定編校全書，請四弟趙起杭和郁佩先二人協助，由陳載周負責刻印事務，鮑廷博出資相助，並幫助審定。當年刻成十二卷，還有四卷未刻成即去世。最後四卷在鮑廷博的支持下於年底刊刻完成。同時鮑氏以一個出版家的眼光高度評價了趙氏刊刻此書的功勞。

對於此本的價值，朱睦卿文章總結爲四點：一是保存和傳播《聊齋志異》，自此本出，各種注本、石印本和鉛印本，均據此本翻印，有數十種之多。二是因其所據的是來自稿本的抄本，較好地保存了原稿的原貌。三是刊刻中糾正了稿本和抄本的訛誤。四是保存了許多珍貴的史料。

（2）趙擢彤

趙起杲有子趙葉彤、趙擢彤、趙鈞彤，其中擢彤繼承了趙起杲的刻書傳統。

趙擢彤，乾隆五十三年副貢，官孟津知縣。著有《睦堂詩草》。藏有張爾岐的《詩經説略》，不知是否以備刻。桂馥《書爾岐自叙墓誌後》云："《詩經説略》寫本，今在萊陽趙擢彤處。"看來擢彤是有刻書的打算的。

現存的趙擢彤刻本有《中晚唐詩主客圖》二卷，清李懷民、李憲喬撰，清嘉慶十九年萊陽趙擢彤刻本。封面題："高密李石桐評選，退思軒藏板。"有乾隆三十九年甲午高密李懷民識。姚元之題詩。後有姚氏嘉慶十九年甲戌洛陽試院跋："睦堂明府重鐫《中晚唐詩主客圖》，既未屬序。"劉大觀松嵐《重刻唐賢主客圖詩序》。

此書共有三個刻本,一是嘉慶十年邱縣劉大觀刻本;一是嘉慶十七年李氏刻本;一是嘉慶十九年萊陽趙擢彤刻本。邱縣劉大觀刻書中詳述。今前兩個刻本未見,欲觀此書,唯有趙擢彤刻本,可見趙氏刻本的價值。九行二十字,白口,左右雙邊,單黑魚尾。寫刻字體。

(3)趙時昱

趙鈞彤(1742—1805),字絜平,號澹園,乾隆四十年乙未進士,官唐山知縣。著有《止止軒詩稿》六卷,清嘉慶間其子趙時昱輯刊。

趙鈞彤還撰有《燕子箋彈詞》十八回,清咸豐五年燕海吟壇刻本,爲海陽趙氏所刻。

5)其他刻書

除了以上四大家刻書,清前期的萊陽刻書還有以下幾種。

宋永清,萊陽人。清康熙四十三年以漢軍正紅旗監生任鳳山知縣。善察民情,雅意文教,頗有宦績。工詩,著有《谿翁詩草》。其《谿翁詩草》,《販記》著録兩個刻本,一是康熙四十五年刻本,有張錫三評點;一是康熙四十九年刻本。① 國家圖書館藏清康熙刻本,十行十九字,小字雙行十九字,黑口,左右雙邊,單魚尾。據《重修臺灣府志》,有宋永清康熙四十九年秋序,知自康熙四十三年至四十九年,宋永清一直在臺灣,故此書的兩個刻本均應在臺灣所刻。

萊陽周正,字公端,號方山,康熙二十七年戊辰進士,官浦城知縣。有《取此居文集》二卷,清李應廌評,清康熙自刻本。卷端題:"萊陽周正方山氏著,日照李應廌諫臣氏評,臨清張東觀秘南氏校。"有海曲李應廌於天雄書院序:"(周正)戊辰捷禮闈,將刊其文

①孫殿起:《販書偶記》,上海古籍出版社1992年版,第351頁。

稿行世……於其將付之梓也而叙之。”戊辰即康熙二十七年。《山左詩鈔》周正一條云：“聞之黄北平夫子曰：先生與諸弟析産，盡讓所有，獨指其舊廬曰：‘吾取此居也。’因以‘取此’名其居。”《山東通志·藝文志》引《府志》載是集云：“此本乃日照李應薦所刻，在全集中祇十之二也。”但據李應薦序，此書還是周正本人所刻。八行十九字，白口，左右雙邊，單黑魚尾。字大行疏，刻印精美。

萊陽女詩人冷玉娟，字姍姍，康熙間昌陽周世祐西園氏家婢，後嫁與膠縣宋世遠。幼聰慧，主人不忍使其做粗活，因教之琴、棋、書、畫，各藝皆精，尤善詩。有《硯爐閣詩集》五卷、《首》一卷，時玉娟出嫁將行，主人周世祐爲刻其集。卷首有西園氏及趙光榮等序。

萊陽張允掄（1609—1678），字並叔，號季櫟，别號櫟里先生，崇禎七年甲戌進士，官饒州知府，明亡，入嶗山，授徒以終。著有《續高士傳》二卷、《廉吏傳》三卷、《櫟里集》十五卷、《希范堂集》。其《遊嶗山記》一卷，有乾隆四十一年後人張捷林瀛甲堂刻本。前有張捷林刻書序，稱其他書皆不存：“迨重檢家藏，得幼所閲《嶗山記》諸篇。”

萊陽王右弼，字欽鄰，乾隆九年甲子舉人，官安徽庫大使。著有《詩話識小録》。其《南園題畫詩》一卷，爲寫刻本。《山東通志·藝文志》引《府志》載是編云：“此本乃其手書刻木者，板不作邊闌界格，書法亦秀逸。”未見傳本。

以上，清前期的萊陽刻書共二十四種，宋氏刻十種，左氏刻四種，姜氏刻三種，以三氏爲主。

刻書内容上，二十二種爲集部，兩種爲史部，經部、子部無。形成了集部一統天下的局面，大約與三大家族均以詩文傳家有關。

7. 文登刻書

文登置縣於北齊天統四年，因文登山而得名。明屬登州府寧海州。清屬登萊青道登州府。

明代文登刻書有三種,清前期的文登刻書以于氏爲著。

1)于氏刻書

文登于氏號稱"東海世家",在刻書上首開其風的是于熙學。

(1)于熙學

于熙學,字無學,號秋溟。祖父于可托,順治十二年進士,官至户部左侍郎。熙學爲諸生,官工部郎中。有《鐵槎漫語》。

①《二十四泉草堂集》十二卷,清王苹撰,清康熙五十六年文登于熙學京師刻本。

苹字秋史,號蓼谷,歷城人,康熙四十五年丙戌進士,官成山衛教授,時于熙學爲其學生。

前有王士禛、田雯、吴雯、張芳、高兆序。于熙學《刻二十四泉草堂集緣起》:"熙學世居文登山中,守先舍人遺書數千卷……(熙學)曰:'先生歸矣,熙學需次久,集未刻者,願以異日爲刻於京師。'……又一年,熙學承乏水部,踰年丁酉(按:康熙五十六年),先生來京師,乃爲刻《二十四泉草堂集》。卷凡十二,詩凡一千二十六首……先生年十八稱詩,爲歲丙辰,距今四十有二年,而未刻之集則始於辛酉(按:康熙二十年),距今三十有七年,詩乘三千有奇,今熙學爲刻以行者三之一耳。"

十二行二十二字,小字雙行三十二字,黑口,左右雙邊,雙對魚尾。字體一般,行密。

王苹,歷城著名詩人,爲詩壇領袖王士禛所稱許。其詩集在生前由于熙學刊刻,文集《蓼村集》則在其去世後由桂林胡德琳刊刻,清前期的歷城刻書有述。

②《樹筆堂遺稿》一卷,清于其玿撰,清康熙文登于熙學刻本。

于其玿,字瑶圃,文登人,于可託子,熙學父,康熙二十五年丙寅拔貢。

《遺稿》包括文九篇,尺牘五篇,詩八首(未刻),詩餘三首。

卷端題:“文登于其玿瑶圃著。”末署:“男熙學恭校。”

有康熙五十二年歷城王苹書:“舍人早世,令子秋溟繕寫成帙,藏諸家廟,鄭重誣諉,屬序。”

九行十九字,大黑口,左右雙邊,單黑魚尾。寫刻本,較精。

(2)于書佃

于令淓(1746—1820),字箕來,别號方石山人,熙學從子。乾隆四十八年舉人,五十二年授莘縣教諭,五十五年赴會試得欽賜翰林院檢討。工書,書法精妙。撰有《四書講義》《勤貽堂詩稿》《方石書話》。其《方石書話》一卷,乾隆嘉慶間有其子于書佃刻本。

于書佃跋:“家君隨手集録,多至數卷,友人索觀,帙繁苦難悉鈔,願擇要發刊,敬録六十餘則,以副諸君子之請。男書佃謹書並識。”文登後學金鏞序東氏跋:“先生以翰林檢討歸老林下,鄉人請《書話》以公同人,迺以卷帙浩繁,僅摘數十則授梓。”知此書係于書佃從其父書法隨筆中摘録而成,約六十餘則,涉及歷代碑帖、書家、書論批評及筆法、結體等論題。

于令淓父子均精於書法。于書佃,生於乾隆年間,嘉慶五年舉人,官至濟南府學訓導。在濼源書院講學。濟南鵲華橋旁有石刻“大明湖”三字,就是書佃所書。故《方石書話》一書刊刻精美,五行十或十一字不等,行書寫刻本,單黑魚尾,白口,四周單邊,字大悦目。

(3)于克襄

于可托後人于克襄,字蓮亭,嘉慶十年進士,官湖北按察使。著有《鐵槎詩存》八卷、《鐵槎山房見聞録》十二卷。

①《鐵槎山房見聞録》,清于克襄撰,清道光二十九年文登于克襄金陵刻本。

封面題:“道光己酉鐫,銕槎山房藏版。”

書有門人張錫蕃後序:“凡轍環之所至,宦遊之所經,志其山川,紀其風俗,與夫可喜可愕、可歌可泣、可箴可勸、足以娛目而醒心者,悉筆之於書。事奇而覈,文逸而工,雖小品也,已駸駸乎駕晉唐説部而上之矣。”道光二十二年趙邦疇序。道光二十三年自序於東山草堂。稱“移旌楚國,駐節江城”“時予專司鹾政”,書未成而旋從征。道光二十五年鐵槎樵客蓮亭氏自序於金陵,稱“乙巳仲夏,以《見聞録》付梓人,爲之刊刻,共計十二卷”。知此書刻於金陵。末有饒拱辰跋。

九行二十一字,黑口,左右雙邊,單黑魚尾。無直格。版小,但刻印精,金陵刻書有優秀傳統。

②《碶山樓詩鈔》,清于仙齡撰,清文登于克襄刻本。

據《山東通志·藝文志》,仙齡字雲溪,克襄女弟,黄紹元妻。《閨秀正始續集》載是編云:“雲溪幼慧,工詩。蓮亭爲之序而梓之。”

(4)于穎發、于頤發

文登于氏還有另一支——于穎發、于頤發兄弟。穎發爲福山王懿榮祖母于太夫人的父親,頤發官至淮陽兵備道。二人道光八年於清江浦鎮刻有叢秉肅撰《學庸順講》二卷。

秉肅字如齋,文登人,諸生。有《四書蒙正》《學庸順講》。

封面題:“叢如齋先生輯,本衙藏板。”卷端題:“文登叢如齋秉肅輯,鄉後學張雲壽、孫澤然、表姪孫于昌進、于昌運、于昌迪仝校。”

有道光十年延州張井序:“今觀于芝厓司馬所刊叢氏《大學中庸順講》一書……”表姪于穎發撰《叢如齋先生小傳》,此時叢氏已歿三十三年,“諱秉肅,字恭作”。“平生著述無力梓行,頗多散佚,惟《四書蒙正》及《學庸講義》學者恒手鈔成帙,棄篋笥間。歲戊子(按:道光八年),弟頤發官袁浦,課子姪輩習舉子業,昌運、昌進請先梓講義一編,余慨然曰:‘是編融會儒先,羽翼傳注,初學讀之,豁如也。'弟頤發爰從二子之請,捐廉付諸剞劂。"鄉後學李湘茝序:"今讀于芝厓司馬令兄濱來先生刊叢如齋《中庸順講》一書……濱來先生者,己酉選拔,前句容令也,居宜久而服膺勿失。"道光九年受業外孫于廷瑞《學庸講義述略》。李湘棻跋:"道光戊子,棻館於濱來、芝厓兩先生家,與湘山、菊農兩生偕讀……兩生出是編請校,且言將刊之。"

十一行二十五字,白口,左右雙邊,單黑魚尾,無行格。字小行密,但刻印不苟。

(5)于寶之

①《舊雨軒剩稿》一卷,清于昌進撰,清光緒四年文登于寶之刻本。

昌進,頤發子。寶之,昌進子,官江蘇候補道。

封面題:"光緒戊寅九月,萬青選題。"有牌記:"光緒戊寅九月刊。"卷端題:"文登于昌進湘山。"卷末有:"男寶之校刊。"

前有《舊雨軒圖》,"舊雨軒圖"四字爲雙鈎,每葉兩字。又有牟所(一樵)乙巳初夏題字,稱舊雨軒在袁江。有《湘山先生四十二歲小像》,署"道光己酉萬嵐寫"。萬嵐,字袖石,江蘇鹽城人。工山水、人物,尤以寫照名。曾爲聊城楊以增《丙舍讀書圖》寫照。時楊氏任江南河道總督兼漕運總督,任所在江蘇清江浦。《小像》後有光緒己卯于昌遂像贊,稱昌進爲其兄。光緒四年清河吴昆田叙,稱昌進五十而卒,在袁浦:"光緒戊寅,哲嗣寶之輯賸稿數十篇示余。"寶之識:"先君子幼而績學,經史外尤躭韻語,深得漁洋山人三昧。筮仕後,與安吴包慎伯、丹徒嚴問樵、常熟王言可、紹興金瀛仙、曲阜孔宥涵諸君公餘唱和,幾無虚日。惟隨作隨棄,因之無存。寶之偶檢遺篋,僅得古今體四十餘首,手自謄寫,付諸梓民,謹存先人手澤以示子孫云爾。寶之謹識。"《舊雨軒圖》爲錢杜繪。錢杜,錢塘錢叔美。有衆人題圖詩。寶之《今雨樓詩並序》,稱清江浦南岸其先大父(按:頤發)置樓名“星聚堂”,其父繼之,又添置屋宇,名“舊雨軒”,圖爲當時所繪。八年,寶之題補泰州分司,九年,歸文登葬父。捻軍陷清江,樓被燬,圖歸季父。同治十年,寶之補海州分司,復至清江,建“今雨樓”。可知于氏三代皆與清江浦有緣。

十二行二十四字,白口,四周雙邊,單黑魚尾。字有些扁平,字大格滿,刻印精美。

②《今雨樓詩存》二卷、《晚晴草堂詩集》一卷,清于克襄撰,清光緒文登于寶之刻本。

卷端題:“文登蓮亭于克襄著。”

光緒十五年武陵楊琪光識:“于子紹香觀察,去歲來官秣陵……知仰承其尊人香山先生家學。”光緒六年鋁山熊有�序。光緒四年寶之叔拙漢序。光緒六年方夢園識。光緒十年劉桂年記。光緒十年孫葆田後序:“紹香觀察刻所著詩若干首曰《今雨樓集》。光緒壬午君季子芳基應順天試,攜以示余。”稱于氏分司淮北鹽運。“秋史(按:王苹)爲成山教授,觀察之世祖秋溟先生(按:于熙學)實從受詩法,故吾邑名能詩者,于氏爲最。”末有鄧巽跋。《晚晴草堂詩集》無序跋。

九行二十一字,黑口,四周雙邊,單黑魚尾。刻印尚可。

2)陶易刻書

易字悔軒(1714—1778),文登人,乾隆十七年舉人,官江寧布政使。有《平志備録》一卷。他所刻的是歷城曾尚增撰《平定雜詩》及自作詩《舟行雜詩》。

尚增字謙益,號南村,乾隆二年進士,官郴州知州。《山東通志·藝文志》引《鄉園憶舊録》云:“歷下曾南村牧山西平定州,以所歷《上黨詠古》諸作命門人李珍聘書之,藏文昌祠中,仿白香山分置詩集於聖善、東林兩寺故事也。殁後十餘年,陶悔軒復蒞其地,見詩,愛其清妙,又喜爲同鄉,乃序而刻之,並附己作。兩公此事不徒爲平定添一公案,亦吾鄉佳話也。”

陶易於乾隆三十四年陞爲直隸平定州牧,三十八年爲淮安知府,則此書當刻於乾隆三十四年至三十八年間。

8. 海陽刻書

海陽在漢時爲觀陽縣,明置大嵩衛,清設海陽縣,屬登州府。

明代海陽刻書有兩種,清前期的海陽刻書亦有兩種。

①《韻切指歸》二卷,清吴遐齡撰,清康熙四十九年海陽吴之玠刻本。

吴遐齡,字心遠,海陽人。推測吴之玠爲其後人,故爲家刻本。

九行十九字,小字雙行三十八字,白口,四周雙邊,單魚尾。

②《唐詩肄雅》八卷附《論》一卷,清鞠愷輯,清乾隆二十五年海陽鞠愷玉樹堂刻本。

鞠愷字廷和,號梧浦,海陽人。乾隆十七年進士,選庶常,授編修。歷任浙江鄉試副考官、丁丑禮闈分校。乾隆二十四年任廣西學政。乾隆四十五年因鄉試閱卷勞瘁,兼染瘴氣,卒於任。

前有自序。此書刻時,鞠愷在世,故應爲自刻,有可能在廣西學政任上。

附:登州府家刻總表

持忠集二卷	(明)張瑶撰	清乾隆五年蓬萊張儒刻本
齊乘六卷音釋一卷考證六卷	(元)于欽撰　音釋(元)于潛音釋　考證(清)周嘉猷考證	清乾隆四十六年桂林胡德琳登州刻本
既翕堂詩集二種二卷(滇遊雜詠一卷叢篁居集一卷)	(清)姜其垓撰	清乾隆三年黄縣姜氏淮安刻同治十一年補刻本

(續表)

峆巘山人詩集不分卷文集一卷詩餘一卷	(清)謝乃實撰	清乾隆福山謝氏家刻本
四書引左彙解十卷	(清)蕭榕年纂	清乾隆四十六年古牟蕭氏刻本
離騷中正不分卷	(清)林仲懿撰	清乾隆十年棲霞林氏世錦堂刻本
南華本義七卷	(清)林仲懿撰	清乾隆十六年棲霞林氏家刻本
太古園詩一卷	(明)王倜撰	清初招遠楊晴巒刻本
荔裳文集一卷詩一卷	(清)宋琬撰	清順治七年萊陽宋琬京師刻本
永平府志二十三卷	(清)宋琬纂修	清順治十五年萊陽宋琬永平府刻本
安雅堂詩一卷	(清)宋琬撰	清順治十七年萊陽宋琬浙江刻本
安雅堂文集二卷	(清)宋琬撰	清康熙五年萊陽宋琬吴門刻本
祭皋陶一卷	(清)宋琬撰	清康熙萊陽宋氏刻本
安雅堂重刻文集二卷	(清)宋琬撰	清康熙三十八年萊陽宋思勃刻本
安雅堂未刻稿八卷	(清)宋琬撰	清乾隆三十一年萊陽宋永年刻本
安雅堂未刻稿入蜀集二卷	(清)宋琬撰	清乾隆三十一年萊陽宋永年刻本
安雅堂書啓一卷	(清)宋琬撰	清刻本

（續表）

安雅堂拾遺詩集八卷附録一卷安雅堂拾遺文集二卷重刻二鄉亭詞四卷	（清）宋琬撰	清乾隆萊陽宋邦憲刻本
蘿石山房文鈔四卷	（明）左懋第撰	清乾隆五年萊陽左懋第五世孫左繩宗、左彝勗、左光勗刻本
梅花屋詩草一卷	（明）左懋第撰	清乾隆十八年萊陽左懋第五世孫左光勗刻本
蘿石山房文鈔四卷	（明）左懋第撰	清乾隆四十六年萊陽左懋第六世孫左堯勳刻本
左忠貞公剩藁四卷	（明）左懋第撰	清乾隆五十八年萊陽左懋第六世孫左彤九刻、七世孫左賡澄、九世孫左鏊科、左振烈、左振勳校刻本
姜貞毅先生輓章不分卷	（清）姜安節、姜實節輯	清康熙十九年萊陽姜氏刻本
敬亭集十卷補遺一卷附録一卷自著年譜一卷	（明）姜埰撰　年譜續編一卷（清）姜安節撰	清康熙萊陽姜安節等刻本
鶴澗老人題畫詩一卷	（清）姜實節撰	清康熙四十七年萊陽姜實節吴門刻本
谿翁詩草不分卷	（清）宋永清撰（清）張錫三評點	清康熙四十五年萊陽宋永清臺灣刻本

(續表)

谿翁詩草不分卷	(清)宋永清撰	清康熙四十九年萊陽宋永清臺灣刻本
取此居文集二卷	(清)周正撰(清)李應鳫評	清康熙萊陽周正刻本
硯爐閣詩集五卷首一卷	(清)冷玉娟撰	清康熙萊陽周世祐刻本
聊齋志異十六卷	(清)蒲松齡撰	清乾隆三十一年萊陽趙起杲刻本
遊嶗山記一卷	(明)張允掄撰	清乾隆四十一年萊陽張捷林瀛甲堂刻本
南園題畫詩一卷	(清)王右弼撰	清乾隆間萊陽王右弼寫刻本
二十四泉草堂集十二卷	(清)王苹撰	清康熙五十六年文登于熙學京師刻本
樹筆堂遺稿一卷	(清)于其玿撰	清康熙文登于熙學刻本
方石書話一卷	(清)于令淓撰	清乾隆嘉慶間文登于書佃刻本
平定雜詩	(清)曾尚增撰　舟行雜詩(清)陶易撰	清乾隆文登陶易刻本
韻切指歸二卷	(清)吴遐齡撰	清康熙四十九年海陽吴之玠刻本
唐詩肆雅八卷附論一卷	(清)鞠愷輯	清乾隆二十五年海陽鞠愷玉樹堂刻本

（二）登州府刻書特色

清前期的登州府無官刻和坊刻記載。所轄十縣，有家刻記載者八縣，在山東十府二州中可謂分布比較均匀。

八縣刻書數量統計：

名次	縣名	數量
1	萊陽	24
2	文登	4
3	蓬萊	2
4	福山	2
5	棲霞	2
6	海陽	2
7	黄縣	1
8	招遠	1

通過上表可見，各縣雖有刻書，但數量基本在 1 至 4 種之間，唯有萊陽刻書最多，有 24 種，這與萊陽的三大刻書家族有關。宋氏刻 10 種，左氏刻 4 種，姜氏刻 3 種，趙氏雖然亦刻書不少，但前期僅 1 種。文登亦有于氏，清前期僅 3 種，大部分刻書在中後期。

在刻書内容上，以集部爲主，38 種中，集部有 31 種，其中别集有 25 種，這與萊陽三大刻書家族以詩文傳家有直接關係。另外，經部 2 種，史部 3 種，子部 2 種。

集部中有小説《聊齋志異》的刊刻，趙起杲青柯亭本，是《聊齋志異》的第一個版本，自此本出，後之各種注本、石印本和鉛印本，都根據此本翻印，有數十種之多。此本不僅保存和傳播《聊齋志異》，而且因其所據的是來自稿本的抄本，較好地保存了原稿的面貌。趙氏刊刻此書的過程中，還糾正了稿本和抄本的訛誤，具有很高的校勘學價值。所以，此本在《聊齋》的傳播史上有着重要的地位。

子部中有書法著述的刊刻,這也是清代山東刻書史上的第一次。文登于令淓父子均精於書法,令淓《方石書話》係于書佃從其父書法隨筆中摘録而成,約六十餘則,涉及歷代碑帖、書家、書論批評及筆法、結體等論題,是一部重要的書法著述。此書由書法家來刊刻,自然精美,行書寫刻本,字大悦目,可稱得上是登州府刻書的名品。

清前期的登州府刻書名家有三。一是宋琬,其特點是自宋琬至其子思勃、孫永年、族孫邦憲,三世刻書,均在清前期;所刻除《永平府志》外,其餘皆爲集部書;宋琬際遇不順,經濟條件不濟,影響了宋氏刻書的數量和質量,在刻書藝術性上,不及其他地區的名家刻書,刻書質量一般。

二是萊陽左氏,刻書時間跨越明清兩代,在清代歷經六朝,主要集中在乾隆年間,道光、光緒二朝應爲餘緒;五代人參與刻書,五世孫左繩宗、左彝昜、左光昜,六世孫左堯勳、左彤九、左益齡,七世孫左賡澄,九世孫左鏊科、左振烈、左振勳,還有光緒中的左中行;刊刻的内容專一,即左懋第的詩文集,其中文集凡三刻,一刻於乾隆五年,二刻於乾隆四十六年,三刻於光緒六年,如此反復刊刻的原因祇有一個,即對先人的崇敬之意,要把先人遺著傳承下去的信念;刻書年月比較明確,末署校人姓名,行款有定式。

萊陽左氏的刻書在登州府有着特别的意義。首先,左懋第在金陵有刻書活動,但清軍入金陵時,板子全部被毁,從一個側面反映了明清易代的風雲。其次,左氏刻書體現了清初遺民的活動,如全國的遺民領袖李清編左懋第的集子,説明這時的遺民的不合作態度。其三,左氏刻書表明了登州府尤其是萊陽縣的思想狀況,這從左氏刻書由衆人相幫可以看出,也可從姜埰的刻書看出,説明萊陽一地在清初是具有反清意識的地方。其四,左氏刻書體現了清政府對遺民政策的轉變,在乾隆四十年前,對遺民詩的刊刻處於地下狀態,左氏刻書也僅有兩種,乾隆四十年,乾隆大力表彰忠臣,爲明末清初的抗清運動參與者恢復名譽,承認南明王統和褒獎抗清死難的南明忠臣,於是刊刻遺著不再有什麽生命之虞,左氏的書纔相繼得到刊刻,可見,刻書是與清代的政策息息相關的。

三是文登于氏。于氏有兩支,一支爲于克托孫子熙學——令湧——書佃,熙學刻王苹《二十四泉草堂集》及其父于其珝《樹筆堂遺稿》,令湧、書佃刻《方石書話》。與于克托同輩的于克襄於金陵刻自撰《鐵槎詩存》八卷、《鉄槎山房見聞録》十二卷,版小,但刻印精。他還刻有《磢山樓詩鈔》。另一支爲于穎發、于頤發兄弟。道光八年二人於清江浦鎮刻有叢秉肅撰《學庸順講》二卷,字小行密,但刻印不苟。頤發有子于昌進,昌進有子寶之,寶之刻昌進撰《舊雨軒剩稿》一卷,請名家萬嵐寫照,刻書字大格滿,刻印精美。光緒間寶之又刻有前輩于克襄撰《今雨樓詩存》二卷、《晚晴草堂詩集》一卷。可見,于氏刻書大多在外地,尤其是利用了金陵、清江浦等地優良的刻書傳統,精品頗多。

相對其他地區來説,登州府清前期的刻書在質量上稍遜色,除了文登于氏,罕有刻書極精美者,萊陽左氏、棲霞林仲懿、黄縣姜氏既翕堂,也是乾隆時的宋體字,有乾隆風格,但非寫刻體,宋琬家刻更是字小,有一種窘迫之態。

二、萊州府刻書

(一)家刻

清前期的萊州府刻書與登州府有相似性,即無官刻與坊刻記載,家刻有 89 種,下轄七縣中,僅昌邑一縣無刻書記載,分布比較均匀。

有刻書的縣是掖縣、平度、濰縣、膠州、高密、即墨。

1. 掖縣刻書

西漢置掖縣,爲青州東萊郡治。萊州之名始於隋,由光州所改。明陞萊州爲府,轄二州五縣,掖縣爲府治,清因之。

掖縣刻書始於金，明代刻書有十一種，前已有述。清代前期的掖縣刻書不多，共五種。

1）趙氏刻書

掖縣趙氏是東萊的世家大族。據趙琪《東萊趙氏家乘》，明萬曆時趙焕、趙耀、趙燦，人稱“三鳳”，趙焕、趙耀是進士，趙燦爲舉人。趙焕官至吏部尚書。明清之際趙士哲、趙士寬、趙士完、趙士冕、趙士亮兄弟又有“五龍”之號。趙士哲（？—1655），字伯浚，副都御史趙耀之子，趙焕之侄。貢生。甲申後，避兵登州之松椒山，遂不歸，與弟子董樵躬耕海上。鄉人私謚“文潛先生”。

士哲有《建文年譜》二卷、《年譜後事》一卷、《辨疑》一卷，清初趙士冕刻本。首有趙士冕序。

康熙間，東萊趙裒刻有：《栢園集》一卷、《栢園詩集》一卷，清趙玉藻撰；《怡園集》二卷，清趙玉瓚撰；《龍溪集》一卷，清趙士亮撰；《草堂詩集》一卷，清趙裒撰。

書衣題：“趙氏一家言。”《栢園詩集》卷端題：“東萊趙玉藻幼文甫著。”《怡園集》卷端題：“東萊趙玉瓚黄中甫著。”《龍溪集》卷端題：“東萊趙士亮丹澤氏著。”《草堂詩集》卷端題：“東萊趙裒海岳氏著。”前有武林張銓題於大覺山房，掖水宿鳳翀翼之《趙徵君龍溪小引》。《栢園集》有甲辰春日玉藻識於武林僧舍。《龍溪集》末有男玉藻識：“先徵君生平著述不下數百千言，然隨處題吟，初未嘗托心剞劂氏，甲申解綬歸，而金臺石櫟諸詠又半遺之燧燧矣。己丑，絶筆於《悔戒》一篇。今探遺篋中，纔得數十章耳。其《秋興》《龍溪》尤著人心目間，沉雄豪邁，擬之少陵，自不多遜，而顛沛流離，即少陵更有所難堪者。後茲聆音而識其人，不無千秋之感云。”康熙五十四年己未趙裒序：“甲申春，家君暨先父遊江浙，取《栢園》《怡園》集並《龍溪稿》而梓之，竟令洛陽紙貴。余時尚在繈褓也。及稍長，頗諧聲律，朝夕沉酣其中，遂效爲篇什。己未燕邸歸來,諸友謬加稱許,勸付剞劂,以承先志。余不敢當,然家學亦不敢不繼也。乃集　餘首存之。”

八行二十字,小字雙行二十字,白口,四周單邊,單黑魚尾。

2)張忻刻書

掖縣張忻,字静之,天啓五年進士。崇禎五年春,孔有德率軍圍攻萊州城,在山東巡撫徐從治、萊州知府朱萬年、登萊巡撫謝璉等先後死於敵手後,忻與二三耆老首倡守禦之策,捐巨款以資軍需,支持孤城,歷八閱月以迄圍解。這是明末萊州史上的大事。故張忻著《歸圍日記》一卷述其事。此書刻於清初,有李繼貞序,未言刻書事。此事平定後,論守萊功,忻起復原職,嗣遷刑部尚書。入清,復官天津巡撫。張忻官至巡撫,應有能力刻自著書,《歸圍日記》當爲自刻。

九行二十字,白口,四周單邊。

3)毛貢刻書

關於守萊州事,掖縣毛霦還編有《平叛記》二卷,清康熙五十五年其子毛貢刻本。霦字荆石,號秋圃,掖縣人,諸生。另著有《傳桂堂集》。

卷端題:“東萊毛霦荆石甫編,男賀九師、貢九來、贇師陸、庚歌起校字。”知爲家刻無疑。

毛霦康熙五十年自序。康熙五十五年山陰金以成序。康熙五十五年南州辜光旦識:“長公九來來遊西江,校讎浹月,付之開雕。”則此書當刻於外地。

九行二十字,白口,左右雙邊。寫刻體,較精,康乾風格。

4)掖縣儒學募資刻書

清前期的掖縣還刻有一部重要的地方文獻,即《濤音集》八卷,此書由王士禄、王士禛兄弟選輯,清乾隆五十七年掖縣儒學募資刻。書斷自明始,收四十三人詩。

封面題："濤音集，新城王西樵先生原本，掖縣儒學募金開雕，乾隆五十七年歲在壬子冬十二月刻成。"卷端題："新城王士禄西樵選輯，弟王士禛貽上仝選，東萊趙瀚海客參訂。"

首有翁方綱序，末有湯惟鏡《書後》："《濤音集》八卷，新城王西樵先生教授萊州所選掖人詩也。無刻本，山東藏書家亦未見，惟萊人僅有存者，又秘不肯出，將恐久而失其傳矣。余官掖之明年，曲阜桂君未谷馥來攝訓導事，求得一本，募金開雕，力或不副，余助成之。……今與未谷校理此集……乾隆五十七年壬子十一月長洲湯惟鏡書後。"附助刊者姓氏，此集助刊者有六十餘人，包括歷城楊龍泉等。長洲湯惟鏡，時任掖縣令。

十行二十字，大黑口，左右雙邊。字體端正，行格疏朗，板框開闊。

2. 平度刻書

漢高祖四年，始置平度縣。明洪武二十二年改爲平度州，屬萊州府，清因之。

明代的平度刻書有四種，清前期衹一種。

戴如煌，字龍藻，號秋鶴，乾隆二十四年己卯舉人，官達州知州，曾任天山書院山長。有《秋鶴詩鈔》四卷、《秋鶴近草》二卷、《出塞吟草》一卷。其《秋鶴詩鈔》四卷，清乾隆留餘堂刻本，後有郭廷翕《書後》。

3. 濰縣刻書

濰縣原稱濰州，明洪武十年改稱濰縣，屬萊州府，清因之。

明代濰縣刻書有五種，清代前期的濰縣刻書主要有三家。一是濰縣郭氏，有六種，在清後期的濰縣刻書中介紹；二是興化鄭燮；三是韓夢周。

1）鄭燮刻書

鄭燮（1693—1765），字克柔，號板橋，江蘇興化人。乾隆元年進士,七年出任山東范縣知縣,一年後調任濰縣,有政聲。乾隆十八年去官。工詩詞,善書畫,爲“揚州八怪”之一。書法别致,隸、楷參半,自稱六分半書。其《鄭板橋全集》,乾隆中刻於山東,手書上版,門徒司徒文膏刻字。寫刻精美,刊印精緻,爲清代著名寫刻本。後來翻刻本較多。

書前有乾隆十四年己巳自題,稱乾隆七年春天,始訂定詩、詞集。八年,《道情十首》幾經修改,至是方定稿,刻者爲上元司徒文膏。十四年,重訂《家書》《詩鈔》《詞鈔》,並手寫付梓。可知,除《道情十首》爲乾隆八年所刻外,餘皆爲十四年刻。

①《板橋詩鈔》三卷,有三種。首爲《鄭板橋詩鈔》,版心有“鄭板橋詩鈔”,無卷次,似爲乾隆七年所訂定者,當爲第一卷。次爲《板橋詩鈔》,范縣作,版心無字,無卷次,似應爲第二卷。三爲《板橋詩鈔》,濰縣作,版心有“板橋詩鈔”,有“卷三”字樣,又增八首。三書行款不一。

②《板橋詞鈔》,卷端署:“上元司徒文膏刻。”八行字不一,左右雙邊,版心有“板橋詞鈔”,無卷次。有自序:“燮作詞四十年,屢改屢蹶者不可勝數。今兹刻本,頗多仍舊。”

③《道情十首》,即《小唱》一卷,乾隆八年刻。八行字不一,四周單邊,版心無字,不分卷。後有:“是曲作於雍正七年,屢抹屢更,至乾隆八年乃付諸梓,刻者,司徒文膏也。”

④《板橋家書》,末署:“司徒文膏刻。”八行字不一,左右雙邊。版心有“板橋家書”,無卷次。

⑤《板橋題畫》,版心有“板橋題畫”。七行字不一,四周單邊。

據卞孝萱《乾隆焚書與〈板橋詩鈔〉鏟板》①,稱“《題畫》是鄭燮卒後,靳畬所編、刻、印”。則此書當非鄭板橋所刻。

①卞孝萱:《乾隆焚書與〈板橋詩鈔〉鏟板》,載《文物》1983年第10期。

張秀民《明清寫工刻工印工及其事略——清代刻工》:“清代雖距今較近,而刻工姓名可考者並不太多,刻工注明籍貫者有南京司徒文膏刻《鄭板橋集》,又能刻碑。”①清代刻工首列司徒文膏,可見此書的影響。

2)韓夢周刻書

除了鄭燮刻書,濰縣本地刻書有名者當爲理學家韓夢周。

韓夢周(1729—1798),字公復,一字見復,號理堂。乾隆二十二年舉進士,授安徽滁州來安縣知縣。後隱居程符山二十七年,聚徒講學。夢周一生篤守程朱之説,研治理學,以“存養、省察、致知”爲根本,身體力行。著述甚富,主要有《周易解》《中庸解》《大學解》《陰符經解》《理堂文集》《理堂詩集》《理堂日記》《理堂制藝》《近思録注解》《山禾集尺牘》《圩田圖三記》《養蠶成法》《文法摘抄》等。

韓夢周是清初山東著名的“宋學”學者,也是濰縣古文派的主要人物,與閻循觀、法坤宏被譽爲“山左三巨儒”,也稱“山左三賢”。其實,不爲人知的是,他還是一位刻書家。所刻之書多爲表親昌樂閻氏之書。因爲其母去世後,他兄弟姐妹四人跟隨姑父閻廷佶長大,時住昌樂,與表弟閻循觀同學於滕綱,二人親如手足。閻循觀的《西澗草堂詩集》裏,收録閻循觀爲韓夢周寫的詩多達十幾首。他還與閻循觀、閻循中、閻學尹、劉以貴諸學者講學麓臺書院。可見,他與閻家淵源很深,故其所刻書,大部是爲閻氏所刻。在此,昌樂閻循霦刻書一併述之。

①《鈍齋詩集》二卷,清閻循厚撰,清乾隆二十八年昌樂閻循霦刻本。

①宋原放、王有朋:《中國出版史料——古代部分第二卷》,湖北教育出版社、山東教育出版社 2004 年版,第 213 頁。

循厚字駿孫,又字惠庭,號鈍齋,昌樂人,乾隆元年丙辰舉人。閻循觀之兄。

卷首有其胞弟循霦序:"余少無師,學於仲兄鈍齋先生。先生以詩古文名於世,每有作即示余,余謹録而藏之。先生既屢上公車不第,晚節作遠遊,發爲詩歌,多悲慨之詞,然豪情壯志不少挫抑,譬諸松柏淩寒不凋,於人當得壽徵。乃年甫躍四十,遽而殂謝,可傷也。余所藏先生詩文盈篋,將次第付梓。"可證此爲閻循霦所刻。

②《陪尾山房詩鈔》一卷,清閻廷倬撰,清乾隆三十六年濰縣韓夢周刻本。

廷倬字倜斯,號思庵,閻循霦從父。雍正元年癸卯歲貢,官泗水訓導。廷倬父閻愉,字敬生,號葦園,與閻世繩編《[昌樂]閻氏家乘》五卷,康熙五十三年樹滋堂刻本。

樹滋堂,筆者初以爲係韓夢周堂號,及查遼寧省圖書館《[昌樂]閻氏家乘》,作康熙五十三年樹滋堂刻本,一般來説,刻家譜當署本家堂號,且夢周生於雍正七年,不可能在康熙五十三年有刻書活動,故樹滋堂應爲閻家堂號。韓夢周爲閻氏刻書後,板藏閻家。

《陪尾山房詩鈔》封面題:"乾隆癸巳年鐫,樹滋堂藏板。"

此書有單縣世姪朱稌跋:"懷亭(按:閻循觀),吾畏友也。戊子夏請假旋,臨岐,手其世父《陪尾山房遺詩》,囑愚論次。"乾隆十年陪尾山房七十迂叟閻廷倬自序。乾隆三十六年韓夢周序:"其爲詩和平易直,不苟爲可悦,諷誦之久,油然感人。其爲人亦如其詩,《記》所謂'斯須不和不樂,則鄙詐之心入之;斯須不莊不敬,則怠慢之心入之。'其人與詩皆無之,斯之謂近於道術者也。余爲決擇,得若干首藏於家。後之讀者,愼無泥世俗,徒求之聲色而已也。"

十行二十二字,白口,左右雙邊。寫刻字體,刻印精。

③《西澗草堂詩集》四卷,清閻循觀撰,清乾隆三十八年濰縣韓夢周刻本。

循觀字懷庭,號伊蒿,昌樂人,乾隆三十一年丙戌進士,官吏部主事。循觀曾祖父閻世繩曾任康熙年間的皇太子講官,給雍正皇帝當過老師。祖父閻愉曾任工部主事。循觀另著有《論語譜》《大學中庸注》《名人小傳》《見聞隨筆》,均未見。

書有乾隆三十八年韓夢周序:"吾友閻懷庭先生,少日喜爲詩,自《三百》《楚騷》,下逮漢魏,以及本朝作者,皆有評著講學,後遂不復注意。然觸事興詠,遂成此編已,既工且至矣。余因稍爲別擇,釐爲四卷,而付之梓。"

十行二十二字,白口,左右雙邊。寫刻字體,相當精美。

④《西澗草堂文集》四卷,清閻循觀撰,清乾隆三十八年濰縣韓夢周、昌樂閻循霦刻本。

封面題:"乾隆癸巳年鐫,樹滋堂藏板。"

有乾隆三十七年韓夢周序:"余嘗歷數交遊中,惟懷庭德性學術爲最醇密,其大致於明之薛敬軒、本朝陸稼書爲近,故其文肖其爲人,非可强而致也。因訂輯遺書,爲推究文章之極致,並著懷庭之得至此者,其發之有本,考其文可以知其人焉。"又有乾隆三十七年吴縣汪縉序:"先是予遊來安,得交於韓君公復,公復故與懷庭友善,爲予通問,未及報而歸吴。歸則公復以書來告曰:'噫,懷庭亡矣。'於是輯其遺文曰《西澗草堂集》者,復以書來俾予序焉。"東澗任瑗序。從兄閻循霦序:"友人韓公復輯其遺書,予爲刻之既成,掩卷不能視。"

《四庫存目》曰:"是編其所著古文也。其文謹嚴,頗不苟作。循觀歿後,其同學韓夢周爲搜輯編次,序而刊之,僅五十七篇。"

十行二十二字,白口,左右雙邊。寫刻字體,相當精美。

⑤《困勉齋私記》四卷,清閻循觀撰,清乾隆三十八年濰縣韓

夢周刻本。

封面題:“乾隆癸巳年鐫,樹滋堂藏板。”

韓夢周序:“閻懷庭先生自弱冠講學,晚而彌篤,録其所得,積久成編……余爲併其繁稱,釐爲四卷,曰《困勉齋私記》,以傳於世。”

《四庫存目》曰:“此編乃其劄記之文。初爲三書:一曰《困勉齋私記》,一曰《困勉齋記忘》,一曰《求心録》。循觀歿後,其同學韓夢周删除繁複,定爲四卷,總名之曰《私記》。其學主於主敬克己,時時提醒此心,刻苦自勵,而諄諄致戒於近名,於河津之派爲近。”

十行二十二字,白口,左右雙邊。寫刻字體,很精美。

⑥《尚書讀記》一卷,清閻循觀撰,清乾隆三十八年濰縣韓夢周刻本。

卷端題:“昌樂閻循觀懷庭。”

前有韓夢周序:“余既訂懷庭《西澗草堂集》《困勉齋私記》付諸梓,復爲訂《尚書讀記》《春秋一得》二書。蓋當時讀書程符山中,相與論議而懷庭撮記其要義者。余嘗勸懷庭注經,懷庭以年尚未學不自足,逡巡不果,未幾而仕,仕而卒。故其書止此……余嘗以二書商訂於膠州法鏡野,鏡野謂其非勦説亦非作意,而爲其蘊深,其養醇也。余無以易之,余獨悲以斯人而不永年,不獲覩其著述之全,是可歎耳。”

《讀記》凡七十六條。十行二十二字,白口,左右雙邊。寫刻頗工緻。

⑦《春秋一得》一卷,清閻循觀撰,清乾隆三十八年濰縣韓夢周刻本。

封面題:“乾隆癸巳年鐫,樹滋堂藏板。”卷端題:“昌樂閻循觀懷庭。”

十行二十二字，白口，左右雙邊。寫刻頗工緻。

⑧《毛詩讀記》，清閻循觀撰，清乾隆濰縣韓夢周刻本。

據《山東通志·藝文志》："是書載《府志》。亦韓夢周所刊。"

⑨《理堂制義》前後集，清韓夢周撰，清乾隆三十八年濰縣韓夢周刻本。

丁錫田編有《韓理堂先生年譜》①，稱夢周此年刻《理堂制義》前後集。

濰縣韓夢周刻書特點有五：

一是除爲自己所刻外，餘皆爲昌樂閻氏刻。爲姑父閻廷佶的同輩閻廷倬刻書一種，爲表弟閻循觀刻書六種。

二是刻書内容主要爲集部和經部。詩文集有《西澗草堂詩集》《西澗草堂文集》《陪尾山房詩鈔》《理堂制義》四種，經部書有《春秋一得》《尚書讀記》《毛詩讀記》。

三是韓夢周所刻書對理學在山東的盛行起了推波助瀾的作用。清乾隆間，由康熙朝逐漸形成的程朱理學正統思想影響遍布全國，在全國形成了幾個重鎮，山東即爲其一。"尊朱辟陸，以居敬窮理爲宗，齊晉之間遂爲北學盛行之地矣。"此後，程朱理學出現了淵源有自、薪傳不絶的局面。安邱劉源渌，爲學篤信朱子之學，後數十年，同邑張貞，昌樂閻循觀、周士宏，濰縣姜國霖、劉以貴、韓夢周，德州孫于籈、梁鴻翥，膠州法坤宏等皆能守源渌之學。閻循觀所著書尤其是經部書集中體現了當時的學術思想，即篤守程朱的思想，這與韓夢周的思想也是一致的。可以説，韓夢周爲閻循觀刻書，同時也是爲了體現自己的學術思想，故後人將二人並稱爲齊魯"二儒"。

四是刻書時間比較集中。除閻廷倬書爲乾隆三十六年所刻

①丁錫田：《韓理堂先生年譜》，民國十三年石印本。

外,其餘閻循觀書皆爲三十八年所刻。這一年是韓夢周從安徽歸家的第二年。

五是風格統一。大多有明確的刻書時間,封面有藏版地,爲"樹滋堂藏版"。行款統一,十行二十二字,白口,左右雙邊。均爲寫刻體,相當精美。韓夢周刻書可以代表清代乾隆年間山東刻書的較高水平。

4. 膠州刻書

膠州,因境内有膠河而得名。夏、商爲萊夷之域,北魏孝莊帝永安二年始置膠州,領東武、高密、平昌三郡,治所在今諸城市。隋,立膠西縣。唐,設板橋鎮。宋,復立膠西縣。至蒙古太祖二十二年,置膠州於膠西縣,領膠西、高密、即墨。至明清,均稱膠州,清屬萊州府。

明代膠州刻書有四種。有清一代,膠州人著述達到了極盛,有五百四十餘種,故刻書有了豐富的資源。現已知整個清代的膠州刻書近六十種,以前期和後期爲盛。

清前期的膠州私家刻書主要有法氏、張謙宜、高鳳翰和匡氏四家。

1)法氏刻書

膠州法若真家族是著名的官僚世家。法家主要代表人物的關係爲:

法寰——法若真、法若貞——法樟、法柡、法枚——法輝祖、法光祖、法宗焞、法宗爌——法坤宏、法坤厚、法坤振、法克平、法重輝——法嵩齡、法士鍔、法士儁。

法寰,字開三,天啓七年舉人,河南懷慶府同知。有二子,兄爲法若真,弟爲法若貞。若貞,字玉符,順治三年與兄若真同榜中進士,官至大理司評事。若真(1623—1706),字漢儒,號黄石,亦號黄山。順治三年進士。康熙元年授浙江按察使,七年補江南右布政使，十七年擬補河南布政使未用。卒年八十四歲。詩學李賀，多及時事。書法魏晉，畫擅山水，可謂詩、書、畫三絶。

(1)法若真

法家刻書自法若真始。首先刻蓬萊吴脈鬯撰《增輯易象圖説》二卷。

該書封面題："張天石先生批閲，法黄石先生校梓。吴灌先先生增輯易象圖説，圖晰説、卦變解、讀易法嗣出。"

前有膠西張若麒序，東海膠西逸史黄石法若真序，順治十六年己亥蓬萊吴脈鬯自序。末有年家眷社弟沈時升跋。卷内"玄"字不避。杜澤遜師《存目標注》305條辯證，認爲是清初刻本。如果"玄"字不避，當爲順治刻本，而吴脈鬯序在順治十六年，則法氏刻本當爲此本的最早版本。

八行二十字，白口，四周單邊。

(2)法樟

繼法若真之後，其子法樟又刻了法若真的《黄山詩留》十六卷。

該書封面題："膠東法若真黄山父著，又敬堂藏板。"此"又敬堂"當爲法樟的堂號，延用至其子法輝祖。卷端署："膠東法若真黄山父著，男樟、枟、枚校，孫宗焞、光祖、宗爌、輝祖閲。"

《四庫提要》曰："若真詩古文詞少宗李賀，晚乃歸心少陵，不屑比櫛字句，依倚門户，惟其意所欲爲，不古不今，自成一格。此本爲張謙宜所編，共詩四千一百三首。"前有康熙三十七年戊寅張謙宜序，末有張謙宜《戊寅六月校訂法伯翁黄山詩留仿其筆意題跋》，可證此書爲張謙宜所編，張謙宜還爲法若真作《傳》，可見，兩家關係非同一般，無怪乎法輝祖稱"三世交誼"。另有魏象樞序，康熙三十四年乙亥淄川唐夢賚序，康熙三十八年己卯壽光安致遠序。東武邱宗驛序曰："偶有梓人，自江南至，稱善手，余爲之作介紹,先生之仲子峴山,鬻産鳩工,盡出其詩以付剞劂,自秋徂春,數閲月而書告竣,以公之海内。”據此序,知書爲南方刻工所刻,且爲善手。法樟賣田産來刻書,可見當時法家並不富裕。

十行二十一字,白口,左右雙邊,單黑魚尾。刻印精,乾隆風格。

據《山東通志·藝文志》,法若真還有《黄山文留》四卷,《迂齋學古編·書黄山集後》云:“兹集乃晚年手訂,删取什一,爲家學傳授定本。姑撮舉其要,俾後之讀者知所從入焉。”《山東通志·藝文志》作《黄山文留》四卷,《善目》作《黄山集》六卷,康熙刻本。九行十二字,白口,四周單邊。法若真還有《黄山焚餘》《驅病足文》,皆未見。

(3)法輝祖

法樟之子法輝祖,是法家刻書成就最大的一位。輝祖字稚黄,號旂原,由蔭生授行人,遷内閣中書,壯年告歸,以詩酒書畫自娱。辭官後遊歷山水名勝,與高鳳翰等詩友唱和,吟詠終老。著有《念廬詩》四卷。

法輝祖承繼了其家刻書遺風。首先於乾隆十六年刊刻了祖父法若真的《黄山年略》一卷。

該書封面題:“乾隆辛未鐫,又敬堂藏板。”卷端署:“孫男輝祖校定。”末有:“曾孫元肅、孝綵、坤宏、紹曾仝校,元孫士儁參閲。”

末有法輝祖識:“右《年略》一卷,起癸丑,終癸丑,共六十一年事(按:法若真於己未年終,年八十四歲)……有《黄山詩留》十六卷,先贈君已刻行世。聞之先贈君曰,王父歸山後,手輯此書,自謂花甲一周,故六十年後不重録。”這是法若真六十年間的傳記。

十行二十一字,白口,左右雙邊,單黑魚尾。宋體字,乾隆風格,比較精美。

法輝祖不僅刻了先人的作品,更爲張謙宜詩文及詩學思想、理學思想的流傳做出了重要貢獻。張謙宜,字稚松,號山農、山民。

少年詩才聞名,中年潛心於程朱理學。康熙三十二年舉人,四十五年進士,時已是花甲之年。博學好古,授禮部主政,南書房行走,爲康熙四子雍親王講經,是雍王府的貴客。一生著述不輟,著作浩瀚,有《緄齋詩談》《緄齋詩選》等。謙宜著述爲法輝祖所刻者有以下三種:

①《緄齋詩談》八卷,清張謙宜撰,清乾隆二十三年膠州法輝祖刻本。此書爲《家學堂遺書》二種之一。

卷端題:"膠州張謙宜稚松甫著。"卷末署:"孫男家訓、家儒仝校。"前有康熙四十九年南隱老人張謙宜六十二歲自譔序。又有乾隆二十五年江左程盛修題於京兆敬事堂之《家學堂遺書二種序》,稱法輝祖"好學深思,篤念世好,手自排纂,付諸剞劂"。又有法輝祖乾隆二十三年《家學堂遺書二種序》:"(張謙宜)生平著作鍵之室中,終未付梓。今歲春杪,得晤先生文孫菊庭兄弟,知先生所著《家學堂詩古文雜著》凡四十餘册。長夏無事,傾篋借讀,洵洋洋大觀也哉。因思余家與先生投分最深,欲代鋟以垂永久,而綿力不能全刊,僅擇《緄齋詩談》《論文》二種,先付剞劂,其餘卷帙繁富,仍爲名山之藏。"

此書爲記録張謙宜與弟子談詩之語,共二百十四條。張謙宜認爲,爲詩要有"氣骨",提倡"味厚""氣渾""品高""色雅",並强調詩的藝術特點,皆爲至當之論。郭紹虞先生認爲此書有"真知灼見"而將其收入《清詩話續編》。

十行二十一字,白口,左右雙邊,單黑魚尾。刻印精,乾隆風格。

此書國家圖書館著録爲康熙間刻本,北京大學圖書館著録爲康熙四十九年刻本,行款與上述法氏所刻相同,二家所藏可能均佚去法輝祖序,故定爲康熙刻本。另據《緄齋詩談》法輝祖序曰"生平著作鍵之室中,終未付梓",可知此書在法輝祖刻本之前當無印本。北京大學潘妍艷意見:法輝祖刻本卷首又有程盛修乾隆二十五年《家學堂遺書二種序》,稱法輝祖“手自排纂,付諸剞劂,寄余於京邸,獲覩《談詩》《論文》二册”,可知法氏刻後曾寄與程氏,後又補刻程氏序於卷首,故是本之最后完成,可晚至乾隆二十五年。

②《絸齋論文》六卷,清張謙宜撰,清乾隆二十三年膠州法輝祖刻本。此書爲《家學堂遺書》二種之二。

卷端題:“膠州張謙宜稚松甫著。”謙宜康熙六十年辛丑自叙,末署“山南書隱老人張謙宜七十三歲自譔。”後有是年自跋。又謙宜子頎跋云:“先大人論文之旨,散見群書日記,當時未及纂録者,凡數百卷。頎恐其久而遺失,罪戾滋甚,努力編集,得三百七十餘則,合原本百八十條,略分類次,鈔爲六卷,謹藏於家,以待後之有文字録者。”

是書卷一爲統論,卷二至卷四爲細論,卷五爲評品,卷六爲初學入手及叢語。《山東通志·藝文志》評價曰:“細論分源流、品格、章法、筆法、調法、句法、體制、作法八目。評品則徧及漢、晉、六朝、唐、宋、明、國朝諸家。其論文主於謹嚴峭潔。其最推服者,漢則馬遷、劉向,宋則歐陽修,明則方孝孺、歸有光。謂錢謙益古文,其俗在骨,與方苞之説同。謂樊宗師爲文妖,則品題未當。叢語掎摭文家承用之弊,皆中窾要。”

十行二十一字,白口,左右雙邊,單黑魚尾。刻印精,乾隆風格。

③《絸齋詩選》二卷、《補遺》一卷,清張謙宜撰,清乾隆二十四年膠州法輝祖刻本。

封面題:“乾隆己卯鐫。”卷端題:“膠州張謙宜稚松甫著。”卷二末有:“乾隆庚申清和月男頎敬書,孫男家訓、家儒仝校。”有康熙四十八年己丑八月桐城左宰跋。乾隆二十四年己卯法輝祖誌:“先生《詩談》《論文》二種,余前已付梓論序之矣。今菊亭兄弟復出先生詩四百餘篇示余，且云此全稿三千餘首，中暮年所自爲選訂者……余不諳詩，不敢意爲增損，謹依原本公同好，亦仍續前刻之志耳。乾隆己卯小春同里世姪旂原法輝祖頓首載誌。"《四庫提要》曰："是集末有法輝祖跋，謂'全稿三千餘首，暮年自訂，存詩四百餘篇。自序凡千言，極述其苦吟之狀'。然其詩出入於香山、劍南之間，一吟一詠，亦足自娱。起而抗衡古人，則力尚不逮也。"

十行二十一字，白口，左右雙邊，單魚尾。刻印精細。

（4）法坤宏

法輝祖之後，法家的另一個刻書者是法坤宏。法坤宏，字直方，又字迂齋。乾隆六年舉人，七上公車而不第。以會試年屆七旬，賜大理寺評事職。坤宏交遊廣泛，皆博雅醇篤之儒，如昌樂閻循觀、濰縣韓夢周等。初崇信宋儒之學，後讀王守仁《傳習録》，遂以王學爲宗，以不自欺爲本。博通諸經，尤精《春秋》。又善古文，嚴於義法，《史記》、八家外，好學歸、方，是桐城文派在山東的傳人。著有《學古編》《綱目要略》《法氏詩聞》《介亭待徵録》《過庭録》《墨水傳經録》《扶風舊德録》。

①《迂齋學古編》四卷，清法坤宏撰，清乾隆三十九年膠州法氏海上廬刻本。

書共四卷，卷一爲書、序、記、論、議、説、書後，卷二爲傳、書事、誌銘、墓表、行狀、文，卷三爲《膠志通紀》，卷四爲雜著。

封面題："海上廬藏版。"版心下刻"海上廬"。

前有德州宋弼序，曰："萊子之國，面山環海。生斯地者，大抵魁奇磊落，性好文學。以予所聞，法黄山名最著，其後則有張山農先生以古學雄長東方。予友迂齋，實黄山曾孫而以文學繼山農之後者也。"可知法坤宏既有家法，又有師學。乾隆三十九年濰縣韓夢周序，提及"余刻懷庭（按：閻循觀）《西澗集》於淮安，今迂齋集告竣,余復笑復序之,屈指壯年交遊,惟迂齋與余在”。又有王克掞《迂齋學古編序》:“掞乃取老成人著作,筆之削之……謹校訂《學古編》各體文若干首,《膠志通紀》一卷,又雜著若干首,别爲録目如左。”另有辛宜岷、高遠業跋。

十行十九字,白口,左右雙邊,單黑魚尾。寫刻本,字大,疏朗,相當精美。

②《春秋取義測》十二卷,清法坤宏撰,清乾隆五十九年膠州法坤宏廣東西湖街六書齋刻本。

法坤宏此書九易稿而成,可概見其治學之嚴謹。有坤宏自作題詞云:“《取義測》,測《春秋》之義也。《春秋》取義,微旨寓於筆削。《春秋》,述也,其義,則作也。文事因魯史之舊,筆削寓行義之權。”吴縣汪縉謂其論筆削得之伯安王氏,據孟子説經又參東山趙氏。韓夢周誌其墓,謂是書去惑明義,解傳注之曲鑿。

崔巍老師認爲:“是書於廣東西湖街六書齋所刻,爲其受業門人胡攘蘭手書刻板。”北京大學潘妍艷意見:“卷末有刊記一條,小字刊於末葉末行:‘粵東省城西湖街六書齋刊刻。’表格(按:當時給潘妍艷的是表格,中説明爲異地刻)稱此屬異地刻,爲法氏受業門人胡攘蘭手書刻板,蓋是。此書確係手書上板,寫刻頗精。而所謂‘粵東省城西湖街六書齋’殆爲廣州當地書坊。是則校勘、刻資等應爲法氏負責,而具體刻板工作則交與當地書坊。這種情況在清刻本中頗爲常見。”所言極是。李緒柏《清代廣東的書坊及其刻書》一文説:“位於西湖街的書坊有:六書齋。”《廣東地方志目録附編》有《[萬曆]嶺海名勝記》十六卷,爲清乾隆五十五年羊城六書齋刻本。《北京圖書館普通本書目古器物學門》有謝景卿撰《續集漢印分韻》一書,爲嘉慶八年刻本,目録有“六書齋康二酉刊”字樣。《中國拍賣古籍文獻書目嘉德》(1994—2000),有翁方綱撰《蘇米齋蘭亭考》一書,爲嘉慶八年羊城六書齋刻本。《清史稿藝文志拾遺》,道光《陽春縣志》十四卷,爲道光元年廣州六書齋刻本。① 則六書齋爲乾隆至道光間羊城著名刻字鋪,刻工有康二酉。

此書十行十九字,白口,單魚尾。寫刻頗精。

(5)法偉堂

清末法家的另一重要代表人物是法偉堂。輯有《詩牌集》一卷。但未見刻書記載。

膠州法氏刻書特點有三:

一是四代刻書:法若真——法樟——法輝祖——法坤宏。從順治始,至乾隆止,歷經清朝前四代,一百三十五年,刻書達九種之多。

二是内容上多爲先輩著述或個人著述,但重視友情,無私地爲友人或先賢刻書,不遺餘力。如法若真爲蓬萊吴氏刻書,法輝祖爲同邑張謙宜刻書。尤其是法輝祖爲張謙宜刻書,爲山東詩論的發展繁榮做出了很大的貢獻。

三是刻書質量很高。有寫刻體,有非寫刻體,但都相當精美,法坤宏的《迂齋學古編》可以代表清中期山東刻書的最高水平。其《春秋取義測》亦在廣州選最好的刻書鋪來刻。這與法氏的經濟條件有關,也與他們重視刻書質量有關,有南方刻工,且必須爲好手纔能刻,這是他們精益求精的表現,也是山東人對待刻書的態度。

2)張謙宜刻書

張謙宜著述雖多,但不善雕鏤,賴法氏刊刻得以流傳。

唯一一部可以確定爲膠州張謙宜所刻的書是其自著的《幽節録》一卷,刻於清康熙間。

①王紹曾:《清史稿藝文志拾遺》,中華書局 2000 年版,第 838 頁。

卷端題:"家仲氏傳,族弟謙宜撰。"

前有康熙四十九年歲在庚寅長至日提督江南等處學政奉直大夫左春坊左諭德兼翰林院修撰前國子監司業翰林院檢討庶吉士入直武英殿充三朝國史纂修官丙戌會試同考元臣志尹甫題於京邸思善堂:"(志尹與謙宜通譜,二人俱在南方,庚寅,謙宜歸省)七月之閏,則以書來,道山居甚適,緘文稿三……其家謀鋟梓以傳,而未有爲之序者。"則爲家刻無疑。

八行二十二字,白口,四周單邊,無魚尾。寫刻體,比較精。

3)高氏刻書

(1)高鳳翰

膠州高鳳翰(1683—1749),字西園,號南村,又號南阜山人,晚年又號"尚左生","揚州八怪"之一。雍正初,爲歙縣縣丞,署績溪知縣,罷歸。性豪邁不羈,精藝術,畫山水花鳥俱工。工詩,尤嗜硯,藏硯千,皆自爲銘詞手鐫之。著有《南阜詩鈔》《硯史》《膠西高氏世德録》《賑荒八議》。

現已知高鳳翰刻書有一種。

《南州草》一卷,清高鳳翰撰,清康熙膠州高鳳翰刻本。

此本藏濟南市圖書館,未見著録。《四庫提要》中《南阜山人詩集類編》條曰:"生平所作凡三千餘首,曰《擊林集》,曰《湖海集》,曰《岫雲集》,曰《鴻雪集》,曰《歸雲集》,曰《歸雲續集》,曰《青蓮集》。"未提及此書。七行十七字,無直格,白口,序前有橢圓陽文印"西園",序後有長方陰文印"鳳瀚",正文前有正方陰文"高南阜印"。高鳳翰序曰:"《南州草》八十章,從石邨弟客幕府所作也。梨棗既戢,投我奚囊。風雪江天,掛帆歸去。山園十畝,茅屋一區。出我新詩,則有山僧溪客、野老兒童杯酒歡賞,如街頭鼓,如田間歌,烘然共笑。而余亦用以自樂,敢問世人哉。康熙歲次己丑小春月廿有三日書於章門客舍。南邨自題。"己丑爲康熙四十八年。此年高鳳翰二十七歲。據李既《高鳳翰》①,鳳翰是年秋赴江西,視其族伯高文熠於南昌總戎官署。在南州五六月,客況無聊中,時與齋中小童嬉戲,作兒曹事,撫掌一笑,少破岑寂。十一月十二日北還。此序作於小春月,即孟冬。《山東通志·藝文志》有張亦軒藏影抄康熙刻本,亦説明康熙本是刻過的。此書少見,極珍貴。

(2)高元質

《南皐山人詩集類編》七卷,清高鳳翰撰,清乾隆二十八年膠州高鳳翰族弟高元質刻本。

首有新安從遊汪廷愷敬書《南皐山人戴笠圖》,圖後有南皐山人自題詩。乾隆二十七年壬午德州宋弼《刻南皐山人詩序》:"山人善書善畫,畫尤爲世所寶重,貴之如古人。其詩計三千餘首,合爲巨編,藏之家。世人所稱道多其格律,未成及一時……山人族弟研村好山人之詩,將選擇而刻之,乃使山人姪汝瀣冒嚴走千餘里,屬余論定之。"有盧見曾序及詩,知高鳳翰曾受知於盧見曾。有吴興同學沈榮昌序。襄平李瀚序:"戊寅移知膠州,下車後,岱青高生來謁,詢其家世,蓋西園之伯子也……壬子舉人奉直大夫知膠州事古襄平李瀚撰。"乾隆二十八年高元質序:"予與南皐先兄爲族兄弟,小兄二十歲。兄家南村,予家南園,相去一里而遥,時時從兄遊,友愛如同胞。予嗜兄詩,凡有作,必手録貯篋中,既官江南十餘年……會州牧李公夙重兄才名,求其文字,予乃舉全稿是正,李公又令姪汝瀣攜至京師,謁兄舊交宋蒙泉太史決擇論次,刻而傳之。"李公即李瀚。有雍正十二年甲寅自序。有《總目》。乾隆十年乙丑歸雲老人六十三歲後跋(自跋)。此集以編年爲序,收詩四百三十七首。

卷端題:"德州宋弼蒙泉選,膠州高鳳翰西園撰,同里族弟元

①李既:《高鳳翰》,上海人民美術出版社1963年版。

質研村梓行,族姪友仁、虞惇、胞姪汝澥、男汝奎、堂姪汝泰、孫攀鱗、姪孫攀霞仝校。”係家刻無疑。

十行十九字,白口,左右雙邊,單黑魚尾。字跡清秀,疏朗,精刻精印。

(3)高慧澄

高鳳翰有曾孫高慧澄,刻有鳳翰兒媳王宜人《郭外樓詩刻》一卷,又有玄孫補刻本,詳見清代中期的膠州刻書部分。

4)王氏刻書

王壙,字仲翔,順治十一年選貢,考授教諭。撰《阿蘭若雜録》,清康熙五十年膠西王壙家刻本。

封面題:“辛卯荷月鐫,慈雲西廬藏板。”前有康熙五十年李世錫序,稱王壙之子姪付於梨棗。卷端題:“膠西王壙仲翔甫著,同里李世錫霞裳選訂,男鎰玉璞、錕玉珮、孫予洽同州、予沾可亭、予深滋于、予淶滄如、胞姪鈖玉貞、鋒玉藏、鍊玉真、鈉玉樞、鏐玉兼、鍇玉珂仝校。”

八行二十五字,小字雙行二十五字,白口,四周雙邊,單黑魚尾。

5)匡文昱刻書

膠州匡文昱,字仲晦,一字監齋,乾隆二十七年舉人。以屢躓春闈,無意仕途,殫心理學。嘗語子弟曰:“學者欲求聖賢之道,當切究身心性命之學,以見諸實用。至顯達與否,皆次要之事。”

匡文昱尤精於《易》。有《讀易拾義便抄》一卷,《販續》著録爲乾隆四十年精刻本,當爲匡氏自刻,未見。

匡氏又有《周易遵翼約編》十卷、《首》一卷,乾隆五十一年居易廬自刻本。有乾隆五十一年匡文昱書於居易廬《周易遵翼約編小序》:“愚自十九歲有志於《易》,迄今三十年餘而稍通其故,所著幾六七十萬言,無力不能授梓,乃節其要而約言之。”封面題:“乾隆丙午新刻,居易廬藏板。”九行二十一字,白口,四周雙邊,單黑魚尾,無行格。宋體字,比較精。

6)宋雲會刻書

《太古園詩集》一卷,明王侗撰,清乾隆元年膠州宋雲會浙江刻本。

書前有順治六年己丑劉翼明序,張謙宜撰《詩人傳》《王無竟像贊》(按:無竟爲王侗)。康熙四十六年張謙宜《書太古園詩選後》,云:"家有《太古園詩》,子羽爲王氏壻張若木所訂。招遠楊晴巒亦有刻本,然非其舊已。五十年後,鄞縣周證山又有選本,爲刻於江南,十之一二耳。予得其弟所藏子羽分初集、二集者,又與上三家不同。甲戌四月,承先大人指爲之校讐,補作《本傳》,以成全書,亦所以表子羽云。久讀之,或有評注甲乙於其間。先大人逝後,此册藏篋中者又十年。客遊攜之南昌,倩人繕鈔一新,則去其冗漫,存其精粹,要期於必傳,少取之正,所以愛前輩耳……張謙宜跋於南昌幕府麗澤堂之北樓。"乾隆元年宋雲會序於雲和之居敬堂:"惟山民張先生,取其全集爲之校讎,復攜遊豫章,重加繕録,王氏之詩始有善本……顧嘗至皴松草堂,拜山民先生於床下。挑燈話舊,每至更深。每嘆無竟詩名不出里閈,恨無有力者付之梓人,以爲之表彰也。時余家居,賣文糊口,亦相對太息而已。壬子薄宦括蒼之雲溪,萬山環繞,良工不至,藏諸巾笥者三年。今春有事平昌,詢諸學博陳勉之,始得剞劂氏。因細加校閱,登諸梨棗。今而後,可告山民先生於地下,而子羽當年心事亦完矣。"

據以上二序,知是編原稿乃劉翼明付王侗婿張桐(張若木)者,張桐無力刊刻。其後,張謙宜遊幕南昌時,攜其全集至南昌,重加校讎,並與宋雲會定交,後雲會爲之刊刻此書。

宋雲會,字沛蒼,膠州人。雍正四年進士,曾任浙江雲和縣知縣、杭州府海防通判。著有《須江近藝》《淡秋詩草》。此書當刻於浙江,時雲會在浙江任縣令。

此書卷端題:“膠東王僩無竟著,同邑張謙宜稚松評選,同邑宋雲會沛蒼校定。”九行二十二字,白口,左右雙邊,單黑魚尾。因所用爲南方刻工,所以刻印精,頗具乾隆風格。這是此書現存的唯一版本,張謙宜和宋雲會爲此書的刊刻立下了汗馬之功。

7)張秉義刻書

膠州張秉義,字質夫,號忍齋,雍正七年己酉拔貢,官寧遠知府。有《半舫詩鈔》。

據清乾隆四十一年張元弟子周永年等校刻本《綠筠軒詩》四卷,前有《平山詩草》盧見曾原序和張秉義原跋,知張秉義有《平山詩草》(張元撰)一卷之刻,時間在乾隆十五年。

盧見曾序曰:“其宗人寧遠忍齋見而激賞,將爲付梓而問序於余。”膠州年姪張秉義於臨榆之仰清堂跋:“(高鳳翰爲張秉義族舅,張秉義與張元之子張仲明孝廉友)歲戊辰(按:乾隆十三年),義謫令臨榆,適郡伯盧公延先生來主敬勝書院(按:敬勝書院在永平府,盧見曾在乾隆十年任永平府知府),課藝之暇……義有事至郡,先生出以相示……先生著作未遑遑問世,請以此詩先付剞劂公之同好可乎?先生油然笑曰:‘詹詹者恐不足付瓿,奚以之災梨棗而貽笑識者爲?’義唯唯否否,遽攫得之,因請盧公爲之敘而略其始末,付諸梓。”時張元受盧見曾之請,主講永平敬勝書院。張秉義當時任寧遠知府,府治大概在臨榆。則此書刻於寧遠。此詩一百餘首,爲張元在永平府敬勝書院任教時所作。

8)淛西龔培序刻書

淛西龔培序,隨父居山東,有《竹梧書屋詩槀》二卷、《外集》一卷,康熙五十一年刻於其父任所膠州官署。

有康熙五十年前湖廣總督左都御史即墨郭琇《序》,張貞兩序及自序,弟龔培學題辭,邵廷采跋。此書成時,龔培序年僅二十四歲,與張貞、邵廷采爲忘年交,“竹梧書屋”是其齋號。

封面題："康熙壬辰年鐫，竹梧書屋詩稾，膠州官署藏板。"

八行二十字，白口，四周雙邊，無魚尾，版心下刻："竹梧書屋定本。"字體瘦長，康熙風格。

由上可知，膠州私家刻書以大族爲主。共十八種，法氏有九種，占一半多。張謙宜一種，高鳳翰及高元質二種，匡氏二種，另有宋雲會、張秉義、王氏各一種，外地人刻書一種。看來，清前期的膠州家刻以法氏爲主，張氏、高氏、匡氏附翼之。在刻書内容上，集部爲主，有十一種，别集占九種，詩文評有二種。史部二種。可喜的是，經部有四種，有順治時法若真刻吴脈鬯撰《增輯易象圖説》，乾隆時法坤宏刻自撰《春秋取義測》，還有匡文昱刻自撰《易》書二種，約占全部刻書的四分之一。而易類書三種，這在其他地區少見。這是膠州清代早期刻書的特色。可以看出，清初的膠州對經學研究十分重視，而《易經》研究是經學研究的重點。這也與當時山東地區的研易風氣有關，如牛運震、張完臣、董養性、李源、邱仰文、單鐸皆有易學著述問世。在時間分布上，順治一種，康熙六種，乾隆十一種，雍正無。乾隆時刻書最多。

5. 高密刻書

戰國時有高密之名，爲齊地，秦置高密縣，清屬萊州府。

高密爲漢代經學家鄭玄的故里，自古有濃厚的學術研究氛圍，但明代刻書很少，僅兩種。清代前期的高密刻書主要有單氏、李氏兩家。

1) 單氏刻書

單氏是明清時期高密著名的科舉望族、官僚世家。自明萬曆年間以科舉起家，成爲顯赫一方的望族。此後二百年來，科第蟬聯，稱爲極盛。不僅有大量家庭成員出仕爲官，在文學領域，也湧現出一批傑出的詩人、古文家、書法家等，是清代中期的重要詩派——"高密詩派"的主要創作群體，也是"桐城派"在山東發展的一支主要力量。

單氏之所以能在科舉和文學兩方面興旺發展，究其原因，首先是刊刻了大量的制義、帖括之書。在明清兩代以科舉取士的大背景下，世家大族爲了提高家族科舉應試的能力，往往編輯刊刻歷代族人科舉中式的制義、帖括之書，亦稱世業或世業録，以備子弟們揣摩學習。高密單氏也是這樣。

現高密單氏所刻制義、帖括之書已不得見，據王蕊《明清時期高密單氏家族個案研究》①一文，知單氏這類書的刊刻始於明末的單崇。清初，其子單父琴擔負起家族復興的重任，呼籲族人各盡心力，續刻制義、帖括之書。康熙年間，正是單氏家族的鼎盛時期，此類書的修撰也達到高潮，内容搜羅宏富，每一房支都收集到，且刊刻較多，不僅藏之於家廟，而且分之於諸房。單烺《續修世業録成感賦》載："兩朝科第若蟬聯，培植功深念祖先。自幸一房收五卷，並刊諸貢始全編。發祥溯自陝州訓，搜輯聞從順治年。積字算來皆有後，教行没去亦登山。四鄉居室多勤稼，九世爲官不要錢。綿遠惟憑家法好，寵榮莫恃國恩偏。蒸嘗無缺修祠廟，俸禄留餘置祭田。此録若能常續刻，讀書端賴子孫賢。"②道出了刻書對家族教育的作用，並希冀刻書事業能繼續下去。當然，其最終目的還是應試爲官。

單氏家族的世業之刻一直延續到民國。單步青在《單氏詩文彙存全集》序中云："吾族自有明以來，科第蟬聯，將制藝、帖括合爲十册，言曰世業，鋟板而弁之家廟，世世保存，所以表前徵而勵後嗣，蓋三百年於兹矣。"③正是因爲有此類書的刊刻，有科場的典範之作

①王蕊:《明清時期高密單氏家族個案研究》，山東大學 2003 年碩士學位論文。

②轉引自王蕊:《明清時期高密單氏家族個案研究》，山東大學 2003 年碩士學位論文。

③轉引自王蕊:《明清時期高密單氏家族個案研究》，山東大學 2003 年碩士學位論文。

可以學習遵循,高密單氏越來越多的家族成員在科場獲得成功。這是刊刻世業最直接的結果,同時也促進了山東刻書事業的發展。

其次是刊刻家譜以弘揚家風。作爲一個世家大族,高密單氏從没忘記祖宗之訓,每三十年修一次家譜。據王蕊一文,可知單氏修譜在清代有六次,均有刻本存世。

①《[高密]單氏家乘世譜》,清單賡、單疇書修撰,清康熙五十七年刻本。

單賡,單父牧之子。疇書,字惟訪,號礪峰,康熙三十六年丁丑進士,户部侍郎。有《敦本堂奏議》《敦本堂詩鈔》。

這是單氏自明由安徽鳳陽遷至高密以來第一次刊刻家譜。實自清初九世單若魯已創稿,十世、十一世繼修,均未刻。十二世始刻於康熙五十七年,可以説此書凝聚了家族四代人的心血。單疇書在譜跋中云:"自叔祖宏文學士公(單若魯),志在修明,而家譜始有成緒。"①單作哲亦云:"我高密單氏之譜,鄭窑府君嘗創爲義例,而未及修,厥後拙庵府君(單若魯)據先世系圖,録册以藏於家,所詳僅十世以上。"②康熙五十六年,族姓日繁,第十一代的單賡繼單若魯之後,不避溽暑,沿門登記,正訛補缺,增輯成帙,數閲月而書成。單疇書時爲官贛榆,聞之後,云:"疇不敏,雖慚禄入之微,敢後棗梨之任,爰付梓,以垂永久。"③在單疇書的資助下,高密單氏的第一部家譜於康熙五十七年終於付梓。

②《[高密]單氏家乘世譜》,清單作哲、單藹續修,清乾隆十七年刻本。

---

①轉引自王蕊:《明清時期高密單氏家族個案研究》,山東大學 2003 年碩士學位論文。

②轉引自王蕊:《明清時期高密單氏家族個案研究》,山東大學 2003 年碩士學位論文。

③轉引自王蕊:《明清時期高密單氏家族個案研究》,山東大學 2003 年碩士學位論文。

此爲十三世刊刻。

③《[高密]單氏家乘世譜》三卷,清單燽等纂修,清乾隆四十四年高密單氏宗祠刻本。

燽,烺之弟,乾隆二十五年舉人,官建寧知府。歷任江蘇、直隸、山西各縣知縣,後陞任福建泉州府知府。

十行二十字,白口,四周雙邊,單黑魚尾。版心下刻"宗祠藏板"。開本大,刻印精。

④《[高密]單氏家乘》,清單可鎮續修,清道光二年刻本。

⑤《[高密]單氏家乘》四卷,清單可琚、單昭虔纂修,清同治二年刻本。

可琚字佩中,號雪舫,例貢,舉孝廉方正,不就。

⑥《[高密]單氏家乘》,清單嵩齡續修,清宣統二年刻本。

以上單氏家譜的刊刻,僅從數量上講,也屬較多的。

單氏的個人刻書始自乾隆十五年,現以個人刊刻順序介紹,清中期和後期的刻書一併叙述。

(1)單鐸

鐸字木齋,單疇書之子,雍正元年舉人,官銅梁知縣。善解《易》,宗王弼,參朱熹。著有《研經堂春秋事義合註》十二卷、《周易顯指》四卷附《周易釋要》一卷、《周易答問》三卷。

①《研經堂周易顯指》四卷附《周易釋要》一卷、《周易答問》三卷,清單鐸撰,清乾隆十五年高密單氏家刻本。

卷端題:"勅授文林郎高密單鐸註。"

有沈廷芳乾隆十五年序云:"高密單鐸木齋氏以名家子舉於鄉,宰銅梁,不期月即解組歸。杜門箋注,且十餘年矣。嘗晝卦几上,研究及日,忘食與寢,心有所得,輒以前人之論證之。融會其説以成注,務期義達而後已。蓋以理求象,以象玩辭,而因辭得象,因象明理。四聖人之藴與先哲之解,其隱以顯,其指以昭矣,因名曰

‘顯指’。其書於各卦首列序卦傳,復詮錯綜之義於卦下,餘悉仍王弼本。别釋朱子論《易》語爲《釋要》一卷、《答問》三卷。”《山東通志·藝文志》亦云:“是書有刊本。”

八行二十字,小字雙行二十字,白口,四周雙邊,單黑魚尾。字體方正,刻印精。

②《研經堂春秋事義合註》十二卷,清單鐸撰,清乾隆十五年高密單氏家刻本。

卷端題:“勅授文林郎高密單鐸著。”

有乾隆十五年庚午仁和沈廷芳序:“以左氏記事多不言聖人之義,而諸儒釋義又多遺左氏之事,乃採左氏記事之要,而復取諸儒之正論,以著於篇。其於比事屬辭之旨,殆有合矣乎。”此時單鐸在世,當爲其自刻本。

八行二十字,小字雙行二十字,白口,四周雙邊,單黑魚尾。刻精,字畫精整。

(2)單華炬

華炬字西仲,單襄棨子,諸生。有《清厚堂詩稿》一卷、《睦族文》一卷。爲其父刻書一種。

《夢築堂詩初集》一卷,清單襄棨撰,清乾隆五十七年高密單華炬刻本。

襄棨(1718—1773),字子廹,號三嶽山人,亦號苦竹山人,乾隆間國子監生。家有田千畝,棄之不事,專讀書,一意爲詩,有《卓然詩稿》。與同邑三李兄弟相師友,對“高密詩派”理論的創立與完善有一定的貢獻。

有乾隆五十七年壬子李懷民序云:“子廹存詩四卷,六百四十六首,皆子廹在日與懷民商較删定者。當時懷民請以授梓,子廹不願。既殁二十年,其子華炬將付剞劂,復以原集示懷民。懷民與弟子喬及同學諸子參酌,復汰去六分之五,存百首,命之曰《夢築堂詩初集》。‘初’云者,懷民不自信能盡知子迟詩,留俟有識者續録云爾。”備述成書及刊刻過程。又有李憲喬序云:“子迟古體從漢魏入,律法工部,後乃一歸於陶、謝、王、孟、韋、柳,最後與石桐先生研究《主客圖》,詩律益細。子迟壯年曾遊湖、湘間,得詩甚多,皆自删落不存。老乃專工多病,不出里門,詩無異題,題無異格,不談理,不涉事,惟即目前景物,舒其恬淡性情而已。初閲若淺弱,熟復乃覺深厚,其境不易到也。”對其詩給予很高的評價。

(3)單作哲

單作哲,字侗夫,號紫溟,乾隆元年丙辰進士,官池州府同知。方苞弟子,是桐城派在山東的重要傳人,方苞延其至家,校訂經義,方苞常歎曰:“吾暮年得士,單子一人而已。”作哲有《紫溟文集》《傳經堂全集》《五經補注》《高密詩存》《讀書瑣録》《有恒堂書鈔》《古文法式》等。

①《饒陽縣志》二卷、《首》一卷、《末》一卷,清單作哲修,清乾隆十四年刻本。時單作哲任饒陽縣令。

②《棗强縣志》八卷、《首》一卷、《末》一卷,清單作哲修,清乾隆十七年刻本。時單作哲任棗强縣令。當年因病歸里。

③《高密詩存》二卷,清單作哲編,清乾隆二十九年高密單作哲池陽刻本。

單作哲乾隆十七年因病歸里,病愈任武清縣令。二十九年,任池州府同知。

據《山東通志·藝文志》,此書有作哲自序,云:“乾隆壬申冬,由廣川病假旋里,杜門卻掃,發故篋得生平交遊贈遺詩百餘首。計余自饑驅燕越以及宦遊畿南,前後僅十餘載,故交零落,其詩存而人不俱存者亦十有餘人,因愴然者久之。甲申春,佐守池陽,閒曹無事,命邵兒第録成帙,並益以吾鄉先達與數年來三數故人之有遺詩者,共三百二十一首,將以授梓,而顔之曰《高密詩存》。非以存詩，存其人也。”是編所收，自南宋綦崇禮迄清朝綦爲冕，共五十九人。南宋惟崇禮一人，明朝三人，餘皆清朝人。

④《朱子詩義補正》八卷，清方苞撰，清單作哲編，清乾隆三十二年單作哲池陽府刻本。

單作哲得到方苞的傾心傳授，他竭力弘揚師説，方苞把晚年著述《朱子詩義補正》《尚書述》《書義補正》的原稿傳與作哲，且《尚書述》一書“世無知者”，單作哲“獨受是書”。方苞乾隆十四年去世後，作哲竭力弘揚師説，完成恩師遺願。《書義補正》未見刻本，《尚書述》没有刻成，後由單爲鏓與韓夢周完成。

《續修四庫全書》經部第 62 册收《朱子詩義補正》八卷，據北京大學圖書館藏清乾隆三十二年刻本影印。無明顯刻書者和刻書時間的標志，或封面有所題而未影印。《高密縣志》卷十五下第二十二葉有《單作哲刻方望溪朱子詩傳補正引》（實爲《朱子詩義補正》），可證單作哲確刻過此書。乾隆三十二年正是作哲在池陽府任同知時，當爲池陽刻本。

卷端題：“方望溪先生著，門人高密單作哲編次。”

九行十九字，白口，四周單邊，非寫刻體，乾隆風格，刻印精。池陽府屬安徽，清代著名的刻書中心，故刊刻精良。避“玄”。有的版心下有刻工姓字及字數，如“余四百六十八”“劉六百十三”“高三百五十七”“宗五百卅二”，所標多爲兩個筒子葉的字數。

此版本爲方苞《朱子詩義補正》的最早刊本，之後有道光二十年刻本，有光緒南海馮氏刻本。

⑤《張彝歎先生遺詩》，清張自超撰，清乾隆間高密單作哲刻本。

單作哲不僅刊刻方苞遺稿，又與方苞之子方信芳共同整理刊刻方苞生前親訂的好友遺稿。其中之一便是《張彝歎先生遺詩》。

張自超，字彝歎，高淳人。康熙進士。著有《春秋宗朱辨義》。

單作哲《紫溟文集·刻張彝歎先生遺詩引》云:"曩侍方望溪先生於京邸,先生歷數交遊以相勖勵,因知高淳有張彝歎先生。既讀望溪先生所爲《四君子傳》,蓋心儀彝歎先生之爲人。"①

⑥《王昆繩先生遺文》,清王源撰,清乾隆間高密單作哲刻本。

王源(1649—1716),字昆繩,一字或庵,大興人。康熙舉人。是清初"顔李學派"的代表人物之一。出身遺民家族,平生喜經世之學,擅長古文,好議論古今興亡之道,批評宋明理學,主張文武兼長。曾參與《明史》修纂。後參加科考,但一生窮困,恃才傲物,特立獨行,與劉獻廷、梁份、戴名世、方苞等人爲性命交,卒受戴名世案牽連。晚年入顔習齋門下,對顔李學派多有貢獻。單作哲刊此書,主要是爲了傳播老師至友的詩文。

(4)單烺、單可基父子

單烺(1708—1776),字曜靈,號青侅,乾隆元年丙辰進士,歷任直隸龍門、宛平等知縣,官貴州銅仁知府。可基字野甫,烺次子,乾隆四十六年辛丑進士,官洛陽知縣。著有《竹石居稿》四卷、《竹石居詩》二卷、《在庵筆聞》四卷。

①《大崑嵛山人稿》三卷,清單烺撰,清乾隆刻本。

一説《大崑崙山人稿别集》,不知是否爲一書。

據《山東目》著録②。單烺於乾隆四十一年去世,此書或爲其自刻本,或爲其子所刻,或即爲下條嘉慶三年刻的《大崑崙山人稿》四卷,可能著録者因卷殘無法判斷其刊刻時間。

②《大崑嵛山人稿》四卷,清單烺撰,清嘉慶三年高密單可基揭陽官舍刻本。

此書北京大學潘妍艷經眼。封面題:"大崑嵛山人稿,鑒古堂

①王蕊:《明清高密單氏文化述論》,載《濰坊學院學報》2007年第7期。
②王紹曾:《山東文獻書目》,齊魯書社1993年版,第387頁。

藏板。”各卷卷首題“大崑嵛山人稿卷某”“高密單烺青侅”，書口亦鐫“大崑嵛山人稿”。九行十九字，白口，左右雙邊，單魚尾。宋體字刻版，刻字工整，版面清晰，紙墨皆好。

卷首冠陳兆崙乾隆三十五年序，言陳氏與單烺之往來及是集之編纂，若考單氏生平，可資證佐；次爲張鳳孫乾隆三十一年序。卷末有即墨周志讓跋、東武竇光鼐所撰單烺墓志銘。最末有單烺子單可基跋，云：“今先子殁已二十餘年，詩稿藏篋中，未傳布於世。雖遺言猶在，而一生心血終湮没而不彰，則基等之罪滋重。爰就先子晚年自訂之本，釐爲四卷，敬付梓劂人。九原見責，亦基等之所不敢辭爾。嘉慶三年戊午仲夏男可基謹識於揭陽官舍。”知爲單可基於揭陽付刻，時在嘉慶三年。

③《竹石居稿》四卷，清單可基撰，清嘉慶十二年高密單可基鑒古堂刻本。

封面題：“嘉慶丁卯秋鐫，鑒古堂藏板。”卷端題：“高密單可基野甫。”

嘉慶三年德清蔡之定書於湞陽舟中：“予自庚子至京師，即耳野甫名。越十八年走嶺南時，君宰揭陽，而家弟之藝客君署。明年春來省視余，極道君之賢。且言詩字絶工，傾慕益至。廣省距潮，水陸千有餘里，思之終不得見。不得已，以神交，以筆締，於是山程水驛之中，江南湖煙之夕，無日不得君之詩而讀之。蓋君之真性情出焉，君之真面目亦出焉。余不得見野甫，余時時見我野甫矣。戊午秋，刻期赴都，臨發之前夕，君書適至，發函，則其尊君《大崑嵛山人集》刻及君所爲詩手自定本若干卷來問序於余。君之詩，不矜才，不使氣，一以自道其性情，而不肯爲鈎章棘句以眩怪乎群目。”

庚子爲乾隆四十五年。十八年後即嘉慶三年，可基宰揭陽。當年秋，爲自己的詩稿求序於蔡之定，而此時其父單烺集已刻成。

書收詩五百七十八首。有嘉慶十年乙丑嘉定萬承風序。嘉慶十一年程國仁識。末有嘉慶九年楚帆邵自昌《書後》。武進徐書受《跋》。

九行十九字,白口,左右雙邊,單黑魚尾。字一般。

(5)單可琪

可琪字東圃,乾隆五十九年甲寅舉人。所著《音韻同異辨》代表了單氏在音韻學方面的成就。

《音韻同異辨》八卷,清單可琪撰,清嘉慶八年高密單可琪師古堂刻本。

封面題:"嘉慶癸亥新鐫,師古堂藏板。"卷端題:"同懷兄師亭先生鑒定,從兄可瑊葛山參訂,山左高密單可琪東圃手輯,十三歲胞姪爲鏓伯平校字。"單爲鏓十三歲就幫助校字,自小就接受經學方面的訓練,這爲他以後成爲經學名家奠定了基礎。

有嘉慶八年單可琪《自記》:"家師亭先生,好讀書,經史靡不淹貫,而於字學更爲精詳。始教以反切字韻,繼教以辨別音釋,又教以闕疑參稽之功。琪敬志之不敢忘……輯本既成,分爲四册,不過自便觀覽,初未敢遽質同人也,而同志諸公争欲得本,卷帙稍繁,苦難抄寫,因付剞劂,故質有道。"《凡例》後署"東圃氏自記"。《凡例》第一條云:"是編所載,俱係兼收之字,或平韻兼收,或仄韻兼收,或平仄韻兼收。"第四條云:"所載皆平仄韻中所收之字,若某字叶某字讀而各韻不收,又經史中有此韻而各韻亦不收者,一概不載。"第五條云:"所釋音義皆本《韻府》《字典》,逐字箋注,引據經傳以證其義,不敢涉一字杜撰。"

八行,粗黑口,四周雙邊,單黑魚尾。字大方正,較精。

(6)單程

單程爲單維之孫。維(1716—1778),字宗四,號濰邨,官濮州學正。著有《周易介》《留聲集》等。其中,《周易介》爲其孫單程刊刻。

《周易介》五卷,清單維撰,清嘉慶二十一年高密單程刻本。

封面題:"嘉慶丙子春鐫,半山亭藏板。"卷端署:"高密單維宗四氏彙輯,族姪立憻平仲、孫程景伊仝校。"

末有嘉慶二十一年孫子單程識:"《周易介》者,先大父任德州司訓時彙輯之書也。原以揀别衆説,故以'介'名。脱槀未幾,遷任濮州學正,竟以疾終。是編猶零亂簽笥,未及親訂也。先君子手録清册,期付剞劂,而力未逮。族叔平仲嘗從先君子遊,每歎是編有裨後學,久恐湮没,勸程刊行且助以剞劂之資。嗟乎,得成先君子之志而廣先大父著述之傳者,皆吾叔平仲之力也。平仲之高義堪與是書並垂不朽矣。先大父諱維字宗四,一字宗泗,號濰郈,没季六十有三,外有《留聲集》《带經堂文稿》《濰郈詩草》未行世。"

十行二十四字,小字雙行二十四字,白口,左右雙邊。單黑魚尾。字小,刻精。

(7)單立悳、單偉志

單立悳,或爲上條所提單立憻。字平仲,曾助單維校《周易介》。單偉志,字心奇,嘉慶二十五年進士,任青縣知縣。

①《亡友遺詩》一卷,清李詒經、王寧㷇輯,清嘉慶高密單立悳格廬刻本。

詒經字五星,號卓庵,高密人。從高密"三李"學詩,是"三李"之姪輩。李石桐在《詩經蠹簡》中有詒經《傳》:"從余學詩,受唐人《主客圖》及六家詩抄。苦吟數歲,輒能工。性孤僻,喜孟郊、賈島爲人,而詩肖之。比余遊粤歸,經業益進。六經而外,儒家之書,旁及二氏,靡不窺瞰。好邵子之學,於人借《皇極經世》,手録之。不務矯飾,少言論,唯寄興於詩,故詩益富。"著有《四書蠹簡》六卷、《邇言》三十卷、《蠹言》四卷、《卓庵詩稿》二卷。

《山東通志·藝文志》引《十二筆舫雜録》云:"高密李詒經嘗

纂定《亡友遺詩》一卷，皆其同學於懷民及其門弟子之早亡者，同邑單立憙爲付剞劂，皆可謂篤於友誼者也。”又引《縣志》載詒經序云：“吾鄉自石桐、少鶴兩先生以詩學倡後進，一時好古之士翕然嚮風。雖不能遽歷堂奥，而氣鋭志專，隨其造詣之淺深，各有不可磨滅者。予自弱冠服膺兩先生之論説，日與諸君子晤聚東齋。每當誦讀餘暇，分韻賦詩，莫不窮搜冥索，較離合得失於毫釐之間。一字未愜，恒通宵不眠。吟成，環立几榻，聽先生點定，第其甲乙，摘録佳什，分觀聚誦。或不得與，亦必郵筒遠寄，以相傳示。至於良晨令節，擔榼提壺，宴集歸雲亭，秩秩彬彬，情諧意暢，輒復即景聯吟，出奇争勝。一時意氣之合，可謂盛哉……今兩先生之集及同人之有專稿者，固不待人而傳。其餘斷篇殘幅，往往不能成帙，久且益零落。千百年後有聞兩先生之風而興起者，欲求其及門之作，以爲升堂入室之階，而遺文散失，能無致憾於取徑之無從也哉？單君平仲爲是合而付諸梓。余因復取讀之，至於月黑燈昏，猶恍惚與諸君子晤聚聯吟時也。”

②《卓庵吟草》六卷，清李詒經撰，清嘉慶二十五年高密單立憙格廬刻本。

封面題：“嘉慶二十五年，格廬藏板。”目録下題：“高密五星李詒經著，受業甥單立憙校刊，弟詒璵同校。”

有李石桐撰《傳》及石桐評語。收古今體詩三百六十九首。

九行二十字，白口，四周雙邊，單黑魚尾。刻印一般。

③《四書蠹簡》六卷，清李詒經撰，清道光十年高密單偉志慎思堂刻本。

封面題：“慎思堂藏板。”卷端題：“高密李詒經星五著，受業單偉志心奇刊校。”

有單偉志道光十年庚寅序：“著《四書蠹簡》也，宗朱子，而與朱子《或問》有異同。”

④《詩經蠹簡》四卷,清李詒經撰,清高密單偉志慎思堂刻本。

封面題:"慎思堂藏板。"卷端題:"高密李詒經星五著,受業單偉志心奇刊校。"有李石桐撰《傳》。

十行二十二字,白口,四周單邊,單黑魚尾。

(8)單可惠

可惠號芥舟生,别號白羊山人,貢生。《山東通志·藝文志》著録有《白羊山房詩》一卷、《古樂府》一卷。並引《射鷹樓詩話》云:"近代山左詩家,以高密單芥舟明經可惠爲最。"又《十二筆舫雜録》云:"芥舟詩專古樂府,所著《白羊山房詩鈔》皆借古樂府題以寓意。"

道光四年諸城王畇逸園刻單可惠撰《白羊山房詩鈔》六卷,前有道光四年諸城邱錫珖元圃《白羊山房詩鈔叙》:"(單可惠)向已刊《樂府》一集行世,餘藏篋中,尚千百餘篇。"可知,在王畇刻六卷本之前,單可惠已刻此書。

(9)單立德

《邁廬文集》一卷,清單鉊撰,清道光高密單立德刻本。

鉊字廉夫,號菱浦,乾隆監生,以病廢棄舉子業。精禪宗醫理,尤精詩古文。從"三李"學詩,對"三李"詩文的傳播貢獻頗大。先是選定李懷民《石桐先生詩鈔》十六卷,前九集爲石桐自己選定,後三集由單鉊選定。既而選定李憲喬《少鶴詩鈔》十三卷,單鉊先選,王寧焯續選。著有《心經真詮》《邁廬文集》。《邁廬文集》一卷由孫單立德刊刻,而《心經真詮》,據《山東通志·藝文志》有刊本,但不知何人所刻。

《邁廬文集》前有長洲王芑孫序云:"廉夫之文,廉悍而峭堅,於韓、柳、王三家皆各得其偏。而其所得,皆心得也,非如世人從口耳間傳授、望其影不察其形者所能仿佛。惜其文太少。然見諸文者少,蘊諸胸者多,文章不過士之緒餘,聊藉是以究觀其底蘊而已。”王皐序云：“吾友單丈菱浦，高才博學，而好深湛之思。其持論能辨是非，識古今文利病，善讀書者也。”同邑李五星詒經云：“詩無專家，亦不多作。”

(10)單仝裕、單仝祺

華炬著有《清厚堂詩鈔》一卷、《睦族文》一卷，前已有述。其書由孫單仝裕、單仝祺刊刻。

《清厚堂詩鈔》一卷，清單華炬撰，清道光間高密單氏清穆堂刻本。

封面題：“李卓然先生選評，清穆堂藏版。”卷端題：“高密單華炬西仲著，同道李貽經五星選評，孫男仝裕、仝祺校訂。”

道光八年李詒經序：“余懼其詩之久而散軼也，因爲搜輯成帙，芟其所不經意者，爲之序，付其家以刊行於世。”

九行十八字，白口，四周單邊，無魚尾，無行格。字稍劣。

(11)單爲鏓及門人

爲鏓(1790—?)，字伯平，號芙秋，嘉慶十八年癸酉拔貢，官棲霞教諭，七十七歲主講濟南書院。著有《喪服古今通考》《張烈婦傳》等。

①《四書鄉音辨訛》一卷，清單爲鏓撰，清道光二十四年高密單爲鏓自刻本。

道光二十四年甲辰爲鏓自序：“道光甲辰，鏓里居授徒，因輯此册。於仄之誤平、平之誤仄者，一一標出，且加角圈而點畫之。”

八行十八字，黑口，左右雙邊，單黑魚尾。字大悦目，刻印疏朗。

②《奉萱草堂詩》二卷，清單爲鏓撰，清同治四年安成阮泰濟南刻本。

同治四年阮烜輝序：“同治乙丑秋，吾男泰由湖北沔陽州入覲，使道濟南省余，見其詩(按：單爲鏓詩)愛之，爲刊板濟南……

生所著《四書釋義》《四書鄉音辨訛》已刊行。《春秋三傳札記》《讀禮札記》《韓文一得》《喪服古今通考》《典制考評》《古文全集》藏於家……道家生阮烜輝序。"烜輝,安成人,同治八年任平度州知州。

九行二十一字,粗黑口,左右雙邊,單黑魚尾。字體方正。

③《四書述義》四卷、《續》四卷(《單氏全書》即《單徵君集》之一),清單爲鏓撰,清同治六年門人周濤、嚴家正刻本。

包括:《大學述義》一卷,《中庸述義》一卷,《論語述義》一卷,《孟子述義》二卷,《論語述義續》一卷,《大學述義續》一卷,《中庸述義續》一卷,《孟子述義續》一卷。

封面題:"中丞閻丹初先生鑒定,門人周濤、嚴家正同刊。"末有"門人周濤、嚴家正同刊"字樣。

同治六年朝邑閻敬銘序:"(時單爲鏓七十七歲)余因請君釋學職,來主講濟南書院,因得盡觀其所著書。余謂:'君老矣,盍以付刻?'於是君門人周濤、嚴家正爲刻《四書述義》前後集、《讀經劄記》二種,詩古文集若干卷……刻既成,君方連折其二孫。"有《凡例》。

九行二十四字,白口,四周雙邊,單魚尾。刻印一般。

④《讀經劄記》四卷,清單爲鏓撰,清同治六年門人周濤、嚴家正刻本。

包括:《春秋三傳》二卷、《小戴記》二卷。

封面所題、同治六年朝邑閻敬銘序、行款與上條同。

⑤《奉萱草堂文鈔》一卷,清單爲鏓撰,清同治六年門人周濤、嚴家正刻本。

目録末署:"門人周濤小鶴、嚴家正立先同校刊。"

亦有同治六年朝邑閻敬銘序,與上條同。

九行二十四字,粗黑口,左右雙邊,單黑魚尾。字體方正。

⑥《奉萱草堂古文續集》一卷,清單爲鏓撰,清同治十一年閩縣龔易圖濟南刻本。

同治十一年龔易圖序:"(先生所著有)若干種,其奉萱草堂詩文若干集已刊行於世,此其續編也,予亟捐俸刊之。"

九行二十四字,白口,左右雙邊,單黑魚尾。字體方正。

由上可知,單爲鏓的經學著述及詩文刊刻如下:《四書鄉音辨訛》,道光二十四年單爲鏓自刻本,爲此書的最早刻本;《奉萱草堂詩》,同治四年安成阮泰濟南刻本,一説門人閻敬銘刻;《四書述義》《讀經札記》及《奉萱草堂文鈔》,皆爲同治六年門人周濤、嚴家正刻;《古文續集》,同治十一年閩縣龔易圖濟南刻本。《韓文一得》《喪服古今通考》《典制考評》不知是否刊刻。

⑦《尚書述》,清方苞撰,清咸豐同治間高密單爲鏓、濰縣韓介侯刻本。

據龔易圖刻《奉萱草堂古文續集》第一篇《方靈皋尚書述序》,知單爲鏓族祖紫溟先生,即單作哲,實方苞高第弟子,獨受《尚書述》,未及刊行而没,"同州同年韓介侯刺史,敦孝弟,能文章,聞鏓言,亟索觀,捐俸付梓人"。孫葆田光緒二十九年刻《望溪文集補遺》一卷,有序,稱韓夢周曾編有方苞逸集,單爲鏓藏有方苞遺稿。則韓介侯當爲韓夢周後人,具體情況不詳。山東省圖書館有《韓介侯先生集錦》抄本四册,爲民國僞省長唐仰杜收藏,書中未提供任何信息。

由上可知,單爲鏓所刻祇有兩種,一爲自己音韻方面的著述,一爲方苞刻《尚書述》,他的詩文和經學著述大多由門人刊刻。

(12)單丙章、單傳序等

《西窗詩草》二卷,清單宗元撰,清光緒二十二年高密單丙章、單傳序等刻本。

宗元字紹伯,號愚溪。工詩,精於書法。性尤孤僻,爲清苦一派。著有《愚溪詩》一卷、《西窗詩草》一卷。此書卷上爲五七言古詩十首,五七言絶句九十四首。卷下爲五七言律詩五十五首,排律二十一首,詞二首。

封面題:"光緒丙申年鐫,蘧廬藏板。"卷端題:"高密單宗元紹伯氏著,侄來孫丙章、來孫傳序校對。"

卷末有六世孫丙章刻書跋:"公殁,三李先生選録遺詩授梓,名《愚溪集》。去今已遠,存本無多。乙未春,公來孫傳序出板復印。慨然曰:'先人著作疑不止此。'因屬族人詳細搜輯。傳釙兄於故篋中檢得一册,雜體詩一百六十首,排律二十一首,詞二首,並諸家評語,係堂叔祖鐵庵公手抄内藏,愚溪公自書簽題曰《西窗詩草》,即以名是編。謹遵原本,分爲上下,付諸剞劂。"所云《愚溪詩》一卷,有乾隆四十三年高密李懷民古柏堂刻本。光緒二十二年丙申傳俊聲序:"前有《愚溪集》行世,久已膾炙人口,兹緣先生來孫雁渟續梓先生詩,問序於余。"單丙章識:"丙章忝在校字之列,傳序囑識其顛末,故敬贅數語。"是年傳序識:"光緒乙未秋仲,族兄曉堂偶檢得先太高祖遺詩一册……急求姊丈傅文若校訂之,用付剞劂,凡前刻已載者不復録。"有于始瞻、王中孚、王燾、李長a諸人評語。

八行十八字,白口,四周雙邊,無格。寫刻體,刻精。

(13)單步青、傅墨卿等

《拗法譜》一卷附《通轉韻考》,清李憲喬撰,清光緒二十四年高密單步青、傅墨卿等刻本。

光緒二十四年單步青叙:"幸同志傅墨卿、張漢文、綦允升、傅抱經、張康侯、傅景文諸公並族姪醴泉共願合錢付梓。"光緒二十四年戊戌元孫李德運識:"吾家《三李詩藁》久已刊行海内,惟《三李詩話》並先高叔祖少鶴《拗法譜》自經兵燹以後,家藏原藁盡歸散佚,外間偶有存本,亦視爲枕中密寶,不輕示人。單君輝廷與余有姻表之誼，兼係同門，邑中好古士也。授經之暇，婉轉假得《詩話》，旋又假得《拗法譜》。璧合珠聯，一時並出，誠數十年來未有之盛也。余家議刻《三李詩話》，甫定剞劂，而輝廷與同志諸君已將《拗法譜》及附《通轉韻考》校讎付梓。及余聞知，工告竣矣。"

單步青，光緒舉人，知縣。著有《秋菊園詩鈔》二卷、《陰符經考異》一卷、《道德經考異》一卷、《參同契考異》一卷、《古玉考》一卷。李德運識中所云刻《三李詩話》事，成於民國元年，亦有單步青序，見高密李氏刻書部分。

九行二十字，小字雙行二十字，白口，四周雙邊，單黑魚尾。刻字比較精細。

(14)未知姓名者

①《守坡居士詩集》十二卷，清宫去矜撰，清乾隆三十三年高密單氏頤志堂刻本。

宫去矜(1713—?)，字伯申，號守坡居士，高密宫爾勸子。不仕，雍正三年佐父任雲南布政使，乾隆三十九年官永州同知。好吟詠，於七言詩尤工。

前有沈德潛序，稱"其爲詩，有磅礴浩衍之概"。

②《課心齋稿》四卷，清單可垂撰，清道光九年高密單氏耐寒軒刻本。

可垂字工甫，號柳橋，烺季子，乾隆五十四年己酉拔貢，官南安知縣。著有《課心齋稿》四卷、《止止軒古文》二卷、《課心齋詩》二卷、《閩中草》一卷、《遊感集》一卷、《浮槎漫草》一卷。《課心齋稿》輯古今體詩三百五十餘首。

封面題："道光己丑，耐寒軒校刊。"卷端題："高密單可垂工甫著。"

李詒經叙："今工甫之詩將梓行於世。"道光九年己丑竇汝鉤感題。

九行十九字，白口，左右雙邊，單黑魚尾，字端正，較精。

③《止止軒古文》二卷、《課心齋詩》二卷，清單可垂撰，清刻本。

據《山東通志·藝文志》著録，二書均有刊本，《課心齋詩》爲二卷本，則此二書當刻於道光九年四卷本之前。

高密單氏刻書特點有十一：

一是以家族名義刊刻制義、帖括之書及家譜，貫穿整個清代。刊刻制義、帖括之書，自明末延續到民國，共三百多年。刊刻家譜，最早的是清康熙五十七年刻本，最晚的是宣統二年刻本，中間歷乾隆、道光、同治，共六次刊刻，這在山東清代家譜的刊刻上是首屈一指的。

二是個人刻書以經部書和集部書爲主。單氏除了刊刻個人詩文集，更注重經部書的刊刻，如單鐸刻《研經堂春秋事義合註》《研經堂周易顯指》附《周易釋要》《周易答問》，單作哲刻《朱子詩義補正》，單可琪刻《音韻同異辨》，單程刻《周易介》，單偉志刻《四書蠹簡》《詩經蠹簡》，單爲鏓刻《四書鄉音辨訛》，又刻方苞撰《尚書述》，單步青、傅墨卿等刻《拗法譜》。刊刻數量僅次於集部，説明了單氏研經的家學傳統。

三是注重地方文獻的刊刻。單作哲在饒陽、棗强二地爲官，分别刊刻了《饒陽縣志》《棗强縣志》，有功於當地文化。在池陽刊刻《高密詩存》，有功於高密的鄉邦文化。

四是刻書範圍不限於單氏一族。有自刻，也有爲他人刻。在家族内，有單鐸、單可惠刻自著書，有單華炬爲其父刻書，單立德爲其祖父刻書，單仝裕、單仝祺爲其祖父刻書，單丙章、單傳序等爲其從祖父刻書。家族之外，單作哲爲其老師及老師的朋友刻書三部，單立憙格廬刻李詒經、王寧烶輯《亡友遺詩》，刻李詒經《卓庵吟草》，單偉志爲老師李詒經刻《四書蠹簡》《詩經蠹簡》，單步青、傅墨卿等爲李憲喬刻《拗法譜》。單氏還爲高密文人宫去矜刻集子。在單氏,不是爲老師就是爲摯友刻書,刻書已不單單爲弘揚家聲,更是爲了知識的傳播,尤其是單作哲的刻書,擴大了桐城派在山東的影響。單氏爲高密三李刻書,一是作爲回應,因爲李懷民也爲單宗元刻了《愚溪集》,二是證明兩家非同尋常的關係,説明他們對“高密詩派”的認同。

五是刻書地不局限於一隅。刻書活動主要在高密,但也有在他地所刻。如單作哲在外地做官,每居一地,都有刻書行爲。單可基也在揭陽官舍刻其父集子。

六是刻書時間集中於乾嘉時期。這是單氏家族最鼎盛的時期。據統計,乾隆時刻書十一種,嘉慶七種,道光七種,咸豐、同治間一種,光緒二種。目前所見,最早的是乾隆十四年刻本,最晚的是光緒二十四年刻本。

七是刻書是整個單氏家族的行爲。《周易介》卷端署:“高密單維宗四氏彙輯,族姪立憻平仲、孫程景伊仝校。”單程的跋亦稱“得成先君子之志而廣先大父著述之傳者,皆吾叔平仲之力也”。平仲不僅爲其校訂,而且出資助刊。《音韻同異辨》卷端題:“同懷兄師亭先生鑒定,從兄可瑊葛山參訂,山左高密單可琪東圃手輯,十三歲胞姪爲鏓伯平校字。”這部代表了單氏經學研究水平的著述,經多人參與,始刊刻成功,説明刻書在單氏已不是單純的個人行爲了。

八是單氏以刻書培養人才。《音韻同異辨》卷端題:“十三歲胞姪爲鏓伯平校字。”連十三歲的單爲鏓都幫助校字,説明單氏已經把刻書當作一種經學啓蒙的培訓。這樣,單純的刻書、校書已演變爲自覺的學習行動,是單氏培養人才的一個重要手段。

九是單氏刻書質量高,有些書具有重要的版本價值。單作哲刻《朱子詩義補正》,是方苞此書的最早刊本,之後有道光二十年刻本,有光緒南海馮氏刻本。此本可説是單氏刻書的精品。

十是單氏刻書封面多標有堂號,可考者如單可基鑒古堂、單可琪師古堂、單立憙格廬、單偉志慎思堂。無考者如單氏頤志堂、單氏耐寒軒,還有半山亭、蘧廬、清穆堂等等。

十一是單氏刻書八行本居多,多爲白口,四周雙邊或左右雙邊,字體多爲方體字,寫刻體較少,但刻印較精,與單氏家資豐厚有關。最精者爲《朱子詩義補正》,九行十九字,白口,四周單邊,非寫刻體,乾隆風格。有的書葉版心下有刻工姓字及字數。此書爲安徽池陽刻本,故刻印精。由此可以看出,山東刻書在某種程度上與刻書中心還是有一定差距的。

2)李氏刻書

清前期的高密刻書居第二位的是李氏。

高密三李是"高密詩派"的奠基者。這個詩派是乾嘉時期山東唯一影響全國並持續二百餘年的地域性詩歌流派,是高密學術繼鄭玄之後的又一次輝煌。

一個詩學流派的形成與發展,以詩歌創作實踐爲基礎,附之以詩歌理論的導引,而二者的傳播僅靠手寫口誦是不可能的,故刊刻詩人作品成爲奠定詩壇地位的重要手段。高密李氏的刻書正體現了這一點。

"三李"的祖父李華國,字端甫,號慎齋,康熙二十三年舉人,官阜城縣知縣。父李元直,字象先,號愚村,康熙五十二年進士。李元直官翰林時,與孫嘉淦、謝濟世、陳法被稱爲"四君子"。雍正七年,李元直考選四川道監察御史,大膽進言,受到雍正帝的認可,奉命巡視臺灣,兼提督學政。之後被福建督、撫參奏,部議受降職處分。李元直還京後,久不得皇帝召見,即怒而振衣辭職回鄉,家居二十餘年,再未出仕。雖然"三李"的祖父輩爲官,但未有刻書的記載。現在已知的高密李氏刻書自乾隆年間始。

已知李氏刊刻家族世科録二種。

①《高密李氏世科録》二卷，清李高撰，清乾隆高密李高刻本。

據崔巍老師《博》上－152，李高，原名憲高，字志山，與“三李”同輩。雍正八年進士，授江浦知縣，行取刑部主事。後出知絳州。《李氏世科録》最早刊於萬曆三十九年，後有續刻。此《録》收李氏進士五人、舉人七人、貢生二人的朱墨卷。卷末李高題跋：“我李氏之有《世科録》也，由來舊矣。先司訓公首創之，家大人同季父增修之。茲復承家大人命，彙後數科獲雋之文，並前集而更刊之。”據此跋可知，此録爲李高所刻。

②《高密李氏世科録》二卷，清李高撰，清李元正補，清乾隆十五年高密李元正補刻本。

李元正，高密人，生卒年不詳，大約與李元直同輩，主要生活在雍、乾年間。已知其編纂《高密李氏族譜》四卷，有民國石印本。纂乾隆《即墨縣志》十二卷，乾隆二十九年刻本。

已知李氏刊刻家族世譜二種。

①《［高密］李氏家譜》四卷，清李國華纂修，清嘉慶七年補刻本。

據山東省圖書館卡片著録，李氏當在嘉慶前就有修譜之舉，並刊刻成書，此爲補刻了一部分。

②《［高密］李氏家譜》四卷、《首》一卷，清李淩卓、李靈長纂修，清光緒三十四年刻本。

（1）李懷民

李懷民（1738—1793），名憲噩，以字行，號石桐，又號十桐、敬仲。乾隆間諸生。擅畫，精山水。爲詩能自辟町畦，獨標宗旨，歸於自然。《晚晴簃詩彙》云：“其詩體格謹嚴，詞旨清朗，時時有獨到語，不墮當時風氣，遂謂與漁洋、秋谷鼎立，則推崇過當矣。”著有《石桐詩鈔》《十桐草堂集》。

在“高密詩派”興起之前,對“三李先生”影響最大的是與之有親戚關係的單氏家族,單氏家族中尤以“三單”爲著。“三李”正是在“三單”的基礎上,由李懷民開派、李憲暠呼應、李憲喬推動而形成了“高密詩派”。故刊刻單氏著述,亦是弘揚李氏詩學思想的一部分。

《愚溪集》一卷,清單宗元撰,清乾隆四十三年高密李懷民古柏堂刻本。

單宗元前已有述。

卷首有李懷民序,膠州法坤宏題詞,昌邑于始瞻撰《紹伯先生墓志銘》,李憲暠撰《紹伯先生傳》,卷末有李憲喬跋。此集爲高密三李選訂,輯古今體詩三十九首。

(2)李憲喬

李憲喬(1746—1799),字子喬,又字義堂,號少鶴。“高密詩派”主要代表人物。其父有四子,憲喬最幼。長兄李憲高,字志山,號荆南,雍正八年進士,官至山西潞安府同知。次兄李懷民。三兄李憲暠,字叔白,號蓮塘。憲喬於乾隆三十年十九歲時拔貢,因年幼未出任縣令。四十一年召試舉人,官岑溪知縣、歸順知州,卒於西隆軍務中。卒後宦囊無餘,賴臨川李秉禮出資歸葬,與李秉禮及邱縣劉大觀有“嶺南三友”之稱。與懷民作《重訂中晚唐詩主客圖》,劉大觀於嘉慶十年刻之。除了這部理論著作,還著有《少鶴内集》《鶴再南飛集》《龍城集》《賓山續集》《拗法譜》附《通轉韻學》,編有《六家詩選》《韓詩臆説》等。他主要爲其兄憲暠刻書。

①《過嶺集》二卷,清李憲喬撰,清乾隆四十九年高密李憲喬自刻本。

卷端題:“高密李憲喬子喬。”有李憲喬自序:“李子過嶺不多做詩,即間一涉之,亦不存也。金陵袁太史至,始相與激揚。俾出所有,搜剔紙簏,然圓得如干首,判爲二卷,命曰《過嶺集》。”所云爲乾隆四十九年袁枚與李憲喬相晤於廣西事。蓋此書刻於乾隆四十九年。

崔巍老師《博》下－185 認爲:“此集乃李氏自刻單行之本。”此書確與嘉慶六年邱縣劉大觀及光緒十二年高密李楹西安郡齋刻本不同,八行二十字,四周雙邊,單黑魚尾,無行格。但字大,較粗劣,似非自刻。抑或在廣西岑溪,地偏且遠,刻工不易覓得所致。

②《定性齋集》一卷,清李憲暠撰,清乾隆五十年前高密李憲喬刻本。

卷端題:“高密李憲暠叔白著,受業同邑王寧延天柱較。”憲暠爲諸生。乾隆四十五年,憲喬任廣西岑溪知縣,憲暠居其治所,越歲以疾卒。其在兄弟中去世較早,詩作不多,專心於經術。還著有《遊山記》《考辨古文名物制度論解》《古文》《古今體詩》《雜文》《高密三李五律合稿》(與李懷民、李憲喬同撰)等。王寧延,字丹柱,高密人,“高密詩派”中“後四靈”之一,受業於李氏兄弟。

此書輯詩五十八首。李憲喬《定性齋集序》云:“先生於爲詩從《選》入,他如庾信、徐陵、杜審言、沈佺期、陳子昂、李白、王維、白居易、韓愈、李賀,皆嘗究涉,獨不喜規橅形似,故張、賈門下人無以定其專主。”

光緒十二年,“三李”從曾孫楹重刻此書,有跋云:“《定性齋集》,則子喬公序之以傳。《蓮塘遺集》,又子喬公刻於岑溪者也。”此跋説《定性齋集》爲憲喬所刻,但未言刻於何時何地,當在乾隆五十年刻《蓮塘遺集》前。或許在憲暠去世前,即四十六年前,因“定性齋”係三李在高密的住處。

十行二十二字,白口,四周雙邊,單黑魚尾。

③《蓮塘遺集》一卷,清李憲暠撰,清乾隆五十年高密李憲喬岑溪官舍刻本。

卷端題:“高密李憲暠叔白著,受業同邑王寧延天柱校。”

李憲喬乾隆五十年序："喬校先生著述，《古文》四卷，《古今體詩》十卷，《遊山記》三卷，《雜文》一卷，《考辨故名物制度論解》又如干卷，皆未及刊，先刊其文字之屬於岑者……乾隆己巳識於岑溪官舍。"據此序知，書刻於岑溪官舍。據崔巍老師《博》下－187，又有門人王寧焯序："先生兄弟少以能詩名邑中，十數年來，旁邑數百里外，言詩學者稱三李，而先生獨毅然以經術爲任，謂詩文小技，不足盡學者事，讀書必求實用，其於山川形勢及古今郡縣城郭遷徙、兵農屯聚之制，必務得其詳悉。與濰邑韓公復友，思於四子之書有所發明。講義數篇，鑿鑿有精義，惜乎其無全書也。庚子春，少鶴先生以例授岑溪令，先生佐其治，越歲遘疾，卒於官舍，年四十有四。"據此序亦知，乾隆四十五年，李憲喬爲官岑溪，乾隆四十六年李憲暠去世。書共輯詩四十六首，皆爲在岑溪所作。

十行二十二字，白口，四周雙邊，單黑魚尾。行款版式與《定性齋集》同。

(3)李楹

光緒十二年，"三李"從曾孫李楹在西安郡齋重刻了三人詩，即《三李詩鈔》。李楹，字覺堂，由進士授禮部郎。出守榆林。調西安，尋補鹽法道。光緒十四年入闈，以勞疾卒於任。

此書末有李楹跋："先曾祖既宦遊山左，懷民公偕兩弟相師友，以文章著，富有撰述，詩尤工。懷民公居有十桐樹，因以爲號，亦曰'石桐'，所爲詩即以名集，同里單廉夫先生爲之叙。子喬公別號少鶴，其詩集亦經廉夫先生校勘，與《石桐集》並刻都門。叔白公之《定性齋集》則子喬序之以傳，而其《蓮塘遺稿》又子喬公刊於岑溪者也。惟是歷年久遠，漫漶滋多。同治初捻匪東擾，舊鋟板毀於兵，遺帙流傳且寥寥不易得。小子楹中心惴惴，大懼先人手澤久而就湮，百計搜羅，迄無所獲。邇日服官秦輔，從故鄉寄有完編，校其訛誤，再付剞劂……光緒十二年歲在戊戌仲夏之月從曾孫楹謹識於西安郡齋。”據此跋知,李懷民、李憲喬詩在都門有刻,即劉大觀、王寧焯所刻,下文詳談。同治初,捻軍起義,此北京刻版毁於兵,故李檻重刻。

《石桐先生詩鈔》十六卷,清李懷民撰,有單詔序及石桐墓志。

《叔白詩鈔》二種二卷,清李憲暠撰,王寧焯選校。乾隆李憲喬刻時分别定名,即《定性齋集》一卷、《蓮塘遺集》一卷,此李檻刻本始於封面題名《叔白詩鈔》。

《少鶴詩鈔》十三卷,清李憲喬撰,卷端題:“高密李憲喬撰,高密單詔廉夫選定,高密王寧焯熙甫參校。”前有單詔序、李秉禮序,後有王寧焯跋。此書王寧焯、劉大觀刻書時没有總書名,而是分别列名,即《少鶴内集》十卷、《鶴再南飛集鈔》一卷、《龍城集鈔》一卷、《賓山續集鈔》一卷,李檻刻時稱《少鶴詩鈔》。

三書封面均題:“光緒丙戌仲夏,西安郡齋栞。”行款均爲十行二十二字,白口,四周雙邊,單黑魚尾。字畫全無原刻的敦厚風格。

(4)“三李”後人

“高密詩派”的奠基性著作即李懷民、李憲喬《中晚唐詩主客圖》二卷,據臺灣“國立”中興大學中文系副教授李建昆《試論李懷民〈重訂中晚唐詩主客圖〉》一文,李懷民是因爲對張爲《主客圖》所做之體派分合,感到“不能盡體”“出奇以新耳目,未爲定論”,所以纔發憤編撰《重訂中晚唐詩主客圖》。書中附有《重訂中晚唐詩主客圖説》,體現了李懷民的論詩要旨。此書上卷收録“清真雅正”一系,收詩四百四十二首,下卷續録“清真僻苦”一系,收詩四百六十首。李懷民雖採取張爲《詩人主客圖》之模式,對中晚唐詩人依交往關係之親疏遠近,詩歌作風之異同,建立一套分類辦法,藉此説明詩人體派關係。這樣的分類,實已超越張爲《詩人主客圖》原有功能,使此書在中晚唐文學研究中,獨具極高之價值,是中晚唐文學研究應備之要籍。所以,此書的一再刊刻,實有益於清中期的文學評論研究。

李懷民、李憲喬二人在世時，此書未刻，現存有清嘉慶十九年萊陽趙擢彤刻本，前已有述。劉大觀《重刻唐賢主客圖詩序》：“《唐賢主客圖詩》，始於張爲改五主爲二主。辨其源流，求其切當，以位置諸客，則高密李先生石桐也。觀初在桂林，與老友李松圃同授詩法於石桐季弟少鶴先生。未幾兩先生辭世，後死者分無所逃，遂致書嶺外，分任剞劂，傳遺稿於黄金臺下。既又刻《重訂主客圖詩》，今十餘年矣……吾鄉萊陽趙睦堂以此本品擇之精，天下覬覦之廣，爲析薄俸重役梓人，而問序於觀。”據此序可知：一，邱大觀在桂林學詩於李憲喬，二人有師生之誼；二，此書現有兩個刻本，一是嘉慶十年邱縣劉大觀刻本，一是嘉慶十九年萊陽趙擢彤刻本，李建昆教授認爲，在嘉慶十年劉氏刻本和十九年趙氏刻本中間還有一個十七年李氏刻本，但此本未見；三，“後死者分無所逃，遂致書嶺外，分任剞劂，傳遺稿於黄金臺下”，指邱大觀爲李懷民、李憲喬刻詩集及《二客吟》事。《二客吟》刻於嘉慶十年前，所據爲《山東通志・藝文志》之《中晚唐詩主客圖五律二册》條，有劉大觀序云：“石桐常裒録貞元以後諸家五言律詩，倣張爲例重定《中晚唐詩主客圖》，尊張、賈爲主，而以朱慶餘、李洞以下諸賢爲客。學者宗之，因以石桐爲張客，少鶴爲賈客，曩余所刊《二客吟》者是也。”可知，劉大觀先刻《二客吟》，後刻《中晚唐詩主客圖》。劉大觀刻書詳見清中期的邱縣刻書。

據以上分析可知，嘉慶十年邱縣劉大觀刻有《中晚唐詩主客圖》，但嘉慶十七年李氏刻本未找到證據。懷民有子李貽璠，不知是否刻過此書。

高密李氏刻書特點有三：

一是作爲高密大族，李氏以刊刻族譜和世科録爲己任，不僅弘揚家風，而且爲後人留下了寶貴的研究資料。

二是歷代刻書，相沿不輟。弟爲兄刻，孫爲祖刻，代代相傳。

三是刻書不講究藝術性，殊少精品。

3）宫氏父子刻書

高密還有宫爾勸父子刻書比較有名。爾勸字九叙，號怡堂，康熙五十年辛卯舉人，官至雲南布政使。有《南中所見録》《南溟集》。其子宫去矜，有《守坡居士詩集》十二卷，清乾隆三十三年高密單氏頤志堂刻本，前已有述。

《南中所見録》二卷，係宫爾勸於乾隆十五年由糧道任授雲南布政使後所著，均爲布政使任上所司興革事宜。當爲乾隆間自刻本。

其《怡雲山人南溟集》五卷，輯其古今體詩三百八十二首，前有錢陳群及潘淳序，爲乾隆間宫氏家刻本。

4）李爾立、李長躪刻書

高密李爾立，字健如，工詩。其子長躪，字根田，雍正七年己酉舉人。

爾立有《静齋遺稿》一卷，清乾隆高密李氏家刻本。

前有葛祖亮序，乾隆十年乙丑李師中序云："庚申夏，吾弟根田於故書中得此數首……爲之玩味不忍去手。時同年葛聞橋方以詩名，來京時，囑爲鑒定，轉寄根田付梓。"書係家刻本無疑。後有乾隆九年李長躪跋，云："是敬出藏稿，質之大方，以行於世。"九行十九字，黑口，左右雙邊，單黑魚尾，無直格。

《其田居詩稿》二卷，清李長躪撰，清乾隆二十二年高密李長躪自刻本。

長躪乾隆二十二年刻書時尚在。此書北京大學圖書館作《其田居詩集》二卷。以詩體爲序，共收各體詩二百三十餘首。

5）傅氏刻書

高密傅氏也是世家大族，清後期的傅氏刻書有介紹，在清前期刻書二種,爲乾隆九年傅廷鎏刻傅亶初撰《過庭録》一卷,乾隆間傅豫刻傅亶初《清風堂詩》二卷。

總之,清前期的高密刻書共有二十三種,其中單氏十一種,李氏六種,宫氏二種,傅氏二種,李爾立及其子長疄刻二種。内容上以集部爲主,有十四種,史部五種,經部三種,子部一種。所有刻書均在乾隆年間,前三代無刻書記載。

6. 即墨刻書

秦設即墨縣,屬齊郡。西漢時,即墨縣城同時爲膠東王國都城。東漢及兩晉屬青州。隋唐及明清時期均屬萊州府。

明代即墨刻書有十一種,主要爲藍氏、黄氏、周氏刻書。到了清代,就衹有黄氏一枝獨秀了。

1)黄氏刻書

關於黄氏家族的世系及人物介紹,天子劍的日志,於 2010 年 2 月 16 日發表的《即墨黄氏家族述略》①有詳細考證,並有列表。今謹將與刻書有關的人物作一介紹。

第一代:

黄作孚,字汝從,嘉靖三十二年進士,官高平知縣;黄作霖。

第二代:

黄嘉善,萬曆五年丁丑進士,官總督三邊兵部尚書。

第三代:

黄宗昌,字長倩,號鶴嶺,天啓二年壬戌進士,山西道御史,巡按湖廣;黄宗揚,字顯倩,號巨海,萬曆四十年壬子舉人,考授推官;黄宗庠,字我周,號儀庭,崇禎十六年癸未進士;黄宗臣,字我臣,號鄰庭,嘉善子,廕中書,崇禎十二年己卯舉人;黄宗崇,字嶽宗,康熙

①《即墨黄氏家族述略》,http://blog.163.com/qc - qc - qc - hp/blog/static/83124938201011610 1335801/。

十一年壬子拔貢。

第四代:

黄坦,字朗生,號惺庵,又號省庵,宗昌子,崇禎十二年己卯副貢,官浦江知縣;黄壎,字子友,宗庠子,康熙八年己酉歲貢;黄堣,字湯谷,康熙十年辛亥歲貢,官費縣教諭;黄塽,字子明,諸生;黄垍,字子厚,號澂庵,康熙二年癸卯舉人;黄起埰,黄宗昌幼子。

第五代:

黄貞麟,字方振,號振侯,又號石步,順治十五年戊戌進士,官户部主事;黄貞觀,字堯年,康熙十四年乙卯歲貢。

第六代:

黄鴻中,字仲宣,號海群,貞麟子,康熙五十七年戊戌進士,官侍讀學士,湖南學政;黄克中,字述令,號華東,塽孫,雍正元年癸卯舉人,官利津教諭;黄體中,字仁在,號竹坡,别號鏡海漁人,鴻中族弟,諸生。

第七代:

黄立世,字卓峰,號柱山,乾隆十八年舉人,十九年會副,官潮陽知縣等;黄簪世,字紱皆,號容庵,貢生,官海寧知縣。

第八代:

黄玉瑚,字東序,乾隆三十六年辛卯舉人,官溧陽知縣;黄如玖,字子九,號梅南,諸生;黄如瑀,字禹執,號練江,立世子,嘉慶三年戊午舉人,官黄縣教諭。

第九代:

黄守平,字星階,號莒田,道光十八年戊戌歲貢;黄君復。

第十代:

黄念昀,字炳華,道光舉人,任嶗山書院院長達十七年之久。

第十一代:

黄肇紀,字竹年;黄肇蓮,字西嶽;黄肇頤;黄肇顎。

第十二代：

黄象冕，字巘庭，例授修職郎，光緒二十九年癸卯優貢；黄象轅；黄象軾。

第十三代：

黄褒顯。

(1)黄起埰、黄坦

黄宗臣撰《四警編》四卷，有其子黄起埰刻本，所據亦爲《山東通志·藝文志》，引《白鶴峪集·題四警編》云："吾叔父生平好行善事，樂聞善言，纂輯是編成，嘗奉以自淑，教子若姪。未付剞劂而没。幼子起埰以先業不敢忘，乃考訂梓之。"黄宗臣爲崇禎十二年舉人，則其幼子刻書，當在清代。此書可能爲黄氏在清代的第一個刻本。

第四代刻書還有黄坦於康熙二十一年刻其父黄宗昌撰《疏草》三卷，所據亦爲《山東通志·藝文志》。卷上疏十三首，卷中疏八首，卷下疏五首。有虞山歸允肅序云："今黄公疏草十餘，皆有裨治要，而其大者卓識遠見，實與氣運相終始。余故表而出之，使尚論者知所考焉。"刻此書時，黄宗昌已去世三十多年。黄宗昌入清後隱居嶗山，撰成《嶗山志》，由黄氏後人黄象冕排印出版。其《嶗山志》中《名勝》一卷，嘉慶十三年由海陽諸生毛淑璜刻成。

(2)黄立世、黄簪世

黄氏第五代、第六代雖功名卓著，亦有大量詩文著述，但没有梓行，到了第七代，纔由黄簪世集其大成，彙編付梓。

先是黄立世，歷任廣東新寧、花縣、寶昌、潮陽縣知縣，廣東鄉試同考官。所著《柱山詩話》未見傳本。《四中閣詩鈔》二卷由其子刊刻而成。黄立世於乾隆二十四年爲老師馮文炌刻了《柏蔭堂詩鈔》一卷，文炌字伯章，號素齋，即墨人，雍正元年癸卯拔貢，官樂安教諭。

此書卷端題："即墨馮文炌素齋甫著。"有乾隆二十四年黄立世於花署之慎餘齋序:“《柏蔭堂詩》一卷,吾師素齋先生之所著也。”知立世爲馮氏弟子,馮氏實受學於黄立世之父。“先生詩不自愛惜,散失殊多,今就篋中所藏採其尤者若干篇,付之剞劂,質諸同人,且以志先生之學於黄氏而復爲黄氏師者數十年如一日也。”又有黄恩世題:“家卓峰弟攝篆花邑,爲素齋馮先生刻詩一卷。”知此書刻於廣東花縣。九行十九字,白口,左右雙邊,單黑魚尾。寫刻體,刻印精美。

黄氏第七代刻書最著者爲黄簪世,他於乾隆三十一年,採各家藏本,將黄氏自黄作孚第一代,至黄體中等第六代,十七人十七種詩文彙集完備,成《即墨黄氏詩抄》三卷,第一次完成了黄氏詩歌的總結。所收詩歌列表如下:

訒齋詩草一卷	(明)黄作孚撰
見山樓詩草一卷	(明)黄嘉善撰
於斯堂詩集一卷	(明)黄宗昌撰
鴻集亭詩草一卷	(明)黄宗揚撰
鏡巖樓詩集一卷	(清)黄宗庠撰
澹心齋詩集一卷	(清)黄宗臣撰
石語亭集一卷	(清)黄宗崇撰
紫雪軒詩集一卷	(清)黄坦撰
友晉軒詩集一卷	(清)黄壎撰
栗里詩草一卷	(清)黄堣撰
修竹山房詩集一卷	(清)黄塽撰
夕霏亭詩集一卷	(清)黄垍撰
快山堂詩集一卷	(清)黄貞麟撰
永德堂詩一卷	(清)黄貞觀撰
華萼館詩草一卷	(清)黄鴻中撰
涵清館詩草一卷	(清)黄克中撰
來山閣詩草一卷	(清)黄體中撰

該書分上中下三卷，每卷先列集名，次列作者，再次爲作者介紹，後録詩。多的不過百首，一般數十首，也有十餘首。

該書封面、版心均題“黄氏詩鈔”。目録末有《餘刻》三種：黄簪世的《慶遠堂詩草》，黄立世的《柱山詩草》，黄玉衡的《二水山房詩集》，但正文中未見此三種。

有黄叔琳《叙》：“黄氏由青徙墨，歷今幾四百年……（大紱）甲戌謁選都門，出所手輯《黄氏詩鈔》，請予一言題首。”末有乾隆三十一年十二世孫黄簪世跋：“吾黄氏自青徙墨，以文學世其家。高平而後，績學掇甲科者代不乏人。數百年來，風雅相尚，罔不拔幟詞壇，稱極盛焉。第日月遷流，篋笥日就淪落，一線手澤，將不可復識，是則子孫所大懼也。簪世用採各家藏本，鈔録成帙，向質諸家先輩崑圃公，兹刻於鹽官官署，固將壽世。”是年，簪世官海寧知縣。十行二十字，白口，左右雙邊，單魚尾。刻印精。海寧屬浙江，浙江歷代爲刻書中心，有優秀的刻書傳統，故所刻精美。

（3）黄玉瑚、黄如玖、黄如瑀

黄氏的第八代黄玉瑚（1731—?），字東序，乾隆三十六年辛卯舉人，官溧陽知縣，擅音韻之學，尤工詩，於嘉慶六年刊刻了自著《白石山房詩存》二卷。

前有黄氏自序：“自庚子以前所作，盡散失無存。辛丑筮仕江南，簿書之暇，間事吟詠，得《吴遊草》一卷。己酉侍養歸里，逾數載，先君子捐館舍，疊遭家難，歲無寧晷。丙辰復嬰疾，成廢人，然嘯詠結習未忘也。邇來又得古今五百餘篇，兒輩懼復散佚，擬乞序宗工鋟版以存。遠近戚好之知我者，皆就零落，無可質訂。爰勉檢存稿什之二，授諸梓人。”

詩以編年爲序，分上、下二卷。上卷爲《吴遊草》《歸田集》，輯詩一百二十六首，下卷爲《病餘草》，輯詩一百六十六首。刻書時黄玉瑚已七十一歲。

第八代黄如玖、黄如瑀刻書共二種。

一是爲其父黄立世刻《四中閣詩鈔》二卷,包括《課餘録》《揚舲集》《嶺南集》三種,刻於嘉慶八年。《總目》下題:"即墨黄立世卓峰著。"有戴君元識,戴聯奎序:"先生令子如玖、如瑀將彙刻其諸集以傳不朽,余故序之。"末有嘉慶八年癸亥李世湝識:"(李與黄立世之子練江從黄學杜詩)壬辰(按:嘉慶七年)春,練江來都,就試於禮部,出先生《四中閣詩鈔》示余,將付梓,而余得掛名其末。刊既成,復與練江回思往事……至校讎之力,則弟景沆、闢君、佛爾卿阿、瑚圖靈阿。"十行二十一字,白口,四周雙邊,單魚尾,無行格。字大寬扁,悦目,家刻較精。

黄如瑀所刻第二種書爲自著《敦雅堂詩集》一卷,有河間紀昀序云:"練江之詩,守尊甫吾柱山同年遺教,篇寡字嚴,而一歸於自得。"兵部尚書初彭齡序:"沖雅古澹,淵源於四中閣。而於四中閣外,别辟一徑,如王家之有羲、獻,不禁躍然稱異。"

如瑀一生從事教育,先後主濰陽書院、青州雲門書院,歷任榮成、黄縣教諭,一生授徒二十年,主書院八年,是黄氏族人中的教育家。據《山東通志·藝文志》,如瑀另與郭廷翕合輯《即墨詩鈔》,有功於地方文獻,未刻成。道光中,周翕鐄續輯,周掄文刊刻成書,是即墨文學史上的大事。

(4)黄守平、黄君復

黄氏第九代黄守平(1804—?),是黄氏詩文顯於世的有功之臣。説其有功,是因爲他纂輯的稿本《黄氏詩鈔》六卷,是在乾隆三十一年黄簪世鹽官官署刻本的基礎上增訂而成的。他在原刻本的基礎上增加了原本所有的十七人的詩,並又收入了黄氏五十四人詩,重新裝訂而成,書前仍保留刻本中黄叔琳的序和黄簪世的跋。《詩鈔》自黄作孚始,至黄守平這一代,幾乎囊括了所有黄氏詩,爲黄氏詩劃上了一個圓滿的句號。

黄守平另有著述二種，一爲《千字鑑略》一卷，清同治十二年刻本。據《山東通志・藝文志》："是書成於乾隆壬子，刊於同治癸酉。周翕鐄序云：'約而該，質而雅，最宜幼學。'"所云"成於乾隆壬子"，不確，當爲"咸豐壬子"，即咸豐二年。書爲黄守平刻，未見傳本。另一部爲《易象集解》十卷，清同治十三年黄守平漱芳園刻本。有何紹基序："即墨黄海門孝廉念昀爲先文安公（按：何凌漢）視學山左所取士，以計偕至都，持其尊人星階先生所著《易象集解》示余。曰：'家君自幼耽《周易》，先爲《説易鑿語》，又爲《易象彙鈔》，四十年中，凡十數過，晚乃定爲《易象集解》十卷，今年七十歲，猶手此書，日有更定也。'"可知，此書用四十年功力，十易稿而成。有《凡例》。該書封面題："同治甲戌年栞，漱芳園家藏。"卷末有"章邑王好仁刊"。十行二十三字，白口，四周單邊，單黑魚尾，版心下刻："漱芳園家藏。"字方正，刻較精。從章邱請刻工刻字，可見黄氏家人比較重視此書，也約略可知即墨刻工技藝遜於章邱刻工。

黄氏第九代黄君復，注有木皮子撰《歷代史略鼓兒詞》一卷，清光緒三十二年即墨黄君復陶軒長沙刻本。有吴縣沈敬學光緒三十二年丙午長沙官報館序。黄君復自序："吾鄉登萊各處，瞽者向以鼓詞（俗名大鼓京腔）爲業，所習如《燕子箋》（是書出海陽，不在傳奇原本之下）、《紅梅記》（出平度州）類，皆膾炙人口。其《歷代史略鼓詞》一書，尤擅勝場，作者雖不知誰氏，而考其詞旨，大約勝國遺民，籍以發其胸中抑塞不平之氣……丙午春，兒輩就戚鄙家，物色來雨殘帙，手加校勘，訂訛補缺，隨成完璧。又按：是書有謂出自賈鳧西先生（兖州府人），有謂柳敬亭（曹州府人），作者迄無定論，細繹書中俚諺，皆登萊間語，則不離乎鄉前輩者近是……時紀侄省余長河，遂命鈔撮成書，其間方言俗字驟難索解者，註釋於下，用付剞劂，以公同好。時光緒丙午夏日即墨黄君復左臣氏識。侄肇紀竹年、肇蓮西嶽仝校。"知此書爲黄君復自刻無疑,校對者還有其侄黄肇紀、黄肇蓮二人。

書有牌記:"光緒卅二年十一月刻於長沙。"封面題:"丙午初冬,陶軒主人署。"卷端題:"木皮子著。"八行二十字,白口,左右雙邊,單黑魚尾,版心下刻:"即墨黄氏陶軒藏板。"刻印一般。可見,長沙刻書並不精。"陶軒"是黄君復的齋號。又有黄氏附記:"此外又有'子擊磬於衛'一章,'長沮桀溺'一章,'陽貨欲見孔子'一章,'樊遲請學稼'一章,'宰予晝寢'一章等,鼓詞皆能獨出奇想,將聖賢心事曲繪畢肖,容物色得稿本一併補入。"知黄君復還有補刻此書的打算。

黄氏第十二代還有書籍出版,祇不過到了清末民初,排印本大量出現,黄氏亦順應時代發展,黄宗昌撰《嶗山志》八卷就是由黄象冕排印而成的。

即墨黄氏刻書特點有七:

一是十一代人三朝刻書。自明末黄宗昌刻書始,至民國黄象冕刻書止,即墨黄氏共十一代人參與了刻書,或校,或刊,綿延了三百多年,跨越了明、清、民國三個朝代。時間如此之長,在山東較爲少見。

二是刻書數量多,總計有二十六種。清代前期最多,二十種,主要以黄簪世所刻十七人詩集爲主。中期三種,後期三種。

三是刻書内容上以集部書爲主,有二十種,史部三種,子部二種,經部一種。

四是除黄立世爲馮文炌所刻一種外,所刻書幾乎全部是家族著述。

五是刻書集中在第七、八、九代,即乾隆、嘉慶時期和同治、光緒時期。第七代刻書者有黄立世、黄簪世,第八代有黄玉瑚、黄如玖、黄如瑀,第九代有黄守平、黄君復。

六是刻書地有即墨,亦有外地。在外地刻者主要是黄譽世在海寧鹽官官署所刻十七種,黄立世在廣東花縣所刻一種,黄君復在長沙所刻一種,皆爲在外地爲官所刻。尤其是海寧所刻書,比較精。廣東刻書亦不遜色,可見當時流行的寫刻體影響之廣。在家刻者,以黄如玖、黄如瑀所刻《四中閣詩鈔》和黄守平潄芳園刻《易象集解》爲最精美,體現了家刻本的特色。爲了將書刻好,黄守平還請章邱刻工操刀,看來黄氏比較重視刻書質量。

七是刻書與藏書有密切關係。黄氏家富藏書,一定程度上提高了整個家族的素養,從而使這個家族産生了大量的著述,爲刻書提供了豐富的資源。黄氏藏書精品多,至今有若干種還是國寶級的文物。如泥金泥銀寫經《妙法蓮花經》七卷,原藏於黄氏家廟准提庵,1951 年收入文物管理部門,現分藏於即墨市博物館和膠州市博物館。黄宗昌在明末創建"華嚴庵"未成,毁於兵燹,其子黄坦清初續建,順治九年落成,又名"華嚴禪院",爲嶗山中現存的唯一佛寺。華嚴庵建有古樸典雅的藏經閣,有明人手抄本《册府元龜》1000 卷 142 册,1954 年 7 月經郭沫若鑒定,是海内孤本,現爲青島博物館鎮館之寶。以上二書皆被收入第一批《國家珍貴古籍名録》。如此高質量的藏書,爲黄氏讀書、著書、刻書提供了豐富的文獻資源。

2)郭氏刻書

生於明崇禎末年的郭琇,被認爲是即墨郭氏的後起之秀(有説即墨有五大家族:周、黄、藍、楊、郭)。郭琇(1638—1715),字瑞甫,又字瑞卿,號華野,康熙九年庚戌進士,官至湖廣總督。他是康熙朝有名的清官,平生耿直,以"三大疏"(《特參河臣蠹國疏》《大臣結黨營私疏》《近臣招摇撞歲疏》)名動天下,有力地抨擊了貪官污吏的腐敗以及結黨營私的不正之風,對"康乾盛世"功不可没。著有《華野(郭公)疏稿》《吴江縣地志》《楊徵君年譜》。

其《華野(郭公)疏稿》五卷、《華野郭公年譜》一卷、《崇祀鄉賢録》一卷、《崇祀名宦録》一卷，雍正、乾隆間由其子郭廷翼刻成。

《華野(郭公)疏稿》有何琦序。乾隆三年趙侗斅序："廷翥，先生令嗣也，與余同官於浙。"乾隆九年甲子李治遠序："公之孫魯，科試獲雋，因以家刻乞余序。"末有雍正十年廷翼識："不肖廷翼五歲爲先大夫嗣，侍先大夫晨昏者二十年。而先大夫見背，不肖資質庸劣，弗克繼志述事以光前烈，每痛心疾首不可爲子即不可爲人。憶不肖弱齡聞人誦先大夫'三大疏'輒心動，退見篋中疏稿二册，間一批閲，略識其意，苦不甚解。逮先大夫殁後，遍搜諸藏書中求所謂二册者竟不可得，心甚憾之。丙午(按：雍正四年)歲，不肖偶過仲撫孫先生家，語及先大夫疏稿家無藏本，先生云：'余在磨青館，時老先生魯手二册相示曰：京楚疏稿也。余受而卒業，嘗置案頭，讀書之暇時翻閲焉。今屈指已十六年矣。余以此册不過當日草録，家中當别有存本，遂因循未歸，不意其止此也。'急出示之，則宛然不肖弱齡時所見二册也。不肖且驚且喜，遂捧持以歸，自首訖末，字字尋味，知先大夫爲國爲民之心畢具於是。而乃歎先大夫一生惟以忠誠結主知，犯顔批鱗，九死不移。雖其章奏之大者，久已載諸國史，傳誦四方，而存於家者祗此草草一編，且復不自珍惜，任其散逸，其視昔人銘山沉水汲汲後世之名者何如也？又舊笥中疏草數紙，册内所無或偶爾遺漏，抑當年未上之疏，故未録入與？不肖不敢意爲增減，謹以疏稿二册爲據，詳加校閲，授之梓人，傳諸永久。凡我後裔，尚世守之。雍正十年歲次壬子孟秋中浣之吉男廷翼謹識。"

《華野(郭公)年譜》一卷，有孫若彝序云："廷翼細檢篋笥，凡有關公之行誼，即片紙殘簡，皆敬録之。訪諸故老，下及僕婢之逮事者。自公始生之年，訖捐館之日，逐次編叙，據事直書。無事者存其年，有事而未獲其詳者，不敢妄爲附會。""弘"缺末筆，蓋爲乾隆間刻。另有周毓正撰《傳》云:“每一疏出,書賈鋟版走四方,讀者無不擊節稱快,至比之包孝肅、海忠介。”可見,其《疏》當時就有刻本,而此刻則爲家刻本。

目録下有:“即墨郭華野著,男廷翥、廷翼、廷翕仝校。”

九行二十字,白口,左右雙邊,單黑魚尾。字體爲乾隆風格,刻印俱佳。

3)藍氏刻書

清代前期的藍氏刻書遠遠不如黄氏,衹有乾隆中藍中珪所刻《紫雲閣詩》一卷。中珪(1733—?),字汝封,啓肅孫,乾隆四十五年庚子歲貢。此集選詩七十二首,卷末附雜文三篇。前有其婿鞠愉序。

4)孫氏刻書

《孫氏敦本堂約》不分卷,清孫兆禧撰,清康熙即墨孫氏刻本。

孫兆禧,字怡如,孫繩武子,諸生。

卷端題:“即墨孫兆禧怡如述,同邑楊還吉六謙校。”

前有康熙三十三年同邑郭琇序,康熙二十年同邑黄貞麟序,康熙三十二年趙泰甡序,順治二年孫兆禧自序,康熙九年孫兆禧自序。

八行二十字,白口,四周雙邊,無魚尾。

5)杜氏刻書

《閒窻隨筆史畧》一卷,清杜延闓撰,清乾隆即墨杜氏刻本。

杜延闓,字騫若,號怡亭,乾隆三十九年甲午副貢生,曾任館陶教諭。爲使人們瞭解歷代統系,遂仿黄成性《史學提要》例,取材諸史,約繁就簡,撰成此書。起自上古,迄於前明。

封面題:“道光元年秋新鐫,式穀堂藏板。”

卷端題:“墨邑杜延闓怡亭氏著,男元彭商賢、元喬松友校。”

前有乾隆五十七年怡亭主人於保定公館書《閒窻隨筆史畧引》。末有“族侄孫永注來灃氏恭謄録”一行,知爲家刻本。

八行二十字，小字雙行二十字，白口，四周單邊，單黑魚尾。

由上可知，清代前期即墨刻書，以黄氏爲主，即墨刻書二十四種中，黄氏就占二十種，而在明代刻書與黄氏相當的藍氏，卻衹有一種。刻書内容上以集部書爲主，有十九種，史部三種，子部二種，經部無。在時間分布上，以乾隆時刻書爲最多，有二十種，以黄簪世在海寧鹽官官署所刻十七種爲主。

附：萊州府家刻總表

建文年譜二卷年譜後事一卷辨疑一卷	（明）趙士哲撰	清初萊州趙士冕刻本
栢園集一卷栢園詩集一卷	（清）趙玉藻撰 怡園集二卷（清）趙玉瓚撰 龍溪集一卷（清）趙士亮撰 草堂詩集一卷（清）趙裒撰	清康熙東萊趙裒刻本
歸圜日記一卷	（清）張忻撰	清初萊州張忻刻本
平叛記二卷	（清）毛霦編	清康熙五十五年東萊毛貢刻本
濤音集八卷	（清）王士禄、王士禛選輯	清乾隆五十七年掖縣儒學刻本
秋鶴詩抄四卷	（清）戴如煌撰	清乾隆留餘堂刻本
板橋詩鈔三卷	（清）鄭燮撰	清乾隆十四年興化鄭燮山東刻本
板橋詞鈔	（清）鄭燮撰	清乾隆十四年興化鄭燮山東刻本
道情十首	（清）鄭燮撰	清乾隆八年興化鄭燮山東刻本

（續表）

板橋家書	（清）鄭燮撰	清乾隆十四年興化鄭燮山東刻本
陪尾山房詩鈔一卷	（清）閻廷倬撰	清乾隆三十六年濰縣韓夢周刻本
西澗草堂詩集四卷	（清）閻循觀撰	清乾隆三十八年濰縣韓夢周刻本
西澗草堂文集四卷	（清）閻循觀撰	清乾隆三十八年濰縣韓夢周、昌樂閻循霖刻本
春秋一得一卷	（清）閻循觀撰	清乾隆三十八年濰縣韓夢周刻本
尚書讀記一卷	（清）閻循觀撰	清乾隆三十八年濰縣韓夢周刻本
困勉齋私記四卷	（清）閻循觀撰	清乾隆三十八年濰縣韓夢周刻本
毛詩讀記	（清）閻循觀撰	清乾隆濰縣韓夢周刻本
理堂制義前後集	（清）韓夢周撰	清乾隆三十八年濰縣韓夢周刻本
吟抑堂小草一卷	（清）郭欽式撰	清乾隆十三年濰縣郭偉業黄葉山房刻本
松筠桐蔭館印譜四卷	（清）郭偉勣輯	清乾隆四十三年濰縣郭偉勣刻鈐印本
松筠桐蔭館集印一卷（百歲紀年印譜）	（清）郭偉勣輯	清乾隆濰縣郭偉勣刻鈐印本

（續表）

印章初學須知一卷	（清）郭偉勣撰	清乾隆濰縣郭氏松筠桐蔭館刻本
慎德堂印譜（存二卷）	（清）郭偉勣輯	清濰縣郭氏鈐印本
松雪堂印萃不分卷	（清）郭啓翼撰	清乾隆五十年濰縣郭啓翼刻鈐印本
增輯易象圖説二卷	（清）吴脈鬯撰	清初膠州法若真刻本
黄山詩留十六卷	（清）法若真撰	清康熙膠州法樟等又敬堂刻本
黄山集六卷	（清）法若真撰	清康熙膠州法氏刻本
黄山年略一卷	（清）法若真撰	清乾隆十六年膠州法輝祖又敬堂刻本
緄齋詩談八卷	（清）張謙宜撰	清乾隆二十三年膠州法輝祖刻本
緄齋論文六卷	（清）張謙宜撰	清乾隆二十三年膠州法輝祖刻本
緄齋詩選二卷補遺一卷	（清）張謙宜撰	清乾隆二十四年膠州法輝祖刻本
迂齋學古編四卷	（清）法坤宏撰	清乾隆三十九年膠州法氏海上廬刻本
春秋取義測十二卷	（清）法坤宏撰	清乾隆五十九年膠州法坤宏廣東西湖街六書齋刻本
幽節録一卷	（清）張謙宜撰	清康熙膠州張謙宜家刻本

（續表）

南州草一卷	(清)高鳳翰撰	清康熙四十八年膠州高鳳翰刻本
南阜山人詩集類編七卷	(清)高鳳翰撰	清乾隆二十八年膠州高鳳翰族弟高元質刻本
阿蘭若雜録	(清)王壙撰	清康熙五十年膠西王壙家刻本
讀易拾義便抄一卷	(清)匡文昱撰	清乾隆四十年膠州匡文昱自刻本
周易遵翼約編十卷首一卷	(清)匡文昱撰	清乾隆五十一年膠州匡文昱居易廬自刻本
太古園詩集一卷	(明)王侗撰	清乾隆元年膠州宋雲會浙江刻本
平山詩草一卷	(清)張元撰	清乾隆十五年膠州張秉義寧遠刻本
竹梧書屋詩稾二卷外集一卷	(清)龔培序撰	清康熙五十一年澠西龔培序膠州官署刻本
研經堂周易顯指四卷附周易釋要一卷周易答問三卷	(清)單鐸撰	清乾隆十五年高密單氏刻本
研經堂春秋事義合註十二卷	(清)單鐸撰	清乾隆十五年高密單氏刻本
夢築堂詩初集一卷	(清)單襄棨撰	清乾隆五十七年高密單華炬刻本
饒陽縣志二卷首一卷末一卷	(清)單作哲修	清乾隆十四年高密單作哲刻本

（續表）

棗强縣志八卷首一卷末一卷	（清）單作哲修	清乾隆十七年高密單作哲刻本
高密詩存二卷	（清）單作哲編	清乾隆二十九年高密單作哲池陽刻本
朱子詩義補正八卷	（清）方苞撰（清）單作哲編	清乾隆三十二年高密單作哲池陽府刻本
張彝歎先生遺詩	（清）張自超撰	清乾隆間高密單作哲刻本
王昆繩先生遺文	（清）王源撰	清乾隆間高密單作哲刻本
大崑崙山人稿三卷（或：大崑崙山人稿別集）	（清）單烺撰	清乾隆刻本
守坡居士詩集十二卷	（清）宫去矜撰	清乾隆三十三年高密單氏頤志堂刻本
高密李氏世科録二卷	（清）李高撰	清乾隆高密李高刻本
高密李氏世科録二卷	（清）李高撰（清）李元正補	清乾隆十五年高密李元正補刻本
愚溪集一卷	（清）單宗元撰	清乾隆四十三年高密李懷民古柏堂刻本
過嶺集二卷	（清）李憲喬撰	清乾隆四十九年高密李憲喬自刻本
定性齋集一卷	（清）李憲暠撰	清乾隆五十年前高密李憲喬刻本

（續表）

蓮塘遺集一卷	（清）李憲暠撰	清乾隆五十年高密李憲喬岑溪官舍刻本
怡雲山人南溟集五卷	（清）宫爾勸撰	清乾隆高密宫氏家刻本
南中所見録二卷	（清）宫爾勸撰	清乾隆高密宫氏家刻本
過庭録一卷	（清）傅亶初撰	清乾隆九年高密傅亶初侄傅廷鋆刻本
清風堂詩二卷	（清）傅亶初撰	清乾隆間高密傅豫刻本
静齋遺稿一卷	（清）李爾立撰	清乾隆高密李氏家刻本
其田居詩稿二卷（或:其田居詩集二卷）	（清）李長暽撰	清乾隆二十二年高密李長暽自刻本
四警編四卷	（明）黄宗臣撰	清即墨黄宗臣子黄起埰刻本
疏草三卷	（明）黄宗昌撰	清康熙二十一年即墨黄宗昌子黄坦刻本
柏蔭堂詩鈔一卷	（清）馮文炌撰	清乾隆二十四年即墨黄立世廣東花縣刻本
訒齋詩草一卷	（明）黄作孚撰	清乾隆三十一年即墨黄簪世海寧鹽官官署刻本

（續表）

見山樓詩草一卷	（明）黄嘉善撰	清乾隆三十一年即墨黄簪世海寧鹽官官署刻本
於斯堂詩集一卷	（明）黄宗昌撰	清乾隆三十一年即墨黄簪世海寧鹽官官署刻本
鴻集亭詩草一卷	（明）黄宗揚撰	清乾隆三十一年即墨黄簪世海寧鹽官官署刻本
鏡巖樓詩集一卷	（清）黄宗庠撰	清乾隆三十一年即墨黄簪世海寧鹽官官署刻本
澹心齋詩集一卷	（清）黄宗臣撰	清乾隆三十一年即墨黄簪世海寧鹽官官署刻本
石語亭集一卷	（清）黄宗崇撰	清乾隆三十一年即墨黄簪世海寧鹽官官署刻本
紫雪軒詩集一卷	（清）黄坦撰	清乾隆三十一年即墨黄簪世海寧鹽官官署刻本
友晉軒詩集一卷	（清）黄壎撰	清乾隆三十一年即墨黄簪世海寧鹽官官署刻本

（續表）

栗里詩草一卷	（清）黄堣撰	清乾隆三十一年即墨黄簪世海寧鹽官官署刻本
修竹山房詩集一卷	（清）黄墺撰	清乾隆三十一年即墨黄簪世海寧鹽官官署刻本
夕霏亭詩集一卷	（清）黄垍撰	清乾隆三十一年即墨黄簪世海寧鹽官官署刻本
快山堂詩集一卷	（清）黄貞麟撰	清乾隆三十一年即墨黄簪世海寧鹽官官署刻本
永德堂詩一卷	（清）黄貞觀撰	清乾隆三十一年即墨黄簪世海寧鹽官官署刻本
華萼館詩草一卷	（清）黄鴻中撰	清乾隆三十一年即墨黄簪世海寧鹽官官署刻本
涵清館詩草一卷	（清）黄克中撰	清乾隆三十一年即墨黄簪世海寧鹽官官署刻本
來山閣詩草一卷	（清）黄體中撰	清乾隆三十一年即墨黄簪世海寧鹽官官署刻本

（續表）

華野(郭公)疏稿五卷華野郭公年譜一卷崇祀鄉賢録一卷崇祀名宦録一卷	(清)郭琇撰	清雍正乾隆間即墨郭廷翼刻本
紫雲閣詩一卷	(清)藍中珪撰	清乾隆即墨藍氏自刻本
孫氏敦本堂約不分卷	(清)孫兆禧撰	清康熙即墨孫氏刻本
閒窻隨筆史畧一卷	(清)杜延閶撰	清乾隆即墨杜氏刻本

(二)萊州府刻書特色

清前期的萊州府刻書無官刻與坊刻記載。下轄七縣中,僅昌邑一縣無家刻記載,其他六縣共刻書 89 種。

在刻書分布上,掖縣 5 種,平度 1 種,濰縣 18 種,膠州 18 種,高密 23 種,即墨 24 種。後四縣分布比較均匀,與四縣的大族刻書有關。濰縣有鄭燮、韓夢周、郭氏,膠州有法氏、張謙宜、高鳳翰、匡文昱,高密有單氏、李氏,即墨有黄氏。

在刻書内容上,集部最多,56 種,其中别集有 51 種,詩文評 2 種,地方藝文 2 種,家集 1 種。大量的别集與黄氏個人詩集有關,也與高密三李的詩文有關。詩文評即張謙宜的詩論和文論。地方藝文是高密一地的詩集——《高密詩存》和掖縣一地的詩集——《濤音集》。

經部 10 種,主要是法坤宏、單鐸、匡文昱等的研經之作,分布在膠州、高密和濰縣三縣,説明萊州府有一半的縣是經學研究的重地。

史部 13 種,其中傳記最多,有 6 種。方志主要是單作哲在居官地所刻,雜史有張忻的《歸圍日記》和毛霦的《平叛記》,記述孔有德圍萊州城事,可見,地方大事在刻書中均有反映。

子部10種,其中印譜有5種,係濰縣郭偉勣、郭啓翼叔侄的印譜,以郭偉勣爲最多,有4種。

萊州府的名家刻書也各有特色。

濰縣韓夢周:所刻書除爲自己所刻一種外,餘皆爲昌樂閻氏刻;刻書内容主要爲集部和經部;所刻經部書有《春秋一得》《尚書讀記》《毛詩讀記》,對理學在山東的盛行起到了推波助瀾的作用;刻書時間比較集中。

膠州法氏:法若真、法樟、法輝祖、法坤宏,四代刻書,從順治始,至乾隆止,歷經清朝前四代,一百三十五年,刻書達十種之多。内容上,多爲刻先輩著述或個人著述,但重視友情,無私地爲友人或先賢刻書,不遺餘力。如法若真爲蓬萊吴氏刻書,法輝祖爲同邑張謙宜刻書。尤其是法輝祖爲張謙宜刻書,促進了山東文學評論的發展。

高密單氏:以家族名義刊刻制義、帖括之書及家譜,貫穿整個清代;個人刻書以經部書和集部書爲主,在刊刻個人集子之外,更注重經部書的刊刻,刊刻數量僅次於集部,體現了單氏研經的家學傳統;注重地方文獻的刊刻,單作哲在饒陽、棗强分别刊刻了當地方志,在池陽刊刻《高密詩存》,有功於高密的鄉邦文化;刻書範圍不限於單氏一族,單作哲爲其老師及老師的朋友刻書三部,擴大了桐城派在山東的影響;刻書地不局限於一隅,主要在高密;刻書時間集中在乾嘉時期,這是單氏家族發展最好的時期;刻書是整個家族的行爲,校訂者多爲家族後生;刻書成爲培養人才的一個重要手段,如《音韻同異辨》由十三歲的單爲鏓幫助校字,説明單氏已經把刻書當作一種經學啓蒙的培訓,這樣,單純的刻書技術已演變爲自覺的學習行動,是單氏培養人才的一個重要手段;刻書特徵比較明顯,封面多標有堂號,八行本居多,多爲白口,字體多爲方體字,但刻印較精。

高密李氏：刊刻了三李詩派形成過程中的作品，均爲李憲喬所刻，有自刻《過嶺集》，有爲李憲暠刻《定性齋集》《蓮塘遺集》。但其詩歌理論的奠基之作《中晚唐詩主客圖》未及時刊刻，一定程度上影響了其流派的發展。刻書不太講究藝術性，缺少精品。

即墨黄氏：十一代人三朝刻書，自明末黄宗昌刻書始，至民國黄象冕刻書止，綿延了三百多年，跨越了明、清、民國三個朝代，時間如此之長，在山東爲數不多，説明這個家族有頑强的生命力；刻書數量多，總計有二十六種，清代前期最多，二十種；刻書内容上以集部書爲主；除黄立世爲馮文炌刻一種外，所刻書幾乎全部是家族著述；刻書集中在第七、八、九代，即乾隆、嘉慶時期和同治、光緒時期；刻書地有即墨，亦有外地，有海寧鹽官官署所刻十七種，黄立世在廣東花縣所刻一種，黄君復在長沙所刻一種。

這一時期萊州府所刻名品有：高鳳翰刻自撰《南州草》一卷，未見著録，是罕見之本。乾隆元年膠州宋雲會在浙江刻明代王倜著《太古園詩集》，是該書現存的唯一版本。單作哲刻方苞《朱子詩義補正》，此版本爲該書的最早刊本，之後有道光二十年刻本，有光緒南海馮氏刻本，此書可説是單氏刻書的精品。

萊州府所刻藝術精品有：

鄭燮《鄭板橋全集》，手書上版，門徒司徒文膏刻字。寫刻精美，刊印精緻，爲清代著名寫刻本。

濰縣韓夢周刻書風格統一。大多有明確的刻書時間；封面大多有藏版地，爲“樹滋堂藏版”。行款統一，爲十行二十二字，白口，左右雙邊。均爲寫刻體，相當精美，可以代表清代乾隆年間山東刻書的較高水平。

法氏刻書質量相當高。有寫刻體，有非寫刻體，但都非常精美，法坤宏的《迂齋學古編》，字大，疏朗，爲乾隆至道光間羊城著名刻字鋪六書齋寫刻。其《春秋取義測》爲門人胡攘蘭手書刻板，亦爲寫刻。以上二書可以代表清前期山東刻書的最高水平,這與法氏的經濟條件及對刻書質量重視有關。

張謙宜所刻自著《幽節録》,寫刻體,比較精。

高鳳翰及其族弟高元質刻書,字跡清秀,疏朗,精刻精印。

宋雲會刻《太古園詩集》,頗具乾隆風格,爲南方刻工所刻。

單氏刻書最精者爲單作哲刻《朱子詩義補正》,有的版心下有刻工姓字及字數。此書爲安徽池陽刻本,安徽有很好的刻書傳統,故刻印精。

即墨黄氏在海寧所刻書,比較精。廣東刻書亦不遜色,可見當時流行的寫刻體影響之廣。在即墨當地刻者,以黄如玖、黄如瑀所刻《四中閣詩鈔》和黄守平刻《易象集解》最爲精美,體現了家刻的特色。

三、青州府刻書

(一)家刻

青州府刻書亦如登州府和萊州府,清前期無官刻和坊刻記載,但有寺院刻書。家刻數量達 179 種,僅次於濟南府。

青州府下轄十一縣,無刻書記載者僅博興、高苑、臨朐三縣。有家刻的縣是益都、博山、臨淄、樂安、壽光、昌樂、安邱、諸城。

1. 益都刻書

益都縣置於北齊,爲青州郡治。明爲青州府治,清因之。

青州是山東刻書最早的地區。青州所刻《王公判事》當是已知的山東最早刻本,明代刻書有十一種,另有官刻三種,朱祐榫衡藩刻書十三種,前已有述。

清代前期的益都刻書以李文藻爲主。

1)李文藻刻書

李文藻(1730—1778),字素伯,一字茝畹,晚又號南澗(一作南磵)。祖父名元盛。父名遠,字拙齋。弟文濤、文淵、文濬。淵有《左傳評》,濤有《海客遺稿》,濬著《粵遊小草》。子三人:章甄、章棉、章姚。李文藻乾隆二十六年成進士,三十四年謁選廣東恩平縣知縣。到任後奉檄署新安縣,又奏調潮陽縣知縣。庚寅、辛卯二科,分校廣東省試。以海疆三年俸滿保薦,擢桂林府同知。未及一年,卒於官,時乾隆四十三年八月。藏書處爲大雲山房、竹西書屋、訓厚堂。著述頗豐,有《毛詩本義》《隸補》《南北史考略》《齊藩録》《國朝獻徵録》《師友記》《堯陵考》《青社拾聞》《泰山金石考》《益都金石考》《山東元碑録》《金石書録》《雲門碑目》《齊諺》《粵諺》《餖飣録》《南澗文集》《濮雅》《尹河南集箋注》《河南附録補遺》(李文藻、周永年同撰)等。先後參與了《泰安府志》《諸城縣志》《歷城縣志》的編纂工作。

王獻唐先生在《李南澗之藏書及其他》①一文中說:"綜觀南澗生平,有可紀述者四事:一曰藏書,二曰讀書,三曰刻書,四曰著書。藏書而不能研讀,如不藏等;讀書而不能流通,但供一己之受用,與人群何豫?刻書而無學識以濟之,則斠校不精,鑒別不明。故善藏書者,必能讀書;善讀書者,必能刻書;善刻書者,必能著書。以自身求書之不易,推及他人,故能藏者必能刻。以自身探討之心得,啓示他人,故能讀者必能著。南澗有四者兼備之長,抱利己利他之願,求諸歷代藏書家中,實爲少睹。"

今人視李文藻爲藏書家、學者,對其在藏書、讀書、著書三方面的貢獻多有研究與探討,對其刻書則較少關注,實際上,其刻書成果亦頗豐。

①《四松記》,清李文藻撰,清乾隆間益都李文藻刻本。

《山東通志·藝文志》作《南澗文集》三卷,曰:"《縣志》載此

①王獻唐:《李南澗之藏書及其他》,載《山東省立圖書館季刊》第一集第一期。

本及閻湘蕙序曰:‘南澗先生古文無定本,惟自刻《四松記》一篇。’”知李文藻生前未彙刻其文集,衹是刻了一篇《四松記》。至於何時在何地所刻,未知。但據王艷玲《〈南澗文集〉校注》①後附《李文藻創作簡譜》,知此書成於乾隆二十三年,刻書當於此年或不久之後。

②《律詩合譜》,清李文藻編,清乾隆益都李文藻刻本。

據《山東通志·藝文志》中《全唐五言八韻詩》條:“又此本前附《律詩合譜》,乃文藻取王士禎《律詩定體》、趙執信《聲調譜》所論五七言律詩合而刊之,示初學以唐律體例。文藻序即在卷首,所言甚明。非此所選詩名《律詩全譜》也。”

王艷玲文章收有乾隆二十三年李文藻《律詩合譜》序,據此序可知,李文藻確有《全唐八韻詩》之輯,亦有《律詩合譜》之編。時未中進士,當在家鄉益都所刻。

③《漁洋詩話》三卷,清王士禛撰,清乾隆二十三年益都李文藻竹西書屋刻本。

王士禛此書成於康熙四十四年,四十九年由門人蔣仁錫操辦在山西臨汾刊刻。在將近半個世紀之後,王士禛的同鄉——益都李文藻在山東重新刊刻。

封面題:“乾隆戊寅重刊,竹西書屋藏板。”卷端題:“濟南王貽上。”每卷末署:“益都後學段玉華繕寫,李文藻重校。”

段玉華,字琢庵,又字西塘,益都人,段松苓之父。松苓,字勁伯,又字赤亭,乾隆諸生,好金石之學,有《益都先正詩叢鈔》《益都金石記》。看來益都段氏亦以詩書傳家,父親玉華字寫得好,故此書刻得好,寫刻字體,稍顯敦厚。此時,李文藻還未中舉,家居益都。這是現存的李文藻的最早刻書。此書寫者爲山東人,刻者亦

①王艷鈴:《〈南澗文集〉校注》,廣西大學2007年碩士學位論文。

爲山東人,是地道的山東刻書,亦是山東刻書中的精品,説明刻書者精心經營,也説明乾隆時山東刻工已達到了相當高的水平。

九行十九字,黑口,四周雙邊,單黑魚尾。

因此書在當時頗爲流行,所以翻刻本亦不少。山東省圖書館所藏就有一部,字體相近,但略有差别。

④《春秋辨義》,清梁鴻翥撰,清乾隆益都李文藻刻本。

《山東通志·藝文志》中《春秋辨義》條曰:"李有基撰《傳》,'辨義'作'條辨',云有李文藻刻本。"可知,李文藻曾刻梁鴻翥的《春秋辨義》,惜未見傳本。

⑤《山左明詩鈔》三十五卷,清宋弼輯,清乾隆三十六年益都李文藻恩平縣衙刻本。

封面題:"乾隆辛卯開雕,恩平縣衙藏板。"目録題:"通邑大夫甘肅提刑按察司按察使宋弼選。"

杜澤遜師《存目標注》6671條著録。《四庫存目》曰:"是集輯明代山東一省之詩,所録凡四百三十一人。其體例全仿朱彝尊之《明詩綜》。其去取之間,則僅守王士禛之門徑,纖毫不肯異同也。"

前有李文藻乾隆三十六年序:"《山左明詩鈔》三十五卷,德州宋仲良先生之所輯也。先是其州人兩淮鹽運使盧君屬先生選國朝山東人詩,成六十卷,刻於戊寅、己卯間,因而遂徵山東明人詩。先生時長濼源書院,郡縣之士來學者,各使搜討其所知,而予所購得者蓋數十種。後先生入京,逢人求索,有得即手自謄寫,無寒暑、遊宴之閒。歲癸未(按:乾隆二十八年),盧君致仕歸里,先生以全藁畀盧,予適授徒德州,趣盧付之梓,而盧以所集未備爲辭。及先生由贊善出爲鞏秦階道,予又購寄葉廷秀、李主中輩十數人詩,且以書與先生,論王乘籙終於明季及董樵、張尔岐諸人詩皆宜移入此集,而未得先生答書。戊子秋(按:乾隆三十三年),盧君得罪籍家,而先生以甘肅按察使入覲,道卒洛陽。予恐此書之遂湮也,已丑(按:三十四年)正月走德州,從州官求買此書。盧氏書入官者數十萬卷,吏爲檢三日,得《明詩選》凡三本,一爲路中允斯道本,一爲惠文學棟本。路惟鈔撮十郡志乘,惠所録僅數十家,皆未成卷帙。其一即此本,裒然三十五卷,作者四百三十一人,中間評點,先生手蹟也。惟《小傳》一册佚去。越數日,先生柩至自洛陽,予迎哭,已,啓笈得《小傳》,則先生所手録也。是秋予謁選,得廣東恩平令,攜以行,庚寅(按:三十五年)夏到官。其冬政稍暇,校而梓之,頗有疑緒未曉之處,又或有傳無詩,先生既往,無從質正,不敢遽有增改,僅完其爲先生之書而已。昔新城王文簡嘗欲輯海右五十家詩弗果,先生此集之成,豈偶然哉?予郡先達正德嘉靖間有《海岱吟社》一集,僅存寫本。予嘗以奉先生,先生方食,輒輟匕讀,命酒豪吟,十二卷立盡其半。其於先正遺文誠篤好而深嗜之,天性然也。登萊青三郡寄選詩,其草藁多付予收藏,今尚盈簏。此集刻於恩平。明年署新安,乃獲蕆事,而先生不及見矣。乾隆辛卯冬十一月益都李文藻序。"

據以上李文藻序可知,是書刊刻不易。先是乾隆二十三年,盧見曾刊刻了《國朝山左詩鈔》,接着囑宋弼蒐集山東明人的集子,李文藻也參與其中。乾隆二十八年,盧見曾見稿未備,不予刊刻。豈知三十三年,盧見曾事發,被抄没家産,而宋弼亦於是年卒。李文藻慨然以刊刻此書爲己任,去德州翻檢盧見曾被抄没的書籍,幸此稿尚在,但《小傳》不在。於是李文藻迎宋弼靈柩於道上,終得《小傳》一册。李文藻三十四年謁選恩平縣令,三十五年夏到任,隨即校刊付梓。此刻乾隆三十五年始於恩平,至三十六年蕆事。

此書的刊刻意義重大。首先是繼盧見曾《國朝山左詩鈔》之後,對山東明人的詩歌進行了彙輯和總結。這樣,明清兩代的山東人詩歌得到了梳理。這樣的梳理在中國文學發展史上有着非常重要的意義。因爲明清兩代,山左詩最盛,尤其是嘉靖以後"前後七子"中的邊貢、李攀龍所引領的復古熱潮,拉開了山左詩壇振興的序幕。到了清代,山左詩空前繁榮,逐漸取代了江浙詩派在詩壇的地位。在這個時候,對山左詩人的詩歌進行發揚與傳播,無疑奠定了山左詩人在詩歌史上的地位。其次,因爲此書的刊刻,激發了後來對山東詩歌的進一步整理,如張鵬展輯刻《國朝山左詩續鈔》《補鈔》,余正酉輯刻《國朝山左詩彙鈔後集》等,使山東人的詩歌得到了全面的展示與清理,並由此掀起了各地輯刻當地先賢詩文的熱潮,規模盛大。

十一行二十一字,黑口,左右雙邊。字體端莊,刻印精良。

⑥《貸園叢書初集》十二種四十九卷,清周永年輯,清乾隆三十六年至四十年益都李文藻竹西書屋刻乾隆五十四年歷城周永年重編印本。

封面題:"貸園叢書初集,竹西書屋藏板。"

周永年乾隆五十四年《貸園叢書初集敘》:"《貸園叢書初集》共十二種,其版皆取諸青州李南澗家。其不曰《大雲山房叢書》者,何也? 曰:'尚思續刻以益之。凡藏弆書板者,又將多所借以廣之,不必限以一家故也。'余交南澗三十年,凡相聚及簡尺往來,無不言傳鈔書籍之事。及其官恩平潮陽,甫得刻茲十餘種,其原本則多得之於余。今君之歿已十一年,去年冬始由濟南至青州,慰其諸孤,因攜板以來。憶君有言曰:'藏書不借,與藏書之意背矣;刻書不印,其與不刻奚異!'嘗歎息以爲名言,使果由此多爲流布,君之志庶幾可以少慰乎。乾隆五十四年歲次乙酉仲夏歷城周永年書昌氏敘於京宣武坊寓舍。"據此則知板存益都,但《山東通志・藝文志》曰:"是編乾隆間刊,版存京師琉璃廠。"不知所據。《叢綜》題:"乾隆五十四年歷城周氏竹西書屋據益都李文藻刊版重編印本"①,將竹西書屋置於

①上海圖書館:《中國叢書綜録》,上海古籍出版社 2007 年版,第 144 頁。

周永年名下，誤。竹西書屋實爲李氏所有，蓋其板藏於李家竹西書屋，周永年得之重印。

子目同《叢綜》。今據刊刻先後縷述如下。

其一：《四聲切韻表》一卷、《凡例》一卷，清江永編，清乾隆三十六年益都李文藻恩平縣衙刻本。

無封面。前有《凡例》，末署"重茨單閼歲臯月羅有高叙於廣東恩平寓舍"。李文藻乾隆三十四年謁選恩平縣令，三十五年夏到任，三十六年六月還在恩平，後署新安，三十七年五月任潮陽知縣，四十年桂林府同知。刻此書時爲三十六年五月，當刻於恩平縣署。

十行二十二字，黑口，左右雙邊，單黑魚尾。

其二：《古韻標準》四卷，清江永編，清乾隆三十六年益都李文藻恩平縣衙刻本。

封面題："乾隆辛卯鋟，潮陽縣衙存版。"每卷卷端題："婺源江永編，休寧戴震参定，益都李文藻覆校。"

前有乾隆三十六年辛卯六月瑞金羅有高於恩平寓舍書《古韻標準叙》。

李文藻乾隆三十六年六月在恩平，故刻版在恩平，三十七年攜至潮陽，版存潮陽。

十行二十三字，小字雙行二十三字，黑口，左右雙邊，單黑魚尾。

其三：《九經古義》十六卷，清惠棟撰，清乾隆三十八年益都李文藻潮陽縣衙刻本。

目録下一行："東吴惠棟學，男承緒校。"大題在上，小題在下。卷一、四、五、六、七、十、十四末署：益都李文藻覆校；卷二、十一：順德張錦芳覆校；卷三、九：欽州馮敏昌覆校；卷八：潮陽鄭安道覆校；卷十二：連平顔德潤覆校；卷十三：南海馮經覆校；卷十五：順德張錦麟覆校;卷十六:長寧趙希潢覆校。

據李文藻《易例》序,知此書乾隆三十八年刻於潮陽。校刊者張錦芳,字粲夫,號藥房,一字花田,號曲紅外史,廣東順德人,乾隆四十五年解元,五十四年進士,翰林院編修,博覽群書,究心《説文》,工詩,善畫,擅長刻印,與黄丹書、黎簡、吕堅合稱"嶺南四家",又與馮敏昌、胡亦常合稱"嶺南三子",著有《逃虚閣詩鈔》《南雪軒文鈔》《詩餘》等。馮敏昌,字伯求,號魚山,廣東欽州人,乾隆四十三年進士,户部主事,工詩善書。馮經,字雁山,廣東潮陽人,乾隆三十五年舉人,官教諭。張錦麟(1749—1776),字瑞夫,號玉洲,廣東順德人,乾隆三十三年舉人,錦芳弟,兄弟並爲翁方綱器重。趙希潢,字渭川,廣東長寧人,乾隆四十四年舉人,官安陽知縣。以上數人皆爲廣東人,此書刻於廣東無疑。

十一行二十二字,黑口,左右雙邊,雙對黑魚尾。

其四:《春秋左傳補注》六卷,清惠棟撰,清乾隆三十八年益都李文藻潮陽縣衙(實爲羊城)刻本。

封面題:"左傳補注,潮陽縣衙録版。"卷端題:"春秋左傳補注。"無目次。卷一、二、三末署:益都李文藻覆校;卷四、五:順德胡亦常覆校;卷六:順德張錦芳覆校。

胡亦常(1743—1773),字同謙,一字君甫,廣東順德人。乾隆三十六年舉人,少時即有詩名,與馮敏昌、張錦芳合稱"嶺南三子",尤以五言爲出色,有《賜書樓詩草》。

卷六末有李文藻乾隆三十九年跋:"惠定宇先生《左傳補注》六卷,向在京師假閲未及録。乾隆壬辰(按:三十七年)冬,歷城周書昌寄副至羊城,乃戴東原先生手挍本。予覆挍其半,將府潮陽,以付順德胡生亦常刻之。明年癸巳(按:三十八年)三月,胡生書至,云刻未竣而病。久之,始知其是月已死。其冬,予再至羊城,屬順德張君錦芳葳其事,而胡生不及見矣。胡能詩古文,精六書,予辛卯分校鄉試所得士,會試報罷,與東原同舟行月餘,慕其學,歸益鉆研經義,豁然有心得。而天弗假以年,惜哉。甲午二月益都李文藻記。”據此序可知,此書乾隆三十八年刻於羊城,由胡亦常和張錦芳二人相繼續刻而成。

十一行二十一字,黑口,左右雙邊,單黑魚尾。

其五:《易例》二卷,清惠棟撰,清乾隆三十九年至四十年益都李文藻羊城刻本。

無序,無封面。後有李文藻乾隆四十年跋:“惠定宇先生言《易》之書,予所見《周易述》《鄭氏易》,先有刻本。《周易古義》爲九經中一種,癸巳歲(按:乾隆三十八年)予刻於潮陽。《易漢學》嘗録而復失之。甲午(按:乾隆三十九年)十月,予自潮來羊城,周校書永年寄《易例》一册,亦先生所輯,中多有目無説,蓋未成之書。然讀先生之《易》者,非此無以發其凡。予以意釐爲二卷,屬順德張明經錦芳校刊。乙未(按:乾隆四十年)夏再至,已蕆事。而《易漢學》一書,予座主少詹事錢公(按:錢大昕)有寫本,當求而刻之。先生又有《左傳補注》《尚書故考》,亦予所刻也。是年五月五日益都李文藻記。”

據此序,知此書乾隆三十九年刻於羊城,四十年刻成。所用爲周永年底本,順德張錦芳操辦。

十一行二十二字,黑口,左右雙邊,單黑魚尾。

其六:《左傳評》三卷,清李文淵撰,清乾隆四十年益都李文藻潮陽縣衙刻本。

文淵(1742—1767),字静叔,文藻弟,卒於乾隆三十二年。另著有《得心録》一卷、《遺文》一卷。

封面題:“李静叔左傳評,乾隆乙未潮陽縣衙鋟版。”前有錢大昕序:“益都李静叔,好學嗜古,手評左氏《傳》,議論頗有出魏、方兩君之上者。點次未竟,不幸夭折。其兄素伯哭之,踰時而慟,因録其本刻而藏之家塾。”卷一下有乾隆三十年乙酉九日僅堂李文淵識。末有李文藻跋:“自爲《墓誌》且標其文可存者之目。予盡得其草稿而藏之。所讀書盈三巨簏,鍵置其事,以付弟妻郇,予與平仲、季深皆不忍啓視矣。己丑春,予將謁選,哭而啓之,檢得所評《左傳》二册,纔至僖公廿有四年耳。先是静叔好古文辭,壬午歲見周書昌於濟南,歸而潛心《易》《禮》兩經,取古人圖像傳注羅而繹之者數年,以至於病且死,故他所評閲或未終卷。是書予攜以入都,投學士嘉定錢公及瑞金羅君臺山、餘姚邵君二雲,皆以爲可採而惜其未竟。其冬,予過里閈,平仲忽發簏取去,謂予自揚州入粤,舟行且七千里,書無副,虞其失也,予竟不能强。庚寅夏到官恩平,惟時展視其文及海内諸文匠所爲表、傳、哀辭,以抒予慟而已。辛卯冬,季深自新安回里視平仲。壬辰五月,予方移潮陽,而季深攜此書之副復來。弆三年,至甲午(按:乾隆三十九年)冬,錢公以少詹事督廣東學政,相見於羊城,即索觀此書,且爲之序。予乃釐爲三卷,命之《左傳評》以付梓,其城濮已後諸戰,静叔自謂所見勝於方氏者,今集内尚未著筆,嗚呼……乾隆乙未(按:四十年)四月廿五日伯兄文藻書。”

此書刊刻不易。首先李文淵視自己的著述如生命,手稿不輕易示人。其次其兄弟視手稿亦如生命,因爲無副本,怕丢失,弟平仲竟將原藏於文藻簏中的手稿取走,直至三年後,纔由弟季深取回副本交文藻,又三年,文藻纔於潮陽刻成。《山東通志·藝文志》作李文淵原刻本,不確。

十一行二十二字,黑口,左右雙邊,單黑魚尾。

其七:《蒿庵閒話》二卷,清張爾岐撰,清乾隆四十年益都李文藻潮陽縣衙刻本。

封面題:“乾隆乙未鋟,潮陽縣衙存版。”

據國家圖書館藏此書真合齋磁版前王獻唐跋語,知當時永年所藏,南澗從而鈔刻,爲少見之本。此書有乾隆三十二年鈔本,現存上海圖書館。

十一行二十二字,黑口,左右雙邊,單黑魚尾。

其八:《談龍録》一卷,清趙執信撰,清乾隆四十年益都李文藻潮陽縣衙刻本。

與《蒿庵閒話》合一册。封面題:“乾隆乙未鋟,潮陽縣衙存版。”

《談龍録》版本衆多。此書成於康熙四十八年,盧見曾揚州刻本最早,在乾隆三十三年前所刻,但被《四庫提要》詬病,認爲隨意删改内容,調和王、趙二人的觀點,不被認可。其次是乾隆三十九年《飴山詩文集》家刻附本,未失原貌。此本緊隨其後,雖然與家刻本幾乎同時,但一南一北,擴大了趙執信在南方的影響,在詩壇尚在“神韻派”把持的情況下,此書的刊刻,爲清中期詩風的轉變注入了新的契機。

十行二十三字,黑口,左右雙邊,單黑魚尾。

其九:《聲韻考》四卷,清戴震撰,清乾隆三十七年至四十年間益都李文藻潮陽縣衙刻本。

封面題:“潮陽縣署鋟版。”

十一行二十二字,小字雙行二十二字,黑口,左右雙邊。

其十:《鳳墅殘帖釋文》二卷,清錢大昕撰,清乾隆三十七年至四十年間益都李文藻潮陽縣衙刻本。

與《聲韻考》《石刻鋪叙》合一册。封面題:“潮陽縣署鋟版。”

前有乾隆三十四年九月嘉定錢大昕書《跋鳳墅法帖》。

十行二十一字,黑口,左右雙邊,單黑魚尾。

其十一:《石刻鋪叙》二卷,宋曾宏父撰,清乾隆三十七年至四十年間益都李文藻潮陽縣衙刻本。

與《聲韻考》《鳳墅殘帖釋文》合一册。封面題:“潮陽縣署鋟版。"

後有乾隆三十四年錢大昕跋:"去春得宋廬陵曾氏《鳳墅法帖》二册於錢塘,今來都門,聞益都李南澗抄得《石刻鋪叙》,亟假歸,手寫而藏之。……乾隆己丑九月二十二日嘉定錢大昕書於官菜園寓舍。"

李文藻刻此書的原因與他個人有關。他性嗜金石,有僕劉福善椎拓,攜紙墨以從,所過學宫、寺觀、巖洞、崖壁,必停周覽,有所得,即盡拓以去。最典型的是他有一次乘舟出迎制府,小憩南海廟,命僕拓碑,秉燭竟夜。直到第二天一早,問制府到了否,人家説制府的船已經過去了。讀書人之尷尬,莫過於此矣。所以,從個人愛好上講,李文藻是樂於刻此書的。

刻書的另外一個原因,是此書罕見,流傳不廣。在李文藻刻本前,經宋、元、明、清四朝,《石刻鋪叙》一直以抄本流傳,據《善目》,現存的抄本在李文藻刻本前的有明范氏卧雲山房抄本,清朱彝尊抄本,清佚名抄本二部,清雍正元年何堂家抄本,清乾隆二十五年董兆元抄本。李文藻此抄本所據底本不詳。他的刻本是現存此書的最早刻本,在版本學上有重要意義,對宋人作品的流傳起到了重要作用。

十一行二十一字,黑口,左右雙邊,單黑魚尾。

其十二:《三事忠告》四卷,元張養浩撰,清乾隆三十六年至四十年益都李文藻廣東刻本。

此書單獨一册,無封面題署,不知在何地所刻。後有康熙二十四年張養浩九世孫張家聲跋,此書或康熙刻過,但據《四庫提要》,未提及刻過之事。

書包括三種:《牧民忠告》二卷,《風憲忠告》一卷,《廟堂忠告》一卷。據《四庫提要》,明洪武二十二年,廣西按察司僉事揚州黄士宏合爲一卷刻之,總題曰《爲政忠告》。宣德六年,河南府知府李驥重刻,改名《三事忠告》。《山東通志·藝文志》云明人書帕之本,好立新名,《三事忠告》不如《爲政忠告》之名。並曰"是書國朝山左人刻本凡二:一益都李文藻刊本,即《四庫全書》本。一歷城尹濟源道光辛卯刊本,莆田郭尚先影鈔絳雲樓之元刻本也,仍依揚州本改題《爲政忠告》云"。查《善目》,以三書立名者,有元刻本,現存國家圖書館。而名《三事忠告》者,有明初刻重修本,明隆慶元年貢安國刻本,明刻本。而以《爲政忠告》名者,有明蕓軒刻本。山東人清初刻此書僅有二本,李文藻本被四庫館選中作底本,可見其刊刻之精善,亦或與周永年有關。道光尹濟源本所據爲元刻本,因貼近原本,較他本更優。

十一行二十一字,黑口,左右雙邊,單黑魚尾。

綜上,《貸園叢書》之刻,有如下特點:

一是所刻多爲經部書。李文藻爲北方樸學的代表,故關注經部書,尤其是韻書。

二是關注學術的發展,揭示最新研究成果。《貸園叢書初集》十二種,除宋人著述一種,元人著述一種外,其餘皆爲當代人的著述。李文藻所處的時代,正是乾嘉學術興盛之時,考據大興,對於著名考據學家戴震、惠棟、江永等人的著述,他不遺餘力地蒐集刊刻,即使與他們素不相識。筆者揣測,他刻書的目的很單純,即順應當時考據學的發展,刊刻考據學家的作品以弘揚他們的治學方法。況且,李文藻本身就是一個考據學家,這從他先後編纂的幾部方志可以看出。在他中進士時,就與周永年擔任了《泰安府志》的分纂,此志考證精詳,注重引用書目,共引用書目 418 種。乾隆二十七年,李文藻應諸城縣知縣宫懋讓之邀,主纂《諸城縣志》。乾隆三十八年,李文藻又應歷城縣知縣胡德琳之請,與周永年一起主纂了《歷城縣志》。對於李文藻主纂的諸城、歷城兩志,著名學者梁啟超也給予很高評價:"注意方志之編纂方法,實自乾隆中葉始……李南澗歷城、諸城兩志，全書皆纂輯舊文，不自著一字，以求絶對的徵信。後此志家，多踵效之。"①李文藻生活於乾隆朝的承平時代，這一時期是我國地方志編修史上的鼎盛時期，方志理論的研究和争鳴也空前活躍，並且形成了撰著、纂輯兩大流派。李文藻主張修志用纂輯之法。近人朱士嘉也把李文藻放在纂輯派代表人物的首位，足見李文藻對於清代纂輯派修志實踐和理論研究的開創之功。

三是關注山東人的著述，如張養浩、趙執信，尤其是張爾岐的著述。張爾岐的著述多未見刊刻，雖然顧炎武稱在《三禮》研究上"吾不如張稷若"，但對一位布衣來説，他的思想又能爲多少人了解呢？李文藻刊刻其《蒿庵閒話》着實爲張氏思想的推廣立下了汗馬功勞。

四是《貸園叢書初集》的刊刻時間集中於乾隆三十六年至四十年。刻書地主要在恩平和潮陽。其中，潮陽所刻尤多，因他在此爲官時間稍長。三十六年五月刻江永《四聲切韻表》；六月刻江永《古韻標準》，恩平刻版，潮陽存版；三十八年刻惠棟《九經古義》於潮陽，刻惠棟《春秋左傳補注》，署"潮陽縣衙鋟版"，由胡亦常和順德張錦芳接續校刊於羊城；三十九年委託順德張錦芳在羊城刻惠棟《易例》，四十年五月刻成；四十年刻李文淵《左傳評》、張爾岐《蒿庵閒話》和趙執信的《談龍録》於潮陽；三十七年至四十年間於潮陽刻戴震《聲韻考》、錢大昕的《鳳墅殘帖釋文》、曾宏父的《石刻鋪叙》；三十六年至四十年間刻張養浩的《三事忠告》。在這四年中刻書共十二種，成果顯著。

五是書中大多標有明確的刻書時間和刻書地。

六是刻書行款不一，多爲十一行二十一、二十二字，或爲十行

①梁啟超：《清代學者整理舊學之總成績》下册，商務印書館 1999 年版。

本，版框大小不一，蓋非一時一地所刻。但均爲黑口，左右雙邊。

七是《貸園叢書初集》多是李文藻借衆人之力刊刻而成。底本多由周永年提供。因周氏在四庫館，有着優越的條件獲得好本子。而在操作上，多仰賴廣東當地人，如《九經古義》的刊刻涉及多位當地有名的文人，或書法家，或詩人，皆有一技之長。其中張錦芳、胡亦常爲最得力之人，常在羊城替其操辦刻書事宜。

⑦《古文尚書考》二卷，清惠棟撰，清乾隆間刻本。

此書《貸園叢書初集》未收入。山東博物館有李文藻抄本《古文尚書考》二卷，並手跋。此抄本係其自河間紀氏抄録，時間在乾隆三十四年。二十四年後，宋子尚據此本刻梓（但錢大昕語未言此事），成爲學海堂、《昭代叢書》各刻的母本。此抄本的訛誤，在宋子尚刻完後，經後人補改。李文藻在《貸園叢書·易例》跋中云："（惠棟）先生又有《左傳補注》《尚書古文考》，亦余所刻也。"知李文藻曾刻過此書。王獻唐在《雙行精舍書跋輯存》中推論："似南澗嘗爲之鋟木矣。然其本亦不可得見。據《貸園叢書》考之，南澗之刻《易例》，在乾隆乙未，《左傳補注》在其前一年甲午，則此書之刻，當在甲午、乙未間……惟以南澗之刻此書既在《易例》之前，且與《左傳補注》並稱，何以此書獨不列於《貸園》之叢？……意者，南澗擬將付梓，終以憚於校事而未果耶？抑以刊成而後病其訛脱未善，遂不收入《貸園叢書》，甚至竟毁其板以待重刊耶？或辛楣（按：錢大昕）老來善忘，因序子尚之刻，遂不復及南澗；或因艮庭受業惠氏，竟信其爲松崖定本，亦遂不復追維往事耶？"①獻唐先生的諸多疑問，亦筆者之疑問矣。

⑧《上谷集》，清鄧汝功撰，清乾隆四十年至四十三年間益都李文藻桂林刻本。

①王獻唐：《雙行精舍書跋輯存》，齊魯書社1983年版，第1頁。

王艷玲《〈南澗文集〉校注》收李文藻《鄧謙持時文稿》序:“乾隆癸巳(按:三十八年)閏三月,聊城鄧謙持寄予時文十三首於潮陽。予先嘗索之,欲刻予及趙叔常並君之文合爲一集。蓋予三人相厚,皆以第二人舉於鄉,皆不善於時文,而人亦不知其能時文也。乃予行篋僅有七八篇,欲更爲而不能。而叔常之文久不至,遂輟其役。丁酉(按:四十二年),予北歸,則謙持已死,叔常奉諱家居。予夜過德州,不及訪之,又匆匆而南赴桂林同知。明年夏秋間,癰疽大作,度不起,昏迷中草謙持《墓志》,以應其瀕死之托。偶檢行笈,而其所寄十三首在焉。謙持無子,此未必有副,予持之而泣,適廣東同官家雲圃明府來視予,問故,遂語其事,雲圃云:‘予以付梓,十日可畢。’時百體僅兩手能動,拱而謝之曰:‘不獨謙持感君地下也。’戊戌(按:四十三年)七月十五日李文藻口授,其甥蔣器書。”

王艷玲論文又引閻湘蕙識:“鄧謙持爲康熙辛丑殿撰悔廬先生長子,諱汝功,一諱汝勤,乾隆乙未進士。南澗官粵東,謙持善書,向索端硯。既得一佳者,萬里持歸,而謙持已死,乃琢銘以殉其葬。刻其《上谷集》行世,復代刊其《密娛齋詩稿》一卷,入《欽定四庫提要》,昏迷中撰謙持《墓志》,復刊其時文,乃撰是序。此絶筆也。集中存此作,可想見其爲人。私淑門人閻湘蕙識。”又識:“此序文及鄧謙持文十三首,板存余家。余又存南澗先生所刻《漁洋詩話》板三卷。閻湘蕙再識。”

杜澤遜師《存目標注》6265 條《密娛齋詩稿》一卷:“鄧汝功,榜名汝勤,乾隆四十年進士,即於是年病逝。李文藻乾隆三十七年調廣東潮陽知縣,任滿陞桂林府同知,亦當在乾隆四十年,乾隆四十三年卒於任。此集之刻當在乾隆四十年至四十三年間。”

據以上李文藻序及閻湘蕙識可知,李文藻在瀕臨去世時,還爲鄧汝功刊刻了《鄧謙持時文稿》一卷,計文十三首,刻書地點在桂林。而在這之前,還爲其刻了《上谷集》,時間約在乾隆四十年至四十三年間,地點在桂林。所據爲以上杜澤遜師的考證。

⑨《鄧謙持時文稿》一卷,清鄧汝功撰,清乾隆四十年至四十三年間益都李文藻桂林刻本。

所據爲上條所引李文藻序及閻湘蕙識。

⑩《密娛齋詩稿》一卷,清鄧汝功撰,清乾隆四十年至四十三年間益都李文藻桂林刻本。

卷端題:"聊城鄧汝功謙持。"

盛百二乾隆三十年乙酉《密娛齋詩序》。李文藻乾隆三十年《午厓初稿序》,未及刻書事宜,衹曰:"而謙持適以初集屬敘。"末署"乙酉十一月同學弟李文藻書"。

《四庫存目》曰:"是集乃其友桂林府同知李文藻所刊。文藻序稱其'古體出於韓、蘇,近體似錢、郎,皆非止境'。蓋其天分頗高而得年不永,功候則尚未成就云。"杜澤遜師《存目標注》6265條:"此集之刻當在乾隆四十年至四十三年間。周永年爲四庫館臣,與李文藻爲至交,故能得其本進呈四庫館。紀昀爲李文藻房師,故提要中能道其詳也。"

十行十九字,白口,左右雙邊,單黑魚尾。寫刻甚精。

⑪《嶺南詩集》八卷,清李文藻撰,清乾隆間益都李氏刻本。

書凡古今詩五百八十首,包括《恩平集》一卷、《潮陽集》三卷、《桂林集》四卷。有錢大昕序:"南澗之節性情與予略相似。予好聚書,而南澗鈔書之多過於予;予好金文石文,而南澗訪碑之勤過於予;予好友朋,而南澗氣誼之篤過於予;予好著述,而南澗詩文之富過於予……歿後,其仲弟以遺稾示余。"知爲李文藻去世後所刻,應爲李氏家刻本。

九行二十一字,白口,左右雙邊,單魚尾。版心下刻"嶺南詩集",上刻"恩平集"或"潮陽集"或"桂林集"。乾隆風格,刻精。

李文藻去世後,其詩集得以刊刻,但文集後人卻没有刻成。光緒間閻湘蕙整理成《南澗文集》三卷,《山東通志·藝文志》引《縣志》載此本並閻湘蕙序曰:"南澗先生古文無定本,惟自刻《四松記》一篇。濰陽劉次白鈔《山左古文》,鈔其《重修魯仲連祠墓記》《吏部左侍郎俞公傳》二篇而已。當其病中瀕危時,口授其甥蔣器書遺命一册有云:'文章鈔成清本者有六七册,但未分類,且可删者多,非羅臺山定之不可。亦有許多刻在人家集者,未嘗録也,工夫淺,不足惜。'蕙謂文能載道,亦可紀舊事、傳舊人,無論工拙,皆當珍之,況文本工邪?所謂'工夫淺,不足惜'者,是自謙也。茲彙輯其文三卷,共九十一篇。自揣能薄材譾,不克淘汰參訂,俟有能選刻其文者,當敬以遺之。"知李文藻生前没有彙刻文集,衹是到了同治、光緒年間纔由閻湘蕙整理成三卷,潘祖蔭刻《功順堂叢書》以二卷刻入。

⑫《李静叔遺文》一卷,清李文淵撰,清乾隆益都李文藻刻本。

此集存文十七篇,瑞金羅有高校並跋。跋文曰:"余過嶺訪叔子之兄茝畹於恩平,茝畹出叔子遺文謂余曰:'幸校其訛,爲之叙將授剞劂者。'校即完,泫然垂涕而書之。"卷末還有北平翁方綱、餘姚邵晉涵後序,有嘉定錢大昕、德州梁鴻翥撰《李静叔傳》。又有周永年撰《李静叔私謚孝悼議》及羅有高撰《書歷城周君私謚益都李静叔議後》,還有諸城李林、吴縣汪縉、聊城鄧汝勤等哀詞。關於李文藻、周永年及羅有高的關係,可參考周永年刻《歸田類稿》。

卷端題:"李静叔遺文,瑞金羅有高臺山校。"大多數篇章末有"羅有高記"。

九行二十一字,白口,左右雙邊,單魚尾。版心上刻"李静叔遺文"。

王艷玲論文中有李文藻乾隆三十七年序《竹溪詩抄》,曰李文淵“今没且六年,予哀其遺集數十篇,未忍鋟板,蓋恐其有式魯之憾焉。”知至少在乾隆三十七年,李文藻還未刻此書。

⑬《拙齋集》一卷,清李遠撰,清乾隆益都李文藻刻本。

此書附在《李静叔遺文》後。遠字君宏,文藻父。《四庫存目》曰:“是集皆五七言近體,吐屬亦頗恬雅。其刊版字畫,悉從《説文》,以小篆改隸,詭形怪態,則殊爲好異。”《山東文獻集成》第四輯據以影印出版。

卷端題:“益都李遠。”

九行十九字,黑口,左右雙邊,雙黑魚尾。

綜上,李文藻一生以刻書爲業,共刻書二十二種,後人刊刻二種,但自己的詩文未能及時刊刻,這是非常遺憾的。他在去世之前,曾希望自己的子孫能賣書來刻書,但未能如願。回想一下他彌留之時仍以刊刻朋友鄧汝功的詩文爲己任,這種忘我的精神值得人們敬佩,正是這一點,體現了他作爲一位刻書家的高風亮節。二十二種中,經部九種,史部兩種,子部一種,集部十種。經部首次站到了與集部同等的地位,這在家刻中少見,表明了李文藻的刻書旨趣。

2)馮氏刻書

青州有馮氏刻書二種。

①《佳山堂詩集》十卷、《二集》九卷,清馮溥撰,清康熙十九年青州馮氏刻《詩集》二十七年刻《二集》本。

《二集》前有康熙二十七年戊辰毛奇齡《後序》曰:“佳山堂一集,刻自庚申。閲二年而後致政。今之《二集》則半猶辛酉、壬戌詩也。自庚申以後,戊辰以前,同一適志,亦同一樂志。”

每卷卷端題“益都馮溥易齋著”及校閲人姓名。所見缺詩集卷一、卷二。其他各卷所題校閲人分别爲:卷三:門人江都汪楫舟次、江陰曹禾峩眉仝校;卷四:門人武林吴任臣志伊、金陵倪燦闇公全校;卷五:門人平湖陸□義山、□□□□□耕仝校;卷六:門人平原董訥默庵、虞山歸九肅孝儀仝校;卷七:門人寶應喬萊石林、吴江徐釚電發仝校;卷八漫漶不清;卷九:門人秀水徐嘉炎勝力、蘭陵周清原雅楫仝校;卷十:門人錢塘王嗣槐仲昭、昆陵毛端士行九仝校。《二集》卷一:門人王嗣槐仲昭、慈徹明聞、男治世虞世、協一躬曁仝校;卷二:門人毛奇齡大可、慈徹明聞、男治世虞世、協一躬曁仝校;卷三:門人周清原雅楫、慈徹明聞、男治世虞世、協一躬曁仝校;卷四:門人彭孫遹羡門、慈徹明聞、男治世虞世、協一躬曁仝校;卷五:門人李澄中渭清、慈徹明聞、男治世虞世、協一躬曁仝校;卷六:門人李孚青丹壑、慈徹明聞、男治世虞世、協一躬曁仝校;卷七:門人汪霦昭彩、慈徹明聞、男治世虞世、協一躬曁仝校;卷八:門人曹禾峨嵋、慈徹明聞、男治世虞世、協一躬曁仝校;卷九:門人趙執信、慈徹明聞、男治世虞世、協一躬曁仝校。因馮氏二子參與校書,可知爲家刻本。

九行十九字,小字雙行十九字,黑口,左右雙邊,雙順黑魚尾。清初風格。

②《友柏堂遺詩選》二卷,清馮協一撰,清青州馮氏刻本。

封面題:"趙飴山先生鑒定。"《友柏堂遺詩總目》題:"同郡趙飴山先生鑒定。"目録後有:"壻長洲何垣師之謄稿,博山趙念壽餘、男顧端禮校字。"卷端題:"青州馮協一字躬曁。"

協一字躬曁,號退庵,馮溥子,歲貢,官至臺灣知府。《四庫存目》曰:"是集乃協一殁後,其子厚檢收遺稾,求正於其姻家趙執信。執信託目疾不省覽,命門人常熟仲昰保代删之,而執信爲之序,昰保跋焉。其詩雖未極工,亦非極惡。而執信嘲誚百端,殊可怪訝,亦可云魏收驚蛺蝶矣。"國家圖書館據校字人定爲家刻本,有道理,無序跋,無其他標志,似清早期所刻。青州趙執信及其子趙念均參與其中。

八行十九字，白口，左右雙邊，單黑魚尾。寫刻字體。

3）其他刻書

除了李、馮二家，益都前期的刻書還有六種：

①《醫學啓蒙彙編》六卷附《方藥治症提綱》一卷，清翟良輯，清康熙四年益都畢忠吉等刻本。

翟良（1587—1671），字玉華，益都人。明末清初名醫。

畢忠吉（約1634—約1688），字致忠，號鐵嵐，一號淄媚，益都金嶺鎮人。順治十五年進士，康熙元年任常州府推官。後陞刑部主事，晉員外郎。康熙十六年任蠡縣事，後陞任主政。康熙二十年曾任順天鄉試同考官，明年會試同考官，工部郎中。二十四年以僉事督學貴州。任滿授雲南布政司參議，一攝糧儲道，再攝鹽驛道。年五十五歲卒。著有《滇南記》一卷、《詩稿》一卷。喜藏書畫，有《慎貽堂書目》。

書前有順治十六年翟良自序，康熙四年王吉人序，是年畢忠吉序："乃捐薄俸，與太守鳳雝王公、邑令劉航石、吴伯臣、何霜崖、鄭山公諸君子共成厥事，付之剞劂，既竣而爲之序。"卷端署："益都翟良玉華甫纂輯，男翟文楠甫、門人李聚和甫參補，北海畢忠吉鐵嵐甫、太原王吉人鳳雝甫、信陽劉蓀芳航石甫、三韓吴興祚伯臣甫、於潛何爾彬霜崖甫、建安鄭重山公甫、門人李毓和甫同訂，孫翟斯搏甫重訂參補。"

九行二十字，小字雙行二十字，白口，四周單邊，無魚尾。刻印較精。

②《硯思集》六卷，清田同之撰，清乾隆七年益都宰羅鍾岐刻本。德州田氏刻書已述。

③《易詩叶韻》二卷，清唐世大撰，清乾隆二十年益都唐世大自刻本。

世大字于京，益都人，雍正四年丙午舉人，官東阿教諭。還著有《五經便覽》《四書領韻》《四書字彙》《講約》。封面有“本齋藏板”。

九行二十四字,小字雙行二十四字,白口,四周單邊,單魚尾。

④《茅亭詩鈔》二卷,清劉耆定撰,清乾隆二十七年益都劉廷輔刻本。

耆定字爾功,益都人,諸生。書爲其曾孫劉廷輔君碩所刻。

卷端題:“益都劉耆定爾功。”乾隆二十五年德州宋弼序,稱“余亟書此貽廷輔,以堅其板行之志”。乾隆二十七年高士强序。李文藻序:“吾邑劉君君碩多藏書,予曾借録李織齋文近千篇,皆校勘精細,乃其曾祖爾功先生所手定也。予謂先生與織齋善,必有所著述。久之,君碩從他所得一册,曰《茅亭詩鈔》,屬予序而梓之。予不禁撫而三歎焉。織齋古文巨手,死且七十餘年矣。賴古堂選刻數篇之外,曾無有謀剞劂者,僅存劉氏藏本,好之者得轉相鈔録,而先生之詩忽大顯於時,豈不賴有賢子孫哉?詩沖和妥帖,無雕鏤之痕,而音節無不入格,蓋於此事有深會矣。又聞先生貌奇古,爲人清修無塵埃氣,工行草書,享大年,無病而終,其得於天者固厚也。夫織齋之文,周櫟園侍郎曾欲合侯朝宗、王于一、陳石莊爲《四家文鈔》,而以冠其首。悦有能成其事者,其與先生之詩能不並傳耶?乾隆二十五年正月人日同里後學李文藻書。”有乾隆二十七年曾孫廷輔跋:“因盡付剞劂,庶以存先人手澤。”

九行十七字,白口,四周雙邊,單黑魚尾,寫刻精美。

⑤《四書圖考集要》五卷,清張雲會輯,清乾隆三十七年益都張氏刻本。

封面題:“四書圖考集要,古青張雲會與京輯,愛古堂藏板,乾隆壬辰仲冬鐫。”又有“四書講義集要嗣出”。卷端題:“益都張雲會與京輯。”前有乾隆三十八年督學使者李中簡於青州試院撰“四書圖考序”及張雲會自序,目録後有:“益都張雲會與京纂集,男濬文泉校正,男瀛海域繪圖,男溶鳳沼正字。”知爲家刻本。

十行二十六字,小字雙行二十六字,白口,四周單邊。

⑥《四松齋詩集》二卷、《四松齋文集》一卷、《四松齋贈言》二卷,清謝子超撰,清乾隆刻本。

子超字仲昇,益都人。

《詩集》前有乾隆二十三年仁和成城序,是年餘杭嚴錫綬序。卷端題:“益都謝子超仲昇撰。”每卷末有:“男泰年校。”

《贈言》前有乾隆三十七年楊峒序,是年子婿張濬跋。張濬,上條所述張雲會之子。

九行十九字,白口,左右雙邊,單黑魚尾,寫刻體。

2. 博山刻書

博山原爲顔神鎮,本隸般陽,後歸青州府益都縣,清雍正六年始稱博山。趙執信、孫廷銓等人皆以“益都”“青州”名其籍貫,實因顔神屬青州府益都縣,即使在雍正改歸博山後,其後人亦以“益都”名籍,今悉依原書著録。

據《山東通志·藝文志》,博山在明以前無著述記載,明代僅三種,杜信孚《全明分省分縣刻書考》無博山刻書。

清代博山著述,以趙氏和孫氏爲主,故刻書亦以二家爲最多。均在清前期刻成,清中期和後期博山無刻書記録(家譜和硃卷除外)。

1)趙氏刻書

博山趙氏是博山第一大文化世家。尤其是在清初到中期的詩壇上,出現了趙執信這樣一位敢於和時流相抗争並獨樹一幟的詩人,使得博山趙氏長久地被山東詩界乃至全國詩界所關注。

(1)趙進美

趙氏刻書始於趙執信叔祖父趙進美。趙進美(1620—1693),字韞叔,一字韞退,號清止。崇禎十三年進士。入清以後,仕至福建按察使。著有《清止閣集》。

國家圖書館藏有《清止閣集》九卷,其中詩八卷、詩餘一卷。詩八卷爲《燕市草》《西征草》《白鷺草》《清止閣詩》(上下)、《白鷺草二集》《楚役草》《江粤二歲草》。清順治刻本。《山東通志·藝文志》著録:"《飴山文集·先叔祖韞退趙公行實》云:'所著《清止閣集》若干卷,久行於世。歸休後所著雜文數十篇,未付剞劂。'"可能趙進美在世時此書已刻,約在順治、康熙間。國家圖書館善本部劉明據其刻風及避諱,認爲似順治時之刻。筆者以爲,各序多作於順治年間,且詩中事發生在順治,故此書當在順治年間刻,而刻者當爲趙進美本人,一是他有刻書的條件,二是未見有别人出資刊刻的證據。

另據第二册《清止閣詩》自序:"是編也,始於庚辰,止癸未,凡四年,舊爲二刻,有查伊璜、吴子遠、李舒章、方密之四子序。"可知,在此刻之前,《清止閣詩》已有一刻,癸未是崇禎十六年,首刻當在崇禎十六年或稍晚。

2007年,杜澤遜師曾在博山錢斌處見《清止文草》一卷,刻本,或許即趙執信所云"歸休後所著雜文數十篇,未付剞劂"的部分。果真如此,此書當刻於康熙年間或更晚,應爲趙氏後人所刻。

(2)趙展庵

趙進美的下一代亦有刻書。趙展庵,名未詳,趙執信叔父。有《彊善叢鈔》。《飴山文集》載是編序云:"輯《感應》《陰隲》諸篇而刻之,將使之恒接於耳目而生其惴惴之心,是賢哲之所以强持而勿離者也,而因以動夫當世之恒人,與夫惡而能自改者焉。"據此可知,趙展庵曾刻過《彊善叢鈔》一書,惜未見傳本。

(3)趙執信

趙執信刻書,目前所知有四種。執信(1662—1744),字伸符,號秋谷。他既是孫廷銓的孫女婿,又是王漁洋的外甥女婿。康熙十八年成進士，二十四年擔任山西鄉試正考官，二十六年陞右春坊右贊善兼翰林院檢討，同時任《明史》纂修官，與修《大清會典》。康熙二十八年，"《長生殿》劇禍案"使他結束了仕宦生涯，從此開始了遊歷及創作的時期。他曾東遊到蓬萊，南遊至廣東，北至天津，西至河南，結識了不少友人，爲他的詩歌創作提供了很好的素材。在里居期間，他體會民間疾苦，創作了大量的現實主義詩篇，同時也爲他的詩歌理論提供了依據。

趙執信著述頗豐，有《秋谷先生遺文》《毛詩名物疏鈔》《禮俗權衡》《葬經改註》《地學解穢》《千金歌註》《酒令陞官譜》《因園集》《飴山文集》《海鷗小譜》《聲調譜》《談龍録》《手批唐詩鼓吹》《删潤地學庭訓》等，但作品大都由其子孫刊刻，趙執信所刻書見於記載且可確定的有四種。

①《删潤地學庭訓》，清趙執信撰，清雍正十年益都趙執信刻本。

據李森文撰《趙執信年譜》①，雍正十年，"《删潤地學庭訓》書成，序曰：'余故與《葬經改註》《千金歌改註》及《駁正原真》三種並付之梓人，以行於世云。雍正壬子新秋。'"在《附録一·趙執信著述考》中，亦將以上四書定爲雍正十年壬子刻本。但此《年譜》在乾隆元年又作"《葬經改註》書成"，大約此書開始刊刻於雍正十年，而梓成於乾隆元年。

《飴山文集》卷三第十葉載其序，述删改此書之緣由，以及對此書的評價。從此書可以看出，趙執信的興趣是十分廣泛的，對地學亦有研究。未見傳本。

②《葬經改註》，清趙執信撰，清雍正十年益都趙執信刻本。

《飴山文集》卷三第五葉有《葬經改註自序》，又有《葬經改註

①李森文：《趙執信年譜》，齊魯書社1988年版。

後跋》。知此爲堪輿之書。原書未見。

③《千金歌改註》,清趙執信撰,清雍正十年益都趙執信刻本。

《飴山文集》卷三第二葉有康熙四十四年《千金歌註自序》,又有乾隆元年《千金歌註後跋》:"乃口授碩俾寫一卷,兒念、兒慶各寫一卷,門人仲翰村昰保、陳子韶盡美各寫一卷,藏之矢之,曰無漏言,神將聽之,註於卷末,以爲大戒云爾。乾隆改元歲在丙辰中秋日。"亦爲堪輿之學。原書未見。

④《駁正原真》,清趙執信撰,清雍正十年益都趙執信刻本。未見原書。

《飴山文集》卷三第八葉有《地學解䃈自序》,又有雍正八年《地學解䃈後跋》,未言刻書事。

(4)趙執信之子

趙執信之子趙戇、趙懟、趙念、趙慶等刻書最多。據李森文《年譜》中所收汪由敦撰《文林郎前右春坊右贊善兼翰林院檢討趙秋谷墓志銘》,執信有子六,長子趙恩,附生;仲子趙戇,附生,娶畢世持之女;三子趙懟字去奢,號西陵,乾隆五年庚申歲貢,有《西陵詩鈔》,未知刻否;四子趙念字壽餘,號近墨學人,郡學生,娶馮溥孫女;五子趙慶字萬君,一字幼石,乾隆丙辰舉人,有《對酒集》,未知刻否;六子趙愢。孫子有須、碩、頔、頠、顆、領、頫、籲、類。趙頔字問亭,別號石瀨山人,諸生。姪孫趙貫字一庵,乾隆三十四年己丑進士,官懷遠知縣。貫子趙國駜,字青木。

執信去世後,其作品皆由子孫輩刊刻,多有"趙氏因園"標記。因園和怡園是博山趙氏所建的兩大園林别墅。因園爲趙執信的祖父趙雙美所建,怡園是趙進美所建,均建於康熙二十四年。現將趙執信這一支所刻書按時間順序縷述如下。

①《秋谷先生遺文》一卷,清趙執信撰,清乾隆十六年益都趙氏因園刻本。

封面題:"乾隆辛未新鐫,因園藏板。"目録後有"侄憲無愆、男念壽餘同校"。看來,侄子趙憲也參與了刻書,説明刻書是趙氏這個家族的責任,而不單單是趙執信子孫的責任。

李因培乾隆十五年庚午序:"先生著述甚富,季子念能編輯藏於家,余方爲新城後人取書板於質庫,力左右之,而於先生所著旋求得焉,並加珍重,俟時將謀諸梓氏,乃並得先生時文四十八篇。"

九行二十五字,白口,四周單邊,無魚尾。字小,行疏,字有油性,比所見其他趙氏刻本字更小。

②《飴山詩集》二十卷,清趙執信撰,清乾隆十七年益都趙氏因園刻本。

封面題:"乾隆壬申新鐫,因園藏板。"卷端題:"青州趙執信。"

前有乾隆二十九年德州盧見曾序,稱有刻詩集之舉,"適聞本家刻本已出,隨罷茲役。既而蒙泉寄刻本,並爲徵序"。所指"本家刻本"當爲此本。

十行二十一字,白口,四周單邊,單黑魚尾。《詩餘》第一葉 B 面"虞美人"之"美"缺末筆,蓋避趙雙美、趙進美諱。

③《翰村詩稿》六卷,清仲昰保撰,清乾隆十九年益都趙念因園刻本。

昰保字友夔,一字羹梅,號翰村。原是常熟瀕江鄉村的一位塾師,胸懷磊落,性情伉直,自少從馮班之侄馮武學詩,學識大進,詩有成就。仲昰保和趙執信二人定交於康熙五十九年。仲爲生,趙爲師。此年冬,趙赴江南,留仲於寓所,雍正二年冬,趙攜仲回博山,仲築室於趙氏的故園内,並取名"雪龕"。仲蟄居雪龕達十九年之久,教授趙慶。後於乾隆八年歿於趙家别墅,終年六十,留葬博山。二人的關係非同一般,《四庫提要》:"故其詩運意鑱刻,則純用趙氏法云。"

封面題:"因園趙氏藏板。"卷端題:"青州趙飴山先生鑒定,常熟仲昰保羹梅自訂。"《翰郕詩稿校閲姓氏》:畢海瑄河津、張希尚公望、馮願柏郕、趙須待行、張傑邁萬、趙齫東蒙、張樫雨師、趙崸問亭、高允緒去非、趙領海引(門人)、趙價甘稼亭(受業)、趙頣昌年、趙憬師憬、趙貽斗山(門人)。《校閲姓氏》後有"歷城劉人傑、徐得安刊字"。知此二人爲刻工,歷城人,此書爲地道的山東刻書。

有乾隆十九年甲戌仲昰保同學、趙執信之甥南溪張竹序:"先生病中自删訂其詩爲行卷者五,殁後其友人趙在軒又補次其遺詩一卷,今合刻焉。"在軒爲趙念。末有乾隆十七年甲戌重陽日同學世弟趙念在軒跋,稱康熙三年甲辰,趙念兄弟與仲氏讀書因園。丁未歸去,癸亥逝於趙家,年六十歲。第二年,其子南雋來,力不能奉柩南還,遂葬博山城南峩嶺之陽。不久,執信去世。南雋託趙念刻其父集。"余受而藏之十年矣。前年刻先君子詩集,欲並付諸剞劂,未能也。今年秋,同人謂余曰:'盍共料理之。'余唯唯,因相與校閲以授梓,獨是余受南雋之託,乃藉諸同人力以成其志……刻既竣,南溪序之。"

杜澤遜師《存目標注》6205條著録。十行二十一字,白口,四周單邊。字體與所刻趙執信詩文集相似。

④《談龍録》一卷,清趙執信撰,清乾隆三十九年益都趙氏因園刻本。

此書是趙執信的論詩之作,完成於康熙四十八年。《四庫提要》:"執信爲王士禎甥婿,初甚相得,後以求作《觀海集序》不得,遂至相失。因士禎及門人論詩,謂當如雲中之龍,時露一鱗一爪,遂著此書以排之。大旨謂詩之中當有人在。"

封面題:"乾隆甲午秋七月,因園藏板。"末三行爲:"常熟門人仲昰保羹梅、男念壽餘、男慶幼石仝校。"有康熙四十八年己丑夏六月自序。

九行十九字,黑口,左右雙邊,單黑魚尾。寫刻甚精。

此書集中體現了趙執信的論詩主張。《四庫提要》又稱:“近時揚州刻此書,欲調停二家之説,遂舉《録》中攻駁士禎之語,概爲删汰,於執信著書之意,全相乖忤,殊失其真。今仍以原本著録,而附論其紕繆如右。”説明這一場關於“龍”的争論影響是非常大的,以至於有揚州刻本删去了一些内容,博山趙氏所刻此書保存了趙執信論詩的原貌,此“原本”的刊刻意義重大。《四庫提要》中所言揚州刻本,當指盧見曾刻本。盧見曾認爲王、趙二人論詩觀點相同,爲了佐證自己的觀點,他對趙執信的《談龍録》進行删改,這個行爲看來是不被官方學者所認可的。

⑤《飴山文集》十二卷,清趙執信撰,《禮俗權衡》二卷,清乾隆三十九年益都趙氏因園刻本。

封面題:“乾隆甲午秋七月,因園藏板。”附録末葉最後一行爲:“飴山文集附録終,吴門近文齋穆局刻。”袁枚《小倉山房詩文集》有《近文齋記》,稱“穆子司開雕”。乾隆三十六年陳弘謀刻《四書考輯要》一書,有“姑蘇近文齋鐫”字樣,知近文齋係吴門刻書鋪,主人姓穆,乾隆時已開業。此書大概在吴門所刻。

婁東沈起元乾隆十九年甲戌《序》:“辛丑座主田公,先生所取士也,元曾以門下士禮謁,迄今三十年矣。元來主濼源講席,先生已謝世久矣,從先生猶子芝圃所得讀先生《飴山詩集》。未幾,令嗣念以先生遺文囑訂,且索序言。”乾隆三十八年癸巳吴郡王鳴盛《飴山文集序》。乾隆二十七年壬午吴興閔鶚元《飴山文集序》:“余視學山左,乃得見《飴山詩集》,蓋取向葑溪與懷舊集數種而合刻者。先生文孫頵將並梓其遺文,因請余弁言其端。”《飴山文集》總目,目録後有“共計文九十七首,癸酉夏五第四子念謹編次”。有附録。

書共計文九十七首,其子念所編次,乾隆三十九年甲午其孫頵所刊。蓋此時趙頵在吴門。

十行二十一字,白口,左右雙邊,單黑魚尾。

⑥《聲調譜》三卷，清趙執信撰，清乾隆益都趙氏因園刻本。

書包括《前譜》一卷、《後譜》一卷、《續譜》一卷。《四庫提要》："執信嘗問聲調於王士禛，士禛靳不肯言。執信乃發唐人諸集，排比鈎稽，竟得其法，因著爲此書。"看來，如《談龍録》一樣，此書因與王士禛的不諧而發憤圖强而成。

目録後有："從弟執端緩庵、男悉去奢輯録，從弟執琯嶰音、男念壽潛重校，姪孫貫一庵繕稿。"可知，這部書的刊刻也是集體行爲，傾注了博山趙氏三代人的心血。此處趙念後爲"壽潛"，不知是又字"壽潛"，還是誤刻。

前有乾隆三年戊午仲昰保序："余亟請先生重加點注，録爲定本，以待他日授梓。"

十行二十一字，小字雙行二十一字，白口，四周單邊，單黑魚尾，無行格。

以上趙執信子孫共刻書六種，除了一種是爲仲昰保所刻外，其餘五種皆爲趙執信而刻。至此，趙執信的著述大部分得到了刊刻，對其詩歌理論的傳播起到了重要作用。即使在清中期，王漁洋"神韻"詩的影響還很大，這些書的刊刻，爲人們了解趙執信提供了材料，也爲後人勾畫了清初詩壇多彩的氣象。

(5)趙芝庭

趙執信從弟趙執端，號緩庵，王士禛外甥，授汶上教諭，以養親不就。其子趙芝庭亦刻書。

《寶菌堂遺詩》二卷，清趙執端撰，清乾隆三年益都趙執端子趙芝庭刻本。

卷端題："新城漁洋老人批點，淄川李希梅參評，博山趙執端緩庵撰。"

黄叔琳乾隆三年序："趙君緩庵爲先生(按：王士禛)甥，有自出之親……令嗣芝庭梓行先集，請序於余。"

九行十八字,黑口,四周雙邊,單魚尾,無行格。

(6)趙憙

趙執信從弟趙執瑄,字嶰音,康熙四十一年壬午舉人,官武定學正。其子趙憙刻其書二種。

①《知畏堂詩》五卷,清趙執瑄撰,清乾隆二十七年益都趙執瑄之子趙憙知畏堂刻本。

封面題:"鐵峰詩集,乾隆壬午鐫,知畏堂藏版。"目録下有"男憙夢接挍閲"。此書目録及卷端均題《知畏堂詩》,與封面所題不同。玆依卷端著録。

乾隆二十七年王雲銘序:"其詩不摭拾以爲富,不藻繢以爲妍,無靡曼之音、輭媚之調,無抑鬱牢騷之感、謔浪笑傲之態,沖融雅粹,殆有道者之言也……(趙執瑄八十一歲去世)既歿,長君夢接攜遺稾來敝廬,問序於予。"

十行十九字,小字雙行十九字,黑口,四周單邊,單黑魚尾。字體比趙執信《飴山詩集》略大,基本無油性。

②《知畏堂詩餘》一卷,清趙執瑄撰,清乾隆二十七年益都趙執瑄之子趙憙知畏堂刻本。附於《知畏堂詩》後,見上條。

趙進美兄子趙作肅,字齋如,别字子雍,諸生。貤贈文林郎,深澤縣知縣。孝友。配王氏,新城刑部尚書王與敕女,王士禛姊。有《見山堂遺詩原本》,王士禛評點。據《山東通志・藝文志》:"是集乾隆間刊,新城王士禛評點本也。閩海李開葉序云:'齋如先生《見山堂遺詩原本》,前輩漁洋先生選定,謂其雅逸高妙,卓爾不群。雖未梓行,已爲世所傳誦,真昔人所謂心空眼豁,妙手天成,而又能以一家自成乎今古者也。'"此書未必是博山趙氏所刊,未見流傳。

博山趙氏刻書特點有五:

一是五代刻書,自趙進美始,至趙頵止,共五代人。涵蓋了清代前四朝。刻書最集中的時期是乾隆間,有九種之多。

二是皆爲家刻本,或子爲父刻,或孫爲祖刻,體現了弘揚先世著述的家風。

三是詩文集居多,間有論詩之作。體現了趙氏以詩書傳家的傳統。刊刻書籍首先是述祖,其次是爲子孫所用,還有爲社會所認識的目的。趙氏刻書的原因大概三種皆有。

四是趙執信所刻四種術數類書比較特殊,表明了他多樣性的旨趣。

五是趙氏刻書在行款上特徵不明顯,但在字體上約略相似,而且在印刷上有個共同的特點,即字跡油性比較大。以趙執信的詩文集爲例,二書行款不同,刊刻時間不同,詩在前,文在後。但據所見印本,皆字跡有油,似石印,但版有斷板,確係刻本。尤其詩集,油性較大,顔色略發紅,似紅印本後所印。據杜澤遜師推斷,可能爲初印本,紅印之後,用油性物質去紅,再刷印。

2)孫氏刻書

博山另一重要人物"孫國老"刻書亦很豐富。

孫廷銓(1613—1674),字枚先,又字伯度、次道,號上亭、灌長氏,益都顔神鎮人。明崇禎十二年舉人,十三年進士。歷任大名府魏縣、直隸永平府撫寧縣令。入清,歷任兵部尚書、户部尚書、吏部尚書。康熙元年官拜秘書院大學士。歸鄉後專意著述,有《南征紀略》《顔山雜記》《漢史億》《沚亭文集》《沚亭詩集》《琴譜指法省文》等。

孫廷銓生二子:孫寶仍、孫寶侗。長子寶仍,字孝堪,又字孟滋,號恕齋,承家學,文名籍甚,以蔭官光禄寺署正。有《恕隱齋詩》《時繹堂集》。其女婿爲趙執信。次子寶侗,字仲愚,一字仲孺,諸生,廕都察院經歷,不就。有《惇裕堂集》。

孫廷銓爲官顯赫,不僅做過三部尚書,還是一代帝師。雖然權傾一時,但他不忘著述,並隨時將自己的作品刊刻出來,尤其是一些考證類的著述。後人將其作品彙集爲《孫文定公全集》,但每一部書的刊刻時間不同,有其自刻,有其子所刻,現將孫氏刻書情況一一縷述如下。

①《南征紀略》二卷,清孫廷銓撰,清順治九年益都孫廷銓京師刻本。

此爲順治八年,廷銓奉使祭告禹陵及南海時紀程之書。上卷自出都至杭州,下卷自杭州至會稽,迄南祀畢而止。其間遊覽古蹟,多因以追論史事。同時酬贈諸詩,亦並載其間。有順治九年壬辰晉江門人林嗣環序。檇李王庭序。此年孫廷銓在京師,當刻於京師。

卷端題:"益都孫廷銓次道纂。"

八行二十字,白口,四周單邊,單魚尾,字體瘦長。

②《顔山雜記》四卷,清孫廷銓撰,清康熙五年益都孫廷銓山東刻本。

此書有康熙五年丙午同學趙進美序。有康熙四年乙巳沚園灌長(孫廷銓)識,稱其康熙三年,因病罷官,康熙五年,蒐輯舊聞而成此書。此書雖是雜記體著述,卻爲顔神早期地方志提供了可貴的資料,後來的《顔神鎮志》《博山縣志》《博山志稿》《續修博山縣志》《博山鄉土志》等書,多所依據,三百餘年來,極爲世人所重視。其物産篇之"石灰""瓷器""緑礬"等多種地方工礦産品,記載翔實豐富,實爲珍貴資料。所述"琉璃"一文,尤爲詳明,是博山琉璃史難得之資料。此書用"顔山"而不用"顔神",一方面是因爲博山環城皆山,另一方面是由於《顔山雜記》幾乎通篇都離不開山、川、風物、金石、礦産、制陶等。

卷端題:"益都孫廷銓伯度纂。"

八行十八字,白口,四周單邊,無魚尾,字體瘦長,比《南征紀略》字略大。此年孫廷銓在顔神老家,故此書刻於山東。

③《漢史億》二卷，清孫廷銓撰，清康熙十年益都孫廷銓山東刻本。

書取司馬、班、范三史所載事實，隨筆論斷，共二百餘條，兒子寶侗校勘訛誤。

封面題：“孫沚亭先生著，本衙藏版。”卷端題：“益都孫廷銓伯度纂。”

有馮溥序：“予與公生同里，幼同學，復同舉。公前爲太宰，予以翰林佐公。”末有一行“青州諸生孫寶仁謄藁”。有康熙十年辛亥自序。康熙十年吴興嚴胤肇識（所見“胤”缺筆，蓋爲雍正時期印本）。康熙十年男孫寶侗識。

“青州諸生孫寶仁謄藁”，即馮溥序的寫工爲孫寶仁。寶仁字伯純，一字學淳，孫廷銓弟廷鐸之子，廩貢，有《禹石樓集》。《山左詩鈔》引《家傳》云：“伯純再入棘闈不售，即棄舉子業，肆力於古文詞與詩書畫，皆臻妙境。與同里趙秋谷、般陽李希梅、張歷友相唱和。晚歲家中落，愈老愈窮，而詩亦愈工。”寶仁有弟二人，寶任字叔重，號石庵，有《黄雪舫詩》《六息齋詞》；寶信字德有，有《西郭藏稿》。皆繼承了孫氏詩書傳家的遺風。

八行二十字，白口，四周雙邊，無魚尾。字體瘦長。

此書刊刻時孫廷銓居家，當爲益都刻本。

④《沚亭文集》二卷，清孫廷銓撰，清康熙十六年益都孫廷銓之子孫寶仍刻本。

《四庫存目》曰：“是集爲其門人慕天顔所編。國初景運光明，人才蔚起，廷銓文筆雖未能與一時作者抗衡，而平正通達，究無纖仄噍殺之音，蓋時會之盛爲之也。”

封面題：“沚亭文集删，師儉堂藏板。”卷端題：“益都孫廷銓伯度氏纂。”

有康熙十七年戊午關中門人慕天顔序：“予得請於公子孟君，

從事卒業,亟彙輯而付之梓人。"則此書爲孫廷銓之子孟滋所刻。

八行二十字,白口,四周單邊,無魚尾。不是典型的康熙寫刻風格,但比較精美。

⑤《沚亭自删詩》一卷,清孫廷銓撰,清康熙十六年益都孫廷銓之子孫寶仍刻本。

封面題:"沚亭自删詩,師儉堂藏板。"卷端題:"益都孫廷銓伯度纂。"

有康熙十七年戊午東蒙年弟高珩題:"文定孫公既卒之三年,詩刻乃竣,嗣君孟滋來索序言,予持此編。"末署"孫寶㑺拜書"。康熙十一年沚亭灌長自識。康熙十六年姪孫寶仁識:"今集乃相君手自删定者,計一百一十首,爲一卷……茲伯氏表彰先德,爰授梓人,仁職校讐之役。"書中孫廷銓友人的序都由孫家後代親自謄寫,説明了孫氏對刊刻此書的重視。

孫廷銓與淄川高瑋、高珩兄弟及益都馮溥關係非同一般。崇禎十二年己卯鄉試,高瑋、馮溥、孫廷銓、高珩同榜高中。清康熙十九年至二十四年撫寧知縣趙端弟趙起士《寄園寄所寄·焚麈寄》記載:"我朝建興,人物之盛,亦有足述者……一縣兩宰輔,山東益都孫廷銓、馮溥,俱己卯科。"

八行二十字,白口,四周單邊,無魚尾。與上條一樣,雖不是典型的康熙寫刻風格,但比較精美。

⑥《琴譜指法省文》一卷(《詩集》附),清孫廷銓撰,清康熙十六年益都孫廷銓之子孫寶仍刻本。

此書附於《沚亭自删詩》後,凡通名六條,右手發聲諸法三十六條,左手取音諸法四十四條,左右通用六條,指法備考六條。

卷端題:"沚亭灌長校定。"

八行二十字,白口,四周單邊,無魚尾。字稍劣。

⑦《惇裕堂集》,清孫寶侗撰,清康熙益都孫寶仍刻本。

據《漁洋山人文略》是集序云:"君(按:寶侗)之未歿,嘗自定雜文、歌詩爲《惇裕堂集》,其兄孟滋傷其志,哀其早世,離爲若干卷刻之。"知寶仍有此書之刻。

廷銓之弟孫廷鐸,字道宣,别號煙蘿居士,崇禎十五年壬午舉人,入清,官陽江知縣。有《説研堂集》《禮記叙纂十篇》,未知刻否。

孫氏至道光時期還有刻書,孫以寧撰《[淄博顔山]孫氏族譜》二卷,有道光二十二年刻本。九行二十二字,白口,四周單邊。

博山孫氏刻書特點有四:

一是所刻皆爲家族著述,以史部書爲多。除了孫寶侗的集子外,其餘皆爲孫廷銓的著述,其中大部爲史部書,如《南征紀略》《顔山雜記》《漢史億》,或爲遊記,或爲方志,或爲史評,不僅有豐富的資料,而且有考證,有論斷,學術價值頗高。

二是兩世刻書,在順康二朝。孫氏刻書祗集中於孫廷銓和其子姪二代,最早刻書始於順治九年,康熙五年、康熙十年又先後刻了兩部書,以上三部爲孫廷銓自刻,一部在京師,兩部在山東。其子寶仍在父親去世後,又先後刻了三部書,主要爲詩文集,寶仍還爲其弟刻了一部集子。以上雖説是寶仍刻書,但參與者是寶仍的兄弟們,如寶仁、寶俠、寶侗等先後承擔了謄寫及校對的任務,可見爲了刊刻先人的著述,動用了全家的力量,此爲家刻之明顯特點。

三是刻書無明確的標志。每書有封面,但一般不題刻書時間,寶仍刻書祗注明"師儉堂藏板"或"本衙藏板",蓋孫氏堂號爲"師儉堂",再無其他標志,刻書時間祗能據序大體揣定。

四是版式固定。一般爲八行二十字,白口,四周單邊。刻印比較精,但不是典型的康熙寫刻風格。

由上可見,清前期的博山刻書共二十三種,祗有兩大家族,一是趙氏,一是孫氏,趙氏有十六種,孫氏有七種。趙氏自明代就有刻書,至清有五代,而孫氏祗有兩代刻書。在刻書内容上,集部仍是主體，有十四種，子部居第二，有六種，史部有三種。子部書的增多與趙執信的興趣有關。史部書主要是孫廷銓的研究領域。而集部書當然以趙氏爲主，僅趙進美和趙執信的集子就有五種，另有詩文評論，趙執瑄、趙執端也不甘落後，均有詞作或詩作。在時間分布上，順治三種，康熙七種，雍正四種，乾隆九種。趙氏書刻多集中於雍正、乾隆間，而孫氏多集中於順治、康熙間。

3. 臨淄刻書

臨淄原名營丘，爲周代齊國故都。秦始皇二十六年，始置臨淄縣。漢代爲齊王首府，三國爲青州治所，隋唐爲大郡駐地，明清兩代，臨淄縣均屬青州府。

杜信孚《全明分省分縣刻書考》中無臨淄刻書，可見，臨淄刻書並不多。清代亦如是。

清初臨淄有著名的民間科學家薛鳳祚。薛鳳祚（1600—1680），字儀甫，號寄齋，自稱"海岱""北海""青齊""齊"人。《清史稿·疇人傳》將其排在第一位，與同時代的著名天文學家王錫闡並稱"南王北薛"，後人稱其學問爲"青齊之學"。他師從理學家鹿善繼、孫奇逢，天文曆法家魏文魁，及精通西方曆法的波蘭傳教士穆尼閣，歷時三十餘載，將其一生的科學研究成果彙編爲一部科學技術性叢書——《曆學會通》。

《曆學會通》六十五卷、《首》一卷，分正集、致用、考驗三部分，康熙三年刻本。此書係逐漸編成，既有薛鳳祚自己的著作、譯作，也有經其整理編輯校訂的前人或他人著作。此書有重要作用，在數學上，他首次將對數引進中國；天文學上，採用了當時世界上極爲先進的哥白尼體系；在水利、醫學、物理等方面也有非常重要的貢獻。詳見王雪源《薛鳳祚與曆學會通》①一文。

①王雪源:《薛鳳祚與曆學會通》，載《山東圖書館學刊》2010年第5期。

書有康熙元年北海薛鳳祚《正集叙》,云二十年始克成。有“潁川後學劉拱、劉捷校閱”字樣。

此書的刊刻在科學史上具有重要的意義。西學自明末傳入中國,至清,康熙帝不僅極力倡導西學,更是身體力行,他在西學上的造詣,中國其他國君均無法達到。所以,康熙朝是一個全面汲取西方新技術的時代,而山東薛鳳祚則具有開創之功,開清初學習西方科學之先河,對中國科學的發展至關重要,對後世影響深遠。

4. 樂安刻書

樂安即今廣饒地。西漢始有廣饒之名,西周屬齊國,秦屬齊郡,東漢屬樂安國,南朝宋置樂安郡,隋代改稱千乘。金熙宗天眷元年改千乘爲樂安,屬益都府,歷元、明、清,至1914年始改廣饒。

明以前樂安未見刻書記載。樂安明代刻書有兩種。

清代中後期的樂安刻書未見,目前所見唯有清前期所刻《李詩集遺》四卷,清李中行、李含章、李焕章、李斐章撰,清乾隆二十九年樂安李克若刻本。李克若,李中行曾孫。

卷一《澠溪草》,李中行撰。中行字與之,一字二水,萬曆三十八年庚戌進士,官貴州左參政。有李焕章序。卷端題:“北海李中行與之著,松陵潘一桂無隱閲,京口錢元密緯較。”

卷二《春暉堂詩》,李斐章撰。斐章字茂先,號簡庵,李中行三子。有李焕章序,稱焕章兄弟與丁野鶴友。卷端題:“千乘李斐章茂先撰,東武李澄中雷田校閲。”

卷三《遯山堂詩》,李含章撰。含章字繪先,號浮玉,李中行長子,崇禎十二年己卯副貢。有李焕章序。卷端題:“千乘李含章繪先著,祥符周亮工櫟園閲,同邑徐振芳太拙梓。”振芳字太拙,樂安人,明天啓七年丁卯副貢,官後府都事,明亡隱居安東衛以卒。

卷四《織齋集》,李焕章撰。焕章字象先,號織齋,李中行二子。卷端題:“樂安李焕章象先撰,新城王一上漁洋校。”

由上可知,此書的校閱人皆爲當時名家,如李澄中、周亮工、王士禛。

李克若乾隆二十九年《李詩集遺序》:"吾乘州李氏自前明來,代有顯人,惟先太僕公愚谷有詩、古文辭行世,餘不概見。五世祖中行與之,邑所稱'二水先生'也。四世祖伯含章,字繪先,號浮玉;仲煥章,字象先,號織齋;季斐章,字茂先,號簡庵,則二水先生之三子也。五世祖官隴右,有疏稿詩文一刻,已燼於兵火,後稍稍得之。浮玉祖,四六文章、詩歌詞賦,當時稱其追唐宋而窺漢晉,惜其散佚不收,未成部帙,存者寥寥。簡庵祖,五七言律、古體歌行自成一家,積數十卷,亦彫零幾盡。惟織齋祖以古文詞名世,閒亦爲詩文,有刻諸賴古堂者若干篇,餘尚存千篇有奇,若詩則亦千百之一二矣。余小子迺發書篋,搜故紙,並吾族詩書家所記誌,遍採而悉羅之,共得詩一百八十八首,勒成一册。又念此詩一字一句皆先人心血所注,若異日者聚而復散,存而又亡,並此區區咸歸澌滅,非余小子之罪,誰之罪哉!因竭力付梓,庶先人紙上心血藉以不没,是則余小子之釋憾於先人者矣。"據此序,可知李中行在明代時即有書稿詩文之刻,惜不存。末有乾隆二十九年李文藻題跋。

九行十九字,白口,左右雙邊,單黑魚尾,眉上鐫有小字。乾隆風格,板框不大。

李氏家集僅此一刻,另李煥章的《織齋文集》有山東書局刻本。

5. 壽光刻書

秦時設壽光縣,唐代隸屬河南道青州北海郡,宋代隸屬京東路青州北海郡,金時屬山東東路益都府,元代隸屬山東東西道宣慰司益都路,明清兩代隸屬青州府。

明代的壽光刻書有七種。清前期的壽光刻書以安致遠父子爲最著。

1）安氏刻書

安致遠（1628—1701），字静子，一名如磐，字拙石，壽光人。貢生。自順治二年至康熙二十三年間，應舉十五次，卒不售，偃蹇以没。周亮工任青州海防道時，與安邱張貞、樂安李煥章同受周之褒揚。致遠著有《静子集》十三卷，凡爲文集九卷，曰《玉皚集》四卷，《紀城文稿》四卷，《蟹音》一卷。詩集四卷，曰《柳邨雜詠》二卷，《嶽江草》《倦遊草》各一卷，總名之曰《紀城詩稿》。詞集一卷，曰《吴江旅嘯》。

安致遠集各家著録不同，有著《安静子集》者，有分開著録者，實際上，其詩文詞刻書時間皆不同，現縷述如下。

①《紀城文稿》四卷，清安致遠撰，清康熙三十四年壽光安致遠蘭雪堂刻本。

卷端題："壽光安致遠静子。"自序及目次版心下刻"蘭雪堂"。

有張貞叙、李澄中序。有拙石老人安致遠康熙三十四年乙亥自序："辛未（按：康熙三十年）春，睹張子杞園於青郡，持其所爲半部稾示予……因取新舊諸作還以質之杞園……今春……遂命箕兒檢比而付之梓。"則此書刻於康熙三十四年，由安氏父子二人所刻。

九行十八字，白口，四周單邊，綫魚尾。字大行疏，康熙風格。

②《玉磑集》四卷，清安致遠撰，清康熙四十一年壽光安箕刻本。

有安致遠康熙三十七年戊寅序。後有康熙四十一年壬午六月安箕識："右《玉磑集》四卷，皆先君子年七十前後所撰述也。……歲在甲戌（按：三十三年）之六月，病不知人，越月始甦，自是貞疾沈綿者九年。……棄養之日，箕懼淪於散軼，手裒輯而藏之於篋。今年孟春，老母年七十又七，頻多疾患，居常感念涕流，每恐先君子遺稿不獲睹其盡剞劂爲恨，白髮老人，率諸婢子晝夜紡紝，積金三數鍰，因使箕校讎而鋟之於板，外詩稿雜著者共二十餘卷，以物力不敷，尚須後期。念不孝簣齒近强仕，而身居貧賤，困於無資也。”由此識可見：一，是書刻於安致遠去世的第二年；二，安致遠身後，其家並不富裕，刻資需家人紡績賣錢湊成；三，七十七歲的老伴爲湊刻資，日夜紡績；四，至此年，詩稿雜著二十餘卷未刻。

九行十八字，大黑口，四周單邊，單黑魚尾，字大行疏。

③《鸛音》一卷，清安致遠撰，清康熙四十一年壽光安簣刻本。

卷端題：“壽光安致遠静子撰，海寧張曾裕昆始、安丘張貞杞園評。”

張貞康熙三十六年丁丑序。是年自序。

九行十八字，大黑口，四周單邊，單黑魚尾，字大行疏。版式風格如《玉磑集》，或爲一時所刻。

④《壽壙碑辭》一卷，清安致遠撰，清康熙四十一年壽光安簣刻本。

有陳醇儒序，康熙六年丁未濟南葛元福序。

九行十八字，大黑口，四周單邊，單黑魚尾，字大行疏。版式風格如《玉磑集》，或爲一時所刻。

⑤《綺樹閣稿》一卷、《賦稿》一卷、《詩稿》一卷，清安簣撰，清康熙刻本。

《賦稿》收賦九篇。《詩稿》收龍山遊詩十三首，朐山遊詩十五首。杜澤遜師《存目標注》6025 條：“又《遊冶泉記》一篇，版心題‘綺樹閣稿’，寫刻，字體與前不同。”

康熙三十五年丙子張貞序。

十行十九字，大黑口，四周單邊。無魚尾。

⑥《紀城詩稿》四卷，清安致遠撰，清康熙刻本。

詩稿包括：《柳邨雜詠》二卷（一百五十四首，晚年整理舊作）、《嶽江草》一卷（康熙六年赴江南所作）、《倦遊草》一卷（八十二首，康熙二十五年來濟南所作）。

安簣跋《玉磑集》云，至康熙四十一年，詩集未刻，則此詩稿當刻於康熙四十一年後。

杜澤遜師《存目標注》5775 條著録："（南開圖書館藏本）前有自序，後有男簣跋云：'《柳邨雜詠》二弓，久藏篋衍，茲欲付梓。'《嶽江草》一卷，卷端題'紀城詩稿卷之六'，前有康熙十年辛亥東武李澄中序。《倦遊草》一卷，卷數作墨丁，前有任邱龐磑序（據序文知爲康熙二十五年丙寅作），又康熙二十五年自序，後有長洲孫岳頒跋。"

筆者所見山東省圖書館藏本，四卷相連，《嶽江草》卷端題爲"紀城詩稿卷之三"，但"三"下無"嶽江草"三字，而其他兩種，在卷次下均有書名，即"柳邨雜詠""倦遊草"。蓋刻成後修補不止一次，刷印有先後。

十行二十一字，白口，四周單邊，綫魚尾。字體似《文稿》，但字小行密。

⑦《吴江旅嘯》一卷，清安致遠撰，清康熙刻本。

卷端題："北海安致遠絨庵著，濟南葛元福謙齋評，白門吴晉介茲、豫儀周在浚雪客、姑孰曹臺岳梁父、姑孰陳醇儒玉宗仝閱。"

陳醇儒序，康熙六年葛元福序。

八行二十字，白口，四周單邊，無魚尾，無直格，與其他刻本不同。字小，但係清早期風格。

後有同治二年昌樂後學閻濬源識："安文介先生，國初耆宿，望重海内。其文集行世甫百餘年，而板片之漫漶已甚。繼以咸豐辛酉迭遇寇訌，無不失落。由此而任其殘闕，徒守斷簡，致後世考據無由，滋足傷矣。馮君琴堂，安君星齋，萃同學而謀修之。乃遍訪原印初本，存者已鮮，幸吾叔香亭博通文獻，出其所藏舊本，鳩工補之，庶還廬山真目。附録張杞園文介先生《私謚議》，俾足讀。……至其《東歸草》一卷、《蘭雪堂詩》一卷、《青社遺聞》四卷，尚诶續刻。青士先生,文介次子也。……《綺樹閣詩賦》一卷,業已附後,然此特一斑耳,此外尚存若干首,編輯另梓,無使散逸而不存,則又吾輩之責也。”

山東省圖書館藏《東歸草》《蘇節婦墓表》《紀城文稿續集》等零葉後有香亭手書:“安拙石先生所著《紀城文稿》《玉磑集》《紀城詩稿》《鼜音》《吴江旅嘯》及其子青士先生《綺樹閣詩賦稿》,其板尚存外,有板之不全者,又印此二十張。惟《東歸草》,余家有舊印本,止闕前半幅,倘覓得一全本,當補刻之以成全璧。香亭記。”據查,所補者有:《東歸草》序三葉,正文第一、二、三、六共四葉;《蘇節婦墓表》第一、二、四共三葉;《壽壙碑辭》第一、二、三共三葉;《紀城文稿續集》第一、二、三、四共四葉;《張杞園母李太儒人七旬壽序》一葉(眉上有香亭手跋:“此葉張杞園母李太儒人七旬壽序也,前後尚闕二葉未全,《潛州集》刻此全文,可補刻之。”);零詩一葉(有《看演曇花記》《春雪》《别離曲爲董生賦》及又二首);《吴江旅嘯》葛元福序二葉;散葉一葉。

據此可知,《紀城文稿》《玉磑集》《紀城詩稿》《鼜音》《吴江旅嘯》《綺樹閣詩賦稿》皆刻於康熙年間,到同治時,香亭以所藏舊本,對原板進行修補,還可刷印全書。而有些書不完全,如《東歸草》《蘇節婦墓表》《紀城文稿續集》,故衹能刷印零葉。而《東歸草》《蘇節婦墓表》《紀城文稿續集》三種亦當刻於康熙年間。

杜澤遜師《存目標注》5775 條已有結論:“清同治二年自鉏園刻《安静子集》,包括《玉磑集》四卷、《紀城文稿》四卷、《紀城詩稿》四卷、《鼜音》一卷、《吴江旅嘯》一卷,附安箕《綺樹閣詩稿》一卷、《賦稿》一卷。……謝國楨《江浙訪書記》:‘《安静子集》,清康熙間刻同治間修補本。’……余以山東省圖書館藏本與南開大學圖書館藏康熙刻本相較,實爲康熙舊版,同治二年修補彙印,唯各集多换封面,加刻‘同治二年癸亥重栞’‘自鉏園藏板’,又以《紀城文稿》前加刻《四庫提要》本條。《叢書綜録》依封面著録,誤。”

⑧《東歸草》一卷,清安致遠撰,清康熙刻本。

存詩二十五首,康熙五年安致遠赴省城鄉試時所作。

卷端題:“壽光安致遠静子著。”有安致遠康熙五年丙午蘭雪堂序。

八行十九字,白口,四周單邊,無魚尾,字長方,康熙風格。

⑨《蘇節婦墓表》一卷,清安致遠撰,清康熙刻本。

八行十九字,白口,四周單邊,無魚尾,字長方,康熙風格。

⑩《紀城文稿續集》一卷,清安致遠撰,清康熙刻本。

九行十八字,白口,四周單邊,綫魚尾,版心下刻“蘭雪堂”。與《紀城文稿》版式同。

壽光安氏刻書特點有五:

一是刻書數量多,共十種。

二是所刻書皆爲安氏著述,除一種爲安簣所著外,其餘九種均爲安致遠著。

三是刻書内容以詩文爲主,安致遠文四種,詩二種,詞一種。另有史部書三種。

四是刻書時間集中於康熙年間。除已知一種明確爲安致遠本人所刻外,其餘大概皆由安簣完成。

五是行款多爲九行十八字,或八行十九字,字大行疏,刻印精良。白口大多爲安致遠所刻,而大黑口爲安簣所刻。

2)其他刻書

壽光董思恭,字作肅,一字桂川,號雨亭,康熙六十年辛丑進士,官湖南糧儲道。著有《新塘吟》一卷、《擬古樂府》一卷,當爲乾隆時自刻本。

6. 昌樂刻書

昌樂縣古稱營丘,爲姜太公初封地。宋建隆三年始置昌樂縣,取昌盛安樂之意。明清屬青州府。

明代昌樂無刻書記載。

清前期的昌樂刻書以閻氏爲主。閻氏刻書自康熙末年始，遼寧圖書館藏有《[昌樂]閻氏家乘》五卷，清閻世繩編，閻愉補編，爲清康熙五十三年樹滋堂刻本。世繩(1633—1706)，字寶貽，號丹崖，自幼聰穎好學，十六歲中秀才，康熙十一年舉人，十五年進士，欽點翰林院庶吉士、詹事府左春坊左諭德兼翰林院修撰。十七年己未科會試同考官，次年特簡春闈同考官，承擔禮、吏兩部應辦要事。閻愉，字敬生，號葦園。

閻愉孫輩閻循霖刻書共兩種，其中一種是爲其兄閻循厚刻詩集，另一種是與韓夢周爲閻循觀刻《西澗草堂文集》。刻書風格與韓夢周同。祇是第一種刻書比較早，在乾隆二十八年。閻氏著述多爲韓夢周刻，濰縣刻書已述。

昌樂另有刻書一種。

《松月廬詩稿》一卷，清劉樹撰，清乾隆五十一年營陵劉樹湖北宣恩縣署刻本。

樹字汝滋，昌樂人，乾隆十五年庚午舉人，官宣恩知縣。

封面題："乾隆丙午，宣恩縣署中鐫。"

有東昌府知府龔氏序："甲辰之歲，先生出宰宣邑……(乾隆五十一年)將以其囊篋付之梓。"

九行十六字，白口，四周雙邊，無行格。字大，疏朗，但字體有些怪異，較拙。

7. 安邱刻書

安邱古稱渠邱，春秋時得名，時屬莒國，漢景帝中元二年置安邱縣。明屬青州府，清朝因之。

明代的安邱刻書至少有七種。

清代前期，安邱的刻書有曹氏和張氏兩大家族，比他們略早者,有劉正宗。

1)劉正宗刻書

劉正宗(1594—?),字可宗,又字憲石,明崇禎元年戊辰進士,入清,官至文華殿大學士,深得順治帝信賴,家有"御墨樓",貯順治帝所賜墨寶。著有《御墨樓詩集》《木天草》《鴻雪齋草》《逋齋集》。

劉正宗所撰《逋齋詩》四卷、《逋齋詩二集》二卷又《逋齋詩》二卷,清順治間有自刻本。

《逋齋詩》四卷有胡世安序順治三年丙戌詩,又序順治四年丁亥後所作詩四卷。安成門人王辰(字天樞)識:"先生詩,歲輒成帙,手授辰者甚多,當傳其全集,先爲梓行一二。"順治六年己丑薛所蘊序:"今憲石彙成帙,將授梓。"

《逋齋詩二集》有張縉彥序:"余每以評騭相屬,己巳間曾讀《逋齋》《雪鴻》兩集,今復出《庚寅草》《西征雜詠》二帙。"庚寅爲順治七年。

又《逋齋詩》二卷有張縉彥序,任濬序:"憲石間出詩相示,謂數十年心血所在。"此二卷有順治十三年事。

此三集非一時所刻。《逋齋詩》四卷當爲順治六年刻本,《逋齋詩二集》當爲順治七年或以後刻本。又《逋齋詩》二卷有順治十三年事,當爲順治十三年或以後刻本。《善目》所收除國家圖書館一部爲順治十三年王辰刻本外,餘均作順治刻本。王辰刻本的依據是"先爲梓行一二",但又據薛所蘊序,當還是劉正宗自刻,王辰作爲門人可能是具體操辦者,且以劉氏的地位和財力,他是可以自己完成刻書的。中國科學院圖書館所藏順治刻本《鴻雪齋草》一卷,疑爲《逋齋詩》四卷之一。

八行十八字,白口,四周單邊,無直格。清初順治風格,乾浄,疏朗,是山東刻書的精品。

劉正宗詩集的刊刻,對山東詩歌的發展影響很大。他的詩稟承山左傳統,一主歷下風氣,筆力雄健,順治年間與河南孟縣王鐸、薛所蘊並稱"京師三大家"。王鐸《薛行屋集序》稱:"往同憲石讀書史館,雁行而稱兄弟。塤吹篪禾者蓋十有六人焉,學爲詩古文詞,咸長憲石,即憲石亦不以執牛耳狎主齊盟自遜謝。"①

2)曹氏刻書

曹氏是明末清初安邱大族,刻書自明末始,前已有述。到了清初,曹氏家族因曹貞吉、曹申吉兄弟而名聲大振,成爲清代一個很重要的文學世家,《四庫全書》所收録的唯一一部清人詞别集,就是曹貞吉的《珂雪詞》,足證曹貞吉在清初詞壇上的重要地位及成就。申吉爲官至貴州巡撫,也是清初山東爲數不多的高官之一。二人所刻書不少,多爲個人詩文集。

(1)曹貞吉

曹貞吉(1634—1698),字升六,一字升階,又字迪清,號實庵。順治十七年鄉試第一名,康熙三年進士。歷任户部員外郎、禮部員外郎、郎中等職。以性情耿介孤特,仕途受挫。然篤於師友情誼,有聲士林。自少嗜讀,尤酷愛詩詞。詩作氣清力厚,情感真摯,風格遒勁,以壯語粗獷著稱,與嘉善詩人曹爾堪並稱爲"南北二曹"。作品繁富,著有《珂雪集》一卷、《珂雪二集》一卷,《朝天集》《鴻爪集》《黄山紀遊詩》各一卷,《珂雪詞》二卷。

貞吉成名比其弟晚,故其最初的詩文由其弟申吉刊刻。其自刻的集子有以下幾種。

①《朝天集》一卷,清曹貞吉撰,清汪懋麟、趙執信評,清康熙二十五年安邱曹貞吉新安刻本。

是集收録曹貞吉康熙二十四年出任徽州,旋即進京覲見時所

①轉引自李伯齊:《山東分體文學史 · 詩歌卷》,齊魯書社 2005 年版,第 446 頁。

得詩作七十七首。

卷端題:“北海曹貞吉實庵著。”

有袁啓旭撰《朝天集引》及靳治荆康熙二十五年丙寅夏五月撰《朝天集跋》。袁氏《朝天集引》云:“因得捧讀《朝天》一集,高蒼清勁,一往情深。”靳氏《朝天集跋》云:“是年輯瑞期近,公尋奉牒入覲。雨雪往而楊柳還。於途次所經歷,京邸所興懷,共得詩若干首,題曰《朝天集》,志爲王事勞,非無故而行也。”

貞吉曾孫曹益厚乾隆三十五年補刻《澹餘詩集》識:“先曾大父儀部公珂雪詩詞行世久矣,而詩無重刻。……(申吉殁後,貞吉出貳新安)刻有《朝天》《鴻爪》《黄山》諸集,亦各有序。”知此集由曹貞吉刻於新安。

十行十九字,粗黑口,四周單邊,雙對黑魚尾。字方正。

②《鴻爪集》一卷,清曹貞吉撰,清康熙二十六年安邱曹貞吉新安刻本。

是集收録曹貞吉出任徽州時所得詩作四十四首。因集中有“鴻爪重尋感舊遊”之句,遂以“鴻爪”名集。

卷端題:“安丘曹貞吉實庵纂。”

有康熙二十六年丁卯秋七月靳治荆序及夏五月《題辭》,另有王煒序。靳序云:“今年春,公適赴期會,詣陵陽,駐節閲月歸。治荆出迎左道,即以一編見示,題云《鴻爪集》。治荆敬受讀之,詩約四十餘首,而中間之或遊覽,或酬贈,或睹物賦詠,或即事感懷,詩人之情致已略盡之。”靳治荆稱:“至其詩之爲奔逸,爲離奇,爲高蒼,爲沉着,爲幽折而雋永,爲淡宕而渾脱,一皆不意出之,總非依門傍户者之所可及。公之於詩,何若是其周通而善變乎!”靳治荆在《題辭》中稱贊曹貞吉詩能熔鑄韓、杜、蘇、陸四家精華。王煒亦在序中評其詩兼唐宋各家之風格。

十行二十一字,白口,左右雙邊,無魚尾。字極小,瘦長。

③《黄山紀遊詩》一卷，清曹貞吉撰，清康熙安邱曹貞吉新安刻本。

是集所收三十七首詩，係曹貞吉於康熙二十九年庚午遊覽黄山時所作。

卷端題："北海曹貞吉實庵。"

有汪士鋐序，江闓和吴啓鵬跋。書成於康熙二十九年，但具體刊刻時間未知。

九行十九字，粗黑口，四周單邊，雙對黑魚尾。

④《黄山紀遊詞》一卷，清曹霦撰，清康熙安邱曹貞吉新安刻本。

曹霦，字掌霖，貞吉次子。是卷爲曹霦隨其父遊覽黄山時所作，僅三十餘首。卷首有靳治荆《遊黄山詞序》，又宋犖稱其"能奪玉田之席"。

卷端題："北海曹霦掌霖。"

九行十九字，粗黑口，四周單邊，雙對黑魚尾。字體與《黄山紀遊詩》同，當爲同時刻。

以上四集雖刻於新安，但刻書時間有前後之分，故版式不同，字體亦不同。

貞吉還有《實庵詩略》一卷，康熙十六年由王士禛選定，入其編輯的《十子詩畧》，爲第三卷，收録《珂雪初集》《珂雪二集》一百零四首詩作，另有兩集之後新作八十九首。卷端題："北海曹貞吉升六撰。"版心刻有"十子詩畧"和"卷之三"。字體瘦長。

貞吉的《珂雪詞》二卷、《珂雪詞補遺》一卷，亦由王士禛等人選評。卷端題："安丘曹貞吉實庵著，同學諸子評選。"據主父志波的博士論文，此書於康熙十七年末還未刻成。十行二十一字，小字雙行二十一字，白口，左右雙邊，無魚尾，字體秀氣。以上二種不計入曹氏刻書。

(2)曹申吉

曹申吉(1635—1680),字錫餘,號澹餘,一號逸庵。順治九年舉人,十二年進士,改翰林院庶吉士。十四年授翰林院編修,陞爲日講官。十五年特旨選任湖廣荆南道,十六年遷河南分巡睢陳兵備道,十七年陞通政使司左通政,遷大理寺卿。康熙六年,擢禮部左侍郎,調兵部。十年出任貴州巡撫。十二年,以貴州提督李本深響應吴三桂反清叛亂,遂被執。後遇害於昆明雙塔寺。康熙帝以爲他降吴,定他爲"逆臣"。後事情昭然,雍正帝撤銷其罪名,乾隆帝爲他徹底平反,准入忠烈祠。康熙《續安丘縣志》有傳。生平好詩賦,常招羅遊士至幕下,酬唱問答。著有《澹餘詩集》《又何軒詩集》《南行日記》《黔行集》《黔寄集》《貴州通志》若干卷。

①《澹餘詩集》,清曹申吉撰,清順治十七年安邱曹申吉京師刻本。

今此本已不存,衹是據康熙刻本知此集爲曹申吉外祖劉正宗選定,收録曹申吉順治十一年甲午至十六年己亥之作。

康熙本前有薛所藴序、胡世安序及曹申吉自序。薛所藴順治十七年庚子序:"(錫餘)一日自宛丘走使緘一帙示余,曰:'彙集六年以來詩,將授梓,先生其爲我序之。'"胡世安序:"(錫餘)彙梓館課宦遊諸什就正於外祖。"曹申吉《澹餘詩集自序》:"憶自甲午歲(按:順治十一年)初學聲律,及入館後,以詩爲課,性情所至,時成吟詠。戊戌外除以來,風塵道路,有觸輒書。己亥歲杪,自楚移豫,偶檢笥中,遂復成帙。春正之暇,出而汰之,付諸剞劂。雖災梨爲罪,亦足以識歲月爾。時庚子春正月北海曹申吉自記。"

②《澹餘詩集》四卷,清曹申吉撰,清王士禛訂正,清康熙刻乾隆三十五年安邱曹申吉曾孫曹益厚補刻本。

是集收録順治十七年庚子至康熙七年戊申歲除之作。

卷端題:"北海曹申吉澹餘著。"

十行二十一字，白口，四周單邊，無魚尾。康熙家刻風格。

③《珂雪初集》（亦名《珂雪集》）一卷，清曹貞吉撰，清曹申吉訂，清王士禛評，清康熙八年安邱曹申吉吴中刻本。

貞吉刻書大多在其弟去世後，而他早期的集子卻是由其弟申吉刊刻。

是集收録曹貞吉中進士後正式進入官場之前的詩作一百六十二首，即康熙三年至康熙八年諸作，多爲寄贈紀遊之詩。是集爲申吉與王士禛共同選定，部分詩作有王士禛評語。後有康熙八年己酉曹申吉《珂雪初集跋》："兄五年中著述盈篋，予同阮亭王子擇其優雅者若干篇，付之梓人，而爲識志大概如此。"

又據康熙十一年壬子曹申吉序《珂雪二集》："予同阮亭王子論定其數年所作而栞之吴中，即《珂雪初集》也。"知此書刻於吴中。

卷端題："北海曹貞吉升階撰，弟曹申吉澹餘訂，同里王士禛貽上評。"

十行二十一字，白口，四周單邊，單黑魚尾。字體同《澹餘詩集》，方正，刻印精美。

④《珂雪二集》一卷，清曹貞吉撰，清康熙十一年安邱曹申吉貴州刻本。

是集收録曹貞吉康熙八年己酉二月至康熙十一年壬子四月間詩作二百三十首，由曹申吉與李良年共同論定刊行。前有李良年及曹申吉序。康熙十一年壬子曹申吉序："是集也，始於己酉之二月，迄於壬子之四月，予與李子武曾論定而付之梓人，得若干篇。"申吉康熙十年入黔，則此書刻於貴州。

九行十九字，白口，左右雙邊，單黑魚尾。字體瘦長，刻亦精。

由上可知，曹申吉曾兩次刻其兄詩《珂雪集》，一爲康熙八年刻於吴中，名《珂雪初集》，一爲康熙十一年刻成於黔署，名《珂雪二集》。

曹貞吉還撰《珂雪三集》四卷,據主父志波的博士論文,是集當緊承《珂雪二集》收録下限,即康熙十一年壬子四月。此集未刻,僅以抄本傳世,山東省圖書館藏安邱曹尊彝鈔本,北京大學圖書館藏宣統三年鈔本。

⑤《[康熙]貴州通志》三十三卷,清曹申吉修,清潘馴、吴中蕃纂,清康熙十二年刻本。此時申吉當還在貴州。

⑥《黔行集古近體詩》一卷,清曹申吉撰,清康熙安邱曹申吉貴州刻本。

⑦《黔寄集》四卷,清曹申吉撰,清康熙安邱曹申吉貴州刻本。

申吉著有《黔行集古近體詩》一卷、《黔寄集》四卷。《黔寄集》收録曹申吉康熙十年辛亥巡撫貴州時諸作,前三卷終康熙十一年七月,第四卷終康熙十三年。據其曾孫曹益厚《安邱曹氏家學守待題記》:"中丞詩凡數種,自吴難後,《澹餘前集》板既漫漶,最後《黔行》《黔寄》二集,原板亦湮滅無存。當我曾大夫儀部公(按:曹貞吉)出貳新安,遇鄧孝威先生於邗上,得江闓孝廉在貴竹中丞所授二册,爲刻入《詩觀》六十餘首。……《黔行》猶家藏一册,《黔寄》三卷遂無從追覓矣。故今所存唯《南行日記》與漁洋續訂《澹餘詩集》四卷。四卷原無序目,暫以前集胡、薛兩相國序,並中丞自序弁其端。"知此二集曾有刻本。申吉去世後,貞吉出任徽州同知時,得到江闓所保存的《黔行集》和《黔寄集》二册,經鄧漢儀選評後刻入《詩觀三集》。乾隆年間,曹益厚補刻《澹餘詩集》時,云此集已不可得見,謂僅《詩觀三集》收録《黔行集》《黔寄集》詩共六十餘首。且益厚所知,《黔寄》爲三卷,今所見曹尊彝抄本爲四卷,主父志波認爲第四卷是補鈔,前三卷即康熙十一年七月前所作爲申吉在世時的《黔寄集》,當時申吉還在貴州,有刻書的能力,推測此二集當爲申吉在貴州時所刻。

⑧《南行日記》一卷,清曹申吉撰,清康熙刻乾隆三十五年曾孫曹益厚補刻本。

曹申吉於康熙六年丁未八月奉命祭南嶽,此日記乃是其途中所記行旅風物見聞等。紀事起康熙六年八月十七日,迄康熙七年三月四日。鄧漢儀曾將此《記》中二十餘首詩作選評並編入《詩觀初集》卷六。

前有高珩序。

九行二十字,白口,四周單邊,單黑魚尾。字體瘦長,康熙風格。

(3)曹益厚

益厚,字子謙,號受堂,廩貢生,曹湛孫。曹氏兄弟之後,其詩文集由曾孫曹益厚於乾隆年間據家藏版本再次補刻,名貞吉集曰《珂雪集》二卷。有曹益厚乾隆三十五年識:"先曾大父儀部公珂雪詩詞行世久矣,而詩無重刻……先是漁洋復爲重定《珂雪》兩集,並附後作若干首……定爲《十子詩畧》,即此集卷之三者是也。顧此集既出,常單行,而原板分藏各家,原乃遂缺,卷次不明。故依《珂雪詞》例,將此集與《朝天》等集分上下兩卷,仍以珂雪名集,冠以珂雪原序。"知益厚此次所刻貞吉詩集,實將原集分爲二卷,上卷爲王漁洋所刻《珂雪詩》,下卷爲《朝天》《鴻爪》《黄山紀遊詩》《黄山紀遊詞》四集。推測係依原板刷印,而非重新刻版。而對於申吉的詩文,益厚有所補刻,補刻者爲《澹餘詩集》四卷、《南行日記》一卷。

(4)曹賡

曹賡(1754—1832),字廷颺、虞歌,號阜東,附貢生。賡於書無所不讀,嘗網羅安邱文獻,以俟纂修縣志。工篆刻,嗜翰墨,凡鍾愛之書,皆手自裝訂,爲之句讀,少傳本者,轉借鈔之。著有《歷代年號錢幣通考》一卷、《詩法集成》四卷。搜討安邱曹氏著述,詳加校正,彙爲十二卷,名曰《家學守待》,將付剞劂,未幾而毁於寇亂。曹賡乾隆時重刻曹應聲的《訓兒小説》,明代刻書已述。

安邱曹氏刻書特點有五:

一是刻書者有四人:貞吉、申吉兄弟,曹益厚,曹賡。

二是刻書時間起自順治十七年,主要在康熙年間。

三是貞吉刻書四種,申吉刻書八種。貞吉刻的全部是自己的集子,而申吉爲自己刻書五種,還爲其兄刻書兩種,刻方志一種。

四是所刻幾乎全部是集部書。

五是貞吉兄弟刻書多在外地,有在新安,有在京師,有在吴中,有在貴州。益厚和曹賡刻書大約在安邱。

3)張氏刻書

清代康乾時期,山東文人篆刻在全國有很大影響,山東印學的中心在安邱,而中心人物就是張貞父子。

張貞,《青州府志》卷四十七《人物傳》中有其小傳,稱:"張貞,字起元,繼倫子,康熙十一年拔貢。年十三受知於學使宣城施閏章。肆力古文,名譽日隆。康熙元年,周亮工爲青州海防道,亟賞其才。當時周亮工招攬地方名士,張貞與李焕章、李澄中、安致遠同時獲其青睞,時人稱爲真意亭四君子。"明崇禎十一年,周亮工進士及第,次年出任山東濰縣知縣,成爲山東地區篆刻藝術興起的播種者。張貞是其所得才士之一。張貞向周亮工學習印學,宗秦漢法,得力於鑄印,布局規矩穩實,刀法勁健,所作頗爲娟秀。其子張在辛直接師法周亮工。張在辛(1651—1738),傳家學而能發揚光大,他的篆刻已經突破了周亮工所傳授的徽派風格,形成自己穩定的風格。張在辛影響幾個弟弟學習篆刻,其弟張在乙、張在戊及子侄輩的敬輿、扶輿、重輿、兹輿、金輿等,皆有印名。安邱張氏一門幾代篆刻家的出現爲沉寂多年的北方印壇帶來了生機。

目前所知,張貞父子四人所形成的鈐印本有多種,張在辛、張在乙、張在戊合輯《相印軒印譜》一卷，清康熙四十三年鈐印本；張在戊輯《來青閣套印》一卷，清康熙四十九年鈐印本；張在辛、張在乙、張在戊合輯《張氏一家印存》，清康熙五十九年鈐印本；張在乙輯《［安邱］張氏印譜》四卷，清康熙鈐印本；張在辛輯《望華樓印彙》，清乾隆元年鈐印本。目前所見唯有《相印軒印譜》，係先印好帶邊框及欄綫的紙，再鈐印，版心刻有“相印軒”三字，爲刻鈐印本。

除了鈐印本，張氏還有一系列有關印學的著述，如張在辛的《篆印心法》，張在戊的稿本《印譜典實》四十八卷，張扶輿的《印譜》。以上三種，除了張在辛的《篆印心法》有刊刻外，其餘未見刻本。

安邱張氏刻書從張貞叔父緒倫始。緒倫字彝叙，明崇禎四年進士，大名府推官。所刻書爲同邑曹應聲撰《訓兒小説》，據《安丘新志》卷十九《藝文考》載：“張緒倫代刻，版存張氏家塾。”前已有述。張氏家族中張貞刻書最多，最早刻印的是家譜。

①《［安丘］張氏家乘》不分卷，清張貞輯，清康熙間安邱張氏刻本。

本書是張貞請諸位名人爲其家族立傳，此爲家乘的一種方式。末有“張貞輯”的標志。體裁有墓表、撰、行狀、誄。作者有陳維崧、汪琬、高珩、施閏章、馮溥、鍾羽正、劉正宗、朱彝尊、王士禛、葉方藹、汪懋麟、張怡、邵衡、曹禾、孫廷銓、嚴允肇、馬長春、曹申吉、丁耀亢、魏禧、王岱、李澄中、陳玉璂、尤侗、黄宗羲、曹貞吉。另有部分内容來自《山東通志》《青州府志》《安丘縣志》。

十行十九字，黑口，左右雙邊，單黑魚尾。字大方正，悦人眼目，與張貞其他刻本版刻風格同，非常精美。

②《［安丘］張氏家乘》，清佚名輯，清康熙間安邱張氏刻乾隆補刻本。

此條與上條爲同書，補刻，係將原版版心葉碼挖掉，塗以墨釘，不如前版刻精。

③《續安丘張氏家乘》，清佚名輯，清康熙間安邱張氏刻乾隆補刻本。

此條與第一條同書。書衣題簽"續張氏寶墨樓家乘"。"寶墨樓"，張貞藏書畫古玩的處所。書中所續部分爲張貞、張在辛的傳記，如李瀠爲張貞撰《文孝公墓表》，安簣爲張貞撰《文孝公鄉謚議》，孫自務爲張在辛撰墓表。張在辛去世於乾隆三年，則此書最早刻於乾隆年間。

從以上三條看，《張氏家乘》刊刻凡三，最早爲張貞所刻，之後又有補刻，將原版版心葉碼挖掉，塗以墨釘，不如前版刻精。所續部分爲新刻，字體亦不及前版和補版寬大疏朗。由此可見，安邱《張氏家乘》應有不同時期的三個刻本。因與傳統的家譜有別，故計入張氏刻書。

(1)張貞

張貞除了刊刻家譜外，還刻有自己的集子及其他家族史料。

①《渠亭山人半部稾》五卷，清張貞撰，清康熙間安邱張貞刻本。

《山東通志・藝文志》有《渠亭山人半部稾四册》，謂"是集凡四刻，一刻爲一册。初刻曰《渠亭文稾》，二刻曰《或語》，三刻曰《潛州集》，四刻曰《娱老集》"。所言極是，但每刻時間有所不同。

其一：《渠亭文稾》一卷，清康熙二十八年安邱張貞刻本。

目録後題："男在辛卯君、在戊申仲、在乙亶安仝校。"

王士禛康熙三十年《半部稾序》，高珩康熙《渠亭山人半部稾序》。康熙二十八年張貞自序："余《文稾》刻成，客有見者，曰：'此子半部稾耶？'余問其故。客曰：'古今之自集其文與集昔人之文者，必備詩賦文章，而後謂之全集。是編有文無詩，故知其半部也。’余曰:‘噫!豈謂是與?余束髮時,業好讀詩古文詞。及自操觚,則爲文而不爲詩。即偶爲之,終亦不似。蓋其天性也。違己拂性之事,生平弗爲,故卒舍詩而爲文。雖然,有境必窮,讀書者之事也,敢自恕乎!即以《半部》名吾稾,以志吾媿,老鈍可策,且將勉爲其全者矣。’壬子後間有存者,積久成裒,遂從兒等鋟木,工拙且貴勿論,又暇問其半與全哉?”《或語集》有康熙三十二年自序:“張子舊有所著撰曰《半部稾》,刻於己巳夏。”可證此書刻於康熙二十八年。

此書收康熙十一年至二十八年間所著文六十篇。

九行十九字,大黑口,左右雙邊,雙對花魚尾。字大,筆畫細,扁平字。

其二:《或語》一卷,清康熙三十二年安邱張貞刻本。

目録後有“孫男敬輿景宣、壯輿景劉、長輿景和、扶輿景淑較”。卷端下有“半部稾二刻”。

康熙三十二年宋犖序曰:“杞園名家世胄,讀書懷古,言滿天下……余向誦其《半部稾》,已爲傾倒。更讀其《或語集》,學益深,法益嚴,氣益静。論理正大而精純,叙事簡核而典要,殆溯六經而有據矣。”甬江徐文駒序曰:“其所刻文集有曰《半部》,有曰《或語》。余受而讀之,大略色古氣蒼,意高筆健,波瀾起伏,往往有一唱三歎之聲,直欲起荆川、震川相與頡頏於百五十年之上,又非于鱗輩割剥摹擬之作所敢望其項背也。”康熙三十二年李澄中序曰:“吾同年友張子杞園既刻其《半部稾》問世,長安士大夫争傳誦之,復以其近稾續刻而屬序於余。”金德純序。康熙三十二年續夢老人張貞自序曰:“張子舊有所著,撰曰《半部稾》,著刻於己巳夏(按:二十八年)。”

此書收康熙二十九年至三十二年間所著文六十二篇。

九行十八字,白口,左右雙邊,無魚尾。字大,行疏,不如初刻字扁字大。

其三:《潛州集》一卷,清康熙三十六年安邱張貞刻本。

卷端題:"半部稾三刻,青社張貞字起元。"

張貞康熙三十六年序於峽雲籠樹樓:"余既潛於州而有作,書成仍以潛夫州中。其潛之也,其諸等於名山之藏也。""峽雲籠樹樓"即"峽雲樓",是張貞杞城别業中的建築物之一。

爲《潛州集》作序者有王士禛、張遠、王源、安箕等人。

此書收康熙三十三年至三十六年間所著文六十一篇。

九行十八字,白口,左右雙邊,單黑魚尾。版心下刻"峽雲籠樹樓"。字體與《或語》同。

其四:《娱老集》一卷、《娱老集遺稾》一卷,清康熙四十七年安邱張貞刻本。

卷端題:"半部稾四刻,河東張貞杞園。"

首有昌樂閻愉《安丘張氏世譜》。有遺稾篇目。康熙四十七年張貞自序。

此書收康熙三十四年至四十七年間所著文六十三篇。《遺稾》在《娱老集》後,版心上刻"娱老集遺稾",係一時所刻。王平《張貞事迹著述考略》①認爲,前四種均曾以單本行世。張貞去世後,其後人將四部文集,再加《遺稾》一集收文十八篇以及《張氏家乘》中關於張貞事迹的五篇文字合爲一體,總其名爲《渠亭山人半部稾》,刊刻行世。據王平先生所言,則五部分爲重刻,爲何行款不同? 蓋四刻均爲單行,所謂後人再刻,實爲下文論及的《杞田集》。

九行十八字,白口,左右雙邊,無魚尾,版心下刻"續夢堂"。字體與《或語》同。

①王平:《張貞事迹著述考略》,載《東嶽論叢》1998年第1期。

②《渠丘耳夢録》四卷,清張貞撰,清康熙四十八年安邱張貞江寧刻本。

卷端題:"斟亭張貞元叟。"末署:"男在辛、在戊、在乙挍字。"最後一行署:"江寧劉仕榮繕寫,江寧柏明遠精刻。"此書是張貞刻書中唯一一部標明寫工和刻工的,很明確,書在江寧刻成。此年張貞七十三歲,不可能親自去江寧,估計是其子操作。

前有《張杞園先生小像》,後有自題。康熙四十八年張貞《序渠丘耳夢録》:"余耋齒瘖隤,經年善病。既不能殿書縱讀,又不能出而爲登臨眺聽之事。唯是蒿床土銼,看屋梁而呻吟耳。二三親串間以問疾相過,延入臥内共話團圓,多舉鄉里瑣言爲予娛病,且舉其尤詼詭者爲撫掌之資。一涉世情,輒自引寐。兒輩侍側,每有所聞,潛拾殘紙書之。疾平取視,都不成語,然亦可識當時抑鬱無聊,故於没理没會處着想也。不忍棄爲敝帚,稍次成帙,題曰《渠丘耳夢録》耳。"書凡四卷,分甲、乙、丙、丁四集。每卷有目次。

九行十八字,白口,左右雙邊。刻印精。避"玄"。

趙嫄師妹於國家圖書館查有另一部,後有四葉附録,字體方正,與前文不同,筆劃較粗,墨色深。九行十八字,白口,左右雙邊,單黑魚尾。書口下方記葉碼,魚尾上方寫"詞曲"二字。首行題:"詞曲翻(翻字無第一筆,本文字中含"番"的皆無第一筆)新(新字"立"下的部分多一横)爲。"次行頂格題:"柏庭姻兄先生作,雪舫曹澣幼旬氏稾。"柏庭爲張在辛,曹澣爲安邱曹貞吉、申吉的後人,曹霖之弟。則知所附詞曲係曹澣爲張在辛而作,但不知爲何附於此。

③《全城紀立後記》,清張貞撰,清康熙安邱張氏精刻本。據《販續》著録。

④《渠丘三張公合傳》一卷,清張貞編,清康熙刻本。據《販續》著録。三張公爲張嗣倫、張繼倫、張緒倫。

⑤《張孝廉行略》一卷，清張繼倫、張緒倫、張貞撰，清康熙安邱張氏刻本。據《販續》著録。張孝廉爲張嗣倫。

⑥《安丘縣學崇祀鄉賢小傳》不分卷、《續安丘鄉賢小傳》一卷，清張貞撰，清康熙四十三年安邱張貞刻本。

《娱老集》載是編序云："就學宫所祀鄉賢，述其行業，以寄嚮往，考彼舊祀，合之新入者，凡四十五人。"九行十八字，白口，左右雙邊。

⑦《杞田集》十四卷、《遺稾》一卷，清張貞撰，清康熙四十九年安邱張貞春岑閣刻本。

封面題："《半部》《或語》《潛州》《娱老》四集類編，庠書養藏。"目録後有牌記："康熙庚寅重九日春岑閣刻成。""春岑閣"係張氏讀書處。卷端題："安丘張貞起元著，新城王士禛貽上定。"每卷末有校定人姓氏：卷一：男在辛挍字；卷二：男在戊挍字；卷三：男在乙挍字；卷四：孫男壯興挍字；卷五：孫男敬興挍字；卷六：孫男扶輿挍字；卷七：孫男重輿挍字；卷八：孫男簡輿挍字；卷九：孫男廣輿挍字；卷十：孫男庚輿挍字；卷十一：孫男展輿挍字；卷十二：孫男執輿挍字；卷十三：孫男茲輿挍字；卷十四：孫男平輿挍字。

十行十九字，黑口，左右雙邊，單黑魚尾。字大，但不如《半部稾》古樸。

崔巍老師書《博》下－140 著録：此集乃其子在乙及孫重輿、展輿合編校定之書。係將原《半部稾》合編，分爲十四卷。因原稿四刻，每刻皆有序、記、碑銘、墓志等，較繁複。此集卷一、二爲序，卷三、四爲記，卷五、六爲志傳，卷七至十二爲墓志、行狀，卷十三、十四爲圖贊、祭文、題跋等雜文。卷首有宋犖、王士禛等人序及題詞，卷末附遺稾十八篇。但王平先生認爲："重編者爲張貞，十三卷，文 213 篇。其中有 6 篇不見於《渠亭山人半部稾》，《遺稾》中的 18 篇與另 39 篇則不見於《杞田集》。《清史稿藝文志補編》著録該書時記爲'十四卷,遺稾一卷',誤。"①可能王平先生未見第十四卷。兩書所收篇目有差異可能就是因爲未見第十四卷。《遺稾》部分也在,與康熙四十七年刻本内容同,但卷端題名首行爲"杞田集",次行爲"遺稾",版心刻爲"杞田集遺稾",明顯與《半部稾》列於《娱老集》下不同。《遺稾》的行款版式風格與此書其他部分的行款版式風格全同,當爲康熙四十九年刻本。時張貞還在世。王平先生認爲係張貞所編亦有道理。《半部稾》和《杞田集》均是張貞在世時所刻。但前書是隨作隨刻,而後書是彙集整理後所刻,更條理些,且版式風格一致。

⑧《浮家汎宅圖詩》一卷,清張貞編,清康熙四十九年安邱張貞春岑閣刻本。

有牌記:"康熙庚寅重九日春岑閣刻成。"

書有三十餘人題畫詩:吴雯、徐嘉炎、顔光敏、高珩、李澄中、馮廷櫆、黄虞稷、顧豹、王貽上、孫枝蔚、王又旦、勵杜訥、朱彝尊、倪粲、汪耀麟、周在浮、周在延、周在建、安壽遠、楊涵、朱瑋、劉翼明、魏禧、孫寶仁、王啓涑、周員、汪文伯、馬常沛、曹湛、釋弘修、釋法震。同時還刻印了爲《張杞園先生像》題詠的詩作,作者有王岱、龐塏、丁澎、曹霦、王晫等人。另外,洪昇也有三首題詠《浮家泛宅圖》的曲子。

十行十九字,白口,四周雙邊,單黑魚尾。康熙字體,刻印精。

(2)張貞後人

①《杞紀》二十二卷,清張貞撰,清康熙五十五年安邱張氏刻本。

《杞紀標目》下題:"杞城耕者張貞纂述,男在辛排類,在戊、在乙抄撮。"

①王平:《張貞事迹著述考略》,載《東嶽論叢》1998年第1期。

前有康熙四十九年庚辰王士禛序,康熙四十七年張實居序,康熙四十五年自序,《畧例》《摭取書目》。正文後有康熙五十五年山陰韓文靖後序。自序曰:"丙戌長夏,邨居豐暇……撿出付兒子在辛次第之,釐爲二十二卷……康熙四十五年……七十老人張貞起元書於杞城之峡雲堂。"

杜澤遜師《存目標注》2053 條著録。王平《張貞事迹著述考略》云:"該書完成於康熙四十五年,刻於五十五年。這部《杞紀》絶非一般歷史之書可比,它不僅顯示着張貞的才學,而且飽含着張貞的歷史觀念和人生感慨。《杞紀》記載春秋杞國興衰及其地理變遷,可補正史之闕。"①2012 年 12 月 28 日在山東大學舉辦的"明清時期的山左學術"高層論壇上,山東大學終身教授袁世碩先生對此書推崇備至。

十行十九字,黑口,左右雙邊。刻印頗精。

②《瑣言》,清張在辛撰,清乾隆十三年安邱張在辛之子刻本。

在辛(1652—1739),字卯君,號柏庭,康熙二十五年丙寅拔貢,授觀城教諭。參與《[康熙]青州府志》的編纂工作。乾隆三年去世,時八十八歲。

此書《叢綜》著録②,包括《篆印心法》一卷、《隸法瑣言》一卷、《寫照瑣言》一卷、《撰杖瑣言》一卷、《輯硯瑣言》一卷、《解畫瑣言》一卷、《燼餘志畧》一卷、《侑觴瑣言》一卷、《畫石瑣言》一卷、《夕照回光》一卷。

《隸法》末有"男敬輿校";《撰杖》末有"男扶輿校";《輯硯》《解畫》末有"男重輿校"。

有乾隆十三年張在辛表弟蓼亭馬長淑序:"先生墓草已宿矣,

①王平:《張貞事迹著述考略》,載《東嶽論叢》1998 年第 1 期。

②上海圖書館:《中國叢書綜録》,上海古籍出版社 2007 年版,第 503 頁。

表姪景嵐孝思純篤,持《瑣言》求弁簡端。"景嵐,張在辛之子。另有張在辛八十一歲、八十六歲時小像兩幀。

九行十八字,小字雙行十八字,白口,左右雙邊,單黑魚尾。字體方正,刻印精美。

③《漁山吟》四卷,清張扶輿撰,清道光九年扶輿曾孫張柏恒等都門刻本。

扶輿(1688—1733),字景淑,張貞孫,在辛仲子。幼穎異,妙悟非常,濡染家學,七歲能詩文,讀書過目不忘,十二歲補博士弟子員,雍正七年己酉舉人,時四十二歲,四年後卒。有《漁山吟》《杲堂文集》《印譜》《書味齋詩餘》。

卷端題:"安丘張扶輿景淑甫著。"卷四末署:"曾孫樅恒、祺恒、柏恒、禧恒、松恒、信恒、檜恒、祚恒、杉恒、禔恒仝校。"

前有乾隆十二年丁卯秦勷序:"吾友漁山張子……原稿散佚,令嗣錫九多方搜輯,僅得如干首,蓼亭夫子攜諸同人爲之點定,將付梓人。"乾隆十二年丁卯瞿園曹涵於揚州府署撰《孝廉張君傳》。雍正四年丙午雪舫居士曹澣幼旬序。康熙六十年漁山張扶輿自序:"吾家世業經史,選聲掇句之學弗暇究焉。先大夫文孝公少能詩,晚則專力於古文詞,嘗曰:'文章者,千秋大業,碑銘誌傳必有關名教,以風世道而正人心。唫詠一事,已讓之海内作者矣。'(父張在辛作詩不多,扶輿)有詩癖,帖括之暇,間以韻語請正,大人斥之曰:'此非少年事,俟舉子業成,當與若輩講明風雅耳。'"末有道光九年曾孫柏恒識:"右《漁山吟》四卷,先曾祖孝廉公手著也。當時雖有序,文無定本,往往任朋好攜去。乾隆丁卯之歲,先祖司馬公輯而訂之,乞漢旬馬文穆公點定,曹雪舫、秦夢錫、李立齋諸先生爲之參閱。復不遠千里走維揚,謁傳於曹巨源太守。終以散佚過多,搜輯不備,遲之二十年未遽付梓。既而司馬公即世,不果鐫。越嘉慶壬戌,周硯農先生館吾家,以詩名,先大人與先叔敬出是編相質,因一時未獲良工,亦不果鐫。今大人兄弟又即世矣,回憶司馬公訂集之日,忽忽八十餘年。人事變遷,轉瞬靡定,苟非急爲刊刻,吾恐散佚者無從再爲搜輯,搜輯者安知不又將散佚乎?己丑秋日,兄康石久病新痊,檢發故篋,命柏恒偕諸弟重加校録,赴都門鐫之,以傳永久。庶幾先人手澤之存,數世來拳拳不忘者,可藉以少慰云。道光九年秋八月白露日曾孫柏恒謹識。"

由上可知,張氏在乾隆十二年有過刊刻此書的打算,但未成。

柏恒字雪航,安邱人,嘉慶十三年戊辰舉人,官金鄉教諭。還著有《增訂安邱新志乘韋》二十四卷、《式訓集》十六卷。

張柏恒爲先人刻書,自己的著述卻極少經營,據道光二十一年郭夢齡刻本《式訓集》,内有金鄉李庭禧道光七年於西鄉縣署之雙桂軒序:"(道光二年,張雪航秉教鐸於金鄉)命之曰《式訓集》,外更著《鄉賢傳》五十一篇,問序於余。時將省弟於陝之西鄉……未能復命。客夏,接家函,知《鄉賢傳》已爲楊雲亭太守序而刻之。"知道光初太守楊雲亭刻張柏恒撰《金鄉鄉賢傳》。其《式訓集》十六卷,道光二十一年由濰縣郭夢齡刻於湖北。

《漁山吟》八行十九字,白口,四周雙邊,單黑魚尾。字一般。

④《安邱張氏列傳》一卷,清張柏恒撰,清道光二十三安邱張氏刻本。

據《販續》著録①。當爲張氏刻本。

⑤《古香書屋詩集》六卷,清張善恒撰,清光緒二十八年安邱張介禄杭州刻本。

柯愈春《清人詩文集總目提要》著録:"善恒字聖基,號他庵,山東安邱人。諸生。年甫三十,以憂傷卒。存詩千餘首,友人王毓員爲定其稿。今存《古香書屋詩集》六卷,有郭續汾序及自序,又

①孫殿起:《販書偶記續編》,上海古籍出版社 1992 年版,第 62 頁。

王家治題詞，計《學吟唱和草》二卷、《歷下紀遊詩》二卷、《容膝蝸居吟》一卷、《西湖臥遊集》一卷，存詩六百首，皆嘉慶十二年以前所作，光緒二十八年曾孫介禄刻於杭州。"①

張介禄，張善恒曾孫，光緒十七年舉人，二十年進士。寧海縣知縣。三十年任臨海知縣。

⑥《鞠夢盧詩鈔》四卷，清張善恒撰，清光緒二十九年安邱張介禄浙江刻本。

《清人詩文集總目提要》著録："又有《鞠夢盧詩鈔》四卷，有嘉慶十七年王毓員序及曹承文序，又嘉慶十八年自序。録詩三百七十餘首，皆嘉慶十二年以後七年之作。光緒二十九年張介禄官浙省時刻。"②

⑦《隱厚堂遺詩》二卷、《附録》一卷，清張在辛撰，清光緒三十一年安邱張介禄等杭州刻本。

卷端題："渠邱張在辛卯君著，雪舫曹澣幼旬選，峰林李達本立齋選。"卷下末有："七世孫介弼、介孚、介璽、介禄、介禮仝校。"

乾隆八年馬長淑蓼亭撰序於滏陽官舍："没後，令子景宜、景嵐於故簏敝簏中倍極搜羅，去其率筆不經意者，存若干首，勒爲一集，寄至滏陽，求爲弁言，將以付梓……爰序而歸使授梓。"乾隆八年，張在辛之子欲刻而未刻成。張介禄《跋》："板行於世者，爲《增廣青州府志》《安丘鄉賢續傳》《篆印心法》《隸法》《瑣言》等書。詩集若干卷，舊藏寶墨樓，燬於火。捐館後，先六世伯叔祖明經、郎西兩公兄弟從故簏敝簏中搜索原稿，録爲巨編，署曰《隱厚堂遺詩》。求曹幼旬、李立齋前輩鑒定，馬文穆公序文，上之德州盧都轉雅雨先生，極蒙推許，採入《山左詩鈔》者一十三首。原本未及

①柯愈春:《清人詩文集總目提要》，北京古籍出版社 2002 年版，第 1176 頁。
②柯愈春:《清人詩文集總目提要》，北京古籍出版社 2002 年版，第 1176 頁。

梓行,明經、鄖西兩公先後即世……歲己亥,介禄卸任臨安,請假旋里,族子企賢出以相貽。攜歸武林,一再檢閲,訛誤不免。因郵致從兄紫綬,句櫛字比,悉心校讎,編爲二卷。繼又從諸父兄處檢得存稿數十首,仿先文孝公《娱老集補遺》之例,附録於後,並付棗梨。……光緒乙巳……七世孫介禄謹識於緱城官舍。"此緱城官舍是武林地。

九行十八字,白口,左右雙邊,單黑魚尾。字畫端正,因係浙江刻書,故刻印精。

安邱張氏刻書特點有五:

一是八世刻書,在山東屬鳳毛麟角。時間上從康熙至光緒,幾乎綿延了整個清代。其中張貞刻書最多,有九種,字大行疏,扁平字體,版心下刻堂號,非常漂亮,是安邱張氏刻書的代表,也是山東少見的精品。張在辛一代未主持過刻書,但參與了其父的刻書活動,如刻其父的《杞田集》,可謂三世上陣。張貞孫輩主要刻了張在辛的《瑣言》,參與了《杞田集》的刊刻。第六代刻了張扶輿的《漁山吟》及《安丘張氏列傳》,第八代張介禄刻了張善恒的兩部詩集和張在辛的《隱厚堂遺詩》。

二是在刻書内容上,除了以治印揚名的印譜外,張氏更注重家譜和家族資料的刊刻。不僅三刻家譜,而且爲重要人物立傳,如《渠丘三張公合傳》《張孝廉行略》《安丘張氏列傳》,宣揚家族遺風。

三是注重地方文獻的刊刻。有關安邱的有《渠丘耳夢録》《杞紀》《安丘縣學崇祀鄉賢小傳》《全城紀立後記》,有關青州的有《青州鄉賢小傳》,有關金鄉的有《金鄉鄉賢傳》。

四是刊刻詩文。有張貞的《半部稾》及後來的《杞田集》,有張扶輿的《漁山吟》,但這並不是張氏刻書的主體。

五是張貞刻書主要在安邱當地,唯一一部明確在外地刻的書是《渠丘耳夢録》。亦有張柏恒在都門刻書,張介禄在浙江刻書,都在居官地刻成。

4)劉氏刻書

劉源淥(1619—1700),字崑石,安邱人,明諸生,學者稱直齋先生。治學以"敬義"爲本,以"格物致知"爲先,追求所謂"不獲其身,不見其人"的境地,完全恪守程朱理學的窠臼,影響了一批人,如本邑的張貞,昌樂的閻循觀、周士宏,濰縣的姜國霖、劉以貴、韓夢周,德州的孫于簠、梁鴻翥,膠州的法坤宏等。劉源淥著有《周易解評》《書評》《詩評》《儀禮經傳評》《儀禮經傳通解編》《小戴記評》《大戴記評》《四書補注》《近思續録》《小學補注》《冷語》等。源淥著述皆由其子行秉刊刻,曾孫劉汝飛、五世孫劉其旋、劉耀椿亦有刻書。

①《讀書日記》六卷、《補編》二卷,清劉源淥撰,清雍正五年安邱劉行秉等刻本。

《四庫存目》曰,是編"凡《記疑》五卷,《冷語》一卷,皆讀書劄記之言。其《記疑》本二十四卷,《冷語》本五卷,後歸安陸師爲之删定,更以今名"。

前有雍正五年馬長淑識,稱陸氏欲刻,攜之都,未果,去世,馬長淑删定,編次爲八卷:"付劉先生喆嗣躬修鏤板行也。"又馬長淑撰《傳》,雍正五年張在章撰《傳》,劉源淥爲張在章之師,序中提及授梓之事。雍正十一年李壽刻後序。知此書刊刻始於雍正五年,終於十一年,長達六年之久。《補編》有雍正五年秦勷跋:"丁未夏,余遊都門歸,適直齋先生《讀書日記》刻垂成,馬蓼亭夫子屬余校魯魚之謬。"雍正五年李瀗叙:"(蓼亭先生)命小子瀗與孫子樹本從事校讎(作補編)。"末有雍正五年孫自務樹本跋,雍正五年劉行秉跋:"行秉深懼日久就湮,賴同學諸君子重加校訂,補其遺缺,乃付梓人。"雍正五年曾孫汝飛跋:"又六年,從祖躬修公始克付梓。”

有《參訂姓氏》,其中,同學有楊青藜祿客、周籙長蒼符、馬天挺元朗、曹質心白、馬天撰翼辰、兄源浚岷中、張貞杞園;門人有馬恒謙六吉、陳舜錫虞章、李之椿大椿、馬長裕近溫、李之彬均宜、馬長沛竹船、張在辛卯君、曹士俊智千、馬長嗣令貽、馬純錫錫嘏、姪仁瑞雪阡、姪德讓虞候;參閱者有張在戊申仲、李瀊若千、張在乙亶安、李仁育惠庵、馬長淑漢旬、曹濴幼旬、王壽長静山、曹涵巨源、孫自務樹本、張壯輿景羲、秦勷勁夫、張敬輿景宣;校字者有李大本立齋、姪行穉孝孺、行種默生、男行秉躬修、姪曾孫汝飛萬九。末署:“族孫遬督工。”卷端題:“安邱劉源淥直齋甫著,歸安陸師巢芸甫定,後學馬長淑漢荀甫較。”《補編》卷端題:“安邱劉源淥直齋甫著,後學李瀊若千、孫自務樹本鈔撮,後學秦勷勁夫校正。”《補編》末署:“雍正丁未孟夏男行秉、孫爔辰生、曾孫馮信敬刊。”

十行二十一字,大黑口,左右雙邊,雙對黑魚尾。清初風格,刻印精美不苟。

此書在山東尤其是青州府受到很大的重視,原因是劉氏承程朱之學,與清初官方倡導的學術風氣相吻合。此書集結了大批山東名流,如張貞率其子共四人參與其中,有參訂者,有參閱者。馬氏有馬天挺、馬天撰、馬恒謙、馬長裕、馬長沛、馬長嗣、馬純錫、馬長淑一門八人,曹氏有曹質、曹士俊、曹濴、曹涵四人。看來,本邑的著名人物及世家均參與了此書的校刊工作。此書也凝結了劉氏家人的心血,兒子、族姪、孫子、曾孫均參與校字、刊刻。時間跨度長達六年。

②《讀書日記》六卷、《補編》二卷,清劉源淥撰,清宣統二年安邱劉氏堂邑刻本。

封面題:“劉直齋先生讀書日記,記疑冷語合□。”

原書序跋及校閱人等一律如舊。又有宣統二年周思誠刻成後跋:"直齋先生所著《讀書日記》,梓行久矣。咸豐辛酉,捻匪過境,原版燬於逆氛,藏書之家閒有印本,又皆珍襲而不肯出。物色久之,終以未得爲憾。庚戌之秋,其裔以修譜餘資復發刻於堂邑,誠適以差委留滯是邦,承任事諸君之囑,就近校讎,遂得畢讀焉。"可知此書由劉氏後人刻於堂邑。

十行二十一字,黑口,左右雙邊,雙魚尾。字大悦目,比較精細,因係家刻且餘資豐富。

③《石民集》二卷,清楊青藜撰,清乾隆十八年安邱劉汝飛、劉其旋父子江蘇嘉定刻本。

楊青藜,字禄客,自號石民,濰縣人。

封面題:"楊石民先生詩稿,乾隆十八年鐫,安邱劉氏藏板。"卷端題:"濰縣楊青藜著。"

王鳴盛乾隆十七年序:"邑侯安邱劉川南先生……因出其鄉楊高士石民詩集見示。集爲川南尊甫萬九先生所藏弁,屬傅金樵氏抉擇而存之者。川南禀承庭訓,將授剞劂。"鉅野傅爾德乾隆十六年序:"國朝來,吾鄉能詩而窮者,諸城丁耀亢野鶴、濟南王苹秋史、曲阜孔貞瑄璧六、博山王宏譔鷗亭與濰縣楊石民先生爲最……履夫宰嘉定,迎封公就養。封公念令長俸嗇,其家費足竟石民事。值余至,大喜,撫其背曰:'爲我訂石民集矣。'因與余鍵西齋,日夜鈎棘,爲抉擇若干首,履夫授之梓。封公曰:'石民先生,□有嗣續,墓在安邱。刻成,攜歸焚墓前告之,表於墓曰:濰縣詩人楊青藜之墓。'"封公爲劉汝飛,履夫爲劉其旋。劉汝飛爲劉其旋之父。其旋,字川南。劉汝飛有《刻石民先生集記》。劉其旋識《書石民先生集後》:"大人既刻先生集,附原書,命其旋志之。"此書爲劉其旋官江蘇嘉定縣令時所刻,王鳴盛爲嘉定人,所以爲其書作序。

十行二十一字,白口,左右雙邊,單魚尾。乾隆風格。江蘇有優秀的刻書傳統,故寫刻精美。

④《守城要覽節要》四卷，明宋祖舜撰，清咸豐四年安邱劉燿椿刻本。

祖舜字淑哲，號鹿遊，東平人，萬曆四十四年丙辰進士，官鄖陽巡撫。還著有《守城要略》四卷。

劉燿椿(1784—1858)，字莊年。劉源淥五世孫。嘉慶二十五年進士，選爲庶吉士。出任安徽潁上、阜陽縣知縣。因有政績，陞爲安徽六安知州。後任安慶知府。道光十八年，爲福建興泉永道兼金廈兵備道。有《海南歸櫂詞》二卷，咸豐五年花壽山刻，清中期的濟南府歷城刻書將述。

卷端題："東平守祖舜原本，鄉後學安邱劉燿椿録刊。"卷末有"章邱廩生馬德徵校字"。

有咸豐四年劉燿椿叙，稱："是書悉詠諸書舊説，删其繁蕪，参以己見，大率得之閱歷，簡而易行，無明季遊士猥雜之辭，足爲郡具備禦應變之方。往年，余既刊吕氏《救命書》，今又取是書擇其要者録刊之。"

十行二十三字，黑口，四周單邊，無魚尾，刻一般。

⑤《救命書》二卷，明吕坤撰，清道光咸豐間安邱劉燿椿刻本。

劉燿椿刻《守城要覽節要》序："往年，余既刊吕氏《救命書》，今又取是書擇其要者録刊之。"知有《救命書》一刻。

⑥《近思續録》十四卷，清劉源淥撰，清道光二十五年安邱劉燿椿等雲門書院刻同治八年津門華鈞青州學署續刻光緒十七年中州劉景宸青州府署修補本。

是書因朱子《近思録》篇目，採輯朱子《或問》《語類》《文集》分門編輯而成，是劉源淥的代表作。

有康熙四十年門人陳舜錫識："直齋劉先生憂之，取朱子《文集》《或問》《語類》諸書，仍《近思録》篇目，分次其言，以誘後學，曰《續録》。"康熙四十年門人馬恒謙序。此二序爲康熙年間成書時所作。同治八年益都縣知事華鈞識:“其五世孫劉莊年廉訪主青州講院,攜來稿本。適濟東徐桓生觀察、青州李樂亭太守,皆莊年同年友,與宰益都徐子信及金俊齋翕然捐資開局刊刻。後以需費甚夥,未能蕆事。鈞於同治丁卯冬權篆益都,得覩是書,不禁欣然嘆曰:‘喜是書之有功於人而惜其刊刻未竣,不能廣傳海内、昌明聖道耳。’時徐子信猶僑居於此,晤言及之,始得顛末。鈞因捐資補刻,仍同徐子信核校完竣……是書刻始自道光乙巳年,迄今二十餘載矣,竭諸公之財與力,猶俟鈞成九仞一簣之功……是以主義學十餘處,各頒一部,欲後之學者得所師承,倘能朝夕講誦,其有裨於修己治人之道爲不淺也。此板永存青州學署,如好學者捐資刷印,固爲大幸,但板不得攜去,以致散亡,天下事成之難而敗之易,況係同人捐資,宜公同好,無論何人不得視爲己有,即先生後嗣當亦不易。同治八年……知益都縣事津門後學華鈞。”光緒十七年,青州府事中州劉景宸《補刻近思録序》:“青州雲門書院舊藏安邱劉直齋先生《近思續録》板片,廼其五世孫莊年廉訪主雲門時所刻也。莞鑰弗謹,致多散佚。余庚寅秋來守斯郡,適柏雲卿太史主講席,相與惜之,檢查原版,計殘缺四十餘葉。亟求善本,捐廉摹板,詳加讎校,復成完璧。工既竣,爰綴數語以誌顛末。”

此書刊刻始末可由以上二序得知。道光二十五年,劉莊年主雲門書院時刊刻未成,同治八年津門華鈞補刻,因書板存青州學署,有損失,光緒十七年劉景宸又補刻完成。此書《博》下 –2 作嘉慶劉氏刻本,誤。

十二行二十七字,黑口,四周單邊,無魚尾,字小行密。

5)其他刻書

除了以上劉正宗、曹氏、張氏、劉氏四家,安邱清前期的刻書還有以下數種:

①《松濤室詩稿》一卷,清周若水撰,清周大慶編,清順治安邱

周氏家刻本。

周若水(1574—1664),字文漪,諸生。著有《周氏一家詩》,輯周若水一家三世之詩。大慶,若水姪。

卷首有劉正宗及高珩序,卷末有大慶及子歷長題跋。

②《二酉彙删》二十四卷,清王訓纂,清康熙三年安邱王氏擇雅堂刻本。

③《四書正義》二十卷,明宋繼澄撰,清康熙安邱韓應恒、馬長春刻本。

繼澄字華之,號澄嵐,天啓七年丁卯舉人。另著有《丙戌集》《萬柳集》《海濱己丑集》《地僻詩卷》(宋繼澄與黄宗崇諸人倡和之詩)。長春字三如,安邱人,順治二年乙酉舉人。

④《質庵詩文集》五卷,清李瀍撰,清乾隆安邱李氏好音書屋刻本。

李瀍(1684—1738),字若千,安邱人,乾隆元年進士,官至國子監祭酒,嘉慶帝師。後辭職回到安邱老家,以馬長淑爲師。

此書爲李瀍之子李曰相輯刊。

首有趙青藜、馬長淑、曹涜等人序。閻循觀序云:"先生邑中有張待詔杞園與王進士敷彝相切劘爲古文。杞園以爲未足,南走吴中,交汪鈍翁,得其指畫。先生與杞園之子卯君遊,因而私淑焉。既而同事馬磁州漢旬,漢旬亦師杞園者也。其用力既多,而又以源流之善、師友之賢,故卒能有所成就。"

⑤《渠風集略》七卷,清馬長淑輯,清乾隆八年安邱馬氏輯慶堂刻本。

長淑(1674—1756),字漢旬(荀),安邱人,雍正八年庚戌進士,授保定知縣,署安肅,陞磁州知州。生平究心於鄉邦文獻的搜輯整理。另著有《肅保條議》《括齋詩集》《菜根齋集》。

書凡四卷,第五卷專輯馬氏一家詩,第六卷爲流寓、方外、閨秀、續編四門，第七卷爲《詩餘》。

前有乾隆八年曹濼序："分爲六卷，將付剞劂。"是年李大本序："磁州夫子輯渠邱前修之詩，謀割俸金付剞劂氏。"是年馬長淑於滏陽署中題詞："與曹子幼旬、李子立齋等，共加校定。"馬長淑再序："渠風之名何昉乎？吾邑張杞園先生嘗輯邑中古今人詩名曰《渠邱詩留》，又曰《渠風》，屬東武李漁邨太史選定行世……後以搜羅弗廣，事遂中輟，遺稾亦澌滅無存。兩先生先後謝世，固已四十餘年矣。今薈萃成書，刊布傳後，仍以《渠風》名集者，良以兩先生苦心高義不敢忘所自始云。"知張貞欲輯其邑自明迄清之詩，名曰《渠風》，久而未就。長淑因踵成是編。序後署"張敬輿謹書"。蓋書寫者爲張氏。字爲小篆。

封面題："輯慶堂梓。"版心下刻"輯慶堂"。卷端題："邑後學馬長淑蓼亭甫校輯。"序後有校訂人氏。校訂者：李瀠若千、孫自務樹本、曹濼幼旬、曹涵巨源、李大本立齋。參閲者：周樂經俶畊、張壯輿景熙、王壽長仁庵、李勷夢錫、張敬輿景宣、周位素安。正字者：馬檀欒園、馬椐壽竹、馬柏新甫、馬燦蔭千、馬磐仲堅、馬輿亮朗山。其中，李瀠、孫自務、李大本皆爲安邱名人，曹濼、曹涵爲安邱曹貞吉、申吉的後人，張壯輿、張敬輿，均爲安邱張貞的後人。至於正字者，皆爲馬氏家人。可見，此書集安邱大族及精英的力量而成。

十行二十二字，小字雙行二十二字，白口，左右雙邊，單黑魚尾，不分欄。刻印精。

⑥《西琅館詩集》，清馬天撰撰，清雍正乾隆間安邱馬長淑刻本。

馬天撰，字翼辰，安邱人，康熙二十六年丁卯副貢。

有《西琅館詩集參姓氏》：張在辛卯君、孫自務樹本、曹濼幼旬、曹涵巨源。下署："男長淑敬梓，孫男檀、爍正字。"知爲馬氏家刻本。

十行二十二字，白口，左右雙邊，單黑魚尾。

⑦《白雲盧詩》四卷，清王壽長撰，清乾隆三十二年安邱王氏青李館刻本。

王壽長，字静山，號蠙菴，安邱人，雍正五年丁未進士，官邵武知縣。

封面題："白雲盧詩，青李館藏板。"

前有乾隆三十二年丁亥張師元序，乾隆八年癸亥馬長淑滏陽官署序，乾隆五年庚申王壽長自叙，後有曹澣跋，乾隆三十二年丁亥馬爍跋，是年辛宜岷跋："（先生）没後，次子近思、孫杜將梓先生詩而倩岷校之。"卷末署："次男近思行先、孫杜甫也、椓士執、族孫鈞伯平校字。"知此書爲王壽長子孫輩所刻。

九行二十一字，小字雙行二十一字，白口，四周單邊，單黑魚尾。

⑧《孟子音義》二卷，宋孫奭撰，清乾隆四十六年安邱韓岱雲刻本。

據《山東通志・藝文志》和《經籍要略》著録。《山東通志・藝文志》曰："是書文淵閣著録。國朝人刊本凡數家，抱經堂校本最精，安邱韓岱雲亦有乾隆辛丑刊本。"

⑨《蓼溪詩略》二卷，清王中孚撰，清乾隆安邱辛宜岷刻本。

王中孚，字木舟，號蓼溪，諸城人，乾隆二十五年庚辰進士第一，官編修。年未四十而殁。

卷端題："諸城王中孚木舟著。"有乾隆三十年安邱辛宜岷序："余斤斤裒其遺集以傳於世，曾何足爲木舟重……斯編之刻，祇增余存殁之悲耳。"

九行二十一字，白口，四周單邊。

⑩《讀禮竊注》不分卷，清孫自務撰，清乾隆間安邱孫氏花石

山房刻本。

孫自務,字樹本,號立庵,安邱人。乾隆六年辛酉優貢。是書撮舉三《禮》,凡五十七條。書係孫自務去世二十年後由子孫刊刻而成。

前有閻循觀序,劉棟序,孫自務自序。後有孫瑞符書後,孫國賓跋。

九行二十字,小字雙行二十字,白口,左右雙邊,單黑魚尾。版心下刻"花石山房"。刊刻精細,乾隆風格。

以上,安邱刻書共五十九種,劉正宗三種,曹氏十四種,張氏三十種,劉氏兩種,其他十種。集部二十九種,其中别集類二十六種。經部三種。史部十種,其中傳記類七種。子部二十七種,張在辛的《瑣言》就占十種。藝術類有五種,全部是張貞父子的印譜。

8. 諸城刻書

諸城春秋時稱諸邑,秦置琅琊郡,吕后時又置東武,二縣同屬琅琊郡。隋開皇十八年,改東武縣爲諸城縣,明清屬青州府。故有稱"諸城"爲籍貫者,有稱"東武"爲籍貫者,實爲一地。

明代的諸城刻書很少,有四種,其中丁耀亢在崇禎時所刻有兩種。而清代前期的諸城刻書首開其風者亦爲丁耀亢。

1)丁耀亢父子刻書

(1)丁耀亢

丁耀亢(1599—1669),字西生,號野鶴,自稱紫陽道人,諸城人。少孤,負奇才,倜儻不羈。弱冠爲諸生,走江南,遊董其昌之門,與諸名士聯文社。既歸,鬱鬱不得志,作《天史》十卷。明末鄉國盜起,他曾幫助所善王遵坦募兵數千人,解安邱之圍。順治四年入京師,由順天籍拔貢,充鑲白旗教習。順治十一年,任直隸容城教諭,後遷惠安知縣,以母老不赴。六十歲後病目,自署木雞道人。

丁耀亢一生著述頗豐。僅傳世的詩文集就有《逍遥遊》二卷、

《陸舫詩草》五卷、《補遺》一卷、《椒丘詩》二卷、《江干草》一卷、《歸山草》一卷、《聽山亭草》一卷，傳奇有《化人遊》一卷、《赤松遊》三卷、《表忠記》二卷、《西湖扇傳奇》二卷，還有《家政須知》一卷、《出劫紀略》一卷、《天史》十卷，更爲著名的是《續金瓶梅》十二卷六十四回。

丁耀亢刻書自明崇禎時起。

①《問天亭放言》，清丁耀亢撰，明崇禎諸城丁耀亢刻本。

周洪才《丁耀亢及其著作考論》①一文中，云丁耀亢有《問天亭放言》一書，又稱《天史詩》，爲詩集。此書不分卷，前有同邑邱石常序及目録。内署："東武丁耀亢鶴甫著，同社邱石常子虞甫、邱玉常子如甫閲。"書内收入作者自明天啓六年至崇禎七年也即作者二十八歲至三十五歲期間創作的詩歌一百首。《清詩紀事初編》亦談到，"據《故山遊》序，壬申（按：崇禎五年）以前，有《問天》一刻"。此書受王士禛稱許。

②《天史》十卷，清丁耀亢撰，明崇禎七年東武丁氏刻本。又有清煮石齋刻本。

此書是耀亢山居期間，博覽衆史，偶感人事，欲有所懲，取歷代吉凶由人事而寫成的一部專著。共分十案，每案一卷，完成於明崇禎六年，《問天亭放言》有《不答庵獨坐〈天史〉告成》詩二首紀其事。李澄中撰《傳》云："居橡谷别業，取歷代吉凶由人事，著《天史》十卷。"

有益都鍾羽正序，耀亢《鍾先生（羽正）集序》云："憶明季癸酉，亢修《天史》書成，執贄請益，先生辭不受。既以書進，觀，喜曰：'吾得道器矣。'乃具冠服束帶，受拜如弟子禮，爲《天史》作序。"

---

①周洪才：《丁耀亢及其著作考論》，載《齊魯學刊》1996年第5期。

③《崇雅堂集》十五卷，明鍾羽正撰，清順治十五年諸城丁耀亢、門人高有聞刻本。

鍾羽正（1554—1637），字淑濂，號龍淵，明末大臣，益都人。萬曆八年進士，官至工部尚書。

封面題："本衙藏板。"卷端題："益都鍾羽正龍淵父著。"

高有聞《崇雅堂集序》。丁耀亢《明工部尚書太子太保鍾先生集序》："（先生）易簀之夕，屬□君伯敬曰：'勿請祭葬，勿請謚。予有所修《厚德録》二十卷，《管見》一册，《詩》一編，以遺丁子。惜遠不及面，丁子必來奠，時以書授之。'明年，先生葬於北阡，亢執紼臨壙，□君始授書。亢長跽跪拜授，懼不克終。時國辜孔棘，藏書山笥，膠西高司空□齋者，久服膺先生，借書觀，時高以病起授南郡，慨然付梓，亢幸剞劂得人，且江南流傳易廣，遂以稿付。安知甲申國變，高君與書俱歿，使先生之業不傳者，亢之罪，奚贖哉？……亢癸酉及門，至今廿有五年。先生之墓木已拱，遺書未布。亢過墓，腹痛，實赧且悚。猶子一士中進士，貧不能梓。是歲，以事入郡，再晤□君，並搜遺詩、雜著各一帙。同郡通政高公谷虛者，亦出先生門下，有同志焉。亢遂覓梨棗，雖《厚德録》已失，亦見一斑矣。……讀先生東歸詩，爲萬曆戊戌，今刻成於順治戊戌。亢以己亥生，計今六十年……瑯琊門人丁耀亢野鶴拜識。"由以上二序知，此書刊刻不易，首先是鍾羽正家貧，其猶子一士雖爲進士，但無力刻書；其二是鍾羽正臨終前以刻書相托，表明他與丁耀亢關係不同尋常，不僅是老師和弟子，而且非常信任他；其三是丁耀亢將稿托膠西高司空刊刻，但明清易代之時，高氏與稿皆不存。此稿爲搜集遺存所得，並非全部。最後刊刻成書實賴丁耀亢與鍾羽正的另一位學生——益都高有聞共同之力。

十一行二十三字，白口，四周單邊，單黑魚尾。全書字體不一，有些許清初風格，但字小，無行格。卷十三爲寫刻，與他卷不同。

另有一些字稍大，有行格，無清初風格，可能是補刻，其中有許多墨釘，係刻工不慎，知刻資不豐，刻書不精。

此書賦、詩六卷，文九卷。昌樂閻湘蕙於同治九年得於廟會，擬於光緒五年重刊，但無力施行，於是將書轉予鍾氏後人，光緒三十三年在鍾際昌的主持下，鍾氏又重刻此書，有賦、詩七卷，文八卷，與丁耀亢本卷次不同。丁本中書啓、雜著十首，呈辭二首，均佚；狀志亦佚十四首。由此可見丁本的價值。

④《鍾一士遺稿》四種五卷，明鍾諤撰，清順治丁耀亢、高有聞刻本。

諤字一士，益都人，鍾羽正侄，明崇禎十六年癸未進士，入清官至大名兵備道。

此稿分四種：《詩》一卷、《詩餘》一卷、《尺牘》一卷、《臨場技藝》一卷。《尺牘》卷首有馮溥序。《臨場技藝》前有竇遴序。

丁耀亢不僅刻鍾羽正的遺集，還刻了其侄鍾諤的遺集，看來與鍾氏的關係非同一般。

⑤《逍遥遊》二卷，清丁耀亢撰，清順治諸城丁耀亢刻本。

卷端題："瑯琊丁耀亢著。"此爲丁耀亢最早的詩集，有順治四年丁亥早秋龔鼎孳《逍遥遊序》，沈復曾序，丁日乾序，順治四年丁耀亢自敘。目録中《燕趙遊》《山陽遊》下有"存稿未刻"，《大澤遊》下有"稿缺"。存稿未刻大概因有違礙之處。

八行十八字，白口，四周單邊，無魚尾，無直格。字體爲清初風格，敦厚。版心上鐫三字，版心下刻本集的第一字，如"岱"，中刻"一卷"和葉碼，而不是"卷一"和葉碼。中有刻錯的字，爲墨釘，亦有版心集名刻錯者，如"海廿七葉"卻刻成"岱廿七葉"，"海廿八葉"卻刻成"岱廿八葉"，知校刻不精。

⑥《陸舫詩草》五卷、《補遺》一卷，清丁耀亢撰，清順治諸城丁耀亢刻本。

這是丁耀亢的紀年詩。收詩自順治五年戊子,迄順治九年癸巳,俱入都以後所作。"陸舫"是丁氏客居京師時的室名,建於華嚴寺内。當是時,丁耀亢日與名公卿如王鐸、傅掌雷、張坦公、劉正宗、龔鼎孳等賦詩其中,名大噪。

封面題:"丁埜鶴陸舫新詩。"有趙進美《陸舫詩序》,王鐸《丁野鶴詩序》,孫廷銓序。每卷有單獨目録。卷端題:"孟津王鐸覺斯、渠邱劉正宗憲石兩先生鑒定,諸城丁耀亢野鶴甫著。"

九行二十一字,白口,四周單邊,單魚尾,無直格,宋體字,清初字體,但風格與《逍遥遊》不完全相同。

⑦《椒丘詩》二卷,清丁耀亢撰,清順治諸城丁耀亢刻本。

詩起順治十一年甲午,迄順治十五年戊戌,是丁耀亢官容城教諭時所作。

卷端題:"鉅鹿楊思聖猶龍、淄川高珩念東兩先生鑒定,東海丁耀亢埜鶴甫著。"

有順治十三年丙申高珩序,是年孫奇逢《容城孫鍾元徵君書序》,順治十二年乙未東武丁耀亢《椒丘詩自序》。每卷有單獨目録。

九行二十一字,白口,四周單邊,單魚尾,無直格。風格與《逍遥遊》相似。

⑧《漆園草》,清丁耀亢撰,清順治諸城丁耀亢刻本。

周洪才《丁耀亢及其著作考論》①一文中引用鄧之誠《清詩紀事初編》:"其子慎行跋《西湖扇》,歷數先人著述,尚有《天史》《漆園草》《表忠記》《非非夢》《星漢槎》,並已刊行,今皆未見。"所説《天史》《表忠記》因流傳絶少未見,其他三種直至目前亦未見刻本,約是禁書所致。《漆園草》,乃耀亢崇禎十七年於淮上所作。

①周洪才:《丁耀亢及其著作考論》,載《齊魯學刊》1996 年第 5 期。

耀亢在《航海出劫始末》中曾談及此書，謂"甲申（按：崇禎十七年）九月，劉太史憲石，移家入海，南行過淮上，謁淮上劉將軍澤清，授以贊畫，爲陳方略，使結東之大姓爲藩籬，不能行。爲疏以薦授監紀司理於王將之軍。屯東海，以圖進取。於是，官於島中，借官爲名，終日賦詩飲酒，且以課耕，詩載《漆園集》。"

⑨《化人遊》一卷，清丁耀亢撰，清順治諸城丁耀亢刻本。

《化人遊》作於順治四年丁氏南遊之時，是其傳世劇作完成最早的一部。作者署"野航居士"。

封面題："野寉齋傳奇秘本，化人遊詞曲，嘯臺新詠。"卷端題："化人遊詞曲，野航居士漫著。"有順治四年丁亥龔鼎孳序，順治五年戊子宋琬總評。共十出，每出後有評。

九行二十四字，小字單行二十四字，白口，四周單邊，單魚尾，字體與《逍遊遊》不同。略有寫刻的意味，小字尤其如此。

⑩《赤松遊》三卷，清丁耀亢撰，清順治諸城丁耀亢刻本。

此書始作於明崇禎十六年，完成於清順治六年，前後歷時六年。

封面題："赤松遊傳奇。"有順治六年耀亢託名華表人作《作〈赤松遊〉本末》。丁野鶴《〈赤松遊〉本末》、順治六年己丑《題辭》。順治九年壬辰查伊璜《赤松遊》序。《嘯臺偶著詞例數則》。《目録》。書共三卷四十六出。

九行二十二字，白口，四周單邊，無魚尾，字體如《化人遊》。

⑪《表忠記》二卷，清丁耀亢撰，清順治丁耀亢刻本。

此書全稱《楊忠愍蚺蛇膽表忠記》或《新編楊椒山表忠蚺蛇膽》，二卷三十六出，丁耀亢作於順治十四年容城教諭任上。前有郭棻《弁言》記其始末甚詳。

封面題："丁野鶴先生編，新編楊椒山表忠蚺蛇膽。"並刻有："茲刻一脱《鳴鳳記》枝蔓，專用忠愍爲正腳，起孤忠於地下，留正氣於人間。全摹年譜,不襲吴趨本。奉命進呈,未敢自衒。姑公之海内,以補忠經云爾。"

卷端題:"擬進呈楊忠愍蚺蛇膽表忠記上卷,容城縣教諭瑯琊丁耀亢編,忠愍裔孫金容楊遠條校。"

有順治十六年己亥保陽謫史郭菜芝仙《弁言》。目録題名"新修楊忠愍蚺蛇膽表忠記"。

九行二十字,小字單行二十字,白口,四周單邊,無魚尾,版心題"表忠記",字如上兩種。卷端題:"容城教諭丁耀亢拜記。"

⑫《非非夢》,清丁耀亢撰,清順治康熙間諸城丁耀亢刻本。

據周洪才《丁耀亢及其著作考論》文中引用鄧之誠語(見上述《漆園草》條),知丁耀亢還有《非非夢》《星漢槎》兩種傳奇之刻,衹是未見流傳。

⑬《星漢槎》,清丁耀亢撰,清順治康熙間諸城丁耀亢刻本。見上條。

⑭《出劫紀略》一卷,清丁耀亢撰,清順治諸城丁耀亢刻本。

《出劫紀略》是丁耀亢的文集,成於順治十三年。記載明崇禎十五年清兵入關和崇禎十七年李自成義軍進北京時,丁耀亢及其家屬遭遇的情形。丁耀亢曾幾次逃到海州附近的海島上去,後又回到家鄉,所以名之曰《出劫紀略》。

九行二十四字,白口,四周單邊。

⑮《續金瓶梅》十二卷六十四回,清丁耀亢撰,清順治諸城丁耀亢刻本。

《續金瓶梅》是現存《金瓶梅》續書中最早的一部。是丁耀亢在順治十八年六十三歲時所作,抒發了作者的亡國之痛和民族感情。書由查繼佐參訂,附圖 60 餘幅。前有萌蒐隱道人、西湖釣史、南海愛日老人序。原刻於康熙四年即遭焚毁,故存世極少。傅惜華藏全本,上海圖書館藏殘本。有資料説,丁耀亢爲刻此書,親到姑蘇雇人鐫版印刷,不知確否。

(2)丁慎行

丁慎行,字顒若,耀亢子。丁耀亢去世後,他搜羅父親遺著,陸續刊行。

①《天史》十卷,清丁耀亢撰,清煮石齋刻本。

此書前已有述,先是崇禎七年丁耀亢自刻,又有煮石齋刻本。光緒中,又有煮石草堂石印本,名《天史十案》十三卷,八行十八字,白口,四周單邊。此"煮石齋"和"煮石草堂"大概爲丁氏後人的堂號,因爲丁耀亢有"煮石草堂",取自唐人"秋山掃紅葉,歸來煮白石"。在《家政須知》一書中,封面題:"丁野鶴先生著,煮石堂梓。"卷端題:"諸城丁野鶴著,男慎行校梓。""煮石堂"很可能是丁慎行的堂號,而丁氏的著述大多有煮茗堂刻本,此"煮茗堂"亦應爲丁氏後人的堂號。

②重刻丁耀亢詩集。

丁耀亢在清順治間有詩集的自刻本,據著録,又有康熙中煮茗堂刻本,則爲丁慎行所刻。三種爲《逍遥遊》二卷,《陸舫詩草》五卷、《補遺》一卷,《椒丘詩》二卷。

以上三種詩集,煮茗堂刻本皆未見,重刻之説待考。《善目》未收煮茗堂刻本。或許是丁慎行重印時封面有煮茗堂藏板字樣。按常理,丁耀亢刻於順治間,康熙時丁慎行没有必要再刻,但丁耀亢的著述在康熙四年被禁過,也可能流傳不廣,或版片已燬,所以丁慎行再刻。丁慎行確實刻過的丁耀亢詩集爲《丁野鶴先生遺稿》三卷。

③整理刊行丁耀亢詩集三種。

《丁野鶴先生遺稿》三卷,清丁耀亢撰,清康熙十二年諸城丁慎行刻本。

包括詩集三種:《江干草》一卷,起順治十六年己亥,迄順治十七年庚子;《歸山草》一卷,起康熙元年壬寅,迄康熙五年丙午;《聽山亭草》一卷,起康熙六年丁未,迄康熙八年己酉。

封面題:"丁野鶴先生遺稿。"卷端題:"合淝龔鼎孳芝麓、萊陽宋琬荔裳兩先生鑒定,同學靈壽傅燮詷去異、江左紀映鍾戇叟、同邑李澄中雷田參閲,諸城丁耀亢野鶴甫著,婿任玥希庵、何棐篤臣校,男慎行、孫佶、僎、僑、侗、俊、曾孫應梅、應蘭仝梓。"知爲家刻無疑。

有康熙十二年癸丑龔鼎孳序,是年張侗序、李澄中序、同邑後學趙清序,是年其子丁慎行《乞言小引》曰:"余小子用是搜輯散帙,得《江干》《歸山》《聽山亭》諸詩,合爲一集。又恐歲月漸深,不無遺失,以大拂先人之心。罄絶家資,勉付剞劂,日者工垂竣矣。"每卷有單獨目録。

九行二十一字,白口,四周單邊,單魚尾,無直格。宋體字,清初風格。

以上詩集共六種,後人有彙印本,有著録《丁野鶴詩鈔》十卷者,包括《陸舫詩草》五卷,《椒丘詩》二卷,《江干草》一卷,《歸山草》一卷,《聽山亭草》一卷,共五種,缺《逍遥遊》二卷。

④《西湖扇傳奇》二卷,清丁耀亢撰,清康熙諸城丁慎行刻本。

該傳奇成於順治十年,作者署"紫陽道人"。描寫顧史與宋湘仙、宋娟於亂世中才子佳人悲歡離合的愛情故事。以情資史,寫出對誤國奸臣的痛恨和對故園深摯的眷戀之情。

卷端題:"西湖扇傳奇卷上,紫陽道人著。"有丁慎行《重刻〈西湖扇傳奇〉始末》:"《西湖扇》詞曲,浙中舊有刊本,蓋先惠安公羈跡燕京時筆也……先惠安公壽逾古稀,竟赴修文之召。諸如所著《天史》《椒丘》《江干》《歸山》《聽山亭》《逍遥遊》《漆園草》《化人遊》《赤松遊》《表忠記》《非非夢》《星漢槎》等,久已流傳遠近,膾炙人口。惟《西湖扇》刊本失傳,四方大人君子吊故人求遺書者,每以爲憾。甲寅春,偶於友人案頭得之,如獲重珍。想筆墨有靈,鬼神呵護,不使斷編殘帙零落於塵土榛莽中,未可知也。”此書《善目》作清康熙刻本。甲寅爲康熙十三年,則丁慎行刻此書在康熙十三年之後。但慎行所説浙中舊刻本,當非耀亢所刻。

又有湖上鷗吏《西湖扇序》,目録有二卷三十二出。

九行二十字,小字單行二十字,白口,四周單邊,無魚尾,版心題“西湖扇”,字寫刻,與丁耀亢所刻傳奇三種約略相似。

⑤《家政須知》一卷,清丁耀亢撰,清康熙二十一年諸城丁慎行煮石堂刻本。

封面題:“丁野鶴先生著,煮石堂梓。”卷端題:“諸城丁野鶴著,男慎行校梓。”同邑後學王溭振撰序:“親見顒若之讀誦,珍秘收藏,重刊訂正,以克承先志於無替者也,洵可謂大孝哉。一日,搜檢殘編,得先生《家政須知》一册相示,將命剞劂。”康熙八年己酉野鶴自序。康熙二十一年壬戌慎行《跋》,稱其刻書事。

八行十八字,白口,左右雙邊,單魚尾,寫刻體。

諸城丁氏刻書特點有五:

一是刻書自明崇禎始,至清康熙終,歷經明清兩代,但衹丁耀亢、丁慎行父子二人刻書。

二是丁耀亢所刻書主要爲自家著述。包括詩集五種、傳奇六種、紀實兩種及最著名的小説《續金瓶梅》一種,共十四種。更爲難得的是,他注重師友之誼,爲其師鍾羽正刊刻了《崇雅堂集》,並爲鍾羽正的侄子鍾諤刊刻了《鍾一士遺稿》,共刻書十六種,在明末清初的個人刻書中屬數量多的。原因是,丁家爲諸城大族,丁耀亢的父、祖皆爲名宦,父丁惟寧爲嘉靖四十四年進士,官至湖廣兵備按察司副使,從兄丁自勸爲萬曆三十二年進士,可謂一門優秀,故資財豐富,有刻書的經濟條件。

三是丁慎行所刻書分兩類:一爲重刻先人著述,即詩集三種,傳奇四種;二爲搜集其父遺稿,首次刊刻了《遺稿》三卷及《家政須知》一卷,豐富了丁耀亢的著述,使丁耀亢的著述以全貌展現在世人面前。

四是刻書多爲九行本,字多宋體,清初風格比較明顯,傳奇前三種有寫刻意味,比較精緻。但丁耀亢後期所刻不精,尤其是順治十五年刻《崇雅堂集》有挖改痕跡,此年是丁耀亢任容城教諭的最後一年,大概生活並不富裕,或容城難覓好的刻工。

五是刻書皆無明顯標志,故不好判斷其確切刻書時間。

2)邱氏刻書

王士禛《歲暮懷人絶句》:“九仙詩人丁野鶴,掛冠仍作武夷遊。齊名當日邱靈鞠,埋骨青山向幾秋。”①邱靈鞠,即諸城邱石常。

邱石常(1605—1661),字子廩,號海石。明末副貢生。入清以後,選利津縣學訓導,究心地方利弊。擢廣東高要縣(今肇慶市)知縣,因故未赴任。早負詩名,富於辯才,文筆奇麗。著有《楚村詩集》《楚村文集》各六卷,多有反映當時社會的現實主義作品。其《日省録》四卷、《四書人物備考删》未見刻本。《山東分體文學史·詩歌卷》稱其爲清初山左詩人中一變異“七子”傳統的人物。②

①《楚村詩集》六卷、《文集》六卷,清邱石常撰,清康熙五年諸城邱石常之子邱元武刻本。

有康熙五年丙午李元鼎《楚村詩集叙》:“海石先生生濟南之鄉,而不安於看書如顯處視月之習,當其挾筴著述,箕冠修劍,蓋有魯仲連、辛幼安之風焉。往來江淮吴越間,所交悉天下經奇男子,

①轉引自李伯齊:《山東分體文學史·詩歌卷》,齊魯書社2005年版。
②李伯齊:《山東分體文學史·詩歌卷》,齊魯書社2005年版,第457頁。

蓋以性情爲詩文，而非以詩文爲性情者，豈復勦竊初盛、呑剥秦漢、以詩言詩、以文言文者所同日而語哉……（諸城邱使君）輯其尊人海石先生詩文若干卷，板以行世。”康熙五年丙午施閏章《楚村詩集序》：“邱子慎清司法撫州之二年，版其先人海石先生詩，來問序於予。”可知書爲石常子邱慎清即元武所刻，時間爲康熙五年。

封面題：“本衙藏板。”卷端題：“姪元復較字，男元武、元履手輯，姪孫日隆編次。”

十行二十二字，白口，四周單邊，無魚尾。字體修長，康熙風格。

②《柯村遺稿》八卷，清邱元武撰，清康熙諸城邱氏刻本。

元武（1634—1659），字慎清，號柯村。順治十六年己亥進士，官施秉知縣。擢工部主事，未行，遇吴三桂之亂。亂定，始從間道歸。除《柯村遺稿》外，另著有《邱氏詩乘》。

卷端題：“瑯琊邱元武慎清甫著，弟元履霞標甫校，男藴隆、姪駿隆仝録。”知爲家刻本。前有同學鄧漢儀序。

九行二十字，白口，左右雙邊，單魚尾。無直格，宋體字，刻印較精。

③《柴溪草》一卷、《續草》一卷、《蕉雨軒草》一卷、《續集》一卷、《羃歴居詩選》一卷、《柴溪草四集》一卷、《續集》一卷、《鴨脚園詩草》一卷、《杮葉軒草》一卷，清邱宗勝撰，清康熙四十六年刻本。

此條據《販續》著録①，未見傳本。

④《柴村全集》十九卷、《附録》一卷，清邱志廣撰，清雍正間諸城邱性善刻本。

志廣字栗海，號洪區，又號蝶庵，諸城人。柴村，其世居也。順治三年丙戌歲貢，官長清訓導。書包括：《柴村文集》十二卷，《蝶

①孫殿起：《販書偶記續編》，上海古籍出版社1992年版，第231頁。

庵自樂》一卷,《柴村詩鈔》五卷、《首》一卷,《柴村賦集》一卷,附其孫邱性善撰《德滋堂歌詩附鈔》一卷。

杜澤遜師《存目標注》5884 條著録。《文集》前有康熙四十四年馮佩實序,雍正四年魏方泰序,《目録》,李焕章《引》《傳》。《自樂》前有自序。《詩鈔》前有康熙三十八年甥李澄中序,《柴村野老譜記》。全書末有邱性善《先祖洪區公傳》。

十一行二十一字,白口,左右雙邊,單黑魚尾。《文集》卷三至十二、《自樂》俱匠體字,餘則楷體寫刻,蓋非一時付梓。"弘""曆"均不避,當是雍正間邱性善刻本。

3)李澄中刻書

李澄中(1630—1700),字渭清,號漁村,一號雷田。其詩賦備受周亮工、施愚山等人的賞識。周亮工在真意亭宴饗士人,李澄中與張貞、安致遠、李焕章被稱爲"真意亭四君子"。但他多次參加鄉試,均無功而返。康熙十八年,五十歲的李澄中得到山東巡撫的推薦,去北京參加博學鴻詞科試,授翰林院檢討,充《明史》纂修官。二十九年,受命典雲南鄉試。三十年,辭職家居。三十九年去世,卒謚"文確先生"。李澄中文詩俱佳,筆力雄健,尤以詩聞名,與王士禛、田雯號稱"山左三大家"。著有《白雲村集》八卷、《臥象山房集》五卷、《滇行日記》二卷等。其中《臥象山房詩集》二卷和《臥象山房賦集》一卷由莆田程甲化刻於京師。《白雲村文集》四卷、《臥象山房詩正集》七卷,有清康熙三十七年任邱龐塏建寧刻四十四年建安知縣潘搗庵續刻本。而李澄中所刻僅二種。

①《滇南集》一卷,清李澄中撰,清康熙諸城李澄中刻本。

卷端題:"東武李澄中漁村著,濟南田雯蒙齋評。"

前有田雯序,秀水徐嘉炎序:"於是漁村刻《滇南集》成,而余爲題於簡端。"保定陳僖靄公序,海豐吴自肅序。

十行二十字,白口,四周雙邊,無行格,刻有圈點。

②《鍾仙遺稿》一卷，清王乘籙撰，清康熙諸城李澄中、張衍等刻本。

乘籙字鍾仙，諸城人，諸生。

《山東通志·藝文志》引《縣志》本傳云："詩清健，平生與丁耀亢、孫江符相友善。崇禎六年臨殁，輯所爲詩各付一册，屬剞劂以傳。踰八年，孫夢乘籙責以詩曰：'早知死後能相負，悔向生前識故人。'然竟不果刻。孫、丁俱没，李澄中、張衍始求而刻之，不及百篇。"衍字溯西，號蓬海，諸城人，諸生，有《漸山閣草》四卷。此書未見。

另有三種不知是否爲李澄中刻。

①《滇行日記》二卷，清李澄中撰，清康熙刻本。

康熙二十九年，六十一歲的李澄中受命典雲南鄉試。從京師到雲南，澄中不以車馬跋涉之勞爲苦，以領略山川之秀爲樂，興致勃勃，詩情滿懷，寫下了《滇行日記》。

《四庫存目》曰："是編乃康熙庚午澄中典試雲南時途中所記，凡八十有四日，於山川、風土、古蹟、故實無不詳載，而考證之處差少，殆行篋無書之故邪？"

《四庫全書存目叢書》作"清康熙三十八年刻白雲村全集本"，如果爲康熙三十八年刻，時李澄中在世，當爲自刻。但此書未有明確刻書時間，故暫不下結論。

有山陰周金然序，海豐吴自肅序。吴爲李澄中詩兩次作序，可見二人關係非同一般。

②《艮齋文選》一卷，清李澄中撰，清康熙刻本。

書無序跋，各篇自爲起訖，每篇下有簡略篇名加葉碼，如《織齋文集序》下爲"織齋文二"，葉碼不連。寫刻本。不知此書具體刊刻年月及刻書人。

③《臥象山房文集》一卷附《三生傳》《自爲墓志銘》《賜履紀

恩二律》《東武吟》,清李澄中撰,清康熙刻本。

卷端題:"瑯琊李澄中漁村著。"

除了幾篇序爲"卷一"外,其餘版心"卷某"及葉碼均被挖去,呈墨行,衹留篇名如"艮齋文選",似有重新整理之打算。文集版心刻"艮齋文選"而非《臥象山房文集》,不知何由。

十行二十字,白口,四周雙邊,單黑魚尾。刻印精,康熙風格。

4)王氏刻書

王鉞(1623—1703),字仲威,號任庵,諸城人。順治十四年舉人,十六年進士。十年後出任廣東西寧縣知縣。康熙十二年,以吴三桂在雲南起兵反清,東南各地一時陷於戰亂,遂辭職告歸,絶意仕途,專意著述講學。十八年,被舉薦試博學鴻儒科,堅辭不出,以詩文終其年。著有《粤遊日記》《星餘筆記》《朱子語類纂》《讀書蕞殘》《暑窗臆説》等,後人編爲《世德堂遺書》。另有《世德堂詩文集》。《叢綜》將《世德堂文集》二卷列入《世德堂遺書》①,誤。

王鉞有子四人:王沛憻(1656—1732),字汝存,一字汝有,號念庵,康熙二十三年舉人,有《什一録》四卷。王沛思,字汝敬,號儼若,康熙十八年己未進士,官左中允,著有《經進詩文草》一卷。王沛恂,字書巘,官兵部主事,有《匡山集》六卷。王沛憍生平不詳。王沛憻有子二人:王棠、王槩,編有其父年譜,曰《念庵府君年譜》二卷,清雍正十年精刻本。

①《破夢齋詩草》一卷,清王寀撰,附《落葉詩》一卷,清丁耀亢撰,清康熙十五年諸城王鉞刻本。

王寀(1621—1665),王鉞之兄,字伯和,號樸齋。順治六年進士,授户部主事。官至江南左布政使,卒於官。

此集輯詩八十餘首,附《雪梅十詠》及閨詞四首,後附《落葉

①上海圖書館:《中國叢書綜録》,上海古籍出版社 2007 年版,第 490 頁。

詩》三十韻。卷首有唐夢賚序。有自序:“予友丁子野鶴,年少時負奇才。憑盛氣直欲計斬樓蘭,組牽南粵,乃竟蹭蹬窮奇,賫志以老。余近聞其有《落葉詩》三十韻,雖未獲取而讀之,然想其人,玩其題,已恍有一牢騷孤憤、慷慨悲歌者出現於硯端紙尾。是以不揣效顰,聊爲東施解嘲。”王鉞康熙十五年序:“《破夢吟》者,大兄粵遊以還詩章也。興至即書,擲筆便忘。予得而録之,乃授之梓。”可見,此書爲康熙十五年王鉞刻本,此時王鉞居鄉,當在諸城所刻。

②《世德堂文集》二卷、《詩集》四卷,清王鉞撰,清康熙四十年諸城王鉞刻本。

卷端題:“古瑯琊王鉞任庵氏著,男沛憻、沛思、沛憍、沛恂校。”有張貞康熙四十年《世德堂文集序》:“梓成,見示,且索弁言……其繫集於堂者,記先生著述地也。其以世德名堂者,以先生上世自孝庵公開堂構之基,盛寰公著願慤之號。是後顯晦不同,皆修身謹行,與物無競,其爲鄉里所擢仰者,已數代矣。及先生之出身,則爲循吏……其所以名堂者,雖曰不忘其先,而寔所以自道也。”據此序知,王鉞的詩文集在康熙四十年張貞作序時已刻成。時王鉞在諸城。

十行二十二字,白口,左右雙邊,單黑魚尾。寫刻精美。

③《世德堂遺書》,清王鉞撰,清康熙諸城王鉞家刻本。

有康熙五十三年仇兆鰲《世德堂遺書序》:“先生遺書五種,曰《暑窻臆説》,曰《讀書蕞殘》,曰《朱子語類纂》,皆湛深閎大之説。其《星餘》《粵遊》二記,編以爲終身之的。然則先生之學與所以加惠於人之意,盡在此矣。”實五種之外另附《水西記略》一卷。卷端均題:“古瑯琊王鉞任庵氏著,男沛憻、沛思、沛憍、沛恂校。”除《水西記略》外,行款均爲九行二十字,粗黑口,左右雙邊,單黑魚尾。字體長方,端莊,與《詩文集》版式不同。此《遺書》當刻於康熙五十三年,時王鉞已去世,主持者爲四子。而沛憻在四川,沛恂在京師，不知刻於何地。

其一：《讀書蕞殘》一卷，清王鉞撰，清顧嗣立、王兆符編。

此書爲王鉞讀《漢魏叢書》所作。有康熙三十九年庚辰劉涵序："篇亦少，論亦精……庚辰秋杪，卒業於維揚郡署，夫子命載筆志崖末。"此爲成書序，但刻成當在康熙五十三年。《四庫提要》著録有三卷本："前一卷皆跋《漢魏叢書》，後二卷皆跋《説郛》。另有刊本，在《任庵五書》中，以前一卷自爲一書，題曰《墨餘筆記》。後二卷則仍名《讀書蕞殘》，而删其每書之標目，頗憒憒不可辨别。此蓋其原本也。"則三卷當有兩個單行本。今國家圖書館與南京圖書館有清康熙六十一年世德堂刻本，爲三卷本。國家館善本部劉明經眼，云此書封面題："康熙六十一年重刊，世德堂藏板。"則康熙六十一年確實有三卷本的《讀書蕞殘》。

其二：《粤遊日記》一卷。

《四庫存目》曰："是編爲其《世德堂遺書》之第二種。記其自家赴西寧任時途中所經，始於康熙己酉正月二十四日，終於四月初八日。仿陸游《入蜀記》之體，案日記載，叙述頗簡潔，而無所考證。"

其三：《星餘筆記》一卷。

有康熙十一年自序。《四庫存目》曰："此書《世德堂遺書》之第三種也。皆其官西寧知縣時，記其風土、物産。……亦足補《桂海虞衡志》所遺。然大抵地志所已載也。以方爲邑令，故取巫馬期戴星之義，名曰《星餘》云。"

其四：《暑窻臆説》二卷。

前有自序，稱"三伏酷毒，揮汗之餘，取架上書，得明人小説百餘種，逡巡讀之，隨讀隨筆"。《香祖筆記》云："《暑牕臆説》'説山繭'一條甚悉，可補孫文定《山蠶説》所未及。"

其五：《朱子語類纂》十三卷。

取黎靖德所編《朱子語類》一百四十卷，摘理氣、鬼神、性理、論學四門而成。四門之外,又各删存大略,而間附以己説。

其六:《水西記略》一卷(《世德堂遺書》附)。

前有王士禛序,後有李澄中康熙二十一年識,避“玄”。

《水西記略》九行二十二字,白口,左右雙邊,單黑魚尾,無直格,眉上鐫有小字四行。字小,板小,有圈點。

④《什一録》四卷,清王沛憻撰,清雍正元年門人黄曰瑚刻本。

此書在沛憻生前所刻。九行二十字,白口,單魚尾,左右雙邊。

⑤《匡山集》六卷,清王沛恂撰,清雍正諸城王沛恂刻本。

此集文五卷,詩一卷。卷端題:“琅琊王沛恂書巘氏著。”每卷末有“子壻即墨郭廷翕敬書”一行,知此書爲琅琊王沛恂自刻,子壻郭廷翕手寫上版,係家刻無疑。前有雍正十一年癸丑李紱序,末有吴浩跋。

八行十六字,大黑口,左右雙邊。刻印俱佳。

⑥《念庵府君年譜》二卷,清王棠、王槩撰,清雍正十年諸城王棠、王槩刻本。

雍正十年,王沛憻去世,則此書刊於其去世後。槩字成木,雍正十一年進士,官至兩廣鹽運使。分守安襄鄖兵備道時有《太嶽太和山紀略》八卷。此書刻在其成進士前,當在諸城所刻。

⑦《太嶽太和山紀略》八卷,清王槩撰,清乾隆九年諸城王槩下荆南道署刻本。

是書凡十類:曰星野,曰圖考,曰山川,曰聖紀,曰宫殿,曰祀典,曰仙真,曰物産,曰拾遺,曰藝文。較舊志蒐輯頗富。

封面題:“乾隆九年纂,下荆南道署藏板。”前有乾隆九年王槩自序,署“乾隆九年甲子春月湖北布政使司分守安襄鄖下荆南道兼理水利按察使司僉事紀録十九次琅邪王槩”。有宋邦綏序。又《修輯姓氏》列總修王槩、纂修姚世倌、李之蘭及分修、分校等。杜澤遜師《存目標注》2228 條著録。

九行二十字,白口,四周單邊。寫刻頗精。

諸城王氏刻書特點有四:

一是歷經三朝,三世刻書。刻書時間集中於康熙、雍正、乾隆三朝。參與刻書的是王氏三世:王鉞——王沛憻、王沛思、王沛憍、王沛恂——王棠、王槩。

二是所刻皆爲自家著述。

三是刻書内容有詩文集,有史部書,有子部書,無經部書。史部書共四部,這與王鉞的經歷有關。子部書兩部,其中《朱子語類纂》有自己獨特的見解。

四是所刻《世德堂遺書》行款版式特徵一致,整齊劃一。卷端題:"古瑯琊王鉞任庵氏著,男沛憻、沛思、沛憍、沛恂校。"九行二十字,粗黑口,左右雙邊,單黑魚尾。字體端莊,長方,非寫刻。

5)另一王氏刻書

王縈緒(1713—1784),字成祉,號天馥,諸城人。乾隆二十二年丁丑進士,官南雄知府。著有《周易合參》《書經講義》等。其長子鳳文,字儀庭,號竹軒,乾隆二十四年己卯舉人,官雲龍知州,著有《滇中吟》。次子麒文,字振公,號麟徵,乾隆間貢生。三子森文。三個兒子號稱"三王"。

王氏刻書四種,主要是王縈緒子所刊。

①《成祉府君自著年譜》一卷,清王縈緒編,清王鳳文等補編,清乾隆間諸城王氏刻本。

此書未見,當爲縈緒去世後所刻。

②《三皇五帝徵實録》六卷,清王縈緒撰,清乾隆六十年諸城王氏刻本。

此條據《販續》著録①,時王縈緒已去世,當爲其子所刻。

①孫殿起:《販書偶記續編》,上海古籍出版社1992年版,第44頁。

③《三復軒集》,清王麟文撰,清乾隆諸城王氏刻本。

④《滋德堂時文》一卷,清王縈緒撰,清乾隆諸城王氏刻本。

前有乾隆三十九年甲午於石署二所亭《滋德堂時文自序》,稱"甲午仲秋,鳳文復以請,乃撿閲故篋,以年爲次,得八十餘篇"。當爲王氏家刻本。

九行二十五字,白口,四周單邊,無魚尾。

6)孫氏刻書

諸城孫必振(1619—1688),字孟起,順治十六年己亥進士,官河南道御史。著有《種德堂文集》一卷、《種德堂遺稿》三卷。目前,《遺稿》未見,《文集》有兩刻。

《種德堂文集》一卷,卷端書名爲"種德堂文集",但版心皆爲"種德堂疏稿"。卷端題:"東武孫必振臥雲著,男瀰湜敬梓。"知書成後,有其子孫瀰湜刻本,約在康熙間。末有七世孫、八世孫識:"先侍御公遺稿,舊有刊本,兵燹後板已無存。族間所藏原本,亦寥寥無幾。甲子夏,獻廷兄出所存初印本,令炳炎姪孫攜至相州鎮,與族人公議重鐫。兄弟子姪輩咸樂從事,爰於先祠公分出資,以付剞劂。乙丑二月,工竣,刷印若干部以用遺澤。七世孫瀛芳、八世孫卿裕、九世孫騰煒、毓琦謹識。"據此識可知,此書第二次爲七世、八世、九世孫所刻,據孫必振的生卒年,乙丑大約爲嘉慶十年。

八行二十二字,白口,左右雙邊,單魚尾。字體方正,字大行疏,家刻很精。

7)其他刻書

①《孫真人眼科秘訣》四卷,唐孫思邈撰,清康熙間諸城隋平、丁澤溥刻本。

隋平,字無奇,又字昆鐵,號半舫,諸生。晚年究心王、陸之學。著有《聖學同心録》《半舫草》。

此書南京夏升庵鐫字,十行二十字,四周單邊,單黑魚尾。

②《瑯琊詩略第一編》七卷，清隋平、張侗輯，清雍正乾隆間下密杜榮庵刻本。

“下密”蓋指諸城，因該地在北齊時屬高密郡，隋開皇五年置密州。

此書卷一輯王乘籙、丁耀亢等九人詩，凡一百二十餘首。卷二獨王士禛一人詩，八十三首。卷三爲李澄中、邱元武等六人詩，七十二首。卷四爲徐田、邱宗勝、邱元音三人詩，六十一首。卷五爲張衍、張侗、張傣三人詩，一百零二首。卷六爲張希宣、隋平等二十二人詩，八十三首。卷七爲楊涵等六人詩，五十二首。

首有隋平序：“乃與白峰、琢岩、霞標拔其尤者，冠以漁村先生所選四家詩，就正石之民（按：張侗别字），重爲删定，得七卷，顔曰《瑯琊詩略第一編》。”白峰，諸城張傣。琢岩，崑山金奇玉。據書中避諱，當在雍正、乾隆間刊刻。

③《同善見聞録》八卷，清劉樽、劉塏撰，清乾隆間諸城劉氏自刻本。

此條來自崔巍老師書。諸城劉樽，字象山，號松庵，乾隆二十五年進士，改庶吉士，調吏部主事，官至江寧布政使。其伯兄劉塏，字仲堂，乾隆二十七年歲貢，官贛縣知縣，著有《養厚堂詩稿》。二人同撰此書，由幕賓卜宗智編輯而成，其旨在揚善勸惡。首有二人自序，卷末有卜宗智跋。

④《放鶴村文集》五卷，清張侗撰，清諸城張氏刻本。

前有康熙四十年崑山金奇玉《序》。方邁《貞獻先生傳》。卷端題：“琅雅張侗石民著，孫用魯紹民、孫景初中黄、孫昉初孖伯、用書敬紳纂輯，同邑後學王斂福凝箕、高璿齊先、竇詵斯和參閲，丁克智臨遠校對。”查以上諸人，皆爲康熙至乾隆時諸城人氏，當爲清前期刻本。

十行二十一字，白口，四周雙邊，單黑魚尾。無直格。

⑤《敬復堂稿》,清李宜芳撰,清乾隆諸城李氏刻本。

李宜芳,字梅村,號在湄,雍正八年庚戌進士,官臨漳知縣,著有《懲毖日記》《説書偶存》《敬復堂詩古文集》。

前有乾隆二十九年甲申李宜芳自序,稱"因撿舊作,梓而存之",知爲李氏自刻本。

⑥《王太史宦稿》,清王斂福撰,清乾隆諸城王氏刻本。

王斂福,字清範,號凝箕,康熙六十年辛丑進士,官潁州知府,著有《鳳山詩集》二卷。

⑦《靖言堂文集》,清臧夢元撰,清乾隆諸城臧氏刻本。

臧夢元,字肇魁,號蝶亭,一號杏村,乾隆三十六年辛卯進士,著有《玉蝶書屋全集》。

後二種,均未見原書,因係個人詩文集,家刻的可能性較大,暫置於此。

以上諸城刻書共四十八種,丁耀亢父子有十九種,王鉞家刻十一種,王縈緒家刻三種,李澄中家刻兩種。集部三十一種,其中别集有二十四種,曲類有六種,全部是丁耀亢的著述,諸城集部書中最具特色的是小説《續金瓶梅》。史部十三種,傳記有七種。子部三種,經部無。説明清前期的諸城詩學很盛,但經學不昌。

附:青州府刻書總表

硯思集六卷	(清)田同之撰	清乾隆七年益都宰羅鍾岐刻本
四松記	(清)李文藻撰	清乾隆間益都李文藻刻本
律詩合譜	(清)李文藻編	清乾隆益都李文藻刻本
漁洋詩話三卷	(清)王士禛撰	清乾隆二十三年益都李文藻竹西書屋刻本

(續表)

春秋辨義	(清)梁鴻翥撰	清乾隆益都李文藻刻本
山左明詩鈔三十五卷	(清)宋弼輯	清乾隆三十六年益都李文藻恩平縣衙刻本
四聲切韻表一卷凡例一卷(《貸園叢書初集》之一)	(清)江永編	清乾隆三十六年益都李文藻恩平縣衙刻本
古韻標準四卷(《貸園叢書初集》之一)	(清)江永編	清乾隆三十六年益都李文藻恩平縣衙刻本
九經古義十六卷(《貸園叢書初集》之一)	(清)惠棟撰	清乾隆三十八年益都李文藻潮陽縣衙刻本
春秋左傳補注六卷(《貸園叢書初集》之一)	(清)惠棟撰	清乾隆三十八年益都李文藻潮陽縣衙(實爲羊城)刻本
易例二卷(《貸園叢書初集》之一)	(清)惠棟撰	清乾隆三十九年至四十年益都李文藻羊城刻本
左傳評三卷(《貸園叢書初集》之一)	(清)李文淵撰	清乾隆四十年益都李文藻潮陽縣衙刻本
蒿庵閒話二卷(《貸園叢書初集》之一)	(清)張爾岐撰	清乾隆四十年益都李文藻潮陽縣衙刻本
談龍録一卷(《貸園叢書初集》之一)	(清)趙執信撰	清乾隆四十年益都李文藻潮陽縣衙刻本
聲韻考四卷(《貸園叢書初集》之一)	(清)戴震撰	清乾隆三十七年至四十年間益都李文藻潮陽縣衙刻本

（續表）

鳳墅殘帖釋文二卷（《貸園叢書初集》之一）	（清）錢大昕撰	清乾隆三十七年至四十年間益都李文藻潮陽縣衙刻本
石刻鋪叙二卷（《貸園叢書初集》之一）	（宋）曾宏父撰	清乾隆三十七年至四十年間益都李文藻潮陽縣衙刻本
三事忠告四卷（《貸園叢書初集》之一）	（元）張養浩撰	清乾隆三十六年至四十年益都李文藻廣東刻本
古文尚書考二卷（《貸園叢書初集》未收入）	（清）惠棟撰	清乾隆間益都李文藻刻本？
上谷集	（清）鄧汝功撰	清乾隆四十年至四十三年間益都李文藻桂林刻本
鄧謙持時文稿一卷	（清）鄧汝功撰	清乾隆四十年至四十三年間益都李文藻桂林刻本
密娱齋詩稿一卷	（清）鄧汝功撰	清乾隆四十年至四十三年間益都李文藻桂林刻本
嶺南詩集八卷（恩平集一卷潮陽集三卷桂林集四卷）	（清）李文藻撰	清乾隆間益都李氏刻本
李静叔遺文一卷	（清）李文淵撰	清乾隆益都李文藻刻本
拙齋集一卷	（清）李遠撰	清乾隆益都李文藻刻本

（續表）

佳山堂詩集十卷二集九卷	（清）馮溥撰	清康熙十九年青州馮氏刻詩集二十七年刻二集本
友柏堂遺詩選二卷	（清）馮協一撰	清青州馮氏刻本
醫學啓蒙彙編六卷附方藥治症提綱一卷	（清）翟良輯	清康熙四年益都畢忠吉等刻本
易詩叶韻二卷	（清）唐世大撰	清乾隆二十年益都唐世大自刻本
茅亭詩鈔二卷	（清）劉耆定撰	清乾隆二十七年益都劉廷輔刻本
四書圖考集要五卷	（清）張雲會輯	清乾隆三十七年益都張氏刻本
四松齋詩集二卷四松齋文集一卷四松齋贈言二卷	（清）謝子超撰	清乾隆刻本
清止閣集九卷（詩八卷詩餘一卷）	（清）趙進美撰	清順治益都趙氏刻本
清止文草一卷	（清）趙進美撰	清初益都趙氏刻本
彊善叢鈔	（清）趙展庵輯	清益都趙展庵刻本
删潤地學庭訓	（清）趙執信撰	清雍正十年益都趙執信刻本
葬經改註	（清）趙執信撰	清雍正十年益都趙執信刻本
千金歌改註	（清）趙執信撰	清雍正十年益都趙執信刻本

（續表）

駁正原真	（清）趙執信撰	清雍正十年益都趙執信刻本
秋谷先生遺文一卷	（清）趙執信撰	清乾隆十六年益都趙氏因園刻本
飴山詩集二十卷	（清）趙執信撰	清乾隆十七年益都趙氏因園刻本
翰村詩稿六卷	（清）仲昰保撰	清乾隆十九年益都趙念因園刻本
談龍録一卷	（清）趙執信撰	清乾隆三十九年益都趙氏因園刻本
飴山文集十二卷	（清）趙執信撰　禮俗權衡二卷	清乾隆三十九年益都趙氏因園刻本
聲調譜三卷（前譜一卷後譜一卷續譜一卷）	（清）趙執信撰	清乾隆益都趙氏因園刻本
寶菌堂遺詩二卷	（清）趙執端撰	清乾隆三年益都趙執端之子趙芝庭刻本
知畏堂詩五卷	（清）趙執瑄撰	清乾隆二十七年益都趙執瑄之子趙憙知畏堂刻本
知畏堂詩餘一卷	（清）趙執瑄撰	清乾隆二十七年益都趙執瑄之子趙憙知畏堂刻本
南征紀略二卷	（清）孫廷銓撰	清順治九年益都孫廷銓京師刻本

（續表）

顔山雜記四卷	（清）孫廷銓撰	清康熙五年益都孫廷銓山東刻本
漢史億二卷	（清）孫廷銓撰	清康熙十年益都孫廷銓山東刻本
沚亭文集二卷	（清）孫廷銓撰	清康熙十六年益都孫廷銓之子孫寶仍刻本
沚亭自删詩一卷	（清）孫廷銓撰	清康熙十六年益都孫廷銓之子孫寶仍刻本
琴譜指法省文一卷（詩集附）	（清）孫廷銓撰	清康熙十六年益都孫廷銓之子孫寶仍刻本
惇裕堂集	（清）孫寶侗撰	清康熙益都孫寶仍刻本
曆學會通六十五卷首一卷	（清）薛鳳祚撰	清康熙刻本
李詩集遺四卷	（清）李中行、李含章、李焕章、李斐章撰	清乾隆二十九年樂安李克若刻本
紀城文稿四卷	（清）安致遠撰	清康熙三十四年壽光安致遠蘭雪堂刻本
玉礎集四卷	（清）安致遠撰	清康熙四十一年壽光安箕刻本
蟄音一卷	（清）安致遠撰	清康熙四十一年壽光安箕刻本
壽壙碑辭一卷	（清）安致遠撰	清康熙四十一年壽光安箕刻本
綺樹閣稿一卷賦稿一卷詩稿一卷	（清）安箕撰	清康熙刻本

（續表）

紀城詩稿四卷	（清）安致遠撰	清康熙刻本
吳江旅嘯一卷	（清）安致遠撰	清康熙刻本
東歸草一卷	（清）安致遠撰	清康熙刻本
蘇節婦墓表一卷	（清）安致遠撰	清康熙刻本
紀城文稿續集一卷	（清）安致遠撰	清康熙刻本
新塘吟一卷擬古樂府一卷	（清）董思恭撰	清乾隆壽光董氏自刻本
鈍齋詩集二卷	（清）閻循厚撰	清乾隆二十八年昌樂閻循霦刻本
西澗草堂文集四卷	（清）閻循觀撰	清乾隆三十八年濰縣韓夢周、昌樂閻循霦刻本
松月廬詩稿一卷	（清）劉樹撰	清乾隆五十一年營陵劉樹湖北宣恩縣署刻本
逋齋詩四卷	（清）劉正宗撰	清順治六年安邱劉正宗刻本
逋齋詩二集二卷	（清）劉正宗撰	清順治安邱劉正宗刻本
又逋齋詩二卷	（清）劉正宗撰	清順治安邱劉正宗刻本
朝天集一卷	（清）曹貞吉撰（清）汪懋麟、趙執信評	清康熙二十五年安邱曹貞吉新安刻本
鴻爪集一卷	（清）曹貞吉撰	清康熙二十六年安邱曹貞吉新安刻本
黄山紀遊詩一卷	（清）曹貞吉撰	清康熙安邱曹貞吉新安刻本
黄山紀遊詞一卷	（清）曹霂撰	清康熙安邱曹貞吉新安刻本

（續表）

澹餘詩集	（清）曹申吉撰	清順治十七年安邱曹申吉京師刻本
澹餘詩集四卷	（清）曹申吉撰（清）王士禛訂正	清康熙刻乾隆三十五年安邱曹益厚補刻本
珂雪初集（珂雪集）一卷	（清）曹貞吉撰（清）曹申吉訂（清）王士禛評	清康熙八年安邱曹申吉吴中刻本
珂雪二集一卷	（清）曹貞吉撰	清康熙十一年安邱曹申吉貴州刻本
[康熙]貴州通志三十三卷	（清）曹申吉修（清）潘馴、吴中藩纂	清康熙十二年刻本
黔行集古近體詩一卷	（清）曹申吉撰	清康熙安邱曹申吉貴州刻本
黔寄集四卷	（清）曹申吉撰	清康熙安邱曹申吉貴州刻本
南行日記一卷	（清）曹申吉撰	清康熙刻乾隆三十五年安邱曹益厚補刻本
珂雪詩二卷	（清）曹貞吉撰	清康熙刻乾隆三十五年安邱曹益厚補刻本
訓兒小説	（清）曹應聲撰	清乾隆安邱曹賡刻本
相印軒印譜一卷	（清）張在辛、張在乙、張在戊合輯	清康熙四十三年安邱張氏鈐印本
來青閣套印一卷	（清）張在戊輯	清康熙四十九年安邱張氏鈐印本
張氏一家印存	（清）張在辛、張在乙、張在戊合輯	清康熙五十九年安邱張氏鈐印本

（續表）

[安丘]張氏印譜四卷	(清)張在乙輯並藏	清康熙安邱張氏鈐印本
望華樓印彙	(清)張在辛輯	清乾隆元年安邱張氏鈐印本
[安丘]張氏家乘不分卷	(清)張貞輯	清康熙間安邱張氏刻本
[安丘]安邱張氏家乘	(清)佚名輯	清康熙間安邱張氏刻乾隆補刻本
[安丘]續安邱張氏家乘	(清)佚名輯	清康熙間安邱張氏刻乾隆補刻本
渠亭文稾一卷	(清)張貞撰	清康熙二十八年安邱張貞刻本
或語一卷	(清)張貞撰	清康熙三十二年安邱張貞刻本
潛州集一卷	(清)張貞撰	清康熙三十六年安邱張貞刻本
娱老集一卷娱老集遺稾一卷	(清)張貞撰	清康熙四十七年安邱張貞刻本
渠丘耳夢録四卷	(清)張貞撰	清康熙四十八年安邱張貞江寧刻本
全城紀立後記	(清)張貞撰	清康熙安邱張氏精刻本
渠丘三張公(張嗣倫、張繼倫、張緒倫)合傳一卷	(清)張貞編	清康熙安邱張氏刻本
張孝廉(張嗣倫)行略一卷	(清)張繼倫、張緒倫、張貞撰	清康熙安邱張氏刻本

（續表）

安丘縣學崇祀鄉賢小傳不分卷續安丘鄉賢小傳一卷	（清）張貞撰	清康熙四十三年安邱張貞刻本
杞田集十四卷遺稾一卷	（清）張貞撰	清康熙四十九年安邱張貞春岑閣刻本
浮家汎宅圖詩一卷	（清）張貞編	清康熙四十九年安邱張貞春岑閣刻本
杞紀二十二卷	（清）張貞撰	清康熙五十五年安邱張氏刻本
篆印心法一卷	（清）張在辛撰	清乾隆十三年安邱張在辛之子刻本
隸法瑣言一卷	（清）張在辛撰	清乾隆十三年安邱張在辛之子刻本
寫照瑣言一卷	（清）張在辛撰	清乾隆十三年安邱張在辛之子刻本
撰杖瑣言一卷	（清）張在辛撰	清乾隆十三年安邱張在辛之子刻本
輯硯瑣言一卷	（清）張在辛撰	清乾隆十三年安邱張在辛之子刻本
解畫瑣言一卷	（清）張在辛撰	清乾隆十三年安邱張在辛之子刻本
燼餘志畧一卷	（清）張在辛撰	清乾隆十三年安邱張在辛之子刻本
侑觴瑣言一卷	（清）張在辛撰	清乾隆十三年安邱張在辛之子刻本

（續表）

晝石瑣言一卷	（清）張在辛撰	清乾隆十三年安邱張在辛之子刻本
夕照回光一卷	（清）張在辛撰	清乾隆十三年安邱張在辛之子刻本
讀書日記六卷補編二卷	（清）劉源渌撰	清雍正五年安邱劉行秉等刻本
石民集二卷	（清）楊青藜撰	清乾隆十八年安邱劉汝飛、劉其旋江蘇嘉定刻本
松濤室詩稿一卷	（清）周若水撰（清）周大慶編	清順治安邱周氏家刻本
二酉彙删二十四卷	（清）王訓纂	清康熙三年安邱王氏擇雅堂刻本
四書正義二十卷	（明）宋繼澄撰	清康熙安邱韓應恒、馬長春刻本
西琅館詩集	（清）馬天撰撰	清雍正乾隆間安邱馬長淑刻本
質庵詩文集五卷	（清）李瀶撰	清乾隆安邱李氏好音書屋刻本
渠風集略七卷	（清）馬長淑輯	清乾隆八年安邱馬氏輯慶堂刻本
白雲盧詩四卷	（清）王壽長撰	清乾隆三十二年安邱王氏青李館刻本
孟子音義二卷	（宋）孫奭撰	清乾隆四十六年安邱韓岱雲刻本

（續表）

蓼溪詩略二卷	（清）王中孚撰	清乾隆安邱辛宜岷刻本
讀禮竊注不分卷	（清）孫自務撰	清乾隆間安邱孫氏花石山房刻本
崇雅堂集十五卷	（明）鍾羽正撰	清順治十五年諸城丁耀亢、門人高有聞刻本
鍾一士遺稿四種五卷	（明）鍾諤撰	清順治諸城丁耀亢、高有聞刻本
逍遥遊二卷	（清）丁耀亢撰	清順治諸城丁耀亢刻本
陸舫詩草五卷補遺一卷	（清）丁耀亢撰	清順治諸城丁耀亢刻本
椒丘詩二卷	（清）丁耀亢撰	清順治諸城丁耀亢刻本
漆園草	（清）丁耀亢撰	清順治諸城丁耀亢刻本
化人遊一卷	（清）丁耀亢撰	清順治諸城丁耀亢刻本
赤松遊三卷	（清）丁耀亢撰	清順治諸城丁耀亢刻本
表忠記二卷	（清）丁耀亢撰	清順治諸城丁耀亢刻本
出劫紀略一卷	（清）丁耀亢撰	清順治諸城丁耀亢刻本
非非夢	（清）丁耀亢撰	清順治康熙間諸城丁耀亢刻本
星漢槎	（清）丁耀亢撰	清順治康熙間諸城丁耀亢刻本
續金瓶梅十二卷六十四回	（清）丁耀亢撰	清順治諸城丁耀亢刻本
天史十卷	（清）丁耀亢撰	清煮石齋刻本
江干草一卷	（清）丁耀亢撰	清康熙十二年諸城丁慎行刻本

（續表）

歸山草一卷	（清）丁耀亢撰	清康熙十二年諸城丁慎行刻本
聽山亭草一卷	（清）丁耀亢撰	清康熙十二年諸城丁慎行刻本
西湖扇傳奇二卷	（清）丁耀亢撰	清康熙諸城丁慎行刻本
家政須知一卷	（清）丁耀亢撰	清康熙二十一年諸城丁慎行煮石堂刻本
楚村詩集六卷文集六卷	（清）邱石常撰	清康熙五年諸城邱石常之子邱元武刻本
柯村遺稿八卷	（清）邱元武撰	清康熙諸城邱氏刻本
柴溪草一卷續草一卷蕉雨軒草一卷續集一卷羃䍥居詩選一卷柴溪草四集一卷續集一卷鴨腳園詩草一卷柿葉軒草一卷	（清）邱宗勝撰	清康熙四十六年刻本
柴村全集十九卷	（清）邱志廣撰　德滋堂歌詩賦鈔一卷（清）邱性善撰	清雍正間諸城邱性善刻本
滇南集一卷	（清）李澄中撰	清康熙諸城李澄中刻本
鍾仙遺稿一卷	（清）王乘籙撰	清康熙諸城李澄中、張衍等刻本
破夢齋詩草一卷	（清）王寀撰　附落葉詩一卷（清）丁耀亢撰	清康熙十五年諸城王鉞刻本
世德堂文集二卷詩集四卷	（清）王鉞撰	清康熙四十年諸城王鉞刻本

(續表)

讀書蕞殘一卷	(清)王鉞撰	清康熙諸城王鉞家刻本
粤遊日記一卷	(清)王鉞撰	清康熙諸城王鉞家刻本
星餘筆記一卷	(清)王鉞撰	清康熙諸城王鉞家刻本
朱子語類纂十三卷	(清)王鉞撰	清康熙諸城王鉞家刻本
暑窻臆説二卷	(清)王鉞撰	清康熙諸城王鉞家刻本
水西記略一卷	(清)王鉞撰	清康熙諸城王鉞家刻本
匡山集六卷	(清)王沛恂撰	清雍正諸城王沛恂刻本
讀書蕞殘三卷	(清)王鉞撰	清康熙六十一年諸城王鉞家刻本
念庵府君年譜二卷	(清)王棠、王檠輯	清雍正十年諸城王棠、王檠刻本
太嶽太和山紀略八卷	(清)王檠撰	清乾隆九年諸城王檠下荆南道署刻本
成祉府君自著年譜一卷	(清)王縈緒編(清)王鳳文等補編	清乾隆間諸城王氏刻本
三皇五帝徵實録六卷	(清)王縈緒撰	清乾隆六十年諸城王氏刻本
三復軒集	(清)王麟文撰	清乾隆諸城王氏刻本
滋德堂時文一卷	(清)王縈緒撰	清乾隆諸城王氏刻本
種德堂文集(種德堂疏稿)一卷	(清)孫必振撰	清康熙雍正間東武孫必振之子孫濰禔刻本
孫真人眼科秘訣四卷	(唐)孫思邈撰	清康熙間諸城隋平、丁澤溥刻本
瑯琊詩略第一編七卷	(清)隋平、張侗輯	清雍正乾隆間下密杜棠庵刻本

（續表）

同善見聞録八卷	（清）劉樽、劉塏撰	清乾隆間諸城劉氏自刻本
放鶴村文集五卷	（清）張侗撰	清諸城張氏刻本
王太史宧稿	（清）王斂福撰	清乾隆諸城王氏刻本
靖言堂文集	（清）臧夢元撰	清乾隆諸城臧氏刻本
敬復堂稿	（清）李宜芳撰	清乾隆諸城李氏刻本

（二）宗教機構刻書

青州法慶寺原爲大覺禪院，俗稱叢林寺，故址在原青州城西北二里許，占地六十五畝，與雲門山遥遥相望。寺院於清初由達法和尚倡建。順治三年，青州明藩衡王府被查抄，衡府故物多歸此寺，故得到擴建。光緒《益都縣圖志・營建志上》載："順治中，敕賜今名（法慶寺），並頒帑金五百兩大其門廡。"順治十二年春，道忞應青州官紳、僧徒之邀，北來住持該寺。秋，留弟子天岸禪師住持，南還江浙。康熙初，欽賜天岸紫衣。此時寺院香火最盛，有和尚百餘人，土地八百餘畝。殿宇宏整，法相莊嚴，爲一方佛門勝地。後天岸南歸浙江金粟，命靈轡禪師接任法慶寺住持。靈轡曾在《聊齋志異・淫僧》中出現過。樂安李焕章《織齋文集・法慶堂上和尚傳》："先是，師隨弘覺赴召京師萬善殿結制，章皇帝賜紫衣，今大學士馮公謂師宗風道力，嗣弘覺、天岸和尚，滹沱津梁，在吾青矣。"李焕章所指"師"爲靈轡和尚。光緒年間，寺僧麗吉、中寶、天性相繼重修寺院。該寺與長清靈巖寺、諸城侔雲寺、五蓮光明寺號稱山東四大禪寺。

目前已知法慶寺刻書四種。

①《山翁忞禪師語録》三卷，釋道忞撰，清初刻本。

道忞（1596—1674），法字木陳，號夢隱道人（一説山翁）。俗姓林，名菘，廣東海陽人。明萬曆四十四年投廬山開先寺智明若昧禪師出家，遍參憨山德清、隱元隆琦、麻城無念、密雲圓悟等禪宗大師。隨侍圓悟十四年，開悟禪機，並隨往浙江寧波天童寺。明崇禎十五年，圓悟去世，他繼席天童寺。又先後住持慈溪五磊寺、台州廣潤寺、越州大能仁寺、吴興道場寺。順治十二年春，應青州官紳僧徒之邀，北來住持青州法慶寺。他身在佛門，明亡後不忘故國，曾作《列皇帝薦嚴疏》悼念崇禎帝。其詩文集《布水台集》中有多首表達故國之思的詩文。順治十六年應召入京，爲帝説法，受厚遇，被賜"弘覺禪師"號。翌年五月還天童寺，順治留其衣、杖、笠、蒲團、念珠等物九件存供大内。歸天童後，興建奎焕閣，供奉欽賜"奎章""曠典"，並作《奎焕説》。又在會稽（今浙江紹興）平陽寺建御書樓。此事與其先前對明故國的思念大相徑庭，因而頗受世人争議。王士禛《居易録》中説："金粟木陳道忞，順治末應詔入京，賜號弘覺國師，南還至淮上，氣焰喧赫，從者如雲，爲諸方口實。"晚年隱居會稽化鹿山平陽寺，卒後塔葬於平陽黄龍峰下。通曉詩、文、書法，順治皇帝在皇宫南苑建新寺，寺之碑文、書丹、篆額皆爲其手筆。其傳世文集有《北遊集》《布水台集》《天童禪師語録》等。

道忞有《天童弘覺忞禪師語録》二十卷，卷首收録序、勅書、詔書、贊、疏及目録，其下是駐錫各寺之語録，其中卷九至十收録駐錫青州法慶寺之語録，卷十二收録法語及廣録，卷十三和十四收録垂代，卷十五收録對衆機緣，卷十六收録頌古，卷十七收録贊，卷十八收録偈，卷十九收録佛事、小佛事，卷二十收録小佛事、雜著。《天童弘覺忞禪師語録》有《嘉興藏》本，爲順治十七年所刻。

山東省圖書館藏三卷本，每卷卷端均題"侍者性月記録"。卷一、卷二爲《住山東青州大覺寺語録》，即爲二十卷本的第九、十兩卷。卷三有《垂代》《法語》《書問》《贊》四部分，大概是選取駐各寺語録之外的部分内容。

觀其版式，與《嘉興藏》不完全相同。雖然行款亦爲十行二十字，四周雙邊，但字體爲寫刻，與《嘉興藏》典型的大字宋體不同。

版心上無刻有“支那撰述”的方框，版心下亦爲白口，無墨框，故非《嘉興藏》零種。《清史稿藝文志拾遺》子部宗教類有兩條：一條是據《販記》著録爲三卷，約順治間刻本，一條是據《販續》著録爲六卷，約康熙間刻本，均爲侍者性月記録。山東館此本當刻在《嘉興藏》之後，但無明顯的順治或康熙風格。

②《天岸昇禪師語録》七卷，釋天岸撰，清康熙刻本。

天岸（1620—1673），字本昇，姓陳氏，金壇人，道忞嗣法弟子。初事道忞於天童，後於順治十二年隨道忞來青州，及道忞南還，本昇留青州主持法慶寺。十六年，又隨道忞入京，深得順治賞識，賜紫，命開堂青州。居法慶寺十三年，康熙十三年卒於浙江，建塔於餘姚縣之鹿宕岡，青州嗣法弟子元中即靈轡禪師爲其建塔於寺之西北隅，藏其《青州語録》諸書。

臺灣《“國家圖書館”善本書志初稿》中有《天岸昇禪師語録》二十卷，著録爲：首卷首行頂格題“天岸昇禪師語録卷第一”，次行低十二格題“侍者元玉記録”。卷末有尾題。各卷記録者皆不同。封面左上方墨刻書名條，書名下方墨筆填以“續七十七函之三”。卷首有張立廉序。序後有目録。本書前十一卷即爲和尚住持大覺、法慶禪寺之語録。後九卷爲示衆、頌、讚、偈等雜著。①

山東省圖書館藏本，除行款與臺灣“國家圖書館”藏本相同外，即十行二十字，四周雙邊，版心上方框題“支那撰述”，下黑口爲墨框，其餘各處多少有些不同，首卷卷端次行題爲“侍者寬度記録”，與臺灣“國家圖書館”藏本“侍者元玉記録”完全不同，此本卷一至四卷端明確題卷數，但題法與臺灣“國家圖書館”藏本不同，爲“天岸昇禪師語録卷一”，缺“第”字，説明卷端書名與記録者均

①臺北“國家圖書館”特藏組：《“國家圖書館”善本書志初稿·子部》，“國家圖書館”2000年版，第625頁。

與臺灣本不同。山東省圖書館藏本第四卷以下有兩卷"卷"下爲墨框,係兩個字的位置,次行其一記録者爲"侍者溢玄記録",内容有"萬善殿小參""示衆"及"小參";其二記録者爲"侍者一塵、明明記録",第三行爲"再住法慶禪寺語録",版心下方的墨框中鐫有"善"字。二卷的版心書名卷數的"卷"下爲墨釘,係挖改。最後一卷"卷"字下有"第"字,但爲"十"及墨釘,墨釘係一字大小,記録者爲"侍者一塵記録",第三行爲"華嚴五十三參頌引"。此部分當爲二十卷本中的第十七卷,字體亦與前幾卷明顯不同,字稍小,明顯非一時所刻。除卷一、二、四有尾題外,其餘均無尾題。

山東省圖書館藏本前有鹿城法弟張立廉撰《青州天岸禪師語録序》,曰:"邇年青齊道俗削牘敦請山翁老人,老人始謝弗應,繼念是方本宗發軔而流風歇絶,鐘鼓無聞,慨然憫歎,乃俯順衆請,開法於青州大覺禪院……既而老人以天童祖山虚席迎候,遽歸明州,乃命法嗣天岸昇禪師繼席。"備述道忞與天岸二人與法慶寺的淵源。又曰:"師荷道勤至,舉唱雄拔,爲諸學徒鍼錐撥剔,皆中窾要。既歷之三載禪會奔趨,青齊數百年禪道荒落之餘,機緣漸成熟矣。"對天岸在法慶寺的作爲給予很高的評價。此爲手寫上版。繼之又有張立廉《天岸禪師語録序》,與前序内容截然不同,爲宋體字。

據以上山東省圖書館藏本的版式及内容和序,推測山東省圖書館此本爲《天岸昇禪師語録》二十卷本的部分重刻及選印本,重刻的内容爲《住青州大覺禪寺語録》四卷,但與原二十卷的次序有所不同。選印的部分有三卷,緊跟在這四卷之後的,當亦爲《住青州大覺禪寺語録》中的一卷,衹是挖改了卷數。選印的第二卷當爲《再住法慶禪寺語録》中的一卷,選印的第三卷爲原二十卷本中的第十七卷。至於張立廉的兩篇序,宋體字的序版印模糊,當爲二十卷本的原序,手書序推測爲選印時重做的序,不知確否,因爲同一人爲同一書作兩篇序的情況不多見。因天岸活動的時間在康熙十三年前,故重刻及選印本當在康熙年間。

另臺灣“國家圖書館”藏本此條無版本項著録,據本昇生平,當在康熙時所刻,至於重刻和選印時間,觀其版式,當不晚於康熙。此條亦稱本昇“歷住青州大覺、法慶諸寺”,將大覺、法慶認爲青州兩個寺院,誤。

③《青州法慶靈轡中禪師語録》二卷,釋元中撰,清康熙刻本。

元中(1630—1691),字靈轡,河北任邱謝氏。父廷璠,明天啓舉人,清初殉難,時靈轡方九歲。十九母歿,投濟北寺照庵出家。順治十六年,亦隨道忞入京師。天岸和尚主法慶寺,爲侍者三載,後南遊,康熙十三年前爲法寺書記,天岸和尚圓寂,接掌院事。工詩,與王漁洋時有倡和。王漁洋有《寄靈轡》一詩:“看山復臨水,瀟灑坐禪身。我愧龐居士,師如竺道人。打包殘雪映,歸寺藥苗春。石濄新流滿,相期浄六塵。”有《柳峪集》及《語録》。寂後王士禛爲撰塔銘曰:“師諱元中,字靈轡,姓謝氏。河間任邱人。主青州法慶寺十五年,坐曲録床,道風遐暢,名動諸方。康熙癸丑,予廬居,始與師有支、許之契。癸亥冬,師遊京師,與楊冰心居士雪中見過,予賦詩爲贈云:‘行忘石頭滑,坐愛地爐温。’比其還山,又賦詩送之云:‘打包殘雪映,歸寺藥苗春。’”

山東省圖書館藏本前無序,後無跋,卷上題:“青州法慶靈轡中禪師語録”,原應有“卷上”二字,係挖去。次行題“門人成傳記録”。卷下題:“青州法慶靈轡中禪師語録卷下”,次行題“侍者成欽記録”。卷下末附李焕章《法慶堂上和尚本傳》一文,述其事迹備詳。

此書版式與《嘉興藏》完全相同,疑爲《嘉興藏》零種。因元玉生活在康熙年間,故定爲康熙刻本。

④《青州法慶碩林楚禪師語録》五卷,釋成楚撰,清康熙刻本。

成楚,姓寇,字碩林,一字荆庵,山東新城人。靈轡之嗣法弟子。光緒《益都縣圖志》卷四十六《藝術傳》載:“(康熙)二十三年，聖駕將南巡，長清知縣李某以靈嚴寺爲駐蹕地，無高僧以備顧問，乃請移住靈巖。及元中卒，仍回本寺。"可見，成楚初住青州法慶寺，後移住長清靈巖寺，靈轡圓寂後，掌法慶寺。善詩，王士禛《池北偶談》卷十九雜家類《詩僧》："新城釋成楚，字荆庵，受五戒於法慶，今居靈巖，頗能小詩。《落花》云：'高枝忍别離，逝水隨飄蕩。'《雨後》云：'青猿臨澗飲，白鳥向空翻。'《秋日》云：'風來夕沼緑荷敗，霜落秋山黄葉多。'《山居》云：'險崖句後參宗旨，陷虎機前驗作家。'《新霽》云：'嵐氣千重縈嶂背，清流萬道出雲根。'《贈奚林大師》：'派衍灵山第一枝，無言得髓是吾師。偶然豎拂天花落，絶勝空生晏坐時。'記之當續訪其全云。同時僧智泉者，亦新城人，有《移竹》詩云：'别去寒山寺，來依明月樓。'亦有致。"可見，王士禛對其詩評價甚高。成楚亦有《住持呈王旦明護法》一詩："跡托靈巖下，閑情與石論？何年名勝地，今日泛常村。佛殿殘雲護，僧寮碧草屯。敢期蘇子帶，萬古鎮山門。"①又據《山東通志・藝文志》著録，成楚著有《續五燈會元》一書，該書是成楚奉康熙皇帝詔命所作，書中增入天下高僧語録，書成後編入《大藏經》。康熙三十四年，趙執信有《法慶寺過碩林丈室》詩："春塵隔在寺門東，精舍蕭閑竹影空。世事無憑信鈴語，禪心不動任幡風。客來蓮社諸賢後，詩入寒山五字中。老去殷劉談興盡，但將麈尾奉林公。"

山東省圖書館藏本卷一缺卷端二葉，卷二題"門人佛魯記録"，卷三題"門人佛啅記録"，卷四題"侍者理愫記録"，卷五題"門人佛岱記録"。佛魯爲新城王氏之後王兆笄。兆笄法名佛魯，號藴真，王象泰玄孫，啓後三子。自幼出家，主持青州法慶寺。與王兆弘同輩，大概爲乾隆時人。其他記録者無法查考。

①房澤水：《靈巖遊翰輯古》，中國文聯出版社 2000 年版，第 89 頁。此詩注釋中稱，王旦明即北宋大臣王旦，字子明。注釋將成楚認定爲北宋人，誤。

此書前有《青州碩林和尚語録序》:"碩公和尚住長清崇壽禪寺、住齊州靈巖山護國大崇善禪寺、住青州勅賜法慶禪寺《語録》,凡三卷,同學遠林持以示予。余學儒者,固不知禪,然嘗觀古來如裴相國休、白侍郎居易、張尚書方平、蘇學士軾、張侍郎九成,往沍稱説於西竺,况余與碩公遊處久,尤樂言之。自菩提多那不立文字遞至曹溪大闢宗門,大約以見性爲宗,降心爲本,南嶽清源而下,支分派别,三宗不傳二宗傳者,輕本重末,失其淵源。石堂(按:釋元玉,主持泰山普照寺)所云教者雕琢乎辭句,學者馳騁乎篇章,日新不已,漸滋岐路,其於教外别傳單提向上之旨,豈有合哉? 猶吾儒居山之後有卜子,卜子之後有子方,子方之後有荀卿,荀卿之後有李斯,尼山之教幾乎息矣。迨其後周程輩出而聖道復明,今南嶽清源雖異而曹溪不異,曹溪即異而少室不異,少室即異而華嚴會上不異。自天童弘覺出,萬善殿中揮麈豎拂,於世祖章皇帝之前,真優曇之華千年再現,則知狂瀾砥柱,世固不乏其人也。覺一傳爲金粟岸,岸一傳爲法慶轡,碩公固轡之法子也。今讀其語録,舌本青蓮,手揮羅果,真切著明,不可以爲微,不可以爲顯。以爲微則言言箇中,以爲顯則語語象外。如響出絃上,視其絃則無響;如雲見峰頭,尋其峰則無雲。二十五聖處處圓通,百萬天龍争來一指,闡明宗旨,羽翼性功,學者於此求之,臨濟曹溪、歷代祖門於今重光,超凡入聖,不必歷百城煙水也已。乘州陳荀會友龍氏拜題。"繼有陳時夏序,亦缺前兩葉,僅餘"碩兄一片苦衷,利益人天,原非細事,不得不表而出之,以告同志云。同門弟陳時夏拜譔"三行。

山東省圖書館藏本行款版式與《嘉興藏》完全相同,疑爲《嘉興藏》零種。成楚當生活在康熙年間,故定爲康熙刻本。

(三)青州府刻書特色

清前期的青州府刻書無官刻和坊刻記載,但有法慶寺刻書 4 種,是目前所知山東寺廟刻書數量最多的府。

家刻仍然是青州府刻書的主體。青州府下轄十一縣,有刻書記載者八縣,共刻書 179 種。安邱最多,有 59 種,諸城次之,有 49 種,益都 32 種,博山 23 種,壽光 11 種,昌樂 3 種,樂安 1 種,臨淄 1 種。這與刻書大族的分布有關。安邱有兩大家族,張氏和曹氏,僅張氏就刻書 30 種,曹氏 14 種。諸城亦有兩大家族,丁氏和王氏,丁耀亢父子有 19 種,王鉞家刻 11 種。益都有李文藻一家,刻書 24 種。博山有兩家,趙執信家和孫廷銓家。壽光有安致遠家。看來,大族的刻書數量決定着一地的刻書數量。

刻書内容上,集部最多,有 105 種,占整個青州府清前期刻書的一半强。其中别集有 86 種,以博山趙氏,壽光安氏,安邱劉正宗、曹氏、張貞,諸城丁耀亢爲主,他們皆以詩文名家,故所刻家族詩文最多,由此可見清初青州府文學的興盛。曲類 6 種,全部是丁耀亢所著。詩文評 5 種,有李文藻編《律詩合譜》,李文藻刻《漁洋詩話》《談龍録》,趙氏因園刻《談龍録》《聲調三譜》,其中趙執信的《談龍録》在山東就有兩刻,由此可見此書在當時是很受歡迎的。王士禛的《詩話》亦有刊刻,兩部不同論點的詩學論著同時出版,不僅反映了山東詩壇乃至全國詩壇的論争形勢,而且證明了山東詩學的興盛與詩論的出版是分不開的。

經部有 14 種,其中 10 種爲李文藻所刻。史部 29 種,傳記類就有 16 種。子部有 31 種,張在辛的《瑣言》占 10 種,張貞父子的印譜有 5 種,趙執信的術數類書有 4 種。

清前期青州府的名家刻書各有特色:

益都李文藻:李文藻所刻 22 種中,經部 9 種,集部 10 種。經部首次站到了與集部同等的地位,這在家刻中少見,這與李文藻爲學注重考據有關。李文藻本身就是一個考據學家,他關注學術的發展,揭示最新研究成果。對於著名考據學家戴震、惠棟、江永等人的著述,他不遺餘力地蒐集刊刻。他關注張養浩、趙執信等山東人的著述，刊刻張爾岐《蒿庵閒話》，爲鄧汝功先後刊刻了《上谷集》《密娛齋詩稿》《鄧謙持時文稿》，可謂鄧氏功臣。刻書時間集中於乾隆三十六年至四十年之間。刻書主要在廣東恩平和潮陽兩地。潮陽所刻尤多，因他在此爲官時間稍長。刻書大多標有明確的時間和地點。刻書借助於衆人的力量而成，底本多來自周永年，操作上多仰賴廣東當地人。

博山趙氏：五代刻書，涵蓋了清代前四朝，刻書最集中的時期是乾隆間；皆爲家刻本，或子爲父刻，或孫爲祖刻；詩文集居多，間有論詩之作，體現了趙氏以詩書傳家的傳統。趙執信所刻四種術數書比較特殊，表明了他多樣性的旨趣。

博山孫氏：所刻皆爲家族著述，以史部書爲多，或爲遊記，或爲方志，或爲史評，不僅有着豐富的資料，而且有考證，有論斷，學術價值頗高；二世刻書，在順、康二朝；孫廷銓自刻三部，一部在京師，兩部在山東，其子寶仍刻了四部，雖説是寶仍刻書，但參與者是寶仍的兄弟們，如寶仁、寶僎、寶侗等先後承擔了謄寫及校對的任務，家刻特徵非常明顯。

壽光安氏：所刻書皆爲安氏著述，除一種爲安箕所著外，其餘九種均爲安致遠著；刻書内容以詩文爲主；刻書時間集中於康熙年間。除已知一種明確爲安致遠本人所刻外，其餘大概皆由安箕完成。

安邱曹氏：三代四人刻書，起自順治十七年，主要在康熙間；貞吉刻書四種，申吉刻書八種；貞吉全部是刻自己的集子，而申吉爲自己刻書五種，還爲其兄刻書兩種，刻方志一種；刻書内容幾乎全部是詩文詞集；貞吉兄弟刻書多在外地，有在新安，有在京師，有在吴中，有在貴州。

安邱張氏：從張貞至張介禄，八世刻書，持續了近三百年，幾乎綿延了整個清代；在刻書内容上，除印譜外，還注重家譜和家族資料的刊刻；注重地方文獻的刊刻，有關安邱的有《渠丘耳夢録》《杞紀》《安丘縣學崇祀鄉賢小傳》《全城紀立後記》，有關青州的有《青州鄉賢小傳》，有關金鄉的有《金鄉鄉賢傳》；詩文刊刻，並非張氏刻書的主體；張貞刻書主要在安邱當地，唯一一部明確在外地刻的書是《渠丘耳夢録》，亦有張柏恒在都門刻書，張介禄在浙江刻書，都與居官地有關。

諸城丁氏：丁氏刻書自明崇禎始，至清康熙終，歷經明清兩代，但衹丁耀亢、丁慎行父子二人刻書；丁耀亢所刻書主要爲自家著述，還爲其師鍾羽正刊刻了《崇雅堂集》，並爲鍾羽正的侄子鍾諤刊刻了《鍾一士遺稿》，共刻書十六種，在明末清初的個人刻書中屬數量多的；丁耀亢詞曲的刊刻、《出劫紀略》的刊刻、《續金瓶梅》的刊刻均是時事的反映，抒發亡國之痛和民族感情；丁氏刻書多爲九行本，字多宋體，清初風格比較明顯，前期所刻傳奇有寫刻意味，比較精緻，但後期刻本刻得不精，大概與經濟條件有關；丁氏刻書皆無明顯刻書標志，故不好判斷其具體年代。

諸城王鉞：三世刻書，時間集中於康熙、雍正、乾隆時期；所刻皆爲自家著述；刻書内容除經部外，史、集、子部皆有，具有多樣性，其《朱子語類纂》有自己獨特的見解；所刻《世德堂遺書》行款版式特徵一致，整齊劃一，字體端莊。

青州府刻書中具有重要學術價值的名品有：

李文藻所刻《山左明詩鈔》，在發起者盧見曾事發、宋弼謝世後，他慨然以刊刻此書爲己任，從盧見曾被抄没的書籍中翻檢出底稿，又迎宋弼靈柩於道上，得《小傳》一册，刻成於恩平縣署。此書是繼盧見曾《國朝山左詩鈔》之後，對山東明人的詩歌進行的大總結，這樣，明清兩代的山左人詩歌得到了梳理，而這樣的梳理在文學史上有着非常重要的意義。因爲明清兩代，山左詩最盛，尤其是嘉靖以後"前後七子"中的邊貢、李攀龍所引領的復古熱潮，拉開了山左詩壇振興的序幕。到了清代，山左詩空前繁榮，逐漸取代了江浙詩派在詩壇的地位。在這個時候,對山左詩人的詩歌進行發揚與傳播,無疑奠定了山左詩人在詩歌史上的地位。其次,此書的刊刻,激發了後來對山東詩歌的進一步整理,如張鵬展輯刻《國朝山左詩續鈔》《補鈔》,余正酉輯刻《國朝山左詩彙鈔後集》等,使山東人的詩歌得到了全面的展示與清理,並由此掀起了各地輯刻當地先賢詩文的熱潮,規模盛大。

李文藻所刻《貸園叢書初集》十二種四十九卷,是一部價值極高的叢書。所刻多爲經部書,揭示了乾隆時期學術研究的最新成果。

乾隆八年馬氏輯慶堂刻《渠風集略》七卷,是有關安邱一地的詩文集,在盧見曾刻《國朝山左詩鈔》和李文藻刻《山左明詩鈔》之前,是除《闕里詩選》外,山東較早關注當地詩文的地方。

博山孫廷銓所刻《顔山雜記》四卷,雖是雜記體著述,卻爲顔神早期地方志提供了可貴的資料。後來的《顔神鎮志》《博山縣志》《博山志稿》《續修博山縣志》《博山鄉土志》等書,多所依據。三百餘年來,極爲世人所重視。此書對多種地方工礦産品,記載翔實豐富,實爲珍貴資料。

益都薛鳳祚所撰《曆學會通》,在科學史上具有特别的意義。在數學上,首次將對數引進中國;天文學上,採用了當時世界上極爲先進的哥白尼體系;在水利、醫學、物理等方面也有非常重要的貢獻。西學自明末傳入中國,至康熙皇帝,不僅極力倡導西學,更是身體力行,他在西學上的造詣,中國其他國君均無法達到。所以,康熙朝是一個全面汲取西方新技術的時代,而山東薛鳳祚則具有開創之功,開清初學習西方科學之先河,對中國科學的發展至關重要,對後世影響深遠。

安邱劉行秉等刻劉源淥撰《讀書日記》六卷、《補編》二卷,是一部儒學名著。劉源淥承程朱之學,與清初官方倡導的學術風氣相吻合,故此書在山東尤其是青州府受到了很大的重視,集結了大批山東名流參與刊刻。如張貞率其子共四人參與其中,馬氏有馬天挺、馬恒謙、馬長淑等一門八人,曹氏有曹質等四人,安邱一邑的著名人物及世家均參與了此書的校刊工作。此書也凝結了劉氏家人的心血,兒子、族姪、孫子、曾孫均參與校字、刊刻。時間跨度長達六年。

此期具有重要版本價值的名品有:順治十五年諸城丁耀亢與高有聞刻鍾羽正撰《崇雅堂集》,是鍾羽正集的第一個版本。光緒五年,昌樂閻湘蕙擬重刊未果,於是將書轉予鍾氏後人,光緒三十三年在鍾際昌的主持下,鍾氏又重刻此書,但與丁耀亢本卷次不同,已佚二十餘首,由此可見丁本的價值。

《續金瓶梅》是現存《金瓶梅》續書中最早的一部。原刻於康熙四年即遭焚毁,故存世極少。

此期具有重要藝術價值的名品有:

李文藻所刻《漁洋詩話》三卷,請當地名寫工段玉華繕寫,寫刻字體,較精美,這是地道的山東刻書,是山東刻書中的精品,説明了乾隆時山東刻工已達到了相當的水平。

安邱劉正宗所刻《逋齋詩》三種,清初順治風格,乾浄,疏朗。

安邱張貞家刻書極精美。其《渠亭文稾》一卷、《或語》一卷、《濳州集》一卷、《娱老集》一卷、《娱老集遺稾》一卷,字大行疏,扁平字體,寫刻細緻,版心下刻堂號,非常漂亮,是安邱張氏刻書的代表,也是山東少見的精品。其《渠丘耳夢録》四卷,爲江寧刻本。

安氏刻書亦字大行疏,刻印精良。

博山趙氏刻書在行款上特徵不明顯,但在字體上約略相似,而且在印刷上有個共同的特點,即字跡油性比較大。以趙執信的詩文集爲例,二書行款不同,刊刻時間不同,詩在前,文在後,但據所見印本,皆字跡有油性,似石印,但有斷板,確係刻本。尤其詩集,油性較大,顏色略發紅,似紅印本後所印。據杜澤遜師推斷,可能爲初印本,紅印之後,用油性物質去紅,再刷印。

清代山東刻書史（下）

唐桂艷　著

儒家文明協同創新中心資助項目

儒學與山左學術叢書之四

齊魯書社

第四章 清後期(同治至宣統)山東刻書

第一節 清後期山東刻書概述

一、清後期的社會經濟狀況

在與英法聯軍簽訂屈辱的《北京條約》後不久,同治帝即位。同治三年,清軍攻占南京,太平天國失敗。之後一直到義和團興起和八國聯軍入侵北京,在相對平穩的一段時期内,兩宫太后垂簾聽政、議政王奕訢主持政務,互相配合,推行新政,形成了“同治中興”的局面。其主要措施是:成立總理衙門、設立同文館、辦新式學校、派人出洋、開工廠開礦、修築鐵路等,實行學習西方近代化的舉措,開始走向開放、進步。其代表人物除了奕訢,還有曾國藩、李鴻章、左宗棠、張之洞等。曾國藩、李鴻章、左宗棠等在上海、南京、福州相繼辦起了近代軍工廠,多聘請洋員充當技術指導,這就是所謂的“洋務運動”,它包括舉辦新式軍用工業,編練新式軍隊,加强國防建設等,其宗旨是“自强”與“求富”。

光緒前期,中國政局相對平穩。光緒九年至十一年的中法戰争,光緒二十年的甲午戰争,均以中國失敗而告終。二十四年,光緒帝啓用康有爲、梁啟超等進行“戊戌變法”,但受到以慈禧太后爲首的保守派的反對。光緒帝被慈禧幽禁在頤和園。整個維新不過歷時一百零三天,故稱"百日維新"。

光緒二十六年,庚子事變,義和團興起,八國聯軍趁機占領北京。之後,各地反清武裝起義此起彼伏,民主革命思潮在全國廣泛傳播。雖然在光緒二十七年又實行"維新新政",但無法挽救瀕於覆滅的清王朝。

在山東,兩次鴉片戰爭未造成直接的影響。捻軍在山東的影響也較晚。咸豐十年,捻軍進軍山東,僧格林沁、曾國藩先後在山東"剿捻"。一直到同治七年間,山東的捻軍與太平軍餘部結合,成爲北方農民起義軍的主力,給清朝統治者以沉重打擊。

甲午戰争中,日軍先在榮成登陸,繼之有威海衛之戰,山東成爲戰場。隨後,德國借鉅野教案侵占膠州灣,英國强租威海衛,使山東這塊豐腴之地開始受到帝國主義者的覬覦。

義和團運動於光緒二十六年起於山東的東昌、曹州一帶,後逐步擴展至華北和東北數省,特别是在京津一帶,聲勢浩大,與國外侵略勢力展開了激烈的鬥争。

第一次鴉片戰争時,外國侵略勢力還没有直接深入到山東,故對山東的經濟影響不大。但在第二次鴉片戰争後,煙台爲對外通商口岸之一,同治元年一月正式對外開放,設立東海關。從此,外商及傳教士蜂擁而至。十幾個國家在煙台建立起領事館,煙台成爲帝國主義進攻山東的橋頭堡。帝國主義的鴉片、工業品紛紛進入山東,而山東地區的土特産品也被掠賣出國。這樣,山東地區的社會經濟也開始捲入資本主義世界市場,成爲帝國主義肆意掠奪的重點對象。外國經濟的入侵,不僅破壞了山東的自然經濟,而且把山東變成了帝國主義經濟的附庸。

清政府簽訂的一系列不平等條約,不僅割地,還要賠款,加重了人民的經濟負擔。光緒二十七年舉辦各項"新政",無一不需耗費巨額資金,原本就已匱乏的山東財政,此時更倍竭蹶。爲了應付急劇增加的各項財政支出，山東歷任巡撫及各級地方官府在推行“新政”期間莫不把“籌款”作爲第一要務，致使攤派勒索層出不窮，各種税捐無奇不有，下層人民生活困苦。

二、清後期的學術文化狀况

與動蕩的社會形勢不同，清代晚期的學術文化呈現一派新氣象，體現出鮮明的時代特色。王國維所謂“道咸以降之學新”，説的就是道咸以後由於西學的傳入，以及中學對西學的汲納，中國固有的學術發生了質的衍變，成了一種“不中不西亦中亦西”的“新學”。

鴉片戰争後，由於政治、社會情勢的變化，乾嘉漢學已無法適應社會變化的需要。轉變學風、提倡入世致用已是勢在必行。在這一重大轉折時期，經世致用、救亡圖存成爲晚清學術文化的基本原則。但傳統文化的救世、經世思想已陷於困頓之境，迫使經世派轉向西學尋求救助，從而使傳統文化走出了邁向西方的關鍵性一步。

中國對西學的接受，不僅是對西方科學技術的接受，還包括對社會制度、思想理論、價值觀念、思維方式等等一系列與資本主義相聯繫的文化思想的接受。洋務時期，建立近代的工廠礦山，成立翻譯出版西方科學技術書籍的機構，建立近代學校，均是對西方近代科學的傳播和運用。19 世紀 90 年代以後，西方社會政治學説如進化論在近代中國開始傳播，使中國建立了社會科學各學科，實現了傳統學術的現代轉换。

在這一學術文化的歷史轉折時期，魏源首開其風，馮桂芬、嚴復繼之，至康有爲、梁啟超、張之洞、章太炎而大昌。

近代中國資産階級新史學的開拓者梁啟超，在新史學的理論與方法兩方面都有獨到的建樹，代表性著作有《中國史叙論》和《新史學》。王國維也在新史學的建立上做出了貢獻。在史學方法論上，他主張用實證的、科學的方法來對待和研究歷史，並運用這種方法,對中國古代文字、史事、史料進行考釋。

這一時期的文學是蜕變和開放的。詩歌上,黄遵憲以“我手寫我口”的《雜感》揭開了“詩界革命”的序幕,接着夏曾佑、譚嗣同、梁啟超、康有爲、蔣智由、丘逢甲、丘煒萲等,以其“新派詩”開拓了近代詩的新視野、新意境、新天地,確立了新的審美規範。還有同光體的陳三立、沈曾植、范當世和中晚唐詩派的樊增祥、易順鼎,以及不名一派的李慈銘等,各具風采,各有建樹。此期被稱爲“詞的中興光大的時代”,一時名家輩出,王鵬運、鄭文焯、朱孝臧、況周頤被稱爲晚清四大詞人。晚清戲劇小説數量多。據阿英《晚清戲曲小説目》統計,創作小説四百六十二種,翻譯小説六百零八種。據莊一拂《古典戲曲存目彙考》統計,雜劇傳奇在五百種左右。小説方面,産生了被魯迅稱爲清末四大譴責小説的《官場現形記》《二十年目睹之怪現狀》《老殘遊記》《孽海花》,其他小説如《兒女英雄傳》《三俠五義》《九命奇冤》《禽海石》《斷鴻零雁記》等均被譯成多種文字在國外出版。戲劇、彈詞、翻譯文學、文學評論,均有鮮明的時代特色。

郭延禮先生認爲,中國近代文學“是在中西文化撞擊下所産生的具有新的文學觀念、新的創作主題、新的審美規範、新的藝術表現、新的傳播系統的一種開放型的文學”①。

此種新氣象在山東卻無明顯體現。以教育爲例,任銀睦《清末民初基督教在山東的傳播與山東的教育文化現代化》一文認爲:“山東的國立新式教育肇始於1901年,此前,洋務運動時期以興辦訓練語文和技術爲目的的學校爲主的中國教育的早期現代化,在山東没有什麼表現。至戊戌時期京師大學堂設立,各省選派學生咨送大學堂,經入學考試及格,入堂肄業,山東教育的現代化

①郭延禮:《中國近代文學發展史》,高等教育出版社2001年版,第2頁。

方初露端倪。”①所説當爲“新政”後巡撫袁世凱在全國率先設立山東大學堂一事。可見,晚清的山東無論在學術、文化還是教育方面,都與全國轟轟烈烈的興盛之勢有一定的差距。這不能不影響到清代後期山東刻書的整體面貌。

三、清後期的山東刻書概況

(一)官刻

清後期的官刻書最大的特點是各地官書局的興起。官書局的成立,源於太平天國農民運動失敗以後,清代影響最大的武英殿刻書實際上已名存實亡,清政府爲了重振儒學,“正人心”,“維世道”,由曾國藩宣導,始建江南書局。同治五年後,各省紛紛效法,浙江書局、湖北崇文書局、江蘇書局、湖南書局、四川書局、江西書局、直隸書局、廣東廣雅書局、淮南書局、山西書局、山東書局、安徽敷文書局、福州書局、貴州書局、雲南書局等陸續開設。

山東書局在同治九年由山東巡撫丁寶楨創辦,地址在濟南後宰門,直到光緒二十八年還在此地,民國十一年後遷址院西大街。光緒二十八年,山東書局由官家招商經營,改稱山東官書局,與山東官印書局、山東官印刷局、山東印書館無關,這些大概爲純粹的印刷機構而非出版機構。山東書局與建立於同治八年、地址在馬跑泉街金線泉側的尚志書院,不是一個單位,但尚志堂是山東書局的編輯部。山東書局的書大多由尚志書院的師生們校勘董理,故二者關係非同一般。

作爲清後期山東最大的官方出版機構,山東書局共刻書四十二種,加上子目達七十餘種。當然,與其他書局還有一定的差距,如當時的廣雅書局刻書達三百種,浙江書局、湖北崇文書局、江蘇

---

①任銀睦:《清末民初基督教在山東的傳播與山東的教育文化現代化》,載《聊城大學學報》2002年第2期。

官書局刻書均在二百種左右。在全國近二十個官書局中,山東書局的刻書數量處於中等位置。

作爲官方的出版機構,官書局把重興儒教作爲書局的刻書宗旨,故所刻書籍,大都是傳統的國學著作,以覆刻翻印清内府、武英殿刻本爲多。同時,輯刻地方著名學者的書籍,顯現地方特色。在晚清複雜的歷史背景下,官書局刻書又呈現出時代特色,適應時代的需求,刊刻了大量公文,如條約、章程等,以及翻譯的西書,尤其是有關日本的書籍和教育書籍。各省官書局刻書各有特色:金陵官書局刻書精校勘,由張文虎校訂的《史記》爲最善之本;浙江官書局所刻《二十二子》皆以各家校刊及明世德堂本爲依據,是子書叢刻中的最善之本;湖北官書局刻書側重實用,但校勘不夠精審;湖南官書局側重選刻近人著作;江西官書局主要是重刻《武英殿聚珍版叢書》;廣雅書局所刻皆爲大部頭著作,如《廣雅叢書》《武英殿聚珍版叢書》《全唐文》等。

山東書局刻書在内容上,經、史、子、集,無所不包。如經部書有《十三經讀本》《孔叢伯説經五稾》《通德遺書所見録》《御注孝經》《孟子要略》《小學韻語》《小學集注》等;史部有《通鑑綱目四編合刻》《山東軍興紀略》《籌濟編》及各國章程等,還有士子必備書目;子部書最多,有被視爲地方官必備指南的《龍莊遺書》,有法家類《洗冤録詳義》,有農家類《農政全書》,有儒家類《二十四孝弟詩輯注》《勸學篇》《尊宗贅議》,還有醫家類《驗方新編》《世補齋醫書》《慎疾芻言》。相對來説,集部書較少,僅有《蒿庵集》《敬亭集》《止止堂集》數種,與私家刻書集部占主體大相徑庭。

翻刻内府本是山東書局刻書的重要内容,有《籌濟編》《小學集注》《勸學篇》《聖諭廣訓衍説》《御注孝經》等。還有重刻清代版本,如《孟子要略》仿刻漢陽劉氏槧本;《洗冤録詳義》所據爲古均閣許氏刻本;《續山東考古録》雖有葉圭綬咸豐元年濟南刻本,但當時版已不存，山東書局重刻之；《農政全書》所據爲道光十七年貴州糧署刻本；《蒿庵集》據乾隆三十八年胡德琳官濟陽時刻本重刻；《蒿庵閒話》據乾隆四十年李文藻潮陽郡齋刻本重刻；《敬亭集》據康熙間萊陽姜安節等刻本重刻；《慎疾芻言》爲光緒元年烏程汪曰楨會稽學署刻本；《制服成誦編》《制服表》《喪服通釋》，雖有浙江、湖南、四川多個刻本，但在山東，山東書局此刻還是首次刊刻。山東書局在重刻時皆尊重原版版權，標明版本來源。

山東書局刻書關注地方文獻，即刊刻山東學者的著述，刊刻外地人所著有關山東的文獻。山東書局所刻的地方名人的著述有《蒿庵集》《敬亭集》《止止堂集》《孔叢伯説經五稾》《通德遺書所見録》《戚少保年譜節要》《尊宗贅議》；刊刻外地人所著有關山東的著述有《山東州縣歌略並圖》《山東軍興紀略》《山東考古録》《續山東考古録》《重纂三遷志》。

山東書局刻書重版本，精校勘。如《止止堂集》的底本係據明萬曆刻本影鈔的鈔本，是現存唯一一個全本；《農政全書》的明刻本流傳不廣，以貴州本最爲通行，山東書局據以重刻；山東書局所刻《倭文端公遺書》係在衆多版本的基礎上，收集資料最多的刻本。

山東書局所刻書被公認爲校勘精審的本子有《十三經讀本》附《校勘記》和《資治通鑑綱目四編合刻》附《校勘記》。阮元刻本優於《十三經注疏》其他版本之處在於其有《校勘記》，山東書局《十三經讀本》亦有校勘記，故爲善本。曾國荃奏開山西書局，刊《四書》《六經》，因其地覓不到善本，即仿山東書局此本。山東書局所刻第二部大書《資治通鑑綱目四編合刻》，以五本進行通校，一爲趙府居敬堂初刻本，一爲明嘉靖甲午江西按察司仿刻本，一爲明萬曆庚子蘇府朱燮元重刻本，一爲張朝珍摹刻本，一爲清康熙戊子吏部侍郎宋犖奉旨校刊陳仁錫本。山東書局此本集各編之長，增加了《地理續考》,並附《校勘記》,爲前述諸本所無。

山東書局所刻《經籍要略》,稱得上是一部具有學術價值的士子讀書目録。注明版本和著者籍貫,並提供了很多版刻信息、著者信息、板藏地。

山東書局重底本、精校勘,得力於書局的學者型編輯,加之巡撫等要員的大力支持,故在保存與傳播文化方面起到了重要的作用。

晚清山東官刻書位居第二的是尚志書院。尚志書院同治八年由巡撫丁寶楨創建。現已知尚志書院刻書有三十五種,分三種情況。署"尚志堂藏板"者有六種:《張楊園先生集》《省心録》《程氏家塾讀書分年日程》《荒政輯要》《春秋大事表》《讀詩經音律》;在尚志堂校刊,實爲個人所刻者八種:濰縣張昭潛刻《新雕徂徠石先生文集》,山陰陳錦刻《文廟從祀位次考》《有明於越三不朽圖贊》,樂安李氏刻《織齋文集》,榮成孫葆田刻《明文正氣集》《澤雅堂文集》,諸城尹彭壽刻《漢隸辨體》,巴縣潘清蔭刻《歷朝統系圖》;《尚志堂所刻書籍目録》所言尚志堂刻本還有十八種:《蠶桑萃編》《格言聯璧》《胡文忠公遺集》《安瀾輯要》《痘疹定論》《公門果報録》《經驗良方》《明刑管見録》《牧令書節要》《佩文詩韻釋要》《勸善要言》《四庫書目序》《四書集註》《宋名臣言行録前集後集别集外集》《正續小兒語》《直隸分道屬境歌略》《傅青主女科附産後編》《人譜》。

尚志書院的刻書内容與山東書局相似,更注重學術性,但没有翻刻書。尚志書院的學子們也利用難得的人才資源,以個人名義刻印了部分有學術價值的著述。

清末實行新政,山東成立第一個官辦高等學校——山東大學堂,爲了便於教學,刊印了不少課本,雖爲新式教育,但所刻内容還以傳統國學爲主。

所見山東大學堂出版物共八種，其中兩種爲排印本，刻本有六種：《山東試辦大學堂暫行章程摺稿》《三通考序》《文獻通考紀要》《濟南大學堂備齋古文讀本》《國朝先正學規彙編》《山東高等學堂古文讀本續編》。全部爲學生用課本，内容比較單一，刻書的目的很明確，就是爲教學服務。

濼源書院在此期刻書有兩種。山東大學堂設址於濼源書院内，故濼源書院培養人才的使命宣告終結。

除了以上官書局、書院、大學堂刻書，清後期的山東官刻還有省級衙門刻書十七種和地方官衙刻書十種，孔府刻書一種。

巡撫刻書二種：《山東郡縣圖考》《山東曹州教案條約》附《膠澳租界圖》《膠濟鐵路章程》；布政司刻有：《賦役全書》，並兩次刊刻《山東交代章程彙編》；按察司刻書一種：《山東清訟章程》；學政刻書六種：《山左校士録》《來賓聯詠》《山左校士録四書文五經文》《學規舉隅》及兩次刊刻《聖諭廣訓》；都轉運司刻書三種：《重刻鹽法續增備考》《胡文忠公遺集》《慈觴文録》；河防局刻書一種：《河神事蹟紀畧》；輿圖局刻書一種：《大清一統志輯要》。

地方官府刻書，有長清刻《五峰山志》，德州禮房刻《德州賓興事宜》，戴傑陵縣官署刻《小學人子禮》，榮成紀署刻《榮成紀略》，慶雲崔氏萊州府刻《釋惑録》，臨清中學刻《奏定學堂章程》，青州府刻《青州府中學堂章程》，武威李於鍇刻《續資治通鑑紀事本末》，樂陵縣刻《地球三字經》，兖州府中學堂刻《讀史方輿紀要州域形勢編》。曲阜孔令貽刻有《聖門禮誌》《樂誌》。

由上可見，清後期的山東官刻書，數量上大幅增加，是前期、中期的總和。涉及的部門增多，更豐富多彩，除了常見的巡撫、布政司、按察司、鹽運司、學政刻書外，河防局、輿圖局都在各自的職責範圍内有刻書。地方官府涉及的地區也較爲廣泛。最大的特點是官書局的刻書，不論是在内容上還是在數量上，都是清後期官刻書的支柱。

(二)家刻

清後期的家刻共626種,數量上不及前期和中期,大概與三朝時間較短有關。每年的刻書種數在十二種,年刻書量比前期、中期要大。

本期最大的刻書家族是海豐吴氏。吴氏以刊刻家人著述爲主。在家庭教育方面,吴自肅的《作文家法》曾六次刊刻。在弘揚家族精神方面,有《海豐吴氏文存》《海豐吴氏詩存》《吴氏世德録》《海豐吴氏硃卷》《海豐吴氏試藝》五種。海豐吴氏尤關注山東地方文獻。如吴之勷刻明代戚繼光的《練兵實紀》《紀效新書》,吴重憙刊刻陳介祺的《家塾授蒙淺語》附《習字訣》,桂馥的《歷代石經略》《歷代石經大略》,時庸勱的《聲譜》《聲説》,許瀚的《攀古小廬雜著》。

吴氏所刻多爲金石學名著,如桂馥的《歷代石經略》《歷代石經大略》,吴式芬的《攈古録金文》《攈古録》《金石彙目分編》,許瀚的《攀古小廬雜著》。這些傳世名著的刊刻,是清代山東金石學發展的見證。

吴重憙所刻《九金人集》極具版本價值。《滹南遺老王先生文集》的祖本爲元本,又經吴焯校正,版本既古且精;《莊靖先生遺集》所據爲僅存之正德本,連四庫館臣都未見過,版本稀見;《蕭閑老人明秀集注》所據爲影金鈔本,而現存金刻本祇一部;《天籟集》以楊本爲底本,校以錢塘丁氏鈔本,是此書現存的最好版本;《二妙集》爲此書的最全本。吴重憙所刻書不僅具有版本價值,而且有名家如繆荃孫、許瀚、丁艮善等協助校勘,具有較高的學術性。

海豐吴氏刻書大多刻印精美。版心有字數,有時版心下刻字數並句數,較爲特殊。版框外有書耳,記每葉字數。有的版心有刻工。《海豐吴氏詩存》字體秀美,一絲不苟;仿宋刻《陶靖節先生詩》用仿宋字體,非常精美;《閑閑老人滏水文集》字大方正,悦人眼目;《五種遺規》《攈古録金文》刻印均較精。

清後期的福山王氏刻書有三十八種,以王祖源刻《天壤閣叢書》和王懿榮刻書爲主,皆具版本與學術價值。朝鮮金正喜輯《東古文存》,在國内及朝鮮僅有抄本流傳,是稀見之本。《麟角集》在明有祁氏淡生堂抄本,至清又有多種抄本,但刻本僅見於鮑氏《知不足齋叢書》和《王氏彙刻唐人集》,而王氏天壤閣本所據爲嘉慶王氏本,又據鮑廷博本補,集二者之菁華,可謂版本精審,有校勘價值。《黄御史集》在宋有二刻,明正德本所據爲宋慶元本。在未見正德本的情況下,王懿榮以影宋抄本爲底本,以還宋本原貌,缺者以崇禎刻本補。全書刻成後,又發現了正德本,於是附録部分據正德本補入。其父王祖源自詡"此刻在今日世存黄集中誠第一舊本矣"。牟庭撰《周公年表》一卷,其子牟房已刻於湖州。同治五年,懿榮求得手稿於掖林牟貽家,知爲最後定本,據以重刊。漢揚雄撰《輶軒使者絶代語釋别國方言》,光緒間王懿榮在京師有影宋刻本,影宋刻《方言》,此本最早。刻成後王懿榮感覺影寫不精,故未入《天壤閣叢書》,當時衹印行數十部,流傳稀少。

丁氏號稱是清代黄縣最大的家族,不僅名動膠東,且聲響京城。與其他大族刻書不同,丁氏刻集部書最少,除了《悦軒文鈔》《黄邑弦歌集》《張烈婦傳》《士鄉烈女詩文畧》外,其餘均爲經部、史部和子部書。史部爲家譜和傳記,經部範圍較廣,可見膠東地區的經學研究與掖縣相呼應,並不遜色於其他地區。而子部主要爲善書和醫書,惜衹見記載一種,其他未見流傳。善書和醫書的刊刻可以反映清末膠東地區的刻書風尚。刻書者有丁世任、丁晉祺、丁以約堂、丁純約堂。丁樹楨海隅山館刻王漸鴻的《鄉黨圖考補證》,是清末山東的重要經學著述。

榮成孫氏刻書自孫福海刊刻蓬萊楊廷芝的《鄉黨約説》始。

孫葆田獨嗜經,其書齋皆以“經”爲名:“涉經樓”“問經精舍”“授經樓”“校經室”“經潤樓”,故刻書以經書爲主,有《漢人經解輯存序目》《漢儒傳經記》《周易本義》《春秋會義》《周易古本》《古文尚書》《孟子音義》《孝經鄭注附音》《孝經章句》《讀易自考録》等。孫葆田還在刻書中倡導古文,如刊刻《孫明復小集》,刊刻《明文正氣集》《望溪文集補遺》《奉萱草堂文續集》。除此之外,孫葆田還刻了其父的《之遊唾餘録》《不夜書屋試律偶存》,其弟的《孝經鄭注附音》,其友的《澤雅堂文集》,包括他自己的《鄉試硃卷》《會試硃卷》。孫葆田刻書注重版本,刻《春秋會義》所用的底本來自四庫館所輯《永樂大典》本,《孟子音義》所據的是日照許瀚刻景宋本,《周易古本》是仿臨漳本校勘。

濰縣郭氏在清後期的刻書以郭綏之和郭恩孚爲主。郭綏之刻書集中於咸豐十一年至同治八年間,與山東戰事相始終,詩歌的內容反映了當時的戰況。他以刻自己的作品爲主,兼刻郭鼎、柯蘅及柯蘅之妻李長霞等友人的著述,計有《銘夏詩鈔》《春雨堂詩選》《錡齋詩集》《餐霞集》《聊復集》《滄江詩集》。郭恩孚與郭祐之合刻郭夢星的《尚書小札》《午窗隨筆》《漢書古字類》,與徐繼孺合刻張昭潛的《無爲齋文集》,又刻郭綏之的《滄江精華録》、張昭潛的《無爲齋續集》《山東省沿革表》和自撰的《果園詩鈔》,共刻書八種。其中三種書有“果園刊書第某”的標志,想必有自己的刻書計劃。郭恩孚刻書版式整齊劃一,字體秀美,開本及版式闊大,代表了清末山東濰縣刻書的較高水平。他有專門的刻書人員,如刻工吴培元,參與了《寶樹堂遺書》《滄江精華録》《無爲齋文集》三書的刊刻。

日照丁守存一生刻書十餘種,分三個階段。第一階段,自道光二十年至同治二年,刻有《西洋自來火銃製法》《用地雷法》《新火器説》《築寨圖説附事宜》《從軍日記》《造化究源》;第二階段,自同治三年至同治十年在楚北糧署任上,刻有《曠視山房制藝初二集》《曠視山房制藝二集》《丁心齋時文續》《海曲詩鈔》《曠視山房制藝續集》《四書虚字講義》《竹石山樵六十自壽百韻》《楊忠愍公集》《楊忠愍蚺蛇膽表忠記》《曠視山房大題兩編》;第三階段,自同治十二年北上至光緒初,先是補嘉慶二十五年福山王善塏刊刻的《郭康介公遺集》,繼刻有《科名金針》《編年自記》。

棲霞郝聯薇兄弟刻書二十四種,清中期已述。

利津李氏除了在咸豐刻書三種外,在清後期刻書有十五種,大多爲李佐賢的著述。詩文雜著約占二分之一,金石書畫方面的著述占二分之一。著名的金石學著述有《古泉匯》《續泉匯》。亦刊刻地方文獻,如《武定詩續鈔》。刻書地或在北京,或在利津。

曲阜孔氏刻書在清後期遠不及前、中期之盛,僅有孔昭幹、孔昭禮校刻孔昭璽編集的《增補孔庭摘要》,孔憲蘭刻《聖蹟圖》《聖門禮誌》《樂誌》《聖賢像贊》,孔憲奎刻楊岳春的《意爲草》。其中,精美者有孔憲蘭刻的《聖蹟圖》,人物生動,線條流暢,是清末版畫的精品。

濟寧孫氏是刻書大族,現存最早的刻本是嘉慶十五年孫善寶爲其師高如岱刻的《洸西草堂集》。清後期,孫毓漢刻曾祖孫擴圖的《一松齋集》,刻其父孫玉庭的《延釐堂集》,孫氏刻書還有《光緒庚寅科會試録》《進士登科録》,孫玉庭《寄圃老人自記年譜》,孫毓漢《濟寧孫氏列傳》,孫毓汶《遲庵集杜詩》,蔣作錦《東原考古録》,朱熊光、朱衍坤《鶴唱詩鈔》,孫楫《邿亭詩稿》《邿亭詞集》,共十餘種,多爲集部書。

諸城尹彭壽是清末山東著名的金石學家,刻書九種:王懿榮的《漢石存目》,王筠的《説文部首讀補注》,鄔正階的《春暉草堂賸稾》,劉瑞源藏、尹彭壽編的《擷華齋古印譜》,自撰的《周秦魏晉石存目》《山左北朝石存目》《國朝治説文家書目》《國朝治説文家未刻書目》《石鼓文匯》《漢隸辨體》。所刻一系列金石類書籍,使金石學知識在山東得以傳播、普及,一定程度上推動了山東金石學的發展。尹彭壽所刻書大多版心下刻"諸城來山園",字體方正,相當精美,尤其是《説文部首讀補注》,由其子祚鼒寫篆字,每葉四行,每行五字,朱墨套印,不僅便於初學,更富有藝術性,展示了晚清山東刻書的風采。而其《石鼓文匯》,係親手洗拓石鼓文,細審畫底,校得真形,與歷城刻工趙鳳章合作,相當精美,極具藝術價值。

膠州徐宗勉不僅爲境遇不好的膠州下層士人刻書,還爲婦女刻書,共計十一種,有姬鳳舉《青艾集》《瘦菊軒藏稿》,王齡芝《芝田藏稿》,陳際昌《四癡主人詩鈔》,徐守真《韋每齋詩草》《韋每齋試帖》《對吴試帖》,徐撝《扶青先生誡言》,張兆惠《客邸閒吟》,釋孚一(徐應機)《文字禪》,李胡氏《靡他吟》附《閨秀詩》。

膠州王葆崇刻書重視鄉邦文獻,刻書九種,有其父王六謙的《半是齋詩草》,其兄王大來的《五畝宅園居詩草》《五畝宅村居詩草》《五畝宅山居詩草》《五畝宅詩草前集》《五畝宅碎琴詩草》,還有王紳的《種德堂未焚草》,王服芳的《面城居詩草》,王九成的《石泉先生識言》。有刻書時間,有藏板地——助息園。

昌樂陳汝庚有子三人:陳植、陳枚、陳榘。道光十八年,陳枚刻陳汝庚的《藤花軒詩鈔初集》《續集》;同治間,陳枚刻自撰《小藤花軒詩鈔》《讀史偶筆》;陳植、陳榘刻陳枚撰《琴山詩鈔》;陳榘刻陳枚撰《琴山詩續鈔》;陳植刻自撰《謀稼村詩草》及夫人李氏撰《蘭坡詩草》。陳氏所刻全部爲家人詩集。

菏澤馬新貽,官至浙江巡撫,刻書四種。同治六年刻《浙江海運全案重編》,係咸豐同治年間浙江海運漕糧的文件彙編。翻刻內府書三種:《御纂周易折中》《欽定詩經傳説彙纂》《欽定書經傳説彙纂》。馬新貽被刺殺後,弟馬新祐爲他刻《遜學齋文集》,馬新祐之子馬毓楨在杭州爲他刻《馬端敏公年譜》。

曲阜鄭曉如刻書六種，均爲自著，有《鄭氏四種》，包括《闕里述聞》《皇朝聖師考》《夏時考訓蒙》《毛詩集解訓蒙》，另有《防山書屋詩集》《就正詩草續刻》。

清末風雲人物——歷城江鍾秀，以尊王宗聖爲宗旨，輯有《江氏著書七種》。除了一部爲石印本，其他六部皆爲刻本，但刊刻非個人行爲，而是由山東人主要是歷城人合刻而成。

除了以上刻書大族，流寓山東或在山東爲官者刻書亦夥，可與山東人相媲美。

在膠州爲官的太湖張承燮，適應時勢需要，爲蒙養學堂設計課程，刊刻教材。刻書數量（計子目）達三十七種。已刻者有《女兒書》《小兒書》《儒先訓要》《文獻通考紀要》《文獻通考自序》等。刻書字大行疏，悦人眼目，便於誦讀。他有很强的版權意識，在每一種書上都刻有刊記，版心下均刻有堂號。張承燮對版本有鑒别，能運用版式、著録、旁證、避諱、史實等版本鑒定方法。可以説，他不僅是一位出版家，還是一位版本學家。正是由於他刊刻的這些書，山東的學子們纔能順利地由舊式教育轉到新式教育上，從這個意義上説，他對山東新式教育的貢獻是很大的。

河南扶溝柳堂在山東爲官三十九年，歷任定陶、惠民、東平、德平、樂陵知縣。他在山東刻書十八種，對清末山東出版業的發展起到了促進作用。所刻主要爲自己的詩文集，如《宰惠紀畧》《牧東紀畧》《宰德小記》，而《東平教案記》《蒙難追筆》《災賑日記》直接是當時山東大事的反映。刻書時間比較集中。在惠民刻二種，在樂陵刻十一種，在東平刻五種。刻書特徵比較明顯，封面一般題刻書時間，版心下刻“筆諫堂”。

山陰陳錦在山東刻書達十六種之多，在清末的山東私人刻書中不多見。經、史、子、集四部無所不包。自撰自刻《詩韻釋音》，説明其對音韻學亦抱有强烈的興趣。史部書中以傳記爲主,有《酈河陳氏誦芬録》《文廟從祀位次考》《有明於越三不朽名賢圖贊》,表明他對先賢、先儒以及鄉賢的景仰。子部書有《學廬自鏡語》《補勤幼學録》。集部最多,大部分爲自撰,亦有爲他人刻者,尤爲感人的是爲其夫人勞蓉君刻書。刻書始自光緒元年,止於光緒十四年,平均每年刻一部書。刻書有一貫性,光緒元年刻《時藝軼存》,二年又刻《二編》;光緒三年刻《補勤詩存》,十年又刻《續編》;光緒五年刻《勤餘文牘》,十年又刻《續編》。刻書特徵比較突出,幾乎所有書的封面均有明確的刻書時間,並題"橘蔭軒藏版"。

歸安丁彦臣刻書八種:《梅花草盦石刻勾本》《女科》《産後編》《人譜》《雙鈎華山廟碑》《漢石例》《篆存》《漢碑鈎本》。除一種爲儒家類,兩種爲醫家類外,其餘五種皆爲金石類,這與他精於收藏金石有關。金石類書籍以雙鈎刻法,醒目且清晰,採用此法勾摹有專用之人——海豐張芷衫。

桐城方敦吉,光緒十五年在濟南刊刻了其父方潛的《毋不敬齋全書》,共八種。方潛爲著名理學家,《辨心性書》《心述》《性述》三書係方潛理學思想的體現,《述餘》《顧庸集》爲其詩文雜著,體現了方潛的文學素養。《膠西課存》則是他爲人師時的成果。此書在山東刊刻,使方潛的理學思想在山東有了廣泛的影響。

閩縣龔易圖,在濟南刻有其祖父龔景瀚的《澹静齋全集》。龔景瀚是乾隆時期有名的漢學家,故易圖刻其全集,不僅有爲先祖榮光的目的,客觀上也起到了發揚漢學的作用。易圖還刻有高密單爲鏓的《奉萱草堂古文續集》。

武進徐壽基在桓臺刻叢書《志學齋集七種》,其版心所刻堂號很有特色,與所刻書的類别有關。刻"傳經堂"者爲經部書,刻"澄心堂""樂意吟館"者爲子部書。

泰州宫本昂在歷城刻書五種,全部爲集部書,有王增年的《妙蓮花室詩草》《妙蓮花室詩餘》,有翟熙典的《聽緑山房詩鈔》,柳晉的《東山草堂詩鈔》,宫昱的《念雨堂詩鈔》。其版式設計獨特,有一定的藝術價值。

豐潤趙國華刻印了四部書,其中三部是自己的集子:《青草堂集一集》十二卷,《青草堂集二集》十六卷,《青草堂集三集》十六卷。另有一種是流寓山東的文人的詞集:《明湖四客詞鈔》。其子趙恩涉,也在山東爲官,其父去世時,他任高唐知州,刻印了《青草堂補集》。

荆門蔣楷在山東刻書四種。在平原刻成《平原拳匪紀略》,在莒州刻《河上語》,《那處詩鈔》由門人周清刻於濟南,《經義亭疑》亦刻在濟南。

如皋汪承鏞所刻《汪氏兩園圖詠合刻》,每圖後有承鏞釋,又有詩文,圖爲精工所刻,點劃精細,字大疏朗,圖文並茂,是清後期歷城刻書中少見的精品。汪承鏞還刻有《讀史節要》一書。

武進李祖年,在益都刻《聖譯樓叢書》,包括三種:《徐雨峰中丞勘語》《律服考古録》《山左碑目》。

由上可見,本期的名家刻書,雖然在每個人的刻書數量上無法與清前期的大家族相比,但刻書在十種左右的很多,分布比較均勻。

除了大族刻書,零星刻書亦多有可稱道之精品。

經部有黄縣淳于鴻恩所刻自撰的《漢碑經義輯略》,有可徵古義者,有可徵古讀者,有可訂舊解之誤者,有可訂舊儒之誤者,爲金石界所稱譽。其《公羊方言疏箋》,折中衆説,廣爲徵引,對徐彦《春秋公羊疏》有所訂正,也對漢代學者揚雄所著《方言》有所補充。

史部有段松苓的《益都金石記》,展示了濰坊金石學的發展狀況,與郭麐的《濰縣金石志稿》共同推進了濰坊地區的金石學研究。濰縣高氏父子的《齊魯古印攈》及《齊魯古印攈補》一書的刊印,具有特別的意義。《齊魯古印攈》是中國印譜發展史上出現的第一部按璽印出土地區分類的專譜,高慶齡初創於光緒九年,此譜甫成,高氏即歿,其子鴻裁復增入由燕秦楚越訪得之印少許,於光緒十一年董理問世。此譜撥正了古來印譜編次上對古璽的疑惑和彷徨,爲後世集古印譜編次提供了一種科學的程式。

子部有泰安知府石祖芬刊刻的《農桑簡要新編》,一定程度上彌補了山東蠶桑種植史料之空白,具有重要的意義。濰縣郭恩敷於光緒二十六年刻自著《新法句股引蒙細草二編》四卷,具有特別重要的意義。清末西學東漸,新學興起,一些有識之士開始學習西方的新技術,算學得到了重視。光緒二十九年,郭恩敷曾與劉金第籌資,組織了濰縣第一個研究學術的民間團體——智群學社,以開發民智,普及教育。而此書的出現爲普及教育提供了很好的教材,對開啓民智起到了重要的作用,推動了清末山東算學的發展。

這一時期的地方詩文集有《國朝歷下詩鈔》《費縣藝文存》《武定詩續鈔》《黄邑弦歌集》《黄縣詩文彙鈔》《益都先正詩叢鈔》《營陵詩略》等。

藝術上除了孔憲蘭的《聖賢像贊》外,另有濰縣丁善長所刻《歷代畫像傳》《初學人物十八則》《菊譜》等,刻畫細膩,神情畢現,是清代後期山東刻書的精品,代表了山東版畫的刊刻水平。

私家刻書中的套印本,比較罕見,目前所知清代山東刻書中衹有三個套印本,晉代蘇蕙的《璇璣圖詩》就有兩個套印本。此書第一刻爲乾隆二十八年竇滔裔孫竇塄刻本,第二刻爲嘉慶十七年昌樂令竇琛刻五色套印本,當刻於山東昌樂,光緒六年昌樂閻湘蕙刻五色套印本,爲第三刻。

(三)坊刻

清後期的坊刻,比前期、中期有了更大的發展。北京是全國的政治文化中心,圖書文化事業繁榮發達,書鋪林立,僅琉璃廠一帶就有一百多家,隆福寺街也是京都書肆繁集之處。著名的刻書鋪有老二酉堂、聚珍堂、善成堂、文成堂、文寶堂、榮禄堂、文錦堂、文貴堂、文友堂、翰文齋等。南方原來的刻書中心,除了建陽稍顯寥落外,其他如南京、蘇州、揚州、杭州等地,坊刻依然興盛。蘇州有文堂山房、緑蔭堂,南京有李光明莊,影響很大。總號設在重慶的善成堂,在成都、南昌、漢口、山東東昌、濟南、北京等地都設有分號。

山東清後期的坊刻,在坊鋪和刻書數量上,均較清前期和中期有大幅增加。

濟南府坊刻,除了已有的歷城會文齋、文德堂、文陞齋、英華齋,周村三益堂外,又陸續有二十餘家坊鋪開業。如歷城有文友堂、中和堂、雕藻齋、鴻文堂、同文堂、裕和堂、德華堂、同文齋、雙和堂、聚和堂、漢文齋、志興堂、藝德堂、會友堂、鴻文齋、秀文齋、同會齋、子雲堂、義和堂書局、聚興堂,章邱有正泰永書莊,淄川有順和印刷局,德州有文翰齋,周村則有益友堂、承文新、三元堂。

歷城書坊多分布在布政司街、後宰門等文化繁盛的地方。

文友堂是個刻字鋪,地址在後宰門中間路北,至遲在同治七年開業。大概爲當時有名的刻字鋪,因爲它爲公家刻了不少書。同治七年至八年,歸安丁彦臣在濟南爲官,文友堂爲丁氏至少刻了三種書:《産後編》《漢石例》《梅花草盦石刻勾本》。文友堂還爲尚志書院刻過兩種書,一是《荒政輯要》,二是《省心録》。尚志書院是山東同光時期重要的學術陣地,能把書委託文友堂來刻,可知文友堂刊刻的水平是不低的。

中和堂是個刻字鋪,地址在藩署門前,有名工鮑連元,刻書精美。

雕藻齋至遲於同治十一年開業,地址在濟南布政大街。

鴻文堂是個刻字鋪,地址在布政司大街南頭路西,同治十三年前開業。刻有《婦幼五種》五卷,刻印非常精,有乾隆風格。

同文堂是個刻字鋪,地址不詳,至遲於光緒四年開業。刻有《唐詩三百首註釋》《適軒尺牘》。

子雲堂至遲在光緒四年開業,地址在布政司大街,刻有《監本詩經》等常見書。

裕和堂於光緒七年前開業,地址不詳。所刻多爲經部書和集部書。所知有《虚字韻藪》《分韻文選題解擇要》《歷代賦彙録要》《詩腋補編》《詠史詩腋》《詩韻集成》《詩韻異同辨》《詩韻音義注》《詩韻珠璣》《漁古軒詩韻》《詞林典腋》《小題同工》《驗方新編》。從刻書内容上看要比一般的坊鋪層次高。

同會齋至遲在光緒八年開業,地址不詳。刻有《世史淘金》《四家賦鈔》《批點七家詩合註》《三蘇文選》,還有江鍾秀編的《庶人禮畧》。

德華堂祇是個刻字鋪,爲别人或機構刻書,地址在布政司大街南頭西,至遲在光緒九年開業。德華堂有刻工叫王少南。所刻有《救生船》《小學人子禮》《志遠堂全集》等,刻印質量上乘。

同文齋是個刻字鋪,光緒十年前開業,地址在濟南後宰門。所刻有《景椿山房詩文集》。

漢文齋是個刻字鋪,至遲在光緒二十一年開業,地址在後宰門西首路南。刻有《俚言十三篇》,字大行疏,悦人眼目,是坊鋪刻書中少有的精品。

志興堂於光緒二十二年前開業,地址不詳。與一般的坊鋪刻書相似,所刻均爲常見的經部書。

藝德堂總號設在大布政司街 70 號,街南首設有分號,並在萃賣場前樓設藝文書局。刻有常見的《詩經》《易經》《書經》等。

會友堂至遲在光緒二十四年開業,地址在後宰門。刻有官書《山東曹州府教案條約》《鍾氏教授新法》。

鴻文齋是個刻字鋪，在濟南東門裡路南，光緒二十七年前開業。所刻《東廚司命竈君聖經》，大字，悦目，刻印較精，是坊鋪刻書的精品。

秀文齋於光緒二十七年前開業，地址在省城府門前。所刻《蠶桑速效編》較精。

歷城還有北京翰文齋濟南分號，店址在小布政司街；善成堂濟南分號，光緒年間開辦，在布政司大街，所刻多爲經史小説之類；東昌書業德分號，光緒年間創辦，所刻亦經書、醫書、小説。

章邱的正泰永書莊，光緒三十三年開業，在章邱東關大街路南喬家胡同。

淄川的順和印刷局，光緒十八年於淄川西關開業。

清後期最有名的坊鋪當屬周村益友堂，光緒七年開業，創建人徐文治。刻書以經部書爲主，集部最少。刻書活躍期在光緒末宣統年間。刻書質量不穩定。目前所見留存實物有二十餘種。

周村承文新是招遠"二書鋪"劉作信的發展分支，大約開業於光緒末年。目前所見多爲光緒三十年刻本，全部爲經部書。

周村三元堂大約開業於光緒年間。僅見民國刻本。

德州文翰齋，至遲在同治二年開業。所見有《金剛經注釋辨疑》《庸行編》，刻印質量較高。

東昌府的刻書主體還是聊城四大書莊。除此之外，另有：

文英堂，至遲在光緒十年開業；聚盛堂，王氏所開，至遲在光緒十五年開業。另有萬興成、葉氏書林、義盛堂、敬文堂。還有王家"三聚"中的聚錦堂、聚和堂（另有上述聚盛堂）。中小書坊有崇文堂、文奎堂、萬育堂、品文堂、魁元堂、三和堂、三合堂、三友堂、文焕堂、文�堂、福成堂、精忠堂、聚奎堂等。可見，東昌的書坊在清後期已達二十五家。

泰安的坊刻並不發達，坊鋪有慶雲齋、瞻岱軒、葆文齋等。另有文翰齋刻字鋪,光緒時開業,在泰安城内城隍廟街,光緒二十七年泰安知府石祖芬刻范村農撰《農桑簡要新編》一卷,即由此鋪承擔。泰安還有招遠劉作信"二書鋪"的分號——承文新。

登州府坊刻還是以成文信爲主體。黄縣有光緒十六年前開業的文裕成,光緒間開業的文裕盛,還有濰縣承文信的分支——誠文信。蓬萊有同治二年前開業的文會成,同治六年前開業的守一堂,光緒二十四年前開業的生記書坊,地址在蓬萊縣城南街。還有至晚在光緒二十五年開業的文惠成。

隨着煙台的開埠,清後期的煙台坊刻最爲興盛。有濰縣承文信的分支——誠文信,有光緒二十四年前開業的文勝堂、文雅堂,有文盛堂,有宣統元年前開業的文英齋,有光緒二年前開業的成文堂,加上原有的成文信,計有七家。

萊州府掖縣坊鋪有五家。有光緒六年前開業的興文堂和泰和裕,光緒九年前開業的文富堂,光緒十六年前開業的文興成,大約開業於清末的文德堂。濰縣坊鋪有光緒十年前開業的順和堂,光緒二十年前開業的寶書堂,光緒二十四年前開業的順和恒,光緒年間開業的成文信,光緒三十年前開業的翰文齋,還有聚文堂、富文堂、濰陽慶裕書局。濰縣最大的坊鋪爲濰陽承文信,係招遠"二書鋪"劉作信創辦,分號有"成""承""誠"字號,如承文新、承文信、成文新、成文厚、成文德、誠文信、誠興信、誠文興等,遍及膠東半島與遼東半島,刻書極爲重視經部書。

膠州最有名的坊鋪當屬成文堂,創辦者爲招遠劉金貴,三子壽山、壽楠、壽功繼其業,後代分别在青島、濟南、即墨等地開設成文堂分號。

高密坊鋪有兩家:光緒二十三年前開業的成和堂,清末民初平度陶氏在即墨城共濟門裏發展起來的文福堂。

青州府坊刻與登州府和萊州府相比,不甚發達,僅有兩家坊鋪,一爲怡翰齋,開業於清中期。一爲文德友刻字鋪,在東門外,光緒五年前開業。

兖州府坊鋪,據記載,在曲阜有集文齋、同文堂、敬文堂,僅見集文齋刻書一種:《孔子世家譜林前户支譜》。另有孔憲蘭所開會文堂,在清後期依然刻書。滕縣則有隆盛堂。

沂州府坊鋪有友林堂,有承文信的分號。

曹州府坊鋪有記載的衹有一家,即宣統元年在曹縣開業的玉章印刷局,創辦人爲曹縣王立三。

濟寧坊鋪有會元堂,有刻工孫桐德。有開設在濟寧南關税務街西頭的瑞林堂,有開設在東關既濟巷路南的泰和堂。

由上可知,清後期的山東坊鋪已達 106 家,與江蘇整個清代 202 家坊鋪相較,不相上下。

(四)宗教機構刻書

清後期的宗教機構刻書最爲豐富。寺廟刻書六種,道觀刻書三種,教堂刻書最多,有七種,反映了晚清宗教在山東的滲透。

寺廟刻書。濟南後宰門有大關帝廟,刻有《大般涅槃經》四十二卷,開本大,刻印非常精美,圖亦精細;商河龍桑寺刻有《關聖帝君聖訓十願十戒救劫寶訓》;黄邑城裡天齊廟,光緒二十一年刻《高上玉皇本行集經》三卷,由登郡招遠王元善雕刊;萊州府勞山華嚴禪院昌仁撰有《唯心詩集》《續唯心詩集》,均刻於北京;青州滿城普恩寺刻毓昇記《高王觀世音經》。

道觀刻書。濟南段店劉家莊明聖壇刻書最多,宣統二年刻《天仙聖母寶卷》《觀音菩薩觀香圖》二種。民國十年又刻《孝女寶卷》。濟寧州任城高仁峒,著有《雲水集》,刻於北京白雲觀。

教堂刻書。光緒十七年濟南救世會刻《證道五論》,刻印較精;煙台基督教堂在光緒六年刻英國傳教士韋廉臣撰《基督實録》;濰縣基督教堂刻美國傳教士狄就烈著《聖詩譜序》;青州某教堂刻青州府西洋教士仲輯《天良明鏡》;青州天主教堂刻濟各會等鑒定的《聖教日課要選》;兖州府天主堂刻《仰合天主聖意》。最值得關注者,當爲青州浸禮會基督教堂刻《字意類集》一卷。此書由英國仲均安編輯,是爲了解决歐美人在用漢語表達時反復用一個字而詞彙缺乏的問題而作,藏於山東省圖書館,未見别家著録。刻印精美,在版式設計上也頗具特色。

(五)民間組織刻書

與清前期和中期相比,清後期的山東刻書單位又有增加,參與刻書的範圍有所擴大,民間團體也有刻書,這些民間團體以慈善組織爲多,所刻以醫籍、善書爲主。

山東公善堂,光緒九年刻《救生船》;山東與善堂,光緒二十年刻《玉皇寶訓》;山東廣仁局,光緒三十年刻《引種牛痘方書》;濟南義德堂,光緒三十二年前開業,地址在舜井街,所刻《南海大士勸孀婦守節歌》,字大悦目,寫刻精美;東昌府冠縣元善堂,刻《痘疹摘要》,字大行疏,悦人眼目,開本大,刻印精;武定府青城布德堂,刻《眼科方書神效便方》,刻印較精;商河潤德堂刻《分氣陽宅指南》;煙台廣仁堂刻《小兒語》;青州同善堂,成立於光緒二年,刻《金剛經》;諸城一瓣香堂刻《仙傳名醫治白喉忌表抉微》,開本大,刻印較精;膠西保真善堂所刻《三經圖説》,一文一圖,刻印較精,字大端正,圖像生動,是一項不小的工程。

光緒年間成立的同善書局,刻《道書集真》七種,板藏地不一,有可能是同善書局統一組織刷印。其刻書多在民國時期。

第二節　濟南府刻書

一、官刻

(一)省級衙門刻書

清後期的濟南府省級衙門刻書,涉及的部門比中期更多,更加豐富多彩。

1. 巡撫刻書

①《山東郡縣圖考》一卷,清葉圭綬撰,清光緒八年宜興任道鎔山東刻本。

葉圭綬前已有述。

任道鎔,字筱沅,江蘇宜興人。曾任開歸陳許道道員、江西按察使、浙江布政使、直隸布政使。光緒七年六月任山東巡撫,九年一月調任浙江巡撫。所以此書當刻於山東任上。

任氏光緒八年序:"余忝命涖東,恒以四履之閒不能考證爲懼,適得滄州葉子佩氏《續山東考古録》,内載《圖考》,準今爲式,郡縣瞭如,凡十四番,爰重刊之。"

此圖反映了近代測繪技術的發展。中國地圖的繪製,起源於秦漢以前。自秦至唐宋,是地圖製法時代;自元至明,是西洋地圖傳入時代;自清代始,我國地圖進入了大發展時代。康熙十一年,耶穌會來華傳教士南懷仁所撰世界地理書《坤輿圖說》在北京刊印。由此,引起了康熙對測量地圖的重視,於是命南懷仁、徐日昇、白晉、安多等攜内廷測天測地儀器進行測量,自康熙四十七年至五十六年,用了十年時間,終於完成對全國的測量。"在十七八世紀之間,即歐洲各國之大地測量尚未經始,或尚未完成,而中國全國乃已告竣。當時清帝和天主教士們固然各有他們的私心和動機,但這些地圖的完成,確可說是中國地理學界之大業。"①以後的中國地圖的測量,多以此次測量爲基礎。到了同治、光緒年間,鄒代鈞融會中外方法,首重比例尺,是中國沿革地理向近代地理科學轉

①葛綏成:《清季民初地圖出版工作及出版物》,見張静廬輯注《中國近現代出版史料·近代二編》,上海書店出版社2003年版,第80頁。

變過程中的重要人物。任道鎔所刻此圖有比例尺,如《山東總圖》是"每方卅分二方一度"。圖中有標志符號,如《濟南府圖》中府、州、縣、河流、道路、堤壩均有標記。

②《山東曹州教案條約》一卷,附《膠澳租界圖》《膠濟鐵路章程》一卷,清總理各國事務衙門議訂,清光緒二十六年刻本。

此條約即由曹州鉅野教案引發的《膠澳租界條約》。光緒二十三年,山東曹州鉅野縣群衆與德國傳教士發生衝突,殺死了德國傳教士能方濟和韓理,與此同時,壽張、濟寧、單縣、城武等州縣,亦發生毁堂、毆逐教士、教民事件。德軍借機侵占膠州灣,占領青島,並挾迫清政府簽訂《膠澳租界條約》,允許德國租借膠州灣 99 年,並享有修築膠濟鐵路和開採沿線三十里的礦産的特權。山東從而成爲德國的勢力範圍。這是山東近代史上的大事,條約簽訂於光緒二十四年三月。

此書係據當時的條約文本而刻。本身並未分卷,衹是獨立的三個部分。書衣爲黄色,貼有題名簽,顯係政府出版物。《章程》後署名爲:"大清國記名副都統幫辦山東交涉總理路礦事宜陰,大清國兵部侍郎兼都察院右副都御史山東撫提部院兼理各國事務衙門大臣袁,大德國駐紮青島總辦山東鐵路事務錫。大清光緒二十六年二月二十一日,大德一千九百年三月二十一日。"據此知《鐵路章程》的簽訂時間爲光緒二十六年。

據新聞報道,德國外交部政治檔案館裏保存着《膠澳租界條約》的正式文本,由青島市檔案館複印回來,《膠澳租界條約》中寫道:"山東曹州府教案現已商結,中國另外酬德國前經相助之誼,故大清國國家、大德國國家,彼此願將兩國睦誼益增篤實,兩國商民貿易使之格外聯絡,是以和衷商定專條。"但此書題頭稱"總理衙門議訂山東曹州府教案條約"。

此書刻於山東濟南,因教案條約末有"版存省城後宰門會友堂”二行。

至於此書的刊刻者，推測應是山東巡撫袁世凱，理由有三。一，袁世凱於光緒二十五年十二月來山東任巡撫，光緒二十七年十一月離開山東，刻書時袁世凱正好在巡撫任上。二，袁世凱早就有刻教案的想法。近世山東，隨着外國教會的大量湧入，以拳民爲首的反教會組織也迅速發展。山東的三任巡撫李秉衡、張汝梅、毓賢，都是堅決的“排外”者，以“仇教”而出名，導致在山東的外國傳教士多次上告清政府。於是，在光緒二十五年五月，袁世凱就在致徐世昌的信中説：“東撫甚無用，偏而且亂，又甚惡洋操。”此後不久，他又上書清政府，提出整治山東時局的四條意見，其中第二條即是要講求約章，把各國的條約、公法和辦理内地華夷的案例，裝訂成書，發給官員，奉爲準則。可想而知，袁世凱任巡撫時，當辦的大事必是要印製條約。三，此書現藏山東大學圖書館，袁世凱是山東大學堂的創辦者，書成後藏於大學堂，是必然之事，而目前所見，唯山東大學有此書。

此書刻印較精。十行二十二字，白口，四周雙邊，單魚尾。

2. 布政司刻書

①刊刻《賦役全書》。

在經歷了從順治十六年至光緒末年近二百五十年的沉寂之後，山東於同治、光緒年間再一次刊刻了《賦役全書》，今據各家書目所載列表如下：

濟南府	山東濟南府淄川縣現行簡明賦役全書光緒十二年分
濟南府	山東濟南府淄川縣賦役全書光緒二十二年分
濟南府	山東濟南府長清縣現行簡明賦役全書光緒十二年分
濟南府	山東濟南府長清縣現行簡明賦役全書光緒二十二年分
濟南府	山東濟南府章邱縣現行簡明賦役全書光緒二十二年分

（續表）

濟南府	山東濟南府臨邑縣現行簡明賦役全書光緒三十二年分
濟南府	山東濟南府齊東縣現行簡明賦役全書光緒二十二年分
濟南府	山東濟南府德平縣現行簡明賦役全書光緒二年分
濟南府	德州賦役全書
兖州府	山東兖州府寧陽縣現行簡明賦役全書光緒二十二年分
兖州府	山東兖州府曲阜縣現行簡明賦役全書光緒三十二年分
兖州府	山東兖州府滕縣簡明賦役全書光緒三十二年分
兖州府	山東兖州府嶧縣現行簡明賦役全書光緒十二年分
兖州府	山東兖州府汶上縣現行簡明賦役全書光緒二十二年分
兖州府	山東兖州府鄒縣現行簡明賦役全書光緒二年分
東昌府	山東東昌府堂邑縣現行簡明賦役全書光緒二十二年分
東昌府	山東東昌府博平縣現行簡明賦役全書光緒二十二年分
東昌府	山東東昌府恩縣現行簡明賦役全書光緒二十二年分
青州府	山東青州府高苑縣賦役全書光緒二十二年分
青州府	山東青州府壽光縣現行簡明賦役全書同治五年分
青州府	山東青州府博山縣現行簡明賦役全書光緒二十二年分
青州府	山東青州府昌樂縣現行簡明賦役全書光緒三十二年分
青州府	山東青州府博興縣應徵光緒十三年竈課久未完散數徵信册
青州府	山東青州府博興縣現行簡明賦役全書光緒三十二年分
登州府	山東登州府文登縣收並威成靖三衛現行簡明賦役全書
登州府	山東登州府文登縣現行簡明賦役全書
登州府	山東登州府黄縣現行簡明賦役全書光緒十二年
登州府	山東登州府萊陽縣現行簡明賦役全書光緒三十二年分
登州府	山東登州府萊陽縣收並鰲山大嵩貳衛並海陽所現行簡明賦役全書光緒三十二年分

（續表）

萊州府	山東膠州直隸州現行簡明賦役全書
萊州府	山東萊州府高密縣現行簡明賦役全書光緒二十二年分
武定府	山東武定府利津縣現行簡明賦役全書光緒十二年分
武定府	山東武定府濱州簡明賦役全書光緒十二年分
武定府	山東武定府海豐縣現行簡明賦役全書光緒十二年分
武定府	山東武定府商河縣現行簡明賦役全書光緒二十二年分
武定府	山東武定府蒲臺縣現行簡明賦役全書光緒二十二年分
武定府	山東武定府惠民縣現行簡明賦役全書光緒二十二年分
沂州府	山東沂州府沂水縣現行簡明賦役全書光緒二十二年分
沂州府	山東沂州府蒙陰縣現行簡明賦役全書光緒二十二年分
泰安府	山東泰安府東阿縣現行簡明賦役全書光緒二十二年分
泰安府	山東泰安府新泰縣現行簡明賦役全書光緒二年分
泰安府	山東泰安府新泰縣現行簡明賦役全書光緒十二年分
泰安府	山東泰安府平陰縣現行簡明賦役全書光緒二十二年分
泰安府	山東泰安府東平州現行簡明賦役全書光緒二十二年分
泰安府	山東泰安府肥城縣現行簡明賦役全書光緒二十年分
曹州府	山東曹州府鄆城縣賦役全書
曹州府	山東曹州府鉅野縣現行簡明賦役全書光緒三十二年分
曹州府	山東曹州府單縣現行簡明賦役全書光緒二十二年分
曹州府	山東曹州府武城縣賦役全書光緒二十二年分
濟寧直隸州	山東濟寧直隸州現行簡明賦役全書光緒二十二年分
濟寧直隸州	山東濟寧直隸州金鄉縣現行簡明賦役全書光緒三十二年分
濟寧直隸州	山東濟寧直隸州嘉祥縣現行簡明賦役全書同治五年分
臨清直隸州	山東臨清直隸州夏津縣現行簡明賦役全書光緒二十二年分

清前期的濟南府官刻中談過，《賦役全書》的刊刻由各省布政

司統一組織編刊,清後期的也應如此。觀其版式,均爲十行二十一字,白口,四周雙邊,單黑魚尾。書衣簽條上有時間,並鈐有滿漢文縣印。

②兩次刊刻《山東交代章程》。

爲了做好官員間的交接工作,山東布政使司有《山東交代章程》之刻。

據山東博物館《山東交代章程彙編》第一册《交代章程》第一條:"新案:《交代》前於同治肆年前司議定章程拾壹條刊刻通行,並於飭赴新任之員隨同委牌發交壹本,令其遵辦。數年以來各牧令屬遵功令……今新擬《章程》,連前共刊成本,除通行外,擬請嗣後凡有飭赴新任之員,應仍將《章程》刊本及正襍款目、交代年款册式,照舊隨同委牌發交各壹本,俾有遵循。"山東布政司在同治四年刻過《交代章程》,同治十二年李元華又刻,光緒十三年崇保續刻,光緒二十八年胡廷幹續刻。現存山東博物館的此書衹有四册,第一册爲《交代章程》,係李元華刊,有其稟曰:"竊查東省州縣交代,向來由府督算司中惟憑接任之員一紙單結存房備案,其何款應交、何款准抵,從不過問。是以漫無稽考,百弊叢生,而謹飭州縣,每視交代爲畏途,應接不接,陳陳相因,陸續積壓,未結交代竟不下數百起。自同治元年設清厘以來,拾載之間,煞費苦心力。業將舊案交代掃數完結,新案交代率皆依限結報,使數拾年之錮習,一旦革除浄盡,以後牧令,既無因人受累之虞,但能敬慎出納,即可勉作循吏,洵爲東省屬吏之福。"可見,刊刻《交代章程》的主要目的是做好官員間的交接工作,以杜絶貪官。山東博物館所藏第二册爲《交代款目》,封面有個小牌子,很特别,上爲梯形,下爲方形。上刻有:"册内開載各款,係查照司案約略彙載,惟州縣款目不同,有此縣所無爲彼縣所有者,該州縣等應據實開列,勿過拘泥爲要。"第五册爲《户部奏定交代半年彙奏案内不准再有行查勒追名目章程》《户部分布發交代達□部册式》。版心下刻“光緒十三年續刊”。崔巍老師認爲是崇保刻。崇保於光緒七年始任山東布政使,但何時離任,不得而知。第八册卷端書名爲《續刊交代章程九條》,版心上刻“續刊交代章程”,《詳請》後有“光緒二十八年三月吉日山東等處承宣布政使司胡廷幹刊行”。可見,交代章程不停地在續刻,衹要有新的内容就要續刻,而且是誰在任誰操辦。

第一册、第二册爲八行二十字,四周雙邊,單黑魚尾,字大悦目,刻印尚可。第五册爲八行十八字,白口,四周雙邊。第八册爲八行二十字,白口,四周雙邊。可見,《交代章程》的一般款式爲八行,白口,四周雙邊。

③刊刻《山東清訟章程》。

《清訟章程》是針對衙門訟案積壓而採取的一個清理辦法。山東布政使司、按察使司共同刊刻了山東地方辦法——《山東清訟章程》。

3. 學政刻書

①《山左校士録》七卷,清馮譽驥鑒定,清同治五年刻本。

馮譽驥,字仲良,號展雲,廣東高要人。道光時進士,授翰林院編修,曾官陜西巡撫,後居揚州。同治五年在山東任學政。

②《來賓聯詠》,清光緒二年山東試院至公堂刻本。

此書北京大學潘妍艷經眼。封面題:“光緒二年丙子八月,板藏山東試院至公堂。”六行二十二字,間有各行不對齊、字數不一者。白口,四周雙邊,單魚尾。首爲丁寶楨詩,詩前有序云:“初八日闈中甫起更,忽有一鴈飛集至公堂前,□(按:此字模糊,似是“校”或“侍”字)官飼之静室中,次日持以獻,余令放置庭院。意態閒適,飲啄自如,時作飛鳴狀,而飛不過高。越十六日,辰刻,戛然向東北去。其來去恰符三場之期,誠佳話也。鴻鴈來賓,意本科東闈必有傑出之才歟?賦此誌異。”末署“稚璜漫草”。後有布政使李元華、鹽運使傅觀海、濟南府知府豫山、歷城知縣洪用舟、彌封官王嘉喆諸人之和詩。其中提調薛福辰和詩有題識云："光緒二年歲在丙子，山東舉行大比。我宮保丁公監臨試院，閱五科矣……八月八日，有大鴈集至公堂前。得之大喜，以爲鴻鴈來賓，得人瑞應，堂在於是，繫之以詩，且徵詩於福辰，而語其事。"可知光緒二年八月，山東鄉試之時，山東巡撫丁寶楨因鴻鴈來集，以此爲得人瑞應，故作詩誌異，並徵詩於當時試院中下屬官員，後彙爲一書，刻而藏板於試院至公堂。觀和詩者自署，自布政使、鹽運使、知府、知縣等地方官員，至彌封官、謄録官等鄉試闈官，皆因鄉試而集於試院者。

③《山左校士録四書文》不分卷、《山左校士録五經文》不分卷，清黄體芳輯，清光緒二年瑞安黄體芳、文彬山東刻光緒七年四明茹古齋校印本。

有牌記："光緒七年春三月四明茹古齋校印。"

此書係彙校山東校士的好文章。有光緒二年黄體芳叙於署中四照樓："歲科試既竟，爰擇其尤者付之手民。其剞劂之費，則文質夫漕帥權撫篆時，預捐廉俸，以玉成斯舉云。"文質夫，即文彬。此書可作爲官刻來對待。出資者爲文彬，操辦者爲山東學政黄體芳。

黄體芳(1832—1899)，字漱蘭，號循引、蒓隱，别署瘦楠、東甌憨山老人，浙江瑞安人，人稱瑞安先生。咸豐元年舉人，同治二年進士，選庶吉士，初授翰林院編修，後歷任詹事府司經局洗馬、左春坊左庶子、少詹事、詹事，福建、山東、江蘇學政，累官内閣學士、兵部左侍郎。同治十二年開始任山東學政，此爲其在山東學政任滿前所刻。

此書雖爲四明茹古齋印，但初版還在光緒二年，衹是不知此版用的是否就是原版。十四行三十字，白口，四周雙邊，單黑魚尾。字體極小，開本極小，但刻印不苟。

④榮慶刻《聖諭廣訓》。

《聖諭廣訓》由康熙《聖諭十六條》與雍正《廣訓》兩個部分組成,是由清政府官方頒布,並運用政治力量使之廣爲刊行的官方書籍。《大清會典》載:"雍正二年,御製《聖諭廣訓》萬言,頒發直省督撫學臣,轉行該地方文武各官暨教職衙門,曉諭軍民生童人等,通行講讀。"對此,《四庫提要》"聖諭廣訓"條曰:"方今布在學官,著於令甲:凡童子應試、初入學者,並令默寫無遺,乃爲合格;而於朔望日,令有司鄉約耆長宣讀,以警覺顓蒙。蓋所以陶成民俗,祗服訓言者,法良意美,洵無以復加云。"清朝統治者除命令各地都要於每月初一、十五朗讀該讀本之一部分外,還要求清朝士子凡求取科甲功名者,需熟讀該書,無論縣考、府考或科考,其中必有默寫《聖諭廣訓》之考試,非但不可有錯,亦不得誤寫或添改。

這樣一部重要的書,各省學政豈有漠視之理? 所以清光緒間,首先是山東學政榮慶於二十五年重刻,卷末刻:"山東學政臣榮慶敬刊。"

榮慶(1859—1917),四川人。洋務派代表人物。光緒五年舉人,光緒十二年入翰林院。歷任侍讀學士,山東學政,刑部、禮部、户部尚書,軍機大臣,清《崇實録》館總裁等職。在山東任學政時應爲光緒二十五年,時袁世凱任山東巡撫。第二年即離任。

十行二十二字,白口,四周雙邊,單黑魚尾。刻印一般。

⑤尹銘綬刻《聖諭廣訓》。

繼榮慶之後,山東學政尹銘綬又重刻此書。卷末刻:"山東學政臣尹銘綬敬刊。"尹銘綬,字佩芝,湖南茶陵人。翰林院編修。歷任山東學政、禮部侍郎、内閣大學士。十行二十二字,白口,四周雙邊,單黑魚尾。刻印一般。

⑥《學規舉隅》二卷,清尹銘綬撰,清光緒二十七年濟南使院刻本。

有牌記:"光緒辛丑六月濟南使院栞板。"卷端署:"茶陵尹銘綬述。"光緒二十七年山東學政尹銘綬序:"首録鹿洞、紫陽舊法以備楷模,次爲人德之方,次爲學文之要,均輯舊説,弗爲創論。"可知此書係爲書院而編。又有光緒二十七年濟寧王謝家序,稱尹氏即將付梓。可見,此書爲尹銘綬所刻。

九行二十字,白口,四周雙邊,單黑魚尾。刻印精美,一絲不苟。

4. 都轉鹽運司刻書

①《重刻鹽法續增備考》六卷,清同治三年山東等處都轉運司刻本。

此本是重刻道光本。前有同治三年山東等處都轉運使司鹽運使恩錫識,清中期的濟南府官刻已述。

②《胡文忠公遺集》十卷、《首》一卷,清胡林翼撰,清同治五年山左鹺司刻本。

據兗州市圖書館著録。封面題:"同治五年仲春山左瘥刊。""瘥"疑爲"鹺"。九行二十字,四周雙邊,單黑魚尾,大黑口。

③《慈觴文録》,清光緒十八年山東鹽運使署刻本。

據洪友生《晚清時期山東的刊刻出版業》一文著録。未見傳本。

5. 河防局刻書

清光緒十九年,山東河防局刻《河神事蹟紀畧》不分卷。有牌記:"光緒十有九年歲次癸巳夏六月山東河防總局敬刊。"

有光緒十九年撫東使者福潤序:"省城大王廟建自錢塘張勤果公,而成於今濟東泰武臨道張虞箴觀察。觀察既作廟,復以河南所刻《大王將軍》傳授陸肖岩刺史。刺史重加編次,問序於余,余爲改題曰《河神事蹟紀略》,其有未備,以俟來者。"光緒七年督河使者義州李鶴年識。

有《凡例》:"河神事蹟向無專書,東省自建廟以來,肹蠁昭靈,同深虔感,久擬編排事實,傳信方來,苦於搜録無多,難期脱槀。前歲倉仲芸司馬植,以豫刻《大王將軍傳》呈今濟東泰武臨道張公,命局校栞,當屬陸肖岩刺史葆霖重加編次,釐正體例,呈經陳晝卿觀察審定。"知此本的來源是河南刻本。

八行二十一字,白口,四周雙邊,單黑魚尾。開本大,宋體字,刻印一絲不苟,蓋有敬神之意。

6. 輿圖局刻書

《大清一統志輯要》,清光緒間山左輿圖局刻本。

據洪友生《晚清時期山東的刊刻出版業》一文著録。

(二)山東書局刻書

山東書局由山東巡撫丁寶楨創辦,是清後期山東官刻的主體。

關於山東書局的成立時間、地址及相關問題,辨證如下。

1. 成立時間

有同治八年和同治九年之説。同治八年成立的是尚志書院,同治九年成立的纔是山東書局。人們往往把這兩個單位混爲一個單位。雖然都是官辦,但前者係學校,後者係出版機構。

2. 書局地址

山東書局的地址,有後宰門街、大布政司街、院西大街、西門大街等説法。目前可以肯定的是,山東書局在成立時,地址在後宰門街。

後宰門街是濟南舊城的一條老街,是濟南東西向的交通要道,商鋪林立,文化氣息濃厚。光緒二十八年,山東書局改爲山東官書局,由官府撥款招商承辦,此時還在後宰門。民國三年出版的《濟南指南》和民國十六年出版的《濟南快覽》都這樣認爲。且據民國十四年山東書局鉛印本《山東書局木板書籍目録》,内有廣告:"發行所：濟南后宰門街。電話：七七一號。”可知，在民國十四年，後宰門還有山東書局的發行所。但到了民國二十三年八月出版的實業部國際貿易局編《中國實業志》，山東書局的地址就變成了“大布政司街”。兩個月後出版的羅騰霄編著的《濟南大觀》載：“濟南書局，政司街。”又載：“山東書局，經理孫達卿。地址：院西大街。”濟南一地不可能出現兩個大書局，濟南書局應該就是濟南的書局，即山東書局。“院”即“撫院”，在布政司街以東。院西大街係撫院以西的大街，與布政司街相連，故二書所云山東書局的地址有可能爲一處。民國二十七年八月（原署“昭和十三年八月”）濟南日本商工會議所編印的《濟南商工人名録》載：“山東書局，營業所：院西大街 82 號。經理陳雅如。開業日期：民國十一年二月。”民國十一年，山東官書局改由私人經營，官本收回。這説明山東官書局的性質變了，原來是官辦，現在是私營。既然是私營，就叫“營業所”了。推測這時的山東書局名稱雖在，但新東家爲了經營方便，改遷了地址。至於什麼時間遷址，没有相關材料。

另濟南市檔案館“臨 76. 1. 335”號卷“1939 年《工商業登記》第三册”載：“新書文具業：山東書局，營業範圍：書籍文具。經理：張百祥。地址：院西。”可以進一步確定，這個院西大街的山東書局就是民國十一年换了新東家的山東書局。貢世卿《解放前濟南新舊圖書業概況》①一文亦載：“民國十五年後，經理爲孫達卿，後由陳亞如任經理，濟南解放前歇業。該店先在後宰門街，後遷院西大街路北。”證明遷址的事情確實存在。陳亞如，應即陳雅如。

目前所知山東書局民國十一年後的出版物，除一兩種排印本外，餘皆爲售書目録，可以説，院西大街的這個山東書局，衹是個專

①貢世卿：《解放前濟南新舊圖書業概況》，見《濟南文史資料選輯》第五輯，1984 年版，第 182 ~ 201 頁。

門經售書籍和文具的門市部了，與初期的山東書局相比，不論是性質還是經營範圍，都相差甚遠。

另有濟南市檔案館"臨 77.18.29"號卷内"商會議會通知"（民國 24 年 2 月—25 年 12 月）内有一便條，稱"山東書局，西門大街"。這又是另外一個地方，離前三個地方更遠了，是記載錯誤還是又一個營業所？不可得知。

從以上分析可以得出，山東書局直到光緒二十八年還在後宰門，民國十一年後遷址院西大街，而布政司街和西門大街的記載有可能是後來遷址的，也有可能記載有誤。

3. 幾個相關的名稱

目前所見山東書局有以下幾個相關名稱：山東書局、山東官書局、山東新設官書局、山東官印書局、山東官印刷局、山東印書館、山左書局。

光緒二十八年，山東書局由官家招商經營，改稱山東官書局，這是有記載的，且據清末山東書局鉛印本《山東全省官書局書目》中所指"全省官書局"亦係"山東書局"，所以這兩個名稱是接續的。推測山東新設官書局也就是山東官書局，而山東官印書局、山東官印刷局、山東印書館卻是一些與山東書局無關的名字，因爲它們是印刷機構，而不是出版機構。至於山左書局，應該就是山東書局。

梅憲華《晚清的官書局》一文，云山東書局在光緒二十年與山東通志局合併。此説有據。

4. 關於山東書局停業的問題

洪文①和《大事記》②均提到山東書局停業事，《大事記》將停

①洪友生：《晚清時期山東的刊刻出版業》，見《山東出版志資料》第八輯，山東人民出版社 1989 年版，第 38 ~ 47 頁。

②洪友生：《山東省出版大事記》，見《山東出版志資料》第八輯，山東人民出版社 1989 年版，第 68 ~ 74 頁。

業時間定爲光緒二十一年以後至光緒二十八年以前。但據目前所見目録,山東書局在光緒二十四年刻過張之洞的《勸學篇》二卷,有牌記:“光緒二十四年山東書局刊印。”二十七年刻過羅澤南的《小學韻語》一卷,有牌記:“光緒辛丑仲冬山東書局重刊。”除此二種,在這幾年中確實未見山東書局所刻其他書。停業時間還有待進一步考察。

5. 關於山東書局和皇華館的關係

書目文獻出版社1984年12月出版的《圖書館業務基礎知識問答》叢書之六《古籍基礎知識問答》載:“山東官書局,濟南,亦稱皇華書館。”

此説法可能來自劉進軍、陳建繩《山東書刊印刷志資料選(1298年—1949年)》:“地址在濟南後宰門街南路,初名爲皇華館書局,是官府出資辦的刻書機構,兼辦發行。”①

張稚廬《濟南舊時的雕版作坊》②稱,據刻工胡承緒回憶,山東書局前店後庫,作坊則是近在咫尺的皇華館。知皇華館爲山東書局的作坊。

所見標“皇華館書局”的刻書有同治十年補刻馬國翰《玉函山房輯佚書》。有牌記:“同治十年辛未濟南皇華館書局補刻。”

6. 山東書局與尚志書院的關係

山東書局和尚志書院既非一個單位,更不在一處辦公。書院地址在馬跑泉街金線泉側,原爲李清照故居,後爲明進士谷繼宗別墅。同治八年,巡撫丁寶楨因其舊址建爲書院,手書堂額曰“尚志”,榜其門曰“金泉精舍”,招士子肄業其中,講明正學。光緒九

①劉進軍、陳建繩:《山東書刊印刷志資料選(1298年—1949年)》,見《山東出版志資料》第五輯,山東人民出版社1988年版。

②張稚廬:《濟南舊時的雕版作坊》,載《春秋》2012年第2期。

年，巡撫任道鎔改定章程，仿浙江詁經精舍，以經古課士。十四年，巡撫張曜據紳士呈奏，建丁文誠公祠於書院，其號舍俱加修葺，並別建院長齋舍。光緒末年新政既行，改爲校士館，又改師範傳習所、存古學堂。

山東書局和尚志書院雖然是兩個單位，但關係非同尋常。山東書局刻經部大書《十三經讀本》，由丁寶楨親自主持刊刻，並撰《校勘記》，是地道的山東書局刻書，但其牌記題："同治十一年山東書局開雕，尚志堂藏板。"此藏板地頗令人深思：既然是山東書局所刻，爲何要署"尚志堂藏板"呢？當時的濟南還有學署，還有另一個省級大書院——濼源書院。其實，板藏尚志堂，不僅因爲是丁寶楨創建了尚志書院，更因爲尚志書院做了大量的工作。尚志書院不衹是一個藏板地，尚志書院的學子們在爲書局的出版做着編輯工作。

例如，《十三經讀本》中的大多數書是"同治十一年山東書局開雕，尚志堂藏板"這個牌記，衹有《詩經》《書經》不同。《詩經》書牌爲"同治壬申山東書局開雕，光緒辛卯春重校並補刊"；《書經》書牌爲"光緒辛卯據宋本重校補刊書序一卷書傳問答一卷"。可見，此二書在光緒十七年曾重校補刊過。校補者爲滎成孫葆田，而孫葆田正是尚志書院的人。這項純學術的工作，衹能由學識優長的尚志書院人擔任。

再如，山東書局所刻的史部大書《資治通鑑綱目四編合刻》附《校勘記》，有牌記："山東書局校刊。"各編亦有牌記。《前編》爲："光緒七年冬季山東書局開雕。"《續編》爲："光緒七年春季山東書局開雕。"《三編》爲："光緒六年冬季山東書局敬摹重刊。"皆爲篆文。有光緒十一年三月丁寶楨《資治通鑑綱目四編合刻序》："會尚志堂肄業諸生張昭潛等精輿地學，乃作《地理續考》以附原《註》《質實》之後。"說的是此書附刻了一種《地理續考》，而《地理續考》的作者就是尚志書院的學生們,如濰縣張昭潛等。

濟南解氏藏有丁寶楨致子泉書札:"尚志堂諸事,得閣下認真經理,足可爲永遠規模。肄業諸生,近聞僉加砥礪,此則鄙人之所厚望也。《綱目》一書,昨奉鶴泉先生(按:匡源)來函,《續編》已交局四十二卷。《前編》稿本已竣,現繕至八卷。《正編》現亦纂至十卷,本年想可告成。閣下督催履緊,諸生亦校勘甚勤,將來刊刻成功,士林傳觀,共稱善本,則爲功後學良不淺也,欣勝何似。"從此信可看出,《資治通鑑綱目四編合刻》雖由山東書局出版,其編輯的任務卻落在尚志堂師生的肩上。目前還未見有山東書局的專任編輯人員,從這兩部書來看,尚志堂實際上就是山東書局的編輯部。還有一點值得注意,當時的省級書院濼源書院,在尚志書院成立後,就没有出過書,可以説,尚志書院與山東書局密切配合,基本取代了濼源書院在山東出版界的地位,壟斷了山東同光時期官刻中學術著作的刊刻。

7. 山東書局刊刻書籍

目前所知山東書局刻書連同子目在七十種以上,現按時間順序略述如下。

①《驗方新編》十六卷,清鮑相編輯,清同治十年山東書局刻本。

此書是山東書局的初期刻本。封面題:"同治辛未春重刊,山東書局發兑。"

②《十三經讀本》附《校勘記》,清丁寶楨等校並撰《校勘記》,清同治十一年山東書局刻本。

此書首有朱印上諭:"同治六年六月十一日准禮部咨開儀制司案呈,同治六年五月初九日内閣鈔出,初六日奉上諭,鮑源深奏請刊刻書籍,頒發各學一摺。江蘇等省自遭兵燹以後,各府州縣學中舊藏書籍大半散佚,經史版片亦皆毁失無存。現在地方已就肅清，亟應振興文教，士子有志讀書而載籍艱於購覓，其何以資講貫而惠藝林。著各直省督撫轉飭所屬，將舊存學中書籍廣爲購補，並將列聖御纂欽定經史各書先行敬謹重刊，頒發各學，並准書肆刷印，以廣流傳。俾各省士子得所研求，同敦實學，用副朝廷教育人才至意。欽此。”可知各地刊刻經史書籍的原因是皇帝有上諭，要求各地振興文教，刊刻書籍，尤其要將列聖御纂欽定經史各書先行重刊，頒發各學，並准書肆刷印，以廣流傳。

鑒於此，山東書局首先刻了《十三經讀本》，從同治六年起，至同治十一年刻成，歷時五年。

此書詳列《山東書局校刊某某官紳職名》，有丁寶楨、文彬、李元華、長賡、鄭蘭、蕭培元、龔易圖、潘駿文、丁彦臣、陳用賓、積慶、匡源、陳介祺等。此銜名除了丁寶楨，其他人的職名是隨刷印時間變化的，如《春秋左傳》一書，文彬前爲“署理漕運總督山東布政使司布政使”，後爲“署理山東巡撫漕運總督”；蕭培元前爲“鹽運使銜山東濟東泰武臨道”，後爲“布政使銜山東濟東泰武臨道”；李元華前爲“布政使銜山東按察使司按察使”，名排長賡後，後爲“山東布政使司布政使”，名列長賡前。

八行十七字，小字雙行十七字，白口，四周單邊。版心刻“欽定十三經讀本”。祇有《春秋左傳》刻“欽定春秋左傳讀本”。且書名本身就是《欽定春秋左傳讀本》，有《欽定春秋左傳讀本官紳銜名》(與其他不同)，銜名後署“同治十一年十月山東巡撫臣丁寶楨敬摹重刊”。祇此書有刊記，不知何故。

③《資治通鑑綱目四編合刻》附《校勘記》，清同治光緒間山東書局刻本。

刻完了《十三經讀本》，丁寶楨又馬不停蹄地開始了第二大工程，就是刊刻《資治通鑑綱目四編合刻》。此書也有《校勘記》，丁寶楨序曰：“惟是博雅之士群萃一堂，專任之員兼收善本，務求精當，不辭異同，裒然成書，莫名所據爲何本。時則温令嘉鈺久預斯役，録校刻各本之不同者若干卷，爲《綱目校勘記》。事未竟，而予奉命總制西蜀，猝未及遹觀厥成。去後貽書，屬仿《十三經》校勘之記而附刻之，既以示此刻之獨殊各本，亦將以誌群策之力而留質通人也。"

關於《校勘記》，《凡例》曰："重刊是書，初意專考地理，而所據陳本坊刻已多訛脱，自應參校舊刻各本。舊刻各本又與正史《通鑑》及散見經傳諸書各有異同，不得不一併互校，從長改正。所改字句或從何本，或别據他書，自應備述所見各書異同，方能折衷至當。因將歷年所校《正》《續》兩編字句録成卷帙，名曰《校勘記》，散附各卷之末，以便質證（原注：今以《綱目》成書在先，《校勘記》成書在後，自爲一書列於卷首）。"最後，《校勘記》單獨一册列於卷首。《校勘記》前有《凡例》，末有温嘉鈺《刻通鑑綱目校勘記跋》："校刊《通鑑綱目》並加《地理續考》，丁穉璜宫保以屬尚志堂諸生。同治壬申，鈺隨諸公校刊《十三經》甫竣事，即有監刻《綱目》之命。光緒乙亥由諸生謄來《綱目》一卷，傳宫保命，飭鈺監刻。始讀而疑之，細讀而大疑，即詢諸生《綱目》原文照何本謄寫，以坊刻本對，以坊本校鈔本，諸生雖已有改正，然坊本訛誤脱漏甚多，有沿其誤而不自知者，寫時又不免筆誤，何以不取殿本及元明諸刻爲藍本……"此爲《校勘記》緣起。"《校勘記》竊取阮文達校勘《十三經》體例，惟阮文達不改《十三經》原文，僅加圈於誤字之旁，故《校勘記》仍標原文而自註其所正。是書先將原文照所校改刻，故《校勘記》即標已改之文，而歷註其所誤，閒亦有仍標原文，註中備述他本異同者，則成書後補校，不及徧改故也。讀者分别觀省，自知所從。"可見，此書與通行的《校勘記》格式有所不同，即在原文中改正，而在校記中記其所誤。此書以五本通校："《校勘記》所列各本，一爲趙府居敬堂初刻，尚無《集覽》《質實》等註本；一爲明嘉靖甲午江西按察司仿刻本;一爲明萬曆庚子蘇府朱燮元重刻本;一爲張朝珍摹刻本;一爲清康熙戊子吏部侍郎宋犖奉旨校刊陳仁錫本。趙府本最古,明刻閒有脱誤而完善處與《通鑑》吻合,宋本雖承陳本而精核遠過各本,但皆至商輅《續編》元順帝止,惟清乾隆丁亥《欽定通鑑輯覽》一書,則自伏羲下至明末,足以通校《前》《後》編、《綱目》四編,遼、金、元三《史》尤以此爲定本,《校勘記》所稱《通鑑輯覽》是也。"(乾隆四十七年壬寅改定《續編》中所載遼、金、元三《史》人名、官名、地名、對音訛舛、字句鄙俚處。)《凡例》最後一條:"《綱目》爲經世之書,紫陽《正編》祖述麟經,獨有千古,百家評閱校刊之本指不勝屈。是書必據陳仁錫本者,以其爲《前》《續》兩編合刻之始,即宋牧仲侍郎所校刊亦以此爲據。今重刊是書,經十餘載數十人之手,互校旁參,折衷更正,又登御撰《三編》爲《綱目四編合刻》,雖不敢謂集各編之長,而實未嘗襲各編之舊,固已自成一書,爲讀史家所取。益其《地理續考》《校勘記》,尤爲各本所無。惟卷帙浩繁,易滋疏略,不敢自信其一無錯誤,讀者諒之。"對此書的特點做了進一步的闡揚。

温嘉鈺《刻通鑑綱目校勘記跋》亦曰:"工匠六十餘人計字發價待刻甚急","自光緒二年正月起,至七年六月止,共成《正編》同《凡例》校勘記六十卷,呈請宫保訓示,命即發刻。數年來,簿書錢穀,未遑點定,近聞宫保遽爾長逝,深恐散失,有負當日面命,公餘細加删削,刊刻成書,以就正於諸君子"。知此書刻成之艱辛。陳錦識語曰:"經始於同治壬申、癸酉閒,次第編纂,選付手民,十易寒暑乃蕆事。"《校勘記》爲温嘉鈺所作,"是則匡鶴泉侍郎源掌教會垣,日與諸生局員轉相討論,惟詳惟慎。迨丁文誠總制西蜀,猶諄切遺書,以補刻《校勘記》各附卷末爲急。刻甫半,文誠終於位,芝庭(温氏)亦相繼即世。今春予權鹺篆,其子温志渭詣署上,是書《凡例》及未刻《校勘記》下編,乞據爲點定。予既曾預書局事,且與芝庭交最久,實親見夫校勘之事之重且難,謂非是究無以明重刊是書之本旨而昭示來茲,因序次其卷目,條舉其義例,稟承今撫軍張朗齋尚書爲之補刻,而完其未竟之工,並追述其顛末如右。光緒十有三年丁亥四月二品頂戴署理山東鹽運使遇缺題奏道山陰陳錦謹識"。據陳錦識可知,此書開始於同治十一、十二年間,至光緒八年完成,歷經十年,而《校勘記》刻成則在光緒十三年,先是丁寶楨刻了前半部分,繼由張曜刻了後半部分。

此書的校刊銜名,除了《十三經讀本》中有的丁寶楨、文彬、李元華、長賡、鄭蘭、蕭培元、龔易圖、潘駿文、丁彦臣、陳用賓、積慶等,還加上了文格、任道鎔、張曜等。因爲刻書時間長,故歷代巡撫都參與其中,顯示了足夠的重視。至於參加校勘的學者,有張昭潛、丁艮善等,均爲學問融通之人。

④《農政全書》六十卷,明徐光啓纂輯,清同治十三年山東書局刻本。

《農政全書》是繼《齊民要術》《農書》之後的另一部綜合性大型農書。據肖克之《〈農政全書〉版本説》①一文,徐光啓在世時此書未刻成,去世後,於崇禎十二年由門人陳子龍刻成,爲平露堂刊本。自此以後,一直到清中葉均無其他版本。道光十七年,貴州糧署據平露堂本重刊,而山東書局同治十三年重刻本就是據貴州糧署本刊刻而成的。

⑤《籌濟編》三十三卷,清柏景仁輯,清光緒五年山東書局刻本。

封面題:"光緒五年九月山東書局重鐫。"

此書有道光九年刻本,爲初刻本,以後所知有光緒四年詒硯齋刻本。而此書前有御覽朱印,光緒四年九月二十六日刑部主事楊

①肖克之:《〈農政全書〉版本説》,載《古今農業》2001 年第 1 期。

恩海、内閣中書楊同棰進呈折,又有朱印光緒四年十月初五日諭旨:“俟板片刊竣,酌量刷印若干,分咨各省,用俾荒政。”可見,此書在光緒四年進呈御覽後,又刻,並分發各省,因其有俾荒政,所以,山東書局亦依旨刊刻。取此本與光緒四年詒硯齋本核對,行款同,字體不同,明顯非一書。書局本亦將原牌記刻上:“光緒四年戊寅季春之月重鐫。”知版本由來。九行二十五字,白口,四周雙邊,單黑魚尾。

⑥《山東考古録》一卷,清顧炎武撰,清光緒八年山東書局刻本。

有牌記:“光緒八年七月山東書局重刊。”

《山東考古録》有多個版本,據杜澤遜師《存目標注》2291 條,有康熙四十一年刻《説鈴》前集本,乾隆五十九年石門馬氏大酉山房刻《龍威祕書》第七集《吴氏説鈴攬勝》本,道光五年聚秀堂刻《説鈴》前集本,同治七年序刻《藝苑捃華・説鈴》本,道光十一年六安晁氏木活字印《學海類編》本,光緒七年成都淪齋刻本,光緒十一年吴縣朱記榮刻《顧亭林先生遺書・補遺》本。所以,此書刊刻並不稀見,山東書局進行刊刻也是必然,因爲畢竟是有關山東的文獻。

十行二十四字,白口,左右雙邊,單黑魚尾。

⑦《續山東考古録》三十二卷,清葉圭綬撰,清光緒八年山東書局刻本。

有牌記:“光緒八年七月山東書局重刊。”

有光緒八年任道鎔《刊續山東考古録序》:“光緒歲辛巳(七年),余奉命撫是邦,見張海藩觀察舊藏《續山東考古録》一書,撰者爲滄州葉子佩氏,成於道光戊申……惜其書今無存板,爰屬書局重刊以廣之。”任道鎔和葉圭綬,前已有述。此書有葉圭綬道光山東原刻本。

十行二十四字，白口，左右雙邊，單黑魚尾。

⑧《儒門法語輯要》，清彭定求編，清光緒八年山東書局刻本。

有牌記："光緒八年七月山東書局重刊。"

題詞末有"六世孫祖賢敬録"，卷端題："長洲彭定求原編，蕭山湯金釗輯要，六世孫祖賢重刊。"又有光緒八年祖賢識。彭祖賢，字芍亭，江蘇長洲人，藴章子。道光進士。以蔭生授户部主事，同治年間官至湖北巡撫。彭祖賢與山東無甚關係，故此書爲祖賢在山東書局刊刻的可能性不大，很有可能是山東書局據祖賢本重刊。這説明山東書局一是重儒家文獻，二是在祖賢本甫出就進行重刻，反應極快。

十行二十四字，白口，左右雙邊，單黑魚尾。

⑨《龍莊遺書》四種，清汪輝祖撰，清光緒八年至十二年山東書局刻本。

汪輝祖，字焕曾，號龍莊。浙江蕭山人。先後在江浙各地十六位官員幕内充當刑名師爺長達三十四年之久，積累了豐富的官場經驗。此《遺書》收《學治臆説》《佐治藥言》《病榻夢痕録》《雙節堂庸訓》等，都是論述爲官之道的名著，是他歷任府、州、縣幕僚和知縣數十年官場經驗的總結，是乾嘉間官場各種現象的撮述。因而，這些書一直被視爲地方官的必備指南。這可能是山東書局刊刻此書的原因。

有光緒十二年張曜序："今奉恩調撫山東，會書局刊先生遺書，合《庸訓》《夢痕録》都爲一集，用叙簡端，以發明先生遺書之意，並以志不敏所得力云。"

《龍莊遺書》四種之一：《佐治藥言》一卷、《續》一卷，清光緒八年刻本。有牌記："光緒八年秋季山東書局重刊。"

《龍莊遺書》四種之二：《學治臆説》二卷、《續説》一卷、《説贅》一卷，清光緒八至十二年刻本。前有牌記："光緒八年秋季山東書局重刊。”後有牌記:“丙戌中冬月補刊説贅成。”

《龍莊遺書》四種之三:《病榻夢痕録》二卷、《夢痕録餘》一卷,清光緒十二年刻本。有牌記:“光緒十二年孟冬山東書局續刊。”

《龍莊遺書》四種之四:《雙節堂庸訓》六卷,清光緒十二年刻本。有牌記:“光緒十二年孟冬山東書局續刊。”有乾隆五十九年汪輝祖自序。又有咸豐元年湖北黄州府歧亭同知邵綸《夢痕庸訓合刻跋》,知此二書曾在咸豐元年合刻過。

十行二十四字,白口,左右雙邊,單黑魚尾。

⑩《經籍舉要》一卷,清龍啓瑞撰,清光緒十年山東學政汪鳴鑾山東書局刻本。

汪鳴鑾(1839—1907),道光四年進士,歷督陝、甘、江西、山東、廣東學政,歷任工部侍郎、吏部侍郎、五城團防大臣、總理各國事務衙門大臣、光禄大夫。

書衣題簽:“汪鳴鑾題檢。”

有牌記:“光緒甲申孟春月重刊於濟南。”

前有光緒十年汪鳴鑾識:“《經籍舉要》一書,臨桂龍翰臣前輩視學楚北時所輯以示多士者也……適檢篋中,得是編,重付剞劂,以詒諸生。”

此書爲繼乾隆五十九年阮文達在山東刻《士子習讀書目》(又名《山東阮學政擇定童生應看書目》)之後的又一個書目。首分經類、史類、子類、集類,次列約束身心之書、擴充學識之書、博通經濟之書、文字音韻之書、詩古文詞之書、場屋應試之書,十分實用。

十一行二十八字,小字雙行二十八字,黑口,左右雙邊,單黑魚尾。

⑪《山東軍興紀略》二十二卷,清徑北草堂編撰,清光緒十一年山東書局刻本。

此書著者可能爲張曜。曜字亮臣，號朗齋，大興人。以剿捻有功，光緒十二年調任山東巡撫，光緒十七年卒於山東任上，謚號勤果。此書末有張曜跋，咸豐十一年，張曜率軍在臨淄，曾與捻軍對峙數月，捻軍無法進城。同治元年，轉戰諸城，先是擊退捻軍，後祈雨，又偃武修文。同治四年，轉長清任，治捻軍餘緒。自咸豐十一年至同治四年，在山東與捻軍相始終五年。同治七年回里，同治十三年回山東。此時書成。"光緒己卯(按:光緒五年)，權兗沂兵備篆，後檄總書局。翻閱一過，脱漏假借不獲免。詳繹成書，多具厓略自陳，即據而編輯之，後來志乘信史，諒多採擇，爰撮牧令始末軍事於篇末以識之，聊以例其餘云爾。光緒乙酉百花生日總辦書局善化張曜海藩甫跋。"乙酉爲光緒十一年。據此跋，此書應爲張曜所撰，版心下刻"徑北草堂編撰"，"徑北草堂"可能爲張曜的堂號，其跋後又有墨印"衡洞草堂"，可能亦爲張氏堂號。此跋中所説的總辦書局，或即山東書局。祇是最後署名不知爲何署"善化"。此書當刻於光緒十一年後，可能在巡撫任上所刻。

十行二十一字，白口，四周雙邊，單黑魚尾。

⑫《洗冤録詳義》四卷，宋宋慈撰，清許槤編，清光緒十二年山東書局刻本。

有牌記:"光緒十二年丙戌秋九月開雕，山東書局藏版。"封面有:"古均閣許氏藏版。"

有光緒十二年南皮高其鎮《重刻洗冤録詳義序》:"錢塘張大中丞(按:張曜)來撫是邦，接見僚屬，殷殷以吏治勖，出《洗冤録詳義》一編，諭令付梓，並與安宜祁君瑞符，各爲之序。校對之下，見其書博採群言，歷援成案，訓詁切而條貫備。"

光緒十二年寶應祁壽麐《重刻洗冤録詳義序》:"(張曜)又出《洗冤録詳義序》進書局提調官渤海高君輔山，而命之曰:'此吾鄉人許珊林太守所爲書，初刻於其家古均閣，再刻於杭郡書肆矣。顧吾望官是省者咸爲循吏,毋冤民而俾民自冤也,其覆刻之,益以廣其傳。'高君謹奉以付手民。"高君輔山,即南皮高其鎮,時爲書局提調官。

據以上序可知,此書由巡撫張曜諭令書局提調官付梓,一是此書爲張曜鄉人許槤編刻,流傳很廣,更主要的是此書能時刻提醒爲官者要做好官,不要讓民衆有冤。可以説,此書係巡撫張曜在任上所刻,山東書局衹是具體承辦。

三欄,下欄九行十四字。

⑬《佩文詩韻釋要》五卷,清周兆基輯,清陸潤庠重校,清光緒十二年陸潤庠山東書局刻本。

有牌記:"光緒丙戌孟春開雕。"卷端題:"山左督學使者陸潤庠重校。"前有光緒十二年山東督學使者元和陸潤庠序:"余視學山左,病場屋之無善本也,爰即是書校勘數過……校既竟,崇峻峰方伯豫東屏廉訪見而善之,乃屬高輔山大令就書局鋟版,諸公之嘉惠士林正非淺尠。"知此書由山東學正陸潤庠囑刻於山東書局。此書安徽、湖北、廣東、江西先後刻過,山東書局刻後,光緒二十三年歷城吴氏又刻於山東。

⑭《世補齋醫書》三十三卷,清陸懋修撰,清光緒十二年山左書局印本。

有牌記:"光緒丙戌季秋山左書局重印。"亦有原刻牌記:"光緒甲申四月校。"有朱記:"蘇省來青閣號代印裝訂。"

此書衹是重印。前有《山左書局重印世補齋醫書序》,末署"光緒丙戌十二年愚姪崇保撰"。崇保,光緒七年始任山東布政使,此書係其在布政使任上重印。

⑮《重纂三遷志》十卷,清孟廣均纂,清陳錦重纂,清光緒十三年山東書局刻本。

有牌記:"光緒十三年歲次丁亥孟冬山東書局刊成。"

此書爲巡撫張曜主持刊行。

有《編纂名銜》，督纂爲張曜，原纂爲孟廣均，重纂爲陳錦（二品頂戴署山東鹽運使、候補道）、孫葆田（刑部主事），分纂爲柯劭忞（翰林院庶吉士）。有光緒十三年撫東使者錢塘張曜序，陳錦序："又越八年，錢塘張公巡撫是邦，始出是編，付省垣書局鋟行於世。"又有光緒五年榮成孫葆田序。

據以上各序可知，《重纂三遷志》的編纂過程較多曲折。《三遷志》在明代有四修，清康熙六十一年又修，雍正間有增補。道光十五年，孟子七十代翰博孟廣均，約請鄒縣舉人馬星翼重修《三遷志》。馬星翼，清中期的濟寧刻書有述。他們重修此書，歷時七個月，完成了一部書稿，仍循原來體例，是對雍正本的增補。稿成後，請日照許瀚等校閲。書成後一直未刻。至同治十一年，山東鹽運使、候補道陳錦，受委派來鄒主持重修孟子林廟。孟氏七十一代翰博孟昭銓，將其父廣均所藏書稿（包括許瀚駁正稿），求陳錦校正。陳閲後有意重纂完成這部著作，但一時無暇顧及。到光緒五年，陳錦呈請山東巡撫後，約請刑部主事榮成孫葆田、翰林院庶吉士柯劭忞等，在孟廣均原稿的基礎上進行重纂。稿成後又經八年擱置，直到光緒十三年，張曜任山東巡撫時，始梓行傳世，自始至終前後歷經五十二年。此書在内容上補充了雍正本刊行以後一百五六十年間的世職延續、林廟興修及相關的記文、題詠等。

⑯《止止堂集》五卷，明戚繼光撰，清光緒十四年山東書局刻本。

封面題："明戚武毅公止止堂集五卷，後學順德李文田寫題。"有牌記："光緒十四年十二月山東書局謹依四庫館明本重刻。"書衣有黄紙黑框題簽："明戚武毅公止止堂集。"

此書包括《横槊稿》上、中、下三卷，《愚愚稿》二卷，共五卷。《横槊稿》後有《附録》一卷，補入《登盤山絶頂》等詩二十五首。

前有《四庫提要》，亦有《四庫館抽燬書目》一條："《止止堂集》五本，查《止止堂集》係明戚繼光撰，集内'楊王啓運'一條、'宋瀛國公'一條皆有偏繆，應請抽燬。"有光緒十五年三月翰林院編修王懿榮《重刻明戚武毅公〈止止堂集〉叙》："光緒己卯、庚辰間，登州志局方纂《藝文志》，求戚武毅公此集不得，僅於其家得書一卷，乃後人所輯公詩十餘首及私傳數事，遂以著録，蓋强名集。後三、四年，懿榮乃從翰林院署借得此集明刻五本，即乾隆間四庫館收録之底本也。中有楊王啓運一條，宋瀛國公一條，當時奏准抽毁。又末缺數葉，亦無從搜補。於是募工對臨一通，悉如原刻，謹以官本還署。又後三、四年，懿榮以服闋詣省會取咨，見巡撫張公，論及戚武毅兵法諸書，如《練兵實紀》《紀效新書》，童年時即愛而讀之，其文集猶未得見也。時值山東書局方謀刻國朝以來海内未刻之書，爰舉此集郵介張公重刻之。……有《年譜》十二卷，爲公嗣祚國等所纂輯。道光丁未，福建仙遊重刻之，登州仍未有也，故新《志》中亦未著録。光緒十五年春三月翰林院編修福山後學王懿榮記。"

十行二十一字，小字雙行二十一字，白口，四周雙邊，單黑魚尾。有戚繼光像，字體方正。

此書亦由巡撫張曜主持刊刻。

⑰《孟子要略》五卷，宋朱熹編，清劉傳瑩輯，清曾國藩重編，清光緒十四年山東書局刻本。

封面題："孟子要略五卷，朱子遺書之一。"有牌記："光緒戊子山東書局仿刻漢陽劉氏槧本。"末有陳錦識："是書久佚，而不知金仁山《集注》已逐一分注曰'此爲《要略》幾卷之幾章'。茮雲劉君輯而録之，而是書之章句以出。曾文正公按卷詮次而是書之大旨以明……惟是書僅附文正全集以行，猝難家喻户曉，因仿刻單行本以存朱子遺書而公諸同學，俾知先儒讀孔孟書其心得有如此者。光緒戊子三月後學陳錦謹識。"此本仿的是道光二十九年漢陽劉傳瑩刻本,在牌記中標明版本來源。

十行二十四字,黑口,四周雙邊,單黑魚尾。字體方正,刻印一般。

⑱《蒿庵集》三卷、《拾遺》一卷、《附録》一卷,《蒿庵閒話》二卷,清張爾岐撰,清光緒十五年山東書局刻本。

有牌記:"光緒十五年山東書局重刊。"書衣爲黄紙黑框題書名:"蒿庵集,蒿庵閒話。"封面題:"蒿庵集三卷,蒿庵閒話二卷,黄巖後學張濬署檢。"

《蒿庵集》録《四庫提要》一條。有乾隆三十八年胡德琳東昌郡齋識,又有李焕章序。可見,山東書局所據本爲乾隆三十八年胡德琳官濟陽時刻本。《拾遺》一卷爲山東書局自濰縣高鴻裁、陳介祺家藏稿補入,詩文詞凡十餘篇。《附録》乃爾岐去世後的傳記、遺事、贊挽等。

《蒿庵閒話》録《四庫提要》一條,云此書入《存目》,爲桂林府同知李文藻刻本。有羅有高序,李文藻刻書跋。此書收入李文藻在潮陽郡齋刻歷城周永年彙印的《貸園叢書初集》中。可見,山東書局所據的本子爲乾隆四十年李文藻潮陽郡齋刻本。

十行二十一字,白口,四周雙邊,雙黑魚尾。

⑲《敬亭集》十卷、《補遺》一卷、《附録》一卷,明姜埰撰;《姜貞毅先生自著年譜》一卷、《姜貞毅先生年譜續編》一卷,清姜安節編,清光緒十五年山東書局刻本。

有牌記:"光緒己丑山東書局重刊。"書衣黄紙黑框題簽:"姜貞毅先生敬亭集。"封面題:"姜貞毅先生敬亭集。"

十行二十一字,白口,四周雙邊,單黑魚尾。書局體,字方扁。此書有康熙萊陽姜安節等刻本,山東書局此本爲重刻本。

⑳《小學集注》六卷,宋朱熹撰,明陳選注,清光緒十五年山東書局刻本。

有牌記:"光緒十五年秋山東書局重刊。"

有雍正五年十二月初三日《御製小學序》,有《四庫提要》一條。

九行十八字,白口,上下雙邊,單黑魚尾。

㉑《井田圖考》二卷,清朱克己撰,清光緒十六年山東書局刻本。

封面題:"光緒庚寅夏五,井田圖考,山東書局鋟。"

王獻唐稱:"書版存本館。近印已多漶漫……時十九年四月二十五日獻唐記於圖書館。"①則民國十九年,此書版還存山東省圖書館。

十一行二十二字,小字雙行二十二字,白口,四周雙邊,單黑魚尾,有直格。

㉒《經籍要略》一卷附《勸學八則》,清裕德編,清光緒十六年山東書局刻本。

有牌記:"光緒庚寅秋山東書局刊。"封面題:"板存學署。"

有光緒十六年孟秋督學使者長白裕德序於學署之四照樓:"甲申、乙酉間,前輩汪柳門侍郎視學此邦,嘗重刊龍翰臣方伯《經籍舉要》以嘉惠士林。予奉命督學之明年,思爲印行以廣其傳,而板已不存,間與同年友孫君佩南商及,君因出阮文達公督學時所刊書目相示,予喜,亟以告朗齋宫保,並屬書局重爲梓行。復思文達督學山東,至今近百年矣,治教昌明,學問之途日闢。其閎淹貫經史、著述宏富者更不乏人。自粤匪所至,圖籍焚如。今海内敉安,各直省承詔開局刊刻書籍,經、史、子、集漸次大備,寒畯之士誠能節衣貶食,按籍購求,亦不至無書可讀。特患窮鄉僻壤,問學未得門徑,則弇陋者固囿於見聞之不廣,而務爲泛濫者又終於勤苦而鮮

①王獻唐:《雙行精舍書跋輯存》,齊魯書社1983年版,第102頁。

成。予暇日因參閱龍氏書目，稍爲增删，名曰《經籍要略》。於時朗齋宫保方飭各府州縣振興書院，見此編而善之，亟屬付梓，與阮本並行，俾多士有所觀摩。"知刊刻之由來。

十行二十三字，小字雙行二十三字，黑口，四周單邊，單黑魚尾。

㉓《通德遺書所見録》十八種七十一卷、《叙録》一卷，漢鄭玄撰，清孔廣林輯，清光緒十六年山東書局刻本。

有牌記："光緒庚寅冬月山東書局開雕。"

此書所輯皆鄭氏經學佚書。

廣林《叙録》云："取經、史、諸子以及先儒名家著述，蒐羅綴輯，補漏正舛，引而廣之，録《六藝論》第一（一卷），《周易注》第二（十二卷），《尚書注》第三（十卷），《中侯注》第四（六卷），《書大傳注》第五（四卷），《毛詩譜》第六（一卷），《三禮目録》第七（一卷），《答周禮難》第八（一卷），《魯禮禘祫義》第九（一卷），《喪服變除》第十（一卷），《箴左氏膏肓》第十一，《發公羊墨守》第十二，《釋穀梁廢疾》第十三（各一卷），《論語注》第十四（十卷），《論語篇目弟子》第十五（一卷），《駮五經異義》第十六（十卷），《鄭志》第十七（八卷），《孝經注》第十八（一卷），凡七十一卷，都爲一集，題曰'鄭學'。既而皤然曰：嘻，過矣！鄭君之學有經焉，有緯焉。是編也，緯學自《中侯》而外概未之及，其經學若《喪服記》《天文七政論》及《唐藝文志》所載《孟子注》七卷，皆莫能得其一二，而曰鄭君學俱在於斯乎？夫亦惟是即目中所經見者録備遺忘云爾，乃改題曰《通德遺書所見録》。表顛末，别義例，撰目録如左，爲第七十二卷。"

王重民《中國善本書提要》曰："《所見録》有嘉慶十八年《後記》，云：'歲在甲午（乾隆三十九年）輯《易注》《書注》《駁異義》《箴膏肓》《發墨守》《釋廢疾》《鄭誌》爲《北海經學七録》，自是日積月累，前後共得十有八種。丁酉春（四十二年）彙爲一集，叙而録之，題曰《通德遺書所見録》，凡七十二卷。’然自乾隆四十二年以後，尚遞有增補，蓋廣林業之，死而後已也。”①孔憲彝《闕里孔氏詩鈔》稱其“博雅好古，專治‘鄭學’。生平著作一百三十二卷，凡四十四萬五千餘言，年二十六即絶意進取。芸臺相國嘗謂：‘海内治經之人，無其專勤。’”

十行二十二字，大黑口，四周雙邊，單黑魚尾。十八種卷數相屬，卷端下題“通德遺書所見録卷某”。此書目前未見有其他刻本。

㉔《孔叢伯説經五稾》五種三十六卷，附一種一卷，清孔廣林撰，清光緒十六年山東書局刻本。

有牌記：“光緒庚寅冬月山東書局開雕。”

包括：《周官肊測》六卷，《叙録》一卷；《儀禮肊測》十七卷，《叙録》一卷；《吉凶服名用篇》八卷，《叙録》一卷；《禘祫觿解篇》一卷；《明堂億》一卷。附《儀禮士冠禮箋》一卷。

《續修四庫提要》將此書列入子部自著類，云：“《説經稿》五種，均係研討《三禮》者。第一種爲《周官肊測》，乃其父繼汾將校《十三經》定本，刊藏敦本家塾，廣林承命校勘，因於訂正訛脱外，更參考義訓，有疑者輒以己意測之。書内不列全經，但載所釋之經文。次爲《儀禮肊測》，蓋廣林於《周官》校畢後，即從事此經，遇有疑義，即意測而筆存之，仿鄭君《目録》而爲之録，每篇之斷章分節附注焉。全書亦但出所釋經文。次曰《吉凶服名用篇》，乃因其弟廣森所輯《禮服釋名》，未能該洽，用是反覆經傳，紬繹注疏，通修吉凶衣服，綴爲八篇，取《周官·司服》辨其名物與其用事之文，因題此名。次曰《禘祫觿解篇》，乃得漢氏以來諸君子禘祫之説，考諸《戴記》，證以《三傳》，而折衷於《周官》經，筆爲《觿解》二十篇。次爲《明堂億》，乃廣林紬繹群經，獨辟新義，與弟廣森朝夕考證，

①王重民：《中國善本書提要》，上海古籍出版社1983年版，第37頁。

億其歸制，仍主五室，而以九室爲誕妄。全書共四十三條，逐條設問，而稱‘廣林億’以明之。末附《儀禮士冠禮箋》一卷，廣林研究淹經，欲仿鄭《箋》毛《傳》而爲之箋，增其所未備，申所未顯，辨其所可疑，參考互證，補其所未備者。”辨證其成書甚詳。

十行二十五字，大黑口，四周雙邊，單黑魚尾。

㉕《慎疾芻言》一卷，清徐大椿撰，清光緒十六年山東書局刻本。

封面題：“光緒庚寅夏月，山東書局重鐫。”

有徐大椿乾隆三十二年丁亥《慎疾芻言引》，後有二行：“光緒元年乙亥春二月烏程汪曰楨校刊於會稽學署，光緒十六年庚辰夏四月山陰陳錦重刻於山東書局。”説明此書爲陳錦主持刊刻。將原序刻上，版心下刻“原序”。

十行二十二字，白口，左右雙邊，雙對黑魚尾。

㉖《周易本義》四卷，宋朱熹撰；《音訓》一卷，宋吕祖謙撰，清光緒十七年山東書局刻本。

有牌記：“光緒辛卯秋七月山東書局開雕。”

據孫葆田《新校周易本義跋》，云國初内府摹刻宋本，字大悦目，世不多見。乾隆時寶應劉氏刻本，將吕祖謙《音訓》附列於後，但行世不遠。自王弼《易》行，先世之古經遂被後儒所亂，近世江南書局、淮南書局、山東書局所刻之書，皆不足取，“近江南書局於程子《易傳》、朱子《本義》各爲梓行，足正俗本之失，第所據乃浦城祝氏合刻《傳義》《音訓》本，承校之士尚未見内府仿宋刻，如象上傳下注有‘從王肅本’四字，《四庫提要》辨證甚明，今並未能補正，而於每卷標題前列《易經》並卷數一行，蓋尤失之。其他經文，内府仿宋本與開成石經合者，江南本皆未及審訂。又淮南局覆刻劉氏本錯誤亦多，欲復古而反不足取信乎。今斯亦校讎之一蔽也。山東書局所刊經書讀本，純雜不齊，頗爲通人所詬病。予既承宫保張公延司校訂,與書局陸君、張君先取《詩》《書》二經用宋本校正。於《詩集傳》後補《小序》《辨説》二卷,而朱子本書二十卷猶未能遽復也。《書》則補刻《小序》一卷、《問答》一卷,以符原本”。即上文所説的《十三經讀本》中的《詩經》《書經》校補本,從不同的牌記可以看出。《詩經》書牌爲“同治壬申山東書局開雕,光緒辛卯春重校並補刊”,《書經》書牌爲“光緒辛卯據宋本重校補刊書序一卷書傳問答一卷”。“今更以《周易本義》付梓,謹遵内府仿宋本與《御纂周易折中》校定,參考傳注,擇善而從,兼附吕氏《音訓》於後。《本義》既從通行本,悉加句讀,與江南本同,其間點畫錯訛,仍恐不免。《音訓》舊分二卷,今誤刻一卷,視江南本各附十二卷之後,亦爲小異云。”可見,重刻此書,不僅取内府仿宋本和《御纂周易折中》進行校定,在編排上亦有變化。此書大概未如《詩》《書》一樣以原版補刻,而是重新發刻,故單行。

九行十七字,小字雙行十七字,白口,左右雙邊,單黑魚尾。

㉗《戚少保年譜節要》六卷,明戚祚國撰,清光緒十七年山東書局刻本。

此書是山東書局刪節之本。《凡例》云:“原書共十二卷,纖悉畢録。今但節其大要,重編爲六卷。重編此《譜》以簡明爲主,卷刪其篇,篇刪其句,句刪其字,止有減省,並無增加。惟文勢不順之處,間有移易先後。至其體例,悉依原書。原書係戚公嗣君所編,故用家嚴等字,今悉改易。原書地名、人名、官名,前後每每歧稱,今改歸一例。戚公所作詩文,已載《止止堂集》中者,概不復載,仍注目録。戚公所著戰守、呈議、條約、圖譜,已載《紀效新書》《練兵實紀》二書中者,不復贅録。戚公有《奏議》一書,未見傳本,今悉依原譜録入,以備遺佚。至尋常案牘,仍行刪去。”

㉘《制服成誦編》一卷、《制服表》一卷、《喪服通釋》一卷,清周保珪撰,清光緒十八年山東書局刻本。

有牌記："光緒壬辰夏重刊於山東書局。"

有光緒十八年蒙古福潤少農甫《重刻制服成誦編序》："嘉定周桐侯孝廉約五服，今製爲韻語十一章，首爲《表》，末爲《通釋》。其弟峨卿校勘卒業。相侯峨卿，皆今雲貴制府王夔石大司馬高第弟子也。大司馬覽而善之，爲刻於浙，刻於湘，又刻於滇。湯幼盦方伯自滇來，將推大司馬之意，重付梓人，以廣其傳，而問序於余……聖人，禮之宗也。山東，聖人之居也。爲民上者果能發明大誼，而動以不容已之至情，修而爲教，達而爲治，翔而爲德，化蒸而爲風俗，彬彬乎百有七城，罔非鄒魯焉。是則方伯之大有造於東土，而同官一方者尤樂得試目而觀其成也。"據此序可知，此書有浙江、湖南、四川多個刻本。福潤，字少農，蒙古正紅旗，副貢。曾任山東鹽運使、湖北按察使、山東按察使、山東布政使。光緒十七年任山東巡撫，二十年調任安徽巡撫。

㉙《二十四孝弟詩輯注》二卷，清蕭培元撰，清王壽三注，清光緒十九年山東書局刻本。

蕭培元（1816—1873），字鐘之，號質齋。雲南昆明人。咸豐二年進士，同治元年任濟南府知府，官濟東泰武臨道，十二年代理山東按察使，同年去世。蕭培元在同治七年有《二十四孝圖詩》，民國二十二年黄縣李氏重刻本前有同治七年匡源序，稱："蕭質齋觀察同年復命寮佐李君按圖重繪，各繫試律一首。"此書當時刊否，不得而知，僅見有雕藻齋鮑連元同治十二年刻本。

有牌記："光緒十有九年歲次癸巳夏五月山東書局刊。"

有光緒十九年福潤《二十四孝弟詩輯注序》："今天下稱風俗之美，必曰鄒魯，蓋孔孟之教澤長矣。然使者所鎮撫，東至於海，與遼沈爲鄰，北界燕，西界豫，曹濮之間，風氣剛勁，南爲金鄉、魚臺，毗連湖團，又南、東鄰蘭、郯、費諸邑，錯江南徐、海兩州，號難治，治之如何？亦治以孔孟之教而已。孔孟之教何先？孝弟而已。滇南蕭質齋觀察，前備兵濟東，取世傳《二十四孝》，各爲帖括詩一首，又集虞、舜以下至於勝朝友於兄弟者二十四人，爲詩如其數。久之，其門人王魯卿學博爲之注，請於使者，梓而行之。使者持節兩年矣，每接見僚屬，勤勤款款，惟風俗之諮，閒有宵小竊發獮薙，無敢稍貸。然與其懲之於後，孰若化之於先，有子曰：'其爲人也孝弟，而好犯上者鮮矣。'孟子曰：'人人親其親，長其長，而天下平。'豈虚語哉。得是詩，布之鄉塾，父詔其子，兄勉其弟，範其跅弛之才，堅强不屈之氣，優柔饜飫以歸於至性，則四境之内，罔非鄒魯也。此固觀察志也。至其詩之工，與學博之注之善，則有目所共睹，茲不贅。"王魯卿，牟平王壽三字。

八行二十字，小字雙行二十字，白口，四周雙邊，單黑魚尾。

㉚《文昌陰隲文詩》一卷，清蔡銕耕撰，清光緒二十年山東書局刻本。

有牌記："光緒二十年歲在甲午春三月山東書局刊行。"

有光緒二十年福潤於山東節署序："歲癸巳，予刊刻蕭質齋觀察《二十四孝詩》，分布學校，俾廣流傳。茲嶧縣蕭廣文震峰又以蔡銕耕先生所著《陰騭文詩》，全辛齋農部所著《朱子家訓詩》二種見貽……因續付剞劂，俾與《二十四孝詩》並垂不朽。"可見，上述《二十四孝弟詩輯注》爲福潤所刻，他還刻過《朱子家訓詩》。

十行二十一字，白口，四周雙邊，單黑魚尾，無行格。刻印精。

㉛《朱柏廬格言詩》一卷，清朱用純撰，清光緒二十年山東書局刻本。

即上條福潤序中所述《朱子家訓詩》，由福潤主持刊刻。

有牌記："光緒二十年歲在甲午春三月山東書局刊行。"

十行二十一字，白口，四周雙邊，單黑魚尾，無行格。刻印精。

㉜《倭文端公遺書》十一卷、《首》二卷，清倭仁撰，清光緒二十年山東書局重刻本。

倭仁(1804—1871)，字艮峰，號艮齋，蒙古正紅旗人。晚清著名的理學家，在道、咸、同士林中頗具影響。他在世時，著述以鈔本流傳，去世後，始陸續刊行。

據李細珠《〈倭文端公遺書〉考述》①一文，在山東書局本之前，有光緒元年六安涂氏求我齋刻本、京都本、光緒三年粤東翰元樓刻本、洪氏唐石經館叢書本等刻本，山東書局本與以上幾種版本相比，是所見收集資料最多的刻本。

㉝《聖諭廣訓衍説》一卷，清聖祖玄燁撰，清世宗胤禛廣訓，清佚名衍説，清光緒二十一年山東書局刻本。

㉞《勸學篇》，清張之洞撰，清光緒二十四年山東書局刻本。

光緒二十四年五月，張之洞成《勸學篇》一書。光緒帝六月初七日諭："翰林院奏，侍講黄紹箕呈進張之洞所著《勸學篇》，據呈代奏一折，原書内外各篇，朕詳加披覽，持論平正通達，與學術人心大有裨益。著將所備副本四十部，由軍機處頒發各省督撫學正各一部，俾得廣爲刊布，實力勸導，以重名教而杜卮言。"②

據此諭，知當時各省督撫學政皆獲頒一部，並翻刻重印。目前所見有西湖書院刻本、福州鼇峰書院刻本。山東有山東書局本，大概爲巡撫或學政委託山東書局刊刻，應作官刻。

有牌記："光緒二十四年山東書局刊印。"版心下刻"山東書局刊印"。十行二十二字，白口，左右雙邊。

㉟《小學韻語》一卷，清羅澤南撰，清光緒二十七年山東書局刻本。

有牌記："光緒辛丑仲冬山東書局重刊。"卷端題："湘鄉羅澤南著，及門諸子參訂。"封面有朱印二方："定價大洋叁角""庫平足

①李細珠：《〈倭文端公遺書〉考述》，載《清史研究》1997年第4期。

②〔清〕朱壽朋：《光緒朝東華録》，中華書局1958年版，第4142頁。

銀柒錢貳分合大洋壹元正”。

有羅澤南原叙，光緒九年關中賀瑞麟《重刻小學韻語序》，末署“山左諸城尹彭壽書”。此時尹氏在尚志書院，寫得一手好字，所以手寫上版。又有光緒二十七年關中吕申《重刻小學韻語序》：“乃先生又以教初學小生艱於記誦，於是融全書之旨編爲四言韻語，句短音諧，以便童蒙，用意極遠，而用心亦良苦矣。向藏關中賀復齋先生刻本。申自承乏書局，即擬公諸同志，而力有未逮。今夏諸同人聞之，咸願湊貲重梓，廣爲流傳。於是前署方伯直隸永年胡公亦樂與相助，廣爲倡捐，且謂先生此書久已風行海内，獨山東書局無之，亦屬憾事。申乃遵即開雕，並將賀先生原序列之卷首，俾化民成俗之君子咸以蒙養爲當務之急，則於轉移風氣、培植人材，亦不無小補云。是爲序。光緒辛丑重陽關中吕中譔。”末有《重刻小學韻語捐貲姓氏》：“胡景桂，字直生，號月舫，行一，直隸永年縣人，光緒癸未科進士，前翰林院編修，山東按察使司署布政使司，調任湖南按察使司。王揚芳，字信餘，湖南瀏陽人，癸酉科舉人，現署臨淄縣事。梁錫祜，字篤齋，河南鹿邑縣人，同治癸酉科舉人，大挑知縣，現署知縣事。向植，字篤生，湖北沔陽縣人，己卯科舉人，大挑知縣，現署曲阜縣事。田賓榕，字曉霞，陝西興安府康縣人，壬辰科庶吉士，選授山東新泰縣知縣，現署高唐州知州。許清源，字鶴泉，直隸新城縣人，丙戌進士，實任禹城縣知縣。姚萬傑，字巍然，河南泰康縣人，光緒乙亥制科孝廉方正，現署蒙陰縣知縣。毛澂，字蜀雲，四川仁壽縣人，光緒庚辰進士，現任泰安縣知縣。梅汝鼎，字震伯，江西南昌縣人，丙戌科庶吉士，選授山東東昌府清平縣。”知此書雖爲山東書局刊，但還吸納了部分捐款。捐款人多爲山東各地知縣。

十行，大字八字，小字雙行二十一字，白口，四周雙邊，單黑魚尾。

㊱《尊宗贅議》不分卷，清江鍾秀撰，清光緒二十八年山東書

局刻本。

有牌記:“光緒壬寅仲冬山東書局刊印。”

是編凡十三篇,後附江氏《五節孝碑》及《曲旌君傳》。山東督糧道翰林院庶吉士郭鑑襄序於山左之寄廬:“光緒壬寅孟冬,歷城孔生繼儒往謁,見其案頭存稿,感佩者久之,乃持之歸,將商於同人付諸梓,遂往求吕刺史子幹爲之鑒定而以序屬余。”朱鍾琪序於山左之寄廬。光緒二十八年自序於種竹山房:“因先將平日所擬切實整頓鄉約議呈覽二公,遂代上之,時中丞安圃張大公祖督學佩之、尹大宗師鼎臣、胡大公祖胥,以正人心、厚民生、崇聖道、衛宗社爲汲汲,故急刊印若干本,道飭各府州縣一律舉行。”據此則知此書爲官刻。

末有《尊宗贅議校刊姓氏》:同邑黄錫鴻岐生、段振聲玉甫、譚奎光静齋、嚴毅彤臣、孔繼儒幼元、王鴻勳如九、李慶璋莪卿、江禄萬綏之、路文濤雪泉。《續入校刊尊宗贅議姓氏》:章邱王廣泗四泉、程德馨香山、江學忠道源、江振芳菊航、同邑謝瀛昱小篷、季元震東藩、曲立德佑之、長清周彤桂復卿、鄒縣孟慶棠蔭南。

㊲《布路斯國暨德意志通商税務各國和約章程》一卷、《美國條款暨照會》一卷、《法國條款暨照會》一卷,清山東書局輯,清山東書局刻本。

首有《山東書局校刊委員銜名》:“候補同知吴毓麟,候補知縣張賡熙,候補知縣吴應端,候補知縣温嘉鈺。”知爲山東書局校刊本。記事止咸豐八年。

九行二十四字,白口,四周雙邊,單黑魚尾。開本大,字大,刻印精。

㊳《御注孝經》一卷,清世祖福臨撰,清山東書局校刻本。

㊴《山東書局出售書目》一卷,清山東書局編,清末山東書局刻本。

此書現藏山東博物館。崔巍老師按:此即山東清末官書局出售書目,共輯書七十三種。不録著者及版本項,而書價紙質所録甚賅。據此目,可概見清末書價。

山東書局在清後期開始售賣書籍,尤其是民國時期,以經營書籍爲主,現據山東博物館藏書和趙鍾雲《古老的山東書局》①一文,可知其售書目有:

山東書局出售書目一卷	山東書局編	清末山東書局刻本
山東全省官書局書目一卷	山東書局編	清末山東書局鉛印本
山東書局木板書籍目録	山東書局編	民國十四年山東書局鉛印本
山東書局鉛石印各書目録	山東書局編	民國十五年山東書局鉛印本
山東書局圖書目録	山東書局編	民國十九年山東書局鉛印本
山東書局圖書目録	山東書局編	民國二十二年山東書局鉛印本
山東書局圖書目録	山東書局編	民國二十五年山東書局鉛印本

所見有民國十四年山東書局鉛印本《山東書局木板書籍目録》,是木板書出售書目。有廣告:"發行所:濟南后宰門街。電話:七七一號。"有《山東書局發售木板書籍啓事》:"清之末葉,曾、左諸公在各省創設官書局,刻板印書,嘉惠士林,至非淺鮮。自鼎革後,各省以公帑支絀,停而未印。宏篇巨制,棄置可惜。自民八以後,國人漸知國學之可重,各局遂次第恢復。本局爲應吾魯人士購求起見,與各局訂立條約,歸敝局經售並訪求各處家藏刻板,務求完備,定價亦極低廉。此等木板書籍價值即不同舊書之昂貴難求,而校訂精審,更少魯魚遞虎之訛。且字大,即不傷乎目力,而紙張更耐保存,諸君所費廉而得惠實多。如蒙惠顧,無任歡迎。中華

①趙鍾雲:《古老的山東書局》,見濟南市政協文史資料委員會編《濟南文苑漫憶》,濟南出版社 1993 年版,第 31 頁。

民國十四年夏曆九月。"此《啓事》點明了書局本的幾個特點:一是價格低,二是校訂精,三是字大,四是易保存。此書著録書名、著者、册數、價格,有的著録刻書人,有的兼記紙張,同一部書因紙張不同而價格不同。

本書分三部分,第一部分是各省局刻家藏刻本經史子集類(亦包括叢書),前有《木板書籍發售詳章》,一是欲購何書要寫清楚,不然會出現版本錯誤。二是優惠政策。有九折的,有八折的,有滿一千元隨時議價的。三是保留漲價權。四是等待時間可能會長。五是"一切寄送手續限制退换等等均照石印各書辦理"。可見,關於售賣石印、鉛印書已有章可循。第二部分是《尚志堂所刻書籍目録》,前言曰:"吾魯尚志堂所刻各書,校訂精審,久見重於士林,無待贅述。惟年來以公帑絀故,久而未印,實爲可惜。敝局今春爰籌巨欵,與當事者接洽刷印,現已次第出售,有志國學者盍興乎來。"列書經部二十四種,史部十八種,子部二十三種,集部八種(子目與叢書並列)。第三部分是《精刻名抄孤本秘籍類》,前有《舊書出售章程》,其中有一條"舊書價額以印工之好壞、紙張之分别、原板翻板之不同,故價額前後不免歧異",説明售書價格取決於以上幾個方面。書末附《收買舊書啓事》,又有《裝訂舊書啓事》:"本局現在北京聘到裝訂舊書名師,專一粘補舊書,一經收拾,無不整舊如新,完全無缺,工價較他家更特别從廉,如承見委,竭誠歡迎。"可知,民國時的山東書局已拓展了業務範圍,加上了對外承攬裝訂修書這項業務。

清末山東書局鉛印本《山東全省官書局書目》一卷,崔巍老師按:此目輯書六百餘種,善本已不多見,大多係石印、鉛印之本。其卷首啓文云:"敝局領奉撫憲發給官本,分赴各省採購官刻家藏木板、石印、鉛印、經史子集及新譯東西時務各種應用書籍、地圖、報章。賜顧請至省城后宰門大街本局購取。"

山東書局出版鉛印本如下：

熙朝紀政	（清）王慶雲述	清光緒二十八年山東書局鉛印本
東萊博議四卷	（宋）吕祖謙撰	清光緒二十八年山東書局鉛印本
讀史方輿紀要序	（清）顧祖禹撰	清光緒二十八年山東書局鉛印本
東塾讀書記十五卷	（清）陳澧撰	清光緒二十九年山東書局鉛印本
普通學歌訣	（清）張一鵬撰	清光緒山東書局鉛印本
皇朝歲記政要二卷	（清）傅運森評述	清山東書局鉛印本
四書義	（宋）蘇洵等撰	清山東書局鉛印本
皇朝地典挈要八卷（本書原名：清史攬要）	（日）增田貢撰（清）毛淦補編	清山東書局鉛印本
經義約選	（清）王錫蕃選輯	清山東書局鉛印本
山東全省官書局書目一卷	山東書局編	清末山東書局鉛印本
山東書局木板書籍目録	山東書局編	民國十四年山東書局鉛印本
山東書局鉛石印各書目録	山東書局編	民國十五年山東書局鉛印本
山東書局圖書目録	山東書局編	民國十九年山東書局鉛印本
山東書局圖書目録	山東書局編	民國二十二年山東書局鉛印本
山東書局圖書目録	山東書局編	民國二十五年山東書局鉛印本

山東書局出版石印本如下：

韻史二卷附韻史補一卷	(明)許令瑜撰	清光緒二十八年山東書局石印本
皇朝直省府廳州縣歌括	(清)蔣升撰	清光緒二十八年山東書局石印本
英法俄德四國志略	(清)沈敦和輯譯	清光緒二十八年山東書局石印本
評鑑闡要十二卷	(清)高宗弘曆等評	清光緒二十八年山東書局石印本
聖武記十四卷	(清)魏源撰	清光緒二十八年山東書局石印本
帝王廟謚年諱譜一卷	(清)陸費墀撰	清光緒二十八年山東書局石印本
歷代帝王年表	(清)齊召南編(清)阮福續編	清光緒二十八年山東書局石印本
宋十一家四書義	(宋)蘇洵等撰	清山東書局石印本
萬國通商史	(英)王肖米爾撰	清山東書局石印本

㊵《山東州縣歌略並圖》,清潘清蔭編,清光緒三十年山東新設官書局刻本。

㊶《小學韻語》一卷,清羅澤南撰,清光緒三十年濟南新設官書局刻本。

㊷《清咸豐同治間定各國條款條約章程》,清末山東官書局刻本。

山東書局刻書特點有十一：

一是數量尚可。山東書局共刻書 42 種,加上子目達七十餘種,當然,與其他書局如廣雅書局、浙江書局、湖北崇文書局、江蘇官書局相比，還有一定的差距，但在全國近二十個官書局中，處於中等位置。

二是刻書内容四部皆有。如經部書有《十三經讀本》《孔叢伯説經五稾》《通德遺書所見録》《御注孝經》《孟子要略》《小學韻語》《小學集注》等；史部有《通鑑綱目四編合刻》《山東軍興紀略》《籌濟編》及各國章程等，還有士子必備書目；子部書最多，有被視爲地方官必備指南的《龍莊遺書》，有法家類《洗冤録詳義》，有農家類《農政全書》，有儒家類《二十四孝弟詩輯注》《勸學篇》《尊宗贅議》，還有醫家類《驗方新編》《世補齋醫書》《慎疾芻言》。相對來説，集部書較少，僅有《蒿庵集》《敬亭集》《止止堂集》數種，與私家刻書集部占主體大相徑庭。總之，書局因係官方所設，故所刻書一爲民生，二爲教育，三爲教化，四爲資政，五爲時事。民生有農業與醫學，教育有蒙養用書及閱讀書目，教化有忠孝節義等道德類書，資政書使官員臨政不致無所適從，時事既反映山東大事，又有大量公文，如條約、章程等，呈現出適應時代需求的特色。至於詩文，無關乎政體，故不是官書局刻書的主要内容。

三是翻刻内府本。重興儒教是官書局的刻書宗旨，故其所刻大都是傳統國學著述，而翻刻清内府、武英殿刻本最爲便捷，也最安全、可靠，同時這也是上司的安排。上文所引同治六年鮑源深疏，即提議擇重要的御纂欽定諸經史"依例重刊"，同治帝也頒"先刊列聖御纂欽定經史之書"的諭旨。"這一唱一和推動了書局的設置，也造成了大量翻刻殿本中這類内容的現象。"①如江西書局和廣雅書局曾先後翻刻了《武英殿聚珍版書》，江南書局重刊殿本《仿宋相臺五經附考證》，江蘇書局重刻殿本《遼金元三史語解》，江西書局重刊阮元《宋本十三經注疏》附《校勘記》，廣雅書局的前

①梅憲華：《晚清的官書局》，載《文獻》1992年第1期。

身粤東書局重刻《通志堂經解》,浙江書局、江西書局、崇文書局、江南書局相繼重刻《御纂七經》等。山東書局翻刻的殿本有《籌濟編》《小學集注》《勸學篇》《聖諭廣訓衍説》《御注孝經》,如《勸學篇》就有光緒帝諭:"著將所備副本四十部,由軍機處頒發各省督撫學正各一部。"

四是翻刻清代版本。除了翻刻内府本,爲了更快地出版,書局往往取通行的版本進行翻刻。重刻所依據的底本一般是簡便易尋、但在該地區又流傳不廣的本子。如《孟子要略》仿刻漢陽劉氏槧本;《洗冤録詳義》所據爲許氏古均閣刻本;《續山東考古録》雖有葉圭綬咸豐元年濟南刻本,但當時版已不存,故山東書局重刻;《農政全書》所據爲道光十七年貴州糧署刻本;《蒿庵集》爲乾隆三十八年胡德琳官濟陽時刻本;《蒿庵閒話》爲乾隆四十年李文藻潮陽郡齋刻本;《敬亭集》爲康熙間萊陽姜安節等刻本;《慎疾芻言》爲光緒元年烏程汪曰楨會稽學署刻本;《制服成誦編》《制服表》《喪服通釋》,雖有浙江、湖南、四川多個刻本,但在山東還是首次刊刻。

五是翻刻本尊重原版版權。山東書局在據别本翻刻時,往往標明版本來源,仿刻某書,即將原書牌記刻上,或保留原有的刻書特徵。如《籌濟編》封面題:"光緒五年九月山東書局重鐫。"亦將原牌記刻上:"光緒四年戊寅季春之月重鐫。"《儒門法語輯要》有牌記:"光緒八年七月山東書局重刊。"卷端題:"長洲彭定求原編,蕭山湯金釗輯要,六世孫祖賢重刊。"《洗冤録詳義》有牌記:"光緒十二年丙戌秋九月開雕,山東書局藏版。"封面有:"古均閣許氏藏版。"《世補齋醫書》有牌記:"光緒丙戌季秋山左書局重印。"亦有原刻牌記:"光緒甲申四月校。"《止止堂集》有牌記:"光緒十四年十二月山東書局謹依四庫館明本重刻。"《孟子要略》有牌記:"光緒戊子山東書局仿刻漢陽劉氏槧本。"均保留了原刻本的版本標志。

六是關注地方文獻。除了同其他書局一樣,翻刻、重刻一般的四部書外,山東書局刻書還具有濃郁的地方特色,即刊刻山東學者的著述,刊刻有關山東的文獻。山東書局所刻地方名人著述有《蒿庵集》《敬亭集》《止止堂集》《孔叢伯説經五稾》《通德遺書所見録》《戚少保年譜節要》《尊宗贅議》;刊刻有關山東的著述有《山東州縣歌略並圖》《山東軍興紀略》《山東考古録》《續山東考古録》《重纂三遷志》。

七是刊刻士子讀書目録具有學術性。山東學政主持刊刻的《經籍要略》,可稱得上是一部具有學術價值的士子讀書目録。

書有《凡例》,有幾條特例,一曰,此書目爲寒士所備,故多通行本,如果係殿本,外間無翻刻本,則注明殿本。二曰,於經學不偏主漢宋,史學不專尚文章,子書必期有用,集部必取正軌。三曰,凡山東人所著必於姓名上加注地名,寓誘迪後進之意。四曰,《齊魯先哲遺書》中的叢刻多有遺漏,不能備載。五曰,不載應試之書。後附《勸學八則》。從這幾條特例可以看出,這是一部學術性很强的書目。不載應試書;經、史、子、集四部的選取各有標準;爲一般士子着想,多録通行本;另因當時各地翻刻殿本很普遍,故刊刻較好的殿本則特别注出;爲山東本地著者加籍貫,注重山東地方文獻。這些都較一般書目爲勝。

另外,《經籍要略》提供了很多版刻信息,比如,山東布政司在雍正時翻刻《御纂七經》中的前四經。再比如,所列諸本中多"德州盧氏雅雨堂本""曲阜孔氏微波榭本""益都李氏貸園叢書本",這些都是學術價值較高的刻本,在當時被普遍認可,也很暢銷。孫星衍的《尚書今古文注疏》下有:"按:淵如觀察成是書時,佐編輯者有文登畢孝廉以田諸人。"提供了一些著者信息。還有提供板藏地者,如《大戴禮記》下注:"孔廣森《大戴禮記補注》十三卷、

《叙録》一卷,龔軒所著書本,板存曲阜。"《玉函山房輯佚書經部四百三十三種》下注:"歷城馬國翰輯刻,皆唐以前經説,今板存章邱李氏。"《繹史》一百六十卷下注:"原板購入内府,今通行乃繙刻本。"《山左金石志》二十四卷下注:"板存衍聖公府。"①《翰苑集》下注:"板存山西。"還有提供書籍流傳信息者,在《論語集解義疏》下有"按:此書得於東洋市舶,爲唐以來相傳舊笈,乾隆時有殿本,又有王亶望刻小字本,皆不易得"。對於山東書局的刻書,往往注爲"山東局本"或"山東書局新刻本",新刻本係指第一次刻本。有些版本,不知著録是否準確,如《齊乘》六卷下注"周氏刻本附考證",現存衹有乾隆中胡德琳刻本,周氏刻本未見。而《五種遺規》十五卷下注"濰縣陳氏刻本",顯係錯誤,此爲海豐吴重憙河南刻本。《經籍要略》區分出了家刻本,如王筠的《説文句讀》《説文釋例》,郝懿行的《山海經箋疏》,王照圓的《列女傳補注》,牛運震的《空山堂十七史論》等。對於不明刻書者的僅著録爲"原刻本",如李之芳的《李文襄奏議》,郭琇的《華野疏稿》。

由上可見,此書不是一般的目録,而是一部重要的有學術價值的目録。

八是重版本。山東書局雖翻刻本較多,但在版本的選擇上亦很謹慎,並刊刻了具有重要版本價值的著述。如《止止堂集》底本源自據明刻本影鈔的鈔本,是現存的唯一一個全本。《孔叢伯説經五稾》五種附一種,目前僅見《周官肊測》一種有孔廣衡刻本。

---

①此書爲嘉慶元年五月阮元在杭州所刻,爲何板在曲阜衍聖公府?據梅憲華《晚清的官書局》一文,"光緒年間,孔府曾因保管不慎失火,舊藏圖籍焚毁一空。王懿榮上奏,建議將局書解交國子監的同時,又提出讓各省書局將所刊各書解交山東巡撫轉行曲阜孔府收藏,得到光緒帝批准,諭令山東巡撫咨行各省督撫遵照辦理"。故書局本有在孔府收藏者。但此書版爲何會在孔府收藏?因阮元與衍聖公府的特殊關係,將版運來曲阜,還是有别的原因?有待進一步考察。

《儀禮肊測》,《續修四庫提要》謂有道光家刻本,未見。《周易本義》四卷,江南本、淮南局本、山東書局本皆有小眚,孫葆田校本不僅取内府仿宋本和《御纂周易折中》進行校定,在編排上亦有變化。《農政全書》作爲關乎國計民生的農書,在内容上有着重要的價值,但明刻本流傳不廣,以貴州本最爲通行,山東書局據以重刻,在文獻的傳播上具有重要意義。

九是精校勘。山東書局所刻雖然大部分是習見書,但也有質量上乘之作,如《十三經讀本》附《校勘記》,得到學者們的普遍認可,作爲《十三經》的通行本,這部書不僅校勘精審,且附有《校勘記》。

清末張之洞《輶軒語·語學》認爲:"善本非紙白墨新之謂,謂其爲前輩通人用古刻數本精校細勘付刊,不譌不缺之本也。"張之洞還描繪了清朝人精校本的特色:"此有一簡易法。初學購書,但看序跋,是本朝校刻,卷尾附有《校勘記》,而密行細字,寫本精工者即佳。"張之洞認爲有《校勘記》的本子是善本。清代武英殿刻《十三經注疏》有考證,開了一個好頭。嘉慶間阮刻《十三經注疏》優於諸本的原因,也是有《校勘記》,光緒十三年上海點石齋重校縮印阮本前有俞樾《序》:"問所據何本,曰:'江西阮刻本也',余聞之益喜。或曰:'刻《十三經》何不遵武英殿本而用阮本爲?'余曰:'是無它,取其有《校勘記》。有阮文達之爲《校勘記》,羅列諸家異同,使人讀一本如讀諸本。'"從中可知阮刻本優於《十三經注疏》其他版本之處在於其有價值較高的《校勘記》。山東書局《十三經讀本》亦有《校勘記》,係張之洞所云"善本"無疑。與山東書局同時的其他書局也刻過《十三經注疏》,如江蘇書局等,但無《校勘記》。"曾國荃奏開山西書局,刊《四書》《六經》,因其地覓不到善本,即擬仿丁寶楨在山東書局刊本。"①故僅山西濬文書局完全依

①孔毅:《清代官書局刻書述略》,載《文獻》1992年第1期。

山東書局本重刻,有《校勘記》。可見,山東書局本在文獻上的一大貢獻就在於附《校勘記》,具有校讎學的意義。這是山東書局在成立後不久進行的第一部大書的刊刻,在全國起到了示範的作用。民國十四年張宗昌《重印十三經序》稱此書"校正尚鮮脱誤,注解悉採通行,取便誦習,俾識途軌"。

山東書局所刻第二部大書《資治通鑑綱目四編合刻》,以五本進行通校,一爲趙府居敬堂初刻本,一爲明嘉靖甲午江西按察司仿刻本,一爲明萬曆庚子蘇府朱燮元重刻本,一爲張朝珍摹刻本,一爲清康熙戊子吏部侍郎宋犖奉旨校刊陳仁錫本。此本集各編之長,增加了《地理續考》,並附《校勘記》,爲前述諸本所無。

十是學者參與編輯。官書局刻書重底本、精校勘,最主要的原因是書局的編輯們大多是學者。金陵書局擁有張文虎、戴望、劉毓崧、馮煦等名宿分任審閱、編校之役。張氏在書局期間,以爲刻書機會實在難得,但求校讎之精審,不問成書之迅速。其所校訂的《史記》最有名,學術價值超過諸本。廣雅書局總校廖澤群,以經學聞於時,與他同時的屠敬山、王仁俊、葉昌熾、繆荃孫等一批著名學者被聘參與校勘。浙江書局所聘譚獻、黄以周、李慈銘、張大昌諸人,都是當時屈指可數的經史、詞章名家。

山東書局所刻以上經史兩部大書,亦靠學者鼎力支持。如《十三經讀本》的校勘者蕭培元,在同治元年任濟南府知府前,一直在翰林院任編修。

膠州匡源,爲濼源書院和尚志書院的山長數十年,弟子三千,有狀元曹鴻勳和獨榜翰林楊際清,有官至尚書的張英麟和黄鉦,有甲骨文的發現者國子監祭酒王懿榮和著名的史學家柯劭忞等。

另一位校勘者陳介祺,供職翰林院十年,爲翰林院編修。他對於經史、義理、訓詁、辭章、音韻等學問,無不深入研究,而尤酷愛金石文字的搜集與考證。與當時的著名學者阮元、何紹基、吴式芬、李璋煜等互相切磋,與王懿榮、潘祖蔭、鮑康等金石名家時有書信往還,是山東乃至全國有影響的金石學家。

閩侯人龔易圖的參與,使得《十三經讀本》在底本的選擇上具有科學性,因爲他是一位懂書的內行。龔易圖(1835—1894),字藹仁,號含晶。咸豐九年進士,後由翰林院庶吉士改官雲南知縣。隨軍補任山東東昌府知府,仍兼營務。扼守運河道有功,加運使銜。同治八年擢登萊青道兼東海關監督。光緒三年遷江蘇按察使,後來在雲南、廣東、湖南等省當過布政使。刻此書時,他在登萊青道任上。龔家世代爲書香門第,有家學淵源。他的高祖龔景翰就是一位有名的藏書家。龔易圖藏書十餘萬卷,光緒五年建"大通樓"以藏書。"大通樓"的藏書不僅數量可觀,品質亦屬上乘,兼具歷史文物價值和文獻學術價值,藏書中多麻沙及元明版本,半爲徐興公、謝在杭、李鹿山、鄭昌英及海寧陳氏所藏。龔易圖於是成爲與陳寶琛齊名的大藏書家,在福州並稱"二老",爲讀書人所推重。其自編《大通樓五萬卷藏書楹藏書目》五卷,未見刻本。現藏國家圖書館的鈔本,名曰《大通樓藏書目録簿》,保留了"大通樓"藏書的原始情況。1941 年,日寇占領福州時沖進了"大通樓",掠走了許多珍本,部分被運往日本,部分存於臺灣。其中的《玉函山房藏書簿録》,山東歷城馬國翰撰,現藏臺灣大學。此書海內僅有山東大學圖書館一部全本,另山東博物館有殘本。1949 年福州解放後,龔氏家人將"大通樓"所有藏書捐獻給國家,現藏福建圖書館特藏部。有着如此藏書經驗的龔易圖,對《十三經讀本》底本的選擇頗有助益。

參加《資治通鑑綱目四編合刻》校勘的張昭潛(1829—1907),字次陶,濰縣人。師從本邑于祉,得讀理學宗傳,涉獵考據諸家之書。他既是史學家,又是古文家。在尚志堂講學,曾刻過《新雕徂徠石先生文集》二十卷,光緒十五年與修《山東通志》,並編撰《山東郡縣沿革表》。後歸里講學於濰陽書院。

丁艮善,清末著名小學家、金石學家、校讎學家和書法家,世稱"山左宿學"。早年師從著名學者許瀚,對金石、訓詁及詩文聲律都有精到的研究,爲吴重憙等校刊過不少書籍。

正是由於以上這些學者的參與,山東書局的刻書質量大大提高。

十一是巡撫要員支持。山東書局是由巡撫丁寶楨奏請成立的在巡撫直接領導下的出版機構,承擔了許多重要書籍的刊行工作。

丁寶楨主持刊刻《十三經讀本》《資治通鑑綱目四編合刻》,在離任赴四川後,《四編合刻》還未刻完,但他仍然關注刻書的進度,可從上述濟南收藏者解氏所藏丁寶楨致子泉書札中得見:"《綱目》一書,昨奉鶴泉先生來函,《續編》已交局四十二卷,《前編》稿本已竣。現繕至八卷,《正編》現亦纂至十卷,本年想可告成。"

山東巡撫任道鎔主持重刻葉氏《續山東考古録》。學政汪鳴鑾主持刊刻《經籍舉要》,而《經籍要略》附《勸學八則》則板藏學署,爲學政裕德主持刊刻。《勸學篇》係巡撫或學政遵上諭而委託山東書局刊刻。

巡撫張曜主持刊刻了《山東軍興紀略》《洗冤録詳義》《重纂三遷志》《止止堂集》,還爲《龍莊遺書》四種作序。

巡撫福潤主持刊刻了《二十四孝弟詩輯注》《文昌陰隲文詩》《朱柏廬格言詩》,爲《制服成誦編》《制服表》《喪服通釋》作序。

由上可見,山東書局有近一半的書是在巡撫的主持和關照下所刻,故山東書局的發展離不開督撫要員的支持。

山東書局作爲山東的官設出版機構,在保存與傳播文化方面起到了重要的作用。首先,由名家校勘、質量超過舊本的書籍,被當時人視爲善本,被廣泛傳播與閱讀。其次,有不少原版已毁而印本流傳頗少的書籍,經官書局重刊後,得以流傳於世。而由學政主持刊刻的士子必讀書目,不僅實用,且具學術價值,被學子們奉爲圭臬。

(三)書院刻書

此期濼源書院刻書兩種,前期已介紹。

同治八年由巡撫丁寶楨創建的尚志書院,刻書有三十五種,分三種情況。

(1)署“尚志堂藏板”者六種

①《張楊園先生集》二十卷,清張履祥撰,清同治九年尚志堂刻本。

所據爲乾隆二十一年秀水朱芬刻本。杜澤遜師《存目標注》4158條著録。

②《省心録》,宋林逋撰,清同治九年尚志堂刻本。

封面題:“同治庚午,尚志堂藏版。”卷末刻有:“板存山東濟南府後宰門街文友堂。”

十行二十四字,白口,四周雙邊,單黑魚尾。

③《程氏家塾讀書分年日程》三卷,宋程端禮撰,清同治十年山東尚志堂刻本。

封面題:“陸清獻公原定本,朝邑閻丹初中丞、平遠丁穉璜少保鑒定,同治辛未冬山東尚志堂重雕。”

④《荒政輯要》十卷,清汪志伊纂,清同治十年山東尚志堂刻本。

封面題:“同治辛未秋重刻,山東尚志堂藏版。”道光二十一年辛丑錢唐許乃釗識後有二行:“板存山東濟南府後宰門街文友堂。”

十行二十一字,白口,四周雙邊。

⑤《春秋大事表》五十卷、《首》一卷、《輿圖》一卷、《附録》一卷,清顧棟高輯,清同治十二年山東尚志堂刻本。

封面題:“錫山顧復初先生原本,同治癸酉秋平遠丁稚璜少保鑒定重雕,山東尚志堂藏板。”版心下刻“萬卷樓”,蓋據乾隆年間萬卷樓刻本重刻。

⑥《讀詩經音律》八卷,清遲德成注,清光緒四年濟南尚志堂刻本。

封面題:“光緒戊寅年,濟南尚志堂藏版。”版心下刻:“板存尚志堂。”

九行二十四字,小字雙行二十四字,黑口,左右雙邊。

(2)在尚志堂校刊,實爲個人所刻者八種

①《新雕徂徠石先生文集》二十卷、《附録》一卷,宋石介撰,清光緒九年濰縣張昭潛尚志堂刻本。

有牌記:“濰縣張氏藏本,光緒九年開雕。”

有光緒十年春濰縣後學王之翰《序》:“《石徂徠集》二十卷,南宋初曾有雕本,迄今七百餘年矣。余所見凡數刻,皆非全帙。甲申來歷下,適及門張君次陶藏有明人影鈔本,尚爲完書,懼其久而散失也,爰與二三同志醵金付梓。卷内行款一仍明鈔之舊,惟末增《附録》一卷。刊既成,問序於余。”

有《石徂徠先生像》,像下有“南通州徐宗幹原藁,諸城尹彭壽重摩”。像後有“濰縣後學張昭潛經贊”。此像爲徐宗幹於道光十三年所繪,尹彭壽此次爲重摩。

有《徂徠石先生文集總目録》。卷端題:“新雕徂徠石先生文集卷一。”

末有光緒十年丁艮善《跋》:“國朝石氏有家藏先生文十六首,詩三十九首,乾隆間石太守重爲編次,其數僅倍於舊。道光間徐清惠公守泰安,以其本與明復小集合刻爲《魯兩先生集》,並附《擬請孫石兩先生從祀議》於後。是集雖經流傳,尚非完帙。吾友張次陶家藏二十卷原本,蓋前明時所影寫也。卷首有總目而無序,每卷首行題'新雕徂徠石先生文集',文内凡'構'字必闕,注以'字犯御名',是原本爲南宋高宗時所刻無疑。是時,魯地屬金,石氏藏書已散失,南宋猶刻其全集以行,道學之否於此而泰於彼,而略可見。原鈔脱誤處與四庫書著録本同,今據徐本補其三詩,唯缺《寄叔仁》一首,《水軒暫憩詩》猶存其半,觀者亦可以撫全帙而無憾矣。……光緒十年春正月日照後學丁艮善謹識。"

有《校刊姓氏》:濰縣丁善寶六齋、歷城吴夢齡子泉、榮成孫葆田佩南、諸城尹彭壽竹年、曹縣徐繼孺又穉、濰縣郭康之錫侯、文登于霖逢澤春、長清王蕙蘭仲芳、濰縣郭佑之申堂、濰縣劉嘉禾瑞甫、泰安侯芳苞蘭皋、新泰徐蘭坡馨山、濰縣郭濟遠松喬、泰安郭樸山一峰、濰縣高鴻裁翰生、泰安張順中允度、濰縣于文中子和、歷城弭道彰星房、濰縣張昭潛次陶、章邱劉元亮菊人、諸城臧良基笠農。以上諸人,皆爲尚志書院人。後刻:"泰安張韻軒、歷城李廷芳合梨。"此二人蓋爲刻工。

此書《附録》收知泰州事山陰徐肇星撰《重刻徂徠集序》,石鍵序,王維序,徐宗幹《魯兩先生合集序》。

十行二十一字,白口,四周雙邊,無魚尾。版心除第二卷、第八卷外,在每卷(包括末卷)卷端第一葉下均刻有"尚志堂藏板"。字大行疏,開本較大,字體長方、端正。

此書以前的泰安刻本有四個:其一爲康熙四十九年庚寅山陰徐肇星刻於泰安;其二爲康熙五十六年石鍵刻本;其三爲乾隆聶氏杏雨山堂刻《石徂徠文鈔》一卷(聶鈫還刻有《孫明復小集》三卷);其四爲道光十三年徐宗幹刻於泰安(與孫明復集合,爲《魯兩先生集》)。此爲在山東的第五刻,所據本子爲張昭潛藏本。據王之翰序,當屬張氏個人行爲,但刊刻時,張氏在尚志書院,故參與人皆爲書院之人,且刻成後板藏書院。中華書局點校本前言認爲,光緒本的來源是明人影鈔宋本,故此光緒本是石介集最好的本子。

此本之後,光緒十五年,榮成孫葆田刻成《孫明復先生集》。石介和孫復是泰安的兩大名人,兩人的集子一直是泰山人致力刊刻的主要著述。爲兩人集子付出努力的大多是當地的官員,有外地在此爲官者,如徐肇星、徐宗幹,亦有當地人,如石鍵、聶鈫、孫葆田。

②《文廟從祀位次考》,清陳錦撰,清光緒十二年山陰陳錦刻本。

上文所述民國十四年山東書局鉛印本《山東書局木板書籍目録》中有《尚志堂所刻書籍目録》,將此書列爲尚志堂刻本。但從藏板地看,應爲陳錦自刻本。詳見下文陳錦刻書。

③《有明於越三不朽圖贊》,清張岱撰,清光緒十四年山陰陳錦刻本。

封面題:"光緒戊子重鋟,後學陳錦校栞。"

《尚志堂所刻書籍目録》將此書列爲尚志堂刻本,實爲陳錦個人所刻,詳見下文陳錦刻書。

④《織齋文集》八卷,清李焕章撰,清光緒十三年樂安李氏尚志堂刻本。

封面題:"張次陶先生訂本,樂安李氏藏板。"有牌記:"光緒丁亥五月校刊於尚志堂。"書衣有粉紅紙黑框題簽:"織齋文集,尹彭壽署。"

有《欽定四庫全書總目》一條。前有光緒十二年夏五月濰縣後學張昭潛序:"今四家文刊本已銷毁無存,其裔孫振甲奉其家藏巨編,介余及門成子健求爲鑒定。余……爰訂其一二,序而刊之。"後有裔孫李振甲光緒十三年跋:"織齋公,振甲十世祖也,夙以詩古文辭名世,海内名流悉宗仰之。壽光、樂安間士大夫家多藏其稿,即吾家秘本亦約有數十萬餘言。忽忽二百年來,漸就剥蝕。歲乙酉,余與契友成子健遨遊歷下,晤次陶先生於金泉精舍。北面執弟子禮,既乃出家中秘本,求先生揀選審定,以付梓。又賴王君菊人暨諸契友爲之校閱而斯役以成。”可見,此書爲李振甲請張昭潛審定而刊成,應爲李振甲所刊。《山東通志·藝文志》:“張昭潛選本,煥章十世孫振甲光緒中所刊。凡序二卷,書二卷,記二卷,書後、書事、傳、誌一卷,賦、雜著一卷。《無爲齋文集·復于澤春書》云:‘《織齋集》八卷係上歲新刊,贈一部。是集已收《四庫》,向無刊本。存《四庫》本,李漁村先生所訂,今不可得。前年織齋裔孫乙山(振甲字)抱其全稿十巨册來求鑒定,弟去其漫罵宋儒者、不成章者、議論過甚者,僅得此數。又爲之節其繁冗,删其不經意之字句,乃成斯編。嗚乎!難矣。’”均認爲是振甲刊。

末有《校刊姓氏》,歷城有陳汝謙六吉、張企仲友甫、金志瀛蓬仙、孟昭禮履五、陳嘉幹子貞、王文華春如、楊立階韻亭、左秉鈺貞泉、武世斌子貞。齊東有王丕承紹武。濰縣有王曾裕菊人。昌樂有陳星爛歌廷、陳星熒心齋、趙鴻泰賓南。臨淄有于疏枚卜臣。樂安有聶紹閔闇堂、牛樂園樹堂、李崤嶔山、燕學詩子言、孫星華景齋、劉宗海赭門、秦奎良慶臣、燕廣居仁齋、李維章倬軒、杜海峰仙洲、成象乾子健、孫象侗願農、朱步曾魯齋、成聯璞藴谷、景可模子範、魏焌少和、朱象瓀子佩、趙俊灼三、趙國琛子鑫、孫瑞瑛輯五、王永貞子幹、馬金銘緘三、劉玉堂升甫、劉廣居仁軒、司逢原資深、耿化麟子紱、延壽椿莊年、燕華雲望如、燕學禮奎南、燕學博子文、王徙義薪樵、杜淄清鏡海、魏考祥履堂、張修奎星五、王鴻逵晉九、曲龍章子雲、顏景炘子炎、李篛霄墨莊、李樂亭青三。

以上校勘人皆與張昭潛同時,大概爲尚志書院諸生。

⑤《明文正氣集》二編,清孫葆田編,清光緒十六年濟南尚志堂刻本。

有牌記:“光緒庚寅秋刊於濟南尚志堂。”

有光緒十六年孫葆田序:“分爲《前》《後》二編。《前編》皆方氏所選,《後編》則雜採他選所見,而於前人評語亦皆詳加釐訂,用付剞劂,名曰《正氣集》。"

此書實爲孫葆田刻。九行二十五字,粗黑口,四周單邊,單黑魚尾,無行格。

⑥《澤雅堂文集》十卷,清施補華撰,清光緒十九年榮成孫葆田濟南刻本。

有牌記:"光緒癸巳仲春刊於濟南。"

施補華(1835—1890),字均父,烏程人。同治九年舉人,官山東補用道。有《澤雅堂集》。性沉默,人疑其驕,多毀之。或薦之祁寯藻,不見重。復薦之曾國藩,時方宗桐城文,補華獨輕之,因目爲狂士。會以疾就醫濟南,國藩亦不再召。後從西北軍,保官至知府。光緒十二年,張曜撫山東,奏請以其自隨。其既至山東,令治河工,晉道員。曜欽其學行,方將密薦乞顯擢,竟病死。補華文詞簡潔,而氣象雄闊,遠非桐城諸家所及,詩亦深秀。著有《澤雅堂詩集》六卷、《峴傭説詩》一卷、《澤雅堂詩二集》十八卷、《澤雅堂文集》八卷。山陰陳錦在《補勤詩存續編》中有詩一首,憶施補華:"施均父觀察補華歸自喀什噶爾,重遊山左,出近作《澤雅堂詩集》見示,奉酬長句,竝呈張朗齋撫帥。(原按:均父,烏程孝廉。辛未,曾至濟南。旋即從戎隴西,因左文襄出關,隨朗帥行絶域十餘年。音耗閒隔,有詩一卷《經何吟秋》刻入《山左交遊遺集》中,事見予續編《題舊雨集詩》註。乙酉,均父隨朗帥凱旋入覲。因李蒓客見予詩,得知前事,貽書通問,始知海外東坡尚扗人閒也,都下相傳轉成佳話。)"可見施氏與山東人的深情厚意,這也是孫葆田刻其書的原因。書有牌記:"光緒癸巳仲春刊於濟南。"有孫葆田光緒十九年冬十一月刻書序,稱:"均甫既歿,張公擬盡刻其詩文以傳於世。初,君嘗自刻《澤雅堂詩集》六卷,又手定二集詩若干卷。文則葆田嘗與商訂,並無定本,張公因屬葆田重爲審定,乃編次甫竣,而張公又薨於位,葆田乃爲捐貲付梓。其助予校訂者,陸肖岩刺史葆霖,汪又青明府望庚,二君皆均甫鄉人,汪又其受業弟子也。予與均甫鄉舉同年,初未相識,光緒己丑乃相遇於濟南,相知恨少晚。”張公即張曜。施補華又有《峴傭説詩》一卷,清光緒十三年烏程朱毓廣濟南刻本。

此書實爲孫葆田出資刊刻,但《尚志堂所刻書籍目録》亦列爲尚志堂刊。

十行二十一字,白口,左右雙邊,單黑魚尾,字方正,筆畫略粗,加之印刷用濃墨,字跡清晰。

⑦《漢隸辨體》四卷,清尹彭壽撰,清光緒二十一年尚志堂刻本。

書名爲元和江標署簽。前有裕德光緒十七年薦法偉堂、宋書升、尹彭壽三人折,上諭賞加國子監學正銜。

有牌記:“光緒乙未年四月刊於尚志堂。”光緒乙未即二十一年,時尹氏在尚志書院。有光緒十一年乙酉汪鳴鑾篆書於山左試院:“尹慈經明經,余乙酉選拔場所得士也。榜發來謁,知之幼承家學,苦志讀書,於漢人訓故顧有專功,……精篆隸。”羅振玉序:“光緒丙申……諸城尹先生以所箸《漢隸辨體》見示。”又有此篆文序。張昭潛光緒二十一年跋:“本篆文以辨隸體,而以説文部首爲目,每字必考其假借通用之源流,而折衷壹是,庶治經者不失之拘泥。”又有光緒十一年尹彭壽於尚志書院自記,稱彭壽從其叔父學,其叔父從掖縣翟云升學,翟云升係從桂馥學,知家法源流。後署“男祚黼敬書”。

此書實爲尹彭壽刻,地點在尚志堂。

九行二十一字,黑口,左右雙邊。版心下刻“諸城來山園”。

⑧《歷朝統系圖》,清光緒二十八年巴縣潘清蔭尚志堂刻本。

封面題："歷朝統系圖拊謌畧。"有牌記："壬寅八月刊於濟南。"有巴縣潘清蔭識於任城官舍："余纂《歷朝統系歌略》成，見明人徐伯魯《世統論文》諸圖，以爲有歌而輔以圖，則昭穆授受益覺瞭如，特徐圖頗多疏舛，爰一一加考正，既有直線以著統所自傳，宜添點線以明係所自出，排比分合，均與徐氏迥殊。行篋少線裝書，不知萬氏《史表》、沈氏《史譜》有先我而爲此否。似可備讀乙部者瀏覽，不第如歌，廖爲童蒙取資也。光緒二十七年嘉平月朔後二日巴縣潘清蔭識於任城官舍。"後附《歷朝統系歌略》，有潘氏宣南寓廬識，稱此書是他在光緒二十二年爲課兒而作。

巴縣潘清蔭(1851—1912)，字季約，一字梧岡，同治十二年舉人，出張之洞門下。光緒二十七年選山東濟寧州判，逾年爲山東大學堂監督，曾助山東大學堂刊刻了不少書。刻《圖》時潘在濟寧州判任上，作序時間爲光緒二十七年底，第二年即赴山東大學堂。此書刊於光緒二十八年八月，想必此時他已在濟南。《尚志堂所刻書籍目録》亦將此書列爲尚志堂刊。

《圖》爲四周單邊，刻畫精細，一絲不苟。《歌略》爲八行二十字，白口，四周雙邊，單黑魚尾，字大。字體與前不同，蓋《歌略》先刻，非山東刻書。

以上所列個人刻書，當爲尚志堂代刻。請人代刻者不乏先例，如汲古閣代刻新城王氏著述；《寶禮堂宋本書録》一書，商務印書館排印，"南海潘氏鑄板"，實際是商務經辦，潘家出資。杜澤遜師認爲，這種情況，應以家刻視之。

(3)《尚志堂所刻書籍目録》所言尚志堂刻者十九種，實爲十八種

此十九種爲《蠶桑萃編》《格言聯璧》《胡文忠公遺集》《廻安瀾輯要》(按：應爲《安瀾紀要》)、《痘疹定論》《公門果報録》《經驗良方》《明刑管見録》《牧令書節要》《佩文詩韻釋要》《勸善要言》

《四庫書目序》《四書集註》《宋名臣言行録》《學規舉隅》《正續小兒語》《直隸分道屬境歌略》《人譜》《傅青主女科》附《産後編》。

其中,後二種同治七年湖州丁彦臣曾在濟南公廨刻過,板藏文友堂刻字鋪。尚志堂是重刊還是重印,不得而知。而尹銘綬撰《學規舉隅》二卷,有清光緒二十七年濟南使院刻本,濟南使院即督學使院、學使院。有牌記:"光緒辛丑六月濟南使院栞板。"此書應爲學政刻書。前已有述。

以上,尚志堂刻書共三十四種,其中有八種爲私人在尚志堂所刻。尚志書院刻書與山東書局的刻書傾向相同,集部最少,而經史類的最多,儒家類、醫家類不少,亦有法家類、農家類。尚志堂經常用的刻字鋪爲文友堂。歷城坊鋪刻書有述。

(四)山東大學堂刻書

光緒二十七年四月二十五日,時任山東巡撫的袁世凱提出籌辦"新政"的十條"管見",上奏朝廷,其中第三條即是"崇實學,應整頓京師大學堂,各省多設學堂,讓學生學習有關實用的書籍和外國學術,培養人才";第四條是"增實科,逐漸減少舊有科舉考試名額,增考實學之科,三科之後,舊科一概廢止"。同年九月,光緒皇帝正式下令全國各地書院分别改爲大、中、小學堂。袁世凱即着令其幕僚唐紹儀等有關人員起草了試辦山東大學堂的奏摺及暫行章程,於當年的九月二十四日上奏光緒皇帝,並擬訂了《山東大學堂章程》。光緒皇帝於十月六日朱批:"知道了,政務處暨各該衙門知道。單併發。"得到光緒皇帝的批准,袁世凱立即在濟南辦起了官立山東大學堂,隨後不久正式開學。這是繼京師大學堂之後,在各省最早興辦的官辦大學堂。

官辦山東大學堂開始設在濟南濼源書院内,首任校長是政界聞人唐紹儀(時稱管理總辦)。第一批招收學生 300 人,分專齋、正齋、備齋、分齋督課。備齋是小學,正齋是中學。聘請中西教習

50餘人,後增至110多人,美國人赫士爲總教習。課程設置除經、史、子、集外,還有社會科學、自然科學和外國語等20多門。學制初爲三年,後改爲四年。光緒三十年學校遷入濟南杆石橋新址,改爲山東高等學堂。1911年又改稱山東高等學校。周學熙、方燕年、陳恩燾、蕭應椿、陳慶和、周學淵、魏業鋭、陳恩佘、李豫同、李聯璧、范之傑、黄國恩、丁維椽等先後出任校長。

山東大學堂是山東省第一所官辦的高等學校,爲了培養新式人才,刊刻了不少書籍。

①《山東試辦大學堂暫行章程摺稿》一卷,清袁世凱撰,清光緒二十七年刻本。

書未有明確的山東大學堂刻書標志,推測當係大學堂刻本,暫置於此。

卷端署:"署理山東巡撫袁世凱跪。"

十行二十五字,白口,四周雙邊,單黑魚尾。

此書流傳不多,復旦大學圖書館有初印善本,《山東文獻集成》據以影印。

②《三通考序》不分卷,元馬端臨撰,清光緒二十八年山東大學堂刻本。

有牌記:"光緒二十八年八月山東大學堂刊本。"

内容爲《皇明文獻通考序》《文獻通考序》《續文獻通考序》。

十行二十三字,白口,左右雙邊,單黑魚尾,刻印精美。

③《文獻通考紀要》二卷,元馬端臨撰,清光緒二十八年濟南大學堂刻本。

有牌記:"壬寅九月濟南大學堂刊。"濟南大學堂即山東大學堂。

據《凡例》,此書是把馬端臨的《文獻通考》三百四十八卷,撮其全書,編成七言絶句四百首,分類纂輯,以韻語形式,便於誦讀學習。

九行二十字,白口,四周雙邊,單黑魚尾。刻印較精。

④《濟南大學堂備齋古文讀本》不分卷,清周學熙等編,清光緒二十八年山東大學堂刻本。此書刊於本年夏季。

有牌記:"光緒二十八年七月刊。"版心下刻:"山東大學堂刊。"

目録後有周學熙識:"此濟南大學堂備齋課本也……學熙承乏斯堂,一年於茲矣……爰與監督潘君季約、分教習姚君仲實,取八家中簡易明快之文二十篇,爲之分别節次,復敬採聖君哲士評隲之言,列於篇末,刊示諸生……擬屬姚君更擇精微博大之篇若干首,以爲之續編云。光緒壬寅夏四月建德周學熙謹識。"

周學熙,字緝之,别號止庵,山東巡撫周馥之子。光緒二十六年爲山東候補道員,入袁世凱幕下,後隨袁赴天津,主持北洋實業。二十七年任山東大學堂總辦,爲第二任校長。第二年,因其父來山東任巡撫,旋改官直隸。姚永樸,字仲實,安徽桐城人,光緒二十八年周學熙任山東大學堂總辦時,聘其爲教習。同時被聘爲監督的還有潘季約。

十行二十三字,白口,左右雙邊,單黑魚尾。

⑤《山東高等學堂古文讀本續編》不分卷,清姚永樸編,清光緒二十八年山東大學堂刻本。此書刊於本年冬季。

有牌記:"壬寅年冬刊於濟南。"版心下刻:"山東大學堂刊。"

目録後有姚永樸識:"先是永樸以周緝之觀察之招,於今春來山東,獲大學堂襄教事,觀察屬選唐宋八家簡易明快之文二十篇,刊示諸生,旋以其尊公玉山中丞來撫斯土,循例改官直隸,將去,更屬選此編……復商榷於巴縣潘季約先生……時光緒壬寅秋九月桐城姚永樸謹識。"

十行二十三字,白口,左右雙邊,單黑魚尾。字體工整,刊刻精良。

⑥《國朝先正學規彙編》,清黄舒昺編,清末山東大學堂刻本。

版心下刻:“山東大學堂印本。”

十行二十一字,粗黑口,四周雙邊,雙對黑魚尾,刻印尚可。

以上所知山東大學堂共刻書六種,全部爲學生用課本,内容比較單一。其刻書的目的很明確,就是爲教學服務。山東大學堂還出版有《普通學歌訣》《山東大學堂史學課本》,爲清末排印本。

(五)各地官刻

除了歷城官刻書外,長清還刻有《五峰山志》二卷,清李桐撰,清光緒刻本。

李桐,字嶧陽,長清人。咸豐貢生。據崔巍老師書,此編二卷,例目十二項,一總志,二疆界,三巖穴,四水泉,五附近山水,六祠觀,七陵墓,八物産,九金石,十人物,十一藝文,十二雜記。卷首有大興舉人邵承照序,云:“長清富山水,而名之最著者曰靈巖,曰五峰。靈巖有《志》而五峰無《志》。一邑之闕典,亦千古之憾事也。李嶧陽明經家山下,嘗以纂志爲言,録有手鏡。嶧陽歿,其子恒經出以授余,余就其稿本討論而修飾之,又參以府縣各志,凡數月而成書。”崔巍老師書未言刻書事,暫以官刻視之,姑置於此。

德州禮房在道光刻本的基礎上,又於同治九年重刻《德州賓興事宜》一卷。清中期的濟南府官刻有述。

陵縣有戴傑刻《小學人子禮》一卷。此書爲戴傑叔父戴汝舟撰。光緒二十八年福州沙堤琴鶴堂趙烱刻本,有福州趙烱光緒二十八年壬寅《小學人子禮跋》:“是書戴公所著,實欲以正人心。烱羡而復刊之,亦冀以扶世道耳。”趙刻本末有同治十二年癸酉丹徒戴傑跋,稱其叔父所作,並刻書以寄傑,“茲於陵署另行付梓,以廣其傳而爲之跋”。可見此書一刻於戴汝舟本人,二刻於同治十二年,汝舟侄戴傑陵縣官署刻,三刻於光緒二十八年福州趙烱沙堤琴鶴堂。

戴傑,字世奇,又字樹人,江蘇丹徒人,生卒年不詳。他於同治九年補山東陵縣缺,開始在山東做官。治陵縣六年,爲官清正,頗多政績。重視文化建設,籌款重建陵縣三泉書院。光緒七年,戴傑調任省城,並於光緒十五年繪製《省城街巷全圖》,此圖是迄今爲止發現的有關濟南的最早的單幅形式的地圖,十分珍貴,現藏山東省圖書館。戴傑在陵縣刻此書當在同治九年至光緒七年間。

二、家刻

清後期的濟南府家刻有六縣無記載:鄒平、齊河、齊東、禹城、陵縣、德平。

(一)歷城刻書

與清代前期和中期明顯不同,清代後期的歷城刻書以外地人刻書爲主。同、光、宣三朝,整個清代後期歷城刻書一百一十一種,本地人刻書不足三十種,而外地人在歷城刻書達七十餘種,占了三分之二强。個人刻書在兩種以上的有十一人之多。

1. 外地人刻書

1)泰州宫本昂刻書

宫本昂,字子行,又字千里、紫珩,江蘇泰州人,主要活動於咸豐、同治年間,客居山東。收藏明清書畫甚多。弟宫昱。

①《妙蓮花室詩草》三卷,清王增年撰,清同治二年泰州宫本昂濟南大明湖刻本。

王增年,字逸蘭。

書有牌記:“同治二年夏日刊於大明湖上。”卷端題:“津門王增年逸蘭甫。”

有蔭昌五於岱宗北麓序:“今歲益以新作將梓行之。”

此書刻得頗有特色,九行二十一字,兩個半葉板框不連,各自成框，版心無字、無魚尾，像道教書籍的樣式。

②《妙蓮花室詩餘》一卷（《妙蓮花室詩草》附），清王增年撰，清同治二年泰州宫本昂濟南大明湖刻本。

牌記、卷端及版刻風格皆同上條。有長洲宋祖駿序："今年夏，宫君子行謀付諸梓，始裒全槀。"

③《聽緑山房詩鈔》一卷（《舊雨集》附），清翟熙典撰，清同治泰州宫本昂濟南刻本。

翟熙典，字式文，掖縣翟云升孫，諸生。

此書《山東通志·藝文志》作泰州宫本昂刻本，但據青島市圖書館張旭麗主任提供的書影，無宫本昂刻書的依據。有同治十年翟鳴盛序，稱"今夏自春闈歸，聞諸社友欲選式文詩付梓，且囑余爲之序"。據此，書似翟熙典友人所刻。或此爲第一刻，而宫本昂本爲另刻？有同治十年同邑白永修序。

封面題簽署："同治辛未新秋鄉五宗啓福爲翟式文姻家先生題於香雪齋。"辛未爲同治十年。卷端題："掖縣翟熙典式文著，平度白永修澄泉、同邑孫寶晉康侯同編。"

九行二十字，白口，四周雙邊。無行格，宋體字，刻較精。

④《東山草堂詩鈔》四卷（《舊雨集》附），清柳晉撰，清泰州宫本昂濟南刻本。

晉原名培緍，字夏君，别字子琴，蓬萊人，諸生。

此書未見。不知《舊雨集》爲何書，《山東通志·藝文志》云歷城郭翊的《大風樓詩鈔》亦爲《舊雨集》所收，可能《舊雨集》所收皆爲山東人詩集。

⑤《念雨堂詩鈔》一卷、《詞鈔》一卷，清宫昱撰，清趙國華等評選，清光緒二十八年泰州宫本昂濟南刻本。

有趙國華序。蓬萊柳培緍光緒三年序，稱"今子行歷治吾東”,似宫本昂在山東爲官。末附題跋。

有牌記:“宫玉甫遺稿,光緒二十八年孟秋同人鏤板。”

九行二十一字,白口,左右雙邊,單黑魚尾。此書版式設計獨特,板框四周單邊,但四角刻以博古圖案,非常别致。唯字體一般。

宫本昂刻書特點有三:

一是刻書五種,綿延時間長。自同治二年始,至光緒二十八年止,達四十年。

二是全部是爲他人刻書,無一種爲自己而刻。

三是刻書頗有特點,有一定的藝術價值。

2)閩縣龔易圖刻書

閩縣龔易圖所刻的最大的一部書是於同治六年至九年在濟南郡署刻成的《澹静齋全集》,作者爲其高祖龔景瀚。

有同治七年丁寶楨奏稿,内容是請國史館將龔氏祖孫四人編入《循吏列傳》。有兩個摺子。有《四世循良傳》。封面題:“同治八年己巳重鐫於濟南郡署,恩錫堂藏板。”《叢綜》著録此書有道光六年恩錫堂刻本,則易圖此本爲翻刻本。其中《文鈔》《詩鈔》等書先刻,成於同治六年,《邶風説》等書稍後刻,據易圖同治八年識語:“外有《祭儀考》《説裸》《離騷箋》《邶風説》暨《積石山房四書文》等書,擬以次刊之,先附著書目於此。”知作識語時,上述書還未開始刻,開始於同治八年,最終《四書文》成於九年,故於總封面以開始年題八年。

《澹静齋全集》之一:《澹静齋文鈔》六卷、《文鈔外篇》二卷,清同治六年刻本。每卷目録下均有:“閩中海峰龔景瀚著,男式穀校刊,元孫易圖重編刊。”有尹繼美同治七年跋:“太守富著述,已刻者《澹静齋文鈔》及《詩鈔》《邶風説》《祭儀考》《説裸》《離騷箋》《時文》諸種。《文鈔》初刻於閩,再刻於粵,三刻於豫。今哲孫藹人觀察之官山左也,因板燬且見編次有未當,乃重編校刻焉。”

又有龔易圖同治八年識語:"先高祖《澹静齋全集》經先祖遵先曾祖命校刻於閩,延林香溪孝廉定其編次。嗣先祖官湘中,攜集版於任所,甲寅避亂於鄂。粵匪陷武昌,版燬。先叔祖續刊於粵,版亦燬。先叔曾祖復刊於豫,仍其舊編。玆以編次稍紊,與尹溇軒(按:尹繼美)明府議重編之,因仿古人類編之例,著其總目於卷首,外有《祭儀考》《説裸》《離騷箋》《邶風説》暨《積石山房四書文》等書,擬以次刊之,先附著書目於此。"據此可知,易圖高祖景瀚的著述——《文鈔》早已刊刻,且有三刻,一、二刻板已燬,第三刻所依據的還是舊板。此次易圖重刻,在編排上有所調整,並列全書總目於前。十行二十一字,小字雙行二十一字,黑口,四周雙邊,單黑魚尾。字一般。

《澹静齋全集》之二:《澹静齋詩鈔》六卷,目録所題及行款、刻書時間與上同。

《澹静齋全集》之三:《祭儀考》四卷,清同治八年至九年刻本。卷端題:"男式穀校刊,元孫易圖重刊。"末署:"同里後學林昌彝參校,男豐穀、瑞穀、孫福康校字,姪孫望齡重校。"林昌彝即林香溪,此爲原版標志。十行二十一字,黑口,四周雙邊,單黑魚尾,版心下刻"澹静齋"。

《澹静齋全集》之四:《澹静齋説裸》一卷、《圖》一卷,卷端題及行款、刻書時間與《祭儀考》同。版心無"澹静齋"。

《澹静齋全集》之五:《離騷箋》二卷,卷端題及行款、刻書時間與《祭儀考》同。

《澹静齋全集》之六:《邶風説》二卷,卷端題及行款、刻書時間與《祭儀考》同。

《澹静齋全集》之七:《積石山房四書文》三卷,清同治九年刻本。封面題:"龔海峰自訂稿,恩錫堂藏板。"目録下題:"閩縣龔海峰自訂稿,元孫易圖重刊。"十行二十二字,黑口,四周雙邊,單黑魚尾,無行格。行款與《文鈔》《詩鈔》以及上述所有刻本皆不同。龔易圖同治九年識語:"丁卯(按:六年)冬,重刻《澹静齋詩文鈔》方畢時,家大人就養抵署,行篋中攜《積石山房文》三册付易曰:'斯編初刻於閩,係以活字板爲之。刷印後,板已解拆,故傳者少。爾宜重刊行於世,以彰爾高祖讀書之志。'易謹受而校刊之,敬載重刊年月於此,以表不墜。"可知,此書是繼活字本之後的唯一傳本。

除了其高祖的著述,龔易圖還於同治十一年刻了高密單爲鏓的《奉萱草堂古文續集》一卷,有同治十一年龔易圖序:"其《奉萱草堂詩文》若干集已刊行於世,此其續編也,予亟捐俸刊之。"單爲鏓的著述大部分由門人刊刻而成,龔易圖刻其《古文續集》,爲他的著述刊刻畫上了圓滿的句號。該書九行二十四字,白口,左右雙邊,單黑魚尾。字體方正。

龔易圖刻書特點有四:

一是所刻其高祖著述皆爲翻刻,《文鈔》已有三刻,故封面所題、版心所刻及卷端署名皆沿用舊刻本,衹是在最末署上自己的名字。

二是《四書文》所據爲活字本,因印完版即拆,故傳本無多,易圖重刻,有重要意義。

三是龔景瀚爲乾隆時期有名的漢學家,故易圖刻其全集,不僅有爲先祖榮光的目的,還有着發揚漢學的思想。同樣,刊刻單氏古文,無疑是對桐城古文的認可與支持。

四是龔易圖爲濟南知府,比較有財力,況且來自福建刻書中心,刻書質量應該比較高,但實際刻得並不好,可能是山東刻工的問題。

龔易圖可謂是位刻書家。他在光緒五年刻《谷盈子十二篇》,六年刻《烏石山房詩存》《雙驂亭遺稿合刊》(高叔祖龔景李、龔景淙遺稿),十年刻《自訂年譜》。其弟龔彝圖、子龔鴻義均有刻書,詳見謝水順、李珽著《福建古代刻書》。①

3)歸安丁彥臣刻書

丁彥臣(1829—1873),字筱農。容庚《商周彝器通考》:"少有才略,窮居讀書,生事落甚。投山東軍,巡撫閻敬銘、丁寶楨皆雅重之。"②同治二年,以布政使銜署山東糧道、候補道。同治九年任山東鹽運使,於本年在濟南趵突泉題寫"金線泉"三字。時山東巡撫丁寶楨發現丁彥臣是一個"才識開拓、器向宏深、明幹篤實"的人,便於同治十二年保舉他治理山東河道。丁氏不幸於此年去世,年四十五。居濟南北察院,室名"慎思明辨之齋""寶朗軒"。精鑒賞,所藏商周器見於《梅花草庵藏器目》者凡三十八器。著有《梅花草庵藏器目》,有《靈鶼閣叢書》本。所著《從軍紀事詩》未刻,有稿本。

丁彥臣居山東十餘年,刻書八種,現條舉於下(其籍貫或題吴興,或題歸安,或題湖州,皆依原著):

①《人譜正篇》一卷、《續編》二卷、《類記增訂》二卷,明劉宗周撰,清同治七年吴興丁氏濟南公廨刻本。

有牌記:"同治戊辰吴興丁氏開雕於濟南公廨。"正文前有校刊姓氏:桐城張任衡楧逸、中州何家琪吟秋、泰州宫本昂子行、桐城張承綸藻卿、吴興丁壽保犀方、吴興丁彥辰筱農。

十一行二十四字,白口,左右雙邊,單黑魚尾。字體纖細、清秀。

②《女科》二卷,清傅山撰,清同治七年吴興丁氏濟南公廨刻本。

①謝水順、李珽:《福建古代刻書》,福建人民出版社1997年版,第408頁。
②容庚:《商周彝器通考》,上海古籍出版社2008年版,第250頁。

封面題:“寶田堂藏版。”有牌記:“同治戊辰吴興丁氏開雕於濟南公廨。”書衣題:“傅青主先生著,丁彦臣題籤。”

③《産後編》二卷(《女科》附),清傅山撰,清同治七年吴興丁氏濟南公廨刻本。

有牌記:“同治戊辰歸安丁氏開雕於濟南公廨。”末署:“板存濟南府後宰門中間路北文友堂刻字鋪。”

十行二十四字,白口,左右雙邊,單黑魚尾。開本一般,刻印一般。

④《梅花草盦石刻勾本》一卷,清丁彦臣輯,清張芷衫雙鈎,清同治七年歸安丁彦臣濟南刻本。

王獻唐先生曰:“此歸安丁筱農彦臣模刻,原無題署,亦不知共刻幾種。丁氏宦魯甚久,收藏金石頗富,有《梅花草盦藏器目》,刻入《靈鶼閣叢書》。同時懷寧方小東、海豐張芷衫,皆與丁氏爲金石交,此書當二君助成之。款式純仿《小蓬萊閣金石文》,無序文目次,當時似隨刻隨印,並未完成也。版藏濟南文友堂,印本絶罕。去秋容希白兄徵詢是書,問之書友,無知者。其金石書目録,題爲‘梅花草盦石刻勾本’,亦恐非丁氏原署舊稱也。……二十一年六月十八日燈下。”①

⑤《雙鈎華山廟碑》一卷,清丁彦臣摹,清同治七年歸安丁彦臣濟南刻本。

據《臺灣公藏》著録,此書亦爲濟南文友堂刻字鋪所刻。

⑥《漢石例》六卷,清劉寶楠録,清同治八年湖州丁彦臣濟南刻本。

卷端題:“寶應劉寶楠録。”第八卷末有“板存山東省城濟南府後宰門中間路北文友堂刻字鋪”。

①王獻唐:《雙行精舍書跋輯存》,齊魯書社1983年版,第132頁。

張穆原序。匡源《漢石例序》:"寶應劉君楚楨,余同年友也。究心漢學,素負重名。道光庚子貢禮闈,年已五旬餘。其經藝淵深奥博,讀而愛之。旋以縣令出宰畿輔,卓著政聲,一官未遷,終於三河任所。數十年來,每以未睹其著作爲憾。同治甲子,得是書稿本於京都廠肆,重價市歸,朝夕披覽。其書取有漢一代石刻,準《春秋》比事屬辭之義,條分縷析,若網在綱。引證以洪氏爲主,旁採諸家,論斷精確。而發明經義,貫穿史籍,本本原原,尤爲醇備,誠如《自序》所云:'藝林之圭臬,文苑之楷模也。'既又得張君石洲所爲序文於《月齋文集》,始知靈石楊氏嘗欲刻之而未果。乙丑(按:同治四年)出都主講濼源書院,攜之行笈,丁硯丞都轉見之,以爲碑志文字載筆綦難,非精於義例不能無踳駁之譏。魏晉之際尚守漢人遺規,六朝以來漸趨冗濫。昌黎起八代之衰,號稱復古,今學者知祖昌黎而不遠稽漢代,是沿其流而未溯其源也。屬余爲之校勘,將付剞劂,公諸同好。余乃盡發藏書,詳加參閲,經歷寒暑,始竣厥事。都轉家學淵源,博聞好古,所刊《人譜》《類記》諸書,志在表章先哲,啓迪後賢,用心良厚。是書一出,不惟劉君半生精力可慰九原,世之治古文辭者,亦可有所師法矣。同治八年十二月十五日膠州匡源序。"

十二行二十八字,小字雙行二十八字,白口,四周單邊,邊框粗黑,單黑魚尾。

此書細行密字,但版框、開本均大,字端正,刻印精良。

⑦《漢碑鈎本》一卷,清丁彦威輯,清同治十一年歸安丁彦臣濟南梅花草盦刻本。

此書白口,四周單邊。

⑧《篆存》一卷,清丁彦威輯,清同治十一年歸安丁彦臣濟南梅花草盦刻本。

封面題:“篆存,同治辛未秋膠州匡源題,新安吴懋乾書。”有牌記:“同治壬申暮春之初湖北丁氏梅花草盦刊本。”

此書白口,四周單邊。

丁彦臣刻書特點有五:

一是所刻多爲金石類書。除一種爲儒家類、二種爲醫家類外,其餘五種皆爲金石類,這與他精於收藏金石有關。書多爲自輯,亦有兄弟輯者。

二是刻書時間集中於同治中晚期。同治七年刻書最多,共五種。

三是以雙鈎刻法刻金石書。雙鈎刻是雕版印刷的一種技法。用線條勾描物像輪廓叫“勾勒”,因基本是用上下或左右兩筆勾成的,故又稱“雙鈎”。把雙鈎的圖畫(或字)刻在木板上,就叫“雙鈎刻”。這樣刻成的木板刷印時衹有字畫的線條是墨色的,其餘均爲白色,故醒目且清晰。丁氏所刻金石皆用此法,所用之人爲海豐張芷衫,張氏無從查考。

四是刻書標記比較明顯,喜作牌記,牌記内容包括刻書時間、刻書者、刻書地。刻書者一般署“歸安丁氏”“吴興丁氏”。歸安、吴興皆指今浙江湖州。當時的湖州府包括歸安、烏程、吴興。

五是刻書有專門的刻字鋪。丁氏八種刻書中,《女科》《産後編》《梅花草盦石刻勾本》《漢石例》四種板藏濟南文友堂刻字鋪。其中,《漢石例》第八卷末有“板存山東省城濟南府後宰門中間路北文友堂刻字鋪”,可知文友堂刻字鋪在濟南府後宰門中間路北。因四種中最早的刻於同治七年,則此刻字鋪至遲在同治七年開業。

文友堂刻字鋪大概爲當時有名的刻字鋪,除了爲丁氏刻書,還爲尚志書院刻過兩種書,前已有述,看來是尚志堂委託文友堂刻字鋪刻書。尚志書院是山東同光時期重要的學術陣地,能把書委託文友堂來刻,可知文友堂的刊刻水平不低。

查《尚志堂所刻書籍目録》,丁彦臣所刻《女科》《産後編》《人譜》赫然在内。這種情況可作如下推測:一是尚志堂重刻了此書;二是丁氏與尚志堂有某種特殊的關係;三是文友堂刻字鋪是專爲公家刻書的刻字鋪,抑或官設刻字鋪。

4)吴縣潘霨刻書

潘霨(1816—1894),初字燕山,後改字偉如,號韓園,晚號心岸,江蘇吴縣人。洋務派大員,捐納出身,同治五年就任登萊青兵備道道臺,八年由山東鹽運使遷福建按察使,次年任福建布政使,後爲湖北布政使,官至江西、貴州巡撫。

2007年冬,杜澤遜師在淄博錢斌處見《唐律賦抄》一卷,係潘霨同治八年濟南刻本。前有同治八年古吴潘霨濟南鹺署之鶴來軒序。目録末有:"山東省藩署前中和堂鮑連元刊印。"鮑連元爲同治時期山東的名刻工,刻過不少書。同治十二年刻過《二十四弟圖詩合刊》,板存濟南布大街雕藻齋。

潘霨於同治八年還刻過《妙相莊嚴》一書。封面題:"同治八年吴縣潘霨敬栞。"首收"觀音密咒圖",次圖爲"千手千眼無礙大悲心陀羅尼",後收佛像八十五幅,附"大悲神咒"及潘鍾瑞跋文。潘鍾瑞(1822—1890),亦爲吴縣人,大概爲潘霨的兄弟。該書配以觀音等佛像版畫八十五幅,以圖釋文,以文説圖,一圖一文,刻印相當精美。此書雖爲同治八年刻,但不知是刻於山東還是福建,因爲在此年,他移官福建。

5)豐潤趙國華刻書

趙國華(1838—1894),字菁衫,河北豐潤人。咸豐八年舉人,同治二年進士。自同治二年至光緒二十年,除在三十九歲至四十一歲家居二年外,三十年間在山東,先後在鄆城、泰安、德州、沂州等地任知縣、知州、知府,署理文案總辦、全省書局總辦、通志局總辦、山東省兵備道員、按察使、鄉試同考官、濟東泰武臨道員、山東鹽運使等職。

趙國華在濟南刻印了四部書，其中三部是自己的集子，另有一部是流寓山東的文人的詞集。

①《青草堂集》一集十二卷，清趙國華撰，清同治十一年豐潤趙國華濟南刻本。

卷末一行署："同治壬申冬月菁衫氏自訂前集十二卷梓於濟南。"

《青草堂補集》有其自訂《年譜》，稱同治十一年七月在東省甘捐局捐陞京府治中並捐離知縣任，八月初七日卸樂安事。十月十三日到濟南，十一月文漕院彬聘請授其子讀。門生蔣式瑆所補《年譜》云此年十二月十九日回家。據此則知，在濟南短短的兩個月中，趙國華刻印了自己十二卷的集子。此書共 230 葉，不計刷印的時間，每天以 4 葉的速度刻書，每葉約 700 字，即刻工每天要刻 2800 字。净雨《清代印刷史小紀》①稱，乾隆時刻工工價是：每寫刻百字，工價銀一兩。以此價，則《青草堂集》每天的刻工費就要 28 兩，或許此書非一人所刻。速度如此之快，説明當時的濟南出版業已達到了規模化水平。

九行二十一字，白口，四周雙邊，單黑魚尾。字體端正，行格疏朗。

②《明湖四客詞鈔》四卷，清趙國華輯，清同治十三年豐潤趙國華濟南刻本。

有趙國華同治十三年夏五月於濟南序。四人詞分别爲：宜良嚴廷中秋槎《麝塵詞》，清苑李鈞和仲衡《紅豆詞》，正定王蔭昌五

①張静廬：《中國近現代出版史料・近代二編》，上海書店出版社 2003 年版，第 358 頁。

橋《尺壺詞》,宜興徐宗襄慕雲《絜月詞》。

九行二十一字,白口,四周雙邊,單黑魚尾。字體一般。與趙氏刻《青草堂集》同。

③《青草堂集》二集十六卷,清趙國華撰,清光緒八年豐潤趙國華濟南刻本。

末署:"光緒壬午夏月菁衫氏自訂二集十六卷梓於濟南。"

後有任道鎔識:"余守襄國時,友人以菁衫所刊《明湖四客詞》見貽,即耳菁衫之名,每以不得一親豐度爲平生憾。越十年,遷東撫,菁衫適襄戎幕,公餘接晤……日昔以《青草堂集》示余……光緒壬午夏五月宜興任道鎔識於節署之唫碧山房。"

據趙國華自訂《年譜》,光緒八年,其四十五歲,正月十八日卸濟南道判事。八月充壬午科鄉試同考官分第十三房。此書當刊刻於其爲同考官之前。

九行二十一字,白口,四周雙邊,單黑魚尾。字體稍小,較方正。

④《青草堂集》三集十六卷,清趙國華撰,清光緒十八年豐潤趙國華濟南刻本。

末署:"光緒壬辰冬月菁衫氏自訂三集十六卷梓於濟南。"

據其自訂《年譜》,光緒十八年,趙國華五十五歲,此年四月,署理山東鹽運使。則此書刻於鹽運使任上。

九行二十一字,白口,四周雙邊,單黑魚尾。字體稍小,較方正。

趙國華一生在山東爲官,他的兒子趙恩淜,也在山東爲官。其父去世時,他任高唐知州。趙恩淜不忍父親的遺稿散佚,於是刻印了《青草堂補集》。

《青草堂補集》七卷,清趙國華撰,清光緒豐潤趙國華之子趙恩淜、趙恩澎刻本。内收趙國華自訂《年譜》,學生蔣式瑆爲補《年譜》數條。

九行二十一字,白口,四周雙邊,單黑魚尾,無直格,字大方拙。

趙氏刻書特點有五:

一是父子均在山東爲官,均有刻書行爲,不多見。

二是所刻均爲詩文詞,以自己的著述爲主,且每隔十年刻一集,比較有規律,説明其一直在不間斷地進行創作。

三是有較强的版權意識。除爲他人刻詞集外,自己的集子均有明確的刻書時間和刻書地點。

四是行款版式整齊劃一,均爲九行二十一字,白口,四周雙邊,單黑魚尾。

五是字體端正,行格疏朗。

6)桂林倪鴻刻書

倪鴻(1828—1893),字延年,廣西桂林人。著名詩人張維屏、黄香石入室弟子。幼年從父遊廣東,四十六歲前主要生活在廣東,築有"野水閑鷗館"。光緒二年丙子家難後,遂遊走南北,以詩會友。著有《退遂齋詩抄》《退遂齋詩續集》《桐陰清話》《試律新語》《花陰寫夢詞》等。

現已知倪鴻最早的刻書是同治十年在廣州刻《白石道人》四種。同治十二年刻《試律新語》四卷,十三年申江刻《桐陰清話》八卷。其《退遂齋詩抄》有清刻本。濟南刻本有二:一是光緒九年刻《花陰寫夢詞》一卷,一是光緒十年刻《退遂齋詩續集》二卷。二書行款均爲十行二十一字,黑口,左右雙邊,雙魚尾。蓋此二年,倪鴻遊歷歷下,因未見原書,不知是自刻還是濟南友人爲其刊刻。

7)烏程施補華刻書

爲官山東的外鄉人並不是全部如以上人等一帆風順,烏程施補華的命運可謂淹蹇,前已有述,故其著述多爲他人所刻。

施補華最初成書的是其《澤雅堂詩集》六卷,同治十一年自刻本。山陰陳錦在《補勤詩存續編》詩中言,施氏在同治十年來山東,旋即從戎隴西,故此本不可能在山東刻,很可能在隴西刻。

施補華所撰《峴傭說詩》一卷,係在山東刻成,由烏程朱毓廣於光緒十三年刻於濟南。光緒十二年,施補華隨張曜來山東,故十三年當在濟南。是年烏程門下士朱毓廣《序》:"峴傭先生昔遊蘭州,爲左文襄從事。有湘鄉蔣君同居幕府,問詩於先生。蔣君與先生咸操土音,對語移日,未能悉通,先生苦之,爲分體論說,成若干條。有古人之精言,有先生所獨得。以副本與之,棄其稿於篋中。吴江沈君發而讀之,攜至上海石印千部,以求觀者多,未足以遍贈也,今年六月,廣爲重刻於濟南。噫,是固先生之所棄也,猶求觀如是哉。"此書在石印本已出的情況下,因爲市場供不應求,所以再刻。此刻非爲營利,衹爲傳播應用。朱毓廣既爲施補華的學生,又是其烏程老鄉,情誼非同一般。此書影響較大,對歷代詩歌的評價,顯示了施補華的詩作思想,即與當時的桐城派相左的文學思想。在當時桐城派一統天下的局面中,這不啻一縷新鮮氣息。所以,此書的刊刻有着特别的意義。加之當時在山東巡撫任上的張曜愛其才,此書的刊刻可見張曜的學術觀點,亦可知對光緒時山東學風的影響。十行二十一字,白口,左右雙邊,單黑魚尾。字體方正。

施補華在山東的第二部著述《澤雅堂詩二集》十八卷,則由大興張曜於光緒十六年刻於濟南。此年,施補華去世。張曜極其器重施補華,在施補華去世後,他蠲萬金歸其喪,爲刊遺集。有牌記:"光緒庚寅中冬兩研齋開雕。"卷端題:"烏程施補華均父著。"無序無跋。"兩研齋"爲張曜齋號,又據光緒十九年刻本《澤雅堂文集》淩瑕序:"其所著《澤雅堂詩》初刻僅六卷,其餘未刻之詩古文稾,勤果爲付手民。迨《澤雅堂詩二集》成,勤果已騎箕而去,文稾遂中輟未栞,由其親串郵寄與余。余乃函商老友,潛園觀察篤念故交,慨許授梓,居然告成,此編是也。"可知,《澤雅堂詩二集》爲張曜所刊。張曜去世於光緒十七年，而此集開始於十六年，十七年時未刊完。十行二十一字，白口，四周雙邊。雖爲宋體字，但刻印比較精細。封面書名爲篆書，相當講究。

施補華的《澤雅堂文集》八卷由施氏總角交歸安陸心源刻於光緒十九年。其《澤雅堂文集》十卷，則有榮成孫葆田刻本，前已有述。

8）山陰陳錦刻書

陳錦（約1821—1890後），字晝卿，號補勤老人。道光二十九年舉人，同治八年來山東，任濟東泰武臨道候補道，光緒十三年春，任山東鹽運使、候補道。室號爲橘蔭軒。有《補勤詩存》《勤餘文牘》《學廬自鏡語》《東溟校伍録》《酈河陳氏誦芬録》《文廟從祀位次考》《時藝軼存》《越中感觀録》《重纂三遷志》《詩韻釋音》等。同在鹽運使任上，陳錦的刻書成果遠勝丁彦臣、潘霨、趙國華諸人。

《叢綜》著録有《橘蔭軒全集》，光緒中山陰陳氏橘蔭軒刻本。① 所列有《補勤詩存》二十四卷、《補勤詩存續編》六卷、《緑雲山房詩草》二卷《首》一卷《終》一卷、《勤餘文牘》六卷、《勤餘文牘續編》二卷、《學廬自鏡語》一卷、《補勤幼學録》一卷、《東溟校伍録》二卷、《大篪吟草》六卷、《酈河陳氏誦芬録》一卷，共十種。山東省圖書館一書的護板上粘一簽條，上書“橘蔭軒全集總目”，下列《補勤詩存》《緑雲山房吟草》《勤餘文牘》《學廬自鏡語》《東溟校伍録》五種，比《叢綜》所著少五種。此簽條爲濟南會文齋所刻，前已有述。

目前所知陳錦刻書有十六種，有六種未在《全集》之列。列表如下：

①上海圖書館：《中國叢書綜録》，上海古籍出版社2007年版，第547頁。

	時藝軼存不分卷	(清)陳錦輯	清光緒元年山陰陳錦橘蔭軒刻本	已見
	時藝軼存二編不分卷	(清)陳錦輯	清光緒二年山陰陳錦橘蔭軒刻本	已見
《全集》之一	補勤詩存二十四卷	(清)陳錦撰	清光緒三年山陰陳錦橘蔭軒刻本	已見
《全集》之一	緑雲山房詩草二卷首一卷終一卷	(清)勞蓉君撰	清光緒四年山陰陳錦橘蔭軒刻本	未見
《全集》之一	勤餘文牘六卷	(清)陳錦撰	清光緒五年山陰陳錦橘蔭軒刻本	未見
《全集》之一	學廬自鏡語一卷	(清)陳錦撰	清光緒五年山陰陳錦橘蔭軒刻本	未見
《全集》之一	補勤幼學録一卷	(清)陳錦撰	清光緒五年山陰陳錦橘蔭軒刻本	未見
《全集》之一	東溟校伍録二卷	(清)陳錦撰	清光緒五年山陰陳錦橘蔭軒刻本	未見
《全集》之一	大篪吟草六卷	(清)陳昌沂撰	清光緒六年山陰陳錦橘蔭軒刻本	未見
	越中感觀録一卷	(清)陳錦撰	清光緒九年山陰陳錦橘蔭軒刻本	已見
《全集》之一	勤餘文牘續編二卷	(清)陳錦撰	清光緒十年山陰陳錦橘蔭軒刻本	未見
《全集》之一	補勤詩存續編六卷	(清)陳錦撰	清光緒十年山陰陳錦橘蔭軒刻本	已見
《全集》之一	醪河陳氏誦芬録一卷	(清)陳錦撰	清光緒十年山陰陳錦橘蔭軒刻本	未見

（續表）

官刻	文廟從祀位次考一卷	（清）陳錦撰	清光緒十二年山陰陳錦刻本	已見
	詩韻釋音五卷	（清）陳錦撰	清光緒十三年山陰陳錦橘蔭軒刻本	已見
官刻	有明於越三不朽名賢圖贊	（清）陳錦撰	清光緒十四年山陰陳錦刻本	已見

現僅將已見各書按刊刻時間先後叙述如下。

①《時藝軼存》不分卷，清陳錦輯，清光緒元年山陰陳錦橘蔭軒刻本。

封面題："乙亥初刻，橘蔭軒藏版。"目録下題："會稽山陰陳錦晝卿。"

有光緒元年陳錦自序於濟南四餘吟舍："予幼承庭訓，潛心時藝者四十年，自課課徒之作，動以千計，未遑選刻，輒櫝而藏之家鄉。亂後卷帙飄零，得舊稿於故紙中，則胠篋者拔尤以去，糟粕徒存矣。猶冀此物尚在人間，人當自出，十年無獲，蓋無望於收藏家矣。筮仕山左，問字者歲不乏人，請讀舊著，率無以應……此舊作之所由記憶得之也，間有零篇賸字，但存警句者並續成之，既又附以近歲課徒諸作，上下三十年間，寥寥數藝。吁，亦僅矣。及門諸子讀而喜之，將付梨棗，以代鈔胥。"

②《時藝軼存二編》不分卷，清陳錦輯，清光緒二年山陰陳錦橘蔭軒刻本。

此書附在《初編》之後。目録下題："會稽山陰陳錦晝卿。"有光緒二年陳錦序於濟東道官舍："既刻《時藝軼存》之明年丙子，將刻所著古今詩文全稿，以質方家，適兒輩自南方來，復於巾箧中得予時文幼作若干篇……節而録之，得二十四藝。内如《中人以上富而可求》《三軍可奪帥》諸作，南中門下鈔傳殆徧。向嘗記憶而以未登前刻爲恨者，今並及之，爲《時藝續刻》。四十年自課課人，叢編束笥，其幸存於兵燹之餘者。前刻出自記憶，此刻得自鈔胥，窺豹一斑，落落如是，容自愧矣。"

③《補勤詩存》二十四卷，清陳錦撰，清光緒三年山陰陳錦橘蔭軒刻本。

有牌記："光緒三年夏四月開雕，橘蔭軒藏板。"

有同治六年丁卯新秋梁溪錢勖序於濟寧玉露庵軍次："若吾補勤之詩，誠才人之詩也。補勤爲予言，自少喜爲詩，見訶於尊人而止，既其室勞夫人工詩，復相唱和，顧方攻制舉業，爲數數爲。癸丑以後東南多故，思出其身爲世用，綢繆鄉里，出入危難，更不以是措意。迨試吏來吳，值庚申之變（按：咸豐十年），今大帥合肥公治兵滬瀆，賞其才，凡府繁重之事以及島夷俶詭，猝不可究詰之端，它人相視愕眙不能辦者，輒以委之。銀手如斷，機應百變。乃以是齮齕於同官，得意外詿誤，僦居海上，鬱鬱不自聊。一年後，航海從軍，雜健兒馳逐戰場，歷燕、齊、徐、豫之域，補勤至是始肆力於詩。"蓋陳錦一直奔波於軍旅，無暇治詩，自同治時始爲詩。同治八年己巳潘鼎新序："今且河北肅清，捻氛盡掃，補勤偕予入覲，筮仕山左，分手都門。"則此年開始在山東爲官。是年秀水趙銘序。是年會稽賈樹諴序："予與晝卿生同歲，同補諸生，復同舉於鄉。予家舊在山中，距晝卿居數十里，晝卿常侍其尊人俶齋先生於昌化學舍。癸卯（按：道光二十三年）以前，猶未知晝卿之深，頗有誦其配勞鏡香之詩者，獨不及晝卿……戊午、己未（按：咸豐八年、九年），閑與晝卿居京邸最久，晝卿意氣昂奮，發憂時感事，一寓於詩……壬戌（按：同治元年）之秋，予急假至上海，時江浙郡縣淪陷殆盡，上海一隅，華夷雜還，外逼强寇，晝卿方奉大帥檄贊畫兵事，僚吏將校白事者錯迕於門，或見星未已……戊辰（按：同治七年）冬，書卿捧檄入都，見示全卷，凡十有六。”

④《越中感觀録》一卷，清陳錦撰，清光緒九年山陰陳錦橘蔭軒刻本。

此書述浙江地方名人事迹。十一行二十一字。

⑤《補勤詩存續編》六卷，清陳錦撰，清光緒十年山陰陳錦橘蔭軒刻本。

有牌記：“光緒十年夏開雕，橘蔭軒藏板。”卷端題：“山陰陳錦書卿。”

有光緒十五年陳璚《續刻補勤詩存序》：“前集二十四卷，自叙壯遊編年紀事。”集中有《刻勤餘文牘》詩：“射策承明願已辜，一官一集是真吾。温公作鑑書無草，永叔修函字必塗。世事當年猶戰伐，宦情垂老欲江湖。名山亂後多餘地，容得人閒五石瓠。蓬萊初日照崑崙，岱頂風雲入夢痕。早歲雕蟲淪劫海，中年倚馬歷侯門。豈容俗吏無文字，不信書生有坐論。壓倒歸裝誰與共，杜陵詩史一編存。”又有《自校續集五卷》：“枕葄千家眼界寬，推敲一字要吟安。衰因先覺抽詞短，老益求工琢句難。杜律秋高聲入細，江花春盡夢知寒。别風淮雨尋常誤，都作蘭亭初搨看。（原按：右軍《蘭亭序》：“趨舍”作“趣舍”；“寤言”作“晤言”；後之“覽者”作“攬者”，别一書法，故譌字亦謂之别字）詞壇酒壘半生來，收合琳琅百卷纔。即事贈人渾不寄，感時懷古有餘哀。文章敢入前賢室，删薙須任後起才。僥倖遺篇親手刻，寶山今已不空回。輪蹏硯鐵儘磨穿，惆悵桑榆不盡年。倚馬論才曾辦賊，閉門憂國尚籌邊。牛腰大卷人争讀，蠶尾餘吟歲一編。報道先生歸也未，西湖驢背鑑湖船。”

十一行二十一字，白口，四周雙邊，單黑魚尾。宋體字，刻印精。

⑥《文廟從祀位次考》一卷，清陳錦撰，清光緒十二年山陰陳

錦橘蔭軒刻本。

據《尚志堂所刻書籍目録》,此書似爲尚志堂所刊,但書有牌記:"光緒丙戌秋九月開雕,橘蔭軒藏版。"藏板於家,應爲私刻。

有光緒十一年山東督學使者錢塘汪鳴鑾序。光緒十二年陳錦識於濟南鹺使署齋,稱此書同治八年在楚北刻過,同治間陳錦參與重修林廟,有鑒於文廟從祀位次紊亂,陳錦依楚刻文廟位次重新編次。是書雖簡略,但對文廟從祀先後位次的考訂,有助於糾正舛訛。卷首自序對孔子及賢儒塑像沿革的考訂,亦有參考價值。

十一行二十一字,大黑口,四周雙邊,單黑魚尾。刻印尚精。

⑦《詩韻釋音》五卷,清陳錦撰,清光緒十三年山陰陳錦橘蔭軒刻本。

封面題:"濟勳署檢。"山東省圖書館藏本封面有"補勤六十歲以後所作""補勤審定"藍印。有牌記:"光緒十三年春開雕,橘蔭軒藏板。"

有光緒十二年丙戌内閣學士兼禮部侍郎廣東督學使者錢唐汪鳴鑾序:"補勤先有《切音蒙引》之作,歸併字母,實亦統備各音,欲蒙學易於上口,爲反切之初桄。今附刻之,其他節目具述例言,亦可謂集衆學之郛而包舉無遺者。"又有光緒十三年丁亥法偉堂序:"此書於俗讀之誤者則直斥之,舊切之疑者則婉商之。要惟在辨呼等以制切。故能進退古今,灼然無惑,而無所用。其變例之繁易,曰易則易,知簡則易。從此編一出,學者開卷即知讀者,啓口即得反切之學,庶幾不終亡於世乎?"又有自序:"錦學識淺陋,幼習於有韻之文,壯歷南北,合以方言,始知切韻之功……向嘗有《切音蒙引》之作,爲初學入門。今復與錢君文蔚考訂群書,備登同異,稍定折衷,歷五年之久,無間寒暑,僅成一書。遍質通人,則有膠州法君偉堂神明於是,爲之指其瑕疵,悉歸至當……光緒丁亥三月山陰陳錦書於山東鹽使署齋。"所言《切音蒙引》未見。《凡例》

中錢文蔚云:“文蔚向未講貫及此,近從補勤先生遊,見所著《切音蒙引》,略識津涯。因得聆其緒論,襄校是書。先生自言前書減定二十四母,僅以便蒙,究必全登字母,綜核唐宋切音,仍《詩韻》之名以伸反切之説。庶幾詳明簡要,包舉無遺。深者見深,淺者見淺。不難家置一本,日習見聞,俾此學大明於世。計自癸未迄丁亥,五歷寒暑。公餘展卷,相對咿吾。組織縱横,毫芒必析。手定凡例,序厥淵源。三易其稿,向非心精力果,好學不倦如先生,又安見是書之必抵於成而爲後學導其先路與?至《蒙引口訣》,乃先生初定之本,以學者入門必由乎此而附存之。文蔚與於編纂,竊見精微,用綴數語以道其始末如右。丁亥九月錢文蔚謹述。”

此書係陳錦依《佩文韻府》,並參以《廣韻》,分 106 韻,收 10305 字。釋義從略,着重釋音。每字注反切、所屬 36 母及等呼。另外,凡以下情況,於書眉另辟一欄注明:字有兩義而音同見於一部者;字有兩義不同韻,分見於兩處者;凡假借字韻書各歸本字者。頗便初學。

⑧《有明於越三不朽名賢圖贊》,清陳錦撰,清光緒十四年山陰陳錦刻本。

封面題:“光緒戊子重鋟,山陰張陶庵先生原刻,後學陳錦校刊。”戊子爲十四年。

前有光緒十四年三月陳錦《重刻有明於越三不朽名賢圖贊序》:“《有明三不朽圖贊》,吾鄉古劍老人張陶庵先生(按:張岱)遺書,與野公徐子親至各家造門祈請,懇示遺象而成者。初屬明州蔡爾達刻二十餘象而先生逝。越四十年,嗣子式宣以未刻五十圖授其甥陳仲謀力完之。又二十年,蔡氏子仲明亦歸前刻,合成今書,而距先生始事時,世已再傳,歲周撓甲矣。後五十餘年,原槧幾敝,乾隆乙卯(按:六十年),慕村余氏起而補之一百八象,頓還舊觀。嘉慶庚辰(按:二十五年)歸松山朱氏,梓行未久,逮乎今茲,傳次及予又一周甲矣。遞授淵源,綿延不絶,每更數十年而一興,向非鬼神呵護有靈,擇人而與,安見其幾閲滄桑,而不同歸煨燼乎?……予生道光初,甫離繈褓,先大夫即出是編令恭敬瞻禮。由今思之,蓋適當朱氏之重修也。曾幾何時,予年且七十,先訓不可得聞矣。而吉光片羽之留,乃獲重新於小子之手,始願已不及此,猶憶壬午、癸未間,居憂里門,訪是書,罕知者,幸得一朱氏重印本,爲刻入《越中觀感録》,僅存姓名,傳示後起,良自愧矣。今年春,求助於山左中丞張朗齋尚書,頓遂重刊之志。中丞世越人,抑亦關心桑梓而樂與有成,不自今始者。墜緒茫茫,絶而復續。嗚呼,此又後生小子之幸也。觀是象也,讀是書也,有不感發而興起者與?光緒戊子三月山陰後學陳錦補勤氏識。"陳錦序中備述版刻源流,條分縷析,不啻一版本考證的佳篇,字裏行間又充溢着一種對鄉邦文化的自豪與向往。"今年春,求助於山左中丞張朗齋尚書,頓遂重刊之志。"此語似表明張曜以公家之力助其刊刻,而《尚志堂所刻書籍目録》亦將此書列爲尚志堂所刊,但以陳錦之力,刊刻鄉邦文獻自不在話下,借巡撫之力恐怕衹是謙辭,故還應將此書列爲私刻。

八行二十字,白口,四周雙邊,字大方正。版心下刻"鳳嬉堂"。此"鳳嬉堂"爲原刻堂號。

陳錦刻書特點有六:

一是内容上豐富多彩。一般的刻書者以刻集部書爲主,不論是一人的集子,還是多人的集子,不論是個人的集子還是朋友的集子,詩文永遠是刻書的主要内容。爲官者尤其如此,刊刻的除了當地的方志,便是自己的著述,關心當地文化者還可能會刊刻當地人的著述。陳錦在山東爲官二十多年,時間不可謂不長,所刻書共十六種(不計在山東書局刻書),其中史部最多,有七種,集部次之,有六種,經、子各有三種,可謂涉獵經、史、子、集四部,在清末的山東私人刻書中不多見。尤其是自撰自刻《詩韻釋音》五卷,説明其對音韻學亦抱有强烈的興趣。史部書以傳記爲主,表明他對先賢、先儒以及鄉賢的景仰。

二是所刻書大部分爲自撰,亦有爲同邑陳昌沂所刻。昌沂字佛堂,號大篪。更爲感人的是爲其夫人勞蓉君刻書。勞蓉君,字采卿,著有《緑雲山房詩草》。《補勤詩存續編》中有《憶緑雲詩房中稿》詩,前有按語:"此道光戊戌至丁未,予與勞夫人初稿也。截三寸紙爲書,編八音字爲卷,每題人各一詩及聯和之作,以蠅頭小字手書千首。最後則悼亡詩百二十章,哀文十有一,自爲一卷。生平言情之作,無過是者,每一啓視,如見當年情事。及予手鈔勞詩付梓,以文木櫝而藏之書篋,外人未之見也。壬午、癸未(按:光緒八年、九年)間,忽失所在,大索不獲,至今痛恨。"詩云:"緑窗親手擘雲箋,鍼恨砭愁歲百篇。幾度瓜盤吟七夕,璇閨詩史正編年(原按:七夕歲有一詩,以是編年)。十載綢繆寫韻情,指痕嗁淚認分明。人琴一旦真俱杳,空憶寒燈佐讀聲。寶笈無端返玉壺,可堪買櫝不還珠。悼亾從此無專集,莫怪安仁墨淚枯(原按:悼亾諸作,佳句絡繹,突過前人,今散見集中者已非初稿矣)。賊茗遺編世共知(原按:謂已刻之詩),嗟予少作竟何之(原按:予十年少作皆並失去,今見集中者百之一耳)。延津寶劍終應在,神物歸來會有時。"字裏行間表達了對夫人的思念之情。其中感人處在於,他將夫人的詩手抄付梓後,特意裝在一木匣中,珍藏起來,但後來卻遺失了,人琴俱失,令他非常難過。"悼亾從此無專集",説明此書的重要性,冥冥中他還是希望這部書哪一天能再次出現。

三是刻書時間比較集中。陳錦曾參與纂修浙江嵊縣《陳氏宗譜》三卷,有同治五年木活字本,現藏於日本、美國。但刻書始自光緒元年,止於光緒十四年。十四年間共刻書十六種,平均每年刻一部書。集中於光緒五年和十年,光緒五年刻了四部書,光緒十年刻了三部書。這裏所説的僅是私刻,他在山東書局主持刻書至光緒十六年。

四是刻書有一貫性。光緒元年刻《時藝軼存》,二年又刻《二編》;光緒三年刻《補勤詩存》,十年又刻《續編》;光緒五年刻《勤餘文牘》,十年又刻《續編》。説明陳錦是一位十分勤勉的人,有著述就立即刊刻,有始有終。

五是刻書特徵比較突出,幾乎所有書的封面上均有明確的刻書時間,並題"橘蔭軒藏版",表明其有强烈的版權意識。

六是刻書質量一般,可能是山東刻工技藝不高的原因。

陳錦對清末山東的文化建設貢獻很大。除了以上刻書外,還可從山東書局的刻書中見其一斑。山東書局所刻的史部大書《資治通鑑綱目四編合刻》,總校即爲二品頂戴署濟東泰武臨道候補道陳錦,有時任山東鹽運使的陳錦光緒十三年識。據其識可知,此書開始於同治十一、十二年間,至光緒八年完成,歷經十年,而《校勘記》刻成則在光緒十三年。陳錦自始至終參與其中。光緒十三年山東書局刻《重纂三遷志》十卷,係陳錦與孫葆田在孟廣均手稿的基礎上重纂而成。有牌記:"光緒十三年歲次丁亥孟冬山東書局刊成。"有資料認爲是山陰陳錦刻本,是其呈請刊刻的不假,但山東書局是官書局,發令刊刻的是當時的巡撫張曜,陳錦是實際操作者。此書考據精審,具有重要的學術價值。《孟子要略》五卷,清光緒十四年山東書局刻本,末有陳錦識。徐大椿撰《慎疾芻言》一卷,有徐大椿乾隆三十二年丁亥《慎疾芻言引》,後有二行:"光緒元年乙亥春二月烏程汪曰楨校刊於會稽學署,光緒十六年庚辰夏四月山陰陳錦重刻於山東書局。"説明此書爲陳錦主持刊刻。如果加上以上在山東書局主持刊刻的書,陳錦在山東的刻書將近二十種,僅從這點來看,他對清末山東文化建設的貢獻非一般人能比。

9)毗陵徐氏刻書

毗陵徐氏刻《毗陵徐氏家集》四種,《叢綜》著録,徐堉輯,清光緒六年毗陵徐氏濟南刻本。①

遯齋偶筆二卷	(清)徐崑撰	牌記:"光緒六年泰月刊於濟上。"卷端題:"毗陵徐崑國山氏著。"
晝溪詩集一卷	(清)徐崑撰	牌記:"光緒六年泰月刊於濟上。"封面題:"晝溪存稾。"卷端題:"毗陵徐崑國山氏著。"
毗陵徐氏家傳一卷	(清)徐崑撰	牌記:"光緒六年泰月刊於濟上。"
小有齋自娱集一卷	(清)徐鈞撰	牌記:"光緒六年泰月刊於濟上。"卷端題:"毗陵徐鈞陶村氏著。"

四種書行款版式一致,均爲十行二十一字,白口,四周雙邊,單黑魚尾。刻印比較精細。刻書時間明確。刻書人爲徐崑來孫徐堉等。徐堉,字愷軒。《小有齋自娱集》末有光緒六年徐堉識:"吾家先世遺集自遭兵燹,蕩然無存,唯高高祖遯齋翁所著《偶筆》二卷,《晝溪詩稿》一册,《家傳》九篇,高祖陶村公《小有齋自娱集》一卷,爲堉童年所鈔録,謹藏行篋,幸未墜於播遷。片羽吉光,式憑斯在。今春屬有剞劂之役,亟登諸梓以冀流傳,且使我子孫展卷興懷,無忘先澤云。"《遯齋偶筆》亦有光緒七年宜興徐家傑《序》:"余宦遊山左有年,得交先生來孫愷軒、藹如、釋如,久而益敬,因出所刊先世遺集。《遯齋偶筆》《晝溪詩集》,先生作也。《陽湖縣志》,先生《傳》坿焉。《小有齋自娱集》,先生子陶村公作也。先生改官後,令山左曹縣,曹人尸祝至今,而陶村公茂於學主講稿……光緒七年歲次辛巳秋日宜興宗後學家傑拜撰。"蓋徐崑爲官山左

①上海圖書館:《中國叢書綜録》,上海古籍出版社 2007 年版,第 891 頁。

曹縣,而其後代亦在此,刻書者不僅有徐堉,還有藹如、醰如等。

徐堉還於光緒九年在濟南爲其老岳父陽湖周懷綬刻《耕道獵德齋吟稿》六卷。有牌記:"光緒癸未刊於濟南。"每卷末署:"受業子壻徐堉校字。"有光緒八年壬午大興邵承照《序》:"友人徐子愷軒梓其婦翁周亦山先生《耕(道)獵德齋詠史樂府》,出以贈余……越日,愷軒以先生古近體詩六卷授余,囑余爲之序。"據此則知,在光緒九年前,徐堉還刻過其岳父的《耕道獵德齋詠史樂府》。《吟稿》十行二十字,白口,四周雙邊,單黑魚尾,板框上有字,雙行六字,開本大,字體端莊,一絲不苟,家刻特色。有跋語、題辭、評閱諸公姓氏。

10)桐城方濳刻書

方濳(1805—1869),清代著名理學家。咸豐年間來山東。咸豐八年初在濮陽書院,後去膠西書院,十一年還在膠西。同治元年在山東臬署。同治七年去世。其子方敦吉,字厚之。敦吉曾爲方濳撰《南華經解》作注,編《桐城方文通先生年譜略》一卷,並於光緒二十九年刻於蘇州。據此《年譜》,知敦吉在濟陽時,於光緒十五年刊刻其父《毋不敬齋全書》,刻書地在濟南。

《毋不敬齋全書》三十一卷附《膠西課存》一卷、《包軒遺編》三卷,有牌記:"光緒十五年已丑開雕於濟南。"每卷末有:"男剛中、敦吉校刊。"有自序,談爲何用"毋不敬"命其書名,末署:"同治元年壬戌立冬,時桐城方濳原名士超魯生甫改存舊序於山東臬署。"同治元年孟冬上旬再序。有《凡例》。每種各有序,但全書統一編卷次,目的是使全書皆有次序,各卷互相發明,"後來君子務毋另編抽刊以致顛倒隔塞",知爲整體考慮,將自己的著述全面展示給後人,如有抽刊,則會發現。光緒十六年方敦吉《書尾》,稱湘陰郭筠仙中丞爲廣東巡撫,欲舉方濳請授國子監職。同治元年,搢紳擬舉孝廉方正,方潛均辭不就,卒以布衣終身。"著書闡發性道奥旨,確守孔孟程朱正脈,戊辰(按:同治八年)棄養……惟遺稿藏行篋,忽忽踰二十年,無力開雕,慚懼交集,適客濟陽居停,通州胡貞卿直牧慨假以金,慫恿付梓,亟鳩手民任其役,經年始告成。”十行二十二字,白口,四周雙邊,單黑魚尾。

每部書的情況如下:

①《辨心性書》二卷。有咸豐八年方潛序於膠署書館。咸豐九年後序。内容爲與吴先生辨論書。吴先生爲霍山吴竹如少司農。

②《心述》三卷。有三次自序:咸豐七年,同治二年,同治四年。序末時間“咸豐丁丑”應爲“咸豐丁巳”,因爲咸豐無丁丑年。内容爲存舊説而辨别之。

③《性述》三卷。分前、中、後編,《叢綜》作八卷,誤。有咸豐七年自序。

④《述餘》八卷。有同治五年自序。所收爲雜著。共十一種八册。目録以册分:《觀玩隨筆》一卷,第一册。《讀書經筆記》一卷,第二册。《讀經序傳擇》一卷,《讀詩經筆記》一卷,此二種共第三册。《春秋初讀》一卷,第四册。《周子書注劄記》一卷,《正蒙分目解按》一卷,此二種共第五册。《膠西講義》一卷,第六册。《數往録》一卷,《立本趣時説》一卷,此二種共第七册。《劄記》一卷,第八册。版心刻“述餘某册”。

⑤《顧庸集》十二卷。所收爲文辭。有咸豐八年自序。共十二册。版心亦刻“顧庸集某册”。

⑥《永矢集》三卷。收咸豐三年至七年的詩辭。咸豐八年自序於濮陽署館。三册。版心刻“永矢集某册”。

⑦《膠西課存》一卷,《毋不敬齋全書》附。有牌記:“光緒十五年己丑開雕於濟南。”有咸豐十一年辛酉自序:“予主講膠西書院三年矣。”擬文二十首,講文十二首,吴先生薦方潛主講書院,來膠

西書院時爲咸豐八年。光緒十六年方敦吉《書尾》:"先君尚古文辭,不重時藝,舊作及試草甚夥,向不留稿,門人録存者皆爲兵燹散佚,故僅此二十篇,藏行篋,雖遺命不令刊布,而手澤未忍棄置,固附全書之外,另册梓行。"

⑧《包軒遺編》三卷(上、中、下卷),清張泰來撰,《毋不敬齋全書》附。有牌記:"光緒十五年己丑開雕於濟南。"有咸豐五年方潛《包軒遺編小引》。咸豐六年方潛《書後》。《張包軒傳》稱:泰來,字瑞階,號包軒,又號鐵山。桐城人。

《辨心性書》《心述》《性述》三書係方潛理學思想的體現,《述餘》《顧庸集》爲其詩文雜著,體現了方潛的文學素養。《膠西課存》則是他爲人師時的成果,爲山東教育做出了貢獻。其子刊刻這套全書,對全面了解方潛其人有着重要的作用。此書在山東刊刻,無疑傳播了其理學思想,並使該思想在山東有了廣泛的影響。可以説,没有此書的刊刻,方潛的理學思想是不爲人知的,此書在濟南刊刻,有重要意義。

11)荆門蔣楷刻書

蔣楷(1853—1911),字則先。光緒十六年二月代理山東莒州知州,時三十八歲。同年十月,轉東平知州。二十三年,任莒州知州,光緒二十五年,調署平原,鎮壓義和團起義。同年罷官。三十二年又被起用,任山東濮州知州。宣統元年,在青島中德合資辦的一所學校以學部員外郎兼第一任總稽察。三年後,病逝於青島。蔣楷在山東長達二十二年,輾轉莒州、東平、平原、濮州、青島五地爲官,直至去世,可以説,蔣楷的大半生在山東度過。他在山東著書四種,刊刻四種。

光緒二十五年,蔣楷罷官後,撰成《平原拳匪紀略》,約光緒二十六年刻成,八行二十字,黑口,左右雙邊,單黑魚尾。字畫精整。刻書地不詳,或許在平原縣署。此書在二十六年又續有增補,二十七年在上海排印出版。阿英《近代國難史籍録——江上蹇叟“中西紀事”》:“此册紀光緒二十五年平原義和拳事,亦即義和拳發軔之最初的官方紀載也。平原縣令荆門蔣楷著,光緒辛丑(一九零一年)鉛印本,全書僅十一中葉,一薄册。平湖顧甫跋,謂此書爲‘拳匪起點之明證’,其在義和拳事變史料上之價值可知。”①

光緒二十三年,蔣楷任莒州知州後,編撰了《河上語》一卷。書分十五章,主要講述修河築壩的工程術語,分類介紹了治河的理論和實踐指導。這部中國近代治河史上的科技著作,至今還鲜爲人知。此書成於莒州,當在莒州刻。九行二十一字,黑口,左右雙邊,單黑魚尾,刻印尚精。

《那處詩鈔》四卷,宣統三年由門人周清刻於濟南。有牌記:“宣統辛亥刻於濟南。”目録後有宣統三年受業周清海門識:“向鈔則先先生五七言絶句百有餘首,將以付之手民,先生力止之……清乃薙去大半,並先生古詩律詩擇而鈔之。以未出山前爲第一卷,釋褐後攝莒州、遷東平隸、待缺濟南爲第二卷,自再牧東平、除莒州、移平原爲第三卷,南旋復出、隸牧濮州爲第四卷。至入都以後詩,清未能盡覩,鈔輯之事俟諸異日。”十行二十三字,白口,四周雙邊,單黑魚尾,開本大,字體端正,一絲不苟,刻印良好,具有晚清風格。

《經義亭疑》三卷,亦於宣統三年刻在濟南。此時,蔣楷實在青島。他所在的中德學校,目的是培養一批中國學生從事工藝、農業、醫學和法律專業,學部派蔣楷以學部員外郎兼第一任總稽察。蔣楷把在學校中爲德國教員和中國學生講授中國法制史的講義編成《經義亭疑》,分類介紹了中國早期法學理論和外國近代法學的

①轉引自張静廬:《中國近現代出版史料・近代二編》,上海書店出版社2003年版,第136頁。

異同,可以説是中國較早的比較法學著作,較罕見。有牌記:"宣統三年栞於濟南。"末有宣統三年辛亥蔣楷識,未言刻書事,不知是否爲門生操辦。十行二十六字,白口,四周雙邊,單黑魚尾。雖字小行密,但刻印較精。

蔣楷所刻書四種,一種在平原刻,一種在莒州刻,二種在濟南刻。除一種爲自己的集子外,其餘三種皆與時事有關。即使以其鎮壓者的眼光來寫義和團運動,他的書也從客觀上反映了義和團在山東尤其是在平原的發展情況。其《河上語》和《經義亭疑》皆具有創新意義。

12)其他外省人刻書

以上是外地人在歷城刻書兩種以上者,還有若干人有刻書,條列如下。

①《滄粟庵詩抄》二卷,清葉圭書撰,清同治二年滄州遲澧蘭大明湖刻本。

②《汪氏兩園圖詠合刻》四卷,清汪承鏞輯,清同治十二年如皋汪承鏞濟南刻本。

汪承鏞之父汪爲霖,乾隆武進士,擢陞山東督糧道、兖沂曹濟兵備道等職,與山東有淵源。汪承鏞,字笙初,號曉堂,道光二十三年爲登州府知府,咸豐元年署登萊道,調濟南府。①

汪承鏞官居山東濟南府期間,延請丹青高手季標繪成"文園十景圖""緑净園四景圖",並徵得著名篆刻書法家朱英和南通著名書法家朱石圃的題詠。

書有同治十二年膠西匡源濼源講院序:"汪曉堂先生世居如皋,家有園二,一曰文園……洪雅存先生顔以'緑净'。兩園……

①〔清〕賈瑚修,〔清〕周悦讓等纂:《增修登州府志》卷二十五第十四葉,清光緒七年(1881)刻本。

季君學耘繪圖。數十年來……觀察念先世締造之艱，慮其久而將淹也，於道光庚子重刊園圖，並自爲記，遍徵題詠，又蒐採前集之散失者，勤加編輯。所積既多，裒然成帙，因釐爲四卷。以《文園唱和》爲一卷，《緑净園唱和》爲一卷，《園圖總題》爲一卷，《園圖分題》爲一卷，均按題詠之前後爲次，而以《圖記》冠其端，屬余爲序……觀察服官吾東最久，多惠政，解組後猶羈歷下，不能歸。"有牌記："同治癸酉暮春之初刻於濟南。"後三卷——《緑净園唱和》《園圖總題》《園圖分題》均有牌記："同治癸酉暮春開雕。"每卷卷端下題："如皋汪承鏞曉堂輯。"前有《文園緑净園圖記》署："道光二十年歲次庚子小陽月汪承鏞書於臨清州署之思政堂。"《園圖分題》牌記："同治癸酉暮春開雕。"下有汪承鏞按語："余家雉水之上，舊有文園、緑净兩園，今將各景繪圖，乞名流題詠，或賦長篇，或吟短什。珠玉既富，剞劂斯加，俾爲園林生色，亦以誌苔岑雅契云。"後有同治十二年歲次癸酉歸安王蘭跋："右圖十四幀，乃季君學耘爲汪曉堂都轉尊甫春日觀察繪文園、緑净園圖也……曉堂都轉宦遊海右，喬寓濟南……重繪縑緗，付之剞劂。"最末一行署："男澍幼堂、傑菊泉校字。"

九行十八字，白口，四周單邊，單黑魚尾，無行格。每圖後有汪曉堂釋，即介紹此景，後接詩文。字方正，用墨較深，字大疏朗。圖爲精工所刻，點劃精細。可謂圖文並茂，是清後期歷城刻書中少見的精品。

③《讀史節要》十二卷，清汪承鏞輯，清同治五年如皋汪承鏞濟南知府任上刻本。

④《適軒尺牘》八卷，清徐菊生撰，清光緒四年北平范先謨山東刻本。

封面題："光緒四年春刊，濟南同文堂藏板。"同文堂爲刻字鋪。

有光緒三年暮春北平范先謨刻書序,時刻四卷。光緒三年仲春六安程以子甫序,序末有“高塘袁禧書”,知爲山東人書寫。山東人寫刻,當在山東刻成。

十行二十三字,上白口下黑口,單魚尾。字小,行疏,開本極小。

⑤《世史淘金》二卷,清陳陛謨撰,清光緒八年漢陽王幼石濟南府廨刻本。

封面題:“濟南同會齋梓。”同會齋爲刻字鋪。有牌記:“光緒八年春開雕於濟南府廨。”末有一行:“王氏家塾藏板。”此爲私刻標志。

同治十三年漢陽易紹基少薇氏序,稱此年其舅氏王幼石在濟寧官署任上,出此書一册,云欲“壽諸梨棗”:“今年冬,予省親,舅氏王幼石先生於濟寧官署,坐間出先生所著《世史淘金》一册,舅氏復綜論其生平,併云壽諸梨棗以公世。”王幼石識:“是編詳校字畫,俾無魯魚亥豕之訛。余悉照原本付之手民,毫無增減,凡編中□或係塗抹後未經改正,抑别有意義,俱不可知,今仍其舊,存其真也。幼石謹識。”知其在刻書時尊重原版面貌。

上下欄,上欄六字,四周單邊。下欄八行二十字,小字雙行二十字,白口,四周雙邊。字小,可見坊鋪刻書不精。

⑥《志遠堂全集》十卷,清江西鄒鍾撰,清光緒十二年江西鄒鍾山東省城德華堂刻本。

有牌記:“光緒十二年山東省城德華堂王少南刊。”

封面題:“此園藏板。”“此園”蓋爲鄒鍾客濟南之處所,德華堂當爲坊鋪,王少南當爲刻工,主持者實爲鄒鍾。

十行二十二字,白口,四周雙邊,單黑魚尾。字體一般。

⑦《來雨軒存稿》二卷,清莫晉撰,清光緒二十年會稽莫振甫濟南刻本。

莫振甫，字德齋，光緒二十年左右任山東鹺尹。

有牌記："光緒甲午年十月重雕於濟南。"卷端題："會稽莫晉寶齋著，姪元熙、元遴、炳垣、元增、元勳校字。"

光緒二十年湖南善化湯聘珍《續刻來雨軒集序》："所著《來雨軒集》，哲嗣崑圃刺史刻於都門……今忽忽五六年矣，兵燹後槧本不存，從孫德齋鹺尹訪獲遺書，重付剞劂。"光緒二十年平定李希蓮於山左鹺尹署序："甲午之秋，莫茂才振甫鹺尹德齋以其先從祖寶齋司農《來雨軒集》見示。"此書初刻在都門，但兵燹後刻本不存，故莫振甫再次刊刻先人著述。

⑧《清念堂詩録》（又名《廉泉集》）一卷，清王謝家撰，清光緒二十四年海城李秉衡刻本。

海城李秉衡（1830—1900），字鑒堂。曾任冀州知州、永平知府。光緒十年移任廣西按察使，二十年五月授安徽巡撫。未之任，甲午戰争爆發，清廷調李秉衡爲山東巡撫。二十三年調四川總督。在去四川之前，捐清俸給濟寧王謝家，促其付梓自著詩集。

前有王謝家自序："中丞海城李公，余生平受知之尤深也。當東事初起，公以重臣夙望，受命來東。時余方試罷，問視北上。今又三年矣。計此三年中，余鄉試再落，拔萃、優行二科，皆幾得而復失之……年前余被放言歸，公適以移督四川。受代在即，臨行辭公珍珠泉畔。公乃慷慨賜白金數笏，並命梓余行篋中詩。爰檢自甲午以後諸律體，更益以近作若干首，都爲一集。昔吴隱之爲廣州太守，酌貪泉以勵後人，遂以宦橐不潔之物目爲貪泉。若公之賜，其不爲貪泉也明矣，此'廉泉'之所由名也。"

十行二十一字，小字雙行二十一字，白口，四周雙邊，單魚尾。

⑨《孔氏三出辯》一卷，清沈畏堂撰，清光緒二十九年任邱李汝封刻本。

封面題："光緒癸卯季秋任邱李汝封重刊，板存濟南後宰門官書局。"卷端題:"歸安沈畏堂先生著,澠池張鳴評閱。"

光緒十七年洓陽鄭鈺鐵庵刻書序:"因踵而刊行之。"光緒三年天津周士瀚刻書序:"爰重訂先付剞劂,以爲嚆矢云。"咸豐五年乙卯謝益嵩陽學院鏡心齋序:"故特序而梓之。"知在此刻之前,已有謝、周、鄭三刻。

據《任邱文史資料》第七輯①,李汝封(1848—1913),字夢侯,號晉藩,任邱人,同治十二年癸酉科拔貢,授職山東知縣。因有李鴻章的推薦,汝封到山東後,雖授以知縣職,卻始終在總督衙門做屬官,同時兼代知縣。李汝封很有才幹,到職後,爲督府掌管記室文牘,晝夜伏案,處理督府事務,從無閒暇,爲歷任督撫所倚重。光緒四年,代理費縣知縣,十四年代理鄒縣知縣,十八年轉代汶山縣事務。光緒二十二年,汝封正式被授任樂安縣知縣。次年赴任不久,母病,去官奔喪,自此閉門退居,不再爲官。

據上述資料,此書刻時,李汝封已離開山東,亦不再爲官,屬私刻無疑,但板存後宰門山東書局,是刻成後板歸山東,還是委託山東書局所刻?不得而知。後一種可能性更大些,因爲他畢竟與山東有着比較密切的關係。

八行二十三字,白口,四周雙邊,單黑魚尾。

⑩《無爲齋詩集》二卷、《詞鈔》一卷,清張昭潛撰,清光緒三十三年山西李翰卿、韓晉昌、毛廣孚濟南刻本。

卷端題:"門人韓晉昌、毛廣孚校刊。"《詞鈔》卷端題:"男敦行、端行校字。"

有李毓林、于霖逢光緒三十二年序。有光緒十二年自序:"余自少年學爲詩,所作甚多。年既壯,則焚之,所存者寥寥耳。四十以後,肄業省垣,□多作矣。今檢家居所存者,爲《金闕集》;省垣

①中國人民政治協商會議任邱市委員會:《任邱文史資料》第七輯,2003年版。

所作者,爲《金泉集》。彙而鈔之,約若干首。”後有光緒三十三年溧陽馬棨臣跋:“北海張次陶先生文稿,久鏤板行世,而《無爲齋詩集》不輕示人。余與翰卿鹽尹堅索者再……鹽尹力勸付梓,寄上序文,兼奉刻資,而以跋屬余……鹽尹提倡宗風宏獎爲懷,前已三次代梓拙著,玆又刻先生詩集。”又有光緒三十三年門人孫廼瑶跋:“平城李翰卿先生,一見先生詩,即擊節賞歎,捐資助刻。”可見,此書爲山西李翰卿助刻無疑。《校經室文集》是集序云:“張君次陶既卒之明年,其門人孫廼瑶等輯君晚年所作,得文三十餘首,將授諸梓,而屬予序之。君文有《初集》《續集》,皆君所手定,爲門人郭恩孚刻於果園,今行世已數年。此其遺稿也。……生平所著尚多,有纂修《通志·疆域沿革表》及《通紀稿》,其子端行又將編輯以次付剞劂云。”

十一行二十一字,白口,四周單邊,單黑魚尾。字畫整嚴,一絲不苟,刻甚精,是清末歷城刻書中的精品。

⑪《慎節齋集》四卷,清陳宜賓撰,清光緒末江陰曹氏濟南刻本。

時曹氏任平度州牧。見清後期的平度刻書。

⑫《歷朝統系圖》,清光緒二十八年巴縣潘季約尚志堂刻本。尚志堂書院刻書已述。

⑬《婦幼五種》五卷(《達生編》《保嬰編》《福幼編》《遂生編》《經驗良方》),清亟齋居士撰,清同治十三年長沙莫組紳濟南刻本。

有同治十三年莫組紳《叙》:“因取《經驗良方》及《達生》《福幼》《遂生》《保嬰》諸編,彙爲一帙,付之棗梨。意取簡要淺近,不尚新奇……時在同治十三年歲次甲戌季冬月上浣刻於山東濟南省垣,長沙搢卿莫組紳謹識。”實爲長沙莫組紳山東濟南刻本。筆者見有兩書,一書封面題“板存山東省布政司大街南頭路西鴻文堂刻字鋪”,另一書封面題“同治甲戌年重刊,板存布政司大街德華堂刻字鋪”。經比對,二書實爲一版,看來,在各個坊鋪間確實有買賣版片的現象。不知莫氏的書最初在哪個刻字鋪刻成,不過,無論是鴻文堂,還是德華堂,此書刻印非常精,有乾隆風格,不多見。

⑭《小學人子禮》一卷,清光緒二十八年福州趙炯刻本。

封面題:“沙堤琴鶴堂趙謹刊,板存山東省城布政司大街南頭路西德華堂。”刻印精。

⑮《蠶桑速效編》一卷,清曹倜編,清光緒二十七年江陰曹倜濟南自刻本。

前有光緒二十七年辛丑江陰曹倜序,稱其二十五年己亥歸里,看到江南蠶桑業獲利甚劇,皆緣於吴孔彰撰《蠶桑諸説》,他於是親自實踐,“推廣吴君所著《論説》,考證東省土性之宜,並附列濰縣陳紳所著《勸興蠶桑説》,彙爲一編,名曰《蠶桑速效編》,以公同志”。體現了其重農思想。

末二行:“板存省城府門前秀文齋,毛邊紙每部京錢乙百卅文。”此書共三十四葉,如果毛邊紙每部一百三十文,那麽每葉刷印費當不足四文,可知光緒末的紙墨價格。

十行二十三字,白口,上下雙邊,單黑魚尾。字大,開本大,刻印精。

⑯《仙傳白喉治法忌表抉微》一卷,清耐修子撰,清光緒十八年會稽陸葆霖、崇明施稚桐等刻本。

封面題:“光緒壬辰卯月重刊。”卷端題:“耐修子敬録。”

卷末題:“板存山東省城大布政司街鴻文堂。定價:刷印連泗紙每本紙張工料京錢玖拾肆文;刷印上毛紙每本紙張工料京錢柒拾貳文;刷印毛太紙每本紙張工料京錢陸拾陸文。”

卷末有《捐貲刊刻姓氏》:候補府李捐銀貳兩;候補縣董捐銀壹兩;湖南即用縣施捐銀貳兩;候補縣沈捐銀壹兩;候補州陳捐銀

貳兩;候補州陸捐銀貳兩。又有《捐貲印送姓氏》:候補州陸捐送壹百本;傳義堂范捐送伍拾本。

末有光緒十八年夏六月會稽陸葆霖跋:"白喉一證,北地盛行,治法則古無專書,庸醫師心自用,往往誤爲風邪,投以表藥,貽害生靈,匪一日已。今年春,友人施君稚桐以《仙傳白喉治法》出示,並以余承乏書局,屬付剞劂,以廣流傳。繙閱之下,見其議論明通,辯駁嚴正,表分三將,用判四層,定良方以示所遵,列禁藥以明所戒,顏曰《忌表抉微》,誠千金之寶鑑,真人之祕傳也。同局秦君中子精於醫,因屬校勘,秦君亦深服其書,並附二方於後,雖立説少有牴牾,然尊聞行知當仁不讓,孰得孰失,必有能辨之者。是編之刻,施君曾醵貲若干,余與同志諸君共成之。梓既竣,謹述其顛末如此。"時陸葆霖爲山東刺史。

九行二十六字,小字雙行二十六字,白口,四周雙邊,單黑魚尾,無直格。眉上鐫評二十三行五字。

⑰《時疫救急十六方》,清毛承霖、蕭應椿輯,清光緒二十一年昆明蕭應椿濟南刻本。

卷端題:"歷城毛承霖、歸安淩紱曾、昆明蕭應椿仝校刊。"

前有光緒二十一年蕭應椿序,稱:"一日,過毛子稚雲,見案頭斷紙零箋,所鈔皆治疫方,喜其先得我心,因與商略刊布。稚雲亦以不學醫之故惟恐貽誤。余曰是不難,撮而録之,往折衷於初平,初平嘉余之欲副所言,而又佩稚雲之留心濟世也。爰悉心删定,又益以南中數方,共十六方,皆中於今之時疫者,慫恿付梓,余乃連夜招手民,且刊且校,竟三日而書成。"

13)歷城之外的山東人在歷城刻書

滋陽李西堂於光緒十八年在濟南刻其自著《晚悔堂詩集》八卷,同時還刻有牛運震曾孫牛頤志的《寄園燼餘集》一卷。詳見清後期的滋陽刻書。

平度尚慶翰兄弟,光緒二十九年在歷城刻白永修撰《曠廬詩集》二十卷。卷端題:"癸卯仲秋膠東逸園雕版。""逸園"爲尚氏兄弟堂號,但實際刊刻卻在濟南。有尚慶翰跋:"慶翰讀先生詩十餘年,佩服師訓,以爲近日如先生詩者殆難其人,商之家兄翼霄,命到省垣應試時付之剞劂。"則在省城刊刻無疑。民國時二人還刻了白永修的《曠廬詩續集》。詳見清後期的平度刻書。

以上爲清代後期外省人在濟南刻書及非濟南的山東人在濟南刻書的情況,可見刻書數量之多。

2. 歷城人刻書

相對來説,歷城當地人所刻書寥寥,刻書在兩種以上的僅有三人。

1)王賢儀、王鍾霖刻書

賢儀字麓樵。治刑名,佐府縣幕。曾在博興教館供職,又曾做過金鄉的訓導。著有《家言隨記》《修註大清律例》《名言摘録》。長子王鍾霖,字雨生,號漁陽山人,道光二十四年舉人,仕至長蘆運判。

《家言隨記》四卷,卷一有《申韓論》《佐治藥言摘要》《忠告節鈔》《閱歷偶談》《王氏説》;卷二有《稽古論略》,皆隨筆札記,多評論古人賢否;卷三有《轍環雜録》,多紀山左山水、古蹟及祠廟、物産;卷四有《交際心殷》《尚論景行》《桑梓敬止》《親戚情話》《骨肉心關》,並附以其先祖妣《遺訓》、先妣《志略》。

此書同治九年由王鍾霖暨其子王壽恩刻於濟南。封面題:"素凨堂藏板。"卷端題:"濟南王賢儀麓樵氏著,男鍾霖、賨霖敬録,孫壽恩校刊。"同治二年湖北鍾祥張應翔雲騫序,時張氏在德州任,鍾霖主講陵縣三泉書院,張氏稱:"雨生敬録遺編,將以付梓,質諸余。久置篋中,時披如晤。同治壬戌(按:同治元年)春,雨生改判鹺司,權長蘆運同篆,余時擢牧臨清。"同治五年毛鴻賓序。有評語。評語後有王鍾霖、王寶霖識。曾國藩同治九年序。是年王鍾霖於薊永分使署之恩貽齋撰《家言隨記書後》:"謹就先嚴所記,次其先後,間附一知半解,與子壽恩詳慎校訂,請序於師長先生,復專送至息縣,屬弟寶霖仝事校閱,覓京都手民梓藏家笥。"知此書由王賢儀之子及孫董理刊刻。鍾霖官薊州鹽運分使,在天津北,離京城近,於是雇京城刻工刊刻。有曾國藩、毛鴻賓作序,增加了此書的份量。

王鍾霖不僅刊刻父親遺著,還於光緒四年至五年與子王蔭卿在天津刊刻了自己所輯《國朝歷下詩鈔》四卷。有牌記:"光緒四年戊寅,漁陽山人仲夏初付雕,仲冬望刊竣。板暫存京琉璃翰茂齋。"十行二十二字,小字雙行二十二字,白口,四周雙邊,單黑魚尾。字方正。有光緒四年孟夏八日王鍾霖序:"歷下詩何爲抄而梓也?尊先訓,慰舅父也。"所指爲鍾霖舅父謝焜《海岱英華集》二十卷曾托付鍾霖事。"近讀余秋門先生《山左詩彙鈔》,《英華集》中詩已多見,蹉跎歲月,集篋謹藏,虞久而或散失,其何以慰舅父於九京邪?乃爲《歷下詩鈔》,凡集選歷下人詩,又搜求若干詩,舅父未及見者若干詩,共得百八十餘人,詩一千一百數十首,略爲次序,分作四卷。""遠隔故里,購詩頗爲不易……惟就鈔者梓之。""雖未揚海岱之英華,且先彰歷下之名士。"天津聞妙香館主人梅寶璐光緒五年大暑《後跋》:"《歷下詩鈔》共四卷,王雨生觀察鍾霖在長蘆薊永分司任内所手輯者也。光緒戊寅年秋發刊,未及校對,不意九月下旬忽倏遘危厲,仙逝於津城公寓,瀕危時諄諄命哲嗣蔭卿囑璐代終其事……年己卯炎夏,撥冗謹將已刊之前三卷校正訖,並第四卷編訂整齊,一例交蔭卿付梓……先生自著《黄雪香齋古文》《詩鈔》二種,亦經璐編訂待刊。"據此序可知,先是王鍾霖於光緒四年夏開雕,九月去世,五年夏其子蔭卿托梅寶璐校正前三卷,編訂第四卷付梓。王鍾霖自著《黄雪香齋古文》《詩鈔》二種,亦經梅寶璐編訂待刊。未知此二種刻否。

以上所知王鍾霖刻書二種，一爲其父刻，一爲自刻，且兩書皆有其子參與，二世刻書。《國朝歷下詩鈔》的刊刻，意義較大。這是歷城地方詩歌的彙集，在余正酉《國朝山左詩彙鈔》的基礎上，另輯一千餘首，可補地方文獻之不足。二書有共同的特點，雖然他都在長蘆薊永分司任上，即在天津任職，而刻書皆請京城名手刊刻，且《國朝歷下詩鈔》板存京城琉璃廠翰茂齋刻字鋪。

2）邵書升刻書

邵書升，歷城人，生卒年不詳。所刻書有七種，除一種爲《二千字文注釋》外，其餘六種彙爲小叢書《啓蒙六種》。

《二千字文注釋》不分卷，明歷下殷士儋撰，清山茌周彤桂注，清般陽王慕徽雨坡校，清光緒十三年歷城邵書升刻本。士儋，第一章有述。彤桂字復卿，光緒十七年舉人。該書封面題："光緒丁亥新鐫，古山茌劉維鈞敬書，古平陵邵書升敬刊。""古平陵"即今濟南歷城。劉維鈞即劉叔衡，山茌人，爲此書的寫工。前有殷士儋《二千字文序》。長沙陶振宗識："殷文莊公，前明隆萬間名相，未竟其施，遽□林下，偶因訓蒙而撰此文。"光緒十三年王慕徽《二千字文註釋序》："（友人周復卿編）光緒十三年十月吉日淄川王慕徽序並起《凡例》與《五音訣》於左。"光緒十三年周彤桂識："右殷文莊公林居訓蒙之書，大略分類，篇終以任仁端養爲勖。統觀序跋，知注意在此。雖不能至，心嚮往之。課徒之暇，聊加注釋。以字句之訓爲先，而或及他訓，並逐字註聲註韻，間爲註音，冀亦便童蒙也。但案頭書乏善本，莫定謬訛，兼旬而成，良多掛漏。乃質之王雨坡夫子，猥蒙殫心校定。邵君廷選見而善之，亟欲捐貲以付手民。重違其意，屬劉君叔衡繕與之。然公相業彪炳，著作等身，生平崖略見於邑乘，歿後崇祀鄉賢祠，而收入《四庫全書》者惟《金輿山房全集》，其他著述散佚頗多，考古者搜求而刊布之，庶不負先正嘉惠後學之至意也夫。”上下欄,下欄正文大字,四字一句,八字,八行,上欄注釋,小字。刻印較精。這是此書的第一次刊刻,第二次刊刻入《啓蒙六種》。

據以上序跋,知此書成於衆手。著者:殷士儋;注者:周彤桂;校者:王慕徽;寫者:劉維鈞;刻者:邵書升。

邵書升所刻的第二部書是《啓蒙六種》,清光緒十四年至十九年平陵邵書升刻本。

①《二千字文》一卷,明殷士儋撰,清周彤桂注,清王慕徽校,清光緒十四年歷城邵書升刻本。

封面題:“光緒戊子重刻。”卷端題:“歷城殷士儋正甫撰,長清周彤桂復卿註,歷城邵書升雲階校。”邵書升光緒十四年《重刻二千字文增註序》:“光緒丁亥,余託長清劉君叔衡書以授梓……刻既成,童蒙之藉以啓迪者良多,或謂再字加切音,並將兼韻音義一一明辨,不更善乎?爰商之周君,乃應之曰:‘諾。’脱藁後,更附《四聲韻母》《五聲切音訣》……遂重付剞劂氏以廣其傳。四字訓蒙之書,余所最愛者約數種,皆欲重刻,爲訓蒙計。有《純正蒙求》《左氏蒙求》《性理字訓》《韻史便讀》《類賦約選》等。”據序知,邵氏刻蒙學六種已有計劃,此爲第一種。八行,大字十字,小字雙行二十字,白口,四周雙邊,單黑魚尾。開本、字均小,但刻印較精。

②《純正蒙求》三卷,元胡炳文撰,清光緒十五年歷城邵書升刻本。

胡炳文,字雲峰。封面題:“光緒已丑重刊。”卷端題:“元胡雲峰先生著,歷城邵書升雲階校刊。”周彤桂光緒十五年《重刊純正蒙求序》:“涉於倫常切於日用者,以俗言近譬爲童蒙講求,務使是非瞭然,知所云去從而後已……元儒胡雲峰先生有《純正蒙求》三卷刊布者,附先生事略……吾友邵君雲階得是書於京都,重爲校刊,並標總目。”八行,小字雙行二十字,白口,四周雙邊,單黑魚尾。

現存的《純正蒙求》有兩個明代版本，各存一部：明嘉靖十年刻本和明刻本。清代刻本亦不多見，不知邵氏從京都購置者爲何版本。

③《左氏蒙求註》一卷，元吴化龍纂，清光緒十六年歷城邵書升刻本。

封面題："光緒庚寅重刊。"卷端題："元奉化吴化龍伯秀纂，復卿周氏彤桂重校，雲階邵氏書升重訂。"邵書升光緒十六年《重刊左氏蒙求序》："此編自元迄今，疊經鐫板。第多彙叢書中，鮮單行本。魯魚亥豕之訛亦間不免。竊欲校刊以廣其傳，商之吾友周復卿，亦以爲然。屬同檢校訖，爰招梓人，俾註附段末。"

《善目》收同治三年劉履芬抄本一部，蓋比較稀見。《叢綜》收入多部叢書，嘉慶中南匯吴氏聽彝堂刻《藝海珠塵》本；道光中浦江周氏刻《紛欣閣叢書》本。在邵氏本之後的叢書本有：光緒二十年文選樓石印《琅環獺祭》本；民國商務印書館排印《叢書集成初編》本。如邵氏所説，收入叢書中多，單刻未見，邵氏此本亦爲叢書本。

④《性理字訓》一卷，宋程若庸撰，清光緒十七年歷城邵書升刻本。

封面題："光緒辛卯重刻。"卷端題："徽休寧程若庸達原譔，長清復卿周彤桂詳校，歷城雲階邵書升付刊。"

邵氏光緒十七年《重刻性理字訓序》："是書爲先生高弟雲間趙君鳳翔所刊《小四書》之一種。"知此書原爲陸稼書弟子趙鳳翔刻《小四書》之一，光緒八年經朱升輯，陸隴其校訂。宏道堂又刻《小四書》，收入此種。光緒中《津河廣仁堂所刻書》亦收。此書八行二十字，小字雙行二十字。

⑤《韻史便讀》二卷，明許遯翁撰，清光緒十八年歷城邵書升

刻本。

許遯翁，明末清初人。封面題："光緒壬辰重刻。"卷端署："靈泉遯翁高陽氏著，長清復卿周彤桂重校，歷城雲階邵書升重梓。"

邵氏光緒十八年《重刊韻史序》："遯翁之子冰潭暨祝子二陶因梓以傳，然書訖於宋而元、明、清缺焉……此編爲吉雲浦藏本，咸豐己未出示，鍾書舫觀察文愛其絜綱目之要領，擷史學之菁華，爰求序於許滇生尚書。乃普謂：'四言韻語，固班氏《漢書》述贊體。'觀察遂付手民，余購閱之。竊謂春秋戰國事迹多關孔孟，學者所宜熟識而此尚闕如，廼取黄成性先生《史學提要》中所纂《春秋戰國諸侯本末》，置之周秦之際，以補其闕。仍屬吾友周君復卿分校而刊之。"此書許遯翁之子曾刻，咸豐鍾文書舫觀察又刻。鍾文，即李鍾文，字質夫，號書舫，齋號爲"十年讀書之廬"。此書已知有咸豐十一年十年讀書之廬刻本，光緒十年上海同文書局刻本，光緒十五年書業德書局刻本。邵氏所購此書爲李鍾文刻本，補缺，與周彤桂分校而刊布之。故邵氏所刻此書爲現存第二刻。比較重要。八行二十字，小字雙行二十字。

⑥《類賦約選》二卷，清張師載撰，清光緒十九年歷城邵書升刻本。

張師載爲張伯行之子。封面題："光緒癸巳重刻。"卷端題："津門張師載著，歷城王煜奎選定，歷城邵書升校刊。"王煜奎即王翰香，所做的工作是删繁選訂。

邵書升光緒十九年清明《四字類賦約選序》："王翰香先生爰爲删其繁冗，存其麗以則者，訂爲讀本，因付剞劂，以便初學云。"目前未見其他刻本，則此書蓋爲第一刻。八行二十字，小字雙行二十字。

歷城邵氏刻書特點有八：

一是專刻蒙學書。

二是刊刻鄉賢著述。如對殷士儋的《千字文》兩次刊刻。

三是刻書精益求精。兩次刊刻《千字文》,第二次比第一次有所改進,其序稱:"刻既成,童蒙之藉以啓迪者良多,或謂再字加切音,並將兼韻音義一一明辨,不更善乎?"

四是刻書講究版本。如《純正蒙求》《左氏蒙求註》比較稀見。所刻《韻史便讀》爲現存第二刻,在版本上比較重要。

五是刻書有多人襄助。如《千字文》成於衆手,寫者劉維鈞,刻者邵書升;《左氏蒙求註》《性理字訓》《韻史便讀》均爲長清周彤桂校;《韻史便讀》由歷城王煜奎選定。

六是刻書有計劃。在光緒十四年時,就計劃刻六種,至十九年刻成,可謂有恒心與毅力。

七是有明確的刻書時間,皆在封面體現。刻書人亦在卷端體現,有較强的版權意識。

八是版式多爲八行,白口。開本雖小,但刻印精。

3)江鍾秀刻書

江鍾秀(?—1926),字壽亭、壽峰。歷城人。十六歲起專心誦讀四書五經,固守孔孟之道。著《尊孔大義》《道教正義》《尊孔大義綱要》。民國七年,江鍾秀等人在濟南南門星宿廟創立萬國道德會籌備處,民國十年八月在泰安岱廟召開"萬國道德會"成立大會,推薦"衍聖公"孔德成爲會長,康有爲、田步蟾爲副會長,江鍾秀爲監理,總理會務。美國基督教牧師、上海尚賢堂創辦人李佳白爲名譽會長,同該會有密切往來。同年八月北京政府准其立案。"萬國道德會"聲稱要融合儒、釋、道、耶、回等五大宗教,以孔孟倫理道德爲主,教化人類,企圖達到"世界大同"。民國十五年,江鍾秀病故。其次子江希張,字慕渠,亦爲萬國道德會創辦人。幼年時被呼爲"神童",九歲著《四書白話解説》,又著《息戰論》和《道德經白話解説》。

作爲一時風雲人物，江鍾秀以尊王宗聖爲宗旨，撰輯有七部書，著書數十萬言，輯爲《江氏著書七種》。七部書中除了一部爲石印本，其他六部皆爲刻本，但刊刻非個人行爲，而是由山東人主要是歷城人合刻而成。

①《尊孔大義》一卷，清江鍾秀撰，清光緒末衆人合刻本。

篇目有《擬懇預備立憲宜先從實行鄉約共行尊孔辦起稟》《擬懇奏請道飭學堂公所統懸聖賢先儒像贊圖並届星期暇日俱講闕里文獻考議》《擬懇奏請女學堂仝祀孟母稟》《尊孔約啓》《尊孔約規》《尊孔報》《擬懇奏請尊崇聖賢宜再推廣升祀加封爵職條議》《同歸孔孟序》《申明尊孔四條》《孔教徧行全球策》《孟子遊梁論》。九行二十字，白口，四周雙邊，單黑魚尾。刻一般。

②《孔孟圖歌》二卷，清江鍾秀編，清末石印本。

有光緒三十年江氏序。包括《孔》一卷，《孟》一卷。

③《孔孟重行周流議》一卷，清江鍾秀撰，清光緒末衆人合刻本。

有孔令貽覆信。光緒三十一年掖縣翟肇適記於金泉精舍。《孟翰博試辦宣講已收成效紀實》，其中有關歷下學子在趵突泉之四面亭宣講事，主講爲周彤桂、王嗣哲，助講爲段志清、段鴻飛、嚴西清、王良成、何毓蘭、趙福齡、王維珍、周連欽、張梅清、李德重、魯琛、唐立恒。末附《校刊姓氏》：長清周連錫百朋、章邱王良成韶九、濟陽王嗣哲子朋、海寧汪徵誠益三、鄒平高永超箸元。九行二十字，白口，四周雙邊，單黑魚尾，刻一般。

④《尊宗贅議》一卷，清江鍾秀撰，清光緒二十八年山東書局刻本。

有牌記："光緒壬寅仲冬山東書局刊印。"上文山東書局刻書已述。

⑤《庶人禮略類編》一卷，清江鍾秀撰，清光緒二十九年刻本。

有光緒二十九年江鍾秀自序於種竹山房:"光緒癸卯,鍾秀讀書於胡大公祖處。課餘之暇,因思列國竟立,邦交是重,聘覲往來,無非觀風問俗。我中國自古以禮教化民,而山東又至聖桑梓之邦。水陸交通,聘問日繁。設不急興禮教,一滌汙俗,將何以無忝聖人之邦,而大悦各國之觀聽乎。乃請於胡大公祖,爲代購取先聖先賢禮制等書,擇其至簡至易爲庶人可通行者,衍爲條規,冠以詞説。愷切解釋,發人天良,輯爲一册。"述著書緣起。

有牌記:"光緒癸卯孟冬濟南同會齋刻。"卷端題:"山左歷城江鍾秀壽臣謹述。"九行二十字,白口,四周雙邊,單黑魚尾。

⑥《興學創聞》一卷,清江鍾秀撰,清光緒末刻本。

此書在私塾改爲學堂的轉變期,具有現實意義,得到山東提學使的嘉賞。九行二十字,白口,四周雙邊,單黑魚尾,字大。

⑦《御書徵言》,清江鍾秀編,清光緒末刻本。

光緒三十三年丁未山東按察使黄雲等識。江福津,咸豐中一門捐軀,得到皇上的嘉許。光緒三十三年,巡撫楊以一門忠節專擢具奏,奉旨賞給御書"教忠厲節"匾額,前有御書坊圖兩幅(西面圖,東面圖),大幅。九行二十字,白口,四周雙邊,單黑魚尾。

江氏著述刊刻特點有六:

一是所刻内容皆體現了江鍾秀尊王宗聖的宗旨,刊刻《御書徵言》《興學創聞》也是爲了宣揚孔孟之道。

二是所刻書大部分爲衆人合刻。因爲共同的目標,江鍾秀的主張得到了一部分人的擁護與支持,對體現他主張的著述,大家也是共同校訂並出資刊刻。範圍以歷城爲主,延及周邊,如長清、鄒平、章邱、濟陽、鄒縣等地。這種自發的行爲完全是出於同一個夢想。

三是個别有官刻本。《尊宗贅議》完全是爲政者爲了正人心、厚民生、崇聖道、衛宗社而刻,並利用職權"道飭各府州縣一律舉行”。既然爲官刻，參與校訂之人不乏宿儒，如長清周彤桂，曾是歷城邵書升刻《千字文》的注者，並校訂了邵書升刻《左氏蒙求註》《性理字訓》《韻史便讀》三書，可謂當地名流。

四是在有名的刻書鋪如同會齋刻書。

五是大部分書没有明確的刻書時間，蓋當時的版權意識不强，也可能是衆人合刻的原因。

六是有統一的風格形式，九行二十字，白口，四周雙邊，單黑魚尾。但刻印質量不高，清末刻書已近尾聲，且衆人集資，故資金有限，不能保證質量。

4）其他歷城人刻書

除了以上三家刻書比較集中，清後期的歷城人在本地刻書都是零星的“散户”，没有形成規模，現按時間條舉如下。

光緒十一年濟南邵氏寶興堂刻《聊齋志異新評》十六卷。

光緒十三年歷城郭霖刻《守拙齋存稿》，卷端題：“玉田蔣式瑆性甫著。”包括三篇：《書馬竹吾玉函山房輯佚書後》《再書玉函山房輯佚書後》《三書玉函山房輯佚書後》。有時年七十有八的歷城郭霖光緒十三年識：“姑摘出刊布，世之讀馬氏書者共訂正之。”十行二十二字，白口，四周雙邊，單黑魚尾。

光緒二十一年，歷城陳象嵩、谷坤方刻《瘟疫條辨摘要》一卷，清吕田集録。封面題：“光緒乙未重鐫，板存濟南府有容堂谷氏家，願印送者自備紙工，不取板價。”有《重刻瘟疫條辨摘要》（按：“辦”應爲“辨”）：“歷城陳象嵩峻卿、歷城李慶榮子華校對；長山鄧啟明東垣、歷城李廷芬子馨、武清王岏一峰編次；鄒平夏志昌文溪、濟邑畢來遠樂齋、齊東王殿欽敬齋檢閲。”有光緒二十一年谷坤方静齋氏識：“幸而峻卿世兄與諸友人樂善好施，極力擁託，各出青蚨數貫，願將原本重刻，以廣流傳。若峻卿諸兄，可謂與人爲善者也。後之樂善君子，心切仕術者翻刻多印，傳滿海内，不獨東省士人各手一書。”知此書由歷城陳象嵩等刻成。

光緒二十三年歷城吴氏刻周兆基輯《佩文詩韻釋要》五卷。

光緒二十四年田硯池門人刻《點定離騷》一卷。封面題:“光緒戊戌開雕,夢鷓鴣樓藏板。”版心下鐫“夢鷓鴣樓”。末有光緒二十四年門生任象益跋:“(硯池師)庚寅七月上旬歿於濼源書院寓齋,撫使張勤果公賻以十金,兼諸友朋資助,歸其喪。先生歿時,兩目大開,益三祝及斂,猶視,不知爲是書與否? 蓋是書十五易稿矣。”末署:“門下後學章邱丁建池、李文翥校字。”知經辦者爲田氏學生,應在山東刻成。八行二十字,白口,四周雙邊,單黑魚尾。

光緒二十五年歷下刻毓俊撰《友松吟館詩鈔》十五卷。

光緒二十八年濟南雪庵學社刻袁桐編《初級蒙學歌》。

宣統二年歷城毛承霖刻其父毛鴻賓的《毛尚書奏稿》十六卷《首》一卷。鴻賓(1806—1868),字寄雲,號菊隱。歷城人。道光十八年進士,授翰林院編修,歷任兩廣總督、兵部尚書。長子慶澄,蔭得副貢,後受保薦至候選道,官至二品;次子承霖(?—1925),字稚雲。光緒十四年舉人,官至湖北候補同知、候補道。光緒末季和宣統年間參與編纂《山東通志》《續修歷城縣志》,任通志局提調和縣志監修。《毛尚書奏稿》即由二子相繼編次而成。有《臺諫奏議》一卷,《團練奏議》一卷,《撫湘奏議》八卷,《督粤奏議》六卷。書有牌記:“宣統元年己卯十一月開雕,二年庚戌十二月栞成。”《編校姓氏》:榮成孫葆田、番禺張學華、昆明蕭應椿、平遠丁道津、大荔黄華、錢塘韓壽椿、無錫楊錫珍、即墨黄象轂、武城韓鏡蓉、膠州趙文運、膠州高振崇、高密傅丙鑑、高密單朋錫、歷城李福鑾、歷城嚴毅。《編校姓氏》末署:“男承霖敬刊,孫熙震、姪孫熙謙、曾孫毓鋆恭録,外孫林廷標、孫肇熉參校。”可見參與人員很多,而且均爲歷城或寓居此地的名流,如榮成孫葆田,昆明蕭應椿,即墨黄象轂,高密傅丙鑑。有宣統二年張學華序。宣統二年孫葆田序。毛承霖識稱，此稿“經先長兄薌林先生手自編輯，藏之篋笥，久謀付諸手民，遂以丁未冬遘疾逝世。霖復受而藏之”，“爰於戊申秋敬録副本，擇其最關要政者，重加釐訂，分爲十有六卷”。十行二十一字，白口，四周雙邊，單魚尾，刻較精。毛承霖刻此書時當在歷城。

宣統武福恭刻其父武震撰《賜慶堂文稿》（僅存一卷）。震字峙東，歷城人，同治四年乙丑進士，官漢黄德道。是編共文二十二首，震子福恭所輯刊。孫紀雲序稱峙東曾將其先人制義付梓，未見傳本。又云：“峙東之文，皆自道其胸之所欲言，無一依傍古人處。”有牌記：“宣統元年孟冬開鋟。”目録下署：“歷城武震峙東甫著。”卷末署：“男福寬、福恭、福和校刻。”係家刻無疑。末附孫葆田撰《墓表》。九行二十一字，白口，四周雙邊，單黑魚尾。刻印較精。

3. 歷城人在外地刻書

吴樹梅（1845—1912），字燮臣，號毓春子。光緒二年進士，任翰林院編修九年。後任南書房行走、國子監司業、詹事府右春坊右中允、司經局洗馬、翰林院侍講侍讀、詹事府右春坊右庶子、國子監祭酒、内閣學士、户部左侍郎等。吴樹梅在南書房先後約二十年，頗受光緒帝信賴。光緒二十四年，政變迭起，社會動盪不安，湖南成了改革思想的會聚地，朝廷特任吴樹梅爲湖南學政。吴樹梅上任後，首先頒布條例，試圖以正統儒學來訓化和禁錮知識分子的思想。每到一府縣，總是召集生童講解儒學，反復辯論。光緒二十七年，赴陝西行宫復命，不久以風濕病上奏朝廷辭職回鄉。三十四年，《山東通志》設局開修後，吴樹梅任通志局總校，參與編纂《山東通志》。著有《浙使紀程詩》一卷、《湘雅扶輪集》十二卷。

《浙使紀程詩》一卷，於光緒二十五年刻於長沙督學使署。《湘雅扶輪集》十二卷，於光緒二十六年刻於長沙節署。有牌記：“光緒庚子孟冬刊於長沙節署。”有自序：“於是裒刻歲科試及觀風月課之作,取入格者以類相從,都若干卷。”九行二十五字,白口,左右雙邊,單黑魚尾。無直格,刻印尚可。

山荘李慶豐,有《行吟日記》六卷,光緒三十四年由衆人合資刻於稷下。慶豐,字綏埏,號浣青,又號萍鄉使者,原籍湖南嶽州府華容縣。世居濟上,嗣又移居山荘(按:山荘爲歷城古地名),歷十餘傳。光緒十三年,受知張曜,委辦上遊河防書記。此書即爲此時所作。

卷一《稷門吟草》有光緒三十四年戊申東鄒楊次麟《序》:“光緒己卯,余負笈濟南……丁未夏,李君奉委司青城巡警,出所著《行吟日記》見示……兹以此編行將付梓。”光緒三十四年山荘李慶豐《原序》:“因叙歷年所著《吟草》,彙分六册,統爲《行吟日記》。”卷二《燕遊吟草》有光緒十六年西安張楚林翹軒序於都門旅次,光緒二十三年葛之覃子周序於高密縣署:“欲早爲之序,付之剞劂,以公同好,奈余職司河幹……”卷三《南遊日記初編》有光緒三十三年丁未紀澤蒲文苑序:“遂與一一編次,囑諸生繕寫清本,付之手民,以公同好云。”光緒二十五年己亥自序。胡壽椿光緒三十四年《行吟日記初編跋》:“適同人集資付梓,委余校勘。”卷四《南遊日記次編》有光緒三十四年李鏡蓉稚泉序於稷下之碧竹軒。卷五《南遊日記三編》有光緒三十三年丁未渠邱張英魁□儂氏《行吟日記序》。附諸友贈詞。卷六無書名,有光緒三十四年戊申宋嗣秀卓峰序。

卷一《稷門吟草》封面題:“光緒三十四年仲冬刊於稷下。”稷下,山東臨淄。九行二十字,白口,四周雙邊,單黑魚尾。字體方正,行密字大。

另有《佩文官韻》□□卷,清歷邑左孝臣重刻本。末署:“歷邑左孝臣重刊。”七行十字,白口,四周單邊。大字,小開本,但刻印不精。

以上,歷城家刻共一百一十一種,以集部爲主,五十四種,占一半,其中别集四十四種,占百分之八十多。總集類有地方藝文一種。詩文評衹一種,詞類衹一種,無曲類。子部有二十五種,以方敦吉所刻的方潛儒家著述爲主。史部有二十一種,以陳錦所刻文牘與傳記、丁彦臣所刻金石類爲主。經部最少,僅十一種,以邵書升所刻小學書爲主。在刻書時間上,光緒最多,同治次之。

(二)章邱、淄川、長山、新城、濟陽、臨邑、長清、德州、平原刻書

1. 章邱刻書

清代後期的章邱刻書共六種,其中四種在清中期李廷棨家刻書中已述及。現介紹兩種。

一種是同治二年章邱張氏雞山元善堂刻張應昕撰《青山著書吟草》一卷。應昕(? —1854),字曉峰,號青山,章邱人,歲貢。工詩,家住雞鳴山。輯詩二百五十餘首,有同邑韓鳳翔、劉家龍、周寅清序。此書爲張應昕家刻本。

另一種是章邱李澍暨子李壽田刻李廷棨撰《紉香草堂賦鈔》一卷。目録下署:"濟南李廷棨戟門氏著,受業李澍暨子壽田校刊。"前有毛鴻賓題。有同治十一年門生李澍序,稱嘉慶二十五年,李廷棨館其家塾教授其讀書,道光九年李氏以即用需次保陽,十八年報罷,後以京兆寓居都門。二十七年夏,移節潞河,"荔衫弟已刊古今體詩並制藝行世,今以律賦三十篇見寄,囑爲校讎。因檢舊存師稿,益以十餘篇共爲一集"。荔衫即廷棨長子李寶嬰。九行二十五字,白口,四周雙邊,單黑魚尾。無行格。字小且密,但較精。

同治十三年即墨黄念昀漱芳園刻其父黄守平的《易象集解》十卷,卷末有"章邑王好仁刊"。則知章邱有刻工,名王好仁。

章邱後期共刻書六種,李廷棨後人有四種,大族刻書在清後期

的章邱刻書中仍占主體。以集部爲主,有五種。另有經部一種。在時間分布上,同治、光緒相當,宣統無刻書記載。

2. 淄川刻書

清後期的淄川刻書共五種,除四種爲高氏所刻外,還有光緒五年淄川王氏德會水亭刻馮元仲撰《喜雨簃》一種。

淄川清後期的刻書最少,前期二十三種,中期二十種,而後期衹有五種。大族刻書貫穿整個清代,以早期爲主,畢氏、張氏延續至中期,高氏延續至清末。三種書均爲集部書,皆在光緒時期刊刻。

3. 長山刻書

清後期的長山刻書衹一種。

《科名捷訣》一卷,清丁守存撰,清同治九年長山王榕吉京師刻本。

封面題:"同治九年重鐫。"有王榕吉《叙》:"吾鄉丁心齋先生……其刊行於世,有《曠視山房制藝》《大學中庸全文》及《造化究原》諸書……今先生以所心得,著爲《科名捷訣》……先生承累世科名之後,曾彙集其先代鄉會墨爲一册,計科名蟬聯四十二次,名曰《海曲丁氏世業》……先生自武昌郵寄數編,同人見者咸相稱快,紛紛索取,苦無以應,爰重付手民,廣其傳,並弁數言於簡端。"又有仁和龔自閎序:"歲在丁卯,山左王蔭堂同年人爲大京兆……京兆重刊以廣其傳。"王榕吉(1810—1874),字子莪,號蔭堂。長山縣人。嘉慶十五年生。道光二十四年進士。官至順天府尹、大理寺卿。當時王榕吉在京的讀書處爲"空青水碧齋"。

九行二十一字,白口,四周雙邊,單黑魚尾。字體娟秀,行疏字朗,不似一般科舉書,無直格。

4. 新城刻書

清後期的新城刻書衹一人,即江蘇武進徐壽基。壽基(1836—

1920），字桂珫，光緒六年進士，博學工文，著述頗豐。刻叢書《志學齋集》七種於桓臺官舍。

《志學齋集》七種，清徐壽基撰，清光緒中武進徐氏桓臺官舍刻本。

①《酌雅堂駢體文集》二卷，清光緒十一年武進徐壽基桓臺官舍刻本。

有牌記："光緒乙卯仲冬刊於桓臺官舍。"有光緒六年翁同龢序，是年殷兆鏞序，光緒九年任道鎔序，稱徐壽基於光緒七年冬來山東，光緒九年在任城。據牌記，知其光緒十一年至十二年在桓臺爲官。又有數人題辭。

十一行二十二字，上白口，下黑口，左右雙邊，單黑魚尾。字方正，刻印精。

②《春秋釋地韻編》五卷、《首》一卷，清光緒十二年武進徐壽基桓臺官舍刻本。

有牌記："光緒丙戌孟春刊於桓臺官舍。"版心下刻"傳經堂"。行款同上。

③《甲子紀年表》一卷，清光緒十二年武進徐壽基桓臺官舍刻本。

有牌記："光緒歲次丙戌仲春。"正文爲表格式。

④《續廣博物志》十六卷，清光緒十二年武進徐壽基桓臺官舍刻本。

有牌記："光緒歲次丙戌孟夏。"有自序："爰從鈔胥，將付剞劂。"行款同上。

⑤《曠記》一卷，清光緒十二年武進徐壽基桓臺官舍刻本。

有牌記："光緒丙戌孟夏刊於桓臺官舍。"卷端題："古延陵觀化子徐壽基撰。"版心下刻"澄心堂"。行款同上。

⑥《品芳録》一卷，清光緒十二年武進徐壽基桓臺官舍刻本。

有牌記："光緒丙戌仲夏刊於桓臺官舍。"版心下刻"樂意吟館"。行款同上。

⑦《經文懸解》五卷，清光緒十三年武進徐壽基刻本。

有牌記："光緒十三年刊。"卷端題："武進徐壽基桂珫。"行款同上。

徐壽基此書版心所刻堂號似與所刻書有關，"傳經堂"爲經部書，"澄心堂""樂意吟館"爲子部書。全書刻印佳。徐氏光緒十一年至十二年在桓臺爲官，不知十三年是否還在山東，衹知其光緒十五年在源陽官署刻《玉譜類編》四卷。《經文懸解》的行款與其他同，但牌記不同，是否刻於桓臺，不能遽斷。

5. 濟陽刻書

清後期的濟陽刻書所知有兩種，均爲艾氏所刻。

艾元徵(1624—1676)，字允治，號長人。順治三年進士，歷任翰林院學士、户部侍郎、左都御史、刑部尚書等職，爲官清正廉潔。著有《易經會通》等。

其詩集《退食槐聲留餘集》不分卷，清光緒三年濟陽艾氏刻本。有牌記："光緒三年歲在丁丑暮春上澣鐫於都門。"卷端題："濟陽艾元徵長人甫著，六世孫紹洵、紹棨、紹濂敬編，七世孫慶炳、慶瀾、慶甲恭校。"

有光緒三年桑春榮序："同治丁卯、戊辰，山左數苦捻，燬於兵燹。於時尚書六世姪鏡澣大令宰洪洞，有美政，以光其前人，每念前人所遺譔箸及身而見其散佚，所不忍也。爰就行篋所録詩古文辭及奏疏凡紙數十番，與夫記憶所及，復於其家煨燼之餘，掇拾而出之，完爲一篇，以付剞劂……大令之子慶瀾者，亦以進士官刑部。"光緒二年六世孫紹濂於山右洪崖官署序："咸豐乙卯，紹濂來晉……命子姪輩敬謹録出，編爲二帙，付之剞劂。"光緒三年濟南吴毓春序，稱艾元徵著述有《易書會通》《左傳詳解》《治安策略》

《備邊策要》等，皆未存。紹濂所述又有《離騷合參正解》《唐宋八大家評選》《十二代詩選》《待覺齋治安策略》、祭告中嶽詩百篇、雜詩四卷。

艾紹濂，字鏡漪，時任山西洪洞太守，他的兩個兒子雅亭、觀亭均在京城做官，故刻於都中。八行二十二字，白口，四周雙邊，單黑魚尾。

十年後，艾元徵後人又掇拾其詩文，刻成《退食槐聲留餘集續刊》不分卷。有牌記："光緒十三年歲次丁亥八月鐫。"卷端下題："六世孫紹棨、紹濂敬編，七世孫慶瀾、慶甲恭校。"版心上書書名，中刻"續刊"。後有光緒八年吴毓春《跋》："丁丑春（按：光緒三年）校梓艾尚書《留餘集》訖，鏡漪太守總以十一千百爲憾，復悉心搜求，凡宗族親舊及所識藏弆之家，探討殆遍。積數年，又得古近體詩若干首，將以續刊，觀亭仍以校讎之役屬余。"光緒七年丹徒周天麟序："前刻得諸兵燹之餘，業搜羅不遺餘力。則是帙之成，殆皆獲於意外……今太守寓書於其哲嗣觀亭比部，窮力搜輯，又得詩若干首，將以續刊。"八行二十二字，白口，四周雙邊，單黑魚尾。

6. 臨邑刻書

臨邑縣設於南朝宋。明清屬濟南府。

明代臨邑刻書有五種。清代前期和中期臨邑均無刻書記載，後期刻書祇一種，且爲補刻本。

《來禽館集》二十九卷，明邢侗撰，明萬曆四十六年樂陵史高先刻清康熙十九年鄭雍重修道光九年臨邑邢慈等補修光緒十七年臨邑邢九齡、邢良材等補修本。

此書明萬曆四十六年由邢侗婿樂陵史高先刻於襄陽。刻成後，板存來禽館。康熙十九年，鄭雍重修，有康熙十九年鄭雍題："則以家之藏板，經兵燹而不全也，予急購梨棗，付梓人，令其求全善而補刊焉，然後所謂全集者始全矣。"

道光四年,翰林院庶吉士莫樹椿來臨邑任知縣,他重修來禽館,刻二十二字行書。此時,藏於來禽館中的雕板因年久殘缺不全,亟待修復。莫樹椿遂動員邢氏後人,用數月時間將殘缺不全的雕板修復,於道光九年重新刊印,莫樹椿作《刊修來禽館集序》。卷末署:“道光九年夏六月,七世孫慈、八世孫世贊、世功、世所、世澍、九世孫培元、賡虞謹校刊”,又“七世孫慈、八世孫世贊、世功、世所、世澍、九世孫培元、賡虞校閱重訂”。又有道光八年戊子張夢麟識:“麟不自揣,商諸邢氏,而思所以完之,咸欣然從,相與搜羅散失,别補蠹朽,六閲月蕆事,復藏於來禽館。”

此板的最後修補是在光緒十七年。有光緒十七年識:“板皆藏來禽館中……道光年間漸有殘缺,賴邑侯莫公修而補之,得還舊觀。同治七年南匪竄境,板毁於兵燹者四百餘葉,有志重刊而未逮。今同族人世治、文元、鴻蔭,贊生義舉而捐貲鳩工……擇日開鐫,將板之燒毁者晝行添補,其寥落僅存者亦復重加修整……襄其事者,邢世治、邢朽、邢案、邢良材、邢尚敬、邢尚榮、邢尚源、邢尚璽、邢有客……”書最末署:“光緒拾七年歲次辛卯菊月上浣補刊,九世孫九齡、良材謹校閲。”可知,這次補刻工程比較大,有四百餘葉。

道光九年和光緒十七年,邢氏子孫爲了《來禽館集》的流傳,兩次補刻書板,這也是臨邑刻書史上的大事。

7. 長清刻書

長清縣之名始自公元 594 年,以境内的齊長城和清水命名。自宋始,或屬濟南府,或屬泰安州。清雍正二年屬泰安州,十二年又改屬濟南府。

長清在明代刻書有三種。清代前期未見私家刻書記載,中期一種。清末有兩種,均爲楊氏所刻。

楊瀞字怡園,長清人,嘉慶六年辛酉舉人,官泗水教諭。著有《卻掃齋詩鈔》《卻掃齋學詩草》,二書由楊氏同時刻於同治四年。

8. 德州刻書

清代後期的德州刻書衹有六種,且比較分散。

①《滇政録》,清李日謙撰,清光緒二十七年德州李氏刻本。北京大學圖書館藏。

②據《山東通志·藝文志》,德州後期有位女詩人何氏,陵縣人,故城秘王伊妻,《歷亭吟稿》一卷,清何氏撰,清光緒間德州王象山等刻本。

何氏,陵縣人,德州王伊妻,王象山爲其子。

田同之序云:"何夫人,陵州産也。生而端莊,幼而穎異,長而工詩。及於歸秘室,秉家政則聰明並用,雖牙籌縱横,而不廢吟事,有昔人經鉏賦槊之風,斯亦奇矣。讀其詩,清剛雅正,寄託遥深,爲笄褘中别開生面,而聲律允諧,儼如詞章之耆宿。但聞其性澹静,不欲以詩傳,故存者極少。此則其叔子雅彝所潛藏者,因及吾門而出以相示,更丐余序。嗟乎!夫人往矣。其通才朗識,僅窺一斑於二十篇中,可勝浩歎。因念吾州風雅,自有明迄今,皆屬須眉,從無巾幗。有之,自余曾王母張太夫人始,生平讀書明大義,工詩筆,每脱稾輒付丙丁,今所存者惟《茹荼吟》絶句三十首,見者以爲空谷之音矣。不意今日又得《歷亭吟》一集,巾幗英靈,不遺頓盡,天之因材而篤也,益信然哉!"

九行十九字,黑口,左右雙邊,單魚尾。

③《州乘餘聞》一卷,清宋弼撰,清光緒十四年德州馬洪慶養知堂刻本。

該書内容分德行、言語、政事、文學、方正、賞譽、識鑒、規箴、品藻、豪爽、曠達、感慨、棲逸、遊歷、容止、故實、感逝、遊戲、任誕、汰侈、忿悁、女流、志怪二十三類。其中,德行有葉洪、孟願、蕭惟豫、陳洪諫。言語有盧世漼兄盧世滋、謝重輝。前有宋弼小引:"己巳、庚午間,葺州乘,網羅舊事,偶得一二,輒劄記之。然志乘舉要而已,餘者顧棄之可惜,因更述所見聞,並剌取前人文字,都得百數十條,遂命曰'餘聞'。草率寫録,幾不可辨。獻縣紀曉嵐見之,漫謂似臨川《世説》。遥遥千載,縱有一二相似,郮可便唐突古人。念曉嵐之意,聊復芟録。偶然披閲,亦覺神明奕奕。轉恨明代三百年流傳絶少,安能上比古人,有好我者正不妨共爲刻畫,以此意貽之同志,更希少益耳。宋弼書。"有諸家題詞。河間紀昀曰:"六朝小史艷縑緗,蕭綺王嘉總擅場。獨與臨川傳世説,可憐劉峻在齊梁。檢點生平記事珠,丹鉛一字幾躊躇。何人復作裴郎學,一笑黄公舊酒壚。"豐潤趙國華曰:"人物方輿體例開,恒河沙數著書才。專家莫漫訾佻巧,容易真拈六代來。鏤穎雕新善寫生,風流文獻故鄉情。此才晚出山薑子,卻使黔書得重名。"馬洪慶跋:"右《州乘餘聞》一卷,前輩宋蒙泉先生所撰也。先生嘗輯《德州志稿》已,復掇拾軼聞,勒成此書,雖安石碎金,頗亦有資掌故,非苟作者。先大夫鈔存有年,未及授梓。余生也晚,不獲覩前輩風流,每念吾州文獻闕如,未嘗不泯焉是懼。今先生所輯志稿,不復可見,幸是書尚存副本,蕭疏簡遠,深得六朝風神,其傳無疑,近得他本校正,益覺斐然可觀,亟爲刻,公同志。世有耽奇嗜古者,請以余言質之。時丁亥仲冬同里後學馬洪慶識。"是馬洪慶刻書無疑。

封面題:"光緒戊子,養知堂開雕。"

十行二十一字,白口,四周雙邊。刻印良。

④《義利法戒録》二卷,清沈兆澐撰,清同治四年天津沈維璥山東德州督糧署刻本。

卷端題:"沈兆澐雲巢。"卷下末:"同治乙丑刊於山東德州督糧道署,男維璥校字,孫恩官、恩益、恩紱、恩嘉同校。"

有嘉慶十六年沈兆澐自序:"輯以示鑑,俾觀覽者知所法戒焉。"《凡例》云:"授徒之餘,間讀《史鑑》,爰輯此以示諸生暨子弟,藏諸家塾。"末有沈維璥識:"此家君二十九歲時所輯也。嘗謂士方讀書時即當嚴義利之辨,於經書明其理,於《史鑑》徵其事,知所法戒,庶他日出仕,確有操持,不爲流俗邪説所惑,故諄諄以此誨子弟生徒焉。版無漫漶,兹重付梓云。”沈兆澐(1784—1877),嘉慶十五年舉人,二十二年進士,主講天津輔仁書院,官至浙江布政使。著有《戒訟説》《捕蝗備要》《易義輯聞》《篷總録》,此書未見著録。天津沈氏自沈兆澐祖父沈峻始,三代刻書。同治四年沈維璥蓋在山東德州督糧署,是書爲其在德州督糧署任上所刻。

九行二十一字,白口,左右雙邊,單黑魚尾。刻印較精。

⑤日本早稻田大學圖書館藏《講約教條》,封面題:“光緒二十六年重刊,德州東南香椿劉莊存板。”有光緒十三年佚名序,又有是年張維藩序。據序知乾隆間經山東巡撫楊同意,此書曾有刊行,清前期的官刻已述。後有捐資姓名,捐資者有王觀濟等。

⑥謝重輝後人謝若卿刻謝九錫撰《南阮集》二卷,清前期德州刻書已述。

德州清前期刻書八十五種,中期二十種,而後期衹六種,不到前期的十分之一,數量大大減少,蓋與幾大家族的没落有關。刻書内容上平均分布,史部兩種,子部二種,集部兩種。時間上同治二種,光緒四種。

9. 平原刻書

平原中期無刻書記載。

清後期的平原刻書衹兩種。

一種是荆門蔣楷在平原所刻《平原拳匪紀事》一卷,清後期的歷城刻書已述。

另一種是劉寶鼎等輯《費縣藝文存》三卷,光緒二十六年平原劉寶鼎等刻本。

據崔巍老師書,此集分上、中、下三卷,輯晉至清費縣人詩文。卷一輯晉羊祜、唐顏真卿及明王雅量等十一人文二十篇。卷中輯清康熙高畯至道光進士王嘉麟等五人文，凡二十九篇。卷下輯南朝顏延之、唐顏真卿以至清王允升等二十五人詩，凡二百四十二首。卷末附崇禎十六年癸未進士王政敏妻宋氏詩十四首。此集卷首有劉寶鼎及莊清吉序，卷末有楊佑廷及陳世昌題跋。劉寶鼎序云："楊翊宸山長來言於予曰：'吾邑著作家不少，概見專集行世，唐以後無聞焉。國朝先正手澤，遞經兵燹，所存無幾，採訪搜輯始得十數人，倘再聽其淹没，益蕩然無存矣。及其所存留者，録而付梓，以與邑乘並存，不猶可藉以嘉惠藝林爲學古者勸乎。'予聞而喜曰：'此可以解不專志藝文之疑，並可以釋不專志藝文之憾矣。費枕東山，襟泗水，王化聖澤沾濡較深，其所以和聲以鳴國家之盛者，文采風流今尚存也。'因會同事諸君，即其採輯志書不能備載者，由晉唐以迄以今，付之剞劂，顏之曰《費縣藝文存》。"

寶鼎字星三，平原人，咸豐十一年辛酉拔貢，光緒十六年官費縣教諭。與修《費縣志》，並輯此稿。

附：濟南府家刻總表

妙蓮花室詩草三卷	（清）王增年撰	清同治二年泰州宫本昂濟南大明湖刻本
妙蓮花室詩餘一卷	（清）王增年撰	清同治二年泰州宫本昂濟南大明湖刻本
聽緑山房詩鈔一卷	（清）翟熙典撰	清同治泰州宫本昂濟南刻本
東山草堂詩鈔四卷	（清）柳晉撰	清泰州宫本昂濟南刻本
念雨堂詩鈔一卷詞鈔一卷	（清）宫昱撰（清）趙國華等評選	清光緒二十八年泰州宫本昂濟南刻本
澹静齋文鈔六卷文鈔外篇二卷（澹静齋全集之一）	（清）龔景瀚撰	清同治六年閩縣龔易圖濟南刻本

（續表）

澹静齋詩鈔六卷（澹静齋全集之一）	（清）龔景瀚撰	清同治六年閩縣龔易圖濟南刻本
邶風説二卷（澹静齋全集之一）	（清）龔景瀚撰	清同治八年至九年閩縣龔易圖濟南刻本
澹静齋説褉一卷圖一卷（澹静齋全集之一）	（清）龔景瀚撰	清同治八年至九年閩縣龔易圖濟南刻本
祭儀考四卷（澹静齋全集之一）	（清）龔景瀚撰	清同治八年至九年閩縣龔易圖濟南刻本
離騷箋二卷（澹静齋全集之一）	（清）龔景瀚撰	清同治八年至九年閩縣龔易圖濟南刻本
積石山房四書文三卷（澹静齋全集之一）	（清）龔景瀚撰	清同治九年閩縣龔易圖濟南刻本
奉萱草堂古文續集一卷	（清）單爲鏓撰	清同治十一年閩縣龔易圖濟南刻本
梅花草盦石刻勾本一卷	（清）丁彦臣輯 （清）張芷衫雙鈎	清同治七年歸安丁彦臣濟南刻本
女科二卷附産後編二卷	（清）傅山撰	清同治七年吴興丁彦臣濟南公廨刻本
人譜正篇一卷續編二卷類記增訂二卷	（明）劉宗周撰	清同治七年吴興丁彦臣濟南公廨刻本
雙鈎華山廟碑一卷	（清）丁彦臣摹	清同治七年歸安丁彦臣濟南刻本
漢石例六卷	（清）劉寶楠録	清同治八年湖州丁彦臣濟南刻本

（續表）

篆存一卷	（清）丁彦威輯	清同治十一年歸安丁彦臣濟南梅花草盦刻本
漢碑鈎本一卷	（清）丁彦威輯	清同治十一年歸安丁彦臣濟南梅花草盦刻本
妙相莊嚴		清同治八年古吴潘霨刻本
唐律賦抄一卷		清同治八年古吴潘霨濟南刻本
青草堂集一集十二卷	（清）趙國華撰	清同治十一年豐潤趙國華濟南刻本
明湖四客詞鈔四卷	（清）趙國華輯	清同治十三年豐潤趙國華濟南刻本
青草堂集二集十六卷	（清）趙國華撰	清光緒八年豐潤趙國華濟南刻本
青草堂集三集十六卷	（清）趙國華撰	清光緒十八年豐潤趙國華濟南刻本
青草堂補集七卷	（清）趙國華撰	清光緒豐潤趙國華之子趙恩涉、趙恩澎刻本
花陰寫夢詞一卷	（清）倪鴻撰	清光緒九年濟南刻本
退遂齋詩續集二卷	（清）倪鴻撰	清光緒十年濟南刻本
峴傭説詩一卷	（清）施補華撰	清光緒十三年烏程朱毓廣濟南刻本
澤雅堂詩二集十八卷	（清）施補華撰	清光緒十六年大興張曜濟南刻本

（續表）

時藝軼存不分卷	（清）陳錦輯	清光緒元年山陰陳錦橘蔭軒刻本
時藝軼存二編不分卷	（清）陳錦輯	清光緒二年山陰陳錦橘蔭軒刻本
補勤詩存二十四卷	（清）陳錦撰	清光緒三年山陰陳錦橘蔭軒刻本
緑雲山房詩草二卷首一卷終一卷	（清）勞蓉君撰	清光緒四年山陰陳錦橘蔭軒刻本
勤餘文牘六卷	（清）陳錦撰	清光緒五年山陰陳錦橘蔭軒刻本
學廬自鏡語一卷	（清）陳錦撰	清光緒五年山陰陳錦橘蔭軒刻本
補勤幼學録一卷	（清）陳錦撰	清光緒五年山陰陳錦橘蔭軒刻本
東溟校伍録二卷	（清）陳錦撰	清光緒五年山陰陳錦橘蔭軒刻本
大篪吟草六卷	（清）陳昌沂撰	清光緒六年山陰陳錦橘蔭軒刻本
越中感觀録一卷	（清）陳錦撰	清光緒九年山陰陳錦橘蔭軒刻本
勤餘文牘續編二卷	（清）陳錦撰	清光緒十年山陰陳錦橘蔭軒刻本
補勤詩存續編六卷	（清）陳錦撰	清光緒十年山陰陳錦橘蔭軒刻本

(續表)

醪河陳氏誦芬録一卷	(清)陳錦撰	清光緒十年山陰陳錦橘蔭軒刻本
文廟從祀位次考一卷	(清)陳錦撰	清光緒十二年山陰陳錦刻本
詩韻釋音五卷	(清)陳錦撰	清光緒十三年山陰陳錦橘蔭軒刻本
有明於越三不朽名賢圖贊	(清)陳錦撰	清光緒十四年山陰陳錦刻本
遯齋偶筆二卷	(清)徐崑撰	清光緒六年毗陵徐堉等濟南刻本
畫溪詩集一卷	(清)徐崑撰	清光緒六年毗陵徐堉等濟南刻本
毗陵徐氏家傳一卷	(清)徐崑撰	清光緒六年毗陵徐堉等濟南刻本
小有齋自娱集一卷	(清)徐鈞撰	清光緒六年毗陵徐堉等濟南刻本
耕道獵德齋詠史樂府	(清)周懷綬撰	清光緒九年前毗陵徐堉濟南刻本
耕道獵德齋吟稿六卷	(清)周懷綬撰	清光緒九年毗陵徐堉濟南刻本
包軒遺編三卷	(清)張泰來撰	清光緒十五年桐城方敦吉濟南刻本
辨心性書二卷	(清)方潛撰	清光緒十五年桐城方敦吉濟南刻本

（續表）

顧庸集十二卷	（清）方濳撰	清光緒十五年桐城方敦吉濟南刻本
膠西課存一卷	（清）方濳撰	清光緒十五年桐城方敦吉濟南刻本
述餘八卷	（清）方濳撰	清光緒十五年桐城方敦吉濟南刻本
心述三卷	（清）方濳撰	清光緒十五年桐城方敦吉濟南刻本
性述三卷	（清）方濳撰	清光緒十五年桐城方敦吉濟南刻本
永矢集三卷	（清）方濳撰	清光緒十五年桐城方敦吉濟南刻本
那處詩鈔四卷	（清）蔣楷撰	清宣統三年門人周清濟南刻本
經義亭疑三卷	（清）蔣楷撰	清宣統三年濟南刻本
滄粟庵詩抄二卷	（清）葉圭書撰	清同治二年滄州遲澧蘭大明湖刻本
讀史節要十二卷	（清）汪承鏞輯	清同治五年如皋汪承鏞濟南刻本
汪氏兩園圖詠合刻四卷	（清）汪承鏞輯	清同治十二年如皋汪承鏞濟南刻本
適軒尺牘八卷	（清）徐菊生撰	清光緒四年北平范先謨山東刻本
世史淘金二卷	（清）陳陛謨撰	清光緒八年漢陽王幼石濟南府廨刻本

（續表）

志遠堂全集十卷	（清）鄒鍾撰	清光緒十二年江西鄒鍾山東省城刻本
來雨軒存稿二卷	（清）莫晉撰	清光緒二十年會稽莫振甫濟南刻本
清念堂詩録（廉泉集）一卷	（清）王謝家撰	清光緒二十四年山東巡撫海城李秉衡刻本
孔氏三出辯一卷	（清）沈畏堂撰	清光緒二十九年任邱李汝封刻本
無爲齋詩集二卷詞鈔一卷	（清）張昭潛撰	清光緒三十三年山西李翰卿、門人韓晉昌、毛廣孚濟南刻本
歷朝統系圖		清光緒二十八年巴縣潘季約尚志堂刻本
婦幼五種五卷	（清）亟齋居士撰	清同治十三年長沙莫組紳濟南刻本
小學人子禮一卷	（清）戴汝舟撰	清光緒二十八年福州趙炯沙堤琴鶴堂濟南刻本
蠶桑速效編一卷	（清）曹倜編	清光緒二十七年江陰曹倜濟南刻本
仙傳白喉治法忌表抉微一卷	（清）耐修子撰	清光緒十八年會稽陸葆霖、崇明施稚桐等刻本
時疫救急十六方	（清）毛承霖、蕭應椿輯	清光緒二十一年昆明蕭應椿濟南刻本
晚悔堂詩集八卷	（清）李西堂撰	清光緒十八年滋陽李西堂濟南刻本

（續表）

寄園爐餘集一卷	（清）牛頤志撰	清光緒十八年滋陽李西堂濟南刻本
曠廬詩集二十卷	（清）白永修撰	清光緒二十九年平度尚慶翰兄弟濟南刻本
慎節齋集四卷	（清）陳宜賓撰	清光緒末江陰曹氏濟南刻本
家言隨記四卷	（清）王賢儀撰	清同治九年歷下王鍾霖、王壽恩刻本
國朝歷下詩鈔四卷	（清）王鍾霖輯	清光緒四年至五年歷下王鍾霖、王蔭卿天津刻本
二千字文注釋不分卷	（明）殷士儋撰 （清）周彤桂注 （清）王慕徽校	清光緒十三年歷城邵書升刻本
二千字文不分卷	（明）殷士儋撰 （清）周彤桂注 （清）王慕徽校	清光緒十四年歷城邵書升刻本
純正蒙求三卷	（元）胡炳文撰	清光緒十五年歷城邵書升刻本
左氏蒙求註一卷	（元）吴化龍纂	清光緒十六年歷城邵書升刻本
性理字訓一卷	（宋）程若庸撰	清光緒十七年歷城邵書升刻本
韻史便讀二卷	（明）許遯翁撰	清光緒十八年歷城邵書升刻本
類賦約選二卷	（清）張師載撰	清光緒十九年歷城邵書升刻本

(續表)

尊孔大義一卷	(清)江鍾秀撰	清光緒末衆人合刻本
孔孟重行周流議一卷	(清)江鍾秀撰	清光緒末衆人合刻本
庶人禮略類編一卷	(清)江鍾秀撰	清光緒二十九年刻本
興學創聞一卷	(清)江鍾秀撰	清光緒末刻本
御書徵言	(清)江鍾秀編	清光緒末刻本
聊齋志異新評十六卷	(清)蒲松齡撰 (清)但明倫新評	清光緒十一年濟南邵氏寶興堂刻本
守拙齋存稿	(清)蔣式瑆撰	清光緒十三年歷城郭霖刻本
瘟疫條辨摘要一卷	(清)吕田集録	清光緒二十一年歷城陳象嵩、谷坤方刻本
佩文詩韻釋要五卷	(清)周兆基輯	清光緒二十三年歷城吴氏刻本
點定離騷一卷	(清)田硯池撰	清光緒二十四年夢鷓鴣樓刻本
友松吟館詩鈔十五卷	(清)毓俊撰	清光緒二十五年歷下刻本
初級蒙學歌	(清)袁桐編	清光緒二十八年濟南雪庵學社刻本
毛尚書奏稿十六卷首一卷	(清)毛鴻賓撰	清宣統二年歷城毛承霖刻本
賜慶堂文稿一卷	(清)武震撰	清宣統歷城武福恭刻本
浙使紀程詩一卷	(清)吴樹梅撰	清光緒二十五年歷城吴樹梅長沙督學使署刻本
湘雅扶輪集十二卷	(清)吴樹梅輯	清光緒二十六年歷城吴樹梅長沙節署刻本

（續表）

行吟日記六卷	（清）李慶豐撰	清光緒三十四年衆人合資稷下刻本
佩文官韻□□卷		清歷邑左孝臣重刻本
青山著書吟草一卷	（清）張應昕撰	清同治二年章邱張氏雞山元善堂刻本
紉香草堂賦鈔一卷	（清）李廷棨撰	清同治十一年章邱李澍暨子李壽田刻本
紉香草堂文鈔一卷	（清）李廷棨撰	清同治間章邱李寶嬰刻本
紉香草堂詩餘一卷	（清）李廷棨撰	清同治末章邱李寶嬰刻本
玉函山房輯佚書續補十一種十四卷目耕帖續補二卷附書後一卷手稿存目一卷	（清）馬國翰輯並撰　附（清）蔣式瑆撰	清光緒十五年章邱李氏刻本
袖雲石屋詩鈔六卷	（清）李寶嬰撰	清光緒章邱李符卿刻本
喜雨篇	（清）馮元仲撰	清光緒五年淄川王氏德會水亭刻本
蝴蝶詩	（清）高丙謀撰	清光緒淄川高氏刻本
［淄川］高氏家模彙編二卷	（清）高之騄輯	清光緒二十年淄川高徽嵋等刻本
［淄川］高氏族譜	（清）高氏修纂	清光緒二十年淄川高徽嵋等刻本
壎篪編二卷	（明）高舉、高譽撰	清光緒二十年淄川高徽嵋等刻本

（續表）

科名捷訣一卷	（清）丁守存撰	清同治九年長山王榕吉京師刻本
酌雅堂駢體文集二卷（志學齋集七種之一）	（清）徐壽基撰	清光緒十一年武進徐壽基桓臺官舍刻本
春秋釋地韻編五卷首一卷（志學齋集七種之一）	（清）徐壽基撰	清光緒十二年武進徐壽基桓臺官舍刻本
甲子紀年表一卷（志學齋集七種之一）	（清）徐壽基撰	清光緒十二年武進徐壽基桓臺官舍刻本
續廣博物志十六卷（志學齋集七種之一）	（清）徐壽基撰	清光緒十二年武進徐壽基桓臺官舍刻本
曠記一卷（志學齋集七種之一）	（清）徐壽基撰	清光緒十二年武進徐壽基桓臺官舍刻本
品芳録一卷（志學齋集七種之一）	（清）徐壽基撰	清光緒十二年武進徐壽基桓臺官舍刻本
經文懸解五卷（志學齋集七種之一）	（清）徐壽基撰	清光緒十三年武進徐壽基刻本
退食槐聲留餘集不分卷	（清）艾元徵撰	清光緒三年濟陽艾氏刻本
退食槐聲留餘集續刊不分卷	（清）艾元徵撰	清光緒十三年濟陽艾氏刻本
來禽館集二十九卷	（明）邢侗撰	明萬曆四十六年樂陵史高先刻康熙十九年鄭雍重修道光九年臨邑邢慈等補修光緒十七年臨邑邢九齡、邢良材等補修本

（續表）

御掃齋詩鈔	（清）楊潾撰	清同治四年濟南楊氏刻本
御掃齋學詩草	（清）楊潾撰	清同治四年濟南楊氏刻本
滇政録	（清）李日謙撰	清光緒二十七年德州李氏刻本
歷亭吟稿一卷	（清）何氏撰	清光緒間德州王象山等刻本
州乘餘聞一卷	（清）宋弼撰	清光緒十四年德州馬洪慶養知堂刻本
義利法戒録二卷	（清）沈兆澐撰	清同治四年天津沈維瓛山東德州督糧署刻本
講約教條		清光緒二十六年德州刻本
南阮集二卷	（清）謝九錫撰	清同治十二年德州謝若卿刻本
平原拳匪紀事一卷	（清）蔣楷撰	清光緒末年荆門蔣楷平原縣署刻本
費縣藝文存三卷	（清）劉寶鼎等輯	清光緒二十六年平原劉寶鼎等刻本

三、坊刻

（一）歷城坊刻

清後期的歷城坊鋪近二十家。清中期介紹過的會文齋在後期刻書有六種，文德堂有一種，文陞齋有兩種，英華齋有兩種。

1. 文友堂

文友堂是個刻字鋪，地址在濟南府後宰門中間路北，至遲在同治七年開業。大概爲當時有名的刻字鋪,因爲它爲公家刻了不少書。

同治七年至八年,歸安丁彦臣在濟南爲官,他先後於公廨刊刻了《女科》二卷附《産後編》二卷、《梅花草盦石刻勾本》一卷、《漢石例》六卷。其中《産後編》末署"板存濟南府後宰門中間路北文友堂刻字鋪",《漢石例》第八卷末有"板存山東省城濟南府後宰門中間路北文友堂刻字鋪"。細行密字,版框、開本均大,刻印精良。

文友堂除了爲丁氏刻了四種書外,還爲尚志書院刻過兩種書。一是《荒政輯要》,同治十年刻,封面題:"同治辛未秋重刻,山東尚志堂藏版。"道光二十一年辛丑錢唐許乃釗序後有二行:"板存山東濟南府後宰門街文友堂。"十行二十一字,白口,四周雙邊。二是《省心録》,同治九年刻,封面題:"同治庚午,尚志堂藏版。"卷末刻有:"板存山東濟南府後宰門街文友堂。"十行二十四字,白口,四周雙邊,單黑魚尾。由上可以看出,這是尚志堂委託文友堂刻字鋪刻書。尚志書院是山東同光時期重要的學術陣地,能把書委託文友堂來刻,可知文友堂刊刻的水平是不低的。

女科二卷	(清)傅山撰	清同治七年吴興丁氏濟南公廨刻本
産後編二卷(女科附)	(清)傅山撰	清同治七年吴興丁氏濟南公廨刻本
雙鈎華山廟碑一卷	(清)丁彦臣摹	清同治七年歸安丁彦臣濟南刻本
漢石例六卷	(清)劉寶楠録	清同治八年湖州丁彦臣濟南刻本
荒政輯要十卷	(清)汪志伊纂	清同治十年尚志堂刻本
省心録	(宋)林逋撰	清同治九年尚志堂刻本

2. 中和堂

至遲於同治四年開業,地址在濟南藩署即按察司署前。有名刻工鮑連元。

同治四年,中和堂爲郝聯薇刻《爾雅郭注義疏》十九卷,卷末有"歷邑中和堂鮑連元手刊"。

同治八年,中和堂爲潘霨刻《唐律賦抄》一卷,目録末有:"山東省藩署前中和堂鮑連元刊印。"

同治十二年,鮑連元爲蕭培元刻《二十四弟圖詩合刊》《二十孝合刊》。刻成後,版歸雕藻齋。

3. 聚興堂

至遲於同治十年開業。據同治十年平度白鶴年補刻張士保繪《雲臺三十二將圖》,有牌記:"同治壬申歲春二月雕成。"牌記下刻:"濟南周聚興堂刊。"知此書在濟南刻成,坊鋪主人姓周。

4. 雕藻齋

至遲於同治十一年開業,地址在濟南布政大街。

《二十四弟圖詩合刊》《二十孝合刊》書中有:"山東省城鮑連元刊,板存布大街雕藻齋。翻刻印送,心感無盡。"

此書可能爲蕭培元委託鮑氏操刀,刻成後板歸雕藻齋。七行二十一字,白口,四周雙邊,雙黑魚尾。

5. 鴻文堂

鴻文堂是個刻字鋪。地址在布政司大街南頭路西,同治十三年前開業。

《婦幼五種》五卷,包括《達生編》《保嬰編》《福幼編》《遂生編》《經驗良方》,清亟齋居士撰,清同治十三年濟南鴻文堂刻本,有同治十三年莫組紳《叙》,實爲長沙莫組紳山東濟南刻本。前已有述。又有"板存山東省布政司大街南頭路西鴻文堂刻字鋪"。可知,刻此書是官府行爲,鴻文堂衹是刻字鋪,但水平不低。刻印非常精,有乾隆風格,不多見。

《遇素新編小曲摘抄》,濟南布政司大街鴻文堂刻本。卷末有朱記:"板存布政司大街鴻文堂,每本價京錢四十文。"八行二十四字,白口,四周單邊,單黑魚尾,無直格。

鴻文堂還於光緒十八年爲陸葆霖、施稚桐等刻《仙傳白喉治法忌表抉微》一卷,卷末題:"板存山東省城大布政司街鴻文堂。定價:刷印連泗紙每本紙張工料京錢玖拾肆文;刷印上毛紙每本紙張工料京錢柒拾貳文;刷印毛太紙每本紙張工料京錢陸拾陸文。"可見,不同類型的紙張,其刷印成本是不同的。

6. 同文堂

同文堂是個刻字鋪,地址不詳,至遲於光緒四年開業。據國家圖書館數據,桂林、揚州、江右均有同文堂。

《唐詩三百首註釋》不分卷(卷端題"註釋唐詩三百首"),清孫洙編,清濟南同文堂刻本。封面題:"濟南同文堂梓。"九行二十字,白口,四周單邊,單黑魚尾。開本一般,刻印精。

《適軒尺牘》八卷,清徐菊生撰,清光緒四年濟南同文堂刻本。封面題:"光緒四年刊,濟南同文堂藏板。"有光緒三年范先謨序,又有光緒三年程以孺序,序後有"高塘袁禧書"。十行二十三字,白口,四周雙邊,單黑魚尾,字小,行疏,巾箱本。

唐詩三百首註釋不分卷	(清)孫洙編	清濟南同文堂刻本
適軒尺牘八卷	(清)徐菊生撰	清光緒四年濟南同文堂刻本

7. 子雲堂

至遲在光緒四年開業,地址在布政司大街,嚴薇青《書業德與子雲堂》①:"子雲堂是本街(按:布政司大街)一吕姓人士經營的,最初好像是開設在路西,以後纔遷到街的南口路東。後來今省府

①嚴薇青:《書叢德與子雲堂》,見《濟南時報》1998年1月25日。

前街南口向東拐角處的原商務印書館濟南分館爲了擴充營業，遷往現在泉城路中段路北，即近新華書店舊址。子雲堂遂即把商務印書館分館原址接過來，和自己街南口的店房打通，連在一起。它當時衹出售傳統舊書，並不刻書，卻兼售南紙文具。由於和書業德同樣的原因，也遭受了同樣的厄運，衹是比書業德多維持了幾年，最後也終於停止了事。”嚴先生所述大概爲民國時期的情況，筆者所見子雲堂刻書有數種，不知是否爲嚴先生所説的子雲堂，羅列如下，以備進一步考證。

《監本詩經》八卷，宋朱熹集傳，清光緒四年子雲堂刻本。封面題：“光緒戊寅年冬鐫，子雲堂藏板。”有廣告：“悉遵宋刊，點畫無訛。”上下欄，下欄九行十七字，白口，左右雙邊，無魚尾。開本大，字大，刻精。

《監本書經》六卷，宋蔡沈集傳，清光緒五年子雲堂刻本。封面題：“子雲堂藏板。”九行十七字，小字雙行十七字，白口，左右雙邊。

《春秋左傳》三十卷，晉杜預注，清張天農增訂，清光緒九年子雲堂刻本。此書保留原刻風格，版心下方題“華川書屋”。

《尚書離句》六卷，清錢在培輯解，清光緒十年子雲堂刻本。十行二十四字，白口，四周單邊，單黑魚尾。

《奎壁禮記》十卷，元陳澔集説，清光緒十三年子雲堂刻本。有牌記：“武水書業德校，長干張馭富刻。”封面題：“光緒丁亥新鐫，子雲堂記藏板。”正文前有元陳澔撰《禮記集説序》。有廣告：“正韻字體。”九行十八字，小字雙行十八字，上欄小字注，白口，左右雙邊。字大，開本大，刻印較精。

監本詩經八卷	（宋）朱熹集傳	清光緒四年子雲堂刻本
監本書經六卷	（宋）蔡沈集傳	清光緒五年子雲堂刻本

（續表）

春秋左傳三十卷	（晉）杜預注（清）張天農增訂	清光緒九年子雲堂刻本
尚書離句六卷	（清）錢在培輯解	清光緒十年子雲堂刻本
奎壁禮記十卷	（元）陳澔集説	清光緒十三年子雲堂刻本

8. 裕和堂

光緒七年前開業，地址不詳。所刻多爲經部書和集部書。

山東省圖書館有《詩韻合璧》五卷，清湯文潞編，清光緒七年濟南裕和堂刻本。封面題："光緒七年孟秋濟南裕和堂梓。"鈐有"裕和堂記"朱印。

此書前有《元輯補輯各書目》，列書十一種。據國家圖書館數據，衹濟南有裕和堂。十一種書分别爲《虚字韻藪》《分韻文選題解擇要》《歷代賦彙録要》《詩腋補編》《詠史詩腋》《詩韻集成》《詩韻異同辨》《詩韻音義注》《詩韻珠璣》《漁古軒詩韻》《詞林典腋》。

所見又有二種：

《小題同工》二卷，清光緒七年濟南裕和堂刻本。封面題："光緒七年孟春重校，二集嗣出，濟南裕和堂梓。"

《驗方新編》十卷，清鮑相璥編輯，清光緒十一年濟南裕和堂刻本。封面題名"增補驗方新編"。封面題："光緒乙酉秋月重鐫，濟南裕和堂藏板。"十一行二十二字，白口，四周雙邊，單黑魚尾，無直格。開本小，字小，坊刻特點明顯。

詩韻合璧五卷	（清）湯文潞編	清光緒七年濟南裕和堂刻本
虚字韻藪一卷	（清）潘維城編	清光緒七年濟南裕和堂刻本
小題同工二卷	（清）徐志祥鑒定	清光緒七年濟南裕和堂刻本
驗方新編十卷	（清）鮑相璥編輯	清光緒十一年濟南裕和堂刻本
分韻文選題解擇要		清濟南裕和堂刻本
歷代賦彙録要		清濟南裕和堂刻本

（續表）

詩腋補編		清濟南裕和堂刻本
詠史詩腋		清濟南裕和堂刻本
詩韻集成	（清）余照輯	清濟南裕和堂刻本
詩韻異同辨		清濟南裕和堂刻本
詩韻音義注		清濟南裕和堂刻本
詩韻珠璣	（清）余照輯	清濟南裕和堂刻本
漁古軒詩韻	（清）余照輯	清濟南裕和堂刻本
詞林典腋	（清）余照輯	清濟南裕和堂刻本

9. 同會齋

至遲在光緒八年開業，地址不詳。

《世史淘金》二卷，清陳陞謨編，清光緒八年王幼石濟南府廨刻本。封面題："濟南同會齋梓。"

《四家賦鈔》四卷（《有正味齋賦稿》一卷，《蘭修館賦稿》一卷，《覺生賦鈔》一卷，《簡學齋賦鈔》一卷），清光緒十一年濟南同會齋刻本。有牌記："光緒乙酉五月濟南同會齋。"十行二十三字，白口，四周單邊，單黑魚尾。字小，巾箱本，坊刻特點比較明顯。

《批點七家詩合註》七卷，清光緒二十二年濟南同會齋刻本。封面題："光緒丙申冬日新鐫，濟南同會齋梓。"七行二十五字，白口，左右雙邊，單黑魚尾。

《三蘇文選》六卷，清朱若旦編，清光緒二十四年濟南同會齋刻本。封面題："茅鹿門先生原本，三蘇論策準，泲南同會齋栞。"九行二十六字，白口，左右雙邊，單黑魚尾。

《庶人禮畧》不分卷，清江鍾秀編，清光緒二十九年濟南同會齋刻本。有牌記："光緒癸卯孟冬濟南同會齋刊。"

世史淘金二卷	(清)陳陞謨編	清光緒八年王幼石濟南府廨刻本
四家賦鈔四卷	(清)景其濬輯	清光緒十一年濟南同會齋刻本
批點七家詩合註七卷	(清)張熙宇輯評	清光緒二十二年濟南同會齋刻本
三蘇文選六卷	(清)朱若旦編	清光緒二十四年濟南同會齋刻本
庶人禮畧不分卷	(清)江鍾秀編	清光緒二十九年濟南同會齋刻本

10. 德華堂

德華堂祇是個刻字鋪,地址在山東省城濟南布政司大街南頭西,至遲在光緒九年開業。刻過莫組紳的《增廣達生編》,前已有述。德華堂有刻工叫王少南。

《救生船》四卷,清光緒九年山東公善堂刻本。封面題:"光緒癸未仲冬,山東公善堂重刊,板存布政司大街德華堂刻字鋪。"

《小學人子禮》一卷,清光緒二十八年福州沙堤琴鶴堂趙炯濟南刻本。封面題:"沙堤琴鶴堂趙謹刊,板存山東省城布政司大街南頭路西德華堂。"刻印精。

《志遠堂全集》十卷,清鄒鍾撰,清光緒十二年江西鄒鍾山東省城刻本。有牌記:"光緒十二年山東省城德華堂王少南刊。"封面題:"此園藏板。""此園"蓋爲鄒鍾客濟南之處所,德華堂爲坊鋪,王少南爲刻工,主持者實爲鄒鍾。十行二十二字,白口,四周雙邊,單黑魚尾。字體一般。

增廣達生編一卷	(清)亟齋居士撰	清同治十三年長沙莫組紳濟南刻本
救生船四卷	(清)空靈子編	清光緒九年山東公善堂刻本
志遠堂全集十卷	(清)鄒鍾撰	清光緒十二年江西鄒鍾山東省城刻本
小學人子禮一卷	(清)戴汝舟撰	清光緒二十八年福州沙堤琴鶴堂趙炯濟南刻本

11. 同文齋

同文齋是個刻字鋪。光緒十年前開業,地址在濟南後宰門。

《景椿山房詩文集》一卷,清方鉞撰,清光緒十年況桂森廣東刻本。封面題:"光緒甲申重刊,板存濟南后宰門同文齋。"前有況桂森光緒十年序,稱方鉞字敬之,爲其師。"承兩世兄手翰,得悉長世兄孝廉遊宦山東,夫子敦厚之澤,後裔嗣興正未艾矣。第以梁木之痛,手筆之存,吉光片羽,應倍珍之。謹付剞劂,用垂久遠。"後有方鉞之子方學海跋,稱光緒十年,況桂森學生李景川來山東,"晤時出其師況大令手書並《景椿山房文詩》梓板十餘片授之,學海踴躍拜受,快慰平生。蓋大令返粵後,謂先君手筆留貽不可湮没,遂刊刻成帙,以致尊聞行知之意……異日搜覓殘篇,續刊於後,得以纘承先志。"可見,此書爲況桂森廣東刻本,衹是板片藏於山東同文齋,以備續刊、補缺、刷印。

12. 漢文齋

漢文齋是個刻字鋪,至遲在光緒二十一年開業,地址在濟南後宰門西首路南。

《俚言十三篇》一卷,清劉士魁撰,清光緒二十一年濟南漢文齋刻本。封面題名"乘華堂俚言十三篇","乘華堂"不知是誰的堂號,但應是一個比較響亮的名字,可用此來做廣告。封面題:"光緒乙未重刊,乘華堂俚言十三篇,板存濟南府後宰門西首路南漢文齋刻字處。"卷端題:"東陽劉士魁冠卿氏撰暨孫營德校録。"據序知,劉冠卿出貲刻自著書,當爲第一刻,而漢文齋刻本當爲重刻本。七行十六字,白口,四周雙邊,單黑魚尾,無行格。開本大,字大行疏,悦人眼目,是坊鋪刻書中少有的精品。

13. 志興堂

光緒二十二年前開業,地址不詳,所刻均爲經部書。

《四書補註附考備旨》十卷,清光緒二十二年濟南志興堂刻本。《學庸》一册封面題:"光緒丙申重鐫,古岡鄧退庵先生手著,甬上仇滄注先生參補,濟南志興堂藏板。”三欄,每行字數不一,白口,四周單邊,單黑魚尾。

《龍光詩經》八卷,清濟南志興堂刻本。封面題:“濟南志興堂印行。”書衣簽題“志興堂”。有廣告:“洪武正韻,校對無訛。”上下欄,下欄九行十六字,白口,四周單邊,單黑魚尾。開本小,但刻印精。

《奎壁詩經》八卷,清光緒間濟南志興堂刻本。封面題:“光緒 年 月新鐫,濟南志興堂存板。”書衣簽題“志興堂”。上下欄,下欄九行十七字,白口,左右雙邊,無魚尾。有廣告:“正韻字體。”開本大,字大,刻印較精。

四書補註附考備旨十卷	(明)鄧林撰(清)杜定基增訂	清光緒二十二年濟南志興堂刻本
奎壁詩經八卷	(宋)朱熹集傳	清光緒間濟南志興堂刻本
龍光詩經八卷	(宋)朱熹集傳	清濟南志興堂刻本

14. 藝德堂

據《濟南市志》①第六册,藝德堂總號設在大布政司街70號,街南首設有分號,並在萃賣場前樓設藝文書局。光緒二十二年刊印《詩經》《易經》《書經》等。1931年歇業。

現知濟南市圖書館有《易經》四卷,清濟南藝德堂刻本。山東省圖書館有藝德堂雕版《龍光四書》,上刻“洪武正韻”“校對無訛”“濟南藝德堂梓”。

15. 會友堂

會友堂至遲在光緒二十四年開業,地址在濟南後宰門。據國家圖書館數據,會友堂均未標所在地,想必他地亦有會友堂。《山

①濟南市史志編纂委員會編:《濟南市志》,中華書局1997年版。

東曹州府教案條約》一卷，清總理各國事務衙門訂，清光緒二十六年山東巡撫官署刻本，上文官府刻書已述，《教案》末有"版存省城後宰門會友堂"二行。此爲政府出版物，由會友堂刻字鋪進行刊刻。《鍾氏教授新法》封面題："光緒二十四年閏月，濟南後宰門會友堂發兑。"有光緒二十四年天津郭驥識："乃付手民，重栞鍾君之書以公同志。"知此書爲天津郭驥出資，濟南會友堂承刻。

16. 鴻文齋

鴻文齋是個刻字鋪，在濟南東門里路南，光緒二十七年前開業。

《東廚司命黿君聖經》一卷，題清省過氏輯，清光緒二十七年濟南鴻文齋刻本。封面題："光緒辛丑重刊，板存濟南府東門裡路南鴻文齋。"七行二十字，白口，四周雙邊，單黑魚尾，大字，悦目，刻印較精，是坊鋪刻書的精品。

17. 秀文齋

光緒二十七年前開業，地址在省城府門前。

《蠶桑速效編》一卷，清曹倜編，清光緒二十七年江陰曹倜濟南刻本。前已有述。字大，刻印精，開本大，是坊鋪刻書的精品。

18. 北京翰文齋濟南分號

光緒三十一年，北京翰文齋濟南分號開業，店址在小布政司街，經理劉仁齋，主要任務是收購古書和自刻木版書銷售。民國二十一年，在淄川西鋪村畢家，曾購得明版書二十三種。民國二十四年歇業。

19. 善成堂濟南分號

善成堂濟南分號於光緒年間開辦，民國十年左右歇業，地址在布政司大街。所刻書多經史小説之類，行銷南北各地。有資料稱濟南分號經營木板書，並出版木版書九種：《本草備要》《醫方集解》《四書備旨》《詩經體注》《東萊博議》《古文釋義》《綱鑑擇言》等。

20. 東昌書業德分號

光緒年間創辦,民國十七年歇業。經理姓李,名不詳,東昌府人。據貢世卿《解放前濟南新舊圖書業概況》①,書業德濟南分號所出木板書不少,有《三國演義》《東周列國志》《醫方集解》《本草備要》《濟陰綱目》《四書》《詩經體注》《書經》等。並派專人到南方數省採集木板舊書,以添補本省貨物之不足。

21. 義和堂書局

濟南義和堂曾刻《大學集註》,封面題:"濟南義和堂書局。"

(二)章邱、淄川、周村、德州坊刻

1. 章邱坊鋪

正泰永書莊,光緒三十三年開業。店址在章邱東關大街路南喬家胡同。店主楊春旺,河南懷慶府人。兄弟三人共同經營,店内有自刻木板可印古書。自印的書有《千字文》《百家姓》《龍文鞭影》及四書五經等。民國十七年轉喬世潤經營,民國二十年改名"德源和文具店"。民國二十四年停業。

2. 淄川坊鋪

順和印刷局,光緒十八年於淄川西關開業,從事雕刻木板印刷。未見刻書傳本。

3. 周村坊鋪

1)益友堂

光緒七年,周村益友堂開業,創建人徐文治。光緒二十五年以後,益友堂有職工七十多人,刷書案子二十多張,成爲周村書業首

①貢世卿:《解放前濟南新舊圖書業概況》,見《濟南文史資料選輯》第五輯,1984 年版,第 182 ~ 201 頁。

户。益友堂刻印的書籍達百餘種。1953 年轉業。

益友堂刻書有如下特點：

一是以刻經部書爲主，占刻書總量的三分之二。集部最少，目前所見僅有《重鐫古文釋義》。

二是刻書活躍期在光緒末至宣統年間。

三是刻書標志有周村益友堂梓行、周村益友堂梓、益友堂梓、周村益友堂藏板、益友堂藏板，或版心下刻"益友堂"。

四是刻書質量不穩定，有特別精美的，如光緒三十一年刻《春秋左傳》，開本大，字大行疏，體現了對經書的重視。而光緒三十三年刻的《圖註難經脈訣全集》，刻印粗劣，坊刻特點明顯。

益友堂刻書列表（以刻書年代爲序）：

鳳洲綱鑑會纂八十九卷	清光緒二十年益友堂刻本
禮記十卷	清光緒二十二年周村益友堂刻本
重校字典四書十九卷	清光緒二十四年益友堂刻本
重訂王鳳洲先生綱鑑會纂六十九卷	清光緒二十八年益友堂刻本
詩經融註大全體要八卷	清光緒二十八年周村益友堂刻本
盛世危言十四卷	清光緒二十九年益友堂刻本
陽宅三要四卷	清光緒三十年益友堂刻本
地理五訣八卷	清光緒三十年益友堂刻本
春秋左傳三十卷（左繡）	清光緒三十一年益友堂刻本
鳳洲綱鑑會纂四十六卷	清光緒三十一年益友堂刻本
周禮精華六卷	清光緒三十一年周村益友堂刻本
新刻書經備旨輯要六卷	清光緒三十一年周村益友堂刻本
春秋綱目左傳句解六卷	清光緒三十一年周村益友堂刻本
圖註難經脈訣全集十卷	清光緒三十三年周村益友堂刻本

（續表）

新訂四書補註備旨十卷	清光緒三十四年周村益友堂刻本
春秋左傳三十卷	清光緒益友堂刻本
增訂本草備要六卷首一卷	清光緒益友堂刻本
新增脈學本草醫方全書六卷	清光緒益友堂刻本
奎壁書經六卷	清光緒周村益友堂刻本
奎壁詩經八卷	清光緒周村益友堂刻本
重校字典四書十九卷	清宣統三年周村益友堂刻本
重鐫古文釋義八卷	清宣統三年周村益友堂刻本
周易四卷	清宣統益友堂刻本
幼學句解四卷	清周村益友堂刻本
漱芳軒合纂禮記體注四卷（禮記體注大全合參）	清周村益友堂刻本

2）承文新

周村承文新是招遠二書鋪劉作信的發展分支，大約開業於光緒末年，目前所見多爲光緒三十年刻本，全部爲經部書。刻書標記爲"周村承文新藏版"，或版心下刻"承文新"。除了周村，濟南和泰安也有承文新。

春秋左傳三十卷	（晉）杜預注（清）馮李驊輯	清光緒三十年周村承文新刻本
齊魯講學編四卷	（清）尹銘綬輯	清光緒三十年周村承文新記刻本
左繡三十卷首一卷	（清）馮李驊、陸浩評輯	清光緒三十年周村承文新刻本

未知刻書地的承文新刻書如下：

御纂詩義折中二十卷	清乾隆二十年承文新刻本
龍文鞭影二卷	清光緒三十年承文新刻本
詩經融註大全體要八卷	清宣統三年承文新刻本

據崔章蔭《〈承文新脈絡淵源〉補正——招遠縣孟格莊"二書鋪"探源》一文,周村還有"成文新",未見有刻書,不知與"承文新"是何關係。

3)三元堂

大約開業於光緒年間,目前衹見民國刻本二種,爲《新訂四書補註備旨》,民國十三年周村三元堂刻本。封面題:"周村三元堂藏版。"《漱芳軒合纂禮記體注》四卷,民國六年周村參元堂刻本。封面題:"周村參元堂藏板。"此"參元堂"應爲"三元堂"。

4. 德州坊鋪

文翰齋,同治二年前開業。

《庸行編》,清牟叔庸輯録,清同治二年德州文翰齋刻本。封面題:"同治癸亥夏月,板存德州城隍廟街文翰齋棧。"

《金剛經注釋辨疑》四卷,清楊欲仁撰,清同治六年德州文翰齋刻本。封面題:"同治六年五月,板存德州文翰齋。"八行十四字,小字雙行二十一字,白口,左右雙邊,單黑魚尾,字大,刻印較精,不似一般坊刻書。

四、宗教機構刻書

(一)濟南大關帝廟

濟南後宰門有大關帝廟,建於宋代,初名"漢前將軍壽亭侯廟",由山東指揮使張瑾建造。明嘉靖、清康熙、乾隆、嘉慶先後重修,占地三千多平方米,是清代濟南最大的關帝廟。

後宰門大關帝廟刻有《大般涅槃經》四十二卷,北涼曇無讖譯,清同治八年刻本。

牌記題:“同治己巳年重刊,板存山東省城厚載門大關帝廟。”有佛像,題:“皇圖永固,帝道遐昌。佛日增輝,法輪常轉。”

九行二十字,白口,左右雙邊,單黑魚尾。開本大,刻印非常精美,圖亦精細。

(二)商河龍桑寺文昌閣

龍桑寺在商河,相傳漢王劉秀在躲避王莽追殺時,在商河歇息,一桑樹爲了給他遮蔭,將樹身擰成了麻花,劉秀很受感動,於是在做了皇帝後,封此樹爲“龍桑”。地方官員在此建龍桑寺以紀念此事。

龍桑寺刻有《關聖帝君聖訓十願十戒救劫寶訓》,清光緒二十八年商河龍桑寺文昌閣刻本。

書衣題“敬惜字紙,不看轉送”。封面題:“光緒二十八年十一月重鐫,板存商河東北龍桑寺文昌閣。”十行二十二字,白口,四周雙邊,單魚尾,無直格。

(三)濟南段店劉家莊明聖壇

①《天仙聖母寶卷》一卷,清宣統二年濟南段店劉家莊明聖壇刻本。

封面題:“宣統二年冬新刊,濟南城西段店後劉家莊明聖壇存板。”

六行十二字,白口,四周雙邊,單黑魚尾。字大悦目,寫刻體。

②《觀音菩薩觀香圖》,清宣統二年濟南城西劉家莊明聖壇刻本。

封面題:“宣統二年端陽月重刊,濟南城西劉家莊明聖壇存板。”

③《孝女寶卷》,民國十年濟南府西段店後劉家莊明聖壇刻本。

所據爲2010年天津國拍資料。此書又名《何仙孝女寶卷》。封面題:“辛酉年桃月重刊,山東濟南府西段店後劉家莊明聖壇存板。”

(四)濟南救世會

《證道五論》五卷,英國秀華陽撰,清光緒十七年濟南救世會刻本。

序前有善言:“人若識上帝與人物相關之理,人物與上帝相繫之倫,並德行之本,復真覺而能實行,自必使人前進且得至大之福矣。”序後又有善言:“天道實能化人心,啓人愚,補人缺,救人苦,培人德,潔人意,助人善,信從者内心必有確據焉。”

封面題:“西曆一千八百九十一年新刊,中曆光緒十七年,濟南救世會藏板。”

有光緒十七年英國救世會秀華陽序。十行二十字,白口,四周雙邊,單魚尾,無界行。版框上鐫小字,刻印較精。

(五)新城尊五堂

新城的尊五堂,或爲寺廟。光緒十七年刻《高王觀世音真經》(一名《觀世音菩薩救生經》)一卷。封面題:“高王觀世音真經,新城尊五堂藏板。”八行二十一字,小字雙行二十一字,白口,左右雙邊,單黑魚尾。

五、民間組織刻書

除官刻、家刻、坊刻及宗教組織刻書外,一些民間組織也刻印圖書。

(一)公善堂

公善堂應是慈善組織。所知刻書有一種。

《救生船》四卷,清光緒九年山東公善堂刻本。

封面題:“光緒癸未仲冬,山東公善堂重刊,板存布政司大街德華堂刻字鋪。"

書衣有善言:"有是書者宜朝夕觀玩,身體力行,隨時勸化,以無負神聖救世之心。倘不敬信,即轉送人,勿置之高閣及穢褻是幸。公善堂主人謹白。"

有兩篇《重刻救生船序》。其一爲光緒九年李方堃序於歷下來青館,稱是書始刻於楚蜀,繼刻於京都,去歲刻於河南,他省未知。"東省尚無此書板,適友人自中州寄贈……念東省近來人心險詐,汩没已深,習俗澆灕,沈淪忘反,劫災難免,不卜可知。竊欲重付雕刊,廣資勸化……甫求臂助,即付手民,自春徂冬,剞劂告成,所集之資竟符厥數。時雖喜濟川之有具,尚隱虞唤渡之乏人,幸臨邑善士陳體元明經暨小阮子陽游戎欲刻是書,聞鏤板已成,遂傾囊相助,藉兹印送,庶廣流傳。"

其二爲光緒九年臨邑弟子陳貫一叙於山東撫院巡政廳即捕游擊姪雍剛之公廨:"貫一嘗得是書,正擬付梓,廣爲傳布,適聞山荏李秋泉廣文已有是舉,剞劂將竣,深幸其引我同舟也,爰與姪雍剛傾囊助之。"當時的主持者爲李方堃,捐資最多的爲陳貫一,錢二百千文;陳雍剛,山東撫院巡政廳即捕游擊,錢一百千文。二人均爲臨邑人。

後有《謹將捐助刊刻刷印善士芳名列後》,從一千文到二十兩不等,有個人,有個體業主。個體業主有:永吉當,最多,十兩;聚盛昌,五千文;中和祥、蚨昌號、立源號、瑞復祥,二千文;源昌號、惠豐當、隆泰昌、明義號、洪盛慶、三合恒、三合成、聚豐號、同祥號、永泰號、恭盛銀樓,一千文。

可知,刻此書時,有捐銀子的,有捐錢的。當時的銀錢换算爲,銀二十兩,合錢六十二千七百六十文。銀十兩,合錢三十千零五百文。銀五兩,合錢十五千五百四十文。銀四兩,合錢十三千文。

又有《捐錢姓名列後》,同善堂捐錢拾伍千文。"共捐錢柒拾伍仟,印書伍拾壹部,除支無存。”

此書前爲捐刻姓氏,後爲捐錢刷印姓氏。前面爲 1042 千文,是刻一部書的工錢,此書共有 493 葉,每葉需 2.11 千文,包括板子錢和刻工費。每葉有滿字 440 字。如果知道板料費,可計算刻一個字需多少工錢。後面爲印刷錢,51 部共 75 千文,合每部 1.5 千文,即 1500 文,每部約 500 葉,合每葉 3 文。

此書九行二十四字,白口,四周雙邊,單黑魚尾,無界行,刻印精美,開本大。

(二)同善書局

同善書局在濟南緯三路。光緒三十三年齊河晏城正北宋家莊刻《解冤經》一卷,有同善書局廣告一張,稱“開設在商埠緯三路北首通惠街東口,專印善書道經、往生金錢、自造料香”。説明同善書局至遲在光緒三十三年成立。

①《道書集真》不分卷,清末濟南同善書局刻本。

内容包括《無生經》《傳真詞》《中九轉》《妙丹經》《北斗新經》《南斗仙經》《除痰妙法》。

書衣題簽:“同善書局道書集真。”

《無生經》封面題:“宣統三年重刊,王宗釗捐錢二十千,齊河城西北王家樓存板。”版心下刻“自新壇”。

《傳真詞》封面題:“光緒三十三年,齊河城西北王家樓存板。”

《中九轉》封面題:“皇清光緒廿六年乩著,萬法皈一中九轉。”

《妙丹經》封面題:“光緒三十三年重刊,板存齊邑城西北王家樓自新壇。”

《北斗新經》封面題:“大清光緒二十七年訓,德州城東王官莊存板。”

《南斗仙經》封面題:“光緒二十六年蒲月新刊,板存平原居易堂。”

《除痰妙法》封面題:"光宣統三年新鐫,山東齊河縣城西北王家樓存板。""光宣統",當原爲"光緒",後改"宣統",挖改不净所致。細觀確有挖改痕跡。

以上板藏地不一,有可能是同善書局統一組織刷印。八行十七字或二十二字,白口,左右雙邊或四周雙邊或四周單邊,單黑魚尾,無直格。

另據上文所提同善書局廣告,夾在《解冤經》中,《解冤經》於光緒三十三年由齊河晏城正北宋家莊所刻,封面題:"光緒三十三年重刊乩訓,齊河晏城正北宋家莊刊板。"似可證明同善書局搜集各處善書板片,統一印行。

②《化世歸善》六卷,佚名撰,民國十一年濟南同善書局刻本。

封面題:"民國十一年孟春月重刊,仙訓仁字第一册,濟南同善書局(住西關安□□)板。"

③《宣講拾遺》六卷,清蔣登岸編,民國十一年濟南同善書局刻本。

此書兗州市圖書館書目著録。封面有:"聖諭五訓,民國壬戌年重刊,濟南府同善書局暫存,山東濟南府臨邑城西張楊莊藏板。"九行二十四字,白口,單黑魚尾,四周雙邊。濟南市圖書館著録爲民國十二年同善書局刻本。

④《柳華陽慧命經》二十卷附《金仙證論》,民國十三年濟南同善書局刻本。

封面題:"甲子小陽月重刊,濟南同善書局存板。"

"甲子"可能爲民國十三年,同治三年亦爲甲子,但未見同善書局有如此早的刻本。

⑤《二十四孝宣講》,清段鎔芳編,民國二十八年濟南同善書局刻本。

(三)與善堂

《玉皇寶訓》不分卷,清韓文公注,清光緒二十年山東與善堂刻本。

(四)廣仁局

《引種牛痘方書》,清邱熺輯,清光緒三十年山東廣仁局刻本。

有牌記:“光緒三十年重刊,山東廣仁局存板。”

據光緒二十五年撫皖使者順德鄧華熙序,知此書初刻於嘉慶年間,由邱熺刻,光緒二十三年甘泉李新田刻。鄧華熙服官豫章,覓得舊本,半鈔半補,尚屬全書,意欲重付梓人,適調任來皖,於是在皖刻。此書内容有很多獨到之處,如認爲:“種痘之法,首在認穴。”有圖有説,使閲者了如指掌。

此書當爲山東廣仁局重刻本。九行二十四字,白口,四周單邊,單魚尾,無直格,刻印精。

(五)義德堂

光緒三十二年前成立,地址在舜井街,有可能是個慈善機構。

《南海大士勸孀婦守節歌》一卷,清光緒三十二年濟南義德堂刻本。

封面題:“光緒丙申年重刊,板存舜井街義德堂。”七行十二字,白口,四周單邊,無界行。字大悦目,寫刻精美。

又有稱“濟南義德堂石印局”,在民國八年出版過《江皖旅東同鄉齒録》。

六、濟南府刻書特色

清後期的濟南府刻書最爲豐富多彩,不僅官、私、坊三個系統各具特色,且有寺廟、道觀、教堂刻書和民間團體刻書,呈現出多樣化的特點。

清後期的濟南府官刻共有 94 種,其中巡撫刻書 2 種;布政司刻書 2 種,加上賦役全書 53 種以 1 種計,共 3 種;按察司刻書 1 種;學政刻書 6 種;都轉運司刻書 3 種;河防局刻書 1 種;輿圖局刻書 1 種;山東書局刻書 42 種(不計子目);濼源書院刻書 2 種;尚志書院刻書 24 種(不計私人在尚志堂所刻);山東大學堂刻書 6 種;長清刻書 1 種;德州禮房刻書 1 種,戴傑陵縣官署刻書 1 種。

清後期的濟南府官刻,涉及的部門比清中期增多了,除了常見的巡撫、布政司、按察司、鹽運司、學政刻書外,河防局、輿圖局都在各自的職責範圍内有刻書活動。其中,刻書最多的爲山東書局。與全國其他官書局一樣,這是由巡撫奏請設立的官辦出版機構,故能得到巡撫等要員的支持,體現當時爲官者的刻書思想。大部分書都是在巡撫的授意下刊刻的,包括儒家類書、兵家類、法家類和醫家類書,士子們爲學所用的書目則由學政親自督刊。山東書局在刻書内容上,經、史、子、集,無所不包,尤重視地方文獻。在學者型編輯的校勘下,在尚志書院諸生的努力下,所刻兩部大書《十三經讀本》《資治通鑑綱目四編合刻》,重版本,精校勘,均附有《校勘記》,在全國產生了重要影響。爲達到快速傳播的目的,山東書局的書也多翻刻内府本,或翻刻清代版本,但翻刻本尊重原版版權,皆注明版本來源。

刻書位居第二的是尚志書院。刻書内容與山東書局相似,但更注重學術性,没有翻刻書。尚志書院的學子們也利用難得的人才資源,以個人名義刻印了部分有學術價值的著述。

清末實行新政,山東成立第一個官辦高等學校——山東大學堂,爲了便於教學,大學堂刊印了不少課本,雖爲新式教育,但所刻内容還以傳統國學爲主。

山東大學堂設址於濼源書院内,故濼源書院培養人才的使命宣告結束,濼源書院在清後期祇在大學堂成立前刻有兩種書。尚志書院現存的最晚刻本是光緒二十八年刻的潘季約的《歷朝統系圖》。山東大學堂成立後,尚志書院亦改爲校士館,又改師範傳習所、存古學堂,再無刻書記載。可以説,光緒末的新政,終結了濼源書院和尚志書院。

清後期的濟南府家刻共143種,有六縣無刻書記載。另十縣刻書中,以歷城爲著,充分體現了府治的优勢,刻書達111種,幾乎是濟南府刻書的全部。另外,新城7種,章邱6種,德州6種,淄川5種,濟陽、長清、平原各2種,長山、臨邑各1種。

歷城私家刻書的突出特點是外地人占據着刻書的主導地位。清代後期歷城刻書共111種,本地人有26種,而外地人多達85種,占了四分之三强,其中外地個人刻書在兩種以上的有11人之多。個中原因,大概與清後期的各項制度不嚴密有關,如異地爲官的迴避制度,清前期相當嚴格,任期短,但清末就相對寬鬆,如陳錦自同治八年來山東,直至光緒十六年還在山東,一地爲官長達二十年,蔣楷則達二十二年。這種穩定的工作與生活環境,使得這些外鄉人能够保持刻書活動的一貫性,能够很快融入當地人的圈子,並更加熟悉這個地域,建立與這個地區的感情聯結,從而願意參與當地的文化建設,奉獻自己的知識與力量。

在刻書内容上,濟南府所刻143種,集部有72種,其中别集類有59種。史部27種,子部30種。史部以傳記爲最多,有7種,金石次之,有5種,主要是丁彦臣的刻本。子部以儒家類爲主,有12種,與方敦吉刻書和外地人在山東所刻儒家類書籍有關。經部最少,有14種。可見,清後期的濟南府刻書重點不在經部書,也就是説,經部書産生的數量不多。但歷城邵書升所刻的小學類書幾占經部的一半,且質量很高。

本期的地方文獻有兩種,一是王鍾霖刊刻自輯的《國朝歷下詩鈔》四卷。此書在余正酉《國朝山左詩彙鈔》的基礎上,另輯一千餘首,可補歷城地方文獻之不足。另一部是德州馬洪慶養知堂刻《州乘餘聞》一卷,宋弼撰,是有關德州一地的文獻。

本期的名家刻書,雖然在每個人的刻書數量上無法與刻書大族相比,但刻書在十種左右的很多。

歸安丁彦臣刻書八種,所刻多爲金石類書。除一種爲儒家類,二種爲醫家類外,其餘五種皆爲金石類,這與他精於收藏金石有關。多爲自輯,亦有兄弟輯者。刻書時間集中於同治中後期,同治七年刻書最多,共五種。金石以雙鉤刻法,醒目且清晰,採用此法勾摹有專用之人——海豐張芷衫。刻書標記比較明顯,喜作牌記,牌記内容包括刻書時間、刻書者、刻書地。有專門的刻字鋪,丁氏刻書八種,有四種板藏濟南文友堂刻字鋪。

豐潤趙國華刻印了四部書,其中三部是自己的集子,另有一種是流寓山東的文人的詞集。兒子趙恩涉,也在山東爲官,其父去世時,他任高唐知州,刻印了《青草堂補集》。父子均在山東爲官,均有刻書行爲,並不多見。所刻均爲詩文詞,以自己的著述爲主,且每隔十年刻一集,比較有規律,説明趙國華一直在不間斷地進行創作。趙氏除爲他人刻的詞集外,自己的集子後均有明確的刻書時間和刻書地點,有較强的版權意識。行款整齊劃一,字體端正,比較疏朗。

山陰陳錦在山東刻書達十六種之多,經、史、子、集四部皆有涉及,在清末的山東私人刻書中不多見。尤其是自撰自刻《詩韻釋音》五卷,説明其對音韻學亦抱有强烈的興趣。史部書中以傳記爲主,表明他對先賢、先儒以及鄉賢的景仰。所刻書大部分爲自撰,亦有爲他人刻者,尤爲感人的是爲其夫人勞蓉君刻書,他將夫人的詩手抄付梓後,特意裝在一木匣中,珍藏起來,但後來卻遺失了,人琴俱失,令他非常難過。"悼亾從此無專集",説明此書的重要性,冥冥中他還是希望這部書有朝一日能再次出現。陳錦刻書時間比較集中,始自光緒元年,止於光緒十四年,平均每年刻一部書。尤集中於光緒五年和十年,光緒五年刻了四部書,光緒十年刻了三部書。陳錦刻書有一貫性,光緒元年刻《時藝軼存》,二年又刻《二編》;光緒三年刻《補勤詩存》,十年又刻《續編》;光緒五年刻《勤餘文牘》,十年又刻《續編》。説明陳錦是一位十分勤勉的人,有著述就立即刊刻,有始有終。陳錦刻書特徵比較突出,幾乎所有書的封面均有明確的刻書時間,並題“橘蔭軒藏版”,表明其有强烈的版權意識。陳錦刻書質量一般,可能是山東刻工技藝不高的原因。陳錦對清末山東的文化建設貢獻很大。自同治十一、十二年間,至光緒八年,陳錦自始至終參與了山東書局所刻的史部大書《資治通鑑綱目四編合刻》,任總校;實際操作刊刻《重纂三遷志》十卷;主持刊刻徐大椿撰《慎疾芻言》。陳錦在山東的刻書實際上將近二十種,僅從這點來看,他對清末山東文化建設的貢獻非一般人能比。

歷城刻書家邵書升,所刻書有七種,除《二千字文注釋》外,其餘六種彙爲小叢書《啓蒙六種》。邵書升專刻蒙學書,尤其注意刊刻鄉賢著述中的蒙學書,如兩次刊刻殷士儋的《千字文》,第二次比第一次有所改進,説明他刻書精益求精。講究版本,並有多人襄助。《千字文》就成於衆手:著者殷士儋,註者周彤桂,校者王慕徽,寫者劉維鈞,刻者邵書升。《左氏蒙求註》《性理字訓》《韻史便讀》均爲長清周彤桂校;《韻史便讀》由歷城王煜奎選定。邵氏刻書有規劃。在光緒十四年時,就計劃刻六種,至十九年刻成,可謂有恒心與毅力。邵氏刻書有明確的刻書時間,皆在封面體現。刻書人亦在卷端體現,有較强的版權意識。版式多爲八行,白口。開本雖小,但刻印精。

清末風雲人物江鍾秀,以尊王宗聖爲宗旨,撰輯有七部書,著書數十萬言,輯爲《江氏著書七種》。七部書中除了一部爲石印本,其他六部皆爲刻本,但刊刻非個人行爲,而是由山東人主要是歷城人合刻而成。這種自發的行爲完全是出於同一個夢想。《尊宗贅議》爲官刻本。此書的刊刻完全是爲政者爲了正人心、厚民生、崇聖道、衛宗社而刻,並利用職權“道飭各府州縣一律舉行”。既然爲官刻,參與校訂之人不乏宿儒,如長清周彤桂,曾是歷城邵書升刻《千字文》的注者,並校訂了邵書升刻的《左氏蒙求註》《性理字訓》《韻史便讀》三書,可謂當地名流。江氏大部分書没有明確的刻書時間,蓋當時的版權意識不强,也可能是衆人合刻的原因。書有統一風格形式,九行二十字,白口,四周雙邊,單黑魚尾。但刻印質量不好,清末刻書已近尾聲,且衆人集資,資金有限,不能保證質量。

武進徐壽基在桓臺刻書,其版心所刻堂號似與所刻書有關:“傳經堂”爲經部書,“澄心堂”“樂意吟館”爲子部書。全書刻印佳,可知有職務的個人刻書,比較精細認真。

本期的學術精品有:

閩縣龔易圖所刻的《澹静齋全集》,皆爲翻刻,其中《文鈔》已有三刻。《四書文》所據爲活字本,因印完版即拆,故傳本無多,易圖重刻,有重要意義。龔景瀚是乾隆時期有名的漢學家,故易圖刻其全集,不僅有爲先祖榮光的目的,還有發揚漢學的思想。易圖還刻了高密單爲鏓的《奉萱草堂古文續集》一卷,單爲鏓的著述大部分由門人刊刻而成,龔易圖刻其《古文續集》,爲他的著述刊刻畫上了圓滿的句號。同時,刊刻單氏古文,無疑是對桐城古文的認可與支持。

烏程施補華除《澤雅堂詩集》六卷爲其自刻外,其他著述多爲他人所刻。《峴傭説詩》一卷,由烏程朱毓廣光緒十三年刻於濟南。此書對歷代詩歌的評價,顯示了他的詩作思想,即與當時的桐城派相左的文學思想,在當時桐城派一統天下的局面中,這不啻一縷新鮮氣息。加之當時在山東巡撫任上的張曜愛其才,此書的刊刻可見張曜的學術觀點,亦可知對光緒時山東學風的影響。

桐城方敦吉於光緒十五年在濟南刊刻了其父方濳的《毋不敬

齋全書》,共八種。方潛爲著名理學家,其《辨心性書》《心述》《性述》三書係方潛理學思想的體現,《述餘》《顧庸集》爲其詩文雜著,體現了方潛的文學素養。《膠西課存》則是他爲人師時的成果,對山東教育做出了貢獻。其子刊刻這套全書,對全面了解方潛其人有重要作用。此書在山東刊刻,無疑傳播了其理學思想,並使該思想在山東有廣泛影響。

此期具有重要版本價值的書主要是邵書升所刻小學類書。其《純正蒙求》三卷,比較稀見,因現存的《純正蒙求》刻本不多。《左氏蒙求註》一卷,《善目》僅收同治三年劉履芬抄本一部,亦比較稀見。《韻史便讀》二卷,邵氏所刻此書爲現存第二刻,比較重要。而《類賦約選》二卷,則爲第一次刊刻。

此期的藝術精品有:

江蘇泰州宫本昂刻書版式設計獨特,板框四周單邊,但四角刻以博古圖案,非常别致。兩個半葉板框不連,各自成框,版心無字、無魚尾,像道教書籍的樣子,在山東刻書史上有一定的藝術價值。

江蘇吴縣潘霨於同治八年刻的《妙相莊嚴》一書,配以觀音等佛像版畫八十五幅,以圖釋文,以文説圖,刻印相當精美。唯不知此書到底是刻於山東還是福建。如刻於山東,則表明山東刻工的技術已達到了相當高的水平。

荆門蔣楷在平原刻成《平原拳匪紀略》,字畫精整,刻印精。《那處詩鈔》四卷,宣統三年由門人周清刻於濟南。開本大,字體端正,一絲不苟,刻印良好,屬晚清風格。《經義亭疑》三卷,亦於宣統三年刻在濟南。不知是否爲門生操辦。雖字小行密,但刻印較精。

如皋汪承鏞所刻《汪氏兩園圖詠合刻》,每圖後有汪承鏞釋,又有詩文。字方正,用墨較深,字大疏朗。圖爲精工所刻,點劃精細,可謂圖文並茂,是清後期歷城刻書中少見的精品。

山西李翰卿，與張昭潛門人韓晉昌、毛廣孚於光緒三十三年在濟南刻張昭潛撰《無爲齋詩集》二卷、《詞鈔》一卷，字畫整嚴，一絲不苟，刻印甚精。

王榕吉刻《科名捷訣》一卷，字體娟秀，行疏字朗。

清後期的濟南府坊鋪比中期增多了不少，刻書總量達一百三十餘種。中期衹有歷城和周村兩地，總共也就數家，而後期不僅兩地坊鋪數量有所增加，而且章邱、淄川、德州均有坊鋪出現，總數達三十餘家，僅歷城就有二十六家。這與歷城是府治，是山東的政治、經濟、文化中心有關。當時的坊鋪集中於布政司街，有"布政司大街"和"布政司小街"。這裏坊鋪雲集，有德華堂、雕藻齋、鴻文堂、聚和堂、雙和堂、文陞齋、藝德堂、秀文齋、北京翰文齋濟南分號、善成堂濟南分號、子雲堂。後宰門是另一個中心，有漢文齋、會文齋、同文齋、文友堂、英華齋、會友堂。另有濟南府東門里路南的鴻文齋，藩署門前的中和堂等零星分布。刻書比較多的坊鋪有會文齋、文友堂、裕和堂、雙和堂、聚和堂、同會齋、子雲堂。

周村的益友堂與三益堂並駕齊驅，現存刻書實物均在二十餘種，僅次於聊城的書業德和膠東的成文信。

在現存的一百三十餘種坊刻書中，經部最多，有六十餘種，約占一半。其次爲集部應試類書，再次爲子部醫家類。

坊刻書雖大多以營利爲目的，節約成本，殊少精品，但有些刻得還不錯，如文友堂專爲公家刻書；雕藻齋雇用中和堂名刻工鮑連元操刀；鴻文堂、德華堂刻《婦幼五種》非常精，有乾隆風格，不多見；同文堂刻《唐詩三百首註釋》、子雲堂刻《監本詩經》《奎壁禮記》，均字大、刻精；漢文齋刻《俚言十三篇》、鴻文齋刻《東廚司命竈君聖經》、秀文齋刻《蠶桑速效編》、文翰齋刻《金剛經注釋辨疑》，字大行疏，悦人眼目，是坊鋪刻書中少有的精品。

宗教機構刻書共六種，有濟南的大關帝廟、商河的龍桑寺、濟南段店劉家莊明聖壇、濟南救世會、新城尊五堂，其中段店明聖壇刻書最多，清末有兩種，民國有一種。濟南的民間組織有公善堂、同善書局、與善堂、廣仁局、義德堂，刻書共五種，另外同善書局在民國還刻有四種。以上寺廟、道觀、教堂及民間組織刻書的特點是，内容較單一，僅刻善書。

第三節　東昌府、泰安府、武定府、臨清州刻書

一、東昌府刻書

（一）家刻

清後期的東昌府家刻僅聊城和堂邑兩地有記載，其他博平、茌平、清平、莘縣、冠縣、館陶、恩縣、高唐州八縣無記載。

1. 聊城刻書

清後期的聊城刻書有八種，其中兩種爲清中期所述的楊氏刻本。

①馬鎮刻四種。

楚遊吟二卷	（清）吴中彦撰	清光緒二十一年聊城馬鎮刻本
聽鼓吟二卷	（清）吴中彦撰	清光緒二十一年聊城馬鎮刻本
政餘吟二卷	（清）吴中彦撰	清光緒二十一年聊城馬鎮刻本
退思齋雜著一卷	（清）吴中彦撰	清光緒二十一年聊城馬鎮刻本

該書封面題："光緒乙未冬月刊，本齋藏版。"卷端題："吴縣吴中彦曉滄著，聊城馬鎮校刊。"詩集六卷後有胡景桂跋，稱吴中彦囑其校定。光緒十三年劉樹堂序，是年潘鍾瑞序、汪芑序。光緒十年亢樹滋序。光緒十七年周德潤序。光緒二十一年吴中彦自序，稱自辛未迄乙未，共得詩四百餘首，因友人再三慫恿，删存三百首，以付梓人。有衆人集評及題詞。

八行二十字，白口，四周雙邊，單魚尾。

吴中彦、胡景桂還修纂過《廣平府志》，光緒二十年刻本。

②《聊攝叢談》六卷，清須方岳撰，清光緒十二年陽羨須方岳文英堂刻本。

封面題："光緒丙戌刊，文英堂梓，受業余培元子薌校。"書衣簽條有"文英堂"字樣。

前有光緒九年陽羨子遴氏崔廼選序："同郡須蓉岩少尹，少有雋才，爲貧而仕，分發山左，需次聊東，視官場奔競夤緣之習，夷然不屑，而獨有志於著書，凡有所見聞，纖悉必書之簡，人亦以其强識也，皆採訪新奇，樂爲之告。退則書其首尾，久而成册，名之曰《聊攝叢談》，將以付梓，而問叙於余。"光緒十年須方岳自識，稱"比及己巳冬，筮仕山左，旋分東郡，候指揮，公餘之暇，始得伸紙濡毫，以成當日之志。惟陋學疏才，不勝著述之任，豈敢遽災梨棗，欺世盜名"。知此書爲私家刻本，委託文英堂刊刻。

九行二十五字，白口，左右雙邊，單黑魚尾。

③《四書音韻》四卷附《韻學入門》一卷，清劉柏撰，清光緒八年東昌鮑乾元刻本。

封面題："光緒八年新鐫，歷邑劉柏新甫輯，東昌東關鮑乾元梓行。"卷端署："濟南郡歷邑劉柏新甫編輯，胞弟桓威林參閲，密友任桂丹樹校正，受業任世義校抄。"

首有章邱劉家龍序。道光十年濟南郡歷邑劉柏新甫氏於清源堂之南牖下《自叙》："余因翻閲《佩文》，考核《字典》，參徵數年，辨其聲韻，别其異同，於單韻者並載注釋，使閲者一見豁然。又於卷首列對字法與十三轉，以清口音列《早梅詩》及三十六韻以爲翻切之資，庶讀字者確有可據。"有《凡例》。

九行字不同，大小字相間，上鐫小字二字。

此書或當歸入坊刻。鮑乾元爲開封生産毛筆的著名老字號，東昌鮑乾元可能是其開的一個分號。若此,則毛筆店似有刻書的業務。如果鮑乾元爲人名,則與鮑連元的關係還有待進一步考察。

2. 堂邑刻書

堂邑後期刻書兩種,其中一種爲宣統二年安邱劉氏堂邑刻劉源渌撰《讀書日記》六卷、《補編》二卷,清前期的安邱刻書已述。

《聲調譜説》二卷,清吴紹澯撰;《通韻譜説》一卷,清宋弼撰,清光緒二十七年吴義培堂邑官廨刻本。

吴紹澯字蘇泉,安徽歙縣人。曾鈔古今詩四千餘篇,編成《金薤集》,《聲調譜説》爲其《附録》。《金薤集》有乾隆六十年自序,《譜説》有嘉慶二年自序,書約成於此時。據自序云:"秋谷一《譜》舊有刊本,德州盧運使見曾爲之重訂而益完善。又有宋臬使弼《彙説》、菏澤劉制軍藻《指南》,大都悉本秋谷,而《譜》中所列之詩不必盡合人意。因復更爲芟益,而於諸君子未盡宣露之旨復增一二。"

書有牌記:"光緒辛丑冬十二月朔,重刊於堂邑官廨。"又有"吴氏藏板"。此書有嘉慶二年刻本,當吴紹澯書成後即刻。國家圖書館數據作光緒二十七年吴義培刻本,但未找到吴義培刻書的證據,或另有所據。猜測吴義培爲吴紹澯後人,在堂邑做官時重刻此書。十行二十二字,白口,四周雙邊,單黑魚尾,刻印一般。

附:東昌府家刻總表

楚遊吟二卷	(清)吴中彦撰	清光緒二十一年聊城馬鎮刻本
聽鼓吟二卷	(清)吴中彦撰	清光緒二十一年聊城馬鎮刻本
政餘吟二卷	(清)吴中彦撰	清光緒二十一年聊城馬鎮刻本

（續表）

退思齋雜著一卷	(清)吴中彦撰	清光緒二十一年聊城馬鎮刻本
聊攝叢談六卷	(清)須方岳撰	清光緒十二年陽羨須方岳文英堂刻本
四書音韻四卷附韻學入門一卷	(清)劉柏撰	清光緒八年東昌鮑乾元刻本
唐求詩集一卷附録一卷	(唐)唐求撰	清光緒二十年聊城楊保彝京師刻本
楹書隅録初編五卷續編四卷	(清)楊紹和撰	清光緒二十年聊城楊保彝京師刻本
聲調譜説二卷	(清)吴紹澯撰 通韻譜説一卷 (清)宋弼撰	清光緒二十七年吴義培堂邑官廨刻本
讀書日記六卷補編二卷	(清)劉源渌撰	清宣統二年安邱劉氏堂邑刻本

(二)坊刻

清後期的東昌府坊刻集中於聊城一地。

1. 書業德

聊城書業德現存清後期刻書159種,其中明確爲書業德刻書者有64種:

詩經説鈴十二卷	(清)潘克溥撰	清同治元年書業德記刻本
養雲山館試帖注釋四卷	(清)許球撰	清同治三年書業德刻本
劍虹居三十藝一卷	(清)秦焕文撰	清同治六年書業德刻本
書經體注圖考大全六卷	(清)范紫登參訂 (清)錢希祥纂輯	清同治六年書業德刻本

（續表）

奎壁詩經八卷	（宋）朱熹集傳	清同治八年書業德記刻本
周易三卷	（宋）朱熹本義	清同治八年書業德記刻本
詩經融註大全體要八卷	（清）高朝瓔撰	清同治九年書業德刻本
詳批律賦標準四卷	（清）葉祺昌編	清同治十二年書業德刻本
詳批律賦標準二集四卷	（清）葉祺昌編	清同治十三年書業德刻本
許氏校刊四書便蒙十九卷	（清）焦袁熹等注 （清）許寶善校	清光緒元年書業德刻本
增補柳莊相法全書二卷首一卷	（明）袁忠徹傳	清光緒二年書業德刻本
小題別體一卷	（清）李揆一輯	清光緒三年書業德刻本
古唐詩合解十二卷附古詩四卷	（清）王堯衢注	清光緒七年書業德記刻本
左傳易讀六卷	（清）司徒修輯注	清光緒七年書業德刻本
五方元音大全二卷	（清）樊騰鳳撰	清光緒八年書業德刻本
奎壁四書二十卷	（宋）朱熹集注	清光緒十二年書業德刻本
奎壁書經六卷	（宋）蔡沈集傳	清光緒十四年書業德記刻本
詳批註釋寄獄雲齋試帖	（清）聶銑敏撰 （清）張學蘇箋	清光緒十四年書業德刻本
增補字彙一卷韻法直圖一卷韻法橫圖一卷	（清）梅膺祚撰 （清）吴任臣增補	清光緒十五年東昌書業德刻本
書經六卷	（宋）蔡沈集傳	清光緒十五年書業德刻本
綱鑑擇言十卷	（清）司徒修選輯 （清）李嘉樹補注	清光緒十六年東昌書業德刻本

(續表)

周易本義四卷首一卷	(宋)朱熹撰	清光緒十六年書業德刻本
尚書離句六卷	(清)錢在培輯解	清光緒十七年書業德記刻本
周禮精華六卷	(清)陳龍標輯	清光緒十八年東昌書業德刻本
書業德重訂古文釋義新編八卷	(清)余誠評選	清光緒十八年書業德刻本
龍文鞭影七卷(一集二卷二集二卷三集三卷)	(明)蕭良有撰	清光緒十九年書業德刻本
增補本草備要六卷	(清)汪昂撰	清光緒十九年東昌書業德刻本
唐詩三百首補注一卷	(清)孫洙輯(清)陳婉俊補注	清光緒十九年書業德刻本
唐詩三百首續選不分卷	(清)于慶元編	清光緒十九年書業德刻本
賦學指南十六卷	(清)余丙照輯	清光緒十九年書業德刻本
小學纂註六卷	(清)高愈纂註	清光緒二十年書業德刻本
剔弊廣增分韻五方元音二卷	(清)樊騰鳳撰(清)趙培梓新編	清光緒二十二年書業德刻本
選注六朝唐賦不分卷	(清)馬傳庚選註	清光緒二十二年書業德刻本
文選六十卷	(梁)蕭統撰(唐)李善注	清光緒二十二年書業德刻本
詩經備旨八卷	(清)鄒聖脈纂輯	清光緒二十二年書業德刻本

（續表）

書經備旨輯要六卷	（清）馬大猷手輯 （清）汪右衡鑒定	清光緒二十二年書業德刻本
四書會解二十四卷	（清）綦灃輯	清光緒二十二年書業德刻本
史鑑節要便讀六卷	（清）鮑東里輯	清光緒二十二年書業德刻本
爾雅注疏十一卷	（晉）郭璞注（宋）邢昺疏	清光緒二十二年書業德刻本
東萊博議四卷	（宋）吕祖謙撰	清光緒二十三年書業德刻本
孔子家語十卷	（魏）王肅注	清光緒二十四年書業德刻本
戰國策六卷	（漢）高誘注	清光緒二十四年書業德刻本
賦學正鵠集釋十一卷	（清）李元度選	清光緒二十五年書業德記刻本
國語四卷	（吴）韋昭解	清光緒二十六年書業德刻本
寄傲山房塾課新增幼學故事瓊林四卷首一卷	（清）程允升撰（清）鄒聖脈增補	清光緒二十六年書業德刻本
近思録十四卷校勘記一卷考訂朱子世家一卷	（宋）朱熹、吕祖謙撰 （清）江永集注	清光緒二十七年書業德刻本
史記菁華録四卷	（清）姚祖恩輯録	清光緒二十八年書業德刻本

（續表）

書業德重訂古文釋義新編八卷	(清)余誠評選	清光緒二十九年書業德刻本
周禮節訓六卷	(清)姚培謙重訂	清光緒三十三年東昌書業德刻本
如西所刻諸名家評點春秋綱目左傳句解彙雋六卷	(清)韓菼重訂	清光緒三十四年書業德記刻本
廿一史約編八卷首一卷	(清)鄭元慶纂	清東昌書業德刻本
淵海子平音義評註五卷	(宋)徐昇編	清末東昌書業德刻本
歷朝綱鑑會纂三十九卷首一卷	(明)王世貞編輯	清書業德記刻本
新刻鍾伯敬先生批評封神演義十卷	(明)許仲琳編輯 (明)鍾惺評	清書業德記刻本
書業德重訂古文釋義新編八卷	(清)余誠評選	清書業德刻本
重訂王鳳洲會纂綱鑑八十九卷	(明)王世貞纂	清書業德刻本
四大奇書第一種六十卷一百二十回	(明)羅貫中撰(清)毛宗崗評	清書業德刻本
增注八銘塾鈔初集不分卷	(清)吴懋政輯	清書業德刻本
綱鑑會通明紀十五卷	(清)陳志襄輯	清書業德刻本
鳳洲綱鑑會纂三十九卷綱鑑會通明紀十五卷	(明)王世貞纂(清)陳志襄輯	清書業德刻本

（續表）

漱芳軒合纂禮記體注四卷(禮記體注大全合參)	(清)范翔訂	清書業德刻本
春秋左傳五十卷	(晉)杜預注(明)鍾惺等評閱	清書業德刻本
增注八銘塾鈔二集六卷	(清)吴懋政輯	清書業德刻本
本草醫方合編二種十卷首一卷附醫方湯頭歌訣六卷經絡歌訣一卷續增日食菜物一卷	(清)汪昂撰輯	清宣統元年書業德刻本

有書業德藏板標記者15種：

四書便蒙十九卷	(宋)朱熹集注	清同治五年刻本
新訂四書補註備旨十卷	(明)鄧林撰(清)杜定基增訂	清同治六年書業德刻本
分韻試帖青雲集合註四卷	(清)楊逢春輯(清)沈品華等注	清光緒四年書業德記刻本
奎壁禮記十卷	(元)陳澔集説	清光緒四年書業德刻本
重校十三經輯字	(清)羅增輯	清光緒九年書業德記刻本
如西所刻諸名家評點春秋綱目左傳句解彙雋六卷	(清)韓菼重訂	清光緒十年書業德刻本
五方元音二卷	(清)凌虚樊撰	清光緒十一年書業德刻本
新訂四書補註備旨十卷	(明)鄧林撰(清)杜定基訂	清光緒十一年書業德刻本
奎壁禮記十卷	(元)陳澔集説	清光緒十二年書業德刻本
奎壁禮記十卷	(元)陳澔集説	清光緒十三年書業德刻本

（續表）

剔弊廣增分韻五方元音二卷	（清）樊騰鳳撰（清）趙培梓新編	清光緒三十年書業德刻本
奎壁詩經八卷	（宋）朱熹集傳	清光緒三十四年書業德刻本
慎詒堂詩經八卷	（宋）朱熹撰（清）慎詒堂輯	清書業德刻本
胎産心法三卷	（清）閻純璽撰	清書業德記刻本
左繡三十卷	（清）馮李驊、陸浩評輯	清書業德刻本

其他僅據著録但未見原書者78種：

分體利試法入門十九卷	（清）鄭錫瀛輯注	清同治元年書業德記刻本
注釋分體試帖法程十九卷	（清）鄭錫瀛輯注	清同治元年書業德記刻本
字學舉隅	（清）龍啓瑞撰	清同治四年書業德記刻本
詩韻集成十卷	（清）余照輯	清同治五年書業德記刻本
醫宗必讀五卷	（明）李中梓撰	清同治五年書業德刻本
潄芳軒合纂禮記體注四卷（禮記體注大全合參）	（清）范翔訂	清同治六年書業德刻本
奎壁書經六卷	（宋）蔡沈集傳	清同治八年書業德刻本
詩經體注大全體要八卷	（清）高朝瓔撰（清）沈世楷輯	清同治九年書業德刻本
綱鑑擇言十卷	（清）司徒修選輯 （清）李嘉樹補注	清同治九年書業德刻本

（續表）

殘唐五代史演義傳十二卷六十回	（明）羅本撰（明）李贄評	清同治十年書業德記刻本
增補剔弊五方元音不分卷	（清）樊騰鳳撰	清同治十年書業德刻本
批點七家詩合註七卷	（清）張玉田選	清同治十一年書業德記刻本
畿輔試帖二卷		清同治十二年書業德刻本
律賦標準四卷	（清）葉祺昌編	清同治十二年書業德刻本
學庸便覽	（清）綠雪山房主人撰	清同治十二年書業德刻本
奎壁易經四卷	（宋）朱熹本義	清同治間書業德刻本
四書便蒙十九卷	（清）許寶善輯	清光緒元年書業德刻本
小題別體一卷	（清）李揆一輯	清光緒三年書業德記刻本
傷寒瘟疫條辯六卷	（清）楊璿撰	清光緒四年書業德刻本
韞山堂時文全集三集	（清）管世銘撰	清光緒六年書業德刻本
增補分類代言四卷	（清）爾爾埜人撰	清光緒十年書業德記刻本
批點左傳句解六卷	（清）韓菼重訂	清光緒十年書業德刻本
東周列國志一百八回	（明）馮夢龍撰（清）蔡奡評	清光緒十三年東昌書業德刻本
分韻試帖青雲集合註四卷	（清）楊逢春輯（清）沈品華等注	清光緒十三年書業德記刻本
書業德重訂古文釋義新編八卷	（清）余誠評選	清光緒十三年書業德刻本
詩經體註大全八卷	（清）高朝瓔定	清光緒十三年書業德刻本
書經體註圖考八卷	（清）沈世楷輯	清光緒十三年書業德刻本

（續表）

批點寄嶽雲齋試帖四卷	（清）聶銑敏撰（清）張學蘇箋	清光緒十四年書業德刻本
周禮節訓六卷	（清）姚培謙重訂	清光緒十四年書業德刻本
書業德重訂古文釋義新編八卷	（清）余誠評選	清光緒十七年書業德刻本
書經體注圖考大全六卷	（清）范紫登參訂 （清）錢希祥纂輯	清光緒十七年書業德刻本
周禮精華六卷	（清）陳龍標輯	清光緒十八年書業德刻本
四書補註附考備旨十卷	（明）鄧林撰（清）杜定基增訂	清光緒二十年書業德刻本
四書章句集註十六卷	（宋）朱熹集注	清光緒二十年書業德刻本
五方元音大全二卷	（清）樊騰鳳撰	清光緒二十年書業德刻本
陽宅愛衆篇四卷	（清）張覺正撰	清光緒二十一年書業德刻本
新刻書經備旨善本輯要六卷	（清）馬大猷輯	清光緒二十二年書業德刻本
四書人物類典串珠四十卷	（清）臧志仁編輯	清光緒二十二年書業德刻本
太醫院增補珍珠囊藥性賦四卷	（清）李東垣編	清光緒二十二年書業德刻本
驗方新編十八卷	（清）鮑相璈編輯	清光緒二十二年書業德刻本
徐氏三種三卷	（清）徐士業校	清光緒二十三年書業德刻本

（續表）

三字經註解備要二卷	（宋）王應麟撰（清）賀興思注解	清光緒二十三年書業德刻本
增訂四體書法一卷	（清）鄭虎文輯訂	清光緒二十三年書業德刻本
讀史論畧不分卷	（清）杜詔撰	清光緒二十四年書業德刻本
曹大家女誡（女四書）二卷	（清）王相注	清光緒二十四年書業德刻本
女四書二卷	（清）王相注	清光緒二十四年書業德刻本
禮記易讀二卷	（清）志遠堂主人纂輯	清光緒二十六年書業德刻本
幼學故事瓊林四卷	（清）程允升原本（清）鄒聖脈增補	清光緒二十六年書業德刻本
四書補註附考備旨十卷	（明）鄧林撰（清）杜定基增訂	清光緒二十七年書業德刻本
四書補註附考備旨十卷	（明）鄧林撰（清）杜定基增訂	清光緒二十八年書業德刻本
史記菁華録六卷	（清）姚祖恩輯録	清光緒二十八年書業德刻本
東萊博議四卷	（宋）吕祖謙撰	清光緒二十九年書業德刻本
算學輯要略解四卷	（清）黄錫純編	清光緒三十年書業德刻本
鳳洲綱鑑會纂四十六卷	（明）王世貞纂	清光緒三十三年書業德刻本

(續表)

聊齋志異新評十六卷	(清)蒲松齡撰	清光緒三十三年書業德刻本
本草備要八卷	(清)汪昂撰	清光緒三十三年書業德刻本
外科證治全生六卷	(清)馬文植撰	清光緒三十三年書業德刻本
筆花醫鏡四卷	(清)江涵暾撰	清光緒三十三年書業德刻本
批點春秋綱目左傳句解彙雋六卷	(清)韓菼重訂	清光緒三十四年書業德刻本
左傳杜林五十卷	(晉)杜預撰(宋)林堯叟注釋	清光緒間書業德刻本
五七言千家詩詳解不分卷	(清)王相選注	清末書業德刻本
金匱要畧淺註十卷	(清)陳念祖撰	清末書業德刻本
欽定四書文選不分卷	(清)方苞輯	清書業德刻本
龍文鞭影二集	(清)李暉吉輯	清書業德刻本
幼學須知句解四卷	(清)程允升撰	清書業德刻本
御纂孝經集注一卷	(清)世宗胤禛撰	清書業德刻本
鑑撮五卷	(清)曠敏本編	清書業德刻本
廿一史約編八卷首一卷	(清)鄭元慶纂	清書業德刻本
近思録十四卷	(宋)朱熹撰(清)江永集注	清書業德刻本
忠經一卷	(漢)馬融撰(漢)鄭玄注	清書業德刻本

（續表）

管窺輯要八十卷	（清）黄鼎編	清書業德刻本
算學集要略解	（清）黄錫純編	清書業德刻本
醫方集解三卷	（清）汪昂輯	清書業德刻本
圖註難經脈訣四卷	（清）張世賢注	清書業德刻本
地理人事須知		清書業德刻本
脈學本草醫方合編二十卷	（清）汪昂輯撰	清宣統元年書業德刻本
李瀕湖脈學一卷	（清）李時珍撰	清宣統三年書業德刻本
圖註難經脈學八卷	（清）張世賢撰	清宣統三年書業德刻本

據吴雲濤《堂邑木板雕刻記略》①一文，書業德所藏一兩千塊書版，於1955年劈碎，作爲燒柴了。

2. 善成堂

善成堂是聊城的第二大書莊。據金紫垣、胡國典、劉伯紀《聊城四大書莊》②一文，善成堂開業於乾隆初年，由四川人傅氏開辦，名爲“善成堂書莊”。在北京開設“天成堂書店”，在濟南、濟寧、菏澤、張家口、包頭等地設“善成堂分號”。聊城分號的地址在城内樓東大街路南，書業德西約二百米。臨街三間門面，後院三進三出。房屋三十餘間。門面東部兩間設書架櫃臺，向後通往櫃屋，西間爲通後院的大門。有七八個店員照應門市，零整批發。後院分别設客廳、接待室、宿舍、作坊、書庫、紙庫、板庫等。二十多名師傅，五十餘名職工。經營方式與書業德一樣，除自板自印外，還從

①吴雲濤：《堂邑木板雕刻記略》，載《齊魯文史》2000年第3期。

②金紫垣、胡國典、劉伯紀：《聊城四大書莊》，見《文史資料選輯》第四輯，1987年版，第28頁。

南方運進大批印就的書葉來聊城加工成“南書”。

善成堂有個專門的領域，就是刻印“闈墨”。清代科舉盛行時，每遇“大比”，就要搶先刻板印行所謂的“闈墨”，即狀元、進士們的文選集。有《順天闈墨》《直隸闈墨》《山東闈墨》等。善成堂的《山東闈墨》由濟南分號搜集材料，送聊城刊印，《順天闈墨》《直隸闈墨》則由北京天成堂印好現成的葉子，由運河運來聊城，加工成書後遂與《山東闈墨》運往濟寧、北京批銷。這種趕時間的生意，其他各書坊都没有這種有利條件。有説：“沿河九大都市，善成堂控制了三個。京城、省會都有善成堂的人。”所以善成堂經銷闈墨數量特大，爲其他書莊所不及。善成堂終年忙碌，平時給分號發貨，張家口、包頭駱駝隊每月一次，濟南、菏澤大車隊十天一回，北京、濟寧或三天或五天，即來取貨，更有江南大船來紙入庫，夏末各分號負責人來聊城議事。自舊曆十月南方大批進紙，直到來春院裏紙垛纔消失。秋季外地客商此來彼往，臘月，特别是“亂市”，外商爲争取早日回家過年，形成搶購。此時，客廳也改爲營業室，設櫃臺，陳列大垛書籍，應付外地書商。並臨時賃房數處，又雙資招雇大批臨時工，趕印急用書籍，以應付銷售。一進臘月，資東對職工就實行雙工資，半夜後到天明，則雙加雙資，另外酒席款待。可見當時書業繁盛之狀。

善成堂書板很多。四書、五經、小説、醫書、啓蒙讀物等自製書板四百四十餘種，後又增添别集、術數、善書、畫譜、棋譜等二百餘種，另闈墨板百餘種。其盛期存板近千種。其板本大部頭精裝的有：《五經體注》《十三經注疏》《易經體注》《周易注疏》《詩經精華》《尚書注疏》《書經大全》《周禮精華》《春秋左傳》《左傳句解》《左傳注疏》《春秋穀梁傳》《官板四書》《四書庭訓》《二論典故》《史記》《資治通鑑》《前漢書》《後漢書》《三國志》《晉書》《舊唐書》《新唐書》《舊五代史》《新五代史》《宋史》《西漢記》《竹書紀年集證》《二十四史約編》《詩史致異》《六書分類》《東萊博議》《明儒學案》《説文解字》《新字通政》《辭通》《古文觀止》等。小説有《三國志演義》《精忠岳傳》《東周列國志演義》《繡像封神演義》《水滸傳》《繡像水滸傳》《西遊記》《繪圖西遊記》《隋唐演義》《三俠五義》《兒女英雄傳》《濟公傳》《包公案》《彭公案》《西廂記》《紅樓夢》《聊齋志異》《鏡花緣》等,還有醫書、卜筮、星相、畫譜、棋譜、啓蒙讀物"小花葉"(即小型唱本)等,種類繁多,還有聊城舊時流行的所謂"善書",名曰"宣講",善成堂本有《宣講寶銘》《宣講全鑒》。

善成堂的書板,均聘請堂邑雕刻能手刻製。書簽和内書衣的題字都請"聖手書生"劉鳳藻或書法家肖蒲田寫樣刻印。劉鳳藻,堂邑人,不但擅於摹寫宋體字的橫輕竪重,並善書正楷,字體融合柳、歐,疏密適中,頗爲美觀。如書業德出版的"前四史"、《史記精華録》,寶興堂的《神農本草經》《昭明文選》等,都是他的手筆。寫一版書的代價,是京錢壹吊。寫樣的紙,是上等毛泰,質薄柔韌,寫上字,可透過背影,清晰可辨。善成堂最講裝潢美觀,即使啓蒙讀物,也莫不精美。

善成堂的衰落緣於光緒間廢科舉、興洋學,以及聊城運河淤塞,善成堂最得力的"闈墨"徹底垮臺。南方紙運輸不便,與北京天成堂漸斷來往,其他各分號也逐漸獨立,善成堂的生意因而日趨蕭條。加之新的印刷技術的出現,土匪和日本侵略者的破壞,善成堂於 1945 年停業。

所見有民國十四年東昌善成堂刻《增廣新訂四書補註備旨》十卷,書衣題簽:"東昌善成堂印行。"封面題:"民國十四年新鐫,東昌善成堂板。"版心下刻"善成堂"。有廣告:"分設四川成都、湖北漢口、四川重慶、江西滸灣、北京城内、湖北沙市、山東濟南、直隸泊頭。"可見,東昌善成堂是總店,其他爲分店。因全國其他地方也有善成堂,而善成堂的刻書無明確的地區標志,故東昌善成堂的刻書無法統計。

3. 寶興堂

寶興堂是聊城的第三大書莊。據金紫垣、胡國典、劉伯紀《聊城四大書莊》一文,寶興堂開業於康熙中葉,資東先是李家,後是林家,都是河北衡水人。聘請聊城李氏任經理。寶興堂座落在聊城城内古樓大街安樂巷路西。高階大門,金字牌匾,大門上貼有"寶非珠玉,興待聖賢"的春聯。院内營業,並無臨街門面。其院落是傳統式的四合子房,另配以北跨院作爲作坊、書庫、紙庫。大門南邊有三間東屋是營業室。北跨院作坊有三十多名工人,五六名師傅分管印刷、裝訂等工序。另外還有臨時工。營業室店員每日忙於取書、送書、包裝,還招待顧客。外商來自北京、天津、包頭、綏遠、衡水、太原、濟南、徐州、兖州等地。刻書除了啓蒙書如《三字經》《百家姓》《千字文》等外,還有四書、五經、醫書、棋譜、畫譜等。小説尤多,如《三國志》《水滸傳》《西遊記》《儒林外史》《三俠五義》《西廂記》《紅樓夢》等。寶興堂還印行大量"小花葉",如《包公鍘陳世美》《孫悟空大鬧天宫》《雙鎖櫃》《水漫金山寺》《楊貴妃醉酒》《陳三兩爬堂》等。科舉興時,還搜集考中進士的文章,印《直隸闈墨》《山東闈墨》。戊戌變法後,廢除了八股文,變通了考試辦法與内容,寶興堂又刻印了《經濟特科要旨》《策論粹新》等書,適應了形勢,迎合了求功名的士子研究策論的心願,各地書商紛紛來寶興堂搶購。民國後,寶興堂又銷售石印的啓蒙讀物,迎合時代精神、社會需要。所以寶興堂比善成堂維持的時間長。寶興堂的書板來源:一是自刻,請堂邑刻工;二是購改,從倒閉書坊買舊書板,挖改藏板地;三是翻板,以舊書爲樣本重刻。寶興堂自製板也多請劉鳳藻寫樣。

曹之先生有言:"東昌刻工也有到外地謀生的,例如北京文成堂刻《四書備旨》《大學》等書就是由東昌府堂邑刻工楊金雄雕板的。"①

寶興堂除以自製板印行外,並由南方購現成書葉來聊加工"南書",書面印有"寶興堂監印"字樣。也有以南書原葉爲底稿翻板印成的南書,紙質相當好。好書用好紙,啓蒙讀物、小花葉則用次紙。民國後寶興堂逐漸衰落,書板散失,到解放時,寶興堂已停業了。

現所見寶興堂刻書二十九種,而明確標明爲東昌寶興堂的衹有三種,其他均無"東昌"標志。但查國家圖書館數據,除了東昌,未見他處有寶興堂。

①《幼學須知句解》,清光緒十四年東昌寶興堂刻本。封面題:"光緒戊子秋鐫,重校幼學須知句解,東昌寶興堂藏板。"書衣題簽有"寶興堂"。序言版心下刻"寶興堂"。十行十九字,白口,上下雙邊,單黑魚尾,上下欄。字大,刻印較精。

②《小學纂註》六卷,清高愈纂注,清光緒二十四年東昌寶興堂刻本。封面題:"督學使者頒行,重訂小學纂注,光緒戊戌年增刻,東昌寶興堂梓。增朱子年譜,附忠經孝經。"十行二十二字,白口,四周單邊,單黑魚尾。開本大,字大。

③2009 年 12 月 20 日,中央電視臺經濟頻道《尋寶》欄目組走進淄博,有清光緒十一年東郡寶興堂刻《聊齋志異》一部,有牌記:"光緒乙酉年季秋,東郡寶興堂藏本。"

寶興堂刻書如下:

重訂古文釋義新編八卷	(清)余誠評注	清光緒三年寶興堂刻本
太史張天如詳節春秋綱目左傳句解六卷	(清)韓菼重訂	清光緒五年寶興堂刻本

①曹之:《中國古籍版本學》,武漢大學出版社 1992 年版,第 387 頁。

（續表）

聊齋志異十六卷	（清）蒲松齡撰	清光緒十一年東郡寶興堂刻本
禮記十卷	（元）陳澔集説	清光緒十二年寶興堂刻本
左傳易讀六卷	（清）司徒修輯注	清光緒十二年寶興堂刻本
禮記易讀二卷	（清）志遠堂主人選	清光緒十四年寶興堂刻本
幼學須知句解四卷	（清）程允升原編 （清）錢元龍重訂	清光緒十四年東昌寶興堂刻本
詩經備旨嗜鳳詳解八卷	（清）陳抒孝撰	清光緒十七年寶興堂刻本
監本書經六卷	（宋）蔡沈集傳	清光緒十九年寶興堂刻本
三字經注解備要二卷	（宋）王應麟撰	清光緒二十三年寶興堂刻本
詩韻集成十卷	（清）余照輯	清光緒二十三年寶興堂刻本
詩經備旨補註詳解八卷	（清）鄒聖脈輯	清光緒二十四年寶興堂刻本
校刊增註四書便蒙十九卷	（清）許寶善注	清光緒二十四年寶興堂刻本
東萊博議四卷	（宋）吕祖謙撰	清光緒二十四年寶興堂刻本
小學纂註六卷	（清）高愈纂注	清光緒二十四年東昌寶興堂刻本
古文釋義八卷	（清）余誠評注	清光緒二十五年寶興堂刻本

（續表）

御撰資治通鑑綱目三編二十卷末一卷	（清）張廷玉等纂	清光緒二十六年寶興堂刻本
書經備旨輯要六卷	（清）馬大猷手輯	清光緒三十年寶興堂刻本
奎壁詩經八卷	（宋）朱熹集傳	清光緒三十三年寶興堂刻本
太史張天如詳節春秋綱目左傳句解六卷	（清）韓菼重訂	清光緒寶興堂刻本
春秋綱目左傳句解六卷	（清）韓菼重訂	清光緒寶興堂刻本
眼科大全六卷	（清）傅仁宇纂	清末寶興堂刻本
古唐詩合解十二卷附古詩四卷	（清）王堯衢注	清寶興堂刻本
龍光詩經八卷	（宋）朱熹集傳	清寶興堂刻本
古唐詩合解十二卷附古詩四卷	（清）王堯衢注	清寶興堂刻本
鳳洲綱鑑會纂四十六卷	（明）王世貞纂	清寶興堂刻本
漱芳軒合纂禮記體注四卷（禮記體注大全合參）	（清）范翔訂	清寶興堂刻本
幼學須知句解四卷	（清）程允升原編 （清）錢元龍重訂	清寶興堂刻本
重訂古文釋義新編八卷	（清）余誠評注	清宣統二年寶興堂刻本

以此二十九種爲例，可知寶興堂刻書的特點：

一是所刻經部書占的比重最大，約四分之三。

二是刻書標志有寶興堂梓、寶興堂刻、寶興堂梓行、東昌寶興堂梓、寶興堂藏板、東昌寶興堂藏板、東郡寶興堂藏本，或版心下刻“寶興堂”。

三是刻書時間集中於光緒年間。

四是刻書及裝幀均比較講究,開本較大,二欄或三欄的較多。

五是一書多刻。《古唐詩合解》有兩個版本,一個封面題"王阮亭先生原本,王翼雲先生註,後附古詩,寶興堂梓"。另一個封面題"吴郡王翼雲先生註,寶興堂藏板"。行款亦不同。《太史張天如詳節春秋綱目左傳句解》有光緒間刻本和光緒五年刻本,光緒間刻本封面題"春秋綱目左傳句解,光緒年月新鐫,長洲韓慕盧先生定,寶興堂板",版心下有"寶興堂"。光緒五年刻本封面題"光緒己卯年新鐫,韓狀元評,批點左傳句解,寶興堂藏板"。《幼學須知句解》有清刻本和光緒十四年刻本,清刻本封面題"幼學須知句解,寶興堂藏板",書衣題簽有"寶興堂",字大,刻印一般。光緒十四年刻本封面題"光緒戊子秋鐫,重校幼學須知句解,東昌寶興堂藏板",書衣題簽有"寶興堂",序言版心下刻"寶興堂",字大,刻印較精。

六是注重廣告效應。《小學纂註》封面題"督學使者頒行,重訂小學纂注,光緒戊戌年增刻,東昌寶興堂梓。增朱子年譜,附忠經孝經"。"重訂"表明所做的工作,聲明比其他版本要好。"督學使者頒行"暗示有權威性。"增朱子年譜,附忠經孝經",説明在内容上有改進,能讓讀者花費少而讀到更多的内容。《禮記易讀》封面有廣告語:"校正一字無訛。"又有識語:"善本流傳所以嘉惠後學也,近日射利翻刻,帝虒烏焉,訛字滿紙,但求放利而行,不顧遺害甚大,願爲父師者嚴防贋本爲要屬。"

七是亦有據他人板子印行的情況。如《善成堂重訂幼學須知句解》四卷,版心下鐫"善成堂",封面題"遵依原本校訂""京江錢恕齋重刊""寶興堂藏板"。這是據善成堂刻本重刻,還是直接以善成堂板子印行,不得而知。從常理推測,兩個書鋪距離很近,買板的情況可能存在。

4. 有益堂

有益堂書莊是聊城"四大書莊"之一。據金紫垣、胡國典、劉伯紀《聊城四大書莊》一文,此書莊是以"開卷有益"的成語而命名的。原開設於直隸衡水西關,康熙末年,即與聊城寶興堂書莊因同鄉關係有來往,從南方購紙,先用船由運河運到聊城,寄存在寶興堂,然後再雇大車運往衡水,還通過寶興堂聯繫堂邑的刻工。後來見聊城比衡水經營方便,銷路廣,於是在聊城東門裏賃房設了分號。雍正年間,在聊城樓東大街路北置房,將分號改爲總號,而將衡水總號改爲分號。經理張紹基,後轉鄒家,又轉周家。資金雄厚,生意興隆。有益堂有坐北朝南的門面三間,後院寬廣,有作坊、書庫、紙庫、板庫、客廳、寢室等。前面門面東部爲貨架櫃臺,西部爲貨物進出、包裝拆驗之所。中間是通向後院的正門。門懸清代聊城著名書法家朱學篤所題"有益堂"匾額。門市有店員七八人招攬顧客,作坊有二十餘名工人,七八個師傅,另有不少臨時工,循序進行印刷、裝訂等工作。廠市店員,終日忙於照應前櫃,接待顧客。除零售外,並有大量外客。客人除魯西附近縣鎮者外,還有東北、内蒙、山西、河北等地的遠客。外商一買幾車,在幾個書坊選購配套。有益堂與寶興堂關係密切,互相交流書板。有益堂板本和寶興堂板本頗相似。如四書、五經、雜家、醫書、小説等。至於啓蒙書如"三、百、千"等更不必説。書板計五百餘種,數十萬葉。其板除自刻外,還收買一些倒閉書坊的舊板,改補爲"有益堂"字樣。也從南方運來原葉加工成"南書"和複製南書板自印南書。其所用粗糙紙印的啓蒙讀物叫"草板書",所印歌本唱本,稱爲"小花葉"。有益堂自製書板多是請上等寫樣先生,選精勘善本爲底本,交寫樣先生依原板樣式摹寫。有益堂刻有一種理髮業技術書——《浄髮須知》,此板别的書莊没有。此書不僅介紹了理髮技術,還詳述"推、拿、點穴""拿悶"、施術之"絶竅"。同様具有實用價值的還有《冷髮燙知》,有圖,有注釋。"戊戌變法"後,有益堂又印《歷史》《地理》《自然》《經濟》《政治》等書,迎合形勢,吸引讀者,故生意興隆。特别是每年臘月,各地準備新春開館,張家口的駱駝隊,河北的大車幫,山西的毛驢群,紛紛來聊購書,連同聊城的毛筆、年畫,一起大量批購,形成"亂市"。因外客慌着回家過春節,都搶先購買。這時,大、小書坊,甚至書攤,也搶購一空。聊城的書、筆、年畫行業,無不日夜忙碌。到了民國,木板書爲鉛印、石印書所代替,有益堂每年還可銷七八千木板書,但遠不如昔日興盛之狀。有益堂見木板書已臨末路,又開始經營新書和文具。日寇占聊期間木板散失,又以經營文具爲主。1946 年,有益堂倒閉。

有益堂刻的書多有"有益堂梓""有益堂梓行""有益堂藏板"字樣,或版心下刻"有益堂"。北京亦有有益堂,所以,除了明確標明東昌外,其他標"有益堂"者不敢妄下結論。筆者所知有益堂刻書十餘種,除民國一種外,其他未見有東昌標志。

所知有益堂刻書如下:

新選唐詩三百首補注	(清)陳婉俊輯 (清)李永嫻同參	清道光二十四年有益堂刻本
春秋綱目左傳句解六卷	(清)韓菼重訂	清光緒四年有益堂刻本
古唐詩合解十二卷附古詩四卷	(清)王堯衢注	清光緒十三年有益堂刻本
醫方簡明六卷	(清)徐友琴撰	清光緒十三年有益堂刻本
尺牘初桄二卷	(清)南窗侍者編	清光緒十四年有益堂刻本
三字經注解備要二卷	(宋)王應麟撰	清光緒二十四年有益堂刻本
本草備要四卷	(清)汪昂撰	清光緒二十七年有益堂刻本

（續表）

歷代綱鑑總論二卷	（清）陳受頤撰	清光緒二十八年有益堂刻本
增删卜易大全六卷	（清）野鶴老人撰	清有益堂刻本
鼎鐫欽天監戈先生校定子平淵海大全六卷	（明）欽天監校定 （明）胡文煥釋點	清有益堂刻本
增訂本草備要十一卷醫方集解三卷	（清）汪昂撰	清有益堂刻本
白喉忌表抉微不分卷	（清）耐修子録	民國四年東昌有益堂書坊刻本

由此表可知，有益堂現存最早的刻書實物是道光二十四年刻《新選唐詩三百首補注》。

民國四年刻《白喉忌表抉微》，封面題："中華民國乙卯秋，東昌有益堂書坊重印。"有光緒二十九年孫友蓴識，稱其光緒二十九年在陽湖做官，署中多患白喉，四兒忠相最重，僕人時成以此書進，乃知所用藥多禁忌。後病痊愈，"乃郵致滬上，印三千册，分貽四方"。孫友蓴，古郯子國人，即郯城人。末有板存地："板存濟南孫寓，有願印者可直接通函。"又有："孫寓通信處：郯城碼頭鎮東門裏孫讀雪堂，濟南東關青龍街汪餘慶堂。"可能此書原刻板者爲孫氏，而有益堂係據板重印。

據吴雲濤《堂邑木板雕刻記略》①一文，有益堂的三五百部木版書爲山東省圖書館買去。

5. 文英堂

至遲在光緒十年開業。所見刻書二種，一種爲上文家刻所述

①吴雲濤：《堂邑木板雕刻記略》，載《齊魯文史》2000年第3期。

《聊攝叢談》,陽羨須方岳委託文英堂所刻;另一種爲《新訂四書補註備旨》八卷,明鄧林撰,清杜定基增訂,清光緒十年東昌文英堂刻本。封面題:"東昌文英堂藏板。"鈐有"文英堂記"。上下欄,白口,四周單邊,單魚尾。

6. 聚盛堂

王氏所開,至遲在光緒十五年開業。所見刻書有一種:《四書人物類典串珠》四十卷,清臧志仁輯,清光緒十五年東昌聚盛堂刻本。封面題:"光緒己丑新鐫,東昌聚盛堂藏板。"十行二十五字,小字雙行二十五字,白口,四周雙邊,單黑魚尾。

7. 萬興成

《龍光四書》,清東昌萬興成刻本。封面題:"東昌萬興成梓行。"九行十七字,小字雙行十七字,白口,左右雙邊,單黑魚尾。

8. 葉氏書林

《制藝簡摩集》,清東昌葉氏書林刻本。封面題:"丙午夏日東昌葉氏書林依關中書院讀本校刊。"九行二十五字,白口,四周雙邊,單黑魚尾。

9. 義盛堂

《東蓬情議》四卷,清光緒三十年東昌義盛堂刻本。

10. 敬文堂

一説在聊城東門裏路北,五間門面;一説在聊城城裏泰寶銀樓舊址。民國時已倒閉。未見刻書實物。

11. 聚奎堂

《四書人物類典串珠》,清臧志仁編輯,清東昌聚奎堂刻本。書簽木記題:"東昌聚奎堂自置書籍發兑,校正無訛。"封面題:"聚奎堂藏板。"濟寧亦有聚奎堂,光緒十八年刻蔣作錦撰《東原考古録》一卷。

除了以上幾個書莊,聊城還有王家“三聚”,即聚錦堂、聚和堂、聚盛堂(上文已述)。其餘的都是些中、小書坊了,如崇文堂、文奎堂、萬育堂、品文堂、魁元堂、三和堂、三合堂、三友堂、文焕堂、文筠堂、福成堂、精忠堂等。這些書莊,均集中在聊城城内古樓東大街以及東門口内外。這些中、小書鋪,多半印製“府書”一類的貨品。大部分採用毛泰紙,也有的用較次的竹紙或粉連紙刷印。他們爲降低成本,便宜易銷,質量方面都不大考究。如小本的四書、五經和啓蒙讀物,多是供應鄰近縣鎮的書販串書館及門市零售。他們的書板在刻工方面,有的較好,有的很粗糙。校勘方面,也不精細。

由上可知,東昌的書坊在清後期已達二十五家。

(三)民間組織刻書

冠縣元善堂可能是個慈善組織。

《痘疹摘要》六卷,清末冠縣元善堂刻本。封面題:“□□□□(按:此四字缺損)刊,板存冠邑城北趙固元善堂。”九行十八字,白口,左右雙邊,單黑魚尾。字大行疏,悦人眼目,開本大,刻印精。

(四)東昌府刻書特色

東昌府在清後期無官刻記載,家刻總共有 10 種,其中聊城 8 種,堂邑 2 種。聊城的刻書主要爲馬鎮刻書,刻了 4 種。在刻書内容上,大部分爲集部,有 7 種。經部 1 種,史部 1 種,子部 1 種。

清後期的東昌府刻書最爲有名的是坊鋪刻書。聊城的坊刻在“四大書莊”的帶動下,在清後期達到了極盛,有坊鋪二十多家。《老殘遊記》有生動的記述,第七回記一書坊掌櫃向老殘介紹道:“我們這東昌府,文風最著名的……小號店在這裏,後面還有棧房,還有作坊。許多書都是本店裏自雕版,不用到外路去販買的。”①

①〔清〕劉鶚:《老殘遊記》,人民文學出版社 1957 年版,第 65 頁。

聊城刻書業的興盛,原因有三:一是山西刻書資源的注入,二是便利的交通和發達的經濟,三是自身的文化基礎。

聊城刻書的歷史,據金紫垣、胡國典、劉伯紀《聊城四大書莊》一文,當始於明洪武初年。當時大批移民從晉南遷往東昌,由於金元時期山西平陽(臨汾)是北方的印刷中心,所以移民也帶來了雕板印刷的人力和技術,遷入堂邑的較多。而堂邑爲東昌府所轄,距聊城僅四十里,往返十分方便。不少堂邑人刻印啓蒙讀物和通俗讀物來聊城串賣,頗爲暢銷,因而明代聊城即出現了一些小型木板書作坊,"好友堂"是最早出現的一家。它雖衹印賣啓蒙讀物、通俗讀物、唱本之類,但打開了聊城木板書行業的大門,成爲聊城木板書莊的首創者。到了清代,聊城的不少書莊直接從堂邑請刻工,可以説,對刻書中心資源的利用,促使聊城刻書業迅速發展起來。

聊城刻書業的發展離不開京杭大運河的滋養。元代開挖會通河,聊城北通京師,南連三吴,成爲山東經濟文化又一中心。從明朝開始,聊城成爲沿河九大商埠之一。清朝康、乾年間,各地巨商大賈,雲集聊城,"御賜免税碑"使聊城享有特權,更促使外地客商來聊城謀利。秦晉、江南商賈雲集,"山陜""蘇州""江西""武林""贛江"等八大會館傍河而立。聊城被譽爲"挽漕之咽喉,天府之肺腑""江北一都會"。河中桅杆如林,岸邊貨積如山。白日車水馬龍,夜間燈火通明,至今流傳着"金太平、銀雙街,鐵打的小東關"等種種説法,生動地反映了當時這一帶的繁華景象。

隨着經濟中心的確立,清代聊城文運大開,書院衆多,文人薈萃。整個清代,聊城有狀元兩名,進士五十四名,舉人一百五十餘名,"任、鄧、朱、傅、耿"五大家均爲在朝高官,楊氏"海源閣"藏書,聞名中外。

坊刻的發展還與它自身的特點有關。坊鋪的經營目的在於盈利,利潤的刺激促進書坊不斷擴大刻書範圍,注意調整經營機制,力求在競争中保持優勢。因此,書坊業發展迅速,很快就在規模、品種和數量上超過官刻和家刻,成爲三大刻書系統的又一主體。

以上諸方面,都是聊城木板書業發展的有利條件,聊城木板書業因而蓬勃興起,"四大書莊"相繼開業,小書坊蜂擁而起,使聊城成爲了清代北方重要的刻書中心。

現已知東昌府坊刻書有二百種,經部最多,有近百種,占全部刻書的一半。集部和子部次之,有四十餘種。史部最少,不足二十種。由此可見坊鋪刻書的重點是經部書,即四書、五經之類。而史部書相對部頭大,成本高,營利少,故刻得少。子部的醫家類書也比較多,蓋因大衆所需之故。

二、泰安府刻書

(一)官刻

清後期的泰安府官刻衹一種,係泰安縣令李於鍇所刻。

《續資治通鑑紀事本末》,清李銘漢、李於鍇撰,清光緒二十九年至三十二年武威李於鍇山東刻本。

顧頡剛《當代中國史學》:"宋袁樞以司馬光《通鑑》每叙一事,其事實的首尾分在數卷,檢查甚難,乃分門别類,每事記其源流,詳其首尾,成《通鑑紀事本末》四十二卷,'紀事本末'一體即由樞所首創。李銘漢仿此體,就畢沅《續通鑑》加以剪裁,書未成而死,更由其子李於鍇加以續作,後刊行於山東,名《續資治通鑑紀事本末》,凡百二十卷。銘漢僻居西陲,而能以獨力爲史,其魄力見識均足令人欽佩。"①可知,《續資治通鑑紀事本末》一書由李銘漢先撰,未成身死,其子李於鍇續撰。

李於鍇(1862—1923),字叔堅,又字治成,光緒二十一年進士,二十四年任蓬萊知縣,後任武城知縣,調泰安縣令。光緒二十

①顧頡剛:《當代中國史學》,上海古籍出版社2002年版,第6~7頁。

七年實行新政,奉命籌備山東大學堂。三十一年,泰安王價藩創辦圖書社時,李於鍇任縣令並捐資。後又署理沂州府知府。

此書封面題:"開雕於光緒二十九年癸卯,竣工於光緒三十二年丙午。"此間李於鍇當在泰安。

此書在山東印完後,版移武威故里。解放後,李氏後裔將版交給國家。1957年北京古籍出版社曾用原版印刷過一次。現在版存甘肅省博物館。

(二)家刻

清後期的泰安府家刻僅泰安、東平州兩地有記載。其他肥城、新泰、萊蕪、東阿、平陰五縣無記載。

1. 泰安刻書

泰安後期的刻書最著者爲《農桑簡要新編》一卷,清范村農撰,清光緒二十七年泰安知府石祖芬刻本。

范村農(? —1924),字慕韓,號岱麓寄客,亦號岱麓散人,去官後卜居泰山腳下,隱居不出。

書衣題:"祖芬題籤。"目録下題:"吴門石祖芬子元鑒定,鐵嶺玉均子和校,岱麓范村農慕韓輯。"末有朱記:"板存泰安府城内城隍廟街文翰齋刻字鋪。"

光緒二十七年署山東泰安府知府石祖芬《農桑簡要新編原起》:"聖祖世宗皆以農桑爲邦本,刊圖詮解,導誘諄諄耳。邇來直隸一省奉敕設局種桑,自光緒十八年至二十三年,六歲之中,成活二千一百餘萬株,責州縣承領推廣試種,成效昭然。旋有長沙徐大司空樹銘奏進《蠶桑萃編》一書,奉旨頒行。朝廷注意農桑至殷且急。今我袁大中丞仰秉宸謨,俯瞻群姓,日孜孜以興利爲念,乃刊印是編,分頒到郡。祖芬竊慮愚氓難與圖,始爰集二三同志,講求良法,期在推行。適有天外村農退隱田間,不忘匡濟,頻年創辦農學,於選種審時、辨土耩子諸法確有心得,屢試輒驗,收成第數倍於人。既著明效尤，願以餘力考究蠶桑，爲郡民倡。祖芬欽其志且樂助其成，第苦《萃編》部目繁重，淺學未易終篇，小民難於索解，因擇其精要簡便者三十餘條，附以村農歷年考驗農學精言，都成一册，亟付諸梓，名曰《農桑簡要新編》。"光緒二十七年岱麓寄客范村農自序："竊維聖門論政，以足民食爲本。孟子匡時，以興井地爲先。自來圖富、圖强，莫不重農、重粟……兹將本身之閲歷，累歲之校勘，分以部居，附以論説。言雖粗鄙近俚，法皆平易近人。草創有年，校刊無力。今值石子元太守涖是邦，以有體有用之才，抱利物利人之志，慨捐清俸，代付手民。又囑將《蠶桑萃編》一書採數十則附刊其後，都爲一編。"則知此書爲泰安知府石祖芬捐俸刊刻。有《農政目録》《桑政目録》。

十行二十字，黑口，四周雙邊，單魚尾。刻印較精。

另有兩種不知何時所刻，暫置於此。

①《審言詩集》一卷，清楊于果撰，清楊繼增編，清泰安楊繼增刻本。

②《鶴皋詩鈔》一卷，清楊于棠撰，清楊繼增編，清泰安楊繼增刻本。

2. 東平刻書

元東平丁思敬於大德八年在南豐州刻過宋曾鞏《元豐類稿》，前已有述。明代東平刻書僅一種。

東平清前期和中期未見刻書記載，後期有河南扶溝柳堂在東平刻書五種，清後期的樂陵刻書將詳述：

宰惠紀畧五卷	（清）柳堂撰	清光緒二十七年河南扶溝柳堂筆諫堂東平刻本
蓮溪吟草十四卷	（清）柳堂撰	清光緒二十八年河南扶溝柳堂筆諫堂東平刻本

(續表)

北上吟草二卷庚寅北上吟草一卷	(清)柳堂撰	清光緒二十八年河南扶溝柳堂筆諫堂東平刻本
史外韻語書後八卷	(清)柳堂撰	清光緒二十八年河南扶溝柳堂筆諫堂東平刻本
宦遊吟草十二卷	(清)柳堂撰	清光緒二十八年河南扶溝柳堂筆諫堂東平刻本

(三)坊刻

據李中《泰安地區刊刻出版業概況》①一文,泰安的坊刻並不發達,坊鋪有慶雲齋、瞻岱軒、葆文齋、文翰齋等。這些刻坊衹爲出版者刻印裝訂,不自行出版書籍。

葆文齋未見有刻書實物。

瞻岱軒開業於道光時期,道光六年爲徐宗幹刻《虹玉樓賦鈔》,還刻有《大學章句困知録》。清中期泰安坊刻已述。

慶雲齋爲刻字處,於清末開業,主人爲游清林,清末刻《觀音大士救劫文》。

另有文翰齋刻字鋪,光緒時開業,在泰安城内城隍廟街,光緒二十七年泰安知府石祖芬刻范村農撰《農桑簡要新編》一卷,即由此刻字鋪進行刊刻。末有朱記:"板存泰安府城内城隍廟街文翰齋刻字鋪。"上文有述。刻完後板存該鋪,隨時刷印,山東省圖書館就藏有一部長山縣令徐致愉刷印本,前附徐氏朱印識語,書衣鈐有朱記,有"印送"字樣。

據崔章蔭《〈承文新脈絡淵源〉補正——招遠縣孟格莊"二書鋪"探源》一文,泰安也有招遠劉作信"二書鋪"的分號——承

①李中:《泰安地區刊刻出版業概況》,見《山東出版志資料》第三輯,山東人民出版社 1986 年版,第 137～144 頁。

文新。

（四）泰安府刻書特色

清後期的泰安府刻書，除坊鋪比中期有所增加外，在官刻和家刻上都有所退步。武威李於鍇在泰安所刻書雖版歸故里，但畢竟在山東所刻。

此期刊刻的《農桑簡要新編》，具有重要的意義。正如石祖芬序言所云，清代歷朝皇帝是非常重視農業的，積極推廣種蠶業，頒印書籍讓各地學習。清代前期，蠶桑業主要集中在長江三角洲，特别是浙江的嘉湖地區。晚清時，由於太平天國運動，農村經濟遭到巨大破壞，恢復農村經濟成爲當時的首要任務。一些地方官員爲了振興當地的經濟，也着力提倡發展蠶桑，於是晚清時期出現了推廣蠶桑的高潮。各省、府、廳、州、縣紛紛成立各種常設勸農機構，如江蘇於同治十年成立蠶桑局，莊維民《近代山東蠶桑業的改良及其影響》①一文認爲，山東最早的蠶桑改良機構成立於 1903 年，清政府並於是年在濟南設立山東農事試驗場，開辦桑園，從事蠶桑試驗改良之後，各地蠶桑專業學校紛紛設立。

刊印大家能讀懂的書籍，對進行蠶桑推廣至關重要，除了朝廷頒印書籍，各地方也有印書行爲。如道光十七年，貴州巡撫賀長齡即督同藩司慶禄、糧儲道任樹森刊發《蠶桑編》《木棉譜》，通頒各屬教民栽種。在山東，當屬石祖芬所刊的這部書了。這部書的好處是簡便易懂，故此書刊後，在山東引起了很大反響，各縣紛紛刷印。山東省圖書館此本有朱記："光緒二十七年　月　日署長山縣徐印送。"前附朱印光緒二十七年運同銜候補知州署長山縣事徐致愉識一紙，稱"石子元太守又益以蠶桑要語刊秩頒行"。原刻本應無此朱印識，此識係長山縣令徐致愉據版刷印時所加，因其對

①莊維民：《近代山東蠶桑業的改良及其影響》，載《古今農業》1999 年第 4 期。

農業發展有重要作用,仿善書例,刷印送人。

閔宗殿《晚清蠶桑推廣的成效和問題》①一文,認爲晚清時期,廣東的珠江三角洲,四川的成都平原蠶桑業也迅猛地發展起來,形成了東、南、西三個不同的主産區。其在《清後期推廣的蠶桑州縣分布概況》一表中,列十八省,無山東。所以,石祖芬刊刻此本在一定程度上彌補了山東蠶桑種植史料的缺失。

三、武定府刻書

(一)官刻

清後期的武定府官刻,目前衹知有樂陵一部,光緒三十年山東樂陵縣刻《地球三字經》四卷,清王學曾輯。

(二)家刻

清後期的武定府家刻共七十種,青城、陽信、商河、霑化、蒲臺五縣無刻書記載。

1. 惠民刻書

惠民後期的刻書共三種。河南扶溝柳堂所刻有二種:《[光緒]惠民縣志》三十卷、《首》一卷、《末》一卷,清沈世銓修,清李勖纂,清柳堂校訂,清光緒十二年刻二十五年柳堂惠民校訂補刻本;《惠民縣志補遺》,清柳堂撰,清光緒惠民刻本。下文樂陵刻書詳述。

另有一種,未知具體刻書年代。據田同之序跋,明代武定劉佐沛,字漢輔,所撰《雒誦堂遺詩》四卷,有同邑武定李碧亭刻本。

2. 海豐刻書

清代後期的海豐刻書衹有吴氏一家。

海豐吴氏是清代著名的科舉家族。自順治至光緒,歷九朝,二

①閔宗殿:《晚清蠶桑推廣的成效和問題》,見李軍、王秀清編《歷史視角中的“三農”:毓瑚先生誕辰一百周年紀念文集》,中國農業出版社 2008 年版。

百三十餘年間,科甲聯第,宦跡四海。從吴氏十世祖光禄大夫吴永孚,到十九世孫中憲大夫吴峋,有仕録考稽者逾百人,被稱爲"進士世家""尚書門第"。

吴氏在清代刻書自吴自肅始,今自自肅列其刻書世系:

第一代:

吴自肅,字在公,號克庵,康熙三十三年進士,曾官山西河東道布政司參議,贈光禄大夫、刑部尚書。弟吴自沖。

第二代:

吴自肅有子吴象寬、吴象羲。另吴象默、吴象弼亦與吴象寬爲同輩。

第三代:

吴象寬有子吴紹詩、吴紹冶,吴紹甲、吴紹謨亦爲同輩。

吴紹詩,歷任甘肅鞏昌府知府、陝西督糧道、貴州督糧道、雲南按察使、甘肅按察使、甘肅布政使、刑部右侍郎、江西巡撫、刑部尚書、禮部尚書。後因罪降職,繼又擢刑部侍郎、吏部侍郎,原品致仕,加尚書銜。吴紹詩有子二人,均官至巡撫。

第四代:

吴紹詩長子吴垣,即爲吴式芬的曾伯祖,字薇次,號樹堂,乾隆十七年壬申恩科舉人,仕至兵部侍郎、都察院右副都御史、廣西巡撫、湖北巡撫。紹詩有子吴之承。吴之承有子吴熙曾、吴侍曾、吴怡曾。吴侍曾有子吴式敏,吴式敏同輩有式勞、式訓,均不顯。

吴紹詩次子吴壇,即吴式芬的曾祖父,字紫庭,號椒堂,乾隆九年甲子舉人,二十六年辛巳恩科進士,仕至兵部侍郎、都察院右副都御史、江蘇巡撫加二級。吴壇祇有獨子吴之勷。

第五代:

吴之勷,吴式芬祖父,字翊臣,號滏崖。乾隆四十四年己亥恩科舉人,歷官湖北安襄隕荆兵備道、貴州太守。

第六代:

吴之勷衹有一子吴衍曾,即吴式芬的父親,可惜其壽不長,在吴式芬出生九個月後去世。吴式芬九歲的時候母親又去世,他從小是跟祖父成長起來的。

第七代:

吴式芬,道光十五年乙未科進士,翰林院編修,仕至内閣學士兼禮部侍郎加三級。同輩有吴式敏、吴式群、吴式訓等。吴式芬有子二人:吴重周、吴重憙。

第八代:

吴重周,二品蔭生,同知銜,候選通判,没有爲官,一直居家。吴重周有子吴峋,是吴氏家族的最後一名進士,官至禮部郎中,掌湖廣道監察御史,加二級。吴峋衹比其叔吴重憙小一歲。

吴重憙,以舉人仕至江西巡撫、郵傳部侍郎、河南巡撫,是吴家最後一個二品以上大員。吴重憙有四個兒子,爲官不顯。此後,吴家就開始敗落了。

吴氏刻書自雍正始,至民國止,達四十餘種。

1)吴氏家刻《半閣詩選》

吴自肅有著述二種:《萬行草》《我堂存稿》,吴自沖有《留雲閣遺詩》,均不知刻否。有記載的吴氏刻書自雍正始,所刻爲《半閣詩選》一卷,清吴象默撰,清雍正十三年海豐吴氏家刻本。

象默字從之,號健輿,象寬弟,諸生。另著有《亦居室贅吟》。

卷首有趙執信、李果、吴象寬及作者自序。輯詩一百二十餘首。海陽李果序云:"己卯秋杪,果初識海豐吴先生從之於京師。"己卯爲康熙三十八年。趙執信序云:"君詩才情自佳,清致軼俗,此而不懈,將步古賢後塵而不知所極。惜乎其年之不永也。"《吴氏世德録·吴紹詩〈健輿府君行述〉》云:"詩不多作,作必務繪情達意。或一字未安,推敲再三,至忘寢食。自謂有作詩之苦,故不能多,所存者百有餘篇。博山趙秋谷先生序而傳之。”

2)六刻《作文家法》

自乾隆始,吴氏家族開始了家族教育教材的刊刻。首先是刊刻吴自肅的《作文家法》一卷。此書自乾隆至光緒,共有六刻:乾隆三十一年海豐吴紹詩江西南昌刻;乾隆海豐吴壇江蘇刻;乾隆海豐吴垣廣西桂林刻;嘉慶二十二年海豐吴怡曾河南許昌刻;道光七年海豐吴扶曾廣西藤縣刻;光緒七年海豐吴重憙陳州府署刻。前五刻均未見,衹是據最後一刻吴重憙刻本知。重憙刻本封面題:“一刻於江西節署,二刻於江蘇節署,三刻於廣西節署,四刻於廣西藤縣,五刻於河南許州,六刻於河南陳州。”目録後有:“光緒辛巳仲冬月八世孫重憙校刊於河南陳州郡廨。”前有歷次刻書序,今迻録並辨證如下。

乾隆三十一年金雨叔序:“因亟請中丞付之剞劂。”錢璵沙序:“學使閣學金公亟請付梓……辱承大中丞命,悉心校訂。”乾隆三十一年豫章使者吴紹詩《刻作文家法緣起》:“丙戌春,荷天子命來撫豫章,數月,萬載宋生嘉麟攜《作文家法》一册來謁,乃先大夫宰萬時……詩受而讀之……(金雨叔年伯)力勸付梓……隨與錢璵沙年伯詳加校正,授之梓人。”豫章即江西南昌,此年,吴紹詩來江西任巡撫。此爲第一刻,即乾隆三十一年海豐吴紹詩江西南昌刻本。

嘉慶二十二年六世孫吴怡曾識:“是編乃先太高祖大參公(按:吴自肅)宰萬時爲諸生授,邑孝廉宋先生所裒輯成之者也。嗣先曾祖(按:吴紹詩)恭定,公巡撫西江,請大宗伯金雨叔先生爲之序,方伯錢璵沙先生校訂刊行……既而先祖(按:吴垣)撫粤西,先叔祖(按:吴壇)撫江蘇,均以是編嘉惠士林……一刻於豫章,再刻於桂郡,三刻於吴中……顧所鋟板片或藏官廨,或庋講堂,存諸案頭者日久寖少。今怡曾牧許昌……謹撿出茲編重付剞劂。”

從吴怡曾的識中可知,吴紹詩一刻於江西豫章,吴垣二刻於廣西桂林,吴壇三刻於江蘇,與光緒吴重憙刻本所題"二刻於江蘇節署,三刻於廣西節署"正好顛倒。實際上,吴垣乾隆四十九年任廣西巡撫,五十一年去世。吴壇爲其弟,乾隆三十二年爲江蘇按察使,後陞布政使,四十五年爲江蘇巡撫,當年去世。也就是説,吴壇去世時,其兄還未到廣西任上,所以,江蘇一刻當在前,廣西一刻當在後。吴重憙的説法是正確的。

吴怡曾刻本爲第四刻,刻於河南許昌。緊隨其識後的是"道光丁亥秋月六世孫扶曾重刊於粤西藤江官舍",此爲第五刻標志,而吴重憙刻本題"四刻於廣西藤縣""五刻於河南許州",誤,因爲吴怡曾序爲嘉慶二十二年,吴扶曾識語爲道光六年,怡曾刻在前應無問題。

此書六次刊刻,可見吴氏對此書的重視程度。

3)吴之勷刻書

嘉慶間,吴之勷刻書二種,即戚繼光撰《紀效新書》《練兵實紀》九卷、《雜集》六卷。二書均未見,衹是據道光十四年安康張鵬翂刻《練兵實紀》九卷、《雜集》六卷本知。此書卷端題:"無棣吴之勷刊,安康張鵬翂重刊。"又有吴之勷《練兵實紀跋》:"余既校刊戚少保《紀效新書》竣事,客復有以《練兵實紀》九卷、《雜集》六卷請付剞劂者……工既竣,爰綴數語以跋其後。"未署具體年月。據此可知,刊刻《紀效新書》在前,刻《練兵實紀》及《雜集》在後,但刊刻年月不詳。吴之勷,歷任天津河防同知、湖北黄州府知府、武昌府知府、安襄鄖荆道、中憲大夫。吴侍曾《從父淦崖公(吴之勷)行狀》:"公諳習吏治,歷官十餘任,以興學校、恤民隱爲先。喜觀書,至老不輟,少工篆隸,晶石金玉印章,摹古逼真。"吴之勷主要活動在嘉慶時期,以上二書應刊於嘉慶間,且刻於外地。

4)吴式芬刻書

吴氏從吴自肅始至吴之勷止,四代爲官,如果説這時還是一個官宦家族的話，那麽從吴式芬開始，吴家走上了爲官與爲學共同發展的道路。

吴式芬（1796—1856），字子苾，號誦孫，室名陶嘉書屋、雙虞壺齋。道光進士，官至内閣學士。生平專攻訓詁之學，長於音韻，精於考訂。凡鼎彝、碑碣、漢磚、唐鏡之文，皆拓本收録。其所撰《攈古録》和《攈古録金文》兩部金石學名著，對金石文著録之多和詮釋之精均超過前人，爲清末以來的金石學家所推崇和引證。吴式芬還是封泥的最早發現者和研究者。他與另一位封泥的收藏者、山東濰縣陳介祺合撰《封泥考略》十卷。此書是研究封泥最早的一部專著，收録秦漢官私封泥 849 枚，逐枚考釋，對研究秦漢官制、地理以及秦漢篆刻藝術有重要參考價值。

吴式芬是一位博才多藝之人。他不僅是著名的金石家、考古學家，而且工於鑒别古代繪畫和書法，善於鼓琴，愛好作詩。其平生著述，除上述三部重要著作外，尚有《金石彙目分編》《陶嘉書屋鐘鼎彝器款識》《雙虞壺齋日記八種》《海豐吴氏雙虞壺齋印存》《〈寰宇訪碑録〉校本》《昭代名人尺牘》《唐宋元明人摘句》《綴錦集》《陶嘉書屋詩賦》等。

吴式芬的著述多由其後人尤其是吴重憙董理刊刻，目前所見其自刻本有二部。

道光十五年，吴式芬開始編輯《雙虞壺齋印存》，卷端篆字："海豐吴式芬子苾收藏。"每葉三欄，上下二欄，一般三方印，單面鈐印，另一面空白，無印，四周單邊，版心上刻篆字"雙虞壺齋印存"。鈐印清晰，紙墨精好。

道光末期，吴式芬刻有宋陳思輯《寶刻叢編》二十卷。此書趙娘師妹經眼。封面題："宋錢塘陳思纂次，海豐吴式芬校刊。"除卷三外，每卷末葉末行下端寫有"上海陸成沅校字"。陸成沅爲四庫館臣陸錫熊之子。

正文前依次爲本書之《四庫提要》、序言、目録。序言四篇：一爲鶴山翁紹定二年序；二爲小至直齋陳伯玉紹定辛卯序；三爲孔山居士紹定五年六月改朔序；四有缺文，不知作序者。皆爲原序。

十一行十九字，小字雙行十九字，白口，左右雙邊，單魚尾。開本較普通書略大。有避諱字，並用方框□包圍，如麻、元、寧、宏、琰、顒、旻，顯係避至道光。又有用中括號者，似爲缺衍等。

此本是目前所見本書現存的最早刻本。另有光緒十四年陸氏十萬卷樓刻本。

5）吴重憙刻書

如果説吴式芬使得海豐吴氏在道光期間成爲山東的金石學中心的話，那麼吴重憙則奠定了吴氏在山東刻書史上的位置。清末，海豐吴重憙所刻書在山東不僅數量多，而且質量精。

吴重憙，字仲飴，吴式芬次子，同治元年壬戌科舉人。早年仕途蹉跎，光緒六年任陳州知府，十六年任開封知府。二十六年，任福建按察使、江寧布政使，二十七年陞直隸布政使。同年十一月，署理直隸總督兼北洋大臣。二十八年十二月任駐滬電政大臣，三十一年出職倉埸侍郎，三十二年三月出職江西巡撫。同年底，任刑部右侍郎，次年轉左侍郎。三十四年，任河南巡撫。卸任歸寓津門。輯録《吴氏文存》《吴氏詩存》《吴氏世德録》，著有《石蓮闇詩文集》《石蓮闇詞》等。

①《海豐吴氏硃卷》不分卷，附《海豐吴氏試藝》一卷，清吴重憙輯，清光緒七年海豐吴重憙陳州府署刻本。

《海豐吴氏硃卷》目録下有："十八世裔孫重憙輯録。"目録後有光緒七年吴重憙識："乙卯冬，重憙在籍居母憂，大人自浙學任中寄諭先兄及重憙，命輯先世硃卷爲一册以備重刊。既而大人以病告歸，未半年而捐賓客。服闋後，以科舉爲汲汲，又遭先兄之故，忽忽者十餘年。歲戊辰，海豐以渠邱恃陋，故波擾，始懼然曰：'是不輯,將無可搜索。'乃自族衆親戚家徧求之,已不備。又遲之十年,佚者終不獲。則就其所獲者編次之。目録仍存其全,而注未刻與佚者於目下。庚辰,重憙以工部郎出守陳州。越歲辛巳,乃得授梓……刊既成,因誌顛末於後。"此録自吴自肅康熙甲辰進士始,至同治四年止,録進士九人,舉人十人,拔貢五人,山東鄉試副榜一人,共二十五人。

九行二十五字,白口,四周雙邊,眉批刻四字。字小,無行格,刻印不苟。

《海豐吴氏試藝》封面題:"光緒七年陳州府署鋟板。"目録下有:"十八世孫重憙輯録。"目録後有光緒九年吴重憙識:"戊辰兵燹後,獲傳鈔《試藝》一册……皆爲生童時應試之作,適足補《硃卷》之不備。藏之笥篋已十數年。今重刻《硃卷》,附刊於後。叙次圈點評語,悉如原册。"時吴重憙爲河南陳州府知府。

九行二十五字,白口,四周雙邊。字小,無行格,刻印不苟。

②《吴氏世德録》四卷,清吴重憙輯,清光緒九年海豐吴重憙陳州府署刻本。

有牌記:"光緒癸未刻於陳州。"目録下有:"十八世孫重憙敬輯。"大部分文章下有"某某某泣血授梓"字樣。有可能此書在陳州刻本之前已刻過,有吴之勷、吴紹恩、吴式芬、吴式度、吴式群、吴式訓、吴奎等人寫的文章。

十行二十二字,白口,四周單邊。刻一般。

③《歷代石經略》二卷、《歷代石經大略》不分卷,清桂馥撰,清光緒九年海豐吴重憙陳州郡齋刻本。

此編係桂馥據顧炎武《石經考》及《金石文字記》,又參朱竹垞《經義考》諸書,附以當時儒者之説而論次之。上下七代,爲書二卷。前有吴重憙序、目録,及桂未谷小記,後有日照丁艮善跋。未谷小記:"據顧寧人朱竹垞諸家所本,檢其要者録成二卷。翁學使欲刻板散與諸生,奉命回京遂止。壬子録於萊州,癸丑記於濟南。”

吴《序》稱:“學者即不得見石經各本,讀此亦能洞微根由,而識三代經傳流傳之故,實事求是,豈小補哉?當時北平翁氏欲刻未果,道咸間日照許先生翰欲與《説文義證》同授梓而未果。同治壬申,重憙走日照,謁許先生墓,得識丁君艮善,以此本相贈。越十二年癸未,重憙出守陳州,丁君亦來校刻先君子遺書,乃商榷成之。許先生校桂氏《説文》之例,有删有補,兹亦略師其意,更加按語,以與原書有别,讀者庶了然焉。”既有對桂氏書的評價,亦述刊刻經過。

書中有丁艮善的按語,末有丁氏跋,稱光緒八年壬午冬,王懿榮自川陝至陳州,同讀此書,告知丁氏,原石經後有字數及總字數,拓工省紙,故缺而不拓,現丁氏據《金石萃編》全部補上。丁氏還補了檢校諸臣名銜。當時丁氏校刊的書還有《文章軌範》《擴古録》《攀古小廬雜著》。此書在光緒九年癸未九月經吴重憙之子吴崑校完,十月丁氏又覆校完畢,纔付剞劂氏。可見,當時參與校此書的還有吴重憙子吴崑。

有篆書牌記:“光緒癸未陳州郡齋開雕。”

十一行二十四字,白口,左右雙邊,雙順黑魚尾,版框外有書耳,記每葉字數。刻精。有些葉書耳裏記大字字數,書耳下記小字字數,如《歷代石經略》下卷第四十二葉,書耳中爲“二百八十八”,係大字,書耳下爲“二百五”,係小字。更有意思的是,目録葉的字一字算二字,書耳中爲“倍二百七十二”,實際的字數爲一百三十六字,除了魚尾不算,印章、版心書名、版心葉碼均在内。王懿榮在與繆荃孫書信中評價此書:“桂氏《石經考略》樣本二册,許氏《雜著》樣本未完二册,陳州吴仲飴太守所刻,先以呈納。中有訛字,字數又刻於旁耳上,一係未校,一係錯在行,丁少山布衣所爲也。

肅上夫子大人。懿榮謹啓。”①

④《海豐吴氏詩存》四卷,清吴重憙輯,清光緒十年海豐吴重憙陳州府署刻本。

有牌記:“光緒甲申刻於陳署。”目録下有:“十八世裔孫重憙校刊。”目録後有:“日照後學丁艮善填諱。”

末有光緒八年吴清俊跋:“《海豐吴氏詩存》,太守仲飴吴公輯其歷世家集之所存也。公來治於陳,俊猥以文字受公知,辛巳秋,謁公於郡閣,出是編見示,凡四卷,八代作者二十有五人。……俊不足以知詩,因妄與校字之役,疑者從缺,間以蠡館所及,標其勝概。既卒業,復贅數語。”

十行二十二字,白口,左右雙邊,雙順黑魚尾。版心上有字數,字體秀美,一絲不苟。

⑤《陶靖節先生詩》四卷,晉陶潛撰,清光緒十一年海豐吴重憙陳州郡齋仿宋刻本。

封面題:“光緒乙酉九月海豐吴峋題於陳州郡齋。”《靖節先生小像》後有丁艮善贊並識:“光緒乙酉六月刻湯注陶詩於陳州,乃據宋本摹靖節小像冠於卷首。”王獻唐《雙行精舍書跋輯存》:“此吾鄉丁少山先生校刻,寫者爲趙某,其老僕也。字體雖未整飭,頗古雅有趣。陶詩湯注宋槧原本藏海源閣,聞已散出,流入外域。湖海樓(應爲拜經樓)有覆本,未暇取校與此刻何如也。丁氏所據當爲宋本原槧歟?影寫歟?不著原委,一時頗難考定。此老刻書,好作狡獪,殊難解也。二十一年四月六日,獻唐書於濟上泮廬。趙名趙荃,亦日照人也。”②仿宋刻本,不論是原槧還是影寫,均極珍貴,因爲據宋本而來。獻唐先生説丁少山刻書“狡獪”,蓋因不作

①〔清〕王懿榮著,吕偉達主編:《王懿榮集》,齊魯書社 1999 年版,第 191 頁。
②王獻唐:《雙行精舍書跋輯存》,齊魯書社 1983 年版,第 244 頁。

説明。

十行二十字,小字雙行二十字,左右雙邊,單黑魚尾,版心上有字數,仿宋字體,非常精美。寫工爲日照趙荃,丁艮善老僕。

⑥《大清律例通考》四十卷,清吴壇撰,清光緒十二年海豐吴重憙陳州府署刻本。

有光緒十二年吴重憙《校刊緣起》,叙述其先人編纂律例的經過和體例等。又有世祖章皇帝《御製大清律》原序、聖祖仁皇帝《上諭》、世宗憲皇帝《上諭》、世宗憲皇帝《御製大清律集解序》《御製大清律例序》,朱印。又有多份奏疏。

九行二十字,小字雙行二十字,白口,左右雙邊,雙魚尾。版心有字數。墨釘較多。

⑦《律法須知》二卷,清吕芝田撰,清光緒十二年海豐吴重憙陳州府署刻本。

吕芝田,嘉慶時人。光緒十二年吴重憙序,稱田氏此書"所著言雖不飭,而於讞牘門徑可以燎然。取而讀之,不至視獄詞爲必不能親理之事,因重付梓以貽同舟僚友"。並言:"讀書不讀律,烏臺以獄?"知此書係吴氏爲普及法律知識而刻。

九行二十字,白口,四周粗黑單邊,雙順黑魚尾。刻印一般,版心下刻字數並句數,中以黑圓點隔開,如三六三・五六,前爲字數,後爲句數。此種標法很特殊。

⑧《海豐吴氏石蓮盦彙刻九金人集》一百五十五卷,清吴重憙輯,清光緒十二年至三十二年海豐吴重憙刻本。

牌記題:"《拙軒集》,光緒二十年甲午刻于信陽;《滏水集》,光緒三十一年乙巳刻于湖北;《滹南集》,光緒十二年丙戌刻于陳州;《莊靖集》,光緒十六年庚寅刻于開封;《遺山集》,光緒三十一年乙巳補于江寧;《明秀集》,光緒三十年甲辰刻于江寧;《二妙集》,光緒三十二年丙午刻于江寧;《天籟集》,光緒三十一年乙巳刻于江寧。”“寧”字均缺末筆,蓋避道光諱。

有《山東海豐吴氏石蓮盦彙刻九金人集總目》。目後有“都一百五十五卷”。又有吴重憙序:“姒肇九州,迭生判合。中原文學,輒由北而南,所留遺於北者,千百不一二。典午渡江以後,文物隨遷。訪勤如汲古,僅於北魏得高令公允、温侍讀子昇,北齊得邢特進邵、魏特進收,北周得庾開府信、王司空褒。降洎五季,惟蜀存韋莊《浣花》、杜光庭《廣成》二集而已。靖康而後,金主中原,文物風流,隨萃江表,大河以北,有集傳世者亦復甚尠。幸年代非渺,猶可搜求。予於《滹南》,得祁氏淡生堂鈔本;《滏水》,得曹氏倦圃鈔本;《莊靖》《明秀》,又覯原刊。因遵武英殿聚珍本補《拙軒》,取平定張氏校刊之《遺山》,足其樂府四卷爲五卷,又以鈔從錢塘丁氏之《二妙》《天籟》,共成九人八種。攈摭二十年,始得彙爲一集。方今五洲文字,共奪中原之席,其判合又有出於南北之外者。區區抱殘守缺,益慨渺如海粟。雖然,聖教昌明,如日月之容光,必照亞東。歐西之重我中國文字者,舊搜皕宋,秘索敦煌,行見其道大光彌於宙。合此區區金源一朝之箸作,爲江北留碩果之遺,即爲區域作嚆矢之助焉可耳。宣統元年仲冬月,吴重憙識。”

此序有以下内容:一,述中原文獻之留遺;二,九金人集搜求不易,及所據版本;三,述當時之形勢,如皕宋樓舊藏之流於外域,敦煌卷子之被竊取。

牌記所題順序蓋依作者之先後,今按刊刻之先後縷述如下:

其一:《滹南遺老王先生文集》四十五卷、《續》一卷,金王若虚撰,清光緒十二年海豐吴重憙陳州刻本。

有吴重憙光緒十二年識:“此書初刻在元初,東明王鶚序作於元定宗後烏拉海額稱制之二年,即宋淳祐九年。次刻正在至元間,末附之詩,乃大德三年,江左雙桂書院王復翁所續,而他本所無者。後之著録家,唯明焦氏《國史經籍志》列於元。《四庫提要》及錢氏

《絳雲樓書目》、葉氏《菉竹堂書目》、盧氏《補遼金元藝文志》、金氏《補三史藝文志》、錢氏《補元史藝文志》皆列於金。各家著録又有《尚書義粹》《慵夫集》二書，《尚書義粹》或作三卷，或作二卷，《慵夫集》又無卷數，疑二書久佚，著録者但據撰述録其都目，不必親見其書也。今金元儒者著述落落若晨星，而遺老發明經史，爲金元稱首。其於君臣大義，尤三致意焉。學者仰慕，而不得讀其書也久矣。余得之於吾邑葉氏，乃山陰祁氏淡生堂鈔本（原按：祁氏藏書宏富，著《淡生堂藏書約訓》一卷），當是據至元刻本影寫，曾經吴尺鳧校正，而形聲相近之誤，難以數計，吴校亦不無遺憾，且四卷之下、五卷之上，首尾復有脱簡。今在陳校刊，苦無他本據以補正，但注闕文，以俟異日。刻既成，因録《金史本傳》並吴跋及祁氏印記，以諗讀者。光緒十有二年冬十月，海豐吴重憙識。"

此識，一述此書刊刻源流，稱此書元初初刻，元至元間又刻，據王永《〈滹南遺老集〉版本源流考》①一文，蒙古海迷失後二年，槁城縣令董彦明以自己所藏的手稿進行增補，並分出卷次，與縣丞董壽卿合力初刻《滹南集》，王鶚爲之作序。元世祖至元二十年，王時舉將《滹南集》刊本攜至江西，興賢書院謄録刊行。元成宗大德三年，王時舉復回江西，校正刊刻《滹南集》，並增補《中州集》中所存王若虚古、律詩二十首，王復翁爲重刻本作序。可見，在明以前，此書已有三刻。與吴氏所云稍有差異。晚明，祁氏淡生堂有鈔本，此鈔本來源於元至元本，而吴氏重刻此本的底本即淡生堂鈔本，可見吴氏對版本的選擇極精到。二是此本所據爲元至元刻本，又經吴焯校正，版本可靠。此書現元刻本已不存，以鈔本行世，明淡生堂鈔本最早，現存中國科學院圖書館，爲十行，白口，四周單邊。吴氏所刻此本十一行二十四字，白口，左右雙邊，雙順黑魚尾，版心下

①王永：《〈滹南遺老集〉版本源流考》，載《古籍整理研究學刊》2010年第1期。

有刻工，版框外計字數。刻印精。刻工有王紹周、康建、何友仁、傅勳華、許榮富、陳延生、常聚文、趙松廷、孫克順，查王肇文《古籍宋元刊工姓名索引》，均不在內。薛惠媛師妹查核中國科學院圖書館藏澹生堂鈔本無刻工，想必這些刻工是光緒吴氏刻書時所用的刻工，即河南刻工。清代刻本中有刻工的不多見。此時吴重憙爲河南陳州知府。

其二：《莊靖先生遺集》十卷，金李俊民撰，清光緒十六年海豐吴重憙開封刻本。

此時吴重憙任開封知府。有光緒十六年義州李葆恂識："此集惟當時段正卿一刻，暨明正德李瀚重刻二本而已，今並罕覯。海内藏書家如小玲瓏山館馬氏、愛日精廬張氏，號稱富，亦止有傳抄本，故《四庫書目》云'板已久佚'，以寫本著録也。余己丑歲重遊大梁，得正德本於市上，驚喜過望，擬爲重梓，以事牽率弗果，適海豐吴仲飴太守有《五金人集》之刻，聞余有此，移書見假，遂舉以畀之，太守手自校勘，凡四閲月而工竣。"光緒十六年吴重憙記："余欲彙刻金源人專集爲一書，王滹南集有淡生堂祁氏鈔本，趙滏水集借得曹倦圃家鈔本。李莊靖集雖有明正德間刊本，傳世絶少，《四庫》收録時即據鈔本録入，以未見刊本爲憾。向知陸氏皕宋樓及振綺堂均有鈔本，王太史懿榮許爲借鈔於陸氏，尚未得寄。己丑冬晤李太守葆恂，知藏有正德時刻本，遂假以付梓。是冬卓計入覲，泛舟衛河，少得閑暇，乃於船窗校之。按盧氏文弨《補遼金元史藝文志》中卷數悉與今本合符，喜無缺佚，刊既竣，因誌於末。光緒庚寅三月海豐吴重憙記。"

據二人識語可知：吴重憙原有《五金人集》的設想，最後彙集多了，纔有《九金人集》；吴重憙手自校讎，説明吴氏有較高的校勘能力，並且他很勤勉，稍有閒暇，即校讎不輟；此本所據爲僅存之正德本，連四庫館臣都未見過，版本稀見；陸心源家和振綺堂有鈔本，王懿榮曾答應吴氏向陸心源家借，王懿榮亦是清末山東的刻書名家，二人共同關注這件事情，説明大家對刊刻此書的認可，並説明二人關係不同尋常。

十行二十字，白口，四周單邊，單黑魚尾。版心上刻字數。刻印尚可。

其三：《拙軒集》六卷，金王寂撰，清光緒二十年海豐吴重憙信陽刻本。

目録下有："武英殿聚珍版。"蓋據武英殿版重刻。此書輯自《永樂大典》。

其四：《閑閑老人滏水文集》二十卷，金趙秉文撰，《札記》二卷、《附録》一卷，清吴重憙撰，清光緒二十九年海豐吴重憙湖北刻本。

有牌記："光緒癸卯海豐吴氏校栞。"前述全書牌記卻爲"光緒三十一年乙巳刻於湖北"，估計三十一年是刻成時間。暫以開雕時間爲準。

有楊守敬光緒三十一年乙巳序，稱吴重憙囑其審定刻之，此書爲吴氏彙幾個本子參校而成，有曹秋岳舊抄本，何義門昆仲校本，新城王氏本，浙中朱氏本。共四個本子。但書中列《參校諸本》："秀水曹倦圃溶鈔本，是書以此爲原；長洲何義門焯小山煌校本，陳遹聲過録；定州王文泉灝校本，張壬林過録；新城王晉卿樹枏刊本；□□朱修伯學勤抄本；□□路訪岩朝霖校本（按：□爲墨釘）。"共六個本子，與楊守敬所云有出入。

書後附《滏水集校札記》二卷，校刊精審。

九行十七字，白口，左右雙邊，雙順黑魚尾。字大方正，悦人眼目。

其五：《蕭閑老人明秀集注》三卷、《補》一卷，金蔡松年撰，金魏道明注，清光緒三十年海豐吴重憙江寧刻本。

有光緒三十年吴重憙跋："金蔡丞相，杭人，生於汴，以樂府擅長,與吴彦高齊名,號吴蔡體。家有奇石,名曰明秀峰,公與友人觴詠處。鎮陽别業有蕭閑堂,自號蕭閑老人,故集以爲名。又號玩世酒狂。原集六卷,雷溪子魏道明原道爲之注,今存首三卷,影鈔金本。吾友王給諫佑遐假自聊城楊氏,刊入《四印齋叢書》。因重刊之,歸入金元著述中。後三卷闕,不知海内尚有完本否。孫跋以《詞綜》録《尉遲杯》一闋在第五卷,《詞律》録《月華清》一闋在第四卷,丁氏書目遂疑朱萬得見全詞。考《中州樂府》收十三首,前三卷僅有三首,《尉遲杯》《月華清》均在樂府中,非朱萬得見全詞也。原道之注遺山,詆其不通滹南,訂誤至八段。然搜採宏富,同時諸賢藉以傳播,其功實屬不小,未得以同時人詆諆貶其書也。今鈔樂府十首並逸句爲《補遺》附後。惟輾轉傳鈔,訛脱不免,如'人照海棠紅雪人'誤入,此正文之訛也。'永錫難老'作'錫爾難老','雍陶'詩倒作'陶雍','傳鐙録'落'傳'字,'諸稽郢'作'諸侯',此注之訛也。至'邊'作'□□身','龍'作'竜','關'作'閞','伯'作'柏',宋元刻如此省筆甚多,然亦不得不更正以歸一律。光緒甲辰海豐吴重熹跋。"

據此跋知,此本所據爲影金鈔本,來源可靠。現存金刻本祇一部,在國家圖書館,其餘數種皆爲鈔本。吴氏此本在蔡松年集子的流傳上起到了普及的作用,而且,吴氏做了大量的校勘工作,又《補録》一卷,爲他本所無。

其六:《元遺山先生集》四十卷、《附録》一卷、《補載》一卷、《年譜》四卷、《新樂府》五卷、《續夷堅志》四卷,金元好問撰,清道光三十年靈石楊氏陽泉山莊刻光緒三十一年海豐吴重熹江寧補刻本。

有道光三十年張穆序,卷端署:"平定後學張穆廉友校梓。"這是道光三十年靈石楊氏刻本。吴重熹補刻的是《年譜》四卷、《新樂府》五卷、《續夷堅志》四卷。此部分無刻本,祇是以抄本流傳。

此時，吴重憙任江寧布政使。

十二行二十三字，白口，左右雙邊，單黑魚尾，版心下刻“陽泉山莊”。刻印精。

其七：《天籟集》二卷、《摭遺》一卷，金白樸撰，清光緒三十一年海豐吴重憙江寧刻本。

前有三序，一爲至元丁亥春二月上休日正議大夫行御史臺中丞西溪老人王博文子勉序，一爲洪武丁巳春二月國學助教江陰孫大雅叙，一爲竹垞老人朱彝尊序，皆爲原序。卷下末有附録，有《蘭谷先生像贊》，又有光緒三十一年乙巳江陰繆荃孫跋：“白仁父《天籟詞》，六安楊希洛刻於康熙庚寅，朱竹垞定爲二卷並爲之序。前載元王博文序，明孫作序，字畫精妙，藏書家亦罕見。光緒壬辰，吾友王君佑遐重刻於四印軒，而《小象》《摭遺》均删去。今仲飴侍郎借錢塘丁氏舊鈔本録副，並屬荃孫與楊本合校付梓，而丁本頗異楊本。”接着舉五例説明二者的差别，“今刊楊本而以鈔本改正之字，均綴於此，慎弗再以楊本正之。至四印本則重翻楊本，又不完全，更無論矣”。此序説明吴氏刻本應是《天籟集》的最好版本，一是完整，《小像》《摭遺》均存；二是精審，以楊本爲底本，校以錢塘丁氏鈔本。

十行二十字，小字雙行二十字，又有小字雙行約四十字，亦有小字單行二十字者，黑口，左右雙邊，單黑魚尾。

其八：《二妙集》八卷、《逸文》一卷，金段成己、段克己撰，清光緒三十二年海豐吴重憙江寧刻本。

有翰林學士資德大夫知制誥同修國史臨川吴澂序，翰林直學士奉議大夫知制誥同修國史蜀郡虞集撰《河東段氏世德碑銘（有序）》，《稷山段氏世表》，楊友敬題，沈孔祚題，徐材仲堪題，泰定四年丁卯春别嗣輔拜手謹志，成化辛丑仲秋上旬中州賈定志於郡之樂只堂。

《逸文》末有繆荃孫跋語:“段氏《二妙集》以明成化辛丑賈定所刊本傳鈔,前有吴澄序……海豐吴仲飴侍郎搜金人遺集,以二先生始終不仕於元,與元遺山、李莊靖同,因以是帙畀荃孫刻之。遂取《河汾諸老集》相校,間有可參考處,而《冬夜無寐》《中秋之夕》《雲中暮雨》(龍門八題中)三首詩均屬之遯庵,本集屬之菊軒,互相歧異……又鈔出遯庵逸詩二首,菊軒逸詩九首,再録《金文最》《山右石刻文編》《皕宋藏書志》,得菊軒遺文七篇,附刻之,並次段氏世表於後,爲考古者之一助云。光緒丙午立夏後一日江陰繆荃孫跋。”可見,此書應爲《二妙集》的最全本。

以上吴氏所刻九金人集,原以抄本流傳的,在吴氏刊刻後,廣爲傳播。在版本的選擇上,吴氏是非常用心的,大多依衆本校勘,具有校讎學的意義。

⑨《五種遺規》,清陳弘謀撰,清光緒十七年海豐吴重憙河南開封刻本。

書衣題簽:“五種遺規。”陳弘謀乾隆四年《四種遺規序》。子目有五:

其一:《訓俗遺規》四卷、《補》二卷。有牌記:“光緒庚寅冬,開封府知府海豐吴重憙依原本補刊。”據此可知,此書始刻於光緒十六年冬。有陳弘謀乾隆七年原序。《補》二卷卷端署:“桂林陳宏謀榕門輯,子鍾珂、姪鍾理、鍾琛、孫蘭森同編校。”《補》二卷有光緒十七年吴重憙序:“重憙幼時所讀即爲汴中刻本,及光緒己丑(按:十五年)來尹開封,於大梁書院,覓是板,已失落殆半。辛卯春(按:十七年),檢舊本補之,至冬末始竣。他本多五種,此刻無《在官法戒録》,而有公嗣所輯《訓俗遺規補》,仍當以《在官法戒録》補入,始爲全書。此本始刻於前守王君迪民。閱二十五年,瑛蘭坡中丞(按:瑛桂)守開封時,重補一次,而以《訓俗遺規補》續入,迄今又四十二年,遺失益甚,茲復爲補刊完備,並以《在官法戒録》刊入,以成完書。迪民太守重刻時,先仲伯祖(按:吴怡曾)時署光州,姓氏在校刊之前。蘭坡中丞補刻時,先大人(按:吴式芬)時陳中州臬事。今憙又得補刻之。一家三世均與公之遺澤有緣,願留心教化者永永保護之也。"此序稱刻於光緒十七年,與牌記不符,當以此序爲準。末有瑛桂刻書時道光二十九年開封官舍跋。

十行二十六字,小字雙行二十六字,白口,四周雙邊,單黑魚尾。版心下刻"培遠堂"。"培遠堂"爲陳弘謀的堂號。吴氏刻此書時亦將陳氏堂號刻上,表明淵源有自。刻較精。

其二:《從政遺規》三卷。有牌記:"光緒辛卯春,開封府知府海豐吴重憙依原本補刊。"有王迪民刻書原序,當在道光四年至五年間。《重刻姓氏》中有吴怡曾的名字,時怡曾爲河南光州直隸州事即補直隸州知州。

其三:《養正遺規》二卷、《補編》一卷。有牌記:"光緒辛卯冬,開封府知府海豐吴重憙依原本重刊。"陳弘謀乾隆四年原序。十行二十六字,小字雙行二十六字,白口,四周雙邊,單黑魚尾。版心下刻"培遠堂"。刻較精。

其四:《教女遺規》三卷。無牌記。有陳弘謀乾隆七年原序。十行二十六字,小字雙行二十六字,白口,四周雙邊,單黑魚尾。版心下刻"培遠堂"。刻較精。

其五:《在官法戒録》。據《訓俗遺規補》吴重憙序,惜未見。

⑩《家塾授蒙淺語》一卷,附《習字訣》一卷,清陳介祺撰,清光緒十八年海豐吴重憙刻本。

此書乃陳氏於同治十年授子侄輩童蒙而作,凡二十七條,附《習字訣》八則。吴重憙刻書識語云:"先外舅濰縣陳壽卿介祺,以協揆蒙嗣。乙巳,翰林解級還山,家居不仕,在林下者三十餘年。中年後服膺朱子之學,與後進言講指畫不倦。此授蒙數則,專訓幼學之語。辛未年寫寄重憙,俾課兒輩也。甲申七月先生下世,忽已九年。今春檢點遺書得之。受益童蒙實非淺鮮,爰梓而行之,以廣先生教澤。”吴重憙爲陳介祺的女婿,陳介祺爲諸城李璋煜的女婿。

《習字訣》作於同治十年前,乃陳氏課其長孫阜學書而作,對筆法、墨法、結體、行款均有闡述,而重點則在叙筆法,多爲陳氏心得之言。

⑪《聲譜》二卷,清時庸勱撰,清光緒十九年單縣時氏、海豐吴重憙河南開封刻《聽古廬聲學十書》本。

庸勱字吉臣,單縣人,同治三年甲子舉人,官教諭。王獻唐先生認爲:“時氏音韻著作雖祇刊印兩種,其餘都未寫定,但就刊印的來衡量,他的功力和新穎見解,在清代二百六十年内,具有山東全省的代表性,同時也有全國的代表性。”①杜澤遜師云:“音韻學大家時庸勱,生活於同治至光緒前期,曾是著名金石學家吴式芬的門人,用一生心血著成音韻學專著三十八種,對清代音韻學家顧炎武、江永、戴震、段玉裁、王念孫、孔廣森等人的成就進行了系統總結,並提出獨到的古音體系。對諸家文字的歸部,進行了細緻討論,涉及古文字學、訓詁學等領域,多有創獲。”②

封面題:“聽古廬聲學十書之一。”有牌記:“光緒十八年壬辰秋七月栞於河南星使行臺。”河南星使臺,似爲吴重憙任河南開封知府時的任所,故此書爲吴氏主持刊刻。版心下刻“聽古草廬”。此“聽古草廬”爲時氏堂號。目録後署:“日照丁艮善少山、陽穀徐肇鋐容齋參訂,及門吴豳稼生、族弟德基樹臣、男克開桂生、姪克廕樾人校字。”

①王獻唐:《雙行精舍書跋輯存》,齊魯書社 1983 年版,第 70 頁。
②《山東文獻集成總目圖録》,山東大學出版社 2011 年版,第 86 頁。

陸露《時庸勵〈聲譜〉研究》①一文，云福建師範大學古籍庫藏《聲譜》的牌記爲"光緒十有九年歲次癸巳刊於大梁""板存河南省城南書店街路西奇文齋刻字鋪"。作者據此推測，此書爲光緒十九年刊本。此説有道理，一是有明確的牌記可證，二是聯繫下條可知，《聲譜》刊在後，《聲説》刊在前，筆者所見之本有可能刷印裝訂時將《聲説》的牌記誤爲《聲譜》的牌記。這在印刷時常見。大梁即開封，時吴氏還在河南開封知府任上。

有光緒十九年吴重憙序："單父時子吉臣，讀書聽古廬，專心聲學，擬仿顧氏意著《聲學十書》，曰《聲譜》，曰《聲説》，曰《聲部》，曰《聲正》，曰《聲表》，曰《均析》，曰《均通》，曰《均表》，曰《均彙》，曰《均賸》。壬辰、癸巳，先後刊《聲譜》《聲説》二種問世。以重憙誼屬世好，又同臭味也，來書以敘相屬。"《聽古廬聲均十書總目》除了《聲譜》《聲説》外，餘皆注"待刊"。有《助栞姓氏》：海豐吴重憙仲飴，長白善承守齋廿八兩，光澤饒拜颺雲卿二十兩，無錫鄒汝侃慕陶十二兩，祥符李鏡蓉小圃十兩，偃師張運昌文甫十兩，安邑武育元養齋八兩，龍川鄧華林舒文四兩，丹徒張祖芬芸簃十兩，壽光王慶詒友農十兩，觀城王衍觀正甫十兩。知除了吴重憙，其他人都有具體的捐資數目。又有光緒十九年陽穀徐肇銘識："先生今歲以疾將歸里，幸諧《聲譜》各種，藉衆友力刊成問世。"據此可知，此書爲吴重憙等合衆力刊成，而吴氏以他的地位出力尤多。

上下兩欄，寬窄欄相間，各八行，共十六行，四周雙邊，單黑魚尾。刻印一般。

⑫《聲説》二卷，清時庸勱撰，清光緒十八年單縣時氏、海豐吴重憙河南星使行臺刻《聽古廬聲學十書》本。

①陸露：《時庸勵〈聲譜〉研究》，載《文學與藝術》2010年第5期。

封面題:“聽古廬聲學十書之二。”有牌記:“光緒十八年壬辰秋七月栞於河南星使行臺。”

《山東通志·藝文志》據吳重憙撰《事略》云“先刊《聲説》”,但在《聽古廬聲學十書》中列第二,可能是編排的問題,不是按刻書先後。末有時庸勱《摘誤待正》:“《聲譜》刱自戊子,稾未定,置篋中。壬辰秋,諸友人慫恿付梓。時《聲説》各草適完,因校定先刻。是年冬,擬即從事於斯校,未半忽患咯血病,臥榻纏綿,不能執筆。乃囑子姪輩略加整飭,草草付手民。錯誤百出,刓改爲難,因劄記坿後,以俟異日修補。”可見,確如吳氏所言,此書刻在前,而《聲譜》刻在後。因刻於前,校訂人姓字等皆無。

十行二十四字,白口,四周雙邊,雙順黑魚尾。與《聲譜》不同,版心下無“聽古草廬”。刻印一般。

⑬《攈古録金文》三卷,清吳式芬撰,清光緒二十一年海豐吳重憙河南刻本。

卷端題:“賜進士出身光禄大夫内閣學士兼禮部侍郎銜浙江學政加三級海豐吳式芬撰。”卷末有:“男重周、重憙校字,孫峋、欽、崑校字,幽摹文。”此書編纂不知起於何時。據文獻記載,吳式芬的《攈古録金文》《攈古録》《金石彙目分編》三書得力於許瀚尤多。二人相識於京師,在嘉慶二十四年。咸豐五年八月,時任浙江學政的吳式芬邀請許瀚赴杭州,隨署校文。未幾,吳式芬因病引退。咸豐六年,許瀚自杭州返山東,居沂州,助吳式芬編撰《攈古録金文》,成初稿。同年十月,吳式芬去世。

咸豐七年正月,吳重憙至沂州,親邀許瀚校訂其父遺書。重憙爲許瀚及門弟子,乃陪瀚過濟南,登千佛山後黄石崖,觀魏造像。四月,抵海豐,校遺書,計有《攈古録金文》《陶嘉書屋鐘鼎彝器款識目録》《攈古録》《金石彙目分編》等。

許瀚於咸豐八年正月因中風而患左偏痹症,由海豐舁臥輿歸日照。一年後,猶能執筆作書。親友慫恿主講日照奎峰書院,課餘仍力疾校吴式芬《攈古録》《金石彙目分編》等書。年底,《攈古録》校畢。

咸豐十一年十月,捻軍越日照縣境,鄰衆舁許瀚登山避難。家中藏書及桂馥《説文解字義證》板片,皆毁於兵火。所攜吴式芬遺書底本散棄崖谷間,經多方訪購,歷年餘,始盡得之。許瀚《與秀水高伯平書》:"辛酉(按:咸豐十一年)二月,賊又至……賊退,小兒下山視之,室中物俱爲灰燼,獨苾翁書散棄崖谷間,收而裹之。弟旋亦下山,聞賊未果退,尚在鄰近屯莊,不能遽歸,乃别移山麓暫住。檢點苾翁書尚少數册,送磴山寨,交丁少山收存。少山謂賊焉須此,此必遺崖谷間,避難者拾去耳。多方訪購,歷年餘,果盡得之。惟分編中少陝西一册,似其家仍有副本,無甚關緊要也。兄於苾翁有知己之感,故以相聞。"由此可見吴式芬三書成之不易,也可見許瀚爲吴氏校書之辛苦。

《攈古録金文》全書三卷九册,共考釋商周至元代有銘文的青銅器物 1329 件。孫詒讓《古籀餘論》後序云:"海豐吴子苾侍郎《攈古録金文》九卷,搜録尤閎博。新出諸器,大半著録,釋文亦殊精彩。"

卷首載王懿榮摺稿云:"其書本義專集成周以來鐘鼎彝器欵識,多據原器精搨本及相傳舊摹本收入,出前大學士臣阮元所著《積古齋鐘鼎彝器款識》、前湖南巡撫臣吴榮光所著《筠清館金文》二書後,尤爲賅備。其書體例則以各器自具之字定爲名數,每一字爲一文,由文一、文二以迄文四百九十又七。……厥惟此種蓋自宋明以來諸家譜録,集摹古文之夥,無逾於此者。"對此書給予了極高的評價。

王懿榮折又曰:"今其子現河南開封府知府臣吴重憙刊刻成書,臣職在供奉,既有所見,不壅於上聞,謹奉進初印本十部恭呈御覽。”吴重憙撰《事略》云:“光緒壬辰,先藏一燬於火,僅金文拓本隨帶官署,録成三代《金文》三卷,都九册。南齋王文敏祭酒繕摺進呈,奉批留覽。”光緒壬辰爲光緒十八年,此書當爲吴重憙刻於開封任上。

王獻唐《雙行精舍書跋輯存》:“原書大體出許印林手。許卒,由丁少山繼之。丁與吴重憙皆許氏弟子,以意見不合辭去。吴子苾生時書固未成,死後編刻,譜似應於書前編目也。”①此段道出了丁艮善與吴重憙不爲人知的關係。

十一行,白口,左右雙邊,雙黑魚尾。刻印精。

⑭《攈古録》二十卷,清吴式芬撰,清宣統元年海豐吴重憙河南刻本。

每卷末有:“男重周、重憙校字,孫峋、嵚、崑、豳校字。”

咸豐三年,初稿成。四年,許瀚助吴式芬編此書。五年,吴式芬在杭州任上,邀許瀚赴杭州隨署校文。咸豐八年底校畢,但爲避捻軍上山,書稿散落山谷間,後檢拾搜訪,大多保全,於是交丁艮善續校整理。吴重周、吴重憙合撰《行述》云:“幼年即酷好金石文字,所積既多,因以《寰宇訪碑録》爲稿本,補其未備,删其訛複,復增三代秦漢以來吉金,各註某氏家藏,如孫《録》收甎瓦之例。惟不載璽印、泉幣,以各有專書也。鏡銘衹載有年月者,以多不勝收也。孫《録》未詳碑額,亦並補之。書約十六卷,名《攈古録》。”又其子重憙撰《事略》云:“分代者曰《攈古録》,未及卒業而捐館舍。嗣延許先生瀚修輯,期年而許先生得風疾,遂輿書稿以歸日照。繼而捻匪擾山東,稿遂散佚。得先生弟子丁少山待詔搜檢於山谷間,乃得復合,而先生歸道山矣。至宣統元年,《攈古録》二十卷始克成書。”據此可知,此書成於宣統元年,最早應刻於此年。而《續修

①王獻唐:《雙行精舍書跋輯存》,齊魯書社1983年版,第126頁。

四庫全書》作“清光緒二十一年刻本”,誤。刊刻此書時,吴重憙在河南巡撫任上。考重憙所撰《丁艮善事略》“光緒庚辰,憙出守陳州,即延布衣來宛邱,請訂先人遺稿,相處者十三年”云云,則艮善勘訂是書爲時最久,不第搜獲之功也。據王懿榮《天壤閣雜記》,王懿榮光緒六年省親,光緒七年,“到陳州時,丁少山爲仲飴親家校刻子苾文《攈古録》。見吴氏裝册款識,及宋、元人劄及他書畫,皆精絶”①。

此書所録之目,金類一千七百八十一種,石類一萬五千二百三十種,磚瓦類一千一百零五種,木類六種,玉類四種,磁類二種,共一萬八千一百二十八種。各目之下,金類則悉録原文,兩漢以下,並分别記其書體。石類則磚瓦之屬,悉録原文。石刻則詳記書體年月日及其題額書體、碑陰諸刻,並均注明屬在某地,藏於某人。《續修四庫提要》這樣評價:“凡吴氏以前各家金石並録之目,從未有如此目詳且備者。”

十一行二十四字,小字雙行二十四字,白口,左右雙邊,雙順黑魚尾。字方正,刻一般。

⑮《金石彙目分編》二十卷,清吴式芬撰,《補遺》一卷,清吴重周、吴重憙補輯,清光緒間海豐吴氏家刻本。

卷端署:“賜進士出身光禄大夫内閣學士兼禮部侍郎銜浙江學政加三級海豐吴式芬譔。”每卷末署:“男重周、重憙校字,孫峋、嵚、崑、豳校字。”有牌記:“海豐吴氏藏版,文禄堂印行。”

《行述》云:“薈萃金石目録,分州縣編之。其存者則列爲已見;未見者則註明見某書,列爲待訪。凡古今金石諸書,無不備採。復取歷代史籍及諸家文集説部以益之。惟墓誌非可訪求,必以曾出土著録者爲斷,而不採文集。鐘鼎、甎瓦流傳本無定所,亦不收

①〔清〕王懿榮著,吕偉達主編:《王懿榮集》,齊魯書社1999年版,第266頁。

載。地里未詳者,別坿於後,以俟參考。名《金石彙目分編》,約四十卷。其已見者,與《擴古録》相表裏而加詳,各省稿本贏備;待訪者猶未盡編成。"《事略》云:"分地者曰《金石彙目分編》,以王象之《輿地碑目》爲根柢。"又云:"《分編》雖亦付梓,而以尚缺六省,卒未成書。"

據重憙所撰《事略》及許瀚、丁艮善《事略》,此書亦許瀚與丁艮善先後修補勘訂者。

書有《凡例》,突出者有三:一是分已見、未見和待訪三類;二是兩縣同城者的著録;三是引書以目見之書爲斷。有吴式芬序,述成書經過。他認爲,孫星衍的《寰宇訪碑録》最爲大備,但條目重複,時地譌舛,以編年爲體,檢尋不易,遺漏亦多。"暇日因取其書分地爲編,删其重複,正其舛誤。凡有新獲,輒爲增益……爰取酈、元、歐、趙以來諸家箸録者,分地條繫於各州縣之後,以爲待訪。"

後附《搨碑附》《訪碑附》,指出了搨碑的步驟,訪碑的要點。

⑯《吴氏石蓮庵刻山左人詞》,清吴重憙輯,清光緒二十七年海豐吴氏金陵刻本。

有牌記:"光緒辛丑刊於金陵。"

有光緒二十七年繆荃孫序:"戊戌(按:光緒二十四年)之冬,吴糧儲仲飴同年屬爲校刻山左人詞,先得國初王西樵、阮亭、宋玉叔、曹實庵四家,續於《百家詩選》得楊聖期、唐濟武兩家,宋詞得李端叔、辛稼軒、周公謹、李清照四家,己亥復得國朝趙飴山、田在田兩家,庚子又於《六十家詞》得趙渭師一家,共十七家。荃孫校刊訖而序之。"又有光緒二十七年吴重憙識:"山左前人詩文均有輯本,惟詞無聞。己亥歲,王廉生祭酒出所藏漁洋詞寫定本爲倡,屬刻山左人詞。歸而商之繆炎之,更出各藏本彙而刻之,得十七家,木安朱氏《詞綜》載和凝以下山左詞人共三十餘家,今專集多不可見,僅得此若干種,匆輯將益散失。乃請太史代勘,以覆諸墨。

而庚子七月北都之變,祭酒闔家殉國,竟不及睎此本之成矣。”

此書的發起者爲王懿榮,校勘者爲繆荃孫,二人對於刻書事皆極熱心。繆荃孫校勘此書很用心,從《樂章集》即可看出。他在《樂章集校勘記》後識中說:“因取明梅禹金鈔校三卷本,又一明鈔本,《花草粹編》《嘯餘圖譜》《紅友詞律》《天籟閣詞譜》,秀水杜小舫《詞律校勘記》,引宋本校之,脱行奪句,譌字顛倒字,悉爲舉出,得百許事,編《校勘記》一卷,《逸詞》一卷。刻既成,吴興陸統伯觀察以宋本次第及譌字注於新刻本,悉刺取入《記》,而另刻之。列《宋本目録》於前,宋本有而汲古脱者十二首,悉按原次補入《校勘記》。另輯《逸詞》十首,而聲律非所知,尚不敢自居爲柳氏功臣也。杜、陸兩宋本不知有汲古所藏否,朱竹垞《詞綜》注云九卷,將來如遇各本,當校之,必有所得出此刻之外者,或於柳氏無小補云。”由此可見,僅《樂章集》,繆氏就做了大量的工作,作《宋本樂章集目》《樂章集校勘記》《樂章集校勘記補遺》《樂章集逸詞》。除《樂章集》外,王鵬運之前曾對《漱玉詞》做過整理,今一併將其光緒七年識語刻上。王士禛《衍波詞》曾被孫默刻過,據吴重憙識,此次重刻孫本,以《阮亭詩餘》校勘,並存序目,又輯逸詞四調以益之。蓋重刻這些名家詞,吴氏和繆氏皆有增益,做了大量的工作,這也是此書的版本價值所在。

十一行二十一字,大黑口,左右雙邊,雙對黑魚尾。字體一般。

⑰《攀古小廬雜著》十二卷,清許瀚撰,清光緒海豐吴重憙刻本。

咸豐八年,高均儒據所存許瀚手稿,在清江浦彙刻一册,延丁晏作序,名《攀古小廬文》,此爲許氏著作中最先刊行者。其次爲許氏去世後,楊鐸乃搜輯遺稿,於光緒元年刊行《攀古小廬文補遺》一卷,即楊氏函青閣刻本。另外,許瀚生前囑遺稿交陳介祺,後由吴重憙延丁艮善校定,光緒間刊板,名《攀古小廬文雜著》十二卷。獻唐先生《山左先哲遺書》該書提要："全書未及刻竣，板旋焚毁，僅存印樣兩部，一藏丁氏，一藏吴氏。"知流傳極少。現山東博物館藏一部，有王獻唐先生跋。謝國楨《讀明清文史書籍題記》論及該書時，説："旋又得《攀古小廬雜著》十二卷，亦清咸豐間刻本，爲徐森玉先生舊藏舉以貽余者，當時琉璃廠邃雅齋書坊，訪書山東，得其舊版，僅印數十部，索價甚昂，故亦傳本甚罕。"①此"得其舊版"當指"得其舊本"，非印板。

此書缺篆文，且多墨釘。見吴重憙刻書第 3 條。

⑱《皇清誥授光禄大夫内閣學士兼禮部侍郎加三級顯考子苾府君行述》，清吴重周等撰，清海豐吴氏刻本。

重周字長飴，號鏡秋，式芬子，諸生，廕通判。有《常惺惺齋詩》二卷、《常惺惺齋隨録》一册。此書蓋爲吴重周、吴重憙兄弟二人刊刻。八行二十二字，白口，四周雙邊，單魚尾。

⑲《皇清誥贈一品夫人顯妣劉太君行述》，清吴重周等撰，清海豐吴氏刻本。

此書附《皇清誥授光禄大夫内閣學士兼禮部侍郎加三級顯考子苾府君行述》後，行款同。爲記其母事迹。

以上二書估計刻於山東。因爲吴重周一直居海豐。

⑳《海豐吴氏文存》四卷，清吴重憙輯，清宣統二年海豐吴重憙刻本。

有吴重憙宣統二年序："吴氏自順治至宣統，十朝皆列科名，但遺編零落，未薈成書。重憙自幼留心，隨時甄録，已將《大清律例通考》《攗古録》《攗古録金文》《金石彙目分編》《封泥考略》《吴氏世德録》《吴氏詩存》《吴氏試藝》《雙虞壺齋日記》《陶嘉書屋律賦試帖》次第付梓，獨遺文各種未附其中。近復鈔輯，又得四卷，

---

①轉引自丁原基：《許瀚之文獻學研究》，華正書局 1999 年版，第 108 頁。

並將投贈詩文附綴於後。"目録爲：卷一，少參公（吴自肅）、黄梅公（吴象寬）；卷二，恭定公、鑄南公、錫宸公、湖撫公、襄陽公、文選公；卷三，少襄陽公、農部公、閣部公、資政公；卷四，遺囑、遺訓、家訓、述訓、投贈。中有吴重憙誌，如卷二末文選公後有宣統己酉誌。此書有可能係吴重憙奉詔京師供職時所刻。

十行二十二字，黑口，四周單邊，雙順黑魚尾。

據以上吴重憙序可知，吴重憙還刻過《雙虞壺齋日記》《陶嘉書屋律賦試帖》，二書未見。

㉑《石蓮闇詩》六卷、《詞》一卷、《樂府》一卷，清吴重憙撰，民國四年至五年海豐吴重憙刻本。

有牌記："丙辰仲冬開板。""丙辰"爲民國四年。前有宣統二年自序，稱二十二歲始爲詩，"余素引和凝事，宋以前詩文無自鏤板者。老境侵尋，所存止此，聽其零落，未免傷神。雖敝帚，吾有之，吾自享之，聊用自娱"。末有義州李葆恂識。目録爲十卷，正文爲六卷。後四卷嗣出。

卷端題："海豐吴重憙仲懌。"

十行二十二字，大黑口，四周單邊，雙魚尾。版框外有書耳，内鐫字數。

《詞》有民國五年門下士仁和吴昌綬跋："吾師石蓮先生，文章政事有光前烈，爲當世所宗仰。行年七十有八，神明不衰，文字之好，無異曩昔。所栞先世遺箸及昔賢四部書甚夥，獨手所譔述，緘祕未出。昌綬亟以爲請，乃手授詩詞稿，屬同志審訂。先生矜慎别擇，勇去少作，所存慬百一詞。刻先成，因志緣起。"《樂府》未見。

海豐吴氏刻書特點有七：

海豐吴氏自雍正至民國，世代刻書，尤其是吴重憙一人刻書達二十餘種，如果算上子目，有近四十種，這在全國也是不多見的。

一是以刊刻家人著述爲主，弘揚家族精神。從個體講，有吴自肅一種，六次刊刻；吴象默一種；吴壇一種；吴式芬六種。與整個家族有關的，有《海豐吴氏文存》《海豐吴氏詩存》《吴氏世德録》《海豐吴氏試藝》《海豐吴氏硃卷》五種。還有宣揚父母事迹的吴式芬夫婦的行述。

二是關注山東地方文獻。從吴之勷刊刻明代戚繼光的《練兵實紀》《紀效新書》開始，至吴重憙刊刻陳介祺的《家塾授蒙淺語》附《習字訣》、桂馥的《歷代石經略》《歷代石經大略》、時庸勱的《聲譜》《聲説》、許瀚的《攀古小廬雜著》，海豐吴氏爲山東文獻的推廣做了大量工作。

三是刻書多在外地，刻於山東本地的甚少。雍正時刻《半閣詩選》大約在海豐，吴之勷刻戚繼光的著述大約在湖北、貴州一帶，吴自肅的《作文家法》一書，六次刊刻，均刻於外地，如吴紹詩江西南昌刻，吴壇江蘇刻，吴垣廣西桂林刻，吴怡曾河南許昌刻，吴扶曾廣西藤縣刻，吴重憙陳州府署刻。到了吴重憙，隨着他爲官的遷移，刻書地有陳州、開封、信陽、江寧、湖北、金陵。但大部分是在河南所刻，且集中於陳州和開封。這段時間是他比較從容的時候，所以刻書最多。在金陵主要刻了《山左人詞》。光緒二十八年後，至宣統二年，吴重憙往返於北京、江西、河南，南北奔波，刻書明顯減少，主要刻了《九金人集》。

四是對版本的選擇比較嚴格，有文獻學素養。如《九金人集》大多以抄本流傳，選擇哪個本子爲底本，吴重憙很是用了一番心思，表現出他對版本極精到的認識。

五是對版本精加校讎，並請名家協助校勘。《閑閑老人滏水文集》，以一本爲底本，另有五個本子做校本。吴重憙不僅親自校勘，更主要的是廣延人才，爲其董理校勘之職。《山左人詞》請的是繆荃孫，繆氏是中國近代著名的校勘學家，吴重憙刻此書時，繆氏在金陵，而吴氏時任江寧布政使。《攈古録金文》《攈古録》《金石彙目分編》，如前所述，由許瀚爲之校勘，許瀚亦是清代傑出的樸學家、校勘學家、金石學家；而《歷代石經略》《歷代石經大略》《陶靖節先生詩》《聲譜》《攈古録金文》《攈古録》《金石彙目分編》《攀古小廬雜著》均爲日照丁艮善校勘。丁氏，清末著名小學家、金石學家、校讎學家和書法家，世稱"山左宿學"。早年師從著名學者許瀚，對金石、訓詁及詩文聲律都有精到的研究，而且不囿於前人之見，富有獨創性。有這樣一批著名的學者爲吴氏校勘，吴氏所刻書成爲精品就在情理之中了。

六是豐富的家藏爲其刻書提供了便利的條件。據王紹曾、沙嘉孫《山東藏書家史略》："自總角即飫聞庭訓，復與其兄重周同受業於日照許印林，故於乾嘉諸老之學及金石藝事，靡不覃思邁進。凡陶嘉書屋、雙虞壺齋舊藏悉歸石蓮庵外，又喜蓄金石圖籍，所收尤以舊抄爲多。同治十八年遭於火，頗多損失。光緒中奉朝旨駐滬，適嘉興唐鷦安藏書散出，重憙得其抄校秘册甚夥。辛亥後與章鈺同客津沽，常以目録金石之學相質證。所藏秘笈，章鈺大率悦目。與繆荃孫亦多往還，時有所請益。"①石蓮庵藏書多是珍品，收藏有古本、手抄本、稿本，見於著録的善本有四十二種，其中手抄本三十種，而且大多經過名家珍藏、批校、題跋。如抄本《春秋傳注》爲清初嚴啟隆所著，嚴啟隆以畢生精力治《春秋》，前後易稿十二次，此抄本非常珍貴。

據所列書目，吴氏藏書有宋刊巾箱本《增入名儒集議資治通鑑詳節》，影寫宋刊本(元豐)《新定九域志》十卷，影元抄本《契丹國志》二十七卷，元刊本《圖繪寶鑑》五卷等，均爲罕見版本。吴重憙排印本《豫醫雙璧》中的《傷寒補亡論》和《儒門事親》二書，均爲傳鈔祕本，係吴氏在河南所得藏書。

①王紹曾、沙嘉孫:《山東藏書家史略》，山東大學出版社 1992 年版，第 247 頁。

七是刻書特徵比較明顯：

所刻書大多有牌記，或封面題刻書時間和刻書地，交代非常清楚。大多無藏板地。

大多刻印精美。《海豐吴氏詩存》字體秀美，一絲不苟；仿宋刻《陶靖節先生詩》用仿宋字體，非常精美；《閑閑老人滏水文集》字大方正，悦人眼目；《五種遺規》《攈古録金文》刻印均較精。

大多版心有字數。《海豐吴氏詩存》《陶靖節先生詩》版心上都刻有字數；《律法須知》版心下刻字數並句數，中以黑點隔開，如三六三・五六，前爲字數，後爲句數。此種標法很特殊。

版框外有書耳，記每葉字數。如《滹南遺老王先生文集》版框外計字數；《歷代石經略》版框外有書耳，記每葉字數，有些葉書耳裏記大字，書耳下記小字，如下卷第四十二葉，書耳中爲“二百八十八”，係大字，書耳下爲“二百五”，係小字。更有意思的是，目録葉的字一字算二字，書耳中爲“倍二百七十二”，實際的字數爲一百三十六字，除了魚尾不計，印章、版心書名、版心葉碼均計在字數内。

有的版心有刻工。如《滹南遺老王先生文集》版心下有刻工九人。

吴重憙刻了數十種書，均爲别人所刻，惟在民國時期爲自己刻了《石蓮闇詩》六卷、《詞》一卷、《樂府》一卷，他在宣統三年退隱天津之後，與義州李葆恂覺翁相遇（李氏於民國二年四月赴津），病骨支離不能過從，郵筒相寄，倡和之作成《津步聯吟集》二卷、《詞》一卷，由葆恂子猚厓刻成，有牌記：“丙辰仲秋刻於京師。”

以上，海豐刻書共四十種，幾乎是吴氏一統天下，有三十五種，另有張氏五種（清中期已述）。在刻書内容上，集部十八種，史部十六種，子部四種，經部兩種。史部的增多，是因爲紀傳類和金石類書籍的增多，紀傳有六種，金石有五種，紀傳是張、吴兩家爲紀念祖先、弘揚先人遺德而作,金石是吳家主要是吳式芬所擅長的,故史部書在清代後期的海豐刻書中可以與集部書相抗衡。而法令和官箴亦是吳氏關注的重點。在刻書時間上,光緒三十四種,同治三種,宣統一種,未知具體年代者二種。以光緒爲主,主要是吳重憙所刻書。

3. 樂陵刻書

樂陵在清代後期的刻書以扶溝柳堂爲主。

1)柳堂刻書

柳堂(1843—1929),字純齋,別號勖庵,河南扶溝人。同治十二年舉人,光緒十六年進士。以知縣分發山東,二十一年任定陶知縣。次年補惠民知縣。二十七年二月,任東平州知州。二十九年四月,調德平。三十年六月,復任惠民。三十一年正月,調樂陵。三十二年五月,三任惠民。三十三年四月,調牧濟寧直隸州。三十四年,以新政急迫,不能盡職,再改任章邱。不願赴任,請求告老,從此入居濟南城西第二虹橋寓所。清滅亡後,每日與諸位遺老徜徉於詩酒之中,並自稱亡國大夫,最後正如其所言"吾將老死聖人之鄉",民國十八年無疾而終。

柳堂在山東爲官三十九年,歷任定陶、惠民、東平、德平、樂陵知縣,在山東刊刻了十九種書,對清末山東出版業的發展起到了促進作用。因在三地有刻書:惠民、樂陵、東平,比較分散,故在樂陵一併敘述。

(1)光緒二十五年刻二種

①《[光緒]惠民縣志》三十卷、《首》一卷、《末》一卷,清沈世銓修,清李勖纂,清柳堂校訂,清光緒十二年刻二十五年扶溝柳堂惠民校訂補刻本。

有光緒二十五年柳堂《補正惠民縣志序》,述原委:"余於光緒二十二年來宰斯邑,取十二年新修《惠民縣志》三十卷讀之。纂修者前武定教授李君勖,檢校者乃邑廩貢生乙丑年舉人李君鳳岡也。豕亥魯魚往往有之。適李君以主講海豐還郡,談次,始知所謂檢校僅列名而已耳,云家存舊本訛錯處多,已經籤出,前宰某許以補正,未果也。余諾之,急索閱其籤處,均及精當。留案頭,意謂暇時就所籤復加校勘。詎知自兹以往有事於河上,災賑頻仍,轉瞬三年,竟未能踐前諾。風塵俗吏,草草勞人,恐一旦去官,亦如前宰某之無以對李君也。乃乘海豐縣試之隙,延君於署,代余執筆,或更補,或删除,商榷十日,得蕆事,即付剞劂氏,並於題籤加'補正'二字。栞既竣,爰序顛末,列原序後,不敢掩前人功也。時光緒廿五年仲冬扶溝柳堂。"

卷首《姓氏》有《監梓》,最後一行爲"廩貢生李鳳岡",補刻時去掉。鳳岡字荔邨,惠民人,光緒十五年己丑舉人。著有《識荆主人詩録》《李荔邨文集》《群賢詩存》等。

卷末有補刻内容,如卷十《壇廟》末"覆趙樓""覆趙亭",皆爲補刻。

②《惠民縣志補遺》,清柳堂撰,清光緒扶溝柳堂惠民刻本。

據《筆諫堂全集總目》,此書已刻,但未見。

(2)光緒二十七年刻一種

《宰惠紀畧》五卷,是柳堂關於治理惠民的文章,柳堂三次任惠民縣令,這是第一次。

封面題:"光緒辛丑鐫,筆諫堂藏本。"

有李鳳岡序。又有光緒三十年張星源序,此爲補刻序。柳堂於二月離任,當在離任後所刻。可能在東平任上所刻。

十行二十四字,白口,四周雙邊,單黑魚尾。版心下刻"筆諫堂"。

(3)光緒二十八年刻四種

①《蓮溪吟草》十四卷,計收古近體詩六百三十一首。

封面題:"光緒壬寅鐫,筆諫堂藏本。"

光緒十三年柳堂自序。稱其先讀唐詩,後讀七家詩,又購《庚辰集》《正味齋》。癸未南下,後任蓮溪書院山長。述爲詩過程甚詳。有光緒十五年虞煊序。光緒二十年任城李繼琨序。光緒二十八年聊城傅旭安序。是年李鳳岡序於東平幕府:"(柳堂)出《蓮溪吟草》若干卷示余曰:'此甲申至庚寅作也,今將付梓,已删其十之一矣,煩再爲剔除,擇其尤者存焉。'"則此書刻於東平任上。

十行二十四字,白口,四周雙邊,單黑魚尾。版心下刻"筆諫堂"。

②《北上吟草》二卷、《庚寅北上吟草》一卷。

封面題:"光緒壬寅鐫,筆諫堂藏本。"

有自序:"余既録甲申至戊子作爲《蓮溪吟草》十四卷,又録己丑作爲《北上吟草》二卷。"己丑爲光緒十五年,庚寅爲十六年,此二集爲柳堂兩次北上參加會試途中所爲詩。

十行二十四字,白口,四周雙邊,單黑魚尾。版心下刻"筆諫堂"。

③《史外書後》(又名《史外韻語書後》)八卷,爲表揚忠義節烈之文。

封面題:"光緒壬寅鐫,筆諫堂藏本。"

有光緒二十八年任城李繼琨序。光緒二十九年邱光瀛序。光緒二十七年自序:"自十九年春至二十年秋終卷,顏之曰《史外韻語書後》,欲弁序簡端,遲遲未果。自兹以往,而定陶,而惠民,今又量移東平。一行作吏,此事遂廢,藏之篋笥者六七年於兹矣……遂走筆行之,謀付梓人。"則此書刻於東平。

十行二十四字,白口,四周雙邊,單黑魚尾。版心下刻"筆諫堂"。

④《宦遊吟草》十二卷,共爲詩六百四十首。

封面題:“光緒壬寅鐫,筆諫堂藏本。”

有光緒二十八年初夏自序,稱其自光緒十六年八月到濟南,至光緒二十一年九月到定陶任,一直奔波於山東各地,或驗收堤工,或催錢糧,或查積谷,或估城工,或清理案件,或查河道差。經過五六年的實地勘查,柳堂已對山東有了大致的了解,由此對山東的風光、人文有了更切身的體會,於是有感而發爲詩。這些詩作體現了他作爲一個外鄉人對山東的認識。此書當刻於東平。

十行二十四字,小字雙行二十四字,白口,四周雙邊,單黑魚尾。版心下刻“筆諫堂”。

(4)光緒三十一年刻六種

此年柳堂全年在樂陵,直到光緒三十二年五月纔調離,故此年所刻皆在樂陵刻。

①《舟行吟草》一卷,清柳堂、李鳳岡撰,爲二人和詩。

封面題:“光緒乙巳年栞。”

有光緒二十八年李鳳岡《舟行吟草跋》,柳堂《舟行吟草序》。據兩序,知此詩由來:光緒二十八年七月,柳堂因調簾交卸東平州篆務,攜眷屬赴省城濟南,同行者李鳳岡,舟行遇風阻,柳堂因怕誤鄉試,煩躁異常,李鳳岡投詩勸慰,觸發柳堂詩興,兩人每日唱和,成數十首,即《舟行吟草》一卷。

十行二十四字,白口,四周雙邊,單黑魚尾。版心下刻“筆諫堂”。版心僅刻“卷”,未分卷,想必要續刻。

②《東平教案記》二卷,清柳堂、傅旭安輯。

傅旭安,字曉麓,聊城人,傅斯年之父,光緒三十年去世。

封面題:“光緒乙巳年栞。”

光緒二十七年二月初八日,柳堂履東平任。甫到任,由省城五百里排單遞到巡撫袁世凱劄,飭嚴令柳堂查處副主教陶萬里所控告之東平州城東北尚莊正團長尹式翱、副團長李樹芳窩藏拳民、掠奪教産、割傷教民等狀。柳堂力爲剖辯，三次上書袁世凱始得平。又漸次將所翻教案一一清理，即《東平教案記》所志之事。有柳堂光緒二十八年序，又有光緒三十一年柳堂識：“右《東平教案記》二卷，乃余壬寅夏命書吏檢教案卷宗，録其顛末，付傅曉麓孝廉以待抉擇者也。孝廉藏之篋笥，未及閲，余調篆卸事。癸卯夏，余又調署德平，而此卷亦已忘之矣。孝廉冬解館歸，繞道枉顧，余留之彌月。孝廉檢此卷，尚在行篋，出而編次焉。”此書亦刻於樂陵。

十行二十四字，白口，四周雙邊，單黑魚尾。版心下刻“筆諫堂”。

③《仕餘吟草》一卷，爲柳堂詩集。

封面題：“光緒乙巳年栞。”

光緒二十八年柳堂自序：“憶自乙未仕定陶，丙申至庚子仕惠民，辛丑又移仕東平，七八年中間有所作，稿均遺失。命兒搜求，隨得隨録，不分先後，釐爲四卷，顔曰《仕餘吟草》……奉檄調篆，交替有日，謀付剞劂……光緒壬寅秋七月有八日筆諫堂主人扶溝柳堂自序。”有詩《到惠民任口占》：“我本惠民河畔人，惠民作宰亦前因。天然名義須相顧，莫使惠民不惠民。”有後識。

此書雖成於光緒二十八年，但刻在三十一年，地點在樂陵。

十行二十四字，小字雙行二十四字，四周雙邊，單黑魚尾。版心下刻“筆諫堂”。

④《災賑日記》十五卷，爲柳堂文集。

封面題：“光緒乙巳年栞。”

前有光緒二十五年劉彤光序，稱光緒二十四年惠民水災。光緒二十五年李鳳岡序。是年自序。有《凡例》十二則。後有光緒二十五年李鳳岡跋。

十行二十四字，白口，四周雙邊，單黑魚尾。版心下刻“筆諫堂”。

⑤《周甲録》六卷，爲柳堂六十歲時自撰年譜。

封面題："光緒乙巳年栞。"

有李鳳岡跋。光緒三十年柳堂在德平縣衙署自序，三十一年樂陵衙齋跋。柳堂於光緒二十九年四月調德平，三十年六月離任，則書成於此時，但刻於三十一年，地點在樂陵。

十行二十四字，小字雙行二十四字，白口，四周雙邊，單黑魚尾。版心下刻"筆諫堂"。

⑥《蒙難追筆》一卷，爲柳堂文集。

封面題："光緒乙巳年栞。"

有光緒三十年甲辰正月追述，記咸豐八年柳堂父兄三人均被捻軍俘虜，自十月二十五日，至九年正月十五日，八十餘天的歷險記。原記在《周甲録》中，傅旭安建議從中析出。

十行二十四字，小字雙行二十四字，白口，四周雙邊，單黑魚尾。版心下刻"筆諫堂"。字密、扁。

（5）光緒三十二年刻五種

①《惠東頌言》五卷，清陳銘等輯。此爲柳堂爲別人刻詩。

封面題："光緒丙午年栞。"卷端題："門人陳銘、男翰華編次並校字。"

有光緒三十二年臨清受業陳銘序："（柳堂宰惠民、東平時，門生紳耆稱美善政之詩）遂並付梓人，工既竣。"此書當刻於樂陵。

十行二十四字，白口，四周雙邊，單黑魚尾。版心下刻"筆諫堂"。

②《六十壽言》四卷（《舟行吟草》附），清李鳳岡等撰。此爲柳堂六十歲時，李鳳岡、傅旭安等人爲其祝壽，後經邱光瀛彙輯而成之詩集。

封面題："光緒丙午年栞。"卷端題："惠民李鳳岡編次，受業邱光瀛、陳銘、男翰華仝校。"

光緒二十九年肥城邱光瀛序。又有光緒三十二年孟夏柳堂於樂陵縣勤謹之室跋:"授卷於余,置之案頭三年於茲矣。今春命門人陳佩箴、小兒翰華重爲較閲,以付梓人……工既竣,爰志其緣起附於卷末以爲後序。"據柳堂此跋,知書刻於三十二年春至孟夏間,當在樂陵。

十行二十四字,白口,四周雙邊,單黑魚尾。版心下刻"筆諫堂"。

③《牧東紀畧》四卷,爲柳堂治理東平時的文章。

封面題:"光緒丙午年栞。"

有光緒三十一年柳堂於樂陵縣勤謹之室自序:"余宰惠民,《災賑日記》外,有《宰惠紀畧》。移牧東平,則《東平教案記》外,又有《牧東紀畧》,其體例乃東平院長傅曉麓孝廉鑒定。"書成於光緒三十一年,刻於光緒三十二年,可能在樂陵。

十行二十四字,白口,四周雙邊,單黑魚尾。版心下刻"筆諫堂"。

④《宰德小記》一卷,爲柳堂治理德平時的文章。

封面題:"光緒丙午年栞。"

有光緒三十二年壽道人柳堂自序:"余癸卯四月二十二日接德平篆,甲辰五月初二日交卸,計朞月有十日……繕既竣,弁言以付厥梓人。"此書當刻於樂陵。

十行二十四字,白口,四周雙邊,單黑魚尾。版心下刻"筆諫堂"。

⑤《書札記事》四卷,爲柳堂文集。

封面題:"光緒丙午年栞。"

有光緒三十二年柳堂於樂陵勤謹之室自序:"爰撿到東以來書札之存者彙爲一册,顔曰《書札記事》。"此書當刻於樂陵。

十行二十四字,白口,四周雙邊,單黑魚尾。版心下刻"筆諫堂”。

(6)民國刻一種

《六慎齋文存》四卷、《補遺》一卷,清徐金銘撰,民國十四年河南扶溝柳堂等刻本。

有牌記:“門人顏文化繕校。”卷端題:“歷城徐金銘。”末有捐刊姓字:柳蒓齋先生堂,番餅貳百元;闞頌平先生際泰,貳拾元;馬來魯先生鳳藻,拾元;劉仲華先生恒發,拾元;張幼平先生元鈞,拾元;吕次舟先生志瀛,拾元。其中,馬鳳藻爲馬國翰後人,吕次舟爲吕狠子,張景栻爲王紹曾《山東藏書家史略》所作序中有記載。

十行二十五字,黑口,左右雙邊,單黑魚尾。衆人合刊,刻印比較精,在民國屬精品。

扶溝柳堂刻書特點有四:

一是所刻主要爲自己的詩文集。詩集多爲遊歷山東各地時所作,或自作,或唱和。文集多爲在各地爲官時所作,如《宰惠紀畧》《牧東紀畧》《宰德小記》,而《東平教案記》,記東平義和團運動;《災賑日記》,記光緒二十四年惠民水災。這些是當時山東大事的直接反映。

二是刻書時間比較集中。除光緒二十五年補刻《惠民縣志》、二十七年刻《宰惠紀畧》外,其餘均集中在光緒二十八年、三十一年和三十二年。二十八年在東平任上,三十一年和三十二年在樂陵,大約這兩個時期是他比較穩定並有閒暇的時期,故能從容刻書。

三是每部書均有序跋,詳述成書經過。

四是刻書有明確標志。封面一般題刻書時間,如“光緒辛丑鐫,筆諫堂藏本”“光緒乙巳年栞”“光緒丙午年栞”。行款爲十行二十四字,白口,四周雙邊,整齊劃一。版心下刻“筆諫堂”,此爲柳堂堂號。刻書特徵比較明顯。

柳堂有龐大的刻書計劃。他將歷年所刻書十六種,彙爲《筆諫堂全集》八十六卷,冠以李擢英光緒三十二年《筆諫堂全集序》:"久之積成卷帙,顔之曰《筆諫堂全集》,所以紀政事也。刻既成,畧寄數種寓書於余。"有李鳳岡序。這些序列於第一種《蓮溪吟草》前。有《筆諫堂全集總目》,分上函、下函。上函有《蓮溪吟草》十四卷四册、《北上吟草》三卷一册、《史外韻語書後》八卷二册、《宦遊吟草》十二卷三册、《仕餘吟草》四卷一册、《舟行吟草》一卷一册附《六十壽言》四卷二册、《惠東頌言》二卷一册。下函有《宰惠紀畧》五卷二册、《災賑日記》十五卷二册、《牧東紀畧》四卷二册、《東平教案記》二卷一册、《宰德小記》一卷一册、《書札記事》四卷二册、《周甲録》六卷二册、《蒙難追筆》一卷一册。别行有兩種:《補正惠民縣志》三十卷,《惠民縣志補遺》。接着是《筆諫堂未刻目録》:《己丑北上日記》《壽餘吟草》《壽餘雜著》《壬寅以來壽餘日記》《稟牘偶存》《續書札記事》《惠民辦理義和拳稟稿》《宰樂小記》《牧濟小記》《先德録》《浮生夢境圖説》《藏書目》《藏金石目》《藏書畫目》《經義碩果》《四庫全書目録註撰》,共十六種。柳堂六十歲後稱"壽餘"。此計劃中,不僅有六十歲後的詩文雜著,還有日記、奏稿、書札、金石書畫目録以及研經成果,尤其是《四庫全書目録註撰》,從一個側面反映了他作爲一個藏書家的文獻學修養。

柳堂的這個出版計劃没有完成。民國十年,筆諫堂排印了《續刻勖庵先生雜著》,有民國十年許鼎臣序:"勖庵先生復寄至未刻者《仕餘雜著》一卷、《壽餘雜著》四卷、《壽餘雜著附後》三卷、《古稀雜著》一卷,屬爲釐訂。"卷端題:"扶溝柳堂勖庵,歷城徐金銘、李福鑾、張元鈞仝校。"版心下有"筆諫堂"。另民國十三年冬,柳堂八十一歲,山東商務印刷所爲其排印《勖庵先生詩選》二卷。柳堂儘管陸續出版了數種書,但這些離他的計劃還差很遠。

柳堂在山東刻書十九種,除民國一種,清代刻十八種,有十一種在樂陵所刻。兩種在惠民,五種在東平。樂陵刻書最多。

2)其他刻書

除了柳堂刻書,樂陵後期還有一種,現藏北京大學圖書館,《宧學集初編》三種《二編》一種附一種,清孫國楨撰,清光緒二十三年至二十四年樂陵孫氏世澤堂刻本。

4. 濱州刻書

濱州後期的刻書可確定的衹有杜氏刻兩種。

同治間濱州杜氏刻《繼園行述》一卷,同治九年濱州杜堮從子杜師竹刻《遂初草廬詩集》十卷,清中期濱州刻書已述。

5. 利津刻書

清代後期的利津刻書衹有李佐賢一家。

李佐賢(1807—1876),字仲敏,號竹朋,利津人。他聰穎勤奮,博學多才。工於詩文,擅長書法,兼涉考據之學。對金石書畫、硯石印章能剖析微茫,辨其真贋。是清代著名錢學家、鑒賞家、金石學家。

利津李氏刻書從李佐賢的父親李文桂開始。文桂字鏡秋,號魯村,晚又號坦翁,廩貢,由史館議叙州同,官至廣東德慶知州。據《山東通志·藝文志》,文桂有《塞易》《鄉禮正誤》《論語筆記》,未見有刻本。在同治十三年李佐賢刻李文桂《坦室雜著》後有李佐賢跋,知李文桂在晉康州署曾刻自己的集子。晉康即廣東德慶州,此集係李文桂在德慶知州任上所刻,惜不存。

李佐賢的刻書活動始於咸豐八年。在這之前,他主要是爲官。道光八年中舉,十五年進士,十八年殿試,三年後加科散館,由禮部庶常授編修,任文淵閣校理、國史館總纂。二十四年典試江西,二十六年出守福建汀州知府。任福建汀州知府六載,咸豐二年引退故里。咸豐七年,他進京閒居,開始了整理學術成果的工作,也開始了著述的刊刻工作。

①《石泉書屋制藝》二卷、《石泉書屋館課詩》二卷，清李佐賢撰，清咸豐八年利津李佐賢刻本。

二書封面均題："咸豐戊午年鐫，利津李氏藏板。"《石泉書屋制藝》有咸豐八年李佐賢《序》："是編皆余十九至廿九十年中所作也。"文共五十八篇。《石泉書屋館課詩》有咸豐八年朱琦序："異日刊君文，可並以弁卷首。"此集共輯詩一百一十餘首，皆輯其就試時所作試帖詩。二書行款版式相同，均爲九行二十四字，白口，四周雙邊，單魚尾，正文無直格。

②《古泉匯》六十卷、《首》四卷，清李佐賢輯，清同治三年利津李佐賢刻本。

有牌記："同治甲子年鐫，利津李氏石泉書屋藏板。"卷端題："利津李佐賢竹朋編輯，男貽良、貽儁校字。"

李佐賢自幼喜歡金石書畫，尤以古錢爲專好。他在任國史館總纂時，有機會閲讀、抄録了大量的書籍。加之與海内同好鮑康、劉喜海、陳介祺、吴式芬、吕堯仙結爲金石之盟，互爲投贈，公餘到街市、廠肆流覽購買古籍、文物，爲他後來研究金石書畫積累了大量的資料。自咸豐九年至同治三年，歷經三十七年，編輯而成《古泉匯》一書。此書集泉學著作之大成，是我國錢學史上的一部巨著。它集録了從春秋戰國時期流通的布幣、刀幣、蟻鼻錢及秦漢以來至明代流通的各種錢幣五千多種，並錢範七十五個。其中不少錢幣，是舊史籍中所未載者。分元、亨、利、貞四集。《古泉匯》着重記述了錢幣的出處、鑄造方法和文字變化及流通手段。對春秋戰國時繁多的刀幣、布幣，首次加以考校分類，著録農民軍及地方割據勢力的錢幣，在古錢學研究中堪稱創舉。其對錢幣的鑄造方法和流通情況的記述，體現了歷代政治經濟制度的利弊。

王獻唐先生在其《五鐙精舍印話》中説："利津李竹朋佐賢，以治泉知名。《古泉匯》一書，爲歷代之冠，劉氏《古泉苑》、翁氏《泉貨彙考》，余皆見之，尚不如其精博也。"①

此書有咸豐八年鮑康序，咸豐九年鮑康又序："近代刊行之譜，惟初氏《吉金所見録》爲最多。他如翁氏之《彙考》、劉氏之《泉苑》，惜乎皆未成編……竹翁亦遂奮然灑翰，每脱一稿，先以相示。余有所正，即時改定，參互考證……薈萃衆説，折衷一是，不詭異，不苟同，稍有可疑者，輒置弗録，並選鄙藏數百種，益以諸家墨本，得泉凡五千有奇。洋洋大觀哉！"國史館舊史李佐賢自序："遂付剞劂，以公諸當時之同好，並貽天下後世之同好者。"有《首集》四卷，《凡例》，目録，又有歷代著録古泉臆説、諸家泉説。《凡例》曰："自云者居大半，異品則劉喜海所藏爲多，亦兼採陳介祺、吴式芬等所藏。"由此可見，此書是山東地區古泉藏品的薈萃。又有同治二年鮑康跋。鮑康屢次作序，可見對此書的重視。又有同治三年佐賢自跋。

九行二十四字，白口，四周雙邊，單魚尾。刻精。

③《石泉書屋詩鈔》八卷，清李佐賢撰，清同治四年利津李佐賢刻本。

封面題："同治乙丑年鐫，利津李氏藏板。"

吴重憙識語云："清奇濃淡，不拘一格，在讀者自領之。"有自序、題詞、目録。

九行二十四字，白口，四周雙邊，單魚尾，正文無直格。

④《武定詩續鈔》二十四卷，清李佐賢輯，清同治六年利津李佐賢刻本。

封面題："同治丁卯年鐫，利津李氏藏板。"

①轉引自王增山：《清代著名學者、古錢幣鑒賞家李佐賢》，見山東省東營市地方史志編纂委員會辦公室編《東營歷史人物第二輯》，1989 年版，第 42 頁。

在李佐賢之前，惠民李衍孫輯《武定明詩鈔》二卷，又輯《國朝武定詩鈔》不分卷，有乾隆五十九年刻本。李佐賢續李衍孫之書而成此書。有同治六年舊史官李佐賢《序》："因即前《鈔》以後之詩，仿而録之，又即前《鈔》所遺之詩補其缺略而增輯之，而海邑吴仲懌（按：吴重憙）孝廉及吾邑趙余田（按：趙維畬）明經復助余搜羅……遲之年餘，集成廿卷，又益以家集四卷，共得詩品之數。"卷一、二爲明人詩；卷三至二十皆清人詩；末四卷爲家集，並已作及其子姪之詩附焉。《山東通志・藝文志》稱："佐賢名爲續李衍孫之書，而體例則頗與前《鈔》異：前《鈔》不載生存，此本則多見在；前《鈔》無家集之名，此本則多至數卷。又《凡例》稱録詩每人限百首，而集中於魏綸、李衍孫兩家所録皆逾此限。其謂魏係前代名臣，幸其詩稿年久尚存，故多録之，猶爲有説；至多録李詩，則謂其有功於郡詩鈔，似未免鄉曲一隅之見也。"似有微詞。佐賢《武定詩續鈔》在體例上有所創新，選詩不惟權貴名流，不拒布衣寒士，以佳作取勝，以詩存人。詩體不拘一格，古體詩、近體詩兼收。不鄙薄女子，唯才是舉。《武定詩續鈔》對研究地方歷史文化有重要的文獻價值。更爲可貴的是，李佐賢《武定詩續鈔》之後，其子李貽雋續有《武定詩補鈔》四册，清稿本。父子二人之於武定一府之藝文，功莫大焉。惜《補鈔》未刻。

九行二十四字，白口，四周雙邊，單魚尾。字體秀麗。

⑤《石泉書屋律賦》二卷，清李佐賢撰，清同治六年利津李佐賢刻本。

封面題："同治丁卯年鐫，利津李氏藏板。"

此編分上、下兩卷，共輯賦三十一篇。卷首無序，末亦無跋，每篇賦後，皆有王菱堂、范蘇山、文孔修、何淩漢等人評語。

九行二十四字，白口，四周雙邊，單魚尾，正文無直格。

⑥《石泉書屋類稿》八卷，清李佐賢撰，清同治十年利津李佐

賢刻本。

封面題:"同治辛未年鐫,利津李氏藏板。"

李佐賢自序云:"余年今六十餘矣,於文無進境,偶有記載,惟期達其意中之言,而不敢掩飾於其間。其果能達邪?抑未能達邪?亦未敢自信也。"共輯文二百五十八篇。

九行二十四字,白口,四周雙邊,單魚尾,正文無直格。

⑦《石泉書屋尺牘》二卷,清李佐賢撰,清同治十年利津李佐賢刻本。

封面題:"同治辛未年鐫,利津李氏藏板。"

此集多爲寄著名人士及親朋好友的書札,共七十餘通。當嘉道之間,正是考古學盛行之時,李佐賢與諸多考藏學者賞奇析疑,以及校刊古籍之事,在書札内屢提及之,非一般嘘寒問暖之書信也。其中如何紹基、葉志詵、吴式芬、劉喜海、陳介祺、祁雋藻、許瀚、六舟和尚、丁守存,皆係道光間金石收藏家及著名學者。

九行二十四字,白口,四周雙邊,單魚尾,正文無直格。

⑧《書畫鑑影》二十四卷,清李佐賢撰,清同治十年利津李佐賢刻本。

封面題:"同治辛未年鐫,利津李氏藏板。"卷端題:"利津李佐賢竹朋編輯。"

佐賢自序云:"取歷年所得及當前所悦目者,仿《江村銷夏》之例而變通之,隨閲隨録,積久成編。"是書共分三類,曰卷,曰册,曰軸。屏幅横幀則附之軸類。所録名蹟,自東晉至清乾隆以前爲止。收録作者百餘人,書畫千餘幅。李佐賢用了十四年的功夫,詳細筆録了每幅畫的作者、年代、尺寸、裝裱、内容、章法、筆墨畫境、題跋、落款、印章等。《書畫鑑影》以特有的形式,反映了清代對書畫研究的整理成果,它對書畫的鑒别,以及書畫史論的研究,都有很好的參考作用,一直爲書畫研究者所重視。

九行二十四字,白口,四周雙邊,單魚尾,正文無直格。

⑨《石泉書屋制藝補編》一卷,清李佐賢撰,清同治十一年利津李佐賢刻本。

封面題:"同治壬申年鐫,利津李氏藏板。"

有李佐賢自序:"余幼習舉業,專爲應試起見,非冀傳世也。迨刊制藝若干首,爲鼓勵後學起見,因取選餘之藝重刊若干首益之。"

九行二十四字,白口,四周雙邊,單魚尾,正文無直格。

⑩《坦室遺文》一卷,清李文桂撰,清同治十三年利津李佐賢刻本。

封面題:"同治甲戌年鐫,利津李氏藏板。"卷端署:"利津李文桂鏡秋著,男佐賢敬刊。"

這是李佐賢刻其父之文,有論、序、傳、記等文二十八篇。

九行二十四字,白口,四周雙邊,單魚尾,正文無直格。

⑪《坦室雜著》一卷,清李文桂撰,清同治十三年利津李佐賢刻本。

封面題:"同治甲戌年鐫,利津李氏藏板。"卷端署:"利津李文桂鏡秋著,男佐賢敬刊。"

此書收李文桂雜著二十三篇。卷末有李佐賢跋:"先大夫嗜古文,最膺者則長沙,唐則昌黎,每謂此百讀不厭者也。自作文曾刊於晉康州署,嗣又删汰若干首,增益若干首,未重刊也。嘗命佐賢曰:'刊文例有弁言,世多乞於達官顯宦以邀光寵。余之文雖不工,卻有見真處,與抄襲者異。後之觀者自能辨之,不必借重於顯達者之揄揚也。'佐賢今重付剞劂,謹以傳誌冠首。"

九行二十四字,白口,四周雙邊,單魚尾,正文無直格。

⑫《續泉匯》十四卷、《首集》一卷、《補遺》二卷,清李佐賢、鮑康輯,清光緒元年利津李佐賢刻本。

有牌記:“光緒紀元乙亥刊成。”卷端題:“歙鮑康子年、利津李佐賢竹朋同編。”

此書元集三卷,亨集三卷,利集三卷,貞集五卷,補遺二卷。鮑康同治十二年序,稱二人分工合作,竹朋撰稿,鮑康校刊。合作出書的原因,一是鮑康新獲泉,二是竹朋亦得甚多,三是陳介祺泉範爲前《譜》所未載者有八十餘種。鮑氏又序云,此書原爲十二卷,後增訂爲十六卷,光緒乙亥八月成書,八月刊成,可見此書刊刻之速。書共十六卷,九百八十四品。特殊之處同《泉匯》,有《歷代著録補遺》,列書名、卷數、著者、版本、提要及評價,有較高的學術參考價值。李佐賢有後跋,稱同治九年庚午陳介祺在濰陽。崔巍老師認爲:“李氏《古泉匯》刊行,當時已推爲獨有千古。此《續編》,既補《泉匯》遺漏,更經鮑氏訂正,古泉圖譜至此,洵與《泉匯》並歎觀止矣。”

據陸明君《簠齋研究》①一書,此書不知刻於何地,光緒元年正月十二日,陳介祺致鮑康書:“祺助刻費三十金,由伯寅、廉生處借用均可,乞代達。”十月七日,陳介祺有覆李佐賢之子李韋卿書:“《續泉匯》版寄東再印邪?抑各印合之邪?裝版必厚版箱,字紙厚襯,乃不損耳,不可不慎。”知此書之刻得陳介祺之助。

九行二十四字,白口,左右雙邊,單魚尾。刻印較精。

⑬《吾廬筆談》八卷,清李佐賢輯,清光緒元年利津李佐賢刻本。

封面題:“光緒乙亥年鐫,李氏藏板。”卷端署:“利津李佐賢竹朋編輯。”

是書卷一考論經訓,摘録子部精語。卷二前數條論天象、水利,餘多論著述、書畫。卷三、四雜記宋以來迄清人詩。卷五記聯語、謎語,而附以軼事異聞。卷六前爲《續觀古閣泉説》,凡三十五

①陸明君:《簠齋研究》,榮寶齋出版社 2004 年版。

條,與所著《古泉匯》相發明;次論印押、端硯、古玉及雜器物,説亦綜核。卷七、八則多記神怪。

九行二十四字,白口,四周雙邊,單魚尾,正文無直格。

另據葉征《清代山東私人刻書家知見録》,李佐賢還刻有李上賢撰《李上賢詩稿》,未見。李上賢蓋爲李佐賢兄弟。

利津李佐賢刻書特點有五:

一是刻書内容有其父的著述,有其兄弟著述,大多是自己的著述,詩文雜著約占二分之一,金石書畫方面的著述占二分之一,如《古泉匯》《續泉匯》《書畫鑑影》,均爲影響巨大的傳世之作。亦刊刻地方文獻,如《武定詩續鈔》,有功於地方文獻的研究。

二是刻書風格統一。刻書年代都在封面體現,除《續泉匯》外,都有利津李氏藏板字樣,明確標明版權人。《續泉匯》可能爲李佐賢與鮑康二人的成果,故未説明藏板者,《叢綜》亦將《續泉匯》排除在《石泉書屋全集》之外。

三是行款整齊劃一,均爲九行二十四字,白口,四周雙邊,單魚尾。説明李佐賢刻書是有計劃性的。

四是刻書開始於咸豐八年,同治年間較爲集中,一直延續至他去世,可以説,刻書陪伴了他的後半生。因爲這段時間他已卸任,有大量的時間著書立説,並傳播自己的研究成果。

五是刻書地或在北京,或在利津。

除了以上十四種書,李佐賢還編輯過兩種書。一是《得壺山房印寄》,李佐賢輯,利津李氏刻鈐印本,或爲李佐賢所刻。二是《李氏家乘》六卷,李佐賢編,清光緒間利津李氏刻本。卷端署:"佐賢謹編。"卷六末一篇爲《誥封恭人先室張恭人行略》,末署"杖期生李佐賢拭淚書""哀子貽良、貽雋泣血授梓"。可見,此書爲利津李佐賢之子李貽良、李貽雋刻本。九行二十四字,白口,四周雙邊,單魚尾。李佐賢所撰還有《畫史及見録》二卷,未知刻否。他編的《石泉書屋藏器目》,光緒間有江標靈鶼閣刻本。

李佐賢去世後,他的子孫繼承了優秀傳統,繼續刊刻書籍。除其子刊刻《李氏家乘》外,另據《販記》,其孫李澤涵撰《竹朋行述》一卷,光緒三年利津李氏刻本。[1] 未見。

又據《販記》,有《枚卿行述》一卷,清李貽良及其子李澤涵撰,清光緒間刻本[2],則亦應爲李氏所刻。

以上李氏刻書共十九種,李文桂刻一種,李佐賢刻十五種,李貽良、李貽雋刻一種,李澤涵刻二種,四代刻書,亦係刻書世家。

附:武定府家刻總表

[光緒]惠民縣志三十卷首一卷末一卷	(清)沈世銓修 (清)李勖纂 (清)柳堂校訂	清光緒十二年刻二十五年扶溝柳堂惠民校訂補刻本
惠民縣志補遺	(清)柳堂撰	清光緒扶溝柳堂惠民刻本
雒誦堂遺詩四卷	(明)劉佐沛撰	清武定李碧亭刻本
作文家法一卷(六刻)	(清)吴自肅撰	清光緒七年海豐吴重憙陳州府署刻本
海豐吴氏硃卷不分卷	(清)吴重憙輯	清光緒七年海豐吴重憙陳州府署刻本
海豐吴氏試藝一卷	(清)吴重憙輯	清光緒七年海豐吴重憙陳州府署刻本
吴氏世德録四卷	(清)吴重憙輯	清光緒九年海豐吴重憙陳州府署刻本
歷代石經略二卷歷代石經大略不分卷	(清)桂馥撰	清光緒九年海豐吴重憙陳州郡齋刻本

①孫殿起:《販書偶記》,上海古籍出版社 1992 年版,第 143 頁。
②孫殿起:《販書偶記》,上海古籍出版社 1992 年版,第 144 頁。

(續表)

海豐吴氏詩存四卷	(清)吴重憙輯	清光緒十年海豐吴重憙陳州府署刻本
陶靖節先生詩四卷	(晉)陶潛撰	清光緒十一年海豐吴重憙陳州郡齋仿宋刻本
大清律例通考四十卷	(清)吴壇撰	清光緒十二年海豐吴重憙陳州府署刻本
律法須知二卷	(清)吕芝田撰	清光緒十二年海豐吴重憙陳州府署刻本
滹南遺老王先生文集四十五卷續一卷(九金人集之一)	(金)王若虚撰	清光緒十二年海豐吴重憙陳州刻本
莊靖先生遺集十卷(九金人集之一)	(金)李俊民撰	清光緒十六年海豐吴重憙開封刻本
拙軒集六卷(九金人集之一)	(金)王寂撰	清光緒二十年海豐吴重憙信陽刻本
閑閑老人滏水文集二十卷(九金人集之一)	(金)趙秉文撰 札記二卷附録一卷 (清)吴重憙撰	清光緒二十九年海豐吴重憙湖北刻本
蕭閑老人明秀集注三卷補一卷(九金人集之一)	(金)蔡松年撰 (金)魏道明注	清光緒三十年海豐吴重憙江寧刻本
元遺山先生集四十卷附録一卷補載一卷年譜四卷新樂府五卷續夷堅志四卷(九金人集之一)	(金)元好問撰	清道光三十年靈石楊氏陽泉山莊刻光緒三十一年海豐吴重憙江寧補刻本

（續表）

天籟集二卷摭遺一卷（九金人集之一）	（金）白樸撰	清光緒三十一年海豐吴重憙江寧刻本
二妙集八卷逸文一卷（九金人集之二）	（金）段成己、段克己撰	清光緒三十二年海豐吴重憙江寧刻本
訓俗遺規四卷補二卷	（清）陳弘謀撰	清光緒十七年海豐吴重憙河南開封刻本
從政遺規三卷	（清）陳弘謀撰	清光緒十七年海豐吴重憙河南開封刻本
養正遺規二卷補編一卷	（清）陳弘謀撰	清光緒十七年海豐吴重憙河南開封刻本
教女遺規三卷	（清）陳弘謀撰	清光緒十七年海豐吴重憙河南開封刻本
在官法戒録	（清）陳弘謀撰	清光緒十七年海豐吴重憙河南開封刻本
家塾授蒙淺語一卷附習字訣一卷	（清）陳介祺撰	清光緒十八年海豐吴重憙刻本
聲説二卷	（清）時庸勱撰	清光緒十八年單縣時氏、海豐吴重憙河南星使行臺刻聽古廬聲學十書本
聲譜二卷	（清）時庸勱撰	清光緒十九年單縣時氏、海豐吴重憙河南開封刻聽古廬聲學十書本
攈古録金文三卷	（清）吴式芬撰	清光緒二十一年海豐吴重憙河南刻本

(續表)

攈古録二十卷	(清)吴式芬撰	清宣統元年海豐吴重憙河南刻本
吴氏石蓮庵刻山左人詞	(清)吴重憙輯	清光緒二十七年海豐吴氏金陵刻本
金石彙目分編二十卷補遺一卷	(清)吴式芬撰　補遺(清)吴重周、吴重憙補輯	清光緒間海豐吴氏家刻本
攀古小廬雜著十二卷	(清)許瀚撰	清光緒海豐吴重憙刻本
皇清誥授光禄大夫内閣學士兼禮部侍郎加三級顯考子苾府君行述	(清)吴重周等撰	清海豐吴氏刻本
皇清誥贈一品夫人顯妣劉太君行述	(清)吴重周等撰	清海豐吴氏刻本
海豐吴氏文存四卷	(清)吴重憙輯	清宣統二年海豐吴重憙刻本
雙虞壺齋日記	(清)吴式芬撰	清海豐吴重憙刻本
陶嘉書屋律賦試帖	(清)吴式芬撰	清海豐吴重憙刻本
尚溪行述一卷	(清)張汝璜及其子張守歧撰	清同治間海豐張氏刻本
子静行述一卷	(清)張衍壽及其子張守虔撰	清同治間海豐張氏刻本
奉山行述一卷	(清)張守岱及其子張樹楨等撰	清同治間海豐張氏刻本
鴻雪齋詩藏稿二卷	(清)張映緯撰	清光緒十五年海豐張貽琯刻本

（續表）

�圃詩鈔一卷	（清）張映漢撰	清光緒二十六年海豐張守謙刻本
舟行吟草一卷	（清）柳堂、李鳳岡撰	清光緒三十一年河南扶溝柳堂筆諫堂樂陵刻本
仕餘吟草一卷	（清）柳堂撰	清光緒三十一年河南扶溝柳堂筆諫堂樂陵刻本
東平教案記二卷	（清）柳堂、傅旭安輯	清光緒三十一年河南扶溝柳堂筆諫堂樂陵刻本
災賑日記十五卷	（清）柳堂撰	清光緒三十一年河南扶溝柳堂筆諫堂樂陵刻本
周甲録六卷	（清）柳堂撰	清光緒三十一年河南扶溝柳堂筆諫堂樂陵刻本
蒙難追筆一卷	（清）柳堂撰	清光緒三十一年河南扶溝柳堂筆諫堂樂陵刻本
牧東紀畧四卷	（清）柳堂撰	清光緒三十二年河南扶溝柳堂筆諫堂樂陵刻本
宰德小記一卷	（清）柳堂撰	清光緒三十二年河南扶溝柳堂筆諫堂樂陵刻本
書札記事四卷	（清）柳堂撰	清光緒三十二年河南扶溝柳堂筆諫堂樂陵刻本
惠東頌言五卷	（清）陳銘等輯	清光緒三十二年河南扶溝柳堂筆諫堂樂陵刻本
六十壽言四卷	（清）李鳳岡等撰	清光緒三十二年河南扶溝柳堂筆諫堂樂陵刻本

（續表）

宦學集初編三種二編一種附一種	（清）孫國楨撰	清光緒二十三年至二十四年樂陵孫氏世澤堂刻本
繼園行述一卷	（清）杜翰、杜庭璞等撰	清同治間濱州杜氏刻本
遂初草廬詩集十卷	（清）杜堮撰	清同治九年濱州杜堮從子杜師竹刻本
古泉匯六十卷首四卷	（清）李佐賢輯	清同治三年利津李佐賢石泉書屋刻本
石泉書屋詩鈔八卷	（清）李佐賢撰	清同治四年利津李佐賢刻本
武定詩續鈔二十四卷	（清）李佐賢輯	清同治六年利津李佐賢刻本
石泉書屋律賦二卷	（清）李佐賢撰	清同治六年利津李佐賢刻本
石泉書屋類稿八卷	（清）李佐賢撰	清同治十年利津李佐賢刻本
石泉書屋尺牘二卷	（清）李佐賢撰	清同治十年利津李佐賢刻本
書畫鑑影二十四卷	（清）李佐賢編輯	清同治十年利津李佐賢刻本
石泉書屋制藝補編一卷	（清）李佐賢撰	清同治十一年利津李佐賢刻本
坦室遺文一卷	（清）李文桂撰	清同治十三年利津李佐賢刻本
坦室雜著一卷	（清）李文桂撰	清同治十三年利津李佐賢刻本
續泉匯十四卷首集一卷補遺二卷	（清）李佐賢、鮑康輯	清光緒元年利津李佐賢刻本
吾廬筆談八卷	（清）李佐賢輯	清光緒元年利津李佐賢刻本
竹朋行述一卷	（清）李澤涵撰	清光緒三年利津李氏刻本

（續表）

枚卿行述一卷	（清）李貽良、李澤涵撰	清光緒間利津李氏刻本
李上賢詩稿	（清）李上賢撰	清利津李佐賢刻本

（三）民間組織刻書

1. 青城布德堂

青城布德堂可能爲一慈善組織。《眼科方書神效便方》，清胥光祖編，清山東武定府青城縣布德堂刻本。封面題："山東武定府青城縣布德堂藏板。"九行二十二字，白口，四周單邊，單黑魚尾，刻印較精。

2. 商河潤德堂

商河潤德堂可能也是一個慈善組織。《分氣陽宅指南》四卷，清薛文質選注，清宣統三年商河潤德堂刻本。封面題："宣統辛亥鐫，商河潤德堂藏板。"有序，署"宣統二年桂月朔降壇於商河縣劉家庵潤德堂書屋"。可知此書的刊刻地點。後附《刊刻此書捐資姓氏録》，有直隸永平府盧龍縣人，順天府玉田縣人，山東濟南府濟陽縣人，臨邑縣人，及臨邑縣衆善士。九行二十四字，大黑口，四周雙邊，雙對黑魚尾，無直格。字大，刻印一般。

（四）武定府刻書特色

清後期的武定府官刻書衹一種，無坊刻記載，民間組織刻書僅兩種，還是以家刻爲主。

武定府家刻共有 72 種，海豐最多，有 40 種。利津次之，有 15 種。樂陵 12 種，亦可觀。惠民 3 種，濱州 2 種。

在刻書内容上，集部最多，有 37 種，其中别集 29 種，總集類有吴氏家集三種：《海豐吴氏硃卷》《海豐吴氏詩存》《海豐吴氏文存》，地方藝文有一種：《武定詩續鈔》。史部次之，有 27 種，其中傳記類9種,以海豐張氏行述爲主,金石類7種,以海豐吴式芬和利津李佐賢的著述爲主。經部最少,衹時庸勱2種。

清後期的武定府刻書名家有三人:海豐吴氏、利津李佐賢、扶溝柳堂。

海豐吴氏以刊刻家人著述爲主。在家庭教育方面,吴自肅的《作文家法》曾六次刊刻。在弘揚家族精神方面,有《海豐吴氏文存》《海豐吴氏詩存》《吴氏世德録》《海豐吴氏硃卷》《海豐吴氏試藝》五種。海豐吴氏尤關注山東地方文獻。如吴之勷刻明代戚繼光的《練兵實紀》《紀效新書》,吴重憙刊刻陳介祺的《家塾授蒙淺語》附《習字訣》、桂馥的《歷代石經略》《歷代石經大略》、時庸勱的《聲譜》《聲説》、許瀚的《攀古小廬雜著》。吴氏刻書多在外地,刻於山東本地的甚少。有江西南昌,江蘇江寧、金陵,廣西桂林、藤縣,河南許昌、陳州、開封、信陽,還有湖北。大部分是在河南所刻,且集中於陳州和開封,因吴重憙在此爲官時間比較長。吴氏刻書大多版心有字數,有時版心下刻字數並句數,很特殊。版框外有書耳,記每葉字數。有的版心有刻工。

柳堂所刻書主要爲自己的詩文集,有對當時山東大事的直接反映。刻書時間比較集中,光緒三十一年和三十二年在樂陵刻書最多。每部書均有序跋,詳述成書經過。刻書有明確標志,封面一般題刻書時間,版心下刻"筆諫堂"。

李佐賢所刻有其父的著述,有其兄弟的著述,大多是自己的著述,詩文雜著約占二分之一,金石書畫方面的著述占二分之一。亦刊刻地方文獻,如《武定詩續鈔》。刻書風格統一,行款整齊劃一,均爲九行二十四字,白口,四周雙邊,單魚尾,説明李佐賢刻書是有計劃性的。刻書地或在北京,或在利津。

齊魯自古文物豐富,金石之學由來已久。宋代倡興一時,清代則自乾隆以來,該地舊有傳統的金石之學風氣大盛。前經畢沅、阮元以編撰《山左金石志》爲倡,後有桂馥、翟云升、劉喜海、許瀚、吴式芬、陳介祺、李佐賢、王懿榮之推動,遂使山東成爲全國金石學的中心,時謂“金石學在山左”。

清後期的武定府刊刻了諸多金石學傳世名著,有桂馥的《歷代石經略》《歷代石經大略》;有吴式芬的《攈古録金文》《攈古録》《金石彙目分編》;有許瀚的《攀古小廬雜著》;有李佐賢的《古泉匯》《續泉匯》。這些金石學著述,或産生於清中期,或産生於清後期,它們的刊刻,是清代山東金石學發展的見證。

《攈古録金文》專集成周以來鐘鼎彝器款識,多據原器精搨本及相傳舊摹本收入,在阮元《積古齋鐘鼎彝器款識》、吴榮光《筠清館金文》二書後,尤爲賅備;《攈古録》較以前各家金石並録之目,亦詳且備;《金石彙目分編》分已見、未見和待訪三類,《揭碑附》《訪碑附》,非常實用;《古泉匯》集泉學著作之大成,是我國錢學史上的一部巨著,是研究古錢幣的珍貴史料。

除金石名著的刊刻外,吴重憙所刻《九金人集》極具版本價值。《滹南遺老王先生文集》所據爲祁氏淡生堂鈔本,而此鈔本來源於元至元本,元刻本已不存,淡生堂鈔本最早,又經吴焯校正,版本既古且精;《莊靖先生遺集》所據爲僅存之正德本,連四庫館臣都未見過,版本稀見;《蕭閑老人明秀集注》所據爲影金鈔本,而現存金刻本衹一部;《天籟集》是此書現存的最好版本,不僅完整,而且精審,以楊本爲底本,校以錢塘丁氏鈔本;《二妙集》爲此書的最全本。

吴重憙所刻書不僅具有版本價值,而且具有校勘價值,有極强的學術性。《蕭閑老人明秀集注》,吴氏做了大量的校勘工作,又補録一卷,爲他本所無。《閑閑老人滏水文集》係吴氏彙六個本子參校而成,書後附《滏水集校札記》二卷,校刊精審。《吴氏石蓮庵刻山左人詞》中的《樂章集》,繆荃孫作《宋本樂章集目》《樂章集校勘記》《樂章集校勘記補遺》《樂章集逸詞》。王士禛的《衍波詞》,曾被孫默刻過,吴重憙重刻孫本,又以《阮亭詩餘》校勘,並存序目,又輯逸詞四調以益之。可見,吴氏重刻這些名家詞,皆有增益。

吴氏刊刻如上名著,得益於名家的協助校勘。《山左人詞》請的是繆荃孫,繆氏是中國近代著名的校勘學家,吴重憙刻此書時,繆氏在金陵,而吴氏時任江寧布政使。《攈古録金文》《攈古録》《金石彙目分編》由許瀚爲之校勘,許瀚亦清代傑出的樸學家、校勘學家、金石學家。而《歷代石經略》《歷代石經大略》《陶靖節先生詩》《聲譜》《攈古録金文》《攈古録》《金石彙目分編》《攀古小廬雜著》均爲"山左宿學"——日照丁艮善校勘。丁氏早年師從著名學者許瀚,對金石、訓詁及詩文聲律都有精到的研究,而且不囿於前人之見,富有獨創性。有這樣一批著名學者爲吴氏校勘,故吴氏所刻書多爲精品。

海豐吴氏刻書大多刻印精美。《海豐吴氏詩存》字體秀美,一絲不苟;仿宋刻《陶靖節先生詩》用仿宋字體,非常精美;《閑閑老人滏水文集》字大方正,悦人眼目;《五種遺規》《攈古録金文》刻印均較精。

四、臨清州刻書

後魏太和二十一年始置臨清縣,明洪武二年屬東昌府,弘治二年陞爲臨清州,仍屬東昌府,清因之,乾隆三十九年陞爲直隸州。

明代的臨清刻書有兩種,前已有述。

清後期的臨清州刻書衹有三種,一種爲官刻,係光緒三十年,臨清中學刻的《奏定學堂章程》三卷,此書由張承燮輯。兩種爲家刻。夏津潘氏刻書一種,在清中期的臨清刻書已述。另一種《越南輯略》在外地刻成。

《越南輯略》二卷,清徐延旭撰,清光緒三年廣西梧州郡署刻本。

延旭字曉山，臨清人，咸豐十年庚申進士，官至廣西巡撫。

有牌記："光緒三年孟夏刊於梧州郡署。"前有光緒三年自記。目録下題："山左沙邱徐延旭編次。"卷端題："沙邱徐延旭編輯。"

卷一有地圖、世系沿革、歷代年號、清朝貢品、朝儀、賜予、迎送、市易、禁令、道路、越南合併各國、中外交界各隘卡。卷二有越南古地名、山川、風俗、前朝貢品、古蹟、名宦、人物、文學、土産、雜記。其中地圖及世系沿革，考核精詳。交界各隘，頗爲實用。

十二行二十四字，黑口，四周雙邊。上鐫小字。刊刻頗粗劣。

第四節　登州府、萊州府、青州府刻書

一、登州府刻書

（一）官刻

清後期的登州府官刻書祇一部，即《榮成紀略》不分卷，清劉應忠撰，清光緒三十三年榮成署刻本。據王桂雲主編《山東方志彙要》①，應忠，黄岡人，榮成使者。有劉應忠光緒三十三年序，又有劉應忠民國元年後記，時年七十四歲。

（二）書院刻書

黄縣有士鄉書院，在縣治東，道光二年知縣馮賡颺建。馮賡颺，字子皋，海南人，由翰林院庶吉士改授黄縣知縣，嘉慶二十五年來黄。光緒二十九年書院改爲小學堂。同治間士鄉書院自刻《士鄉書院志》一卷。卷首有將離任的知縣尹繼美同治十一年序。繼美，字褆軒，江西豫章永新縣人，同治八年由鉅野調任黄縣令。又

①王桂雲：《山東方志彙要》，寧夏人民出版社1989年版。

有陽湖吴淮仁序。

此志内容有書院條規，書院歲入租息捐款，歲支經費，繳租撥入書院膏火姓名，建修書院紳士捐銀者姓名，建修書院開支數目，東圩處租地姓名，續定書院條規，書院經費捐户，書院歲入經費，書院官田佃户姓名册，書院圖等。這是山東唯一一個刊刻本院志的書院，即使是著名如濼源書院者，也没有專志行世。《士鄉書院志》的刊刻，對了解山東書院的發展有重要作用。

（三）家刻

清後期的登州府家刻衹有招遠一縣無刻書記載。

1. 蓬萊刻書

清後期的蓬萊刻書有一種。《山東通志・藝文志》題爲《聽秋館吟稿》四卷、《吟草》二卷。山東博物館衹存《聽秋山館吟草》二卷，清張焕祚撰，清同治三年蓬萊張氏自刻本。

焕祚，字延甫。蓬萊人。道光十七年副貢，入都考取教習，後選四川璧山知縣。歷任梁山、富順、平武知縣。咸豐十年，太平軍困城二載，卒以計破之，城得以完。擢叙永同知。光緒元年以軍功陞知府，以道員用。

據崔巍老師書，卷首有作者自序。合前後訓蒙所作，共得四五百首。

2. 黄縣刻書

清後期的黄縣刻書以丁氏爲主。

1）丁氏刻書

丁氏是清代黄縣最大的家族，即名動膠東、聲響京城的山東首富“丁百萬”。

丁氏刻書自乾隆時刻家譜始，至宣統二年止。雖時間跨度長，但刻書主要集中在光緒年間。

①刊刻家譜。

據清宣統元年刻本《[黄縣]丁氏族譜》十二卷、《首》一卷知，丁氏族譜六修，創修於乾隆三年，繼修於乾隆三十年，均未刻。再修於乾隆五十年，丁元鵬重訂，這是第一次刻。道光七年丁元爵增續，道光二十一年丁樹謙重修並付梓。宣統元年爲最後一次修刻。

故丁氏族譜有三刻：

乾隆五十年刻本。丁元鵬修，丁元沂出資刊刻。丁元沂"善睦族，以《丁氏族譜》僅存抄本，恐不足以垂久遠，與堂兄程九公（按：元鵬）議修，曰：'筆墨之事，兄任其勞，所需於弟取給。'遂槧板成帙焉。《丁氏族譜》得有刊本者，賴公之力居多"①。

道光二十一年刻本。丁元爵、丁研書等道光七年續修，丁樹謙二十一年續修。有道光二十一年丁元爵序："（研書）子樹謙敬承先志，不没其功。既捐資以繪宗圖，又約族人重修世牒，用付剞劂。凡梓工印張之需，斂醵未足者，樹謙出金以補之，其有功於丁氏者巨矣。"又有丁樹謙序。

宣統元年刻本。領修族長爲十四世丁在麟，首事十四世丁樹楨、丁吉諭，十五世丁世常、世鈐、世恭、世良、世鏡、壽銘、壽僑，十六世葆筠，十七世爾淇。有監修，有編次，有總録，有繪圖，有總校。卷帙浩繁，重視祖塋，故前四卷爲塋圖。封面題："宣統己酉重修。"字大，板大，刻印極精。可見大族刻書，不惜資金。

②《黄邑弦歌集》一卷，清丁樹馨、丁鳳池等輯，清同治七年黄縣丁氏刻本。

丁樹馨，字蘭如，號海樵。同治監生，以軍功保舉知府用。改京職，官户部浙江司郎中，卒年四十七歲。鳳池，字咸亭，光緒五年己卯舉人，著有《詩貫》八卷。

①蔣惠民：《黄城丁氏家族》，山東大學出版社 2004 年版，第 149 頁。

此集乃歌頌黄縣縣令彭齡德政之詩。彭齡字子壽,中州名族,宰黄一年。該書作者爲黄縣士紳,收丁鳳池、王景諿、淳于夢松、戚善桐、胡炳焕、張世持、王庚西、趙汝弼、丁培傑、王耿如、趙鵬雲、于震東、范迪允、單彤階、張亨圖、張培滋、王子琴、張庭詩等四十六人詩。可見,丁氏重視鄉邦文獻,刊刻士紳們的詩歌,不失一地大族的責任與氣魄。

此書封面題:“同治戊辰季冬,本宅藏板。”前有同治七年戊辰孝感余聯沅序曰:“於是彼都人士寫佳什以烏蘭,諸老大夫披妙辭以黄絹,鋪張功德,譜入聲歌,敬當栴檀,付諸梨棗。”柳長庚識:“黄縣彭明府於城外築長圍以衛民,賊至而民賴以全,民至今謳思不已,作爲詩歌以紀之。”同治八年王師曾序:“彭君子壽以名進士出宰黄邑……戊辰冬,農部丁君蘭如寓書於余,並寄《弦歌集》屬余序。是集也,以彭君將卸篆,黄之士民……托諸篇章以示不忘。”是年膠州宋觀煒序。同治七年賈楨序,是年彭齡之父彭遷道記。

《凡例》後有邑人丁樹馨識:“吾黄沐彭公深仁,浹肌淪髓,踵門獻頌,彙集成編。吾恐彭公去而是集與之俱去也,躬請諸官編次付梓,俾得廣行刷印,家藏一卷,異日見其書如見其人,庶永永代代感懷無替。集以封翁言弁首,並恭録彭西元唱,使見是集者,知其有是父宜有是子,以實惠來。”末有同治六年丁卯趙汝弼《邑侯彭公建修重城序》,是年八十二歲的杜申錫序。張莘田識。

十行二十一字,白口,四周雙邊,單黑魚尾。

③《張烈婦傳》一卷,清單爲鏓、尹繼美等撰,清同治間黄縣丁晉祺刻本。

此書爲黄邑張烈婦而作。張烈婦,黄縣欒宗利女,儒士張碩田妻。此女十八歲歸張氏,婚後六年夫歿,女孕墮,不食十五日殉夫,卒在同治八年。被當時的士大夫階層廣爲贊頌,傳爲美談,故成此書。

凡傳文十二篇，題詩、題詞者五十餘人，約一百餘首。有名的撰者有高密單爲鏓、寧海楊金相、招遠冷鼎亭，同邑有張庭詩、王漸鴻、王崇慶。

前有同治十一年楊逢篁《張烈婦詩文序》："又得丁墨樵部郎採輯成書，捐付手民，廣其傳以資感發。合之焦烈女事，前後已有兩部。"知丁墨樵已有焦烈女事之刻，下條即是。

墨樵，丁晉祺號。晉祺（1831—1890），字康侯，丁念祖孫，丁培紱子。附貢生。任户部廣東司郎中加五級，賞戴花翎，誥授通奉大夫。

十行二十一字，白口，左右雙邊，單黑魚尾。字方正，刻尚精，應爲當地所刻。

④《士鄉烈女詩文畧》一卷，清張庭詩等撰，清同治三年黄縣丁晉祺刻本。

前有丁晉祺《士鄉烈女詩文畧序》，稱焦烈女未嫁殉夫，遠近君子皆頌之。甲子秋，同人輩纂輯成編，懼其抄録難周弗傳也，以商於丁氏，於是丁氏出貲以付剞劂。有張庭詩、杜申錫等人詩。

九行二十四字，白口，左右雙邊，單黑魚尾。刻印一般。

⑤《勸戒録》二十四卷（《勸戒近録》六卷、《勸戒續録》六卷、《勸戒三録》六卷、《勸戒四録》六卷），清梁恭辰撰，清光緒二年黄縣丁以約堂刻本。

書中記録了一百三十段名人典故。丁氏刊刻此書是爲了家庭教育。

封面題："光緒二年敬鐫，山東登州府黄縣北門外以約堂丁宅藏板。"叔敬氏序末有"山東登州府黄縣丁晉祺敬刻"一行。九行二十二字，小字雙行二十二字，白口，左右雙邊。

"以約堂"係丁念祖創辦。丁念祖爲丁元沂之子，元沂出丁珖。元沂與元鵬同輩,當爲乾隆時人。念祖有三子:丁研書、丁芸書、丁培紱。丁培紱有子丁晉祺,同治間曾刻兩種書。此書爲丁晉祺光緒刻本。此堂號自雍正末始,一直延續至清末。

⑥《太上感應篇註證》二卷,清錢硯氤、錢仁實集注,清光緒十三年黄縣丁以約堂刻本。

封面題:"光緒丁亥年重鐫,板存黄縣丁以約堂。"

有光緒十三年丁以約堂《重刊感應篇註證序》,中有關於善書的功用:"蓋聞一時勸人以口,百世勸人以書。書也者,能使一二人爲善,並能使千萬人爲善。能使一二世爲善,並能使千百世爲善。世道隆,人心厚,悉賴書以培成之,厥功抑何偉歟?"並在序中告知讀者:"《感應篇》一帙,初在《道藏》中,自宋理宗賜錢百萬,命工刊梓,又御書'諸惡莫作,衆善奉行'一語冠諸篇首,而後,此書大顯於世。"述源流始末甚詳。又述刊刻原由:"於舊篋中得吴門硯氤、仁實兩錢子《感應篇集註》,博採古今之名言,抒以精義,詳述陰陽之果報,勉以實修明善覺世工,誠救苦之金丹也。今復取各家註案最足以聳動人心者,聊爲增損,顔曰《感應篇註證》。非敢自詡小補也,亦竊取詞不厭詳,期於曉衆之意耳。又幸諸同人樂善好施,付之梓,以廣其傳。"末附校勘姓氏:王錫榮、張焜、丁庭聞、紀餘慶。

九行二十二字,小字雙行二十二字,白口,四周雙邊,單黑魚尾。刻印較精。

⑦《文昌孝經註》不分卷,清王德瑛注,清光緒十四年黄縣丁以約堂刻本。

封面題:"光緒十四年重鐫,黄邑丁以約堂藏板。"

有乾隆二年原序。目録後有王德瑛原刊内容,參見《日省吾齋雜著》。

九行二十五字,小字雙行二十五字,四周雙邊,單黑魚尾。刻印較精。

⑧《訓蒙史略》二卷，清左喬林撰，清淳于鴻恩校，清光緒二十五年黄縣丁世常刻本。

有牌記："黄縣西門裏四寶齋藏板。"據另一本，有牌記："黄縣北關丁純約堂藏板。"大概此書爲丁氏純約堂出資刊刻，由黄縣的刻書鋪子四寶齋承印。

純約堂，光緒十六年前後由丁毓翕創建。

封面題："己亥冬栞定，丁寅曾題。"卷端題："穉鶴淳于鴻恩校，蔚之丁世常刊。"

有光緒二十五年冬十一月黄縣丁世常序："予於友人處，得《訓蒙史略詳注》鈔本一卷，乃河間鶯庵先生課兒史也。觀其編以四言，諧以韻語，又詳爲注解。俾學者易於記誦，教者便於講貫，簡易分明，以授童子，不過數月即可熟識，異日再讀全史，其大綱細節，已先了然心目。誠讀史之津梁，啓蒙之善本也。……予重加考校，訂爲兩卷，亟以付梓，以公同好，庶幾先生之遺澤，嘉惠於後學者不少，而非徒爲過庭異聞之助也已。光緒二十五年冬十一月黄邑蔚之丁世常謹識。"後有光緒二十五年冬十一月弟丁世佳跋："吾自戊戌禮幃落第，歸與蔚之兄相聚談。酒餘茶罷，見案頭置有《訓蒙史略》鈔本一卷，乃河間鶯庵先生所輯，而吾蔚之兄將以付梓者也。……但其鈔本傳寫多年，别風淮雨，往往有之。友人淳于穉鶴氏爲之校讎，庶得無誤。今已梓訖，行見是卷之不脛而行，黨庠家塾分置一編，以啓童蒙、被後學，因而傳於天下後也，是則吾兄刊行之志也，夫故掇數言謹謂之跋。"丁世佳(1865—？)，光緒二十三年舉人。揀選知縣，候補直隸州州同加二級。世常，世佳兄，字蔚之。

是書字大悦目，刻印精美。

⑨《鄉黨圖考補證》六卷，清王漸鴻撰，《校鄉黨圖考補證札

記》一卷，清張庭詩撰，清光緒三十四年黄縣丁樹楨海隅山館刻本。

漸鴻（1828—1897），字儀堂，同治元年壬戌舉人，光緒八年官觀城教諭，光緒二十二年補東平州學正，卒於任。篤學嗜古，經術湛深。其治學多以經解經，爲當時學者所推重。另著有《明堂禮制考》四卷、《三禮條辨》十四卷、《養静齋札記》六卷。

張庭詩（1826—?），字二南，一字伯訓，又字亦廬，同治元年壬戌舉人，同治十年纂《黄縣志・人物志》一卷，是年官日照教諭，參訂《續修日照縣志》十二卷。光緒十五年進士，十七年八月任四川鄉試同考官，繼任昭化縣令，光緒二十三年歸里。另輯有《黄縣詩徵》（《士鄉詩徵》），著有《漢十四博士字法考》《爾詩釋詩異文記》《黄縣志續録》《炳燭録》等。

有光緒二十一年王漸鴻儀堂識。又有漸鴻自叙："漸鴻不揣愚昧，輒以鄙見所及，訂其訛誤，復爲之引申觸類，補其闕略，其於《鄉黨》無甚關係者，姑仍之，猶未暇悉辨也。亦有江君辨説已明而後人更以他説亂之者，今復爲證明之。稿凡數易，分爲六卷。質之張君二南同年庭詩、王君菘畦内翰守訓兩君，復多所貺益焉。壬午夏四月，余選觀城教諭，行篋無書，觀城地僻而又無書可考，此事遂中輟。逮癸巳旋里，而菘畦已以進士入詞館，二南亦以進士仕四川，方有孤陋寡聞之懼。而有淳于茂才者鴻恩，字稺鶴，博學强識，見余所著《三禮條辨》及《養静齋札記》《明堂禮制考》，取而校之，皆有是正，洵畏友也。急以是編相浼，亦爲訂正數條。既余復館於北關丁煒之家，其家藏書甚富。爰取前日已讀未讀之書，重自檢閲，又增補若干條，訂正若干條。庶江君原書可稱完璧矣乎。"可知參與此書校定的有數人：張庭詩、王守訓、淳于鴻恩。

又有張庭詩《王儀堂傳》。張庭詩《刻鄉黨圖考補證序》，表達了五個意思：一是此書王漸鴻在世時未刻；二是此書得淳于鴻恩之力校訂而成；三是此書後散出，被書賈得到，售予淳于氏；四是丁幹圃捐資二百金助刻；五是張庭詩又校，有《札記》並刻。另有光緒三十四年濰縣宋書升序。

此書捐資刻者爲丁幹圃，即黄縣丁樹楨。丁樹楨（1861—1915），字幹圃，號仲立、煦農、陶齋，别號長年。齋號“海隅山館”。山東著名的金石收藏家，以收藏青銅器而聞名。曾祖元沂，祖九齡，父培紳。數世亦官亦商，家資巨富。丁氏爲人慷慨大方，並熱心社會公益，常有捐資之善舉，故被清廷加封三品銜，賞戴花翎，並候選知府。丁樹楨與福山王懿榮交往密切，《王懿榮集》中收與丁樹楨書十二通。

淳于鴻恩序：“光緒戊申（按：三十四年）春，鴻恩應《通志》分纂之聘，丁幹圃太守出王儀堂先生《鄉黨圖考補正》，屬刊於泲南。越七月工竣，太守又復屬叙。鴻恩既重先生之學，又感太守之義，乃爲叙曰：吾郡先哲通經者，萊陽有趙北嵐氏，文登有畢九水氏，棲霞有郝蘭皋氏、牟陌人氏，皆卓卓者也。而其書或不傳，致使後之學者未獲讀其全書，時從前儒記載，始得悉其學之源流。如畢如牟，雖閒有刊行，而其書寥寥無幾，趙氏又一無所刊，僅鈔本詩詞爲收藏家所珍秘，良可慨也。今太史出遺資爲先生刊遺書以廣其傳，較諸聊城楊氏之刊《九水山房文存》，福山王氏之刊《周公年表》，其厚誼爲何如也。然此非先生當日願望所及也。猶憶癸巳夏先生歸自觀城，家無負郭之田，以課讀爲生，聞鴻恩有志治經，以《三禮條辨》《明堂禮制考》《養静齋札記》屬爲校讐，繼又以是書相屬。鴻恩素敬服先生之學之博，不敢以世情待先生，因爲僭訂若干條。而先生虚心相從，逐條改正，閒取校識之語有足相發明者，坿列各條下，獨於《圭璋琮璧圖説》未及改正，蓋先生别有所據也。一日與先生論郡中先哲著述，某也刊行以傳，某也散佚無徵。先生曰：‘余所著書，傳非所望，所望者，不散佚耳。’言之若甚戚焉。乃今於續修《通志》之時，而太守爲先生刊書適成，得與畢氏、郝氏、牟氏之書輝映，於一編之中不至如趙氏《今文尚書》《三禮》《春秋左傳》諸經説湮没而不彰也。烏乎！先生之書傳矣，然非太守之力，又何由傳哉！秋九月同里後學淳于鴻恩謹識於金線泉上。”此書刻在濟南。是年八月，鴻恩奉命來濟南編《山東通志》，而金線泉在尚志書院，或許《山東通志》的編纂工作在尚志書院進行？本章第二節山東書局刻書中引用梅憲華《晚清的官書局》一文稱，山東書局在光緒二十年與通志局合併，蓋此説有據。

光緒三十四年丁樹楨於海隅山館跋：“《鄉黨圖考補正》六卷，同里王儀堂先生遺書也。先生精通《三禮》漢注、唐疏，瑯瑯誦之無或遺。故其補證江氏書，學者稱爲塙當。先生故後，家人不能守其書，屬書估代鬻，索錢二百千。淳于穉鶴徵君見之，心滋戚焉，謀歸諸余，報以二百金以卹其家人，且以刻書相要約，並爲求序於張二南先生，此二南先生刻書叙及《札記》所由作也。屢欲付雕，以事中止。適是年徵君有沛南之行，因以稿本付之，爲壽諸梨棗焉。噫！余少孤失，學《三禮》精義，不知有得，愧不能爲先生獻疑也。”

此書有牌記：“光緒戊申春黄縣丁氏海隅山館栞。”卷端署：“黄縣王漸鴻著。”每卷末有校訂人姓字：卷一：後學丁世澤校；卷二：後學丁世曦校；卷三：後學丁寶筠校；卷四：後學丁世曦校；卷五：後學丁世曦校；卷六：後學丁寶筠校。

丁世澤（1886—1939），丁樹楨長子。世曦爲次子。丁寶筠或即葆筠（1872—1922），字子貞，葆筠爲庠名，實名毓賓。

九行二十一字，粗黑口，四周雙邊。版心下刻“海隅山館”。宋體字，濟南刻書，質量較精。

⑩《悦軒文鈔》二卷，清鞠濂撰，附《史席閒話》一卷，清鞠濂講述，清董元度述纂，清宣統二年黄縣丁樹楨海隅山館刻本。

鞠濂（1674—？），字溪園，號蓮㠣，海陽人，貢生，官平原訓導。

著有《史記述評》《偶存草》。

有牌記："黄縣丁氏雕。"卷上末署："黄縣逄寶琛、丁世澤斠。"卷下末署："黄縣姜振纓、丁世曦斠。"《閒話》末署："黄縣丁世澤、丁世曦斠。"另有一本牌記爲："宣統庚戌海隅山館斠刊。"庚戌爲宣統二年。

逄寶琛，光緒二十三年舉人。

有乾隆李中簡原序。宣統二年欒成孫葆田《悦軒文鈔序》："吾鄉鞠蓮崧先生，以古文鳴雍正、乾隆間，爲法迂齋、韓理堂諸先生所推重。余向從坊刻及縣志中得見其文數篇，竊嘆先生之善學《史記》者，有明歸震川後當推先生爲近代作手，其名重當世不虚也。光緒戊申冬，劉君子秀自登州採訪藝文歸，攜有《悦軒文鈔》四十餘篇，云：'自蓮崧先生遠孫春池孝廉家所録。原稿凡二部。一文百有四十四篇，分上、下卷。上卷雜體文，下卷則在其尊人觀察公甯夏署中代作，駢體爲多。一選本，文祗六十餘篇，李廉衣侍讀爲之序。今所鈔者，於選本文已十得七八矣。'按先生文諸體畧具，尤以叙事文爲勝，蓋真得太史公義法者。余嘗得先生所評《史記》與點定《歸震川文》，輒愛玩不忍釋手。先生當時獨推方靈皋爲一代巨手，見《與李幼華秀才書》。今世論古文者，咸知歸、方爲正軌，先生可謂具特識者矣。黄縣丁君幹圃方搜輯鄉先達遺書，淳于稺鶴孝廉因以劉君鈔本與之，使刊以傳世，並屬余爲序。余謂李稱先生之文'繩矩八家'，又謂其'胸有真得，空諸倚傍'，則文之可傳者，異時又自有定評，初無待於余言。嗟夫！學術日歧，異説紛興，安得有篤學嗜古取法先正如蓮崧先生者作，與吾鄉人士一正其趨向哉。《詩》曰'高山仰止'，余讀先生文，心嚮往之矣。宣統庚戌仲春欒成孫葆田序。"

末有宣統二年刻書者丁樹楨識語："曩聞萊陽周孟伯禮部輯《登州文鈔》，選録鞠蓮崧先生文獨夥。稿本歸蓬萊慕慈鶴太史。

太史故後，藏書散佚，余屢訪此本未得也。今年春，淳于穉鶴徵君郵寄劉子秀孝廉所鈔《悦軒文》凡四十二篇，屬刊入《海隅山館叢書》。余喜得見先生文也，亟請徵君乞序於孫佩南先生。佩南先生既爲之序，徵君又删去鈔稿四篇，並據《海陽縣志》補入六篇，得文四十四篇。雖遜孝廉所見先生原稿之富，然視禮部選録者已不啻加倍矣。先生又有《史席閒話》，亦子秀孝廉所録，爲膠州法迂齋先生傳鈔原本，近歸佩南先生，今並刊之。竊願學者取其中論文法諸説，一讀悦軒文焉，則於古文義法，庶乎思過半矣。"知丁樹楨欲刊《海隅山館叢書》，整理膠東先賢遺著。

九行二十一字，黑口，四周單邊，單黑魚尾。版心下刻"海隅山館"。字體端正，刻印謹嚴。

⑪《海隅山館印存》一卷，清丁樹楨輯，清黄縣丁樹楨鈐印本。

⑫《校周易集》，清丁憲曾撰，清光緒黄縣丁氏刻本。

據蔣惠民《黄城丁氏家族》①，丁憲曾（1851—1892），字彝齋，號捷生。專攻舉業，中光緒元年乙亥恩科副榜。曾任刑部侍郎，賞戴花翎，加鹽運使銜。誥授中議大夫。"前後在都十數年，而公之學問經濟浸之乎名於世矣。"善書，工隸篆，間亦搜羅圖籍，考訂金石，生平所校書十餘種，皆未及梓，惟龍氏本《周易集傳》行於世。著有《寄彝閣叢書》，藏於家。

⑬丁世任刻書十餘種。

據蔣惠民《黄城丁氏家族》②，丁世任刊刻善書及醫藥痧症諸書十餘種。

丁世任（1818—1891），一名師濂，字仲伊，號莘農。太學生，敕授文林郎，安邱訓導，長清縣教諭。

①蔣惠民：《黄城丁氏家族》，山東大學出版社 2004 年版，第 155 頁。
②蔣惠民：《黄城丁氏家族》，山東大學出版社 2004 年版，第 156 頁。

⑭《闕待新編》二卷，清孫能遷撰，清宣統元年黄縣丁氏刻本。

卷上題："闕待新編總會大意。"有補遺部分。卷下題："闕待新編諸症驗方，昌陽孫能遷安四氏著。"

有乾隆二十五年孫能遷原序，再序。宣統元年中秋節蓬萊後學李春樹蔚生氏於芝陽客邸《重刻闕待新編序》："越戊子孟春，余於牟平客次，與孫君嘉善相遇於崖子村。往還日久，談及痧科善本，無處可覓，伊云有先人安四氏所著《闕待新編痧科》書，係上下兩卷，持以贈余。細審其書，條分縷析，開後學無限法門，誠救世之良册也。惜乎排印無多，未能廣傳。余攜歸芝陽，與丁君壽臣、銘旂諸友人共爲賞識研究，其書無美不備，而丁君壽臣尤樂善不倦，爰爲積貲付諸手民，以公於世，厥功偉矣。"有丁銘旂考識一則。末有光緒六年春三月上虞俞少山跋："（孫氏）彙成一册，惜未行世。作者之苦心孤詣，幾將湮没無聞。兹遊滬上，適遇孫君嘉善。同館聯床，言及治痧善本，豈知即屬嘉善兄之先伯祖所著。因撿行篋，出以示余。其書上下兩卷，自署云'闕待新編'，與余昔之所見符合。此真渡迷之寶筏，指正之南針。更喜孫君與余同聲同志，不作居奇，彼此解囊，心存利濟，爰付手民，排印裝訂，以公海内。"

據以上序跋，知成書於乾隆年間，一直未刻，光緒六年，由上虞俞少山在上海排印。蓬萊李春樹在牟平見排印本，攜至黄縣，由丁氏出資，刻版付梓。則此本爲本書的第一個刻本。後有《計開捐資列左》："丁光裕堂捐錢貳拾吊，丁勤業堂捐錢貳拾吊，丁履素堂捐錢伍拾吊，丁師儉堂捐錢伍拾吊，丁保素堂捐錢伍拾吊，丁惜福堂捐錢伍拾吊，丁寶儉堂捐錢壹佰吊，丁愛福堂捐錢貳拾吊，丁銘旂捐錢貳拾吊，丁壽臣捐錢貳拾吊。"共計四百吊。捐資者皆爲黄縣丁氏各堂，應爲丁氏合族刻書。

十行二十四字，小字雙行二十四字，白口，四周單邊，單黑魚尾。刻印一般。此書計 57 葉，用錢 400 吊，則每葉合 7 吊。

黄縣丁氏刻書特點有五：

一是時間較爲集中，基本在同治、光緒間。

二是與其他大族刻書不同，集部書最少，除了一部鞠濂的古文和黄縣邑人的詩歌集外，其餘均爲經部、史部和子部書。史部爲家譜和傳記，經部範圍較廣，可見黄縣的經學研究與掖縣相呼應，並不遜色於其他地區。而子部主要爲善書和醫書，惜衹目驗一種，未見其他流傳。善書和醫書的刊刻可以反映清末膠東地區的刻書風尚。

三是除家譜外，刻書集中於幾個人身上，如丁世任、丁晉祺、丁以約堂、丁純約堂，還有丁樹楨。值得一説的是丁樹楨，他有龐大的刻書計劃，即《海隅山館叢書》，可惜衹刻了兩種。

四是刻書地有濟南，有黄縣。在濟南刻書，説明丁氏還是比較重視刻書質量的，畢竟濟南作爲一省的文化中心，其刻書質量要高。總的來説，丁氏的刻書質量是很高的，如《訓蒙史略》一書是清末少見的精品，這與"丁百萬"的身份是相稱的。

五是刻書一般有明顯的標志，如封面標堂號，或版心刻堂號。

2）趙氏刻書

趙氏亦爲黄縣大族。

①《［芝陽］趙氏族譜》四卷，清嘉慶二十一年黄縣趙氏刻本。

封面題："道光乙未年重鐫，板藏趙氏祖塋房。"

行字不一，白口，四周雙邊。刻印尚可。

②《夷安詩草》一卷，清趙書奎撰，清光緒二十四年黄縣趙蔚坊刻本。

趙書奎，字麟坡，別字蘭臺。嘉慶二十一年丙子舉人，官高密訓導。王懿榮從祖姑丈。黄縣王守訓父親的老師。

卷端題："黄縣趙書奎蘭臺甫著。"

版心下刻："黄縣趙氏，傳家集一。"末署："曾孫蔚坊校字。"

光緒十五年福山王懿榮序："先生以學行聞於吾郡，爲名孝廉，終於校官。所至説經訓士，被服儒雅。此卷詩雖無多，要皆自寫其意……進士（按：趙蔚坊）乞余序而刻之。"所附《墨香書屋詩草》後有曾孫趙蔚坊記："戊戌冬刊《夷安詩草》成，附刊於此。"

蔚坊字次炳，別字又卿，黄縣人，趙書奎曾孫。光緒十五年己丑進士，官吏部主事。王守訓門人。守訓有《登州雜事》三十卷，蔚坊有《續登州雜事》《復齋詩草》《續登州詩話》。師徒二人均有功於山東地方文獻的蒐集與整理。

九行二十一字，白口，四周單邊，單黑魚尾。

③《墨香書屋詩草》一卷（《夷安詩草》附），清趙書奎撰，清光緒二十四年黄縣趙蔚坊刻本。

版心下刻："黄縣趙氏，傳家集一。"末署："曾孫蔚坊校字。"

末有趙蔚坊述刊刻緣起，言光緒二十四年戊戌冬刊成。

九行二十一字，白口，四周單邊，單黑魚尾。

④《大瑩東武詩草合編》二卷，清趙星海撰，清光緒二十八年黄縣趙星海刻本。

據光緒二十七年李蘊玉撰《宿源先生事略》，趙星海，字宿源，黄縣人，父趙書奎，長兄瀛海，道光二十六年丙午舉人。星海光緒四年謁選武定府濱州訓導，光緒七年兼理蒲臺教諭，離開濱州時著《大瑩詩草》。十九年爲青州府諸城縣教諭，著《原教》《僞君子論》《慎疾説》三篇，及《宿源心語》一卷、《東武詩草》一卷。

封面題："光緒壬寅刊，宿源氏著。"卷端題："黄縣趙星海宿源著。"前有光緒二十七年李蘊玉撰《序》。又有諸人《題辭》，如劉策庸、膠西宋孔昭、膠西趙文運、顧修齡仲延、于蓮、史延祜、馬榮臣。

十行二十字，黑口，四周雙邊，單黑魚尾。

另趙星海妻張淑莛，濱州人，撰有《繡香閣詩草》一卷，不知刻否。

3)淳于鴻恩刻書

淳于鴻恩(1866—?),字君錫,又字稺鶴,丁鳳池的學生。光緒二十八年壬寅、庚子並科舉人。三十四年,任山東通志館分纂。宣統二年八月十六日,被京師圖書館延爲名譽經理員。九月至民國元年七月,任京師大學堂經科教員。山東省第一屆議會議員。

淳于氏博聞强識,精金石文字之學,早年與陳介祺、丁樹楨等有學問之交。著《釋人疏證》一卷、《漢碑引經異文考》八卷、《稚鶴題識金石拓本》不分卷(陳介祺、丁樹楨等題跋)、《金石拓片》不分卷、《漢碑通經姓氏表》等。

①《漢碑經義輯略》二卷,清淳于鴻恩輯,清光緒二十八年黄縣淳于鴻恩濟南刻本。

此書將漢碑中涉及經義的内容,分條輯録。或引他人之成説,或自爲考證。以經書爲次第,共六十餘條。其中有可徵古義者,有可徵古讀者,有可訂舊解之誤者,有可訂舊儒之誤者,爲金石界稱譽。

封面題:"壬寅秋刊於濟南。"版心下鐫:"君錫所著書之十。"卷端題:"黄縣淳于鴻恩輯。"卷末署:"受業張錫朋、丁世澤校。"

光緒二十八年咸亭丁鳳池序:"稺鶴自弱冠窮經,兼嗜金石文字,凡漢碑中之引經有可以徵古義者,皆條録之,久乃積爲二卷,裒然成書。所謂尋墜緒之茫茫,獨旁搜羅而遠紹者,用心亦良苦矣。歲壬寅,諸友人皆勸以梓行,而問序於余。"光緒二十一年夏五月淳于鴻恩識:"戊子、己丑之間,曾輯《漢碑引經異文考》八卷、《漢碑通經姓氏表》一卷,茲復取其經義六十餘則,以經爲次第,釐爲上、下二卷,題曰《漢碑經義輯略》。"

九行二十字,黑口,四周雙邊,無魚尾。版心下刻:"君錫所著書之十。"字體端正,家刻較精。

②《公羊方言疏箋》一卷,清淳于鴻恩撰,清光緒三十四年黄

縣淳于鴻恩金泉精舍刻本。

淳于鴻恩不以權威所言爲是,他認爲《公羊傳》中不僅有齊國方言,還有魯國方言,齊魯之間方言,關東、冀北方言,雜見於成公、僖公諸篇之中。他折中衆説,廣爲徵引,系統地表述自己的看法。對徐彦《春秋公羊疏》有所訂正,也對漢代學者揚雄所著《方言》有所補充。

有牌記:"光緒戊申夏月刊於金泉精舍。"卷端題:"黄縣渞于鴻恩著。"

有鴻恩《公羊方言疏箋後叙》。光緒二十八年同里張庭詩二南序:"吾鄉淳于明經稺鶴氏,博學强識,精力有過人者。"

九行二十字,黑口,四周雙邊,無魚尾。版心下刻:"君錫所著書之七。"刻印較精。

淳于鴻恩在清末黄縣學術界有很大的影響:

清末黄縣的經學研究,淳于鴻恩應是一個核心人物。他與王漸鴻、張庭詩可稱爲"鐵三角"。三人互相學習、切磋,在黄縣形成了一個經學研究的陣地。

他與丁氏關係非同一般。他曾爲丁樹楨夫人姜氏撰《墓志銘》,爲丁葆筠撰《墓志銘》。他的《漢碑經義輯略》有丁鳳池序,丁世澤校。這説明他有廣泛而良好的人脈。

他是黄縣刻書的領軍人物。他不僅積極謀劃自己出書,有宏大的刻書計劃(至少要刻十種,惜衹完成兩種),還積極與丁樹楨聯絡刊刻王漸鴻的著述,並協助在濟南完成,他自己的著述亦有一部在濟南刻成。

他有先進的刻書理念。雖然刻資有限,但他能利用丁氏家族的經濟資源,完成自己想實現的文化傳播理想。這可從他爲王漸鴻《鄉黨圖考補正》所作的序中看出來。此序表達了兩個核心意思:一是書能否刊成,取決於一個重要條件,就是有無經濟力量;二是書的刻成與否關乎文化傳播,序中援引了畢氏、牟氏、趙氏諸人的例子進行説明。趙曾,曾號北嵐,萊陽人,乾隆五十四年己酉舉人,歷官嘉定、青浦、荆溪、寶山知縣,鎮江通判。其著述無一刊行,故後人無從得見,其成果亦湮没不彰。文登畢亨,原名以田,字恬溪,嘉慶十二年舉人,道光六年以大挑知縣分發江西,署安義縣,後補崇義。初從休寧戴震遊,精漢人古訓之學,尤長於《書》。其撰《古文尚書經傳釋疑》,阮元《小滄浪筆談》云:"《尚書》訓詁,自孔、鄭以來,猶多繆誤。登州畢恬溪能以精鋭聰明解釋之,精確無穿鑿之病,古人復起,當爲首肯。"又撰有《新刻十三經注疏叙録》。二書均未刊行,故其書不傳。孫星衍撰《尚書今古文注疏》,多採其説,僅從此才能窺見其治經原貌,故孫星衍稱其爲經學無雙。畢氏著述存世者僅有聊城楊氏海源閣所刻《九水山房文存》二卷。棲霞牟庭,初名廷相,字陌人,乾隆六十年乙卯優貢,官觀城縣教諭。有著述二十三部,但刊成者僅六種。棲霞郝懿行著述有三十種之多,自刻者寥寥數種,大多由郝氏後人刊刻。其《山海經箋疏》,得阮元於嘉慶十四年刊刻,故廣爲流傳。而其最重要的著述《爾雅郭注義疏》,先經阮元刻入《學海堂經解》,後經陸建瀛二刻,聊城楊以增三刻,同治四年其孫郝聯薇四刻,光緒崇文書局五刻。反復刊行,奠定了其在經學史上的地位。淳于鴻恩深切感到:"書或不傳,致使後之學者未獲讀其全書,時從前儒記載,始得悉其學之源流。"可以看出,書的刊刻與否關乎學術的發展,關乎文化的傳播。

由上可知,鴻恩對刻書是非常重視的。清末山東少有刻書理論,而鴻恩不僅有理論,而且有證據,以實例來論證刻書對學術發展的意義,具有創新意識。

4)其他刻書

①《關帝明聖經註解》三卷,清光緒七年黄縣林氏懷德堂

刻本。

封面題:“光緒辛巳年仲春新鐫,板存登州府黄縣城南南二里處村林懷德堂,有刷印者情願借與。敬惜字紙,信受奉行,刊印廣傳,功德無量。”

八行二十一字,白口,四周雙邊,單黑魚尾。

②《説文統系圖》,清桂馥撰,清光緒十年黄縣重刻本。

此圖爲桂氏聘其友人所繪。據張其昀著《“説文學”源流考略》①,此圖繪有許慎和江式、李陽冰、徐鉉、徐鍇、張有、吾丘衍七人(一説八人,另有顔之推)的形象。桂氏意欲由此圖尋繹出“説文”之學的淵源統系來。桂氏專心《説文》,爲此圖以置諸座右,足證其篤信好學,加人一等。

《孔考》著録此本②。書有程瑶田跋云:“桂君未谷治《説文》,既悉有其珍奇矣,而於數千年若斷若續之緒,理其經,比其綸,指其統系,令善畫者圖之。今日者人人皆知治經,人人皆知遵守《説文》,所謂六書通而經學明也。未谷是圖,提倡許氏之學,蓋欲其綿綿繩繩,流風餘韻,久而不衰歟也。”此書在此本之前未見有刻本。

③《黄縣詩文彙鈔》一卷,清尹繼美輯,清光緒十五年豫章尹繼美鼎吉堂刻本。

繼美前已有述。此書乃其在任時,與黄縣士紳的倡和之作。首爲尹氏勸民歌七言古詩六首,五言古詩一首。和作有邑人楊振鐸、王守訓、馬鴻翱、張習紹、張保赤、姜雲章、趙塗辛、李坤厚、田壬霖、張夢辰、鄭步青、梁士鴻、趙瀛海等人詩四十首,王棠、張庭詩文兩篇,末附《去思碑文》一篇,爲趙瀛海撰。趙瀛海,前述趙星海之

①張其昀:《“説文學”源流考略》,貴州人民出版社1998年版。
②周洪才:《孔子故里著述考》,齊魯書社2004年版,第126頁。

兄,道光二十六年舉人,署博平縣、平陰縣訓導。其《碑文》云:"同治己巳,由鉅野調署我黃。越二歲辭官,留修邑志。五閱月書成返省垣。邑人思之,欲立碑,以撰文屬余,余譾陋弗獲辭。公治黃政績,皆繫人思,難盡述。"則尹繼美去官後,還留在山東省垣。李振聚師弟提供信息:尹繼美書多爲"鼎吉堂"刻本。又有《鼎吉堂全集》,見《叢綜》《販記》《永新文獻考》。"鼎吉堂"應爲尹繼美的堂號。

④《福幼遂生合編》(《福幼編》《痘疹總論》《遂生編》《幼科辨誤》附),清莊一夔撰,清光緒十五年黃縣西順軒主人刻本。

封面題:"光緒己丑仲春重刊,黃縣西順軒藏板。"

有光緒十四年黃縣後學王常益《書後》:"秋間,西順軒主人慮此書流傳不廣,請友人分書重刊。"王常益十五年春正月又識。王常益,丁佛言的老師。此書前有乾隆四十二年丁酉刻本,嘉慶二年丁巳刻本,嘉慶十八年刻本,同治八年刻本等。

不知西順軒主人是誰,有可能爲丁世任。

八行二十字,白口,四周雙邊,單黑魚尾。字寫刻,開本雖小,但較精。

⑤《仙傳名醫治白喉全書》,清光緒二十八年黃縣張紫珊等刻本。

封面題:"光緒二十八年重刊,板存黃邑城東張家溝村。"

光緒二十八年淳于鴻恩序:"(張君紫珊),余及門永伯壽三維仲之堂兄也,平居徵文考獻,慨慕陸、蘇諸公之爲人,而傷世俗之秘其良方也,因與永伯等謀重刊《治白喉全書》以濟世,問序於余。"

張紫珊蓋爲張家溝人,所以板藏此村。此書光緒十八年施稚桐、會稽陸葆霖刻過。

八行二十字,白口,四周單邊,單黑魚尾。開本小,刻印一般。

⑥《勸世歸真》四卷,清光緒二十七年黃縣王衍經等刻本。

此書實爲黄邑王衍經等合刊。封面題:"光緒辛丑重刊,黄邑四寶齋藏板。"

有善言:"如不看,轉送人。敬惜字紙。"

竹岩氏序稱:"芝陽弟子王衍經,因患瘡疾,病幾危,焚香默禱,願刷印施送以求病愈,不旬日而瘡疾平復如初,益信是書……奈是書去歲已經兵燹,原板盡付丙丁,幸家有藏本,願翻刻而重新之。"知此書的刊刻原因。又王衍經序,談其得病及在京生意,經禱告身體平愈,生意平安。"幸有家藏原書一部,又賴衆仁善諸君樂助,以成此美舉。今付棗梨,重刊是書,助善諸君以及刊板印書諸凡皆載於四卷。"

此書後列光緒二十二年丙申捐刻姓氏,應爲原刻時的捐資人。又列《黄邑信士弟子王衍經捐銀叁拾兩重刻書板印書助資姓名開列於後》,可見當時一些人的堂號,如黄縣王氏是大族,有許多分支:王崇禮堂、王崇經堂、王崇善堂、王守德堂、王三槐堂、王亦政堂、王敬德堂;丁氏有丁純嘏堂;趙氏有趙世業堂。知黄縣四大姓中三姓有捐資。最多捐銀十兩,最少五錢。四寶齋雖是個刻字鋪,也有捐資,助銀五兩。"以上共捐銀壹佰貳拾貳兩五錢,板價用銀肆拾五兩,共印成書肆佰部。王衍經印書壹佰部。"板價用銀肆拾五兩,剩餘七十七兩五錢,此書共印400部,合每部用銀不足二兩。

十行二十二字,白口,四周雙邊,單魚尾。刻一般。

⑦《太上感應篇直講》一卷、《感應篇直講法》六條、《靈驗事實》五十六則,清德明額傳述,清光緒十一年黄縣辛店子村式勤堂山刻本。

封面題:"光緒乙酉重刊,黄邑辛店子村式勤堂山存板,有刷印者情願借與。"

八行二十二字,小字雙行二十二字,黑口,四周雙邊,單黑魚尾。刻印較精,開本不大。無捐資姓氏,亦無序。

⑧《金科玉律注釋》一卷,清黄縣張家溝村樹滋堂刻本。

有善言:“信受奉行,獲福無疆。刊印廣傳,亦可獲福。板藏黄邑城東張家溝村樹滋堂,有刷印者願借與。敬信勿褻。”

九行二十四字,小字雙行二十四字,白口,四周單邊,欄外鐫注釋。

⑨《驗方輯要》一卷,清趙城輯,清光緒黄縣趙城刻本。

目録下有:“黄邑趙城守一氏輯刊。”有光緒二十六年趙城序:“余閒居多暇,每見方有奇效者,必手録一册,積久漸繁,兹擇其屢試屢驗者數十方,題曰‘驗方輯要’,付諸手民,以廣其傳……光緒二十六年冬至前一日黄縣七十老人趙城守一氏識。”

筆者另見一本,趙城序末改爲“黄縣七十三歲(原“老人”改爲“三歲”)趙城守一氏識”。又刻一行“二十七年秋又自蝎蜇方以下共添六十二方”,目録確實又增六十二方,正文加刻内容自第十三葉始。目録六十二方後又刻“光緒二十八年添”,有治奶瘡方等八方,但正文無内容。知此醫書經多次補刻。

九行二十字,小字雙行二十字,白口,四周單邊,單黑魚尾,寫刻體,刻印一般。

3. 福山刻書

主要有福山王氏刻書三十八種,清中期的福山刻書已述。

4. 棲霞刻書

清末的棲霞刻書除清中期所述郝聯薇刻二十四種外,僅見李氏樓山書屋刻書二種。

①《李氏家訓》一卷,清李毓秀撰,清光緒十一年棲霞李氏樓山書屋刻本。

李毓秀(1797—1863),字嵩甫,號五坡,棲霞人。道光元年諸生,以教讀爲業。

據崔巍老師書,此書乃毓秀卒後,棲霞知縣許公及門徒爲其捐金助刊。卷首有棲霞知縣許桂芬、署知縣事張金芝及訓導李守坦、牟金榜、劉廷璧及作者自序。此編輯家訓十五條、家言六條、贅言十六條。卷末有作者及馬桂芳跋尾。卷首張金芝序稱:"其書該括儒先語録而不涉於腐,詳示天人感應而不附於禪。以日用切要之理,爲布帛菽粟之文。中正和平,纏綿懇摯,明白敷暢,婦孺可通曉。發聾振聵,尤徵一片婆心。"

未見山東博物館原書,大概封面題有李氏樓山書屋的字樣,蓋書刻成後,板藏李家,實際刻書者爲知縣許桂芳及毓秀的門生等人。

②《俚言勸世》一卷,清李毓秀撰,清光緒十一年棲霞李氏樓山書屋刻本。

據崔巍老師書,是書皆儒者勸人爲善之言。卷首有棲霞知縣許桂芬及作者自序,卷末有毓秀門生李與洛、馬桂芳、蔡淩雲跋。此亦爲知縣許桂芬、張薌圃司馬捐資助刊之書。卷末其門生族侄李與洛跋:"嵩甫夫子,洛宗伯而恩師也。篤信好學,循循善誘。及門所成之士,數十人。晚年尤孳孳以濟人、利物、牖民、翼教爲心。手著《家訓》《勸世》諸書。"

5. 萊陽刻書

清後期的萊陽刻書祇一種,即光緒六年左中行所刻《蘿石山房集》四卷、《梅花屋詩草》一卷、《别集》一卷、《左侍郎奏疏》一卷,清前期的左氏刻書有述。

6. 牟平刻書

清後期的牟平刻書祇一種。

《瓣香齋詩鈔》六卷,清王明萼撰,清光緒二十二年牟平王氏自刻本。

明萼(1830—1905),字棣軒,寧海人,咸豐十一年辛酉舉人,官至光禄寺署正。

卷端題:"寧海王明萼棣軒著。"

此書爲明萼手自輯刊。有光緒二十一年乙未王懿榮序:"棣軒太守比年來京師,手定其詩,成《瓣香齋集》若干卷。"光緒二十二年劉啓端序稱:"先生壯年試官江南。"陳秉和序。有柯劭忞、謝雋杭題詞。

九行二十一字,白口,左右雙邊,單魚尾。宋體字,刻印良好。

7. 文登刻書

清後期的文登刻書有兩種:光緒四年文登于寶之清江浦刻《舊雨軒剩稿》一卷;光緒間文登于寶之刻《今雨樓詩存》二卷、《晚晴草堂詩集》一卷。清中期的文登刻書已述。

8. 海陽刻書

海陽後期的刻書祇一種,即同治間趙氏燕海吟壇刻趙星海編《杜解傳薪摘抄》一卷,清中期海陽刻書已述。

9. 榮成刻書

明置成山衛,清因境内有榮山、成山二山,故改榮成縣,屬登州府。

明代榮成無刻書記載。清代前期和中期亦無,目前所知僅清後期孫葆田刻書。

孫葆田(1839—1911),字佩南,榮成人。少嗜學,篤好《左傳》《國語》及韓愈、歐陽修、蘇軾之文。十三歲時,跟從武昌著名桐城派古文家張裕釗學古文義法,從此,古文功底日益見深,文名也隨之大振。時高密單爲鏓在濟南濼源書院講學,孫葆田隨其學習經史之學。同治九年孫葆田中舉,十三年成進士,授刑部主事。光緒八年,選授安徽宿松知縣。光緒十一年,分校江南鄉試,調合肥知縣。懲治李鴻章弟子之侍從,人謂"包龍圖復出"。後被劾,光緒十五年夏自安徽歸里。晚年寄居濰縣,足不出户,閉門潛心學術研究。山東巡撫張曜慕其名,聘他爲尚志書院主講,光緒十六年,張曜奏請開設通志局，續修《山東通志》，聘孫葆田爲總纂。不料，張曜病逝於任所，修志一事從此擱置了十餘年之久。其間，孫葆田又主講河南大梁書院和南陽宛南書院。光緒三十一年，楊士驤任山東巡撫後，重整修志局，任命孫葆田和法偉堂爲總纂。不久，法偉堂病逝，孫葆田獨爲其難，承擔起總纂的重任。爲成此志，他嘔心瀝血，宣統三年，長達二百卷的《山東通志》終於完稿，孫葆田因編纂該志而積勞成疾，於是年猝然病逝。

孫葆田一生著述頗豐，惜多散佚。現存的主要收集在《校經室文集》内，包括序、跋、志、表、傳、記等文體，約八十篇，基本體現了孫葆田的學識和文風，史料價值頗高，宣統《山東通志》和民國山東各縣志多取材於此。

孫葆田的另一個重要貢獻就是刻印了不少古籍。他的刻書嗜好來源於其父孫福海。孫福海，字鏡寰，道光二十三年舉人，官至湖北興國知州。著有《不夜城記》《之遊唾餘録》《不夜書屋試律偶存》等。他於同治十年刻印了蓬萊楊廷芝的《鄉黨約説》，其序曰：“顧其書傳本蓋尠，福海乃爲重梓。”當時孫福海的齋名爲“不夜書屋”。福海有子四：葆源，附貢生，江蘇知縣；葆田；叔謙，舉人，祥符知縣；季咸，選拔貢生。葆源、季咸皆早卒。

儘管生活困難，孫葆田依然節衣縮食積資刻書。現將其刻書情況按時間作一簡要敘述。

①《古不夜城記》一卷，清孫福海撰，清同治滎成孫葆田刻本。

此編乃福海記其家鄉成山衛不夜村故址，其地原名爲“不夜”。卷首有其自序，曰：“余家世居成山不夜村，即不夜城故址也。年遠碑志失傳，余久欲爲文記之，不果。同治庚午，季兒以招覆得冠軍，且先以詩古文獲雋，題爲《東漸於海賦》，其末四句云：‘即海外無雷之國，方將共仰夫錫恩，況海隅出日之鄉，孰不勉修夫銅行。’閲之頓觸鄉思，覺故國風景宛然在目，乃於行館燈前草成斯記。”

同治庚午即九年,季兒即其子季咸。此書係考證不夜城地名之由來。這是孫葆田刻的第一部書。因爲這是他父親的著作,所以用寫刻字體,刻得很漂亮。

②《歲餘偶録》三種三卷,包括《漢人經解輯存序目》一卷、《漢儒傳經記》一卷、《國朝經學師承記》一卷(此種有目,未刻),清孫葆田撰,清同治榮成孫葆田濟南刻本。

此書爲孫氏删訂馬國翰《輯佚書》所記。《漢人經解輯存序目》有同治十二年冬十有一月孫葆田於濟南寓舍之涉經樓識,云:"然所輯既多,其中牴牾亦不免。余嘗遍取其書閲之,有一傳而兩書復見者,有一書所獲止三四條而强分爲卷者,有所輯或非元書及元書在當時已散佚,而以意揣編之者……余爲删存其經編什之五,而壹以漢人爲主,於小學則間取魏晉。爲序録如右,因論次其大凡,亦所以致余之意焉。"知孫葆田曾删訂馬國翰的《玉函山房輯佚書》經編,但此删訂本至今未見,衹能從《漢人經解輯存序目》中了解其删訂之旨,這也是《序目》刊刻的意義所在。

書成於同治十二年冬,在葆田中進士之前,葆田或有撰《國朝經學師承記》之打算,未成即赴京。"涉經樓"爲其書齋名。

九行二十四字,小字雙行二十八字,黑口,左右雙邊,單黑魚尾,無行格。版框小,字粗劣。與孫氏後來的刻書風格迥異。

③《山東鄉試硃卷(同治庚午科併補行丁卯科)》,《會試硃卷(同治甲戌科)》,《會試硃卷(同治甲戌科、壬戌恩科、癸酉科帶補辛酉科)》,清孫葆田撰,清同治間榮成孫葆田刻本。

庚午,爲同治九年;丁卯爲同治六年;甲戌爲同治十三年;壬戌爲同治元年;癸酉爲同治十二年;辛酉爲咸豐十一年。孫葆田同治九年中舉,十三年中進士,這是其鄉試及會試硃卷,應由本人刊刻。

九行二十五字,白口,四周雙邊,單魚尾。

④《孫明復小集》三卷,宋孫復撰,清光緒十五年榮成孫葆田

刻本。

《孫氏山淵閣叢刊》之一。此書封面爲日照丁汝彪集漢碑字署耑,雙鈎而成,極古樸美觀。有牌記:"光緒十五年冬問經精舍校栞。"

書前録《欽定四庫全書提要》,開宗明義,爲讀者了解此書提供了門徑。在乾隆三十七年壬辰錢大昕《重刻孫明復小集序》後有孫葆田識,糾正了錢大昕對於《孫復集》篇目的錯誤認識。目録後有光緒十五年己丑孫葆田識,言孫復有《睢陽子集》十卷,宋代尚存,而明代不見著録。泰安趙國麟家藏一本,後被聶鈫刊行。道光時徐宗幹刻《魯兩先生集》,即孫復與石介的集子,《孫復集》所用的本子即聶鈫本。光緒九年,濰縣張昭潛亦刻石介的《徂徠集》,所據爲明人影鈔本,但孫復集子未刻。"今年夏,予歸自皖中,暇日因校閱石《集》,爰取徐刻《孫明復小集》重爲校訂,付諸梓人,俾與《徂徠集》並行於世。聶、徐兩本與宋刻《聖宋文選》《宋文鑑》文字間有異同,今以屬及門丁汝彪别爲《考異》一篇附於卷末。"可見,此書的刊刻,既與張昭潛所刻的《徂徠集》並行於世,又因丁汝彪《孫明復小集考異》而有重要的校勘價值。孫葆田對《石介集》和《孫復集》的刊刻源流如數家珍,不啻目録版本學知識的實際運用。

十行二十一字,黑口,左右雙邊,單黑魚尾。宋體字,刻畫精整,一絲不苟。

⑤《之遊唾餘録》一卷、《不夜書屋試律偶存》一卷,清孫福海撰,清光緒十六年榮成孫葆田刻本。

封面題:"光緒十六年秋日照丁艮善題。"

有光緒十八年秋孫葆田識:"先大夫宦後,文稿率多散佚,不及收録。同治壬申、癸酉間,伯兄嘗手録《雜文》二卷、《公牘》四卷藏於家。季弟咸又嘗手鈔塾課詩文數十首,請姻丈柯佩韋先生鑒定,今所刻《唾餘録》《試律偶存》是也。自先大夫卒後未一年,伯兄、季弟相繼去世,諸文稿皆收藏書笥,不忍披讀。庚寅秋,門人陳世昌輩取葆田所輯《孟志》,重校付梓。葆田因急檢先兄、亡弟所録先集敬付手民,追惟庭訓,仿佛如昨。"

十行二十一字,粗黑口,四周單邊,單黑魚尾。開本大,行字疏朗,刻印精美,蓋輯刻父親作品,尤爲用心,並致尊敬之意。

⑥《明文正氣集》二編,清孫葆田編,清光緒十六年榮成孫葆田濟南尚志堂刻本。

此書上文尚志書院刻書已述。

⑦《孟志編略》六卷,清孫葆田撰,清光緒十六年榮成孫葆田刻本。

《孫氏山淵閣叢刊》之一。封面題:"光緒庚寅秋栞。"可證是書刊於光緒十六年。

孫葆田光緒七年自序云:"道光末,故博士孟廣均實始有重纂《三遷志》之議,草創甫就,旋遭寇亂,稿藏其家。今撫使黄陂周公、學使翰林學士鈕公,尊賢興學,廼合詞奏請,以唐儒韓愈配享孟子,時則權濟東泰武臨道兵備陳公(按:陳錦)實佐成斯舉。往公嘗督修孔子祠廟,因得博士志稿,而惜其未能雅馴也。乃商諸學士,發凡起例,重加纂定,並屬葆田以校訂之役。葆田頗復搜輯舊聞,更引吾友柯君劭忞爲助,凡成書十卷,並各綴數語於篇末,以述編纂之指……光緒五年……予既以志稿授陳公,會學士所請格於部議,不果行。明年春,予入都供職,觀察陳公亦以憂去官,是編遂未付梓。今歲檢理存稿,略加删定,改名《孟志》,取前五卷與末一卷刻之京師。"原稿十卷,所刊者原稿之前五卷與末一卷。卷一年表,卷二事實,卷三祀典,卷四從祀賢儒傳,卷五歷代注解傳述,卷六雜志。自序云刻於京師,時孫葆田確在京師任刑部主事,但封面所題爲光緒十六年,是年孫葆田已退職還鄉,或作序之第二年,孫葆田即離京去安徽宿松任職，此書遂擱置，直至光緒十六年纔得以刊刻，所以刻書地點還是在山東。書末有“受業門人陳世昌、丁汝彪校字”。

十行二十四字，大黑口，左右雙邊，單黑魚尾。宋體字，刻印比較精美。

⑧清光緒十七年校補《書經》《詩經》《周易本義》。

孫葆田受張曜之邀，爲山東書局已刊行的《十三經讀本》做校正工作。先是在《詩集傳》後補《小序》《辨説》二卷，繼於《尚書》後補《小序》一卷、《問答》一卷，故《詩經》《書經》的牌記與其他經不同。《詩經》書牌爲“同治壬申山東書局開雕，光緒辛卯春重校並補刊”，《書經》書牌爲“光緒辛卯據宋本重校補刊書序一卷書傳問答一卷”。繼之，孫葆田又據宋本校補《周易本義》。上文山東書局刻書已述。

此三種暫不作爲孫葆田刻書。

⑨《春秋會義》二十六卷，宋杜諤撰，清光緒十八年滎成孫葆田濟南尚志書院刻本。

書名由曹鴻勳署簽，封面題：“光緒壬辰古不夜城孫氏山淵閣用四庫館元輯永樂大典本校勘付梓。”

有杜諤自序。有光緒十八年秋九月孫葆田於尚志書院之授經樓序，云：“宋鄉貢進士江陽杜諤，字獻可。所著《春秋會義》，爲書二十六卷……知其書實爲宋元間所重，故程時叔《春秋本義》間復稱引。至明永樂中，修《春秋集傳大全》，採用杜氏説至七十餘條，所謂蜀杜氏是也。其全書不知亡於何時，國朝朱錫鬯氏《經義考》以爲久佚。乾隆中詔修《四書全書》，館臣始從《永樂大典》輯出。書已成，而《總目》失收。聞當時吾鄉孔葒谷户部曾録有副本，今流傳至江南，爲某氏所藏。此本乃鄒孝廉道沂家存故籍，予聞諸蔣性甫太史，因亟從借鈔，會歸安陸存齋至濟南，於予齋中見此書，詫爲未有，並屬傳鈔一部。原本首行標‘四庫全書’，疑即館中擬進本。然書内不著纂輯人姓名，後見今人所輯《春秋規過》《春秋摘微》序言，乃知是書成於楊君昌霖手。楊君，字簡齋，吴縣人，乾隆四十年進士，特旨改爲庶吉士，散館改户部主事，與邵二雲、周書昌、戴東原諸人同爲校勘《永樂大典》纂修並分校官。予既喜得是書本末，思廣其傳，乃捐貲付梓，以公諸同人。蓋數百年之秘笈，於是復得顯矣。”可見，此書爲難得之書，四庫館臣楊昌霖從《永樂大典》中輯出，本應流傳下來，但《四庫提要》失載。幸有一抄本在世，於是孫葆田亟刊於尚志書院，以廣其傳並爲諸生所用，使亡佚之本再次復活，功莫大焉。孫葆田不僅刊刻此書，還做了校勘。對於楊氏考證誤者改之，楊氏未及者，以“今按”别之。並將原鈔本的四十卷仍恢復其舊，爲二十六卷。這樣，此書在内容上就有了很高的校勘價值。“授經樓”爲孫葆田在尚志書院的書齋號。

十行二十字，白口，四周雙邊，單黑魚尾。每卷第一葉版心下刻：“問經精舍校刊。”字用宋體字，刻印不苟。

⑩《澤雅堂文集》十卷，清施補華撰，清光緒十九年滎成孫葆田濟南刻本。

本章第二節尚志書院刻書已述。

⑪《孟子音義》二卷，宋孫奭撰，清光緒十九年滎成孫葆田據日照許氏校景宋本重刻本。

《孫氏山淵閣叢刊》之一。有牌記：“光緒十九年春古不夜城孫氏山淵閣用日照許氏校宋本重刻。”末有“長清紀瑗鐫字”一行。

日照許印林重刊汪氏問禮堂景宋本，有牌記：“景汪氏問禮堂藏本，道光廿三年日照許翰刻置孟氏三遷書院。”係許瀚在鄒縣時所刻。景宋本誤字，此本俱已改正。每篇下章數，景宋本或闕，此本亦俱補足。此書除士禮居本外僅有此刻，可正黄本之誤，是家塾善本。孫葆田認識到此本的價值，據許瀚本重刻，使此本的流傳不僅僅限於孟子故里。

十行二十字,小字雙行二十字,黑口,左右雙邊。寫刻體,宋刻風格,非常漂亮。此長清紀瑗是孫氏本刻工,非許氏本刻工,説明光緒時山東刻工模仿宋刻本的能力已達到了相當高的水平。

⑫《孝經鄭注附音》一卷,清孫季咸撰,清光緒二十二年榮成孫葆田濰縣賸園刻本。

《孫氏山淵閣叢刊》之一。孫季咸,名葆誠,葆田弟,以字行,又字宜卿,同治十二年拔貢。雖未出仕,但經史之學很有根底,是清末山東的知名文人。殁時年僅二十七歲。此書有牌記:"光緒丙申夏日刊存濰縣賸園。"想必孫葆田此時寓居濰縣,賸園乃其住處。書前有孫葆田兩識,一爲敘成書始末,言此稿藏之笥篋已二十年。二爲刻成之後,又見姚氏咫進齋所刻嚴可均輯本,雖較他本獨詳,但亦有未盡人意處,孫葆田通過通篇校對,以大量的證據得出"以此見諸家之善讀書,而吾弟用心尤細也""此吾弟之獨得"的結論,對其弟贊賞有加,從而顯示了此書刊刻的意義。

十行二十一字,白口,左右雙邊,雙對黑魚尾。宋體字,刻印比較精。可見,孫葆田對刊刻家人的著述尤爲用心。

⑬《經義策論》三種,即《歷代策論約編》《策對名文約選》《宋人經義約抄》,附《作義要抉》,清孫葆田輯,清光緒二十八年榮成孫葆田經潤樓刻本。

封面題:"宛南書院讀本。"有牌記:"光緒壬寅古不夜孫氏經潤樓校刊。"宛南書院,乾隆十六年興辦於南陽,光緒二十九年改爲宛南中學堂。孫葆田是光緒二十七年來此主講席的。這與他的弟弟孫叔謙有很大關係。孫叔謙,同治年間舉人,官至河南光州知州。廉政愛民,政績斐然。孫葆田來河南探視其弟,受郡伯傅竹農觀察之聘,在大梁書院講學。大梁書院是一所頗有名氣的書院。"戊戌變法"以後,興新式學堂之風遍及全國,大梁書院也改稱"國文大學堂”。孫葆田以淵博的學識和令人敬仰的品格被聘爲該學堂監督。光緒二十七年,孫叔謙卒於光州任所,孫葆田護其喪歸。

有光緒二十七年孫葆田於河南求志居序:“戊戌秋,予嘗有宋人經義之選,爲家塾讀本。既因科場仍用八股文取士,前選亦等於無用矣。今歲予忝主宛南講席,方以經術古文導後進,會又有詔,鄉會試頭二場,俱改用策論,三場試四書義二篇、五經義一篇,學政歲科兩試,正場亦改用四書義、五經義各一篇。諸生咸相從問作義要指,予因取舊鈔,略事删訂,復益以二劉文,分爲上、中、下三卷,以便學者誦習。”從序文可以看出,光緒二十四年,戊戌變法,更定科場,廢除八股,孫葆田爲士子應科舉,選輯此書,旋變法失敗,又以八股取士,此書遂擱置。光緒二十七年,策論之試又興,孫葆田此書應運而出。可以説,此書的刊刻反映了當時的社會背景。又有時任南陽知縣的濟寧潘守廉序,稱此書的刊刻,得到了傅竹農觀察的捐助,守廉率衆亦督理其間,可見,此書刻於南陽。而牌記中之“經潤樓”及序中之“求志居”,蓋葆田在河南居住、讀書之所。

此書十行二十一字,大黑口,四周單邊,單魚尾,無行格,刻印精美,蓋因有官方人士捐資、董理之故。

⑭《望溪文集補遺》一卷,清方苞撰,清光緒二十九年榮成孫葆田河南刻本。

《孫氏山淵閣叢刊》之一。書前有光緒二十九年癸卯仲夏孫葆田大梁寓舍序,叙此書得來不易,輾轉曲折。孫葆田最初讀方苞文章是抗希堂本,由方氏門人王兆符、程崟所編。續得《外集文》,又得咸豐初戴鈞衡《存莊輯刻》本,收《集外文》及《補遺》,是較全的一個本子。據此書序知,濰縣韓夢周編有《逸集》,高密單爲鏓藏有《遺稿》,皆未得見。繼之,光緒二十六年,孫葆田去河南就醫,適書賈售商邱宋犖藏書,内有《方氏集》鈔本四册,葆田叔弟孫魯階知其喜好,遂爲購之,其中有未刻文三十三篇。葆田函告濰縣高鴻裁,擬付剞劂,高鴻裁回信説他藏有方苞文四篇。二十八年,高氏從子攜稿來河南,於是,葆田合宋氏藏四册,高氏藏四篇,加之魯階宰武陟時搜得方氏碑銘一篇,“略爲編次,命工刻之”。可見,此書的刊刻最重要的價值在於,所收方苞文從未刊行過,這是第一次。孫葆田着力搜集方苞遺文,也與他師從桐城派有密切關係。單爲鏓與桐城派的淵源,可從孫葆田所刻單氏《奉萱草堂文續集》中的《方靈臯尚書述序》一文得知,單爲鏓的族祖紫溟先生,乾隆元年進士,是方苞的高第弟子,所以單氏藏有方氏遺稿。

十行二十一字,大黑口,左右雙邊,單黑魚尾,宋體字,刻印較精。

⑮《周易古本》十二篇,宋吕祖謙輯,附《音訓》二卷,宋王莘叟撰,清光緒二十九年滎成孫葆田刻本。

《孫氏山淵閣叢刊》之一。有牌記:“古不夜城孫氏仿臨漳本校刊。”

末有孫葆田光緒二十九年春正月跋。所謂臨漳本,即朱熹守臨漳時所刻之本,所用爲吕祖謙考定古文,並附《音訓》。時臨漳本不能得見,葆田曾得一明刻本,爲武昌朱廷立校刊,篇章分析一仍臨漳本,於是葆田繙刻以貽學者,並附刻《音訓》於後,以符朱子之舊。葆田曾於光緒十七年刻朱熹《周易本義》十二卷,十二年後,又刻吕氏《周易古本》,二人研究《周易》之成果得以彰顯並流傳於世。

九行十七字,大黑口,左右雙邊,單黑魚尾,字大行疏,版式疏朗。行款一仍宋刻,但字體距宋刻遠甚。

⑯《古文尚書》一卷,宋朱熹輯,清光緒二十九年滎成孫葆田刻本。

《孫氏山淵閣叢刊》之一。此書刻在《周易古本》之後。有牌記:“光緒癸卯夏日問經精舍校刊。”

末有光緒二十九年夏五月孫葆田跋，稱此書的特點在於“分今古文與僞古文爲上下册，與通行本不同。初擬附刻惠氏棟《古文尚書考》、戴氏祖啓《尚書協異》，用便初學，究尋會以事輟工不果”。

九行十七字，大黑口，左右雙邊，單黑魚尾，與上書同。

⑰《奉萱草堂文續集》一卷，清單爲鏓撰，清光緒間榮成孫葆田刻本。

《孫氏山淵閣叢刊》之一。此書無序跋，卷端署：“高密單爲鏓伯平甫著。”

十行二十四字，大黑口，左右雙邊，單黑魚尾，宋體字，稍敦厚些，字略小，刻印不苟。

⑱《黄氏讀禮記日抄》十六卷，宋黄震撰，清光緒三十四年榮成孫葆田問經精舍刻本。

牌記題：“光緒三十四年問經精舍校刊。”

有孫葆田序，曰：“道光末嘉興錢給諫儀吉主講大梁書院，編刻《經苑》，是書亦有目無書，學者惜之。葆田曩歲客遊大梁，嘗欲補刻而未能。今年以事寓濟南，乃取新安汪氏繙宋本《黄氏鈔》，參校他刻，别録爲卷，付諸梓人。剞劂既訖，謹識其後。”則此書係孫葆田光緒三十四年刻於濟南，時葆田正在濟南編纂《山東通志》。所據底本是汪氏翻宋本，是十分可靠的，加之參校他本，所以僅從内容上看此本是善本無疑。

十行二十一字，小字雙行二十一字，黑口，四周雙邊，單黑魚尾。

⑲《讀易自考録》《孝經章句》，清胡性亨撰，清同治光緒間榮成孫葆田刻本。

《校經室文集》卷一有《孝經章句跋》：“右胡俟齋先生所撰《孝經章句》，分爲《經》一章，《傳》十二章……俟齋先生此書雖亦於傳文有所移置,而未嘗刊去舊文,雖其意亦本於朱子而於經傳仍用漢儒所傳之今文,其大體可謂善矣。至其言孝必於居敬窮理之功尤深,故其爲書章條句釋,能使讀此經者昭晰無疑,則其有裨於來學不既多乎。予既校刻先生《讀易自考録》,因是書詞達而理明,與《四庫》所收《孝經》諸家之説足以相輔,輒爲刊行,俾傳於世,以不没先生苦心。先生尚有《孝經外傳》,亦以成朱子之所欲爲而未及爲者,所採不過《論》《孟》《戴記》諸書,卷帙稍繁,校刻須時,姑以俟諸異日。"胡俟齋,即胡性亭。由此可見,孫葆田刻過胡性亭的《孝經章句》《讀易自考録》,而《孝經外傳》因卷帙浩繁未刻。

綜觀以上所列,知刻書活動貫穿了孫葆田的一生。從同治年間他還没中舉就開始了,直至光緒末年,即其去世前兩年。《校經室文集》卷二《寄張廉卿先生書》中説:"是後遽遭多難,匍匐奔走,惴惴焉,大懼朝不謀夕。"葆田生活並不富裕,尤其是晚年,可以"艱難"二字形容,自謂鰥寡孤獨集於一身。但他在艱難中仍不廢刻書之業,兢兢業業,實爲典範。

滎成孫葆田刻書特點有四:

一是以刻經書爲主。從同治年間刻《歲餘偶録》,到光緒末年刻《黄氏讀禮記日抄》,如果説刻書貫穿了他的一生,那麽刻經書更是他萃一生精力所爲之,而且大部分一人獨任編輯、校勘之勞,主要是他重視經書、研讀經書所致,《孟志編略》《經義策論》就是他手自編訂的。同時,作爲一位經學家,經過他校勘的本子有着重要的文獻學價值,如《孟志編略》《周易本義》《春秋會義》《周易古本》《古文尚書》等。更重要的是,他又是一位目録版本學家,對刻書底本的選擇是謹慎而有依據的,他刻《春秋會義》所用的底本來自四庫館所輯《永樂大典》本;《孟子音義》所據的是日照許瀚刻景宋本;《周易古本》是仿臨漳本校勘。刊刻其弟孫季咸的《孝經鄭注附音》,胡性亭的《讀易自考録》《孝經章句》,不僅爲了使親人友朋的著作得以流傳，更源於他對經學孜孜矻矻的追求，這從孫葆田的齋號可見一斑。他的書齋皆以"經"爲名，"涉經樓"意即初涉經書之意，"問經精舍"有不斷探求經義之意，而後來的"授經樓"即其主尚志書院時"傳授經義"之意，"校經室"是校勘經書之意，晚年的"經潤樓"即浸淫於經書之意。可見，讀經、問經、授經、校經、刻經伴隨了他的一生。

二是在刻書中倡導古文。晚清文學界在散文領域有三派："新文體"派，以梁啟超爲代表；白話文派，以全新的形式宣傳新思想；古文派，雖堅持古文格調，思想卻有些變化。可以説，孫葆田是堅持古文的餘勁。他刊刻《孫明復小集》，極力推崇孫復、石介，不僅因爲孫、石二人是山東人，更因爲他們是北宋古文運動的健將。他刊刻《明文正氣集》《望溪文集補遺》《奉萱草堂文續集》，不僅因爲他與單爲鏓、單爲鏓與方苞的特殊關係，更因爲他從一開始就師從武昌著名桐城派古文家張裕釗學古文義法，他的根是桐城派古文，倡導古文義不容辭。

三是刊刻家人及親朋好友的集子亦是其刻書的重要内容。孫葆田刻了其父的《之遊唾餘録》《不夜書屋試律偶存》，其弟的《孝經鄭注附音》，其友的《澤雅堂文集》，包括他自己的《鄉試硃卷》《會試硃卷》。家人、師友的文學創作賴其流傳。

四是刻書風格與衆不同。首先是大多有牌記，且牌記多用篆書，非常古樸典雅。版式多爲十行，大黑口，左右雙邊。雖然所用字體爲通行的宋體字，但刻畫井然，一絲不苟。在生活困頓、衣食無着的情況下，能出版這樣的精品，實屬不易。

孫葆田交游廣泛，師友相契，有着很好的人際關係。除了刻書，他還多爲别人寫序，如《毛尚書奏稿序》《午窗隨筆序》《尚書小劄序》《悦軒文鈔附史席閒話序》《樨香山房詩鈔序》《枕雲詩稿序》《天根文鈔序》《無爲齋遺集序》《青桐軒詩集序》《徐漢卿先生詩集序》《濰上詩集序》《周易象解序》《卜氏族譜後序》《楹書隅録序》《讀禮摘要序》《言子文學録序》《書史記校後》等等,還有大量的墓志銘、師友書信,現從《校經室文集》中可以窺見一斑。正因爲有着很好的人脈,在他身後,山東巡撫孫寶琦爲其刊刻了《校經室文集》十卷,刊未竟而寶琦罷職去,遂中輟,故其版缺四、五、六、七共四卷。民國五年,吴興劉承幹爲其刻《校經室文集》六卷,並於十一年在滬上增刻《補遺》一卷。

附:登州府家刻總表

聽秋山館吟草二卷	(清)張焕祚撰	清同治三年蓬萊張氏刻本
黄邑弦歌集一卷	(清)丁樹馨、丁鳳池等輯	清同治七年黄縣丁氏刻本
張烈婦傳一卷	(清)單爲鏓、尹繼美等撰	清同治間黄縣丁晉祺刻本
士鄉烈女詩文畧一卷	(清)張庭詩等撰	清同治三年黄縣丁晉祺刻本
勸戒録二十四卷	(清)梁恭辰撰	清光緒二年黄縣丁以約堂刻本
太上感應篇註證二卷	(清)錢硯氤、錢仁寶集注	清光緒十三年黄縣丁以約堂刻本
文昌孝經註不分卷	(清)王德瑛注	清光緒十四年黄縣丁以約堂刻本
訓蒙史略二卷	(清)左喬林撰(清)淳于鴻恩校	清光緒二十五年黄縣丁世常刻本
鄉黨圖考補證六卷	(清)王漸鴻撰 校鄉黨圖考補證札記一卷(清)張庭詩撰	清光緒三十四年黄縣丁樹楨海隅山館刻本

（續表）

悦軒文鈔二卷	（清）鞠濂撰　附史席閒話一卷（清）鞠濂講述（清）董元度述纂	清宣統二年黄縣丁樹楨海隅山館刻本
海隅山館印存一卷	（清）丁樹楨輯	清黄縣丁樹楨鈐印本
校周易集	（清）丁憲曾撰	清光緒黄縣丁氏刻本
善書及醫藥痧症諸書十餘種		清黄縣丁世任刻本
闞待新編二卷	（清）孫能遷撰	清宣統元年黄縣丁氏刻本
夷安詩草一卷	（清）趙書奎撰	清光緒二十四年黄縣趙蔚坊刻本
墨香書屋詩草一卷	（清）趙書奎撰	清光緒二十四年黄縣趙蔚坊刻本
大瑩東武詩草合編二卷	（清）趙星海撰	清光緒二十八年黄縣趙星海刻本
漢碑經義輯略二卷	（清）淳于鴻恩輯	清光緒二十八年黄縣淳于鴻恩濟南刻本
公羊方言疏箋一卷	（清）淳于鴻恩撰	清光緒三十四年黄縣淳于鴻恩金泉精舍刻本
關帝明聖經註解三卷		清光緒七年黄縣林氏懷德堂刻本
説文統系圖	（清）桂馥撰	清光緒十年黄縣重刻本
黄縣詩文彙鈔一卷	（清）尹繼美輯	清光緒十五年豫章尹繼美鼎吉堂刻本

（續表）

福幼遂生合編	（清）莊一夔撰	清光緒十五年黄縣西順軒主人刻本
仙傳名醫治白喉全書		清光緒二十八年黄縣張紫珊等刻本
勸世歸真四卷		清光緒二十七年黄縣王衍經等刻本
太上感應篇直講一卷感應篇直講法六條靈驗事實五十六則	（清）德明額傳述	清光緒十一年黄縣辛店子村式勤堂山刻本
金科玉律注釋一卷		清黄縣張家溝村樹滋堂刻本
驗方輯要一卷	（清）趙城輯	清光緒黄縣趙城刻本
煨芋巖居詩續集五卷	（清）王善寳撰	清光緒十一年福山王伯方中州刻本
煨芋巖居文集一卷	（清）王善寳撰	清光緒十三年福山王氏刻本
疑年録四卷（天壤閣叢書之一）	（清）錢大昕撰	清同治元年福山王祖源京師刻本
續疑年録四卷（天壤閣叢書之一）	（清）吴修撰	清同治元年福山王祖源京師刻本
漁洋山人秋柳詩箋一卷（天壤閣叢書之一）	（清）王祖源輯	清同治五年福山王祖源京師刻本
東古文存一卷（天壤閣叢書之一）	（朝鮮）金正喜輯	清光緒五年福山王祖源、王懿榮成都刻本
弟子職正音一卷（天壤閣叢書之一）	（清）王筠撰	清光緒五年福山王祖源成都刻本

（續表）

爾雅直音二卷（天壤閣叢書之一）	（清）孫偘撰（清）王祖源校正	清光緒六年福山王祖源成都刻本
急就篇直音一卷（天壤閣叢書之一）	（清）王祖源撰（清）錢保塘補音	清光緒六年福山王祖源成都刻本
急就篇四卷正文一卷（天壤閣叢書之一）	（漢）史游撰（唐）顔師古注（宋）王應麟補注	清光緒六年福山王祖源成都刻本
古今韻考四卷附古今韻附記一卷（天壤閣叢書之一）	（清）李因篤撰（清）楊傳第撰附記	清光緒六年福山王祖源成都刻本
切韻一卷（天壤閣叢書之一）	（明）潘之淙撰	清光緒六年福山王祖源成都刻本
求雨篇一卷（天壤閣叢書之一）	（清）紀大奎撰	清光緒六年福山王祖源成都刻本
明刑弼教録六卷（天壤閣叢書之一）	（清）王祖源輯	清光緒六年福山王祖源成都刻本
夏小正正義一卷（天壤閣叢書之一）	（清）王筠撰	清光緒七年福山王祖源成都刻本
弟子職一卷（天壤閣叢書之一）	（清）許瀚音	清光緒七年福山王祖源成都刻本
聲調三譜四卷（天壤閣叢書之一）	（清）王祖源輯	清光緒八年福山王祖源四川刻本
内功圖説一卷（天壤閣叢書之一）	（清）潘霨撰（清）王祖源輯	清光緒八年福山王祖源成都刻本

（續表）

麟角集一卷附録一卷（天壤閣叢書之一）	（唐）王棨撰	清光緒十年福山王氏京師刻本
莆陽黄御史集二卷别録一卷附録一卷（天壤閣叢書之一）	（唐）黄滔撰	清光緒十年福山王懿榮京師刻本
説文逸字二卷（天壤閣叢書之一）	（清）鄭珍撰　附録一卷（清）鄭知同撰	清光緒間福山王祖源成都刻本
説文聲讀表七卷（天壤閣叢書之一）	（清）苗夔撰	清光緒間福山王氏刻本
章雲李先生四書文	（清）章金牧撰	清光緒五年福山王氏家塾刻本
王太常集二卷	（清）王湝撰	清光緒八年福山王祖源成都府署刻本
王布政集二卷	（清）王顯緒撰	清光緒八年刻本
周公年表一卷	（清）牟庭撰	清同治十年福山王懿榮京師刻本
同治癸酉科順天鄉試硃卷	（清）王懿榮撰	清光緒間福山王懿榮京師刻本
光緒己卯科順天鄉試硃卷	（清）王懿榮撰	清光緒間福山王懿榮京師刻本
光緒己卯科順天鄉試復試卷	（清）王懿榮撰	清光緒間福山王懿榮京師刻本
光緒庚辰科會試硃卷	（清）王懿榮撰	清光緒間福山王懿榮京師刻本

（續表）

光緒庚辰科會試覆試卷	（清）王懿榮撰	清光緒間福山王懿榮京師刻本
光緒庚辰科殿試卷	（清）王懿榮撰	清光緒間福山王懿榮京師刻本
光緒庚辰科朝考卷	（清）王懿榮撰	清光緒間福山王懿榮京師刻本
光緒甲午大考翰詹一等卷	（清）王懿榮撰	清光緒間福山王懿榮京師刻本
輶軒使者絶代語釋別國方言十三卷	（漢）揚雄撰	清光緒福山王懿榮京師影宋刻本
四家館課	（清）王懿榮、張之洞、盛昱、樊增祥撰	清光緒二十六年福山王懿榮京師刻本
簠齋傳古別録一卷	（清）陳介祺撰	清光緒五年福山王懿榮成都刻本
王文敏公哀啓一卷	（清）王崇烈撰	清光緒二十六年福山王氏刻本
木皮子詞一卷	（明）賈鳧西撰	清同治光緒間刻本
爾雅郭注義疏十九卷	（清）郝懿行撰	清同治四年棲霞郝聯薇濟南刻本
竹書紀年校正十四卷通考一卷	（清）郝懿行撰	清光緒五年棲霞郝聯薇東路廳署刻本
寳訓八卷	（清）郝懿行撰	清光緒五年棲霞郝聯薇東路廳署刻本
蜂衙小記一卷	（清）郝懿行撰	清光緒五年棲霞郝聯薇東路廳署刻本

（續表）

燕子春秋一卷	（清）郝懿行撰	清光緒五年棲霞郝聯薇東路廳署刻本
記海錯一卷	（清）郝懿行撰	清光緒五年棲霞郝聯薇東路廳署刻本
易説十二卷易説便録一卷	（清）郝懿行撰	清光緒八年棲霞郝聯薇東路廳署刻本
書説二卷	（清）郝懿行撰	清光緒八年棲霞郝聯薇東路廳署刻本
汲塚周書輯要一卷逸書一卷	（清）郝懿行撰	清光緒八年棲霞郝聯薇東路廳署刻本
鄭氏禮記箋四十九卷	（清）郝懿行撰	清光緒八年棲霞郝聯薇東路廳署刻本
詩説二卷	（清）郝懿行撰	清光緒八年棲霞郝聯薇東路廳署刻本
詩經拾遺一卷	（清）郝懿行撰	清光緒八年棲霞郝聯薇東路廳署刻本
詩問七卷	（清）郝懿行撰	清光緒八年棲霞郝聯薇東路廳署刻本
證俗文十九卷	（清）郝懿行撰	清光緒十年棲霞郝聯薇東路廳署刻本
曬書堂文集十二卷外集二卷別集一卷	（清）郝懿行撰	清光緒十年棲霞郝聯薇東路廳署刻本
曬書堂閨中文存一卷	（清）王照圓撰	清光緒十年棲霞郝聯薇東路廳署刻本

（續表）

曬書堂筆記二卷	（清）郝懿行撰	清光緒十年棲霞郝聯薇東路廳署刻本
曬書堂時文一卷	（清）郝懿行撰	清光緒十年棲霞郝聯薇東路廳署刻本
曬書堂筆録六卷	（清）郝懿行撰	清光緒十年棲霞郝聯薇東路廳署刻本
曬書堂詩鈔二卷	（清）郝懿行撰	清光緒十年棲霞郝聯薇東路廳署刻本
曬書堂試帖一卷	（清）郝懿行撰	清光緒十年棲霞郝聯薇東路廳署刻本
曬書堂詩餘一卷	（清）郝懿行撰	清光緒十年棲霞郝聯薇東路廳署刻本
和鳴集一卷附祭財神詩一卷	（清）郝懿行、王照圓撰	清光緒十年棲霞郝聯薇東路廳署刻本
梅叟閑評一卷	（清）郝培元撰	清光緒十年棲霞郝聯薇東路廳署刻本
李氏家訓一卷	（清）李毓秀撰	清光緒十一年棲霞李氏樓山書屋刻本
俚言勸世一卷	（清）李毓秀撰	清光緒十一年棲霞李氏樓山書屋刻本
蘿石山房集四卷梅花屋詩草一卷別集一卷左侍郎奏疏一卷	（明）左懋第撰	清光緒六年萊陽左中行刻本
瓣香齋詩鈔六卷	（清）王明尊撰	清光緒二十二年牟平王氏自刻本

（續表）

舊雨軒剩稿一卷	（清）于昌進撰	清光緒四年文登于寶之清江浦刻本
今雨樓詩存二卷晚晴草堂詩集一卷	（清）于寶之撰	清光緒間文登于寶之刻本
杜解傳薪摘抄一卷	（清）趙星海編	清同治海陽趙氏燕海吟壇刻本
鄉黨約説	（清）楊廷芝撰	清同治十年榮成孫福海不夜書屋刻本
古不夜城記一卷	（清）孫福海撰	清同治榮成孫葆田刻本
漢人經解輯存序目一卷（歲餘偶録三種之一）	（清）孫葆田撰	清同治榮成孫葆田濟南刻本
漢儒傳經記一卷（歲餘偶録三種之一）	（清）孫葆田撰	清同治榮成孫葆田濟南刻本
孫明復小集三卷	（宋）孫復撰	清光緒十五年榮成孫葆田刻本
之遊唾餘録一卷	（清）孫福海撰	清光緒十六年榮成孫葆田刻本
不夜書屋試律偶存一卷	（清）孫福海撰	清光緒十六年榮成孫葆田刻本
明文正氣集二編	（清）孫葆田編	清光緒十六年榮成孫葆田濟南尚志堂刻本
孟志編略六卷	（清）孫葆田撰	清光緒十六年榮成孫葆田刻本
春秋會義二十六卷	（宋）杜諤撰	清光緒十八年榮成孫葆田濟南尚志書院刻本

（續表）

澤雅堂文集十卷	（清）施補華撰	清光緒十九年榮成孫葆田濟南刻本
孟子音義二卷	（宋）孫奭撰	清光緒十九年榮成孫葆田據日照許氏校景宋本重刻本
孝經鄭注附音一卷	（清）孫季咸撰	清光緒二十二年榮成孫葆田濰縣牓園刻本
經義策論三種（歷代策論約編、策對名文約選、宋人經義約抄）附作義要抉	（清）孫葆田輯	清光緒二十八年榮成孫葆田經潤樓刻本
望溪文集補遺一卷	（清）方苞撰	清光緒二十九年榮成孫葆田河南刻本
周易古本十二篇	（宋）吕祖謙輯　音訓二卷（宋）王莘叟撰	清光緒二十九年榮成孫葆田刻本
古文尚書一卷	（宋）朱熹輯	清光緒二十九年榮成孫葆田刻本
奉萱草堂文續集一卷	（清）單爲鏓撰	清光緒間榮成孫葆田刻本
黄氏讀禮記日抄十六卷	（宋）黄震撰	清光緒三十四年榮成孫葆田問經精舍刻本
讀易自考録	（清）胡性亭撰	清同治光緒間榮成孫葆田刻本
孝經章句	（清）胡性亭撰	清同治光緒間榮成孫葆田刻本

（四）坊刻

1. 黄縣坊刻

清後期的黄縣坊鋪有四家。除清中期介紹的四寶齋外，尚有文裕成、文裕盛、誠文信三家。

1）文裕成

光緒十二年前開業。刻書五種，刻書標志爲"黄邑文裕成校刻"或"黄邑文裕成藏板"。

新選小題金粉	清光緒十二年黄邑文裕成刻本
繡像雙釵記	清光緒十五年黄邑文裕成刻本
小題新編初二集	清光緒十六年黄邑文裕成刻本
劉公案	清光緒二十年黄邑文裕成刻本
小題搭題芝蘭	清黄邑文裕成刻本

2）文裕盛

疑此文裕盛或即文裕成。光緒三十三年刻《新刻青峰嶺》二卷，封面題："光緒丁未刊，黄邑文裕盛梓。"十行二十四字，白口，四周單邊，刻印一般。另刻一種《玉曆鈔傳警世》，封面題："癸丑年重刊，板存黄邑文裕盛。"文裕盛衹是藏板地，可能是個刻書鋪。

新刻青峰嶺二卷	清光緒三十三年黄邑文裕盛刻本
玉曆鈔傳警世一卷	清癸丑黄邑丁庭禮刻本

3）誠文信

黄縣誠文信是濰縣承文信的分支，詳見下文。目前僅見民國刻本一種：《實録天箴》，永善宫撰，民國龍口誠文信書坊代印（龍口原爲黄縣的一個鎮，1986 年，黄縣改稱龍口市）。知誠文信書坊地址在龍口鎮。十行二十一字，白口，四周雙邊，單黑魚尾，無直格。

2. 蓬萊坊刻

清後期的蓬萊坊鋪有五家。除清中期介紹的文成生外,尚有如下四家。

1)文會成

至遲在同治二年開業,所見刻書八種,有六種標明登郡文會成,另二種未標,現存煙台圖書館,或文會成僅蓬萊一家。

《暗室燈注解》二卷,清王崇實撰,清同治二年浙江寧波商人夏厚載山東刻本。封面題:“暗室燈注解,同治二年歲次癸卯重刊。”牌記爲:“板存登州府蓬邑城里東街六分橋西坐北朝南文會成書坊。”據序,浙江寧波商人在北方海上販運商品,在港口裝載時,遇凍冰之患,遂祈禱並許願刻一部《暗室燈》,果靈驗,於是“急校勘付梨棗,原板寄存登州府,以便樂善者印送也”。可見,此書實爲夏厚載個人所刻,板存登州蓬萊文會成。十二行二十六字,白口,左右雙邊,單黑魚尾,無界行,字小行密,開本大,刻印不精。

《監本四書》,宋朱熹撰,清光緒四年登郡文會成刻本。九行十七字,白口,左右雙邊,單黑魚尾。

《奎壁書經》六卷,宋蔡沈集傳,清光緒五年登郡文會成刻本。封面題:“光緒五年孟冬鐫,登郡文會成藏板。”九行十七字,小字雙行十七字,白口,左右雙邊。

《監本易經》四卷,宋程頤注,清光緒六年登郡文會成刻本。封面題:“登郡文會成藏板。”九行十七字,小字雙行十七字,白口,左右雙邊。

《塾課小題正鵠》四集,清李元度輯,清光緒十二年文會成刻本。九行二十五字,白口,左右雙邊,單黑魚尾。

《詳批律賦標準》八卷,清葉祺昌編,清光緒十三年登州文會成刻本。封面題:“光緒丁亥新鋟,登文會成梓。”

《如西所刻諸名家評點春秋綱目左傳句解》六卷,清韓菼重訂,清文會成刻本。封面題:“文會成藏板。”上下欄,白口,四周單邊,單黑魚尾。

《重訂暗室燈》二卷,清闞守鎮增訂,清光緒間蓬萊文會成書坊刻本。十二行二十六字,白口,左右雙邊,單黑魚尾。

暗室燈注解二卷	(清)王崇實撰	清同治二年浙江寧波商人夏厚載山東刻本(板存登州文會成書坊)
監本四書	(宋)朱熹撰	清光緒四年登郡文會成刻本
奎壁書經六卷	(宋)蔡沈集傳	清光緒五年登郡文會成刻本
監本易經四卷	(宋)程頤注	清光緒六年登郡文會成刻本
塾課小題正鵠四集	(清)李元度輯	清光緒十二年文會成刻本
詳批律賦標準八卷	(清)葉祺昌編	清光緒十三年登州文會成刻本
如西所刻諸名家評點春秋綱目左傳句解六卷	(清)韓菼重訂	清文會成刻本
重訂暗室燈二卷	(清)闞守鎮增訂	清光緒間蓬萊文會成書坊刻本

2)守一堂

清同治六年刻《觀音道德真經初集》四卷、《觀音道德真經》一卷。封面題:"同治丁卯仲冬鐫,登郡守一堂藏板。"八行二十字,小字雙行二十字,白口,上下雙邊,單黑魚尾,刻印一般。

3)生記書坊

光緒二十四年前開業,光緒三十四年還在經營,地址在蓬萊縣城南街。所見刻書實物有二種。一爲《反性圖全集》,清光緒二十四年刻本。封面題:"版藏登州府蓬邑南街生記書坊。"十一行二十字,白口,四周單邊,單黑魚尾。一爲《圓覺經》一卷,清光緒三十四年刻本。十行二十四字,白口,四周單邊,單黑魚尾。

反性圖全集十卷		清光緒二十四年登州府蓬萊生記書坊刻本
圓覺經一卷	(清)趙九陽等修	清光緒三十四年登郡生記書坊刻本

4)文惠成

至遲在光緒二十五年開業。所見刻書有一種。《蘭言詩鈔》四卷,清李瑞輯,清光緒二十五年登郡文惠成刻本。封面題:"光緒己亥年秋校刻,登郡文惠成藏板。"九行二十二字,小字雙行二十二字,白口,四周雙邊,單黑魚尾。

3. 煙台坊刻

清後期的煙台坊鋪有八家。除清中期介紹的成文信外,尚有誠文信等七家。

1)誠文信

據洪友生、秦明治、陳建繩《山東省出版大事記(清朝部分)》①,光緒十五年,煙台誠文信書坊開業,店址在興隆街25號,經理劉家先,從業人員20餘人。書坊有門市四間,除零售圖書外,還有批發業務。牟平、乳山、文登等縣的書局、書攤多從誠文信進貨。民國二十六年歇業。據崔章蔭《〈承文新脈絡淵源〉補正——招遠縣孟格莊"二書鋪"探源》一文,煙台的誠文信書鋪,係濰縣承文信的分支,龍口亦有誠文信書鋪。目前所見明確標明誠文信的出版物有七種,其中民國排印本有兩種,宣統石印本有一種,封面往往有"煙台(或烟台)誠文信記梓""煙台(或烟台)誠文信印行""煙台(或烟台)誠文信藏板""板藏山東登州煙台(或烟台)誠文

①洪友生、秦明治、陳建繩:《山東省出版大事記(清朝部分)》,見《山東出版志資料》第八輯,山東人民出版社1989年版,第68～74頁。

信記書坊”等。民國書往往有“煙台(或烟台)誠文信書坊代印”。據崔章蔭文,北京、天津、丹東、沈陽亦有誠文信,所以未標明“煙台”者不敢遽斷爲煙台誠文集。

明確標明爲煙台誠文信刻書者:

重訂監本書經註六卷	(宋)蔡沈集傳	清光緒二十九年煙台誠文信刻本
詩經融註大全體要八卷	(清)高朝瓔撰	清光緒二十九年煙台誠文信刻本
宣講拾遺六卷首一卷	(清)張岸登撰	清光緒三十一年煙台誠文信刻本

明確標明爲煙台誠文信排印、石印者:

訓蒙史略詳註三卷	(清)林鶯庵纂定	清光緒二十五年煙台誠文信排印本
宣講拾遺六卷	(清)張岸登撰	清宣統二年煙台誠文信石印本
齊魯講學編	(清)尹銘綬輯	民國元年煙台誠文信排印本
對聯彙鈔		民國三年煙台誠文信排印本
諸葛武侯巧連數一卷	(清)張澍輯	煙台誠文信鉛印本
文登縣志十四卷首一卷	(清)李祖年、于霖逢纂修	民國十一年煙台誠文信書坊排印本
囂囂山房詩集五集外集一卷	權彤範撰	民國十六年煙台誠文信排印本
王烈女榮哀録不分卷 坿烈女王素文絶命詞一卷 儒童張炳武遺稿一卷	張榮恩等編輯	民國十九年煙台誠文信書坊排印本
竈王真經		煙台誠文信排印本

未標明刻書地的誠文信刻書:

新訂四書補註備旨十卷	(明)鄧林撰(清)杜定基增訂	清光緒二十年誠文信記刻本
古文釋義八卷	(清)余誠評選	清光緒二十四年誠文信刻本
史鑑節要便讀六卷	(清)鮑東里輯	清光緒三十年誠文信書坊刻本
新訂四書補註備旨十卷	(明)鄧林撰(清)杜定基增訂	清光緒三十一年誠文信刻本
四書體註十九卷	(清)范翔參訂	清末誠文信刻本

2)誠文德

據崔章蔭文,煙台有成文德書鋪,龍口亦有成文德書鋪。但現在所見的成文德均爲"誠"文德,不知崔氏所記是否有誤。煙台圖書館藏有《四書章句》《重校字典四書》二書,封面均題:"烟台誠文德藏板。"均爲光緒二十八年刻本。據李振聚師弟提供信息,有"烟台誠文德藏板"標志的還有辛未年重刊《高王觀世音菩薩真經》,大約是民國二十年。又有烟台誠文德印書局排印的《生命要言》。龍口的誠文德書局也是民國間的事了,現存龍口市圖書館的《招魂録》不知是什麽類型的本子,而民國二十三年的《彙仙寶傳》爲鉛印本。

3)文勝堂

光緒二十四年前開業。版本標記爲"燕台文勝堂梓"或"煙台(或烟台)文勝堂藏板"。所刻多爲經部書,且集中於光緒二十四年刻梓。

千家詩箋註四卷	清光緒二十四年煙台文勝堂刻本
剔弊廣增分韻五方元音二卷首一卷	清光緒二十四年煙台文勝堂刻本
四書章句十九卷	清光緒二十四年煙台文勝堂刻本
重校字典四書十九卷	清光緒二十四年煙台文勝堂刻本
五經旁訓二十一卷	清光緒二十四年煙台文勝堂刻本
分韻試帖青雲集合註四卷	清光緒二十四年煙台文勝堂刻本
綉像緑牡丹全傳	清光緒二十九年煙台文勝堂刻本
唐詩合解箋註	清光緒煙台文勝堂刻本

4)文盛堂

所知文盛堂刻書有兩種:

《古唐詩合解》十二卷附《古詩》四卷,清光緒二十四年煙台文盛堂刻本。

《奎壁書經》六卷,宋蔡沈集傳,清末煙台文盛堂刻本。有鈐印"烟台文勝堂督造各種書籍水□售□墨硯池湖筆俱全"。文盛堂所刻書鈐有文勝堂的印,疑二家爲一家。

九行十七字,小字雙行十七字,白口,左右雙邊。

5)文雅堂

光緒二十四年前開業,目前所見刻書有兩種。

一爲《太史張天如詳節春秋綱目左傳句解》六卷,清末刻本。封面題:"烟台文雅堂梓行。"下鈐"烟台文雅堂記督造古今書籍發兑"。十一行二十四字,小字雙行二十四字,白口,四周雙邊,單黑魚尾。

另一種爲《古唐詩合解》十二卷附《古詩》四卷,清光緒二十四年刻本。封面題:"烟台文雅堂藏板。"十一行二十一字,小字雙行二十一字,白口,左右雙邊,單黑魚尾。

李振聚師弟曰:"《唐詩合解箋註》《古唐詩合解》疑爲一書,同一書在煙台一地，在光緒中竟有三家書坊刻版印售，殊可疑。書坊之間或有轉板互印之關係，未可知也。疑三家印本爲一板。”確實如此。此三家爲文勝堂、文盛堂、文雅堂，皆爲“文”字號，且此書均刻於光緒二十四年，或一家坊鋪的不同分號間有借板之行爲。具體情況有待進一步考察。

6）文英齋

宣統元年前開業。所見刻書衹一種：煙台圖書館藏《武當功課經》不分卷，清宣統元年煙台文英齋刻字處刻本。有黄邑雲台頂住持尚教池跋，云：“池師於斯發願刻印經文，奈志爲就而逝，池因繼師志今十餘載矣。幸有同志者出有繡梓，徐子願施工一半，全真周子施錢一半，事體已具有而微復賴衆善捐助。”封面題：“魁文堂刑振榮、膠州張鳳儀、聚文堂張萬選、章邱王慶雲、巨文堂董映河、招邑徐壽恒，宣統元年冬月吉日煙台文英齊刻字處弟子徐梅沐手虔刻。”五行十五字，白口，上下雙邊。

7）成文堂

光緒二年前開業，地址不詳。

據《煙台公共圖書館館藏古籍書目》，煙台有成文堂，不知是否爲膠州成文堂的分號。所刻書有《左傳選》十四卷，清光緒二年煙台成文堂刻本。封面題：“煙台成文堂藏板。”行字不一，白口，四周單邊，單黑魚尾。

（五）宗教機構刻書

1. 黄縣天齊廟

萊陽市圖書館有《高上玉皇本行集經》三卷，清光緒二十一年黄邑天齊廟刻本。卷末有一行：“光緒二十一年重刊，板存黄邑城裡天齊廟，登郡招邑王元善雕刊。”招遠王元善蓋爲刻工。五行十一字，白口，上下雙邊，有直格。

2. 煙台基督教堂

中山大學圖書館藏《基督實録》二卷,英韋廉臣撰,清光緒六年韋廉臣煙台刻本。

封面題:"救主耶蘇降世一千一百八十年重印,大清光緒六年,由山東東郡烟台韋廉臣發。"卷端署:"英韋廉臣撰,華董樹棠筆。"

前有光緒六年韋廉臣《基督實録序》:"茲有上海公平洋行老東韓多馬、烟台合記洋行老東威雅各諸公捐資多金,勸余廣印斯書,奉送官紳文士。"末署:"大清光緒六年孟春中浣韋廉臣序於山東之烟台講舍。"

十三行十七字,白口,四周雙邊,單黑魚尾,宋體字,刻印不苟。

(六)民間組織刻書

煙台廣仁堂,是被稱爲"膠東第一"的慈善機構。一説其前身爲施粥廠,同治九年爲兼善堂,後改名爲廣仁堂。另一個説法是,光緒十五年,一條裝載貢品的船在由上海至北京的途中失事,貢品被時任登萊青道道臺的盛宣懷打撈後押回煙台。盛宣懷私吞了一部分後上繳朝廷,但事情被慈禧太后知道,責令山東巡撫張曜負責查辦。盛宣懷於是擬了一道奏摺和一份《籌建廣仁堂大綱》,大意是擬將新打撈之貢品中的黄金白銀若干兩,加上本地道臺自籌白銀若干兩,合資籌建一慈善機構,救濟貧苦無依的黎民百姓,爲皇帝廣施仁政,定名廣仁堂。慈禧見後,不但頒旨讓盛宣懷在煙台建廣仁堂,還決定每年撥皇糧500石,供廣仁堂救濟難民。於是,廣仁堂在光緒十七年就應運而生了。廣仁堂共十個院落,建有房舍三百餘間,最興盛時期擁有附屬房産一千八百餘間,義地一千二百餘畝。

目前所知煙台廣仁堂刻書一種:《小兒語》,明吕得勝撰,清光緒十七年煙台廣仁堂刻本。有牌記:"光緒十七年春二月煙台廣仁堂刊。”卷端署：“明寧陵吕得勝近溪撰，仲子坤新吾續。”版心下刻“廣仁堂”。九行十七字，白口，四周雙邊，無界行。字大，但刻印較粗劣。

（七）登州府刻書特色

清後期的登州府刻書，有官刻 1 種，書院刻書 1 種，家刻 119 種，坊刻 60 餘種，道觀刻書 1 種，教堂刻書 1 種，民間組織刻書 1 種。

私家刻書 119 種，其中福山 39 種，棲霞 26 種，黄縣 27 種，榮成 21 種，文登 2 種，蓬萊、萊陽、牟平、海陽各 1 種。

刻書數量多的地區是因爲有刻書大族的存在。此期有四大家族：黄縣丁氏、棲霞郝氏、福山王氏、榮成孫氏。

黄縣丁氏刻書注重家族教育，如《訓蒙史略》《勸戒録》；亦注重刊刻鄉邦文獻，如《黄邑弦歌集》《張烈婦傳》《士鄉烈女詩文畧》；還有善書和醫書，如丁以約堂刻《太上感應篇註證》《文昌孝經註》，丁世任刊刻善書及醫藥痧症諸書十餘種。與其他大族刻書不同，丁氏刻集部書最少，除了鞠濂的古文和黄縣邑人的詩歌集外，其餘均爲經部、史部和子部書。

棲霞郝氏主要是郝聯薇在東路廳署刻書，衹有一種在濟南刻。所刻大部分是郝懿行的著述，是對郝氏著述的全面總結。時間集中於光緒五年、八年、十一年這三年間。請河北刻工操刀。

福山王氏主要是王祖源和王懿榮刊刻的《天壤閣叢書》。此二十種書，大部分爲課子孫所用，如《急就篇直音》《爾雅直音》《古今韻考》《漁洋山人秋柳詩箋》。版心大多或標“天壤閣叢書，福山王氏刊”，或標“福山王氏天壤閣叢書”。刊刻精緻的當爲王懿榮所刻二種。他還在京師刻了八種硃卷，係山東個人刻硃卷最多的一位。

榮成孫葆田的刻書以經書爲主。從同治年間到光緒末年，他萃一生精力刊刻經書,經過他校勘的本子有着重要的文獻學價值。同時,他又是一位目録版本學家,對刻書底本的選擇是謹慎而有依據的。孫葆田還以刻書來倡導古文。如刊刻《孫明復小集》《明文正氣集》《望溪文集補遺》《奉萱草堂文續集》,既有對孫復的景仰,又有對方苞、單爲鏓古文的推廣。刻書風格與衆不同,大多有牌記,且牌記多用篆書,非常古樸典雅。

這一時期的登州府刻書,在内容上,還是以集部爲主,有 50 種,經部次之,有 32 種,子部 27 種,史部最少,有 10 種。

集部總集類數量較多,僅黄縣就有《黄邑弦歌集》《張烈婦傳》《士鄉烈女詩文畧》《黄縣詩文彙鈔》四種,還有朝鮮的《東古文存》。地方文獻有孫福海的《古不夜城記》。

經部書的增多,表明這一時期登州府學術研究的重點是經學,正是經學著述的大量産生,纔導致刻經書數量的增長。與幾大家族的分布相適應,經學研究的分布也出現了黄縣、棲霞、福山、榮成幾個中心。黄縣有淳于鴻恩、張庭詩、丁樹楨,棲霞有郝氏,福山有王祖源、王懿榮,榮成有孫葆田。尤其是孫葆田,書齋皆以"經"爲名,"涉經樓""問經精舍""授經樓""校經室""經潤樓",可見,讀經、問經、授經、校經、刻經伴隨了他的一生。

清末黄縣刻書出現了一個新現象,即個人刻書較爲關注善書和醫籍。醫籍的刊刻受重視由來已久,而善書的突然增多,固然與清末民初全國各地紛紛刊刻此類書籍的大氣候有關,更重要的是,膠東地區地處沿海,自古以來海上貿易就十分發達,漁民、商人們幾乎每日在海上飄流,而當時的船隻抗風浪能力差,在遭遇惡劣天氣時極易造成生命危險和財産損失。爲求平安,人們衹能求助於神靈的庇佑。與此相伴,勸人行善的書籍也逐漸增多,很多人因爲在海上死裏逃生,認爲是神靈所佑,故上岸後刻書以表達對神靈的感謝。這是沿海地區刊刻善書的主要原因。

這一時期登州府的刻書在内容上堪稱佳作者有：趙星海編《杜解傳薪摘抄》，在杜詩評注本中可謂獨具一格，富於創造；丁氏海隅山館刻王漸鴻的《鄉黨圖考補證》，是王漸鴻對江永《鄉黨圖考》的補缺證誤，參考經典以會其通，精擇衆家以求其當；淳于鴻恩的《漢碑經義輯略》，有可徵古義者，有可徵古讀者，有可訂舊解之誤者，有可訂舊儒之誤者，爲金石界所稱譽；其《公羊方言疏箋》，折中衆説，廣爲徵引，對徐彦《春秋公羊疏》有所訂正，也對漢代學者揚雄所著《方言》有所補充；郝聯薇所刻郝懿行撰《爾雅郭注義疏》是經部要籍，在楊以增、胡珽本的基礎上又經再次勘校；《簠齋傳古别録》是陳介祺與王懿榮書，是金石學的重要文獻。

在版本的選擇上，孫葆田獨具隻眼。《春秋會義》係四庫館臣楊昌霖從《永樂大典》中輯出，但《四庫提要》失載，幸有一抄本在世，於是孫葆田亟刊於尚志書院，以廣其傳並爲諸生所用，使亡佚之本再次復活。此爲難得之書。其《孟子音義》所據的是日照許瀚刻景宋本，《周易古本》是仿臨漳本校勘。

朝鮮金正喜輯《東古文存》成書後，贈予葉東卿，後爲趙之謙所得，王懿榮見之，得趙氏録副一部。此書在國内及朝鮮僅有抄本流傳，且朝鮮刻書，必須經公家允許，私人不能擅自刊刻。

《麟角集》在明有祁氏澹生堂抄本，至清又有多種抄本，但刻本僅見於鮑氏《知不足齋叢書》和《王氏彙刻唐人集》，而王氏天壤閣本所據爲嘉慶王氏本，又據鮑廷博本補，集二者之菁華，可謂版本精審，有校勘價值。

《黄御史集》在宋有二刻，明正德本所據爲宋慶元本。在未見正德本的情況下，王懿榮以影宋抄本爲底本，以還宋本原貌，缺者以崇禎刻本補。全書刻成後，又發現了正德本，於是附録部分據正德本補入。其父王祖源自詡“此刻在今日世存黄集中誠第一舊本矣”。

牟庭撰《周公年表》，其子牟房已刻於湖州。同治五年，懿榮求得手稿於掖縣林牟貽家，以湖州本校之，文字亦互有異同。會稽趙之謙言藏有漢陽葉氏抄本，假以校正，則與林氏藏稿悉合，始知湖州刊本乃《同文尚書》初稿之未删者，葉氏本當從手稿録出，爲最後定本，懿榮據以重刊。

漢代揚雄撰《輶軒使者絶代語釋别國方言》，光緒間王懿榮在京師有影宋刻本。此書非常重要，原因有三：一是影宋刻《方言》，此本最早；二是因王懿榮感覺影寫不精，故未入《天壤閣叢書》；三是此書衹印行數十部，流傳稀少。

此期具有藝術價值的名品有：

孫葆田所刻《孫明復小集》，封面爲日照丁汝彪集漢碑字署耑，雙鈎而成，極古樸美觀，正文爲宋體字，刻畫精整，一絲不苟；《之遊唾餘録》《不夜書屋試律偶存》，開本大，行字疏朗，刻印精美；《孟志編略》，宋體字，刻印比較精美；《孟子音義》用日照許氏校宋本重刻，寫刻體，宋刻風格，非常漂亮，此書刻工爲長清紀瑗，説明光緒時山東刻工模仿宋刻本的能力已達到了相當高的水平；《周易古本》字大行疏，版式疏朗。

王祖源所刻《内功圖説》一卷，有圖，圖像刻畫精細。行字不一，字有寫刻特點，與其他天壤閣書不同，亦無天壤閣標志。王祖源序中曰："摹者，德州武通守文源，刻在成都郡齋。"摹刻者當爲山東德州人。

黄縣丁氏刻《訓蒙史略》，字大悦目，刻印精美。

登州府的坊刻集中於黄縣、蓬萊、煙台三地。黄縣有四寶齋、文裕成、文裕盛、誠文信四家；蓬萊有文成生、文會成、守一堂、生記書坊、文惠成五家；煙台有成文信、誠文信、誠文德、文勝堂、文盛堂、文雅堂、文英齋、成文堂八家。總計十七家，而中期僅三家，在數量上有大幅度的增加。煙台增加最多，説明自開埠以來，客觀上,這個小城市的經濟與文化都有了很大的發展。煙台成文信是最大的坊鋪,煙台文勝堂、蓬萊文會成居第二。

清後期的登州府坊刻書有 60 餘種(不計未明確標明地區的成文信),其中經部有近三十種,約占一半,子部以善書爲主。

二、萊州府刻書

(一)官刻

清後期的萊州府官刻有一種,即光緒二十七年慶雲崔鍾善萊州府刻自撰《釋惑録》一卷。

崔鍾善,字子萬,號晉生。祖崔旭,父崔光笏。咸豐九年,崔鍾善報捐郎中,供差京都。同治七年,捻軍活動於畿輔,崔鍾善回籍辦理團練,因有功被任命爲知府。不久以知府歸山東候補,因河工防汛出力,奉旨俟補,後以道員用。光緒十六年,奏屬萊州府知府。光緒三十年,受命總辦河工事。光緒三十四年,中丞袁樹勳奏署崔鍾善爲鹽運使,同年十月卒於任所。

書衣有書籤:"尹彭壽署。"時尹彭壽在尚志書院。

有牌記:"光緒辛丑栞,荆華館藏板。"卷端署:"慶雲崔鍾善子萬編輯,弟鑄善參訂,姪鴻圖、炳炎、家藻同校。"

有光緒二十七年仲夏崔鍾善子萬氏於濟上之荆華館《釋惑録序》:"每讀《史鑑》,擇其要者隨手鈔録,别增數門以補摘要所未備。'邪匪'一門,其一也。去歲拳匪肇亂,擾及京畿順直全省,蹂躪殆遍。溯我朝乾嘉以後,林清、王倫、曹順等滋事,旋即撲滅,未有如是之甚也。推其原,其故良由窮鄉僻壤民智不開,弗思自古迄今邪教罔不敗者,故甘受其煽惑誑誘而不悟也。適蘭溪姪由津避亂來東,談及拳匪係白蓮遺孽,與余意見相合。因出夙所摘録《史鑑》邪匪門約計二十餘事,示蘭溪姪……蘭溪姪慫余梓而行之,囑爲校核,付諸手民,倘鄉塾各置一編……"另有崔炳炎光緒二十七年跋於五千卷書廬。

雖然校對者皆爲崔氏家人，但此書係崔鍾善在萊州知府任上所刻，其刻書目的是醒民覺世，盡一個地方官的責任，故以官刻視之。

此書目録有張角、張魯、張昌、孫恩、劉弘、吕用之、孫方簡、張遇賢、馬希廣、孫延應（王彦洪附）、王則、方臘、郭京、韓林兒、李應乾、徐鴻儒（王好賢附），附《吃菜事魔》《牟尼教》（明教附）。

九行二十字，白口，左右雙邊，單黑魚尾。刻印一般。

（二）家刻

清後期的萊州府除昌邑一地無刻書記載外，其他六縣均有家刻。

1. 掖縣刻書

清後期的掖縣刻書主要有兩人，一是侯相芝，一是吕海寰。另有長白惠志萊州郡署刻書一種，翟啟爲其姊翟柏舟刻書一種，董錦章刻書一種。

1）長白惠志刻書

《重刻四書反身録》八卷，清李顒撰，清光緒十三年長白惠志萊州郡署刻本。

封面題："重刻四書反身録，萊州郡署藏板。"卷端題："長白惠志、陽湖陶錫祺重校。"

有山東督學使長白裕德光緒十五年序："（此書）遠承鄒魯之傳，近接南軒之緒，昌明理學，師表關中，其見重於儒林也宜已。吾鄉惠心農太守專郡東萊，政事之暇，猶復惓惓於聖賢之學，知功名道德相爲表裏，重刊《反身録》四卷。"光緒十三年知萊州府事長白惠志《重刻四書反身録》："（李氏書）自鋟板以來，屢遭兵燹，世間傳本已稀，惠志謹割廉俸所餘，壽諸梨棗，以公同好。"

九行二十字，白口，四周雙邊，單黑魚尾。刻印較精。蓋知府刻書，俸金充裕。

李二曲此書是其儒學思想的代表性著作,他主張儒學要經世致用,要修己,是性命之學。作爲一州知府,惠志在公事之餘,能刊印儒學著作,實屬不易。

2)侯氏刻書

侯相芝(1815—1892),字蘭江,原名綬燦,字紫若,道光十九年己亥舉人,官聊城教諭。歸後主講北海書院,卒謚"端介"。著有《南北史嘉懿録》《稽古管蠡》《訟過書屋古文鈔》《蛩音集》。

其《訟過書屋文鈔》一卷,清光緒十六年門人于蓮、白桓等輯刊,因當時侯相芝還在世,應爲侯氏刻本。九行二十三字,白口,四周單邊,單魚尾。

侯相芝的《侯端介先生集》,清光緒二十年掖縣侯執玉刻本。此書係在侯相芝去世後所刻。包括《附録》一卷、《訟過書屋文鈔》一卷、《蛩音集》四卷。封面題:"侯端介先生集,甲午仲春南昌魏起鵬署。"有牌記:"光緒二十年春開雕於訟過書屋。"後署:"從曾孫執玉敬刊。"執玉,光緒三十二年爲掖縣農桑會會長。有光緒二十一年王崧翰序,稱侯相芝族子韞生茂才集其詩。有《受業參校姓氏》,其中有白桓、平度于蓮、掖縣孫樹棠、董錦章等。經比對光緒十六年刻本,發現《訟過書屋文鈔》一卷係用原板刷印,而《蛩音集》與《附録》均爲執玉所刻。另《聊城日報》2010 年 9 月 28 日路子强的一篇報道,稱有《侯端介先生行狀》一書,光緒刻本。此《行狀》包括在《附録》中。

3)翟氏刻書

掖縣女史翟柏舟,撰《禮佛軒詩鈔》一卷,清光緒十八年由日照丁汝彪、掖縣翟啟刻於濟南。

卷端署:"東萊女史翟柏舟仲河著,姪世顯編輯。"書衣有"光緒壬辰秋日刊,日照丁汝彪署"。有丁汝彪跋,稱光緒十六年見月樵先生於濟南,知月樵姊有作,"爰與月樵謀付手民,刊而布之"。

月樵,即翟敐。有劉掄升題,北海劉子秀評。

十行二十一字,白口,左右雙邊,單黑魚尾。

4)吕海寰刻書

吕海寰,清末著名外交家,歷任駐德國、荷蘭兩國公使,工部尚書、欽差商約大臣、兵部尚書、督辦津浦鐵路大臣等職。刻書三種。

①《敬竈全書》,清吕瀛選校補,清光緒十九年東萊吕氏刻本。

此書據北京大學圖書館數據著録。

②《庚子海外紀事》四卷,清吕海寰編,清光緒二十七年上海刻本。

阿英《庚子八國聯軍戰争書録》:"時吕爲德公使,此書即當時使署所收發之電文總集。海外交涉情形,駐各國公使相互間之關係,德政府對我之態度,及與國際間之矛盾,皆可得見。辛丑(一九零一年)刊於上海。全書四大册。"①

③《奉使金鑑》六十卷、《續編》四十卷,清吕海寰輯,清宣統元年掖縣吕海寰刻本。

《續編》有牌記:"宣統紀元仲夏刊,板藏五錫福壽堂。""五錫福壽堂"爲吕氏堂號。

《前編》有俞樾序:"今年五月恭繕進呈,温旨留覽,公乃謀付剞劂。"有《奉使金鑑徵引各書目録》345 種,《奉使金鑑存考各書目録》151 種。《續編》有民國六年吴重憙序:"(前編)優蒙詔答,連年刊刻成編,今於蕆事。"有自序:"《續編》甫經脱稿,未及校勘,不敢率爾進呈。然庋置日久,聽其散佚,亦覺可惜,特匆匆付梓。光緒三十三年。"

吕氏刊書,《前編》於宣統元年刻成,《續編》始刻於宣統元年,

①張静廬:《中國近現代出版史料·近代初編》,上海書店出版社 2003 年版,第 136 頁。

成於民國六年。詳列引用及參考書目,表明他對文獻徵引的重視,也説明他對目録學的重視。

十二行二十五字,白口,左右雙邊,單魚尾。字扁平,行疏字密,刻印一般。

5)董錦章刻書

掖縣董錦章撰有《惜餘軒集全集》,清光緒三十年掖縣董錦章自刻本。書衣題簽署"受業尚慶翰題籤"。此書包括三種:《簡言》二卷,《古文鈔》四卷,《古今體詩鈔》二卷。

《簡言》前有光緒二十九年日照鄭熙嘏於掖縣學署序:"亟勸其付梓,而以此先之。"卷端題:"掖縣董錦章蔚堂著,日照鄭熙嘏洛三評。"

《古文鈔》前有鄭熙嘏題《古文鈔小引》,稱原爲十卷,今爲四卷。卷端題同《簡言》。另有光緒五年利津弟任魁揚序,光緒六年掖縣侯相芝序,光緒十年林鍾柱序,光緒十七年高密傅丙鑑序。

《詩鈔》前有鄭熙嘏《詩鈔小引》,稱原爲八卷,《詩餘》一卷,今節録爲二卷。有光緒三十年甲辰平度同社弟白永修題辭。受業尚慶翰題辭。卷端題:"掖縣董錦章蔚堂著,日照鄭熙嘏洛三選。"另有光緒二十八年杜蔭澍序。

末有光緒三十年董錦章自記,稱癸卯夏,鄭熙嘏勸其將著述付梓,時尚慶翰在省城刻《曠廬詩集》已竣工。鄭氏捐資,尚慶翰亦捐資。

十一行二十五字,白口,左右雙邊,單黑魚尾。刻印較精。

以上惠志刻書一種,侯氏刻書二種,吕氏刻書三種,翟啟刻書一種,董錦章刻書一種,加上李豐綸刻書一種,清後期的掖縣刻書共九種。

2. 平度刻書

清後期的平度刻書祇兩種,又有補刻一種。

①《曠廬詩集》二十卷，清白永修撰，清光緒二十九年平度尚慶翰兄弟濟南刻本。

永修，平度人，光緒十一年乙酉拔貢。據後來補配的宣統三年王崧翰撰《詩人白永修傳》知，白永修，字君時，號瀓泉、曠廬，汪鳴鑾所取士，張英麟、王懿榮、盛昱與之交，與掖縣董錦章、高密傅丙鑑、濰縣郭恩孚爲至交。

卷端題："癸卯仲秋膠東逸園雕版。"

有光緒十二年福楙序，是年柯劭忞序，是年董錦章序，光緒十三年翟啟序，光緒十四年孫寶晉序，光緒十九年黄縣孫宗翰序，光緒二十年張英麟序。光緒二十四年傅丙鑑序："曠盧詩稿，掖水董錦章、濰縣郭恩孚選訂而謀梓之，而尚未能。"董錦章光緒二十九年《刻曠盧詩集小引》："瀓泉詩，余曩序之，瀓泉頗以爲不謬。今春得瀓泉書，言尚生慶翰謀刻其詩……而尚生來函，具言謀刻白先生詩之意，謂必竢余審定始付手民。尋寄全稿，覆閱涉旬而竣……尚生謀刻瀓泉詩，誼甚高。其兄翼霄出貲，不少吝。"尚慶翰跋："慶翰讀先生詩十餘年，佩服師訓，以爲近日如先生詩者殆難其人，商之家兄翼霄，命到省垣應試時付之剞劂。將行之前，專價齎《曠盧集》二十卷呈蔚堂師，覆閲審定，師重爲序之。"

十二行二十三字，小字雙行二十三字，左右雙邊，單黑魚尾。字體瘦長，頗有特色，細行，板框大。

白永修又撰有《曠廬詩續集》，民國膠東逸園刻本。

②《慎節齋集》四卷，清陳宜賓撰，清光緒末平度州牧江陰曹氏濟南刻本。

陳宜賓爲孫葆田師，《校經室文集》卷一有孫葆田序，知此書刻於濟南。時曹氏任平度州牧，亦爲陳氏的學生。

③《雲臺三十二將圖》，清張士保繪，清道光二十六年平度白鶴年刻同治十年白氏補刻本。

此書係白鶴年在《雲臺二十八將圖》基礎上補刻而成。

封面將書名重新刊刻,“道光廿又六年孟春文泉翟云升題”一行仍用原板。末刻牌記:“同治壬申歲春二月雕成。”牌記下刻:“濟南周聚興堂刊。”知在濟南刻成。前有同治十年張士保叙緣起:“道光間,余作《二十八將圖》……白仙槎駕部爲出資付梓,母舅文泉先生見而喜之,於每葉繫以絶句二首,王常、李通等一例題詠,云依《漢書》當補足三十二,方爲全焉。匆匆多故,星霜屢遷,中間兩經兵燹,駕部避亂移家,零物摒擋不盡,及歸檢點,圖版獨無所損,豈諸將有靈於此圖,冥爲呵護耶? 駕部因欲復梓。”同治十年膠東松岩白鶴年識,是年白星燿跋,膠東後學白永修澄泉題。

3. 濰縣刻書

清後期的濰縣刻書以郭氏爲主。

1)郭氏刻書

郭氏是濰縣的世家大族。自明萬曆二十九年進士、户部尚書郭尚友始,至清末的五百年間,郭氏家族曾出過八名進士,多名翰林,二百多名秀才,從一品至七品職銜有二百二十四人。一門優秀,刻書成果亦犖犖可觀。

清代的郭氏刻書自乾隆時始,但爲了保持家族刻書的完整性,故在清後期論述。

(1)郭偉業

偉業字貽昆,號質亭,偉勣兄,候選州同。晚年濟醫救人,與弟同撰《外科紀要》二卷、《叙樂堂集方》一卷,未知刻否。與鄭燮、韓夢周爲文字交,祖上有南園一處,爲文人相聚之所。

乾隆十三年,郭偉業黄葉山房刻有《吟抑堂小草》一卷,清郭欽式撰。欽式字範九,濰縣人,諸生。封面題:“黄葉山房藏版。”前有乾隆十三年表弟朱若賓序:“範九郭先生捐館之次年,其子樹聲於書簏亂帙中檢得其父遺詩二十首……方欲手書數本以藏篋笥，而其從弟質亭則慨然損資而梓之。”可見，此書係郭偉業爲其從父所刻。王化洽跋：“因相爲訂其訛誤，付之剞劂。”道光二十六年五世姪郭爲賢跋：“其板久逸失，舊本亦無存。丙午季秋月，予族叔墨谷過東市，見鬻此板者，不知何許人。明日，予贖以歸，分印若干本，公諸同好。”這是道光二十六年重印時所作的序，知此書板流傳有緒，可謂楚弓楚得。

八行二十二字，白口，上下雙邊，單黑魚尾。字體猶乾隆風格。

(2)郭偉勣

偉勣(1710—?)，字熙虞，號芸亭，偉業弟，增生，乾隆五十四年己酉恩賜舉人，五十五年庚戌賜翰林院檢討。晚年究心醫學。書工篆隸，善治印，爲鄭燮刻“板橋居士”印。

①《松筠桐蔭館印譜》四卷，清郭偉勣輯，清乾隆四十三年濰縣郭偉勣刻鈐印本。

所輯爲自製及家藏舊印。是譜框格藍印，每葉前幅一印至七八印不等。版心有“松筠桐蔭館印譜”。封面題書名下署“板橋書”。又有乾隆四十二年臧夢元序，乾隆四十五年李觀瀾序，乾隆四十三年尹可傳序，乾隆三十五年陳之楓諸君作序及乾隆四十二年偉勣自序。序言版心或刻“松筠桐蔭館集印”，或刻“松筠桐蔭館印譜”。“松筠桐蔭館”爲郭偉勣書屋。據臧夢元序，四卷包括：自製及家藏舊印二卷，名人舊印及玉水晶等印一卷，古銅印章一卷。山東省圖書館僅存自製及家藏舊印二卷，卷端題：“濰邑郭偉勣芸亭氏、姪啓翼蓮溪、男見龍德普輯。”此二册與郭見龍篆印一卷合一函，郭見龍印卷端題：“松筠桐蔭館印譜，濰水郭見龍德普氏篆。”合函者還有《松筠桐蔭館集印》一卷，見下條。

②《松筠桐蔭館集印》一卷，另名《百歲紀年印譜》，清郭偉勣輯，清乾隆濰縣郭偉勣刻鈐印本。

卷端題：“濰邑郭偉勣芸亭氏、姪啓翼蓮溪、男見龍楠溪輯。”

版框及欄線爲藍印,書中釋文爲墨印,皆雕刻。版心有"松筠桐蔭館集印",但郭氏自序版心刻"松筠桐蔭館印譜"。每葉鈐拓二印至六印不等,印文皆關紀年,擇句上自左國下至宋元,印下註釋文、辭句出處及篆刻者。刻者有郭偉勣、郭啓翼、郭見龍、王芹水、陳季武、王南洲等。首有郭偉勣自序云:"予性有偏嗜者四,印章其一也。而印章之中尤好紀年印,自三十至五十,二十年來積有六十四方。意欲擴而充之爲百歲紀年,選擇成語,數年不備。因與高密胡汲齋、即墨周芸工兩先生多方搜羅,上自左國,下至宋元,共得四百二十餘條,擇其言之雅者刻三百餘方。予生於庚寅,即於庚寅始,或一年一印,或一年數印,一印之下先志語句出處,再記篆刻姓名,間得前人舊印亦並載焉,孜孜爲之,閲三十年而譜始成,成之亦非易矣。"

③《印章初學須知》一卷,清郭偉勣撰,清乾隆濰縣郭氏松筠桐蔭館刻本。

此編爲篆刻之學,分辨字、式法、配合、落墨、章法、刀法、入手、運指、運刀、轉折、奇正、方圓、粗細、局勢、怪僻、迴文、天趣、老境、入神、深造、印邊、一彎百隨、修製之法、二多、三妙、四疵、五要、六忌、八體,末復綴以雜説七條。其配合、落墨、刀法、修製,皆引安邱張在辛之説。

4.《慎德堂印譜》存二卷,清郭偉勣輯,清濰縣郭氏鈐印本。

(3)郭啓翼

啓翼字鳳舉,號蓮溪,郭偉勣之侄,齋號爲"松雪堂"。乾隆二十七年舉人,官江西、新城、安福等地,後罷職歸里。喜吟詠,工治印。篆刻師安邱張卯君,頗能神似。乾隆五十年刻鈐印本《松雪堂印萃》。此書爲郭啓翼輯自刻印而成。首册爲松雪堂百壽圖印,其餘三册均爲閑章,四册印下均有釋文。有楊峒、李策、竇作相、徐雲龍序四則及自序。版心有"松雪堂印萃"。乾隆四十二年自序曰:“從來篆書爲書法之祖,大篆小篆,其形不同,其理則一。所以印章一道,其法有三:一曰書法,二曰筆法,三曰刀法。無書法,則考核失據,非湊即謬;無章法,則向背照應,難以吻合;無刀法,則遊刃之下,血脈不貫。故必三法俱備,始稱妙品。余少有印癖,嘗披覽古書畫名印,及秦漢以來所傳印譜,苦心追摹,每恨不工。始知篆鐫之微妙,以跡求尤必以意會也。因舉歷年所作,集成一册,願同好者明以教我。”

由上可見,清早期的郭氏刻書因郭偉勣、郭啓翼叔侄治印而以鈐印本爲主。山東印人,先有安邱張貞、張在辛父子兄弟。張貞精治印,其子在辛、在乙、在戊均精篆刻。其中在辛曾從周亮工受印法,兼宗秦、漢、宋、元,旁及明以來諸家,自成一家。康熙四十三年三兄弟合輯各自刻印成《相印軒印譜》三册,康熙五十九年再合輯各自刻印成《張氏一家印存》八册。乾隆元年在辛輯自刻印成《望華樓印彙》四册,乾隆三年又撰《篆印心法》一卷。康熙四十九年在戊輯自刻印成《來青閣套印》一卷。繼張氏者有濰縣郭偉勣、郭啓翼叔侄,還有聶際茂。後有高鳳翰出,以詩文、書畫、金石、硺硯名重一時。則郭氏叔侄在山東印學史上占據重要地位,起到了承上啓下的作用。所以,以上幾部印譜的刊刻,對於山東印學的發展有重要作用。

(4)郭壇

壇字岱封,優貢。有《十三經集異》。與棲霞牟默人、郝懿行夫婦交。其《經冶堂解義》二卷,刻於嘉慶十九年。《郝蘭皋夫婦年譜附著述考》有“陳希白以其師郭岱封《經冶堂解義》遺稿,請先生讎校並索叙”①一語,知此書刻於郭壇去世後,大概由其門生操

①劉聿鑫:《馮惟敏、馮溥、李之芳、田雯、張篤慶、郝懿行、王懿榮年譜》,山東大學出版社2002年版,第201頁。

辨。對於其内容,《曬書堂文集》載是書序云:"此《解義》二卷,往往博綜群言,時出新義。而其中未及論定者,亦間有焉。"此條暫不作爲郭氏刻書。

(5)郭書俊

書俊(1773—1837),字遴甫,嘉慶五年庚申舉人,官河東鹽法同知。郭同芸從弟。同芸,字書台,號雁廬,諸生,有《雙清閣雁廬詩集》八卷。書俊早年曾受業於高密李石桐少鶴,作詩承襲"高密詩派"詩風。道光十六年手自訂定《蓼莽詩存》八卷。卷一爲《吟箋堂初草》,卷二爲《還雲集》,卷三爲《出山集》,卷四爲《梁榆草》,卷五爲《烏河存草》,卷六爲《山都近草》,卷七爲《皖城草》,卷八爲《皖城續草》。道光十八年戊戌翟云升序云:"蓼莽自家居及服官,凡所遊歷,皆紀以詩,無慮數十卷。其從兄雁廬(按:郭同芸)爲評定之。道光丙申秋,方琭逮河東鹺政司馬任,病且亟,猶手自別裁,擇其尤愜意者,訂爲八卷,卷各題記,都爲一集。其嗣君荔村謩、蓉村闇、蕉村譽繕寫一通,將付削氏。吴仲畇觀察見而欣賞,以爲清而不失之窕,綺而不弊於縟,優柔乎中,雅有餘味。"知道光十八年,郭書俊之子郭謩、郭闇、郭譽等刻其父《蓼莽詩存》。又有周曾毓序,從堂兄同芸雁廬氏道光十七年冬序:"今其遺編俱在,姪輩不忘手澤,將付梓人,余爲之讎校既定,而弁數語於簡端。"

書有牌記:"紹衣堂藏。"八行十九字,小字雙行十九字,黑口,四周雙邊,單黑魚尾。雖非寫刻,但刻畫不苟,比較精緻,家刻風格。

(6)郭磐石

磐石字豁巖,郭同芸姪。諸生。所刻有自著《秋蛩吟》,録古今體詩七十餘首,清道光十九年刻本。《山東通志·藝文志》:"《採訪册》云:'有初刻、二刻、三刻。'"

(7)郭夢齡

夢齡字小房,道光三年癸未進士。道光五年任直隸龍門縣知縣,二十一年官湖北武黄司馬,二十二年陞任四川順慶(即果州)知府,二十六年調任甘肅蘭州道按察使。咸豐元年陞任山西布政使,次年任山西巡撫。咸豐三年回任布政使,四年去世。刻書二種。

①《式訓集》十六卷,清張柏恒撰,清道光二十一年濰縣郭夢齡湖北刻本。

柏恒,安邱張貞裔孫,清前期安邱刻書已述。

《山東通志·藝文志》引萊陽宋縉序云:"詩歌具見性情,不宗一家。文章、議論飈舉有奇氣。"是集卷一至卷十二爲雜文;卷十三至卷十五爲古近體詩;卷十六爲格言、制律。凡五言八韻六十二首,皆以朱柏廬《治家格言》爲題。柏恒所著,先有《學吟集》《西湖臥遊集》《山陽集》三種。《學吟集》爲詩三百六十,爲卷八。《西湖臥遊集》爲詩一百有四,皆詠《西湖志》所載名勝。《山陽集》則官金鄉教諭時作,凡詩百五十六首,雜文四十四首,格言、制律亦在其中,共八卷。後乃合而訂之,即此集也。三集均有自序,見此集卷三。八、九兩卷皆表揚先德之作。又《府志》此集外復有《書航集》。考此集卷十三録《書航集》詩十二首,其第一首題下注"書航集"三字,則是《書航集》亦併入此集,非有别本單行也。

封面題:"道光辛丑秋鐫,式訓堂藏板。"張柏恒道光十七年自序後有:"男鶴翽校字,彌甥郭襄之監刊。"

有道光六年萊陽宋縉序:"安邱張杞園先生,與先觀察公同時,以古文辭名海内。再傳卯君先生,三傳漁山先生……遊濟寧之金鄉,晤廣文雪航君於山陽書院,漁山先生曾孫也。叙交誼,問世業,旋出所著《式訓集》相示……雪航少登賢書,屢舉進士不第,有廢棄帖括專攻古文辭之意。他日付諸梓人,出以問世。"金鄉李庭禧道光七年序於西鄉縣署之雙桂軒:“(道光二年,張雪航秉教鐸於金鄉)命之曰《式訓集》。外更著《鄉賢傳》五十一篇,問序於余。時將省弟於陝之西鄉……未能復命。客夏,接家函,知《鄉賢傳》已爲楊雲亭太守序而刻之。”郭夢齡序:“道光辛丑之秋,濰水郭夢齡爲舅父張雪航先生鐫《式訓集》於楚,工既竣……”濟南朱曾喆題詞。有郭夢齡《式訓集鐫成敬附四律》:“不異囊中薄俸錢,梓人代付四方傳。渭陽北望雲千縷,楚史南來手一編。”注云:“時余任楚省武黄司馬,地僻官閑,從客校訂《式訓集》,桐雨蕉風,湛然静穆。”有張柏恒道光十七年自序:“郭甥小房久欲爲余刊布,曾再三言,雖明知阿其所好,然心怦怦不能忘。今又從荆門州伻走催索,余老將至矣,坐困青□二十年,髮種種將何爲,因檢而付之。”以上足證郭夢齡刻書無疑。北京大學圖書館作清道光二十一年安邱張氏式訓堂刻本,實際爲張柏恒外甥郭氏刻,版藏式訓堂。

九行二十字,大黑口,四周雙邊,單黑魚尾。字端正,刻印較精。

②《果州留别唱和集》一卷,清郭夢齡撰,清道光二十五年濰縣郭夢齡刻本。

卷端題:“北海郭夢齡小房氏稟。”

道光二十五年乙巳郭夢齡《叙》:“余於壬寅冬初奉命守果州,癸卯夏涖任,俗樸民淳,刑清政簡。公餘之暇,與朱鳳書院諸生討論文字,諸生不鄙余譾陋,樂説正焉。八屬士子負笈來學者日益衆,因出俸倡捐,增置學田,爲肄業膏火之資。二載以來,士民之愛余有出乎尋常意計之外者。今擢任金城,瀕行,戀戀不忍言别,爲賦長律四章,勒石城西金泉山之甘露寺,工拙不暇計,聊以誌離合之感云爾。諸君和章叙列於左。”

八行十九字,粗黑口,四周雙邊,單黑魚尾。字方正。

(8)郭去咎

去咎字悔存，號震庵，諸生。郭同芸侄。長兄去非，字趨是，號復堂。仲兄去吝，字省齋，亦能文。所著有《太璞廬詩選》《太璞廬詩選續編》《震庵集》《松香詞鈔摘録》。詩多磊落不平之氣，記事抒情，貼切有味。但其著述非其個人所刻，有門生陳阡刻者，亦有無名氏刻者。

①《松香詞鈔摘録》，清郭去咎撰，清道光濰縣陳阡刻本。

陳阡（？—1870），號雲谷。道光十八年戊戌進士。濰縣人。官至江西巡撫。此書約成於道光十一年左右，所刻當晚於此年。

九行二十一字，白口，四周單邊。

②《震庵集》，清郭去咎撰，清道光二十一年濰縣陳阡刻内集二十七年刻外集本。

《山東通志·藝文志》："去咎所作雜文一册，刊於道光丁未。册首載其門人陳阡《震庵集序》，而板心則署曰'震庵外集'。度其集分内外兩種，此册蓋殘缺者。"丁未爲道光二十七年。國家圖書館數據顯示，《内集》爲黄紙本，刻於道光二十一年。《外集》爲白紙本，刻於道光二十七年。蓋非一時一地所刻，並且不在山東刻成。

③《太璞廬詩選》六卷、《續編》一卷，清郭去咎撰，清道光十六年濟南府章邱縣刻本。

去咎胞兄郭去吝嘉慶二十一年《書後》後署："十六年濟南府章邱縣刻。"卷端題："濰縣郭去咎悔存著。"

此"十六年"應爲道光十六年。此書既爲郭氏著，應由郭氏刻成於章邱。

另有道光十二年月朗和尚序："去歲爲先生叙《詞鈔》，已貽笑柄，今又命叙詩選。"據此可知，《松香詞鈔摘録》成書於道光十一年左右。卷六末有《附録》，郭兆封作《雪中記事》，叙此書源流，言："悔存叔詩文分抄者五人：王君起潛、豁巖叔、喬齡兄、封及冠英弟。集成卷後，十一月十三日，叔氏冒雪來齋中，命封改正訛字，詩以記之"。利津李佐賢《吾廬筆談》云："濰縣郭悔存著《太璞廬詩選》，多磊落不平之氣。有《白頭》一首，乃其平易近人者，詩云：'白頭仍不慣經營，天恕頽唐頗有情。似欲醒時終是夢，每當絶處便逢生。禪機未熟腸猶熱，世事粗完累漸輕。吏部碑銘工部律，療飢差可代黄精。'"

九行二十一字，白口，四周雙邊，單黑魚尾。字體方正，刻劃精整，精美，有郭恩孚刻書風格。

以上郭去咎著述三種，陳阡刻兩種，章邱縣刻一種，其中章邱縣刻應算作郭氏刻書，而不應作爲官府刻書對待。

(9)郭峻嵩、郭爲賢父子

峻嵩爲郭世臣曾孫。世臣字非喬，號松坡。郭峻嵩、郭爲賢於道光二十一年刻郭世臣撰《師竹軒詩存》一卷(《山東通志・藝文志》作《郭世臣賸本》)。《山東通志・藝文志》引《震庵外集・松坡先生傳》云："闢師竹軒旁小園，與朱鶴村、楊璞齋、盧跣樵諸名宿觴詠其中。然其詩皆出至性，多悲傷憔悴之音，與世俗賣弄才華、嘲吟風月者不同。晚歲走京都，投劉文正公延清(按：劉統勳)署。文正公係先生姑子，時方官御史，慮先生疲於跋涉，久留不使行。先生心鬱滯，文正公覺，移先生居法圓寺，戒寺僧善視之。逮臥病，延良醫醫之，病痛送歸濰。復遣家奴識字者沿途侍左右，代寫宿食野店所題句，歸以獻主人。先生之詩，文正公心賞之如此。歿後九十五年，其曾孫峻嵩出其詩賸本，計百十三首，屬予點評，謂前百餘年已散失三帙。予不避僭越，復逸去若干首，可另存鈔本；摘其精切不磨者，命峻嵩長子爲賢恭録之以付梓。"則此集爲郭去咎删定。

(10)陳象軫

陳氏爲濰縣丁、陳、郭、張四大名門望族之一。象軫(1755—

1838),道光十九年己亥科舉人,與陳象樞、陳象丙爲兄弟,不知與陳阡是否有關係。象軫爲郭同芸的外孫。象軫於道光二十一年爲同芸刻《雙清閣雁廬詩集》八卷。

封面題:"道光辛丑鐫,家塾藏板。"卷端題:"濰邑郭同芸著。"前有楊茵序,外甥陳述經序,道光二十年姪郭去咎序,道光二十一年姪郭磐石識(按:校勘有所不精,如此序中言道光甲辰二十四年事,但序却作於二十一年)。末有陳象軫跋:"戊戌夏,外祖歿,求所遺草,已爲借觀者失去,雖别有抄本藏軫家,亦不過十之四五,又多錯訛字。丁酉歲,與表弟丁伯麟以外祖遺澤議將全刻,質諸舅氏悔存先生,先生曰:'錯訛太謬者不得不從删,其間未甚穩愜猶可通曉者姑存之,以俟閲者之擬議可也。'計得六百七十餘篇付剞劂焉。"

八行十九字,黑口,四周雙邊,宋體字,刻印精。

(11)郭斌壽

斌壽字少垞,監生,郭麐族孫,郭次虎之子,郭榆壽兄弟。刻有其族祖郭麐《望三散人感舊集》一卷,刻書時間爲清咸豐四年。

此書卷端題:"濰縣郭麐子嘉著。"麐字子嘉,自號望三散人,與郭錦同輩。有《兩漢北海郡國縣摘案》《濰縣古城考》《濰縣金石志》《金石搨臨考》《金石遺文録》《濰縣四漢碑圖考》《楊峽别墅雜録》《漪上亭詩》《白狼河西亭詩》。

前有《叢談》,有儀徵阮元、桂林郭繼昌、陽湖趙申嘉、諸城劉喜海、昌樂閻學海、諸城王俶甸題辭、評價。阮元曰:"一往空靈之氣,清而不枯,静而能永,即此一編,駸駸入作者之室。"劉喜海曰:"氣清而味厚,情深而理足。半山云'看似尋常最奇曲,成如容易卻艱辛',足以當之。"有咸豐四年甲寅自序,云道光十七年客夔府,次虎慫恿留存詩作,之後或榆林,或武昌,以逮蘇州、保定十數年。末有咸豐四年郭斌壽跋,稱其幼時隨父次虎在江南任上,從叔祖學。道光二十七年，郭次虎去世，二人扶柩歸里。“自此先生埋首山林，不復與城市相接。今夏族兄南廬偶以先生詩見示，斌壽捧讀之，大半皆當年江南之所作也。人事乖違，不堪回首，亟付諸梓。”又有諸城王俶甸咸豐四年跋：“右《望三散人感舊集》一卷，爲其門人族孫少垞司馬所刊行……少垞司馬每益以菽水之資，兹復刊其詩。”

九行十九字，黑口，左右雙邊，單黑魚尾。刻一般。

(12)郭榆壽

榆壽(約1831—1874)，字塞生，號穉蘭，郭斌壽兄弟。精於繪畫，嘗受業於掖縣張士保，所繪仙佛人物，頗得其師傳。輯有《榆園雜録》二卷，清咸豐七年刻本，其時在世，當爲自刻。其咸豐七年於榆園之素心草堂序云：“予留心吾濰文獻久矣。嘗檢遠近著作，並荒村古廟斷碣殘碑，凡事有關於吾濰者，屬友人摘而記之。如《三烈墓表》見《安拙石集》，《楊石民傳》見《張杞園集》，既已分別録出矣。園居無事，因再屬友人更加參酌，分爲兩卷，名之曰《雜録》，蓋亦識考稽之謹慎焉爾。”卷端題：“濰縣郭榆壽輯。”十行二十一字，四周雙邊，單黑魚尾。

另有《蜀江詩選》二卷，清郭錦撰，清程蓮選，清咸豐四年濰陽郭氏刻本。郭錦字蜀江，郭次虎從叔，郭斌壽、郭榆壽祖輩。此書或爲郭斌壽兄弟所刻。

卷端題：“濰陽郭錦蜀江著，浙西程蓮槎山選。”

有浙江後學程蓮序，稱道光二十五年春，程在姑蘇臬署爲郭次虎幕中賓。

八行十九字，黑口，四周雙邊，單魚尾，無行格。刻印精。

(13)郭兆封

兆封字岱雲，郭去咎的下一代，郭綏之叔父。官保陽縣縣尉、容城典史。

《憩雲閣内集》一卷、《外集》一卷、《寄燕草》一卷，清郭兆封撰，清咸豐十年濰縣郭氏刻本。

封面題："咸豐庚申年鐫，憩雲閣詩集，家塾藏版。"卷端題："濰水郭兆封岱雲。"

有宋玉璿序，咸豐八年王塏序，郭兆封咸豐七年莫州客舍《寄燕草》序。郭綏之靖侯咸豐十年跋，稱五閱月而校訂成書。

九行二十字，白口，四周雙邊，單黑魚尾。刻一般。

(14)郭綏之

綏之字靖侯，一字耳餘，夢齡子，簡之、杭之兄。諸生。江蘇候補知縣。同治六年，太平軍進山東，李鴻章遣兵追擊於濰縣，設糧臺委其轉運事，軍賴以濟。事平，以知縣分發江蘇。大吏委以書局、火藥局之任。同治十二年去世。除以下所列著述外，尚有稿本《靖侯詩草》一卷、《尺牘偶存》一卷、《靖侯詞稿》一卷，皆藏山東省圖書館。

①《畹香村會稿》八卷，清郭綏之撰，清咸豐十一年濰縣郭綏之刻本。

卷一曰《並門集》《感秋集》，卷二曰《竹西軒稿》，卷三曰《松蘿紀詠》，卷四曰《長柄集》，卷五曰《海天閣集》，卷六曰《苔岑集》《山中吟》《苔岑後集》，卷七曰《淮海集》，卷八曰《如漁舟稿》。前有咸豐十年冬自序："既成《山中吟》若干首，復删次前後諸集，去其四之三，定爲《畹香村會稿》……索觀日衆，余力辭不獲，而遍給維難，因付梓人，以代鈔胥之苦。"又有咸豐十一年自跋："少年之詩多絢爛，中年之詩多感慨，暮年之詩多平淡，古之人大抵然也。余少年作詩即不解，作一綺語，而悲憤之詞往往溢諸楮墨。今生二十有六年矣，以花甲計之，去中年已近，則此日之感慨，更其分也。設或嘔心不死，索筆無人，他年另有一種淡遠清妙之詞，使閱者目爲夔後之少陵、海外之東坡，則《畹香》一刻，覆醬瓿可耳，何必更覩握拳透爪之態乎？斯言雖狂，識者當必有以諒之……靖侯自跋於大勞山北之餐霞精舍，時辛酉四月二日。”這是郭綬之二十六歲時所刻，是比較早的刻本。

九行二十字，白口，四周雙邊，單黑魚尾。

②《銘夏詩鈔》一卷，清郭鼎撰，清李圖選，清同治元年濰縣郭綬之刻本。

卷端題：“濰縣郭鼎銘夏著，掖縣李圖少伯選。”

有道光二十三年李圖題（李圖係郭鼎表弟），有柯蘅同治元年跋，稱“（郭心言）每以弗能刊行遺集爲憾。今茲客西夏歸，其族弟靖侯嘗及先生門，先生吟稿已代爲傳刻，且辭心正所出剞劂費”。後附郭綬之撰《銘夏伯遺事記》。卷末有“男正、言謹校字”。知此書爲郭綬之代郭鼎所刻，郭鼎之子郭心正、郭心言校字。

九行十九字，白口，四周雙邊，單黑魚尾。

③《春雨堂詩選》一卷，清柯蘅撰，清郭綬之選，清同治二年濰縣郭綬之刻本。

柯蘅，字佩韋，膠州人。孫葆田《校經室文集·柯封翁墓誌》云：“（柯）幼隨父閩中，間從陳恭甫遊，又嘗受詩文法於蕭遠村、方彥聞兩先生。李少伯先生愛其詩，妻以女。嘗稱曰：‘柯甥五字詩，可謂五言長城，其所作浸浸入杜陵之室，昔所稱何、李弗逮也。’”又云：“咸豐辛酉遭寇亂，挈家避難至濰，與妻黨李、郭諸君結西園詩社，中間又避亂入縣城，與郭靖侯綬之交。今相國合肥李公方駐節濟寧，而劉公銘傳以督師至濰，聞翁名，投詩請正。靖侯又欲翁一謁李公，翁固弗肯。然居窮益甚獨，其悱惻斯民之懷，感時觸物，偶有所發，一於歌詠見之。既聞友人某爲河南令，乃乘興往遊，自是往來大河南北，凡十餘年，詩亦益富。”

有郭綬之序：“歲寒之友，余得三人焉，曰劉橘亭，曰崔少峰，曰柯佩韋……今歲之秋，佩韋將南赴閩中，余載酒攜琴，訪諸程符山下……佩韋詩集,剞劂將竣,屬余序其簡端。”有柯氏跋:“辛酉冬,余避亂濰中……今秋,余將赴閩南,靖侯索余詩出資刊刻……因出篋中草,乞靖侯點定,以付梓人……閨人作並附刊,靖侯不遺寸長,即此可見矣。”

九行二十一字,白口,四周雙邊,單黑魚尾,無直格。字體方正,刻一般,與郭綬之詩作版式相似。

④《錡齋詩集》一卷,清李長霞撰,清同治二年濰縣郭綬之刻本。

此爲柯蘅《春雨堂詩選》所附。據柯氏跋“閨人作並附刊”,可知亦爲郭綬之所刻。有李長霞同治元年序。

李長霞,字德霄,掖縣人。李圖之女,柯氏之妻。另有《錡齋日記》,未見刊本。

⑤《餐霞集》四卷,清郭綬之撰,清柯蘅選,清同治四年濰縣郭綬之刻本。

卷端題:“濰縣郭綬之靖侯著,膠州柯蘅佩韋選。”

同治四年乙丑綬之自序云:“余《畹香村稿》八卷刻於辛酉之夏,其中多有未協處,今殊自愧。辛、壬、癸、甲四年所得復數百首,友人勸余續刻,余笑謝之。友人曰:‘詩不刻則流傳不廣,流傳不廣則士衡之蕪辭。明遠之累句,魏公之拙,韓子之諛,誰從而知之?人不能知,己何由知之?與其遭掊擊於身後,何若聽譏評於當前乎?’余思其言似於理亦近,因盡出舊稿,屬柯君佩韋嚴爲删削,釐成四卷,授之剞劂,以續前刻……是刻以《勞山紀遊詩》弁首,即統以《餐霞集》名之,不復區別云。”述刊刻緣起甚有道理。

九行二十一字,黑口,四周雙邊,單黑魚尾。

⑥《聊復集》三卷,清郭綬之撰,清柯蘅選,清同治六年濰縣郭綬之刻本。

卷端題:“濰縣郭綬之靖侯著,膠州柯蘅佩韋選。”

有同治六年柯蘅序,有是年自序,稱爲軍旅中所撰:“閱日既多,積成一帙,友人勸余付梓,以續《畹香》《餐霞》二集……不揣愚陋,合乙丑、丙寅詩爲三卷,授之剞劂。刻既成……”又有同治六年識,同治七年自跋末署“戊辰新正人日靖侯自識於小游仙館”。有鄆城趙康侯序云:“其《哀曹南》《望江南》《紫騮行》諸篇,余讀之魂驚魄動,恍憶昔年大星流光,如血雲,如壞山,當營而墜時也。”又無錫劉頌年跋云:“《膠防》《運防》諸詩,寄託遥深,褒譏互用,詩史乎?詩史乎?”可見,郭綏之爲詩多軍旅生活,筆勢壯闊,聲情激蕩。

九行二十一字,黑口,四周雙邊,單黑魚尾。字體一般。

⑦《滄江詩集》十卷,清郭綏之撰,清同治八年濰縣郭綏之刻本。

卷端題:“濰縣郭綏之靖侯著,遵義黎庶昌蒓齋選。”

有黎庶昌同治八年序。張昭潛序郭恩孚刻本《滄江精華録》:“其刊《滄江集》也,以同治己巳冬,越四年,癸酉秋八月年三十八歲而歿,又得遺集若干首。”可知,此書確刻於同治八年。

九行二十一字,白口,四周單邊。刻印一般。

濰縣郭綏之刻書特點有三:

一是刻書時間集中於咸豐十一年至同治八年間,與山東戰事相始終,詩歌的内容反映了當時的戰況。如趙康侯序中所提及的《哀曹南》爲僧邸殉難作。《望江南》末句云:“句當江南公事畢,何不進軍平河北。”蓋盼曾、李之進軍勦捻也。

二是以刻自己的作品爲主,刻書的理由非常充分,即要“聽譏評於當前”。兼刻朋友作品,如郭鼎、柯蘅及柯蘅之妻李長霞的詩歌。

三是刻書風格比較一致,宋體字,九行,多白口,四周雙邊。刻印質量一般,可能資財有限,加之軍旅顛沛,無法精益求精。

(15)郭簡之

簡之字匡侯,夢齡子,綬之弟,杭之兄。咸豐八年守青海西湟。

《自然草》四卷,清郭夢齡撰,清同治九年濰縣郭簡之京師刻本。

有牌記:“同治庚午刊於春明。”每卷末有男薰之、綬之、襄之、簡之、杭之、康之恭校字。

有道光二十三年癸卯徐宗幹序:“濰水郭君小房,爲余同年友,癸卯春與余奉命守西川,因相約偕行,途次出所著《自然草》見示。”此爲原序。李協中序:“戊午匡侯郡伯守西湟,出先大人小房中丞《自然草》詩集,命爲序。”李圖序:“郭氏爲濰甲族,詩人尤多,以余所識雁廬、悔存兩茂才、家表兄庭華處士,詩皆有古人風格,大抵與賈浪仙之清奇苦癖、主張文昌之清真雅正宗者爲近……道光己酉,余訪小房廉訪於其京邸,見其所爲《自然集》者凡二百八十四篇……十年前遇廉訪於歷下,即出詩,令余評定,爲序詞。”有海昌查錕題。咸豐六年大興張中寅跋:“吾師小房夫子以名進士由令丞洊擢至方伯,權封圻所……歲丙辰,師長君匡侯郡守,既刊師墓誌文,爰手一編示中寅,曰:‘此先大夫遺詩,生前屢請刊,不許。’”此跋提供另一條信息,即咸豐六年丙辰,郭簡之曾刊其父墓誌文。郭簡之誌:“先大人宦遊海内垂三十年。公事之暇,好吟詠,著有《自然草》詩集,抒寫性情,藉以自娱,而一生真摯之氣,嚴正之操,已概見於行墨間。甲寅秋,先大人見背,簡之兄弟慮著作之未彰也,謹録遺章,共成四卷。大兄襄之服闋後,攜之西寧任所,擬付剞劂,乃以軍書旁午,刻無暇晷,數載以來,竟未如願。己巳冬,將原稿寄京師,簡之乃重加校正,敬付梓人。今卷帙告成,謹贅數言篇末以誌手澤云。簡之謹誌。”

九行二十一字,白口,四周雙邊,單黑魚尾。刻印一般,開本一般。

(16)郭杭之

杭之原名舟之,字湘帆,夢齡子,綏之弟,同治九年庚午舉人。與膠州柯蘅、同邑劉掄升善,共結詩社,黨爲主盟。

郭杭之刻書一種,即自著的《青桐軒詩集》二卷,清光緒二十一年濰縣郭崇禄堂刻本。有牌記:"光緒二十一年四月濰縣郭崇禄堂校刊。"卷端題:"濰縣郭杭之湘帆。"每卷末有:"男恩訓、恩甲、恩元校字。"係家刻無疑。有光緒十八年文登于霖逢序:"光緒壬辰,余主講濰陽書院,得交世丈湘帆先生……先生之兄靖侯自幼以能詩名,著有《滄江詩集》,刊行已久。先生起而繼之,一門風雅,復見於今。新城三王,高密三李,不得專美於前矣。"又《校經室文集》是編序云:"君詩多近體,施之館閣爲最宜,不幸不遇於時,故多感時寄懷之作。"又云:"余所見君詩頗多。此刻自光緒壬辰年起,皆五十以後詩。"

十行二十一字,白口,左右雙邊,單黑魚尾。版心無書名。字體端莊,刻印精良,家刻風格。

(17)郭祐之①

祐之字申堂,郭夢星之子。喜藏書,多孤本,益都李文藻藏書大半歸之。刻書二種。

①《續齊魯古印攈》,清郭祐之輯,清光緒十八年濰縣郭祐之刻鈐印本。

有牌記:"光緒壬辰濰縣郭氏定本。"有光緒十七年宋書升序,稱郭祐之舅高南鄭即高慶齡,爲高鴻裁翰生之父,輯有《齊魯古印攈》一書,高翰生增補。祐之繼其舅旨趣,搜覓古印,不惜以重金購之。因其所收古璽印亦多爲齊魯出品,加之郭氏對亡舅的紀念之意,故將自藏輯拓成譜後,取名《續齊魯古印攈》。此譜收古璽

①按:《山東通志·藝文志》作"郭裕之",《山東藏書家史略》沿其誤。

印二百八十七方,官印八十方,私印八百一十七方,共録印一千一百八十四方。

八行十九字,白口,左右雙邊。刻印講究。字體向右傾斜,似劉喜海刻書風格。

郭氏此《續譜》,所集來源有三:一爲冷攤僻肆商賈訪得,一爲邑人趙允中所藏,一爲邑人高文翰所藏。趙、高二人皆爲陳介祺搜集金石的得力人物。所以,郭氏所得當淵源有自。

此書的刊刻具有特别的意義,詳見下文高鴻裁刻書。此書與益都孫文楷的《稽庵古印箋》,濟南劉仲山的《擷華齋古印譜》,將齊魯一地的古印研究推向了高峰。當時僅拓數十部,故彌足珍貴。

②《寶樹堂遺書》三種七卷,清郭夢星撰,清光緒二十一年濰縣郭祐之、郭恩孚刻本。

夢星字西垣,道光二十六年舉人,授廣西知縣,改内閣中書。邃於經史訓詁。

卷端題:"濰縣郭夢星西垣撰,男祐之、煥之恭校,從孫恩孚參訂。"每卷末有"吴培元監刻"。

此書爲郭祐之刊刻其父的作品,從事者還有從姪郭恩孚。吴培元,濰縣人,精於刻字,尤長於宋體,被譽爲濰縣的書法家,《果園詩鈔》即其手刻,是集寫工與刻工於一身的名家。

有張昭潛光緒二十年甲午序:"今其喆嗣申堂與其從孫蓉汀校付梓人而問序於余。"又有光緒二十一年郭祐之跋:"故遺書數種,生前從未出以示人。今梓人告成,而先君子之墓已拱矣。"

書包括三種:《尚書小札》二卷、《午窗隨筆》四卷、《漢書古字類》一卷。孫葆田序《午窗隨筆》:"郭西垣先生《尚書小札》二卷,余既爲之序以傳於世,吾友郭申堂復裒集先生所著《午窗隨筆》四卷,先生從孫蓉汀將刊存《果園叢書》中,申堂復屬予序。"孫葆田稱此書"皆隨時札記,不分門類,蓋仿王文簡公《居易録》《池北偶談》而作”。《漢書古字類》是在顔師古等前人的基礎上，對《漢書》中的古字加以注釋。間亦集録成帙，以資考證，使之成爲專門性學問，爲研究《漢書》、漢史提供了不少方便。

十二行二十三字，(《字類》爲二十二字)，白口，左右雙邊，單黑魚尾。字體瘦長，端正，秀美，開本版框俱寬闊。字比郭恩孚刻《果園詩鈔》大。

(18)郭蔭之

蔭之字懷堂(或爲槐堂)，與郭綏之、郭祐之同輩，爲陳介祺、于吉臣友。家富收藏。曾補刻鄭燮的《板橋家書》。

《板橋家書》十六通，清鄭燮撰，清乾隆十四年興化鄭燮刻同治五年濰縣郭蔭之補刻本。

末有同治五年十二月懷堂郭蔭之識：“濰邑侯鄭公《板橋集》，其中家書十六通，情真理達，尤有益於後學，且付梓時，公自繕寫，而名手司徒君文膏所鐫也。板留濰。咸豐戊午冬，余購存焉。惜闕其第二十三、三十二兩簡，數年求之不可得。乃以初印本屬蒯藜畦孝廉於京師覓良工翻補之。既成，刷印，對閲，與原本不少殊，亦一快事也。因識之。”

此爲《板橋家書》版存情況的一大線索。郭蔭之工雕刻，所補《板橋集》之缺葉，刻工精妙，與原本無異。唯一的區别是，補刻葉碼有魚尾，而原刻無魚尾。

(19)郭起隆後人

清同治十一年，郭起隆後人刻郭起隆撰《三餘書屋詩草》一卷附《篆刻》一卷。起隆號南廬，監生。有李圖序云：“南廬上舍兼工書畫，故詩之題畫者頗多。其詩以清逸爲宗，而體物瀏亮，不尚縟浮。”又昌邑張芸臺跋云：“南廬閉門卻埽，絶意進取，以筆墨自娱樂。觀其《偶成》云：‘浮生名利兩無求，心似閒雲跡似鷗。終歲看花偏愛菊，一生見月輒登樓。’可以見其志矣，可以知其品矣。”

（20）郭恩孚

恩孚（1846—1915），字伯尹，號蓉汀，又號果園居士，時人稱果園先生。郭夢齡之孫，郭襄之之子。嗜讀書，且好學不倦。先從詩人郭綏之攻讀，後師從著名學者張昭潛，獨宗工部，學識廣博。於宅東辟地爲園，每與二三友人朝夕切磋詩詞，詩篇廣爲流傳，被譽爲“膠東四大詩人”之一。所交詩人有濰縣名流王石經、曹鴻勳、劉嘉穎、劉嘉森、王象瑜、高鴻裁等，還有外地詩友如高密傅紹虞、平度白永修、掖縣董錦章。他曾選定白永修《曠廬詩集》。他不僅工詩詞，還搜集、收藏了大批地方書法、繪畫藝術珍品，不惜資財，聘請刻石高手季士林、季士恒勒石傳世。門生有丁啓喆、丁錫綸。他最主要的貢獻是刊刻了大量的地方文獻。

①《滄江精華録》四卷，清郭綏之撰，清光緒十八年濰縣郭恩孚果園刻本（果園刊書第一）。

卷端題：“果園刊書第一。”卷四末署：“吴培元監刻。”

末有郭恩孚光緒十九年跋：“先叔靖侯先生，少年工詩，有《餐霞》《聊復》諸集行世。筮仕過江，未逾年，復有《滄江詩選》之刊，既又手校一本，題識寄家，命恩孚存之……得三百數十首，請吾師次陶先生叙而傳之。”張昭潛序云：“君之兄子蓉汀裒其前後諸集，删其不經意之作，合爲一編，名之曰《滄江菁華録》，而問序於余。”

十二行二十三字，白口，左右雙邊，單黑魚尾。字體秀美，開本版框俱闊大。雖爲光緒刻本，但刻印精美，係家刻中之典範，可見用心之極。

②《無爲齋文集》十二卷，清張昭潛撰，清光緒二十一年曹縣徐繼孺、濰縣郭恩孚刻本（果園刊書第二）。

卷端題：“果園刊書第二，後學徐繼孺、門人郭恩孚校刊。”目録及每卷末均有“吴培元監刻”。

有光緒四年張昭潛序，序末署：“曹縣後學徐繼孺敬書。”又有郭恩孚跋："歲在乙未，先生年近古稀，恩孚手輯先生文，方謀付手民，會先生同學友徐君友穉亦醵金爲助，遂先刊成前編若干卷云。門人郭恩孚謹跋。"

是集計文百二十二首。

十一行二十一字，白口，左右雙邊，單黑魚尾。

③《無爲齋續集》八卷，清張昭潛撰，清光緒二十六年濰縣郭恩孚刻本（果園刊書第三）。

卷端題："果園刊書第三，門人郭恩孚校刊。"有郭恩孚光緒二十六年序。計文六十一首。

十一行二十一字，白口，左右雙邊，單黑魚尾。字體瘦長，刻印比初集更精美些。

④《山東省沿革表》四卷、《首》一卷，清張昭潛編，清光緒二十七年濰縣郭恩孚果園刻本。

卷端題："張昭潛次陶著，門人郭恩孚校刊。"

有光緒二十年甲午張昭潛序，又有光緒二十七年辛丑張昭潛門人郭恩孚識："吾師次陶先生，夙擅地輿之學，所著《通鑑綱目地理續考》，行世有年，實爲史鑑釋地完本。光緒乙丑秋，東撫張勤果公議修《山東通志》，首以《郡縣沿革表》屬之先生。《表》既成而公遽歿，修志之議遂寢。甲午夏，大憲覆議舉行，以禮聘先生司分纂事。至戊戌，五閱寒暑而志未竣，事復寢。先生前後所編有《沿革表》《山東通紀》及《山川志》《古蹟志》，凡若干卷，俱已繕清奉繳。幸是《表》及《通紀》尚繕副本存於家。今日者，庚申先後，變革日亟，士競通今，不遑稽古矣。余尤惜是《表》爲前人所未有，非精通歷代史志及古今地理書者不能爲，不忍聽其湮没，竭力付梓，俾附文集以行世。至助余校讎，則同學友子正之力居多。子正名端行，先生季子也。光緒辛丑冬門人郭恩孚謹識。"

卷一：總沿革；卷二：濟南府、泰安府、武定府、兖州府、沂州府；

卷三:曹州府、東昌府、青州府、登州府、萊州府;卷四:濟寧州、臨清州。

分十二欄,四周雙邊。字小,刻印精。無“果園刊書第某”的標志。

張昭潛的詩文集大多由門人郭恩孚刊刻,其《無爲齋詩集》二卷、《詞鈔》一卷則由山西李翰卿、門人韓晉昌、毛廣孚於光緒三十三年刻於濟南。詳見清後期的歷城刻書。韓晉昌撰有《讀經志疑》一卷,清宣統元年孤松齋刻本,有可能爲韓氏自刻。

⑤《果園詩鈔》十卷,清郭恩孚撰,清光緒三十三年濰縣郭恩孚京都松華齋刻本。

封面題:“光緒丁未京都松華齋刊。”卷端題:“濰縣郭恩孚伯平甫。”每卷末署校字人姓名。卷一:從子紹光恭校;卷二:從子璇光恭校;卷三:從子容光恭校;卷四:從子鑒光恭校;卷五:從子介光恭校;卷六:從子瀛光恭校;卷七:男宗孟恭校;卷八:從子荷光恭校;卷九:男遵孟恭校;卷十:外孫陳兆燕恭校。

十二行二十三字,白口,左右雙邊,單黑魚尾。字跡清秀,筆畫細,刻精美。字比其他郭恩孚刻本稍小,長方。書衣有廣告:“初災梨棗,校讎未精。儻遇脱誤,即祈開示,以便改刊爲幸。果園白。”此“告示”在家刻中少見。

濰縣郭恩孚刻書特點有六:

一是共刻書六種,其中爲先人刻書兩種,爲老師刻書三種,爲自己刻書一種,内容多爲詩文集。

二是刻書多明確標明刻書人,如“門人郭恩孚校刊”,有强烈的版權意識。其中三種書有“果園刊書第某”的標志,想必有刻書規劃。

三是版式整齊劃一,均爲白口,左右雙邊。

四是有專門的刻書人員,如吴培元,參與了其三種書的刊刻。

五是刻書多在濰縣本地，有一種書在京師刊刻。

六是字體秀美，開本及版式闊大，比較用心，也不惜財力，極其精美，代表了清末山東濰縣刻書的水平。

(21)郭恩敷

恩敷(1864—1928)，字蔭汀，郭夢齡之孫，郭康之之子，與郭恩孚爲同宗兄弟。師事邑人宋書升，傳其天算之學。戊戌變法後，主本邑濰陽書院及諸城觀海書院算學講席，因材施教，常至丙夜無倦容，其後轉相傳授至數千人。光緒三十三年，邑修鄉土志，時長官立高等小學，督諸生測繪全境及城鄉地圖附志内，濰有詳確輿圖自此始。致力於算學四十年，著述尤富。

郭恩敷於光緒二十六年刻自著《新法句股引蒙細草二編》四卷，有牌記："光緒二十六年庚子三月栞成。"卷端書名下第一行："矩齋算學之七。"第二行："濰郭恩敷學。"一編末署："受業王玨、堂姪郭含光仝校。"二編末署："受業陳容光、族姪郭嘉環仝校。"桐鄉勞乃宣光緒十二年至二十六年刻過自撰《矩齋籌算六種》附一種，分别刻於宣縣、吴橋、清苑官廨。《叢綜》《矩齋籌算六種》不包括此種①。勞氏祖上爲山東人，後移籍南方。郭氏此書取爲"矩齋籌算之七"，即有補六種之意。光緒二十四年濰陽郭恩敷記於濰陽書院之文仁堂："(習中法者可由句股而通天元，習西法者亦可由代數而通句股)今歲秋，吾邑諸君子創祘學課於濰陽書院，延予於文仁堂(按：學習者四十餘人，皆想從句股學起，但算學書少，於是，郭氏以數日之力，演成二十五題，以此授之。有兩月卒業者，進而習天元、四元、對數、八線、三角測量、曆算交蝕，此爲初學書無疑)。今將歲暮，及門屢請付諸剞劂。"

(22)郭恩賡

①上海圖書館：《中國叢書綜録》，上海古籍出版社2007年版，第738頁。

恩賡（1867—1939），字柏楊，號松存，郭夢齡之孫，郭薰之之子。光緒二十四年進士，授編修。工書法，宗董趙。清光緒二十四年刻《[光緒]戊戌科會試硃卷》，九行二十五字，白口，四周雙邊。

濰縣郭氏刻書特點有三：

一是郭氏刻書共三十七種，經部一種，史部三種，子部八種，集部二十五種，尤以集部爲多。

二是刻書有兩大類，首爲個人別集，次爲印章，在山東篆刻界有重要影響，而《續齊魯古印攈》的刊刻，將齊魯一地的古印研究推向了高峰，具有特别的意義。

三是時間跨度長，自乾隆十三年始，至光緒三十三年止，達二百六十年之久，刻書者有郭偉業、郭偉勣、郭啓翼、郭謩、郭閶、郭譽、郭磐石、郭夢齡、郭峻嵩、郭爲賢、郭斌壽、郭綏之、郭簡之、郭杭之、郭祐之、郭蔭之、郭徵庸、郭恩孚、郭恩敷、郭恩賡，因世系不是特别清楚，故羅列於此。其中以同治、光緒間的郭綏之、郭恩孚刻書爲最著。

2）其他刻書

除了郭氏，清後期的濰縣刻書還有陳介祺刻書九種，詳見清中期的濰縣刻書。另有齊培元、丁善保、丁善長、張兆棟、孫鳳翔、曹鴻勳、高鴻裁父子、韓介侯、孫葆田等刻書，兹按時間先後叙述如下。

（1）齊培元

齊培元字養和，號東野，嘉慶二十二年丁丑進士，官平遠知縣。著有《西戍日記詩草》八卷、《齊東野人新語》八卷。同治六年刻自撰《殊翁合編》四卷。卷端題："濰水齊培元東野著。"培元弟培祿同治六年序云："養和大兄宦遊東粤，謫戍北庭，自塞回濰三十年來，有《西戍日記詩草》八卷，《齊東野人新語》八卷。卷數太繁，非一朝夕所能鐫出。從二詩集中選出雁字詩一百二十首，先付之梓人,呈覽於宗族鄉黨間,嗣後資斧有餘,再陸續鐫二詩集。”郎樞斗撰《養和先生傳》,時培元八十有一。後有同治六年郭綏之識:“今先生又續成四集,付諸剞劂,而責綏之以校讎脱誤。”識後署:“受業門人陳與齡、受業從堂姪善甫校閲。”

八行十九字,白口,四周雙邊,單黑魚尾。字大,刻印較精。

(2)丁氏

濰縣四大家族首列丁氏,丁氏刻書有六種。

①《十二種文萃》十二集,清丁善寶輯,清同治九年濰縣丁善寶六齋刻本。

丁善寶,字黻臣,一字韞山,舉人,官内閣中書。《山東通志·獨行傳》:“祖克成,父廷珍,兩世皆以善行……咸豐壬子恩賞舉人,授内閣中書……平日力學好吟詠,著有《六齋詩存》,年四十七卒,人皆惜之。”有《六齋詩存》。著名的文章有《十笏園記》。十笏園建於光緒十一年,是善寶在明代刑部郎中胡邦佐故居的基礎上建造的。

封面題:“同治庚午年選,六齋藏板。”

同治九年庚午北海六齋主人丁善寶自序:“爰自啓、禎與本朝名大家諸名稿以及歷科闈墨並及經文共得二百四十首,彙爲一編,復別其體裁爲十二種。”

九行二十五字,小字單行二十四字,白口,四周雙邊,單黑魚尾,無直格,眉上鐫有小字七字,有圈點。版心下刻“六齋”。字雖小但行疏字朗,刻印不苟。

②《六齋詩存》二卷,清丁善寶撰,清光緒九年清勤堂刻本。

封面題名:“六齋詩存初稾。”牌記題:“光緒九年癸未秋鋟梓,清勤堂存板。”卷端題:“北海丁善寶韞山著,同邑張昭潛次陶選,膠西柯蘅佩韋定。”

有自識。光緒九年同邑王績熙題。是年張昭潛序。題辭者有柯劭忞、蒯延齡、劉掄升、郭杭之、宋書升、郭恩煌。光緒九年宋書升跋："取其稾編示同人，屬爲審定，同人汰其十之二三……今歲冬，同人將以其稾付梓。"光緒九年張逢吉跋："癸未秋，同人索其《六齋詩存》付梓，而以校事屬余。"可知，此書爲衆人合刊，清勤堂或許爲丁氏堂號。有光緒九年劉掄升跋："柯、張兩先生所審定者也。"另有于銘書題跋。書包括二卷：《耕雲集》，家居時作；《囊霞集》，出遊時作。

八行二十一字，白口，四周雙邊，單黑魚尾。刻印精。

③《歷代畫像傳》四卷，清丁善長編繪，清光緒二十二年至二十三年濰縣丁氏刻本。

此書有濰水劉熙恩光緒二十三年丁酉題："丁善長字蓮峰，家有小園一所，築樓數椽，名曰望雲樓，自作聯：'志在溪山容我净，心無名利笑人忙。'善治印，所積石印不下數百方，印作數册，名曰'石室印萃'。"善長與善寶可能爲同輩。

封面題："光緒丙申桂月，濰水王壽偉題。"

光緒二十二年漁樵山人序："濰水蓮峰丁公，生有宿學，癖好丹青，凡山水、人物、花卉、翎毛、昆蟲、魚蝦無一不精。然惟人物一道，更爲出辟妙品焉"，"（自幼慕關公）又苦讀經史"，"衣文則仿吴道子、陳老蓮、仇十洲諸人，如章法則獨開生面"，"無志功名。二十餘歲即杜門不出"，"竭力慫恿，使其以付梨棗"。末附："蓮峰焚香圖，族姪曾孫丁啓喆敬寫。"所繪爲几上焚香，丁氏倚几旁。

行款字數不一，白口，四周雙邊。每葉兩面各自成框。左文右圖，刻畫細膩，神情畢現，是清代後期山東刻書的精品。2008 年 8 月，天津古籍出版社據以影印出版。

④《初學人物十八則》一卷，清丁善長編繪，清光緒二十二年濰縣丁氏刻本。

封面題："光緒丙申桂月，濰水王壽偉題。"

有光緒二十二年漁樵山人序。

⑤《菊譜》一卷，清丁善長編繪，清光緒二十二年至二十三年濰縣丁氏刻本。

封面題："光緒丙申桂月，濰水王壽偉題。"

有光緒二十二年丁氏自序："衹得暫付梨棗，以待海内高明之評騭焉。"亦有"蓮峰焚香圖"及濰水劉熙恩光緒二十三年丁酉題。

⑥《石室印萃》，清丁善長藏，清光緒濰縣丁氏鈐印本。

有光緒十年丁氏《自叙》。光緒十四年陳傳奎叙曰："並所畫墨蹟不勝枚舉，以公所積古今書畫不下萬卷，因此同人名公之堂曰萬卷草堂。公又嗜印章之學，所積石印共集一册，名曰《石室印萃》。"此書版心下刻"萬卷堂收藏"。

（3）張兆棟

張兆棟（1821—1887），字伯隆，號友山，道光二十五年進士，授刑部主事，累遷郎中。同治十一年陞廣東巡撫。光緒四年，因母喪歸里。孝服期滿，被任命爲福建巡撫。十年被革職。十三年，在福建寓所病殁。

張兆棟雖在外地爲官，但在回濰期間，捐資修葺聖廟，興復濰陽書院，有功於濰縣文化。著有《守岐彙記》《鳳翔紀事詩存》。

①《鳳翔紀事詩存》一卷，清張兆棟撰，清光緒四年濰縣張兆棟廣東刻本。

有牌記："光緒四年十月順德李文田題。"卷端題："濰縣張兆棟友山。"

凡七律三十首。兆棟自記云："壬戌夏，余攝篆鳳翔，未及三月而回逆之變作，晝夜籌防，衣不解帶者十有五月。軍書之暇，輒以吟詠自遣，歷時既久，彙集成帙。事後汰其冗複，留存若干首，非期問世，聊以紀當日之事實云爾。"

自記末有"粤省城學院前翰元樓刊刷"兩行。則此書刻於廣東,在巡撫任上。當年張氏回鄉。

六行二十字,白口,四周雙邊,單黑魚尾。寫刻體,極精美。

②《守岐公牘彙存》一卷,清張兆棟撰,清光緒四年濰縣張兆棟刻本。

有牌記:“光緒四年十月順德李文田題。”

有長善序云:“公輯前守鳳翔稟請上游諸文書,彙爲一册,名以《守岐公牘》出示余。報國之忱,流露楮上。余與公同官最久,相得極洽,見其遇事鎮静,兀然不動,余欽之服之。今展是編,猶想見其身在金戈鐵馬中,盾墨淋漓,指揮如意時也。”光緒四年戊寅定遠方濬師序:“公受兩朝恩遇,洊膺開府,每思艱險不矜智略,暇時裒其《守城公牘》,命爲釐訂,爰録副本,俾授剞劂,並附以紀事詩三十章。”此書或刻於廣東,或刻於濰縣。

七行二十一字,白口,四周雙邊,單魚尾。字方正,較精。

(4)孫鳳翔

孫鳳翔,事迹不詳。光緒五年刻王維德撰《外科證治全生》。封面題:“光緒己卯年,濰陽棣園氏重刊。”前有光緒五年濰陽棣園氏孫鳳翔序,稱其光緒元年出守西江,攜帶數十部,散發殆盡,但需者仍多,版在京都,購求不易,故重刻。又有同治八年四月十九日濰縣陳介祺序,知陳介祺在同治八年刻過此書,前已有述。

(5)曹鴻勳

曹鴻勳(1846—1910),字仲銘,又字竹銘,號蘭生,官至陝西巡撫。輯有《校經堂初集》四卷,清光緒十一年刻於湖南。

有牌記:“光緒乙酉冬月開雕。”卷端題:“濰縣曹鴻勳手訂。”每卷末署:“湘潭胡元玉校字。”

有曹鴻勳《校經堂初集叙》:“(己卯)典試湖湘……甫經二載,又承恩命重蒞此邦,督學屈子之鄉,校士濂溪之里。斯堂已構,多士雨集,董理維持,於今四載……迺亟芟擷,都爲一集。不没所學,以貽後人。區區之心，更有進焉。”時其名銜爲“賜進士及第翰林院修撰、武英殿協修、國史館協修、提督湖南全省學政”。十一行二十一字，小字雙行二十一字，白口，左右雙邊，單黑魚尾。字一般。可見此時湖南的刻書水平與山東大體相當。

（6）高氏父子

高鴻裁（1852—1918），字翰生。其父慶齡酷愛金石、古印，集有《齊魯古印攈》。受家庭薰陶，高鴻裁好古文，嗜金石，曾得于濂芳所藏漢魏古印，在其父去世後，承其父志，集《齊魯古印攈補》一卷。後專心古磚瓦收藏與研究，於光緒二十一年以原器拓成《上陶室磚瓦文攈》十二册。晚年生活困頓，所藏之物陸續售出，上陶室磚瓦於1930年爲日本人購去，運至青島時，被海關扣留。後歸山東省立圖書館，館長王獻唐再次以原器拓印。高鴻裁又集兩世所藏，鈐爲《印郵》行世。還與濰上著名印篆家王石經等各出精品，輯爲《古印偶存》二十册。因以上所見拓本或鈐印本均爲先刻邊欄及版心題名，有的還刻有序，之後再拓印，故以刻鈐印本視之。

齊魯古印攈四卷	（清）高慶齡輯 補一卷（清）高鴻裁輯	清光緒十一年濰縣高鴻裁刻鈐印本
印郵不分卷	（清）高鴻裁輯	清光緒十一年濰縣高鴻裁刻鈐印本
古印偶存不分卷	（清）高鴻裁、王石經、田鎔叡等輯	清光緒十六年濰縣高鴻裁等刻鈐印本
上陶室甎瓦文攈五卷	（清）高鴻裁編	清光緒二十年濰縣高鴻裁拓本

（7）劉嘉禾

濰縣後期刻書較精美者，有光緒十六年濰縣劉嘉禾刻王筠撰《説文韻譜校》五卷。

劉嘉禾,安邱著名文字學家王筠的從外甥。

有牌記:“光緒庚寅夏六月濰縣劉氏開雕。”每卷卷端署:“安邱王筠貫山撰,從孫甥劉嘉禾斠栞。”每卷末有覆斠人姓氏,卷一:徐棣林莩齋覆斠;卷二:郭祐之申堂覆斠;卷三:劉嘉穎實夫覆斠;卷四:劉嘉瑞士冕覆斠;卷五:劉嘉賓雁臣覆斠。覆校人中郭祐之前已有述。其餘劉氏大概爲劉嘉禾的兄弟。卷端首葉下刻:“素心琴室劉氏栞本。”末有道光十七年劉嘉禾跋:“從外王父安邱王貫山先生,賅洽淹通,尤精許學,所箸《説文釋例》諸書,博引詳徵,折衷至當。復出其緒餘,校訂此書。草創甫成,遽焉謝世。同人舅氏,既刊《釋例》《句讀》《繫傳校録》三書,又取此稿排比編纂,録成五卷,冀鐫以行。適同里高翰生君,蒐訪吾鄉先哲著述未經墨版者,輯爲《齊魯遺書》。屬嘉禾求其稿,遂請於舅氏,得副以示翰生。亟爲從臾付刻,以附三書之後。嘉禾即於庚寅六月鳩工開雕,既畢工,以呈同人舅氏。舅氏復取録成之本,悉加釐正,仍以版本歸之嘉禾,且命志緣起。”王筠爲劉氏從外王父,彦佶兄弟對此書的刊刻也十分細心,反復校刊。

七行,大字不一,小字雙行二十字,白口,四周雙邊。行疏字朗,刻印精美。

(8)王勗之

《增緒等韻法律》,清王鵬飛撰,清光緒十七年濰陽王勗之刻本。

封面題:“光緒辛卯仲秋新鐫,板存蕉雨山房。”

前有壽邑程萬王鵬飛原序,應箎陳仲玉序,署:“濰陽中服田祥叡、文庵王景周、禮南毛璋、均溪柴大田、峩卿陳介璋等同參。”又有:“此書自咸豐六年刊刻行世……今竭誠增緒刊刻,以待同志者廣爲佈散,盛行於世。”末署:“光緒辛卯荷月上澣濰陽王勗之命男敬齋氏重鐫。”知此書爲光緒十七年濰陽王勗之父子重刻本。

另有三種書，亦爲濰縣刻書。

咸豐、同治間，高密單爲鏓、濰縣韓介侯刻有方苞撰《尚書述》。詳見清前期的高密刻書。韓介侯當爲韓夢周後人，具體情況不詳。

光緒二十二年，榮成孫葆田濰縣賸園刻其弟孫季咸撰《孝經鄭注附音》一卷。清後期的登州府榮成刻書已述。

光緒九年，濰縣張昭潛在尚志堂刻宋石介撰《新雕徂徠石先生文集》二十卷《附録》一卷，本章第二節尚志書院刻書已述。

總之，清後期的濰縣刻書，有郭氏刻書二十種，加之中期已有介紹的陳介祺刻書九種，及齊培元、丁善保、丁善長、張兆棟、孫鳳翔、曹鴻勳、高鴻裁父子、劉嘉禾、韓介侯、孫葆田、張昭潛等刻書二十種，共四十九種。

4. 膠州刻書

膠州後期，刻書興盛，主要有王葆崇、徐宗勉和太湖張承燮三家。

1）王葆崇刻書

王葆崇，字小姚，一字孫嘏，號次山。性敏慧，對民俗及地方掌故有興趣。光緒年間貢生，在京供六品職，由鴻臚寺序班保用湖北知縣。光緒十四年辭官回膠州，與修《山東通志》。數次入勞山採訪調查，撰有《勞山紀勝集》《鰲山採訪録》《勞山金石目録》等，對研究勞山的歷史有一定的參考價值。另著有《山左人物考略》《桑梓徵微録》《膠志補正》《墨志補正》《膠州姓氏譜略》《王氏家乘新編》《經學輯說》《讀史類鈔》等三十餘種。王葆崇詩文多關膠州文獻。去世後，子鴻圖收拾所作，編爲《固有草堂文集》一卷、《助息園詩草》二卷，宣統元年濟南國文報館石印。

王葆崇一生著述頗多，卻從未想過要付梓，相反，他更多地爲他人考慮，要將膠州友朋的著述傳承下去。

①《半是齋詩草》一卷、《附編》一卷，清王六謙撰，清光緒十四年膠州王葆崇刻本。

王六謙，葆崇父。

封面題："光緒戊子春鐫，助息園藏板。"表姪紀寶鼎題簽。卷端題："膠西王六謙爻皆甫著，族姪大來少楚選訂，男葆崇次山校録。"

有王六謙自序。同治十年同里張兆惠序。是年同里張祖樾序："喆嗣次山年甫十七，能手録是編乞余爲序，以存先人手蹟，此意足嘉尚焉。"高鄂序："其喆嗣次山將以《半是齋詩草》開雕。"趙同雲序："次山本性誠篤，遵遺囑，益敦夙好，觀其議論豐裁，大有乃父風，而聰慧猶過之，宜其早掇芹香爲閭里望也。且邃古表叔多善行，將來猶可限量歟？一日，攜其父遺詩，將付剞劂，而質證於余。"光緒十一年乙酉長至日陽湖郢聲氏陶鎔於膠西署舍《半是齋詩序》："先生之詩將付剞劂，乞余弁言。"後有冷韶春識。王大來跋。王葆崇跋："《半是齋詩》，先大人遺作也。自丙辰以至辛未，凡十有六年，集凡四百餘首。而先大人嘔盡心血，竟以辛未之三月棄養。崇懼遺作之散佚也，亟手録之質於族兄少楚。少楚爲選八十八首，而謂崇曰：'詩貴工不貴多也。'崇又手録選本，意欲付之剞劂……爰亟付梓人。"

九行二十二字，小字雙行二十二字，白口，四周雙邊，單黑魚尾，無直格。刻印尚可。

②《石泉先生讖言》三卷，清王九成撰，清光緒十七年膠州王葆崇刻本。

王九成，字舜夫，號石泉，即墨人，嘉靖七年戊子舉人，官保定府同知。葆崇十一世祖。

封面題："辛卯仲春重鐫，助息園藏板。"

卷端題："鰲山王九成舜夫甫著，即墨周如砥季平甫訂，即墨黄嘉善惟尚甫校,十一世姪孫葆崇次山重校。"

前有即墨周如砥《刻王石泉先生讖言序》。

九行十八字,白口,四周雙邊,單黑魚尾。

③《五畝園詩草》,清王大來撰,清光緒十四年、十九年膠州王葆崇刻本。

王大來,字少楚。葆崇族兄。著有《勞山九遊記》一卷、《五畝園詩草》五卷。

《五畝園詩草》之一《碎琴詩草》,末有光緒十八年壬辰八月既望族弟王葆崇誌:"先少楚兄《五畝宅詩》,凡六千餘首,不存稿者十之八九,其存稿者兵燹後不過千首。嗣經諸名公選訂,存者約四百餘首。光緒戊子,崇以《園居稿》八十首付梓。暇時翻閲遺書,復檢得《五畝宅前集》及《山居》《村居》《碎琴》四稿,計三百餘首,益以《園居》一册,適符四百首之數。少楚有句云:'幾人删訂幾回編,篋底深藏四百篇。'蓋預爲刻詩之兆矣。顧前三稿久經詩家評選,無容復議,惟《碎琴》一稿尚未出以示人。崇迺參以己見,删繁就簡,合前三稿,俱付手民。於戲!今而後,少楚之心可以少慰,即崇所以告少楚於九原者亦可以少慰矣。"據此識語,可知王葆崇刻書原委,他將先刻的《園居稿》,後刻的《詩草前集》《山居》《村居》《碎琴》四種,合併爲五種。

其一:《五畝宅園居詩草》一卷,清光緒十四年膠州王葆崇刻本。

封面題:"光緒戊子春鐫,助息園藏板。"

其二:《五畝宅村居詩草》一卷,清光緒十九年膠州王葆崇刻本。

卷端署:"膠州王大來少楚甫著,同邑張兆惠慈民選訂,族弟葆崇次山校刊。"

九行二十二字,白口,四周雙邊,單黑魚尾,無直格。

其三:《五畝宅山居詩草》一卷,清光緒十九年膠州王葆崇刻本。

封面題:"光緒癸巳秋仲,助息園藏板。"卷端署:"膠州王大來少楚甫著,同邑徐守鑑蓮塘選訂,族弟葆崇次山校刊。"行款同上。

其四:《五畝宅詩草前集》一卷,清光緒十九年膠州王葆崇刻本。

封面題:"光緒昭陽大荒落仲秋,助息園藏板。"卷端署:"膠州王大來少楚甫著,高密單映奎竹客選訂,族弟葆崇次山校刊。"

光緒昭陽大荒落即光緒十九年。有光緒十八年壬辰滋陽田賡和識於膠州學舍,稱王大來詩"高曠典雅,揮灑自如","如入五都之市,美不勝收。如遊山陰道上,目不暇賞"。又有光緒十九年癸巳季秋表弟紀寶鼎序於都門寓齋。題辭有表弟高昂二首,葆崇一首,稱"讀書得志,終歲苦吟身",還有黄縣丁培鎰簡庵、日照丁守偉叔梧、高密單映奎竹客題辭。行款同上。

其五:《五畝宅碎琴詩草》一卷,清光緒十九年膠州王葆崇刻本。

封面題:"光緒癸巳秋仲,助息園藏板。"卷端署:"膠州王大來少楚甫著,族弟葆崇次山選訂校刊。"

末有光緒十八年壬辰八月既望族弟王葆崇誌,前已有述。有匡源、翟熙典、高昂、宋瀛海、王葆崇、張樹宸題詞。行款同上。

④《種德堂未焚草》一卷,清王紳撰,清膠州王葆崇刻本。

紳字公垂,膠州人,諸生。《山東通志·藝文志》引《採訪册》載是編云:"王葆崇梓行。"

⑤《面城居詩草》一卷,清王服芳撰,清膠州王葆崇刻本。

服芳字秋江,膠州人,諸生。《山東通志·藝文志》引《採訪册》載是編云:"王葆崇梓行。"

以上二書均未見。

膠州王葆崇刻書特點有三：

一是重視鄉邦文獻。有先輩及族兄的七部書，有邑人的兩部書。

二是所刻大多爲詩集。

三是刻書風格統一。有刻書時間，有藏板地，在助息園。行款亦統一，爲九行二十二字，白口，四周雙邊，單黑魚尾，無直格。刻印較精。

2）宋氏刻書

宋言揚，字春麓，貧士。著有《箕裘集》《鴻泥集》《左傳彙編》《四書彙辨》《世吏精言》《守禦管見》《脈訣便記歌》《傷寒便記歌》《痘科便記歌》《本草便記歌》等，但所刻僅二種，由其子宋孔昭刻成。

二種中唯見《鴻泥集》一卷，清光緒二十年宋孔昭刻本。

有光緒二十年甲午東武後學李蘊玉《箕裘集續刻叙》："《箕裘集》何以刻，宋子潛庵不忍没先生遺澤而刻也。《箕裘集》何以續刻，宋子潛庵（按：宋孔昭）不忍忘先生手澤而續也……潛庵性方鯁，苦吟外尤善擘窠大字，得意時且書且吟，具不可一世之概。歲積束修貲，置祭田，樹碑碣，刻先世詩稿成帙……今潛庵復積貲續刻其先君子春麓先生詩，並將己詩附後。"據此可知，宋孔昭曾有《箕裘集》之刻，而此爲續刻。諸城後學宋晏海撰《叙》："光緒甲申夏，膠邑潛庵宋子見過，手捧其先大人春麓先生詩集示余。"末有光緒二十年甲午潛庵自識："昭固無如何也，昭之不揣固陋，毅然刻詩者，以昭之無望於後耳。"

封面題："箕裘集續刻。"卷端題："鴻泥集，膠州宋言揚春麓著，男孔昭校字。"八行二十字，白口，四周雙邊，單黑魚尾，版心上無書名。開本一般，字方正，家刻特徵不明顯。蓋如李蘊玉叙中曰："潛庵者何如人，膠州之世族，孤貧士也。"貧寒人刻書，大抵如此，類似坊刻。

據李蘊玉序可知，宋孔昭還刻過《箕裘集》。《山東通志·藝文志》："膠州宋氏《箕裘集》六卷，《蘅園類存》載此集云：'邑人匡源序，不詳何人編。'"所指即前刻。

3）徐宗勉刻書

在清代後期的膠州刻書史上，可與王葆崇相媲美的是徐宗勉。徐宗勉，字景修，堂號"惇裕堂"。以諸生爲鴻臚寺序班。工書法。性慷慨豪爽，以辦本邑公務出色保薦至府經歷。咸豐十一年捻軍入膠州，死於兵亂者三千人，宗勉爲刊傳，但未見傳本。宗勉又編刻《膠西鄉先生詩稿萃編》七稿七卷附《瀟湘八景詞》一卷，時間在光緒二十一年，有胡逢恩序："甲午余官中書，乞假歸里。表叔徐景修奉其尊府命，以諸先生詩稿見示。其網羅散失，擷英取華，故不知其幾經寒暑，而剞劂之資且身任之。"

此書包括以下七種：

青艾集一卷	（清）姬鳳舉撰
瘦菊軒藏稿一卷	（清）姬鳳舉撰
芝田藏稿一卷	（清）王齡芝撰
四癡主人詩鈔一卷	（清）陳際昌撰
韋每齋詩草一卷	（清）徐守真撰
客邸閒吟一卷	（清）張兆惠撰
文字禪一卷	（清）釋孚一（徐應機）撰

鳳舉字軒如，膠州人。與匡源合編《膠州詩鈔》十二卷，著有《瘦菊軒藏稿》《膠詩待徵録》《青艾集》。《青艾集》凡五律十七首。宗勉敘云："清奇僻苦，多未經人道。前輩謂方之唐人，無慙郊、島。顧東野、閬仙得昌黎而益顯，先生乃終老牖下，名不出里閈間，其幸不幸爲何如耶！"《瘦菊軒藏稿》凡七絶十八首，晚年作也。

宗勉跋云:“談者顧以窮愁淒苦少之,此不考其世者耳。其自叙不云乎:‘他年有過邙山北麓,酹余一杯酒,見有迴風旋轉而不去,則重泉人髣髴其來謝也。’吁!先生之遇甚窘,先生之音則悲矣。”

王齡芝,字芝田,膠州人,諸生。

陳際昌,字世五,膠州人,諸生。是集凡古近體詩三十六首。宗勉撰小《傳》云:“詩隨事命意,遇景得情,皆工緻沈着,有當乎人心。”

徐守真,字廬山,膠州人,徐宗勉父輩。諸生。好吟詠、擅書畫。晚年設教遼東,卒後二十二年,其孫始徒步至遼東,負其骨骸以歸。有《韋每齋七律詩》一卷和《韋每齋試帖》四卷及書法散葉行世。《韋每齋詩草》凡四十四首,附詩餘八首。趙文運序云:“晚年設教遼東。歿二十餘年,其孫本令間關徒步至遼東,負骨以歸。檢舊篋,詩稿無一存者,劫火餘燼,僅有《韋每齋試帖》四卷及此册。”

張兆惠,字慈民,膠州人,諸生。另著有《治家格言》。《客邸閒吟》凡古近體詩二十一首,附題畫詩四首。其序云:“詩雖不多,而真氣所存,尚友古人,高出時輩。急付剞劂,以質後之先覩爲快者。”

釋孚一,徐應機,膠州人。是集共詩十六首,附詩餘六首。

除了以上七種,徐宗勉還刻了以下四種:

①《扶青先生誡言》,清徐撛撰,清光緒膠州徐宗勉刻本。

徐撛,膠西人,康熙三十六年丁卯歲貢。

封面題:“惇裕堂藏板。”卷端題:“膠西徐撛扶青著。”

前有光緒十二年姚贇元序。光緒二十一年胡逢恩序,稱“(表叔景修)謀付諸梓”。末有“七世孫宗勉校字”。

十行二十二字,白口,四周雙邊,單黑魚尾。

②《徐氏觀感録》一卷,清趙文運等撰,清光緒二十七年膠州

徐宗勉刻本。

此書爲宗勉將膠州鄉人爲紀念其父徐守諒(簡堂公)而撰寫的碑誌傳銘彙編成冊。内有徐本立撰《遺像記》,宗勉撰《行述》等。

有牌記:“光緒二十七年歲在辛丑徐惇裕堂栞藏。”

前有逄潤古序。

八行二十二字,黑口,四周雙邊,無魚尾。刻印精良。

③《韋每齋試帖》六卷、《對吴試帖》二卷,清徐守真撰,清光緒二十四年膠州徐宗勉、徐憲臣刻本。

有光緒二十一年夏月同里後學趙文運序:“余少時習舉業,同學友徐君憲臣(按:徐本令)者……今年冬,家居,晤徐君,徐君出一編告余曰:‘此《韋每齋試帖》六卷,吾先大夫所手著也……先人手澤,不忍淹没,欲付梓人。’”光緒二十二年徐宗勉跋,稱二書是徐守真廬山手著,六十餘歲時卒。笲後赴遼東,兒子宗川齊家尋父,孫子本令繈褓中,多賴宗勉父扶持。本令壯年赴遼東,歸復其祖父及父骸骨:“本令益刻苦經營,近歲頗不窘乏,乃出先生所著《韋每齋試帖》六卷,囑勉校訂,將付梨棗。時先生高足宋潛庵上舍(按:宋孔昭)聞有是舉,自東武寄《對吴試帖》二卷。”《對吴試帖》係徐守真爲錢塘吴錫麒之詩而作。

封面題:“光緒戊戌春鐫,嘉裕堂藏板。”《韋每齋試帖》卷端題:“膠州徐守真廬山著,箸生匡超、葆三、王金鑑校字。”《對吴試帖》卷端題:“膠西徐守真廬山著,堂姪宗勉校刊。”

九行二十二字,白口,四周雙邊,單黑魚尾。字體峭拔,刻印精良。

④《靡他吟》一卷附《閨秀詩》一卷,清李胡氏撰,清光緒二十九年膠州徐宗勉惇裕堂刻本。

李胡氏,二十歲歸允平,閲八年夫卒。誓死以殉,不食者七日,不得死,乘間投繯,遇救,又不得死。姑求其相依爲命,心動,起食,養姑數十年。姑死,營葬。收養閨閣友黄氏二十年。

書有光緒二十九年癸卯徐宗勉於惇裕堂序:"吾膠高太傅文忠公之曾孫蔭棣,諸生,早世。妻萊陽周氏淑履,苦節撫遺孤成立,著有《峽猿詩草》,志哀也。張稚松、高西園、法稚黄諸先生,德州孫莪山閣學,皆題詞闡揚,得以稍稍流傳。嗣是雅雨山人採入《山左詩鈔》,利津李竹朋太史備載《吾廬筆談》,節婦之名彰彰矣。……近得李胡氏《靡他吟》一卷,前輩紀銘之、金藩村鈔訂成册,遍乞諸公題詠以章表其節孝……(勉)竊願代鋟,以傳之永永。"有多人題辭。

有牌記:"光緒癸卯仲夏徐惇裕堂刊藏。"卷端題:"膠西節婦李胡氏著,同里紀寶鼎銘之、金衍慶蕃村仝録,徐宗勉壽蘅校刊。"

九行二十字,白口,四周雙邊,單魚尾,無直格。字小行疏,比較清朗。

綜上,徐宗勉共刻書十一種,皆膠州人的著述,大多爲詩集,除了爲先輩刻書,其餘皆爲諸生即境遇不好的人所刻。他們或落魄如姬鳳舉,或老死他鄉如徐守真。以他們的能力,是不能將詩作付梓的,而徐宗勉爲他們刊刻,纔使他們的詩歌流傳下來。没有徐宗勉,這些詩將没有機會爲世人所見。徐宗勉不僅爲下層士人刻書,爲僧人刻書,還爲婦女刻書,這延續了清中期膠州刻書的特點,可見膠州一直重視婦女著述的刊刻。可以説,以上十一種皆屬膠州地方文獻,徐宗勉爲保存膠州文獻做出了重要貢獻。

4)太湖張承燮刻書

在膠州爲官的太湖張承燮,其刻書數量遠超當地人,刻書内容亦適應時勢的需要。

張承燮,字雲蓀,咸豐八年中舉。同治二年因辦理陝南軍務有功,保直隸州知州,賞花翎,署甘肅肅州知州。後因事左遷,改官山左,初任濱州知州,爲長山縣令。光緒十三年調署益都,光緒十八年離開益都,督莒州,後任膠州。

在益都時,他做了不少有益於益都文化發展的好事,如修葺廣福寺,建旌賢書院,建海岱書院,倡修《益都縣圖志》。

光緒二十七年八月,奉詔京都暨各行省府廳州縣各設大、中、小學堂,並多設蒙養學堂。其教法當以四書五經、綱常大義爲主,以歷代史鑑及中外政治藝學爲輔。當時新令一出,各地均對教程的選擇比較盲然,衹得在摸索中進行。《京師大學堂編書處章程——一九零二年(光緒二十八年)》:"一、編纂課本,擬案照中小學堂課程門目分類編纂,一曰經學課本,二曰史學課本,三曰地理課本,四曰修身倫理課本,五曰諸子課本,六曰文章課本,七曰詩學課本。"①並號召:"蒙學課本,關於教育之基礎,亟宜考求。查南省各處所編蒙學報,頗有足資採擇者,擬購調齊全,核定增減,成一定本,頒行各省,庶有遵循。"②

張承燮啓風氣之先,率先開始了蒙學教程的編纂。他在光緒二十九年編《蒙養函書三編總目》後識中說:"我東省爲近畿重地,宫保袁項城公尚書(按:袁世凱)、周建德公(按:周馥)後先經畫,時未三稔,學堂林立。各行省學堂規制課程奉旨均以東省爲指歸。先是承燮奉牧膠州,勉爲其難,遵於膠州創建達材學堂一,區城内外,蒙養學堂數處。乃規模甫具,適調簾去任,每憾職事未竟,寸心耿耿。惟念學堂之設大、中、小學,各有課程,學生應讀何書,亦遂各有等級。側聞京外各學堂編書之役,久未蕆事,所在教習多憑口授,至蒙養學堂並無教習主持,其茫茫昧昧,罔所適從,尤可知也。

①張静廬:《中國近現代出版史料·近代初編》,上海書店出版社2003年版,第207頁。

②張静廬:《中國近現代出版史料·近代初編》,上海書店出版社2003年版,第209頁。

伏繹聖旨,著各省多設蒙養學堂,經曰蒙以養正,義固早在聖鑒,今欲預妨學堂流弊習氣,誠非重視蒙養不可也。況蒙養科教中學爲多,四書五經、綱常大義有不於蒙養基之者乎。承燮閉户餘閑,因就前在膠州時所輯蒙養各書約爲三編,各分上下,纂例刊式注各編後。至康熙、雍正、乾隆間御纂欽定《七經》《三經》及頒發《十三經》與《二十四史》並《御批通鑑綱目》《御批歷代通鑑》等部,茲編均未之列,以蒙養學堂有所不逮也。"

在張承燮的計劃中,他的三編包括:

初編上目:《孔孟志略》《儒先訓要》《小兒書輯》《女兒書輯》。張承燮認爲,蒙養必資師範,先選《孔孟志略》《儒先訓要》,是首述孔孟,繼以儒先,是教學開宗,以免歧誤。而蒙養尤資家教,後二部所述,義主家自爲師,則師範多矣。以上四部不是學堂課程,而爲在家自修。

初編下目:《資治通鑑識要》《文獻通考紀要》《皇輿歌括》《大地歌括》。此四部爲蒙養初級課程,這是在四書五經之間要進修的課程。爲避免學子課業繁重,特以韻語括其大要。其中,《皇輿歌括》有關中國地理,《大地歌括》有關世界地理。

二編上目:《四書章句集註》《孝經訓纂》《易經訓纂》《書經訓纂》《詩經訓纂》《周官訓纂》《禮記訓纂》《春秋三傳訓纂》。此八種亦爲蒙養初級課程。其中《四書章句集註》依鮑氏本刊刻。其他七經依大梁十一經音訓本。格式爲原注悉移旁列,每篇大義更依魏氏《九經要義》本並董氏、家氏等本總纂於後。其衆説有經御旨折衷者詳登格上,以定尊從,而昭簡易。

二編下目:《四書今古注》《周易古今注》《尚書古今注》《毛詩古今注》《周官古今注》《禮記古今注》《春秋左傳古今注》《朱子通鑑綱目提要》。此八種爲蒙養高等課程。張承燮認爲,《四書》朱子注遠勝於前人,故以"今注"爲主,古注亦有今注所本者,故置於

“今注”之後。而以下六經古注、今注各有取義,參互對列,不能偏廢。因朱子《通鑑綱目》是三代以後的春秋,故列於此。

三編上目:《吕王博議》《蘇魏策論》《歷代奏議》《歷代策論》。此四種爲蒙養專門課程。張承燮鑒於學期以致用,所以設以上四門以經世致用。

三編下目:《列代文讀》《列代詩讀》。張承燮認爲,學者爲文歌詩,終究是學之餘事,所以此二種不在必修課程之内,可作爲蒙養餘事。

從以上總目的設置可以看出,張承燮對蒙養教材的選用是非常用心的,作爲一個地方官,能考慮如此周詳,實屬不易。同時,他對刊刻這些書籍的格式也是親自擘劃經營,尤其是四書、五經的刊刻,爲方便童子閱讀,正文大字,注文及旁訓小字,均有詳細說明。如《周易訓纂》:“旁訓平格依大梁本,大義低格依魏氏《九經要義》本,御案格上依《易經傳説》本。”再如《春秋三傳訓纂》:“《春秋》經文大字平格,《三傳》大字低格,旁訓小字經平格,傳低格,三傳《左傳》全録,《公》《穀》摘録,旁訓平格依大梁本,大義低格依家氏詳説本,御案格上依《春秋傳説》本。”從這些可以看出,張承燮不僅是一個地方官,而且已走入了出版家的行列。

張承燮的出版計劃是宏大的,他設想三編隨繕隨刻。光緒二十九年時,有刻未竣者,亦有繕未竣者,他想等三編全竣,再將總目簡明弁首。但因人事變遷,他的願望衹實現了一部分。從現存的資料考察,在蒙養學堂開辦之前,他就刻了《女兒書輯》八種,那是光緒二十六年。在光緒二十七年,他一次性刻了不少書,有《孔孟志略》三卷,《儒先訓要》十四種、《續》四種,《小兒書輯》八種,《文獻通考自序》一卷,《文獻通考紀要》二卷。現略述如下。

《女兒書輯》八種,光緒二十六年刻於膠州聽雨堂。有牌記:“光緒二十六年庚子十二月栞於膠州之聽雨何時軒。”版心下刻

"聽雨堂刊本"。有張承燮識:"意取簡要,不尚博攬。蓋女兒受讀歲月不過及笄,苟或貪多無當也。讀次視各撰述,由俗而文,由淺而深,由今而古。"其中,《張氏母訓》有張承燮叙,稱其承母張氏之命所輯而成,務期簡要以爲新婦讀本。書成,名曰《張氏母訓》,並經其母筆削訛誤。將付手民,又因他事未果。不料,第二年,張氏去世。同治十三年,張承燮主關南書院時,與同學校録副本,授之梨棗,使漢江左右,家有其書。此次東來,因有《女兒書》之輯,於是再行校録,重新刊行。

按張承燮的出版計劃,《孔孟志略》應該是放在最前的。《孔孟志略》三卷,包括《孔子世家後編》一卷,《孔子弟子列傳補編》一卷,《孟子列傳補編》一卷。光緒二十七年刻於膠州聽雨堂。有牌記:"光緒二十七年辛丑十二月栞於膠州之聽雨何時軒。"版心下刻"東聽雨堂刊本"。有張承燮光緒二十六年序。九行二十二字,小字雙行二十二字,左右雙邊,無魚尾。字體端正大方,開本較大。

《儒先訓要》十四種、《續》四種,光緒二十七年刻於膠州聽雨堂。有牌記:"光緒二十七年辛丑十二月栞於膠州之聽雨何時軒。"版心下刻"聽雨堂刊本"。有光緒二十六年張承燮序:"右《儒先訓要》十六種,係就各書擇要録之,大抵皆《六經》《語》《孟》之餘緒。"張氏所言十六種,實爲十四種,因《吕近溪先生小兒語》《李子潛先生弟子規》已入《小兒書輯》,故不録。《續》亦有張承燮識:"右續輯《儒先訓語》四種,大抵皆與原編義類略同,旨相表裏,而其立訓淺近,固有爲人人立身居家處世所未可一息忍焉不察者。"此書的特點是,每種卷端下刻"儒先訓要第某",卷數相連。

《小兒書輯》八種,光緒二十七年刻於膠州聽雨堂。有牌記:"光緒二十七年辛丑十二月栞於膠州之聽雨何時軒。"版心下刻"聽雨堂刊本"。有張承燮識:"上溯宋明,下迄昭代,凡得八種,皆小兒不可不讀者,而最古如《管子》《弟子職》,最精最邃如程子、朱子諸箴銘,在小兒恐弗省,故均不及,非遺之也。”此書六行十五字,小字雙行十五字,黑口,左右雙邊,無魚尾。版心上分兩行,右書“小兒書”,左書各個書名。每卷卷端下刻“小兒書輯第某”。字大行疏,悦人眼目,便於誦讀。

《文獻通考自序》一卷,光緒二十七年刻於膠州東聽雨堂。有牌記:“光緒二十七年辛丑十二月栞於膠州之聽雨何時軒。”版心下刻“東聽雨堂刊本”。卷端署:“鄱陽馬端臨貴與撰,太湖張承爕雲蓀録。”是書九行二十一字,黑口,左右雙邊,無魚尾。字大悦目。

《文獻通考紀要》二卷,光緒二十七年刻於膠州東聽雨堂。有牌記:“光緒二十七年辛丑十二月栞於膠州之聽雨何時軒。”版心下刻“東聽雨堂刊本”。是書九行二十字,小字雙行二十字,黑口,左右雙邊,無魚尾。字大悦目。有張承爕《文獻通考紀要序録》。在此《序録》中,張承爕以一個出版家的眼光,介紹了《文獻通考紀要》的三個版本:武英殿本、豫州本、禹州本。這三個版本他都庋藏,在西安購得禹本,在濟南購得豫本,在京師購得武英殿本。他對三個版本的優劣進行了評價。他認爲,乾隆四年尹會一在豫州刻的豫州本和道光黄鳴盛在禹州刻的禹州本,均校勘欠精,沿誤承訛,所在多有。他還以一個版本學家的卓識,運用版式、著録、旁證、避諱、史實等版本鑒定方法,得出他從京師購藏之本確爲康雍時期的武英殿本。可以看出,張承爕的《序録》不啻版本鑒定理論的實踐應用。對於蒙養學堂爲何選用《文獻通考紀要》,他認爲:“欲治《三通》,莫先《通考》。欲治《通考》,莫先《紀要》。”於是,“就京、豫、禹三本,考正舛漏,以衷一是”。並取原武英殿本所缺的《四裔考》的内容,作爲補紀。全文組以韻語,方便學童誦讀。

從以上所刻書來看,張承爕的刻書活動主要在山東膠州。他刻書是爲了提供蒙養學堂的課本,所以他對書籍的内容及形式均考慮周詳。可以説,他爲山東的新式教育做出了很大的貢獻。他的堂號爲聽雨何時軒、聽雨堂、東聽雨堂。他有很强的版權意識,在每一種書上都刻有刊記,版心下均刻有堂號,還認真地寫下每一篇刻書序。如果没有後來的人事變動,而是假以時日,他會是晚清一位非常出色的出版家,即便如此,他的名字還是永遠地留在了山東雕版印刷史上。

5)其他刻書

除了以上幾家,膠州彭世登刻有自編《爲善最易録》(包括《不費錢善事例》一卷,《放生咒》一卷,《救急良方》一卷,封面題書名爲《不費錢善事例》),清光緒十三年刻本。封面題簽:“信心奉行,慎勿褻瀆。”有光緒十四年張建楨序:“余友彭君雲衢,好善士也。偶檢舊篋,得蘭陵王君所刊《不費錢善事》一卷,出以示余……因而手爲鈔録,因以自勉,惜乎不能廣爲流傳也。雲衢遂慨然身任,重加删訂以付手民,顔其名曰《爲善最易録》。”封面題:“光緒丁亥年重鐫,板存膠州南關苑家巷榆蔭書屋。”叙下有朱記:“膠州榆蔭書屋敬送。”《太上感應篇》末署:“膠州彭世登敬刊。”七行二十字或九行二十二字,白口,四周雙邊,單黑魚尾。字大,刻印精良。

以上清代後期的膠州刻書共六十種,衹有四家。一是王葆崇,有九種。二是宋孔昭,有兩種。三是徐宗勉,有十一種。四是太湖張承燮,有三十七種。另有彭世登刻善書一種。其中張承燮刻書最多,占二分之一,原因是刻叢書三種,子目多。但外地人刻書不讓當地人,是不争的事實。集部十九種,史部兩種,其餘均是子部儒學類,原因是張承燮所刻書除兩種爲史部政書類外,餘皆是蒙養書。所有書均刻於光緒年間。同治和宣統未見記載。王葆崇集中刻於光緒十九年,宋孔昭集中於二十年,徐宗勉集中於二十一年,張承燮集中於二十六年和二十七年。張承燮刻書有着非同尋常的意義。他是在光緒二十七年各地奉詔設大中小學堂,並多設蒙養學堂的背景下,進行蒙養教程的設計,蒙養教材的選用。他有宏大的出版計劃,設想將三編的課程隨繕隨刻。同時,他對刊刻這些書籍的格式也是親自擘劃經營,尤其是四書、五經的刊刻,爲方便童子閲讀,正文大字,注文及旁訓小字,均有詳細説明。這表明,張承燮是一個務實的出版者。他刊刻的這些書,對於山東學子順利地由舊式教育轉到新式教育,作用甚大。可以説,他爲山東的新式教育做出了很大貢獻。

5. 高密刻書

清後期的高密刻書有單氏兩種,李氏三種,前已有述。傅氏刻書成爲主流。

1)傅氏刻書

高密傅氏,崛起於明末。傅鍾秀,字海峰,以進士官太常寺少卿,卒於明末農民軍亂。其後,傅家科第蟬聯,累世不絶。有清一代,傅家共有六位進士,十一位舉人,二十九位貢生。

傅氏的興盛可從其家族刊刻家譜看出。在清代,傅氏曾四修家譜。

①《[高密]傅氏族譜》,清傅維義修,清雍正五年傅詠刻本。

傅氏道光元年重修家譜,末有雍正五年傅詠刻書跋。道光刻本卷端署:"七世孫維義增修,詠訂刊,八世孫樹耆重修,道光辛巳闔族續修。"可知,傅氏譜當在雍正時由傅詠校刊過。

②《[高密]傅氏族譜》二卷,清傅樹喜原修,清傅氏續修,清道光傅氏刻本。

卷端署:"七世孫維義增修,詠訂刊,八世孫樹耆重修,道光辛巳闔族續修。"

九行十六字,白口,四周單邊,單魚尾。字大悦目,開本大,家譜特徵明顯。

③《[高密]傅氏族譜》不分卷,清傅壂、傅之衢纂修,清光緒四

年刻本。

④《［高密］傅氏家乘》一卷，清傅以德纂修，清光緒二十八年刻本。

從以上家譜可知，傅氏刻書始於雍正。最早的個人刻書則始於乾隆九年。

①《過庭録》一卷，清傅亶初撰，清乾隆九年高密傅廷鎏刻光緒間傅丙昌修補本。

亶初（1618—1694），字上生，號西亭，順治十五年戊戌進士，官池州推官。另著有《清風堂詩》二卷。此書亦名《清風過庭録》。前有其侄傅廷鎏序云："剴切詳明，質實有味。或爲見道之言，或爲有得之語。字字針砭，足爲後人楷模。"光緒間亶初九世孫傅丙昌又有修補。

②《清風堂詩》二卷，清傅亶初撰，清乾隆間高密傅豫刻本。

據葉征《清代山東私人刻書家知見録》著録。傅豫，字於石，乾隆十年進士，仕河南鄢城知縣。著有《鄢城志稿》等。

③《光裕堂詩集》二卷，清傅曰嶙撰，清光緒二十五年高密傅丙昌光裕堂刻本。

曰嶙（1800—1835），字鐵岩，諸生。在黄縣設館，以教讀爲業。上卷曰《客中吟》，下卷曰《南遊草》。有光緒間單步青序云："其詩繪景攄情，皆自閱歷中道其實事。"

④《鴻雪山房詩集》六卷，清傅培源撰，清光緒二十五年高密傅氏光裕堂刻本。

培源（1829—1895），字心泉，光緒四年戊寅歲貢。還著有《鴻雪山房筆記》《古文》一卷。此書係其子爲之輯刊。有南皮葛之覃序，謂其宗法三李。

2）葛之覃刻書

除了傅氏刻書，清後期的高密刻書還有《種蕉聽雨軒詩抄》三卷,清葛之覃撰,清光緒二十四年南皮葛之覃高密縣署刻本。

有牌記:“光緒戊戌八月刊於高密縣署。”卷端署:“南皮葛之覃子周。”

葛氏,光緒二年進士。光緒七年來山東,二十二年來夷安(高密)。居官山東多年。

有光緒二十四年戊戌中秋受業程樹芬序:“樹以樗櫟之材亦得遊大匠門……師以辛卯夏(按:光緒七年)改官山左,適以稽查保甲來濼……駐濼五年……(樹)每試濼源、尚志各書院,輒獲重酬以供菽水。而科歲試亦未嘗見擯於有司,此誰之賜歟?丙申(按:光緒二十二年)秋,師之任夷安……樹見輒録之。近又於行篋中檢得舊詩若干,出以相示,則半爲客甌時所作。謹次其先後,繕成一册,用備揣摩而猶懼其久而散佚也。因與同學友仲三、子鶴諸君校勘一過,請付梓人。刻既竣,爲綴數語以識顛末。”光緒二十四年文登受業世愚姪孫煜梅序:“丙子、丁丑(按:光緒二至三年)間,先君司訓博陵,先生適遊其地……(梅)輒録存之,久而成帙……乃力請於先生付手民焉。編中所録率多沖逸蕭澹之作,其稍涉議論、微露圭稜者概從删芟,此先生慎也。刊既成,爲數語以示讀先生。”光緒二十四年自序:“今年二月偶檢破簏,得舊稿數紙,半爲客甌時所作,丁亥以前之詩則無一存焉者矣。兒輩恐並此區區者亦就散佚也,請録而存之。乃爲次其先後,分作兩卷。作於浙中者曰《客甌吟》,作於山左者曰《齊竽草》。藏之篋衍,猶是敝帚千金之意云爾。光緒戊戌二月南皮戲馬臺下老樵記於高密官舍,時年五十有七。”

八行十九字,白口,單黑魚尾,四周雙邊。

6. 即墨刻書

清代後期的即墨刻書除黄氏所刻三種外,另有兩種。

①《出山草詩》十二卷、《文》五卷、《制藝》二卷,清周銘旗撰,

清光緒十七年奉天官廨刻本。

周銘旗(1825—1908 後),字茂臣。咸豐九年舉人,同治四年進士,曾任大荔知縣。光緒三十四年,編修《即墨鄉土志》,分上下兩卷,設歷史、人文、地理三門,對嶗山的山川風物亦有所記載,惜未能刊印。

其集以編年爲序,記其自同治九年赴陝西任起,歷醴泉、大荔、漢陽、鄜州、漢中府、白河、乾州等地,皆有詩作,至光緒十七年止,共輯詩九百八十八首。後爲文五卷,凡輯賦、記、序、志銘、墓表、題跋、頌、議、狀、説、書、啓、祭文等一百零二篇。末附制義文六十篇。詩卷首有譚麟序及自序,文卷首有自序,制義卷首有涂官俊序及自序。此書在奉天官廨所刻。清末的奉天有多處,此大概指大荔縣。

②《文貞子遺書》一卷,明王曦如撰,清末即墨王氏四勿堂刻本。

有康熙四十二年山東督學使者徐炯序,稱王曦如字禦赤,諸生。是年即墨宰鄒瑄序。雍正四年即墨令王溥序。同邑楊還吉撰《王文貞先生始末》。膠州張謙宜撰《王先生傳》。目録端署:“明即墨王曦如著,孫瑞徵、德徵、世徵、會徵編輯。”目録最後一葉 B 面爲補版,寫刻體。卷末署:“曾孫方昇、方棻、方荽、方進、方華、方邁、方遂、方蔚、方苞、方苹、方泰、方蓁仝校。”知爲家刻無疑。

十行二十字,白口,左右雙邊,單黑魚尾,眉上鐫小字四字,版心下刻“四勿堂”。

以上清後期即墨的私家刻書共五種,以黄氏爲主,有三種。内容上經部一種,史部兩種,集部二種,體現了清後期士人們以及刻書者旨趣的多樣性。時間上,同治、光緒各兩種,另有一種無明確年代。

附:萊州府家刻總表

二家律選	(清)李豐綸選	清同治五年掖縣李豐綸商邱官舍刻本
重刻四書反身録八卷	(清)李顒撰	清光緒十三年長白惠志萊州郡署刻本
訟過書屋文鈔一卷	(清)侯相芝撰	清光緒十六年門人于蓮、白桓等刻本
侯端介先生集	(清)侯相芝撰	清光緒二十年掖縣侯執玉訟過書屋刻本
敬竈全書	(清)吕瀛選校補	清光緒十九年東萊吕氏刻本
庚子海外紀事四卷	(清)吕海寰編	清光緒二十七年上海刻本
奉使金鑑六十卷續編四十卷	(清)吕海寰輯	清宣統元年掖縣吕海寰刻本
禮佛軒詩鈔一卷	(清)翟柏舟撰	清光緒十八年日照丁汝彪、掖縣翟啟濟南刻本
惜餘軒集全集	(清)董錦章撰	清光緒三十年掖縣董錦章刻本
曠廬詩集二十卷	(清)白永修撰	清光緒二十九年平度尚慶翰兄弟濟南刻本
慎節齋集四卷	(清)陳宜賓撰	清光緒末平度州牧江陰曹氏濟南刻本
雲臺三十二將圖	(清)張士保繪	清道光二十六年平度白鶴年刻同治十年白氏補刻本
銘夏詩鈔一卷	(清)郭鼎撰 (清)李圖選	清同治元年濰縣郭綏之刻本

（續表）

春雨堂詩選一卷	（清）柯蘅撰 （清）郭綏之選	清同治二年濰縣郭綏之刻本
錡齋詩集一卷	（清）李長霞撰	清同治二年濰縣郭綏之刻本
餐霞集四卷	（清）郭綏之撰 （清）柯蘅選	清同治四年濰縣郭綏之刻本
聊復集三卷	（清）郭綏之撰 （清）柯蘅選	清同治六年濰縣郭綏之刻本
滄江詩集十卷	（清）郭綏之撰	清同治八年濰縣郭綏之刻本
自然草四卷	（清）郭夢齡撰	清同治九年濰縣郭簡之京師刻本
青桐軒詩集二卷	（清）郭杭之撰	清光緒二十一年濰縣郭崇禄堂刻本
續齊魯古印攈	（清）郭祐之輯	清光緒十八年濰縣郭祐之刻鈐印本
尚書小札二卷	（清）郭夢星撰	清光緒二十一年濰縣郭祐之、郭恩孚刻本
午窗隨筆四卷	（清）郭夢星撰	清光緒二十一年濰縣郭祐之、郭恩孚刻本
漢書古字類一卷	（清）郭夢星撰	清光緒二十一年濰縣郭祐之、郭恩孚刻本
板橋家書十六通	（清）鄭燮撰	清乾隆十四年興化鄭燮刻同治五年濰縣郭蔭之補刻本
三餘書屋詩草一卷附篆刻一卷	（清）郭起隆撰	清同治十一年濰縣郭氏刻本

（續表）

滄江精華録四卷	（清）郭綏之撰	清光緒十八年濰縣郭恩孚果園刻本
無爲齋文集十二卷	（清）張昭潛撰	清光緒二十一年曹縣徐繼孺、濰縣郭恩孚刻本
無爲齋續集八卷	（清）張昭潛撰	清光緒二十六年濰縣郭恩孚刻本
山東省沿革表四卷首一卷	（清）張昭潛編	清光緒二十七年濰縣郭恩孚果園刻本
果園詩鈔十卷	（清）郭恩孚撰	清光緒三十三年濰縣郭恩孚京都松華齋刻本
新法句股引蒙細草二編四卷	（清）郭恩敷撰	清光緒二十六年濰縣郭恩敷刻本
十鐘山房印舉	（清）陳介祺輯並藏	清同治十一年濰縣陳介祺刻鈐印廣紙本
十鐘山房印舉	（清）陳介祺輯並藏	清同治十一年濰縣陳介祺刻鈐印蘇紙本
十鐘山房印舉	（清）陳介祺輯並藏	清光緒九年濰縣陳介祺刻鈐印本
小學題辭一卷	（宋）朱熹撰 附幼學口語一卷 （清）唐鏡海撰	清同治六年濰縣陳介祺刻本
外科證治全生	（清）王維德撰	清同治八年濰縣陳介祺、陳介謀刻本
[名賢書聯]	（清）陳介祺輯	清同治八年濰縣陳介祺刻本
[漢代銅器]	（清）陳介祺輯	清同治十年濰縣陳介祺刻本

（續表）

傳古小啓	（清）陳介祺撰	清同治十二年濰縣陳介祺刻本
古印一隅	（清）陳介祺輯	清同治十二年濰縣陳介祺刻本
殊翁合編四卷	（清）齊培元撰	清同治六年濰縣齊培元、齊培禄刻本
十二種文萃十二集	（清）丁善寶輯	清同治九年濰縣丁善寶六齋刻本
六齋詩存二卷	（清）丁善寶撰	清光緒九年清勤堂刻本
歷代畫像傳四卷	（清）丁善長編繪	清光緒二十二年至二十三年濰縣丁氏刻本
初學人物十八則一卷	（清）丁善長編繪	清光緒二十二年濰縣丁氏刻本
菊譜一卷	（清）丁善長編繪	清光緒二十二年至二十三年濰縣丁氏刻本
石室印萃	（清）丁善長藏	清光緒濰縣丁氏鈐印本
鳳翔紀事詩存一卷	（清）張兆棟撰	清光緒四年濰縣張兆棟廣東刻本
守岐公牘彙存一卷	（清）張兆棟撰	清光緒四年濰縣張兆棟刻本
外科證治全生	（清）王維德撰	清光緒五年濰陽孫鳳翔刻本
校經堂初集四卷	（清）曹鴻勳輯	清光緒十一年濰縣曹鴻勳湖南刻本
齊魯古印攈四卷	（清）高慶齡輯 補一卷（清）高鴻裁輯	清光緒十一年濰縣高鴻裁刻鈐印本

（續表）

印郵不分卷	（清）高鴻裁輯	清光緒十一年濰縣高鴻裁刻鈐印本
古印偶存不分卷	（清）高鴻裁、王石經、田鎔叡等輯	清光緒十六年濰縣高鴻裁等刻鈐印本
上陶室甎瓦文攈五卷	（清）高鴻裁編	清光緒二十年濰縣高鴻裁拓本
説文韻譜校五卷	（清）王筠撰	清光緒十六年濰縣劉嘉禾刻本
尚書述	（清）方苞撰	清咸豐同治間高密單爲鏓、濰縣韓介侯刻本
增緒等韻法律	（清）王鵬飛撰	清光緒十七年濰陽王勗之刻本
孝經鄭注附音一卷	（清）孫季咸撰	清光緒二十二年榮成孫葆田濰縣賸園刻本
新雕徂徠石先生文集二十卷附録一卷	（宋）石介撰	清光緒九年濰縣張昭潛尚志堂刻本
石泉先生讖言三卷	（明）王九成撰	清光緒十七年膠州王葆崇刻本
半是齋詩草一卷附編一卷	（清）王六謙撰	清光緒十四年膠州王葆崇刻本
五畝宅園居詩草一卷	（清）王大來撰	清光緒十四年膠州王葆崇刻本
五畝宅村居詩草一卷	（清）王大來撰	清光緒十九年膠州王葆崇刻本
五畝宅山居詩草一卷	（清）王大來撰	清光緒十九年膠州王葆崇刻本
五畝宅詩草前集一卷	（清）王大來撰	清光緒十九年膠州王葆崇刻本
五畝宅碎琴詩草一卷	（清）王大來撰	清光緒十九年膠州王葆崇刻本
種德堂未焚草一卷	（清）王紳撰	清膠州王葆崇刻本
面城居詩草一卷	（清）王服芳撰	清膠州王葆崇刻本
箕裘集六卷	（清）宋言揚撰	清光緒二十年前膠州宋孔昭刻本

（續表）

鴻泥集一卷(即箕裘集續刻)	(清)宋言揚撰	清光緒二十年膠州宋孔昭刻本
扶青先生誡言	(清)徐撵撰	清光緒膠州徐宗勉刻本
徐氏觀感録一卷	(清)趙文運等撰	清光緒二十七年膠州徐宗勉刻本
青艾集一卷	(清)姬鳳舉撰	清光緒二十一年膠州徐宗勉惇裕堂刻本
瘦菊軒藏稿一卷	(清)姬鳳舉撰	清光緒二十一年膠州徐宗勉惇裕堂刻本
芝田藏稿一卷	(清)王齡芝撰	清光緒二十一年膠州徐宗勉惇裕堂刻本
四癡主人詩鈔一卷	(清)陳際昌撰	清光緒二十一年膠州徐宗勉惇裕堂刻本
韋每齋詩草一卷	(清)徐守真撰	清光緒二十一年膠州徐宗勉惇裕堂刻本
客邸閒吟一卷	(清)張兆惠撰	清光緒二十一年膠州徐宗勉惇裕堂刻本
文字禪一卷	(清)釋孚一(徐應機)撰	清光緒二十一年膠州徐宗勉惇裕堂刻本
韋每齋試帖六卷對吴試帖二卷	(清)徐守真撰	清光緒二十四年膠州徐宗勉、徐憲臣刻本
靡他吟一卷附閨秀詩一卷	(清)李胡氏撰	清光緒二十九年膠州徐宗勉惇裕堂刻本
女三字經一卷	(清)朱浩文撰	清光緒二十六年太湖張承燮膠州聽雨何時軒刻本

（續表）

女小兒語一卷	（明）吕德勝撰	清光緒二十六年太湖張承燮膠州聽雨何時軒刻本
女訓約言一卷	（清）張承燮輯	清光緒二十六年太湖張承燮膠州聽雨何時軒刻本
女不費錢功德一卷	（清）張承燮輯	清光緒二十六年太湖張承燮膠州聽雨何時軒刻本
女誡一卷	（漢）班昭撰	清光緒二十六年太湖張承燮膠州聽雨何時軒刻本
女孝經一卷	（唐）鄭氏撰	清光緒二十六年太湖張承燮膠州聽雨何時軒刻本
女論語一卷	（唐）宋若昭撰	清光緒二十六年太湖張承燮膠州聽雨何時軒刻本
張氏母訓二卷	（清）張承燮編	清光緒二十六年太湖張承燮膠州聽雨何時軒刻本
孔孟志略三卷	（清）張承燮撰	清光緒二十七年太湖張承燮膠州聽雨何時軒刻本
司馬温公居家雜儀一卷	（宋）司馬光撰	清光緒二十七年太湖張承燮膠州聽雨何時軒刻本
朱子童蒙須知一卷	（宋）朱熹撰	清光緒二十七年太湖張承燮膠州聽雨何時軒刻本
朱子白鹿洞書院揭示一卷	（宋）朱熹撰	清光緒二十七年太湖張承燮膠州聽雨何時軒刻本
朱子增損吕氏鄉約一卷	（宋）吕大忠撰	清光緒二十七年太湖張承燮膠州聽雨何時軒刻本

(續表)

吕舍人官箴一卷附雜説	(宋)吕本忠撰	清光緒二十七年太湖張承燮膠州聽雨何時軒刻本
吕新吾先生好人歌一卷	(明)吕坤撰	清光緒二十七年太湖張承燮膠州聽雨何時軒刻本
楊椒山先生遺訓一卷	(明)楊繼盛撰	清光緒二十七年太湖張承燮膠州聽雨何時軒刻本
張楊園先生訓子語一卷	(清)張履祥撰	清光緒二十七年太湖張承燮膠州聽雨何時軒刻本
朱柏廬先生治家格言一卷	(清)朱用純撰	清光緒二十七年太湖張承燮膠州聽雨何時軒刻本
于清端公治家規範一卷	(清)于成龍撰	清光緒二十七年太湖張承燮膠州聽雨何時軒刻本
王氏宗規一卷	(清)張承燮輯	清光緒二十七年太湖張承燮膠州聽雨何時軒刻本
范魯公訓從子詩	(宋)范質撰	清光緒二十七年太湖張承燮膠州聽雨何時軒刻本
許魯齋先生訓子詩	(元)許衡撰	清光緒二十七年太湖張承燮膠州聽雨何時軒刻本
王中書勸孝歌一卷附八反歌	(清)王中書撰	清光緒二十七年太湖張承燮膠州聽雨何時軒刻本
吕新吾先生勸學要略一卷	(明)吕坤撰	清光緒二十七年太湖張承燮膠州聽雨何時軒刻本
方正學先生幼儀雜箴一卷	(明)方孝孺撰	清光緒二十七年太湖張承燮膠州聽雨何時軒刻本

（續表）

朱柏廬先生勸言一卷	（清）朱用純撰	清光緒二十七年太湖張承燮膠州聽雨何時軒刻本
張文端公恒産瑣言一卷	（清）張英撰	清光緒二十七年太湖張承燮膠州聽雨何時軒刻本
家常語一卷	（清）管滂撰	清光緒二十七年太湖張承燮膠州聽雨何時軒刻本
小兒語一卷	（明）吕德勝撰	清光緒二十七年太湖張承燮膠州聽雨何時軒刻本
弟子規一卷	（清）李毓秀撰	清光緒二十七年太湖張承燮膠州聽雨何時軒刻本
童蒙須知韻語一卷	（清）萬斛泉撰	清光緒二十七年太湖張承燮膠州聽雨何時軒刻本
小學韻語一卷	（清）羅澤南撰	清光緒二十七年太湖張承燮膠州聽雨何時軒刻本
小學詩體一卷	（宋）陳淳撰	清光緒二十七年太湖張承燮膠州聽雨何時軒刻本
名物蒙求一卷	（宋）方逢辰撰	清光緒二十七年太湖張承燮膠州聽雨何時軒刻本
敘古千文一卷	（宋）胡寅撰（宋）黄灝注	清光緒二十七年太湖張承燮膠州聽雨何時軒刻本
文獻通考紀要二卷	（清）張承燮重校	清光緒二十七年太湖張承燮膠州聽雨何時軒刻本
文獻通考自序一卷	（宋）馬端臨撰	清光緒二十七年太湖張承燮膠州聽雨何時軒刻本

（續表）

爲善最易録一卷	（清）彭世登編	清光緒十三年膠州彭世登刻本
西窗詩草二卷	（清）單宗元撰	清光緒二十二年高密單丙章、單傳序等刻本
拗法譜一卷附通轉韻考	（清）李憲喬撰	清光緒二十四年高密單步青、傅墨卿等刻本
石桐先生詩鈔十六卷	（清）李懷民撰	清光緒十二年高密李楹西安郡齋刻本
叔白詩鈔二種二卷（定性齋集一卷蓮塘遺集一卷）	（清）李憲暠撰	清光緒十二年高密李楹西安郡齋刻本
少鶴詩鈔（少鶴内集十卷鶴再南飛集鈔一卷龍城集鈔一卷賓山續集鈔一卷）	（清）李憲喬撰	清光緒十二年高密李楹西安郡齋刻本
過庭録一卷	（清）傅亶初撰	清乾隆九年高密傅廷鎏刻光緒間高密傅丙昌修補本
光裕堂詩集二卷	（清）傅曰嶙撰	清光緒二十五年高密傅丙昌光裕堂刻本
鴻雪山房詩集六卷	（清）傅培源撰	清光緒二十五年高密傅氏光裕堂刻本
種蕉聽雨軒詩抄三卷	（清）葛之覃撰	清光緒二十四年南皮葛之覃高密縣署刻本
千字鑑略一卷	（清）黄守平撰	清同治十二年即墨黄守平刻本
易象集解十卷	（清）黄守平撰	清同治十三年即墨黄守平漱芳園刻本

(續表)

歷代史略鼓兒詞一卷	(清)木皮子撰 (清)黄君復注	清光緒三十二年即墨黄君復長沙刻本
出山草詩十二卷文五卷制藝二卷	(清)周銘旗撰	清光緒十七年即墨周銘旗奉天官廨刻本
文貞子遺書一卷	(明)王曦如撰	清末即墨王氏四勿堂刻本

(三)坊刻

1. 萊州坊刻

1)興文堂

光緒六年前開業。所見刻書二種。一爲《詩韻集成》十卷,清光緒六年刻本。封面題:"光緒六年夏鐫,萊州興文堂梓。"上下欄,白口,四周單邊,無直格。另一種爲《分韻試帖青雲集合註》四卷,清光緒十九年刻本。封面題:"萊州興文堂藏板。"上下欄,白口,四周單邊,單黑魚尾。

詩韻集成十卷	(清)余照輯	清光緒六年萊州興文堂刻本
分韻試帖青雲集合註四卷	(清)楊逢春輯(清)沈品華等注	清光緒十九年萊州興文堂刻本

2)泰和裕

光緒六年前開業。目前所見刻書三種,一爲《監本書經》六卷,清光緒六年刻本。封面題:"光緒庚辰重鐫,萊郡泰和裕藏板。"九行十七字,小字雙行十七字,白口,四周單邊,無魚尾,有直格。其二爲《詩韻集成》十卷,清光緒六年刻本。封面題:"光緒六年夏鐫,萊州泰和裕梓。"九行十八字,白口,四周單邊,無魚尾,有直格,分二欄。其三爲《鐵綱珊瑚》,清光緒八年刻本。

詩韻集成十卷	(清)余照輯	清光緒六年萊州泰和裕刻本
監本書經六卷	(宋)蔡沈集傳	清光緒六年萊郡泰和裕刻本
鐵網珊瑚	(明)都穆撰	清光緒八年萊州泰和裕刻本

3)文富堂

光緒九年前開業。所見刻書一種:《增訂詩韻集成》十卷,清光緒九年刻本。封面題:"光緒癸未夏鐫,萊州文富堂藏板。"上下欄,白口,四周單邊。

4)文興成

光緒十六年前開業。據國家圖書館數據,未見其他地方有文興成,目前所見其刻書六種,多爲經部書。版本標記爲"掖邑文興成梓"或"文興成梓"。

莊農日用雜字一卷	清光緒十三年萊州文興成刻本
指明演算法大全	清光緒十六年萊州文興成刻本
六也堂訓蒙草一卷	清光緒二十年萊州文興成刻本
虛字詳解(六也堂訓蒙草附)	清光緒二十年萊州文興成刻本
詩集傳八卷	清光緒二十六年萊州文興成刻本
增補百家姓	清光緒三十一年萊州文興成刻本

5)文德堂

大約開業於清末。據國家圖書館數據,北京、天津、廈門均有文德堂,濟南亦有,所見萊州文德堂刻書一種:《增補孝賢文》(又名《名賢集》)。封面題:"萊州文德堂發行。"行款不一,白口,四周單邊,單黑魚尾。

2. 濰縣坊刻

1)順和堂

光緒十年前開業。有光緒十年所刻《狀元易經》四卷，封面題："光緒甲申新鐫，遵依正韻，濰陽順和堂藏板。"

2）承文信

據崔章蔭文，知濰縣承文信是招遠二書鋪劉作信創辦的，後由濰縣向東西兩翼擴展，西向周村、濟南、泰安，東向煙台、龍口等膠東沿海一帶城鎮擴展，然後漂洋過海，自丹東、營口等沿海城鎮向東北延伸，逐步擴展到瀋陽、吉林、哈爾濱、長春、齊齊哈爾等大中城市，再回過頭來向關内的京津地區發展。其分號有"成""承""誠"字號，如承文新、承文信、成文新、成文厚、成文德、誠文信、誠興信、誠文興等。

祇有濰縣是二書鋪的大本營，標濰陽者是濰縣承文信所刻，不標者不敢斷定。版本標記爲"濰陽承文信藏板""濰陽承文信記藏板"。所刻多爲史部書，有一書多刻者，《綱鑑擇言》光緒十九年刻，光緒二十九年又刻。其他有承文信商號的地方有臨沂、營口、瀋陽、哈爾濱。據現存的數據，可知承文信商號在刊刻書籍時極爲重視經部書。

已知濰陽承文信刻書有七種：

綱鑑擇言十卷	（清）司徒修選輯（清）李嘉樹補注	清光緒二十九年濰陽承文信刻本
續古文辭類纂九卷	（清）王先謙纂集	清光緒三十年濰陽承文信刻本
古文辭類纂七十五卷續古文辭類纂三十四卷	（清）姚鼐輯（清）王先謙續輯	清光緒三十年濰陽承文信刻本
王鳳洲先生綱鑑會纂九十卷	（明）王世貞纂	清光緒三十一年濰陽承文信刻本

（續表）

歷朝綱鑑會纂三十九卷首一卷	(明)王世貞編　附御撰資治通鑑綱目三編二十卷(清)張廷玉等編	清濰陽承文信刻本
四書備旨	(明)鄧林撰(清)杜定基增訂	清濰陽承文信刻本
新訂四書補註備旨十卷	(明)鄧林撰	民國元年濰陽承文信刻本

未標刻書地的承文信刻書：

增補二論典故最豁集	(清)劉鍾美輯(清)安敬五鑒定	清光緒十八年承文信刻本
綱鑑擇言十卷	(清)司徒修選輯(清)李嘉樹補注	清光緒十九年承文信刻本
鑑略四字書	(清)王仕雲撰	清光緒二十八年承文信刻本
齊魯講學編四卷	(清)尹銘綬輯	清光緒三十年承文信刻本
監本書經六卷	(宋)蔡沈集傳	清光緒三十三年承文信刻本
新訂四書補註備旨十卷	(明)鄧林撰(清)杜定基增訂	清光緒承文信刻本
詩經八卷	(宋)朱熹集傳	清宣統元年承文信刻本
監本詩經八卷	(宋)朱熹集傳	清宣統元年承文信刻本
綱鑑會通明紀十五卷	(清)陳志襄輯	清承文信刻本
歷朝綱鑑會纂三十九卷首一卷	(明)王世貞編　附御撰資治通鑑綱目三編二十卷(清)張廷玉等編	清承文信刻本

3）寶書堂

光緒二十年前開業，刻書標記有“濰陽寶書堂梓”“濰陽寶書堂藏板”“東郡寶書堂梓行”。據國家圖書館數據，北京亦有寶書堂。

目前所知寶書堂刻書二十五種，其中六種明確爲濰陽寶書堂刻，其餘十九種未標明刻書地，但皆存於濰坊市各館及濟南、煙台、沂水圖書館，極有可能爲濰縣所刻。

書經體注圖考大全六卷	（清）范紫登参訂 （清）錢希祥纂輯	清光緒二十年濰陽寶書堂刻本
經餘必讀八卷二編八卷三編四卷	（清）雷琳等輯	清光緒二十六年濰陽寶書堂刻本
東萊博議四卷	（宋）吕祖謙撰	清光緒二十八年濰陽寶書堂刻本
歷代名臣言行録二十四卷	（清）朱桓輯 （清）潘永季校定	清光緒二十九年濰陽寶書堂刻本
重訂王鳳洲先生綱鑑會纂六十九卷附通鑑綱目三編二十卷	（明）王世貞撰	清濰陽寶書堂刻本
留苑盒尺牘四卷	（清）嚴□存稿	清東郡寶書堂刻本
御纂詩義折中二十卷	（清）傅恒等撰	清寶書堂刻本
詩韻集成十卷	（清）余照輯	清光緒二年寶書堂刻本
古唐詩合解十二卷附古詩四卷	（清）王堯衢注	清光緒七年寶書堂刻本
左繡三十卷首一卷	（清）馮李驊、陸浩評輯	清光緒九年寶書堂刻本

（續表）

禮記輯論二卷		清光緒十八年寶書堂刻本
批點七家詩合註七卷	（清）張玉田選	清光緒十九年寶書堂刻本
重訂古文釋義新編八卷	（清）余誠評注（清）余芝參閱	清光緒二十年寶書堂刻本
詩經嫏嬛體注大全八卷	（明）黄維章輯 （清）范紫登重訂	清光緒二十年寶書堂刻本
左傳易讀六卷	（清）司徒修選訂	清光緒二十一年寶書堂刻本
四書補註附考備旨十卷	（明）鄧林撰 （清）杜定基增訂	清光緒二十一年寶書堂刻本
幼學故事瓊林四卷	（清）鄒聖脈增補	清光緒二十二年寶書堂刻本
狀元書經六卷	（宋）蔡沈集傳	清光緒二十二年寶書堂刻本
周禮精華六卷	（清）陳龍標編輯	清光緒二十二年寶書堂刻本
潄芳軒合纂禮記體注四卷（禮記體注大全合參）	（清）范翔訂	清光緒二十二年寶書堂書坊刻本
東萊先生左氏博議二十五卷附虚字注釋	（宋）吕祖謙撰	清光緒二十四年寶書堂刻本
御撰資治通鑑綱目三編二十卷	（清）張廷玉等撰	清光緒二十八年寶書堂刻本
監本詩經八卷	（宋）朱熹集傳	清光緒三十一年寶書堂刻本

（續表）

八銘塾鈔初集	（清）吴懋政編	清光緒寶書堂刻本
孟子三卷	（宋）朱熹集註	清寶書堂刻本

4）順和恒

光緒二十四年前開業。版本標記爲“濰陽順和恒刊”“濰陽順和恒梓”“順和恒藏板”，或版心下刻“順和恒”。所見六種書，僅有兩種標明濰縣，但目前未見他處有順和恒，所以此六種皆可認定爲濰縣順和恒刻本。精美者有《史記菁華録》，卷端首葉版心下刻“三味堂”，開本大，刻印精，不似一般的坊刻。

史記菁華録六卷	題（清）苧田氏輯録	清光緒二十六年濰陽順和恒刻本
東萊博議四卷	（宋）吕祖謙撰	清光緒二十七年濰陽順和恒刻本
左繡三十卷	（清）馮李驊、陸浩評輯	清光緒二十四年順和恒刻本
龍文鞭影二卷	（明）蕭良有纂（清）楊古度增訂	清光緒二十七年順和恒刻本
龍文鞭影三集二卷	（清）賀鳴鸞撰	清光緒二十八年順和恒刻本
重訂古文釋義新編八卷	（清）余誠評注（清）余芝參閲	清光緒二十八年順和恒刻本

5）成文信

光緒年間開業，在濰縣東關大街。清中期的登州府坊刻成文信有述。已知明確標明濰陽成文信的書有十種。

6）翰文齋

開業於光緒三十年前。張冠群供稿、李魯山整理的《淺談濰縣圖書業》①，認爲翰文齋開業於1929年，不確，因爲目前至少見到了光緒三十年的刻本。此書爲《重校古文觀止善本》，版心下方有"翰文齋"字樣。封面題："清光緒甲辰年新鐫，濰陽翰文齋藏板。"張冠群、李魯山文曰："地址在東關大街，以後遷移於北壩崖街。其業務相當於四寶堂，還自製粉筆和墨。該號印書之木版，都由東昌府（聊城）刻製。"李蒼松《濰縣印刷史話》②，稱晚清翰文齋書店有木版印《狀元詩經》《狀元書經》《狀元易經》以及小説《打破孟州》等。目前僅見所稱《狀元書經》一種，清光緒二十八年翰文齋刻本。封面題："光緒二十八年孟冬月，翰文齋重梓。"據國家圖書館數據，北京、隰縣亦有翰文齋，故此書不敢確定就是濰縣所刻。

7）聚文堂

所見刻有《鑑略四字書》，濰陽聚文堂刻本，《濰坊古籍書目》著録爲清康熙五年，可能據序定刊刻年代，有待進一步核查。封面題："濰陽聚文堂梓行。"

8）富文堂

《增補三字經訓蒙析解》，封面題："壽邑安太史質雪園氏著，同邑後學楊情怡蕙雲氏代鐫，濰陽富文堂梓行。"八行二十字，小字雙行二十字，白口，四周單邊，單魚尾。開本小，刻印不精。

9）慶裕書局

濰坊劉洪金先生提供信息，濰陽有慶裕書局，是坊鋪，刻書三種：一是光緒二十九年刻印《古文觀止》，二是光緒三十年刻印《奎壁易經》，三是光緒間刻印《監本詩經》。第一種出現於2014年德

①張冠群供稿、李魯山整理：《淺談濰縣圖書業》，見《濰坊市濰城區文史資料》第二輯，1986年版，第50頁。

②李蒼松：《濰縣印刷史話》，見《濰坊市濰城區文史資料》第七輯，1992年版，第130頁。

州經偉拍賣會,後二種見於孔夫子舊書網拍賣。筆者所見二種,一是光緒二十九年刻印《古文觀止》,有"慶裕書局藏板"字樣。十一行二十四字,小字雙行二十四字,白口,左右雙邊,單黑魚尾。又是年刻《御批歷代通鑑輯覽》一百二十卷,有牌記:"光緒癸卯年山東慶裕書局敬謹重刊。"十一行二十二字,小字雙行二十二字,白口,四周雙邊,單黑魚尾。版框上鐫字,每行十字。字體方正,刻印一般。此書局是否確爲坊鋪,待考,暫置於此。

3. 膠州坊刻

膠州最有名的坊鋪當屬成文堂了。

據崔章蔭《〈承文新脈絡淵源〉補正——招遠縣孟格莊"二書鋪"探源》一文,成文堂的創業者劉金貴(1825—1885),二十歲左右始爲書倌,挑擔串鄉,賣書筆爲業,後在膠州開設書鋪,字號"成文堂"。金貴有子三:壽山、壽楠、壽功。壽山、壽楠隨父在膠州經營成文堂,壽功在招遠老家掌管家業。其後壽山、壽楠之子龍慶、肇慶、洪慶也承襲父業,分別在青島、濟南、即墨等地開設成文堂分號,當地通稱招遠縣"大書鋪"。

民國時期,成文堂發展成膠州最大的刻書鋪。據尚昭明、鄒訓儉《膠州印刷業》①,成文堂店堂櫃臺爲倒"凹"字形,櫃臺後面設有玻璃書櫥,櫥内四書、五經盈累。擁有資金 8500 元,有職工二十餘人。爲了擴大經營和避雲溪河洪水泛溢之害,不久又在門頭上加建一層藏書閣樓,並在後院建作坊 28 間,以作刻板、製板、印刷等工房之需。成文堂刻印的版本種類繁多,除刻一些描紅本、字帖、《三字經》《百家姓》《四書》《五經》供私塾學堂用外,並刻一些經典著作、史話演義等文史書籍,其中有些書籍字數竟達數十萬之

①尚昭明、鄒訓儉:《膠州印刷業》,見《膠州文史資料》第五輯,1990 年版,第 143 頁。

多。由於品種繁多,存版數量甚大,當時祇存版就占用房屋六間,生産規模實在可觀,生意也頗爲興隆。爲滿足廣大讀者所需,除自己作坊印刷外,還在膠城蜈蚣街找一些小型作坊加工。辛亥革命後,私塾漸廢,"洋學"興起,四書、五經很少有人問津。設在成文堂南側的大同書局應運而生,以售新書獨樹一幟,並備有先進的石印和鉛印設備,印刷比較精良,勢逼成文堂。自此成文堂雖一再掙扎,但仍每況愈下。時而以販賣上海的《蜀山劍俠傳》等武俠小説和《玉梨魂》等鴛鴦蝴蝶派小説奪勢,時而以獨售故宫博物院、上海藝苑真賞社和杭州西泠印社出版的珂羅法帖取勝,最後還備有小型石印機與同行相抗衡,但均未奏效,無力挽回日趨蕭條的頹勢,於解放前停業。

據《增修膠志》記載,到民國二十年,膠州城有七家印務社可以石印、鉛印,但成文堂已不在其中了,説明成文堂在民國二十年前已關閉了。

目前所見成文堂刻書有十六種,因廣東亦有成文堂,故標"膠州"或"膠西"成文堂者,可明確爲山東所刻,有五種。其他十一種皆未明刻書地,均藏於山東省圖書館或煙台、濰坊圖書館,大多可認定爲膠州成文堂或其分號所刻。

十六種中,現存最早者爲光緒十一年刻本,則成文堂至遲開業於光緒十一年。其刻書標志爲"膠州成文堂藏板""膠西成文堂藏板""膠西成文堂梓""成文堂梓""成文堂藏板",或版心下刻"成文堂"。

古唐詩合解十二卷附古詩四卷	(清)王堯衢注	清光緒十一年膠州成文堂刻本
三校批點青雲集合註四卷	(清)楊逢春輯	清光緒十四年膠西成文堂刻本

（續表）

古文觀止十二卷	(清)吴楚材、吴調侯編	清光緒二十四年膠州成文堂刻本
監本禮記十卷	(元)陳澔集説	清光緒二十四年膠西成文堂刻本
醫方集解二十卷	(清)汪昂撰	清光緒三十年膠州成文堂刻本
分韻試帖青雲集合註四卷	(清)楊逢春輯(清)沈品華等注	清光緒十四年成文堂刻本
詩經精華十卷	(清)薛嘉穎輯	清光緒十五年成文堂刻本
左傳易讀六卷	(清)司徒修輯注	清光緒十九年成文堂刻本
評點春秋左傳綱目句解彙雋六卷	(清)韓菼重訂	清光緒二十一年成文堂刻本
春秋經傳集解三十卷首一卷	(晉)杜預集解 (唐)陸德明音釋	清光緒二十二年成文堂刻本
日用雜字	(清)馬益著撰	清光緒二十二年成文堂刻本
本草備要四卷	(清)汪昂撰	清光緒二十四年成文堂刻本
重訂古文釋義新編八卷	(清)余誠評選	清光緒二十五年成文堂刻本
小學纂註六卷	(清)高愈纂注	清光緒二十八年成文堂刻本
元亨療馬集六卷	(明)喻本元撰	清成文堂刻本
批點七家詩合註七卷	(清)張玉田選	清光緒成文堂刻本

據尚昭明、鄒訓儉《膠州印刷業》,膠州還有幾家規模較小的木刻作坊,如同文堂、翠文堂等,他們店前經營書籍文具,店後設作坊。一般是以家庭成員爲主,每家三五個人,衹限於刻印字數較少的《三字經》《百家姓》《千字文》等。後來這幾家較小的木刻作坊,由於資金單薄,缺乏行業競争能力,有的改爲專營書籍文具,有的外出别家做雇工,或轉業改行。

據崔平《膠縣解放前出版印刷發行業一覽》①,膠州在民國時還有文德堂,是夫婦開辦的,地址在膠縣城西關外城隍廟街西端,木板刻印過《論語》和古代流行的小書《燈謎》之類。發售過《論語》《三字經》《百家姓》《詩韻集成》等。

宣統元年,青島鴻順公南紙印刷局創立,地址在青島河北路22號,經理徐敬輿,職工20多人,資金六萬銀元。這是青島最早的一家民族資本印刷企業。開始是手工作坊,以雕版印刷舊式帳簿、信紙、信封等,兼賣文房四寶。不知是否刻過書,未見有實物。石印本則有民國五年《關聖帝君救急文》。

4. 高密坊刻

1)成和堂

光緒二十三年前開業。刻書標記爲"高密成和堂藏板"。青島亦有成和堂書局,來自膠州成文堂。上文已述,膠州開辦了成文堂書局,雕版印刷經書及其他讀物並批發零售。青島開埠以後,進入青島,在高密路開了成文堂,在濟寧路開了成和堂。所以,除了明確標明"高密成和堂藏板"者,其他均不敢確定係高密所刻。

現存高密成和堂刻本有四種,其中民國七年一種,説明至少到民國七年,高密成和堂還存在。

①崔平:《膠縣解放前出版印刷發行業一覽》,見《山東出版志資料》第六輯,山東人民出版社1988年版。

繡像玉堂春四卷三十二回	佚名撰	清光緒二十三年高密成和堂刻本
重校批點青雲集合注	(清)楊逢春輯	清光緒二十五年高密成和堂刻本
監本詩經八卷	(宋)朱熹集傳	清高密成和堂刻本
韻對千家詩	(清)謝枋得選(清)王相注	民國七年高密成和堂刻本

以上四種,最精者當數《繡像玉堂春》,有像,像刻畫得比較細膩,像旁有題字,寫刻體。封面題:"光緒丁酉新刻,高密成和堂藏板。"

2)文福堂

據孫泉聲《解放前即墨的印刷業》①,光緒二十五年前後,平度縣桃源村陶倬甫與其父在即墨城共濟門裏租賃民房,出售筆墨紙硯、四書五經。同時還自刻木版,印刷《三字經》《百家姓》《千字文》《日用雜字》等小本書籍銷售。清末民初,發展爲"文福堂"商號。後因生意興隆,遂自開作坊,雇用了十二三個人,並由原來的木刻"漏版"印刷,發展爲石印,係即墨縣最早的一家印刷企業。解放後,該商號於 1953 年更名爲"協昌"文具店,1958 年公私合營。

另有陳姓者,於同治七年在高密縣城南關神仙巷設立高密通德堂印刷局,以雕刻木板從事民用表帖、家譜、年畫等印刷。直到 1946 年停業。不知是否刻過書,未見有實物流傳。

(四)宗教機構刻書

①孫泉聲:《解放前即墨的印刷業》,見《即墨文史資料》第三輯,1987 年版,第 132 頁。

1. 寺廟刻書

清後期的萊州府寺廟刻書有兩種,均係勞山華嚴禪院昌仁刻於北京。

《唯心詩集》三卷,清釋勞山昌仁撰,清光緒十三年勞山昌仁京師刻本。

昌仁,即墨人,光緒十一年居北京法華寺,至十四年,昌仁皆居北京。其中,光緒十三年曾居北京賢良寺。

封面題:"唯心詩草,勞山沙門一庵集,光緒丁亥初春刊板。"卷端署:"勞山華嚴禪院主人釋昌仁一庵稿。"内容分上、中、下。有光緒四年莒州澄江王練序,梁于渭序,署"光緒乙酉春寓法華寺西院夜讀《仁公詩集》漫題,安定梁于渭杭叔"。有光緒十二年七月既望津門何文焯秀夫甫序,有古腴黄儒筌題,還有《自序》,稱友朋勸其"刊而行之,誘進後學,其不善歟",他"哽頷之,遂付剞劂氏",時在光緒十三年。序皆爲寫刻體,行書。後有《助刻善友功德》:"張平泉居士助銀二十兩,王幼盦居士助銀二十兩,北法華寺和尚助銀拾兩,拈花寺和尚助銀拾兩,華嚴寺和尚助銀拾兩,通州寶通寺和尚助銀貳兩,通州清涼庵當家師助銀貳兩,靈佑寺當家師助銀貳兩,香界寺和尚助洋元兩元。"可見,助資寺院來自不同的地方。

九行二十字,白口,四周雙邊,單黑魚尾。字大方正。

《續唯心詩集》一卷,清釋勞山昌仁撰,清光緒十三年勞山昌仁京師刻本。

此《續》附在前書之後,版心刻"卷末"。卷端署:"二勞山華嚴禪院沙門昌仁一庵稿。"前有光緒十五年學生長白成昌叙於京師。九行二十字,白口,四周雙邊,單黑魚尾。字不如初集大,不如初集精美、細緻。

昌仁主持之華嚴禪院,即華嚴寺,原名華嚴庵,是勞山現存的唯一佛寺。明萬曆十一年,憨山大師在此居窟修禪二年。萬曆二十三年,憨山大師以"私修廟宇罪"充軍廣東雷州,後卒於曹溪。明崇禎十年,即墨進士黄宗昌辭官還鄉,隱居勞山,籌資興建華嚴庵,但庵未建成,即毀於兵燹。其子浦江令黄坦繼父遺志,助即墨准提庵慈沾和尚重建華嚴庵。其後屢經修葺。寺内所藏珍品甚多。清前期的萊州府即墨刻書有述。

2. 教堂刻書

濰縣教堂刻書一種。

據齊魯師範學院胡峰博士提供信息,美國基督教傳教士狄就烈著有《聖詩譜序》,有同治十二年濰縣刻本。此信息來自袁進《中國文學的近代變革》①一書。

狄就烈,爲美國傳教士狄考文之妻,二人於同治二年來登州傳教,創辦文會館。《聖詩譜》是近代西洋樂理輸入中國的過程中,教堂、教會傳播階段的一部重要的樂理著述。此書同治十一年在上海出版。

(五)民間組織刻書

清後期的萊州府民間組織刻書僅一種,即膠西保真善堂所刻《三經圖説》十六卷,刻於光緒二十七年。

"三經"爲《感應篇》《陰騭文》《覺世經》。封面所題書名分别爲《繪圖太上寶筏》《繪像丹桂籍全編》《繪證求福編》。末附《戒士子文》。

此書前有光緒二十七年膠西保真善堂合刊《三經圖説》冠言。稱此書的刊刻有四個方面的改進。一:三經合集。"三經而有圖書,各成部歸,未能畫一。斯其間之後先,註證紛然,叢出所羅,而觀之者亦以云夥。繙育思維,既有三經之名義,則當合集。"二:體

①袁進:《中國文學的近代變革》,廣西師範大學出版社 2006 年版。

例井然。“先以註，次則説，再則圖。”三：内容整合。“於首經真經之互有同異者，繁者删，闕者增，重複者易，使之一比於中經而眉列。”四：編次有則。“首經，則仍依夙有之孝、弟、忠、信、禮、義、廉、恥八字爲標，其原籍本按先天八卦乾、艮、震等字分而隸之，在前之覆刊者已慮其誤有顛倒，故更之以此。其下二經，修纂家率以元、亨、利、貞爲之，然專用之則可，合用之則無別焉。爰廼不揣譾陋，遽擬以正、直、慈、祥四字屬之。中經復以愷、悌、簡、易四字爲真經之次，非敢作聰亂舊。惟博採往言，統三經爲一貫，以迄珠聯璧合而不有散佚，是則披覽者復無斑窺之遺憾也已。”又補《陰騭文》：“《感應篇》《陰騭文》《覺世經》之合而爲‘三經’者，其流播於世久矣。講貫諸家，因而有註解，有圖説，所詮發微言了如指掌，獨於《陰騭》之補文則闕如也。善化攸關，敢聽廢墜，爰乃依舊有之規模，綴輯以出之。其註解則廣羅善籍，會其意以爲引伸。至圖説也，抑採諸列編，或得之見聞之確，以成簡帙，而付棗梨，庶乎三經不致有九一之虧也。時在光緒辛丑端陽月書跋。”

三經每經封面題：“光緒辛丑端陽月，膠西保真善堂重刊。”九行二十五字，小字雙行二十五字，白口，四周雙邊，單黑魚尾。一文一圖，刻印較精，字大端正，圖像生動。

（六）萊州府刻書特色

清後期的萊州府家刻有 135 種，在數量上僅次於濟南府，而其所轄縣僅 7 個，濟南府轄 16 個，由此可見，萊州府的刻書是很興盛的。膠州最多，有 60 種，因有王葆崇、徐宗勉、張承燮幾個刻書大家。濰縣次之，有 49 種，因爲郭氏刻書較多。另有高密 9 種，掖縣 9 種，即墨 5 種，平度 3 種。

在刻書内容上，集部最多，有 58 種，其中别集有 51 種。經部最少，僅 8 種。子部數量不少，有 56 種，這與張承燮刻蒙養書有關。這一時期的印譜尤爲集中，有《齊魯古印攈》《續齊魯古印攈》

《十鐘山房印舉》《古印一隅》《印郵》,展示了清後期山東印學的興盛面貌。

名家刻書中,濰縣郭氏以同治、光緒間的郭綬之、郭恩孚刻書爲最著。

郭綬之刻書集中於咸豐十一年至同治八年間,與山東戰事相始終,詩歌的内容反映了當時的戰況。郭綬之以刻自己的作品爲主,刻書的理由非常充分,即要"聽譏評於當前"。兼刻朋友的作品,如郭鼎、柯蘅及柯蘅之妻李長霞的詩集。

郭恩孚共刻書六種,内容多爲詩文集。刻書多明確標明刻書者,如"門人郭恩孚校刊",有强烈的版權意識。其中三種書有"果園刊書第某"的標志,想必有刻書規劃。有專門的刻書人員,如吴培元,參與了其三種書的刊刻。

王葆崇刻書重視鄉邦文獻,全部爲詩集,風格統一。有刻書時間。有藏板地,在助息園。

徐宗勉共刻書十一種,大部是境遇不好的膠州人的詩集,以他們的能力,是不能將詩作付梓的,而徐宗勉爲他們刊刻,纔使他們的詩歌流傳下來。徐宗勉不僅爲下層士人刻書,爲僧人刻書,還爲婦女刻書,這延續了清中期膠州刻書的特點。可以説,徐宗勉爲保存膠州文獻做出了重要貢獻。

在膠州爲官的太湖張承燮,其刻書數量遠超當地人,刻書内容亦適應時勢的需要,主要爲蒙養學堂設置的課程。他是在光緒二十七年各地奉詔設大中小學堂,並多設蒙養學堂的背景下,進行蒙養教程的設計,蒙養教材的選用。他有宏大的出版計劃,設想將三編的課程隨繕隨刻。同時,他對刊刻這些書籍的格式也是親自擘劃經營,尤其是四書、五經的刊刻,爲方便童子閲讀,正文大字,注文及旁訓小字,均有詳細説明。他刻書二十七種,堂號爲聽雨何時軒、聽雨堂、東聽雨堂。刻書字大行疏,悦人眼目,便於誦讀。他有很强的版權意識，每一種書上都刻有刊記，版心下均刻有堂號，還認真地寫下每一篇刻書序。張承燮對版本有鑒别，他在《文獻通考紀要序録》中，以一位出版家的眼光，介紹了《文獻通考紀要》的三個版本：武英殿本、豫州本、禹州本。他對三個版本的優劣進行了評價，還以一位版本學家的卓識，運用版式、著録、旁證、避諱、史實等版本鑒定方法，得出他從京師購藏之本確爲康雍時期的武英殿本的結論。可以説，他是一位内行的版本學家，是一位非常出色的出版家。他刊刻的這些書，對於山東學子順利地由舊式教育轉到新式教育作用很大。從這個意義上説，他爲山東新式教育做出了重要貢獻。

除了以上張承燮刻書精良以外，郭恩孚刻書亦版式整齊劃一，字體秀美，開本及版式闊大，比較用心，也不惜財力，極其精美，代表了清末山東濰縣刻書的水平。而郭祐之、郭恩孚所刻《寶樹堂遺書》三種，郭恩孚所刻《滄江精華録》《無爲齋文集》，均由當地名工吴培元監刻，雖爲光緒刻本，但刻印精美，是家刻中之典範，可見其用心之極。濰縣丁氏所刻《歷代畫像傳》《初學人物十八則》《菊譜》等，刻畫細膩，神情畢現，亦是清代後期山東刻書的精品。

這一時期值得一提的具有學術意義的名品有：

郭恩敷於光緒二十六年刻自著《新法句股引蒙細草二編》四卷，此書的刊刻在清末有特别重要的意義。中國算學雖然發源於四千多年前，並經歷代不斷發展，一直領先於西方，但在明末開始衰落，清朝則閉關鎖國，没有大的發展。清末西學東漸，新學興起，一些有識之士開始學習西方的新技術，算學得到了重視。光緒二十九年，郭恩敷曾與劉金第籌資，組織了濰縣第一個研究學術的民間團體——智群學社，以開發民智，普及教育。所以，此書的出現，爲普及教育提供了很好的教材，對開啓民智起到了重要作用，代表了清末山東算學發展的水平。

高氏父子的《齊魯古印攈》及《補》一書的刊印，亦具有特别的意義。清末，古璽印大量出土，彙輯、考證古璽印蔚然成風，尤其是齊魯地區，出現了一大批鑒藏家、研究家，如濰縣陳介祺、海豐吴式芬、利津李佐賢、福山王懿榮、濰縣王石經等，皆是中堅人物。更有大量的研究成果湧現出來，如陳介祺輯《十鐘山房印舉》、吴式芬藏輯《雙虞壺齋印存》、李佐賢藏輯《得壺山房印寄》等，皆爲此時著名的印譜。但譜中所集或出燕楚，或出關中，或出綏遠，璽印來自四方，而非出自故土一隅。《齊魯古印攈》便是中國的印譜發展史上出現的第一部以璽印出土地區分類的專譜。濰縣高慶齡《齊魯古印攈》甫成，高氏即歿，時光緒九年。其子鴻裁復增入由燕、秦、楚、越訪得之印少許，於光緒十一年董理問世。此譜以晚周古璽列譜首，續以秦漢官私印編次，從而撥正了古來印譜編次上對古璽的疑惑和彷徨，爲後世集古印譜的編次提供了一種科學的程式，由此可見輯者的卓識。

萊州府所轄七縣中四縣有坊鋪，且每縣坊鋪數頗爲可觀。掖縣有興文堂、泰和裕、文富堂、文興成、文德堂，濰縣有成文信、寶書堂、承文信、翰文齋、聚文堂、順和堂、順和恒、富文堂、慶裕書局，高密有文福堂、成和堂，膠州有成文堂。共有坊鋪十七家。以掖縣爲最多，這與其爲萊州府治有關。較大規模的坊鋪有濰縣的成文信、寶書堂、承文信和膠州的成文堂，現存實物均在十種以上。

目前所知萊州府坊刻書近百種，比登州府要多。其中經部達五十餘種，占一半以上，是坊刻書的重點。集部次之，多爲應試類書籍。

萊州府坊刻的發達，是建立在經濟發展的基礎上的。所轄七縣，均爲富庶之地，掖縣、平度、濰縣、膠州、即墨均臨海，漁業發達。膠州是山東的重要南港，長期以來，海運久負盛名，商賈雲集，經濟繁榮。商業的興盛，也促進了手工業的發展，故雕版印刷業發達。

萊州府坊刻的興盛還與家刻的繁榮密不可分。清前期的萊州府家刻有 89 種,中期有 104 種,而後期則達到了 135 種,私家刻書的發展促進了坊刻書的發展。

寺廟刻書僅 2 種,係勞山華嚴禪院主人昌仁在京師所刻。濰縣教堂刻書 1 種。民間組織有膠西保真善堂刻書 1 種。

三、青州府刻書

(一)官刻

清後期的青州府官刻有一種:《青州府中學堂章程》一卷,清末刻本。

卷首有青州知府撰《稟牘》,曰:"郡中學堂設自上年春間,馮前守因屬縣未設小學堂,飭各該令考送學生若干名,由府覆試取入中學堂,而小學堂即附其中。卑府到任,詳加考察,續訂課程十條。教習除法偉堂課中文、胡方鈞課西文外,添請教士館教習內閣中書李宗唐課中文,兼課算學。副教習除樊春林外,添博興縣教諭李焯兼辦事宜……勘明雲門書院最爲清曠,隙地尚多,擬添盖寄宿舍四五十間,改作學堂……先購切要之書數十種,俾資肄習而開智慧,此辦理中學堂之實在情形也……現在壽光設立鄉學八十六處,臨淄六十六處,安邱六十處,益都已設者三十一處,議設而未者二十餘處,昌樂、博興各四十一處,樂安二十九處,諸城二十處。"此書章程共十章,第一總綱,第二學科及修業年限,第三學年學期及休假,第四學生入學及退學,第五學績考試及畢業,第六各教員職掌,第七各役責任,第八各室規則,第九告假規則,第十經費出入。末附學堂讀本書目,叙事文六種,議論文十一種,章奏、傳記諸體文五十餘種。

十行二十二字,黑口,左右雙邊,單黑魚尾,版心中刻"青州府學堂章程"。刻印較精。

(二)書院刻書

青州有旌賢書院，由知縣張承燮捐廉三千金興建，因此間爲王沂公故里，宋仁宗賜名“旌賢鄉”，故名旌賢書院。該書院是益都縣官辦的第一所書院。書院學風稱盛，曾於光緒十九年爲紀念張承燮專門刻過《益都丁壬集》三卷附《菊社詩》一卷，由邱端玉等編。

封面題：“益都丁壬集三卷附菊社詩一卷。”有牌記：“光緒十九年秋九月益都旌賢書院開雕。”上卷卷端署：“益都縣舉人邱端玉等謹鈔。”中卷卷端署：“益都附生高登雲等謹記。”下卷卷端署：“益都縣歲貢生王蘭洲等謹述。”

首列朱印《光緒十五年十二月二十九日奉上諭張曜奏整飭吏治分別舉劾一折》，因張承燮、德椿、毓賢等才猷政績均堪備循良之選，故皇帝傳旨嘉奖：“山東武定府知府德椿、署曹州府候補知府毓賢、署益都縣事濱州知州張承燮、署東平州事……據張曜臚陳該員等才猷政績均堪備循良之選，即著傳旨嘉奖等因。欽此。山東青州府益都縣士民等敬謹恭録。”目録後有：“右集三卷，旌賢諸君子原擬題曰《循良以師》，光緒十五年曾奉旨以循良嘉奖也。師堅謝不可，因更曰《去思》。仍不謂可，乃定今名。曰丁壬，蓋師蒞益六稔，丁壬特志起訖耳。集中所録殆不過六年崖略云。門下士陳星爛挍字並識。”首卷《鈔序》：“如我邑侯張公有造於吾邑也是已。公自丁亥歲攝邑篆，下車伊始……”繼述張公建旌賢書院始末。“公去益囊橐蕭然，在益官書概付書院。端玉等因亟鈔成帙，壽之梨棗……光緒癸巳二月益都舉人邱端玉謹序。”卷二有光緒十八年秋邑庠生高登雲識。

十行二十二字，白口，左右雙邊，單黑魚尾。開本大，字體端正，一絲不苟，書院刻書精美可見一斑。

（三）家刻

清後期的青州府家刻數量遠不如清前期，博山、博興、高苑、臨朐四縣無家刻記載。

1. 益都刻書

1)前代名人集的刊刻

清後期的益都刻書有個很大的特點,就是後人重刻、補刻宋延年、趙秉忠、鍾羽正等益都名人的著述。

益都宋延年,字仁夫,號一川,嘉靖十六年丁酉舉人,官南京禮部司務。著有《春秋筆記》《祠部集》。其《宋祠部集》六卷,明隆慶六年刻本,清光緒六年宋氏家塾又重修補刊。封面題:"前明隆慶壬申初鐫,國朝光緒元年補刊。益都城東五十五里陽村宋氏家塾藏板。"卷端題:"益都宋延年著,男伯華謹輯,甥孫佩、婿馮子履仝校。"明隆慶六年陳文燭序。末有萬曆三年乙亥龍城計謙亨跋,稱宋延年子汝含所刻,孫佩伯玉、馮子履禮甫諸人皆出資,此三人隆慶二年戊辰科同捷南宮。以上爲明隆慶刻本序言。補刻本有光緒元年閻湘蕙於偶山草堂《補刊宋祠部集序》:"先生裔孫聖基賢先、怡堂先,偕坦山逢平、梅村逢魁、育春逢和、世濟逢美諸公,檢閱舊板,闕失十餘葉,字跡漫漶,多有當補鐫者。慨然曰:'此先人精神命脈所存也,可不急爲修補乎?'爰囑余轉借孝廉李榆村、明經安星齋兩先生舊藏本,照樣補刊。竝印訂若干部,分給附近學人。"

十行十八字,白口,左右雙邊,單黑魚尾。寫刻體,較精,補刻部分稍劣。

益都趙秉忠,字季卿,萬曆二十六年戊戌狀元,官至禮部尚書,贈太子太保。著有《江西輿地圖說》一卷。其《峴山集》十二卷,在明代刻過,清光緒九年益都知縣李溱又有重刻本。卷端題:"北海趙秉忠著。"此與明刻本不同,明刻本卷端不著撰人。序爲秉忠手寫上版。

重刻本有光緒七年辛巳光州李嘉樂《跋》:"嘉樂守青逾二年,

暇與諸生訪求文獻，有以《峒山集》至者，云再授梓，請爲序。”光緒九年益都縣事李溱《重刻峒山集序》：“壬午（按：八年）夏，溱重蒞益都，邑人士出明尚書趙季卿公《峒山集》，乞重刻而竟其役……賜進士出身知益都縣事李溱謹序於桑海重經之室。”李溱，據《益都縣圖志》卷十八《官師志》四記載，字溶塘，寶坻人，同治四年進士，十二年知縣事。光緒八年回任。與張承燮籌建海岱書院，爲段氏《益都金石志》作序。光緒九年，時任新泰知縣的李溱於縣城敖山書院故址建平陽書院。光緒十一年復任益都。

六行十三字，白口，四周單邊，無魚尾，無直格。行疏字大，非一般家刻可比。

益都後期的刻書還有光緒三十三年鍾氏家塾重刻《崇雅堂集》。《崇雅堂集》十五卷，明鍾羽正撰，有清順治十五年諸城丁耀亢門人高有聞刻本。清前期的諸城刻書有述。

此重刻本有牌記：“光緒丁未鍾氏家塾重栞。”

有閻湘蕙序：“余好積書。於同鄉先達之著作，尤汲汲求之，不遺餘力。益都前明諸公詩文集收藏凡數十種，而鍾龍淵先生爲一代名臣，素以未見其著書爲憾。同治九年庚午，本是廟會，遇《崇雅堂稿》一函，遂以重價得之。誦讀有年，加以句讀，又使協唐姪書跋語於後。余生平不惟積書，復好刻書，知此書板片久已散逸，當年印本存者亦少，將欲重剞劂，以承其傳，奈力不從心，付之浩嘆而已。不得已，乃赴青郡持此編交其後裔珍藏，且謀重登梨棗。吾知賢智之子孫必將視若球圖，重刊之心有不油然動而勃然興者耶？按此書全刻不過三百緡，選刻一半不過百餘緡，以闔族之力鐫一函之書，似無難焉。此書數語以商諸後人之善記善述者。光緒五年歲次己卯盛夏上瀚之吉昌樂閻湘蕙漫識於偶山草堂。”

光緒鍾氏刻書後跋：“前明大司空龍淵公，際昌九世胞伯祖也。立朝大節載在史册，無容贅述。平生所著有《崇雅堂集》《掖垣疏稿》《厚德録》《管見録》。當時俱未及鋟板,值明季兵災之餘,稿本又多所散佚,良可慨也。順治丙戌,公門人高通政有聞、諸城丁野鶴耀亢搜羅會萃,彙爲一編,付諸梓人,總命之曰《崇雅堂集》。傳布未廣,會丁君以私史一案禍不幾測,書有公序,吾族恐株連,倉皇付之一炬。及事得白,書與板蕩然矣。際昌弱歲時,於擔頭見鬻是書者,急贖回珍而藏之。彼時即以刊刻爲己任,先父亦諄諄以此爲囑,緣籌款無從,際昌又力難獨任,遂不覺奄忽以至於今,而迄無所成。際昌之罪奚贖哉。今值縣志設局事,甚便,而價較廉。在局孫孝廉模山、房明經友琴皆欲襄成其事,際昌遂商諸合校,付之剞劂。計刻印共費錢若干,其錢則祠堂祖塋共得存款若干,其不敷者際昌力任之,庶先人之遺跡,得以永傳不朽矣。七世孫際昌謹識。"

十一行二十三字,黑口,四周單邊,單黑魚尾。字體端正,刻印精良,家刻精品。

2)段氏著述的刊刻

益都段松苓,字勁伯,又字赤亭,乾隆諸生。嘉慶元年畢沅舉其孝廉方正,力辭不就。生平博覽群書,尤好金石文字之學。著有《補訂堯陵考》《赤亭金石》《跋山左碑目》《武功金石志》《山左吉金志》《穆如堂詩草》《益都先正詩叢鈔》等。其最著名的著述爲《益都金石記》四卷(附《益都金石略》二卷未見),有清光緒九年益都丁文田及縣事李溱等邑人刻本。書衣題簽:"後學丁培基題。"封面有"後學尹彭壽署"。有牌記:"益都丁氏藏本,光緒九年開雕。"每卷末署"後學孫文楷覆校"。

前有乾隆六十年武億原序,稱此書的編撰,源於阮元編録山東金石遺文,阮氏於乾隆六十年任山東督學使者,屬段氏爲之搜採。"君書起於三代,下逮金元,倣其碑之尺度,存於何所,然後徵之傳志,詳附而類引之,如古史家廣記備言之體。"又有乾隆六十年朱文藻序:“乙卯仲夏,余與益都段赤亭先生同受山東學使阮宫詹芸臺先生之聘,輯《山左金石志》於濟南試院之四照樓下,聯榻於積古齋中……共晨夕者凡四閱月,迨九月……相與移榻於大明湖北渚小滄浪亭者又二十日。”又云:“是編專載益都金石現存者,垂百餘種。已悉摹其文,採其説,録入《山左金石志》矣。已亡者尚五十餘種,詳列其目,則無可訪者也。”據序知,爲阮元編書時,段松苓已經五旬。

益都縣事李湊光緒九年序:“考證時代,辨核體例,詳訓詁,審形制,自三代以迄金元,上下數千年,源流淹貫,洵鄉邦之信史也。”丁文田跋,云段氏有《益都金石記》《山左碑目》《益都先正詩叢鈔》諸書,“先生歿,未及付梓。其子孫出遺書求售,先大夫重價購之……客夏,學使埜秋張公(按:山東學政張百熙,長沙人,同治十三年進士)按試青州,探訪先正遺書。田以《益都金石記》呈公,將付梓,竟以憂去。是時邑侯薦塘李公(按:李湊)亦嗜古家也,謂是書考核精詳,可補經史之闕,亟宜剞劂,以廣其傳,且以遂學使張公之志。爰偕同人極爲讎校,並囑族孫渥恩、孫培基襄成之。而薦塘李公捐廉首倡,凡吾鄉嗜古深求之士亦無不踴躍助賢,不數月而蕆厥事……至於《先正詩》《碑目》諸書,容當續梓之焉。同人讎校者,潤之趙衍澤、子乘曹象輅、竹年尹彭壽也”。

由上可知,此書刻於衆手:張百熙有刻書之意,邑侯李湊首倡並助資;此書的校讎者有三人,加之孫文楷覆校,比較精審;此書的刊刻過程比較曲折。丁文田及其祖父、孫丁培基對此書的刊刻爲功甚巨。

段松苓輯的另一部書《益都先正詩叢鈔》八卷,亦是重要的益都文獻,其後附《補》一卷,清朱沅集,《附編》一卷,清段松苓輯,楊紹基補輯。此書於光緒十年由李湊、丁文田等人刊刻。時段松苓已故。有牌記:“光緒十年七月雕成,板存段氏古穆如堂。”

有光緒九年李溱序："近刊段子遺書，又於丁生家得《益都先正詩叢鈔》若干卷。起自唐魏，迄國朝雍乾之盛，網羅散佚，考時證事，釐定秩然。以後數家，則朱孝廉芷庭、楊孝廉履亭所補輯。余公暇勉加披誦，删十之二。其有關實事、往蹟及一人一什以詩存人者，概登梨棗，藉補志乘之遺，庶不歿段子之苦心也。烏乎！段子往矣，自楊君而後以至於今，其間詩之可傳而待傳者，當復不知凡幾，是又在繼其志之重有人也。"楊紹基字履亭，益都人，嘉慶三年戊午舉人，官南召知縣，著有《履亭文稾》二卷。益都丁文田《凡例》："今既付梓，爰釋其例如左。"

十行二十一字，白口，四周雙邊，單黑魚尾。字跡粗劣。

3）武進李祖年刻書

益都後期的刻書還有一位重要人物，就是武進李祖年。

祖年（1869—1928），又名組申，字搢臣，號紀堂。光緒二十年進士，授編修，散館改山東文登知縣，二十五年任歷城縣令，二十七年任泰安知縣，二十八年移宰益都。三十二年爲青州知府。三十四年去任。又任山西武寧、澤州、汾州、太原知府。民國時，任山西財政廳廳長。袁世凱稱帝時，返鄉隱居。工書，善畫，精鑒賞，兼通醫學。李祖年的青少年時期都是在山東度過的。他的曾祖父李錫琨官山東平度州知州，祖父李念仔官東昌府知府。咸豐十年，爲躲避太平軍戰亂，舉家僑居山東。光緒十八年，李念仔辭官攜全家回到原籍武進。李氏一門四代在山東居住了三十二年。祖年的族叔李伯元就是《官場現形記》的作者。李祖年自光緒二十一年來山東，至三十四年去任，在山東十四年，大有功於山東文化。在任文登縣知縣時，於光緒二十三年，主持增删定稿《文登縣志》；任益都知縣時，與《益都縣圖志》的編撰者法偉堂朝夕過從，光緒三十年，延孫文楷校補《益都縣圖志》，陳丹書、房來鶴等共襄其事，三十三年成書，李祖年作序。更重要的是，他在益都刻了《聖譯樓叢書》。

《聖譯樓叢書》在《叢綜》中有著録，包括三種。①

①《徐雨峰中丞勘語》四卷，清徐士林撰，清光緒三十二年武進李祖年益都刻本。

徐士林（1684—1741），字式儒，號雨峰，文登人，康熙五十二年癸巳進士，官至江蘇巡撫。另著有《典謨要義》一卷、《勘語》四卷、《蟫餘集》四卷。此書收録的是徐士林所作的判例件，是清代著名的判例集。

有牌記："光緒丙午秋武進李氏聖譯樓校刊。"

首有光緒三十四年五月武進李祖年序云："窮搜數年，始獲《律服考古録》二卷於敝肆中，蓋先生所手定稿也。因急加校刊，以惠後學。刊既成，謹序其略。"

②《律服考古録》二卷，清楊峒撰，清光緒三十四年武進李祖年益都刻本。

峒字書巖，益都人，乾隆三十九年甲午舉人。另著有《毛詩古音》《齊乘考證》《汲古堂稿》《詩稿》《師經堂遺草》《古文鈔》。

有牌記："光緒戊申春武進李氏聖譯樓校刊。"

首有光緒三十四年五月武進李祖年序云："余移宰益都，先生故里也……底稿亦歷久而始得之，爰細加校讎，用加增補，用付剞劂，以永其傳。"

③《山左碑目》四卷，清段松苓撰，清光緒三十四年武進李祖年益都刻本。

有牌記："光緒戊申春武進李氏聖譯樓校刊。"

以上李祖年刻書三種，均在益都刻成。"聖譯樓"蓋其堂號。

4）房氏刻書

除了鍾氏，益都明末還有一位重要人物房可壯。可壯（1578—

①上海圖書館：《中國叢書綜録》，上海古籍出版社2007年版，第255頁。

1653),字海客,萬曆三十二年甲辰進士,官副都御史,入清,復官至刑部侍郎。

房可壯撰有《偕園詩草》一卷,清光緒三十三年益都房來鶴家塾刻本。

收詩一百四十三首。封面題:"益都房海客先生著,長清樊春林署端。"有牌記:"光緒丁未房氏家塾重栞。"

有光緒三十三年丁未鐵嶺黃曾源序於郡廨之含礫齋。孫文楷《重刊偕園詩草序》:"生平著作甚富,兵燹無存,所傳《房侍御十三疏》藏其裔孫處,今亦搜訪不獲,但存《偕園詩草》一帙耳。聞先生官鹽運時,曾有刊本,板毀於火。此鈔本乃房氏子孫於故書擔頭買得者,别風淮雨之訛不可卒讀。明經友琴,先生後裔也,與予志局共事,思重刊以廣流傳,於是互相校讎,付諸手民……袁子才亦謂胡稚威文稿驚才絶艷,身歿後其子孝廉某以爲不祥,付之一炬,此皆讀書識道理者,猶不能無憾。房氏後人珍藏先澤,若手足之護頭目,又得明經爲之校刻,此可以風矣。光緒丁未後學孫文楷書於老學庵。"末有房來鶴跋:"丙午夏五月,武進李邑侯搢臣先生設局續修縣志,聘孝廉孫模山先生主筆政,鶴襄事其間。越明年丁未六月,功將竣。鍾明經少文出其先大司空龍淵公《崇雅堂集》,囑爲校勘,付手民重刊,甚盛舉也……因搜訪先世遺文,僅得海客公《偕園詩草》鈔本一帙,共詩一百四十三首,字跡漫漶,舛訛尤多,浼模山先生細加校正,付之剞劂。雖寥寥一編,視《崇雅堂集》之富麗大相懸殊,而不敢棄先人手澤則一也。爰述顛末贅之編尾。光緒丁未秋七月望日九世孫來鶴謹識。"

此書原有一刻,爲房可壯自刻本,但板毁於火,不存。此爲九世孫房來鶴編縣志時,見《崇雅堂集》之刊刻,於是搜羅家藏,得原購之《偕園詩草》抄本,經孫文楷校正,付之剞劂。

十一行二十三字,上白口,下粗黑口,四周單邊,單黑魚尾。字體小,方正。

5)孫文楷刻書

上文屢次提及的孫文楷,是清代晚期益都的名人。文楷(1847—1912),字模山。同治十二年舉人,後不圖仕進,耕於鄉里,農事之餘潛心著述。孫氏通金石之學,工詩及古文辭。早年嗜好古泉,後專心於古璽印、古陶文字研究,與陳介祺、王懿榮、法偉堂等爲金石之交。代表性著述有《稽庵古印箋》。

《稽庵古印箋》四卷,清孫文楷編,清宣統間益都孫氏保鑄山房印本。

有牌記:"壬子元年六月續印箋弍次記。"

宣統二年庚戌鐵嶺黄曾源序。陳介祺二識。光緒十一年乙酉稽庵主人孫文楷序於大明湖,稱曾將此書就正於陳介祺,文楷子延賓亦有同好,助其搜羅,收古印二百五十餘鈕。有《凡例》。後有光緒十三年孫文楷記,孫延賓識:"爰率諸弟延福、延禄暨長子大田等先印百部,以公世之同好者。再陸續撫拓,每次印百部,按甲乙出板,以廣傳於世。"

此書先印好紙,版心鐫書名"稽庵古印箋",下刻"保鑄山房"。版心中爲朱印"三代官璽""三代私璽""三代奇字璽"等。每筒子葉鈐印兩方,鈐在一面。亦有大印袛一方。白口,四周單邊。

2. 臨淄刻書

臨淄後期衹刻書三種。

一種是濟寧女史于濰珠撰《散芳集軼草》一卷,清同治七年由其夫臨淄彭履謙刻成。濰珠(1850—1870),字智娥,號味蘭女史,濟寧于如川女,嫁臨淄彭履謙,婚後一年卒。此書爲其夫輯刊。詩凡五十六首,皆近體。首有于如川弁言,濰珠兄于朝勳、夫彭履謙及其夫祖癡齋公序,稱其詩"洵抒性靈,吐屬清雅"。又有愛新覺羅·竹君、牟平盧彩鳳、寧玿玫及其姊淮玉題詞。

《緑墅詩草》一卷,清于云升撰,清同治九年臨淄于氏刻本。卷端題:“臨淄于云升山來氏著。”前有同治九年庚午六月益都後學魯公樹《緑墅詩草序》:“臨淄于山來先生弱冠入邑庠,三十食餼。初學詩於其堂伯淑陶先生,及領鄉薦,後司鐸濰陽,會集同人聯爲詩社,歷年來志之所寄,皆形諸吟詠,初不欲表揚於世也,今先生捐館,其哲嗣諸兄出先生詩數百篇,不以余爲鼻鄙,屬爲之序。”知爲家刻。十行二十一字,白口,左右雙邊,單黑魚尾。眉上有批,字不一。刻印一般。

山茌李慶豐,有《行吟日記》六卷,清光緒三十四年由衆人合資刻於稷下。本章濟南府歷城刻書已述。

3. 樂安刻書

樂安刻書衹知一種:《纖齋文集》八卷,清李焕章撰,清光緒十三年樂安李氏尚志堂刻本。本章第二節尚志書院刻書已述。

4. 壽光刻書

清後期的壽光刻書衹知有三種。其中一種爲同治七年,保山吴樹聲在壽光知縣任上刻自撰《詩小學》三十卷、《補》一卷。清中期的沂水刻書已述。

壽光韓景域(1797—?),字岸堂,道光諸生,以設館授徒爲業,喜詩古文詞,及門多知名士。有《涉園文存》四卷,清同治十二年韓景域及其門人刻成。書輯序、記、碑銘、傳記、狀略、紀事等文凡五十五篇,由昌樂劉景春、壽光張椿齡校訂編輯。首有益都李焕然、昌樂劉景椿及作者自序,末有及門諸子姓氏録,共一百零六人。時韓氏七十七歲,未去世,宜作個人刻書,門人操辦而已。

另有不知確切刻書時間者一種。

《增補三字經訓蒙析解》一卷,清安箕撰,清壽光楊情怡刻本。封面題:“壽邑安太史箕雪園氏著,同邑後學楊情怡蕙雲氏代鐫。”卷端題:“壽邑安太史箕雪園氏著解,同邑後學楊情怡蕙雲氏新鎸。”安質爲安致遠之子,安箕兄弟。八行二十字,小字雙行二十字,白口,四周單邊,單魚尾。開本小,刻印不精。

5. 昌樂刻書

清後期的昌樂刻書除陳枚兄弟所刻六種外,另有兩種。

《璇璣圖詩》一卷,晉蘇蕙撰,清光緒六年昌樂閻湘蕙刻五色套印本。

蘇蕙,字若蘭,武功人,出身詩書世家,智識精明,十六歲時,嫁秦州刺史竇滔。後竇滔遭誣諂,蘇蕙寫回文詩救其夫。之後,竇滔寵愛趙陽臺,蘇蕙爲了感化其夫,又寫回文詩使其夫回頭。

封面題:“昌樂偶山堂藏板。”

末有嘉慶十七年竇琛記,署“嘉慶十七年歲次壬申二月吉日重鎸”。前有閻湘蕙光緒六年偶山草堂序,稱據其族兄伯符言,嘉慶十七年,竇滔後裔竇琛在昌樂令任上以五色套印此書。“今倣原本重付手民,並照南陵《無雙譜》增刻若蘭小像,於以廣傳”。

此書現知有三刻,乾隆二十八年竇滔裔孫竇塄曾刻,嘉慶十七年昌樂令竇琛刻五色套印本,當刻於山東昌樂,光緒六年昌樂閻湘蕙刻五色套印本,此本爲仿前本。私刻中的套印,比較罕見,是山東刻書中的亮點。目前所知清代山東刻書有三個套印本,僅此書就有兩個。

十行二十字,白口,四周雙邊,單紅魚尾,或無魚尾,無直格,朱、黑、藍、黄、紫五色套印,又有蘇蕙小像。

《營陵詩略》十二卷,清黄咸寶輯,清光緒十三年於陵郭印川、膠東法昀刻本。

封面題:“知昌樂縣事儀徵黄咸寶稼軒輯録。”卷端題:“於陵郭印川秋潭、膠東法昀曉亭校刊。”

前有黄咸寶《營陵詩略序例》,稱其知縣事五年。乾嘉間,黄樂朋方遠先生有採輯邑詩之舉,今得其鈔本,增益而成。書取名依諸城隋昆鐵《琅邪詩略》,取“詩略”二字。附時人詩於後。因鈔詩非選詩,故不加去取。所收以清代爲主,明止六家。有光緒十三年閻兆麟序:“(黄氏)未及付梓又遽歸道山,幸而秋潭郭先生、曉亭法年兄秉鐸茲邑,慨然廣約同志醵貲開雕,遂得流傳於世。”此書爲郭、法二人合刻,刻書地當在昌樂,故作昌樂刻本。有《鐫板名氏》,列九十五人,其中閻氏二十人,知閻氏爲昌樂名族。

九行二十一字,白口,左右雙邊,單黑魚尾。宋體字,刻印精。

6. 安邱刻書

安邱後期的刻書有七種,除王筠後人王彦侗等刻兩種,張介禄刻三種,以及劉源渌後人爲源渌重刻於堂邑一種外,尚有王籌刻一種。

《異同音辨》六卷,清王籌輯,清光緒十三年安邱王籌槐音堂刻本。

封面題:“光緒丁亥仲春新鐫,槐音堂藏板,字體辨附後。”

卷端題:“安邱王籌鶴山輯,同邑後學潘紹庭緒堂、姪世昌瑞五、男淑瑶西池同校。”

前有光緒甲申王範模山題,時王範七十七歲,王範爲王筠之弟。光緒十二年孟昭烺序。光緒十年王籌槐音堂自序。王彦侗光緒十年記:“既脱稿,使侗校之,因作補遺,作續補遺,吾叔許附於後。”

末有“高密管思復鐫”,知此書刻工爲高密人。

八行二十五字,小字雙行二十五字,白口,四周雙邊,單黑魚尾。

7. 諸城刻書

清後期的諸城刻書以尹彭壽爲著。

1)尹彭壽刻書

尹彭壽,字慈經,號竹年。工小學、金石。光緒六年入濟南尚志書院，光緒十四年副貢，十七年上諭賞國子監正銜，候選教諭。二十四年任沂州府署教授，二十五年卸任，回尚志書院。二十八年又赴沂州琅邪書院任山長，三十年辭館，寓沂府閒居。著有《山東金石志》五卷、《説文類編》不分卷、《諸城金石小識》一卷、《石刻存目》一卷、《石鼓文音訓集證》一卷等，著述頗豐，被譽爲晚清金石學家。除了著書，他還是一位了不起的出版家，爲晚清山東金石學的發展做出了不少貢獻。

①《漢石存目》二卷，清王懿榮撰，附《周秦魏晉石存目》一卷，清尹彭壽撰，清光緒十五年諸城尹彭壽刻本。

王懿榮自識云："近世所存漢石，已盡於此。此目石亡文存者不録，重摹僞造者不收。分字存、畫存兩目。"書卷上爲字存，卷下爲畫存。上卷收碑刻一百十一種，下卷收畫像石六十七種。附尹彭壽撰《周秦魏晉石存目》，僅三葉。

②《山左北朝石存目》一卷，清尹彭壽撰，清光緒十八年諸城尹彭壽刻本。

卷端署："膠州法偉堂小山訂，諸城尹彭壽慈經纂。"此編無序跋，亦仿王懿榮《漢石存目》體例，首列題名，次考時代，再詳出處，亦分字存、畫存兩目。收後魏石目二十七種，東魏石目二十一種，北齊石目連碑陰七十五種，北周石目六種，隋石目七十五種，共二百零四種。字體方正漂亮，刻印精美。

③《國朝治説文家書目》一卷、《國朝治説文家未刻書目》一卷，清尹彭壽撰，清丁汝彪編，清光緒十九年諸城尹彭壽金泉精舍刻本。

版心下鐫"諸城來山園"。

④《石鼓文匯》一卷，清尹彭壽撰，清光緒十九年諸城尹彭壽刻本。

封面題："斠經室所箸書之五。"卷首冠以《御製詩》二首並跋，係朱印。次《模本》。有牌記:“諸城來山園刊。”版心上刻“光緒丁亥拓本”,丁亥爲光緒十三年。《模本》後有尹氏光緒十四年記,稱:“右鼓文爲光緒丁亥年親手洗拓,雖一點一畫,逐爲拓出,模刻木版,以公同好。今所存者,刻粗陰畫;殘闕僅存底線者,刻細陰畫;今所無者,用天一閣北宋拓本補之,半文亦補爲全,皆刻雙鉤陰畫。”此時尹氏已從國子監回濟南尚志書院。其次爲《音訓集證》,有牌記:“光緒癸巳秋諸城尹氏刊。”癸巳爲光緒十九年。版心下刻“諸城來山園”。其次爲《考略》《題辭録要》《傳本目》,最後以《挍勘記》終。《挍勘記》有光緒十三年尹氏成均上舍記:“石鼓文自周至唐始出土,世有搨本,亦自唐始,然其本無傳。石因遷徙,剥蝕過半,惟北宋搨者其字尚多,傳寫模刻訛誤尤甚。玆來國子監挍修石經,既蕆事,大司成伯熙夫子屬覆天一閣所藏宋搨本。因就原石下坐臥數日,細審畫底,挍得真形,刻石龕置韓文公祠壁。復將薛氏法帖、顧氏石硯、阮氏模本並諸版本之誤者,互相挍證,筆之於左,俾好古諸君有所擇從。至於今石無存之字,則不敢妄爲增改。光緒十三年歲次丁亥九月諸城尹彭壽記於成均上舍。”末有“男祚肅恭録”。可見,《挍勘記》爲尹彭壽在國子監校修石經時所撰,係就原石,細審其點畫,以正薛氏法帖、顧氏石硯、阮氏模本並諸版本之誤。目録後有“歷城趙鳳章合刻”,想必當時亦請歷城的刻工趙鳳章參與刻此書。

⑤《説文部首讀補注》一卷,清王筠撰,清光緒諸城尹彭壽斠經室刻朱墨套印本。

《説文部首讀》一卷,清桂馥撰,此《補注》係王筠據桂氏家傳寫本補訂。有牌記:“諸城斠經室藏本栞。”卷端載王筠道光二十年庚子序云:“《説文解字》部首在許書序内原無句讀,況自唐以後,增減顛倒,不可枚舉。小徐有《部叙篇》,蔣氏有《部首表》,皆據形繫聯,發明其誼,未明讀法。余耆許書有年,其部首祇能强識。

茲爲桂氏家傳寫本,其五百四十文,皆從大徐次第。惜蠹蛀過半,難以意改。又取苗氏本證之,但求其誼貫不狃於韻叶,句用圈,而讀用點,不易識者以楷文音之,所以便初學也。適尹怡堂孝廉公車來京,問字於余,且將以課其子。余既以《字學蒙求》示之,復以是寫本屬其録出攜歸,俾學僮潛心熟讀,庶可爲入許學之梲矣。道光二十年歲在庚子三月安邱王筠書於都門。"從此序文可知,《説文部首讀》爲桂馥家傳寫本,不易讀,王筠以楷書音之,便初學。尹彭壽之父來京,王筠録出使其攜歸以課子。時道光二十年,王筠在京。

此書又有榮成孫葆田序:"吾友尹竹年明經家藏桂氏《説文部首句讀》寫本,蓋其尊人曾從菉友學《説文》,菉友之子同人復與竹年遊,故得之。……今竹年將付手民以廣其傳……竹年於同治三、四年間曾篆寫王氏所箸《説文》二部由禮部呈進,奉旨留覽。又於光緒十三年因入成均校修石經,取王氏所箸《禹貢正字》諸書,由國子監呈進,請入《儒林傳》,奉旨留覽。竹年於王氏可謂師誼彌篤矣。是書之刻,幼學得以入門,由是而辨形聲,通訓詁,有禆於經學。……光緒十有五年冬月榮成孫葆田書於尚志堂講舍。"正文後有"光緒己丑八月尹祚鼒篆"。尹彭壽有三個兒子,二子祚鼎,三子祚鼒。祚鼒生於同治十一年,最得其父真傳。尹彭壽也最器重他,去北平修補國子監石經即由祚鼒陪同。

此書有尹彭壽光緒十五年跋:"先人昔赴春闈,曾從先生(按:王筠)問故於許學,頗得門徑……見棄後,始從菉友先生嗣君同人先生學許氏學。此《説文部首讀》雖出自曲阜桂氏,實傳自王先生。弆藏篋中,近五十年。恐日久淹没,因命鼒兒依様篆成,並録王先生原序於卷端,付諸剞劂,用廣流傳……光緒己丑八月諸城尹彭壽敬識於尚志書院西齋。"光緒二十年尹彭壽又一序:"其許書原注者記於字右,所採他説注於字左……書於金泉精舍。"又有光緒十三年十月國子監進呈詞,當時繕寫進呈御覽者有:《毛詩重言》三卷,《毛詩雙聲疊韻》一卷,《尚書禹貢正字》一卷,《禮記讀》十卷,《史記校》二卷,《夏小正正義》一卷。

此書有作光緒十五年刻本者,有作二十年刻本者,蓋依尹彭壽兩篇作於不同時間的序跋,今作光緒刻本。

此書篆文,大字四行五字,版心下刻"諸城來山園",刻印精美,頗有藝術性。

⑥《漢隸辨體》四卷,清尹彭壽撰,清光緒二十一年諸城尹彭壽尚志堂刻本。

書名爲元和江標署簽。前有裕德光緒十七年薦法偉堂、宋書升、尹彭壽三人折,上諭賞加國子監學正銜。有牌記:"光緒乙未年四月刊於尚志堂。"乙未爲光緒二十一年,時尹氏在尚志書院。有光緒十一年乙酉汪鳴鑾篆書於山左試院:"尹慈經明經,余乙酉選拔場所得士也。榜發來謁,知之幼承家學,苦志讀書,於漢人訓故願有專功","精篆隸"。羅振玉篆文序:"光緒丙申……諸城尹先生以所箸《漢隸辨體》見示。"張昭潛光緒二十一年乙未跋:"本篆文以辨隸體,而以《説文》部首爲目,每字必考其假借通用之源流,而折衷壹是,庶治經者不失之拘泥。"又有光緒十一年尹彭壽於尚志書院自記,稱其從叔父學,叔父從掖縣翟云升學,翟云升係從桂馥學,叙家法源流甚清。後署"男祚龠敬書"。

九行二十一字,黑口,左右雙邊。版心下刻"諸城來山園"。

⑦《春暉草堂賸稾》一卷,清鄔正階撰,清諸城尹彭壽刻本。

正階字斗華,諸城人,乾隆四十四年已亥舉人,官宿州知州。《山東通志·藝文志》云"是編乃尹彭壽輯刊"。有張昭潛序:"遺詩一卷,乃竹年從散佚後裒輯之者。先生當年不以詩名,區區數作,皆其矢口成吟,自鳴天籟者。"

⑧《擷華齋古印譜》不分卷,清劉瑞源藏,清尹彭壽編,清光緒

二十一年諸城尹彭壽刻鈐印本。

2)其他刻書

諸城後期的刻書還有以下幾種：

①《樂遠堂地書全編》二卷，清郝孟延撰，清諸城苑菜池校刻本。

苑菜池，同治七年進士。所據爲葉征《清代山東私人刻書家知見録》。

②《耕道獵德齋吟稿》六卷，清周懷綬撰，清光緒九年諸城徐堉濟南刻本。

此書在歷城刻書有述。徐堉，毗陵人，蓋占籍諸城。

③《西坪詩鈔》二卷，清王文驤撰，清同治九年諸城王祺海九仙山館刻本。

王祺海係王文驤之子。文驤(1777—1824)，字雲子，諸城人，嘉慶二十四年進士，官開平知縣。此書起乾隆庚戌，迄嘉慶丁卯，共詩二百二十首，在粤詩十餘首附録於後。其子祺海所編。有李圖序。

④《文法直指》一卷，清姚澍撰，清光緒二十一年諸城王志修刻本。

⑤《小學》六卷，宋朱熹輯，清光緒二十四年諸城楊氏京師刻本。

有牌記："光緒戊戌季春重刊於京都英華齋，諸城北關楊氏家塾藏板。"版心下刻："諸城楊氏家塾重刊。"有雍正五年御製《小學》序。還有勞乃宣的兩篇跋，稱以吴刻臨海陳氏本爲主，參校他本，刻於光緒二十年甲午。知勞乃宣先有一刻。此本據勞氏本刻，可見勞氏本質量尚可。

九行十七字，白口，左右雙邊，單黑魚尾。北京英華齋刻書，刻印較精。此爲童蒙書，爲家族兒童學習用，不知爲何要到北京刻，亦不知楊氏爲何人。

⑥《禹貢今釋》一卷,清趙節撰,清諸城王氏刻本。

節字子安,一字子勍,膠州人,乾隆五十四年己酉副貢。另著有《昨非館偶吟》《齊乘考證續》《經史釋疑》等。《山東通志·藝文志》曰:"是書有諸城王氏刊本,載《縣志》。"亦不知王氏爲何許人也。時間不確定,暫附於諸城刻書之末。

附:青州府家刻總表

六一堂文集四卷對山堂詩集一卷	(清)李煥然撰	清同治五年益都李氏及門人等刻本
宋祠部集六卷	(明)宋延年撰	明隆慶六年刻清光緒六年益都宋氏家塾補刻本
峴山集十二卷	(明)趙秉忠撰	清光緒九年益都知縣李溱刻本
益都金石記四卷(附益都金石略二卷未見)	(清)段松苓撰	清光緒九年益都知縣李溱、丁文田等刻本
益都先正詩叢鈔八卷	(清)段松苓輯　補一卷(清)朱沅集　附編一卷(清)段松苓輯 (清)楊紹基補輯	清光緒十年益都知縣李溱、丁文田等刻本
徐雨峰中丞勘語四卷	(清)徐士林撰	清光緒三十二年武進李祖年益都刻本
律服考古録二卷	(清)楊峒撰	清光緒三十四年武進李祖年益都刻本
山左碑目四卷	(清)段松苓撰	清光緒三十四年武進李祖年益都刻本

（續表）

崇雅堂集十五卷	（明）鍾羽正撰	清光緒三十三年益都鍾氏家塾刻本
偕園詩草一卷	（清）房可壯撰	清光緒三十三年益都房來鶴家塾刻本
稽庵古印箋四卷	（清）孫文楷編	清宣統間益都孫氏保鑄山房印本
散芳集軼草一卷	（清）于濰珠撰	清同治七年臨淄彭履謙刻本
緑墅詩草一卷	（清）于云升撰	清同治九年臨淄于氏刻本
行吟日記六卷	（清）李慶豐撰	清光緒三十四年山茌李慶豐稷下刻本
織齋文集八卷	（清）李煥章撰	清光緒十三年樂安李振甲尚志堂刻本
詩小學三十卷補一卷	（清）吴樹聲撰	清同治七年保山吴樹聲壽光官廨刻本
涉園文存四卷	（清）韓景域撰	清同治十二年壽光韓景域刻本
增補三字經訓蒙析解一卷	（清）安賀撰	清壽光楊情怡刻本
小藤花軒詩鈔不分卷	（清）陳枚撰	清同治初昌樂陳枚刻本
琴山詩鈔四卷	（清）陳枚撰	清同治三年昌樂陳植、陳榘刻本
琴山詩續鈔一卷	（清）陳枚撰	清同治八年昌樂陳榘刻本

（續表）

讀史偶筆一卷	（清）陳枚撰	清同治八年昌樂陳枚刻本
謀稼村詩草	（清）陳植撰	清同治間昌樂陳氏刻本
蘭坡詩草	（清）李氏撰	清同治間昌樂陳氏刻本
璇璣圖詩一卷	（晉）蘇蕙撰	清光緒六年昌樂閻湘蕙刻五色套印本
營陵詩略十二卷	（清）黄咸寶輯	清光緒十三年於陵郭印川、膠東法昀刻本
菉友肊説一卷	（清）王筠撰	清光緒二十二年安邱王彦佶曹南武陽學署刻本
海岱史略一百四十卷附録十一卷	（清）王馭超撰	清光緒二十三年安邱王氏家刻本
古香書屋詩集六卷	（清）張善恒撰	清光緒二十八年安邱張介禄杭州刻本
鞠夢廬詩鈔四卷	（清）張善恒撰	清光緒二十九年安邱張介禄杭州刻本
隱厚堂遺詩二卷附録一卷	（清）張在辛撰	清光緒三十一年安邱張介禄等杭州刻本
讀書日記六卷補編二卷	（清）劉源渌撰	清宣統二年安邱劉氏堂邑刻本
異同音辨六卷	（清）王籌輯	清光緒十三年安邱王籌槐音堂刻本
漢石存目二卷	（清）王懿榮撰	清光緒十五年諸城尹彭壽刻本

（續表）

周秦魏晉石存目一卷	（清）尹彭壽撰	清光緒十五年諸城尹彭壽刻本
山左北朝石存目一卷	（清）尹彭壽撰	清光緒十八年諸城尹彭壽刻本
國朝治説文家書目一卷 國朝治説文家未刻書目一卷	（清）尹彭壽撰（清）丁汝彪編	清光緒十九年諸城尹彭壽金泉精舍刻本
石鼓文匯一卷	（清）尹彭壽撰	清光緒十九年諸城尹彭壽來山園刻斠經室所箸書本
説文部首讀補注一卷	（清）王筠撰	清光緒間諸城尹彭壽斠經室刻朱墨套印本
漢隸辨體四卷	（清）尹彭壽撰	清光緒二十一年諸城尹彭壽尚志堂刻本
春暉草堂賸稾一卷	（清）鄔正階撰	清諸城尹彭壽刻本
擷華齋古印譜不分卷	（清）劉瑞源藏（清）尹彭壽編	清光緒二十一年諸城尹彭壽刻鈐印本
耕道獵德齋吟稿六卷	（清）周懷綬撰	清光緒九年諸城徐堉濟南刻本
樂遠堂地書全編二卷	（清）郝孟延撰	清同治光緒間諸城苑棻池刻本
西坪詩鈔二卷	（清）王文驤撰	清同治九年諸城王祺海九仙山館刻本
文法直指一卷	（清）姚澍撰	清光緒二十一年諸城王志修刻本

（續表）

小學六卷	（宋）朱熹輯	清光緒二十四年諸城楊氏京師刻本
禹貢今釋一卷	（清）趙節撰	清諸城王氏刻本

（四）坊刻

青州府有文德友刻字鋪，在東門外，光緒五年前開業。刻書一種：《玉曆鈔傳警世》一卷，宋淡癡撰，清光緒五年青州文德友刻字處刻本。

封面題："光緒五年重刊，板存青州府東門外文德友刻字處。"

有咸豐元年李天錫《續序》："曩行汪巽堂印本，因於嘉慶乙亥重刊於山左省城，迄今三十六年。見卷尾所列刷印姓氏，各省俱有，共印過六千九百五十餘部，流傳頗廣。今余行將歸里，擬載板片同行，誠恐好善之士欲借刷而無由，因重刻一集帶回，原板仍留英華齋存貯。"據此可知，此書嘉慶十二年由汪繹巽堂刻過，嘉慶二十年，李天錫刻，咸豐元年又刻，至此光緒五年再刻。可見此書流傳之廣。八行二十四字，白口，四周雙邊，單黑魚尾。框外有小字注釋，方便閱讀。刻印精細。

開業於道光前的怡翰齋刻書亦不少，在清中期已述。

（五）宗教機構刻書

1. 寺廟刻書

《高王觀世音經》一卷，清毓昇記，清青州滿城普恩寺刻本。

封面題："青州滿城普恩寺存板。""滿城"，即滿族旗城，建於雍正八年。

九行十八字，小字雙行十八字，四周雙邊。

2. 教堂刻書

1）青州某教堂

《天良明鏡》,清青州府西洋教士仲輯,清光緒六年青州刻本。

封面題:"光緒六年四月,任山東青州府西洋教士仲輯。"十二行二十七字,白口,四周雙邊,單黑魚尾。刻印極一般。

2)青州天主教堂

《聖教日課要選》二卷,濟各會等鑒定,清光緒二十二年青州府天主堂刻本。

封面題:"天主降生後一千八百九十六年重刊,聖教日課安排,聖安濟各會主教類斯江鑒定,青州府天主堂藏板。"九行十九字,小字雙行十九字,白口,四周雙邊。

3)青州浸禮會基督教堂

英國浸禮會是基督教的一支,成立於 1792 年。1870 年,李提摩太到達煙台,成爲在中國傳教的該會的唯一傳教士。1875 年,他進入青州開創傳教區。1877 年,該會在山東教務由仲均安負責。從此,青州成爲英國浸禮會的大本營。

仲均安,近代英國浸禮會在山東的一個重要傳教士。撰有《道原晰義》《道統年表》二書,均爲排印出版。所編《字意類集》一卷,由浸禮會刊刻。

此書藏山東省圖書館,未見别家著録。據序言,此書爲適應當時歐美人扎根山東的要求,解決了歐美人在用漢語表達時反復用一個字而詞彙缺乏的問題。其實漢語中一個字的意思可以用多個字來替换,比如,綱,同義字就有領、維、總、統、攏、紀、首、頭、繩索、弦。全書列字 1388 個,1388 個字依據字義分爲六大類:虚位、物類、生物、善惡、人事、道類。每大類又分若干小類,如虚位下分有無、關涉、次序、數目、時節、變化、光景、因果、方所、多寡、大小、形像、動静;物類下分物華、物性、質料、器具、衣食;生物下分活物、人身、知覺、悟性、慾心、心情、疲性、心志;善惡下分德性、德行、惡行;人事下分人類、詞達、作爲、産業、事務、貿易、對敵、國度;道類下爲鬼神。每小類再列主字,主字上有順序號,主字下列同義字。此書主要是針對外籍學生,版權葉、前言、凡例、分類索引均爲英文。從字索引爲漢語,由漢語拼音、字、主字順序號組成。以上均爲排印。又有中文分類標目,正文皆爲雕版印刷。

版權葉翻譯成漢語爲:“字意類集,仲均安編輯,山東英國浸禮會,暫行出版,1904。”序言末署:“山東青州府,1904年5月。”

十行,字大小不等,字方正,刻印精美,白口,四周雙邊,單魚尾。版心上刻“字意類集”,魚尾下書類别。在版式設計上也很有特色,主字順序號用陰文,主字圍以方框,從字字小,單行排列,版框外書類别,並在每葉A面末一行欄上標明本葉的起字序號,這與古蘭經書的某些特點相似。

(六)民間組織刻書

1. 青州同善堂

青州同善堂成立於光緒二年,據《青州市志》①,江廣助賑局李金鏞來青助賑。事竣後,捐其餘資建青州同善堂,地址在考院街。於堂内外先後附立義學五處,辦學經費主要依靠募捐籌款。自光緒初年至十六年,江廣善局李金鏞、揚州善士嚴作霖、知府富隆阿、梅啟熙、知縣張承燮等,多次捐資助學。同善堂還於光緒八年設置“施醫所”,醫生坐堂門診,對貧困病人免費施藥。光緒十八年,由盛宣懷改爲廣仁堂,與煙台廣仁堂、萊郡廣仁堂並行,爲山東三大廣仁堂。

青州同善堂刻書所見有一種:《金剛經》三十二章(又名《圓通文尼自在光佛直解》),清光緒九年青州同善堂刻本。

封面題:“吕祖注講金剛心經,光緒癸未冬月重刻,板存青州考院街同善堂。”六行十三字,白口,四周雙邊,單黑魚尾。

①青州市志編纂委員會:《青州市志》,南開大學出版社1989年版。

2. 諸城一瓣香堂

光緒十九年前成立,不知是否爲民間組織,暫附於此。目前衹見醫書一種:《仙傳名醫治白喉忌表抉微》,清耐修子録,清光緒十九年諸城一瓣香堂刻本。書衣刻有善言:“敬惜字紙,細心看,不看擇人轉施。”封面題:“光緒癸巳重刊,板存諸城東南門裡一瓣香堂。”九行二十六字,白口,上下雙邊,單黑魚尾。開本大,刻印較精。

(七)青州府刻書特色

青州府家刻共48種,諸城15種,益都11種,昌樂8種,安邱7種,壽光3種,臨淄3種,樂安1種。

在刻書内容上,集部最多,有24種,占一半。經部僅5種,史部11種,子部8種。集部中有兩種地方藝文:《益都先正詩叢鈔》《營陵詩略》。

此期的青州府家刻,比較重要的有段松苓的《益都金石記》。此書的刊刻具有重要意義。益都爲山東青州府治,自漢以來,世爲北方重鎮,故其地魏齊造像、金元石刻最多。松苓考訂古刻,每取史傳爲證,或補其缺謬。如《崔仁叔題名》,足補《北史·崔廌傳》。《北齊臨淮王像碑》,足補《婁定遠傳》。《郭將軍神道碑》,足補《金史列傳》。《兀林答碑》,足補《元史列傳》。凡此皆歷史上重要人物,一石之傳,所關史事至巨。又《元龍山寺碑》,乃金季道士劉德仁所立,爲真大道教之第十二祖。道家以清浄爲主,而此派乃主苦身戮力,不下墨氏之精神,爲道教史上一重要材料。此書與郭麐的《濰縣金石志稿》共同促進了濰坊地區的金石學研究。從李清照、趙明誠起,濰坊就成爲山東金石學研究的中心,中經段氏、郭麐、劉喜海,清末有尹彭壽、孫文楷、丁培基殿後,使青州、濰縣、諸城的金石學得到了極大的發展。同時,光緒三十四年武進李祖年刻段松苓撰《山左碑目》亦係對山東碑刻總目的梳理。

作爲一位金石學家,諸城尹彭壽所刻的一系列金石類書籍,使金石學知識在山東得以傳播、普及,一定程度上推動了山東金石學的發展。同時,基於《説文》研究的需要,他還刻印了目録學方面的書籍,即《國朝治説文家書目》一卷、《國朝治説文家未刻書目》一卷,爲治《説文》者提供了門徑。

這一時期的精刊本有:光緒九年益都知縣李溱重刻《崌山集》,行疏字大,非一般家刻可比;光緒三十三年鍾氏家塾刻《崇雅堂集》,字體端正,刻印精良;光緒六年昌樂閻湘蕙刻五色套印本《璇璣圖詩》,朱、黑、藍、黄、紫五色套印,又有蘇蕙小像,作爲家刻中的套印本,比較罕見,是山東刻書中的亮點。尹氏所刻書大多版心下刻"諸城來山園",字體方正,相當精美,尤其是《説文部首讀補注》,由其子祚鼐寫篆字,每半葉四行,每行五字,朱、墨套印,不僅便於初學,更富有藝術性,展示了晚清山東刻書的風采。而其《石鼓文匯》,係親手洗拓石鼓文,細審畫底,校得真形,與歷城刻工趙鳳章合作,具有極高的藝術價值。

青州府坊刻與登州府和萊州府相比,不甚發達,僅有兩家坊鋪,一爲怡翰齋,一爲文德友刻字鋪。

青州府教堂刻書興盛。青州自古爲海岱間一大都會,世界上五大宗教——佛教、道教、伊斯蘭教、天主教、基督教在青州都有悠久的歷史。從南北朝至宋元,青州就是中國東部佛教文化中心,建立了衆多的寺院,著名的龍興寺就是其中之一。唐代以後,青州道教興盛,在青州城南的雲門山、駝山上,歷來就是佛道並存。僅在昭德街區,就存在三種不同的宗教寺院四座,其中伊斯蘭教寺院有兩座,即真教寺和清真寺。

光緒元年,英國基督教著名傳教士李提摩太,結束了在煙台的學習和考察後,來到青州,他積極地開展了賑災活動,受到當地官員甚至山東巡撫的重視,也使得基督教在山東有了自己的發展新空間。同年,美國長老會也在青州建總教堂。來青州傳教播道的既有基督教也有天主教。同年,天主教神甫王保禄在青州城裏南門内購置地基,建立天主教堂。從此,外國傳教士蜂擁而入,使青州成爲近代中國重要的宗教中心。

傳教士傳教的主要方式是設學校,而學校課本要大量印製,故青州的刻書增加了新内容。同時,爲了掃清外國人在學習漢語上的障礙,《字意類集》一類的書也應運而生。這是青州宗教發展的必然結果。刻書適應社會需求,於此可見一斑。

第五節　兗州府、沂州府、曹州府、濟寧州刻書

一、兗州府刻書

(一)官刻

兗州府孔府刻書僅一種,即孔令貽刻《聖門禮誌》一卷,《樂誌》一卷。另有學校刻書一種。

清末的教育改革使得各地紛紛成立了中小學堂,於是一批學校出版物應運而生。中國科學院圖書館藏有《讀史方輿紀要州域形勢編》二卷,清顧祖禹撰,爲兗州府中學堂刻本。

封面題:"山東學務處鑒定,兗州府中學堂藏板。翻刻排印,均必查究。紙料刷工資價每部收京錢三百五十文。"卷端題:"吴中顧祖禹著,山東兗州府學堂(歷史地理)初級刻本。"由此可知如下信息:一,此書係山東學務處鑒定並批准發行的初級課本,屬教育部門推行由各處學校出版的中學課本;二,此書板藏學校;三,可以對外印賣;四,不准許翻刻,雖有新技術可以排印,但不允許排印,盜版必究,有强烈的版權意識。

八行二十二字,小字雙行二十二字,大黑口,四周雙邊,單黑魚

尾。此書有圖,刻印精美。

(二)家刻

清後期的兖州府家刻有六縣無刻書記載:鄒縣、泗水、嶧縣、汶上、陽穀、壽張。

1. 滋陽刻書

滋陽後期的刻書有李西堂所刻兩種和劉長庚所刻一種。

李西堂(1824—?),字春池,號秋士,亦號晚悔道人,諸生,以設帳授讀爲業。晚年寓居歷下。

《晚悔堂詩集》八卷,清李西堂撰,清光緒十八年滋陽李氏濟南自刻本。

此書爲李西堂手自輯刊。有光緒三年同邑孫象乾序,稱光緒二年,西堂教讀四靈山人寓所。有光緒十年寶坻王壽蕙序,稱十年夏,遇西堂於濟上。受業門生鄒道沂序:“業師春池夫子貽書自濟上來,言將刊其詩集,屬序於沂。”衆人題詞。有李西堂自題於歷下西風吟館。卷末有光緒六年自跋。

九行二十一字,白口,四周雙邊,單黑魚尾。刻較精。

牛運震曾孫牛頤志,字汝立,號寄園,同治三年甲子副貢,撰有《寄園燼餘集》一卷,清光緒十八年滋陽李西堂濟南刻本。《山東通志·藝文志》:“是集亦刊於光緒壬辰。其詩爲李西堂所推重,此本即李所刊。然集中諸作大抵窘於邊幅,不能展拓,意境、規模實遜於李,而琢鍊、修潔則過之,所謂小沚澄潭,亦可以喜者也。”與《晚悔堂集》同一年所刻,當亦刻於濟南。

清後期的滋陽刻書還有劉德華撰《依萱草堂詩稿》二卷,清光緒十七年其子劉庚長刻本。

劉德華(1826—1877),字樂堂。咸豐九年舉人,大挑二等,官教諭。

此集輯詩二百五十九首,前有滋陽知縣周衍恩及其甥孫象乾序。

2. 曲阜刻書

曲阜後期的私家刻書除孔氏刻六種,顔氏刻一種,鄭曉如刻六種,長洲王鴻刻一種外,還有另一鄭氏——鄭鴻,刻《漁洋山人秋柳詩箋注析解》一卷,清王士禛撰,清鄭鴻注,清同治十一年曲阜鄭氏刻本。

鴻字伯臣,號東山外史。前有武陟毛鴻順及鄭鴻自序。自序曰:"余幸生新城,居公之里者十有七年,得從公後裔超峰先生遊而學詩焉……吾師親承家學,確有所本,非臆斷也。鴻因敬述師説,並參以管見,輯爲《漁洋山人秋柳詩箋注析解》一卷。"此條據《博》下-309著録。

又有鄭吴氏者,於光緒十三年刻周恩仁撰《萬善堂先資集》四卷。

3. 寧陽刻書

寧陽後期的刻書有黄恩彤後人刻書六種,前已有述。另有李氏刻書兩種。

《圭山存牘》一卷,清李鍾珏撰,清光緒二十一年寧陽刻本。

《寧陽存牘》一卷,清李鍾珏撰,清光緒二十四年廣東刻本。

封面題:"光緒戊戌仲冬刊於粤東省城。"

十行二十二字,黑口,四周雙邊,雙魚尾。

4. 滕縣刻書

滕縣後期刻書四種,是刻書最多的時期。

滕縣黄來麟,字公振,號冶山,道光十一年舉人,官長山教諭。著有《敝帚文存》二卷、《敝帚詩存》二卷、《于喁齋試帖》二卷,清同治十一年同學諸子刻本。

封面題:"同治壬申鐫,見月堂藏板。"卷端題:"古滕黄老夫子來麟冶山甫著,同學諸子校刊。"

《文存》有同治九年埜杉黄來麟自識，稱其文多爲友人鍾子衡拾去，鍾子衡彌留之際付單阜南，阜南是黄來麟的門下士，也是子衡之甥，故聯合衆人付梓。《詩存》前有咸豐十一年黄來麟序，此詩爲鍾子衡所抄。

八行二十二字，白口，四周雙邊，單黑魚尾。無直格。刻印一般。

滕縣後期的刻書精品是《王文直公遺集》六卷、《首》一卷，滕縣王東槐撰，清光緒七年滕縣王宜勳等刻本。

東槐字蔭之，號次郫，道光十八年戊戌進士，官湖北鹽法道，咸豐二年殉難武昌，謚文直。此書卷一爲奏議，卷二至五爲雜文，卷六爲古近體詩。前有同治九年丁寶楨請爲王東槐建祠折，及上諭。後有光緒七年趙佑宸跋，稱與王東槐之子王宜勳共官江南。蓬萊朱昌霖識，光緒六年同里張尚翿識，稱王汝崑兄弟裒家存殘稿輯刊。汝崑當爲宜勳兄弟，官閩省。此書當刻於外地。

該書有牌記："光緒辛巳年仲秋月栞印。"九行二十四字，白口，左右雙邊，單黑魚尾。版大，寫刻體，極精，清後期刻書的精品。

高熙喆（1854—1938），光緒九年進士，歷任國史院編修、寧夏知府、直隸宣化知府、大名知府等職。其《高太史論抄》四卷，有清宣統元年滕縣高氏僅好齋家刻本。十行二十五字，黑口，四周雙邊，單魚尾。北京大學圖書館藏《高太史論鈔》三卷、《文鈔》一卷，作民國初刻本。

滕縣後期還有刻於外地者。據《販續》著録①，西蜀眉山月潭禪師撰《眼科秘書》二卷，清光緒十二年山左滕陽王廷棟於滇省重刻本。

①孫殿起：《販書偶記續編》，上海古籍出版社 1992 年版，第 144 頁。

附:兖州府家刻總表

晚悔堂詩集八卷	(清)李西堂撰	清光緒十八年滋陽李氏濟南自刻本
寄園爐餘集一卷	(清)牛頤志撰	清光緒十八年滋陽李西堂濟南刻本
依萱草堂詩稿二卷	(清)劉德華撰	清光緒十七年滋陽劉庚長刻本
增補孔庭摘要不分卷(世澤堂孔庭摘要)	(清)孔昭璽編集(清)孔昭璠參訂	清光緒二十三年曲阜孔昭幹、孔昭禮校刻本
聖賢像贊四卷	(明)冠洋子繪纂(清)孔憲蘭增補	清光緒四年曲阜孔憲蘭刻本
聖門禮誌一卷樂誌一卷	(清)孔尚忻編	清光緒四年曲阜孔憲蘭刻本
聖蹟圖不分卷	(清)孔憲蘭輯	清同治十三年曲阜孔憲蘭刻本
意爲草一卷	(清)楊岳春撰	清同治七年曲阜孔憲奎刻本
省香齋詩集六卷	(清)孔慶錭撰	清光緒十七年曲阜孔繁準青門寓墟刻本
四勿齋詩文抄二卷	(清)顔士璋撰	清末曲阜顔氏刻本
先正讀書訣一卷	(清)周永年撰	清同治五年長洲王鴻小罔川刻本
闕里述聞十四卷(鄭氏四種之一)	(清)鄭曉如撰	清同治七年曲阜鄭曉如廣州華文堂刻本
皇朝聖師考七卷(鄭氏四種之一)	(清)鄭曉如撰	清同治八年曲阜鄭曉如廣州華文堂刻本

（續表）

夏時考訓蒙一卷（鄭氏四種之一）	（清）鄭曉如撰	清同治八年曲阜鄭曉如廣州華文堂刻本
毛詩集解訓蒙一卷（鄭氏四種之一）	（清）鄭曉如撰	清同治八年曲阜鄭曉如廣州華文堂刻本
防山書屋詩集八卷	（清）鄭曉如撰	清光緒十年曲阜鄭曉如刻本
就正詩草續刻一卷	（清）鄭曉如撰	清光緒十九年曲阜鄭曉如江西南昌刻本
漁洋山人秋柳詩箋注析解一卷	（清）王士禛撰（清）鄭鴻注	清同治十一年曲阜鄭氏刻本
萬善堂先資集四卷	（清）周恩仁撰	清光緒十三年曲阜鄭吴氏刻本
知止堂集十三卷外集六卷續集六卷	（清）黄恩彤撰	清光緒六年寧陽黄氏家刻本
飛鴻集四卷附飛鴻餘集一卷秋聲詞一卷飛鴻集文一卷（知止堂集附）	（清）黄恩彤撰	清光緒六年寧陽黄氏家刻本
兩漢史斷六卷	（清）黄恩彤撰	清光緒三十一年寧陽黄氏家塾刻本
鑑評別録六十卷	（清）黄恩彤撰	清光緒三十一年寧陽黄氏家塾刻本
三國書法十卷	（清）黄恩彤撰	清光緒三十一年寧陽黄氏家塾刻本
片雲小草一卷	（清）黄恩澍撰	清光緒三十四年廣東黄力田刻本

（續表）

圭山存牘一卷	（清）李鍾珏撰	清光緒二十一年寧陽刻本
寧陽存牘一卷	（清）李鍾珏撰	清光緒二十四年廣東刻本
敝帚文存二卷敝帚詩存二卷于喁齋試帖二卷	（清）黄來麟撰	清同治十一年同學諸子刻本
王文直公遺集六卷首一卷	（清）王東槐撰	清光緒七年滕縣王宜勖等刻本
眼科秘書二卷	（清）西蜀眉山月潭禪師撰	清光緒十二年山左滕陽王廷棟滇省刻本
高太史論抄四卷	（清）高熙喆撰	清宣統元年滕縣高氏僅好齋家刻本

（三）坊刻

據伯泉《曲阜的木版刻印業》①一文，曲阜坊鋪有：清同治年間王某某在東關開辦的“集文齋”；光緒七年朱玉海在西門大街開辦的“同文堂”；光緒三十年王守禮在鼓樓街開辦的“敬文堂”；民國初年楊紹仙在南門大街開辦的“泰和”書鋪；民國二十八年侯振喜在孔廟觀德門下開辦的“崇文堂”等等。

以上清代坊鋪僅見集文齋刻書一種：《孔子世家譜林前户支譜》不分卷，清孔傳鐙監修，清孔傳壁等纂，清宣統間曲阜東關集文齋刻本。題“曲邑東關集文齋刊”。

另有孔憲蘭所開會文堂，清中期的兖州府坊刻已述。

李振聚師弟提供滕縣隆盛堂刻書一種：《覆校翁註韻對五七

①伯泉：《曲阜的木版刻印業》，見《曲阜文史》第七輯，1987 年版，第69～70 頁。

言千家詩》,清光緒二十七年滕縣隆盛堂刻本。封面題書名:"覆校翁註韻對五七言千家詩。"封面又題:"辛丑清和新鐫,内附字體辨俗、敬避字樣。滕縣隆盛堂梓。"版心下刻"隆盛堂"。卷一題:"新鐫五律千家詩合義正解,瑯琊王相晉升選註,東郡任福祐南陵重輯。"卷二題"新鐫五律千家詩合義直解",其他同卷一。卷三題:"增補重訂千家詩註解,禺陽任來吉松橋選,瑯琊王相晉升註,古滕竹莊氏重校。"上下欄。下欄十行二十字,字體較端正,刻印較精。

(四)宗教機構刻書

山東大學儒學高等研究院何朝暉老師提供信息:《仰合天主聖意》,清宣統元年兖州府天主堂刻本。

此書著者,一說泰西亞爾鳳索。一說山西平遥田豐蘭①,即田文都神父,咸豐年間,赴山東修道。晉陞神父後,返回山西傳教。他很有學識,曾任教區秘書多年。1897 年終於太原。著有《仰合天主聖意》《真理警世》等書。

(五)兖州府刻書特色

兖州府官刻在清後期有孔令貽刻《聖門禮誌》一卷、《樂誌》一卷,另有兖州府中學堂刻書一種。坊刻僅曲阜有會文堂、集文齋、同文堂、敬文堂,滕縣有隆盛堂。宗教機構有天主教堂刻書一種。家刻有 31 種,以曲阜爲最多,16 種。寧陽 8 種,滕縣 4 種,滋陽 3 種。刻書内容上,還是以集部爲主,有 18 種,經部 3 種,史部 8 種,子部 2 種。

此期的兖州府刻書較少具有學術及版本價值的精品。在藝術上,《王文直公遺集》版大,寫刻體,極精,係清後期刻書的精品。孔憲蘭刻的《聖蹟圖》,人物生動,線條流暢,大開本,比較寬,框高

①郭崇禧:《太原天主教史略》,見《太原文史資料》第十七輯,1992 年版,第 223 頁。

21.5 厘米,寬 38.2 厘米,四周單邊,有圖像,一行六字或五字。尤其圖像,刻印精美,乃清末版畫之精品。

二、沂州府刻書

(一)家刻

清後期的沂州府家刻蘭山、蒙陰二縣無刻書記載。

1. 郯城刻書

郯城在清後期刻書僅一種,《聖宋文選》三十二卷,佚名輯,清光緒八年郯城平氏刻本。

2. 費縣刻書

費縣清後期刻書衹一種。

費縣高晙,字貞明,號蘊公,康熙十八年拔貢,官東鄉知縣,學者稱南圃先生。著有《南圃筆談》《周易一得》《天文鏡》《地理鏡》《南圃集》《二難集》(與其弟昞同撰)。目前僅見其《南圃筆談》一卷有刻本,清光緒二十九年費邑高氏刻本。封面題:"光緒癸卯年栞,費邑高氏藏板。"十行二十二字,白口,四周雙邊,單黑魚尾。

3. 莒州刻書

莒州清後期的刻書衹三種,一種是同治間莊恩畯刻自撰《愚山日記》二卷,一種是莊氏刻莊瑶著述,中期的莒州刻書已述。第三種係光緒間荆門蔣楷在莒州州署刻自著《河上語》一卷,歷城刻書已述。

4. 沂水刻書

清後期的沂水刻書衹一種,據《販記》,有《劉象久(恒泰)年譜》一卷,清劉恒泰撰,其子劉策先等編,清光緒二年沂水劉氏刻本。① 劉氏爲沂水人,生平事迹不詳。

①孫殿起:《販書偶記》,上海古籍出版社 1992 年版,第 138 頁。

5. 日照刻書

日照後期的刻書以丁氏爲主。

1)丁氏刻書

丁氏是日照旺族,刻書亦盛。現知清代丁氏刻書始於康熙十一年,是刻印家譜。

據咸豐九年刻《丁氏家乘》五十四卷中的原序跋可知,丁氏家譜共五修,一修於康熙十一年,續修於康熙四十六年,三修於乾隆二十九年,四修於嘉慶十三年,五修於咸豐九年。在咸豐之後,丁氏又刻過兩次家譜,分别在光緒年間和民國年間,可以説,丁氏是目前已知山東家譜刊刻最多的一族。

①《[日照]丁氏家乘》,清丁峕修,清康熙十一年刻本。丁峕爲五世孫。有丁峕識,再識。

②《[日照]丁氏家乘》,清丁昱、丁士嘉修,清康熙四十六年刻本。丁昱爲五世孫,丁士嘉爲六世孫。有丁昱跋,康熙四十六年丁士嘉識,四十七年丁士一識。

③《[日照]丁氏家乘》,清丁愷曾、丁柱曾、丁宜曾修,清乾隆二十九年刻本。丁愷曾、丁柱曾、丁宜曾皆爲七世孫。乾隆二十五年丁愷曾識,二十九年丁柱曾識,三十年丁宜曾識。三十年八世孫丁延運、丁延相識。

④《[日照]丁氏家乘》,清丁躋堦修,清嘉慶十三年刻本。丁躋堦爲八世孫。《凡例》云:“譜舊分四册,今作五册。第一册、第二册俱以原版刷印,廢第三册而以新輯者爲第三册,以章幅之太多也,故分上下二卷,訂爲兩册。第四册詳各别爲世之五支,其原第四册所載忌日考、禋祀考,皆昇附於第一册之末,其祟祀墓表等另印單行。”刻家譜的資財:“是刻財出於衆,計丁與計地並行(每丁京錢一百文,每畝京錢二十文,其不足者以祭田所餘添足之。力出於衆,此支與彼支分任,每支議出一人,每一大支再分小支,各謄清

本,刻期齊繳即以其人醵錢)。議定於丁卯三月,稾清於丁卯八月,工起於丁卯十月,以鐫之者不可多得能手也。將告成於戊辰十一月,較大木公續修時已爲速矣,則衆擎易舉之説也。”有嘉慶十三年丁躋堦識。

⑤《[日照]丁氏家乘》五十四卷,清丁穎璞等修,清丁楙五等纂,清咸豐九年刻本。徵稿於咸豐七年,竣工於咸豐九年秋。參加人員有十世孫丁穎璞、丁守存,十二世孫丁楙五,未完而卒,十一世孫丁秉善、丁復善。書末署“楙五重編”。咸豐九年丁穎璞識,七年丁守存識。十行二十二字,白口,左右雙邊,黑魚尾,刻印不苟。

⑥《[日照]丁氏家乘》八十二卷,清丁聯玥等修,清光緒二十六年刻本。

⑦《[日照]丁氏家乘》,清丁麟年等修,民國十四年上海排印本。有丁惟晉識。第十到十四世修。

以上是丁氏闔族刊刻家譜。在個人刻書中,丁守存刻書最多。

(1)丁守存

丁守存(1812—1883),字心齋,號竹溪,又號次海,晚號竹石山人、石濤釣叟。道光十一年舉人,十五年乙未科進士,簽得户部陝西司。十八年主琅琊書院。二十年至京,任陝西司兼浙江司行走。二十二年與徐有壬赴天津監造地雷火器,二十三年考取軍機章京,二十六年充則例館纂修,二十七年丁父艱主講琅琊書院。二十九年充廣西鄉試副考官,咸豐二年在廣西辦理軍務,同治三年選授湖北督糧道,七年加布政使銜賞二品花翎,十二年七月致仕。光緒元年赴河南主講大梁書院,光緒七年應山東巡撫周恒祺聘,主講濼源書院。主要著作有《造化究原》《火法本論》《籌河議》《曠視山房文集》《用地雷法》《新火器説》《丙丁秘鑰進程》等。其家有李鴻章所書“一門三進士”的匾額。長子丁鳳年爲同治癸亥科進士。曾任河南鄉試同考官、涉縣知縣等;次子丁麟年爲光緒壬辰科進士,興安府在任候選道,賞戴花翎三品銜,繼被誥受榮禄大夫,後任山東省圖書館館長。

丁守存一生刻書十餘種,分三個階段,初期刻自著的科技類書,中、後期刻自著的詩文集和學術著作。

第一階段,自道光二十年至同治二年。

丁守存自幼對自然科學的熱愛爲他成爲近代軍事家和科技家奠定了基礎。求學期間,除學習八股文外,他還學習和鑽研天文、地理、測量、數學等科學書籍。道光二十年,鴉片戰争爆發時,他開始研究英國的“堅船”“利炮”。他得出的有關蒸汽機、火炮、地雷等方面的製造原理與西方的船炮原理基本相同。不久,大學士卓秉恬推薦他赴天津監製炮船,製成了自動啓爆的地雷和火炮。他學識淵博,尤精於火器製造,在製船方面亦有專長,爲近代較早的洋務派和著名的軍事科學家。

①《西洋自來火銃製法》,清丁守存撰,清道光二十年刻本。

主要内容是研究雷管作爲火器起爆裝置,他用的起爆藥是硝酸銀,雖比歐洲晚了十餘年但屬於獨立的研究成果,是中國起爆進程發展史上的一個重要里程碑。

②《用地雷法》,清丁守存撰,清道光二十二年刻本。

③《新火器説》,清丁守存撰,清同治初刻本。

④《築寨圖説附事宜》,清丁守存撰,清同治二年刻本。

以上四書據《山東目》著録[①]。不知是否爲丁守存自刻,其時丁氏在京師任户部主事,應有刊刻自己著述的能力。

⑤《從軍日記》一卷,清丁守存撰,清同治日照丁守存刻本。

此書所見有同治元年武昌文秀書坊刻本,而同治元年丁守存

①王紹曾:《山東文獻書目》,齊魯書社 1993 年版,第 257 頁。

正在直隸大名、順德、廣平辦團防，不在湖北，他來湖北在同治三年，故此書作同治刻本。

⑥《造化究源》二卷，清丁守存撰，清同治二年前後日照丁守存直隸刻本。

卷端題："山左日照丁守存心齋箸，造化究源一集，造化究源二集。"版心下刻"曠視山房"。

卷首有丁守存自述："予自乙未通籍留京後，偶於友人處覓得《奇器圖説》《泰西水法》等書，學修鐘表儀器等物，不過藉以自娱。續又借得《武備志》《籌海圖編》《百金方》《火龍經》等書。乍見以爲奇妙，竊其所有輒出心裁，未之試也。當時所見洋器，惟火石機小槍，已拆而熟悉之。《武備志》所載地雷，惟諸葛鋼輪發火一法，甚爲佩服，然未敢以語人也。不料於道光二十一年冬月，海防吃緊，爲華陽相國卓海帆先生所訪，遽與傳詢，次日即面奏成廟。旋傳旨軍機，諭令呈進方略。驟聞駭然，一時茫無所措，録數條繕遞，得旨留中，復傳旨准令再遞，復於十二月，繕遞二十餘條。"又有同治二年津門沈兆澐於德州糧署識語，時年八十有一："癸亥冬，澐與心齋晤於德州，出示所著《造化究源》一書。澐讀之，竊見其於河洛先後天融會貫通，既多發前人未發之義。而《摭餘説》一卷，亦復總括中西之學，推闡盡致，而能挈其精奥。"沈序葉最末一行署："登雅堂梓行。"同治二年，丁守存在直隸，此書當刻於直隸。

九行二十五字，白口，四周雙邊，單黑魚尾。字方正，比丁氏刻其他書稍精。

丁守存的科技成果主要用於鎮壓太平軍。因鎮壓太平軍有功，他被授予湖北督糧道、按察使加布政使銜。

第二階段，自同治三年至同治十年在楚北督糧道署任上。

①《曠視山房制藝初集》，清丁守存撰，清咸豐八年日照丁守存京師刻本。

山東省圖書館和日照市圖書館藏《曠視山房制藝》初、二集前有丁守存自序,曰:“《大學》《中庸》文十六篇,戊午刻於都中。”此《大學》《中庸》文即《制藝初集》,戊午即咸豐八年。由此可見,丁守存刊刻自己的制藝文自咸豐八年就開始了,時丁氏在京師。

②《曠視山房制藝二集》一卷,清丁守存撰,清同治四年日照丁守存楚北督糧道署刻本。

封面題:“山左日照丁氏家藏,江蘇太倉王臣篆,同治乙丑夏楚北登雅堂梓。”有丁守存序,稱“復補各章三十一篇,乙丑春續刊於鄂兆官廨”,即《制藝二集》,乙丑爲同治四年。當時他在湖北糧署的讀書處爲“聞木樨軒”。

九行二十五字,白口,四周雙邊,單黑魚尾。

③《丁心齋時文續》一卷,清丁守存撰,清同治四年日照丁守存楚北督糧道署刻本。

《丁心齋時文》一卷,由南昌太守崔氏道光二十二年刻於南昌,有崔氏序,稱“付之剞劂氏,以公同好”。又有丁守存序,稱他道光十四年成進士,入農曹,京秩清暇所作及道光十八年至十九年主講琅琊書院時所作,爲南昌太守崔仙洲所刻。咸豐六年,丁守存家居訓子,又積數百篇。同治二年北上,同治三年到楚北。抵任後,公暇擇所作大小題,分兩集,並補足《學》《庸》全文,爲一集,付梓。

此集有“男鳳年藹臣、姪□年振卿編次”,應是自刻無疑,刻書地在湖北糧署。

④《海曲詩鈔》六卷,清宋佩玉輯,清同治九年日照丁守存楚北督糧道署刻本。

卷端題:“邑人宋佩玉鳴之氏輯録原本,丁守存心齋甫重訂,男鳳年、姪孫以所校字。”有同治九年丁守存楚北督糧道署之小蒼筤齋序。稱他年輕時,宋佩玉館石梁,授丁氏諸昆季讀書,時近八旬,出此詩抄曰:“此一生心血也。窮老書生,無力剞劂,慮歸淹没。君以英年騰達,倘得藉傳久遠,感且不朽矣。”丁守存藏之篋笥。“次年,倖捷禮闈,分曹農部,攜之京邸。”托日照老鄉許瀚找黄爵滋作序。“奈京秩清苦,未能付梓。又數年,同鄉余秋門先生(按:即余正酉)謀續《山左詩鈔》,因録副本與之。秋門擇其尤雅者録入數十首,副本乃以見還。咸豐癸丑,奉命東旋,于役團防,無暇晷。迄同治三年,授官楚北,輒致書堂兄樨巖,檢家藏書簏珍寄來楚。詎自申酉之亂,流離播遷,遺去四五卷,幸以副本補之,尚爲全璧。謹加之釐訂,分别去留,開雕成帙。”從此序可知丁守存的爲官經歷以及此書的刊刻不易。

十行二十五字,小字雙行二十五字,白口,四周雙邊,單黑魚尾。

⑤《曠視山房制藝續集》不分卷,清丁守存撰,清同治十年日照丁守存楚北督糧道署刻本。

封面題:“同治辛未秋曠視山房續集,楚北登雅堂梓。”

九行二十五字,白口,四周雙邊,單黑魚尾。

⑥《四書虚字講義》一卷,清丁守存撰,清同治十年日照丁守存楚北督糧道署刻本。

卷末有刻書識語一行:“同治十年辛未三月楚北糧署校刊。”卷端題:“四書虚字講義,曠視山房稿本。”有同治十年辛未夏四月海昌愚弟何國琛識。

九行二十四字,四周雙邊,單黑魚尾,無行格,有句讀。刻印尚可。

⑦《竹石山樵六十自壽百韻》一卷,清丁守存撰,清同治十年日照丁守存楚北督糧道署刻本。

首無序目,以五言詩體,歷述丁氏家世祖籍,以及守存六十年間可喜可諤之事。卷末有丁氏書後及何國琛識語。

此年丁守存俸滿,九月北上,十月回日照,此集或在日照所刻。

⑧《楊忠愍公集》,清同治十一年日照丁守存湖北刻本。

此年丁守存二月自日照北上,又回籍,六月回湖北。十二年七月北回。

據丁守存在《楊忠愍蚺蛇膽表忠記》中的序可知,他不僅刊刻了《表忠記》,還刊刻了《楊忠愍公全集》。

⑨《楊忠愍蚺蛇膽表忠記》二卷,清丁耀亢撰,清同治十一年日照丁守存湖北刻本。

封面題書名"表忠記傳奇"。版心題"楊忠愍公表忠記"。目録題"重刊楊忠愍蚺蛇膽表忠記目録"。卷端署:"擬進呈楊忠愍蚺蛇膽表忠記,瑯琊丁耀亢撰,忠愍裔孫楊遠條原校,日照丁守存心齋、永康胡鳳丹月樵校字。"有牌記:"同治壬申冬月重鐫。"

末有丁守存《表忠記傳奇書後》:"東武同宗野鶴先生,爲存七世伯。道光丁酉,存奉先君諱旋里,至宗姪孫汝南家,得《蚺蛇膽表忠記傳奇》鈔本讀之,知爲先生晚年之作,蓋諸邑爲楊忠愍公棠蔭所留,而先生又曾秉鐸容城,故言之尤親切。惜字多沿誤,殘蝕不完。同治壬申,以俸滿,自鄂赴都,經里門,晤宗姪曾孫偉堂,得原刊《表忠記》本,檢入行篋,回楚攜之任所。同人多先覩爲快,集貲付崇文書局胡月樵、張鹿仙兩觀察加之校訂重刊,附《忠愍公全集》之後,以勵風教而廣流傳,盛舉也。刻既成,敬誌其緣起如此。同治十一年冬月海曲宗裔姪孫丁守存敬識。"

此集有順治十六年保陽謫史郭棻原序,避"紘",蓋康熙時有刻。丁守存刻時有平湖張炳堃鹿仙、日照丁守存心齋、永康胡鳳丹月樵《題辭》。

《郭康介公遺集》有丁守存光緒二年序,稱其在京爲官時,謁楊忠愍公祠,後於同治十一年,劇資重刊全集,並附其宗先輩丁耀亢《表忠傳》於後。

十行二十二字，小字單行二十二字，白口，四周雙邊，單魚尾。刻印較粗，有書局本的特徵。

⑩《曠視山房大題兩編》，清丁守存撰，清同治十二年日照丁守存湖北刻本。

封面題："山左日照丁守存著，江蘇吴縣洪鈞題，同治癸酉春刊。"

同治十二年春，丁守存在湖北，此書刻於湖北。

九行二十五字，白口，四周雙邊，單黑魚尾。

第三階段，自同治十二年北上至光緒初。此時丁守存或居京師，或居家，或在大梁，或在濟南。

①《郭康介公遺集》二卷，清嘉慶二十五年福山王善壋刻光緒元年日照丁守存補刻本。

此書爲明代郭宗皋撰，嘉慶二十五年由福山王善壋刊刻。

有牌記："光緒元年五月重編，丁艮善題。"有福山王善壋原刻跋，又有張昭潛序，稱同治十一年夏，"茂才郭君仲泉來省，手捧一編，揖余而言曰：'先康介公遺書也。詩文散佚，僅得兩卷，鐫板已久，而弁言缺如，蓋有待於君也。'"可知張昭潛序爲原刻後所補。此茂才郭君仲泉，據煙台劉樹偉考證，應爲郭氏第十四世孫郭學濂，舉孝廉方正，光緒七年以教職用，署夏津縣教諭，光緒二十三年中舉，任蘭山教諭。光緒十五年王懿榮等重修《福山縣志》，學濂任提調。郭學濂與福山王氏爲姻親關係，《王懿榮集》有與郭仲泉廣文唱酬詩作三首，中有"共君旅店成酣睡，莫問鄰家子夜歌""一車二僕同泥沼，請看先生獨立時"等詩句，從中可以看出，郭學濂、王懿榮二人相交甚熟。此書又有丁守存光緒二年序，稱其在京爲官時，謁楊忠愍公祠，後於同治十一年，劇資重刊全集，並附其宗先輩野鶴公《表忠傳》於後。"茲復於家居餘暇，得讀郭康介公集，其筆墨之高古勁厲，不在忠愍下。""茲編已重付剞劂，因綴數語於簡末。”又有光緒元年王殿紱識。

此書丁氏補刻的部分有：序言，《明史本傳》，目録。

王善塏刻本爲十行二十五字，白口，四周雙邊，單黑魚尾，字小，無行格。丁守存補刻本行款同，字大，有行格。

②《科名金針》一卷，清丁守存撰，清光緒元年京都琉璃廠刻本。

此書據《山東目》著録①，可能爲丁守存在京師所刻。

③《編年自記》一卷，清丁守存撰，清光緒八年後日照丁守存刻本。

此《編年自記》記述了丁守存自嘉慶十七年至光緒八年七十一年間的事情，兼記朋友及軍政要人，誠信史也。刻書時間當在光緒八年後。光緒七年丁守存在濟南濼源書院，八年在日照，此書當在日照所刻。

卷端題：“編年自記，山左日照丁守存（原小字注：字心齋，號竹溪，更號竹石山人）。”

九行二十五字，白口，四周雙邊，單黑魚尾，刻印不精。

（2）丁大訓

道光二十七年日照丁大訓刻自著的《滇遊路記》二卷。封面題：“道光丁未鐫。”卷端署：“日照丁大訓彝軒著。”有丁大訓自序：“自庚子二月從吾兄樸齋遠遊滇南，地逾九省，路過八千。”稱其自道光二十年隨兄長至雲南，路上所記，彙而成書。莒邑李璽印道光二十二年序：“照邑樸齋丁先生筮仕滇省，幕賓數人……”還有族兄于嵋景坡道光二十五年序。末有費裕闓、李鍾德、蘇騰鶚、楊會川、丁守孚等識，對此書進行評價。八行二十二字，白口，左右雙邊，單黑魚尾，無行格。字方正，比較精美。此書或刻於雲南。

①王紹曾：《山東文獻書目》，齊魯書社1993年版，第163頁。

(3)丁氏未知姓名者

上海圖書館有《闕特勤碑釋文》一卷,清盛昱撰,清光緒間日照丁氏刻日照丁氏移林館金石文字本。卷端題:"據原碑一行分作二行。"蓋據原拓本所刻,拓本原有光緒二十二年盛昱記,光緒二十二年沈曾植題記,瑞安黄紹箕識,光緒丙申天壤孤子懿榮識。可見此碑及拓片的重要性。篇末有一行"日照丁氏移林館金石文字之□",□爲墨釘,似原有,挖去,猜測丁氏有刻《移林館金石文字》小叢書之計劃,但未果。九行十八字,白口,四周單邊,字大。北京大學圖書館亦有此書,潘妍艷經眼,稱"與國家圖書館藏本《故闕特勤之碑》蓋爲一書,盛昱釋文並跋,丁氏輯刻。楊鍾羲《雪橋詩話續集》卷七亦曰《闕特勤碑》'伯熙爲之跋尾','日照丁氏刻是跋於移林館,以印本見詒'"。

(4)丁艮善

丁艮善是日照丁氏在光緒年間比較重要的人物。他師從許瀚,精研金石文字,與當時山東的金石學家往來頻繁。在海豐爲吴式芬刻書,在河南爲吴重憙刻書,《歷代石經略》《歷代石經大略》《陶靖節先生詩》《聲譜》《攈古録金文》《攈古録》《金石彙目分編》《攀古小廬雜著》均爲丁艮善校勘。丁艮善對山東金石學的發展、流播起到了巨大的作用。

國家圖書館有光緒十四年刻《中郎遺矩》一書,漢蔡邕書,丁艮善編,或爲丁艮善所刻。二行四字,白口,四周單邊。

據丁原基女士《許瀚之文獻學研究》①,明確知爲丁艮善刻的書爲《論語附録》一卷,清咸豐八年刻本。丁艮善用篆文寫《論語》,每據漢唐《石經》及《經典釋文》改正今本。稿寄許瀚審正。許瀚窮日夜力,辨其字體,論定六十七條,作書答之。同時丁likely五對《篆文

①丁原基:《許瀚之文獻學研究》,華正書局1999年版,第128頁。

論語》意有未善,與丁艮善争論,疏其異同,撰《考證》,亦求正於許瀚,多爲許可。書收六十七則及許瀚與丁艮善、丁梀五書札四通。

另據丁原基女士《許瀚交遊問學考》①一文,丁艮善寫《篆文論語》,刻於咸豐七年,有丁艮善此年識:“艮善與梀五承奉師説,重加是正,付之剞劂,以活字集印。”另縮刻《唐開成石經》,光緒十一年刻《陶靖節先生詩》。因《陶靖節先生詩》係丁氏館於海豐吴重憙處所刻,或爲吴氏出資,故在吴氏刻書中有述。

王獻唐先生有《題雙白亭圖跋》:“先外祖丁少山先生受業鄉前輩許印林之門,小學、金石爲一邑冠冕,尤工書畫,篆隸山水花卉俱臻妙詣,與濰縣宋晉之、張昭潛、諸邑尹祝年,以明經應徵,稱‘四先生’。海豐吴子苾先後刻書,如《攈古録》《歷代石經考》等悉出先生校訂。自刻有覆宋本《説文》、湯注《陶詩》,縮寫《開成石經》《藝舟雙楫》《文章軌範》等尚藏於家。”②可證,丁艮善除了刻有《唐開成石經》《陶靖節先生詩》外,還刻有覆宋本《説文解字》。則丁艮善刻書多達六種,其中一種刻於清中期。

所見《仿宋監本説文解字》十五卷,宋徐鉉校定,清光緒七年日照丁艮善刻本。有牌記:“據汲古閣舊藏本重校栞,光緒七年冬成。”前有潘祖蔭光緒八年序,末有光緒八年春丁艮善識:“右仿宋刻《説文解字》十五卷,原本即世傳毛氏所得北宋小字本也。其本今藏山東聊城楊氏海原閣,卷中唯毛氏印記及孫淵如先生印最多。咸同間許印林師瀚校刊《説文解字義證》,借至日照,因與家子梀五以孫刻《説文》相對,乃知孫所據者即其本也,而與孫本頗有異同,蓋仿刻時略有變動也,乃案條詳録,見紙背。有元時地理方知

①丁原基:《許瀚交遊問學考》,見《嵐山文史》第三輯,2006 年版,第 137 頁。

②王獻唐:《五燈精舍日記》(1936 年 1 月 24 日),轉引自李勇慧:《王獻唐研究》,山東大學 2011 年博士學位論文。

爲宋板元印而寔非北宋本也。其中誤字及磨滅者頗多,從孫本之是者而補正之,兼借以補正孫本,期還大徐之舊。"十行字不一。潘祖蔭序第一葉欄線外有"校勘記嗣出"字樣。

丁艮善的兄弟丁明善,著有《遊藝山房文集》二卷、《詩集》四卷、《附録》一卷,《遊藝山房家訓》四卷,《遊藝山房雜記》六卷,光緒日照刻本,合刻,均未見。

日照丁氏刻書還有光緒十八年丁汝彪與掖縣翟啟在濟南爲翟柏舟刻的《禮佛軒詩鈔》一書,萊州府掖縣刻書已述。

日照丁氏刻書特點有三:

一是刻書二十餘種,主要集中在同治光緒年間,亦有丁守存在道光中所刻。

二是丁守存刻書最多,分三個階段,第一階段刻自撰的科技類書籍是一大創舉,豐富了山東刻書史的内容。第二階段所刻詩文集,大多在湖北督糧道署刊刻,版式特徵比較明顯。所刻《海曲詩鈔》是有關日照詩文的總集,具有地方特色。所刻《楊忠愍蚺蛇膽表忠記》《楊忠愍公集》,補刻《郭康介公遺集》,既有對忠烈的欽慕,又有對丁耀亢等鄉先輩的景仰。

三是金石類書籍之刻也是丁氏刻書特色之一。

2)其他刻書

日照後期的刻書還有以下幾種。

日照尹琳基(1838—1899),字琅若,又字竹軒。同治二年進士,任翰林院庶吉士、編修,繼任國史館纂修、功臣館總纂、文淵閣校理等職。將軍陳國瑞冤死,他數次上書,爲陳申冤乞恩。與權貴不和,被參而罷官。回到故里後,蓋屋數間,藏書萬卷,作畫度日。其著述主要有《焚餘筆記》《楚南乘軺筆記》《秦軺日記》《日下見聞録》《尹琳基古文稿》等。

《山東目》著録兩種書,一爲《陳將軍(陳國瑞)歸骨記》一卷,一爲《陳將軍(陳國瑞)事實》一卷,均爲清光緒十五年刻本。① 山東省圖書館藏《陳將軍(陳國瑞)歸骨記》,封面題:"尹彭壽敬署。"有牌記:"光緒己丑孟冬開雕。"卷端題:"寡過未能齋雜著,日照尹琳基。"首爲《陳將軍歸骨記》,後有《記陳將軍軼事》《附録》,王祖畬《陳將軍家傳》,衆人頌陳將軍歌。不知與《陳將軍事實》是否爲一書,暫作兩條處理。時尹氏尚在世,當爲尹氏刻本。六行二十字,白口,四周雙邊,單魚尾。刻印尚可。

日照鄭淑詹,字良一,同治六年舉人,官滕縣教諭。著有《三古君臣世譜》二卷、《補遺》一卷,清光緒十七年日照鄭氏家刻本。上卷自伏羲、女媧至周及列國世系表,下卷爲三古君臣群書考釋。首有錢塘張曜及清江黄煜序。

附:沂州府家刻總表

妙香齋詩集四卷	(清)趙德懋撰	清光緒十一年沂州府趙嘉肇陝西三原縣署刻本
聖宋文選三十二卷	(□)佚名輯	清光緒八年郯城平氏刻本
南圃筆談一卷	(清)高畯撰	清光緒二十九年費邑高氏刻本
小琅玕館試帖詩草四卷 小琅玕館雜體詩草一卷	(清)莊瑶撰	清同治十一年莒州莊氏刻本
愚山日記二卷	(清)莊恩巀撰	清同治莒州莊氏刻本
河上語一卷	(清)蔣楷撰	清光緒荆門蔣楷莒州州署刻本

①王紹曾:《山東文獻書目》,齊魯書社1993年版,第126頁。

（續表）

劉象久（恒泰）年譜一卷	（清）劉恒泰撰（清）劉策先等編	清光緒二年沂水劉氏刻本
新火器説不分卷	（清）丁守存撰	清同治初刻本
築寨圖説附事宜不分卷	（清）丁守存撰	清同治二年刻本
造化究源二卷	（清）丁守存撰	清同治二年前後日照丁守存直隸刻本
從軍日記一卷	（清）丁守存撰	清同治日照丁守存刻本
曠視山房制藝二集一卷	（清）丁守存撰	清同治四年日照丁守存楚北督糧道署刻本
丁心齋時文續一卷	（清）丁守存撰	清同治四年日照丁守存楚北督糧道署刻本
海曲詩鈔六卷	（清）宋佩玉輯	清同治九年日照丁守存楚北督糧道署刻本
曠視山房制藝續集不分卷	（清）丁守存撰	清同治十年日照丁守存楚北督糧道署刻本
四書虛字講義一卷	（清）丁守存撰	清同治十年日照丁守存楚北督糧道署刻本
竹石山樵六十自壽百韻一卷	（清）丁守存撰	清同治十年日照丁守存楚北督糧道署刻本
楊忠愍公集	（明）楊繼盛撰	清同治十一年日照丁守存湖北刻本
楊忠愍蚺蛇膽表忠記二卷	（清）丁耀亢撰	清同治十一年日照丁守存湖北刻本
曠視山房大題兩編	（清）丁守存撰	清同治十二年日照丁守存湖北刻本

（續表）

郭康介公遺集二卷	（明）郭宗皋撰	清嘉慶二十五年福山王善壇刻光緒元年日照丁守存補刻本
科名金針一卷	（清）丁守存撰	清光緒元年京都琉璃廠刻本
編年自記一卷	（清）丁守存撰	清光緒八年後日照丁守存刻本
移林館金石文字一卷	（清）丁□□編	清光緒十二年日照丁氏刻本
闕特勤碑釋文一卷	（清）盛昱撰	清光緒間日照丁氏刻日照丁氏移林館金石文字本
中郎遺矩不分卷	（漢）蔡邕書（清）丁艮善編	清光緒十四年日照丁艮善刻本
唐開成石經		清日照丁艮善縮刻本
陶靖節先生詩	（晉）陶潛撰	清光緒十一年日照丁艮善刻本
仿宋監本説文解字十五卷	（宋）徐鉉校定	清光緒七年日照丁艮善刻本
遊藝山房文集二卷詩集四卷附録一卷	（清）丁明善撰	清光緒日照丁氏刻本
遊藝山房家訓四卷	（清）丁明善撰	清光緒日照丁氏刻本（與文集、詩集合刻）
遊藝山房雜記六卷	（清）丁明善撰	清光緒日照丁氏氏刻本（與文集、詩集合刻）

（續表）

禮佛軒詩鈔一卷	（清）翟柏舟撰	清光緒十八年日照丁汝彪、掖縣翟啟濟南刻本
陳將軍（陳國瑞）歸骨記一卷	（清）尹琳基撰	清光緒十五年日照尹氏刻本
陳將軍（陳國瑞）事實一卷	（清）尹琳基撰	清光緒十五年日照尹氏刻本
三古君臣世譜二卷補遺一卷	（清）鄭淑詹撰	清光緒十七年日照鄭氏刻本

（二）坊刻

據洪友生、秦明治、陳建繩《山東省出版大事記（清朝部分）》，光緒末年，臨沂曬書堂開業，創辦人費縣張某。職工最多時有十人。刻印過四書五經、《三字經》《百家姓》，還刻過小說《桃花庵》。民國二十四年停業。

《增補二論典故最豁集》，清劉鍾美手輯，清安敬五鑒定，清光緒三十一年沂郡友林堂刻本。封面題："光緒乙巳新鋟，沂郡友林堂梓行。"九行十八字。可知沂州有友林堂坊鋪，於光緒三十一年前開業。

據崔章蔭《〈承文新脈絡淵源〉補正——招遠縣孟格莊"二書鋪"探源》一文，臨沂也有承文信的分號，具體地址不詳，亦不敢確定哪一種是臨沂所刻。

（三）沂州府刻書特色

清後期的沂州府無官刻記載，坊鋪有 3 家。家刻雖然總數不多，僅 36 種，但所轄七縣，除兩縣無刻書記載外，其餘五縣均有刻書，範圍比較廣。其中尤以日照刻書爲最多，有 29 種，幾乎囊括了所有沂州府刻書。

丁氏在清後期刻書 26 種，時間主要集中在同治、光緒年間。丁守存刻書最多，刻自撰的科技類書籍是一大創舉，豐富了山東刻書史的内容。刻詩文集，大多在湖北督糧道署刊刻，版式特徵比較明顯。刻《海曲詩鈔》是有關日照詩文的總集，具有地方特色。刻《楊忠愍蚺蛇膽表忠記》《楊忠愍公集》，補刻《郭康介公遺集》，既有對忠烈的欽慕，又有對丁耀亢等鄉先輩的景仰。丁氏金石類書籍之刻也頗具特色。

三、曹州府刻書

（一）家刻

清後期的曹州府無官刻記載。家刻僅三縣有刻書，其餘八縣未見刻書記録。

1. 菏澤刻書

菏澤原爲乘氏縣，金大定八年改爲濟陰縣，爲曹州治。雍正十三年曹州陞府，復置菏澤縣爲府治。

清後期的菏澤刻書有馬新貽一家。

1）馬新貽刻書

馬新貽（1821—1870），字穀山，號燕門，道光二十七年丁未進士，任安徽建平知縣，咸豐三年合肥知縣，八年安徽按察使，同治二年安徽布政使，三年浙江巡撫，六年十二月閩浙總督，七年八月兩江總督兼通商大臣，九年七月二十六日遇刺身亡。皇上親賜祭文、碑文，特贈太子太保，予騎都尉兼雲騎尉世襲，謚"端敏"。

馬新貽刻書始於同治六年，共刻書四種。

（1）刊刻《浙江海運全案重編》

此爲咸豐、同治年間浙江海運漕糧的文件彙編。共二十卷。其中《初編》八卷，成於咸豐三年。《續編》四卷，成於咸豐四年。

《新編》八卷，成於同治六年。咸豐年間，太平軍克復南京，占據鎮江、揚州，阻斷南北大運河，控制清廷輸轉東南財賦的命脈，杭、嘉漕船，回程時被留滯於黄河以北，漕糧斷絶，清廷用度匱乏。浙江督撫黄宗漢始辦海運漕糧，召集商船承運，咸豐四年自上海起運，直抵天津。同年八月，太平軍攻占上海，浙江漕糧便改由劉河起運。所以黄宗漢所刊《海運全案》有《初編》《續編》之别。後任督撫馬新貽仍行海運，其檔彙成八卷，稱爲《新編》。由於《初編》《續編》其版已毁，馬新貽即重刻再印，三編相併，名爲《浙江海運全案重編》。

此書爲同治六年菏澤馬新貽浙江糧儲道庫刻本。版心及每卷目録題："浙江海運全案重編。"每卷目録首行題："浙江海運全案重編目録。"次行題："原案初編卷某。"封面題："浙江海運漕糧全案初編，版存糧儲道庫。"

十一行二十六字，白口，左右雙邊，單黑魚尾。宋體字，字大版大，刻印精美。

(2)翻刻内府書三種

①《御纂周易折中》二十二卷、《首》一卷，清李光地等撰，清同治六年菏澤馬新貽浙江刻本。

此書有康熙五十四年内府刻本。御撰序末有"同治六年十月浙江巡撫臣馬新貽敬謹摹刊"一行。十一行二十四字，小字雙行二十四字，白口，左右雙邊，單魚尾。宋體字。從版式上看，已非内府本款式。

②《欽定詩經傳説彙纂》二十一卷、《首》二卷、《詩序》二卷，清王鴻緒等撰，清同治七年菏澤馬新貽浙江刻本。

此書有雍正五年内府刻本。御撰序末有"同治七年三月閩浙總督臣馬新貽敬謹摹刊"一行。十一行二十四字，小字雙行二十四字，白口，左右雙邊，單魚尾。

③《欽定書經傳説彙纂》二十一卷、《首》二卷、《書序》一卷，清王頊齡等撰，清同治七年菏澤馬新貽浙江刻本。

此書有雍正八年内府刻本。御撰序末有“同治七年五月閩浙總督臣馬新貽、浙江巡撫臣李瀚章敬謹摹刻”。十一行二十四字，小字雙行二十四字，白口，左右雙邊，單魚尾。

以上三書均是馬氏在兩江總督任上所刻。

馬新貽還有《馬端敏公奏議》八卷，清光緒二十年閩浙督署刻本。有牌記：“光緒甲午冬月閩浙督署校刊。”此書係官刻，非馬氏後人刻書。

2）馬毓楨刻書

馬新貽被刺殺後，其弟馬新祐編有《馬端敏公年譜》一卷，光緒三年菏澤馬新祐之子馬毓楨杭州刻本。

書名全稱：《皇清誥授光禄大夫特贈太子太保兵部尚書兼都察院右都御史兩江總督馬端敏公年譜》。卷端題：“弟新祐編次。”末有“武林任有容齋刻”。知此書刻於杭州。

首有朱色龍紋邊框《諭賜祭文》。末有馬新祐識：“新祐編次《年譜》已畢，泫然而泣。……《遜學齋文集》，今已刊行。”又有光緒三年馬新祐之子毓楨識：“本生考右農府君爲先考端敏公編次《年譜》，以事多追憶，集録疏稿文牘急切，未能成書。迨需次浙江，頻年襄辦海運，南北奔馳……益鮮閒暇，至甲戌歲甫脱稿，藏之行篋，校對，又逾一年，今春始授之梓，乃刊刷未竣而府君積勞致疾，遽於七月初九日病殁通州差次。毓楨先於夏初入都，承襲騎都尉世職，兼蒙恩賞主事，籤分刑部學習行走，驚聞府君病篤之耗，當即請假，星夜赴通，則府君已在彌留之際矣。時諸弟昆俱未隨侍，毓楨獲親含殮，即日扶櫬回里。嗚呼，痛哉！我生之不辰，緬遺型之猶在，用敢復校一過。”

九行二十二字，白口，四周雙邊，單黑魚尾。字大，刻印精美。

據上條馬新祐識語“《遜學齋文集》,今已刊行”可知,在同治間,馬新祐刻有馬新貽撰的《遜學齋文集》,未見傳本。

2. 單縣刻書

清後期的單縣刻書有兩種,即光緒十八年單縣時氏、海豐吴重憙河南星使行臺刻聽古廬聲學十書本《聲説》二卷、《聲譜》二卷,武定府海豐刻書已述。

3. 曹縣刻書

曹縣後期的刻書有一種,光緒二十一年曹縣徐繼孺、濰縣郭恩孚刻張昭潛撰《無爲齋文集》十二卷,前已有述。徐繼孺在民國六年還刻有《曹南文獻録》,在《清代山東刻書的餘波》一章中再述。

另有一種不知刻書時間,暫附於此:

《勤圃存詩》二卷,清袁潢撰,清曹縣袁氏家刻本。

潢字景業,曹縣人,諸生。據《山東通志・藝文志》,《曹南文獻録・書目》載是編云:“袁氏家刻本。”又潢《傳》云:“所著《勤圃詩集》二卷,凡三百六十餘首。尹攀龍爲之序云:‘質而不俚,簡而能賅。敦古誼,箴澆俗。於倫紀綱常,尤三致意焉。’”此書未見傳本。

綜上,曹州府家刻書雖數量不多,但特色鮮明。首先是十種書中,有五種爲經部書,其中三種是菏澤馬新貽在浙江重刻御纂經書,另兩種爲時庸勱撰《聲説》《聲譜》。其次是馬新貽所刻《浙江海運全案重編》具有重要的史料價值,且刻印精美。

附:曹州府家刻總表

浙江海運全案重編(初編八卷續編四卷新編八卷)	(清)黄宗漢原纂 (清)馬新貽重修 (清)蔣益澧等重纂	清同治六年菏澤馬新貽浙江糧儲道庫刻本
御纂周易折中二十二卷首一卷	(清)李光地等撰	清同治六年菏澤馬新貽浙江刻本

（續表）

欽定詩經傳説彙纂二十一卷首二卷詩序二卷	（清）王鴻緒等撰	清同治七年菏澤馬新貽浙江刻本
欽定書經傳説彙纂二十一卷首二卷書序一卷	（清）王頊齡等撰	清同治七年菏澤馬新貽浙江刻本
遜學齋文集	（清）馬新貽撰	清同治菏澤馬新祐刻本
馬端敏公年譜一卷	（清）馬新祐編	清光緒三年菏澤馬毓楨杭州刻本
聲説二卷	（清）時庸勱撰	清光緒十八年單縣時氏、海豐吴重憙河南星使行臺刻聽古廬聲學十書本
聲譜二卷	（清）時庸勱撰	清光緒十九年單縣時氏、海豐吴重憙河南開封刻聽古廬聲學十書本
無爲齋文集十二卷	（清）張昭潛撰	清光緒二十一年曹縣徐繼孺、濰縣郭恩孚刻本
勱圃存詩二卷	（清）袁潢撰	清曹縣袁氏家刻本

（二）坊刻

曹州府坊鋪有記録的衹有一家，即宣統元年在曹縣成立的玉章印刷局，創辦人曹縣王立三。有雕版印刷和石印兩種設備，職工二十人。曾刻印過《三字經》《百家姓》《論語》等書。民國十二年改爲織襪廠。

四、濟寧州刻書

（一）家刻

清後期的濟寧家刻有十三種，所轄金鄉、嘉祥、魚臺三縣無刻書記載。

濟寧孫氏，爲世家大族，七世興盛，刻書亦不少。

1）孫氏刻書

孫氏第一代爲孫芳，字企源，號松雪，康熙二十六年丁卯舉人。有《易論》。

第二代爲孫文丹，字書常，晚號拙翁，諸生，鄉人私謚貞文先生。有《韻書》《遊記》《樂存堂詩文》《樂存堂詩餘》《詞譜》。

第三代爲孫擴圖，字充之，號適齋，文丹子，乾隆十年乙丑會副，官錢塘知縣。有《一松齋集》八卷、《南唐雜事詩》一卷。

第四代爲孫玉庭，字嘉樹，號寄圃，乾隆四十年乙未進士，累官體仁閣大學士、兩江總督。有《自記年譜》一卷、《延釐堂集》八卷。

第五代爲孫善寶、孫仁榮、孫瑞珍。善寶（1772—1853），字楚珍，號質穀，嘉慶十二年舉人，歷官湖北布政使、江蘇布政使、江蘇巡撫、兩江總督。孫瑞珍（1783—1858），字儲英，號符卿，官至户部尚書。

第六代爲孫毓洙、孫毓汶、孫毓溎、孫毓湘、孫毓泗、孫毓漢、孫毓汝。其中毓溎字梧江，道光二十四年甲辰進士，官至浙江按察使，有《讀左隨筆》《經濟文章》《一松齋兵智集要》《碧桐吟館詩草》《回春集》《自述詩》《臥雲山房詩話》；毓汶字萊山，咸豐六年丙辰進士，歷官兵部尚書、軍機大臣，卒謚文恪，有《遊盤山詩》《遲庵集杜詩》；毓漢，字雲皋，官至内閣中書舍人，撰《濟寧孫氏列傳》。

第七代有孫楫，字駕航，咸豐二年壬子進士，歷官順天府尹、湖南按察使。有《郙亭詩稿》一卷。

濟寧孫氏劉書自第五代始。

①《洸西草堂集》十四卷，清高如岱撰，清嘉慶十五年濟寧孫善寶刻本。

高如岱，字子積，號慊齋，濟寧人，乾隆五十五年庚戌恩貢，善寶師。著有《先民遺事記》《學習録》《學習續録》《勉齋要語》《知遠集》《易知集》。

這是孫氏現存最早的刻本。封面題:“任城樂存堂藏板。”前有嘉慶十五年受業孫善寶序,述刻書緣由。

書包括《慊齋詩集》八卷、《文集》二卷、《慊齋學習録》四卷。詩八卷有《河干集》三卷(門人鄭淑樸編輯,癸未至甲辰二十六年作),《南溪集》一卷(鄭淑樸編,乙巳、丙午、丁未三年作),《鷦巢吟》一卷(鄭淑樸編,戊申至甲寅),《雲水集》三卷(前一卷鄭淑樸編,乙卯至己未。後二卷,門人孫梭編庚申以後作)。

十一行二十二字,白口,四周單邊,單魚尾。

②《寄圃老人自記年譜》,一名《孫玉庭自記年譜》,又名《自記年譜》,清孫玉庭撰,清道光間濟寧孫善寶等刻本。

是編所述,起乾隆十七年十二月,訖道光十四年九月。前有道光六年自序云:“餘生或可再延,則逐年增記。蓋棺後,即以此册爲紀實之書。兒輩不得再作行狀,爲溢美之詞。”後有玉庭子善寶跋云:“此編所紀居官時事,成於嘉慶乙丑、道光丙戌兩年,皆係於數十年後追叙已往。其小者遺漏固多,即事關軍國,所以弭患於未然,興利於無形者,亦不無缺略。不孝等屢奉嚴命,勿許再作行狀,自當仰承先志,不敢更贅一詞。今即以家存底本付梓,以備史館採擇。而府君早年登第,晚歲歸田,中間所歷事實,亦於此可見大略云。”

九行二十二字,白口,四周雙邊,單魚尾。

③《一松齋集》八卷,清孫擴圖撰,清同治十年至十一年濟寧孫擴圖曾孫孫毓漢刻本。

有牌記:“同治辛未初秋付梓,壬申中春刻竣。”目録後有:“來孫肇勳參校。”目録、卷端下題:“曾孫毓漢編次校刊。”知是書爲孫擴圖曾孫、來孫校刻。

八行二十三字,白口,左右雙邊,單黑魚尾,無行格。版式較小，但刻印不苟。

④《延釐堂集》九卷，清孫玉庭撰，清同治十一年至十二年濟寧孫玉庭之孫孫毓漢刻本。

是書包括《文集》一卷、《詩集》二卷、《年譜》一卷、《奏疏》三卷、《補遺》一卷、《鹽法隅説》一卷。

封面題："同治壬申□□付梓，癸酉年□刻竣。"知此書開始於同治十一年，刻成於十二年。

《總目》下、《文集目》下、《詩目》下均有"孫男毓漢校刊"。《總目》下有"元孫肇勳參校"。《年譜》末有"孫毓漢敬録重刊"。

八行二十三字，小字雙行二十三字，白口，左右雙邊，單黑魚尾，無直格。開本小，字端正。

⑤《濟寧孫氏列傳》一卷，清孫毓漢撰，清黄恩彤等補撰，清同治十二年濟寧孫氏刻光緒補刻本。

版心題"濟寧州志别傳"，大概係從《濟寧直隸州志》中所取，後三篇爲黄恩彤等補撰，版心上刻"家傳"，大約在光緒年間。

有同治十二年孫毓漢述，稱孫氏先世山西洪洞人，明初遷山東之夏津縣，萬曆中又遷濟寧。"世澤罔替，迄今二百餘年。品學政治，節孝勤儉，具載志乘。後之人其各努力自勉，毋墜家聲，是則刻斯編者所厚重也夫。"人物傳記有：孫瀛洲，孫芳，孫文丹，孫擴圖，孫玉庭，劉氏（孫芳繼妻），黄恩彤撰《江蘇巡撫質穀孫公家傳》爲孫善寶傳，車克慎撰《贈通議大夫静巖孫公傳略》爲孫仁榮傳，黄恩彤撰《孫梧江廉訪傳》爲孫毓溎傳。

七行二十字，白口，四周雙邊，單魚尾，無行格。刻一般，後三篇非同時刻，係補刻。

⑥《光緒庚寅科會試録》一卷、《進士登科録》一卷，清孫毓汶編，清光緒十六年濟寧孫氏刻本。

⑦《遲庵集杜詩》一卷，清孫毓汶撰，清濟寧孫氏家刻本。

《山東通志·藝文志》曰“有家刊本”。

⑧《邿亭詩稿》,清孫楫撰,清光緒十七年濟寧孫氏羊城刻本。

《山東通志·藝文志》曰:“是編所刊,乃庚辰至辛卯十二年中之作。”

九行二十一字,小字雙行二十一字,白口,四周雙邊,單魚尾。

⑨《邿亭詞集》六卷,清孫楫撰,清光緒二十三年濟寧孫楫自刻本。

六卷包括《嶺海琴言》《竹西吟》《雷陽集》《韶石草》《梧翠簃稿》《邕江集》。卷端題:“濟寧孫楫駕航。”

前有光緒二十三年七十叟孫楫自題:“丁卯分符,辛卯旋京。廿年外吏,不廢倚聲。不除結習,匪不平鳴。甲午(按:光緒二十年)解組,居傍禁城。杜門三載,習静養生。維摩示疾,跛不良行。廼搜敝篋,蠧紙縱横。芟彼雜蕪,存其顯明。胥鈔自寫,九日而成。掀髯把卷,心目一清。以之覆瓿,未免不情。雪泥鴻爪,坡句堪賡。”當爲自刻本。

八行二十字,黑口,四周雙邊,單黑魚尾。刻印較精。

⑩《鶴唱詩鈔》二卷,清朱熊光、朱衍坤撰,清道光十五年濟寧孫氏刻本。

⑪《東原考古録》一卷,清蔣作錦撰,清光緒十八年濟寧孫聚奎堂刻本。

作錦字裁庵,號雲裳,東平人,咸豐九年己未進士,特用知府,鄉謚文恪。著有《奉使日程記》《星槎記要》《東原考古録》《甄壩説》《龍山書院條規》《人鏡集》。

封面題:“光緒壬辰春,濟寧孫聚奎堂梓,州優生侯允讓襄言氏校字。”

蔣楷光緒十七年序:“去年冬來攝此州……亟屬蓮生孝廉、壽山廣文校勘付梓。”光緒三年東平蔣作錦叙。

十行二十一字，小字雙行二十一字，白口，左右雙邊，單黑魚尾。字劣。

後二種係孫氏爲他人刻者。

2)其他刻書

濟寧後期的刻書還有兩種。

①《樂志書屋遺集》四卷，清李瑩撰，清同治十二年任城李瑩曾孫李毓恒刻本。

李瑩字錦泉，號朗亭，濟寧人，嘉慶十六年辛未進士，官至江南道御史。另著有《詩集説》《縉雲山人詩集》。曾與其兄弟一起刊刻滋陽牛運震的《周易解》九卷。

此集包括《奏疏》一卷、《應制詩》一卷、《偶評》一卷、《古今體詩》一卷。

封面題："同治癸酉，本宅藏板。"卷端題："任城李瑩朗亭著，曾孫毓恒校刊。"

有同治十二年同郡後學潘遵鼎識："先生尤恬淡，平生著作多歸散失。遺稿數卷，哲嗣孝廉佑庭公弁藏於家。至同治癸酉，先生之曾孫東涵員外始付手民。刻成，屬序於余。"末有同治十一年曾孫李毓恒跋："右《樂志書屋遺集》四卷，先曾大父侍御公所著，小子恒彙而輯之者也。恒嘗聞州志藝文中載有先侍御《詩集説》《縉雲山人詩集》二種，而實未覩其書。竊恐偶存其名，未及編次也。抑編成未授梓，久且散佚耶？子孫數典而忘祖，不幾爲識者切厥也乎。於是鋭意旁搜，昕夕弗忘，必得端倪而後已。既於敝簏中檢得《奏疏》草稿四本，《萬壽應制詩》二本(原按：詩係古律二體，不知俱進呈否，謹兩存之)，又手評《古文》三本，謹裒而輯之，藏於家。而所謂《詩集説》《詩集》者渺不可得。歲丁卯，相庭六叔祖捐館舍，駿聲家叔經理其喪，得《樂志書屋小草》一本，取以示恒。恒受而讀之，自丁巳至庚午十四年間，僅詩一百三十餘首，辛未通籍以後無存焉。蓋當時手抄此本未及續抄而原本遂失之矣。爰爲之略加校訂,合前裒輯之本,彙爲一編,顔曰《樂志書屋遺集》,壽諸梨棗……又先大父不近名,著作無存,僅於他書中録出詩五首,附刻於後。"此爲後人搜集前人著述不易之一例。

八行二十字,小字雙行二十字,白口,左右雙邊,單黑魚尾。字體細長,刻印精美。

②《增訂詩韻便覽》五卷,清王星奎撰,清同治十三年濟寧王氏家刻本。

《及門姓氏》末有"濟寧會元堂孫桐德鐫"。杜澤遜師言"宋體字,整飭不苟"。

濟寧後期的刻書還有李福泰廣東所刻許鴻磐《尚書札記》四卷和《六觀樓文集拾遺》一卷,清中期濟寧刻書已述。

綜上,清後期的濟寧家刻以孫氏爲主,所刻多爲集部,次爲史部,無經部和子部書,可見孫氏是以詩文傳家的。整個濟寧州刻書僅有兩種經部書。

附:濟寧州家刻總表

一松齋集八卷	(清)孫擴圖撰	清同治十年至十一年濟寧孫毓漢刻本
延釐堂集九卷(文集一卷詩集二卷年譜一卷奏疏三卷補遺一卷鹽法隅説一卷)	(清)孫玉庭撰	清同治十一年至十二年濟寧孫毓漢刻本
濟寧孫氏列傳一卷	(清)孫毓漢撰 (清)黄恩彤等補撰	清同治十二年濟寧孫氏刻光緒補刻本
光緒庚寅科會試録一卷進士登科録一卷	(清)孫毓汶編	清光緒十六年濟寧孫氏刻本

（續表）

遲庵集杜詩一卷	（清）孫毓汶撰	清濟寧孫氏家刻本
郗亭詩稿	（清）孫楫撰	清光緒十七年濟寧孫氏羊城刻本
郗亭詞集六卷	（清）孫楫撰	清光緒二十三年濟寧孫楫自刻本
東原考古録一卷	（清）蔣作錦撰	清光緒十八年濟寧孫聚奎堂刻本
尚書札記四卷	（清）許鴻磐撰	清同治九年濟寧李福泰粵東節署刻本
六觀樓文集拾遺一卷	（清）許鴻磐撰	清同治九年濟寧李福泰粵東節署刻本
樂志書屋遺集四卷（奏疏一卷應制詩一卷偶評一卷古今體詩一卷）	（清）李瑩撰	清同治十二年任城李毓恒刻本
增訂詩韻便覽五卷	（清）王星奎撰	清同治十三年濟寧王氏家刻本

（二）坊刻

1. 會元堂

《增訂詩韻便覽》五卷，《及門姓氏》末有“濟寧會元堂孫桐德鐫”。上文已述。

2. 瑞林堂

據黃沁一《我所知道的濟寧圖書館、報刊、印刷業》①，瑞林堂

①黃沁一：《我所知道的濟寧圖書館、報刊、印刷業》，見《文史資料》第3輯，1987年版，第133～155頁。

開設在濟寧南關税務街西頭,復興街路北,係孫兆斌父子從一外地商人手中接盤經營的。其主要業務是刻印《宣講金鑒》《宣講寶銘》《宣講拾遺》《陰騭文》《幽冥録》《太上感應篇》《玉曆抄傳》《玉匣記》《竈君經》《太陽經》之類的書籍。還有《合婚便覽》《麻衣神相》《陽宅三要》《牛馬經》等卜筮、星相、風鑒、獸醫之類的江湖小册子。此外就是刻印一些小説,如《粉妝樓》《巧合奇冤》《王華買父》《七俠五義》《三俠劍》《施公案》《彭公案》等。刻版很粗糙,紙張也很低劣。這些商品多批發給西南各縣的小書販,或是專在農村集市和走私塾學屋的"串書館"。這些書的部頭不大,價錢便宜,所以當時的生意尚可維持。後來石印推行,木版刻印受到很大的排擠,孫兆斌父子眼見本業蕭條,便從外地運來一部舊石印機,開了濟寧石印業的先河。後來鉛印風行,石印又落伍了,瑞林堂就專業刻製印章,完全脱離了出版業。

3. 泰和堂

據黄沁一文章,泰和堂開設在東關既濟巷路南,清光緒中葉,由東昌府人江龍光、龍雲等兄弟四人創辦。江氏兄弟開始以做筆的作坊爲主,兼營"串書館"肩挑營業。發跡後,即把本族的堂號立爲商號,名曰"泰和堂"。開設了三間門面的營業部,專售筆墨紙張。後來發展了後作坊,並雇用工人刻版印書。主要刻印《三字經》《百家姓》《千字文》《弟子規》等啓蒙書籍。由於生意較好,後又增刻了《大學》《中庸》,兼印部分四書。從此生意蒸蒸日上,逐步發展。

在科舉時期,該店每逢鄉試、會試便刻印"闈墨",大量發售,供作士子科考應試的參考資料。這項生意做了幾年,獲利頗豐。

到了民國十四年前後,由於江氏族人四支分家,各自獨立經營,衹有既濟巷的"泰和堂"後作坊刻印裝訂各種書籍,批發各店門市出售。此地刻版工人若忙不過來,有時也到東昌府加工刻版印刷，回來招徠附近各縣的小販、"串書館"承銷代售。這樣維持到二十年代末期，私塾被全部取締，學校内一律换爲新課本，"泰和堂"纔停止了刻印業務，專門經營文具紙張了。

濟寧另有善成堂分號。

（三）宗教機構刻書

清後期的濟寧州有道觀刻書，但不是在濟寧所刻，而是任城高仁峒在北京白雲觀所刻。《雲水集》不分卷，清高仁峒撰，清光緒十一年任城高仁峒北京白雲觀刻本。

高仁峒（1840—?），龍門派二十代傳戒律師。法名明峒，字雲溪，號壽山子。世居任城。年十六父母棄世，出家雲蒙山，光緒三年移居白雲觀。同年推任白雲觀監院。時年三十七歲。後繼任方丈，維持觀務，經營有方，百廢俱興。所著《雲水集》封面題："光緒乙酉冬刻，本觀藏板。"有光緒十一年乙酉匋復居士序，光緒十二年青渠散人李端遇序於宣武城南之寓廬，光緒十三年丁亥澹香室主人同里李其霱序。卷端署："雲溪道人高仁峒著。"九行十九字，白口，四周雙邊，單黑魚尾，字大，方正。

第五章　清代山東刻書的餘波

民國時期,隨着石印和排印技術的應用,雕版印刷業逐漸没落。因掌握的材料不完全,故僅舉數端,以見大略。

第一節　民國官刻

民國時期的官刻極少,山東最大的官刻機構——山東書局,此一時期雖還存在,但衹是印書,勉强維持。張宗昌在民國十四年重印《十三經讀本》算是民國時期官印書的代表。

張宗昌(1881—1932),字效坤,掖縣人。光緒二十五年赴東北謀生,一度淪爲胡匪,後流落到海参崴。辛亥武昌起義後,先後投山東民軍都督胡瑛、馮國璋、張作霖,民國十四年初,任蘇皖魯剿匪司令。同年四月任山東軍務督辦。七月兼任山東省省長。民國十五年初,任直魯聯軍總司令。民國二十一年九月被山東省政府參議鄭繼成槍殺於津浦鐵路濟南車站。

張宗昌督魯期間,横徵暴斂,殘酷鎮壓工人運動,但在文化方面頗有建樹,如主持合併組建了新的山東大學,由其師王壽彭任校長。其刷印《十三經》係聽從當時名士楊度的建議。他在書中有序:"教科成編而六經微,旁行爲書而國文廢。國勢不張,文化亦靡能自信,致今日廢經説,倡惟人是從,良足悲也。反之者又蔑棄儒先傳注,糅雜外教,附會新異,張瞽説以便其私,則侮經之禍亦廢經等。今且無暇與廢經者辯，而亟欲存經，並無暇與侮經者辯，而亟欲爲經存注，抱殘守缺無使散佚，於今日以待後學存中國耳，豈徒與陋儒時髦争是非哉。宗昌涖魯，飭各學校增課讀經，而講師寥落，尋常讀本坊間以艱於購覓，習尚變而舊籍湮，毁棄且更甚於秦火。失今不圖，異日出嚴屋壁之藏，容可冀乎。因檢圖書館所存前清丁文誠公撫魯時校刊之《十三經》板，重付楮印，分發各校，俾師生講讀有所遵循。書中校正尚鮮脱誤，注解悉採通行，取便誦習，俾識途軌。至於經義閎深，傳注浩博，漢宋師法具存，清儒考證尤密，好學深思者任自爲之，而非可恃此以自畫也。清季髮捻初平，圖書半毁，當局者已汲汲於此，今之事變更亟於前。齊魯多儒，秦漢之際諸經賴之以傳，孔鮒付勝之流風尚有未沫之乎。蓋跂予望之矣。"末署"中華民國十四年十二月督辦山東軍務兼省長張宗昌"。繼此書之後，張宗昌還刻印了《開成石經》和《武經七書》，均極精美。

第二節　民國家刻

民國時期的山東行政區劃變更比較頻繁。先是民國元年，山東行政區劃沿用清末舊制，爲三道十府二直隸州。民國二年，北京政府廢除清朝的府、州，但沿用道制，爲省、道、縣三級。山東由原"濟東泰武臨道""兖沂曹濟道""登萊青膠道"三道，改爲岱北道、岱南道、濟西道、膠東道等四道，共轄一百七縣。民國三年又將岱北道改爲濟南道，轄二十七縣。岱南道改爲濟寧道，轄二十五縣。濟西道改爲東臨道，轄二十九縣。膠東道依舊，轄二十六縣。後又有行政督察區之分。因民國家刻書多在抗日戰争以前産生，爲與清代相銜接，並爲叙述方便，暫依四道爲單位。

一、濟南道家刻

濟南道在清代已述者有以下三種：

海豐	石蓮闇詩六卷詞一卷樂府一卷	（清）吴重憙撰	民國四年至五年海豐吴重憙刻本
章邱	居業録注釋四卷	（清）李元緗撰	民國十一年前章邱孟華軒刻本
章邱	五子近思録隨筆十四卷	（清）李元緗撰	民國十一年章邱孟洛川緑野堂刻本

（一）歷城刻書

季俸常（1780—1849），字禄門，歷城人，嘉道間諸生。鄉試屢不售，遂淡於仕進。其《嵛麓草堂吟草》一卷，有民國九年其孫季景祺九芷堂刻本。

有牌記："庚申季春九芷堂刊。"卷端題："歷城季俸常禄門著，邑後學徐金銘參校，孫景祺校刊。"

前有同邑高駿聲撰《傳》云："著有《嵛麓草堂吟草》四卷，未梓，毁於兵燹。此禄門手稾之僅存者。"末有景祺民國九年跋："係先生君子（按：季祉）所手授，詩凡三十有七篇，已入《通志》，從兄子元震，慫恿付梓以期永世誦芬。計用錢三萬，元震貲助爲多。刊成，謹附志之。"

六行二十字，小字雙行二十字，白口，四周雙邊，單黑魚尾。字大行疏，整個板框比一般書窄，民國風格明顯。

《時疫救急十六方》，清毛承霖、蕭應椿輯，民國九年歷城劉仲華刻本。

封面題："中華民國九年七月，歷城劉仲華重校刊。"此書在光緒二十一年由雲南昆明蕭應椿在歷城刻過。清後期的濟南府歷城刻書已述。

七行十八字，白口，左右雙邊，單黑魚尾，刻較精。

濟南宏濟堂藥店，由樂鏡宇創辦。樂鏡宇(1872—1954)，原居北京。光緒二十八年，父親給他“買”了一個山東候補道的位置。時任山東巡府的楊士驤對樂鏡宇十分賞識，便於光緒三十年撥官銀2000兩交其籌辦山東官藥局並擔任總辦。三十三年，楊士驤因成立官藥局違犯清朝律例被參，後被調離山東。樂鏡宇將官銀2000兩繳還後，取得藥局承受權，遂創辦宏濟堂。解放前，宏濟堂與北京同仁堂、天津達仁堂齊名，號稱江北三大名堂。

宏濟堂編有《宏濟堂藥目》一卷，民國十二年濟南樂氏宏濟堂刻本。

此書版心下刻“樂家宏濟堂”。卷首題“宏濟堂樂家老藥鋪開設濟南院東大街路北”大字一行。

民國十八年，歷城黄鎮刻有劉勝溥彙集《孽海篷》四卷。封面題：“中華民國十八年新刊，歷邑黄鎮存板。”

(二)長山刻書

長山有賈氏，在民國六年刻過兩部書：《小學集解》六卷，清張伯行撰；《小學淺解》六卷，清薛於瑛撰。

《小學集解》有牌記：“民國六年□□□山左於陵賈氏纂□□重刊。”上下兩欄，下欄九行二十字，上欄四字，白口，四周雙邊。

《小學淺解》有牌記：“中華民國六年歲在□□□□山東長山縣賈氏纂□堂重刊。”九行二十二字，粗黑口，四周單邊，雙對黑魚尾。

民國二十年，長山養正堂刻張廷琛撰、夏成吉增補的《續學統》五十八卷，是重要的儒學著作。

張廷琛(1854—1911)，字季研，又字補瑕，天台人。自號玉霄外史。師事浙東理學家夏震武靈峰，而成近代著名儒師，撰《續學統》《浙學源流述要》《擷蔬垂訓圖集》《天台詩徵》等。夏成吉，字貞立，富陽人，靈峰之子，撰《明儒學案書後》等。

清人熊賜履嘗編《學統》，載歷代儒學人物傳記，收録至明儒而止。張廷琛慨原書之未備，乃補前書之所遺。全書所補除元儒許衡外，其餘均爲清代儒學大家，故以“續學統”稱之。此書始編於光緒十六年，竟工於光緒三十年，後復由夏成吉增補而成。

有牌記：“山東於陵養正堂刊。”長霖署書名，署“辛未清和月”。

卷端題：“天台張廷琛補瑕原本，富陽夏成吉貞立增補，山東淄川賈緒奎、長山班貞文雯、長山賈鳳芝、長山賈致遠校刊。”不知此長山賈氏與上文“賈氏纂□堂”是否有關係。

有張廷琛序：“長山賈君静亭捐資付梓。”末有學使陳蓀石先生跋。湘南陳兆文跋。前有即墨張紹價序，爲排印。有《凡例》。

《内編》下卷第十六至十九、二十一至二十三卷後刻有：“山東東昌府堂邑縣城西黄家寨子刻工人許見才。”知此書從堂邑請刻工進行雕刻。

十行二十五字，白口，左右雙邊，單黑魚尾。版心下刻“養正堂藏板”。

（三）其他縣刻書

新城有著名詩人徐夜，王士禛曾刻其詩。民國二十三年，徐夜裔孫徐馨山、徐聘之又刻《徐詩》二卷。

書衣題簽：“桓臺隱君詩集。”封面題：“民國甲戌孟冬，隱君詩集，桓臺索鎮徐氏族人藏板。”卷端題：“新城徐夜東癡譔，同里王士禎貽上批點。”

有《東癡先生遺像》，署“十世孫學程繪圖”。有乾隆十三年堂姪孫篤訓叙，稱於古城沈會東家得遺稿一册，抄録，未付剞劂。道光十七年七世侄孫英績識，稱於此年在徐家店得一册，又於胡先生處得一册，即篤訓所抄，於是合二爲一，亦貧不能付梓。民國二十三年同邑後學郝毓椿序：“先生之裔孫馨山、聘之兩君持先生詩集同來”,二人曰“吾族譜工將告成,願將吾東癡祖詩集並付剞劂,以廣流傳”。知此書前兩卷乃王士禛輯本,後兩卷係乾隆間徐夜族孫篤訓和道光間七世孫英績所輯,均無力刊刻。民國二十三年,其裔孫馨山、聘之刻徐氏族譜,因請郝毓椿序並刻此書。此書比王輯本多兩卷,不但有詩,兼有其文。

十行二十字,黑口,四周雙邊。宋體字,刻印精。

民國十六年,萊蕪薛家莊衆人合刻《諸葛武侯碑文》一卷,板存愛蓮堂。此書封面題:“民國拾陸年重刊,板存萊蕪薛家莊愛蓮堂。”有諸葛武侯像。後有捐資姓氏。九行二十二字,白口,四周雙邊,單黑魚尾。無直格,刻印較劣。

德州魏迺勷,字吟舫,同治七年進士,官至江南道監察御史。撰有《延壽客齋遺稿》四卷,民國二十二年由其子魏宗蓮刻成。

魏氏詩集遭喪亂散失殆盡,此集乃其子宗蓮輯刊,共輯古近體詩二百五十餘首。詳加校訂,歷十年,始刊成此四卷本。

卷端題:“德州魏迺勷吟舫甫著。”首有陳寶琛、柯劭忞、金兆豐、田步蟾序以及各家題詞,卷末有其子宗蓮等書後。

此本寫、印均佳,是民國刻書中少見的精品。

二、濟寧道家刻

(一)濟寧刻書

民國七年至二十二年,濟寧潘復華鑑閣刻許鴻磐撰《方輿考證》一百卷、《首》一卷,清代已述。

《救劫回生》三卷,馬天君撰,民國四年濟寧州城西通濟閘河西韓宅刻本。封面題:“修心轉性救劫回生,板存山東濟寧州城西通濟閘河西韓宅。”此書當爲私家所刻。九行二十二字,白口,四周雙邊,單黑魚尾。

濟寧劉汶,字魯田,劉淇弟,康熙二十六年舉人。撰有《劉魯田先生遺文》一卷,民國七年濟寧劉氏雕龍室刻本。卷末有歷城徐金銘跋。

（二）滕縣刻書

滕縣有生氏兄弟，兄爲生克中，字允之。弟爲生克昭，字介明。

《［民國］續滕縣志》五卷，高熙喆纂修，生克中、高延柳等續纂，民國二十九年至三十三年滕縣生克昭北平法源寺刻本。

民國三十三年生克昭跋曰："右《滕縣續志》，同邑高仲瑊先生著也。先生清季史官，道德文章，爲世推重。是書經始於癸酉，越一載而成。其義例精審，足與康對山、陸清獻、陸祁孫諸家後先輝映。稿成藏縣署，未梓。"此志高熙喆始修於民國二十二年，二十四年成，爲三卷。後邑人楊知性、生克中、高延柳補輯爲第四卷，生克昭補《金石志》爲卷五，生克昭跋曰："舊志故無《金石》一門，昭往來京津數年，蒐得吾邑出土周金文四十事、漢印五鈕，暨漢晉唐宋畫像碑碣拓本二十六通，思附印卷末。夙慕天津王綸閣、東莞容希白、膠西柯燕舲諸君子嗜古多識，躬往就正，備承教益，且爲之審慎抉擇，別類編次。既製版摹印，幸得附先生驥尾焉。"知生氏集金石拓本涉於本邑掌故者，詳加考覈，附刊編末。各卷卷端所題不同：卷一、二、三題："邑人高熙喆編輯。"卷四題："邑人楊知性、生克中、高延柳編輯。"卷五題："邑人生克昭編輯，天津王襄、東莞容庚、膠西柯昌泗參訂。"

前有高熙喆序，未署年月。有張元濟序："山東滕縣生君克昭，遠道涖訪，攜其新刊本邑續志示余。余喜其先得我心也，受而讀之。"

據生克昭跋，可知此書刊刻之經過："歲戊寅，邑遭兵燹，署中圖籍散佚。問是書，無知者。昭搜求久之不可得。一日，張君金元來告曰：'書固在，今藏張君守斌家也。'昭亟與楊君知性迻録副本。先生哲嗣延柳君謀刊之，顧費無所出。先是，奉軍因戰事壞城垣，先生捐貲修葺，昭與先兄克中嘗各助田五十畝，歲以所獲供繕修費。昭因取所助田五十畝鬻錢,得今幣五千二百圓,以充剞劂之用。同屬一邑公事,移彼就此,知我者當不我罪也。先生夙受知於安陸陳文恪公,館其家者有年。庚辰春,昭攜志稿走京師,將鐫之梓,獲見文恪冢嗣墨香部郎,知爲先生高足弟子,因出稿乞其讎校,慨然允諾……不幸世亂日滋,物力逾絀,曩者鬻田之資,用猶未足,昭復廢斥祖産,裒集十餘萬圓,乃得不潰於成。"則知此書爲生克昭所刻。庚辰,即民國二十九年,此志在北平付梓。此志卷一署"辛巳秋八月刊於法源寺",卷五即《金石志》署"甲申閏四月刊於北京法源寺",表明在四年内陸續刊成。

同刻於北京法源寺的還有生克昭纂修的《滕縣生氏族譜》四卷、《首》一卷,刻在民國二十五年。有張元濟序。行字不一,黑口,四周雙邊,非常精美。

(三)其他縣刻書

曲阜畢永蔄,輯有《闕里林廟通紀詩》一卷,民國七年曲阜畢氏理東堂刻本。封面朱題:"民國七年仲冬鐫,曲阜理東堂畢氏藏板。"卷端題:"關中關韻成琴軒、仙源鄧文湘楚帆鑒定,曲阜畢永蔄景巖恭紀,同學馬鳴駿雲衢校刊。"前有民國六年關韻成隸書序。民國八年鄧文湘序。後有民國六年陳宗藩跋。八行二十字,白口,四周雙邊,單黑魚尾。刻印較精。

曹縣徐繼孺(1858—1917),字又稚,號悔齋。少年遊學濟南,深得濼源書院主講匡源贊許。不久,選爲黄縣訓導。光緒十四年舉人,十六年進士,入翰林院。三年後授翰林院編修,歷任陝西副主考、河南學政、潞安州知府。有《徐悔齋集》,民國二十四年大梁刻本,當非自刻。其《曹南文獻録》八十二卷,積十五年而成,彙集了曹州府十一州縣的文獻資料,是研究魯西南地方史志不可多得的重要文獻。

《曹南文獻録》刻於民國六年。有牌記:"歲在丁巳曹縣徐氏開雕。"

書有民國五年山東曹州鎮守使河間方玉普序:"定陶曹君徵亭、菏澤周君蓉生,以悔齋所撰《曹南文獻録》見示。其書體例精嚴,搜羅宏富。雖屬私家之述作,實關合郡之掌故。況值斯文絶續之交,急宜廣爲流布,以公同好。乃亟商十一屬官紳,並捐俸以倡之。集腋爲裘,不日而成人之好。"此書應爲徐氏自刻。民國六年,徐氏開始付梓,剞劂未半即因城陷身死,數月後書成。間有河間方玉普等人以俸禄助之。

十二行二十三字,黑口,左右雙邊,單黑魚尾。字體瘦長。

三、東臨道家刻

(一)聊城刻書

清代已述聊城楊氏刻書三種:

退思廬文存一卷	(清)楊以增撰	民國九年聊城楊承訓刻本
儀晉觀堂詩鈔一卷	(清)楊紹和撰	民國九年聊城楊承訓刻本
歸甎齋詩詞鈔一卷	(清)楊保彝撰	民國九年聊城楊承訓刻本

(二)高唐刻書

高唐刻書最有名者爲田士懿。田士懿(1870—1929),字德忱。出身書香門第。光緒二十九年舉人。光緒三十一年,考入北京大學堂,愛好史地、金石等學。三十三年肄業後,回山東。歷任省優級師範、法政、農業、存古學堂教員。民國二年以後,先後任山東鉅野、寧陽及湖南嘉禾、湘潭等縣知事。民國九年解職後,定居北京,潛心著述。所著有《山左漢魏六朝貞石目》《金石名著彙目》《金石著述名家考略》三書。

①《山左漢魏六朝貞石目》一卷、《續》一卷、《再續》一卷、《補》一卷,田士懿輯述,民國十二年高唐田士懿濟南刻本。

書衣有膠西柯昌泗題簽。封面有田士懿題書名,雙勾。有牌記:“癸亥二月録於濟南。”亦爲雙勾。有“定價大洋叁圓”朱記。卷端題:“高唐田士懿惪忱輯述。”民國十二年柯昌泗序。民國十一年田士懿序於都門什刹海東僦舍。末有民國十一年田氏於都門自記。《續》末亦有本年自記。

書有《凡例》。其一,吾東金石輯有專書,昉自阮氏《山左金石志》。次則有段氏《山左碑目》,尹氏《山左南北朝石刻存目》,法氏《山左訪碑録》。茲編起秦漢,訖隨(按:應爲隋),以阮目爲主,副以法《録》,参以段氏《碑目》、尹氏《存目》《山東通志》及各縣志,並孫氏《寰宇訪碑録》、趙氏《補訪碑録》、羅氏《補訪碑録刊誤》、王氏《金石粹編》、陸氏《金石續編》、洪氏《平津讀碑記》、馮氏《金石索》、張氏《金石聚》、汪氏《十二硯齋金石過眼録》、繆氏《藝風堂金石文字目》、王氏《漢石存目》、尹氏《魏晉石存目》、方氏《校碑隨筆》、葉氏《語石》、顧氏《石言》等書。其二,對各家書目未著者而續出者,增入。其三,加以考證。其四,石有遷徙,則注明。編著目的有二:一是存吾東法物,二是供同好參購。

其書卷一輯自阮書,並補其訛誤。卷二輯自法書,補以尹《目》,體例則依阮氏。卷三、卷四所輯爲近數十年來新出土之文物。書共收録散見於山東各地的漢魏六朝時期的碑碣 504 種,並逐一加以詮釋。

九行十八字,黑口,四周雙邊,字大而拙。

②《金石名著彙目》一卷附《補遺》一卷,田士懿輯,民國十四年田士懿刻本。

分《正》《續》《補遺》《失録》,共 662 種。以時代爲次,間注版本。

③《金石著述名家考略》一卷、《續》一卷、《再續》一卷、《拾遺》一卷,田士懿輯,民國十七年高唐田士懿刻本。

此書乃士懿生前刻就,未及印行而謝世。後省圖書館抽資爲印五十部，此書方能流傳。此書卷首有印者王獻唐序，民國十三年胡壁城都門序，及民國十四年自序於都門饔石墨厂(庵)，十五年又識。有《凡例》《徵用書目》《總目》。首收金石學家一百九十五人。《續》收二百零四人。《再續》收二百三十五人。《拾遺》收八十二人。《附録》收容庚、商承祚、馬衡三人。共七百十九人。其《續編》民國十五年自序云："《金石著述名家考略》編既竟，晤濰縣陳駕部禮丞先生，談及，駕部曰：'曷不將古今撰著金石之人，補諸史册，確可傳信，或續睹其書者罔羅之，俾成完帙。'余曰'然'。乃發篋陳書，更博採旁徵。上起梁，下逮清季，多方捃摭，薈萃成編。"卷首印有民國二十四年王獻唐於山東省立圖書館叙："高唐田德忱先生，殫心金石目録之學。所著《山左魏漢六朝貞石目》《金石名著彙目》已刊行……此《金石著述名家考略》四卷，刻方竣工，先生即歸道山。其甥孫平原劉君玉琨，去秋來館商請代爲印行。間關跋涉，情詞肫摯。因念先生心力所萃，節衣縮食，幸獲刊成，不忍聽其湮沈。勉由館中籌資，爲印五十部，俾流布海内。"

卷端題："高唐田士懿悳忱輯。"書衣有馬彝德題書名，封面篆字書名爲張蔭題，署"民國十有七年戊辰春三月饔石墨厂(庵)，新河張蔭"。

十行二十字，白口，左右雙邊，單黑魚尾。雖爲宋體字，但字畫精細，非常清秀。

四、膠東道家刻

(一)蓬萊刻書

蓬萊有軍閥吴佩孚刻書。吴佩孚(1874—1939)，字子玉。光緒二十四年投淮軍。三十二年任北洋陸軍曹錕部管帶，頗得器重。後陞任旅長。護國討袁運動興起，隨營入川鎮壓蔡鍔領導的雲南護國軍。民國十一年七月，任討逆軍西路先鋒，參加討伐張勳復辟。同年孫中山組成護法軍政府。十八年十二月，吴佩孚繼承了直系軍閥首領的地位。二十八年十二月,被日本人謀殺身亡。

吴佩孚所刻自撰《春秋正議證釋》四卷,於民國二十八年夏完成。吴佩孚時在世,當爲主持刊刻。書衣題簽有"吴佩孚署"。封面署:"己卯孟夏,智玄吴佩孚題。"卷首有緒言:"謹就開端伊始,宣告後學。以讀經讀傳不可兩離,不可偏廢,不可存門户之見,不可爲注疏家所迷,其庶乎可與治《春秋》。"有銜名:明經學會會長智玄吴佩孚講著正義兼餘義,副會長慧濟江朝宗餘義,會員悟真王錦渠贊義,會員性直田步蟾附解,會員大静沈抱淑附解,會員太溶曹静波附解,會員明光蘇熊詔校正,會員真明倪寶麟校刊,會員陽原李泰棻覆校。書後有倪寶麟撰《刊書志實》:"全書四卷,凡五百九十葉,都三十二萬二千一百五十二言(小字原按:刻價每百字五角五分,書中之〇丶,每兩箇折算爲一字,共如上數),合洋一千七百七十一元……由文華齋刻書處承辦。因手續煩瑣,致出版稽遲,費時達十有三月之久。蓋繕版時由寶麟擔任初校,由津市公署教育處處長李革癡君擔任覆校,往返寄遞,不免耽延;又以刻字工人因營業不振,多數歸鄉,頗感困難。故自客歲戊寅四月初間付梓,直至十二月杪始行刻竣。迨經將紅樣本印來檢閱,其中仍有刊誤之處,當即詳爲校修。復送,由會員蔣静波君覆加校正,陸續修版。迄至今歲己卯暮春,板始完全修竣。覆閱後,交該處趕即先印五百部(小字原按:僅一閱月,全數印齊。計工料總共合洋二千六百六十元),現裝訂成書,公諸於世。志《春秋》者手置一編,以資參考,或可助他山之一助焉。"此《刊書志實》不僅叙述了刻書過程,亦記載了民國時的刻書史料,同時,反映了此期刻書業的蕭條狀況。

十行二十五字,小字雙行二十五字,黑口,單魚尾,版大,白紙精印。

蓬萊還有民國十四年蓬萊慕氏京師刻《左忠毅公年譜定本》二卷,清馬其昶撰。在此本前,清代已有五個刻本。

（二）掖縣刻書

民國山東家刻中最有名的是張宗昌皕忍堂刻《唐開成石壁十二經》和《重刻武經七書》。

《唐開成石壁十二經》一百六十九卷，包括《周易》九卷、《略例》一卷、《尚書》十三卷、《毛詩》二十卷、《周禮》十二卷、《儀禮》十七卷、《禮記》二十卷、《春秋左傳》三十卷、《春秋公羊傳》十一卷、《春秋穀梁傳》十二卷、《孝經》一卷、《論語》十卷、《爾雅》三卷，另附《五經文字》三卷、《九經字樣》一卷、《孟子》七卷、《唐石經校文》十卷。《叢綜》著録。①

封面題："景刊唐開成石經附賈刻孟子嚴氏校文。"有朱色官印："陸軍上將勳一位義威上將軍之印。"

有牌記："歲次丙寅皕忍堂刊。"

前有民國十五年掖縣張宗昌序："今者戰事初定，教育宜先立。教莫如宗孔，宗孔莫如尊經。顧考諸經古本、漢魏舊物渺邈無尋，蜀宋諸石亦皆殘毀，惟唐開成石巋然獨存，歲久磨泐，古拓亦稀。百餘年前日本縮刻，多失其真。予因取唐石經善拓本，依式影摹，命工鋟木。印成，分贈海内外士君子及各學校，以爲弦歌講習之資。予意無他，冀於洪水猛獸之時，一昌明夫正教，拒楊墨於今日，弭赤禍於將來。亦如孟子所云'正人心、息邪説、拒詖行、放淫辭'而已，大雅宏達，幸教督之。"

有朱印："義威上將軍掖縣張宗昌督刻印行。"

有民國十六年濟寧潘復序。

有《例言》：其一，刻書的目的是傳播舊刻，免古籍之淪亡。其二，尊重唐石經的原貌。唐石經《禮記》以明皇删定李林甫等所注《月令》爲第一，宋景祐二年從賈昌朝之請，以鄭司農所注《月令》

①上海圖書館：《中國叢書綜録》，上海古籍出版社 2007 年版，第 618 頁。

復入《禮記》爲第五，其删定者自爲唐《月令》，别行，相傳至今未變。日本松琦氏縮刻唐石經即改用鄭注《月令》，列爲第五是矣，然失唐石之真。兹仍唐石之舊，以删定《月令》冠首，其泐損處即按《汲冢周書》《淮南子》原文補之。其李林甫等序文缺二十六字，嚴可均謂朱氏《經義考》載全文，凡改二十九字皆謬，則仍原缺不補。其三，開成石經明嘉靖地震以前，全文拓本今已絶不可得，萬曆間西安府學訓導薛繼愚、生員王堯典等曾刻石補缺，顧炎武據以作《九經誤字》，嚴可均謂其有誣石經，明人補缺遂爲世所詬病。實則明人補缺别爲一石，不與原石相淆，後人每以舊拓完善相尚，率取補缺文字剪配裱册，偶不加察，致受其誣耳。與其矜舊拓以誣石經，毋寧徵近拓以存真相。皕忍堂主人取新拓整張經文與仁和魏稼孫《開成石經圖考》相符者，依樣鉤摹，按其横列次第，以十二行爲一葉，界以直線，每行十字或九字或十二字，及旁增小字，悉依之。題首隸書並仍其舊，字有殘缺，按儀徵阮元覆刻宋槧十行本注疏之經文雙鉤補入，以示區别。惟補文既非石刻原字，遇唐諱不復缺筆。其四，《五經文字》三卷、《九經字樣》一卷，休寧戴震曰朱錫鬯以《五經文字》獨無雕本爲一缺事，然周順德二年尚書左丞兼判國子監事田敏獻印板書《五經文字》《九經字樣》各二部，奏稱“臣等自長興三年校勘雕印九經書籍”，是此書雕板在印板書甫創之初已有之，而絶不傳聞，蓋此學廢棄久矣。今按康熙五十四年歙縣項絪玉淵堂依碑文鋟木，格式雖改，缺文不補。乾隆五年祁門馬曰璐叢書樓刻本自稱得宋拓本，依樣摹刊，格式相同，頗能糾正明人補缺之紕繆。然以現存之原石校之，有字畫猶存而馬刻改易者，嚴可均譏之。乾隆二十三年曲阜孔繼涵以現存石經原樣與明人補缺及馬刻本三者並勘，作《五經文字疑》《九經字樣疑》，刻入《微波榭叢書》中，較爲精審。兹按石本原缺摹刻，其磨勒處缺文不補，以信來者。其五，《孟子》七篇，唐時尚儕諸子，故石壁止十二經，清康熙間賈三復始補刻於石壁之末,今仍之。其六,宛平嚴氏可均《唐石經校文》十卷,考訂精確,集諸家之大成,茲將原書重刻,坿於後,庶於經文之異同,字體之磨改,朱梁之補刻,原石之殘損,以及明人補缺之失,沿革釐然,用資校證。

據以上《例言》可知,此次重刻《唐開成石經》,目的是復古,而復古的表現方式是,按石經原來的面貌,編排次序仍其舊,版式仍其舊,缺文以雙鉤補之。《五經文字》《九經字樣》按康熙五十四年歙縣項絪玉淵堂依碑文鋟木,格式雖改,缺文不補。

《孟子》行款悉如他經,六行十字,白口,四周單邊,版心下鐫"皕忍堂"。獨嚴可均《唐石經校文》爲十行二十四字,白口,四周單邊,宋體字,版心下刻"皕忍堂重刻"。首爲《嚴可均傳》,歸安丁溶原叙。卷端署:"宛平嚴可均纂。"

是書爲武進陶湘代張宗昌刻。陶湘字蘭泉,江蘇武進人。嗜藏書而酷愛宋元舊本,對晚明閔淩兩家朱墨套印本、武英殿開化紙印本各書極感興趣,購藏尤富。一生喜好刻書。其代人刻的最大的一部書就是張宗昌此本。陶湘所刻書多由北京文楷齋工人雕印,精緻漂亮,爲書林、藏家所稱賞。此書即由文楷齋刊刻。

據魏隱儒編著之《中國古籍印刷史》,文楷齋由劉春生創立於民國八年。最初是徐世昌"承辦公府刻書處",專給大總統刻書。待改用文楷齋字號以後,纔接受其他個人刻書。文楷齋除在北京刻書外,還派人到山東堂邑承刻民間讀物。刻書的主要主顧是董康、陶湘、傅增湘等。文楷齋最盛時期擁有三四百工人,寫手有三十多人,以寫宋體字爲主。"文楷齋所刻書爲世人所稱道。特别是爲董康誦芬室所刻《中州集》,由幾個人書寫,從中擇優刻版。所刻傳奇小説,字體秀麗,插圖精雅,猶有明人遺意。"①

①魏隱儒:《中國古籍印刷史》,印刷工業出版社1988年版,第202頁。

由文楷齋刊刻的此書是學者公認的民國間精刻之本。紙白墨潤,開本敞闊,鐫工精良,頗爲悦目。儘管卷帙浩繁,但全書從摹寫刊版到紙墨印刷,直至開本裝潢,每一個環節都一絲不苟,俱臻上乘。

近年,各拍賣會上陸續出現此書零本,亦有全套精品,如中國書店 2007 年春季書刊資料拍賣會,有紅印本十二函七十四册。另吉林大學圖書館有全書的藍印本。

皕忍堂《重刻武經七書》,亦刻於民國十五年。内收《六韜》六卷、《孫子》三卷、《吴子》二卷、《司馬法》三卷、《尉繚子》五卷、《黄石公三略》三卷、《唐太宗李衛公問對》三卷等兵書七種。

此書成於北宋,仁宗天聖七年詔置武舉,以選拔軍事人才。慶曆三年又設武學,以培養軍事人才。於是在元豐六年頒布了由國子司業朱服、武學博士何去非等校定的《七書》,作爲武學的教材和武舉的考試内容。南宋時又冠以《武經七書》的稱謂。

現存的《武經七書》二十五卷本有:宋刻元明遞修本,清影宋抄本,明初刻本,明嘉靖三十一年刻本,明刻本,明國子監刻本(名爲《校正武經七書》)。另有《武經七書全集》二十三卷,明刻本。

《皕忍堂重刻武經七書緣起》:"按宋晁公武《郡齋讀書志》,元豐中以《六韜》《孫子》《吴子》《司馬法》《黄石公三略》《尉繚子》《李衛公問對》頒武學,號曰《七書》,用以試士。元明因之,有清亦因之。摸刻唐石經告成,感夫歐風東漸以來,戰術日精,身列戎行者或忘我古昔整軍經武之自有良法也,爰併刻一帙以示方來。"知刻此書的目的是實用。

有《凡例》:首列《四庫全書總目》。其次是此書以適用爲目的:"故敦請通儒加以句讀,閲者幸勿以古無此式訾之。"其三是版本各有來源:"七書舊刻罕見,明代雖有體注大全、會解、直解諸本,私心竄改,不足憑信。今刻《六韜》則以國學圖書館所藏宋本校,《孫子》《吴子》《司馬法》三種以平津館所刻宋本校,《三略》《尉繚子》《李衛公問對》三種均以明代善本校。庶於兵家言免繆種流傳之誚。"

翦安《陶湘藏書聚散兩匆匆》一文有:"民國二十二年軍閥張宗昌請陶湘代爲模刻的《唐開成石經》及陶湘建議爲張代刻的《武經七書》完成。陶湘爲《武經七書》撰緣起。"①翦安認爲此書係陶湘爲張宗昌代刻,《緣起》亦爲陶湘所撰,不知此説是否有據。張宗昌出資刊刻當無疑義。翦安將《石經》模刻時間和此書刻成時間搞錯,應爲民國十五年。

此書八行十七字,白口,左右雙邊,版心下鎸"皕忍堂",各子目牌記題"歲次丙寅皕忍堂刊"。字大、框大、開本大,有宋蜀本之韻。是民國山東刻書的精品。

張宗昌所刻以上兩種統一裝潢,函套爲雲字套。《唐開成石壁十二經》函套簽題:"皕忍堂摸刻唐開成石壁十二經五經文字九經字様附清賈氏補刻孟子清嚴氏石經校文。"

(三)平度刻書

平度白永修撰《曠廬詩續集》,民國膠東逸園刻本,清代已述。

平度戴恩溥(1826—1911),字瞻原,同治四年進士,官至右江兵備道。其《見山樓詩稿》四卷,有民國十五年平度戴恩溥家刻本。

封面題:"丙寅孟春鎸,葆恒堂藏板。"卷端題:"平度戴恩溥瞻原甫著,男式棻校字。"

有光緒二十八年戴氏於柳江官署之見山樓自序:"入都,乙未承乏工科公事,彙鈔一本。辛丑秋赴柳州任,成書……"

九行二十二字,粗黑口,四周雙邊,雙對黑魚尾。行疏,字大,

①翦安:《陶湘藏書聚散兩匆匆》,見中國人民政治協商會議天津市委員會文史資料委員會編《近代天津十大收藏家》,天津人民出版社 2007 年版,第 78 頁。

刻印一般。

（四）其他縣刻書

膠州柯昌濟（1902—1990），字純卿，柯劭忞之子，柯昌泗之弟，我國著名的甲骨金石學者。他曾同容庚、商承祚、唐蘭一起被王國維譽爲中國當時古文字學研究中極具實力的"四少年"。著有《金文分域編》《韡華閣集古録跋尾》《殷虚書契補釋》等。

柯氏早期的甲骨文研究成果主要反映在《殷虚書契補釋》一書中。共考釋甲骨文字、詞六十餘個，且絶大多數爲前人所未釋者。雖然此書錯誤之處頗多，但在甲骨學研究的草創時期，作爲我國早期甲骨學著作之一，在甲骨學史上仍有其獨特的地位。

此書有作民國十年刻本者，有作民國十四年刻本者。

民國元年高密李氏刻《高密三李詩話》，清代刻書已述。

樂安徐振芳，字太拙，明天啓七年丁卯副貢，官後府都事，明亡隱居安東衛以卒。著有《徐太拙詩稿》《喝月草》等。其《徐太拙先生遺集》八卷，有民國二十三年樂安徐氏家刻本。封面題："民國甲戌年鐫，後學王獻唐署。"卷端題："樂安徐振芳著，同邑後學成榮光焕五、成賢書陶琴甫編次，歷城後學劉恒發仲華甫參校。"前有民國二十二年成榮光序："先生裔孫省齋君……意在急於付梓。"末有民國二十二年裔孫三曾跋："始敢付諸梓人。"據裔孫三曾識《凡例》，知此集至今二百九十餘年，僅見鈔本，刊本久已失傳。可見此書刊刻的意義。九行二十一字，小字雙行二十一字，白口，左右雙邊，單黑魚尾。行疏字朗。

諸城私家刻書有一種，爲宣統二年至民國間諸城徐桂蟾刻鈐印本《仿古粹編》不分卷。

桂蟾字蘊秋，諸城人，好金石篆刻。此編乃光緒間其任京官時，輯各式印章一百零六方拓印而成。

書衣有莊陔蘭題簽。有牌記："宣統弍年問月軒主人裝訂。"

封面題："庚戌孟春，同邑李桂馨題。"庚戌爲民國二年。前有光緒三十一年莊陔蘭篆書序，光緒三十二年端方序，宣統元年萊陽王埣序，是年王會熤序、王澤田序、諸城徐桂蟾序，宣統二年郭金篆序，民國二年李宗沆誌，民國五年趙秉璋題，民國六年徐方平識，民國六年張爾震序，是年吴元瑞題。末有光緒三十一年叔會澧東甫叙，光緒三十二年徐堉識，民國七年蘊秋徐桂蟾識。一葉一印。版心刻"仿古萃編""問月軒藏"。文字爲刻。刻印精細。濰坊劉洪金藏本有二，一爲問月軒本，末有版權葉："民國十三年冬月初版，全部四册定價大洋八元，板藏魯省諸城大成茶莊，鐫字者同邑潤生楊澤清，經售處上海天津各書局。"一爲較早印本，序跋篇數少於問月軒本，最晚者作於民國五年，黑框，印文上有銅器名，下有書體名，均藍印，無考釋文字，版心無"仿古萃編""問月軒藏"字樣。

日照丁以此（1846—1921），字竹筠，室名留餘堂。早歲受鄉人許瀚指導，治文字語言之學。著有《毛詩正韻》四卷，《韻例》一卷，其子丁惟汾民國十三年刻成，時在北平。

山東省立圖書館藏有此館補刻本。有牌記："日照丁氏留餘堂贈板，山東省圖書館印行。"後增刻王獻唐識語："鄉前輩丁竹筠先生《毛詩正韻》，民國十三年五月哲嗣鼎丞先生刻於北平。印書無多，流通未廣。今歲三月，鼎丞先生以版移贈本館，復刷印行世。時餘杭章太炎先生譔《墓表》新成，亦增刻卷首。先生治學立身，大端略詳此《表》……時民國二十年十一月後學王獻唐謹識於山東省立圖書館。"十二行二十四字，白口，左右雙邊，單黑魚尾。字小，但刻印精。

據蔣見元、朱傑人著《詩經要籍解題》①，此書是研究《詩經》押韻方式的著作。《詩經》古韻的研究，自顧炎武、江永以來，都着眼於句末的押韻。至孔廣森著《詩聲類》，開始注意到押韻不限於

①蔣見元、朱傑人：《詩經要籍解題》，上海古籍出版社 1996 年版。

句末,但孔氏並未進一步深入研究。丁氏則盡數十年精力,專門分析《詩經》的押韻方式。章炳麟、劉師培、黄侃爲丁書作序,章炳麟盛讚"古之風律,自是始宣明矣"。

第三節　民國坊刻

民國山東坊鋪數量雖不如清代多,但石印、鉛印技術的應用,使得坊鋪、書莊陸續開業,興盛之勢不遜於清代。總的來説,雕版印刷還是日漸被排除在主流之外。

一、濟南道坊刻

歷城文陞齋在民國刻書有一種,《胎産心法》三卷,清代已述。濟南茂文齋,在民國十年刻有《勸戒篇》二卷。

周村參元堂,民國六年刻《漱芳軒合纂禮記體注》四卷;周村三元堂,民國十三年刻《新訂四書補註備旨》十卷。三元堂與參元堂應爲一家,清代坊刻有述。

德州城東王官莊衍慶堂惜字社,刻善書兩種。

一種是《孝女寶卷》四卷,有陳照俊序,民國七年德州王官莊衍慶堂惜字社刻本。封面題:"歲次戊午新鐫,板存德州城東王官莊衍慶堂惜字社。"九行二十二字,白口,四周雙邊,單黑魚尾。開本大,刻印精。

另一種是《道書集真》八卷,民國七年德州王官莊衍慶堂刻本。内容包括《傳真詞》《通天經》《無生經》《妙丹經》《除痰妙法》《北斗新經》《南斗仙經》《解冤經》。

卷一《傳真詞》封面題:"歲次戊午重鐫,養身妙法,板存德州城東王官莊衍慶堂惜字社。"卷二《通天經》、卷三《無生經》、卷四《妙丹經》、卷五《除痰妙法》、卷六《北斗新經》、卷八《解冤經》封面題同上(卷五字體與版式編排有所不同,並有著者:平原縣純一子著)。卷七《南斗仙經》無封面題。版心下均刻"衍慶堂"。

此書光緒至宣統年間有刻本,署"齊河城西北王家樓存板""德州城東王官莊存板""平原居易堂"等藏板地,由同善書局彙印。此次係重刻。封面與版心所題皆與前書不同。八行二十四字,白口,四周雙邊。函套有:"濟南明善宣講社,刷印各種善書,不取利益,以便各大善士。開設經四路大觀園内以東。""明善宣講社"似與"同善書局"有某種聯繫,待考。

二、濟寧道坊刻

民國三年濟寧泰和堂刻《書業德重訂古文釋義新編》八卷,清代坊刻已述。

民國二十四年曲阜鼓樓東會文堂刻《闕里遊覽指南》一卷,清代坊刻亦有述。

三、東臨道坊刻

聊城坊刻業在清代極盛,到了民國,亦是"四大書莊"的餘緒。

在清代坊刻介紹過的民國刻書有:

書業德	新訂四書補註備旨十卷	(明)鄧林撰 (清)杜定基增訂	民國元年書業德刻本
	左傳易讀六卷	(宋)蔡沈集傳	民國三年書業德刻本
	書經六卷	(清)樊騰鳳撰	民國十五年書業德刻本
	五方元音二卷	(明)鄧林撰	民國十五年書業德刻本
有益堂	白喉忌表抉微不分卷	(清)耐修子録	民國四年東昌有益堂書坊刻本
善成堂	增廣新訂四書補註備旨十卷	(明)鄧林撰 (清)杜定基增訂	民國十四年東昌善成堂刻本

四、膠東道坊刻

膠東道坊刻以黄縣爲盛。鏤雲齋是民國新開業的坊鋪。刻書兩種。一爲《觀音寶箓》,民國七年黄縣鏤雲齋刻本。封面題:“中華民國七年歲刊,黄邑鏤雲齋藏板。”有民國六年金針子序,是年雲洞子跋。後附捐資姓氏,係衆人合刊。有許多店鋪捐資,如營口同順興、新來春、曲和堂、復州義陞和、營口裕順永、蓋邑天興順、營口吉慶店。看來黄縣與營口交往頻繁。還有永利面莊。捐資有京錢,有羌洋。

另一種爲《自鳴鐘寶箴》二卷、《六字真言》一卷,民國八年黄邑鏤雲齋刻本。封面題:“中華民國八年歲次己未春鐫,板存黄邑北巷子鏤雲齋。”有民國七年王明一跋,《真言》前有徐誠一識。民國八年步霽壇弟子楊乩儀董沐敬識。有捐資姓名,係衆人合刊。捐資人不僅限於黄縣,還有煙台昇雲壇、營口同盛春。孟姓爲黄縣大姓,捐錢最多。有些捐資人與《觀音寶箓》同,如孟霄童、王金鑲、王雲慎、馬端環、趙金赤、春馨等。九行二十字,白口,四周雙邊,單魚尾。有圖像。刻印較精。

黄縣還有西福盛,民國十六年刻李振鏞彙輯《金不換良方》二卷。前有黄縣李振鏞序,稱“付之刊劂”。序後有“民國丁卯四月下浣”“救世良方金不换”“瞎子能治雙目明”三行,本葉最末一行署“板存黄邑城裡東街西福盛”。末有捐資姓氏。後附《戒淫寶訓》《戒淫寶訓》,非一時所刻。

高密成和堂,民國七年刻《韻對千家詩》,清代坊刻有述。

高密崔敬修堂,民國九年刻有《三教真傳》。封面題:“民國九年重刊,山東高密縣崔敬修堂存板。”包括三部分:《孔教真理》《佛教真經》《道教真派》。此書在宣統三年有觀禮堂刻本,後十餘次刷印。後署:“謹將此次刷印敬送善士名銜列左:夏紹緒印送五十部,高密縣人。”知此書蓋據觀禮堂本重刻。

來自膠州成文堂的青島成和堂，在民國間刻有《四書集注》，十一行，白口，四周單邊。

第四節　民國宗教機構刻書

一、濟南萬國道德會籌備處

民國時期的宗教機構刻書，最著名者當屬萬國道德會。

萬國道德會由濟南江鍾秀創辦。先是民國七年，在濟南南門星宿廟創立萬國道德會籌備處，民國十年八月在泰安岱廟召開"萬國道德會"成立大會，其總會在北平，在全國各地設分會三四百處，會員號稱數十萬人。20 世紀 50 年代初被撤銷。清代後期歷城江鍾秀刻書已述。

江希張，江鍾秀之子，幼年即被呼爲"神童"，九歲著《四書白話解説》，後又著《息戰論》《道德經白話解説》《禮運白話解説》。濟南萬國道德會籌備處所刻幾乎全部是江希張的著述。

①《四書白話解説》三十六卷，江希張注，民國八年刻本。

包括《論語》二十卷，《大學》一卷，《中庸》一卷，《孟子》十四卷。卷首有閻錫山等人序，有自序。

②《息戰論》，江希張撰，民國八年濟南萬國道德會籌備處刻本。

前有濟陽柏永達、濟陽高餘楝、濟陽楊承有、慶雲丁立善、蒲臺侯順祥合跋："民國八年春三月，永達等以捧讀歷城江神童希張所著《息戰論》，不勝欽仰，因聯合同仁集資重刊以廣其傳。"知爲衆人合刻。民國八年東平報恩寺泰鞠序稱"五教之精藴，救世之寶典"。附《江神童新著各書價目表》，知所刻書有《四書白話解説》《道德經白話解説》《禮運白話解説》《息戰論》《大千圖説》《道德會誌》，代售者有《七真傳》《尼山心法》。並注："各教經典及科哲等書俟出版後再行登聞,以上各書倘蒙仁人君子捐印代派,本處另有簡章,函索即寄。"末署"山東濟南南關朝山街星宿廟内萬國道德會籌備處發行"兩行。

十行二十一字,白口,四周雙邊,單黑魚尾。

③《新註道德經白話解説》二卷,江希張注,民國九年濟南萬國道德會籌備處刻本。

封面有黎元洪題"大同先導",有康有爲題"後生先覺"。民國八年江希張自序。民國九年張知睿序:"江蘇大道德家葉君西亭慨然出世資刊印於前,直隸丁君立善等復刊印於後。從此,《道德經》與《四書》《禮運》並流通於天下。"末有民國九年周文聘跋,是年濟寧李紀元跋。卷端題:"山東歷城童子江希張註。"江希張十三歲撰此書。其時白話文剛剛開始在社會上流行,此爲白話注解《道德經》的一部力作。書中提倡老子"道德",指出"大家實行老子的道德,挽回這殺運,庶使萬國共用和親康寧的幸福"。十行二十一字,小字雙行二十一字,白口,四周雙邊,單黑魚尾。

④《新註禮運白話解説》二卷,江希張注,民國九年濟南萬國道德會籌備處刻本。

筆者所見爲此書的第三版,與《道德經》同函。後有《江神童新著各書價目表》,有"木印"書六種,其中江希張著有《禮運白話解説》《息戰論》《道德經白話解説》《大千圖説》(按:據江希張後來説,《大千圖説》與他無關)、《道德會誌》(按:此書似非江希張所撰),有江鍾秀著《江神父壽峰先生先前編孔孟圖歌》《庶人禮略》。末署"山東濟南南關朝山街星宿廟内,萬國道德會籌備總處發行"。後封面題:"民國九年春初版,民國九年冬再版,民國十一年夏三版,總發行所:山東濟南南關朝山街星宿廟,萬國道德會籌備總處。"知發行者爲萬國道德會。

⑤《道德會誌》,民國十一年濟南萬國道德會籌備處刻本。

末封面題:"中華民國十一年夏曆二月初二日出版,編輯兼印刷發行者:山東濟南南關朝山街星宿廟,萬國道德會籌備總處。"有民國五年自序,民國九年張知睿序。

萬國道德會正式成立於民國十年,時在泰安。同年八月,北京立案,故總會設於北平,但濟南籌備處、泰安籌備總處還存在。民國十一年,北平總會刻有《尼山心法》八卷,清佟朝選撰。卷端題:"臨溟翰一佟朝選著,長白筠亭楊吉陞述,後學在山鏡軒陳善華編次,陳善明參閱。"前有民國十一年九月江希張序於泰安岱廟萬國道德會籌備總處。是書第一册下書衣内有排印"版存北平萬國道德總會""定價大洋一元二角""郵費在外"三行。八行二十四字,白口,四周雙邊,單黑魚尾。刻印粗。此書當非山東所刻。

二、濟南佛經流通處

佛經流通處是寺廟中專門進行佛教書籍銷售的部門,現在許多寺廟還有佛經流通處。民國時期濟南的佛經流通處不知設在何地。刻書一種。

《明州天童覺和尚法語》一卷,釋普崇集序,民國十二年濟南佛經流通處刻本。

末有:"中華民國十二年,濟南佛經流通處識。"據序知,刻此書的原因是民國十一年,胡聘三居士之太夫人、殷夫人西逝,同人敬爲校刻是篇,以廣慈願。列名如左:梅光羲八元,夏繼泉八元,張志八元,陶珙八元。"以上共三十二元,計刻此書連圈計字七千四百三十一個,付刻資二十元一角七分,餘資印功德書訖。"則知民國十二年的刻字價爲每字約 0.003 元。

十行二十字,白口,左右雙邊,無魚尾。刻印精美。

三、濟南三教堂

濟南市圖書館有《明道易經》十二卷,堃圃敦老人注,民國十七年濟南三教堂刻本。封面題:"中華民國十七年仲冬重刊,山東濟南府城西段店西北三教堂存板。”

第五節　民國民間組織刻書

一、濟南同善書局刻書

濟南同善書局刻書，清代已述，民國有如下四種。

化世歸善六卷	佚名撰	民國十一年濟南同善書局刻本
宣講拾遺六卷	（清）蔣登岸編	民國十一年濟南同善書局刻本
柳華陽慧命經二十卷附金仙證論	（清）柳華陽撰	民國十三年濟南同善書局刻本
二十四孝宣講	（清）段鎔芳編	民國二十八年濟南同善書局刻本

二、濟南至善社

濟南市圖書館有善書《勸戒篇》二卷，王道貞編，民國十年濟南至善社刻本。封面題：“辛酉夏五月梓行，濟南至善社存板。”

三、堂邑黄莊積善堂

《濟世良方》不分卷，無名氏輯，民國四年東堂邑城西黄莊積善堂刻本。此積善堂僅爲藏板地。封面題：“中華民國四年冬月無名氏刊，堂邑城西黄莊積善堂存板。”九行二十二字，白口，四周雙邊，單黑魚尾。開本小，刻印一般。

四、東昌府金善堂

兖州市圖書館藏《白馬馱仙傳》，清王瀧撰，民國二十年東昌府金善堂重刻本。封面題：“民國二十年重刻，東昌府金善堂存板。”八行二十一字，四周單邊，白口，單黑魚尾。後附民國十六年教子訓女迷回圖。

第六節 民國山東刻書的特色

如果說清代同、光、宣三朝的刻書是回光返照的話,那麼民國的刻書則完全是一幅没落景象了。

雕版印刷没落的最主要原因,是出版業中新技術的興起。

民國時期,隨着先進的印刷技術的興起,石印、鉛印、珂羅版印等已經廣爲普及。王漢章說:"風行一時,幾取木刻之席而代之","顧我國出版界基於世界潮流之趨勢,幾使鉛石印法占有崇高的地位、偉大的勢力,以致木刻漸呈没落景象。加以生活日昂,工價倍蓰,刻字匠人之收入,不敵排印工人之豐厚,相形之下,優黜斯分,趨舍自異矣"。① 不論經營成本還是工人收入,雕版印刷都走到了盡頭,新技術的應用是出版業的必然選擇。

但是,一種現象的消亡,並不是戛然而止的。傳統的雕版印刷業要退出歷史舞臺還有一個過程。"第因國人習尚,仍重雕版,而木刻一線之延,亦由於此。但鉛石印法,初不必遜於木刻,至於省工省費,則又遠過之,二者並行,實不相悖也。"②中國人對雕版印刷的厚愛,使得雕版印刷在民國延續了相當長的一段時間,尤其在私家刻書中,與個人的風雅之好相結合,竟也產生了一些不朽之作。

民國的山東刻書亦離不開全國的大背景、大形勢。

民國時期山東官刻書極少,緣於動蕩的社會狀況。

民國雖然衹有短短的三十八年,但中國經歷了翻天覆地的變

---

①王漢章:《刊印總述》,見張静廬輯注《中國近現代出版史料·近代二編》,上海書店出版社 2003 年版,第 362 頁。

②王漢章:《刊印總述》,見張静廬輯注《中國近現代出版史料·近代二編》,上海書店出版社 2003 年版,第 362 頁。

化。山東地處中國北部沿海，物産豐富，經濟基礎深厚。外國資本主義的經濟滲透和封建軍閥的争奪，向稱激烈。北洋軍閥統治時期，山東長期是段祺瑞皖系軍閥的割據地盤，而後又變爲張作霖奉系軍閥的勢力範圍，一直是北洋軍閥争奪的據點。國民黨統治時期，山東長期爲軍閥韓復榘所控制，是國民黨中央和地方、蔣介石嫡系勢力和非蔣嫡系勢力争鬥的地區。抗日戰争時期，山東是最早淪陷的省份之一。在全省尤其是魯南山區，國、共、日三方政權並立，國共聯手抗日及國共兩黨之間的聯合又磨擦等都具有典型性。

這種動蕩的形勢，這種你方唱罷我登場、衹知今日不知明日的生活狀態，使得官員們自顧不暇，根本談不上什麽文化建設。歷城作爲省會駐地，是明清兩代的官刻中心，但在民國十七年，濟南發生“五三慘案”，山東省政府移至泰安，十八年復回濟南。這種政府駐地的遷移，無疑大大影響了官刻書的發展，故清末成立的官書局——山東書局，衹印書而無力刊刻了。

民國山東坊刻是新技術的最先受益者，因爲事關經濟利益，理所當然地選擇成本低、成效高的石印、鉛印等技術了。所以，除了濟南文陞齋、茂文齋、聊城書業德、有益堂、善成堂、曲阜文會堂、高密成和堂、濟寧泰和堂、周村三元堂等還有零星刻本外，餘皆改爲新的印刷形式了。新出現的坊鋪有刻本存世者有黄縣鏤雲齋、西福盛，高密崔敬修堂，青島成和堂，刻書均寥若晨星。

民國時期的宗教機構刻書，最著名者當屬濟南萬國道德會。刻書五種，其中四種爲該會的創辦人江希張所著，目的是讀經尊孔，教化人類。在白話文剛剛開始在社會上流行的時候，他用白話文注解《道德經》《四書》《禮運》，一定程度上推動了白話文和經書的普及。

其他的宗教機構刻書僅見濟南佛經流通處刻書一種，濟南府城西段店西北三教堂刻書一種。

民國慈善機構刻書除了同善書局外，尚有濟南至善社、堂邑城西黄莊積善堂、東昌府金善堂刻書，數量亦較清代大爲減少。

相對來説，民國時期山東的私家刻書還是承續了清代的傳統，不僅數量多，且多精品。刻書的主要内容還是詩文集，如《石蓮闇詩》《崙麓草堂吟草》《六慎齋文存》《徐詩》《延壽客齋遺稿》《劉魯田先生遺文》《曠廬詩續集》《見山樓詩稿》《徐太拙先生遺集》，還有聊城楊氏三代詩文。詩文評類有《高密三李詩話》。地方文獻有曲阜畢永茼輯刻的《闕里林廟通紀詩》一卷。《曹南文獻録》八十二卷，積十五年而成，彙集了曹州府十一州縣的文獻資料，是研究魯西南地方史志不可多得的重要文獻。

自明至清，家刻中集部書約占百分之六十，是刻書中最爲豐富的一項内容。但在民國，此種優勢並不明顯，經、史、子部書亦所在多有，且多精品。

經部書著名者有吴佩孚所刻自撰《春秋正議證釋》四卷。長山賈氏民國六年所刻《小學集解》六卷、《小學淺解》六卷。日照丁以此《毛詩正韻》四卷、《韻例》一卷，由其子惟汾民國十三年在北平刻成。此書是研究《詩經》押韻方式的著作，章炳麟盛讚“古之風律，自是始宣明矣”。

史部有膠州柯昌濟的《殷虚書契補釋》，是我國早期的甲骨學著作之一。許鴻磐撰《方輿考證》一百卷《首》一卷，是繼清初顧祖禹《讀史方輿紀要》之後的另一部宏篇大著，雖成書於道光時期，但一直未刊刻，民國七年至二十二年濟寧潘復華鑑閣刻本是此書的唯一刻本。高唐田士懿所刻三書皆關金石學。《山左漢魏六朝貞石目》一卷、《續》一卷、《再續》一卷、《補》一卷，共收録散見於山東各地的漢魏六朝時期的碑碣 504 種，並逐一加以詮釋，特别是增加了數十年來新出土之文物，使山東金石著録燦然大備。

子部書更爲豐富多彩。由樂鏡宇創辦的濟南宏濟堂藥店刻有《宏濟堂藥目》一卷，是山東現存的唯一一部藥目。宣統二年至民國間諸城徐桂蟾刻鈐印本《仿古粹編》,展示了篆刻學的重要成果,刻印精細,極具藝術價值。

子部書中最珍稀者當爲長山養正堂刻《續學統》五十八卷。據《〈續學統〉提要》①,此書推崇程朱理學,以之爲學統正脈,故斥其他與理學相左之學術俱爲異端,對明代陳獻章、王守仁學派排斥尤力。其書編纂體例仿效熊氏《學統》及唐鑒《國朝學案小識》,按所謂"學術邪正"進退取捨人物。其人選諸家按學術之正與否分爲《内編》《外編》。《内編》爲篤守程朱者,《外編》爲陸、王、顔、李、惠、戴等學者。二編體例有别:列《内編》諸人則各爲傳記,詳記其言行以垂法,於其學術之不周全者也時爲糾正之;列《外編》諸人則不立傳,僅摘引其説,並徵引各家之説以駁其謬。足見其所分"編"即有推崇理學、嚴學統、斥異己之意。於各編又分上、中、下,更以所謂學術優劣論人物:編入《内編》上之人則取"學行俱純,篤守程朱,確有心得,足爲後世法"者,收録甚嚴,僅收許衡、陸隴其、汪紱、羅澤南四人;其餘諸家收入中、下,謂其"雖宗程朱,而學行不無遺議者"。《外編》上則取"學術雖偏,而行誼功烈卓然者",如孫奇逢、湯斌、曾國藩等;而"學術不正,而行誼功烈又無可取者",則入《下編》,所收如惠棟、紀昀、阮元等。編者政治態度保守,不趨時進,於書中屢屢攻訐西學。對於康有爲、梁啟超宣導之"維新"也大加撻伐,充分顯現出封建衛道士的本色。然而,此書記載清代儒學人物傳記,博採廣搜,資料宏富,既可爲研究清人學術個案提供資料,也揭示了清代儒學宗派發展的部分線索。

此書著者二人皆非山東人,而卻刻於山東,不能不説是山東人對學術的一大貢獻。此書極爲難得,僅山東省圖書館藏半壁,即衹有《内編》。此書收入四川大學主持編纂出版的《儒藏》。

①舒大剛:《儒藏論壇》第四輯,四川出版集團2010年版,第380頁。

除了以上內容上的特點，山東民國刻書具有藝術價值的有：滕縣生克昭北平法源寺刻《［民國］續滕縣志》五卷和《滕縣生氏族譜》四卷，非常精美，是民國山東刻書的代表之作。《六慎齋文存》亦屬精品。

山東民國刻書亦不乏版本重要者，明代樂安徐振芳有《徐太拙先生遺集》八卷，此集在二百九十餘年間，僅見鈔本，刊本久已失傳，從而使民國二十三年徐氏家刻本具有重要的意義。

民國山東家刻中最有名的是張宗昌皕忍堂刻《唐開成石壁十二經》和《重刻武經七書》，兼具版本、藝術、文獻等多重價值。

張氏重刻《唐開成石經》，目的是復古，而復古的表現方式是，按石經原來的面貌，編排次序仍其舊，版式仍其舊，缺文以雙鈎補之。《五經文字》《九經字樣》按康熙五十四年歙縣項絪玉淵堂依碑文鋟木，格式雖改，缺文不補。皆保持原石及原刻本的面貌。所補宛平嚴可均《唐石經校文》十卷，獨具隻眼，有利於學術研究。

張宗昌刻書注重版本來源，刻《六韜》以國學圖書館所藏宋本校，《孫子》《吴子》《司馬法》三種以平津館所刻宋本校，《三略》《尉繚子》《李衛公問對》三種均以明代善本校。這樣，使得他所刻的《武經七書》具有校勘價值。

張宗昌刻書特徵比較明顯，有牌記："歲次丙寅皕忍堂刊。"版心下鐫"皕忍堂"。書由北京文楷齋雕印，精緻漂亮，一絲不苟。"民國以來官刻書之最偉大者，即徐世昌任内所刻柯鳳孫學士（劭忞）之《新元史》。而尤奇特者，則前山東軍閥張宗昌所刻之開成石經本《十三經》一事，董其役者，爲陶蘭泉（湘），任望南（師尚），吴桐淵（實彝），此亦可紀者也。"①

①王漢章：《刊印總述》，見張靜廬輯注《中國近現代出版史料·近代二編》，上海書店出版社 2003 年版，第 364 頁。

張宗昌的刻書之精與當時的大氣候有關。當時聞名南北的藏書大家如傅增湘、繆荃孫、陶湘、羅振玉、徐乃昌等選擇孤本或罕傳之本，延請海内外學儒通人校讎編審，次第授梓，中有不少校刊精審、雕版工細、紙墨考究的本子，已被人們視爲“新善本”。張宗昌二書由陶湘經管，沿其一路，爲此風在山東的流緒。

以上二書的刊刻，加之重印《十三經讀本》，係張宗昌督魯期間提倡尊孔讀經，規定學校開經學課，並要以此挽回道德人心的直接成果。魯迅先生《在現代中國的孔夫子》一文中對張宗昌這位土匪司令所謂尊孔刻經作了辛辣的諷刺，他說：“從二十世紀的開始以來，孔夫子的運氣是很壞的……餘剩的是北洋軍閥，當覺得漸近末路時，也用它來敲過另外的幸福之門……鑽進山東，連自己也數不清金錢和兵丁和姨太太的數目了的張宗昌將軍，則重刻了《十三經》，而且把聖道看作可以由肉體關係來傳染的花柳病一樣的東西，拿一個孔子後裔的誰來做了自己的女婿。”①然而，張宗昌刻印古經，不管是真心尊孔讀經，還是附庸風雅，無論出於什麼目的，在客觀上爲我們留下了十分難得的善本珍品，使宋元舊刻得以再現，爲民國時期的山東刻書業添上了濃墨重彩的一筆。

民國山東刻書出現了如此多的學術精品，究其原因，大致有兩端：一是學者們（軍閥刻書亦由學者經營）對傳統的印刷形式的眷戀。二是刻書是基於對精品的謹慎選擇。在新技術普及的情況下，在雕版印刷明顯是末路的情況下，什麼樣的書值得雕版刊刻，這是刻書者首先要面對的問題。所以，衹有那些具有重要學術價值的書，纔能進入刻書者的視線。可以説，除了家人不惜資金爲先人刻書外，其他的民國家刻本皆具不尋常之意義。

民國是一個動蕩的時期，產生與保存下來的文獻本身就不多，

①魯迅：《魯迅國學文選》，嶽麓書社 1999 年版，第 40 頁。

歷城季俸常的《嵛麓草堂吟草》四卷，書未梓，已毁於兵燹；德州魏廼勷詩集遭喪亂，散失殆盡。此二例可反映當時不安定的時局。即使在這種情況下，山東雕版印刷業仍在曲折中延續一線命脈，那些爲我們留下寶貴的精神財富的學人們不能不令人欽佩，這當中，自然包括像王獻唐先生那樣勉力籌資刷印《毛詩正韻》《金石著述名家考略》等重要著述的文獻傳播者。

第六章　清代山東刻書的特色及社會意義

第一節　清代山東刻書的特色

傅增湘在濟寧李毓恒的稿本《礪墨亭叢書》題跋中認爲"乾嘉以後,南方刻書之風盛",而"北地則聲聞寂寞"。對"李氏僻居魯而奮然有意於此,搜採數萬卷之多"頗感意外。謝國楨在《叢書刊刻源流考》中説:"冀北魯東,文物之邦,猶未聞有刻書之風。"他甚至認爲李毓恒《礪墨亭叢書》是山東人編纂叢書的"魯殿靈光,固足爲鄒魯增色者也"①。傅、謝兩位先生都是國内著名學者,傅先生還是著名的版本目録學大師,他們都認爲山東這個鄒魯文物之邦,刻書之風不盛。實際上,經過考察,山東刻書無論在數量上,還是在質量上,無論在分布的範圍上,還是在刻書的内容上,都超出人們的想象。其以世家大族刻書爲主,以經學、小學、金石學、文學爲主要刻書内容的特色極爲鮮明。

一、刻書數量龐大

杜信孚《全清分省分縣刻書考》一書,收録清代山東刻書 111

①轉引自王紹曾:《山東藏書家概述(代序)》,見《山東藏書家史略》,山東大學出版社 1992 年版,第 79 頁。

種,其中官刻書8種,有山東書局3種,泰安官署和縣署2種,滋陽縣署1種,孔府1種,濼源書院1種。收家刻本103種。杜書没有山東坊刻書的記載。

山東刻書的實際數量遠不止此。

據不完全統計,清代山東的官刻書有205種,加上本書未討論的官刻方志348種,山東官刻總數有553種。

私家刻書有2141種。硃卷應爲個人刊刻,題名録、齒録等由相關人士集資刊刻,亦應爲私家刻書的一部分,已知清代山東有殿試卷2種,會試卷109種,鄉試卷306種,副貢卷4種,優貢卷7種,拔貢卷14種,題名録19種,齒録9種,鄉試同門姓氏硃卷6種,闈墨10種,同官録1種,鄉試録5種,總492種。家譜亦爲家刻,清代山東刻家譜有200種。以上合計,清代山東私家刻書的總量已達2833種。另有數百種山東清代著述,目録作“清刻本”,大部分當爲家刻,因未目驗原書,未計入内。

坊刻書所知有597種,還有大部分坊刻書因各種原因未流傳下來而未計入内。

另有宗教機構刻書有25種,民間團體刻書有16種。

這樣,就目前所知,保守計算,清代山東刻書的總量在4024種。

明代以前,山東刻書不多見,有記載的宋元本僅數種。明代刻書,山東有所發展,已知有410種,數量上處於全國刻書的中等偏上水平。而清代則達4000種,是整個明代的十倍,這無疑説明,清代是整個山東刻書的極盛期。

在全國層面上,山東刻書已位居前列。杜信孚《全清分省分縣刻書考》無法完全掌握各省的數據,所列河北省有61種,其中官刻5種,家刻46種,坊刻4種,書院刻6種;山西省有33種,其中官刻3種,家刻30種;陝西省36種,其中官刻5種,家刻26種,書院5種;甘肅省僅8種,官刻1種,家刻7種。如以所收山東的111種與之相較,山東刻書數量遠在上述諸省之上,與江蘇、浙江、安徽、江西不相上下。

杜信孚先生是南京圖書館的館員,故搜輯江蘇刻書有方便條件,《全清分省分縣刻書考》共十二册,除索引六册外,正文爲六册,而江蘇刻書就占了兩册。可見杜先生對江蘇的清代刻書資料掌握較全,故以現在調查的山東刻書與江蘇刻書相比,較具科學性。

江蘇是明清兩代的刻書中心。明初,元代西湖書院的書版盡歸金陵,即使明成祖遷都北京,南京的官刻機構仍悉數保留,刻書之風不輟。除了南京,揚州、蘇州、常州、鎮江、無錫,皆爲刻書之地,胡應麟有"蘇常爲上,金陵次之,杭又次之"的説法。金埴在論及康熙時期的刻書時,亦説:"吴門爲上,西泠次之,白下爲下。"公認蘇州刻書是最精的。金陵書坊數百家,毛晉汲古閣刻書名揚全國,可見明代江蘇刻書之盛。在這一良好的刻書基礎上,清代的江蘇刻書更上一層樓,書坊林立。據張秀民先生統計,清代前期僅蘇州有名的書坊就有53家。三經堂、掃葉山房、寶翰樓、緑蔭堂和書業堂等都是名重一方的書坊。私家刻書更不必説,刻書名家衆多,尤以刊刻大型的叢書爲主。

據杜信孚先生統計,江蘇的官刻書有180種;家刻有1492種,加上叢書子目1621種,總計爲3113種;坊鋪202家,刻書406種;6所書院,刻書10種;宗教機構10個,刻書13種。這樣,江蘇的刻書總量爲3722種。此數未包括江蘇方志。另外,南京坊刻業發達,所録406種當僅爲一部分。應該説,在刻書數量上,山東與江蘇相差無多。

再以坊刻爲例,清代福建長汀四堡和江西金溪滸灣是全國有名的坊刻中心。滸灣有書坊近50家、刻工六七百人。四堡刻書業自明末興起,康熙初興盛,乾嘉達到極盛。"致富者累累相望",

"鄉多書肆,雕梨刻棗,古籍幾於汗牛,不脛而走四方","長汀四堡鄉皆以書籍爲業,家有藏版,歲一刷印,販行遠近,雖未及建安之盛,而經生應用典籍,以及課藝應試之文,一一皆備。城市有店,鄉以肩擔,不但便於藝林,抑且家爲恒産"。① 整個清代四堡的坊鋪在100家以上。四堡刻書見到實物或文獻記載的有667種,除重複的各種外,共489種。如果僅從現存刻書實物來看,山東聊城一地刻書有230餘種,以"四大書莊"爲主,與久負盛名的四堡還有一定的差距。但據史料記載,聊城的每個大書莊刻書均在數百種以上,書業德則在千種以上。

趙萬里先生在《中國版刻的發展過程》一文中説:"明清兩朝各地所刻的書籍,數量之大,品種之多,比之前代,不知超越了多少倍。"②從山東清代刻書來看,確實如此。

二、地域分布廣泛

明代山東刻書有64地。濟南府20地,有濱州、德州、德平、平原、泰安州、陽信、武定州、海豐、樂陵、歷城、章邱、鄒平、淄川、長山、長清、新城、濟陽、臨邑、陵縣、青城;東昌府6地,有臨清州、武城、聊城、堂邑、博平、茌平;登州府5地,有蓬萊、黄縣、萊陽、文登、海陽;萊州府6地,有膠州、掖縣、平度、濰縣、高密、即墨;青州府9地,有益都、博興、樂安、壽光、臨朐、安邱、諸城、沂水、日照;兗州府18地,有濟寧州、東平州、東阿、曹州、曲阜、滋陽、寧陽、滕縣、嶧縣、汶上、壽張、郯城、單縣、鄆城、曹縣、定陶、金鄉、魚臺。

清代的山東刻書範圍更廣泛,以家刻來考察,全省107縣,有刻書的81縣,儘管有的地方刻書極少。無刻書的26縣。

①以上皆轉引自謝水順、李珽:《福建古代刻書》,福建人民出版社1997年版,第16頁。

②趙萬里:《中國版刻的發展過程》,見人民日報1951年5月4日。

整個清代無私家刻書的縣:

府(州)	數量	地區
濟南府	1	禹城
東昌府	4	清平、冠縣、恩縣、高唐州
泰安府	3	新泰、萊蕪、東阿
武定府	4	青城、商河、霑化、蒲臺
臨清州	1	武城
青州府	2	博興、高苑
兖州府	2	汶上、壽張
沂州府	1	蒙陰
曹州府	6	城武、鄆城、濮州、范縣、觀城、朝城
濟寧州	2	嘉祥、魚臺

以上26縣中,汶上縣有官刻書,道光五年南海馮賡颺汶上縣署刻《文獻通考序鈔》;青城縣有民間團體刻書,布德堂刻過《眼科方書神效便方》;商河縣有寺廟刻書和民間團體刻書,龍桑寺文昌閣刻《關聖帝君聖訓十願十戒救劫寶訓》,潤德堂刻《分氣陽宅指南》。實際上,餘下的23縣均有地方志的刊刻,可以説,在清代,所有州縣都有刻書。

從這些無家刻記載的縣的分布來看,主要集中在曹州府。曹州府所轄十一縣:菏澤、單縣、城武、鉅野、鄆城、曹縣、定陶、濮州、范縣、觀城、朝城,其中六縣無家刻書,這大概與當地的經濟發展有關係。更主要的是,與社會動蕩有關。明末清初的山東榆園農民軍起義主要發生在濮州、壽張、范縣、清豐各縣。嘉慶十八年,繼河南天理教起義後,山東金鄉、曹縣、定陶等地天理教組織也相繼起義,成爲直魯豫交界地區天理教起義的主要組成部分之一。整個清代,山東有三次較大規模的起義,而發生在曹州府的就有兩次,不能不對這個地區的文化發展有所影響。

東昌府共十縣:聊城、堂邑、博平、在平、清平、莘縣、冠縣、館陶、恩縣、高唐州,無家刻書者四縣,這與王倫起義不無關係。泰安府七縣:泰安、肥城、新泰、萊蕪、東平州、東阿、平陰,無家刻書者三縣,亦復不少,與乾隆時發生在泰安的兩個大案有關,一是乾隆十八年的王盡性"捏造歌詞"案,一是乾隆四十三年的王仲智"私藏逆書"案。連續兩次文字獄案,一是刊刻歌詞,一是窩藏禁書,以致刻書者被杖斃,藏書者家被毁,這無疑是對泰安刻書業的震懾。同時,記述泰山歷史的巨著——《岱史》,因收入了明末兵部尚書王在晉的文章《告嶽文》,中有斥駡努爾哈赤句,又在清廷的查禁之列。明萬曆時兵刑兩部尚書蕭大亨所著之《夷俗記》,也因書中記載了一些邊塞史實,遭嚴旨查禁。文字獄的陰影,嚴重影響了泰山史的研究,同時,影響了泰安刻書業的發展。

以上曹州府、東昌府、泰安府刻書不盛還與當地的文化背景有關。聊城東阿在清代無刻書記載,而在明代卻刻書八種,其原因有三:一是清代產生的著述少。明代有著述四十九種,清代僅二十八種,刻書資源上就比明代少。二是名家少。明代有于慎行一家,其父、其弟皆有著述,其子又能世其業,爲其刻書。而清代僅周天爵一人,且無子孫能繼其業,故稱不上大族,也就無刻書可言。三是有著述者取得功名的少。陳玉霏有著述七種,但他僅是一名諸生;房甲山有著述十四種,也僅爲歲貢生。清代東阿衹有進士兩名:周天爵、張令璜,舉人一名。四是經濟狀況是決定刻書的重要因素。如劉軾,即使有著述,但資財不敷,也無法刻書。

清代山東十府二州,所轄縣均有家刻書的有登、萊二府,且二府是除了濟南府之外,山東刻書最多的府。

各府(州)刻書數量統計排序表:

府(州)	前期	中期	後期	總計
臨清州	0	13	2	15
泰安府	14	9	8	31
濟寧州	2	18	12	32
曹州府	28	8	10	46
沂州府	2	30	36	68
東昌府	15	50	10	75
武定府	22	37	72	131
兖州府	93	71	31	195
青州府	179	82	48	309
登州府	38	154	119	311
萊州府	89	104	135	328
濟南府	275	182	143	600
總計	757	758	627	2141

由上可見,登、萊、青三地刻書發達,除了以上文化背景之外,當與此地的經濟繁榮有關。

首先,三地鹽業發達。自姜太公建立齊國,即開發漁鹽之利。北宋初,在山東設立鹽場,有登州、密州、濱州三處。明初,山東轄十九個鹽場,大多在東部沿海地區。其次,礦産豐富。登、萊二州産金。北宋中葉,登州採金業發展到了鼎盛時期。再次,商業繁榮。登州府治蓬萊在唐代就有集市貿易,宋元時期,登、萊又興起了許多市鎮。膠州在明代嘉隆年間即爲商賈輻輳之所,商船往來終年絡繹。清代中葉,上海、蘇州均有膠州幫商人開設的會館。半島北岸的商業碼頭則以黄縣爲最。該縣地寡人衆,卻號爲東海富庶之區。第四,交通便利。登州港是中國古代北方對外貿易的主要口岸,在唐朝時就成爲與南方廣州、揚州、明州、泉州齊名的港口,與高麗、日本有商貿往來。蓬萊、牟平、文登諸縣,均有新羅人聚居的街巷。登州港還是中國古代南北沿海航運的樞紐。清朝初期,由於實行海禁,山東沿海海運業幾乎停頓。康熙二十三年廢除禁海令,山東沿海海運纔得以迅速發展。道光五年,清政府正式宣布以海運代漕運。從此,清朝所需漕糧大都是通過登州港的航線完成的。

同樣的,此三地的刻書亦與社會安定有關。清前期的登、萊二府刻書並不發達,尤其是登州府,前期僅有 38 種,而在中期卻異軍突起,這與清前期的于七起義有關。自順治五年起,于七以棲霞爲根據地,聚衆抗清,是當地實力最强的一支農民起義軍,被清統治者稱之爲"諸寇冠"。順治十八年,于七與清軍進行大規模的對抗,震動了整個山東半島,一度打亂了清朝在棲霞、萊陽、即墨等地的統治。起義被鎮壓後,登州府也陷入白色恐怖中,清統治者對起義地區的抗清士紳進行了慘絶人寰的血腥屠殺,蒲松齡在《聊齋志異·公孫九娘》中曾提到:"于七一案,連坐被誅者,棲霞、萊陽兩縣最多,一日俘數百人,盡戮於演武場中,碧血滿地,白骨撑天,上官慈悲,捐給棺木,濟城工肆,材木一空。以故伏刑東鬼,多葬南郊。"①

由上可知,山東所轄的 107 縣,全部有刻書,覆蓋率達百分百。

三、刻書品類豐富

清代山東刻書品類豐富表現在兩個方面,一是刻書機構多,即形成了以官、私、坊三大系統刻書爲主,以宗教機構、民間團體刻書爲輔的格局;二是所刻内容豐富,經、史、子、集無所不包,品類齊全。

山東官刻首推孔府,刻書 37 種,在 205 種官刻書中,占近六分之一。其次爲晚清的山東書局,刻書 42 種,連同子目在 70 種以

①〔清〕蒲松齡:《聊齋志異》,嶽麓書社 1988 年版,第 149 頁。

上。再次爲尚志書院,刻書22種,同時爲山東書局的出版提供編輯力量。山東唯一的省級書院——濼源書院,刻書8種。光緒二十七年新政後建成的山東大學堂刻書6種。由上可見,山東的教育機構在清代是刻書的主體,這也在提督學政的刻書量上得到了體現。整個清代,山東提督學政共刻書9種。

在省級衙門中,巡撫刻書3種,布政使司刻書11種,鹽運使司刻書6種,按察司刻書2種,另有運河道庫、輿圖局、河防局等機構刻書,數量不多。

地方官署涉及的地區不少,刻書最多者爲泰安官署,另有濟南郡齋、德州學正、德州禮房、長清縣署、章邱縣署、濟陽縣署、濟陽儒學、東平州署、臨清中學、榮成縣署、福山儒學、萊州府署、青州府、兖州府中學堂、兖州官署、鄒縣、汶上縣署、曲阜、陵縣、滋陽縣署、樂陵等。

不同類别的官刻機構,其刻書特點不盡相同。如省級衙門多關注國計民生,或與自己機構的職責相聯繫,刊刻有本系統特色的書籍。而地方官衙則根據官員的喜好,經、史、子、集無所不包。或刊刻地方史籍,或關注道德教化。書院刻書多關學術,學堂刻書多爲教材,孔府刻書多爲詩文詞集,而晚清的山東書局刻書則以儒家著述和經史爲主。

私家刻書以傳播學術、文化爲主要目的,並非爲盈利。私家刻書的特點是注重校勘,重視刊刻質量。山東家刻大多是刊刻自己編撰的書籍和前人的詩文,故集部書刊刻最多。

山東各府(州)刻書内容分類統計表:

府(州)	經部	史部	子部	集部	叢部	總
濟南府	43	88	70	398	1	600
東昌府	24	10	10	31	0	75

（續表）

府（州）	經部	史部	子部	集部	叢部	總
泰安府	1	2	3	25	0	31
武定府	17	44	7	63	0	131
臨清州	3	2	0	10	0	15
登州府	77	29	65	140	0	311
萊州府	36	35	74	183	0	328
青州府	36	50	52	171	0	309
兖州府	44	29	29	93	0	195
沂州府	14	11	13	30	0	68
曹州府	7	3	1	35	0	46
濟寧州	7	7	1	17	0	32
總計	306	308	326	1197	1	2141

注：叢書僅列一種，即馬國翰的《玉函山房輯佚書》，其他叢書皆以子目計。

從上表看，集部書占了山東家刻書的二分之一，經、史、子三類數量相當。將各府每類書相比較，東昌府、登州府、兖州府側重於經部，萊州府側重於子部，這與世家大族刻書的愛好有關，下文着重探討。

山東坊刻，如同全國其他地區的坊刻一樣，在刻書内容上豐富多彩，經、史、子、集四部皆備。上自皇帝諭旨，下至民間日用雜品，應有盡有，品類齊全。一般來説，科舉應試之書、普及教育用書、民間日常用書及小説、傳奇、戲曲之類的文藝圖書是坊刻的主要内容。

坊鋪是以贏利爲目的的，爲了降低成本，坊刻本無論是用工還是選料，都無法與官刻、家刻書相提並論。故校勘不精，訛誤較多，質量不高。

目前已知整個清代山東坊鋪有 120 餘家,最著名者爲聊城“四大書莊”——書業德、善成堂、寶興堂、有益堂。煙台的成文信在刻書數量上僅次於書業德,其分布範圍要比書業德廣。起源於濰縣的“承文信”等“成”“誠”“承”字號書鋪更是分布至膠東半島,並遠及遼東半島。歷城則以省會的地位,大小書鋪達 30 多家。

山東坊鋪的分布與交通位置、經濟發展有着極大的關係。聊城有坊鋪 20 餘家,與其在運河沿岸有關。運河貫通南北,連結五大水系,是南北物資交流的大動脈,也是山東境内商品流通最主要的干線,運河沿線城鎮的商業活動也因此興旺。每年往來於運河的數千艘漕船,對運河沿線城鎮的經濟生活有着舉足輕重的作用,“舟行附載南省百貨,若遇行走迅速,貨物流通,商賈居民咸資其利”,“若停運一年,將南方之貨物不至,北方之棗、豆難消,物情殊多不便”。① 聊城是東昌府治,清代中葉,僅在聊城經商的山陝商人字號大小就有三四百家,嘉道年間,聊城的商業店鋪作坊約在 500 至 600 家。濟寧“當河漕要害之沖,江淮百貨走集,多賈販,民競刀錐,趨末者衆”②。故濟寧坊鋪亦復不少。乾隆時將濟寧和臨清陞爲直隸州,與兩地經濟發展繁榮有關。但在道光五年,隨着運河的停運,海運的啓用,沿河商業日漸凋敝,而煙台、青島等沿海城市則相繼崛起,僅煙台就有刻書鋪近 10 家,其他沿海各縣如蓬萊有 5 家,黄縣有 3 家,掖縣有 6 家,均不甘落後。

除了以上三大刻書系統,清代山東刻書還有宗教機構的參與。寺廟刻書最多,有青州法慶寺刻書 4 種,濟南靈巖寺、濟南後宰門大關帝廟、商河龍桑寺、泰安普照寺、勞山華嚴禪院、青州滿城普恩

①戴鞍鋼:《發展與落差——近代中國東西部經濟發展進程比較研究(1840—1949)》,復旦大學出版社 2006 年版,第 436 頁。

②戴鞍鋼:《清代漕運興廢與山東運河沿線社會經濟的變化》,載《齊魯學刊》1988 年第 4 期。

寺均有刻書。其次爲教堂刻書,著名者有濟南救世會、煙台基督教堂、濰縣教堂、青州某教堂、青州天主教堂、兖州府天主堂、青州浸禮會基督教堂,均在清後期,以青州府爲多,反映了晚清宗教在山東的滲透。道觀刻書,以濟南段店劉家莊明聖壇刻書爲著。

民間團體在清後期亦有刻書行爲,山東公善堂、山東與善堂、山東廣仁局、濟南同善書局、濟南義德堂、冠縣元善堂、青城布德堂、商河潤德堂、煙台廣仁堂、青州同善堂、膠西保真善堂均有刻書,以勸善書與醫書爲主。

山東刻書的品類豐富還表現在刻書内容涉及五大部類下的各個小類,如集部的楚辭、别集、總集、曲類、詩文評、小説等類,皆有書籍刊刻。每一部類下屬各小類,如總集下通代、斷代、家集、地方藝文,皆有刊刻。

清代山東刻書的繁盛情況不爲人知。僅以書院刻書爲例,趙連穩、朱耀廷著《中國古代的學校、書院及其刻書研究》①一書,在《清代前期學校與書院的刻書活動》一節,收清前期有刻書活動的書院 31 家,無山東濼源書院刻書的記載。

四、經學、小學、金石、文學見長

清代山東刻書以經學、小學、金石、文學見長,完全得益於山東學者在這些領域的研究成果。

(一)經學

山東研究《五經》者,皆有本源。從孔子定《六經》始,至秦焚書坑儒,齊魯之風未嘗替。劉邦引兵圍魯,魯中諸儒尚講誦習禮,弦歌之音不絶。"漢興,言《易》自淄川田生;言《書》自濟南伏生;言《詩》,於魯則申培公,於齊則轅固生,燕則韓太傅;言《禮》,則魯

①趙連穩、朱耀廷:《中國古代的學校、書院及其刻書研究》,光明日報出版社 2007 年版。

高堂生；言《春秋》，於齊則胡毋生，於趙則董仲舒。"①由此可見山東在兩漢經學發展中占有重要地位。

以山東易學爲例，兩漢時期易學傳承人共53人，其中可考的山東人25人，西漢今文易學的孟喜、梁丘賀均爲山東人。古文易學，山東人費直是開創者。東漢易學的山東人有劉表、王肅、鄭玄，其中，鄭玄占有突出的地位。晉易在山東的主要代表人物是王朗、王肅、王弼。對形成晉易系統主要特點有决定性作用的開風氣之先的人物是王弼。南北朝時期山東重要的易學家有崔浩、徐爰、明僧紹、伏曼容、崔瑾、張譏、房景先等。唐代山東重要的易學家有任希古、吕才、路隋、崔鄾。宋代易學義理派的開創者爲宋初三先生胡瑗、孫復、石介，其中孫復、石介是泰山學者。山東學者穆修、李之才是宋代圖書學先後傳遞的關鍵人物，而後者又是象學的創立者。故楊亞利認爲："《易經》的基礎陰陽八卦源於山東，有東夷文化背景；《易傳》爲孔子作，有鄒魯文化背景；易學的創立權屬於田何爲首的山東學者，有齊魯文化背景。筆者認爲不僅整個易學源於山東，而且易學的三大形態即漢易系統、晉易系統、宋易系統開風氣之先的人物都是山東學者，在這個意義上説，易學源於山東。"②

承續以上研易傳統，清代山東研易者有張爾岐、劉孔懷、孔廣森、孔廣林、郝懿行、牟庭、成瓘、牟應震、王範、陳介祺、馬國翰、宋書升諸人。産生的易學著述有：張爾岐的《周易説略》，吴脈鬯的《增輯易象圖説》《易經卦變解八宫説一解》，匡文昱的《周易遵翼約編》《讀易拾義便抄》，郝懿行的《易説》《易説便録》，董養性的《周易訂疑》《易學啓蒙訂疑》《周易本義原本》，李源的《易經簡明

①〔漢〕班固撰，〔唐〕顔師古注：《漢書》，中華書局1962年版，第3593頁。

②楊亞利：《論易學源於山東——兼論漢以來山東古代學者對易學之貢獻》，載《文史哲》2004年第3期。

集解》,邱仰文的《碩松堂讀易記》,單鐸的《研經堂周易顯指》《周易釋要》《周易答問》,牟應震的《周易直解》,牛運震的《周易解》,孫廷芝的《讀易例言》,單維的《周易介》,丁裕彦的《周易述傳》,馮繼聰的《周易析義》,賈聲槐的《周易解》,孔傳游的《太極易圖合編》,李兆元的《周易説卦傳輯注》,黄守平的《易象集解》。數量頗爲可觀。

其他經學著述,於《詩》,有牟應震的《毛詩質疑》六種,李允升的《詩義旁通》。牟應震浸淫於詩二十年,成《毛詩質疑》六種,其中,《毛詩古韻雜論》創見極多;《毛詩名物考》兼採衆説,引古證今;《毛詩古韻》條理井然,考據明晰;《毛詩奇句韻考》豐富完善了古韻研究的素材和内容。

於《禮》,有張爾岐的《儀禮鄭注句讀》,孔廣森的《大戴禮記補注》《禮學卮言》,孔廣林的《周官臆測》《儀禮臆測》,孔繼汾的《劻儀糾謬集》《闕里儀注》。其中,張爾岐的《儀禮鄭注句讀》頗受顧炎武稱許,顧炎武在與《汪琬書》中稱此書"頗根本先儒,立言簡當"。並在《廣師》一篇中曰:"獨精《三禮》,卓然經師,吾不如張稷若。"梁啟超在《中國近三百年學術史》一書中評價:"就專經解釋的著作論,《儀禮》,算是最大的成功。淩、張、胡、邵四部大著,各走各的路,各做到登峰造極,合起來又能互相爲用,這部經總算被他們把所有的工作都做盡了。"①對張爾岐研究《儀禮》之功給予了很高的評價。孔廣森的《禮學卮言》《大戴禮記補注》,以史傳訂補漢唐以來諸家注釋之未及,精奥通博,多出神悟,孔廣森爲清代禮學名家之一,亦得學界稱許。

於《春秋》,則有孔廣森的《春秋公羊經傳通義》,法坤宏的《春秋取義測》。孔氏《春秋公羊經傳通義》據《春秋》經文,以樸學治

①梁啟超:《中國近三百年學術史》,中國人民大學出版社 2012 年版,第 202 頁。

《公羊》，在“公羊學”中自成一家之論。阮元認爲，讀《通義》“始知聖志之所在”①，此書爲清代《公羊》諸家中最爲“謹確”之作。“清儒頭一位治《公羊傳》者爲孔巽軒廣森，著有《公羊通義》，當時稱爲絶學。但巽軒並不通《公羊》家法，其書違失傳旨甚多。”②雖偏離《公羊》家法，但少主觀臆測的發揮，且開拓之功甚巨。梁啟超認爲清代諸經中唯《儀禮》與《公羊》成績最大，而這兩個領域的首創者皆爲山東人。

除了以上山東人的經學著述，山東刻書家還刊刻了前人以及其他地區學者的研經之作，如盧見曾刊刻的《雅雨堂藏書》多爲漢唐人解經之作及惠棟等近人研經的最新成果；李文藻刻周永年彙印的《貸園叢書初集》十二種中有七種爲經部書，除一種爲其弟李文淵所著外，餘皆爲外地人著述。孔繼涵所刻《微波榭叢書》，除了個人著述及戴震遺書外，餘皆爲元以前人的著述。而被梁啟超稱爲“清代第一流著述”的戴震的《孟子字義疏證》係山東孔繼涵所刻。還有楊以增爲丁晏刻《六藝堂詩禮七編》，爲武億刻《三禮義證》。其中，作爲乾嘉漢學的重要人物——惠棟的著述，大多賴山東人爲其刊刻，如盧見曾刻惠棟補輯的《鄭注周易》及惠棟撰《周易爻辰圖》《周易述》，李文藻爲惠棟在羊城刻《易例》，在潮陽縣衙刻《九經古義》，在羊城刻《春秋左傳補注》。

對於著名的經學著作，山東刻書家屢次刊刻，代不乏人。如宋孫奭的《孟子音義》二卷，乾隆中曲阜孔繼涵刻《微波榭叢書》中有之，乾隆四十六年安邱韓岱雲又刻，道光二十三年日照許瀚據宋本影刻，光緒中榮成孫葆田又據許氏本重刻。一書而四刻，可知山東刻書家對此書的重視，客觀上爲經學在山東的傳播做出了重要貢獻。

①趙爾巽等撰：《清史稿》，中華書局 1977 年版，第 13209 頁。

②梁啟超：《中國近三百年學術史》，中國人民大學出版社 2012 年版，第 204 頁。

（二）小學

小學爲治經之途徑，治經必先識文字、明訓詁，而文字、訓詁又自古音韻始，故文字、音韻、訓詁爲小學三大支柱。乾嘉考據學派要對漢儒的經説進行考證，必然要對小學進行深入研究，一系列有關小學的典籍和清儒的研究成果也隨之付梓。

文字方面，漢代有《倉頡篇》、司馬相如的《凡將》、史遊的《急就》、揚雄的《訓纂》、班固的《續訓纂》諸書。東漢許慎《説文解字》，奠定了中國字書的模範，後世之治文字者，皆在此書基礎上進行。清代首爲段玉裁的《説文解字注》，之後，通釋之書最著者有三，一是桂馥的《説文解字義證》，一是王筠的《説文釋例》，一是王筠的《説文句讀》，三部書皆爲山東人的著述。

桂馥《説文解字義證》，雖不及段玉裁有獨創性，但積累深厚，檢閱方便。王筠《説文釋例》"爲斯學最閎通之著作，價值可與淩次仲《禮經釋例》、劉申受《公羊釋例》相埒"①。而王筠之《説文句讀》，被梁啟超稱爲"最後出而最明通，最便學者"②。故梁啟超認爲，學者如欲治《説文》，最好先讀王筠《句讀》，次讀王筠《釋例》，桂氏《義證》可供查考，其餘别家的書，可不讀。足見三書的重要地位。桂氏書由許瀚傾其家資、盡其心力、歷時十餘年刻成，王氏二書係王筠自刻，刊成後又續有補正。《釋例補正》由王筠自刻，《句讀補正》由其子王彦侗補刻。王筠其他有關文字的著述如《檢説文難字》《説文繫傳校録》《文字蒙求》《正字略定本》皆有王氏家刻本，其《字學蒙求》有益都陳山嵋刻本，《説文部首讀補注》有諸城尹彭壽刻本。

①梁啟超：《中國近三百年學術史》，中國人民大學出版社 2012 年版，第 222 頁。

②梁啟超：《中國近三百年學術史》，中國人民大學出版社 2012 年版，第 223 頁。

被認爲是清代"字用學"第一部的濟寧劉淇的《助字辨略》,康熙初年成書,先有康熙五十年海城盧承琰刻本,咸豐五年,聊城楊以增在江蘇清江浦刻成。

在文字學書籍的刊刻上,福山王祖源、歷城邵書升皆爲有功之臣。福山王氏所刻有《急就篇》《急就篇直音》《説文聲讀表》《説文逸字》《正俗備用字解》;邵氏所刻有《純正蒙求》《二千字文》《二千字文注釋》《性理字訓》。二人所刻雖皆爲蒙學用書,但無疑對文字學的普及做出了重要貢獻。

音韻學方面,自顧炎武的《音學五書》開拓了清代古音學的研究,繼有江永、戴震、段玉裁、孔廣森、王念孫、江有誥、姚文田、嚴可均、張成孫諸人。江永的音韻學成績在顧炎武之上,其三部重要著述《古韻標準》《四聲切韻表》《音學辨微》,爲益都李文藻所刻者就有《古韻標準》《四聲切韻表》兩部。江永弟子戴震的《聲韻考》,先是李文藻刻於潮陽縣衙,繼之孔繼涵刻入《微波榭叢書》,同時收入的還有其另一部音韻學名著——《聲類表》。

山東清代音韻學大儒首舉孔廣森。孔廣森是戴震的學生,從他的《詩聲類》《聲類分例》,可見他對古音學的重要貢獻有兩點:一是東冬分立,一是陰陽對轉。東冬分立彌補了顧、江、戴、段的不足,陰陽對轉發自戴、段而完善於孔氏。他的古韻分部下啓王念孫、江有誥,使音韻學臻於完善。其他還有張耕《古韻發明》《切字肆考》,王筠《説文韻譜校》,莊瑶《聲韻易知》,張象津《等韻簡明指掌圖》,張彭緒《音韻注略》《音韻約編》,翟云升《韻字鑑》,王兆琛《重韻辨義》,王星奎《增訂詩韻便覽》,時庸勱《聲譜》《聲説》,李憲喬《拗法譜》《通轉韻考》,單可琪《音韻同異辨》,陳錦《詩韻釋音》等,碩果累累。滕縣張耕,喜聲韻之學,服膺顧、江、戴三家之論,所著《古韻發明》,頗得許瀚、阮亨、方苞等人稱許。單縣時庸勱的《聲譜》《聲説》,對顧、江、戴、段、王、孔等人的成就進行了系統總結，並提出獨到的古音體系。他的功力和新穎見解，被王獻唐先生稱爲“在清代二百六十年内，具有山東全省的代表性，同時也有全國的代表性”①。

戴震《六書音韻表・序》：“訓詁明，六經乃可明。”王念孫《説文解字注・序》：“訓詁聲音明而小學明，小學明而經學明。”故清儒治經尤重訓詁。成績卓犖者有戴震、段玉裁、王念孫，山東則以郝懿行的《爾雅郭注義疏》爲著。此書先後數次刊刻，由山東人刊刻的有兩次，首爲聊城楊以增在江蘇清江浦開刻、胡珽蘇州繼刻，次爲郝懿行孫郝聯薇在濟南的刻本。對於《爾雅》，孔繼汾刻過，福山王祖源在成都刻《爾雅直音》。其他的訓詁學著述，經山東人刊刻者有：戴震的《方言疏證》，孔繼涵刻入《微波榭叢書》；漢代揚雄的《輶軒使者絶代語釋别國方言》，福山王懿榮在京師有影宋刻本。

由上可見，山東在小學方面，影響及於全國的名家多，産生的具有劃時代意義的名著指不勝屈，爲刻書提供了很好的資源。同時，山東學者極力捕捉學術信息，及時刊刻在全國有影響的學術著述，不論作者是否爲山東人。

（三）金石學

金石學産生於北宋，相繼出現了《考古圖》《宣和博古圖》《歷代鐘鼎彝器款式法帖》《集古録》《金石録》《隸釋》等書，表明此時的金石研究已相當興盛。元明時期金石學成就較少。進入清代，顧炎武《金石文字》爲清代金石學之濫觴。乾隆帝編《西清古鑑》等書，客觀上推動了金石研究的復興。乾嘉時期，金石學進入鼎盛時期。以錢大昕、王昶、阮元、翁方綱等爲代表的學者，成爲金石研究的中堅。其中，阮元於乾隆五十九年在山東學政任上開始編纂

①轉引自《山東文獻集成總目圖録》，山東大學出版社2011年版，第86頁。

《山左金石志》。他充分利用山東已有的金石學成果,如聶鈫的《泰山金石志》稿本、段松苓的《益都金石志》等,加之顔崇槼、桂馥、江鳳彝、陸繩、李伊晉、李東琪等人的收藏,共收碑版、彝器、錢幣、鏡印等1300餘件,對所收金石皆録其原文,附以辨證,詳其款式,並述金石來歷、存佚、摹拓等情況,内容豐富。此書帶動了山東金石學的發展,加之山東本身的鼎彝碑碣、幣陶印封等金石器物蕴藏豐富,使得道咸以降的山東金石學達到了鼎盛。

首先是各地開始編纂金石志,如馮雲鵷編《濟南金石志》,徐宗幹、許瀚等編《濟寧金石志》。其次是出現了大批的金石學著述。段松苓著有《益都金石記》《金石略》《山左碑目》;劉喜海撰成《金石苑》《長安獲古編》;吴式芬有《攈古録》《攈古録金文》《金石彙目分編》;許瀚不僅爲吴式芬校訂金石著述,還自撰《攀古小廬金文集釋》《攀古小廬鏡銘》,編有《濟寧金石志》;陳介祺發現了封泥,與吴式芬合作《封泥考略》;山東最著名的古錢幣收藏和研究專家是利津李佐賢,著有《古泉匯》《續泉匯》;另有馬國翰《紅藕花軒泉品》,高鴻裁《上陶室甎瓦文攈》,馬邦玉《漢碑録文》等。

金石的範圍很廣,除金石、碑版、鼎彝之外,還有集古印譜。山東有郭偉勣輯《松筠桐蔭館集印》,吴式芬藏《雙虞壺齋印存》,陳介祺有《古印一隅》及三次拓印的《十鐘山房印舉》,高慶齡輯《齊魯古印攈》,高鴻裁輯《齊魯古印攈補》《古印偶存》《印郵》,郭祐之輯《續齊魯古印攈》,孫文楷編《稽庵古印箋》等。

梁啟超在《清代學術概論》中,於金石學一節,所言名家大多爲山東人,如"道咸以後日益盛,名家者有劉喜海、吴式芬、陳介祺、王懿榮、潘祖蔭、吴大澂、羅振玉"①。七人中,有四人爲山東人。金石學家集一時之盛,薈萃山左,使山東成爲道光咸豐年間全

①梁啟超:《清代學術概論》,江蘇文藝出版社2007年版,第56頁。

國的金石學重鎮。

金石學著述的大量産生，促進了刻書的發展。收藏家、學者們的著述或自刻，或由師友後學刻成。另有一部分刻書者，刊刻了前人或外地人的成果，亦豐富了山東金石學的發展。如濟南謝世箕於順治七年在淮陰任上刻《金石録》，其父謝啟光又刻歐陽修的《集古録》。此二書均係宋代金石學名著。益都李文藻潮陽縣衙刻宋代曾宏父撰《石刻鋪叙》，劉喜海臨汀郡署刻佚名撰《寶刻類編》，吴式芬刻宋代陳思輯《寶刻叢編》，海豐吴重憙陳州郡齋刻桂馥撰《歷代石經略》《歷代石經大略》。諸城尹彭壽是清末山東著名的金石學家，刻書九種，關金石者六種：王懿榮的《漢石存目》，劉瑞源藏、尹彭壽編的《擷華齋古印譜》，尹氏自撰的《周秦魏晉石存目》《山左北朝石存目》《石鼓文匯》《漢隸辨體》。同時，在濟南的外地人也加入了刊刻金石學著述的行列，如歸安丁彦臣刻《梅花草盦石刻勾本》《雙鈎華山廟碑》《篆存》《漢碑鈎本》《漢石例》。葉圭綬刻自撰《續山東考古録》。以上諸書的刊刻，均促進了山東金石學的發展。

（四）文學

兩漢之後，山東學術似乎不盡如人意，魏晉以降，僅出現賈思勰《齊民要術》等少量的精品，整體落後於江南及北京地區。但文學卻一枝獨秀。魏時的"建安七子"中山東人居多，之後，山東一地於唐代出現了以李白、孔巢父爲代表的徂徠山"竹溪六逸"，於宋代出現了以范諷爲首的"東州逸黨"，更有李清照、辛棄疾兩位響譽全國的詞人。金元出現了杜仁傑等東平劇曲作者群，尤以散曲作家張養浩最爲有名。明代出現了"前七子"的邊貢，"後七子"的李攀龍、謝榛。清代出現了以王士禛爲盟主的神韻派。這些山東人士在詩歌方面的影響，風靡全國。特别是李攀龍和王士禛二人，可謂"各領風騷數百年"。王士禛之外，還有"南施北宋"中的宋琬,稍後與王士禛争鋒的著名詩人趙執信、田雯,使得清前期的山東詩壇一派繁榮景象。詞壇有"京華三絶"之一的曹貞吉,小説界有"短篇小説之王"蒲松齡,戲曲界有名家孔尚任。山東在文學的諸多領域都取得了高度的藝術成就,影響了一個時代。李伯齊先生在《山東文學史論》中總結山東文壇的五個特點,最重要的兩點是"名家衆多""小説、戲曲名家名作多"。

因清代山東産生的詩文作品衆多,故刊成之作亦夥。現知清代詩文集刊刻有850餘種,涉及的詩人有500多人,可以説明,山東不僅出現了像王士禛這樣的詩壇執牛耳者,更有廣大的著者群,足見山東詩歌之盛。清代刊刻的明代詩文别集有70種,除個别爲外地人的著述外,絶大多數爲山東人所作。而唐宋金元人的詩文集,一部分爲重刻本,如吴重憙刻《九金人集》,一部分爲山東人的著述,如石介、孫復、張養浩的集子。

詩歌的創作離不開詩歌理論的指導,作爲清前期重要的詩歌流派——"神韻派",更有其理論基礎。王士禛詩話系列,如《漁洋詩話》《律詩定體》《然燈記聞》《漁洋山人詩問》《王文簡公論七言古體平仄》,雖大部分爲他人所刻,但是整個山東文學的風向標。與之相頡頏的趙執信,其詩話《聲調譜》《談龍録》也是一刻再刻,或自刻,或盧見曾刻,或李文藻刻。而對於二人理論加以總結並發揮的是翁方綱,他在濟南使院刊刻了著名的《小石帆亭著録》六卷。早於翁方綱,鉅野李其彭在乾隆四十二年就將歷代詩話彙作《二十一種詩訣》刊行,對山東詩文理論的發展爲功甚巨。其他如張謙宜的《絸齋詩談》《絸齋論文》,于祉的《澹園詩話》《三百篇詩評》,田同之的《西圃文説》《西圃詩説》《西圃詞説》,李鍈的《詩法易簡録》,李兆元的《蘇李詩箋》《古詩十九首詩箋》《漁洋山人秋柳詩箋》,李懷民、李憲喬的《重訂主客圖詩》,盧見曾、郝懿行相繼刊刻的《金石三例》,皆爲重要的詩文評論著述。

清代山東所刻詞集與詩集相應和，雖數量不多，不足 20 種，但除了《稼軒詞》外，餘皆爲清代詞作，且全部爲本土之作。曲阜孔氏詞作尤多，如孔傳鋕撰《清濤詞》，孔尚任撰《續古宫詞》，孔繼涵撰《斵冰詞》，孔昭薰撰《綬藤吟舫詞》《貯雲詞》，故孔昭薰有《闕里孔氏詞鈔》之刻。海豐吴重憙輯《山左人詞》則是對宋、清兩代十七家山東詞人詞作的整理彙刊。

清代山東詩文總集 120 餘種，最可稱道者當爲家集和地方藝文。家集的刊刻與世家大族有關，下文有述。地方藝文的刊刻，首開其風者爲淮陰周忱等山東歷下公署刻《闕里詩選》，繼之者有德州田同之輯刻《安德明詩選遺》，安邱馬長淑輯慶堂刻《渠風集略》，陽信勞嵋刻《倪城風雅》，樂陵史尚確等刻《樂陵詩彙》，掖縣儒學刻《濤音集》，武定李衍孫輯刻《武定明詩鈔》《國朝武定詩鈔》，高密單作哲池陽刻《高密詩存》，烏程張彤刻《掖詩採録》《濰詩採録》，東武王賡言刻《東武詩存》，寧海宫卜萬輯刻《牟平遺香集》，曲阜孔昭薰、孔昭蒸輯刻《闕里孔氏詞鈔》，即墨周掄文刻《即墨詩乘》《即墨詩乘續》，曲阜孔憲彝輯刻《闕里孔氏詩鈔》，孔氏刻《曲阜詩鈔》，章邱高氏兄弟刻《繡水詩鈔》，淄川馮繼照刻《般陽詩萃》，歷下王鍾霖、王蔭卿父子天津刻《國朝歷下詩鈔》，平原劉寶鼎等刻《費縣藝文存》，利津李佐賢刻《武定詩續鈔》，黄縣丁氏刻《黄邑弦歌集》，鼎吉堂刻《黄縣詩文彙鈔》，益都知縣李溱、丁文田等刻《益都先正詩叢鈔》，於陵郭印川、膠東法昀刻《營陵詩略》，保山吴樹聲刻《沂水弦歌》等。

彙集一省之詩文，有德州盧見曾雅雨堂刻《國朝山左詩鈔》，益都李文藻恩平縣衙刻《山左明詩鈔》，廣西上林張鵬展輯刻宋弼的《國朝山左詩補鈔》《續鈔》，歷城余正西刻《國朝山左詩彙鈔後集》，南通徐宗幹刻《山左明詩選》，濰縣劉鴻翺輯刻《山左制藝》，劉鴻翺、李景嶧輯刻《山左古文鈔》。

由上可見,山東在清代輯刻的地方藝文近40種,特別是全省的明代詩、清代詩、制藝、古文,代有續補,蔚爲大觀,呈現一派極盛的局面。

清代山東戲曲以丁耀亢爲主,有《化人遊》《赤松遊》《表忠記》《非非夢》《星漢槎》《西湖扇傳奇》。傳奇則以孔尚任的《桃花扇》和盧見曾所刻的《玉尺樓》和《旗亭記》最爲有名。

小説先有丁耀亢刻《續金瓶梅》,繼之萊陽趙起杲、泰安知府歷城朱孝純相繼刊刻《聊齋志異》。此兩部小説,雖不如山東詩界的轟轟烈烈,但在中國文學史尤其是清代文學史上占有極其重要的地位。

除了詩、文、詞、曲、小説,清代山東的《楚辭》研究,也有若干重要著述,如棲霞林仲懿《離騷中正》,滋陽邱仰文《楚辭韻解》,牟庭《楚辭述芳》,張象津《離騷經章句義疏》。其中《楚辭述芳》專釋《楚辭》草木鳥獸蟲魚等名物,補前人所未逮,頗見其功力。

由上可見,清代山東刻書在集部方面用力頗多,一方面得益於大量作品的産生,另一方面與家刻多以個人詩文著述爲主要刊刻内容的特點有關。

五、世家大族刻書

山東多文化世家,這些文化世家大都與科舉望族相關聯。據何成統計①,如以連續三代以上有進士或舉人出身者爲科舉望族的標準,明清時期的山東科舉望族有約近600家。

山東的文化世家,因其有着三代以上的家學傳承,學者輩出,文化含量極高,對文化學術的影響至關重要,反映在刻書上,即可見各地的刻書量是由世家大族的刻書量來決定的。

---

①何成:《新城王氏:對明清時期山東科舉望族的個案研究》,山東大學2002年博士學位論文。

有刻書的各縣前、中、後期家刻書統計全表：

府(州)	縣	前期	中期	後期	總數量
濟南府	臨邑	0	0	1	1
濟南府	陵縣	1	0	0	1
東昌府	博平	0	1	0	1
東昌府	莘縣	1	0	0	1
東昌府	館陶	0	1	0	1
泰安府	平陰	0	1	0	1
臨清州	臨清	0	0	1	1
登州府	招遠	1	0	0	1
兖州府	泗水	1	0	0	1
兖州府	陽穀	1	0	0	1
曹州府	定陶	1	0	0	1
青州府	樂安	1	0	1	2
兖州府	鄒縣	0	2	0	2
沂州府	郯城	0	1	1	2
沂州府	費縣	0	1	1	2
濟南府	鄒平	2	1	0	3
濟南府	齊河	1	2	0	3
濟南府	長清	0	1	2	3
登州府	寧海州(牟平)	0	2	1	3
萊州府	昌邑	0	3	0	3
青州府	臨朐	0	3	0	3

（續表）

府（州）	縣	前期	中期	後期	總數量
曹州府	曹縣	0	1	2	3
濟寧州	金鄉	0	3	0	3
濟南府	齊東	0	4	0	4
泰安府	肥城	0	4	0	4
武定府	陽信	2	2	0	4
沂州府	蘭山	0	3	1	4
青州府	臨淄	1	1	3	5
泰安府	東平州	0	0	5	5
臨清州	夏津	0	4	1	5
兖州府	滕縣	0	2	4	6
濟南府	濟陽	3	1	2	6
東昌府	堂邑	2	2	2	6
曹州府	菏澤	0	0	6	6
沂州府	沂水	2	4	1	7
濟南府	平原	6	0	2	8
東昌府	茌平	7	1	0	8
兖州府	嶧縣	1	7	0	8
武定府	濱州	3	3	2	8
沂州府	莒州	0	6	3	9
濟南府	長山	3	5	1	9
臨清州	邱縣	0	9	0	9
兖州府	滋陽	6	1	3	10
武定府	惠民	5	3	3	11

（續表）

府(州)	縣	前期	中期	後期	總數量
萊州府	平度	1	9	3	13
登州府	文登	4	7	2	13
兖州府	寧陽	0	5	8	13
曹州府	單縣	4	7	2	13
青州府	昌樂	3	3	8	14
登州府	海陽	2	15	1	18
泰安府	泰安	14	4	3	21
濟南府	德平	12	9	0	21
登州府	榮成	0	1	21	22
青州府	博山	23	0	0	23
曹州府	鉅野	23	0	0	23
青州府	壽光	12	10	3	25
濟南府	章邱	5	14	6	25
武定府	利津	2	8	15	25
武定府	樂陵	6	8	12	26
登州府	黄縣	1	1	27	29
濟寧州	濟寧(任城)	2	15	12	29
登州府	萊陽	24	7	1	32
萊州府	掖縣	5	22	9	36
登州府	蓬萊	2	34	1	37
萊州府	即墨	24	10	5	39
沂州府	日照	0	15	29	44
青州府	益都	32	1	11	44
濟南府	淄川	23	20	5	48

（續表）

府（州）	縣	前期	中期	後期	總數量
萊州府	高密	23	21	9	53
登州府	棲霞	2	25	26	53
武定府	海豐	4	13	40	57
東昌府	聊城	5	45	8	58
萊州府	膠州	18	6	60	84
青州府	安邱	59	22	7	88
萊州府	濰縣	18	33	49	100
登州府	福山	2	62	39	103
青州府	諸城	49	42	15	106
濟南府	新城	93	7	7	107
濟南府	德州	85	21	6	112
兗州府	曲阜	84	54	16	154
濟南府	歷城	41	97	111	249

從上表可以看出，山東 107 縣，刻書在 10 種以上的有 39 縣。在這 39 縣中，每縣至少有一個世家大族有刻書。其中，歷城刻書最多，除了作爲一省都會的特殊優勢之外，濟南朱氏、歷城馬國翰的刻書亦復不少，尤其是朱氏，六代刻書，自第一代朱昌祚始，至第六代朱汲止，以朱緗一代刻書爲最多。

其次爲曲阜，以孔、顔二氏爲主。孔氏從康熙六年至光緒二十三年，一百七十年間，有十世參與刻書，自第六十三代始，至七十三代止，衹有六十四、六十六代無刻書。刻書共 125 種，是山東刻書最多的家族。顔氏刻書自康熙始，至清末，六代刻書，主要集中於清前期，刻有 9 種。曲阜除了以上二家，僅見桂馥、鄭曉如、長洲王大淮父子刻書數種。

位居第三的是德州。德州有四大家族，刻書最多者爲盧氏，先是盧世㴶刻書25種，繼有其子盧孝餘刻書。四世後，又有著名的刻書家盧見曾，刻書39種，見曾孫盧蔭長、曾孫盧本、盧樞皆有刻書。德州田氏，以詩文名家，田雯、田需、田霡三兄弟均有刻書，以田雯爲最著，雯子田肇麗、孫田同之繼之。田同之不僅在詩文上承田雯餘緒，有"小山薑"之稱，刻書亦不讓其祖。德州李氏刻書13種，明末至道光年間，先後有李誠明——李有基——李鏌、李鏌——李一鳴、李清渭——李根譜五代刻書。其中，李清渭刻書最多，並重校、彙印李氏家集，對李氏刻書做了全面的總結。德州還有孫氏延緑吟館、馮廷櫆父子、宋弼、謝重輝等刻書。德州刻書共112種，非大族刻書者僅6種。

新城刻書以王氏爲主，六代刻書。王氏家族刻書在清代自王與敕始，王士禛與其兄王士禄、王士禧刻書達到極盛，僅士禛一人刻書達72種，是山東個人刻書中最多的一位。士禄亦刻書5種。士禛子啓涑、孫王兆森、曾孫王祖肅、裔孫王允熙皆有刻書。

以一家刻書幾乎囊括當地刻書者，有福山王氏，七世刻書：王顯緒——王善塏、王善寶——王餘英、王德瑛——王兆琛——王祖源、王伯方、王季寅——王懿榮、王懿棨——王懿榮之子。從嘉慶到光緒，共刻書94種，是除孔氏之外山東刻書最多的家族。福山刻書103種，僅9種非王氏所刻。

濰縣郭氏刻書自乾隆十三年始，至光緒三十三年，時間跨度達二百六十年之久。刻書者有郭偉業、郭偉勣、郭啓翼、郭蓍、郭闇、郭譽、郭磐石、郭夢齡、郭峻嵩、郭爲賢、郭斌壽、郭綏之、郭簡之、郭杭之、郭祐之、郭蔭之、郭恩孚、郭恩敷諸人。其中以同治光緒間的郭綏之、郭恩孚刻書爲最著。濰縣還有陳官俊、陳介祺父子刻書達十餘種。

安邱曹氏三代刻書，有貞吉、申吉兄弟及曾孫曹益厚，還有曹賡。安邱張氏從張貞始，至八世孫張介禄，八世刻書，在山東少見。從康熙至光緒，幾乎綿延了整個清代。安邱王筠父子刻書14種，多關小學。

海豐吴氏刻書自雍正十三年始，至民國止，近二百年，五世刻書，尤以吴重憙爲集大成者，個人刻書達三十餘種。

棲霞牟氏有牟庭、牟房父子刻書，還有牟應震、牟願相刻書。郝氏有郝懿行與其孫郝聯薇刻書。

高密單氏刻書自乾隆至光緒，有十餘人參與。高密李氏除了"三李"外，光緒間李楹彙集舊本重刊，對"高密詩派"的創作實踐進行了總結。

淄川高氏七代刻書，高舉——高珩——高肇鼎、高肇豐、高肇悛——高珩曾孫——高貽榮、高貽樂、高貽華——高中謀、高丙謀——高徽嵋。自明萬曆二十三年至光緒二十年，三百年刻書不輟，跨明清兩代。

博山趙氏五代刻書，自趙進美始，至趙頲止。時間涵蓋了清代前四朝。

即墨黄氏十一代人刻書，自明末黄宗昌刻書始，至民國黄象冕刻書止，綿延了三百多年，跨越了明、清、民國三個朝代。時間如此之長，在山東爲數不多。

另有掖縣李氏四世刻書，李鋏——李兆元——李淛圻、李淑筠、李澄燮——李豐綸；膠州法氏四代刻書，法若真——法樟——法輝祖——法坤宏，從順治始，至乾隆止，歷經清代前四朝，一百三十五年；聊城楊氏四代刻書，楊以增——楊紹和——楊保彝——楊承訓，自道光至民國；萊陽宋氏三世刻書，宋琬——宋思勃——宋永年、宋邦憲；左氏刻書自左懋第的四世孫至九世孫，五代人參與；諸城丁耀亢、丁慎行父子刻書，王鉞父子刻書。

另有黄縣丁氏、利津李氏、章邱孟氏、博山孫氏、榮成孫氏、德平葛氏等。

潘文年在《清代中前期的民間刻書及其文化貢獻》一文中説："金山錢氏守山閣刻書始於乾隆三十六年(1771)止於光緒年間(1875—1908),四代十多人歷時百餘年刻書不輟,在江蘇乃至全國都實爲罕見。"①而在山東,四代以上刻書家族卻極爲常見。

第二節　清代山東刻書的社會意義

一、保存山東文獻

我國是一個有着幾千年文明的古國,我們的祖先創造了燦爛的古代文明,給我們留下了豐富而珍貴的文化遺産,其中就有大量的文化典籍。我國古籍的數量,至今仍無精確的統計,究其原因,一是公藏有量,私藏無量;二是散失無考,隋牛弘的"五厄"、明胡應麟的"續五厄"、近人祝文白的"再續五厄",都揭示了毁書的不計其數。書籍的毁壞有兩個因素,一是人爲因素,一是自然因素。其中,以基於政治、經濟因素的人爲破壞最爲酷烈,其次爲水火、蟲鼠、兵燹等不可抗力的損失。

印刷術發明之前,文獻的生産是以手劃、手刻和手寫等方式進行的。這種手工生産的文獻數量很有限,供應的複本非常少,因而流傳下來的也很少。雕版印刷發明之後,文獻生産的數量大幅增加,文獻複本相應豐富,即使有天災人禍,也能基本保證文獻的傳承。故一書衹要刊刻,其保存下來的可能性就很大。可以説,刻書是保存文獻的重要手段之一。

山東刻書的首要作用就是保存了大量的山東文獻。

①潘文年:《清代中前期的民間刻書及其文化貢獻》,載《安徽大學學報(哲學社會科學版)》2008 年第 2 期。

山東是著名的文物之邦,歷史上向來是文人薈萃之地,自先秦至近代,兩千四百餘年,有着豐富的文獻積累。尤其是明清兩代,人才輩出,著作之多,遠超前代。據王紹曾先生《〈山東文獻書目〉編纂始末——兼評(光緒)〈山東通志·藝文志〉》①一文統計,《山東通志·藝文志》著録山東先賢著作 10831 部,實有之書不過五千,《山東目》僅著録 4692 部,其中亦有查不到館藏地者。由此可見,山東文獻存者不足一半。這與刊刻與否有着直接的關係。

以清代文登的兩大家族畢氏、于氏爲例。于氏著述中,刊刻者有于令淓《方石書話》,于克襄《鐵槎山房見聞録》,于仙齡《碶山樓詩鈔》,于昌進《舊雨軒剩稿》,于寶之《今雨樓詩存》《晚晴草堂詩集》。未刻者有于可託《于龍河奏稿》,于克襄《鐵槎詩存》,于熙學《鐵槎樵語》,于致《霽鶴堂詩》,于令淓《四書講義》《勤貽堂詩稿》,于令濯《鋤經齋遺詩》,于式敷《學步草》。刊刻近一半。

畢氏的著述遠遠多於于氏,如畢鍾姬有《詩經音叶》《左傳得儁》《戇齋詩文集》《唐詩得儁》,畢霨有《三皇五帝説》《蠡勺詩測》《十世草堂古文》,畢宿燾有《保鼇堂詩文稿》《吟風弄月詩稿》,畢宿庚有《攬芳堂文稿》《蛙鳴詩集》,畢所讃有《挹翠堂詩稿》,畢所密有《存耕堂詩稿》,畢以繡有《聽雨樓詩稿》,畢以珣有《孫子叙録》,畢亨有《古文尚書經傳釋疑》《壽光縣名所自始説》《新刻十三經注疏叙録》《九水山房文存》,畢茂昭有《麟經紺珠》《麟經擷腴》《魯論輯解》《增補校正鄉黨圖》《社倉雜議》《渾天儀圖説》《訓蒙瑣言》《天戒録》。二十七種著述,目前僅見刻本兩種,即楊以增所刻《九水山房文存》,孫星衍所刻《孫子叙録》,畢氏家族竟未刻過一種。剩下的二十五種中,有稿本三種:《吟風弄月詩稿》《蛙鳴

①王紹曾:《〈山東文獻書目〉編纂始末——兼評(光緒)〈山東通志·藝文志〉》,見山東大學古籍整理研究所編《古籍整理研究論叢》,1991 年版,第 5 頁。

詩集》《挹翠堂詩稿》,分藏於山東省圖書館和中共山東省委黨校圖書館,杜澤遜師輯印《山東文獻集成》時一併收入,得以化身千百,達到了與刻印同樣的保存文獻的目的。但畢氏其他二十二種著述,卻無法得見。

從文登于氏和畢氏著述的不同結果,我們不難看出書籍的刊刻對保存文獻的巨大作用。

清代山東刻書保存山東文獻的作用上表現在三個方面:一是保存當代人的著述。以家刻爲例,山東共刻 2141 種,有近 1800 種是當代人所作,大多爲初刻本,有很多具有重要的版本價值,如趙起杲刻的《聊齋志異》青柯亭本,是此書的第一個版本;歷下吴元祥刻張爾岐的《周易説略》,是繼泰山徐志定磁版後的另一個重要版本;高鳳翰刻自撰《南州草》,未見著録,是罕見之本。二是保存前人著述。大部分爲山東人的著述,其中明人最多,有 110 餘種。三是保存珍貴版本。如歷城周永年刻張養浩《歸田類稿》是現存此書的唯一一個版本;膠州宋雲會浙江刻明代王僩著《太古園詩集》,是此書目前現存的唯一一個版本;孔繼涵刻《五經文字》《九經字様》等七種,皆世間稀有之本,所刻《算經十書》是繼南宋刻本之後的第一個刻本,更重要的是,戴震對其進行了校勘,這種文獻價值是他書無法比擬的;吴重憙所刻《九金人集》《山左人詞》兼具版本價值與校勘價值。

常熟張海鵬以剞劂古書爲己任,他曾説:"藏書不如讀書,讀書不如刻書。讀書以爲己,刻書以利人。上以壽作者之精神,下以惠後來之沾溉,其道甚廣。"①阮元在給李西堂的《晚悔堂詩集》題辭中説:"詩無論工拙,皆宜刻而存之,可傳舊事,記舊人。"

①轉引自淨雨:《清代印刷史小記》,見張静廬輯注《中國近現代出版史料 · 近代二編》,上海書店出版社 2003 年版,第 346 頁。

清代山東刻書者雖没有留下這樣的刻書理論,但這種認識一直貫穿在他們的實際刻書活動中,即使是貧寒之家,亦以刻書爲己任。

刻書不易之例一:割地賣田刻書。道光二十七年,李攀龍裔孫李獻方刻《滄溟先生集》三十卷。李獻方序曰:"家君懼其久而失傳也,割舊田數畝售之,得錢若干,命獻方即泉上白雪樓鳩工翻刻。"

刻書不易之例二:紡績攢金刻書。安致遠《玉磑集》四卷,清康熙四十一年由其子安箕刻成。有安箕識:"(家君)棄養之日,箕懼淪於散軼,手裒輯而藏之於篋。今年孟春,老母年七十又七,頻多疾患,居常感念涕流,每恐先君子遺稿不獲睹其盡剞劂爲恨,白發老人,率諸婢子晝夜紡紝,積金三數鍰,因使箕校讎而鋟之於板。"此識可見安致遠身後,其家並不富裕,七十七歲的老伴率諸人紡績湊成刻資。

刻書不易之例三:質簪珥以刻書。孔憲彝有《拏雲館詩草》一卷,無剞劂資,其夫人朱葆瑛質簪珥以供梨棗。

刻書不易,保存書板更不易。章邱李氏將馬國翰的書板藏於夾壁中,兵焚鄰村,而此書板幸不及難。直至今日,猶可見此壁原形,這種護板精神令人感歎,而其表現出來的聰明才智又令人欽佩不已。

淄川馮繼照於修武縣署刻成司天開《四書彙解》四十卷後,將板運回山東,但兵燹四起,是書之版流落於兵丁之手,鄒平李公不惜重金購得,藏之於家。

道光年間翟云升刻《隸篇》十五卷、《續隸篇》十五卷、《再續》十五卷,其後裔精心呵護,最終捐獻給國家。《隸篇》書版能保存至今,實爲其後人的守護之功。萊州在咸同年間曾是東捻軍賴文光的主要活動區域,經過兵火的洗禮,這批版片仍留天壤,愈發顯得彌足珍貴。山東現存書版不多,除存於章邱市博物館的六千塊馬國翰書版外,大宗的當數翟云升的書版了,王筠刻書雖多,但現存書版也就是三百三十塊。況且,翟氏書版極其精美,代表了道光年間山東的刻書水平,具有里程碑的意義。

二、促進文獻流通

除了口耳相傳,文獻傳播是人類交流最基本的形式之一。它是人類社會實現跨時空思想交流與知識傳承的重要手段,是社會持續發展的必要基礎。雕版印刷之前,由於書寫材料的不便,文獻產生的數量很少,大大限制了文獻傳播的範圍。文獻衹在同時代的人之間進行傳遞、交換、共用,範圍僅限於生產地域。

印刷術的發明與應用,導致文獻大量產生,文獻的傳播開始走商業化的道路。傳播渠道有固定和流動兩種。固定就是坊鋪主人開設的商鋪,流動就是肩挑、遠途販運、異地設店等方式。結果大大提高了文獻的傳播速度,擴大了傳播地域。可以説,刻書促進了書籍的流通。

歷史上由於刊刻不及時而影響文獻傳播的例子不少見。如徐霞客的日記,從原稿到抄本,再到正式出版,歷二朝,134 年,過程漫長,大大影響了其對社會的貢獻。清初顧炎武有《山東考古録》一卷,是有關山東的重要文獻,但自順治十八年成書後一直未刊刻,此書雖然多與《日知録》相似或相合,但畢竟不是原書的面貌。直至清末,山東書局方得以刊刻。而滄州葉圭綬的《續山東考古録》三十二卷,成書後及時刊刻,有咸豐元年葉氏蝸角尖廬刻本,後成書者卻早刊刻,其影響力要大大高於顧氏之書。

清代山東人的著述數千種,真正以刻本流傳者不足半數。著名詩人之所以著名,與其作品的展示是分不開的,其詩歌理論以及創作實踐,都要從詩作中反映出來。假如一個傑出的作者,他的作品僅憑口耳相傳,是很難被人記住的,更無法以實物的形式給人觀覽,使人琢磨,並被社會認可。很多原本成就斐然的詩人因爲詩作未得到及時刊刻,而聲名不彰。

以諸城李澄中爲例,其著述有《滇行日記》《艮齋文選》《臥象山房文集》《臥象山房詩集》《臥象山房賦集》《白雲村文集》《臥象山房詩正集》《滇南集》《鍾仙遺稿》,真正爲自刻者僅兩種:《滇南集》和《鍾仙遺稿》,餘皆爲友朋所刻,有些是在他去世後刻成。這與李澄中家貧無力付梓有關。但刊刻如此之晚,導致他身後聲名寂寞。龐塏刻李澄中詩文集有《序》稱,王士禛、田雯"壇坫久成,於時望重龍門。漁村入都,與鼎足而立,士林稱山左三大家"。《山東通志·藝文志》亦載:"青州三子見賞於周櫟園,《安静子文集》言之頗詳。三子者,安静子、李澄中、李象先也。"可見,無論是在通籍之前還是之後,無論是在山東境内還是全國範圍,李澄中的詩名是與王士禛相比肩的。但是《清史稿·文苑傳》爲山東詩人立傳者數以十計,竟没有李澄中。這固然與其年近五十纔中鴻博有關,但作品的不爲人知是一個關鍵所在。王士禛等人的作品隨寫隨刊,如《落箋堂初稾》是他十五歲時所爲詩,由王士禄刻於順治五年。《長白遊詩》順治十三年刻,《表餘落箋合選》順治十六年刻,這説明在他二十多歲時,就有多種詩作問世,傳播多而廣,爲他引領清初詩壇打下了堅實的基礎。而李澄中在二十多歲時,仍在科場上打拼,五十多歲時還未有一部詩集問世,這是一個極大的反差。爲詩再好,時人卻因未及時得見他的成果,而無法對其進行研究和學習,這就影響了他在詩壇上的地位。作品即使最終問世,對詩風的影響也是滯後的、微弱的。可以看出,作品的流傳如果不靠雕版印刷,僅以手寫傳鈔,是達不到爲人知的目的的,所以,雕版印刷在文獻上的傳播功能是巨大的。

同是諸城人的遺民詩人丁耀亢,詩作在乾隆時期曾受到焚版之災,故後來影響不彰。李澄中《江干草序》中提到:"蓋先生著書構禍,與張儉同。故自《椒丘》後,《江干》《歸山》《聽山》諸詩,率秘而不付剞劂。"

同樣,正當山東地方詩文的刊刻如火如荼時,張謙宜輯《膠州文鈔》一卷,卻因未及刊刻而無人知曉,各書目均未著録,《山東通志·藝文志》亦未見此書,現僅以稿本形式藏於山東博物館。

個人刻書是爲了傳播自己的作品,客觀上也滿足了讀者的需求。而重要人物的刻書,或因所刻書爲重要著述,其刻書的傳播意義更大。如王士禛的詩歌,孔尚任的戲曲,蒲松齡的小説,正因其流通廣泛,從而帶動了別人的創作,産生了大量的續作。《聊齋志異》刻成之後,僅清代山東就出現了具有代表性的傳奇小説集《小豆棚》和《益智録》,還有以王士禛爲代表的山東作家創作的一批筆記小説。可見,名著在流傳過程中具有楷模作用,從而帶動同類作品數量豐富、質量提高。

刻書的流通作用在坊刻書中體現得最爲淋漓盡致。因坊刻書在内容上有兩個典型特徵,一是與社會潮流共舞,二是應民衆需求而動,主要以適應中下層民衆的生活日用和文化消費爲主要目的,故刊刻周期短,速度快,不僅在本地傳播,還向外輻射,在傳播地域上,範圍逐漸擴大。最典型的例子就是聊城善成堂刻印"闈墨",終年忙碌,平時給分號發貨,張家口、包頭駱駝隊每月一次,濟南、菏澤大車隊十天一回,北京、濟寧或三天或五天,即來取貨。流傳之廣,速度之快,是印刷術發明之前無法想象的。

三、推動學術發展

刻書對學術發展的推動作用主要表現在兩個方面:一是爲學者們的研究提供圖書資料;二是能及時刻印學術研究成果。

如本章第一節所述,清代山東人的刻書在經學、小學、金石學、文學等方面用力尤多,故使山東成爲清前期的文學中心、乾嘉時的小學中心、道咸以降的金石學中心,而經學研究則貫穿整個清代,出現了張爾岐、孔廣森、孔廣林、郝懿行等著名經學家。

除了上述諸方面，山東刻書對史學、目録學、天文算法、輯佚學的發展也起到了重要作用。

馬氏刊刻的《繹史》，展現了其對紀事本末體的繼承與突破，代表了十七世紀以後中國歷史編纂的新的發展趨勢，影響有清一代經史考訂之學，與顧祖禹的《讀史方輿紀要》、李清的《南北史合注》合稱清初"三大奇書"。

盧見曾補刻的《經義考》，開創了新的目録體例，被撰目録、考經義者奉爲圭臬，對章學誠的《史籍考》、謝啟昆的《小學考》、謝國楨的《晚明史籍考》等專科目録均有很大影響。"這部書把竹垞以前的經學書一概網羅，簿存目録，實史部譜録類一部最重要的書，研究經史學的人最不可少。"①

薛鳳祚所撰《曆學會通》，開清初學習西方科學的先河，對中國科學的發展至關重要，對後世影響深遠。

在西學東漸、新學興起的清末，郭恩敷刻算學著述《新法句股引蒙細草二編》，爲普及教育提供了很好的教材，對開啓民智起到了重要的作用，代表了清末山東算學發展的水平。

馬國翰《玉函山房輯佚書》搜羅豐富，卷帙浩繁，蓋自宋人輯佚以來，其規模之大，數量之多，用力之劬，未有超過者，直接開啓了光緒間王仁俊《玉函山房輯佚書續編》《補編》和《經籍佚文》的編纂，是清代輯佚學的顛峰之作。

在引領一代學風上，山東刻書對全國貢獻最大的有兩人：一是王士禛，他的刻書對"神韻派"詩風的流行爲功甚巨；二是盧見曾，其刻《雅雨堂藏書》，一方面基於自己的學術積累和爲學好尚，另一方面，則得力於惠棟、沈大成、戴震、盧文弨諸儒的襄助。因此，

①梁啟超：《中國近三百年學術史》，中國人民大學出版社 2012 年版，第 215 頁。

《雅雨堂藏書》的問世,亦可視之爲漢學崛起的一種表徵。

清代山東刻印的書籍不僅在當時促進了學術的發展,在今天仍發揮着重要的作用,現存山東刻書在3500種左右,爲學術研究提供了詳細的資料。這還可從現代影印的大型叢書中窺見一斑。例如,《續修四庫全書》明確記録爲清代山東刻書的有63種,《山東文獻集成》有443種(計叢書子目),數量頗爲可觀。

四、影響全國刻書風氣

在中國版本學史上,通常把康熙朝刻印的字體秀麗工整、雕刻盡善盡美、紙墨精妙悦目的書籍,稱爲康版書,並有"康版不在宋版之下"的評價。一直以來,世人或將刻過《全唐詩》的曹寅視爲"康版"之開拓者,或將爲康熙帝刻書的宋犖視爲此風的倡導者,但據曹紅軍《清康雍乾時期臣工刊書進呈内府現象研究》①一文,《堯峰文抄》刻成於康熙三十二年,顧嗣立《元詩選》刻成於康熙三十二年,温飛卿《詩注》刻成於康熙三十六年,《昌黎詩注》刻成於康熙三十八年,《漁洋山人精華録》刻於康熙三十九年,席氏《唐詩百名家全集》刻成於康熙四十一年。真正開寫刻風氣之先的,是王士禛諸人。

王士禛的書大多刻於外地,這固然有他多年在外地做官的原因,但主要原因是他對刻書的要求很高。《漁洋山人精華録》由門人林佶手寫上版,此書刊行以後,風行海内,成爲王漁洋衆多著述中流傳最廣的一部,爲"林佶四寫"之一。由於這部書刻印得品質高,當時即有人翻版。他想刻自己的《漁洋續集》,想仿宋刻,苦無寫手,後來盛符升推薦常熟人黄子鴻,於是請來書寫上版,很是滿意。他的《帶經堂全集》由程哲"七略書堂"寫刻,他的《漁洋山人

①曹紅軍:《清康雍乾時期臣工刊書進呈内府現象研究》,載《求索》2005年第12期。

文略》《池北偶談》等也多是這種寫刻字體。可以説，王漁洋對清初的寫刻之風是有影響的。這股寫刻之風使得康雍乾時期的刻書成爲清代的刻書精品，代表了清代刻書的最高水準。由此可見，前人刻書，後人效法，這對出版業本身來講，能夠形成良好的刻書傳統。

在王士禛之後，德州盧見曾亦採用寫刻體，刊刻了《經義考》《國朝山左詩鈔》諸書，頗爲世人稱頌。黄永年、賈二强撰集《清代版本圖録》，卷二收《感舊集》《雅雨堂藏書》《周易述》（單刻）、《金石録》四種，稱"盧氏刻書在乾隆時甚有聲譽，皆軟體字，寫刻精工，版心下方鐫'雅雨堂'三字"，"寫刻精雅，版式疏朗，堪稱佳槧"。

道光時的劉喜海，刻書極爲講究，字體多採碑刻特點，形成獨特的風格。《中國版刻圖録》收其《金石苑》；《清代版本圖録》收其《蒼玉洞題名石刻》《寶刻類編》《六藝綱目》《金石苑》四種；謝水順、李珽《福建刻書考》前有彩色圖版，收道光十八年劉喜海在臨汀郡署刻《寶刻類編》。

清代山東刻書精品被收入《清代版本圖録》者還有謝世箕刻《金石録》，謝啟光四留堂校刻《集古録》，林佶寫刻本《漁洋山人精華録》，毛貢等刻《平叛記》，高氏刻《棲雲閣詩》，李文藻潮陽縣署刻惠棟《九經古義》《左傳補注》，孔繼涵刻《算經十書》，翟氏刻《隸篇》十五卷、《續》十五卷、《再續》十五卷，孔憲彝刻《晚學集》《未谷詩集》，王筠在鄉寧縣署刻《文字蒙求》，聊城楊氏海源閣刻《蔡中郎集》，福山王氏刻《天壤閣叢書》。還有道光十一年尹濟源碧鮮齋仿元刻本《牧民忠告》二卷、《經進風憲忠告》一卷、《廟堂忠告》一卷，稱"大版精印"。獻唐先生在《雙行精舍書跋輯存》中稱此書爲郭蘭石依絳雲樓舊藏元刊本移録，歷城尹濟源據以梓行："蘭石以書法名海内，此抄於精整之中寓宕肆之致，刻手亦能曲傳筆趣、不失規裁，真堪稱雙絶矣。書刻以名人寫抄上版者，亦濫觴於宋，如蘇書陶詩，魏書渠陽詩，輾轉模刻，今世尚存一二。清代此風尤盛，大抵亦分數支：一以秀整圓潤爲歸，如《午亭文編》《庚子銷夏記》《嶽雪樓書畫録》等是也；一則不拘行草，不計行格，散髻科簪，自成馨逸，如《板橋詩文集》《冬心詩集》、山舟喬梓合書之唱和詩等是也；一則篤志復古，亦篆亦隸，如江艮庭注《尚書》、阮釋王復齋《鐘鼎款識》等是也。蘭石此抄，與第一支爲近，遒勁恣放，更或過之。吾東著述，尚有膠州法迂齋遺書，亦爲寫刻，皆可與漁洋《菁華録》並稱佳槧者也。"①

王士禛、盧見曾、劉喜海諸人從實踐上引領一代刻書風尚，同治、光緒間，濰縣陳介祺則在刻書實踐的基礎上，進一步提出了獨特的刻書見解。首先，刻書摹字要精。同治十一年十月十四日，陳介祺致書鮑康，建議其刊刻劉喜海《古泉苑》，云李佐賢《古泉匯》"雖過前人，然體例尚未盡善，版本亦屬簡率，摹刻唐以上泉，甚爲不精"，慫恿鮑康在李氏《古泉匯》、劉氏《古泉苑》的基礎上再著一古泉力作，必能傳遠。還談摹刻古文字當精審。同治十三年正月二十一日，又覆鮑康書，論勾摹刻字，稱"此蓋數十年用心所得"。在他看來，古泉的刊刻當以摹刻精細爲準，尤其是古文字要精審。光緒元年四月初一日，致書王懿榮，稱"古文字義理第一，文法第二，書法第三。書能毫髮不失而有力即是佳刻，方足傳古，非易易也"。刻書書法要不失毫髮而有力，方能傳古，亦是論刻書摹字。其次，刻書要利用新技術。同治十三年，陳介祺表弟譚雨帆客登萊青兵備道潘霨（藹翁）署中，習照像技術。五月二十九日，陳介祺覆譚氏書，謝藹翁寄銀助拓，並論以照像勾摹蘭竹梅菊成譜，刻傳海内，爲藝林盛事，囑譚氏慫恿藹翁爲之。光緒元年七月二十六日覆潘祖蔭書，謂《傳古别録》不過爲手藝先導，止無錯字易解可已。

①王獻唐：《雙行精舍書跋輯存》，齊魯書社1983年版，第100頁。

又談洋照"照小易而照大佳",不易拓者皆可照。表明他對照像技術感興趣,也體現了他與時俱進的刻書思想。第三,刻書要細緻,用料要講究。陳介祺在光緒八年作《十鐘山房印舉事記》:"細白棉料紙一張,裁去三寸五分一條,直截三條,再横截十二葉。每一刀九十四張,或九十三,計裁一千零一十六張。每部萬葉,用紙九刀。加封面、舉類、前後餘紙,用十刀不甚足","一印一葉,似太費張,然易印不至損紙,易編可以更正,易補可以大觀,不至一成難變。推之《說文》,分字統編,衆書亦然,無續集補遺之弊"。他在此文中,還對其體例、用紙、印泥、鈐印、用墨、刻工、版式、裝幀等也都有詳叙。此文雖然講的是如何鈐印印章,但表明了他對古書刊刻的細緻態度。第四,刻書要謹慎。同治十三年七月十一日,陳介祺覆潘祖蔭書,時潘開始刻簠齋論金石書札(與潘、王懿榮書),訂爲《簠齋丈筆記附手札》,以版樣詢示。陳介祺覆信:"祺往來簡牘皆信手不成文理,屬蒙付刻,已悚愧無地,敢再冀精刻耶。"雖此,但他對形諸書面的東西是十分謹慎的。在同治十三年七月十一日覆王懿榮書中,囑所寄書函當令人寫出,將來修飾删節,可付刊,以存二人往來之雅。提出既然要刻書,就要進行修飾删節。潘祖蔭還欲刻簠齋與潘、王、鮑、吴等往還書札,並仿宋周密《齊東野人之語》,擬定爲《秦前文字之語》,同治十三年十月三十日,陳覆潘書請其删汰。但潘氏在之後的時間内雖已開始刻書,但未删訂,故陳介祺在十二月四日覆王懿榮書中說:"伯寅欲不改惡札即刻,悚愧之甚,是令不敢作札矣。"光緒元年九月二日又致潘書,懇乞此書録存勿刊,説明他對刻書的審慎態度,畢竟是形諸文字,刻版以傳千古的。正是由於他對刻書要求太高,矜慎謹嚴,故刻書很少。①而陳介祺的刻書認識對當時的刻風不無影響。

①以上書信均據陸明君:《簠齋研究》附《年表》,榮寶齋出版社 2004 年版,第 179 ~ 260 頁。

山東刻書在藝術上的精品衆多,這與山東豐富的刻書資源有關。首先,山東有良好的供印書用的紙。據歷年出土的實物證明,早在蔡倫改進造紙技術以前,中國已有了植物纖維經帚化而抄造的紙。經東漢蔡倫進一步改造,紙被用於書寫。東漢末年,東萊左伯再度改良造紙技術和工藝,使紙的功用更爲拓展,也使東萊一帶成了造好紙的地方。徐陵《玉臺新詠序》稱:"五色花箋,河北、膠東之紙。"可以證明,歷史上河北、膠東是生産好紙的地方,也可以證明,山東造紙源遠流長。根據《金史·百官志》,貞祐二年設抄紙坊使,在全國各地設抄紙坊,其中屬於山東者有東平、益都兩府及青州三處,説明山東的造紙工廠,在全國也是數得着的。另據繆咏禾著《中國出版通史·明代卷》①,山東自明代就是紙張供應大户。每年各省向内府貢紙的數量是:陝西十五萬張,湖廣十七萬張,山西十萬張,山東五萬五千張,福建四萬張,北京十萬張,浙江二十五萬張,江西二十萬張,河南二萬五千張,南直隸三十八萬張。山東進紙數量雖然不是很多,但也位列第八。

其次,山東有良好的刻書用的梨木、棗木。據許檀《明清時期山東經濟的發展》②一文,山東的果樹種植以棗梨爲最,核桃、柿子等次之。嘉靖《山東通志》稱,梨"六府皆有……出東昌臨清、武城者佳";棗"六府皆有之,東昌屬縣尤多"。平原、恩縣兩縣接壤的馬頰河西岸臨河一帶,北自梅家口、董家口,南至津期店,五六十里多種植果樹,棗梨桃李之屬獲利頗多。故山東刻書板材料好,易保存,清雍正乾隆間刻漢文《大藏經》,所用版片特選直隸、山東出産的優質梨木,每版長二尺四寸、寬九寸、厚一寸一分(75 * 28 * 5cm),共73100餘塊,全部是無結節、無拼湊的整版。1988年文物

①繆咏禾:《中國出版通史·明代卷》,中國書籍出版社2008年版,第19頁。
②許檀:《明清時期山東經濟的發展》,載《中國經濟史研究》1995年第3期。

出版社利用此版再次重印時尚存73024塊,有67090塊仍能用以刷印。説明山東有出産上等刻書板的資源。

還有更爲重要的一點,山東刻書的發展,離不開與全國其他地區的交流。王士禛在《居易録》卷十四中指出:“近則金陵、蘇、杭書坊刻板盛行,建本不復過嶺,蜀更兵燹,城郭邱墟,都無刊書之事,京師亦鮮有佳手。”可知清代初期刻書多集中於江南地區的蘇州、杭州、南京。山東人在蘇州刻者有益都劉鴻翱、鄒平李景嶧刻《山左古文鈔》,王士禛門人盛符升刻《漁洋續集》。在杭州刻者有劉喜海刻《六藝綱目》,安邱張介禄刻《古香書屋詩集》《鞠夢盧詩鈔》《隱厚堂遺詩》,菏澤馬新祐之子馬毓楨刻《馬端敏公年譜》,王士禄刻《十笏草堂辛甲集》《南徐游覽集》。在金陵刻者有海豐吴氏刻《山左人詞》,王士禛刻《壬寅集》,文登于克襄刻《鐵槎山房見聞録》,茌平王曰高刻《槐軒集》。除此三地,王士禛、盧見曾在揚州,劉喜海在福建,王培荀在四川,他們對當地刻風的影響與吸收,不僅有利於山東刻書的發展,隨着爲官地的遷移,更有利於全國刻風的形成。

另據鄭德懋、顧湘《汲古閣刻板存亡考》,云《八唐人集》書板“爲山東趙秋谷先生以白金二百易去”,説明山東早已融入了全國刻書中,並努力吸收最新最好的成果。

五、保存大量刻書史料

清代山東刻書中保存了大量的刻書史料,爲研究出版史、經濟史提供了真實的最直接的數據,其中包括書籍生産過程中的板價、寫字價、刻字價、刷印價,書籍流通、銷售過程中的書價,還有刻工姓字等。通過對這些數據進行横向、縱向的比較,可得出某個時期或某個朝代山東某地的經濟發展情況。因每年的錢銀兑换比例不同,故僅列出數字,以供研究經濟者採擇。

(一)書籍生産過程中所體現的經濟狀況

乾隆二十五年新城王氏刻《[新城]王氏世譜》八卷,末有《各分送到字錢開列於後》:"共錢四十九千三百五十。"《各名捐錢數目開列於後》:"共錢一百一十九千二百六十。兩項共錢一百六十八千六百一十。族譜共六萬六千二百二十字,刻字手工併板價錢九十一千,匠人油炭錢十千五百,刮板浄邊木匠手工錢五千,刻字開工犒儀錢六千,又犒工錢二千,又完工犒儀錢六千,貯板櫃子錢五千,刷譜二十部,錢十千,公所飯食雜項錢三十千七百。"

從以上數據可得出以下信息:

第一,刻一部書要多道工序,首先要買板,再開工,還要給開工費。刻字要給工錢,刻工的吃、日常所用要全包。刮板浄邊工人要單獨付費。完工要有賞錢,要買櫃子藏板。

第二,總捐錢爲168610,各項所費爲166200,所餘僅有2410。

第三,刷印一部要付費。初刻刷印20部,錢10000,合每部500文。

第四,此譜每部304葉,則刷印每葉不到2文錢。

第五,刻字手工併板價錢91000,此譜304葉,正反兩面刻字,共需157塊板,91000÷157約爲580,則每塊板及刻字費約爲580錢。

第六,族譜共66220字,66220÷157÷2爲211,則每面約爲211個字。

此爲乾隆二十五年新城刻印書籍的成本價,與乾隆十年曲阜相較,孔昭焕等纂修《孔子世家譜》二十二卷,末有《督刊所支銷總數》:梨木板六百葉(按:雙面刻,應爲一千二百葉),銀十八兩;刻字工價銀二百一十二兩六錢九分;格式紙張顔料刷工共銀十八兩二錢八分;刷印裝訂工料共銀二百零六兩一錢;鋪墊犒勞共銀十八兩七錢六分;以上共銀四百七十三兩八錢三分。《供應所支銷總數》中還列有開館公宴銀四兩。板、刻錢總數爲二百三十兩六錢九分,600 塊板,合每板及刻字費爲銀 0.38 兩,380 錢,此書成本價比《王氏族譜》要低。

族譜每葉約 200 字,《孔子世家譜》共 1200 葉,則有字 240000 個,刻字價合每百字 0.09 兩,而明天啓二年孔府刻《孔氏族譜》,寫字工食,每字一百,銀八厘;刻字工食,每字一百,銀四分。由上可看出明末和清乾隆年間曲阜刻字價的變化。

乾隆五十八年,内府採辦梨板價值每塊四錢,刻宋字每百個工價銀八分,寫宋字每百個工價銀二分。與内府刻字價相比,地方上的“工資”要低得多。

濟寧在咸豐十一年刻《吕祖注講金剛心經》一卷,57 葉,每葉約 400 字,共 22800 字,刻板用錢陸拾千文(60000),合每刻百字 263 文,與道光二十二、二十三年許瀚於濟寧刻《説文解字義證》相較,大體相當。山東博物館藏許瀚手稿《説文義證寫刻始末》,有《識語》:“壬寅冬,刻《方輿考證》,記收到寫樣三十七葉,計字二萬三千八百七十八,合錢十千九百三十八文;收到刻板印樣十葉,計字四千四百零五,合錢十一千八百五十六文。”可得出每寫百字爲 45.8 文,每刻百字爲 269 文,刻字價在二十年後没有大的變化。

除了山東本地的比較,還可與全國其他地方進行横向比較。如徐增在《刻元氣集例》中説:“吴門刻宋字者,每刻一百字,連寫於版,計白銀七分五厘。”①

在縱向上,與《欽定天禄琳瑯書目》中有關《大易粹言》《漢雋》《二俊文集》《王黄州小畜集》《通鑑記事本末》等宋本書的刻書價相較,與《大乘楞伽經唯識論》《佛説不空罥索咒經》《豫章羅先生文集》《宋高僧傳》《分韻四言對偶啓蒙音律啓蒙》等明版書的

①轉引自王卓華:《關於〈元氣集〉的幾個問題》,載《文獻》2007 年第 2 期。

刻書價[1]相較,均可見清代山東的經濟狀況。

(二)書籍流通過程中所體現的經濟狀況

書籍在流通中所體現的經濟元素,以坊刻本最爲突出。坊賈射利,無處不以經濟利益爲旨歸,故在生産過程中盡量降低成本,在流通中極力擡高價格,但也不能偏離市場規律,所以,坊刻書往往在書籍上明碼標價,就像今天的印賣書籍一樣。濟南會文齋刻《新編急救奇方》一卷,封面就題有"粉蓮紙,洋布套,每部京錢壹千文"字樣。

光緒年間刻成的《燕臺成文信記書目録》是一個售書目,書中保存了大量的經濟史料,因爲它在每一種書後都標明價格,有大小板之分的,還分别標出。如《增删卜易大全》,大板三百八十,小板壹百四十;《禮記》,大板八百五十,小板七百五十;《批點七家詩合註》,大板四百,小板三百。每一部書還注明册數,使買書人很清楚每册的價格,這些史料對研究出版經濟史有重要價值。

官刻書大部分也是爲了售賣,故亦有標價格者。清末山東書局刻《山東書局出售書目》一卷,輯書七十三種,不録著者及版本項,而書價紙質所録甚賅。民國十四年山東書局鉛印本《山東書局木板書籍目録》,書分三部分,第一部分是各省局刻家藏刻本經史子集類,第二部分是《尚志堂所刻書籍目録》,第三部分是《精刻名抄孤本秘籍類》。首列各省官書局刻本,説明晚清各省官書局是有業務往來的。所列有廣東書局仿武英殿《十三經註疏》,江西書局仿阮元刻《十三經註疏》,蘇州書局刻《十三經註疏校勘記》,湖南書局仿阮刻《十三經註疏》,李光明書莊刻《十三經讀本》,江南書局刻《四書十一經讀本》,五局合刻《念四史》,金陵書局刻前四史,湖北書局刻《百子全書》。另有湖北書局和浙江書局的《御

①繆咏禾:《中國出版通史·明代卷》,中國書籍出版社 2008 年版,第 281 ~ 285 頁。

纂七經》,二書因紙張不同,而價格不同,粉蓮紙的價格是順泰紙的三倍。從售價上看,同一部書,粉紙印本比竹紙印本要貴。這些售書資料有裨於經濟史和出版史的研究。

(三)刻工資料

對於刻工的研究是刻書史研究的重要內容。王伯敏《中國古代版畫概觀——古版畫的成就及其發展》一文引鄭振鐸先生於1954年冬致天水馮仲翔信中的話:“梨棗圖畫,爲推動文化,功高不可勝言。汪洋大海之中,便有刻工所滴下的汗水。洛陽紙方貴,雕師汗已盡,檢閱古代善本精品,對於世代的剞劂者,能不使人肅然起敬。”①

道光二十二年四月三十日,山東巡撫鐵保奏:“臣前選《八旗詩集》,仰蒙皇上鑒定賞序賜名,臣現將正本敬謹領到。伏念此集經聖明欽定,准臣刊刻以垂不朽,自應慎付剞劂,俾成善本。本省刻工甚少,藝亦不佳,難以集事。浙江撫臣阮元係臣取中會試門生,學問優長,素善刊刻書籍。臣已選購梨板,並備刻資,專派妥人將原本送去。更擬囑其敬撰後跋,以識盛舉。”②知清代山東由於歷史的原因,刻工少,且藝有不佳。此書由於係《八旗詩集》,鐵保怕辦事不力,故鄭重其事,於浙江刊刻。而絕大多數的山東人的著述,限於時地等原因,還是在山東本地刊刻,從而形成了有本土特色的山東刻工群。

李國慶先生《山東籍雕版刻工輯略》一文,是目前所見唯一一篇關注山東刻工的文章,列舉的清代山東刻工有福山葛金元數人。今據目驗諸書,得刻工如下。

①宋原放、王有朋:《中國出版史料——古代部分第二卷》,湖北教育出版社、山東教育出版社2004年版,第239頁。

②翁連溪:《清內府刻書檔案史料彙編》,廣陵書社2007年版,第502頁。

以歷城爲中心的濟南刻工群。歷城劉人傑、徐得安，乾隆十九年爲益都趙氏因園刻《翰村詩稿》；歷城鮑連元，是中和堂的名刻工，同治四年爲郝聯薇刻《爾雅郭注義疏》，同治八年刻《唐律賦抄》，同治十二年刻《二十四弟圖詩合刊》；歷城李廷芳與泰安張韻軒，光緒九年合栞《新雕徂徠石先生文集》；歷城刻工趙鳳章，與尹彭壽合刻《石鼓文匯》；章邱刻工張安可，其子張萬年，其族甥鄭明，道光七年續刻初尚齡《吉金所見録》；章邱刻工李毓秀、張泰順，道光二十年刻《濟南府志》，此書七十二卷，規模不可謂不大，僅二人就可完成，可見當時刻工的熟練程度；章邱刻工韓宗愈，道光二十三年爲莒州莊氏刻《學庸困知録》；章邱刻工王好仁，同治十三年爲即墨黄氏刻《易象集解》；長清紀瑗，光緒十九年爲榮成孫葆田據日照許氏刻景宋本刊刻《孟子音義》，宋刻風格，非常漂亮，説明光緒時山東刻工模仿宋刻本的能力已達到了相當高的水平；長山刻工李廷基，嘉慶六年刻《長山縣志》。

濟寧刻工群。濟寧會元堂刻工孫桐德，同治十三年爲濟寧王氏刻《增訂詩韻便覽》；任城林士宏，光緒十四年刻《滋陽縣志》；任城孫浴德，光緒十五年刻《魚臺縣志》。説明刻工有流動性，從任城來到滋陽、魚臺刻書。

東昌府因坊刻興盛，刻工自然不少，但目前所知僅有堂邑縣城西南温義集温宗德，光緒三十二年刻《高唐州鄉土志》；民國十四年，堂邑縣城西三奶奶廟刻工徐鳳池，曾刻《新訂四書補注備旨》十卷①；曹之先生有言："東昌刻工也有到外地謀生的，例如北京文成堂刻《四書備旨》《大學》等書就是由東昌府堂邑刻工楊金雄雕

①按：據吴雲濤《堂邑木板雕刻記略》一文(《齊魯文史》2000 年第 3 期)，三奶奶廟與"後杏園""清屯"等均爲駱駝山周圍的村莊，家家婦女都會攥刀把，通過"攬頭"爲坊鋪進行"外加工"。

板的。"①説明堂邑是山東重要的刻書地。

濰縣吴培元,精於刻字,尤長於宋體,被譽爲濰縣的書法家,是集寫工與刻工於一身的名家。所刻《寶樹堂遺書》三種,《滄江精華録》《無爲齋文集》,均字體瘦長,端正秀美,開本、版框俱大。

其他刻工還有梁鄒梓匠役邢標同、徒劉玉昇,康熙十一年刻《肥城縣志》,大概是師傅帶徒弟一起幹;利津英文堂郭英麟,光緒九年刻《利津縣志》;招遠刻工王元善,光緒二十一年刻《高上玉皇本行集經》;費縣刻工張鴻賓,光緒二十二年刻《費縣志》;刻工李毓庚,嘉慶年間爲牟應震刻《毛詩質疑》六種二十四卷,刻成後版藏其處。另高密有刻工管恩復。

另外,趙國華在同治十一年所刻《青草堂集》一集十二卷,共230葉,不算刷印的時間,則每天以4葉的速度來刻,每葉約700字,則刻工每天要刻2800字。浄雨《清代印刷史小紀》②,稱乾隆時刻工工價是每寫刻百字,工價銀一兩。以此價,則《青草堂集》每天的刻工費就要28兩,或許非一人所刻,但這個速度是很快的,説明當時的濟南出版業已達到了規模化的水平。

以上刻書史料,從一個側面反映了山東乃至全國的出版業和經濟概況,是社會史研究的重要依據。

第三節 清代山東刻書的不足

一、刊刻叢書不發達

自宋代出現叢書以後,隨着圖書出版業的興旺發達和藏書風

①曹之:《中國古籍版本學》,武漢大學出版社2007年版,第324頁。

②張静廬:《中國近現代出版史料·近代二編》,上海書店出版社2003年版,第358頁。

氣的盛行，到有明一代，叢書的出版便逐漸流行起來。及至清代，特别是乾、嘉時期，成爲我國叢書編刻的鼎盛時期。這一時期的叢書特點是：種類繁多，卷帙浩大，刊刻精美，校勘精審。就保存文獻而言，叢書作用比單行本還大，當單本亡佚，在叢書中仍有保存流傳。對治學來説，叢書比單行本更爲方便。張之洞在《書目答問》中曾説："叢書最便學者，爲其一部之中可該群籍，搜殘存佚，爲功尤巨。欲多讀古書，非買叢書不可。"①

清代江南地區刊刻叢書非常發達。僅常熟一地，就有張海鵬的《學津討原》《墨海金壺》《借月山房彙鈔》《太平御覽》，張金吾的《續資治通鑑長編》《詒經堂續經解》《金文最》，席世臣的《十七史》《宋遼金元别史五種》，三人刻書加起來近 8000 卷。揚州阮元刻《十三經注疏》《經籍籑詁》《皇清經解》，衹經書就近 2000 卷。據杜信孚先生的《全清分省分縣刻書考》統計，江蘇刊刻叢書 99 種，子目數量達 1720 種。

相對於以上地區，山東刊刻叢書無論在數量上，還是在規模上，都相去甚遠。目前所知，清代山東刊刻叢書 62 種，經部叢書有《啓蒙六種》《寶樹堂遺書三種》《貸園叢書初集》《世德堂遺書》《五經歲徧齋校書三種》《蓬萊吴灌先遺著》《毛詩質疑六種》《詩箋三種》《天壤閣叢書》《槼軒孔氏所著書》《今古文孝經彙刻》《孫氏山淵閣叢刊》《六藝堂詩禮七編》《雅雨堂藏書》。史部有《五種遺規》。子部有《毋不敬齋全書》《女兒書輯》《儒先訓要》《小兒書》《瑣言》《十二筆舫雜録》《[日省吾齋雜著]八種》《歲餘偶録三種》《茌邑三先生合刻》《江氏著書七種》《平津館叢書》的一部分。集部有《濟南朱氏詩文彙編》《青草堂集》《即墨黄氏詩鈔》《五畝

①〔清〕張之洞撰，〔清〕范希曾補正：《書目答問補正》，江蘇古籍出版社 2000 年版，第 287 頁。

宅詩草》《膠西鄉先生詩稿萃編七稿》《德州李氏家藏詩集》《郝氏四子詩鈔》《石蓮庵刻九金人集》《吴氏石蓮庵刻山左人詞》《石泉書屋全集》《鄭板橋全集》《安静子集》《渠亭山人半部稾》《柴村全集》《臥象山房全集》《東武王氏家集》《高密三李詩話》《安雅堂全集》《左懋第詩文全集》《牟子全集》《既翕堂詩集二種》《寧陽黄氏家集》《二十四詩品》《茌平王氏家集》《小石帆亭著録》《金石三例》。綜合性叢書有《微波榭叢書》《澹静齋全集》《橘蔭軒全集》《毗陵徐氏家集》《孫文定公全集》《筆諫堂全集》《空山堂全集》《德州田氏叢書》《東山葛氏遺書》《志學齋集七種》。

據《浙江歷代版刻書目》,浙江清代刻叢書 93 種,著名者有《説郛》《古今説海》《抱經堂叢書》《檀几叢書》《奇晉齋叢書》《文瑞樓叢刊》《龍威秘書》《知不足齋叢書》《別下齋叢書》《湖海樓叢書》《拜經樓叢書》《十萬卷樓叢書》《式訓堂叢書》《琳琅密室叢書》《振綺堂叢書》《二老閣叢刊》《漸西村舍彙刊》《嘯園叢書》《武林掌故叢編》《武林先哲遺書》《檇李遺書》《湖州叢書》《台州叢書》《紹興先正遺書》《傳經堂叢書》《金華叢書》《海鹽張氏涉園叢刻》《春在堂全書》等。而山東有名者僅《貸園叢書初集》《天壤閣叢書》《孷軒孔氏所著書》《雅雨堂藏書》《石蓮庵刻九金人集》《吴氏石蓮庵刻山左人詞》《微波榭叢書》《空山堂全集》《德州田氏叢書》數種,在數量上僅是浙江的一半。在卷帙上更無法與之相比。

杜澤遜師在《山東文獻集成總目圖録》中説:"一個文化大省,要有標志性人物,山東省因爲有孔子、孟子、管子、墨子、孫武、孫臏這樣一些譽滿中外的文化名人,因而被公認爲文化大省。但是,一個文化大省還必須有標志性的文獻。以省級地方文獻叢編爲例,清代道光至同治年間廣東的伍元薇、伍崇曜編刻《嶺南遺書》、光緒年間定州王灝編刻《畿輔叢書》、民國年間山西省文獻委員會排印《山右叢書初編》、金毓黻編印《遼海叢書》、張鵬一編印《關隴叢書》、安徽叢書編審委員會影印《安徽叢書》、盧靖編刻《湖北先正遺書》、孫文昱編印《湖南叢書》、胡思敬編刻《豫章叢書》、廣東叢書編印委員會編印《廣東叢書》、瓊州海南書局排印《海南叢書》、貴陽任何澄等編印《黔南叢書》、雲南叢書處趙藩等編刻《雲南叢書》等等,都是一省文化之標志。……可是,山東作爲一個文化大省從没有像其他幾個省份那樣,編印出足以標志山東文化的'山東叢書'。"①僅從地方叢書一項就可見山東叢書刊刻的不足。

二、高層次的出版物少

儘管如前所述,山東刻書被各種圖録收入的精品不在少數,但細究之下,也僅集中於王士禛、盧見曾、劉喜海等少數幾個人身上,而這些精品又大部分在外地産生。山東刻書在刻印技術上平平,應付一般的出版要求還可以,但高層次的精品出版物,比起江、浙、皖等地,在普及性上還有一定的差距。

首先是精美的寫刻本少。除了王士禛、盧見曾刻書多寫刻外,山東刻書多用寫刻字體的有德州田氏,刻有《古歡堂集》《蒙齋年譜》《蒙齋生志》《水東草堂詩》《鬲津草堂詩》。泰山趙國麟,刻有《與點集》《雲月硯軒古體詩稿》《調皖紀行草》。濰縣韓夢周,刻有《陪尾山房詩鈔》《西澗草堂詩集》《西澗草堂文集》《困勉齋私記》《尚書讀記》《春秋一得》。最可稱頌者,爲安邱張貞刻書。其《渠亭山人半部稾》,字大行疏,扁平字體,寫刻細緻,版心下刻堂號,非常漂亮,是安邱張氏刻書的代表,也是山東少見的精品。其《渠丘耳夢録》,爲江寧刻本。安氏刻書亦字大行疏,刻印精良。聊城楊以增所刻仿宋本有《蔡中郎集》《三續千字文注》,仿元本有《六藝綱目》,其中最著者爲《蔡中郎集》,係仿宋刻之佳品,毛春翔、李保民盛讚其爲"清代仿宋元影刻本中的經典之作"。楊保彝

①《山東文獻集成總目圖録》,山東大學出版社 2011 年版,第 83～84 頁。

亦於京師刊刻了著名的仿家藏宋本《唐求詩集》,雖無法與宋刻相媲美,但在清末已是絶佳之品。掖縣翟云升《隸篇》三編字有宋刻之風,大字雙鈎,極爲精美,版框闊大,是少見的大本。榮成孫葆田所刻《孫明復小集》,封面爲日照丁汝彪集漢碑字署耑,雙鈎而成,極古樸美觀,正文爲宋體字,刻畫精整,一絲不苟;《之遊唾餘録》《不夜書屋試律偶存》均開本大,行字疏朗,刻印精美;《孟子音義》用日照許氏校宋本重刻,寫刻體,非常漂亮。益都劉鴻翱在太湖任職時,請蘇州名刻工張鱸香刻《緑野齋文集》,字體娟秀,寫刻體,有清初風格。在福建,又請福建刻工宋鐘鳴刻《太湖詩草》《制藝》,質量非常高。山東常用寫刻體的還有海豐張氏、膠州法氏、聊城鄧氏、桂林胡德琳等,而鄭燮門徒司徒文膏刻字的《鄭板橋全集》在全國尤有重要影響。

以上所舉精美者,不過百種,與整個家刻本 2141 種相比,實在有些微不足道。這些精品大多産生於乾隆以前,是在全國寫刻風影響之下的産物,到中後期,這種精品極爲少見。

其次是套印、版畫等印本少。

明清時期套印、版畫技術在刻書上的應用,豐富了刻書的藝術形式。而以傳統方式進行刻書的山東地區,與套印、版畫的産生地——徽州相比,在藝術上根本無法相提並論。

明清時期,徽州地區的出版業異軍突起,把中國古代出版印刷藝術推向歷史的頂峰。徽派刻書業的最大優勢是美倫美奂的版畫插圖。其版畫的特點是線條細膩,刀法婉麗,背景縟麗繁複,人物刻畫細緻入微,形象逼真活脱,版面清雅,具有生動活潑、俊逸縝秀的獨特風格。同時,套印法在此地廣泛應用。

而在山東,整個清代,套印本僅三部,有光緒六年昌樂閻湘蕙刻五色套印本《璇璣圖詩》,朱、黑、藍、黄、紫五色,有尹彭壽刻朱墨套印本《説文部首讀補注》,另外一部昌樂令竇琛刻五色套印本

《璇璣圖詩》今已不存。

在版畫方面,清光緒二十二年至二十三年濰縣丁氏刻《歷代畫像傳》《初學人物十八則》《菊譜》和光緒四年曲阜孔憲蘭刻《聖賢像贊》較爲精美,但也僅此數部。

總之,山東刻書在數量之多、分布之廣、品類之富上均超乎人們的想象,其以經學、小學、金石、文學見長,以世家大族刻書爲主的特色極其鮮明。山東刻書在保存山東文獻、促進書籍流通、保存刻書史料方面爲功甚巨。作爲中國學術發展的源地,山東刻書對推動清代學術的發展,對影響全國的刻書風氣,貢獻最大。同時,我們也看到了山東刻書的不足之處,即刊刻叢書不發達,缺少高層次的出版物,這也是山東未能成爲清代刻書中心的原因之一。

主要參考文獻

論著：

1.〔清〕永瑢、紀昀等編纂：《欽定四庫全書總目提要》，河北人民出版社 2000 年版。

2.〔清〕張曜等修，〔清〕孫葆田等纂：《[宣統]山東通志》二百卷《首》一卷《末》一卷，民國四年山東通志刊印局鉛印本。

3. 柯劭忞等撰：《續修四庫全書總目提要(稿本)》，齊魯書社 1996 年版。

4. 王國維等撰：《閩蜀浙粵刻書叢考》，北京圖書館出版社 2003 年版。

5. 馮友蘭撰：《中國哲學史》，華東師範大學出版社 2000 年版。

6. 孫殿起編：《販書偶記》附《續編》，上海古籍出版社 1992 年版。

7. 王獻唐撰：《雙行精舍書跋輯存》，齊魯書社 1983 年版。

8. 王重民撰：《中國善本書提要》，上海古籍出版社 1983 年版。

9. 上海圖書館編：《中國叢書綜録》，上海古籍出版社 2007 年版。

10. 顧廷龍主編:《中國古籍善本書目》,上海古籍出版社1989年至1998年版。

11. 王紹曾主編:《山東文獻書目》,齊魯書社1993年版。

12. 崔巍撰:《山東省博物館藏明清民國山東學者著述知見録》,據崔巍自印本複制,2001年版。

13. 杜澤遜撰,程遠芬編:《四庫存目標注》,上海古籍出版社2007年版。

14. 杜澤遜、程遠芬撰:《山東著名藏書家》,山東文藝出版社2004年版。

15. 周洪才撰:《孔子故里著述考》,齊魯書社2004年版。

16. 山東師範大學歷史系中國近代史研究室編:《清實録山東史料選》,齊魯書社1984年版。

17. 伊丕聰撰:《王漁洋先生年譜》,山東大學出版社1989年版。

18. 李伯齊主編:《山東分體文學史》,齊魯書社2005年版。

19. 張静廬編:《中國近現代出版史料(近代初編)》,上海書店出版社2003年版。

20. 張静廬編:《中國近現代出版史料(近代二編)》,上海書店出版社2003年版。

21. 張静廬編:《中國近現代出版史料補編》,上海書店出版社2003年版。

22. 魏隱儒撰:《中國古籍印刷史》,印刷工業出版社1984年版。

23. 張召奎撰:《中國出版史概要》,山西人民出版社1985年版。

24. 山東省出版總社出版志編輯部編:《山東出版志資料》(一至九輯),山東人民出版社1984至1990年版。

25.《山東省志·出版志》,山東人民出版社1993年版。

26.《四川省印刷史料》編寫組、四川省出版印刷公司合編:《成都印刷業史話》,1987年版。

27. 張秀民撰:《中國印刷史》,上海人民出版社1989年版。

28. 宋原放、李白堅撰:《中國出版史》,中國書籍出版社1991年版。

29. 宋原放主編:《中國出版史料》(十卷本,古代部分二卷),湖北教育出版社、山東教育出版社2004年版。

30. 上海新四軍歷史研究會印刷印鈔分會編:《歷代刻書概況》,印刷工業出版社1991年版。

31. 顧志興撰:《浙江出版史研究——元明清部分》,浙江古籍出版社1993年版。

32.《浙江省出版志》編纂委員會辦公室編:《浙江歷代版刻書目》,浙江人民出版社2008年版。

33. 江澄波、杜信孚撰:《江蘇刻書》,江蘇人民出版社1993年版。

34. 杜信孚撰:《全明分省分縣刻書考》,綫裝書局2001年版。

35. 杜信孚撰:《全清分省分縣刻書考》,綫裝書局2009年版。

36. 白玉岱撰:《甘肅出版史略》,甘肅人民出版社1995年版。

37. 方厚樞撰:《中國出版史話》,東方出版社1996年版。

38. 張紹勳撰:《中國印刷史話》,商務印書館1997年版。

39. 杜信孚、漆身起編:《江西歷代刻書》,江西人民出版社1997年版。

40. 李瑞良撰:《福建出版史話》,鷺江出版社1997年版。

41. 謝水順、李珽撰:《福建古代刻書》,福建人民出版社1997年版。

42. 葉樹聲、余敏輝撰:《明清江南私人刻書史略》,安徽大學出版社 2000 年版。

43. 肖東發撰:《中國圖書出版印刷史論》,北京大學出版社 2001 年版。

44. 徐學林撰:《徽州出版史叙論》,安徽美術出版社 1996 年版。

45. 方維保、汪應澤撰:《徽州古刻書》,遼寧人民出版社 2004 年版。

46. 劉尚恒撰:《徽州刻書與藏書》,廣陵書社 2003 年版。

47. 徐學林撰:《徽州刻書》,安徽人民出版社 2005 年版。

48. 繆咏禾撰:《中國出版通史(明代卷)》,中國書籍出版社 2008 年版。

49. 朱賽虹撰:《中國出版通史(清代卷上)》,中國書籍出版社 2008 年版。

50. 汪家熔撰:《中國出版通史(清代卷下)》,中國書籍出版社 2008 年版。

51. 王桂平撰:《清代江南藏書家刻書研究》,鳳凰出版社 2008 年版。

論文:

1. 曹之:《明代南監刻書考》,載《晉圖學刊》1990 年第 2 期。

2. 王子野:《源遠流長的中國出版事業》,載《中國出版》1992 年第 12 期。

3. 金梅:《文化世家的風采》,載《文學自由談》2000 年第 2 期。

4. 曹紅軍:《清康雍乾時期臣工刊書進呈内府現象研究》,載《求索》2005 年第 12 期。

5. 李敏:《印刷術在文獻生産和傳播中的功能》,載《晉圖學刊》2005 年第 6 期。

6. 楊艷琪:《刻書的商品屬性向文化屬性的回歸——明清私家刻書比較論之一》,載《北京印刷學院學報》2006 年第 4 期。

7. 潘文年:《清代中前期的民間刻書及其文化貢獻》,載《安徽大學學報(哲學社會科學版)》2008 年第 2 期。

8. 辛德勇:《19 世紀後半期以來清朝學者編繪歷史地圖的主要成就》,載《社會科學戰綫》2008 年第 9 期。

9. 劉法綏:《古代刻書費用幾何》,載《博覽群書》2009 年第 9 期。

10. 薛理禹:《人丁編審廢止後的人丁——從清後期江浙地區幾部〈賦役全書〉展開》,載《史林》2009 年第 5 期。

11. 師道剛:《影印雍正版〈山西省賦役全書〉前言》,載《山西大學學報》1985 年第 4 期。

12. 肖東發:《坊刻的特點及貢獻——中國古代出版印刷史專論之四》,載《編輯之友》1990 年第 5 期。

13. 樂美素:《建國前的山東出版業》,見《山東文史資料選輯》第二十四輯。

14. 劉進軍、陳建繩:《山東書刊印刷志資料選》,見《山東出版志資料》第五輯。

15. 洪友生:《晚清時期山東的刊刻出版業》,見《山東出版志資料》第八輯。

16. 洪友生、秦明治、陳建繩:《山東省出版大事記》,見《山東出版志資料》第八輯。

17. 李國慶:《山東籍雕版刻工輯略》,載《山東圖書館季刊》1992 年第 1 期。

18. 王紹曾:《略談山東刻書及其在文化史上的作用》,載《山東大學學報(哲學社會科學版)》1993 年第 1 期。

19. 葉征:《清代山東私人刻書家知見録》,載《山東圖書館季刊》1989 年第 1 期。

20. 葉樹聲:《山東歷代私人印書探微》,載《山東圖書館季刊》1991 年第 4 期。

21. 貢世卿:《解放前濟南新舊圖書業概況》,見《濟南文史資料》第五輯。

22. 葉志如:《清末濟南濰縣及周村開辟商埠史料》,載《歷史檔案》1988 年第 3 期。

23. 嚴薇青:《書業德與子雲堂》,見《濟南時報》1998 年 1 月 25 日。

24. 王懋昌:《德占以後青島書業、出版印刷業一覽》,見《山東出版志資料》第二輯。

25. 王懋昌:《介紹青島的兩家書店——成文堂和青島書店》,見《山東出版志資料》第三輯。

26. 吴雲弢:《聊城刻書與出版業的興衰概況》,見《山東出版志資料》第二輯。

27. 金紫垣、胡國典、劉伯紀:《聊城四大書莊》,見《文史資料選輯(聊城)》第四輯。

28. 蘇道宏:《聊城刊刻出版業的興衰》,載《聊城大學學報(社會科學版)》1992 年第 3 期。

29. 許磊、張曙光:《清代聊城民間書坊》,載《蘭臺世界》2008 年第 10 期。

30. 吴雲濤:《堂邑木板雕刻記略》,載《齊魯文史》2000 年第 3 期。

31. 李中:《泰安地區刊刻出版業概況》,見《山東出版志資料》第三輯。

32. 劉長厚:《民國時期泰安書業簡介》,見《山東出版志資料》第三輯。

33. 張冠群:《濰縣圖書業概況》,見《濰坊文史資料選輯》第二輯。

34. 李蒼松:《濰縣印刷史話》,見《濰城文史資料》第七輯。

35. 黄沁一:《我所知道的濟寧圖書館·報刊·印刷業》,見《文史資料》第三輯。

36. 伯泉:《曲阜的木版刻印業》,見《曲阜文史》第七輯。

37. 國偉整理:《木版刻印書鋪會文堂》,見《曲阜文史》第七輯。

38. 趙洪璽:《曲阜碑帖》,載《治淮》1996 年第 5 期。

39. 王純:《奎文閣藏書樓及曲阜清代藏書家考》,載《內蒙古科技與經濟》2001 年第 1 期。

40. 王嫦娟:《曲阜藏書家與藏書樓考》,載《晉圖學刊》2001 年第 1 期。

41. 孫泉聲:《解放前即墨的印刷業》,見《即墨文史資料》第三輯。

42. 鍾士林、畢建平:《晚清以來煙台出版業概況》,見《山東出版志資料》第八輯。

43. 崔平:《膠縣解放前出版印刷發行業一覽》,見《山東出版志資料》第六輯。

44. 崔章蔭:《〈承文新脈絡淵源〉補正——招遠縣孟格莊"二書鋪"探源》,見《山東出版志資料》第六輯。

45. 尚昭明、鄒訓儉:《膠州印刷業》,見《膠州文史資料》第五輯。

46. 趙文志:《劉金貴、劉作信及其"誠文堂""誠文信"書局》,見《招遠文史資料》第五輯。

47. 王師:《膠州成文堂書坊》,見《中國網》2003 年 4 月 21 日。

48. 張宙星:《成文堂刻本〈出像二十四孝新訂日記故事〉》,見《齊魯晚報》2006 年 5 月 12 日。

49. 張樹棠:《膠州成文堂書局》,見《膠州文史資料》第十輯。

50. 趙儷生:《山東鄉邦文獻考察小記》,載《文史哲》1983 年第 6 期。

51. 戴鞍鋼:《清代漕運興廢與山東運河沿線社會經濟的變化》,載《齊魯學刊》1988 年第 4 期。

52. 許檀:《明清時期山東經濟的發展》,載《中國社會經濟史研究》1995 年第 3 期。

53. 許檀:《清代前中期的沿海貿易與山東半島經濟的發展》,載《中國社會經濟史研究》1998 年第 2 期。

54. 肖愛樹:《清代中期山東商品經濟的發展與資本主義萌芽》,載《齊魯學刊》1998 年第 2 期。

55. 莊維民:《近代山東蠶桑業的改良及其影響》,載《古今農業》1999 年第 4 期。

56. 董以山:《論山東大學堂與清末教育改革》,載《山東大學學報(哲學社會科學版)》2001 年第 5 期。

57. 任銀睦:《清末民初基督教在山東的傳播與山東的教育文化現代化》,載《聊城大學學報(社會科學版)》2002 年第 2 期。

58. 陳冬生:《清代山東"漢學"流變及學術成就》,載《東嶽論叢》2004 年第 3 期。

59. 楊亞利:《論易學源於山東——兼論漢以來山東古代學者對易學之貢獻》,載《文史哲》2004 年第 3 期。

60. 周蕭、裴世俊:《晚明山東文壇宗尚》,載《山東師範大學學報(人文社會科學版)》2006 年第 1 期。

61. 韓麗:《晚清時期的山東慈善機構》,載《中國減災》2006 年第 1 期。

62. 蔣元重:《西方宗教的傳播與青州現代文化的發展》,載《濰坊教育學院學報》2007 年第 1 期。

63. 張德明:《李提摩太在山東活動述論》,載《濰坊教育學院學報》2008 年第 21 卷第 1 期。

64. 滕新書:《登州文會館:開中國近代音樂教育先河》,見《煙台日報》2008 年 8 月 16 日。

65. 王濱:《清代山東運河城市發展原因初探》,載《今日南國》2008 年第 8 期。

66. 張德明:《近代山東教會博物館探究》,載《博物館研究》2009 年第 3 期。

67. 曲春梅:《近代膠東商人與社會習俗變遷》,載《山東社會科學》2010 年第 3 期。

68. 史革新:《西學與晚清學術》,載《中州學刊》1988 年第 3 期。

69. 時建國:《清代小學的發展和成就》,載《圖書與情報》1998 年第 2 期。

70. 孫占元:《晚清學術與經世思潮》,載《理論學刊》2004 年第 3 期。

71. 張啓耀:《晚清學術文化演進概述》,載《山西師大學報(社會科學版)》2007 年第 4 期。

72. 張帆:《從"格致"到"科學":晚清學術體系的過渡與別擇(1895－1905 年)》,載《學術研究》2009 年第 12 期。

73. 王元琪、崔鋭:《清嘉道之際至光緒中期的漢學研究》,載《理論導刊》2009 年第 4 期。

74. 劉志盛:《湖南思賢書局刻書紀略》,載《圖書館》1989 年第 3 期。

75. 張其中:《四川官書局考略》,載《四川圖書館學報》1989

年第5期。

76. 汪家熔:《清末地方官書局(上)》,載《圖書館雜志》1990年第1期。

77. 汪家熔:《清末地方官書局(下)》,載《圖書館雜志》1990年第2期。

78. 侯黎曉:《山西濬文書局設立緣起及出書簡述》,載《晉圖學刊》1990年第3期。

79. 趙鍾雲:《古老的山東書局》,見《濟南文苑漫憶》,濟南出版社1993年版。

80. 陳紅濤:《淺述江西官書局刻書》,載《江西圖書館學刊》1993年第2期。

81. 張宗文:《晚清官書局的圖書發行》,載《編輯學刊》1999年第3期。

82. 張磊:《官書局刻書考略》,載《圖書館》2001年第2期。

83. 張雪琴:《從濬文書局到山西書局——近代至民國時期的山西圖書出版業》,載《新聞出版交流》2003年第5期。

84. 張磊:《張之洞與廣雅書局》,載《圖書情報工作》2004年第5期。

85. 吴家駒:《崇文書局與崇文書局刻書》,載《圖書館雜志》2004年第6期。

86. 徐雁:《老書局的"故事"》,載《中國圖書評論》2004年第6期。

87. 張維華:《跋丁耀亢的〈出劫紀略〉和〈問天亭放言〉》,載《山東大學學報(哲學社會科學版)》1962年第3期。

88. 黄霖:《丁耀亢及其〈續金瓶梅〉》,載《復旦學報(社會科學版)》1988年第4期。

89. 葉桂桐:《從〈續金瓶梅〉看〈金瓶梅〉的版本及作者》,載

《吉林大學社會科學學報》1989 年第 2 期。

90. 魯海:《丁耀亢著述考》,載《山東圖書館季刊》1991 年第 1 期。

91. 周樹德:《〈醒世姻緣傳〉的作者與版本》,載《河南圖書館學刊》1994 年第 2 期。

92. 周洪才:《丁耀亢及其著作考論》,載《齊魯學刊》1996 年第 5 期。

93. 王運堂、王慧:《略論館藏足本〈續金瓶梅〉》,載《山東圖書館季刊》1997 年第 3 期。

94. 林衛東、高永生:《丁耀亢作品的版本及其他》,載《山東圖書館季刊》2004 年第 4 期。

95. 華德公:《孫廷銓其人與山蠶説》,載《中國蠶業》1997 年第 4 期。

96. 趙儷生:《顧炎武與張爾岐》,載《東嶽論叢》1985 年第 5 期。

97. 李雪梅:《顧炎武〈菰中隨筆〉版本考》,載《山西大學學報》2004 年第 24 卷第 2 期。

98. 朱莎莎:《顧亭林〈山東考古録〉考釋》,載《魯東大學學報(哲學社會科學版)》2009 年第 26 卷第 6 期。

99. 張濤:《顧張交往年代辨正二則》,載《湖南大學學報(社會科學版)》2006 年第 1 期。

100. 陶寶慶:《一部珍貴的磁版印本〈周易説略〉》,載《山東圖書館季刊》1984 年第 2 期。

101. 林存陽:《張爾岐與〈儀禮鄭注句讀〉》,載《齊魯學刊》2001 年第 1 期。

102. 張華松:《張爾岐交游考》,載《孔子研究》2004 年第 3 期。

103. 王建美:《張爾岐理學思想論略》,載《天津師範大學學報(社會科學版)》2004 年第 5 期。

104. 王繼學:《論張爾岐的〈老子説略〉在老學史上的地位》,載《商丘師範學院學報》2006 年第 1 期。

105. 陳友琴:《略論清初詩壇上的南施北宋》,載《河北師院學報》1979 年第 1 期。

106. 趙永紀:《論宋琬及其詩》,載《滄州師範專科學校學報》1989 年第 2 期。

107. 葉君遠、高蓮蓮:《宋琬年表(上)》,載《沈陽師範大學學報(社會科學版)》2004 年第 5 期。

108. 葉君遠、高蓮蓮:《宋琬年表(下)》,載《沈陽師範大學學報(社會科學版)》2005 年第 1 期。

109. 蔣寅:《王士禛、趙執信的〈聲調譜〉及其古詩聲調論》,載《古典文學知識》1997 年第 3 期。

110. 張宇聲:《王漁洋揚州文學活動評述》,載《揚州大學學報(人文社會科學版)》1998 年第 1 期。

111. 何成:《明清新城王氏家族教育探析》,載《學海》2002 年第 1 期。

112. 袁世碩:《王漁洋早年詩集刻本》,載《中國典籍與文化》2002 年第 1 期。

113. 吕增祥:《王士禛與池北書庫》,載《山東圖書館季刊》2002 年第 1 期。

114. 辛德勇:《漁洋山人詩合集》,載《中國典籍與文化》2002 年第 3 期。

115. 陸林:《〈王漁洋事迹徵略〉商訂和獻疑》,載《南京師範大學文學院學報》2002 年第 4 期。

116. 王碧瑶:《王士禛的〈漁洋詩話〉及其"神韻説"》,載《楚雄師範學院學報》2003 年第 4 期。

117. 蔣寅:《王漁洋與趙秋谷的關係及詩學之分歧》,載《太原師範學院學報(社會科學版)》2003 年第 6 期。

118. 陳汝潔:《伊應鼎與〈漁洋山人精華録會心偶筆〉》,載《山東理工大學學報(社會科學版)》2004 年第 4 期。

119. 蔣寅:《王士禛與江南遺民詩人群》,載《北京大學學報(哲學社會科學版)》2005 年第 5 期。

120. 黄金元:《王士禛與田雯交游考論》,載《山東大學學報(哲學社會科學版)》2009 年第 2 期。

121. 劉書鵬:《宋犖與王士禛交游考論》,載《商丘師範學院學報》2008 年第 11 期。

122. 劉乾:《宋犖刻書考》,載《黄淮學刊(哲學社會科學版)》1991 年第 2 期。

123. 王樹林:《宋犖的詩歌創作與詩歌結集》,載《黄淮學刊(哲學社會科學版)》1996 年第 12 卷第 1 期。

124. 劉萬華:《宋犖著述考補》,載《殷都學刊》2010 年第 2 期。

125. 李漢舉、王一千:《唐夢賚及其家族史料》,載《蒲松齡研究》2006 年第 2 期。

126. 姚金笛:《清初曲阜三顔略論》,載《現代語文(文學研究版)》2006 年第 9 期。

127. 王純、王青:《清初詩人顔光猷生平事迹考略》,載《菏澤學院學報》2007 年第 29 卷第 3 期。

128. 薛祥生:《清代著名詞人——曹貞吉行年簡譜》,載《中國韻文學刊》1999 年第 1 期。

129. 朱興泉:《田雯與〈黔書〉》,載《貴州檔案》2000 年第 4 期。

130. 黄金元:《田雯行年簡譜》,載《德州學院學報》2003 年第 3 期。

131. 黄金元:《清初山左詩人田雯及其詩歌創作》,載《東嶽論叢》2004 年第 5 期。

132. 張崇琛:《蒲松齡與諸城遺民集團》,載《蒲松齡研究》1989 年第 2 期。

133. 楊海儒:《蒲松齡與王士禛的交往疑點探討》,載《淄博師專學報》1994 年第 3 期。

134. 盛偉:《蒲松齡與趙執信交往初探》,載《青島海洋大學學報》1997 年第 1 期。

135. 蒲澤:《鮮爲人知的〈聊齋志異〉朱氏刻本》,載《山東師範大學學報(人文社會科學版)》1989 年第 3 期。

136. 朱睦卿:《書傳四海,版刻嚴陵——趙起杲和青本〈聊齋〉》,載《蒲松齡研究》2005 年第 4 期。

137. 王平:《張貞事迹著述考略》,載《東嶽論叢》1998 年第 1 期。

138. 周郢:《〈泰安趙相國印譜〉考録》,見吕金成主編《印學研究》,山東大學出版社 2009 年版。

139. 王雪源:《薛鳳祚與〈曆學會通〉》,載《山東圖書館學刊》2010 年第 5 期。

140. 饒宗頤:《〈談龍録〉跋》,載《文藝理論研究》1985 年第 3 期。

141. 夏春豪:《趙執信〈談龍録〉一議》,載《江海學刊》1997 年第 5 期。

142. 于志强:《趙執信〈談龍録〉創作心理分析》,載《山東文學》2006 年第 5 期。

143. 薛祥生:《試論趙執信〈飴山詩餘〉》,載《山東師範大學學報(人文社會科學版)》1994 年第 5 期。

144. 趙宗來:《趙執信與其術數研究》,載《淄博師專學報》1997 年第 2 期。

145. 嚴迪昌:《趙執信論》,載《文學評論》1997 年第 5 期。

146. 陳汝潔:《關於趙執信詩集版本的補正》,載《蒲松齡研究》2005 年第 1 期。

147. 丘良任:《盧見曾及其〈出塞圖〉》,載《故宮博物院院刊》1983 年第 2 期。

148. 劉捷:《清代德州雅雨堂刻書著述考略》,載《德州師專學報》1996 年第 1 期。

149. 劉捷:《盧見曾與雅雨堂刻書》,載《蘭臺世界》2006 年第 17 期。

150. 吴新民:《戴震〈聲類表〉及其性質》,載《安徽大學學報(哲學社會科學版)》1987 年第 3 期。

151. 楊應芹:《戴震與〈水經注〉》,載《江淮論壇》1995 年第 3 期。

152.《戴震在中國數學史上的貢獻》,載《黄山學院學報》2006 年第 3 期。

153. 宋平生:《〈桃花扇傳奇〉版刻源流考》,載《中國人民大學學報》1992 年第 6 期。

154. 周洪才:《孔繼汾與〈闕里文獻考〉》,載《山東圖書館季刊》1992 年第 3 期。

155. 孔燕:《獻身圖書校勘事業的孔繼涵》,載《山東圖書館季刊》2000 年第 3 期。

156. 郭金彬、劉秋華:《鮑澣之與"算經十書"的刊刻流布》,載《自然辯證法通訊》2006 年第 4 期。

157. 王青建:《〈算經十説〉與數學史教育》,載《内蒙古師範大學學報(自然科學漢文版)》2009 年第 5 期。

158. 王嵐:《三孔集主要版本考論》,載《江西社會科學》2004 第 7 期。

159. 魯勇、王一林:《李文藻校刻本〈漁洋詩話〉》,載《山東圖書館季刊》1982 年第 4 期。

160. 駱偉:《李文藻與〈恩平程記〉》,載《圖書館論壇》1983 年第 2 期。

161. 趙洪勝:《讀書著書藏書的李文藻》,載《山東圖書館季刊》2001 年第 2 期。

162. 張景孔:《李文藻與他主纂的兩部縣志》,載《黑龍江史志》2003 年第 2 期。

163. 王普之:《鄭板橋在濰縣》,載《春秋》1996 年第 3 期。

164. 王蕊:《明清時期高密單氏家族文化成因》,載《菏澤師專學報》2003 年第 1 期。

165. 李豐楙:《翁方綱著述考》,載《書目季刊》1975 年第 3 期。

166. 顏世菊:《牛運震和他的學術思想及出版業》,載《山東圖書館季刊》2000 年第 3 期。

167. 陳明超:《朱畹和山左名賢》,見《濟南時報》2010 年 2 月 22 日第 28 版。

168. 王永厚:《郝懿行的"蜂衙小記"》,載《中國養蜂》1982 年第 4 期。

169. 安作璋、耿天勤:《郝懿行和他的〈曬書堂集〉》,載《史學史研究》1989 年 2 期。

170. 郭在貽、張湧泉:《談郝懿行的〈爾雅義疏〉》,載《辭書研究》1989 年第 3 期。

171. 張述錚:《〈郝蘭皋夫婦年譜〉訂訛》,載《山東師範大學學報(人文社會科學版)》1989 年第 1 期。

172. 晁岳佩:《郝氏〈春秋〉兩種評介——論郝懿行的〈春秋〉學》,載《山東師範大學學報(人文社會科學版)》1989 年第 6 期。

173. 張子才:《郝懿行的〈證俗文〉》,載《辭書研究》1990 年第 5 期。

174. 魏露岑:《郝懿行和他的〈記海錯〉》,載《農業考古》1997 年第 1 期。

175. 柳向春:《郝懿行〈爾雅義疏〉之刊刻源流》,載《古籍整理研究學刊》2004 年第 4 期。

176. 宋飛、柳向春:《郝懿行〈爾雅義疏〉述略》,載《圖書館雜志》2006 年第 7 期。

177. 嚴薇青:《王培荀及其〈鄉園憶舊録〉》,載《管子學刊》1995 年第 1 期。

178. 陳東輝:《阮元編刻書籍考略》,載《古籍整理研究學刊》1997 年第 3 期。

179. 李細珠:《〈倭文端公遺書〉版本考述》,載《清史研究》1997 年第 4 期。

180. 杜澤遜:《跋清正誼堂刻本〈周易訂疑〉》,載《山東大學學報》1998 年第 3 期。

181. 胡昌健:《劉喜海年譜》,載《文獻》2000 年第 2 期。

182. 許貴文:《劉喜海生卒年考略》,載《理論界》2005 年第 10 期。

183. 張其鳳:《劉喜海對陳介祺的影響考繹》,載《南京藝術學院學報(美術與設計版)》2006 年第 1 期。

184. 丁延峰:《海源閣刻書考》,載《文獻》2005 年第 2 期。

185. 丁延峰:《海源閣楊氏刻本〈蔡中郎集〉考述》,載《圖書館研究與工作》2007 年第 1 期。

186. 丁延峰:《海源閣楊氏序跋輯考》,載《文獻》2010 年第 1 期。

187. 張莉:《〈蔡中郎集〉版本源流考》,載《圖書館理論與實踐》2005 年第 3 期。

188. 黄鎮偉:《玉函山房、漢學堂輯佚書考略》,載《古籍整理研究學刊》1998 年第 3 期。

189. 滕咸惠:《清代馬國翰著作木刻雕版在章邱發現》,載《文史哲》2000 年第 4 期。

190. 賀宜:《馬國翰與〈玉函山房藏書簿録〉》,載《東嶽論叢》2002 年第 5 期。

191. 梁玲華、馮海霞:《馬國翰和〈玉函山房輯佚書〉》,載《泰山鄉鎮企業職工大學學報》2003 年第 1 期。

192. 張學軍:《清代輯佚第一家——馬國翰》,載《圖書館理論與實踐》2007 年第 1 期。

193. 丁原基:《十九世紀山左學者馬國翰與許瀚之文獻學》,載《"國家圖書館"館刊》2005 年 12 月第 2 期。

194. 葉樹聲、張立敏:《馬國翰竊章宗源輯佚成果辯》,載《河北圖苑》1994 年第 4 期。

195. 葉樹聲:《論清儒輯佚》,載《淮北煤炭師範學院學報(哲學社會科學版)》1995 年第 1 期。

196. 張宗茹、劉鐵生:《李廷棨與〈雷州記〉》,載《山東圖書館季刊》1990 年第 3 期。

197. 寧蔭棠、韓玉文:《章邱李氏藏板初探》,載《山東圖書館季刊》2002 年第 1 期。

198. 葉斌:《論王筠〈説文釋例〉對文字學的貢獻》,載《杭州師範學院學報(社會科學版)》1992 年第 1 期。

199. 葉斌:《論王筠〈説文釋例〉對説文學的貢獻》,載《杭州師範學院學報(社會科學版)》1993 年第 5 期。

200. 馬景侖:《〈文字蒙求〉的實用價值及其學術貢獻》,載《南京師範大學學報(社會科學版)》1995 年第 4 期。

201. 陳淑梅:《試論王筠對漢字學的貢獻——讀王筠〈説文釋例〉》,載《古漢語研究》2001 年第 1 期。

202. 王曉燕:《〈説文釋例〉的實用價值和史學貢獻》,載《棗莊學院學報》2006 年第 3 期。

203. 崔國光:《山左學者許瀚與〈説文解字義證〉》,載《齊魯文史》2002 年第 2 期。

204. 崔天勇:《翟云升與其木版〈隸篇〉》,見《萊州文史資料》第八輯。

205. 李亞男:《清代山東古錢學家李佐賢》,載《管子學刊》2001 年第 4 期。

206. 徐明兆、周玉山:《許鴻磐和他的〈方輿考證〉》,載《山東圖書館季刊》1990 年第 2 期。

207. 馬汝惠:《〈蓼園詩鈔〉的版本》,載《青島教育學院學報(綜合版)》1992 年第 1、2 期。

208. 張忠綱:《稿本〈杜解傳薪〉提要》,載《文獻》2002 年第 4 期。

209. 張秉國:《馮氏五先生綜譜簡編》,載《聊城大學學報(社會科學版)》2004 年第 2 期。

210. 王慧:《〈金石録〉版本源流考》,載《山東圖書館季刊》2004 年第 4 期。

211. 焦桂美:《關於〈平津館叢書〉的兩個問題》,載《文獻》2005 年第 1 期。

212. 董金艷:《晚清廉吏與金石學家吴重熹》,載《春秋》2008 年第 2 期。

213. 徐泳:《稿本〈般上舊聞〉所記德平葛氏著述考索》,載《山東圖書館季刊》2008 年第 4 期。

214. 王曉兵:《清即墨黄守平纂稿本〈黄氏詩鈔〉考述》,載《山東圖書館學刊》2009 年第 5 期。

215. 王永:《〈濤南遺老集〉版本源流考》,載《古籍整理研究學刊》2010 年第 1 期。

216. 陸露:《時庸勱〈聲譜〉研究》,載《文學與藝術》2010 年第 5 期。

學位論文:

1. 秦海瀅:《明清時期山東孝婦河畔的望族——以淄川地區爲中心》,中山大學 2006 年博士後論文。

2. 何成:《新城王氏:對明清時期山東科舉望族的個案研究》,山東大學 2006 年博士學位論文。

3. 徐愛梅:《孔尚任和〈桃花扇〉新論》,山東大學 2007 年博士學位論文。

4. 主父志波:《安丘曹氏及其文學》,山東大學 2010 年博士學位論文。

5. 佟守琴:《福山科舉家族王氏研究》,遼寧大學 2002 年碩士學位論文。

6. 王蕊:《明清時期高密單氏家族個案研究》,山東大學 2003 年碩士學位論文。

7. 黄金元:《田雯詩歌研究》,山東大學 2004 年碩士學位論文。

8. 張俊峰:《王筠研究稿》,鄭州大學 2004 年碩士學位論文。

9. 陳宇舟:《清初詩人宋琬研究》,蘇州大學 2004 年碩士學位論文。

10. 劉春興:《宋琬研究》,蘇州大學 2005 年碩士學位論文。

11. 孫雅芬:《〈説文釋例〉研究》,曲阜師範大學2006年碩士學位論文。

12. 梁娟娟:《明清臨朐馮氏家族研究》,山東師範大學2006年碩士學位論文。

13. 張德印:《朱緗詩集整理研究》,聊城大學2006年碩士學位論文。

14. 王繼學:《張爾岐的〈老子〉學思想研究》,山東大學2006年碩士學位論文。

15. 柳愛群:《晚清官書局刻書研究》,北京師範大學2006年碩士學位論文。

16. 胡明麗:《陝西古代刻書考》,陝西師範大學2006年碩士學位論文。

17. 程軼:《清初詩人王士禄研究》,山東大學2007年碩士學位論文。

18. 陳麗珍:《清代山東史學初探》,山東大學2007年碩士學位論文。

19. 張曉媛:《濟南詩派研究》,山東大學2007年碩士學位論文。

20. 王艷玲:《〈南澗文集〉校注》,廣西大學2007年碩士學位論文。

21. 丁玉:《齊文化視野下的清代淄博作家群體研究——以王士禛、蒲松齡、趙執信爲中心》,山東大學2007年碩士學位論文。

22. 祝賀:《清大學士泰安趙國麟年譜長編附考》,東北師範大學2007年碩士學位論文。

23. 李健:《清以前〈證類本草〉的版本研究》,中國中醫科學院2009年碩士學位論文。

綜合索引

索引説明

一、本索引爲書名、著者、序跋者、刻書者、刻書地、刻工、寫工、堂號等綜合索引。

二、索引條目的提取遵循以下原則：

1. 書名、著者、刻書者主要取自行文中的刻書條目，即包含書名項、著者項、版本項三個基本内容的條目。除此之外，正文其他地方提及的書名、著者、刻書者均不再提取。

2. 書名有“增補”“重訂”“新刊”等字樣，或地方志前冠以朝代，或家譜前冠以地名，除做本條索引外，均去掉“增補”“重訂”“新刊”、朝代、地名等，另做一條索引。如：[嘉靖]山海關志、重訂丹溪心法、[安丘]張氏家乘，均另做索引：山海關志、丹溪心法、張氏家乘。

3. 多個書名並列，根據實際情況，採用合併或分列的形式。如：墨池編二十卷續編三卷，索引作“墨池編、續編”；范文正公集二十四卷年譜一卷補遺一卷附録一卷，索引作“范文正公集、年譜、補遺、附録”；修身餘録一卷保生心鑒一卷養生導引法一卷，索引則分列“修身餘録”“保生心鑒”“養生導引法”三條。

4. 叢書子目與出現在版本項中的叢書均做索引。如:明萬曆曲阜顏欲章刻顏氏傳書本,"顏氏傳書"亦做索引。

5. 著者僅做人名索引,撰、輯、編、纂、纂修、注、傳、箋等著作方式未做區分。

6. 未以真實姓名出現的著者,能考證出來的,在題名後加圓括號注明真實姓名。如:"函山子",作"函山子(劉天民)";"中麓放客",作"中麓放客(李開先)"。

7. 序者、跋者皆做索引。有名的校閲者亦做索引。

8. 刻書者包括個人、坊鋪、官府、藩府、書院、民間組織、慈善機構等。

9. 刻書者標某氏者,在其後以圓括號注明籍貫。如:葛氏(德平)。

10. 一般家刻書的刻書地不做索引,官刻書無明確刻書人的做刻書地索引,山東人在外地刻書的做刻書地索引。

11. 具有完整姓字的刻工、寫工做索引,單字不做。

12. 凡行文中涉及的堂號均做索引。

三、索引按漢語拼音排序。首字讀音相同按第二個字的讀音排序。同音字按筆畫數排序,筆畫數相同者按筆順排序。

四、索引條目後顯示頁碼。頁碼後圓括號中的數字表示此條目在此頁碼中出現的次數。

A

B

C

D

E

F

▲綜合索引

G

H

綜合索引

▲綜合索引

K

▲綜合索引

▲綜合索引

綜合索引

N

O

P

▲綜合索引

R

S

▲綜合索引

▲綜合索引

綜合索引

W

▲綜合索引

X

▲綜合索引

Y

Z

▲綜合索引

後　記

本書是在博士論文的基礎上修改而成的，前后歷時七年。付梓之際，面對着這摞百萬餘字的稿子，我感慨萬千。其中的辛苦自不必説，而心中尤爲感念的，是在此書的寫作與修訂過程中，衆師友爲我所做的一切。

首先，感謝杜澤遜師。記得在攻讀碩士學位時，杜澤遜師爲我幼稚的論文逐字逐句改過，不僅示我以作文之法，更讓我領略到杜師爲學的謹嚴。於是每有小文，必經杜師改定。攻讀博士學位期間，正值杜師承擔清史項目《清人著述總目》和《清史藝文志》、山東省政府項目《山東文獻集成》，授課之餘，杜師與師母程遠芬教授無日不在項目組忙碌，但對我的論文指導卻從未間斷。自得知被録取的那一刻起，杜師就將有關書籍一併提供給我，包括家藏珍本。在形成《山東刻書目録》階段，杜師與師母從碼滿了一面牆壁的"卡片牆"裏找出王漁洋、王筠等人的著述卡片供我抄録。可以説，我是利用《清人著述總目》成果的第一人。而杜師在編輯整理《山東文獻集成》的過程中，每發現一條刻書信息，必及時告知我，有時怕忘記，深夜發來短信，當我第二天看到時，總覺得愧對吾師，故時刻提醒自己要以勤勉來回報他。衹因我天生愚鈍，數年的結果亦僅此未加修飾的繁複之文，而杜師卻每多鼓勵之語，使我一直保持着對這個題目的探究激情。

最令我受益匪淺的，是杜師與師母的爲人處事。在諸多任務壓身的情況下，杜師猶能對師友、學生的請求逐一答覆，並有條不紊地按計劃做每一件事情，那份從容、淡定，那種常人所不能達到的堅韌不拔、十年如一日的精神，令我感歎不已。尤其是近幾年來，山東省的古籍保護工作也牽扯了他不少的精力，或培訓，或指導，或評審，或研討，故一直擔心他的身體在超負荷運轉，雖不想過多地使他勞累，但在論文寫作及出版前校改的最後階段，叨擾至深夜也是常有之事。而師母總是陪伴到很晚，並時時叮囑我注意身體健康，生活上給予我諸多幫助，令我感動。

感謝國家圖書館李致忠先生。蒙先生不棄，收我爲徒。在論文的寫作上，先生提供各種出版信息，並不時地督促學習。能隨時向先生請益，是我莫大的榮幸。

感謝山東省圖書館趙炳武、李西寧、李勇慧等領導爲我提供寶貴的學習機會。

感謝山東大學儒學高等研究院劉曉東、徐傳武、鄭傑文、王承略、劉心明、何朝暉諸位老師爲我授課，關心、問詢論文的進展情況。劉曉東老師並在溽熱酷暑中爲本書題寫書名，不勝感荷之至！

論文在外審過程中，得到了北京師範大學文學院李山教授、復旦大學圖書館吴格教授、武漢大學文學院駱瑞鶴教授的諸多謬獎，實感慚愧。駱教授審閲至詳，將問題及誤字條列於後，供我查考。專家們獎掖後進，不遺餘力，令人景仰！

感謝山西大學文學院劉毓慶教授、曲阜師範大學文學院單承彬教授，及徐傳武教授、鄭傑文教授、王承略教授，他們在論文答辯中提出了中肯的修改意見。

此書的完成，離不開衆友朋的援手相助。

學兄兼同事徐泳，一直從事《山東通志·藝文志》的訂補工作，同時又參與了《山東文獻集成》的編纂工作，經眼大量一手材料，他慷慨提供手中掌握的電子版數據，尤其是《山東通志·藝文志訂補》電子版數據，使我大大縮短了翻檢資料的時間，提高了論文寫作速度，令我感激不盡。除此之外，他還幫助我整理了參考文獻資料，就論文寫作相與探討，給我諸多啓發。論文完成後，又校閲一過。

論文需要大量地目驗原書。在本館閲書往往是利用中午的時間，同事杜雲虹、畢曉樂、賴大邃、王艷麗、辛鏡之、王珂、李關勇、張曉輝、陸健，提供了諸多方便；王珂利用去上海圖書館出差的機會代爲查閲了部分古籍，並得到了陳先行老師的幫助；張逸潔利用在國家圖書館培訓的時間代爲查核相關古籍；在國家圖書館閲書，得到了趙前老師、董蕊女士及古籍館同仁的幫助；在濟南市圖書館、山東博物館，得到了普武勝、曹維清、裴文玲、于芹、徐戰等好友的幫助。

另有部分書是委託師友們查閲的。有國家圖書館的李際寧先生、劉明先生，國家圖書館出版社趙嫄師妹，北京大學中文系漆永祥教授的研究生潘妍艷同學，中國科學院圖書館薛惠媛師妹，中國科學院自然科學所圖書館鄭誠先生，山東大學圖書館楊立民先生，煙台圖書館劉樹偉先生。因衆師友在版本研究領域均有較高的造詣，故回覆中不僅有準確而詳盡的描述，更有相關的考證，提供了大量的參考信息，使我獲益良多。

在論文寫作過程中，還隨時聯絡王恒柱、張旭麗、牛泉、韓學廣、姜源、張佰超、王彭蘭、趙岩峰、王偉波、衣可紅、遲玉齡、石國祥、隋洋、王洪利、喬敏、邱然安、劉薔、羅焕好、饒國慶、石梅、楊居讓、程學軍、劉冰等省内外同行，調用館藏書影，以便稽核。同事于青、孫振東、王文剛在文獻資料上也盡可能地給予幫助。

論文草稿初成，同門金曉東、何燦、李振聚、任利榮、李寒光、張學謙,在參加清史項目編纂工作的快節奏運轉中,分任審校之勞,刊落枝葉,補充信息。

在本書的進一步修改過程中,又得郭立暄、王亮、陳誼、童聖江、徐瀟立、董倩倩諸友之助。濰坊電視臺劉洪金先生托杜澤遜師轉來修改意見二十餘條,均已採入本書。

2012 年底,蒙山東大學儒學高等研究院常務副院長、《文史哲》主編王學典教授推薦,拙作被列入出版計劃。2015 年底,獲得山東大學儒家文明協同創新中心資助,纔得以順利出版。在此,謹對山東大學的各位老師和領導致以衷心感謝。

最後,我要感謝我的家人。我的父母、公婆均年逾古稀,爲使我專心著述,抱恙亦不告知。夫君張中,在緊張的工作之餘,獨任家務之勞。小女頤菲,初學拼音,即爲我排列卡片,年齡稍長,知爲我分憂。家人的支持,是我能堅持完成本書的動力。

感恩以謝師友,勵志以報社會。限於各種因素,還有數百部山東刻書無法目驗,同時,因本人學力有限,對影響刻書業的社會政治、經濟、文化等方面的因素還需進一步加强挖掘。有鑒於此,仍請海内外師友時賜教誨!

在論文出版階段,齊魯書社總編輯陳修亮、責編張超付出了辛勤的汗水,謹表謝忱。

丙申仲秋於奎虚書藏

圖書在版編目(CIP)數據

清代山東刻書史/唐桂艷著.—濟南:齊魯書社,
2016.12
ISBN 978-7-5333-3490-1

Ⅰ.①清… Ⅱ.①唐… Ⅲ.刻書-圖書史-山
東省-清代 Ⅳ.①G256.22

中國版本圖書館CIP數據核字(2016)第124548號

封面題簽:劉曉東
責任編輯:張 超
版式設計:李 生 郭 覵

清代山東刻書史

唐桂艷 著

主管單位	山東出版傳媒股份有限公司
出版發行	齊魯書社
社　　址	濟南市英雄山路189號
郵　　編	250002
網　　址	www.qlss.com.cn
電子郵箱	qilupress@126.com
營銷中心	(0531)82098521　82098519
印　　刷	山東德州新華印務有限責任公司
開　　本	880mm×1230mm　1/32
印　　張	64.75
插　　頁	32
字　　數	1741千
版　　次	2016年12月第1版
印　　次	2016年12月第1次印刷
印　　數	1-1000
標準書號	ISBN 978-7-5333-3490-1
定　　價	**280.00圓(全三冊)**

清代山東刻書史（中）

唐桂艷 著

儒家文明協同創新中心資助項目

儒學與山左學術叢書之四

齊魯書社

第五節　兖州府、沂州府、曹州府、濟寧州刻書

一、兖州府刻書

(一)官刻

清前期的兖州府官刻書首爲曲阜孔府刻書。

1. 孔府刻家譜

清代孔府刊刻家譜十四種,官刻族譜四種,家刻族譜十種。

①《孔子世家譜》二十四卷、《首》一卷,清孔尚任修,清孔毓圻鑒定,清康熙二十三年孔府刻本。

此譜始編於康熙二十一年,二十三年成,刷印一百部。國家圖書館著録爲二十一卷,《孔考》著録爲二十四卷。

卷端題:"太子少師六十七代襲封衍聖公孔毓圻鑒定;敕封儒林郎江南道監察御史六十五代孫孔衍堉、敕封文林郎原任武進縣知縣六十五代孔衍洪監修;欽設家族族長六十一代孔弘侬、欽設林廟舉事六十三代孔貞枚督刊;太學生六十四代孫孔尚任編次;四氏學生六十六代孔興釗校閱。"内鈐衍聖公大印。《譜》前有孔毓圻、孔興認《序》及舊《序》若干與孔尚任題識,另有《修譜榜示》《修譜條規》《纂譜目號》《刊譜字數》《各户捐輸》《各項支銷》等事項,後有孔尚任《跋》。毓圻《序》云:"遂鏤版以藏廟庭……是役也,余既敦請宗族巨人長德任纂局監修之事,其間裒輯考核,州次部居,則明經東塘名尚任實職其勞,而余則鏡其成。"六十四代孫太學生孔尚任《跋》云:"開修於壬戌之秋,竣事於癸亥之冬。"此書亦明列各

户捐款之數及各項開支，屬合族所刻。

九行二十一字，小字雙行二十一字。字體爲清初宋體字，板大，開本大，顯東家刻書鋪陳、大氣之風。

②《孔子世家譜》二十二卷、《首》一卷，清孔昭焕鑒定，清孔繼汾等編次，清乾隆十年孔府刻本。

卷端題："鑒定：襲封衍聖公孔昭焕；鑒修：三品執事官闕里盛典纂修恩蔭生孔傳鉦、世襲翰林院五經博士闕里盛典纂修孔繼溥；提調：正一品蔭生候選員外郎孔廣柞、曲阜世職知縣孔傳松；編次：五品執事官孔傳斌、候選知縣孔繼儒、恩貢生孔繼汾、四氏學廩膳生員孔毓佶。"另有收掌二人、校閲四人、謄録三人、督刊三人、收發二人、供應二人。

書内鈐衍聖公大印。書前除舊序外，尚有孔子七十一代孫、衍聖公孔昭焕、孔傳松《序》，並《榜示》《告示》《條規》《凡例》《刊譜字數》《各户捐輸》《支銷》等事項。末有孔繼汾、孔廣柞《跋》。昭焕《序》曰："始於乾隆甲子之春，告竣於乙丑之秋。"然考纂修一事，繼汾爲功最巨，參與者有孔傳斌、孔繼儒、孔毓佶。孔傳斌，字振中，號維憲，孔子六十八代孫，題授廟庭五品執事官。孔繼儒，字體敬，號蘿谷，孔子六十九代孫，拔貢，候選知縣。孔毓佶，字鍾善，號環溪，孔子六十七代孫，廩生。因該《譜》主要編纂人孔昭焕、孔繼汾等，時正年輕，忘記避諱，所以，後來衍聖公府又通令各户，收繳此《譜》，並加改板重印，《曲阜孔府檔案史料選編》收乾隆四十七年十二月十二日聖公府《札族長舉事爲改正譜牒犯諱事》，文曰："業將有違礙處，命工另刊，逐篇抽换。除本爵府親房所存譜二十部，查照譜開原數，就便照式一律抽换篇葉外，所有六十户户頭及在館執事人原領《家譜》同捐資刷印之譜，共一百二十部，皆有數目，載在卷首，歷歷可考。合行開單飭繳，以便全行抽换。"

八行二十一字，注文小字雙行，白口，四周雙邊，單魚尾。

③《孔子世家譜纂要》不分卷，清孔毓佶撰，清乾隆十年孔府刻本。此書與上條《家譜》同時刊印。

毓佶上已有述，乾隆大《譜》纂修人之一。

書不分卷，前後分别有孔毓佶序、跋，内容有《姓源》《世系》《中興》《分支》《二十派》《六十户》《南北宗》《分派分户圖》《嫡裔相承圖》《南宗相承圖》等。毓佶《序》云："今值甲子之歲，敬承宗子之命，自乾隆九年二月十七日開館，至次年八月十五日告成。偶於閑暇，更著有《纂要》一書，以便後之觀者。"

八行二十一字，小字雙行二十一字，白口，四周雙邊，單魚尾。

自此之後，嘉慶九年、同治三年均爲甲子，孔氏族譜未修。民國十九年重修，二十六年成《孔子世家譜》一百八卷，由孔德成主持修纂，民國二十六年曲阜孔氏排印本。

④《孔氏宗譜》四卷，清孔廣成、孔廣亮等編次，清光緒四年刻本。

廣成、廣亮俱孔子七十代孫，恩生，居上蔡。

各册封面均署"光緒四年仲秋敬梓，板藏詩禮堂"。每册俱鈐有衍聖公大印。第四册另署纂校人。

前有衍聖公孔令貽與聖廟三品執事官孔衍祚序，云："去春，沂北户族人寄籍上蔡廣聞，攜其先兄廣東等所續《宗譜》來謁。余覽其譜系，原出自五十五代克伸祖，元授河南上蔡縣教諭，遷鄢陵主簿，承世襲曲阜縣令。傳子希緒公，愛蔡風土淳樸，攜其子孫，遂家焉。歷今有八世，五百餘載。族姓蕃衍，散居各處，理宜續修《族譜》，以重宗支，以衍嗣續等語。余方授之以大《譜》，令照續修，恭請鈐印，存信闕里，以便備查。"知此《譜》爲沂北户所修，而内容幾乎全係闕里大宗，且板存詩禮堂，版權屬此，應計入曲阜刻書。

八行二十四字，小字雙行二十四字，白口，四周單邊。

以上爲孔氏大譜的刊刻。乾隆年間還有南宫支譜的刊刻，即孔興教、孔毓均撰《孔子世家譜》四卷，清乾隆二十三年孔昭焕序刻本。

興教，孔子六十六代孫。毓均，孔子六十七代孫，皆居南宫。首有孔昭焕《序》及雍正十年前衍聖公孔廣棨序，還有元豐八年四十六代孫孔宗翰等舊序，卷末有孔端朝舊跋。孔昭焕序云："歲在戊寅，族人毓均、毓坦、傳勳、繼往率族數輩攜《譜》來謁。閲之，悉遵先公鈐印之舊譜，而重續之分支自第四十九傳官冀州教授，阻於兵燹，因家南宫，歷二十餘世矣。今照大修小修之例，釐正支牒，鳩工庀材，越寒暑而告竣焉。"九行二十一字，四周雙邊，單黑魚尾，白口。此暫不計入孔府刻書。

自乾隆修譜之後，孔氏在清中期及後期主要進行的是支譜的修纂刊刻。其中孔繼汾、孔廣林、孔昭薪、孔憲璜、孔慶餘五世修《大宗支譜》，應入家刻，非官刻。

①《孔氏大宗支譜》十四卷、《齒序》一卷，清孔廣林重修，清嘉慶元年曲阜孔氏家刻本。

卷端題："孔子七十代孫署太常寺博士廣林敬録。"或："孔子七十代孫署太常寺博士廣林纂録。"廣林自序其書云："昔在癸未，先大人暨從兄省山先生纂《東家嫡系小譜》，諸父兄出資刊印，凡我親支，莫不稱善。比甲午重修，先大人慮他日屬盡，弗克周知，恐難徵信，因析爲《支譜》，約以屬盡之日止譜敦本一支，藏敦本家祠，俟宗子修《譜》時上之譜館。非隘也，謹慎之道也。越若癸未，先大人承七十二代公命，改正大《譜》，事既竣，即擬有事於《支譜》，乃明年，遭先大母徐太夫人喪。又明年，先大人有吴越之行，因循未果。又明年，先大人歿於武林。廣林銜恤煢煢，繼營家務，編纂之事，故未遑及。諸兄弟屢以爲言，竊念先人成訓，既義不容辭，且多歷年所，亦事不可緩，曷敢不極卒我先人遺緒！先大人有言曰：'數傳而後，服屬既盡，斷不能舉室家姻婭，歷歷可指。復如今日，稍滋乖舛，則在今日爲有功者，他日且獲罪矣。’噫！斯言也，猶懸擬之云爾。乃邇年來，各支子姓生卒、戚黨姓氏，已弗獲洞悉，即叩之本支，竟不能言之。歷歷五屬且然，況屬盡乎！乃嘆先大人識之高、見之明、慮之遠也。兹故遵甲午之例，仍爲《支譜》。所譜者，斷自有服各支，至他日屬盡，則止譜敦本一支。歷譜大宗承襲之人，冠於前，庶不失先大人崇本敬宗之遺意焉。舊例遇甲歲重修，兹因上距甲午已二十餘年，前譜幾成廢帙，故破例亟爲排纂。嗣後，凡遇甲歲，則重修之。書法悉如原例，小有變更者，附注原例本條左方中云。”據此序知，孔廣林之父孔繼汾曾纂修《東家嫡系小譜》並刊刻，時間在乾隆二十八年。而甲午即三十九年析爲《支譜》，但未刻。

序文十行二十字，内分四欄，黑口，四周單邊。

②《孔氏大宗支譜》十四卷、《齒序》一卷，清孔昭薪重修，清道光三年曲阜孔氏家刻本。

昭薪字孟翹，號克樵，廣林子，孔子七十一代孫，嘉慶二十三年戊寅恩科舉人。

封面題：“大宗支譜，道光年敦本堂孟翹二太爺修。”卷端題：“孔子七十一代孫嘉慶戊寅恩科舉人昭薪敬録。”或：“孔子七十一代孫嘉慶戊寅恩科舉人昭薪纂録。”前有衍聖公孔慶鎔和孔昭薪二序及乾隆《癸未修小譜原序》《甲午重修支譜原例序》、嘉慶《丙辰重修支譜原序》。慶鎔《序》云：“我聞在昔，止堂族祖纂録《東家小譜》，先大父序其簡端，恒以有功家乘稱之。厥後，續修於乾隆甲午、嘉慶丙辰，屢經裁酌，義例精嚴。亦越於今，子姓滋生，既蕃且衍，伯叔云亡，亦復不少。至三黨内外，里居姓氏，多無聞焉。兹者克樵族祖纘承令緒，舊德綿延，其所望於繼繼繩繩者，意良厚也。距乾隆癸未，甲子環周，其間歷世者三、修葺者四，譜法之詳慎，誠盡善矣。慶鎔忝膺主鬯，夙夜冰兢。今歲春仲，恭陪臨雍講學，祗聆宸訓，每以敦宗睦族爲念，俾上得欽承帝命，下免獲戾祖宗，實自所竊勉者焉。因編成而序其略如此。道光三年歲次癸未孟夏之吉孔子七十三代孫襲封衍聖公慶鎔謹序。”昭薪《序》云：“昔先大父創録《東家小譜》，逢甲則修之。歲甲午重編，析爲支譜，意綦詳、法綦嚴也。先大人復於丙辰春，敬謹纂續。嗣值甲子之歲，例屬重修，先大人積年遘疾，校讎未果。甲戌夏四月，先大人棄養。昭薪銜恤罔極，夙夜不遑，旋以家食維艱，浮沉身世，編纂之舉，遷延於兹。……昭薪謹勉刊校，聿備參稽，以道光三年夏四月爲期，後仍遇甲歲輒重修之，書法、條例悉如丙辰重修之舊云。”

版式如舊，亦黑口單邊，正文四欄，序文十行二十字，各《支譜》分計葉碼，蓋雖未標卷，卻含分卷之意。

③《孔氏大宗支譜》十四卷、《齒序》一卷，清孔憲璜重修，清道光二十七年曲阜孔氏家刻本。

憲璜字仲黼，號涇石，昭薪嗣子，孔子七十二代孫，道光二十三年癸卯恩科舉人，候選知縣。

卷端題：“孔子七十二代孫道光恩科舉人候選知縣憲璜敬録。”或：“孔子七十二代孫道光恩科舉人候選知縣憲璜纂録。”此爲本譜第三次續修。

此書版式如舊，十行二十字，内分四欄，黑口單邊。

④《孔氏大宗支譜》十四卷、《齒序》一卷，清孔憲璜編，清孔慶餘校補，清同治十二年曲阜孔氏家刻本。

慶餘字積甫，憲璜嗣子，孔子七十三代孫。

首有同治十二年癸酉衍聖公孔祥珂《序》云：“自止堂族祖創爲《東家小譜》後，復析爲《大宗支譜》。先人創之，後人因之。歲在己巳，涇石族祖正擬重修，事未竟而歿。其嗣子積甫族祖，克承先志，恪遵舊章，敬謹編輯。查支譜之修，凡無服者，譜中不載，示親盡也。兹者推原一本，親睦爲懷，念夫親盡則止，例固應爾，情則甚歉。於是依例推情,仍照道光丁未重修成式,譜中舊有者存之,應補者增之。”

⑤《孔氏炊經堂支譜》不分卷,清孔昭焜纂,清道光十七年曲阜孔昭焜刻本。

昭焜字石藻,號菫生,孔子七十一代孫,嘉慶十八年癸酉科舉人,四川開縣知縣,候選主事,誥贈中憲大夫。

内分《孔氏炊經堂長支譜》《次支譜》《三支譜》《四支譜》《五支譜》,各《譜》前分别題有“昭焜敬録”或“昭焜纂録”四字。書後有昭焜道光十七年題識,云:“先伯祖止堂農部,初爲《東家小譜》,肇跡於乾隆癸未,越十年而復析爲《支譜》,與同懷者約異日屬盡,則祗譜本支,以存慎衆(重)。咸曰善! 後幼髯從伯封君一修於嘉慶丙辰,克樵從兄孝廉再修於道光癸未。今距癸未又十有四年矣。户主之生齒日益繁,叩厥本支,且多不能周舉以對者。吾欲一支之中,原爲《支譜》,依雁行以次遞,即釐爲長支、次支、三支、四支、五支焉。編成,顔曰《炊經堂支譜》,仍先廕君當日舊名也。”

⑥《重修孔子世家譜》二卷,清孔憲果等纂,清光緒四年曲阜孔氏集文齋刻本。

封面題:“光緒四年梅月,孔子世家譜舊縣户,曲邑東關集文齋刊。”卷端署:“重修孔子世家譜(第六舊縣户),孔子七十二代裔孫廩生憲果監修。”據《舊縣户重修世家譜序》,孔氏家譜六十年一大修,三十年一小修,舊縣户一支自乾隆十年一修,至今未再修。道光十年庚寅舉事,因兵戎中止。憲果奔走編纂,“雖已發刻,梓工未給”。族弟廣電字雲樵,慨然輸銀三十兩,以作底資,事乃賴以有成。有《總理修譜事務名次》:“三品執事官兼族長孔衍祚,三品首領官兼林廟舉事孔慶鏜,歲貢生孔廣璐,庠生孔昭鵬,廩生孔憲果,管理户事孔廣彬,佐理户事孔昭巖。”

八行二十一字,白口,四周雙邊,單黑魚尾。刻印一般,蓋資費並不充裕。

⑦《孔氏炊經堂支譜》不分卷，清孔憲瑴纂，清光緒二十六年曲阜孔氏家刻本。

前半部分爲《孔氏大宗譜》，記載自始祖孔子至七十六代衍聖公孔令貽；後半部分爲孔氏炊經堂長支、次支、三支、四支、五支譜。每《譜》均題"孔子七十二代孫翰林院庶吉士户部江西司員外郎吏科掌印給事中廣東肇陽羅道憲瑴敬録"。書前有憲瑴光緒二十六年《序》，爲九行十六字。正文内分四欄，黑口。

⑧《孔氏敦本堂支譜》一卷，清孔廣餘纂修，清刻本。

譜修於清雍正五年。十行二十字，白口，四周單邊。

⑨《孔子世家譜》不分卷，清孔昭統纂修，清曲阜孔氏刻本。

⑩《孔子世家譜林前户支譜》不分卷，清孔傳鏜監修，清孔傳壁等纂，清宣統間曲阜孔氏刻本。

傳鏜，孔子六十八代孫，武生，管理户事。傳壁，字星墀，孔子六十八代孫，五品執事官。卷端題："孔子世家譜林前户，曲邑東關集文齋刊。"

《譜》前半部分爲《孔氏支譜卷首》及大宗譜，後半部分爲林前户世系，始於四十三代中興祖仁玉，止於四十七代繁桂。書前有孔傳壁宣統元年《續修孔氏譜序》《修譜凡例》及總理修譜事務名單，後有補遺三葉。據總理修譜事務成員名單，參與修《譜》者有三品執事官兼族長孔興瓚，三品首領官兼林廟舉事孔慶鏜，武庠生、管理户事孔傳鏜，佐理户事孔傳烺，五品執事官孔傳壁等。傳壁《序》云："我林前户於光緒七年，經前户首傳鏜續修一次，延至光緒戊申歲……余日夜籌思，即約户首，舉同本户族人，逐一按户認真編查，勿使舛錯，增入新丁，繕寫草本，校閱無訛，遂付諸梓，暫成《支譜》，聊備大修，以免遺誤。"

八行二十一字，小字雙行二十一字。

2. 歷代衍聖公刻書

1）孔毓圻刻書

孔毓圻（1657—1723），字鍾在，又字翊宸，號蘭堂，孔子六十七代孫。康熙六年襲封衍聖公，九年授光禄大夫，十五年晉階太子少師。好詩文，工擘窠大字，善畫墨蘭，得元人趙孟頫之旨。卒謚“恭慤”。有《蘭堂集》《幸魯盛典》。毓圻刻書共七種。

①《闕里誌》二十四卷，清孔尚任撰，清康熙間曲阜孔氏刻本。

内署：“太子少師襲封衍聖公孔毓圻鑒定，世襲翰林院五經博士孔毓埏參訂，曲阜縣世職知縣孔興認監修，林廟舉事孔貞枚督刊，太學生孔尚任編纂。”

《孔考》考證①，孔尚任《出山異數記》云：“康熙壬戌（按：康熙二十一年）秋，予家六十七代大宗衍聖公毓圻，束書加幣，敦予出山，治其夫人張氏喪。明年春，即延任祖庭，修《家譜》及《闕里誌》……至甲子（按：康熙二十三年）秋皆竣。”據此，尚任修《誌》似爲康熙二十一年至二十三年，然《闕里文獻考·叙考》則稱“康熙丁丑（按：康熙三十六年），族祖聘之，嘗別纂新《誌》，一變舊體，頗有增益，而蕪雜傅會，失更過之，故其書久不行”。所載頗不相合，《孔考》推測：蓋康熙二十三年孔尚任衹是對闕里舊《誌》略作增益，自康熙三十六年，亦即《闕里文獻考·叙考》所説的“丁丑”年開始又對《闕里誌》進行了“一變舊體，頗有增益”的全面改編增輯工作，但書名一仍其舊，並無“新”字，所謂“新誌”不過是爲了有別於舊《誌》，沿襲口頭稱謂而已。此書與《孔子世家譜》原係一體，二書互補爲用，《孔子世家譜·修譜條例》云：“《闕里誌》與《家譜》原係一書，修《譜》既竣，即將餘資增修《誌》書，一例開銷。”

這是已知孔毓圻所刻的最早的一部書。《孔考》此條曰有孔

①周洪才：《孔子故里著述考》，齊魯書社2004年版，第202頁。

氏金絲堂刻本,不知"金絲堂"所據何來。

②《幸魯盛典》四十卷,清孔毓圻等纂修,清康熙曲阜孔毓圻刻本。

封面題:"康熙己巳年梓,紅萼軒藏板。"有康熙二十八年御製序:"衍聖公孔毓圻上疏陳謝,且以禮儀隆重非直一家榮遇,請修《幸魯盛典》一書。朕既可其奏,久之書成。"康熙五十年孔氏六十七代孫太子少師襲衍聖公孔毓圻上表:"慕承敕旨編刻《幸魯盛典》,今已成書,奉表上進者","伏蒙聖恩,准臣籲請就廟開裒輯之局,拜疏薦纂修之員","《幸魯盛典》編輯有年,茲刊刻告成,裝潢來進"。纂修姓氏有:"總裁官:太子少師襲封衍聖公臣孔毓圻。副總裁官:翰林院五經博士加五級臣孔毓埏。纂修官:乙丑科進士授山西大同府靈丘縣知縣臣金居敬(江南長洲縣人),乙丑科進士授直隸大名府元城縣知縣臣俞兆曾(浙江海鹽縣人),敕封翰林院編修丁巳科舉人候補內閣中書舍人臣叢克敬(江南江寧人),戊午科舉人戊辰科進士授翰林院庶吉士臣孫致彌(江南嘉定人),辛酉科副榜貢生臣葉滉(江南崑山縣人),候選小京職陞貴州都勻府知府臣沙汝洛(山東萊陽縣人),候選知縣臣章緯(浙江富陽縣人),增廣生員臣曹晃(浙江嘉善縣人);校閱官:候選知縣臣張拱樞(浙江錢塘縣人),候選州同臣張元煒(江南婁縣人),候選典簿授光禄寺典簿臣程士璉(江南丹徒縣人)。謄録官:候選州同臣許永(江南常熟縣人),候選州同授刑部主事河工効勞臣程兆彪(江南上海縣人),候選州同臣吴道行(江南婁縣人),候選縣丞臣張廷玟(浙江錢塘縣人),四氏學教授臣沙潢(山東蓬萊縣人),貢生今考授通判臣孔衍溥(山東曲阜縣人),監生今考授州同馮暹(浙江仁和縣人)。"

據孔毓圻上表"准臣籲請就廟開裒輯之局,拜疏薦纂修之員",知當時刻書地在孔廟,所選之纂修官爲皇帝所定。從所列銜名看,陣容强大。總裁爲衍聖公孔毓圻,副總裁爲孔毓埏,纂修官有金居敬、俞兆曾、叢克敬、孫致彌、葉浞、沙汝洛、章緯、曹晃。另有校閲、收掌、謄録十一人。孔毓圻疏請推薦八人入孔廟編纂《幸魯盛典》:"(康熙二十五年二月十三日)衍聖公孔毓圻疏言:'臣奉命纂修《幸魯盛典》,自維學問淺陋,不敢獨任操觚。今採訪得……等八人……請敕部咨取,赴館編纂,共襄厥事。'從之。"①書修成後,孔毓圻曾爲孫致彌請官:"(康熙四十年四月二十四日)禮部議覆:衍聖公孔毓圻疏言,《幸魯盛典》告成,請頒行天下。又纂修官原任翰林院庶吉士孫致彌,效力一十六年,請議叙。俱應如所請。從之。"②

書有《凡例》:"仿紀事本末體,以事爲起訖,各自編年。"

十行二十一字,白口,四周雙邊,單魚尾。宋體字,但刻印不苟,筆劃細緻。

③《大學正文約註》一卷,清孔貞瑄訂録,清康熙三十八年曲阜孔毓圻、孔毓埏刻本。

貞瑄字璧六,號歷洲,晚號聊叟,順治十七年庚子舉人,官大姚知縣。

封面題:"襲封衍聖公鑒定,聊園訂録,世襲五經博士較刊。"

有杏壇主鬯孔毓圻翊宸序:"是命族髦較訂而授之梓,以永其傳。"康熙三十八年孔貞瑄識:"是編更無副本,書屋兩敗,幾毁倖完,傳寫煩難,易爲訛謬,不避僭越,爰藉手剞劂,以廣其傳。而《中庸》《語》《孟》,力不能概梓也。然《約註》加之以'正文',本於方正學題鄭仲辨篆書,學者於《大學》以不得見全書爲憾數百年矣。"有孔尚任東塘後序:"聊園聞其説(按:紫陽、董東、宋方之説)

---

①《清實録山東史料選》,齊魯書社 1984 年版,第 14 ~ 15 頁。

②《清實録山東史料選》,齊魯書社 1984 年版,第 7 ~ 8 頁。

甚稔而未識所決從，及在滇海得《四書約註》一編，其叙次《大學》，耑宗蒙引蔡虚齋之説，與諸儒之論適合，手録以歸，質於經學士大夫，僉稱其確，競相傳寫。奈無副本，恐久或訛失，乃請宗公鑒定，世子及五經翰博同爲較訂，謀藉手剞劂，將與《家語》《叢子》同藏奎文閣中，以永其傳。”末署“闕里孔尚任東塘書於石門山房”。所言爲貞瑄在滇得鈔本《四書約註》，相傳爲秦中十縣令所共撰，貞瑄手録而改正之，並加“正文”二字，此次僅刊此本，《中庸》《論》《孟》均未刊。

此書爲孔毓圻命五經博士孔毓埏較訂。毓埏字宏輿，六十六代衍聖公孔興燮次子，著有《麗則集》《遠秀堂集》。其中《麗則集》爲稿本，現藏山東博物館，《山東文獻集成》第二輯收入。孔氏世裔五經博士爲衍聖公嫡次子，而嫡長子爲衍聖公。在“毓”字輩，毓圻爲衍聖公，毓埏爲五經博士，故孔貞瑄稱“假手”者、孔毓圻稱“族髦”者，皆指毓埏。而毓埏實爲操辦人，真正促成此事的是衍聖公孔毓圻，故應作二人刻書。此書刻成後，置於奎文閣内，與《家語》《孔叢子》同等待遇。

八行二十字，小字雙行二十字，白口，四周單邊。寫刻甚精。

既與《家語》《孔叢子》同等待遇，則知《家語》《孔叢子》早爲孔毓圻刊成。

④《孔叢子》三卷，題漢孔鮒撰，清康熙曲阜孔毓圻、孔毓埏刻本。

卷端題：“漢太傅孔鮒著，裔孫毓圻、毓埏校。”

十行十九字，白口，四周單邊。此書在明崇禎六年有孔胤植刻本，行款同。

⑤《編正孔子家語》二卷，清孔毓圻撰，清康熙間曲阜孔毓圻刻本。

此書係毓圻與其弟毓埏、子傳鐸等共同校訂，書中“玄”字避諱,“丘”字未諱,可知刻於康熙間。①

九行二十字,白口,四周單邊,單黑魚尾。

⑥《禮庭吟遺稿》三卷②,明孔承慶撰,清康熙三十九年曲阜孔毓圻刻本。

承慶字永祚,衍聖公孔彦縉長子,孔子六十代孫,年三十一,未及襲封而卒。景泰六年贈襲封衍聖公。

卷端題:“至聖六十世孫承慶永祚著,裔孫毓圻、毓埏重輯,傳鐸、傳鋕、傳鉅、傳錧較閲,繼濩正字。”知爲孔毓圻攜子孫三代刻梓。

此書明代有景泰六年王惟善刻本。《四庫存目》曰:“(承慶)外祖王惟善爲裒其遺詩,以成此集。有景泰間同郡許彬序,又有天順丁丑長洲劉鉉序,歲久散佚。康熙庚辰,衍聖公孔毓圻檢校先世遺稿,又得而重刻之。”但檢此書舊序,景泰五年許彬序,稱孔承慶三十一歲卒,子二,長曰弘緒,七歲,次曰弘泰,五歲。弘緒之外祖王惟善,時任順天府尹,“憐承慶早世,取其遺藁,擇言之精者得若干首,命工壽梓”。知王惟善爲弘緒外祖,非承慶外祖,惟善是爲其女婿刊書。有天順元年劉鉉序。康熙三十九年七世裔孫毓圻《禮庭吟跋》:“懼先公一生心血遂失傳於後,敬訂而梓之,以藏諸家廟。”

九行二十字,黑口,左右雙邊,雙對花魚尾。很漂亮,頗顯大家氣派,字體具康熙風格。

⑦《往深齋詩集》八卷,清顧彩撰,清康熙四十六年曲阜孔毓圻刻本。

---

①楊光輝:《復旦大學圖書館藏珍本提要三種》,載《圖書館古籍整理出版情況簡報》第2期。

②《孔考》作《禮庭吟稿》三卷。

顧彩(1650—1718),字天石,錫山人,流寓曲阜,衍聖公毓圻館之,素矜名節,耽吟詠。

封面題:"辟疆園藏板。"卷端題:"闕里孔翊宸先生鑒定,闕里孔傳鐸、傳鉄西銘合選。"《孔考》考證①,"辟疆園"爲顧氏堂號,其父顧宸刊《杜詩注解》已冠此稱。知此書爲孔毓圻刻成後板歸顧氏。

前有孔毓圻及子傳鐸、傳鉄《序》。《孔考》引《清人詩文集提要》:"毓圻增訂其詩,爲《往深齋詩集》八卷,康熙四十六年孔氏辟疆園刻。"②又《曲阜清儒著述記》:"毓圻恐其不自惜而詩稿散失也,命子傳鐸、傳鉄掺其佳者,梓而壽之,曰《往深齋集》,凡八卷。"③鄭方坤《國朝名家詩小傳》稱"衍聖公走幣聘至曲阜,深相得,爲梓《往深齋集》"④。

2)孔傳鐸刻書

孔毓圻長子孔傳鐸(1673—1732),字振路,號牖民。孔子第六十八代孫,雍正元年襲封衍聖公。傳鐸好讀書,通禮樂,工詩詞,精研理學,博求律吕之書,深於樂理。自稱"紅萼主人"。康熙年間賜二品冠服。輯《闕里盛典》,著有《安懷堂文集》《申椒集》《盟鷗集》等書計十八種。

孔傳鐸著述刊刻如下:

安懷堂文集二卷	(清)孔傳鐸撰	清康熙曲阜孔傳鐸刻本
繪心集二卷	(清)孔傳鐸撰	清康熙曲阜孔傳鐸刻本
申椒集二卷	(清)孔傳鐸撰	清康熙四十五年曲阜孔傳鐸刻本

①周洪才:《孔子故里著述考》,齊魯書社2004年版,第469頁。
②周洪才:《孔子故里著述考》,齊魯書社2004年版,第469頁。
③周洪才:《孔子故里著述考》,齊魯書社2004年版,第470頁。
④周洪才:《孔子故里著述考》,齊魯書社2004年版,第470頁。

（續表）

盟歐草一卷	（清）孔傳鐸撰	清康熙五十六年曲阜孔傳鐸刻本
紅萼詞二卷	（清）孔傳鐸撰	清康熙曲阜孔傳鐸刻本
紅萼軒詞牌一卷（詞壇雅政）	（清）孔傳鐸輯	清康熙曲阜孔傳鐸刻本
炊香詞三卷	（清）孔傳鐸撰	清康熙曲阜孔傳鐸刻本
讀古偶誌一卷	（清）孔傳鐸撰	清康熙曲阜孔傳鐸刻本
春秋三傳合纂十二卷	（清）孔傳鐸撰	清曲阜孔氏刻本
禮記摘藻一卷	（清）孔傳鐸撰	清刻本
魯門詩集一卷	（清）羅箎豫撰（清）孔傳鐸等選定	清康熙曲阜孔傳鐸刻本

以上十一種，有兩種不知是否爲孔傳鐸刻。一種是《春秋三傳合纂》，封面題："闕里奎文閣藏板。"卷端題："闕里孔傳鐸静遠批閲。"有《凡例》，稱"今經文大書，悉照監板《十三經・春秋》字樣，其《傳》中人名仍照本傳，異同庶有所折衷也"。末署"素王孫傳鐸識"。從板藏地看，爲孔府所刻無疑。九行二十字，白口，左右雙邊。另一種是《禮記摘藻》。

刻書時間明確的有兩種，一爲《申椒集》，清康熙四十五年曲阜孔傳鐸刻本。卷端署："闕里孔傳鐸振路著，畽城孫致彌松坪、梁溪顧彩湘槎定。"前有陳于王、宋犖、羅箎豫、顧彩諸人序，傳鐸《自識》云："余學步有年，未敢自信，會顧子天石復來闕里，益鋭於倡和之事，李子爲龍及表叔志行，因勸余録新舊詩，而剞劂之。"末附沙克岱跋。九行十九字，白口，左右雙邊，單魚尾。另一種爲《盟歐草》，清康熙五十六年刻本。前有葉賓、顧彩、孔尚任三序。孔尚任序："丙申之春，迎婚越東……不旬月昔囊滿矣，録而梓之，曰《盟鷗草》。"

《魯門詩集》的著者羅筮豫，字志行，安徽青陽人，爲衍聖公甥，康熙間客曲阜十三年，故孔傳鐸、孔傳鋕爲選定其詩，顧彩校正。後有康熙四十七年叔有士跋，凡詩二百四十七首，約自康熙三十九年迄四十五年，刻書時間當爲康熙四十五年後。

傳鐸著述頗豐，多爲自刻，爲别人刻書衹一種。傳鐸襲衍聖公爵位較晚，故不能像其父孔毓圻一樣，在公爵的位子上爲他人謀事，所以基本是自刻自集，但具體刻書時間不明確。雍正元年襲爵後無刻書記載。

3）孔廣棨刻書

孔廣棨，字京立，號石門。孔子第七十代孫，清雍正九年襲封衍聖公，授二品冠服。多次受世宗、高宗召見，並給賞賜。能詩文，著有詩集多卷。年不永，三十一歲卒。刻書兩種。

①《純齋遺草》一卷，清孔繼濩撰，清康熙五十八年曲阜孔廣棨、孔廣柞刻本。

孔繼濩（1697—1719），字體和，號純齋，傳鐸長子，廣棨父，孔子第六十九代孫，早卒，清雍正十三年追贈衍聖公。其在世時未刻書，在去世的當年，子孔廣棨爲其刻遺集。末署“男廣棨、廣柞校字”。

②《孔子集語》二卷，宋薛據輯，清孔廣棨校正，清乾隆二年曲阜孔廣棨刻本。

卷端題：“宋迪功郎浙東提舉司稽山書院山長永嘉薛據叔容纂輯，皇清光禄大夫襲封衍聖公七十代孫闕里孔廣棨京立校刊。”

前有廣棨序及薛據原序，《中書省進狀》並《目録》。《孔考》引《讀書敏求記》曰：“所引《尚書大傳》《金樓子》等書，今皆不可得見。”故《孔考》評價：“足見文獻價值之高。惜原刻無存，廣棨刊本亦已罕見，而現今流行之光緒、民國刻本與此實難並論。”①

①周洪才：《孔子故里著述考》，齊魯書社2004年版，第307頁。

九行十八字,白口,左右雙邊。

4)孔昭焕刻書

孔昭焕,字顯文,號堯峰。孔子第七十一代孫,乾隆九年襲封衍聖公。所刻唯《闕里文獻考》一種。

《闕里文獻考》一百卷、《首》一卷、《末》一卷,清孔繼汾撰,清乾隆二十七年曲阜孔昭焕刻本。

孔繼汾(1725—1786),字體儀,號止堂。六十八代衍聖公孔傳鐸第四子。他參閱了經、史及《孔氏實録》《孔庭纂要》《素王紀事》《孔子世家譜》《東家雜記》《孔氏祖庭廣記》《聖門誌》《孔門僉載》等大量文獻資料,歷時十六載,於乾隆二十七年編成《闕里文獻考》一書。

前有乾隆二十七年孔昭焕《闕里文獻考序》:"近得叔祖止堂公《闕里文獻考》書成,類别門分,薙繁辨誤,言不越六十萬,而二千三百餘年之事燦然大備……爰亟請付之剞劂,以公海内……乾隆二十七年歲次壬午仲夏上澣孔子七十一代孫光禄大夫襲封衍聖公昭焕謹序。"卷首載衍聖公孔昭焕《進書摺子》略言:"闕里舊志成自前明,記載未能詳備。近經臣叔祖原任户部主事臣孔繼汾纂輯《闕里文獻考》一百卷,分列條目,採綴成編,凡我列聖洎我皇上彪炳古今之典、昭回雲漢之文,敬謹備録,垂示萬年。而於舊志訛舛之處,亦略爲訂正。見已成書,謹裝潢進呈御覽,代乞睿裁訓示。謹奏。乾隆二十七年五月十六日奏進。奉旨留覽,欽此。"從以上兩條可以看出,書雖爲孔繼汾所撰,刊刻則由衍聖公孔昭焕操辦,刻成後由孔昭焕進呈御覽。書分十六門:世系十卷,林廟三卷,祀典四卷,世爵職官一卷,禮四卷,樂三卷,户田一卷,學校二卷,城邑山川一卷,宗譜一卷,孔氏著述一卷,藝文十卷,聖門弟子一卷,從祀賢儒三十卷,子孫著聞者二十七卷,叙一卷。卷末爲辨譌。

此書的卷三十一《孔氏著述考》,是孔繼汾據己家所藏及前籍所載,編纂而成的一篇孔氏家庭書目,共著録孔氏著作二百三十種。體例仿照《隋書·經籍志》,分爲經、史、子、集四部,各部根據需要,又分若干類目。每類先以小序述其源流,再依世次列其著作,著録事項有世次、朝代、官職、名字、書名、卷數,間加小注。書中還有大量的禮樂制度、名勝古蹟、官職沿革、藝文建置等史料,收入了諸多的人物傳記。故此書刊行後,一時學者據爲信史,章宗源撰《隋書經籍志考證》,於孔氏著述即屢加徵引,《孔子世家譜》亦稱其"繼往開來,功冠千古"。

十三行二十六字,大黑口,左右雙邊,雙順黑魚尾。字體扁平,密行密字。

5)孔憲培刻書

孔憲培(1756—1793),原名允憲,字養元,號篤齋,衍聖公孔廣棨子,孔子七十二代孫。乾隆四十八年襲封衍聖公,誥授光禄大夫。工書畫,善寫蘭,有《凝緒堂詩稿》八卷,爲易簀時所刻。

有嘉慶二年袁枚八十二歲序:"惟是枚伏處山中久矣,與公素未謀面,又未通書,何以臨易簀時猶遺命後賢,囑其戚好張君名昂者,將所編若干卷,索序……"知此書爲憲培易簀時,命其戚張昂求袁枚序而刊行者。

八行十九字,白口,左右雙邊,單黑魚尾。寫刻精美。

6)孔慶鎔刻書

孔慶鎔(1787—1841),字陶甫,號冶山,孔子七十三代孫,乾隆五十九年襲封衍聖公。善書畫。嘗於邸内築鐵山園,招致四方名士唱和其中。所著《鐵山園詩》早行於時。

孔慶鎔詩稿刊刻情況較複雜,《清人詩文集總目提要》謂此書"陸續增刻。嘉慶十七年初刻二卷,道光元年刻爲四卷,道光十年刻爲七卷,道光十九年刻爲八卷,道光間刻作十卷,道光末刻作十二卷，當是足本"①。

山東省圖書館藏有《鐵山園詩稿》十卷，作清刻本。有嘉慶十八年董誥序："（冶山上公）近復檢訂庚午、辛未之稿付梓，而仍其名。"庚午、辛未爲嘉慶十五、十六年。嘉慶十七年韓鼎晉序。嘉慶十九年孫星衍冶城山館序，稱孔氏有舊書，孫星衍有詩"使者車單如客過，聖人家近借書看"，南歸後居冶城山館。嘉慶十六年孔慶鎔自序，稱嘉慶九年、十二年、十三年、十四年四年詩二百餘首，被太倉沈宗約借去傳抄，竟攜至閶門鐫諸梨棗，"茲庚午一年復得詩百餘首……辛未暮春，檢訂庚午之稾，亦即仍其名，爰以付梓。"可知孔慶鎔在作序時有一刻，即嘉慶十六年刻嘉慶十五年之詩，按一年之詩不可能十卷，故山東省圖書館此本或爲後刻本，序不全，但可知嘉慶十六年確實刻過。

國家圖書館有《鐵山園詩集》七卷，作道光十年曲阜孔慶鎔刻本。封面署："道光歲次庚寅仲秋男繁灝敬書。"十一行二十四字，黑口，左右雙邊，雙對黑魚尾。細行密字，刻印較精。除了上述原序，還有嘉慶十六年許夔序，嘉慶二十二年提督山東學政辛從益序，道光元年沈夢蘭序。孔慶鎔道光十年自序："計自壬戌至己丑（按：嘉慶七年至道光九年），幾及三十年，得詩二千餘首，初刻《春華集》，既刻《鐵山園稿》，既又刻《鳴鶴集》。歲辛巳（按：道光元年），歸安沈古村夫子（按：沈夢蘭）作宰宜都，附郵就正，承付梓爲余訂正，繼又經常熟蔣伯生明府序而定之……年來，與崇川馮晏海先生迭相唱和，互相參校，又將辛巳年以後所作量加删減，萃爲六卷，共存詩一千二百餘首，付之剞劂，統以鐵山園名稿。"知道光十年刻本所收爲道光元年以後詩，應爲六卷，而國家圖書館著爲七卷，或許與以前所刻詩稿合訂而致。從"初刻《春華集》，既刻《鐵

①柯愈春：《清人詩文集總目提要》，北京古籍出版社2002年版，第1211頁。

山園稿》,既又刻《鳴鶴集》"知在道光十年前,孔氏集就有三刻。筆者以爲,孔氏詩先由沈宗約刻嘉慶十四年前詩,爲《春華集》,係第一刻;嘉慶十六年刻十五年詩《鐵山園稿》,爲第二刻;之後又刻《鳴鶴集》,爲第三刻;道光元年又刻,爲第四刻。

《孔考》收《春華集》①,前有道光元年鎮洋沈宗約跋:"今又出《春華集》見示,蓋公童時塾中所作,清新俊逸,悦目怡神。伯海(按:孔繁灝)諸公請公付梓,以示子孫,而垂不朽。"又有道光元年表侄于文明序:"辛巳歲,公出幼時所著《春華集》詩二卷示明。"似《春華集》在道光元年刻,不知《孔考》記載是否有誤。如無誤,則孔氏序中所述順序有誤。但從常識來講,作者對自己作品刊刻的順序一般不會弄錯。

之後,在道光十九年,又有《鐵山園詩集》八卷,據《孔考》著録②,係"己亥仲冬既望"開雕,次年竣工。除上列諸叙外,還有甘泉謝堃道光二十年六月序,云:"集中近體詩多深情之作,其古詩、新樂府、樂府諸作,專以氣行,而奬善嫉惡之篇,溢於楮墨。"孔慶鎔道光十九年春三月自序。慶鎔自序曰:"壬戌(按:嘉慶七年)後得詩若干首,爲友人代刻《春華》《鳴鶴》等集。辛巳,歸安沈先生出宰宜都,不辭郵筒往返,屬其點訂,而蔣君伯生、馮君晏海迭相酬倡,遂統前刻,釐爲六卷,名之曰《鐵山園稿》。今又十年矣……"此刻應爲其詩集的集大成者,因孔氏在道光二十一年去世。至於有十卷、十二卷本,筆者認爲或是此八卷本與前本合訂所致。

總之,孔慶鎔集因大多未見原書,不好遽斷。有一點可以肯定,在嘉慶十六年孔慶鎔初刻之前,他的詩稿就在南方被太倉沈宗約所刻。後來,在北方曲阜,其詩一再刊刻,一方面表明他的作品

①周洪才:《孔子故里著述考》,齊魯書社 2004 年版,第 540 頁。
②周洪才:《孔子故里著述考》,齊魯書社 2004 年版,第 538 頁。

續有增輯，另一方面也顯示了作爲衍聖公，他有財力對自己的作品一刻再刻。

除了刻自己的詩集，孔慶鎔還爲謝堃刻了《春草堂集》十一種。

《春草堂集》三十六卷，清謝堃撰，清孔慶鎔編，清道光二十年曲阜孔氏奎文齋刻道光二十五年印本。

封面題："道光乙巳夏，梅叔阮亭題（按：此爲印書封面）。"又一封面："春草堂集，道光庚子重鐫，曲邑奎文齋藏版。"

有道光二十一年辛丑秋七月西陵張復《春草堂詩集序》。道光二十年孔慶鎔《重刻春草堂集序》："《春草堂集》者，謝君佩禾之所著也。佩禾家江蘇之甘泉縣……道光丁亥，佩禾攜甥書暨所著來謁，把晤時，若舊相識。居無何，揚州饑，佩禾挈眷來依……余益器重之。然性剛疾惡，雅好直言，浮華之士咸輕而笑之……今年春，余重刻《鐵山園詩集》，佩禾爲之讐校，甚有力焉。余亦因其舊刻諸書遠在揚郡，且多冗雜，乃爲去其繁蕪，仿六朝舊刻本，以駢文爲冠，仍依叢書體例，統名之曰《春草堂集》。佩禾頗韙余言，丐余序，余不獲辭，乃書其大略云爾。道光二十年秋七月襲封衍聖公孔慶鎔冶山甫撰。"

謝堃書原在南方有刻，《佩禾詩鈔》二卷，道光二年自刻；《春草堂詩》十二卷，《四六文集》一卷，輯入《春草堂集》，道光十年揚州書局刻。在曲阜重刻的原因，可從阮亨序中得知："（堃）卒以貧故艱於家食，遂遊粵、閩、吴、楚、燕、魯，而學業益進，因得交於長白崇雨舲中丞，令其將平日所著書十一種在曲阜彙刻巾箱本，以便舟車攜帶，而孰意君竟以甲辰（按：二十四年）五月十七日故於邸。哀哉。卒年六十一。板初刊成，尚未印行，其遺孤捆載來揚，請予序其顛末。予不獲辭，即署其首，曰《春草堂叢書》云。道光二十五年乙巳夏五月儀徵阮亨仲嘉甫譔。"

書包括十一種,各自有序。《駢體文自序》:"余因二公(按:吴鼒、孔慶鎔)所云慎守其法,然亦未敢示人。戊子春,在朱虹舫閣學舟中,論及於此,索觀,許可,命付梓氏。"此爲道光八年原序。《錢式圖自序》:"道光二十二年歲次壬寅仲夏月書以付梓。"《花木小志自序》:"自依冶山上公喬梓以來,痼疾猶未能已,惜所居非沖要,俗尚詩書,其所與言花木者詳矣,往往與上公喬梓論詩論文,偶一言及,並詢其它州外縣所有異於是者也,乃以筆志之。"《雨牕記所記自序》:"(封面題《仙源記所記》)此册舊名《湘蘭記所記》,張子貞以爲不當以姬名名其集,先衍聖公亦以爲然,其介弟菊農(按:孔慶珪)進士爲易《仙源記所記》,並批證數則,促付梓氏。將竣,菊農言其族有議:'仙源二字不可以假諸外姓,況且流寓者,速毁是册!'詞甚激,且有不情之語。吁! 過矣。夫地名而稱仙源者不一,若湖南之華容、福建之仙遊、江蘇之桃源、山東之蓬萊,共曲阜而五焉,安得盡爲是人所有……(按:經龍虎山真人厲法真勸説)遂易册中數則,用告當代君子異鄉之難,難之如是。當是時,霪霖數十日,雨牕闃損,即以雨牕顔其端,故曰《雨牕記所記》,並序其重刻之顛末云耳。"《雨牕隨筆序》:"隨筆云何,紀德也。德者孰謂,謂冶山上公也。何德乎,冶山上公善養老也。其養云何?當余初入公府,公府人多惡余。所惡云何,惡其直也。先公於衆惡時獨能濟余十數口之家,不飢不寒。聞余病劇,相地於城之東南隅,慰其可望鄉國也,許製墓表焉。……余病既興,上公有疾,余非至戚,候於寢門而外,禮也。司寢門者憎余,數數不與通。上公疑焉,將薨之夕,致一札,封裹甚固,啓視之,乃絶筆也。絶筆云:'何李義山《九日》詩也易。爲書《九日》詩,深意存焉。'嗚呼,聖公聖矣,乃能料身後事。如饗追憶,檢閲得上下二卷,質物促梓,終日晤對,如對公也。一己之私,非敢問世,特書此以紀其事,蓋其德未敢忘也。道光二十四年歲次甲辰清明前一日寒食節率其二子謁公墓歸,而書識於客牕燈下。是夕微雨,大有八表同昏平陸伊阻之戚,寓客謝堃抆淚書此。”

此書爲謝堃居曲阜時所刻,刻書鋪爲奎文齋,主持者應爲孔氏,雖版歸謝氏後代,但孔慶鎔一直資助謝家衣食,謝氏刻書資金可以説間接來自孔氏。孔慶鎔道光二十一年去世,去世時書應未刻完,《雨牕隨筆序》提及。具體刻成大約在二十四年。謝堃《雨牕隨筆序》作於二十四年清明,此時他還在曲阜,而謝氏去世於道光二十四年,在揚州老家,則二十四年刻成即回鄉,而書板應一直存於曲阜。謝氏去世後,其子自曲阜將板捆載至揚州,由阮元從弟阮亨序而印行。

書九行二十一字,黑口,左右雙邊,單黑魚尾。巾箱本。

7)孔繁灝刻書

孔慶鎔之子孔繁灝(1804—1860),字文淵,號伯海。孔子七十四代孫,道光二十一年襲封衍聖公。誥授光禄大夫,晉太子太保,謚端恪。刻書一種,即《畢太夫人行述》一卷。其母畢太夫人,爲兩湖總督畢沅女,其祖母于太夫人,爲大學士金壇于敏中女,而畢沅爲敏中門下士,巡山東時,詣謁林廟,並拜于太夫人,因訂婚焉。《續修四庫提要》云:“是篇述太夫人懿行及他瑣事甚備,然可傳者,則在其家世也。”此書國家圖書館有藏,全稱《皇清誥封衍聖公夫人顯妣畢太夫人行述》。

孔繁灝之後的衍聖公孔祥珂未有刻書記載。

8)孔令貽刻書

孔令貽(1872—1919),字谷孫,孔子七十六代孫,光緒三年五歲時承襲衍聖公。刻有《聖門禮誌》一卷、《樂誌》一卷。

聖門注重禮樂,早已爲之,而形諸文字,則到了康熙年間。《山東通志·藝文志》著録有《樂誌》:“是書卷端上題曰‘孔東塘先生纂’,下題曰‘尚忻彙輯’,蓋尚任舊有此編,而尚忻重加排類者也。前有康熙丙申年孔衍治序。爲目凡十有四:曰音器譜法、歌章四曲、迎鳳輦曲、朝元歌引、導樂圖、就位式、轉班法、奏樂位次圖、舞譜、樂器圖、樂器名義、建官歷履、樂舞生歷履、樂學條規。光緒戊寅新泰訓導孔憲蘭復校刊之。"

尚忻字霽窗,孔子六十四代孫,恩貢生,官四世學録。書雖有康熙五十五年丙申孔衍治序,但未見康熙刻本。《山東通志·藝文志》言"光緒戊寅新泰訓導孔憲蘭復校刊之",確見光緒四年孔憲蘭刻本。

《樂誌》在乾隆間有孔繼汾刻本,據光緒十三年孔令貽刻本,後有乾隆三十年孔繼汾跋:"(乾隆)十二年秋,太常寺協律郎張樂盛等來教今樂,臣繼汾恐鈔錯字易訛舛,敬録付刊,便樂生等隨時誦習……臣繼汾忝列聖裔,幸沐休和,不勝忭舞,爰依《律吕正義》内圖譜敬繪合刊,成《樂譜》一卷、《舞譜》一卷。"據此則知,經孔繼汾重新編排過的《樂誌》已在内容上有了很大改變,已不能名《樂誌》了,而名爲《文廟樂舞全譜》二卷、《附録》一卷。

《聖門禮誌》亦爲孔尚忻編,今原本已不可得。從光緒十三年刻本可知,爲目凡八,曰丁祭全禮、祭品製造法、陳設圖、禮器圖、禮器名義、建官歷履、禮生歷履、禮學條規。並有孔衍澤康熙五十五年序,亦未見有康熙刻本。

光緒十三年,《聖門禮誌》一卷、《樂誌》一卷,由衍聖公孔令貽彙輯合刊而成。《禮誌》由孔慶輔、孔祥霖續纂,《樂誌》由孔繼汾原録,孔憲轂重録。

封面題:"光緒丁亥重刊,板藏闕里硯寬亭。"

卷端題:"襲封衍聖公孔令貽燕庭彙輯合刊;欽加三品銜候選同知正一品廕生孔祥璞琢堂閱正;翰林院庶吉士廣東肇羅陽道孔憲轂玉雙、三品執事官兼林廟舉事孔慶鐘闇庭參訂;刑部郎中甲子科舉人孔慶輔斐軒、翰林院編修孔祥霖少霑續纂;庚午科舉人新泰縣教諭孔慶鰲良甫校正;壬戌科舉人新泰訓導孔憲蘭芳谷重刊;四氏學學禄光録寺署正孔慶元竹農、壬戌科舉人恩縣訓導孔憲莔蔚沅、候選訓導歲貢生孔慶璪渠仙同較。”

卷端題:“曲阜學優廩生陳慶彬甫子均、金德昌甫佩秋校字。”校字陳慶彬,字子均,原籍菏澤,自其父陳善遷居曲阜。光緒十六年恩科進士,官吴橋縣知縣、直隸州知州。

康熙五十五年孔衍澤《禮誌序》及孔衍治《樂誌序》後均刻:“光緒十三年歲次丁亥仲冬重刊。”

前有孔憲蘭《重刊禮樂志總序》:“族先輩舊纂《禮樂志》二卷,叙事詳明,毫無遺漏。但閲時既久,帙有缺殘。爰覓舊本,重付手民鏤刻。間有麻沙莫辨之處,遂旁徵曲引,補苴而更定之……壬戌科舉人新泰縣訓導憲蘭敬序。”據此序,似此書爲孔憲蘭刊刻,《山東通志・藝文志》亦作光緒四年孔憲蘭刻本,且銜名中所列爲“壬戌科舉人新泰訓導孔憲蘭芳谷重刊”,其他校定人年齡均與孔憲蘭相彷,如憲穀,孔子七十二代孫,咸豐六年進士。如果《山東通志・藝文志》的著録没有錯誤的話,此書當爲孔憲蘭在光緒四年刻過,孔憲蘭約道光五年至光緒十二年在世,同治十三年刻《聖蹟圖》,光緒四年刻《聖賢像贊》。光緒十三年的刻本係孔令貽重刊,時孔令貽僅十五歲。

十行二十二字,白口,四周單邊,單黑魚尾。

3. 未知刻書者

孔府“詩禮堂”,是紀念孔子教子學《詩》《禮》的地方。有兩種書,著録爲詩禮堂所刻,則亦爲孔府刻書。一種是《國語》二十一卷,清乾隆三十一年曲阜孔氏詩禮堂刻本。一種是《戰國策》,清曲阜孔氏詩禮堂刻本。

附:孔府官刻總表

孔子世家譜二十四卷首一卷	(清)孔毓圻鑒定(清)孔尚任編次	清康熙二十三年曲阜孔府刻本
孔子世家譜二十二卷首一卷	(清)孔昭煥鑒定(清)孔繼汾等編次	清乾隆十年曲阜孔府刻本
孔子世家譜纂要不分卷	(清)孔毓佶撰	清乾隆十年曲阜孔府刻本
孔子世家譜四卷	(清)孔興教、孔毓均撰	清乾隆二十三年曲阜孔昭煥序刻本
闕里誌二十四卷	(清)孔尚任撰	清康熙曲阜孔氏刻本
幸魯盛典四十卷	(清)孔毓圻等纂修	清康熙曲阜孔毓圻刻本
孔叢子三卷	(題漢)孔鮒撰	清康熙曲阜孔毓圻、孔毓埏刻本
編正孔子家語二卷	(清)孔毓圻撰	清康熙間曲阜孔毓圻刻本
大學正文約註一卷	(清)孔貞瑄訂録	清康熙三十八年曲阜孔毓圻、孔毓埏刻本
禮庭吟遺稿三卷	(明)孔承慶撰	清康熙三十九年曲阜孔毓圻刻本
往深齋詩集八卷	(清)顧彩撰	清康熙四十六年曲阜孔毓圻刻本
安懷堂文集二卷	(清)孔傳鐸撰	清康熙曲阜孔傳鐸刻本
繪心集二卷	(清)孔傳鐸撰	清康熙曲阜孔傳鐸刻本

(續表)

申椒集二卷	(清)孔傳鐸撰	清康熙四十五年曲阜孔傳鐸刻本
盟鷗草一卷	(清)孔傳鐸撰	清康熙五十六年曲阜孔傳鐸刻本
紅蕚詞二卷	(清)孔傳鐸撰	清康熙曲阜孔傳鐸刻本
紅蕚軒詞牌一卷(詞壇雅政)	(清)孔傳鐸輯	清康熙曲阜孔傳鐸刻本
炊香詞三卷	(清)孔傳鐸撰	清康熙曲阜孔傳鐸刻本
讀古偶誌一卷	(清)孔傳鐸撰	清康熙曲阜孔傳鐸刻本
春秋三傳合纂十二卷	(清)孔傳鐸撰	清曲阜孔氏刻本
魯門詩集一卷	(清)羅笠豫撰(清)孔傳鐸等選定	清康熙曲阜孔傳鐸刻本
純齋遺草一卷	(清)孔繼濩撰	清康熙五十八年曲阜孔廣棨、孔廣柞刻本
孔子集語二卷	(宋)薛據輯(清)孔廣棨校正	清乾隆二年曲阜孔廣棨刻本
闕里文獻考一百卷首一卷末一卷	(清)孔繼汾撰	清乾隆二十七年曲阜孔昭焕刻本
凝緒堂詩稿八卷	(清)孔憲培撰	清嘉慶曲阜孔憲培刻本
鐵山園詩稿	(清)孔慶鎔撰	清嘉慶十六年曲阜孔慶鎔刻本

(續表)

鳴鶴集	(清)孔慶鎔撰	清嘉慶曲阜孔慶鎔刻本
[鐵山園詩稿]	(清)孔慶鎔撰	清道光元年曲阜孔慶鎔刻本
鐵山園詩集六卷	(清)孔慶鎔撰	清道光十年曲阜孔慶鎔刻本
鐵山園詩集八卷	(清)孔慶鎔撰	清道光十九年曲阜孔慶鎔刻本
春草堂集三十六卷	(清)謝堃撰(清)孔慶鎔編	清道光二十年曲阜孔氏奎文齋刻道光二十五年印本
畢太夫人行述一卷	(清)孔繁灝撰	清道光曲阜孔繁灝刻本
聖門禮誌一卷樂誌一卷	(清)孔令貽彙輯　禮誌(清)孔慶輔、孔祥霖續纂　樂誌(清)孔繼汾原録(清)孔憲穀重録	清光緒十三年曲阜孔令貽刻本
國語二十一卷	(吴)韋昭注	清乾隆三十一年曲阜孔氏詩禮堂刻本
戰國策	(宋)鮑彪校注	清曲阜孔氏詩禮堂刻本

以上孔府官刻書共 35 種,其中族譜 4 種,衍聖公刻書 31 種。

4. 鄒縣刻《三遷志》

兖州府的官刻還有鄒縣一種,即康熙六十一年刻雍正增修本《三遷志》十二卷。此書由孟衍泰等撰。杜澤遜師《存目標注》1471條著録。卷端題:"古滕王特選增纂,闕里孔傳商校訂,古下仲蕴錦删閲,裔孫孟尚桂鑒定,孟衍泰重校,孟衍岳、孟衍鐸編次,孟興銑、孟興錞補輯,孟尚嶷參考。"從序跋中所述編纂經過得知,主要由孟衍泰主持,王特選和仲蕴錦執筆。

亞聖孟子家志,明代即有四種。清代此本是在萬曆本《孟志》的基礎上增補而成的。全書仍二十一目,十二卷。目名有改動,如第一目"地靈"改爲"靈毓"。第二目"石像"改作"像圖",因增加了祭器圖。第十五目"名裔"改作"聞達"。十六目"祠廟"改作"廟記"。十七目"林墓"改作"墓記"。其餘各目的標題與《孟志》同。所有各圖都是重新繪製的,新增圖有《鄒北傅村孟子故里圖》《孟子冕旒像圖》及王特選、仲蕴錦二人各自所作的《圖贊》《檜柏圖》及韓峰起所作的《圖贊》《天震井圖》及其碑記文,康熙御碑及雍正御賜匾、聯,《祭器圖》等。還有清代以來各處祠廟、林墓重修情況的記述等。卷首載舊序。有鄒縣知縣韓于斐序。卷末有舊跋,還有六十五代翰博孟衍泰的《跋》。

此本是《孟志》的最完備之本。十行十九字,白口,左右雙邊。

(二)家刻

兖州府下轄十縣,無家刻記載者五縣:寧陽、鄒縣、滕縣、汶上、壽張。有刻書者五縣:滋陽、曲阜、泗水、嶧縣、陽穀。

1. 滋陽刻書

滋陽原稱瑕邱,宋大觀四年改瑕縣,尋又改爲嵫陽,明洪武屬兖州府,成化間易"嵫"爲"滋",清因之。

明代的滋陽刻書僅一種。清前期的刻書以牛運震爲主。

1)牛氏刻書

牛運震(1706—1758),字階平,號真谷,學者稱空山先生。滋陽人。雍正十年中順天鄉試，十一年成進士。乾隆三年，授甘肅秦安知縣。不久被劾罷官。乾隆十五年尚在蘭州，十九年在太原三立書院，二十年在蒲州。晚年回到家鄉，主講少陵書院。二十三年去世。他學問賅博，通經史，尤嗜金石考據。著有《空山堂春秋傳》《空山堂易解》《金石圖》《史記評注》以及《空山堂文集》等。

牛運震著述頗豐，生前自刻《金石圖》及《金石經眼録》二種，其餘均在去世後由兒子牛鈞編輯並藉衆人之手刊刻而成。

①《金石圖》不分卷，清褚峻摹圖，清牛運震補説，清乾隆滋陽牛運震甘肅秦安刻本。

《四庫存目》曰："初，峻先刻此書上卷，名《金石經眼録》，尚未載後漢永和二年燉煌太守裴岑紀功碑。後與運震重編是圖，運震始以副使郭朝祚所貽摹本補入。……其下卷則自吴天發神讖碑、魏受禪碑以下，迄於唐顔真卿家廟碑，凡六十圖。每碑繪其形製，而具説於其上。"

杜澤遜師《存目標注》2570條認爲是清乾隆八年至十年刻本，並傳本頗多，而初印罕覯。

卷端題："郃陽褚峻千峰摩，滋陽牛運震階平説。"

前有乾隆六年何堂序，乾隆八年牛運震序，乾隆八年褚峻序。《受禪碑》前又有乾隆十年褚峻序云："甲寅歲，余手摩《金石圖》，真谷牛子考説，付之棗梨，其本已流播人間。然觀者嘆其資聞見之不廣也。於是又從三國以洎隋唐，擇其碑碣之精且好者，亦繪圭趺，記廣狹，更摘真跡字樣，鈎摩於右。……既以廣《金石圖》，而亦博雅好古之士韻目怡懷之一助也。"杜澤遜師認爲甲寅疑是甲子之誤。此書初刻於乾隆八、九年間，至十年又增刻之。牛運震此時在秦安任内，故刻於甘肅秦安。

十行二十字，四周單邊。圖皆拓印粘貼，説則精寫刻印。此書不但有插圖配合，而且文字介紹中的每個字都按古碑上的文字筆劃形象逼真地臨摹下來,再刻印成書。在古代没有照像印版技術的情況下,其難度之高可想而知。馬衡稱其"著録碑版之例,莫善於此矣",其研究方法很爲學者稱道。

②《金石經眼録》一卷,清牛運震撰,清乾隆八年滋陽牛運震甘肅秦安刻本。

據《山東通志·藝文志》中《空山堂全集》條"是編分見各類。其《尚書批注》無刊本,《金石經眼録》《金石圖》皆别行之本,不在《全集》中",知此書刻過,據上條杜澤遜師的考證及《四庫存目》,此書爲後來的《金石圖》上卷,具體刻書時間應爲乾隆八年,地點在秦安。

此書對於太學石鼓及曲阜顔氏所藏漢碑47通,詳細記録了碑的高卑廣狹及所在的地方,並對碑文的假借通用字作了訓釋。《四庫提要》説其"雖所收頗狹,而較向來金石之書,或僅見拓本,或僅據傳聞者,特爲精核"。

③《空山堂全集》,清牛運震撰,清乾隆嘉慶間刻本。

牛運震的著述,由後人及門生陸續刊刻,《叢綜》稱爲《空山堂全集》[①],今按時間縷述如下。

其一:《空山堂史記評注》十二卷,清牛運震撰,清乾隆五十六年至五十八年武功張玉樹、豐潤周士拔刻嶧縣張魯文、滋陽牛鈞續刻本。

此爲牛運震評注《史記》之作。卷一、二爲本紀,卷三爲表,卷四書,卷五、六爲世家,卷七至十二爲列傳。所評注處,多摘篇中要旨,詳晰縝密,多前人所未發。

封面題:"乾隆五十六年校刊,空山堂藏板。"牛鈞識末有"長孫廉夫校字"。有乾隆五十六年武功張玉樹序:"於太史公之書,

①上海圖書館:《中國叢書綜録》,上海古籍出版社2007年版,第501頁。

不惟得其文義,乃並其精神意態而傳之,斯亦奇矣。……余既録其副,近先生令子中野將募貲以授剞劂氏,而請余爲之唱且索序焉。"牛鈞乾隆五十八年識:"右《史記評注》十二卷,先君子設教晉陽時所著,而改定於少陵基畔也……先君子著作等身,凡詩文古文辭得諸通籍以前與夫宦遊者居多,而批注經史多在暮年……辛丑歲(按:乾隆四十六年),武功張蔭堂(按:張玉樹)先生來宰嶧縣,每過郡城,必索讀遺書,而於《史記評注》尤爲擊節。越九年(按:乾隆五十六年),先生由膠州來守濟寧,慨捐清俸,授諸開雕。當是時,宰滋陽者豐潤周尤廷先生也,分廉助工,雅與蔭堂先生有同志焉。乃程功方半,而蔭堂先生有臨安之命,尤廷先生亦陞任南昌。鈞當此際,懼盛舉之中輟,將有負於高誼,黽勉鳩工,左支右詘,而嶧縣張君魯文知其漸不克終也,由厥嗣任所寄金續刻之,是編於焉告竣。自圖始以迄落成,蓋三年矣。"則此書刊刻比較坎坷,先是濟寧知州武功張玉樹與滋陽縣令豐潤周士拔出資刊刻,後因二人相繼調離,牛運震之子牛鈞在嶧縣張魯文的幫助下,最終刊成,前後歷時三年。張玉樹,號蔭堂,陝西武功縣人,乾隆二十六年進士,四十九年陞膠州知州。周士拔,號尤廷,直隸豐潤縣人,乾隆三十一年進士,四十九年調滋陽知縣。張魯文,嶧縣(又稱蘭陵)人,牛運震的門生,牛運震的著述半數由他及家人刊刻而成。

九行二十字,白口,四周雙邊,單黑魚尾,無直格。字體非寫刻,乾隆風格。版心下無"空山堂"。

其二:《春秋傳》十二卷,清牛運震撰,清嘉慶四年嶧縣張魯文刻本。

封面題:"嘉慶四年校刊,空山堂藏板。"每卷卷末署:"蘭陵門人張魯文校刊。"

有嘉慶六年辛酉張燾序,云:"挈其宏綱鉅指,凡三十有一條。有三《傳》皆有取而胡氏《傳》及諸儒之説未安者;有專主左氏或駁正左氏者;有左氏未可據而《公》《穀》義長者;有《公》《穀》未可據者;有三《傳》皆未可據者;有後儒論説異同兼資考質者;又有信《經》黜《傳》,别具苦心深指,可存一解示後,以嚴名分之防者。凡此諸條,視其去取可否則權衡平,搜葺鈎稽則聞識博,要約深婉則辭事簡,親切著明則制力遠云。"

其三:《論語隨筆》二十卷,清牛運震撰,清嘉慶四年嶧縣張魯文、張桂林、張甲三刻本。

封面題:"嘉慶四年校刊,空山堂藏板。"每卷末署:"蘭陵門人張魯文校刊。"

目録後有牛鈞嘉慶四年乙未識:"鈞按《論語隨筆》,乃先君子課士之梯航也……乾隆丙子(按:二十一年)主河東講席,從及門之請,講貫之餘,隨手著録,積歲成帙。其中闕《鄉黨》者,以欲作《鄉黨考》而未逮也。而《微子》《堯曰》二篇,則歲暮解館,未終講也……顧剞劂則限於物力,傳鈔又未能行遠,沈閣家塾四十餘年,鈞之罪滋大矣。歲癸丑(按:乾隆五十八年),張君魯文既助刻《史記評注》,越五年,戊戌(按:咸豐三年),厥嗣桂林由南彙任所由公過沇,慨許付梓。明年春(按:咸豐四年),厥孫甲三公車北上,攜資開工,閲六月而竣事,乃南彙君且寄書告鈞曰:'太夫子著作壽世者尚未及半,余將募資續刻之,俾並傳不朽也。'"張桂林(1750—1815),字一山,號丹崖,乾隆十五年生,嘉慶二十年去世。據此識可知,此書爲張魯文祖孫三代所刻。校刊者爲張魯文,其子張桂林在南彙任上,出資刊刻,其孫張甲三則親自督刊,祖孫三人共同助成牛運震此書的刊刻。又有嘉慶六年張燾序。

此書《叢綜》著録,作嘉慶六年。原缺卷十、十八、二十,《山東通志·藝文志》亦如是著録。今檢索原書,實存十九卷,衹有卷二十原缺。

其四:《詩志》八卷,清牛運震撰,清嘉慶五年嶧縣張魯文等刻本。

封面題:"嘉慶五年校刊,空山堂藏板。"

有《約刻姓氏》:蘇茜(滋陽門人)、王應選(滋陽門人)、顔崇槼(曲阜)、陳鈞(濟寧)、李泳(濟寧)、李瑩(濟寧)、李澍(濟寧)、王家榕(泗水)、李中和(滋陽)、張性梓(滋陽)、湯續曾(滋陽)、田君揚(滋陽)、鄭恩元(滋陽)、馬崇齡(滋陽)、謝文斐(滋陽)。每卷末署:"男鈞編次並校字。"

學生顔崇槼,字運生,小字元子,號心齋,顔光敏曾孫,顔懋企之子。曲阜人。乾隆三十五年恩科舉人,官興化知縣。早年與訓詁學家桂馥齊名,喜考訂金石,兼有墨癖,工書法,阮元對其甚爲賞識。

牛鈞嘉慶五年立冬《詩志例言》:"先君子是編,於《詩》之章句間會其語妙,著其聲情,因而識其旨歸,又於前注未安者正之,未備者補之。初稿既定,更欲仿陸氏、王氏之書,詳爲考核,别著《詩志》一編,然有志未逮也。歲己未,嶧縣張君魯文既校刻《春秋傳》《論語隨筆》二書,桑梓故舊,感於義風,募資鳩工,以是壽諸梨棗,而仍標其目曰《詩志》。或曰《詩志》既無成書矣,曷志乎尒……更刻《凡例》與夫《約刻姓氏》於左。"運震欲仿陸璣《草木鳥獸蟲魚疏》、王應麟《詩地理考》之例著《詩志》而未就,歿後其子鈞編次其所批李光地《詩所》爲是書,而仍名之曰《詩志》,列目分卷,俱依《詩所》原本。《山東通志·藝文志》評價:"其評語不脱明季纖陋之習,於經義殊少發明。"

九行二十二字,白口,四周雙邊,單黑魚尾。版心下刻"空山堂"。

其五:《空山堂文集》十二卷,清牛運震撰,清嘉慶六年嶧縣張桂林刻本。

封面題:"嘉慶六年校刊,板藏家塾。"卷端題:"滋陽牛運震階平著。”每卷末有“蘭陵門人張桂林校刊”。

有嘉慶八年武進趙懷玉序：“余在都門，見其所刻《金石圖》，服其精博……及權守兖州，識仲子鈞，始盡窺著述，時《空山堂文》刻猶未竟，既去兖，鈞函書乞序。”

九行二十二字，白口，四周雙邊，單黑魚尾。版心下刻“空山堂”。字方正，開本小，略顯小氣。

其六：《空山堂詩集》六卷，清牛運震撰，清嘉慶六年滋陽牛鈞空山堂刻本。

此集以編年爲序。卷一爲《焚餘詩草》，卷二爲《金臺詩草》，卷三爲《秦徽詩草》，卷四爲《允吾詩草》，卷五爲《金城詩草》，卷六爲《歸田詩草》。卷各有小序。

封面題：“嘉慶六年校刊，板藏家塾。”卷端題：“滋陽牛運震階平著。”每卷末有“男鈞校刊”。

九行二十二字，白口，四周雙邊，單黑魚尾。版心下刻“空山堂”。

其七：《孟子論文》七卷，清牛運震撰，清嶧縣張魯文等刻本。

每卷末署：“蘭陵門人張魯文、韓浲、孫毓址仝校。”孫毓址，字季厚，廩貢生，援例得教職，性端厚，以古道自處，著《孫勉堂家戒》一卷。

此書《叢綜》未列入《空山堂全集》，但觀其版式，應爲《全集》之一種。

其八：《讀史糾謬》十五卷，清牛運震撰，清嘉慶嶧縣張桂林刻本。

全書十五卷，先後對十五部正史著作進行了考察。從《史記》至《新五代史》，其中除《北史》《新唐書》《舊唐書》及《舊五代史》外，牛運震對每部史書的絶大多數篇目，均有論述。論述内容十分廣泛，雖然較零散，但思想脈絡非常清晰。他透過考訂文字與糾正史實,進而論證各史書在史體、史法、史識以及史德方面的優劣得失,指出了修史者應具備的條件。牛運震對史書糾謬的内容非常廣泛,小到對史書中每篇文字進行訂正,大到對史書敘述的史法和史意進行述評,又總括到對史書中每篇文義的考證、史實的考證、史書體例的批評、材料選擇的批評、史書文學敘述的批評等等。

每卷卷末署"蘭陵門人張魯文校刊"。

九行二十二字,白口,四周雙邊,單黑魚尾。版心下刻"空山堂"。行款同前,但字小。

其九:《周易解》九卷,清牛運震撰,清嘉慶濟寧李泳、李瑩、李澍刻本。

此解宗宋儒朱熹之學,兼取來氏易之説,逐條標目,不載經傳全文。凡一百餘解。《存目提要》曰:"大旨主理不主數,故於卦氣、值日及虞翻半象、兩象等説皆排抑之。"

每卷末有"濟水後學李泳、李瑩、李澍仝校刊"。未署時間,但《叢綜》作嘉慶二十三年空山堂刻本。李澍字慰蒼,號半村,濟寧人,武生,有《盛澤遺稿》。瑩字錦泉,號朗亭,濟寧人,嘉慶十六年辛未進士,官至江南道御史,有《詩集説》《縉雲山人詩集》。李泳情況不詳。想必三人爲兄弟。三人亦參與了嘉慶五年牛運震《詩志》的刊刻。

九行二十二字,白口,四周雙邊,單黑魚尾。版心下刻"空山堂"。

其十:《考工記論文》一卷,清牛運震撰,清嘉慶間郯城顔懷志刻本。

卷末署:"外孫顔懷志校刊。"

此顔懷志爲郯城顔氏七十代孫顔崇德之子。故應爲郯城刻書。

牛運震曾孫牛頤志,字汝立,號寄園,同治三年甲子副貢,撰有

《寄園燼餘集》一卷,清光緒十八年滋陽李西堂刻本。詳見清後期的滋陽刻書。

滋陽牛氏刻書特點有五:

一是所刻内容除《文集》十二卷、《詩集》六卷外,其餘皆爲經史類著述。如經部書有《春秋傳》《論語隨筆》《詩志》《孟子論文》《周易解》《考工記論文》,史部書有《金石經眼録》《金石圖》《空山堂史記評注》《讀史糾謬》。

陳麗珍《清代山東史學初探》①認爲,牛運震的史學思想及史學研究方法代表了清代中期山東的史學思想。在全國考據學風的影響下,山東學者也逐漸由清初經世致用的實學轉向了重實證、不空談,致力於經學與小學研治的考據之學。在歷史研究方面,學者們逐漸拋棄了讀史致用的宗旨,走向了歷史古書名物的考據。牛運震的《讀史糾謬》,從編撰學、文學和考據等多個角度對史書進行了分析和考證,通過這些糾謬的内容,我們能看到在乾嘉學派影響下,牛運震注重考史、證史的史學方法。同時,也體現了他對史書體例規範化及信史材料選擇的批評和意見。《讀史糾謬》作爲清代中期山東考據史學最重要的組成部分,展現了牛運震精細和多樣化的糾謬内容和手段,而這些評議又組成了他正統主義的史學思想。可以説,《讀史糾謬》是清中期山東考據學的代表作之一。

二是刻書時間在乾嘉時期,刻書者主要爲牛運震的門生,子孫輩亦刻少量書。牛運震的著述頗豐,但除兩種爲牛運震親自所刻外,其餘均由其子牛鈞編輯。牛運震在知縣任上,嚴格要求自己,以"儉、簡、檢"三字爲座右銘,堂堂正正做人。因俸禄不豐,他無力進行大規模的刊刻,所以,衹刻了兩種書。罷官之後,他也一直

①陳麗珍:《清代山東史學初探》,山東大學2007年碩士學位論文。

在甘肅教學,晚年纔回到家鄉,他留給家人的,除了一堆著述外,别無他物。故其子雖對其著述進行了編輯整理,但還是資金拮據,無法刊刻。最後,在牛運震的學生們的幫助下,纔得以問世。牛鈞所刻衹有《詩集》六卷,再就是續刻了張玉樹未完成的《史記評注》。牛運震的長孫廉夫、外孫顏懷志也參與了刻書。《空山堂史記評注》牛鈞識末有“長孫廉夫校字”。顏懷志刊刻了《考工記論文》,獨力承擔。可以想見,牛家雖然經濟拮據,但刻書之風不輟。

三是主要刻書者爲張魯文一家。張魯文是牛運震的學生,大概是牛運震晚年執教於書院所授徒。牛家經濟不濟,無法刊刻牛運震遺書,於是,張魯文一家承擔了這個重任。先是由張魯文幫助牛鈞續刻了《史記評注》,其後,張魯文獨自刊刻了《春秋傳》,就在這年即嘉慶四年,他率子張桂林、孫張甲三刊刻了《論語隨筆》二十卷,此時張魯文在其子張桂林的南彙任所任總指揮,張桂林出資,張甲三親自北上督刊,最終完成了牛運震這部部頭最大的書。緊接着第二年,張魯文又糾集同學如顏崇槼等人,刊刻了牛運震的《詩志》。又一年,張桂林又刊刻了《空山堂文集》,每卷末有“蘭陵門人張桂林校刊”,想必張桂林也是牛運震的學生了。《論語隨筆》有牛鈞識,中稱張桂林曾與書牛鈞曰:“太夫子著作壽世者尚未及半,余將募資續刻之,俾並傳不朽也。”張桂林果然履行諾言,陸續出資爲牛運震刻書。所刻《讀史糾謬》,每卷末有“蘭陵門人張桂林校刊”。張魯文與同學友人刊刻的還有《孟子論文》,每卷末署“蘭陵門人張魯文、韓洺、孫毓址仝校”,不知具體刻書時間。綜上,牛運震遺書有十種,而張魯文一家所刻有七種。可以説,張魯文一家爲牛運震經史思想的傳播做出了巨大的貢獻。

四是版式特徵比較一致,大多有封面,題刻書時間及“空山堂藏板”或“板藏家塾”,版心下刻“空山堂”。可見,即使門生們出資刊刻,最終還是將板子歸於牛家,將版權歸於牛家。一般爲九行二十二字,白口,四周雙邊,單黑魚尾。字體均方正,非流行的乾隆寫刻體,但比較端正,刻印尚可。

五是這批書版被毁,現已無存。顔世菊《牛運震和他的學術思想及出版業》①中説,上世紀四十年代,牛家所存的這些雕版被後人當作燒柴毁掉,實在令人痛心。

2)邱氏刻書

除了牛運震一家,滋陽前期的刻書還有邱仰文家。

仰文字襄周,號省齋,《山東通志·藝文志》將其歸入濟寧,但邱氏在著述中稱滋陽人,故從之。雍正十一年癸丑進士,官保安知縣。著有《楚辭韻解》《碩松堂讀易記》《易舉義别記》《春秋集義》《省齋自存草》《碩松堂拾零詩稿》等。

①《碩松堂讀易記》十六卷,清邱仰文撰,清乾隆三十三年滋陽邱氏家刻本。

卷首爲《凡例》《本義卦變圖解》《本義十九卦變後説》,並附刊《漢儒傳易傳》《上篇説》《下篇説》。

封面題:"乾隆戊子新鐫,本堂藏板。"卷端題:"滋陽省齋邱仰文著,男愛堂校字。"

有沈廷芳乾隆三十五年序,稱邱仰文出宰雍益。是年胡德琳序:"折衷諸家,獨出己見,理宗程朱而不失之元虚,溯源漢晉、氾濫宋元而不失之駁雜。"是年秀水盛百二識。乾隆三年自序。

九行二十字,白口,四周雙邊,單魚尾,無行格,版心上有字數。

②《楚辭韻解》八卷,清邱仰文撰,清乾隆三十七年滋陽邱氏碩松堂刻本。

封面有:"乾隆壬辰新鐫,碩松堂藏板。"卷端題:"滋陽省齋邱

①顔世菊:《牛運震和他的學術思想及出版業》,載《山東圖書館季刊》2000年第3期。

仰文編。”

此書有秀水盛百二校。有陸燿序云:“國朝蕭山毛檢討始因鄭庠《古音辨》,創爲五部、三聲、兩界、兩合之説。滋陽邱省齋邃於《易》學,由《易》韻通諸楚詞,獨以檢討之韻讀之,知降與、庸即、宫部三聲之合,甚與、晦即、無入三聲之合,均與、名即、宫商二部之合,則與、服即、東蒸二入之合。進退出入,無不就範。節解句釋,釐爲八卷,名曰《楚辭韻解》。信乎毛氏之功臣,而韻學之符契矣。”又有乾隆三十五年邱仰文自序。

九行二十字,白口,四周雙邊,單魚尾,版心下刻“碩松堂”。沈津先生《書城挹翠録》著録①。

③《省齋自存草》十卷,清邱仰文撰,清乾隆間刻本。

據《販記》著録②,未見傳本。如爲乾隆間刻,當爲家刻本。

2. 曲阜刻書

周初即有“曲阜”之稱,漢置魯縣,爲魯國治。晉爲魯郡。隋開皇十六年改縣名“曲阜縣”。宋大中祥符五年改爲“仙源縣”。金復爲曲阜。明屬兖州府。清因之。

曲阜明代私家刻書有十二種,前已有述。清前期的曲阜家刻以孔氏爲主,顔氏爲輔。

1)孔氏刻書

(1)孔貞來

孔貞來,字元起,孔子六十三代孫,貢生。康熙六年任江南寧國知府。

康熙七年,孔貞來續刻朱之錫撰《河防疏畧》二十卷附《祟祀録》一卷、《墓誌銘》一卷。此書先是武定李之芳於康熙七年在浙

①沈津:《書城挹翠録》,上海社會科學院出版社 1996 年版,第 151 頁。
②孫殿起:《販書偶記》,上海古籍出版社 1992 年版,第 384 頁。

上寒香館刻前十卷，是年，闕里孔貞來在宛陵續刻後十卷。前有康熙七年孟秋舊屬闕里孔貞來引言，康熙七年施閏章叙。武定府刻書已述。

(2)孔貞瑄

孔貞瑄(1634—1716)，字璧六，號歷洲，晚號聊叟，孔聞商之子，孔子六十三代孫。順治十七年庚子舉人，由泰安學正陞雲南大姚知縣。博學多才，潛心研究經史，尤精算學、韻學。著有《聊園詩文集》《大成樂律全書》《大學正文約註》。

孔貞瑄《大學正文約註》，由孔毓圻刻於康熙三十八年，前已有述。

孔貞瑄《聊園詩文集》由孔尚任整理，陸續刊刻，刊刻時孔貞瑄在世，當爲自刻本。

《聊園詩略前集》七卷，卷一題："新城王阮亭、德州田綸霞兩先生鑒定，同學陳力庵先生評選，闕里孔貞瑄璧六甫著，姪尚任東塘訂，男尚基西野、尚壄簣山校。"《聊園詩略後集》六卷，編爲卷八至十三，後附《補遺》一卷。卷八首葉題"大宗子翊宸元公鑒定，世子振路儲公、支宗西銘太史評選，闕里孔貞瑄璧六著，姪尚任東塘訂，男尚基西野、尚壄簣山校"。《前集》之前有康熙九年庚戌連佳胤序，康熙三十三年甲戌劉志德序，康熙十四年顧二榮序，康熙四十五年王士禛序，康熙四十七年同學里人陳見智力庵序。陳序云："及謝事歸來，余亦罷病家居，與二三老友刻畫花鳥，遊宴園林，搜羅簡牘，遂以成帙，爰授之梓。"《聊園續集》一卷，題"闕里孔貞瑄璧六甫著"。編爲卷十四。前有康熙五十年辛卯濟南受業門人高瑾《聊園集序》，蓋爲十四卷增刻本作。《聊園文集》一卷，題"闕里孔貞瑄璧六甫著"。前有康熙四十八年己丑姪尚任序云："予屢請繕謄，始傾諸篋中零星斷紙，皆爲清理，且録且讀，且以意評之曰：'詩不拘格，興到格成。文不限體，情生體具。得韓之奥而不强，得柳之奇而不僻，得歐之暢而不膚，得蘇之趣而不巧。'"然則《詩略》前後集及文集皆孔尚任編定，詩刊於康熙四十七年，文刊於康熙四十八年（刊成後又有增刊），詩續集則康熙五十年增刊者也。合計詩文實有十六卷。此條依杜澤遜師《存目標注》5877 條著録。

貞瑄爲孔氏精於樂律者，其《大成樂律全書》，《四庫提要》謂："是編乃貞瑄爲濟南教授時作。推洞簫七調，以明三分損一、上生下生之旨，尤詳於《琴瑟譜》。其節奏大概本之闕里廟中。其辨鄭世子瑟以合宫命之别於旋宫之説有五不可通，頗多訂正。然謂樂亡而求諸俗，至以箏爲瑟之遺制，未免亂鄭聲於雅樂矣。"

《大成樂律全書》先由山東學政宫夢仁命刻於山東，後在康熙五十二年由曲阜孔尚先刻於山西學政太原官署。

康熙五十二年孔尚先《重訂大成樂律序》："吾叔歷洲官濟南博士時，以學使定山宫先生命董修樂。樂成，奏於廟，一時稱盛。遂纘緝成書，刊布四方。及任大姚，復興樂教，稱制臺范大司馬旨。壬辰（按：五十一年）夏，余視學三晉，叔攜其新訂一編授余曰：'此吾數十年已成之書，今從參訂考證後，將使前之公諸海内者不至以訛傳訛，曷梓諸？'嘻，叔之心可謂公且虚矣。叔年八袠，自濟歷滇，大闡厥學，已使樂之缺者全、紊者序矣。兹復依律審音，心解而重訂之，罔諱其失，寧爲傳信，無爲傳疑也……余於聲音之道固未深考，然於斯編服其學之博而心之虚，庶幾有合於先聖'自衛返魯然後樂正雅頌得所'之微意也夫。爰付之梓，時康熙癸巳清和中浣姪尚先書於晉陽之德造堂。"

據此序可知，此書有兩刻，一刻於山東，約在濟南，時間當在康熙二十九年前，時宫夢仁總轄山東學政。二刻於晉陽。

孔尚先晉陽刻本卷端題："孔貞瑄歷洲纂。"十一行二十二字，白口，左右雙邊。有瀛洲宫夢仁寶山《宫寶山先生原序》："況余而涖斯職耶。急捐俸檄郡縣守令修明禮樂，孔教授歷洲爰有《大成樂律》之訂。”孔尚先又《再識》云:“此書,淄川唐豹巖太史載入《山東省志》,閬中丁燕水先生修《雲南通志》亦採入禮、樂、藝文志。范大司馬眉山公刊《琴瑟合璧》行世,本此。不獨瑟調失傳復得,其言律吕多出獨見,爲前所未發。縱不敢上質於太常,亦當珍爲孔氏藏書,增入《闕里誌》,以永其傳也。”孔貞瑄跋:“庚午(按:康熙二十九年)之姚任,攜入滇,時田綸霞(按:田雯)撫黔,言於制臺范大司馬……制府介弟淳庵公……公雅志復古,手寫鑒賞,命之曰《琴瑟合璧》。亟命付梓,公之天下後世,萬君之功不湮矣……書成,大司馬移督兩江,攜其版於金陵,坊家購求,遂不脛而遍海内,雅俗共賞。余之《大成樂律》反覺駢拇,且樂章原以鄉神不可褻用,竟束之高閣,任其簡蠹不行云。”范大司馬所刻爲《琴瑟合璧》,爲有改動之《大成樂律》,不是嚴格意義上的孔貞瑄著作。

(3)孔貞燦

六十三代孔貞燦刻有孔尚任著《桃花扇傳奇》,見下文。

(4)孔衍淳

孔衍淳,原名孔胤淳,字懋良,號振浮,孔子六十五代孫,曲阜縣世職知縣,加陞東昌府通判,康熙十二年續修《曲阜縣志》。

孔胤淳輯有《廟塋詩集》二卷,清康熙六年曲阜孔氏刻本,應爲孔胤淳自刻。卷一爲《聖廟詩集》,卷端題:“世尹孔胤淳訂輯。”卷二爲《聖塋詩集》,卷端題:“闕里世尹加銜東昌府通判加三級孔胤淳訂輯。”前有孔胤淳康熙六年《塋廟詩序》。八行二十字,白口,四周單邊。

(5)孔衍琦

在孔衍淳刻書的第二年,孔衍琦編刻有《闕里纂要》四卷,又名《孔聖闕里誌合纂》。

衍琦字懋璧,號荆函,孔子六十五代孫,恩貢生,歷任林廟舉事、廣東潮州府通判,累封承德郎。

書前有衍琦自序:"琦自筮仕粤東,歷署篆務。所至州邑,縉紳學士,傾蓋之間,輒問杏壇故事,冀得一讀遺書。其如群籍藏自家廟,萬里舟車,漢牛莫載。又承縉紳諸公交剡諄請,願聞其要。於是,撿所攜祖庭諸書與闕里古誌合而纂之,又繪山川各圖共爲一帙,曰《闕里纂要》。"知此書成於廣東。

據《孔考》①,此書有康熙七年刻本,或孔衍琦所刻。待考。

六十六代雖有孔興釗、孔興認、孔興教等人參與刻過家譜,但個人刻書未見記載。

(6)孔尚任

六十七代中,除上文所述孔尚先刻書一種外,孔尚任最爲有名。

尚任(1648—1718),號東塘,又號雲亭山人,官户部郎中,因著《桃花扇》於康熙三十九年被免職,五十七年去世。有《闕里新志》《平陽府志》《萊州府志》《人瑞録》《出山異數記》《節序同風録》《會心録》《湖海集》《綽約詞》《石門山集》《長留集》《湖海集》等,與顧彩合撰《小忽雷傳奇》。其最著者當爲《桃花扇》,因此,時人將他與《長生殿》的作者洪昇並稱爲"南洪北孔"。

《桃花扇傳奇》二卷,康熙三十八年成書,據宋平生先生《〈桃花扇傳奇〉版刻源流考》②,其版本有八:

首先是康熙間孔氏介安堂刻本。十行十九字,白口,四周單邊,眉欄鐫評,封面鐫:"雲亭山人編,桃花扇,介安堂藏板。"宋平生認爲,這"介安堂藏板"五個字非常重要,因爲介安堂是孔尚任的一個已經鮮爲人知的齋室名稱。證據有三:一是孔尚任的朋友倪匡世在《詩最》一書中稱他"撰述益富,著有《介安堂集》";二是

①周洪才:《孔子故里著述考》,齊魯書社2004年版,第204頁。

②宋平生:《〈桃花扇傳奇〉版刻源流考》,載《中國人民大學學報》1992年第6期。

孔尚任《給顏修來書》信箋上角鈐有“介安堂”半印;三是孔尚任所刻《湖海集》一書,版心皆鐫有“介安堂第五刻”字樣。據此可以證明此本乃是《桃花扇傳奇》原刻本無疑。介安堂刻本十分罕見。因孔尚任生前没有將《桃花扇傳奇》刻成,著録爲康熙間刻本比較穩妥。據金埴資料,此書版片雍正間尚存於孔家。

第二個刻本是西園刻本。十行十九字,白口,四周單邊,眉欄鐫評。封面鐫:“雲亭山人編,桃花扇,西園梓行。”與後來的嘉慶本相比,在内容上有綱領部分,但無《李姬傳》。有人認爲此本最有可能是康熙原刻本,但實際並非如此。梓行此書的西園,是孔尚任的族叔孔貞燦。孔貞燦字用晦,又字垣三,號西園。曾任曲阜四氏學學録,著有《西園詩》《家政》等,孔尚任曾從之受業。《[乾隆]曲阜縣志》稱其“夙惇友讓,同乳十一人,一堂相對藹如也。致事居家,户外履常滿”。孔尚任罷官歸里後,與其詩酒過從甚密。孔貞燦家産豐厚,蓋有令孔尚任豔羨不已的新園。孔貞燦和藹、好客、家資頗豐,作爲孔尚任的長輩、老師和過從甚密的詩友,幾乎具備幫助孔尚任梓行《桃花扇傳奇》的所有條件。再看孔尚任《桃花扇本末》中的一段話:“《桃花扇》鈔本久而漫滅,幾不可識。津門佟蔗村者,詩人也。薄遊東魯,過予舍,索鈔本讀之,纔數行,擊節叫絶!傾囊槖五十金,付之梓人。計其竣工也,尚難於百里之半,災梨真非易事也。”很顯然,佟蔗村的贈金,尚不足以解決問題,而一向經濟拮据的孔尚任自己是無力解決所欠資金的。在這種背景下,由孔貞燦家出資助刊《桃花扇傳奇》,應該是順理成章的事了。但宋平生據此本訛字較多、刀法滯拙等現象分析,此本更像是坊刻,而不是家刻本。筆者揣測,可能是孔貞燦雇用的刻工工藝不精使然。

第三個刻本是乾隆七年海陵沈成垣刻本。九行二十字,白口,左右雙邊,眉欄鐫評。封面鐫:“雲亭山人編,桃花扇,西園梓行。”

有乾隆七年壬戌仲秋上浣愚亭居士沈成垣清芬堂識,有兩則跋語,一則署名海陵沈墨(疑爲沈成垣之父),一則署名海陵沈成垣。

第四個刻本是清芬書屋刻本。四卷本,與沈氏本相似,蓋坊間據沈氏本重刻。

第五個刻本是嘉慶間刻本。這個本子一向被誤斷爲原刻本,其特徵是每半葉十行二十字,白口,四周單邊,眉上鐫評,有梁溪鶴居士序,康熙三十八年三月孔尚任小引,康熙四十七年三月孔尚任識,北平吴穆後序,以及凡例、題辭、砌抹、考據、本末、跋語等,較其他諸本獨缺綱領,而多出侯方域所撰《李姬傳》。此本當爲嘉慶間所刻。

第六個刻本是道光十三年重刻本,十行十九字,白口,左右雙邊,眉欄鐫評。封面鐫:"道光癸巳,桃花扇,西園梓行。"

第七個刻本是光緒二十一年蘭雪堂刻本。九行二十字,白口,左右雙邊。版心下鐫"蘭雪堂"。卷前有光緒二十一年乙未蘭雪堂主人識語。蘭雪堂主人李國松,字健父,自稱"青蓮後人",安徽合肥人。光緒三十三年丁未,蘭雪堂主人又對書版做了校改,並在封面上鐫刻"光緒乙未錫板,丁未校修改"兩行字以爲識。

《桃花扇傳奇》最後一個刻本是民國間貴池劉世珩暖紅室所刻《彙刻傳劇》本。

據宋平生以上分析可知,跟孔氏有關的刻本有兩個,一個是孔尚任介安堂刻本,一個是孔貞燦西園刻本,但此二本行款同,區别在於封面所題有異,一爲"介安堂藏板",一爲"西園梓行"。

孔尚任刻書還有三種:

①《續古宫詞》一卷,清孔尚任撰,清康熙曲阜孔氏介安堂刻本。

《孔考》著録①,八行二十字,白口,四周單邊。

---

①周洪才:《孔子故里著述考》,齊魯書社 2004 年版,第 462 頁。

②《湖海集》十三卷，清孔尚任撰，清康熙曲阜孔氏介安堂刻本。

此集係尚任官國子監博士時，隨侍郎孫在豐在淮揚疏浚海口時所輯。卷端均題："闕里孔尚任季重著。"但閲者不同。卷一至六卷端題："吴門鄧漢儀孝威、海陵黄雲仙裳、廣陵宗元鼎定九同閲。"卷七題："黄山吴綺薗次、海陵黄雲仙裳、廣陵宗元鼎定九同閲。"卷八題："江都宗元豫子發、黄山吴綺薗次、昭陽李國宋湨孫同閲。"卷九至十題："江都宗元豫子發、黄山吴綺薗次、黄岡杜岕蒼略同閲。"卷十一至十三題："山陰黄逵儀逋、新安張韻諧石、江都卓爾堪子任同閲。"版心下刻："介安堂第五刻。"每卷後有校閲人，卷一至四署：長洲門人陳翼鶴山訂較；卷五至六署：祁門門人馬觀賓五較；卷八署：族孫毓琚季玉、門人楊兆林慮山同較；卷七、九、十、十二、十三無校閲人；卷十一有缺。

前有康熙二十六年丁卯鄧漢儀序，康熙二十七年宗元鼎序，康熙二十八戊辰黄雲序，及《目次》。《孔考》引馬國翰《玉函山房藏書簿録》云："自康熙丙寅至己巳，此其第五刻稿也。"①

九行十九字，白口，左右雙邊。字體清秀。

③《石門山集》一卷，清孔尚任撰，清康熙間刻本。

卷端題："雩門孔尚任季重氏著，瑕丘郭垣京映紫氏閲，弟尚倬季雲氏閲。"

九行二十二字，無序跋。《孔考》著録②。此書當爲孔尚任刻本。

(7)孔毓埏

孔氏第六十七代刻書的還有孔毓埏，與孔毓圻刻過《孔叢子》

---

①周洪才:《孔子故里著述考》，齊魯書社2004年版，第459頁。
②周洪才:《孔子故里著述考》，齊魯書社2004年版，第458頁。

三卷、《大學正文約註》一卷,前已有述。除此之外,孔毓埏還獨立刻過三種:

①《於陵子》一卷,題齊陳仲子撰,清康熙五十三年闕里孔毓埏刻本。

卷端題:"闕里孔毓埏校刊本。"

書凡十二篇:畏人、貧居、辭録、遺葢、人問、先人、辯窮、大盜、歲葵、巷之人、未信、灌園。孔毓埏康熙五十三年《重刻於陵子序》:"昔亡友毛子艾仲贈余《於陵子》一帙,詞既刻深,意復奇僻,余甚珍之。旋復散失無已,覓之肆中,以匪世所共嗜,故屨求之而不可得。然時往來余懷。後發敝簏中得之,如獲遺珠,恐其再失,爰付之梓,庶無負亡友之貽耳。"仁和陸尚友撰《序》,《文長徐先生評於陵子序》,均係原序。

八行二十字,白口,左右雙邊,單魚尾,無直格,框上鐫有小字四字。宋體字,但刻印精。

②《拾籜餘閒》一卷,清孔毓埏撰,清康熙五十九年曲阜孔毓埏刻本。

是編共百二十餘條,皆孔毓埏讀書札記及見聞所得者。

卷端題:"闕里孔毓埏。"前有康熙歲次庚子十月朔日崑山後學葉賓序,末有"族侄傳商校字"一行,應爲自刻本。

九行十九字,白口,單黑魚尾。

③《述聖圖》,明孔允植輯,清曲阜孔毓埏重刻本。

允植即胤植、衍植,第一章已述。

前有毓埏序云:"此《圖》始於我先宫傅對寰公,迄今五十餘年,梨棗蠹蝕,筆畫漫漶,用是重選妙手,依舊臨摹,而授之梓人。"

(8)孔傳鋕

孔子六十八代孫孔傳鋕(1678—1731),字振文,號西銘,别號蝶庵,衍聖公毓圻次子,孔傳鐸之弟。康熙四十五年襲五經博士,授通議大夫。有劇作《軟羊脂》《軟郵筒》《軟輥鋙》。

孔傳鋕還著有《補閒集》二卷、《清濤詞》二卷。其《補閒集》二卷,卷端題:"闕里孔傳鋕西銘著,梁溪顧彩湘槎訂。"前有康熙四十八年宛水同學陳于王序:"今讀《補閒集》中《過雲門山》《田横島》《青石關》《淄山道中》諸作,言情篤厚,寫景真摯,可謂善學古人者矣。"康熙三十九年錫山同學弟湘槎顧彩序。康熙四十五年鄭琚序,是年羅箎豫序,是年傳鋕自識云:"余刻是集也,顧子實删定而贊成之,羅子亦與有功焉。"似康熙四十五年已開刻,陳于王序晚三年,或爲終刻年,定康熙刻本更合適些。此書國家圖書館作康熙四十五年刻本,北京大學圖書館兩書均作康熙三十九年刻本,蓋序言不全之故。

《清濤詞》二卷,清康熙四十五年孔傳鋕自刻本。所據爲《孔考》引黄裳《前塵夢影新録》謂:"《清濤詞》二卷,康熙刻。曲阜孔傳鋕撰。傳鋕字西銘,孔毓圻子。此集刻於康熙四十五年。序文手書上板,無邊匡,雕槧殊精,亦是别格。"①九行十九字,白口,左右雙邊。

(9)孔傳鏞

六十八代還有乾隆八年曲阜孔傳鏞刻孔毓埏撰《遠秀堂集》八卷,十一行十九字,白口,左右雙邊。

(10)孔繼涵

六十九代刻書以孔繼涵最爲有名。

孔繼涵(1739—1784),字體生,一字埔孟,號葒谷,别號南州,自稱昌平山人,六十七代衍聖公孔毓圻之孫,孔傳鉦之子。乾隆二十五年舉人,三十六年進士。在京爲官六年,與安徽休寧學者戴震、濟南學士周永年、桐城文人姚鼐、揚州名士羅聘、揚州校勘學家

①周洪才:《孔子故里著述考》,齊魯書社2004年版,第616頁。

盧文弨等人交往至深，互相切磋，學識日益淵博。乾隆四十二年，爲奉養慈母而請求卸官回籍。次年，在縣城東北購一所宋代所建“聚芳園”宅，中有“微波榭”，孔繼涵即在此著書立説，校勘群籍，故其所刻書籍多有“微波榭刻”字樣，而後來者亦將其自撰自刻及爲他人所刻書統稱爲《微波榭叢書》。

《微波榭叢書》實際上由四部分組成：《春秋地名》等七種、《戴氏遺書》《算經十書》《微波榭遺書》。其中，《微波榭遺書》當爲其後人所刻。而刻得最早的，可能是《春秋地名》等七種。

①《春秋地名》等七種。

春秋地名一卷	（晉）杜預撰	清乾隆中曲阜孔繼涵刻微波榭叢書本
春秋長歷一卷	（晉）杜預撰	清乾隆中曲阜孔繼涵刻微波榭叢書本
春秋金鎖匙一卷	（元）趙汸撰	清乾隆中曲阜孔繼涵刻微波榭叢書本
國語補音三卷	（宋）宋庠撰	清乾隆中曲阜孔繼涵刻微波榭叢書本
孟子十四卷附音義二卷	（漢）趙岐注　音義（宋）孫奭撰	清乾隆中曲阜孔繼涵刻微波榭叢書本
五經文字三卷	（唐）張參撰　五經文字疑一卷（清）孔繼涵撰	清乾隆三十三年曲阜孔繼涵刻微波榭叢書本
新加九經字樣一卷	（唐）唐玄度撰　九經字樣疑一卷（清）孔繼涵撰	清乾隆三十三年曲阜孔繼涵刻微波榭叢書本

孔繼涵撰《五經文字疑》一卷、《九經字樣疑》一卷，當爲乾隆

四十三年前所刻，因盧文弨在其乾隆四十三年《戴氏遺書序》中説已校梓。據杜澤遜師、程遠芬師母撰《山東著名藏書家》①中《孔繼涵微波榭》一文，此兩種及《五經文字》《九經字樣》刻於乾隆三十三年。《孟子》十四卷附《音義》二卷，亦刻在戴震入四庫館前，係戴震校訂。

②《算經十書》。

《算經十書》的刊刻當在武英殿聚珍版書之後。

周髀算經二卷	(漢)趙爽撰(北周)甄鸞重述(唐)李淳風等注釋　音義(宋)李籍撰	清乾隆中曲阜孔繼涵刻微波榭叢書本
九章算術九卷	(晉)劉徽注(唐)李淳風等注釋　音義一卷(宋)李籍撰　策算一卷(清)戴震撰	清乾隆中曲阜孔繼涵刻微波榭叢書本
海島算經一卷	(晉)劉徽注(唐)李淳風等注釋	清乾隆中曲阜孔繼涵刻微波榭叢書本
孫子算經三卷	(唐)李淳風等注釋	清乾隆三十八年曲阜孔繼涵刻微波榭叢書本
五曹算經五卷	(唐)李淳風等注釋	清乾隆中曲阜孔繼涵刻微波榭叢書本
夏侯陽算經三卷	(□)夏侯陽撰	清乾隆中曲阜孔繼涵刻微波榭叢書本
張丘建算經三卷	(□)張丘建撰(北周)甄鸞注(唐)李淳風等注釋(唐)劉孝孫細草	清乾隆中曲阜孔繼涵刻微波榭叢書本

①杜澤遜、程遠芬：《山東著名藏書家》，山東文藝出版社 2004 年版。

(續表)

綴術	(齊)祖冲之撰(唐)李淳風注	原缺
五經算術二卷	(北周)甄鸞撰(唐)李淳風等注釋　考證一卷(清)戴震撰	清乾隆中曲阜孔繼涵刻微波榭叢書本
緝古算經一卷	(唐)王孝通撰並注	清乾隆中曲阜孔繼涵刻微波榭叢書本
數術記遺一卷	(漢)徐岳撰(北周)甄鸞注	清乾隆中曲阜孔繼涵刻微波榭叢書本
句股割圜記三卷	(清)戴震撰(清)吴思孝注	清乾隆中曲阜孔繼涵刻微波榭叢書本

所謂"十書",指的是《周髀算經》《九章算術》《海島算經》《孫子算經》《五曹算經》《夏侯陽算經》《張丘建算經》《綴術》《五經算術》《緝古算經》。而孔繼涵所刻"十書"缺《綴術》(原缺),附了《數術記遺》《句股割圜記》和《策算》(《九章算術》附)三種。書前有孔繼涵《算經十書序》:"今得毛氏汲古閣所藏宋元豐京監本七種,又假戴東原先生所輯《永樂大典》中《海島算》《五經算》而十書備其九,舊附一,今附三,而併梓之。"則孔氏所刻實爲十二種。

書爲九行十八字,小字雙行十八字,白口,四周雙邊,單魚尾,版心下刻"微波榭",宋體字,字大悦目。而《策算》和《句股割圜記》行款有所不同,爲十行二十一字,白口,四周雙邊,單魚尾,版心下刻"微波榭刻"。蓋稍後刻。

每種卷端書名下均題"算經十書之某"。《數術記遺》卷端署"算經十書附録"。《句股割圜記》卷端題爲"戴氏七經小記四"。

《周髀算經》卷末有"孔廣栻校字"。《九章算術》後有孔繼涵乾隆三十八年於京師壽雲簃之敏事齋跋。《策算》有乾隆九年戴震序。《海島算經》後有戴震乾隆四十年序:"其書世無傳本,惟散見《永樂大典》中，今裒而輯之，仍爲一卷。"又有孔繼涵跋。《緝古算經》後有毛扆康熙二十三年跋："《周髀》，家塾曾刊行之，餘者扆半生求之，從太倉王氏得《孫子》《五曹》《張丘建》《夏侯陽》四種，從章邱李氏得《周髀》《緝古》兩種，後從黄俞邰又得《九章》，皆元豐七年秘書省刊板，字畫端楷，雕鏤精工……因求善書者刻畫影摹，不爽豪末，什襲而藏之。"係當時毛氏影抄所作跋，孔氏此本據毛氏影抄本而刻，故刻其原跋。惟跋中曰七種"皆元豐七年秘書省刊板"，誤，應爲南宋鮑瀚之刻本。《句股割圜記》前有吴思孝乾隆二十三年序。

③《戴氏遺書》。

繼《算學十書》後，孔繼涵又在戴震去世那年刊刻了戴震的《戴氏遺書》。

戴震（1723—1777），清代漢學皖派的領袖，一生著述很多。除經學外，在天算、地理、聲韻、訓詁等方面也都有著作傳世。孔繼涵與戴震有姻親關係，孔繼涵的兒子孔廣栻是戴震的女婿。

《戴氏遺書》共包括以下十二種：

其一：《毛鄭詩考正》四卷、《首》一卷，清乾隆四十二年曲阜孔繼涵微波榭刻《微波榭叢書》本。卷末刻"弟澍校字""乾隆丁酉八月刊""之一"。

其二：《杲溪詩經補注》二卷，清乾隆四十二年曲阜孔繼涵微波榭刻《微波榭叢書》本。卷末刻"曲阜孔廣栻校字""乾隆丁酉秋十月刊""之二"。

其三：《孟子字義疏證》三卷，清乾隆四十二年至四十四年曲阜孔繼涵微波榭刻《微波榭叢書》本。卷末無刊刻標志，有"之九"。

其四：《原善》三卷，清乾隆四十二年曲阜孔繼涵微波榭刻《微波榭叢書》本。卷末刻"福建李威校字""乾隆丁酉八月刊"，卷端刻“七經小記戴氏遺書之九”。

其五:《原象》一卷,清乾隆四十二年曲阜孔繼涵微波榭刻《微波榭叢書》本。卷末刻“婺源董玠校字”“乾隆丁酉六月刻”,卷端刻“七經小記戴氏遺書之十五”。

其六:《聲類表》九卷、《首》一卷,清乾隆四十二年曲阜孔繼涵微波榭刻《微波榭叢書》本。卷末刻“曲阜孔廣栻校字”“乾隆丁酉夏六月刊”“之十四”。

其七:《東原文集》十卷,清乾隆四十二年至四十四年曲阜孔繼涵微波榭刻《微波榭叢書》本。卷端及版心刻“戴氏遺書之二十三”。每卷末刻校字者,卷一:興化任大椿校字;卷二:婺源王廷相校字;卷三:歙縣王晉校字;卷四:錢塘孫同珍校字;卷五:長洲汪元亮校字;卷六:益都李文藻校字;卷七:歙縣程瑶田校字;卷八:弟霖挍字;卷九:祖啓挍字;卷十:男中立挍字。

其八:《考工記圖》二卷,清乾隆四十四年曲阜孔繼涵微波榭刻《微波榭叢書》本。版心刻“戴氏遺書”,無序號。版心下鐫“微波榭刻”。卷上末題:“乾隆己亥秋八月刊。”卷下末題:“乾隆己亥秋重刊。”有圖。

其九:《聲韻考》四卷,清乾隆四十四年曲阜孔繼涵微波榭刻《微波榭叢書》本。卷末刻“乾隆丁亥小除夕前重刊”,版心僅刻“戴氏遺書”,無序號。十一行二十一字,白口,四周雙邊。版心下鐫“微波榭刻”。

其十:《水地記》一卷,清乾隆四十二年至四十四年曲阜孔繼涵微波榭刻《微波榭叢書》本。卷端刻“戴氏遺書之”(按:未言第幾),版心無“戴氏遺書”,卷末無刊刻標志。

其十一:《續天文略》二卷,清乾隆四十二年至四十四年曲阜孔繼涵微波榭刻《微波榭叢書》本。卷端刻“戴氏遺書之一”。

其十二:《方言疏證》十三卷,清乾隆四十二年至四十四年曲阜孔繼涵微波榭刻《微波榭叢書》本。

④《微波榭遺書》。

孔繼涵的著述除了《五經文字疑》《九經字樣疑》兩種,其餘均入《微波榭遺書》,乾隆中曲阜孔氏刻本。此《遺書》有可能爲其後人刊刻。

其一:《微波榭遺書》之一:《紅櫚書屋詩集》四卷。卷端下題:"微波榭遺書之一。"十二行二十四字,黑口,四周單邊,雙對黑魚尾。無序。

其二:《微波榭遺書》之二:《斲冰詞》三卷。十二行二十四字,黑口,四周單邊,雙對黑魚尾。

其三:《微波榭遺書》之三:《紅櫚書屋雜體文稿》七卷。卷一下有:"微波榭遺書之三。"卷端題:"曲阜孔繼涵誧孟。"卷一爲序,卷二爲跋,卷三爲記,卷四缺,卷五爲頌、論、辨、誌銘、傳贊,卷六爲文、雜題、啓、卷、表,卷七爲《熊文端公年譜》。十二行二十四字,黑口,四周單邊,雙對黑魚尾。

《孔考》認爲此書有單行本①,卷四以《同度記》充之,而無"卷四"字樣;卷七《熊文端公年譜》末有《熊文端公世系表》《熊文端公女系表》。《熊文端公世系表》尾署"甥孫孔繼涵敬衍",孔繼涵是熊賜履的外甥。《熊文端公女系表》署"張塤填諱"。書末所附張塤撰孔繼涵《行狀》及翁方綱撰《墓誌銘》,亦叢書本所無,故單行本比叢書本爲完備。

其四:《微波榭遺書》之四:《同度記》一卷。卷端下題:"微波榭遺書之四。"十二行二十四字,黑口,四周單邊,雙對黑魚尾。

其五:《微波榭遺書》之□:《水經釋地》八卷。卷端下題:"微波榭遺書之。""之"後文字被挖去。十二行二十四字,黑口,四周

①周洪才:《孔子故里著述考》,齊魯書社2004年版,第508頁。

單邊,雙對黑魚尾。

其六:《長行經》一卷,未題“遺書”字樣。卷端題:“昌平山人孔繼涵。”九行十九字,粗黑口,左右雙邊,雙對黑魚尾。字體明顯要比其他遺書大。

孔繼涵還刻有戴震的《水經注》。戴震在乾隆三十七年至三十八年進入四庫館之前,曾在浙江金華書院校定《水經注》,衹刻成四分之一。進入四庫館後,見到《永樂大典》所收《水經注》,面貌較原始,於是校定出一個較好的本子,收入《四庫全書》,並收入《武英殿聚珍版叢書》。同時,戴震自己也刻出一個定本,與聚珍版本相比,不出校語,這個自刻本即由孔繼涵主持刊刻。版心無上述特徵,但扉葉標籤題“戴氏遺書”。卷首有乾隆四十三年八月盧文弨序。

孔繼涵所刻《微波榭叢書》係清前期的著名叢書,具有極高的學術價值。

孔繼涵所刻《五經文字》《九經字樣》等七種,《山東通志·藝文志》引《越縵堂日記鈔》云:“中如《五經文字》《九經字樣》、宋刻趙注《孟子》、宋刻《國語音》等,皆世間希有之本。”《續修四庫提要》尤稱道《五經文字疑》《九經字樣疑》:“《五經文字》與《九經字樣》,原附刊於《開成石經》之後,嘉靖乙卯地震,二刻與石經並損。西安王堯典等,乃按舊文,集其缺字,别刊於石經碑旁,以便摩補,然多訛誤,殊不足據。乾隆中葉,揚州馬曰昶,得宋拓本摹刻,始有完本。孔氏因石既損壞,補缺又舛,乃取馬本,校補石刻損字,遂有是作。凡石刻闕字,據馬本增補者,悉著於篇,以明其所本。其石刻損字,馬本可補,而因疑不敢即據以補入者,亦悉著之於篇,存以俟考,用備參證,而代校勘,故附於所刊《五經文字》之後,别自爲編,而以‘疑’名其書焉。據是編以校其所刊《五經文字》,乃知其所增補,無一不有所本,而於馬本可補原石之損字,因疑寧闕,尤爲不苟。其核訂之善，於是編可以徵之，不惟戴東原推其精審，嚴可均譏其改竄，兩家持論，孰是孰非，可據是編從而新定。其石刻《五經文字》損字，凡王補馬本之異同，孔刊增補之取捨，亦可據是編一一從而考索也。"戴震《重刊五經文字九經字樣序》云："乾隆戊子(按：三十三年)冬，曲阜孔君體生謂拓片不能家有其書，遂雕印成帙，又詳加考證，別自爲卷附焉"，"余聞而知孔君用心之審慎，其留意於小學也，好之深是以能辨之詳如此。孔君好古而所知從事，能去華取實於世之所不講。余讀是本，核訂精審，不徒有功小學而已，治經之儒，先欲識字，其必自此書始"。《孟子》係戴震據朱奐藏毛扆校本、何煌校本重訂《孟子注》，並據毛扆影抄李開先家藏宋蜀刻大字《章句》本補趙岐序而成，是《孟子》的善本之一。《春秋長曆》係杜預佚作，是孔繼涵通過與戴震的關係，從《永樂大典》中輯出並考訂而成的，具有重要的版本價值。

《算經十書》係唐初國子監開設算學館後，學子們的數學教材，是中國漢唐數學的代表，展示了當時數學高度發展的水準，不僅是了解漢唐千餘年間數學及社會狀況的實貴史料，而且對中國的數學和數學教育發展影響深遠。最早刊於宋元豐七年，即北宋刻本。約在宋嘉定六年，鮑瀚之在杭州重新翻刻了這些算經，爲南宋刻本。後者流傳至今的有六種，分藏於上海圖書館及北京大學圖書館。《永樂大典》曾將十部算經全部抄録，在明嘉靖時，這十部書全部還在。乾隆三十八年，戴震受紀昀推薦，清廷特召入"四庫館"充纂修官。在四庫館四年，他不僅撰寫了《四庫全書》天算類提要，更從《永樂大典》中輯出當時已經失傳的《海島算經》和《五經算術》，並對《九章算術》進行校勘和補繪圖形，對"算經十書"中其他書籍也進行了校勘和審核，使"算經十書"基本呈現了全貌。可以説，戴震爲中國數學的發揚光大，做出了特殊貢獻。孔繼涵知道這部書的價值，於是刊印行世，並正式命名爲《算經十書》。

明清時期,“十書”中雖個别書有刊刻,如《周髀算經》有趙開美刻本,即使是武英殿聚珍版書,也衹排印了七種,所以説作爲一個整體刊刻,孔繼涵本是繼南宋刻本之後的又一個刻本。更重要的是,戴震對其進行了校勘,這種文獻價值是他書無法比擬的。《疇人傳三編·繼涵傳》論其刻《算經十書》云:“自東原氏表章古籍,而後唐典帖算之書復顯於世。苟無户部刻以傳,亦安必其流行至今乎?嘗謂無朱刻、祁刻而二徐説亡,無孔刻而十經之書終熄。然則六書九數之孑存也,戶部之功又豈出學士相國右哉。”

乾隆四十二年,戴震去世後,遺稿多歸孔繼涵,孔繼涵彙成《戴氏遺書》十二種刊刻出來,這是戴震著述的第一次全面刊刻,乾隆五十七年段玉裁經韻樓刻《戴東原集》十二卷,也僅收入《原善》《孟子字義疏證》等幾種,最全者爲民國二十五年《安徽叢書》第六期,收戴氏著作二十二種,名爲《戴東原先生全集》,而此時距孔繼涵刻書已一百多年了。

戴震遺書除了詩文集外,所撰《水經釋地》一書亦開《水經》地名研究之先河,較系統地解決了《水經》所載地名與清代地名的對照問題,對於研究《水經》地名沿革有突出意義,同時在關於長江正源的論述中,也有其獨到的見解。

孔繼涵刻書數量之多,質量之高,與戴震的校訂和著述有很大關係,也與繼涵藏書豐富分不開。《算經十書》的刊刻直接得益於其所藏毛氏汲古閣影宋抄本七種,這批古算歷來傳世極少,乾隆間修《四庫全書》,《周髀算經》《九章算術》《五曹算經》《夏侯陽算經》《孫子算經》五種都是戴震據《永樂大典》輯出校補而成,孔繼涵所得的影宋抄本,可以説是罕傳秘本,可惜當時《四庫全書》已謄抄,没有據孔繼涵藏本入録。孔繼涵據以刊刻,受到學術界的極大重視。

更爲重要的是,孔繼涵的刻書與他的治學旨趣息息相關。孔繼涵長於考據,研究範圍主要在經學、小學、地理學、金石學、天文學、算學諸方面,故其所刻書多關此類。他精於算學,本身就著有《同度記》《衍細草》《考工車度記》《補林氏考工記》《解勾股粟米法釋數》等,惜未全部刊刻出來。

除了《微波榭叢書》,浄雨《清代印刷史小紀》稱"孔繼涵重刻胡刻元本《資治通鑑》及宋本《孟子趙注》諸書,更足以補帝室官府刊刻經史之缺陷焉"①。《孟子趙注》已知刊刻,但孔繼涵所刻《資治通鑑》未見。另見《孔考》著録孔繼涵編《京師太學堂講義》九種,有乾隆三十四年刻本②,不知是否爲孔氏所刻。

孔繼涵長子孔廣栻(1755—1799),字伯誠,號一齋,乾隆舉人。有《藤梧館詩草》,稿本,藏山東省圖書館,杜澤遜師在整理出版《山東文獻集成》時,細閲此書,集中有關其父微波榭刻書詩四首,現迻録如下:

其一:《微波榭所栞書籍　代麟兒》

經學浩於海,大義日荒蕪。昭代延群英,毛朱軼石渠。百年有東原,學業優純儒。訓詁倡毛鄭,理義闡程朱。説文詳解字,釋數衍六觚。桑經與酈注,一一與鑿疏。方言辨燕趙,聲韻窮喁於。原天繼其畧,考工補厥圖。餘技發爲文,潮韓而海蘇。惜哉不永年,未竟者紛如。先祖與同官,日夕切規模。痛斯人不作,分俸鐫其書。旁及讀前輩,力爲搜遺珠。張參與趙岐,字訓無偵誣。左國餘杜宋,片羽共珍諸。遺藴及算經,小學翳所需。忽忽二十秋,人文與年殊。持義公同好,借求助鳴孤。請姑舉其目,自愧同窺郛。

①宋原放、王有朋:《中國出版史料——古代部分第二卷》,湖北教育出版社、山東教育出版社2004年版,第121頁。

②周洪才:《孔子故里著述考》,齊魯書社2004年版,第327頁。

其二:《又代赤兒》

著書固匪易,栞書良獨難。稽古難於遍,論今難其完。屈指當代士,東原殆不刊。訓詁義理間,力障狂波瀾。讀書先識字,毛鄭儼登壇。天文與地理,較若列眉看。圖數久寂寥,古調誰與彈。方言存奥義,别國紀輶軒。餘力肆爲文,骨重而神寒。其人既已往,其書將就殘。先人叨執友,力爲付雕剜。敢曰校無訛,毋負學力殫。鎸誌微波榭,舊廬日盤桓。旁亦搜古義,珍惜遺編漫。世有好古儒,貽之比蕙蘭。食經慚舊德,屢箧以長嘆。

其三:《又代姪昭虔》

戴氏窮戴禮,聞之吾先人。葒谷吾叔祖,切磋功尤勤。當其通刺時,粗以篆籀論。繼乃以研經,繼乃以論文。繼乃窮象數,天地人文分。戴氏歸泉壤,叔祖編遺聞。刊諸微波榭,校讐何殷殷。嗟我少失怙,師學昧典墳。手澤未能輯,敢曰排蠹芸。撫書想前徽,恐自貽白紛。

其四:《又代孔廣燠》

微波榭在魯東外,微波主人亡幾載。榭中多刻東原書,詩毛禮戴勤蒐採。上遡天文下水經,方言音韻形聲改。六義而今等弁髦,夏侯海島風流在。起手最初曰考工,考經研義無疑殆。稍後字義孟子疏,互證前儒恐貽悔。餘文署傳贈答書,經義紛綸云有待。此榭東原夙未登,主人對之忘朝餒。即衍其意搜鴻儒,張參杜預如學海。參較亥豕訂魯魚,魯國諸生咸津逮。晴簷曝背手一編,寒日熹微下蒼檜。

孔憲彝《闕里孔氏詩鈔》曰:"葒谷從曾叔祖,篤於内行。早歲告歸奉母,著述等身,於天文、地誌、經學、字義、算術之書,無不博綜。遇罕傳之本,必爲校刊付鋟。所刻微波榭書有《五經文字》《九經字樣》《算經十書》,杜預《春秋長歷》《春秋土地名》,趙汸《春秋金鎖鑰》,宋庠《國語補音》,趙岐《孟子注》,休寧戴氏《遺書》。交遊遍天下,尤與戴東原、盧召公、翁覃溪、張瘦銅諸先生相善。講析考證,不遺餘力。年四十五而卒,未竟著述之志,海内惜之。"繼涵卒後,好友盧文弨爲作《哀詞》祭之,文刻於繼涵墓碑之陰:"東原戴君既殁,爲版行其遺書,無有散失,士林尤高其義,爲他所梓,復不下數十種。扶微振絶,厥功茂焉。"

(11)孔繼汾

孔子六十九代孫孔繼汾刻書亦不少。

孔繼汾(1725—1786),字體儀,號止堂。六十八代衍聖公孔傳鐸第四子。乾隆進士,由内閣中書補户部廣西司主事,後入選軍機處行走。他篤志勵學,知識淵博,深通經學和金石圖像,手校經史諸書,刊爲家塾讀本。熟悉歷朝故事及廟廷典禮,清高宗多次幸魯,均由繼汾充任講書和引導,深受讚賞。他一生從事孔氏家族史的研究,著作甚豐,爲孔府、孔廟、孔林的研究收集保存了大量資料,爲地方文獻的積累做出了重要貢獻。孔繼汾因編寫《孔氏家儀》一書,被族人孔繼成告發,以篡改《大清會典》之罪充軍。經其子孔廣森借貸贖出後,雲遊南方各地,於乾隆五十一年八月六日卒於杭州友人梁同書家中。孔繼汾的主要著作有《闕里文獻考》一百卷、《孔氏家儀》十四卷、《樂舞全譜》二卷、《劻儀糾謬集》三卷、《行餘詩草》二卷。

孔繼汾刻書共六種:

①《文獻通考序》一卷。

②《爾雅》三卷,清乾隆二十九年曲阜孔繼汾刻本。

十行二十字,小字雙行三十字,黑口,左右雙邊,單魚尾。

③《文廟樂舞全譜》二卷、《附録》一卷,清乾隆三十年曲阜孔繼汾刻本。

據光緒十三年孔令貽輯刊《聖門樂誌》一卷,知乾隆三十年孔繼汾對《樂誌》重新編排,成《文廟樂舞全譜》二卷、《附録》一卷,卷末有繼汾乾隆三十年《跋》。前孔令貽刻書已述。九行十九字,黑口,左右雙邊。

④《孔氏家儀》十四卷、《答問》四卷,清乾隆三十年曲阜孔繼汾刻本。

前有錢塘江衡《序》,後有繼汾《自序》。江衡曰:"闕里孔止堂憂之,檢尋家牒,核諸禮經,驗所已行不悖先師之教者,條舉而件繫之,名曰《孔氏家禮》。"此書撰畢後,繼汾意猶未盡,故又著《答問》四卷。

正因爲此書,乾隆四十九年,孔繼汾被族人孔繼戍告發增減《會典》服制,並有"其今之顯悖於古者""於區區復古之苦心"字樣,顯係對當朝不滿。被孔繼戍誣告,原因是繼戍曾因太常博士懸缺,圖得此缺,但衍聖公不允,咨補繼汾之子廣册,於是孔繼戍便生懷恨之心。當時的山東巡撫白鍾山不敢怠慢,一面上奏請旨,一面派員赴曲阜對孔繼汾家進行搜查,並傳孔繼汾赴省審訊。後又將《孔氏家儀》逐條貼上黄簽,連同孔繼汾的答辯詞一併上呈乾隆皇帝,請皇帝定奪。乾隆五十年四月,孔繼汾被押解至京審訊,最後被定罪,發配伊犁。除《家儀》版片,所有此項書籍,亦令一併查繳銷毁。《清代禁毁書目・禁書總目》列"應毁孔繼汾悖妄書目"。

十二行二十五字,小字雙行三十七字,黑口,左右雙邊,雙魚尾。

⑤《劻儀糾謬集》三卷,清乾隆三十四年曲阜孔繼汾刻本。

首載乾隆三十三年繼汾自序云:"繼汾自幼年入廟,考詢名物,究厥本原,往往有疑而未安者。退而參諸經籍,證以憲章,得失昭然判也。間一就正於宗耆族彦,幸聞者不甚以爲非,而宗子亦樂從其説。如迎神、送神不參以俗樂,崇聖、啓聖並先大成,酌獻、墓祭不用中元,常薦省臘八而增歲暮,釋奠香帛特送廟庭,不入粢盛之數。凡此之類,皆已見諸施行。且屬以發凡起例,遂竟所欲言,以資商榷。用是緣宗子之意,著爲此集,名曰《勔儀糾謬》,隨事論列,得如干條。其中未更正者,固直抉舛誤。即已更正者,亦必仍詳故事。玆事體大,恐所論尚未盡,他日續有所得,須別録以附其後。故書無體例,不加詮次,第約爲三卷:一曰《祭儀》(凡四十一條),二曰《祭品》(凡二十一條),三曰《祭器》(凡十二條,又附論八條)。以綜其大要云。"又有衍聖公孔昭焕乾隆三十四年序。

⑥《闕里儀注》三卷,清乾隆三十四年曲阜孔繼汾刻本。

書凡分上、中、下三卷。卷端題:"孔子六十九代孫承德郎原任户部廣西清吏司主事繼汾敬録。"

前有乾隆三十四年己丑繼汾自序云:"上年繼汾撰次《勔儀糾謬集》成,宗子採用其説,更正時享之期與釋奠,異日因大簿正祭器,豐其品物,考其劑量,俎豆間孔庶孔碩,郁郁乎盛矣。繼汾復進而言曰:'《儀注》尚無成式,宜審定校刊,以資贊唱。'宗子曰:'善。'繼汾乃考録舊儀,删繁正誤,爲《儀注》十有五篇……請宗子付典籍官,俾生徒卒業焉。"

十行二十字,黑口,左右雙邊。

以上,孔繼汾刻書六種,史部一種,經部五種,經部中有三種關乎禮儀,並因其中一種獲罪。

(12)孔繼涑

孔傳鐸五子孔繼涑,亦卓犖有名。

孔繼涑(1725—1790),字信夫,一字體實,號谷園,别號葭谷居士。乾隆三十三年舉人。因科場官場失意,退居十二府,專心研究書法藝術。以張照爲師,廣臨衆帖,推歐、虞、米、黄,與梁同書有"南梁北孔"之稱。在孔繼汾撰書案後不久,孔繼涑亦獲罪被開除出孔氏家族。他一生坎坷多難,但憑其堅强的毅力和不懈的追求,成就了不可磨滅的藝術貢獻,著有《谷園論書》一卷、《玉虹樓詩詞》四卷。他用畢生的精力,完成了《玉虹樓法帖》收集摹刻的浩大工程,站在了中國民間法帖收藏創作的巔峰。

《玉虹樓法帖》是孔繼涑摹刻的書法叢帖。“玉虹樓”是其父爲其建造的書齋。

此法帖刻石共584塊,分爲十四類,有刻張照書作,有刻張照臨摹顔真卿《大唐中興頌》帖,有摹刻各種古代法書,有摹刻舊拓石刻碑帖,還有專刻清人墨蹟,全刻孔繼涑書作,另有刻六十七代衍聖公孔毓圻書作,黄庭堅、米芾、祝允明三人書作。

作爲叢帖,該帖具有其獨特性。它不屬於任何叢帖的翻版,而是以孔繼涑、張照臨摹或自書爲主體,兼收歷史書法名人真跡摹刻而成,自成體系,絶大多數爲獨作刻帖,在中國書法史上具有舉足輕重的歷史地位和歷史影響。因此,有學者將《玉虹樓法帖》與《淳化閣帖》《三希堂法帖》並稱爲中國三大叢帖。此《玉虹樓法帖》歷經改朝换代、多次戰亂,儘管個别出現殘缺或遺失,但基本保存了原石刻的完整。在目前已知保存完整的法帖原始石刻中,玉虹樓法帖刻石應該是最全面且數量最多的原始刻帖。《玉虹樓法帖》在中國法帖收藏、摹刻史上,創造了民間收藏、摹刻法帖的奇跡。一般民間收藏多爲法帖拓本、散存原版,而《玉虹樓法帖》584帖原石摹刻,均爲孔繼涑個人爲之,其數量之多,涵蓋名家之衆,當爲中國書法及法帖史上的偉大創舉。

孔繼涑另於乾隆三十八年刻有《天瓶齋書寶題跋》二卷,清張照撰。

書後有乾隆三十八年癸巳南沙沈栻序:“葭谷既廣爲蒐羅,鈎勒上石,復以題跋見詢,因即其家舊本而以予向所録者附益之。”子壻孔繼涑《跋天瓶齋題跋後》:“遂從戚友之弆藏者假觀,觀必假歸,勒石以爲永式(按:指玉虹樓法帖),其有批尾者必録之别紙,以代提命。顧局於見聞,所獲無幾。壬辰赴禮闈試,謁鹺使沈欽伯先生於都門,先生與涑有同嗜,出所録合之,遂得裒然成册……爰付之剞劂氏以公同好。”九行十八字，粗黑口，左右雙邊，無魚尾。刻印精。

（13）孔繼銃

《販續》著録有張爾岐撰《老子説略》二卷，康熙間曲阜孔繼銃刻本。① 據胡德琳刻《蒿庵集》序中所説：“其未刻如《春秋傳議》《老子説略》諸書，我知當有好事者共完此願力焉。”《蒿庵集》刻於乾隆三十八年，從此序知，乾隆三十八年前胡德琳未見到此書的刻本。又據道光十八年濟陽儒學刻本《老子説略》二卷，封面題：“道光十八年新鐫，濟陽儒學藏板。”卷末有：“曲阜孔繼銃、靈海宋衢刊校。”可知，孔繼銃確實在乾隆年間刻過《老子説略》，刻書時間當在乾隆三十八年後。《四庫全書》本依據的是編修周永年家藏本，聯繫孔繼銃同輩孔繼涵與四庫館臣戴震、周永年非同尋常的關係，推測《四庫全書》本即孔繼銃本。現此本已不傳，《善目》僅收光緒孔氏嶽雪樓鈔本。據此可知孔繼銃本是《老子説略》的第一個版本，具有重要價值。

（14）孔廣廉

孔子第七十代孫中，究心學問最著者爲孔廣森，而其書多由從弟廣廉與子昭虔刻成。

孔廣森（1753—1786），一字撝約，號顨軒，繼汾子。乾隆三十六年進士，改翰林院庶吉士，散館，授檢討。性淡泊，耽於著述。以養親告歸，遂不復出。因祖母及父喪，哀傷而卒。廣森嘗從戴震、姚鼐受經學。經史小學，無不深研，尤精《公羊春秋》，多獨到之見。擅駢文，論者以爲兼有漢魏六朝初唐之勝。著有《顨軒孔氏所著書》，由從弟廣廉與廣森子昭虔刻成，時廣森已去世近三十年。

---

①孫殿起：《販書偶記續編》，上海古籍出版社 1992 年版，第 362 頁。

書前有八十五歲的翁方綱嘉慶二十二年總序,有總目録。封面題書名卷數及"第某種",版心中刻"㢸軒孔氏所著書某"。十行二十字,小字雙行二十字,上黑口,下白口,左右雙邊,單魚尾。

①《春秋公羊經傳通義》十一卷、《叙》一卷,清嘉慶十七年曲阜孔廣廉刻本。

孔廣廉《校栞春秋公羊通義叙略》:"廣廉手校,録付槧人。以歲在壬申夏五月鳩工,冬十一月蕆事,蓋至是而夙願克償矣……丙午冬,將返道山之前數夕,語廣廉曰:'余生平所述詎逮古人,《公羊》一編,差堪自信。'(囑廣廉爲之刊行)昔已版行者,則有《大戴禮記》《詩聲類》二書……嘉慶十七年廣廉静吾氏識。"

孔廣廉爲孔繼涑子,堂號爲"謙益堂"。孔廣森爲其從兄,堂號爲"儀鄭堂"。十行二十字,小字雙行二十字,黑口,左右雙邊,雙順黑魚尾。字體端莊,一絲不苟。

②《大戴禮記補注》十三卷、《序録》一卷,清乾隆五十九年曲阜孔廣廉刻本。

卷末有"乾隆甲寅弟廣廉校刊"。阮元序:"顧自漢至今,惟北周盧僕射爲之注,且未能精備。自是以來,章句溷淆,古字多舛,良可慨歎。近時戴東原編修、盧紹弓學士相繼校訂,蹊徑略辟。曲阜孔檢討㢸軒乃博稽群書,參會衆説,爲注十三卷,使二千餘年古經傳復明白於世,用力勤而爲功鉅矣。元從檢討之嗣昭虔得觀是書,檢討之弟廣廉乃以乾隆五十九年春付刻,因爲之序。"行款同上。

③《詩聲類》十二卷、《聲類分例》一卷,清乾隆五十七年曲阜孔廣廉謙益堂刻本。

封面除"第三種"之外,尚有"謙益堂栞,儀鄭堂藏"。知此書爲孔廣廉謙益堂刻,孔廣森儀鄭堂藏。卷末有"乾隆五十七年壬子仲冬弟廣廉校刊"。行款同上。

有孔廣森自序:"即《唐韻》以爲柢,指《毛詩》以爲正,竊取李登《聲類》之名以名是編,其分例則詳考《毛詩》用韻之法,凡通例十,别例十三,雜例四,舉式百有三十,蓋所以祛宋人叶韻之蔽也。”

以上三種爲乾隆時孔廣廉刻本,以下四種爲孔廣森之子孔昭虔嘉慶十七年至十九年間刻。昭虔(1755—1836),字元敬,號荃溪,嘉慶六年辛酉恩科進士,授翰林院編修,官至貴州布政使,誥授通奉大夫。

④《禮學卮言》六卷,清嘉慶十八年曲阜孔廣森之子孔昭虔刻本。

卷端題:“曲阜孔廣森衆仲。”封面除“第四種”之外,尚有“儀鄭堂藏”。知爲孔廣森之子孔昭虔家刻,藏版家中。卷末有“嘉慶十八年孟春男昭虔恭校”。行款同上。

《山東通志·藝文志》評價曰:“其説禘郊、廟制,皆申鄭義;五門,則據《毛詩》以駁先後鄭之誤;《鄭注蒙案》,則取鄭注之以漢法況周事者,旁引史籍以申證之,足補王、惠二家之闕。”

⑤《經學卮言》六卷,清嘉慶十八年曲阜孔廣森之子孔昭虔刻本。

卷端題:“曲阜孔廣森撝約。”封面除“第五種”之外,尚有“儀鄭堂藏”。卷末有“嘉慶癸酉孟秋男昭虔恭校”。行款同上。

⑥《少廣正負術内外篇》六卷,清嘉慶十九年曲阜孔廣森之子孔昭虔刻本。

封面除“第六種”之外,尚有“儀鄭堂藏”。卷末署“嘉慶甲戌孟秋男昭虔恭校”。

⑦《駢儷文》三卷,清嘉慶十七年曲阜孔廣森之子孔昭虔刻本。

卷端題:“闕里孔廣森顨軒。”封面除“第七種”之外,尚有“儀鄭堂藏”。卷末署“嘉慶壬申仲冬男昭虔恭校”。

卷一賦、頌、摺子、呈文、書札,共十四首。卷二序、記,共十四首。卷三書後、論、連珠、誄、哀辭、祭文,共二十一首。

此書乾隆五十二年由孔廣森之甥新安朱文翰刻過。有孫星衍《儀鄭堂遺稿原序》云:"㢑軒美風儀,與之處,終日無鄙言。爲《三禮》及《公羊春秋》之學,或自道其所得,超悟絶人。又能作篆、隸書。……嘗見寄其甥朱滄湄舍人書,暢論宗旨……今舍人恬淡好學,覽所爲文,亦酷似其舅,感逝傷懷,乃取向所寄文,先刊以問世,且將續求全槀。余稍知㢑軒者,故爲述刻文之由,並慰舍人西州之痛云。"全椒吴鼒原刻《儀鄭堂遺稿題詞》云:"余因洪君汝登識太史,又與其甥朱滄湄比部訂交里中。比部刻其文,纔十餘篇。余仍其名曰《儀鄭堂遺稿》,哀比部之志也。"

孔廣森出身世家大族,嘗受經戴震、姚鼐之門,考中進士入庶吉士館之後,又得到時任教習莊存與的指點。因此,其治經既沿襲了漢學重視訓詁考證的途徑,又不廢經書的微言大義。在精研群經的同時,尤致力於春秋公羊學的研究。其《春秋公羊經傳通義》爲清代首部《公羊》新疏,奠定了他清代公羊學復興的先驅人物的地位。在《春秋公羊經傳通義》一書中,孔廣森從訓詁考據的角度,提出了諸多與何休不同的見解。由於孔廣森是一個漢學家,因此他以樸學方法研治《公羊》,不乏平實之處。但孔廣森並不是一個合格的公羊學者,其《公羊春秋經傳通義》也並未能真正接續公羊學的傳統,闡發何休的總結。但是,孔廣森畢竟注意到了發明《春秋》大義的漢代今文經學大師,並試圖直接漢代公羊學的統緒,這在清代今文經學發軔之初,無疑對後起的學者起到了開啓先路的作用。可以説,清代今文經學的復興,莊存與倡之於前,孔廣森、莊述祖繼之於後,至劉逢禄更大張其軍。孔廣森起到了承前啓後的作用。

《大戴禮記》在宋代有十四經之稱,僅宋代就有傅崧卿、楊簡、王應麟諸家研治,清代有汪照、汪中、戴震、王聘珍、孔廣森諸家踵武深究。而後又有孫詒讓、王樹柟進一步校補,使其研究日臻完善。《大戴禮記》通注全書者,清代孔廣森的《大戴禮記補注》和王聘珍的《大戴禮記解詁》最爲著名。清末民初孫詒讓的《大戴禮記補》以爲孔氏《補注》最爲善本。梁啟超《要籍解題及其讀法》:"《大戴禮記》因傳習夙稀,舊無善注,且訛誤滋多。清儒盧文弨、戴震先後校勘,始漸可讀。孔廣森《大戴禮記補注》,汪照《大戴禮記補注》,皆良著也。"①

(15)孔廣林

孔繼汾另一子爲孔廣林,字叢伯,號幼髯,廩貢生。專攻鄭學,頗有成就。著有《儀禮肊測》十七卷《叙録》一卷、《儀禮士冠禮箋》一卷、《禘祫觿解篇》一卷、《明堂億》一卷、《吉凶服名用篇》八卷《叙録》一卷、《通德遺書所見録》七十二卷、《北海經學七録》八卷、《説經五稾》三十六卷附《説經未竟稾》一卷等。

孔廣林《北海經學七録》八卷,清乾隆三十九年自刻本。

廣林《通德遺書所見録》後記云:"讀注疏、諸史及前代名人著述,凡有鄭君義訓,見即各依其所著書類録之。歲在甲午,輯《易注》《書注》《駁異義》《箴膏肓》《發墨守》《釋廢疾》《鄭志》爲《北海經學七録》。"光緒十二年丙戌孔憲琴跋云:"伯祖叢伯公著有《北海經學七録》,刊自乾隆甲午,迄今百有餘年,海内窮經之士時有來刷印者,皆因書板殘缺,未暇補刻,是以世少全書。今年秋,憲琦弟、慶元、慶豫兩姪商之於予,檢家藏舊本而修整之,以廣流傳。"

《續修四庫提要》著録:"是本刊於乾隆三十九年,庫本頒行,尚在其後,而館臣乃未見是本取以相校,甚屬可怪。"王重民《中國

①梁啟超:《國學要籍研讀法四種》,北京圖書館出版社 2008 年版。

善本書提要》著録清乾隆間刻本,曰:“卷内題‘乾隆甲午古俊樓校刊’……抱經《致蒹谷書》云:‘令侄叢伯所輯《鄭誌》,極佳,在諸本中最有條理,且點畫亦致不苟,幾與相臺岳氏所刻諸經相伯仲。’”《嘉業堂讀書記》著録校刻本,云:“此本爲先生自刻,抱經手校,精美莫比,破例收之。”

(16)孔廣衡

孔廣林撰《周官臆測》六卷、《叙録》一卷,清曲阜孔廣衡刻本。

廣林自序云:“乾隆甲午,家大人將校《十三經》定本刊藏敦本家塾。先勘梓《周官經》。廣林承命校讎,於訂正訛脱外,更參考義訓,有疑者竊以己意測之。”廣衡乃孔繼史之子,字季平,署洙泗書院學録。

(17)孔廣牧

孔子第七十代孫中除了孔廣廉、孔廣森、孔廣林、孔廣衡,刻書者還有孔廣牧。

孔廣牧,孔繼鑅之子,字力堂,蔭知縣。遊寶應成孺之門。著有《先聖生卒年月日考》《禮記天算釋》。前一種爲合肥蒯翰卿所刊,後一種爲歸安姚彦士刊,均在廣牧去世後。《漢石經殘字證異》一卷刻在《先聖生卒年月日考》之後,不知何人所刻。

孔廣牧爲其父刻書三種。《心嚮往齋用陶韻詩》二卷、《壬癸詩録》一卷、《於南詩録》二卷,清孔繼鑅撰,清道光二十九年至咸豐六年曲阜孔廣牧刻本。

《心嚮往齋用陶韻詩》,版心魚尾上題“心嚮往齋詩集”,下題“用陶韻詩”,分上、下二卷。前有繡水王相序、儀徵吴廷颺題識、《心嚮往齋用陶韻詩目録》及孔繼鑅自識,内署“曲阜孔繼鑅宥函”。十行二十一字,白口,左右雙邊。

《壬癸詩録》咸豐四年刻,無目録。九行二十一字,白口,四周雙邊,魚尾上亦題“心嚮往齋詩集”,下題“壬癸詩録”。卷端題:

“曲阜孔繼鑅宥函。”前有甘泉李肇增序。其《心嚮往齋集》卷八壬子注云:“是年至癸丑詩爲《壬癸詩録》,已刻板,毀於兵。”其作品悉見《心嚮往齋集》。

《於南詩録》刻於咸豐六年,九行二十一字,白口,四周雙邊,魚尾上亦題“心嚮往齋詩集”,下鐫“於南詩録”,上、下二卷。前有寶應成蓉鏡序。卷端題:“曲阜孔繼鑅。”

據王紹曾先生《略談山東刻書及其在文化史上的作用》①一文,此書由吴熙載手書上版,以精妙見稱。

(18)孔昭薰

孔子第七十一代孫中,孔昭薰刻書最多。(孔昭虔刻書前已有述)

昭薰字惠如,號琴南,衍聖公孔廣棨次子,孔繼涑長孫。嘉慶十八年舉人,襲封翰林院五經博士,任臨邑縣訓導。嗜古工詩,好金石學。著有《貯雲詞》《柳村詩》《丙申北遊詩詞小草》《綬藤吟舫詞》,編有《闕里孔氏詞抄》《至聖林廟碑目》。

①《菰中隨筆》一卷,清顧炎武撰,清嘉慶、道光間曲阜孔昭薰刻本。

此書主要包括對《晉書》《宋書》《南史》《路史》《新唐書》《舊唐書》《宋史》諸史書的評論,以及對歷代官選、取士、職官、官制的記載。另有讀書劄記,對了解明末歷史不無裨益,卷末有明列輔起家考、抄書八弊。

卷端題:“東吴顧炎武亭林著。”末署:“後學闕里孔昭薰校刊。”

前有康熙二十九年庚午仲秋之月何焯識:“(炎武)身歿後,遺書悉歸於東海相國,然不知愛惜,或爲人取去。此《菰中隨筆》一

①王紹曾:《目録版本校勘學論集》,上海古籍出版社2005年版,第627頁。

册,余於友人案間得之,視如天球大圖。時一省覽,以警惰偷,南北奔走,未嘗不一自隨也。"

據何焯序,孔昭薰刻本(玉虹樓本)的來源,是東海相國之本。山西大學李雪梅女士在《顧炎武〈菰中隨筆〉版本考》①中考證,此東海相國爲徐元文。玉虹樓刻本的價值在於,此本是此書的第一個刻本,後來的道光十二年長白鄂山本、光緒十一年吴縣孫谿槐廬家塾本、道光二十五年番禺潘士成刻《海山仙館叢書》本、光緒十一年吴縣朱記榮刻《顧亭林先生遺書補遺》本、光緒崇仁華焯刻《海粟樓叢書》以及民國二十四年商務印書館排印《叢書集成初編》本,皆本自玉虹樓本。

此書有作乾隆間孔昭薰刻本者,時孔昭薰應相當年輕。

九行二十字,黑口,左右雙邊,無魚尾。字體端正。

②《綬藤吟舫詞》一卷,清孔昭薰撰,清道光十五年曲阜孔昭薰刻本。

九行二十一字,黑口,四周單邊,雙魚尾。

③《丙申北遊詩詞小草》,清孔昭薰撰,清道光十六年曲阜孔昭薰刻本。

④《柳村詩》二卷,清孔昭薰撰,清道光十六年至十八年間曲阜孔昭薰刻本。

《山東通志·藝文志》曰:"昭薰所填詞,素極知名,詩則流傳極少,此册僅百數十首,雖非全帙,然亦至可珍也。"

⑤《貯雲詞》三卷,清孔昭薰撰,清道光十八年曲阜孔昭薰刻本。係其詞作的彙刻本。

孔昭薰在編刊《闕里孔氏詞鈔》四卷後,又由憲彝從《貯雲詞》

①李雪梅:《顧炎武〈菰中隨筆〉版本考》,載《山西大學學報》2004 年第 24 卷第 2 期。

中選録四十首爲第五卷,附於後。

⑥《至聖林廟碑目》六卷,清孔昭薰、孔憲庚編,清道光十八年曲阜孔昭薰刻本。

憲庚字和叔,號經之,孔子七十二代孫,道光二十九年己酉拔貢。

卷端題:"孔子七十一代孫昭薰率侄憲庚謹編。"卷尾有"道光十八年仲冬曲阜鄭憲銓謹校"一行。十行二十二字,所收碑刻凡五百九十餘石。

前有孔慶鎔序,後有孔繁灝跋。孔慶鎔序云:"琴南族祖,久躓春官,近年退居柳村,以博考旁稽爲己任。今春搜得漢周府君碑額殘石、唐御贊石、宋時族祖諱勖公祝文、諱道輔公祭文,俱移置同文門下。繼於廟中隙地掘得宋、金、元、明人書百廿餘石,龕諸碑院,作記志之。因復偕經之族叔遍訪林廟諸石,編爲《至聖林廟碑目》一書。首御製,尊君也。次林廟、聖蹟及大宗墓碑、歷代宗派碑,尊祖故敬宗也。又次林碑、廟碑,均以時代爲先後,依金石例也。是編也,西漢刻石三,東漢刻石十有二。惟漢竹葉碑,雖《金石萃編》謂已移入廟内,實猶在顔氏樂圃。漢二石人字亦在瞿相圃中,惜皆未能編入。至魏以下碑碣不可勝計,而獨無晉刻。琴南族祖近得明人集王右軍字詩刻二,存於碑院,雖非兩晉舊物,其爲晉字則一也","時琴南族祖方刊《柳村詩》《貯雲詞》,亟勸並付剞劂氏,爰述梗概如此"。知《柳村詩》已刻。孔繁灝跋,稱此前録林、廟碑者,雖有《闕里文獻考》《山左金石録》,但前者搜羅不全,後者迄於元代,本《目》可補二者所缺:"實指其石所在之地,俾得據書氈拓,以傳信後世,其有功於林廟,豈淺鮮哉。"

⑦《闕里孔氏詞鈔》五卷,清孔昭薰、孔昭蒸輯,清道光十九年曲阜孔昭薰刻本。

昭蒸,昭薰弟,字仲侯,號雲村,候選縣丞。

卷端題:"長洲陶樑鑒定,鎮洋沈宗約參校,曲阜孔昭薰編録。"第五卷末祇署:"曲阜孔昭薰編録。"因此卷僅爲孔昭薰所作詞。

前有道光十八年戊戌之冬陶樑序,是年冬孔慶鎔序,稱孔昭薰博學嗜古,九上春官不第,乃澹懷仕進,閉户著書,尤性好倚聲,深得宋人風趣。是年冬孔昭薰《例言》及《目録》。

書載清朝十八家,閨秀二家,列孔傳鐸爲首,其餘以輩次排序。卷一爲孔傳鐸,卷二爲孔尚任、孔衍栻、孔毓埏,卷三爲孔傳商、孔傳中、孔傳鉞、孔繼汾、孔繼涑、孔繼涵、孔廣根、孔廣廉,卷四爲孔昭虔、孔昭恢、孔昭煊、孔昭芬、孔憲堃、孔蘭生、顔氏。

書末有孔憲彝道光十九年己亥八月識語,云:"從叔琴南先生手輯《闕里孔氏詞抄》四卷,校刊甫竣,先生遽歸道山。雲村從叔既抱手足之痛,復念先生平生精力盡於此《抄》,而詞學尤其所夙嗜。欲以所著《貯雲詞》附全《抄》後,以傳永久,爰命憲彝選録遺稿四十首爲第五卷,刊板藏於玉虹樓,並屬誌緣起如此。"知此書爲孔昭薰刻前四卷,侄孔憲彝刻第五卷。

九行二十一字,黑口,左右雙邊,雙黑魚尾。宋體字,刻較精。

(19)孔昭燦

孔子七十一代孫孔昭燦,字焕章,孔廣根之子,孔繼涵之孫,監生。爲其父刻書兩種。

①《秋蓼山房詩稿》二卷、《補遺》一卷,清孔廣根撰,清道光二十六年曲阜孔廣根之子孔昭燦刻本。

廣根字心仲,號小莊,繼涵子,世襲六品官。

卷端題:"闕里孔廣根心仲。"前有楊以增道光二十六年丙午序,黄文暘、金望欣序。後有王寬、孔傳鉞、趙帥、吴慈鶴、徐祖錫等人跋文及題詩。

七行二十一字,白口,四周雙邊,無魚尾。

②《秋蓼山房詞稿》一卷,清孔廣根撰,清道光二十六年曲阜孔廣根之子孔昭燦刻本。

卷端題:"闕里孔廣根心仲。"前有道光二十五年乙巳全椒金望欣序。行款同上,無目録,不分卷。

(20)孔昭傑

孔子七十一代孫孔昭傑(1780—1852),初名昭辰,字漢瞻,號俊峰,恩貢生,嘉慶六年舉鄉魁,曾任鹽城知縣。五十餘歲辭官,屢主東昌、衛輝、保定書院,倡率實學。著有《學庸指掌》《論語集注》《孟子摘要》《拜經書屋文稿·詩餘》《孤燈吟草》等,刻書五種。

①《大學指掌》一卷、《中庸指掌》三卷,清孔昭傑撰,清嘉慶十三年曲阜孔昭傑刻本。

此書《山東通志·藝文志》作三卷,《孔考》作四卷①。有昭傑自誌云:"博取衆説,折衷舊聞,集其淺而易明、簡而尤要者,分疏櫛比,鈔録成卷,以爲家塾講貫之資。越兩月而稿成,名之曰《學庸指掌》。"據《販記》著録,此書又有道光六年闕里孔氏刻巾箱本②。

②《觀海集》一卷,清孔廣權撰,清道光曲阜孔昭傑刻本。

廣權字中之,别號蘅浦,繼涵子,嘉慶三年戊午恩貢,候選州判。

孔昭傑序云:"蘅浦從叔於甲申歲訪荃溪從兄,於臺灣監司署中小住數月,得詩一卷,題曰《觀海集》,皆海外作也。叔性情恬淡,不樂仕進,航海歸來,杜門十載,惟以詩酒自娱。所著《愛蓮書屋詩集》十餘卷,姚實甫觀察序其簡端,極爲推服。顧自謙抑,未嘗以一字付剞劂氏。今年冬,值叔七豑初度,傑無以志祝,爰校録

①周洪才:《孔子故里著述考》,齊魯書社2004年版,第98頁。
②孫殿起:《販書偶記》,上海古籍出版社1992年版,第50頁。

是集，壽之梨棗，俾海内願讀叔詩者共欣賞之。異日全集刊成，當以此集爲濫觴云。”是昭傑所刻無疑。

③《拜經書屋文稿》不分卷，清孔昭傑撰，清道光十四年曲阜孔昭傑刻本。

《山東通志·藝文志》曰：“是編道光甲午刊，見《知非録》。”

④《孤燈吟草》一卷，清孔昭傑撰，清道光十四年曲阜孔昭傑刻本。

《山東通志·藝文志》曰：“亦道光甲午刊，見《知非録》。又其子憲階等注云：‘府君自先母去世，常有哀感之作，都爲一卷，名《孤燈吟草》。’”

⑤《知非録》一卷，一名《孔俊峰先生知非録》，清孔昭傑撰，清孔憲階等注，清咸豐二年曲阜孔氏家刻本。

卷端題：“闕里孔昭傑俊峰編，男憲階、憲彝、憲庚仝謹注。”前有昭傑自叙：“行年六十，顧念生平，有感於伯玉知非之語，爰著是録。編年紀事，詞達而已。”末有憲階等跋。

書内自記應試、仕歷及家事，於鹽務所記較多。自乾隆庚子一歲叙起，至壬子七十三歲止，距昭傑去世僅一個月。故可能爲其自刻，亦可能爲其子憲彝等刻。

十行二十字，小字雙行二十字，白口，四周雙邊，單魚尾。

(21)孔昭恢

孔子七十一代孫孔昭恢(1782—1830)，字景度，號鴻軒，廣栻子，嘉慶十五年庚午舉人，候選布政司理問。有《春及園蟲鳴草》四卷，清道光二十五年刻本。“春及園”乃其别墅。有杜受田序。此書係其去世後所刻，故爲孔氏家刻本。

(22)孔昭焜

孔子七十一代孫昭焜字石藻，號堇生，繼涵孫，嘉慶十八年癸酉舉人，道光四年署蓬溪知縣。《山東通志·藝文志》著録有《利於不息齋集》四册。並引《筆諫堂書目》載是集云:"詩三卷,文無卷數。"《孔考》著録有《利於不息齋集》四卷、《利於不息齋初集詩》四卷《文》不分卷、《利於不息齋初集詩賦》五卷《文》一卷、《制藝》一卷、《食我實館吟稿》三卷。① 據《清人詩文集總目提要》中國科學院圖書館藏本,知孔昭焜有賦五篇,名爲《卻掃山巢集》;有古今體詩三卷,名《食我實館吟稿》;有古文五十餘篇,即《利於不息齋文》一卷。另有《制藝》一卷。以上均爲道光刻本。

(23)孔昭任

孔子七十一代孫孔昭任(1790—1847),字仁圃,號芝耘,洙泗書院學録、誥贈朝議大夫廣衡長子,在孔府中屬敦本支。嘉慶二十一年舉於鄉,道光十五年筮仕西粤,二十二年冬解組歸田。

孔昭任先著有《出山小草》一卷,單行,後昭任將所著彙爲《慎獨齋存稿》四卷,《出山小草》爲第二編。卷端題:"闕里孔昭任。"另有三種爲《家塾勸誡》《五管鴻泥》《蓋篋蠹餘》,各爲一編。九行十九字,白口,四周雙邊。《五管鴻泥》題"猛陵長孔昭任輯"。《勸誡》十八則有昭任序,此書作於道光二十二年歸田後,故《慎獨齋存稿》當刻於道光二十二年之後。

(24)孔昭幹、孔昭禮

據《孔考》著録,由孔昭壐編集、孔昭璠參訂的《增補孔庭摘要》不分卷,於光緒二十三年由曲阜孔昭幹、孔昭禮校刻而成。②

昭壐字文符,一字寶臣,號壽昌,別號寶文主人,增生,洙泗書院學録。昭璠字魯珍,增生,執事府七品官。

封面題書名:"世澤堂孔庭摘要。"卷端題:"四氏學優增生兼洙泗書院學録昭壐編集,四氏學優增生兼執事府七品官昭璠參

①周洪才:《孔子故里著述考》,齊魯書社 2004 年版,第 551 ~ 553 頁。
②周洪才:《孔子故里著述考》,齊魯書社 2004 年版,第 208 頁。

訂。”書前有孔昭謹光緒二十三年《序》及衍聖公孔令貽題詩，並冠孔子行教像於首。末有諸城尹彭壽題詩。書内計有四十餘目。昭謹序曰：“昭謹先太高祖學易公，纂修《摘要》。至我輩二百餘載，未及增補此卷，而棗梨裂缺，模糊益甚。若不亟爲修補，恐久不能永存。……先輩舊纂《摘要》，其書在國初，間有缺略，而本朝則未載。我弟文符任家學，課士之暇，同兄魯珍增删是書。缺者補之，略者詳之。而我朝盛典，特加詳焉。將付剞劂，問序於余。”九行二十字。

(25)孔憲彝

孔子第七十二代孫中，孔憲彝刻書最多。

孔憲彝(1808—1863)，字敘仲，號繡山，一號秀珊，昭傑子。道光十七年舉人，官内閣中書。道光二十三年，主講東昌書院。道光二十五年，四黜於禮部試。咸豐四年在京師。早歲能詩，年二十即以詩名。生平愛讀韓文，稱其齋曰“韓齋”。在京城時，與清代耆宿魏源、曾國藩、何紹基、蘇廷魁、彭蘊章等人過從甚密，常在一起研究學問，探討問題，因之博學多才。除擅長詩詞外，還喜繪畫、篆刻，畫蘭最精，海内外人士争相購存。著有《對嶽樓詩録》《對嶽詩續録》《韓齋文集》《挐雲館還鄉草》，編有《曲阜詩鈔》《孔氏詩鈔》等。

①《挐雲館詩草》一卷(又名《還鄉草》)，清孔憲彝撰，清道光十四年曲阜孔憲彝、朱璵刻本。

卷端題：“闕里孔憲彝敘仲。”

盛大士序：“甲午，(憲彝)應試歸曲阜，但舅氏入闈監試，循例迴避，復來淮……積詩數卷，無剞劂資，其夫人朱葆瑛女史出簪珥以供梨棗，因先刊歸里近作如干首。”朱葆瑛，朱璵字，一字小莧，憲彝繼室，海鹽人，内閣學士兼禮部侍郎朱方增次女。此書係朱氏出妝飾之資刊刻。

道光十四年孔憲彝後跋："（在淮）窮居匝月，益復牢落。内子恐余之愁苦，思有以相慰者。因見盛先生手定余《還鄉集》，極推許，遂請質釵刊之，且曰：'白於先生何如？'余不能卻，遂告情於先生，先生亟稱曰'可'，遂爲之序而刊之……因録若干首付諸梓人。"

十行二十一字，黑口，左右雙邊，單黑魚尾，無直格，板框上小字四字。雖無資財，但刻印精美。

②《晚學集》八卷、《未谷詩集》四卷，清桂馥撰，清道光二十一年曲阜孔憲彝刻本。

《晚學集》八卷，卷一爲論、考六篇，卷二爲説、辨六篇，卷三爲題跋、書後九篇，卷四、五爲書後、書事二十三篇，卷六爲書劄十一通，卷七爲序、記、傳十五篇，卷八爲志銘、墓表、頌、祭文十一篇。

首有道光二十一年孔繁灝序，乾隆五十九年儀徵阮元序，憲彝道光二十一年序曰："今年夏，余編邑人詩，徵桂未谷先生集於其孫樸堂（按：桂顯忱字樸堂）茂才，樸堂自兖州輦若干卷來眎余，且曰：'某家貧，先世著作多未授梓，抱憾數十年，今某老且無子，懼弗能終守矣。'言已泣下。余聞之惻然，受而讀之，凡《説文義證》五十卷、《札樸》十卷、《繆篆分韻》五卷、《晚學集》三卷、《詩集》四册。（按：《札樸》刻於山陰，《繆篆》刻於京師，均已行世。）《説文》則屢議授梓而未果，然海内藏書家多有副本。惟《晚學集》爲先生未定之書，手自涂乙，幾不可辨。余感樸堂言，爰爲悉心讎對，其見於他人集者，爲補入。間有舛誤重出者，略加勘正，附注篇末，釐爲八卷。復得諸公樂善恐後，或任校訂，或輸資助刻。……至於詩歌，雖爲先生餘事，亦足以見先生之真性情，余既選若干首入《曲阜詩鈔》，復依原本卷次附《晚學集》後，梓以行世。……道光歲在重光赤奮若壯月同里後學孔憲彝書於韓齋。"

有《助刻姓氏》：徐宗幹、王大淮、孫觀、尹肇榮、范承願、尹肇秀、孔憲舉、沈松、沈宗約、張鑾、王大堉、王致遠、朱奉采、孔繼堋、孔繼言、孔繼壎、孔廣權、孔廣電、孔昭煌、孔昭蒸、孔昭藎、孔憲堉、孔憲臻、孔憲階、孔憲恭、孔慶銈、孔慶琛、孔繁洙、顔振吉、顔士銀、顔士鋆、顔錫寬、孟廣均、徐縉文、張亨甫、梁恢晉、司殿傑、蔣繼珠、孫肇湘、孫玉堂。

桂馥孫桂顯忱道光二十一年識語："《晚學集》八卷、《詩集》四卷，先祖永平公手著。顯忱謹藏之篋中數十年，以家貧不能授梓。每覽遺編，輒自愧恧。今年夏，孔繡山先生憲彝選吾邑詩，介學師戟門尹公肇桀以書來徵先祖遺集。顯忱輦集走謁，極承古誼，許爲倡助鳩工。昨得手書，知已釀資開雕，且爲編次補訂，悉臻完善。復同沈鶴平宗約、孔楓溪憲墀、璧符憲琮、涇石憲璜、蒨華憲恭、經之憲庚、菊農慶銈諸先生，共相校正，不遺餘力。顯忱竊念先祖積學晚達，名列儒林，所著《札樸》《繆篆分韻》諸書，均已鏤版，爲藝苑所爭購。《説文義證》一書雖未付剞劂，而藏書家多有抄本，惟此集無副，今獲壽之梨棗，得以傳播海内，非諸公表章之功，曷克及此？"

此書爲孔憲彝從桂顯忱家藏稿本録出校刊。據《孔考》，此書有四個版本：一是乾隆五十九年刻本，二是嘉慶元年劉文炳刻本，三是道光十二年山東程氏刻本，四是道光二十一年孔憲彝刻本。前三本均未見，應係著録錯誤。乾隆五十九年刻本來自於阮元的序。劉文炳係曲阜著名刻工，他的名字並不代表他是刻書投資人，道光二十一年孔氏刻《未谷詩集》後有劉文炳的名字，大概來源於此。另一嘉慶元年刻本的依據，不得而知。據《善目》，此書的刻本也衹有孔氏本一個，其他三種均未見。

孔憲彝《曲阜詩鈔》云："余刻其《晚學集》附詩於後，以質海内云。"桂馥詩即《未谷詩集》，四卷各有題名，卷一爲《東萊草》，卷二爲《老菭賸稿》，卷三爲《行笈草》，卷四爲《南征草》，共輯詩三百一十餘首。前有乾隆六十年乙卯仁和馬履泰書於濼源講舍。同里顔崇槼《序》云:“吾所見未谷詩二、三百首,雖不盡可存,而一時興到,往往如初寫蘭亭,乃不可收拾,隨手散去,可惜也。未谷於壬子歲遊東萊,得詩若干首,其孫手録一册,竊自藏弆。閲四年,馬秋藥比部見而序之,是則未谷之詩最完整者矣。因念未谷與吾唱酬舊作,其稿多在吾處,他日搜索篋衍,别爲編次,付與其孫,於未谷庶無所負,但吾亦不自收拾者,又安知未谷之稿不隨吾之稿散而不可追乎?”

卷四末一行署“曲阜劉文炳刻字”。劉文炳,道光時曲阜名刻工。

兩書皆十行二十一字,小字雙行二十一字,黑口,左右雙邊,單黑魚尾。字體端正。

③《闕里孔氏詩鈔》十四卷,清孔憲彝輯,清道光二十二年曲阜孔氏刻本。

此書衹收自清初至道光間孔氏詩。

卷端題:“鎮洋盛大士選訂,曲阜孔憲彝纂輯。”《凡例》後署:“道光十六年春孔子七十二代孫孔憲彝謹書。”末署:“曲阜劉文炳鐫。”函套題簽:“闕里孔氏詩鈔,日照許瀚署檢。”

有阮元《序》:“道光十八年春,繡山先生以稿本見示,將付梓人,屬序其事……揚州阮元書於京邸節性齋,時年七十有五。”海鹽朱錦琮《序》:“道光二十年,余守東郡,延曲阜孔孝廉憲彝主講啓文書院。暇日過從,以手訂《孔氏詩鈔》,屬余序。”鎮洋盛大士《序》:“闕里孔君憲彝嘗手録《孔氏詩鈔》,自曲阜寓書淮上,屬爲選訂,將付剞劂。”孔慶鎔《序》:“繡山從叔留心文獻,精於寫詩,今年春以所輯《闕里孔氏詩鈔》屬序於余……且亟勸付梓以壽世云。道光十六年歲次丙申孟夏之月孔子七十三代孫主鬯慶鎔謹序。”孔繁灝《後序》:“繡山族祖手編我孔氏詩,斷自已往,得百餘家,選録若干首,釐爲十四卷。削稿既定,先君爲序卷首,勸其授梓,以事未果。今年秋,復出稿本見示,繁灝受而讀之,則較前又增數家,而先君遺詩已登入矣……道光辛丑秋八月孔子七十四代孫主鬯繁灝謹序於安懷堂。"

此書雖非衍聖公編輯,但受兩代衍聖公關注,相繼作序,可見此書的刊刻對於孔氏家族的意義非同一般。此書與孔昭薰、孔昭蒸輯《闕里孔氏詞鈔》五卷並行,爲孔氏家族詩詞的彙集,集中展現了孔氏在文學上的成就。

十行二十一字,黑口,左右雙邊,單黑魚尾。字體端正,刻印精細,家刻精品。

④《曲阜詩鈔》八卷,清孔憲彝輯,清孔憲庚參校,清道光二十三年曲阜孔氏刻本。

封面題:"道光廿三年三月,日照許瀚題。"卷端題:"曲阜詩鈔卷第一,曲阜孔憲彝纂輯,弟憲庚參校。"卷八末下署:"曲阜劉文炳鐫。"刻工與行款皆與上條同。

黄爵滋《序》:"生既編《闕里孔氏詩》,因念曲阜世家,孔氏而外,顔氏最著,次則東野氏,其他如魏氏、賈氏、陳氏、黄氏、桂氏、王氏、毛氏皆盛於時,復輯爲此書八卷,共五十一人……道光壬寅三月六日宜黄友人黄爵滋序。"鄭憲銓《後序》:"余表弟孔繡山同學,鋭意著述,留心文獻,嘗編輯《闕里孔氏詩鈔》十四卷,既寓誦芬之意,兼深闡幽之旨……又編《曲阜詩鈔》八卷,得五十一人,計十一姓……道光二十三年癸卯正月望日鄭憲銓子斌謹書。"憲彝自序曰:"爰搜訪故實,葺《曲阜詩抄》八卷,自孔氏外皆歸是《抄》。較《山左詩抄》所載曲阜諸家,人則倍之,特加詳焉。且仿《武定詩抄》之例,人繫以傳,誌其遺言軼事。其倫次先後,以行輩年齒定之,不以科第斷。"孔憲庚《跋》:"《曲阜詩鈔》八卷,得詩五百六十餘首,仲兄之所編輯,而余與參校者也……是鈔凡十一姓,有因流寓而占籍者六人，計五十一人。方氏一人，則刊板時續入者，故與原序不合云。道光癸卯夏五曲阜孔憲庚跋於十三經閣。”知所收實五十二人。道光二十二年梅曾亮《書後》。

⑤《小蓮花室圖卷題辭》五卷，清孔憲彝編，《小蓮花室遺稿》二卷，清朱璵撰，清道光二十五年曲阜孔憲彝刻本。①

據《歷代婦女著作考》，《小蓮花室遺稿》前有朱璵兄昌頤及葉俊傑序，弟憲恭評跋，王大堉、兄辰煦、閨秀施綺題辭，徐比玉後序及輓詩、墓誌銘、傳、傳略、誄辭、事略等一卷附於後。

⑥《尺五莊餞春詩薈》一卷、《題辭》一卷，清孔憲彝編，清道光二十七年曲阜孔憲彝京師刻本。

《續修四庫提要》云：“尺五莊者，居京師右安門外，爲士大夫觴詠之所。當道光庚子之時，憲彝於尺五莊爲餞春之會，一時名流畢集，相與飲酒賦詩，既而憲彝彙集諸家之詩，總爲一集，分與會之詩及題辭爲二卷。各自起訖，不相雜廁，即是書也。”

首有憲彝自序。咸豐七年刻《對嶽樓詩續録》，有自序云：“道光二十一年，憲彝偕秦湘業置酒京郊尺五莊，與會者俱有詩，單刻《尺五山莊餞春圖題詞》。”知此書爲孔憲彝刻於京師。

⑦《韓齋文稿》四卷，清孔憲彝撰，清道光三十年曲阜孔憲彝刻本。

十行二十一字，黑口，左右雙邊，單黑魚尾。字一般。

《山東通志·藝文志》引《筆諫堂書目》云：“道光三十年刊。”《續修四庫提要》著録：“是集前後無序跋，亦無刊刻時代，據《筆諫堂書目》，知與憲彝所著《對嶽樓詩續録》同刻於道光中者。”此書刻於道光三十年，但《對嶽樓詩續録》卻刻於咸豐七年。

⑧《對嶽樓詩録》二卷，清孔憲彝撰，清道光十九年曲阜孔憲

①周洪才：《孔子故里著述考》，齊魯書社2004年版，第605頁。

彝刻本。

此書由同邑鄭曉如選定。曉如稱其爲“吾伯舅氏仲子”,係表兄弟關係。《續修四庫提要》著録《對嶽樓詩續録》四卷:“憲彝詩集,曾於咸豐初年,彙集道光九年(按:應爲十年)庚寅至咸豐元年辛亥廿年間所撰者,編成十卷。其己亥(按:道光十九年)以前十年之詩,鄭曉如選定爲《對嶽樓詩録》,已付梓。其己亥之後之詩,及甲寅(按:咸豐四年)以後所撰者,復經鄭曉如選定以行,即此本也。集前有阮元、鄭曉如序,及自序,又附梅曾亮等人評跋云。”此條提要説明《對嶽樓詩録》二卷及《對嶽樓詩續録》皆鄭曉如選定。一在道光十九年,一在咸豐間。

《清人詩集叙録》云:“(憲彝)爲天津梅成棟詩社成員,歸里後爲聊城書院山長。詩集先刻《拏雲館還鄉草》一卷,僅數十首。道光十九年,擇録百餘首刻之,曰《詩抄》,有鄭憲銓序,石韞玉、葉紹本、龔自珍、張際亮等人題詞。……咸豐七年,刻《續抄》,有道光二十八年阮元序。自序云:‘咸豐三年癸丑秋,編成拙集十卷,作此序。今選刻《續録》,增入甲寅以後詩,即以此弁首,不再序也。道光二十一年,憲彝偕秦湘業置酒京郊尺五莊,與會者俱有詩,單刻《尺五山莊餞春圖題詞》。’”①則此説更爲明確,即《對嶽樓詩録》二卷刻於道光十九年,《對嶽樓詩續録》刻於咸豐七年,皆爲自刻。

⑨《對嶽樓詩續録》四卷,清孔憲彝撰,清咸豐七年曲阜孔憲彝刻本。

見上條。

⑩《繡菊齋題畫剩稿》一卷,清司馬梅撰,清咸豐七年曲阜孔憲彝刻本。

①袁行雲:《清人詩集叙録》,文化藝術出版社1994年版,第2422~2423頁。

梅字素夢，憲彝妻，江寧人，青縣知縣司馬庠次女。有憲彝爲之序，亦咸豐七年刻本。此書附於《對嶽樓詩續録》後。

(26)孔憲庚

孔子七十二代孫憲彝弟憲庚，字叔和，號經之，道光二十九年己酉拔貢，昭傑第三子。著有《十三經閣詩録》二卷，清道光間曲阜孔憲庚南方刻本。

卷端題："曲阜孔憲庚經之學詩。"卷一、卷二分别署"受業弟憲惇、侄慶鉞、慶第校字""受業長洲龔泰孚嘉校字"。

前有鎮洋盛大士道光十七年丁酉元日序，稱孔憲庚之父俊峰先生與盛氏遇於淮郡，俊峰及子星盧、繡山北歸後，惟憲庚與其交厚，又云憲庚遊吴越，似常年居於南方。

十行二十一字，黑口，左右雙邊，單黑魚尾。字體略扁，刻印良好。

孔憲庚還於道光二十三年刻有《可竹軒詩録》一卷，清王大淮撰。

王大淮(1785—1844)，字松坡，號海門。天津人。嘉慶十五年副貢，道光十九年官曲阜縣令。其弟大堉，字秋坨。其子王鴻，字子梅。孔憲庚爲王大淮的學生。

(27)孔憲恭

孔子七十二代孫孔憲恭，與子孔慶頤刻有其父孔昭虔《鏡虹吟室詩集》四卷、《經進稿》一卷、《詞集》二卷。

《詩集》卷端題："闕里孔昭虔元敬。"《詩集》每卷末及《詞集》末均有"男憲恭、孫慶頤謹校刊。"

道光十六年盛大士序："今所編《鏡虹吟室存稟》，乃先生捐館舍後，令嗣蒨華公子手輯遺集，彙成四册，欲壽剞劂，以垂不朽。"《詞集》分上、下二卷。有道光十七年丁酉陶樑序："先生既歸道山，公子少齊哀寄《繪聲琴雅》，命爲之序。"《鏡虹吟室詞集》下鐫

“繪聲琴雅”，知《詞集》又名《繪聲琴雅》。

九行二十一字，白口，左右雙邊。

(28)孔憲蘭

孔憲蘭，孔子七十二代孫，同治元年壬戌舉人，官鉅野、新泰訓導。刻書三種。其刻《聖門禮誌》一卷、《樂誌》一卷，前已有述。

《聖賢像贊》四卷，明冠洋子繪纂，清孔憲蘭增補。封面題：“光緒四年重刊，板藏曲阜會文堂。”

有同治壬戌恩科並辛酉科舉人孔子七十二代孫憲蘭光緒四年《重刻聖賢像贊序》，云：“冠洋子《聖賢像贊》一書，□有裨於世道儒風者，良匪淺鮮，特録自前明，□印半多漫漶，亟宜即時修輯，以永流傳。爰與同年胡敬齋兄暨書之族兄，再三籌酌，遴選妙手，依舊重摩，付諸梨棗，藉誌羹墻。”

此書在明代有吕維祺刻本。憲蘭以明吕維祺刊本歲久漫漶，光緒四年重刊此本，而增列清朝復祀、增祀、從祀諸儒姓氏於原目之後。卷端恭録御製贊，清朝人所作贊亦間補入。

十行十九字，白口，左右雙邊，單黑魚。有像。中有多處改動，塗以墨釘。

在刻上述兩種書之前，孔憲蘭還於同治十三年刻了《聖蹟圖》。

書有孔憲蘭序：“粤自聖蹟殿建設以來，歷世相沿，代爲增修……繪爲全圖，鐫刻於石，以垂永久……以故積日成月成歲。雖以玉石之堅，不能無薄蝕云。茲值廟工落成，殿宇輝煌，蘭從事末役，目擊情動，尤恐年湮代遠，蹟像愈晦，博學汲古之士考證無從，用敢付之梓人，依舊繪圖，施諸梨棗，原原本本，炳若日星……七十二代裔孫舉人鉅野縣訓導孔憲蘭謹識。復聖七十三代裔孫貢生城武縣教諭兼署鉅野縣單縣教諭顔錫敬校閲並書，大清同治十三年歲次甲戌仲春上浣穀旦。”

是書乃同治年間廣東孔廟聖蹟殿落成後,孔憲蘭輯録歷代聖蹟圖刻石,共收録圖記一百零六幅,凡"至聖先師誕降之初,歷聘之終,言行問答之故事,常變順逆之遭逢,無不詳明切究"。所繪人物生動,線條流暢,大開本,版框比較寬,四周單邊,每行六字或五字。刻印精美,尤其圖像精美無比,乃清末版畫之精品。

(29)孔憲增、孔憲堃

《埽垢山房詩鈔》十二卷,清黄文暘撰,清嘉慶七年曲阜孔憲增、孔憲堃刻本。

孔憲增,字如川,號怡齋,襲五經博士。著有《凝祉堂集》。其子慶鎔過繼大宗,承襲衍聖公。

版心下刻"闕里藏板",卷十二末署:"男金、鎮校字。"

有孔憲增序。稱黄氏爲子孔慶鎔之師,嘉慶四年延於揚州:"顧其爲詩也,不多存稿,增於行篋中得舊詩若干首,益以山左諸詩,次爲若干卷,付諸梓人。先生名文旸,字時若,秋平其號,甘泉人,通聲律之學,乾隆庚子兩淮鹽使聘之總裁詞曲局……嘉慶七年仲春月闕里世弟孔憲增拜撰。"阮元嘉慶七年序:"今春三月,元外舅如川封公爲之刊板。"孔昭虔序,嘉慶八年孔憲圭序,嘉慶七年孔憲堃跋:"嘉慶五年,秋平黄先生選輯其所作制藝文,録爲一集,冠以小序,授其二子。越一年,又删定其所作詩歌,屬其子藏之笥中,且曰:'俟我没世後,於家祭時同制藝文一陳几上,以見我生平心血所存如是而已。'余聞其語,心竊傷之……不惟其詩實可傳,且有關於世道人心甚巨,因力請付梓,並爲之校讎魚豕,佽助剞劂,以襄其成,爰述其巔末如此。"憲堃,字載元,號厚齋,昭焕第五子,恩貢生。

黄氏與兩代衍聖公有關係,一是黄氏爲孔慶鎔的教師,二是其集由孔憲增刻成。"闕里藏板"似乎昭示着此書不僅爲個人刻,而且爲了整個家族的學習而刻。

八行十七字，白口，左右雙邊，雙順黑魚尾。字體長方，刻印不苟，但有錯誤，如“卷六”在正文“卷七”，導致兩個卷七（目録無錯）。

（30）孔憲璜

憲璜，字仲黼，號滛石，廣林孫，昭薪子，道光十一年辛卯恩科舉人，陜西候補知縣，爲祖父孔廣林刻書一種。

《孔氏敦本堂祠墓時儀注》不分卷，清孔廣林撰，清道光二十七年曲阜孔憲璜刻本。

書後有道光二十七年丁未孔憲璜《識》語，云：“先大夫所著《敦本堂祠墓儀注》，析《時祭》《常祭》《告祭》《墓祭》《祠墓事宜》，凡爲五。原本《三禮》，參以時宜，斟酌盡善。我敦本子姓奉爲矩矱，罔敢隕越焉。向惟謹藏先大父自繕本，手澤所遺，日事翻閲，竊以爲非珍秘之道，更恐歷久，或有缺軼，無所遵循，蔑禮滋懼矣。爰付剞劂，俾垂永久。”

（31）孔憲奎

孔憲奎，字壁聯，號梅書，別號一蓮，諸生。

《意爲草》一卷，清楊岳春撰，清同治七年曲阜孔憲奎刻本。

岳春字虛生，監生，至聖廟奎文閣典籍。其先歷城人，遷曲阜。孔憲奎爲楊岳春甥。

（32）孔慶鈺

慶鈺爲孔子七十三代孫。

《醫俗軒詩文集》不分卷，清孔昭熺撰，清道光七年曲阜孔慶鈺保合堂刻本。昭熺爲慶鈺祖父，此書由慶鈺父憲陛編輯。

（33）孔繁準

七十三代孔慶鋤的著述由其子刻成。

慶鋤（1805—1859），字稷臣，號誠甫，受學於南通馮雲鵷，道光六年恩科進士，改庶吉士，工部都水司郎中，軍機處行走，外簡平涼道，陞山西按察使，轉布政使，改貴州按察使，以目疾告歸。

《省香齋詩集》六卷，清孔慶鎔撰，清光緒十七年曲阜孔繁準青門寓壚刻本。

《續修四庫提要》云："是集計古今體詩四百七十餘首，隨意編次，乃慶鎔歿後，其子繁準持全集延潞河李嘉績選訂者。……集前有宗稷辰、周銘旂序，後附李嘉績、袁啓豸等人跋語。"

孔慶鎔姊孔璐華，撰《唐宋舊經樓詩稿》七卷，嘉慶二十年刻前六卷，道光中補刻第七卷。《孔考》稱此書有道光闕里孔氏刻本①。考璐華於嘉慶元年適阮元，雖有時往來揚州與曲阜間，但《阮元評傳》中未言此年阮元來山東，此書刻於揚州還是刻於曲阜，有待進一步查考。

曲阜孔氏刻書特點有九：

一是十代刻書。自第六十三代始，至七十四代止，除了六十四、六十六代無刻書外，其餘十代皆有刻書。

二是時間跨度長。從康熙六年至光緒二十三年，一百七十年。

三是刻書共一百二十五種，是山東刻書最多的家族。

四是刻書內容上，經部三十五種，史部十三種，子部二十三種，集部五十四種。與其他大族刻書專於集部不同，孔氏經部書的比重很大，主要是經學家孔繼汾、孔廣森的著述多關經部，且孔繼涵所刻書和戴氏所著書以經部書爲主。總體上看，還是集部最多，别集類有四十一種。一般認爲孔氏以經學爲主，詩文非能事，但從刻書數量來看，孔氏還是刊刻了不少個人詩文詞集。

五是注重家族合集的刊刻。孔氏《詩鈔》《詞鈔》相互呼應，是

①周洪才：《孔子故里著述考》，齊魯書社 2004 年版，第 542 頁。

山東最豐富的家族合集。

六是關注地方文獻。輯曲阜一地的詩歌成《曲阜詩鈔》，有功於當地的文化建設。

七是刻書不局限於孔氏家族，也爲外人刊刻，如顧炎武、張爾岐、桂馥、王大淮，爲戴震刻書最多。

八是在朝代分布上，康熙十九種，乾隆五十三種，嘉慶七種，道光三十七種，咸豐三種，同治兩種，光緒四種。順治、雍正、宣統無刻書記載。以乾隆爲最多，孔繼涵刻書就有三十四種。

九是刻書最盛在乾隆年間，除了孔繼涵，還有孔繼汾、孔繼涑、孔繼鈗，以刻經部書爲主。嘉道間的孔昭虔、孔昭薰、孔昭燦、孔昭任、孔昭焜、孔昭傑、孔憲彝，同光間的孔憲蘭，以刻詩文詞爲主。

2）顏氏刻書

顏氏是曲阜除孔氏之外的第二大族，刻書十三種。兹亦以輩分順序介紹。

（1）顏光猷

顏光猷（1638—1710），字秩宗，號澹園，顏子六十七代孫，顏伯璟之子。康熙十二年進士，曾官庶吉士、行人司正、刑部郎中、貴州安順知府、河東道鹽運使等。一生主要活動在曲阜、貴州、山西、北京等地。善詩，有《水明樓詩》行於世。刻書三種。

①《水明樓詩》六卷，清顏光猷撰，清康熙間刻本。

書收各體詩四百餘首，分體編次。前有衛既齊、江闓、唐周基諸《序》，及耿願魯、李柟、于覺世、顧汧、袁佑、孫衍樾、唐孫華、李澄中、傅誼、洪昇等人評語。後有萬拱極《跋》，稱此詩將付剞劂。十行十九字。此集後入顏崇椝所編《顏氏家集》。

②《顏澹園藏稿》不分卷，清顏光猷撰，清康熙曲阜顏氏刻本。

卷端題："顏太史真稿，大主考同考諸先生鑒定，同學諸子評選，胞弟光敏修來參訂。"

收文四十一篇,其中《鄉墨》三篇、《會墨》三篇,有目無文。前有計東康熙十三年序。

③《闕里顔太史真稿》不分卷,清顔光猷撰,清康熙曲阜顔光猷水明樓刻本。

封面題:"《闕里顔太史真稿》附《鄉會硃卷》,水明樓藏板,康熙癸丑科主考、同考鑒定。"

卷端題:"曲阜顔光猷澹園甫著,男肇康、肇廣校。"

内分上下《論》《學庸》、上下《孟》,爲目六十,實收五十三篇。版心題"顔太史後稿"。知此編後成,故云。書前有門下晚學生伍涵芬康熙四十一年《序》。

(2)顔光敏

顔光敏(1640—1686),字遜甫,改字修來,别號樂圃,顔光猷之弟。刻書二種。

①《未信堂近稿》不分卷,清顔光敏撰,清康熙二十五年曲阜顔氏樂圃刻本。

封面題:"闕里顔修來著,樂圃藏版。"

内分《論語》《學》《庸》《孟子》,蓋取《四書》語句章節,議論生發而成。間加點評,篇題下皆題有"顔光敏"三字。書前有長洲韓菼、崑山徐乾學、虞山蘇翔鳳三序。序文九行二十字,正文十行二十二字。此集後入顔崇槼所編《顔氏家集》。

②《慎貽堂訓蒙日纂》二卷,清顔光敏撰,清康熙間曲阜顔光敏刻本。

有《文釋》《音正》二類。此集後入顔崇槼所編《顔氏家集》。

顔光敏還有《顔氏家誡》四卷,嘉慶三年由阮元刻於浙江。阮氏序云:"嘉慶三年夏,顔公(崇槼)以其曾祖考功修來先生《家誡》四卷見示。予受讀之,訓辭深厚,文義樸茂,知其忠孝所由來者舊矣。顔公乞予校訂付梓,爰以是秋刊於浙江節署,而屬其備録忠烈、孝靖、考功三代事迹於後，俾吾鄉士民及樂圃後人皆有所觀感焉。”此集後入顏崇槼所編《顏氏家集》。顏崇槼所編《顏氏家集》共七種，所收顏光敏著述除以上三種外，其《樂圃集》七卷《補遺》一卷，係王士禛康熙十六年刻《十子詩畧》本。

(3)顏光斆

顏光斆，字學山，光敏弟。康熙二十三年舉人，二十七年進士，授翰林院檢討。三十二年，典浙江鄉試，旋授浙江學政。其《顏學山近稿》不分卷，徐乾學評選，康熙二十七年自刻本。

封面題：“顏太史傳稿，板藏三松書屋。”卷端題：“鄉會總裁同考諸先生同鑒定，同學諸子同校，同懷兄光猷澹園、光敏修來、光枚從甫、光政亮甫、光孜禹思同參訂，弟光敘惇甫、光敷受甫，侄肇雍肅之同參閲。”版心下端皆鐫“懷軒”二字，十行二十六字。前有徐乾學康熙二十七年序。“懷軒”爲顏光斆堂號，故此書爲自刻。此集後入顏崇槼所編《顏氏家集》。

(4)顏肇維

光敏次子肇維(1669—1751)，字肅之，別字次雷，官臨海知縣，終行人司行人。顏子六十八代孫。有《賦莎齋稿》《漫翁編年稿》。《空山堂集·肇維墓誌》云：“公所爲詩，偏長於近體。刻有《鍾水堂詩》。別有《賦莎齋稿》《漫翁編年稿》。”

《鍾水堂詩》三卷，乃肇維官浙東時所作，刻於雍正間。

卷端題：“曲阜顏肇維次雷氏著。”前有侯嘉繙序，末有“雍正八年夏日次男懋僑”“季男懋份”二跋。侯序云：“客年刻《鍾水堂詩》於武林，嘉繙將入晉，已拜別先生官署，方恨不得挾册以示西人，乃復淹留湖上，讀上下兩卷，而此第三卷則歸來省母時先生所手授也……雍正癸丑(按：雍正十一年)谷雨後三日，海上從遊侯嘉繙拜序於東湖之浣月亭。”懋份跋云：“閒嘗與兄僑請命刊刻，家大人顧恂恂然未之許。上章歲(按：雍正八年)自選《鍾水堂詩》，得上下二卷,授份録一過。……季男懋份敬跋於章安之署樓。”知此書在杭州先刻二卷,後又補刻一卷,時間爲雍正八年至十一年。《孔考》言有康熙刻本①,不知所據爲何。

十一行二十一字,白口,四周單邊,單黑魚尾。

(5)顔懋僑

肇維有仲子懋僑(1701—1752),字幼客,號癡仲,顔子六十九代孫。先隨其父在臨海,乾隆二年隨父入京,三年陪祀恩貢,官觀城教諭。著述頗豐,有《蕉園集》《石鏡齋集》《履月軒稿》《玉磬山房集》《蕉園集拾遺》《西華行卷》等。

刊刻成書者僅見《江干幼客詩集》三卷,清乾隆刻本。

卷端題:“曲阜顔懋僑幼客氏。”前有何毓琦雍正元年七月序,雍正三年桐山漫叟陳璐序。集分三卷,每卷有題名,第一卷爲《十客樓稿》,丁酉至戊申年作。第二卷爲《半江樓稿》,戊申至壬子作。第三卷爲《雪浪山房稿》,壬子至丁巳作。後附《皇清敕授修職郎曹州府觀城縣教諭鄉謚長譽仲兄幼客先生行狀》,其弟懋仝撰。據此《行狀》,此三卷刻於乾隆年間,刻書地在浙江:“府君於署中築太乙樓,爲仲兄讀書處。遥對天台,俯瞰大江,風煙景物,吞吐胸次,吟詠日多,刻《江干幼客詩》如干卷。”知在臨海所刻。

十一行二十一字,白口,左右雙邊,單魚尾。寫刻體,非常精美。《行狀》後刻,行款同,但精美稍遜於前。

(6)顔崇槼

懋企子崇槼(1741—1811),字運生,小字符子,號心齋,顔子七十代孫,乾隆三十五年庚寅恩科舉人,官興化縣知縣。

顔崇槼所刻顔真卿撰《顔魯公文集》十五卷、《補遺》一卷,附《年譜》《行狀》《本傳》,是清代顔氏刻書中的精品。

①周洪才:《孔子故里著述考》,齊魯書社2004年版,第473頁。

封面題："嘉慶七年六月刊，曲阜顏氏藏板。"卷端題："文林郎江蘇興化縣知縣三十代孫崇槼校刊。"序末葉最後一行有"江寧劉文奎家鋟"。知此書係曲阜顏崇槼嘉慶七年在江蘇興化做縣令時所刻，刻工也是南京人。劉文奎，清乾嘉時期南京名刻工。乾隆五十七年刻過《封氏聞見記》，嘉慶三年刻姚鼐《惜抱軒文集》，嘉慶十年刻晉代楊泉的《物理論學論》，還刻過江寧人馬士圖的《莫愁湖志》。刻書均署"江寧劉文奎家刻"或"江寧劉文奎家鋟"。魏隱如云："鄱陽胡克家，於嘉慶年間刻了很多書。刊印極精，其刻工皆出江寧劉文奎兄弟之手。最爲後世所稱道者，爲《資治通鑑音注》和《文選注》。《通鑑》是影刻元本，《文選注》係委託顧千里、彭兆蓀據宋淳熙年間池陽郡齋本影刻，紙墨精瑩，不失原書精神，世稱胡刻《文選》。目録後有'江寧劉文奎、文楷、文模鐫'一行。同治八年崇文書局曾據此本翻刻。"①

賜進士及第分巡山東兗沂曹濟等處地方水利黄河兵備道署山東按察使孫星衍撰《顏魯公文集叙》："《顏魯公文集》十五卷，附《補遺》《年譜》《行狀》《碑傳》及宋明人序。嘉慶七年魯公三十世孫今興化明府崇槼重刊安國本，屬爲序行之。"

此書在宋有嘉祐間沈氏刻本，宋敏求編本，皆爲十五卷。嘉定間，留元剛守永嘉，得敏求殘本十二卷，失其三卷，乃以所見真卿文别爲《補遺》，並撰次《年譜》附之，自爲後序。後人復即元剛之本分爲十五卷，以符沈、宋二本之原數。沿及明代，留本亦不甚傳。《四庫提要》認爲，萬曆二十四年顏胤祚刻本，脱漏舛錯，盡失其舊。而安國本則來自留元剛本。顏崇槼本據安國本，實自留元剛本。

此書十二行二十字，白口，左右雙邊，單黑魚尾。宋體字。

①魏隱如：《中國古籍印刷史》，印刷工業出版社 1988 年版，第 164 頁。

顔崇槼編有《顔氏家乘》不分卷,清嘉慶間刻本。

《續修四庫提要》史部傳記類著云:“以卓行薦,除興化縣知縣。是編即其官興化縣時所編刻者。……崇槼即光敏曾孫也。崇槼刊刻其曾祖所撰《家誡》於杭城時,阮元爲撰序,因屬其備録忠烈、孝靖、考功三代事迹,以便後世有所觀感。崇槼因彙爲此編,刊以傳世云。”認爲《家誡》爲崇槼刻,誤。此編後入《顔氏家集》。

顔崇槼自己的集子《摩墨亭稿》不分卷、《種李園近稿》不分卷,清道光二十九年由天津王鴻所刻。下文有述。

(7)顔士塤

顔子七十一代孫顔懷禮(1691—1722),字子真,號約亭,諸生,康熙五十五年襲封翰林院五經博士,主奉祀事。其《帶月草堂詩集》一卷,清雍正間由其子顔士塤所刻。《四庫提要》曰:“懷禮字約亭,曲阜人,襲世職爲五經博士。好學,喜爲詩。早年夭逝,故骨格未成。此《集》爲其弟懷繹所編。前有康熙壬寅嶧縣李克敬《序》,亦稱天假以年,俾盡其勤,何遽不如鏤肝斫髓者之所爲也。”

(8)顔氏家刻

①《顔氏族譜》十卷、《首》一卷,清顔懋倫、顔懷繹等修,清乾隆二十四年顔氏家刻本。

顔懋倫,字樂清,號清谷,顔子六十九代孫。雍正七年己酉拔貢,官鹿邑知縣。有《癸乙編》《端虚吟》《什一編》《夷門遊草》。懷繹字彤賓,號凫亭,顔子七十一代孫,因兄懷禮早逝無子,於雍正六年代襲翰林院五經博士。

書共十卷,卷首爲歷次修譜序言,本次修譜人員名單、凡例、姓源、宗傳總論、遠祖世系圖、嫡裔及十六户相承圖等。卷一遠祖世系,略載由一世祖顔回至五十五世的繁衍狀況。卷二至卷十分别記載了顔氏大宗户、龍灣户、泗上户、萃溪户、泗東户、臨泗户、泗南户、陶村户、坊上户、巧泉户、五全户、防山户、陶樂(洛)户、漢下户、泗皋户、巘山户等十六户由五十六世至七十二世的人口繁衍狀況。

顔氏族譜最早見於魯公顔真卿作《重修顔氏家譜序》。迨元泰定四年,顔伸重修譜牒。康熙五年,世襲翰林院五經博士顔紹緒復加續輯。懷繹《序》云:“會乾隆甲戌,宗望鹿邑令君懋倫,致政歸里,因就商是役。……而開館於鹿邑君之魯壁别業,因董其成。經始丙子之冬,閱四載而後竣。”

八行二十字,白口,四周雙邊,單魚尾。懷繹序五行十一字。

②《學静軒遺詩》一卷,清孔淑成撰,清道光十六年曲阜顔氏刻本。

孔淑成爲顔子七十二代孫顔士銀之妻,字叔凝,曲阜人,欒陵訓導、博士孔廣鼐女。

《闕里孔氏詩鈔》:“家人於敝簏中得詩僅十九首,葉柏芳老人爲序而刻之。”江夏女史葉俊傑序云:“叔凝幼敏慧,通經史,工書善奕,兼曉算法。女紅之餘,焚香披卷,終日不輟。隨其祖任黔中,所至山水景物多有詠歌,然不肯示人,嘗語人曰:‘此非女子所應爲事也。’故人鮮得見者,其父亦不數數見。歸復聖裔顔君士銀,以多疾,嘗家居,性至孝,得二人歡。病亟,泣謂其父母曰:‘兒不起,命也。我身鮮兄弟,幸姊在,無思兒。’悲也! 卒年二十有九。無所出,以繼室子錫惠貴,封安人。家人於敗簏中得詩僅十九首,餘皆散佚。嗟乎! 叔凝之遇竟如是耶? 余嘗謂北方不重閨秀,故罕有工韻語者。有,則必有可傳。讀《山左詩鈔》如趙雪庭、周淑履諸女史,皆足繼古名媛。叔凝之詩,未知與諸家何如。然使克享其年,其造就正未可量,而卒以早歿,不竟其才,悲夫!”

③《四勿齋詩文抄》二卷,清顔士璋撰,清末曲阜顔氏刻本。

顔士璋(1822—1897),字聘卿,四氏學廩生,咸豐五年舉人,咸豐九年進士。同治二年授刑部河南司主事,五年轉陞員外郎,補山西司主事,轉江西司郎中,歷充律例館提調、秋審處總辦,官至甘肅鞏昌知府、蘭州替補知府。

顔氏清代家族刻書自康熙始,至清末,六代刻書,主要集中於清前期,前期刻書有九種。刻書内容上主要爲集部,有十一種之多,史、子各一種。在個人刻書中,以顔氏三兄弟爲主,其中顔光猷最多。

3)桂馥刻書

曲阜桂馥(1736—1805),字冬卉,號未谷。乾隆五十四年舉人,五十五年進士。歷任長山縣訓導、雲南順寧縣知縣、永平縣知縣。著有《説文解字義證》《説文諧聲譜考訂》《繆篆分韻》《歷代石經略》《續三十五舉》《札樸》《晚學集》《未谷詩集》《後四聲猿》等。刻書三種。

桂馥在乾隆年間有《續三十五舉》《再續三十五舉》《重定續三十五舉》。

"三十五舉"是一種散論式的印論體例,始於元代吾丘衍著《三十五舉》,明代何震有《續學古編》,清代有桂馥三書。桂馥在《續三十五舉》中曰:"摹印變於唐,晦於宋,迨元吾丘衍作《三十五舉》,始從漢法,元以後古印日出,衍不及見,且近世流弊,亦非衍所能逆知也,因續舉之。"此爲成書之因。書成於乾隆四十三年,四十五年成《再續三十五舉》,五十年成《重定續三十五舉》。

《續修四庫提要》云:"馥有《續三十五舉》《再續三十五舉》各一卷,此《重定續三十五舉》者,爲採二書中所引古人之成説,遇有他書足以輔證者,皆逐舉重事更定……卷末有道光癸卯仲冬顧湘《識》,考《再續》卷末,亦有顧氏《校識》,曰:'先生《續三十五舉》,湘嘗於《借月山房叢書》中抄出刻之,乃戊戌初刻本。又聞桂氏復有乙巳更定一書,惜未之見。'此識作於道光癸卯(按:道光二十三年)之六月。此編顧識云:'所著《續三十五舉》,湘嘗得其副而校之,而又聞有乙巳(按:乾隆五十年)更定本,最爲精善,搜訪未獲爲歉。今年冬,海寧楊芸士來虞,以翁君叔均藏本見貽,如錫百朋,遂並刊之。'"知《續三十五舉》先有桂馥乾隆四十三年即戊戌初刻本,繼有嘉慶間海鹽張氏刻本,又有道光十八年顧湘刻本。《再續三十五舉》成於乾隆四十五年,不知有無初刻本,有道光二十三年刻本。《孔考》著録《重定續三十五舉》有乾隆五十年自刻本①,所據當爲顧湘識語中所云"乙巳更定本"。

就目前所知,《續三十五舉》有乾隆四十三年自刻本,《重定續三十五舉》有乾隆五十年自刻本。

桂馥所刻的另一部書爲《繆篆分韻》五卷、《補》一卷。

《繆篆分韻》乾隆五十四年開雕,海寧陳鱣爲之繕寫,旌德李生刊刻。《補遺》嘉慶元年刻,汀洲伊秉綬手書,蒙古法式善監刻。封面題:"曲阜桂未谷編次,板存王蒔町太僕處,嘉慶元年七月洪亮吉題。"

有桂馥自序,稱書爲其集秦漢以下官私印符印文,依《廣韻》次第類聚而詳考之成果。有錢塘袁枚乾隆四十七年《序》。秀水盛百二乾隆四十九年七月《序》曰:"吾友桂子未谷精於小學,方博考諸書作《説文解字學》,爲工甚巨。其書先成者,則有《繆篆分韻》,蓋取漢銅印編成,以補繆篆之缺。字字典確,與《金石韻府》之類雜而不倫者,相去遠矣。"海寧陳鱣乾隆五十四年秋七月《序》,謂:"桂未谷創爲是書有年矣。收羅極其博,考據極其精。今開雕京師,余爲補摩篆文而校正之,因書其略。"

《補》一卷,凡五篇,亦有自序,載《晚學集》,曰:"余少時篤嗜古銅印,凡南北收藏家,不遠千里求之,所見日多,因採集印文,仿漢隸字,原作《繆篆分韻》,滋陽蘇厄園助予排類。即客都門,聞瑛

①周洪才:《孔子故里著述考》,齊魯書社2004年版,第366頁。

夢禪居士先有編録,同安邑宋芝山往訪,居士以所得歸我。朱竹君學士見而大喜,謂可補八體之一。陸丹叔侍郎勸余鋟木,匆匆未能也。友人沈向齋、黄小香、陳明軒、沈二香、劉松嵐、江秋史、司馬達甫,各出金助刻,陳仲魚爲之繕寫,章丘焦緑軒釋文,芝山取此本至京師付旌德李生刻板。李生攜板南歸,久不見還。今春,王葑町太僕巡漕揚州,芝山從李生所取板歸太僕。予方除雲南永平令,未行。太僕還京,出示印本。於是,數十年未竟之業,宛轉得慰老眼。而友朋贊助之力,良可感也。登板後,遠近知交多以印文寄示,復成《補遺》五篇,今請伊墨卿比部作書,法梧門祭酒監刻,仍以板歸太僕,附初本以行。烏呼！予老矣。一官萬里,文字都廢,或有好事更補其闕,是又蠻荒邊吏所竚企耳。嘉慶元年丙辰歲七月朔桂馥書。"

孔憲彝序《晚學集》:"《札樸》刻於山陰,《繆篆》刻於京師,均已行世。"《札樸》是桂馥在就永平縣知縣任途中"追念舊聞,隨筆疏記,到官後,續以滇事"而寫成的。書凡十卷:《温經》二卷,《覽古》四卷,《匡謬》《金石文字》《鄉里舊聞》《滇遊續筆》各一卷。自叙云:"以其細碎,竊比匠門之木,題曰《札樸》。"此書有嘉慶十八年山陰李宏信小李山房刻本,即孔憲彝序中所説"刻於山陰"者,已在桂氏去世後。

由上可見,曲阜刻書以孔氏爲主,顔氏、桂馥附翼之。清前期曲阜共刻書八十四種,孔氏就有七十二種,顔氏有九種,桂馥有三種。

3. 泗水刻書

隋開皇十六年置泗水縣,明屬兖州府,清朝因之。

明代泗水無刻書記載。清代前期有一種,係本地人在外地所刻。

《[順治]泗水縣志》十二卷,清劉桓修,清杜燦然纂,清康熙元年盧應龍建陽刻三十八年增刻本。

前有康熙元年盧應龍《增修泗水縣志序》:“辛壬之亂,鞠訩洊臻,城陷屠殺,幾靡孑遺,尚安望文獻典册之一線猶留者乎?幸而祖龍息蹈,復璧肇靈。購自闕里,珍笥一編,久欲付諸梓人而未遂厥願。適庚子承乏閩之潭陽,正儒賢過化之地,所云海濱鄒魯者非耶?甫下車,即時謁考亭祠,備知宋乾道間朱子著《綱目》書成,刻於書林之同文院,以流播古今。予竊有欣慕焉。乃以商於校文熊、黄兩君而慨命厥工,以襄其事。”纂修姓氏中有“福建建陽縣知縣邑人盧應龍刊梓,恩選書林熊志學、恩拔潭水黄儀廣仝校”。蓋序中所言“熊、黄兩君”當指熊志學、黄儀廣,均爲當地人參與校對。序末有“潭陽門人黄臣愫繡梓”,此黄氏當爲建陽本地刻工。

這是山東人在福建建陽所刻書,非常精美,十行二十字,白口,四周雙邊,單黑魚尾,版框闊大,宋體字,字大,疏朗。卷一版心下大多刻字數,這是建陽刻書的傳統。

《[光緒]泗水縣志》的修者趙英祚序中提到盧氏刻本情況曰:“至康熙壬寅,鄉宦建陽盧君應龍獨捐廉俸刊於任所,迄今已越二百餘年矣。盧君子姓世守其板,每新尹蒞任,則命書吏就其家刷印,顧歷年既久,字多漫漶。”對此書的書板有了交代,我們可以知道盧氏及其家人對山東方志的刊刻做出的巨大貢獻。

4. 嶧縣刻書

戰國時期的嶧地屬蘭陵縣,金屬承縣。金興定中,置嶧州,始有“嶧”之名。元時,嶧地屬益都路嶧州。明洪武二年降州爲縣,屬濟寧府。洪武十八年嶧縣改屬兖州府。清沿明制。

目前所知清前期的嶧縣刻書衹有一種,即乾隆二十九年孫謂蒲州府刻吴雯撰《蓮洋集鈔》十卷。

謂字在原,嶧縣人,雍正十年壬子優貢,官蒲州同知。《山左詩續鈔》引《家傳》云:“公長於吏治,所至有聲,殁後家徒四壁。子思京亦工詩,有父風,旋亦病歿。孫其揚從親友家搜得《河中草》一帙,餘多散佚。"

乾隆二十九年,孫謂任蒲州府同知,從吴雯的繼子敦厚處得到王士禛評定原本,簡汰重刊於世。

《四庫提要》云:"其詩一刻於吴中,再刻於都下,三刻於津門。後士禎爲删定,存千餘首。乾隆辛未,汾陽劉組曾裒其全稿刻之,又以士禎所評者别刊一小册並行。越十三年甲申,蒲州府同知山東孫謂始從雯姪敦厚得士禎所定原本,簡汰重刊,詳載士禎之評,併以劉本所遺者補刻於後,以所見墨跡補之。其士禎所删而劉本誤刻者,咸爲汰去。凡得古詩二卷、近體五卷、補遺一卷、拾遺一卷、文一卷。"

此書另有張體乾本,在張本、劉本、孫本中,孫本獨被四庫館臣所鍾愛,理由大概有二:一是此本打破了劉本按年代編排的體例,加入了一些劉本未曾録入的詩。詩前有王士禛原序及所撰《墓誌銘》,卷末附有孫謂撰跋一篇。又附時人王士禛、趙執信、朱彝尊悼亡詩五首。内容上相對完整。二是館臣們對劉本的"冗濫"是有争議的,又認爲孫謂本比較能體現出吴雯的詩文特色,風格清幽淡雅。王秋紅、李豫《清吴雯〈蓮洋集〉版本初探》①認爲:"事實上,吴雯詩歌内容是豐富多彩的,尤其是佛學、道學思想濃厚,這一方面説明詩人思想的複雜性,另一方面又對我們了解詩人的生平與經歷有所幫助。"正如《四庫存目》張體乾本提要云:"近時乃疊出三本。一爲臨汾劉組曾所刻。一爲山東孫峩所刻。一即此本,爲浮山張體乾所刻……劉本詳備於孫本,此本又詳備於劉本。要之詩之工拙,不係篇帙之多少。今繕孫本入秘閣,而此本則存其目焉。"

①王秋紅、李豫:《清吴雯〈蓮洋集〉版本初探》,載《晉陽學刊》2009年第3期。

5. 陽穀刻書

隋開皇十六年始置陽穀縣。明屬兖州府,清因之,雍正八年分隸東平州,十三年改隸兖州府。

陽穀明代無刻書記載。清前期衹一種。

《聖門禮樂統》二十四卷,清張行言纂輯,清康熙四十一年東魯劉琰刻本。

琰字公琬,號介庵,陽穀人,康熙三十年辛未進士,官江西學政。《山左詩續鈔》劉琰一條引毘陵莊書田楷傳云:"著有《留春詩》《柳園即事》《禮樂統》。"

附:兖州府家刻總表

金石圖不分卷	(清)褚峻摹圖(清)牛運震補説	清乾隆滋陽牛運震甘肅秦安刻本
金石經眼録一卷	(清)牛運震撰	清乾隆八年滋陽牛運震甘肅秦安刻本
空山堂史記評注十二卷	(清)牛運震撰	清乾隆五十六年至五十八年武功張玉樹、豐潤周士拔刻嶧縣張魯文、滋陽牛鈞續刻本
碩松堂讀易記十六卷	(清)邱仰文撰	清乾隆三十三年滋陽邱氏家刻本
楚辭韻解八卷	(清)邱仰文撰	清乾隆三十七年滋陽邱氏碩松堂刻本
省齋自存草十卷	(清)邱仰文撰	清乾隆間刻本
河防疏畧二十卷附崇祀録一卷墓誌銘一卷	(清)朱之錫撰	清康熙七年武定李之芳浙上寒香館刻前十卷康熙七年闕里孔貞來宛陵續刻後十卷本

（續表）

聊園詩略前集七卷後集六卷補遺一卷	（清）孔貞瑄撰（清）孔尚任訂	清康熙四十七年曲阜孔貞瑄刻本
聊園文集一卷	（清）孔貞瑄撰	清康熙四十八年曲阜孔貞瑄刻本
聊園詩續集一卷	（清）孔貞瑄撰	清康熙五十年曲阜孔貞瑄刻本
大成樂律全書一卷	（清）孔貞瑄撰	清康熙曲阜孔貞瑄刻本
大成樂律全書一卷	（清）孔貞瑄撰	清康熙五十二年曲阜孔尚先山西學政太原官署刻本
廟塋詩集二卷	（清）孔胤淳輯	清康熙六年曲阜孔胤淳刻本
闕里纂要四卷（孔聖闕里誌合纂）	（清）孔衍痗編集	清康熙七年曲阜孔衍痗刻本
桃花扇傳奇二卷	（清）孔尚任撰	清康熙間曲阜孔尚任介安堂刻本
桃花扇傳奇二卷	（清）孔尚任撰	清康熙曲阜孔貞燦西園刻本
續古宮詞一卷	（清）孔尚任撰	清康熙曲阜孔氏介安堂刻本
湖海集十三卷	（清）孔尚任撰	清康熙曲阜孔氏介安堂刻本
石門山集一卷	（清）孔尚任撰	清康熙間刻本
於陵子一卷	（題齊）陳仲子撰	清康熙五十三年闕里孔毓埏刻本

（續表）

拾籜餘閒一卷	（清）孔毓埏撰	清康熙五十九年曲阜孔毓埏刻本
述聖圖一册	（明）孔允植輯	清曲阜孔毓埏重刻本
補閒集二卷	（清）孔傳鋕撰	清康熙曲阜孔傳鋕刻本
清濤詞二卷	（清）孔傳鋕撰	清康熙四十五年曲阜孔傳鋕刻本
遠秀堂集八卷	（清）孔毓埏撰	清乾隆八年曲阜孔傳鏞刻本
春秋地名一卷	（晉）杜預撰	清乾隆中曲阜孔繼涵刻微波榭叢書本
春秋長歷一卷	（晉）杜預撰	清乾隆中曲阜孔繼涵刻微波榭叢書本
春秋金鎖匙一卷	（元）趙汸撰	清乾隆中曲阜孔繼涵刻微波榭叢書本
國語補音三卷	（宋）宋庠撰	清乾隆中曲阜孔繼涵刻微波榭叢書本
孟子十四卷附音義二卷	（漢）趙岐注　音義（宋）孫奭撰	清乾隆中曲阜孔繼涵刻微波榭叢書本
五經文字三卷	（唐）張參撰　五經文字疑一卷（清）孔繼涵撰	清乾隆三十三年曲阜孔繼涵刻微波榭叢書本
新加九經字樣一卷	（唐）唐玄度撰　九經字樣疑一卷（清）孔繼涵撰	清乾隆三十三年曲阜孔繼涵刻微波榭叢書本

（續表）

周髀算經二卷	（漢）趙爽撰（北周）甄鸞重述（唐）李淳風等注釋　音義（宋）李籍撰	清乾隆中曲阜孔繼涵刻微波榭叢書本
九章算術九卷	（晉）劉徽注（唐）李淳風等注釋　音義一卷（宋）李籍撰　策算一卷（清）戴震撰	清乾隆中曲阜孔繼涵刻微波榭叢書本
海島算經一卷	（晉）劉徽注（唐）李淳風等注釋	清乾隆中曲阜孔繼涵刻微波榭叢書本
孫子算經三卷	（唐）李淳風等注釋	清乾隆三十八年曲阜孔繼涵刻微波榭叢書本
五曹算經五卷	（唐）李淳風等注釋	清乾隆中曲阜孔繼涵刻微波榭叢書本
夏侯陽算經三卷	（□）夏侯陽撰	清乾隆中曲阜孔繼涵刻微波榭叢書本
張丘建算經三卷	（□）張丘建撰（北周）甄鸞注（唐）李淳風等注釋（唐）劉孝孫細草	清乾隆中曲阜孔繼涵刻微波榭叢書本
五經算術二卷	（北周）甄鸞撰（唐）李淳風等注釋　考證一卷（清）戴震撰	清乾隆中曲阜孔繼涵刻微波榭叢書本
緝古算經一卷	（唐）王孝通撰並注	清乾隆中曲阜孔繼涵刻微波榭叢書本

（續表）

數術記遺一卷	（漢）徐岳撰（北周）甄鸞注	清乾隆中曲阜孔繼涵刻微波榭叢書本
句股割圜記三卷	（清）戴震撰（清）吴思孝注	清乾隆中曲阜孔繼涵刻微波榭叢書本
毛鄭詩考正四卷首一卷	（清）戴震撰	清乾隆四十二年曲阜孔繼涵微波榭刻微波榭叢書本
杲溪詩經補注二卷	（清）戴震撰	清乾隆四十二年曲阜孔繼涵微波榭刻微波榭叢書本
孟子字義疏證三卷	（清）戴震撰	清乾隆四十二年至四十四年曲阜孔繼涵微波榭刻微波榭叢書本
原善三卷	（清）戴震撰	清乾隆四十二年曲阜孔繼涵微波榭刻微波榭叢書本
原象一卷	（清）戴震撰	清乾隆四十二年曲阜孔繼涵微波榭刻微波榭叢書本
聲類表九卷首一卷	（清）戴震撰	清乾隆四十二年曲阜孔繼涵微波榭刻微波榭叢書本
東原文集十卷	（清）戴震撰	清乾隆四十二年至四十四年曲阜孔繼涵微波榭刻微波榭叢書本

（續表）

考工記圖二卷	（清）戴震撰	清乾隆四十四年曲阜孔繼涵微波榭刻微波榭叢書本
聲韻考四卷	（清）戴震撰	清乾隆四十四年曲阜孔繼涵微波榭刻微波榭叢書本
水地記一卷	（清）戴震撰	清乾隆四十二年至四十四年曲阜孔繼涵微波榭刻微波榭叢書本
續天文略二卷	（清）戴震撰	清乾隆四十二年至四十四年曲阜孔繼涵微波榭刻微波榭叢書本
方言疏證十三卷	（清）戴震撰	清乾隆四十二年至四十四年曲阜孔繼涵微波榭刻微波榭叢書本
紅櫚書屋詩集四卷	（清）孔繼涵撰	清乾隆中曲阜孔氏刻微波榭遺書本
斲冰詞三卷	（清）孔繼涵撰	清乾隆中曲阜孔氏刻微波榭遺書本
紅櫚書屋雜體文稿七卷	（清）孔繼涵撰	清乾隆中曲阜孔氏刻微波榭遺書本
同度記一卷	（清）孔繼涵撰	清乾隆中曲阜孔氏刻微波榭遺書本
水經釋地八卷	（清）孔繼涵撰	清乾隆中曲阜孔氏刻微波榭遺書本

（續表）

長行經一卷	（清）孔繼涵撰	清乾隆中曲阜孔氏刻微波榭遺書本
水經注不分卷	（北魏）酈道元撰（清）戴震校訂	清乾隆中曲阜孔繼涵刻本
文獻通考序一卷	（元）馬端臨撰	清乾隆間曲阜孔繼汾刻本
爾雅三卷	（晉）郭璞注	清乾隆二十九年曲阜孔繼汾刻本
文廟樂舞全譜二卷附録一卷	（清）孔繼汾編	清乾隆三十年曲阜孔繼汾刻本
孔氏家儀十四卷答問四卷	（清）孔繼汾撰	清乾隆三十年曲阜孔繼汾刻本
劻儀糾謬集三卷	（清）孔繼汾撰	清乾隆三十四年曲阜孔繼汾刻本
闕里儀注三卷	（清）孔繼汾撰	清乾隆三十四年曲阜孔繼汾刻本
玉虹樓法帖	（清）孔繼涑輯書	清乾隆曲阜孔繼涑刻本
天瓶齋書寶題跋二卷	（清）張照撰	清乾隆三十八年曲阜孔繼涑刻本
老子説略二卷	（清）張爾岐撰	清康熙間曲阜孔繼銃刻本
大戴禮記補注十三卷序録一卷	（清）孔廣森撰	清乾隆五十九年曲阜孔廣廉刻顨軒孔氏所著書本

（續表）

詩聲類十二卷聲類分例一卷	（清）孔廣森撰	清乾隆五十七年曲阜孔廣廉謙益堂刻顨軒孔氏所著書本
北海經學七録八卷	（清）孔廣林撰	清乾隆三十九年曲阜孔廣林刻本
菰中隨筆一卷	（清）顧炎武撰	清乾隆曲阜孔昭薰玉虹樓刻本
水明樓詩六卷	（清）顏光猷撰	清康熙曲阜顏光猷刻本
顏澹園藏稿不分卷	（清）顏光猷撰	清康熙曲阜顏氏刻本
闕里顏太史真稿不分卷	（清）顏光猷撰	清康熙曲阜顏光猷水明樓刻本
未信堂近稿不分卷	（清）顏光敏撰	清康熙二十五年曲阜顏光敏樂圃刻本
慎貽堂訓蒙日纂二卷	（清）顏光敏撰	清康熙間曲阜顏光敏刻本
顏學山近稿不分卷	（清）顏光斆撰（清）徐乾學評選	清康熙二十七年曲阜顏光斆刻本
鍾水堂詩三卷	（清）顏肇維撰	清雍正間曲阜顏肇維刻本
江干幼客詩集三卷（十客樓稿一卷半江樓稿一卷雪浪山房稿一卷）	（清）顏懋僑撰　幼客先生行狀一卷（清）顏懋仝撰	清乾隆間曲阜顏懋僑臨海刻本（行狀乾隆刻本）
帶月草堂詩集一卷	（清）顏懷禮撰	清雍正曲阜顏士埍刻本

(續表)

續三十五舉一卷	(清)桂馥撰	清乾隆四十三年曲阜桂馥刻本
重定續三十五舉一卷	(清)桂馥撰	清乾隆五十年曲阜桂馥刻本
繆篆分韻五卷補一卷	(清)桂馥撰	清乾隆間曲阜桂馥刻本
[順治]泗水縣志十二卷	(清)劉桓修(清)杜燦然纂	清康熙元年泗水盧應龍建陽刻三十八年增刻本
蓮洋集鈔十卷	(清)吴雯撰	清乾隆二十九年嶧縣孫謂刻本
聖門禮樂統二十四卷	(清)張行言纂輯	清康熙四十一年東魯劉琰刻本

(三)兖州府刻書特色

清前期的兖州府無坊刻記載。官刻書因爲孔府刻書的緣故,數量高達 27 種,成爲清前期山東官刻最多的地方。

整個清代,孔府官刻書共 35 種,其中族譜有 4 種,衍聖公刻書 31 種。衍聖公孔毓圻刻書 7 種,孔傳鐸 10 種,孔廣棨 2 種,孔昭焕 1 種,孔憲培 1 種,孔慶鎔 6 種,孔繁灝 1 種,孔令貽 1 種,另有不知刻書者 2 種。

衍聖公刻書各有特色。孔毓圻所主持刊刻的大部頭書比較多,如《闕里誌》《幸魯盛典》,或爲榮耀家族而刻《孔叢子》《編正孔子家語》,或爲族長輩孔貞瑄刊刻《大學正文約註》,爲族前輩孔承慶刊刻《禮庭吟遺稿》,皆有功於整個家族。即使爲顧彩刻《往深齋詩集》,也是出於友情。後來的孔昭焕刻《闕里文獻考》,孔令貽刻《聖門禮誌》《樂誌》,皆遵循此路。而孔傳鐸除了爲羅笠豫刻《魯門詩集》,其餘皆係自著詩文集。孔慶鎔亦如此,爲館於家的謝堃刻《春草堂集》,五次刊刻自己的詩集。

孔毓圻刻書特點與當時清政府對孔子的重視有關。對孔子重視,實際是清廷利用漢族的儒學,在意識形態領域中加强控制,以鞏固自己的統治。爲了從思想上加强與漢人的統一,並從而消彌漢族對清廷的敵視,清朝入關以後,很快就舉行科舉考試,大力提倡尊孔讀經,給孔子上尊號,稱"大成至聖文宣先師",後又稱"至聖先師",大修孔廟,每年舉行祭孔典禮,給衍聖公以種種榮耀和特權,給孔府增撥土地、賞賜財物。康熙南巡,過曲阜,謁孔廟,召集官吏儒生,講論經義,甚至以天子之尊,向孔子行三跪九叩之禮。而孔毓圻生逢盛世,於是有《幸魯盛典》之刻。這是清帝與孔府的初次接觸。雍正帝雖未親自謁孔,但討論封王,修廟,爲孔府執事官加秩,也逐漸拉近與孔府的距離。乾隆帝來謁最爲頻繁,拜謁五次,分别爲十三年、二十一年、三十六年、四十一年、五十五年,雖然有議罷孔昭煥衍聖公爵一事,但最終無傷大體。而孔昭煥在位時,所刻《闕里文獻考》實爲闕里文獻之集大成者。

除了孔府,曲阜康熙六十一年所刻雍正增修本《三遷志》十二卷,應是《孟志》的最完備之本。

兖州府的家刻分布極不平衡。共有 93 種,其中曲阜 84 種,滋陽 6 種,泗水、嶧縣、陽穀各 1 種。而曲阜刻書又以孔氏爲主,有 72 種,顔氏有 9 種,桂馥有 3 種。可見,孔氏是兖州府刻書的支柱。

私家所刻 93 種中,經部有 28 種,集部 27 種,子部 25 種,史部 13 種。經部書躍到與集部書同樣的位置,有以下原因:一是孔氏家族中研究經學的人多,如孔貞瑄精樂律,孔繼汾專注於禮儀,孔廣林有《北海經學七録》,桂馥亦刻有《繆篆分韻》。二是孔繼涵微波榭刻經部書多。而子部書的增多,與孔繼涵所刻《算經十書》有關。看來,孔繼涵的刻書興趣,基本决定了曲阜私家刻書的内容。

孔氏十代刻書,自第六十三代始,至七十四代止,除了六十四、六十六代無刻書外,其餘十代皆有刻書;時間跨度從康熙六年至光緒二十三年,一百七十年;刻書共125種,是山東刻書最多的家族;刻書主要爲經部和集部;注重家族合集的刊刻;關注地方文獻;刻書不局限於孔氏家族,也爲外人刊刻,如顧炎武、張爾岐、桂馥、王大淮,爲戴震刻書最多;乾隆時期爲刻書繁盛期,僅孔繼涵就刻34種,還有孔繼汾、孔繼涑、孔繼銑,以刻經部書爲主。嘉道間的孔昭虔、孔昭薰、孔昭燦、孔昭任、孔昭焜、孔昭傑、孔憲彝,同光間的孔憲蘭,以刻詩文詞爲主。

顔氏在清代的刻書自康熙始,至清末,六代共刻13種,集部有11種之多,史、子各1種。刻書主要集中於清前期,有9種,中期3種,後期1種。在個人刻書中,以顔氏三兄弟爲主,其中顔光猷最多,有3種,皆爲自撰詩文。顔光敏2種,顔光斆1種。

桂馥刻書3種,其中經部1種,子部2種。

滋陽牛氏所刻内容除《文集》《詩集》外,其餘皆爲經史類著述;刻書時間在乾嘉時期,刻書者主要爲牛運震的門生,子孫輩亦刻少量書;主要刻書者張魯文一家;書版被毁,現已無存。

清前期兖州府所刻名品有:

孔繼涵刻《五經文字》《九經字樣》等七種,皆世間稀有之本。《孟子》係戴震據朱奂藏毛扆校本、何煌校本重訂《孟子注》,並據毛扆影抄李開先家藏宋蜀刻大字章句本補趙岐序而成,是《孟子》的善本之一。《春秋長曆》係杜預佚作,是孔繼涵通過與戴震的關係,從《永樂大典》中輯出並考訂而成,具有重要的學術和文獻價值。

《算經十書》最早有北宋刻本,南宋時,鮑瀚之在杭州有翻刻本。後者流傳至今的有六種,分藏於上海圖書館及北京大學圖書館。戴震在四庫館從《永樂大典》中輯出當時已經失傳的《海島算經》和《五經算術》，並對《九章算術》進行校勘和補繪圖形，對“算經十書”中其他書籍也進行了校勘和審核，使“算經十書”基本呈現了全貌。孔繼涵知道這部書的價值，於是刊印行世，並正式命名爲《算經十書》。作爲一個整體刊刻，孔繼涵是繼南宋刻本之後的第一個刻本。更重要的是，戴震對其進行了校勘，這種文獻價值是他書無法比擬的。

乾隆四十二年，戴震去世後，遺稿多歸孔繼涵，孔繼涵彙成《戴氏遺書》十二種刊刻出來，這是戴震著述的第一次全面刊刻。

孔貞瑄《大成樂律全書》，是清前期山東刻的唯一一部樂書。

《桃花扇傳奇》是清初著名戲曲，它的刊刻，對此書的流傳起到了重要作用，極具現實意義。而此書的最初兩個版本皆爲孔氏所刻，第一是孔尚任介安堂刻本，第二是孔尚任族叔孔貞燦西園刻本。

孔繼鈗所刻《老子説略》，是張爾岐此書的第一個版本，《四庫全書》本所採用的可能即此本，今此本不傳，僅有濟陽儒學在道光十八年據此本重刻，約略可見原書概貌。

孔昭薰所刻顧炎武《菰中隨筆》，極具版本價值。此本是第一個刻本，後來的道光十二年長白鄂山本、光緒十一年吴縣孫谿槐廬家塾本、道光二十五年番禺潘士成刻《海山仙館叢書》本、光緒十一年吴縣朱記榮刻《顧亭林先生遺書補遺》本、光緒崇仁華焯刻《海粟樓叢書》以及民國二十四年商務印書館排印《叢書集成初編》本，皆來自玉虹樓本。

玉虹樓法帖是孔繼涑摹刻的書法叢帖，與《淳化閣帖》《三希堂法帖》並稱中國三大叢帖。它自成體系，絶大多數爲獨作刻帖，在中國書法史上具有舉足輕重的歷史地位和歷史影響，在中國法帖收藏、摹刻史上，創造了民間收藏、摹刻法帖的奇跡。其584帖原石摹刻，均爲孔繼涑個人爲之，數量之多，涵蓋名家之衆，當爲中國書法及法帖史上的偉大創舉。

牛運震甘肅秦安刻《金石圖》,亦屬藝術珍品。圖皆拓印粘貼,説則精寫刻印。此書不但有插圖配合,而且文字介紹中的每個字都按古碑上的文字筆劃形象逼真地臨摹下來,再刻印成書。在古代没有照像印版技術的情況下,其難度之高可想而知。馬衡稱其"著録碑版之例,莫善於此矣",其研究方法很爲學者所稱道。

二、沂州府刻書

沂州在雍正十二年由直隸州陞爲府,下轄蘭山、日照、沂水、郯城、費縣、蒙陰六縣和莒州一個散州。

(一)家刻

明代的沂州家刻書有三種,郯城兩種,沂水一種。清前期的沂州府無官刻和坊刻記載,家刻衹有沂水兩種。

沂水劉應賓,字元禎,明萬曆四十一年進士,官至文選司郎中。入清,復官至徽寧巡撫。著有《平山堂集》。其《平山堂詩集》五卷、《續集》一卷,有順治刻本。九行十九字,白口,四周雙邊。

淄川高之灝有《梓岩遺詩》,前已有述,《山左詩鈔》云:"案:梓岩詩爲予亡友膠州高西園所録,爲言梓岩幽憂侘傺,所遇多惡,年不及四十而死,搜其遺稿,屬沂水高君梓之。"高之灝生活在康熙、乾隆時期,高鳳翰亦爲乾隆時人,則沂水高氏刻書亦當在乾隆間。此書未見傳本。

(二)宗教機構刻書

清前期沂州府的寺院刻書有一種。

《五蓮山志》五卷,清釋海霆撰,清康熙萬松禪林刻乾隆增刻本。

海霆,字驚龍,五蓮山光明寺第五代住持。

封面題:"乘州李纖齋先生删定,萬松禪林梓刻。"卷端署:"五蓮山釋海霆驚龍編集,古琅邪王咸炤屋山批選,張侗石民訂正。"

李纖齋,即李焕章。

五蓮山在諸城縣南八十三里。書分五卷，爲圖十幅，卷一山志一篇，記二篇。卷二爲光明寺緣起、宗派、世系及歷代名師本傳、物產、莊田。卷三、卷四爲藝文，如記、碑、銘、賦，共十六篇。卷五詩集，凡名人遊五蓮山之題詠，悉皆輯入，共四十二首。

有臧振榮序，康熙二十年李焕章題於鶴園之樸亭。有自序。卷四末有乾隆二十二年古襄平李瀚識《翰修師重修五蓮山記》："辛未冬，余來宰是邑，以公事經其處……鳩工庀材，一舉而新之，以復舊觀。"説明此書在乾隆增修過。卷五金奇玉有《萬松林歌》："東峰老人種松樹，松未成林已萬株。"此詩説明萬松林在五蓮山，知此書刻於五蓮山的萬松禪林。

八行二十字，黑口，四周單邊，單黑魚尾。字小，刻印精。

三、曹州府刻書

清前期的曹州府無官刻和坊刻記載。書院刻書有一種。

（一）書院刻書

曹州府菏澤有重華書院。明萬曆二十四年兵備使李天植創建於城内，初名重華祠，後名重華書院。清乾隆十九年易名愛蓮書院。四十八年復名"重華"。光緒二十九年改爲曹州小學堂。乾隆五十六年，懷寧余鵬年來主書院，五十八年前後刻有《曹州牡丹譜》一卷。

首有乾隆五十八年翁方綱《題曹州牡丹譜三首》於曹南使院之西齋，以原書上板。繼之是年知菏澤縣事宛平安奎文序："懷寧余伯扶孝廉，博學工詩，主講席於此。壬子春，以報最北上，及旋，役至曹，伯扶爲予言。"余鵬年自序："予以辛亥春至曹，其至也春已晚，未及訪花。明年春，學使者閣學翁來試士，謁之，問曰：'作花品乎？'曰：'未也。'翁公案試它府去，緘詩至，曰：'洛陽花要訂平生'，蓋促之矣。乃集弟子之知花事、園丁之老於栽花者，偕之遊渚圃，勘視而筆記之，歸而質以前賢之傳述，率成此譜。歐陽子云'但取其特著者次第之'而已。乾隆五十七年四月十日，懷寧余鵬年自序於重華書院。"

卷端題:"懷寧余鵬年伯扶。"

此譜著花品凡五十六種,後有附記七則,皆記栽接方法。我國現存最早的關於牡丹的專著是宋代歐陽修的《洛陽牡丹記》,以後陸續又有二十多種相關著述,《曹州牡丹譜》是其中較爲詳盡的一部。每品首揭名色,下詳記花樣、形狀、色澤。

九行十八字,白口,四周雙邊,單魚尾。字大行疏,刻印較精。

(二)家刻

曹州府下轄十一縣,有八縣無刻書記載。單縣、鉅野、定陶三縣共刻書二十八種。

1. 單縣刻書

單縣古稱單父,雍正十三年改屬曹州府。

明代單縣刻書有兩種,清代前期有四種。

①《存古齋續晨鐘集》二十卷,清劉光泗撰,清劉光洙輯,清康熙四十四年單縣劉氏存古齋刻本。

劉光泗,字中烈,單縣人。光洙,字中柱,官同知,著有《太上感應篇圖説》。

此書應爲家刻本。

②《南疑詩集》十一卷,清王奪標撰,清康熙十二年單縣王氏刻本。

奪標字赤城,自號南疑放客,單縣人,順治九年壬辰進士,以知縣謫蘄州州判。

是編詩十卷,詩餘一卷。有康熙十年恒陽張曖序云:"赤城徜徉吏隱嵩雒沅湘間,峨松呼月,一段忠君孝友懷抱,窅乎窈乎,洞洞屬屬,一一於言表遇之。"

九行二十字,白口,四周單邊。

③《待園遺稿》八卷,清朱永齡撰,清乾隆二十六年單縣朱氏

刻本。

永齡字眉子，號侍園，朱紱孫，官富陽知縣。

是集卷一曰《新甫草》，詩三十七首；卷二曰《富春解組雜吟》，詩三十五首；卷三曰《鷴鳴》吟，詩二十首，附評；卷四曰《自題小像》，詩十二首，附諸人題贊；卷五詩六十一首；卷六詩二十二首，附和詩七十二首；卷七詩五十四首，凡三卷，皆標曰《雜詠》；卷八爲《詩餘》，凡十四首。其《解組雜吟》有顔肇維序。門人富春陳士霖序云："情真意愜，不事藻繪，而一種沖和恬適之趣溢於楮墨，以視世之襲貌遺神、俳青儷白者，相去何啻萬里，固可與漁洋、荔裳諸前輩頡之頏之矣。"

④《課閒遺稿》二卷，清張賡烈撰，清乾隆三十年單縣張氏刻本。

賡烈，字佑亭，單縣人。《曹南文獻録》載是編云："乾隆三十年家刻本。"未見傳本。

賡烈有子張敷，字茂初，號鶴儕，著有《鴻雪詩草》《雲谷草堂詩鈔》。其《雲谷草堂詩鈔》一卷，有道光十二年刻本。《曹南文獻録》載之云："道光十二年刻本。"當爲家刻。

2. 鉅野刻書

漢置鉅野縣。雍正十三年屬曹州府。

明代鉅野無刻書記載。清前期李其彭刻有一種叢書，子目有二十一種。

其彭，字年可，號果軒，鉅野人，歲貢。精於諸經，尤工詩律，其編《詩訣》十卷成爲其鄉法式，及門弟子甚夥。

《廿一種詩訣》，清李其彭輯撰，清乾隆四十一年鉅野李其彭及其門人徐氏等刻本。

封面題："廿一種詩訣，乾隆丙申秋鐫，戒盈齋藏板。"

其一：《二十四詩品》，唐司空圖撰，卷端題："唐司空圖。"

其二:《詩式》,唐僧皎然撰,卷端題:"唐僧皎然。"

其三:《詩譜》,元陳繹曾撰,卷端題:"元陳繹曾。"

其四:《詩論》,宋釋普聞撰,卷端題:"宋釋普聞。"

其五:《漁洋詩法》,清王士禛撰,卷端題:"漁洋老人口授二十則,新城門人何世璂述,鉅野後學李其彭輯。"

其六:《律詩定體》,清王士禛撰,卷端題:"王漁洋先生論定,鉅野後學李其彭輯。"

其七:《詩問》,清王士禛撰,其一卷端題:"長山劉大勤問,漁洋老人答,鉅野後學李其彭輯。"其二卷端題:"三韓門人郎廷槐問,漁洋老人答,鄉後學李其彭輯。"

其八:《詩問合答》,清王士禛撰,卷端題:"梅谿郎廷槐問,漁洋老人答,附張蕭亭先生、張歷友先生答,鉅野李其彭輯。"

其九:《歷友詩訓》,清張篤慶撰,卷端題:"淄川張歷友先生答郎廷槐十九則,鄉後學李其彭輯。"

其十:《蕭亭詩訓》,清張實居撰,卷端題:"鄒平張蕭亭先生答廷槐十九則,鄉後學李其彭輯。"

其十一:《聲調前譜》《聲調後譜》《聲調續譜》,清趙執信撰,卷端題:"博山趙執信秋谷。"

其十二:《談龍録》,清趙執信撰,卷端題:"青州趙執信飴山。"

其十三:《聲韻譜》,卷端題:"蘊村夫子論定,鉅野門人李其彭謹録。"後有李其彭跋:"聞夫子撫滇時曾梓是書授書院諸生,滇之人聞所未聞,蒸蒸日起,而我東土之人乃多以未覩爲憾。夫有所受而弗傳,是自私也。"

其十四:《試帖定式》,清李其彭輯,卷端題:"鉅野李其彭輯。"

其十五:《詩解》,清仇兆鰲輯,卷端題:"甬上仇兆鰲滄柱輯,鉅野李其彭録。"

其十六:《絶句述例》,清李其彭輯,卷端題:"鉅野李其彭年可輯，男伊晉校字。”

其十七：《詩體舉例》，清李其彭輯，卷端題：“鉅野李其彭年可輯。”

其十八：《樂府解題》，唐劉餗撰，卷端題：“唐劉餗。”

其十九：《談藝録》，明徐禎卿撰，卷端題：“吴郡徐禎卿昌穀著，鉅野李其彭年可輯。”

其二十：《詩學淺説》，清李其彭輯，卷端題：“鉅野李其彭年可輯。”

其二十一：《詩述》，清李其彭撰，卷端題：“鉅野李其彭年可父輯，男伊晉退亭校。”前有李其彭自識：“彭輯《詩訣》由唐宋元明以迄本朝，其本自成卷者，亦各自爲彐。至散見他書或各家專集可採者，本不成卷，則分門彙輯，但恨尠所見聞，未能廣博。謹擇切要明顯之論，彙爲四卷。門分四十有九，名曰《詩述》，附於帙末。戊寅四月麟川迂叟李其彭自識。”有《凡例》。

前有時在任城書院的盛百二序，稱此書“真詩學之金針”。乾隆四十一年魏起睿序：“今所輯《詩訣》若干卷，付梓刊行以便觀覽。”是年李其彭自識：“今歲春，及門等强欲付梓，竊惴惴焉，恐有錯舛，貽譏大雅。秋七月，督學錢大宗師按臨曹郡，繕稿呈鑒定，辱賜許可，蒙具見採輯之勤，因令剞劂竣工，究竟依樣葫蘆，實未敢自信也。”有《凡例》：“是集不以論者世代之先後爲序次，而以卷葉之繁簡多寡酌度成册，以便觀覽。”可見刻書主要爲讀者方便。“《漁洋詩問》曩於濟南張孝廉處曾見抄本，乙未春於青州楊廣文寓舍，遇幔亭先生曾孫，詢之知未版行。”此説不錯，此書有乾隆三十五年王祖肅刻本。“《續詩問》亦係抄本”，知所據爲抄本，版本價值比較大。此書尊重前人成果，如盧見曾刻趙執信《聲調三譜》和《談龍録》：“雅雨山人刻本最善。兹雖約爲小版，彙入此集，而陰陽圈點與音注俱照舊式，不敢妄易。”

《詩述》爲自著,亦有《凡例》。乾隆四十二年李其彭之子李伊晉識:"是編與《論詩尺牘》《唐試帖》《分韻選》《四聲韻貫》《切韻要法》皆戊寅至癸未六年所手輯者,及門各有抄本。自甲申鄉居所選者,有《大小題分類》《五經正訛》《四書正訛》……諸書,自《正訛》刻於己丑夏月,及門因屢請付梓……丙申春,及門力請是編,謂學詩要訣俱見此書。不獲已,出稿授之。起工於丙申仲春,閱歲告竣。奈家寒力薄,貲費則巽溪徐子素齋傅子之功居多。俟稍有餘力,諸書當續梓也。"侄李墀識。乾隆四十一年楊蓬識。從弟李其禧序,末有"任城鐵橋李東琪書"。

據其彭子伊晉跋,知其彭乾隆三十四年還刻有《正訛》,當指《五經正訛》《四書正訛》。未見傳本。

3. 定陶刻書

秦置定陶縣。明代定陶刻書有兩種,均爲喬遷刻本。清前期定陶刻書有一種。

《玉陽治稿》,清蘇璜撰,清雍正七年定陶朱氏刻本。

璜字公佩,定陶人,康熙四十八年己丑進士,官文昌知縣。

徐繼孺《曹南文獻録》云:"文昌,古紫貝地,瓊州東南隅。百姓怠於農業,資梛爲生,好爭訟,頗稱難治。璜禁除積弊,著有《玉陽治稿》。"又云:"璜所著《玉陽治稿》刊於雍正己酉,未悉卷數。存者乃其第五卷。"此書刻時,蘇氏還在世,故應爲自刻。民國六年時,徐繼孺所見祇一卷,即卷五。今未見傳本。

附:曹州府家刻總表

存古齋續晨鐘集二十卷	(清)劉光泗撰 (清)劉光洙輯	清康熙四十四年單縣劉氏存古齋刻本
南疑詩集十一卷	(清)王奪標撰	清康熙十二年單縣王氏刻本

（續表）

待園遺稿八卷	（清）朱永齡撰	清乾隆二十六年單縣朱氏刻本
課閒遺稿二卷	（清）張賡烈撰	清乾隆三十年單縣張氏刻本
五經正訛	（清）李其彭撰	清乾隆三十四年鉅野李其彭刻本
四書正訛	（清）李其彭撰	清乾隆三十四年鉅野李其彭刻本
二十四詩品	（唐）司空圖撰	清乾隆四十一年鉅野李其彭及其門人徐氏等刻廿一種詩訣本
詩式	（唐）僧皎然撰	清乾隆四十一年鉅野李其彭及其門人徐氏等刻廿一種詩訣本
詩譜	（元）陳繹曾撰	清乾隆四十一年鉅野李其彭及其門人徐氏等刻廿一種詩訣本
詩論	（宋）釋普聞撰	清乾隆四十一年鉅野李其彭及其門人徐氏等刻廿一種詩訣本
漁洋詩法	（清）王士禛撰	清乾隆四十一年鉅野李其彭及其門人徐氏等刻廿一種詩訣本
律詩定體	（清）王士禛撰	清乾隆四十一年鉅野李其彭及其門人徐氏等刻廿一種詩訣本

(續表)

詩問	(清)王士禛撰	清乾隆四十一年鉅野李其彭及其門人徐氏等刻廿一種詩訣本
詩問合答	(清)王士禛撰	清乾隆四十一年鉅野李其彭及其門人徐氏等刻廿一種詩訣本
歷友詩訓	(清)張篤慶撰	清乾隆四十一年鉅野李其彭及其門人徐氏等刻廿一種詩訣本
蕭亭詩訓	(清)張實居撰	清乾隆四十一年鉅野李其彭及其門人徐氏等刻廿一種詩訣本
聲調前譜聲調後譜聲調續譜	(清)趙執信撰	清乾隆四十一年鉅野李其彭及其門人徐氏等刻廿一種詩訣本
談龍録	(清)趙執信撰	清乾隆四十一年鉅野李其彭及其門人徐氏等刻廿一種詩訣本
聲韻譜		清乾隆四十一年鉅野李其彭及其門人徐氏等刻廿一種詩訣本
試帖定式	(清)李其彭輯	清乾隆四十一年鉅野李其彭及其門人徐氏等刻廿一種詩訣本

（續表）

詩解	（清）仇兆鰲輯	清乾隆四十一年鉅野李其彭及其門人徐氏等刻廿一種詩訣本
絶句述例	（清）李其彭輯	清乾隆四十一年鉅野李其彭及其門人徐氏等刻廿一種詩訣本
詩體舉例	（清）李其彭輯	清乾隆四十一年鉅野李其彭及其門人徐氏等刻廿一種詩訣本
樂府解題	（唐）劉餗撰	清乾隆四十一年鉅野李其彭及其門人徐氏等刻廿一種詩訣本
談藝録	（明）徐禎卿撰	清乾隆四十一年鉅野李其彭及其門人徐氏等刻廿一種詩訣本
詩學淺説	（清）李其彭輯	清乾隆四十一年鉅野李其彭及其門人徐氏等刻廿一種詩訣本
詩述	（清）李其彭撰	清乾隆四十一年鉅野李其彭及其門人徐氏等刻廿一種詩訣本
玉陽治稿	（清）蘇璜撰	清雍正七年定陶朱氏刻本

（三）曹州府刻書特色

清前期的曹州府刻書共 28 種，其中鉅野 23 種，單縣 4 種，定陶 1 種。鉅野所刻係叢書一種，子目有 21 種。

在内容上，除李其彭刻《四書正譌》《五經正譌》爲經部書外，其餘皆爲集部。其中,别集 5 種,詩文評類 21 種。詩文評類全部是《詩訣》零種,故數量多。

四、濟寧州刻書

濟寧在夏時爲任國,秦稱任城縣。後周廣順二年置濟州,設治於鉅野,任城縣屬濟州。北宋仍之。金朝天德二年遷濟州治所於任城,後或在任城或在鉅野。明洪武元年改濟寧路爲府,仍治任城。之後降濟寧府爲州,任城遂廢名入濟寧州。清雍正二年改爲直隸州,領三縣:金鄉、嘉祥、魚臺。

(一)書院刻書

濟寧任城有任城書院,在城外新司街,乾隆三十年總河姚立德建。刻書一種。

《尚書釋天》六卷,清盛百二撰,乾隆三十九年任城書院刻本。

封面題:“乾隆甲午夏,任城書院開雕。”

有乾隆十八年秀水盛百二《自序》:“唐虞羲和之法,遭秦火而不傳,六天騰沸,莫知所從。自太初以後,踵事增修者七十餘家。至我聖祖仁皇帝《律曆淵源》之書出,法以數精,理以象顯。”

盛百二,字秦川,秀水人。乾隆二十一年丙子舉人,官淄川知縣。有《皆山樓吟稿》。據他參與纂修的地方志看,乾隆三十四年至三十八年間,盛百二在山東,但此書成於中進士前,所以未必是盛百二在任城書院刻,而是任城書院山長主持刊刻。

十一行二十二字,白口,四周雙邊,單黑魚尾。

(二)家刻

有記載的最早的濟寧家刻書在元代,濟寧李璋刻過《九經》《四書》,前已有述。明代的濟寧刻書有六種,清前期的濟寧刻書有兩種。

①《偶存草詩集》六卷,清林之蒨撰,清雍正間任城林之蒨刻本。

之蒨字素園,號梅村,濟寧人,官武邑知縣。

卷端題:“古濮林蒨素園氏著。”

有雍正元年楊夢琰序,稱之蒨産於魯,客於楚。康熙六十年胡憲緒序,康熙六十一年自序,時林之蒨在黄州任上。

北京大學圖書館有雍正十一年東魯林氏刻本,林氏當時在世,故此書蓋爲雍正間林氏刻本,因其寓居孝感,當在外地刻成。

九行二十字,白口,四周雙邊,單黑魚尾。清初風格,非寫刻,甚精。

②《洗冤廣編》二卷,清劉柏輯,清乾隆二年濟寧劉氏安徽刻本。

劉柏字蒼巖,雍正二年舉人,官安徽按察使。著有《哀慕詩》《塞外吟》。其父劉汶,康熙二十六年舉人。伯父爲劉淇。

首有泰安趙國麟及作者自序,末有歷城楊大勳跋尾。劉柏序云:“始余牧晉之岢嵐,得薩公弼圖所刊《洗冤録》,遵而行之有年所矣。今司臬皖江,而滁州牧楊君,以所輯《洗冤彙編》折衷於余。則其義例益精,而檢驗之法亦益備。余復少加釐正,附以見聞一二事而梓之,留於臬署以廣其傳。”楊君係歷城楊大勳,時在滁州刺史任上,而劉柏在安徽按察使任上,故書當刻於安徽。

(三)坊刻

清前期,濟寧有坊鋪兩家。

1. 文源堂

據黄沁一《我所知道的濟寧圖書館·報刊·印刷業》①,文源堂位於城内西南隅,東西更道街路北。該堂歷史悠久,本爲李氏祖營的木刻印刷作坊,院落大、房屋多,相傳自清朝中葉即開始經營,當時招收刻版工人近百名。除濟寧直隸州本州及所屬三縣各書院

①黄沁一:《我所知道的濟寧圖書館·報刊·印刷業》,見《濟寧市市中區文史資料》第三輯,1987年版,第133頁。

月課卷子外,並承印塾學中所用的《四書》《五經》和啓蒙讀物《百家姓》《三字經》《千字文》《弟子規》等書。另外還有爲官家加工的地方志書、公文稿案之類的官方檔,都是連刻帶印。到了民國,文源堂除了用舊有的刻版翻印些書籍、仿影、描紅外,就是承攬一部分喜柬(大龍邊、小龍邊之類的紅書)以及喪葬所用的訃聞、謝帖等。後來,石印推行,刻書業走上末路,文源堂的經營人李棟臣因練得一筆標準的宋體字,除應聘爲人寫牌匾、銘旌得點少量的潤筆費外,作坊内衹剩下兩個徒工在那裏支應故事。昔日的文源堂,這時已經名存實亡了。到了三十年代李棟臣去世後,連"文源堂"三字的坊號也無人知道了。目前未見到文源堂的刻書實物。

文源堂在濟寧還有一個分支——北文源堂,清末從文源堂分出,開設在城裏北門大街路東,經營人李樣林。除分家時帶出來一部分舊書版外,並招收徒工數人,刻印了幾批啓蒙讀物《三字經》《百家姓》《千字文》《弟子規》和《四書》《五經》,還有《龍文鞭影》《女兒經》等。此外,該堂利用舊版又翻印了《本草綱目》《本草備要》《醫宗金鑑》《景岳全書》《千金方》等大部頭的醫藥書籍多種,因而一段時間内生意興隆。後來由於新刻的書版在字體、刻工的品質上都比老文源堂較爲遜色,新書不甚暢旺,門市上衹靠翻印和裝訂又維持了幾年,李樣林也就轉業了。目前亦未見到北文源堂的刻書實物。

2. 文定齋

文定齋在乾隆時就已存在,經營者爲章氏,有刻書實物。

《敬信録》,清尹繼善撰,清乾隆四十八年濟寧州慶餘堂刻本。封面題:"乾隆癸卯第九次重鐫,山東濟寧州河院署東大街慶餘堂藏。"有"章文定齋刻字書坊,凡樂善君子發心送者,其紙價裝訂工費每本制大錢七十文,或自備紙料刷印亦可"字樣。

文定齋在道光十年時還在經營,丁宗洛刻《逸周書管箋》十卷、《疏證》一卷、《提要》一卷、《集說》一卷、《摭訂》三卷，封面題："道光戊寅秋梓成，迂園初板。"欄外左側有兩行廣告："濟寧州刻字老鋪文定齋章氏承刻，開設州城南門外東邊蓮亭之左。"

從以上兩條可以看出，文定齋衹是個刻字鋪。《敬信録》由慶餘堂出資，《逸周書管箋》由丁宗洛出資，均委託文定齋刊刻。

（四）宗教機構刻書

清前期的濟寧還有寺院刻書一種。

《金剛般若波羅密經直解》二卷、《觀音大士降筆法語》《般若波羅密多心經直解》一卷，清純陽子注，清乾隆五十三年馮埬濟寧玉露禪院刻嘉慶四年濟水王貽桂補刻本。

有乾隆元年純陽子序，嘉慶四年濟水弟子王貽桂記。乾隆五十三年涿州弟子馮埬記，稱純陽子乩授福建總戎黄公泰，南河制府李公見之清江慈雲寺，刻而行之，易梵本爲書册，以便誦覽，此爲一刻。馮埬另以小板鐫鏤，裝成袖珍，此時爲乾隆五十八年。山東濟水王貽桂嘉慶四年過濟寧玉露禪院，見袖珍本，板存在庵，刷印百卷，並補大乘正宗分第三内容，即"第三分内"，據此可知，馮埬刻板存於山東濟寧玉露禪院，板存該院，當爲擁有板權，故應視爲玉露禪院刻書。嘉慶四年王貽桂有補刻内容。此書遂在山東流行。望松重刻於咸豐十年，由張英麟手寫上板，張氏歷城人，同治四年進士，翰林院編修。蓋其時居歷城。卷末署："咸豐十年歲次庚申嘉平月弟子望松重鐫，歷邑弟子張英麟沐手敬書，泰安縣知事王德懋敬印（按：此句似後刻），板存後宰門街文德堂刻字店（按：此爲小字雙行）。"知刻字鋪爲文德堂刻字店。

九行十七字，白口，左右雙邊，單黑魚尾，字寫刻，刷印清晰。

由上可見，濟寧州雖然總的刻書不多，但除了官刻，家刻、坊刻、寺廟刻書均有，這可能與瀕臨運河及書院衆多有關。

第三章 清中期(嘉慶至咸豐)山東刻書

第一節 清中期山東刻書概述

一、清中期的社會經濟狀況

嘉慶、道光、咸豐三朝,清政府在政治、經濟上處於非常困難的境地。

清朝統治走下坡路,實際從乾隆中後期已經開始了。乾隆三十九年,山東爆發了王倫領導的清水教起義,是在四海昇平的承平盛世中出現的不和諧之音。這次起義雖然時間短,卻拉開了清中葉以後各族人民大規模反清鬥争的序幕,直接打擊了清王朝在中原地區的統治。起義發生在清朝統治力量較强的山東運河沿岸地區,起義軍同清軍公開對壘,其影響極大,對清王朝統治的權威無疑是一次嚴重挑戰。義軍九天之内連克三縣一州,一度截斷"供億京師"漕糧的運河動脈,極大地動摇了清王朝的統治基礎。

嘉慶元年,全國爆發了更大規模的白蓮教起義。義軍占據或攻破州縣達二百多個,波及燕、齊、晉、豫、秦、蜀諸省。在歷時九年多的戰争中,清政府耗費軍費二億兩,相當於四年的財政收入,使清朝元氣大傷。嘉慶十八年的天理教起義,也波及山東,金鄉、曹縣、定陶等地相繼起義,成爲直、魯、豫交界地區天理教起義的主要組成部分。

如果説嘉慶一朝,清政府統治開始走向衰落,那麽,道光、咸豐二朝的社會動蕩,已使統治者無力回天。自鴉片戰争失敗,此後十年間,全國大小起義有一百多次,最大者當是咸豐元年建立的太平天國。太平天國建都天京,占領長江中下游地區,至同治三年天京陷落,計存在十四年。其次爲爆發於黄河、淮河流域的捻軍起義。在内亂的同時,英法聯軍的侵略,《北京條約》的簽訂,使中國完全陷入了四鄰欺壓的境地。馬建忠《擬設繙譯書院議——一八九四年(光緒二十年)》:"竊謂今日之中國,其見欺於外人甚矣! 道光季年以來,彼與我所立約款税則,則以向欺東方諸國者轉而欺我。於是其公使傲睨於京師,以淩我政府;其領事强梁於口岸,以抗我官長;其大小商賈盤踞於租界,以剥削我工商;其諸色教士散布於内地,以惑我子民。"①

清政府不僅在政治上腐敗、軟弱,經濟危機也逐步加深。土地兼併加劇,人口大幅度增長,農村經濟逐漸破産,階級矛盾激化。而政府仍然採取重農抑商政策,有礙商業發展。資本主義國家加緊了對中國的經濟侵略,鴉片輸入累年增加,西方資本主義勢力正陰謀變中國爲它們的殖民地。加上吏治敗壞,鎮壓起義軍費用增加,清政府財政入不敷出。

在山東,太平天國運動時期,山東幅軍的反清鬥争,淄川、博山農民的抗糧武裝斗争,魯西南長槍會,魯南的鄒教軍,魯西北的五大旗軍,山東各地農民的武裝反清斗争,是當時全國農民反清鬥争的重要組成部分。

第一次鴉片戰争中,由於山東及沿海各地積極備戰,英軍没有再次北上,鴉片戰争的硝煙尚未彌漫於齊魯大地。但鴉片戰争後,

①轉引自張静廬:《中國近現代出版史料·近代初編》,上海書店出版社2003年版,第29頁。

中國開始淪爲半殖民地半封建社會，山東人民同全國人民一樣，除了受反動腐朽的封建統治者的壓迫、剥削外，又遭到外國資本主義的侵略和掠奪。加之山東是歷史上的老災區，道光十五年春，山東濰縣出現大旱，夏天又霪雨連綿，秋天發生蟲災，次年大饑，瘟疫流行，災民紛紛逃亡東北，濰縣城内，饑民充斥，道殣相望。山東本來就人多地少，豐收之年尚且難以維持温飽，再加以如此嚴重頻繁的自然災害，人民生活極爲困苦。

可見，在全國經濟日趨滑落的形勢下，山東亦不能免。

二、清中期的學術文化狀況

一般認爲，乾嘉學術啓蒙於康雍時期，至乾嘉而趨於全盛，嘉道以後，斯風漸衰。事實上，嘉道以後直至光緒中期，期間由於社會環境的影響，學術風氣雖然稍有變化，但此學仍然在整個學術界占有重要的地位。

山東尤其如此。在全國，乾嘉學術以乾隆時最盛；在山東，則以嘉慶、道光時期爲集大成。這可以從兩個時期興起的名家與産生的學術成果一窺端倪。

乾隆時，山東的經學、小學名家僅見孔廣森、桂馥、孔廣林、牛運震諸人，而在嘉慶、道光年間，影響及於全國的名家明顯增多，所産生的名著更是指不勝屈。

經學，於《易》，有牟應震《周易直解》，牛運震《周易解》，孫廷芝《讀易例言圖解》，單維《周易介》，丁裕彦《周易述傳》，馮繼聰《周易析義》，賈聲槐《周易解》，孔傳游《太極易圖合編》，李兆元《周易説卦傳輯注》；於《詩》，有牟應震《毛詩質疑》六種，李允升《詩義旁通》；於《書》，有丁裕彦《洪範宗經》；於《春秋》，有郝懿行《春秋説略》《春秋比》；於《四書》，有牛運震《論語隨筆》《孟子論文》，許瀚《論語附録》，莊詠《學庸困知録》，叢秉肅《學庸順講》，賈聲槐《四書思辨録》，李詒經《四書蠹簡》，李允升《四書證疑》，李兆元《大學古本詁略》《中庸貫》,綦灃《四書會解》,楊廷芝《鄉黨約説》《四書遵朱會通》。

在小學方面,於文字,有王筠《説文釋例》《説文句讀》《説文繫傳校録》《字學蒙求》《文字蒙求》《檢説文難字》《正字略定本》,郝懿行《説文廣詁》,牟庭《校正説文》,馬邦舉《説文解字考略》,翟云升《隸篇》《續隸篇》《再續隸篇》《韻字鑑》,劉淇《助字辨略》;於音韻,有單可琪《音韻同異辨》,牟應震《毛詩古韻雜論》,張耕《古韻發明》,莊瑶《聲韻易知》;於訓詁,有郝懿行《爾雅義疏》《證俗文》等。

以上經學與小學,尤以王筠的《説文》研究、郝懿行的《爾雅》訓詁研究影響最大。

山東史學,有郝懿行的《補宋書刑法志》和《補宋書食貨志》,梁啟超在《中國近三百年學術史》中特别將其列入"極有價值"的補志之列。郝懿行還編撰了《汲冢周書輯要》《山海經箋疏》等史書考據著作。牛運震的《讀史糾謬》,從編撰學、文學和考據等多個角度對史書進行分析和考證,是山東考證學的代表作之一。

史學在山東的另一個成績是金石學的興盛。顧炎武《金石文字》爲清代金石學之濫觴。乾嘉時期,以錢大昕、王昶、阮元、翁方綱等爲代表的學者,成爲金石研究的中堅。道、咸以降,金石學進入鼎盛時期。山東作爲齊魯文物之邦,歷代鼎彝碑碣、幣陶印封等金石器物的藴藏積累都極爲豐富。阮元任山東學政之時,編纂《山左金石志》帶動了山東金石學的發展。益都學者段松苓,著有《益都金石記》《金石略》;諸城劉喜海,撰成《金石苑》《長安獲古編》;海豐吴式芬,有《攈古録》《攈古録金文》《金石彙目分編》;日照許瀚,不僅爲吴式芬校訂金石著述,還自撰《攀古小廬金文集釋》《攀古小廬鏡銘》,編有《濟寧金石志》;陳介祺發現了封泥,與吴式芬合作《封泥考略》;山東最著名的古錢幣收藏和研究專家是利津李佐賢,著有《古泉匯》《續泉匯》。以上金石學家可謂集一時之盛,薈萃山左,使山東成爲道光、咸豐年間全國的金石學重鎮。

山東輯佚,則有馬國翰的《玉函山房輯佚書》,是輯佚學的空前巨著,而馬國翰也被王重民先生尊爲“清代輯佚第一家”。

道光、咸豐時期,是思想文化的覺醒時期,以龔自珍、林則徐、魏源、姚瑩爲首的一批啓蒙主義者開始睁眼看世界。反映在文學上,亦是覺醒的文學。詩有龔自珍開一代詩風,之後,有張維屏、魏源、朱琦、姚燮等,爲詩具有鮮明的時代特徵,洋溢着反侵略的愛國精神,風格沈鬱悲憤,詩派有宋詩派鄭珍、何紹基、莫友芝、江堤。散文有龔自珍、魏源提倡經世之文,包世臣、蔣湘南、馮桂芬衝破桐城“義法”的束縛,但桐城派散文亦順應時代的需求,梅曾亮等創作了一些具有反侵略愛國精神和充滿時代内容的散文,一時有“桐城中興”之譽。

山東文學,自王士禛去世後,高潮逐步消退。乾隆開始,沈德潛、袁枚、翁方綱先後崛起,“格調説”“性靈説”“肌理説”風行海内,表明江南詩壇在相對沈寂了半個多世紀以後,已經開始了新一輪的興盛,詩歌重心由北向南轉移。嘉慶至咸豐間,山東除了“高密詩派”的餘韻之外,僅濟南有“濟南詩派”,但拘於一隅,没有在全國形成影響。但此期,彙集地方詩文總集蔚爲風氣。在全省,有劉鴻翱輯《山左制藝》;劉鴻翱、李景嶧輯《山左古文鈔》;余正酉撰《國朝山左詩彙鈔後集》。在地方,有張彤、李兆元輯《掖詩採録》;張彤、張詡輯《濰詩採録》;王賡言纂《東武詩存》;宫卜萬輯《牟平遺香集》;孔昭薰、孔昭蒸輯《闕里孔氏詞鈔》;周翕鐄輯《即墨詩乘》;周掄文輯《即墨詩乘續》;孔憲彝輯《闕里孔氏詩鈔》;吴連周輯《繡水詩鈔》;孔憲彝纂輯、孔憲庚參校《曲阜詩鈔》;馮繼照輯《般陽詩萃》。一系列地方詩文集的彙集,反映了清中期山東文學多彩的面貌。

三、清中期的山東刻書概況

(一)官刻

任何出版都服務於一定的目的。宮廷出版服務於朝廷的政治、經濟、文化,必然與朝廷的政治、經濟和文化的狀況相表裏,更受經費制約。

所謂“康乾盛世”,在乾隆晚期已經外强中干,到嘉慶,正是由盛轉衰的開始。歷史學家認爲嘉慶帝是位守成的平庸者,在刻書上可見一斑。他在位二十五年衹刻了三十六種書,遠低於他父親的一百六十三種。刻書的内容主要是規章制度的彙編,而非具有創新性的著述,如《欽定吏部則例》《欽定户部續纂則例》《欽定禮部則例》《欽定中樞政考》《大清律例》《欽定宮中現行則例》等。

繼續嘉慶朝的衰弱,道光的宮廷刻書更少,僅僅十三種,也局限於則例等内容。更有甚者,當時中央財政已經到了無力刻書的地步。康熙帝命修《大清一統志》,至乾隆九年完成,計三百五十六卷。乾隆二十九年重修,四十九年告成,五十五年刊成,計四百二十四卷。至嘉慶,又命再修,“材料斷至嘉慶二十五年,視乾隆重修本加詳,道光二十二年進呈後迄未刊布”①。而在民間,爲了適應民衆需求,上海鴻寶齋書坊將乾隆重修本拆成五百卷,廣爲印行。與此相比較,朝廷財政的窘相可以想象。

另據陶湘書目記載,道光、咸豐、同治三朝,殿本書僅有十五種。清朝内府刻書可謂創了歷史新低。

地方官府刻書也受社會動蕩和經濟狀況的影響,較前期明顯減少。有剩米餘錢的東南地區是太平天國的主要活動區域,軍事騷擾對文化影響較大,造成咸豐時期的刻書低谷。

①張元濟:《跋〈大清一統志〉》,見故宮博物院圖書館編《清代内府刻書目録解題》,紫禁城出版社 1995 年版。

山東此期官刻共四十八種，其中一種爲叢書，如果不計子目，僅有三十三種。數量雖然較前期爲少，但在機構的層次與内容的多樣化上，則較前期更有特色。

刻書的機構不僅有省級衙門，還有地方衙門，機構有層次之分。

省級衙門刻書不僅有布政司、按察司、提督學政、都轉運司，還有巡撫官署。刻書共六種，有巡撫官署刻《般若真詮》，布政司刻《賦役全書》，布經歷署刻《紀效新書》，都轉運司刻《新修山東鹽法志》《鹽法續增備考》，提督學政刻《國朝山左詩續鈔》《補鈔》《幽光録》。

地方衙門刻書十四種，以濟南府、泰安府爲著。濟南府濟南郡齋刻《濟南金石志》，濟陽儒學刻《老子説略》，章邱縣署刻《章邱節孝志》《鴻苞節録》《虹玉堂文集》，德州禮房刻《德州賓興事宜》，金棨在泰安府署刻《泰山志》，南通徐宗幹在泰山官署刻《山左明詩選》《魯兩先生集》《泰山道里記》，又補刻《制義文統類編》《石堂全集》等。另外還有兖州府刻《明堂考》，滋陽縣署刻《金石索》，馮賡颺汶上縣署刻《文獻通考序鈔》，登州府福山儒學刻《福山節孝志》。

另有濼源書院刻《經韻集字析解》二卷。

此期官刻在刻書内容上呈現多樣化。不僅關注國計民生，如賦役、河道、鹽法、救災、農業，在文化上的需求更强烈一些。張鵬展集衆人之力在濟南試院刻成的《國朝山左詩續鈔》《補鈔》，在清代山東詩學發展史上意義重大。濟陽儒學的《老子説略》，濟南郡齋的《濟南金石志》，滋陽縣署的《金石索》，兖州府的《明堂考》，汶上縣署的《文獻通考序鈔》，均表明官府已開始關注純粹的學術著述，體現了一種積極參與文化建設的態度。山東巡撫托渾布令布政使楊慶琛重刻戚繼光的《紀效新書》，以勵軍强兵，與當時的時勢有關。嘉慶之後,清朝經歷了康乾盛世,逐漸走下坡路,人們的道德、思想有了很大變化,故此時的山東官刻書亦開始關注風俗教化,《聖門十六子書》自不必説,濟南學署《幽光録》的刊刻,章邱縣署《章邱節孝志》、福山儒學《福山節孝志》的刊刻,均爲表彰烈婦節婦,宣揚道德教化。

孔府官刻共有八種,除一種史部書外,其餘皆爲集部書,有孔憲培刻《凝緒堂詩稿》,孔慶鎔刻《鐵山園詩稿》《鳴鶴集》《鐵山園詩集》《春草堂集》等。

（二）家刻

清中期山東家刻共758種,與前期相較,刻書名家明顯減少,但在刻書的個人分布及地區分布上,則更具廣泛性。

清中期山東最大的刻書家族是聊城楊氏。楊以增、楊紹和、楊保彝、楊承訓,四世刻書,自道光十八年始,至民國九年止,近百年間,共刻書四十九種。以經部爲多,有丁晏的《六藝堂詩禮七編》,翟云升的《隸篇》,桂馥的《説文解字義證》,劉淇的《助字辨略》,郝懿行的《爾雅郭注義疏》《急救章考異》,淩廷堪的《淩次仲復禮三篇》,張成孫的《張彦惟答方彦聞書》,還有《夏小正傳》《吕氏家塾讀詩記》。

楊以增刻書分兩期,在去淮安之前,所刻書皆爲他出資,由別人董理,如刻翟氏《隸篇》由楊以增發起,而實際操辦者卻是翟氏及陳官俊等人;刻桂氏《説文解字義證》和許鴻磐《方輿考證總部》均由許瀚辦理;刻武億三種書由武億後人董理。第二個時期是在江南河道總督任上,短短不到十年時間,共刻三十六種,集中於咸豐元年至五年。

由於優越的刻書條件,在包世臣、高均儒、梅曾亮等人的幫助下,楊以增所刻精品甚多。《恒星赤道圖》《皇朝一統圖》《萬國地球圖》《今釋古今圖》四種地圖,集學術性、文物性、藝術性於一體。

此本介於六嚴原繪本與李鴻章刻本之間,是一個不爲人知的版本。此書用金陵刻工,採用套印技術,版式獨特,圖畫精細,反映了當時的社會形勢和學術要求。《蔡中郎集》在校勘學上最爲人稱道,以黄丕烈、顧千里合校的萬曆間徐子器本爲底本,參校他本十一個,擇善而從,故許瀚在《楊刻〈蔡中郎集〉校勘記》中説“自有《蔡集》以來,未有如此本之善也”。仿宋本《三續千字文注》,仿元本《六藝綱目》,高均儒手寫付梓的《惜抱先生尺牘》《跛溪年譜》等,皆爲藝術精品。

福山王氏是山東的刻書大族,七世刻書:王顯緒——王善塏、王善寶——王餘英、王德瑛——王兆琛——王祖源、王伯方、王季寅——王懿榮、王懿棨——王懿榮之子。從嘉慶到光緒,共刻書九十四種,比清前期的新城王氏刻書還多,是除曲阜孔氏外山東刻書最多的家族。清中期王德瑛刻書最多,以子目計有四十七種。其《日省吾齋雜著》多數卷端下題“福山王德瑛校刊”,宋體字,比較方正。王德瑛先後在河南考城、伊陽、扶溝、安陽任過縣令,四次刊刻《文昌孝經注》。道光十四年至十六年刻《今古文孝經彙刻》。其刻書完全是爲了風俗教化。

孔氏在清中期,以孔憲彝刻書爲最多,達十種。除了桂馥的《未谷詩集》《晚學集》,朱璵的《小蓮花室遺稿》,司馬梅的《繡菊齋題畫剩稿》四種外,餘皆爲自撰,有《小蓮花室圖卷題辭》《尺五莊餞春詩薈》《韓齋文稿》《對嶽樓詩録》《對嶽樓詩續録》。孔憲彝因刻桂馥著述而得名,此二書皆刻於道光二十一年,從桂顯忱家藏稿本録出校刊,有助刻者若干人。另有兩種孔憲彝編撰的《闕里孔氏詩鈔》《曲阜詩鈔》爲孔氏家刻本。《闕里孔氏詩鈔》受兩代衍聖公關注,可見此書的刊刻對孔氏家族的意義非同一般。此書與孔昭薰、孔昭蒸輯《闕里孔氏詞鈔》並行,是孔氏家族詩詞的彙集,集中展現了孔氏在文學上的成就。

孔氏刻書位居第二的是孔昭薰,其在玉虹樓刻自撰《綬藤吟舫詞》《丙申北遊詩詞小草》《柳村詩》《貯雲詞》《至聖林廟碑目》《闕里孔氏詞鈔》。其中,《至聖林廟碑目》可補《闕里文獻考》《山左金石録》二書之缺。《闕里孔氏詞鈔》是重要的孔氏文獻。

位居第三的是孔昭傑,刻自撰的《大學指掌》《中庸指掌》《拜經書屋文稿》《孤燈吟草》,還刻有孔廣權的《觀海集》。

孔廣森是乾嘉時期經學研究的重要人物。其《禮學卮言》《經學卮言》《少廣正負術内外篇》《駢儷文》由兒子孔昭虔刻。其《春秋公羊經傳通義》,由孔廣廉刻。此書爲清代首部《公羊》新疏,奠定了孔廣森清代公羊學復興先驅人物的地位。

孔氏還有孔昭燦刻其父孔廣根的《秋蓼山房詩稿》《秋蓼山房詞稿》;孔憲庚刻自撰《十三經閣詩録》,刻王大淮《可竹軒詩録》;孔廣衡刻孔廣林的《周官臆測》;孔廣牧刻孔繼鑅詩及自撰的《漢石經殘字證異》;孔昭任刻自撰的《出山小草》《慎獨齋存稿》等。

輯佚大家馬國翰刻書以集部爲主。馬國翰刻書共二十八種,其中集部有二十一種,十六種爲自著詩文,計有《夏小正詩》《玉函山房試帖續》《玉函山房詩集》《文選擬題詩》《月令七十二候詩》《玉函山房文集》《百八唱和集》《竹如意》《買春詩話》《五峰山館詩課》《農諺》《紅藕花軒泉品》《玉函山房文集續》《荆州記》《治家格言詩》《玉函山房制義》《紅藕花軒課草》《海棠百詠》《玉函山房試帖》《紅藕花軒試帖》《紅藕花軒賦草》。還有爲他人刻者四種:賈璇《四書筆記》,陳超《元圃詩鈔》,時銘《掃落葉齋詩藁》,周懷綬《耕道獵德齋詠史小樂府》。

馬國翰刻書最有名者,當爲《玉函山房輯佚書》,部帙巨大,影響深遠,是輯佚學上的鴻篇巨著。所刻《玉函山房藏書簿録》,反映了一個私人藏書家的藏書盛況及旨趣。最爲難得的是,其刻書版片大部存世,爲清代刻書史的研究提供了重要的物證。

安邱王筠,清代説文四大家之一,著述頗豐,但刊刻的少,大多以稿抄本流傳,尤其是批校題跋本,全國各大圖書館幾乎都有收藏。王筠所刻書共十種。其中自撰六種,有京師刻《檢説文難字》,鄉寧縣署刻《正字略定本》《文字蒙求》,徐溝刻《説文釋例》,鄉寧刻《説文釋例補正》,曲沃刻《説文解字句讀》。他在鄉寧縣署爲前輩刻書三種:《念復堂詩鈔》《松亭詩鈔》《菊逸先生詩存》。爲朋僚刻書一種,即在曲沃刻焦騰鳳的《句股圖解》。其子王彦侗刻《説文繫傳校録》《菉友蛾術編》,刻《説文句讀補正》,又刻《六家奕譜》。侄王彦佶曹南武陽學署刻《菉友肊説》。王氏家刻本還有王馭超的《海岱史略》。

諸城劉喜海刻書共十種,除《六藝綱目》《劉文清公遺集》《劉文清公應制詩集》《挹秀山房詩集》《西江一櫂集》《仁恕堂筆記》外,其餘均爲金石類著述,即使是《嘉蔭簃論泉截句》也與金石有關,由此可見劉喜海的旨趣所在。其爲他人刻書較多,刻自己的著述僅三種:《嘉蔭簃論泉截句》《長安獲古編》和《金石苑》。刻書時間集中在道光十三年至道光十八年間,即在臨汀郡署任職期間。劉喜海還在北京、福建、四川、浙江刻過書,其中北京是清代北方的刻書中心,而後三個地方自宋代以來就是刻書中心,有良好的刻書傳統,也有優秀的刻書資源,故劉喜海在此四地刻書均受其地刻書的影響,如建本的細行密字、寫刻體,蜀本的每行字數多,浙本的端莊大氣。儘管劉喜海在各地所刻書風格各異,但有個共同的特點,即字體瘦長並右肩上斜,這是其典型風格。劉喜海刻書多有牌記,明確刻書時間、刻書地點和刻書人,或鐫刻堂號,表現了他較强的版權意識。

被龔自珍稱爲“北方學者第一”的日照許瀚,是清代著名小學家，而其在目録、版本、校讎及金石等方面亦卓然成家，僅爲吴式芬校勘者就有《攈古録金文》《攈古録》《金石彙目分編》三書。他在京師刻《[道光乙未科鄉試齒録]》，在濟寧刻《齊魯課士録》，在清江浦刻馬邦玉《漢碑録文》，又刻其父許致和《説詩循序》《學庸總義》。他所刻的《方輿考證總部》，雖僅爲總部六卷，但從一個側面反映了全書的面貌。他校景宋刻《孟子音義》，具有重要的版本價值。道光三十年至咸豐二年，他刻桂馥的《説文解字義證》，一波三折，爲此書不僅耗盡了精力，還耗盡了家財，可説是桂氏之功臣。

淄川王培荀，所刻大部分是個人著述，有寫四川生活的《聽雨樓隨筆》《寓蜀草》《雪嶠外集》《雪嶠日記》，有倡和之作《旭陽贈别》《聽雨樓吟社詩抄》《蜀道聯轡集》，有懷鄉的《鄉園憶舊録》，有不忘故舊的《秋海棠詩》，有弘揚先人著述的《琴鶴山詩集》，有爲家人立傳的《[淄川]王氏家傳》，有推動當地教育的《管見舉隅》《讀書緒論》《學庸集説》。以上十四種，除三種在山東刻成外，其餘十一種均在四川刻，且皆爲榮縣任上刻。作爲一個七品知縣，在財力有限的情況下，刻書數量之多，這在清代山東刻書中並不多見。

蓬萊張香海，爲官每歷一地，均有詩作，刻者達二十四種。在河南刻三種，湖南刻二種，在四川所刻最多，有八種。除詩文外，其他著述未見有刻本，僅據他人序跋得知。如《詩經典確》《禮記典實》《春秋三傳直解》等經學著述，《潼江吏蹟》《南賓吏事》《潼江吏蹟續鈔》《陳氏大忠祠考》等史學著述，《慈竹軒摭録》等雜録，《清靄亭叢鈔》《重輯蓬萊閣集》等輯鈔，均未見有刻本。

德州李氏刻書共十三種，明末至道光年間，先後有李誠明——李有基——李鐄、李鏌——李一鳴、李清渭——李根譜，五代刻書。明末李誠明刻有自撰《翾翾草》，乾隆五十九年李有基福建連城官署刻李源《見可園集》、李樫《後知堂遺詩》。道光中，李鐄、李鏌、李一鳴刻李徵熊《海外吟》《再來集》《南湖草》，李清渭刻李誠明《矩亭遺詩》《見可園集補》，李清渭在東阿學署刻李徵熊《厲臺詩草偶》、李亶照《李亶照詩》、李丕基《酒囊詩草拾遺》、李崇基《李崇基詩》、李鋈《李鋈詩文》。李清渭刻書最多，從道光六年到二十一年，主持或參與刻書九種，並重校、彙印李氏家集，對李氏刻書作了全面的總結。

章邱李廷棨刻有《夏小正詩》，其《紉香草堂詩集》爲後人刊刻。其子李寶嬰、李寶赤還刻有吴連周《帚金集》、李廷棨《紉香草堂文鈔》《紉香草堂詩餘》、馬國翰《玉函山房輯佚書續補》及《目耕帖續補》。寶嬰子符卿刻其父撰《袖雲石屋詩鈔》。李氏刻書雖不多，但其最大的功德是保存了馬國翰的書板，幾代世守，最終使山東現存最多的書板在歷經了近二百年後安然無恙。爲了使該書得到更廣泛的流傳，李氏在近二百年間，多次刷印，雖然有的是經過官方協調而刷印。光緒十年、光緒十五年，李氏對馬國翰的書板進行了兩次大規模的印刷、補刻，對馬氏著述的傳播起到了巨大作用。

“高密詩派”的骨幹——邱縣劉大觀，遊歷大江南北，以刊刻“高密詩派”著述爲已任，故“三李”走出山東，劉大觀功不可没。首於京師刻黄景仁《悔存詩抄》，繼刻李懷民《石桐先生詩鈔》，與江西臨川李秉禮、高密王寧焯等在北京刻李憲喬《少鶴集》及李懷民、李憲喬《二客吟》《重訂主客圖詩》，在遼左刻王祖昌《秋水亭詩》《秋水亭詩草續集》，又刻自撰《玉磬山房文集》《詩集》。劉大觀刻書共九種，祇爲自己刻過兩部詩文集，而爲“高密詩派”刻書達四種，均爲初刻，其中李懷民、李憲喬的詩集爲初刻，《二客吟》爲本書的唯一版本，詩學理論著述《重訂主客圖詩》是由劉大觀第一個推出的。而黄景仁和王祖昌由於貧困，無力付梓其集，劉大觀爲他們刊刻，是出於朋友之誼，更是緣於對二人詩歌的認可和欣賞。

海豐張氏,著述豐厚,但刊刻者不多,計有十二種,清中期有七種:《荔岩行述》《讀詩類編》《毛詩韻考》《韻學弟子訓》《律綱》《曦亭行述》《我園行述》。主要是張映漢及其子孫所刻,内容以史部爲主,刊刻家人行述較多。所刻書大多現已不存,但從現存的兩種書可見,張氏刻書皆係精品,質量高。

棲霞《郝氏遺書》三十四種,郝懿行自刻的有《宋瑣語》《晉宋書故》《補宋書刑法志》《補宋書食貨志》《金石三例》,郝氏家刻的有《列女傳補注》《列仙傳校正本》《列仙傳贊》《夢書》。《郝氏遺書》有郝懿行後人郝聯薇等刻者二十四種,皆在光緒中,有著名的《爾雅郭注義疏》,有《竹書紀年校正》《通考》《寶訓》《蜂衙小記》《燕子春秋》《記海錯》,有《易説》《易説便録》《書説》《汲塚周書輯要》《逸書》《鄭氏禮記箋》《詩説》《詩經拾遺》《詩問》《證俗文》以及郝培元、郝懿行、王照圓的集子。

棲霞牟氏亦爲刻書大族,牟房的《四女祠集》《雪泥書屋遺書目録》似爲自刻,牟房又在浙江湖州刻其父牟庭的《楚辭述芳》《讀楚辭雜記》《擬我法集》《雪泥書屋雜志》《周公年表》《投壺算草》《雪泥書屋稿》,牟應震刻《周易直解》《夏小正考》,所刻《毛詩質疑六種》,集中體現了牟應震的研詩成果及治學方法。

海陽趙氏亦爲刻書大族,趙銘彝刻趙作舟的《文喜堂詩集》,刻郝懿行的《春秋説略》《春秋比》。趙洛衍聾室刻趙燮的《中庸義略》《贊化》《西銘解》《太極圖説》《群書貫》,刻趙培基的《寸知集詩》和自著的《叢緑軒詩集》。趙氏燕海吟壇刻趙似祖的《希音閣詩集》、趙鈞彤的《燕子箋彈詞》。

歷城朱畹、朱廷相父子共刻書九種,集部書最多,有《廣齊音》《寄庵詩鈔》《半隱園詩集》《甘棠遺愛》《紅蕉館詩鈔》《仍可軒詩鈔》《[王祖熙遺稿]》。朱畹在八十三歲時補刻牛運震的《毛詩質疑六種》,其孜孜不倦的刻書精神感人至深。

濰縣陳官俊爲韓夢周一人刻有《理堂文集》《外集》《理堂詩集》《理堂日記》,刻書地均爲京師,刻印較精。其子陳介祺刻書均在同治年間。刻鈐印本三種,爲不同時期的《十鐘山房印舉》。陳介祺另刻書七種:《朱子文善俗鈔》《小學題辭》《外科證治全生》《[名賢書聯]》《[漢代銅器]》《傳古小啓》《古印一隅》,多與印學有關。陳介祺還助他人刻書四種。

掖縣翟云升刻書多關經史,有《五經歲徧齋校書三種》(《覆校穆天子傳》《校正古今人表》《焦氏易林校略》)《隸篇》《續隸篇》《再續隸篇》《韻字鑑》。其中《覆校穆天子傳》是公認的此書最善之本。《隸篇》三編的刊刻,體現了他的寫樣水平。

掖縣李氏四世刻書,李鏌——李兆元——李澎圻、李淑筠、李澄燮——李豐綸。其中李兆元刻書最多,有《蘇李詩箋》《古詩十九首詩箋》《漁洋山人秋柳詩箋》《大學古本詁略》《周易説卦傳輯注》《詩法易簡録》《中庸貫》《艾堂外篇鈔存》,均在河南所刻。刻書内容以經部和集部書爲主。

歷城王偁,熱衷於地方風物掌故,設帳授學,家貧無資,但卻刻書七種:《鵲華館三種》(《歷下偶談》《續編》《匡山叢話》)《蓮舫詩鈔》《花譜》《韻事》《名媛韻事》《嵎陽詩説》《瓣香雜記》。

嶧縣張魯文及其子張桂林,均爲牛運震的學生。牛運震的《空山堂全集》共十種,張氏刻七種:《空山堂史記評注》(補刻)、《春秋傳》《論語隨筆》《詩志》《空山堂文集》《孟子論文》《讀史糾謬》,其中尤以《讀史糾謬》在清中期的史學界影響最大。

濰縣郭氏爲刻書大族,共刻書三十七種,主要爲清後期所刻,清中期有郭書俊之子刻郭書俊的《蓼莾詩存》,郭夢齡湖北刻張柏恒的《式訓集》和自撰的《果州留别唱和集》,郭峻嵩、郭爲賢刻郭世臣的《師竹軒詩存》,郭斌壽刻郭麐的《望三散人感舊集》,郭綏之刻自撰《畹香村會稿》等。

陽湖孫星衍在山東任職期間,於濟南刻書五種:《尸子》《琴操》《燕丹子》《竹書紀年》《穆天子傳》,五書均由洪頤煊輯校。又於安德使署刻《建立伏博士始末》。以上所刻皆有較高的版本價值。《燕丹子》係四庫館臣於《永樂大典》中輯出,故孫星衍此書爲第一刻。《琴操》也是現存的第一個刻本。《穆天子傳》因有洪頤煊的校,具有重要的文獻學價值。

蓬萊慕氏刻書五種,由慕維德及其子慕曰譚所刻:《試律智慧海》《看雲秋室館課詩存》《看雲秋室館課賦存》《古今體詩》《如山奏議》。刻書内容有奏議,有自作詩文賦,有所輯應試文,不拘一格,尤以自己的著述爲主。

濰縣劉鴻翱京師刻《山左制藝》,太湖刻《緑野齋文集》,與鄒平李景嶧蘇州刻《山左古文鈔》,福建刻《緑野齋前後合集》《太湖詩草》《緑野齋制藝》。皆外地所刻,寫刻精美。

濰縣于祉刻書五種,皆爲自撰:《澹園詩選》《澹園古文選》《澹園詩話》《三百篇詩評》《澹園詩選續稿》。

諸城王瑋慶刻書五種,有王應垣撰《南行吟草》,妻子單茝樓撰《碧香閣遺稿》,自撰《滄浪詩話補注》《藹唐詩集》《蕉葉山房館課詩鈔》。所刻書精美無比,完全不似嘉道間的風格,而有清早期的餘韻。

寧陽黄恩彤,官至廣東巡撫,在廣東期間,刻書四種:《名宦傳》《于文定公讀史漫録》《粤東省例新纂》《存素齋韻語》(《憩亭賦稿》《使粤詩草》《忘餘詩草》)。光緒六年,刻書兩種:《知止堂集》附《外集》《續集》,《飛鴻集》附《飛鴻餘集》《秋聲詞》《飛鴻集文》。

海康丁宗洛,在濟寧任上刻書五種,有爲家人和自己刻的,如《一桂軒詩抄》《馮桂山自訂年譜》。有爲鄉人刻的,如陳瓚的《海康陳端公年譜》《海康陳端公詩集》。因爲治《逸周書》和《大戴禮記》多年,晚年刻經書《逸周書管箋》《大戴禮管箋》。

莒州莊氏刻有莊瑶《式古編》《聲韻易知》《便方備用》,莊詠《筆花園稿》《學庸困知録》《杜律淺説》。

樂陵賈聲槐有著述五種:《艮山文集》《艮山續集》《四書思辨録》《周易解》《約我齋偶録》,均在其生前刻成,應爲自刻。

諸城王賡言刻書四種:《車中吟存草》《東武詩存》《四書釋文》《篔山堂詩鈔》,家刻特徵比較明顯,多爲寫刻體,字畫不苟。

利津李源著述,現知有四種,其中《春秋傳注會參》係李源在浙江所刻,另外三種《四書考疑》《歷代紀元考》《寓拙軒稿》,由其孫李端照所刻。而《利津李氏考卷》是最早的李氏刻書。

德州孫氏延緑吟館刻孫勷撰《鶴侶齋詩》《鶴侶齋文稿》及田昂、馬洪慶編《五事尊聞》。

曲阜顔氏有顔崇槼據安國本重刻《顔魯公文集》,由江寧劉文奎家鋟梓。顔崇槼還刻有《顔氏家乘》七種。

章邱高志城、高意城兄弟,刻有吴連周的《繡水詩鈔》《高唐齊音》,使章邱地方文獻得以流傳。

章邱孟氏以經商起家,其安素堂刻有孟傳璿《贈雲山館遺詩》《紅藕花榭詩餘》,刻孟雲峰輯《人鏡集》,皆爲家刻本。

淄川馮繼照,於修武縣署爲他父親的老師司天開刻《四書彙解》,又刻自輯的淄川地方詩文《般陽詩萃》,刻自撰的《正字簡》。

長山馬桐芳,刻自撰《憨齋詩話》《憨齋詩刪》《聊以自娱集》三種。

齊東李玉清刻有《郝氏四子詩鈔》,包括郝允哲的《深柳堂遺詩》,郝允秀的《水村詩存》,郝篔的《秋岩詩集》,郝答的《愛吾廬集》。

惠民邵大緯,著有《薄海番域録》《史系簡鈔前編》《史系簡鈔後編》三種,皆爲道光中邵氏家刻本。

利津李佐賢刻書大多在同治、光緒間,咸豐年間刻書三種:《[李文桂文]》《石泉書屋制藝》《石泉書屋館課詩》。

夏津潘克溥刻書共三種:《孟子備考》《四書人物備備考》《蕲州志》。

蓬萊吴氏柏柳堂刻有吴脈鬯撰《易經卦變解》《八宫説一解》《昱青堂雜集》。

蓬萊楊廷芝清遠堂刻自撰《二十四詩品淺解》《鄉黨約説》《四書遵朱會通》三種。

福山鹿林松刻《董氏遺稾》,包括董應雷的《遠遊草》,董樵的《西山詩存》,董道東的《道東詩》。

烏程張彤登萊青海防兵備道署刻《續掖縣志》《掖詩採録》《濰詩採録》三種。

掖縣侯登岸刻自撰《漢大司農康成鄭公年譜》《明高士傳》《兩漢碎金》。

平度孫氏自刻《天文解經》《開方易簡》附《開方考》《律吕指掌》。

濟寧馮德馨刻書三種,有《馮桂山自訂年譜》,有馮繼聰的《易泉先生詩鈔》《周易析義》。

由上可見,清中期刻書在五種以上的不足三十家,刻書家族也寥寥,僅聊城楊氏、曲阜孔氏、歷城馬氏、諸城劉喜海、安邱王筠、日照許瀚、德州李氏等數家,刻書兩種以上五種以下的所在多有,成爲清中期各地刻書的主體。

山東重要的詩歌流派——“濟南詩派”,自明代邊貢、李攀龍始,經過王士禛的發揚光大,達到極盛。清中期,此派餘緒達到了最後的輝煌。先是有“歷下三詩人”之稱的尹廷蘭、翟凝、周奕鬢,繼之爲余正酉、周樂、金洙、李肇慶等“明湖七子”,後由范坰主盟,與周樂、何鄰泉、謝焜、徐子威、李僩、鄭雲龍、張文簡等締結“鷗社”,中有馬國翰的參與和支持。他們爲詩以盛唐爲宗,在清中晚期自立於山左,産生了大量的著述,其中歷城李肇慶刊行最多,所刻有朱曾傳《説餅庵詩集》、尹廷蘭《華不注山房詩集》、翟凝《真研齋詩草》、周奕黌《范墅詩草》,還補刻了邊貢的《邊華泉集》《邊華泉集稿》。濟南范坰刻有徐子威《雲樵詩選》、趙慈《[趙慈詩稿]》和自撰的《如好色齋稿四種》。其他如謝焜《緑雲堂稿》《心儀集》《停雲集》,余正酉《秋門詩鈔》《國朝山左詩彙鈔後集》,周樂《二南詩鈔》《潼關詠史》《二南文集》《文外集》《制藝文》《二南詩續鈔》,王德容《秋橋詩選》《秋橋詩續選》,何鄰泉《無我相齋詩選》,鄭雲龍《焚餘詩草》,喬嶽《松石詩鈔》等,皆有刊刻,可謂百花齊放。不論是個人刊刻,還是後人刊刻,不論是朋友刊刻,還是門生刊刻,有的甚至是由外地人在歷城刊刻,總之,無論是何種形式,他們的詩文最終得到了廣泛的流傳。

(三)坊刻

道光以後,全國的坊刻得到了發展。書坊集中地區,仍以南北兩京和蘇、揚二州爲中心。如南京的李光明莊、聚錦堂、德聚堂,北京的老二酉堂、聚珍堂、善成堂、文寶堂、泰山堂、榮禄堂、文貴堂、本立堂、寶文堂、龍文閣、文光樓、文錦齋、文友堂、文成堂,蘇州的寶興堂、聚文堂、緑蔭堂、文學山房、三經堂,揚州的文富堂,寧波的群玉山房等,都刻印了不少書籍。

山東坊刻亦不甘落後。濟南府歷城有坊鋪七家:會文齋、文德堂、文陞齋、英華齋、文華堂、聚和堂、雙和堂,以會文齋刻書爲最多。周村有三益堂,率先揭開了坊刻書興盛的序幕。

東昌府聊城“四大書莊”雖先後於清康熙時開業,但留存下來的書很少,清中期僅見書業德有二十七種,而未見其他書坊的書籍。

登州府的坊鋪自清中期開始出現,有黄縣四寶齋、蓬萊文成生、煙台成文信。三家坊鋪均建於清中期,但留存下來的書籍衹有清後期的作品。成文信是登州府坊刻書的代表,不僅刻書量大,而且影響廣,位列山東坊鋪第二。成文信在山東共三個分號,一在煙台,一在膠州,一在濰縣。目前所知刻書共一百三十一種,其中明確爲煙台刻的有十七種,濰陽刻的有十種。成文信刻經部書最多,其次爲試帖類應試書籍。爲了適應市場需求,也爲了謀求更大的經濟利益,成文信一書多次刊刻的情況特别多,有至一書刻四次者。各地成文信有協作關係,亦有據他人板子重刻者。成文信不僅刻書,還賣書。成文信所刻《燕臺成文信記書目録》就是一個售書目,在每一種書後都標明價格,有大小板之分的,還分别標出。這些經濟史料對研究出版經濟史有着重要的價值。

萊州府坊鋪有萊郡同德堂、濰縣同祥號刻字鋪和高密德盛堂。

兖州府的坊刻書在清中期僅曲阜會文堂一家,由孔憲蘭所建,主要刻孔氏著述,亦有一般的蒙學及應試書籍。

濟寧州的文定齋在清中期還有刻書,道光十年刻丁宗洛的《逸周書管箋》。

除了以上官、私、坊三大刻書系統,清中期的書院刻書僅知有濼源書院道光十年刻《經韻集字析解》二卷。清中期的宗教機構刻書僅見咸豐十年望松刻《金剛般若波羅密經直解》二卷、《觀音大士降筆法語》《般若波羅密多心經直解》一卷,因鐫"板存後宰門街文德堂刻字店",知爲濟南府歷城所刻,但具體宗教機構不詳。

第二節　濟南府刻書

一、官刻

(一)省級衙門刻書

1. 山東巡撫官署刻書

《内蒙古自治區綫裝古籍聯合目録》中有《般若真詮》一書①,清徐澤醇撰,清道光二十六年刻本。有三種子目:《金剛經彙纂輯要》二卷,徐澤醇撰;《金剛般若波羅蜜經》一卷,徐澤醇演説;《摩訶般若波羅蜜多心經龍樹山珍》三卷,徐澤醇集注。

筆者見到二種。一是《金剛般若波羅蜜經》一卷,卷端題:"存惺居士徐澤醇演説。"封面題:"板存山東撫署之存惺齋。"前有道光二十六年四月徐氏識,又有是年嘉平月徐氏識於湖南臬署存惺書屋,知存惺齋爲徐氏堂號。二是《摩訶般若波羅蜜多心經龍樹山珍》三卷,卷端題:"梅橋徐澤醇集註。"封面題:"道光丁未鐫,存惺齋藏板。"前有道光二十七年徐氏識。二書皆八行二十一字,白口,左右雙邊,單黑魚尾。

徐澤醇(1787—1858),字梅橋,號樂天翁,卒謚恭勤。道光二十五年至二十七年任湖南按察使,二十七年至二十八年任山東布政使,二十八年至二十九年任山東巡撫,兼提督銜,二十九年至咸豐二年任四川總督,最後官至禮部尚書、户部尚書。②據此知徐澤醇道光二十七年纔來山東,從所見兩種來看,此書應爲道光二十七年刻本,因未見到第三種,不知《内蒙古自治區綫裝古籍聯合目録》著録版本年代是否有誤。

2. 布政司刻書

①刻《賦役全書》。

清中期的布政司刻《賦役全書》現僅見四種。青州府有兩種:《山東青州府壽光縣現行簡明賦役全書嘉慶二十一年分》《山東青州府壽光縣現行簡明賦役全書道光二十六年分》。

①何遠景:《内蒙古自治區綫裝古籍聯合目錄》,北京圖書館出版社 2004 年版,第 1074 頁。

②以上據臺灣"國立故宫博物院"圖書文獻處清國史館傳包。

東昌府有《山東東昌府聊城縣現行簡明賦役全書道光十六年分》一種。武定府有《山東武定府樂陵縣現行簡明賦役全書道光二十六年分》一種。

②經歷署刻《紀效新書》。

經歷署是布政使司的機構之一。

《紀效新書》十八卷,明戚繼光撰,清道光二十年山東布政司經歷署刻本。

封面題:"道光庚子秋重鐫,板藏山東布經歷署。"卷端署:"愛山托大中丞鑒定,定遠戚繼光撰,福州楊慶琛重刊。"

有道光二十年托渾布序,山東布政使楊慶琛序:"己亥春,任東藩。其冬,長白托公撫東,政和民理。越明年秋,出此編,囑重鋟以訓勵將士,因令經歷余榮校讎督刊,廣爲傳布。"

托渾布(1799—1843),字安敦,號愛山,孛兒只斤氏,蒙古正藍旗人。道光十九年任山東巡撫。

楊慶琛(1783—1867),榜名際春,字廷元,號雪椒,晚號絳雪老人,福建侯官人。嘉慶二十五年進士,道光十九年官山東布政使,内用光禄寺卿。有《絳雪山房詩鈔》。

據此書二序,知巡撫托渾布爲訓勵將士,要重刻戚繼光這部軍事名著,布政使楊慶琛於是令經歷余榮校讎督刊。刊成,板存布政司經歷署。

九行二十一字,黑口,四周雙邊,無魚尾,有圖,刻印一般。

此書嘉慶二十四年由海豐吴之勷刻過,有《合刻紀效新書練兵實紀緣起》。當時吴任湖北安襄鄖荆兵備道黄州府知府。

3. 都轉鹽運司刻書

都轉運司刻書兩部,全部是職責所繫,即刊刻《鹽法志》。關於《鹽法志》,山東雍正刻一種,嘉慶刻一種,道光刻一種,同治刻一種。基本貫穿了有清一代,可以説是清代官刻中最具有延續性的一項工作。大概基於鹽政爲民生之重，關乎社會穩定和政權鞏固。

①《新修鹽法志》二十二卷附《援證》十卷，清崇福等纂修，清嘉慶十四年山東都轉運司刻本。

有職名：鑒定：兵部侍郎兼都察院右副都御史巡撫山東兼提督銜臣吉綸，巡視長蘆鹽政兼理天津鈔關四品佐領銜内務府郎中臣李如枚。督修：山東都轉運使臣崇福。

有嘉慶十四年己巳正月巡視長蘆鹽政兼理天津鈔關武備院卿伊昌阿序："嘉慶八年歲次癸亥，余弟賽尚阿恩簡放長蘆鹽政。越六年戊辰，余復拜視鹺長蘆之命，余弟即代余武備院卿任，兄弟先後更替……山東一志則於上年春正始得繕録裝函，恭呈睿鑒，余受任後即飭令東商刊版印行。兹刊成，郵寄余，取而讀之。"有嘉慶十三年正月初九日巡視長蘆鹽政兼理天津鈔關臣李如枚"跪奏爲《山東鹽法志》完竣恭繕進呈"，云《山東鹽法志》一書，自雍正二年經前鹽政莽鵠立題准修輯，已八十餘年，户部劄令重修，"嗣據前任運司崇福遵照新修《長蘆鹽法志》體例，將《山東鹽法志》纂修完竣，並送具奏"。

書前有諭旨、天章、盛典等，末有營建與圖識，均在二十二卷之内。

九行二十四字，白口，四周雙邊，單黑魚尾。

②《鹽法續增備考》六卷，清恩錫纂，清道光八年山東等處都轉運司刻本。

據同治三年刻本，山東等處都轉運使司鹽運使恩錫識："考《鹽法志》始修於雍正四年，再修於嘉慶十三年。清源正本，亦美且備。兹《鹽法續增備考》一編，則又前志之後，詳列嘉慶戊辰至道光戊子案從事貿易若干條。……本擬自道光己丑以次，悉心搜輯，彙爲一編。祇以鹽政孔棘，補救未遑，嗣聞《續增備考》之梨棗復遺失過半，深懼前志未償，已修者漸就剥蝕，遂令引綱總商劉清泰等,付梓刊布。"據此識,知道光戊子即八年有續增之舉,並刻過,而到同治三年時,梨棗已遺失過半。此書所載應爲嘉慶十四年至道光八年間事。

4. 提督學政刻書

清中期的提督學政刻書有兩種。

①《國朝山左詩續鈔》三十二卷、《補鈔》四卷,清宋弼輯,清張鵬展續輯,清嘉慶十八年廣西上林張鵬展濟南四照樓刻本。

封面題:"嘉慶癸酉年鐫,四照樓藏板。"

有宋弼《國朝山左詩續鈔補鈔序》:"前刻既成,殊戾本懷,而成事不説,固執無益。是以收其簡漏,益以新蒐,凡得姓氏若干,詩篇若干,以爲《續鈔》。其原選不當逸者,及前僅摭録而後睹全本者,録爲《補鈔》,共若干卷。將藏之篋笥,以俟後賢,於鄉國前哲庶可以告無罪,即於僕之初心亦可以稍安,非若昔人争立門户、伐異黨同者也。丁亥秋仲校訂成帙,輒述本意書於卷首,奉政大夫整飭甘肅兵備道按察司副使廣川宋弼序。"丁亥爲乾隆三十二年。乾隆二十三年,宋弼助盧見曾刻《國朝山左詩鈔》之後,又輯成《續鈔》《補鈔》。

嘉慶十八年癸酉提督山東學政張鵬展《序》:"蒙泉宋廉訪當雅雨堂彙選前《鈔》,郵筒往來,備細商権。迨《鈔》成後,所得未及附入共二百十七人,手録爲《續鈔》四卷。又以前《鈔》之人其佳篇未及盡□□,不忍釋者,手録爲《補鈔》七卷。合作一序,緘識以存之。批讀終寒,想見先輩愛善無己之心流溢楮墨間,至至令人生敬。余因葺《續鈔》,得之於宋步武學博,其《續鈔》四卷採入今《鈔》,以年代先後,與今所搜輯者相爲排次,不必復爲區别。至《補鈔》七卷,先生劄記云:'荔裳先生全集徵之不明,他日宜另補之爲第一卷。'今從《安雅堂未刻詩》及《入蜀集》選登若干首爲第一卷以竟其志。其七卷略爲裁減,併作三卷,合原序刻之。庶幾先生愛重鄉獻之意,數十年薈萃精心藉以不没,與前《鈔》有合孅也。刻成,因書其緣起於卷端云。旹嘉慶癸酉季夏上林張鵬展識。"

張鵬展(？—1840),字南崧,廣西上林人。乾隆五十四年進士,入翰林院,爲武英殿纂修。後充雲南鄉試副考官,陞福建道監察御史,遷光禄寺少卿、太常寺少卿、奉天府府丞兼管學政,又轉太僕、太常二寺卿。嘉慶十五年,充山東鄉試正考官,隨之提督山東學正,又陞任通政使司通政使。

有《國朝山左詩續鈔凡例》,有《校對姓氏》。據《凡例》和《校對姓氏》可知:

此書體例大多與盧見曾的《國朝山左詩鈔》相合,但也有所改進,如省卻了前《鈔》中字句的辨證;

多借助於各地已有的成果,即各地所輯的當地本朝詩,如張彤的《掖詩採録》、李衍孫的《武定詩鈔》、劉芳曙的《渠風續集》;

善於利用鄉試時進行詩歌採集,其時各地人才彙集省城,相對來説較爲易得;

主要纂集人有高密王寧烶、文登李允升、膠州宋繩先、棲霞牟應震、蘭山馬孚來、即墨林元桂。

校對者中多名手,如歷城余正酉、淄川高丙謀、單縣時式敷、福山鹿澤長、黄縣丁培緡、高密單爲鏓、歷城朱寧、歷城王德容、濱州杜受元、歷城朱廷相等,皆爲一時碩儒。

此書的刊刻承上啓下,上接《國朝山左詩鈔》,下啓余正酉《國朝山左詩彙鈔後集》。與前後兩書有所不同,此次刊刻完全是政府行爲,是提督學政的行爲,雖有宋弼所輯在先,但最後成書是山東學子們共同努力的結果。張鵬展輯刻此書,大概與他認識到詩歌的資政作用有關:"涵詠之興,本於性情;性情之移,積爲風俗;風俗之成,關乎政治。"

四照樓在山東提督學正署内。此署位於大明湖的南岸,原本是始創於明代嘉靖十六年的湖南書院。嘉靖末年,提學張江陵改爲提學道,成爲學政衙門。當時的學署中,建有高樓,清初著名詩人施閏章提學山東後,因爲在樓上可"俯瞰城内外如指掌",故題名爲"四照樓"。翁方綱在任上,曾命名署内小亭爲"小石帆亭"。阮元上任,把園内的四照樓、濯纓橋、小石帆亭、石芝、玉玲瓏、海棠汧、鐘樓和積古齋並稱爲"學署八景"。同時,此署亦爲試院,是科舉考試的考場。光緒九年益都丁文田等刻段松苓的《益都金石記》,前有乾隆六十年朱文藻序:"乙卯仲夏,余與益都段赤亭先生同受山東學使阮宫詹芸臺先生之聘,輯《山左金石志》於濟南試院之四照樓下,聯榻於積古齋中。"宫卜萬輯《牟平遺香集》,有道光十八年永豐劉繹於濟南試院四照樓序,劉繹時爲學政。另據徐宗幹輯《山左明詩選》序,知道光七年,張鵬展所刻書板尚存試院。

十行二十一字,小字雙行二十一字,白口,四周雙邊,單黑魚尾。字體一般。

②《幽光録》不分卷,清龔守正輯,清道光八年濟南學署刻本。

龔守正(1776—1851),龔自珍叔父,字季思、象曾,卒謚文恭。仁和人。嘉慶七年進士,道光六年至八年任山東學政。官至禮部尚書、國史館副總裁、太子太保。

封面題:"道光戊子桂月刊,板存濟南學署。"

有道光八年仁和龔守正序:"查東省舊例,凡無力請旌之節婦,多於學政按臨時呈請匾額,以旌其閭。余兩年以來所給匾已不下百餘人。本年夏五,科試事竣,牘較簡,爰命吏將歷任請匾之案彙爲一册,名曰《幽光録》,以備他日修志乘者之採擇。雖見聞不廣,不無掛漏,然多存一人之姓氏,即少没一人之苦節。後之蒞斯任者,或踵而行之,亦未始非惟風化之一助也。"後列爲各地頒匾數量。

八行二十字,白口,四周單邊,單黑魚尾,刻印尚可。

5. 濟南府署刻書

《濟南金石志》四卷，清王鎮、馮雲鵷撰，清道光二十年濟南郡齋刻本。

王鎮，字中峰，大興人，道光十三年任泰安知府，十四年至十七年任濟南知府。道光二十年時已官山東登萊青兵備道。

馮雲鵷，字集軒，崇川人，嘉慶十六年進士，嘉慶二十年任滋陽知縣，道光時調曲阜，又令滕縣和膠州，道光二十年時已棄官居歷下。其兄馮雲鵬（1765—1835），字晏海，一字艷懈。好古耽詩詞，著《金石索》《掃紅亭吟稿》《紅雪詞》等。兄弟二人在山東陸續刻書四種，除此書外，尚有嘉慶二十年滋陽刻《金石索》，道光八至十年馮雲鵬曲阜刻《掃紅亭吟稿》，道光十四年崇川馮氏曲阜刻《聖門十六子書》。

此書封面題："濟南金石志，道光庚子新鐫，郡齋藏板。"

有《濟南金石志序》："道光庚子春二月既望，濟南郡志告成……集軒馮君既校定郡志七十二卷，復裒集《金石志》四卷，余謂金石所以資文人考核……入郡志則成官書，取求不便，今爲另刻單行，則家家案頭可置一册。然而仍名爲《志》者，從其朔也。則此書與郡志以爲二書也可，以爲一書也亦無不可。時在道光二十年歲次庚子五月朔日分守山東登萊青整飭海防兼管水利兵備道前知濟南府事大興王鎮中峰撰。"又有道光二十年汪喜孫孟慈撰《濟南金石志序》。道光二十年甘泉汪寶善序："跡其生平，始宰滋陽，繼長曲阜。假官滕令，權牧膠州……棄官來遊，著書歷下。束帛交聘，輯志濟南。輿地之書，裒然成帙。惟《金石》四卷，或因其繁，別録刊行。"則知此書成於馮雲鵷棄官居歷下時。而單刻的原因，是官書取用不便。

此書卷一爲歷代金器目，卷二爲歷城刻石，卷三爲章邱、鄒平、淄川、長山、新城、齊河、齊東等縣刻石。卷四爲濟陽、禹城、臨邑、長清、陵縣、德平、平原等地刻石。《續修四庫提要》謂:"濟南一郡之金石,金則在《山左金石志》所録有數,此則據《金石萃編》《金石索》諸書所載,及其所□、所出、所藏、所見者補入;石則《山左金石志》録有二百九十九種,《訪碑録》增有五十九種,均於禹城、長山兩邑之金石闕如。此則補其所遺,並於兩邑無闕。且於金石均廣至明清,凡前此金石諸書、郡邑諸志所未載者,據其增益,頗足備稽徵也。"

十一行二十五字,白口,四周雙邊,單黑魚尾。字體端正,刻印精美,可知公家刻書,一絲不苟。

(二)各地衙門刻書

1. 濟陽儒學刻書

《老子説略》二卷,清張爾岐撰,清道光十八年濟陽儒學刻本。

封面題:"道光十八年新鐫,濟陽儒學藏板。"卷末有:"曲阜孔繼銃、靈海宋衢刊校。"此本係據曲阜孔繼銃本重刻,避"玄",均依康熙本。書中有康熙八年張爾岐自序。在孔繼銃本不存的情況下,此本尤爲重要。

九行二十一字,白口,四周雙邊,單黑魚尾,無行格。刻印一般。

2. 章邱縣署刻書

①《章邱節孝志》四卷,清張楧修,清劉家麟纂,清道光三十年章邱縣署刻本。

封面題:"道光三十年冬月刊,縣署藏板。"

有道光三十年章邱知縣張楧序,稱此志原附在縣志後,後別列一編。編此書的目的是促進地方風化教育,共録四百人。又有道光三十年劉家麟序,咸豐元年劉家麟跋,其時劉氏任監院之職。

十行二十一字,白口,左右雙邊,單黑魚尾。刻印較精整。

②《鴻苞節録》十卷,明屠隆撰,清屠繼烈編,清咸豐七年章邱

縣署刻本。

封面題:“保硯齋藏版。”有牌記:“咸豐七年秋八月章邱縣署刻成。”卷端署:“四明屠隆緯真甫著,裔孫繼烈歡質謹編。”

有咸豐七年屠隆十世裔孫屠繼烈序:“(屠隆晚年之作,因名《鴻苞》,遂自號鴻苞居士,原四十八卷,六百十二目)家藏鋟板,歲久散失。吴興茅氏傳本亦罕有存者。懼其久而湮也,圖重梓者有年,奈卷帙浩繁,力有未逮。每於簿書之暇,輾轉玩味,擇其尤切於身世之用者,輒手録之。幾及周星,積成十卷。謹校付梓,編次一遵其舊。”

據天一閣博物館饒國慶提供《甬上屠氏宗譜》卷十二及卷二十五載,繼烈(1817—1874),山西介休縣典史可楝長子,原名繼燕,字逸仲,號歡質、行寧。由縣丞分發山東,累官廣東督糧道加鹽運使銜,署廣東按察使。誥授榮禄大夫,貤封文林郎,翰林院編修。“分發山東,歷任邱縣、平原、章邱、長山知縣。有政聲。”知屠繼烈確實在山東做官,並爲時不短。

屠隆有《鴻苞》四十八卷,明萬曆三十八年茅元儀刻本。此爲節録本,係初刻本。

八行十九字,白口,四周單邊。避“玄”“寧”。版心形式似經書。字大行疏,版框闊大,刻印非常精美,顯示了雄厚的財力,可見,山東刻書並不遜色。

③《虹玉堂文集》,明屠隆撰,清屠繼烈編,清咸豐七年章邱縣署刻本。

此書大概亦爲屠繼烈在章邱縣署任上所刻。

3. 德州禮房刻書

《德州賓興事宜》一卷,清道光德州禮房刻本。

據崔巍老師書《博》上 – 197,有同治九年德州禮房刻本,記道光八年始,德州爲助士子科考,各鄉紳及官吏捐俸作爲賓興之費。

卷末有孫士鼎題跋,稱:"我州自舒升憲倡率官紳捐銀三千兩,交當一分生息,作爲賓興之費,並刊刻章程以垂久遠,所以嘉惠士林者亦云至矣。迨同治丁卯,捻匪竄擾,東省停科,積存銀一千一百一十兩。時有應試北闈者十五人,每人領銀十二兩,戊辰會試舉人七人,又每人領銀二十兩,兩者共領銀三百二十兩,下存銀七百九十兩,交存在庫,趙升憲且捐廉二百一十兩,湊足千兩之數。蔣公蒞此,察知近數年來,弊端叢生,乃與州人士互相參酌,將賓興舊章略爲變動,更定數條續於賓興事宜之後,與舊章相輔而行。惟舊刊賓興事宜原板失落無存,茲復將新舊章程歸並重刊。"知道光時此書確實刻過,衹是到同治九年時,板已不存。

(三)書院刻書

清前期的書院刻書中,有濼源書院於道光十年刻《經韻集字析解》二卷,清熊守謙參訂,清彭良敞集注。

以上清中期的濟南府官刻書共 13 種(未計《賦役全書》的 4 個零種)。各級衙門刻書 12 種,其中,省級衙門刻書 6 種,地方衙門刻書 6 種,可謂平分秋色。另有書院刻書 1 種。

附:濟南府官刻總表

巡撫官署	般若真詮	(清)徐澤醇撰	清道光二十六年山東撫署存惺齋刻本
布經歷署	紀效新書十八卷	(明)戚繼光撰	清道光二十年山東布經歷署刻本
都轉運司	新修山東鹽法志二十二卷	(清)崇福等纂修	清嘉慶十四年山東都轉運司刻本
	鹽法續增備考六卷	(清)恩錫纂	清道光八年山東等處都轉運司刻本

（續表）

提督學政	國朝山左詩續鈔三十二卷補鈔四卷	（清）宋弼輯 （清）張鵬展續輯	清嘉慶十八年廣西上林張鵬展濟南四照樓刻本
	幽光録不分卷	（清）龔守正輯	清道光八年濟南學署刻本
濟南郡齋	濟南金石志四卷	（清）王鎮、馮雲鵷撰	清道光二十年濟南郡齋刻本
濟陽儒學	老子説略二卷	（清）張爾岐撰	清道光十八年濟陽儒學刻本
章邱縣署	章邱節孝志四卷	（清）張樸修 （清）劉家麟纂	清道光三十年章邱縣署刻本
	鴻苞節録十卷	（明）屠隆撰 （清）屠繼烈編	清咸豐七年章邱縣署刻本
	虹玉堂文集	（明）屠隆撰 （清）屠繼烈編	清咸豐七年章邱縣署刻本
德州禮房	德州賓興事宜一卷		清道光德州禮房刻本
濼源書院	經韻集字析解二卷	（清）熊守謙參訂 （清）彭良敞集注	清道光十年濼源書院刻本

二、家刻

清中期的濟南府有四縣無家刻記載：禹城、臨邑、陵縣、平原。有刻書記載的有十二縣：歷城、章邱、鄒平、淄川、長山、新城、齊河、齊東、濟陽、長清、德州、德平。

（一）歷城刻書

歷城中期的私家刻書主要有朱畹父子、李肇慶、李廷芳、馬國翰、余正西、周樂等幾個大家。現按刻書早晚爲序略述如下。

1)朱氏刻書

朱畹,字敉人,號虚谷、紅蕉館主人,生於乾隆三十二年。原名朱寧,後避道光帝諱改稱畹。父朱萬年,家貧如洗,主攻經學。朱畹師承王士禛,幼時即與濟南楊天禄、新城張象津等在王漁洋從弟王士儷曾孫王祖熙門下讀書。爲詩崇尚性情,著有《紅蕉館詩抄》《紅蕉館詩抄續》等。子朱廷相,字綸伯,道光二十四年副榜,有《仍可軒詩抄》。長孫朱丕勳,字峻之,號竹橋;次孫朱丕熙,字春旭。皆有詩作存世。

朱畹尊師重誼,廣交遊,重義氣,於師弟友朋間經常是疏財急難、善全始終。所交友身後有遺稿者,多爲之梓行,因而他的紅蕉館刊刻了大量的珍本秘笈。

①《明湖詩草》一卷,清劉大紳等撰,清乾隆六十年朱畹紅蕉館刻本。

劉大紳(1747—1828),字寄庵,雲南寧州人。乾隆中舉進士第,知山東新城縣,有異政。權福山縣,陞署武定同知。在山東十餘年,結交衆多文士,朱畹、牟應震等皆從之遊,有師生之誼。

此書爲二十八人遊大明湖詩作。前有乾隆六十年乙卯寧州劉大紳撰《遊大明湖序》,稱此年其從新城來濟南,因曹縣韋映輝要從濟南回鄉,適值齊魯各地君子以應鄉試會集濟南,於是朱畹提議大家同遊大明湖。參加者有曹縣劉雨蒼、王雲鶴,單縣黄午村,新城王敬止、龐仁表、張慎徽、耿志尹、王子文,歷城司翰園、朱畹,劉大紳弟熙敬,平原董香草、張西林,曹縣高怡亭,平陰張季仙,益都王中嶽,萊陽宋爾受、吴印一、左峩山,諸城王天驥盧坡及其弟陌人麓齋,聊城王伯厚,金鄉張煦亭。正文後有清乾隆六十年八月棲霞牟廷相撰《跋》。

這是目前已知朱畹所刻的第一部書。封面題:“紅蕉館藏版。”十行十九字,大黑口,四周單邊,單黑魚尾。

②《廣齊音》一卷,清董芸撰,清嘉慶元年朱畹紅蕉館刻本。

董芸(1769—1801),字香草,號書農,晚號半隱道人,元度從子,嘉慶三年戊午舉人。另著有《半隱園詩集》一卷、《半隱園詩話》。

是書有芸自作小序云:“甲寅秋,余讀書華不注之陽。暇日芒鞋竹杖,登山臨水,每樂而忘返。比歸,閉門卻掃,不交外事,時於破窗風雨中追憶舊遊。昔鵲湖居士王季木自桓臺移家湖上,著《齊音》一卷,按《樂記》,齊,三代之遺聲也。師乙之答子贛,謂‘温良而能斷者,宜歌齊’。季木之詩一出,以長聲硬字,有廉直而無肉好。此自王氏之音,而未可執是以概齊人也。爰倣其體例,間補正其缺謬,而不敢襲其詞,凡得詩百篇,名之曰《廣齊音》云。”據陳明超《朱畹和山左名賢》①一文,乾隆五十九年,董芸在濟南華不注山下作《廣齊音》後,次年於城西看山樓拜謁了劉大紳。劉大紳讀後十分讚賞,決定幫助董芸刊行此書,但是因没有資金且不久劉大紳即南行,遂囑託朱畹代爲辦理此事。自此朱畹朝夕記於心,四方籌措奔波,終於在第二年付梓。《廣齊音》作爲濟南“竹枝詞”中的一種,保留了大量珍貴的歷史文獻,可看作是以詩歌爲體裁的濟南地方志。

③《寄庵詩鈔》十一卷,清劉大紳撰,清嘉慶六年朱畹紅蕉館刻本。

此書包括《東遊草》《潭西草》《抱孫樓草》《潭西草續》《潭西草續二》。《西遊草》後有“新城受業龐鳳翥仞表校字”。《潭西草續》《潭西草續二》後有“歷城受業朱寧敉人校字”。《潭西草續》有嘉慶六年歲次辛酉正月朔日陳尌鶴峰序:“吾友朱敉人寧,皆鈔

①陳明超:《朱畹和山左名賢》,見濟南時報2010年2月22日。

藏紅蕉館中，既又搜羅萃彙，積成卷帙，詳加校讎，盡付諸梓。”朱寧嘉慶六年《寄庵詩鈔後序》：“吾師寧州寄庵先生《詩鈔》十一卷，曹縣袁西谷先生嘗爲之序……寧校刻既竟，數數諷詠之……遂書之以爲後序。嘉慶六年歲在重光作噩三月十五日歷城受業朱寧枚人述於紅蕉館中。”十行十九字，粗黑口，四周單邊，單黑魚尾。字體方正，質樸。

此書後附《沈龍山遺詩序》。沈龍山即沈彬，字德匀，寧州人，劉大紳之師。此文似非朱寧所刻。作爲學生的朱畹給老師劉大紳刻書，盡心盡力，並且彙太老師的著述，以示尊敬。

④《半隱園詩集》一卷，清董芸撰，清嘉慶八年朱畹刻本。

是集前有自序，稱詩始庚寅，迄癸丑，輯詩二百八十餘首。有嘉慶八年歷城朱畹跋。王培荀《鄉園憶舊録》云：“董香草芸作詩，不求奇，不務華，清和宛轉，情詞亹亹動人，曲江家法未墜也。”未見傳本。

⑤《甘棠遺愛》一卷，清牟應震等撰，清朱畹編，清嘉慶朱畹刻本。

據《山東通志·藝文志》著録，嘉慶十四年，濟南知府雲南晉寧張鵬升因故被貶官。十五年賜還，將南歸，山左士人因其創修濟南書院而十分感激，故棲霞牟應震、高密王寧熾等九十二人集體作詩爲之送行。朱畹輯録這些詩作，取“承受恩澤”之意，編纂成《甘棠遺愛》一卷刊行於世。首有牟應震、郭壇、王寧熾序，末有朱畹跋，成爲當時海右學人的盛事。

⑥《毛詩質疑》六種二十四卷，清牟應震撰，清嘉慶二十三年棲霞牟應震刻道光二十九年至咸豐五年歷城朱畹、朱廷相補刻本。

牟應震與朱畹有同學之誼，因二人同師從於劉大紳。詳見本章登州府棲霞牟應震刻書。該書初由牟應震刻於嘉慶二十三年，有《助刻姓氏》，有嘉慶二十三年自序。刻成，版藏刻工李毓庚處。

據朱廷相序知,廷相檢視後發現少十之三四,欲補之。道光二十九年,其父八十三歲,“爲集腋之筆,得緡錢二十餘千文,又竭己之力次第爲之。工未半而先大人捐館舍,易簀時,尤諄諄以是書爲念。廷相泣受命,拮据告蕆事焉。先是先大人爲友人轉貸緡錢九十千,已代償之矣。今得歸其母錢,以其資印若干部公之同好,版存廷相處,愧無以廣其傳也,請安邱劉莊年先生馳書棲霞學師單伯平先生,移其版於棲霞學官”。知最後補全之板歸棲霞學官,時單爲鏓任棲霞教諭。目録後有:“頗多散佚,道光二十九年己酉歷城敉人朱畹補刊。”牟應震這部書最終經朱畹父子道光二十九年至咸豐五年補刻而成完書。

⑦《紅蕉館詩鈔》一卷,清朱畹撰,清道光六年刻本。

封面題:“道光六年二月鐫,種竹山房藏板。”卷端題:“歷城虛谷山人朱畹敉人。”

有道光九年諸城李仁煜序,道光六年高密王熤序。

十行十九字,黑口,四周雙邊,單黑魚尾。

又見道光二十一年刻本《紅蕉館詩鈔》一卷、《續》一卷、《續二》一卷,封面題:“道光二十一年秋重鐫,種竹山房藏版。”應爲朱氏家刻本。

⑧另據陳明超文,朱畹的老師王祖熙去世後,朱畹不僅爲他辦了喪事,而且還刻其遺稿行世,盡到了做學生的責任。但王祖熙的著述未見。

畹子朱廷相的《仍可軒詩鈔》一卷,輯五言古近體詩四十餘首,道光中朱氏自刻本。《山左詩彙鈔》載是編及之罘王子符祐慶序云:“綸伯詩清奇生刻,極見撰力,不容一字支吾,更不厠一語凡近。雖寥寥無多,而良工心苦,猶覺唐賢機杼,散在人間。”

歷城朱畹父子刻書一覽表:

明湖詩草一卷	（清）劉大紳等撰	清乾隆六十年歷城朱畹紅蕉館刻本
廣齊音一卷	（清）董芸撰	清嘉慶元年歷城朱畹紅蕉館刻本
寄庵詩鈔十一卷	（清）劉大紳撰	清嘉慶六年歷城朱畹紅蕉館刻本
半隱園詩集一卷	（清）董芸撰	清嘉慶八年歷城朱畹紅蕉館刻本
甘棠遺愛一卷	（清）牟應震等撰 （清）朱畹編	清嘉慶歷城朱畹刻本
毛詩質疑六種二十四卷	（清）牟應震撰	清嘉慶二十三年棲霞牟應震刻道光二十九年至咸豐五年歷城朱畹朱廷相補刻本
紅蕉館詩鈔三卷	（清）朱畹撰	清道光六年刻二十一年重刻本
［王祖熙遺稿］	（清）王祖熙撰	清嘉慶歷城朱畹刻本
仍可軒詩鈔一卷	（清）朱廷相撰	清道光歷城朱氏自刻本

歷城朱畹父子刻書特點有三：

一是内容上注重集部，共刻書九種，集部占八種，其中，總集類有二種。另有經部一種。

二是刻書時間跨度比較長，自乾隆六十年始，至道光年間，兩代人刻書，歷清朝三代。

三是具有孜孜不倦的刻書精神。刊刻《毛詩質疑》時，朱畹已經是八十三歲的老人了，他不顧年邁，仍然爲友人奔波忙碌，張象津評價他“不背死師，不欺死友”，爲後人保存了大量珍貴文獻。

2）馬國翰刻書

清中期的歷城私家刻書，以馬國翰爲最著。

馬國翰（1794—1857），字詞溪，號竹吾，歷城人。其父官山西知縣，國翰生於任所，幼具禀賦，觀書目下數行而不忘，年十六丁外艱，爲諸生。道光十二年恩科進士，曾任陝西敷城等縣知縣，後任隴州知州。咸豐三年,馬國翰告病還鄉,七年病逝。撰有《玉函山房輯佚書》《目耕帖》及詩詞雜著二十餘種,可謂多産。

馬國翰以其《玉函山房輯佚書》而聞名,其刻書活動卻早於此書。因馬氏刻書一般不標刻書時間,故按各書對後世的影響程度敘述。

①《玉函山房輯佚書》五百九十二種七百十五卷,清馬國翰撰,清道光咸豐間歷城馬氏刻同治十年濟南皇華館書局補刻本。

馬國翰終生從事輯佚之學,成《玉函山房輯佚書》。著名文獻學家王重民先生説:"清代輯佚,我推先生爲第一家。"①道光十八年馬國翰開始進行古書的輯佚工作,二十四年基本完成。在隴州知州任上,馬國翰請人開雕《玉函山房輯佚書》書版,準備印刷行世,同時繼續修訂。二十九年,刻成經、子二編。

蔣式瑆在光緒十五年刻本《目耕帖》所附《書後》中云:"據各序所稱經編、史編、子編、集部等字,知《輯佚》一書原分四編。今本經編已不完,子編尚存梗概,史編僅數種,集部則並一種無之。當由馬君刊刻未竟,遽歸道山。未刊之稾既多散佚,並其已刊亦不免零落。"原書有集部一編,可從蔣式瑆《手稾存目》中有集類部分手稿得出結論。《存目》中亦有"緯書"類,有稿,但未刻。

此書的文獻學價值,早已爲世人公認。刻書經過可從馬國翰《耕道獵齋詠史樂府序》中得知。先是道光二十九年刻經、子二部。時輯佚工竣,因此二編訂正完善,故先刻之。至於史部,現存衹八種,猜測史部在其去世前未刻完。

光緒十五年刻本《玉函山房輯佚書續補》十一種十四卷、《目耕帖續補》二卷附《書後》一卷、《手稿存目》一卷,中有李元璡識:

①王重民:《清代兩個大輯佚學家評傳》,見《中國目録學史論叢》,中華書局 1984 年版,第 299 頁。

"外王母丁太宜人乃載各書板來,諈諉先君與家中書同置複壁中。後賊焚鄰村,而此書板幸不及難。"可知,此書在馬氏刻完後,咸豐時即藏於李元璡之父李寶赤家。寶赤係李廷棨次子,馬國翰的女壻。"同治庚午,撫帥丁文誠公慨然欲爲廣布,命取《輯佚》《目耕帖》二書板送局刷印。先君破壁出之,補其斷爛,伯父稺玉先生、家舅超凡先生實與襄校。少宰鶴泉匡公,主講濼源書院,爲補總目而冠以序。今海内皆知有馬氏《輯佚》《目耕帖》。"知在同治十年,丁寶楨任山東巡撫時,曾有一次刷印行爲,就原板刷印,所補部分祇有匡源的序及所補總目。在此之後,此書傳遍大江南北,故"湖南書局改袖珍本以便舟車,琅嬛館復依原板刊刻印行,不脛而走,緊惟丁公力"。以上所説的兩種版本與原刻本不同。在山東,於光緒十五年,又有一次彙印馬氏著述的行爲,出資者爲山東巡撫張曜,操辦者爲李寶赤之子李元璡及其堂兄,取名爲《馬氏全書》,包括《輯佚書》《目耕帖》及蔣式瑆《續補》《書後》《存目》,還有詩詞雜著二十種。共印六十部,詳見章邱李氏刻書。可見,爲使馬國翰的遺作完整面世,爲使《玉函山房輯佚書》書版完整傳世,許多人做出過不懈的努力。

此書初印本未見,所見爲同治十年濟南皇華館書局補刻本(按:皇華館書局在清後期的濟南府官刻有介紹),有牌記:"同治十年辛未濟南皇華館書局補刻。"有同治十一年匡源濼源講院序:"徧校唐以前諸儒撰述。其名氏、篇第列於史志用他書可考者,廣引博徵。自群經注疏、音義,旁及史傳、類書,片辭隻字,罔弗搜輯。各因所得多少爲卷,作序録以冠於篇内。惟經編爲稍全。史編則所得僅八卷。子編自儒家、農家外俱無目,顛倒舛錯,漫無條理。蓋當時隨編隨刊,書未成而卒,故其體例未能畫一也。余得其書,乃參校漢、隋、唐《志》,補爲目録如次。"對於此書版印情況有交待:"先生没後,板歸章邱李氏,已有散失。稺玉駕部印行數十部,其書始顯於世。既而求者日多,丁中丞稚璜、文中丞質夫先後爲補刊其殘缺若干篇,而有目無書尚少四十餘種。其散見各序中所謂已有著録者……爲仍其目以待後之博學君子蒐補焉。”

李元璡彙印後,書板又藏於李氏房屋的牆壁中。2000 年,此書書板與馬國翰的其他刻書板一起被李氏後人李金義取出,捐獻給章邱市博物館(後文詳述)。

②《玉函山房目耕帖》三十一卷,清馬國翰撰,清道光咸豐間歷城馬氏刻同治十年濟南皇華館書局補刻本。

此書附在《輯佚書》後。有《易》六卷,《書》六卷,《詩》十卷,《周禮》九卷。蔣式瑆《書後》云:“《輯佚》一書,風行海内。《目耕帖》附尾而顯,故海内知有《輯佚》,亦靡不知《目耕帖》。實則其書多採昔人成説,略加斷制,特隨手札記,以備遺忘,視惠徵士《九經古義》、王文簡《經義述聞》,殆不若矣。”對此書的評價並不高。

今所見爲同治十年皇華館補刻本,有牌記:“同治十年辛未濟南皇華館書局補刻。”

③《夏小正詩》十二卷,清馬國翰撰,清道光間歷城馬氏刻本。

卷端題:“歷城馬國翰竹吾甫。”

前有道光二十二年李廷棨撰《夏小正詩序》。稱道光八年,李廷棨作《夏小正詩》,馬國翰見之,愛之,許爲和作,並從而註之。但宦途倥傯未果。後至保陽,寓花曉亭方伯署中,成書。馬國翰出宰洛川,調石泉、涇陽,後居家。“請假養屙,奉板輿歸故里。清燕之餘,理前作而終之。並爲細注,以訂經疑,留贈來哲,迄辛丑冬日脱稿。”知此書脱稿於道光二十二年。李廷棨稱其“考據詳明,字字精核”。

九行二十一字,白口,四周雙邊,單黑魚尾。刻印一般。

④《玉函山房試帖續》一卷,清馬國翰撰,清道光間歷城馬氏刻本。

在刻此書前,馬國翰已有《玉函山房試帖》之刻。此書卷端題:“歷城馬國翰竹吾甫。”

九行二十一字,白口,四周雙邊,單黑魚尾。宋體字,刻印一般。

⑤《玉函山房藏書簿録》二十五卷,清馬國翰撰,清道光間歷城馬氏刻本。

卷端題:“歷城馬國翰竹吾甫。”

有道光二十九年自序:“比仕西秦,前後十四年中,間家居者五。廣搜博訪,細大不捐,乃積書五萬七千五百餘卷。”據蔣式瑆編《手稾存目》,馬國翰有《玉函山房藏書簿録續編》之撰,爲稿本,存經史兩類三千餘卷。

九行二十一字,白口,四周雙邊,單黑魚尾。宋體字,刻印一般。書名、卷數下的版本部分多有墨釘。

⑥《玉函山房詩集》九卷,清馬國翰撰,清道光間歷城馬氏刻光緒十年章邱李氏補刻本。

有牌記:“光緒十年甲申孟秋繡江李氏補刻。”卷端題:“歷城馬國翰竹吾甫。”

有道光八年李廷棨序。道光十三年吴鳴捷序。時馬國翰宰敷城。有衆人《題辭》:李璋煜、郝答、李紹聞、葉鍾恒、周樂、李鄴、方傳懿、常翰、許麗京、汪荆川、蘇得坡、趙培桂、許欽浚、劉鉞。

九行二十一字,白口,左右雙邊,單黑魚尾。宋體字,刻印較精。

⑦《文選擬題詩》一卷,清馬國翰撰,清道光間歷城馬氏刻光緒十年章邱李氏補刻本。

有詩一百三十九首。有牌記:“光緒十年甲申孟秋繡江李氏補刻。”卷端題:“歷城馬國翰竹吾甫。”

道光二十七年馬國翰於隴署之來青書屋《文選擬題詩小引》。

九行二十一字，白口，左右雙邊，單黑魚尾。宋體字，刻印較精。

⑧《月令七十二候詩》四卷，清馬國翰撰，清道光間歷城馬氏刻光緒十年章邱李氏補刻本。

詩以節令物候爲序，每季爲一卷，每卷十八首，以春、夏、秋、冬每季的節序及自然現象，並農家應從事的農務，皆以詩述及之。

有牌記："光緒十年甲申孟秋繡江李氏補刻。"卷端題："歷城馬國翰竹吾甫。"

九行二十一字，白口，四周雙邊，單黑魚尾。中有墨釘多處。

⑨《玉函山房文集》五卷，清馬國翰撰，清道光咸豐間歷城馬氏刻光緒十五年章邱李氏印本。

卷端題："歷城馬國翰竹吾甫。"

九行二十一字，白口，左右雙邊，單黑魚尾。宋體字，刻印一般。

⑩《百八唱和集》一卷，清馬國翰、李廷棨撰，清道光咸豐間歷城馬氏刻光緒十五年章邱李氏印本。

封面題："玉函山房。"有牌記："光緒十五年己丑仲春重校刊，繡江李氏藏板。"《山東通志·藝文志》作光緒十五年刻本，誤。

馬國翰序云："丁亥（按：道光七年）夏夜，同宿濟南客邸，挑燈小飲，偶話昌黎《城南聯句》詩好用險韻而妥帖排奡，怦怦然技癢於心，思效爲之。因檢案頭韻書，得上聲二十九豏，遂同賦《夜酌》詩，終韻而止。詩凡十三首，有起句入韻者四首，共得韻一百八字，因以《百八唱和》顔之。復取前《夜酌》《藤帶》二詩及戟門舊作咸字全韻一首，余舊作江字、咸字全韻二首，並附於後，合爲一帙存之。夫昔人往矣，來者爲誰？天地悠悠，吾曹自在。信心手之所適，借金石以娱戲，嗜新愛僻，任不知己者詬厲，弗恤也。"

九行二十一字，白口，四周雙邊，單黑魚尾。宋體字，刻印一般。

⑪《竹如意》二卷,清馬國翰撰,清道光咸豐間歷城馬氏刻光緒十五章邱李氏印本。

卷端題:"歷城馬國翰竹吾甫。"《山東通志·藝文志》作光緒十五年刻本,誤。

國翰自序云:"山邑荒僻,晝長無事,追憶所聞,泚毫條記,凡得百餘事,釐爲上下兩卷。以筆代談,聊資揮麈,因取《齊書·明僧紹傳》語以顔之,曰《竹如意》。'竹如意'者,談柄也。"

九行二十一字,白口,左右雙邊,單黑魚尾。宋體字,刻印一般。

⑫《買春詩話》一卷,清馬國翰撰,清道光咸豐間歷城馬氏刻光緒十五年章邱李氏印本。

馬國翰以淹博擅名,而説詩則頗以性靈爲宗。故卷中所採録者,大抵清新刻露之作。其解王士禛《秋柳》四律及温庭筠《商山早行》詩,皆不爲穿鑿傅會之談。

卷端題:"歷城馬國翰竹吾甫。"《山東通志·藝文志》作光緒十五年刻本,誤。

九行二十一字,白口,四周雙邊,單黑魚尾。宋體字,刻印一般。

⑬《五峰山館詩課》二卷,清馬國翰撰,清咸豐間歷城馬氏刻光緒十五年章邱李氏印本。

封面題:"玉函山房。"有牌記:"光緒十五年己丑仲春重校刊,繡江李氏藏板。"卷端題:"歷城馬國翰竹吾甫。"

咸豐元年馬國翰自識稱,吴山在隴州南七十里,有峰十七座,著名者有五。署西有五峰書院,署内有五峰山館,皆以此得名。山館原爲會賓之所,後其子篤簡讀書其中,馬國翰爲其講授經義及詩文,篤簡録而存之,得一百二十首,釐爲上下二卷,再爲勘定一過,欲以質諸生肄業書院者,抄本不能徧閲,因付梓人。

九行二十一字,白口,四周雙邊,單黑魚尾。宋體字,刻印一般。

⑭《農諺》一卷、《附録》一卷,清馬國翰撰,清咸豐間歷城馬氏刻光緒十五年章邱李氏印本。

封面題:"玉函山房。"有牌記:"光緒十五年己丑仰春重校刊,繡江李氏藏板。"卷端題:"歷城馬國翰竹吾甫。"《山東通志·藝文志》作光緒十五年刻本,誤。

國翰自序云:"歲戊戌,乞假家居,親督僕傭種蒔桑麻,得與鄰父縱言,備聞田間耕作之務。因輯《漢志》農家諸佚篇,自《神農》《野老》以逮《范子計然》,凡十餘種。又采摭古今農諺編爲一帙,藏諸篋中。今復出又幾五年矣,取閲舊稿,頗觸田園之興,用付剞劂氏,恐吾師丈人見之,囅然而以小草目余也。"

九行二十一字,白口,四周雙邊,單黑魚尾。

⑮《紅藕花軒泉品》八卷,清馬國翰撰,清咸豐間歷城馬氏刻光緒十五年章邱李氏印本。

原書雖曰九卷,但衹存八卷,首卷卷端題:"卷一、卷二。"最末一卷爲卷九。

此書繪圖,每行二十一字,白口,四周雙邊。李佐賢《續泉匯》首集《歷代著録補遺》云:"不繪圖。卷一古幣,卷二周秦錢,卷三至卷八漢至明錢,卷九無考及外國錢。古幣亦遵《路史》《洪志》之説。歷代錢復多懸擬,無確據。"按李氏所云,以今殘本較之,編次頗有不同,疑李氏當日所見,另有刊本。

以上所見爲馬國翰所刻書十五種(《詩鈔》八卷未計入内),另據蔣式瑆《校勘馬氏手稾記》,馬氏還刻有九種,均未見,列表如下:

玉函山房文集續五卷	清道光咸豐間歷城馬氏刻本
荆州記三卷	清道光咸豐間歷城馬氏刻本
治家格言詩一卷	清道光咸豐間歷城馬氏刻本
玉函山房制義	清道光咸豐間歷城馬氏刻本
紅藕花軒課草	清道光咸豐間歷城馬氏刻本
海棠百詠	清道光咸豐間歷城馬氏刻本
玉函山房試帖	清道光咸豐間歷城馬氏刻本
紅藕花軒試帖	清道光咸豐間歷城馬氏刻本
紅藕花軒賦草	清道光咸豐間歷城馬氏刻本

馬國翰在《玉函山房藏書簿録》中提供了如下刻書信息：

其一：卷六清賈璇《四書筆記》，版本著録爲“玉函山房校刊尊經堂元本”，提要指出“道光甲辰，翰從先生喆嗣鍾嶧處得此編刊之”。賈璇爲馬國翰師。甲辰爲二十四年，此年馬國翰在隴州知州任上，故此書有清道光二十四年歷城馬國翰隴州刻本。

其二：卷二十三清陳超《元圃詩鈔》，版本著録爲“涇陽刊本”，提要指出“予在涇陽任時梓之”。據丁原基女士《十九世紀山左學者馬國翰與許瀚之文獻學》①一文，馬國翰在涇陽縣知縣任上有兩次，一是道光十七年，一是道光二十三年，故此書有清道光間歷城馬國翰涇陽刻本。

其三：卷二十三清時銘《掃落葉齋詩藁》，版本著録爲“濟南刊本”，提要指出“子曰淳清甫校刊。余辛巳房薦受知於先生，嘗從謝問山處得其鈔本，刊於洛川。今從清甫世兄處得其刊本，視余所

①丁原基：《十九世紀山左學者馬國翰與許瀚之文獻學》，載《“國家圖書館”館刊》2005年第2期。

得爲多”。據丁原基女士上文,馬國翰任洛川縣知縣是在道光十四年,故此書有清道光十四年歷城馬國翰洛川刻本。

另據丁原基女士上文:“其《耕道獵德齋詠史小樂府》序言:‘己酉初春,赴郡過汧,丁席儒少尉以其師周亦山先生《耕道獵德齋詠史小樂府》二卷見畀,適余刻經、子《輯佚書》方竣,工猶未去,遂付剞劂氏。’”知馬國翰在道光二十九年還利用刻《輯佚書》的工人刻了《耕道獵德齋詠史小樂府》。周亦山即周懷綬,陽湖人,其《吟稿》六卷在光緒九年由其婿徐堉刻於濟南。

歷城馬國翰刻書特點有四:

一是所刻書以集部爲主。馬國翰刻書共二十八種,其中集部有二十一種,除一種爲詩文評,一種爲兩人合集,三種爲他人集子外,其餘十六種皆爲自著詩文。另有史部三種,子部一種,經部二種,叢書一種。

二是所刻《玉函山房輯佚書》部帙巨大,影響深遠。以一人之力,刊刻如此大部頭的書,實屬不易。此書的刊刻,是對輯佚學的重大貢獻,其史部的少量刊刻以及集部的全部缺刻,不能不説是一件憾事。

三是所刻《玉函山房藏書簿録》反映了一個私人藏書家的藏書旨趣。歷史上的藏書家爲數不少,但能將自已的藏書編成目録刊刻出來,爲數並不多,許多私家藏書目是以抄本的形式流傳的,而馬國翰能將目録刊出,足見其藏書之盛及其對藏書目的重視。此書目的出版,對山東藏書史的研究有着重要的意義。杜澤遜師在此書的影印本《前言》中評價:“《四庫全書》綜括群書,撰提要萬餘篇,實古典目録空前傑作。《提要》之後,學界每以阮元《揅經室外集》、周中孚《鄭堂讀書記》繼之。阮氏之作纔一百七十餘種,且半出他人之手,故號《外集》。《鄭堂讀書記》都四千餘篇,考辨精當,無愧後勁。自此以外,罕有其匹,有之,則《玉函山房藏書簿録》也。《簿録》四千三百八十一篇,《四庫提要》未收及《四庫》以後新出著述爲數甚多,就其數量而言,清代私家撰述蓋無出其右者。至於每書揭其旨意,論其得失,考其授受,記其版本,皆就原書鑽研而得,信爲一家之言,與輾轉抄録者如耿文光、沈德壽輩,未可同日而語。近世治目録學史者,以未見其書,故無從論列。"①於《簿録》之文獻價值與馬氏目録學之成就,評論公允。目前已知此書的原本衹存三部,一部在臺灣,是龔易圖的藏書;一部在山東大學圖書館;一部在山東博物館,爲殘本。2001 年,北京圖書館出版社曾影印出版,近年,杜澤遜師主持編輯之《山東文獻集成》再次影印,以廣流傳。

四是現存雕版對中國出版史的研究具有重要意義。馬國翰刻書的最大成果是大部分書板現存。2000 年,存於章邱李氏的書版 5966 塊,由李氏後人李金義取出,捐獻給章邱市博物館。經過整理,書版有兩大部分,一是《玉函山房輯佚書》,占書版的絶大部分,包括經 431 種、史 8 種、子 147 種。另一部分是馬國翰、李廷棨及其老師賈璇、時銘,好友朱曾傳、吴連周等人的著作若干部,如李廷棨的《紉香草堂詩文集》、賈璇的《四書筆記》、朱曾傳的《説餠庵詩集》、吴連周的《帚金集》等。一次發現如此多的清代印刷雕版,在國内並不多見。書版的發現,對研究清代印刷技術、印刷史有着極其重要的意義。

3)詩人團體刻書

清代中期的歷城私家刻書,與幾個詩人團體密切相關。這幾個詩人團體最初有"歷下三詩人"尹廷蘭、翟凝、周奕鬢。尹廷蘭(? —約 1809),字畹階,歷城人,乾隆三十九年舉人。少受業於周永年,精考據學,官高唐學博。有《華不注山房詩集》二卷、《華不

①〔清〕馬國翰:《玉函山房藏書簿録》,北京圖書館出版社 2001 年版。

注山房文》二卷。翟凝(1776—1822),字鱗江,歷城人,嘉慶九年甲子舉人,官臨海知縣。四十七歲卸任返鄉時卒於歸途。曾在大明湖上築枕湖樓。有《真研齋詩稿》一卷。周奕鬯(1778—1812),字范墅,歷城人,諸生。家貧無立錐之地,從無干求於人,卒年僅三十五歲。詩風豪邁寓寒,有《范墅詩草》一卷。卒後,李肇慶爲經理其喪。周樂撰《傳》,稱奕鬯有介操。三人詩有同邑李肇慶刻本。

繼“歷下三詩人”之後,有余正酉、周樂、金洙、李肇慶與“歷下三詩人”合稱的“明湖七子”(一説無尹廷蘭,有文安紀淦,時任萊蕪縣令)。他們結社於大明湖畔,師承明代“前七子”之一的濟南詩人邊貢和“後七子”之首的李攀龍。人們便以明代的“前、後七子”來比擬他們,稱爲“明湖七子”。明湖詩社取得了很大的成就,産生了大量的作品。

“明湖七子”中的余正酉、李肇慶常年在外做官,除周樂外,大多英年早逝,故在嘉慶十七年,酷愛濟南湖泉的詩人范坰主盟,與友人周樂、何鄰泉、謝焜、徐子威、李倜、鄭雲龍、張文簡等正式創立了又一個文學團體——鷗社,成爲繼“明湖七子”之後濟南最有影響的詩社。他們繼承了“明湖七子”的文學主張,承明代濟南詩人邊貢、李攀龍的詩風,以盛唐爲宗。他們尤其推崇杜甫,鷗社詩人們做杜甫戴笠小像,每年四月十九日杜甫生日時,仿照杜甫浣花故事爲其祝壽。然後在大明湖畔舉社賦詩,且“每飲必有作,互相磨礪,望磯如鷗,遂名爲鷗社”。鷗社詩人大多是諸生出身,功名相對較低,但都是很出色的詩人。這些早期的鷗社詩人創作了大量歌詠家鄉風物的詩歌作品,成就非凡。

道光二十二年,“歷下二老”——周樂與王德容,爲重振鷗社,請馬國翰入社。時馬國翰以“去家既久,墳墓廬舍均須修治”爲由,剛剛自陝西辭官歸故里,欣然應允。當年春二月十五花朝日,馬國翰傳書招濟南城内的名士王德容、周樂、謝焜、朱誦泗、何鄰泉、李緯、彭以竺到大明湖燕集，以圖“續鷗社於明湖”。鷗社再次興盛之後，不久馬國翰之官陝西，謝焜、朱誦泗皆去世，何鄰泉則外出講學，祇有王德容、周樂和李緯還在濟南，但都是鬚髮皆白的老人了。鷗社所做的最後的事情，是道光二十七年，李攀龍九世孫李獻方將家藏《滄溟集》獻給恩師周樂，周樂亦得李緯藏本，遂與花壽山、王德容等鷗社詩人共同校勘付梓，是爲李攀龍文集中最好的刊本，最終完成了鷗社詩人們的共同夙願。

以周樂爲中心的幾個詩人團體，尤其是鷗社歷經范坰初創、周樂維持和馬國翰振興三個階段，持續三十餘年，是濟南在清中期影響最爲廣大的群體。他們以邊貢、李攀龍的“復古”爲論調，繼承了明清以來濟南詩派的餘風，在清中晚期自立於山左。他們創作了大量的詩篇，而這些詩集的刊刻，直接擴大了詩人們在清代中期的歷城詩界的影響，是自明中葉以來“濟南詩派”在清代中期的最後輝煌。

以下除李肇慶外，不以刻者叙述，而以團體中的詩人爲順序叙述，以見其詩文刊刻情況。

（1）李肇慶

在這些詩人中，最令人尊重的是“明湖七子”之一的李肇慶。

李肇慶，字喬雲，道光六年任永康令，七年移官灞陵，任潼關司馬。仲弟李二尹，字次雲。李肇慶雖未有詩作傳世，但他的最大貢獻卻是爲詩人們刻書，是一位當之無愧的出版家。

①補刻《邊華泉集》八卷、《邊華泉集稿》六卷。

清前期濟南府歷城刻書已介紹。邊貢的詩集在清代有王士禛康熙刻《詩選》四卷本，繼有歷城張澄源涟康熙四十四年刻本。刻成後，書版一直藏歷城，後有嘉慶十年李肇慶補版，咸豐元年李二尹補版。

該書封面題:“嘉慶十年補栞,聽雨堂藏板。”“聽雨堂”或爲李氏堂號。有嘉慶十年尹廷蘭《書後》:“迄今又百年矣,而是版歸於是邑孝廉李喬雲肇慶家。初猶以爲完書也,及校閲之,則殘缺模糊者十之二言,於是鳩工補刻萬有二千三百九十八字,疑者缺之,月餘蕆事,可印行矣。”嘉慶山東學政萬乘風序。書後又有咸豐元年周樂識:“迨喬雲筮仕關中,其仲弟次雲二尹亦將需次中州,慮版有遺失,特移貯續鄴齋中,命家人謹守之。後歸里檢視版片,竟缺十葉,字漫漶不可識者三十餘葉,距喬雲校甫四十餘年而又已殘缺如是……幸次雲家有藏本,屬余對校無訛,補刊如舊,始可印行。……李滄溟文集版片已亡,余於道光丁未屬其裔孫獻方出家藏舊本,翻刻流布,板現存白雪樓。茲華泉文集版片,幸經喬雲購存,次雲復繼其兄志修補殘缺,兩家文集相隔三年,俱成完帙,余皆得與校刊之役。……余暮年之幸。”此爲李二尹第二次補刻識。可見,李家兄弟爲保護此板的完整性做出了很大的貢獻。

直到宣統末,此版還在。宣統元年,又有修補,山東省圖書館藏本有牌記題:“宣統辛亥五月修補康熙乙酉歷城張氏刻本。”

該書十行二十二字,白口,四周單邊,無魚尾,原版字大峭拔,補刻略顯方正呆板。

②刊刻歷城朱曾傳撰《説餅庵詩集》一卷。

封面題:“聽雨堂藏板。”卷端署:“歷城朱曾傳式魯甫著,同里後學尹廷蘭參訂。”

前有嘉慶十一年歷城尹廷蘭序。尹濟源、李曉林、翟凝、周樂、周奕爨序。李肇慶跋曰:“先生歿已三十餘年,畹階師得其本於鄉塾,合古今體共四百六十六首,擇其尤者一百八十一首授之梓。”朱氏詩不易得,據《傳》“其病篤呼酒,口占詩令兒輩録之。録已自歌,歌已遂焚之”,知此本之珍貴。

八行二十字,黑口,四周雙邊,單魚尾。

③與周樂編刊老師及友人的詩集,即《歷下三君詩集》四卷。包括尹廷蘭的《華不注山房詩集》二卷,翟凝的《真研齋詩草》一卷,周奕鬢的《范墅詩草》一卷。皆爲道光七年李肇慶在灞陵所刻。

《華不注山房詩集》前有桐城姚景衡撰《歷城三詩人傳》,道光七年崔平瑞跋,福山王餘枚序。李肇慶道光七年刻書序:"畹階夫子論詩……不數年間,畹階夫子以廢疾死……至今日,余獨與二南在耳。余藏畹階夫子詩二卷,係王青階孝廉手録本,久欲刊之。今移官灞陵,二南又攜范墅、鱗江詩卷至,覽之,已多散佚,遂屬二南暨喬松石岐山、崔珠巖、李廉詳爲選定,合畹階夫子詩同付棗梨。"據此則知三人詩皆爲道光七年刻於灞陵。道光二十六年丙午周樂序《華不注山房文》:"樂與翟鱗江、周范墅、李喬雲皆從之遊……喬雲官潼關司馬時,曾偕樂刻其《華不注山房詩集》。"卷端題:"歷下尹廷蘭畹階著,後學余正酉秋門、周樂二南、喬嶽松石岐山、崔平瑞珠巖仝校。"

九行二十一字,白口,左右雙邊,單黑魚尾,字大,刻印較精。

翟凝集卷首載周樂撰《傳》,稱其詩多諧語諷世。輯詩七十餘首。

九行二十一字,白口,上下雙邊,單魚尾。

目前所見李肇慶刻書共五種,可謂不少,尤其是無一種爲自己所刻,不可不謂無私。其實李肇慶補刻《邊華泉集》的目的非常簡單,就是弘揚"前七子"的詩歌理論,爲"明湖七子"的詩歌創作提供理論依據。而他爲"歷下三詩人"刻書,完全出於對他們詩歌的宣揚,對他們詩歌主張的支持。可以説,李肇慶是個純粹的出版者,但這種出版又是不以營利爲目的的,他對清中期山東詩歌的發展,貢獻巨大。

(2)尹廷蘭

“歷下三詩人”之一的尹廷蘭，還有《華不注山房文》二卷，由其孫尹式芳刻於道光二十七年。道光二十六年丙午周樂序：“今年秋，先生孫潤生孝廉出先生古文一編，屬樂校勘次第。”道光二十八年尹葆棂識：“丙午自中州旋里，聞畹翁孫潤生孝廉有手録古文藏本，亟索觀之……二南序其緣起，後有花南村先生跋語。潤生欲刊板，而無其力。時棂將束裝入關，亟分旅費助之以成……道光二十八年戊申二月朔，宗姪尹葆棂。”道光二十七年丁未花壽山跋：“山少時曾晤先生於喬雲齋中，未獲時奉杖履。今其嗣孫潤生孝廉裒集先生文欲付之梓，而問序於周二南……顧不能爲潤生謀鋟板費。”知此書係周樂、王德容校訂，刻者應爲廷蘭孫尹式芳，尹葆棂出資“助之”。尹葆棂序於二十八年二月，似二十七年刻成。目録下題：“歷下尹廷蘭畹階著，孫式芳潤生編輯，後學周樂二南、王德容體涵仝校。”九行二十一字，白口，左右雙邊，單黑魚尾。字體一般，開本一般，與花壽山、周二南的其他刻本風格相似。

(3)周樂

既爲詩人團體的骨幹，並樂於選定、編輯他人詩歌的是周樂。

周樂(1777—1857)，字二南，道光元年辛巳恩貢。先世籍江寧，自其祖遊幕東省，始家歷城，因胞兄、從兄皆以武舉起家，遂好武，愛打抱不平，屢躓於場屋。二兄歿，家道中落，蹴屋授徒，攜眷居關中十年，回東省。道光二十一年爲景賢書院主講。他與“歷下三詩人”友善，傍大明湖而居。其詩激宕豪邁，其源蓋出於杜、韓。有《二南文集》《二南詩鈔》等。

周樂最先刊刻的是自己所撰《二南詩鈔》二卷，清道光九年紉香齋刻本。

首有余正酉道光九年於青門寓舍之藤花軒序，稱道光八年，二南館李肇慶灞陵官署。正酉示其《山左詩彙鈔》，二南示其詩。又有嘉慶十八年范坰序，嘉慶二十三年蔣錦標序，道光二年東阿周天爵敬修叙,道光二年歷城梁士俊於宣武門外之蓮花寺序,道光九年桐城姚景衡序。衆人《題辭》,有同里李僴、何鄰泉、喬嶽,海寧俞顯以,湖南張杰,如皋章寅,繡江李廷棨,同學余正酉。《題辭》後有道光九年李肇慶識於灞陵官舍,言正酉竭三月之力録存四百餘首。卷末有劉燿椿、周天爵、花壽山、灞陵董浩跋。該書卷端題:"濟南周樂二南著,同學余正酉秋門評定。"封面題:"道光己丑鐫,紉香齋藏板。"此時周樂館於李肇慶在潼關的寓所,雖然李肇慶的跋未言刻書事,但此書爲李肇慶刊刻的可能性非常大,另據周樂、慶禄、李肇慶等撰《潼關詠史》一卷,亦爲紉香齋藏板。九行十九字,白口,四周雙邊,單魚尾,無直格。字體秀氣。

《二南續鈔》二卷、《補遺》一卷,清周樂撰,清道光二十九年紫藤書屋刻本。由海昌周樂清選,輯詩三百四十餘首。

《潼關詠史》一卷,清周樂、慶禄、李肇慶等撰,清道光十五年紉香齋刻本。

李肇慶在關中爲官時所輯三人七言律詩二百餘首,皆爲評論史事之作。卷首有慶禄序。或亦爲李肇慶秦中刻本。

周樂回山東後,主講景賢書院,弟子衆多,友人促其刻《二南文集》二卷、《文外集》二卷、《制藝文》行世,時間爲道光二十二年,實爲衆友人與弟子們共同捐資刻成。

前有道光十八年戊戌李元春序,云周樂詩前後集已梓。道光二十二年馬國翰序。道光二十六年花壽山《周二南先生小傳》:"促之付梓,並前所刻《二南詩鈔》《續鈔》若干卷、《制義》若干首行於世。"《題辭》有李同、鹿澤長、李澍、王德容。威遠鄒光鉞"因亟出積俸襄梓於世"。鄒光鉞,道光二十四年曾在昌樂知縣任上刊刻單爲濂的《懷香草堂詞》。該書評者有馬國翰、李圖(即掖縣李同,字少白,後改名圖,字少伯)、花壽山、王德容、鄒鴻放(即鄒光鉞)、朱敉人、鄭竹泉。有《二南文集》校刊姓氏:

受業門人陳鳳梧藹士、賀兆慶旟豐、盛攀桂小瀾、陳大鵬摶九、胡承惠侍楓、董樹屺燮榮、王化醇緼之、張廷柱松雲、張汝揚磻溪、李純儒泮金。該書封面題:“道光二十二年鐫,枕湖書屋藏版。”據集中《枕湖樓記》一文,知大明湖南有枕湖草堂,爲周樂老友翟修來居士與其弟翟凝待客處,其子翊風、漸逵又蓋樓,曰枕湖樓。此書蓋大家出資刻後,板藏翟凝枕湖書屋。九行二十一字,小字雙行二十一字,左右雙邊,單黑魚尾。

周樂撰有《救世苦口吟》一卷,清道光三十年刻本。刻書地點在濟南,但刻書人不詳。封面題:“道光庚戌秋鐫,板存濟南府署迤西敬慎書屋。”有道光三十年庚戌柳道人識於紫藤書屋。周樂自序:“道光庚戌夏,余以指痟十四年不愈,擬卜休咎,適柳真人降乩,因焚香拜禱。真人既賜醫方,又命作《救世苦口吟》數十首,題爲忠、孝、節、義、禮、義、廉、恥八字,勸人向善,本係素心,輒於課文之餘,每一字作十截句,共成八十首。”有南屏僧於平陵貢院之偏雪善堂識。道光三十年同里李綖於雪善堂序。古絳張熙懋芸溪跋。九行二十一字,小字雙行二十一字,左右雙邊,單黑魚尾。

周樂屢躓場屋,窮困一生,所爲詩歌全賴友人刊刻,他的友人余正酉相對來説,境況要比他好很多,也有能力刻書。

(4)余正酉

余正酉,字秋門,歷城人,生卒年不詳。書齋號藤花軒。嘉慶十八年,張鵬展爲山東學政,奇其才學,擢爲拔貢,道光五年舉人,曾任鑲白旗官學教習、山西潞城知縣等職。道光十六年,奉命赴懷仁、朔州賑災,悉心擘畫,兩縣災民賴以全活。後歷任山西河曲、榆社知縣、吉州知州、平陸知縣,皆有政聲。返鄉後卒。著述頗富,積數十年之力,於道光二十九年,在平陸任上輯成《國朝山左詩彙鈔》《國朝山左詩彙鈔後集》。另著《秋門詩鈔》等。

《秋門詩鈔》二卷,《山東通志·藝文志》著録:“據《山左詩彙鈔》,其詩凡二卷,今所見者僅一卷,蓋初刻也。”今《山東文獻集成》第三輯影印《秋門詩鈔》一卷,蓋即此書初印本。卷端題:“歷下余正酉秋門甫著。”有道光九年桐城姚景衡序云:“詩雖不多,而藻密氣疏,韻悠骨健,於唐以後諸家幾無不備,知其致力者多,而所得亦甚深矣。”有衆人《題辭》。末有道光九年姚景衡跋。

余正酉編輯並刊刻的《國朝山左詩彙鈔後集》三十九卷,可謂其扛鼎之作。

清朝山左詩系列書的彙集與刊刻,對山東詩歌的發展起到了重要作用。先是德州盧見曾於乾隆二十三年刊刻了《國朝山左詩鈔》六十卷,開搜集整理清代山左詩歌的先河。繼之德州宋弼將前《鈔》未入的二百十七人,録爲《續鈔》四卷,又以前《鈔》之人其佳篇未及盡入者,録爲《補鈔》七卷,有序而未刻。後爲提督山東學政張鵬展所得,重新編次,刻於嘉慶十八年學署四照樓。余正酉爲張鵬展所器重,故與淄川高丙謀、單縣時式敷、福山鹿澤長、黄縣丁培緍、高密單爲鏓、歷城朱畹、歷城王德容、濱州杜受元、歷城朱廷相等一時碩儒一起參與了張鵬展此書的校對工作。在此基礎上,他曾合訂盧、宋、張所《鈔》爲一編,名曰《彙鈔前集》,未刻。可以説此輯價值並不大,但他對以上三《鈔》的查缺補漏工作卻極有意義。張鵬展本衹到嘉慶十五年止,正酉故輯嘉慶十五年以下山左人詩,至道光末年,名爲《國朝山左詩彙鈔後集》,以别於《前集》。自乾隆至道光,歷經四人之手,清代山東人的所有詩歌網羅殆盡,又經三次刊刻,清代山左詩歌面貌粗具,脈絡清晰,對研究清代山東詩歌的發展具有重大的意義。目前所知除張鵬展爲官刻外,其餘皆爲私刻。

該書有宗稷辰序。道光三十年周樂序:“吾友余秋門素工詩,又好評騭古今人詩。蓋自漢魏六朝以逮近今名家,靡不日事蒐討。而於鄉國文獻尤斷斷留意。嘗取德州盧雅雨、宋蒙泉兩先生及上林張南崧學使所輯《國朝山左詩鈔》諸《鈔》甄綜增訂，勒成一書。余前在關中讀而善之，爲題七言古詩一章。一日又謂余曰：'茲《鈔》雖就，然自庚午以還，其間以詩鳴者，尚指不勝僂，他日當别爲一集，以附於後。'余心韙之，而竊慮其難也。迄今未及十年，竟由平陸以《山左詩彙鈔後集》三十卷寄示。不鄙譾陋，謬預參校，其決擇之審與《前集》同。秋門可爲有志竟成者矣！嗟乎！士大夫一行作吏，案牘埋頭，其無暇究心於著述者多矣。乃秋門鋭意編摩，既合前續諸《鈔》彙爲《前集》。而服官以來，又於政餘網羅物色，裒諸新搜，編爲《後集》。若惟恐海右文人有久而淪没於陵谷者，用是亟亟搜輯前後數十餘年，曾無寒暑遊宴之閒，微特精神識慮迴越尋常，其惓懷桑梓之誼抑何懃且篤也！且其俸錢所入，視三先生爲不侔矣，故皇皇焉罄所積以從事棗梨，俾耽心風雅之士得有所藉以傳諸久遠，不致令後世歎姓氏之無徵，豈非吾東之一大幸事哉！是刻既竣，而所彙《前集》亦次第付梓。近又聞有山左明詩之選，斯其殫心著述，歷久不渝，足與雅雨諸公並有千古者，其不朽之盛業爲何如耶！”道光三十年花壽山序。道光二十九年余正酉自序。

封面題：“道光己酉鐫，海棠書屋藏板。”十行二十一字，白口，四周雙邊，單黑魚尾。雖爲道光刻本，但很用心，刻印精。

(5)王德容

鷗社詩人王德容，字體涵，歷城人，諸生。著有《秋橋詩選》四卷、《秋橋詩續選》四卷。他的詩作均由門人刻成。

《秋橋詩選》四卷，由門人刻於道光二十二年。此書最早名爲《思竹齋存稿》，爲馬國翰、周樂論定，後李圖(按：李同)删訂。

封面題：“道光壬寅鐫。”卷端題：“歷城王德容體涵著，掖縣李同少伯選訂。”

有道光二十年庚子周樂《思竹齋存稿序》，道光二十一年辛丑馬國翰《思竹齋存稿序》,孫欽若《書》。道光二十二年壬寅掖縣李同《秋橋詩選序》:"壬寅春,體涵門人將梓其師作以問世。"道光二十二年壬寅自序於歷下思竹齋:"未嘗出以示人,何事從遊搜括,欲付之梨棗,輒加檢擇。"有《校梓姓氏》:吕孟甲鎮瀛,蔡瑶藴山,楊兆麟仁圃,楊子震青圃,滕昆生春圃,李希騫次閔,陳錫甲梧堂,殷志發省愚,張士超越泉,曹紹庭承甫,李春榮秋實,張媚川珠泉,宋振蛟雨田,張鴻齡錫九,趙天泰復亭,鄭對禹山,楊兆鳳藹人,孫鶴齡仙亭,王履中素軒,徐燦錦堂,闞廷琛玉堂,鮑友賢景蘭,司健亭惺岩,李樸子淳,張生甫吉人,高壽嶽松喬,翟起繩正甫,陳兆貴敬齋,李夢松枕山,魏保太平階,鄭雲騰子雨,李裕興雲軒。婿鄭嶼方洲、男化醇緼之編次。

八行二十一字,白口,左右雙邊,單黑魚尾。字體一般,板框大小一般,特色不明顯。

《秋橋詩續選》四卷,由門人刻於道光三十年。

卷端題:"歷城王德容體涵氏著,同學花壽山南村、周樂二南、馬國翰詞溪仝選定。"

有道光三十年庚戌花壽山叙。道光二十九年嵇文駿叙。馬國翰《書》。道光三十年李緯跋:"壬寅歲,余從閩中歸,適隴州刺史馬詞溪里居。花朝日,簡招王秋橋、周二南、謝問山、朱退旃、何岱麓及余七人,讌飲歷下亭。詞溪首唱七律四章,皆屬和焉。是後提酒擕榼,遞相賓主。每飲必有作,互相磨礪,忘機(按:或爲望磯)如鷗,遂名'鷗社'。不數年,詞溪仍宦秦中,問山、退旃相繼物故,岱麓就館他方,惟秋橋、二南及余老於牖下,而舊社冷落矣。今其《續集》半多當時唱和贈答之章,重復繙閲,不啻置身於湖山之間,如聆謦欬。追維疇昔,已成往事,可慨也!兹將付梓……"述鷗社歷史較詳。

八行二十一字,白口,左右雙邊,單黑魚尾。字體一般,板框大小一般，特色不明顯。

（6）謝焜

鷗社詩人謝焜，字問山，自浙江山陰占籍歷城，與弟謝照均爲知名諸生。詩宗少陵。著有《緑雲堂稿》《心儀集》《停雲集》。編有《海岱英華集》二十卷。甥王鍾霖，濟南著名詩人，其《歷下詩鈔序》云："問山舅父積學工詩，獨輪戴笠，數十年購吾東詩，繼盧雅雨先生《山左詩鈔》爲《海岱英華集》二十卷，雨鐙雪鑪，淺斟低詠，勘定頗精審，惟非千金不能開雕。暮年目盲於酒，扶孫持集走乞先贈公，曰：'一生精力在此。今乃入暗獄，甥雨生行且仕，當能成吾志。'鄭重交付。霖謹置篋，弗敢忘。"

謝焜《緑雲堂稿》二卷，由江蘇袁潔刻於嘉慶二十五年。此詩稿收詩凡百餘。卷端題："歷下謝焜問山著。"有謝焜嘉慶二十五年自序："近年來積卷成帙，爲袁玉堂見之，欲謀剞劂，余謂今之災梨厄棗者……而玉堂諄諄不已，弗敢違其意，乃慎自去留可百餘首，先付梓人……嘉慶庚辰謝焜問山氏自序於都中有如是齋。"知此書爲袁玉堂所刻。玉堂，即袁潔，號蠡莊，江蘇桃源人。娶歷城乙意蘭爲妾。袁潔刻此書時或在歷城。八行二十一字，白口，四周雙邊，單黑魚尾。字體方正。

謝焜輯有《心儀集》《停雲集》二種，道光間刻本。

卷端題："歷下謝焜問山編。"徐炘在二集合刻序中云："篋富鈔存之作，兼以緣深文字，每得殘篇於故紙堆中，即或交昧平生，並收遺册於長陵市上。簽題曰《心儀》，示好也，且志謙也。其《停雲集》亦素所心儀而已歸道山者，以麻沙之新刻，抒宿草之餘思。因而臚別哀分，彙編一集，讀之者可以興，可以觀矣。"《停雲集》有此年自序，道光十二年梅成棟序："問山先生《心儀集》，余既爲之序矣，復以向所心儀而已長逝者别爲《停雲集》，問序於余……今年夏客京師，五閱月始卒其業。"均未言刻書事。八行二十一字，白口，四周雙邊，單黑魚尾。

(7)范垌

鷗社詩人范垌(1768—?)，字伯野，號品泉，歷城人。嘉慶布衣，工詩，尤精書法，以遊幕處館爲業。撰有《如好色齋稿》四種十卷，清嘉慶二十五年刻本。凡文四卷，詩六卷。詩包括《如好色齋詩》四卷，《新齊音風論集》一卷，《論詩絶句》一卷。共八百首。《新齊音風論集》仿王象春、董芸《齊音》，詠濟南風物。有謝焜序。同爲鷗社詩人的李僩序："理真情摯，奇不詭正，同人盛稱其四六。而其付梓也，四六汰而不存，則其師所好尚，從可知已。"

據李森文撰《趙執信年譜》①，趙執信之四女趙慈，字雪庭，適濟南朱崇善。其詩稿爲范垌所刻。有范垌序："壬申之秋，濟南謝問山手一編示予曰：'此秋谷先生幼女名慈字雪庭者之所爲詩也。'蓋雪庭歸濟南朱氏名崇善，以貧困終。而問山爲朱氏之甥，故得收其遺稿。余受而讀之，哀而不傷，怨而不怒，往往有名句似青蓮，如'芳草一庭和恨生''自折荷花帶露歸'等句，筆健意圓，絶不類閨閣中語。而字句之間，别饒秀艷，讀之淒然欲絶。第以貧故，埋故紙堆中數十年，人無知者。余既私淑於秋谷，而山左才女不少概見，故爲選刻四十餘首，以表瓣香所在，亦以補笄裾之缺云。"由此知趙慈詩稿確爲范垌所刻。

(8)何鄰泉

鷗社詩人何鄰泉，字岱麓，號苹野，歷城人。著有《無我相齋詩選》四卷，清道光二十五年山西劉庶常歷城刻本。道光二十三年周樂序云："山右劉樵坡庶常僑居濼濱，見岱麓詩而嗜之，擬爲刊以問世，屬余選定。余不辭，爲節存若干首。"卷端題："歷城何鄰泉岱麓。"九行二十字，小字雙行二十字，白口，四周雙邊，單

①李森文：《趙執信年譜》，齊魯書社1988年版。

魚尾。

(9)鄭雲龍

鷗社詩人鄭雲龍,字萍史,歷城人,道光十二年舉人。所撰《焚餘詩草》二卷,周樂評定,刻於其去世後,大約在清道光咸豐間。

周樂《二南外集·鄭萍史孝廉詩序》云:"其長君方洲,以父遺命,囊詩三册來拜求論定。披視,爲余所未見者十有六七。攜赴平干,悉心校閲,僅餘數葉未竟,而署内不戒於火,延及余齋,圖籍灰燼,萍史詩册亦爲謝仙攫去。急持書告其長君,索取原稿,則故紙零縑,塗抹幾不可識。搜剔彙萃,衹得二卷,重爲評論,歸其家藏之。"故書有"焚餘"之稱。

(10)喬嶽

鷗社詩人喬嶽(1787—?),字松石,歷城人,諸生。所撰《松石詩鈔》二卷,清咸豐二年自刻本。首有周樂序,末有李僩跋。

(11)花壽山

在歷城詩人團體中,有一位非鷗社成員,但卻是不可或缺的人物,他就是花壽山。花壽山,字南村,歷城人,嘉慶十二年舉人,十上公車不第,先後任日照訓導、平陰教諭,回鄉後潛心攻讀研究學問,以教授爲業。晚年主講景賢書院。尤精詩古文辭,從者多有成才者,如馬國翰、金壽萱等。説他不可或缺,是因爲在清代中期的歷城乃至山東人的著述中,常見他的名字,例如,他與周樂、馬國翰選訂《秋橋詩續選》並作序,爲尹式芳刻尹廷蘭的《華不注山房文》作跋,與周樂、王德容等人一起校刊李獻方刻的《滄溟先生集》,爲毗陵徐子威的濟南刻本《海右初集》作跋,與劉燿椿、周樂等助刻牟應震的《毛詩質疑》六種,爲肥城張岫家刻《帶經舫稿》作序,爲余正酉的《國朝山左詩彙鈔後集》作序,爲周樂的《二南詩鈔》作跋,在《二南文集》中爲周樂作《傳》,等等。由此可見,花壽山是一位十分活躍的人物。

在他的文化活動中，最值得一提的是，他於咸豐五年爲朋友安邱劉燿椿編輯並刊刻了《海南歸櫂詞》二卷、《續》一卷。後有花壽山《跋》："右《海南歸櫂詞》，前閩海觀察安邱劉莊年先生所著也。先生爲南中循吏，其風節在士大夫口不具論……自海南歸，歲戊申，來主濼源書院講席，壽山由是日相過從。論文之餘，間及填詞，出示是編，讀而悦之……勸鋟板以公同好，堅不肯。壽山乃録其舊作，益以新制，釐爲二卷，梓之……咸豐乙卯秋八月歷城南郭花壽山跋，時年七十有六。"該書封面題："安邱劉莊年先生著，咸豐乙卯秋刻。"卷端題："安邱劉燿椿莊年填，歷城花壽山南村輯。"九行二十一字，小字雙行二十一字，白口，四周雙邊，單黑魚尾。字體秀氣。

(12)徐子威

鷗社團體中還吸納了一位外鄉人——毗陵徐子威，字雲樵，號野泉，常州人，諸生。有《海右集》《雲樵詩鈔》。晚年蹴居歷下南郊。所撰《海右初集》八卷附《詩餘》《搜篋草》《補遺草》，於嘉慶十七年自刻於濟南環翠山房。有嘉慶十七年梧門法式善撰《雲樵山人小傳》。嘉慶十七年曲江湄撰《野泉先生小傳》。又有蔣嗣曾、翟凝、牟應震、李敷榮序，均云徐子威將付梓此書，又有花壽山等跋。封面題："環翠山房藏板。"卷一至卷八版心又題"雲樵詩稿"。八行十八字，白口，四周雙邊，單黑魚尾。字體一般，行疏，板框小。徐氏因境遇一般，所以自己的詩集刻得一般。但據書中序跋，可知他已融入了濟南文學圈。

徐子威又有《雲樵詩選》，清嘉慶范坰刻本。《念堂詩話》云："子威歿後，張伯良刺史杰寄金恤其母。時母亦歿，范君坰以贈金爲刻《雲樵詩選》。皆風雅中古道也。"據此可知，《雲樵詩選》爲范坰所刻。

以上是清代中期歷城詩人團體著述的刊刻情況。可以看出，不論是"歷下三詩人",還是"明湖七子",還是一波三折的"鷗社",歷城的標志——大明湖,永遠是歷城詩人們聚會的最佳場所,而邊、李,也是歷城詩人們永遠的追念。這說明,至少在邊、李生活過的地方,在兩百多年之後,還有這麼一群詩人,繼承邊、李詩風,傳播邊、李的詩歌理論,是明中期以來復古學風在濟南的復興與張揚。張曉媛有碩士論文《濟南詩派研究》,將邊貢作爲"濟南詩派"的創始人,李攀龍爲繼承,到清代王士禛爲最盛,並戛然而止,似乎"濟南詩派"至此終結了。從以上分析可見,僅從時間來看,"濟南詩派"就已經延續到了嘉慶道光時期,在這個時期,這個詩派在成員的發展上應該是空前的,在成果上也是豐富的,幾乎每人都有詩作問世,更遑論散見於各處的零星小詩了。而他們詩文的刊刻,則是百花齊放,幾乎無一没有付梓,作爲一個詩派來說,這在全國也是不多見的。不論是個人刊刻,還是後人刊刻,不論是朋友刊刻,還是門生刊刻,有的甚至是由外地人在歷城刊刻,總之,無論是何種形式,他們的詩文最終得到了廣泛的流傳,這無疑擴大了他們在詩界的影響。這其中,當然以李肇慶最爲人稱道。

4)歷城人在本地刻書

除了以上詩人團體,歷城的個人刻書還有很多。

(1)方昂

吴縣汪縉撰有《汪子詩録》四卷①,爲濟南方昂刻於嘉慶三年,此書未見傳本。

(2)辛啓泰

據《郘亭知見傳本書目》,辛棄疾《稼軒詞》四卷:"嘉慶十六年,族裔啓泰刊集本詞四卷,校毛本多三十四首。"②知歷城辛啓泰

①孫殿起:《販書偶記》,上海古籍出版社 1992 年版,第 400 頁。

②轉引自蔣哲倫、楊萬里:《唐宋詞書録》,嶽麓書社 2006 年版,第 433 頁。

有嘉慶十六年刻本,此書未見。

(3)鍾廷瑛

鍾廷瑛(1758—1834),字退軒,號南皋,歷城人,乾隆三十三年戊子舉人,曾與修《四庫全書》。書成,議敘知縣,官蕪湖知縣。著有《退軒詩録》《宋詩話》《金元詩話》《藝苑小箋》《新修長山縣志》(與徐果行同撰)。

目前唯見《退軒詩録》十五卷,嘉慶二十二年鍾廷瑛讀易堂自刻本。有嘉慶十九年自序。封面題:"嘉慶丁丑冬月,讀易堂藏版。"卷端題:"歷下鍾廷瑛。"九行二十二字,白口,四周雙邊,單黑魚尾,寫刻體,較精。

(4)魏治淳

歷城有位著名的"工匠"——魏祥,字致和。祖籍章邱,後遷歷城。少家貧,學建築。乾隆五十五年東巡,鹽運司令魏祥屢建行宫。嘉慶十四年,魏祥應聘去山西五臺山建行宫,並主持修建曲阜孔林、孔廟等工程,濟南的府、縣學宫、魁星閣、文昌閣、城隍廟及貢院等重大工程,皆由魏祥主持施工。魏祥自幼聰慧好學,不拘泥於古,重視實踐和創新,遂成一代名匠。

魏祥撰有《槐蔭堂自叙册》,此書未見,但留傳下來的有衆友人如鷗社詩人金洙等爲其《自叙册》所作的題跋,即《槐蔭堂自叙册題跋》一卷,由其子魏治淳刻於道光七年。

末有道光七年魏治淳跋:"《槐蔭堂自叙》一册,乃家君歷記生平艱苦,所以示後嗣悦目儆心,俾知成家之不易,衣食之有本原也。自當代偉人賜以題跋,其文詞或據事直書,或備述交誼……道光丁亥,家君奉委督修棘闈號舍,適直隸津門觀察金文波先生以書來,且賜以弁言,促家君將此册付棗梨,公之同好……爰命治淳付剞劂,以成此帙。"

該書封面題:"道光丁亥歲,文華齋鐫。"

六行字不一,白口,左右雙邊,單黑魚尾。寫刻字體,疏朗,字大,蓋爲同人、友朋所寫,而示尊敬之意。

(5)劉登桂

劉伍寬(1674—1740),字蒲若,號此亭,先觀城人,父遷濟南歷城,雍正七年己酉拔貢。著有《海右堂遺詩》一卷、《海右草堂集》十二卷。現所見唯有《海右堂遺詩》一卷,道光九年曾孫劉登桂刻本。

有道光九年劉登桂《跋》:"曾大父此亭先生以詩名重於時,全集十二卷。易簀後,門弟子轉相抄閱,竟失所在。今家笥所存僅百餘首,……(桂)亟請李藹蹊師爲之點定,付諸梓人。"藹蹊,即文登李允升。

卷端題:"濟南劉伍寬此亭著。"

八行二十字,白口,左右雙邊,單黑魚尾。字體端莊,字大行疏。家刻風格比較明顯。

(6)王偁

歷城還有王偁,字曉堂,諸生。雖然不是詩人團體中的一員,但他熱衷於地方風物掌故。在其自撰《瓣香雜記》前有跋:"余自八歲失怙,就外傅,十歲學詩,十八歲後奔走南北,糊口四方。窮居歷下燕臺,受經於翁潭溪、魏□□兩夫子。及至卅,學詩於鮑雙□學使、鄭烺山孝廉。"又從學於劉大觀松嵐、李秉禮松圃,五十後到歷下。刻有七種書。

①《歷下偶談》十卷、《續編》十卷、《匡山叢話》五卷,清王偁編,清道光十一年敦邱王氏鵲華館刻本。

《前編》封面題:"辛卯夏五鐫,瓶花閣校定,鵲華館藏板。"卷端題:"鵲華館主人編集。"前有《鵲華館序》:"近年由豫而東,由東而津、潞、燕、趙……不得已,復歸歷下,杜門謝客……丁亥五月杪鵲華館主人王曉堂自識。"

《偶談續編》封面題:“辛卯夏五鐫,瓶花閣校定,鵲華館藏板。”封面題“談”爲“譚”。卷端題:“鵲華館主人重集(或重編)。”前有道光十一年辛卯夏月冶橋氏識:“出其所作有《詩鈔》三十卷,《歷下偶談》廿卷,《傳香》十卷,《五經選註》二十卷,及《詠古韻事》各若干書。窘於財未能鐫刻。每甚惜之。嗣以《蓮舫詩鈔》二集先行發刊,一時紙貴洛陽……今春余適因公駐省,曉堂復以《偶談》付梓,商於余。予乃分俸以襄厥事。”據此序,知王曉堂還刻有《蓮舫詩鈔》。末有招遠楊鍾泰爲三書所作《鵲華館紀聞後叙》:“《紀聞》非總集也,曰《偶談》,曰《續談》,曰《叢話》,乃其總集中之小小者耳。窘於貲,故先梓其易爲力者。”

《匡山叢話》封面題:“辛卯年秋鐫,江冶橋先生校對,鵲華館藏板。”卷端題:“鵲華館主人編集。”前有道光十一年潞城靳會昌序於山東按察使署栢蔭山房,稱時將付梓。是年仲秋王曉堂識於濟東道署之槐南書屋:“辛卯刻《詩鈔》《偶談》《花譜》《韻事》成。”據此序,知《蓮舫詩鈔》確實刻過,爲三十卷。《花譜》未見。《韻事》或即《名媛韻事》。均在道光十一年。但據下條,《名媛韻事》刻於十三年,有封面爲證,且序言作於十二年,所述成書亦在十二年冬天,不可能在十一年就刻,此《韻事》當另有所指,故另立一條。末有道光十一年袁潔玉堂蠡莊識於歷山旅館,時曉堂設帳濟東道署,“曉堂累於刻書,又家窶,甚惜”。

八行二十二字,白口,四周雙邊,單魚尾。

②《蓬舫詩鈔》三十卷,清王偁撰,清道光十一年敦邱王氏鵲華館刻本。據第一條知。

③《花譜》,清王偁撰,清道光十一年敦邱王氏鵲華館刻本。據第一條知。

④《韻事》,清王偁撰,清道光十一年敦邱王氏鵲華館刻本。據第一條知。

⑤《名媛韻事》五卷,清王偁、杜玉貞編,清道光十三年刻本。

封面題:"癸巳仲秋新鐫,瑶田女史校定,瓶花閣藏板。"卷端題:"鵠華館主人編輯。"前有道光十二年壬辰歷陽瑶田女史杜玉貞《瓶花閣》序:"壬辰秋暮,一家兒女病臥牛衣,與夫子相持以勤,繼勸以勉。夫子偶選名媛舊句,雜綴以事中,長夜殘燈,半予校録,凡詩之見於他集者,不俱載,得七十七人,分爲五卷。"知此書爲王偁、杜玉貞夫妻二人共同編訂校定。

九行二十二字,白口,四周雙邊,單魚尾。

⑥《嵎陽詩説》八卷,清王偁撰,清道光十三年刻本。

封面題:"癸巳仲秋新鐫,瑶田女史校定,瓶花閣藏板。"卷端題:"鵠華館主人纂紀。"前有道光十三年癸巳美田如善禾序於都門之蔬香書室。陳若霖書於夷門公廨:"戊寅,務嵎山詩人王曉堂持家恭甫信來豫,與論時事。"是年歸安葉紹本叙於宣南坊寓之白鶴山房。

⑦《瓣香雜記》五卷,清王偁撰,清道光十四年刻本。

封面題:"甲午冬季新鐫,埽紅亭校定,瓶花閣藏板。"卷端題:"嵎陽山人隨筆。"前有自跋,稱壬辰刻《詩鈔》《叢話》《偶談》書成,窮冬與杜玉貞選訂《名媛》,晏海學博(按:馮晏海)、九上公冶山夫子(按:孔慶鎔)等皆勸其付梓。那彦成道光十二年《原序》,言通過門人袁玉堂,得識王氏。"筆墨糊口,雅好刻詩傳人,每致衣食不支。"可見其刻書情狀。道光十三年吴邦慶《停雲館序》。末有是年孔慶鎔跋:"癸巳春,因崇川馮晏海先生得識敦邱詩人王曉堂。"

八行二十二字,白口,四周雙邊,單魚尾。字大,與别本不同,刻亦精。

(7)李獻方

在清前期的歷城刻書中,衹談到了邊貢詩的刻書情況,而與邊貢相呼應的"後七子"之首的李攀龍在清初的歷城卻没有刻書。

直到道光二十七年,纔有其裔孫李獻方刻本。

《滄溟先生集》三十卷《附録》一卷,其中詩十四卷,文十六卷,《附録》有誌、傳、表、誄。有嘉慶十七年壬申張佳胤序。李獻方刻書序:"而詩文集則一刻於南中,再刻於歷下。經歷兵燹,板俱亡失。吾鄉有其書者已尠,況遠方乎?獻方家藏一函,共三十卷,係弇州所刊。原本同人借閲者夥,紙多斷爛。家君懼其久而失傳也,割舊田數畝售之,得錢若干,命獻方即泉上白雪樓鳩工翻刻。復假邑中藏書家舊本,延師友數人,校其魯魚字,卷帙行款悉如原式,其跳行空白之處,亦未敢改易,存其舊也。……而猶幸爲識字之民,得於先人遺集,親督剞劂氏,告厥成功,則固獻方之所差慰者已,爰書其巔末以示後嗣。道光二十七年秋九月九世孫獻方敬識。"有道光二十七年周樂跋:"滄溟先生詩文集,明隆慶壬申王弇州爲選刻三十卷,銅梁張肖甫爲之序。萬曆二十八年,夏邑陳抑吾任歷城,又續刻之。迄今二百餘年,板已無存。傳本俱非初印,字多漫漶難識。今先生世孫獻方從余受業,有家藏舊本,雖間有模糊,卷帙一如王氏之數,又得藏書家李秋屏本,紙色更舊,卷數亦符,當皆原刻本也。先生爲一代大宗,海内風雅士罔不思購其集。奈未經翻刻,集之在天壤日少。獻方遵其父命,乃質田若干畝,重刻於白雪樓下。樂偕老友花南村壽山、王秋橋德容及門生孫香雨蘭枝詳爲校對,訛者正之,疑者闕之,而秋橋之力尤多。樂既嘉李生之克光先業,俾吾鄉文獻流傳無替,而又喜樂以遲暮之年,得與校讐之,足爲榮施也。爰綴數語以志欣幸,時道光二十七年歲次丁未秋九月歷城後學周樂敬跋。"可知李攀龍此書在明代衹有二刻,一是隆慶六年王世貞刻本,一是萬曆二十八年夏邑陳抑吾歷城刻本。清代一直未刻。李獻方此刻本係第三刻。獻方賣田刻書,可作刻書不易之一例。

封面題:"道光丁未秋梓,景福堂藏板。"末有《道光丁未年翻刻李滄溟先生全集校刊姓氏》:周樂二南、花壽山南村、王德容秋橋、孫蘭枝香雨。可見此書集衆人之力而成。藏書家李秋屏,即李緯,字秋屏,歷城人,官莆田巡檢,有《行間記》《湖上閒吟草》,未見刻本。孫蘭枝字香雨,歷城人,諸生,有《華不注山房詩》。《滄溟先生集》十行二十字,白口,左右雙邊,單黑魚尾,字體端正,家刻風格。

(8)尹濟源

歷城尹濟源,所刻《爲政忠告》四卷,可稱善本。

《爲政忠告》四卷,清張養浩撰,清道光十一年歷城尹濟源仿元鈔刻本。

封面題:"元濟南張文忠公著,碧鮮齋影鈔本。"

末有道光十一年辛卯尹濟源於碧鮮齋識:"曲阜孔蔗莊大令藏元時刻本三種,各自爲編,卷首有絳雲樓收藏印,錢氏故物也。莆田郭蘭石庶子按試之暇,影寫全帙見貽,因以付梓。"

王獻唐《雙行精舍書跋輯存》云,此書所依爲郭蘭石據絳雲樓舊藏元刊本移録本而刻,款式字行悉仍其元刻之舊。八行十七字,黑口,四周雙邊。字大行疏。"蘭石以書法名海内,此抄於精整之中寓宕肆之致,刻手亦能曲傳筆趣、不失規裁,真堪稱雙絶矣。"①

(9)張氏

歷城有張氏燕喜堂,在道光二十六年刻有清李春輝撰《痘科救劫論》一卷。

封面題:"道光二十六年重刊,濟南李春煇先生著。"並印有:"先刻此書於奎文齋,因字小不便觀覽,又刻此板,存省城北門外楊家莊燕喜堂張,願施送者隨便刷印可也。"

(10)佚名

①王獻唐:《雙行精舍書跋輯存》,齊魯書社1983年版,第100頁。

據上海圖書館數據,朱軾撰《慎終録》二卷,有道光二十九年濟南洗心山坊刻本,此濟南洗心山坊不知何人何處。

5)外地人在歷城刻書

歷城文化的發展同樣離不開外地人的參與,除上述徐子威、袁潔刻書外,還有諸多外地人在歷城刻書,爲數不少。

(1)孫星衍

孫星衍,字淵如,又字伯淵,江蘇陽湖人。乾隆五十二年進士,授翰林院編修,充三通館校理。乾隆六十年授山東兖沂曹濟兵備道,嘉慶三年丁母憂,九年補山東督糧道,十二年任山東布政使,十七年離開山東。

孫星衍山東刻書五種:《尸子》《琴操》《燕丹子》《竹書紀年》《穆天子傳》。五書均由洪頤煊輯校,均在濟南刻成。

據焦桂美師姐《關於〈平津館叢書〉的兩個問題》①一文,孫氏的《平津館叢書》共四十三種二百五十四卷,有刻於蘇州者四種,有刻於山東者六種,其餘刻於金陵。刻於蘇州者,三種由顧千里影摹上版,在黄丕烈家完成,另一種由邢澍董理。刻於山東者,五種在濟南刻,爲《尸子》《琴操》《燕丹子》《竹書紀年》《穆天子傳》,均由洪頤煊輯校,另一種爲《建立伏博士始末》,封面署"嘉慶十一年冬刊於安德使署之平津館",爲德州刻本。在山東期間,他將許多書稿寄回金陵,在金陵由顧千里請劉文奎兄弟刊刻。孫星衍回金陵後,繼續刊刻,但《叢書》中的三種在他去世後刊成,分别由顧千里和孫星衍之弟完成。

所見《尸子》二卷,封面題:"尸子輯本,嘉慶二年刊於山東廉訪署,五松書屋藏板。""五松書屋"爲孫星衍堂號。卷端題:"賜進士及第分巡山東兖沂曹濟兼管驛傳水利黄河兵備道兼署通省運河

①焦桂美:《關於〈平津館叢書〉的兩個問題》,載《文獻》2005年第1期。

兵備道孫星衍撰。”白文牌記:“嘉慶元年元日校於東郡官舍,弟星衡、星衢同訂正。”有孫星衍嘉慶四年《孫子輯本叙》:“《尸子》著書於周末,凡二十篇,《藝文志》列之雜家。後成九篇,魏黄初中續之,至南宋而全書散佚。章孝廉宗源刺取《書傳》,輯成此帙寄予,補訂爲二卷,可以見古書�略。”十二行二十四字,小字雙行二十四字,黑口,四周單邊,雙對黑魚尾。刻印較精。

此書被收入承德孫馮翼的《問經堂叢書》,版本爲嘉慶二年刻本,似著明爲孫馮翼刻本。孫馮翼,字鳳卿,承德人,有《問經堂叢書》十八種三十一卷。《問經堂叢書》刊於嘉慶二年至七年,其父官江南藩司,故有幾種刻於金陵。有資料稱,其在山東廉訪署者,則孫星衍爲之校刊也。所指當爲《尸子》一書。《問經堂叢書》凡十八種,其《鄭氏遺書》《世本》《神農本草經》《尸子》《燕丹子》,均有孫星衍序,序稱孫馮翼“吾弟”“從子”,雖非同族,視猶子弟。馮翼篤嗜古書,受星衍薰陶至深,亦頗有輯録。《問經堂叢書》之刻,馮翼尸其名,實則成於星衍之手。所以,此書既爲五松書屋藏板,又刊於山東廉訪署,當爲孫星衍刻本。祇是焦桂美文中稱:“《尸子》初刊於嘉慶四年,其版後歸孫馮翼。”其説源自嘉慶四年孫星衍的《平津館叢書》中《尸子輯本叙》中“因屬洪明經頤煊重編爲兩卷,再刊於濟南”之語。《平津館叢書》中的《尸子》刻於嘉慶十一年,而初刊當爲嘉慶二年的濟南刻本,不應爲嘉慶四年。

孫星衍刻書一覽表:

尸子二卷	(周)尸佼撰 (清)孫星衍輯	清嘉慶二年陽湖孫星衍山東廉訪署刻本
燕丹子三卷	(清)孫星衍校	清嘉慶十一年陽湖孫星衍山東刻本
琴操二卷附補遺一卷	(漢)蔡邕撰 (清)孫星衍校並輯補遺	清嘉慶十一年陽湖孫星衍山東刻本

（續表）

穆天子傳六卷附録一卷	（晉）郭璞注 （清）洪頤煊校	清嘉慶十一年陽湖孫星衍山東刻本
竹書紀年二卷	（梁）沈約注 （清）洪頤煊校	清嘉慶十一年陽湖孫星衍山東刻本
建立伏博士始末二卷	（清）孫星衍撰	清嘉慶十一年陽湖孫星衍安德使署刻本

孫星衍所刻以上書皆有較高的版本價值。《燕丹子》明初猶存，永樂後亡佚。清乾隆時，四庫館臣於《永樂大典》中發現《燕丹子》上、中、下三篇，輯出成書，而孫星衍此書爲第一刻。《琴操》是現存介紹早期琴曲作品最爲豐富而詳盡的專著，原書已佚，經後人輯録成書。《善目》衹著録抄本一部。《穆天子傳》有明清抄本數種，最早的刻本是《漢魏叢書》本，孫本有洪頤煊校，優於他本。該書是一部有爭議的書，自晉郭璞爲該書作注，以後元明時期，學者們主要對這一傳世學術名著做了一些文字的校注和詮釋工作。清代檀萃有《穆天子傳注疏》，洪頤煊在郭注的基礎上，廣採善本，對是書又進行了頗爲嚴謹的校正。繼洪氏而作者即翟云升之《覆校穆天子傳》，該校本寫定於洪氏校刊本之後，對洪本略有補充。目前學術界公認洪氏校本與翟氏覆校本並稱諸校本中最善者。

（2）周彥、高澤履

宋代江西饒州彭汝礪撰有《鄱陽詩集》十二卷、《補遺》一卷，由江西周彥、高澤履於嘉慶二十三年刻於濟南。

目録後有嘉慶二十三年高澤履識："右《鄱陽集》十二卷、《補遺》一卷，吾鄉周潤東孝廉得之於京市上。今年春，相見濟南，出行笈見示。此書傳本甚少，余求之多年不可得，亟加繙閱……是此本傳抄在前，較爲完善……因相助校讎，付之剞劂，以廣流傳。刻成，爲志其緣起如此。"末有周彥《後序》："（攜來山東）同里高初亭司馬見而異之，捐俸付梓。”知周彦、高澤履皆爲江西人，二人相聚濟南，共刻江西饒州老鄉彭汝礪此書。彭汝礪著述，《東都事略》載所著《易義》《詩義》、奏議、詩文五十卷。《宋史・藝文志》著録《鄱陽集》四十卷。乾隆修《四庫全書》時已不得見《易義》《詩義》。而詩集，均以抄本流傳，亦止十二卷，非其完帙，以兩淮馬裕家藏本入《四庫全書》。現所見版本在此刻之前，唯有清鈔本。所以，此版本有獨特的價值，它是現存版刻最早的本子。

十行二十一字，白口，四周雙邊，單黑魚尾。字體一般。

(3)葉氏

順治十八年，顧炎武成《山東考古録》一卷，但一直未刊刻。道光間，滄州葉圭綬撰《續山東考古録》三十二卷，咸豐元年葉氏蝸角尖廬刻本。

前有諸序。濱州杜受田序。道光三十年劉燿椿序，稱："芸士先生(按：葉圭綬兄)嘉孝廉(按：圭綬)用心之專、力之勤，出俸錢刻之濟南。"道光二十八年俞浩湛序，稱圭綬"肆力於曆算、輿地之學"。又有道光二十九年孔憲庚序。道光二十八年自序："道光十九年芸士兄謁選得山東鄒平縣，次年調館陶，余皆隨任。又幸得身履其地，親驗周諮，多所裨助，勒爲一編……爰取所業而排纂之，凡四易稿，三十八閲月而成。"由此可見，此書係葉圭綬隨兄芸士來山東後編纂而成，刻書者爲其兄芸士。

封面題："咸豐元年鐫，本宅藏板。"卷端署："滄州葉圭綬子佩甫述。"末有校字人姓氏：及門湯鋐、王珠照、蔣繼珠、張雲祥、靳芝亭、王燾、汪兆侗、李馨桂校字，姪鈉、鑌、鈺、銓、鑄、男鍾繕寫。

十行二十四字，白口，左右雙邊，單黑魚尾，版心下刻："蝸角尖廬。"有圖考。

胡玉縉對此書甚爲欣賞："圭綬隨其兄至山東，盡得各邑乘，復周歷各地，迥非不出里閈、專求故紙者可比，後之欲修志書者，殆不能出其範圍。"①

(4)朱蔭培

朱蔭培(？—1869),字熙芝,無錫人,貢生。少負奇氣,博學能文,窮究經史諸子百家之説。客京魯,有所感,輒發爲歌詩。好表彰忠孝節義事。善筆札,兼治古文。

朱蔭培撰《芸香閣文存》一卷,咸豐十年濟南刻本。

封面題:"歲次庚申秋日刊於濟南。"

九行二十一字,白口,四周單邊,單黑魚尾。

(5)楊澤闓

寧遠楊澤闓,夏津縣令,咸豐元年刻《石汸詩鈔》三十卷,由濟南歷下心不競齋刊刻。

有牌記:"咸豐紀元辛亥孟春月歷下心不競齋刻。"

九行二十一字,白口,左右雙邊,單黑魚尾。字體一般。

6)歷城人在外地刻書

除了外地人在歷城刻書外,亦有歷城人在外地刻書者,應作爲歷城刻書的一部分。

(1)李廷芳

李廷芳,字湘浦,歷城人,乾隆五十四年拔貢,五十九年舉人,官南海知縣。著有《安疏草堂詩鈔》《清愛堂詩鈔》《湘浦詩鈔》。所刻書即爲以上自著三種。

①《安疏草堂詩鈔》,清李廷芳撰,清嘉慶刻本。

青島市圖書館藏。

②《清愛堂詩鈔》七卷,清李廷芳撰,清道光五年歷城李廷芳吴門文寶齋刻本。

①胡玉縉:《續四庫提要三種》,上海書店出版社2002年版,第571頁。

封面題:"道光乙酉年鐫,文寶齋槜(按:"槜"當爲"鐫")。"卷端題:"濟南李廷芳湘浦著。"有道光元年琅邪宋潢序,嘉慶二十一年孫晉灝序:"清愛堂,在松陵官舍廳事之右,湘浦明府迎養其封翁筠谿先生問安視饍之所也。封翁每以清廉愛民爲訓,故明府之涖吴江也,一如其在靖江時。其涖靖江也,一如其在香河時……明府之宰靖邑也,既以《安疏草堂詩稿》鐫行矣,今客又請以松陵所作編爲《清愛堂稾》,鋟版以公同好。"鱗江翟凝序:"前集多少作,此册半屬中年于役之什。余於嘉慶己卯秋之官浙西,舟泊吴門橋下,舊雨歡逢,留連旬日,承命校讎,殊慚班斧,謹擇其尤雅者二百篇,釐爲四卷,亟勸付梓,以廣流傳。"末有徐步汀跋。據以上序跋,可知李廷芳先後官河北香河、江蘇靖江、吴江、松陵等地,此爲江蘇吴門所刻。七行二十一字,黑口,四周雙邊,單黑魚尾,無直格,眉上鐫字。字帶油性。寫刻體,刻印精,吴門爲明清以來的刻書中心,刻書質量高。

③《湘浦詩鈔》二卷、《賦鈔》一卷、《試帖》二卷,清李廷芳撰,清道光七年歷城李廷芳廣東刻本。

詩自《清愛堂詩鈔》選刊,分上下二卷,二百零九首,賦十七篇,試帖六十九首。《湘浦賦鈔》有嘉慶四年德水封大受原序。詩亦多爲原序,道光元年琅邪宋潢序,道光五年潞河白鎔序,稱李廷芳"作令吴江,有惠政"。道光六年嘉應吴蘭修序。後有嘉慶十八年門人陳以謙跋,梅叔弟阮亨跋。諸元鈞跋:"先生舊宰吴江,今官南粤,乙酉夏解餉銀十萬赴河工交納。"道光二年周世錦跋,是年武進陸世遹校讀於南海署齋。此識後有:"省城西湖街簡書齋刊刻。"西湖街簡書齋在廣州。蓋時李廷芳任南海知縣,故刻於廣東。

封面題:"道光丁亥選刻。"卷端題:"濟南李廷芳著。"《詩鈔》九行十九字,白口,四周雙邊,單魚尾,無直格。《賦鈔》同,但眉上鐫小字。

(2)彭以竺

彭以竺(1798—?),字敬之,一字篤之,號雪嵋。道光十二年舉人,十六年恩科二甲第四名進士①,選庶吉士,散館改江蘇鹽城知縣,官至蘇州海防同知。

彭以竺在揚州時刻有壁昌撰《葉爾羌守城紀略》一卷、《守邊輯要》一卷。此時壁昌爲葉爾羌辦事大臣。《守城紀略》有道光二十八年戊申徐繼畬序。末壁昌識:"道光戊申,福州軍署事簡多暇。追憶守邊始末,筆之於書,以見西四城之宜固守也。星泉壁昌識。"《守邊輯要》有道光十九年壁昌自序:"昌三出峪關,兩次善後,於回部情形略知梗概。"道光二十年庚子秀峰氏齡山識於烏什官廨。彭以竺跋:"癸卯二月,壁星泉先生過邗,竺迎謁舟次,出所著《守邊輯要》見示,並手寫炮臺規式相授,口講指畫,不遺餘力……先生途次,攜無餘本,不便存録,方用躊躇,竺請留而重刊,以公示人。蒙俯允,輒付梓如左。山左歷下後學彭以竺謹識。"可見,此書爲彭氏官揚州時所刻。

八行二十一字,白口,四周雙邊,單黑魚尾。有圖:栅門式、垛堞墻丈尺。可謂圖文並茂,但字體爲道光風格,蓋揚州刻書到了清中期亦與其他地方無殊。

由上可見,清代中期的歷城私家刻書特點之一,是名家不占主體。名家祇有馬國翰和孫星衍二人,其次是朱畹,再次爲李肇慶、王偁。刻書在兩種以上者有周樂、余正酉、王德容、李廷芳、范坰數人,其餘皆爲刻書一種者,呈分散狀零星分布。這種分布從一個側面反映了團體刻書的特點,即互相幫助,互爲刻書,使團體刻書成爲清代中期歷城刻書的主體。

①道光十六年五月十二日彭以竺在京師。所據爲許瀚著、崔巍整理:《許瀚日記》,河北教育出版社 2001 年版,第 69 頁。《許瀚日記》爲杜澤遜、范旭侖主編《近世學人日記》之一。

特點之二，在這個時期，居歷城的外地人刻書較少，而清後期以外地人刻書爲主，這也反映了一個問題，即此期的當地人聯繫較爲緊密，外地人很難融入這個團體，一定程度上阻礙了異地文化的交流。

特點之三，在内容分布上，清代中期的歷城私家刻書有九十一種，加之前期朱氏嘉道間所刻書六種，共九十七種。集部最多，七十五種，占百分之八十多，尤以别集爲主，有六十種，另有詞别集兩種，詩文評四種，總集九種，其中地方藝文一種。集部多的原因就是詩人團體的存在。子部居其次，爲十種。史部七種，經部四種，叢部一種。

特點之四，在朝代分布上，嘉慶二十八種，道光四十五種，咸豐八種，道咸間十六種。相對來説，嘉慶、道光刻書較多，而咸豐末年社會開始動蕩不安，一定程度上影響了刻書的數量。

(二)章邱、鄒平、淄川刻書

1. 章邱刻書

清代前期的章邱刻書很少，衹有三種，是李開先後人李其桐等人刻先世詩文。到了清中期，章邱刻書明顯增多。

1)李氏刻書

清中期的章邱家刻當以李廷棨家爲中流砥柱。

李廷棨(1789—1849)，字戟門，號蓴村，章邱人。道光八年舉人，九年進士。先後任直隸新城、玉田、宛平知縣和深州知州，自奉節儉，頗有政績。在新城任上，編纂《續修新城縣志》十八卷。道光二十一年授廣州知府。翌年改任雷州知府，陞湖北荆宜施道。道光二十七年授直隸通永道，道光二十九年卒於任。著有《夏小正詩》《紉香草堂詩集》《紉香草堂文鈔》《紉香草堂賦鈔》《紉香草堂詩餘》，還與同窗好友章邱吴連周編輯《繡水詩鈔》，搜集上自周朝下迄道光年間二百多位章邱籍詩人的八百餘首詩，成爲研究章邱文學史的寶貴資料。長子李寶嬰，一名李恩紱，字稚玉，號荔衫，子符卿。次子李寶赤，字保如，娶馬國翰女爲妻，生子李元璡。

①《夏小正詩》一卷，清李廷棨撰，清道光十一年章邱李氏保陽刻本。

前有道光十一年貴竹花杰於保陽臬署序。卷端題：“濟南李廷棨蕚村。”後有道光十一年馬國翰《夏小正詩後序》：“蕚村自保陽來書云，《夏小正詩》已行乘閒續成全帙，將付剞劂氏……昨致書並寄新刊之本，屬作後序。”

八行二十五字，白口，四周雙邊，單黑魚尾。刻印較精。

②《紉香草堂詩集》四卷，清李廷棨撰，清咸豐三年章邱李氏刻本。

卷端題：“繡江李廷棨蕚村著。”前有道光十三年馬國翰序：“忽來示新章，囑爲弁語，將壽梓。”道光十五年山陽李宗昉序，是年吴連周跋：“蕚村知新城，延予授其二子經，因出其詩集命予校閲……全集篇帙甚多，蕚村酌損之以付剞劂氏。”咸豐三年長洲陶樑序：“今年春，喆嗣稚玉、保如兩孝廉以所刻《紉香草堂集》見示。”則此書刻於道光十五年至咸豐三年間。馬國翰咸豐五年序吴連周《帚金集》有“稚玉伯仲上年編次遺書以存手澤，今兹又裒輯師業”之語，似此集刻於咸豐四年。當以陶樑序爲準。書又有《紉香草堂詩題辭》。九行二十五字，白口，四周雙邊，單黑魚尾。字畫精整，刻印精。

③《帚金集》四卷，清吴連周撰，清咸豐五年章邱李寶嬰、李寶赤刻本。

連周字荆圃，號柳塘，又號菊農，章邱繡水村人，大概生於乾隆末年。嘉慶十八年癸酉拔貢。道光二十六年得偏癱症，號“半人”，又號“一臂民”。咸豐三年去世。所著有《高唐齊音》《繡水詩鈔》《詩經解頤》《帚金集》《歷下詩草》等。其堂號爲“灌蔬園”。

《帚金集》以編年爲序，輯詩一百一十餘首。道光二十九年吴連周自序於郎山東麓："歷年既久，積卷頗多。今門人抄録成帙，命曰《帚金》。藏之篋衍，不敢輕以示人。丙午春，突得廢疾。友人孟劍農（按：章邱孟傳鑄）自易州遺書，索取，將以災木。予乃作書寄李戟門京兆，求一語弁首。而戟門未及答書，溘然長逝矣……惟感劍農厚誼，將付梓人。"余正酉咸豐二年壬子序："鞠農有《高唐齊音》《繡水詩鈔》等集……（時在清苑官署的孟劍農）云欲付剞劂，屬爲選定。"孟傳鑄劍農咸豐四年序："急遺書索之，謀出俸金付匠氏。集至而予以奉諱還里。草土餘生，勢不暇計。頃則橐筆依人，衣食奔走，然時時縈念弗置。每思及早開雕，俾先生目覩告成，稍慰素期。孰意癸丑夏日夙疾增劇，竟歸道山……戟門京兆喆嗣稚玉、保如兩孝廉，先生高足也，方梓京兆公續集……將以餘力爲先生刻詩，予遂奉是集歸之，冀速登梨棗，公諸海内……先生前著《高唐齊音》二卷，輯《繡水詩鈔》十卷，業經刊行。他有《邑乘拾遺》二卷，搜剔幽隱，考辨精詳。"並言吴連周還有其他著述，被友人搜去。馬國翰咸豐五年序，稱李廷棨延吴連周至新昌即新城，教授二子："稚玉將付梓人，寄余校定，並屬爲序文……稚玉伯仲上年編次遺書以存手澤，今兹又哀輯師業。孝義團圓，增人性情之厚。剞劂告成，當以一本贈我。取與《紉香草堂集》合讀，宛然三人揮麈相視而笑，莫逆於心也。"李保嬰跋："咸豐乙卯（按：五年）……先生門人曾受詩教者聞刻是集，皆願襄事，因共校訂，以授梓人。"

附《檢校同門姓名》：男星麟紫庭、受業張文炳焕亭、馬相麟仁波、李葆實心穀、王仲烈駿甫、史咸中虚堂、韓昭琛貢南、張文藻鑑堂、張春藻麗泉、彭國儒仲醇、喬鳳書昇庵、李寶嬰稚玉、李寶赤保如。

八行二十一字，白口，左右雙邊，單黑魚尾。字端莊。

④《紉香草堂文鈔》一卷，清李廷棨撰，清同治間章邱李寶嬰

刻本。

目録下署:"繡江李廷棨戟門著。"前有同治七年匡源序:"哲嗣稚玉、保如兩孝廉,計偕入都,贈余《紉香草堂詩集》,因得讀先生詩。後數年,余來省垣主講濼源書院,又得讀先生制義。今歲春,稚玉復以先生文集屬余選訂並乞爲序,益得讀先生古文辭。其哲嗣克承家學,兢兢弗失,從兵燹之餘搜羅散失,卒能鋟板以傳,使半生心血不至湮没。"則知此書爲李寶嬰(恩紱)所刻。《山東通志·藝文志》:"同治辛未其子恩紱刊。"

九行二十五字,白口,四周雙邊,單黑魚尾。無行格。字較精。

⑤《紉香草堂詩餘》一卷,清李廷棨撰,清同治末年章邱李寶嬰刻本。

《山東通志·藝文志》載:"是集刊本。"據宋軍繼、王復進主編《山東千年古縣志》①,此書爲同治末廷棨子李恩紱(寶嬰)刻本。有嘉應楊懋建跋云:"兼有清真、淮海諸勝場,覺大晟樂府遺聲去人不遠。"

九行二十五字,小字雙行二十五字,白口,四周雙邊,單魚尾。

⑥《玉函山房輯佚書續補》十一種十四卷、《目耕帖續補》二卷,清馬國翰輯並撰;附《書後》一卷、《手稿存目》一卷,清蔣式瑆撰,清光緒十五年章邱李氏刻本。

封面題:"玉函山房輯佚書目耕帖續補十六卷坿二,蔣式瑆署。"有牌記:"光緒己丑章邱李氏校刻。"

有光緒十四年蔣式瑆《校勘馬氏手稟記》,稱郭霖刻其《書後》後,並將書郵寄李符卿琢之兄弟,索其所藏馬氏殘稟。數月後,符卿攜書五種來,並告知蔣氏,馬氏稿及書板藏李家。軍興之初,悉藏複壁中。亂定後,始印行《輯佚書》和《目耕帖》二種。光緒十年

①宋軍繼、王復進:《山東千年古縣志》,山東省地圖出版社2006年版。

印行三種:《玉函山房詩鈔》《月令七十二候詩》《夏小正》。十四年印行《藏書簿録》《紅藕花軒泉品》《文集》五卷、《續集》五卷(今未見續集)、《治家格言詩》《荆川記》(同治十三年編訂全書,未列入)。以上十四年印本,後二種未見。藏板未印者有十四種:《農諺》《竹如意》《玉函山房初刻編年詩》(大概即爲《玉函山房詩集》)《玉函山房制義》《買春詩話》《紅藕花軒課草》《百八唱和詩》《海棠百詠》《文選擬題詩》《玉函山房試帖》《玉函山房試帖續》《紅藕花軒試帖》《五峰山館詩課》《紅藕花軒賦草》,其中未見者有《玉函山房制義》《紅藕花軒課草》《海棠百詠》《玉函山房試帖》《紅藕花軒試帖》《紅藕花軒賦草》。蔣式瑆《記》中稱其據李氏藏稿本,録並校對,於光緒十四年春完成《輯佚書》和《目耕帖》的補輯工作,並付符卿兄弟刊刻。又有光緒十五年馬國翰外孫李元璡識:"已撰輯各書皆刻於陝省官署,刻未竣而歸里,故輯佚之書未有總目","外王母丁太宜人乃載各書板來……十餘年來,堂兄符卿及元璡思補輯外王父未刻各書,而學識淺陋,涯涘莫窺"。接着述郭霖刻蔣式瑆《書後》事,並言郭氏與馬國翰篤於友誼。這次刊刻續補等遺稿及重印原書,係張曜出資,印六十部,取名爲《馬氏全書》。上文馬國翰刻書已述。

⑦《袖雲石屋詩鈔》六卷,清李賓嬰撰,清光緒章邱李符卿刻本。

卷端題:"章邑李恩紱稺玉著。"前有山陰陳錦光緒十六年序:"喆嗣符卿茂才從余遊且久,近歲出遺稿將以付梓,而乞言於余。"知爲恩紱子符卿所刊。

十行二十一字,白口,四周雙邊,單黑魚尾。

⑧《紉香草堂賦鈔》一卷,清李廷棨撰,清同治十一年章邱李澍暨子李壽田刻本。詳見清後期的章邱刻書。

與馬國翰刻書相較,章邱李氏刻書有如下特點:

一是刻書共七種,在數量上明顯少於其姻親馬國翰。

二是七種中,李廷棨一種,後人六種。馬國翰所刻書全部爲自刻,有二十四種之多。在個人刻書的絶對數量上,李廷棨不如馬國翰。

三是李氏刻書没有部帙巨大的書籍,即没有產生像馬國翰《輯佚書》那樣有影響的書籍。

四是二人刻書數量相差懸殊的原因有二:其一,馬國翰爲官比較輕鬆,不像李廷棨那樣南北奔波。其二,馬國翰的資金比李廷棨要充裕,這從二人的藏書數量上可以看出。馬國翰有五萬七千餘卷藏書,而李廷棨藏書卻基本無記載。可見,藏書與著述有很大的關係,而著述多少又直接影響着刻書的數量。

五是李氏所刻書除續補馬國翰的著述外,其餘皆爲集部書,比馬國翰的刻書内容更爲單純。從另一方面也可以看出,其爲學範圍較馬國翰尚有較大差距。

六是馬國翰刻書全部爲自著,而李氏除了刻自著書外,還爲吴連周等朋友刻書。

七是兩人刻書均借助外力,但馬國翰除了得到親家李氏幫助外,幾乎全憑一己之力。而李廷棨除了子孫承繼外,還有學生李澍以及學生的兒子相助。

八是馬國翰無子,故無人繼承他的刻書傳統。而李廷棨後人,卻在他去世後搜羅遺著,陸續刊刻。先是其子寶嬰、寶赤,再是孫子符卿、元璡,三代刻書。時間跨度爲道、咸、同、光四朝。

九是李氏刻書雖不多,但其最大的功德是保存了馬國翰的書板,幾世世守,最終使山東現存最多的書板在歷經了近二百年後安然無恙,爲山東的刻書史研究立下了汗馬功勞。

十是李氏不僅保存書板,還爲了更廣泛的流傳,在近二百年間,多次刷印,雖然有的是經過官方協調而刷印,但我們從光緒十四年蔣式瑆《校勘馬氏手稾記》中可以看出,光緒十年、光緒十五年李氏對馬國翰的書板進行了兩次大規模的印刷、補刻,對馬氏著述的傳播起到了巨大的作用。

另山東博物館藏歷城朱曾傳撰《説餅庵詩集》一卷,係嘉慶間歷城李肇慶聽雨堂刻本,而此書書版亦存藏於李金義捐贈的那批書板中,以馬國翰與李肇慶的關係,此書刻後書版或歸馬氏保藏,抑或李氏還購買過一些山東人的書板?

綜上所述,李氏雖刻書不多,但保存馬氏及李氏所刻書板,爲功甚巨。

2)高氏刻書

章邱"瑞蚨祥"創始人孟洛川,其外祖高氏以經商起家,亦爲章邱大族。發家人是孟洛川的外祖父高汝梅,道光元年辛巳恩科舉人。高汝梅中舉後,一直賦閒在家,遂專注於商業,開始經營當鋪、銀號、金店。當時濟南的剪子巷、芙蓉街、西門裏等處都有高家的店鋪,據説泉城路省府前唯一保留的古建築"高家當鋪"就是章邱西關高家的産業。高汝梅還積極支持當地的文化建設,如道光十五年,捐資刊印《章邱縣志》。

高汝梅的後代,最有名者爲高赤誠。赤誠字即霞,國學生,繼承其父的事業,生意做得紅紅火火。到咸同年間,高家已經是富甲一方的章邱首富,故後來章邱一帶纔有"西關的當鋪,舊軍的綢布"之説。高赤誠不但家産萬貫,而且急公好義,濟困扶貧,是樂善好施的開明鄉紳。

高赤誠一如乃父,熱心於章邱的文化事業,他於道光二十一年刊刻了吴連周《高唐齊音》二卷,成爲當地的一大盛事。

《高唐齊音》係吴連周爲辨證《章邱志》而作,所詠分山水、古蹟、金石、人物、軼事五門,皆七言絶句,一名《朝陽雜詠》。有道光六年古潭馬國翰《高唐齊音序》:"鞠農先生博學工文,慨然以訂古爲己任，暇日蒐羅群籍，兼訪故老舊聞，著《高唐齊音》百首，以補志乘亡缺。書以《水經注》《欒史》《太平廣宇志》《齊乘》爲經，他書百餘種爲緯。題句於前而附議論於後。”道光三年癸未緑原李廷棨《徵見聞啓》。道光二十年吴連周《自序》：“合山水、古蹟、金石、人物、軼事得一百二十餘條，題七言於前，而録其説於後……歲丙申，值邑修志，余適以依李戟門在新昌，寄是編來，多所録取。越四年庚子，孟劍農好義，乃糾合同人，思以葘梨棗。余不獲辭，廼更加檢閱。大抵志詳者略之，志略者詳之，志乃踵訛者尤詳之，以乃取齊言舊名，删去二十餘。”錦川高汝梅夢巖氏《後序》：“是詠聯七字，既言簡而意賅，按就宫商亦怡情而悦口。”可見，此書受到了多人的關注，馬國翰、李廷棨、孟傳鑄、高汝梅皆對其有所期待。高赤誠既爲吴連周門人，其父又與吴連周友，刊刻其書在情理之中。

封面題：“道光辛丑春，灌蔬園藏板。”卷端題：“邑人吴連周鞠農著。”末署一行：“門人高赤誠即霞校授梓。”八行二十一字，白口，四周雙邊，無行格。寫刻體，較精。

高氏還有高志城、高意城兄弟，應該爲高赤誠同輩。高志城，字仲恂，道光二十年庚子科舉人。高意城，字即防。二人於道光二十三年爲吴連周刻《繡水詩鈔》八卷。

封面題：“道光乙巳荷月，灌蔬園藏板。”卷端題：“章邱吴連周鞠農輯，同邑劉家麟樂山、李廷棨戟門、孟傳鑄劍農訂，門人高蕙林香圃、沙培之因甫仝校，同人高志城仲恂、高意城即防授梓。”道光十五年李廷棨序於新昌之紫泉官舍。道光十七年丁酉吴連周序：“甲午授徒西錦，適值邑修志。迺得薈萃見聞，網羅放失。旁搜遠攬，彙輯成編。自周迄今，約得百二十餘家。詩凡八百八十餘首，釐爲六卷。乙未春，攜此遊新昌，以質戟門，針芥相授也，且曰是可梓。”卷末有劉家麟識：“是《鈔》鞠農輯於甲午，戟門序於乙未。元書僅四卷耳，嗣以隨時補訂，廣爲六卷。及歲在乙巳，高仲恂昆弟將付諸剞劂，適鞠農設帳灤口,以編校之役相屬。予以其第五卷共詩二百六十餘首,較前後各卷不啻倍之,因釐爲二卷,復於第六卷中新增以魏聖符、彭繡源、孟在星諸君之作,亦釐爲二卷,故卷帙與原序不符。”是書實際上是輯於吴連周,序於李廷棨,訂於孟傳鑄,校於吴連周門人弟子高蕙林、沙培之,成書於劉家麟,付梓印刷於高志城、高意城兩兄弟。故《繡水詩鈔》應視爲集體勞動的結晶。十行二十二字,小字雙行二十二字,白口,四周雙邊,單黑魚尾。刻印精美。

吴連周還有《帚金集》四卷,咸豐五年章邱李寶嬰、李寶赤刻本,時連周已去世,由衆弟子檢校成書。前已有述。

由上可知,吴連周有著述近十部,但刊刻者僅三部,其中兩部由高氏刻,一部由李氏刻,皆爲當地大族。參與人除了門生,就是故舊,多爲當地名流。這三部中有兩部是章邱文獻,故所得幫助最多。此二書的刊刻,有功於地方文獻。《帚金集》亦是研究吴連周生平最重要的資料,彌足珍貴。

3)吴連周刻書

章邱諸生于秉信,字君執,號陵山,撰有《讀史長句》一卷、《醉月亭遺詩》一卷,道光二十六年刻本。有門人吴連周序云:“《讀史長句》一篇,先生自註,命余小子周,謹録以質之愚溪先生者也。自盤古以逮勝朝,綜上下數千百年間治亂得失,正閏修短,作爲長篇,舉古今來事,宏綱細目,了如運諸掌也。其津逮後學者,不已多乎!”可知,吴連周曾録《讀史長句》,質之愚溪先生。愚溪先生不知爲何人,則此書有可能爲吴連周所刻,此年他還在世。

4)孟氏刻書

章邱舊軍孟氏,因一代大商孟洛川而譽響全國。孟洛川的矜恕堂有近百家“祥”字商號,分别設在北京、天津、濟南、上海、青島、煙台等大中城市,使孟洛川成爲魯商的代表,故有“南有胡雪岩,北有孟洛川”之説。其實,矜恕堂自孟氏六十八代“傳”字輩就有了，當時有兄弟十人，分爲十家堂號，發展到清末民初，孟洛川的矜恕堂和孟養軒的進修堂是最大的兩個堂號。

"傳"字輩的兄弟十人，稱得上文人的有孟傳璿、孟傳鑄二人。孟傳璿，字在星，號西槎，孟雲峰嵐亭之子。諸生，官壽光教諭。少嗜讀，長好吟詠，尤善填詞。有《贈雲山館遺詩》三卷、《紅藕花榭詩餘》一卷。孟傳鑄，傳璿族兄，字劍農，號柳橋，孟毓蕙鶴泉之子。道光拔貢。道光二十六年在易州，咸豐二年在清苑官廨。與馬國翰、李廷棨、吴連周等人友，曾訂正吴連周的《繡水詩鈔》，爲孟雲峰《人鏡集》校字。

孟氏以商業起家，而其刻書活動始自道光二十四年孟傳鑄兄弟刻孟傳璿的兩部詩詞集。

《贈雲山館遺詩》三卷，清孟傳璿撰，清道光二十四年章邱孟氏安素堂刻本。輯詩三百三十餘首。封面題："道光甲辰孟秋鐫，安素堂藏板。"卷端題："章邱孟傳璿在星。"有道光二十四年緑原李廷棨書於荆南道署之知魚軒，云："五言於沖澹之中寓深醇之旨。七言則奇情鬱勃，出入於昌黎、長吉間。"李廷棨曾讀書於孟氏之别業。道光二十四年吴連周序，稱"在星弟傳珎，予門人也，攜其全集來屬予點定，並爲序言弁首"。知此書蓋爲孟傳璿之弟傳珎參與刊刻。道光二十四年長山馬桐芳序："忽接先生族弟柳橋明經（按：孟傳鑄）書，云先生自去歲杪冬已捐賓客，兹刻其遺詩，而徵序於余。"又稱明經亟刻之以公同好，説明此書爲孟傳鑄所刻。九行二十二字，白口，四周雙邊，單黑魚尾。刻印一般。

《紅藕花榭詩餘》一卷，清孟傳璿撰，清道光二十四年章邱孟氏安素堂刻本。輯詞作一百零八首。李廷棨序云："超逸之中，兼饒豪邁，出其抑塞磊落之才，發爲慷慨悲歌之調。情韻肆溢，殆如秋雲在空，變幻莫測。"封面、卷端所題及行款皆同上條。

傳璿之父孟雲峰，字嵐亭，官昌樂縣教諭、户部主事，後告疾歸養痾。輯有《人鏡集》五十四卷,清咸豐元年章邱孟氏家刻本。"人鏡集"取"以人爲鏡"之義。書分君臣類、父子類、夫婦類、兄弟類、朋友類。有嘉慶二十年乙亥長山李芳實序。道光二十五年吴連周序,稱孟雲峰仲子荔軒從吴連周遊。又孟傳璿在星識:"予故樂爲删其繁複,並增葺數則,還付荔軒,俾授梓人以行。"新泰沈毓寅賓谷氏序:"書成未及付梓而先生已歸道山。喆嗣荔軒謀付剞劂氏,屬寅復爲校訂。"嘉慶二十二年自序:"是書經始於乙丑,脱稿於丁丑。歲星一周,而後訖功。"族弟毓健序:"丙午初夏,姪傳琛、傳璲將成先志,付諸梨棗,延余與傳鉞、鶴林諸姪詳加校閱。"有《凡例》。

封面題:"咸豐辛亥鐫,鶴山堂藏板。"卷端題:"章邱孟雲峰嵐亭輯。"目録後有:"姪傳鉞鎮左、傳鑄劍農校字,男傳琛荔軒、傳璲佩青、孫繼潤授梓。"知爲家刻本,參與者有其子,有其姪,還有其孫。刻書時,孟傳璿已去世。九行二十一字,白口,左右雙邊,單黑魚尾。字方正,家刻,刻印精。可知章邱孟家有充足的財力刻書。

舊軍孟家在道光十四年還刻有《孟子世家流寓章邱支譜》五卷,清孟廣均等纂。封面題:"道光甲午年冬月重刊,章邱縣舊軍支印竣銷板。"此家譜印好後即銷板,流傳不廣。有亞聖七十代主鬯世襲翰林院五經博士乙酉科拔貢戊子科舉人孟廣均序,據序知此譜道光四年修成,未付梓。有《修譜職名》《凡例》《修譜事宜》《領譜數目》,還有《孟子碑刻像》《檜栢圖》等,共圖八像五。八行二十字,白口,四周雙邊,單黑魚尾。字大悦目。

除了以上三種孟氏所刻書外,至民國時期,有"東方商人"之稱的孟洛川亦有刻書行爲。所刻爲李元緗撰《五子近思録隨筆》十四卷,民國十一年章邱孟洛川緑野堂刻本。

元緗字葉初,一字青函,章邱人,道光二十九年己酉舉人,同治元年壬戌舉孝廉方正,官鉅野訓導。有民國十一年萊蕪後學張梅亭序:"章邱李青函先生,勤一生以治朱子之學,所著《居業録注釋》之外,又有《五子近思録隨筆》一書。隨筆云者,不拘拘於注書之體,期於發揮義理而已。故不但正文有注而原注亦有注,眉批旁詮上下皆滿。蓋合一生之精力而成,非一朝一夕之功也……孟君洛川恐其久而遂湮没也,因付梓以公諸同好,屬王君伯屏爲之校正,而以序文屬梅。"民國十一年同邑後學王翰序:"先生歿後,其曾孫樂三藏之四十餘年,而未有以示人。其後孟君華軒始將《注釋》一書梓以行世,而海内始知有先生矣。獨是《隨筆》一書,工費頗鉅,流布不易。仍如珠之在淵,徒見其光芒而已。孟公洛川慷慨好義,舉凡賑災興學之事莫不首先出貲,身爲之倡,而於世道人心尤拳拳焉。爰取是書囑爲校閲,將付剞劂。"據此序,則知李元紳另一書《居業録注釋》已爲章邱孟華軒刊刻。孟華軒大概也是孟氏族人。

《五子近思録隨筆》封面題:"壬戌夏五月,緑野堂刊印。"卷端題:"章邱李元紳青函甫著,同邑王翰伯屏甫校。"九行二十四字,白口,四周雙邊,單黑魚尾,無直格。版心下刻:"緑野堂藏板。"刻印較精。因爲孟洛川有足夠的經濟能力刻好這部書。這是一部儒家類的書,此書的出版,説明孟洛川不僅僅是一位商人,還是一位"儒商"。

以上,舊軍孟氏在清代中期刻書共三種,祇爲孟雲峰父子所刻,刻書者均爲孟傳鑄兄弟,《人鏡集》的刊刻涉及兩代人。民國刻書兩種,孟洛川刻書反映了孟氏對當地文化建設的貢獻。

5)其他刻書

焦式沖(1736—?),字懷谷,號青園,章邱人。乾隆三十三年舉人,三十七年進士,官儀徵知縣。後掛吏議歸,主講繡江書院,以汲引後進爲己任。所著《餘青園詩集》四卷、《補遺》一卷,爲武定韓天驥選輯,輯古今體詩四百四十餘首,末《補遺》一卷,爲其詠趵突泉、華不注、鐵公祠等詩十二首。首有浙江邵希曾、新城王祖昌及韓天驥序。其詩大多爲紀實感懷之作。

封面題:“本園藏板。”卷端題:“陽邱焦式沖懷谷著,浙江邵希曾角雲、武定韓天驥雲皋、新城王祖昌子文選。”八行十九字,白口,四周雙邊,單黑魚尾。宋體字,刻一般。

章邱諸生李鄴,字杜亭,又名滄瀛,字東溟,别號頓邱子。嘉慶間一試不售,即棄舉業。工詩,後以詩名。有《柿園詩稿》《春雨樓詩稿》《海樵詩鈔》《菊岩詩鈔》諸書。今所見唯有《柿園詩稿》二卷,輯詩一百餘首,由郝答、馬國翰、李廷棨、吴連周選,清道光刻本。前有嘉慶二十四年馬國翰序,嘉慶二十五年古祝柯序,道光元年李廷棨序,道光四年王應植序,道光五年吴連周序。據馬國翰撰《小傳》知,李滄瀛“晚歲尤喜考訂群籍,採訪名勝,所著有《紅葉小亭叢説》《陽邱山水志略》,邑乘取資焉。其詩之梓行者,有《飯顆山房詩》一卷。存於家者尚有《對山草堂集》《柿園稿》《採山詩鈔》凡若干卷”。則知《飯顆山房詩》一卷刻在《柿園詩稿》前。馬國翰《買春詩話》“李鄴”一條云:“性拙樸,癖嗜於詩,學唐律四十餘年,無間冬夏。丙戌之歲,開所著《柿園稿》,有余序及頓邱子《小傳》。稿内佳句頗多。”

該書封面題:“春草亭藏板。”卷端題:“章邱李滄瀛東溟集,齊河郝答餐霞、歷城馬國翰詞溪、同邑王應植嘉樹、李廷棨戟門、吴連周鞠農選,彭澤令會川校。”此書大概刻於道光初,具體刊刻人不詳,但應爲章邱刻本。八行二十字,白口,四周單邊,單黑魚尾。

濰縣郭去咎撰《太璞廬詩選》六卷、《續編》一卷,清道光十六年濟南府章邱縣刻本。其胞兄郭去吝嘉慶二十一年《書後》後署:“十六年濟南府章邱縣刻。”卷端題:“濰縣郭去咎悔存著。”此書既爲郭氏著,應爲郭氏所刻,不知爲何在章邱刻成。九行二十一字,白口,四周雙邊,單黑魚尾。字體方正,刻劃精整,有濰縣郭恩孚刻書風格。詳見清後期濰縣刻書。

綜上,清代中期章邱刻書共十四種,其中李廷棨家三種,高氏三種,孟氏三種,三大家族刻書占據了主體。在内容上,以集部爲主,共十二種,史部兩種。集部中有地方藝文一種,輯録章邱人的詩歌,有功於地方文獻。在時間分布上,嘉慶一種,咸豐二種,道光十一種,道光刻書最多。

2. 鄒平刻書

清中期的鄒平刻書衹一種。

《山左古文鈔》八卷,清劉鴻翺、李景嶧輯,清道光八年益都劉鴻翺、鄒平李景嶧蘇州刻本。

卷端題:"梁鄒葛峰李景嶧、濰陽次白劉鴻翺仝輯刊。"

劉鴻翺序:"余悲前代文字之逸,大懼吾鄉之著作耳目所能逮者,復久而就湮。辛巳歲,既鐫《制義》行世,乃與東武李子方赤搜輯古文辭,而余同年湖北陳子其山亦用是證評。自國朝始,共得文三百首,釐爲八卷。奏疏表章其大者載諸國史,兹集不録。録者,曰論辨,曰原説,曰序記,曰題跋、書後,曰墓誌、碑銘、狀略。丙戌秋,余筮仕蘇之太湖,松江守梁鄒李葛峰先生將付諸梓,復汰去十之二三,定爲二百四十一首,卷次仍舊,惟其精不惟其多,大抵以發明經義,爲歸經文之本也。"東武李子方赤,即諸城李璋煜。道光七年樂陵賈聲槐序:"余友濰縣劉君次白,經史之學具有家法。而其潛思精詣,尤深於古。前爲中翰,於公餘選輯《山左文鈔》。凡制舉義若干首,已梓行之。歲丙戌,外擢太湖司馬,瀕行,謂余曰:'吾鄉古文集,亦宜彙而輯之。'久遂成帙。及南來,又與同年蘇州太守葛峰李君同爲訂正,而葛峰獨任鐫工之費。"道光八年李景嶧序:"余亟爲慫恿付之剞劂,工既竣……"書收清人五十二家,文二百四十一首。

李景嶧序後有"蘇州張鱸香刊"。知此書爲蘇州刻本。十行二十二字,小字雙行二十二字,白口,左右雙邊,單黑魚尾。版框闊大,字體長方,刻印精美,是道光刻本中的佳品。

此書的刊刻具有特別重要的意義。山東詩歌自明中期以後,一直是文學界關注的焦點,自盧見曾刻《國朝山左詩鈔》,至宋弼輯《續鈔》《補鈔》,由張鵬展刻成,余正酉又彙集嘉慶十八年以後至道光間詩,山東詩歌大體完備。但相對於詩歌纂輯的一派繁榮而言,山東古文的發展卻不盡如人意,編輯既少,刊刻更無。所以,劉鴻翱與李璋煜有纂輯之功。鴻翱字次白,濰縣人,嘉慶十四年己巳進士,官福建巡撫,署總督,另著有《綠野齋前後合集》《綠野齋太湖詩草》《十二家古文選》。而刊刻之功則非李景嶧莫屬。刻書之時,劉爲太湖同知,十二年纔調爲蘇州知府。而李景嶧刻書時爲蘇州太守。

3. 淄川刻書

清中期的淄川刻書有二人,一是王培荀,一是馮繼照。

1) 王培荀刻書

王培荀(1783—1859),字景淑,號雪嶠,淄川人。道光二年舉人,赴京會試不第。道光十五年大挑,以知縣用,分發四川,任榮昌知縣。道光十七年調豐都知縣。道光二十年任新津知縣。道光二十一年調興文知縣,不久調榮縣知縣。從道光十五年起,王培荀在川五任知縣,時間長達十四年,蹤跡所至,遍及巴蜀。道光二十九年任滿回里,主講般陽書院,循循善誘,誨人不倦。卒年七十七歲。著有《鄉園憶舊録》《聽雨樓隨筆》《寓蜀草》《雪嶠外集》等。

王培荀偏居西南一隅,且長期在知縣任上,不爲世人所了解,但他在刻書史上的貢獻是不可抹煞的。他先於道光二十五年在榮縣任上刊刻了《榮縣志》三十八卷、《首》一卷,盡了一個地方官的責任。王培荀在榮縣歷時最久,約七八年,從刊刻《榮縣志》始,便一發不可收,在五年時間裏,他利用四川優秀的刻書資源,陸續刊刻了十一部書,回山東後,又刊刻了三種。數量之大,品種之多,令人驚歎。

①《聽雨樓隨筆》八卷,清王培荀撰,清道光二十五年淄川王培荀四川榮縣刻本。

此書録其在川居官時之見聞,多爲軼聞、雜事、論詩、書物之章。前有道光二十六年蔡振武序,又有邵勷序。其自序爲道光二十五年夏撰,云:"荀捧檄來川,需次多暇。每於市間得斷簡殘編,或燕會晤談,偶聞佳章及軼事,録而藏之。叢雜錯亂,毫無統緒……爰就素所聞見,命鈔胥謄清。又素性善忘,乃刻諸木,以備觀覽……特是錯雜無章,無以名之。因録於聽雨樓中,即命之曰《聽雨樓隨筆》。""聽雨樓"在榮縣官署内,爲前任馬君所築,可見,此時王培荀已在榮縣任上。書有《凡例》六則,並有校訂人姓氏:張海雲軒鵬、王遲士侃、廖扶九朝翼、周梅生仁恬。

十行二十二字,小字雙行二十二字,白口,左右雙邊,單黑魚尾。字畫清秀,刻印較精。

②《鄉園憶舊録》六卷(後續刻爲八卷),清王培荀撰,清道光二十五年淄川王培荀四川榮縣刻本。

《聽雨樓隨筆》專記蜀事,此編則雜記山左文獻。主要記述山東及遊宦山東的名人的嘉言懿行、逸聞軼事,兼及地方掌故、名勝古蹟、山川風物、自然資源諸方面,是了解清初至道光年間山東地方社會的一部重要的史料筆記,後人在談及這段時期有關山東的政治、經濟、文化時,多引用此書,可見其有很高的史料價值。首有四川樂山知縣茹金序。其自序中有"《聽雨樓隨筆》刻竣"語。又《凡例》第一條有"此編係刻成《聽雨樓隨筆》後暮秋纂輯"語,知《聽雨樓隨筆》刻在前,即道光二十五年夏天,《鄉園憶舊録》刻在後,爲道光二十五年冬天。自序末署"道光乙巳冬濟南王培荀書於川南榮縣署之凝翠樓"。"凝翠樓"爲王培荀道光二十四年所建，撰有《凝翠樓記》。

此書《凡例》云："此書刻於乙巳，後有續增，或因敘舊事連及丙午間者，非述新聞也，不必疑無斷限"，"隨手紀録，字多訛錯，刻竣屢次校正，兼有記憶不清致科分、世次、姓名紕繆者，皆一一更正。前刻流布未及追改，當以此爲定本"。可見，六卷者爲初刻本，而八卷者爲續刻本，即定本。

十行二十一字，白口，左右雙邊，單黑魚尾。字體與《聽雨樓隨筆》相似。

③《寓蜀草》五卷，清王培荀撰，清道光二十七年淄川王培荀四川旭陽官廨刻本。

封面題："道光丁未鐫，慎思堂藏版。"前有王培荀道光二十七年自序，云："蓮溪先生守嘉郡，屢索觀，愧無以應。命人於雜録中摘抄，略爲審定，遂付之梓。不徒請益於大雅，蓋□歸里攜示同好，可省筆墨之勞……道光丁未般陽雪嶠王培荀書於劍南榮署之凝翠樓。"蓋"慎思堂"爲王培荀在四川的堂號。般陽，即般水之陽，古縣名，治所在淄川，故王培荀又署籍"般陽"。

十行二十字，白口，左右雙邊，單黑魚尾。字體長方，整飭不苟。

④《秋海棠詩》一卷，清王培荀撰，清道光二十七年淄川王培荀四川旭陽官廨刻本。

封面題："道光丁未鐫，旭陽官廨藏版。"有王培荀刻書序："里居時，詠秋海棠詩，蓋與戴己山刺史、吴蘭垓鹾宰三人唱和作也。攜來川，諸友多和韻，間有遥和者寄來，録存，竊以秋海棠詩唱和成集者甚多……刻成，爰爲之序。道光二十七年夏般陽王培荀書於劍南旭陽之聽雨樓。"

十行二十一字，白口，左右雙邊，單黑魚尾。字體方正，刻畫精美，無直格，版框較開闊。

⑤《雪嶠外集》一卷,清王培荀撰,清道光二十七年淄川王培荀四川旭陽官廨刻本。

封面題:“道光丁未鐫,旭陽官廨藏版。”有王培荀自序:“王遲士力勸予刻入集,顔終忸怩,因别之爲《外集》。僅三五篇,何得爲集,乃薈萃諸友評跋及詩冠於篇首。”

十行二十一字,白口,左右雙邊,單黑魚尾。無行格,字一般。版心刻“卷一”,抑或有續刻之意。

⑥《琴鶴山詩集》二卷,包括《四山遺詩》一卷,明王君賞撰;《前崖遺詩》一卷,明王巽撰,清道光二十七年淄川王培荀四川旭陽官廨刻本。

王君賞,字汝懋,號四山,嘉靖三十八年己未進士,官苑馬寺少卿,爲王培荀八世祖,被稱爲“苑卿公”。王巽,字德稱,自號亦山,副貢生,苑卿公王君賞之四子。王君賞詩集向無刻本,僅數首藏於王培荀家,王培荀祖父小山公曾在集市上買到王君賞的手跡,於是將其合爲一卷。後來,王培荀又在市上買到王君賞的自畫像,“荀攜詩來川,謹以付梓”。而王巽曾自刻過《遊晉草》《客越集》,惜雕版已失,“刻本間有存者,亦將歸煙滅。荀攜鈔本來川,乃付雕,合苑卿公詩後”。

十行二十一字,白口,左右雙邊,單黑魚尾。宋體字,刻印較精。

⑦《管見舉隅》二卷附《讀書緒論》二卷,清王培荀撰,清道光二十八年淄川王培荀四川榮梨官廨刻本。

封面題:“道光戊申鐫,榮梨官廨藏板。”有王培荀道光二十八年自序:“朋好勸余付梓,又□以《讀書緒論》附刻。蓋余初至榮,爲書院諸生偶摘書義解説而筆之於紙,本無次序,所積無多。原本久失去,轉從諸生鈔録者,删節刻之,求管中窺豹,故統名之曰《管見舉隅》云。”

九行二十三字，白口，左右雙邊，單黑魚尾。無行格，有句讀，蓋便於童蒙用，刻印較精。

⑧《雪嶠日記》十二卷（清道光十五年至二十六年），清王培荀撰，清道光二十九年淄川王培荀四川旭陽官廨刻本。

卷端題："都門日記。"封面題："道光己酉鐫，聽雨樓藏板。"前有《凡例》，無序跋。

十行二十字，白口，左右雙邊，單黑魚尾。刻印精。

⑨《旭陽贈别》一卷，清王培荀等撰，清道光二十九年淄川王培荀四川旭陽官廨刻本。

道光二十八年冬，王培荀決意引退，作詩以志，當時即有和者。後來，山長廖東崖將其以前所作詩彙鈔遍示同人，但筆墨不給，於是兩相合一，付諸梓人。

十行二十一字，白口，左右雙邊，單黑魚尾。字略小，有寫刻的意味。

⑩《［淄川］王氏家傳》一卷，清王培荀撰，清道光二十九年淄川王培荀四川旭陽官廨刻本。

有王培荀自序："祖父、父母皆有《傳》，俾後人觀法；叔已出嗣睽居，事不多見，略紀示後人知其性情；諸姑已嫁，似外人，究其實一家骨肉也，荀親承色笑，不敢忘；弟妹之先亡者，各紀一篇；姪輩夭逝者，亦附紀於後，蓋恐泯没，於心不忍，且各有其美，不容没。惟不敢飾，不敢增，記其實爾。道光二十九年培荀誌於旭陽官舍之聽雨樓。"

⑪《聽雨樓吟社詩抄》一卷，清王培荀輯，清道光二十九年淄川王培荀四川旭陽官廨刻本。

道光二十七年，王培荀在四川旭陽官廨發起詩會。春秋佳日，選勝命題。參加者多爲榮縣人士。山東有歷城周如璽，方外有雲空和尚，閨媛有王侃之女王蓉，青衣有張益、鍾福。所積詩日多，於是壽諸梓。封面題:“道光己酉鐫,旭陽官齋藏板。”前有道光二十八年丁光陛、劉德剛序,有《凡例》《聽雨樓吟社姓氏》。卷端署:“般陽王培荀雪嶠輯。”

十行二十一字,白口,左右雙邊,單黑魚尾。無行格,版框上刻四字,刻印精。版心刻“卷一”,似有續刻之意。

⑫《蜀道聯轡集》一卷,清王培荀、王者政撰;附《停綉草》一卷,清陳寶四撰,清道光三十年淄川王培荀山東刻本。

此書爲二人合撰。王者政字叙常,號春舫,文登人,道光九年己丑進士,官寧遠知府。陳寶四,王者政之妻,字箴史,奉天人。周樂《聯轡集序》云:“元白唱和,非必盡在客途;陶令歸來,未免獨行踽踽。今雪嶠、春舫同爲東人,同宦西川,同時解綬旋里,又同路聯轡歌詠,此殆天使兩詩人珠聯璧合,引商刻羽,以壯蠶叢之觀,而增宦遊之色乎?合而梓之,藉志鴻爪固宜。至箴史恭人《停綉草》,春舫本不欲付刻。余謂兩詩人旗鼓相當,足稱吟壇健將,而娘子軍自成一隊,固不妨另爲一卷殿後,以爲藝林佳話云。”刻此書時,王培荀已歸里,故在山東刻成。

十行二十一字,白口,左右雙邊,單黑魚尾。

⑬《停綉草》一卷,清陳寶四撰,清道光三十年淄川王培荀山東刻本。

《蜀道聯轡集》附。見上條。

⑭《學庸集説》二卷附《學庸餘論》,清王培荀輯,清咸豐間淄川王培荀山東淄川刻本。

封面題:“淄川安愚堂藏板。”有咸豐二年雪嶠道人自序:“余自川歸里,日課子弟,苦二書深奥,不能窺見萬一,乃集衆説以曉之。間有同異,亦互相發明,視彙參更簡,爲初學計,不得不然。”蓋此書爲王培荀歸里後爲教授弟子所作,是地道的山東淄川刻書。

十行二十三字,白口,左右雙邊,單黑魚尾,無行格,刻印一般。

綜觀王培荀以上所刻書，可以看出他刻書有以下特點：

首先，王培荀刻的大部分是個人著述，内容涉及方方面面，有寫四川生活的《聽雨樓隨筆》《寓蜀草》《雪嶠外集》《雪嶠日記》，有倡和之作《旭陽贈别》《聽雨樓吟社詩抄》《蜀道聯轡集》，有懷鄉的《鄉園憶舊録》，有不忘故舊的《秋海棠詩》，有弘揚先人著述的《琴鶴山詩集》，有爲家人立傳的《［淄川］王氏家傳》，有推動當地教育的《管見舉隅》《讀書緒論》《學庸集説》。

其次，除三種在山東刻成外，其餘十一種均在四川刻，且皆爲榮縣任上刻。這説明王培荀在經歷了十年的異地從政生活後，對四川有了深厚的感情，結識了四川的朋友，熟悉政事，於是産生了大量的著述，可謂厚積薄發。

再次，王培荀刻書在版式上整齊劃一，行款基本爲十行二十一字，白口，左右雙邊，單黑魚尾。字體多爲宋體字，點畫不苟。封面多有刻書時間，比較明確。

王培荀共刻書十五種，除去一種爲官刻外，有十四種爲私刻。作爲一個七品知縣，在財力有限的情況下，刻書數量之多，這在清代山東刻書中並不多見。這與當時的社會背景有關。王培荀在川任職期間，正是近代中國慘痛歷史的開始，所幸的是，他偏處西南一隅，戰火和硝煙還没有彌漫到這裏，所以，他利用這難得的安寧，精心地實施着自己的出版規劃，爲四川更爲山東留下了寶貴的文化遺産。

王培荀的刻書，不僅反映了外鄉人眼中的四川，將四川的風土人情展示在世人面前，給人們留下了深刻的四川印象，而且對山東進行宣傳，將齊魯文化流播於四川，促進了兩省的文化交流。尤其在刻書風格上，可以看出兩地的差距。蜀地從宋代起即爲全國的刻書中心，有着優秀的刻書傳統，故王培荀在四川榮縣所刻之書皆精整美觀。而山東刻書在整體上不如四川，刻工水平還有待提高，即使在清代末期,字體普遍採用匠體字,但從版式風格及精細程度上來看,山東與四川還是有一定的差距。但對於從四川回來的王培荀來説,在山東所刻書不可能完全擺脱四川的影響,他也會同樣地將蜀地的刻書之風帶到山東來,從這一點來看,王培荀的刻書有着非同尋常的意義。

2)馮繼照刻書

繼照字麗南,號荻橋,嘉慶六年辛酉拔貢,授霑化教諭,歷官河南靈寶、修武知縣。善隸書,工篆刻,卒年八十五歲。著有《柳波館詩文集》《般陽詩萃》《正字簡》等。其父君擢,字丹林,乾隆三十九年甲午舉人,官郯城教諭。刻書二種。

①《四書會解》四十卷,清司天開撰,清道光二十四年淄川馮繼照修武縣署刻本。

司天開,淄川人。馮繼照父親的老師。

書有道光二十四年貴築張日晸河南藩署序:"嘗見大令爲政,藹然愷悌君子之風,今乃知其所自矣。"道光二十四年莊瑶序:"淄川司般源(按:司天開)先生,同邑馮太翁龍川先生(按:馮君擢)受業師也……著有《四書彙解》一編,太翁有志付梓,而未果。"道光二十五年馮繼照跋:"司般源先生,先大人受業師也……殫精於四子書者四十年,教授本邑及蒙陰、沂水諸縣……所著《四書彙解》一書,久藏於家。先大人蓄志爲之刊行,唯以大挑補郯城學博,苜蓿盤儉,弗克付梓。照恐久將湮没也,命兒子坒向其後人索之,乃稿本已有散失。物色二載,始獲全編。細繹是書,折衷群言而自出新意,於書理脈絡抉摘幽微,每讀之令人昭若發蒙。照公餘加之校勘,以付剞劂氏,閲一年而蕆事。"述刻書過程甚詳。

封面題:"淄川司般源先生著,柳波館藏版。"有牌記:"道光廿有四年栞於修武縣署。"卷端均署:"淄川司天開宇周纂輯,同邑後學馮繼照麗南參訂。"又有仝校姓氏:卷一、四、七、十、十六、十九卷端署：魯山後學張宗泰魯巖仝校。卷二、五、八、十一、十三、十四、十七、二十、二十一、二十三、二十五、二十七、二十九、三十一、三十三、三十五、三十七、三十九署：福山後學謝寶垣星階仝校。卷三、六、九、十二、十五、十八、二十二、二十四、二十六、二十八、三十、三十二、三十四、三十六、三十八、四十署：同邑後學高奠謀佩禹仝校。卷末亦有校者姓氏：卷一、十一、二十、二十二：門下後學馮坒校字。卷二、十二：後學馮維埒校字。卷三、十三：同邑後學馮維坊校字。卷四、十四：門下後學馮維墻校字。卷五、十五、三十：修武廩生盧淳夫校字。卷六、十六、二十一、三十二：修武廩生楊敏書校字。卷七、十七：修武廩生薛作中校字。卷八：修武廩生成寬校字。卷九：修武諸生趙翼佺校字。卷十：同邑後學黄瀾永校字。卷十八：修武諸生崔克念校字。卷十九：修武諸生李景僑校字。卷二十三、二十五、二十七：修武舉人張鑑平校字。卷二十四、二十九：修武舉人馮五桂校字。卷二十六、三十三：武陟舉人李三陽校字。卷二十八：修武廩生李景瑗校字。卷三十一：修武舉人張衡平校字。卷三十四：修武附貢徐鴻學校字。卷三十五：修武拔貢王蘭廣校字。卷三十六：修武優貢趙翼健校字。卷三十七：濬縣舉人劉太平校字。卷三十八：洛陽諸生戴焱校字。卷三十九：修武舉人王萼校字。卷四十：彬州郭灝選謄楷，江寧杭大高鎸字。

如此詳盡的校刻人姓字，説明這部四十卷的大書，凝聚了衆多人的心血。有河南的諸生、貢生、舉人，他們來自魯山、洛陽、武陟、濬縣，而以修武爲最多。有家鄉山東的門生後學，以淄川馮氏後人爲主。寫工爲彬州郭灝選，刻工爲江寧杭大高，知其所請有湖南的寫工、江蘇的刻工，故刻印精美。十六行三十字，白口，四周雙邊，單黑魚尾，版心下刻“柳波館藏板”（按：“藏”刻爲“臧”），無行格。字小但精細。

又有同治五年東原李鈞於鄒平學舍《四書彙解重印序》：“聞

工告竣，刷印僅數十部，及解組旋里，將版藏之家焉。不數十年，淄川蟊賊内訌，兵燹四起，玉石俱焚，而是書之版流落於兵丁之手。危乎危乎，《彙解》之付梓，幾化爲灰燼矣。然而冥冥之中有不使之毁棄者……當是版淪落之際，有鄒平星白鎮西李公素性嗜古，蒐羅散佚，風聞版之所在，不惜重貲購求得之。是天假之緣，不使歸於無何有之鄉也。於是存版於家，汙者洗之，錯者叙之，缺少者復細心延訪補輯之，俾遠近之士有志刷印者如願以償焉。"知書刻成後，馮氏將板運回山東，但兵火中，爲防不測，鄒平李公不惜重金購得，藏版於家。這是有關板子流傳的信息，可見山東人爲保護文化之一脈所做的貢獻。

②《般陽詩萃》十五卷，清馮繼照輯，清道光二十七年淄川馮繼照刻本。

是書收一百八十一人，計詩一千八百零八首。有道光二十八年濰陽陳官俊序："馮君萩橋以拔萃科充教習，績學工詩，有鄉先輩風。余心儀之。既而由教諭歷縣令，筮仕中州。客之自豫來者，往往道其賢不置。忽忽又十餘年，而萩橋已老矣。歲戊申，郵寄所輯《般陽詩萃》若干卷，乞序於余。"據此，則此書亦當刻於修武。有《凡例》《目録》。

封面題："道光丁未年鐫，柳波館藏版。"卷端題："林燭翁馮繼照纂。"十一行二十二字，小字雙行二十二字，黑口，左右雙邊，單黑魚尾。刻印尚可。

此書是有關淄川一地的文獻，有重要價值。《山左詩彙鈔》所録淄川人詩，自王繡至馮維琮，凡十一家，皆自是編採入。

據《販記》，馮繼照還撰有《正字簡》四卷，道光二十八年柳波館刻本。[1] 未見傳本。

①孫殿起：《販書偶記》，上海古籍出版社1992年版，第90頁。

馮繼照刻書三種,大概皆刻於修武。尤其是《般陽詩萃》十五卷,在異地輯成,又在異地刻成,十分不易。如果不是懷着對家鄉熾熱的眷戀之情,是很難做到的。

3)其他刻書

在清前期淄川刻書中占主導位置的畢氏和張氏,在清中期刻書明顯減少,各有一種。

畢木撰《黄髮翁全集》四卷、《戲筆》一卷,清嘉慶十三年畢豐增等刻本。在明代,《黄髮翁集》二卷僅有抄本,《黄髮翁續集》二卷有明萬曆四十六年家刻本。到了畢豐增一代,把二集四卷合成《全集》四卷,並附《戲筆》一卷。十一行二十五字,白口,左右雙邊。

張元子張作賓,號南圃,雍正諸生,以教讀爲業,有《南圃詩草》五卷,清道光十八年淄川張如珠刻本。書收古體詩二卷,今體詩三卷,共一百二十九首。前有杜堮、高中謀、蔣湜等序。

淄川翟鳳翀,字爾騰,號淩元,萬曆三十二年甲辰進士,官兵部侍郎,巡撫天津。著有《西臺奏議》《疏草録略》。其《疏草録略》二卷,有道光間裔孫翟聖恩刻本。

綜上,清中期的淄川刻書二十種,王培荀有十四種,馮繼照三種,畢氏和張氏各一種,翟聖恩一種。在内容上,以集部爲主,但經部亦有四種,史部三種,子部二種,呈現出百花齊放的狀態,尤其是經部書中小學書的刊刻,可見當時的淄川地區對這類書是有需求的。集部也打破了别集一統天下的局面,總集類首次超過别集類,這是因爲王培荀的交游範圍廣,朋友間的唱和多,故刊刻此類詩集多。在刻書時間分布上,嘉慶一種,道光十八種,咸豐一種。道光最多,且集中於十八年至三十年間,這與王培荀和馮繼照的刻書均集中於此間有關。

(三)長山、新城、齊河、齊東、濟陽、長清、德州、德平刻書

1. 長山刻書

1）馬桐芳刻書

清中期的長山馬桐芳著述較多。

馬桐芳，字子琴，號西坡。著有《傷寒論直解》《六家詩選》《憨齋詩話》《杜詩集評》《憨齋詩删》。馬氏自刻者有三。

①《憨齋詩話》四卷，清馬桐芳撰，清道光十二年長山馬桐芳、楊碩庵、梅季青、王旭郵刻本。

封面題："道光壬辰刊，飲龢堂藏板。"

馬桐芳自記："壬辰長夏，余解聊城縣館，過平陵，逢金鄉令袁公……袁公謂余於詩頗有涉歷，盍著録之，以資學者。因將平生見聞援述如左，命曰《憨齋詩話》。方擬付梓，而袁公已捐賓客。乃攜以歸故里，置之案頭，不作剞劂計矣。學博楊碩庵先生，見而愛之，商諸梅君季青、王君旭郵，相與醵金鋟版以行於世。"知此書爲三人醵金梓行，板存馬桐芳家，"飲龢堂"蓋爲馬氏堂號。八行二十一字，白口，四周雙邊，單黑魚尾，無直格。開本一般，字體秀麗。

②《聊以自娱集》一卷、《續》一卷，清馬桐芳撰，清道光十二年飲龢堂刻本①。此書當爲馬氏自刻本。未見傳本。

③《憨齋詩删》十卷，清馬桐芳撰，清道光十九年長山馬桐芳刻本。

卷端題："長山馬桐芳子琴著，同里安曰潤玉如删。"

道光十九年信芳園丁安曰潤序："嘗勸其刊落，而不能聽……儒人劉道平氏，與子琴爲莫逆交，欲刻其詩以行於代，余爲拔其尤者，得如干首……今（石）子真先生既病廢，不能刊定子琴詩，而委之於余。"憨齋居士自記："友人安玉如定其集，爲《憨齋詩删》，以

①孫殿起：《販書偶記續編》，上海古籍出版社1992年版，第274頁。

次刊行十卷。”卷十末有“通計十卷,詩四百六十首”。八行十九字,白口,四周雙邊,單黑魚尾,無直格。行格疏朗,清晰醒目。

《鄉園憶舊録》“桐芳”條云:“皆爲石子真所賞,爲之作序。既而三刻其詩,存者益少。”所謂三刻其詩,大概指以上三種。

2)其他刻書

除了馬桐芳,清中期的長山刻書還有兩種。

①《春雨園詩》三卷,清石丹文撰,清嘉慶二十五年濟南石氏自刻本。

丹文字子真,長山人,諸生,即上文所言欣賞馬桐芳之文者。《山東通志·藝文志》引《憨齋詩話》丹文一條云:“詩主清真,不尚浮艷。五古一體,直追漢魏。佳章甚多,不能備載,聊録其七言名句云:‘水連汶泗多無巖,山到鄒滕始有峰’‘長禾乍刈諸村出,久雨新晴碧落高’。”書前有掖縣張仿留序。

②《集義編》四卷,清李廷槐撰,清道光十四年長山李廷槐種德堂刻本。

李廷槐,字棘鄰,號抑泉。長山人。

封面題:“道光甲午年鐫,種德堂藏板。”

《凡例》云:“廣求家刊理學諸書,擇精撮要,積累三十餘年,採取數百十家。本堯舜以來相傳之道之中之心,約成四册。非敢以少爲貴也,謹以便學者觀覽云爾。”

九行二十四字,白口,四周雙邊。

2. 新城刻書

清中期的新城刻書有七種,張象津家刻四種,耿維莘刻二種,何世瑾家刻一種。

1)張氏刻書

象津字漢渡,號莪石,别號雪嵐,新城人,乾隆四十五年庚子舉人,官濟寧學正。其自撰《白雲山房詩集》三卷、《文集》六卷及附刻三種(《考工釋車》一卷,《離騷經章句義疏》一卷,《等韻簡明指掌圖》一卷、《論》一卷),實爲清道光十一年壽光李景沆刻十六年象津孫張繩武補刻本。

書末有"門人吕烶書岩、後學王維潛陶仲、孫繹武叔承仝校"。

有道光九年滇南李文耕於濟南官舍序,稱雲南劉大紳曾四宰新城,與張象津爲友,"冠縣趙酉橋明府以漢渡詩文集郵書寄余,屬爲之序,將付剞劂……(劉大紳曾囑歷城朱畹刻張氏集)今寄庵歿而酉橋明府、華林學博,取漢渡集細加校核,以精粹者付諸梓"。鄒平成瓘序:"丁亥(按:道光七年)歲,作客江西,適先生嗣君壽甫抱先生遺集將赴滇南。"劉大紳《題辭》。後有道光十六年張繩武紀:"右滇南劉寄庵先生哭先大父詩也。先是歲在丁亥,仲父(按:壽甫)抱遺集若干首赴滇南,將爲大父作《傳》及全集序言。時壽光李端甫(按:李景沆)觀察官羅定,仲父便道至署。觀察繕存副本,乃送仲父以行。既觀察解官,爰將所録副本授梓,工未竣先歸。今且閲五載矣,其板始克寄至,而仲父仍無音耗。……今諸先生議補刻以成完書,既編次詩集爲上、中、下三卷,文集爲六卷,附刻三種各爲一卷。"《詩集》後有張繩武識,大意爲張象津詩初名《瀘中集》,陽湖張鳳瀚大令得副本於冠縣趙乾甫先生,亟賞之,謂風格不減漁洋,作序言刻之館陶。趙乾甫,名汝毅,冠縣人,曾爲何世璂《何端簡公集》作跋。

據以上各序跋,知此書幾經周折纔得以刻成。先是劉大紳囑歷城朱畹刻之未果。道光七年,張象津子赴滇南請人作傳及序,時壽光李景沆在羅定,録副以存。李解官後,付諸梓,但未刻完而歿。板在五年後歸新城,象津長孫繩武補刻成完書。

附刻三種中,《考工釋車》有自序,《離騷經章句義疏》有嘉慶二十二年自序。十行二十一字,大黑口,四周單邊,雙對魚尾。字體一般。

2)何氏刻書

新城何世瑾(1666—1729),字澹庵,一字坦園,號鐵山,康熙四十八年己丑進士,官至直隸總督,贈禮部尚書,謚端簡。著有《何端簡公集》《然燈記聞》。其《何端簡公集》十二卷、《首》一卷、《附録》一卷,清道光二十四年來孫何肇勳、何道凝等澹志堂刻本。

此書由其玄孫何承泰等編輯,來孫何肇勳、何道凝等校刊。凡雜文八卷,詩四卷,末附《國史本傳》《墓誌》《墓表》《碑銘》《事傳》《年譜》爲一册。首有廬陵王贈芳道光十四年序,陳功序。有王鎮、成瓘《書後》,成瓘曰:“瓘讀公集,不暇食息。稽古居今,可以觀理。平和中正,可以養心。公集所載,無一非幽蘭崇蕙,奇玉特珠。今第舉其尤關於義教之大者。”後有道光二十四年甲辰五月冠縣趙汝毅跋:“歲庚寅,新城何華堂暨弟聚仁手其先人端簡公集至冠,乞毅校正,蓋皆華堂尊人鏡湖夫子、聚仁尊人保之暨其季父建初禮堂諸丈搜羅而得者。毅諄諄謝不敏。越數年,登萊觀察王中峰、兗沂觀察今湖北廉訪陳叙齋兩先生依雲南轉運前濟南太守祝詒庭、膠州刺史張振之、歷城明府吴賓岑三先生遂各分俸付剻,而長山前廣東惠潮嘉觀察李星白先生董其成。華堂、聚仁以感激之深也……華堂名肇勳,聚仁名道凝,端簡公來孫也。”

九行二十字,白口,四周雙邊,單黑魚尾,無直格。

3)耿維莘刻書

新城耿維莘,字希尹,諸生,劉大紳高足,室名抱雲齋。著有《閒情集》《抱雲齋詩鈔》《敬恕堂集》。《山東通志·藝文志》引《憨齋詩話》云:“維莘,劉寄庵司馬之高足,刻有《抱雲齋詩鈔》。所長在七古一體,能不負其師傳。”又引《鄉園憶舊録》“維莘”條云:“年七十餘,刻《抱雲》《閒情》二集,將稿焚灰,置匣於山之峭削處,命石工鑿龕貯之,題曰‘詩冢’。婦李氏,名溪娥,益都李南澗文藻之女也,亦工詩。”可知,耿氏在嘉慶間刻自撰詩集兩種,其中一種現藏山東博物館，即《閒情集》一卷，卷首有自序："後偶然於友人案頭，得《有正味齋集》。讀之，是深得力於杜陵五言長排者。不覺怦然心動於試帖，遂時時有作。其後篇什既多，諸友人有措愛者慫恿付梓。"

耿維莘嘉慶間刻自著《抱雲齋詩鈔》一卷、《抱雲齋詩鈔續》一卷，並附刻其妻李溪娥撰《歸舟詩草》一卷。卷端題："濟南耿維莘。"《歸舟詩草》卷端題："益都李溪娥。"前有嘉慶六年寧州劉大紳序於朝城縣署東軒。《歸舟詩草》前有耿維莘跋："余内人李氏，益都李南澗先生女也。家學淵源，幼習爲詩，自卜吉歸來，勤事翁姑，遂不暇理筆墨，即偶有吟詠，予初不以措意，置之竹簏者三十餘年，近因同人採訪，始出之廢書帙中，爲前後合存數十首，附刻於《抱雲齋詩鈔》之後。"由此序知刻書原委。書繼有補刻，補刻有兩種字體，大抵因版片缺失或漫漶。不避"寧"。十行十九字，大黑口，四周單邊，單黑魚尾。刻印一般。

3. 齊河刻書

清中期的齊河刻書衹兩種，一種是嘉慶間齊河郝允秀刻自著《拾翠囊詩》一卷。允秀，郝允哲弟。郝允哲有一子一女，子爲郝答，字餐霞，女爲秋岩，即郝簹。《鄉園憶舊録》云："（允秀）十四歲能詩，十九刻有《拾翠囊詩》。與兄鏡亭棣萼聯吟，人稱二難。任陽穀學博，年逾古稀，晨昏一編不去手。所選《濟南名士詩鈔》不下數萬首，惜未刊行。平生自爲詩亦不下萬首，而自訂其詩，删存甚少，名《秋水詩集》。"詳見齊東李玉清刻書。

另一種是《咏孝類編》六卷，清夏中言撰，清嘉慶二十一年齊河馬受昌刻本。

中言字騫若，號渠舫，壽光人，乾隆五十七年壬子舉人，官長清訓導。還著有《讀史釋意》二卷、《圖考備要》二十卷、《訓蒙必需書》二卷、《書齋雜記》一卷、《歷代詠忠編》十四卷、《韻語集》二卷。

《山東通志·藝文志》云是編成於嘉慶十六年辛未，二十一年丙子齊河馬受昌刊以行世。李允升序云："取列史中所載孝行，彙輯成編。分以類，欲其收之廣也。次以韻，欲其便於誦也。先舉要，次紀實，欲以詳考其本末也。既使古人之潛德幽光日顯於世，而又令習其語而傳之。俾聞者皆有所感發而興起，以不失古人勸以《九歌》之意，蓋合詩與史而一之矣。"是編韻語皆四言對偶，如蒙求體。每四句後詳列事實以釋之，則如蒙求之注也。

4. 齊東刻書

齊東地在今鄒平縣，元憲宗三年，齊東與鄒平、長山同屬濟南路，清屬濟南府。

明代及以前齊東未見刻書記載。清代亦祗李玉清一人，所刻爲齊河郝允哲一家四人詩集。

齊河郝允秀的《拾翠囊詩》一卷，上文已述。此次李玉清所刻的四人詩集爲《郝氏四子詩鈔》七卷，清道光十三年刻本。封面題："道光癸巳年鐫，曬書堂藏板，賈青圃先生鑒定。"道光十三年癸巳齊東李玉清《郝氏四子詩序》："今其家日落不能梓，余懼其淹没而不彰也，因爲編彙删訂，付諸剞劂氏。"李玉清住宅爲"紫雲別墅"，齋名爲"邀月軒"。八行十六字，白口，四周雙邊，單黑魚尾。開本不大，但刻印較精。

①《深柳堂遺詩》一卷，清郝允哲撰。允哲字鏡亭，齊河人，乾隆四十年乙未進士。嘉慶元年丙辰張予定序。

②《水村詩存》二卷，清郝允秀撰。允秀字寅亭，號水村，歲貢，官堂邑教諭。另著有《水村居詩集》《拾翠囊詩》《濟南名士詩鈔》。卷端題："古祝阿郝允秀寅亭氏著。"有道光十三年郝答序，稱郝允秀選《濟南名士詩鈔》不下數萬首，自作詩亦不下萬首，自訂四册，托郝答刊刻。

③《秋岩詩集》一卷，清郝簹女史撰。包括《碧梧軒吟稿》《蘊

香閣詩鈔》《恤緯吟》三種。卷端題:"古祝阿秋岩氏著,弟箸君實編次。"有嘉慶二十五年郝箸序。據道光五年李若琳重刻本序,知此書道光五年犁邱即昌邑李若琳槐雲書屋刻過,門人高麟臺積階校。《碧梧軒吟稿》係閨中所作,《蘊香閣詩鈔》係爲人婦時作,《恤緯吟》係夫亡子喪時作。

④《愛吾廬初集》一卷、《續集》一卷、《餘集》一卷,清郝箸撰。郝箸,諸生。另著有《愛吾廬稿》《南遊小草》。卷端題:"古祝阿郝箸餐霞氏著。"有道光六年丙戌郝箸序。郝箸堂號"碧雲紅雨山房"。詩起甲子,訖癸未,即嘉慶九年至道光三年間所作。

5. 濟陽刻書

清代中期的濟陽刻書衹一種,濟陽高文錦撰《學庸詳解》三卷,清嘉慶十九年濟陽高氏刻本。

文錦字運庭,濟陽人,乾隆間歲貢,選授臨清州訓導,工書法,善解經。書有夏邑汪汝弼序。

6. 長清刻書

山東省圖書館有《痧症全書》三卷,清王凱編,清道光五年長清張子雲等濟南文華堂刻本。

封面題:"道光乙酉重鐫,山東省城後宰門文華堂存板。"卷端署:"長清張子雲素雯參校。"

前有道光五年歷下南郇花壽山於春耕書屋《重刻痧症全書序》:"道光辛巳夏秋間,東省忽有異症……去歲,武林滕君安橋自閩歸,攜有《痧症全書》三卷……其書著於康熙初年,乾隆丙午曾刻於江寧……流傳絶少。余友長清張君素雯,儒而醫者也,見而珍之,間以其法療人多驗,因念此書爲救急良方,欲重刻以廣其傳,於是偕諸同好,醵金若干,付剞劂氏。素雯悉心校讎,原本間有别字,亦據理正之。"末有道光五年歷下旬平魏治淳跋:"同時諸君子醵金重刊。"後附《重刻痧症全書醵金姓氏録》:茅塏載青、李廷芳湘浦、魏祥致和、陳懋德克明、劉璧耀潤之、楊龍雲雨田、李師綱相三、韓勣慎修、李桂林一、宋琳林玉、陳廷柱殿臣、賈延齡予九、羅志仁克復、李魁榮振卿、鄭汝忠誨莽、李肇貴南州、張懋官建卿、鄭燡蔭羽、聶肇成春臺、魏應鰲龍伯、李昭景熙。由上可知,此書實爲合刻。刻字鋪爲濟南文華堂,地址在濟南後宰門。

7. 德州刻書

清中期的德州刻書以李氏爲主。

1)李氏刻書

德州的大家族,以宦績、詩文而揚名者有五家,以田雯爲代表的田氏,以盧見曾爲代表的盧氏,以李浹爲代表的南李氏,以李源爲代表的北李氏,以謝重輝爲代表的謝氏。

德州李氏於明初永樂年間自三里河遷來德州,但有記載的刻書卻自明末李誠明始。李誠明,字思伯,號矩亭,一號泰雲,萬曆二十二年甲午舉人,天啓中閣臣薦爲中書舍人,不赴,魏忠賢以厚幣招之,託病固辭。著有《翾翾草》《廣川人文初搜》《矩亭遺詩》,其中,《翾翾草》爲李誠明早年所刻。

到了清代,自乾隆末年始,李氏開始大量刊刻家族著述。

(1)李有基

李有基(生卒年不詳),字黻升,號東圃,李誠明玄孫,李源曾孫,李樫孫。乾隆四十二年解元,四十六年成進士,授福建連城縣知縣。在連城任上,着力於曾祖李源和祖父李樫詩的刊刻。

①《見可園集》一卷,清李源撰,清乾隆五十九年德州李有基福建連城官署刻本。

李源,清前期的德州刻書中有介紹。書有盧見曾《李星來先生小傳》。末有“乾隆甲寅曾孫有基栞於福建連城官署”。

九行二十字,白口,左右雙邊,單黑魚尾。寫刻字體,有直格。福建有優良的刻書傳統,故此書刊刻精良。

②《後知堂遺詩》一卷,清李樫撰,清乾隆五十九年德州李有基福建連城官署刻本。

李樫,字聖木,號苕齋,李源子,李楳弟,李有基祖父。康熙十四年乙卯舉人,官浙江武康知縣。與同里馮大木同學詩於王士禛,有《苕齋集》,所著古文多散失。桐城方苞對李樫極爲欣賞,稱其"可與嘉隆諸名家争席",並爲其撰《墓誌銘》。

康熙六十年辛丑高鳳翰原序。盧見曾撰《傳》。書末有"乾隆甲寅孫有基栞於福建連城官署,道光丙申元孫清渭重校"字,可知此書爲乾隆刻道光十六年重印本。下文李清渭一條有述。

九行二十字,白口,左右雙邊,單黑魚尾。寫刻字體。

(2)李鉠、李鏌

據《清代官員履歷檔案全編》,李鉠,直隸河間府寧津縣諸生,光緒六年檢選江西安遠縣知縣,旋改河南孟津縣知縣,時四十八歲。李鏌情況不詳。二人爲兄弟,刻有祖父李徵熊的第一部集子《海外吟》。同時參與刻書的還有下一代李一鳴。

《海外吟》四卷,清李徵熊撰,清道光六年李徵熊孫李鉠、李鏌、曾孫李一鳴等刻本。

李徵熊,字渭占、栗亭,李樫之子,諸生,雍正五年丁未舉孝廉方正,曾任浙江湖州府武康縣知縣。著有《海外吟》《再來集》《南湖草》。

末有道光六年李一鳴識:"(先祖)歿後,趙叔常先生選定之,存三之一,分四卷。家世貧匱,剞劂未能,藏之篋笥者垂六十年。先澤久湮,竊滋懼焉。茲得友人代謀,始克付梓,爰謹誌之。外有《再來集》《南湖草》二卷,續刻尚俟異日。"

九行二十二字,白口,四周雙邊,單黑魚尾。字體方正,清初風格,非寫刻。

(3)李一鳴

李一鳴共刻書三部,除參與《海外吟》一書的刊刻外,還刊刻了李徵熊的《再來集》和《南湖草》各一卷。詳見李清渭刻書。

(4)李清渭

李清渭,字吏白,號紹曾,李徵熊曾孫,與一鳴同輩。少年英俊,富有才能,補博士弟子員。與同里封宗畝、趙核赤爲友,以道義相切,州城當時有"碩儒"之目。嘉慶二十四年舉人,選授山東泰安府東阿縣訓導。其文有高祖李樫之風。

在李氏家族中,清渭刻書最多。

①《再來集》一卷,清李徵熊撰,清道光十五年李徵熊曾孫李一鳴、李清渭、玄孫李根譜刻本。

九行二十二字,白口,四周雙邊,單黑魚尾。字體方正,清初風格,非寫刻。

②《南湖草》一卷,清李徵熊撰,清道光十五年李徵熊曾孫李一鳴、李清渭、玄孫李根譜刻本。

後有道光十五年曾孫李一鳴、李清渭、玄孫李根譜《識》:"《海外吟》已鐫板於道光丙戌十月,復將《再來》《南湖》二卷敬謹付梓,詩不及百首,與前刻合爲一集。"

行款版式風格皆與上同。

③《矩亭遺詩》一卷,明李誠明撰,清道光十六年李誠明六世孫李清渭刻本。

程先貞《傳》。李清渭《識》。末有"道光丙申二月六世孫清渭敬栞"。

九行二十字,白口,左右雙邊,單黑魚尾。字體寫刻。

④《見可園集補》一卷,清李源撰,清道光十九年李源五世孫李清渭刻本。

末有"道光己亥五世孫清渭敬栞"。

九行二十字,白口,四周單邊。無直格,寫刻字體。

⑤《廣臺詩草偶存》一卷，清李徵熊撰，清道光二十一年李清渭東阿學署刻本。有宋弼《小傳》。

⑥《李亶照詩》一卷(《廣臺詩草偶存》附)，清李亶照撰，清道光二十一年李清渭東阿學署刻本。

李亶照，字厚齋，李樫之子，李徵熊之弟。行款版式風格同上。

⑦《酒囊詩草拾遺》一卷，清李丕基撰，清道光二十一年李清渭東阿學署刻本。

李丕基，字鍾宜，李徵熊之子，李樫之孫。州學廩善生員，承籍家學，不名他師。

有德州封大受撰《鍾宜先生小傳》。行款同上，但字體小。

⑧李崇基詩一首(《酒囊詩草拾遺》附)，清李崇基撰，清道光二十一年李清渭東阿學署刻本。崇基，徵熊子。

⑨李鋈詩文一卷(《酒囊詩草拾遺》附)，清李鋈撰，清道光二十一年李清渭東阿學署刻本。

李鋈，字冠夫，號仙飴，徵熊子。收詩五首，文一篇。

末有道光二十一年李清渭識於東阿學署："從伯父諱鋈，字冠夫，號仙飴……伯父詩不輕作，往時竊記數首，謹栞而附誌之。"

山東省圖書館所藏《德州北李彙集》，《見可園集》《後知堂遺詩》後皆有李清渭《識》："余小子生也晚，先人手澤，大半零逸，每私慨之。三十年來，留心搜輯，凡殘編賸稿，零句斷章，無不疏記藏弆。訓徒之暇，楷録編次。上自六世祖泰雲公，下至再從叔父青厓公，凡六世，彙成古文稿詩稿各若干卷，總題曰《德州北李彙集》，特存十一於千百而已。茲將《矩亭詩》《見可園詩補編》謹先授梓，餘當從容謀之。其《見可園詩前編》與《後知堂詩》，乃從叔祖東公栞於連城官署者，板尚完好，照舊印行。清渭謹識。"

《識》中所謂"《見可園詩前編》"即《見可園集》。據《識》知，此二書爲清渭重印本。大約在道光二十一年，李清渭將六世所遺詩文彙印爲《德州北李彙集》，印書時間據李清渭最晚刻書時間而得。

李清渭所謂六世，今衹見五世，即李誠明——李源——李樫——李徵熊、李亶照——李丕基、李崇基、李鋈。

從各書識語及相關材料可大略知李氏世系如下：李誠明——李源（誠明從子）——李樫、李榛（李源之子）——李徵熊（李樫之子）、李亶照（李樫之子，徵熊之弟）——李丕基、李崇基、李鋈（李徵熊之子）、李有基——李鍈、李鏌（徵熊之孫）——李一鳴、李清渭——李根譜。

李氏刻書列表如下：

書名	著者	刻書時間	刻書者	刻書地
翾翾草	（明）李誠明撰	明末	李誠明	
見可園集	（清）李源撰	乾隆五十九年	李有基	福建連城官署
後知堂遺詩	（清）李樫撰	乾隆五十九年	李有基	福建連城官署
海外吟	（清）李徵熊撰	道光六年	李鍈、李鏌、李一鳴	
再來集	（清）李徵熊撰	道光十五年	李一鳴、李清渭、李根譜	
南湖草	（清）李徵熊撰	道光十五年	李一鳴、李清渭、李根譜	
矩亭遺詩	（明）李誠明撰	道光十六年	李清渭	
見可園集補	（清）李源撰	道光十九年	李清渭	
鬳臺詩草偶存	（清）李徵熊撰	道光二十一年	李清渭	東阿學署

（續表）

書名	著者	刻書時間	刻書者	刻書地
李亶照詩（廣臺詩草偶存附）	（清）李亶照撰	道光二十一年	李清渭	東阿學署
酒囊詩草拾遺	（清）李丕基撰	道光二十一年	李清渭	東阿學署
李崇基詩一首（酒囊詩草拾遺附）	（清）李崇基撰	道光二十一年	李清渭	東阿學署
李鋈詩文一卷（酒囊詩草拾遺附）	（清）李鋈撰	道光二十一年	李清渭	東阿學署

從上表可以看出，李氏家族自明末至道光年間，刻書共十三種，先後有李誠明——李有基——李鐭、李鏌——李一鳴、李清渭——李根譜，五代刻書。其中，李清渭刻書最多，從道光六年到二十一年，主持或參與刻書九種，並重校、彙印李氏家集，對李氏刻書作了全面的總結。

李氏刻書不拘一地，乾隆五十九年李有基在連城爲官，利用當地優秀的刻書傳統，刻書二種。李清渭在東阿任上刻書較多，雖然僅爲一縣訓導，但不忘先人著述，以弘揚家風爲已任，利用有限的資財，刻書多達五種。李清渭的其他刻書和李鐭、李鏌所刻書大約在德州完成。

李氏刻書風格比較一致，大多爲九行，二十或二十二字，均爲白口，李清渭刻書多爲四周單邊。大多爲寫刻體，比較精美。這在道光時不多見，可知李氏對刻書的重視。

2）孫氏刻書

孫勷（1658—1742），字子未，一字予未，號莪山，又號誠齋，德州人。康熙二十四年乙丑進士，官通政司參議。著有《四書集注餘論》《使黔偶記》《讀韓私記》等。刻書三種。

①《鶴侶齋詩》一卷，清孫勷撰，清道光二十三年孫氏延綠吟

館刻本。

山東博物館崔巍老師認爲是其玄孫孫世隆刊刻，想必有證據。封面題："道光癸卯，延緑吟館藏板。"卷端題："德州孫勷子未著。"

十行二十一字，白口，四周單邊，單黑魚尾。版心刻"延緑吟館"。字體一般。

②《鶴侶齋文稿》四卷，清孫勷撰，清咸豐元年德州孫氏延緑吟館刻本。

封面題："咸豐辛亥，延緑吟館藏板。"卷端題："德州孫勷子未著，封大受仲可選。"封大受，字仲可，號荻塘。乾隆五十五年庚戌進士，候選知縣。有《玉雨草堂詩草》。該書前有宋弼乾隆十四年己巳撰《遺事》："莪山公既卒之十年，其甥宋弼懼公德業之不彰也，乃謀於公之諸子，裒其遺事以傳於後。"其子孫于亹乾隆十四年《跋》："右先君子遺稿，凡若干首，亹等既繕寫成帙，因敬題曰……"想必當時未刻成。

十行二十一字，白口，四周單邊，單黑魚尾。版心刻"延緑吟館"。字體一般。

③《五事尊聞》五卷，清田昂、馬洪慶編，清咸豐六年延緑吟館刻本。

《山東通志・藝文志》著録："是書有咸豐丙辰延緑吟館刊本。"昂字伯頫，洪慶字葛村，俱德州人。原序云："嘗取儒先講學之言，約而録之，上則兢業心傳，次則鍼砭藥石，以及利害之真切中人事者，彙爲一編，以類輯言，卷分爲五，名曰《五事尊聞》(按：五事，曰心詮，曰口緘，曰身範，曰家政，曰官箴)。古今大儒道德性命宗旨，如日月經天。余輩何人，何敢妄議！惟於初學切實下手處略辨是非，以識門徑。人之爲學，固以辨是非爲第一義也。是以兹編大旨，歸於消損。時之秋冬，藥之寒涼，與有近焉。"

3)封氏刻書

繼嘉慶間董芸撰《廣齊音》,道光時,德州封大受又撰《續廣齊音》一卷,道光十三年德州封氏家刻本。前有嘉慶二年德州封大受《續廣齊音自序》。末有道光十三年封其澐跋:"今付剞劂氏。"知爲封氏家刻本。九行二十字,小字雙行二十字,白口,四周單邊,單黑魚尾。刻印較精。

綜上,清代中期的德州刻書有二十一種,其中李氏有十種,占二分之一,盧氏有七種,孫氏有三種,封氏有一種。刻書内容以集部爲最多,十六種,史部一種,子部四種。在時間分布上,以道光爲最多,有十八種,另嘉慶一種,咸豐二種。

8. 德平刻書

清中期的德平刻書祇有葛周玉一人,清前期已述,所刻有九種。

附:濟南府家刻總表

廣齊音一卷	(清)董芸撰	清嘉慶元年歷城朱畹紅蕉館刻本
寄庵詩鈔十一卷	(清)劉大紳撰	清嘉慶六年歷城朱畹紅蕉館刻本
半隱園詩集一卷	(清)董芸撰	清嘉慶八年歷城朱畹紅蕉館刻本
甘棠遺愛一卷	(清)牟應震等撰 (清)朱畹編	清嘉慶歷城朱畹刻本
毛詩質疑六種二十四卷	(清)牟應震撰	清嘉慶二十三年棲霞牟應震刻道光二十九年至咸豐五年歷城朱畹、朱廷相補刻本
紅蕉館詩鈔三卷	(清)朱畹撰	清道光六年刻二十一年重刻本
[王祖熙遺稿]	(清)王祖熙撰	清嘉慶歷城朱畹刻本
仍可軒詩鈔一卷	(清)朱廷相撰	清道光歷城朱氏自刻本
玉函山房輯佚書五百九十二種七百十五卷	(清)馬國翰撰	清道光咸豐間歷城馬氏刻同治十年濟南皇華館書局補刻本

（續表）

玉函山房目耕帖三十一卷	（清）馬國翰撰	清道光咸豐間歷城馬氏刻同治十年濟南皇華館書局補刻本
夏小正詩十二卷	（清）馬國翰撰	清道光間歷城馬氏刻本
玉函山房試帖續一卷	（清）馬國翰撰	清道光間歷城馬氏刻本
玉函山房藏書簿録二十五卷	（清）馬國翰撰	清道光間歷城馬氏刻本
玉函山房詩集九卷	（清）馬國翰撰	清道光間歷城馬氏刻光緒十年章邱李氏補刻本
文選擬題詩一卷	（清）馬國翰撰	清道光間歷城馬氏刻光緒十年章邱李氏補刻本
月令七十二候詩四卷	（清）馬國翰撰	清道光間歷城馬氏刻光緒十年章邱李氏補刻本
玉函山房文集五卷	（清）馬國翰撰	清道光咸豐間歷城馬氏刻光緒十五年章邱李氏印本
百八唱和集一卷	（清）馬國翰、李廷棨撰	清道光咸豐間歷城馬氏刻光緒十五年章邱李氏印本
竹如意二卷	（清）馬國翰撰	清道光咸豐間歷城馬氏刻光緒十五年章邱李氏印本
買春詩話一卷	（清）馬國翰撰	清道光咸豐間歷城馬氏刻光緒十五年章邱李氏印本
五峰山館詩課二卷	（清）馬國翰撰	清咸豐間歷城馬氏刻光緒十五年章邱李氏印本
農諺一卷附録一卷	（清）馬國翰撰	清咸豐間歷城馬氏刻光緒十五年章邱李氏印本

（續表）

紅藕花軒泉品八卷	（清）馬國翰撰	清咸豐間歷城馬氏刻光緒十五年章邱李氏印本
玉函山房文集續五卷	（清）馬國翰撰	清道光咸豐間歷城馬氏刻本
荆州記三卷	（清）馬國翰撰	清道光咸豐間歷城馬氏刻本
治家格言詩一卷	（清）馬國翰撰	清道光咸豐間歷城馬氏刻本
玉函山房制義	（清）馬國翰撰	清道光咸豐間歷城馬氏刻本
紅藕花軒課草	（清）馬國翰撰	清道光咸豐間歷城馬氏刻本
海棠百詠	（清）馬國翰撰	清道光咸豐間歷城馬氏刻本
玉函山房試帖	（清）馬國翰撰	清道光咸豐間歷城馬氏刻本
紅藕花軒試帖	（清）馬國翰撰	清道光咸豐間歷城馬氏刻本
紅藕花軒賦草	（清）馬國翰撰	清道光咸豐間歷城馬氏刻本
四書筆記	（清）賈璇撰	清道光二十四年歷城馬國翰隴州刻本
元圃詩鈔	（清）陳超撰	清道光間歷城馬國翰涇陽刻本
掃落葉齋詩藁	（清）時銘撰	清道光十四年歷城馬國翰洛川刻本
耕道獵德齋詠史小樂府	（清）周懷綬撰	清道光二十九年歷城馬國翰隴州刻本
邊華泉集八卷邊華泉集稿六卷	（明）邊貢撰	清康熙四十四年歷城張漣刻嘉慶十年咸豐元年歷城李氏補刻宣統元年修補本
説餅庵詩集一卷	（清）朱曾傳撰	清嘉慶歷城李肇慶聽雨堂刻本
華不注山房詩集二卷	（清）尹廷蘭撰	清道光七年歷城李肇慶灞陵刻本
真研齋詩草一卷	（清）翟凝撰	清道光七年歷城李肇慶灞陵刻本

(續表)

范墅詩草一卷	(清)周奕鬢撰	清道光七年歷城李肇慶灞陵刻本
華不注山房文二卷	(清)尹廷蘭撰	清道光二十七年高唐尹廷蘭之孫尹式芳刻本
二南詩鈔二卷	(清)周樂撰	清道光九年紉香齋刻本
潼關詠史一卷	(清)周樂、慶禄、李肇慶等撰	清道光十五年紉香齋刻本
二南文集二卷文外集二卷制藝文不分卷	(清)周樂撰	清道光二十二年周樂友人及弟子刻本
二南續鈔二卷補遺一卷	(清)周樂撰	清道光二十九年紫藤書屋刻本
救世苦口吟一卷	(清)周樂撰	清道光三十年濟南刻本
秋門詩鈔一卷	(清)余正酉撰	清道光刻本
國朝山左詩彙鈔後集三十九卷	(清)余正酉撰	清道光二十九年海棠書屋刻本
秋橋詩選四卷	(清)王德容撰	清道光二十二年歷城王德容門人刻本
秋橋詩續選四卷	(清)王德容撰	清道光三十年歷城王德容門人刻本
緑雲堂稿二卷	(清)謝焜撰	清嘉慶二十五年江蘇袁潔歷城刻本
心儀集不分卷停雲集不分卷	(清)謝焜撰	清道光間刻本
海南歸櫂詞二卷續一卷	(清)劉燿椿撰 (清)花壽山輯	清咸豐五年歷城花壽山刻本
如好色齋稿四種十卷	(清)范垌撰	清嘉慶二十五年濟南范垌刻本

（續表）

［趙慈詩稿］	（清）趙慈撰	清嘉慶間濟南范垌刻本
無我相齋詩選四卷	（清）何鄰泉撰	清道光二十五年山西劉庶常歷城刻本
焚餘詩草二卷	（清）鄭雲龍撰	清道光咸豐間刻本
松石詩鈔二卷	（清）喬嶽撰	清咸豐二年歷城喬氏自刻本
海右初集八卷附詩餘搜篋草補遺草	（清）徐子威撰	清嘉慶十七年毗陵徐子威濟南環翠山房刻本
雲樵詩選	（清）徐子威撰	清嘉慶濟南范垌刻本
汪子詩録四卷	（清）汪缙撰	清嘉慶三年濟南方昂刻本
稼軒詞四卷	（宋）辛棄疾撰	清嘉慶十六年歷城辛啓泰刻本
退軒詩録十五卷	（清）鍾廷瑛撰	清嘉慶二十二年濟南鍾廷瑛讀易堂自刻本
槐蔭堂自叙册題跋一卷	（清）魏祥撰 （清）金洙等題跋	清道光七年歷城魏治淳文華齋刻本
海右堂遺詩一卷	（清）劉伍寬撰	清道光九年濟南劉登桂刻本
歷下偶談十卷續編十卷匡山叢話五卷	（清）王偁編	清道光十一年敦邱王氏鵲華館刻本
蓮舫詩鈔三十卷	（清）王偁撰	清道光十一年敦邱王氏鵲華館刻本
花譜	（清）王偁撰	清道光十一年敦邱王氏鵲華館刻本
韻事	（清）王偁撰	清道光十一年敦邱王氏鵲華館刻本
名媛韻事五卷	（清）王偁、杜玉貞編	清道光十三年刻本

（續表）

嵎陽詩説八卷	（清）王偁撰	清道光十三年刻本
瓣香雜記五卷	（清）王偁撰	清道光十四年刻本
滄溟先生集三十卷附録一卷	（明）李攀龍撰	清道光二十七年歷城李獻方刻本
爲政忠告四卷	（元）張養浩撰	清道光十一年歷城尹濟源影元刻本
痘科救劫論一卷	（清）李春輝撰	清道光二十六年歷城張氏燕喜堂刻本
慎終録二卷	（清）朱軾撰	清道光二十九年濟南洗心山坊刻本
尸子二卷	（周）尸佼撰 （清）孫星衍輯	清嘉慶二年陽湖孫星衍山東廉訪署刻本
燕丹子三卷	（清）孫星衍校	清嘉慶十一年陽湖孫星衍山東刻本
琴操二卷附補遺一卷	（漢）蔡邕撰 （清）孫星衍校並輯補遺	清嘉慶十一年陽湖孫星衍山東刻本
穆天子傳六卷附録一卷	（晉）郭璞注 （清）洪頤煊校	清嘉慶十一年陽湖孫星衍山東刻本
竹書紀年二卷	（梁）沈約注 （清）洪頤煊校	清嘉慶十一年陽湖孫星衍山東刻本
建立伏博士始末二卷	（清）孫星衍撰	清嘉慶十一年陽湖孫星衍安德使署刻本
鄱陽詩集十二卷補遺一卷	（宋）彭汝礪撰	清嘉慶二十三年江西周彦、高澤履濟南刻本

（續表）

續山東考古録三十二卷	（清）葉圭綬撰	清咸豐元年滄州葉氏蝸角尖廬刻本
芸香閣文存一卷	（清）朱蔭培撰	清咸豐十年濟南刻本
石汸詩鈔三十卷	（清）楊澤闓輯	清咸豐元年寧遠楊澤闓歷下心不競齋刻本
安疏草堂詩鈔	（清）李廷芳撰	清嘉慶刻本
清愛堂詩鈔七卷	（清）李廷芳撰	清道光五年歷城李廷芳吴門文寶齋刻本
湘浦詩鈔二卷賦鈔一卷試帖二卷	（清）李廷芳撰	清道光七年歷城李廷芳廣東刻本
葉爾羌守城紀略一卷守邊輯要一卷	（清）壁昌撰	清道光間歷下彭以竺揚州刻本
唐詩繹律初集四卷	（清）朱曾武輯	清嘉慶十一年歷城朱氏緑玉堂刻本
四書字義説略二卷	（清）朱曾武輯	清嘉慶十二年歷城朱氏緑玉堂刻本
文話二卷	（清）朱曾武撰	清嘉慶十九年歷城朱氏緑玉堂刻本
時文筆譜一卷	（清）朱曾武撰	清嘉慶歷城朱氏刻本
古文筆譜二卷	（清）朱曾武撰	清道光十六年歷城朱氏刻本
養中之塾文集一卷	（清）朱曾喆撰	清道光二十年歷城朱曾喆子朱汲刻本
夏小正詩一卷	（清）李廷棨撰	清道光十一年章邱李氏保陽刻本
紉香草堂詩集四卷	（清）李廷棨撰	清道光咸豐三年章邱李氏刻本

（續表）

帚金集四卷	（清）吴連周撰	清咸豐五年章邱李寶嬰、李寶赤刻本
高唐齊音二卷	（清）吴連周撰	清道光二十一年章邱高赤誠刻本
繡水詩鈔八卷	（清）吴連周輯	清道光二十三年章邱高志城、高意城刻本
讀史長句一卷	（清）于秉信撰	清道光二十六年刻本
醉月亭遺詩一卷	（清）于秉信撰	清道光二十六年刻本
贈雲山館遺詩三卷	（清）孟傳璿撰	清道光二十四年章邱孟氏安素堂刻本
紅藕花榭詩餘一卷	（清）孟傳璿撰	清道光二十四年章邱孟氏安素堂刻本
人鏡集五十四卷	（清）孟雲峰輯	清咸豐元年章邱孟氏家刻本
餘青園詩集四卷補遺一卷	（清）焦式沖撰	清嘉慶二十二年陽邱焦氏刻本
柿園詩稿二卷	（清）李鄰撰（清）郝謇、馬國翰、李廷棨、吴連周選	清道光章邱李鄰刻本
飯顆山房詩一卷	（清）李鄰撰	清道光章邱李鄰刻本
太璞廬詩選六卷續編一卷	（清）郭去咎撰	清道光十六年濟南府章邱縣刻本
山左古文鈔八卷	（清）劉鴻翱、李景嶧輯	清道光八年益都劉鴻翱、鄒平李景嶧蘇州刻本
聽雨樓隨筆八卷	（清）王培荀撰	清道光二十五年淄川王培荀四川榮縣刻本

（續表）

鄉園憶舊録六卷（續刻八卷）	（清）王培荀撰	清道光二十五年淄川王培荀四川榮縣刻本
琴鶴山詩集二卷（四山遺詩一卷（明）王君賞撰；前崖遺詩一卷（明）王巽撰）	（清）王培荀輯	清道光二十七年淄川王培荀四川旭陽官廨刻本
秋海棠詩一卷	（清）王培荀等撰	清道光二十七年淄川王培荀四川旭陽官廨刻本
雪嶠外集一卷	（清）王培荀撰	清道光二十七年淄川王培荀四川旭陽官廨刻本
寓蜀草五卷	（清）王培荀撰	清道光二十七年淄川王培荀四川旭陽官廨刻本
管見舉隅二卷附讀書緒論二卷	（清）王培荀撰	清道光二十八年淄川王培荀四川榮梨官廨刻本
旭陽贈别一卷	（清）王培荀等撰	清道光二十九年淄川王培荀四川旭陽官廨刻本
雪嶠日記十二卷（清道光十五年至二十六年）	（清）王培荀撰	清道光二十九年淄川王培荀四川旭陽官廨刻本
[淄川]王氏家傳一卷	（清）王培荀撰	清道光二十九年淄川王培荀四川旭陽官廨刻本
聽雨樓吟社詩抄一卷	（清）王培荀輯	清道光二十九年淄川王培荀四川旭陽官廨刻本
蜀道聯轡集一卷	（清）王培荀、王者政撰	清道光三十年淄川王培荀山東刻本

（續表）

停綉草一卷	（清）陳寶四撰	清道光三十年淄川王培荀山東刻本
學庸集説二卷（大學集説一卷中庸集説一卷）附學庸餘論	（清）王培荀輯	清咸豐間淄川王培荀山東淄川刻本
四書彙解四十卷	（清）司天開撰	清道光二十四年淄川馮繼照修武縣署刻本
般陽詩萃十五卷	（清）馮繼照輯	清道光二十七年淄川馮繼照柳波館刻本
正字簡四卷	（清）馮繼照撰	清道光二十八年淄川馮繼照柳波館刻本
黄髮翁全集四卷戲筆一卷	（明）畢木撰	清嘉慶十三年淄川畢豐增等刻本
南圃詩草五卷	（清）張作賓撰	清道光十八年淄川張如珠刻本
疏草録略二卷	（明）翟鳳翀撰	清道光間淄川翟聖恩刻本
聊以自娱集一卷續一卷	（清）馬桐芳撰	清道光十二年長山馬桐芳刻本
憨齋詩話四卷	（清）馬桐芳撰	清道光十二年長山馬桐芳、楊碩庵、梅季青、王旭郛刻本
憨齋詩删十卷	（清）馬桐芳撰	清道光十九年長山馬桐芳刻本
春雨園詩三卷	（清）石丹文撰	清嘉慶二十五年濟南石氏自刻本
集義編四卷	（清）李廷槐撰	清道光十四年長山李廷槐種德堂刻本
白雲山房詩集三卷文集六卷	（清）張象津撰	清道光十一年壽光李景沆刻十六年新城張繩武補刻本

（續表）

考工釋車一卷	（清）張象津撰	清道光十一年壽光李景沆刻十六年新城張繩武補刻本
離騷經章句義疏一卷	（清）張象津撰	清道光十一年壽光李景沆刻十六年新城張繩武補刻本
等韻簡明指掌圖一卷論一卷	（清）張象津撰	清道光十一年壽光李景沆刻十六年新城張繩武補刻本
何端簡公集十二卷首一卷附録一卷	（清）何世璂撰	清道光二十四年新城何肇勳、何道凝等澹志堂刻本
閒情集一卷	（清）耿維莘撰	清嘉慶新城耿氏自刻本
抱雲齋詩鈔一卷抱雲齋詩鈔續一卷	（清）耿維莘撰 歸舟詩草一卷 （清）李溪娥撰	清嘉慶新城耿氏自刻本
拾翠囊詩一卷	（清）郝允秀撰	清嘉慶間齊河郝允秀刻本
咏孝類編六卷	（清）夏中言撰	清嘉慶二十一年齊河馬受昌刻本
深柳堂遺詩一卷	（清）郝允哲撰	清道光十三年齊東李玉清刻本
水村詩存二卷	（清）郝允秀撰	清道光十三年齊東李玉清刻本
秋岩詩集一卷	（清）郝籛撰	清道光十三年齊東李玉清刻本
愛吾廬初集一卷續集一卷餘集一卷	（清）郝簪撰	清道光十三年齊東李玉清刻本
學庸詳解三卷	（清）高文錦撰	清嘉慶十九年濟陽高氏刻本
痧症全書三卷	（清）王凱編	清道光五年長清張子雲等濟南文華堂刻本
海外吟四卷	（清）李徵熊撰	清道光六年德州李徵熊孫李鋐、李鏌、曾孫李一鳴等刻本

（續表）

再來集一卷	（清）李徵熊撰	清道光十五年德州李徵熊曾孫李一鳴、李清渭、玄孫李根譜刻本
南湖草一卷	（清）李徵熊撰	清道光十五年德州李徵熊曾孫李一鳴、李清渭、玄孫李根譜刻本
矩亭遺詩一卷	（明）李誠明撰	清道光十六年德州李誠明六世孫李清渭刻本
見可園集補一卷	（清）李源撰	清道光十九年德州李源五世孫李清渭刻本
廌臺詩草偶存一卷	（清）李徵熊撰	清道光二十一年德州李清渭東阿學署刻本
李亶照詩一卷（廌臺詩草偶存附）	（清）李亶照撰	清道光二十一年德州李清渭東阿學署刻本
酒囊詩草拾遺一卷	（清）李丕基撰	清道光二十一年德州李清渭東阿學署刻本
李崇基詩一首（《酒囊詩草拾遺》附）	（清）李崇基撰	清道光二十一年德州李清渭東阿學署刻本
李鋆詩文一卷（《酒囊詩草拾遺》附）	（清）李鋆撰	清道光二十一年德州李清渭東阿學署刻本
鶴侶齋詩一卷	（清）孫勷撰	清道光二十三年德州孫氏延緑吟館刻本
鶴侶齋文稿四卷	（清）孫勷撰	清咸豐元年德州孫氏延緑吟館刻本
五事尊聞五卷	（清）田昂、馬洪慶編	清咸豐六年德州孫氏延緑吟館刻本

（續表）

續廣齊音一卷	（清）封大受撰	清道光十三年德州封氏家刻本
信驗方一卷	（清）盧蔭長輯	清嘉慶九年德州盧蔭長刻本
續信驗方一卷	（清）盧蔭長輯	清道光三年德州盧蔭長刻本
禧壽堂自訂年譜（一名盧霖生自述年譜，又名盧文肅公年譜）一卷	（清）盧蔭溥撰	清道光十九年德州盧蔭溥之子盧本刻本
雅雨堂詩集二卷	（清）盧見曾撰	清道光二十年德州盧見曾曾孫盧樞清雅堂刻本
雅雨堂文集四卷	（清）盧見曾撰	清道光二十年德州盧見曾曾孫盧樞清雅堂刻本
雅雨山人出塞集一卷	（清）盧見曾撰	清道光二十年德州盧見曾曾孫盧樞清雅堂刻本
呻吟語六卷	（明）吕坤撰	清道光十七年山東雅雨堂刻本
般上舊聞六卷	（清）葛周玉撰	清嘉慶德平葛周玉刻本
葛端肅公集十八卷	（明）葛守禮撰	清嘉慶七年德平葛周玉樹滋堂刻本
葛端肅公家訓二卷	（明）葛守禮撰	清嘉慶七年德平葛周玉樹滋堂刻本
葛太史公集五卷	（明）葛曦撰	清嘉慶八年德平葛周玉樹滋堂刻本
葛憲使公集四卷	（明）葛如麟撰	清嘉慶八年德平葛周玉樹滋堂刻本

(續表)

家禮摘要五卷	(明)葛引生撰	清嘉慶九年德平葛周玉樹滋堂刻東山葛氏遺書本
東山論草三卷	(明)葛引生撰	清嘉慶九年德平葛周玉樹滋堂刻東山葛氏遺書本
東山餘墨五卷	(明)葛引生撰	清嘉慶九年德平葛周玉樹滋堂刻東山葛氏遺書本
集玉山房稿十卷	(明)葛昕撰	清嘉慶九年德平葛周玉樹滋堂刻本

三、坊刻

(一)歷城坊刻

1. 會文齋

嘉慶元年已開業,地址在濟南府後宰門,延續至光緒末。不僅代他人刻書,還自己出版書。後宰門中路北又有文友堂刻字鋪,丁彦臣所刻書多在文友堂刻成。據國家圖書館數據,北京也有會文齋。

現存最早的會文齋刻書是《婦嬰至寶》四卷,係醫方,清亟齋居士編,清嘉慶元年同善諸子合刻本。封面題:"嘉慶丙辰年重鐫,板存濟南后宰門會文齋刻字鋪。"有長洲褚廷璋序,稱此書乾隆十五年有徐氏刻本,乾隆五十七年,徐氏内姪黄月槎刻,此次"月槎因發願重鐫,同時好善諸君子亦踴躍襄事"。末有一行:"道光辛丑年江蘇常州府人程鶴重刊。"道光辛丑爲二十一年。卷端下題:"亟齋居士原編,徐尚慧忕忓原刊,三農老人附注,同善諸子重刊。"《種痘法》下題:"毓蘭居士原輯,同善諸子校刊。"末有嘉慶元年黄月槎跋:"壬子歲……余募刊成,板藏惜字局中,刷印千餘部,漸至漫漶,今再募重鐫……仍録原刊姓氏以誌好善之多云。"

據封面所題,此書刻於嘉慶元年,但據重刊人落款時間,又爲道光二十一年,當以封面爲準,善書多有重印,重印人落款多著爲"重刊"。

《太上敕演救劫消災賜福解厄保運證真同參經》三卷,唐吕嵒撰,清道光七年濟南會文齋刻本。封面題:"道光七年重鐫純陽吕祖同參經,板存濟南府後宰門會文齋刻字鋪。"十行二十字,白口,四周單邊,單黑魚尾。

《吕註金剛心經》不分卷,唐吕嵒撰,清道光十一年濟南會文齋刻本。七行十七字,小字雙行十七字,白口,四周雙邊,單黑魚尾。有"板存山東趵突泉道院,有願印送者,問后宰門會文齋可也"。

《崇訓録》,清道光十九年濟南會文齋刻本。封面題:"道光十九年,鐵瓢老人刊,板存濟南府後宰門會文齋刻字鋪。"

《新編急救奇方》一卷、《補遺》一卷,清徐文弼輯,清道光二十三年江右鄒希濂濟南會文齋刻本。封面題:"道光癸卯孟冬重刊,板存濟南府會文齋,粉蓮紙、洋布套,每部京錢壹千文。"有道光二十三年江右鄒希濂於濟南幕中《重刻急救奇方序》,稱鄒邑張文溪家藏《救急奇方》一書,歷年已久,一日,持書語於鄒氏,此書治好了許多人的病,"相傳此書板藏東粤,因程月川中丞來撫山左,攜以散給四方,得之者如拱璧焉。曾幾何時,而所存寥寥矣"。他擔心此書不傳,鄒氏閱後,"於是讓付剞劂,集腋得百餘金,鳩工開雕,不匝月而事竣"。可見,此書是鄒氏出資所刻。後有《捐錢姓氏列後》,涉及的人物來自四面八方:山東、江西、浙江、江蘇、北京、天津、山西等。這些人可能在山東做官或流寓山東,山東人最多,有恩縣、歷城、章邱、泗水、鉅野、鄆城、棲霞等,其中恩縣最多。中有許多大户,如棲霞牟氏。涉及的行業有鹽商、當商、珠寶店、錢店、參店、銀號、皮貨店、緞店等,尤以珠寶店和錢店爲多。山西人的店鋪不少,大概是在山東經商的,有八家之多。可見此書影響之廣。十行二十字,白口,四周雙邊,單黑魚尾。開本雖小,但刻印精。

同年,會文齋又刻了《回生集》,清陳傑輯,亦爲清道光二十三年江右鄒希濂濟南會文齋刻本。

據《濰坊古籍書目》著録,會文齋於咸豐二年刻過《楊椒山先生垂範集》不分卷,明楊繼盛撰,清章淵編次。九行二十字,小字雙行,四周單邊,單黑魚尾。

會文齋還刻有陳錦的《橘蔭軒全集》六種。陳錦有《橘蔭軒全集》,筆者曾見山東省圖書館一書的護板上粘一簽條,上書:"橘蔭軒全集總目。"下列:"《補勤詩存》二十四卷,《緑雲山房吟草》四卷,《勤餘文牘》六卷,《學廬自鏡語》一卷,《東溟校伍録》二卷。"最後一行:"濟南會文齋鋟板。"筆者衹見過《補勤詩存》,餘未見。又見有《詩韻釋音》,未在此簽條内。想必此簽條爲會文齋所刻。陳錦光緒年間在山東爲官,他的書封面大多題"橘蔭軒藏版",而不題"會文齋"。知會文齋此時所履行的是刻字鋪的職責。

婦嬰至寶四卷	(清)亟齋居士編	清嘉慶元年同善諸子濟南會文齋刻本
太上敕演救劫消災賜福解厄保運證真同參經三卷	(唐)吕嵒撰	清道光七年濟南會文齋刻本
吕註金剛心經不分卷	(唐)吕嵒撰	清道光十一年濟南會文齋刻本
崇訓録		清道光十九年濟南會文齋刻本
新編急救奇方一卷補遺一卷	(清)徐文弼輯	清道光二十三年江右鄒希濂濟南會文齋刻本

（續表）

回生集	（清）陳傑輯	清道光二十三年江右鄒希濂濟南會文齋刻本
楊椒山先生垂範集不分卷	（明）楊繼盛撰 （清）章淵編次	清咸豐二年章淵濟南會文齋刻本
補勤詩存二十四卷	（清）陳錦撰	清光緒三年山陰陳錦橘蔭軒刻本（會文齋承刻）
緑雲山房詩草二卷首一卷終一卷	（清）勞蓉君撰	清光緒四年山陰陳錦橘蔭軒刻本（會文齋承刻）
勤餘文牘六卷	（清）陳錦撰	清光緒五年山陰陳錦橘蔭軒刻本（會文齋承刻）
學廬自鏡語一卷	（清）陳錦撰	清光緒五年山陰陳錦橘蔭軒刻本（會文齋承刻）
東溟校伍録二卷	（清）陳錦撰	清光緒五年山陰陳錦橘蔭軒刻本（會文齋承刻）
詩韻釋音五卷	（清）陳錦撰	清光緒十三年山陰陳錦橘蔭軒刻本（會文齋承刻）

2. 文華堂

道光五年前開業，地址在濟南後宰門。

《痧症全書》三卷，清王凱編，清道光五年長清張子雲等濟南文華堂刻本。封面題："道光乙酉重鐫，山東省城後宰門文華堂存板。"上文長清刻書已述。

3. 文德堂

文德堂是個刻字鋪，開業於咸豐十年前，地址在後宰門街。

國家圖書館有《金剛般若波羅密經直解》二卷、《觀音大士降筆法語》《般若波羅密多心經直解》一卷，清咸豐十年望松刻本。

卷末署:“咸豐十年歲次庚申嘉平月弟子望松重鐫,歷邑弟子張英麟沐手敬書,泰安縣知事王德懋敬印,板存後宰門街文德堂刻字店。”清前期的濟寧州刻書已述,刻書者爲望松,文德堂爲刻字店。

《白喉治法忌表抉微》一卷,清耐修子撰,清光緒十八年濟南文德堂刻本。封面題:“光緒十八年孟冬重刊,板存濟南府後宰門文德堂。”又有:“仁人君子,翻刻流傳,功德浩大。”正文卷端題:“耐修子敬録。”書衣有:“向論治白喉者,皆不如此書之透澈,六君子廣爲刊印,俾病者免誤醫藥,全活必多,功德無量。”九行二十六字,小字雙行二十六字,白口,四周雙邊,單黑魚尾,無直格。眉上鐫評,行五字,有表。

《昭明文選集評》十六卷,梁蕭統輯,清于悜介編,清光緒十九年濟南文德堂刻本。封面題:“重訂昭明文選集評,光緒十九年重鐫,濟南文德堂藏板。”七行二十三字,白口,四周單邊,單黑魚尾。

金剛般若波羅密經直解二卷　觀音大士降筆法語　般若波羅密多心經直解一卷	(清)純陽子撰	清咸豐十年望松刻本(文德堂承刻)
白喉治法忌表抉微一卷	(清)耐修子撰	清光緒十八年濟南文德堂刻本
昭明文選集評十六卷	(梁)蕭統輯 (清)于悜介編	清光緒十九年濟南文德堂刻本

4. 文陞齋

咸豐九年前開業,民國十六年還存在,地址在布政司大街北首路東,所刻多爲善書和醫書。

《暗室燈》四卷,清王崇實撰,清咸豐九年歷城陳安瀾刻同治三年山西陳所修續刻本。封面題:“咸豐己未仲秋日重鐫,板存山東省城布政司大街北頭路東文陞齋刻字鋪。”陳安瀾序後題:“板存山東省城布政司大街北頭路東文陞齋刻字鋪。”書末又有:“濼口河北于家莊叙善堂張氏,信善君子印送者就板刷印。”此濼口河北于家莊叙善堂不知是否爲新的藏板地。九行二十一字,白口,四周雙邊,單黑魚尾,無界行,刻印不精。

濟南趙曉林有《功過格》一書,清道光濟南文陞齋刻本。題:“板存布政司大街北首路東文陞齋。”

《拼音識字表》,清光緒三十年文陞齋刻本。此書王小航撰,袁世凱頒行,應爲官方之書。前有光緒三十年曲阜孔繁祉序,稱此書極爲方便大家學習京語。有牌記:“光緒甲辰冬文陞齋刊印。”宋體字,刊刻較精。

《敬信録》不分卷,清末文陞齋刻本。

濟南市圖書館又有《胎産心法》三卷,清閻純璽撰,民國十六年濟南文陞齋刻本。

功過格	佚名撰	清道光濟南文陞齋刻本
暗室燈四卷	(清)王崇實撰	清咸豐九年歷城陳安瀾刻同治三年山西陳所修續刻本(文陞齋承刻)
拼音識字表	(清)王小航撰	清光緒三十年文陞齋刻本
敬信録不分卷	佚名輯	清末文陞齋刻本
胎産心法三卷	(清)閻純璽撰	民國十六年濟南文陞齋刻本

5. 英華齋

嘉慶二十年前開業,地址在濟南後宰門街東頭路東,多刻醫書和善書,刻書質量高。

據光緒五年青州文德友刻字處刻《玉曆鈔傳警世》知,清嘉慶二十年,李天錫在省城英華齋刻過此書,“板存英華齋刻字鋪”。

《大生要旨》六卷,清孫義莊輯,清道光二十三年刻本。封面題："道光癸卯年重鐫，板存山東濟南府後宰門街東頭路東英華齋。"有道光二十三年癸卯序："僅有《達生》一編，簡明穩當，爲世所珍，惟於廣嗣之論未經賅備，尚覺缺如。江左孫君泰霖以理學爲名醫，得盧扁之心法，一時海内望風欽仰，而先生以濟世爲心，好生爲念，採諸説之精蘊，集爲《大生要旨》一編……第刊行未普，聞知不廣，爰覓舊本，考證錯訛，付諸棗梨，以傳海内。"未題作序人姓名，序末署："金陵益甫孫序增、吴洲桐軒周鳳芝合刻。"蓋此書爲金陵孫序增、吴洲周鳳芝合刻，不知是刻工，還是出資人。末又有咸豐十一年陳顯彝重印識。九行二十字，黑口，四周單邊，雙黑魚尾，開本大，字大，刻印精。

《筆花醫鏡》四卷，清江涵暾撰，清同治十年濟南英華齋刻本。封面題："板存山東省城後宰門東首路東英華齋。悟因道人印送。"有同治十年蕭培元序："原本刻於粤東，嗣翻刻於前濟南太守李公天錫，兹歷下郭生湘復重訂於山左會垣，問序於余。"可見，此書爲郭湘復重訂。十行二十四字，白口，四周雙邊，單黑魚尾。開本大，字大，刻印精。

《痘科救劫論》不分卷，附《治痘經驗隨筆》《治痘科藥性》，清李敷榮撰，清末濟南英華齋刻本。封面題："板存山東省城後宰門東頭路東英華齋。"有道光二十六年歷下張式穀《救劫論重刊序》，知此書一刻於濟南李春煇，二刻於道光二十六年歷下張式穀及蓬萊陳燮勳子安二人之手。卷端題："濟南李春煇先生原本。"末有蓬萊陳子安跋。此書封面無刻書時間，可能爲張、陳本，也可能爲後刻本。有廣告："如遇小兒出痘，口不能閉，啼哭不止，速看口内，兩傍有鎖口疔，即用針穿翻於外，再以針用力亂挑之，總要根斷爲主，萬不可惜小兒疼痛，致貽後悔，慎之慎之。"十行二十四字，白口，上下雙邊，單黑魚尾，無直格。刻印一般。

玉曆鈔傳警世一卷	（宋）淡癡撰	清嘉慶二十年李天錫濟南英華齋刻本
大生要旨六卷	（清）孫義莊輯	清道光二十三年濟南英華齋刻本
筆花醫鏡四卷	（清）江涵暾撰	清同治十年濟南英華齋刻本
痘科救劫論不分卷	（清）李敷榮撰	清末濟南英華齋刻本

6. 聚和堂、雙和堂

據劉進軍、陳建繩《山東書刊印刷志資料選（1298 年—1949 年）》①，濟南聚和堂、雙和堂開設於咸豐年間，在濟南大布政司街，李承之經營，資金較雄厚。民國二十三年歇業。

①《讀史論畧》不分卷，清杜詔撰，清同治元年濟南雙和堂刻本。

②《小題新編初集》不分卷，清匡源選輯，清光緒十九年雙和堂刻本。封面題："光緒癸巳新鐫，雙和堂梓。"九行二十五字，白口，左右雙邊，無魚尾，無直格。

③《史記菁華録》六卷，清姚祖恩輯録，清光緒二十八年濟南雙和堂刻本。封面題："光緒壬寅新鐫，濟南雙和堂發兑。"書衣題簽有"雙和堂"。序末有牌記，内容被挖去，衹留框。九行二十字，細黑口，四周單邊，單黑魚尾，無直格。開本小，刻印一般。據牌記挖改的痕跡推測，此書有可能衹是發兑，用的是别人的板子抑或别人的書。

④《綱鑑擇言》十卷，清司徒修選輯，清李嘉樹補注，清光緒二十八年濟南雙和堂刻本。

⑤濟南榮寶齋藏《重訂王鳳洲先生綱鑑會纂》八十六卷，明王

①劉進軍、陳建繩：《山東書刊印刷志資料選（1298 年—1949 年）》，見《山東出版志資料》第五輯，山東人民出版社 1988 年版。

世貞纂,清光緒二十八年聚和堂刻本。封面題:"聚和堂,鳳洲綱鑑會纂。"《三編》版心下方有"聚和堂"字樣。封面題:"光緒壬寅年新鋟,王鳳洲先生鑒定,御批鳳洲綱鑑會纂,聚和堂藏板。"上下欄,白口,四周單邊,無直格。

⑥濟南趙曉林藏《濟南校士分館課藝》,清光緒二十八年濟南聚和堂刻本。封面題:"壬寅冬月新刊,聚和堂發兑。"趙曉林在《清末民初濟南學子的新八股》①中認爲,聚和堂是濟南李承之所開,他還開有雙和堂,均在大布政司街,民國二十三年歇業。所言與上文同。

⑦山東省圖書館有《古文筆法百篇》二十卷,清黄仁黼纂,清光緒二十八年濟南聚和堂刻本。封面題:"濟南聚和堂發兑。"版心下刻"聚和堂"。有牌記:"光緒二十有八年夏四月重校刊。"書衣題簽有"聚和堂"。上下欄,白口,四周單邊,單黑魚尾,行密字細,開本一般,坊刻特徵比較明顯。

⑧據《濰坊古籍書目》,濟南聚和堂又刻有《齊魯講學編初集》,清高焕章等編,清光緒二十九年刻本。封面題:"光緒癸卯秋,濟南聚和堂發兑。"十二行三十四字,白口,四周單邊,單黑魚尾。

⑨山東省圖書館又有《批點左傳句解》,清韓菼重訂,清光緒三十年濟南聚和堂刻本。封面題:"光緒甲辰初鐫,校對無訛,濟南聚和堂梓。"函套題簽有"聚和堂"。封面有廣告:"校正無訛。"十一行二十五字,白口,左右雙邊。刻印較粗劣。

⑩山東省圖書館的《小學集註》六卷附《忠經》一卷、《孝經》一卷,宋朱熹撰,明陳選注,清末濟南聚和堂刻本,比較有特色。《小學集註》封面題:"濟南聚和堂梓。"《忠孝經》封面題:"光緒戊

①趙曉林:《故紙中的老濟南》,濟南出版社2009年版,第37頁。

申年鐫,雙和堂藏板。""戌"應爲"戊","雙"明顯係挖改,故此本應爲濟南聚和堂刻本,而非雙和堂刻本。雙和堂既然與聚和堂是一家,應是在光緒三十四年刷印時挖改牌子。九行十八字,小字雙行十八字,白口,四周雙邊,單黑魚尾,刻印一般。

⑪《二十四孝合刊》,清濟南聚和堂刻本。前有同治七年匡源序,卷端署:"滇南蕭培元敬著,直北李錫彤繪圖。"目録後有"山東省城聚和堂刊"一行。無直格,寫刻體,比較秀氣。

據劉進軍、陳建繩《山東書刊印刷志資料選(1298年—1949年)》一文,二堂還在同治十三年刊刻《紅樓夢》二十三卷,後陸續刻印《龍文鞭影全集》六卷、《地球韻言》等。

由上可見,已知有聚和堂、雙和堂標記的現存書共十四種,所刻書籍以經、史、集爲主,尤其注重史部書。

讀史論畧不分卷	(清)杜詔撰	清同治元年濟南雙和堂刻本
小題新編初集不分卷	(清)匡源選輯	清光緒十九年雙和堂刻本
史記菁華録六卷	(清)姚祖恩輯録	清光緒二十八年濟南雙和堂刻本
綱鑑擇言十卷	(清)司徒修選輯 (清)李嘉樹補注	清光緒二十八年濟南雙和堂刻本
重訂王鳳洲先生綱鑑會纂八十六卷	(明)王世貞纂	清光緒二十八年聚和堂刻本
濟南校士分館課藝	佚名輯	清光緒二十八年濟南聚和堂刻本
古文筆法百篇二十卷	(清)黄仁黼纂	清光緒二十八年濟南聚和堂刻本
齊魯講學編初集	(清)高焕章等編	清光緒二十九年濟南聚和堂刻本

(續表)

批點左傳句解	(清)韓荚重訂	清光緒三十年濟南聚和堂刻本
小學集註六卷附忠經一卷孝經一卷	(宋)朱熹撰 (明)陳選注	清末濟南聚和堂刻本
繡像紅樓夢	(清)曹霑撰	清濟南聚和堂刻本
龍文鞭影全集六卷	(明)蕭良有纂輯	清濟南聚和堂刻本
地球韻言四卷	(清)張士瀛撰	清濟南聚和堂刻本
二十四孝合刊	佚名撰	清濟南聚和堂刻本

(二)周村坊刻

清代周村在長山縣境,著名坊鋪有三益堂。

三益堂於咸豐初年就已開業,民國還在刻書。

目前所知現存的周村三益堂刻書三十餘種,明確標明爲周村三益堂的有六種:《史鑑節要便讀》《古文釋義》《尚書離句》《綱鑑擇言》《左傳易讀》《四大奇書第一種》,但查國家圖書館數據,除山東周村外,他地無三益堂坊鋪,可以認定這三十餘種書均爲周村所刻。

以現存實物考察,三益堂刻書有如下特點:

一是所刻主要爲經部書,約占二分之一强。

二是已知現存最早的三益堂刻本是道光八年刻《爾雅直音》。道光有五種,同治有八種,其餘多爲光緒年間所刻。

三是刻書標志有周村三益堂梓、三益堂梓、三益堂重鐫、周村三益堂藏板、三益堂藏板、東郡三益堂梓行,或版心下刻"三益堂"。

四是刻書重視廣告的宣傳效應,有"校正無譌""悉遵宋刊""點畫無訛""正韻字體"等字眼。

五是刻印質量高。在山東坊鋪中是重視出版質量的一家,刻了不少精品。同治六年刻《監本書經》,開本大,字大,刻精。道光八年刻《爾雅直音》,開本大,字大,字爲寫刻,很漂亮。所刻《審視瑶函》,雖然開本不是很大,但看得出刻印精細,很用心。《四大奇書第一種》,封面題:"周村三益堂藏板。"卷端有:"東昌劉鳳藻較對。"函套題簽:"三益堂第一才子書。"有鈐印:"周村三益堂自在蘇杭揀選古今書籍。"此印"周村"二字在上,其他字在下。周村刻書,吸取年畫的技法,人物刻畫似年畫,很有特色。字大,棱角分明,具有坊刻特點。

六是刻書尊重他人的版權。同治五年刻《書經精華》,版心下有"光韙堂鐫"字,牌記題:"同治丙寅新鐫,三益堂藏版。"係據光韙堂本重刻。

現有一個問題,三益堂刻書是否有請外地寫刻手幫忙的可能?《四大奇書第一種》卷端題"東昌劉鳳藻較對",不知是三益堂請劉鳳藻校對,還是三益堂據聊城刻本翻刻。無相關材料佐證,尚待進一步查考。

三益堂又寫作"叁益堂",如《五方元音》,封面題:"叁益堂藏板。"版心下刻"三益堂"。《御纂詩義折中》封面題:"翰林院奉勑校對,周村叁益堂藏板。"版心下刻"叁益堂"。《增補本草備要》封面題:"宣統壬子新鐫,叁益堂梓。"版心下刻"三益堂"。函套題簽題"叁益堂",又有印章一方:"周村益友堂自在上洋揀選石印書籍、南紙、眼鏡、徽墨、湖筆。"不知益友堂與三益堂是什麽關係,此爲三益堂刻書,卻鈐有益友堂梯形印。

濟南市圖書館著録有《御纂詩義折中》,周村三品堂刻本,此三品堂可能爲三益堂。

爾雅直音二卷	(清)孫侃輯	清道光八年三益堂刻本
周易便蒙襯解不分卷	(清)李盤撰	清道光十七年三益堂刻本

（續表）

古文觀止十二卷	（清）吴楚材、吴調侯編	清道光二十五年三益堂刻本
詩經嗜鳳詳解八卷	（清）陳杼孝撰 （清）汪基增訂	清道光二十九年三益堂刻本
錦字箋四卷	（清）黄沄纂	清道光三十年三益堂刻本
四書會解不分卷	（清）綦澧輯	清咸豐元年三益堂刻本
書經精華六卷	（清）薛嘉穎輯	清同治五年刻本（三益堂藏板）
易經精華七卷	（清）薛嘉穎輯	清同治五年三益堂刻本
鄉會試試帖雅正六卷	（清）葉桂泉選	清同治五年三益堂刻本
監本書經六卷	（宋）蔡沈集傳	清同治六年三益堂刻本
徐氏三種三卷	（清）徐士業校	清同治六年三益堂刻本
書經體注圖考大全六卷	（清）范紫登参訂 （清）錢希祥纂輯	清同治七年三益堂刻本
應制唐詩分類箋註	佚名撰	清光緒四年三益堂刻本
監本四書	（宋）朱熹集注	清光緒二十七年三益堂刻本
史鑑節要便讀六卷	（清）鮑東里編輯	清光緒二十八年周村三益堂刻本
尚書離句六卷	（清）劉梅垞撰	清光緒二十八年周村三益堂刻本
古文釋義八卷	（清）余誠評選	清光緒二十八年周村三益堂刻本
綱鑑擇言十卷	（清）司徒修選輯 （清）李嘉樹補注	清光緒二十八年周村三益堂刻本

（續表）

左傳易讀五卷	（清）司徒修輯注	清光緒三十一年周村三益堂刻本
本草備要四卷	（清）汪昂撰	清光緒三十三年三益堂刻本
周易四卷	（宋）朱熹撰	清光緒三十四年三益堂刻本
狀元詩經六卷	（宋）朱熹集傳	清光緒三十四年三益堂刻本
狀元易經四卷	（宋）朱熹本義	清光緒三十四年三益堂刻本
增補本草備要六卷	（清）汪昂撰	清宣統三年叄益堂刻本
古唐詩合解十二卷附古詩四卷	（清）王堯衢注	清周村三益堂刻本
四大奇書第一種	（明）羅貫中撰	清周村三益堂刻本
御纂詩義折中二十卷	（清）傅恒等撰	清周村叄益堂刻本
芹宮新譜二卷	（清）鄭一鵬輯	清三益堂刻本
鑑略四字書	（清）王仕雲撰 附歷代國號歌　歷代群英歌	清三益堂刻本
傅氏眼科審視瑶函六卷	（明）傅仁宇輯	清三益堂刻本
淵海子平音義評註五卷	（宋）徐昇編	清三益堂刻本
五方元音二卷	（清）樊騰鳳撰	清叄益堂刻本

四、濟南府刻書特色

清中期的濟南府刻書官、私、坊三大系統俱全。

官刻書數量雖不及清前期，但具有多樣化的特徵。

一是刻書機構多樣化。刻書的機構不僅有省級衙門，還有地方衙門，機構有層次之分。省級衙門刻書 6 種，地方衙門刻書 6 種，可謂平分秋色。省級衙門不僅有布政司、按察司、提督學政、都轉運司，還有巡撫刻書，可見，這時的巡撫大多關心刻書事業、文化建設。

二是刻書内容多樣化。清前期的衙門刻書均關注國計民生，如賦役、河道、鹽法、救災、農業。提督學政在文化建設上僅提供了一個士子讀書目。這大概與清廷急需發展經濟、鞏固社會穩定有關，先有經濟基礎，纔可談上層建築。到了清中期，雖然要一如既往地關注民生，但文化上的需求更强烈一些。

首先，出現了張鵬展集衆人之力在濟南試院刊成的《國朝山左詩續鈔》三十二卷、《補鈔》四卷。這部大書是清中期山東刻書的名品，在清代山東詩學發展史上意義重大。另外有濟陽儒學的《老子説略》，濟南郡齋的《濟南金石志》，均表明官府已開始關注純粹的學術著述，體現了一種積極參與的態度。其次，道光二十年，在鴉片戰争爆發之際，時任山東巡撫的托渾布令布政使楊慶琛重刻戚繼光的《紀效新書》，以勵軍强兵。再次，嘉慶之後，清朝經歷了康乾盛世，逐漸走下坡路，人們的道德、思想有了很大變化，此時的山東官刻書亦開始關注道德教化。如濟南學署《幽光録》的刊刻，章邱縣署《章邱節孝志》、福山儒學《福山節孝志》的刊刻，均爲表彰烈婦節婦，宣揚道德教化。

坊刻書雖然留存下來的實物不多，但已有蓄勢待發之勢。濟南府下轄十六縣中，有兩縣有坊刻記載：歷城、長山。歷城憑借其府治的政治、文化優勢，清中期已有坊鋪數家，而周村則依靠其“旱碼頭”的商業優勢，由三益堂率先揭開了坊刻書興盛的序幕。

清中期的歷城已有坊鋪六家。除一家聚和堂、雙和堂在中期未見實物外，另五家中，會文齋刻書最多，以刻醫書爲主，另有釋家、道家類書。

周村三益堂所刻主要爲經部書，可知其主旨在提供科舉考試和訓蒙之書，刻書標志很明顯，有“周村三益堂梓”“三益堂梓”“三益堂重鐫”“周村三益堂藏板”“三益堂藏板”，或版心下刻“三益堂”。三益堂重視廣告的宣傳效應,封面常有“校正無譌”“悉遵宋刊”“點畫無訛”“正韻字體”等字眼。刻印質量高,在山東坊鋪中是重視出版質量的一家,出了不少精品。開本大,字大,亦常用寫刻體,很漂亮。更重要的是,周村刻書,吸取年畫的技法,人物刻畫似年畫,棱角分明,頗具特色。

周村是除歷城、東昌之外,山東另一個坊刻興盛的地區。究其原因,與其商業發達有關。周村的興起約在清康熙年間,乾嘉時期已發展爲山東中部最繁榮的商業城鎮,是山東中部土布、生絲、繭綢的集散中心。設有土布業商號數十家,絲店、絲局、綢貨店等也有數十家,有專門的絲市街、綢市街,其繁榮程度可與漢口、佛山、景德、朱仙四鎮相比,故有“齊魯間巨鎮”之稱。又因周村不通水路,故號之曰“旱馬頭”。鎮西的興隆街最爲繁華,在這條街上,“琳宫寶刹,闤貴肆廠,咸依繞岸,而服賈牽牛負販而過者,日不啻千百計”①。乾隆三十九年,修周村鎮的天后閣,“工作鳩庀,約廢六千餘金,皆出自外省本省客商”②。由此可見周村鎮在乾嘉年間商業之繁榮。經濟的發展爲刻書業的發展提供了基礎。由於坊刻書的受衆是普通市民和一般士子,而這些人又有一定的經濟條件去購買這些“閑書”,加之南來北往的商人亦有閲讀的需求,所以,周村一地的坊刻業就轟轟烈烈地開展起來。

清中期的濟南府家刻也呈現出與前期不同的狀態。

在數量分布上,與前期新城最多、德州次之、歷城第三不同,此期歷城刻書最多,有 97 種,位居第一,而新城僅有 7 種。原因是歷城詩人團體刻書多,參與者衆。而新城此時無刻書大家。德州有 21 種,除了盧見曾後人刊刻 7 種外,有名者當屬李氏了。

①嘉慶三年邑孝廉王衍霖撰《周村重修興隆橋碑》,載《[嘉慶]長山縣志》卷十三。

②乾隆三十九年邑令閩縣葉觀海撰《天后閣記》,載《[嘉慶]長山縣志》卷十三。

本期與德州並列濟南府刻書第二名的是淄川，主要是王培荀刻書。

在刻書内容上，集部最多，有 134 種，其中别集有 109 種。經部 12 種，史部 16 種，子部 19 種，叢部 1 種。基本是集部一統天下。

清前期濟南府私家刻書有 275 種，其中地方藝文 3 種：《國朝山左詩鈔》六十卷、《闕里詩選》三卷、《安德明詩選遺》一卷。中期刻書共 182 種，地方藝文就有 4 種：《國朝山左詩彙鈔後集》三十九卷、《山左古文鈔》八卷、《般陽詩萃》十五卷、《繡水詩鈔》八卷。

余正酉的《國朝山左詩彙鈔後集》承續了盧見曾、宋弼的餘緒，將山東詩歌的整理下延到道光，其重要性自不必説。而《山左古文鈔》則首次對山東古文進行了彙集整理。山東詩歌自明中期以後，一直是文學界關注的焦點，但相對於詩歌纂輯的一派繁榮而言，山東古文的發展卻不盡如人意，編輯既少，刊刻更無，所以，《山左古文鈔》的刊刻具有特别重要的意義。

馮繼照輯刻的《般陽詩萃》十五卷，在異地輯成，又在異地刻成，十分不易。《山左詩彙鈔》三十五卷所録淄川人詩，自王繡至馮維琮，凡十一家，皆自是編採入。

熱衷於地方文獻搜輯整理的還有吴連周，三部著述中有兩部是章邱文獻，故所得門生故舊的幫助最多。王偁亦究心於地方風物掌故。

可以看出，清中期濟南府刻書中地方文獻的刊刻成果豐碩。

清中期的濟南府家刻最明顯的特徵是處於分散狀態，刻書者不少，高達五十多人，但數量大都在數種之内，刻書十種以上者寥寥。這也從一個側面反映了詩人團體刻書的特點，即没有專門的刻書家，詩人本身就是刻書者，如周樂、余正酉、王德容、謝焜、范坰、何鄰泉、鄭雲龍、喬嶽、花壽山，大家互相幫助，或校對，或出資刊刻，所以，他們的詩文，幾乎無一没有付梓，呈現出“濟南詩派”百花齊放的盛況。總之，不論是個人刊刻，還是後人刊刻，不論是朋友刊刻，還是門生刊刻，有的甚至是由外地人在歷城刊刻，無論是何種形式，他們的詩文最終得到了廣泛的流傳，這無疑擴大了他們在詩界的影響。與明中葉以來以詩界領袖爲代表的發展形式截然不同，“濟南詩派”在嘉慶、道光時期可謂全面發展，規模空前，碩果累累。

清中期的刻書名家明顯要比清前期少得多，僅有歷城馬國翰、淄川王培荀二人。刻的最多者爲馬國翰，有 28 種，但無法與清前期的王士禛、盧見曾相比。刻書大族也僅有德州李氏、章邱李廷棨兩家，刻書數量也遠不如清前期的濟南朱氏、德州田氏。但是，幾位名家的刻書特點還是十分鮮明的。

馬國翰所刻《玉函山房輯佚書》部帙巨大，影響深遠。以一人之力，刊刻如此大部頭的書，實屬不易。所刻《玉函山房藏書簿録》，不僅收書數量多，很多爲《四庫提要》未收者，而且爲每篇撰寫提要，揭其旨意，論其得失，考其授受，記其版本，皆爲一家之言，對藏書史及目録學研究有重要意義。

章邱李廷棨家雖然刻書不多，但其最大的功德是保存了馬國翰的書板，幾世世守，最終使山東現存最多的書板在歷經了近二百年後安然無恙，爲山東的刻書史研究立下了汗馬功勞。李氏在夾壁中藏板，不僅僅爲了保存，更是爲了廣泛的流傳，故在近二百年間，此版被多次刷印，雖然有的是經過官方協調而刷印，但我們從光緒十四年蔣式瑆《校勘馬氏手稾記》中可以看出，光緒十年、光緒十五年李氏對馬國翰的書板進行了兩次大規模的印刷、補刻，對馬氏著述的傳播起到了巨大的作用，對研究清代山東的印刷技術、印刷史也有着極其重要的意義。

德州有四大家族：盧、田、謝、李。清前期主要爲盧、田、謝刻書，而清中期，以李氏家族刻書爲主。明末至道光年間，先後有李誠明——李有基——李鏼、李鏌——李一鳴、李清渭——李根譜，五代刻書，共 13 種。其中，李清渭刻書最多，從道光六年到二十一年，主持或參與刻書 9 種，並重校、彙印李氏家集，對李氏刻書作了全面的總結。

清中期的濟南府刻書大多係當代人詩集，故版本佳者不多。著名者有：

孫星衍所刻《燕丹子》，係四庫館臣從《永樂大典》中輯出，原本明初猶存，永樂後亡佚，故孫星衍所刻爲第一刻。《琴操》是現存介紹早期琴曲作品最爲豐富而詳盡的專著，原書已佚，經後人輯録成書，《善目》衹著録抄本一部。《穆天子傳》有晉郭璞注，洪頤煊在郭注的基礎上，廣採善本，對是書又進行了頗爲嚴謹的校正。繼洪氏而作者即翟云升之《覆校穆天子傳》，翟氏校本寫定於洪氏校刊本之後，對洪本略有補充。目前學術界公認洪氏校本與翟氏覆校本並稱諸校本中最善者。孫星衍所刻《穆天子傳》有洪頤煊校，優於他本。

宋代江西饒州彭汝礪撰有《鄱陽詩集》十二卷、《補遺》一卷，成書後均以抄本流傳，以兩淮馬裕家藏本入《四庫全書》。嘉慶二十三年由江西周彦、高澤履刻於濟南，是現存版刻最早的本子。

清中期的刻書字體大多爲宋體字，僅講究者用寫刻體，故具有藝術性的精品亦較前期罕見得多。德州李氏刻書大多爲寫刻體，比較精美。王培荀刻書在版式上整齊劃一，行款基本爲十行二十一字，白口，左右雙邊，單黑魚尾。字體多爲宋體字，點畫不苟，精整美觀。馮繼照所刻司天開《四書彙解》，寫工爲彬州郭灝選，刻工爲江寧杭大高，請的是湖南的寫工、浙江的刻工，故刻印精美。歷城尹濟源刻《爲政忠告》四卷，係據郭蘭石抄本而刻，而郭氏所抄底本爲絳雲樓藏元抄本，故版式皆依其舊，再現元本風貌，被王獻唐稱爲“雙絶”。

第三節　東昌府、泰安府、武定府、臨清州刻書

一、東昌府刻書

（一）家刻

清中期東昌府無官刻書記載。家刻書有五縣：聊城、堂邑、博平、茌平、館陶。

1. 聊城刻書

聊城中期的刻書以楊以增家爲主。

1）楊氏刻書

聊城楊氏以藏書顯。自楊以增父楊兆煜始，至第五代楊承訓止，五世藏書，尤其是經過楊以增在任江南河道總督期間的大量蒐集，海源閣的藏書達三十萬卷，一時南北精品，薈萃山左，打破了明清以來藏書衹彙集在南方的局面，與常熟瞿氏鐵琴銅劍樓並稱“南瞿北楊”。海源閣不僅藏書豐富，版本精善，刻書亦夥，丁延峰《海源閣刻書考》①一文已基本縷清了其刻書情況，今沿其脈絡，對每一部書盡可能介紹其原貌，以示補充。

楊氏刻書自楊以增始，有獨立刊刻者，有資助他人刻書者。

（1）楊以增

楊以增（1787—1855），字益之，號至堂，别號東樵。道光二年進士，歷任貴州荔波縣知縣、廣西左江道、貴陽府知府、兩淮鹽運使、甘肅按察使、陝西布政使。道光二十七年任江南河道總督，咸

①丁延峰：《海源閣刻書考》，載《文獻》2005 年第 2 期。

豐五年在江蘇清江浦任所去世,謚"端勤"。楊以增刻書共分七個時間段。

第一階段:道光二十七年前刻書。

楊以增於道光二十七年任江南河道總督,在此之前,共刻書六種。

①《隸篇》十五卷、《續隸篇》十五卷、《再續》十五卷,清翟云升編,清道光十八年掖縣翟云升、聊城楊以增等刻二十四年重刻再續本。

有牌記:"道光十七年五月開雕,十八年六月成。"有道光十八年陳官俊序:"先是聊城楊東樵觀察聞文泉有是作,欲爲梓行,乃合謀,而同郡邑諸戚好及一時巨公官吾東者又樂與贊成焉。去年夏五月,遣工扺萊,就文泉所開雕。文泉館諸從叔稺橋丈之來薰園,晨夕考誠並校舛誤,越年餘而工告竣。"楊以增道光十八年於安襄鄖荆道官舍序。

據以上二序,知此書由衆人參與,主要操辦者除翟云升外,還有楊以增、陳官俊。而楊以增係發起者,時在湖北安襄鄖荆道任上。書刻於掖縣,《正集》完成於道光十八年六月,《續》《再續》完成於道光十八年十月,《三續》部分雜入《再續》,於道光二十四年補刻。

十四行二十五字,小字雙行二十五字,白口,左右雙邊,單黑魚尾,無直格。版框闊大,字有宋刻之風,大字雙鈎,極爲精美。

②《説文解字義證》五十四卷,清桂馥撰,清道光二十二年聊城楊以增、日照許瀚濟寧刻本。

此書先有道光六年諸城李璋煜在京師邀衆人分校,時同人厭其蕪雜,欲删汰者甚衆,獨王筠與許瀚不以爲然。道光二十二年,許瀚主講漁山書院時,楊以增致書議刻此書於濟寧,主摘其尤者。許瀚爲總校,時汪喜孫、汪士鐸、管嗣復等任分校。許瀚撰《擬説文校例》二十條覆以增,有不欲删改之意,不料大拂汪喜孫意,汪奮筆批評桂書寄以增,以增復將此書示許瀚,許瀚草撰《某先生校注説文條辨》,意恐汪氏此校法將大害桂書,於是汪氏半途退出,許瀚以一人之力校刻此書。此書甫刻一册,道光二十七年三月,楊以增致書許瀚,停刻《義證》。此爲未完之書。詳見清中期沂州府許瀚刻書。

③《方輿考證總部》六卷,清許鴻磐撰,清道光二十二年至二十三年聊城楊以增、日照許瀚刻本。

據徐明兆、周玉山《許鴻磐和他的〈方輿考證〉》①一文,濟寧許鴻磐瘁一生精力而成《讀史方輿考證》一百卷,稿成便去世,時爲道光十七年。道光二十年,許瀚在濟寧主持修志,於李聯榜處得見許氏此書總部部分的副本。許瀚見後大加贊賞,欲物色"好是書而有力者付剞劂",於是許瀚將此稿本呈送楊以增。據山東省圖書館所藏楊以增致許瀚手札,楊對此也很感興趣,認爲是必傳之作,"須及早寫様,聞此間刻手尚佳也"。楊氏還推薦汪喜孫參與此事。於是此書便由楊氏提供資金,李聯榜初校,許瀚、汪喜孫覆校並進行版面字體設計。山東博物館藏有許瀚手稿《説文義證寫刻始末》,爲道光二十二、二十三年間,許瀚濟寧手書刊刻《説文解字義證》所用錢物之收支帳目。有《識語》:"壬寅冬,刻《方輿考證》,記收到寫様三十七葉,計字二萬三千八百七十八,合錢十千九百三十八文;收到刻板印様十葉,計字四千四百零五,合錢十一千八百五十六文。"則此書在道光二十二年冬還未刻成,故應爲二十二年至二十三年間刻本。詳見清中期沂州府許瀚刻書。

④《三禮義證》十二卷(包括《儀禮》一卷、《禮記》五卷、《周

①徐明兆、周玉山:《許鴻磐和他的〈方輿考證〉》,載《山東圖書館季刊》1990年第2期。

禮》六卷)、《授堂詩抄》八卷、《授堂文抄》八卷、《續集》二卷,清武億撰,清道光二十三年偃師武耒、聊城楊以增河南刻本。

武億(1745—1799),字虚谷,一字小石,自號半石山人,河南偃師人,先世曾居於山東聊城。乾隆四十五年進士,五十六年,授山東博山知縣。在任七個月被罷官。貧不能歸,教授齊、魯、豫等地,聲聞大著。

據丁延峰《海源閣楊氏序跋輯考》①一文,楊以增道光二十三年有《跋劉松嵐觀察謁虚谷先生墓詩後》,曰:"增束髮受書,嘗聞先大夫言偃師武虚谷先生爲博山令……道光辛丑(按:二十一年),河決祥符,增奉命監司來豫。適先生孫稼堂學博監理大梁書院,出劉松嵐觀察謁先生墓詩卷,屬題……唯增趨庭之訓,棖觸當年,追溯淵源,爲刊先生《三禮義證》《詩》《文集》以廣其傳,而先大夫亦不及見矣。爰茹痛書此,以與稼堂交相勖勵云。"此文載道光二十三年武億之孫武耒刻本《授堂文抄》八卷、《續集》二卷卷之首。

武億在山東授學時,楊以增父楊兆煜從之遊,得其學,宗鄭玄,故有"傳經北海"之匾額。楊以增幼承庭訓,自然以漢學爲根柢,對武億心向往之。至河南後,恰逢武億之孫武耒刊刻祖父遺書八種,即《授堂遺書》,其中的三種由楊以增出資刊刻。

第二階段:道光間清江浦刻書。

楊以增在清江浦爲官時刻書最多,據丁延峰文章,道光末年所刻有三種。

①《牧令書》二十三卷、《保甲書》四卷,清徐棟輯,清道光二十八年聊城楊以增、李煒刻本。

徐棟,直隸安肅人,字致初,道光二年進士,授工部主事,累遷

①丁延峰:《海源閣楊氏序跋輯考》,載《文獻》2010年第1期。

郎中。

封面題:“道光戊申秋鐫。”

前有道光二十八年楊以增序於關中節署之四來堂,又有是年李文瀚序。

十行二十五字,白口,左右雙邊,單黑魚尾。

②《思退堂詩鈔》十二卷、《青琅玕吟館詞鈔》一卷,清陳祖望撰,清道光三十年聊城楊以增江蘇清江浦刻本。

陳祖望字冀子,會稽人,工詩善書。

此書刻於道光三十年十月。

九行二十一字,白口,左右雙邊,單黑魚尾。

③《賦則》四卷,清鮑桂星輯評,清道光間聊城楊以增刻本。

卷端題:“歙鮑桂星雙五評選,錢唐陳憲曾鐵橋校刊,聊攝楊以增東樵重梓。”

前有道光二年歙縣鮑桂星序,爲原刻序,稱“陳鐵橋太史見而好之,與同志謀剞劂”。

九行二十四字,白口,四周雙邊,單黑魚尾,無直格,板框上鐫小字六字。刻印較精。

第三階段:咸豐元年清江浦刻書。

楊以增在清江浦大規模的刻書在咸豐初年。

首先是咸豐元年刻地圖四種:《恒星赤道圖》《皇朝一統圖》《萬國地球圖》《今釋古今圖》。

山東省圖書館藏有此四種八册,開本大,書衣有紅色簽條,注有四種名稱。《今釋古今圖》下注有每册所收各時代圖,如第一册注:禹貢、春秋、戰國。每“册”稱“幅”,共八幅。

四種書分别包括以下内容:

《恒星赤道圖》包括《恒星赤道經緯度圖》《恒星赤道總圖》《赤道北圖》《赤道南圖》《日蝕》《月蝕》《土星》《木星》《火星》《金

星》《水星》《日火下降陽氣上昇圖》《諸葛武侯白猿經風雨占》。

《皇朝一統圖》包括《皇朝壹統輿地全圖》《大清弍統志分壄圖》《明代疆域圖》,明代各省圖,盛京、直隸及各省圖。

《萬國地球圖》起自《大地全球一覽之圖》,終於《地球原式舊圖》,中繪全球各地圖。

《今釋古今圖》起自《禹貢九州圖》,自此圖以下,均爲《今釋古今圖》。圖依次爲《春秋二十國圖》《戰國七雄圖》《漢地理志圖》《東漢郡國志圖》《三國疆域志圖》《晉地理志圖》《南宋州郡志圖》《南齊州郡志圖》《北魏地形志圖》《隋地理志圖》《唐地理志圖》《宋地理志圖》《遼地理志圖》《金地理志圖》《元地理志圖》《明地理志圖》。

楊以增所刻此四書有着明顯的特點:

一是與一般的稱呼不同。每一"册"作"幅",共八幅。每"葉"稱"排",如第一册第一葉稱爲"一幅壹排",或"壹幅壹排","貳"有作"乙"者,如"乙幅乙排"。

二是與一般的刻本版式不同。此四種每葉兩面的所有字、圖以左邊欄外爲天頭,右邊欄外爲地脚,更方便繪圖。四周單邊。兩面的右邊欄外側有葉碼標記,這種形式既保留了傳統的標葉,又結合了套印本的特點,因圖有套印。此標葉是爲了找對葉碼,準確套印。

三是與一般的書編排不同。四種不是依次編排,而是每一"幅"均有四種書的一部分,如第一"幅"有《恒星赤道圖》的《恒星赤道經緯度圖》,《皇朝一統圖》的《皇朝壹統輿地全圖》,《萬國地球圖》的《大地全球一覽之圖》,《今釋古今圖》的《禹貢九州圖》《春秋二十國圖》《戰國七雄圖》;第二"幅"又有《恒星赤道圖》的《恒星赤道總圖》,《皇朝一統圖》的《大清弍統志分壄圖》,《今釋古今圖》的《漢地理志圖》《東漢郡國志圖》《三國疆域志圖》。不是將整部書彙爲一册,而是將四部書散開彙編爲八册,推測這樣編排的目的,一是好看,二是便於銷售。

四是刊刻精細。繪圖線條流暢,圖外文字皆用楷書,比一般的書籍文字要小,題識等每葉可達二十四行,每行二十四字,圖中文字更是蠅頭小楷,但能辨别清楚。

五是運用套印技術。在地圖中運用套印技術始於明崇禎十六年刻沈定之、吴國輔的《今古輿地圖》三卷,以墨色作今圖,以朱色作古圖,將古圖套印於今圖上。楊以增採用此法,將《今釋古今圖》每葉安排兩個圖,上圖依上法將古今圖朱墨套印,今圖在下,古圖套印於今圖之上,故有古圖字壓今圖字的現象。下圖爲古圖,單色墨印。上下圖對比,可明瞭古今圖之變化。

除了《今釋古今圖》,《恒星赤道圖》大多爲墨印,但亦有朱、墨、藍三色套印。《恒星赤道總圖》爲朱、墨套印,中有地支圖,朱印,小圓形,粘貼於圖中央。《大清弌統志分壄圖》爲朱、藍二色套印,《萬國地球圖》爲朱、墨、棕、藍四色套印,文字爲墨印,亦有藍印者,如《大地全球一覽之圖》卷端下部分文字即藍印。

六是陰陽文並用。《恒星赤道圖》除《恒星赤道經緯度圖》外,其餘圖前均有《紫微垣》,爲文字部分,文字標目部分皆用陰文,以示醒目。

七是有刻工。《宋地理志圖》後有"金陵邵錦華刊";《皇朝一統圖》最末一圖爲貴州全圖,有"金陵邵樹榮刊"。兩人可能爲一家人。邵樹榮曾在道光十四年刻過六嚴繪的《皇朝内府輿地圖》縮摹本①,又於咸豐四年刻《恒星赤道圖》。②

①李孝聰:《美國國會圖書館藏中文古地圖叙録》,文物出版社 2004 年版,第 21 頁。

②李國慶:《清版刻工知見録》,見上海圖書館歷史文獻研究所編《歷史文獻》第四輯,上海科學技術文獻出版社 2001 年版,第 101 頁。

八是提供了繪者的信息。辛德勇先生在《19世紀後半期以來清朝學者編繪歷史地圖的主要成就》①一文中,認爲江陰人六承如(字賡九)在道光時期爲李兆洛編著的《歷代地理志韻編今釋》繪古今圖,而《歷代地理志韻編今釋》一書在道光十七年最初印行時,圖卻未公之於世,故在洪、楊亂後,其圖已“不可復得”,中國科學院圖書館藏有一部佚名繪《歷代地理志圖》十六幅(按:比楊氏刻本少《三國疆域志圖》),所據係六承如圖。辛德勇先生認爲《書目答問》《中國邊疆圖籍録》《叢綜》著録作者爲六嚴(按:六嚴字德只,六承如的侄子)有誤,實際的繪者爲六承如。他認爲“六嚴所做相關工作,乃是在道光十四年時,協助從父六承如,在六承如依據《内府輿圖》和《大清會典圖》編繪的清代全圖的基礎上,‘縮摹各省分圖,載府廳州縣治所及水道經流’,即爲六承如編著的《皇朝輿地略》配備附圖,故此圖又稱‘輿地略圖’或‘皇朝輿地略圖’,六嚴自己題寫的正式圖名則是‘皇朝内府輿地圖縮摹本’,今有道光二十一年原刻本存世,另外,六嚴還在協助李兆洛編撰《歷代地理志韻編今釋》一書的過程中,出力較多,李氏謂德只乃居其全部工役‘十七八焉’”。

楊刻此書,《今釋古今圖》“釋今校正”者有多人,如《春秋二十國圖》有“賡九六承如釋今校正”;《三國疆域志圖》下題“厚栽夏培”;《晉地理志圖》下題“江陰康甫徐思楷釋今校正”;《隋地理志圖》下題“冕之宋景昌”。而繪者卻衹有六嚴,無六承如。《禹貢九州圖》卷端下題:“聊城楊至堂鑒定,武進李申耆原本,江陰六嚴繪圖。”明確繪圖者爲六嚴,楊以增爲鑒定者,即最後的刻者。《明地理志圖》還有“歷朝縣邑一體釋今校正,繪圖俟續刊,江陰德只六

①辛德勇:《19世紀後半期以來清朝學者編繪歷史地圖的主要成就》,載《社會科學戰綫》2008年第9期。

巖”。可知《今釋古今圖》爲六巖所繪。

第八幅首有咸豐元年江陰六巖識:“巖不揣固陋,謹以《後編》(按:《儀象考成後編》)之經緯逐年算其東行,迄於咸豐甲子,其合者可以見天行之不變,其不合者可以見天道之不居,因以續編之數改訂,而經星度分之大小亦於是而各著,繪成南北兩圖,共四十八帙,以請正四方高明之士。”此爲六巖繪赤道恒星行星諸圖所作識。《恒星赤道圖》末又有道光二十二年壬寅陳延恩跋:“右圖爲陽湖李申耆先生舊本,盛行海内,鋟版歷久漫漶,六生巖縮摹重梓,與李本一無增減,惟紙幅較前稍狹,府廳州縣城郭及天度虚線用朱書,便觀覽也。余修《江陰縣志》繪合邑全圖皆出生手。道光壬寅仲夏江右陳延恩跋。”看來《恒星赤道圖》也是六巖所繪。且《恒星赤道總圖》下有“咸豐壬子江陰六巖德只甫繪於濟寧官舍”。咸豐壬子爲二年,則此書刊刻最晚可能至二年。

書後有六巖識,稱道光二十六年,與滄州葉子佩交於歷下,見其《賁紘圖考》,分爲四部分:《皇朝龍興圖考》《皇朝益地圖考》《皇朝外藩圖考》《外四洲圖考》,受此書啓發,六巖認爲,不僅有必要繪盛京等滿族發源地,繪清朝所轄内外蒙臺灣等地,也有必要繪各朝貢之國,更有必要繪其他各洲各國,故六巖摹繪重刊,並注曰:“原圖考證皆在圖内,兹因幅狹移列圖外,按度分載,俾觀者易於查閱。咸豐元年歲在辛亥秋日暨陽六巖摹繪重刊。”則《萬國地球圖》亦爲六巖所繪。至於《皇朝一統圖》,據辛德勇先生文,亦爲六巖所繪。則此四種圖皆爲六巖繪。

九是此本是一個不爲人知的版本。據辛德勇先生文,同治十年,李鴻章命人在南京重新彙刻包括《歷代地理志韻編今釋》在内的幾種李兆洛學術著作,其中的《歷代地理沿革圖》,因根本没有找到六氏地圖的原本,故依據的是厲雲官在六承如舊圖基礎上增添改繪的一套輿地沿革圖,較六圖不僅圖幅改小,而且内容也做了較大幅度減省，後由校刊者馬徵麟改繪，收入《李氏五種合刊》(《李氏五種》，亦通稱《李申耆五種》)，該書内封面背署"同治十年刻於金陵"。辛德勇先生在文中未提及楊以增此本，大概不知有此本存世。可以説，此本介於六嚴原繪本與李鴻章刻本之間，未被世人所知。

十是此四種圖反映了當時的社會形勢和學術要求。辛德勇先生認爲，"在實際政治、軍事活動中借鑒前人利用地理形勢的經驗，應當是清朝後期編繪歷史地理圖集的重要目的之一，在一定程度上甚至也可以説這正是當時的基本着眼點"，"事實上，在中國學術史上，讀前代史書而特别究心於古今地理沿革對照，一直與危殆的政治局勢密切關聯"。作爲讀史地圖，《皇朝一統圖》《今釋古今圖》歷來受到重視，六嚴繪《皇朝一統圖》在道光二十一年就有刻本，《今釋古今圖》更是經世致用思想的體現。而楊刻另兩種《恒星赤道圖》《萬國地球圖》，卻另具隻眼。《恒星赤道圖》體現了當時的科學研究熱點與趨勢，而《萬國地球圖》是鴉片戰争以來，中國人睁眼看世界的要求，不能不説是中國走向世界的一個窗口、一種方式。從這點來看，楊以增刻此四種地圖具有特别的意義。

此四種與1957年楊氏後人楊承訓爲籌建"海源閣紀念館"而捐贈的一批文物一起入藏山東省圖書館。又有一册，係《禹貢》《春秋》《戰國》《西漢》《東漢》《三國》《齊》《南宋》《南齊》《北魏》《隋》《唐》《宋》《遼》《金》《元》《明》《本朝十八省府廳州縣輿圖》的彙訂本，李士釗《楊承訓爲與"海源閣紀念館"捐獻重要圖書文物》①一文，將此書與上述四種並列，名《禹貢九州圖》一册。李士釗文稱這幾種係六嚴咸豐元年刻於清江浦，實際上，書中衹言六嚴

①山東省圖書館：《山東省圖書館館藏海源閣書目》附録，齊魯書社1999年版。

繪圖,未言其刻書。

山東省圖書館海源閣書庫還有一軸,内粘貼扇面兩幅,一幅署《大清一統二十三省地輿全圖》,末有“是圖因限於扇幅尺寸,惟臺灣一島移動少許,餘者均依巨幅。今將五湖五嶽標明並增安南南掌諸邦,而長江大河特用三綫以清眉目,祈博雅君子鑒之”。此圖東至太平洋、日本、朝鮮,又繪有東半球、西半球,有坐標,是區劃圖,每省標地名,字特別小。

第二幅扇面爲二十三省及所屬府州縣名稱,省名爲朱記,府州縣名爲墨印,後有“謹依《國朝會典一統志》摘要各省屬府、各府屬州廳縣、各直隸州屬縣、各直隸廳屬縣,京師至各直省督撫駐劄所路程統列於右,瞭如指掌”。末署“熙如監製”。

此圖先是放在扇子上,抽出後粘貼,故有扇子痕跡。此軸因與海源閣捐贈物品置於一處,故在 1998 年整理時列入海源閣專藏。近檢李士釗《楊承訓爲興建“海源閣紀念館”捐獻重要圖書文物》一文,未言此物在捐贈之列,極有可能非海源閣故物,故非海源閣刻書,但楊以增有刻圖的經歷,暫置於此。

第四階段:咸豐二年清江浦刻書。

楊以增在咸豐二年刻書有七種,加上子目有十三種。

①《柳真君勸孝歌》一卷,清咸豐二年聊城楊以增江蘇清江浦刻本。

八行十二字,白口,左右雙邊,單黑魚尾。此條據丁延峰文。

②《蕉聲館集》八卷,清朱爲弼撰,清咸豐二年聊城楊以增江蘇清江浦刻本。

朱爲弼(1770—1840),字右甫,號椒堂,又號頤齋,浙江平湖人。他通經學,精擘金石之學,尤嗜鐘鼎文。曾與修《經籍纂詁》,並爲阮元所撰《積古齋鐘鼎彝器款識》審釋、作序、編定成書。嘉慶十年進士,授兵部主事,遷員外郎。道光元年,授河南道監察御史，四年，擢順天府府丞，遷府尹。歷通政司副使、太常寺卿、宗人府府丞、都察院左副都御史。十三年，擢兵部右侍郎，權倉場侍郎，尋實授總督倉場侍郎。十四年，出爲漕運總督，督理漕務。十五年，以年老多病乞免官回鄉，二十年，卒。

楊以增與朱爲弼之間非朋友關係，楊以增晚於朱爲弼，楊出仕時，朱已告老還鄉，應與朱爲弼未曾謀面。故其刊刻朱氏集子大概有特别的想法。朱爲弼於道光十四年出任漕運總督，其任所與江南河道總督的任所在一地，即清江浦。漕運總督與河道總督是清朝管理河運的兩個重要且並存的官職，在共同處理河運問題上，難免有互通之處。更有一説，認爲二十九年楊以增兼漕運總督，所以，楊以增刻朱爲弼遺集當爲自然之事。這是朱爲弼集子的第一個版本，咸豐六年至七年平湖朱氏刻有二十四卷本，《補遺》四卷，《續補》一卷，民國間又有陶子麟刻本。此本十二行二十四字，白口，左右雙邊，單黑魚尾。

③《石笥山房集》二十三卷，清胡天游撰，清咸豐二年聊城楊以增江蘇清江浦刻本。

胡天游（1696—1758），一名騤，字稚威，號雲持，浙江山陰人。雍正七年副貢。後舉博學鴻詞、經學，皆報罷。客遊山西，卒於蒲州。詩文雄健，工駢文。

此集包括《文集》六卷、《補遺》一卷、《詩集》十一卷、《詩餘》一卷、《補遺》一卷、《續補遺》二卷。

有牌記："咸豐二年三月重刊。"卷端題："山陰胡天游雲持著。"《詩集補遺》後有"清江浦朱公橋西首名習堂刻字店柏士達鐫"兩行。

《石笥山房集》有道光二十六年山陰胡學醇博平縣衙刻本。楊氏此本有道光二十八年溧陽强溱序於廣陵之寓齋，齊召南序，二十六年胡學醇跋，皆爲原序。有《穉威先生小象》，像後有高均儒咸豐二年八月書像贊。書衣題書名、卷數及每卷内容,皆爲高均儒手書。

楊以增咸豐二年序:“先生無專集行世,唯以坊選中一鱗半爪,見珍藝林。予在黔得鈔本四册,續又鈔《逸稿》兩册,藏弆海源閣。嗣聞有趙、阮兩刻,而版本竟不可見。道光丙午,先生四世諸孫秋潮大令任吾東之博平,出家藏傳鈔本,得文六卷、詩十二卷,付梨棗。苦校勘未精,鐫刻未善,囑其嗣君冠山贊府訪碩儒,求良匠,重刻之。贊府需次南河,予重其志揚先德,出所藏弆,資參覈而淹聞渺慮之,嘉興高君伯平諾贊府,司其事。又從南豐譚桐舫司馬得影鈔趙刻本,與黔之鈔本同,擇善而從。其集内徵引古籍有原書可檢尋者,據正錯誤,蓋什得七八。若有必不可通仍缺之,以待來哲於校正。大令原刻之外,坿録《補遺》三卷,先生著述至是亦幾詳備矣。”

道光三十年包世臣序。咸豐二年胡鳴泰跋:“(父胡學醇)刻既成,以印本寄袁浦,竝諭鳴泰曰:‘此集出,藝術家珍若拱璧。然苦此閒少書,不足備勘覈,又刻手不佳,恐不能行遠。兒需次袁浦,地當衝要,爲江浙名流所萃。兒當訪延耆宿司讎校,覓良工,必使成善本,以廣我表章嘉惠之意。’……河帥楊至堂先生藏書富而嗜學不倦,聞鳴泰重刻先集,諭云:‘官黔中時得鈔本四册,又有續鈔佚編兩册,發次校補。’伯平悉心校核校正……始於道光三十年三月,至咸豐二年三月蕆事。”

十行二十字,白口,四周雙邊,單黑魚尾。有刻工。

④《蔡中郎集》十卷、《外紀》一卷、《外集》四卷附《列傳》一卷、《年表》一卷,漢蔡邕撰,清高均儒輯,清咸豐二年聊城楊以增江蘇清江浦刻本。

有楊以增咸豐二年十月序:“以增少業是集,心好之,而所見之本或六卷,或八卷,或二卷,互有錯忤,苦無善本對勘。”道光三十年,楊以增官南河時,購得黄丕烈、顧千里合校的萬曆間徐子器本,並以此爲底本,參校他本,延聘高均儒校勘,“仍徐本爲主,即黄、顧二家所校之抄本、活字本,以證嘉靖間袚袇喬氏刻六卷本、新安汪氏校二十家八卷本、太倉張氏校百三家二卷本、康熙中陳留劉氏依喬本六卷增刊有補遺本,擇善而從,存疑俟質”。楊以增校勘《蔡集》,用十一個本子對勘,故許瀚在《楊刻〈蔡中郎集〉校勘記》①中説“自有《蔡集》以來,未有如此本之善也”。

此書不僅是精校本,還是精刻本,封面篆字題:“蔡中郎集十卷。”牌記爲隸書:“咸豐二年東郡楊氏海源閣仿宋刊。”九行十八字,白口,左右雙邊,單黑魚尾。版心刻“海源閣”及字數,分大小字,每卷末亦記大小字數。卷首目録後題“金陵柏士達刊”。這是楊氏仿宋刻之佳品。

⑤《三續千字文註》一卷,宋葛剛正撰,清咸豐二年聊城楊以增江蘇清江浦刻本。

有牌記:“東郡楊氏海原閣景宋本。”末有楊以增跋。跋後有“金陵柏士達刊”一行。

十行二十三字,白口,四周雙邊,雙黑魚尾。版心下刻“海源閣”。

⑥《九水山房文存》二卷,清畢亨撰,清咸豐二年聊城楊以增江蘇清江浦刻本。

畢亨原名以田,字恬溪,文登人,嘉慶十二年丁卯舉人,官崇義知縣。

牌記題:“咸豐二年秋九月刊。”

有包世臣序。楊以增序云:“先生長嗣文昭存,增於南河署詢求遺書,僅存此册,而傳鈔不無錯誤。因屬嘉興高君伯平詳校,付

①〔清〕許瀚:《楊刻〈蔡中郎集〉校勘記》,齊魯書社 1985 年版,第 170 頁。

之梓人。篇不過三十,文不過三萬,而考核精審,詞意淵茂。”王獻唐曰:“此《海源閣叢書》之一,刊印原委見包慎伯後序及楊致堂序。慎翁時與高均儒同客楊君河署,故爲經紀其事。高字伯平,嘉興人,玆書褾簽即出其手。海源閣又刻《惜抱尺牘》,亦由伯平手寫付梓。己巳秋初,芳潤閣書友趙君以此書及《惜抱尺牘》求售,留此一種。原書毛釘未裝,夾附高氏致慎翁一箋並刻工帳單,亦粘附於後,藉存刻書掌故。原函稱有京文紙印一種,即指此本也。”①此言高均儒爲嘉興人。一説高氏閩縣人,浙江秀水籍貢生,故稱其籍爲秀水。

九行二十一字,大黑口,四周雙邊,單黑魚尾。

⑦《六藝堂詩禮七編》十六卷,清丁晏撰,清咸豐二年聊城楊以增江蘇清江浦刻本。

丁晏原籍山東濟南,後居淮安,清代著名經學家。著《尚書餘論》二卷,斷《古文尚書》及《孔傳》爲王肅僞作。又輯《禹貢集釋》三卷,匡正胡渭《禹貢錐指》中之誤處。生平篤好鄭學,於《詩箋》《禮注》研究尤深,謂毛公之學得聖賢之心傳,其所稱道,與周秦諸子相出入。康成申暢毛義,修敬作箋,孔疏援引疏漏,多失正旨,乃撰《毛鄭詩釋》三卷、《續録》一卷。宋歐陽氏《詩譜補亡》刊本訛脱,爰爲排比重編,撰《鄭氏詩譜考證》一卷。以康成兼採三家詩,宋王氏雖有輯本,傳刻舛謬,乃搜宋原書校讎是正,撰《詩考補注》二卷,《補遺》一卷。鄭氏注《禮》至精,去古未遠,不爲憑虚臆説,原本先儒,確有依據,悉爲疏通證明,燦若爟火,撰《三禮釋注》,共八卷。另輯《鄭康成年譜》。因鄭氏有《六藝論》,故署其堂曰“六藝堂”。除研究經學外,丁晏教授生徒,歷主觀海書院、麗正書院、文津書院,有“江淮經師”之稱。

①王獻唐:《雙行精舍書跋輯存》,齊魯書社 1983 年版,第 273 頁。

《六藝堂詩禮七編》有以下七種：

毛鄭詩釋三卷續録一卷	(清)丁晏撰
鄭氏詩譜考證一卷	(漢)鄭玄撰(宋)歐陽修補(清)丁晏考正
詩考補注二卷	(清)丁晏撰
詩考補遺一卷	(清)丁晏撰
周禮釋注二卷	(清)丁晏撰
儀禮釋注二卷	(清)丁晏撰
禮記釋注四卷	(清)丁晏撰

有牌記："咸豐二年聊城海源閣梓行。"

封面題："六藝堂詩禮七編：毛鄭詩釋四卷，鄭氏詩譜考證一卷，詩考補注二卷，詩考補遺一卷，周禮釋注二卷，儀禮釋注二卷，禮記釋注四卷，共十六卷。"

有楊以增《六藝堂詩禮七編叙》："（丁晏）篤好鄭學，於《詩》箋、《禮》注致力尤深。""儉卿箸書甚夥，既輯鄭君年譜，又署其堂曰六藝，取鄭君《六藝論》以志仰止之思。余録其釋《詩》《禮》者，彙刻《六藝堂詩禮七編》，於以翼贊箋注，嘉惠來茲，而鄉先生北海之學亦藉是以闡明也已。咸豐壬子秋九月年愚弟聊城楊以增叙於南河節署。"明言楊刻此書。

每種前有丁晏序。《鄭氏詩譜考證》封面題："楊至堂先生鑒定，南河節署刊版。"丁晏叙後有"男壽昌、壽祺、壽辰同校字"。卷末有"揚州鈔關大儒坊碧山堂柏刊"兩行。十行二十二字，白口，左右雙邊，單黑魚尾。

此七種後歸入丁晏《頤志齋叢書》中。王獻唐跋《鄭氏詩譜考證》曰："與海源閣刻《九水山房文集》等紙墨書體略同，時楊至堂官河漕總督，刻書皆在署中……刻成之後，殆以版歸丁氏。後因編入《頤志齋叢書》，别易封面，衹題書名，無上下二行，非此初印單行本，無從證知也。卷尾又題‘揚州鈔關大儒坊碧山堂柏刊’，海源閣書刻既與此同，知亦多由碧山堂雕版。”①

丁晏的《毛鄭詩釋》自楊以增刻本後，又有光緒十年邵武徐氏《邵武徐氏叢書》本，光緒十四年王先謙《皇清經解續編》本。

第五階段：咸豐三年清江浦刻書。

咸豐三年，楊以增在清江浦刻書三種。

①《六藝綱目》二卷、《附録》二卷，元舒天民撰，元舒恭注，明趙宜中附注，清咸豐三年聊城楊以增江蘇清江浦刻本。

牌記題：“咸豐三年歲在癸丑聊城楊氏海源閣刊。”

前有本書《四庫提要》。卷端題：“四明舒天民執風述，男恭自謙注，同郡友趙宜中彦夫附注。”

末有楊以增跋：“大興朱笥河先生手校《六藝綱目》，元至正本也。吾鄉劉燕庭方伯影鈔藏弆，經徐君青方伯改正九數中脱誤若干字，燕庭開藩兩浙，就文瀾閣本復事校勘付梓，見貽是書。卷分上下，藝藴畢賅。四言諧韻，大便童蒙。小學首基，所宜必讀。重加剞劂，用廣其傳。咸豐三年歲在癸丑孟夏月聊攝楊以增跋。”

據此跋可知，楊以增刻本所據爲劉喜海刻本，而劉氏刻本刻於道光二十八年，在杭州所刻。在劉喜海刻版之前，除道光十九年金山錢氏刻《指海》本外，此書一直以抄本流傳，劉喜海刻本是現存最早的單刻本，詳見清中期的諸城刻書。

楊以增此本全然模仿劉喜海本。劉喜海的刻書特點爲筆畫右向傾斜，峭險，受碑刻影響，筆畫逆鋒帶鈎。而楊以增重刻時不僅行款爲九行十九字，白口，左右雙邊，單黑魚尾，版心下刻字數，而且在字體風格上完全保留了劉喜海的這個特點，劉喜海此書在邊框外的左下角刻有“嘉蔭簃”三字，而楊以增亦模仿，將“海源閣”

①王獻唐：《雙行精舍書跋輯存》，齊魯書社1983年版，第12頁。

三字刻在了這個位置,而不是版心的位置。從這點看,楊以增對劉喜海此書是非常欣賞的。

②《凌次仲復禮三篇》,清淩廷堪撰,清咸豐三年聊城楊以增江蘇清江浦刻本。

③《張彦惟答方彦聞書》一卷,清張成孫撰,清咸豐三年聊城楊以增江蘇清江浦刻本。

以上二書又合稱《禮理篇》。後有楊以增《書後》,有高均儒跋。前書爲淩廷堪"以禮代理"思想的集中體現,後書係張成孫給方履籛的信札三通。據楊以增跋,知楊氏刊印《禮理篇》,自言其目的並非爲調和漢宋,衹是欲指出禮、理不可偏執,一爲體,一爲脈;一是外在儀節,一是内在氣血。

另據高氏跋:"先生藏書數萬卷,退食劬讀,日昃不遑。而僅舉此以示爲學之準,其用意微摯,亦惟智者善喻之耳。若謂調停漢宋,模棱兩端,是淺識之昧昧自誣。"知此書之編刊,其用心衹在提示爲學之準的,主張"惟學遜志主善爲師",勿爲門户之見,並無意調停漢宋。此書的刊刻,體現了當時禮、理論争的激烈程度。

九行二十一字,小字雙行二十一字,大黑口,四周雙邊,單黑魚尾。版心下刻"海源閣"。書衣題字爲高均儒手書。

④《志學箴》一卷,清楊以增撰,清咸豐三年聊城楊以增江蘇清江浦刻本。

五行二十字,經文每行三字,疏證雙行,每行十四字,大黑口,四周雙邊,單黑魚尾。

第六階段:咸豐四年清江浦刻書。

咸豐四年楊以增刻書一種。

《應潛齋先生集》十卷,清應撝謙撰,清咸豐四年聊城楊以增江蘇清江浦刻本。

有牌記:"咸豐四年十一月刊成。"

有陳恂康熙五十年序，王廷燦刻書跋，阮元撰《儒林傳稿》，馮景撰《應處士傳》，全祖望撰《應潛齋先生神道碑》。目録後有《應潛齋先生集俟續刻目》。

此書未見楊以增刻書的直接證據，丁延峰文所據爲瞿冕良《中國古籍版刻辭典》①。

十行二十一字，白口，左右雙邊，單黑魚尾。

第七階段：咸豐五年清江浦刻書。

咸豐五年，楊以增刻書完成兩種，未完成三種。

①《助字辨略》五卷，清劉淇撰，清咸豐五年聊城楊以增江蘇清江浦刻本。

劉淇，字衛園，一字龍田，山東濟寧人。

牌記題："咸豐五年九月啓工，六年正月訖工。"前有劉淇序。

九行二十一字，白口，左右雙邊，單黑魚尾。

②《惜抱先生尺牘》八卷，清姚鼐撰，清咸豐五年聊城楊以增江蘇清江浦刻本。

牌記題："咸豐五年九月刊成。"

高均儒手寫上版。九行十八字，白口，左右雙邊，單黑魚尾。

楊以增於咸豐五年底去世，在其去世前，他還開始了三部書的刊刻。

①梅曾亮《柏梘山房文集》十六卷。

有咸豐五年七月楊以增序："伯言同年以甲寅秋攜家自王墅移居興化，又移居淮安，乃得至清江，而館余署之清宴園，以同年三十餘年之久……伯言雖屢有遷徙，詩文稿幸無遺失，余亦曾録有副本，君寓居無事，頗復有删益，因校刊之，以君今歲七十，即以是爲壽。"大概咸豐五年七月開雕，本年末刻成。

①瞿冕良：《中國古籍版刻辭典》，齊魯書社1999年版。

楊紹穀、紹和於《柏梘山房文續集》之後識曰:"先君子校刊伯言先生《文集》既成,續校《詩集》《駢體文》,刊未及半先君子薨。……不數日,先生(按:梅曾亮)亦卒,是爲咸豐六年正月十二日,距先君子薨僅二十四日。嗚呼!迨穀等促工刊蕆詩及駢體十五卷,都文集爲三十一卷,先生已不及見矣。"知楊以增在世時先成《文集》十六卷,而《詩集》《駢體文》尚未刻完就去世了,餘下的工作由其子繼續,咸豐六年三月《柏梘山房集》三十一卷成。有牌記:"咸豐六年三月刊成。"版心上分别鎸"柏梘山房文集""柏梘山房詩集""柏梘山房駢體文"。此書在同治三年又有紹穀、紹和補刻本,有"甲子補刊"字樣。詳見丁延峰《〈柏梘山房集〉版本考略》①一文。

十行二十一字,白口,四周雙邊,單黑魚尾。字體稍長方,刻印不苟。

②葉葆《跛溪年譜》一卷。

葉葆(1759—1820),字寶田,號石農,乾隆五十四年舉人,以足跛不求仕進,辟道南書塾授徒。楊以增爲其弟子。

咸豐六年正月下旬閩高均儒於南清河寓所跋曰:"聊城葉石農先生没後三十有四年,其高業弟子楊侍郎,既屬上元梅户部撰《教思碑》,復以先生自編年譜屬均儒書付諸版。原稿有羡改塗乙,侍郎鄭重摩核,更屬均儒重校。且書且刻,未畢而侍郎歿。其疾漸革,時省勘譜中疑字,並類識先生題楹偶語,遺侍者檢示均儒,墨漬猶新也。拳拳師門,久而愈摯,侍郎之賢,即足以徵先生澤人之教……譜刻成而侍郎不及見。"

此書亦爲高均儒手寫。八行十六字,小字雙行十六字,四周單邊,欄外記葉數。

①丁延峰:《〈柏梘山房集〉版本考略》,載《山東圖書館季刊》2005 年第 4 期。

③郝懿行《爾雅郭注義疏》二十卷。

《爾雅義疏》是棲霞郝懿行傾十六年精力而成的代表作,也是一部有名的訓詁著述,牟庭贊曰:"懿行之於《爾雅》,用力最久,稿凡數易,垂殁而後成。於古訓同異,名物疑似,必詳加辨論,疏通證明,故所造較晉涵爲深。"①對此書給予很高評價。

據柳向春《郝懿行〈爾雅義疏〉之刊刻源流》②一文,知《義疏》的首次刊刻是在廣東學海堂,是王念孫特意校點了全書,並把書交給當時著名的經學家、校勘學家阮元刊刻行世。此爲十九卷本。道光二十九年,時任江蘇巡撫的陸建瀛將其單刻行世,亦爲十九卷本。但因陸氏刻本定價過於昂貴,每部需足紋銀六兩,且書版又很快毁於戰火,故其流傳並不廣泛。此爲第二刻。在陸刻被毁後不久的咸豐五年,秀水人高均儒從杭州嚴傑之子嚴鶴山手中得到了《義疏》的嚴鈔足本,遂慫恿楊以增爲之刊行,並禮聘胡珽爲之校刻。刊刻工作開始不久,楊以增即於是年十二月八日去世。於是未竟之事便由胡珽獨力承擔,並於咸豐六年在蘇州刻成。遺憾的是,僅僅過了四年,也就是在咸豐十年,此版又毁於太平天國運動。此爲第三刻。之後,又有同治四年郝懿行之孫郝聯薇刻本。

胡珽《義疏跋》曰:"歲乙卯,嘉興高伯平均儒文學得嚴鶴山所鈔郝《疏》足本以奉河帥楊至堂先生,讀而善之,郵書寄資命爲校刻。功方過半,至堂先生遽歸道山,珽因益資以蕆事焉。"

九行二十一字,小字雙行二十一字,大黑口,左右雙邊,單黑魚尾。

除了以上七個時間段,楊以增另有時間不詳的清江浦刻書六種。

①《吕氏家塾讀詩記》三十二卷、《續》三卷,宋吕祖謙撰,清聊

①趙爾巽等撰:《清史稿》,中華書局1977年版,第13245頁。

②柳向春:《郝懿行〈爾雅義疏〉之刊刻源流》,載《古籍整理學刊》2004年第4期。

城楊以增清江浦刻本。

十行二十字,小字雙行二十字,白口,四周雙邊,單黑魚尾。

②《靈棋經》二卷,漢東方朔撰,清聊城楊以增刻本。

③《夏小正傳》,漢戴德撰,清孫星衍校,清楊以增重校,清聊城楊以增刻本。

④《急就章考異》一卷,漢史游撰,清孫星衍考異,清楊以增重校,清咸豐間聊城楊以增刻本。

⑤《小倉山房尺牘》,清袁枚撰,清聊城楊以增刻本。

此書有乾隆五十四年袁枚刻本。

⑥《藝舟雙楫》(《安吴四種》之一),清包世臣撰,清聊城楊以增刻本。

此書爲討論書法理論之作。

(2)楊紹和

楊以增次子楊紹和(1830—1875),字彦合,又字念微,號協卿。從包世臣學經學,從梅曾亮學古文。咸豐二年舉人,同治四年進士,授翰林院編修,官文淵閣校理。光緒元年陞通議大夫。

楊紹和除了與紹穀合刻《柏梘山房集》三十一卷外,還在咸豐十年於聊城刻了其父的《退思廬文存》一卷。此書收録楊以增序跋記傳十三篇。九行二十一字,大黑口,四周雙邊,單黑魚尾。

(3)楊保彝

楊紹和在目録學上的貢獻即其編纂《楹書隅録初編》五卷、《續編》四卷,此書由其子楊保彝於光緒二十年在北京刊刻。

此書是一部善本解題目録。《正編》多録宋元善本,《續編》以鈔校本爲主。兩編共著録宋元鈔校本二百六十七部。正編於咸豐十一年開始編纂,同治十一年止,歷時十二年,其中以同治二年、三年里居聊城時爲主。《續編》始撰於同治十年春,竣於是年中秋,是楊紹和在京命楊保彝鈔寄各書題跋編成的。

二書定稿後,並未立即付梓。光緒十九年春,保彝始刊是書,他於光緒二十年《續編》卷末《跋》云:“工始癸巳小陽,洎本年冬十月既望而書成,爲字十四萬四千二百四十有二言。同校者,爲宛平劉君家立、家蔭昆季。同邑外弟傅君昉安、玉田、吉生、曾佑,例得備書。”可知是書延多人校勘,於此年冬刊成。時保彝正於北京服官,故刻書當在北京。

另據劉大生《海源閣藏書概述》①,楊保彝嗣子楊承訓敬夫又云:“此書付刻時,原定由先妣王太夫人與吉鶴慈表兄校對,殆刻將近半,則吉表兄回至原籍料理家務,而校對之事,遂由太夫人一人負責,以迄刊竣,先觀察公擬著先太夫人之名於書後叙中,而卒未刻名。及書印成後,復校出三處有四個錯字,遂用木刻紅字蓋在錯字上,未及修正。”

封面書名“楹書隅録初編”爲篆字,有“道州何維樸署檢”。有牌記:“光緒甲午中秋海源閣刻。”九行二十一字,注用雙行小字,白口,左右雙邊,單魚尾,版心下刻“海源閣”。

《初編》前有許賡颺序及紹和自序,《續編》前有同治十年楊紹和跋,後有楊保彝跋云:“原跋或有誤收,未及改正,而先大夫見背。既爲友人借録,不無亥豕。而書儲里中,原稿待校,未經編入者,復十餘種。迨癸未秋,保彝報罷南旋,齎歸原稿,與著録各本敬爲編輯,詳加校補,始成定本。其間各家題識,字體手跡互有同異,謹依原本,不敢妄改,存其真也。”知兩編成後,保彝又有校補。

杜澤遜師評價此書:“它熔輯録體、叙録體於一爐,既保存了大量前賢題跋,又發表了楊氏自己的心得,同時記録了行款、印記,這就給讀者提供了可貴的版本資料,大有功於版本學、校勘學的研

①劉大生供稿,政協文史組編:《海源閣藏書概述》,見《文史資料選輯(聊城)》第一輯,1982年版,第47~55頁。

究。"所以,此書的刊刻,是晚清目録學史上的重要成果。

是年,楊保彝在北京刊刻了另一部書:《唐求詩集》一卷、《附録》一卷,唐唐求撰。

封面題:"海源閣叢書丁部,景宋本唐山人集。"有牌記:"光緒甲午聊城楊氏海原閣栞。"十行十八字,白口,左右雙邊,單黑魚尾。版心下鐫"海原閣"。

至此,始見"海源閣叢書"之名。《叢綜》中《海源閣叢書》收六種:《蔡中郎集》《三續千字文註》《九水山房文存》《六藝綱目》《助字辨略》《惜抱先生尺牘》①,但此六書皆無"海源閣叢書"標志。國家圖書館網站數據亦將以上六種作《海源閣叢書》,而將《淩次仲復禮三篇》《急就章考異》《張彦惟答方彦聞書》《夏小正傳》《志學箴》五種作《海源閣續刻書》。就目前所見,在《唐求詩集》前,確實無"海源閣叢書"之名。或許,《海源閣叢書》之刊刻計劃始自楊保彝。

此書底本爲楊氏藏宋刻本,原係桐鄉金諤嚴家物,散出後,爲顧千里所得,後與《茅亭客話》一同歸於黄丕烈。書中録有黄丕烈原跋,云此書各家書目不多見,衹在季振宜書目中於唐詩八家條下列其名,有季振宜印,知是季振宜所藏。"通卷僅八葉,而收藏自元明以來皆知寶貴,宜其珍秘若斯。"書後附咸豐十一年楊紹和識:"計詩三十有五首,爲南宋精槧,歷經名賢珍弆,精雅絶倫。滄葦題款在卷末,《山居》一首上有校字小楷,亦滄葦手跡,外籤則顧氏南雅筆也。鹿頂山長印,予藏宋本《三禮圖》中亦有之,或宋人印。"楊紹和在《楹書隅録初編》中又有此書識:"此本與《韋蘇州集》同一行式,皆臨安府棚北大街睦親坊南陳宅書籍鋪刊行,所謂書棚本是也。"進一步明確了此書版本。

①上海圖書館:《中國叢書綜録》,上海古籍出版社2007年版,第191頁。

檢現存國家圖書館的宋刻本,有《中華再造善本》影印本。書中除了以上藏書家的印章外,還有楊氏印章數枚:“楊以增印”“至堂”“東郡楊氏宋存書室珍藏”“四經四史之齋”“楊紹和鑒定”“彦和讀書”“楊承訓印”“海源殘閣”。原書爲折裝,楊氏重刻時改爲綫裝。原書的墨釘,楊氏改爲□,以示美觀。“恒”等避諱字皆如原書。原書卷末有“泰興季振宜滄葦氏珍藏”,楊氏重刻時亦刻上,風格如前,並加刻兩行:“士禮居命工重裝”“聊城楊氏海源閣珍藏”。“士禮居命工重裝”原在黄跋後。原書黄丕烈所録《茅亭客話》亦刻上,版心作“附録”。黄丕烈兩跋及楊紹和識、《楹書隅録初編》此書提要均作爲“跋”附後,風格同前。

楊氏重刻此書，雖行款版式與原書皆同，版框大小一樣，字體相似，但細細檢閲，還是有較大差別，已很難達到宋刻本的神韻。

(4)楊承訓

楊以增曾孫楊承訓,於民國九年在聊城刊刻了其曾祖、祖父、父親的集子。即楊以增《退思廬文存》一卷,楊紹和《儀晉觀堂詩鈔》一卷,楊保彝《歸甎齋詩詞鈔》一卷。

據李士釗《聊城“海源閣”藏書重要史料片斷——一九六六年二月十日在天津訪問海源閣第四代主人楊承訓(敬夫)先生》①一文,楊承訓云:“民國九年庚申我二十歲的時候,曾經手刻印了《海源閣叢書》的最後三種,即楊氏三代先人的詩文集。第一是先曾祖至堂先生的文集《退思廬文存》,其次是先祖父協卿先生的詩集《儀晉觀堂詩鈔》,以及先父鳳阿先生的詩詞集《歸甎齋詩詞鈔》三

①李士釗:《聊城“海源閣”藏書重要史料片斷——一九六六年二月十日在天津訪問海源閣第四代主人楊承訓(敬夫)先生》,見《山東出版志資料》第一輯,山東人民出版社 1984 年,第 179 頁。

種書,都是在1920年之内完成刻制和印刷的。因爲楊氏四代人都愛書,楊氏自己所刻印的《海源閣叢書》數量很多,我自己乃把個人所見存的三代先人的文稿,彙輯起來刻印成書,既可以保存先人的文獻資料,又可以饋贈親友們作爲珍貴的禮品加以存藏。"

《退思廬文存》後有楊承訓跋:"謹將前鈔遺文十有三篇並續蒐輯二篇坿以家傳墓志,共付剞劂,以揚先芬而永世澤。"《儀晉觀堂詩鈔》前有張英麟序:"鳳阿之子敬夫,爲余孫壻,姿稟沈潛,學亦邃密,所造正未可量。一日出其令祖彦合公《儀晉觀堂詩》,浼余作序,將壽諸梓,以永其傳。"《歸甐齋詩詞鈔》前有張元鈞民國八年夏六月序,其次女嫁與楊承訓。後有民國五年靳維熙識,九年季春歷城李福鑾識。

三書牌記相同:"庚申春月海源閣刊。"行款同:九行二十一字,大黑口,四周雙邊,單黑魚尾。版心下刻"海源閣"。

聊城楊氏刻書特點有十:

一是四世刻書,數量龐大。楊以增、楊紹和、楊保彝、楊承訓,四世刻書,自道光十八年始,至民國九年止,近百年間,共刻書四十九種,數量上不少。需要説明的是,與一般叢書在一個時間段内集中刊刻不同,楊氏刻書並不是以叢書刻之,而是隨時刊刻,並無計劃性,故所費精力與財力要大得多,不能以一般的叢書看待。

二是在刻書内容上,經部十八種,集部十七種,史部九種,子部五種。在個人刻書中,集部書多是正常的現象,而楊氏刻書以經部爲多,表明了他注重經學、"傳經北海"的宗旨。尤其是在道咸時期,乾嘉學派考據學已漸趨平静,社會環境又開始動蕩,士子們開始從純學術走向經世致用之學,楊以增雖身居要職,卻以超然的姿態繼續刊刻經學著述,似乎與社會大環境格格不入。究其原因,大約有兩點,一是其刊刻的經部書有三分之一是丁晏的著述,二是他刊刻了五部重要的小學類書:翟云升的《隸篇》,桂馥的《説文解字義證》,劉淇的《助字辨略》,郝懿行的《爾雅郭注義疏》,還有《急就章考異》,其中前四種是山東人的著述,此時山東是全國小學研究的重鎮,楊以增刊刻山東人的著述,也是自然的事。

三是注重刊刻地方文獻。楊以增雖然一直在外地做官,但一直關注着山東的文化。除了以上四種小學類書,他還刊刻了老師葉葆的著述、文登老鄉畢亨的著述、父親老師武億的著述,武億大半生在山東,也算是半個山東人了。

四是刊刻輿圖四種。此四種不僅版式獨特,編排與衆不同,還採用套印技術,蠅頭小楷,用金陵刻工,圖畫精細。此本介於六嚴原繪本與李鴻章刻本之間,是一個不爲人知的版本。由圖中所顯示的各種信息,知四圖的繪者爲六嚴,而不是普遍認爲的六承如,解決了繪者的問題。此圖的刊刻反映了當時的社會形勢和學術要求,具有重要的文獻價值。

五是刻書地多處。有掖縣,有濟寧,有河南,有江蘇清江浦,有京師,還有聊城。在掖縣、濟寧、河南的多爲出資刊刻,楊以增並未親自料理。在京師和聊城的爲後代刊刻。而楊以增在清江浦刻書最多,且親自辦理,甚至親自校勘,如校勘梅曾亮的集子。

六是刻書質量高,精品多。首先是所刻書籍内容精審。這與衆人相助有關係。日照許瀚自不必説,在清江浦的幕客有包世臣、高均儒、梅曾亮三人。

包世臣(1775—1855),安徽涇縣人。字慎伯,晚號倦翁、小倦遊閣外史,嘉慶二十年舉人,是清代著名的書法家、書學理論家。書習二王,自擬爲"右軍第一人"。其《藝舟雙楫》一書對清代中、後期書風的變革影響很大,至今爲書界稱頌。故楊以增刻書多賴其手寫上版,如《九水山房文存》等。

高均儒,字伯平,精於聲訓版本之學,長期居住在清江浦河督署,《惜抱先生尺牘》《跛溪年譜》皆爲伯平手寫付梓。其中《跛溪年譜》,版式疏朗闊大,字大如錢,渾厚飽滿。梅曾亮贊伯平書寫《惜抱先生尺牘》:"因以新城陳氏刊本,延高君伯平重爲校刊。伯平遂悉乎寫之以版,字體渾穆,使此書益可欽玩。"

梅曾亮,桐城派散文大家,與楊以增爲同年進士,曾爲"海源閣"題記,爲楊以增校刊仿宋本《蔡中郎集》。

楊以增刻書在校勘學上最爲人稱道的當是《蔡中郎集》,許瀚曾稱"自有《蔡集》以來,未有如此本之善也"。其校刊精審,可見一斑。

延請名寫手、名刻工仿宋元本刻書,是歷代私家刻書的追求,楊氏也不例外。楊以增刊刻了仿宋本《蔡中郎集》《三續千字文註》、仿元本《六藝綱目》等,所請多爲金陵名工柏士達,如《蔡中郎集》《三續千字文註》均有"金陵柏士達刊"字樣,爲丁晏所刻的《鄭氏詩譜考證》亦署"揚州鈔關大儒坊碧山堂柏刊"。此"柏"亦當指柏氏。毛春翔、李保民曾在《近三百年版刻述略》(載《古書版本常談》)中盛讚《蔡中郎集》爲"清代仿宋元影刻本中的經典之作"。楊以增爲畢亨刻《九水山房文存》,亦是仿宋一路。楊保彝於北京刻仿宋本《唐求詩集》,雖無法與宋刻相比,但在清末已是絕佳之品。

七是刻書得益於藏書。正因爲有家藏善本,楊以增纔可以在胡學醇刻《石笥山房集》四年後就進行再刻。如果没有豐富的藏書,楊以增就無法獲取校勘《蔡中郎集》的十一個本子。如果没有豐富的藏書,許瀚也不可能從其家中借出《説文解字》以校勘桂馥的《説文解字義證》,没有校勘的參校本,就無法刻出高質量的書。同樣,如果不是在袁浦得到了經著名藏書家曹寅、黄丕烈、顧廣圻、汪士鐘等人遞藏的北宋本《淮南鴻烈解》,楊以增也不可能"亟思鋟木以惠藝林",雖然最後因其忙於公務,事遂中輟,但可以看出,有了珍貴的版本,纔會有付諸梨棗的衝動。從這點來説,藏書是刻書的源泉,是刻書的動力。

八是刻書得益於運河文化的影響。京杭大運河作爲貫通南北的要道,滋養了運河兩岸區域,不論是經濟上,還是文化上。運河山東段,也就是山東西部地區,自明清以來成爲山東經濟文化的繁盛之地,這裏書院林立,科舉興盛,書賈雲集,也帶來了刻書、印書業的發展。聊城在明初就有坊鋪好友堂印賣蒙學課本、通俗讀物及唱本,清代前期,書業德、善成堂、寶興堂、有益堂四大書莊相繼開業,以後則發展到二十幾家,這些書坊大多爲前店後坊,都有專門的刻板技工和校勘先生。其中尤以書業德爲著,資本雄厚,書板達千餘種,在濟南、太原、介休、祁縣等地設有十多個分號,所刻印的木版書行銷京師、晉、冀、魯、豫、東北和江南各省。《老殘遊記》中對聊城書業的繁盛也有生動的記述,第七回記一書坊掌櫃向老殘介紹道:"我們這東昌府,文風是最盛的……小號店在這裏,後面還有棧房,還有作坊。許多書都是本店裏自雕版,不用到外路去販買的。"

楊以增就是出生於這樣一個文風興盛、刻書之風也盛行的運河之鄉,這無疑對他有着重要的影響,加之其父楊兆煜藏書、抄書,使他耳濡目染,書籍傳播、文化交流的思想自然在他心中生根發芽。但宦跡二十多年,南北奔波,使他無暇進行他的刻書事業,直至六十歲時,他來到了清江浦,纔有機會實現他刻書的夙願。清江浦是運河文化中最繁華的地方,是淮河與運河交彙之地,也是聯接南方與北方的漕運中心,同時還是明清兩代文人騷客彙聚之區,有名士們修建的園亭山莊百餘處,文化氣氛非常濃厚。文登于頤發就在此建"星聚堂",其子昌進,又添置屋宇名"舊雨軒",捻軍陷清江,樓被燬,昌進子寶之補海州分司,復至清江,建"今雨樓"。可見,這是北方士人們的向往之地。

楊以增來到這裏,如魚得水,這裏有比家鄉更好的寫工、刻工,更重要的是,他有一群能爲他出謀劃策的文人雅士。在他生命的最後六年,他刻書近四十種,即使在去世前,他還有三部書未刻完。假以時日,他的刻書數量將遠不止此。

楊以增的藏書得益於運河,不足千里的水路,使得他在南方蒐羅的珍善之本一路暢通無阻地運送到海源閣。而他的刻書,更得益於運河,自其生,至其卒。

九是書版分散各處。首先是楊以增助刻他人之書版,當歸於他人,如爲武億所刻三種,版歸武億之孫。爲丁晏所刻的七種,版歸丁晏。爲包世臣所刻的書,版歸包世臣。與許瀚在濟寧共同刻的兩種書,書版當由許瀚處理。與李煒合刻的書當由李煒處理,因當時他奔波於各地爲官,無法攜書板遷移。與胡珽合刻的書,因他去世,最後在蘇州刻成,書板亦應由胡珽處理,但四年後,此版毁於太平軍。

其次是在清江浦所刻的書版,據丁延峰文,一部分運回聊城,一部分散落民間。如《柏梘山房集》同治三年補刻三十一卷本,時補刻畢,版片便散於清江、淮上,並未攜歸聊城,可以蔣國榜補修此本《題辭》證之:"甲寅(按:民國三年)春,國榜始爲《金陵叢刊》,乙卯(按:民國四年)四月復得《柏梘山房全集》板片於淮上。"

再次是楊保彝在北京刻的書版,應運回聊城。

王獻唐在《聊城楊氏海源閣藏書之過去現在》中言:"(《海源閣叢書》六種)以上書版,原存北平,聞已毁於火災,校訂刻印,俱極精審。"王氏所言係其於1929年11月赴聊清查遺佚書籍時聞楊宅僕人言,故丁延峰認爲:"叢書六種"書版疑由紹和自清江浦運至聊城,至同治四年中進士後(授翰林院編修)居京官時又攜至北平續刻,光緒二十六年庚子事變遭焚後又由保彝將殘片運聊。"此處有疑,雖然叢書六種版片不多,攜帶方便,但從江蘇到聊城,再從聊城到北京,遭焚後又從北京運回聊城,不是件很容易的事情。再者，楊紹和攜其至京是爲了續刻，難道從江蘇運回時版片有損失？目前未見有續刻本，故老僕所言是否確實，此書版運行路線是否合理，還需進一步考察。

從各地運回的書版的命運同原在聊城的書版一樣，先存放在楊氏後宅，後來移至聊城西南田莊楊氏祖墳旁的"弘農丙舍"，抗戰時毁於兵燹。

十是楊氏刻書對聊城刻書業的發展有很大貢獻。楊以增自外出爲官，至清江浦去世，大概幾乎没有在山東長時間居停過。但他的兒子楊紹和，曾隨其在南河總督署内辦理庶務，並隨包世臣學習。這期間，楊以增刻書事宜，楊紹和皆親歷，並協助辦理，故對刻書活動自有一套實踐經驗。自其父去世至其同治四年考中進士，他長期在山東老家，並刊刻了其父的《退思廬文存》。作爲一個被衆多坊鋪包圍着的藏書大家，其刻書自然會被關注，被模仿，這種刻書間的互相借鑒、互通有無是必然的，且所用寫工、刻工均爲聊城本地人。故楊紹和不僅有對當地刻書的吸收，也有對當地刻書的影響。况且，楊氏書版最後統一運回，南方刻書、京城刻書的精華均薈萃於此，楊承訓又在當地刻書三種，楊氏刻書與聊城刻書的交流是不可避免的。

2）其他刻書

聊城中期的刻書除了楊氏所刻，還有兩種。

①《詩約》三卷，清林昌輯，清馬桐芳集評，清道光聊城楊培林刻本。

林昌字皋言，號九峰，别號大笠子，棲霞人，乾隆三十五年庚寅舉人，官禄豐知縣。另著有《毛詩審音》《周禮讀本》等。

據《山東通志·藝文志》，是編乃道光間聊城楊培林植亭刊。分上、中、下三卷。

②《崇祀鄉賢録》一卷，清聊城士紳及王衍慶撰，清咸豐間聊

城刻本。

此書乃楊以增卒後二年，東昌府衆士紳，以前興化府知府王衍慶爲首，及楊氏門生，爲其呈請立鄉賢祠。此書前爲王衍慶、吕恒安所撰公呈，次爲事實、職名、題本、部議、告文、祭文等。刻書當在聊城，時間在咸豐五年後。

2. 堂邑刻書

清中期的堂邑刻書有張鳳翔七世孫張應魁所刻兩種。清前期的堂邑刻書已述。

3. 博平刻書

漢置博平縣，明屬東昌府，清沿之。

明代博平刻書有一種。清前期和後期博平無刻書記載，中期有一種，還是外地人所刻。

《石笥山房全集》十八卷，清胡天游撰，清道光二十六年山陰胡學醇博平縣衙刻本。

封面題："道光丙午鐫，石笥山房全集，文六卷詩十二卷，板藏博平縣衙。"

有道光二十六年丙午胡學醇刻書序："（高叔祖稚威先生）歿後，天台齊少宗伯（按：齊召南）曾爲作詩文集序，擬辦刻卒未果。百餘年來已多散失。先君購得詩古文詞若干首，集爲成書，即擬梓行。以鈔本錯落甚多，詳加考訂。嗣因作宰東粤，簿書鞅掌，垂三十年，未暇從事丹鉛，不及蕆事而即棄世。醇學殖淺陋，未敢妄參愚見，欲繼志而未能。服闋後，捧檄山左，時族姪春江、懷江已入詞垣，並皆淵博，出是書而授之，囑爲較核。今春郵寄來東，亥豕魯魚大較俱已考證，其跡涉擬議難以臆斷者，猶從闕疑。權付鋟梓，以便就正。倘蒙博雅君子惠賜指南，俾成完璧，幸甚。道光丙午夏日元姪孫學醇謹識。"道光二十八年溧陽强溱於廣陵之寓《胡稚威徵君石笥山房集序》："秋潮大令梓其高叔祖稚威徵君《石笥山房集》,梓既成,郵寄於余,乞更爲勘讎而並序之。秋潮在山左良吏也,能於簿書倥偬之餘,謹持其高曾手澤,紹其先人三十年搜輯之勤,一旦付之剞劂。"知此書係胡學醇及其父二代搜集並刊刻。四年後,楊以增又在清江浦重刻,上文已述。

十行二十字,白口,四周雙邊,無魚尾。刻印一般。

4. 茌平刻書

《禹貢集注》一卷,明張後覺撰,清道光十六年茌平張法輅刻本。此書附於《茌邑三先生合刻》之後。清前期的茌平刻書已述。

5. 館陶刻書

漢置館陶縣,清屬東昌府。

明代和清前期館陶無刻書記載。清中期衹一種。

《尊西詩話》二卷,清張曰斑撰,清道光十五年館陶張維銛刻本。

曰斑字蔚亭,别字苔山,館陶人,道光間歲貢,官兖州訓導。

卷端題:"館陶張曰斑苔山。"卷末署:"男維銛恭校。"

有道光十五年冀煌蓬山氏序。自序。嘉慶三年韓履平原跋。道光十五年張維銛跋,稱其父道光七年去世。是年猶子張維銓跋,稱張維銛刻此書。是年堂姪張維鐸跋。是年姪趙汝鋮跋。姪杜若橘跋。姪戴九職跋。

九行二十二字,黑口,四周雙邊,雙魚尾。字大,較粗劣。

附:東昌府家刻總表

隸篇十五卷續隸篇十五卷再續十五卷	(清)翟云升編	清道光十八年掖縣翟云升、聊城楊以增等刻二十四年重刻再續本
説文解字義證五十四卷	(清)桂馥撰	清道光二十二年聊城楊以增、日照許瀚濟寧刻本

（續表）

方輿考證總部六卷	（清）許鴻磐撰	清道光二十二年至二十三年聊城楊以增、日照許瀚刻本
三禮義證十二卷（儀禮一卷禮記五卷周禮六卷）	（清）武億撰	清道光二十三年偃師武未、聊城楊以增河南刻本
授堂詩抄八卷	（清）武億撰	清道光二十三年偃師武未、聊城楊以增河南刻本
授堂文抄八卷續集二卷	（清）武億撰	清道光二十三年偃師武未、聊城楊以增河南刻本
牧令書二十三卷保甲書四卷	（清）徐棟輯	清道光二十八年聊城楊以增、李煒刻本
思退堂詩鈔十二卷青琅玕吟館詞鈔一卷	（清）陳祖望撰	清道光三十年聊城楊以增江蘇清江浦刻本
賦則四卷	（清）鮑桂星輯評	清道光間聊城楊以增刻本
恒星赤道圖	（清）六嚴繪	清咸豐元年聊城楊以增江蘇清江浦刻本
皇朝一統圖	（清）六嚴繪	清咸豐元年聊城楊以增江蘇清江浦刻本
萬國地球圖	（清）六嚴繪	清咸豐元年聊城楊以增江蘇清江浦刻本
今釋古今圖	（清）六嚴繪	清咸豐元年聊城楊以增江蘇清江浦刻本
柳真君勸孝歌一卷		清咸豐二年聊城楊以增江蘇清江浦刻本
蕉聲館集八卷	（清）朱爲弼撰	清咸豐二年聊城楊以增江蘇清江浦刻本

（續表）

石笥山房集二十三卷（文集六卷補遺一卷詩集十一卷詩餘一卷補遺一卷續補遺二卷）	（清）胡天游撰	清咸豐二年聊城楊以增江蘇清江浦刻本
蔡中郎集十卷外紀一卷外集四卷附列傳一卷年表一卷	（漢）蔡邕撰 （清）高均儒輯	清咸豐二年聊城楊以增江蘇清江浦刻本
三續千字文註一卷	（宋）葛剛正撰	清咸豐二年聊城楊以增江蘇清江浦刻本
九水山房文存二卷	（清）畢亨撰	清咸豐二年聊城楊以增江蘇清江浦刻本
毛鄭詩釋三卷續録一卷	（清）丁晏撰	清咸豐二年聊城楊以增江蘇清江浦刻本
鄭氏詩譜考證一卷	（漢）鄭玄撰 （宋）歐陽修補 （清）丁晏考證	清咸豐二年聊城楊以增江蘇清江浦刻本
詩考補注二卷	（清）丁晏撰	清咸豐二年聊城楊以增江蘇清江浦刻本
詩考補遺一卷	（清）丁晏撰	清咸豐二年聊城楊以增江蘇清江浦刻本
周禮釋注二卷	（清）丁晏撰	清咸豐二年聊城楊以增江蘇清江浦刻本
儀禮釋注二卷	（清）丁晏撰	清咸豐二年聊城楊以增江蘇清江浦刻本
禮記釋注四卷	（清）丁晏撰	清咸豐二年聊城楊以增江蘇清江浦刻本

(續表)

六藝綱目二卷附録二卷	(元)舒天民撰 (元)舒恭注 (明)趙宜中附注	清咸豐三年聊城楊以增江蘇清江浦刻本
凌次仲復禮三篇	(清)淩廷堪撰	清咸豐三年聊城楊以增江蘇清江浦刻本
張彦惟答方彦聞書	(清)張成孫撰	清咸豐三年聊城楊以增江蘇清江浦刻本
志學箴一卷	(清)楊以增撰	清咸豐三年聊城楊以增江蘇清江浦刻本
應潛齋先生集十卷	(清)應撝謙撰	清咸豐四年聊城楊以增江蘇清江浦刻本
助字辨略五卷	(清)劉淇撰	清咸豐五年聊城楊以增江蘇清江浦刻本
惜抱先生尺牘八卷	(清)姚鼐撰	清咸豐五年聊城楊以增江蘇清江浦刻本
柏梘山房集三十一卷(文集十六卷續一卷詩集十卷續二卷駢體文集二卷	(清)梅曾亮撰	清咸豐五年聊城楊以增江蘇清江浦刻咸豐六年、同治三年聊城楊紹穀、楊紹和清江浦補刻本
跛溪年譜一卷	(清)葉葆撰	清咸豐五年至六年聊城楊以增、秀水高均儒江蘇清江浦刻本
爾雅郭注義疏二十卷	(清)郝懿行撰	清咸豐五年至六年聊城楊以增、休寧胡珽江蘇清江浦、蘇州刻本
吕氏家塾讀詩記三十二卷續三卷	(宋)吕祖謙撰	清聊城楊以增清江浦刻本

（續表）

靈棋經二卷	（漢）東方朔撰	清聊城楊以增刻本
夏小正傳	（漢）戴德撰 （清）孫星衍校 （清）楊以增重校	清聊城楊以增刻本
急就章考異一卷	（漢）史游撰 （清）孫星衍考異 （清）楊以增重校	清咸豐間聊城楊以增刻本
小倉山房尺牘	（清）袁枚撰	清聊城楊以增刻本
藝舟雙楫（安吴四種之一）	（清）包世臣撰	清聊城楊以增刻本
退思廬文存一卷	（清）楊以增撰	清咸豐十年聊城楊紹和刻本
詩約三卷	（清）林昌輯 （清）馬桐芳集評	清道光聊城楊培林刻本
崇祀鄉賢録一卷	（清）王衍慶等撰	清咸豐間聊城刻本
儀禮經集注十七卷	（明）張鳳翔撰	清嘉慶元年堂邑張應魁等刻本
樂經集注二卷	（明）張鳳翔撰	清嘉慶元年堂邑張應魁等刻本
石笥山房全集十八卷	（清）胡天游撰	清道光二十六年山陰胡學醇博平縣衙刻本
禹貢集注一卷	（明）張後覺撰	清道光十六年茌平張法畧刻本
尊西詩話二卷	（清）張曰斑撰	清道光十五年館陶張維銛刻本

（二）坊刻

東昌府僅聊城一地有坊刻記載。

1. 書業德

聊城最大的刻書鋪是書業德。

據吴雲岐《聊城刻書與出版業的興衰概况》①和金紫垣、胡國典、劉伯紀《聊城四大書莊》②兩篇文章,書業德係清康熙年間山西靈石縣郭氏創建,地址在東門裏大街路南,院落寬廣,爲明代吏部尚書許贊故居。

書業德發展到光緒年間,規模非常大。臨街五間門面,後院有百餘間房子,分别爲客廳、倉庫、作坊、宿舍等。最多時有職工百餘人。除聊城總號外,還在太原、祁縣、忻縣、介休、平遥及山東濟南等地設有十多個分號和代銷處,大量推銷其書。書業德的木板書行銷京津、張家口、綏遠、晉、冀、魯、豫、東北三省、上海、南京以及徐州、宿縣等地。由於銷路廣、銷量大,一年到頭,無時不忙,特别是每年臘月到第二年的正月,爲極旺期。因各地的學塾都要在新春開館,必須準備大批書籍,各處書商,都争先恐後趕來聊城。交通工具多用木船、騾車,山地用毛驢馱,張家口、綏遠要駱駝運。主顧年終要貨,要裝許多大箱子,山西毛驢、張家口綏遠的駱駝隊,絡繹不絶。

書業德共有書板千餘種,分庫保管,設有"經史板庫""啓蒙書板庫""小説板庫""醫雜板庫"等。

據目前所見實物,書業德在清末民國時亦有稱"書業德書局"者,如國家圖書館所藏《韻史》《韻史補》二種,著録爲"清光緒十五年書業德書局據清末刻本影印本"。

書業德亦有石印本,如《御批歷代通鑑輯覽》一百二十卷,封面題:"光緒壬寅年冬月山東書業德石印。"

①吴雲岐:《聊城刻書與出版業的興衰概况》,見《山東出版志資料》第二輯,山東人民出版社 1985 年版,第 121 ~ 142 頁。

②金紫垣、胡國典、劉伯紀:《聊城四大書莊》,見《聊城文史資料》第四輯,1987 年版,第 83 ~ 108 頁。

書業德的衰落與它民國時期遭受的三次打擊有直接關係。一是民國十九年,土匪王金發焚毁書板大部;二是抗日戰争爆發後,書業德板庫的書板慘遭破壞,因板殘缺無用,當燒柴賣了大部,選出部分完整的,已爲數不多;三是1946年國民黨駐聊城,雜牌軍趙振華、郭培德等將書板搶去當燒柴燒掉。解放後,書業德除賣貨底外,改業經營文具。

目前,所知書業德書有二百餘種,有若干情況:

首先是自刻自印。這類書均有明確的刻書標志,如封面題"書業德記梓""書業德梓""書業德重鎸""東昌書業德梓行""東昌書業德梓",或版心下刻"書業德""德記"。此書稱"府書",即在東昌府本地刻印的書。

其次是從南方購來大批印好的書葉子裝訂成書,這類書叫作"南書"。以"南書"原葉覆刻翻印的書也叫"南書"。如果是覆刻,應算是書業德刻書,但如果僅是裝訂原葉,就不能算是書業德刻書了。有些書版心還留有原來的刻書堂號,是從别處買來書板重印,還是直接買書葉,還是覆刻,三種情況不好辨别。假如封面衹有"書業德藏板",就很難明確是否爲書業德所刻。據上述吴、金兩篇文章,"南書"都是大部頭書,"府書"多爲小部頭。"南書"多採用上等毛邊紙印刷,紙質清白柔韌,厚薄均匀,也間或用毛太紙印,但數量較少。"府書"多用毛太紙或"四則紙"刷印,後來還用粉連紙。凡唱本、歌本等小型板本,稱爲"小花葉"。這可以作爲區分"南書""府書"的標志之一。

書業德除了以上兩種出版形式,還有另一種經營形式,即直接從南方買書來山東賣,因有些書在書衣題簽印"書業德自在江浙蘇閩揀選古今書籍發兑印""書業德記發兑""東昌書業德記精選洋板書籍發兑"等,大概是純粹的買賣書籍,但也有可能是裝訂好的"南書",如果是這樣,似乎可以認爲,"府書"是純粹的自産自銷,而"南書"是純粹的經銷。

書業德刻書有如下特點：

一是紙張、印刷、裝訂十分講究，開本較大，僅有個别巾箱本。刻印質量好，在校對上更爲重視，專設校勘先生五六人，刻工七八人，負責校對、改補工作。所以書業德的書錯字極少，雕板精良，字面清晰。光緒二十五年刻《賦學正鵠集釋》，字體端正，一絲不苟。

二是注重選擇好版本。光緒二十二年刻《爾雅注疏》，字大端莊，比較大氣。版心下鐫"汲古閣"，此書不可能據汲古閣的板子刷印，衹是依原樣摹刻，提醒讀者此書的内容悉遵原板，來源可靠。光緒二十七年據崇文書局本刻《近思録》，有同治八年己巳永康應寶時識，知此書吴氏刻於袁浦，板攜入蜀中，流傳未廣。崇文書局又刻，應寶時時任蘇藩篆，書局開雕書籍，出舊藏婺源洪氏刻本及吴氏刻本，屬元和王廉炳校刊之，後附《校勘記》，又有《考訂朱子世家》。可見，書局本是個不錯的本子，書業德在選書時是注重挑好版本的。光緒二十六年刻《國語》，封面即有廣告："天聖明道本。"可見其極爲注重版本。

三是不没前人功勞。光緒二十二年刻《文選》，所據爲胡克家本，每卷末均刻有"賜進士出身通奉大夫江南蘇松常鎮太等處承宣布政使胡克家重校刊，古堇蔣瑞堂董刊"。光緒二十三年刻《東萊博議》，此書在光緒八年由崇明馮泰松刻於順德，每卷首有"崇明馮泰松雲伯重刊"，每卷末署"崇明馮芳鄂初校，南海桂文熾、番禺沈東銘覆校"，皆依舊刻上。

四是對書籍能否暢銷反應敏感。有的書是首次刊刻，同治四年刻《字學舉隅》，可能是此書的最早版本，以後的版本有同治十年刻本，同治十一年金陵狀元閣刻本，光緒元年刻本，光緒十六年榆蔭書屋刻本等。有的雖然不是初刻，但在初刻的當年或第二年就刻，説明當時坊鋪對於暢銷書比較敏感。道光二十七年刻《巧搭分品》,有道光二十六年李揆一序,又有道光二十七年陽湖莊士彦序,説明此書最早是在二十七年刻,而書業德如不是首刻,則刻書亦不晚,在成書當年即刻。

五是一書數刻,坊鋪重營利的特點比較明顯。書業德所刻《分韻試帖青雲集合註》有光緒四年、光緒十三年刻本;《綱鑑擇言》有道光二十七年、同治九年、光緒十六年刻本;《奎壁禮記》有光緒四年、光緒十二年、光緒十三年刻本;《奎壁詩經》《奎壁書經》《禮記易讀》《史記菁華録》都是數次刊刻,《書業德重訂古文釋義新編》在光緒十三年至二十九年間四次刊刻。書籍的反覆刊刻,説明這些書在當時是很暢銷的。

六是所刻書以經部書最多,約占二分之一。集部次之,約占四分之一。史部最少,大概部頭太大,不適合銷售。子部書集中於三類,一是醫家類,二是儒家類,三是小説類。

書業德刻書也有不嚴謹的時候,"崇明馮泰松雲伯重刊"的《東萊博議》第四卷卷端,將"刊"字刻成了"利"字,這種情況極少。

除去山西祁縣、介休書業德所刻書,再除去書業德的石印本和排印本,筆者目前所知現存書業德書有195種,清前期3種,中期27種,後期131種,無明確年代者27種,統歸於後期,則後期有158種。另民國有4種。

清中期的書業德書有27種,明確爲書業德所刻的有11種:

史記菁華録六卷	(清)姚祖恩輯録	清道光二十二年書業德刻本
女科全集	(清)張鳳翔撰	清道光二十四年書業德刻本
千金裘二十七卷	(清)蔣義彬等纂	清道光二十六年書業德記刻本

（續表）

有正味齋試帖詳注四卷	（清）吴錫麒撰 （清）吴掄、吴敬恒注	清道光二十六年書業德重刻本
千金裘二集二十六卷	（清）蔣義彬等纂	清道光二十七年書業德記刻本
巧搭分品一卷	（清）史鑒撰	清道光二十七年書業德記刻本
小題別體一卷	（清）李揆一輯	清道光二十七年書業德記刻本
綱鑑擇言十卷	（清）司徒修選輯 （清）李嘉樹補注	清道光二十七年書業德刻本
小題易讀	（清）史子衡撰	清咸豐十年書業德刻本
搭題易讀	（清）史子衡撰	清咸豐十年書業德刻本
左傳易讀六卷	（清）司徒修輯注	清咸豐十一年書業德刻本

有藏板標志者 3 種：

古文析義十四卷	（清）林雲銘評註	清道光六年書業德記刻本
玉堂清課賦鈔八卷	（清）龍瑛輯 （清）錢道亨注 （清）孔義立校字	清道光二十八年書業德記刻本
小題正軌二卷	（清）吴鍾駿鑒定 （清）袁廷璜彙編	清咸豐七年書業德刻本

其他僅據著録但未見原書者 13 種：

易經備旨一見能解六卷	(明)黄淳耀原本 (明)嚴而寬增補	清嘉慶九年書業德刻本
書經體註圖考大全六卷	(清)范紫登參訂 (清)錢希祥纂輯	清道光二年書業德刻本
痘疹專門二卷	(清)董維岳纂	清道光二十五年書業德記刻本
大學中庸講義四卷	(清)史廷輝撰	清道光二十六年書業德刻本
分類韻錦十九卷	(清)郭雨三輯	清道光二十六年書業德刻本
友竹草堂集七卷(文五卷詩二卷)	(清)蔣慶弟撰	清道光二十七年書業德記刻本
胎産心法二卷	(清)閻純璽撰	清道光二十七年書業德刻本
天花八陣編三卷	(清)王廷魁撰	清道光二十七年書業德刻本
明文明初集	(清)路德輯評	清道光三十年書業德記刻本
關中書院課士詩不分卷	(清)路德選	清道光間書業德刻本
禮記易讀二卷	(清)志遠堂主人纂輯	清咸豐八年書業德刻本
江湖博覽按摩修養浄髮需知二卷	(清)吴鐸撰	清咸豐十年書業德記刻本
麻衣相法五卷	(清)丘宗孔編輯	清咸豐十年書業德刻本

(三)東昌府刻書特色

清前期東昌府無官刻記載。坊刻書,雖然四大書莊先後於清康熙時開業,但留存下來的書很少,僅書業德有3種。到了中期,書業德又有27種,而未見其他書坊的書籍。

家刻書,東昌府中期有50種,主要是聊城楊以增及其子孫刻書,有43種,另聊城有2種,堂邑有2種,博平有1種,茌平有1種,館陶有1種。

楊以增刻書分兩期,首爲去淮安之前,所刻書皆爲他出資,由別人董理,如刻翟氏《隸篇》由楊以增發起,而實際操辦者卻是翟氏及陳官俊等人,刻桂氏《説文解字義證》和許鴻磐《方輿考證總部》均由許瀚辦理,刻武億3種書由武億後人董理。所刻6種書中,經部書有3種,史部1種。第二個時期是在江南河道總督任上,短短不到十年時間,共刻36種,集中於咸豐元年至五年。所刻精品甚多。

楊以增所刻地圖四種,集學術性、文物性、藝術性於一體。版式獨特,編排與衆不同,採用套印技術,用金陵刻工,蠅頭小楷,圖畫精細。此本介於六嚴原繪本與李鴻章刻本之間,是一個不爲人知的版本。由圖中所顯示的各種信息,知四圖的繪者爲六嚴,而不是普遍認爲的六承如,解決了繪者的問題。此圖的刊刻反映了當時的社會形勢和學術要求。

楊氏刻《蔡中郎集》在校勘學上最爲人稱道,先是道光三十年,楊以增官南河時,購得黄丕烈、顧廣圻合校的萬曆間徐子器本,並以此爲底本,參校他本十一個,延聘高均儒校勘,凡黄、顧二家所校之抄本、活字本,嘉靖間袚祤喬氏刻六卷本,新安汪氏校二十家八卷本,太倉張氏校百三家二卷本,康熙中陳留劉氏依喬本六卷增刊有補遺本,皆爲校勘所用,擇善而從。故許瀚在《楊刻〈蔡中郎集〉校勘記》中説"自有《蔡集》以來,未有如此本之善也"。

楊氏刻丁晏的《六藝堂詩禮七編》,翟云升的《隸篇》,桂馥的《説文解字義證》,劉淇的《助字辨略》,郝懿行的《爾雅郭注義疏》,《急就章考異》,皆有關學術,是學術名品。

儘管清中期刻書多採用宋體字,楊以增大部分書也是如此,但他刻意爲之的幾種仿宋、仿元刻本,卻極爲人稱道。

楊以增所刻仿宋本有《蔡中郎集》《三續千字文註》,仿元本有《六藝綱目》。最著者爲《蔡中郎集》,係仿宋刻之佳品。封面篆字題書名,牌記爲隸書,版心刻"海源閣"及字數,分大小字,每卷末亦記大小字數。毛春翔、李保民盛讚其爲"清代仿宋元影刻本中的經典之作"。

佳作的産生離不開楊以增幕僚的幫助。包世臣是清代著名的書法家,楊以增刻書多賴其手寫上版。高均儒精於聲訓版本之學,《惜抱先生尺牘》《跛溪年譜》皆爲其手寫付梓。其中《跛溪年譜》,版式疏朗闊大,字大如錢,渾厚飽滿。《蔡中郎集》亦賴梅曾亮校刊。

精品的誕生與刻工也有非常大的關係。楊以增所請多爲金陵名工柏士達,如《蔡中郎集》《三續千字文註》均有"金陵柏士達刊"字樣,爲丁晏所刻的《鄭氏詩譜考》亦署"揚州鈔關大儒坊碧山堂柏刊"。

同樣,楊保彝亦於北京刊刻了著名的仿家藏宋本《唐求詩集》,雖無法與宋刻相媲美,但在清末已是絶佳之品。

二、泰安府刻書

(一)官刻

清中期的泰安府官刻有金棨修《泰山志》和徐宗幹刻書。

1)金棨刻書

《泰山志》二十卷,清金棨修,清嘉慶六年刻光緒補修本。

棨字戟門,號素中,江蘇常州人。乾隆六十年任泰安府知府,至嘉慶三年集成此書,後陞任濟南府知府。

首有阮元序:"前明歙汪子卿作志既,銓叙混淆。而查志隆之重修《岱史》,宋燾之《泰山記事》,蕭協中之《泰山小史》,以及國朝林杭學之《泰山輯瑞集》,皆疏略淺陋不足以紀岱宗。此編窮圖經之幽邃,憫舊志之殘缺,本聶鈫《泰山道里記》《金石記》、朱孝純《圖志》,而廣徵典禮,博採貞珉。作紀三卷、圖一卷、志十一卷、記五卷、叙録一卷,總爲二十卷。叙述該備,體例謹嚴,兼史家之三長,考地理於千古。”對此書評價很高。

崔巍老師《博》上－184 曰:“金棨於成書之後,即付剞劂。又三年,又親老告養去,僑居常州,移書常州府,請歸板於東省。板存縣庫,歷年已久,漸多殘佚。光緒中,仁壽毛澂令泰安,始訪求善本,未幾調任。孝感秦應逵承其後,重加補輯,始還舊觀。”據此,似此書在常州刻成,不然不會有板歸東省之説。或刻於泰安,回常州時攜板歸,這種可能性不大。

2)徐宗幹刻書

清中期的泰安府,有一位對泰山文獻卓有貢獻的外地人,即徐宗幹。

①《山左明詩選》八卷,清徐宗幹輯,清道光七年南通徐宗幹泰山官署刻本。

封面題:“道光丁亥秋,泰山官署藏板。”後署:“錢元夔理堂、徐宗勉仲修同校。”卷端題:“南通州徐宗幹樹人輯。”或題“南通州徐宗幹梁甫輯”。

有徐宗幹道光七年泰山官署之涵春堂序:“余歷官所至,如曲阜,如武城,如泰安……故友紀秋水淦明府藏有益都李君文藻校刻、德州宋仲良先生暇所輯《山左明詩鈔》三十五卷,擬選録未果,以贈余。生平之言,敢以宿草而忘諸?公餘編輯,共成八卷,又於濟南得周朝《山左詩鈔》三十二卷。”

有《凡例》。稱張鵬展刻本“原版現存試院。兹編則益都李君刻於廣東恩平官署,傳之未廣,是以先爲選輯付梓”。知此爲李文藻乾隆三十五年刻《山左明詩鈔》的選本。書刻於任上,且爲山東地方文獻,應爲官刻。

九行二十一字,大黑口,左右雙邊,單黑魚尾。字瘦長,刻印精。

②《虹玉樓賦鈔》不分卷,清徐宗幹撰,清道光六年南通徐宗幹泰山瞻岱軒刻本。

封面題:"道光丙戌秋鐫,泰山官署藏板,古近體詩附。"版心下刻:"瞻岱軒刻。"有《虹玉樓賦選序》。内收徐宗幹、徐宗勉之文。徐宗幹《斯未信齋文編·藝文》:"自垂髫侍庭訓,習律賦,積百餘篇。及官泰山下,出篋中示童子。齊魯諸生請梓行,鞅掌無暇,草草授剞劂氏,並編入課士録,行世二十餘年矣。丁未,復出山,板藏於家。旋渡臺,視學書院。生徒有肄業及之者,而不能遍覩爲憾。吾鄉亦瀕海,乃寄書附商艘載之來,出狼山港,遇颶風漂没。詞章小技抑末也,宜海若怒而沈之。然無以應諸生徒也,節取若干首,復災棗梨,刊印散布,仍望諸生敦崇實學,爲雅頌之才以黼黻昇平,無徒以雕蟲爲也。於是乎書。道光己酉小春十日。"知徐宗幹泰山刻本的由來。此書當爲家刻本,非官刻。九行二十五字,小字雙行二十五字,白口,左右雙邊,單黑魚尾。

③《讀父書齋詩稿》一卷、《斯未信齋詩録》四卷,清徐宗幹撰,清道光十年南通徐宗幹刻本。

封面題:"道光庚寅歲鐫。"有徐宗幹自記:"來往山左,復宦遊其地。自辛巳春攝曲阜,秋之武城。比及甲申夏五,邑泰山下。越今六載,公餘所作,矢口成吟,未可以言詩也。邇有都門之行,取篋中存稿,檢録付弟仲修叔愉校訂成帙,聊爲宦遊日記云爾。庚寅孟夏月自記。"此書亦爲徐宗幹私刻本,非官刻。十一行二十二字,小字雙行二十二字,黑口,左右雙邊,單黑魚尾。字大扁平行密,刻印較粗劣。

④《魯兩先生集》,宋孫復、石介撰,清道光十三年南通徐宗幹泰安刻本。

所據爲榮成孫葆田光緒十五年刻《孫明復小集》自識,聶鈫刻書已述。此書未見。

⑤《制義文統類編》十二卷,清趙國麟選注,清乾隆五年泰安趙國麟京師始刻乾隆十一年湖州繼刻道光南通徐宗幹泰安補刻本。清前期的泰安府家刻已述。

⑥《泰山道里記》一卷,清聶鈫撰,清乾隆三十八年泰山聶氏杏雨山堂刻道光六年南通徐宗幹修版光緒四年增瑞補刻圖本。

有道光六年時任泰安知縣的徐宗幹序:"原刻漫漶不可識,因覆校正。"清前期的泰安府家刻已述。

⑦《石堂全集》十卷、《石堂近稿》一卷、《金臺隨筆》一卷,清釋元玉撰,清康熙泰山普照寺刻道光中南通徐宗幹增刻光緒七年補刻圖本。清前期的泰安府寺廟刻書已述。

以上,徐宗幹在泰安任上共刻書兩種,補刻前人著述三種。

附:泰安府官刻總表

泰山志二十卷	(清)金棨撰	清嘉慶六年刻光緒補修本
山左明詩選八卷	(清)徐宗幹輯	清道光七年南通徐宗幹泰山官署刻本
魯兩先生集	(宋)孫復、石介撰	清道光十三年南通徐宗幹泰安刻本
制義文統類編十二卷	(清)趙國麟選注	清乾隆五年泰安趙國麟京師始刻乾隆十一年湖州繼刻道光南通徐宗幹泰安補刻本
泰山道里記一卷	(清)聶鈫撰	清乾隆三十八年泰山聶氏杏雨山堂刻道光六年南通徐宗幹修版光緒四年增瑞補刻圖本

（續表）

石堂全集十卷石堂近稿一卷金臺隨筆一卷	（清）釋元玉撰	清康熙泰山普照寺刻道光中南通徐宗幹增刻光緒七年補刻圖本

（二）家刻

1. 泰安刻書

泰安中期的刻書除清前期所述趙氏刻《光碧園稿》、上文徐宗幹刻詩文集外，還有一種。

《喬樸軒雜記》一卷，清喬子忠撰，清嘉慶泰安喬氏自刻本。

喬子忠（1784—?），字藎臣，號樸軒，泰安人。乾隆監生。此書不見著録，《山東通志·藝文志》亦未著録，現藏山東博物館。前有趙起魯、顏懷志、蔣大慶、鄭焞烜及作者自序，卷末有徐鈖、李席珍、范埓及作者後序。

2. 肥城刻書

漢置肥城縣，屬泰山郡。明屬濟南府，清雍正十三年改屬泰安府。

明代肥城無刻書記載。清前期和後期亦無刻書記載，衹在中期有張岫父子刻書及孔傳游刻書。

1）張岫父子刻書

張岫（1764—1836），字雲峰，自號嵐居山人，肥城人。名醫。著有《帶經舫集鈔》二卷、《閱史隨筆》一卷、《帶經舫詩鈔》一卷。

①《帶經舫集鈔》二卷，清張岫撰，清道光四年肥城張岫刻本。

此書未見，據光緒十四年江西書局重刻本，前有道光四年嵐居山人張岫題於帶經舫之南窗下："夙昔故人，大半零落。偃蹇一室，誰與爲歡？幸得朋友唱酬之作與零星記録之文，日閱一過，亦堪慰懷。恐致散佚，負友且自負，因謀諸梓，或可永保。而近時諸君子亦不以余爲鄙野，每有佳句，樂使聞焉。集成一册，以便諷誦，且會衆詩人於卷中，亦消遣之一道歟？”

②《帶經舫稿》一卷，清張岫撰，清道光肥城張氏家刻本。

此書爲歷城謝珪參訂，張岫子張振庶等刊刻。卷首有花壽山序：“今其嗣君將以山人詩付梓，屬余校定，且求弁其首。”道光十六年東野崇階撰《傳》云：“其自作詩温厚和平，如公之爲人。惜隨作隨亦散佚，存者僅古律百餘篇。”又道光十八年孟毓蘭序云：“先生雖不遇於時，而出其所學，罔弗與人有濟。蓋其德行淵粹，非斤斤以文詞見者，即文詞未始不足以見先生。斯即其歌詠之僅有存者。質堅而樸，氣清而腴，性格音節，不寄於時靡。嗚呼！誦其詩如見其人，又多乎哉？”此時張岫已去世。此詩後有光緒十四年江西書局刻本，題《帶經舫詩鈔》，《山東文獻集成》據中共山東省委黨校圖書館藏本影印。

2）孔傳游刻書

孔傳游，字道南，號惺齋，肥城人，嘉慶歲貢，官沂水訓導。著有《太極易圖合編》《學庸闡要》《論語發微》《韻學入門》。刻書兩種。

①《太極易圖合編》三卷附《大衍新法》一卷，清孔傳游撰，清道光三年肥城孔傳游沂水學刻本。

封面題：“道光三年新鐫，沂水學藏版。”卷端題：“原籍闕里孔傳游道南著，沂水王端庭六聲、王元吉慶亭編次，族姪繼岑嵐峰校閲，胞姪繼榮仲晦、繼宏裕亭敦刊。”

有道光三年山東督學使者道州何凌漢序，道光三年嵎陽（文登）李允升序，道光二年原州劉曾序。孔傳游自序，稱在此之前，其任職東莞，在臨沂任訓導時，何凌漢督學臨沂，故此書刻於臨沂：“癸未春，宗師雲門何老夫子歲試按臨沂郡，公餘呈閲，既見推許，又慕是正，命付剞劂氏。”

九行十八字,白口,四周雙邊,單黑魚尾。字大悦目,刻印精。

②《致遠堂全集》十三卷,清孔傳游撰,清道光間肥城孔傳游致遠堂刻本。

3. 平陰刻書

隋大業二年始置平陰縣,自宋屬東平府(州),雍正十三年改屬泰安府。

明代平陰無刻書記載。清代僅中期有一種。

《鑄亭詩鈔》《鑄亭山人詩續鈔》,清朱道衍撰,清嘉慶平陰朱道衍刻本。

道衍字星海,别號鑄亭山人,平陰人,諸生。此書當爲自刻。

附:泰安府家刻總表

光碧堂稿一卷	(清)趙宏文撰	清道光三十年泰安趙氏翠瑞園刻本
喬樸軒雜記一卷	(清)喬子忠撰	清嘉慶泰安喬氏自刻本
虹玉樓賦鈔不分卷	(清)徐宗幹撰	清道光六年南通徐宗幹泰山瞻岱軒刻本
讀父書齋詩稿一卷斯未信齋詩録四卷	(清)徐宗幹撰	清道光十年南通徐宗幹山東刻本
帶經舫集鈔二卷	(清)張岫撰	清道光四年肥城張岫刻本
帶經舫稿一卷	(清)張岫撰	清道光肥城張氏家刻本
太極易圖合編三卷附大衍新法一卷	(清)孔傳游撰	清道光三年肥城孔傳游沂水學刻本
致遠堂全集十三卷	(清)孔傳游撰	清道光間肥城孔傳游致遠堂刻本
鑄亭詩鈔鑄亭山人詩續鈔	(清)朱道衍撰	清嘉慶平陰朱道衍刻本

(三)坊刻

泰安有刻書鋪“瞻岱軒”,開業於道光年間,前述刻有徐宗幹的《虹玉樓賦鈔》。另據李中《泰安地區刊刻出版業概況》①一文,瞻岱軒還刻有《大學章句困知録》一書。

(四)泰安府刻書特色

清中期的泰安府官刻數量幾與家刻相當,這在其他府還未出現過,可能與徐宗幹的補刻3種有關,實際刊刻應爲3種。

一如清前期官刻書關注泰山文獻,中期的官刻首爲知府金棨刻《泰山志》。此志取以前諸家之長,阮元對其評價很高。

清中期對泰安文化建設貢獻最大的當屬徐宗幹了。他在泰安任職期間,不僅對泰山以前所刻的書進行修版、增刻,還重刻了《魯兩先生集》,更重要的是,選李文藻在恩平縣署所刻的《山左明詩鈔》,成《山左明詩選》,雖爲遴選工作,但表現了徐宗幹對山東文獻的重視。他意識到李文藻本流傳不廣,影響了此書的傳播,所以亟爲選刻,盡到了一個父母官的職責。他後來在濟寧知州任上編纂州志和金石志,每到山東一地即編纂地方志,可見他是一個極重文化的官員,而在離開山東後他還繼續刊刻了《濟寧金石志》,更表明他以刻書爲己任的拳拳之心。

清中期的泰安府家刻比前期有了很大的進步,前期僅泰安縣刻書14種,主要是趙國麟一家。中期雖總量不如前期,但分布比前期廣,泰安府下轄七縣中,三縣有刻書,已屬不少。泰安刻4種,肥城刻4種,平陰刻1種。無刻書名家。刻書内容以集部爲主,有6種。

清中期泰安府家刻和坊刻不盛,可能與乾隆時泰安的兩起

①李中:《泰安地區刊刻出版業概況》,見《山東出版志資料》第三輯,山東人民出版社1986年版,第137~144頁。

“文字獄”有關。

一是王盡性“捏造歌詞”案。《清高宗實録》乾隆十八年四月初二日有諭:“據楊應琚奏稱‘泰安縣民王盡性等,捏造歌詞,刻印貨賣,照妄布邪言例,分别擬以斬決、流徒’等語。此等匪徒,自應嚴行查禁,但案擬交部,竟若成一大案,似亦不足如此辦理,且恐轉駭愚民聽聞。可傳諭楊應琚,將爲首之人,立予仗斃,其餘各犯,酌量枷責發落。所撰歌詞板片,即經追毁,惟嚴禁民間,不得再行傳播可耳。楊應琚折,亦無可批示,亦不必存案,可一併傳諭知之。”①

據周郢考證,王盡性其人,史稱“泰安縣民”,可能是一位生活在社會底層的民間藝人。他擅長寫作歌詞,不但用來演唱,而且還將作品刊刻行世。但因他的歌詞觸怒了官府,被指爲“妄布邪言”,終被杖殺,書板也被追繳焚毁。

繼王盡性“捏造歌詞”案後,在乾隆四十三年二月,泰安又發生了王仲智“私藏逆書”案。王仲智,好讀書,入山中潛居修煉,並收集了一些被清廷認爲“狂悖不法”的圖書。泰安知縣張鳴鐸偵知其事,逮捕仲智,從其家中搜出木牌、木劍及禁書《萬法歸宗》。案發,山東布政使徐恕與按察司李燕立即趕赴泰安,審理此案。王仲智供稱:“曾遇神仙,叫我閉門修煉,可以脱離生死。”清高宗得報後,以爲是反清的秘密宗教組織,大爲驚恐,道:“此等莠民邪説,最易煽惑鄉愚,自應嚴究根株,按法懲治!”此後,山東巡撫國泰稟承帝意,上疏要求按謀反大逆的罪名,將王仲智淩遲處死。但因乾隆的態度有所緩和,王仲智免於一死。

乾隆中連續兩次文字案,一是刊刻歌詞,一是窩藏禁書,使皇帝龍顏大怒,刻書者被杖斃,藏書者家被毁,這無疑是對泰安人民

①《清實録山東史料選》,齊魯書社 1984 年版,第 348 頁。

的强大震撼,也是對泰安刻書業的震懾。清中期的泰安家刻和坊刻不興,蓋與此有關。

三、武定府刻書

(一)家刻

清中期的武定府無官刻和坊刻記載。

武定府中期家刻有37種,下轄十縣,四縣無刻書記載:青城、商河、霑化、蒲臺。有刻書的縣是惠民、陽信、海豐、樂陵、濱州、利津。

1. 惠民刻書

惠民中期的刻書衹有邵大緯一家。邵大緯,惠民人,嘉慶六年辛酉舉人,官華容知縣。著有《史事簡鈔》前後編、《薄海番域録》《國朝祟祀盛典》《古今氏族紀里》。

《薄海番域録》十二卷,清道光九年武定邵大緯家刻本。《山東通志·藝文志》曰:"是編刊於道光己丑。分古番蠻部、新疆邊徼、重譯絶域等門,末二卷爲補遺。所誌各番地絶域,則但録瑣談,餘皆辨其方域,詳其道里。補遺則備載古國,以資參考。"是編是一部重要的西藏史志,此爲第一個版本,後收入《小方壺輿地叢鈔再補編》。

邵大緯撰《史系簡鈔前編》八卷、《史事簡鈔後編》四卷,清道光十年武定邵大緯志仁堂刻本。

封面題:"庚寅新鐫,惠民邵念塘詮次,志仁堂梓。"卷端題:"山左武定邵大緯星巖氏述。"九行二十二字,白口,無行格。似坊刻本。無序無跋。

2. 陽信刻書

清中期陽信無明確的刻書記載。所轄慶雲,漢時爲陽信縣地,隋置無棣縣,元分置西無棣縣,明改慶雲縣。清屬河北省。因慶雲現屬山東德州,故以陽信地視之。

清中期的慶雲刻書有兩部,皆爲崔氏所刻。

①《念堂詩草》五卷,清崔旭撰,清道光九年慶雲崔旭刻本。

卷端題:"慶雲崔旭曉林。"卷三末署:"男光篚、光第、光笏校字。"卷四、五末署:"男光篚、光第、光笏仝校。"

道光九年歸安葉紹本叙於晉陽使署之恬養知齋,稱崔旭爲津門人,時宰石城。"今念堂裒其平生所作,將付剞劂,問序於余。"道光四年梅成棟序,稱二人同師從遂寧張問陶。

九行二十一字,白口,四周雙邊,單魚尾。宋體字,刻印不苟。

②《[咸豐]慶雲縣志》三卷、《首》一卷、《末》一卷,清崔光笏修,清戴絅孫纂,清咸豐五年慶雲崔氏海雲堂刻本。

封面題:"咸豐乙卯鐫,海雲堂崔藏板。"

此書由昆明人戴絅孫編輯,即成於雲南,或刻於雲南,未可知。字體圓潤敦厚,刻畫不苟。因係私人刻書,無督梓及編纂姓氏,卷端僅列:"昆明戴絅孫雲帆編輯,邑人崔光笏慧田參訂。"咸豐四年崔光笏於滇南糧署識:"昔先大夫之修《慶雲志》也,蒐羅博洽,考訂詳賅,顧以事權非盡由己,其間棄取,一切多未愜心。暮年猶手自點定,以付光笏,而命之曰:'是志規模雖具,而義例未協,異日者其善爲我述之。'(光笏)道光丁未來官滇南。越二載,同年戴子雲帆乞假歸里。雲帆邃於古者,著作宏富,乃出是編,屬其釐正。"

3. 海豐刻書

清中期海豐刻書以張氏爲主。

張氏爲海豐大族,著述豐厚。刻書活動開始較晚,始於嘉慶年間,一直到光緒,共刻書十餘種。

①《[海豐]張氏家乘》十卷、《首》一卷、《末》一卷,清張映房等纂修,清嘉慶二年海豐張氏浙江刻本。

封面題:"嘉慶丁巳年輯,敬身堂藏板,十二世孫映璣敬刊。"

總目下有："十二世孫映傳校録，映房敬編，映漢參閲，映蛟仝校，十三世孫洽聞重校。"

有嘉慶二年張映璣序："乾隆戊戌，從兄映房官清平學博，映璣嘗以書抵之，屬其訂次。越歲，譜成，從兄映台爲之序，胞兄映衡將付剞劂而未果，會映璣之京師，爲比部郎，繼宦遊楚越間，鹿鹿未暇。嘉慶元年丙辰，映璣奉天子命都轉兩浙鹽務，稍閑，爰檢從兄映房所編《家譜》，覆加校勘……亟登之梓。"由序可知，此譜爲張映璣在都轉兩浙鹽務任上所刻，封面有滿漢文印"兩浙江南都轉鹽運使司之印"，更證明此書刻在南方。

據映璣序及編刻題名，知此書雖刻於浙江，但成書及校録係張氏合族所爲：映傳校録，映房編，映漢參閲，映蛟校，十三世孫張洽聞重校，映台爲序，映衡將付剞劂而未果。最後書刻成於映璣。映漢，字星槎，號筠圃，乾隆四十九年甲辰進士，官至户部右侍郎。映台，號海該，映漢從弟，乾隆進士，由武安縣令晉福建漳州同知，官至兵部員外。映衡，字持之、鎮之，貢生，官廣東順德縣知縣。映奎，字光宿，官湖南宜章縣令。映房，字稱德，乾隆舉人，官清平訓導。映緯，字經德，乾隆三十三年戊子舉人，著《鴻雪齋稿》。映璣，字璉之，援例官刑部員外，陞郎中，出爲湖北宜昌知府，官至鹽運使。映蛟，字胎庵，舉人，援例爲同知，歷永州知州，官至辰沅永靖道。

九行二十字，白口，左右雙邊，單魚尾，版心下刻"敬身堂"。字大，開本大，刻印精美。

②據《販記》著録，海豐張氏有著述十種，爲嘉慶、道光、同治間刻本，除《讀詩類編》《毛詩韻考》《韻學弟子訓》三種可以確定爲張氏刻本外，其餘皆不知具體刊刻年代及刻書人，但因其大多爲《行述》，家刻的可能性非常大，故應列入家刻本：

荔岩行述一卷	(清)張映衡及其子張泚沅等撰	清嘉慶間刻本	《販記》140頁
讀詩類編十八卷	(清)張映漢選評	清嘉慶十九年敬述堂刻本	《販續》306頁
毛詩韻考八卷	(清)張映漢撰	清道光五年述敬堂刻本	《販續》10頁
韻學弟子訓四卷	(清)張映漢撰	清道光五年述敬堂刻本	《販續》10頁
律綱一卷	(清)張映璣輯	清道光間衣德堂刻本	《販記》193頁
曦亭行述一卷	(清)張映斗及其子張洵等撰	清道光間刻本	《販記》141頁
我園行述一卷	(清)張求及其子張衍重等撰	清咸豐間刻本	《販記》141頁
尚溪行述一卷	(清)張汝璜及其子張守歧撰	清同治間刻本	《販記》142頁
子静行述一卷	(清)張衍壽及其子張守虔撰	清同治間刻本	《販記》142頁
奉山行述一卷	(清)張守岱及其子張樹楨等撰	清同治間刻本	《販記》142頁

注:"敬述堂"或即"述敬堂"。

③《鴻雪齋詩藏稿》二卷,清張映緯撰,清光緒十五年海豐張映緯曾孫張貽琯刻本。

映緯前已有述。《府志》本傳云:"遊於錢塘桑弢甫先生門,有詩一帙,先生見而歎曰:'漁洋、秋谷有嗣音矣。'"此書輯古今體詩二百五十餘首,大多爲詠史之作,亦有感懷、贈答之詩。

有牌記:"光緒己丑仲冬開雕。"卷端題:"海豐張映緯經德。"卷上、下末有:"曾孫張貽琯校刊。"首無序,末無跋。

十行二十一字,白口,四周單邊,單黑魚尾。刻畫稍細,比較精,清末家刻中的精品。

④《筠圃詩鈔》一卷,清張映漢撰,清光緒二十六年海豐張映漢曾孫張守謙刻本。

映漢前已有述。《販記》著録①。

張氏刻書特點有五:

一是刻書集中於張映漢及其子孫。

二是刻書自嘉慶二年至光緒二十六年,時間跨度達百年。

三是刻書十二種,史部七種,經部三種,集部兩種,以史部爲主,尤以刊刻家人行述爲主。

四是所刻書大多現已不存,十二種書中,衹目驗一種(不計《家乘》)。

五是從現存的《[海豐]張氏家乘》《鴻雪齋詩藏稿》兩種中,可知張氏刻書質量高,皆係精品。

清中期的海豐刻書還有吴氏刻書六種,包括兩次刻吴自肅的《作文家法》,吴之勷刻《紀效新書》《練兵實紀》九卷、《雜集》六卷,吴式芬刻《寶刻叢編》《雙虞壺齋印存》,詳見清後期的海豐刻書。

4. 樂陵刻書

清中期的樂陵刻書主要是賈聲槐。

1)賈聲槐刻書

賈聲槐(1767—?),字閣聞,號直方,又號艮山人。嘉慶四年進士,授户部主事。遷郎中,十九年考選湖廣道監察御史,轉給事

①孫殿起:《販書偶記》,上海古籍出版社1992年版,第435頁。

中。選授河南南汝光道，署按察使，改授浙江温處道。道光十年休致。道光二十三年爲丁裕彦的《周易述傳》作序。

賈聲槐有著述五種，均在其生前刻成，應爲自刻。

①《四書思辨録》十四卷，清道光七年樂陵賈聲槐刻本。

封面題："道光丁亥年鐫。"卷端題："樂陵賈聲槐艮山。"

有道光五年乙酉自序："余弱冠後，於習經外好讀性理及二程全書、朱子文集，久之似有會悟，即以體驗四書之旨，用力蓋數十年於兹矣，隨録以自課。"

十行二十二字，白口，左右雙邊，單黑魚尾。字一般。

②《艮山文集》八卷，清道光七年樂陵賈聲槐刻本。

封面題："道光丁亥年鐫。"目録下題："樂陵賈聲槐閣聞。"行款同上。

③《艮山續集》三卷，清道光十年樂陵賈聲槐刻本。

封面題："道光庚寅年鐫。"目録下題："樂陵賈聲槐閣聞。"行款同上。此書與《艮山文集》卷數相連，爲第九、十、十一卷。

④《約我齋偶録》四卷，清道光十四年樂陵賈聲槐刻本。

封面題："道光甲午年鐫。"卷端題："樂陵賈聲槐艮山。"行款同上，字體方正，刻印比較清晰。

⑤《周易解》三卷、《首》一卷，清道光十四年樂陵賈聲槐刻本。

封面題："道光甲午年鐫。"卷端題："樂陵賈聲槐艮山。"行款同上。

賈聲槐刻書特點有二：

一是所刻書五種，兩種爲經部，兩種爲文集，一種爲子部。

二是所刻書皆有明確的刻書時間，但無序跋。有三種在外地刻，道光十四年的刻本大概在山東刻。

2)其他刻書

除了賈聲槐刻書，清中期的樂陵刻書還有三種：

①《洛間山人詩鈔》十二卷,清薛寧廷撰,清嘉慶十五年樂陵王所擢江西廣昌刻本。

封面題:"嘉慶庚午年鐫,樹德堂藏板。"卷端題:"雒南薛寧廷補山甫著。"

薛寧廷,字補山,雒南人。乾隆二十二年丁丑進士,改庶吉士,授編修。

嘉慶十五年樂陵王所擢《鐫洛間山人詩鈔叙》:"《洛間山人詩鈔》者,雒南薛補山先生之遺稿也。先生於乾隆辛未侍翁尺庵先生謫居吾樂,以優貢捷癸酉順天鄉試,丁丑成進士,入翰林。越六年,休致,歸養尺庵先生,卒。遺命安厝謫所,子孫遂遵例入籍。擢與先生子若姪雲章荆州同入學,交相善也。先生範子姪嚴,不許外交。然擢至,輒喜,出語移時,間以詩文就正,亟爲加墨點竄,不少假借,而於詩訓誘尤至。惟先生出遊日多,一歲中晤教僅二三焉。後擢與荆州丁酉年同貢成均四庫館,期滿,歸。值先生新除太夫人服,閒居,因得屢從先生遊。花朝月夕,無不陪侍。偶有吟詠,則示擢,且命同作。每逢酒闌燈灺,傷邑中之老成零落,儕輩云亡,欷歔者久之。而談及古今人物之高下,諸家詩文之純駁,莫不原原本本,夜分不倦。故二年中聞先生之緒論者甚備。甲辰秋,擢赴招遠教諭任,先生……在東魯主講各郡邑書院……先生殁已有七年,取遺稿讀之……先生詩多不存稿,晚歲稍自搜輯,釐爲十二卷。擢受先生知最深,慮其久而易失也,爲付剞劂……嘉慶十五年歲次庚午菊月年姻愚姪樂陵王所擢謹誌於廣昌官署。"

王所擢,字選堂。此書爲王所擢刻於廣昌官署。廣昌,屬江西。

十行二十一字,白口,四周雙邊,單黑魚尾。

②《四書講義》十四卷,清蔡允修撰,清嘉慶間樂陵蔡允修等刻本。

允修字蘿園，樂陵人，嘉慶十三年戊辰副貢，官肥城教諭。是書即其官教諭時所作。《山東通志·藝文志》著録："同官助貲付梓，巡撫崇恩爲之序。"未見傳本。

③《蕉窗囈語》一卷、《大夢記年》一卷、《詩文合鈔》一卷，清汪荆川撰，清道光二十四年汪氏汲古堂刻本。

封面題："道光甲辰六月，汲古堂藏板。"版心下刻"汲古堂"。卷端題："鬲津松樵氏汪荆川存稿。"

荆川字松樵，樂陵人，嘉慶二十一年丙子舉人，官西鄉知縣。前有馬國翰《蕉窗囈語小引》，稱道光十五年，二人同分校陝闈。二人後先引疾去，後先同來關輔，後先各補本缺，約五六年間事。知二人頗有緣分。後有衆人《題辭》。道光二十三年汪荆川自序，稱道光六年通籍，九年二次入關，歲暮攝鹿苑篆，十一年秋代寧陝廳事，後任長武，七年後，即道光十八年九月移凫西邑。當年因案引疾後，道光二十三年又來此地。後題"鬲津松樵氏汪荆川自叙於豐城官舍之雙桂廳蕉窗下。"全文末附學生陳篛山大紳詩，並有汪氏自記，時間爲道光二十四年三月，中言刻書事。

《山東通志·藝文志》著録："《蕉窗囈語》皆古近體詩。《大夢紀年》七言截句百餘篇，皆自紀其生平行事，篇各有注。始乾隆甲寅一歲，迄道光癸卯五十歲。"今僅見《蕉窗囈語》一書。

七行二十一字，白口，四周雙邊，單黑魚尾，無直格。版框上鐫小字四字。字大，疏朗。

以上樂陵刻書共八種，賈聲槐刻五種，占二分之一强。刻書内容上，集部四種，經部三種，子部一種。時間分布上，嘉慶兩種，道光六種。刻書地域上，刻於外地者四種，刻於山東者四種。

5. 濱州刻書

清中期的濱州刻書除了前期所述杜氏刻兩種外，還有《松筠閣鈔異》十二卷，清高承勳輯，清道光八年渤海高氏刻本。

6. 利津刻書

利津縣置於金明昌三年,因邑内有"永利""東津"兩地而得名,清代屬武定府。

據《山東通志·藝文志》,利津明代衹有魏綸撰《東溟詩集》一種,綸字理之,正德二年丁卯舉人,官浙江副使。此書僅有鈔本。杜信孚《全明分省分縣刻書考》中無利津刻書記録。

清前期的利津刻書衹兩種,即李源刻《利津李氏考卷》及《易經簡明集解》,因李源家刻書大多在清中期,故並入中期介紹。

1)李源刻書

李源字巨濤,號雲鶴,利津人,乾隆二十一年舉人,三十四年進士。茌平縣學博,後任青州府教授,官福建邵武知縣。乾隆四十五年,充福建鄉試同考官。另著有《書經輯要》《詩經輯要》《禮記輯要》《春秋輯要》《四書考疑》《歷代紀元》《雲鶴詩存》《寓拙軒稿》等。據各家書目著録,僅見刻本四種。

①《利津李氏考卷》不分卷,清李源輯,清乾隆五十八年利津李氏刻嘉慶二十四年續刻本。

封面題:"利津李氏考卷,乾隆癸丑初鐫,嘉慶己卯續補。"前有乾隆五十七年李源序:"余童子時,鄉前輩道及先王父贈文林公(諱恭字作肅)資學奇特,不幸早逝,聞之愴然痛,瞿然思,亟欲尋遺文讀之,竟不可得,後從舊帙中檢出十六歲冠軍作,珍逾拱璧,惜缺尾不全,縷思續成之,腕力弱,弗能肖也。因念績學不遇之士,族人代有,恐後之視今一如今之視昔,爰集同時生童試卷録藏篋中,後來隨時續輯,以備一則。迨元圃兄歿,人琴增感,遂慨然有付雕之志,因絀於力弗果。嗣是馳驅公車,鞅掌南北,蓋無日不攜與俱焉。己丑榜後,司鐸冀邱,爲南省通衢,往來諸君子謬詢虚聲,就索窗稿,及門疲於手録,私取付梓,余知而中止之。蓋隱以玆編未成爲憾,姑置後圖也。忽忽廿年來,人文日增,郵寄多闕,而余已老將至矣，倘再事荏苒，將來知復何如，用是兹懼，勉付剞劂。”署“乾隆壬子重陽前一日李源書於淅東芸輝書院之西軒，時年五十有九”。“淅東”當爲“浙東”之誤。

有《凡例》：是集衹傳家藏，非敢問世，故文不盡佳，附人而存，間有修飾，仍不失本來面目；歲科試衹録一等前五名，府縣試衹録首卷，入泮則各登一藝，因艱於費，不免遺珠之歎；批語悉照原卷，無者闕之，間誌數語，則有感而云爾；集中皆小試文，鄉會卷概不攔入，至貢監録科教職彙考亦小試内事也，故並録；族姓散居，搜訪難遍，集内先録本支，博採廣增，願俟異日。

書中所收第一篇就是李源文，題：“山東韋宗師歲試東昌府教職一等一名李原巨濤。”

九行二十四字，白口，四周單邊，無直格，眉上鐫有小字四字。

②《易經簡明集解》三卷，清李源撰，清乾隆六十年利津李源刻本。

《山東通志·藝文志》：“是書有乾隆乙卯刊本。”時李源在世，故此書當李源自刻。《藝文志》引《自序》云：“遵程、朱者十之七八，而兼採諸氏以補其缺，偶引史事以顯其義，總以《御纂折中》《御纂述義》爲圭臬。至於互卦變象爲初學入門計，恐滋繁亂，姑俟别爲一帙，兹概不録。”黄壽祺《易學群書平議》①評價曰：“姑就其本編觀之，如其釋易名義，兼取日月爲易之説；釋離九四，引隋煬帝江都筵案；釋大壯六五喪羊於易，謂爲喪羊於平易之地。凡此諸義，皆爲程朱傳義所無。又其徵引史實，則六十四卦三百八十四爻，殆有三之二。核其實際，蓋與李光、楊萬里之《易》同流。”

③《春秋傳注會參》，清李源編，清嘉慶三年利津李源浙江

①〔清〕黄壽祺：《易學羣書平議》，http://www.loveread.org/thread-1804-1-1.html。

刻本。

北京大學潘妍艷經眼。卷首附竇光鼐致李源書札一通，題“竇東皋先生覆札”，末署“乾隆壬子中秋通家生竇光鼐拜手答言，即以代序，附上參訂若干條，希鑒”。壬子爲乾隆五十七年。其後爲李源自序，概述《春秋》之學，深詆宋明之臆解穿鑿，並曰：“自前明洪武取士專用胡《傳》，經生文藝竟多發明《傳》意者，而置《經》於不顧，又《春秋》之一厄也。余自十五以《五經》入泮，粗解字句，及丙子《五經》停止，以《春秋》膺鄉薦，嗣屢困公車，於是《經》研説獨深，始知胡《傳》不足以釋《經》。嘗自著一編，藏諸篋笥而已。己丑叨列經元，闈墨則依然胡《傳》也。今年奉功令，罷胡《傳》不用，數百年積痼豁然頓開。用是取前編而修飾之，會通四傳，參考注疏，録其合者，而附異者於後，以資討論。間有《傳》《註》俱無確解而後儒説較近理者，偶節録之，亦無幾矣。誠知管窺蠡測無裨高深。然當胡《傳》乍廢，初學無所依據，聞近科闈墨仍有用胡《傳》成文者，是編折衷詳明，指歸簡約，初學易於領會，或可爲科場獻資之一助，不至迷於所往焉，則可耳窮經云乎哉。嘉慶三年戊午花朝後二日，山左利津李源巨濤氏識於近聖書院之樂育堂，時年六十有五。”備叙其撰著緣由與意旨。

其《寓拙軒稿》前有序，稱其罷官後，旅食浙東，“嗣承郡守聘主近聖書院……山左利津李源巨濤氏自識於台州旅次寓拙軒，時年六十七”。可知，此近聖書院，指的是台州的近聖書院。則此書應係李源浙江刻本。

十行二十四字，小字雙行二十四字，白口，四周單邊，無魚尾，版心刻春秋十二公，自隱至哀。書未明確分卷，書口不刻“卷某”字樣，實際上按春秋十二公分爲十二個部分，各部分單獨編葉。

④《四書考疑》一卷，清李源撰，清道光元年利津李源孫李端照刻本。

此書山東博物館有藏。崔巍老師考證,書刻於道光元年。《論語》卷首有作者自序:"按朱子《四書集注》,嘉惠後學,厥功甚大,何可輕議。而古説亦不妨並存,以備參考。至取義偶有未穩者,朱子亦自言,似不必曲爲回獲也。間出一知半解,隨時手輯,並注疏未及而有關聖賢心者,亦附録之。用志平生心力,兼交兒輩見聞。"

⑤《歷代紀元考》一卷,清李源撰,清道光元年利津李源孫李端照羊城刻本。

此書據崔巍老師書著録,山東博物館藏。卷首有自序。

⑥《寓拙軒稿》,清李源撰,清道光二年利津李源孫李端照刻本。

封面題:"道光壬午年重鐫。"壬午年爲道光二年。大概亦爲李端照所刻。

前有乾隆三十九年李中簡《初刻詹言拾遺》。嘉慶五年李源自序於台州之寓拙軒,稱:"余刻《易》《詩》《春秋》竟成,而力不能繼,梓人閒曠,及門議量力指貲刻余時文以廣其傳。"據序知李源曾有《五經説約》之刻,完成了《易》《詩》《春秋》,其中《春秋》有流傳,即潘妍艷在北京大學圖書館所見之《春秋傳注會參》,嘉慶三年刻於台州者。《山東通志·藝文志》所著《易經簡明集解》三卷,清乾隆六十年刻本者,當爲《易》。而《詩經》未見。

序中並言,其時文在乾隆三十九年已刻過,名曰《詹言拾遺》,即李中簡爲序者,時李源在茌平任學博,書由門人刊刻。

以上李氏刻書共六種,所刻皆爲李源自撰。有李源自刻者三種,在乾嘉間。有其孫李端照羊城刻者三種,在道光初。六種中,經部三種,史部一種,集部二種,可見,經部是其刻書重點,從各書序跋中也可以看出,李源對清中期山東經學的普及是有重要貢獻的。

2)其他刻書

利津綦灃,字彙東,乾隆五十七年舉人,欽賜檢討。著有《四書會解》《周禮輯要》《醫宗輯要》《還醇堂文稿》等。其《四書會解》二十七卷,清嘉慶五年自刻於還醇堂。封面題:"嘉慶五年新鐫,還醇堂藏板。"卷端題:"利津後學綦灃輯。"受業諸子校閱:王維翰西林、石琨瑶圃、賈元弼成五,高逢春鎮東、劉昭月峰、張中輝華庵……弟綦漢雲川、姪綦本榕夏初、綦獻書採訓,男綦校書藜輝、綦志書仰山、綦傳書業圃。有山東督學使者戴均元嘉慶五年序:"渤海綦君講學有年……爰輯成書,曰《會解》。"嘉慶五年渤海綦灃彙東氏書於潔溪草堂:"凡五脱稿而成,蓋數十年於兹矣,四方借鈔者漸多,難以遍給,僉以付梓爲請。"知爲自刻無疑。

九行二十四字,小字雙行,四周雙邊,無魚尾,版心下刻"還醇堂"。字體方正,比較精。

清中期的利津刻書還有李文桂刻書一種,其子李佐賢刻書二種,在清後期叙述。故清中期的利津刻書共八種,李源家四種,綦灃一種,李佐賢家三種。

附:武定府家刻總表

薄海番域録十二卷	(清)邵大緯撰	清道光九年武定邵大緯家刻本
史系簡鈔前編八卷	(清)邵大緯撰	清道光十年武定邵大緯志仁堂刻本
史事簡鈔後編四卷	(清)邵大緯撰	清道光十年武定邵大緯志仁堂刻本
念堂詩草五卷	(清)崔旭撰	清道光九年慶雲崔旭刻本
[咸豐]慶雲縣志三卷首一卷末一卷	(清)崔光笏修 (清)戴絅孫纂	清咸豐五年慶雲崔氏海雲堂刻本

（續表）

荔岩行述一卷	（清）張映衡及其子張澎沅等撰	清嘉慶間海豐張氏刻本
讀詩類編十八卷	（清）張映漢選評	清嘉慶十九年海豐張氏敬述堂刻本
毛詩韻考八卷	（清）張映漢撰	清道光五年海豐張氏述敬堂刻本
韻學弟子訓四卷	（清）張映漢撰	清道光五年海豐張氏述敬堂刻本
律綱一卷	（清）張映璣輯	清道光間海豐張氏衣德堂刻本
曦亭行述一卷	（清）張映斗及其子張洵等撰	清道光間海豐張氏刻本
我園行述一卷	（清）張求及其子張衍重等撰	清咸豐間海豐張氏刻本
作文家法一卷（四刻）	（清）吴自肅撰	清嘉慶二十二年海豐吴怡曾河南許昌刻本
作文家法一卷（五刻）	（清）吴自肅撰	清道光七年海豐吴扶曾廣西藤縣刻本
紀效新書	（明）戚繼光撰	清嘉慶間無棣吴之勷刻本
練兵實紀九卷雜集六卷	（明）戚繼光撰	清嘉慶間無棣吴之勷刻本
雙虞壺齋印存不分卷	（清）吴式芬藏	清道光間海豐吴氏刻鈐印本
寶刻叢編二十卷	（宋）陳思輯	清道光間海豐吴式芬刻本

（續表）

四書思辨録十四卷	（清）賈聲槐撰	清道光七年樂陵賈聲槐刻本
艮山文集八卷	（清）賈聲槐撰	清道光七年樂陵賈聲槐刻本
艮山續集三卷	（清）賈聲槐撰	清道光十年樂陵賈聲槐刻本
周易解三卷首一卷	（清）賈聲槐撰	清道光十四年樂陵賈聲槐刻本
約我齋偶録四卷	（清）賈聲槐撰	清道光十四年樂陵賈聲槐刻本
洛間山人詩鈔十二卷	（清）薛寧廷撰	清嘉慶十五年樂陵王所擢江西廣昌刻本
四書講義十四卷	（清）蔡允修撰	清嘉慶間樂陵蔡允修等刻本
蕉窗囈語一卷大夢記年一卷詩文合鈔一卷	（清）汪荆川撰	清道光二十四年汪氏汲古堂刻本
杜文端公（堮）自訂年譜不分卷	（清）杜堮撰 （清）杜翻續編	清咸豐八年濱州杜氏刻本
杜文正公（杜受田）年譜（杜芝農年譜）一卷	（清）杜翰、杜翻纂	清咸豐間濱州杜氏刻本
松筠閣鈔異十二卷	（清）高承勳輯	清道光八年渤海高氏刻本
春秋傳注會參	（清）李源編	清嘉慶三年利津李源浙江刻本
四書考疑一卷	（清）李源撰	清道光元年利津李源孫李端照刻本
歷代紀元考一卷	（清）李源撰	清道光元年利津李源孫李端照羊城刻本

（續表）

寓拙軒稿	（清）李源撰	清道光二年利津李源孫李端照刻本
四書會解二十七卷	（清）綦澧撰	清嘉慶五年利津綦澧還醇堂刻本
［李文桂文］	（清）李文桂撰	清利津李文桂晉康州署刻本
石泉書屋制藝二卷	（清）李佐賢撰	清咸豐八年利津李佐賢刻本
石泉書屋館課詩二卷	（清）李佐賢撰	清咸豐八年利津李佐賢刻本

（二）武定府刻書特色

所見清中期的武定府刻書唯有家刻本。共 37 種，其中惠民 3 種，陽信 2 種，海豐 13 種，樂陵 8 種，濱州 3 種，利津 8 種。刻書最多者爲海豐。清前期没有刻書記載的四縣，在清中期亦無刻書記載。

内容上，經部書 9 種，史部 15 種，子部 1 種，集部 12 種。史部書最多，其中傳記有 5 種，金石類有 4 種，邵大緯史抄 2 種。經部書約占總刻書量的四分之一，已屬不少。其中海豐張映漢家 3 種，利津李源和綦澧共 3 種，樂陵賈聲槐和蔡允修共 3 種。

邵大緯《薄海番域録》十二卷，是一部重要的西藏史志，且爲此書的第一個版本，後收入《小方壺輿地叢鈔再補編》。崔光笏以個人之力修《［咸豐］慶雲縣志》，刻於雲南，比較精美。

大族刻書僅見三家，一是海豐吴氏刻書六種，將於後期介紹。二是海豐張映漢家，刻書集中於張映漢及其子孫，自嘉慶二年至光緒二十六年，時間跨度達百年。刻書 12 種，以刊刻家人行述爲主。原書大多現已不存，從現存的 2 種書中，可知張氏刻書質量高。三是樂陵賈聲槐，刻書關注經部，有 3 種在外地刻，1 種在山東刻。

從欒陵刻書來看,此時的外地刻書已與山東刻書没有太大的區别,均爲宋體字,即使是有着良好的刻書傳統的江西等地,亦没有了往日的優勢。如嘉慶十五年欒陵王所擢江西廣昌刻《洛間山人詩鈔》,幾乎没有什麽特點可言。

但還是有幾種可以稱得上精品,如《[海豐]張氏家乘》刻於浙江,字大,開本大,刻印精美;光緒十五年海豐張貽琯刻《鴻雪齋詩藏稿》,刻畫細膩,係清末家刻中的精品。

四、臨清州刻書

(一)家刻

臨清州原屬東昌府,乾隆三十九年始陞爲直隸州,下轄三縣:夏津、武城、邱縣。著者籍貫有署"臨清"者,蓋指原來的臨清州地,與三縣無關。今依原著,單列"臨清"一地。

1. 夏津刻書

夏津在明屬高唐州,清雍正八年改屬東昌府,臨清爲直隸州後,屬臨清州。明代及清前期均無刻書記載。清中期,夏津刻書五種。

1)潘氏刻書

潘克溥刻書共三種,後人刻書一種。

潘克溥,字霖洽,號澤農。道光元年辛巳舉人,翌年任湖北武昌知縣,後任沔陽縣令,官至蕲州知州。潘克溥一生著作豐富,有《四書精義》《四書備考》《詩經説鈴》等。

①《孟子備考》,清潘克溥輯,清道光二十一年夏津潘氏刻本。

②《四書人物備備考》十七卷、《首》一卷,清潘克溥撰,清道光二十一年夏津潘氏刻本。

封面題:"山左潘氏集,務本堂藏板。"卷端題:"夏津潘克溥澤農氏輯。"

前有道光二十一年潘氏《四書備備考叙》,末題"道光二十一年壬寅春日夏津潘克溥澤農自記於武昌官廨"。

參訂姓氏有江夏吴彭齡,同里王有成、侯湄,漢陽石意恭、蒲圻、賀子一,高唐郝伊蘭,德州衛張有爲,武昌高華堂,還有胞弟潘克博、潘克敷,子潘滋椿、潘滋榎、潘滋楸,堂姪潘滋荷,姪潘篤信,族曾孫潘泰巖等。

十行二十五字,小字雙行二十五字,白口,四周雙邊,單魚尾。版心上鎸小字四字。刻印較精。

③《蘄州志》二十六卷,清潘克溥纂修,清咸豐二年刻本。當爲潘克溥在蘄州知州任上所刻。

④《詩經説鈴》十二卷,清潘克溥撰,清同治元年潘氏惜蔭堂刻本。當爲潘氏後人所刻。

2)寧遠楊澤闓刻書

《石汸詩鈔》三十卷,清石汸撰,清楊澤闓輯,清咸豐元年寧遠楊澤闓夏津縣署刻本。

有咸豐元年自序,未及刻書事。寧遠黄進典咸豐元年夏識:"石汸先生詩起道光戊子,訖咸豐辛亥,共四十二卷,今删爲三十五卷,刻止丙丁之第三十卷。其《蜀道一覽》諸集,一刻於長沙,一刻於都門,兹削去者又十之三四……道光庚戌開雕於夏津縣署,典與讎校之役。"

有牌記:"咸豐紀元辛亥孟春月歷下心不競齋刻。"

楊澤闓大概時任夏津縣令,書中多叙山東事。此書開雕於縣署,刻字鋪爲濟南歷下心不競齋。

九行二十一字,白口,左右雙邊,單黑魚尾。字體一般,特點不明顯。

2. 邱縣刻書

元至元二十六年置邱縣,屬東昌路,明屬東昌府,弘治二年改屬臨清州，清屬東昌府，乾隆四十一年臨清陞直隸州，改屬臨清州。

明代和清前期邱縣無刻書記載。清中期的邱縣刻書有劉大觀一人。

劉大觀（1753—1834），字正孚，號松嵐。乾隆二十七年，遊粵東。三十六年，客吴門。四十二年，受知於山東學政錢載，爲拔貢生。四十三年揀發廣西以知縣試用，署柳州府融縣令，故得以從李憲喬學詩。嘉慶元年陞寧遠知州。十一年接河東道印，旋兼管晉、豫、陝三省鹽務。同年九月，署山西布政使。劉大觀是“高密詩派”的骨幹，在仕途上也比較得意，遊歷大江南北，以刊刻“高密詩派”著述爲己任，故“三李”走出山東，劉大觀功不可没。其實，在刊刻“三李”詩作前，他已經開始了他的刻書活動。

①《悔存詩抄》八卷，清黄景仁撰，清嘉慶元年邱縣劉大觀京師刻本。

黄景仁（1749—1783），字漢鏞，一字仲則，號鹿菲子，江蘇武進人。家貧，早年奔走四方，以謀生計。後捐爲縣丞，未補官而卒。詩學李白，所作多抒發窮愁不遇、寂寞淒愴的情懷，也有憤世嫉俗的篇章。七言詩較有特色。亦能詞。有《兩當軒全集》。

封面題：“武進黄仲則著，悔存齋詩鈔，嘉慶丙辰邱縣劉崧嵐梓。”卷端下題：“武進黄景仁仲則。”前有乾隆四十八年翁方綱序，目録末有劉大觀嘉慶元年記。

據《劉大觀與翁方綱交游漫考》①一文，乾隆四十八年癸卯翁方綱編次黄仲則詩竟，作《悔存齋詩鈔序》。劉大觀不識仲則。乾隆五十四年，劉大觀識其友施雪帆於嶺外，得讀仲則詩，纔十餘首。五十八年冬，劉大觀過常州，謁仲則墓，有詩前序云：“嘉慶元年丙

①《劉大觀與翁方綱交游漫考》，http://tieba.baidu.com/f?kz=494566851。

辰，劉大觀客吴下，求仲則遺稿不得，得《吴會英才集》，亦非全本。及至都下，謁翁覃溪先生，乃見鈔本八卷，擬爲付梓而未果。今再來都下，始請於先生，得如初願，竊自幸也。”翁方綱亦有《松嵐索予所定黄仲則詩八卷，爲付開鋟，即用其過黄仲則墓詩韻》。是年六月，劉大觀始在都刊刻黄仲則《悔存齋詩鈔》八卷。題“悔存齋詩鈔，武進黄仲則著，嘉慶丙辰邱縣劉大觀梓”。首翁方綱《序》，次洪亮吉《行狀》，次《目》，《目》後劉大觀題記。卷後附劉大觀《仲則詩刻成，作長言以詠歎之》《歲暮，過常州，題黄仲則墓》。是本即翁方綱於乾隆四十八年冬編次者，共有詩五百一首，未收詞，乃黄仲則詩集單行本之始。劉大觀《玉磬山房文集》卷一《蘭石齋序》云：“余於乾隆年間詩人，獨推許武進黄仲則。入都，與内閣學士翁覃溪先生論仲則詩，洽於所見，遂以覃溪删定五百首，刊於京師，令海内躭吟之士，知毘陵有此人，而其人有此磊落軒昂之筆。”嘉慶二年丁巳春，洪亮吉聞劉大觀刊刻黄仲則遺詩竟，作詩寄之。嘉慶二十二年丁丑，章煒應劉大觀請，重刻《悔存齋詩鈔》。章煒《悔存齋詩鈔序》云：“《悔存齋詩鈔》者，武進黄君仲則之詩，翁覃溪先生爲删存五百首，而劉松嵐觀察於嘉慶丙辰刻之都中者也。越二十有二年，丁丑，觀察攜之來楚，以其校讎未精，取以畀煒，使重刻焉。煒受而讀之，才氣縱横，不可逼視。越月逾時，乃以付剞劂氏。”據此可知，劉大觀此書刻於京師，所據爲翁方綱編定的定本。二十二年後，因自覺所刻未精，又敦請並幫助章煒重刻。黄氏家貧，無力付梓其集，去世後能有人編定並刊刻，實爲幸事，劉大觀對於黄仲則詩的流傳起到了重要的作用。仲則爲詩，有“才調”之風，劉大觀刊其詩，體現了他的詩學取向，這也説明劉大觀雖是“高密詩派”的骨幹，但他對“高密詩派”的詩風並不是全部無條件接受的，對於“性靈詩派”，對於“肌理詩説”，他都有所認可並汲取，正因如此，纔成就了他的詩名。

十二行二十五字,白口,左右雙邊,單黑魚尾。字方正,刻印尚可。

②《石桐先生詩鈔》十六卷,清李懷民撰,清嘉慶六年邱縣劉大觀、江西臨川李秉禮、高密王寧焯等北京刻本。

目録下題:"高密李懷民十桐著,同里單詔廉夫選定,王寧焯熙甫參校。"

有單詔序及石桐墓志。單詔序引《憨齋詩話》云:"高密李石桐文學,生於漁洋、秋谷之後,而能自辟町畦,獨標宗旨,可謂岸然自異,不肯隨人步趨者。其五言,樸而腴,淡而永。苦轉而不見痕跡,用力而歸於自然。五字中含不盡之意,五字外有不盡之音。粗人觀之,乃曰易易,蓋未知此中甘苦者也。"此書共十二集,前九集爲石桐自己選定,後三集由單詔選定。

十行二十四字,白口,四周雙邊,單黑魚尾。字畫不苟,字扁平,精美。雖與少鶴詩同時刻,但行款不同。

③《少鶴内集》十卷、《鶴再南飛集鈔》一卷、《龍城集鈔》一卷、《賓山續集鈔》一卷,清李憲喬撰,清嘉慶六年邱縣劉大觀、江西臨川李秉禮、高密王寧焯等北京刻本。

目録下題:"高密李憲喬子喬著,同里單詔廉夫、王寧焯熙甫參校。"

前有單詔序云:"少鶴受詩於其兄石桐先生,規模較闊,出入唐宋諸大家,能運以己意,雖巉削不傷真氣。他文亦簡勁有法度。有所感觸,一寓之詩文,不苟爲炳炳烺烺者……少鶴死(按:嘉慶四年),余爲校其遺文,得詩若干卷,賦頌雜文如干卷,《龍川雜記》一卷,《曇呵集》一卷,繕寫成帙。又著《詩經直説》未就。"又有李秉禮序:"其子之以喪歸也,嘗囑其編定先生集以待剞劂。逾二稔,王熙甫以書來,謀醵金刊其詩,予應之曰:'是予志也,是予志也。'亟慫恿之,且走書子喬之子,搜輯全稿,並其仲兄石桐先生集，刻於都門。襄其事者，邱縣劉君大觀也。夫子喬之詩，固必傳於世無疑，而余身乃得見其流播爲可快矣。"秉禮字松圃，以業鹽籍桂林，著《韋廬初續集》，一循二李脈絡，有乾隆五十六年精刻本，即李子喬選録。秉禮子李宗瀚，承"高密詩派"之餘緒，以其詩説爲家學。此書末又有王寧焯《刻桐鶴兩先生詩抄跋》："桐庵詩原自定十六卷，編年不分體，今仍其舊。鶴詩舊有《秋嶽初集》《石谿集》《焦尾集》《蕭寺集》《過江集》《過嶺集》《縣居集》《澄江返櫂集》《凝寒閣》《續吟》之名，或編年，或分體，體例不一，後復合訂爲《少鶴内集》。《少鶴外集》則分體編焉。其後有《鶴再南飛集》編年，《龍城集》分體，《賓山續集》又編年，今則統以編年爲定……桐詩，廉夫有選本，今從之。所與異同者，不能十首也。鶴詩，廉夫選《内集》未竣事。今所抄廉夫選及者，亦多從之，餘則以鄙意爲去取云，《外集》不録……此詩之刻，意起於崧嵐，謀定於松圃，梨棗剞劂之費，二君分而出之，而寧焯任其校訂之役。"知書爲單鉊選，王寧焯續選。憲喬嘉慶四年去世，此書刻於兩年後，即嘉慶六年。《内集》十卷每卷有名目，輯詩四百四十餘首。《鶴再南飛集鈔》輯詩一百四十餘首，《龍城集鈔》輯詩四十首，《賓山續集鈔》輯詩五十七首。

十行二十二字，白口，四周雙邊，單黑魚尾。

以上二書，雖刊於二李去世後，卻是李懷民、李憲喬詩作的第一次大規模刊刻，不僅讓二李走出了山東，更爲李楹在書版毁後重新刊刻提供了藍本。

④《二客吟》，清李懷民、李憲喬撰，清嘉慶邱縣劉大觀刻本。

據《山東通志·藝文志》《中晚唐詩主客圖五律》條劉大觀序。下文有述。

⑤《重訂主客圖詩》，清李懷民、李憲喬撰，清嘉慶十年邱縣劉大觀刻本。

所據爲嘉慶十九年萊陽趙擢彤刻本。詳見清前期的萊陽趙氏刻書及高密李氏刻書。刻書地不詳，或在江浙。

⑥《秋水亭詩》四卷、《補》一卷，清王祖昌撰，清嘉慶七年邱縣劉大觀刻本。

祖昌字子文，號西溪，別號秋水，新城王士驪曾孫，王士禛從曾孫，貢生。師從劉大紳，才華出衆，善書詩文。建"秋水亭"，以其名詩集。

卷端題："寧州劉寄庵先生選，濟南王祖昌子文著。"目録下署："高密王寧焯熙甫編次。"卷一末署："門人佈彦圖繕寫，男宸竹恭閲，江寧高如玖鐫。"餘二、三、四卷同。版心、封面題"秋水亭詩艸"。有《秋水先生像》。下有"邗江朱雀年寫"。四卷後又有"秋水亭詩補"二葉，濟南王祖昌子文編，又有"秋水亭詩總評"一葉。

前有原序二：乾隆四十九年古滇劉大紳序於新城官舍，乾隆五十五年清平劉湄序。末有《原跋》："庚戌春來京師，出其《秋水亭詩集》示余……同鄉周林汲太史爲選存若干首。劉岸淮給事、孫嘉樹觀察並力參閲。叔意甚得，攜其集歸，付於梓……乾隆五十五年歲在庚戌重陽後六月姪衍福謹跋。"據此，王祖昌似在乾隆五十五年有刻書之舉。但據劉大觀嘉慶七年《秋水亭詩叙》："（吾鄉老友子文）客京師，授讀敦多克額臨欽家……觀懦夫也，無韓蘇之筆以形容子文，姑略舉其平生行誼以告天下讀子文之詩者。子文家甚貧，無力刊行其詩，侍御王公熙甫有來書，觀擬代子文刊之，而粗述顛末於卷首。"稱王祖昌無力付梓，知此書在乾隆五十五年定稿後，一直未刻。王寧焯嘉慶七年《秋水亭詩序》："往歲，子文嘗訪余於家，留數夕去。余在京，子文又屢至。今老矣，攜其《秋水亭詩集》復來介余書，冒暑雨出關，請於松嵐以刊之，亦可謂甚自喜者……刊詩竣，將挾以遍遊五嶽。"劉大觀與王祖昌初識當在辛亥至癸丑年間，即乾隆五十六年至五十八年，地點在泉城濟南劉大觀寓所。嘉慶七年壬戌，劉大觀五十歲，時任寧遠州知州。王祖昌五十五歲。據《秋水亭詩補遺》載："春三月，寄庵先生署青州府同知，招秋水至公館，倡和一日，有陪先生看花諸作。夏六月，之京，王熙甫侍御欲刊《秋水亭詩》，而力不足，乃付秋水書，令出山海關，訪寧遠州知州劉松嵐。松嵐見詩大驚，即刊之，囑熙甫監工。工未竣，而熙甫没。諸城侄孫藹人太史代任，而工始竣。松嵐、熙甫皆有序。"王祖昌《秋水亭集拾遺》："嘉慶八年癸亥，秋水年五十六歲。春入京，取《秋水亭詩》板。"知劉大觀時任寧遠知州，但此書不在寧遠刻，而在京師刻，先由王寧焯操辦，後寧焯去世，由諸城劉藹人接辦完成，故王祖昌有北京取板之事。

九行十九字，白口，四周雙邊，單黑魚尾。寫刻甚精。

⑦《秋水亭詩草續集》四卷、《補》一卷，清王祖昌撰，清嘉慶十四年邱縣劉大觀刻本。

卷端題："秋水亭詩續集卷一，常州洪北江先生選，濟南王祖昌子文著。"每卷末署："門人佈彦圖繕寫，男宸竹恭閲。"《秋水亭詩續集目録》下有"諸城姪賡言篔山編次"。末有"秋水亭詩補編，濟南王祖昌子文自選"，又有《秋水亭詩續集總評》，王賡言《題秋水亭詩卷》，《王子文小傳》。

嘉慶十四年桐門法式善《王子文詩續集序》："二十年前，子文訪余於浄業湖上……二十年來，子文數抵京師，至則詣余……子文以劉寄庵刺史爲師，以王熙甫御史爲友，則其生平不誣，可以自信於心者有由來矣。"嘉慶十二年上書房舊史陽湖洪亮吉叙："新城王君秋水爲文簡族曾孫……今歲君年已逾六十，尚介吾友孫君伯淵不遠千里以詩古文就質余。"末有嘉慶十四年長洲吴雲跋："濟南王君《秋水亭詩》，前集劉松嵐觀察刻於遼左，茲復彙其前後所作，刻成而屬予一言。"似此刻包括《前》《後》集，筆者推測應衹刻了《後集》，因時隔七年，没有必要重刻《前集》。海陵理堂氏陳燮撰《跋》。東武王賡言石雲齋寓邸《跋》:“嘉慶壬戌,同里劉松嵐監司爲刻其《秋水亭詩集》四卷行於世,今來京師,又裒其□年所作將刻爲續集。”

據以上諸序跋,知此書刊刻牽扯的人不少,有法式善、洪亮吉、孫星衍、吴雲、陳燮、王賡言等。

九行十九字,白口,四周雙邊,單黑魚尾。寫刻甚精。

⑧《玉磬山房文集》二卷、《詩集》八卷,清劉大觀撰,清邱縣劉大觀嘉慶十六年刻《詩集》及《文集》卷一嘉慶二十年刻《文集》卷二本。

《文集》有嘉慶十六年辛未自序:“非有所矯飾而然也,謂宜授梓。”《文集》末章玉森嘉慶二十年跋:“作於遼東河東者已刊一卷,作於懷州客邸者更得數十首,續刊一卷。”《詩集》有翁方綱嘉慶十五年序。《詩集》卷一《嶺外集》;卷二《灕江歸櫂集》;卷三《留都集》(有嘉慶十五年吴雲序);卷四《邗上集》(有嘉慶十五年阮元序);卷五《迴帆集》;卷六《鹺城集》;卷七《行腳集》(有自序);卷八《懷州集》。

十一行二十一字,小字雙行二十一字,白口,左右雙邊,單黑魚尾。

《文集》卷一與《詩集》字體同,字大,方正。而《文集》卷二字小。蓋《文集》卷一及《詩集》爲嘉慶十六年刻,《文集》卷二爲嘉慶二十年刻。

⑨《玉磬山房詩集》十三卷、《文集》四卷,清劉大觀撰,清道光刻本。

按崔巍《博》下 –189,此集輯詩一千二百九十九首,比前增加一倍。文集四卷,輯其各體雜文一百四十二篇,又比前集增倍。如前卷八之《懷州集》一卷,而此集《懷州集》增至三卷,即卷八至十爲《懷州集》,又比前集多出《娱老集》三卷,即卷十一至十三爲《娱老集》。卷首有阮元等序。

劉大觀道光十四年去世，道光八年曾手訂詩文集，想必有些改動，此書很有可能是劉氏自刻。山東博物館此書作道光刻本，比較可靠。

劉大觀刻書特點有三：

一是主要爲他人刻書，刻書共九種，衹爲自己刻過兩部詩文集，而爲“高密詩派”刻書達四種，均爲初刻，其中李懷民、李憲喬的詩集爲初刻，《二客吟》爲此書的唯一版本，詩學理論著述《重訂主客圖詩》是由劉大觀第一個推出的。而黃景仁和王祖昌因貧困無力付梓其集，劉大觀爲他們刊刻，是出於朋友之誼，更是緣於對二人詩歌的認可和欣賞。

二是刻書時間主要在嘉慶年間。刻書地點主要在京師。

三是刻書質量高，對待李憲喬的著述尤爲用心，刻印不苟。王祖昌詩亦爲寫刻，甚精。

附：臨清州家刻總表

孟子備考	（清）潘克溥輯	清道光二十一年夏津潘氏刻本
四書人物備備考十七卷首一卷	（清）潘克溥撰	清道光二十一年夏津潘氏刻本
蘄州志二十六卷	（清）潘克溥纂修	清咸豐二年夏津潘克溥刻本
石汸詩鈔三十卷	（清）石汸撰 （清）楊澤闓輯	清咸豐元年寧遠楊澤闓夏津縣署刻本
悔存詩抄八卷	（清）黃景仁撰	清嘉慶元年邱縣劉大觀京師刻本
石桐先生詩鈔十六卷	（清）李懷民撰	清嘉慶六年邱縣劉大觀、江西臨川李秉禮、高密王寧焯等北京刻本

（續表）

少鶴内集十卷鶴再南飛集鈔一卷龍城集鈔一卷賓山續集鈔一卷	(清)李憲喬撰	清嘉慶六年邱縣劉大觀、江西臨川李秉禮、高密王寧焯等北京刻本
二客吟	(清)李懷民、李憲喬撰	清嘉慶邱縣劉大觀刻本
重訂主客圖詩	(清)李懷民、李憲喬撰	清嘉慶十年邱縣劉大觀刻本
秋水亭詩四卷補一卷	(清)王祖昌撰	清嘉慶七年邱縣劉大觀刻本
秋水亭詩草續集四卷補一卷	(清)王祖昌撰	清嘉慶十四年邱縣劉大觀刻本
玉磬山房文集二卷詩集八卷	(清)劉大觀撰	清邱縣劉大觀嘉慶十六年刻詩集及文集卷一嘉慶二十年刻文集卷二本
玉磐山房詩集十三卷文集四卷	(清)劉大觀撰	清道光刻本

（二）臨清州刻書特色

清前期臨清州無刻書記載，中期官刻和坊刻亦無記載，家刻有所發展，僅武城一地無刻書記載。

共刻13種，夏津有潘克溥一人刻書3種，除1種爲方志《蕲州志》外，其他2種均爲經部書:《孟子備考》《四書人物備備考》。

清中期的邱縣刻書有劉大觀一人，刻書9種。首刻黄景仁的《悔存詩抄》。黄景仁是清代比較有特色的詩人，係清苦一派，但有“才調”之風，劉大觀對於黄氏詩的流傳起到了重要作用，同時劉大觀刊其詩，也體現了他的詩學取向，即對“高密詩派”的詩風，他並不是全部無條件接受，對於“性靈詩派”和“肌理詩説”，他都有所認可並汲取。

劉大觀是“高密詩派”的骨幹，刊刻“高密詩派”著述最多，有 4 種。李懷民的《石桐先生詩鈔》和李憲喬的《少鶴詩》，雖刊於二李去世後，卻是李懷民、李憲喬詩作的第一次大規模刊刻，不僅讓二李走出了山東，更爲版毁後李楹的重刻提供了藍本。《二客吟》爲此書的唯一版本，詩學理論著述《重訂主客圖詩》是由劉大觀第一個推出的。新城王士禛的後人王祖昌出於貧困，無力付梓其集，劉大觀鼎力刊刻。劉大觀衹爲自己刻過兩部詩文集。

劉大觀刻書比較用心，所刻《秋水亭詩》請江寧高如玖鐫，寫刻體，《秋水亭詩草續集》亦寫刻，甚精，尤其是《石桐先生詩鈔》，字畫不苟，字扁平，精美。

第四節　登州府、萊州府、青州府刻書

一、登州府刻書

（一）官刻

清中期的登州府官刻衹一種，即福山儒學刻《福山節孝志》。大約刻於道光間，因書不全，記人止於道光五年，有“爲援照成案，採訪節烈婦女，請建總坊，以廣皇仁”字樣。記自明至清末福山縣的節婦烈女。

（二）家刻

清中期的登州府家刻有 154 種，比清前期有了較大增長，約是清前期的三倍。在十府二州中，僅次於濟南府，居第二位。下轄十縣中，僅招遠一縣無刻書記載。

1. 蓬萊刻書

蓬萊刻書者有三家:慕氏、吴氏柏柳堂、張香海。

1)慕氏刻書

慕維德(1780—1844),字淇瞻,號如山,别號松籠。嘉慶二十四年進士,改庶吉士,授編修。道光七年補湖廣道,歷廣東、河南、京畿道御史,禮科給事中。十一年擢汀州知府,補四川川北兵備道。十八年,陞光禄寺少卿,以疾歸。著有《試律智慧海》《如山奏議》等。孫慕榮幹,字次和,同治七年進士,官至翰林院侍講,録《通志》。曾孫慕昌治,字平甫,邑庠生,歷任通化、懷德、寧遠、蓋平等縣知縣,有政聲。

①《試律智慧海》四卷、《後編》三十卷,清慕維德輯,清蓬萊慕維德道光三年京師刻《後編》、道光六年京師刻《前編》本。

封面題:"試律智慧海初集(二集),看雲秋室藏板。"

道光三年福山王餘萃跋:"其門人士敦請公諸同好,以《後編》科分較近,先付剞劂。"道光六年諸城李璋煜序:"去歲以《後編》先付梓人,操觚家傳爲嚆矢。茲復栞《前編》,諉序於余。"有《凡例》。《初編》曰:"手録同館詩有前後二編。《前編》自順治丙戌迄乾隆癸丑,《後編》自癸丑迄嘉慶己卯。坊友固請公諸同好,因卷帙頗繁,以《後編》先付剞劂,《前編》嗣出。"末署:"道光三年中秋如山識。福山王餘萃珠浦、蓬萊張梧荃軒同訂,受業宫國煦朗園、王啟炳季海、男曰鏡月川、曰鐔虹谿同校。"《二編》末署:"道光六年歲次丙戌田月如山識。"

此時慕維德在京師供職,當在京師所刻。

九行二十字,小字雙行二十字,大黑口。《前編》四周單邊,《後編》左右雙邊,雙對黑魚尾,無直格,行款不完全一致。

此書爲巾箱本,有坊刻特點,但應爲慕氏刻,可見膠東刻工水平不盡如人意。

②《看雲秋室館課詩存》二卷,清慕維德撰,清道光八年蓬萊

慕氏刻本。

前有自序:"余少以詩賦受知於阮芸臺、戴可亭師,試卷窗課多被同人抄去。己卯通籍後,隨鄉先輩遊,日以詩賦爲課,共得詩若干首,賦三百首。戊子秋,將以病假歸。次子曰譚出諸篋中,録其爲同人欣賞者若干首,請梓而藏諸家塾。"輯試帖體詩二百首。

此時慕維德因病假歸,故此書當刻於蓬萊,操辦者爲其子慕曰譚。

③《看雲秋室課賦存》一卷,清慕維德撰,清道光八年蓬萊慕氏刻本。

輯賦三十二篇。此書當刻於蓬萊,操辦者爲維德子曰譚。與上書同時刻。

④《松龕古今體詩存》八卷,清慕維德撰,清道光十年蓬萊慕氏刻本。

卷端題:"蓬萊慕維德如山。"

慕維德在《古體詩存》前有序:"余少學試體詩,未暇及古今體。及入成均後,稍有暇日,興之所至,輒信筆書之。聲調體裁多不合格,因而不甚愛惜。篇帙雖多,時時散佚。己卯通籍後,偶有吟什,筆之於篇,僅得二百餘首,又多弱劣不可存。戊子秋,次子曰譚録試體若干首付諸梓。因檢閱古今體尚能成篇者,合諸少作,抄録若干首存之,以誌如山之所能非第試體而已,其工拙所弗記也。"知此書爲曰譚所刻。

詩以編年爲序,各有題名。共五百九十餘首。

九行二十一字,白口,四周雙邊,單魚尾。

⑤《如山奏議》一卷,清慕維德撰,清道光蓬萊慕維德刻本。

此編係維德道光八年十一月至道光十年十月任湖廣道監察御史時所書。慕維德於道光十一年擢汀州知府,此書大概刻於汀州知府任上。

蓬萊慕氏刻書特點有四：

一是刻書五種，對於個人刻書來説，數量並不少。

二是刻書内容有奏議，有自作詩文賦，有輯應試文，不拘一格，以自己的著述爲主。

三是刻書時間集中於道光年間。

四是刻書地有京師，有蓬萊，亦有居官外地時所刻。以家居所刻爲主，並由其子幫助刻成。

2）吴脈㽣後人刻書

脈㽣字灌先，蓬萊人。明崇禎九年丙子副貢。南渡，授杭州推官，不就，歸里不仕。生平邃於經史，尤精易學。《昰青堂雜集》有蓬萊張本道光二十年庚子序，稱"易學名家也，幼失怙，受業於舅氏開乙先生。嘗聞其功力之專，斗室數椽，左右前後盡繪圖象，坐臥起居無時不目注神遊，故其著説多得之會心，能發明先儒所未發，誠曠世絶學也"。"先生遭遇時艱，貧乏幾不能自給"，但不廢著述，有《增輯易象圖説》《易經卦變解》《八宫説一解》《昰青堂雜集》《周易醒詁》《四書講義》《增删五雅會要》等。

吴脈㽣因生活窘迫，故無力刻書，在世時僅刻成一部《增輯易象圖説》，且由膠州法若真所刻（清前期的萊州府刻書已述）。另有二部由其後人刊刻而成。

①《昰青堂雜集》一卷，清吴脈㽣撰，清道光二十年蓬萊吴氏柏柳堂家刻本。

封面題："道光庚子冬鐫，柏柳堂藏板。"卷端題："蓬萊吴脈㽣著，五世孫邦彦序寶、陛毓康侯、貢陛獻廷，六世孫天詔金門、菼德彰、麗天子明校字參訂。"知爲家刻無疑。

有道光二十年蓬萊張本序："《昰青堂詩集》不即詩説《易》而《易》之理亦寓焉。後之學者讀先生之詩，可以知先生之《易》。而讀先生之《易》，又不可不讀先生之詩也夫。"

八行二十字，白口，四周單邊，單黑魚尾，字大行疏，家刻較精。

②《易經卦變解》《八宫説一解》，清吴脈鬯撰，清道光二十年蓬萊吴氏柏柳堂家刻本。

有六世孫吴菼道光二十年序："《易象圖説》刻板於順治己亥年，而《卦變解》《八宫説》則藏稿於家，懼其湮没不傳，故付梓以廣之。"《四庫全書》祇著録順治本，此二種因刻較晚而未著録。崔巍老師評價："此編首録《朱子本義》卷首之《卦變歌》，次依歌中卦名前後，取《彖傳》下朱義，稱某卦自某卦來者録之。略引荀、虞舊義，並加案語以申其説。案《卦變圖》之作，自朱子本義以下皆有之，迄清儒胡秉虔、吴翊寅等作，比類合誼，乃漸就條理。吴氏生清順康間，其所崇信，極於邵、朱圖書而止，無所發正，亦時勢使然。"

3）楊廷芝刻書

廷芝字祖洲，蓬萊人，諸生。秦錫九序其《二十四詩品淺解》曰："楊生性耿介，與人落落寡合。詩宗盛唐，制義力追成、宏。"道光十五年，廷芝在岱麓書院，十八年到即墨知縣秦錫九府上。著有《二十四詩品淺解》《鄉黨約説》《四書遵朱會通》。秦錫九（1788—?），字鼎臣，廣西桂林人，道光二年進士，同年十月署任蓬萊知縣，五年時在新泰知縣任上，十六年至二十年任即墨縣令。十八年延楊廷芝爲其課諸孫。

①《二十四詩品淺解》一卷，清楊廷芝撰，清道光十八年即墨知縣秦錫九、蓬萊楊廷芝刻本。

封面題："道光庚子年新鐫，桂林秦鼎臣先生鑒定，清遠堂藏板。"

有秦錫九道光十八年序："急付剞劂，公諸同人，即以津梁後學可也。"楊廷芝道光十五年於岱麓書院澆花精舍自序云："客邸苦於無書可考，僅以鄙見參之二三同人，稍有所得，登之於簡，取其淺而易知，非敢謂言之有當也。"另有道光十八年於不其之鴨緑池邊跋。"不其",今青島城陽區及即墨南部。

此書蓋爲秦錫九幫助楊廷芝所刻,清遠堂或係楊氏的堂號,因《鄉黨約説》和《四書遵朱會通》二書,《販記》和《販續》均著録爲清遠堂藏板。

十行二十三字,白口,四周雙邊,單魚尾,無直格,版心上鐫小字。刻印不精。

②《鄉黨約説》一卷,清楊廷芝撰,清道光二十三年蓬萊楊廷芝清遠堂刻本。

據網上拍賣圖像,封面題:"道光癸卯年□□,清遠堂藏板。"

③《四書遵朱會通》一卷,清楊廷芝撰,清道光二十六年蓬萊楊廷芝清遠堂刻本。

以上,楊廷芝刻書三種,其中經部兩種,詩文評一種。

4)張香海刻書

清中期蓬萊刻書最著者當屬張香海。香海字牟子,蓬萊人,道光十五年乙未舉人,二十四年大挑一等,授安縣知縣,又官河南陽武知縣。咸豐三年署理梓潼知縣,一年後調任豐都知縣,咸豐六、七年間回任梓潼。咸豐十一年辛酉殉難。除自著詩文彙爲《牟子全集》外,還著有《詩經典確》《禮記典實》《春秋三傳直解》《潼江吏蹟》《南賓吏事》《潼江吏蹟續鈔》《慈竹軒摭録》《清靄亭叢鈔》《重輯蓬萊閣集》《陳氏大忠祠考》等。咸豐纂修《梓潼縣志》,與修道光《蓬萊縣志》。

國家圖書館有《牟子全集》十七種三十九卷,清張香海撰,清道光咸豐間刻本,《叢綜》收録[1]。因未見此書,衹據《叢綜》著録,各子目有著版本者,亦有無版本者。現一一列於下,並附簡要説明。

①上海圖書館:《中國叢書綜録》,上海古籍出版社 2007 年版,第 544 頁。

①《東牟紀事》二卷,無版本項。

《山東通志·藝文志》引《府志》云:"道光二十年,夷匪滋擾,時登州修築沙城,製造礮位諸務。香海皆與襄事,故紀録特詳。又海内諸島,其遠近形勢,亦具詳録,可備志略。"則此書當成於道光年間,極有可能是張香海中舉之前所作,刻書亦當在此時。

②《白溝草》二卷,清道光二十七年蓬萊張氏陽武署刻本。

白溝當爲現河北白溝一帶,陽武當爲今河南陽武,知刻此書時,張氏已任職河南。

③《蓼六唫》二卷,無版本項。

④《慈竹軒制藝》一卷,清道光二十五年蓬萊張氏汴梁漱芳齋刻本。

此書爲張香海在河南汴梁所刻。按時間順序,當排在《白溝草》之前。

⑤《宦豫草》二卷。無版本項。

此書乃張氏宦遊河南時作,卷首有馬秀儒序。上下二卷,輯詩九十餘首。

⑥《錦城吟》二卷。無版本項。

是集當爲官四川時所作。

⑦《宦蜀紀程》四卷,清咸豐元年蓬萊張氏蜀郡揖山廬刻本。

《山東通志·藝文志》引《府志》載是編云:"此道光二十九年,香海由登州赴四川候補,記其路次所聞見,可資考證,亦以知當時道路險易之實。附記'武侯墓'一條,亦以見侯之遺愛在人。"此書當刻於四川。

⑧《宦蜀草》六卷,清咸豐二年蓬萊張氏渝城公廨刻本。此時當在四川。

⑨《棧雲小稾》二卷,清咸豐二年蓬萊張氏渝城公廨刻本。此時當在四川。

⑩《驛燈小稿》二卷，清咸豐二年蓬萊張氏渝城公廨刻本。此時當在四川。

⑪《筍輿吟》二卷，清咸豐二年蓬萊張氏渝城公廨刻本。此時當在四川。

⑫《潼江草》二卷，清咸豐四年蓬萊張氏渝城公廨刻本。此時當在四川。

⑬《密涯文鈔》二卷，清咸豐五年蓬萊張氏醴陵署刻本。

此書係其宦遊四川時輯刊。分上下兩卷，上卷爲傳記，下卷爲序啓，輯文十八篇。卷首有登州知州洛陽張轎序。

此時在湖南，當從梓潼任上去豐都，又從豐都到湖南醴陵。居二年後，又遷梓潼。

⑭《聽鶯池館閒詠》二卷，清咸豐五年蓬萊張氏刻本。此時當在湖南。

⑮《楚遊小草》二卷，清咸豐六年蓬萊張氏成都刻本。

封面題："咸豐丙辰秋九月，牟子詩鈔，錦城鐫版。"卷端題："蓬萊張香海牟子。"

此書乃其隨父宦遊湖北時所作，時年方十五。卷首有叔父張梧序。分上下卷，輯古近體詩一百一十餘首。錦城爲成都，知此書在四川刻成。

十行二十一字，小字雙行二十一字，白口，四周雙邊，單黑魚尾。

⑯《燕遊小草》二卷，清咸豐六年蓬萊張氏成都刻本。

封面、卷端所題及行款同上。

此書乃張氏至都城會試時所作，亦分上下卷，輯古近體詩一百一十六首。

⑰《蓬背吟》二卷，清咸豐六年蓬萊張氏成都刻本。

國家圖書館著録有《啖蔗山房吟稿》八卷，清道光二十四年刻本，十行二十一字，小字雙行二十一字，白口，四周雙邊，單魚尾。山東博物館亦存《啖蔗山房吟稿》四卷，作清道光蓬萊張氏自刻本，卷首有洛陽張輶、南通徐宗幹、都昌徐鑌等序，輯詩一百八十餘首。此書不知爲何未列入《牟子全集》中。

另據《山東通志・藝文志》，張氏著述見於馬秀儒《宦豫草序》者，還有《啖蔗山館詩鈔》二十四卷、《慈竹軒詩鈔》十二卷；見於王敏行《棧雲小稿序》者，有《浣花詩課》十六卷、《玉局詩課》十二卷。《山東通志・藝文志》又著録《全史詩》，清咸豐間蓬萊張氏四川刻本。《府志》載是書云："此編皆七言律體，多至數百千首。嘗刻於四川，而今惟見其寫本。詩不能工，爲竝史類。"則此書在清末已不得見。

張香海還爲壽光楊玉堂刻書一種。《蠡勺詩鈔》二卷，清楊玉堂撰，清咸豐三年蓬萊張香海刻本。

封面題："咸豐癸丑冬月，緜署藏版。"

首有咸豐三年九月王濟宏序，次有咸豐癸丑歲重九日蓬萊張香海序。稱"香海因是亟爲校正付梓"，知爲張香海刻本。

九行二十一字，小字雙行二十一字，白口，四周雙邊，單魚尾。

以上，張香海著述刻者達二十三種之多（另有一種爲他人刻），儘管有的没有刻書時間和刻書地，我們也可約略知道其刻書特點：

一是張香海著述頗豐，從十五歲開始有詩集，中經赴都會試，輾轉各地爲官，自道光二十年至咸豐六年，在不到二十年的時間裏，他竟有二十三種詩集問世，不能不謂多産。

二是張香海有强烈的傳播意識，詩文隨作隨刻。他每到一處，均有詩作，作即刊刻。除詩文外，其他著述未見有刻本。如《詩經典確》《禮記典實》《春秋三傳直解》等經學著述，《潼江吏蹟》《南賓吏事》《潼江吏蹟續鈔》《陳氏大忠祠考》等史學著述，《慈竹軒摭録》等子部著述,《清靄亭叢鈔》《重輯蓬萊閣集》等詩文彙輯,均未見有刻本。

三是刻書時間集中於道光二十年至咸豐六年間,刻書地有河南、湖南、四川。已知河南刻三種,湖南刻二種,四川刻八種。四川所刻最多。

2. 黄縣刻書

黄縣清中期的刻書衹一種:《秋風剩葉詩草》一卷,清黄縣女史杜班撰,清咸豐黄縣杜申錫刻本。

杜班(1805—1856),字浣花,黄縣杜封臣女。夙慧,能詩,其父授與經史及三唐六朝諸詩,皆能貫通其旨。十八歲適王聖基爲妻,四年夫歿,生一女,守節三十年,卒祀節烈祠。《縣志》本傳云:"著有七言絶句詩百首,名《秋風剩葉詩草》,其從堂兄歲貢生杜申錫嘗序之,卒後刻以傳世。"

杜班從兄杜申錫字及甫,晚號傭農,咸豐六年丙辰歲貢。有《研田傭農詩稿》。

書前有王勵相序:"吾弟蝶莊,遊濰陽旋,攜有浣花女史《秋風剩葉》七絶一卷,都一百首,屬余爲序。余整襟危坐讀之。逸氣行乎淒婉之中,哀音動於筆墨之外,一字一淚,一淚一珠。"

據崔巍老師著録,該書又有民國二十年黄縣杜煜德油印本。杜煜德爲杜班裔姪孫。

3. 福山刻書

清中期的福山刻書以王德瑛、王懿榮家爲主。

1)王氏刻書

王氏爲福山的名門望族。王懿榮九世祖王陊,嗜好讀書,博覽群經;王騭,順治十二年進士,官至户部尚書;王陊下代王湉,字遠征,號溟波,歷官雲南雲龍州知州、四川成都府知府、大理寺卿等。王湉有六子,均爲朝廷命官,其中次子王從繩,字司直。王從繩有四子：衍緒、廣緒、景緒、坦緒。王景緒，字昆瑞，舉人出身，歷官福建永春直隸州州同、大田縣知縣、雲南鶴慶州、鎮雄州知州。王景緒有子二人：孔長、允長。王允長，字子惟，又字丹穀，其子王兆琛即爲王懿榮的祖父。

王兆琛(1786—1852)，原名北壐，字叔玉，一字西坡。嘉慶二十二年進士，授翰林院編修、國史館纂修兼總纂官。歷任知縣、會試同考官、監察御史、四川成都府知府、重慶府知府、江西督糧道、安徽寧池太廣道、甘肅按察使、四川布政使，道光二十六年陞任山西巡撫。道光二十九年，遭御史彈劾，被革職抄家充軍新疆。其夫人係文登于穎發女。王兆琛有五子：伯潤、丙坤(原名伯濤)、伯平(原名伯桂)、伯淳、祖源。王祖源即王懿榮之父。王懿榮的母親謝太夫人，是同邑謝牧之的女兒。謝牧之，字准夫，嘉慶十八年舉人，道光制科孝廉方正，任廣東新興縣、順德縣知縣，道光二十一年任澳門同知。謝家也是福山望族。

王家不僅是官宦世家，而且是書香世家。王懿榮的先祖中不乏博聞經史、精研學問並有著述行世者。王鷺有《大司農奏議》一卷、《養素堂文集》八卷、《詩集》六卷、《義圃傳家集》八卷。另外，他還與同縣鹿兆甲等人合纂康熙《福山縣志》十二卷。王湝酷愛圖書，善詩古文詞，著述有《王太常集》二卷，收入王祖源編輯的《天壤閣叢書》。他在任雲南雲龍州知州時，還纂有《雲龍州志》。王懿榮的祖父王兆琛精通經史，精於書法，尤長於文字音韻學，公務之餘致力於著書立說，有多種著述傳世，包括《正俗備用字解》五卷、《經義測海》二卷、《重韻辨義》四卷、《奏疏存稿》五卷、《御史奏疏》一卷、《巡撫奏疏》四卷及《眄堂書屋集》等。《正俗備用字解》被收録在《天壤閣叢書》中。

福山王氏已知的最早刻書始於雍正十二年，是刻印家譜。據道光二十六年王兆琛刻家譜序知：王氏家譜一修於九、十世，未刻；

二修於康熙五十九年庚子，不知刻否；三修於雍正十二年甲寅，刻於燕臺；四修於乾隆三十五年庚寅，刻成；王兆琛所修爲五修。

王氏私人刻書，按時間先後順序叙述。

(1)王顯緒

顯緒字維彰，號之岩，别號閏軒，王脖曾孫，王㴆孫。乾隆元年丙辰進士，壬午官滇南，後任安徽布政使。有《春桂録》《蓮城集》《燕山小草》。

《人譜類記》二卷，明劉宗周撰，清方願瑛編次，清福山王顯緒刻本。

十一行二十一字，白口，四周單邊，單魚尾。

(2)王善塏

善塏，乾隆四十九年進士，官普洱知府，署迤南道。有《貽後庸言》一卷。刻有邑人郭宗皋集。

《郭康介公遺集》二卷，明郭宗皋撰，清嘉慶二十五年福山王善塏刻光緒元年日照丁守存補刻本。

宗皋字君弼，福山人，嘉靖八年進士，改庶吉士，官至山西巡撫、南京兵部尚書，卒贈太子太保，謚康介。另著有《四素録》。

有牌記："光緒元年五月重編，丁艮善題。"

有福山王善塏跋，稱其先大夫訪得稿本二卷，善塏校正而付之梓。又有張昭潛序，丁守存光緒二年補刻序，光緒元年王殿紱識。詳見清後期的丁守存刻書。

王善塏刻本爲十行二十五字，白口，四周雙邊，單黑魚尾，字小，無行格。丁守存補刻本行款同，字大，有行格。

(3)王善寶

善寶字矸軒，乾隆四十二年舉人，官萊蕪訓導。刻書一種。

《養素堂文集》八卷，清王騭撰，清乾嘉間福山王善寶刻本。

騭字相居，號人岳，又號幾庵，順治十二年乙未進士，官至户部尚書。又有《養素堂集》二百卷、《詩》六種,未見。“養素”乃康熙皇帝於二十八年南巡時,賜予王騭的堂額。此集乃其五世孫王善寶所刻。

《山東通志·藝文志》引《府志》云:“此本其五世孫善寶所刻,前四卷皆書牘,五卷爲公案,下三卷乃雜文也。騭工於制義,而明於辦公,故其文曉暢縝密,皆有作者模範。首列《年譜》一卷。”《年譜》即《王大司農年譜》,毗陵周清源編。

(4)王餘英

王餘英(1768—1819),字再成,一字懷仁,號菊潭,王善寶次子。嘉慶五年舉人,嘉慶十四年進士,朝考二等,分發湖南寧鄉縣知縣。寧鄉晉時名新康。修《寧鄉縣志》十卷,清嘉慶二十四年刻本。嘉慶十九年,四十六歲的王餘英在寧鄉俸滿,又遷任湖南善化縣知縣。曾授學嶽麓書院,提倡文章樸素有物。嘉慶二十四年,病逝於任上。清廷例授他從六品文林郎,後以外孫郝聯薇貴,贈正四品中憲大夫封典。有《四書求是》《鏡山草堂四書文集》《鏡山草堂詩集》等。刻書三種。

①《四書求是》十六卷,清王餘英撰,清嘉慶十八年福山王餘英新康官署古香書屋刻本。

封面題:“嘉慶癸酉新鐫,翻刻必究,新康官署藏板。”卷端題:“古腄王餘英編輯。”版心下刻“古香書屋”。

有嘉慶十一年丙寅自序。陳運鎮序。嘉慶十八鄧縣鶴序:“菊潭先生刊《四書求是》,書成。”有《凡例》。嘉慶十二年王餘英於福山城北蕭氏之夢花書屋《四書求是》題辭:“承父命採取其有裨於經義者,集而録之,融會貫通,歸於一是,存諸家塾,爲幼學省心目之力,未敢出以示人也。乃一二同好相繼索觀,因命從學諸子繕寫成帙,釐爲十六卷。噫,似數他家物,身邊無一錢,誠可愧矣,願讀是書者諒之。”此時王餘英在湖南寧鄉任上。

九行二十四字，白口，四周單邊，無格欄。字小，板小。

②《煨芋巖居詩集》二十卷，清王善寶撰，清嘉慶十八年福山王餘英湖南寧鄉刻本。

各卷有詩名。《山東通志·藝文志》引《府志》載是集云："始乾隆癸未，終嘉慶癸酉，卷各别署。蓋自其年二十至七十時所作也。語皆雅潔，《遊盤山》諸詩能兼韻力，其古文序事詳明，而不傷猥並。"

乾隆二十八年兄王善在敦復序《西征詩》，四十二年不夜吕潤蕃序《南村詩》，彭景宜序《廣川上谷中山詩》，嘉慶十年自序《海藏續詩》，稱時在薊署，二年丁巳客京，八年癸亥返里。天長程虞卿撰《讀煨芋巖居全集題後即録呈》，稱菊潭任湖南寧鄉縣縣令，迎養其父。受業光州胡鏻《跋》，稱嘉慶十四年己巳，菊潭成進士，任湖南寧鄉縣令，十七年壬申冬，善寶赴湖南。"今菊潭先生以全詩付剞劂，起《西征》，止《南征》。"

每卷首有校訂人姓氏。卷首：之罘王善寶介軒氏著，龍眠姚興淥虚舟氏訂。卷二、三：不夜吕潤蕃友徐氏訂。卷四：長白靈保邰亭氏訂。卷五：弟善塏金田氏訂。卷六：海陽李翰宜西園氏訂。卷七：膠水張維祺雲湄氏訂。卷八：津門于峨文鎮川氏訂。卷九：蠡縣彭景宜湛溪氏訂。卷十：棲霞牟昌裕松巖氏訂。卷十一：蕭榕年霞村氏訂。卷十二：汾水田畿鐵舟氏訂。卷十三：姪餘晉迪上氏訂。卷十四：姪餘莒炯夫氏訂。卷十五、十六、十七：南皮張太復春巖氏訂。卷十八：膠水宋繩先步武氏訂。卷十九：不夜吕肇齡岐封氏訂。卷二十：濱江鄧顯鶴湘皋氏訂。

後有嘉慶十八年王餘英《後序》，叙其父生平及爲詩始末甚詳："家大人自幼喜爲詩，十餘歲時寧海李鶴田先生見五律十餘首，喜曰：'異日當爲無敵之手。'其時家塾嚴課帖括，未暇肆力於此，僅存詩一卷而已。冠後侍先王父遊薊，途次無事，時時作爲古今體詩，望江姚虚舟先生擊節賞贊。歸後杜門，困諸生十餘年。乙未東遊文登,得交長親呂友徐兄弟,爲家大人序《南村集》。丁酉膺鄉薦,後爲家計所累,往往奔走四方。庚子入都,主靈郜庭先生家。先生風雅人也,飲酒賦詩,與家大人唱和最夥。後此,客趙北燕南者數年,有《廣川》《上谷》《中山》等集,司馬張雲湄先生點定精審,彭梧岡先生序之。甲寅冬,去中山入京,館胡雲坡尚書家二載。乙卯冬歸里。次年爲友人敦致,又復北上,住且八年,取坡公'萬人如海一身藏'句名集。癸亥春歸,英營茅屋三間,西北山列如屏,院中多植花竹,家大人吟哦其間,已不復作出門想。乃又不能安居,甲子以後足跡多在京東,田盤孤竹之間,名跡吟詠殆遍,與南皮張春巖先生最稱莫逆,《薊門》諸集大概其所審定也。最後《令支》一集,取遷安古名名詩,以詩自《令支》始,而濟南諸作皆付焉。戊辰司鐸萊蕪,地爲昔時謁房師陳公舊遊處,頗亦安之,而人事錯迕,舊疾日增,遂決計舍去,所著《一瓣香齋詩草》爲景仰先師也。英自己巳膺簡命,南遊湖湘,而迂路過萊,見家大人矍鑠光景,心竊喜。次日別去,從此隔定省者三年。辛未冬,承乏瀉西,使人迎家大人於萊。壬申陽月抵署,途次成詩一卷,新化鄧湘皋亟賞之。家大人之教英等曰:'詩體不一而各有法度,予一生役役於教書,營營於闈事,工夫不能精專,雖知之而力無由以至之也,問心歉然,又安敢出以問世?'但自家大人中年後,英侍於直隸官署,孚侍諸中山書院及京東諸縣署,萃侍諸京而荀侍諸萊蕪。每有所作,必命筆書之。卷軸既富,而家大人兩經刪定,存千餘首而已。倘不及今付諸剞劂,致有佚失,則諸子之過大矣。癸酉冬日刻工既竣,英因歷序家大人一生遭遇而付諸簡末。嘉慶十八年歲次癸酉冬十月男餘英敬識。"知此集爲其子王餘英任湖南寧鄉縣令時所刻。後署:"男餘萃、餘孚、餘荀校字。"

十行二十一字,白口,四周單邊,單黑魚尾。刻印一般。

③《四香閣詩集》五卷,清王餘芊撰,清嘉慶二十年福山王餘

英刻本。

餘芊字子千，號玉泉，善寶子，諸生。十五學詩，二十三而終。

《山東通志·藝文志》引《府志》云："此本自己亥至丁未，每卷爲一集，曰《山中吟》《續吟》《松霞》《廣川》《定武》。其弟餘英爲刻於嘉慶二十年。"

九行二十四字，小字雙行二十四字，白口，左右雙邊，單魚尾。

（5）王德瑛

王德瑛（1774—1832），原名璠，字念池，一字玉堂，號蓮墅。王希旦曾孫。父王介錫，字亦亭，號寶南。王德瑛少年聰穎，嘉慶十二年中舉，十九年進士，授河南扶溝縣知縣。任滿遷舞陽縣知縣。任滿，又遷安陽知縣。三任知縣，所至有政聲。

①《孝譜類編》二十卷、《補》五卷附《文昌孝經註》一卷，清王德瑛輯，清道光元年福山王德瑛河南扶溝刻本。

卷端署："福山王德瑛念池甫輯。"《凡例》最後一條爲"翻刻廣送，最爲善舉"。

有道光元年河南扶溝縣知縣福山王德瑛識於大梁旅邸。書分二十類：劬勞、承歡、愛日、養志、諭道、守身、侍疾、憂感、雜境、艱境、婦孝、女孝、孫孝、兄弟、夫婦、作忠、錫類、孝感、重戒。這是王德瑛刊刻教化類書籍的開始。

十行二十六字，白口，四周雙邊，單黑魚尾，無行格。

②《日省吾齋雜著》八種，清王德瑛輯，清道光間福山王德瑛刻本。

包括《日省吾齋讀曲禮》一卷、《日省吾齋讀内則》一卷、《養正編》二卷、《順正編》四卷、《簡明詩韻》《日省吾齋日録》不分卷、《扶溝縣厚俗告示》一卷、《舞陽縣厚俗告示》一卷。其中，《養正編》包括《弟子規》《三字經》《千字文》《百家姓》《吕氏小兒語》《王中書勸孝歌》《八反歌》《好人歌》《朱子治家格言》《朱子四時讀書樂》《朱子小學》《孝經》《孔子世家》十三種,《順正編》包括《女誡》《女論語》《内訓》《吕氏閨範》《吕氏女小兒語》五種。

山東省圖書館所藏以上書,自擬書名爲《日省吾齋雜著》,但《扶溝縣厚俗告示》一卷,版心上刻"扶溝縣志",應爲道光十三年福山王氏刻《扶溝縣志》中的一卷,即卷之七"風土",單獨刷印,不應爲《日省吾齋雜著》之一種。《舞陽縣厚俗告示》一卷,版心上刻"舞陽縣志",應爲道光十五年福山王氏刻《舞陽縣志》中的一卷,即卷之六"風土",單獨刷印,亦不應爲《日省吾齋雜著》之一種。所以,《日省吾齋雜著》實包括六種。

王德瑛刻《日省吾齋雜著》的特點有三:

一是多數卷端下題"福山王德瑛校刊",如《吕氏小兒語》《朱子小學》《孝經》《女誡》《女論語》《内訓》,有利於版本的確定。

二是行款多爲九行二十四字,《弟子規》《三字經》《千字文》《百家姓》爲六行。均爲白口,四周雙邊,單黑魚尾。宋體字,比較方正。

三是刻書的目的是教化風俗。如《養正編》卷首有王德瑛自序:"余嘗讀陳文恭公《養正遺規》,所載皆至理名言,切於身心倫理。以之訓蒙,源潔流清,可期人心日篤,風俗日醇。余猶病其引證繁複,且止詳於教術,而於童蒙應讀之書,尚未詳載其篇章,確定其先後,使世之教者學者,知所向往而猶未知所由往焉。不揣梼昧,謹以幼時所受讀各書,彙爲一編,仍名'養正',猶文恭志也。"《順正編》前有王德瑛自序:"余仿文恭公《養正遺規》,輯有《養正編》。又仿《教女遺規》,輯有《順正編》。凡此皆玉卷金經,亦實爲至德要道也。"有道光十年四月河南扶溝縣知縣王德瑛識:"乃猶勉付棗梨,分授紳庶。"可見其教化的目的十分明顯。

③四次刊刻《文昌孝經注》。

道光十四年刻本《文昌孝經注》,卷端署:"福山王德瑛註。"

《文昌孝經註目録》後有王德瑛識:"嘉慶二十一年十一月署河南考城縣事即用知縣福山王德瑛識。道光元年正月重鐫於河南扶溝縣署。道光九年十月又重鐫於河南扶溝縣署。道光十四年十一月又重鐫於河南安陽縣縣署。"末有刷印人及部數,如海陽趙銘彝、海豐吴怡曾皆捐貲刷印不少。

由上可知,王德瑛先後在河南考城、扶溝、安陽任縣令時,四刻《文昌孝經注》。一次在考城任上,兩次在扶溝任上,一次在安陽任上。印送部數也是王德瑛最多,總共有八千九百五十部,幾達九千部。

上述四個刻本,嘉慶二十一年和道光九年的刻本未見,道光元年刻本,原附於《孝譜類編》之後。卷端署:"賜同進士出身河南扶溝縣知縣加六級福山王德瑛註。"姓氏末有"此經因力綿,不能廣布,若有刷印者,須到河南省北土街路東田文莘齋刻字鋪刷印,姓氏部數,隨到隨登,此善舉也"字樣。知此書有專門的刻字鋪——田文莘齋承刻並刷印。道光元年刻本另有嘉慶二十一年河南考城知縣王德瑛識。又有道光元年扶溝知縣王德瑛序:"《經註》成於嘉慶二十一年冬,迄今五載,同人印送至萬部,板漸漫漶,方議改鐫,因覆校註文而以新得義意附焉。"

④《今古文孝經彙刻》十六種附一種,清王德瑛輯,清道光十四年至十六年福山王德瑛刻本。

孝經一卷附古文孝經宋本	(漢)孔安國傳 (日本)太宰純音注	清道光十四年河南安陽縣知縣福山王德瑛刻本
孝經注疏一卷	(宋)邢昺撰	清道光十四年秋河南安陽縣知縣福山王德瑛刻本
孝經指解一卷	(宋)司馬光撰 (宋)范祖禹説	清道光十四年十一月河南安陽縣知縣福山王德瑛刻本

（續表）

朱子孝經刊誤一卷	（宋）朱熹撰	清道光十五年正月河南安陽縣知縣福山王德瑛刻本
孝經大義一卷	（元）董鼎注	清道光十五年正月河南安陽縣知縣福山王德瑛刻本
孝經定本一卷	（元）吴澄校定 （清）朱軾按	清道光十五年二月河南安陽縣知縣福山王德瑛刻本
孝經述註一卷	（明）項霦撰	清道光十五年三月河南安陽縣知縣福山王德瑛刻本
孝經集傳四卷	（明）黄道周撰	清道光十五年夏河南安陽縣知縣福山王德瑛刻本
御註孝經一卷	（清）世祖福臨撰	清道光十五年九月河南安陽縣知縣福山王德瑛謹刻本
御纂孝經集註一卷	（清）世祖福臨撰	清道光十五年十一月河南安陽縣知縣福山王德瑛謹刻本
孝經問一卷	（清）毛奇齡撰	清道光十五年十二月河南安陽縣知縣福山王德瑛刻本
孝經全註一卷	（清）李光地撰	清道光十五年十二月河南安陽縣知縣福山王德瑛刻本
孝經三本管窺一卷	（清）吴隆元撰	清道光十六年春河南安陽縣知縣福山王德瑛刻本
孝經解紛一卷	（清）□□撰	清道光十六年三月河南安陽縣知縣福山王德瑛刻本
孝經章句一卷	（清）任啟運撰	清道光十六年四月河南安陽縣知縣福山王德瑛刻本
孝經義疏一卷	（清）阮元撰	清道光十六年夏河南安陽縣知縣福山王德瑛刻本

書共九册,每册書簽上刻“壹”至“玖”。版心上刻:“今古文孝經彙刻。”九行二十五字,小字雙行二十五字,白口,四周雙邊,單黑魚尾。字古拙,與《日省吾齋雜著》同。刻書地均在安陽,時王德瑛任安陽縣令。每部書後均署“日省吾齋藏版”。

(6)王兆琛

①《王氏宗譜》,清王兆琛纂修,清道光二十六年福山王氏刻本。

九行二十字,白口,四周雙邊,單魚尾。

②《重韻辨義》四卷,清王兆琛撰,清刻本。

據《山東通志·藝文志》:“《正俗備用字解》五卷、《重韻辨義》四卷,二書有刊本,載《府志》。”

(7)王伯方

王伯方大約與王祖源同輩,爲王兆琛的下一代。刻書一種。

《煨芋巖居詩續集》五卷,清王善寶撰,清光緒十一年福山王伯方中州刻本。

五卷依次爲《湘南集》(壬申冬日至丁丑)、《北歸集》(戊寅)、《掌果小室詩》(戊寅冬日至辛巳作)、《大耋無嗟詩上》(壬午)、《大耋無嗟詩下》(癸未甲申)。

卷端題:“之罘王善寶硏軒氏著,從孫延慶白海氏訂。”

有道光十四年黄岡汪封渭序。末有光緒十一年孫執遜誌:“先大父詩集刻於嘉慶癸酉,《續集》五卷乃先伯迎養湖南時與歸里後所作。憶余隨先大父自湖南歸,年未弱冠,朝夕侍側,六載有奇。每於誦讀之暇,命書所作詩,漸至成帙,且往往數易稿,蓋平生適志者惟此。吟哦往復,既以自怡,並隱示家法於後昆耳。自從兄延慶校訂後,黄岡汪竹千先生曾爲之序,惜未及時付梓。歲序奄忽輒數十更,回首一編,感懷舊篋。前因兒子伯方待次中州,亟命校刻,復以風塵鞅掌遲之又久而未逮,心甚疚之。今且喜其刊成,庶先大父暮年心血不由後嗣湮没。至於舊著《易纂》若干卷,《離騷經逆志》一卷,猶藏家塾。倘他日再壽棗梨,則尤余之所厚望也已。光緒十一年仲春上浣孫執遜謹識。”末署“曾孫伯方校字”。

此書由善寶曾孫王伯方所刻。道光十四年曾孫王延慶擬刻,但未刻成,故有汪封渭序。《販續》著録清道光十四年福山王氏刻本①,誤。

十行二十一字,小字雙行二十一字,白口,左右雙邊,單魚尾。刻印一般。

(8)王季寅

王季寅大約與王祖源同輩,爲王兆琛的下一代。

《煨芋巖居文集》一卷,清王善寶撰,清光緒十三年福山王氏刻本。

目録下題:“福山王善寶著,曾孫季寅、曾從孫懿榮校字。”

十行二十一字,小字雙行二十一字,黑口,左右雙邊,單黑魚尾。板框一般,字比較方正。

(9)王祖源

王祖源(1822—1886),原名伯濂,字淵慈,號蓮塘。道光二十九年拔貢,任兵部主事。時子王懿榮任户部額外主事。同治十一年王祖源簡放四川龍安府知府。光緒五年署成都府知府,光緒八年陞四川成綿龍茂兵備道。第二年署四川按察使,又曾署四川鹽茶道,最後仍回成綿龍茂兵備道原任。光緒十一年冬回京,翌年二月卒於京寓。祖源有子三人、女一人。王懿榮(原名貽榘)是長子。二子王懿霖,原名貽槩,字仲銘,同治四年卒於京都,年僅十七歲。三子王懿棨,原名貽棨,字信卿,貢生。一女爲大學士、軍機大臣張之洞的繼配夫人。

①孫殿起:《販書偶記續編》,上海古籍出版社1992年版,第263頁。

王祖源精於書法，家藏金石甚多，善於鑒別真僞，著有《判花軒集》《爾雅直音》《聲調三譜》《漁洋山人秋柳詩箋》《明刑弼教録》等。他最主要的貢獻是刊刻了《天壤閣叢書》。《叢綜》收二十種，繼收"增刊"六種①，後六種無叢書標志，或刻於《叢書》成書之前，或未名何人所刻，與《天壤閣叢書》無涉，不應作爲叢書來看待。而《叢綜》對《天壤閣叢書》子目的排序無所憑借，隨意性較大，今按其刊刻年代逐一縷述如下。

①《疑年録》四卷，清錢大昕撰，清同治元年福山王祖源京師刻本。

有牌記："同治元年六月福山王氏天壤閣重校刊。"無"天壤閣叢書"標志，亦無王祖源序，或爲早期刻本，還未有"叢書"之設想。王祖源自道光二十九年至同治十一年在北京任兵部主事，同治十一年始任四川龍安府知府。此時王祖源在京師，應爲京師刻本。

九行二十一字，小字雙行二十一字，白口，左右雙邊，雙對黑魚尾。

②《續疑年録》四卷，清吴修撰，清同治元年福山王祖源京師刻本。

《叢綜》未言何時刻，行款版式同《疑年録》，應爲同時刻。

③《漁洋山人秋柳詩箋》一卷，清王祖源輯，清同治五年福山王祖源京師刻本。

封面題："同治丙寅秋九月績溪胡澍署。"無"天壤閣叢書"標記，或爲早期刻本。

有王祖源同治五年天壤閣序："丙午秋應試歷下（買舟遊鵲山湖，攜李瀛客兆元《秋柳詩箋解》抄録並）藏諸故篋。丙寅春，都門閑居，爲兒子輩講論古今體詩，因檢出繕録一帙，並將《精華録箋

①上海圖書館：《中國叢書綜録》，上海古籍出版社2007年版，第197頁。

注》採入，付之剞劂，公諸同好。”知此書係祖源就李兆元本而附以金榮《精華録箋注》刊刻而成。此年王祖源在北京，應刻於北京。

九行二十二字，小字雙行二十二字，白口，四周雙邊，單黑魚尾。

④《東古文存》一卷，朝鮮金正喜輯，清光緒五年福山王祖源、王懿榮成都刻本。

版心下刻：“天壤閣叢書，福山王氏刊。”

有光緒五年己卯王懿榮序：“正喜當道光朝嘗入中國，手書以貽漢陽葉東卿兵部志詵，元本輾轉歸會稽趙撝叔大令之謙。同治辛未，大令録副以贈家兄，懿榮因得悦目……昔年在都，遇東使，詢之，知正喜早殤，此十三首亦止有寫本，且言東國刻書，必須公令照准，始克舉事，不得私自擅行。此雖官家古文，亦從無刻本流傳，因念此寥寥數十百名字是海外古文之僅存者，迺爲録陳光大三年時新羅真興太王巡狩管境碑一首按次補入。文字顯晦，今古靡常，他年東國人來，求書得此，當知漢地廣大，無不容盛也。光緒己卯十月福山王懿榮記。”據此序知，金正喜成書後，贈予葉志詵東卿，後爲趙之謙所得，王懿榮見之，趙爲之録副一部。此書在國内及朝鮮僅有抄本流傳，且朝鮮刻書，必須公家允許，私人不能擅自刊刻。《叢綜》未言何時刻，王懿榮序爲光緒五年，當在此時刊刻。此年，王祖源任成都知府，王懿榮隨任，當爲二人刻於成都。

十行二十字，白口，四周單邊，雙順黑魚尾。

⑤《弟子職正音》一卷，清王筠撰，清光緒五年福山王祖源成都刻本。

有牌記：“光緒五年福山王氏刻置天壤閣塾。”版心下刻：“天壤閣叢書，福山王氏刊。”卷末有“平武余定國校”。平武，綿陽北部，位於四川盆地西北部，蓋王祖源爲官之地。此爲王筠《鄂宰四種》之一，咸豐二年鄉寧賀蓉、賀蕙、賀荃曾刻《鄂宰四稿》本，王祖源此刻爲第二刻。

十行二十字，白口，四周單邊，雙順黑魚尾。版心上有字數。

⑥《爾雅直音》二卷，清孫偘撰，清王祖源校正，清光緒六年福山王祖源成都刻本。

有牌記："光緒六年福山王氏刻置天壤閣家塾。"卷下末有"海寧錢保塘、萬春余定國、福山王懿榮同校"。説明王懿榮參與校訂過此書。版心下刻："天壤閣讀本上（下）。"有光緒六年王祖源序："爰重雕之，以課家塾。"此書乃懿榮父祖源取秦中刻本重爲補正者。此年王懿榮中進士，不在成都。

大字四行十字，小字四行多字，粗黑口，左右雙邊，雙對黑魚尾。

⑦《急就篇直音》一卷，清王祖源撰，清錢保塘補音，清光緒六年福山王祖源成都刻本。

有牌記："光緒六年福山王氏刻置天壤閣家塾。"版心下刻："天壤閣叢書，福山王氏刊。"史游《急就篇》後有"海寧錢保塘補音，平武余定國、福山王懿榮同斠"。可見，王祖源之子王懿榮亦參與其中。每卷末有"新繁鄧質校字"。新繁在成都附近，可證此書亦王祖源在四川綿陽刻。有光緒六年王祖源序："兹刻是書以課諸子孫，仍有《玉海》本音，依顔、王而改用直音，遇韻有古音以大方圍識之。《玉海》本後附二章，仍列入焉，皆以便初學也。"

十行二十一字，黑口，四周單邊，單黑魚尾。

⑧《急就篇》四卷、《正文》一卷，漢史游撰，唐顔師古注，宋王應麟補注，清光緒六年福山王祖源成都府署刻本。

此書《叢綜》未言何時刻，與《爾雅直音》裝訂一起，似同時刻。

⑨《古今韻考》四卷，清李因篤撰，《附記》一卷，清楊傳第撰，清光緒六年福山王祖源成都刻本。

有牌記："光緒庚辰天壤閣合刊。"卷四末有："福山王氏天壤閣校刊。”版心下刻:“福山王氏天壤閣叢書。”與别本版心不同。有光緒六年王祖源序於天府之明志堂:“曩年供職夏官,見漢陽葉中翰潤臣有《古今韻考》之刻,其書爲富平李子德先生受祺堂舊訂本,循音分韻,簡切易明。兹因小孫崇燕輩初學韻語,每公餘挑燈爲之講貫古音切韻,慮其難以默識。檢行篋,有舊藏葉刻本,遂付手民,重加校刊,以便家塾兒童誦習,且可藉廣流傳。”據此序可知,王祖源據漢陽葉潤臣本重校刻。潤臣,即葉名澧,葉志詵之子。

十一行二十一字,粗黑口,四周單邊,雙對黑魚尾。

⑩《切韻》一卷,明潘之淙撰,清光緒六年福山王祖源成都府署刻本。

無牌記。版心下刻:“福山王氏天壤閣叢書。”與《古今韻考》版心同。最後一葉版心下刻:“天壤閣叢書,福山王氏刊。”有王祖源跋,時間爲光緒六年十二月。《叢綜》未言何時刻,行款版式同《古今韻考》,且裝訂一起,似爲同時刻。

十一行二十一字,粗黑口,四周單邊,雙對黑魚尾。

⑪《求雨篇》一卷,清紀大奎撰,清光緒六年福山王祖源成都府署刻本。

有牌記:“光緒六年歲在庚辰刻於四川成都府署。”版心下刻:“天壤閣叢書,福山王氏刊。”

十一行二十一字,黑口,四周單邊,單黑魚尾。

⑫《明刑弼教録》六卷,清王祖源輯,清光緒六年福山王祖源成都府署刻本。

包括:《讀律心得》三卷,清劉衡撰;《爽鳩要録》二卷,清蔣超伯輯;《公門不費錢功德録》一卷,清□□撰。

有牌記:“光緒庚辰夏成都府署刻。”版心下刻:“天壤閣叢書,福山王氏刊。”末署:“貴陽趙儉、福山王懿榮同校。”

有光緒六年王祖源序於古天府之明志堂:“壬申自武部出守

龍安,己卯夏五調攝成都篆……付諸剞劂。”

十一行二十一字,黑口,四周單邊,單黑魚尾。

⑬《夏小正正義》一卷,清王筠撰,清光緒七年福山王祖源成都刻本。

有牌記:“光緒七年天壤閣刊。”版心下刻:“天壤閣叢書,福山王氏刊。”《叢綜》作光緒五年刻本,誤。此爲王筠《鄂宰四種》之一,咸豐二年鄉寧賀蓉、賀蕙、賀荃曾刻《鄂宰四稿》本,王祖源此刻爲第二刻,時仍在成都知府任上。

八行十五字,小字雙行十五字,四周單邊,雙對黑魚尾。

⑭《弟子職》一卷,清許瀚音,清光緒七年福山王祖源成都刻本。

有牌記:“篇凡六百四十六字,◎爲韻,●爲部,|爲句中韻及隔句用韻,日照許瀚所訂也。太歲箸雍涒灘春正月己卯平定張穆寫梓家塾。”牌記外有“光緒七年閏月成都楊宜瀚臨”。蓋爲成都楊宜瀚臨寫的道光二十九年張穆寫刻本的刻書牌記。此書係王祖源在成都刻成無疑。後有一行:“福山王氏天壤閣刻置家塾。”

四行八字,白口,四周單邊,無魚尾,無直格。

⑮《聲調三譜》四卷,清王祖源輯,清光緒八年福山王祖源四川刻本。

卷一包括王士禛選《然鐙記聞》、王士禛撰《律詩定體》,卷二爲翁方綱撰《小石帆亭著録》,卷三爲趙執信撰《聲調前譜》《後譜》《續譜》,卷四爲趙執信撰《談龍録》。

有牌記:“光緒八年秋福山王氏刻置天壤閣家塾。”版心下刻:“天壤閣叢書,福山王氏刊。”《小石帆亭著録》《聲調譜論例》《談龍録》末有“新繁鄧質斠”。係王祖源在四川所刻。有光緒八年王祖源序:“同治癸酉,祖源既來守蜀,因晤新城宗弟鶴皋大令,又得漁洋山人《律詩定體》及何澹先生所傳《然鐙記聞》,具見昔人用心之密。祖源用合三家書,舉而刻之。《七古平仄論》《詩問》兩種,新城家塾板本尚在,又已詳翁《録》中,故不復出,而以《燃鐙記聞》《律詩定體》冠首。趙《譜》亦詳翁《録》,惟所引未盡,故並《談龍録》亦坿刻之,名曰《聲調三譜》。昔棲霞郝蘭皋先生刻前人所著墓銘體例三書,稱《金石三例》,爲故家法程,竊師其意也。刻在四川成綿龍茂道署紅茶館。"

王祖源此年陞四川成綿龍茂兵備道,此書當刻於四川。

十行二十二字,黑口,四周單邊,單黑魚尾。

⑯《内功圖説》一卷,清潘霨撰,清王祖源輯,清光緒八年福山王祖源成都刻本。

封面題:"光緒壬午刻。"有王祖源序:"去歲,同年吴縣潘尚書以其家蔚如中丞所刻《衛生要術》一册寄余,摹刻甚精,審視之,即余少時之所業《内功圖》也……六十老夫忍俊不禁,爰重摹一帙以示後學。"

王祖源在近代武術史上也值得提上一筆。咸豐四年,他隨在陝西爲官的兄長(兄長歷官陝西延長、南鄭、蒲城、長安等縣知縣)居住時,認識了力士周斌,三人同遊少林寺,在寺中住了三個月,得少林《内功圖》與《槍棒譜》而歸。據此序知,王祖源看到吴縣潘祖蔭家刻《衛生要術》一書而一時興起,重新摹刻而成。書名定爲《内功圖説》,其内容包括十二段錦總訣及圖解、易筋經圖解等。

書有圖,圖像刻畫精細。行字不一,字有寫刻特點,與其他天壤閣書不同,亦無天壤閣標志。王祖源序中曰:"摹者,德州武通守文源,刻在成都郡齋。"摹刻者當爲山東德州人。

⑰《莆陽黄御史集》二卷、《别録》一卷、《附録》一卷,唐黄滔撰,清光緒十年福山王懿榮京師刻本。附《刻影鈔宋慶元本黄御史集記》一卷,清王懿榮撰。

封面題書名:"唐黄御史集。"有牌記:"光緒十年福山王氏天壞閣據景鈔宋慶元本重彫,闕卷用明崇禎本案宋目叙補。"

有原序三,末有王懿榮《刻影鈔宋慶元本黄御史集記》,有光緒十年王祖源序:"去歲,兒子懿榮在京師假得宗室伯羲宫庶盛昱家藏影鈔宋慶元刻黄集殘本一册,題稱《莆陽黄御史集》,分上下秩,序文目録完好……嗣又假得貴築黄編修國瑾家所藏影鈔明崇禎刻是集殘本,爲揚州汪氏問禮堂舊物,孟慈年丈喜孫藏本。又從同郡榮成陳户部福綬家假得明崇禎刻足本,即汪氏本所自出。明本已分爲八卷又附録一卷。郵寄來署。祖源覽而喜之,廼命懿榮刻於京師。書之行款次第,以宋慶元本爲宗,飭工摹仿,不差毫厘。至宋本缺文,則取明崇禎本,按宋本原目叙補。文中夾行細字,有滔自注,有其後人所注,以及兩本字句異同處,所據宋本一依影鈔,所據明本一依明刻,各守原本,不爲臆改。命懿榮别記於後,以示矜慎……此刻在今日世存黄集中誠第一舊本矣。板刻既竣,輦置家塾,椎印多本,公諸當世,以貽後世。"此序對刊刻此書所依據的版本介紹得非常清楚,即三個本子,一是影宋抄殘本,一爲明抄崇禎刻本殘本,一爲明崇禎刻本足本,明抄本係從崇禎刻本出。王祖源在刊刻此書時,以影宋抄本爲底本,缺者以崇禎刻本補。並説出刊刻地點,即王懿榮在京師所刻。

有懿榮附案:"此集依影宋鈔慶元本付梓,缺卷用明崇禎本案目叙補。板甫刻訖,又續見瑞安黄編修紹箕新得明正德刻本,乃以三本合校,並附刻正德本所存殘文、崇禎本補附詩、正德本《集後》、宋黄處權《别録》、崇禎本《集後》、明黄鳴喬等《附録》各一卷於後。影宋鈔本大題稱'莆陽黄御史集',下注云:'權分上下秩。'正德本如之。正德本行款一依宋本,其前序皆仿宋本元體字式入梓,板心魚尾下稱'莆陽黄御史集',與大題同,爲影宋鈔本所未及。至《目録》《後記》、注等文與宋本同,衹行款稍有參差,餘則諱字缺筆均未改削,是覆刻無疑。大題下《黄公度誌》後空行填入

‘賜進士二十世孫希英’銜名一行，此是當時重刊人名，書賈挖去，冀充宋本。痕迹未盡，尚存一‘賜’字。後附宋黄處權《别録》一卷。崇禎本明黄鳴喬等所刻，析爲八卷，其《凡例》内論舊本處云‘登刻時，各依所獲遞編，而附名其後。今因觀覽弗便，改依諸體分彙’云云，遂並宋本《目録》後及集内原注‘某篇爲某人得於某處’等文俱行削去，以類分卷，一失原本面目，是崇禎本之妄也。後有鳴喬等《附録》一卷，又附九世孫《宋理學名儒補遺稿》一篇。謹按：乾隆朝《欽定四庫全書總目》據浙江汪啓淑家藏明崇禎本入録，題作十卷，附録一卷，即黄鳴喬等刻本，‘十’字乃‘八’字傳刻之誤。《東家編略》原本久佚，非更别有十卷本也。正德本黄希英跋稱此集初刻於宋淳熙三年丙申，此是據楊萬里、謝諤兩序而言（‘擴’字注‘今上御名’，‘惇’注‘太上御名’，皆空）可知，影宋鈔所據本爲慶元二年，洪邁序稱邵州將鋟板郡齋，遺信謁序之本，邵州名沃之所刻也，淳熙本自是。楊萬里、謝諤序稱永豐二曾所刻，較此刻尤前，慶元二年丙辰，上距淳熙三年丙申已二十年，中更光宗紹熙五年，若此爲淳熙刻，則不當於寧宗諱預注云‘今上光宗諱’，且注云‘太上’。希英於正德間所覆者，實慶元刻避寧宗、光宗諱字本，與今影宋本同出一原，其跋則於二曾刻及沃刻未甚分晰，止稱刻於淳熙三年丙申者耳。是此集自《東家編略》後，一刻於淳熙丙申，再刻於慶元丙辰，證以各序，灼然無疑。影宋鈔慶元本上秩《文賦》内‘明皇廻駕經馬嵬坡’題下奪‘賦’字無關要義，今仍之。正德本俱依宋本，而行氣稍狹，又間有訛字……惟正德本來時，全集板已刻就，下秩自影宋本殘失處已據崇禎本按目叙補，行款不能改從，使歸一致，僅識於此，爲可惜也。……下帙據崇禎本補足後，大人又命以續得之正德本校補……十月二十日校畢，懿榮謹記。”

《黄》集在宋有二刻，一爲淳熙三年黄氏九世孫黄沃永豐刻本，二爲慶元間黄沃邵州郡齋本。明正德黄滔二十世孫希英刻本，所據爲慶元本。王懿榮認爲正德本爲覆刻宋慶元本，比慶元本有改進，如板心魚尾下有書名，與大題同，但行氣稍狹，又間有訛字。萬曆十二年十九世孫廷良又刻之，之後曹學佺重編是集，依體分類，釐爲八卷。崇禎十一年黄氏二十二世孫黄鳴喬又刻，依曹氏所改，並削去部分内容，王懿榮對此表示不滿，認爲失去原本面目。《四庫全書總目》云此本爲十卷，實爲八卷之誤。嘉慶中，王遐春麟後山房又刻入《南越先賢集》内，所據皆曹氏改編本。王懿榮此本不依曹本，而是依宋本，缺卷以明崇禎本案宋目叙補，分上下二秩，不分卷。全書刻成後，又發現了正德本，於是附録部分據正德本補入。王懿榮所云"三本同校"，其實校的不是正文部分，因正文部分已刻完。

此書的刊刻過程比較曲折，在多個八卷本俱存的情況下，取影宋鈔本爲底本，目的是還宋本以原貌，説明王懿榮在刻書時對版本的選擇是極謹慎的，也説明了他對宋本的重視，這與乾嘉時刻書家一以宋本爲宗是一脈相承的。在兩本配補時，各守原本，不爲臆改，也表明了他尊重原本的態度。無怪乎其父王祖源自詡"此刻在今日世存黄集中誠第一舊本矣"。

書中有許多"懿榮謹案"，對各種情況進行説明，可見此書爲王懿榮刻書中所萃精力最大的一部。從王懿榮與繆荃孫的書信中可以得知："陶集川中未刻，已在碩卿所帶行李堆積箱中，夏初即到。到即遇榮病，迄今霉變，不知如何，不能啓也。稍愈，即速檢上。《黄御史集》自立一校法，刻亦未半而病，今亦延閣"①，"陶集川署尚未刻成，此間刻黄滔集亦未完"②，"《黄御史集》將近印出，

①〔清〕王懿榮著，吕偉達主編：《王懿榮集》，齊魯書社 1999 年版，第 186 頁。
②〔清〕王懿榮著，吕偉達主編：《王懿榮集》，齊魯書社 1999 年版，第 188 頁。

容再呈鑒”①。可見,王懿榮隨時在向老師繆荃孫通報刻書情況。“川署刻書,俱爲初學起見,然亦湊成四函。刻祇具三函者,以第三函《麟角集》尚未就也。先將已成者呈上,不足以當大家一觀。第三函就時補呈,並附以《黄御史集》初印本一部,祈代上爲叩。”②“家刻叢書第三函又成,祈代交一梧先生,則四函足矣。”③此集早於《麟角集》,“《黄御史集》刻成,謹以寄川大紙様本各一部呈納。《麟角集》尚未訖也”④。知因“自立一校法”,所費時日頗多,遷延日久,使得此集遲遲不能訖功。

十行二十字,白口,四周單邊,雙順黑魚尾。正德本的行款爲十四行二十四字。版式仍宋刻,但筆畫全不似宋刻。

⑱《麟角集》一卷、《附録》一卷,唐王棨撰,清光緒十年福山王氏京師刻本。此書由王懿榮具體操辦,當刻於京師。

有牌記:“光緒十年冬福山王氏天壤閣開雕,與景宋本黄御史集合刻,版存家塾。”

有光緒十年王祖源序:“祖源既刻影宋慶元本《黄御史集》……因亟擬得《麟角》舊本,與《黄集》合梓之。兒子懿榮從貴築黄編修國瑾家,假得嘉慶中福鼎王氏麟後山房所刻《南越先賢集》内《麟角集》一卷,並宋王苹所録棨《省試詩》附焉,與《四庫》所收本同。前有陳恭甫編修序一首,稱王氏此刻所據舊本寄來繙閱,其補正脱訛實較浙中鮑氏知不足齋刻本爲優,因並刻之。陳序又言,有德清許氏所藏此集,繪棨小像者,或屬舊槧,他日續方得之,可斠補也。至《附録》《省題詩》,鮑氏本正集卷首大題下夾注二行,當是原本舊注,爲王氏本所無,今更從之。”

①〔清〕王懿榮著,吕偉達主編:《王懿榮集》,齊魯書社 1999 年版,第 180 頁。
②〔清〕王懿榮著,吕偉達主編:《王懿榮集》,齊魯書社 1999 年版,第 174 頁。
③〔清〕王懿榮著,吕偉達主編:《王懿榮集》,齊魯書社 1999 年版,第 177 頁。
④〔清〕王懿榮著,吕偉達主編:《王懿榮集》,齊魯書社 1999 年版,第 181 頁。

《麟角集》在明有祁氏澹生堂抄本，至清又有多種抄本，但刻本僅見於鮑氏《知不足齋叢書》和《王氏彙刻唐人集》，而王氏天壤閣本所據爲嘉慶王氏本，又據鮑廷博本補，集二者之菁華，可謂版本精審，有校勘價值。

王懿榮在給其師繆荃孫的信中，也談到此書的刊刻："《麟角集》無舊本可據，因急與黄集合刻，故急取之，然亦可存。兹以初印白、竹二種紙本各一部呈鑒，以配前本。又白紙一本，乞轉呈一梧先生"①，"家刻《麟角集》已成，容印就呈覽，並以叢書第三函祈轉奉矣"②。

十行二十字，小字雙行二十字，黑口，左右雙邊，雙對黑魚尾。字大方正。

⑲《説文逸字》二卷，清鄭珍撰，《附録》一卷，清鄭知同撰，清光緒間福山王祖源成都刻本。

此書《叢綜》未言何時刻。有牌記："貴州遵義鄭珍子尹著，山東福山王氏刻。"每卷末署"新繁鄧質斠"。版心下刻："天壤閣叢書，福山王氏刊。"當亦爲王祖源成都刻本。

小字十二行二十一字，黑口，左右雙邊，單黑魚尾。

⑳《説文聲讀表》七卷，清苗夔撰，清光緒間福山王氏刻本。

有牌記："直隸肅寧苗夔光路著，山東福山王氏刊。"版心下刻："天壤閣叢書，福山王氏刊。"每卷末署"貴築楊調元斠"。

《叢綜》未言何時刻，北京大學圖書館作光緒十年刻本，不知有何依據。此書有苗氏自刻本。貴築，在今貴州省貴陽市，校書人當爲苗夔自刻時的校書人。

《天壤閣叢書》的刊刻特點有五：

①〔清〕王懿榮著，吕偉達主編：《王懿榮集》，齊魯書社 1999 年版，第 181 頁。
②〔清〕王懿榮著，吕偉達主編：《王懿榮集》，齊魯書社 1999 年版，第 178 頁。

一是從主持人來看,幾乎由王祖源一人承擔。除兩種由王懿榮操作外,其餘十八種均由王祖源主持刊刻,即使此兩種,也是王祖源授意王懿榮來做的。王恒柱在《王祖源與〈天壤閣叢書〉》①一文中總結道,《天壤閣叢書》的輯刻是同治光緒年間完成的,至光緒十二年王祖源卒,因而後來没有續輯刻。“福山王氏”指的是王祖源而非王懿榮,故《天壤閣叢書》的輯刻者應是王祖源而不是王懿榮,《叢綜》等對輯者的著録是錯誤的。

二是從刻書時間與刻書地來看,有同治期間在京師刻,有光緒期間在四川刻。大多在四川刻成。同治間王祖源在京師刻書三種,光緒五年任成都知府,刻書二種。光緒六年刻書七種,亦在成都。光緒七年刻書二種,在成都。光緒八年刻書二種,在成都,此年陞四川成綿龍茂兵備道。光緒十年刻書二種,《麟角集》和《黄御史集》,主持者爲王祖源,而實際操作者爲王懿榮,在京師刻。此時王祖源在四川。另有二種《説文逸字》《説文聲讀表》未署何年刻,當亦王祖源在四川任上所刻。王祖源於光緒十一年冬回北京,十二年去世。王氏同治期間刻書少,且無“天壤閣叢書”標志,説明《天壤閣叢書》的輯刻有一個過程。同治年間王祖源因受其父王兆琛際遇的影響,在北京衹是個兵部主事,一直得不到提拔,生活清苦,無刊刻叢書的想法,而到了四川,尤其是光緒五年任成都知府之後,生活條件有了較大改善,開始大量刊刻書籍,僅光緒七年一年就刻了七種,並以《天壤閣叢書》名之。可見,刻書與物質條件是緊密相連的。

三是王氏所刻二十種書,大部分爲課子孫。王祖源同治十一年來四川,與其同行的有其子王懿榮,也有其孫王崇燕等,所以《急就篇直音》《爾雅直音》皆爲子孫學習而刻。《古今韻考》“因

①王恒柱:《王祖源與〈天壤閣叢書〉》,載《山東圖書館季刊》1995年第1期。

小孫崇燕輩初學韻語”而刻,即便是刻於同治五年的《漁洋山人秋柳詩箋》,也是爲兒孫輩講論古今體詩時所刻,故其刻板多標有藏於家塾。

四是版式有特點:同治間所刻三種版心皆無標記,而光緒間所刻諸書版心大多或標“天壤閣叢書,福山王氏刊”,或標“福山王氏天壤閣叢書”,《黄御史集》爲王懿榮刻於京師,爲了仿影宋鈔版式,與《麟角集》均無“天壤閣叢書”字樣。

五是二十種書中,刊刻精緻的當爲王懿榮所刻二種。

除《天壤閣叢書》外,王祖源刻書還有:

①《正俗備用字解》四卷、《坿》一卷(包括《辨似》《辨同》《補遺》),清王兆琛撰,清咸豐五年福山王祖源京師刻本。

有“咸豐五年十二月刻”。《總目》前有:“賜進士出身翰林院編修文淵閣校理國史館總纂誥授榮禄大夫兵部侍郎都察院右副都御史山西巡撫王兆琛撰。”無“天壤閣叢書”標志。

此書刻於王兆琛去世後,當爲祖源所刻。時祖源任兵部主事,此書於北京刻成。

上下欄,九行字數不一,大黑口,四周單邊,雙對黑魚尾。刻印比較精細。

②《章雲李先生四書文》二十八篇,清章金牧撰,清光緒五年福山王氏家塾刻本。

有牌記:“福山王氏刻存古峴家塾。”前有光緒五年王祖源序,云:“光緒四年,兒子懿榮自農曹請假來川省視。公餘之暇,談及制藝一事,懿榮亦深嗜零李之文,請付手民,以廣流傳。余因憶昔日趨庭之訓迪,與函文之請,益忽忽三十餘年一名無成,不僅□然有感,遂可其請,聯弁數語,以誌緣起云爾。時光緒五年歲次屠維單閼閏上巳福山王祖源記。”

正文行字不一,白口,左右雙邊,單黑魚尾。

此書雖爲王懿榮建議,但刻者應爲王祖源,四川刻本。國家圖書館作"光緒十九年刻本",不知所據爲何。光緒十九年,祖源已去世。

③《王太常集》二卷,清王滸撰,清光緒八年福山王祖源成都府署刻本。

有牌記:"光緒八年八月四川成都府署謹梓。"卷二末有"光緒三年三月成都刻工高矩刊"字樣。可見此書爲地道的成都刻本。有《通議大夫太常寺卿王公别傳》,内有王氏家族信息。有光緒八年王祖源識,稱此書舊藏於家,未嘗刊行,其中有一首《春日湯澗觀捕魚》,《山左續詩抄》選中,但此集未有,故補入。光緒五年王祖源由龍安知府調署成都,歷三載,光緒八年,時六十一歲。"前年,兒子懿榮以庶常乞假祭掃,車歸事畢,去歲來省入川,從家祠中賫來寫本,祖源公餘謹率兒輩恭校付梓,刻於成都郡署,去公守郡之歲正一百五十四年。板成,將載歸家祠,傳之後世。"王祖源雖在成都刻成此書,但板還是要運回山東福山老家的。

十行二十二字,黑口,四周單邊,單黑魚尾。版心上刻字數。

④《王布政集》二卷,清王顯緒撰,清光緒八年刻本。

有牌記:"光緒八年八月刻。"有王顯緒乾隆二十八年自記。此書無刻書序跋,推測應該是王祖源於四川刻,與《王太常集》同時刻。

十行二十二字,黑口,四周單邊,單魚尾,版心上刻字數。刻印略精細些。

(10)王懿榮

王懿榮除助其父刻書尤其是刻《黄御史集》和《麟角集》外,還獨自刻過以下書:

①《周公年表》一卷,清牟庭撰,清同治十年福山王懿榮京師刻本。

封面題:“同治十年九月校正重栞。”卷端題:“棲霞牟庭。”版心下刻:“黄校。”十四行二十七字,白口,四周單邊,雙順黑魚尾。字雖小,但極精。

有同治十年七月會稽趙之謙識:“棲霞牟陌人先生爲今文《尚書》之學,與文登畢氏相後先。箸書五十餘種,蠡挹不自足。未嘗墨板,稿藏於家,遭寇亂亡佚大半。福山王户部懿榮,方聞士也。之謙從之求齊魯先喆遺書,因得見《周公年表》《投壺算草》刻本。之謙舊藏漢陽葉氏《年表》寫本,取以互校,則與原刻大異,蓋葉氏寫藏乃最後定本,而刻本則初稿之未删者。因舉以貽之,並謀重刻。户部言先生遺稿多未經手定,《楚辭述芳稿》凡三易。獨《詩切》一書首尾完具,今藏其戚某家,卷帙繁重,録副非易。《同文尚書》則不知尚存否。先生篤學至行,箸作等身,殧僅四十年,遺編零落,幸而得存,又不獲見定本,徒使後賢滋疑名實,豈不重可哀也。得此書時,歲在戊辰,越三年始刻於京師,爲同治十年。”蓋此書據定本即葉氏藏寫本而刻。

又有同治十年王懿榮識:“《周公年表》一卷,棲霞牟先生箸。先生次子房已刻於湖州。桉《雪泥屋遺書目》,《年表》坿《同文尚書·洛誥篇》,門下士傳鈔者多,故有單行本。同治五年,懿榮求得手稿於掖林牟貽家。以湖州本校之,《表》前無小字‘原起’五行,《表》後無‘史記云云’及太公、召公年歲六行,文字亦互有異同。會稽趙撝叔大令言藏有漢陽葉氏鈔本,假以校正,則與林氏藏稿悉合,始知湖州刊本乃《同文尚書》初稿之未删者,葉氏本當從手稿録出,爲最後定本。惟《表》中引《詩》‘東山’章,三本皆坿載《詩切》原文,湖州本並誤入《年表》。《詩切》亦先生未定稿,與撰《表》屬兩事,撝叔謂無須夾注,績溪胡甘伯同部亦以爲然,因不具録。懿榮有志搜輯國朝登州先喆説經之書,曾桉書目訪求先生遺箸,念此《表》文字無多,各本岐出,舊刻又燬於兵燹,幸見定稿,亟謀付棃,以存遺文附簡於什一,異時刻《同文尚書》,當仍編《洛誥》後也。”辨證《詩切》與《年表》二書非一書,並闡述刻《年表》的必要性。又有王懿榮坿桉語:“今河南偃師唐開元二年周公祠碑,朝義郎行偃師縣尉賈□義撰碑文,内稱‘公字朝明,文王之子,武王之弟’云云。公字,他書未見稱引,唐人石刻,名字家世閒有坿會,此其一也。”可見,王懿榮善於校勘,不迷信前人,也説明他對石刻研究的精到。

同治十年,王懿榮二十七歲,此時他在户部任候補主事,故書刻於京師。

②刊刻硃卷八種。

王懿榮十五歲隨母來京,住在父親的兵部主事任所。咸豐十年父親奉旨回籍辦團練,他隨父親回過家鄉登州,還在濟南讀書。同治六年,他與黄夫人在保定成親。同治十一年,父親簡放四川龍安府知府,他没有隨往。也就是説他自十五歲入京後,除在濟南、保定短駐外,一直住在北京,而長駐京師主要是奔波於科場。

王懿榮參加的第一次鄉試是同治元年壬戌恩科順天鄉試。次年,王懿榮受業於萊陽周悦讓。同治三年,岳父黄熙庭在直隸邱縣知縣任上,捐辦天津海防,部議給獎,王懿榮由此被簽分到户部任候補主事。同治十二年秋,他又一次參加順天府鄉試,中式副貢第一名。此次有硃卷刊刻。光緒元年和二年,王懿榮連續參加了乙亥恩科及丙子科的順天府鄉試,均名落孫山。

光緒五年秋,王懿榮第八次參加鄉試中舉,同年參加了在保和殿舉行的復試,這兩次均有硃卷刊刻。

光緒六年,王懿榮參加庚辰科會試。之後,他參加了復試、殿試及在保和殿進行的朝考。這四次均有硃卷刊刻。

王懿榮試卷的刊刻完全由他個人進行操辦,其刻試卷之舉可以從他與繆荃孫的書信中得知。“榮之行卷,二三場刻未竣,頭場首藝亦刻好,惟二三藝及覆試等詩文,榮業師周孟伯先生至今尚未寄還。行脚甚夥,恐爲雪阻,須明年元宵,始能完工,分呈各師門矣。"①"又朱墨合裝本試卷二本,叩請寄呈太老夫子大人鈞閱。朱印本在先,有訛字,止好家存。"②

國家圖書館藏王懿榮試卷有七種:《同治癸酉科順天鄉試硃卷》《光緒己卯科順天鄉試硃卷》《光緒己卯科順天鄉試復試卷》《光緒庚辰科會試硃卷》《光緒庚辰科會試覆試卷》《光緒庚辰科殿試卷》《光緒庚辰科朝考卷》,九行二十五字,白口,四周單邊,雙魚尾。另有一種《光緒甲午大考翰詹一等卷》係王懿榮於光緒二十年參加翰林和詹事考試時的試卷,亦應爲王懿榮所刻。

③《輶軒使者絶代語釋别國方言》十三卷,漢揚雄撰,清光緒福山王懿榮京師影宋刻本。

王獻唐《雙行精舍書跋輯存》:"影宋刻《方言》,以此爲最早。迨後原本歸傅氏雙鑑樓,乃有大小影印及覆刻傳世。此書當時係王廉生影寫,印樣初出,同好以爲不似,廉生大慚,棄置未印。因亦未入《天壤閣叢書》中。庚子殉節後,版片尚存廠肆,曾印數十部,流傳亦鮮。一昨閲肆得之,寫刻雖非上乘,然出名人手,且寓一段版本掌故,未可輕也。戊子三月六日。"③

此書非常重要,原因有三:一是影宋刻《方言》,此本最早;二是因王懿榮感覺影寫不精,故未入《天壤閣叢書》;三是此書衹印行數十部,流傳稀少。

④《四家館課》,清王懿榮、張之洞、盛昱、樊增祥撰,清光緒二十六年福山王懿榮京師刻本。

①〔清〕王懿榮著,吕偉達主編:《王懿榮集》,齊魯書社 1999 年版,第 160 頁。
②〔清〕王懿榮著,吕偉達主編:《王懿榮集》,齊魯書社 1999 年版,第 163 頁。
③王獻唐:《雙行精舍書跋輯存》,齊魯書社 1983 年版,第 30 頁。

封面題:“光緒庚子栞於京師。”

有光緒二十九年樊增祥序:“光緒庚子春,余助王文敏公編沓《四家館課》。甫付刻工,而京師雲擾。及萬乘西巡,文敏授命,意謂此刻付煨燼矣。余行篋中尚有副本,而兩祭酒闕如,乃先以二家付梓。比今年夏來朝,京師槧人某請見,則曩所輯《四家館課》早於庚子秋刻竟,雖爾時炮火闐闐,華夷交閧,而槧本固無恙也。自科舉改章,館閣諸公皆學時務,學詩賦八比棄如芻狗。曩輯此集,誠已見笑時賢,而當俶擾之時,奇寶重器,殘毀亡佚者不知其幾,而斯集僳然獲全,若有鬼神呵護者,則又何耶?毋亦兩祭酒之靈,雖返真兜率,尚惓惓於遺麟墜羽,必使流布人間耶。余既深宿草之悲,復有還珠之樂,故復序而行之。癸卯七月五日,樊增祥書於城東寓廬。”

樊氏所言“乃先以二家付梓”,指的是光緒二十七年樊增祥刻的《二家試帖》。樊增祥於此年仲夏作《二家試帖序》①,稱庚子孟春,王懿榮語於樊氏:“吾屬皆老人,當善自排遣。吾久欲刻《四家館課》,子盍助我?”“四家”即王懿榮、張之洞、盛昱、樊增祥。經樊增祥搜集整理,其中盛昱詩總二百餘首,選其三分之一,賦十餘篇,選六篇,張之洞詩二十餘首,王懿榮有十餘首,樊氏本人有詩六十一首,賦一篇。“四月初,廉生以授梓人,督步師及余作皆鋟版矣。而拳教之亂作,余倉惶出都。至七月下旬,廉生授命,此刻遂不可究詰。余還西安,師及余原稿僅存,而兩祭酒闕焉,因先以二家付梓。”此爲樊增祥刻《二家試帖》之緣由。樊氏在刻《二家試帖》時,尚不知《四家館課》已在庚子秋刻竣,故言“兩祭酒稿當在廠肆,冀蒐求補鋟,以成廉生之志云”。

劉承幹刻《王文敏公遺集》,中有宣統三年樊增祥序:“公別有

①〔清〕張之洞、樊增祥:《二家試帖》二卷,清光緒二十七年刻本。

《四家館課》之刻,印於京師,板藏余家。其他論著,當次第蒐刻之。"①此"板"即爲樊氏後來在京師搜集的《四家館課》王懿榮雕鏤之板。

這是王懿榮生前所刻的最後一部書。書開雕於光緒二十七年四月,及王懿榮七月下旬殉國,承擔雕刻的槧工在炮火中仍然繼續工作,至此年秋刻竟。

十行二十四字,黑口,四周單邊,雙黑魚尾。此本罕見,清華大學圖書館有藏,劉薔女史惠賜書影。

據王懿榮與其師繆荃孫的書信可知,他還有宏偉的刻書計劃:"門生病稍愈時,即先刻周孟伯先生經通、史通、子集通、經逸通考六種書,再刻《曹子建集》(尚擬借朱述之本也)、《陶隱居集》《徐鉉集》,又《元秘史》《親征録》《經世大典》《馬政》也。此則三集三史,再足以三經三子,則成事較署刻叢書爲佳矣"②,"門生擬並《經世大典》《馬政》與《元秘史》三種元别史並刻之,不入《叢書》,再求精整,惟再訪一元别史未刻者,足四種則佳矣"③,"《元朝秘史》(中有大字譯語),門生將刻之矣"④。由上可以看出,王懿榮的刻書計劃是宏大的,如果没有庚子事變,假以時日,他的三經、三史、三子、三集的刊刻必將爲中國刻書史添上輝煌的一筆。

王懿榮刻書十餘種,有自己科考文章的彙集,有引以爲豪的唐人集子,也有令人遺憾的《方言》。他歷時十九載撰寫成的《漢石存目》《南北朝存石目》二書,由諸城尹彭壽於光緒十五年刻成。詳見清後期青州府諸城刻書。

(11)王懿榮

①〔清〕王懿榮:《王文敏公遺集》八卷,民國劉承幹刻求恕齋叢書本。
②〔清〕王懿榮著,吕偉達主編:《王懿榮集》,齊魯書社 1999 年版,第 177 頁。
③〔清〕王懿榮著,吕偉達主編:《王懿榮集》,齊魯書社 1999 年版,第 181 頁。
④〔清〕王懿榮著,吕偉達主編:《王懿榮集》,齊魯書社 1999 年版,第 184 頁。

王懿棨除助其父祖源刻《天壤閣叢書》外，還刻有：

《簠齋傳古別録》一卷，清陳介祺撰，清光緒五年福山王懿棨成都刻本。

有牌記："光緒五年冬福山王氏重校刊。"

此書闡拓字之法、拓字之目、剔字之弊以及如何去銹。有王懿棨跋："吾鄉陳壽卿世丈性躭金石，自翰苑假歸，鄉居三十餘年，每有所聞，不遠千里命駕。所見日廣，所藏益富，因手民無善工，將平日聞諸友人見諸傳刻，凡椎拓之法彙爲一帙，名曰《簠齋傳古別録》。客歲，長兄自都來，攜一帙，欲重刊而無暇，即返轡北上。棨偶檢書，得此，因付諸梓人，以廣流傳。時光緒己卯冬一陽生日登州王懿棨跋。"此書當爲王懿棨隨父在成都時所刻。

十二行二十三字，小字雙行二十三字，黑口，四周雙邊，雙順黑魚尾。刻印一般。

(12)未名者

①《王文敏公哀啓》一卷，清王崇烈撰，清光緒二十六年福山王氏刻本。

崔巍老師書按："此書乃懿榮次子光緒庚子後所撰，其時崇烈與侄福坤在原籍福山，幸免於難。此《啓》不止叙述其父生平，兼叙其祖兆琛宦跡、居址等情。從中亦可看到王氏親朋故舊，如懿榮女嫁吴重憙，張之洞即懿榮妹婿，鹿鍾霖之三子娶懿榮之三女。並記懿榮由南書房行走，晉陞至國子監祭酒，一生事迹略見一斑。"據此推測，此書應爲懿榮之子所刻。

②《木皮子詞》一卷，明賈鳧西撰，清同治光緒間刻本。

卷端署："木皮散人賈鳧西著。"有之罘老漁撰《木皮子傳》，統九騷人撰《賈鳧西鼓詞序》。原跋稱沛縣閻古古、諸城丁野鶴"爲手訂付其子"。後曠視山房竹石主人附識："按此本向有傳鈔，膾炙人口而大同小異，外有大師摯適《齊章平話》一篇，已借入《桃花扇》中。蓋木皮先生以前代逸民憤於中,隱姓埋名,一鼓一板,遨遊城市衢巷間,信口成文,與屈子《離騷》、腐遷《史記》,同一抑鬱,而發爲不平之鳴,使聞者欷歔悲感,有心者各録其稿,故詳略不同。"《叢綜》未言何時刻。曠視山房竹石主人丁守存生活在同治、光緒間,此書之刻當不早於同治、光緒。

十行二十四字,黑口,四周單邊,單魚尾。字一般,無行格,但版心下刻字數,比較特别,作"字某某某"。

此書爲《天壤閣叢書》增刊之一。

福山王氏刻書特點有六:

一是福山王氏七世刻書:王顯緒——王善塏、王善寶——王餘英、王德瑛——王兆琛——王祖源、王伯方、王季寅——王懿榮、王懿棨——王懿榮之子。從嘉慶到光緒,跨五代,主要在清中期和後期。

二是刻書94種,是山東刻書最多的家族,比刻書集中於清前期的新城王氏家族所刻還要多。

三是王德瑛刻書最多,以子目計有47種。王祖源次之,明確者有20種,居第三位的是王懿榮。

四是所刻以經部爲最多,31種,史部10種,子部28種,集部25種。這是山東家族刻書中唯一一個刻經部書最多的家族,主要是由於王德瑛刻《孝經》十六種,王祖源所刻《天壤閣叢書》中所收經部書亦不少。子部書的突然增多,與王德瑛所刻《順正編》《養正編》等儒家類書有關。

五是所刻精品多。如王祖源刻《東古文存》《内功圖説》,王懿榮刻《麟角集》《黄御史集》《周公年表》《輶軒使者絶代語釋别國方言》,王懿榮刻《簠齋傳古别録》等。

六是注重刻版的保存。在四川刻的書,板子要運回山東福山老家。《王太常集》有光緒八年王祖源識:"板成,將載歸家祠,傳之後世。"

2)鹿林松刻書

鹿林松,字木公,號雪樵,福山人,諸生。著有《花薰閣詩述》十卷,未見刻本。其《雪樵續集》四卷,《販記》作道光十七年刻本①,亦未見。林松嘉慶十三年刻有《董氏遺稾》三種四卷。包括:《遠遊草》一卷,明董應雷撰;《西山詩存》一卷、《附録》一卷,清董樵撰;《道東詩》一卷,清董道東撰。

以上三人皆爲萊陽董氏一門。董應雷(1577—1642),字江門,崇禎間歲貢,官保安學正。另有《東皋子集》不知刻否。其子董樵,原名震起,字樵谷,號東湖,後易名朱山樵,諸生。參與了順治五年的"于七起義",後隱居文登之西山。董樵一生詩作很多,但留存下來的衹有一百五十首。由於他在明亡後,特别是抗清起義失敗後長期隱居,他的事迹甚至名字鮮爲人知,尤其是詩作流傳不廣。董樵之子道東,自號不夜流寓。

書有鹿氏序:"董氏三世,詩名皆震,予每求其遺稿,寥寥無多見者。是此書流傳之少,早已如此。"

3)蕭氏刻書

蕭氏係福山大族。據民國《福山縣志稿》卷二《選舉志》和卷六《著述志》,蕭文蔚字不著,號絅庵,順治十一年舉人,官桃源知縣。纂修《桃源縣志》和《福山縣志》,均有刻本。其《養木齋集》,有刻本,未見傳本。蕭勖,雍正二年舉人。勖之長子蕭榕年,字霞村,號容山,乾隆十七年進士,改知縣,官至廣東連州直隸州知州。著有《裕昆堂詩集》未刻,但其《西湖詠古》一卷有刻本,未見傳本。勖之三子蕭熚,嘉慶二十三年恩貢生。四子蕭熕,署濟南府教授,沂水縣教諭。蕭熚長子蕭培畹,咸豐二年恩貢,十一年團練助剿豫

①孫殿起:《販書偶記》,上海古籍出版社1992年版,第436頁。

捻陣亡,奉旨賜恤世襲雲騎尉。另外,蕭殷先有《孚堂遺稿》一卷,有刻本,但未見傳本。

目前已知蕭氏刻本有四:

①《乾隆壬申恩科鄉試硃卷》,清蕭榕年撰,清乾隆福山蕭氏家刻本。

②《四書引左彙解》十卷,清蕭榕年纂,清乾隆四十六年古牟蕭氏刻本。有王采珍序。上下欄,下欄八行二十字,小字雙行二十字,白口,四周雙邊,單魚尾。

③《詩賦駢字類珠》八卷,清蕭熿輯,清嘉慶二十一年福山蕭氏萬卷樓刻本。

封面題:"嘉慶丙子春鐫,古腄蕭藜庭纂輯。萬卷樓藏板,翻刻必究。"有王善璧序:"藏書之富,幾比瑯嬛……辛未秋杪,出其數年來所制《駢字類珠》一編,裒爲八卷,將付剞劂。"有凡例,稱"因與弟燂、子培德,翻閱諸書,爲之注釋,以成是編"。

板小,九行,字密且劣。

④《詩賦駢字類珠續集》二十四卷,清蕭燂、蕭培畹輯,清道光十六年福山蕭氏家刻本。

有鹿丕宗序及謝寶田弁言,又有蕭燂撰《例言》,稱其兄所撰書"久已刊行。而書賈依樣私鐫出售,嗜古者争購之。稍嫌其取材未富,不免有買菜求益之見。迄今二十餘年矣。先兄暨侄俱已物故,余已老憊,久廢舉業,爰於課孫之暇,擬取前書補其闕略。乃命長男培畹,盡取家藏典籍,復假戚友秘書,撰爲《續集》。余加以筆削,纂輯成書"。

由上可見,後兩種書的刻成,與家中藏書有很大關係,正是家富藏書,纔能纂輯成書,纔有刊刻的可能。

4)張彭緒刻書

福山張彭緒,字希籛,諸生,刻所著書兩種。

①《音韻約編》不分卷,清張彭緒撰,清咸豐元年葆真堂刻本。

②《音韻注略》十二卷,清張彭緒撰,清咸豐元年葆真堂刻本。有黄縣賈楨序。

4. 棲霞刻書

清中期的棲霞刻書以兩大家族爲主,即牟氏和郝氏。

1)牟氏刻書

牟氏自八世牟道行成爲官宦人家。九世牟國階、牟國瓏兩人中進士。牟國瓏任河北南宫縣知縣,遭貶後於棲霞縣城建悦心亭。十世牟恒也中進士,官至監察御史。十二世牟之儀由悦心亭徙居古鎮都現莊園處,建樓房一座,草堂四間。其時有地300餘畝。十三世牟淳經常販運糧食,囤積居奇,於災荒年糶糧置地。終其一生,牟氏占有土地1000餘畝。牟淳之子牟墨林即牟二黑子,最終將牟氏家園經營成聞名膠東的牟氏莊園。牟家以牟氏莊園而聞名,從而掩蓋了這個家族的文名。實際上,牟家出了幾位在學術界有名的人物,如牟庭、牟應震等,尤其是在經學研究方面,可與本邑郝懿行相呼應,且成名比郝氏早,更有先導的意義。

據王承略教授《清中葉棲霞學者牟應震的行年和著述》①一文,知牟庭、牟願相、牟應震、牟昌恒爲一代,故以刻書年代早晚爲序進行介紹。

牟庭的著述主要由其子牟房刊刻。

(1)牟庭、牟房

牟庭(1759—1832),初名庭相,字默人,一作陌人。乾隆六十年優貢生,授觀城縣學訓導。與同邑經學家郝懿行交遊,同治學問。郝每有著書,輒與商榷。又與學者汪中常有書函往來,於學術

①王承略:《清中葉棲霞學者牟應震的行年和著述》,載《山東圖書館季刊》1995年第3期。

多所探討辨難。學識淵博,主治今文《尚書》。一生著述頗富,有《周公年表》《同文尚書》《詩切》等五十餘種書傳世。其藏書處爲雪泥書屋、横經精舍。卒後,子房檢點遺書,編《雪泥書屋志》,又編《雪泥書屋遺書目録》五十餘種。牟房,字農星,號香海,又號述人。嘉慶二十三年戊寅舉人,道光十四年任長清教諭,後歷任高密、恩縣等縣訓導,浙江會稽、湖州安吉知縣。太平軍興起,牟房上書浙江巡撫,要求棄官從戎,病卒於軍中。有子牟寶澍。牟房平生以金石文字治經史,對秦漢碑刻多有研究,著有《佛金山館秦漢碑跋》。

①《四女祠集》,清牟房輯,清道光十九年棲霞牟房刻本。

首爲道光十九年棲霞牟房序文。

卷端題:"牟房(小字雙行注曰:'字農星山東棲霞人嘉慶戊寅舉人恩縣訓導')。"

九行二十一字,小字雙行二十一字,黑口,左右雙邊,雙魚尾。

②《雪泥書屋遺書目録》一卷、《補遺》一卷,清牟房編,清道光二十三年棲霞牟氏刻本。

所載皆其父庭所著書,經目十三種,史目四種,子目十七種,集目十三種。

封面題:"道光癸卯夏月,雪泥書屋遺書目録一册全,棲霞牟氏刊藏。"《默人先生墓誌銘》署:"魚臺馬邦舉撰文,掖縣翟云升丹書,福山王紱慶篆蓋。"

錢玄同《論〈詩〉説及群經辨僞書》一文説:"棲霞牟庭著有《詩切》一書,未刊行。他的兒子牟房刻《雪泥屋遺書目録》,把《詩切序》與《詩篇義》(牟庭所撰的小序)載在裏邊","《詩切序》與《詩篇義》中極多新穎的議論,不讓姚際恒的《詩經通論》、方玉潤的《詩經原始》與龔橙的《詩本誼》,而且比姚、方與龔三人還要大膽。但不知《詩切》之稿尚在人間否,適之已托人在山東尋訪了"。① 對《詩切》一書給予極高的評價。

十行二十一字,小字雙行二十一字,白口,左右雙邊,單黑魚尾。刻印精。

③《楚辭述芳》二卷、《讀楚辭雜記》一篇,清牟庭撰,清咸豐間棲霞牟房浙江湖州刻本。

所附《讀楚辭雜記》提供撰稿線索:"歲在丁未(按:乾隆五十二年),余始讀《楚辭》,審知王逸之疎謬也,欲購善本而書坊率無異書,有林西仲者解《楚辭》,自名曰《燈》,以百錢買得,開卷悶絶,用禿筆濃墨塗其細行。細行者,所謂燈也。題一小詩曰:'一陌青銅買《楚辭》,賠他破筆兩三枝。松花滿眼燈花滅,正是争光日月時。'名其本曰黑本。吾友黄縣賈東愚(按:賈允升,字獻廷,號東愚)見黑本而好之,遂以贈焉,報我眼鏡一具,極佳。……辛亥秋(按:五十六年),復肆力於《楚辭》,手録爲帙,以《九辯》《二招》歸屈原,考定《天問》,參地望,稽年月,至十月粗就,不計黑本,以此本作第一稿。後值吾弟亶夫(按:牟願相,字亶夫)來送美酒,以《楚辭》報之,第一稿前歸於亶夫。……癸丑(按:五十八年)三月著第二稿,是年讀書古鎮,因得與亶夫往復商榷,所助發良多,不可悉記。……甲寅(按:五十九年)春,從郝蘭皋所借得朱子本及張素存本讀之,一以王逸本觀焉。甲寅冬月成第三稿,名曰《楚辭述芳》。第二稿又可以贈人也。"

前有乾隆六十年偃師武億於濟南大明湖上之小滄浪亭序:"(時武氏罷官僑居歷下,劉寄庵大紳從塞上歸來,從而通過劉氏認識牟庭)其識足以窺作者之蘊,其膽足以破注家之迷,其筆足以辨讀者之惑,而措詞雅馴如漢晉儒者解詁之語,體與騷稱,不愧立言。"對此書評價甚高。總目有"圖詩""小序""卷上""卷下""雜

①劉琅:《精讀錢玄同》,鷺江出版社 2007 年版,第 326 ~ 327 頁。

記"。

封面題:"雪泥書屋全書,棲霞牟氏俗園開雕。"據此題,知當時牟氏有刻全書之意。目録及每卷下題:"棲霞牟庭學。"

此書國家圖書館數據作乾隆六十年牟氏俗園刻本,各家書目均據此著録。但觀原書,《讀楚辭雜記》末有"浙湖程邑學前街劉文光齋鋟"兩行。則此書在浙江湖州所刻。道光十四年牟房始任長清縣教諭,後又輾轉山東各地,任湖州安吉縣令大約在咸豐年間,故此書不可能刻於乾隆六十年。

胡筠貞撰《韻梅閣詩草》咸豐五年刻本末亦有"浙湖程邑學前街劉文光齋鋟"一行,則知咸豐時湖州的程邑有刻字鋪劉文光齋,地址在學前街,所刻書不少。據張振鐸《清代刻工名録》,劉文光,湖州人。則牟房在安吉縣任上,將此書拿到當時的刻書名地湖州刻,可見他對此書的重視。

九行二十二字,白口,左右雙邊,單黑魚尾。宋體字,乾隆風格,刻印較精。

④《擬我法集》二卷,清牟庭撰,清咸豐四年棲霞牟房安吉縣署刻本。

此書趙嫄師妹經眼。封面題:"咸豐甲寅秋日,雪泥書屋守藏。"卷端題:"棲霞牟庭默人著。"

末有牟房識語:"此嘉慶己巳年先君子初定之藁也。其時房於趨侍之餘,手録一本,而元本中偶有更定,往往隨時照改。自先君子見背,手澤所存悉行封貯。近年以來,家食日少,行篋之中祇攜此手録之本,兹以付剞劂氏,恐其中或有既經更定而未及照改之處,不得不姑仍其舊,留爲異日歸田時作山中核對工夫,亦足消遣日月也。咸豐甲寅重陽後二日男房敬識於安吉縣署之玉遮山館。"識語後署:"姪孫温典、孫男葆澍同校字。"知係家刻無疑。

九行二十二字,白口,左右雙邊。

⑤《雪泥書屋雜志》四卷,清牟庭撰,清咸豐五年棲霞牟房安吉縣署刻本。

封面題:"安吉官署開雕,棲霞牟氏守藏。"卷端署:"雪泥老人遺筆,次男房述。"卷四末有兩行小字:"浙湖程邑學前街劉文光齋録。"這是牟房委託湖州著名刻字鋪劉文光齋所刻的第二部書。

王東槐道光二十八年戊申序:"棲霞牟默人先生,弱冠受知於學使趙鹿泉先生,稱爲山左第一秀才,有四傑之賜與名。……(槐)通籍後,與其猶子一樵水部以同譜之誼過從歡甚,繼又得交其哲嗣述人明府……道光戊申之歲,述人需次都門。一日過其寓邸,見行篋中有《雪泥書屋雜志》四卷,則先生既歿之後,述人以先人心血所在,手澤所存,不忍聽其湮没,特於故紙零篇中留心收拾纂集而成書也,是善繼善述之事也。翻閱一過,如登西域賈胡之舟,莫名其寶。蓋經史而外,諸子百家悉有論贊,而無一語不見精心。雖出於百衲之集,自裒然成一家言,深可寶貴。"此書係東槐五天抄録一過。有咸豐五年乙卯牟房識。由以上序跋知,牟庭於道光十二年去世,王東槐序作於道光二十八年,而實際刻書時間在咸豐五年。

⑥《周公年表》一卷附《投壺算草》一卷,清牟庭撰,清棲霞牟房浙江湖州刻本。

國家圖書館作《雪泥書屋全書》二卷。

《山東通志·藝文志》引《府志》關於《周公年表》:"原在《同文尚書》中,或别録專行,亦有二本,其一本附刻《詩切·我徂東山篇》之後。"《雪泥書屋遺書目録》亦將此書附在《尚書·洛誥》後。關於《投壺算草》:"據經文所著壺徑度,以覈壺之容量,分爲細草,以求實數,所以訂《注疏》之不合。"梁啟超將此書列爲近三百年來學術名著之列。

封面題:"雪泥書屋全書,周公年表,投壺算草,棲霞牟氏棨藏。”卷端題:“棲霞牟庭學。”

九行二十二字,白口,左右雙邊。刻印一般。此書與《楚辭述芳》相較,刊刻質量相差甚遠。同治十年王懿榮京師刻本前有王懿榮識,云牟房在湖州刻此書,但不知具體是否由劉文光齋操作。

⑦《雪泥書屋稿》不分卷,清牟庭撰,清刻本。

據崔巍老師《博》上-57,此書亦名《四書論叢》,乃科舉所考之四書題。其中《大學》六篇,《論語》五十八篇,《中庸》五篇,《孟子》二十八篇。每篇末有孫星衍、阮元、劉大紳等名家評語。具體刊刻時間與刊刻人不詳。

牟庭、牟房刻書特點有五:

一是牟庭的著述全部由牟房董理刊刻,刻第一部書時,牟庭就已經去世了。王獻唐《同文尚書》序云:“他是一位豪邁膽大的學者,也是一位實事求是不敢自滿的學者,因而早期刻行《楚辭述芳》以後,後來的著作就不肯印行。這種對學術負責的精神是令人佩服的,但在事實上,衹要他不停止研究,將永遠没有一部著作自認爲已達到十全十美的地步。”①道出了牟庭不刻書的原因。但獻唐先生所說其“早期刻行《楚辭述芳》”亦不確。

二是牟庭著述大多由牟房在湖州任上所刻。

三是刻書質量不一。由湖州劉文光齋所刻書質量較高,而同在湖州刻的《周公年表》卻刻印一般。

四是太平天國運動使得牟氏的著述未得以全部刊刻。牟房在其父身後,曾把一些主要著作帶往湖州,想就地刻版。接着太平軍攻浙,情勢緊急,遂將書稿送回故鄉,没有刻成。

五是《同文尚書》三刻而未成。此書牟房欲刻,因太平軍攻浙

①山東出版總社業務處:《魯版圖書序跋集》,山東人民出版社1987年版,第617~622頁。

而未成。以後福山王懿榮得到此書原本,也想校刻,因庚子聯軍入京,身殉書亡。王獻唐在山東省圖書館期間欲刻,亦未成。最終由齊魯書社於 1982 年印行。

王獻唐先生自 1934 年開始編輯整理《山左先喆遺書》,甲編擬收五種,其中三種爲牟氏著述,有牟庭的《同文尚書》三十一卷,牟房編《雪泥書屋遺書目録》一卷,牟房著《佛金山館秦漢碑跋》。乙編擬收四種,有牟庭的《詩切》五十卷。九種中,牟氏居其四,可知牟氏著述之重要,亦知其書刊刻之必要。

(2)牟應震

應震(1745—1825 後),字寅同,號盧坡,牟庭、牟昌裕族兄弟。乾隆四十八年癸卯舉人,性孝友,年四十時居濟南。聞其弟歿,髯尺餘一夜盡白。嘉慶二年官禹城訓導,創立書院,修縣志。張鵬展續山左之《詩鈔》,應震與朱畹佐理。嘉慶二十三年陞青州教授,時年七十四歲。著有《周易直解》《夏小正考》《四書貫》《禹城縣志》《棲霞縣志稿》《胡盧山人詩稿》。

①《毛詩質疑》六種二十四卷,清牟應震撰,清嘉慶二十三年棲霞牟應震刻道光二十九年至咸豐五年歷城朱畹、朱廷相補刻本。

封面題:"板存棲霞縣學署。"《助刻姓氏》有安邱劉燿椿莊年、鄒縣孟廣均雨山、無錫稽文駿春原、聞喜喬海明朗齋、文登李淳琳敦麓、臨朐劉清源星橋、文登于湘蘭春畹、章邱鄭汝忠誨庵、高密王城廉陪、利津李煜奎復亭、濟寧車克謹敬園、高密王慶霖雨村、歷城花壽山南村、歷城張式穀稼門、歷城李興普恩廷、歷城周樂二南、歷城耿瑚商玉、歷城馬燮和光宇、歷城吴夢齡于泉、歷城吴汝亭雨軒、歷城李繹松坪。

嘉慶二十三年應震自序:"浸淫於《詩》二十年矣,稿凡四易。……客曰:'不敢自信而敢梓以問世,何也?'……今者不揣固陋,謬以付梓……(刻定,要經詩友指正,後)余將續栞於後,以聽後余者之決擇。”歷城朱廷相咸豐五年補刻識,稱牟氏與其父朱畹相交四十年,牟氏著述還有關於《周易》《夏小正》的考訂,“版在禹城諸生某家,存亡不可知”,由此可知,牟氏所刻書除《毛詩質疑》外,另有《周易》《夏小正》二種。

九行二十一字,白口,四周雙邊,單黑魚尾,字方正,刻印尚可。

據王承略教授文,此書成於牟應震任禹城訓導的二十二年中(嘉慶二年至嘉慶二十三年),今按成書年代略述如下。

其一:《毛詩古韻雜論》一卷。

卷端題:“棲霞牟應震寅同氏著。”

王承略教授文稱此書“雜論古韻,不僅僅限於《毛詩》。書中創見極多,如開篇論述古代已有韻書,持之有故,言之確鑿。……應震的音韻學造詣獨深,在此書中得到了很好的體現”。

其二:《毛詩名物考》七卷。

王承略教授文:“鳥、獸、鱗介、昆蟲、木、草各一卷,每大類有總考,每小類有分考,體例精美。出自目驗,徵自群書,多能描繪得栩栩如生、維妙維肖。”

有嘉慶十九年牟應震於漯東學舍自序:“余自童年起喜考較物類,屢以喪志見誚友朋,然於物之形色性情,或能得其一二,或反而證之《爾雅》諸書,多不合者……以物注《詩》,不如以《詩》注物。”漯東學舍即牟應震在漯東書院的讀書處,嘉慶十三年前,由牟應震與知縣董鵬翱共同創建,因禹城縣城西二里有漯河,城在水東,故名漯東。孟廣均道光二十八年跋:“兼採衆説,引古證今。”朱畹於紅蕉山館《書孟雨山太史毛詩名物考序後》。

其三:《詩問》六卷。

此書採用問答的形式來辨析,故取名《詩問》。有嘉慶二十三年三月自序,大約書成於此時。

其四:《毛詩古韻》五卷。

卷端題:“棲霞牟應震寅同氏纂。”

嘉慶十九年通政使司通政使粵西張鵬展序:“年七十書蠅頭,注經不輟。尤耽心於詩,作《毛詩古韻》。”嘉慶十六年自序於禹城漯東學舍。嘉慶二十三年於青州雲門書院跋:“余之考古音也,始於丁卯(按:十二年)……蓋謬以付梓矣,戊寅夏日校梨本。前考始於乾隆丁卯,卒業於辛未(按:十六年),凡六年。茲考始於戊寅(按:二十三年)夏六月,卒業於七月。”“前考”大蓋指《毛詩古韻雜論》,嘉慶十六年成。

滕縣張耕撰《古韻發明》中有許瀚對牟應震的評價:“牟盧坡先生著《毛詩古韻》,時盡屏韻書,惟以《説文》及《毛詩》及周秦有韻之文反覆推求,六年而成,然後取顧江三家古目印證,多有暗合。其支韻分三部,與段氏合,而卒以未得段氏書爲憾。晚年著《毛詩奇句韻考》,則欲盡通其所分廿六部,似涉汗漫不可爲訓矣。”

王承略教授文:“書中分古韻爲二十六部,每部中先合部,次正音,次摘正,次通轉,次附論。條理井然,考據明晰。在應震之前,明陳第、清顧炎武、江永都是研究古韻的專家,但他們拘於回聲,雖能獨出異見,成一家言,論者終以爲師心而不師古,應震則力辟回聲之非,較之三家,大大地前進了一步。”

其五:《毛詩奇句韻考》四卷。

此書大約完成於嘉慶二十三年六七月間。王承略教授文:“此書取《詩經》篇名作標題,篇名之下,一一注明用韻情形。關於奇句韻和句中韻,歷來言音韻者都未曾十分留意,應震慧眼獨具,終於使古人用韻之道昭然若揭,進一步豐富完善了古韻研究的素材和内容。”

其六:《韻譜》一卷。

此書爲初學而設。後有牟應震嘉慶二十四年識。

②《周易直解》二卷,清牟應震撰,清道光八年棲霞牟應震

刻本。

此書《山東通志·藝文志》著録，稱“是書刊於道光戊子，卷首圖説别爲一册，上卷釋上經，下卷釋下經，但釋卦辭，爻辭、彖象、文言皆删而不録。又以繫辭、文言、説卦、序卦、雜卦非孔子作，未免果於自用，其解經兼用納甲、飛伏、歸魂之説，頗能尋漢人之墮緒。其以《説文》訓釋字義，以《詩》《書》之義證《易》，則精確者居多。惟以爻辭稱公者爲周公，自謂似不可通”。又《毛詩質疑》後有歷城朱廷相咸豐五年補刻識，稱牟氏著述還有關於《周易》《夏小正》的考訂，“版在禹城諸生某家，存亡不可知”，由此可知，牟氏確實有以上二種之刻，且在清末還有流傳，但今已不可得見。

③《夏小正考》，清牟應震撰，清道光棲霞牟應震刻本。

此書見上條，亦未見。

由上可知，牟應震所刻書全部爲自著的經學著述。其中，《毛詩質疑》的刊刻具有重要的意義。王承略教授在上文中對牟應震的經學研究有很高的評價：“其治學方法，既不篤守漢人家法，又不妄從宋人議論，而是折衷其間，獨創新解，務實求是，成一家言。這在當時漢學獨尊的學術風尚之下，愈發顯示出超卓的見識和創新的精神。”

(3)其他牟氏

①《小澥草堂古文》一卷、《古今詩合刻》一卷、《雜論詩》一卷，清牟願相撰，清咸豐三年棲霞牟氏、海陽李兆玨刻本。

願相(？—1811)，字亶夫，號鐵李，諸生。牟庭之弟。善詩古文詞，嘉慶間以教讀爲業。著有《小澥草堂集》二卷。子牟明，字汝淹。

封面題：“咸豐癸丑年鐫，牟氏家藏。”

咸豐三年單爲鏓序：“先生没四十餘年，子孫貧不能刊古文，婿海陽李兆玨富而好禮，哀先生之不遇，爲裒集遺文，刊行數十首。”牟明小序：“（父去世三十九年，明五十三歲）希姪輯蓁手録數卷，付之梓人，出紡績之畜。”

《府志》載是集云：“顒相能詩及古文，此本爲其壻李某所刻，惟古文耳。《楚辭反招》一篇有深意。”《山左詩續鈔》顒相條云“有《小澥草堂詩集》”。又《鄉園憶舊録》云：“顒相族有爲蒲臺學博者，挾顒相古文數首。簡質古峭，非摹韓、歐之貌以爲古者。往往自跋其文尾，謂所作文篇篇變化。其實體格未變，特局變耳。然能樹立不依傍，宜其自命不凡。”

九行二十五字，小字雙行二十五字，白口，四周雙邊，單黑魚尾。字小，刻印一般，資金不充裕之故。

②《春秋左傳辨章題解》六卷、《篇目》一卷、《左傳摘抄目録》一卷、《續抄目録》一卷，清牟昌衡撰，清咸豐九年日三省齋刻本。

昌衡，牟庭、牟應震的同輩，嘉慶六年辛酉拔貢，官樂安教諭。

封面題：“咸豐己未春鐫，日三省齋藏板。”

九行二十三字，白口，四周雙邊，單黑魚尾。

棲霞牟氏所刻大多爲經部書，説明牟氏的經學淵源，也説明當時的棲霞是山東經學研究的重鎮。在本地，與郝氏相呼應；在膠東，與掖縣、黄縣相呼應。

牟氏著述雖多，但因刊刻少，故其影響不及同邑郝懿行。牟昌裕《行素堂奏疏全稿》《松巖集》、牟峩《蟬吟集》、牟國琛《家訓》、牟名世《吾廬詩集》《僑燕集》《氈餘集》、牟應震《四書貫》《胡盧山人詩稿》、牟貞相《鶴厓遺草》、牟仲山《畫論》，均未刊刻。牟庭，牟氏家族中最有影響的學者，其著述僅由其子牟房刊刻數種，而大部分著述如《方雅》《校正説文》《古今年表》《名士年譜》《校正孫子》《校正韓非子》《揚子太玄注》《風星正源》《校正易林》《校正淮南子》《校正墨子》《校正吕氏春秋》《繹老》《校正參同契》《雪泥書屋古文》《雪泥書屋詩集》等，均未刊刻。牟氏後世亦未有如郝聯薇祖述先賢者,加之家境平平,故刊刻成書者少。

2)郝氏刻書

郝懿行(1755—1823),字恂九,號蘭皋。嘉慶四年進士,授户部主事。二十五年,補江南司主事。郝懿行性沉默,訥若不出口,然談經則喋喋忘倦。所居四壁蕭然,庭院蓬蒿常滿,懿行處之泰然。其妻王照圓,亦博涉經史,當時著書家,有“高郵王父子,棲霞郝夫婦”之目。郝懿行夫婦之著述,有《郝氏遺書》三十四種二百二十九卷(内一種不分卷),清嘉慶至光緒間刻本,其中有他在世時自刻及别人爲他刊刻者,有去世後表弟趙銘彝所刻者,亦有王照圓率子女校刻者,更有郝聯薇等孫輩大規模搜羅校刻者。

(1)他人刻者

①《山海經箋疏》十八卷、《圖贊》一卷、《訂譌》一卷、《叙録》一卷,清嘉慶十四年儀徵阮元刻本。

有嘉慶十四年阮元序。書中列《山海經箋疏審定校勘爵里姓氏》:儀徵阮芸臺侍郎元,陽湖孫伯淵觀察星衍,武進臧西成文學庸,歸安姚秋農中允文田,高郵王曼卿學士引之,全椒吴山尊學士鼒,歙縣鮑覺生學士桂星,嘉應宋芷灣編修湘,閩縣陳梅修編修壽祺,江西新城涂瀹莊侍郎以輈,南海張棠村員外業南,龍南徐香玨主事名紱,桐城馬元伯主事瑞辰,曲阜孔阜村主事繼㷍,烏程嚴鐵橋孝廉可均,儀徵阮小雲蔭生常生,棲霞牟默人明經廷相。可見,當時一時碩彦,都曾校勘過郝懿行此書,足見它是一部爲時人所推重的書。

②《春秋説略》十二卷、《春秋比》二卷,清道光七年海陽趙銘彝刻本。

郝懿行所撰《春秋説略》曾三易稿而成。據嘉慶十年郝懿行自識,此書乾隆五十七年初脱稿,牟庭作《春秋説略叙》。乾隆六十年復加訂正,增以十例,爲第二稿。嘉慶十年秋,讀膠西法氏

《春秋取義測》,因檢是編,重加校定,爲第三稿。“先是,己未、庚申間,紀文達公引余説《春秋》,遂覩是編,深加嗟賞。且曰:‘吾覽《春秋》,無慮百數十家,惟茲能劃盡千秋藤葛。’欲爲叙以梓行,余退讓未遑也。未幾,以外艱歸。歲癸亥,復來都門,而公以抱痾不時見。比今年正月,公以疾薨,屬負茲時與汪兄鋭齋言,猶以未及作叙爲憾。”《春秋説略》是漢學研究的力作,他對歷代學者關於《春秋》一書的分歧意見詳加評析,逐一澄清。他爲研究《春秋》,總結“十例”,功力極深。

《春秋比》是將《春秋》大事分類逐月逐日記載。末二篇,總彙《春秋》中之異文及闕文。懿行嘉慶十四年自序云:“懿行之治《春秋》也,刺取前後經文,分别部居,方以類聚。或事同相比,或事異相比。其不在異同之列無與爲比,則當在闕疑。”

以上二書均刻於道光七年,有道光七年胡培翬《刻郝氏春秋二種叙》:“道光旃蒙作噩(按:道光五年)之歲,郝蘭皋先生卒於京邸,遺命其嗣以所著《春秋》《爾雅》屬余與比部李君月汀,謀付諸梓。越月,其嗣持《春秋説略》《春秋比》二書來,時余與月汀爲先生謀刻《爾雅》,未遑及也,爲寫副藏之。今歲夏,先生之中表弟大令趙君鳳崖謁選入都,談次及此,慨然允出貲任剞劂,工既竣,屬余記其事……今二書得大令鏤版以傳,不特先生含怡泉壤,而余與月汀承先生垂殁之委託,亦可藉以告慰已。”二書卷端下題:“棲霞郝懿行學,海陽趙銘彝校刊。”可知,二書確爲郝懿行的表弟趙銘彝所刻。但二書行款不同,《春秋説略》的行款是九行二十一字,白口,四周雙邊,單黑魚尾;《春秋比》的行款是十二行二十四字,白口,四周雙邊,單黑魚尾。《春秋説略》的目録後有“王圓照(按:應爲照圓,刊刻之誤)婉佺暨男雲鵠、女文則同校”。

③李璋煜刻《荀子補注》二卷。下文青州府刻書詳述。

(2)郝懿行自刻者

①嘉慶二十一年郝懿行自刻《宋瑣語》不分卷、《晉宋書故》一卷、《補宋書刑法志》一卷、《補宋書食貨志》一卷。

以上四書均爲郝懿行撰。《宋瑣語》是他在病中讀沈約《宋書》的筆記著作，完成於嘉慶二十年，爲時人所推重。據《郝懿行年譜》，《宋瑣語》爲嘉慶二十一年刻，時郝懿行六十歲，寓居北京，蓋此書在北京刻成。他在《答陳恭甫侍御書》中云："聊刊《瑣語》小書，欲爲索米之資。"同時刊刻的還有《補宋書刑法志》《補宋書食貨志》《晉宋書故》。嘉慶二十一年七月，郝氏在《與馬元伯書》中云："今《宋瑣語》並《補志》二及《書故》一，雖已付之剞劂……"説明此四書確實刻於嘉慶二十一年。

四書均無牌記。

《宋瑣語》後有"甘泉汪喜孫孟慈校勘，福山王殿邦鎮翰覆校"，又有"子文虎字彭年號少蘭覆校，女文則字順嬰號幼蘭覆校"。此處有疑惑。《曬書堂文集》卷十二有郝懿行文《幼子文虎哀辭》，作於嘉慶十三年，云文虎在嘉慶九年"以痘殤"，"上距兒生甫十年"。説明文虎衹活了十歲，而《宋瑣語》後有"子文虎字彭年號少蘭覆校"字樣，此時距文虎夭折已十二年了，怎麽會有"覆校"之舉呢？抑或"文虎"另有其人？

《晉宋書故》前有嘉慶二十一年六月胡承珙序："承珙不敏，猥與校讎之役，刻既成，因述其梗概如此。"又有胡承珙致郝懿行函，王照圓序。目録前有"晉宋書故，曬書堂襍志"。第一册末有"子雲鵠校字"。

《補宋書刑法志》前有郝懿行嘉慶二十二年識。末有"通州劉錫信桐村校勘"。

《補宋書食貨志》前有郝懿行嘉慶二十二年識。末有"秀水錢儀吉衎石校勘，江寧楊明善繼之覆校"。

四書行款一致，均爲十行二十一字，白口，四周雙邊，單黑魚尾。

②刻《金石三例》。

郝懿行在《曬書堂外集》卷上《答族外舅王金田太守書》(戊辰)中說:"拙爲官清貧日甚,雖著述頗多,而非醫貧之具,又我輩但能著書不能刻書,刻書者必富家兒。"確實,《郝氏遺書》經郝懿行刊刻的並不多。但據《曬書堂文集》可知,郝氏在清貧中竟刻了《金石三例》。他在《曬書堂文集》卷二《答張蒙泉重刻金石三例書》中說:"《三例》一刻,弟實未滿於此,訪諸通人,亦以爲然。而時賢之爲八家古文者,亟賞此書,且有購覓不獲以爲憾者。弟親見其然,故商之雅雨盧氏,欣然出其家藏而重付之梓,且屬爲作序。"在《重刻金石三例叙》中,他說:"《金石三例》者,雅雨堂盧氏舊刻也。今其版亡,爰購而重梓之。盧氏刻書凡十餘種,皆善本,有益於世。"上文所述王祖源刻《聲調三譜》,有王祖源序:"昔棲霞郝蘭皋先生刻前人所著墓銘體例三書,稱《金石三例》,爲故家法程,竊師其意也。"證明郝懿行確有《金石三例》之刻。

(3)郝氏家刻者

清嘉慶棲霞郝氏家刻《列女傳補注》八卷、《叙録》一卷、《校正》一卷、《列仙傳校正本》二卷、《列仙傳贊》一卷附《夢書》一卷。

此三種均成書於嘉慶年間。《列女傳補注》八卷、《叙録》一卷,爲王照圓撰,《校正》一卷係臧庸、王念孫、王引之、馬瑞辰等校正。前有嘉慶十六年武進臧庸序:"庸遊京師,住吴鑒庵通政家,與郝王夫婦相距不遠。"他評價此書:"詮釋名理,詞簡義洽;校正文字,精確不磨;貫穿經傳,尤多心得。"又有馬瑞辰嘉慶十七年三月序:"瑞辰以年家子弟問學於郝蘭皋先生,先生方爲《爾雅疏》,每寫數葉輒以見示,往復討論,心獲良多。"後有王照圓嘉慶十年撰《列女傳補注叙》,叙後有"子文虎字彭年號少蘭覆校,女文則字順嬰號幼蘭覆校""海陽趙銘彝鳳崖覆校"。十行二十一字,白口,四周雙邊,單黑魚尾。此書封面題“雙蓮書屋存板”。“雙蓮書屋”,是郝懿行的書房。郝懿行家中蓮開並蒂,其父郝培元請人描繪雙蓮,懿行遵其父遺願,將書房命名爲“雙蓮書屋”並親自題寫了匾額。

《列仙傳校正本》二卷、《列仙傳贊》一卷係王照圓撰,有嘉慶十七年臨海洪頤煊《列仙傳校正序》,《校正》末有嘉慶九年之眔王照圓叙。《贊》末有王照圓序,序後有“子文虎字彭年號少蘭覆校,女文則字順嬰號幼蘭覆校”“海陽趙銘彝鳳崖覆校”。十行二十一字,白口,四周雙邊,單黑魚尾。

《夢書》係王照圓輯,前有王照圓《夢書題辭》,後有“子文虎字彭年號少蘭覆校,女文則字順嬰號幼蘭覆校”“海陽趙銘彝鳳崖覆校”。十行二十一字,白口,四周雙邊,單黑魚尾。

以上三書行款相同,均有“子文虎字彭年號少蘭覆校,女文則字順嬰號幼蘭覆校”“海陽趙銘彝鳳崖覆校”。可知,三書爲嘉慶道光間郝氏家刻本,校勘者爲郝懿行之子郝文虎及女兒郝文則,之後又經郝懿行表弟海陽趙銘彝覆校。

(4)郝氏後人刻者

①清同治四年郝聯薇刻《爾雅郭注義疏》十九卷於濟南。

《爾雅義疏》是郝懿行的代表作,著述時間長達十六年。在郝懿行稍前,就有著名經學家邵晉涵撰《爾雅正義》。但郝懿行認爲,邵晉涵的《爾雅正義》,雖然搜集資料較廣,可是在音韻、訓詁方面還有許多地方講不通,也没有多少創見。因此,他立志對《爾雅》作進一步的疏解,不僅能明其然,更要明其所以然。《清史列傳》卷六十九《儒林傳下二》牟庭贊曰:“懿行之於《爾雅》,用力最久,稿凡數易,垂殁而後成。訓故同異,名物疑似,必詳加辨論,疏通證明,故所造較晉涵爲深。”對此書給予了很高的評價。

關於郝懿行《爾雅義疏》的刊刻情況,王欣夫先生《蛾術軒篋存善本書録》所述最爲簡明扼要:"蘭皋此書,初刻入阮氏《學海堂經解》,此(陸建瀛刻)爲第二刻,世所謂簡本也。咸豐乙卯,高伯平得錢塘嚴鶴山鈔本,慫恿聊城楊至堂重刻,而胡心耘續成之,爲第三刻。同治丙寅,蘭皋孫聯薇據以覆刻入《郝氏遺書》,爲第四刻。光緒間,崇文書局又刻之,爲第五刻。世所謂足本也。"①據此可知,《義疏》的首次刊刻是在廣東學海堂,是王念孫特意校點了全書,並把書交給當時著名的經學家、校勘學家阮元刊刻行世。據柳向春《郝懿行〈爾雅義疏〉之刊刻源流》一文可知,此爲十九卷本。道光二十九年,時任江蘇巡撫的陸建瀛將其單刻行世,亦爲十九卷。但因陸氏刻本定價過於昂貴,每部需足紋銀六兩,且書版又很快毁於戰火,故其流傳並不廣泛。在陸刻被毁後不久的咸豐五年,秀水高均儒從杭州嚴傑之子嚴鶴山手中得到了《義疏》的嚴鈔足本,遂慫恿楊以增爲之刊行,並禮聘胡珽爲之校刻。刊刻工作開始不久,楊以增即於同年十二月八日去世,於是未竟之事便由胡珽獨力承擔,並於咸豐六年在蘇州刻成。遺憾的是,無論這次刊行的底本是否果真優於前兩次,僅僅過了四年,也就是在咸豐十年,此版又毁於太平天國運動。郝氏《義疏》雖然命運多舛,屢刊屢毁,但終究没有成爲人間絶響。郝懿行夫婦的孫子郝聯薇,以諸生捐納知縣,後擢順天府東路廳同知。曾作《解嘲》七絶四首,其一云:"古人來者兩茫然,豈有偏私故變遷。衹因祖庭多著述,忍聽心血一時湮。"決心刊行其祖父母之著述。郝聯蓀、郝聯薇在此書後有識:"先大父蘭皋公《爾雅義疏》,儀徵阮文達刊入《皇清經解》。沔陽陸制府又單刻於金陵。聯蓀等僻處山陬,俱未之見,或謂兩刻本皆據高郵王念孫觀察所節本,未爲全書。迨河帥楊至堂先生得足

①轉引自柳向春:《郝懿行〈爾雅義疏〉之刊刻源流》,載《古籍整理學刊》2004年第4期。

本於錢唐嚴厚民傑明經嗣君鶴山許,始屬仁和胡君心耘珽鳩合同志,校刊於吴門。乃未幾,又爲粤賊所毁。先大父生平著述十餘種,心力尤萃於此書。先大母臨終猶諄諄以亟覓原本爲誡。聯蓀等謹志之勿敢忘。歲乙丑(按:同治四年)二月,聯蓀有事濟南,晤陽湖汪叔明司馬,欣然以所藏楊氏足本相授,且任校讎之役。聯薇既刺涿州,謹節廉俸所入,爲剞劂之資,閲月九而工始竣。原書訛誤尚多,又經德清鍾舍人麟、陽湖周司馬懋祺、鍾醛尹履祥及汪司馬互相讎勘,是皆有功於是書者,不可以不記。同治五年二月既望孫男聯蓀、聯薇謹識。”知這次郝氏家刻本在楊、胡本基礎上又經再次勘校,其品質理應是進一步得到了提高。

此書有牌記:“同治四年歲在乙丑泲上重刊。”“泲”即“濟”,則此書爲濟南刻本。又據卷末“歷邑中和堂鮑連元手刊”一行,可知確爲濟南刻本,歷來許多書目稱之爲“東路廳刻本”,當是因郝聯薇時任順天府東路廳同知而誤。此書刻工鮑連元爲濟南名刻工,刻書鋪爲中和堂,此堂在濟南藩署前,同治八年還刻過《唐律賦抄》。該書前有咸豐六年八月長洲宋翔鳳序。每册末有“孫男聯蓀伯愷、聯薇近垣校字”。行款爲九行二十一字,黑口,四周雙邊,單黑魚尾。

②清光緒五年郝聯薇東路廳署刻《竹書紀年校正》十四卷、《通考》一卷、《寶訓》八卷、《蜂衙小記》一卷、《燕子春秋》一卷、《記海錯》一卷。

《竹書紀年校正》是對上古至周的編年進行比附校勘,補脱完缺。《寶訓》《蜂衙小記》《燕子春秋》《記海錯》是郝懿行撰寫的四部自然科學方面的書。其中,《蜂衙小記》是我國第一部養蜂專著。《記海錯》是第一部專記山東沿海魚類資源的地方水産動物志。《寶訓》是一部農書,詳細記載和探究了種田的學問,彙集了多種古籍中有關農業的論述和大量與農有關的民謡、俗諺。棲霞牟庭爲之作序,並給予很高評價。《燕子春秋》一卷,以實際觀察爲基礎,以時間爲座標,系統、全面記録燕子行爲,對於研究我國歷史上氣候及候鳥活動變化,是很好的參考文獻。

以上五種書均有牌記:“光緒五年歲在己卯東路廳署開雕。”有“孫男聯蓀、聯薇、聯茹、聯芬同校字”。其中《竹書紀年校正》署“平谷小門生王以謙、孫男聯蓀、聯薇、聯茹、聯芬同校字”。除了《記海錯》,餘四種書末均署“宛邑毓文齋景春融手刊”。但觀其版式,與其他四種書同,均爲九行二十一字,小字雙行二十一字,黑口,左右雙邊,單黑魚尾,可證亦爲光緒五年刻本。“宛邑”即“宛平”,東路廳時屬直隸順天府,《畿輔通志》卷四十六《輿地一·疆域圖説一》:“順天府東西廣四百四十里,南北袤五百里,府尹治大興、宛平。轄廳四……東路廳領州二縣五:通州、三河、武清、寶坻、薊州、香河、寧河。”可見,此五種書爲郝聯薇在順天府請宛平的毓文齋刻字鋪刻成,而當時的刻工爲景春融。

③清光緒八年郝聯薇東路廳署刻《易説》十二卷、《易説便録》一卷、《書説》二卷、《汲冢周書輯要》一卷、《逸書》一卷、《鄭氏禮記箋》四十九卷、《詩説》二卷、《詩經拾遺》一卷、《詩問》七卷。

以上均爲郝懿行撰輯,清光緒八年郝聯薇刻於東路廳署。有牌記:“光緒八年歲在壬午東路廳署開雕。”行款均爲九行二十一字,小字雙行二十一字,黑口,左右雙邊,單黑魚尾。其中,《易説》《易説便録》《鄭氏禮記箋》末署“宛邑毓文齋景春融手刊”。其餘雖未署名,但據刻書風格,亦應爲景氏所刻。這批書的校字人除了郝懿行孫輩如聯蓀、聯薇、聯茹、聯芬,亦有曾孫輩國賢、國瑞、國忠、國鎮、國斌、國珍的功勞。其中《鄭氏禮記箋》亦有“黄縣後學趙汝翰雲卿覆校”。除了《易説》《易説便録》《鄭氏禮記箋》外,其餘卷端均題“棲霞曬書堂原本”。“曬書堂”即“曬書精舍”,是郝懿行在四十七歲就農部職並寓居北京後,爲自己的書齋所取的名字。

④清光緒十年郝聯薇東路廳署刻《證俗文》十九卷、《曬書堂文集》十二卷、《外集》二卷、《别集》一卷、《曬書堂閨中文存》一卷、《曬書堂筆記》二卷、《曬書堂時文》一卷、《曬書堂筆録》六卷、《曬書堂詩鈔》二卷、《曬書堂試帖》一卷、《曬書堂詩餘》一卷、《和鳴集》一卷附《祭財神詩》一卷、《梅叟閑評》一卷。

此十一種書爲清光緒八年郝聯薇東路廳署刻本。有牌記："光緒十年歲在甲申東路廳署開雕。"行款均爲九行二十一字，黑口，左右雙邊，單黑魚尾。《證俗文》及《梅叟閑評》封面題："曬書堂藏版。"其餘有總題名，即《曬書堂集》，題"本宅藏版"。

《曬書堂集》前有光緒九年潘祖蔭《序》："郝觀察聯薇志述祖德，既奉蘭臯先生所著《易》《春秋》《爾雅》等書暨王安人婉佺所著《詩問》《列女傳》等書，次第上諸朝，又將《晉宋書故》《補刑法食貨志》《宋瑣語》《荀子補注》《竹書紀年校正》《寶訓》《燕子春秋》《蜂衙小記》《海錯》及《證俗文》，先後刊印傳布。今復甄綜曬書堂《文集》《外集》《别集》《筆記》《筆録》《時文》《試帖》及《詩鈔》《詩餘》凡如干種，並附王安人所遺文詩，都爲一集，於是先生述造畢顯於世，海内學人罔不稱快。既梓成，徵序於予……而觀察寶護勤辛，勿替門業，亦非小同。比至校勘精勤，終始勿懈，則觀察之兄聯蓀之力也，亦賢矣哉。"《凡例》末有郝聯蓀、郝聯薇識："此集付梓始於光緒四年，屢求畢東河大宗伯參酌校正，極費經營，其間兩次恭辦進呈書籍，不無擱延，今於十年之功竣，均隨刊隨校，慎之又慎。"目録下題："棲霞郝懿行蘭臯著，萊陽周悦讓孟伯編，孫聯蓀、聯薇、聯茹、聯芬，曾孫國瑞、國忠、國鎮、國斌同校字。"（按：衹有《曬書堂詩鈔》《試帖》《詩餘》《和鳴集》未題周悦讓編）《證俗文》目録下題："棲霞郝懿行蘭臯著，甘泉董恂醖卿補。"

《梅叟閑評》爲郝培元撰。郝培元，號梅庵，郝懿行之父。此書成於乾隆五十八年，有郝懿行注。卷端題："孫聯蓀、聯薇、聯茹、聯芬校字，四世孫國瑞、國忠、國鎮、國斌同校字。"

由上可知，郝懿行、王照圓的集子從光緒四年開始輯刊，隨刊隨校，直至光緒十年結束，可謂工程浩大。所謂"其間兩次恭辦進呈書籍"，是指光緒七年和八年，由順天府府尹游百川和兼管順天府府尹畢道遠、順天府府尹周家楣分别奏呈御覽書籍。光緒七年進呈的是：郝懿行所著《春秋説略》十二卷，《春秋比》二卷，《爾雅義疏》十九卷，《山海經箋疏》十八卷並附《圖贊》一卷、《訂訛》一卷。光緒八年進呈的是：郝懿行所著《易説》十二卷一函，《書説》二卷一函，《鄭氏禮記箋》四十九卷一函，王照圓所著《詩説》二卷一函，《詩問》七卷一函，《列女傳補注》八卷、《女録》一卷、《女校》一卷共一函。在這十種書之前，往往有朱印《奏摺》及《上諭》。

棲霞郝氏刻書特點有三：

一是《郝氏遺書》三十四種的刊刻，自嘉慶十四年阮元始，至光緒十年郝聯薇止，歷時七十五年，不僅時間跨度大，而且版本衆多。尤其是作爲要籍的《爾雅郭注義疏》，經數次刊刻，有多個版本，使得《郝氏遺書》流傳愈廣。《遺書》刊刻地點南起廣東，北至順天府，又有南京、北京、蘇州，還有濟南，刻書風格不一，可以説是清代中晚期各地刻書風格的薈萃。著名刻書家及學者如阮元、楊以增等參與郝氏著述的刊刻，使得其書校刊精審，有着較高的學術價值。

二是《郝氏遺書》的刊刻，更得益於郝聯蓀、郝聯薇兄弟們的辛勤搜羅，不懈努力。郝氏五代，從郝培元始，至曾孫郝國瑞止，祖輩著述，後人刊刻，纔使得《郝氏遺書》以完整的面貌呈現在今人面前。另據資料，郝聯蓀、郝聯薇等還修纂了《棲霞縣郝氏曬書堂支譜》，清光緒十一年開雕於東路廳署。可見，郝氏兄弟對棲霞郝氏這個家族的發展與推廣功莫大焉。

三是《郝氏遺書》共三十四種，其中他人刻者三種，郝懿行刻者四種，郝氏家族刻者三種，郝聯薇等刻者二十四種。另有郝懿行刻《金石三例》一種，未在《遺書》之内。

5. 萊陽刻書

清中期的萊陽刻書除了左氏刻一種，趙氏刻兩種外，最著名者，當屬初氏三刻《吉金所見録》。

《吉金所見録》十六卷、《首》一卷、《末》一卷，清初尚齡輯，清嘉慶二十四年萊陽初氏古香書屋刻道光七年續刻二十一年補刻本。

尚齡字渭南，萊陽人。

封面題："嘉慶貳十有四年歲在己卯孟秋萊陽初氏纂輯十六卷，古香書屋藏本。"又一部封面題："道光丁亥春刊，古香書舍藏板。"卷首第一葉題"古香書舍圖"，下注"嘉慶己卯八月犀文段璘重摩"。己卯爲嘉慶二十四年。圖中一老者端坐書桌旁讀書，一書童正端茶進來。圖中有"墨邑段琨寫"。圖後有"己卯中秋渭園志於柒香書屋""即墨段犀文重爲寫真"。段璘、段琨蓋爲兄弟。卷端題："萊陽初尚齡渭園纂輯，弟夏齡時園參訂，弟項齡、男承煦校字。"

十行二十五字，白口，四周雙邊，單黑魚尾。版心下刻"渭園珍藏"。卷一、卷三等卷末有摹刻時間。卷三末有"右齊刀四十二種石貞氏摩"，卷二末有"右漢錢三十四種己卯秋日石貞氏摩"。

有乾隆四十八年癸卯周春序。黄如瑀序。嘉慶六年辛酉彭敬識於滇南撫署之慎思堂。嘉慶二十三年戊寅陽城王晉泰序。嘉慶二十四年己卯初氏自序。末署"泉南于書佃書"。于書佃，文登人，著名書法家，清前期的登州府刻書有述。有目録。有《凡例》："是編始輯於乾隆壬寅（按：四十七年），歷四十年，凡五易稿，譾陋之見不堪入大雅之目。戊春，攜赴若溪，延荔浦明府見而悦之，其詩友王届山又極力玉成並爲之跋,且助以貲,囑即鐫刻。回里後倉猝莫辦。今春,同石貞、時園兩弟重加修輯,以同人之慫恿,遽以付梓。……摩寫行楷字並繪圖者,嵩陽李聿修。至其一切篆隸皆出吾七弟石貞、表姪周皋俞兩人手。”又有:“是編開雕於乙卯仲秋,至庚辰仲夏十閱月始克竣工……庚辰五月渭園又識。”據此,則知此書始輯於乾隆四十七年,四十年中五易其稿。此書開雕於嘉慶二十四年仲秋,竣工於二十五年仲夏,費時十個月。其中《古香書舍圖》由即墨段璘摩,段琨寫;嵩陽李聿修寫行楷字及繪圖;初石貞、周皋俞寫篆隸。有題辭。卷末有《考古瑣言》。末有識,延君壽跋。渭園庚辰七月即二十五年七月識二十二條。以上爲初刻的序及參與人。

又有一識:“己卯至庚辰刻過刀布百七十種,圜錢八百四十三種,範三,牌一,鈔一。今春又續刻刀布二十三種,厭勝錢九十三種,外存目錢七十九種。乙酉(按:道光五年)夏告成,共計錢一千二百十種,計字七萬零。梓人章邱張安可同子萬年、族甥鄭明也,三人實始終其事,一切篆隸行草鐫摩尚不失真,故並識之。”有續題辭。道光七年萊陽縣令浦曰楷序。翟云升序曰:“丙戌春(按:道光六年),得締交於喆嗣南圃,惠示全册。搜羅之富,考核之確,圖繪之精……”道光七年丁亥牟房序。則知此爲續刻,道光五年刻成。刻工爲章邱張可安、張萬年、鄭明。以上爲續刻序。

又有道光二十一年即墨秦錫九題辭《渭園先生行樂圖》。之後有初尚齡之子榮焜、承煦識:“先君子所刻《吉金録》,遠近流傳久矣。後復檢諸書,詳加校讎,凡有遺訛,悉爲更正,有志補鐫,而未就也。辛丑(按:道光二十一年)春,墨邑鼎臣秦明府因公造盧,見而悦之,書中舊刻先君子遺像,尤景仰殊深。既稱先君子之好古博識,更以不得親聆指講爲憾,爰口吟七古,手書其後。焜等謹遵先君子改本並明府詩章統付剞劂。”可知,此書在道光二十一年又經補刻，補刻人爲初尚齡之子初榮焜、初承煦。文中確有改動處。

此書的刊刻具有重要的學術意義。卷一至卷十四叙述歷代鑄幣，由先秦至明末，卷十五爲其他國家及不知年代品，卷十六爲厭勝錢、馬錢。有圖有説。此書在錢圖之下附有錢文的考釋，間亦記載出土地點和鑄造歷史。所收錢圖共1210種。該書最大貢獻在於將刀幣斷歸爲春秋戰國時期，打破了舊日對三皇五帝的附會。其中對劉青園在涼州發現的西夏窖藏古錢逐一著録。劉青園首次確認了“梵字錢”的鑄造者爲西夏王朝，而在明代，這種文字無人能知。劉青園的發現經過初尚齡的記述，得以傳播。此後的一些重要錢幣著作，如《錢志新編》《古今錢略》《古錢彙》《言錢別録》《泉史》等，關於西夏錢幣部分，都沿襲了《吉金所見録》的著述。王貴忱在其《古幣著録和有關問題的探討》一文中認爲，清代的錢幣學空前發展，乾嘉時期，考據學興，錢幣學也盛極一時，出現了中國錢幣學史上的第一部官修錢譜《錢録》。嘉、道以後，影響較大的是初尚齡的《吉金所見録》和張崇懿的《錢志新編》二書。關於先秦刀布諸幣，過去對其鑄造年代一直没有確識，長期以來多是沿用《路史》的説法，自《吉金所見録》一書出，方始一掃舊説。

在山東學術史上，此書激發了山東人對錢幣研究的熱情，首先是引導了後來馬國翰對錢幣的研究，馬氏有《紅藕花軒泉品》一書。其次是引導了利津李佐賢的研究。詳見清中期的利津刻書。

此書刻成後，又兩次補刻，其中，摹、寫、篆、隸皆爲山東人，説明當時的山東在刻書上已有一定的水平。道光續刻時直接用的就是章邱刻工。

萊陽初氏爲了刻這一部書，初尚齡的兩個弟弟、表姪、兩個兒子齊上陣，一刻再刻，爲的是精益求精，更加完善，表現了山東人在刻書上認真、審慎的態度。

初尚齡及其弟另刻有《歷代帝王統系》四卷、《首》一卷，明夏洪基編，清初鶚齡等重輯，清嘉慶九年萊陽初尚齡聿修堂刻本。

封面題："高郵夏元開原編，汝寧傅去争删訂，萊陽初鶚齡、初尚齡、初旭齡重輯、鑒定、校正，于時亭藏板。"

卷端題："萊陽初鶚齡、初尚齡、初旭齡重輯、鑒定、校正。"

前有嘉慶九年初尚齡海堤于時亭之虚舟《叙》："歲甲子，因課兒輩，復爲檢閲，遂同晴帆、曉園兩弟採輯群書，稍稍補綴，較原本加詳焉，因付剞劂，以公同好，並識其顛末於此。"

八行十七字，白口，四周單邊，單黑魚尾。版心下刻"聿修堂"。

初彭齡（？—1825），字紹祖，一字頤園，乾隆三十六年舉人，四十五年進士，仕至兵部尚書。有《乾隆辛卯迎鑾恭進詩册》，約乾嘉間刻本。

另據《販續》①，《樊南詩鈔一集》不分卷，清荔浦輯；附《艷雪堂詩集鈔》四卷，清張晉撰；《容齋詩鈔》一卷，清范墉撰；《六研草堂詩鈔》一卷，清荔浦撰，清嘉慶十二年萊陽宋紘刻本。未見傳本。

6. 牟平刻書

漢置東牟縣，晉省入牟平，唐麟德二年復分置牟平縣，元大定二十二年爲寧海州，治所在牟平縣。宣統《山東通志》有寧海州無牟平縣。

明及清前期牟平無刻書記載。清中期的牟平刻書有兩種。

①《牟平遺香集》十六卷，清宫卜萬輯，清道光刻本。

卜萬字壽卿，寧海人，諸生。另著有《登州府志補遺考證》一卷、《志書證證録》四十卷、《修志雜記》四卷、《萊陽縣志拾遺》一

①孫殿起：《販書偶記續編》，上海古籍出版社1992年版，第307頁。

卷、《崑嵛帖》六册、《西園抱甕集》。

此本於其州人自五代以迄清朝嘉慶之季所爲詩,皆選録之,各於前附以小傳。所收凡一百一十八人,遺其名氏者二人,詩一千二百三十八首,附詞二十六首。

封面題:"道光庚子重訂,四香館藏板。"卷端題:"後學宫卜萬壽卿甫編輯。"

嘉慶十年趙子轅序,是年宫氏序於四香館。道光元年宫氏後序,稱書成於嘉慶十年。道光四年濟南張宗光序。道光十七年屠道彰序。道光十八年永豐劉繹於濟南試院四照樓序:"盧雅雨搜輯山左詩,於李司空僅登《扇頭》一絶,而麻嚴、阜臺兩公遺焉。今宫君於三人之詩收至百數十首之多。"李司空即李永紹,麻嚴爲祝元敏號,阜臺爲于濾號。劉繹,道光十七年任山東提督學政。有《凡例》:"斯編訂於乙丑以前也,趙石翁夫子子轅相與商確取舍。訂於丙午以後也,濟南張華林夫子宗光相與次第讎校。繇是陸續參補,凡五易稾。而趙覺翁先生希憬暨趙慎庸田在、吕石渠鳳藻、孔廉亭繼堂亦各以次檢閲較正押韻,幾歷寒暑,孫紹亭志祖監督剞劂,藉數君子擷馥揚芬之力,迺克竣役。募刊之舉倡於學憲劉狀元詹巖繹及學師趙天衢步雲、薛介臣維錦,而成於同里諸人。爰署姓氏於左,以誌弗諼。"有《謀梓姓氏》,共七十四人,可知爲衆人所刻。據《晉陵詩略》閻兆麟序,知爲"本學趙天衢薛介臣刊之"。實劉繹及二人爲倡刻者,募資者爲同鄉,刻在牟平。

八行十九字,白口,四周單邊,單魚尾。無直格,刻印一般。

②《增廣姓氏志略》不分卷、《補遺》一卷,清姜炳然撰,清道光四年述古堂刻本。

炳然字文虎,號春溪,寧海人。道光庠生。首有自序。

7. 文登刻書

清中期的文登刻書除于氏所刻三種外,另有李允升刻三種,畢氏刻一種。

1)李允升刻書

李允升,字縉階,號藹蹊,嘉慶六年進士,任濼源書院教授。

①《十家七言絶句鈔》一卷,清張崧評選,清道光四年文登李允升刻本。

卷端題:"寧邑張崧中峰評選,文登李允升藹蹊校刊。"

有道光四年李允升序:"寧海州孝廉中峰張先生,爲登郡名宿……見所選十家絶句,洵稱善本。余以爲便於初學,因付剞劂以廣其傳焉。"

十行二十字,小字雙行二十字,白口,四周雙邊,單黑魚尾,板框上有小字八字。字體一般。

②《四書證疑》八卷,清李允升撰,清道光四年文登李允升刻本。

卷端題:"文登李允升藹蹊訂。"有《凡例》。有校對姓氏:濟南張維鉞華平,濟陽高積階麟臺,海陽李繼曽鵠林,歷城申依仁樂山,歷城劉登桂西岩,淄川畢廷璘玉田,單縣盧崑詵圃,單縣劉崧之西泉,曹州劉丕之巨岑,館陶王與芝彦采,東昌趙壽棠蔭南,肥城尹鴻論曉亭,茌平秦明倫敬敷,德平朱夢奎拱辰,德平信會來輔之,禹城聶汝澄瞻蓬,東昌欒以紳景泰,邱縣袁萬里渤南,肥城尹肇宸季良,歷城賈説霖雨卿,肥城尹式俊希英,歷城李興普恩廷,歷城王德容體涵,濟南茅汝孜虞範,濟南張大進書田,恩縣劉德輝岐峰,歷城趙翰西園,長清汪存典徽庵,長清石丹榮戟門,歷城祝壽康堯封,運學李春林仙根,運學陳正墀位南,濟陽高善循謹亭,福山蕭銘綬受章,榮城陳秉義東堂,榮城陳秉儉壬堂,榮城陳秉智杏堂,文登邢灝曜彤。末署:"子壻王佩琳玉泉、男淳琳敦麓編次。"

有嘉慶二十四年己卯督學使者辛從益濟南試院《大學》《中庸》《論語》三序,曰:"濟南學博李君此書,凡學者所疑悉爲疏證,或從古注,或申朱説,或參取時賢,並出自心稽。不苟附會,不輕立異。"辛從益,江西萬載縣人,乾隆五十五年進士,嘉慶二十一年任山東學政。

道光四年劉登桂《孟子》序,稱"(聽課)既退,恐有遺忘,私與同硯諸友條記師説。積久成帙,太夫子取而視之。删其繁,正其舛,增益其所未備而名之曰《四書證疑》。辛筠谷先生視學山左,聞之索觀焉,逐篇評點,欣然稱善,且爲之序。時《孟子》一卷未及繕寫而筠谷學使已任滿,赴都門,故《論語》《大學》《中庸》皆有序而《孟子》獨無"。

此書校對者爲李氏家人和學生,爲家刻無疑。或在濟南刊刻。十行二十三字,白口,四周雙邊,單黑魚尾。刻印較精。

③《詩義旁通》十二卷,清李允升撰,清咸豐二年文登李淳琳臨朐刻本。

書每篇前列經文,次採衆説,末復斷以已意。音韻宗陳第《古音考》,而參以顧炎武《詩本音》,以同聲之字或反切二字注於經文韻字之旁。

封面題:"咸豐壬子清和月刊,易簡堂藏板。"卷端題:"文登李允升藹蹊輯,受業夏與贊敬亭、夏與疇怡亭校字,男淳琳敦麓校字,孫厚愷睦堂編次。"

有道光二十九年高要馮譽驥序。咸豐元年夏與贊序:"夫子没後數載,嗣君敦麓兄復任臨朐學博,乃寄是書相示,謀付諸梓。"咸豐二年營陵閻濬源序。咸豐二年受業劉清源序:"是書則根據傳箋旁通諸家,掃除宋元以來門户之見,以静體夫興觀群怨之旨,蓋決擇綦嚴矣……敦麓復來秉鐸吾邑,本家學以宏教育,校是書付梓,可謂善承先志,嘉惠後學者矣。"則知此書爲李敦麓刻。敦麓,臨朐教官。厚愷,馮譽驥選拔士。

十行二十三字,白口,四周雙邊。因係家刻,故刻印比較精細。

以上李允升父子刻書三種，有兩種係經部書，且刻印較精。

2）畢以繡刻書

文登畢氏刻書一種。

《文亭印草》四卷，清畢以繡撰，清嘉慶十八年文登畢以繡刻鈐印本。

以繡，畢所譖子，工鐵筆。著有《聽雨樓詩稿》。

卷端題："不夜畢以繡文亭氏篆。"

前有海鹽姚玉墀識。杏園劉嗣光題。蕭培悳題詞。自序："摹刻既久，卷帙漸繁，虞其散而無紀也，因彙爲三卷。又專橅秦漢三十體並橅古八法另爲一卷……同好諸人急勸付梓。"嘉慶十七年王保誠於赤城望霞樓序："文亭又以翰墨餘閒，究心於篆刻，務得李斯、程邈之奧，而變通於三橋、雪漁、白石諸賢之範圍。"嘉慶十八年海鹽官楊溎序。

書係先將紙箋印好，鈐印其上。每葉二至三印，衹鈐一面。白口，四周單邊，單魚尾。版心上刻："文亭印草。"卷端、序及最後一卷釋印文及文字解釋均爲刻版。

8. 海陽刻書

1）毛淑璜刻書

海陽中期的刻書首有毛淑璜刻明黄宗昌撰《嶗山名勝志略》一卷，清嘉慶十三年刻本。

宗昌字長倩，號鶴嶺，即墨人，明天啓二年壬戌進士，官山西道御史，巡按湖廣。

《山東通志 · 藝文志》著録："嘉慶戊辰，海陽諸生毛淑璜取宗昌《嶗山志》中名勝一卷刊之，附入郭廷翕註十五條，改題此名。廷翕字虞受，即墨人。卷中首條'天井山'云云，爲象晃刊本所無，餘條較象晃刊本，亦間有删節處。廷翕註多採《嶗山志》他卷之文，惟所引張謙宜《華樓仙蹟記》一條，視本書所記爲詳，足廣異聞。”九行二十二字，小字雙行二十二字，黑口，四周雙邊，單魚尾。

2）趙氏刻書

（1）趙銘彝

道光初，趙銘彝刻書有三種。

趙銘彝，海陽人，棲霞郝懿行表弟，曾校過《列女傳補注》八卷、《列仙傳校正本》二卷、《列仙傳贊》一卷、《夢書》一卷，均有“海陽趙銘彝鳳崖覆校”字樣。

郝懿行所撰《春秋説略》十二卷、《春秋比》二卷，由趙銘彝刻於道光七年。前已有述。

先於這兩種，趙銘彝還於道光四年重刻過趙作舟《文喜堂詩集》十六卷。作舟字浮山，海陽人，趙銘彝的六世祖。康熙十八年己未進士，官湖廣按察司僉事。《山東通志・藝文志》引《府志》云：“沈鬱清壯，而字句多生獷紀難。五古長篇，語意蹇躓，意多不達。此本其六世孫銘彝所刻。”

（2）趙洛衍

趙氏家族中，與趙銘彝刻書同樣多的是趙洛衍。洛衍字訪亭，道光五年乙酉拔貢。著有《叢緑軒集》五卷、《叢緑軒詩集》六卷、《文集》一卷、《賦》一卷。刻書如下。

①《天水世澤》五種六卷，清趙爕撰，清道光二十六年曾孫趙洛衍聾室刻本。

爕字咸平，海陽人，諸生。此五種包括《中庸義略》一卷、《贊化》一卷、《西銘解》一卷、《太極圖説》一卷、《群書貫》二卷。

封面題：“道光丙午鐫，板藏聾室。”道光二十六年時任湖南按察使的黄邑黄允中序，爕子趙培基序，道光二十六年趙洛衍序：“每以先世著作不能付梓爲憾，於是乎已所爲文皆散佚不復收拾，今可搜而獲者十餘篇耳。”

②《寸知集詩》四卷，清趙培基撰，清道光間海陽趙洛衍刻本。

培基字篤叙，號盆溪，孌子，諸生。趙洛衍爲趙培基孫。

卷端題："《昧爽録》，海陽趙培基篤叙著，孫洛衍訪亭校。"卷二爲《廣夢草》，卷三爲《聾室小草》，卷四爲《躍緸草》，均題"海陽盆溪居士著"。

乾隆三十三年盆溪居士自序，時在乙酉，歲四十七："自壬戌至甲申，共得詩若干首，並乙酉以下四歲詩都爲一集，名曰《寸知》。"卷一前有乙酉十月海上識："自壬戌以下如干首，而謂之《昧爽録》。"卷二前有乙亥自序。卷三前有丁亥自序。卷四前有戊子自序。

九行二十字，白口，四周雙邊，單黑魚尾。刻印一般。

③《叢緑軒詩集》六卷、《文集》一卷、《賦》一卷，清趙洛衍撰，清道光海陽趙洛衍刻本。

輯古今體詩一百二十餘首。卷端題："海陽趙洛衍訪亭著。"前有道光二十六年黄邑丁培紳綺園序，是年洛衍自題於芝陽之書室。

《詩集》九行二十字，白口，四周雙邊，單黑魚尾。《文集》《賦》九行二十五字，白口，四周雙邊，單黑魚尾，無直格。字體不同，非一時所刻。《詩集》刻印較好。

(3)趙似祖

海陽還有趙似祖，字小晉，又字秋客，道光十二年壬辰進士，官刑部主事。著有《毛詩辨韻》五卷、《希音閣詩集》八卷。刻書亦有四種。

①《希音閣詩集》四卷，清趙似祖撰，清道光海陽趙氏燕海吟壇刻本。

有嶺南盧同伯序。山東博物館作"海陽趙氏燕海吟壇"刻本，崔巍書又稱趙似祖手自輯刊，則"燕海吟壇"似爲趙氏堂號。又張忠綱《稿本〈杜解傳薪〉提要》①,稱《杜解傳薪》的稿本現存山東師範大學圖書館,每卷首行署書名、卷次,次行署“東牟昆野山人趙星海月槎注解”。每葉版心上標書名、卷次,中標作詩時、地、葉數,下標“燕海吟壇”四字。星海字月槎,萊陽人,諸生,趙似祖從弟,故此“燕海吟壇”必定爲趙氏兄弟堂號。

②《杜解傳薪摘抄》一卷,清趙星海編,清同治海陽趙氏燕海吟壇刻本。

趙星海有《杜解傳薪》,張忠綱評價:“在杜詩評注本中可謂獨具一格,富於創造。在體例上,其最大特色是‘綱領清晰,條理分明’”,“趙氏於杜詩可謂竭盡畢生心力,注釋參辨頗爲精詳,態度亦很審慎”,“觀其注評,雖多採仇注、浦注,但不乏己見,分析可謂深細”。另據張忠綱文,趙星海又將書中内容摘抄成《杜解傳薪摘抄》一卷,有同治海陽趙氏燕海吟壇刻本。

③《毛詩辨韻》五卷,清趙似祖撰,清道光二十二年海陽趙氏聽雲館刻本。

此書由趙星海編輯。前有吴縣曹茂堅序。

④除了自刻書,趙似海兄弟還刻他人著述。

《燕子箋彈詞》十八回,清趙鈞彤撰,清咸豐五年海陽趙氏燕海吟壇刻本。

鈞彤字絜平,號澹園,乾隆四十年乙未進士,官唐山知縣。另著有《澹園詩稾》六卷。此書現存山東博物館,應爲海陽趙氏所刊。

3)李兆珏刻書

清中期的海陽刻書還有一種,即咸豐三年棲霞牟氏、海陽李兆珏刻牟願相撰《小澥草堂古文》一卷、《古今詩合刻》一卷、《雜論詩》一卷,棲霞刻書中已述。

①張忠綱:《稿本〈杜解傳薪〉提要》,載《文獻》2002年第4期。

9. 榮成刻書

清中期的榮成衹知梁萼涵刻一種。

《石村詩集》二卷，清岳賡廷撰，清道光二十四年榮成梁萼涵刻本。

封面題："石村先生詩集，道光甲辰年鐫。"護葉及版心上鐫："燕來堂詩稿。"正文卷端題："石村詩集。"

前有道光二十四年甲辰秋七月梁萼涵序於晉撫署中之敬恕書屋："既往，其詩不可以不傳，而卷帙稍繁，予不敢率評甲乙，乃屬勞辛階觀察、余秋門大令，同爲删定而付之梓。"並附岳賡廷小傳："石村，姓岳氏，諱賡廷，字載臣，石村其號也，山東榮成人。"道光二十四年仲秋濟南余正酉敘於雲中官廨："道光壬寅，心芳（按：梁萼涵）中丞適來撫晉，燕見餘暇，因呈所輯《彙鈔》求是正，中丞亟出一編示余，曰：'此吾鄉岳石村先生詩集也，某藏之久矣，以子悉心鄉國文獻，曷詳爲校讎，俾付剞劂。'"又有勞崇光序："中丞心芳先生將梓其亡友岳石村遺詩，屬崇光審定。"卷末題："永清王德棻、清苑章應辰、同邑受業梁渭舟、張雲路仝校刊。"

十行二十二字，白口，四周雙邊，單黑魚尾。刻印一般。

附：登州府家刻總表

試律智慧海四卷後編三十卷	（清）慕維德輯	清蓬萊慕維德道光三年京師刻後編、道光六年京師刻前編本
看雲秋室館課詩存二卷	（清）慕維德撰	清道光八年蓬萊慕氏刻本
看雲秋室課賦存一卷	（清）慕維德撰	清道光八年蓬萊慕氏刻本
松龕古今體詩存八卷	（清）慕維德撰	清道光十年蓬萊慕氏刻本
如山奏議一卷	（清）慕維德撰	清道光蓬萊慕維德刻本

（續表）

易經卦變解八宫説一解	（清）吴脈鬯撰	清道光二十年蓬萊吴氏柏柳堂家刻本
昰青堂雜集一卷	（清）吴脈鬯撰	清道光二十年蓬萊吴氏柏柳堂家刻本
二十四詩品淺解一卷	（清）楊廷芝撰	清道光十八年即墨知縣秦錫九、蓬萊楊廷芝刻本
鄉黨約説一卷	（清）楊廷芝撰	清道光二十三年蓬萊楊廷芝清遠堂刻本
四書遵朱會通一卷	（清）楊廷芝撰	清道光二十六年蓬萊楊廷芝清遠堂刻本
東牟紀事二卷	（清）張香海撰	
白溝草二卷	（清）張香海撰	清道光二十七年蓬萊張氏陽武署刻本
蓼六唫二卷	（清）張香海撰	
慈竹軒制藝一卷	（清）張香海撰	清道光二十五年蓬萊張氏汴梁漱芳齋刻本
宦豫草二卷	（清）張香海撰	
錦城吟二卷	（清）張香海撰	
宦蜀紀程四卷	（清）張香海撰	清咸豐元年蓬萊張氏蜀郡揖山廬刻本
宦蜀草六卷	（清）張香海撰	清咸豐二年蓬萊張氏渝城公廨刻本
棧雲小稾二卷	（清）張香海撰	清咸豐二年蓬萊張氏渝城公廨刻本

（續表）

驛燈小稿二卷	（清）張香海撰	清咸豐二年蓬萊張氏渝城公廨刻本
筍輿吟二卷	（清）張香海撰	清咸豐二年蓬萊張氏渝城公廨刻本
潼江草二卷	（清）張香海撰	清咸豐四年蓬萊張氏渝城公廨刻本
密涯文鈔二卷	（清）張香海撰	清咸豐五年蓬萊張氏醴陵署刻本
聽鶯池館閒詠二卷	（清）張香海撰	清咸豐五年蓬萊張氏刻本
楚遊小草二卷	（清）張香海撰	清咸豐六年蓬萊張氏成都刻本
燕遊小草二卷	（清）張香海撰	清咸豐六年蓬萊張氏成都刻本
蓬背吟二卷	（清）張香海撰	清咸豐六年蓬萊張氏成都刻本
啖蔗山館詩鈔二十四卷	（清）張香海撰	
慈竹軒詩鈔十二卷	（清）張香海撰	
浣花詩課十六卷	（清）張香海撰	
玉局詩課十二卷	（清）張香海撰	
啖蔗山房吟稿四卷	（清）張香海撰	清道光蓬萊張氏自刻本
全史詩	（清）張香海撰	清咸豐間蓬萊張氏四川刻本
蠡勺詩鈔二卷	（清）楊玉堂撰	清咸豐三年蓬萊張香海刻本

（續表）

秋風剩葉詩草一卷	（清）杜班撰	清咸豐黄縣杜申錫刻本
人譜類記二卷	（明）劉宗周撰 （清）方顒瑛編次	清福山王顯緒刻本
郭康介公遺集二卷	（明）郭宗皋撰	清嘉慶二十五年福山王善塏刻光緒元年日照丁守存補刻本
養素堂文集八卷	（清）王鷺撰	清乾嘉間福山王善寶刻本
四書求是十六卷	（清）王餘英撰	清嘉慶十八年福山王餘英新康官署古香書屋刻本
煨芋巖居詩集二十卷	（清）王善寶撰	清嘉慶十八年福山王餘英湖南寧鄉刻本
四香閣詩集五卷	（清）王餘芊撰	清嘉慶二十年福山王餘英刻本
孝譜類編二十卷補五卷附文昌孝經註一卷	（清）王德瑛輯	清道光元年福山王德瑛河南扶溝刻本
日省吾齋讀曲禮一卷（日省吾齋雜著之一）	（清）王德瑛撰	清道光福山王德瑛刻日省吾齋雜著本
日省吾齋讀内則一卷（日省吾齋雜著之一）	（清）王德瑛撰	清道光福山王德瑛刻日省吾齋雜著本
養正編二卷（日省吾齋雜著之一）	（清）王德瑛編	清道光十四年福山王德瑛刻日省吾齋雜著本
弟子規（養正編之一）		清道光十四年福山王德瑛刻日省吾齋雜著本

（續表）

三字經（養正編之一）		清道光十四年福山王德瑛刻日省吾齋雜著本
千字文（養正編之一）		清道光十四年福山王德瑛刻日省吾齋雜著本
百家姓（養正編之一）		清道光十四年福山王德瑛刻日省吾齋雜著本
吕氏小兒語（養正編之一）		清道光十四年福山王德瑛刻日省吾齋雜著本
王中書勸孝歌（養正編之一）		清道光十四年福山王德瑛刻日省吾齋雜著本
八反歌（養正編之一）		清道光十四年福山王德瑛刻日省吾齋雜著本
好人歌（養正編之一）		清道光十四年福山王德瑛刻日省吾齋雜著本
朱子治家格言（養正編之一）		清道光十四年福山王德瑛刻日省吾齋雜著本
朱子四時讀書樂（養正編之一）		清道光十四年福山王德瑛刻日省吾齋雜著本
朱子小學（養正編之一）		清道光十四年福山王德瑛刻日省吾齋雜著本
孝經（養正編之一）		清道光十四年福山王德瑛刻日省吾齋雜著本
孔子世家（養正編之一）		清道光十四年福山王德瑛刻日省吾齋雜著本

（續表）

順正編四卷（日省吾齋雜著之一）	（清）王德瑛編	清道光十四年福山王德瑛刻日省吾齋雜著本
女誡（順正編之一）		清道光十四年福山王德瑛刻日省吾齋雜著本
女論語（順正編之一）		清道光十四年福山王德瑛刻日省吾齋雜著本
内訓（順正編之一）		清道光十四年福山王德瑛刻日省吾齋雜著本
吕氏閨範（順正編之一）		清道光十四年福山王德瑛刻日省吾齋雜著本
吕氏女小兒語（順正編之一）		清道光十四年福山王德瑛刻日省吾齋雜著本
簡明詩韻（日省吾齋雜著之一）		清道光十四年福山王德瑛刻日省吾齋雜著本
文昌孝經注一卷	（清）王德瑛撰	清道光十四年福山王德瑛河南安陽縣署刻本
文昌孝經注一卷	（清）王德瑛撰	清嘉慶二十一年福山王德瑛河南考城縣署刻本
文昌孝經注一卷	（清）王德瑛撰	清道光元年福山王德瑛河南扶溝縣署刻本
文昌孝經注一卷	（清）王德瑛撰	清道光九年福山王德瑛河南扶溝縣署刻本
日省吾齋日録不分卷（日省吾齋雜著之一）	（清）王德瑛撰	清道光十四年福山王德瑛刻日省吾齋雜著本

（續表）

［道光］扶溝縣志十三卷	（清）王德瑛纂修	清道光十三年福山王德瑛河南扶溝刻本
［道光］舞陽縣志十二卷	（清）王德瑛纂修	清道光十五年福山王德瑛河南舞陽刻本
孝經一卷附古文孝經宋本	（漢）孔安國傳 （日本）太宰純音注	清道光十四年福山王德瑛河南安陽刻今古文孝經彙刻本
孝經注疏一卷	（宋）邢昺撰	清道光十四年福山王德瑛河南安陽刻今古文孝經彙刻本
孝經指解一卷	（宋）司馬光撰 （宋）范祖禹説	清道光十四年福山王德瑛河南安陽刻今古文孝經彙刻本
朱子孝經刊誤一卷	（宋）朱熹撰	清道光十五年福山王德瑛河南安陽刻今古文孝經彙刻本
孝經大義一卷	（元）董鼎注	清道光十五年福山王德瑛河南安陽刻今古文孝經彙刻本
孝經定本一卷	（元）吴澄校定 （清）朱軾按	清道光十五年福山王德瑛河南安陽刻今古文孝經彙刻本
孝經述註一卷	（明）項霦撰	清道光十五年福山王德瑛河南安陽刻今古文孝經彙刻本
孝經集傳四卷	（明）黄道周撰	清道光十五年福山王德瑛河南安陽刻今古文孝經彙刻本
御註孝經一卷	（清）世祖福臨撰	清道光十五年福山王德瑛河南安陽刻今古文孝經彙刻本
御纂孝經集註一卷	（清）世祖福臨撰	清道光十五年福山王德瑛河南安陽刻今古文孝經彙刻本

（續表）

孝經問一卷	（清）毛奇齡撰	清道光十五年福山王德瑛河南安陽刻今古文孝經彙刻本
孝經全註一卷	（清）李光地撰	清道光十五年福山王德瑛河南安陽刻今古文孝經彙刻本
孝經三本管窺一卷	（清）吴隆元撰	清道光十六年福山王德瑛河南安陽刻今古文孝經彙刻本
孝經解紛一卷	（清）□□撰	清道光十六年福山王德瑛河南安陽刻今古文孝經彙刻本
孝經章句一卷	（清）任啟運撰	清道光十六年福山王德瑛河南安陽刻今古文孝經彙刻本
孝經義疏一卷	（清）阮元撰	清道光十六年福山王德瑛河南安陽刻今古文孝經彙刻本
重韻辨義四卷	（清）王兆琛撰	清刻本
正俗備用字解四卷坿一卷	（清）王兆琛撰	清咸豐五年福山王祖源京師刻本
遠遊草一卷	（明）董應雷撰	清嘉慶十三年福山鹿林松刻董氏遺稾本
西山詩存一卷附録一卷	（清）董樵撰	清嘉慶十三年福山鹿林松刻董氏遺稾本
道東詩一卷	（清）董道東撰	清嘉慶十三年福山鹿林松刻董氏遺稾本
詩賦駢字類珠八卷	（清）蕭熿輯	清嘉慶二十一年福山蕭氏萬卷樓刻本

（續表）

詩賦騈字類珠續集二十四卷	（清）蕭燀、蕭培畹輯	清道光十六年福山蕭氏家刻本
音韻約編不分卷	（清）張彭緒撰	清咸豐元年葆真堂刻本
音韻注略十二卷	（清）張彭緒撰	清咸豐元年葆真堂刻本
四女祠集	（清）牟房輯	清道光十九年棲霞牟房刻本
雪泥書屋遺書目録一卷補遺一卷	（清）牟房編	清道光二十三年棲霞牟氏刻本
楚辭述芳二卷讀楚辭雜記一篇	（清）牟庭撰	清咸豐間棲霞牟房浙江湖州刻本
擬我法集二卷	（清）牟庭撰	清咸豐四年棲霞牟房安吉縣署刻本
雪泥書屋雜志四卷	（清）牟庭撰	清咸豐五年棲霞牟房安吉縣署刻本
周公年表一卷附投壺算草一卷	（清）牟庭撰	清棲霞牟房浙江湖州刻本
雪泥書屋稿不分卷（又名四書論叢）	（清）牟庭撰	清刻本
詩問六卷	（清）牟應震撰	清嘉慶二十三年棲霞牟應震刻道光二十九年至咸豐五年歷城朱畹、朱廷相補刻本
毛詩名物考七卷	（清）牟應震撰	清嘉慶二十三年棲霞牟應震刻道光二十九年至咸豐五年歷城朱畹、朱廷相補刻本

（續表）

毛詩古韻雜論一卷	（清）牟應震撰	清嘉慶二十三年棲霞牟應震刻道光二十九年至咸豐五年歷城朱畹、朱廷相補刻本
毛詩古韻五卷	（清）牟應震撰	清嘉慶二十三年棲霞牟應震刻道光二十九年至咸豐五年歷城朱畹、朱廷相補刻本
毛詩奇句韻考四卷	（清）牟應震撰	清嘉慶二十三年棲霞牟應震刻道光二十九年至咸豐五年歷城朱畹、朱廷相補刻本
韻譜一卷	（清）牟應震撰	清嘉慶二十三年棲霞牟應震刻道光二十九年至咸豐五年歷城朱畹、朱廷相補刻本
周易直解二卷	（清）牟應震撰	清道光八年棲霞牟應震刻本
夏小正考	（清）牟應震撰	清道光棲霞牟應震刻本
小澥草堂古文一卷古今詩合刻一卷雜論詩一卷	（清）牟願相撰	清咸豐三年棲霞牟氏、海陽李兆珏刻本
春秋左傳辨章題解六卷篇目一卷左傳摘抄目録一卷續抄目録一卷	（清）牟昌衡撰	清咸豐九年日三省齋刻本
宋瑣語不分卷	（清）郝懿行撰	清嘉慶二十一年棲霞郝懿行自刻本
晉宋書故一卷	（清）郝懿行撰	清嘉慶二十一年棲霞郝懿行自刻本

（續表）

補宋書刑法志一卷	（清）郝懿行撰	清嘉慶二十一年棲霞郝懿行自刻本
補宋書食貨志一卷	（清）郝懿行撰	清嘉慶二十一年棲霞郝懿行自刻本
金石三例	（清）郝懿行撰	清棲霞郝懿行刻本
列女傳補注八卷叙録一卷	（清）王照圓撰　校正一卷（清）臧庸、王念孫、王引之、馬瑞辰等校正	清嘉慶棲霞郝氏家刻本
列仙傳校正本二卷列仙傳贊一卷	（清）王照圓撰	清嘉慶棲霞郝氏家刻本
夢書一卷（列仙傳附）	（清）王照圓輯	清嘉慶棲霞郝氏家刻本
梅花屋詩稿一卷	（明）左懋第撰	清道光六年萊陽左氏七世孫左益齡刻本
中晚唐詩主客圖二卷	（清）李懷民、李憲喬撰	清嘉慶十九年萊陽趙擢彤刻本
止止軒詩稿六卷	（清）趙鈞彤撰	清嘉慶萊陽趙時昱刻本
吉金所見録十六卷首一卷末一卷	（清）初尚齡輯	清嘉慶二十四年萊陽初氏古香書屋刻道光七年續刻二十一年補刻本
歷代帝王統系四卷首一卷	（明）夏洪基編 （清）初鶚齡等重輯	清嘉慶九年萊陽初尚齡聿修堂刻本
乾隆辛卯迎鑾恭進詩册不分卷	（清）初彭齡撰	清刻本（約乾嘉間）

(續表)

樊南詩鈔一集不分卷	(清)荔浦輯　附艷雪堂詩集鈔四卷(清)張晉撰　容齋詩鈔一卷(清)范壩撰　六研草堂詩鈔一卷(清)荔浦撰	清嘉慶十二年萊陽宋紘刻本
牟平遺香集十六卷	(清)宫卜萬輯	清道光刻本
增廣姓氏志略不分卷補遺一卷	(清)姜炳然撰	清道光四年述古堂刻本
鐵槎山房見聞録十二卷	(清)于克襄撰	清道光二十九年文登于克襄金陵刻本
硃山樓詩鈔不分卷	(清)于仙齡撰	清嘉慶道光間于克襄刻本
學庸順講二卷	(清)叢秉肅撰	清道光八年文登于穎發、于頤發清江浦鎮刻本
文亭印草四卷	(清)畢以繡撰	清嘉慶十八年文登畢以繡刻鈐印本
十家七言絶句鈔一卷	(清)張崧評選	清道光四年文登李允升刻本
四書證疑八卷	(清)李允升撰	清道光四年文登李允升刻本
詩義旁通十二卷	(清)李允升撰	清咸豐二年文登李淳琳臨朐刻本
嶗山名勝志略一卷	(明)黄宗昌撰	清嘉慶十三年海陽毛淑璜刻本
文喜堂詩集十六卷	(清)趙作舟撰	清道光四年海陽趙銘彝刻本

（續表）

春秋説略十二卷	（清）郝懿行撰	清道光七年海陽趙銘彝刻本
春秋比二卷	（清）郝懿行撰	清道光七年海陽趙銘彝刻本
中庸義略一卷	（清）趙燮撰	清道光二十六年海陽趙洛衍聾室刻本
贊化一卷	（清）趙燮撰	清道光二十六年海陽趙洛衍聾室刻本
西銘解一卷	（清）趙燮撰	清道光二十六年海陽趙洛衍聾室刻本
太極圖説一卷	（清）趙燮撰	清道光二十六年海陽趙洛衍聾室刻本
群書貫二卷	（清）趙燮撰	清道光二十六年海陽趙洛衍聾室刻本
寸知集詩四卷	（清）趙培基撰	清道光間海陽趙洛衍刻本
叢緑軒詩集六卷文集一卷賦一卷	（清）趙洛衍撰	清道光海陽趙洛衍刻本
毛詩辨韻五卷	（清）趙似祖撰	清道光二十二年海陽趙氏聽雲館刻本
希音閣詩集四卷	（清）趙似祖撰	清道光海陽趙氏燕海吟壇刻本
燕子箋彈詞十八回	（清）趙鈞彤撰	清咸豐五年海陽趙氏燕海吟壇刻本
石村詩集二卷	（清）岳賡廷撰	清道光二十四年榮成梁蕚涵刻本

(三)坊刻

清中期登州府開業的坊鋪已知有三家。

1. 黄縣四寶齋

道光七年,黄縣四寶齋開業,創辦人張氏,有職工四十餘人。初爲書筆鋪,後增設印刷設備,刊刻出版圖書,出售科舉用書,並做批發業務。民國二十八年歇業。目前所見刻書三種。

①《訓蒙史略》二卷,清左喬林撰,清淳于鴻恩校,清光緒二十五年黄縣丁世常刻本。有牌記:"黄縣西門裏四寶齋藏板。"另見一本,有牌記:"黄縣北關丁純約堂藏板。"封面題:"己亥冬栞定,丁寅曾題。"卷端題:"穉鶴淳于鴻恩校,蔚之丁世常刊。"此書蓋爲丁氏純約堂出資,委託四寶齋刊刻。字大悦目,刻印精美。清後期的登州府黄縣刻書詳述。

②《勸世歸真》四卷,清光緒二十七年黄邑王衍經等刻本。封面題:"光緒辛丑重刊,黄邑四寶齋藏板。"是個人出資,由四寶齋負責刻成。十行二十二字,白口,四周雙邊,單魚尾,刻一般。

③《筆花醫鏡》四卷,清江涵暾撰,清光緒二十年黄邑四寶齋刻本。封面題:"淅(按:應爲浙)江歸安江涵暾教定,黄邑四寶齋藏板。"卷端題:"歸安江涵暾筆花著,望江宋昌期則庵補,寧河靳輝曾綺江、安州孫烺炳齋刊,寶坻高繼珩寄泉校。"此書蓋爲四寶齋自行刊刻者。九行二十四字,小字雙行二十四字,白口,四周單邊,單黑魚尾。

訓蒙史略二卷	(清)左喬林撰 (清)淳于鴻恩校	清光緒二十五年黄縣丁世常刻本(黄縣西門裏四寶齋藏板)
勸世歸真四卷	佚名撰	清光緒二十七年黄邑王衍經等刻本(黄邑四寶齋藏板)
筆花醫鏡四卷	(清)江涵暾撰	清光緒二十年黄邑四寶齋刻本

2. 登郡文成生

據洪友生、秦明治、陳建繩《山東省出版大事記(清朝部分)》①,咸豐七年,蓬萊文成生書坊開業,經理姓劉,從業人員二十人。地址在蓬萊縣城鐘樓南街,坐東朝西。民國二十九年歇業。目前所知衹登州有文成生。

所見文成生刻書四種。

第一種爲《四聖經》,包括《太上感應篇》《元天上帝金科玉律》《關聖帝君覺世經》《文昌帝君陰騭文》,清光緒十九年刻本。封面題:"光緒癸巳春重刊,登郡文成生存版。"八行十五字,白口,四周單邊。無行格。字大,寫刻體,較精。

第二種爲《暗室燈註解》二卷,清光緒三十年刻本。封面題:"光緒三十年歲次甲辰重刊,登郡文成生藏板。"有牌記:"板存登州府蓬邑城裡鐘樓南街坐東朝西。"十二行二十六字,白口,左右雙邊,單黑魚尾。

第三種爲《悟性窮原》一卷,清刻本。封面題:"登州南街文成生藏板。"此書在順治十八年辛丑由希真子刻過,康熙十八年由純霞子孔靈刻過(刻後板存山東省會),咸豐二年由汪億萬刻過。此刻不知具體年代,當在同光時期。八行十九字,白口,四周單邊,單黑魚尾。無界行,字大,刻印一般。

第四種爲《金剛經正文便誦》,清登郡文成生刻本。封面題:"登郡文成生藏板。"

四聖經		清光緒十九年登郡文成生刻本
暗室燈註解二卷	(清)深山居士編	清光緒三十年登郡文成生刻本
悟性窮原一卷	(明)涵谷子撰	清登州文成生刻本
金剛經正文便誦		清登州文成生刻本

①洪友生、秦明治、陳建繩:《山東省出版大事記(清朝部分)》,見《山東出版志資料》第八輯,山東人民出版社 1989 年版。

3. 煙台成文信

據崔章蔭《〈承文新脈絡淵源〉補正——招遠縣孟格莊"二書鋪"探源》①一文,山東"成"字號是山東有名的坊鋪網絡,均來自招遠縣孟格莊。

孟格莊有兩家書鋪,俗稱"大書鋪"和"二書鋪"。二坊的創辦者,雖爲同村同姓,但並非近支親族,衹因"大書鋪"較"二書鋪"開辦時間早,故當地群衆以"大"和"二"區別之。

"大書鋪"的創業者劉金貴(1825—1885),二十歲左右始爲書倌,挑擔串鄉,賣書筆爲業。後在膠州開設書鋪,字號"成文堂"。金貴有三子:壽山、壽楠、壽功。壽山、壽楠隨父在膠州經營成文堂,壽功在招遠老家掌管家業。其後壽山、壽楠之子龍慶、肇慶、洪慶也承襲父業,分别在青島、濟南、即墨等地開設成文堂分號,當地通稱招遠縣"大書鋪"。

"二書鋪"的創業者爲劉作信(1848—1931),其創立"二書鋪"的經過,有兩種説法。一説劉作信曾在膠州成文堂當店夥,結識了一位南方商賈,相交甚厚。約在光緒元年前後辭職回家,在濰縣開設了一處書筆鋪——承文信書局,與南方商賈合作(由南方給承文信辦貨),經營得力,生意興隆。一説,劉作信約在光緒二十四年前後,帶領四子劉耀先由膠州挑擔來到濰縣,開辦承文信書局,經營書筆,逐漸興盛,爲"二書鋪"的發展奠定了基業。總之,濰縣承文信是"二書鋪"的基地,也是從膠州成文堂而來。劉作信兄弟六人,通過他們龐大家族中兄弟子侄的相互提攜,事業迅速擴展。具體做法是:長輩帶子侄,兄長帶幼弟,滿師後分立字號;通過企業財産的再分配(弟兄分家),爲兄弟子侄提供資本,另立字號;老字

①崔章蔭:《〈承文新脈絡淵源〉補正——招遠縣孟格莊"二書鋪"探源》,見《山東出版志資料》第六輯,山東人民出版社 1988 年版。

號在當地或外地直接設立分號，擴大營業，收集信息，加强競争。

"二書鋪"的經營範圍，清末民初以書筆文具爲主，多是前店後場，刷書製筆，批零兼營，書籍以梓行木版爲主。民國以後，廢科舉，倡新學，鉛石印刷逐漸興起，改以經營各大書局的標點書、教科書爲主。抗戰時期，書業越來越不景氣，多以經營文體用品爲主。

"二書鋪"的發展分布，是先由濰縣向東西兩翼擴展，即西向周村、濟南、泰安，東向煙台、龍口等膠東沿海一帶城鎮擴展，然後漂洋過海，自丹東、營口等沿海城鎮向東北沿伸，逐步擴展到瀋陽、吉林、哈爾濱、長春、齊齊哈爾等大中城市，再回過頭來向關内的京津地區發展。在東北、華北地區形成一個"成"字型網路。據楊金山《安東誠文信書局浮沉記》①，劉作信第三子劉子善是安東誠文信書局的創始人，沈陽、哈爾濱、天津等地的"誠文信"均是安東誠文信的分號。

由上可知，濰縣承文信是"二書鋪"的大本營，爲"承"字。而其他分號則有"成""誠"字號，哈爾濱、吉林、營口、北京、天津、龍口就有"成文厚"書坊，大多在北方。濟南和周村還有"成文新"書坊。

但崔文未提有"成文信"。從"成文信""誠文信"以及"承文新""成文新"的稱號上，應該有某種聯繫，可能都是"二書鋪"的分支。但崔文提到"二書鋪"的開業不早於光緒元年，這與煙台成文信的開業時間不合，所以，筆者以爲，"成文信"在山東是一個獨立於"承文信"及"二書鋪"其他"成"字號的另一個大書鋪，在現存的山東各地藏書中，"成文信"刻書數量龐大，僅次於書業德。光緒十九年時，至少在三地有三個商號，一在膠州西門外，一在煙台小興隆街，一在濰縣東關大街。

煙台民間收藏家王景文老先生有一部《燕臺成文信記書目録》，

---

①楊金山：《安東誠文信書局浮沉記》，見《煙台晚報》2013年1月14日。

第一層書衣墨筆書:"成文信記書目。光緒十九年春正月吉立。"第二層書衣有印刷書簽,題:"燕臺成文信記書目録。"關於"燕台",一說煙台山上有巨石,燕子聚之,稱燕台。一有狼煙墩台之說。煙台山烽火台下至今還有"燕台石",所以"燕台"就是"煙台"。此書封面題:"成文信記書籍發兑。"版心下刻"成文信記"。有煙台成文信記主人識:"竊本坊創建歷數十載,搜輯經、史、子、集,校讎古今各書,必以料重工精印行海内。惟近來石印繁興,除本坊自印各書外,於家藏精本新出各書,以及上洋石印並同版鉛板等書無不該備,特立書目一册以便採擇。但目外之書甚繁,不及全列,並請諒之。茲將已版略附於後。倘蒙賜顧者,請另開單可也。至遠處各省,一紙書來,尅日報命,亦必克己定價。惟希垂鑒。現開膠州西門外、濰縣東關大街、烟台小興隆街木橋東路北便是。光緒十九年春正月烟台成文信記主人並識。"從這篇識語中我們可以得到以下七條信息:

一是開業時間。此爲光緒十九年識,識中說"本坊創建歷數十載",則至遲在同治年間就已開業。據《晚清以來煙台出版業概況》①,煙台成文信是煙台最早的一家木版書刊刻坊,咸豐元年雕版刊刻了《星橋制藝小題》。由此推測,成文信應開業於咸豐元年以前。這個時間與識語的時間倒是符合。《濰坊古籍書目》著録有雍正年間的成文信刻本兩部,因未見原書,疑爲據序定刊刻時間。

二是此書目所列書籍不僅包括刻本,還包括石印本和鉛印本。但均未詳細標出。

三是此書目僅爲坊鋪中所有書籍的一部分。

四是顧客需要而書目中没有的書,可以開單爲其訪購。

五是光緒十九年時的成文信商號在山東有三個:一在膠州西

①鍾士林、畢建平:《晚清以來烟台出版業概況》,見《山東出版志資料》第八輯,山東人民出版社1989年版。

門外,一在濰縣東關大街,一在煙台小興隆街木橋東路北。而此書目是爲三個商鋪所作。

六是成文信是誠實守信的商鋪,以料重工精印行海内。

七是成文信所銷售的書籍經史子集無所不包,還有家藏善本。

可以看出,這個開業於咸豐元年前的成文信坊鋪,不僅自己出版書籍,還買賣書籍,《燕臺成文信記書目録》就是一個售書目。從這一點看,這個書目好像無甚價值。但是,書目中保存了大量的經濟史料,因爲它在每一種書後都標明價格,有大小板之分的,還分别標出。每一部書注明本數,買書人一下子就能知道每本的價錢,這些對研究出版經濟史有着重要的價值。

《目》中所列書名,先是經部書,再是集部書,再是子部書,無史部書,看來史部書不是很好銷售。經部書中先列四書類,之後是《詩》《書》《易》《春秋》《三禮》《小學》,蒙學書不少。集部課藝之類的書居多,繡像小説更多,全書録書三百餘種,繡像小説就占九十二種,可以想見這是當時的暢銷書。子部的醫家類和術數類占大多數。同時,可以看出,這個坊鋪是十分重視地方文獻的,它所謂的家藏板均爲山東地方名人著述,有安邱王筠的《説文釋例》《説文句讀》《説文繫傳校録》《説文韻譜校》《文字蒙求》《鄂宰詩稿》(按:應爲《鄂宰四稿》),有利津李佐賢的《古泉匯》《續古泉匯》《書畫鑑影》,有萊陽初尚齡的《吉金所見録》,有棲霞郝懿行的《郝氏遺書》,還有掖縣翟云升的《隸篇》。

目前所知成文信的出版物有一百三十六種,除去民國五種,明確的煙台成文信十六種,濰縣十種,還有一百零五種不知何地所刻。

煙台成文信刻本的版本標志爲"烟台(或煙台)成文信記刊""烟台(或煙台)成文信記梓""烟台(或煙台)成文信藏板""烟台(或煙台)成文信記藏板""板藏山東登州烟台成文信記書坊",有的版心下有"成文信"。

煙台成文信刻書如下：

監本易經四卷	（宋）朱熹撰	清光緒十八年煙台成文信刻本	二百二十
奎壁詩經八卷	（宋）朱熹集傳	清光緒十八年煙台成文信刻本	
重校字典四書十九卷	（宋）朱熹撰	清光緒十八年煙台成文信刻本	
燕臺成文信記書目録	（清）成文信書坊編	清光緒十九年煙台成文信刻本	
周禮六卷	（清）黄叔琳撰 （清）姚培謙重訂	清光緒二十二年煙台成文信刻本	
宣講拾遺六卷	（清）莊跛仙輯	清光緒二十三年煙台成文信刻本	
忠經一卷	（漢）鄭玄集注　孝經一卷（明）陳選集注	清光緒二十四年煙台成文信刻本	
重訂古文釋義新編八卷	（清）余誠評注 （清）余芝參閲	清光緒二十四年煙台成文信刻本	
時疫白喉捷要一卷喉症醫案一卷	（清）張紹修撰	清光緒二十七年煙台成文信刻本	
監本易經四卷	（宋）朱熹撰	清光緒二十八年煙台成文信刻本	
小學題辭六卷附文公朱子年譜附小學總論	（宋）朱熹輯	清光緒二十八年煙台成文信刻本	

（續表）

小學纂註六卷附朱子年譜附小學總論	（清）高愈纂註　忠經十八卷（漢）鄭玄集注　孝經十八卷（明）陳選集注	清光緒二十八年煙台成文信刻本	
詩經體註圖考大全八卷	（清）高朝瓔撰 （清）沈世楷輯	清光緒二十九年煙台成文信刻本	四\三百五十
新訂四書補註備旨十卷	（明）鄧林撰	清光緒三十一年煙台成文信刻本	
宣講拾遺六卷	（清）莊跛仙輯	清光緒三十一年煙台成文信刻本	
禮記十卷	（元）陳澔集説 （清）莆陽鄭氏重訂	清煙台成文信刻本	八\七百五十

注：最後一列爲《燕臺成文信記書目録》中所列價格表，附此。以“\”區分大板價格與小板價格。

濰陽成文信刻本的版本標志爲“濰縣成文信梓”“濰陽成文信藏板”“濰陽成文信梓行”，有的版心下刻“成文信”。

濰陽成文信刻書如下：

新增幼學故事瓊林五卷	（清）程允升撰 （清）鄒梧岡增補	清光緒六年濰陽成文信刻本	
時文輯要四卷	（清）孫伯龍輯	清光緒七年濰陽成文信刻本	
翰苑書十三經集字	（清）李鴻藻集解	清光緒八年濰陽成文信刻本	壹百一十\八十

（續表）

分韻試帖青雲集合註四卷	（清）楊逢春輯 （清）沈品華等註	清光緒十一年濰陽成文信刻本	三百\二百五十（按："二百五十"爲小字，似後刻）
重校批點青雲集合注四卷	（清）楊逢春輯	清光緒十三年濰陽成文信刻本	同上
禮記易讀四卷	（清）志遠堂主人纂輯	清光緒十五年濰陽成文信刻本	三百二十
左繡春秋經傳集解三十卷	（唐）陸德明音釋 （宋）林堯叟附注 （清）馮李驊、陳浩評輯	清光緒二十五年濰陽成文信刻本	壹吊二百五十
三刻黃維章先生詩經嫏嬛體註八卷	（清）范翔重訂	清濰縣成文信刻本	
太史張天如詳節春秋綱目左傳句解六卷	（清）韓菼重訂	清濰陽成文信刻本	
字彙十二卷首一卷末一卷	（清）梅膺祚音釋	清濰陽成文信刻本	壹吊四\貳百

其他僅注明"成文記梓"或"成文信藏板"者如下：

五經樓小題拆字	（清）山仲甫、山璉輯選	清乾隆元年成文信刻本	壹百五十
新訂左傳快讀十八卷首一卷	（清）李駿喦輯	清乾隆三十年成文信刻本	壹吊三百

（續表）

新注韻對千家詩四卷	（清）王相選注 （清）許世錂識	清道光二十八年成文信刻本	
禮記十卷	（元）陳澔集説	清同治元年成文信刻本	八\七百五十
書經體注圖考大全六卷	（清）范紫登參訂 （清）錢希祥纂輯	清光緒元年成文信刻本	
奎壁禮記十卷	（元）陳澔集説	清光緒四年成文信刻本	
分韻試帖青雲集合註四卷	（清）楊逢春輯 （清）沈品華等註	清光緒五年成文信刻本	三百/二百五十（按："二百五十"小字，似後刻）
寄傲山房塾課新增幼學故事瓊林四卷首一卷	（清）程允升撰 （清）鄒聖脈增補	清光緒六年成文信刻本	
詩經八卷	（宋）朱熹集傳	清光緒六年成文信刻本	壹百三十\壹百八十
周易四卷	（宋）朱熹撰	清光緒六年成文信刻本	
初刻黄維章先生詩經嫏嬛體注八卷	（明）黄文煥撰 （清）范翔重訂	清光緒六年成文信刻本	
批點七家詩合註七卷	（清）張玉田選	清光緒六年成文信刻本	四\三百
分韻試帖青雲集合註四卷	（清）楊逢春輯 （清）沈品華等註	清光緒七年成文信刻本	三百/二百五十（按："二百五十"小字，似後刻）

（續表）

四書人物類典串珠四十卷	（清）臧志仁編輯	清光緒七年成文信刻本	五百
古唐詩合解十二卷附古詩四卷	（清）王堯衢注	清光緒七年成文信刻本	四\五百\三百五
詩韻集成十卷	（清）余照輯	清光緒七年成文信刻本	二百三十
東牟童試録初刻二卷	（清）諸鎮輯	清光緒十年成文信刻本	
東牟童試録四刻二卷	（清）諸鎮輯	清光緒十年成文信刻本	
蓬山課藝童試録二卷（二刻）	（清）諸鎮輯	清光緒十年成文信刻本	
蓬山課藝童試録四刻（初刻二卷二刻二卷三刻二卷四刻二卷）	（清）諸鎮輯	清光緒十年成文信刻本	三百五十
蓬山塾課三刻二卷	（清）諸鎮輯	清光緒十年成文信刻本	
詩韻集成十卷	（清）余照輯	清光緒十年成文信刻本	二百三十
漱芳軒合纂禮記體注四卷（禮記體注大全合參）	（清）范翔訂	清光緒十年成文信刻本	三百三十\二百八十
小試分類文準	（清）宜亭氏輯	清光緒十年成文信刻本	

（續表）

小試花樣度鍼	（清）宜亭氏輯	清光緒十年成文信刻本	
增删卜易大全六卷	（清）野鶴老人撰 （清）李文輝增删	清光緒十年成文信刻本	大板三百八十，小板壹百四十
四書衷一十九卷	（宋）朱熹章句 （清）王基昌編輯	清光緒十年成文信刻本	六百五十
春秋經傳集解三十卷首一卷	（晉）杜預集解 （唐）陸德明音釋	清光緒十年成文信刻本	
左繡春秋經傳集解三十卷	（晉）杜預原本 （唐）陸德明音釋 （宋）林堯叟附注	清光緒十年成文信刻本	
寄嶽雲齋試帖全注四卷	（清）聶銑敏撰 （清）張學蘇箋	清光緒十年成文信刻本	
成文信重校古文釋義八卷	（清）余誠評選	清光緒十一年成文信刻本	四百八十\二十
詩經體註圖考大全八卷	（清）沈世楷輯	清光緒十一年成文信刻本	四\三百五十
四書補註附考備旨十卷	（明）鄧林撰 （清）杜定基增訂	清光緒十一年成文信刻本	六\五百五十
周禮精華六卷	（清）陳龍標輯	清光緒十一年成文信刻本	五百
龍文鞭影二卷	（明）蕭良有撰	清光緒十一年成文信刻本	四百

（續表）

書經精華六卷	（清）薛嘉穎輯	清光緒十一年成文信刻本	三百
書經精華六卷	（清）陳龍標輯	清光緒十一年成文信刻本	三百
寄傲山房塾課纂輯書經備旨蔡註捷録七卷	（清）鄒聖脈等纂輯	清光緒十二年成文信刻本	
本草從新十八卷	（清）吴儀洛撰	清光緒十二年成文信刻本	四百五十
蘭言詩鈔四卷	（清）李瑞輯	清光緒十二年成文信刻本	三百
分體利試詩法入門十九卷	（清）鄭錫瀛輯評	清光緒十二年成文信刻本	
分韻試帖青雲集合註四卷	（清）楊逢春輯（清）沈品華等註	清光緒十三年成文信刻本	三百\二百五十（按:"二百五十"爲小字,似後刻）
爾雅註疏十一卷	（晉）郭璞註（宋）邢昺疏	清光緒十三年成文信刻本	三百八十\五十
經餘必讀八卷續八卷	（清）錢樹棠輯	清光緒十三年成文信刻本	六\五百五十
四書遵註合講十九卷	（宋）朱熹章句（清）翁復編次	清光緒十三年成文信刻本	
奎壁書經六卷	（宋）蔡沈集傳	清光緒十四年成文信刻本	

（續表）

關中書院課士詩	（清）路德輯	清光緒十四年成文信刻本	壹百二十
增補二論典故最豁集	（清）劉珍手輯 （清）安敬五鑒定	清光緒十四年成文信刻本	
明文明全集（初集二集）不分卷	（清）路德輯並評	清光緒十五年成文信刻本	三百五十
禮記易讀二卷	（清）志遠堂主人纂輯	清光緒十五年成文信刻本	三百二十
曠視山房課兒草二卷	（清）丁守仁撰	清光緒十六年成文信刻本	壹百壹十
詩經體註圖考大全八卷	（清）高朝瓔撰 （清）沈世楷輯	清光緒十六年成文信刻本	四＼三百五十
小題文模標準	（清）王玉藻評選	清光緒十六年成文信刻本	六十
詩經鄉嬛體注大全八卷	（明）黄維章輯 （清）范紫登重訂	清光緒十六年成文信刻本	四百二十＼三百八十
課幼二十藝不分卷	（清）邢日玟撰	清光緒十七年成文信刻本	二十
詩經融註大全體要八卷	（清）高朝瓔撰	清光緒十七年成文信刻本	
詩經體註圖考大全八卷	（清）高朝瓔撰 （清）沈世楷輯	清光緒十七年成文信刻本	四＼三百五十
書經體注圖考大全六卷	（清）范紫登參訂 （清）錢希祥纂輯	清光緒十七年成文信刻本	

(續表)

奎壁易經四卷	(宋)朱熹集注	清光緒十七年成文信刻本	
奎壁書經六卷	(宋)蔡沈集傳	清光緒十八年成文信刻本	
批點七家詩合註七卷	(清)張玉田選	清光緒十八年成文信刻本	四\三百
尚書離句六卷	(清)錢在培輯解	清光緒十八年成文信刻本	
重校字典四書二十卷	(宋)朱熹撰	清光緒十八年成文信刻本	
左傳易讀六卷	(清)司徒修輯注	清光緒十八年成文信刻本	四百五\六十
唐詩三百首補注	(清)陳婉俊撰	清光緒十八年成文信刻本	壹百壹十
詩韻集成十卷	(清)余照輯	清光緒十八年成文信刻本	二百三十
韻對五七言千家詩輯鈔四卷	(清)成文信書坊重輯	清光緒二十年成文信刻本	六十五
四書補註附考備旨十卷	(明)鄧林撰 (清)杜定基增訂	清光緒二十年成文信刻本	六\五百五十
重訂古文釋義新編八卷	(清)余誠評注	清光緒二十二年成文信刻本	
南華經直解四卷	(周)莊周撰 (清)徐廷槐鈔閱 (清)楊如瑶等參訂	清光緒二十三年成文信刻本	

（續表）

東萊先生左氏博議二十五卷目録一卷備略備考一卷	（宋）吕祖謙撰	清光緒二十四年成文信刻本	
古唐詩合解十二卷附古詩四卷	（清）王堯衢注	清光緒二十四年成文信刻本	四\五百三百五（按：三百五或應爲三十五）
批點七家詩合註七卷	（清）張玉田選	清光緒二十四年成文信刻本	四\三百
幼學瓊林四卷	（清）程允升原本 （清）鄒聖脈增補	清光緒二十四年成文信刻本	二百八十
奎壁詩經八卷	（宋）朱熹集傳	清光緒二十四年成文信刻本	
春秋左傳三十卷	（晉）杜預注 （唐）陸德明音釋	清光緒二十五年成文信刻本	
奎壁詩經八卷	（宋）朱熹集傳	清光緒二十五年成文信刻本	
春秋經傳集解四十四卷	（晉）杜預集解 （唐）陸德明音釋	清光緒二十五年成文信刻本	
詩韻集成十卷	（清）余照輯	清光緒二十五年成文信刻本	二百三十
書經體注圖考大全六卷	（清）范紫登參訂 （清）錢希祥纂輯	清光緒二十五年成文信刻本	
重校字典四書十九卷	（宋）朱熹撰	清光緒二十六年成文信刻本	

(續表)

書經六卷	(宋)蔡沈集傳	清光緒二十六年成文信刻本	
新刊校正增釋合並麻衣先生人相五卷	(清)陸位崇校撰	清光緒二十七年成文信刻本	一百四十
書經體注圖考大全六卷	(清)范紫登參訂 (清)錢希祥纂輯	清光緒二十七年成文信刻本	
小學纂註六卷	(清)高愈纂註	清光緒二十八年成文信刻本	
狀元三字經		清光緒二十八年成文信刻本	大二十文,小七文
禮記易讀二卷	(清)志遠堂主人選	清光緒二十八年成文信刻本	三百二十
新編直指算法統宗十二卷	(明)吴繼綬撰 (明)程大位編	清光緒二十九年成文信刻本	一百六十
卜筮正宗十四卷	(清)王維德輯	清光緒二十九年成文信刻本	四百三十
奎壁詩經八卷	(宋)朱熹集傳	清光緒三十二年成文信刻本	
重校字典四書十九卷	(宋)朱熹撰	清宣統三年成文信刻本	
歷朝綱鑑會纂三十九卷首一卷明紀會通十五卷	(明)王世貞編	清成文信刻本	
八銘塾鈔初集	(清)吴懋政編	清成文信刻本	二集七\六百

（續表）

增注八銘塾鈔初集六卷	（清）吴懋政輯	清成文信刻本	
重訂廣事類賦十卷	（清）華希閔撰	清成文信刻本	
禮記十卷	（元）陳澔集説	清成文信刻本	八\七百五十
剔弊廣增分韻五方元音二卷首一卷	（清）樊騰鳳撰 （清）趙培梓新編	清成文信刻本	
曲江書屋新訂批註左傳快讀十八卷首一卷	（清）李紹松選訂	清成文信刻本	壹吊三百
古唐詩合解十二卷附古詩四卷	（清）王堯衢注	清成文信刻本	四\五百\三百五（按：三百五或應爲三十五）
東萊左氏博議二十五卷	（宋）吕祖謙撰	清成文信刻本	
重訂廣事類賦四十卷	（清）華希閔著	清成文信刻本	
春秋綱目左傳句解六卷	（清）韓菼重訂	清末成文信刻本	
御纂詩義折中二十卷	（清）傅恒等撰	清末煙台成文信刻本	五\四百三十
四書體註十九卷	（清）范翔參訂	清末成文信刻本	六百五十
剔弊廣增分韻五方元音二卷首一卷	（清）樊騰鳳撰 （清）趙培梓新編	清末煙台成文信刻本	二百八十\三十

表中有同年刻同書者,因各家書目著録行款有異,暫未合併。

清末民國成文信排印本、石印本有:

客途紀録六卷	(民國)周竹軒編輯	清宣統三年煙台成文信排印本
産寶録不分卷	(清)倪枝維撰 (清)許槤删潤	民國三年煙台成文信排印本
老子道德經不分卷	(民國)紫清真人白玉蟾註	民國十年煙台成文信排印本
加增名賢集	佚名撰	民國十二年煙台成文信排印本
文始真經言外旨三卷	抱一子陳顯微述	民國十七年煙台成文信書坊排印本

綜上,成文信刻書有如下特點:

一是刻書總量大,在山東書坊刻書中僅次於聊城書業德,爲清代山東第二坊鋪。

二是刻經部書最多,有76種,占總刻書量的一半强,另刻有試帖類應試書籍35種。

三是大多爲光緒刻本。

四是爲適應市場需求,謀求更大的經濟利益,成文信一書多刻,有至一書四刻者。《批點七家詩合註》有光緒六年、十八年、二十四年三個刻本;《分韻試帖青雲集合註》有光緒五年、七年、十一年、十三年四個刻本;《詩經體註圖考大全》有光緒十一年、十六年、十七年、二十九年四個刻本;《書經體注圖考大全》有光緒元年、十七年、二十五年、二十七年四個刻本;《詩韻集成》有光緒七年、十年、十八年、二十五年四個刻本。

五是各地成文信有協作關係。如《重校字典四書》目前著録有兩個版本,一是清光緒十八年煙台成文信刻本,一是清光緒十八年成文信刻本。標煙台刻者,封面題:"光緒壬辰孟冬新刊,校正無訛,重校字典四書,烟台成文信藏板。"另一書封面題:"光緒壬辰孟冬新刊,校正無訛,重校字典四書,成文信藏板。"此書又有識:"坊本之書由來久矣,但恐繕刻未工,不免帝虎魯魚之舛,貽誤後學殊非淺也。本堂重加濰陽,悉復廬山真面,識者鑒之。""重加濰陽"不解。此段識中,"重加"係挖改,"成文信"亦疑挖改,但"濰陽"二字係原刻,故推測,濰陽成文信先刻板刷印,後煙台成文信係就原板改封面,重新刷印,或即原書换一封面。可見,各地成文信之間爲了銷售,互通有無。

在排印和石印技術的衝擊下,成文信也適應形勢需要,在民國初年就開始排印、石印出版書籍。從目前現存實物看,成文信的出版事業一直持續到民國十七年。

(四)登州府刻書特色

清中期的登州府刻書官、私、坊三大系統皆備,但官刻書祇一種,爲福山儒學所刻的《福山節孝志》,與歷城刻《章邱節孝志》的目的相同,有裨道德教化。

登州府的坊鋪自清中期開始出現,有黄縣四寶齋、蓬萊文成生、煙台成文信。三家坊鋪均開業於清中期,但留存下來的書籍祇有清後期的作品,從現存實物看,前兩家刻書較少,且均爲道教類書。

相對來説,成文信是登州府坊刻書的代表,不僅刻書量大,而且影響廣,位列山東坊鋪第二。成文信在山東共三個分號,一爲煙台,一爲膠州,一爲濰縣。目前所知刻書共 130 種,其中明確爲煙台刻者 16 種,濰陽刻者 10 種。

成文信刻經部書最多,其次爲試帖類應試書籍。爲了適應市場需求,也爲了謀求更大的經濟利益,成文信一書多次刊刻的情況特别多,有至一書刻四次者。各地成文信有協作關係,亦有據他人板子重印者。

成文信不僅刻書,還賣書。成文信所刻《燕臺成文信記書目録》就是一個售書目,在每一種書後都標明價格,有大小板之分的,還分別標出,保存的大量經濟史料對研究出版經濟史有重要價值。

家刻仍然是登州府中期刻書的重點,私家刻書已名列全省府州第二,達 154 種,除招遠無刻書記載外,其他九縣均有刻書。其中,福山刻書最多,有 62 種。蓬萊次之,有 34 種。棲霞第三,有 25 種。海陽 15 種,文登 7 種,萊陽 7 種,牟平 2 種,榮成 1 種,黄縣 1 種。刻書數量與刻書大族有直接關係。福山有王德瑛、王祖源,棲霞有牟氏和郝氏,海陽有"三趙":趙銘彝、趙洛衍、趙似祖。

刻書内容上,集部有 59 種,經部有 43 種。經部數量的增多,與王德瑛刻《孝經》有關。但有一個值得關注的現象,就是此期的登州府幾乎所有地方均有經部書的刊刻,不似其他地區經部書集中於某一個人或某一個縣,像牟應震、趙銘彝、李允升、李淳琳、趙似祖、楊廷芝、王餘英、于穎發、于頤發、趙洛衍、王祖源、張彭緒、吴氏柏柳堂,都或多或少地進行了經部書的刊刻,這似乎表明了清中期的登州府在經學研究上的盛况,因爲如果没有大量的著述,是不可能刊刻出大量的作品的,刻書是以著述爲資源的。

集部書主要是清代别集,地方藝文衹有一部《牟平遺香集》。此集輯牟平人自五代以迄清嘉慶所爲詩,各於前附以小傳,由山東學政劉繹倡刻,向同鄉募資,刻於牟平。

此期的名家刻書各有特色:

蓬萊慕氏共刻書五種,有奏議,有自作詩文賦,有輯應試文,不拘一格,以自己的著述爲主。刻書地有京師,有蓬萊,亦有居官外地時所刻。以家居所刻爲主,並由其子幫助刻成。

蓬萊張香海著述刊刻者達 23 種之多。他有强烈的傳播意識,詩文隨作隨刻。他每到一處,均有詩作,作即刊刻。除詩文外,其他著述未見有刻本。刻書時間集中於道光二十年至咸豐六年間，刻書地有河南、湖南、四川。已知河南刻三種，湖南刻二種，四川所刻最多，有八種。他另爲他人刻書 1 種。

王德瑛刻書達 47 種，其《日省吾齋雜著》多數卷端下題"福山王德瑛校刊"，宋體字，比較方正。王德瑛先後在河南考城、扶溝、安陽任過縣令，四次刊刻《文昌孝經注》。道光十四年至十六年刻《今古文孝經彙刻》十六種附一種。其刻書完全是爲了教化風俗。

棲霞牟庭的著述全部由其子牟房董理刊刻，大多在湖州刻。刻書質量不一。在其父身後，他曾把一些主要著作帶往湖州，想就地刻版，接着太平軍攻浙，情勢緊急，又將書稿送回故鄉，没有將遺書全部刻完。牟氏刻書大多爲經部書，説明牟氏的經學淵源，也説明當時的棲霞是山東經學研究的重鎮。在當地，與郝氏相呼應，在膠東，與掖縣、黄縣相呼應。

棲霞《郝氏遺書》三十四種的刊刻，自嘉慶十四年阮元始，至光緒十年郝聯薇止，歷時七十五年，版本衆多，尤其是作爲要籍的《爾雅郭注義疏》，經數次刊刻，有多個版本，使得《郝氏遺書》流傳愈廣。《郝氏遺書》刊刻地點南起廣東，北至順天府，又有南京、北京、蘇州，還有濟南，刻書風格不一，可以説是清代中晚期各地刻書風格的薈萃。著名刻書家及學者如阮元、楊以增等參與郝氏著述的刊刻，使得其書校刊精審，有較高的學術價值。《郝氏遺書》的刊刻，更得益於郝聯蓀、郝聯薇兄弟們的辛勤搜羅、不懈努力。

這一時期具有學術價值的名品有牟應震的《毛詩質疑》。此書集中體現了牟應震的研《詩》成果，其治學方法，既不篤守漢人家法，又不妄從宋人議論，而是折衷其間，獨創新解，務實求是，成一家言。在當時漢學獨尊的學術風尚之下，此書的刊刻，體現了牟應震超卓的見識和創新的精神，具有重要意義。

萊陽初氏三刻《吉金所見録》，同樣具有重要的學術價值。此書的最大貢獻在於將刀幣斷歸爲春秋戰國時期，打破了舊日對三皇五帝的附會。其次，劉青園首次確認了"梵字錢"的鑄造者爲西夏王朝，而在明代，這種文字無人能知。劉青園的發現經過初尚齡《吉金所見録》的記述，得以傳播。此後的一些重要錢幣著作，沿襲其説。過去對於先秦刀布諸幣的鑄造年代一直没有確識，長期來多是沿用《路史》的説法。自《吉金所見録》一書出，方始一掃舊説。更爲可貴的是，此書激發了山東人對錢幣研究的熱情，首先是引導了後來馬國翰對錢幣的研究，馬氏有《紅藕花軒泉品》一書，其次是引導了利津李佐賢的古泉研究。

這一時期具有版本價值的首先是趙擢彤刻《中晚唐詩主客圖》，這是目前"高密詩派"理論的唯一版本。其次是鹿林松刻《董氏遺稾》，收萊陽董氏一門詩集，其中，董樵因參與抗清起義，失敗後長期隱居，故其事迹甚至名字鮮爲人知，尤其是詩作流傳不廣。此次刊刻詩集，是對其詩作的全面推廣和傳播。

此期的刻本鮮有精美者，吴脈鬯後人所刻《昱青堂雜集》，字大行疏，刻印較精。

二、萊州府刻書

（一）家刻

清中期的萊州府無官刻記載。家刻共 104 種，所轄七縣皆有刻書。

1. 掖縣刻書

掖縣中期的刻書以李兆元家、翟云升、侯登岸三氏爲主。

1）李氏刻書

李氏爲山東乾隆、嘉慶、道光時期膠東比較重要的家族。李鍈（1719—1770），字青萍，號端黼，乾隆二十一年丙子舉人，歷河南知縣、江西廣信府知府、右江兵備道。工詩古文，尤邃於史。李鍈之子李兆元，字瀛客，號勺洋，乾隆五十九年甲寅舉人。歷官河南光州、長葛、魯山、獲嘉知縣。歸後,枕籍經史,以爲性命。講學不株守程朱,折衷於象山、陽明之間。室名"十二筆舫"。其子李圖,原名李同,字少白,後改名圖,字少伯,嘉慶十八年癸酉拔貢,官博興教諭,授直隸無極縣知縣,與當時的膠州柯培元、益都劉燿椿、諸城李璋煜號稱"山左四名家",是道光時期山東的修志名家,曾編纂了山東的五部縣志:《博興縣志》《重修平度州志》《膠州志》《陵縣志》《青州府志》。李圖有女李長霞,字德霄,適膠州柯培元之子柯蘅,著有《錡齋日記》《校文選李注》《錡齋詩集》,《錡齋詩集》附刊《春雨堂詩選》後。

如果説,李鍈是以爲官名家,那麽李兆元則是以著書立説名世,而李圖是以修志彰顯,李長霞是以文學著稱。這個家族的成員各有特色,各有立身之本,尤其是李兆元,不僅著述豐厚,而且刊刻了多部書籍,在山東出版史上占據了一席之地。

①《詩箋》三種三卷,清李兆元撰,清嘉慶二十四年掖縣李兆元河南刻本。

此《詩箋》三種包括《蘇李詩箋》《古詩十九首詩箋》《漁洋山人秋柳詩箋》附第三首補箋。

前有李兆元嘉慶二十四年梁園寓舍《詩箋三種序》:"因取所箋《古詩十九首》及《蘇李五言》二種付鈔胥,附以《漁洋秋柳詩箋》,彙爲《詩箋》三種,藏之家塾。今夏,吾友吴子敏園、朱子韞山、黄子卉町、龔子裕堂見之,共爲校定,並助貲代付剞劂。"據此序,知此書的刊刻得力於衆友人的幫助與資助,有吴敏園、朱韞山、黄卉町、龔裕堂四人。吴敏園、黄卉町、龔裕堂三人情況不詳。據韋盛年《朱鳳森年譜》[①],朱鳳森(1776—1832),字韞山,廣西臨桂人,嘉慶三年舉人,六年進士,官河南浚縣。天理教李文成率衆圍

①韋盛年:《朱鳳森年譜》,載《廣西地方志》2005年第6期。

城,他組織城中士民守城十日,事平,晉同知銜,未獲實職。道光十二年卒於浚縣任上。著有《守浚日記》《韞山六種曲》《韞山詩稿》。長子朱琦。朱鳳森在嘉慶六年至十一年間,掌山東琅琊書院,與山東人有密切交往。嘉慶十五年以後,在河南任,幫助李氏刻《十二筆舫雜録》前三種。李氏嘉慶十九年來河南開封,故此書當刻於河南。李氏序於"梁園寓舍"。唐代詩人劉禹錫有"家家菊黄盡,梁園獨如霜"的詩句,梁園即指汴梁,也就是今天的開封,李兆元當時大概在開封任職。

《古詩十九首詩箋》有《古詩十九首附箋引》,題"嘉慶二年丁巳蘭秋下浣勺洋李兆元書於十二筆舫"。又有嘉慶八年李氏跋。《蘇李詩箋》有《蘇李詩箋引》,題嘉慶丁巳書於十二筆舫。《漁洋山人秋柳詩箋》有乾隆六十年乙卯李氏序。王士禛的"禛"作"禎",説明當刻在乾隆之後。在《秋柳第三首補箋》後有李氏識:"右《箋》係與余友許子雲嶠共參核酌定者,益我實多,因附刻於原《箋》後……庚辰正月十四日勺洋識於梁園寓舍。"雲嶠,名鴻磐,山東濟寧州人,乾隆二十六年辛巳進士。庚辰,嘉慶二十五年,時許鴻磐已去世。

漁洋山人《秋柳》詩盛行大江南北,多人爲其作箋,其中,以福山王祖源的箋注最爲通行,而王祖源同治五年刻本《漁洋山人秋柳詩箋》就是以李兆元的箋本並附以金榮的《漁洋山人精華録》而成的。所以,李氏箋注具有重要意義。

《漁洋山人秋柳詩箋》又有"朱子韞山云",可見,朱韞山亦有見解在其中。

此書封面題:"嘉慶己卯新刊,十二筆舫藏板。"《古詩十九首箋》卷端署:"秀水張庚浦山原解,東萊李兆元勺洋附箋。"《蘇李詩箋》卷端署:"東萊李兆元勺洋箋。"《漁洋山人秋柳詩箋》卷端署:"東萊後學李兆元瀛客箋。"

九行二十二字，白口，左右雙邊，單黑魚尾。字大，刻印一般。

②《大學古本詁略》一卷，清李兆元撰，清嘉慶二十四年掖縣李兆元河南刻本。

封面題："嘉慶己卯開雕，十二筆舫藏板。"卷端署："東萊李兆元敬註。"

有嘉慶二十四年己卯仲春東萊李兆元識於梁園寓舍："甲戌（按：嘉慶十九年）冬，需次汴省。寓居多暇，乃取古本《大學》，僭爲《箋注》。迄己卯春，凡三易稿而成是編，名曰《詁略》，蓋積三十年探討之力。"此書亦刻於河南。

九行二十二字，白口，左右雙邊，單黑魚尾。版心上刻："古本大學。"

③《周易説卦傳輯注》一卷，清李兆元撰，清道光二年掖縣李兆元河南刻本。

有李氏自序："謹取《河圖》《洛書》八卦方位，以證天地定位數節之義。俾後之學者勿惑於先天、後天之説，而皆知恪遵經傳。是則區區之心實有不能自已者，其餘仍本先儒之説而彙輯之，故名曰《輯注》。"

④《十二筆舫雜録》十二卷，清李兆元撰，清道光二年桂林朱韞山河南刻前三種道光四年武威楊雨亭等河南刻第四種本。

是書包括《梅影叢談》三卷、《春暉餘話》三卷、《中州觚餘》三卷、《客牕賸語》三卷。書中於經史及雜書皆有考論，於萊郡文獻蒐討亦勤，而評隲詩文居其大半，同時人詩採録尤多。

前三種缺封面。《客牕賸語》封面題："道光甲申刊，雜録第四種。"前三種卷端署："東萊勺洋氏著，桂林韞山氏評。"末一種卷端署："東萊勺洋著，韓江晳三、武威雨亭、叙永思堂、濰陽小南、萊陽筠亭仝評。"四種書卷數相連。

有道光四年大興徐銓《客牕賸語弁言》："向有《梅影叢談》

《春暉餘話》《中州觚餘》三種,桂林朱韞山司馬既已分俸代梓。近復著有《客牕餘話》三卷,武威楊雨亭、西蜀宋思堂、韓江倪晉三、萊陽孫筠亭、濰陽張小南諸君子共爲捐資代付剞劂。"張豐字亨甫,號小南,濰縣人,嘉慶十二年丁卯優貢,官武安知縣,著有《四書質語》《蔗園詩文集》。小南曾在道光十二、十三年間校訂其師平度孫廷芝的書四種。武安原屬河南,則此書亦當爲李氏在河南所刻。可見,前三種爲朱韞山刻於河南,後一種爲衆人合刊於河南。

八行十八字,白口,左右雙邊,單黑魚尾。

⑤《詩法易簡録》十四卷、《録餘緒論》一卷,清李鍈撰,附《律詩拗體》四卷、《古韻圖説》一卷,清李兆元撰,清道光二年掖縣李兆元河南刻本。

此書爲作詩之法。

封面題:"道光壬午新刊,十二筆舫藏板(按:字體爲鳥篆)。"《詩法易簡録》卷端署:"東萊李鍈青萍著。"《律詩拗體》《古韻圖説》卷端署:"東萊李兆元勺洋著。"

《詩法易簡録》前有乾隆三十二年丁亥李鍈自序。末有嘉慶十九年李兆元識,稱乾隆癸未、甲申即二十八至二十九年間,李鍈自潼關請假歸里,先取七律數首,略指其用筆之法,爲友人取去,益以古詩絶句,假其名付之剞劂。實此爲未完之書,亦未板行。乾隆三十三年春,李鍈去世,兆元稍長,檢斯編古詩,僅存講章節的部分,律、絶衹存講作法,而古詩的講作法及律詩的講拗體的内容,皆佚失。於是兆元補入《律詩拗體》四卷附後。可知,乾隆三十二年確有一刻,但非李氏刻。所附《律詩拗體》《古韻圖説》亦有嘉慶五年李兆元自序。

九行二十二字,白口,左右雙邊,單黑魚尾。字一般。

⑥《中庸貫》二卷,清李兆元撰,清道光三年掖縣李兆元河南

刻本。

共一百一十餘條。有道光三年東萊李兆元識於梁園寓舍："余既成《古本大學詁略》一卷,不揣鄙陋,復從事於斯編。"

封面題:"道光癸未新刊,十二筆舫藏板。"卷端署:"東萊李兆元謹註。"

此時李氏還在河南,當在河南所刻。

九行二十二字,白口,左右雙邊,單黑魚尾,字一般,略顯粗劣。

⑦《艾堂外篇鈔存》二卷、《補遺》一卷,清李鍈撰,清道光四年掖縣李兆元刻本。

封面題:"道光甲申年鐫,本衙藏板。"卷端署:"東萊李鍈青萍著,男兆元曁孫男澎圻、淑筠、澄燮。"

有李鍈乾隆十三年戊辰《年年集自序》:"因檢舊稿,凡百四十有六藝。"有乾隆十五年庚午兄寅堂鈞書《艾堂外篇初集序》:"戊辰冬自定其文,删汰大半,存者不及十分之三。迄今春又得經解史論及他雜文可存者約四十餘篇,共爲一集。"有李兆元道光三年癸未識:"先觀察著作甚富,古文尤爲當時所推重。戊辰以前,已有《年年集》,戊辰後,又有《京華》《中州》等集,而總名曰《艾堂外篇》。殁時,元甚幼,不知收拾,諸集皆散佚大半,存者僅十之一耳。"卷上末有"先觀察纂定《史論大成》共六册,今皆散佚,祗存《明朝總論》一則,因附刻於文集後。男兆元謹識"。

《鈔存》卷下有一篇《擬合刻東萊鄉賢文集序》,知李鍈有刻書之意,但不知是否刻成。

九行二十二字,白口,左右雙邊,無行格。字一般。

⑧《鴻桷齋初刻詩集》二卷,清李圖撰,清道光掖縣李氏家刻本。

是集卷一古體九十五首,卷二近體一百三十四首。翟云升道光七年丁亥《鴻桷齋初刻詩序》云:"諸體皆臻奥境,五言古風尤爲集中傑作，讀一過，如蘇、李、鮑、謝之來吾前也，方之吾掖前輩，則與《大風社集》《悦安軒集》相頡頏。”

目録下題：“掖縣李圖少伯甫著，弟尚蘊甫校。”

九行二十三字，白口，左右雙邊，單黑魚尾。字體端正，似李圖家刻本。

⑨《鴻桷齋文集初刻》一卷，清李圖撰，清道光掖縣李氏刻本。

此書輯序、記、傳、論等文共二十三篇。

目録下署：“掖縣少伯李圖著。”

有道光二十七年杜堮《鴻桷齋文集初刻序》：“少伯，吾掖縣同年李勺洋先生之令阮也。嘉慶癸酉以選拔貢京師，始相識，因相與爲忘年交……自余視浙學，别四載，還京未幾，以校官旋里，由是不見者十五六年。今歲夏用保薦簽發直隸，試補縣令。瀕行，出所作古文示余……道光丁未十月之望石樵世弟杜堮拜手書於京邸之遂初草廬。”杜堮又評價其文云：“每發一義，洞見本原，則其學之精而養之粹，充然自得於中者，可知矣。”書大約此年前後所刻，晚於《詩集》。

十行二十一字，白口，四周雙邊，單黑魚尾。刻印精。

⑩《二家律選》一卷，清柯蘅、郭綏之撰，清同治五年掖縣李豐綸商邱官舍刻本。

李圖有子李豐綸（1842—1876），字季侯。同治十三年會試後，與柯劭忞同赴河南禹州探親路上出事而卒。

此書附於郭綏之《畹香村會稿》《餐霞集》《聊復集》後（三集均爲郭綏之自刻，分别刻於咸豐十一年、同治四年、同治六年）。收柯蘅五言詩五十六首，郭綏之七言詩五十四首。前有同治五年掖縣李豐綸於商邱官舍序。九行二十字，白口，四周雙邊，單黑魚尾。

掖縣李氏刻書特點有五：

一是四世刻書。李氏有刻書的想法自李鏌始。道光四年其子李兆元刻《艾堂外篇鈔存》二卷,李鏌有《擬合刻東萊鄉賢文集序》,知其有刻書之意。李兆元刻書最多,有七種。不僅刻自己的著述,還刻了其父的著述。兆元子澎圻、淑筠、澄爕三人亦參與了李鏌文集的刊刻工作。兆元子李圖雖然編纂了五部方志,但未參與刻書。李圖著述二種亦未明言自刻。兆元的詩集和文集應爲自己所刻,其弟亦參與校書。李圖之子李豐綸刻了《二家詩選》。

二是刻書内容以經部和集部書爲主。集部有李鏌、李兆元、李圖三世的集子,還有李鏌和李兆元的論作詩之法,並李兆元爲詩作箋三部。除集部書外,餘皆爲經部書,涉及《大學》《中庸》《周易》。這説明,在嘉慶道光間的膠東,經學研究比較盛行。

三是李兆元的刻書時間集中在嘉慶二十四年至道光四年間,地點均爲河南。此時李兆元居官河南,故有能力、有時間進行刊刻。李豐綸刻書於河南商邱,大概與李兆元官此地有關。

四是李兆元的刻書版式風格一致。封面均題"十二筆舫藏板",有明確的刻書時間,卷端均著作者,並注明籍貫"東萊"。除《十二筆舫雜録》外,其餘均爲九行二十二字,白口,左右雙邊。大概因朱韞山刻《十二筆舫雜録》前三種爲八行,故李氏在續刻時未改。

五是李兆元在河南所刻書質量一般,而李氏家刻李圖著述,當在山東所刻,較精,似乎可見當時兩地的刻工水平略有差異。

2)翟云升刻書

翟云升(1776—1860),字舜堂,號文泉,掖縣人。道光二年進士。性情淡泊,無意仕途。潛心著述,治學以漢儒爲宗。在研究金石文字的同時,師承桂馥,尤工隸書。著有《説文形聲後案》四卷、《韻字鑑》四卷等。

翟云升擅長刻書,所刻爲自己的研究成果,由於精通金石文字和書法,他刻書質量較高,代表了道光時期膠東一地的刻書水平。

①清道光中刻《五經歲徧齋校書三種》。

翟云升繼承乾嘉以來的學風,校書不止,故有《五經歲徧齋校書三種》之刻。

其一:《覆校穆天子傳》六卷、《補遺》一卷,清翟云升撰,清道光十二年掖縣翟云升刻《五經歲徧齋校書三種》本。

書有道光十二年翟云升於五經歲徧齋序:"自前明逮我朝,覆校是書者不下十家,傳鈔翻刻又各有舛誤,甚至不可句讀。余不自揣,覆校之。於諸本中從其一是,兼採檀氏萃《疏》,參附管見,以成此編。業付梓矣,而審視仍多未合,且有刊刻之誤,未及檢者,竝剔改如左。"

《穆天子傳》自晉郭璞作注,元明時期,學者們主要對這一傳世學術名著做了一些文字的校注和詮釋工作。清代檀萃有《穆天子傳注疏》,洪頤煊在郭注的基礎上,廣採善本,對是書又進行了頗爲嚴謹的校正。繼洪氏而作者即翟云升之《覆校穆天子傳》。該校本寫定於洪氏校刊本之後,對洪本略有補充。目前學術界公認洪氏校本與翟氏覆校本並稱諸校本中最善者。

十行二十字,小字雙行二十字,左右雙邊,單黑魚尾。字畫細膩,很精細。以下二種行款同。

其二:《校正古今人表》一卷,清翟云升撰,清道光十五年掖縣翟云升刻《五經歲徧齋校書三種》本。

有道光十五年翟氏序:"變横列爲豎行,以省翻檢之勞。行間各束時代,上下準直,亦自了如指掌也。通卷校一過,訂其譌,辨其誤,著其隱僻,不知爲譌誤爲隱僻者,或設爲疑詞以存鄙見,或姑爲曲説以待通人。又按補傳本之闕,亦略拾顔注之遺,如斯而已。"作爲一個刻書行家,翟云升是懂得如何方便讀者閱讀的,所以,易横排爲豎排,省讀者翻檢之勞,此點是其刻《校正古今人表》的最大功勞。

其三:《焦氏易林校略》十六卷,漢班固撰,唐顔師古注,清翟云升校,清道光二十八年掖縣翟云升刻《五經歲徧齋校書三種》本。

道光二十八年翟云升自序:“世所行《焦氏易林》無善本……余閉户養痾,藉校此書以遣悶者,閱六七年。”翟云升勘以各本,證以諸書,參以他説,而是正之。全書參合,詳加考核,用力殊深。棲霞牟庭嘉慶二十一年《校正焦氏易林》序,辨作者焦贛爲崔篆。翟云升又識,同意此説,衹是沿舊習,未作改動。

②《隸篇》十五卷、《續隸篇》十五卷、《再續》十五卷,清翟云升編,清道光十八年掖縣翟云升刻二十四年重刻《再續》本。

《隸篇》,道光十五年成書。翟云升採擷漢魏名碑九十五品,精工雙鈎,依偏旁部首分列。每字下注所出及原句,間有按語,末附偏旁全目。王筠評曰:“《隸篇》爲必不可少之書。”①

有牌記:“道光十七年五月開雕,十八年六月成。”有道光十五年翟云升自序:“自南宋以來,集隸字以爲書者皆以韻分……同志者,謂蒙古奎榆村觀察昌、錢塘吴仲雲觀察振棫、石埭方友山司馬熙、海昌許珊林刺史槤、元和張六琴巡政禄卿、漢陽葉潤臣名灃、道州何子貞紹基、何子毅紹業、海豐吴子苾式芬、日照許印林瀚、安邱王菉友筠、諸城劉燕庭喜海、李月汀璋煜、蓬萊葛瀛賓元昶、棲霞牟農星房、濰縣譚怡堂均讃、郭次虎熊飛、劉徽五文典、陳敬堂官僑、陳壽卿介祺、膠州張不群群雁、孫貽亭榮曾、孫雲舫榮炅、傅鐵巒賡巖、柯康侯名晉、孫渥田既堂、張小雲祖樾、同邑吕筠莊延慶。”道光十八年平壽陳官俊序:“(體例)以部領字,如枝附干,而筆跡各

①〔清〕王筠撰,鄭時、屈萬里輯校:《清詒堂文集》,齊魯書社1987年版,第142頁。

異者，易於對觀也。以摹代臨，如景隨形，而楷式所存者，期於曲肖也。此爲從前所未有，即爲後來所不可無矣……枕中之藏不宜終秘，爲付剞劂，公諸同好可乎？怡堂（按：譚怡堂）以爲然，欣然爲董其事。先是聊城楊東樵觀察聞文泉有是作，欲爲梓行，乃合謀，而同郡邑諸戚好及一時巨公官吾東者又樂與贊成焉。去年夏五月，遣工抵萊，就文泉所開雕。文泉館諸從叔稺橋丈之來薰園，晨夕考誠並校舛誤，越年餘而工告竣。"楊以增道光十八年書於安襄鄖荆道官舍。據三序可知，翟云升對此書極爲用心，所選之字，必爲拓本，必爲可信之摹帖。所定模本，"手自雙勾，毫芒必謹"，一點一劃毫不含糊。書成後，由譚怡堂、楊以增合謀承辦，同郡邑諸戚好及一時巨公共襄此事。外埠有許槤、葉名灃、何紹基兄弟，本邑有吳式芬、許瀚、王筠、劉喜海、李璋煜、牟房、陳介祺等等，可謂極一時之盛。刻書始於道光十七年夏五月，從外地遣工抵萊，開雕付刻，次年六月刻成初印。

同年九月，翟云升又完成《隸篇續》《再續》，即刻刊行。有牌記："五經歲徧齋藏。"有道光十八年自序："《隸篇》集既成，同志以金石拓本、鈎本詒我者仍至，且加密焉。不及三年，檢所得數，已過前編之半……諸君謬以前編栔棗梨，固思踵事，又欲繕刻之。出自一手也，乃集爲《續編》。《續編》垂成，又有所得，是爲《再續》。凡厥體例，一如前編，惟其字在前爲通，在今篇正，而形非殊異者，不更録入。凡四閱月，次第付栞。"《續》及《再續》三編均爲許槤題名，有"道光十八年九月許槤題"，亦可證此三編刻成均在十八年。

道光二十四年五月，翟云升又增補《再續》復刊印行。有此年自序："《再續》成且付栞，越歲餘……《三續》之作，此其時矣。顧未周六稔續至於三焉，知將來遂難爲繼。疊分畛域，尋檢滋煩，今參入《再續》，合爲一編，而覆栞之。更有後至，乃别爲《三續》。"據此可知，《再續》道光十八年刻成，二十四年翟云升將新輯内容參入《再續》中,重刻《再續》。

由上可知,《隸篇》刻成於道光十八年六月,《續》《再續》刻成於道光十八年十月,《三續》部分雜入《再續》,於道光二十四年重刻。

翟云升所處的時代是中國書法史上隸書復興的時代,他以《孔廟碑》《曹全碑》《乙英碑》《禮器碑》等漢碑爲淵源,師承桂馥隸書醇古樸茂、點畫敦實、結構嚴謹開朗之風緒,並兼學諸家之長,通過長期對金石文字的研究,終於形成了自己的隸書風格。正是基於自己對隸書的實踐,他所編《隸篇》三編最終成爲他的"傑作"。此書十四行二十五字,小字雙行二十五字,白口,左右雙邊,單黑魚尾,無直格。字有宋刻之風,大字雙鈎,極爲精美。版框闊大,高 23.9 厘米,寬 16.9 厘米,是少見的大本。這與他親自"雙鈎"並特意從外地請來刻工有很大的關係。

此書部分書版存世。據崔天勇《翟云升與其木板隸篇》①一文,書之印版,皆係梨木板雕成。版高 23 厘米,寬 33 厘米。全書印版共 676 塊。每塊板後另有用墨筆所批編寫的甲乙丙丁等順序號碼,以便於印刷時使用。1953 年,翟云升的後裔翟承令其女將這些歷經百年滄桑的世傳家藏珍寶,捐獻給了國家,現由萊州市博物館收藏。這些印版除因年久殘損幾塊外,絶大多數至今字跡清晰,基本完好。

③《韻字鑑》四卷,清翟云升編,清道光二十二年掖縣翟云升刻本。

封面題:"道光壬寅初栞,五經歲徧齋藏板。"

有《小引》:"兼用《韻府提綱》《韻字略》二書之例,參以《經韻

①崔天勇:《翟云升與其木板隸篇》,見《萊州文史資料》第八輯,1994 年版,第 51 頁。

集字析解》,增删而區别之……道光壬寅星回節五經歲徧齋主人書。”有《略例》,稱此書用於家塾之誦習。七行十四字,無行格,白口,四周單邊,單魚尾。巾箱本。

由濰縣陳恒慶《諫書稀庵筆記》中“翟文泉”一條可概知《韻字鑑》的價值:“吾萊府翟文泉翟云升先生,學問淵博,字學尤精。所著《隸篇》一書,考據精詳,堪爲後學法守。其收藏之富,誠不可及。又撰《韻字鑑》一書,實爲山東末學之津梁。大抵山東口音太重,讀平上去入,不能盡叶,詩句每多失占。自有此書,一翻閲而自知。予主陵縣三泉書院時,其縣六十年無科第,生員文字有極佳者,惟詩多失占,乃令其各購《韻字鑑》一部,教之翻檢。秋遇鄉試,遽高中周遇盛一人,□縣狂喜。文泉八分書,筆力健勁,山東桂未谷爲第一,文泉當爲第二。”《韻字鑑》的作用,正如翟云升自序中所云:“修辭之津梁,應試之符契。”

掖縣翟云升刻書特點有三:

一是多刻經部書。除《覆校穆天子傳》《校正古今人表》爲史部書外,其餘均爲經部書。從《易經》到小學,皆有涉獵。可以説,翟云升是乾嘉學派學風在山東的延續。

二是刻書注重實用。如《校正古今人表》就從讀者的角度出發,採用利於閲讀的格式。《韻字鑑》是爲應試之用而刻。《隸篇》就更是一部工具書了。

三是刻書講究質量。翟云升是一個書法家,自然對美有强烈的追求,故其刻書極爲用心、精細,尤其是《隸篇》三編的刊刻,體現了他的寫樣水平。

《隸篇》書版能保存至今實爲翟云升後人的守護之功,萊州在咸同年間曾是東捻軍賴文光的主要活動區域,經過兵火的洗禮,這批版片仍留天壤,愈發顯得彌足珍貴。山東現存書版不多,除存於章邱市博物館的六千塊馬國翰書版外,大宗的當數翟云升的書版了，王筠刻書雖多，但現存書版也就是三百三十塊。況且，翟氏書版極其精美，代表了道光年間山東的刻書水平，故具有重要意義。

3）烏程張彤刻書

清中期的掖縣刻書還有烏程張彤。

張彤，字虎拜，浙江烏程人，乾隆五十一年丙午舉人，嘉慶九年任登萊青海防兵備道，十四年晉布政使，在任時以搜輯山東鄉賢文獻爲要務。

已知張彤在山東刻書三種。

①《續掖縣志》四卷，清張彤修，清張詡輯，清嘉慶十二年刻本。

是志雖爲續志，而記載詳實，卷末所附前志訂訛，亦考證精審，洵爲地志中之佳本。其體例一仍舊志，不列大綱，衹摹細目，或補或增，皆注於後。前志失載者補之，簡略不完者增之，已載而未詳者則併入本志。是志體例謹嚴，編次嚴密，尤以職官、賦役諸門，最爲精審。

書列分纂姓氏：甲寅科舉人河南候補知縣李兆元，庚申舉人翟云升，恩貢生毛式丹。

此書係張彤捐俸付梓。

②《掖詩採録》六卷，清張彤、李兆元輯，清嘉慶十二年烏程張彤登萊青海防兵備道署刻光緒十七年魏少程補刻本。

張彤序："嘉慶甲子（按：九年）奉命備兵登萊青……在唐以詩名者惟王仲列，金則劉無黨。若宋之王定民，獲見稱於東坡而求其詞翰渺不可得。我朝王西樵考功選《濤音集》，斷自明始，僅四十三人。嗣掖人張大支，又有《掖海詩鈔》，所收浸廣，亦衹至康熙間而止。今荏苒又將百年……會邑人李勺洋大令兆元方養親里居，殫心風雅，爰屬博爲搜討，自明迄今，共得一百四十八家……彤公暇詳加甄别，刊其枝葉……題曰《掖詩採録》，析俸刊之。"光緒十七年崔鍾善《跋》："庚寅秋，予東守萊郡……惜板存學署，久經闕略,此詩失而不傳。今春,司鐸者搜獲原編,少程魏大令捐廉雕補,完璧始成。”此爲補刻跋。

掖詩自清初即受重視,王士禄、張大支、李兆元均先後參與其中。此集輯明清兩代掖縣一百四十八人之詩。卷一、二爲明朝人,卷三至卷六爲清朝人。每人詩前皆繫以小傳。

十行二十二字,小字雙行二十二字,白口,四周雙邊,單黑魚尾。字體方正,比較精緻。

③《濰詩採録》四卷,清張彤、張詡輯,清嘉慶十三年烏程張彤登萊青海防兵備道署刻本。

卷端題:“烏程張彤鄂樓纂輯。”

嘉慶十三年張彤序:“彤選諸屬邑遺詩,於濰得五十家。起自前明嘉靖,至國朝嘉慶間止。官齋多暇,詳加品藻,汰其膚近,擇其爾雅者,偕及門張生詡鳌爲五卷,登諸梓。”此序曰五卷,實存四卷,目録亦爲四卷。

十行二十二字,小字雙行二十二字,白口,四周雙邊,單黑魚尾。字體方正,比較精緻。

4)侯登岸刻書

掖縣侯登岸,字穆止,號瘦鶴,嘉慶二十三年戊寅副貢。著有《海岱人物志》等。

目前所見侯登岸刻書僅數種,其稿本《掖乘》、山東省立圖書館鈔本《勝國遺民録》等均未刊行。

①《漢大司農康成鄭公年譜》一卷、《傳》一卷附《軼事》附《著書目録》,清侯登岸撰,清道光二十一年掖縣侯登岸刻本。

卷端題:“東萊後學侯登岸穆止謹撰,高密後學傅敦孝商卿參校。”

道光十八年十月東萊後學侯登岸自序:“考其《本傳》,兼以《本記》,參之雜書,成《年譜》一册。”道光二十一年辛丑高密傅敦孝跋:"敦竊附公之里居,常耿耿私輯司農鄭公《志》一卷,道路荏苒,未及成書。辛丑以改銓赴都,侯君穆止出手編司農《年譜》相示,犁然有當,餘與予《鄭志》同。益以公之《本傳》《碑記》各篇,參之《高密志》,詳加訂正,付梓,更爲完書,以成宿志。"

九行二十二字,白口,四周雙邊,單魚尾,無行格。寫刻字體,極精。

②《明高士傳》二卷,清侯登岸撰,清道光二十六年掖縣侯登岸刻本。

封面題:"道光丙午刊,隱心齋藏板。"卷端題:"掖侯登岸穆止。"

大興王鎮序:"東萊侯明經穆止,雅飭士也。閉户著書,不履公庭。著有《掖乘》一編,余觀察三齊,舊見之,爲鈔録。時輯《濟南金石志》尚未成,其中金石有涉於濟者,曾採入數條……乙巳秋,余擢遷京秩,將去任,屏騶從,徒步訪之,始得一晤。余欲刊存《掖乘》以備一邑文獻,瀕行助以資,穆止遜謝,言《掖乘》稿未定,不欲遽付梨棗。因出其所著《兩漢大節録》《明高士傳》兩種示余,余覽而賞之。《兩漢大節録》取古人驚天動地之行揭而出之,皆得其平。其人或《明史》所有,或《明史》所無,更足與史傳相輔……因屬其合《兩漢大節録》付梓而書其編首。"道光十五年乙未花朝前東萊侯登岸自序:"予暇日讀《明史》,遇有高行者録之,既又搜採群書,共得百人,録成一編。"

十行二十一字,白口,左右雙邊,單黑魚尾。宋體字,刻印一般。

③《兩漢碎金》一卷,清侯登岸撰,清道光三十年掖縣侯登岸刻本。

此書撰於道光三十年,"寧"字避諱,當爲此年所刻。前有道光三十年自序。九行二十字,白口,四周單邊,宋體字,字大。

綜上，清中期的掖縣刻書有二十二種，其中李兆元家十一種，翟云升六種，烏程張彤兩種，侯登岸三種。在刻書内容上，集部九種，經部六種，史部五種，子部兩種，可見，清中期的掖縣刻書是豐富多彩的，也與經學家李兆元、翟云升，及專注於歷史的侯登岸有關。刻書時間集中於嘉、道間。

2. 平度刻書

平度中期的刻書有孫廷芝、陳肇、許槤等。

1）孫廷芝刻書

孫廷芝，字銅池，號尚山，平度人。其父得尚山晚，最穎悟，少即授以經學，故尚山自幼天文、地理、律吕等書無不精詳，《易》學尤爲淵源。道光間於濰縣、掖縣、膠州等地授徒，所講授者有《讀易例言圖解》《天文解經》《開方易簡》《律吕指掌》等，在門生們的幫助下，陸續刊成。

①《讀易例言圖解》一卷、《附》一卷，清孫廷芝撰，清道光十二年濰縣韓逢恩刻本。

封面題："孫銅池先生讀易例言圖解，蓬萊郭紹曾魯堂、利津盛際唐於斯二先生校閲，道光壬辰年新鐫，濰縣門人韓逢恩敬刊。"

前有濰縣張豐序："膠東孫子尚山，博學也，一切天文、星象、醫卜之書無不讀。辛卯秋來濰，以《易》學授其及門，於《易》之凡例、條規，口講指畫，悉繪爲圖，使讀者了然知入《易》之門，名曰《讀易例言》。"濰陽劉玉澄序："尚山來濰，固欲廣其家學，亦吾邑窮經之津梁焉。"道光十一年孫庭芝自叙於濰縣敬業堂："余方八齡，先嚴蘭谷時舉《易》中象數諸圖，提撕諄誨。長讀《折中》《述易》《本義》諸書，始悟理皆由象數而生，不明象數而空言《易》理，譬如入室而不知由户，涉川而不知乘舟也，烏乎可？辛卯季秋，傳授《易》法，因集先儒象數諸圖彙爲一册，按圖詳解，俾學者朝夕觀玩，逐一研究，庶不至岐理數爲二，而天地萬物之情與四大聖人之心傳或可窺其萬一云爾。”安邱劉燿椿跋：“道光壬辰閏月，劉莊經邦手一編爲《律吕指掌圖》，閱之了然無疑義，以爲古人傳書也。劉莊曰：‘此膠東孫尚山先生手著以授生徒者。先生方在濰陽，又有《讀易例言》已刊行矣。’余心儀之，而尚山適過訪，其人伉俠有奇氣，作半日談，語皆有理趣，索《讀易例言》觀之，爲圖二十有九，言象數甚明，而理亦寓焉。”

序後有《仝閱姓氏》：王延年緒遠（濰縣），荆宇熹鶴村（萊陽），劉燿椿莊年（安邱），王廷蘭紉秋（膠州），張豐小南（濰縣），張位立人（濰縣），陳大忠心一（濰縣），郭紹曾魯堂（蓬萊），吴克思禮堂（昌邑），陳圩雲谷（濰縣），徐重颺穆門（掖縣），崔含章黄中（膠東），焦步濂雲溪（膠東），陳肇履元（膠東）。

王延年字緒遠，號鶴汀，濰縣人，嘉慶二十二年丁丑進士，授長子知縣，不赴，教授於家，有《節慎齋文集》已刊。劉燿椿前已有述。張豐字亨甫，號小南，濰縣人，嘉慶十二年丁卯優貢，官武安知縣，著有《四書質語》《蔗園詩文集》，同邑韓夢周的學生。郭紹曾字魯堂，蓬萊人，道光十六年丙申進士，官天津河防同知，寧彤元撰《傳》云：“補河防同知，暇則赴書院，爲肄業者詳解《學》《庸》義理，今所刻《大學中庸説》是也。”陳肇字履元，平度人，嘉慶二十二年丁丑進士，官常州知府，著有《奏議》《辨惑説》《求慊齋古文》。陳圩字雲谷，濰縣人，道光二十一年刻其同鄉、老師的《震庵集》，又刻《松香詞鈔摘録》。王廷蘭字紉秋，膠州人，道光元年舉人，擅書法，官館陶縣訓導、莘縣教諭，署新城訓導、汶上訓導。在任清正廉潔，喜誘後進。廷蘭天資穎悟，讀書别有心得，尤精於《易》理。

書有圖，八行二十字，白口，四周雙邊，單黑魚尾，無直格。字大，刻印精美。

②《天文解經》一卷，清孫廷芝撰，清道光十三年平度孫廷芝

刻本。

有孫氏自序:“初,乾隆甲寅冬,吾邑劉其成先生,先嚴蘭谷故人也,傳余星學,謂余曰:‘不識天象,凡經傳所載,必多茫無所據。汝資穎悟,我爲汝説。’是年先生八十有二,余方十齡。及長,讀欽定諸書,稍有不解,即據天象考驗,無不豁然貫通。道光辛卯,傳經濰陽,著《天文解經》一册,萬有餘言,其文頗繁。癸巳季秋,採善膠西,王紉秋先生留余傳經諸生。屏繁就簡,約數千言,非敢自矜管窺,聊以爲窮經之梯階云爾。”道光十一年陳肇序:“孫尚山先生,篤實君子也。世業縹緗,家多秘帙,冬雪夏螢,終年矻矻。於天文、地理、陰陽、律吕之學,靡不研究會通,得其要領。所著《天文解經》一册,彙萃衆説,折衷至當。標眉列目,井井不紊。不爲堅深隱微之詞,而於經傳之難解者,無不迎刃立解。且人所千萬言不能解者,數言已了了透徹。”道光十二年王延年序:“古聖人之治天下,必先夫七政而齊之者,謂夫禮樂刑政,經濟所從出也。今讀《堯典》《周官》《月令》諸書,詳哉言之矣。後之學者……欲從而求之不可得。膠東孫君尚山,酖心經學,搜集經傳註解之凡言天文者,彙爲一帖,殆有志窺測者與?今攜其書問序於余,余於此非有授受者,然喜其條分縷析,俾學者便於觀覽,庶日月躔次,列宿分野,凡遲速順逆、升降出入、閏月歲差之繁變,可以借爲津梁,而經濟之士或將由此奮勵以□古人之奥,又余之厚望也夫。”有《全閲姓氏》如上條。

八行二十字,白口,四周雙邊,單黑魚尾,無行格。字大,刻印粗劣。

③《開方易簡》一卷附《開方考》一卷,清孫廷芝撰,清道光十三年平度孫廷芝刻本。

道光十二年王延年序:“膠東孫君尚山,好古博學,於書無所不讀。壬辰春,授徒來濰,出所纂《周易例言》付之剞劂,以公同好。茲於井山、封建、開方、算法復研究群書,彙爲一編。余取而讀之,歎其解説詳核,圖畫分明,真不愧班氏之功臣。”掖水徐重颺跋:“因出所刻《讀易例言》及未刻《開方》諸書相示。”孫廷芝自序:“道光壬辰,余復説經濰陽,自夏徂冬,終傳《開方易簡》一册……越明年癸巳季春,傳經掖水徐穆門家,穆門欲刊行之,不果。是歲九月,採善膠西,王紉秋先生留余傳經諸生,二越月而功竣,遂付諸梓。”據此,知書爲道光十三年底刻。有《仝閱姓氏》如上條。

八行二十字,白口,四周雙邊,單黑魚尾,無行格。字大,刻印粗劣。

④《律吕指掌》一卷,清孫廷芝撰,清道光十三年平度孫廷芝刻本。

張位序:“膠東尚山孫君,吾益友也。親承蘭谷先生庭訓,故經學奥博,理數精深。辛卯秋來濰,首以律吕授生徒,傳《指掌圖説》一册,悉繪爲圖,而又博採諸書,附以己所論斷。舉律吕所該貫者,爲觸類引伸,畢見於指掌之上。是其便於初學,視《律歷志》尤簡易也。使學者披圖尋意,不惟易於觀覽,而古人制作之精微亦可以得其概云。”道光十二年翰林院編修江南道監察御史常州府知府陳肇序:“道光辛卯,乞養歸里,銅池以所著《律學指掌》等書見示,並就家君求正。家君覽而善之曰:‘是信能傳蘭谷之學。蘭谷有子矣。’”孫氏自序:“昔余方幼孩,先嚴蘭谷以《律吕》加余掌上,提抱指示,幼而習焉,不知其艱。十餘歲,讀《前漢》《律歷》諸書,若性有焉。道光辛卯,説經濰陽,首傳是編,巨卿鴻儒傳相抄寫,安邑劉莊年先生見而歎曰:‘此古人傳書也。’……癸巳季秋,採善膠西,王紉秋先生留余爲諸生説經,余仍首傳是編,恐傳寫或誤,因付諸梓。”則此書亦爲道光十三年底所刻。《仝閱姓氏》如上條。

八行二十字,白口,四周雙邊,單黑魚尾,無行格。字大,刻印粗劣。

⑤《鄉黨句解》四卷，清王宗嶽撰，清道光十五年平度孫廷芝鎔經堂刻本。

王宗嶽，字卓五，平度人，嘉慶十五年庚午解元。著有《三禮集解》《鄉黨句解》。

此書係孫廷芝將宗嶽平生授徒之講義輯刊而成，凡一百五十餘條。卷首有陳肇序："今年夏，余閉户課子侄輩讀。孫尚山先生攜《鄉黨句解》一書謂余曰：'此吾邑庚午鄉解王卓五授徒講義也。卓五爲先嚴門人，著述甚富，未及更定而卒。是書傳抄甚衆，亥豕不免，今欲校正何如？'余披而讀之。"

平度孫廷芝刻書特點有四：

一是孫氏著書四種，除一種爲門生韓逢恩所刻外，餘三種皆爲自刻。另爲其父門人王宗嶽刻書一種。

二是刻書多由門生相助校閱。門生中以濰縣人居多，蓋因當時孫廷芝在濰縣授徒。膠東學生亦不少，如蓬萊、昌邑、掖縣、萊陽等地，因平度與膠東相接，故交往多。門生中大多爲進士或舉人，即有功名之人，所以整體層次高，可以保證書籍的質量。門生中有刻書經歷的亦不少，如王延年、劉燿椿、郭紹曾、陳圩，都有刻書經驗，故校刻其師的書質量亦高。張小南，是理學家韓夢周的學生，故孫廷芝解經之作得力於他。

三是孫氏所刻之書皆爲當時在濰縣授徒時的講義，流傳範圍廣。書籍内容皆爲經、子類書。孫廷芝自幼在其父的影響下，研經治子，尤精於易學，著《讀易例言》。學律吕，成《律吕指掌》。同時受業於同邑劉其成，學星學，以天文解經，獨辟蹊徑，爲後學津梁。所以，孫氏刊刻之書對清代中晚期山東的經學發展有積極作用。因爲其所涉及的範圍在濰縣及膠東地區，門生都有一定的成績，故影響了當地一代人的治經方法。

四是版式整齊劃一，均爲八行二十字，白口，四周雙邊，單黑魚尾，無行格。所有字體皆方正且大，但除了韓逢恩所刻一種精美外，其餘孫氏所刻皆粗劣，蓋與當時資財有限有關。

2）其他刻書

（1）陳肇

陳肇（1792—？），字履元，嘉慶二十二年丁丑進士，官常州知府。著有《奏議》一卷、《辨惑説》一卷、《求慊齋古文》二卷。其自撰《四留山人（陳肇）自記》一卷，清咸豐四年平度陳氏家刻本。卷端題"四留山人自記"，而版心爲"四留山人年譜"。卷末署："咸豐四年仲春，不孝男榮洗、榮泌、榮涇敬刊。"陳肇生於乾隆五十七年，譜事止咸豐三年癸丑（六十二歲）。九行二十字，白口，四周單邊，單黑魚尾，無行格。刻印一般。國家圖書館所藏爲藍印本，當爲試樣本。

據陳肇自記，陳肇輯有《公穀語策合鈔》，道光三十年陳肇刻本。另輯有《痘殤葆生要言》，咸豐元年陳肇刻本。兩書未見傳本。

（2）白鶴年

《雲臺二十八將圖》，清張士保繪，清道光二十六年平度白鶴年刻本。

張士保，字鞠如，號菊如。掖縣人。清代畫家，咸豐十年客居京都。

封面題："道光廿又六年孟春文泉翟云升題。"有牌記："道光丙午歲夏四月雕成。"卷末題："東萊菊如張士保子固氏畫，金陵張志琚刻。"似在金陵所刻。

末有道光二十六年王仲英識："吾鄉張君菊如工繪畫，山水人物晞慕古人而自出機杼。甲辰冬，偶寫《雲臺二十八將圖》，膠東白君松岩見之，欣然爲付剞劂，屬余董事。值菊如應聘赴都，其自作小傳題贊未及脱稿，且擬依范《書》傳論補寫王常、李通、竇融、卓茂四人坿其後，約以自都寄回付梓，迄今未果。寄來，而《二十八圖》鋟已成矣。時松岩亦宦京師，先此印樣報之，即致菊如，俾審改錯並趣其迅寄傳贊補圖，趁工鏤板，彙爲巨觀焉。”

此書所繪人物筆意古雅，形態静穆，線條流暢，十分精美。

(3)許梿

浙江海寧人許槤，字珊林，道光十三年癸巳進士，十六年任平度知州，有吏才，以善斷獄聞。蒞任後，時值連年災荒，他請准減免賦役，使民困漸甦。許槤重視教育，重修膠東書院，使民知重學，有功於當地文化。他於道光二十三年陞任知府。在平度七年，刻書一種：《產寶》不分卷，清倪枝維撰，清許槤删潤，清道光二十二年海寧許槤平度州署刻本。八行二十字，小字雙行二十字，白口，四周雙邊，單黑魚尾。

3. 濰縣刻書

清代中期的濰縣刻書主要有陳官俊父子、劉鴻翱、韓步鰲、于祉、丁裕彦等。濰縣郭氏有十一種，濰縣陳阡、陳象軫亦有刻書，將在清後期的濰縣刻書中介紹。

1)陳氏刻書

濰縣陳氏是明清時期的山東大族。陳官俊(？—1849)，字偉堂。嘉慶十三年進士。歷任右中允、國子監祭酒、翰林侍講學士、内閣學士、禮部侍郎、户部右侍郎、工部尚書。嘉慶二十四年，以吏部尚書協辦大學士。陳官俊刻書有三種。

(1)陳官俊

①《理堂文集》十卷、《外集》一卷，清韓夢周撰，清道光三年濰縣陳官俊京師刻本。

封面題：“道光三年刊，静恒書屋藏版。”

嘉慶十四年同邑後學時嵎序云：“韓生致經(按：致經名通儒，

有識語一則列目録後）爲先生族子，從余遊，喜治古文，懼其久而散佚也，裒合成帙（按：通儒識語云：‘先生之孫方坤投予二册，謂得之平度于氏，計其文不過百餘篇。竊意其未備。每逢先人諱日及歲時展拜墓所，必迂道詣先生故居，啓篋而披索之，得文稿數首以歸。閲三載，計所得踰百篇。乃合于氏所録，求選序於樂陵賈艮山先生’），顔之曰《理堂古文彙存》（原注：今改名《理堂文集》）。先生制義與詩舊有刻本，而古文尚闕焉。歐陽子曰：‘物聚於所好而常得於有力之强。’是集之刻，亦以俟諸好而有力者。”據此，韓夢周的詩集與制義在嘉慶十四年之前就有刻本，目前僅知其制義刻於乾隆三十八年，係夢周自刻。清前期的韓夢周刻書已述。又有嘉慶十八年樂陵後學賈聲槐序：“余弱冠後遊四方，即聞有韓理堂先生，群推爲齊魯間醇儒，仰慕之而未得見也。其卒也，至今十五年矣。前歲見其制義三卷，清深温醇，媲美荆川。今其孫慎甫與其族子致經類次文集若干卷，因其門人張君小南問序於余。”則此書編輯者還是韓夢周的族子和孫子。有道光四年甲申夏五山陽後學汪廷珍叙：“濰縣理堂韓兄生罷來安，今復客遊淮陰，與吾邑汪東澗徵君瑗爲莫逆交，邱蘭成逢年、楊稼軒禾，亦過從甚密，時廷珍甫成童，不獲執贄從先生遊……方是時，與先生同講學者，江南爲彭尺木、汪大鍾，江西爲羅臺山、魯絜非，而昌樂閻懷庭與先生爲姻戚，尤所謂同方同術者。洎先生自淮旋里，又數十年而歿，於是同時諸君之集並出，廷珍均得觀其崖略，而先生著述未獲見焉。嘉慶丙子（按：二十一年）廷珍奉命復入上書房，與陳偉堂編修昕夕儤直，編修故先生同里後進，因得備聞先生遺事。今茲復五，編修彙梓先生詩文行世，而問叙於廷珍。”知此書爲陳官俊所刻。此時，陳官俊在翰林院，刻書地點在京師。

十行二十二字，白口，四周雙邊，單黑魚尾。

②《理堂詩集》四卷，清韓夢周撰，清道光四年濰縣陳官俊京

師刻本。

封面題:“道光四年刊,静恒書屋藏版。”

其詩編年而不分體,始康熙庚辰,訖乾隆辛丑。卷一曰《邱園集》《八公山集》;卷二曰《渡江集》《淮南集》;卷三曰《小珠集》《清映集》;卷四曰《程符集》。每集皆有夢周題語,惟《程符集》無。蓋《程符集》爲晚年之作,疑編録出於他人,而他集則其所自定也。

上條《文集》中道光四年汪廷珍序:“今兹復五,編修彙梓先生詩文行世,而問敘於廷珍。”則詩集亦應在此年刻成。

十行二十二字,白口,四周雙邊,單黑魚尾。

③《理堂日記》八卷、《附録》一卷,清韓夢周撰,清道光四年濰縣陳官俊京師刻本。

封面題:“道光四年刊,静恒書屋藏版。”

是編皆夢周論學語,分目凡八,曰:《衔恤廬日記》《梨村草堂日記》《客渠日記》《客燕日記》《來安日記》《客淮日記》《程符精舍日記》《客鄴日記》。末有附録數葉,閒載名人遺事及婦女節行。

十行二十二字,白口,四周雙邊,單黑魚尾。

濰縣陳官俊刻書特點有三:

一是僅爲韓夢周一人刻書,内容爲詩文集和日記,未爲自己刻過書。自己有《偉堂筆記》一卷,一直以稿本存世,未刊刻。

二是刻書有明確標志,封面題刻書時間,並藏版地,但此藏版地爲“静恒書屋”,不知是陳官俊還是韓夢周的齋號,因無相關資料,不好遽斷。刻書地均在京師,據其行年經歷,知當時陳官俊在京師爲官。

三是版式風格統一,皆爲十行二十二字,白口,四周雙邊,單黑魚尾,刻印較精。

(2)陳介祺

陳官俊之子陳介祺(1813—1884),字壽卿,號簠齋,晚號海濱病叟、齊東陶父。自幼勤奮好學,聰穎强記。青少年時隨父在京求學,十九歲即以詩文名都下。道光十五年舉人,二十五年進士。此後十年間,一直供職翰林院。居京時廣泛涉獵各種文化典籍,對於經史、義理、訓詁、辭章、音韻等學問,無不深入研究,而尤酷愛金石文字的搜集與考證。曾向當時著名學者阮元求教質疑,並與何紹基、吴式芬、李方赤等許多金石學者互相切磋。他的姻戚均爲山東金石名家。他是諸城李璋煜的女婿,海豐吴重憙的岳父,其長孫陳阜又娶利津李佐賢的孫女爲妻。他交游非常廣泛,與當時的金石學家王懿榮、潘祖蔭、鮑康時有書信往還。他不惜巨資搜集文物,僅三代、秦漢古印一項,就有7000餘方,道光三十年在家鄉濰縣城内舊居建"萬印樓"以貯之。在許瀚、吴式芬、何紹基等人的協助下,他將所收藏的古印、封泥反復鑒别,系統整理,編成《簠齋印集》。咸豐四年返里,專心致志從事金石研究。著述頗豐,刻書亦有多種。

①刻鈐印本。

以"萬印"著稱的陳介祺,所藏古印多以刻鈐印本的形式存在。由於古璽形制印文較小,摹刻不易,往往失真,除少數印量較大刻版刊行的印集外,大部分傳世印集都是原印打鈐本,或先刻印版式、署檢題字、序跋,而後將印文一一打鈐到印集紙上。

陳介祺鈐印之舉受到同輩好友的敦促。道光二十四年,朱鈞收到陳介祺對所藏官印的考證,即請翁大年校對,並慫恿陳介祺付梓。咸豐元年陳畯刻鈐印本《簠齋印集》,這是其印首次以書的形式面世。而最聞名的《十鐘山房印舉》因體例難定,先後編次十餘年,自同治十一年始,至其去世亦未董理完畢。吴大澂慫恿將《印舉》雕版,並於光緒八年十月二十八日寄京市平銀三百兩(可訂數部)助其編集,但未成。現存的有三個版本,均爲刻鈐印本,即壬一本(同治十一年鈐,廣紙,十部)、壬二本(同治十一年鈐,蘇紙)、癸未本(一印一葉本,最全)。該印集除收簠齋自藏外,還假借李璋煜愛吾鼎齋、吴式芬雙虞壺齋、吴雲二百蘭亭齋、李佐賢石泉書屋、鮑康臆園藏印若干方。上題爲"十鐘山房印舉",先刻印題簽及格紙,書名及"同治壬申作"皆先刻好,後將印拓分類黏貼於格紙上。

②刻書七種。

除了以上三部刻鈐印本的印譜外,陳介祺的著述所刻不多,其中有潘祖蔭刻的《陳簠齋丈筆記附手札》《傳古别録》二種。《傳古别録》爲陳介祺致潘氏與王懿榮書中所附拓字剔字之説,潘氏於光緒元年五月前已寫版,七月二十五日寄至陳處。福山王懿榮、王懿棨於光緒五年又刻《簠齋傳古别録》一卷入《天壤閣叢書》中(登州府福山刻書已述)。女婿吴重憙光緒十八年刻《家塾授蒙淺語》一卷附《習字訣》一卷,光緒三十年又石印吴式芬、陳介祺輯的《封泥考略》。

陳介祺自己所刻書大多不存,現據文獻記載,共有七種。

其一:《朱子文善俗鈔》一卷,清陳介祺輯,《養蠶成法》一卷,清韓夢周撰,清咸豐三年濰縣陳介祺刻本。

《養蠶成法》是韓夢周任安徽來安縣令時爲總結推廣種桑養蠶經驗而作。書後有陳介祺咸豐三年正月二十七日《後記》,曰:"兹刻朱子文數首,爲《善俗鈔》,竊欲端本善俗,以爲鄉守先導,並附刻是册於後。"知二書爲陳介祺所刻無疑。

十行二十四字,白口,四周雙邊,無直格,版心下刻"令貽堂",當爲陳介祺的堂號。此時他還未返家鄉,當刻於京師。

其二:《小學題辭》一卷,宋朱熹撰,附《幼學口語》一卷,清唐鏡海撰,清同治六年濰縣陳介祺刻本。

後有咸豐三年何桂珍跋,稱唐鏡海寄籍山左,道光二十年將離開,“出舊著文存二册示余,因録其《幼學口語》一篇,爲墨刻,以贈同志。陳壽卿學士見之,謂其切近精實,不徒有裨幼學,即入大學者之工夫次第亦詳於是也,爰附刊於朱子《小學題辭》之後,以作後進階梯,而屬余識之如此”。同治六年陳介祺識:“咸豐三年癸丑春,何丹溪先生以手書唐鏡海先生《幼學口語》墨本見賜,受而讀之,理解既明,工夫尤切,蓋所謂身有之故言之親切有味者也,因思重刻以便初學,質之丹溪先生,請以朱子《小學題辭》列於前,而以《幼學口語》坿焉。”則知此書由陳介祺於同治六年所刻。

五行,每行兩句,每句四字,行八字,白口,四周雙邊,單魚尾,版心下刻“令貽堂”。

其三:《外科證治全生》,清王維德撰,清同治八年濰縣陳介祺、陳介謀刻本。

陸明君有《簠齋研究》①一書,據書所附《年表》,同治八年,陳介祺五十七歲,時家居。四月,重刻王維德(洪緒)《外科全生集》,作序以記。

清王維德撰有《外科證治全生》一書,有清光緒五年濰陽孫鳳翔刻本。該書有同治八年四月十九日濰縣陳介祺原序,稱在京師時得童石塘都轉所贈此書:“余里居二十餘年,遠近聞風就醫者日衆,咸稱余爲外科聖手……庚申之難,揚州再遭兵燹,凡都轉藏書無一存者,坊間原刻又漫漶不可讀,因亟付剞劂,重刻以廣其傳。”據此,則知陳介祺在同治八年刻過此書。序後題:“濰陽陳介祺書,濰陽陳介謀捐貲刊刻。”知刻此書另有陳介謀之助。

其四:據陸明君《簠齋研究》一書所附《年表》,同治八年,陳介祺五十七歲,時家居,“刻名賢書聯五六十副”。

其五:據陸明君《簠齋研究》一書所附《年表》,同治十年,陳介

①陸明君:《簠齋研究》,榮寶齋出版社 2004 年版。

祺五十九歲。“九月,從所藏十三件漢代銅器中,取大小相稱者八件,命助手姚公符繪圖鋟木,刻成八屏。每屏下爲器形,上爲陳氏題記。”

其六:《傳古小啓》,清陳介祺撰,清同治十二年濰縣陳介祺刻本。

陳介祺曾刻《傳古小啓》。王懿榮與繆荃孫書中曰:“陳壽卿丈各種拓本,詳其所刻《傳古小啓》,亦在京師,未及攜來。”①此書想已刻成,爲王懿榮所見。

又據陸明君《簠齋研究》一書所附《年表》,同治十二年七月二十九日,陳介祺覆吴雲書,並附寄新刻《傳古小啓》。七月,《傳古小啓》刻成。

其七:《古印一隅》,清陳介祺輯,清同治十二年濰縣陳介祺刻本。

據陸明君《簠齋研究》一書所附《年表》,同治十二年八月二十四日,陳介祺覆吴雲書:“次子厚滋任編《印舉》之勞,以卷帙過繁,擇其精者,擬爲《古印一隅》,摘録《凡例》《目録》之義記之,今年或當可就,隨記即付刻矣。”此本就《印舉》之舉目細目,各選精者鈐集而成,可目爲“印舉選粹”。惜未全部完成。拓輯於同治十二年,是年八月二十九日簠齋致鮑康云:“又命次兒於《凡例》《目録》(指《印舉》)中摘録,每舉選精印爲小册,曰《古印一隅》,以爲刻印者之矩矱,擬隨刻隨印也。”然未見刻印本。

③助他人刻書。

陳介祺所刻書不多,但幫助他人刻書卻不少。陸明君《簠齋研究》一書所附《年表》中有相關資料若干條:

同治九年,陳介祺五十八歲。“三月,與丁葆楨書,論刻《四書

①〔清〕王懿榮著,吕偉達主編:《王懿榮集》,齊魯書社1999年版,第152頁。

大全》《易本義》等書。五月，覆丁葆楨書，並贈《殿本十三經注疏》及原裝明本一部，以助其刻書。""丁葆楨"當係"丁寶楨"，時山東書局剛成立，擬刻《十三經讀本》，陳介祺爲此書的校刊者之一。從此條看，丁氏又得陳介祺文獻上的幫助。

同治十二年，陳介祺校畢劉喜海《長安獲古編》，托鮑康重刊。閏六月六日，覆鮑康書，云"《獲古編》自不能重鐫，而釋文不可不補，原有數鏡，及可代補者成之，不必多增"。知陳介祺爲劉喜海校稿，並委託鮑康重刊，但亦未成，詳見劉喜海條。

光緒元年，正月十二日，陳介祺致鮑康書，"祺助刻費三十金，由伯寅、廉生處借用均可，乞代達"。此時，陳介祺助刻的是利津李佐賢的《續泉匯》。李佐賢去世後，其子欲作《再續泉匯》，陳介祺出資相助。

光緒三年，瞿樹鎬爲其父瞿中溶謀刊《古官印考證》遺稿，在西安開雕，陳介祺詢囑鐫刻之事，並出資相助。

以上四條，雖爲陳介祺助刻，並有出資行爲，但考慮到學術界共同的認識，暫不計入陳介祺刻書。

據陸明君《簠齋研究》一書所附《年表》，陳介祺對刻書有着獨特的見解。他認爲，刻書爲了流傳，故刻書要謹慎，摹字要精，要細緻，用料要講究，要利用新技術。正因爲對刻書要求很高，故陳介祺刻成之書很少。

陸明君總結陳介祺著述未得刊刻的原因有四：其一，如諸家所言，陳氏心目太高，又矜慎謹嚴所致。其二，爲印刷所限制。在圖象方面，需經繪圖、摹文、刻木、印刷四重工序；在文字方面，也得三重工序。無條件者不能爲。陳氏曾致鮑康言"刻書之事，不能不望有力而在都會者，無工無友，惟有浩歎"，故少有成書。其三，簠齋抱傳古之志，以"傳古爲第一"，認爲古文字存，以後必有能通之人，故大部分精力用於搜藏、辨僞及傳拓。再是，"簠齋牽於家務，斗米尺帛，俱欲親自理料，嗜古雖篤，不能專心著述"①。"其妻室三房，居家瑣事難免縈身，此言亦非空穴來風。陳氏雖不能專心於宏篇大著，因對金石文字多有識見，卻不疏於由感而發，隨想隨記，散見於尺牘、筆記、考釋及批注中。"②

陳介祺刻書精益求精從一直未完工的《十鐘山房印舉》即可看出。光緒十年四月十五日，他覆王懿榮書："《印舉》買紙既已經年，試印竟不能安妥，已誤多金。必須手編，無友可助。"

2）劉鴻翱刻書

濰縣劉鴻翱（1778—1849），字蜚英，號次白。嘉慶十二年舉人，十四年進士。先後任江蘇太湖司馬、蘇州知府、陝西按察使、雲南布政使，道光二十年擢福建巡撫。二十二年冬，他署理閩浙總督。二十三年專任福建巡撫。因家中曾置黄葉樓莊，因而又號"黄葉老人"。著有《緑野齋文集》前後合集六卷、《緑野齋歸田集》一卷、《緑野齋太湖詩草》一卷、《緑野齋制藝》一卷、《緑野齋遺集》一卷、《緑野齋詩集》二卷、《山左文抄》前後集各十卷。

①《山左制藝》，清劉鴻翱輯，清道光元年濰縣劉鴻翱京師刻本。

此書未見傳本。道光七年刻本《緑野齋文集》前有本年自序："道光辛巳，余既鐫《山左制藝》，乃輯《山左古文》。"卷三有《山左古文鈔序》一文："辛巳歲，既鐫《制藝》行世，乃與東武李子方赤搜輯古文辭。"據此可知，道光辛巳即元年，劉鴻翱有《山左制藝》之刻，此年劉在國史館任校對，五年任内閣典籍，故此書當刻於京師。

②《緑野齋文集》四卷，清劉鴻翱撰，清道光七年濰縣劉鴻翱

①〔清〕吴雲：《兩罍軒尺牘》，轉引自陸明君：《簠齋研究》，榮寶齋出版社2004年版，第143頁。

②陸明君：《簠齋研究》，榮寶齋出版社2004年版，第144頁。

太湖刻本。

詩共一百五十八首。有道光七年安化陶澍序，是年長樂梁章鉅序，歸安秋農姚文田序，稱"(劉)道光丙戌選江蘇太湖同知，將之任，因裒其集若干篇來問序於予"。又是年自序："嘉慶己巳通籍……道光辛巳，余既鐫《山左制藝》，乃輯《山左古文》，亦惟陳子(按：湖北陳其山)是正，丙戌陳子又爲余評《制藝》，而茲集則陳子數年所手訂者也。余筮仕太湖署，太倉牧李君璧珊，余典試所得士也，將以余文付梓。"結合《綠野齋前後合集》六卷自識云"道光丙戌，余丞太湖，及門李璧珊爲余鐫《綠野齋文集》"來看，操辦者似爲門人李璧珊。本書又有道光七年朱琦譔序於正誼書院："外授得太湖司馬，邂逅吴門，語余將梓文以行。"知爲劉氏本人所刻。

封面題："道光丁亥冬鐫，同懷堂藏板。"

據劉氏後人講，同懷堂爲劉家堂號，《綠野齋文集》卷四首一篇爲《同懷堂記》，想必是家族堂號無疑。

目次下題："濰陽劉鴻翱次白氏著，門人李廷錫刊，男曦校字。"李廷錫，即李璧珊。目次下有"蘇州張鱸香刻"，蓋此書刻於蘇州。張鱸香在鄒平李景嶧刻書中有述。九行二十四字，白口，左右雙邊，單黑魚尾，無直格。中有小字評，字體娟秀，寫刻體，有清初風格，可見南方刻工的精雕之功。

③《山左古文鈔》八卷，清劉鴻翱、李景嶧輯，清道光八年濰縣劉鴻翱、鄒平李景嶧蘇州刻本。此書清中期的鄒平刻書已述。

④《綠野齋前後合集》六卷，清劉鴻翱撰，清道光二十四年濰縣劉鴻翱福建刻本。

封面題："道光甲辰秋刊。"目次下有"男曦校字，孫鍾慶、篤慶編次"，目録後有"閩省宋鐘鳴刻"。

書有原序四：道光七年安化陶澍序，梁章鉅序，姚文田序，朱琦正誼書院序。又有周凱《綠野齋續集序》，道光十八年廬陵王贈芳

《綠野齋續集序》。

道光十八年劉鴻翱自序："余丞太湖，及門李璧珊爲余鐫《綠野齋文集》。暨癸卯余撫閩，數年之所積，又復成帙，將合爲全集。閱前所鐫，論辨中間有不成體者，乃約其義，删爲短幅，入史評雜著，序記亦汰去十之二三。廈門道宗弟莊年好古，詳爲參酌，共二百八十九首。"

十行二十四字，白口，左右雙邊，單黑魚尾，無直格。

⑤《太湖詩草》一卷，清劉鴻翱撰，清道光二十四年濰縣劉鴻翱福建刻本。

前有道光十九年王贈芳序。有自序："兒子曦乞存《太湖詩草》，余略擇其關於湖者十之六七，其于役金陵、安徽贈人懷古者十之三四。前列《薇閣》二首，見丞湖之所由來。後列由徐赴粤《留别》五首，以示余之不能忘情於丞湖也。"劉鴻翱子劉曦，字賓穀，工書擅畫。鴻翱有孫二人：長劉鐘慶，貢生；次劉篤慶，太學生。

九行二十字，白口，左右雙邊，單黑魚尾，無直格，字大。

⑥《綠野齋制藝》一卷，清劉鴻翱撰，清道光二十四年濰縣劉鴻翱福建刻本。

九行二十五字，白口，左右雙邊，單黑魚尾，無直格，字小。

上述三書同一年刻於福建，但行款不一。

以上劉鴻翱所刻書共有六種，皆外地刻。道光六年，劉在太湖任職，《文集》於道光七年刻成，板藏劉氏之同懷堂。道光二十八年，劉氏在福建，據此板，增文若干，另編刻《太湖詩草》《制藝》，此時的刻工爲福建人宋鐘鳴。宋家坊鋪在福州城内，是晚清有名的坊鋪，主要刊刻四書五經，但刊刻巡撫的集子，想必是大書鋪了，而且刻書質量非常好。

3）丁裕彦刻書

濰縣丁裕彦，字毓清。著有《周易述傳》等，刻書二種。

①《洪範宗經》三卷，清丁裕彦撰，清道光十五年濰陽丁裕彦京都刻本。

封面題："道光十五年鐫，山左濰陽丁裕彦纂注，家塾藏板。"卷端題："濰陽丁裕彦纂注，男吉隆、吉恕、孫永通、晏威校字。"卷末有"京都琉璃廠文德齋刻字鋪陳廷林鐫刻"。有道光十五年賜進士出身通奉大夫内閣學士兼禮部侍郎眷侍生陳官俊序："丁子於讀《易》之暇，取《洪範》文字義一一詮釋……乙未春仲，丁子來都，以是書付梓，非急於問世也。"道光十五年賜進士及第奉直大夫翰林院侍講黄縣賈楨序，道光四年泗城府知府宋慶和序。

九行二十二字，白口，四周雙邊，單黑魚尾。字體方正，比較精良。

②《周易述傳》十卷，清丁裕彦撰，清道光二十二年濰陽丁裕彦家塾刻本。

封面題："道光二十二年鐫，山左濰陽丁裕彦纂註，家塾藏板。"卷端題："濰陽丁裕彦纂著，男吉隆、吉恕，孫男晏威、永通校字。"有《周易述傳條例》。有道光十二年山東萊州濰水丁裕彦序："兹册即以孔子傳中所列通例發明經義，述傳以解經，仍以經解經，不儳以臆説，不混以枝詞。"又《條例》云："是經之注，以從朱注爲主。……兹敷衍其義，使朱注所指，悉得暢發。"

十一行二十三字，白口，四周雙邊，單黑魚尾，無行格。字方正，刻一般。

4）于祉刻書

濰縣于祉，字燕受，號澹園，著有《三百篇詩評》一卷、《澹園詩選》八卷、《續集》二卷、《攬古軒書畫録》四卷、《澹園古文選》二卷、《澹園詩話》一卷。刻書五種，皆爲自著。

①《澹園詩選》八卷，清于祉撰，清道光二十五年濰縣于祉刻本。

封面題:"咸豐癸丑鐫。"每卷目録下題:"濰縣于祉燕受甫著,男文震校(或男文仲校)。"

有道光二十五年乙巳自序。

此書封面題咸豐癸丑(三年)刻,但據于祉自序,應爲道光二十五年刻本,《續稿》爲咸豐六年刻本。另據《澹園續稿自序》"余詩自乙巳刻稿之後"語,知其詩刻於道光二十五年,今從之,不以封面爲據。

九行十九字,白口,四周單邊,單黑魚尾。字小。

②《澹園古文選》二卷,清于祉撰,清咸豐三年濰縣于祉刻本。

此書未見,《販記》著録《澹園古文選》二卷、《詩選》八卷、《詩話》一卷、《三百篇詩評》一卷,爲道光癸丑至甲寅刻本①,道光無此紀年,故應爲咸豐癸丑至甲寅,而現存國家圖書館的《三百篇詩評》一卷,著録爲咸豐三年刻本,故此書亦應爲咸豐三年所刻。聯繫《澹園詩選》封面所題"咸豐癸丑鐫",則知除《詩選》外,其他三種均爲咸豐三年刻本,後印者將此封面加貼在《詩選》上裝訂,造成混淆。

③《澹園詩話》一卷,清于祉撰,清咸豐三年濰縣于祉刻本。

據上條得知。未見傳本。

④《三百篇詩評》一卷,清于祉撰,清咸豐三年濰縣于祉刻本。

有自序云:"閒居讀《三百篇》,每有會心,輒書之,共得九十餘條,爲一卷。"

⑤《澹園詩選續稿》二卷,清于祉撰,清咸豐六年濰縣于祉刻本。

卷端題:"男文震文中校。"

有咸豐六年八十歲的于祉《澹園續稿自序》:"余詩自乙巳刻

①孫殿起:《販書偶記》,上海古籍出版社 1992 年版,第 443 頁。

稿之後……自乙巳以來,日復舊,未嘗失業,積久至百餘首。又竄改少時之作附入,累至百四十餘首。檢篋中所存,草如積麻,恐遂散失,乃令兒孫輩逐篇録出,共爲二卷,以附於前稿之後。”後有張昭潛跋,同治六年董清跋,蓋爲後印時所書。《販記》著録同治六年刻本①,誤。

張昭潛《無爲齋文集·澹園先生墓誌》云:“先生之詩自陶、謝入,而上窺建安、黄初,所爲五言古及五言樂府,實默契古人之祕奧。掖縣李少伯圖推爲國朝第一,蓋謂此也。”

九行十九字,四周單邊,單黑魚尾。無直格,字大。

5)其他刻書

濰縣韓步鼇,字冠靈,又字嶠六,號竹溪,别號若仙道人。嘉慶二十四年恩貢,平生輕財好義,後以教授爲生。刻書二種,一是自撰《若仙集唐初刻》二卷,清嘉慶二十一年濰縣韓氏守正軒自刻本。此集皆集唐人詩句爲詩,亦名《唾餘集》。有無棣王惟詢及郭悦芝序。二是《若仙集唐二刻》二卷,清道光四年濰縣韓氏守正軒自刻本。

濰縣另有韓逢恩,於道光十二年刻平度孫廷芝撰《讀易例言圖解》一書。前已有述。

濰縣中期還刻了一部重要的書:《濰詩採録》四卷,清張彤、張翊輯,清嘉慶十三年烏程張彤登萊青海防兵備道署刻本。前已有述。

4. 昌邑刻書

昌邑古稱鄑邑、都昌。春秋時設城邑,本齊之都昌邑,漢因置都昌縣。唐朝稱北海,宋建隆三年稱昌邑。清屬萊州府。

昌邑明代無刻書記載。清前期和後期亦無,中期有李若琳刻

①孫殿起:《販書偶記》,上海古籍出版社1992年版,第443頁。

書三種。

李若琳,道光時任濟陽知縣。道光十三年齊東李玉清刻《秋岩詩集》一卷,清郝籰撰,包括《碧梧軒吟稿》《蘊香閣詩抄》《恤緯吟》三種。前有道光五年李若琳序:"《碧梧軒吟》,其閨中作也。《蘊香閣詩鈔》,于歸後作也。《恤緯吟》,則夫亡子喪時作也。觀其詠物、讀史諸作,古澹閒遠。《和叔父寅亭》《寄良人醒堂》及諸姑伯姊間贈答之詞,春容蘊藉,可謂和而不流者也。"據序知此書道光五年犁邱即昌邑李若琳槐雲書屋刻過,門人高麟臺積階校。濟南府齊東刻書有述。

5. 膠州刻書

清代中期的膠州刻書較少,僅六種,半爲婦女著述。

①《郭外樓詩刻》一卷,清王宜人撰,清道光四年膠州高慧澄承裕堂刻同治元年高業偉、高業傳補刻本。王宜人爲高鳳翰的兒媳,高密人,夫高虞恂,孫高慧澄。晚年徙居高密北郭外之柳塘,居有樓,因自號"郭外樓"。

有王確廬《王宜人傳》,嘉慶二十二年甥李詒經《序》。道光四年單可惟序。後有道光四年高慧澄跋:"先大母王宜人《郭外樓詩》一册,凡九十四首,先父定省時,嘗請付剞劂,大母曰:'詩以言志,豈以沽名。'先父唯唯退,而意終未決。澄時在側,未敢言及。先父捐館舍,大母手此册授澄曰:'其弆而守之,無令失墜也。可。'丁丑夏,大母見背,襄事畢,澄竊有懼焉,詩不梓行,恐數傳之後有風雨鼠蠹憂,澄何以對先父於地下,抑亦大母之罪人。乃拜乞王丈確廬作傳,李先生卓然作序,卒成《郭外樓詩刻》,庶子子孫孫保之勿替云。"同治元年曾孫業偉記:"自兵燹後,先曾妣詩版與先伯高祖南阜山人詩版皆散佚不完,偉深懼焉,與弟業傳謹查舊年藏本,按次而鐫補之,藏諸先祠夾室中,以期世守勿替。"叙刊刻源流極詳,補刻之情亦感人。

封面題:"道光甲申仲夏,承裕堂藏板。"卷端題:"孫男慧澄等校訂,曾孫業偉、業傳等補梓。"版心下刻"承裕堂"。

七行十七字,白口,四周雙邊,單黑魚尾。寫刻精美,可知家刻用心。

書刻成後,幾經兵燹,板有缺損,後代補全後,藏於祠堂夾室中保存,以避兵火,寶貴如此。至同治年間此版猶存,可見家人爲保護此版所做的努力。

②《瓣香閣詩鈔》二卷、《瓣香閣詩餘》一卷,清高梅先撰,清道光中高密李詒經刻《前集》膠州王氏刻《續集》本。膠州高梅先爲王宜人閨中密友,與高鳳翰同族,嫁同邑王班,初居膠州,後移居高密,與王宜人相唱和。

前有高密李詒經序:"王弗矜(按:高密王功後)曰:'某持瓣香閣女史詩集來請選定授梓,有見而非之者……女史高氏名梅先,適王君班,初居膠州,繼遷高密,與弗矜有親道焉。其妹月娟適辛氏,端行亦能詩,早卒。'"甲午王功後跋:"《瓣香閣詩》,膠州女史高梅仙之所作也。梅仙與其妹月娟並好吟詠,雖不專主一律,而清雅有古意。其藁初名《鄉餘草》,久已鈔傳,膾炙人口矣。後移居高密,與余族祖姑郭外樓主人相唱和,故易其藁曰《瓣香》,遂改梅仙爲梅先。月娟早亡,詩多散佚。其上卷余師卓然先生爲之選定付梓。梅先無子女,今老矣,亦恐如其妹月娟詩散佚無存,爲可惜也。今卓師已歸道山,余乃爲搜輯若干首爲下卷,亟勸其付梓,以永其存焉。甲午三月復齋王功後記。"詒經字五星,號卓庵。功後字弗矜,號復齋,有《復齋詩鈔》四卷。甲午可能爲道光十四年。又有道光四年膠州匡憓跋:"女史梅先與太傅同族,詩詞清麗,膾炙人口……《前集》高密五星李先生爲之叙,近又欲刻其《續集》而問叙於余。"據此道光四年跋,可知李詒經刻《前集》,而《續集》亦想刻,估計没有刻成,因王功後説其"已歸道山",《續集》大約是膠州王氏自刻。同時刻的有《詩餘》和月娟的《埋香塢遺詩》。王功後記末附:"計上卷古體九十九首,下卷古今體七十八首,詩餘三十二闋,埋香塢遺詩十首附後。"

卷端題:"膠州女史高梅先著。"

九行二十字,白口,四周雙邊,單黑魚尾。刻畫精細。

③《埋香塢遺詩》一卷,清高月娟撰,清道光膠州王氏刻本。高月娟爲膠州辛從昭妻。卷端題:"膠州女史高月娟著。"行款與上同,但字比梅先詩要大。

④《松澗詩稿》一卷,清宋繩先撰,清道光五年膠州宋氏種松書屋刻本。

宋繩先原名繩祖,字步武,號松澗,乾隆五十九年甲寅舉人,官嘉祥教諭。"高密詩派"在山東的傳人之一。

王寧烶撰《傳》云:"高密李石桐先生振興古學,聞者譁然非訾。而王克紹薪亭獨首尊信之,爲後進倡。君,薪亭甥也,遺詩若干卷,皆謹守石桐法。其友李詒經校定,付其子刊行之。"阮元《小滄浪筆談》對其評價極高:"膠州宋繩祖爲山左諸生中詩學第一,嘗賦《曉寒》詩四十字,余始亟賞之。"又云:"萊州頗多詩人,予以《和孫黄門窟室畫松歌》試士,得膠州宋繩祖、濰縣郭壇二首,不讓漁洋在北海時《濤音集》中詩也。"看來,宋繩先追隨"高密詩派",其詩氣象高潔,爲時人所重,張鵬展編刻《山左詩續抄》時,宋繩先爲四位校刊者之一。

九行二十字,白口,四周雙邊,單魚尾。

⑤《醉蝶園詩草》附《補遺》,清李鳴謙撰,清道光十二年膠州李之漢等刻本。

李鳴謙,字貞甫,號松坡,應試不售,以心疾廢仕進,以教讀爲業。有《松坡雜記》,未見刻本。

封面題:"道光壬辰年棸,棣鄂堂藏板。"卷端題:"膠西李鳴謙貞甫著，受業宋兆麒雪橋手抄，甥孫彝宗繡五訂字，男之漢南舟、之晉蕃園、之雍蓮舟、之春會園、之郁馥園、之鄂棣園、袖海石裝較刊。”是家刻無疑。

前有《松坡居士小傳》。有嘉慶二十二年膠州靈山司巡檢金臺張禄卿序。後有宋兆麒識。

十行二十字，白口，四周雙邊，單黑魚尾。無直格，寫刻體，較精。

⑥《硯泉詩草》一卷，清李之雍撰，清道光十四年膠州李氏刻本。

李之雍爲李鳴謙仲子，字硯泉，號蓮舟，歲貢。幼承家學，性耽著述。道光二十六年參與撰修《重修膠州志》，有《膠跡紀近吟》百首，補州志所未載。年近八旬，與紀秋溪、楊雲臺、紀葛堂諸人迭主膠州騷壇，唱和不倦。著有《隸鈔》一卷、《硯泉詩草》一卷。

有逄克家序云："吾友李蓮舟秀才爲松坡先生仲子，少從宋采臣、紀秋溪兩先生遊。三先生皆詩伯，故蓮舟弱冠即能詩。然所爲絶不沿襲三先生窠臼，以淵博寫本真，化紅朽爲新穎，視諸前輩，氣象一變。”所據爲《山東通志·藝文志》，大概爲李氏自刻本，未見傳本。

6. 高密刻書

清中期的高密刻書還是以單氏爲主，有十四種之多，前已有述。高密李詒經道光間刻高梅先撰《瓣香閣詩鈔》二卷中的上卷，上文有述。

高密王寧焯（1761—?），字熙甫，號直庵，乾隆五十四年己酉進士，官監察御史。《山東通志·藝文志》引《縣志》本傳云："始學於李文齡，去文章浮靡。繼從李懷民兄弟，受詩法於李詒經、單鼎及其弟埏（按：或“綎”之誤），入後四靈之選。”他於清嘉慶六年與邱縣劉大觀、江西臨川李秉禮等在北京刻李憲喬和李懷民的集子共兩種,前已有述。

王寧焯撰《直庵詩稿》,清道光其孫王相鈐刻本。

此書包括《在山集》《考功集》。

卷端題:"高密王寧焯熙甫著,孫相鈐校字。"

前李詒經序:"今熙甫歿將廿年,其孫相鈐始將其全稿請丹柱選訂,而諸詞人斂資以付剞劂。"九行十字,白口,四周雙邊,單黑魚尾。刻印一般。

王寧焯弟王寧燧(1764—1849),字丹柱,又字大柱,號確痦,乾隆六十年乙卯舉人,歷官泗水訓導、莒州學正。有《確痦詩鈔》二卷,清咸豐七年高密王氏春暉堂刻本。首有彭澤方亨衢序。

高密張梃(1753—1826),字徠圃,號礪坡,乾隆三十六年舉人,官臨朐縣教諭,工詩古文。有《礪坡草堂詩選》一卷、《詞》一卷,清道光高密張氏家刻本。此書由同邑王焰選,梃子星照校刊。首有王焰序:"既卒且久,其子星照乃搜輯其遺稿以示余,屬余爲校正。"

7. 即墨刻書

清代中期的即墨刻書除了黄氏所刻三種外,另有七種。

①《采善録》一卷,清杜曮撰,清嘉慶九年即墨杜延樽刻本。

杜曮(1626—?),字肅明,即墨人,康熙諸生,平生輯録地方文獻,凡忠孝節義,孝子賢孫,皆筆之於書,以彰善舉。年八十編成《采善録》一卷,另有《貞烈紀聞》二卷、《即墨列女志》一卷。杜延樽爲杜曮曾孫。

有周絪序云:"常見世之工文者,於王公貴人一切勢豪之家,傳贊、碑銘,諛口喋喋,致令後人盡意不然。茲集所録,皆僻壤委巷不克自振之人,其亦可以徵信矣。"

②《樹滋堂稿》不分卷,清李毓昌撰,清陳鳳儀輯,清道光八年即墨士紳刻本。

即墨李毓昌，字皋言，嘉慶二十五年戊辰進士，至山陽查帳被人毒害致死。

封面題："道光戊子孟夏鐫，遠樹堂藏板。"卷端題："墨邑李毓昌皋言先生著，受業陳鳳儀韶九輯。"

有東牟胡其俊文溪道光八年序："庚辰冬，選授此邑司鐸……今歲春，邑紳士輯李公所爲制藝如干首，將梓以行世。"道光七年林挺岳撰《傳》。末附王賡言等撰《李公遺事録》一卷。

行款不一，《樹滋堂稿》爲九行二十五字，白口，四周雙邊，單黑魚尾，無直格。字小，開本一般，有坊刻風格。《李公遺事録》爲九行二十二字，白口，四周雙邊，單黑魚尾，有直格。字長方，疏朗，正規。蓋非一時所刻，或前書爲士紳集資，刻資不豐，故質量不高。而後書爲王賡言等撰，或非士紳操辦。

③《李榮軒傳稿》一卷，清李毓昌撰，清嘉慶即墨刻本。

封面題："二嶗清遠氏校刊。"

九行二十五字，白口，四周雙邊，單黑魚尾。

④《即墨詩乘》十二卷，清周翕鐄輯，清道光二十年即墨周掄文刻本。

翕鐄字韻若，一字敬齋，號雪亭，咸豐四年甲寅歲貢。周如砥的後人。另著有《明臣奏議略》《節孝録》等。掄文字簡齋，號匠門，即墨人。小峴山房爲其堂號。著有《小峴山房詩稿》五卷，大約爲道光、咸豐間自刻本。

《即墨詩乘》所收人物始元迄清，元僅朱仲明一人。有秦錫九道光二十一年序："茂才周生敬齋輯《詩乘》如干卷，參訂者黄今涪、周匠門也，而梓則獨匠門力。"末有道光二十年周掄文《即墨詩乘跋》："家叔敬齋《即墨詩鈔》，繼郭冷亭（按：郭廷翕）、黄練江（按：黄如瑀）諸先生後，巨册十有六，得詩甚夥。近歲間掄復羅所未備，叔日與黄子今涪、帙鄰、族祖芳亭參互考訂。余小子亦謬預其事,遂約爲是編,酌名曰《即墨詩乘》。校而鐫之,鬻田以給梓人。"封面題:"道光庚子鐫,小峴山房藏板。"目録下題:"後學周翕鐄敬齋纂輯,黄鳳文今涪、周掄文匠門参訂。"翕鐄、掄文爲叔侄關係。

《即墨詩乘》,有關即墨一地的詩歌總集。黄如瑀與郭廷翕曾合輯有《即墨詩鈔》,但未刻成。道光中,周翕鐄續輯,周掄文刊刻成書,這是即墨文學史上的大事。周氏叔侄二人還有族譜之修,可見周氏一門注重鄉邦文獻。刊刻此書時資斧不給,賣田也要刻書,表現了他們的刻書精神。十行二十一字,小字雙行二十一字,白口,左右雙邊,單黑魚尾。板框大小一般,字一般。

⑤《即墨詩乘續》一卷,清周掄文輯,清咸豐十一年即墨周掄文刻本。

⑥《小峴山房詩稿》五卷,清周掄文撰,清道光咸豐間即墨周掄文刻本。

⑦《南溪草堂家藏》一卷,清韓鄰佐撰,清道光二十年即墨韓氏刻本。

韓鄰佐,字良輔,即墨人,諸生。是編乃其六世孫撲文所輯。

封面題:"即墨韓良輔先生遺文,膠西後學李之雍敬書。"目録末有:"越二十年庚子秋重訂續刻,分内外録,附識端委於此。"

九行二十二字,白口,四周雙邊,單黑魚尾。

綜上,清中期即墨家刻共十種,黄氏刻三種,周氏刻三種,另有即墨士紳刻一種,杜曬曾孫杜延樽刻一種,李氏一種,韓氏一種。不難看出,大族刻書還是主體。内容上以集部爲主,共九種,史部一種。集部中有兩種爲地方藝文,均係周掄文刊刻。彙集歷代即墨人的詩歌並刊刻,周掄文叔侄的貢獻是很大的。在時間分布上,嘉慶五種,道光四種,咸豐一種。相對來説,嘉慶刻書較多,與他處有所不同。

附：萊州府家刻總表

蘇李詩箋	（清）李兆元撰	清嘉慶二十四年掖縣李兆元河南刻本
古詩十九首詩箋	（清）李兆元撰	清嘉慶二十四年掖縣李兆元河南刻本
漁洋山人秋柳詩箋附第三首補箋	（清）李兆元撰	清嘉慶二十四年掖縣李兆元河南刻本
大學古本詁略一卷	（清）李兆元撰	清嘉慶二十四年掖縣李兆元河南刻本
周易説卦傳輯注一卷	（清）李兆元撰	清道光二年掖縣李兆元河南刻本
十二筆舫雜録十二卷（梅影叢談三卷春暉餘話三卷中州觚餘三卷客牕賸語三卷）	（清）李兆元撰	清道光二年桂林朱韞山河南刻前三種道光四年武威楊雨亭等河南刻第四種本
詩法易簡録十四卷録餘緒論一卷	（清）李鍈撰　附律詩拗體四卷古韻圖説一卷（清）李兆元撰	清道光二年掖縣李兆元河南刻本
中庸貫二卷	（清）李兆元撰	清道光三年掖縣李兆元河南刻本
艾堂外篇鈔存二卷補遺一卷	（清）李鍈撰	清道光四年掖縣李兆元河南刻本
鴻桷齋初刻詩集二卷	（清）李圖撰	清道光掖縣李氏刻本

（續表）

鴻桷齋文集初刻一卷	（清）李圖撰	清道光掖縣李氏刻本
覆校穆天子傳六卷補遺一卷	（清）翟云升撰	清道光十二年掖縣翟云升刻五經歲徧齋校書三種本
校正古今人表一卷	（清）翟云升撰	清道光十五年掖縣翟云升刻五經歲徧齋校書三種本
焦氏易林校略十六卷	（漢）班固撰 （唐）顏師古注 （清）翟云升校	清道光二十八年掖縣翟云升刻五經歲徧齋校書三種本
隸篇十五卷續隸篇十五卷再續十五卷	（清）翟云升編	清道光十八年掖縣翟云升刻二十四年重刻再續本
韻字鑑四卷	（清）翟云升編	清道光二十二年掖縣翟云升刻本
續掖縣志四卷	（清）張彤修 （清）張詡輯	清嘉慶十二年刻本
掖詩採録六卷	（清）張彤、李兆元輯	清嘉慶十二年烏程張彤登萊青海防兵備道署刻光緒十七年魏少程補刻本
濰詩採録四卷	（清）張彤、張詡輯	清嘉慶十三年烏程張彤登萊青海防兵備道署刻本
漢大司農康成鄭公年譜一卷傳一卷附軼事附著書目録	（清）侯登岸撰	清道光二十一年掖縣侯登岸刻本
明高士傳二卷	（清）侯登岸撰	清道光二十六年掖縣侯登岸刻本

（續表）

兩漢碎金一卷	（清）侯登岸撰	清道光三十年掖縣侯登岸刻本
天文解經一卷	（清）孫廷芝撰	清道光十三年平度孫廷芝刻本
開方易簡一卷附開方考一卷	（清）孫廷芝撰	清道光十三年平度孫廷芝刻本
律吕指掌一卷	（清）孫廷芝撰	清道光十三年平度孫廷芝刻本
鄉黨句解四卷	（清）王宗嶽撰	清道光十五年平度孫廷芝鎔經堂刻本
公穀語策合鈔	（清）陳肇輯	清道光三十年平度陳肇刻本
痘殤葆生要言	（清）陳肇輯	清咸豐元年平度陳肇刻本
四留山人（陳肇）自記一卷	（清）陳肇撰	清咸豐四年平度陳氏家刻本
雲臺二十八將圖	（清）張士保繪	清道光二十六年平度白鶴年刻本
産寶不分卷	（清）倪枝維撰 （清）許槤删潤	清道光二十二年海寧許槤平度州署刻本
理堂文集十卷外集一卷	（清）韓夢周撰	清道光三年濰縣陳官俊京師刻本
理堂詩集四卷	（清）韓夢周撰	清道光四年濰縣陳官俊京師刻本
理堂日記八卷附録一卷	（清）韓夢周撰	清道光四年濰縣陳官俊京師刻本

（續表）

朱子文善俗鈔一卷	（清）陳介祺輯　養蠶成法一卷　（清）韓夢周撰	清咸豐三年濰縣陳介祺刻本
山左制藝	（清）劉鴻翱輯	清道光元年濰縣劉鴻翱京師刻本
緑野齋文集四卷	（清）劉鴻翱撰	清道光七年濰縣劉鴻翱太湖刻本
山左古文鈔八卷	（清）劉鴻翱、李景嶧輯	清道光八年濰縣劉鴻翱、鄒平李景嶧蘇州刻本
緑野齋前後合集六卷	（清）劉鴻翱撰	清道光二十四年濰縣劉鴻翱福建刻本
太湖詩草一卷	（清）劉鴻翱撰	清道光二十四年濰縣劉鴻翱福建刻本
緑野齋制藝一卷	（清）劉鴻翱撰	清道光二十四年濰縣劉鴻翱福建刻本
讀易例言圖解不分卷附一卷	（清）孫廷芝撰	清道光十二年濰縣韓逢恩刻本
洪範宗經三卷	（清）丁裕彦撰	清道光十五年濰陽丁裕彦京都刻本
周易述傳十卷	（清）丁裕彦撰	清道光二十二年濰陽丁裕彦家塾刻本
澮園詩選八卷	（清）于祉撰	清道光二十五年濰縣于祉刻本
澮園古文選二卷	（清）于祉撰	清咸豐三年濰縣于祉刻本
澮園詩話一卷	（清）于祉撰	清咸豐三年濰縣于祉刻本

（續表）

三百篇詩評一卷	（清）于祉撰	清咸豐三年濰縣于祉刻本
澹園詩選續稿二卷	（清）于祉撰	清咸豐六年濰縣于祉刻本
若仙集唐初刻二卷	（清）韓步鼇撰	清嘉慶二十一年濰縣韓氏守正軒刻本
若仙集唐二刻二卷	（清）韓步鼇撰	清道光四年濰縣韓氏守正軒刻本
蓼莽詩存八卷	（清）郭書俊撰	清道光十八年濰縣郭書俊之子郭蕓、郭閶、郭譽等刻本
秋蛩吟	（清）郭磐石撰	清道光十九年刻本
式訓集十六卷	（清）張柏恒撰	清道光二十一年濰縣郭夢齡湖北刻本
果州留別唱和集一卷	（清）郭夢齡撰	清道光二十五年濰縣郭夢齡刻本
太璞廬詩選六卷續編一卷	（清）郭去咎撰	清道光十六年濟南府章邱縣刻本
師竹軒詩存一卷	（清）郭世臣撰	清道光二十一年濰縣郭峻嵩、郭爲賢刻本
望三散人感舊集一卷	（清）郭麐撰	清咸豐四年濰縣郭斌壽刻本
榆園雜録二録	（清）郭榆壽輯	清咸豐七年濰縣郭榆壽刻本
蜀江詩選二卷	（清）郭錦撰 （清）程蓮選	清咸豐四年濰陽郭氏刻本
憩雲閣内集一卷外集一卷寄燕草一卷	（清）郭兆封撰	清咸豐十年濰縣郭氏刻本

（續表）

畹香村會稿八卷	（清）郭綏之撰	清咸豐十一年濰縣郭綏之刻本
震庵集	（清）郭去咎撰	清道光二十一年濰縣陳阡刻内集二十七年刻外集本
松香詞鈔摘録	（清）郭去咎撰	清道光濰縣陳阡刻本
雙清閣雁廬詩集八卷	（清）郭同芸撰	清道光二十一年濰縣陳象軫刻本
碧梧軒吟一卷	（清）郝簹撰	清道光五年昌邑李若琳刻本
藴香閣詩鈔一卷	（清）郝簹撰	清道光五年昌邑李若琳刻本
恤緯吟一卷	（清）郝簹撰	清道光五年昌邑李若琳刻本
郭外樓詩刻一卷	（清）王宜人撰	清道光四年膠州高慧澄承裕堂刻同治元年膠州高業偉、高業傳補刻本
松澗詩稿一卷	（清）宋繩先撰	清道光五年膠州宋氏種松書屋刻本
瓣香閣詩鈔二卷瓣香閣詩餘一卷	（清）高梅先撰	清道光高密李詒經刻前集膠州王氏刻續集本
埋香塢遺詩一卷	（清）高月娟撰	清道光膠州王氏刻本
醉蝶園詩草附補遺	（清）李鳴謙撰	清道光十二年膠州李之漢等刻本
硯泉詩草不分卷	（清）李之雍撰	清道光十四年膠州李氏刻本
大崑崳山人稿四卷	（清）單烺撰	清嘉慶三年高密單可基揭陽官舍刻本

（續表）

竹石居稿四卷	（清）單可基撰	清嘉慶十二年高密單可基鑒古堂刻本
音韻同異辨八卷	（清）單可琪撰	清嘉慶八年高密單可琪師古堂刻本
周易介五卷	（清）單維撰	清嘉慶二十一年高密單程刻本
亡友遺詩一卷	（清）李詒經、王寧熤輯	清嘉慶高密單立悳格廬刻本
卓庵吟草六卷	（清）李詒經撰	清嘉慶二十五年高密單立悳格廬刻本
四書蠹簡六卷	（清）李詒經撰	清道光十年高密單偉志慎思堂刻本
詩經蠹簡四卷	（清）李詒經撰	清高密單偉志慎思堂刻本
［白羊山房古樂府］一卷	（清）單可惠撰	清高密單可惠刻本（約嘉慶間）
課心齋稿四卷	（清）單可垂撰	清道光九年高密單氏耐寒軒刻本
止止軒古文二卷課心齋詩二卷	（清）單可垂撰	清刻本（約道光九年前）
薖廬文集一卷	（清）單鉊撰	清道光高密單立德刻本
清厚堂詩鈔一卷	（清）單華炬撰	清道光間高密單氏清穆堂刻本
四書鄉音辨訛一卷	（清）單爲鏓撰	清道光二十四年高密單爲鏓自刻本

(續表)

尚書述	(清)方苞撰	清咸豐同治間高密單爲鏓、濰縣韓介侯刻本
少鶴内集十卷鶴再南飛集鈔一卷龍城集鈔一卷賓山續集鈔一卷	(清)李憲喬撰	清嘉慶六年邱縣劉大觀、江西臨川李秉禮、高密王寧焯等北京刻本
石桐先生詩鈔十六卷	(清)李懷民撰	清嘉慶六年邱縣劉大觀、江西臨川李秉禮、高密王寧焯等北京刻本
直庵詩稿	(清)王寧焯撰	清道光間高密王相鈐刻本
確痦詩鈔二卷	(清)王寧烶撰	清咸豐七年高密王氏春暉堂刻本
礪坡草堂詩選一卷詞一卷	(清)張梃撰	清道光高密張氏家刻本
白石山房詩存二卷	(清)黄玉瑚撰	清嘉慶六年即墨黄玉瑚刻本
四中閣詩鈔二卷(課餘録、揚舲集、嶺南集)	(清)黄立世撰	清嘉慶八年即墨黄立世之子黄如玖、黄如瑀刻本
敦雅堂詩集一卷	(清)黄如瑀撰	清嘉慶間刻本
采善録一卷	(清)杜曬撰	清嘉慶九年即墨杜曬曾孫杜延樽刻本
樹滋堂稿不分卷	(清)李毓昌撰 (清)陳鳳儀輯 李公遺事録一卷 (清)王賡言等撰	清道光八年即墨士紳刻本
李榮軒傳稿一卷	(清)李毓昌撰	清嘉慶即墨刻本

（續表）

即墨詩乘十二卷	（清）周翕鐄輯	清道光二十年即墨周掄文刻本
即墨詩乘續一卷	（清）周掄文輯	清咸豐十一年即墨周掄文刻本
小峴山房詩稿五卷	（清）周掄文撰	清道光咸豐間即墨周掄文刻本
南溪草堂家藏一卷	（清）韓鄰佐撰	清道光二十年即墨韓氏刻本

（二）坊刻

萊州府僅見萊郡、濰縣、高密三地有坊刻書。

1. 萊郡坊刻

萊郡有同德堂刻字鋪，道光十五年前開業。所見刻書一種：《韻府提綱》二卷，清王士瑗（蝸廬主人）輯，清道光十五年萊郡同德堂刻本。封面題："道光十五年重鐫，萊郡同德堂藏板。"

2. 濰縣坊刻

濰縣有同祥號刻字鋪，地址在濰縣城南門裏，道光十一年前開業。所見刻書一種：《太上感應篇直講》，附刻《文昌帝君遏欲文註解》《文昌帝君戒淫文註解》，清道光十一年刻本。封面題："道光辛卯年沐手敬刊，板存山東濰縣城南門裡同祥號刻字鋪。"

3. 高密坊刻

高密有德盛堂。《大事記》①有高密"盛德堂"，云道光二十五年，高密城關南門外設立"盛德堂"，該號有職工十人，木刻書籍，自印自銷，曾刻印《三字經》《百家姓》《千字文》《三國演義》《閱微

①洪友生、秦明治、陳建繩：《山東省出版大事記（清朝部分）》，見《山東出版志資料》第八輯，山東人民出版社 1989 年版，第 68～74 頁。

草堂筆記》等,並兼售筆墨、文具等,光緒二十四年停業。筆者所見無"盛德堂",而是"德盛堂",版本標志爲"密邑德盛堂藏板"。光緒十一年至二十五年間刻書,與上述描述不符,不是光緒二十四年停業,可能不爲一家,也可能考證有誤。德盛堂所刻見三種,皆爲集部書,其中《古唐詩合解》光緒十一年刻一次,光緒二十一年又刻一次,行款不同。《分韻試帖青雲集合注》四卷,封面題:"光緒己亥年新鐫,高密德盛堂藏板。"

古唐詩合解十二卷附古詩四卷	(清)王堯衢注	清光緒十一年密邑德盛堂刻本
古唐詩合解十二卷附古詩四卷	(清)王堯衢注	清光緒二十一年密邑德盛堂刻本
分韻試帖青雲集合注四卷	(清)楊逢春輯 (清)沈品華等註	清光緒二十五年高密德盛堂刻本

(三)萊州府刻書特色

清中期的萊州府無官刻記載,坊刻有萊郡同德堂、濰縣同祥號和高密德盛堂。

家刻仍然是萊州府刻書的主體,共刻 104 種,濰縣最多,33 種,掖縣 22 種,高密 21 種,即墨 10 種,平度 9 種,膠州 6 種,昌邑 3 種。每縣均有刻書,是山東刻書分布最廣、最均衡的一個府。

濰縣僅郭氏刻書就達 11 種,占三分之一。另有劉鴻翺、陳官俊、于祉、丁裕彦附翼之,故刻書最多。高密有單氏刻書餘緒,刻書 15 種,加之王寧焯、李詒經,刻書亦不少。清中期的掖縣刻書比前期有較大發展,前期僅 5 種,中期達 22 種,這與三大刻書者有關,李兆元家刻書 11 種,翟云升刻 6 種,侯登岸刻 3 種。

清中期的萊州府刻書以集部爲主,有 69 種,詩文評類有 6 種,其中 4 種是李兆元所刻,他先取《蘇李詩箋》《古詩十九首詩箋》

《漁洋山人秋柳詩箋》彙成《詩箋三種》，繼刻李鍈《詩法易簡録》，另有濰縣于祉刻《澹園詩話》《三百篇詩評》，這與山東詩壇由清前期王士禛的神韻派影響漸趨平静，詩人們在清中期開始了對詩歌理論的總結工作有關。

非常可喜的是，繼清前期的《濤音集》和《高密詩存》，在清中期，轄領七縣的萊州府又有三縣彙集了當地詩文：《掖詩採録》《濰詩採録》《即墨詩乘》《即墨詩乘續》。《掖詩採録》輯明清兩代掖縣人詩篇，每人詩前皆繫以小傳，所選人物是《濤音集》的三倍。《濰詩採録》自明嘉靖，至清嘉慶。《即墨詩乘》，始元迄清，黄如瑀與郭廷翕曾合輯有《即墨詩鈔》，但未刻成。道光中，周翕鐄續輯，周掄文刊刻成書。這樣，萊州共掖縣、高密、濰縣、即墨四縣有地方藝文的採集，這在全省可算是最關注地方文獻的一府了。在全省詩文的彙集上，濰縣劉鴻翺輯有《山左古文鈔》，另輯有《山左制藝》，惜未見傳本。

經部書有 18 種，其中易類 4 種，有李兆元《周易説卦傳輯注》，孫廷芝《讀易例言圖解》，丁裕彦《周易述傳》，單維《周易介》，由此可見清中期萊州府一地研《易》之盛。平度孫廷芝自幼在其父的影響下，研經治子，尤精於易學，著《讀易例言圖解》。學律吕，成《律吕指掌》。同時受業於同邑劉其成，學星學，以天文解經，獨辟蹊徑，爲後學津梁。再聯繫一下翟云升刻《隸篇》《韻字鑑》，韓逢恩刻孫廷芝《讀易例言圖解》，孫廷芝刻《律吕指掌》《鄉黨句解》，丁裕彦刻《洪範宗經》，不難看出東萊一地的研經之盛。東萊自古是經學的發源地，尤其是易學的發源地。東萊人費直是西漢古文易學"費氏學"的開創者，爲掖縣研《易》打下了很好的基礎。東漢東萊人左伯總結了蔡倫用樹皮、麻頭、碎布、破魚網等原料造紙的經驗，改進其工藝流程，製成細膩光潔又有韌性的新型紙，精於書法的朝臣蔡邕"每每作書，非左伯紙不妄下筆"，説明左伯紙質量很好,造紙技術促進了雕版印刷的發展。這種優秀的刻書資源,使掖縣早在金代就有刻書,元大定二十七年,掖縣劉長生於東萊全真堂重刻譚長真《水雲集》,二十八年又重刻王重陽《重陽全真集》。明代掖縣刻書已知有 11 種,現存最早者爲嘉靖三十四年刻本。清代總計刻書 44 種,雖然因刻書名家、大族少而總數並不是很多,但其刻書注重經學這一特點比較明顯。

清中期的膠州刻書共 6 種,婦女著述爲 3 種,可知,此期膠州才女之作刊成不少,而刊刻者均爲其後人。整個清代,山東的婦女著述付之雕鏤者不足十人,而膠州占三人。

名家刻書各有特點:

翟云升刻書除《覆校穆天子傳》《校正古今人表》爲史部書外,其餘均爲經部書,可以説,翟云升是乾嘉學派學風在山東的延續。他刻書注重實用,《校正古今人表》就從讀者的角度出發,採用利於閲讀的格式;《韻字鑑》是爲應試之用而刻,是"修辭之津梁,應試之符契";《隸篇》就更是一部工具書了。翟云升刻書講究質量,他是一個書法家,自然對美有强烈的追求,故其刻書極爲用心,很精細,尤其是《隸篇》三編的刊刻,體現了他的寫樣水平。

孫廷芝著書四種,除一種爲門生韓逢恩所刻外,餘三種皆爲自刻,另爲父親的門人刻書一種。他刻書多得門生相助校閲。門生中以濰縣人居多,膠東學生亦不少,如蓬萊、昌邑、掖縣、萊陽等地。門生大多爲進士或舉人,即有功名之人,所以整體層次高,可以保證書籍的質量。門生中有刻書經歷的也不少,如王延年、劉燿椿、郭紹曾、陳圩,都有刻書經驗,故校刻其師的書質量亦高。張小南,是理學家韓夢周的學生,故孫廷芝解經之作得力於他者不少。孫廷芝所刻之書皆爲當時在濰縣授徒時的講義,流傳範圍廣,書籍内容皆爲經、子類書,版式整齊劃一,均爲八行二十字,白口,四周雙邊,單黑魚尾,無行格。所有字體皆方正且大,但除了韓逢恩所刻一種精美外，其餘孫氏所刻皆不精，蓋與當時的資財有限有關。

陳官俊僅爲韓夢周一人刻書，刻書有明確標志，封面題刻書時間，並藏版地，刻書地均在京師，行款均爲十行二十二字，白口，四周雙邊，單黑魚尾，刻印較精。

陳介祺刻鈐印本三種，爲不同時期的《十鐘山房印舉》。刻書七種，大多與印學有關，並助他人刻書四種。

本期具有學術價值的名品有翟云升的《五經歲徧齋校書三種》。其中，《穆天子傳》自晉郭璞作注，以後元明時期，學者們主要對這一傳世學術名著做了一些文字的校注和詮釋工作。清檀萃有《穆天子傳注疏》，洪頤煊在郭注的基礎上，廣採善本，對是書又進行了頗爲嚴謹的校正，由孫星衍刊刻於山東。繼洪氏而作者即翟云升之《覆校穆天子傳》。該校本寫定於洪氏校刊本之後，對洪本略有補充。目前學術界公認洪氏校本與翟氏覆校本並稱諸校本中最善者。

另外，宋繩先之子刊刻繩先所著《松澗詩稿》有特别意義，因爲繩先是“高密詩派”在膠州的傳人。

清中期的萊州府産生的藝術性作品比較多。

翟云升是著名的書法家，其所處的時代是中國書法史上隸書復興的時代，他以漢碑爲淵源，師承桂馥隸書醇古樸茂、點畫敦實、結構嚴謹開朗之風緒，並兼學諸家之長，通過對金石文字的長期研究，終於形成了自己的隸書風格。正是基於自己對隸書的實踐，他所編《隸篇》三編最終成爲他的“傑作”。此書十四行二十五字，小字雙行二十五字，白口，左右雙邊，單黑魚尾，無直格。字有宋刻之風，大字雙鈎，極爲精美。版框闊大，是少見的大本。這與他親自“雙鈎”並特意從外地請來刻工有很大的關係。他刻的《五經歲徧齋校書三種》，字畫細膩，很精細。

劉鴻翱在太湖任職時，請蘇州名刻工張鱸香刻《緑野齋文集》

四卷，字體娟秀，寫刻體，有清初風格，可見南方刻工的精雕之功。在福建，又請福建刻工宋鐘鳴刻《太湖詩草》《制藝》，質量非常高。

另有濰縣丁裕彦在京都刻《洪範宗經》，張彤刻《掖詩採録》《濰詩採録》，字體方正，比較精良。侯登岸刻《漢大司農康成鄭公年譜》，寫刻字體，極精。《郭外樓詩刻》寫刻精美，可見家刻用心。

三、青州府刻書

（一）家刻

清中期的青州府刻書共 82 種，有四縣無刻書記載：博山、博興、高苑、樂安。

1. 益都刻書

益都中期的刻書所知僅陳山嵋一種。

《字學蒙求》四卷，清王筠撰，清道光十八年益都陳山嵋刻本。

據鄭時撰《王菉友年譜》①，道光十八年戊戌，王筠居京師，陳山嵋促其作《字學蒙求》以教兩孫識字。初名《字學蒙求》，陳山嵋刻成。末有陳山嵋跋："亟梓之，以公同好。將見讀《説文》者亦將以此導其先路，豈僅足以給童蒙之求哉？"

2. 臨淄刻書

臨淄在清中期衹刻書一種：《竹堂詩草》六卷，清王心清撰，清嘉慶臨淄王氏家刻本。

王心清（1749—1813），字澄源，號若水。乾隆四十四年舉人，歷官齊河、蓬萊教諭，以勞疾卒於官。有嘉慶十三年王祖昌序："若水今爲蓬萊學博……竊慕李杜相贈之義，特拔其詩之尤佳而可以見志者，得若干首，勸其付梓。"嘉慶十一年蓬萊楊大受序。張象津撰《傳》。

①〔清〕王筠撰，鄭時、屈萬里輯校：《清詒堂文集》，齊魯書社 1987 年版，第 260～261 頁。

此書封面、序、目録所題書名不一，有“竹堂詩草”，有“有竹堂詩”。包括《澠水草》《雪鴻草》《海濱草》《海濱草續》《海濱草續二》《海濱草續三》。輯詩二百二十餘首。每一種後有校字姓氏。《澠水草》末有“甥謝國恩校字”；《雪鴻草》末有“受業齊步雲校字”；《海濱草》末有“男國彦校字”；《海濱草續二》末有“孫金樽校字”；《海濱草續三》末有“孫金罍校字”。係家刻無疑。

九行十九字，白口，四周單邊，單黑魚尾。字畫不苟，家刻風格。

3. 壽光刻書

清中期的壽光刻書共十種，首爲清道光十一年壽光李景沆刻的張象津著述四種，新城張繩武補刻於十六年，在清中期的新城刻書中已述。

白雲山房詩集三卷文集六卷	（清）張象津撰	清道光十一年壽光李景沆刻十六年新城張繩武補刻本
考工釋車一卷	（清）張象津撰	清道光十一年壽光李景沆刻十六年新城張繩武補刻本
離騷經章句義疏一卷	（清）張象津撰	清道光十一年壽光李景沆刻十六年新城張繩武補刻本
等韻簡明指掌圖一卷	（清）張象津撰	清道光十一年壽光李景沆刻十六年新城張繩武補刻本

1）楊玉堂刻書

壽光楊玉堂（1793—1857），字縝亭，嘉慶二十三年戊寅舉人，分四川知縣，官莪邊撫夷通判，官至嘉定府知府。著有《楊玉堂詩集》。刻書二種。

①《郵筒草》六卷，清楊玉堂撰，清咸豐五年淡遠堂自刻本。

書輯道光至咸豐五年所寫書信，計一百四十八通，大多爲宦蜀之作。前有自序："宦蜀二十餘載，日與諸寅好手劄往還，郵筒寄遞，習爲故常。"

②《憶舊彙鈔》二卷，清楊玉堂輯，清咸豐六年壽光楊氏刻本。

封面題："咸豐六年冬月鐫，淡遠堂藏板。"

卷端題："壽光楊玉堂縝亭氏編輯，受業新之張作振、子嘉崔承謨校字。"

前有咸豐六年同邑後學梁士鶴序。

九行二十五字，白口，四周雙邊，單黑魚尾。

2）劉維坊刻書

《印文詳解》不分卷，清劉維坊撰，清道光二十六年渤海劉維坊京都文石閣刻本。

封面題："渤海劉維坊篆鐫，板印俱存京都廊房頭巷泉石林内文石閣中。"書衣題簽："文石閣印文集解。"卷端題："山左渤海劉維坊言可氏篆鐫，湹陽王惠昌鄉橋氏、寶山施朗曉屏氏仝參。"

道光二十六年劉維坊自序："爰彙以成帙，災之梨棗，弁其名曰《印文詳解》。"據此序，知其道光二十二年來京，曾自鐫《樂山印萃》一書，蓋在道光二十二年至二十六年間，道光二十五年曾出示給友人。有五十一歲《樂山小像》。

行字不一，白口，四周雙邊，無魚尾。字寫刻，非常漂亮。

3）王鵬飛刻書

《增緒等韻法律》，清王鵬飛撰，清咸豐六年壽光王鵬飛刻本。

此書光緒十七年濰陽王勗之重刻時有壽邑程萬王鵬飛原序，稱"余攜此編傳授四方已數十年，今因諸同志慫慂付梓"。又有應篪陳仲玉撰序，署"濰陽中服田祥叡、文庵王景周、禮南毛璋、均溪柴大田、峩卿陳介璋等同參"。又有王勗之序："此書自咸豐六年刊刻行世……"知此書第一刻爲咸豐六年壽光王鵬飛自刻本。未見傳本。

4)張氏刻書

壽光張昀輯有《壽光張氏詩集合編》,清咸豐刻本,當爲壽光張氏所刻。

4. 昌樂刻書

昌樂中期刻書首爲嘉慶十七年昌樂令竇琛刻晉蘇蕙撰《璇璣圖詩》一卷,五色套印本,將在清後期與閻湘蕙的套印本一併論述。

1)陳氏刻書

陳汝庚(1771—1826),字希白,又字溪谷,號艾谿,嘉慶三年舉人。官太平同知。其子陳枚,字簡甫,號琴山,道光二十年庚子進士,官四川按察使,爲其父陳汝庚刻書一種。枚兄陳植,字建侯,安邱李湘茝婿。兄陳槩,字兩橋。二人先後爲陳枚刻書兩種。

①《籐花軒詩鈔初集》一卷、《續集》一卷,清陳汝庚撰,清道光十八年昌樂陳枚刻本。

封面題:"道光戊戌年鐫,綠野堂藏板。"

有陳官俊序:"戊戌之春,宗姪琴山計偕入都,以其尊人希白先生詩丐序於余。"指陳枚爲此集乞序於陳官俊。又有李湘棻題跋。

八行二十一字,小字雙行二十一字,白口,四周雙邊,單黑魚尾,無直格。寫刻字體,係道光精品。

②《小藤花軒詩鈔》不分卷,清陳枚撰,清同治初昌樂陳枚刻本。

《山東通志·藝文志》引《鄉土志》云:"刻版行世。"當爲陳枚同治初年所刻。

③《琴山詩鈔》四卷,清陳枚撰,清同治三年昌樂陳植、陳槩刻本。

封面題:"同治甲子孟冬開鐫,小藤花軒藏板。"

有陳枚自識,稱同治二年彙成一帙,時在宣武坊寓邸。同治三年兄陳植於小藤花軒序,稱此集陳枚訂後,寄存家塾:"因與兩橋弟棨商,分是集作四卷,付剞劂氏。"

九行二十一字,白口,四周雙邊,單黑魚尾。字端正,開本小,版框小,比較精緻,家刻風格。

④《琴山詩續鈔》一卷,清陳枚撰,清同治八年昌樂陳棨刻本。

有同治八年營陵陳棨兩橋氏識:"前刻爲建侯兄所編次,嗣琴山弟至黔,猶時以郵筒相寄,而建侯兄歿矣。積至今又如干首,爲續刻於後,曰《黔遊集》。"《琴山詩鈔》的封面、書衣均題"附軍中筆記",蓋《續鈔》即《黔遊集》,也即《軍中筆記》,行款風格同上。以上二書當刻於昌樂當地。

⑤《讀史偶筆》一卷,清陳枚輯,清同治八年昌樂陳枚刻本。

卷端題:"昌樂陳枚琴山。"

前有陳枚於銅江官舍自識:"己巳仲秋,公暇撿及,略加點定,不復增益,爰弁數言以見當年之管窺云。"

九行二十一字,白口,四周雙邊,單黑魚尾。

陳植除了爲其弟刻書,還爲自己和夫人刻書。據《營陵詩略》凡例中列舉本邑已刊詩文集,有陳植撰《謀稼村詩草》,夫人李氏撰《蘭坡詩草》,二書未見傳本,約在清同治間所刻。

2)蜀南鄒光鉞刻書

《懷香草堂詞》一卷,清單爲濂撰,清道光二十年蜀南鄒光鉞昌樂縣署刻本。

封面題:"道光二十年六月,蜀南鄒光鉞題。"卷端題:"高密單爲濂廉泉著,錢唐袁一士復生選,同學諸子評。"

前有道光二十年單爲鏓序:"族兄廉泉,少遭艱虞,往往原本忠孝,托諸小令。悲歌慷慨作燕趙之音,名公卿每激賞之。兄以此事無補名教,不欲以詞人顯,故未刊行。昌樂明府鄒君鴻放,見而悦之,出俸授梓。”後有自序。

八行二十字,大黑口,左右雙邊,單魚尾。宋體字,字小,行疏。

5. 臨朐刻書

清中期的臨朐刻書除咸豐二年文登李淳琳臨朐刻其父李允升撰《詩義旁通》十二卷(登州府文登刻書已述)外,還有劉清源刻書兩種。

劉清源(1797—1880),道光二年舉人,三年進士,登州府教授改任武定府教授,後改授即用知縣,有《星橋制藝小題》二編及《巧奇冤全傳》六卷。

①《星橋制藝小題》二編,清劉清源撰,清咸豐元年安邱劉清源刻本。

封面題:“咸豐辛亥冬鐫。”卷端題:“朱虛劉清源問渠甫著,及門津門杜崧年小石、繡水劉秉厚仁山、東牟李厚愷睦堂、湘西余一煜紉芳、沂惕劉秉銓子衡、於陵王榕吉蔭堂、荆南朱景雲槐卿、顔山蔣健岐曉山編次。”於陵王榕吉曾在同治九年於京師刻丁守存撰《科名捷訣》一卷。

書由門人編次,此年劉清源還在世,故應爲自刻本。有咸豐元年余桀序。

九行二十五字,小字單行,白口,四周雙邊,單黑魚尾。有句讀,開本較小。

②《巧奇冤全傳》六卷,清劉清源撰,清咸豐同治間安邱劉清源刻本。

據許心安撰《劉清源和他的〈巧奇冤全傳〉》①一文,劉清源改

①許心安:《劉清源和他的〈巧奇冤全傳〉》,見中國人民政治協商會議山東省臨朐縣委員會編《臨朐文史資料選輯》第十七輯,2001年版,第284頁。

授即用知縣時創作此鼓兒詞。全書六卷,歷時三年完成。係説唱小説,半白半韻,文字淺顯,語言生動。據其後人説,書版在文革前全部銷毀。書當時衹贈師友,所以流傳不廣。

6. 安邱刻書

安邱中期的刻書除張貞後人所刻兩種,劉源淥後人劉燿椿所刻三種外,主要是王筠及其後人刻書。

1)王氏刻書

王筠是清代著名的説文四大家之一。他的著述刊刻的少,以稿抄本流傳的多,尤其是批校題跋本,全國各大圖書館幾乎都有存,如國家圖書館、上海圖書館、北京師範大學圖書館、北京大學圖書館、湖南省圖書館,山東省圖書館和山東博物館所藏尤多。相對於大量的稿本及批校題跋本,王筠及其後人所刻書並不多,但梳理一番,仍爲可觀。

①《檢説文難字》一卷,清王筠撰,清道光十四年安邱王筠京師刻本。

據鄭時《年譜》,此書由彦佶校字,成書於道光十四年,道光十五年增訂。卷首有王筠自序云:“筠在都時,李方赤郎中於書肆購一册,署曰《檢難字法》,乃桂馥未谷先生所輯,備檢《説文》難字,手書寄贈翁覃溪者也。欲迻謄之,方赤靳弗與。今春雪大摯,寒窗無事,遂自輯之,五日而畢。”此時王筠大概在京師,係京師刻本。此書衹此一刻,流傳較少。四周雙邊,白口,單魚尾。

②《正字略定本》一卷,清王筠撰,清道光二十五年安邱王筠鄉寧縣署刻本。

此書成於道光九年九月,王筠自序云:“《四庫全書》《辨正通俗文字》陸、王兩先生原本,余皆有之。辨白精審,楷法秀整,其不合六書者數字而已。今雖剞劂屢新,未免豕魚增謬,詒誤後學,亦復辜負前賢也。同人謬以筠讀《説文》,屬爲刊正。爰改其訛文,補其未備,即以字畫多少爲次,用便稽考。”知此書爲王筠訂補《辨證通俗文字》。

據鄭時《年譜》,在王筠刻本之前,此書有四刻:道光九年介休楊煦刻本爲第一刻;道光十二年楊煦又刻,爲第二刻;道光十三年安岳周昺潢刻本爲第三刻;道光十九年銅仁楊承注刻本爲第四刻。

王筠刻本爲第五刻。有王筠自序,曰:“近年又覺其誤,且有友人誤加指摘,是由筠語焉不詳也。乃復加增改凡三十事,壽陽祁淳父先生爲之正三事。癸卯筠將出都,復以倩雪堂,乙巳刻於鄉寧。惜工劣渾不似雪堂書也。筠又記。”雪堂即陳山嵋。王筠於道光二十四年署鄉寧,在鄉寧任上又繼續對此書進行修改,二十五年請陳山嵋書之,刻於鄉寧,但自覺刻工技術不高,已失陳山嵋書之原貌。

王筠刻本之後,又有道光二十六年大盛堂刻本,道光二十七年中州郭鑑庚刻本,道光二十九年鍾文刻本。可知,此書至少有八刻。而真正由王筠本人所刻的就是這個道光二十五年的本子。四周單邊,白口,單魚尾。

③《文字蒙求》四卷,清王筠撰,清道光二十六年安邱王筠鄉寧縣署刻本。

陳山嵋曾刻此書,名《字學蒙求》。道光二十六年,王筠又加改正,復刊於鄉寧,始改《文字蒙求》。王筠序曰:“雪堂兩孫已讀書,小者尤慧。促我作此,教之識字,遂不日成之。不料雪堂未加診視,遽付之梓。蓋其爲人狷介而堅確,我所素重,而談及六書,又惟吾言是聽故也。丙午長夏,時當收麥,案牘甚希,略加改易,使就繩墨,再刻之。期不負摯友鄭重之意焉。閏月十二日丙申,菉友筠記於鄉寧署齋。”知王筠此書是應其同年友陳山嵋之請而輯之,以便蒙者也。

六行,大字不等,小字二十二字,白口,四周雙邊,單黑魚尾。

④《説文釋例》二十卷、《釋例補正》二十卷,清王筠撰,清道光

二十八年安邱王筠徐溝自刻咸豐二年王筠鄉寧刻《補正》本。

王筠自序略云："羊棗膾炙，積二十年，然後於古人制作之意，許君著書之體，千餘年傳寫變亂之故，鼎臣以私意竄改之謬，犂然辨晳，具於匈中。爰始條分縷析，爲之疏通其意。體例所拘，無由沿襲前人，爲吾一家之言而已。"此書爲目凡五十有四。

《説文釋例》在成書過程中，曾五易其稿。道光二十八年，時任徐溝縣令的王筠將此書刊刻完成。對於此書的初刻本，歷來有不同的認識。葉啓發在第三個稿本序中説："原分八卷，改爲二十卷，與世行道光二十三年菉友自刻本卷次相同。"認爲是二十三年刻本。葉啓勳序中則説："菉友此書成於道光十七年，刻於廿四年。"又是二十四年之説。鄭時在《王菉友先生著述考》中引道光二十六年丙午王筠上祁春圃(寯藻)書曰："筠之《釋例》，今已刻兩卷。冬杪或至五卷，工少之故。"斷定刻本始刻於道光二十六年，並在《王菉友年譜》"道光二十六年"下曰："開雕《説文釋例》。""道光二十七年"下曰："《説文釋例》刻成。"王筠後來的校改本有戊申七月八日識語："丁未鋟木，今夏乃訖。"丁未爲道光二十七年，戊申爲道光二十八年，刻本真正刻始於道光二十六年還是二十七年，不敢妄下結論，因爲一是書信，一是刻後記，均應可據，但刻訖於道光二十八年應是事實。所以，此本應爲道光二十八年刻本。此年王筠任徐溝縣令，當在徐溝所刻。①

此書前有道光十七年自序，卷末有王筠自記。卷二十末有"受業弟高光儒席珍通校一過"。高光儒，字席珍，係王筠妻弟。

九行二十二字，白口，四周雙邊。字體方正，刻印不苟。

《説文釋例》的補正部分，歷來認爲是同治四年，王筠之子王

①詳見拙文《王筠〈説文釋例〉校改本的文獻學價值》，載《文獻》2006年第4期。

彦侗(彦侗字同人,筠嗣子,附貢)在原道光刻本的基礎上,按照補正清稿本的内容,補刊了王筠修改後的部分,因此,通稱此本爲同治四年王氏家刻本。這是錯誤的。這緣於現存的《説文釋例》及《補正》前王彦侗同治四年進呈書籍時的雙龍圖案封面,有"同治四年二月二十二日由禮部進呈,同知銜附貢生王彦侗恭繕"字樣,並有潘祖蔭序。實際上,《補正》部分當刻於咸豐二年。此年,王筠在鄉寧任上,他在《致許印林書》中説:"弟覆閲,又有删補,都録之得五十餘紙。去冬印書,欲刻之分附各卷,而刻工以有約堅辭而去。《句讀》凡四易稿,已有眉目,異於桂、段二家者千二百事,又不得大兄訂正之,欲刻則無資。"可見,王筠在咸豐元年已有補刻之想法。又據王彦侗《菉友府君行述》:"咸豐二年六月,以歷年徵課完全,復調署曲沃。先是府君積所入俸金,刻《文字蒙求》一卷,《説文釋例》二十卷,續刻《補正》附各卷之後。"①可證《補正》非王彦侗所刻,而是王筠刻於咸豐二年。故王筠在咸豐四年去世前,彦侗問遺書何者當刻,王筠所答未及《補正》一事。② 因同治四年王彦侗進呈此書,所以一直被誤認爲是王彦侗同治四年所刻。

增刻部分的版式與道光本不同,半葉十一行,行二十四字,白口,四周雙邊,版心上刻"釋例補正"。此書的主體仍爲道光二十八年刻本,所以應稱爲道光二十八年刻咸豐二年增刻本。此本爲王筠《説文釋例》的定本,此後的各種刻本、石印本、影印本,皆以此本爲底本。

⑤《念復堂詩鈔》一卷,清王蔚青撰;《松亭詩鈔》一卷,清王志超撰;《菊逸先生詩存》一卷,清王克篤撰,清咸豐二年安邱王筠鄉

①轉引自鄭時:《王菉友先生著録考》,見〔清〕王筠撰,鄭時、屈萬里輯校《清詒堂文集》,齊魯書社 1987 年版,第 315 頁。

②鄭時:《王菉友年譜》,見〔清〕王筠撰,鄭時、屈萬里輯校《清詒堂文集》,齊魯書社 1987 年版,第 289 頁。

寧縣署刻本。

《念復堂詩鈔》卷端題:“安邱王蔚青節園著,從子鵬超翼雲校録。”《松亭詩鈔》卷端題:“安邱王志超立千著,從弟鵬超翼雲校録。”《菊逸先生詩存》卷端題:“安邱王克篤菊逸著,鵬超翼雲校録。”

前有咸豐二年王筠鄉寧署齋序:“筠之先人多能詩,少時於篋中恒見之。弱冠薄遊四方,久之始歸,則散佚已盡。聞先六世祖龍埜公之季弟德操公詩,已繕成帙。往求之,則爲人借去,其人死矣。獨存伯祖節園公、從叔立千公詩,不及今鋟木,恐亦消歸烏有也。節園公卒時,筠生纔五歲,不得奉几杖,聞謦欬,惟讀先大夫約齋公所撰《行略》,知平生學行而已。先大夫宰阜陽時,延桐城方植之師,使立千公與筠皆從之遊。公喜玉谿生詩,朝吟夕諷,全集皆上口,故所爲詩往往近玉谿,公之子茷録以詒筠,今所栞者是也。菊逸先生生於前明,與先九世祖爲昆季,詩集亦不傳,惟《渠風輯略》選十餘首,今竝栞之,放《商頌》殿《周詩》之例,附存於後。夫人之生也,不必能文;能之矣,或不自愛惜,則不傳;或子孫不讀書,以爲故紙而棄之,則亦不傳。吾家世以讀書爲業,尚猶如此,則世之能文而不傳者可勝道哉。北運河通判漪亭公,先曾祖曾浴公之從弟也,亦喜稱詩,筠少時見七言律一首,又於遵化州志中見七言絶句一首,公官半壁,由巡檢時作也,遺稿儻猶存乎,尚當求而續栞之。”述人物事迹甚詳。王筠所刊爲九世伯祖王克篤、伯祖王蔚青、從叔王志超之詩,他還有刻曾伯祖漪亭公之詩的想法。

九行二十字,白口,四周雙邊,單黑魚尾,無直格。字一般,開本不大,但比較精緻。

⑥《説文解字句讀》三十卷、《句讀補正》三十卷,清王筠撰,清咸豐四年安邱王筠與山西曲沃邑人襄陵刻九年安邱王彦侗刻《補正》本。

卷端署:“漢太尉南閣祭酒許氏記,安邱王筠撰集,相國壽陽祁春浦夫子鑒定，益都陳山嵋、晉江陳慶鏞訂定，博山蔣其崙書篆。”據此可知，當時的寫工亦爲山東博山人蔣其崙。

其《凡例》第二十六條云：“取《説文義證》《説文解字注》，删緐舉要，以成此書。其或二家説同，則多用桂氏説，以其書未行，冀少存其梗概，且分肌擘理，未谷尤長也；惟兩家未合者，乃自考以説之，亦不過一千一百餘事。”道光三十年自序云，此書與段氏不盡同者凡五事：一曰删篆，二曰一貫，三曰反經，四曰正雅，五曰特識。

據鄭時《年譜》，咸豐二年六月，王筠復調署曲沃，刊《説文句讀》於曲沃，至是凡四易稿。曲沃薦紳張子特、崔紹聞、張鶴書、王恩燿、蘇廷紳輩，皆慕先生之學，慫恿邑人争助以資，俟畢工以書償之。書篆者爲博山蔣其崙，校字者爲曲沃蘇仰伊、韓錫齡、張伯翹、許琳、宋洪業、張鶴書、李元亮、蘇廷紳、韓子康、邊鉅賢、裴驊、仇連驤、崔紹聞、楊恒、郭瀚、衛家駒、王恩照、王恩燿，受業吕寶笥、蘇廷直、衛天鵬、張鳳梧、郭受祺、武鄉魏懸書、安邱王鵬超、翼城焦騰鳳、鄉寧鄭晉泰、受業王席珍。皆王筠友朋與門人。邊鉅賢字樂昌，曲沃諸生，品行端方，能文善書，尤工篆刻。蔣其崙性伉直，善篆書，在署爲記室，王筠有《復朱子襄書》，稱：“敝友蔣昆圃者，即《説文句讀》作篆者也，少貧失學，而能醫，善鑒别書畫，性情慷直。”王恩燿是一位有才學且有氣節的才子，山東省圖書館藏有王筠《説文釋例》校改本，中有識語，提及與王恩燿的交往。① 衛天鵬，係王筠高足。焦騰鳳文起，山西翼城人，與王筠同歲生，客幕中，善畫，尤精算學，著《句股圖解》示王筠，王筠爲之序並出資刊其書。② 咸豐三年二

①詳見拙文《王筠〈説文釋例〉校改本的文獻學價值》，載《文獻》2006 年第 4 期。

②〔清〕王筠：《焦文起傳》，鄭時：《王菉友年譜》，見〔清〕王筠撰，鄭時、屈萬里輯校《清詒堂文集》，齊魯書社 1987 年版，第 179、285 頁。

月，朱次琦曾與書王筠，稱“《句讀》鏤板，一兩月想可告竣”①。知具體操作刻書的是朱次琦，咸豐三年時還未刻成。朱次琦（1807—1881），字稚圭，號子襄，廣東南海九江鄉人，人稱“九江先生”。道光二十九年任山西襄陵縣知縣，在晉爲官七年，故王筠此書當由朱次琦在山西所刻。咸豐四年六月，朱次琦又與王筠書，稱“《説文句讀》刻成，幸更覓便惠致”②。刻成時間已很明確。王筠有《記朱子襄》：“（朱子襄）且告余曰：‘敝鄉刻資廉，君所著書，不過數百金，可以盡刊。意非爲君，又非爲己，將使三江浙閩之士，共明《説文》之學也。’”③可知此書交朱次琦刊刻主要是考慮資金問題。

由上可見，此書是由王筠及其朋僚、門生共同刊刻而成，凝聚了幾十人的心血。

十行二十四字，小字雙行二十四字，白口，四周雙邊，單黑魚尾。版心記字數，這在道咸間比較少見，且記得很清楚，字多少，句讀等標點符號多少，如“七百六十七，、○折三十九”。蓋邑人助資所刻，要計算清楚，也爲了資金有所交代。

刻成後，王筠又進行了校定，最後校定在咸豐四年八月，有王筠自記：“咸豐四年八月覆閲之，至十月杪而畢，凡所刪改增益約數百事，將别勒爲一册，刻爲《補正》。十一月初三日冬至記。”看來，王筠亦打算採用《説文釋例》的方法，將《説文句讀》的校訂内容以《補正》的形式再刊刻出來。

王筠去世前，彦侗問遺書何者當刻，王筠曰：“《句讀補正》。”

①鄭時：《王菉友年譜》，見〔清〕王筠撰，鄭時、屈萬里輯校《清詒堂文集》，齊魯書社 1987 年版，第 284 頁。

②鄭時：《王菉友年譜》，見〔清〕王筠撰，鄭時、屈萬里輯校《清詒堂文集》，齊魯書社 1987 年版，第 288 頁。

③〔清〕王筠撰，鄭時、屈萬里輯校：《清詒堂文集》，齊魯書社 1987 年版，第 179 頁。

再問,曰:"《繫傳校録》《蛾術編》,餘皆未成書。久欲刻《海岱史略》,惜力不勝,然必當刻也。"①咸豐七年夏,王彦侗開雕《説文繫傳校録》《菉友蛾術編》《説文句讀補正》。咸豐九年七月,《説文句讀補正》刊成。末有咸豐九年七月王彦侗識:"是時先大人已病積日,鈔别册不釋,至第六卷遂成絕筆,十二月初九日疾革,彦侗以是册宜付梓爲請,然之,遂卒。痛哉。用是敬遵遺命,與孫玉山先生藍田校而梓之。"孫藍田,安邱人,王筠門生,參與此書校字。《教童子法》亦爲孫藍田校。

此書於同治四年由王彦侗進呈,有潘祖蔭序。

十行二十四字,白口,四周雙邊,單黑魚尾。刻印較精。

⑦《句股圖解》,清焦騰鳳撰,清咸豐安邱王筠曲沃刻本。

上文已述,此書係王筠助資所刻。有王筠序,言"使胥吏存而録之"。有牌記:"咸豐四年秋刊,版存藝成堂。"李晉林、暢引婷《山西古籍印刷出版史志》有"王筠藝成堂"一條:"筠宰鄉寧,乃往謁,奇其可補梅氏之未備,乃出資刊之。"②十行二十五字。

⑧《説文繫傳校録》三十卷,清王筠撰,清咸豐七年安邱王彦侗刻本。

卷端署:"安邱王筠菉友撰,同邑劉燿椿莊年參訂,膠州後學宋翔南、同邑受業孫藍田、同業弟璿、男彦侗仝校。"

前有道光十五年王筠自序,説明作此書的原因,以及所依據的文獻。始於道光十二年,基本成書於道光十四年。"寫畢校改一過,大徐本訛誤之不見於小徐者亦記之,即附各卷之後,以毛氏本

①鄭時:《王菉友年譜》,見〔清〕王筠撰,鄭時、屈萬里輯校《清詒堂文集》,齊魯書社 1987 年版,第 289 頁。

②李晉林、暢引婷:《山西古籍印刷出版史志》,中央編譯出版社 2000 年版,第 268 頁。

爲主,而以孫氏平津館本、鮑氏藤花榭本《五音韻譜》校正其誤,若汲古不誤則略之,其惑人者著之。"知王筠在道光十五年又校改一遍,所據以毛氏本爲底本,校以孫星衍平津館本和鮑氏藤花榭本,可見王筠在底本的選擇上是注重版本的。"乙未八月在都,借馬氏《龍威秘書》讀之,是書蓋以汪本付刊而頗有校正,先得我心者皆録之,亦聊免余説之無稽云。九月九日燈下記。""癸卯又借朱竹君先生家藏本校祁春浦先生刻顧千里本,記其異處,概云竹君本以别於朱文藻也。"知參校本又有《龍威秘書》、朱筠家藏本、祁雋藻本,校本達到了五種。後有咸豐七年王彦侗識:"甲寅冬,先大人疾革,彦侗以應栞遺書請,是書及《蛾術編》《説文句讀補正》皆親受治命者也。今年夏,爲劉莊年先生述之。先生與先大人以道誼交者有年,慨然爲之參閲,俾得刻梓。原稿簽注頗多,其未經乙識者,彦侗不忍節去,列之各條之末,而規墨以别之,與全書之例不盡符者是也。"

十行二十四字,小字雙行二十四字,白口,四周雙邊,單黑魚尾。王彦侗的跋,版心書"拔",誤,可見校勘不甚精。

⑨《六家奕譜》六卷,清王彦侗撰,清咸豐七年安邱王彦侗刻本。

前有王彦侗自序:"予藏譜數種,惟周、黄、梁、程、施、范六家居其大半。欲輯而編之,會成一帙,而舛錯模糊,幾無端緒,因囑内兄膠西鵬秋宋君翔南細爲校讐。其漫漶磨滅者,殊費經營,以意逆之,然後得之。序六家次第,以時之先後,不以藝之高下;凡六家對奕,則歸諸勝者;未遽決其勝負,則歸諸先者;與他名家奕者次之;受子者附後。惜予藏譜過隘,六家之名諱、里居與其行事,未能全覩。儻有同志而繼起者,則所望於後之君子云。"所謂六家,爲周東侯、黄龍士、梁魏今、程蘭如、施襄夏、范西屏。

上下欄,上文下譜。文行不一,大字四字,白口,四周單邊,單黑魚尾。版心下各刻六家姓。刻印較精。

⑩《菉友蛾術編》二卷，清王筠撰，清咸豐十年安邱王彦侗宋官疃刻本。

此書爲王筠晚年隨筆記録之本，間論經義及瑣事，不專講許學，而發明許書者，居其大半。

有牌記："庚申之秋宋官疃刊，曲沃衛天鵬署檢。"卷端署："安邱王筠菉友撰，受業孫藍田玉山校。"

末有咸豐九年王彦侗識："先大人嘗曰：'子孫於祖父遺書不能繼修者，即以原本發刻亦佳。'此書甫屬草稿，因與玉山先生校而刊之。"

九行二十二字，白口，四周雙邊，單黑魚尾。無行格，有句無讀。

⑪《菉友肊説》一卷，清王筠撰，清光緒二十二年安邱王彦佶曹南武陽學署刻本。

此書雜論經、子及小學、金石，又有記本朝掌故者。卷端王筠題："余自四十歲後，或學而有得，或思而有得，每輒札記之。今夏檢之，衹得近十餘年所記，即使隸都録爲一本，以便省循再改正焉。"卷末一行："丙申仲冬姪彦佶校於武陽學署。"彦佶生於道光二十三年，同治庚午丁卯並科舉人，官朝城教諭。朝城古稱武陽，屬曹州府，《海岱史略》末有彦佶曹南武陽學署識，知當時王彦佶在武陽學署。

《山東通志·藝文志》謂"按：卷尾刊'丙申仲冬姪彦佶校於武陽學署'一行，則今夏即丙申夏也"誤，丙申應爲彦佶刊刻此書的時間，而非王筠成書時間。成書當在道光二十年左右，時王筠五十七歲前後。

九行二十二字，白口，四周雙邊，單黑魚尾。有行格，有句無讀，刻印比較精細。

⑫《海岱史略》一百四十卷、《附録》十一卷，清王馭超撰，清光

緒二十三年安邱王氏家刻本。

馭超字駕千,乾隆五十一年丙午舉人,考取咸安宫教習,歷任遂寧、灊山、霍丘、阜陽知縣,陞壽州知州。所至有政聲,以事罷歸。有《三元通紀》二卷、《弊訟録》,未見刊本。山東省圖書館見其藏書一部,有"王馭超印""駕千""杞齋""楓葉邨主人""古心自鞭"印記。

書有嘉慶二十三年王馭超於楓葉村學翼堂(按:時居安邱楓葉村,堂號爲學翼堂)《海岱史略自序》:"丙子秋,次子簡赴試,主司以山東人物爲問,弗能對……乃取史傳所載山東前賢,手自鈔録。起兩漢,迄前明,人則不遺,事則從略,閲兩載而書成,此《海岱史略》之所由輯也。"此書非正史所載者不録,稱美不稱惡,並辨證《青州府志》、陸氏修《山東通志》中的謬誤,故任城許鴻磐序中對此書有很高的評價:"吾友安邱王子約齋著《海岱史略》一書,可謂擷俗學之陋,而大肆於古者矣……今王子所編雖限海岱一隅,然非正史所載概置不録,又於其嘉言懿行、豐功偉績,摭各傳而備書之,比《寰宇記》爲加詳,較各通志爲有據。"

卷端題:"安邱王馭超約齋編,男簹鏡山、篘貫山、簡仲山、範模山校。"

有光緒二十三年王彦佶識,此時彦侗、彦佶二人年事已高:"先大父約齋公輯是書近百年矣,兄彦侗珍藏之,未梓也。同治戊寅春中發刻,未蔵事。光緒丙申,彦佶俸滿旋里,與兄侗重校刊之。開雕於本年十月,至次歲秋始告竣。費出公款。而任校讎者中,表弟馬錫麟則嘗與有事,而今往矣,佶與兄侗實成始終焉。非敢謂勝任也,庶賴先人呵護之靈,默鑒之,佑啓之,俾鮮舛錯訛謬則幸甚。"同治無戊寅,或爲同治七年戊辰,或爲光緒四年戊寅,二者相差十年,不知其所云到底是哪一年,可見即便是家刻,也有校刻不精的時候。從以上識語可以看出,此書因部頭太大,雖然曾刻過,但没刻完,此次光緒二十二年又重新校刻,歷經近一年纔刻完,費用雖出於家塾公款,但王氏兄弟實終其事。此識末署:"彦佶謹識於曹南之武陽學舍。"

九行二十二字,白口,四周雙邊,單黑魚尾。字體方正,如此大部頭書,刻印不苟。

從以上梳理可以看出,王筠刻書共十種。其中自著六種,前輩著三種,朋僚著一種。從内容上看,自著書均爲小學類書,前輩著述均爲詩集,類别比較集中。刻書時間從道光十四年始,至咸豐初止。刻書地從京師至山西,從鄉寧至曲沃,每至一地,均有刻書,其中在鄉寧刻書最多,有五種。讓人頗感遺憾的是,王筠没有在家鄉安邱刻過書。

王筠去世後,他的書多賴後人刊刻。王筠無子,彦侗爲嗣子,彦佶爲姪子。彦侗刻書較多,秉承先父遺志,爲其父刊刻遺著三種,其中補刻《句讀補正》一種。又自刻一種,並與彦佶主持刻其祖父著述一種,五種皆在山東安邱刻。王彦佶在曹南刻王筠《菉友肊説》一種。

王筠所刻《文字蒙求》被收入《清代版本圖録》。《説文釋例》字體端莊,刻印不苟,王筠雖俸禄不多,但他對傾注了自己心血的作品還是極爲負責的,力求做到最好,體現了他對這部書的珍視。王氏後人的刻書當以王彦佶刻的《菉友肊説》最爲漂亮,王馭超的《海岱史略》也傾注了王家的精力。

王筠著述除上述《正字略定本》《文字蒙求》由他人刊刻外,其著述由朋友、學生刊刻流傳的尚有:

①《鄂宰四稿》四卷(《夏小正正義》一卷,《弟子職正音》一卷,《毛詩重言》一卷,《毛詩雙聲疊韻》一卷),清咸豐二年鄉寧賀蓉、賀蕙、賀荃刻本。

②《四書説略》四卷,清咸豐四年至五年絳州蘭氏刻本。

③《説文韻譜校》五卷，清光緒十六年濰縣劉嘉禾刻本。

④《説文部首讀補注》一卷，清光緒諸城尹彭壽刻本。

即使是朋友或門生所刻，王筠著述的版片後來也均被移置安邱。

山東省圖書館藏有《王菉友九種》《菉友雜著四種》多部，《王菉友九種》包括《夏小正》《弟子職正音》《重言》《雙聲疊韻》《菉友肊説》《四書説略》《正字略定本》《菉友蛾術編》《禹貢正字》，其中四種（《鄂宰四稿》）爲賀氏兄弟所刻；《菉友雜著四種》包括《菉友肊説》《菉友蛾術編》《四書説略》《教童子法》，除王氏家刻外，其中尚有綘氏所刻。"九種""四種"的命名無明確依據，但觀紙張、墨色及裝幀，係一時刷印、裝訂而成，可見，刷印時是將各種版子彙集在一起的。

另山東省圖書館館史檔案有民國三十六年四月二日兼代山東省立圖書館館長的羅象臨呈教育廳圖字第 35 號文"爲現有菉友著述刻板十種求售請求派員勘估購存以維文獻由"（此"請"後附書板原單一份，詳列書名、葉碼、板數，共合計三百卌四板），稱濟南市麟祥南街住户王貢忱存有菉友著述刻板十種，計約三百四十餘板，擬以半價二百萬元購入本館。繼有民國三十六年四月十七日羅象臨呈教育廳總字第十七號文"爲遵令查勘菉友著述刻板謹將查勘情形會呈鑒核由"，稱委派山東省政府教育廳第三科辦事員王德馨，前往王貢忱家詳細勘驗，其板書盛於四木箱中，共十種計三百卌三塊，尚屬完整無缺，王貢忱願以半捐半賣性質，以廉價壹百六十萬元賣與山東省立圖書館。後附《王菉友著述刻板清單》，注："板存王貢忱家。卌六年四月十六日查。"這批書版最終於民國三十六年五月一日，由山東省教育廳廳長李泰華指令購入。

所購書板如下（列十一種，《教童蒙法》無）：

書名	書葉數	板數
夏小正	序二葉,八十葉	四十一板
弟子箴	十一葉	六板
毛詩重言	四十五葉	二十五板
雙聲疊韻	廿三葉	十一板
菉友肊説	五十五葉	卅一板
蛾術上下	四十三葉,卅二葉	四十板
禹貢正字	廿七葉	十四板
正字略定本	六十三葉	卅三板
四書説略	大學九葉,論語廿四葉,中庸卅六葉,孟子卅五葉,共 104 葉	五十五板
教童蒙法	十三葉	七板(現無書)
六家棋譜		七十板
合計		三百三十三板

賣書的王貢忱,是王寀廷的原名,字拱宸,號眉孫,又號丑石,桓臺人。光緒二十八年舉人。是民國濟南有名的古書收藏家和經營家,開設逢源閣書店,藏書室曰“止適齋”。

現在這批書版保存於山東省圖書館,因未整理,故無法給出具體情況。現存的山東雕版並不多見,大宗者有在章邱發現的馬國翰六千塊雕版。王筠的這批雕版是山東刻書的實物,是山東印刷史的見證,經過一百五十餘年的風風雨雨,仍然保存完好,是歷代山東人精心呵護的結果,也是留給後世子孫的寶貴財富。

2)其他刻書

清中期安邱有“七子”,孫景曾爲其一。景曾字商山,有《恬齋詩集》四卷,清道光十年安邱孫氏家刻本。

封面題:“道光庚寅新鐫,知足堂藏板。”卷端署:“安邱孫景曾商山甫著,男明晉綵山、明奎聚東、明遠内觀仝校,姪明宿經五、明健乾夫鑒訂。”

有道光十年庚寅孫文敷序,稱先有《初集》,劉芳曙訂,繼有《續集》。去世後,季子名遠請劉再訂,釐爲四卷:“族有念初,覽所訂,心爲之傾,曰:‘劉子才人也,久爲詞壇所共推。叔祖之詩,得其訂以成集,即可出是集以問諸世矣。’因謀諸明遠兄弟付剞劂,而梨棗之費不憚分任之。刊即成,以刻示余。”後有道光庚寅姪孫孫炳震識。孫炳震,字念初。知此書由孫景曾姪孫孫炳震、兒子孫明遠等刻。

九行二十一字,白口,四周雙邊,單黑魚尾。字一般。

另有李湘茝,字春畹,安邱人,嘉慶六年辛酉拔貢,官江南河庫道。所著《説劍山房詩草初編》,清道光李氏家刻本。

湘茝又有《碧琅玕館詩鈔》一卷、《碧琅玕館詞鈔》一卷,清咸豐李氏家刻本。

卷端署:“渠邱李湘茝春畹著。”有道光三十年自序。咸豐六年陳述經序,是年王祺海序。有題詞。後有“子婿門人陳植”跋:“植因鈔本難傳久遠,力請授梓。”

後此書有同治二年昌樂陳桀補刻。陳桀跋:“《碧琅玕館詩詞鈔》乃渠丘李春畹先生所手著。先生與先君子爲姻友,猶憶先生蒞任給假時小住敝舍之移山園,與先君子樽酒道故,詩章喁于,一時勒石銘壁,極文酒之盛。然其時《碧琅玕館詩詞鈔》尚未梓也。後三十餘年,先生女夫家建侯兄始付剞劂氏,惜其刷印無多,悉爲親串所分攜,而余以未得一見爲憾。咸豐十一年二月,賊大至,余急避於先生村西之劉山。時先生已歿,其長君尹亭爲余妹婿,亦在難中,蒼黄驚顧,莫知所出。但見烈焰逼霄,烽烟四起,山麓村落,大半焦土。對此苦況,當向尹亭言,他物,余無庸代君憂,所慮者

《碧琅玕館詩詞》刻耳,爲之奈何!尹亭亦相與頻唤奈何而已。今歲秋問及蘭坡嫂氏,則板遭兵火後,從敗簏中搜出,依然無恙,現存濰城,余見之如獲拱璧,慨然曰:'玉石俱焚,佛劫亦灰,筆墨之靈,其有呵護於其間耶?'遂商同二三知己,醵資重印數十部,而余敬爲之跋聊以附名驥尾。"

由上可知,此書由湘茝婿陳植刻成後,版片藏於安邱李氏。咸豐兵火,幸好無損,陳植弟陳㮚補刻序而重印。

筆者於濟南藏書家周晶先生處又見一本,封面題:"光緒丙戌仲夏重校字,板藏家塾。"當爲光緒十二年渠邱李氏重校刻本。可以判定,此書版雖然由昌樂陳植操辦,但版權歸李氏,應作李氏刻本。

7. 諸城刻書

諸城中期的刻書首爲竇氏。

1)竇氏刻書

竇光鼐(1720—1795),字元調(一説符調),號東皋。乾隆七年進士,授編修,官至左都御史、上書房總師傅。歷督學政,所得士位至公卿者衆。乾隆五十二年,與朱筠奉旨編纂《日下舊聞考》。

竇光鼐所爲詩文不少,但生前未刻,去世後由其子竇汝瑄董理刊刻。

①《省吾齋古文集》十二卷,清竇光鼐撰,清嘉慶六年諸城竇汝瑄刻本。

②《省吾齋詩賦集》十二卷,清竇光鼐撰,清嘉慶六年諸城竇汝瑄刻本。

山東博物館又有嘉慶四年竇汝瑄刻本,可能有誤。《山東通志·藝文志》曰以上兩集皆爲其子竇汝瑄刻於嘉慶六年,又曰此集有秦瀛刻本。

十一行二十一字,白口,左右雙邊,單魚尾。

③《省吾齋稿》四卷，清竇光鼐撰，清道光二年諸城竇氏刻本。

封面題："道光壬午年，姪汝鉤重鐫。"卷端下題："竇光鼐。"版心題："省吾齋稿。"書衣題簽："省吾齋文稿。"

九行二十五字，白口，左右雙邊，單黑魚尾。

竇光鼐的下一代竇汝鈞，撰有《怡情集詩抄》四卷，清道光六年諸城竇氏刻本。九行二十二字，小字雙行二十二字，白口，左右雙邊，單魚尾。

2）王賡言刻書

王賡言（1762—1824），字簣山，諸城人。乾隆六十年乙卯進士，官至江蘇布政使。工詩文，著有《簣山堂詩鈔》《車中吟》《四書釋文》《東武詩存》等。喜收藏，其整理收存的《孫過庭書譜》刻本，今存諸城市博物館。賡言尚鏤版，所刻多爲自己的著述。

①《車中吟存草》一卷，清王賡言撰，清嘉慶十二年諸城王賡言京師刻本。

卷端題："東武王賡言簣山著。"前有陳鶴序："諸城王吏部簣山，以嘉慶十二年監户部寶泉局，每日自寓居至公廨往返二十餘里，車行多暇，輒爲詠物詩以自適。久之，積數百篇，因選其尤者刻之，命曰《車中吟》，而囑余爲序。"有徐文驤序，嘉慶十二年同邑苑鴻緒序。有自序："及官部曹……今歲春月，余適承乏局務，署距寓所十有餘里，車敝馬疲，數刻方到。"自序言同年徐子耘（徐文驤）願爲其序，"許爲叙而梓之，余愧謝不自安。秋八月，又爲一友人所慫恿，遂勉强録出，鋟以問世……詩俱係車中所作，因名其集爲《車中吟》云。嘉慶十二年丁卯中秋王賡言簣山氏自題於京邸之三近齋"。據此序可知，書爲王賡言在吏部寶泉局任職時所刻。書末有海陽李士衡跋，嘉慶十二年元城張龍光書後。

此書八行十九字，白口，四周雙邊，單黑魚尾。版心下刻"茶半香初之館"。無行格，寫刻本，極精。

②《東武詩存》十卷,清王賡言纂,清嘉慶二十五年諸城王賡言江西刻本。

封面題:"嘉慶庚辰年鐫,墨春園藏版。"有嘉慶二十五年王賡言自序:"諸城屬瑯邪界……國初吾諸隋昆銕先生刊《瑯邪詩略》,卷帙無多,嫌有掛漏……余生也晚,不及見尹姞衣冠,而耆舊之傳聞及各家所世守,時時借鈔,廿餘年來,搜輯頗富。意欲仿近時曾賓谷先生之《江西詩徵》、阮芸臺先生之《淮海英靈集》,付之剞劂,以廣其傳。蓄志數年,力綿未逮。丙子秋(按:嘉慶二十一年),余督運公竣,請假歸里,與李公岫僊及李月汀兄弟談及此,均以爲然,極爲慫恿。遂札致張公師默、臧公際唐及宗人道南、雲子、藕唐、漢橋,廣爲採訪,不期年而大備,遂攜稿南來,延東鄉吴公蘭雪、湘南劉公雪盌,詳加釐訂。凡字體訛錯或韻有歧出者,悉屬更正,名曰《東武詩存》。蓋存詩與選詩異,有以人存詩者,有以詩存人者。詩多則存者多,詩少則存者少。其詩鈔舊有小傳,及誌乘所載,或各集原序事蹟之卓卓可傳者,悉爲摘録。凡欲令其文行永垂不朽,並冀後之讀者有所觀感而興起,亦庶幾徵往竢來之一助云爾。"知此書爲王賡言在江西任職時所刻。

《山東通志·藝文志》:"是編所録,亦斷自前明,迄國朝乾隆之季,蓋明以上著述無可考也。不録生存,不附己作,較之近時選本,體例尚嚴。"這是王賡言關注地方文獻的體現。

十行二十一字,小字雙行二十一字,白口,左右雙邊,單黑魚尾。字體方正,刻畫不苟。版心下刻"化香閣",封面題"墨春園",則"墨春園""化香閣"應爲王賡言堂號。

③《四書釋文》十九卷,宋朱熹撰,清王賡言增補,清道光二年諸城王賡言家塾刻本。

卷端題:"道光二年鐫,諸城王氏塾本。"

有王賡言序:"古書之有講義,莫多於四子書,以制藝之所從出也。余家舊藏高頭十餘種,苦思終日夜,於作文之道茫無所得,後由膠西張氏家傳出此本,乃淛江進士何先生所訂,凡一圈一點一勾,皆斟酌再四而後定,頗稱完善。賡言心摹手追,數年間,以己意重加增補。成,童者授而讀之。凡一章之主腦,一節之關鍵,一句之虛實,照白文小註細細體認,不至滑口讀過。而作文之層次,犁然分明,可盡舉諸議義,置之高閣。余久欲刊行,苦力不逮,今始捐俸爲之,藏之家塾,以訓子孫云爾。壬午冬日諸城王賡言識。"《山東通志·藝文志》稱此書"頗便初學"。

九行十七字,小字雙行十七字,白口,四周單邊,第一册正文前爲左右雙邊,無魚尾。字大方正,清晰精細,版框大,爲家刻中之精品,知王賡言之用心。

④《簣山堂詩鈔》二十一卷,清王賡言撰,清道光間諸城王氏刻本。

卷端題:"東武王賡言簣山。"

首有秦瀛、法式善、吴雲、陳希曾、吴嵩、黄如瑀及曾燠序。法式善序稱:"簣山五言律能於少鶴、松嵐、熙甫、子文之外,别出機軸,清微幽淡之致,不減於諸君。"

此書從内容上看,既有京師所爲詩,亦有外吏時所爲詩,時間從乾隆四十六年至道光三年,其去世之年爲道光四年,則此書很有可能爲王賡言或其家人所刻,觀其字體,有家刻風格。

此書十行十九字,小字雙行十九字,白口,左右雙邊,單黑魚尾。字似寫刻,較精。

王賡言共刻書四種,數量不多,但頗有特點:内容上,有自己的著述二種,家塾課本一種,東武地方文獻一種;刻書風格上,家刻特徵比較明顯,多爲寫刻體,字畫不苟,均爲白口,版心下刻堂號。

3)王瑋慶刻書

諸城還有一家王氏,大概是與王鉞一家並行的另一支,即王應垣家。

《叢綜》著録有《東武王氏家集》，民國王維樸輯，清嘉慶道光間刻本①，包括四種書，皆爲王應垣之子王瑋慶等所刊。

①《南行吟草》一卷，清王應垣撰，清道光十六年諸城王瑋慶等刻本。

應垣(1755—1822)，字紫庭，乾隆五十五年庚戌進士，嘉慶三年官榆林知縣。此書係其宰榆時採銅滇南紀行之作。

封面題："道光丙申冬雕，雨蘿山房藏板。"卷端題："東武王應垣紫庭著，男琦慶、廷慶、瑋慶、珣慶校。同邑王景祺伯壽、湘南周寧遠静山、胞兄王應奎春溪評定。"知係家刻本。應垣有子四：琦慶，字蓉塘，嘉慶十九年進士，户部河南司主事。廷慶，太學生。瑋慶，字藕唐，亦爲十九年進士，庶吉士，歷官吏部考功司主事、户部侍郎，著有《蘭臺奏議》二卷、《瀋陽隨扈紀程》一卷、《藕唐詩集》十二卷、《滄浪詩話補注》一卷。珣慶，嘉慶二十三年戊寅科副榜，候選知縣。應垣有孫五：錫第、錫疇、錫甸、錫蕃、錫章。有曾孫三：瑞曾、聊曾、繼曾。均未聞有著述。

書有道光十六年蔣祥墀序。自序。附萊陽初彭齡撰《墓誌》。

九行十九字，小字雙行，黑口，左右雙邊，雙魚尾。框上鐫小字四字。刻印精美，有乾隆風格。避"寧"。

②《滄浪詩話補注》一卷，宋嚴羽撰，清王瑋慶補注，清嘉慶間諸城王瑋慶蕉葉山房刻本。

卷端題："宋嚴羽儀卿著，藕唐王瑋慶註。"版心下刻"蕉葉山房"。

前有王瑋慶自序，識於京邸之停雲佇月山館。

八行二十字，白口，四周單邊，單黑魚尾。寫刻體，極精。不似

①上海圖書館：《中國叢書綜録》，上海古籍出版社2007年版，第883頁。

嘉慶間刻,似乾隆間刻。

③《漪唐詩集》十四卷、《補》一卷,清王瑋慶撰,清嘉慶二十五年至道光十四年諸城王瑋慶京師蕉葉山房刻光緒元年諸城王希祖、王緒祖等補刻本。

封面題:"嘉慶庚辰秋刻,蕉葉山房藏板。"卷端題:"琅邪王瑋慶漪唐(舲)著。"《補》第十五卷題:"漪唐王瑋慶著。"

嘉慶二十二年安吴胡世琦序。二十五年庚辰吴傑序。每卷有集名,有自序。序後所題書齋有十笏書屋、摘艷書屋、蕉葉山房、槐柯小舍、静退齋(京邸)、鏡華舫(京邸)。最後一序是第十四卷道光十六年序,稱壬辰十月由給諫遷内閣侍讀學士,癸巳二月官順天府丞,十二月官大理少卿,甲午五月官光禄寺卿。知此書刻始於嘉慶二十五年,終於道光十四年,係陸續刊刻而成。

補刻一卷末有光緒元年其孫希祖、緒祖識:"先大夫司農公生平最喜吟詠,所著編年詩集自《俎豆戲草》至《卿雲集》,共十四卷,皆宦京師時所刻也。刊成後,先大父即由光禄卿晉秩副憲,復擢少宗伯,署少司寇,轉少司農。數年中公署事繁,故自丁酉(按:十七年)至辛丑(按:二十一年)得詩僅五十三首,未及刊刻,即終於官。先君官秋漕時,嘗欲校梓未果。迨庚午歲,希祖等不幸失怙,辛未奉諱旋里,於篋中檢得原藁,加意讎校,敬付剞劂……先大父所著尚有《文集》四卷,《詩話》四卷,《蘭臺奏議》二卷,《瀋陽隨扈紀程》一卷,《館課賦鈔》二卷,《芸香館制藝》二卷,《年譜》一卷,惟《蕉葉山房館課詩鈔》二卷、《滄浪詩話補注》一卷曩已梓行,餘則敬藏篋笥,兹並記其目於此,應俟異日次第開雕,以承先志。"據此序可知,王瑋慶所刊不衹《滄浪詩話補注》,還有《蕉葉山房館課詩鈔》二卷。

十行二十一字,白口,四周雙邊,單黑魚尾。字大略扁,非常精美。補刻部分字雖然大,但不精美。

④《蕉葉山房館課詩鈔》二卷，清王瑋慶撰，清嘉慶道光間諸城王瑋慶刻本。見上條。

⑤《碧香閣遺稿》，清單茝樓撰，清嘉慶十六年諸城王瑋慶刻本。

單氏，高密人，單爲緫之姊，王瑋慶妻。另著有《碧香閣詩》一卷。

卷端題："東萊單茝樓紉香著，瑯邪王瑋慶藕唐訂。"

有嘉慶十五年王瑋慶撰《先室單氏行狀》。末有王瑋慶識，識後有："男錫棨較字。"末附《哀挽詩》，爲茝樓胞弟單爲緫等人作。

八行二十一字，白口，四周雙邊，單黑魚尾。無直格。寫刻體，字大，疏朗，相當精美。

以上所見，王瑋慶共刻書五種，一種與兄弟一起爲父親所刻，一種爲妻子所刻，三種爲自己所刻。刻書的最大特點是精美無比，字大，精細，完全不似嘉道間的風格，而有乾隆刻書的餘韻，這可能與他居京師並富有刻資有關。

4）劉喜海刻書

清中期的諸城刻書最著名者當屬劉喜海。

劉喜海生於官宦之家，高祖劉棨，康熙二十四年進士，官至四川布政使，康熙帝爲之御書室名"清愛堂"；曾祖劉統勳（1699—1773），字延清，號爾純，雍正間進士，官至東閣大學士，卒謚"文正"；從祖父劉墉（1720—1804），字崇如，號石庵，乾隆十六年進士，官至體仁閣大學士，卒謚"文清"；祖父劉堪，早卒；父劉鐶之（？—1821），字佩循，號信芳，由劉墉撫教成人，乾隆五十四年進士，官至吏部尚書，卒謚"文恭"。

劉喜海（1793—1853），字吉甫，號燕庭（又作燕亭、硯庭），別號三巴子。室名嘉蔭簃、味經書屋、十七樹梅花山館、來鳳堂等。嘉慶二十一年舉人，以恩蔭官兵部員外郎。在京爲官前後十二年，道光十二年秋,出守長汀。十七年底,外簡福建興泉永道,會丁艱歸。十九年夏,奉諱道經長安、洛陽。起復後,二十一年官兵備陝西延榆綏道。二十五年四月,由延榆綏道遷四川按察使。二十七年六月,遷浙江布政使。是年冬,抵浙。二十九年正月,爲巡撫吴文節所劾,召至京,降四品京堂休致。咸豐二年六十歲,在京師。咸豐三年六十一歲,卒於京師。

如果説,東武劉氏在劉喜海之前還是以爲官顯揚的話,那麽自劉喜海則是一個轉變,他收藏、研究金石古籍,雖爲官二十餘年,但在清史留名的原因,卻是他在清代後期金石學上的貢獻。他訂補校録翁樹培《古泉匯考》,搜集泉幣 4600 餘種,整理爲《古泉苑》一百一卷。他大力蒐集金石拓本,輯成《金石苑》一百二十一卷、《長安獲古編》二卷。他還命名了"封泥"一詞。在古籍方面,他大力抄録罕見古籍,他的抄本於今可見的有 125 種。抄本多藍格,版心下印有"東武劉氏味經書屋",或印"燕庭抄校""嘉蔭簃寫書"。這些抄本除劉喜海自己抄録外,不少出自劉喜海本家兄長劉雯(後改名劉如海)之手。其中有不少没有刻印過,賴劉氏抄本得以流傳,這些書在中國古籍版本學上占有重要地位。他一生搜集奇書 1400 餘種,數萬卷之多,有《劉燕庭藏書目》,現存山東大學圖書館。

劉喜海生平著述有《金石苑》《朝鮮書目》《海東金石苑》《東古文存》《古泉苑》《蒼玉洞宋人題名》《清愛堂家藏鐘鼎器款識法帖》《嘉蔭簃論泉截句》《長安獲古編》《洛陽存古録》《昭陵復古録》《鼓山題名》等。劉喜海罷官之後,閒居北京,不久又有人發現他在四川的一些欠賬,官府令他賠銀 940 兩。他自己的著作二十餘種無錢付印,留下一大堆手稿,卒後陸續問世。他在生前所刻,多係爲他人刻書,而自己的著述衹刊刻了寥寥數種。

①《劉文清公遺集》十七卷、《劉文清公應制詩集》三卷,清劉

墉撰，清道光六年諸城劉喜海味經書屋仿宋刻本。

有牌記："道光六年歲次丙戌東武劉氏味經書屋開栞。"卷一末有"杭州愛日軒陸貞一仿宋鐫"。《應制詩集》卷一末亦有"杭州愛日軒陸貞一仿宋鐫"。

愛日軒爲嘉道間杭州著名書坊，刻工陸貞一爲一代名工，嘉道間刻過《崇雅堂詩抄》《頻羅庵遺集》《絶妙好詞箋》《晚聞居士遺集》《金梁夢月詞》等，均精雅可愛。黄永年先生在介紹清中期仿宋本時，特别提到陸貞一，並提到《宫閨百詠》爲其仿宋字刻的代表之作。① 劉喜海此書經名工刊刻，自當不凡。

書有劉喜海識："右先伯祖文清公古今體詩二十卷，喜海髫齔時嘗隨先君子後侍文清公於京邸。嘉慶庚申甲子歲，先君子視學兩浙三吴，隨之任所，不獲侍左右者數年。洎乙丑還京，文清公已即世。先君子撫理遺稾，蓋尠有存者，即其所存手録二册，藏諸笥，將欲付雕，而未之逮也。道光辛巳冬，先君子見背。其明年春，喜海奉諱旋里，由澹園從祖家索得文清公詩五册，較舊存倍之。並檢文清公自書詩稾，手輯補録，依類分體，釐爲二十卷，得若干首，付諸剞劂，以承先志云。道光六年歲次丙戌仲冬從孫喜海謹識。"識後署："孫光海、耀海、原海、從孫華海敬校。"末附英和道光六年跋。據劉喜海識可知，嘉慶五年至九年，劉喜海隨劉鐶之至兩浙三吴，十年還京。道光元年，鐶之去世。道光二年歸里，得祖父手稿，道光六年刻成。據胡昌健《劉喜海年譜》②，喜海自嘉慶二十一年中舉，除道光二年回諸城外，其餘時間均在京師，則此書刻於京師。

十一行二十字，小字雙行二十字，白口，左右雙邊，單黑魚尾。開本小，仿宋寫刻，極精美，與劉喜海其他刻本風格同。

①黄永年：《古籍版本學》，江蘇教育出版社 2009 年版，第 164 頁。
②胡昌健：《劉喜海年譜》，載《文獻》2000 年第 2 期。以下簡稱《年譜》。

②據胡昌健撰《年譜》,劉喜海於道光十四年長汀郡署味經書屋刻《臨汀蒼玉洞宋人題名》一卷、《附録》一卷。蒼玉洞在閩省汀州府東南,是當地的一大名勝,故有名人題字。長汀是汀州府(或臨汀郡)的治所。據《年譜》,劉喜海於道光十二年來臨汀,直到十八年任職福建興泉永道,居廈門,在臨汀共有六年,所以,劉喜海刻本曰"臨汀郡署刻本",即其在長汀所刻者,當時所用堂號爲十七樹梅花山館和味經書屋。

③《挹秀山房詩集》八卷、《西江一櫂集》一卷,清劉塄撰,《附録》一卷,清元瑞、劉墉、劉銙等撰,清道光十六年諸城劉氏味經書屋刻本。

劉塄,字峻若,號澹園,劉墉從弟,乾隆諸生。劉銙,劉墉之十一兄。

有牌記:"道光十有六年歲次丙申仲秋之月東武劉氏味經書屋開雕。"卷端題:"東武劉塄澹園。"末署"男鍾如、鍾穎、鍾慧、鍾敏敬校"。

有劉喜海跋:"昔先君子文恭公嘗爲喜海言從叔祖澹園先生性躭詩,尤工詠物,與先伯祖文清公契最深,以故集中唱和較夥。而文清公詩恒不自存稿,從叔祖每録弆之。癸未(按:道光三年,即爲父扶柩歸諸城)春日,喜海奉諱旋里,承先志,蒐輯文清公詩,得於從叔祖許者,較家藏多大半。嘉禾從叔並以從叔祖詩一册見示,屬付剞劂。喜海謹受命,忽忽十年,未能踐諾,時以爲憾。壬辰(按:道光十二年)秋,喜海出守臨汀。越三年,乙未(按:道光十五年),悟齋從叔來汀,因相與校勘。悟齋從叔即手寫付雕,凡四閱月乃蕆事,命綴數語以述緣始,且以志先文清公與澹園叔祖之式好云。道光十有六年歲次丙申秋九月從孫喜海謹志於臨汀郡齋。"可見,此書爲劉喜海道光十六年刻於福建臨汀郡長汀縣,校勘者爲其從叔悟齋,並由從叔手寫上版。十一行二十字,小字雙行二十字，白口，左右雙邊，單黑魚尾。寫刻精美。悟齋叔手寫上版，自然不苟。刻工爲福建人無疑。劉喜海爲家裏長輩刻書，更是懷有一份敬意，必用心爲之。

④《仁恕堂筆記》一卷，清黎士弘撰，清道光十六年諸城劉喜海臨汀郡署刻本。

黎士弘（1618—1697），字媿曾，長汀人。劉喜海刻此書當爲弘揚長汀地方文化。

封面題："仁恕堂筆記。"牌記題："仁恕堂筆記，長汀黎媿曾參議所著。媿曾有《託素齋詩文集》，《四庫》曾存其目，今板藏學宫。而此書久佚，余訪得一册於臨汀故家，因校刊以廣其傳。旹道光丙申重午東武劉喜海識於金沙郡齋。"重午爲五月，據《年譜》，本年劉喜海四月在臨汀，九至十一月在南京，送琉球使臣。刻此書時在臨汀。劉喜海此時的許多題跋中多見"金沙郡齋十七樹梅花山館"，蓋劉喜海名其官署爲"金沙郡齋"。

前有康熙十八年黎士弘《仁恕堂筆記自序》，二十年再記。"弘"爲"宏"，蓋劉喜海刻時依原本避諱。末有士弘弟士毅自識："是卷乃家伯子偶筆之書，雖里語方言，間收箧衍，而今昔之是非治亂，前喆之雅行徽猷，無不備載。辛酉夏，奉先淑人諱，居廬小暇，敢請授梓，以公同人。吾子若孫尤當書紳銘帶比於《顔氏家訓》，倘視爲集異諾皋，徒資談柄，豈不失伯子論著之初心哉。"蓋此書在康熙二十年刻過，但未見傳本。

十一行二十字，白口，左右雙邊。寫刻體，字清秀，相當精美。版框小，但點劃清晰，精細無比。

此書有道光十三年沈氏世楷堂刻《昭代叢書》本，有光緒二十五年汀州東壁軒木活字本。劉喜海此本雖然不是最早的版本，卻是第一個單行本。

⑤《寶刻類編》八卷，宋佚名撰，清道光十八年諸城劉氏臨汀

郡署刻本。

封面題:“欽定四庫全書本,嘉蔭簃藏板。”有牌記:“道光十有八年歲次著雍閹茂五月東武劉氏校栞於臨汀郡署十七樹梅花山館。”

卷末有劉喜海跋:“《寶刻類編》,宋無名氏著,與陳思《寶刻叢編》俱經《四庫》著録。而《類編》輯自《永樂大典》,流傳獨少,亥豕較多。壬辰夏,遇金陵陳雪峰宗彝於都門,假得是本,係顧千里廣圻手校。秋,出守臨汀,舟中録副,藏諸篋中四五年。屢欲細勘一過,因吏牘紛如,未遑從事。昨夏,還自闕下,三伏之暇,檢點是書,寫就□□□出付棗梨,俾得廣爲傳播……道光戊戌五月東武劉喜海識於臨汀郡齋。”據此跋可知,劉喜海刊刻此書的原因是,此書輯自《永樂大典》,《四庫》著録,僅以抄本傳世,故流傳很少,值得一刻。但抄本錯訛較多,劉喜海所得本爲顧廣圻手校,校勘精審,於是録副篋中珍藏,政餘之暇,付諸梨棗。從此,《寶刻類編》有了校勘精審的本子。

八行十七字,小字雙行十七字,黑口,四周單邊。版框外有字數。筆畫受碑刻影響,逆鋒帶鈎,並右向傾斜,略顯峭險。開本窄而高,但版框小,精雅可愛。此書福建刻風不明顯,字體非常特别,大概是劉喜海手寫上版。

⑥《嘉蔭簃論泉截句》二卷,清劉喜海撰,清道光十八年諸城劉喜海臨汀郡署刻本。

卷端題書名:“嘉蔭簃論泉截句。”封面題:“絶句,道光戊戌秋張開福題。”卷端署:“東武劉喜海燕庭。”末有一行:“男虞采、寧采、鬻采、南采謹注並校。”版心下刻“嘉蔭簃”。

張開福,浙江海鹽人,字質民,號石匏。張燕昌之子。燕昌字芑堂,號文漁,一號金粟山人,爲浙西名士,嗜金石,善畫,工篆隸。開福喜好金石,藝得家傳,善鑒别鼎彝碑版。工詩能畫,頗有清韻,自號太華歸雲叟。開福不僅爲劉喜海題寫書名,還有道光十八年題識:“燕庭先生篤嗜金石之學,證經補史,成《金石苑》一編,又輯《古泉苑》。歲戊戌,權興泉永觀察。公餘清暇,檢所藏古泉,按時分詠,得絶句二百首。逮返臨汀,復加排次……公子輩既爲之箋注,因付之棗梨。”

據《年譜》,劉喜海實道光十七年就已到厦門:“道光十七年小除夕,觀(《華山廟碑》拓本)於燕庭觀察廈門官齋。仁和華衮、海鹽陳畯、張開福並記。”但此書刻於長汀,據《年譜》,劉喜海五月又回長汀,是專爲刻此書而回,還是回臨汀任,不得而知。又有道光十八年周其憼序。其憼字恂之,嘉定人,與劉喜海友善,工詩書畫。

據書中《例言》,是書仿漁洋《論詩絶句》體,首六絶通論,次一百七十六絶編年,次六絶諸家著述,末十二絶懷人兼自序。《鮑臆園手札》云:“燕翁之詩,刻於道光中葉。近出之泉可入詠考又數百種,若仿其體例,作數十首補之,亦大佳也。”李佐賢《古泉匯》云:“於古泉典故,捃摭略備,誤者辨之,近人説亦兼有採取,與戴(熙)醇士之《古泉叢話》皆論泉之創格也。”山東省圖書館藏本有1936年王獻唐跋:“是書刻於道光十八年,板已早毁,流傳甚尟,至同治間已不易蒐求。鮑子年始假胡石查藏本重開刻,刻手粗劣,較之原刊天壤。今鮑本亦漸如星鳳矣。余舊喜此書,時時讀之,今午逢原書友持是册來,正爲嘉蔭原刻,館中之蓄一本。”①

此書原刻彌足珍貴,因爲版毁,同治間已善本難求。後來又有兩刻,一爲咸豐五年古滇趙紡綵衣堂刻本,一爲同治十二年鮑康觀古閣刻本。王獻唐稱後者“刻手粗劣,較之原刊天壤”,可見,後來諸重刻本皆不如此本。即使如此,民國期間鮑氏本亦不常見。

---

①王獻唐:《雙行精舍書跋輯存續編》,齊魯書社1986年版,第108頁。

八行二十三字,小字雙行三十字,四周單邊。字體上斜,版框像佛經書的邊欄,左右兩面各成方框,無版心,頗有特色。

⑦《金石苑》六卷,清劉喜海撰,清道光二十六年至二十八年諸城劉喜海四川及浙江刻本。

《金石苑》共一百二十一卷,係劉喜海用自己所收藏的5000多種金石拓片編集而成,計六十三册,《嘉蔭簃論泉截句》卷下有自注云:"余癖金石,曾積五千通,録爲《金石苑》。"現稿本藏國家圖書館,有王國維長跋。刊刻出來的内容極少,祇有六卷。

第一册封面題:"三巴漢石紀存,道光丙午夏日燕庭題於來鳳堂。"《金石苑》第一册爲《三巴漢石紀存》,自《漢王稚子闕》至《蜀中書賈公闕》,共十二種。有道光戊申周其愨序,稱"燕庭先生起家東武,持節西川"。丙午爲道光二十六年,戊申爲二十八年。此二年是此書刊刻的起止時間。二十五年四月,劉喜海在四川任按察使,來鳳堂係在四川錦江臬署的堂號。二十七年六月,遷浙江布政使。是年冬,抵浙。故二十八年應在浙江。《年譜》:"是年(按:道光二十八年),在浙藩繼續刊刻《三巴金石苑》(又名《三巴舂古志》《三巴漢石紀存》)。"

清代金石書目的集大成者——林鈞撰《石廬金石書志》評價此書:"按蜀碑流傳極鮮,自燕庭先生命工搜拓,始顯於世","是志先圖畫,後釋文,間加考跋。縮豐碑於尺幅,大小真行,各極其態,鈎摹之精,鐫刻之細,得未曾有"。縮臨拓本係當時著名拓工陳畯所爲,無論是縮臨器物圖形,還是描摹碑文,他都能十分精確、極其逼真地展現原件的風采。此書先以縮臨本存其形式,而後雙鈎其文,故刊刻質量極高,得到業内人士的稱許。

十行二十四字,白口,四周單邊,無魚尾,有圖。歐體字,字瘦長,右向傾斜。四川與浙江均有良好的刻書傳統,所以,劉喜海刻書質量高也在情理之中。

崔巍老師《博》上－219 作道光十二年來鳳堂刻本，不知何據。另黄永年、賈二强撰集《清代版本圖録》第四卷收《蒼玉洞題名石刻》一卷，版心下有“金石苑”三字，有道光十四年劉氏自序，略謂“余素有嗜古癖，蒐羅金石文字積四五千種，眘爲《金石苑》。癸巳春出守臨汀，路經蒼玉洞，訪得宋人題詩題名，手拓墨本，縮臨成册”云云，據此，黄永年、賈二强推測：“蓋是《金石苑》中最先刊刻單行者，印本甚少，殊不易得。”①

⑧《六藝綱目》二卷，元舒天民撰，元舒恭注，明趙宜中附注，清道光二十八年諸城劉喜海杭州刻本。

有牌記：“道光廿有八年東武劉氏校刊。”版心下刻字數，欄線外刻有“嘉蔭簃”，後序葉下刻有“苕溪沈錫堂寫刻”。

有道光二十八年秋九月東武劉喜海跋：“道光初元，於大興朱氏得見是書，笥河先生手校本也。喜其考核明審，且便童蒙句讀，借歸鈔訂成帙，旋攜置行篋中二十餘稔。至蜀中以示徐君青都轉，爲改正數學中脱誤若干字。客臘抵杭，朱述之大令云有盧抱經先生校本，因循未獲索觀。今兹長夏，敬就文瀾閣本檢校一過，付諸剞劂氏。”知劉喜海採用的本子爲朱筠（笥河）手校本，並就文瀾閣本校，内容當精審無訛。杜澤遜師云：“濟寧劉淇的《助字辨略》，錢泰吉認爲是小學家必備之書，劉喜海也非常贊賞。這書康熙年間曾刊刻過，但傳本極少，所以劉喜海在浙江布政使任上想重刻，但没有如願便因風雅好古被彈劾免官。他帶着三大遺憾離開了浙江，離開了官場。他的三大遺憾是：《六藝綱目》没能得到盧文弨的校本校對一下，《寶刻類編》没有補足缺卷，《助字辨略》没能刻成。”②看來，劉喜海對自己刻書所用的底本是非常重視的，他希望

①黄永年、賈二强：《清代版本圖録》，浙江人民出版社 1997 年版。
②杜澤遜、程遠芬：《山東著名藏書家》，山東文藝出版社 2004 年版，第 137 頁。

刻出的本子最精最善，但限於時地等因素，終留些許遺憾。這部已經兩校在當時看來是非常好的本子，還是不能令劉喜海滿意，從一個側面反映了他精益求精的刻書態度。

此書的刊刻有着非常重要的版本價值。在劉喜海刻版之前，除道光十九年金山錢氏刻《指海》本外，此書一直以抄本流傳。《善目》著録兩個抄本，一是清初毛氏汲古閣抄本，朱錫庚跋。朱錫庚爲朱筠之子，則劉喜海本所據當爲此抄本。另一個抄本有何紹基批校，不知與劉喜海本孰早孰晚。可以説，劉喜海刻本是現存最早的單刻本。在他之後，咸豐三年，聊城楊氏海源閣又刊刻了此書，並於咸豐五年刊刻了劉淇的《助字辨略》。劉喜海的遺憾終於由山東人楊以增彌補。光緒七年，籀書誃汪氏又以劉喜海本影寫刊刻。

九行十九字，白口，左右雙邊，單黑魚尾。字向右上斜。

⑨《長安獲古編》二卷、《補》一卷，清劉喜海撰，清道光二十一年諸城劉喜海陝西延榆道刻光緒三十一年丹徒劉鶚補刻本。

道光十九年，劉喜海奉諱北上，道經長安、洛陽。當時秦中出土古泉很多，劉喜海所獲不少。不久，又任職延榆道，大肆蒐羅，以致古物價格瘋漲。《長安獲古編》所收即是此兩年在秦中所得，共一百二十餘種。

《年譜》謂"此編於道光二十一年在延榆付梓及半，未果"。又引鮑康《觀古閣泉説》："（燕庭）布政浙江時，方思盡付棗梨，因論事輒與中丞不合，遽以好古密劾去，遂諸願莫償。"由此可知，劉喜海先於道光二十一年在陝西延榆刻金，石未刻。在浙江布政使任上想刻全，但因被劾而未成。之後，鮑康等人均做出努力，想繼續劉喜海的未竟事業，《年譜》謂鮑康欲爲劉喜海刻《長安獲古編》《嘉蔭簃藏泉目》，梓入《觀古閣叢稿》，已預作兩序，然二書至光緒二年尚未梓成。《山東通志·藝文志》還提供了以下三條信息：

趙之謙《二金蝶堂尺牘》云:“一金一石,皆有識跋。金甫刻圖而方伯殁,原刻不全之版爲書賈徐姓所得。”

《鮑臆園手札》載是編云:“剞劂未竟。康本擬爲成之,藉報知己。簠齋寄到底稿,並作書敦勉。惟原刻不全之版,前路竟然居奇,非數百金不售。因屬清卿攜至秦中重刻,以其兼工繪圖,定能生色也。”“清卿”爲吴大澂字,吴縣人,金石學家,善書畫。書賈徐氏以此板居奇,使得衆友人不得不計劃重刻。

汪康年《雅言録》云:“本擬兼摹金、石二文,方伯歿時,金文摹刻已竣,惟板心字未及刻,後續刻成。至石文,則未及施工也。庚子以後,板爲劉鐵雲所得,後歸於廠肆之志文齋。”此條與劉鶚重刻識語相合。

光緒三十一年劉鶚識:“《長安獲古編》,乃劉燕庭方伯所撰,一金一石,皆有識跋。金甫刻圖而方伯殤,故僅存此稿。其原本四册,潘伯寅侍郎借來,失於澄懷園。侍郎云‘石亦無甚奇品,書板爲徐姓所得,遂印行’,此趙益甫(按:趙之謙)致魏稼生書中語也。徐姓印行後,書板遂歸福山王文敏公懿榮,自同治初年至今未印。此京都正文齋譚篤生告予也。庚子變後,板歸於予,其標題原缺者,乞銅梁王孝禹觀察書補,刊印百部,分贈同好也。”

書衹圖無文,白口,四周單邊,版心下刻“長安獲古編卷某”。字右向傾斜,圖畫清晰,字較精。

⑩《海東金石苑》四卷,清劉喜海撰,清光緒七年衢州張德容二銘草堂刻本。

此書成於道光十二年,是劉喜海對朝鮮金石遺存的一次系統整理。杜澤遜師《山東著名藏書家》曰:“在朝鮮學者金正喜、趙寅永等人的協助下,劉喜海編成《海東金石苑》八卷、《朝鮮書目》一卷,並撰成《海東金石存考》一書。這是中國學者全面研究朝鮮金石和書目的開始。受到中朝學界的高度重視。”

同治十二年,鮑康刻《海東金石苑》入《觀古閣叢刻》,衹一卷,僅録題跋而無原文。《年譜》引鮑康《爲董雲舫跋高麗鐘拓》:“劉燕庭著《海東金石苑》八卷……惜咸豐庚申毀於火。潘伯寅録有諸碑跋。同治十三年甲戌,余爲刻之。”

光緒七年張德容刻本封面題:“東武劉氏著録,二銘草堂校刊。”有劉喜海題辭。

據張德容識,知原本八卷,咸豐間劉喜海去世,其子劉鷺卿以稿本屬德容校勘,德容在海甸與潘伯寅在澄懷園並讀。庚申遭劫,潘曾抄得前四卷,因而得存,後攜至南中。光緒初,德容刊《金石聚》,因思刊其半。據此,則知爲張德容所刻。但目録葉版心下一面有“東武劉氏味”,另一面無字,可能是挖改未盡,據此推測,此書或與劉喜海所刻有關,因無史實佐證,不敢遽下結論,暫附於此。

十一行二十一字,白口,四周雙邊,單黑魚尾,無行格。字一般,但刻石精美,尤其是人物畫像,線條流暢。

諸城劉喜海刻書特點有七:

一是在劉喜海所刻書中,除《六藝綱目》、劉墉和劉塄的集子、黎士弘的《筆記》外,其餘均爲金石類書,即使是《嘉蔭簃論泉截句》也與金石有關,由此可見劉喜海的旨趣所在。

二是在已確定爲劉喜海刻的九種書中,衹有三部是他自己的著述,即《嘉蔭簃論泉截句》《長安獲古編》《金石苑》。其餘或爲先輩遺詩,或爲居官地名人,或爲難得一見的珍本,表現了其刻書不爲己的思想。

三是刻書時間比較集中,九部書中,有五部是道光十三年至道光十八年所刻,即在臨汀郡署刻,表明了其此時不論在經濟上還是在收藏上都達到了一個新的層次。

四是劉喜海在北京、福建、四川、浙江四地爲官,在四地均有刻書。其中北京是清代北方的刻書中心,而後三個地方自宋代就是三大刻書中心,有着良好的刻書傳統,也有着優秀的刻書資源。

五是刻書多由良工操辦,如杭州的陸貞一,苕溪的沈錫,均爲有名的寫工和刻工,刻書質量自然高。

六是刻書多有牌記,明確刻書時間、刻書地點和刻書人,或鐫刻堂號,對於有名的刻工亦有體現,表現了他較强的版權意識。

七是刻書風格獨特。早期刻本均爲十一行二十字,白口,左右雙邊。細行密字,版框小,寫刻體,字極精美,福建刻書風格比較明顯。自《寶刻類編》始,多爲八行,黑口,四周單邊。筆畫受碑刻影響,逆鋒帶鈎,並右向傾斜,略顯峭險。開本窄而高,但版框小,精雅可愛。福建刻風不明顯,字體非常特别。版心多刻"嘉蔭簃"。有時版框外有字數。在四川刻的《金石苑》,十行二十四字,每行的字數多,又是四川刻書的傳統。在浙江刻的《六藝綱目》,九行十九字,白口,左右雙邊,單黑魚尾,一歸於正,行字安排又是浙江刻書的傳統。儘管他在各地所刻書風格各異,但有個共同的特點,即字體瘦長並右向傾斜,形成了劉喜海獨特的刻書風格。

劉喜海著述頗豐,但刊刻者不足十分之一,我們衹能從僅有的幾部書中窺視他的刻書思想及理念,以及對後世刻書的影響和啓發。作爲清代錢幣學三大著作之二,其稿本《古泉苑》一百卷和翁樹培撰、劉喜海補注稿本《古泉匯考》八卷,均未刊行,甚爲可惜。《古泉匯考》曾於上世紀末影印出版,但百卷的《古泉苑》未獲梓行,儘管友人們在他去世後想爲之刊行,但終因卷帙浩繁而未果。杜澤遜師主持的《山東文獻集成》第一輯將其收入,使世人得見其收藏之富,得知山東金石學發展昌盛之由來,爲功甚巨。

5)李璋煜刻書

李璋煜,字方赤,一字禮南,號月汀,諸城人。嘉慶二十五年庚辰進士,授刑部主事,後陞遷四川司郎中,官廣東布政使。與王筠、許瀚友。刻書七種。

①《潮州耆舊集》二十種三十七卷,清馮奉初輯,清道光二十七年諸城李璋煜潮州刻本。

此書所收皆爲明代潮州人别集。《叢綜》僅著録清光緒三十四年刻本,廣東省立中山圖書館有道光本。有牌記:"道光己酉春三月愛吾鼎齋李氏刊藏。"前有道光二十七年順德馮奉初識:"方伯李方赤先生時觀察是邦……編成,先生復加釐正,而命付之梓。"九行二十四字,白口,左右雙邊,單黑魚尾。

②《朱子小學集解》六卷,宋朱熹撰,清張伯行集解,清道光二十七年諸城李璋煜潮州刻本。

卷端題:"儀封張伯行孝先先生纂輯,受業李蘭汀倩甫校訂。"

前有李璋煜序:"余行篋中藏有儀封張孝先先生《小學集解》,萃諸家註釋而融會焉,洵爲善本。揭陽陳紫巖瑞芝農部捐資付剞劂,唐五臣際虞學博董其役,印行以廣流傳。"又有李璋煜道光二十六年《與士子論小學書》。後有海陽邱步瓊跋:"觀察箬汀先生,憫潮俗之流於澆慝,既已振除其故習,亟取《校正今文孝經》及《石臺本孝經》刊布之,曰:'潮州至今日而疾厲矣,攻擊祛邪之方亦屢試矣,於此而養榮衛以中和當自教孝始。'未幾,復出所藏張孝先中丞《小學集解》刊布之。"又有海陽朱光鼎跋:"觀察李公之蒞潮也……爰取瞿木夫先生《校正今文孝經》及《石臺本孝經注》栞之……至《朱子小學》一書,潮俗既鮮購讀,書坊亦少善本,出篋中所藏張儀封先生《小學集解》付梓,以廣誦習,以永流傳。"時李璋煜已離開潮州。又有澄海楊世勳《重刊小學集解跋》:"觀察方赤李公治潮,政既大行,復思所以轉移風俗、造就人材之方,於是刊《校正今文孝經》《石臺孝經注》以便講習,續刻《呂氏小兒語》《續小兒語》、張孝先宗伯《小學集解》等書,俾廣爲傳習。"由上可知,李璋煜在潮州所刻有《校正今文孝經》《石臺本孝經》《呂氏小兒語》《續小兒語》《朱子小學集解》。

七行二十字,小字雙行同,白口,左右雙邊,單黑魚尾。版心下刻“正誼堂”。

在李璋煜刻後,此書數經刊刻,有同治羊城維經堂刻本,又見求是軒重刻本。如李刻一樣,雖行款版式不同,但版心下仍刻張伯行堂號“正誼堂”。

③《孝經注解》一卷,唐玄宗李隆基注,宋司馬光指解,宋范祖禹説,清道光二十七年諸城李璋煜潮州刻本。

卷端題:“唐玄宗皇帝注,宋司馬光指解,宋范祖禹説。”

據求是軒重刻本,《孝經注解》後有李璋煜道光二十七年《孝經注解跋》:“《孝經》注解者,首列明皇注,繼以司馬文正公范淳夫先生註解。桂林陳文恭公開藩滇南時,與高紫超所輯《小學纂注合刻》,通行滇省。是書假觀於林氏城南書莊,復屬朱明經毅齋以玉峰徐氏通志堂本校正譌誂,唐五臣學博付之梓,與《小學集解》並行,亦陳文恭公張清屬公敦本崇實之意也。”又有文山李延福識,稱“道光丁未孟冬重刊《小學》既成,復刻《孝經》彙爲讀本”,知二書的刊刻時間在道光二十七年。又有道光二十七年南海何文綺跋。

④《吕氏小兒語》一卷、《續小兒語》一卷,明吕坤撰,清道光諸城李璋煜潮州刻本。

據第②條各序跋知。

⑤《視己成事齋官書》十一卷,清李璋煜輯,清道光二十七年諸城李璋煜潮州刻本。

有牌記:“道光丁未孟春刊於韓江官舍。”

前有道光二十七年吴均序:“諸城李方赤先生於道光癸卯奉命觀察嶺東,丙午冬擢浙江廉訪,顧懃懃於是邦民俗之彫劫而不忍遽去也,乃彙其四年中條教號令輯爲官書而付之剞劂。”末有道光二十七年陳坤跋。

八行十六字,白口,四周雙邊,無魚尾。

⑥《四聖心源》十卷,清黄元御撰,清道光二十九年諸城李璋煜刻本。

封面題:"道光二十九年九月重刊。"有李璋煜序:"吾鄉昌邑黄刊載先生醫書數種,徵入《四庫全書》,陽湖張翰風先生宰館陶時刊之……重付梓人,以彰鄉先賢之絶學。"十一行二十三字,四周單邊,單黑魚尾。

⑦《荀子補注》,清郝懿行撰,清諸城李璋煜刻本。

潘祖蔭序《曬書堂集》:"又將《晉宋書故》《補刑法食貨志》《宋瑣語》《荀子補注》《竹書紀年校正》《寶訓》《燕子春秋》《蜂衙小記》《記海錯》及《證俗文》,先後刊印傳布。"可知,郝懿行所撰《荀子補注》當刻於《宋瑣語》之後,《竹書紀年校正》之前,即嘉慶二十一年之後,光緒五年之前。

李璋煜曾與王筠手劄曰:"郝蘭皋先生《荀子補注》,前與靈懸(曹元詢字,榜名業,字嘉賓,安邱人,道光元年舉孝廉方正,廷試一等,以知縣用)議刻未果。兹已刻半帙,欲求吾兄細校付梓,不敢負死友於地下也。吾兄古道照人,雖與蘭皋先生無平生之雅,當必樂爲此舉耳。""三卷刻成印出呈校。其顯然訛謬涉於俗者,乞改正。若可從者,則不必改。緣板已刻,挖補也。然必使前後一律方好。一切乞吾兄酌定是幸。"①可知,李璋煜曾刻《荀子補注》。

筆者所見山東省圖書館藏《荀子補注》,無牌記,無序。卷端下題:"棲霞郝懿行學。"十二行二十四字,白口,四周雙邊,單黑魚尾。此書字體較小,與郝氏所刻其他書風格不同。上卷版心刻字數,而下卷版心無字數。版心下刻"齊魯先喆遺書"。版心書名及"齊魯先喆遺書"有挖改跡象。20 世紀 30 年代,時任山東省圖書

①〔清〕王筠撰,鄭時、屈萬里輯校:《清詒堂文集》,齊魯書社 1987 年版,第 346 頁。

館館長的王獻唐先生曾輯刻《山左先喆遺書》,他於 1930 年在《覆傅斯年書》中説:“去秋到館以來,曾與友人欒調甫先生相約,擬就鄉賢已往之破碎工作,整理之,補苴之。其整理步驟:先求鄉賢遺著,無論已刻未刻,使俾藏館中。俟大集之後,即與調甫仿提要式合輯——《山東藝文志》。再擇其未刻而確有價值者,賡續印行之,擬名《齊魯先喆遺書》。”①所言《齊魯先喆遺書》即後來印行的《山左先喆遺書》。筆者所見之本,或李璋煜原刻本經改造後而成爲王獻唐輯刻之《山左先喆遺書》之一種,抑或王獻唐重新刻印?因無其他佐證,不敢妄下結論。

以下兩種雖非明確爲李璋煜刻書,但係李氏家族刻書。

①《諸城李氏家傳》一卷,清張履撰,清道光間諸城李氏刻本。

書中所收人物傳記有李宜芳、李宜藩、李林、李梃。均爲張履撰。張履(1792—1851),原名生洲,字淵甫,江蘇震澤人。嘉慶二十一年舉人,官句容縣訓導。善古文辭,尤精《三禮》,爲同時顧蒓、曾燠等所推。著述有《積石文稿》十八卷、《積石詩存》四卷、《南池唱和詩》一卷。張履與李璋煜同時,李宜芳爲李璋煜祖父,可能璋煜請張履爲其祖父及父親撰《傳》。

十一行二十一字,白口,左右雙邊,單黑魚尾。寫刻精美。

②《知稼堂集》六卷,清李林撰,清道光諸城李氏家刻本。

李林(1732—1782),字西園,號野亭,諸城人,乾隆二十二年進士,官開封同知。

卷端題:“諸城李林西園。”每卷末有校者姓氏。卷一署:益都李章甫校;卷二署:益都李章甫挍;卷三署:掖縣李同校;卷四、五署:安丘王筠校;卷六署:諸城宮塏校。

有道光十七年閻學海序,稱李林從子箬汀官常州,以此集相

①王獻唐:《覆傅斯年書》,載《山東圖書館季刊》1982 年第 1 期。

示。箬汀爲李梃子,李梃字松溪,號雨樵,宜芳子,乾隆五十八年癸丑進士。李林、李梃爲李璋煜父輩。

十行二十一字,白口,左右雙邊,單黑魚尾。宋體字,刻印較精。

6)其他刻書

除了刻書在兩種以上的諸家外,清中期諸城的刻書還有以下八種:

①《瘟疫論類編》五卷附《松峰説疫備用良方》一卷,清劉奎撰,清劉秉錦補釋,清嘉慶四年諸城劉氏刻本。

奎字文甫,諸城人。另著有《松峰詩略》《文略》。秉錦爲奎子。此條據《販記》著録①,未見傳本。

②《顔子》六卷,清張象棐輯,清道光三年諸城張氏愛古堂刻本。

象棐,諸城人,副貢。《山東通志·藝文志》引《鄉土志》載是編云:"其子師點售産刊行。"另據馮雲鵷道光十四年刻《聖門十六子書》,《顔子書》乃其首編,馮雲鵷在其《凡例》中嘗談及此書,云:"《顔子書》,近有諸城張氏所刻十二篇,計一百三十二章,每章寥寥數,且擇之不精,如縮屋稱貞子本顔叔子事,而以之頌復聖,何其舛也。茲刻概從删削。"與《販續》所録合。祇是卷數不同,馮氏刻本作十卷,今依《販續》作六卷。

③《復齋詩鈔》四卷,清王功後撰,清道光四年諸城王畇、陳鳳岐刻本。

王功後前已有述。

此輯乃同邑李詒經所選,邑人王畇、陳鳳岐校刊。前有李詒璵、單偉志、李詒經、單可垂等序。

①孫殿起:《販書偶記》,上海古籍出版社1992年版,第232頁。

④《白羊山房詩鈔》六卷,清單可惠撰,清道光四年諸城王昐逸園刻本。

可惠號芥舟生,别號白羊山人,高密人,貢生。

封面題:"逸園校刊。"卷端題:"高密單可惠芥舟生著,諸城王昐漢橋校刊。"

道光四年諸城邱錫琺元圃《白羊山房詩鈔叙》:"(單可惠)向已刊樂府一集行世,餘藏篋中,尚千百餘篇。望門牆而借鈔讀者,趾相錯。吾邑王子漢橋、李子方赤,尤著也。方赤以進士官秋曹,攜白羊之集北矣,借繕者益坌至,漢橋將無以應也。爰拔其尤若干首,授之梓,以公同好,而問叙於余。"道光四年諸城王昐撰《白羊山房詩鈔叙》:"凡古今人詩古文詞之未鋟板者,恒鈔録裒集,校其離合,稽其宗主以爲快……丁丑秋於友人李方赤案頭,見《白羊山房詩》一册,乃高密單芥舟先生作。余於先生非有平生雅,然耳先生名久,遂攜歸,悉鈔録焉。朋好見而索讀者不暇給,因與方赤謀鋟板以廣其傳而未果。戊寅春,先生仲子廉泉來諸,問先生近作,又以《學海集》見示。乃並前稿都爲一集,存之篋中。今方赤官秋曹,余每以不踐前言爲憾。因擇其尤者十之二三,付諸梓。"述刊刻始末甚詳。

八行二十四字,粗黑口,四周雙邊,單黑魚尾。字畫雕刻精細。

⑤《聖哲賢儒世系考略》二卷,清李肇湝撰,清道光二十四年東武李肇汸賜書堂刻本。

李肇湝,字荆溪,諸城人,官户部主事,監督倉場。

封面題:"道光甲辰仲春,賜書堂藏板。"

卷端題:"東武李肇湝荊溪敬纂,弟肇汸方泉校訂。"

前有道光十三年山陰沈其雲序,道光十五年莒邑林惠元序,聊城鄧琳枝序:"庚寅夏,東武李方泉學博來攝郡學篆,余以己卯同譜,時相過從,因出《聖哲賢儒世系考略》示余,其從兄荊溪農部所輯也……方泉攜以來,將付梓,囑序於余。”知此書爲肇浛弟肇汸方泉所刻。道光十六年渠邱李湘茝序。末有道光二十四年馬秀儒後序。

八行二十字,白口,四周雙邊,單黑魚尾。

⑥《聽雪軒古文稿》一卷,清邱錫珖撰,清張象枈、單爲鏓選,清道光諸城邱氏刻本。

錫珖字元圃,諸城人,嘉慶六年辛酉解元。

卷端題:“諸城邱錫珖元圃著,同邑張象枈忱亭、高密單爲鏓伯平選定,男濬功、濬凱校字。”

有張象枈序,稱“諸城人文淵藪,世科首推邱氏,而著作亦少保公爲之冠,摘訓書註,刊布海内。嗣是,深州、廬州、布政、工部諸公並有集行世,家學淵源有自來矣”。“少保公”即明嘉靖二十九年進士邱橓,官至南吏部尚書,卒謚少保。有《禮記摘訓》十卷、《四書摘訓》二十卷、《奏疏》二卷、《詩文集》二卷,蓋有刻書行爲。其子邱雲肇(官廬州知府)等亦有詩文傳世。“没後,令嗣力堂、阜南手録成編,屬余論次。”又有道光二十八年高密單爲鏓序,首以方苞論點開篇:“靈皋方子曰:‘古文雖小道,而失其傳者數百年。’”知其不愧是方苞在山東的傳人。“道光戊申,余客諸城,時先生没二載,令子力堂茂才、阜南明經奉先生古文,屬余選定……刊刻以傳不朽。”

九行二十二字,黑口,四周單邊,雙魚尾,無直格。刻印一般。

⑦《得月樓詩稿》一卷,清王元烾撰,清道光諸城王元烾孫王鍾禧刻本。

元烾字曉莊,諸城人,乾隆三十一年丙戌進士,官吏部主事。另著有《玉林山房詩稿》《文稿》。

《山東通志·藝文志》著録,曰“道光間其孫鍾禧輯刊”。有單爲鏓序云:“清微澹遠,吐棄塵壒,不規規於古人,形似而超然絶俗。”

⑧《諸城劉氏貢舉文集》,清劉文霽撰,清道光諸城劉氏刻本。

附:青州府家刻總表

字學蒙求四卷	(清)王筠撰	清道光十八年益都陳山嵋刻本
竹堂詩草六卷	(清)王心清撰	清嘉慶臨淄王氏家刻本
白雲山房詩集三卷文集六卷	(清)張象津撰	清道光十一年壽光李景沆刻十六年新城張繩武補刻本
考工釋車一卷	(清)張象津撰	清道光十一年壽光李景沆刻十六年新城張繩武補刻本
離騷經章句義疏一卷	(清)張象津撰	清道光十一年壽光李景沆刻十六年新城張繩武補刻本
等韻簡明指掌圖一卷	(清)張象津撰	清道光十一年壽光李景沆刻十六年新城張繩武補刻本
郵筒草六卷	(清)楊玉堂撰	清咸豐五年壽光楊氏淡遠堂刻本
憶舊彙鈔二卷	(清)楊玉堂輯	清咸豐六年壽光楊氏刻本
樂山印萃	(清)劉維坊撰	清道光二十二年至二十六年渤海劉維坊刻本
印文詳解不分卷	(清)劉維坊撰	清道光二十六年渤海劉維坊京都文石閣刻本
增緒等韻法律	(清)王鵬飛撰	清咸豐六年壽光王鵬飛刻本
壽光張氏詩集合編	(清)張昀輯	清咸豐壽光張氏刻本
璇璣圖詩一卷	(晉)蘇蕙撰	清嘉慶十七年昌樂令竇琛刻五色套印本
籐花軒詩鈔初集一卷續集一卷	(清)陳汝庚撰	清道光十八年昌樂陳汝庚之子陳枚刻本

（續表）

懷香草堂詞一卷	（清）單爲濂撰	清道光二十年蜀南鄒光鉞昌樂縣署刻本
星橋制藝小題二編	（清）劉清源撰	清咸豐元年安邱劉清源刻本
巧奇冤全傳六卷	（清）劉清源撰	清咸豐同治間安邱劉清源刻本
詩義旁通十二卷	（清）李允升撰	清咸豐二年文登李淳琳臨朐刻本
檢説文難字一卷	（清）王筠撰	清道光十四年安邱王筠京師刻本
正字略定本一卷	（清）王筠撰	清道光二十五年安邱王筠鄉寧縣署刻本
文字蒙求四卷	（清）王筠撰	清道光二十六年安邱王筠鄉寧縣署刻本
説文釋例二十卷	（清）王筠撰	清道光二十八年安邱王筠徐溝刻本
説文釋例補正二十卷	（清）王筠撰	清咸豐二年安邱王筠鄉寧刻本
念復堂詩鈔一卷	（清）王蔚青撰	清咸豐二年安邱王筠鄉寧縣署刻本
松亭詩鈔一卷	（清）王志超撰	清咸豐二年安邱王筠鄉寧縣署刻本
菊逸先生詩存一卷	（清）王克篤撰	清咸豐二年安邱王筠鄉寧縣署刻本
説文解字句讀三十卷	（清）王筠撰	清咸豐四年安邱王筠與山西曲沃邑人襄陵刻本
説文句讀補正三十卷	（清）王筠撰	清咸豐九年安邱王彦侗刻本
句股圖解	（清）焦騰鳳撰	清咸豐安邱王筠曲沃刻本

（續表）

説文繫傳校録三十卷	（清）王筠撰	清咸豐七年安邱王彦侗刻本
六家奕譜六卷	（清）王彦侗撰	清咸豐七年安邱王彦侗刻本
菉友蛾術編二卷	（清）王筠撰	清咸豐十年安邱王彦侗宋官疃刻本
漁山吟四卷	（清）張扶輿撰	清道光九年安邱張柏恒等都門刻本
安丘張氏列傳一卷	（清）張柏桓撰	清道光二十三安邱張氏刻本
守城要覽節要四卷	（明）宋祖舜撰	清咸豐四年安邱劉燿椿刻本
救命書二卷	（明）吕坤撰	清道光咸豐間安邱劉燿椿刻本
近思續録十四卷	（清）劉源渌撰	清道光二十五年安邱劉燿椿等雲門書院刻同治八年津門華鈞青州學署續刻光緒十七年中州劉景宸青州府署修補本
恬齋詩集四卷	（清）孫景曾撰	清道光十年安邱孫氏家刻本
説劍山房詩草初編	（清）李湘茝撰	清道光安邱李氏刻本
碧琅玕館詩鈔一卷碧琅玕館詞鈔一卷	（清）李湘茝撰	清咸豐安邱李氏刻本
省吾齋古文集十二卷	（清）竇光鼐撰	清嘉慶六年諸城竇汝瑄刻本
省吾齋詩賦集十二卷	（清）竇光鼐撰	清嘉慶六年諸城竇汝瑄刻本
省吾齋稿四卷	（清）竇光鼐撰	清道光二年諸城竇氏刻本
怡情集詩抄四卷	（清）竇汝鈞撰	清道光六年諸城竇氏刻本
車中吟存草一卷	（清）王賡言撰	清嘉慶十二年諸城王賡言京師刻本

（續表）

東武詩存十卷	（清）王賡言纂	清嘉慶二十五年諸城王賡言江西刻本
四書釋文十九卷	（宋）朱熹撰 （清）王賡言增補	清道光二年諸城王賡言家塾刻本
簣山堂詩鈔二十一卷	（清）王賡言撰	清道光間諸城王氏刻本
南行吟草一卷	（清）王應垣撰	清道光十六年諸城王瑋慶等刻本
滄浪詩話補注一卷	（宋）嚴羽撰 （清）王瑋慶補注	清嘉慶間諸城王瑋慶蕉葉山房刻本
濡唐詩集十四卷補一卷	（清）王瑋慶撰	清嘉慶二十五年至道光十四年諸城王瑋慶京師蕉葉山房刻光緒元年諸城王希祖、王緒祖等補刻本
碧香閣遺稿	（清）單茝樓撰	清嘉慶十六年諸城王瑋慶刻本
蕉葉山房館課詩鈔二卷	（清）王瑋慶撰	清嘉慶道光間諸城王瑋慶刻本
劉文清公遺集十七卷劉文清公應制詩集三卷	（清）劉墉撰	清道光六年諸城劉喜海味經書屋仿宋刻本
臨汀蒼玉洞宋人題名一卷附録一卷	（清）劉喜海編	清道光十四年諸城劉喜海長汀郡署味經書屋刻本
挹秀山房詩集八卷西江一櫂集一卷	（清）劉塄撰　附録一卷（清）元瑞、劉墉、劉鐶等撰	清道光十六年諸城劉氏味經書屋刻本

（續表）

仁恕堂筆記一卷	（清）黎士弘撰	清道光十六年諸城劉喜海臨汀郡署刻本
寶刻類編八卷	（宋）佚名撰	清道光十八年諸城劉氏臨汀郡署刻本
嘉蔭簃論泉截句二卷	（清）劉喜海撰	清道光十八年諸城劉喜海臨汀郡署刻本
金石苑六卷	（清）劉喜海撰	清道光二十六年至二十八年諸城劉喜海四川及浙江刻本
六藝綱目二卷	（元）舒天民撰（元）舒恭注（明）趙宜中附注	清道光二十八年諸城劉喜海杭州刻本
長安獲古編二卷補一卷	（清）劉喜海撰	清道光二十一年諸城劉喜海陝西延榆道刻光緒三十一年丹徒劉鶚補刻本
潮州耆舊集二十種三十七卷	（清）馮奉初輯	清道光二十七年諸城李璋煜潮州刻本
朱子小學集解六卷	（宋）朱熹撰（清）張伯行集解	清道光二十七年諸城李璋煜潮州刻本
孝經注解一卷	（唐）玄宗李隆基注（宋）司馬光指解（宋）范祖禹説	清道光二十七年諸城李璋煜潮州刻本
吕氏小兒語一卷續小兒語一卷	（明）吕坤撰	清道光諸城李璋煜潮州刻本
視己成事齋官書十一卷	（清）李璋煜輯	清道光二十七年諸城李璋煜潮州刻本

（續表）

四聖心源十卷	（清）黄元御撰	清道光二十九年諸城李璋煜刻本
荀子補注	（清）郝懿行撰	清諸城李璋煜刻本
諸城李氏家傳一卷	（清）張履撰	清道光間諸城李氏刻本
知稼堂集六卷	（清）李林撰	清道光諸城李氏家刻本
瘟疫論類編五卷附松峰説疫備用良方一卷	（清）劉奎撰（清）劉秉錦補釋	清嘉慶四年諸城劉氏刻本
顔子六卷	（清）張象棐輯	清道光三年諸城張氏愛古堂刻本
復齋詩鈔四卷	（清）王功後撰	清道光四年諸城王盻、陳鳳岐刻本
白羊山房詩鈔六卷	（清）單可惠撰	清道光四年諸城王盻逸園刻本
聖哲賢儒世系考略二卷	（清）李肇滙撰	清道光二十四年東武李肇汸賜書堂刻本
聽雪軒古文稿一卷	（清）邱錫玬撰（清）張象棐、單爲鏓選	清道光諸城邱氏刻本
得月樓詩稿	（清）王元棪撰	清道光諸城王鍾禧刻本
諸城劉氏貢舉文集	（清）劉文霽撰	清道光諸城劉氏刻本
種德堂文集（又名種德堂疏稿）一卷	（清）孫必振撰	清嘉慶十年東武孫氏家刻本

（二）坊刻

洪友生、秦明治、陳建繩《山東省出版大事記（清朝部分）》稱，康熙年間，青州怡翰齋開業，經理廣饒尹湖。1712 年即康熙五十一年刻過清范翔輯《漱芳軒合纂禮記體注》，光緒二十九年刻過清汪昂《醫方集解》。另外,還刻過《三字經》《千字文》等啓蒙讀物。怡翰齋歷史長達200多年,1945年停業。

怡翰齋開業於康熙時的説法有待進一步考證,僅從其刻《漱芳軒合纂禮記體注》不能遽然斷定其開業時間。書前有康熙五十二年序,極有可能據序定刻書年。青州市圖書館有一藏本,標爲康熙五十二年刻本。封面題:"怡翰齋記梓行。"有康熙五十二年范紫登序,序下有"金陵穆綬廷刊",字畫精整,有清前期刻書遺韻,但没有確鑿證據證明此爲康熙刻本。

已知現存怡翰齋刻本有十五種,經部有十種,子部有三種,集部有兩種,史部無。看來,怡翰齋刻書以經部爲主。明確有青州標志的有四種,題"怡翰齋梓"或"怡翰齋梓行"或"古青怡翰書坊仿原版鳩工重校刊"或"青州怡翰書坊仿原版鳩工重校刊",或板心下刻"怡翰齋",均可作爲怡翰齋刻本。另有題"怡翰齋藏板"者,因目前未見其他地方有怡翰齋,故標藏板者亦可視爲怡翰齋刻本。

怡翰齋的刻書多爲光緒本,道光二十七年刻的《詩經嫏嬛體注大全合參》是現存的最早版本。光緒二十七年刻《增訂本草備要》牌記題"光緒辛丑古青怡翰書坊仿原版鳩工重校刊",版心下鐫"怡翰齋"。光緒二十九年刻《醫方集解》,牌記題"光緒癸卯青州怡翰書坊仿原板鳩工重校刻"。

怡翰齋有一書兩刻者,《漱芳軒合纂禮記體注》均爲怡翰齋刻本,一題"怡翰齋梓行",一題"怡翰齋藏板"。經比對書影,字體不同,明顯是兩個版,應該是刻了兩次。

附:怡翰齋刻書總表

詩經嫏嬛體注大全合參八卷	(明)黄維章輯 (清)范紫登重訂	清道光二十七年怡翰齋刻本(怡翰齋藏板)
御纂詩義折中二十卷	(清)傅恒等撰	清同治九年怡翰齋刻本

（續表）

奎壁詩經八卷	（宋）朱熹集傳	清光緒七年怡翰齋刻本（怡翰齋藏板）
周易四卷	（宋）朱熹本義	清光緒八年怡翰齋刻本
周易四卷	（宋）朱熹本義	清光緒八年怡翰齋刻本
四書會解二十一卷	（清）綦澧輯	清光緒九年怡翰齋刻本
分韻試帖青雲集合註四卷	（清）楊逢春輯 （清）沈品華等注	清光緒十四年怡翰齋刻本
古文釋義八卷	（清）余誠評選	清光緒十九年怡翰齋刻本
評點春秋左傳綱目句解彙雋六卷	（清）韓菼重訂	清光緒二十一年怡翰齋刻本
增訂本草備要四卷經絡圖説一卷湯頭歌訣一卷脈訣歌一卷	（清）汪昂撰	清光緒二十七年古青怡翰齋刻本
醫方集解不分卷	（清）汪昂撰	清光緒二十九年青州怡翰書坊刻本
周易四卷	（宋）朱熹本義	清怡翰齋刻本
潄芳軒合纂禮記體注四卷（禮記體注大全合參）	（清）范翔訂	清怡翰齋刻本
潄芳軒合纂禮記體注四卷（禮記體注大全合參）	（清）范翔訂	清怡翰齋刻本
狀元書經六卷	（宋）蔡沈撰	清怡翰齋刻本

注：光緒八年所刻《周易》四卷，兩個藏書地著録的行款不同，故並存。

《四書會解》二十一卷，清綦澧輯，清光緒九年怡翰齋刻本。封面題："四書會解，利津綦澧輯，怡翰齋梓。"版心下方鐫有"還醇堂"。此書有嘉慶五年利津綦澧還醇堂刻本，版心下方亦鐫有"還醇堂”。兩書行款均爲九行二十四字，小字雙行二十四字，左右雙邊。經比對兩書書影，差别很大。也就是説，怡翰齋是據綦澧家刻本重刻，其版心下刻“還醇堂”是尊重原來的版權。

（三）青州府刻書特色

清中期的青州府刻書 82 種，四縣無刻書記載。清前期無刻書的博興、高苑在中期還是無刻書記載。即使是有刻書的地區，除了安邱和諸城，其他益都、臨淄、壽光、昌樂、臨朐刻書也很少，在數種之内。安邱 22 種，諸城 42 種。安邱主要是王筠和劉燿椿刻書。諸城刻書者較多，有竇氏、王賡言、王瑋慶、李璋煜，刻書最多的是劉喜海。

刻書内容上，集部 42 種，經部 17 種，子部 13 種，史部 10 種。集部還是以個人詩文集爲主，王賡言的《東武詩存》繼清初隋平的《琅琊詩略》，集諸城一地明至清乾隆的詩集，不録生者，體例謹嚴。經部共 17 種，小學類就有 13 種，除張象津、李璋煜、王鵬飛各 1 種外，其餘 10 種皆爲王筠著述。

名家刻書僅有兩人。

一爲安邱王筠。王筠共刻書 10 種。有自撰 6 種，前輩著述 3 種，朋僚著述 1 種。自著書均爲小學類書，前輩著述均爲詩集，類别比較集中。刻書地從京師至山西，從鄉寧至曲沃，每至一地，均有刻書，其中在鄉寧刻書最多，有 5 種。唯一遺憾的是，王筠没有在家鄉安邱刻過書。他的刻書離不開朋友們的幫助，好友如益都陳山嵋、日照許瀚、晉江陳慶鏞、介休楊煦等，受業門人有山東孫藍田、曲沃衛天鵬、南海朱次琦等。王筠嗣子彦侗刻書較多，有 5 種，皆在山東安邱刻。侄子王彦佶還在曹南刻王筠《菉友肊説》1 種。

二爲諸城劉喜海。劉喜海已確定的刻書共 9 種，除《六藝綱目》、劉墉和劉塄的集子、黎士弘的《筆記》外，其餘均爲金石類書，即使是《嘉蔭簃論泉截句》，也與金石有關，由此可見劉喜海的旨趣所在。劉喜海爲他人刻書較多,如刻先輩遺詩,爲居官地名人刻書,或所刻爲難得一見的珍本。而刻自己的著述僅 3 種:《嘉蔭簃論泉截句》《長安獲古編》《金石苑》。刻書時間比較集中,9 種書中,有 5 種是道光十三年至道光十八年所刻,即在臨汀郡署刻,表明了其此時不論在經濟上還是在收藏上都達到了一個新的境界。刻書地有北京、福建、四川、浙江,其中北京是清代北方的刻書中心,而後三個地方自宋代就是三大刻書中心,有着良好的刻書傳統,也有着優秀的刻書資源。劉喜海在這四地爲官,是非常幸運的。他的刻書多由良工操辦,如杭州的陸貞一,苕溪的沈錫,均爲有名的寫工和刻工,刻書質量自然高。劉喜海刻書多有牌記,明確刻書時間、刻書地點和刻書人,或鐫刻堂號,對於有名的刻工亦有體現,表現了他較强的版權意識。他的刻書風格最爲獨特,早期刻本均爲十一行二十字,白口,左右雙邊。細行密字,版框小,寫刻體,字極精美,福建刻風比較明顯。自《寶刻類編》始,多爲八行,黑口,四周單邊。筆畫受碑刻影響,逆鋒帶鈎,並右向傾斜,略顯峭險。開本窄而高,但版框小,精雅可愛。福建刻風不明顯,字體非常特别。版心多刻"嘉蔭簃"。有時版框外有字數。在四川刻的《金石苑》,十行二十四字,每行的字數多,又是四川刻書的傳統。在浙江刻的《六藝綱目》,九行十九字,白口,左右雙邊,一歸於正,行字安排又是浙江刻書的傳統。儘管在各地所刻書風格各異,但有個共同的特點,即字體瘦長且右向傾斜,形成了劉喜海獨特的刻書風格。

另有王賡言和王瑋慶,雖然刻書不多,但家刻特徵比較明顯,多爲寫刻體,字畫不苟,如王賡言的《四書釋文》字大方正,清晰精細,《車中吟存草》寫刻本,極精。王瑋慶刻書更是精美無比,字大開闊,完全不似嘉道間的風格,而有乾隆時期的餘韻,這可能與他居京師並富有刻資有關。

此期的青州府刻書均極精美。陳枚刻《籐花軒詩鈔初集》一卷、《續集》一卷，爲寫刻字體；王彦侗《六家奕譜》刻印較精；王彦佶曹南武陽學署刻《蕘友肊説》比較精細、豐滿；安邱王氏家刻《海岱史略》，部頭大，但刻印不苟；《諸城李氏家傳》亦爲寫刻體；《知稼堂集》宋體字，刻印較精；《白羊山房詩鈔》字畫精細。

劉喜海的版刻精品最多，如《劉文清公遺集》十七卷、《劉文清公應制詩集》三卷，由杭州愛日軒陸貞一仿宋刻，極精美；《挹秀山房詩集》八卷、《西江一櫂集》一卷，由從叔悟齋手寫上版，寫刻精美；《仁恕堂筆記》，亦爲寫刻體，字清秀，版框小，但點劃清晰，精細無比；《嘉蔭簃論泉截句》二卷，版框像佛經書的邊欄，左右兩面各成方框，無版心；《金石苑》縮臨拓本係當時著名拓工陳畯所爲，後又雙鈎其文，得到業内人士的稱許。

王筠的《説文解字句讀》版心記字數，在清末期比較少見，字多少，句讀等標點符號多少，分别計算。如“七百六十七，丶〇折三十九”。蓋邑人助資所刻，爲資金有所交代。

這一時期的青州府刻書有版本價值者甚多。

劉喜海刻的《仁恕堂筆記》，雖然不是此書最早的版本，卻是第一個單行本。所刻《寶刻類編》八卷，係顧廣圻手校本。劉喜海的《嘉蔭簃論泉截句》，原刻彌足珍貴，因爲版毁，同治間已善本難求。後來的兩個刻本，王獻唐稱“刻手粗劣，較之原刊天壤”。《六藝綱目》二卷，採用的本子爲朱筠手校本，並就文瀾閣本校，内容精審無訛。最具版本價值的當屬劉喜海刻《六藝綱目》二卷。在此本之前，除道光十九年金山錢氏刻《指海》本外，此書一直以抄本流傳，劉喜海刻本是現存最早的單刻本。在他之後，又有咸豐三年聊城楊以增刻本，係仿劉喜海本所刻，版式字體一仍其舊。

這一時期最具學術價值的當屬王筠的系列小學書。以《説文繫傳校録》爲例，此《校録》以毛氏本爲底本，校以孫星衍平津館本和鮑氏藤花榭本,參校本又有《龍威秘書》、朱筠家藏本、祁雋藻本,校本達到了五種,説明王筠校録此書的價值。再如《説文句讀》《説文釋例》,在刻版成書後,王筠又數次更正補充,與其子先後再刻《補正》,原書與《補正》並行,全面地展示了王筠認識上的變化。

這一時期的青州府刻書最大的成果是保存了部分王筠刻書的雕版。現存的山東雕版並不多見,大宗者有在章邱發現的馬國翰的六千塊雕版。王筠的這批雕版是山東刻書的實物,是山東印刷史的見證,極具研究價值。

第五節　兖州府、沂州府、曹州府、濟寧州刻書

一、兖州府刻書

(一)官刻

清中期的兖州府官刻包括滋陽官刻、曲阜官刻、汶上官刻。

1. 滋陽官刻

滋陽官刻有兩種。

①《明堂考》三卷,清孫星衍撰,清嘉慶二年孫星衍兖州官署刻本。

孫星衍,乾隆六十年授山東兖沂曹濟兵備道,嘉慶三年丁母憂,濟南府刻書有述。嘉慶二年他還在兖沂曹濟兵備道任上,駐兖州,而滋陽爲兖州府治,故此書刻於滋陽。

封面題:"嘉慶二年太歲丁巳刊於兖州官署。"

書分三卷,上卷爲《古合宫遺制考》,中卷爲《周明堂貽制考》,下卷爲《明堂圖考》。卷端分别題"古合宫遺制考卷上""周明堂貽制考卷中""明堂圖"(此種版心刻"卷下")。卷端下有"嘉穀堂集"。孫星衍有《嘉穀堂集》,亦撰有《明堂考》,故此書爲孫星

衍撰。

②《金石索》十二卷，清馮雲鵬、馮雲鵷輯，清道光元年崇川馮雲鵬、馮雲鵷滋陽縣署刻本。

馮雲鵬、馮雲鵷兄弟濟南府刻書有述，二人於嘉慶二十年來滋陽，刊刻的第一部書即此書。

本書爲兄弟二人在滋陽時合編。所收器物自商周至元，上部六卷爲"金索"，下部六卷爲"石索"。

有道光二年武進趙懷玉序，時年七十有六。趙序後有"是歲十有二月濟水鄭勉書"，知書寫者爲鄭勉。道光三年賀長齡序："余官江右時，即聞馮君集軒令滋陽，有善政。"道光三年景慶序："晏海先生，江左宿儒……丁丑春，余守是邦，適先生哲弟集軒明府以名進士來尹滋邑，始獲與先生交……先生佐其弟爲賢令尹……先生今偕集軒明府蒞任膠東，於其行也，書以跋其後，即以爲贈行之作可也。時道光三年歲次癸未七月既望，知山東兖州府事長白景慶序並書。"道光四年徐宗幹題。

馮雲鵬道光二年於東魯書院仰山堂《自叙》："嘉慶二十年，季弟鵷筮仕穀城，仕暇邱。鵬昕夕與偕，暇則訪尋古蹟，羅列滿几。二十五年秋，始命畫工繪圖，稍稍付梓。道光元年四月……乃鳩剞劂氏五六人，分功效程。鵬又苦於酬應紛還，每至宵深人静，能握管，夜之所書，供次日所刻。而往來縉紳以及書院從遊鮮事之士，時以拓本相持見贈。結縞貯歡，遂日積日多。三年而竣，凡三十餘萬言，皆手自鈔訂。其考證則與季弟參之，裒爲十二卷。"據此序可知，此書開始繪圖於嘉慶二十五年，道光元年付於手民，故封面題："道光元年開鐫，滋陽縣署藏板。"《金索》《石索》末均有："道光元年四月朔日鏤板於嵫陽署齋，於時日月合璧，五星聯珠，記之。"據上條所引馮雲鵬序，知此書刻了四年，蕆事於道光四年。有圖，字寫刻，白口，單黑魚尾，版心下刻"邃古齋藏"。

此書當馮雲鵬在東魯書院時隨寫隨刻。東魯書院位於山東兖州,俗稱東書院。初名文在書院,後易名景賢書院,又改爲少陵書院,再改爲東魯書院。康熙二十二年知府張鵬翮創建,乾隆九年知府鄂敏擴修。在此書院肄業的生童,以滋陽縣籍居多。咸豐十年後書院幾廢,同治間經整頓始中興。"邃古齋"大概爲馮雲鵬的藏古處。

2. 曲阜官刻

自嘉慶孔憲培刻《凝緒堂詩稿》,至光緒十三年曲阜孔令貽刻《聖門禮誌》《樂誌》,孔府官刻在清中期共有十種,清前期兖州府官刻已述。

崇川馮氏在曲阜亦有刻書。《聖門十六子書》,清馮雲鵷輯,清道光十四年崇川馮氏曲阜刻本。應爲馮雲鵷一人之力。

前有道光十四年孔慶鎔序,稱"崇川馮集軒明府宰吾邑者六年",知馮雲鵷來曲阜在道光八年。其下車之日,首以興學校爲務,因兩廡從祀先儒年代先後有失次者,孔便問馮,馮加以考證:"書傳贊則備手史也,詳譜系則本乎志也,記言行則通乎教也。蓋自諸子百家以及志乘諸書,合之以集其成,詳之以補其闕,存之以紀其實,删之以刊其誤。"有《凡例》,仿史家體例,首《列傳》,次《記》,次《贊》,俱採輯舊文。其有異説,加"謹按"於後以示存疑。

封面題:"道光壬辰敬刊,昌平書院藏板。"目録及每卷下均署"崇川馮雲鵷校刊"。

昌平書院位於山東曲阜。道光四年由曲阜居民集資,至八年建成,孔子七十三代孫衍聖公孔慶鎔立碑作記,題額"仙源毓秀"。《聖門十六子書》,序由聖人後代孔慶鎔作,書板藏於昌平書院,均有特别的意義。馮氏刻此書不僅有功於山東金石,還有功於儒家思想的傳布。

八行二十二字,白口,四周雙邊,單黑魚尾。行疏字大,刻印精。

3. 汶上官刻

清中期汶上官刻有一種:《文獻通考序鈔》一卷,元馬端臨撰,清道光五年南海馮賡颺汶上縣署刻本。

馮賡颺,字拙園,廣東南海人,嘉慶二十二年進士。道光二年任黄縣縣令。有《拙園詩選》。

封面題:"道光乙酉夏鐫,汶上縣署藏板。"卷端署:"宋鄱陽馬貴與先生著,南海後學馮賡颺録,順德鄭成校。"有南海馮賡颺識:"余宰黄時既創建士鄉書院……遂依古文眉詮原本評點付諸梓。"

上下欄,上欄小字八字,下欄九行二十二字,白口,四周單邊,單黑魚尾,無行格。版心下刻"留清池館"。寫刻體,比較精美。

附:兖州府官刻總表

明堂考三卷	(清)孫星衍撰	清嘉慶二年陽湖孫星衍兖州官署刻本
金石索十二卷	(清)馮雲鵬、馮雲鵷輯	清道光元年崇川馮雲鵬滋陽縣署刻本
凝緒堂詩稿八卷	(清)孔憲培撰	清嘉慶曲阜孔憲培刻本
鐵山園詩稿	(清)孔慶鎔撰	清嘉慶十六年曲阜孔慶鎔刻本
鳴鶴集	(清)孔慶鎔撰	清嘉慶曲阜孔慶鎔刻本
[鐵山園詩稿]	(清)孔慶鎔撰	清道光元年曲阜孔慶鎔刻本
鐵山園詩集六卷	(清)孔慶鎔撰	清道光十年曲阜孔慶鎔刻本

(續表)

鐵山園詩集八卷	(清)孔慶鎔撰	清道光十九年曲阜孔慶鎔刻本
春草堂集三十六卷	(清)謝堃撰(清)孔慶鎔編	清道光二十年曲阜孔氏奎文齋刻道光二十五年印本
畢太夫人行述一卷	(清)孔繁灝撰	清道光曲阜孔繁灝刻本
聖門禮誌一卷樂誌一卷	(清)孔令貽彙輯	清光緒十三年曲阜孔令貽刻本
顔子書七卷首一卷(聖門十六子書之一)	(周)顔回撰(清)馮雲鵷輯	清道光十四年崇川馮氏曲阜刻聖門十六子書本
閔子書六卷首一卷(聖門十六子書之一)	(周)閔損撰(清)馮雲鵷輯	清道光十四年崇川馮氏曲阜刻聖門十六子書本
冉子書四卷首一卷(聖門十六子書之一)	(周)冉雍撰(清)馮雲鵷輯	清道光十四年崇川馮氏曲阜刻聖門十六子書本
冉子書五卷首一卷(聖門十六子書之一)	(周)冉耕撰(清)馮雲鵷輯	清道光十四年崇川馮氏曲阜刻聖門十六子書本
仲子書六卷首一卷(聖門十六子書之一)	(周)仲由撰(清)馮雲鵷輯	清道光十四年崇川馮氏曲阜刻聖門十六子書本
宰子書七卷首一卷(聖門十六子書之一)	(周)宰予撰(清)馮雲鵷輯	清道光十四年崇川馮氏曲阜刻聖門十六子書本
冉子書五卷首一卷(聖門十六子書之一)	(周)冉求撰(清)馮雲鵷輯	清道光十四年崇川馮氏曲阜刻聖門十六子書本
端木子書七卷首一卷(聖門十六子書之一)	(周)端木賜撰(清)馮雲鵷輯	清道光十四年崇川馮氏曲阜刻聖門十六子書本

（續表）

卜子書五卷首一卷（聖門十六子書之一）	（周）卜商撰（清）馮雲鵷輯	清道光十四年崇川馮氏曲阜刻聖門十六子書本
有子書六卷首一卷（聖門十六子書之一）	（周）有若撰（清）馮雲鵷輯	清道光十四年崇川馮氏曲阜刻聖門十六子書本
言子書三卷首一卷（聖門十六子書之一）	（周）言偃撰（清）馮雲鵷輯	清道光十四年崇川馮氏曲阜刻聖門十六子書本
顓孫子書六卷首一卷（聖門十六子書之一）	（周）顓孫師撰（清）馮雲鵷輯	清道光十四年崇川馮氏曲阜刻聖門十六子書本
子思子書六卷首一卷（聖門十六子書之一）	（周）孔伋撰（清）馮雲鵷輯	清道光十四年崇川馮氏曲阜刻聖門十六子書本
曾子書八卷首一卷（聖門十六子書之一）	（周）曾參撰（清）馮雲鵷輯	清道光十四年崇川馮氏曲阜刻聖門十六子書本
孟子書七卷首一卷（聖門十六子書之一）	（周）孟軻撰（清）馮雲鵷輯	清道光十四年崇川馮氏曲阜刻聖門十六子書本
朱子書三卷首一卷（聖門十六子書之一）	（宋）朱熹撰（清）馮雲鵷輯	清道光十四年崇川馮氏曲阜刻聖門十六子書本
文獻通考序鈔一卷	（元）馬端臨撰	清道光五年南海馮賡颺汶上縣署刻本

（二）家刻

清中期兖州府家刻共七十種，無刻書的縣有四個：泗水、汶上、陽穀、壽張。

1. 滋陽刻書

清中期的滋陽刻書有嘉慶六年牛鈞空山堂刻牛運震撰《空山堂詩集》。清前期的兖州府滋陽刻書有述。

2. 曲阜刻書

曲阜中期的私家刻書除了孔氏刻四十七種,顔氏刻三種,還有長洲王大淮父子刻書,鄭曉如刻書,崇川馮氏刻書。

1)王大淮及子王鴻刻書

道光間,寓居曲阜的縣令王大淮與其子王鴻亦有刻書活動。

王大淮(1785—1844),字松坡,號海門,天津籍,長洲人,道光十九年任曲阜縣令,二十四年卒。其子王鵠,原名鴻,字子梅,官聊城縣丞,後入張祥河幕府。

父子二人的貢獻在於兩次刊刻周永年的《先正讀書訣》一卷。此書係周永年於乾隆年間採唐宋以來著名儒家學者的讀書經驗而輯成。書成後,一直以抄本流傳。道光二十二年,王大淮出資付梓。前有道光二十二年孔憲彝序,稱"王明府將爲醵資付梓"。道光二十三年王大淮識:"爰與合志者醵金付剞劂,命兒子鴻選工校栞……刻既成,版歸子完藏之。"子完爲永年後裔。

卷端題:"歷城周永年書昌甫輯,曾孫如城、如璧校字。"有《助資姓氏》:孟廣均、沈宗約、嵇文駿、徐宗幹、章寅、沈淮、姜宫綬、鄒光鉞、陳世埰、馬銓、沙逢源、阮烜輝、張曜孫。亦有《校録姓氏》:汪喜荀、許瀚、黄秩林、鄭憲銓、孔憲庚、洪毓琛、周樂、李僩、范鋐、陳克家、王大堉。

此書刻成後旋毁,同治五年,大淮子鴻復重刊之。有牌記:"同治丙寅九月重刊於小罔川。"會稽宗稷辰同治四年序於山東運河道署:"書中皆前賢緒論,雖未編排類次,殆未經纂成之本。先輩所爲,難以更動,若讀者得鈔其一二條,受益已多,亦不必求全於著書之格式矣。"又朝邑閻敬銘序云:"原本乃先生未成之書,徵引時代,前後不無參錯,且有復出者。余略爲釐正,去其冗長者,願世之讀是書者一留意焉。"有《重刊校正姓氏》:閻丹初中丞、單伯平學博、匡鶴泉少宰、宫子行大令、張海初孝廉、尹湜軒大令。皆一時碩彦。亦有《重刊助資姓氏》,列閻敬銘、丁寶楨等八十五人。

除了以上兩書，王鴻還於道光二十九年刻過顔崇槼的集子《摩墨亭稿》不分卷、《種李園近稿》不分卷。

山東省圖書館藏有此書稿本，是道光刻本的底本，《孔考》有詳細介紹①。有阮元序，王鴻跋："曲阜顔運生先生，少承門業，學有淵源，其治績德業，炳著家乘。詩，其餘事耳。鴻於闕里孔氏借抄得《摩墨亭》《種李園》詩二卷，《鰈鯖小紀》一卷，先君子見而愛之，命鴻付梓，並請儀徵阮太傅爲序。未及剞劂，而先君棄養。鴻銜恤煢煢，飢軀奔走，愧獨力之難支，冀衆擎之易舉。伏望諸君子量力輸資，俾得鳩工，請列芳名，刊諸弁首。"

2）鄭曉如刻書

鄭曉如（1806—？），初名憲銓，字曉如，以字行。一字子彬，號意堂。原籍歙縣，遷曲阜，以拔貢生中咸豐元年恩科舉人。歷署廣東新安、澄海、曲江知縣，補清遠，皆有善政。

①《就正詩草》二卷，清鄭曉如撰，清道光十九年曲阜鄭曉如刻本。

②《就正詩草續刻》一卷，清鄭曉如撰，清光緒十九年曲阜鄭曉如江西南昌刻本。

此年曉如已近九旬。封面題書名爲"防山書屋就正詩續稿"。有牌記："光緒癸巳正月江西省城開鐫。"卷端題："曲阜鄭曉如。"

前有番禺丁杰《就正詩草續存題辭》："君詩甚夥，曾刻兩卷，餘皆隨手失去，今存者僅此。然吉光片羽，自足珍貴，乃勸付手民。"有自序："壯年刊《就正詩草》兩卷，置之久矣。今篋内尚有《餘草》，俾長子伯瑞存之，以爲《就正》之續云爾。"知爲鄭曉如自刻。

①周洪才：《孔子故里著述考》，齊魯書社2004年版，第530頁。

九行二十一字,白口,左右雙邊,單黑魚尾。

③《防山書屋詩集》八卷,清鄭曉如撰,清光緒十年曲阜鄭曉如刻本。

④《鄭氏四種》,清鄭曉如撰,清同治七年至八年曲阜鄭曉如廣州華文堂刻本。

最先刻者爲同治七年刻《闕里述聞》十四卷。有牌記:"同治戊辰秋七月開雕於廣州西湖街華文堂。"卷端題:"曲阜鄭曉如敬述。"目録下有"重校更正本",因有補刻部分如"卷之十二補""卷之十三補""卷之十四補"。有同治九年説明:"此書刻竣時,聞者以先睹爲快,校字挖補未畢,印刷風行,其中錯誤頗多,現經隨時重校並更正,其補述者數處,謹加目録以別之。庚午夏日記。"有同治五年江都蔣超伯識於廣州署郡之斗南樓,是年湘陽郭嵩燾序於粵東節署。十一行二十二字,白口,四周雙邊,單魚尾。刻一般。

另三種均爲同治八年刻。

《毛詩集解訓蒙》一卷。係訓蒙之書,前有自序。

《夏時考訓蒙》一卷。首録《夏小正》,次録《月令》,前有《自識》。本爲訓蒙而設,《小正》從黄叔琳《增注》本,外別引秦蕙田、畢沅、丁志壁説,《月令》從陳澔《集説》本。

《皇朝聖師考》七卷。曉如遵《會典》所列序次輯録,載《會典》原文於卷首,考皆雜採經傳諸書爲之,而末附以己論。

3)崇川馮氏刻書

崇川馮氏在曲阜刻《掃紅亭吟稿》十四卷附《題辭》一卷,爲道光八年至十年馮雲鵬刻本,當爲馮雲鵬一人之力。

封面題:"道光九年鐫,掃紅亭藏板。"

前有衍聖公孔慶鎔道光十年序,邵鳳依道光九年序,馮雲鵬道光十年序,及劉伊、胡長齡、季璜、孔慶鎔、許鴻磐、孔憲圭、徐宗幹、孔昭薰、孔慶錭等五十餘人題詩、題辭,每人名下皆立小傳。

馮雲鵬序稱，此書"合成十四卷，凡千八百餘首。有同題作者，不拘遠近，以類相及，又附録二百餘首。慮其復失，彙而委諸剞劂氏焉。嗟夫！余自束髮以來，不慕紛華，惟耽考核書帖瞑眩，所著録者，除遺佚外，計刻《篆書武王銘》，一年而竣；刻《紅雪詞》，三年而竣；刻《金索》《石索》，四年而竣；茲刻詩稿，始戊子冬，迄庚寅夏，閲二十月而工亦竣。恐傳寫錯誤，皆手自抄録，隨時增改"。知此書之刻始於道光八年，訖於道光十年。此時馮氏兄弟已在曲阜，應爲曲阜刻書。

八行十九字，白口。刻印甚精。

3. 寧陽刻書

漢置寧陽縣，明屬兖州府，清朝因之。

明代的寧陽刻書有兩種，清前期無刻書記載。中期的刻書以黄恩彤爲主。

黄恩彤(1801—1883)，原名丕範，字綺江，號石琴，别號南雪，寧陽人。道光二年舉人，六年進士。先後任刑部主事、刑部郎中、順天府鄉試同考官、廣西鄉試正考官、江南鹽法道道員、江蘇按察使。鴉片戰爭期間，任廣東按察使、布政使，道光二十五年任廣東巡撫，二十七年被革職，仍留廣東。二十八年八月以同知候選，二十九年三月辭職回寧陽。咸豐十年，因舉辦團練對抗捻軍有功，被授以三品封典。光緒八年，清廷賞還二品頂戴。次年，卒於鄉里。

黄恩彤學養深厚，一生著述甚豐。自道光二十九年回鄉，是他著述的高峰期。首先於咸豐元年，總纂《寧陽縣志》。九年，主持編纂《滋陽縣志》。又於光緒五年總纂重修《寧陽縣志》。至於個人著述，有《兩漢史斷》六卷、《名宦傳》二卷、《離騷分段約説》一卷、《蠶桑録要》五卷、《農書録要》十四卷等。

黄恩彤父黄宗皋，兄黄恩澍。黄恩澍，原名丕節，别字竹泉，道光十四年舉人，二十五年進士。潛心經史之學，詩文以獨特爲奇。

曾任四川知縣。著有詩文《澹如菊齋文稿》等。

黄恩彤之子黄師誾(1821—1897),字誾如,别號小琴。道光二十三年舉人,咸豐二年進士,三年授職翰林院編修,領五品銜,賞戴花翎。累官桂林府知府。

黄恩彤之姪黄賓書,字東倩,黄恩澍之子,咸豐二年舉人,曾任臨清州學正。

國家圖書館網站數據有《知止堂全集》八種《副編》五種,清黄恩彤等撰,清黄力田輯,民國初寧陽黄力田彙印本,中有刻本,亦有石印本。可以確定的黄氏刻書有以下十種。

①《名宦傳》二卷,清黄恩彤撰,清道光二十五年寧陽黄恩彤廣東刻本。

封面題:"道光乙巳春三月,存板燕濟會館。"

有道光二十五年黄恩彤序。内容有三:一是叙燕濟會館之來歷;二是祀本朝鄉賢之原由;三是成書過程:"爰偕諸同參考志乘,親授年譜,彙爲《名宦傳》一册……存之館中,以備稽覽……剞劂既畢,爰叙其略。"時黄恩彤的官銜是兵部侍郎兼監察院右副都御史巡撫廣東等處地方提督軍務兼糧餉。另有道光二十五年知廣州府南海縣事兆北平史樸序。是年山左韓鳳翔序。另有道光二十六年廣東布政使山左傅繩勳序。

九行二十一字,白口,四周雙邊,單魚尾。字大悦目,刻印極精。

②《于文定公讀史漫録》二十卷,明于慎行撰,清黄恩彤參訂,清道光二十六年寧陽黄恩彤廣東刻本。

有牌記:"道光二十六年歲在丙午仲秋重栞,潘紹經書。"下有"存素齋藏板"。卷端題:"寧陽後學黄恩彤參訂。"每卷末有"平南彭昱堯校字"。

有黄恩彤道光二十六年丙午《重刻于文定公讀史漫録二十卷

序》:“(于文定公)生平所著如《筆麈》諸書皆鋟板行世,而流傳絶尠。余家負汶而居,去公穀山舊宅百里而近,少時即聞公有《讀史漫録》,顧未之見也。道光丙午,與聊城傅秋屏方伯(按:傅繩勳)共事粤東,乃出其篋中舊本授余。卒讀,竊喜其往往先得吾心。惜原刻讎校未精,間有訛脱漫漶,輒思爲重刊。會門人彭蘭畹孝廉從桂林來,亦喜是書,願襄厥事。乃於公餘詳加批閲,参稽諸史,訛者正之,脱者補之,應注者注之,疑者闕之。間有管見所及,輒爲論述,附綴各條下。務與原書互相發明,不敢苟爲同異。凡六閲月而書成,質諸秋屏方伯及同事諸君子,並就正於節相耆介春先生,尚不以謬妄見譏,爰授之梓。……道光丙午良月初吉撫粤使者寧陽黄恩彤謹序。”

據《凡例》,此書較原刻本爲勝,主要進行了三項工作:一是因卷數變化不一,原十四卷,又見二十卷,今編次爲二十卷。二是原書無圈點,今加圈點,便於初學。三是原書徵引誤處,有因之而側注者,有改之而不暇側注者。

十行二十一字,上白口,下黑口,左右雙邊,單魚尾,版框上鐫六字,刻印較精。

③《粤東省例新纂》八卷,清黄恩彤、寧立悌等纂修,清道光二十六年寧陽黄恩彤廣東藩署刻本。

道光二十五年元月,黄恩彤任粤撫,以該省幅員遼闊,政務繁巨,又位置東南邊疆,外辦事宜卷帙較多,而無省例可資遵循,乃請寧立悌、陶復謙等人鈎考舊牘,討論新章,就粤東外辦章程等按吏、户、禮、兵、刑、工六科分門别類,截至道光二十五年纂輯成書。共得八卷,計分六類四十六目,爲研究清代地方史不可或缺的資料。

④《憩亭賦稿》一卷、《使粤詩草》二卷、《忘餘詩草》一卷,清黄恩彤撰,清道光二十八年寧陽黄恩彤廣東刻本。

書簽題名:“存素齋韻語。”卷端題:“東魯黄恩彤石琴。”

《憩亭賦稿》前有道光二十八年仲春亭亭山人黄恩彤自序:“丁未(按:道光二十七年)春,因事解組,仍奉留粤之命。爰假館越華書院,有亭臨水,聚書其中。公餘小憩,稍理素業。凡羊城境物,觸目感懷,輒爲之賦。雖辭慚瀏亮,而義取敷陳,屬稾既定,聊付剞劂,以代鈔胥。”

《使粤詩草》爲黄恩彤道光二十年奉命爲粤西考官之行所爲詩。有道光二十一年自序。

《忘餘詩草》前有道光二十八年初夏亭亭山人黄恩彤自序:“丁未之春,因事解組,仍奉留粤恩命。趨公餘晷,輒理舊業。既作賦數篇,又取《使粤詩草》二卷,將謀授梓……乃録出並近作附諸《使粤詩草》之後,付之剞劂,而識其緣起如右。”

六行二十字,白口,四周雙邊,單黑魚尾。無直格,字大悦目,刻印較精。

⑤《知止堂集》十三卷、《外集》六卷、《續集》六卷,清黄恩彤撰,清光緒六年寧陽黄氏家刻本。

有牌記:“光緒六年歲在上章執徐病月開雕。”卷端題:“保壁遺民黄恩彤。”每葉卷末有“男師誾、受業袁佺齡仝校”。

有咸豐十年庚申恩彤自序於知止堂之南軒:“今行年六十矣,志惰力衰,自度無以更進於是。爰於暇日悉取生平所作古賦、古文、散體詩,重加校勘,手自繕録。自三十歲至五十歲爲《正集》十三卷,自五十歲至六十歲爲《續集》六卷,又别爲《外集》六卷。至於奏牘另有專鈔。制義頗已梓行,概不登載。非敢出而問世,將以存諸家塾。”

十行二十一字,小字雙行二十一字,白口,左右雙邊,無魚尾,刻一般,字帶油性。

⑥《飛鴻集》四卷附《飛鴻餘集》一卷、《秋聲詞》一卷、《飛鴻

集文》一卷，清黄恩彤撰，清光緒六年寧陽黄氏家刻本。

有黄恩彤同治六年序，云："山東捻匪之患，端倪於咸豐初。至庚申九月，而齊魯大擾。嗣是蠭舞鴟張，隳突南北。城郭危如累卵，閭井困若倒懸。不佞生逢隆盛，惟嫺俎豆之容；老值亂離，驟覩干戈之逼。往往魂悸魄落，口不能言，而目慘心傷，情難自默。計自庚申至丁卯，八年中共得古今體詩若干首，皆紀實也。今幸渠魁授首，齊魯逋寇，普律廓清。爰於暇日料檢舊稿，釐爲四卷，因詩首'禽言'，竊取周人鴻雁之義名，曰《飛鴻集》，手繕成帙。匪直痛定思痛，亦欲後之覽者安不忘危云爾。其間偶爾吟詠不關時事者，亦併録焉。間作雜文及詩餘，各爲一卷附後。"

其《飛鴻餘集》詩乃捻軍由秦入晉、及燕趙、復踞齊之北境時數月之作。《秋聲詞》凡十六首，皆長調。

⑦《兩漢史斷》六卷，清黄恩彤撰，清光緒三十一年寧陽黄氏家塾刻本。

共一百三十六條。前三卷論班《史》，後三卷論范《書》。

⑧《鑑評別録》六十卷，清黄恩彤撰，清光緒三十一年寧陽黄氏家塾刻本。

此書就《通鑑》所載言論、事實，擇要爲評。亦間駁正胡注之失，逐條摘録本文於前，而以評語分綴於後。恩彤始爲此評時，本著之《通鑑》眉端，繼乃鈔撮别行，以便檢核，故以"别録"名書。

⑨《三國書法》十卷，清黄恩彤撰，清光緒三十一年寧陽黄氏家塾刻本。

卷一論書名、目録，卷二至卷五論《魏志》，卷六至卷十論《蜀志》。《吴志》則但論其目例，《凡例》云："吴之爲國，陳氏已擯諸僭僞之列，故不復論。"

⑩《片雲小草》一卷，清黄恩澍撰，清光緒三十四年寧陽黄力

田刻本。

寧陽黄氏刻書特點有三:

一是刻書分三個時期。在廣東期間,刻書五種。光緒六年,刻書兩種。以上七種皆爲黄恩彤自刻。光緒後期,三十一年刻三種,三十四年刻一種。四種皆爲後人刻,時黄恩彤已去世。

二是在廣東所刻書很精美,這與黄恩彤任廣東巡撫有關。相對來説,在寧陽所刻就遜色多了。

三是刻書内容以史部爲主,這在山東刻書史上不多見,一般私家刻書以集部爲主,而黄氏刻史部書達六種之多,且四種爲史評類,説明了黄氏對史書的關注。

4. 鄒縣刻書

鄒縣在春秋時爲邾國,自明代屬兖州府。

明代鄒縣無家刻書記載。清中期的鄒縣私家刻書有兩種。

①《東泉詩話》八卷,清馬星翼撰,清道光二十一年鄒縣董長楷、董長樞、孟廣均等刻本。

星翼字東泉,魚臺人,馬邦玉次子,嘉慶十八年舉人,官樂陵教諭。著有《尚書廣義》《詩經集説》《東泉遺書》《東泉居士集》《東泉詩話》等。

此書書衣題簽有"道光壬寅中元日照許瀚題於任城志館"。蓋當時許瀚在任城修志。

封面題:"道光辛丑秋日新鐫,寶漢齋藏板,孔繼堋題籤。""東泉詩話"四字爲篆字。"寶漢齋"爲馬星翼之父馬邦玉的齋號,邦玉有《漢碑録文》一書,許瀚董理刊刻,入《連筠簃叢書》,清中期的沂州刻書有述。

卷端題:"魚臺馬星翼仲章著。"卷末署:"古邾董長楷聽泉甫、董長樞書門甫、孟廣均雨山甫校刊。"

有道光二十一年辛丑孟廣均序,稱道光十五年,孟廣均在修

《三遷志》館:"同里董上舍聽泉先生謀付剞劂。"是年馬氏自序於鄒南別業:"友人孟雨山博士、董聽泉上舍謀爲梓之。"有《助資姓字》,中有山西胡煜、張容雅、高之寵、張啓甸、李蔚東、楊震甲、張聲有,歷城趙鍾麟,兖州劉焕彩、劉焕文,濟寧直隸州李聯灃、王廷簪、李大桂、王慶瑚、王慶蕚、劉淮,鄒縣董作楫、劉方賢,門人鄒縣劉芳桂、劉英含、董作栻。

十行二十四字,黑口,左右雙邊,雙魚尾。

②《閔黎明經詩録》一卷,清孟廣均輯,清道光三十年鄒縣孟廣均刻本。

廣均字雨山,孟子七十世孫,道光八年戊子舉人,襲五經博士。另著有《重纂家乘》《重纂三遷志稿》十四卷。

此書當爲孟廣均自刻,因其在同治四年還在世。

八行二十字,小字雙行二十字,白口,左右雙邊,單魚尾。

5. 滕縣刻書

秦置滕縣。滕縣明代刻書至少有六種。清代不足十種,中期刻書衹有兩種。

①《斷蔗山房詩藁》四卷,清滿秋石撰,清嘉慶十九年滕縣滿秋石刻本。

封面題:"爲可堂藏版。"卷端署:"古滕滿秋石碧山。"有嘉慶十九年自序:"斷蔗山人滿秋石,字碧山,號若谷,世居滕,以甲午鄉舉宰武義。未仕以前嘗學爲詩,僻處鄉村,所交識不過山林寒畯,鮮就正,故多不入格調。然一生心血不忍没也,梓以問世,高明君子,幸垂教焉。嘉慶甲戌三月,時年六十有六。"知爲滿氏自刻。"爲可堂"係滿秋石堂號。另著有《歸雲樓近稿》《爲可堂文集》,未見刻本。

九行十九字,黑口,左右雙邊,單黑魚尾,無直格。

②《古韻發明》不分卷、《切字肆考》不分卷,清張耕撰,清道光滕縣張氏芸心堂刻本。

耕字芸心,監生。其書本顧、江、戴三家,推廣其未盡之蘊,審定正音,别出流變。《切字肆考》則依等韻而正之。有道光六年阮元廣東節署序:"(乾隆五十八至六十年)以詹事督學山左。滕陽張君芸心博學多聞,尤精於古韻,勒成一書,介予弟梅叔亨(按:阮亨)由揚州郵寄嶺南節署,索弁言。予公餘翻閲,頗喜其通古今之訓詁,明聲讀之是非矣。爰書數語以歸之。"道光四年吴縣吴志忠叙:"滕陽張芸心先生,博學嗜古,潛心經術,涉獵百家。尤喜於聲韻之學,服膺顧、江、戴三家之論,推廣其所未盡之蘊,著爲《古韻發明》一編。末附《切字肆考》,於等聲律音諸法,靡不精研入深,徵引典籍,博採衆論,兼綜條貫,脈絡井然,洵足爲亭林諸子之功臣已。"平湖朱爲弼序:"道光十一年,滕陽張芸心先生以所箸《古韻發明》一書寄示。其書以《廣韻》二百六部總爲九類,辯其何爲正言,何爲流變。分别部居,源流條貫。余卒讀之,而嘆其學之博,辯之明,功之勤也……今是書於辯音之外,附以經文異字、偏旁點畫,各加考證,則又兼綜《五經文字》《九經字樣》諸書,而於象形、指事、會意之恉,靡不該備矣。"方苞序:"是書考古音,校正《詩經》之叶韻,由義以求聲,因聲以求義也。"道光三年張耕序。附友人書信,吴有堂先生書、袁鍊書、許瀚書、阮亨書、吴鼎臣書、古單時式玉書二通、聊城朱崇慶書、崇川馮雲鵬贈七言律二首、李鴻賓贊。末有自識:"余幼好音韻之學,鄉僻儲書未多,又無從質問。自得《戴氏遺書》,始知門徑……爰以授梓。"是自刻本無疑。

封面題:"芸心堂藏板。"

十行二十四字,白口,四周雙邊,單黑魚尾。字大,稍粗劣。《切字肆考》字小,刻較精。

張耕學宗戴震,此書在當時有一定影響,重要人物如許瀚、阮亨、時氏、馮雲鵬、方苞等皆對此書評價甚高。

6. 嶧縣刻書

清中期的嶧縣刻書衹有張魯文一家，所刻均爲滋陽牛運震的著述。清前期的兖州府滋陽刻書已述。

附：兖州府家刻總表

空山堂詩集六卷	（清）牛運震撰	清嘉慶六年滋陽牛鈞空山堂刻本
春秋公羊經傳通義十一卷叙一卷（顨軒孔氏所著書第一種）	（清）孔廣森撰	清嘉慶十七年曲阜孔廣廉刻本
禮學卮言六卷（顨軒孔氏所著書第四種）	（清）孔廣森撰	清嘉慶十八年曲阜孔昭虔刻本
經學卮言六卷（顨軒孔氏所著書第五種）	（清）孔廣森撰	清嘉慶十八年曲阜孔昭虔刻本
少廣正負術内外篇六卷（顨軒孔氏所著書第六種）	（清）孔廣森撰	清嘉慶十九年曲阜孔昭虔刻本
駢儷文三卷（顨軒孔氏所著書第七種）	（清）孔廣森撰	清嘉慶十七年曲阜孔昭虔刻本
周官臆測六卷叙録一卷	（清）孔廣林撰	清曲阜孔廣衡刻本
心嚮往齋用陶韻詩二卷壬癸詩録一卷於南詩録二卷	（清）孔繼鑅撰	清道光二十九年至咸豐六年曲阜孔廣牧刻本
漢石經殘字證異一卷	（清）孔廣牧撰	清曲阜孔廣牧家刻本
綬藤吟舫詞一卷	（清）孔昭薰撰	清道光十五年曲阜孔昭薰刻本
丙申北遊詩詞小草	（清）孔昭薰撰	清道光十六年曲阜孔昭薰刻本

（續表）

柳村詩二卷	(清)孔昭薰撰	清道光十六年至十八年間曲阜孔昭薰刻本
貯雲詞三卷	(清)孔昭薰撰	清道光十八年曲阜孔昭薰刻本
至聖林廟碑目六卷	(清)孔昭薰、孔憲庚編	清道光十八年曲阜孔昭薰刻本
闕里孔氏詞鈔五卷	(清)孔昭薰、孔昭蒸輯	清道光十九年曲阜孔昭薰玉虹樓刻前四卷孔憲彝刻第五卷本
秋蓼山房詩稿二卷補遺一卷	(清)孔廣根撰	清道光二十六年曲阜孔昭燦刻本
秋蓼山房詞稿一卷	(清)孔廣根撰	清道光二十六年曲阜孔昭燦刻本
大學指掌一卷中庸指掌三卷	(清)孔昭傑撰	清嘉慶十三年曲阜孔昭傑刻本
大學指掌一卷中庸指掌三卷	(清)孔昭傑撰	清道光六年闕里孔氏刻巾箱本
觀海集一卷	(清)孔廣權撰	清道光曲阜孔昭傑刻本
拜經書屋文稿不分卷	(清)孔昭傑撰	清道光十四年曲阜孔昭傑刻本
孤燈吟草一卷	(清)孔昭傑撰	清道光十四年曲阜孔昭傑刻本
知非録一卷(孔俊峰先生知非録)	(清)孔昭傑撰(清)孔憲階等注	清咸豐二年曲阜孔氏家刻本
春及園蟲鳴草四卷	(清)孔昭恢撰	清道光二十五年曲阜孔氏家刻本

（續表）

食我實館吟稿三卷	（清）孔昭焜撰	清道光曲阜孔氏家刻本
卻掃山巢集一卷	（清）孔昭焜撰	清道光曲阜孔氏家刻本
利於不息齋文一卷	（清）孔昭焜撰	清道光曲阜孔氏家刻本
制藝一卷	（清）孔昭焜撰	清道光曲阜孔氏家刻本
出山小草一卷	（清）孔昭任撰	清道光間曲阜孔昭任刻本
慎獨齋存稿四卷	（清）孔昭任撰	清道光間曲阜孔昭任刻本
醫俗軒詩文集不分卷	（清）孔昭熺撰	清道光七年曲阜孔慶鈺保合堂刻本
拏雲館詩草一卷（還鄉草）	（清）孔憲彝撰	清道光十四年曲阜孔憲彝及其夫人朱璵刻本
未谷詩集四卷	（清）桂馥撰	清道光二十一年曲阜孔憲彝校刻本
晚學集八卷	（清）桂馥撰	清道光二十一年曲阜孔憲彝等刻本
闕里孔氏詩鈔十四卷	（清）孔憲彝輯	清道光二十二年曲阜孔氏刻本
曲阜詩鈔八卷	（清）孔憲彝纂輯 （清）孔憲庚參校	清道光二十三年曲阜孔氏刻本
小蓮花室圖卷題辭五卷	（清）孔憲彝編	清道光二十五年曲阜孔憲彝刻本
小蓮花室遺稿二卷	（清）朱璵撰	清道光二十五年曲阜孔憲彝刻本

(續表)

尺五莊餞春詩薈一卷題辭一卷	(清)孔憲彝編	清道光二十七年曲阜孔憲彝京師刻本
韓齋文稿四卷	(清)孔憲彝撰	清道光三十年曲阜孔憲彝刻本
對嶽樓詩録二卷	(清)孔憲彝撰	清道光十九年曲阜孔憲彝刻本
對嶽樓詩續録四卷	(清)孔憲彝撰	清咸豐七年曲阜孔憲彝刻本
繡菊齋題畫剩稿一卷	(清)司馬梅撰	清咸豐七年曲阜孔憲彝刻本
十三經閣詩録二卷	(清)孔憲庚撰	清道光間曲阜孔憲庚南方刻本
可竹軒詩録一卷	(清)王大淮撰	清道光二十三年曲阜孔憲庚刻本
鏡虹吟室詩集四卷經進稿一卷詞集二卷	(清)孔昭虔撰	清道光曲阜孔憲恭、孔慶頤刻本
埽垢山房詩鈔十二卷	(清)黄文暘撰	清嘉慶七年曲阜孔憲增、孔憲堃刻本
孔氏敦本堂祠墓時儀注不分卷	(清)孔廣林撰	清道光二十七年曲阜孔憲璜刻本
顔魯公文集十五卷補遺一卷附年譜行狀本傳	(唐)顔真卿撰	清嘉慶七年曲阜顔崇槼江蘇刻本
顔氏家乘不分卷(顔氏家集之一)	(清)顔崇槼編	清嘉慶間曲阜顔崇槼刻本

（續表）

學静軒遺詩一卷	（清）孔淑成撰	清道光十六年曲阜顔氏刻本
先正讀書訣一卷	（清）周永年撰	清道光二十二年長洲王大淮刻本
摩墨亭稿不分卷種李園近稿不分卷	（清）顔崇椝撰	清道光二十九年長洲王鴻刻本
就正詩草二卷	（清）鄭曉如撰	清道光十九年曲阜鄭曉如刻本
掃紅亭吟稿十四卷附題辭一卷	（清）馮雲鵬撰	清道光八年至十年崇川馮雲鵬掃紅亭刻本
名宧傳二卷	（清）黄恩彤撰	清道光二十五年寧陽黄恩彤廣東刻本
于文定公讀史漫録二十卷	（明）于慎行撰（清）黄恩彤參訂	清道光二十六年寧陽黄恩彤廣東刻本
粤東省例新纂八卷	（清）黄恩彤、寧立悌等纂修	清道光二十六年寧陽黄恩彤廣東藩署刻本
憩亭賦稿一卷使粤詩草二卷忘餘詩草一卷（存素齋韻語）	（清）黄恩彤撰	清道光二十八年寧陽黄恩彤廣東刻本
東泉詩話八卷	（清）馬星翼撰	清道光二十一年鄒縣董長楷、孟廣均等刻本
閔黎明經詩録一卷	（清）孟廣均輯	清道光三十年鄒縣孟廣均刻本
斷蔗山房詩藁四卷	（清）滿秋石撰	清嘉慶十九年滕縣滿秋石刻本

（續表）

古韻發明不分卷切字肆考不分卷	（清）張耕撰	清道光滕縣張氏芸心堂刻本
空山堂史記評注十二卷	（清）牛運震撰	清乾隆五十六年至乾隆五十八年武功張玉樹、豐潤周士拔刻嶧縣張魯文、滋陽牛鈞續刻本
春秋傳十二卷	（清）牛運震撰	清嘉慶四年嶧縣張魯文刻本
論語隨筆二十卷	（清）牛運震撰	清嘉慶四年嶧縣張魯文、張桂林、張甲三刻本
詩志八卷	（清）牛運震撰	清嘉慶五年嶧縣張魯文等刻本
空山堂文集十二卷	（清）牛運震撰	清嘉慶六年嶧縣張桂林刻本
孟子論文七卷	（清）牛運震撰	清嶧縣張魯文等刻本
讀史糾謬十五卷	（清）牛運震撰	清嘉慶嶧縣張桂林刻本

（三）坊刻

清中期的兖州府坊刻僅有曲阜會文堂。

據國偉整理《木版刻印書鋪會文堂》①一文，咸豐初年孔憲蘭在鼓樓街路南開設了會文堂。有兩間門頭，六間後屋，一個小南院，規模在曲阜最大。孔憲蘭創辦會文堂的目的是“以文會友”。孔憲蘭中舉後，該店就由其子孔慶怡經營。孔慶怡一變乃父初衷，由“會文”而“會商”。於是增加資本，擴大店面，聘請濟寧、東昌等

①國偉：《木版刻印書鋪會文堂》，見《曲阜文史》第七輯，1987年版，第71～72頁。

地的刻印名師,廣泛承攬印刷業務,經營範圍逐日擴大,會文堂生意興隆,盛極一時。這一時期,可以説是會文堂的黄金時代。民國年間,孔慶怡之子孔繁坫又繼承了會文堂的事業。由於受到新的印刷技術的衝擊,傳統的木板書銷路日漸萎縮,會文堂遠不如以前興盛了。

國偉考察,會文堂印書有兩種形式:一是自己刻版印刷,一是爲名門大户代印家藏木版。刻印一般書籍時,店裏不用請人,如果刻印字數多、版面複雜、印刷量又大的書籍,則要臨時從濟寧、東昌等地聘請刻印師傅,還要借對門吴家大廳臨時作場地,而且十幾個人忙上兩三個月方能印完。這種情況雖然不多,但營利卻是可觀的。

會文堂所刻的一般書籍有《三字經》《百家姓》《千字文》《大學》《中庸》《論語》《孟子》等。店裏還刻印名門家譜、婚喪帖柬、圖章便戳之類。所刻的《聖門禮樂誌》《孔子聖蹟圖》《聖賢像贊》質量高,還被衍聖公府作爲禮品饋贈來曲阜"朝聖"的中外名流。

目前所見有光緒四年孔憲蘭刻《聖賢像贊》四卷,明冠洋子繪纂,清孔憲蘭增補。封面題:"光緒四年重刊,板藏曲阜會文堂。"清前期的兖州府官刻有述。

會文堂延續到民國時期,民國二十四年刻《闕里遊覽指南》一卷。封面題:"民國二十四年新刊,板存曲阜鼓樓東會文堂。"卷端題:"曲阜袁書鼎彝三編録,□□□□(按:四字挖去)重刊。"書鼎,光緒末歲貢生,博學,精考據,工隸書,好詩古文詞。卒年七十三歲。書分上下欄,下欄爲八行二十二字,白口,四周雙邊,單魚尾,上欄二字。有《凡例》。

(四)兖州府刻書特色

兖州府官刻共有 29 種,滋陽 2 種,曲阜 26 種,汶上 1 種。以曲阜爲最多,主要原因是孔府刻書 10 種,崇川馮氏刻小叢書 1 種,有子目16種。刻書分布要比清前期更廣一些,前期僅有曲阜和鄒縣刻書。

這一時期的兖州府官刻書中子部和集部書較多,《聖門十六子書》爲子部書,而孔府所刻除一種史部書外,其餘皆爲集部書,以孔慶鎔的詩集爲最多。

官刻名品有《金石索》。此書係山東乃至全國金石學史上的名著。

金石學自宋代大昌,《考古圖》《宣和博古圖》《歷代鐘鼎彝器款式法帖》《集古録》《金石録》《隸釋》等著述的出現,表明金石研究已相當興盛。經歷了元明時期的沈寂,受乾嘉學派影響,清代金石學進入鼎盛時期。自乾隆年間編纂《西清古鑑》等書,推動了金石研究的復興,其後有張燕昌的《金石契》,乾隆三十六年自刻四十三年重定本;王昶的《金石萃編》,嘉慶間刻本;孫星衍、邢澍的《寰宇訪碑録》,嘉慶七年陽湖孫星衍刻本;吴玉搢的《金石存》,清嘉慶二十四年李氏聞妙香室刻本,等等。雖蔚爲大觀,但各有缺憾,如《金石萃編》以歷代碑刻爲主,銅器和其他銘物僅有十餘則。《寰宇訪碑録》更是專注於石刻。山東滋陽牛運震乾隆間所刻《金石圖》,《四庫全書總目》評價不高:"運震未至西域,僅得模糊拓本,所摹頗失其真。又仿岳珂之例,於説後各贅以贊,亦爲蛇足。"不被重視。

《金石索》的刊刻具有特别的意義。首先是金石並舉。馮雲鵬認爲,自宋以來的金石著作如《隸事》《隸續》等編,詳於石而略於金,《考古》《博古》諸録,專於金而缺於石,而他自己則兼斯二癖。其次是增加了很多内容。他自認爲好爲苟難,故此書索於舊聞者二三,索於新得者七八焉。其三是以圖示物。每件金石文物皆有圖示,而每圖皆爲雲鵬親自精心摹拓,紋理細微,惟妙惟肖。其四是以文釋圖。每圖均有文字説明,係雲鵬的精詳考訂,總三十餘萬言。

此書之後,後起者有阮元《積古齋鐘鼎彝器款識》、吴式芬《攈古録金文》、吴大澂《窓齋集古録》、方浚益《綴遺齋彝器款識考識》、李佐賢《古泉匯》等書,承《金石索》的餘韻,將金石學的研究範圍擴大至錢幣、鏡銘、璽印等各個方面,金石學達到了全面興盛。

此期具有藝術性的佳品有《聖門十六子書》,行疏字大,刻印精。《文獻通考序鈔》爲寫刻體,比較精美。

清中期的兖州府家刻以曲阜爲最多,有54種,占總刻書量的三分之二。其中,孔氏有47種,顏氏有3種,王大淮2種,鄭曉如1種,馮氏1種。可見,孔氏刻書半天下。寧陽黄恩彤、嶧縣張魯文亦刻書不少。

刻書内容上,集部最多,有48種。經部次之,13種,主要是牛運震和孔廣森的著述。史部8種,子部2種。

集部中曲阜地方藝文3種:《闕里孔氏詞鈔》五卷,道光十九年曲阜孔昭薰玉虹樓刻本;《闕里孔氏詩鈔》十四卷,道光二十二年曲阜孔氏刻本,衹收自清初至道光間孔氏詩;《曲阜詩鈔》八卷,道光二十三年曲阜孔氏刻本,這是在《孔氏詩鈔》的基礎上續輯而成的。在短短四年間,展示孔氏及曲阜文學成績的三部大書相繼刊刻,這不能不説是孔氏的功勞。

刻書名家有三人。

孔氏在清中期,以孔憲彝刻書爲最多。不計《闕里孔氏詩鈔》及《曲阜詩鈔》,其刻書已達10種。孔憲彝以刻桂馥著述而聞名。桂馥的《晚學集》八卷、《未谷詩集》四卷皆由孔憲彝在道光二十一年校刻而成。此書爲孔憲彝從桂顯沈家藏稿本録出校刊,有《助刻姓氏》若干人。《闕里孔氏詩鈔》《曲阜詩鈔》皆由孔憲彝所輯。《闕里孔氏詩鈔》受兩代衍聖公關注,他們相繼作序,可見此書的刊刻對孔氏家族的意義非同一般。此書與孔昭薰、孔昭蒸輯《闕里孔氏詞鈔》五卷並行,爲孔氏家族詩詞的彙集,集中展現了孔氏在文學上的成就。

寧陽黄氏,是清代寧陽刻書的代表,因清前期、中期寧陽均無家刻記載,故黄氏刻書尤顯重要。其刻書分三個時期,一是在廣東期間,刻書 5 種。二是在光緒六年,刻書 2 種。以上 7 種皆爲黄恩彤自刻。三是在光緒三十一年,刻 3 種。三十四年黄力田刻 1 種。後 4 種皆爲後人刻,時黄恩彤已去世。黄恩彤在廣東所刻書很精美,這與他任廣東巡撫有關。相對來説,在寧陽所刻就遜色多了。其刻書内容以史部爲主,這在山東刻書史上不多見,一般私家刻書以集部爲主,而黄氏刻史部書達 6 種之多,且 4 種爲史評類,説明了他對史書的關注。

嶧縣張魯文與其子張桂林,均爲牛運震的學生,牛運震的《空山堂全集》共 10 種,張氏所刻有 7 種。經部 4 種,史部 2 種,集部 1 種。時間集中於嘉慶年間。嶧縣前期刻書衹 1 種,後期刻書無記載,在此情況下,中期的刻書是嶧縣清代刻書的代表,有填補空白的意義,數量上亦頗爲可觀。

本期最具學術意義的刻書,是孔廣廉與孔昭虔所刻孔廣森撰《顨軒孔氏所著書》。

其一,孔廣森《春秋公羊經傳通義》爲清代首部《公羊》新疏,奠定了他清代公羊學復興的先驅人物的地位。他注意到了發明《春秋》大義的漢代今文經學大師,並試圖直接漢代公羊學的統緒,這在清代今文經學發軔之初,對繼起的學者無疑起到了開啓先路的作用。可以説,清代今文經學的復興,莊存與倡之於前,孔廣森、莊述祖繼之於後,至劉逢禄更大張其軍,孔廣森起到了承前啓後的作用。

其二,《大戴禮記》在宋代有十四經之稱,僅宋代就有傅崧卿、楊簡、王應麟諸家研治,清代有汪照、汪中、戴震、王聘珍、孔廣森諸家踵武深究，而後又有孫詒讓、王樹枏進一步校補，使其研究日臻完善。《大戴禮記》通注全書者，清代孔廣森的《大戴禮記補注》和王聘珍的《大戴禮記解詁》最爲著名。清末民初孫詒讓的《大戴禮記補》以爲孔氏《補注》最爲善本。梁啟超《要籍解題及其讀法》："《大戴禮記》因傳習夙稀，舊無善注，且訛誤滋多。清儒盧文弨、戴震先後校勘，始漸可讀。孔廣森《大戴禮記補注》、汪照《大戴禮補注》，皆良著也。"

另有孔昭薰刻《至聖林廟碑目》六卷，有孔繁灝跋，稱此前録林、廟碑者，雖有《闕里文獻考》《山左金石録》，但前者搜羅不全，後者迄於元代。本《目》可補二者所缺："實指其石所在之地，俾得據書氊拓，以傳信後世，其有功於林廟，豈淺鮮哉。"

滕縣張耕學宗戴震，所撰《古韻發明》《切字肆考》，在當時有一定影響，重要人物如許瀚、阮元、阮亨、時氏、馮雲鵬、方苞等皆對此書評價甚高。

嶧縣張魯文刻牛運震著述七種，有功於當時的史學。陳麗珍《清代山東史學初探》①認爲，牛運震的史學思想及史學研究方法代表了清代中期山東的史學思想。在全國考據學風的影響下，山東學者也逐漸由清初的經世致用的實學轉向了重實證、不空談，致力於經學與小學研治的考據之學。在歷史研究方面，學者們逐漸拋棄了讀史致用的宗旨，走向了歷史古書名物的考據。牛運震的《讀史糾謬》，從編撰學、文學和考據等多個角度對史書進行了分析和考證，通過這些糾謬的內容，我們能看到在乾嘉學派影響下，牛運震注重考史、證史的史學方法。同時，也體現了他對史書體例規範化及信史材料選擇的批評和意見。《讀史糾謬》作爲清代中期山東考據史學最重要的組成部分，展現了牛運震精細和多樣化

①陳麗珍：《清代山東史學初探》，山東大學2007年碩士學位論文。

的糾謬内容和手段，而這些評議又組成了他正統主義的史學思想。可以説，《讀史糾謬》是清中期山東考據學的代表作之一。

這一時期的藝術精品有：

《闕里孔氏詩鈔》，由孔氏"御用"刻工劉文炳所刻，日照許瀚署檢。字體端正，刻印精細，係家刻精品。

黄恩彤在廣東刻的《名宦傳》，字大悦目，刻印極精。《于文定公讀史漫録》《憩亭賦稿》《使粤詩草》《忘餘詩草》皆如此，刻印較精。

崇川馮氏在曲阜刻《掃紅亭吟稿》十四卷附《題辭》一卷，刻印甚精。

兖州府的坊刻書在清中期僅曲阜會文堂一家，由孔憲蘭所建，主要刻孔氏著述，亦有一般的蒙學及應試書籍。

二、沂州府刻書

（一）家刻

清中期沂州府無官刻和坊刻記載。二縣無私家刻書記載：蘭山、蒙陰。

1. 沂州刻書

清代有署"沂州"爲籍貫者，大概指蘭山地，今從原著。

清中期的沂州有宋氏和趙氏刻書。

1）宋氏刻書

沂州宋氏爲大族。宋鳴梧爲明末有名的僉都御史。鳴梧有子二，一爲宋之普，官至户部左侍郎；一爲宋之韓（1611—1670），字奇玉，一字稚甫，號西蓮，順治十八年進士，授東昌教授，後爲應遷知縣、四川瀘州通判。

①《海沂詩集》二十卷，清宋之韓撰，清嘉慶二十五年沂州宋瀛刻本。

封面題:“嘉慶庚辰年鐫,宋氏宗祠藏板。”

前有邵毓材、程邑、朱錦、四川張吾瑾、莆陽張松齡、浙西朱家徵、四川宋絳樟、宋之普序,時間最晚爲康熙六年。有康熙五年丙午《海沂詩集自序》曰“付諸梓人”,時宋之韓在川南瀘署。嘉慶十九年來孫宋瀛《海沂詩集後序》:“丁未,《海沂》成集。篇計八百,卷分二十。紀日編年,公自校緝。公歸之日,付梓未遑。行年六十,長逝元堂。有志未逮,黯然神傷。越今六世,亟爲搜括。編次依舊,有疑必闕。將付梨棗,用誌始末。”嘉慶二十五年晜孫徽章跋:“癸酉春,徽章於從兄開喆處得七世祖蓮仙公《海沂詩集》一卷……又於輞川得七世伯祖今礎公(按:宋之普)《成閣集》十卷,並《海沂詩》未完稿數十卷……徽章父心切紹聞,恐久而散佚,將付登梓。因廣搜遺文舊跡,及先人傳記、碑文與一切尺牘、雜録,參互考證,爲公追述《年譜》一卷。經吾師馬臥廬夫子手爲裁定,本末略備。又得公在瀘手記《蜀難本未》一卷,七世祖母《行實》一卷,亟敬録之,刊諸《年譜》之前……庚辰之歲,徽章父年六十有三,亟鳩工共登剞劂,董其成書。”由此序可知馬邦舉參與裁定《年譜》。徽章係宋潢之子,宋母王恭人爲宋之韓子宋契學之妻。前有宋之韓撰《蜀南本末傳》,宋契學撰《馬孺人行實》,宋之韓從孫宋名立撰《宋氏家傳》,宋瀛蒐輯、宋徽章較録、馬邦舉裁定《先太高祖別駕公年譜》。

九行十九字,小字雙行十九字,白口,左右雙邊,單黑魚尾,版心下刻“松寉園”。家刻風格,刻印精良。

②《緑窗詩草》一卷(《海沂詩集》附),清王恭人撰,清嘉慶二十五年沂州宋潢刻本。

王氏(1638—1710),費縣人,宋契學妻。有玄孫宋潢《緑窗詩草紀略》:“嘉慶庚辰,從兄瀛既刻先別駕公《海沂詩集》,潢敬録是編,亦並付梓。”

九行十九字，白口，左右雙邊，單黑魚尾，版心下刻“倚嵐亭”。家刻風格，刻印精良。

③《妙香齋詩集》四卷，清趙德懋撰，清光緒十一年沂州府趙嘉肇陝西三原縣署刻本。

趙德懋，字建澤，號荊園，沂州蘭山人。嘉肇，咸豐二年壬子科舉人。

有牌記：“光緒乙酉春月栞於三原縣署。”卷端題：“古琅邪趙德懋荊園著，曾孫嘉肇重輯，曾孫惇統、嘉翔同校。”

書有原序跋四。道光二十九年都城吴步韓序，吴步韓跋。男宗嶠識：“先君見背三十年矣。展卷涕零，不能自已。並在家舊稿，共録四卷，待付剞劂，用存手澤云爾。”咸豐二年男宗崙識：“余長兄輯而存之，裒然成帙。迄先君捐館後，三兄手自釐訂，問叙於都邑進士吴小巖（按：吴步韓）明府，付梓未遑。歲辛亥，崙筮仕南服，攜至署中。值戎馬倉皇，軍書旁午，無片刻休暇。命兒輩五夜篝燈，重加校讎，用付剞劂……出繼男宗崙識。”據以上序跋可知，咸豐二年，沂州府趙宗崙楚南有此書刻本。

又有本次刻書序。首爲慕榮幹序：“孚民明府重刻其曾王父荊園先生詩集……先生固循吏也。牧路南時，政聲卓越。守大理十年，凡可以惠民者，皆毅然行之。成敗利鈍，不遑自計。彼都人士與吾鄉之宦遊於滇者，至今稱道弗衰……（其詩）温雅和平，語語自性情流露而出，無復一豪淩厲之氣、噍殺之音……先生既歿，其子若孫都遺稿爲四卷，始刻於楚南，不數年而燬於兵燹……今孚民少承家學，能於灰燼之餘，護持先集不墜，奔走四方，歷數十寒暑，卒付手民，俾得更行於世。……賜進士出身翰林院編修記名御史陝西提督學政鄉後學慕榮幹頓首拜序。”孚民撰《大理府知府荊園趙公傳》。曾孫嘉肇識：“先曾大父荊園府君著有《妙香詩稿》，先大父晴嵐府君（按：宗嶠）隨侍任所，留心收藏。檢付先三叔祖海巖公,輯成四卷,先四叔祖星巖公(按:宗崙)刻於楚南。板後爲兵燹所燬。肇攜舊本來關中,思覓佳工重刻之。甲申歲,再攝池陽。公餘之暇,偕弟嘉翔重加校對付梓,時光緒十年冬月之吉曾孫嘉肇謹識於三原縣署之清白堂。"孚民蓋爲嘉肇字。

九行二十二字,黑口,左右雙邊,單黑魚尾。刻印較精。

2. 郯城刻書

漢置郯縣。明代的郯城刻書有兩種。清前期無刻書記載,中期有一種。

牛運震《空山堂全集》中有《考工記論文》一卷,清嘉慶間郯城顏懷志刻本。

卷末署:"外孫顏懷志校刊。"

此顏懷志爲郯城顏氏七十代顏崇德之子,故應爲郯城刻書。

3. 費縣刻書

秦置費縣。平邑在唐貞觀元年併入費縣,故清代的平邑應屬費縣。

明代費縣無刻書記載。清前期亦無。清中期有平邑刻書一種。

《榆山輿誦》一卷附《慕韓父臺榆山詩集》一卷、《勸民歌》二十六則、《受業諸生詩》一卷,清朱浚慶等撰,清道光二十三年平邑士民刻本。

書衣題簽爲"平邑士民公栞"。封面題:"道光癸卯孟冬,平邑士民公栞。"

此書的刊刻係爲紀念原邑侯劉慕韓。慕韓字榆山,平邑縣令,三年後,調署商河。平邑士民爲紀念他,合資刊刻此書,主要由門生們操辦並校對。所收以受業諸生詩爲主,包括去思碑文、古今體詩。附《慕韓父臺榆山詩集》、劉慕韓撰《勸民歌》二十六則,及萊陽亞元周悅讓、歷城舉人金寶符、淄川副榜高僎謀等諸生詩。

有章炳蘭《序》:“慕韓劉君以南太史爲東諸侯。”門生朱衍洞《序》:“吾邑侯慕韓夫子榆山,……忽遷官於二月。臨歧,父老遮道,留鞭把袂。生徒抛磚引玉,吟成七字……從此壽諸梨棗。”門生朱慶宜《跋》:“公以名翰林出宰榆山。甫下車,多惠政。三年報最,奉調麥邱。一時送者遮道,攀轅至不得行。其感恩深者甚至泣數行下,何令人傾慕一至於此。去後,郵寄留别詩四章。深情厚誼,溢於言表。於以知公之未能忘懷於吾邑也。”受業朱浚慶《跋》:“《輿誦》一册,吾邑士民不諼公德政之所爲作也……檄調商河……閲年餘,吾邑紳耆撫棠蔭興思,每恨不獲晤公,且恨不獲輸悃忱於公也。因公議捐貲編次詩歌,付剞劂。各輶軒之採,且一一委浚襄成其事。浚義是舉……爰彙爲一册,並將公所爲詩歌有裨於士風、人心、民生、國計者附刻於後,及受業諸生贈詩亦附焉……是刻竣,因詳述《輿誦》之所由作及《輿誦》之作之所由刻……道光二十三年歲次癸卯菊月受業朱浚慶謹跋並校字。”

八行十九字,四周單邊,單黑魚尾,版心上刻“榆山輿誦”,中刻詩名。字體一般。

4. 莒州刻書

明代莒州無刻書記載。清前期亦無。清中期有莊氏一家。

莊氏係莒邑望族。明洪武初年,徙自江南東海郡。莊氏自莊詠始顯。莊詠,乾隆五十三年舉人,嘉慶四年進士。十一年官順德府任縣,十五年調任邱,十八年陞滄州知州。十九年致仕家居,道光三年卒。著有《學庸困知録》《杜津淺説》等。其子莊瑶(1791—1865),嘉慶二十二年進士,任工部都水司主事、鄉試同考官、湖北道、河南彰懷衛道等。咸豐十一年,奉旨在家鄉督辦民團,防堵捻軍。著有《聲韻易知》四卷、《小琅玕館雜體詩草》一卷等。莊恩皵,諸生,候選按察司知事,官至湖南寶慶府知府。

莊氏刻書主要是莊瑶及其子姪刊刻莊瑶父莊詠及莊瑶的著

述,刻書七種。

①《筆花園稿》,清莊詠撰,清道光莒州莊氏家刻本。

莊詠的《學庸困知録》末有主持刻書者出嗣子莊懋謙識:“前兄奭赴浙(按:將“浙”刻成“淅”)東,得賈艮山年伯選訂《筆花園稿》,業經刊刻。其餘需工頗繁,力有不及,故遲遲至今。”知在刻《學庸困知録》之前,已有《筆花園稿》之刻。

②《學庸困知録》四卷,清莊詠撰,清道光二十三年莒州莊氏家刻本。

封面題:“道光癸卯年鐫,山東學使婁江李少峰先生鑒定,城陽清和堂藏版。”

正文前有:“城陽莊詠賡唐氏輯著。校訂:海曲李太和際武,同邑于欽元惺甫。編次:堂姪恩植培之,胞姪懋涵滋圃、懋甲松西,姪孫逵蘭坪、邁立凡,男懋澐輝廷、懋奭召堂、懋弼又傳,出嗣懋濂清溪,孫方瑚玉圃、方琨景岡、方理次文、方琦彷韓。懋濂暨孫述、適、邃、曾孫書筠、書笹敬刻。”卷末署:“道光二十三年歲次癸卯出嗣男懋濂清溪氏敬刊。”此行後有“章邱韓宗愈刻”一行。

此書爲家刻無疑。由子姪輩編次,出嗣子莊懋謙及孫、曾孫三代所刻。此時莊詠已去世。又請章邱刻工雕刻,説明當時莒州的刻工水平要遜於章邱,畢竟章邱爲濟南地,離府治近,刻工水平要高。

道光二十三年癸卯李汝嶠書於青州試院之夢愚堂:“城陽莊杏園先生,山左名宿,由進士出宰,洊陟州牧……先生猶子松西,秉鐸益都,出先生所輯《學庸困知録》見示……是書三易稿而成,五閲歲而定……先生所著《筆花園文稿》既已梓行,是編亦宜付剞劂。”有乾隆五十九年莊詠《學庸困知録自記》。末有主持刻書者出嗣子懋謙識,稱此書自庚戌至甲寅,閲五歲數易稿而成編。“癸卯春,濂取所輯《困知録》一編,詳加編次,適海曲際武李兄、同邑悝甫于表兄皆館舍下,與諸兄弟姪輩不憚分校之勞,勉爲付梓。"

九行二十五字,小字雙行二十五字,白口,左右雙邊,單魚尾。刻印較精。

③《杜律淺説》二卷,清莊詠撰,清道光二十四年刻本。

《山東通志·藝文志》:"是編道光甲辰刊。所解凡百首,皆五言律。"亦當家刻。

④《式古編》五卷,清莊瑤撰,清道光十八年莒州莊瑤刻本。

該書《例言》云:"所輯皆古人名言,分立身、居家、應世、貽後、居官,撮人生大要,次爲五卷。如存心養性、謹言慎行之類,統以立身;敦倫睦族、制用謹節之類,統以居家。"又云:"前人語録諸書,人不能悉心體驗,身生隔膜,故是編詞涉理障者不録。"又云:"世間勸善諸書,多談報應,雖意存勸人,然究近佛門,故是編言涉因果者不録。"

此編刻後版毀,大約毀於捻軍。目前所見爲民國刻本。民國刻本保留了原書的形貌。封面題:"道光戊戌刊,留有餘齋藏板。"卷端題:"山左莒邑莊瑤輯,男錫純、錫級、姪錫紳、錫綸等校字。"有道光十七年何淩漢原序。孔修文慶序。道光十七年楚翹秀堃於鋤月山莊序。

九行二十一字,白口,四周雙邊,單黑魚尾。無直格,刻印不精。此書當很受歡迎,在刻本之後,有民國八年溧陽周尚德堂木活字印本,民國九年郁文館石印本,又有所見民國十一年刻本。

⑤《聲韻易知》四卷、《首》一卷,清莊瑤撰,清道光二十三年刻本。

是書係莊瑤遵《韻府》所收之字,《字典》所分之部,按次編列,標明韻目。道光二十三年莊瑤序云:"於字之兩韻互見者,撮其字義,少爲詮釋,俾學者易於考證。"道光二十三年受業武進楊金監序云:"簡而不疏,繁而不亂。展卷即得,童孺皆知。而按其部伍音韻，則仍無乖乎諧聲轉注之旨，洵可爲典要者哉。”道光十三年秀水朱應元識。有《凡例》。時莊瑶在河南彰懷衛道任上，爲河朔書院諸生作此書。莊瑶喜奬士類，捐增河朔書院膏火，衡校課藝如嚴師，一時文風大振。則此書或刻於河南。

封面題：“道光癸卯孟秋梓，留有餘齋存板。”卷端題：“山左琪園莊瑶編輯，武進用明楊金監校訂。”

七行，白口，四周雙邊，版小，但刻較精。

⑥《便方備用》二卷，清莊瑶輯，清咸豐元年莒州莊氏家刻本。

封面題：“咸豐元年辛亥刊。”卷端題：“莒邑莊瑶琪園輯，男錫級、錫縝、錫經、姪錫紳、錫紱、錫紘仝校。”此年莊瑶在世，應爲莊氏家刻本。前有咸豐元年城陽癡叟莊瑶留有餘齋序：“因思以藥施人不如以方給人之簡且易也，録方給人不如鏤板印行之遠且久也。”

九行二十字，小字雙行二十字，白口，四周單邊，單黑魚尾。小字，字畫精整，刻印精細。

⑦《小琅玕館試帖詩草》四卷、《小琅玕館雜體詩草》一卷，清莊瑶撰，清同治十一年莒縣莊氏刻本。

卷端題：“莒縣莊瑶琪園甫著，男錫級、錫縝、錫經、姪錫紳、錫紱仝校。”家刻無疑，時莊瑶已去世。

九行二十字，白口，四周雙邊，單黑魚尾。

莊氏還有莊恩皵撰《愚山日記》二卷，清同治刻本，據《山東通志・藝文志》著録：“是編有刊本。”恩皵同治九年自序云：“余中年後仿行功過格，偶有所得，輒筆之於書，以自惕省，三十餘年以來，遂裒然成帙，因命兒輩鈔而存之，以識生平致力之苦。其於立心制行、處身涉世諸大端，亦不無少有裨益云。”大約係恩皵在世時所刻，故計入莊氏刻書。該書未見傳本。

5. 沂水刻書

清中期的沂水刻書有四種。

①《太極易圖合編》三卷附《大衍新法》一卷，清孔傳游撰，清道光三年肥城孔傳游沂水學刻本。泰安府刻書已述。

②《沂水桑麻話》，清吴樹聲撰，清咸豐四年保山吴樹聲沂水官廨刻本。

吴樹聲(1819—1873)，字鼎堂，一字筱亭，雲南保山人。道光二十四年舉人。善書法，尤好鐘鼎金石文字，著《鼎堂金石録》。長於音韻、訓詁之學，有《歌麻古韻考》《經傳釋詞續》《六書微》等書行世。官山東肥城知縣、沂水知縣。其中咸豐三年和咸豐六年兩次任沂水知縣。此本今藏中國國家博物館。

③《沂水弦歌》一卷，清吴樹聲等撰，清咸豐六年保山吴樹聲刻本。

末有咸豐八年沂水牛林識："我侯以保山名士，三年春來署沂篆，父老子弟被其乳哺惠綏甚渥。六年再任，善政善孝，洽被益深。而建書院，立考棚，設義學，勞心勞力，四境翕然。在沂尤爲創舉。去之日，士民萬餘人，依依不忍别，致馬不得前。至今謳思，倍切於在任時。當下車伊始，會賦《重晤父老詩》，邑之士大夫依韻奉和，積有數百首，徧繙之，無溢美，無虚譽，不過略述德政什一於千百耳，雖沂之巷曲里歌，實先生之雪泥鴻爪也，因急請付梓，公諸同好。"

九行二十字，白口，四周雙邊，單黑魚尾，無直格。

吴樹聲同治七年在壽光任上，刻有自撰《詩小學》三十卷、《補》一卷。有牌記："同治七年三月雕於壽光官廨。"封面有圓印"鼎堂七種之第三"，蓋吴氏有鼎堂七種，此爲第三種，《叢綜》未見著録。十行二十字，白口，四周單邊，單黑魚尾。字大方正，粗劣呆板。

④《徐貞女詩》一卷，清李受彭等撰，清沂水衆人合刻本。

前有沂水縣知縣餘姚邵習之撰《徵詩啓》，林玧撰《貞女事略》。徐氏，沂水縣人，幼許袁鋠。袁鋠在婚前卒，貞女毅然赴夫家，贍養兩姑，得衆人交口稱讚。知縣邵習之特徵詩表彰其德，並俾教化。

八行二十字，白口，四周單邊，單魚尾。

6. 日照刻書

日照在西漢時爲海曲縣，屬琅琊郡。東漢改爲西海縣，晉入莒縣，金始分置日照縣，屬莒州。元因之，明仍隸青州府，雍正十二年改屬沂州府。

日照明代刻書有兩種，清前期未見刻書記載，清中期始有許瀚一人。

1）許瀚刻書

許瀚（1797—1866），字印林，一字元翰，室名攀古小廬，日照人。篤嗜古文字聲韻之學，道光十一年隨浙江學政何淩漢赴浙，在杭州學署校影宋本《説文解字》《説文校本》《五音韻校本》，助嚴可均校《全上古三代秦漢三國六朝文》等。道光十五年舉人，二十年，應南通徐宗幹聘主講濟寧漁山書院，總纂《濟寧直隸州志》。二十五年，往清江浦爲潘錫恩增訂章學誠未成之《史籍考》，撰有《擬史籍考校例》，稿本今存山東省圖書館。同時進行桂馥《説文解字義證》的校刊工作。二十八年返日照。咸豐元年選授滕縣訓導，五年赴杭爲吴式芬校書，六年回沂州，七年赴海豐，繼續爲吴氏校書。八年回日照，十年主講日照奎峰書院。十一年捻軍犯境，書版及藏書俱損。自此後，流離失所，生活窘迫，同治五年抑鬱而終。

許瀚是清代著名小學家，其在目録、版本、校讎及金石等方面亦卓然成家，被龔自珍稱爲“北方學者第一”。生平著書有《攀古小廬文》《别雅訂》《許印林遺著》《韓詩外傳校議》《古今字詁疏證》等數十種。所校刊之書亦夥，僅爲吴式芬校勘者就有《攟古録金文》《攈古録》《金石彙目分編》三書,許瀚《與秀水高伯平書》備述捻軍犯境後繼續爲吴氏校書的辛苦,詳見丁原基女士著《許瀚之文獻學研究》①。

關於許瀚的刻書,丁原基女士的書中亦有論述,現增輯數條,縷述如下。

①刊刻《道光乙未科鄉試齒録》。許瀚於道光十五年應順天府鄉試中舉,故在十六年有刻《齒録》之舉。

據許瀚著、崔巍整理《許瀚日記》②,道光十六年三月二十五日,"付刻《齒録》。飯錢一千"。則此書刻於京師。

②校刻桂馥《説文解字義證》。

曲阜桂馥垂四十年成《説文解字義證》五十卷,書成後未刊,轉相傳鈔,互有異同。原稿初藏曲阜孔憲恭家,道光六年,許瀚在京師,諸城李璋煜邀其分校《説文義證》,同人厭其蕪雜,欲删汰者甚衆,獨安邱王筠以爲未可輕議,許瀚亦從其説。二十二年,許瀚主講漁山書院時,聊城楊以增致書議刻此書於濟寧。但任總校的許瀚與任分校的汪喜孫意見不合,於是汪氏半途退出,許瀚以一人之力校刻此書。東昌府聊城楊以增刻書已述。

二十六年,許瀚赴清江浦爲潘錫恩校訂《史籍考》,時張穆在京師爲楊墨林校刊《連筠簃叢書》,慫恿楊氏出資刊刻桂書,墨林欣諾。二十七年三月,楊以增致書許瀚,停刻《義證》。其時,許氏已另謀刊刻矣。四月,此書在清江浦開雕。因許瀚還在校訂《史籍考》,故難分身,於是延揚州薛介及田普實司其事。五月,許瀚病。八月,回日照。二十八年三月赴清江浦,書校及半,而刻近三卷,許瀚查看,發現所校黑白顛倒,任意删改,不得已停辦。嗣後,

①丁原基:《許瀚之文獻學研究》,華正書局 1999 年版。

②〔清〕許瀚著,崔巍整理:《許瀚日記》,河北教育出版社 2001 年版。

許氏獨任校勘。二十九年春,校勘初就,重謀開工。六月因父病旋里,三十年二月,移局於贛榆之青口鎮,離家百里。清江浦原刊之《説文義證》篆書,本由田普實書寫,清江本既廢,田亦辭退,於是許瀚自書之,一部分由弟子丁艮善書之。

對於許瀚刊校此書,楊紹和在《儀晉觀堂詩鈔》中有《許印林廣文瀚》:"《説文》八千字,汝南承家學。窮年事丹鉛,觀書眼卓犖。何用酒一瓻,刊謬資商榷。廣文曾借宋板《説文解字》校刊桂氏《説文義證》,因書'畏友恨難終日對,異書喜是故人藏'句見贈。"

咸豐二年五月,此書刊成。十行二十三字,小字雙行二十三字,白口,左右雙邊,單黑魚尾。版心下刻"連筠簃叢書,靈石楊氏刻"。卷端署:"曲阜桂馥學。"封面題:"道光卅年二月起工,咸豐二年五月訖工,日照後學許瀚校字。"

山東省圖書館藏有許瀚校刻此書的最後一遍清樣,詳見崔國光《談〈説文解字義證〉許瀚校樣本的學術價值》①一文。清樣校改的最後時間爲咸豐二年六月,則知直到六月,許瀚還在手校此書刻樣。此校大到字的部首、筆畫,小到邊框、魚尾,許瀚無不一一批改,務求準確。此刻樣還有丁艮善的校語,多爲訂正桂書訛誤之處,頗有價值。

孔憲庚《經之文鈔》云:"桂氏《説文義證》亦墨林囑印林許氏瀚於其家校刊,工竣久矣,印數十部攜至杭州銷售。買紙多印,乃歸板於墨林,庶幾海内藏書家多有其本。此印林之志,曾爲余言。"②知許氏有歸板於楊氏併《連筠簃叢書》印之的想法,但在咸

①崔國光:《談〈説文解字義證〉許瀚校樣本的學術價值》,載《文獻》2001年第4期。

②轉引自丁原基:《許瀚之文獻學研究》,華正書局1999年版,第139頁。

豐六年，楊墨林病故，其弟亦覆舟而亡，板未能歸，於是庋藏許瀚家。咸豐十一年，捻軍過村，《説文義證》版片及許瀚家中藏書皆毁。

③刻許鴻磐《方輿考證總部》六卷。

據徐明兆、周玉山《許鴻磐和他的〈方輿考證〉》①一文，此六卷爲楊以增委託許瀚所刻。

此書緣自許瀚在濟寧修志時所見許鴻磐《讀史方輿考證》總部部分的副本，此副本前有嘉慶十六年李兆洛序和嘉慶二十三年許鴻磐自記，自記稱此副本鈔成於金陵。李聯榜在《方輿考證全書序》中説："全帙正本不克見，止將總部副本存予處，正本總部較此加詳，予曾校而歸之……自先生辭世，寶此篋篇，不敢輕示人。庚子許印林來主書院講席，有事於州乘，每共論地輿，予出是副簡。"又云許瀚見後大加贊賞，欲物色"好是書而有力者付剞劂"，於是許瀚將此稿本呈送楊以增。楊亦很感興趣，決定在濟寧刊刻，還推薦汪喜孫參與此事。聊城楊以增刻書已述。

④校刻宋孫奭《孟子音義》二卷。

此書現藏國家圖書館，爲繆荃孫、王國維舊藏。封面題："校景宋本孟子音義。"有牌記："景汪氏問禮堂藏本，道光廿三年日照許翰刻置孟氏三遷書院。"許瀚之"瀚"爲"翰"字。

丁原基女士《許瀚之文獻學研究》②録封面所題與筆者所見略不同："甘泉汪氏問禮堂藏本，道光廿三年日照許翰刻置孟氏三邊書屋。"誤"三遷書院"爲"三邊書屋"。三遷書院位於鄒縣孟府内，知此書刻於鄒縣。

①徐明兆、周玉山：《許鴻磐和他的〈方輿考證〉》，載《山東圖書館季刊》1990年第2期。

②丁原基：《許瀚之文獻學研究》，華正書局1999年版，第140頁。

前有孫奭《孟子音義序》。卷端題:“孟子音義上。”

十行二十字,小字雙行二十字,上白口,下黑口,左右雙邊,單黑魚尾。版心上刻“音上”或“音下”。字爲寫刻,瘦長,與許瀚筆跡同。避“玄”。

許氏本之後,山東榮成孫葆田據以再刻。

⑤編刻《齊魯課士録》。

道光二十年,許瀚應山東濟寧直隸州知州徐宗幹之聘,主講漁山書院,並任《濟寧直隸州志》總纂。瀚並編《齊魯課士録》,採輯歷任各郡邑今昔耆儒未達者,並後學新進詩文,及古近雜體,大課外兼課論、史論、説、考辨諸體佳者,選而刊之。

⑥校刊許致和《説詩循序》不分卷。

據丁原基女士《許瀚之文獻學研究》一書,許瀚父許致和,字賡堂,一字肅齋,貢生。質直好義,古道照人,經義邃密,望重士林。事迹具張穆《日照許肅齋先生壽序》及《日照縣志》卷八《人物志》。

道光二十八年,許瀚在清江浦主持校刻《説文解字義證》,並刻茲編。全書二十九篇。卷首有許致和自序,云:“今不自揣,遠述舊聞,近參新義。無專主,擇善而徙。大支既分,全詩脈絡皆可尋繹,庶幾向之疑於無序者歸於有序。管窺蠡測,敢云自信,以俟同好,藉以就正焉。道光二十有八年歲在著雍涒灘孟陬之月,許致和梅軒氏序。時年七十有九。”今國家圖書館有道光三十年刊本,趙嫄師妹經眼,言半葉十行,行二十四字,左右雙邊,黑口,單黑魚尾,刊印精良。封面題書名,背面右下紅筆題:“庚戌初印。”大概爲版本依據。

《續修四庫全書提要》著録此編。

⑦校刊許致和《學庸總義》一卷。

本書亦許瀚爲其父致和所刻。《續修四庫全書提要》著録道光二十八年刊本,《提要》云:"是書《大學》《中庸》,各爲講義一篇,後附時藝七篇。"趙嫄師妹言,行款與上書完全一致,衹是序文時間不同,爲"道光二十有八年春三月,許致和梅軒氏,時年七十有九"。並言兩書序文均叙述作書緣起等,與刊印無涉。而《續修四庫全書提要》著録爲道光二十八年刻本,國家圖書館著録爲道光三十年刻本,暫依國家圖書館著録。

⑧校刊馬邦玉《漢碑録文》四卷。

馬邦玉(?—1826),字荆石,號寄園。魚臺人。前述馬星翼之父。乾隆五十四年拔貢,五十八年授費縣訓導,嘉慶二年司鐸濟陽,六年鄉選中經魁,七年補單縣教諭。文學湛深,著有《懷續堂詩文集》。於外物無所好,唯嗜古人碑版文字。四方訪求,三十年如一日。賓朋故舊及諸弟子亦争致其所有,以故家無長物,惟碑拓頗多,因名其齋曰"寶漢齋"。間録其文字、題跋、考釋,成《漢碑録文》四卷。

《漢碑録文》初刊於道光二十七年。有乾隆五十九年馬邦玉於費縣學齋序。嘉慶二十一年馬氏記、道光三年識。卷端題:"魚臺馬邦玉荆石甫輯。"版心下刻:"連筠簃叢書,靈石楊氏栞。"知許翰刻此書用的是在清江浦刻《説文解字義證》時的刻工。另據許瀚《與王菉友書》云:"又刻《漢碑録文》四卷。"①知是書係許瀚爲靈石楊氏所刻。十行二十二字,白口,左右雙邊,單黑魚尾。

由上可知,許瀚所刻全部爲他人著述,而自己的著述卻無一部刊刻,純粹是爲他人作嫁衣裳。

陳介祺有云:"刻書之事,不能不望有力而在都會者,無友無工,惟有浩歎!"②刻書與經濟條件有極大的關係。許瀚家境貧苦,

①〔清〕王筠撰,鄭時、屈萬里輯校:《清詒堂文集》,齊魯書社 1987 年版,第 340 頁。

②轉引自陸明君:《簠齋研究》,榮寶齋出版社 2004 年版,第 144 頁。

自己的著述繁夥，然生前皆未付刊行，臨終時將所批校之書、單篇零稿、金石跋尾等，託付陳介祺，後轉由吴重熹延丁艮善校整，訂名《攀古小廬雜著》，於光緒年間刊版。孰料刊刻未竣，版旋焚毁，故今流傳之吴刻本篆文處多爲墨釘，實爲未竟之作。自此，許瀚著作大多歸陳、吴兩家保存，後雖有刊刻之議，然皆未果。故其著作已刊者不易見，而未刊者則藏諸名山，鮮爲人知。直至民國初年，王獻唐先生致力蒐羅山東鄉賢著作，方使其作品重現於世。這距離他去世也近百年了。許瀚著述未得到及時刊刻，不能爲當時人所知，不能爲當時的學術發展提供研究材料，實是遺憾，更是學術界的損失。

2）其他刻書

清中期的日照刻書還有郭氏一家。

《玉清述而編》七卷、《玉清遺草》二卷，清郭殿鎬撰，清道光日照郭氏家刻本。

郭殿鎬（1806—1843），字子京，號蓮池，又號讖齋，别號玉清子，道光五年副貢。書前有同邑丁守偉序，有許瀚題詞。

日照中期的刻書另有丁守存刻四種，丁艮善刻二種，在清後期的沂州府日照丁氏刻書再述。

附：沂州府家刻總表

海沂詩集二十卷	（清）宋之韓撰	清嘉慶二十五年沂州宋瀛刻本
緑窗詩草一卷（海沂詩集附）	（清）王恭人撰	清嘉慶二十五年沂州宋潢刻本
妙香齋詩集四卷	（清）趙德懋撰	清咸豐二年沂州府趙宗崙楚南刻本
考工記論文一卷	（清）牛運震撰	清嘉慶間郯城顔懷志刻本

（續表）

榆山輿誦一卷附慕韓父臺榆山詩集一卷勸民歌二十六則受業諸生詩一卷	（清）朱浚慶等撰	清道光二十三年平邑士民刻本
式古編五卷	（清）莊瑶撰	清道光十八年莒州莊瑶刻本
筆花園稿	（清）莊詠撰	清道光莒州莊氏家刻本
學庸困知録四卷	（清）莊詠撰	清道光二十三年莒州莊氏家刻本
聲韻易知四卷首一卷	（清）莊瑶撰	清道光二十三年刻本
杜律淺説二卷	（清）莊詠撰	清道光二十四年刻本
便方備用二卷	（清）莊瑶輯	清咸豐元年莒州莊氏刻本
太極易圖合編三卷附大衍新法一卷	（清）孔傳游撰	清道光三年肥城孔傳游沂水學刻本
沂水桑麻話一卷	（清）吴樹聲撰	清咸豐四年保山吴樹聲沂水官廨刻本
沂水弦歌一卷	（清）吴樹聲等撰	清咸豐六年保山吴樹聲刻本
徐貞女詩一卷	（清）李受彭等撰	清沂水衆人合刻本
［道光乙未科鄉試齒録］	（清）許瀚撰	清道光十六年日照許瀚京師刻本
齊魯課士録	（清）許瀚編	清道光二十年日照許瀚濟寧刻本
方輿考證總部六卷	（清）許鴻磐撰	清道光二十二年至二十三年間日照許瀚刻本

（續表）

孟子音義二卷	（宋）孫奭撰	清道光二十三年日照許瀚校景宋刻本
漢碑録文四卷	（清）馬邦玉撰	清道光二十七年日照許瀚清江浦刻本
説詩循序一卷	（清）許致和撰	清道光三十年日照許瀚清江浦刻本
學庸總義一卷	（清）許致和撰	清道光三十年日照許瀚清江浦刻本
説文解字義證五十四卷	（清）桂馥撰	清道光三十年至咸豐二年日照許瀚刻本
玉清述而編七卷玉清遺草二卷	（清）郭殿鎬撰	清道光日照郭氏家刻本
西洋自來火銃製法不分卷	（清）丁守存撰	清道光二十年刻本
用地雷法不分卷	（清）丁守存撰	清道光二十二年刻本
滇遊路記二卷	（清）丁大訓撰	清道光二十七年日照丁大訓刻本
曠視山房制藝初集	（清）丁守存撰	清咸豐八年日照丁守存京師刻本
篆文論語	（清）丁艮善寫	清咸豐七年日照丁艮善刻本
論語附録一卷	（清）許瀚撰	清咸豐八年日照丁艮善刻本

(二)沂州府刻書特色

清中期的沂州府家刻共30種，日照刻書最多，有15種，其中許瀚刻8種，丁氏刻6種。

在刻書内容上，集部12種，經部10種，史部3種，子部5種。經部書幾與集部書數量相同，主要是因爲許瀚刻書多關經部。

許瀚所刻最重要的一部書是桂馥的《説文解字義證》。桂馥此書在文字學史上非常重要，奠定了他"説文四大家"之一的地位。桂氏不及段氏有獨創性，但從積累之厚、檢閲之方便來看，桂書要遠遠超過段書。所以，此書的刊刻首先是給治説文者提供了豐富的資料和檢索的方便。

此書的刊刻一波三折。先是在内容删留的問題上，許瀚與除王筠之外的其他人有不同意見，在楊以增決定刊刻之後，又與汪喜孫意見不合，使得此書唯靠許瀚校勘，在濟寧開工。道光二十七年，楊以增停刻該書，好在在此之前，楊墨林已決定出資刊刻，一方停罷，一方接續。在清江浦開工後，又因所選校勘者不得力，使得完成之三卷作廢，不得已停工，所有校勘及寫樣的重擔全部壓在許瀚身上。一方面老父病重，一方面五十卷的大書待刊刻，他衹好將刻書地移至贛榆，用了三年的時間，全部刊刻完成。若非許瀚有着堅忍的性格，若非一定要將桂書刊刻行世的堅强信念支撑着他，桂氏書的刊刻很難完成。許瀚家境貧苦，未曾居高官要職，一生中大多於各地講學，或以替人校勘、刻書爲業。他無權選擇該刻什麽書，因爲他缺少資金。但在有人出資的情况下，他竭盡所能，萃一生之精力而爲之，桂氏書的刊刻就是一個很好的例證。他曾致王筠書："（桂書）今勉强告竣，其不安於中者尚多，不知何日能得廓清也。弟刻桂書，負累千有餘金（至堂先生河平六百，默深二百，吕鶴田一百，朱子良一百，馮春墅一百，周子堅五十）。弟前後領楊墨林千九百金（石洲手京平千五百，子貞手市平四百）。若按字數工程，實在計算，衹此千九百金且有餘剩。而弟所稱貸，雖歸實用，竟無從報銷，是真無可如何之事也。”①看來，他爲此書不僅耗盡了精力，還耗盡了家財，説他是桂氏之功臣，實不爲過。

許瀚所刻影宋本《孟子音義》，具有重要的版本價值。在許瀚刻本之前，此書有清丁士涵抄本，康熙《通志堂經解》本，乾隆四十六年周嘉猷、韓岱雲刻本，孔繼涵《微波榭叢書》本，士禮居影宋蜀大字本，抱經堂本。其中據影宋本刊刻的有兩個，一是士禮居本，一是《通志堂經解》本。《通志堂經解》本所據爲徐乾學家舊藏影宋抄本，現存國家圖書館。許瀚此本，所據爲另一個影宋抄本，即汪氏問禮堂藏本，今不可得見。所以此書的刊刻，具有很高的校勘價值。

許鴻磐的《方輿考證》百卷本以稿本形式存在，直到民國二十一年纔刊成，世人不得見其書，故無從對它進行研究，雖然許瀚、楊以增所刊《方輿考證總部》僅爲總部六卷，但從一個側面反映了全書的面貌。在不得見原書的情況下，此六卷的刊刻讓世人對其原書充滿期待。

現所知許瀚刻書八種，除一種爲《齒録》、一種爲《課士録》外，其餘皆爲經、史類書，尤其是以上三部重要著述的刊刻，奠定了其在刻書史上的地位。

丁原基《十九世紀山左學者馬國翰與許瀚之文獻學》②一文，論述許瀚對日照樸學的影響，可知許瀚在學術史上亦占有重要的位置。

正因許瀚是一位學者，所以他知道桂馥書的價值，知道影宋本

①轉引自王獻唐：《顧黄書寮襍録》，齊魯書社 1984 年版，第 68 頁。

②丁原基：《十九世紀山左學者馬國翰與許瀚之文獻學》，載《“國家圖書館”館刊》2005 年 12 月第 2 期。

的版本價值,知道目録的價值。唯其如此,許瀚纔有能力擔當刻書的重任。衹有站在學術的基石上,纔能校勘出有重要意義的書籍,這是學術基礎對刻書的重要作用。

龔自珍在《己亥雜詩》中這樣評價許瀚:“北方學者君第一,江左所聞君畢聞。土厚水深詞氣重,煩君他日定吾文。”前兩句評價其學術,後兩句評價其刻書,最後一句“煩君他日定吾文”,一位“定”字,完全將許瀚定位成一位出色的校勘家,一位傑出的出版者。

三、曹州府刻書

曹州府中期無官刻和坊刻記載。家刻亦衹有單縣、曹縣有刻書,其他九縣未見有刻書記載。

1. 單縣刻書

1)時氏刻書

清中期的單縣刻書以時氏爲主。

①《知遠齋全集》八卷,清時式敷撰,清單縣時氏家刻本。

時式敷,字肩吾,號松石,單縣人,嘉慶二十二年丁丑進士,官建昌知府。

據《山東通志·藝文志》,徐繼孺《曹南文獻録》載是集云:“時氏家刻本。”未見傳本。

②滕縣張耕撰《古韻發明》不分卷、《切字肆考》不分卷。有時式玉書二通,其中一通曰:“附上方伯劉眉生師代刊先祖所著《砭俗蕩言》、舍四弟《館深詩賦》《江右贈言集》、顔魯公《麻姑仙壇記帖》各一。”知其師劉眉生曾爲其家刻書三種,並顔真卿《麻姑仙壇記帖》一種。張耕此書刻於道光三年,時式玉當係嘉、道間人。其先祖、四弟不詳何人。其師劉眉生,生平事迹亦不詳,僅據徐宗幹《斯未信齋雜録》有《題劉炳輝(江西拔貢)地瓜考後》:“向在山左,曾遵劉眉生方伯勸民種藷。”徐宗幹道光間在山東爲官,則劉

眉生爲嘉、道時人，或爲單縣人。劉眉生“代刊”以上書，而實際刊刻者應爲時氏。

③時氏在同治光緒年間還有一位著名的音韻學大家——時庸勱，是著名金石學家吴式芬的門人，用一生心血著成音韻學專著三十八種，衹有二種付刊。其一爲《聲説》二卷，光緒十八年海豐吴重憙河南星使行臺刻《聽古廬聲學十書》本。其二爲《聲譜》二卷，光緒十九年海豐吴重憙河南開封刻《聽古廬聲學十書》本。二書在清後期的海豐刻書中詳述。此二書可認爲是吴氏刻書，亦可作時氏刻書，尤其是《聲譜》，除校定人爲時庸勱門生、家人外，刻書資金亦來自衆人相助，衹不過吴重憙出力最多，且版心有“聽古草廬”，蓋爲時氏堂號。牌記爲“光緒十有九年歲次癸巳刊於大梁”，“板存河南省城南書店街路西奇文齋刻字鋪”。與吴重憙所刻《聲説》的牌記“光緒十八年壬辰秋七月栞於河南星使行臺”有明顯區别。

由上可知，單縣時氏刻書至少有七種。

2）其他刻書

清中期的單縣刻書還有張敷的《雲谷草堂詩鈔》一卷，清道光十二年刻本。清前期已述。

據葉征《清代山東私人刻書家知見録》，咸豐七年，單縣劉方峒刻有《孝宣先生詩稿》。劉方峒，單縣人，同治元年舉人。

2. 曹縣刻書

明洪武四年，降曹州爲縣，始有曹縣。雍正二年屬曹州，十三年屬曹州府。

明代曹縣刻書有一種，清前期曹縣無刻書記載。清中期衹有一種。

《次廬遺稿》一卷，清韋瑞三撰，清嘉慶八年曹縣石藴璧刻本。

瑞三字叔太，號次廬，曹縣人，諸生。據《山東通志·藝文志》,《曹南文獻録書目》載是編云:"嘉慶癸亥刻本。"又列瑞三《傳》云:"工詩,時無知者。劉寄庵先生令曹,元宵會諸生,爲觀燈詩。瑞三詩最後成,寄庵激賞之,由是知名。所著《次廬遺稿》,同縣石藴璧爲之刊行。"此書未見傳本。

附:曹州府家刻總表

知遠齋全集八卷	(清)時式敷撰	清單縣時氏家刻本
砭俗蕩言	(清)時氏撰	清嘉慶道光間單縣時氏、劉眉生刻本
館深詩賦	(清)時氏撰	清嘉慶道光間單縣時氏、劉眉生刻本
江右贈言集	(清)時氏撰	清嘉慶道光間單縣時氏、劉眉生刻本
麻姑仙壇記帖	(唐)顔真卿撰	清嘉慶道光間單縣時氏、劉眉生刻本
雲谷草堂詩鈔一卷	(清)張敷撰	清道光十二年單縣張氏刻本
孝宣先生詩稿	(□)黄□撰	清咸豐七年單縣劉方峒刻本
次廬遺稿一卷	(清)韋瑞三撰	清嘉慶八年曹縣石藴璧刻本

四、濟寧州刻書

清中期的濟寧州無官刻記載,坊刻僅見一種,即章氏文定齋在道光十年刻丁宗洛的《逸周書管箋》,清前期的濟寧州刻書已述。家刻共十八種,其中濟寧刻書十五種,金鄉三種。

1. 濟寧刻書

濟寧刻書以海康丁宗洛爲著。

1)海康丁宗洛刻書

丁宗洛(1771—1841),字正叔,號瑶泉。廣東海康(今雷州)人。清嘉慶十三年舉人。嘉慶二十四年,選授山東濟寧州同知,歷署昌邑、樂陵、曲阜等縣事,之後任濟寧州同,爲官至道光二十一年。但直到去世,他一直居山東。他一生儉樸如布衣,清介不苟,盡心民事。篤志著述,致力於《逸周書》的研究,歷十餘年,四易其稿,詮解至二十萬餘言。著有《一桂軒詩鈔》《陳清端公年譜》《逸周書管箋》《大戴禮管箋》《增訂雷州府志》《不負齋文集》《夢陸居詩稿》《夢陸居詩話》《夢陸居拙詞》《顧甑集》《驛春集》等。

丁宗洛刻書共五種,全部在山東刻成。

①《一桂軒詩抄》二卷,清王李氏撰,清王安福編,清道光四年海康丁宗洛濟上東署不負齋刻本。

推測王李氏應爲丁宗洛的母親或是祖母。

十行二十五字,白口,四周雙邊,單魚尾。

②《海康陳端公年譜》二卷,清陳瓗撰,清丁宗洛編,清道光六年海康丁宗洛濟上東署不負齋刻本。

陳瓗,謚清端,丁宗洛同鄉名人。丁家與陳家有世交,丁宗洛曾祖父丁兆啓(號萬山)比陳瓗早一科中舉於鄉,二人情意契洽;丁兆啓任湖北巴東知縣時,陳瓗正在京師部曹任職,二人常有書劄往來。丁宗洛用了六年時間蒐集資料而成此《年譜》。

封面題:"板藏泲上東署不負齋。"

十行二十五字,小字雙行二十五字,白口,四周雙邊,單魚尾。

③《海康陳端公詩集》十卷,清陳瓗撰,清丁宗洛編,清道光六年海康丁宗洛不負齋刻本。

九行二十一字,白口,四周雙邊,單魚尾。

④《逸周書管箋》十卷、《疏證》一卷、《提要》一卷、《集説》一卷、《摭訂》三卷,晉孔晁撰,清丁宗洛箋,清道光十年海康丁宗洛

迂園濟寧刻本。

封面題："道光戊寅秋梓成，迂園初板。"

欄外左側有兩行廣告："濟寧州刻字老鋪文定齋章氏承刻，開設州城南門外東邊蓮亭之左。"

卷端題："晉五經博士孔晁注，海康丁宗洛箋。"

道光八年戊子陳鈞序，稱丁宗洛"搜尋二千卷，寢食爲之俱廢"，"歷十餘年，四易其稿，詮解至二十餘萬言"，"闕者補之，謬者糾之，訛者訂之"，"剖析微茫，洞窺原本，俾數千疑案，一旦涣若冰釋"。又有道光十年庚寅張大業序，是年楊嗣曾書於山左會垣之寓所。《摭訂》末有道光七年丁如金跋，云丁宗洛在山東做官，辟棣華書屋。學生何志瑗道光七年識。道光五年乙酉立冬日瑶泉丁宗洛識於泲上官舍，稱取周氏光霽本補訂，嘉慶十二年北上，購盧文弨抱經堂本相勘，十五年間繕清，並隨時請人訂正，道光三年，丁如金來署，亦有校本，互相校正，四易稿，將授剞劂氏。知丁氏此本至少與三個校本相互校正。

上下欄，下欄十行二十二字，小字雙行二十二字，單黑魚尾，上欄八字。

此書的刊刻具有重要意義。此書與陳逢衡《逸周書補注》被梁啟超《清代學術概論》並列稱引，朱右曾《周書集訓校釋》多本此書，雖其注較簡，但流傳最廣。

⑤《大戴禮管箋》十三卷、《首》一卷，漢戴德撰，清孔廣森補注，清丁宗洛箋，清道光十八年海康丁宗洛刻本。

封面題："道光戊戌夏梓，讀書即好禮軒校本，迂園初板。"

十行二十二字，小字雙行二十二字，白口，四周雙邊，單魚尾。

海康丁宗洛刻書特點有三：

一是除刻經部書外，主要爲家人或鄉人刻書，弘揚地方文獻，如陳瓊的年譜和詩集。

二是晚年刻經書,是因爲治《逸周書》和《大戴禮記》多年,有了相關成果。

三是有明確的刻書時間和藏版地。

2)許鴻磐著述的刊刻

許鴻磐,字漸逵,號雲嶠,又號六觀樓主人。據徐明兆、周玉山《許鴻磐和他的〈方輿考證〉》一文,鴻磐生於乾隆二十二年,道光十七年去世。乾隆四十三年舉人,四十五年進士。歷官江蘇安東縣知縣、西城兵馬司正指揮、安徽潁州府同知、泗州直隸知州、河南禹州知州等,所至有政聲。許氏一生著述達二十餘種,涉及歷史、地理、天文、算法、詩文、詞曲等諸多領域。其代表作爲《讀史方輿考證》一百卷。

此書爲許氏萃一生精力而成。他二十多歲開始治地理之學,有感於明代輿地之學不舉,顧祖禹《讀史方輿紀要》中有不少考究之疏,而顧炎武、胡渭、閻若璩諸人雖有得於輿地之學,卻未寫出一部能取代《讀史方輿紀要》的著作,故發奮而爲之。他用了近四十年時間,尤其是道光初辭官家居後全力寫作,至道光十七年終於完成,完成之後便去世了。

此書的重要性在於,他對顧氏的《讀史方輿紀要》進行了進一步的充實和提高。在敘述地域上有擴展,在資料上有補充,糾正了《紀要》的舛誤,在體例上更趨合理。

此書成書後,稿本爲同邑李聯堉收藏,光緒間轉屬陽湖朱氏,後又輾轉歸於昆明蕭應椿家。民國初年,濟寧潘復以巨金購得。現藏西南大學圖書館,已入選第一批《國家珍貴古籍名録》。

稿本未及刊刻,影響了這部書的流傳。楊以增僅依靠許瀚刊刻了《總部》六卷,上文許瀚刻書有述。潘氏在購得全稿後,恐其散佚,自民國七年開始延柯劭忞主持校刻,校刻工作時斷時續,始刻於北平,再刻於濟南,三刻於天津,至民國十九年始成六十五卷,此時柯氏因年事已高，遂由武進陶湘繼續董理，至民國二十二年，始刻成完書。

許鴻磐還有《六觀樓文存》一卷、《詩存》一卷，民國十三年排印本。其《六觀樓文集拾遺》一卷、《尚書札記》四卷，則於同治九年由同鄉李福泰刻於廣東。

李福泰(1806—1871)，字星衙(一作浚頤)，道光進士。道光二十九年至咸豐二年，任潮陽知縣，二年至四年任番禺知府。四年至七年任廣州府海防同知。同治元年任潮州府知府，三年任廣東按察使，旋遷布政使。五年爲福建巡撫，六年任廣東巡撫，九年爲廣西巡撫。

在廣東巡撫任上，李福泰刊刻了許鴻磐的兩種書。

首先是刊刻《尚書札記》四卷，附於《皇清經解》之後。

道光初年，阮元爲兩廣總督，於廣州粤秀山麓建立學海堂，羅致學者從事編書刊印，彙集所藏乾嘉時期經學名著，爲《皇清經解》。始於道光五年，終於道光九年。咸豐七年九月，英軍攻粤，書版毁失過半。咸豐十年，兩廣總督勞祟光等人捐資補刻數百卷，並增刻馮登府著作七種八卷，即咸豐庚申補刻本。同治九年，廣東巡撫李福泰於龍藏街萃文堂刊許鴻磐《尚書札記》四卷，前有同治八年李氏序云："予於里門得其稾，擕至東粤，爲之付梓。"是爲庚午續刊本。

書兩册，爲《皇清經解》庚申補刊本之卷千四百九至千四百十二，有牌記："同治庚午春仲刊，板藏學海堂。"十一行二十四字，小字雙行二十四字，白口，左右雙邊，款式與學海堂本均同，卷千四百十二後有"粤東省城龍藏街萃文堂刊刷"刊記，版心有"庚午續刊"四字。書前又有道光九年許鴻磐原識。唯書前目録未補入許書，仍終於馮登府《三家詩異文疏證》。

據虞萬里考證，"及李氏離粤，版亦攜去，許書遂以單本行，或云有大吏謂此書非文達原刻所有,飭令抽去此版,不得與《經解》同行。而徐時棟以爲許氏《札記》'殊未精博',斷語'多率意武斷,不顧前後',揣度大吏飭令抽版,殆或因此。故'庚午續刊'千四百十二卷本之《清經解》殊不多見"①。

與《尚書札記》同時刊刻的還有《六觀樓文集拾遺》一卷,首有李福泰序:"先生少負俊才,博涉群籍,於學無不窺。同邑孝廉李君相廷,師事先生。先生無子,殁後孝廉藏其稿,視若拱璧,不輕以示人。予幼從鄉塾得見先生,欽其言論風采,恨不獲從之遊……同治戊辰,予乞假旋里。訪之里人,知書稿仍藏李氏。孝廉雖亡,其子能世守之。其他先生著述,大半已爲六丁所收。予遍索之,得《尚書札記》稿四卷,《六觀樓遺文》三十篇。"

以上數種許氏著述,皆非自刻。而他的《六觀樓北曲》六種,道光二十六年刻本,有可能爲自刻。

該書封面題:"道光丙午年鐫。"目録下有:"山左許鴻磐著。"七行十六字,白口,四周雙邊,無行格。字一般,刻一般,開本小。

目録後有:"右六種,多經友人評點,今皆不載。非敢委瓊瑶之贈於草莽也,誠以文章之美惡,有識者自能辨之,必盡舉過情之譽列諸上方,是借人之譽,已而自譽也。余竊愧焉。故評本則什襲藏之,此則僅分句讀以便觀覽。"

如果按徐明兆、周玉山文章中所説,許氏於道光十七年去世,則此書必定非許氏自刻,但據目録後所題,"僅分句讀以便觀覽",似係爲刻書而作。2009 年 5 月 30 日,北京保利國際拍賣有限公司拍品中有《六觀樓北曲》的零種,係稿本,版心印有"六觀樓",藍

①虞萬里:《〈正續清經解〉編纂考》,見王元化主編《學術集林》卷四,遠東出版社 1995 年版,第 185 頁。

格，四周雙邊，與刻本行款同，字體工整，行間紅印圈點，似爲刻板前的謄清稿本。由此看來，許氏應有刻此書的計劃，如果其在道光二十三年尚未去世，則已是九十歲高齡。

因許氏卒年尚未確定，故此書的刊刻人不能遽斷，姑存疑，暫不計入許氏刻書。

3）馮德馨刻書

濟寧中期的刻書，居第二位的當是馮德馨了，刻書三種。

馮德馨（？—1868），字桂山，署籍貫任城。道光進士。道光十八年任員外郎，後調山西河東道，二十五年擢廣西按察使，二十八年擢江寧布政使，二十九年陞湖南巡撫，因鎮壓李沅發起義奏報失實，被革職逮問，下刑部治罪，後遣戍新疆。咸豐三年加恩釋回，返籍辦團練。六年，因防堵黄河決口出力，賞六品頂戴，後賞加四品頂戴。同治五年，山東巡撫閻敬銘疏言修築濟寧州圩，馮德馨晝夜操勞，兩年後卒於家。

①《馮桂山自訂年譜》一卷，清馮德馨編，清咸豐三年任城馮德馨刻同治間馮承重、馮斯達補刻本。

《年譜》後署"咸豐三年七月馮桂山自叙付梓"，看來當時即刻。《續編》後有"不孝承重孫斯達泣血謹述"，應爲同治間補刻，記事止德馨去世，即同治七年戊辰。

八行二十一字，白口，四周雙邊，單黑魚尾。開本較大，雖有補刻，但行款同，字體略有不同。馮德馨刻字體稍瘦長，更精細一些，蓋在世時自刻年譜比較用心。

②《易泉先生詩鈔》四卷，清馮繼聰撰，清咸豐八年任城馮德馨刻本。

繼聰字作謀，號易泉，濟寧人，嘉慶二十一年丙子舉人。著有《周易析義》六卷、《易泉先生詩鈔》四卷。《易泉先生詩鈔》四卷包括《詠史詩》二卷，《論唐詩絶句》二卷。

封面題:“咸豐戊午新鐫,寶德堂藏板。”卷端題:“任城馮繼聰易泉先生著,姪德鄰、德馨、德連校訂,孫曰驌仝校。”有《及門分校姓氏》。

有咸豐八年張繼鄒序:“其姪桂山裒其散失,仍其殘缺,付之於梓。”

八行二十字,小字雙行二十字,白口,左右雙邊,單黑魚尾。字大行疏,刻印精美。

③《周易析義》六卷,清馮繼聰撰,清咸豐八年任城馮德馨刻本。

封面題:“咸豐戊午新鐫,山東濟寧易泉先生著,寶德堂藏板。”卷端題:“任城馮繼聰易泉先生著,姪德鄰、德馨、德連參訂,孫曰驌仝校。”有《及門分校姓氏》。

有咸豐八年戊午李聯堉《周易析義序》:“桂山中丞,先生猶子也。謀鋟板以行,歷叙於予。”

八行二十字,白口,左右雙邊,單黑魚尾。刻印比較精。

以上三種,皆馮德馨在家鄉所刻,因其官至湖南巡撫,故家資應豐厚,所刻書皆精美。

4)其他刻書

濟寧還有李氏兄弟三人,嘉慶間爲滋陽牛運震刊刻《周易解》九卷,每卷末有“濟水後學李泳、李瑩、李澍仝校刊”。九行二十二字,白口,四周雙邊,單黑魚尾,版心下刻“空山堂”。爲刻成後版歸牛氏,詳見清前期的兖州府滋陽刻書。

道光中,濟寧還有刻本三種:

①《易園集》七卷,清李林松撰,清道光十七年順德吴梯濟寧州署刻本。

封面題:“道光丁酉,刻於濟寧州署。”卷端題:“海上李林松心庵著。”

道光十八年受業汪能肅序:“師歿後,以門生吴梯一人之力,刻成此集,肅因述師語以當發凡。”

李林松,字心庵,號易園,閔行人。嘉慶元年進士。吴梯,廣東順德人,歷任山東蒙陰、濰縣、禹城知縣,膠州、濟寧知州,爲政有聲,博通經史,能文善詩。此書蓋吴梯在濟寧州爲官時刻於任上。

據目録,此書前四卷爲文集,卷五、六爲詩集,卷七爲詞集。書名亦可爲“《易園文集》四卷《詩集》二卷《詞集》一卷”,但詞集版心未標明“卷七”,版心上均刻“易園集”。九行二十二字,小字雙行二十二字,白口,四周雙邊,單黑魚尾。字畫不苟。

②《周禮凝粹》六卷,清宋嘉德撰,清道光二十年門人孫芝奎照堂刻本。

嘉德字會廷,濟寧人,諸生。另著有《周易凝粹》《讀書存見》。《山東通志·藝文志》著録:“是書見《州志》,注云:‘門人孫芝刊行。’”其門人有可能爲濟寧人,在濟寧當地刻的可能性比較大。

③《潑墨軒詩草》三卷、《潑墨軒詞》三卷,清戴鑑撰,清道光二十三年戴氏門人王慶瑚刻本。

戴鑑(1768—1838),字賦軒,號石坪,濟寧人。

書衣有許瀚題簽。封面題:“道光廿三年鐫,慎餘堂藏板。”卷端題:“石坪戴鑑著。”

有《戴石坪小傳》。道光二十一年李璿(李少白)序:“今少山王君篤於氣誼,裒輯石坪之詩,急爲付梓。”少山即王慶瑚。道光二十一年王慶瑚序:“屬李君白樓重爲删訂,刊而存之。”道光二十四年佇月軒主王少山題詩。濟寧知州崇川徐宗幹序,稱王慶瑚爲戴氏門人,“余久稽山左,素賞石坪之畫。逮蒞任城,得《潑墨軒》數種,而不知其深於詩也,而不意其忽焉没世。辛丑,其門人王生,收拾殘零欲謀諸梓,來相質,余讀一過”。道光十八年李壘識。

八行十八字,白口,左右雙邊,單黑魚尾。刻一般,不精。

濟寧還有刻書大族孫氏,在清中期刻有高如岱《洸西草堂集》十四卷,孫玉庭《寄圃老人自記年譜》,朱熊光、朱衍坤撰《鶴唱詩鈔》,將在清後期的濟寧刻書中介紹。

2. 金鄉刻書

東漢置金鄉縣,明屬兗州府,清因之。乾隆三十九年,陞濟寧州爲直隸州,遂改屬濟寧直隸州。

明代金鄉刻書有兩種,清代前期無刻書記載,中期僅三種。

①《金鄉鄉賢傳》,清張柏恒撰,清道光初金鄉太守楊雲亭刻本。

金鄉李庭禧道光七年爲《式訓集》作序,稱道光二年,張柏恒秉教鐸於金鄉,有《式訓集》,"外更著《鄉賢傳》五十一篇,問序於余。時將省弟於陝之西鄉……未能復命。客夏,接家函,知《鄉賢傳》已爲楊雲亭太守序而刻之"。知張柏恒此書在道光初由金鄉太守楊雲亭所刻。楊雲亭生平事迹不詳,雲亭或爲其字。

②《秋影山房詞》不分卷,清李翮撰,清嘉慶道光間金鄉李氏刻本。

翮字逸翰,號春麓,晚號約庵,金鄉人,乾隆三十七年進士,官杭嘉湖道。另著有《古文集》《秋影山房詩稿》。

《山東通志·藝文志》曰:"是集凡爲調百,爲闋百六十,家刊本。"

金谿楊謨序云:"山左李春麓先生,以清剛儁上之才,於學無所不窺。雅善詩古文,而於詞尤好之篤。自服官中外,所至感物懷人,一於此焉發之。其雅麗綿密,不後秀水;而微宛情深,得事外遠致,則又勝之。其不當與白石遺調並傳矣乎!"又弟錫跋云:"集中《詠蝶》三闋俱工,而扇頭蝴蝶,尤爲入神之筆,請以李蝴蝶目之。"

十行二十字,黑口,左右雙邊,單魚尾。

③《金鄉紀事》三卷,清吴堦撰,清嘉慶刻本。

吴堦字次升,號禮石,陽湖人。監生。嘉慶十八年任金鄉知縣。以防教民起義功,陞曹州府知府。此書係其在金鄉任上所撰,記金鄉天理教教民起義及被鎮壓始末。卷一、二爲上稟巡撫及藩臺臬臺之稟單,共四十餘篇。卷三爲事發後所公布的安民告示及照會文等。

附:濟寧家刻總表

一桂軒詩抄二卷	(清)王李氏撰(清)王安福編	清道光四年海康丁宗洛濟上東署不負齋刻本
海康陳端公年譜二卷	(清)陳瓊撰(清)丁宗洛編	清道光六年海康丁宗洛濟上東署不負齋刻本
海康陳端公詩集十卷	(清)陳瓊撰(清)丁宗洛編	清道光六年海康丁宗洛不負齋刻本
逸周書管箋十卷疏證一卷提要一卷集説一卷摭訂三卷	(晉)孔晁撰(清)丁宗洛箋	清道光十年海康丁宗洛迂園濟寧刻本
大戴禮管箋十三卷首一卷	(漢)戴德撰(清)孔廣森補注(清)丁宗洛箋	清道光十八年海康丁宗洛刻本
馮桂山自訂年譜一卷	(清)馮德馨編	清咸豐三年任城馮德馨刻同治間馮承重、馮斯達補刻本
易泉先生詩鈔四卷(詠史詩二卷論唐詩絶句二卷)	(清)馮繼聰撰	清咸豐八年任城馮德馨刻本

（續表）

周易析義六卷	（清）馮繼聰撰	清咸豐八年任城馮德馨刻本
周易解九卷	（清）牛運震撰	清嘉慶濟寧李泳、李瑩、李澍刻本
易園集七卷	（清）李林松撰	清道光十七年順德吴梯濟寧州署刻本
周禮凝粹六卷	（清）宋嘉德撰	清道光二十年門人孫芝奎照堂刻本
潑墨軒詩草三卷潑墨軒詞三卷	（清）戴鑑撰	清道光二十三年戴氏門人王慶瑚刻本
洸西草堂集十四卷	（清）高如岱撰	清嘉慶十五年濟寧孫善寶刻本
寄圃老人自記年譜（孫玉庭自記年譜）	（清）孫玉庭撰	清道光間濟寧孫善寶等刻本
鶴唱詩鈔二卷	（清）朱熊光、朱衍坤撰	清道光十五年濟寧孫氏刻本
金鄉鄉賢傳	（清）張柏恒撰	清道光初金鄉太守楊雲亭刻本
秋影山房詞不分卷	（清）李翮撰	清嘉慶道光間金鄉李氏刻本
金鄉紀事三卷	（清）吴堦撰	清嘉慶刻本